Theologisches Wörterbuch zum Alten Testament

In Verbindung mit

George W. Anderson, Henri Cazelles, David N. Freedman, Shemarjahu Talmon und Gerhard Wallis

begründet von
G. Johannes Botterweck
und Helmer Ringgren

herausgegeben von
Heinz-Josef Fabry
und Helmer Ringgren

Band VI

עזז — קום

Verlag W. Kohlhammer Stuttgart Berlin Köln

CIP-Titelaufnahme der Deutschen Bibliothek

Theologisches Wörterbuch zum Alten Testament / in
Verbindung mit George W. Anderson ... begr. von G. Johannes
Botterweck u. Helmer Ringgren. Hrsg. von Heinz-Josef Fabry
u. Helmer Ringgren. – Stuttgart ; Berlin ; Köln : Kohlhammer.
Teilw. mit d. Erscheinungsorten Stuttgart, Berlin, Köln, Mainz
NE: Botterweck, Gerhard Johannes [Begr.]; Fabry, Heinz-Josef [Hrsg.]
Bd. 6. ʿzz – qwm. – 1989
ISBN 3-17-009934-5

W. Kohlhammer GmbH
Stuttgart Berlin Köln
Verlagsort: Stuttgart
Gesamtherstellung W. Kohlhammer
Druckerei GmbH + Co. Stuttgart
Printed in Germany

Die Autoren der Artikel von Band VI

Herausgeber

Fabry, H.-J., Professor Dr.,
Turmfalkenweg 15, 5300 Bonn 1

Ringgren, H., Professor Dr.,
Cellovägen 22
75654 Uppsala, Schweden

Mitarbeiter

André, G., Dozent Dr.,
Cellovägen 22, 75654 Uppsala, Schweden
Angerstorfer, A., Dr.,
Hutweide 1b, 8400 Regensburg
Bartelmus, R., Privatdozent Dr.,
Avingerstr. 12, 8031 Wörthsee-Steinebach
Beyse, K.-M., Dr.,
Wielandstr. 9, 402 Halle/Saale, DDR
Cazelles, H., Professor,
21, rue d'Assas, 75270 Paris VIe, Frankreich
Clements, R. E., Professor,
King's College, Strand, London WC2R 2LS, England
Conrad, J., Professor Dr.,
Menckestr. 26, 7022 Leipzig, DDR
Dahmen, U., Dipl. theol.,
Limpericher Str. 3, 5300 Bonn 3
Dohmen, Ch., Privatdozent Dr.,
Limpericher Str. 166, 5300 Bonn 3
Engelken, K.,
Erbacher Str. 5, 6200 Wiesbaden
Fleischer, G., Dr.,
Heinrich-Sauer-Str. 5, 5300 Bonn 1
Freedman, D. N., Professor Dr.,
P.O. Box 7434, Liberty Station, Ann Arbor, Mich. 48107, USA
Fuhs, H. F., Professor Dr.,
Zehnthofstr. 10, 8700 Würzburg
Gamberoni, J., Professor Dr.,
Busdorfmauer 5, 4790 Paderborn
Gane, R.,
P.O. Box 8058, Jerusalem 91080, Israel
García-López, F., Professor Dr.,
Universidad Pontificia, Compañia 1, 37008 Salamanca, Spanien
Gerstenberger, E. S., Professor Dr.,
Fachbereich Evang. Theologie, Lahntor 3, 3550 Marburg/Lahn
Graupner, A., Dr.,
Beethovenstr. 25, 5300 Bonn 1
Hausmann, J., Dr.,
Kreuzlach 20c, 8806 Neuendettelsau
Hossfeld, F.-L., Professor Dr.,
Weimarer Str. 34, 5300 Bonn 1
Illman, K.-J., Professor,
Sirkkalag, 6C42, 20520 Åbo, Finnland
Johnson, B., Professor Dr.,
Skolrådsvägen 17, 22367 Lund, Schweden
Kapelrud, A. S., Professor Dr.,
Rektorhaugen 15, 0876 Oslo 8, Norwegen
Kedar-Kopfstein, B., Professor Dr.,
Oren 23, Romema, Haifa, Israel
Kellermann, D., Dr.,
Melanchthonstr. 33, 7400 Tübingen
Kindl, E.-M.,
von-Sandt-Str. 73, 5300 Bonn 3
Koch, K., Professor Dr.,
Diekbarg 13a, 2000 Hamburg 65
Kornfeld, W., Professor Dr. †
Kronholm, T., Professor Dr.,
Köpenhamnsg. 5, 75234 Uppsala, Schweden
Lamberty-Zielinski, H.,
Breite Str. 40, 5300 Bonn 1
Lipiński, E., Professor Dr.,
Department Oriëntalistiek, Blijde Inkomststraat 21, 3000 Leuven, Belgien
Locher, C., Dr.,
Scheideggstr. 45, 8002 Zürich, Schweiz
Lohfink, N., Professor Dr.,
Offenbacher Landstr. 224, 6000 Frankfurt/M. 70
Madl, H., Dr.,
Peierlhang 10, 8042 Graz, Österreich
Maiberger, P., Professor Dr. Dr.,
Bischof-Wolfger-Str. 22, 8390 Passau
Mayer, G., Professor Dr.,
Ruländerstr. 10, 6501 Zornheim

Meyers, C., Professor,
Department of Religion, Duke University, Durham N.C. 27706, USA
Milgrom, J., Professor,
1042 Sierra St., Berkeley, Cal. 94707, USA
Mommer, P.,
Am Heydwolf 10, 3575 Kirchheim 1-Schönbach
Mosis, R., Professor Dr.,
Liebermannstr. 46, 6500 Mainz-Lerchenberg
Mulder, M. J., Professor Dr.,
Ampèrestraat 48, 1171 BV Badhoevedorp, Holland
Müller, H.-P., Professor Dr.,
Rockbusch 36, 4400 Münster
Niehr, H., Dr.,
Institut für biblische Theologie, Sanderring 2, 8700 Würzburg
Nielsen, K., Dr.,
Institut for Gammel testamente, Århus Universitet, 8200 Århus, Dänemark
North, R., Professor Dr.,
Pontificio Istituto Biblico, Via della Pilotta, 00187 Roma, Italien
Oeming, M., Dr.,
Goethestr. 27, 5300 Bonn 1
Otto, E., Professor Dr.,
Forschungsstelle für historische Palästinakunde, Neuer Graben/Schloß, 4500 Osnabrück
Otzen, B., Professor Dr.,
Minthøjvej 18, 8210 Århus, Dänemark
Preuß, H. D., Professor Dr.,
Kreuzlach 20c, 8806 Neuendettelsau
Reiterer, F., Dozent Dr.,
Zeisigstr. 1, 5023 Salzburg, Österreich
Roth, W., Professor Dr.,
Garrett Evangelical Theological Seminary, 2121 Sheridan Rd., Evanston Ill. 60201, USA
Ruppert, L., Professor Dr.,
Erwinstr. 46, 7800 Freiburg i. Br.
Rüterswörden, U., Privatdozent Dr.,
Dammstr. 46, 2300 Kiel 1
Sæbø, M., Professor Dr.,
Lars Muhles vei 34, 1300 Sandvika, Norwegen
Schmoldt, H., Dr.,
Travestieg 9a, 2000 Norderstedt
Schreiner, J., Professor Dr.,
Institut für biblische Theologie, Sanderring 2, 8700 Würzburg
Schwab, E.,
Bahnhofstr. 15, 3550 Marburg/Lahn 1
Seebass, H., Professor Dr.,
Universität Mainz, FB Evang. Theologie, Saarstr. 21, 6500 Mainz
Seidl, Th., Dr.,
Senftenauerstr. 111, 8000 München
Simian-Yofre, H., Professor,
Pontificio Istituto Biblico, Via della Pilotta 25, 00187 Roma, Italien
Steins, G.,
Südstr. 83, 4400 Münster
Stendebach, F. J., Professor Dr.,
Drosselweg 3, 6500 Mainz
Talmon, Sh., Professor Dr.,
5 Jan Smuts St., Jerusalem, Israel
Thiel, W., Professor Dr.,
Tilsiter Str. 8, 3550 Marburg/Lahn 7
Vanoni, G., Professor Dr.,
Gabrielerstr. 171, 2340 Mödling, Österreich
Wächter, L., Professor Dr.,
Johannes-R.-Becher-Str. 49, 1100 Berlin, DDR
Wagner, S., Professor Dr.,
Meusdorfer Str. 5, 703 Leipzig, DDR
Warmuth, G., Dr.,
Niebuhrstr. 12, 2300 Kiel
Waschke, G., Dr.,
Sektion Theologie, Ernst-Moritz-Arndt-Universität, 22 Greifswald, DDR
Willoughby, B. E.,
Program on Studies in Religion, University of Michigan, Ann Arbor, Mich. 48104, USA
Wright, D. P., Dr.,
4052 JKHB Brigham Young University, Trovo, Utah 84602, USA
Zipor, M., Dr.,
Bar Ilan University, Ramat Gan, Israel
Zobel, H.-J., Professor Dr.,
Wilhelm-Pieck-Allee 95, 22 Greifswald, DDR

Inhalt von Band VI

Spalte

Spalte

Spalte

Band VI

Lieferung 1/2 (Spalte 1-224;
Abkürzungsverzeichnis)

Theologisches Wörterbuch zum Alten Testament

In Verbindung mit
George W. Anderson, Henri Cazelles, David N. Freedman,
Shemarjahu Talmon und Gerhard Wallis

herausgegeben von
G. Johannes Botterweck †
Helmer Ringgren
und Heinz-Josef Fabry

Kohlhammer

Inhalt von Band VI, Lieferung 1/2

Technischer Hinweis: Das dieser Lieferung beigegebene neue Abkürzungsverzeichnis (S. XVII–XXXI) schließt an die Titelei (S. I–XVI) von Band VI an, die mit der Schlußlieferung von Band VI geliefert wird.

Band VI wird etwa 10 Lieferungen umfassen. Einzellieferungen werden nicht abgegeben.
Hörern der an diesem Werk beteiligten Verfasser wird bei Vorlage eines vom Autor unterzeichneten Hörerscheins ein Nachlaß von 20 % auf den Ladenpreis gewährt. Die Ermäßigung gilt nur für die bis dahin erschienenen Teile des Werkes und den gerade im Erscheinen begriffenen Band. Der Hörernachweis muß für die erste Lieferung jedes weiter erscheinenden Bandes ggf. neu erbracht werden.

Verlagsort Stuttgart. Gesamtherstellung: W. Kohlhammer Druckerei GmbH + Co. Stuttgart.
Printed in Germany. ISBN 3-17-009626-5

Abkürzungen

AAAS	Annales archéologiques Arabes Syriennes, Damaskus
AANLR	Atti dell'Accademia Nazionale dei Lincei, Rendiconti, Rom
AASF	s. AnAcScFen
AASOR	The Annual of the American Schools of Oriental Research, New Haven
ÄAT	Ägypten und Altes Testament. Studien zur Geschichte, Kultur und Religion Ägyptens und des AT
AAWL(M)	Abhandlungen der Akademie der Wissenschaften und der Literatur, Mainz
AAWW	Abhandlungen der Akademie der Wissenschaften zu Wien
AB	The Anchor Bible
ABAW	Abhandlungen der Bayerischen Akademie der Wissenschaften, München
AbB	Altbabylonische Briefe, Leiden
ABL	R.F. Harper, Assyrian and Babylonian Letters 1-14, Chicago 1892-1914
ABLAK	M. Noth, Aufsätze zur biblischen Landes- und Altertumskunde
ABR	Australian Biblical Review, Melbourne
AbrNahrain	AbrNahrain. An Annual under the Auspices of the Department of Semitic Studies University of Melbourne, Leiden
ABRT	J. Craig, Assyrian and Babylonian Religious Texts, Leipzig 1895-1897
AC	L'Antiquité Classique, Brüssel
AClingSémCham	Actes du premier congrès internationale de linguistique Sémitique et Chamitosémitique, La Haye
AcOr	Acta Orientalia, Kopenhagen
ADAI,Ä	Abhandlungen des Deutschen Archäologischen Instituts, Ägyptolog. Reihe, Kairo
ADD	C.H. Johns, Assyrian Deeds and Documents, Cambridge 1898-1923
ADPV	Abhandlungen des Deutschen Palästinavereins
AET	Abhandlungen zur Evangelischen Theologie
ÄF	Ägyptologische Forschungen
AfO	Archiv für Orientforschung
ÄgAbh	Ägyptologische Abhandlungen
AGH	E. Ebeling, Die akkadische Gebetsserie "Handerhebung" ..., 1953
AGWG	Abhandlungen der Gesellschaft der Wissenschaften zu Göttingen
AHAW	Abhandlungen der Heidelberger Akademie der Wissenschaften
AHDO	L'Archive de l'histoire du droit oriental, Wetteren (Belgien)
AHw	W. von Soden, Akkadisches Handwörterbuch
AION	Annali dell'Istituto Universitario Orientale di Napoli, Neapel
AIPH(OS)	Annuaire de l'Institut de Philologie et d'Histoire Orientales et Slaves, Brüssel
AJA	American Journal of Archaeology, Norwood-Baltimore
AJBI	Annual of the Japanese Biblical Institute, Tokio
AJP	American Journal of Philology
AJSL	American Journal of Semitic Languages and Literatures, Chicago
AJTh	American Journal of Theology, Chicago
AKA	L.W. King, The Annals of the Kings of Assyria, London 1902
AKGW	Abhandlungen der Königlichen Gesellschaft der Wissenschaften, Göttingen
AKM	Abhandlungen für die Kunde des Morgenlandes
Al.T.	D.J. Wiseman, The Alalakh Tablets, London 1953
ALBO	Analecta Lovaniensia Biblica et Orientalia, Louvain
AN	J.J. Stamm, Akkadische Namengebung, 1939
AnAcScFen	Annales Academiae Scientiarum Fennicae, Helsinki
AnAeg	Analecta Aegyptiaca
AnBibl	Analecta Biblica, Rom
ANEP	J.B. Pritchard, The Ancient Near East in Pictures, Princeton ^{2}1955
ANES	s. JANES
ANET	J.B. Pritchard, Ancient Near Eastern Texts related to the Old Testament, Princeton ^{2}1955
Ang	Angelicum, Rom
AnglTR	s. AThR
AnLeedsOrSoc	Annual of the Leeds University Oriental Society, Leiden

AnLov	Analecta Lovaniensia Biblica et Orientalia
AnOr	Analecta Orientalia
AnSAE	Annales du Service des Antiquités de l'Égypte
AnSt	Anatolian Studies, London
Antonianum	Antonianum Periodicum philosophico - theologicum trimestre, Rom
ANVAO	Abhandlinger utgitt av det Norske Videnskaps-Akademi i Oslo
AO	Der alte Orient
AOAT	Alter Orient und Altes Testament
AOB	Altorientalische Bilder zum Alten Testament, hg. von H. Gressmann, ^{2}1927
AOS	American Oriental Series
AOT	Altorientalische Texte zum Alten Testament, hg. von H. Gressmann, ^{2}1926
AP	A.E. Cowley, Aramaic Papyri of the Fifth Century B.C., Oxford 1923
APAW	Abhandlungen der Preußischen Akademie der Wissenschaften
APN	K. Tallqvist, Assyrian Personal Names, Helsingfors 1914
APNM	H.B. Huffmon, Amorite Personal Names in the Mari Texts, Baltimore 1965
ARE	Ancient Records of Egypt, Chicago
ARM	Archives Royales de Mari, Paris
ArOr	Archiv Orientální, Prag
ARW	Archiv für Religionswissenschaft
AS	Assyriological Studies, Chicago
ASAE	Annales du service des antiquités de l'Égypte
ASAW	Abhandlungen der Sächsischen Akademie der Wissenschaften
ASGW	Abhandlungen der Sächsischen Gesellschaft der Wissenschaften
ASKT	P. Haupt, Akkadische und Sumerische Keilschrifttexte, Leipzig 1882
ASOR	American Schools of Oriental Research, Diss. Series
ASTI	Annual of the Swedish Theological Institute in Jerusalem, Leiden
ATA	Alttestamentliche Abhandlungen
ATAO	A. Jeremias, Das Alte Testament im Lichte des Alten Orients, ^{4}1930
ATD	Das Alte Testament Deutsch
ATD E	Das Alte Testament Deutsch, Ergänzungsreihe
ATDA	J. Hoftijzer/ G. van der Kooij, Aramaic Texts from Deir ʿAlla, Leiden 1976
AThANT	Abhandlungen zur Theologie des Alten und Neuen Testaments
AThR	The Anglican Theological Review, Evanston/Sewanee
ATS	Arbeiten zu Text und Sprache im AT (hg. von W. Richter)
ATTM	K. Beyer, Die aramäischen Texte vom Toten Meer, 1984
Aug	Augustinianum, Rom
AuS	s. Dalman
AUSSt	Andrews University Seminary Studies, Berrien Springs
AUU	Acta Univ. Uppsala
AVThR	Aufsätze und Vorträge zur Theologie und Religionswissenschaft, Berlin
AWEAT	Archiv für wissenschaftliche Erforschung des Alten Testaments
AWW	s. DAAW
AzTh	Arbeiten zur Theologie
BA	The Biblical Archaeologist, New Haven
BAH	Bibliothèque archéologique et historique, Paris
BAR	Biblical Archaeology Review, Washington
BAr	Bulletin archéologique du comité des traveaux historiques et scientifiques
BASOR	Bulletin of the American Schools of Oriental Research, New Haven-Baltimore
BAss	Beiträge zur Assyriologie und semitischen Sprachwissenschaft
BAT	Die Botschaft des AT
Bauer-Leander, HG	s. BLe
BB	Biblische Beiträge
BBB	Bonner Biblische Beiträge
BBLAK	Beiträge zur biblischen Landes- und Altertumskunde (ZDPV 68, 1949-51)
BBR	H. Zimmern, Beiträge zur Kenntnis der babylonischen Religion (= Assyriolog. Bibliothek 12, Leipzig 1901)
BC	Biblischer Commentar über das AT (hg. von C.F. Keil und F. Delitzsch)
BCPE	Bulletin du Centre Protestant d'Études, Genf
BDB	F. Brown/S. R. Driver/C. A. Briggs, A Hebrew and English Lexicon of the Old Testament, Oxford 1906

BE	The Babylonian Expedition of the University of Pennsylvania
BET	Beiträge zur biblischen Exegese und Theologie
BethM	Beth Miqra', Jerusalem
BEvT(h)	Beiträge zur evangelischen Theologie
BFChTh	Beiträge zur Förderung christlicher Theologie
BGMR	A.F.L. Beeston/M.A. Ghul/W.W. Müller/ J. Ryckmans, Sabaic Dictionary, Louvain-la-Neuve 1982
BHHW	Biblisch-Historisches Handwörterbuch (hg. von L. Rost/B. Reicke)
BHK	Biblia Hebraica, ed. R. Kittel, 3. Aufl.
BHS	Biblia Hebraica Stuttgartensia
BHTh	Beiträge zur historischen Theologie
Bibl	Biblica, Rom
BiblEThL	Bibliotheca Ephemeridum Theologicarum Lovaniensium
Biblia revuo	Biblia revuo, Moonee Ponds, Victoria
BiblRes	Biblical Research, Chicago
BiblTheolBul	s. BTB
BibO(r)	Bibbia e Oriente, Milano
Biella	J.C. Biella, Dictionary of Old South Arabic. Sabaean Dialect (Harvard Semitic Studies 25, 1982)
BietOr	Biblica et Orientalia
BIFAO	Bulletin de l'Institut Français de l'Archéologie Orientale, Kairo
Bijdragen	Bijdragen, Tijdschrift voor Philosofie en Theologie, Nijmegen/Brügge
BiKi	Bibel und Kirche
BiLe	Bibel und Leben
BiLi	Bibel und Liturgie
BIN	Babylonian Inscriptions in the Collection of J.B. Nies
BiOr	Bibliotheca Orientalis, Leiden
BiTrans	The Bible Translator, London
BJRL	The Bulletin of the John Rylands Library, Manchester
BK	Biblischer Kommentar
BL	Bibel-Lexikon (hg. von H. Haag)
BLA	H. Bauer/P. Leander, Grammatik des Biblisch-Aramäischen, 1927 (=1962)
Blachère-Chouémi	R. Blachère/M. Chouémi/C. Denizeau, Dictionnaire Arabe-Français-Anglais
BLe	H. Bauer/P. Leander, Historische Grammatik der hebräischen Sprache, 1922
BMAP	E.G. Kraeling, The Brooklyn Museum Aramaic Papyri, New Haven 1953
BMB	Bulletin du Musée de Beyrouth
BMiqr	s. BethM
BN	Biblische Notizen
Bo	Tafel-Signatur der Boghazköi-Tafeln
BoSt	Boghazköi-Studien
BRL	K. Galling, Biblisches Reallexikon, 1937; ²1977
Brockelmann	
-Lex Syr	C. Brockelmann, Lexicon Syriacum, ²1928 (= 1966)
-Synt.	C. Brockelmann, Hebräische Syntax, 1956
-VG	C. Brockelmann, Vergleichende Grammatik der semit. Sprachen, 1908. 1913 (= 1961)
BS	Bibliotheca Sacra, A Theological Quarterly, Dallas
BSAW	Berichte der Sächsischen Akademie der Wissenschaften
BSGW	Berichte der Sächsischen Gesellschaft der Wissenschaften
BSO(A)S	Bulletin of the School of Oriental (and African) Studies, London
BSt	Biblische Studien
BTB	Biblical Theology Bulletin, New York
BThH	Biblisch-Theologisches Handwörterbuch zur Lutherbibel und zu neueren Übersetzungen (hg. von E. Osterloh und H. Engeland)
BuA	s. Meissner
BVChr	Bible et vie Chrétienne, Paris
BvOT	De Boeken van het Oude Testament, Roermond
BWA(N)T	Beiträge zur Wissenschaft vom Alten (und Neuen) Testament
BWL	W.G. Lambert, Babylonian Wisdom Literature, Oxford 1960
BZ	Biblische Zeitschrift
BZAW	Beihefte zur Zeitschrift für die alttestamentliche Wissenschaft

BZfr	Biblische Zeitfragen
BZNW	Beihefte zur Zeitschrift für die neutestamentliche Wissenschaft
BZRGG	Beihefte der Zeitschrift für Religions- und Geistesgeschichte
CAA	Cahiers Alsaciens d'archéologie, d'art et d'histoire, Strasbourg
CAAA	I.J. Gelb, Computer-Aided Analysis of Amorite (AS 21, 1980)
CAD	The Assyrian Dictionary of the Oriental Institute of the University of Chicago
CAH	Cambridge Ancient History
CahTD	Cahiers du groupe Thureau-Dangin
CANES	E. Porada, Corpus of Ancient Near Eastern Seals, Washington 1948
CAT	Commentaire de l'Ancien Testament, Neuchâtel
CB, OT Series	Coniectanea Biblica, Old Testament Series, Lund
CBC	Cambridge Bible Commentary
CBQ	Catholic Biblical Quarterly, Washington
CByrs	Cahiers de Byrsa
CChr	Corpus Christianorum
CdÉ	Chronique d'Égypte, Brüssel
CH	Codex Hammurabi
CHR	The Catholic Historical Review, Washington
CIH	Corpus Inscriptionum Himjariticarum (= CIS IV)
CIJ	Corpus Inscriptionum Judaicarum, Città del Vaticano 1936ff.
CIS	Corpus Inscriptionum Semiticarum, Paris
CJTh	Canadian Journal of Theology, Toronto
CML	G.R. Driver, Canaanite Myths and Legends, Edinburgh 1956
CML²	J. C. L. Gibson, Canaanite Myths and Legends, Edinburgh ²1978
CollBG	Collationes Brugenses et Gandavenses, Brügge-Gent
ContiRossini	K. Conti Rossini, Chrestomathia Arabica meridionalis epigraphica, Rom 1931
COT	Commentaar op het Oude Testament, Kampen
CPT	J. Barr, Comparative Philology and the Text of the OT, Oxford 1968
CRAI(BL)	Comptes-rendus de l'Académie des Inscriptions et Belles Lettres, Paris
CRB	Cahiers de la Revue Biblique, Paris
CRRA	Compte rendu de ... rencontre Assyriologique internationale
CSD	R. Payne Smith, A Compendious Syriac Dictionary, Oxford 1903 (= 1957)
CT	Cuneiform Texts from Babylonian Tablets in the British Museum, oder: A. de Buck, The Egyptian Coffin Texts, Chicago 1935-1961
CTA	A. Herdner, Corpus des tablettes en cunéiformes alphabétiques découvertes à Ras-Shamra-Ugarit, Paris 1963
CTh	Cahiers théologiques, Neuchâtel
CTH	E. Laroche, Catalogue des textes Hittites, Paris 1971
CThM	Calwer Theologische Monographien
CTM	Concordia Theological Monthly, St. Louis
DAAW	Denkschrift der Akademie der Wissenschaften in Wien
DACL	F. Cabrol/H. Leclercq, Dictionnaire d'Archéologie Chrétienne et Liturgie, Paris 1907ff.
Dalman, AuS	G. Dalman, Arbeit und Sitte in Palästina, 1928-1942
DB	Dictionnaire de la Bible
DBAT	Dielheimer Blätter zum AT
DBS	Dictionnaire de la Bible, Supplément
DictTalm	M. Jastrow, A Dictionary of the Targumim, the Talmud Babli and Yerushalmi and the Midrashic Literature, New York-Berlin-London 1926; ²1950
DISO	C.F. Jean/J. Hoftijzer, Dictionnaire des inscriptions sémitiques de l'Ouest, Leiden 1965
DJD	Discoveries in the Judaean Desert, Oxford
DLZ	Deutsche Literaturzeitung
DMOA	Documenta et Monumenta Orientis Antiqui, Leiden
Driver	s. CML
DTT	Dansk teologisk tidsskrift, Kopenhagen
EA	J. Knudtzon, Die El-Amarna-Tafeln (VAB 2, 1915)
EB	Echter-Bibel
EdF	Erträge der Forschung
EDH	W. Leslau, Etymological Dictionary of Harari, Los Angeles 1963
EGA	R.M. Boehmer, Die Entwicklung der Glyptik während der Akkad-Zeit, 1965
EHAT	Exegetisches Handbuch zum AT

EHO	F.M. Cross/D.N. Freedman, Early Hebrew Orthography, New Haven 1952
EHS	Europäische Hochschulschriften
EI	Eretz-Israel, Archaeological, Historical and Geographical Studies, Jerusalem
EJ	s. EncJud
Eleph.Pap.	Elephantine Papyri
EMiqr	Ensiqlopedia Miqra'it, Jerusalem
EncBibl	Encyclopaedia Biblica, London
EncJud	Encyclopaedia Judaica, Jerusalem
Encounter	Encounter. Creative Theological Scholarship, Indianapolis
EnEl	Enuma eliš
ERE	Encyclopaedia of Religion and Ethics, Edinburgh
ErF	Erlanger Forschungen
ErfThSt	Erfurter Theologische Studien
ErJB	Eranos-Jahrbuch
EstB	Estudios Bíblicos, Madrid
ÉtBibl	Études Bibliques, Paris
ETL	Ephemerides Theologicae Lovanienses
ETR	Études théologiques et religieuses, Montpellier
EvTh	Evangelische Theologie
EWNT	Exegetisches Wörterbuch zum NT (hg. von H. Balz/G. Schneider, 1980-1983)
ExpT	The Expository Times, Edinburgh
FARG	Forschungen zur Anthropologie und Religionsgeschichte
FF	Forschungen und Fortschritte
FolOr	Folia Orientalia, Krakow
FOTL	Forms of Old Testament Literature, Grand Rapids
FrancLA	Studii Biblici Franciscani Liber Annuus, Jerusalem
FreibThSt	Freiburger Theologische Studien
FreibZPhTh	Freiburger Zeitschrift für Philosophie und Theologie, Fribourg
FRLANT	Forschungen zur Religion und Literatur des Alten und Neuen Testaments
FzB	Forschung zur Bibel
GAG	W. v.Soden, Grundriß der Akkadischen Grammatik (AnOr 33, 1952; AnOr 47, 1969)
GesB	W. Gesenius/F. Buhl, Hebräisches und aramäisches Handwörterbuch über das AT
GGA	Göttinger Gelehrte Anzeigen
GHK	Göttinger Hand-Kommentar zum AT (hg. von W. Nowack)
Gilg	Gilgamesch-Epos
GJV	E. Schürer, Geschichte des jüdischen Volkes, Leipzig ^{4}1901-1911
GKa	W. Gesenius/E. Kautzsch, Hebräische Grammatik, ^{28}1909
Gl	Zählung der altsüdarab. Inschriften der Sammlung Glaser
GLAS	H. v. Wißmann, Zur Geschichte und Landeskunde von Alt-Südarabien (SBAW 246, 1964)
GLECS	Comptes rendus du Groupe Linguistique d'Études Chamito-Sémitiques, Paris
GlWiss	Glaube und Wissen. Volkstümliche Blätter zur Verteidigung und Vertiefung des christlichen Weltbildes
GöttMiszÄg	Göttinger Miszellen zur ägyptologischen Diskussion
GTA	Göttinger Theologische Arbeiten
GThT	Gereformeerd Theologisch Tijdschrift, Kampen
GTTOT	J. Simons, The Geographical and Topographical Texts of the OT, Leiden 1959
GUOST	Transactions of the Glasgow University Oriental Society
HAOG	A.Jeremias, Handbuch der altorientalischen Geisteskultur, ^{2}1929
HAR	Hebrew Annual Review, Columbus
HAT	Handbuch zum AT (hg. von O. Eißfeldt)
Hatch-Redp	E. Hatch/H.A. Redpath, A Concordance to the Septuagint, Oxford 1897
HAW	Handbuch der Altertumswissenschaft
HDB	Harvard Divinity Bulletin, Cambridge, Mass.
Henoch	Henoch (ebraismo), Turin
HGr	mit Autorenname: Hebräische Grammatik
HKAT	Handkommentar zum AT
HNT	Handbuch zum NT (begr. von H. Lietzmann, hg. von G. Bornkamm)
HO	Handbuch der Orientalistik
HSAT	Die Heilige Schrift des AT (hg. von F. Feldmann/H. Herkenne)

HSM	Harvard Semitic Monographs
HThK	Herders Theologischer Kommentar zum Neuen Testament
HThR	Harvard Theological Review, Cambridge Mass.
HThS	Harvard Theological Studies, Cambridge Mass.
HUCA	Hebrew Union College Annual, Cincinnati
HwbIsl	Handwörterbuch des Islam (hg. von A.J. Wensinck/J.H. Kramers, Leiden 1941)
IB	The Interpreter's Bible, New York
ICC	The International Critical Commentary, Edinburgh
IDB	The Interpreter's Dictionary of the Bible
IEJ	Israel Exploration Journal, Jerusalem
IFAO	s. BIFAO
IG	Inscriptiones Graecae (ab 1873)
IKZ	Internationale Kirchliche Zeitschrift, Bern
ILR	Israel Law Review, Jerusalem
Immanuel	Immanuel. A Semi-annual Bulletin of Religious Thought and Research in Israel, publ. by the Ecumenical Research Fraternity in Israel, Jerusalem
IndJT	Indian Journal of Theology, Sarampore
Int	Interpretation, Richmond
IPN	M. Noth, Die israelitischen Personennamen (BWANT 3/10, 1928)
Iraq	Iraq. British School of Archaeology in Iraq, London
IrishThQ	Irish Theological Quarterly, Maynooth
Ja	Zählung nach A. Jamme (altsüdarab. Inschriften-Nummern)
JA(s)	Journal Asiatique, Paris
JAAR	Journal of the American Academy of Religion, Chico
JAC	Jahrbuch für Antike und Christentum
JANES	The Journal of the Ancient Near Eastern Society of Columbia University, New York
JAOS	Journal of the American Oriental Society, Boston-New Haven
JARG	Jahrbuch für Anthropologie und Religionsgeschichte
JBL	Journal of Biblical Literature, New York
JBR	Journal of Bible and Religion, Boston
JCS	Journal of Cuneiform Studies, New Haven
JDAI	Jahrbuch des deutschen archäologischen Instituts, Berlin
JEA	Journal of Egyptian Archaeology, London
JEOL	Jaarbericht van het Vooraziatisch-Egyptisch Genootschap "Ex Oriente Lux", Leiden
JESHO	Journal of Economic and Social History of the Orient, Leiden
JHS	Journal of Hellenistic Studies, London
JJP	Journal of Juristic Papyrology, Warschau
JJSt	Journal of Jewish Studies, London-Oxford
JLH	Jahrbuch für Liturgik und Hymnologie
JMUOS	Journal of the Manchester University and Oriental Society
JNES	Journal of Near Eastern Studies, Chicago
JNWSL	Journal of Northwest Semitic Languages, Stellenbosch-Leiden
JOS	Journal of Oriental Studies
JPOS	Journal of the Palestine Oriental Society, Jerusalem
JPS	Journal of Palestine Studies, Kuweit
JQR	Jewish Quarterly Review, Philadelphia
JRAS	Journal of the Royal Asiatic Society of Great Britain and Ireland, London
JSHRZ	Jüdische Schriften aus hellenistisch-römischer Zeit
JSJ	Journal for the Study of Judaism, Leiden
JSOR	Journal of the Society of Oriental Research, Chicago
JSOT	Journal for the Study of Old Testament, Sheffield
JSS	Journal of Semitic Studies, Manchester
JThC	Journal for Theology and the Church, New York
JThS(t)	Journal of Theological Studies, Oxford-London
Jud	Judaica, Zürich
KAH	Keilschrifttexte historischen Inhalts, 1911. 1922
KAI	H. Donner/W. Röllig, Kanaanäische und aramäische Inschriften, I ^{2}1966, II ^{2}1968, III ^{2}1969
Kairos	Kairos, Salzburg
KAO	H. Schäfer/W. Andrae, Die Kunst des Alten Orient

KAR	E. Ebeling, Keilinschriften aus Assur religiösen Inhalts
KAT	Kommentar zum AT (hg. von E. Sellin, fortgef. von J. Herrmann)
Kautzsch	E. Kautzsch, Die Apokryphen und Pseudepigraphen des AT
KAV	O. Schroeder, Keilinschriften aus Assur verschiedenen Inhalts
KAWA	Verhandelingen der Koninklijke Akademie van Wetenschappen, Amsterdam
KB	Keilinschriftliche Bibliothek (hg. von B. Schrader)
KBL^{2}	L. Koehler/W. Baumgartner, Lexicon in Veteris Testamenti Libros, ^{2}1958
KBL^{3}	Hebräisches und Aramäisches Lexikon zum AT, 3. Aufl., bearb. von W. Baumgartner, 1967ff.
KBo	Keilschrifttexte aus Boghazköi
KeHAT	Kurzgefaßtes exegetisches Handbuch zum AT, 1886ff.
KHC	Kurzer Hand-Commentar zum AT (hg. von K. Marti)
KirSeph	Kirjath Sepher, Jerusalem
KlSchr	Kleine Schriften (von A. Alt, 1953-1959 bzw. O. Eißfeldt, 1962-1979)
KTU	Die keilalphabetischen Texte aus Ugarit (hg. von Dietrich/Loretz/Sanmartín, AOT 24/1, 1976)
KUB	Keilschrifturkunden aus Boghazköi
KuD	Kerygma und Dogma
Lane	F.W. Lane, An Arabic-English Lexicon, London 1863-1893
LAPO	Littératures anciennes du Proche-Orient. Collection publiée sous le patronage de l'École Biblique et Archéologique Française de Jérusalem, Paris
LÄS	Leipziger Ägyptologische Studien
LBS	The Library of Biblical Studies, New York
LCP	Latinitas Christianorum primaeva
Leshonenu	Leshonenu, Jerusalem
Levy, ChWb	s. TW
Levy, WTM	J. Levy, Wörterbuch über die Talmudim und Midraschim, ^{2}1924 (= 1963)
LexÄg	Lexikon der Ägyptologie (hg. von W. Helck und E. Otto)
LexLingAram	E. Vogt, Lexicon Linguae Aramaicae Veteris Testamenti, Rom 1971
LexSyr	s. Brockelmann
LidzEph	M. Lidzbarski, Ephemeris für semitische Epigraphik, 1900-1915
LidzNE	M. Lidzbarski, Handbuch der nordsemitischen Epigraphik, 1898
Lisowsky	G. Lisowsky, Konkordanz zum AT
LO	R. de Vaux, Das AT und seine Lebensordnungen, I 1960; II 1962
LoC	J. Gray, The Legacy of Canaan (VTS 5, ^{2}1965)
LOT	Z. Ben Ḥayyim,The Literary and Oral Tradition of Hebrew and Aramaic Amongst the Samaritans, Jerusalem 1957
LRSt	Leipziger Rechtswissenschaftliche Studien
LSS	Leipziger Semitistische Studien
LThK	Lexikon für Theologie und Kirche, ^{2}1957-1965
LUÅ	Lunds Universitets Årsskrift
LZ	Lebendiges Zeugnis
Maarav	Maarav (NW Semitic), Santa Monica
MAB	Mémoires de l'académie royale de Belge, Brüssel
MAD	Materials for the Assyrian Dictionary, Chicago
MAG	G.R. Driver/J.C. Miles, The Assyrian Laws, Oxford 1935
MAIBL	Académie des Inscriptions et Belles-Lettres, Mémoires, Paris
MAOG	Mitteilungen der Altorientalischen Gesellschaft
MÄS	Mitteilungen aus der ägyptischen Sammlung
MÄSt	Münchener Ägyptologische Studien
MDAI(K)	s. MDIK
MdD	E.S. Drower/R. Macuch, Mandaic Dictionary, Oxford 1963
MdH	R. Macuch, Handbook of Classical and Modern Mandaic, Oxford 1965
MDIK	Mitteilungen des Deutschen Archäologischen Instituts, Kairo
MDOG	Mitteilungen der Deutschen Orient-Gesellschaft
MDP	Mémoires de la Délégation en Perse, Paris
Meissner, BuA	B. Meissner, Babylonien und Assyrien, 1920-1925
MennQR	Mennonite Quarterly Review, Goshen
MEOL	Mededelingen en Verhandelingen van het Vooraziatisch-Egyptisch Genootschap "Ex Oriente Lux", Leiden

MGWJ	Monatschrift für Geschichte und Wissenschaft des Judenthums
MIO	Mitteilungen des Instituts für Orientforschung
MO	Le Monde Oriental, Uppsala
MPG	Migne, Patrologia Graeca
MPL	Migne, Patrologia Latina
MSU	Mitteilungen des Septuaginta-Unternehmens der Gesellschaft/Akademie der Wissenschaften in Göttingen
MThS	Münchener Theologische Studien
Mus	Le Muséon, Louvain
MUSJ	Mélanges de l'Université Saint-Joseph, Beyrouth
MVÄG	Mitteilungen der Vorderasiatisch-Ägyptischen Gesellschaft
NC	La Nouvelle Clio. Revue mensuelle de la découverte historique, Brüssel
NCB	New Clarendon Bible, Oxford
NCeB	New Century Bible Commentary, Edinburgh-Grand Rapids
NEAJTh	North-East Asia Journal of Theology, Tokio
NEB	Die Neue Echter-Bibel
NedGTT	Nederduitse Gereformeerde Teologiese Tydskrif, Kaapstad
NedThT	Nederlands Theologisch Tijdschrift, Wageningen
NESE	R. Degen/W.W. Müller/W. Röllig, Neue Ephemeris für Semitische Epigraphik, 1972-1978
NFT	Nouvelles Fouilles de Tello, Paris 1910
NG(W)G	Nachrichten von der Gesellschaft der Wissenschaften zu Göttingen
NICOT	The New International Commentary on the Old Testament, Grand Rapids
NKZ	Neue Kirchliche Zeitschrift
Noth, ÜPt	M.Noth, Überlieferungsgeschichte des Pentateuch, ³1966
Noth, ÜSt	M. Noth, Überlieferungsgeschichtliche Studien, ²1967
NoTT	Norsk Teologisk Tidsskrift, Oslo
NovTest	Novum Testamentum. An International Quarterly for New Testament and Related Studies, Leiden
NPN	J.J. Gelb/P.M. Purves/A.A. McRae, Nuzi Personal Names (OIP 58, 1943)
NRTh	Nouvelle Revue Théologique, Paris
NTS	New Testament Studies, Cambridge
Numen	Numen. International Review for the History of Religions, Leiden
OBO	Orbis Biblicus et Orientalis, Fribourg-Göttingen
OECT	Oxford Editions of Cuneiform Texts, Oxford
OIP	Oriental Institute Publications, Chicago
OLZ	Orientalistische Literaturzeitung
Or(NS)	Orientalia. Commentarii periodici Pontificii Instituti Biblici, Rom (Nova Series)
OrAnt	Oriens Antiquus, Rom
OrLovPer	Orientalia Lovaniensia Periodica, Louvain
OrS	Orientalia Suecana, Uppsala
OTL	Old Testament Library, London
OTS	Oudtestamentische Studien, Leiden
OTWSA	Die Oudtestamentiese Werkgemeenskap in Suid-Afrika, Pretoria
OvBT	Overtures to Biblical Theology, Philadelphia
PAAJR	Proceedings of the American Academy for Jewish Research, Philadelphia
Paléorient	Paléorient. Revue interdisciplinaire de préhistoire et protohistoire de l'Asie du Sud-ouest, Paris
PAPS	Proceedings of the American Philosophical Society, Philadelphia
PBS	Publications of the Babylonian Section of the University Museum, Philadelphia
PEFQS	Palestine Exploration Fund. Quarterly Statement, London
PEQ	Palestine Exploration Quarterly, London
PH	Paedagogica historica, Gent
PIASH	Proceedings of the Israel Academy of Sciences and Humanities
PJB	Palästinajahrbuch (Jahrbuch des deutschen evangelischen Instituts für Altertumswissenschaft des Heiligen Landes zu Jerusalem)
PNPI	J.K. Stark, Personal Names in Palmyrene Inscriptions, Oxford 1971
PNPPI	F.L. Benz, Personal Names in the Phoenician and Punic Inscriptions (Studia Pohl 8, Rom 1972)
PNU	F. Gröndahl, Personennamen aus Ugarit, (Studia Pohl 1, Rom 1967)

POS	Pretoria Oriental Series, Leiden
PRE	s. PW
PRT	E. Klauber, Politisch-Religiöse Texte aus der Sargonidenzeit, 1913
PRU	Cl. Schaeffer, Le Palais Royal d'Ugarit, Paris
PSBA	Proceedings of the Society of Biblical Archaeology, London
PTh	Pastoraltheologie. Wissenschaft und Praxis
PvOT	De Prediking van het Oude Testament, Nijkerk
PW	A. Pauly/G. Wissowa, Real-Encyclopädie der classischen Alterthumswissenschaft, 1894ff.
Pyr.	Pyramidentexte (nach der Ausgabe von K. Sethe)
QD(isp)	Quaestiones Disputatae (hg. von K. Rahner und H. Schlier)
QuadSem	Quaderni di Semitistica, Florenz
R(d)M	Religionen der Menschheit (hg. von C.M. Schröder)
RA	Revue d'Assyriologie et d'Archéologie Orientale, Paris
RAC	Reallexikon für Antike und Christentum
RAI	Rencontre Assyriologique Internationale, Paris
Ranke, PN	H. Ranke, Die altägyptischen Personennamen, 1935-1952
RAO	H.Ringgren, Die Religionen des Alten Orients (ATD E Sonderband, 1979)
RÄR	H. Bonnet, Reallexikon der ägyptischen Religionsgeschichte, 1952
RB	Revue Biblique, Paris
RBiCalz	Revista Biblica, Rafael Calzada (Argentina)
RE	Real-Encyklopädie für protestantische Theologie und Kirche, ^{3}1896-1913
RefTR	Reformed Theological Review, Hawthorn (Australia)
RÉg(ypt)	Revue d'Égyptologie, Paris
RÉJ	Revue des Études Juives, Paris
RÉS	(mit Nummer) Répertoire d'Épigraphie Sémitique
RÉS	Revue des Études Sémitiques, Paris
RÉSB	Revue des Études Sémitiques et Babyloniaca, Paris
RevBibl	Revista Bíblica, Buenos Aires
RExp	Review and Expositor, Louisville
RGG	Die Religion in Geschichte und Gegenwart, ^{3}1957-1965
RgStTh	Regensburger Studien zur Theologie
RH	Revue Historique, Paris
RHA	Revue Hittite et Asianique, Paris
RHLR	Revue d'Histoire et de Littérature Religieuse, Paris
RHPhR	Revue d'Histoire et de Philosophie Religieuses, Straßburg
RHR	Revue de l'Histoire des Religions, Paris
RicLing	Ricerche Linguistiche
RIDA	Revue Internationale des Droits de l'Antiquité, Brüssel
RIH	J. de Rougé, Inscriptions hiéroglyphiques copiées en Égypte (Études égyptologiques IX, Paris 1877)
RivBiblIt	Rivista Biblica Italiana, Brescia
RLA	Reallexikon der Assyriologie (hg. von E. Ebeling und B. Meissner)
RNP	G. Ryckmans, Les noms propres sud-sémitiques I-III, Leiden 1934f.
RoB	Religion och Bibel, Uppsala
RQu	Revue de Qumran, Paris
RS	Revue Sémitique d'Épigraphie et d'Histoire Ancienne, Paris
RScR	Revue des Sciences Religieuses, Paris
RSO	Rivista degli Studi Orientali, Rom
RSP	Ras Shamra Parallels (hg. von L.R. Fisher, I, AnOr 49, 1972; II, AnOr 50, 1975)
RSPhTh	Revue des Sciences Philosophiques et Théologiques, Paris
RStOr	s. RSO
RT	Recueil de travaux relatifs à la philologie et à l'archéologie Égyptiennes et Assyriennes, Paris
RTAT	Religionsgeschichtliches Textbuch zum Alten Testament (hg. von W. Beyerlin, ATD E 1, 1975)
RThPh	Revue de Théologie et de Philosophie, Lausanne
RTPE	s. RT
RVV	Religionsgeschichtliche Versuche und Vorarbeiten
SAB	Sitzungsberichte der Deutschen Akademie der Wissenschaften zu Berlin

SAHG	A. Falkenstein/W. von Soden, Sumerische und akkadische Hymnen und Gebete, 1953
SAK	F. Thureau-Dangin, Die Sumerischen und Akkadischen Königsinschriften (=VAB 1, 1907)
SAT	Die Schriften des AT in Auswahl (übersetzt und erklärt von H. Gunkel u.a.)
SAW	Sitzungsberichte der Österreichischen Akademie der Wissenschaften in Wien
SBAW	Sitzungsberichte der Bayerischen Akademie der Wissenschaften in München
SBFLA	(=FrancLA)
SBL,Diss Ser	Society of Biblical Literature, Dissertation Series, Missoula
SBM	Stuttgarter Biblische Monographien
SBOT	Sacred Books of the Old Testament (hg. von P. Haupt, Baltimore)
SBS	Stuttgarter Bibel-Studien
SBT	Studies in Biblical Theology
SBU	Svenskt bibliskt uppslagsverk, Gävle
ScE	Science et Esprit, Montreal/Tournai
SchThU	Schweizerische Theologische Umschau, Bern
SciEsprit	s. ScE
ScotJT(h)	Scottish Journal of Theology, Edinburgh
ScrHier	Scripta Hierosolymitana
SDAW	Sitzungsberichte der Deutschen Akademie der Wissenschaften
SEÅ	Svensk exegetisk årsbok, Lund
SEAJTh	South East Asia Journal of Theology, Singapore
Sefarad	Sefarad, Madrid
Sem	Semitica. Cahiers publiés par l'Institut d'Études Sémitiques de l'Université de Paris
Semitics	Semitics, University of South Africa, Pretoria
Seux	J.M. Seux, Ephithètes royales Akkadiennes et Sumeriennes, Paris 1968
SG	F. Delitzsch, Grundzüge der Sumerischen Grammatik, 1914
SGL	A. Falkenstein, Sumerische Götterlieder, AHAW 1959/I
SgV	Sammlung gemeinverständlicher Vorträge und Schriften aus dem Gebiet der Theologie und Religionsgeschichte
SHAW	Sitzungsberichte der Heidelberger Akademie der Wissenschaften
Shnaton	Shnaton. An Annual for Biblical and Ancient Near Eastern Studies, Tel Aviv
SJTh	s. ScotJT
SKK	Stuttgarter Kleiner Kommentar
ŠL	A. Deimel, Šumerisches Lexikon, Rom 1925-1937
SMEA	Studi Miceni ed Egeo-Anatolici, Rom
SMSR	Studi e Materiali di Storia delle Religioni, Rom
SNumen	Studies in the History of Religions (Supplements to Numen), Leiden
SNVAO	Skrifter utgitt av Det Norske Videnskaps-Akademi i Oslo
SPAW	Sitzungsberichte der Preußischen Akademie der Wissenschaften
SSAW	Sitzungsberichte der Sächsischen Akademie der Wissenschaften
St.-B.	H.L. Strack/P. Billerbeck, Kommentar zum Neuen Testament aus Talmud und Midrasch, 1923-1961
StAns	Studia Anselmiana, Rom
StANT	Studien zum Alten und Neuen Testament
STBuc	Studi Teologice Bucureşti
STDJ	Studies on the Texts of the Desert of Judah, Leiden
StHistRel	Studies in the History of Religions, Leiden
StJLA	Studies in Judaism in Late Antiquity, Leiden
STLI	Studies and Texts. Philip W. Lown Institute of Advanced Judaic Studies, Brandeis University, Cambridge, Mass.
StOr	Studia Orientalia, Helsinki
StSem	Studi Semitici, Rom
STT	O.R. Gurney/J.J. Finkelstein, The Sultantepe Tablets, London 1957
StTh	Studia Theologica, Lund
StudGen	Studium Generale
StZ	Stimmen der Zeit
Sumer	Sumer. A Journal of Archaeology and History in the Arab World, Bagdad
SUNT	Studien zur Umwelt des Neuen Testaments
SVT	s. VTS
Syr	Syria, Paris

TAik	Teologinen Aikakauskirja, Helsinki
Tarbiz	Tarbiz. A Quarterly Review of the Humanities, Jerusalem
TAVO	Tübinger Atlas des Vorderen Orients
TCL	Textes Cunéiformes du Musée du Louvre
TCS	Texts from Cuneiform Sources, Locust Valley, New York 1966ff.
Textus	Textus. Annual of the Hebrew University Bible Project, Jerusalem
TGI²	K. Galling, Textbuch zur Geschichte Israels, ²1968
ThAT	Theologie des Alten Testaments (mit Verfassernamen)
THAT	Theologisches Handwörterbuch zum AT (hg. von E. Jenni und C. Westermann)
ThB	Theologische Bücherei
ThJb	Theologisches Jahrbuch, Leipzig
ThLB	Theologisches Literaturblatt
ThLZ	Theologische Literaturzeitung
ThPh	Theologie und Philosophie
ThQ	Theologische Quartalschrift
ThR	Theologische Revue
ThRu	Theologische Rundschau
ThSt	Theologische Studien
ThStKr	Theologische Studien und Kritiken
ThW	Theologische Wissenschaft
ThWAT	Theologisches Wörterbuch zum AT
ThWNT	Theologisches Wörterbuch zum NT
ThZ	Theologische Zeitschrift
TIM	Texts in the Iraq Museum, Bagdad
TMB	F. Thureau-Dangin, Textes Mathématiques Babyloniens, Leiden 1938
Tomback	R.S. Tomback, A Comparative Semitic Lexicon of the Phoenician and Punic Languages, Missoula 1978
TOTC	Tyndale Old Testament Commentaries, London
TR	Tempelrolle aus Qumran
TRE	Theologische Realenzyklopädie
TrThSt (TTS)	Trierer Theologische Studien
T(r)T(h)Z	Trierer Theologische Zeitschrift
TS	Theological Studies, Woodstock
TSSI	J.C.L. Gibson, Textbook of Syrian Semitic Inscriptions I-II, Oxford 1975
TTK	Tidsskrift for teologi og kirke, Oslo
TU	Texte und Untersuchungen zur Geschichte der altchristlichen Literatur, Berlin-Ost
TUAT	Texte aus der Umwelt des AT
TüThQ	Tübinger Theologische Quartalschrift
TW	J. Levy, Chaldäisches Wörterbuch über die Targumim, Leipzig ³1881 (2 Bde.)
TynB	Tyndale Bulletin, Cambridge
UCP	University of California, Publications in Classical Archaeology and Semitic Philology
UF	Ugarit-Forschungen
UHPh	M. Dahood, Ugarit-Hebrew Philology (BietOr 17, 1965)
UT	C.H. Gordon, Ugaritic Textbook (AnOr 38, 1965)
UTB	Uni-Taschenbücher
UUÅ	Uppsala Universitets Årsskrift
VAB	Vorderasiatische Bibliothek
VAS	Vorderasiatische Schriftdenkmäler der königl. Museen zu Berlin
VD	Verbum Domini, Rom
VG	s. Brockelmann
VocThB	Vocabulaire de Théologie Biblique (hg. von X. Léon-Dufour, Paris 1962)
VT	Vetus Testamentum, Leiden
VTE	Vassal Treaties of Esarhaddon, Iraq 20
VTS	Supplements to Vetus Testamentum, Leiden
VuF	Verkündigung und Forschung. Beihefte zu "Evangelische Theologie"
WbÄS	Wörterbuch der ägyptischen Sprache (hg. von A. Erman und H. Grapow)
WBC	World Biblical Commentary, Waco (Texas)
WbMyth	Wörterbuch der Mythologie (hg. von H.W. Haussig)
WBTh	Wiener Beiträge zur Theologie
WbTigre	E. Littmann/M. Höfner, Wörterbuch der Tigre-Sprache, 1962

WC	Westminster Commentaries, London
WdF	Wege der Forschung
WiWei	Wissenschaft und Weisheit. Zeitschrift für Augustinisch-Franziskanische Theologie und Philosophie in der Gegenwart
WKAS	Wörterbuch der klassischen arabischen Sprache (Hg.: Deutsche Morgenländische Gesellschaft), 1970ff.
WMANT	Wissenschaftliche Monographien zum Alten und Neuen Testament
WO	Die Welt des Orients
WoDie	Wort und Dienst
WTM	s. Levy
WUNT	Wissenschaftliche Untersuchungen zum Neuen Testament
WUS	J. Aistleitner, Wörterbuch der ugaritischen Sprache
WZ + Ort	Wissenschaftliche Zeitschrift (der Universitäten der DDR)
WZKM	Wiener Zeitschrift für die Kunde des Morgenlandes
YOS	Yale Oriental Series, Babylonian Texts
ZA	Zeitschrift für Assyriologie und Vorderasiatische Archäologie
ZAH	Zeitschrift für Althebraistik (ab 1988)
ZÄS	Zeitschrift für die ägyptische Sprache und Altertumskunde
ZAW	Zeitschrift für die alttestamentliche Wissenschaft
ZBK	Zürcher Bibel-Kommentar
ZDMG	Zeitschrift der Deutschen Morgenländischen Gesellschaft
ZDPV	Zeitschrift des Deutschen Palästinavereins
ZEE	Zeitschrift für Evangelische Ethik
ZkTh	Zeitschrift für katholische Theologie
ZKWL	Zeitschrift für kirchliche Wissenschaft und kirchliches Leben
ZMR	Zeitschrift für Missionskunde und Religionswissenschaft
ZNW	Zeitschrift für die neutestamentliche Wissenschaft
ZRGG	Zeitschrift für Religions- und Geistesgeschichte
ZS	Zeitschrift für Semitistik
ZThK	Zeitschrift für Theologie und Kirche
ZWTh	Zeitschrift für wissenschaftliche Theologie
ZZ	Die Zeichen der Zeit

Sonstige Abkürzungen

A	Aquila
A.R.	Altes Reich (Ägypten)
ababyl.	altbabylonisch
äg.	ägyptisch
akk.	akkadisch
amhar.	amharisch
arab.	arabisch
aram.	aramäisch
asa. und asarab.	altsüdarabisch
assyr.	assyrisch
babyl.	babylonisch
christl.	christlich
cj.	conjectura
deut, dt, dtn	deuteronomisch
dtr	deuteronomistisch
Dyn.	Dynastie
EÜ	Einheitsübersetzung
f., ff.	folgender, folgende
fem.	feminin
Gloss.	Glossar
griech.	griechisch
H	Heiligkeitsgesetz
hap.leg.	hapax legomenon
hebr.	hebräisch
heth.	hethitisch
hiph	hiphʿil
hitp	hitpaʿel
hoph	hophʿal
I	Itala
i.S.v.	im Sinne von
iran.	iranisch
israelit.	israelitisch
jemenit.	jemenitisch
Jh.	Jahrhundert
Jt.	Jahrtausend
K	Ketib
kanaan.	kanaanäisch
kuschit.	kuschitisch
L	Vetus Latina
LXX	Septuaginta
M.R.	Mittleres Reich (Ägypten)
mand.	mandäisch
mask.	maskulin
masoret.	masoretisch
massyr.	mittelassyrisch
mesopotam.	mesopotamisch
mhebr.	mittelhebräisch
MM	Masora Magna
moabit.	moabitisch
MT	Masoretischer Text
N.R.	Neues Reich (Ägypten)

nabat.	nabatäisch
nbabyl.	neubabylonisch
niph	niphʿal
nom.rec.	nomen rectum
nom.reg.	nomen regens
P	Priesterschrift
palmyr.	palmyrenisch
Pent.	Pentateuch
pers.	persisch
P^G	Priestergrundschrift
phön.	phönizisch
pi	piʿel
PK	Präfixkonjugation
Pl.	Plural
PN	Personenname
P^R	Pentateuchredaktor
prb.l.	probabiliter legendum
P^S	Priesterschrift, sekundäre Zusätze
Ptz.	Partizip
pu	puʿal
pun.	punisch
Q	Qere
Rs.	Rückseite
S	Syrische Übersetzung (Peshitta)
s.v.	sub voce
safait.	safaitisch
sem. und semit.	semitisch
Sing.	Singular
SK	Suffixkonjugation
st.abs.	status absolutus
st.cstr.	status constructus
Subj.	Subjekt
Subst.	Substantiv
sum.	sumerisch
syr.	syrisch
targ.	targumisch
text.crrpt.	verderbter Text
text.emend.	verbesserter Text
TOB	Traduction Oecoumenique de la Bible
ug(ar).	ugaritisch
V	Vulgata
v. (vv.)	Vers(e)
vs.	versus
Vs.	Vorderseite
Wb(b)	Wörterbuch(-bücher)
Z	Zeile
z.St.	zur Stelle
Σ	Symmachus
Θ	Theodotion

Abkürzungen der biblischen Bücher der „Bibel-Einheitsübersetzung“

Altes Testament

Gen	Das Buch Genesis
Ex	Das Buch Exodus
Lev	Das Buch Levitikus
Num	Das Buch Numeri
Dtn	Das Buch Deuteronomium
Jos	Das Buch Josua
Ri	Das Buch der Richter
Rut	Das Buch Rut
1 Sam	Das erste Buch Samuel
2 Sam	Das zweite Buch Samuel
1 Kön	Das erste Buch der Könige
2 Kön	Das zweite Buch der Könige
1 Chr	Das erste Buch der Chronik
2 Chr	Das zweite Buch der Chronik
Esra	Das Buch Esra
Neh	Das Buch Nehemia
Tob	Das Buch Tobit
Jdt	Das Buch Judit
Est	Das Buch Ester
1 Makk	Das erste Buch der Makkabäer
2 Makk	Das zweite Buch der Makkabäer
Ijob	Das Buch Ijob
Ps	Die Psalmen
Spr	Das Buch der Sprichwörter
Koh	Das Buch Kohelet
Hld	Das Hohelied
Weish	Das Buch der Weisheit
Sir	Das Buch Jesus Sirach
Jes	Das Buch Jesaja
Jer	Das Buch Jeremia
Klgl	Die Klagelieder
Bar	Das Buch Baruch
Ez	Das Buch Ezechiel
Dan	Das Buch Daniel
Hos	Das Buch Hosea
Joël	Das Buch Joël
Am	Das Buch Amos
Obd	Das Buch Obadja
Jona	Das Buch Jona
Mi	Das Buch Micha
Nah	Das Buch Nahum
Hab	Das Buch Habakuk
Zef	Das Buch Zefanja
Hag	Das Buch Haggai
Sach	Das Buch Sacharja
Mal	Das Buch Maleachi

Neues Testament

Mt	Das Evangelium nach Matthäus
Mk	Das Evangelium nach Markus
Lk	Das Evangelium nach Lukas
Joh	Das Evangelium nach Johannes
Apg	Die Apostelgeschichte
Röm	Der Brief an die Römer
1 Kor	Der erste Brief an die Korinther
2 Kor	Der zweite Brief an die Korinther
Gal	Der Brief an die Galater
Eph	Der Brief an die Epheser
Phil	Der Brief an die Philipper
Kol	Der Brief an die Kolosser
1 Thess	Der erste Brief an die Thessalonicher
2 Thess	Der zweite Brief an die Thessalonicher
1 Tim	Der erste Brief an Timotheus
2 Tim	Der zweite Brief an Timotheus
Tit	Der Brief an Titus
Phlm	Der Brief an Philemon
Hebr	Der Brief an die Hebräer
Jak	Der Brief des Jakobus
1 Petr	Der erste Brief des Petrus
2 Petr	Der zweite Brief des Petrus
1 Joh	Der erste Brief des Johannes
2 Joh	Der zweite Brief des Johannes
3 Joh	Der dritte Brief des Johannes
Jud	Der Brief des Judas
Offb	Die Offenbarung des Johannes

Umschrifttabelle

א	ʾ	ס	s	◌ָ	ā	◌ְ	^{e}
ב	b (ḇ)	ע	ʿ	◌ָ	ŏ (qāmæṣ ḥāṭûp̱)	◌ֳ	^{o}
ג	g (ḡ)	פ	p (p̱)	◌ַ	a	◌ֲ	^{a}
ד	d (ḏ)	צ	ṣ	◌ֵי	ê	◌ֱ	^{æ}
ה	h	ק	q	◌ֵ	e		
ו	w	ר	r	◌ִי	î		
ז	z	שׂ	ś	◌ִ	i	ugar. ʾa	ʾ
ח	ḥ	שׁ	š	וֹ	ô	ugar. ʾi	ỉ
ט	ṭ	ת	t (ṯ)	◌ֹ	o	ugar. ʾu	ủ
י	j			וּ	û		
כ	k (ḵ)			◌ֻ	u		
ל	l			◌ֶי	æ̂		
מ	m			◌ֶ	æ		
נ	n						

עזז *ʿzz*

עֱזוּז *ʿᵆzûz*, עִזּוּז *ʿizzûz*, עַז *ʿaz*, עֹז/עוֹז *ʿôz/ʿoz*, מָעוֹז *māʿôz*

I. Etymologie, Vorkommen und Bedeutung; LXX – II. *ʿzz* als Verbum (*qal* und *hiph*) – III. Nominale Bildungen von *ʿzz* – 1. *ʿᵆzûz* und *ʿizzûz* – 2. *ʿaz* – 3. *ʿoz* – a) in den Ps – b) in der Weisheitsliteratur – c) allgemein außerhalb der Pss und der Weisheitsliteratur – d) theologisch außerhalb der Psalmen und der Weisheitsliteratur – e) *māʿôz* – IV. Qumran.

Lit.: *Y. Avishur*, Biblical Words and Phrases in the Light of their Akkadian Parallels (Shnaton 2, 1977, 11–19). – *W. Beyerlin*, Die Rettung der Bedrängten in den Feindpsalmen der Einzelnen auf institutionelle Zusammenhänge untersucht (FRLANT 99, 1970). – *M. Dahood*, The Composite Divine Name in Ps. 89, 16–17 and 140, 9 (Bibl 61, 1980, 277f.). – *D. Eichhorn*, Gott als Fels, Burg und Zuflucht (EHS XXIII/4, 1972). – *E. Gerstenberger*, עוז *ʿūz* Zuflucht suchen (THAT II 221–224). – *W. Grundmann*, δύναμ,ι κτλ. (ThWNT II 286–318). – *Ders.*, ἰσχύω κτλ. (ThWNT III 400–405). – *V. Hamp*, Ps 8, 2b. 3 (BZ NF 16, 1972, 115–120). – *P. Hugger*, Jahwe, meine Zuflucht. Gestalt und Theologie des 91. Psalms (Münsterschwarzacher Studien 13, 1971). – *S. E. Loewenstamm*, „The Lord is my Strength and my Glory" (VT 19, 1969, 464–470). – *A. Malamat*, Josiah's Bid for Armageddon (JANES 5, 1973, 267–278). – *W. Michaelis*, κράτος κτλ. (ThWNT III 905–914). – *Y. Muffs*, Two Comparative Lexical Studies (JANES 5, 1973, 287–298, bes. 295–298). – *Chr. Toll*, Ausdrücke für ʿKraft' im Alten Testament mit besonderer Rücksicht auf die Wurzel BRK (ZAW 94, 1982, 111–123). – *A. S. van der Woude*, עזז *ʿzz* stark sein (THAT II 252–256).

I. *ʿzz* ist eine gemeinsemit. Wurzel. Im Ugar. wird es verbal und nominal (als Subst. und Adj.) gebraucht im Sinne von ʿstark sein', dann auch ʿkräftigen', ʿstark', ʿStärke', ʿKraft' (*ʿz*, WUS Nr. 2021; UT Nr. 1835). Das akk. *ezēzu/ezzu* umschreibt das ʿZürnen', ʿmächtig sein', ʿin Wut sein bzw. geraten' (AHw 269f.), während asarab. *ʿzz* ʿbefestigen, bekräftigen' und *ʿzt* ʿStärke' bedeutet (Biella 360). Die Bedeutung des altaram. *ʿzz/ʿzjz* entspricht der der ugar. Belege (KAI 222 B 44; 223 B 20). Das gilt auch für das phön. *ʿz* (KAI 26, 6 Belege; vgl. DISO 205f.). Belege der Wurzel finden sich auch im Jüd.-Aram., Mand. und Äth. *ʿzz* in verbaler und nominaler Ausprägung gehört zum Wortbestand der Qumran-Texte. Die sich im wesentlichen durchhaltende Bedeutung ist ʿstark, kräftig, mächtig sein bzw. werden bzw. machen' und ʿStärke, Macht, Kraft'. Für den verbalen Gebrauch sind im AT die Konjugationsstämme *qal* und *hiph* bezeugt (zusammen 11 Belege), in anderen semit. Sprachen auch Intensivstämme. Im Hebr. ist von *ʿzz* eine Reihe von Nomina gebildet worden. Neben *ʿᵆzûz* ʿStärke', ʿGewalt' und *ʿizzûz* ʿGewaltiger' (3+2 Belege) begegnen *ʿaz* ʿKraft', ʿStärke', auch als Adj. ʿstark' (22 Belege), *ʿoz* ʿKraft', ʿStärke', ʿMacht' (94 Belege), das freilich zuweilen die Bedeutung von ʿ(starker) Schutz', ʿ(große) Sicherheit', ʿZuflucht' und ʿGeborgenheit' annehmen kann. Die Herleitung so zu übersetzender Belege von der Wurzel *ʿwz* ist wiederholt erwogen worden (KBL^3 762; E. Gerstenberger), aber etymologisch letztlich schwer nachzuweisen (s. van der Woude 256). Das gilt auch für *māʿôz* (36 Belege; KBL^3 577 ist sich darin unsicher, dort Hinweis auf arab. *maʿāḏ* ʿZufluchtsort'; Nf. **māʿôzæn* in Jes 23, 11, doch s. 1 QJes^a) ʿZuflucht', ʿBurg', ʿBergfeste', das aber auch ʿStärke' heißen kann (Ps 27, 1; vgl. DISO 205). Hinzuweisen ist auf mehrere Namensbildungen sowohl in den außerbiblischen Texten (s. KAI, AP 297b, BMAP 306b) als auch im AT, *ʿuzzā*, *ʿuzzāh*, *ʿāzāz*, *ʿᵃzazjāhû*, *ʿuzzî*, *ʿuzzijjā*, *ʿuzzijjāh(û)*, *ʿᵃzîʾel*, *ʿuzzîʾel*, *ʿᵃzîzā*, *ʿazzān*, *ʿazmāwæṯ*, *maʿazjāh* (vgl. IPN). – Als Nebenform zu *ʿzz* findet sich *jʿz* (im Ptz. *niph nôʿāz*, Jes 33, 19).

Die LXX verwenden für die verschiedenen Wortbildungen von *ʿzz* Formen aus den Wortfeldern von δύναμις, ἰσχύς und κράτος, für den Bedeutungsbereich von ʿZuflucht' βοηϑός oder ὑπερασπιστής.

II. Nur in späten Texten werden von *ʿzz* Verbformen in der Bedeutung ʿstark sein' (*qal*, 9mal) und ʿstark machen' (*hiph*, 2mal) offenbar denominal gebildet. Zum dtr Rahmen der Richterbuchgeschichten gehört der Topos der Überlegenheit der einen personalen Größe über die andere, d. h. „Israel" wird der Zwingherrschaft eines fremden Königs unterworfen, oder die von JHWH erweckte Rettergestalt besiegt den Zwingherrn. Zweimal wird dies durch die Redewendung „Starkwerden der Hand des einen über den anderen" veranschaulicht, einmal bei Otniel, dessen Hand über Kuschan-Rischatajim stark wurde (Ri 3, 10, *wattāʿŏz jāḏô ʿal*), das andere Mal umgekehrt bei den Midianitern, deren Hand über Israel stark wurde (Ri 6, 2). Aber auch sonst (ohne *jāḏ*) können Menschen erstarken. Sie treten darin gegen JHWH auf, daß sie Arme und Elende bedrücken. Dagegen betet der Verf. eines nachexil. Klageliedausschnittes in Ps 9/10 mit *qûmāh JHWH ʾal jāʿoz ʾᵆnôš*, „stehe auf JHWH, daß der Mensch nicht übermächtig werde" (9, 20). Auch wenn Ps 52 gattungsmäßig schwer einzuordnen ist, wird deutlich, daß ein Bedrängter von seinem Bedränger spricht, nachdem er vor diesem im Tempel Schutz und Bestätigung durch Gott erfahren hat. Der reiche, böse Mann kann von dieser Position aus jetzt sogar in seinem Verhalten verspottet werden, weil er seinen *māʿôz* nicht auf Gott setzte, sondern vielmehr auf sein großes Vermögen (seinen Einfluß) vertraute und in seinem Frevel stark war (v. 9, *jāʿoz*). V. 7 äußert die Gewißheit, daß den Bösewicht Gottes Vernichtung treffen wird. Die Bitte um das Erstarken Gottes zugunsten der Seinen enthält der umfängliche Ps 68, der neben hymnischen Elementen Bitten überliefert hat: „Dein Gott hat dir Kraft entboten, erweise dich als stark, Gott, so wie du (dies an) uns getan hast" (v. 29, mit den Vrs liest man oft im ersten Stichos: „entbiete, o Gott, deine Macht", doch der Text ergibt auch ohne Änderungen einen guten Sinn). Berührten die bisherigen Belege JHWHs Geschichtsmächtigkeit, so rühmt Ps 89, 14 (im Zusammenhang von vv. 10ff.) JHWHs Schöpfermächtigkeit, die sich in der Besiegung der Chaosmächte dokumentiert hat (*tāʿoz jāḏeḵā*, in Parallele stehen „starker Arm" und „erhöhte Rechte"). Die personifizierte Weisheit, die bei den einzelnen Schöpfungstaten Gottes dabei war, bezeugt die Festmachung der Quellen (Brunnen) der Untiefe (Spr 8, 28, *baʿazôz ʿînôṯ tehôm*, eigentlich wäre *hiph* oder *pi* zu erwarten gewesen, in Parallele steht *ʾmṣ pi*; vgl. K. Aartun, WdO 4, 1968, 297: „als die Quellen der Tiefe fluteten" [ugar. *ġdd*]).

In der Weisheitsliteratur ist sonst der Gebrauch von *ʿzz* profan, vgl. die Grundsatzerklärung von Koh 7, 19: Die Weisheit verschafft dem Weisen Stärke (*haḥoḵmāh tāʿoz læḥāḵām*), sogar größere Stärke, als zehn Gewaltige (*šallîṭ*) in einer Stadt haben können. Die verführerische Frau, vor der gewarnt wird, vermag ihrem Gesicht starke, feste, „herausfordernde" (O. Plöger, BK XVII 74) Züge zu geben (Spr 7, 13, *heʿezāh pānæhā*). Daß darin eine negative Verhaltensweise zur Darstellung gelangt, zeigt die ähnlich formulierte Sentenz in Spr 21, 29, in welcher der *ʾîš rāšāʿ* dem *jāšār* gegenübergestellt wird und ersterer „Stärke" in seinem Gesicht zeigt (*heʿez ... bepānājw*), offenbar Willenskraft, um sein böses Tun durchzuführen. Man hat „das Angesicht stark machen" auch mit „dreist" oder „frech machen" übersetzt. Diese Bedeutung wird für das hap. leg. *ʿam nôʿāz* (*jʿz*, eine Nf. zu *ʿzz* s.o.), „ein freches Volk", erschlossen, das in einer sekundären Heilsankündigung in Jes 33, 19 überliefert ist. Israel wird die vermessene dreiste Besatzungstruppe in der Heilszeit nicht mehr sehen müssen.

Einmal noch ist *ʿzz* dazu verwendet, um in Dan 11, 12 die Schwäche des Ptolemäus IV. gegen Antiochus III. zu beschreiben, der zwar siegreich, letztlich jedoch nicht stark sein wird (*loʾ jāʿoz*).

So wird *ʿzz* in beiden Bereichen gebraucht, im theologischen wie im profanen. Im theologischen rechnet *ʿzz* mit JHWHs Geschichts- und Naturmächtigkeit, im profanen ist die Tendenz deutlich erkennbar, Kraft und Stärke eher von Gewalt und Unterdrükkung her zu verstehen als von Sicherheit und Festigkeit.

III. 1. Die Nominalformen *ʿæzûz* (3mal) und *ʿizzûz* (2mal) prädizieren Macht und Stärke des israelitischen Gottes, die zwar heilsam zugunsten seines Volkes eingesetzt werden können, die aber noch deutlich die Ambivalenz der Wurzel erkennen lassen, da sie auch zerstören kann. In der Einzugsliturgie von Ps 24 steht auf die Frage, wer denn der *mælæḵ hakkāḇôḏ* sei, die Antwort: *JHWH ʿizzûz weḡibbôr*, das noch durch *gibbôr milḥāmāh* näher präzisiert wird. *ʿizzûz* ist dabei für die siegreiche kriegerische Qualität JHWHs gebraucht. In der dtjes Heilsankündigung wird die gleiche Übermacht JHWHs wirkungsvoll in der Spiegelung der dem Untergang geweihten ägyptischen Streitmacht vom Anfang der Geschichte Israels zum Ausdruck gebracht, nach welcher JHWH Roß und Wagen sowie dem menschlichen Heer und der Streitmacht (*ḥajil weʿizzûz*) als absolut und grundsätzlich überlegen gilt (Jes 43, 17). Jes 42, 18–25 spricht von der über sein Volk ausgegossenen Zornesglut JHWHs, die sich in *ʿæzûz milḥāmāh* (Gewalt des Krieges) äußerte (v. 25). Auch im „Geschichtspsalm" Ps 78 wird von JHWHs Groß- und Machttaten in der Geschichte mit Hilfe von *ʿæzûzô* (in Parallele stehen *nipleʾôṯājw*) rühmend berichtet (v. 4). Schließlich begegnet die gleiche Aussage in einem Hymnus (Ps 145, 6), in welchem die „Macht deiner Furchtbarkeiten" (*ʿæzûz nôreʾoṯæḵā*) neben „deine Großtaten" (*geḏûlloṯæḵā*, mit K) gestellt wird, von denen man bekennend sagen und erzählen soll (*ʾmr* und *spr*).

2. *ʿaz* kommt als Subst. und Adj. vor, wobei der prädikative Gebrauch des Adj.s noch eine starke verbale Rektion erkennen läßt. Die Verwendung ist fast durchgängig profan. Ältester Beleg dafür scheint in Gen 49, 7, im sog. Jakobsegen, aufbewahrt zu sein, wo die Fluchsentenz über Simeon und Levi mit ihrem starken Zorn und heftigen Grimm begründet wird (*ʾārûr ʾappām kî ʿāz*, par. *qšh*). Diese feindliche Härte in der personalen Beziehung wird gelegentlich mit *ʿaz pānîm* umschrieben (Dtn 28, 50, auf Ungehorsam des Volkes hin entbietet JHWH ein fremdes Volk mit „Härte des Gesichts"; in Dan 8, 24 wird Antiochus Epiphanes als *mælæḵ ʿaz-pānîm* bezeichnet). Ebenfalls 'stark' im bedrohlichen Sinne ist *ʿaz* auch ohne *pānîm*, z. B. in Num 13, 28 (J) gebraucht, wo die Kundschafter das erforschte Land zwar loben, aber das dort ansässige Volk als 'mächtig' und ihre Städte als sehr befestigt (*beṣûrôṯ*) hinstellen. Das Gebiet der Ammoniter, die den Israeliten den Durchzug verwehren und deren König Sihon dafür geschlagen wird, gilt dennoch als stark und sicher im Sinne von ge- und befestigt (Num 21, 24 [E]; man entscheidet sich freilich heute gern für die LXX-Lesart: *jaʿzer* als Grenzortsname). In dem jes Fremdvölkergedicht über Ägypten wird dieses in die Hand harter (*qšh*) Herren und eines *mælæḵ ʿaz* übergeben werden (Jes 19, 4). Ps 18, 2–31 rühmt JHWH u. a. deswegen, weil er den Beter von seinem starken Feind gerettet hat (v. 18 = 2 Sam 22, 18). Für die Endzeit erwartet ein Danklied innerhalb der Jes-Apokalypse, daß auch ein starkes Volk (*ʿam-ʿaz*) JHWH ehren und mächtige Nationen (*gôjîm ʿārîṣîm*) JHWH fürchten werden (Jes 25, 3). Selbst hier ist die Vorstellung von der Bedrohlichkeit von Macht erhalten geblieben, auch wenn sie sich dem Stärkeren beugen muß. In der substantivierten Form behält *ʿaz* (Starker) die negativ zu empfindende Potenz. So klagt der Bedrängte, daß ihm *ʿazzîm* nachstellen (Ps 59, 4, par. Feinde, Übeltäter und Männer der Blutschuld), und er ruft JHWH um Hilfe und Rettung an. In einer an vorexil. Prophetie gemahnenden Gerichtsrede bei TrJes werden Mächtige (Jes 56, 11, hier Volksführer) als gierige Hunde abqualifiziert, die keine Sättigung ken-

nen (*ʿazzê næpæš*, eigentlich „nach Leben Stark-Seiende" oder „Hungerstarke", → V 540). Bei Ez verfällt das in der Stärke liegende Selbstbewußtsein der Mächtigen dem Gericht JHWHs (7, 24, *geʾôn ʿazzîm*; vgl. Am 5, 9, JHWH bringt Zerbruch über den *ʿaz*).

Die Auszugstradition kennt an ganz verschiedenen Stellen des ATs *ʿaz* als Adj., das die Heftigkeit von Naturelementen beschreibt, so in Ex 14, 21 (J), wo JHWH selber durch den stürmischen Ostwind (*berûaḥ qāḏîm ʿazzāh*) die Wasser des (Schilf-)Meeres bewegt, so daß diese zurückgehen, oder in Jes 43, 16, wo JHWH als der den Naturelementen total Überlegene eingeführt wird: Er vermag einen Weg durch das Meer zu bahnen und einen Pfad in starken Wassern (*bemajim ʿazzîm*). Das nachexil. Geschichtssummarium von Neh 9 spielt u.a. auf den Untergang der die aus Ägypten ausziehenden Israeliten verfolgenden Ägypter an, die JHWH in die reißenden Wasser wie einen Stein geworfen hat (v. 11).

Schließlich findet *ʿaz* Verwendung in weisheitlichen Sentenzen. Bekannt ist die Rätselaufgabe und -lösung des Simson in Ri 14, 14+18. In v. 14 ist *ʿaz* personifiziert als 'Starker' gebraucht, in v. 18 als Adj. im Komparativ. Die einzige Stelle, in welcher *ʿaz* als Fem. Pl. und damit als Abstraktum auftaucht, findet sich in Spr 18, 23 (möglicherweise schon mittlere Königszeit), in welchem der Reiche dem Armen gegenübergestellt ist. Der Reiche antwortet auf das Bitten des Armen mit Härte (*ʿazzôṯ*), d.h. er weist ihn ab. In der gleichen Sammlung findet sich ein anderer Zweizeiler, der feststellt, daß Bestechungsgeld im Gewandbausch heftigen Zorn (*ḥemāh ʿazzāh*) besänftigt (Spr 21, 14). Ein Zahlenspruch Spr 30, 25 macht auf das kleine machtlose Volk der Ameisen (*ʿam loʾ ʿaz*) aufmerksam, das sich trotz seiner Schwäche doch im Sommer seine Nahrung (für den Winter) zu bereiten versteht. Sie sind trotz ihres Mangels an Macht und Ansehen mit Weisheit begabte Wesen (v. 24). Nach Hld 8, 6 ist die Liebe „stark wie der Tod", was in Parallele zur Härte der Eifersucht (*qinʾāh*) gestellt wird, die ihre Festigkeit wie die *šeʾôl* hat.

3. a) Von den 94 Belegen von *ʿoz* kommen allein 44 im Psalter vor. Die Bedeutungsbreite ist groß, 'Kraft', 'Macht', 'Stärke', aber auch 'Zuflucht'. *ʿoz* begegnet zuweilen als Parallelbegriff von *māʿoz* (Ps 28, 8). Das Nomen kann im eigentlichen und im übertragenen Sinne gebraucht werden.

In den Schöpfungshymnen bzw. in schöpfungstheologischen Anspielungen ist die Schöpfermacht JHWHs besungen, die selber Macht- und Krafttaten zu vollbringen imstande ist und dem Volk wie dem einzelnen Gläubigen Stärke zuwendet, so daß diese kräftig sind. Nicht ganz durchsichtig ist die göttliche „Gründung" (*jsd pi*) von *ʿoz* aus dem Munde von Kindern und Säuglingen heraus (Ps 8, 3), ein *ʿoz*, der wie ein Bollwerk (H.-J. Kraus) gegen Feinde erfolgreich ist (vgl. Hamp; andere Deutung → III 667). Der Lobpreis, der im Heiligtum angestimmt wird, vollzieht sich an der Kontaktstelle zwischen Himmel und Erde, so daß die Aufforderung ergehen kann: *hallelûhû birqîaʿ ʿuzzô* „preist ihn in der Feste seiner Macht" oder „in seinem machtvollen Firmament" (150, 1). Mit Hilfe seiner Macht (*beʿôzzekā*) hat er im Schöpfungsvorgang das Meer aufgestört (74, 13), mit seinem starken Arm (*bizrôaʿ ʿuzzekā*) hat er die Chaosmächte zerstreut (89, 11). Seine gebieterische Stimme ist „eine mächtige Stimme" (*qôl ʿoz*, 68, 34; vgl. Ps 29). Natur- und Geschichtsmächtigkeit sind fundiert in der den Menschen unzugänglichen Macht in den Wolken (68, 35, par. *gaʾawāṯô*, „seine Hoheit"). Diese universale Stärke wendet er (*nāṯan*) seinem Volk zu (neben *ʿoz* steht *taʿaṣumôṯ*, 68, 36; dasselbe in 29, 11). Himmlische wie irdische Wesenheiten werden dazu aufgefordert, diesem kraftvollen Gott (im Gottesdienst) die Anerkennung zu zollen: *hāḇû leJHWH kāḇôḏ wāʿoz*, „bringt herzu dem JHWH Ehre und Macht" (29, 1; vgl. 96, 7; 1 Chr 16, 28; Ps 68, 35: *tenû ʿoz leʾlohîm*). Mit dieser Redefigur ist vermutlich nicht die kultisch zu vollziehende Investitur JHWHs gemeint, sondern die Zuwendung von Bekenntnis und Anerkenntnis der Macht und der Ehre, die JHWH grundsätzlich schon besitzt. Dieses Bekenntnis ist bekannt (gelernt bzw. gehört, 62, 12a), daß nämlich JHWH *ʿoz* zukommt (v. 12b). Indes ist in einem König-JHWH-Lied doch davon die Rede, daß JHWH sich mit Hoheit bekleidet hat (*lāḇeš*) und mit *ʿoz* umgürtet hat (*ʾzr hitp*, 93, 1). Der im Heiligtum klagende Fromme vermag dort Gott zu schauen und seine Macht und seine Ehre (sinnlich) wahrzunehmen (63, 3, *lirʾôṯ ʿuzzekā ûkeḇôḏækā*; vgl. 96, 6, *ʿoz weṯipʾæræt bemiqdāšô*; s. auch 1 Chr 16, 27), so daß doch an äußerliche Versinnbildlichung gedacht werden könnte. Mögliche zeremonielle Einzelelemente ändern aber nichts daran, daß niemand JHWH etwas geben oder bringen kann, was er nicht schon hätte!

In den Klageliedern führt das Vertrauensmotiv zum Bekenntnis zu JHWHs Größe und Stärke, denen man sich anvertrauen kann, oder es wird regelrecht um den Erweis der Macht Gottes zu helfen gebeten. In Ps 62, 8 moduliert die Bedeutung von *ʿoz* hinüber zu dem deutschen Äquivalent 'Zuflucht', da der Bedrängte bei JHWH *ṣûr-ʿuzzî*, den „Fels meiner Stärke" (oder „meinen starken Fels") finden kann. In Parallele dazu stehen Begriffe wie „Hilfe", „Ehre", „Zuflucht" (vv. 3. 12). Daß JHWH selber „starke Zuflucht" ist, erfährt der Beter als ein Wunder, aber er wird in seiner Erfahrung selber für viele wie zu einem Wunder (71, 7, *kemôpeṯ hājîṯî lerabbîm weʾattāh mahasî-ʿoz*). Ein anderer Beter bekennt: „Du bist für mich eine Zuflucht (*mahsæh*), ein fester Turm (*migdal-ʿoz*) gegen die Feinde" (61, 4). Der Verfolgte sieht in JHWH seine hilfreiche Macht (140, 8, *ʿoz ješuʿāṯî*). Schließlich kann auch die Bitte darum ausgesprochen werden, daß JHWH seinem Knecht seine Stärke verleiht (86, 16, *tenāh-ʿuzzekā*). JHWH kann direkt als „meine Stärke" angeredet und angerufen werden (59, 10. 18, wobei in v. 10

ʿuzzô nach LXX, Targ. und Mss und nach Analogie von v. 18 zu *ʿuzzî* zu ändern ist; Parallele in beiden Fällen ist *miśgāḇ*). Zu gleicher Zeit kann aber auch im Gelübdeelement des Klageliedes *ʿuzzeḵā* vergegenständlicht sein als Materie des Rühmens und Verkündigens (59, 17, *mānôs* und *miśgāḇ* als Parallelen). In seiner Klage gedenkt ein Beter der großen und wunderbaren Machttaten JHWHs in Natur und Geschichte (77, 12), die ihm Vertrauen und Zuversicht einflößen. Dabei weiß er auch, daß JHWH seinen *ʿoz* unter den Völkern bekannt gemacht hat (*jdʿ hiph*, v. 15).

Nach Klage und Bitte und nach einem möglichen priesterlichen Heilsorakel stehen Dank und Lobpreis, in denen die heilsamen Potenzen Gottes prädiziert werden, z. B. 28, 7f. In Ps 30, 8 ist vermutlich mit Targ. zu *leharerê ʿoz* zu ändern und die Verbform *hæʿæmadtānî* zu lesen: „JHWH, in deinem Wohlgefallen hast du mich stehen lassen auf festen Bergen (auf festem Grund)". Hier ist *ʿoz* Qualitätsangabe für den festen Untergrund, auf den JHWH den vom Tode Gezeichneten gestellt hat. Die Verwendung von *ʿoz* in Ps 138, 3 ist nicht ohne Schwierigkeiten zu verstehen. Vielleicht hat Aquila (vgl. Hieronymus) die richtige Fassung aufbewahrt: *tarḥîḇenî*, „du schaffst mir weiten Raum, in meiner Seele (in meinem Leben) ist Kraft".

Es ist zu erwarten, daß auch Hymnen die Kraft und Stärke Gottes besingen. Wegen der Fülle der Macht JHWHs (*berob ʿuzzeḵā*) müssen auch die Feinde JHWHs diesem letztlich huldigen (66, 3; *kḥš* muß in diesem Sinne übersetzt werden, vgl. F. Crüsemann, WMANT 32, 1969, 175 Anm. 5). Gerühmt wird ferner, daß JHWH seine Macht seinem Volk entboten hat (68, 29).

Der Text ist nicht ganz einfach zu übersetzen. MT meint: „dein Gott hat Kraft für dich entboten (das Suff. bei *ʿuzzæḵā* als gen. obj.), die Macht Gottes, die du für uns getan (eingesetzt, ausgeübt) hast" (*ʿuzzāh ʾælohîm* ist zu *ʿoz hāʾælohîm* zu ändern; nach den Vrs soll statt *ṣiwwāh ṣawweh* und *ʾælohæḵā* ohne Suff. gelesen werden: „entbiete, o Gott, deine Macht"; *ʿuzzāh* kann aber auch als Imp. verstanden werden: „erweise dich stark, o Gott, so wie du bisher [als solcher] an uns gehandelt hast").

Schon der Introitus eines Hymnus enthält Prädikationen, die an sich erst in das Corpus gehören: „Laßt uns zujauchzen Gott, der unsere Stärke ist" (81, 2). Eine andere Nuance bietet 89, 18, wo JHWH als *tip̄ʾæræṯ ʿuzzāmô*, als „Glanz ihrer Stärke" (das Suff. bezieht sich auf das Volk) proklamiert wird. Schließlich begegnet auch die Parallelisierung von Kraft und Stärke mit „Gesang" und die Identifizierung dieser beiden Größen mit JHWH (118, 14: *ʿŏzzî wezimrāṯî Jāh*, so auch Ex 15, 2; Jes 12, 2; vgl. P. C. Craigie, VT 22, 1972, 145f., der unter Vergleich mit ugar. *ʿz* und *ḏmr* [UF 1, 1969, 179] „Zuflucht und Schutz" übersetzt).

In den Königsliedern wird davon ausgegangen, daß Macht und Stärke bei JHWH sind, darüber freut sich der König (21, 2), und es ergeht die Bitte an JHWH, daß er sich in seiner Macht und Stärke erheben möge, um gegen Feinde einzuschreiten (21, 14). Im Thronbesteigungszeremoniell ist die Übergabe des Zepters (*maṭṭeh-ʿuzzeḵā*, „Zepter deiner Macht" = „dein machtvolles Zepter") an den König vorgesehen (110, 2).

In den Geschichtssummarien werden über die allgemeine Auffassung, daß JHWH Geschichte tut und bewirkt, hinaus noch bestimmte Ereignisse als von JHWH inauguriert akzentuiert, wie z. B. die wunderbare Speisung während der Wüstenwanderung. Zu ihrem Zwecke wurde eigens die (Schöpfer-)Macht JHWHs eingesetzt (*beʿuzzô*), die den Südwind erregte (78, 26), der zusammen mit dem Ostwind die Vögel als Nahrung herzutrieb (v. 27). Nach Ps 78, 61 gab JHWH selbst seine heilige Lade, identifiziert als *ʿuzzô* und *tipʾartô*, in die Gefangenschaft, in die Hand des Feindes (vgl. 1 Sam 4). Das fügt sich gut zu der Bezeichnung der Lade als *ʾarôn ʿuzzeḵā* („Lade deiner Macht" = „deine machtvolle Lade") in Ps 132, in dem von der Ladeprozession erzählt zu sein scheint (v. 8, vgl. v. 7; 2 Chr 6, 41). Die Rekapitulation der Geschichte wird in einem anderen Geschichtssummarium als „Fragen nach JHWH und seiner Macht" verstanden (105, 4 = 1 Chr 16, 11).

In der Gattung der Zionslieder geht der Gebrauch von *ʿoz* nicht über den bisher dargestellten hinaus. Der auf dem Zion anwesende JHWH gilt der feiernden und bekennenden Gemeinde als Hilfe, Stärke und Zuflucht (46, 2), so daß jeder Pilger glücklich gepriesen wird, dessen Stärke bei JHWH ist (84, 6).

Nicht nur Hilfe, Barmherzigkeit und Güte Gottes können mit *ʿoz* verbunden werden, auch die Mächtigkeit des Zorns Gottes ist eine Wirklichkeit im AT, und es wird davor gewarnt, diese zu unterschätzen (90, 11, „wer weiß um die Macht deines Zorns!?", „um deinen mächtigen Zorn!?"). Darum ist es gut zu erfahren, daß die Macht des Königs JHWH das Recht liebt (99, 4).

b) In der Weisheitsliteratur überwiegt der profane Gebrauch von *ʿoz*. So wird bei der Schilderung des Leviatan davon gesprochen, daß auf seinem Nacken die Stärke nächtigt (Ijob 41, 14), und Ijob ironisiert Bildads „weise Ratschläge" als helfenden Arm ohne Kraft (Ijob 26, 2, *zerôaʿ loʾ-ʿoz*). Die tugendsame Frau ist nicht nur tüchtig, sondern auch physisch kräftig und zupackend (Spr 31, 17, *ḥāḡerāh beʿoz mŏṯnæhā*, „sie gürtet ihre Hüften mit Kraft"; „Kraft und Glanz [*ʿoz-wehāḏār*] sind ihre Gewandung", v. 25). Spr 10, 5 spricht die Überzeugung aus, daß der Reichtum dem Besitzer (wie) eine feste Stadt sei (*qirjaṯ ʿuzzô*, s. auch 18, 11). Der Bruder, dem gegenüber man sich vergangen hat, ist verhärtet (und unzugänglich) mehr als eine befestigte Stadt (18, 19). Die Überlegenheit der Weisheit über die äußere Macht scheint 21, 22 zu erklären: „Ein Weiser ersteigt die Stadt von Starken (*gibborîm*) und reißt nieder den *ʿoz* ihres Vertrauens." Spr 24, 5 stößt in die gleiche Richtung: „Ein weiser Mann ist in der Kraft,

und ein kenntnisreicher Mann stärkt (mehrt) die Stärke." Die Sentenz will wahrscheinlich sagen, daß der Weise in Wahrheit der Starke ist. Demgegenüber scheint Koh 8, 1 *ʿoz* wieder negativ zu sehen, wenn es heißt: „Die Weisheit eines Menschen erleuchtet (*tāʾîr*, macht hell und freundlich) sein Angesicht, während *ʿoz* sein Angesicht verändert" (*ʿoz* als Härte; keine Textänderung nötig).
Als Beispiel für die theologische Verwendung von *ʿoz* in der Weisheitsliteratur wird einmal ein typischer weisheitlicher Topos benutzt: „in der Furcht JHWHs ist starke Sicherheit" (Spr 14, 26, *mibṭaḥ-ʿoz*), und zum anderen ein Element der traditionellen *šem*-Theologie: „der Name JHWHs ist ein starker Burgturm" (18, 10, *miḡdal-ʿoz*). Gottes totale Macht und Freiheit setzen sich noch vor allen menschlichen Rechtsvorstellungen durch (Ijob 12, 16, *ʿimmô ʿoz weṯušijjah*, „bei ihm ist Macht und Gelingen"). Schließlich werden in einer der Elihu-Reden die Schöpferqualitäten Gottes angesprochen, die frei über Schnee und Regen zu gebieten vermögen (Ijob 37, 6, aufgrund einer Dittographie ist zu ändern entweder zu *welaggæšæm ûmāṭār*, *ʿuzzô* müßte dann als Imp. *ʿozzû* [„schwellt an!"] verstanden werden, oder zu *wegæšæm māṭār ʿuzzô* [„und Platzregen ist seine Stärke, seine Macht"]).
c) Eine der ältesten Belegstellen für den allgemeinen Gebrauch von *ʿoz* im AT findet sich im Jakobsegen, in dem Ruben als Erstgeborener, als „meine Kraft" (*koḥî*), „Erstling meines Vermögens" (*reʾšîṯ ʾônî*) und „überragend an Kraft" (*jæṯær ʿaz*, Nf. zu *ʿoz*) angesprochen wird (Gen 49, 3). Ebenfalls in alte Zeit reicht das Debora-Lied zurück. Dort wird in den vv. 19–22 von der Schlacht bei Taanach gehandelt, in welche JHWH mit seinen naturmächtigen Möglichkeiten eingegriffen hat. Dies könnte Anlaß sein zu der eingeschobenen Selbstaufforderung, mit Macht aufzutreten, d.h. sich an dem aussichtsreichen Kampf zu beteiligen (Ri 5, 21, *tiḏrekî napšî ʿoz*, „meine Seele möge mit Macht auftreten" oder aber, wenn man *næpæš* in der Bedeutung 'Hals' nimmt: „du sollst auf den Nacken der Starken treten" [Boling, AB 6A, 113]; *ʿoz* hätte in jedem Falle etwas mit der militärischen Potenz der Kämpfenden zu tun). Menschliche Fähigkeit und Aktivität steht hinter dem mit aller Macht ausgeführten Tanz vor JHWH, den David bei Einholung der Lade tanzt (2 Sam 6, 14, *bekŏl-ʿoz*; 1 Chr 13, 8 formuliert anders: David und Israel freuen sich vor Gott mit ganzer Macht). Materielle Gegenstände, Güter, auch Lokalitäten erhalten ihre Qualifizierung durch *ʿoz*, z. B. eine Stadt (Jes 26, 1, *ʿîr ʿŏz-lānû*, „wir haben eine starke Stadt", von Jerusalem ausgesagt) oder ein Zepter (Jer 48, 17, *maṭṭeh-ʿoz*, Ausdruck der Festigkeit des moabitischen Herrschaftsbereiches, die zerbrochen werden wird) oder eine unzugänglich gemachte starke (befestigte) Höhe (Jer 51, 53, *merôm ʿuzzāh*), wie die Babels, die doch im Gericht JHWHs überwunden werden wird; dabei ist äußere Festigkeit zugleich Bild für Selbstübersteigerung (Hybris). Ezechiel vergleicht das judäische Königshaus mit einem Rebstock, dessen kräftige Reiser so stark waren, daß sie zu Zeptern für Herrschende hätten genutzt werden können, nun aber vernichtet sind (Ez 19, 11. 12. 14, *maṭṭeh-ʿoz*). Bei der Zerstörung von Tyrus werden auch die starken Säulen (*maṣṣeḇôṯ ʿuzzeḵ*) niederbrechen (Ez 26, 11). Ob man unter den *kelê-ʿoz leJHWH*, mit denen die Priester und Leviten zu Hiskijas Passah-Feier JHWH aufspielten, starke (lauttönende) Musikinstrumente zu verstehen hat, ist umstritten (2 Chr 30, 21).
Daß *ʿoz* auch ganz abstrakt Macht, Stärke, Kraft eines Staatswesens bedeuten kann, bezeugt die Unheilsankündigung des Amos an Samaria (3, 11): diese Macht soll heruntergerissen werden.
Eine Reihe von Belegen stellt *gāʾôn* und *ʿoz* zusammen im Sinne von 'starkem Stolz', 'Hochmut', 'unerträglicher Hoffart', den bzw. die JHWH brechen wird (Lev 26, 19; Ez 24, 21; 30, 6. 18; 33, 28). In Ez 24, 21 wird das Jerusalemer Heiligtum als „euer starker Stolz" (*geʾôn-ʿuzzekæm*) gekennzeichnet. Überall gewinnt der so bezeichnete Stolz Züge von Auflehnung und Sünde gegen JHWH, so daß *ʿoz* unmerklich aus dem profanen Gebrauch hinübergleitet in seine theologische Verwendung.
d) Es hat den Anschein, als habe *ʿoz* erst in jüngeren Texten eine stärkere theologische Qualität erhalten, hier wiederum vornehmlich in poetischen Stücken (d. h. geprägten Formulierungen). Im Schilfmeerlied (Ex 15, 1–18) wird JHWH für seine Kraft gepriesen, mit welcher er sein Volk in seine heilige Wohnstatt geführt hat (v. 13b). Im Lobgesang der Hanna (1 Sam 2, 1–10) wird die Zuversicht ausgesprochen, daß JHWH seinem König Kraft gibt und das Horn seines Gesalbten erhöht (v. 10). Dies berührt sich mit Mi 5, 3. Der Herrscher der Zukunft, der Heilsbringer, wird auftreten und weiden in der Kraft JHWHs, seines Gottes (die Übersetzung von *ʿoz* mit 'Majestät' ist nicht gerechtfertigt).
In Jes 51, 9 fordert der Prophet den „Arm JHWHs" (als pars pro toto, der grundsätzlich schon als stark gilt, bei dem JHWH selber schwört, Jes 62, 8) auf, Macht anzuziehen (*liḇšî-ʿoz*; vgl. Ps 35, 23; 44, 24). Sollte die gleiche Aufforderung an Zion richtig überliefert sein (Jes 52, 1), dann könnte es sich dabei nur um Macht und Stärke handeln, die JHWH zur Verfügung gestellt hat und garantiert (wegen „Prachtkleider" in v. 1b hat man in der Exegese erwogen, *ʿuzzeḵ* zu *ʿædjeḵ* „deinen Schmuck" zu ändern). In einer Gerichtsrede soll evident gemacht werden, daß JHWH allein Gott ist und daß jedes Knie sich vor JHWH beugen und jede Zunge bekennen wird (Jes 45, 23): „Nur bei JHWH sind Gerechtigkeitserweise und Macht" (v. 24 *ṣedāqôṯ wāʿoz*). Auch das Bekenntnis des einzelnen lautet nicht anders, z. B. Jes 49, 5 (der Gottesknecht führt aus: „und mein Gott ist meine Stärke") oder Jer 16, 19: „JHWH ist meine Stärke und meine Zuflucht und meine Zuversicht am Tage der Not" (neben *ʿoz* stehen *māʿoz* und *mānôs*, vgl. W. Thiel, WMANT 41, 195ff.). JHWHs

Macht in seiner glanzvollen Theophanie besingt Hab 3. Aufgeführt werden Hoheit (*hôḏ*) und Ruhmpreis (*tᵉhillāh*), Glanz, Licht und Blitz (*qæræn*) und Stärke (v. 4: *šām ḥæḇjôn ʿuzzoh*, „daselbst ist die Hülle seiner Kraft"; dieser Satz gilt weithin als Glosse, doch ohne Grund; die theophanären Begleitumstände sind nicht selber die Macht JHWHs, vgl. 1 Kön 19, 11 f.).

Die Macht Gottes hat aber auch vernichtende Potenzen; so sagt ein geprägtes Wort in Esra 8, 22, daß „die Hand Gottes über allen, die ihn suchen, zum Guten waltet, daß aber seine Macht und sein Zorn gegen die gerichtet sind (*ʿuzzô wᵉʾappô ʿal*), die ihn verlassen" (man könnte die beiden Nomina als Hendiadyoin für ʿsein mächtiger Zorn' oder ʿseine zornige Macht' nehmen).

e) *māʿôz* birgt in sich die Bedeutungsinhalte von Schutz und Zuflucht, aber auch von Festigkeit und Stärke, die ganz konkret in einer unzugänglichen Burg oder Bergfeste, auf Felsen gebaut, vorgestellt werden können. Dieses zunächst profane dingliche Verständnis kann abstrahiert und auf theologische Sachverhalte übertragen werden, wenn JHWH mit *māʿôz* identifiziert wird als Zuflucht für einen Verfolgten, Bedrängten, Angefochtenen.

Ganz allgemein ist *māʿôz* Bergfeste in der Berufungsgeschichte des Gideon (Ri 6, 26). Auch in Jes 17, 9 ist auf „befestigte Städte" (*ʿārê māʿuzzôṯ*) angespielt, die verlassen und verödet sein werden, so wie in Jes 23, 4 (eigentlich ein Wort über Tyrus, vgl. v. 5, aber *māʿôz hajjām* muß sich auf Sidon beziehen) Sidon als „Feste am Meer" angesprochen wird, die freilich dem Unheil verfällt. Hinter diesem Unheil steht JHWH, der alle Burgen Phöniziens zerstört (Jes 23, 11; lies mit 1 QJesᵃ *māʿuzzǣhā*). In dem Ez-Spruch über Ägypten trifft das Zorngericht JHWHs das ägyptische *Sîn*, das als *māʿôz miṣrajim* „Feste Ägyptens" bezeichnet wird (30, 15). In Nah 3, 11 könnte der *māʿôz* (Zuflucht, Zufluchtsstätte), den sich Ninive (vergeblich) vor dem andringenden Feind sucht, abstrakt gemeint sein, doch v. 12 denkt wohl wieder an Festungen (*kŏl-miḇṣārajiḵ*), die wie reife Früchte dem „fressenden Feind" ins Maul fallen werden. Dieses massiv-dingliche profane Verständnis von *māʿôz* hält sich von den älteren bis zu den jüngeren Überlieferungen des ATs durch. Als befestigter und sicherer Hafen (*māʿuzzᵉḵæn*) wird Sidon in Jes 23, 14 angesehen (vgl. v. 1), über dessen Zerstörung die Tarschisch-Schiffe heulen (d. h. das Klagelied anstimmen) sollen. Daß auch Jerusalem komplex als *māʿôz* verstanden worden ist, bezeugt Ez 24, 25, wo *māʿuzzām* in Parallele zu Gemütswerten wie die Freude ihrer Pracht und das Begehrenswerte ihrer Augen steht; vgl. v. 21, der den Tempel als *gᵉʾôn ʿuzzᵉḵæm*, „stolzen Hort" (W. Zimmerli) beschreibt. *māʿôz roʾšî* mag man im Deutschen mit „Kopfschutz" oder „Helm" (eines Kriegers) wiedergeben (Ps 60, 9 = Ps 108, 9: „Ephraim ist mein Helm", gebraucht von JHWH).

Daneben steht im AT eine breite Skala von Zeugnissen, in denen *māʿôz* im übertragenen, theologischen Sinne gebraucht wird. In den meisten Fällen gilt JHWH selber als Burg, Schutz, Stärke, Zuflucht für solche, die sich zu ihm flüchten. Jesaja belegt seine Volksangehörigen mit dem Weheruf, weil sie ihre Zuflucht bei Pharao suchen, statt auf JHWH zu hören (Jes 30, 2, *lāʿôz bᵉmāʿôz parʿoh*, Parallelbegriff ist *ḥāsāh*). Die „Gottvergessenheit" der Jerusalemer (Jes 17, 10 a) fungiert als Begründung für die nachfolgende Unheilsankündigung (vv. 10 b. 11): „denn du hast den Gott deines Heils vergessen und des *ṣûr māʿuzzeḵ* nicht gedacht".

Das Bekenntnis zu JHWH als *māʿôz* begegnet in verschiedenen Psalmengattungen. Überall sind starker Schutz, Geborgenheit und Zuflucht die bestimmenden inhaltlichen Elemente. In einem individuellen Vertrauenslied wird JHWH als *māʿoz-ḥajjaj* („Zuflucht meines Lebens", vielleicht gen. obj. „für mein Leben") prädiziert, weswegen Furcht und Grauen gegenstandslos werden (Ps 27, 1). In Parallele dazu steht JHWH als Licht und Heil. Das gleiche Bekenntnis innerhalb eines individuellen Dankliedes (Ps 28) schließt JHWH als Stärke für „sein Volk" mit ein (v. 8 *JHWH ʿoz-lāmô*, lies mit LXX, Syr und einigen hebr. Mss *lᵉʿammô*), während er seinem *māšîaḥ* als der *māʿoz jᵉšuʿôṯ* (der Zuflucht in den Heilstaten gewährt) gilt. Derselbe Psalm nennt JHWH *ʿuzzî umāḡinnî*, „meine Stärke und mein Schild" (Ps 28, 7). In einem Klagelied wird JHWH dringlich gebeten, dem Beter „Fels der Geborgenheit" (*ṣûr-māʿôz*) zu sein (Ps 31, 3; im Parallelstichos steht *bêṯ-mᵉṣuḏôṯ*). Der Bedrohte ist bei seiner Bitte um Befreiung aus der Verstrickung im Netz der Überzeugung, daß JHWH seine Zuflucht sei (Ps 31, 5, *kî ʾattāh māʿuzzî*; vgl. Ps 43, 2 „der Gott meiner Zuflucht"). Die weisheitlich bestimmte Lehrdichtung teilt diese Überzeugung. In der Zeit der Not ist JHWH der Gerechten (*ṣaddîqîm*) Schutz und Hilfe (Ps 37, 39, *māʿuzzām*, par. *tᵉšuʿāh*). Die Sentenzen von Ps 52 tragen ebenfalls weisheitlichen Charakter. V. 9 zeigt mißbilligend auf den Mann, der seinen *māʿôz* nicht auf Gott legt, sondern seinem Reichtum vertraut und sich stark macht im Schaden-Tun (*jāʿoz bᵉhawwāṯô*). Die Gottesproklamation als „starke Festung" (*māʿuzzî ḥajil*) findet sich in hymnischen Aussagen, z. B. 2 Sam 22, 33 (Ps 18, 33 liest *hammᵉʾazzᵉrenî ḥajil*, „der mich gürtet mit Kraft", doch im Blick auf v. 32 ergibt auch 2 Sam 22, 33 a einen guten Sinn). In Jes 25, 1–5 wird JHWH als Zuflucht und Schutz für den Armen und Elenden (*dal*, *ʾæḇjôn*) gepriesen (*māʿôz* 2mal in v. 4; par. *maḥsæh*). Nicht ganz deutlich ist die Aussage in Jes 27, 5. Unabhängig davon, wie sich v. 5 zu den vv. 2–4 inhaltlich verhält, scheint dieser Vers mit dem Ausdruck *jaḥᵃzeq māʿuzzî* auf die Vorstellung von der Asylie im Tempel anzuspielen, nach welcher der in seinem Leben Bedrohte in den Tempelbezirk flieht und zu seinem Schutz die Hörner des Altars ergreift (1 Kön 1, 50). Bekenntnis, Verkündigung und eschatologische Erwartung der Schutzmächtigkeit JHWHs kommen zur Sprache z. B. in Jer

16, 19: *JHWH ʿuzzî umāʿuzzî ûm^{e}nûsî b^{e}jôm ṣārāh*; Joël 4, 16: *w^{e}JHWH maḥ^{a}sæh l^{e}ʿammô umāʿôz libnê jiśrāʾel*; Nah 1, 7: *ṭôb JHWH l^{e}māʿôz b^{e}jôm ṣārāh*. Von der konkreten Bedeutung „Festung" über die Personifizierung von Zuflucht und Stärke durch JHWH reicht der Gebrauch von *māʿôz* bis hin zu Abstraktionen, wie z. B. in der großen Predigt des Esra (Neh 8, 10), in welcher die Freude an JHWH als Stärke bezeichnet wird (*kî ḥædwat JHWH hîʾ māʿuzz^{e}kæm*) oder in Spr 10, 29, wo der „Weg JHWHs" für den Untadeligen (lies *lattam*) Schutz, Zuflucht, Burg ist (anders die Komm., die „Schutz für den, der untadelig wandelt" o. ä. übersetzen). „Weg JHWHs" kann dabei die von dem Frommen eingehaltene Verhaltensweise oder der von JHWH gewiesene Weg (das verordnete Schicksal) sein.

Besonders häufig kommt *māʿôz* in Dan 11 vor (7mal). In den vv. 7. 10. 19 ist mit diesem Wort die Festung im eigentlichen Sinne gemeint, während v. 31 auf das als Festung geltende Jerusalemer Heiligtum (*miqdāš*) anspielt. Wer mit dem „Gott der Festungen" (v. 38, *ʾ^{æ}loah māʿuzzîm*) gemeint ist, bleibt undeutlich. Dagegen denkt v. 39 wieder an befestigte Örtlichkeiten (*mibṣ^{e}rê māʿuzzîm*), an Garnisonen. Nur in Dan 11, 1 scheint eine übertragene Bedeutung vorzuliegen; der Text ist aber im MT nicht in der richtigen Textabfolge überliefert (vgl. BHS und die Komm.). Wahrscheinlich handelt es sich um Michael, der Gott in seinem Kampf gegen die Engelfürsten „als Stärkung und Schutz" beisteht.

IV. In Qumran sind die meisten Fundstellen für den Gebrauch einer Wortbildung von *ʿzz* in den Lobliedern zu registrieren, darunter nur ganz wenige Verbformen (1 QH 7, 17. 19, *l^{e}hāʿîz b^{e}kôaḥ*, „um stark zu machen in (oder: durch) Kraft", wobei formal auch die Herleitung von *ʿwz* möglich ist; CD 20, 33 hat *jāʿoz libbām*, „ihr Herz soll stark sein", gemeint ist das Herz der Männer der Gemeinschaft, die auf die Weisung des Lehrers der Gerechtigkeit hören). Die meisten Belege sind Nomina (*ʿoz* und *māʿôz*). Der Gebrauch ist sowohl profan als auch theologisch: 1 QH 1, 10, *rûḥôt ʿoz*, „mächtige Winde" (schöpfungstheologisch); 3, 37, Gott als „feste Mauer" (vgl. 6, 26 f.); 5, 37 „starke Mauer" (neben anderem) als Gefängnis für den Frommen; 6, 28 aber wieder „feste Riegel" zum Schutz vor Feinden; 7, 6, Gottes „Kraft" als Stütze des Gläubigen (vgl. 18, 13); 7, 8 „starker Turm und hohe Mauer" als Bild für den gefestigten Frommen (vgl. 1 QSb 5, 23); 9, 28: der „Fels meiner Kraft" ist bei Gott; 17, 18, Rühmung der Werke von Gottes „machtvoller Rechten" (vgl. 18, 7). *māʿôz* scheint in Qumran vielseitiger als im AT gebraucht zu sein: 1 QH 8, 24, ein Wurzelstock, der auch in der Hitze „Kraft" behält; der klagende Fromme ist ohne „Zuflucht" (8, 27); die aus dem Leibe des Klagenden geschwundene eigene „Kraft" (8, 32), die schwindende „Kraft der Hüften" als Bild für Schwachheit (8, 33); Ablehnung des Besitzes als Ort, bei dem man „Zuflucht" finden kann (10, 23); schließlich *māʿôz* auch als „Zufluchtsort in der Höhe" (10, 32).

In der Gemeinderegel ist von dem „starken Recht" (*mišpaṭ ʿoz*) die Rede (1 QS 10, 25). Der Weg der Schritte des Frommen führt über einen „starken Felsen", der mit der Wahrheit Gottes identifiziert wird (1 QS 11, 4).

In der Kriegsrolle wird Gottes große „Kraft" gerühmt (1 QM 11, 5; 14, 11. 16; Z. 16 bittet, Gott möge sich in „Macht" erheben; vgl. Ps 21, 14; Jes 51, 9).

In den Segenssprüchen wird auch die „Macht des Mundes Gottes" (*ʿoz pîkā*), mit welcher Gott seine Herrschaft unter den Völkern durchsetzt, erwähnt (1 QSb 5, 24). Eine bemerkenswerte Redewendung begegnet in 4 QT 26: die Befestigung Jerusalems gilt dort als „Bollwerk der Gottlosigkeit" (*ʿoz ræšaʿ*). Darüber hinaus gibt es noch weitere Belege für Formen von *ʿzz*, z. B. 1 Q 27, 4, 1; 35, 1, 1; 4 Q SŠîrôt ʿôlat haššabbat 39, 1, 1, 25; 4 QM^{a} 13; 1 QH 2, 2 (ohne Sinnzusammenhang). Es zeigt sich, daß bei stärkerer Kontamination der einzelnen Begriffe die Bedeutungen nicht über die im AT gebräuchlichen wesentlich hinausgehen.

Wagner

עָזַר *ʿāzar*

עֹזֵר *ʿozer*, עֵזֶר *ʿezær*, עֶזְרָה *ʿæzrāh*, עֲזָרָה *ʿ^{a}zārāh*, עזיר *ʿaz(z)îr*, עָזַר II *ʿāzar* II

I. 1. Die Wurzeln *ʿzr* I und *ʿzr* II – 2. Belege – II. *ʿzr* I – 1. Verbalgebrauch – 2. Nominalgebrauch – 3. Anthroponymie – III. *ʿzr* II – 1. Verbalgebrauch – 2. Nominalgebrauch – IV. Qumran.

Lit.: *B. Q. Baisas*, Ugaritic *ʿḏr* and Hebrew *ʿzr* I (UF 5, 1973, 41–52). – *U. Bergmann*, עזר *ʿzr* helfen (THAT II, 1976, 256–259). – *G. Brin*, The Roots *ʿzr* – *ʿzz* in the Bible (Leshonenu 24, 1959/60, 8–14). – *M. Dietrich* / *O. Loretz*, *ḫāšeruḫuli* – „junger Dienstmann, Bursche" (WO 3, 1964–1966, 189–191). – *M. Heltzer*, ḪZR in den Verwaltungstexten aus Ugarit (UF 12, 1980, 410–412). – *E. Lipiński*, Le poème royal du Psaume LXXXIX 1–5. 20–38 (CRB 6, 1967, 35–42). – *P. D. Miller*, Ugaritic *ġzr* and Hebrew *ʿzr* II (UF 2, 1970, 159–175). – *A. F. Rainey*, *Ilānu rēṣūtni lillikū!* (in: Festschr. C. H. Gordon, [AOAT 22], 1973, 139–142). – *V. Sasson*, Ugaritic *ṯʿ* and *ġzr* and Hebrew *šôwaʿ* and *ʿōzēr* (UF 14, 1982, 201–208).

I. 1. Hebr. *ʿzr* deckt zwei verschiedene semit. Wurzeln ab, nämlich *ʿḏr* > *ʿzr* I und *ġzr* > *ʿzr* II, die ursprünglich nur den Radikal *r* gemeinsam hatten, im Laufe der phonetischen Entwicklung aber seit dem Ende des 2. Jt. v. Chr. verschmolzen und schließlich zu Homophonen und Homographen wurden.

Die Verbalwurzel *ʿḏr* > *ʿzr* I ist im amorit. Onomastikon, im Ugar., Hebr., Aram. und Phön., in der nordarab. Anthroponymie, im Arab., Südarab. und im Äthiop. bezeugt. Sie hat normalerweise die Bedeutung ʿhelfenʾ. Im Südarab. kommt sie jedoch auch im idiomatischen Syntagma *ʿḏr bʿm/bʿlj* N. („gegen" jmd.) *b-* („für" eine Übeltat) vor und bedeutet praktisch „jmd. etwas vergelten", z. B. *lʿḏrn bʿmhmw bhwt ḏrn* „um ihnen diesen Krieg zu vergelten" (CIS IV 308, 22). Im reflexiven Št-Stamm des Kausativs allerdings meint *štʿḏr* im Sab. „um Verzeihung bitten" (CIS IV 568, 4), von der Etymologie her „sich helfen lassen". Diese Bedeutung entspricht genau der des X. Stammes von arab. *ʿḏr* (*istaʿḏara*). Die Bedeutung des I. Stammes *ʿaḏara* ist im klass. Arab. ʿverzeihenʾ, letztlich eine Bedeutungsableitung von ʿhelfenʾ. Im Akk. ist die Wurzel *ʿzr* I unbekannt; es verwendet Derivate von *rêṣu* ʿhelfenʾ.
Die Wurzel *ġzr* hat intransitive Bedeutung. Der Stativ bedeutet ʿreichlich sein, üppig seinʾ und das Aktiv ʿsich zusammenschließen (zu einer Bande), eine Masse bilden, sich scharenʾ. Diese Wurzel ist sowohl im Hebr. (*ʿzr* II) als auch im Arab. (*ġazura*) bezeugt, als Nomen *ġzr* im Amorit., Ugar. und Min.

2. Nach MT kommt das Verb *ʿāzar* im *qal* 56mal vor (außerdem das Ptz. *ʿozer* 19mal), im *niph* 4mal und im *hiph* 1mal. Das Subst. *ʿezær* kommt 21mal vor, *ʿæzrāh* 26mal (davon 3mal mit enklitischem *-āh* der Richtung).

II. 1. Das Verb *ʿzr* I ʿhelfenʾ weckt die Vorstellung des Schutzes, wie das Nomen *ʿᵃzārāh* ʿEinfriedungʾ und ʿUmrahmungʾ zeigt. Häufig hat es Gott zum Subjekt und einen Ausdruck zur Bezeichnung der Gläubigen oder des Gottesvolkes als direktes Obj. So heißt es im Jakobsegen über Josef: „Der Gott deines Vaters wird dir helfen und El Schaddai wird dich segnen" (Gen 49, 25). Als Samuel den Eben-Eser-Stein aufstellt, sagt er: „Bis hierher hat uns JHWH geholfen" (1 Sam 7, 12). Hier geht es um Hilfe im Krieg, so auch mehrmals in 2 Chr: 14, 10 (Asa ruft Gott an als den Einzigen, der helfen kann, und bittet: „Hilf uns!"); 18, 31 (Joschafat ruft Gott an, und er hilft ihm); 26, 7 (Gott hilft Usija gegen die Feinde); 32, 8 (Hiskija sagt: „Mit uns ist JHWH, unser Gott, der uns hilft und unsere Kriege führt"); interessant ist 25, 8: „Gott hat die Macht, zu helfen oder zu stürzen (*hikšîl*)". In Klageliedern wird JHWH um Hilfe gebeten: Ps 79, 9 („Hilf uns, du Gott unseres Heils [*ješaʿ*] ... reiß uns heraus [*hiṣṣîl*], und vergib unsere Sünden!"); 109, 26 („Hilf mir, errette [*hôšîaʿ*] mich!"); 119, 86 („Man verfolgt mich, hilf mir!"). Oder es wird festgestellt, daß JHWH den Gerechten hilft und sie rettet (*plṭ pi*) vor den Frevlern (Ps 37, 40; hier auch *hôšîaʿ*), daß er der heiligen Stadt hilft, wenn der Morgen anbricht (46, 6), oder daß er dem Beter hilft, wenn man ihn stößt und stürzen will (118, 13). Im dtjes Heilsorakel finden sich Sätze wie: „Fürchte dich nicht, ich bin mit dir, ich stärke (*ʾmṣ pi*) dich, ich helfe dir, ich halte (*tāmaḵ*) dich mit meiner Hand" (Jes 41, 10; vgl. vv. 13. 14).
Als Subj. findet man aber auch die Götter, die ironisch aufgefordert werden, zu helfen (Dtn 32, 38), die Götter Arams, die ihren Verehrern geholfen haben und an die Ahas sich wenden will (2 Chr 28, 23), die Hand Gottes (Ps 119, 173), die Entscheidungen (*mišpāṭîm*) Gottes (Ps 119, 175) und den Engel Michael, der Daniel zu Hilfe kommt (Dan 10, 13). Auf profanem Gebiet begegnen als Subj. ein Kriegsherr bzw. Krieger (1 Kön 20, 16; Jos 1, 14; 10, 4. 6. 33; Esra 8, 22; 1 Chr 12, 18. 20. 23) und sogar Ägypten, dessen Hilfe aber nutzlos ist (Jes 30, 7: der Helfer [*ʿozer*] und der, dem geholfen wird [*ʿāzûr*] kommen beide zu Fall [*kāšal, nāp̄al*]). Außerhalb des militärischen Kontextes kann es eine moralische oder soziale Unterstützung (Jes 41, 6: die Götzenmacher „helfen" einander; Esra 10, 15) oder die Hilfe bei der Ausübung einer Arbeit (2 Chr 32, 3) bezeichnen.
Man trifft auch die Konstruktion *ʿāzar lᵉ* an, die ebenfalls ʿhelfen, jmd. zu Hilfe kommenʾ bedeutet (Ijob 26, 2 [Ijob sagt ironisch zu Bildad: „Wie hilfst du doch den Schwachen auf!"]; vgl. auch 2 Sam 8, 5 [par. 1 Chr 18, 5: Krieg]; 21, 17 [Abischai kommt David zu Hilfe und schlägt die Philister]; Jes 50, 7. 9 [Gott hilft dem Gottesknecht]; Sach 1, 15 [die Heidenvölker haben JHWH in seinem Zorn gegen Israel geholfen]; 1 Chr 22, 17 [die führenden Männer Israels sollen David helfen]; 2 Chr 19, 2 [„Mußtest du dem Frevler helfen?" par. „lieben, die JHWH hassen]; 26, 13 [dem König gegen Feinde]; 28, 16 [Ahas bittet Assyrien um Hilfe]). Man kann das Syntagma *ʿāzar lᵉ* mit dem Gebrauch von *hôšîaʿ lᵉ* (z. B. Ez 34, 22; Ps 86, 16; 116, 6) vergleichen. Da mehrere der betreffenden Stellen relativ jung sind, kann der Gebrauch von *lᵉ* vor dem direkten Obj. aram. Einfluß widerspiegeln. Folgt dem Verb *ʿāzar* eine mit *min* eingeleitete Umstandsbestimmung (vgl. Esra 8, 22), so hat es praktisch die Bedeutung ʿrettenʾ. Dies bestätigt die griech. Übersetzung σῴζω in Ps 119, 173; Esra 8, 22; 2 Chr 14, 10; 18, 31; 32, 8. Die übliche Übersetzung ist dagegen βοηθέω ʿhelfenʾ.
Das einzige Beispiel einer Konstruktion von *ʿzr* mit *bên – lᵉ* in 2 Chr 14, 10 läßt sich aus den Belegen im mischn. Hebr. und bes. in Sir 42, 5 klären. Daraus ergibt sich, daß *ʿāzar bên raḇ lᵉʾên koaḥ* „dem Armen oder dem Reichen helfen", d. h. helfen, wem immer man will, bedeutet. Der einzige Beleg des *hiph* (Ptz.) findet sich in 2 Chr 28, 23 (vielleicht *qal* zu lesen, s. o.). Das *niph* hat pass. Bedeutung in Ps 28, 7 („mir wurde geholfen") und Dan 11, 34 (die Verständigen im Volk erfahren eine kleine Hilfe), aber reflexive Bedeutung in 2 Chr 26, 15: „denn er (Usija) hat Wunder vollbracht, um sich zu helfen, bis er mächtig geworden ist".

ʿzr in 1 Chr 5, 20, von G. R. Driver als *ʿzr* II gedeutet (CML 142 Anm. 17), ist wohl als *niph* oder *qal* von *ʿzr* I zu deuten. E. Ullendorff hat dazu die äth. Übersetzung von Ri 15, 9 herangezogen (JSS 7, 1962, 347), wo hebr. *wajjinnāṭᵉšû* (→ *nāṭaš*) mit der reflexiven Form von *ʿzr* wiedergegeben wird. Obwohl LexLingAeth 1003 hier mit „impetum facere" übersetzt, was an *ʿzr* II denken lassen könnte, legt der Kontext, der auf Vergeltung anspielt, einen Vergleich mit südarab. *ʿḏr* ʿvergeltenʾ nahe.

Man könnte zwar in 1 Chr 5, 20 reflex. *wajjeʿāzerû ʿalêhæm* lesen, wörtlich „sie halfen sich gegen sie", so die Interpretation der Masoreten. Die südsemit. Hinweise aber legen es nahe, *wajjaʿzerû ʿalêhæm* „und sie vergalten ihnen" zu lesen. Der Stil von 1 Chr 5, 20 erinnert derart an bestimmte südarab. Inschriften, daß es nicht verwunderlich wäre, wenn dem Chronisten ein arab. Text als Vorlage gedient hätte.

2. Die unterschiedlichen Vokalisationen des Nomens *ʿzr*, mal *ʿezær*, mal *ʿozer*, lassen nicht immer eine sichere Entscheidung zu, ob es sich nun um das Substantiv ʻHilfeʼ oder das Ptz. ʻhelfend, hilfsbereitʼ handelt. Die Texttradition dient hier nicht der Klärung: vgl. Ps 124, 8 MT: *ʿezær*, 11 QPs^a *ʿôzer*; oder Jes 44, 2 MT: *jaʿzeræk̲ā*, 1 QJes^a *ʿôzer*. Es scheint daher angebracht, von der masoretischen Vokalisation abzusehen und den Nominalgebrauch von *ʿzr* mit demjenigen von *ʿæzrāh* und seiner archaischen oder archaisierenden Form *ʿæzrāt̲*, ebenfalls ʻHilfe, Unterstützungʼ zu vergleichen, wo eine solche Verwechslung nicht möglich ist. Die Nomina *ʿezær*, *ʿæzrāh* bzw. *ʿæzrāt̲* sind Äquivalente, wie die Synonyma *ʿezær miṣṣār* (Dtn 33, 7) und *ʿæzrāt̲ miṣṣar* (Ps 60, 13; 108, 13) zeigen.

Dagegen ist *ʿæzrāh* ʻHilfe, Unterstützungʼ (Klgl 4, 17) von *ʿazārāh* ʻEinfriedungʼ zu unterscheiden, das in Jes 31, 2; Ijob 31, 21 (trotz masoretischer Vokalisation *ʿazrāt̲î*); 2 Chr 4, 9 (2mal); 6, 13; Sir 50, 11 auftaucht. Dieselbe Vokabel begegnet auch mit der architektonischen Bedeutung ʻEinfassungʼ des Altars (Ez 43, 14. 17. 20; 45, 19; vgl. unten IV.).

Das Syntagma *be* + *ʿæzrāh* findet sich in Nah 3, 9 und Ps 35, 2, mit *ʿezær* in Ex 18, 4; Dtn 33, 26; Hos 13, 9; Ps 146, 5 und mit *ʿozer* in Ps 118, 7 (l. *beʿæzrî*). Es ist immer Gott, von dem man annimmt, daß er zu Hilfe kommt, außer in Hos 13, 9, wonach es niemanden geben wird, der hilft, wenn JHWH Israel vernichtet, sowie in Nah 3, 9, wo die Libyer Theben in Ägypten als „Helfer" dienten. Das Syntagma *le* + *ʿæzrāh* ist 11mal belegt. Mehrmals handelt es sich dabei um Hilfe im Krieg: die Bewohner von Meros sind nicht „JHWH zu Hilfe gekommen" und sollen deshalb verflucht werden (Ri 5, 23); die Bewohner der Küstenstädte haben nach Ägypten und Kusch Ausschau gehalten, um Hilfe und Rettung (*hinnāṣel*) vor Assur zu finden (Jes 20, 6; vgl. auch 31, 1), das Heer des Pharao bricht ohne Erfolg zu Israels Hilfe auf (Jer 37, 7); Ahas gibt dem König von Assur alle seine Schätze, ohne Hilfe zu finden (2 Chr 28, 21). Nach Jes 10, 3 finden die ungerechten Richter keine Hilfe, wenn der Feind kommt. In den Psalmen soll immer Gott „zu Hilfe eilen" (*ḥûšāh leʿæzrāh*) und *ʿæzrāh* ist dort jedesmal vom Pronominalsuffix gefolgt. Zweimal steht als Parallele „sei nicht fern" (Ps 22, 20; 71, 12), zweimal *hiṣṣîl* ʻrettenʼ (Ps 40, 14; 70, 2), und einmal wird Gott als „mein Heil (*tešûʿāt̲î*)" angerufen (Ps 38, 23).

Jes 30, 5 steht *leʿezær*, 1 Chr 12, 19 *leʿozer*. In 1 Chr 12, 19 ist aber *leʿæzræk̲ā* zu vokalisieren und im letzten Hemistich desselben Verses gleichfalls *ʿæzræk̲ā* „deine Hilfe" zu lesen (MT: „Heil [*šālôm*] dir und Heil deinen Helfern! Denn dir hilft [*ʿazārek̲ā*] dein Gott"). In Jes 30, 5 könnte man *laʿzor* statt *leʿezær* lesen, um zwei Infinitive zu erhalten. 1 QJes^a liest aber: „nicht als Hilfe (*leʿæzrāh*), und du wirst daraus keinen Gewinn ziehen (*tôʿîl*)". Diese Variante zeigt an, daß *ʿzr/ʿzrh* ein Subst. ist, und da *loʾ lehôʿîl* in LXX fehlt, ist *hôʿîl/tôʿîl* als Glosse zu betrachten.

Ein drittes Syntagma *hājāh* + *ʿzr/ʿzrh* + Suff. bzw. *lî* („für mich") oder *miṣṣar* („von dem Feind") begegnet mit *ʿæzrāh* in Ps 27, 9 (par. „Gott meines Heils [*ješaʿ*]) und 63, 8 (par. „Schatten deiner Flügel"), mit *ʿezær* in Dtn 33, 7 (gegen die Feinde) und mit *ʿozer* in Ps 10, 14 (Gott ist Helfer der Waisen) und 30, 11 („Höre ... sei mir ein Helfer"). In den betreffenden Passagen ist Gott die erwartete Hilfe. Dieses Syntagma ist neben Nominalsätze zu stellen, in denen Gott Subj. und *ʿzr/ʿzrh* Prädikat ist: mit *ʿæzrāh* ist Ps 40, 18 („meine Hilfe und mein Retter, *mepalleṭ*) und 46, 2 (par. Zuflucht), mit *ʿæzrāt̲āh* in Ps 94, 17 („Wäre nicht JHWH meine Hilfe"), mit *ʿezær* in Ps 33, 20 (Schuld und Hilfe); 70, 6 (Hilfe und Retter); 115, 9–11 (Hilfe und Schild) und mit *ʿozer* in Ps 54, 6 (par. „unterstützt [*sāmak̲*] mein Leben [*næpæš*]").

Das Syntagma *ʾên ʿozer*, „es gibt keinen Helfer", beschreibt eine verzweifelte Situation. Als Israel keinen Helfer hatte, sandte Gott Jerobeam (2 Kön 14, 26). Gott hatte keinen Helfer in seinem Zorn, da half (*hôšîaʿ*) ihm sein eigener Arm, und sein Zorn unterstützte (*sāmak̲*) ihn (Jes 63, 5). Der Beter eines Klagelieds sagt, daß die Not nahe ist und daß kein Helfer da ist (Ps 22, 12). Die Unglücklichen, die Gott durch Mühsal beugte, stürzten und hatten keinen Helfer (Ps 107, 12). Das zerstörte Jerusalem hat keinen Helfer (Klgl 1, 7). Der König rettet denjenigen, der keinen Helfer hat (Ps 72, 12). Der König von Norden hat keinen Helfer und geht seinem Ende zu (Dan 11, 45). Zu vergleichen ist *loʾ ʿozer* in Ijob 29, 12 (Ijob rettete die Waise, die ohne Hilfe war) und 30, 13, wo aber der Text vielleicht nicht in Ordnung ist (l. *ʿoṣer*: niemand hindert die Feinde?). Ijob 6, 13 ist zweifellos verdorben und muß wahrscheinlich *heʾ meʾajjin ʿæzrāt̲î ʾāb̲î* „Siehe, woher sollte ich mir Hilfe kommen lassen?" (vgl. Ps 121, 1; gegen diese Textänderung Fohrer, KAT XVI 161) gelesen werden.

Das Ptz. bezeichnet ʻHilfstruppenʼ oder ʻAdjutantenʼ, die an die Person eines Feldherrn gebunden sind. Dies gilt für die „Helfer Rahabs" in Ijob 9, 13, die den „Helfer-Göttern" Kingus in EnEl IV 69 entsprechen, aber auch für die „Hilfstruppen" des Königs Zidkija in Ez 12, 14 (l. *ʿozerājw*). In Ps 89, 20 (l. Ptz. *ʿozer*) steht unsere Wurzel mit *gibbôr* zusammen (vgl. Ez 32, 21; 1 Chr 12, 1; vielleicht liegt hier *ʿzr* II vor, vgl. u. III. 1.). Vielleicht sind auch in Jer 47, 4 die „Hilfstruppen" gemeint. Nach Ez 30, 8 werden „die Helfer" Ägyptens (*ʿozeræhā*) „zerbrechen" oder zusammenbrechen. In Jes 31, 3 steht das Ptz. in einem Wortspiel zwischen *ʿozer* und *ʿāzûr* (s. o.).

Das Nomen *ʿezær* bestimmt in der Poesie *māgen*,

„Schild", näher (Dtn 33, 29) oder steht im Parallelismus mit diesem Begriff (Ps 33, 20; 115, 9–11), wobei beide metaphorisch für Gott stehen. *ʿezær* hat hier eher die Bedeutung „Schutz". In Ps 20, 3; 121, 1 f.; 124, 8 hingegen bezeichnet *ʿezær* die „Hilfe", die man von Gott erwartet. Gen 2, 18. 20 bezeichnet *ʿezær* „Hilfe" konkret die Frau, die als Hilfe für den Mann bestimmt ist. Diese Sonderbedeutung von *ʿezær* erinnert an sab. *(ḏ-)ʿḏr*, das weibliche Verwandte bezeichnet (A. F. Beeston / M. A. Ghul / W. W. Müller / J. Ryckmans, Sabaic Dictionary 13).

In Dan 11, 34 ist *ʿezær* inneres Objekt des *niph* von *ʿāzar*: „Hilfe bringen".

3. Das Verb *ʿzr* I 'helfen' ist sehr verbreitet im semit. Onomastikon. Es wird verwendet zur Bildung theophorer Danknamen für ein glückliches Ereignis, vielleicht für die Geburt eines Kindes oder den glücklichen Ausgang einer schweren Geburt. Diese Wurzel begegnet häufig in amorit. PN und drückt das Vertrauen gegenüber einer Gottheit aus (I. J. Gelb, Computer-Aided Analysis of Amorite, Chicago 1980, 256. 259 f.): *Jaʿḏar-ʾIl*, *Jaʿḏir-ʾIl* oder *Jaʿḏur-ʾIl*, „Gott hat geholfen", *Jaʿḏur Haddu*, „Haddu hat geholfen" usw. Mit dem Ptz. Akt. *ʿāḏiru*: *ʾIlī-ʿāḏirī* (AN 215) „Mein Gott ist mein Helfer" oder „Mein Gott! Mein Helfer!" (vgl. auch *Šamaš-ḫāzir*, APN 193). Auch *ʿaḏru* 'Hilfe' kommt häufig vor: *ʿAḏrī-Haddu*, *ʿAḏrī-ʾaḫī*, *ʾAbi-ʿaḏrī* usw. Einige dieser Namen finden sich später in Ugarit (PNU 107).

Die große Mehrheit der phön.-pun. Namenbildungen mit *ʿzr* (PNPPI 375 f.) setzt sich zusammen aus dem Nomen *ʿazr* mit folgendem theophoren Element (z. B. *ʿzrbʿl*, *ʿzrmlqrt*) oder aus einem GN mit folgendem Perf. (z. B. *ʾšmnʿzr*, *Mlqrtʿzr*). *ʿzr* alleine ist entweder ein Kosename oder ein Dankname: *ʿAzūr* oder *ʿAzzūr* (vgl. *A-zu-ri*: APN 49a) „hilfsbereit".

Im Aram. wird vor allem das Subj. *ʿiḏr*/*ʿeḏr* „Hilfe" als Prädikat theophorer Namen verwendet (APN 265 b), z. B. *Hadad-ʿiḏri*, *ʿAttar-ʿiḏrī*, *ʿIḏr-ʾilī* (vgl. *ʿAḏrî-ʾEl*, 1 Sam 18, 19; 2 Sam 21, 8).

Theophore Namensbildung mit dem Verbalprädikat *ʿaḏar* findet sich im Nabat. (*Qwsʿdr*, CIS II 923), wie die griech. Transkription Κοσαδαρος ausweist (Lidz Eph II 339 f.), und auch in den ammon. Namen *ʾlʿzr* hat das Verb *ʿāzar* Eingang gefunden (K. P. Jackson, The Ammonite Language of the Iron Age, Chico 1983, 95).

Sehr häufig kommt schließlich das Element *ʿḏr* in der nordarab. Namenbildung vor (G. L. Harding, An Index and Concordance of Pre-Islamic Arabian Names and Inscriptions, Toronto 1971, 412. 617. 675). Die hebr. Eigennamen mit *ʿzr* I fügen sich ganz natürlich in den weiten Komplex ein und spiegeln dieselbe Tendenz wie das Aram. wider (*ʾElîʿæzær*, *J^ehô-ʿæzær*, *ʿAzar-Jāh* u. a.).

Außerhalb der Bibel finden sich hebr. Namen mit *ʿzr* in keilschriftl., nassyr. und nbabyl. Texten, auf den aram. Papyri und in den Legenden palästin. Siegel. Der Name *ʿzrʾl* „Hilfe Gottes" stand nach 1 QM 4, 13 auf einer der Standarten der siegreichen Söhne des Lichts.

III. 1. Das Verbum *ʿzr* II findet sich wahrscheinlich nur in 1 Kön 1, 7; 1 Chr 12, 22 und 2 Chr 20, 23. Der Kontext und ein Vergleich mit dem arab. Verb *ġazura* 'reichlich sein' legen eine Bedeutung wie 'sich zu einer Bande zusammenschließen', 'eine Masse bilden', 'sich scharen' nahe. Das Syntagma *ʿāzar ʾaḥ^arê* „sich zu jmd. halten, sich hinter jmd. stellen" (1 Kön 1, 7) findet sich sonst nirgends mehr (KBL³ 767 zu *ʿzr* I). Ein weiteres Hap. leg. taucht in 1 Chr 12, 22 auf: *ʿazar ʿim*, das man mit „sich zusammenschließen" übersetzen könnte. In 2 Chr 20, 23 findet man *ʿāz^erû ʾîš b^ereʿehû l^emašḥîṯ* „sie schlossen sich zusammen, die einen gegen die anderen, zu (ihrem eigenen) Verderben".

2. Das Nomen *ġzr* findet häufig in den mythologischen und epischen Texten Ugarits Verwendung als „homerisches" Epitheton der Götter und Helden. Man ist sich darin einig, es mit „Held" oder „Führer" zu übersetzen, indem man sich auf arab. *ġazīr* 'reichlich' beruft. Tatsächlich legt die Kontextbedeutung von *ġzr* einen Vergleich mit Wörtern wie *ʾabbîr* 'stark', *ʾaddîr* 'mächtig', *kabbîr* 'groß' oder *šallîṭ* 'Machthaber' nahe. Dies spräche für eine Form *ġazzīru*, die im Hebr. *ʿazzîr* ergäbe. Eine Identifikation von *ġzr* mit *ḫzr* (so M. Heltzer) ist nicht angezeigt, da letzteres mit arab. *ḫazara* 'mit Mißtrauen ansehen' zu verbinden ist und wohl 'Überwacher, Aufseher' bedeutet. So darf man auch nicht den hurrit. PN *ḫa-še-ru-ḫu-li* (Alalaḫ 269, 22) mit *ʿāḏiru* oder *ġazzīru* verbinden (gegen Dietrich und Loretz); dahinter steht *ḫašširum* 'Behälter', also: ein Hersteller von Gefäßen (Tell al-Rimah Nr. 126, 21).

Das Subst. *ġzr* > *ʿzr* mit der Aussprache *ʿazîr* oder *ʿazzîr* ist in 2 Sam 18, 3 und Ps 89, 20 belegt. Diese Interpretation gibt außerdem einen einsichtigeren Sinn als MT *ʿozer* in Ez 32, 21 und 1 Chr 12, 1, vielleicht auch in Jer 47, 4 und Ez 30, 8. 2 Sam 18, 3 ist der einzige Text mit der *scriptio plena* *ʿzjr*, die durch K bewahrt ist: „es ist besser, daß du uns von der Stadt her als Anführer dienst" (anders EÜ: „zu Hilfe kommst"). Wenn Ps 89, 20 ursprünglich nur konsonantisch geschrieben war, könnte man *št ʿzr ʿl gbr* (vgl. 4 QPs 89) „ich habe einen Anführer (*ʿazzîr*) an die Spitze (*ʿal*) des Heeres (*g^eḇurāh*) gesetzt (*šattî*)" (vgl. Gen 41, 33; Jes 3, 25) oder „ich habe einen Anführer (*ʿazzîr*) gegen einen Helden (*gibbôr*) gestellt (*šattî*)" lesen, was wahrscheinlich eine Anspielung auf Goliat wäre. Der Ausdruck *ʿzrj hammilḥāmāh* „Kriegsführer"(?) in 1 Chr 12, 1 ist zu vergleichen mit *gibbôr(ê) milḥāmāh* (Ps 24, 8; 2 Chr 13, 3) und *ʿ^æzûz milḥāmāh* (Jes 42, 25; vgl. Ps 24, 8). In Ez 32, 21 entsprechen die *ʿzrjw* den (*ʾelê*) *gibbôrîm* und sind daher ebenfalls „Anführer". Diese Bedeutung paßte auch zu Ez 30, 8 und Jer 47, 4, doch ist der Kontext hier zu verschwommen.

Lipiński

IV. Die Wurzel *ʿzr* ist in Qumran bisher ca. 30mal belegt, als Verb 10mal, als Nomen *ʿezær* 11mal, *ʿæzrāh* 9mal (letzteres nur in 1 QM und TR). Die Verteilung ist wenig signifikant, eine Verdichtung auf die *milḥāmāh*-Literatur (13 Belege) verwundert nicht.

Die syntaktischen Einbindungen zeigen gegenüber dem at.lichen Sprachgebrauch keine Besonderheiten.

Entsprechend der Verteilung ist am häufigsten von Gottes Hilfe seiner Gemeinde gegenüber die Rede. Er unterstützt seine Heiligen (1 QM 1, 16) und bedient sich dazu seiner Engel (1 QS 3, 24; 1 QM 13, 10. 14; 17, 6; 4 QCatA 12–13, I, 7; vgl. 9), wie umgekehrt Belial den Söhnen der Finsternis hilft (1 QM 16, 11; vgl. 1, 2). Letzteres aber ist keine dauerhafte Hilfe (1 QM 1, 6; 1 QpHab 5, 11). Die Gemeinde der Qumranessener feiert die Hilfe ihres Gottes (1 QM 13, 13), die Hilfe seiner Erlösung (4 QM^{a} 11, II, 14; 4 QM^{e} 2, 2), sieht diese Hilfe im Bestand der Gemeinde realisiert und versteht die Gemeinde als Mittel seiner Hilfe (1 QM 12, 7; 13, 8). Wie sehr diese Hilfe Gottes militärisch verstanden wird, zeigt sich in der Benennung eines der Feldzeichen mit *ʿezær ʾel* „Hilfe Gottes" (1 QM 4, 13 s.o.). Der fromme Beter hat wohl konkrete Lebenshilfe im Blick, wenn er sich von Gott aus der Hand der Stärkeren „geholfen" (= gerettet) weiß (1 QH 2, 34; 5, 6; 7, 23). Das „Hochzeitsritual" 4 Q 502 (vgl. J. M. Baumgarten, JJSt 34, 1983, 125–135) tradiert schließlich die Benediktion *bārûḵ ʾel jiśrāʾel ʾ^{a}šær ʿāzar* „Gesegnet sei der Gott Israels, der hilft ..." (24, 2).

Das Nomen *ʿ^{a}zārāh* begegnet in TR nur in der Cstr.-Verbindung *ʿazraṯ mizbeaḥ* und meint den engeren „Altarbereich", der im Verlauf der einzelnen Opferrituale mit dem Opferblut besprengt werden soll (TR 16, 03. 17; 23, 13. 14; 37, 4). Ob durch diese Explizierung durch Cstr.-Verbindung eine semantische Verschiebung zu *ʿ^{a}zārāh* allein in Ez 43, 14. 17. 20 angestrebt wird, ist nicht ersichtlich.

Fabry

עָטַר *ʿāṭar*

עֲטָרָה *ʿ^{a}ṭārāh*

I. 1. Etymologie – 2. Vorkommen – 3. Bedeutung – 4. a) LXX – b) Qumran – II. Wortfeld – 1. *nezær* – 2. *zer* – 3. *ṭûrîm* – 4. *liwjāh* – 5. *l^{e}wājôṯ* – 6. *ṣ^{e}pîrāh* – 7. *kæṯær* – III. Umwelt – 1. Ägypten – 2. Mesopotamien – 3. Griechisch-römische Sitten – IV. Im AT – 1. Königskrone – 2. Herstellungsmaterial – 3. Krone des Hohenpriesters – 4. Hochzeitskrone – 5. Eigen- und Ortsname – 6. Metaphorischer Gebrauch.

Lit.: *J. Abeler*, Kronen. Herrschaftszeichen der Welt, ^{5}1980. – *K. Baus*, Der Kranz in Antike und Christentum (Theophaneia 2, 1940). – *M. Blech*, Studien zum Kranz bei den Griechen (RVV 38, 1982). – *R. M. Boehmer*, Hörnerkrone (RLA 4, 431–434). – *H. Bonnet*, Kronen, Krönung (RÄR 394–400). – *A. J. Brekelmans*, Martyrerkranz. Eine symbolgeschichtliche Untersuchung im frühchristlichen Schrifttum (Analecta Gregoriana 150, 1965). – *R. Delbrueck*, Der spätantike Kaiserornat (Die Antike 8, 1932, 1–21). – *L. Deubner*, Die Bedeutung des Kranzes im klassischen Altertum (ARW 30, 1933, 70–104). – *O. Fiebiger*, Corona. 1) (PRE 4, 1636–1644). – *R. Ganszyniec*, Kranz (PRE 11, 1588–1607). – *W. Grundmann*, στέφανος, στεφανόω (ThWNT VII 615–635). – *H.-D. Kahl*, Weihekrone und Herrscherkrone (Habil. Gießen 1964, masch.). – *J. Köchling*, De coronarum apud antiquos vi et usu (RVV 14, 2, 1914, T. 1 = Diss. Münster 1913). – *L. Löw*, Kranz und Krone (Ges. Schriften, 3. Bd., 1893, 407–437, Neudruck 1979). – *C. Meister*, Kranz, Krone (BHHW II 999f.). – *C. Strauss*, Kronen (LexÄg III 811–816). – Quinti Septimi Florentis Tertulliani Opera ex recensione Aemilii Kroymann (CSEL 70, 1942, 153–188: de corona). – *E. Unger*, Diadem und Krone (RLA 2, 201–211). – *H. Waetzoldt / R. M. Boehmer*, Kopfbedeckung (RLA 6, 197–210).

I. 1. Die Wurzel *ʿṭr* ist im Semit. nicht sehr weit verbreitet. Verbum *ʿṭr* und Nomen *ʿṭrt* findet sich noch im Phön.-Pun.

In der aus dem Piräus stammenden sog. Kranzinschrift (KAI 60) wird mitgeteilt, daß die Sidonierkolonie beschlossen hat, *ŠMʿBʿL bn MGN* (Z. 3) für seine Verdienste beim Bau des Tempels einen goldenen Kranz zu stiften (*lʿṭr ... ʿṭrt ḥrṣ*), diesen Beschluß auf eine Stele zu schreiben und diese in der Vorhalle des Tempels aufzustellen. Dabei handelt es sich um die Übernahme eines griech. Brauches. In ähnlicher Weise ist in einer lat.-neupun. Bilinguis (KAI 165, 6) auf der Totenstele eines Numiders davon die Rede, daß der Tote „Besitzer eines Kranzes" (*dl ʿṭrt*) und „Besitzer eines Namens der Heldenhaftigkeit" (*dl šm tʿṣmt*) war. Anders ist *ʿṭrt* in der neupun. Inschrift aus Mactar (KAI 145) gebraucht. *ʿṭrt ʾdrt* (Z. 3) bezeichnet wohl die herrlichen Fassaden am Tempel (vgl. J. G. Février, Semitica 6, 1956, 17f.). Auch in der aus Karthago stammenden Inschrift RES 13 = 236 = CIS 6000 (bis) glaubte man, in Z. 6 *wtʾrt w[ʿṭrt]t* lesen zu können. Aber die Wendung lautet *wtʾrt k[t]bt*. Am Ende der Zeile jedoch ist zweifelsfrei *brʾš ʿṭr* zu lesen, das J. Ferron (Studi Magrebini 1, 1966, 67–80 und Pl. I) mit „au sommet du fronton" übersetzt. Es handelt sich also wie KAI 145 um ein Bauelement.

Der Hinweis in KBL^{3} 770 auf arab. *ʿṭr* (nach A. Guillaume) beruht auf einem Druckfehler. Bei A. Guillaume (Abr Nahrain 3, 1961/62, 6) wird die arab. Wurzel *ʾṭr* ʿbiegen, krümmenʾ mit hebr. *ʿṭr* verglichen. Das arab. Verb könnte zwar der Bedeutung nach, aber nicht dem Lautbestand nach zu hebr. *ʿṭr* passen.

Das noch KBL^{2} 698 angeführte akk. *eṭru* ʿKopfbindeʾ geht auf C. Bezold (Babylonisch-assyrisches Glossar, 1926, 26, dort mit Fragezeichen) zurück; die Übersetzung beruht wohl auf Kombination mit hebr. *ʿ^{a}ṭārāh*. Es findet sich CAD I/J, 1960, 10b unter *idru* B (oder *itru, iṭru*) „a strap or band" und AHw I 364b als *id/tru* III „ein Band". Aus dem Beleg EA 14 III, 16 in einer Geschenkeliste Amenophis' IV. läßt sich keine genaue Bedeutung eruieren. Ein mit hebr. *ʿ^{a}ṭārāh* zu verknüpfendes *iṭru* oder *eṭru* ist nicht auszuschließen, ist aber zu unklar, um für die Etymologie der hebr. Wurzel *ʿṭr* dienlich sein zu können (freundlicher Hinweis von R. Borger). *eṭēru(m)* ʿwegnehmen, rettenʾ (AHw I 264; CAD E 401–404), auf das GesB und BDB hinweisen, hat kaum etwas mit hebr. *ʿṭr* zu tun.

Im Jüd.-Aram. herrscht die Bedeutung ʿumringenʾ, im Mhebr. ʿbekränzenʾ vor.

2. Das Verbum *ʿāṭar* findet sich nur 2mal im *qal* i.S.v. ʿumringen, einschließenʾ: 1 Sam 23, 26, wo

berichtet wird, daß Saul und seine Gefolgsleute ein Kesseltreiben gegen David veranstalten, und Ps 5, 13, wo es heißt, daß das Wohlgefallen JHWHs den Beter wie ein Langschild umgibt. Das *pi* ist 4mal belegt und bedeutet (nach Jenni, Das hebr. Piʿel, 1968, 205) „gekrönt machen" ... „im Hinblick auf den bleibenden Zustand". Da im *qal* die „aktuelle Handlung in ihrem Hergang" durch die Bedeutung „umringen" belegt ist, wird man weder für das *pi* (so BDB) noch für das *hiph* (so KBL^3) an ein denominiertes Verbum denken dürfen.

Das *pi* begegnet Hld 3, 11, wonach der Bräutigam von seiner Mutter mit einem Kranz bzw. mit einer Krone gekrönt wird; außerdem noch 3mal in Ps: der von JHWH bekränzte oder gekrönte Mensch Ps 8, 6, der „mit Gnade und Barmherzigkeit" (so Luther für *ḥæsæḏ w^{e}raḥ^{a}mîm*; vgl. die ganz ähnliche Wendung in 11 QPs^a Plea, Z. 8) gekrönt ist, und Ps 65, 12, wonach JHWH das Jahr gekrönt hat mit seiner Güte, d. h. die Fruchtbarkeit des Ackers wird auf JHWHs Eingreifen, hier auf einen „Umgang", „ein Durch-das-Land-Ziehen des Gottes selbst" (H. Schmidt, HAT I/15 z. St.) zurückgeführt, wenn es in v. 12b heißt: „und deine Wagenspuren triefen vor Fett". Ps 103, 4 sagt, daß Gott die Seele des Beters mit Güte und Erbarmen „krönt".

Das *hiph* ist hapax legomenon. Jes 23, 8 steht im MT das Ptz. fem. *hammaʿ^{a}ṭîrāh* von Tyrus gesagt. 1 QJes^a bietet *hmʿṭrh*, also wohl Ptz. *pi* oder *pu*. Ein Pass. „die Gekrönte" lasen auch S und V. Die Stelle ist allerdings exegetisch umstritten. Seit B. Duhm (vgl. auch O. Kaiser, ATD 18 z. St.) liest man gerne Sidon statt Tyrus und denkt an die „Kronengeberin", die Gründerin zahlreicher Stadtkönigtümer etwa auf Zypern. Entweder weist also Jes 23, 8 darauf hin, daß die phön. Stadt, obwohl sie eine Krone trägt, oder daß sie, obwohl sie Kronen und Kränze verlieh und damit in vielen ihrer Kolonien von ihr abhängige Herrscher einsetzte (vgl. W. Rudolph, Jesaja 23, 1–14, Festschr. F. Baumgärtel, 1959, 166–174, bes. 172; ähnlich H. Wildberger, BK X/2, 875f.), geschändet werden wird.

Das Nomen *ʿ^{a}ṭārāh* findet sich 23mal im AT, und zwar mit Ausnahme von 2 Sam 12, 30 par. 1 Chr 20, 2 nur in poetischen Texten, davon 5mal Spr, 4mal Jes, 3mal Ez, 2mal Sach und Ijob und je einmal 2 Sam, 1 Chr und Jer, Ps, Hld, Est, Klgl. Hinzu kommen folgende Belege im hebr. Sir: 45, 12a (Ms B); 50, 12c (Ms A) und 6, 31b (Ms A = 2 Q 18); das Verbum findet sich 45, 25f. (Ms B) und 6, 31b (Ms A = 2 Q 18).

Die Absolutus-Form *ʿ^{a}ṭārāh* ist nur zweimal (Ez 21, 31; Hld 3, 11) belegt, während die Cstr.-Form *ʿ^{a}ṭæræṯ* lautet. Sie auch als Sing. abs. anstelle des dreimal belegten Pl. *ʿ^{a}ṭārôṯ* in Sach 6, 11. 14 und Ijob 31, 38 anzusetzen, oder mit E. Lipiński (VT 20, 1970, 34f.) *-oṯ* als archaische oder archaisierende Sing.-Endung zu interpretieren, wäre denkbar. Es kann sich aber auch um einen Pl. der Ausdehnung (s. u. IV. 3.) handeln.

3. Die Bedeutung des Wortes *ʿ^{a}ṭārāh* ist verhältnismäßig weit gefaßt. Von der Grundbedeutung der Wurzel 'umgeben, umzingeln' ausgehend, entwickelt sich die Bedeutung 'Kranz' aus Blüten, Blättern oder Zweigen, also die vegetabile Krone. Erst daran anknüpfend entsteht die allgemeine Bedeutung 'Krone' für den Kranz aus Metall. Wie der Parallelismus zeigt, können sehr unterschiedliche Kopfbedeckungen oder Kopfzierden unter den Überbegriff *ʿ^{a}ṭārāh* gestellt werden, z. B. *ṣ^{e}pîrāh* (Jes 28, 5), *ṣānîp̱* (Jes 62, 3), *miṣnæpæṯ* (Ez 21, 31) oder *liwjāh* (Spr 4, 9 u. ö.). Vermutlich kann auch das Diadem (*nezær*), wenn es sich um die Königsinsignie handelt, als *ʿ^{a}ṭārāh* bezeichnet werden. *ʿ^{a}ṭārāh* bezeichnet also nicht ausschließlich die goldene Königskrone, sondern auch die Stoffmütze mit Edelsteinbesatz, das Diadem oder die mit kunstvollen Bändern verzierte, der assyrischen Tiara nachempfundene Kopfbedekkung (vgl. Barrois, Manuel d'archéologie biblique II, Paris 1953, 55f.).

4. a) LXX gibt *ʿ^{a}ṭārāh* regelmäßig mit στέφανος wieder, wobei das Bedeutungsfeld des griech. Wortes erstaunlich genau mit dem des hebr. übereinstimmt; denn στέφανος kann Umzingelung, Ringmauer einer Stadt, Kranz, Krone sowohl aus Zweigen oder Blumen als auch aus Metall hergestellt, heißen. Insgesamt findet sich στέφανος 50mal (Grundmann 623 Anm. 57 zählt nur 49 Stellen), und zwar kommen zu den 23 Stellen für *ʿ^{a}ṭārāh* 9 Belege bei Sir, 7 in 1 Makk, 1mal in 2 Makk, 2mal bei Jdt, 1mal bei Bar 6 (= Ep Jer) sowie 1mal (Jes 22, 21) als Wiedergabe für *'aḇneṭ* und je 2mal (Klgl 2, 15; Ez 28, 12) als Wiedergabe für *kālîl* und (Spr 1, 9; 4, 9) für *liwjāh* und außerdem ohne hebr. Äquivalent Jes 22, 17 (vgl. jedoch 22, 21!) und Ps 65, 12, wo das Verbum *ʿiṭṭartā* mit dem Subst. στέφανος wiedergegeben wird. Das Verbum στεφανόω ist 4mal (Ps 5, 13; 8, 8; 103, 4; Hld 3, 11) Wiedergabe von *ʿāṭar* und findet sich sonst noch Jdt 15, 13; 3 Makk 3, 28 und 4 Makk 17, 15. Hieronymus übersetzt *ʿ^{a}ṭārāh* 21mal mit *corona*, nur 2 Sam 12, 30 (nicht dagegen an der Parallelstelle 1 Chr 20, 2) und Hld 3, 11 steht *diadema*. Targ und S wählen meistens *kljl'* als Übersetzung von *ʿ^{a}ṭārāh*.

b) In Qumran spielt die Wurzel *ʿṭr* keine große Rolle. 1 QSb 4, 3 wird dem Priester zugesagt, daß „ewige Segnungen" die Krone seines Hauptes sind und 11 QPs^a Plea 7–8 heißt es in Anlehnung an Ps 103, 4 von JHWH: *mʿṭr ḥsjdjw ḥsd wrḥmjm* „der seine Frommen krönt mit Gnade und Barmherzigkeit". In TR dagegen wird *ʿṭrh* zweimal (17, 1 ergänzt; 40, 11) als Bauelement verwendet.

II. Mit „Kranz, Krone, Diadem" werden gewöhnlich mehrere hebr. Wörter übersetzt, deren jeweils spezielle Bedeutung auseinanderzuhalten ist:

1. *nezær* (→ נזר) bezeichnet das königliche Diadem. *ʿ^{a}ṭārāh* kann, wenn der königliche Kopfschmuck gemeint ist, *nezær* subsumieren.

2. Der goldene, oben um die Bundeslade herumlaufende Kranz (*zer*) ist als verzierte goldene Randleiste zu verstehen (Ex 25, 11; 37, 2), die in ähnlicher Weise beim Tisch (Ex 25, 24f.; 37, 11f.) und vor allem beim Räucheraltar (Ex 30, 3f.; 37, 26f.) erwähnt wird.

3. Nach GesB sind die *ṭûrîm* (1 Kön 7, 18 u. ö.) „aneinandergereihte Verzierungen, die einen Kranz bilden". Jedoch ist die Beschreibung der Metallarbeiten für den Tempel noch nicht so weit aufgearbeitet, daß über einzelne Wörter sichere Schlüsse zu ziehen sind. M. Noth (BK IX/1, 150f.) erschließt für *ṭûr* die Bedeutung „Platte", „aus der sich die Bedeutungen 'Lage' und dann 'Reihe' entwickelt haben könnten".

4. Das Nomen *liwjāh* 'Kranz' (Spr 1, 9; 4, 9 und cj. 14, 24 sowie vielleicht 1 Kön 7, 29) geht auf ein Verbum *lāwāh* III 'winden, wenden' zurück, das im Hebr. nur im nominalen Derivat belegt ist (→ IV 490). Nach Spr 1, 9 sind die Ermahnungen der Eltern „ein schöner Kranz" (*liwjaṯ ḥen*) auf dem Haupte des Sohnes und eine „Kette" (*ʿanāqîm*) um seinen Hals. Die Weisheit wird nach Spr 4, 9 dem, der auf sie hört „einen schönen Kranz" (*liwjaṯ-ḥen*) auf das Haupt setzen und damit „eine prächtige Krone" (*ʿaṭæræṯ tipʾæræṯ*) verleihen. Auch Spr 14, 24 wird man *liwjaṯ* in Parallele zu *ʿaṭæræṯ* lesen müssen, so daß die Sentenz lautet: „Die Krone der Weisen 'ist ihre Klugheit', 'der Kranz' der Toren ist Narrheit".

5. Bei der Schilderung der anzufertigenden 10 Gestelle für die zehn Kessel taucht im MT die Form *lojôṯ* (1 Kön 7, 29. 30. 36) auf. Sie ist auf einen Sing. *lojāh* zurückzuführen, der sonst nicht belegt ist. Mit großer Wahrscheinlichkeit ist jedoch *lewājôṯ* gemeint, so daß hier der Pl. zu *liwjāh* (s. o. 4.) vorliegt. Es handelt sich offensichtlich um irgendwelche „Kranzgewinde" (so z. B. EÜ), die in den Gestellen eingehämmert sind (vgl. noch M. Noth, BK IX/1, 144). Die Wendungen *meʿebær ʾîš lojôṯ* v. 30 sowie *kemaʿar-ʾîš welojôṯ* v. 36 entziehen sich bisher einer sinnvollen Interpretation.

6. *ṣepîrāh* bedeutet nach Ausweis von Jes 28, 5, wo *ṣepîraṯ tipʾārāh* („ein prächtiger Kranz") in Parallele zu *ʿaṭæræṯ ṣeḇî* („eine herrliche Krone") steht, 'Gewinde, Kranz, Krone'. Das Vorkommen dieses Wortes in Ez 7, 7. 10 ist allerdings ungeklärt (vgl. W. Zimmerli, BK XIII/1², 161f. und J. Reider, VT 4, 1954, 278).

7. Das hebr. *kæṯær* findet sich nur 3mal im AT: Est 1, 11; 2, 17 und 6, 8, jedesmal mit der Näherbestimmung *malkûṯ*. An den beiden ersten Stellen ist *kæṯær* Kopfbedeckung einer Königin (1, 11 Waschti, 2, 17 Ester bei ihrer Inthronisation), 6, 8 aber merkwürdigerweise Kopfschmuck eines Pferdes. Das Substantiv ist abgeleitet von einem Verbum *ktr* II (*pi*) 'umstellen, umringen' (vgl. *ʿāṭar*). LXX übersetzt mit διάδημα (ebenso V *diadema*) und identifiziert somit *kæṯær* mit dem Diadem, das sonst im AT *nezær* heißt. Gemeint ist mit *kæṯær* im Esterbuch die aufrechte, steife Tiara, die Kopfbedeckung des Perserkönigs, ἡ κίδαρις = τιάρα ὀρθή, die nur dem Großkönig zukommende und ihn vor allen anderen heraushebende „Krone". Da sich nachweisen läßt, daß die Gemahlinnen hellenistischer Könige das Diadem trugen (vgl. G. Gerleman, BK XXI 64), haben LXX und V richtig interpretiert, während der Erzähler des hebr. Textes offensichtlich einen weiteren Begriff für *kæṯær* zugrunde legte. Das Anlegen des Diadems scheint nicht die Einsetzung als Mitregentin, sondern die Anerkennung als rechtmäßige Gattin anzuzeigen. – Nach dem MT schlägt Haman dem König vor, denjenigen, den er belohnen möchte, mit einem königlichen Gewand, das der König bereits trug, und mit einem Pferd, „auf dem der König geritten ist und auf dessen Haupt ein königliches Diadem (bzw. die königliche Tiara, *kæṯær malkûṯ*) gesetzt worden ist", auszustatten. Da jedoch ein Pferd weder mit der Tiara des Großkönigs noch mit dem Diadem der Königin vorstellbar ist (vgl. G. Gerleman, BK XXI 116f., anders H. Bardtke, KAT XVII/4–5, 348), sollte man den Vorschlag von G. Gerleman aufnehmen und übersetzen: „und ein Pferd gleich dem, auf welchem der König ritt, 'als' das königliche Diadem auf sein Haupt gesetzt wurde". Einmal begegnet ein von *kæṯær* denominiertes *hiph* i.S.v. 'sich krönen', Spr 14, 18: „Einfältige sind mit Torheit 'geschmückt' (vgl. G. R. Driver, Bibl 32, 1951, 181), aber Kluge krönen sich (*jaḵtirû*) mit Erkenntnis".

III. 1. Der Kopfputz bildet den hervorstechendsten Schmuck und damit das Attribut, an dem die verschiedenen äg. Gottheiten erkennbar sind. Die Krone dient nicht nur zum Schmuck, sie ist vor allem auch Symbol, in dem der Charakter des Gottes zum Ausdruck kommt (Licht- und Himmelsgötter tragen Kronen mit der Sonnenscheibe, Götter, deren Reich die Luft ist, einen Federschmuck, Götter, deren Tiere Hörner tragen, haben ein Hörnerpaar auch als Symbol der Stärke). Wie alle Symbole sind die Kronen zugleich Machtträger, in denen Eigenschaften und Kräfte, die sie darstellen, selbst gegenwärtig sind. Für König und Königin sind die Kronen Mittler und Bürgen der beanspruchten göttlichen Macht, deshalb genießen die Königskronen einen eigenen Kult. Die ältesten Kronen sind die beiden Landeskronen. Die weiße Krone ist eine hochaufragende Kopfbedeckung mit knaufartigem oberen Abschluß. Ihr Träger gilt als Repräsentant des oberägypt. Landesteiles. Die rote Krone, eine Kappe mit steil aufrecht verlängertem hinteren Ende und einem aufwärts eingerollten „Draht", ist Symbol für den unterägypt. Landesteil. Auf der Narmerpalette werden beide Kronen zum erstenmal als Ausdruck des dualistischen Prinzips dem Herrscher über die beiden Landesteile zugeordnet. In der Spätzeit tauchen überladene Kompositkronen auf. Seit dem N.R. wird dem Verstorbenen im Totenkult als Zeichen des siegreich bestandenen Jenseitsgerichts ein Kranz beigegeben, überwiegend aus Ölbaumblättern. Diesen „Kranz der Rechtfertigung" (vgl. D. Jankuhn, LexÄg III 764) trägt der Tote wie eine Krone. Er hat später als „Kranz des Lebens" allgemein Eingang ins Christentum gefunden.

2. Im Akk. ist das allgemeine Wort für „Krone, Tiara" *agû(m)* (AHw I 16f.; CAD A/I 153–157), das als Herrschaftsabzeichen die Tiara der Götter wie den Kopfschmuck der Könige bezeichnet. Dabei ist nicht so sehr die Form entscheidend, sondern die Tatsache, daß durch *agû* die Macht des Trägers und seine Funktion zum Ausdruck kommt. So dient diese Bezeichnung sowohl für die Kopfbedeckungen der Gottheiten als auch des Königs, unabhängig davon, ob es sich z. B. um ein Band, einen Reif oder eine Kappe handelt, wobei es freilich in jeder Epoche festgelegte Formen für die Tiaren der einzelnen Gottheiten und für die „Krone" des Königs gab. Eine Krone, Kappe, Mütze oder ein Helm mit Stierhörnern ist dagegen stets ein Zeichen der Göttlichkeit. In der Regel wird eine solche Kopfbedeckung nur von Göttern getragen, in vereinzelten Fällen auch vom vergöttlichten König. Besondere Schwierigkeiten stellen sich der Deutung dadurch in den Weg, daß sich zwar in den bildlichen Darstellungen Modeentwicklungen feststellen lassen, daß diese sich aber anhand der Texte nicht nachvollziehen lassen, weil die Termini z. T. gleich bleiben, aber zeitlich und regional unterschiedliche Kopfbedeckungen bezeichnet haben dürften. So kann z. B. *kubšu* (AHw I 497f.) als Soldatenkappe den

Helm, als Königskappe die Krone und als Götterkappe (mit Hörnern) die Tiara bezeichnen. R. M. Boehmer kann insgesamt 115 verschiedene in der Bildkunst dargestellte Kopfbedeckungen nachweisen (RLA 6, 204. 206. 209).

3. Im griech.-röm. Bereich wird der Kranz vor allem im Kultus verwendet. Mit einem Kranz geschmückt werden der Priester, der Altar, der Opferherr, das Opfertier und der Seher. Damit wird angedeutet, daß die bekränzte Person oder der bekränzte Gegenstand dem profanen Bereich entzogen ist. Aus dieser kultischen Beziehung läßt sich der Kranz bei Gastmählern und Wettkämpfen, beim röm. Triumphzug und im Totenkult herleiten. Der Kranz ist Heils- und Schutzzeichen. Der enge Zusammenhang zwischen kultischem und politischem Leben führt dazu, daß die Inhaber von Staatsämtern zum Zeichen ihrer Würde Kränze tragen, aus denen sich im Laufe der Zeit die verschiedenen Formen der Kronen entwickelten. Beim sportlichen Agon gilt der Siegeskranz im Wettkampf als höchstes irdisches Glück. Auch in der privaten Sphäre des menschlichen Daseins findet der Kranz Verwendung, so wird z. B. der Sänger bekränzt. Kranz und Bekränzung werden als Ausdruck der Freude und der Ehre verwandt. Kränze aus Edelmetall dienten als Weihgeschenke und Ehrengaben. Aristophanes verspottet den vielfältigen Brauch in seinen „Rittern" (Equites 647): als ein Wursthändler dem Rate mitteilt, noch nie seit Ausbruch des Krieges seien die Sardellen so billig gewesen wie im Augenblick, da wird er als Freudenbote bekränzt. Auch das Hochzeitsfest gibt Anlaß zur Bekränzung; die Teilnehmer an Gastmählern und Symposien sind kranzgeschmückt. Schließlich gehören Kranz und Bekränzung zum Totenkult und zur Totenehrung. Auch im röm. Kult wurden Kränze wohl meist nach griech. Vorbild verwendet. Das Diadem, die Insignie der souveränen Herrscherwürde, das von den Achämeniden um die Tiara herum getragen wurde, gehört seit Alexander d. Gr. zum hellenist. Königsornat. Seit Ptolemäus IV. wird das Diadem auf Münzen als Strahlenkranz dargestellt. In Rom – als Symbol des absoluten Herrschertums verhaßt – setzte sich das Diadem erst spät durch.

Wenn man aus der griech.-röm. und der vorderorientalisch-hellenistischen Welt zum AT kommt, fällt auf, wie selten die Verwendung von „Kranz, Krone" und „bekränzen" ist; erst in den jüngeren Schriften des AT begegnen die Begriffe etwas häufiger, hauptsächlich in bildlicher Verwendung. Die Zurückhaltung im AT zeigt, daß der kultisch-magische Gebrauch des Kranzes, der vegetabilen Krone, aus der sich die eigentliche Krone, der Kranz aus Metall entwickelte, wie er in Israels Umwelt üblich war, abgelehnt wird.

IV. 1. Auffälligerweise wird von der Krone Sauls, des ersten israelitischen Königs, erstmals bei der Erzählung seines tragischen Todes erzählt. Der Amalekiter, der David die Nachricht vom Tode Sauls überbringt, schließt seinen Bericht mit den Worten (2 Sam 1, 10): „Dann nahm ich die Krone (*hannezær*), die er auf dem Kopf trug, und die Spange, die er am Arm hatte, und bringe sie nun hierher zu meinem Herrn." Daß David die Krone bzw. das Diadem Sauls getragen hätte, wird nirgends vermerkt. Wohl aber berichtet 2 Sam 12, 30, daß David nach dem Sieg über die Ammoniter „die Krone ihres Königs (*ʿaṭæræṯ malkām*) von dessen Haupt" genommen habe. „Und sie kam auf Davids Haupt." Ein besonderes Problem stellt die Gewichtsangabe von einem Kikkar Gold (ca. 35–40 kg) dar (Wertangabe? Wurde die Krone von Trabanten über dem Haupte des Königs gehalten?). Kompliziert wird die Lösung noch dadurch, daß in der Parallele 1 Chr 20, 2 mindestens V, vielleicht auch LXX *milkom* lasen und damit den Reichsgott der Ammoniter (vgl. W. Röllig, WbMyth I 299) meinten. – Weder von Salomo noch von seinen Nachfolgern wird im AT von einer Krönung erzählt. Erst von Joasch wird wieder berichtet, daß er gekrönt wurde, und zwar setzt ihm der Hohepriester Jojada (2 Kön 11, 12 par. 2 Chr 23, 11) das Diadem (hier wieder die Bezeichnung *nezær*) auf das Haupt. (Zum Krönungsritual → נזר *nāzar* II. 3., → עוד *ʿwd* IV. 1. b, → עמוד *ʿammûḏ*.) Von den nordisraelitischen Herrschern kann man nur vermuten, daß sie vielleicht dem Beispiel ihrer Nachbarn, der Könige von Phönizien und der aramäischen Herrscher folgend, ein Diadem oder eine Krone trugen. Jehu, der auf dem sog. schwarzen Obelisken Salmanassars III. dargestellt ist, trägt dort eine Zipfelmütze, vielleicht mit Edelsteinen verziert. Vielleicht darf man auch Jes 28, 1. 3 unter der „stolzen Krone" einen Hinweis auf das Königshaus sehen, das sich nicht vom Treiben der Oberschicht Samarias distanzierte. Aus der Drohung an den König und die „Herrin" (*geḇîrāh*, d. h. die Mutter des Königs) geht hervor, daß beide eine prächtige Krone (*ʿaṭæræṯ tipʾæræṯ*) trugen (vgl. ähnlich Ez 21, 31). – Herodes d. Gr. wurde mit einem Diadem und einer darüber gesetzten goldenen Krone begraben (Josephus, Ant. XVII, 8, 3). Von Ptolemäus VI. Philometor wird 1 Makk 11, 12 berichtet, daß er zwei Kronen trug, die von Ägypten und die von Asia.

2. Kronen waren bereits im Altertum meistens aus Gold angefertigt (vgl. die phön. Kranzinschrift KAI 60, 3: *ʿṭrt ḥrṣ*), wie sich aus 2 Sam 12, 30 || 1 Chr 20, 2 (*kikkar zāhāḇ*) und Est 8, 15 (die Krone des Mordechai *ʿaṭæræṯ zāhāḇ geḏôlāh*) ergibt. Auch Ps 21, 4 und Sir 45, 12 ist von einer *ʿaṭæræṯ paz*, also von einer Krone aus Feingold (wenn *paz* wirklich Feingold heißt) die Rede. Während Sir 45, 12 die Krone (*ʿṭrt*) zum Ornat des Hohenpriesters gehört, läßt sich aus Ps 21, 4 folgern, daß die israelitische Königskrone ein goldenes Diadem (sonst gewöhnlich mit *nezær* bezeichnet) war, das, wie Ez 21, 31 lehrt, wohl zusätzlich über dem Turban (*miṣnæpæṯ*) getragen wurde und mit kostbaren Steinen besetzt war (vgl. 2 Sam 12, 30). Die Krone nimmt der König wie in der Umwelt des AT aus der Hand des Gottes entgegen (vgl. Ps 21, 4). Die durch die Königskrone symbolisierte Macht und Würde des Königs ist ihm von Gott verliehen. Vermutlich wurde die Krone bei offiziellen Staatsakten getragen, vielleicht auch, wenn der König in die Schlacht zog (vgl. 2 Sam 1, 10 *nezær*). – Die in Israels Umwelt reichlich belegte Vorstellung, daß der König letztlich von der Gottheit gekrönt wird, findet sich auch Ps 21, 4 belegt; JHWH ist es, der

dem König Segen und Glück verleiht, er setzt ihm die Krone aufs Haupt.

3. Nur allmählich hat sich die Königsideologie des Hohenpriesters entwickelt und durchgesetzt. Greifbar wird diese Entwicklung Sach 6, 9–14.

In diesem Abschnitt wird Sacharja aufgefordert, Silber und Gold, das heimkehrende Exulanten mitgebracht haben, zu nehmen und daraus *ʿaṭārôṯ* anzufertigen und sie dem Hohenpriester Jeschua, dem Sohn des Jozadak, aufs Haupt zu setzen. In v. 14 heißt es, daß die Krone(n) zum Gedächtnis im Tempel JHWHs bleiben sollen. Anstoß erregte seit je der Pl. *ʿaṭārot*, den z. B. Targum als Pl. der Ausdehnung deutet („eine große Krone"), oder der so interpretiert wurde, als handele es sich um ein zusammengesetztes Gebilde, ähnlich der Stufenkrone nach Art der päpstlichen Tiara oder der Offb 19, 12 geschilderten Krone (so z. B. L. G. Rignell, Die Nachtgesichte des Sacharja, Lund 1950, z. St.). Aber vermutlich hat W. Rudolph recht in der Annahme, daß es sich um eine alte Singularendung *-ôṯ* < *-āṯ* handelt und natürlich nur von einer Krone die Rede ist. Da nicht anzunehmen ist, daß Jeschua die Krone ständig trägt, ist auch v. 14 nicht zu beanstanden. Solange die Krone nicht für einen offiziellen Staatsakt gebraucht wird, wird sie im Tempel deponiert, wo sie zugleich an die Stifter erinnert und wo sie zur ständigen Erinnerung an JHWHs Treue und Gnade mahnt. Da die Krone Symbol der Königswürde war, während der Hohepriester ursprünglich den Turban (*miṣnæpæṯ* Ex 28, 4 u. ö.) trug, ersetzen viele Exegeten in v. 11 Jeschua durch Serubbabel. Aber dem ist mit W. Rudolph nicht zu folgen: Sach 6, 9–14 wird Jeschua als königlicher Hoherpriester und Davidide erstmals legitimiert. Auch Sir 45, 12 herrscht wohl die Vorstellung vom königlichen Hohenpriester vor. Unter den Hasmonäern wurde das Ideal Wirklichkeit. Die acht Oberhäupter dieses Hauses, von Jonatan bis Antigonos, waren gleichzeitig Hoherpriester und weltliches Oberhaupt des jüdischen Volkes.

4. Da das Brautpaar als König und Königin gefeiert wird, spielt bei der Hochzeitsfeier der Kranz bzw. die Krone eine wichtige Rolle (wie im griech.-röm. Bereich, vgl. Euripides, Iphigenie in Aulis, 905 f.). Der Braut entgegen zog mit Musik (1 Makk 9, 39) der von seiner Mutter bekrönte Bräutigam (Hld 3, 11). Nach der Allegorie in Ez 16 wird auch die Braut (Ez 16, 12), in diesem Falle vom Vater, mit einer herrlichen Krone (*ʿaṭæræṯ tip̄ʾæræṯ*) geschmückt (vgl. zu den Kränzen der Bräute aus Myrten, Rosen oder Gold St-B I 508 f.). Eine solche herrliche Krone bringen auch Liebhaber einer Hure dar (Ez 23, 42). Nach 3 Makk 4, 8 werden bei einer Verfolgung in Alexandrien die jungen jüdischen Gatten mit Stricken um den Hals anstatt mit Kränzen auf dem Kopf umwunden. Im Krieg des Vespasian (vgl. Mischna Soṭa 9, 14) erließ man das Verbot, daß der Bräutigam, und im Krieg des Quietus, daß die Braut bekränzt werden darf.

5. Einmal (1 Chr 2, 26) ist *ʿaṭārāh* als weiblicher PN, nämlich als Name der zweiten Frau des Jerachmeel belegt. Man kann mit J. J. Stamm (VTS 16, 1967, 327 f.) in dieser Bezeichnung die „Freude über eine die Kinderzahl vermehrende Tochter" sehen (vgl. die allegorische Deutung jSanh II, 20 b).

Auch verschiedene Ortsnamen sind mit dem Pl. von *ʿaṭārāh* i. S. v. Umzäunung (so BHHW 144) oder Viehhürden (so KBL[3]) oder als differenzierender Pl. verstanden i. S. v. Kronsteine, die gleichsam um den Hügelring eine Krone bilden (so E. König, Wb), gebildet.

1) Ein *ʿaṭrôṯ bêṯ jôʾāḇ* in Juda 1 Chr 2, 54 ist nicht lokalisiert.

2) Ein *ʿaṭrôṯ šôpān* in Gad Num 32, 35 ist gleichfalls bisher nicht lokalisiert, falls es nicht mit Chirbet ʿAṭārūs/z (s. u.) gleichzusetzen ist.

3) *ʿaṭārôṯ* im Süden Efraims Jos 16, 2, das wohl identisch ist mit *ʿaṭrôṯ ʾaddār* Jos 16, 5; 18, 13 an der benjaminitischen Grenze, könnte mit Chirbet ʿAṭṭāra am Südfuß des Tell en-Naṣbe identisch sein.

4) *ʿaṭārôṯ* an der Nord- bzw. Ostgrenze des efraimitischen Siedlungsgebietes Jos 16, 7 könnte vielleicht in Tell Šēḫ eḏ-Ḏiab im Jordantal nw von Phasaelis wiedergefunden werden.

5) Das berühmteste ist *ʿaṭārôṯ* im Ostjordanland (Num 32, 3. 34), das auch in der Inschrift des Königs Mešaʿ von Moab (KAI 181, 11 *ʿṭrt*) auftaucht und das – trotz des den Lautgesetzen spottenden letzten Konsonanten – wohl mit Chirbet ʿAṭārūs/z ca. 10 km nw von Dibon gleichzusetzen ist.

6) Das Targum erwähnt Ri 4, 5 noch ein *ʿṭrwt* zwischen Rama und Bet-El.

7) Eusebius kennt zu seiner Zeit zwei Ataroth bei Jerusalem (Onomasticon 26, 25 f.), die dem Namen nach in der Chirbet ʿAṭṭāra am Fuß des Tell en-Naṣbe und der Chirbet ʿAṭṭara (= Chirbet el-Charāba) zu suchen sind.

Die nördlich von Ǧīfna gelegene heutige Ortschaft el-ʿAṭṭāra geht vielleicht auch auf ein altes, im AT zufällig nicht belegtes, Ataroth zurück.

6. In der Weisheitsliteratur tritt das Bild des Kranzes oder der Krone im übertragenen Sinne besonders häufig auf. Die Frau ist in ihrer Tüchtigkeit der Kranz des Mannes (Spr 12, 4). Enkel sind „der Kranz der Alten", und der Ruhm der Kinder sind ihre Väter (Spr 17, 6). Das graue Haar der Alten ist eine „prächtige Krone" (*ʿaṭæræṯ tip̄ʾæræṯ*) (Spr 16, 31), und „der Greise Ehrenkranz (G. Sauer, JSHRZ III/5, 567: Zierde) ist reichliche Erfahrung" (Sir 25, 6). Die Mahnung des Vaters und die Lehre der Mutter ist „ein lieblicher Kranz" (*liwjaṯ ḥen*) auf dem Haupte des Sohnes (Spr 1, 9). Vor allem aber ist die Weisheit selbst die Kraft, die zu Ehren bringt (Spr 4, 9): „Sie setzt dir einen lieblichen Kranz (*liwjaṯ ḥen*) auf das Haupt, eine herrliche Krone (*ʿaṭæræṯ tip̄ʾæræṯ*) wird sie dir schenken" (vgl. noch Spr 14, 24). So kann auch die Gottesfurcht als Krone der Weisheit (Sir 1, 18, LXX στέφανος σοφίας wohl *ʿaṭæræṯ ḥŏkmāh*, kaum *nezær*, vgl. G. Sauer, JSHRZ III/5, 508 Anm. 18 a) verstanden werden. Die Weisheit kann man als Ehrengewand anziehen und sie als prächtige Krone στέφανον ἀγαλλιάματος (Sir 6, 31) tragen. Andererseits bedeutet der Verlust des Kranzes den Verlust der Ehre des Menschen, sein Elend und bitteres Leid. So sagt Ijob (19, 9) von sich selbst: „Meiner Ehre hat er mich entkleidet, die Krone mir vom Haupt genommen". Und was Ijob von sich selbst sagt, muß Jeremia dem König und der Mutter des Königs (Jer 13, 18) im Blick auf die drohende

Wegführung zurufen: „Setzt euch hinunter; denn eure prächtige Krone sinkt euch vom Haupt." Klgl 5, 16 schließlich bekennen die Israeliten selbst: „Der Kranz ist uns vom Haupt gefallen." Schließlich symbolisieren Kronen und Kränze die Teilnahme am künftigen Reich der Herrlichkeit. Wenn es Jes 62, 3 heißt: „Du wirst ein Ehrenkranz (*ʿaṭæræṯ tip̱ʾæræṯ*) sein in der Hand JHWHs und ein königliches Diadem (1: *ûṣenîp̱ melûḵāh*) in Gottes Hand", so ist hier zwar das Jerusalem der Endzeit gemeint, aber Weish 5, 15–16 wird diese Sicht auf alle Auserwählten erweitert, wenn es heißt: „Die Gerechten aber leben in Ewigkeit, der Herr belohnt sie, der Höchste sorgt für sie. Darum werden sie aus der Hand des Herrn das Reich der Herrlichkeit empfangen und die Krone der Schönheit (τὸ διάδημα τοῦ κάλλους)."

D. Kellermann

עַיִן *ʿajin*

I. Wort – II. Das Auge im AO – 1. Ägypten – 2. Mesopotamien – 3. Ugarit – III. AT – 1. Auge im physischen Sinn – 2. Auge als Sitz personaler Vollzüge – 3. Auge in geprägten Wendungen – 4. Auge als Metapher – 5. Auge Gottes – IV. Deuterokan. Schriften – V. Qumran.

Lit.: *M. Dahood*, Zacharias 9, 1, ʿÊN ʾĀDĀM (CBQ 25, 1963, 123f.). – *E. Dhorme*, L'emploi métaphorique des noms de parties du corps en hébreu et en akkadien, Paris 1923 = 1963, 75–80. – *E. Ebeling*, Auge (RLA I 313). – *Ders.*, Blick, böser (RLA II 55). – *C. Edlund*, Auge (BHHW I 153). – *H. Goeke*, Das Menschenbild der individuellen Klagelieder. Ein Beitrag zur at.lichen Anthropologie, Diss. Bonn 1971, bes. 214ff. – *W. Helck*, „Augen des Königs" (LexÄg I 560). – *E. Jenni / D. Vetter*, עַיִן *ʿájin* Auge (THAT II 259–268). – *A. R. Johnson*, The Vitality of the Individual in the Thought of Ancient Israel, Cardiff [2]1964. – *O. Keel*, Jahwe-Visionen und Siegelkunst (SBS 84/85, 1977). – *Ders.*, Deine Blicke sind wie Tauben (SBS 114/115, 1984). – *H. J. Kraus*, Hören und Sehen in der althebräischen Tradition (in: ders., Biblisch-theologische Aufsätze, 1972, 84–101). – *M. Lurker*, Wörterbuch biblischer Bilder und Symbole, [2]1978. – *L. Malten*, Die Sprache des menschlichen Antlitzes in der Antike (FF 27, 1953). – *W. Michaelis*, ὀφθαλμός (ThWNT V 376–379). – *P. H. Middendorf*, Gott sieht. Eine terminologische Studie über das Schauen im Alten Testament, Diss. Freiburg, Breslau 1935. – *F. Nötscher*, „Das Angesicht Gottes schauen" nach biblischer und babylonischer Auffassung, 1924 = [2]1969. – *A. L. Oppenheim*, „The Eyes of the Lord" (JAOS 88, 1968, 173–180). – *E. Otto*, Auge (LexÄg I 559f.). – *J. Pedersen*, Israel. Its Life and Culture I–II, London – Copenhagen [4]1959. – *S. C. Reif*, A Root to Look up? A Study of the Hebrew *nśʾ ʿyn* (VTS 36, 1985, 230–244). – *A. E. Rüthy*, „Sieben Augen auf einem Stein". Sach. 3, 9 (ThZ 13, 1957, 523–529). – *F. J. Stendebach*, Theologische Anthropologie des Jahwisten, Diss. Bonn 1970. – *H. W. Wolff*, Anthropologie des Alten Testaments, [3]1977.

I. Im hebr. AT begegnet *ʿajin* in der Bedeutung ʿAugeʾ 866mal, in der metaphorischen Bedeutung ʿQuelleʾ 23mal. In den aram. Teilen des AT findet sich das Wort 5mal.

Es handelt sich wohl um ein Primärnomen, das gemeinsemitisch belegt ist. So hat das Ugar. *ʿn* (WUS Nr. 2055; UT Nr. 1846), das Akk. *īnu/ēnu* (AHw 383, CAD I/3, 153–158); die kanaan. Glossen in EA zeigen die suffigierte Form *ḫinaia* (BLe § 2m); im Phön. findet sich *ʿn*, in den aram. Dialekten *ʿjn* (DISO 207; jüd.-aram. *ʿênāʾ* oder *ʿajnāʾ*, syr. *ʿajnā*); das Arab. hat *ʿajn*, das Asarab. *ʿjn* (Biella 363), das Äth. *ʿajn*. Ein äg. *ʿjn* ist nur im Schriftzeichen erhalten (WbÄS I 189); sonst heißt ʿAugeʾ *îr.t* (WbÄS I 106f.).

Außer dem Primärnomen ist im AT ein denominiertes Verb *ʿjn* im Ptz. *qal* belegt (1 Sam 18, 9 Q) – in der Bedeutung „mit Argwohn betrachten". Denominierte Verben begegnen auch im Ugar. (WUS Nr. 2055a; UT Nr. 1846), Jüd.-Aram., Mhebr. Zur Konjektur Ptz. *po* 1 Sam 2, 29. 32 vgl. H. J. Stoebe, KAT VIII/1, 116f.

Schließlich sind von *ʿajin* einige Eigennamen abgeleitet, darunter der nach akk. Muster gebildete Name *ʾæljôʿênaj* „bei JHWH sind meine Augen" (IPN 163. 216).

In LXX begegnet das griech. Äquivalent ὀφθαλμός fast 700mal; es gibt nahezu ausschließlich *ʿajin* wieder (Michaelis 376). Zum Wortfeld gehören → חזה *ḥāzāh* und → ראה *rāʾāh*.

II. 1. In Ägypten spielt das Auge als Organ der Wahrnehmung der Umwelt, der Lichtempfänglichkeit und des Ausdrucks persönlicher Mächtigkeit eine bedeutende Rolle. Die Bedeutsamkeit des Auges als menschliches Organ zeigt sich in der Wendung „jedes Auge" für „jedermann". Metaphorisch wird „Auge" besonders im Epitheton „Augen des Königs von Oberägypten" neben „Ohren des Königs von Unterägypten" als Ehrentitel hoher Beamter gebraucht (bes. 18. Dyn.). Ägypten wird als „Auge des Re" und „Heilsauge (*wḏꜣ.t*)" bezeichnet. Das „böse Auge" ist teils abwehrende Kraft, teils unglücksbringend („böser Blick").

Im mythologischen Denken galten Sonne und Mond als die Augen des Himmelsgottes Horus; später redet man auch von „Augen des Re", und vom Sonnengott wird gesagt, daß er mit seinen beiden Augen das Land erhellt (H. Ringgren, Festschr. C. J. Bleeker, Leiden 1969, 141). Meist ist aber die Sonne „Auge des Re" und der Mond „Auge des Horus". In seinem Kampf mit Seth verliert Horus sein Auge, Thot bringt es zurück und heilt es (mythologische Darstellung der Mondphasen). Von daher ist das geheilte Auge oder Udjat-Auge (*wḏꜣ.t*) Symbol von Leben und Kraft und wird oft als Amulett mit apotropäischer Wirkung benutzt. Auf Särgen angebracht, dient ein Augenpaar teils zur Abwehr böser Mächte, teils soll es den Toten aus dem Grab herausblicken lassen (RÄR 854–856). Das Sonnenauge kann vom Sonnengott zu verschiedenen Zwecken ausgesandt werden. Häufiger ist aber vom erzürnten Sonnenauge die Rede, das sich von Gott entfernt und besänftigt und zurückgebracht werden muß; es wird dann gern mit einer wilden Löwengöttin identifiziert (RÄR 733–735).

Der Lichthaftigkeit des Göttlichen entspricht die Lichtaufnahmefähigkeit des menschlichen Auges. Die Gott-Mensch-Beziehung ist ein Sehen. Blindheit ist Gottesferne. So wie die göttlichen Augen unversehrt sind, sollen auch die Augen des Menschen heil sein (E. Otto, Gott und Mensch, AHAW 1964:1, 47ff. 101–105).

2. In Mesopotamien bedeutet *īnu namirtu* „glänzendes Auge" soviel wie „freudiges Gesicht". Schärfe des Auges gilt als Zeichen scharfen Verstands. Mit dem Auge werden Beifall und Mißfallen ausgedrückt. Von einem, der Gunst gewonnen hat, heißt es: *ša īn NN maḫru* „dem Auge von NN genehm". Wohlwollen u.ä. wird mit *niš īnē* „Erhebung der Augen" umschrieben. Metaphorisch wird der Mond als Auge des Himmels und der Erde bezeichnet. Nachbildungen von Augen wurden als Weihegeschenke dargebracht und als Amulette verwendet (Ebeling, RLA I 313). Metaphorisch ist auch die Bildung ^{aban}*īnu* (= ^{ná}*IGI*) „Augenstein", womit ein Juwel bezeichnet wird, das in Schmuckstücke eingesetzt ist; vgl. dazu Ez 1, 4. 7. 16. 22 (Boson, RLA II 270). Verbreitet war der Glaube an die Wirkung des bösen Blicks, wobei das Auge als selbständig wirkende Macht gesehen wurde. Abwehrmittel sind Amulette, z. B. Nachbildungen von Händen mit ausgestrecktem Finger aus unechtem Lapislazuli.

3. In Ugarit hat sich eine kleine Tafel in akk. Sprache mit einer Beschwörung gegen Augenkrankheiten gefunden (W. v. Soden, UF 1, 1969, 191). Die Nähe der poetischen Sprache Ugarits zu der des AT zeigt sich z. B. im Vergleich des Auges mit einem Teich. Weiter kann von der „Quelle des Auges" geredet werden. In beiden Fällen handelt es sich wohl um eine Anspielung auf die doppelte Bedeutung von *ʿn*, 'Auge' und 'Quelle' (RSP I 149, Nr. 123 – mit Verweis auf Hld 7, 5). Die Verbindung von *jn* und *ʿn*, wörtlich „Wein des Glanzes", meint den funkelnden Wein (RSP I 209, Nr. 247 – mit Verweis auf Spr 23, 31). *ʿn* und *rʾš* stehen im Parallelismus membrorum zueinander (RSP I 299, Nr. 435 – mit Verweis auf Jer 8, 23). Die Verbindung von *ʿpʿp* 'Pupille' (nicht 'Wimper' [?]) und *ʿn* findet sich nur im Ugar. und Hebr. (RSP I 301, Nr. 440 – mit Verweis auf Jer 9, 17; Ps 11,4; 132, 4; Spr 4, 25; 6, 4; 30, 13; Ijob 41, 10).

III. 1. Zunächst begegnet das Auge als physisches Organ, als Träger des Sehvorgangs. Es sind aber relativ wenige Stellen, an denen sich die Bedeutung des Auges auf diese Funktion beschränkt, und diese Stellen sagen häufig einen Defekt aus: ein Fleck im Auge (Lev 21, 20), Verlöschen (*kiljôn*) der Augen (Dtn 28, 65), Trübung (*khh*) der Augen (Sach 11, 17; Gen 27, 1; Dtn 34, 7), matte (*rkk*) Augen (Gen 29, 17), „schwere" (*kbd*) Augen (Gen 48, 10), schwach werdende (*khh*) bzw. starr gewordene (*qûm*) Augen (1 Sam 3, 2 Q; 4, 15; vgl. 1 Kön 14, 4), ermattete (*dll*) Augen (Jes 38, 14), „verfaulte" (*mqq niph*) Augen (Sach 14, 12), geblendete (*ḥšk*) Augen (Ps 69, 24), „Verschmachten" (*klh*) der Augen (Ijob 11, 20; vgl. 17, 5), Erlöschen (*klh pi*) der Augen (Lev 26, 16; vgl. 1 Sam 2, 33), Trübheit (*ḥaḵlilûṯ*) der Augen (Spr 23, 29); vgl. noch Spr 15, 30.

Nach Ex 21, 26 muß ein Israelit, der seinem Sklaven oder seiner Sklavin ein Auge ausschlägt (*nkh* + *šḥt*), diese(n) freilassen. Ri 16, 21 stechen die Philister dem Simson die Augen aus (*nqr pi*; vgl. 1 Sam 11, 2). Nebukadnezzar läßt 2 Kön 25, 7 den Zidkija blenden (*ʿwr pi*; vgl. Jer 39, 7; 52, 11). In einem Drohwort Ez 6, 9 ist vom Zermalmen (*šbr*; vgl. BHS) der Augen die Rede, die hinter den Göttern hergehurt sind. Hier ist zu beachten, daß Schande und Ehre Ausdruck im Leib finden, so daß jemand Schande verursachen kann durch Zerstörung des letzteren, etwa durch Ausstechen der Augen (Pedersen 241) – ein Hinweis darauf, wie die Übergänge von einer physischen Bedeutung des Auges zu einer personalen Konnotation fließend sind. Die gleiche Beobachtung gilt für die positiven Aussagen Jes 29, 18, daß die Augen der Blinden sehen, und Jes 35, 5, daß ihre Augen geöffnet werden; vgl. Jes 42, 7.

Das Auge begegnet in der Talionsformel (vgl. A. Alt, KlSchr I 341–344; K. Elliger, HAT I/4, 335) Ex 21, 24; Lev 24, 20 (*ʿajin taḥaṯ ʿajin*); Dtn 19, 21 (*ʿajin beʿajin*); vgl. Ri 16, 28.

Das Auge als Organ des Sehens ist auch in der Redewendung gemeint, daß jemand den Augen eines anderen entschwindet (Ri 6, 21; vgl. Num 11, 6). Auch kann ein Auge, das sieht, Zeugnis für einen Menschen ablegen (Ijob 29, 15; bemerkenswert ist die verbale Aktion des Sehorgans; vgl. auch Spr 25, 7b. 8).

Eine andere Gruppe von Texten sieht in den Augen den Körperteil, in dem der Schlaf seinen Sitz hat: der Schlaf flieht (*ndd min*) die Augen (Gen 31, 40). David gönnt seinen Augen keinen Schlaf (Ps 132, 4; vgl. Spr 6, 4; Koh 8, 16). Der Schlafende öffnet seine Augen (Ijob 27, 19). Ps 77, 5 klagt der Beter: „Du hast die Lider meiner Augen gepackt", was wohl so zu verstehen ist, daß Gott den Beter nicht mehr schlafen läßt. In diesen Belegen ist die personale Konnotation ebenfalls unverkennbar.

In diesen Zusammenhang gehört auch die Wendung Gen 46, 4 „seine Hand auf die Augen von jemand legen" – als Umschreibung des letzten Dienstes an einem Sterbenden.

Jer 8, 23 begegnet das Auge als Quelle der Tränen (*meqôr dimʿāh*); vgl. Jer 9, 17; 13, 17; 14, 17; Ps 116, 8; 119, 136; Jer 31, 16; Klgl 1, 16; 3, 48f.; 3, 51 (vgl. BHS); 2, 11; vgl. Ijob 16, 20.

Wie das Schließen der Augen mit dem Tod verbunden ist, so das Öffnen der Augen mit dem Erwachen zu neuem Leben (2 Kön 4, 35, nachdem in v. 34 der magische Akt vorausgegangen ist, in dem Elischa seine Augen auf die Augen des toten Kindes gelegt hat). Der Aspekt des Lebens klingt auch an, wenn der Stammesspruch Gen 49, 12 von Juda sagt, daß seine Augen von Wein dunkel sind (*ḥaklîlî*), oder wenn 1 Sam 14, 27 (Q). 29 von Jonatan bemerkt, daß seine Augen vom Genuß des Honigs leuchten (vgl. Esra 9, 8). Übermäßige, und somit negativ gewertete, Lebenskraft wird mit der Wendung umschrieben, daß das Auge vor Fett überquillt (Ps 73, 7; *jāṣā' meḥelæb*).

1 Sam 16, 12 sagt von David, daß er schöne Augen hatte. Diese Schönheit kann durch Schminke hervorgehoben werden (2 Kön 9, 30; Jer 4, 30; Ez 23, 40). Andererseits macht man sich durch eine Binde über den Augen unkenntlich (1 Kön 20, 38. 41).

Ex 13, 9. 16; Dtn 6, 8; 11, 18 findet sich die Wendung „zwischen den Augen" als Umschreibung für „Stirn", wobei die Belege allesamt der dtn-dtr Paränese angehören, die die Begehung des Mazzotfestes als „Erinnerungsmal" an der Stirn (Ex 13, 9), das Opfer der Erstgeburt bzw. die Worte der *tôrāh* als „Schmuck" (→ טוטפות *ṭôṭāpôt*) auf der Stirn (Ex 13, 16; Dtn 6, 8; 11, 18) bezeichnet.

Die Wendung begegnet noch Dtn 14, 1, wo den Israeliten untersagt wird, sich im Zusammenhang mit Trauerriten eine Glatze „zwischen den Augen" anzubringen, sowie Dan 8, 5. 21 im Bild des Ziegenbocks, der ein Horn „zwischen den Augen" trägt.

In der Götzenbilderpolemik begegnet die Aussage, daß die Götzen Augen haben und doch nicht sehen (Ps 115, 5; 135, 16).

Von den Augen von Tieren reden Gen 30, 41; Ijob 28, 7; 39, 29; 40, 24; 41, 10; Spr 1, 17; Jer 14, 6; vgl. Dan 8, 5. 21.

Schließlich findet sich die grundsätzliche Aussage, daß JHWH das Auge geschaffen hat (Spr 20, 12; Ps 94, 9). Hier „werden Hören und Sehen der absoluten Verfügungsgewalt des Menschen entzogen" und die hohe Verantwortung für die Schöpfungsgabe betont (Kraus 87) – auch dies ein Hinweis auf die personale Bedeutung des zunächst einmal physischen Organs.

2. An den meisten Belegstellen begegnet das Auge als Sitz personaler Wahrnehmung und Erkenntnis. Im Auge offenbart sich die „Seele" des Menschen (Stendebach 263). Gen 3, 5. 7 zeigt deutlich diesen personalen Einschlag. Während die Schlange ankündigt, daß als Folge des Essens vom Baum in der Mitte des Gartens den Menschen die Augen geöffnet und sie wie Gott würden, Gutes und Böses erkennend (v. 5), konstatiert v. 7 das Eintreffen dieser Ansage – nur mit der anderen Folge, daß die beiden erkennen, daß sie nackt sind (vgl. dazu Stendebach 130–134). Gen 21, 19 öffnet Gott der Hagar die Augen, so daß sie den Brunnen erblickt (vgl. Num 22, 31). 2 Kön 6, 17. 20 bittet Elischa darum, daß JHWH seinem Knecht bzw. den Aramäern die Augen öffne, wobei in beiden Fällen der Erfolg notiert wird. Ps 119, 18 bittet der Beter darum, daß JHWH ihm die Augen öffne, damit er das Wunderbare an seiner Weisung erkenne. Das „Erleuchten" (*'wr hiph*) der Augen durch JHWH impliziert die Erneuerung bzw. Erhaltung der Lebenskraft (Ps 13, 4; 19, 9; vgl. Kraus, BK XV/1[5] z. St.; vgl. Spr 29, 13; 15, 30).

In den Bereich praktischer Lebensweisheit führt Spr 20, 13: „Öffne deine Augen, und sei satt von Brot." Das Erkennen setzt also eine innere Disposition voraus, die nicht unbedingt dem Menschen verfügbar ist, sondern häufig als Gabe, Geschenk erfahren wird. Erkenntnis beruht also auf Begegnung mit den Dingen, den Menschen und mit Gott (Stendebach 263 f.).

Auf der anderen Seite werden die Augen des Volkes verklebt als faktisches Ergebnis der Botschaft Jesajas, im Sinne einer kollektiven Verblendung, die die Disposition zur Erkenntnis zunichte macht (Jes 6, 10; vgl. Jes 32, 3; 44, 18). An diesen Stellen wird das Auge mit dem Herzen zusammengestellt. Das Auge gilt demnach als der konzentrierte Ausdruck für die Persönlichkeit, für die Einstellung zu Gott, Menschen und Umwelt (Edlund 153). Ähnlich spricht Jes 43, 8 von dem Volk, das blind ist, obwohl es Augen hat, Jes 29, 10 davon, daß JHWH die Augen verschließt (vgl. noch Jes 59, 10; Jer 5, 21; Ez 12, 2).

Der personale Charakter der Erkenntnis erhellt auch aus Ez 40, 4; 44, 5: „Sieh (*rā'āh*) mit deinen Augen!" (vgl. Gen 45, 12; Dtn 3, 21; 4, 3. 9; 7, 19; 10, 21; 11, 7; 21, 7; 29, 2 f.; Jos 24, 7; 1 Sam 24, 11; 2 Sam 24, 3; 1 Kön 1, 48; 10, 7; 2 Kön 7, 2. 19; 22, 20; Jes 6, 5; 30, 20; 33, 17. 20; 64, 3; Jer 20, 4; 42, 2; Mal 1, 5; Ps 35, 21; 91, 8; Ijob 7, 7. 8 a; 10, 18; 13, 1; 19, 27; 20, 9; 28, 10; 42, 5; Koh 11, 9; 2 Chr 9, 6; 29, 8; 34, 28). An all diesen Stellen ist *ʿajin* mit einem Verb des Sehens bzw. Erkennens verbunden, wobei die Häufung bei Dtn/Dtr auffällt (2 Sam 16, 12 ist *beʿŏnjî* zu lesen; vgl. BHS).

Der Aspekt personaler, unmittelbarer Begegnung und Erkenntnis findet sich in der Wendung „Auge in Auge" (*ʿajin beʿajin*, Num 14, 14; Jes 52, 8) im Sinne einer wirklichen, persönlichen Offenbarung Gottes (Nötscher 55; vgl. Jer 32, 4; 34, 3).

In diesen Zusammenhang gehört auch, daß ein ortskundiger Führer, Hobab, von Mose angeredet werden kann: „Du wirst uns als Augenpaar (*leʿênajim*) dienen" (Num 10, 31; vgl. Ijob 29, 15).

Auch Jes 11, 3 wird das Auge als Träger von Erkenntnis vorausgesetzt. Der angekündigte König richtet nicht nach dem, was seine Augen sehen (*lemar'eh ʿênājw*), was im Kontext als ein ungerechtes, weil oberflächliches, Richten qualifiziert wird. 1 Sam 16, 7 begegnet das Auge dagegen als Objekt der Erkenntnis: Der Mensch schaut auf die Augen, das Aussehen, JHWH aber auf das Herz (vgl. Stoebe, KAT VIII/1, 301 – mit der Vermutung einer nachträglichen Korrektur zu v. 12). In Lev 13, 5 bezieht sich *beʿênê*, in 13, 12 *mar'eh ʿênê* auf die Besichtigung der Aussätzigen durch den Priester.

Die Gebetssprache der Psalmen kennt das Auge ebenfalls als Träger von Erkenntnis. „Vor den Augen" sieht der Beter die Huld JHWHs (Ps 26, 3 –

möglicherweise Hinweis auf das Ereignis einer im Gottesdienst hervortretenden Manifestation von JHWHs Huld [Kraus, BK XV/1[5], 359]), hat der Frevler kein Erschrecken vor Gott (Ps 36, 2), ist dem Sünder seine Schuld gestellt (Ps 50, 21). Der Sprecher von Ps 101, 7 bekennt, daß kein Lügner vor seinen Augen bestehen kann; statt dessen sucht sein Auge die Treuen im Land (v. 6).

Ijob verflucht die Nacht seiner Empfängnis, weil sie nicht das Unheil vor seinen Augen verborgen hat (Ijob 3, 10). Nach Ijob 28, 20f. ist die Weisheit vor den Augen aller Lebenden verborgen.

Der Weise warnt Spr 4, 21, daß seine Worte nicht aus den Augen des Schülers weichen sollen. Spr 20, 8 sagt vom König, daß er mit seinen Augen alles Böse „worfelt“ (*zārāh pi*), analog dem Dreschvorgang das Böse vom Guten absondert. Koh 5, 10b konstatiert vom Reichen, daß seine Augen zusehen müssen, wenn sein Vermögen verzehrt wird. Koh 2, 14 stellt fest, daß der Weise seine Augen im Kopf hat, der Tor aber im Finstern wandelt.

Auch das ästhetische Empfinden hat seinen Sitz in den Augen (Gen 3, 6; 1 Kön 20, 6; Klgl 2, 4). Ezechiels Frau wird Ez 24, 16 als das „Begehrenswerte“, die „Lust“ seiner Augen bezeichnet (vgl. Ez 24, 21. 25). Koh 11, 7 stellt fest, daß es für die Augen gut ist, die Sonne zu sehen.

Von daher ist das Auge auch Träger von Affekten und Emotionen, Wünschen und Begierden (Spr 27, 20, vgl. O. Plöger, BK XVII 326; vgl. Koh 1, 8; 2, 10; 4, 8). Rahel redet ihren Vater an: „Nicht entbrenne es in den Augen meines Herrn“ (Gen 31, 35; vgl. Gen 45, 5). Ez 23, 16 (Oholibas Verlangen nach den Babyloniern) sind die Augen Verursacher des sexuellen Verlangens (vgl. Jes 3, 16). Ez 20, 7f. spricht von den Götzen als den Scheusalen (*šiqqûṣ*) der Augen, zu denen man sich hingezogen fühlt (vgl. Ez 20, 24). Umgekehrt sagt Ijob in 31, 1 von sich, daß er einen Bund mit seinen Augen geschlossen habe, sich nicht nach einem jungen Mädchen umzusehen, in 31, 7, daß sein Herz nicht seinen Augen gefolgt sei (vgl. Num 15, 39). Das Hohelied hingegen preist die Freundin, daß sie ihrem Freund mit einem Blick ihrer Augen Herzklopfen bereitet hat (*lbb pi*; Hld 4, 9). Das Mädchen sagt von sich, daß sie in den Augen ihres Liebhabers wie eine geworden sei, die *šālôm* gefunden hat (Hld 8, 10).

Eine ganze Palette „seelischer“ Empfindungen vermag in den Augen ihren Ausdruck zu finden. Denn die „Seele“ zeigt sich im Gesicht und seinem Ausdruck. Wenn die „Seele“ gesund und stark ist, sind die Augen glänzend und hell. Der Mensch, der schwach ist und seine Stärke verloren hat, beklagt, daß das Licht seiner Augen von ihm gewichen ist (Ps 38, 11; Pedersen I–II 174f.). So kann das Auge Sitz von Achtung bzw. Mißachtung sein. Ijob 15, 12 spricht vom „Zwinkern“ (*rzm*; einige MSS haben *rmz*; LXX liest *j^erumûn*; vgl. BHS) der Augen, d. h. sie rollen im Zorn (G. Fohrer, KAT XVI 270). Nach Est 1, 17 kann das Verhalten der Königin Waschti dazu führen, die Ehemänner in den Augen der Frauen des Reiches verächtlich zu machen (*bzh hiph*; vgl. Est 3, 6; Neh 6, 16). Die Wendung „ehren vor den Augen“ (*kabbeḏ b^e*) begegnet 1 Chr 19, 3.

Von den „Augen des Hochmuts“ redet Jes 2, 11 (vgl. Jes 5, 15; 10, 12; Ps 18, 28; 101, 5; Spr 6, 17; 21, 4; 30, 13; 2 Sam 22, 28 [vgl. BHS]; 2 Kön 19, 22 = Jes 37, 23; vgl. auch Ps 131, 1). Von „niedergeschlagenen“ (*šaḥ*) Augen als Zeichen der Demut spricht Ijob 22, 29.

Spr 21, 10 stellt fest, daß einer kein Erbarmen in den Augen des Frevlers findet (vgl. Ps 10, 8; 15, 4; 54, 9; 92, 12). Spr 22, 9 spricht vom guten, Spr 23, 6 vom bösen Auge (vgl. Spr 28, 22; Dtn 15, 9; 28, 54. 56).

Einen starken affektiven Akzent hat die Wendung „das Auge soll nicht betrübt sein (→ חוס *ḥûs*) über“ (Gen 45, 20; vgl. Ps 88, 10; Ijob 31, 16). Sie begegnet Dtn 7, 16 im Kontext der Vernichtung der Völker, Dtn 13, 9; 19, 13. 21; 25, 12 im Zusammenhang der Gerichtsbarkeit (vgl. weiter Jes 13, 18; Ez 9, 5; 16, 5). Das Auge ist getrübt (*ʿšš*) vor Kummer (Ps 6, 8; 31, 10; vgl. L. Delekat, VT 14, 1964, 52–55, der eine Bedeutung ʿanschwellenʾ annimmt; vgl. Klgl 5, 17 [*ḥšk*]).

Dtn 28, 32 wird dem ungehorsamen Israeliten angedroht, daß seine Augen vergeblich nach den verschleppten Söhnen und Töchtern Ausschau halten und dabei schwach werden (*klh*; vgl. Ps 69, 4; 119, 82. 123; Klgl 4, 17).

Die Augen auf jemanden richten (*ʿênajim ʿal*; 1 Kön 1, 20; 2 Chr 20, 12) oder auf jemanden blicken (Jes 17, 7) kennzeichnet die Konzentration der Aufmerksamkeit eines Subjektes (das Gegenteil: wandernde Augen verraten Unaufmerksamkeit [Spr 17, 24; vgl. Johnson 47]), Erwartung und Hoffnung (vgl. noch Ez 18, 6. 12. 15; 23, 27; 33, 25; Ps 121, 1; 123, 1; Dan 4, 31 [aram. *nṭl*]; vgl. Ps 25, 15; 119, 148; 123, 2; 141, 8; 145, 15). Deshalb (Klgl 2, 18) soll das Auge (wörtlich: die Tochter des Auges, die Pupille, s. u.) nicht stillstehen (*dmm*). Negativ sagt Jer 22, 17 von Jojakim, daß seine Augen auf nichts als seinen Vorteil gerichtet sind. Ein voluntativer Akzent ist gegeben, wenn der Beter Ps 101, 3 von sich bekennt, daß er nicht eine schlechte Handlung vor seine Augen stelle (*šîṯ l^enæḡæḏ*). Mi 4, 11 spricht davon, daß das Auge der Feinde Zion mit Befriedigung ansieht (*ḥāzāh b^e*), sich an seinem Untergang weidet (vgl. zum Text I. Willi-Plein, BZAW 123, 1971, 87; vgl. Mi 7, 10).

Ijob sagt von sich, daß sein Auge zu Gott hintränt (Ijob 16, 20), daß es in Bitterkeit die Nächte verbringt (17, 2), daß es schwach wird (*khh*) vor Unmut (17, 7).

Der Weise mahnt Spr 4, 25: „Deine Augen sollen geradeaus schauen“; denn „Blicke, die sich leicht ablenken lassen, verlieren die Worte des Weisheitslehrers aus den Augen“ (O. Plöger, BK XVII 49f.). Spr 4, 21 legt nahe, daß die Worte des Weisen nicht aus den Augen des Schülers weichen mögen. Vielmehr mögen seine Augen an den Wegen des Lehrers

Gefallen finden (Spr 23, 26). Die Augen des Toren schweifen bis ans Ende der Erde (Spr 17, 24, „weil er kein Ziel vor Augen hat"; Plöger, a.a.O. 206). Deshalb bittet der Fromme darum, daß JHWH seine Augen davon abwende, Nichtiges zu sehen (Ps 119, 37).

Ein äußerst bewußtes, personal bestimmtes Sehen wird mit der Wendung umschrieben, daß jemand seine Augen erhebt (*nāśā'*) (z. B. Gen 13, 10; Dtn 4, 19; Jos 5, 13; Jes 40, 26; 49, 18; 51, 6; 60, 4; Jer 3, 2; Ez 8, 5; Sach 2, 1. 5; Ps 121, 1; Ijob 2, 12; Dan 8, 3; 10, 5; 1 Chr 21, 16). Die Wendung bezeichnet meistens die Einleitungshandlung zu folgendem *rā'āh*, dem häufig noch *wᵉhinneh* „und siehe" folgt. Die Wendung kann aber auch Begehren, Sehnsucht, Anhänglichkeit etc. ausdrücken (Jenni/Vetter 263). H. J. Kraus spricht von einem „gesteigerten Sehen", durch das die gestalthafte Wahrnehmung mit ihren ersten deutenden Erfahrungen durchdrungen wird. *hinneh* will dabei die Aufmerksamkeit wecken, einen Tatbestand oder eine Person wirklich zu erkennen (vgl. Kraus 85).

Einen besonderen Akzent erhält die Wendung Gen 13, 14, wo JHWH dem Abram befiehlt: „Erhebe doch deine Augen und schau ..." Hier dürfte die antike Rechtssitte im Hintergrund stehen, nach der Land durch den machtbegabten Blick in Besitz genommen wird (D. Daube, Studies in Biblical Law, Cambridge 1947 = 1969, 34f.; vgl. Dtn 3, 27; 34, 4). Näherhin wurde Land dadurch erworben, daß der bisherige Eigentümer es von einem erhöhten Punkt in der Nähe dem neuen Eigentümer in seinem ganzen Umfang zeigte (Daube, BZAW 77, ²1961, 32–41, hier: 35; ders., JRS 47, 1957, 39–52, hier: 39f.).

Num 24, 2 ist das Erheben der Augen im Sinne einer Übermittlung von Segenskraft gemeint (Stendebach 66. 266). Gen 39, 7 hat die Wendung eine erotische Konnotation (vgl. Jes 3, 16; vgl. Wildberger, BK X/1, 138). Ähnlich hat Gen 44, 21 der Ausdruck *śîm ʿênajim* die Bedeutung personaler Zuwendung (vgl. Jer 39, 12; 40, 4). Auf der anderen Seite fordert Hld 6, 5 der junge Mann sein Mädchen auf: „Wende deine Augen von mir, sie haben mich verwirrt" (*rhb hiph*).

Ein absichtliches Nicht-zur-Kenntnis-Nehmen wird mit der Wendung „die Augen verschließen (*ʿlm hiph*) vor" umschrieben (Lev 20, 4; 1 Sam 12, 3; Jes 33, 15 [*ʿṣm*]; Ez 22, 26; Spr 28, 27; vgl. Lev 4, 13; Num 5, 13 mit *niph* und einfaches *meʿênajim* Num 15, 24). Ein Begütigungsgeschenk wird „Bedeckung" (*kᵉsûṯ*) der Augen genannt (Gen 20, 16 → IV 277). Dtn 16, 19 greift zur Begründung des Verbots der Annahme von Bestechungsgeschenken eine offensichtlich weisheitliche Sentenz (G. v. Rad, ATD 8³, 82) auf: „Die Bestechung macht die Augen der Weisen blind."

Eine Absicht wird mit der Wendung umschrieben „die Augen richten, um zu ..." (*šîṯ lᵉ*; Ps 17, 11).

Spott und Hohn werden ausgedrückt durch das Zusammenkneifen (*qrṣ*) der Augen (Ps 35, 19; Spr 6, 13; 10, 10), geheime Planung durch das Verschließen (*ʿṣh*; vgl. aber BHS; Plöger, BK XVII 188. 196) der Augen (Spr 16, 30).

Spr 30, 17 sagt: „Ein Auge, das den Vater verspottet (*lʿg lᵉ*) und das Altern (*ziqnaṯ*; vgl. BHS) der Mutter verachtet (*bûz lᵉ*), das hacken die Raben am Bach aus, und es fressen die jungen Adler."

Wenn Spr 23, 5a vor dem Streben nach Reichtum mit den Worten warnt: „Läßt du deine Augen nach ihm fliegen, ist er nicht mehr da", so liegt ein Wortspiel mit 23, 5b vor, wo gesagt ist, daß der Reichtum wie ein Adler zum Himmel fliegt (vgl. Amen-em-ope, Kap. 7, AOT² 40).

Koh 6, 9 lehrt: „Besser ist das Sehen der Augen als das Vergehen der Kehle (*hᵃlōḵ-næpæš*)", d. h. „Besser, etwas vor Augen haben, als ein hungriger Rachen". Meint der Spruch die traditionelle Weisheit, daß der Spatz in der Hand besser sei als die Taube auf dem Dach? Oder – mit Bezug auf Koh 6, 7: Besser leben als tot sein? (vgl. Koh 9, 4). Oder – mit Bezug auf Koh 5, 10: Zusehen zu müssen, wie andere glücklich sind, sei noch besser als tot sein? (Lohfink, Kohelet, NEB, 1980, 48).

Auf psychosomatische Zusammenhänge weist Spr 15, 30: „Das Licht der Augen erfreut das Herz."

Ein visionäres Sehen ist Num 24, 3f. angesprochen. Bileam wird einmal als „Mann mit geöffnetem (*šᵉṯum*) Auge", dann als „mit entschleierten (*gᵉlûj*) Augen" bezeichnet (zu *šᵉṯum* vgl. Noth, ATD 7, 166; Stendebach 265 mit Anm. 194; → סתם *stm*); vgl. Num 24, 15f. Ijob 4, 16 sagt Elifas von sich, daß in einer Vision „eine Gestalt vor seinen Augen" gestanden habe.

So ist Johnson (47f.) zuzustimmen, wenn er feststellt, daß sich das Auge auf eine weite Skala „seelischer" Aktivitäten bezieht, so daß gelegentlich der Gebrauch von *ʿajin* fast gleichbedeutend mit dem von *næpæš* und *pānîm* ist (vgl. Ijob 24, 15).

3. Einen personalen Aspekt haben auch einige geprägte Wendungen, die in großer Häufung begegnen. So wird ein positives Urteil oder auch nur ein „für gut halten, gefallen" mit der Wendung „gut in den Augen" (*ṭôḇ* bzw. *jṭb bᵉ*) umschrieben (vgl. u. a. Gen 16, 6; Dtn 1, 23; Jos 22, 30. 33; Jer 26, 14; 40, 4; Sach 11, 12; Est 1, 21; 2, 4. 9; 3, 11; 8, 5. 8; 1 Chr 21, 23).

Die Wendung „recht in den Augen" (*jāšār bᵉ*) begegnet Dtn 12, 8; Jos 9, 25 (*ṭôḇ* + *jšr*); Ri 14, 3. 7; 17, 6; 21, 25; 1 Sam 18, 20. 26; 2 Sam 17, 4; 19, 7; 1 Kön 9, 12; Jer 18, 4; 26, 14; 40, 4. 5; Spr 12, 15; 21, 2; 1 Chr 13, 4; 2 Chr 30, 4.

Ein negatives Urteil oder ein Mißfallen wird mit „schlecht, böse in den Augen" (*rʿʿ* bzw. *raʿ bᵉ*) ausgedrückt (Gen 21, 11f.; 28, 8; 48, 17; Ex 21, 8; Num 11, 10; Jos 24, 15; 1 Sam 8, 6; 18, 8; 29, 7; 2 Sam 11, 25; Jer 40, 4; vgl. u. III. 5. von Gott).

Augenzeugenschaft und damit Gegenwart wird mit der Wendung „vor den Augen" (*lᵉʿênajim*) umschrieben (z. B. Gen 23, 11. 18; Lev 20, 17; 25, 53; 26, 45; Num 19, 5; 20, 8. 12. 27; Dtn 1, 30; 4, 6. 34; 6, 22; 25, 9; 28, 31; 1 Sam 12, 16; Jes 13, 16; 52, 10; Jer 16, 9; 19, 10; Ez 4, 12 u. ö.; Hos 2, 12; Joël 1, 16 [*nægæḏ*]; Zef 3, 20; Ps 79, 10; 98, 2; Ijob 21, 8; Esra 3, 12 [*b*[e]]; Neh 8, 5; 1 Chr 28, 8; 29, 10. 25; 2 Chr 32, 23). Bemerkenswert ist die massive Verwendung bei Ez.

Eine häufige Wendung ist „Gnade (*ḥen*, → חנן *ḥnn*) in den Augen finden" (*māṣā'*) oder „verleihen" (*nāṯan*) (Gen 30, 27; 32, 6; 33, 8. 10. 15; 34, 11; 39, 4. 21; 47, 25. 29; 50, 4; Ex 3, 21; 11, 3; 12, 36; Num 32, 5; Dtn 24, 1; 1 Sam 1, 18; 16, 22; 20, 3. 29; 25, 8; 27, 5; 2 Sam 14, 22; 16, 4; 1 Kön 11, 19; Spr 3, 4 [*ḥen w*[e]*śækæl ṭôḇ*]; Rut 2, 2. 10. 13; Est 2, 15 [*nś'*]; 5, 2 [*nś'*]; 5, 8; 7, 3). Vgl. u. III. 5. von Gott.

Bei letzterer Wendung steht wahrscheinlich das ästhetische Empfinden am Ursprung der Aussage. Das Auge ist somit vom Sitz des ästhetischen zum Sitz des moralischen Urteils geworden (Stendebach 74. 265; Johnson 47 f.). Dies gilt sowohl für das Urteil eines anderen wie für das eigene über die eigene Person. Hierher gehören die zahlreichen Warnungen der Weisheitsliteratur davor, weise in seinen eigenen Augen zu sein, d. h. sich selbst für weise zu halten (Spr 3, 7; 26, 5. 12. 16; 28, 11; 30, 12, vgl. auch 12, 15; 16, 2; 21, 2; Ijob 32, 1; Jes 5, 21).

Andere Beispiele sind: „gering (*qll*) sein in den Augen" (Gen 16, 4; vgl. v. 5; Dtn 25, 3 [*qlh niph*]; 1 Sam 18, 23 [*qll niph*]; vgl. auch 2 Sam 6, 22 [*šāpāl*]); „hart sein (*qāšāh*)" (Dtn 15, 18); „wie ein Scherzender (*ṣḥq pi*) sein" (Gen 19, 14); „ihren Geruch stinkend machend" (*b'š hiph*) = „in Verruf bringen" (Ex 5, 21; vgl. KBL³ 103); „wie ein Spottender (*t*‛‛ *pil*) erscheinen" (Gen 27, 12); „groß (*gāḏôl*) sein in den Augen" (Ex 11, 3; vgl. Jos 3, 7; 4, 14); „wie Heuschrecken sein" (Num 13, 33; vgl. 1 Sam 15, 17); „seinen Verstand = sich selbst verstellen" (*šnh pi*; 1 Sam 21, 14); „ein kostbares (*jāqār*) Leben haben" (1 Sam 26, 21; vgl. 1 Sam 26, 24 [*gdl*]; 2 Kön 1, 13 f.; Ps 72, 14); „wie ein Freudenbote (*m*[e]*ḇaśśer*) sein" (2 Sam 4, 10); „jdn. ehren wollen" (2 Sam 10, 3); „schwierig (*pl' niph*) sein, etwas zu tun" (2 Sam 13, 2); „bedeutungslos (*šāw'*) sein" (Ez 21, 28; vgl. W. Zimmerli, BK XIII/1², 483); „eine Mühsal (*'āmāl*) sein" (Ps 73, 16); „unrein (*ṭmh*, Nebenform von *ṭm'*; oder: Konjektur *ṭmm niph* „verstopft, dumm sein"; Ijob 18, 3; vgl. G. Fohrer, KAT XVI 297) sein"; „zu Dornen werden" (Num 33, 55; vgl. Jos 23, 13).

Jer 7, 11 werden die Jerusalemer anklagend gefragt: „Ist dieses Haus ... in euren Augen eine Räuberhöhle geworden?" (vgl. Hag 2, 3). Sach 8, 6 stellt die rhetorische Frage, ob etwas, das in den Augen der Bewohner Jerusalems zu wunderbar erscheine, auch in den Augen JHWHs zu wunderbar (*pl' niph*) sein müsse (vgl. Ps 118, 23).

Spr 17, 8 gilt das Bestechungsgeschenk als ein „Zauberstein" (*'æḇæn ḥen*) in den Augen seines Besitzers; es ist wie ein Zaubermittel, das den Erfolg garantiert.

Nach diesem Befund erscheint es doch befremdlich, daß das Auge in der „Anthropologie des Alten Testaments" von H. W. Wolff nur am Rande behandelt wird. Wolff's These: „Die Prävalenz des Ohrs und der Sprache für wahrhaft menschliches Verstehen ist nicht zu verkennen" (118) ist nicht zu halten. Auge und Ohr stehen vielmehr äquivalent zueinander. H. J. Kraus trifft den Sachverhalt richtiger, wenn er sagt: „Kein Organ des menschlichen Körpers ist ein so eindrucksvolles Spiegelbild des ganzen Lebens wie das Auge ... Alle Erregungen und Bewegungen des innersten Lebens treten in den Augen hervor" (84).

4. Das Auge begegnet auch in metaphorischen Zusammenhängen.

2 Sam 12, 11 ist von den „Augen der Sonne" im Sinne von „heller Tag" die Rede.

Das „Auge" eines Metalls (*ḥšml*) ist sein Glanz (vgl. Ez 1, 4. 7. 27; 8, 2; Dan 10, 6 u.a.). Num 11, 7 ist vom „Auge" des Manna gesagt, daß es wie das „Auge" von Bdellionharz sei, also das gleiche Aussehen habe. Spr 23, 31 spricht vom „Auge", d. h. vom Glanz, vom Funkeln des Weins. Nach Jenni/Vetter (265) sind diese Beispiele unter dem Oberbegriff „das Sichtbare" zusammenzufassen.

Ez 1, 18 spricht von „Augen" an den Felgen der Räder. Zimmerli (BK XIII 67) sieht in ihnen bestimmte Radverzierungen (vgl. BRL² 252; ANEP 11), die aber in einem tieferen Sinn als Symbol der Allsichtigkeit JHWHs zu verstehen seien (vgl. AOB² 567; vgl. Sach 4, 2. 10 b). Ez 10, 12 fügt hinzu, daß der ganze Leib der Keruben, ihre Hände und Flügel von Augen bedeckt waren. Zimmerli (BK XIII 198 f.) wertet dies als sekundäre Übermalung des Textes, so daß ursprünglich auch hier lediglich von den Felgen der Räder die Rede war. Keel sieht in diesen „Augen" Verstärkungen (Nagelbeschläge?), die seit der Zeit Assurbanipals an mesopotamischen Wagen (wieder?) Mode wurden. Er verweist ferner auf ägyptische Besfigürchen, die im N.R. gelegentlich mit Kupfernägeln beschlagen, in der Spätzeit aber mit „Augen" übersät sind. An Augen im eigentlichen Sinn ist auch bei Ez gedacht. Sie bilden das Gegenstück zu den vier Gesichtern der vier Wesen und ermöglichen wie diese Omnipräsenz. Ez 10, 12 haben wir bereits die Vorstellung von den „Rädern" als selbständigen Engelwesen, die dann in der frühjüdischen und rabbinischen Literatur eine Rolle spielen (Keel, Jahwevisionen 268 f.).

Spr 7, 2 wird die Weisung des Lehrers mit der Pupille (*'îšôn*) der Augen verglichen – wie diese „eine empfindliche, aber große Kostbarkeit" (Plöger, BK XVII 76). Spr 10, 26 sagt vom Faulen, daß er für den, der ihn schickt, wie Rauch für die Augen sei – ein widerwärtiger Nichtsnutz (Plöger 129).

Klgl 2, 18 ist *baṯ 'ênek̲* „Tochter deines Auges" im Hinblick auf Ps 17, 8, wo *baṯ* wohl Glosse zu *'îšôn* ist, als „Augapfel" zu deuten. Der Versuch von E. Robertson (JThS 38, 1937, 59), den Ausdruck nach arab. *bint al-'ain* als poetisches Bild für „Träne" zu verstehen, ist mißlungen (Rudolph, KAT XVII/3, 220).

Sach 3, 9 heißt es von dem „einen Stein", den JHWH vor Jeschua hingelegt hat, daß auf ihm sieben „Augen" seien. K. Galling sieht in dem Stein einen Edelstein, wie er von Siegeln bekannt ist. Bei den „Augen" ist an einen Kranz von sieben kleinen Rundkreisen – ' ist in der althebr. Schrift ein Kreis – als Gravierung zu denken. Es handelt sich um den *einen* Edelstein in dem *ṣîṣ* genannten Stirnornament des Hohenpriesters; vgl. Ex 28, 36 ff.

(K. Galling, Festschr. W. Rudolph, 1961, 93f.). Rüthy (527) zieht in Erwägung, in Sach 3, 9 – ebenso wie in Sach 5, 6 – einen Textfehler anzunehmen und *ʿwnjm* zu lesen.

Sach 9, 1 hat im MT: „Denn JHWH gehört (oder: Auf JHWH gerichtet ist) das Auge des Menschen." Während Elliger (ATD 25[7], 144f.; vgl. ZAW 62, 1949/50, 63ff.) MT folgt, schlägt Rudolph vor, statt *ʾāḏām* *ʾarām* zu lesen, also „Auge Arams", was mit Blick auf Jer 49, 25 als rühmende Bezeichnung von Damaskus anzusehen ist (KAT XIII/4, 168). Diese Deutung ist gewiß der Wiedergabe von *ʿajin* mit „Substanz" (E. Lipiński, VT 20, 1970, 47) oder mit „Quelle" im Sinne von „Nachkommenschaft" (G. Gaide, Lectio Divina 49, 1968, 59f.) sowie dem Vorschlag, *le* als *le* emphaticum zu verstehen und „fürwahr, JHWH ist das Auge" zu übersetzen (P. J. van Zijl, JNWSL 1, 1971, 59ff.), vorzuziehen. Dahood (CBQ 25, 1963, 123f.) versteht *ʿên ʾāḏām* als „Oberfläche der Erde" – mit Hinweis auf Spr 30, 14b; Gen 16, 12; Ijob 36, 28; Jer 32, 20; Sach 13, 5 (vgl. LidzEph I 42). *ʿên ʾāḏām* wäre dann das semantische Äquivalent von *ʿên hāʾāræṣ* in Ex 10, 5. 15; Num 22, 5. 11.

Hld 1, 15; 4, 1; 5, 12 werden die Augen des Mädchens bzw. des jungen Mannes mit Tauben verglichen. Keel findet hier eine fest geprägte Metapher bzw. einen stereotypen Vergleich und schlägt vor, *ʿênajim* mit „Blicke" zu übersetzen. Denn der Hebräer denke beim Auge nicht an eine Form, sondern an Aktivitäten wie Glänzen und Funkeln (vgl. Spr 23, 31; Ez 1, 7; Dan 10, 6). Es geht um die dynamische Qualität der Augen (vgl. Jes 3, 16). Das tertium comparationis der Metapher liegt also in der Beweglichkeit und der Botenfunktion der Taube (vgl. Ps 55, 7; Gen 8, 8–12; Ps 56, 1; 68, 12ff.; anders H.-P. Müller, OBO 56, 1984, 13). Als Botin der Liebesgöttin übermittelt die Taube Liebe und Zärtlichkeit. Die Metapher ist also zu übersetzen: „Deine Blicke sind Liebesbotinnen!" (Keel, SBS 114/115, 53–62).

Hld 7, 5 vergleicht die Augen mit Teichen, d. h. sie sind „tief und dunkel wie zwei Teiche".

Dan 10, 6 sagt von den Augen des Engels, daß sie wie Feuerfackeln waren (Variation zur Theophaniezeichnung in Ez 1, 26f. [Plöger, KAT XVIII 148]).

Num 16, 14 lassen Datan und Abiram den Mose fragen, ob er die Augen der Männer ausstechen (*nqr pi*), d. h. sie „mit dem unerfüllten Versprechen, Israel in ein gutes und fruchtbares Land hineinzubringen", verblenden wolle (Noth, ATD 7, 111).

2 Sam 20, 6 fordert David den Abischai auf, Scheba zu verfolgen, damit dieser nicht die befestigten Städte einnehme und ihnen somit „die Augen ausreiße" (*nṣl hiph*). Hertzberg (ATD 10[4], 304) erwägt auch die Übersetzung „entreißt uns die Quelle". Für beide Möglichkeiten des Verständnisses gilt jedoch, daß Bilder für Unersetzliches gemeint sind.

Dan 7, 8 beschreibt das kleine, zwischen den zehn Hörnern des vierten Tieres emporwachsende Horn: An ihm befanden sich Augen gleich Menschenaugen (vgl. Dan 7, 20). In der Deutung der Vision vv. 23–27 wird auf die an Ez 1, 18 erinnernden Augen nicht näher eingegangen (Plöger, KAT XVIII 116). Bedeuten dort die Augen die Allsichtigkeit und Allgegenwart JHWHs, so dürfte hier auf die hybride Anmaßung der widergöttlichen Macht angespielt sein.

5. In anthropomorpher Rede wird auch vom Auge Gottes gesprochen, wobei der Nachdruck auf der Funktion des Auges als Träger personaler Haltungen und Handlungen liegt. So findet sich häufig die Wendung, daß jemand Gnade (*ḥen*) in den Augen JHWHs findet (*māṣāʾ*) (Gen 6, 8; 18, 3; 19, 19; Ex 33, 12. 13. 16. 17; 34, 9; Num 11, 11. 15; Ri 6, 17; 2 Sam 15, 25; vgl. o. III. 3.).

Daß jemand oder etwas in den Augen JHWHs schlecht, böse (*raʿ*, *rʿʿ*) ist, d. h. ihm mißfällt, sagen u. a. Gen 38, 7. 10; Num 22, 34; Dtn 4, 25; 17, 2; Ri 2, 11; 3, 7. 12; Jes 59, 15; 65, 12; 66, 4; Jer 7, 30; Ps 51, 6; Spr 24, 18; 1 Chr 2, 3; 21, 7; 2 Chr 21, 6 (vgl. o. III. 3. von Menschen). Es fällt die formelhafte Häufung der Wendung bei Dtn/Dtr/Chr auf.

Ex 15, 26 fordert auf zu tun, was in JHWHs Augen recht (*jāšār*) ist; vgl. weiter z. B. Num 23, 27; Dtn 6, 18; 12, 25. 28; Jer 27, 5; 34, 15; 2 Chr 14, 1 (*ṭôḇ* + *jšr*). Wie bei *raʿ* fällt die Häufung der Wendung in der dtn/dtr und der von ihr abhängigen chr Literatur auf – vor allem in der stereotypen Beurteilung der Könige.

Die Wendung „gut (*ṭôḇ*, *jṭb*) in den Augen JHWHs" begegnet Lev 10, 19; Num 24, 1; Dtn 6, 18; 12, 28; Ri 10, 15; 1 Sam 3, 18; 2 Sam 10, 12; 15, 26; 1 Kön 3, 10; 2 Kön 20, 3 = Jes 38, 3; Mal 2, 17; 1 Chr 19, 13; 2 Chr 14, 1.

Sauls Leben ist wertvoll in den Augen Davids; so wird auch Davids Leben wertvoll sein in den Augen JHWHs (1 Sam 26, 24; vgl. Jes 43, 4; 49, 5; Ps 116, 15; Ijob 11, 4; 15, 15; 25, 5). Umgekehrt kann etwas in den Augen JHWHs klein sein (2 Sam 7, 19 = 1 Chr 17, 17; vgl. 2 Kön 3, 18).

2 Sam 22, 25 = Ps 18, 25 bekennt der Beter von sich, daß JHWH ihm vergolten habe gemäß seiner Reinheit vor (*lenæḡæḏ*) seinen Augen. In seinem Tempelweihgebet bittet Salomo JHWH, daß seine Augen geöffnet sein mögen über diesem Haus – Ausdruck seiner gnädigen Zuwendung und Fürsorge (1 Kön 8, 29 = 2 Chr 6, 20; vgl. Dtn 11, 12; 1 Kön 8, 52; 9, 3; 2 Kön 19, 16 = Jes 37, 17; Sach 9, 8 [vgl. aber BHS; Rudolph, KAT XIII/4, 169, bleibt bei MT – gegen Elliger, ATD 25[7], 145]; Sach 12, 4; Dan 9, 18; Ps 33, 18; 34, 16; Ijob 24, 23 [vgl. Fohrer, KAT XVI 370]; 2 Chr 6, 40; 7, 15. 16; Neh 1, 6). Das Dasein JHWHs für den Menschen kommt in unübertroffener Weise Ps 139, 16 zum Ausdruck, wenn der Beter bekennt, daß JHWHs Augen ihn schon als Embryo (*golæm*) gesehen haben. Die gleiche Zuwendung ist 2 Chr 16, 9 ausgesprochen: JHWHs Augen streifen (*šûṭ pil*) über die ganze Erde, um seinen Frommen zu helfen (vgl. Esra 5, 5 [aram.]). Er sagt dem Beter zu, daß er über ihm sein Auge wachen lasse (*ʿālæḵā ʿênî*; Ps 32, 8). Elihu lehrt, daß Gott seine Augen nicht von dem Gerechten abwende (*gāraʿ*; Ijob 36, 7). Jer 24, 6 spricht davon, daß JHWH seine Augen auf die

Exilierten zum Guten richten wird (*śîm ʿal*). Ins Negative gewendet begegnet die Wendung Am 9, 4. Das Wort spricht vom Zornesblick Gottes. Es steht die Präposition *ʿal* statt des geläufigeren *b^e*; die freundliche Gesinnung wird gewöhnlich durch die Präposition *'æl* bezeichnet (vgl. Ps 34, 16f.; Nötscher 128f.). So kann JHWH Mitleid vor seinen Augen verbergen (Hos 13, 14) oder seine Augen verhüllen (*ʿlm hiph*; Jes 1, 15). Bei Ez begegnet in auffallender Häufung die Wendung, daß JHWHs Auge sich nicht erbarmt, nicht schont (*ḥûs*; Ez 5, 11; 7, 4. 9; 8, 18; 9, 10; vgl. Ez 20, 17). Ijob klagt 7, 8 seinen Gott an: „Deine Augen sind gegen mich gerichtet, und ich bin nicht mehr da." Hier konzentriert sich im Auge Gottes Feindschaft gegen Ijob (vgl. Ijob 16, 9). In 10, 4 fragt Ijob Gott, ob er denn „Augen von Fleisch", die Augen eines Sterblichen, habe, daß er ihn so verfolgt (vgl. noch Jona 2, 5; Ps 31, 23).

Der Aspekt der Augenzeugenschaft JHWHs bezüglich des Tuns Israels bzw. der Menschen begegnet Jes 1, 16 (vgl. Jes 65, 16; Jer 16, 17).

Wenn Jer 5, 3 der Prophet JHWH in rhetorischer Frage anredet: „Sind deine Augen nicht auf Treue gerichtet?", wird das persönliche Interesse JHWHs am Verhalten seines Volkes angesprochen.

Die Allgegenwart und die richtende Allmacht JHWHs kommen in der Feststellung zum Ausdruck: „Wenn sie sich vor meinen Augen (die Wendung ist als Zusatz zu werten; vgl. BHS) auf dem Grund des Meeres verbergen, werde ich dort der Schlange gebieten, daß sie sie beiße" (Am 9, 3; vgl. Jer 16, 17; 32, 19; Am 9, 8; Ps 66, 7; Ijob 34, 21; Spr 15, 3).

Hab 1, 13 sagt von JHWH, daß seine Augen zu rein seien, um Böses anzusehen. Sach 8, 6 betont, daß in JHWHs Augen nichts zu wunderbar (*pl' niph*), d. h. nichts unmöglich ist.

Die Konnotation des Richtens ist gegeben, wenn es Ps 5, 6 heißt, daß diejenigen, die sich brüsten, nicht vor JHWHs Augen bestehen können. Denn vor seinen Augen befinden sich die Wege des Menschen, liegen offen da (Spr 5, 21; vgl. auch Ps 11, 4; Ijob 14, 3).

Ein Aspekt des Wertens schwingt mit, wenn von JHWH bekannt wird, daß tausend Jahre in seinen Augen wie der gestrige Tag sind, wenn er vergeht (Ps 90, 4 [nach LXX und S: „vergangen ist"; vgl. BHS]).

Spr 22, 12 heißt es: „Die Augen JHWHs bewahren Erkenntnis". Gemeint ist, daß die Augen JHWHs nicht nur sehen, sondern auch alles Geschehen durchschauen.

Jes 3, 8 sagt von den Bewohnern Jerusalems und Judas, daß sie den Augen von JHWHs Herrlichkeit trotzen. Der Text ist allerdings unsicher. BHS schlägt vor, *ʿnj* zu streichen. Wildberger (BK X/1[2], 117) erwägt eine Änderung in *p^enê* bzw. denkt an eine Verderbnis aus *ʿim*.

Das Auge Gottes begegnet auch in metaphorischen Zusammenhängen. So wird Dtn 32, 10 von JHWH gesagt, daß er Israel behüte wie die Pupille (*'îšôn*) seines Auges (ähnlich Sach 2, 12; Ps 17, 8).

Ein mythischer Hintergrund liegt vor, wenn Sach 4, 10b die sieben Lampen des Leuchters von 4, 2 als die Augen JHWHs gedeutet werden, die über die ganze Erde schweifen (*šûṭ pil*).

Dahinter steht die mesopotamische Vorstellung von den sieben Planeten, die bei den Sumerern als die „Befehlsübermittler" des höchsten Gottes gelten und die Totalität der Weltherrschaft dieses Gottes repräsentieren (F. Horst, HAT I/14[3], 231). Nach Keel (Jahwe-Visionen 316f.) bedeuten die „sieben Augen" wie die vier Gesichter bei Ez nicht nur Allwissenheit, sondern wirksame Allgegenwart. Dabei ist die Gleichung „Auge = Lampe" für den alten Orient nicht eine Art Allegorese, sondern drückt eine tiefe innere Verwandtschaft der beiden Größen aus; denn *ʿajin* bedeutet „Auge" und „Glanz". Als „Glänzende" charakterisieren die Augen den Lebenden (vgl. Spr 29, 13; Ps 13, 4; 1 Sam 14, 29). Dabei verweist Keel auf das Horusauge, das auf manchen Darstellungen der 19./20. Dyn. eine Lampe hält. Somit kündet der große Leuchter mit seinen 7 x 7 Lichtern von der unerschöpflichen Lebenskraft JHWHs, dessen wirksame Allgegenwart die kleinmütige Gemeinde in Kürze erfahren wird. K. Seybold (SBS 70, 1974, 34) sieht in dem Lichtsymbol von Sach 4, 10b den „Deus praesens als der 'Herr der ganzen Erde'". Hinter den „Augen" JHWHs stehe der „secret service" des persischen Staates (vgl. auch 2 Chr 16, 9 [Seybold 83, mit Verweis auf Oppenheim 175]).

IV. In den deuterokan. Schriften zeigt sich dasselbe Bild. Im rein physischen Sinn begegnet das Auge (ὀφθαλμός) Tob 2, 10 (BA, abweichend S); 3, 17 (S); 5, 10 (S); 6, 9 (BA, abweichend S); 7, 6 (BA); 11, 7 (BA, abweichend S); 11, 8 (BA, abweichend S); 11, 11 (BA, abweichend S); 11, 12 (BA, abweichend S); 11, 16 (S); 14, 2 (S).

Sir 17, 6 betont, daß Gott die Augen gebildet habe. Sir 22, 19 bringt ein Sprichwort: „Wer das Auge stößt, bringt Tränen heraus." Sir 43, 4 (H) konstatiert, daß vom Brennen der Sonne das Auge entzündet wird.

Aber auch hier überwiegt der personale Aspekt. Tob 3, 12 (BA, abweichend S) bekennt Sara von sich, daß sie ihre Augen Gott zugewandt habe – Ausdruck der Hoffnung und des Vertrauens. Tob 3, 17 (S) konstatiert die Heilung Tobits, „damit er mit den Augen das Licht Gottes erblicke" – hier begegnet das Auge als Träger von Wahrnehmung und Erkenntnis (vgl. Tob 5, 21 [S]; Jdt 7, 27; Est 4, 17; Weish 3, 2; Sir 16, 5 (H); 17, 13; 30, 20 [H]; 38, 28; 51, 27 [H]; 2 Makk 8, 17).

Augenzeugenschaft und damit Gegenwart sind mit der Wendung „vor den Augen" (ἀπέναντι τῶν ὀφθαλμῶν) gemeint (Sir 27, 23; vgl. 1 Makk 2, 23).

Tob 4, 7. 16 (BA) spiegelt das Auge die innere Gesinnung (vgl. Sir 14, 8). Vom Übermut der Augen spricht Sir 23, 4 (vgl. auch – mit erotischer Konnotation – Sir 26, 9). Vor dem unverschämten Auge warnt Sir 26, 11. Sir 35, 10 (= 32, 10 LXX) mahnt, mit rechtschaffenem, gutem Auge den Herrn zu ehren.

In metaphorischem Zusammenhang begegnet das Auge Tob 10, 5 (BAS), wenn Hanna ihren Sohn To-

bias als „Licht ihrer Augen" bezeichnet (vgl. Tob 11, 13 [S]; Bar 3, 14). Sir 20, 14 sagt vom Toren, daß er viele Augen statt nur eines habe – wohl Bild für seine Unbeständigkeit und Habgier.
Wie im Hebr. begegnen auch hier formelhafte Wendungen mit personaler Konnotation: „gut in den Augen" (Jdt 3, 4; vgl. Jdt 12, 14; Weish 9, 9; 1 Makk 1, 12); „Gnade finden in den Augen" (Sir 45, 1); „die Augen erheben" (1 Makk 4, 12; 5, 30; 9, 39).
Eine erotische Komponente liegt vor, wenn von Judit erzählt wird, daß sie sich schmückt „zur Verführung der Augen der Männer" (Jdt 10, 4; zur Textkritik vgl. Zenger, JSHRZ I/6, 496; vgl. Jdt 16, 9). Deshalb mahnt Sir 9, 8, das Auge vor einer schönen Frau zu bedecken.
Das Auge als Träger ästhetischer Erfahrung begegnet Sir 40, 22 (H, ergänzt nach LXX): „Schönheit und Anmut erfreuen das Auge, mehr als beide aber die Blumen des Feldes" (vgl. weiter Sir 43, 18 [H]; 45, 12 [H, ergänzt nach LXX]).
Sir 4, 1 mahnt, bedürftige Augen nicht warten zu lassen. Bar 2, 18 spricht von verschmachtenden Augen. Nach Sir 4, 5 soll man das Auge nicht von einem Bittenden abwenden (vgl. Sir 27, 1).
Die Konnotation von Wertung und Urteil schwingt mit, wenn Sir 8, 16 (LXX + H) vom Zornigen gesagt wird, daß in seinen Augen Blut wie nichts gilt. Im Auge sind Arglist und Täuschung (Sir 12, 16), Habgier (Sir 14, 9) und Neid (Sir 14, 10) angesiedelt. Sir 17, 8: „Er hat sein Auge auf ihre Herzen gelegt" bietet viele Schwierigkeiten (Sauer, JSHRZ I/6, 547).
Sir 18, 18 konstatiert, daß die Gabe eines Neidischen die Augen trüb werden läßt. Sir 20, 29 stellt fest, daß Geschenke und Gaben die Augen von Weisen blind werden lassen (vgl. Dtn 16, 19). Gott aber ist es, der die Augen erleuchtet (Sir 34, 20 [= 31, 29 LXX]; vgl. Bar 1, 12).
Vom Ehebrecher sagt Sir 23, 19, daß sich seine Furcht nur auf die Augen der Menschen richtet, die ihn ertappen können.
Sir 27, 22 warnt vor dem, der mit den Augen zwinkert. Sir 31, 13 (H; = 34, 13 LXX abweichend) mahnt: „Denke daran, daß ein böses Auge böse ist, die Bosheit eines Auges haßt Gott, ein böseres als es hat er nicht erschaffen."
Auch von den Augen Gottes ist die Rede. So sagt Sir 10, 20, daß die Gottesfürchtigen in den Augen Gottes geehrt sind. Sir 11, 12 stellt fest, daß die Augen des Herrn auf den Armen zum Guten hin blicken (vgl. Sir 15, 19).
Israels Wege sind vor den Augen Gottes nicht verborgen (Sir 17, 15; vgl. 39, 19 [H]). Nach Sir 17, 19 sind Gottes Augen auf sie gerichtet. Denn Gottes Augen sind zehntausendmal heller als die Sonne (Sir 23, 19). Die Augen des Herrn ruhen auf denen, die ihn lieben (Sir 34, 19).

V. Auch in Qumran überwiegt die personale Bedeutung des Auges. Im physischen Sinn begegnet *ʿajin* in 4 QpJes^d 1, 1, wo im Rahmen eines Vergleiches von der Schminke auf dem Auge die Rede ist (vgl. noch TR 48, 8 und die Talionsformel TR 61, 12). Mit dem erotisch-sexuellen Bereich wird das Auge in Verbindung gebracht 1 QpHab 5, 7; 1 QS 1, 6; CD 2, 16. Von Blindheit der Augen im metaphorischen Sinn spricht 1 QS 4, 11; vgl. 1 QS 5, 5. Auch personal bestimmte formelhafte Wendungen finden sich, so *lʿjnj* im Sinne von Augenzeugenschaft und Gegenwart (1 QS 5, 8; 1 QH 14, 16; 15, 20; 18, 7; CD 9, 18; TR 63, 6; vgl. 1 QS 10, 11; 1 QM 11, 15; 17, 2; 1 QH 11, 1. 19; 1 QSa 2, 7; 4 QpHos^b 2, 13). Die Wendung „recht (*jšr*) in den Augen" begegnet CD 3, 6; 8, 7; 19, 20. Als Träger von Erkenntnis gilt das Auge 1 QS 11, 3. 6. 1 QH 5, 34 bekennt der Beter, daß seine Augen vor Gram matt wurden (vgl. 1 QH 7, 2; 9, 5). 1 QH 9, 5 vergleicht das Auge mit einer Motte im Ofen. 1 QH 18, 19 stellt fest, daß der Beter darauf angewiesen ist, daß Gott ihm seine Augen öffnet (vgl. CD 2, 14). Vom Auge Gottes bekennt der Beter 1 QH 2, 31, daß es schützend über ihm gestanden habe. Die Wendung „gut in" bzw. „böse in den Augen Gottes" findet sich 1 QH 14, 18; 16, 18; 17, 24; TR 55, 16.

Stendebach

עַיִן *ʿajin*

מַעְיָן *maʿjān*

1. Vorkommen, Ableitung – 2. Bedeutsamkeit – 3. Orte – 4. Schöpfung und Heilsgeschichte – 5. Bildsprache – 6. Qumran.

Lit.: *G. Bienaimé*, Moïse et le don de l'eau dans la tradition juive ancienne: Targum et Midrash (AnBibl 98, 1984). – *T. Canaan*, Haunted Springs and Water Demons in Palestine (JPOS 1, 1920, 153–170). – *A. Causse*, Le jardin d'Élohim et la source de vie (RHR 81, 1920, 289–315). – *J. A. Emerton*, „Spring and Torrent" in Psalm LXXIV 15 (VTS 15, 1966, 122–133). – *P. van Imschoot*, L'ésprit de Yahvé, source de vie dans l'Ancien Testament (RB 44, 1935, 481–501). – *T. J. Jones*, Quelle, Brunnen und Cisternen im Alten Testament, 1928. – *O. Keel / M. Küchler / C. Uehlinger*, Orte und Landschaften der Bibel I, 1984. – *A. Legendre*, Fontaine (DB 2, 1899, 2302–2306). – *S. Lehming*, Massa und Meriba (ZAW 73, 1961, 71–77). – *J. Obermann*, Wind, Water, and Light in an Archaic Inscription from Shechem (JBL 57, 1938, 239–253). – *Ph. Reymond*, L'eau, sa vie et sa signification dans l'Ancien Testament (VTS 6, 1958). – *A. Schwarzenbach*, Die geographische Terminologie im Hebräischen des Alten Testaments, Leiden 1954. – *W. R. Smith*, Die Religion der Semiten, Nachdruck 1967, 128–141. – *E. Zolli*, *ʿEyn ʾādām* (Zach. IX 1) (VT 5, 1955, 90–92).

1. *ʿajin* kommt im AT als Bezeichnung einer Quelle 19mal (so Mandelkern) bzw. 23mal (so Jenni, THAT

II 260; KBL³) vor, je nachdem, ob man Ri 7, 1; 1 Sam 29, 1; 1 Kön 1, 9; Neh 2, 13 als Ortsnamen oder als Benennung einer Quelle versteht. *ma'jān* mit dem Präformativ *m* steht 23mal im AT, bedeutet eigentlich 'Quellort', meint aber zumeist auch einfach die Quelle. In *'ajin* ist ein Ausdruck, der primär ein Glied des menschlichen Körpers bezeichnet, auf ein geographisches Phänomen übertragen, wie es auch in anderen Fällen geschieht. Zur Etymologie → עין 'Auge'. Die Übertragung ist in allen semit. Dialekten und bereits im Akk. (AHw 383) und im Ugar. (WUS Nr. 2056) anzutreffen; sie kommt auch in nichtsemit. Sprachen vor (Schwarzenbach 55). Wenn die Quelle mit *'ajin* 'Auge' bezeichnet wird – das AT verwendet auch → מקור *māqôr* –, mag man vermuten, hinter dieser Übertragung stehe die Auffassung, die Quellen seien „die Augen auf dem Angesicht der Erde" (Schwarzenbach 55) oder die Augen eines Tierungeheuers, das man sich in der Tiefe, im Wasser unter der Erde dachte (Jones 2). Jedoch im AT ist diese Vorstellung nicht nachzuweisen. Der seltene Ausdruck „Auge der (ganzen) Erde" (*'ên hā'āræṣ* Ex 10, 5; Num 22, 5. 11) meint die Oberfläche der Erde bzw. des Landes. Von den *'înôṯ tᵉhôm* „Quellen der Tiefe" wird nur Spr 8, 28 gesprochen (vgl. Dtn 8, 7 *'ᵃjānoṯ ûṯᵉhomoṯ*) im Zusammenhang von Schöpfungsaussagen, die hier kaum einen mythologischen Hintergrund widerspiegeln, sondern die bestehende Welt in Höhe und Tiefe umgreifen. In der Sintfluterzählung (Gen 7, 11; 8, 2), wo das mythologische Kolorit im Ganzen recht deutlich ist, steht *ma'jᵉnoṯ tᵉhôm*, womit nur die Quellen der Urflut, nicht die Augen eines Chaosungeheuers gemeint sein können. Wird *'ajin* in Verbindung mit dem Wasser verwendet, ist auf den Glanz angespielt, den eine Quelle bei Licht zeigt, wie der Ausdruck *'ên hammajim* („Schein des Wassers" Gen 16, 7; 24, 13. 43) und *'ênoṯ majim* (Num 33, 9) zeigt, bei dem eine mythologische Vorstellung keine Rolle spielt. Besonders im Licht der Sonne glänzt eine aus der Erde hervorsprudelnde Quelle wie ein Auge. Die LXX übersetzt *'ajin* 'Quelle' und *ma'jān* vielfach auch bei Ortsnamen und an der umstrittenen Stelle Dtn 33, 28 mit πηγή.

2. Im Vorderen Orient, besonders in den Randgebieten zur Wüste hin, ist Wasser kostbar; Quellen sind vielfach eine Seltenheit, mit ihrem frischen, sprudelnden und daher „lebendigen" Wasser (→ II 884f.) gegenüber den Zisternen hoch geschätzt und für die Wasserversorgung sehr wichtig. Auch im Niltal, wo der Strom das nötige Wasser zur Verfügung stellt, ist die einzige wichtige Süßwasserquelle unweit Heliopolis seit alters besonders beachtet, zwar weniger von wirtschaftlicher, dafür aber mehr von mythisch-theologischer Bedeutung: „Den Ägyptern galt das Wasser dieser Quelle als die Milch des himmlischen Ozeans, in welcher der Sonnengott sein Antlitz zu waschen pflegte" (A. Wiedemann, Das alte Ägypten, 1920, 16). In Palästina, das keinen großen Strom zur Bewässerung zur Verfügung hat, sondern vom Regen versorgt wird, steht die wirtschaftliche Bedeutung der Quellen im Vordergrund; mit ihr hängt ihre theologische Relevanz zusammen. Besonders in Kriegszeiten war es wichtig, über Quellen zu verfügen: für eine belagerte Stadt, daß sie Zugang zu ständig fließendem Quellwasser hatte (s. z. B. die Anlagen zur Wasserversorgung von Jerusalem, Hazor und Megiddo); für ein ins feindliche Land marschierendes Heer, daß es Quellen fand. Nicht umsonst fanden auf Kriegszügen von Herrschern aus dem Zweistromland religiöse Zeremonien auch an Quellorten statt (B. Meissner, BuA II 87). Andererseits galt es, die Wasserquellen außerhalb einer Stadt angesichts des anrückenden Feindes zu verstopfen (2 Chr 32, 3f.). Und wenn man einen Feind vernichtend schlagen wollte, schüttete man alle Wasserquellen zu (2 Kön 3, 19). So wird ihm die Lebensmöglichkeit genommen oder stark eingeschränkt. Zur Zeit der Dürre, wenn auch die Zisternen erschöpft waren, bildeten die Quellen und die von ihnen gespeisten Bäche die letzte Hoffnung, daß Menschen und Tiere vor dem Verdursten gerettet werden konnten (1 Kön 18, 5). Die große Bedeutung der Quellen wird auch aus der Vorschrift Lev 11, 35f. ersichtlich: „Alles, worauf ein Aas (von unreinen Tieren) fällt, wird unrein ... Nur eine Quelle und eine Zisterne mit angesammeltem Wasser bleiben rein". Wahrscheinlich steht dahinter die Vorstellung, daß das reinigende Element selbst nicht unrein werden kann, im Grunde aber mehr die Notwendigkeit, das lebenswichtige Wasser sicher zur Verfügung zu haben. – Naturgemäß gab es nicht so viele an Berghängen oder in Tälern entspringende, also von selbst fließende Quellen, daß Menschen und Herden damit versorgt werden konnten. Man mußte das fließende Wasser suchen; man grub Brunnen. Wenn dort dann das Wasser emporquoll, sich also der „Schein" des Wassers zeigte, konnte von *'ajin* 'Quelle' gesprochen werden. Denn in jedem Fall erschien dann der unterirdische Ozean, trat das Grundwasser hervor. Darum können in derselben Erzählung *'ajin* und → באר *bᵉ'er* wechseln (Gen 24: 7mal *'ajin*, 2mal *bᵉ'er*; Gen 16: je 2mal). Man kann hier auch daran denken, daß natürliche Quellen gefaßt wurden, um das Wasser zu sammeln und zu schützen und dann als Brunnen galten. Vielleicht ist das Quelltor (Neh 2, 14; 3, 15) eine Schutzvorrichtung für die Quelle Jerusalems.

3. Quellen stellen im Gebiet der Nomaden, aber auch in Palästina, wo sie nicht sehr häufig sind, besondere Orte dar. In der Steppe versammeln sich dort die Menschen mit ihren Tieren, Familien und auch Sippen, in der Nähe der Stadt ihre Bewohner. Natürlich ist die Quelle das erste, das Gegebene, die Siedlung das zweite, das Hinzugekommene. Quellen werden seit jeher benannt; der Name wird dann auf den dabeiliegenden Ort übertragen. KBL³ 774f. zählt 16 solcher Benennungen auf, wobei in manchen Fällen fraglich ist, ob nur die Quelle oder auch der dabeiliegende Ort so heißt. Soweit die Namen gedeutet werden können, geben sie Aufschluß über Vorstellungen, die man mit den Quellen verband. Einige

sprechen von ihrer wirtschaftlichen Notwendigkeit, so *ʿên gannîm* 'Gärtenquelle' (Jos 15, 34: in der Schefela; 19, 21; 21, 29: in Issachar); *ʿên rogel* „Walkerquelle" (Jos 15, 7; 18, 16 u.a.); *ʿên rimmôn* „Granatapfelbaumquelle" (Neh 11, 29, vgl. Jos 19, 7); *ʿên tappûaḥ*, vielleicht „Apfelbaumquelle" (Jos 17, 7); wohl auch *ʿên doʾr* „Quelle der Siedlung" oder „Quelle des früheren Geschlechts" gedeutet (Ps 83, 11; 1 Sam 28, 7: *ʿên dôr*). Mit Tiernamen sind bezeichnet: *ʿên gædî* „Böckleinquelle" (Jos 15, 62 u.a.) und *ʿên haqqôreʾ* „Rebhuhnquelle" (Ri 15, 19), falls die Deutung hier zutrifft. Die Böckleinquelle könnte ihren Namen erhalten haben, weil das Wasser wie ein Böcklein „springt". Eher jedoch dürfte anzunehmen sein, daß diese Namengebung einem alten, weit und bis heute auch bei den Arabern in Palästina verbreiteten (s. Canaan) Volksglauben entsprang, dem zufolge die „murmelnden", ihr Aussehen bei Licht und Dunkel ändernden Quellen von meist guten Geistern bewohnt sind; vielleicht stellte man sich dort einen Dämon wohnend vor, der Bocksgestalt hatte. Auch *ʿên hattannîn* „Drachenquelle" (so KBL[3], zu Neh 2, 13) kann von diesem Glauben her benannt sein, zumal der „Schlangenstein" dort stand (1 Kön 1, 9). Auch der Name *ʿên šæmæš* „Sonnenquelle" (Jos 15, 7; 18, 17) mag in diese Vorstellungswelt weisen. Vielleicht ist auch *ʿên haqqôreʾ* als „Ruferquelle" zu verstehen, wobei anders als Ri 15, 19 offen bleibt, wer ursprünglich der Rufende war: ein Dämon? Ein Hinweis auf ein an einer Quelle wohnendes Numen ist noch in der Hagar-Erzählung (Gen 16) recht klar zu erkennen. Hagar stößt bei ihrer Flucht vor Sarai auf eine Quelle in der Wüste (v. 7). Dort findet sie der „Engel des Herrn" (*malʾaḵ JHWH*); er spricht zu ihr und gibt ihr die Nachkommenschaftsverheißung. „Da nannte sie den Namen JHWHs, der zu ihr geredet hatte: Du (bist) der *ʾel roʾî* ... Deswegen nennt man den Brunnen *beʾer laḥaj roʾî*" (vv. 13f.). Den schwierigen Brunnennamen deutet man vielfach: „Brunnen des Lebendigen, der nach mir schaut", sicherlich mit Blick auf *ʾel roʾî* (v. 13). Jedenfalls wurde an oder in dieser Quelle eine Gottheit verehrt, deren alter Name dunkel bleibt, die aber in dieser ätiologischen Erzählung über den *malʾaḵ JHWH* und vielleicht über die Vorstufe des *ʾel roʾî* mit dem Gott Israels JHWH identifiziert werden soll. Auch Ri 15, 18. 19 liegt eine ätiologische Erzählung vor; sie soll den Namen der Quelle erklären, die aus der Höhle von Lehi entspringt, die nicht nach dem sagenhaften Eselskinnbacken genannt ist, mit dem Simson tausend Philister erschlug (vv. 15ff.). Der Ortsname wird vielmehr umgekehrt von diesem Kinnbacken her ätiologisch gedeutet (v. 17). Die vorausgehende Erzählung vom Philistersieg gab die Gelegenheit, den Rufenden (s.o.) im Namen der Quelle mit dem nun erschöpften Simson in Verbindung zu bringen, die ursprünglich wohl gedachte Anwesenheit eines Numens, im Gegensatz zu Gen 16, ganz zu verwischen. Mehr als Spuren des auch Israel nicht unbekannten Glaubens an göttliche, in und an den Quellen wohnende Wesen haben sich im AT nicht erhalten. Heilige Stätten in diesem Sinn sind die Quellen nach dem AT nicht.

Während man Siedlungen verlegen oder aufgeben konnte, waren Quellen unverfügbare feste Punkte in der Landschaft. Nach ihnen konnte man sich sicher orientieren und Grenzziehungen festlegen, die auch für die ferne Zukunft Bestand haben sollten. Das dürfte ein Grund dafür sein, daß bei der Festlegung der Stammesgebiete (Jos 15–19) nach realen Gegebenheiten, Ansprüchen und theoretischem Kalkül oft Städtenamen auftauchen, die mit *ʿên* zusammengesetzt sind. Die Gebietsanteile werden von JHWH durch das Los ausgewiesen. Er hat auch mit den Quellen wichtige Markierungen gesetzt.

4. Unter den großen Werken des Schöpfergottes werden wegen ihrer Wichtigkeit für alles Lebendige die Quellen gelegentlich besonders hervorgehoben, so Ps 104, 10ff. die in den Tälern entspringenden und dahinfließenden Quellen, die die Tiere des Feldes tränken. Sie werden in der durch den Schöpfer gewährten Wasserversorgung hier an erster Stelle genannt. Spr 8, 24–30 werden aufgezählt: Urmeer und Quellen, Berge und Hügel, Erde und Festland, der Himmel, Wolken und Quellen aus dem Urmeer, das Meer und die Fundamente der Erde, wobei der Betrachter seinen Blick von der Tiefe zur Höhe und wieder zurück lenkt. Bei der Erschaffung der Urflut hat Gott sie seinen Zielen dienstbar gemacht: Er ließ (aus ihr) Quellen und Bäche hervorbrechen (Ps 74, 13ff.). Auch wenn JHWH auf sein Geheiß Wasser aus dem Felsen sprudeln läßt, ist es ein Beweis seiner schöpferischen Macht (Ps 114, 8), die sein Volk hier in der Wüste erfährt. Quellen und Regen sind, da sie die Fruchtbarkeit des Landes ermöglichen und bewirken, Zeichen und Gabe göttlichen Segens (Ps 84, 7); ihn erbitten die Pilger, die durch ein trockenes Tal nach Jerusalem hinaufziehen (v. 8). JHWH kann seine Schöpfermacht, mit der er die Quellorte der Urflut aufbrechen und sich schließen läßt (Gen 7, 11; 8, 2), so daß die Wasser der Sintflut die Erde verheeren und das Leben auf ihr auslöschen, zur Strafe für eine sündige Menschheit einsetzen. Für das Volk in der Verbannung gibt er, damit der neue Exodus durch die Wüste gelingen kann, die Verheißung: „Auf den kahlen Hügeln lasse ich Ströme hervorbrechen und Quellen inmitten der Täler" (Jes 41, 18). – Nicht erst in diesem Prophetenwort spielen Quellen eine Rolle in der Geschichte des Volkes JHWHs. Der Exilsprophet greift mit dem zitierten Wort auf die Erzählungen über die Wüstenwanderung Israels nach dem Auszug aus Ägypten zurück. Doch bereits für die Patriarchenzeit werden Orte mit Quellen wichtig. Hagar empfängt „in der Wüste, an der Quelle auf dem Weg nach Schur" (Gen 16, 7) die für Ismael und seine Nachkommen entscheidende Zusage durch den „Engel des Herrn". Die Quelle wird zu einem Ort der Rettung. Abrahams Knecht erfährt und erlebt an der Quelle vor der Stadt Nahors (Gen 24), daß JHWH seine Reise gelingen läßt (v. 56), trifft Rebekka und

kann die künftige Stammutter zu seinem Herrn Isaak bringen. Nach dem Exodus kommen die unter Moses Leitung aus Ägypten Geflohenen auf dem Weg zum Sinai nach Elim, wo es 12 Quellen gibt, ein Grund, dort das Lager aufzuschlagen (Ex 15, 27). Weit wichtiger für die Wüstenzeit Israels aber ist das Quellgebiet von Kadesch. Direkt dorthin zog das Volk (so Ri 11, 16) und hielt sich lange Zeit dort auf (Dtn 1, 46). Dort waren die „Quelle des Gerichts" (*ʿên mišpāṭ*, Gen 14, 7) und (die Wasser) von Meriba (Num 27, 14), wo man Streitigkeiten durch gerichtliche Auseinandersetzung beilegte. Sicherlich war schon in vorisraelitischer Zeit die Quelle heilig und Gerichtsstätte. Wahrscheinlich begegneten sich hier Nomadenstämme und tauschten gegenseitig ihre Überlieferungen aus. Die sog. Moseschar dürfte hier Recht und Ordnung erhalten haben (vgl. Ex 18). Sie nahm vermutlich Kontakt mit stammverwandten Gruppen auf, die bereits in Palästina lebten (s. die Kundschafter-Erzählung Num 13f.) und bereitete von hier aus die Landnahme vor (Dtn 9, 23). Kaleb beruft sich (Jos 14, 6f.) auf ein Gotteswort, das er über Mose in Kadesch empfangen hat und in dem ihm eine Landzusage gemacht wurde (Num 14, 24). Der wichtige, durch die dortigen Quellen festgelegte Ort Kadesch spielt eine Rolle bei der Festlegung der Südgrenze des von JHWH verliehenen Landes (Num 34, 4), bei der Eroberung unter Josua (Jos 10, 41). Und noch bei der Landverteilung nach dem Entwurf Ezechiels (47, 19; 48, 28) verläuft die Südgrenze „von Tamar zu den Quellen von Meribat-Kadesch". Doch dieses Quellgebiet, die „Wasser von Meriba", haben für Israel nicht nur eine heilvolle Bedeutung. Ein von hier aus gegen den Willen JHWHs (Num 14, 40–45; Dtn 1, 41–46) unternommener Versuch der Landnahme scheiterte. Mit dieser Interpretation des erfolglosen Unternehmens war das Thema der Widersetzlichkeit und des Murrens mit Kadesch in Verbindung gebracht. Der Begriff *meriḇāh* 'Streit' wurde in einer ätiologischen Erzählung zur Deutung des Namens der Quelle (Num 20, 2–13; vgl. Ex 17, 1–7), die in Kadesch spielt, auf den Widerstand des Volkes und auch Moses und Aarons gegen JHWH bezogen: „Das ist das Wasser von Meriba, wo die Israeliten mit JHWH gestritten haben, und er sich als der Heilige erwiesen hat" (v. 13). Nach Ps 81, 8 hat Gott Israel „an den Wassern von Meriba geprüft", falls nicht mit der übrigen Tradition (vgl. auch Ps 106, 32) zu korrigieren und *tiḇḥānenî* zu lesen ist: „Du (Israel) hast mich geprüft". Bei seiner großen Bedeutung wird Kadesch natürlich auch im Stationenverzeichnis der Wüstenwanderung (Num 33, 36f.) genannt.

Lebhaft geschildert wird Dtn 8, 7ff. das Ziel, das Israel vor sich hat. „Ein prächtiges Land, ein Land mit Bächen, Quellen und Grundwasser, das im Tal und am Berg hervorquillt." Die Quellen gehören an erster Stelle zu den Vorzügen des verheißenen Landes. Sie werden teilweise auch für die weitere Geschichte Israels bedeutsam. *ʿên dôr* bezeichnet nur den Ort, an dem Saul die Totenbeschwörerin trifft (1 Sam 28, 7). Aber bei der Nachfolge Davids geschieht Entscheidendes an den Quellen Jerusalems: Adonija feiert bereits an der Rogel-Quelle (1 Kön 1, 9), da wird Salomo auf Befehl Davids am Gihon (vv. 38f.) zum König gesalbt. Man darf, ohne sagen zu können, welche Rolle der Gihon fortan im Königsritual hatte (vgl. die Diskussion um Ps 110, 7), annehmen, daß beide Quellen damals heilige Orte waren. Der Gihon, der außerhalb der Stadt lag und dessen Wasser von ihr her zugänglich gemacht oder später hineingeleitet wurden, ist Jes 8, 6 Beispiel für die zuverlässige Sorge JHWHs für sein Volk, der Jerusalem retten wird, auch wenn diese Quelle nicht fließt (vgl. 2 Chr 32, 3f. 11; → גיחון *gîḥôn*), und wird Anlaß für die eschatologische Weissagung von der wunderbaren Tempelquelle, die Fruchtbarkeit (Joël 4, 18) und damit Segen spendet. Das Joël-Wort steht in Zusammenhang mit der Vision von der Tempelquelle (Ez 47), wo *ʿajin* nicht verwendet ist, sondern vom Wasser die Rede ist, das unter der Tempelschwelle hervorströmt, zu einem mächtigen Strom anschwillt, die Gegend fruchtbar macht und heilende Wirkung hat, vgl. die Weiterführung in Sach 14, 8, der zufolge bei der endzeitlichen Umgestaltung des Landes aus Jerusalem lebendiges Wasser zur Hälfte nach Osten und nach Westen fließt.

5. Quelle, Fruchtbarkeit und Leben sind auch in der at.lichen Vorstellungswelt eng miteinander verbunden. Darauf greifen Vergleich und symbolische Ausdrucksweise zurück. Am fließenden Wasser (vgl. Ps 1, 3) muß ein Baum besonders gedeihen. Der Stamm Josef wird Gen 49, 22 mit einem Fruchtbaum an einer Quelle verglichen. Dasselbe Bild dürfte hinter dem Efraim-Spruch (Hos 13, 15), einem Gerichtswort, stehen: Auch wenn Efraim noch so prächtig gedeiht, JHWH schickt einen stürmischen Ostwind, der Efraims „Brunnen versiegen und seine Quellen vertrocknen" läßt: Der Herr nimmt ihm die Ressourcen, von denen das Volk lebt. Die Anschauung zu dieser Bildsprache lieferte z. B. En Gedi, wo in wüstenhafter Umgebung Pflanzen üppig gediehen (vgl. Hld 1, 14; Sir 24, 14). Auch Menschen, aus denen im natürlichen und im übertragenen Sinn Leben für andere kommt, werden mit Quellen verglichen. Die Frau und Mutter ist Lebensquell der Familie. In der Liebessprache wird sie „die Quelle des Gartens, ein Brunnen lebendigen Wassers, Wasser vom Libanon" (Hld 4, 15) genannt. Die Braut ist demgemäß „ein verschlossener Garten, ein versiegelter Quell" (4, 12). Auch für den Mann strömt die Frau Leben, Förderung in jeder Hinsicht (vgl. Spr 31, 10–31) aus. Dies kann mit dem Bild der Quelle ausgedrückt werden. Von daher ist wohl auch das schwierige Wort Spr 5, 16 zu verstehen: „Sollen deine Quellen auf die Straße fließen, auf die freien Plätze deine Bäche?" Man könnte daran denken, daß der Mann gewarnt werde, seine Kräfte an der „fremden Frau" (*'iššāh zārāh*, → II 562) zu vergeuden und sich keine Nachkommenschaft zu erwerben oder sein Vermögen, von dem er lebt, zu verschwen-

den an ihr. Nach dem Kontext aber sind die dem Mann gehörenden Quellen sicherlich ein Bild für die Ehefrau. Auch die lebenswichtige Funktion, die ein Gerechter für seine Mitmenschen hat, kann mit dem Quellenbild ausgedrückt werden (Spr 25, 26). Gerät er ins Wanken, gleicht er einer verschütteten Quelle, die unbrauchbar geworden ist. Wenn schließlich Zion Mutter genannt wird (vgl. Ps 87, 5f.), liegt es nahe, daß auch die Metapher „Quelle" auf ihn übertragen wird. Vielleicht ist aber v. 7 („Alle meine Quellen entspringen in dir") eher mit Ps 46, 5 an den dort strömenden göttlichen Segen gedacht, an die „Quellen des Heils" (Jes 12, 3), die Gott dort strömen macht, also an die von JHWH ausgehende Förderung zu jeglichem Gedeihen.

Von der Bild- und Symbolsprache aus dürfte auch, die umstrittene Stelle Dtn 33, 28 zu deuten sein: „So siedelte Israel sich sicher an, die Quelle Jakobs für sich allein", falls man nicht *ʿên* in *ʿān* „wohnte" (nach dem sonst nicht bezeugten *ʿwn* III, so KBL[3] 774) ändern will. Der Segen Gottes schenkt Fruchtbarkeit im verheißenen Land (v. 28). Die viel besprochene, oft korrigierte und sehr unterschiedlich gedeutete Stelle Sach 9, 1 („Denn JHWH gehören *ʿên ʾādām* und alle Stämme Israels") dürfte eher von *ʿajin* ʿAugeʾ als von *ʿajin* ʿQuelleʾ aus zu interpretieren sein (W. Rudolph, KAT XIII/4: das Auge Arams; EÜ: die Hauptstadt von Aram).

6. In den Qumran-Schriften kommt *ʿajin* in der Bedeutung ʿQuelleʾ nicht vor. 11mal steht *mʿjn*, 6mal in Parallele mit *mqwr*, das häufiger verwendet wird. Zwei Texte bringen wohl eine Bezeichnung, lassen aber in ihrer Bruchstückhaftigkeit (s. DJD I 137; 138ff.) keine näheren Schlüsse zu: „Quelle des Lebens" (1 Q 35, 2, 1); „Quelle der Kenntnis" (1 Q 36, 12, 2). Mehrfach wird Gott mit der Metapher „Quelle" bezeichnet wie auch 1 QS 3, 19 sein Gegenspieler, der „Engel der Finsternis" (Z. 21): „An der Quelle (*mʿjn*) des Lichts ist der Ursprung der Wahrheit, aber aus der Quelle (*mqwr*) der Finsternis kommt der Ursprung des Frevels" (Z. 19), so die grundsätzliche Aussage in der Anweisung für den Unterweiser zur Unterscheidung der Geister und zur Belehrung. Im Gebet 1 QS 10, 12 wird Gott angeredet: „Gründer meines Gutes, Quelle (*mqwr*) des Wissens und Quelle (*mʿjn*) der Heiligkeit, Höhe der Majestät und Allmacht zu ewiger Verherrlichung." Der Betende macht sein Heil von Gott abhängig. Von ihm kommen die Offenbarung und die ethische Qualität, die zum Heil führen und die Voraussetzung dafür sind. In 1 QS 11, 7 ist wohl *mʿwn* ʿStätteʾ (der Herrlichkeit) zu lesen, obwohl in Z. 6 „Quelle (*mqwr*) der Gerechtigkeit" vorausgeht. Letztere ist hier anscheinend das von Gott geschenkte Wissen. In 1 QH 1, 5 wird Gott allem Anschein nach „Quelle der Stär[ke])" genannt. Näheres dazu ist dem zerstörten Text nicht zu entnehmen. 5, 26 sagt der Betende, wohl der Lehrer der Gerechtigkeit, daß Gott seinen Feinden wegen ihrer Schuld die Quelle der Einsicht und den Rat der Wahrheit verborgen hat: Gott gewährt den Gegnern keine Einsicht und läßt sie auch nicht in die „Gemeinde des Neuen Bundes" gelangen. 6, 17f. spricht vom Feuer des Gerichts, das von Gott ausgeht und die Männer des Frevels mit allen Schuldigen vernichtet: Gott ist der Quellort des Lichtes, und wird zur ewigen Quelle (*mqwr*) des Feuers, das die Bösen verzehrt. 8, 6 dankt der Beter, daß Gott ihn in seine Gemeinde berufen hat, die er unter dem Bild einer Pflanzung vorstellt. Die Mitglieder schöpfen aus dem „geheimnisvollen Quell", der Offenbarung Gottes, die in der Gemeinde fließt. In einer Anspielung auf das Paradies ist 8, 12 von der „Quelle des Lebens" die Rede, die heiliges Wasser spendet, sicherlich die göttliche Offenbarung. 12, 13 dankt der Betende, daß Gott ihm die Quelle seiner Stärke (vgl. 1, 5) eröffnet hat. An allen Stellen ist Gott der Quellort, aus dem für den Lehrer und seine Gemeinde Erkenntnis, Kraft und Leben strömen.

Schreiner

עיף *ʿjp* → יעף *jʿp*

עִיר *ʿîr*

I. Umwelt – 1. Mesopotamien – 2. Ägypten – 3. Westsemit. Sprachraum – II. Etymologie und Bedeutung im Hebr. – III. Palästinische Stadtgeschichte – 1. Bronzezeit – 2. Vorstaatliches Israel – 3. Israelitische Königszeit – 4. Persische Zeit – 5. Hellenistische Zeit – IV. Deutungen der Stadt in at.licher Überlieferung – 1. Hirten- und Bauernerzählungen – 2. Gelehrte Reflexionen über die Kulturgeschichte der Stadt – 3. Prophetische Kritik – 4. Zionstheologie – 5. Jesaja-Apokalypse – 6. Weisheit – V. Qumran – VI. LXX.

Lit.: *R. McC. Adams*, The Heartlands of Cities, Chicago 1981. – *G. W. Ahlström*, Royal Administration and National Religion in Ancient Palestine (Studies in the History of the Ancient Near East 1, Leiden 1982). – *Ders.*, Where Did the Israelites Live? (JNES 41, 1982, 133–138). – *A. Alt*, Festungen und Levitenorte im Lande Juda (KlSchr II, 1953, 306–315). – *Ders.*, Jerusalems Aufstieg (KlSchr III, 1959, 243–257). – *Ders.*, Der Stadtstaat Samaria (KlSchr III, 1959, 258–302). – *N.-E. Andreasen*, Town and Country in the Old Testament (Encounter 42, 1981, 259–275). – *M. Atzler*, Erwägungen zur Stadt im Alten Reich (Diss. Leipzig 1968). – *A. N. Barghouti*, Urbanization of Palestine and Jordan in Hellenistic and Roman Times (A. Hadidi [Hg.], Studies in the History and Archaeology of Jordan 1,

Amman 1982, 209–229). – *J. Barr*, Migraš in the Old Testament (JSS 29, 1984, 15–31). – *D. C. Benjamin*, Deuteronomy and City Life. A Form Critical Study of Texts with *ʿîr* in Deuteronomy 4:41–26:19 (Diss. Claremont 1981). – *A. Ben-Tor*, Tell Qiri. A Look at Village Life (BA 42, 1979, 105–113). – *M. Bietak*, Urban Archaeology and the Town Problem in Ancient Egypt (K. R. Weeks [Hg.], Egyptology and the Social Sciences, Kairo 1979, 97–144). – *Ders.*, Das Stadtproblem im Alten Ägypten (150 Jahre DAI 1829–1979, 1981, 68–78). – *Ders.*, Stadt(anlage) (LexÄg 5, 1985, 1233–1250). – *F. Braemer*, L'architecture domestique du Levant à l'Age du Fer (Ed. Recherche sur les civilisations 8, Paris 1982). – *B. Brentjes*, Zum Verhältnis von Dorf und Stadt in Altvorderasien (WZ Halle 17, 1968, 9–42). – *G. Buccellati*, Cities and Nations of Ancient Syria (SS 26, Rom 1967). – *W. Caspari*, Tochter-Ortschaften im Alten Testament (ZAW 39, 1921, 174–180). – *A. D. Crown*, Some Factors Relating to Settlement and Urbanization in Ancient Canaan in the Second and First Millennia B.C. (AbrNahrain 11, 1971, 22–41). – *W. G. Dever*, Monumental Architecture in Ancient Israel in the Period of the United Monarchy (T. Ishida [Hg.], Studies in the Period of David and Solomon, Tokio 1982, 269–306). – *H. J. Dreyer*, The Roots qr, ʿr, ġr and ṣ/ṭr = „Stone, Wall, City" etc. (Festschr. A. v. Selms, POS 9, Leiden 1971, 17–25). – *M. M. Eisman*, A Tale of Three Cities (BA 41, 1978, 47–60). – *B. Z. Eshel*, The Semantics of the Word *ʿîr* in the Language of the Bible (BethM 18, 1972/73, 327–341. 423f.). – *G. Evans*, „Gates" and „Streets": Urban Institutions in Old Testament Times (JRH 2, 1962, 1–12). – *R. Feuillet*, Les villes de Juda au temps d'Ozias (VT 11, 1961, 270–291). – *L. R. Fisher*, The Temple Quarter (JSS 8, 1963, 34–41). – *A. Fitzgerald*, *btwlt* and *bt* as Titles for Capital Cities (CBQ 37, 1975, 167–183). – *R. G. Fox*, Urban Anthropology: Cities in Their Cultural Settings, Englewood Cliffs 1977. – *F. S. Frick*, The City in Ancient Israel (SBL Diss. Ser. 36, Missoula 1977). – *V. Fritz*, The „List of Rehoboam's Fortresses" in 2 Chr. 11:5–12 – A Document from the Time of Josiah (EI 15, 1983, 46–53). – *C. H. J. de Geus*, Agrarian Communities in Biblical Times: 12th to 10th Century B.C. (Les Communautés Rurales II. Antiquité, Receuils de la Société Jean Bodin pour l'histoire comparative des institutions 41, Paris 1983, 207–237). – *Ders.*, De israëlitische Stad (Palaestina Antiqua 3, Kampen 1984). – *R. Gonen*, Urban Canaan in the Late Bronze Period (BASOR 253, 1984, 61–73). – *J. M. Halligan*, A Critique of the City in the Yahwist Corpus (Diss. Univers. of Notre Dame 1975). – *W. W. Hallo*, Antediluvian Cities (JCS 23, 1970/71, 57–67). – *M. Hammond* (Hg.), The City in the Ancient World, Cambridge/Mass. 1972. – *R. Hanhart*, Die jahwefeindliche Stadt. Ein Kapitel aus „Israel in hellenistischer Zeit" (Festschr. W. Zimmerli, 1977, 152–163). – *B. Hartmann*, Mögen die Götter dich behüten und unversehrt bewahren (Festschr. W. Baumgartner, VTS 16, 1967, 102–105). – *M. Hengel*, Judentum und Hellenismus (WUNT 10, ²1973). – *Z. Herzog*, Israelite City Planning, Seen in the Light of the Beer-Sheba and Arad Excavations (Expedition 20, 1978, 38–43). – *Ders.*, Enclosed Settlements in the Negeb and the Wilderness of Beer-Sheba (BASOR 250, 1983, 41–49). – *Ders.*, Das Stadttor in Israel und in den Nachbarländern, 1986. – *D. C. Hopkins*, The Highlands of Canaan (The Social World of Biblical Antiquity Ser. 3, Sheffield 1985). – *I. W. J. Hopkins*, The Urban Geography of Roman Palestine, London 1965. – *Ders.*, The City Region in Roman Palestine (PEQ 112, 1980, 19–32). – *A. R. Hulst*, עיר *ʿir* Stadt (THAT II 268–272). – *A. J. Jawad*, The Advent of the Era of Townships in Northern Mesopotamia, Leiden 1965. – *W. Johnstone*, OT Technical Expressions in Property Holding (Ugaritica 6, 1969, 309–317, bes. 315ff.). – *A. H. M. Jones*, The Cities of the Eastern Roman Provinces, London – Oxford 1971. – *B. J. Kemp*, The Early Development of Towns in Egypt (Antiquity 51, 1977, 185–200). – *Ders.*, Temple and Town in Ancient Egypt (P. Ucko u. a. [Hg.], Man, Settlement and Urbanism, London 1972, 657–680). – *A. Kempinski*, The Rise of an Urban Culture: The Urbanization of Palestine in the Early Bronze Age, 3000–2150 B.C. (Israel Ethnographic Society, Studies 4, Jerusalem 1978). – *Ders.*, Syrien und Palästina (Kanaan) in der letzten Phase der Mittelbronze II B-Zeit (1650–1570 v. Chr.) (ÄAT 4, 1983). – *K. M. Kenyon*, Royal Cities of the Old Testament, London 1971. – *Dies.*, Digging up Jerusalem, London 1974. – *F. Kolb*, Die Stadt im Altertum, 1984. – *C. H. Kraeling* / *R. M. Adams* (Hg.), City Invincible. A Symposium on Urbanization and Cultural Development in the Ancient Near East, Chicago 1960. – *P. Lampl*, Cities and Planning in the Ancient Near East, London 1968. – *N. P. Lemche*, Early Israel. Anthropological and Historical Studies on the Israelite Society Before the Monarchy (VTS 37, 1986). – *W. J. van Liere*, Capitals and Citadels of Bronze – Iron Age Syria in their Relationship to Land and Water (Annales archéologiques de Syrie. Revue d'archéologie et d'histoire 13, 1963, 107–122). – *S. F. Loewenstein*, The Urban Experiment in the Old Testament (Diss. Syracuse Univers. 1971). – *R. A. F. Mackenzie*, The City and Israelite Religion (CBQ 25, 1963, 60–70). – *A. Mazar*, Three Israelite Sites in the Hills of Judah and Ephraim (BA 45, 1982, 167–178). – *B. Mazar*, Cities and Districts of Israel, Jerusalem 1976 (hebr.). – *T. L. McClellan*, Town Planning at Tell en-Naṣbeh (ZDPV 100, 1984, 53–69). – *L. M. Muntingh*, „The City Which Has Foundations": Hebrews 11:8–10 in the Light of the Mari Texts (Festschr. A. v. Selms, POS 9, Leiden 1971, 108–120). – *N. Na'aman*, Hezekiah's Fortified Cities and the LMLK-Stamps (BASOR 261, 1986, 5–21). – *E. Neufeld*, The Emergence of a Royal – Urban Society in Ancient Israel (HUCA 31, 1960, 31–53). – *E. W. Nicholson*, Blood Spattered Altars? (VT 27, 1977, 113–117). – *M. Noth*, Jerusalem und die israelitische Tradition (ThB 6, ³1966, 172–187). – *D. Oates*, The Development of Assyrian Towns and Cities (P. Ucko u. a. [Hg.], Man, Settlement and Urbanism, London 1972, 799–804). – *P. J. Olivier*, In Search of a Capital for the Northern Kingdom (JNWSL 11, 1983, 117–132). – *A. L. Oppenheim*, Land of Many Cities (I. M. Lapidius [Hg.], Middle Eastern Cities, Los Angeles 1969, 3–18). – *E. Otto*, Jerusalem. Die Geschichte der Heiligen Stadt von den Anfängen bis zur Kreuzfahrerzeit, 1980. – *Ders.*, Gibt es Zusammenhänge zwischen Bevölkerungswachstum, Staatsbildung und Kulturentwicklung im eisenzeitlichen Israel? (O. Kraus [Hg.], Regulation, Manipulation und Explosion der Bevölkerungsdichte, Veröffentlichung der Joachim Jungius Gesellschaft der Wissenschaften Hamburg 55, Göttingen 1986, 73–87). – *P. Parr*, Settlement Patterns and Urban Planning in the Ancient Levant: the Nature of the Evidence (P. Ucko u. a., Man, Settlement and Urbanism, London 1972, 805–810). – *A. Parrot*, Samaria. Die Hauptstadt des Reiches Israel, 1957. – *D. N. Pienaar*, The Role of Fortified Cities in the Northern

Kingdom During the Reign of the Omride Dynasty (JNWSL 9, 1981, 151–157). – *A. de Pury*, La ville dans le Proche-Orient Ancien (Actes du Colloques de Cartigny 1979, Cahiers du Centre d'Étude du Proche-Orient Ancien, Université de Genève, Leuven 1983, 219–229). – *H. Reviv*, On Urban Representative Institutions and Self-Government in Syria-Palestine in the Second Half of the Second Millenium B.C. (JESHO 12, 1969, 283–297). – *Ders.*, Early Elements and Late Terminology in the Descriptions of Non-Israelite Cities in the Bible (IEJ 27, 1977, 189–196). – *Ders.*, Jabesh-Gilead in I Samuel 11:1–4. Characteristics of the City in Pre-Monarchic Israel (The Jerusalem Cathedra 1, 1981, 4–8). – *L. Rost*, Die Stadt im Alten Testament (ZDPV 97, 1981, 129–138). – *O. Rössler*, Ghain im Ugaritischen (ZA 54, 1961, 158–172). – *C. Schäfer-Lichtenberger*, Stadt und Eidgenossenschaft im Alten Testament. Eine Auseinandersetzung mit Max Webers Studie „Das antike Judentum" (BZAW 156, 1983). – *K. L. Schmidt*, Die Polis in Kirche und Welt, Basel 1939. – *Y. Shiloh*, The Four-Room House – Its Situation and Function in the Israelite City (IEJ 20, 1970, 180–190). – *Ders.*, Elements in the Development of Town Planning in the Israelite City (IEJ 28, 1978, 36–51). – *Ders.*, The Population of Iron Age Palestine in the Light of a Sample Analysis of Urban Plans, Areas and Population Density (BASOR 239, 1980, 25–35). – *Ders.*, Excavations at the City of David I. 1978–1982 (Qedem 19, Jerusalem 1984). – *G. Sjoberg*, The Preindustrial City. Past and Present, Glencoe 1960. – *W. von Soden*, Tempelstadt und Metropolis im Alten Orient (H. Stoob [Hg.], Die Stadt, Gestalt und Wandel bis zum industriellen Zeitalter, 1979, 37–82). – *L. E. Stager*, The Archaeology of the Family in Ancient Israel (BASOR 260, 1985, 1–35). – *J. J. Stamm*, Ein ugaritisch-hebräisches Verbum und seine Ableitungen (ThZ 35, 1979, 5–9). – *E. Stern*, Material Culture of the Land of the Bible in the Persian Period 538–332 B.C., Warminster 1982. – *H. Strathmann*, πόλις κτλ. (ThWNT VI 516–535). – *H. Tadmor*, Temple Cities and Royal Cities in Babylonia and Assyria (City and Community. Proceedings of the 12th Conference of the Israel Historical Society, Jerusalem 1968, 179–205). – *Ders.*, Some Aspects of the History of Samaria During the Biblical Period (Jerusalem Cathedra 3, 1983, 1–11). – *W. Thiel*, Die soziale Entwicklung Israels in vorstaatlicher Zeit, ^{2}1985. – *J. A. Thompson*, The „Town" in Old Testament Times (Buried History 19, 1983, 35–42). – *Ders.*, The Israelite Village (Buried History 19, 1983, 51–58). – *V. Tscherikover*, Die hellenistischen Städtegründungen von Alexander dem Großen bis auf die Römerzeit (Philologus Suppl. 19, 1927, 1–216). – *Ders.*, Hellenistic Civilization and the Jews, Jerusalem – Philadelphia 1959. – *Th. C. Vriezen*, Jahwe en zijn stad, Amsterdam 1962. – *G. Wallis*, Die Stadt in den Überlieferungen der Genesis (ZAW 78, 1966, 133–147). – *Ders.*, Jerusalem und Samaria als Königsstädte (VT 26, 1976, 480–496). – *M. Weber*, Gesammelte Aufsätze zur Religionssoziologie III. Das antike Judentum, ^{6}1976. – *Ders.*, Wirtschaft und Gesellschaft (^{5}1976, 727–814). – *H. Weippert*, Stadtanlage (BRL^{2} 313–317). – *J. V. K. Wilson*, Hebrew and Akkadian Philological Notes (JSS 7, 1962, 173–183, bes. 181ff.). – *E. Wirth*, Die orientalische Stadt. Ein Überblick aufgrund jüngerer Forschungen zur materiellen Kultur (Saeculum 26, 45–94). – *G. E. Wright*, Shechem. The Biography of a Biblical City, London 1965. – *Y. Yadin*, Hazor: The Head of all those Kingdoms (Schweich Lectures 1970, London 1972).

I. 1. Sum. *uru* (evtl. *unug*) / akk. *ālu(m)* bezeichnet im Gegensatz zur unbesiedelten Steppe (sum. *edin* / akk. *ṣēru(m)*) die Siedlung einschließlich des offenen Dorfes und – wenn man *uru.še* miteinbezieht – des Landwirtschaftsgutes sowie im Gegensatz zur unbefestigten Siedlung (sum. *maš-gan* / akk. *maškānu(m)*) die befestigte Stadt. Das weiter differenzierte Bedeutungsfeld von *ālu(m)* als befestigtem Zentrum (*ālānišu dannūti*: OIP 2, 164 I 36) umliegender Tochterstädte (*ālāni seḫrūti ša limētišunu*: OIP 2, 164 I 37f.), Königsresidenz (*ālu šá šarri*: ABL 895:4), Verwaltungszentrum einer Region (s. CAD A/1, 382), Garnisonsstadt (*āl maṣṣarti*, EA 76, 36) und Festung spiegelt die Funktionsvielfalt der mesopotamischen Stadt. Deren soziale Komplexität spiegelt sich in der *ālu(m)*-Bezeichnung von Stadtvierteln (*ālu eššu* „Neustadt", *āl ilāni* „Götterstadt"), Quartieren der Berufsstände, sozialen Schichten und ethnischen Gruppen sowie des Subjekts stadtgebundener Verwaltungsfunktionen (*mala dīn ālim* „gemäß der Entscheidung der Stadt": TCL 4, 79:24).

Im Gegensatz zum AT bewahrt die Keilschriftliteratur eine Hochschätzung der Stadt vom 3. bis ins 1. Jt. v. Chr., die sich bis zur Deifizierung steigern kann (wie z. B. die sum. Preislieder auf Keš, Babel und Nippur oder akk. auf Babel, Arba'il und Aššur), der nur wenige kritische Zeugnisse (Erra-Epos I 46–60; Hallo 57) gegenüberstehen.

2. Äg. *nỉw.t* (*nww*) bezeichnet die Stadt (CDME 125) im Gegensatz zu *wḥj.t* 'Dorf, familiäre Gemeinschaft'. Hat sich in diesen Bedeutungen von *wḥjt* noch Erinnerung an vordynastische Gesellschaftsstruktur bewahrt, so ist die Stadtentstehung im Alten Reich mit dem Königtum verbunden. Am Anfang der Stadtentwicklung stehende Stadtplanung hat sich im Ideogramm *nwt* 'Siedlung' niedergeschlagen, das eine Rundsiedlung, wie sie in Elkab nachgewiesen ist (Bietak, LexÄg V 1234f.), mit kreuzförmig angeordneten Hauptstraßen zeigt. Auf rechteckig angelegte königliche Stadtgründungen (z. B. Abydos) im Alten Reich, deren Plan bis ins Neue Reich in rechteckig angelegten Tempel- und Festungsstädten nachwirkt, weist das Ideogramm *ḥwt*.

3. Ugar. ist für *ʿr* (KTU 1.4, VII, 9), pl. *ʿrm* (KTU 1.4, VII, 7; 1.14, III, 6; IV, 49; 1.16, V, 47) die Bezeichnung 'Stadt' durch die Parallelisierung mit *pdr* I (KTU 1.4, VII, 8. 10; 1.14, III, 7; IV, 50) gesichert (s. UT Nr. 1847. 2019). Die Ableitung von einem Verb *ʿjr/ġjr* 'schützen' (Hartmann 102ff.) ist nicht zu erweisen, da sich ein Verb *ġjr* neben *nġr* nicht sichern läßt (s. RSP I 307f.; A. F. Rainey, UF 3, 1971, 157). Phön. ist eine *ʿr shrw* in der Inschrift des Ešmuniaton (CIS I 113) belegt. Der Aspekt der Befestigung tritt in der Bedeutung des asarab. *ʿr* 'Burg' (Biella 385) in den Vordergrund.

II. Hebr. *ʿîr* ist im AT 1092mal (THAT II 268f.) und außerbiblisch als *hʿjrh* „zur Stadt [Jerusalem]" im 4. Lachisch-Ostrakon (KAI 194, 7) belegt. Das fem.

Genus wird mit der Funktion der Stadt als Mutter und Ernährerin ihrer Einwohner (2 Sam 20, 19) erklärt (D. Michel, Hebr. Syntax I, 1977, 76; anders A. Malamat, UF 11, 1979, 535 f.: *ʿîr w*^{e}*ʾem* = Stadt und Clan). Der Pl. *ʿārîm* ist von dem noch in Eigennamen erhaltenen Lexem *ʿar* > Aroër (Num 21, 15; Dtn 2, 9; 4, 48; Jos 12, 2) abzuleiten (GKa § 96). Die Pl.-Endung *-îm* kann die Zusammengehörigkeit der Stadt mit ihren Tochterstädten ausdrücken (so D. Michel, Hebr. Syntax I, 1977, 40; kritisch Conti, AION 41, 152 f.). Die Verbindung von *ʿîr* mit einem Verb **ʿr* 'schützen' (Dtn 32, 11; Ijob 8, 6) ist wahrscheinlich (Stamm 5 ff.). Daß der Aspekt des Schutzes zentral für das Bedeutungsfeld von *ʿîr* ist, zeigen die eine Opposition zu *ʿîr* bildenden Begriffe: Lev 25, 29. 31 setzt *ʿîr* als durch eine Mauer befestigte Siedlung von → חצר *ḥāṣer* 'Dorf' ab. 1 Sam 6, 18 hebt die Stadt als befestigt (*ʿîr mibṣār*) von der offenen Landsiedlung (*kopær happ*^{e}*rāzî*) ab. Wird im Kundschafterauftrag Num 13, 19 *ʿîr* als Oberbegriff von *maḥ*^{a}*næh* und *mibṣār* gebraucht, so ist durch die eindeutige semantische Konnotation von *ʿîr* die Kundschafterantwort in v. 28, sie hätten *hæʿārîm b*^{e}*ṣurôt* vorgefunden, schon vorgezeichnet: Die Befestigung ist semantisches Proprium, das mit *ʿîr* bezeichnete Siedlungen von unbefestigten Siedlungen abhebt. Die Größe der mit *ʿîr* bezeichneten Siedlungen reicht von der Fluchtfestung bis zur befestigten Stadt (2 Kön 17, 9; vgl. auch Dtn 3, 5. 19).

III. 1. Die politische Struktur des bronzezeitl. Palästina war durch das Nebeneinander zahlreicher Stadtstaaten mit kleinen Territorien weniger Quadratkilometer bestimmt (Buccellati 25 ff.), während territorialstaatliche Organisationsformen insbesondere des spätbronzezeitl. Sichem Episode blieben. Die Städte konzentrierten sich auf die fruchtbaren Ebenen an der Küste, die Jesreel-Ebene und Schefela. Die Intensität städtischer Besiedlung schwankte zwischen Höhepunkten in der frühen (FB II–III: M. Broshi / R. Gophna, BASOR 253, 41 ff.) und mittleren (MB II B; dies., BASOR 261, 72 ff.) Bronzezeit und starkem Abfall in der Spätbronzezeit (Gonen 61 ff.), der im 14.–12. Jh. v. Chr. von Zusammenbruch des Fernhandels, gewaltsamem Siedlungsabbruch zahlreicher Stadtsiedlungen und einer Verdörflichung kanaanäischer Siedlungsstruktur begleitet war. In diesem Prozeß zerbricht auch die sich in der Erzväterüberlieferung niederschlagende dimorphische Struktur (M. B. Rowton, JNES 35, 1976, 13–20) protoisraelitischer Hirtenclans und kanaanäischer Stadtstaaten. Darin ist die Konstituierung Israels als Stammesgesellschaft von Hirten begründet, die zu bäuerlich-subsistenter, also von zerfallender kanaanäischer Stadtstaatenkultur unabhängiger Lebensweise übergegangen sind (E. Otto, BN 23, 1984, 68 ff.).

Das AT hat kaum Überlieferungen bewahrt, die historisch auswertbare Erinnerung an politische Strukturen und Herrschaftsformen vorisraelitischer Städte enthalten. Unter den zahlreichen Belegen vorisraelitischer Könige und Königsstädte im AT kann einzig Ri 5, 19 als unmittelbar für die vorisraelitische Zeit auswertbare Überlieferung gelten.

In Ri 4, 4–22* ist Hazor überlieferungsgeschichtlich sekundär durch die Einführung Jabins (vv. 2. 17) als Königsstadt gedeutet. Jos 11, 1–9 ist von Ri 4, 2. 17; Jos 10* abhängig. Die Motive von Jericho (Jos 2, 2; 8, 2), Ai (Jos 8, 2. 14. 29), Heschbon (Num 21, 21. 26) als vorisraelitische Königsstädte und die ursprünglich nur anonyme Amoriterkönige kennende Erzählung von Makkeda (*ḫirbet el-qōm*; D. A. Dorsey, Tel Aviv Journal 7, 185–193) sind nicht historisch, da diese Orte spätbronzezeitl. unbesiedelt waren. Deuteronomistische Theologie interpretiert die Städte der Landesbewohner als *ʿārîm g*^{e}*dolot ûb*^{e}*ṣûrot baššāmājim* (Dtn 1, 28; 9, 1) mit Mauern, Toren und Riegeln (Dtn 3, 5), um den Landbesitz als gnädige Gabe Gottes zu verdeutlichen. In diesem Horizont faßt Jos 10, 1–5. 23 b. 29–39 mittels einer Städteliste aus salomonischer Zeit (V. Fritz, ZDPV 85, 1969, 136–161) die Landnahme als Kette von Siegen über Stadtkönige (vgl. Dtn 7, 24) zusammen. In Neh 9, 24 und Gen 14 setzt sich diese Interpretationslinie fort.

Das AT hat auch keinerlei Erinnerung an eine demokratische Verfassung vorisraelit. Städte bewahrt (anders Schäfer-Lichtenberger 209 ff.). Das Motiv der *još*^{e}*bê gibʿôn* als Josuas Verhandlungspartner (Jos 9, 3 f.) setzt die Formulierung des *b*^{e}*rîṯ*-Verbots (*loʾ tikrot b*^{e}*rîṯ l*^{e}*jôšeb hāʾāræṣ*; Ex 34, 12 a u. ö.) voraus. 1 Sam 5, 9 f. will von der Wirkung der Lade auf die *gesamte* Bevölkerung von Bet Schemesch und ihrer Reaktion erzählen. Israelitisch dagegen nicht ableitbar sind die Motive oligarchischer Herrschaft der *baʿ*^{a}*lê* (*miḡdal*) *š*^{e}*kæm* (Ri 9, 6 ff. 46 f.; H. Reviv, IEJ 16, 1966, 252–257) des früheisenzeitl. mit Manasse verbundenen Sichem.

Hat das AT nur geringe historische Erinnerung an die Verfassung vorisraelit. Städte bewahrt, so kommt dies nicht der These entgegen, die Ursprünge Israels seien in den sozialen Konflikten spätbronzezeitl. Stadtkultur Palästinas zu suchen.

2. Vorexilische Schichten des AT interpretieren das vorstaatliche Israel nach dem Vorbild der staatlichen Zeit als durch befestigte Städte strukturiert (vgl. 1 Sam 9). Keine früheisenzeitl. Befestigungen sind archäologisch für Schilo (I. Finkelstein u. a., Qadmoniot 17, 1984, 15–25) und Hebron (BRL^{2} 145) belegt, die in 1 Sam 4, 13. 18; 2 Sam 3, 27 als mit Toranlagen befestigte Städte gezeigt werden. Ri 19 zeichnet von Gibea das Bild einer Stadt mit öffentlichem Platz (Ri 19, 15. 17) wohl in Verbindung mit einer Toranlage (vgl. v. 16; Rost 131 f.), das keinerlei Entsprechung in der bescheidenen früheisenzeitl. Dorfsiedlung (s. P. W. Lapp, BA 28, 1965, 2–10) hat. Entsprechendes gilt für die Bezeichnung der früheisenzeitl. Dorfsiedlung von Jericho als „Palmenstadt" (Ri 1, 16; 3, 13). Exil. und nachexil. Schichten des AT verstärken noch die Projektion urbaner Züge in die Frühgeschichte Israels (Num 32, 16 f. 34–36; Dtn 3, 19; Ri 11, 26; 18, 28 b; 21, 23 b; 1 Sam 8, 22; 18, 6 u. ö.) insbesondere in Beschreibung des frühen Israel durch Städtelisten (Jos 13, 17–20. 25. 27; 15, 21–62; 19, 35–38 u. ö.) aus staatlicher Zeit.

Die Bezeichnung vorstaatlicher Siedlungen als *ʿārîm* hat einen Ausgangspunkt in den angesichts der zahlreichen unbefestigten spätbronzezeitl. Städte (Gonen 69f.) erstaunlichen Befestigungsmaßnahmen in früh-israelitischen Dörfern durch freistehende Mauern (Beth Zur: R. W. Funk, AASOR 38, 1968, 6f.; Gilo: A. Mazar, IEJ 31, 1981, 1ff.; Mizpa: McClellan 54; Bet-El: J. L. Kelso, AASOR 39, 1968, 16f.), durch ringförmige Anordnung der Häuser in Beerscheba und anderen Negeb-Siedlungen (Herzog, Settlements, 41ff.; vgl. auch Braemer 28ff.), in Ai und Megiddo (Shiloh, Town Planning, 36ff.) oder durch Fluchttürme wie in Penuël (Ri 8, 17) und Janoach (E. Otto, ZDPV 94, 1978, 108–118). Daneben gab es auch unbefestigte Siedlungen wie *tell mšāš* (Z. Herzog, Beer-Sheba II, 1984, 80f.) und *ḫirbet raddāna* (J. A. Callaway / R. E. Cooley, BASOR 201, 1971, 1–19).
In die Vorgeschichte der Urbanisierung Israels gehört auch die Ausdifferenzierung von Großsiedlungen aus dem früheisenzeitl. Typus der Dorfsiedlung mit einer Siedlungsfläche von nur einem Viertel bis einem Hektar. Bei durchschnittlich 40–50 Einwohnern auf 1000 m² (Shiloh, BASOR 239, 25ff.) hatte Beerscheba (Schicht VII) auf 4000 m² ca. 160–200 Einwohner, Gilo auf 6000 m² ca. 240–300 Einw., Ai auf 10100 m² 400–500 Einw., *ḫirbet raddāna* mit unter 5000 m² weniger als 250 Einw., *ʿizbet ṣārṭa* mit unter 2000 m² weniger als 100 Einwohner. Davon heben sich Großsiedlungen wie *tell mšāš* (Schicht II) mit 1400–1800 Einw. auf 35000 m², *tell en-naṣbe* (Schicht I) mit 800–1000 Einw. auf 20000 m², *ḫirbet el-ḥeibar* (Koord.: 1954. 1764) mit 1400–1750 Einw. auf 35000 m², und Megiddo (Schicht VB) mit 1600–2000 Einw. auf 40000 m² ab (Otto, Bevölkerungsentwicklung 81ff.).
Die Struktur politischer Führung der Landsiedlungen durch die Versammlung der *ʾanšê hāʿîr* (Ri 19, 22 u.ö.) und die *ziqnê hāʿîr* (1 Sam 16, 4), deren Kompetenzen nicht mehr gegeneinander abzugrenzen sind, ist mit der familiär strukturierter Gemeinschaften der Sippe identisch. Siedlung und sie bewohnende *mišpāḥāh* können als Einheit verstanden werden; s. Ri 6, 24; 8, 32: *ʿǒprāh* (*ʿǒpraṯ*) *ʾᵃḇî hāʿæzrî*; zur Endung *āh/aṯ* s. A. F. Rainey, BASOR 231, 1978, 4. Die Vernetzung durch eine (fiktive) Genealogie ermöglicht auch die Integration nichtisraelit. Orte wie Sichem und Tirza in israelit. Stammeskontext (Num 26, 28–34; 27, 1–11; 36, 10–12; Jos 17, 1–6; 1 Chr 7, 14–19; zu Toponymoi als Nachkommen eines Stammesvaters s. 1 Chr 7, 8; 8, 36, als Vorfahren eines Sippeneponymos s. 1 Chr 8, 37). Ein innerisraelit. Gegensatz von Stadt und Land ist dem frühen Israel fremd. Einzig in 1 Sam 11, 1–4 könnten sich unter den Besonderheiten Transjordaniens Ansätze zur Verselbständigung einer Siedlung widerspiegeln (Reviv, Jabesh-Gilead). Das von der Vasallität des Stammes Ascher mit Akko über ein Vertragsverhältnis Benjamins mit der gibeonitischen Tetrapolis bis zum militärischen Konflikt (Ri 5) reichende Verhältnis israelit. Stämme zu kanaanäischen Stadtstaaten ist nicht einlinig auf einen Stadt-Land-Gegensatz zu reduzieren, sondern in den sozialhistorischen und religiösen Faktoren vielschichtig.
3. Mit davidischer Staatsbildung verliert die Vernetzung der Siedlungen durch genealogisch begründete Gemeinschaften an Bedeutung zugunsten territorialstaatlich-hierarchischer Ausrichtung von Verwaltungsbezirken (1 Kön 4, 7–19; H. W. Rösel, ZDPV 100, 1984, 84–90) auf eine Hauptstadt. Während sich in davidischer Zeit die Verwaltungsbezirke noch an die Stammesgrenzen anlehnten (2 Sam 15, 2), banden sie in salomonischer Zeit israelitische sowie kanaanäische Territorien zusammen (G. E. Wright, EI 8, 1967, 58*–68*) und lösten sich damit von der genealogischen Integration vorstaatlicher Gesellschaft. An deren Stelle mußte nun eine neue Form der Integration treten. Sie wurde in der Machthierarchie staatlicher Verwaltung gefunden. Der neuen Verwaltungsstruktur entsprach eine Hierarchie der Städte und Landsiedlungen, aus der bei sozialer Spannung im Sozialgefüge Israels auch ein Gegensatz von Stadt und Land entstehen konnte (s.u. IV.1.3.). Der Reichshauptstadt untergeordnet waren Provinzhauptstädte als Gouverneursresidenzen. Für die 3., 6. und 7. Provinz sind Arubbot, Ramot-Gilead und Mahanaim bekannt (1 Kön 4, 10. 13f.). Megiddo dürfte Zentrum der 5. Provinz, Hazor der 8. Provinz Naftali gewesen sein. Den Provinzhauptstädten untergeordnet waren die Landstädte der Provinzen (1 Kön 4, 13). Die Städtelisten in Jos 15–19 verdeutlichen als Verwaltungsdokumente zur Steuerverteilung (O. Bächli, ZDPV 89, 1973, 1–14) und Heerbannerfassung (Am 5, 3) die städtische Struktur Judas in der Königszeit (s. P. Welten, Die Königs-Stempel, ADPV, 1969, 93–102). Die Landstädte waren Zentren umliegender Dörfer (*ḥᵃṣerîm*; Jos 15, 32. 36. 41 u.ö.), ohne daß noch eine weitergehende Differenzierung einer Verwaltungshierarchie unter den Landstädten und Dörfern rekonstruierbar wäre.

Das Motiv der Tochterstädte (*bᵉnôṯâhā*), das seine traditionsgeschichtliche Wurzel in nichtisraelitischer Siedlungshierarchie (1 Sam 6, 18; 27, 5f.) hat, wurde in exilischer Zeit literarisch auf außerisraelitische Städte angewendet (Num 21, 25. 32; 32, 42; Jos 17, 11; Ri 1, 27; 11, 26; Jer 49, 2; Ez 26, 6), um spätnachexilisch unter dem Einfluß persischer Verwaltungsstruktur zum Gliederungsprinzip judäischer Siedlungen zu werden (Jos 15, 28; 1 Chr 7, 28; 8, 12; Neh 11, 25 u.ö.).

Zentrum der Siedlungshierarchien waren die Königsstädte Jerusalem im Süden und nach der Reichsteilung Sichem, Penuël, Tirza und Samaria im Norden. Jerusalem wurde zunehmend zur Stadt schlechthin (*hāʿîr* 2 Sam 15, 25; 1 Kön 8, 44. 48; Neh 2, 3; 11, 9; Jes 36, 15; 37, 33. 35; Ez 7, 23; 9, 4. 9; Zef 3, 1; KAI 194, 7).

Die These, Jerusalem sei unter Fortsetzung der kanaanäischen Stadtstaatenkonzeption (Buccellati 31ff.) aufgrund eines *ius expugnationis* Eigenbesitz der Davididen gewesen (so Alt, Jerusalem 254), kann sich nicht auf die

Bezeichnung Jerusalems als *ʿîr dāwîḏ* berufen, die in 2 Sam 5, 7. 9 als Bezeichnung eines Stadtteils mit der Akropolis (zur Ausgrabung s. Shiloh, City of David, 15ff.), der *meṣuḏāṯ ṣijjôn*, identisch ist (s. auch 1 Kön 8, 1; 9, 24), von der Stadt selbst (2 Sam 6, 10. 12. 16; Jes 22, 9f.) unterschieden wird. Auch in 1 Kön 20, 30; 2 Kön 10, 25 bezeichnet *ʿîr* den Stadtteil einer Zitadelle, die sich aber nicht auf den Tempelbezirk eingrenzen läßt (gegen Fisher). Noch weniger ist die These eines Stadtstaates Samaria (Alt, Samaria) wahrscheinlich zu machen (s. zuletzt S. Timm, FRLANT 124, 1982, 142ff.).

Die Verwaltung der Hauptstädte Jerusalem (2 Kön 23, 8) und Samaria (2 Kön 10, 5) einschließlich der polizeilichen Gewalt (1 Kön 22, 26) oblag einem *śar (ʿal) hāʿîr*, der, wie ein spätvorexil. Siegel (Avigad, IEJ 26, 1976, 178–182) bestätigt, zu den königlichen Beamten gehörte; s. U. Rüterswörden, BWANT 117, 1985, 38ff.

Zur ursprünglichen Funktion der Stadt als geschützter Siedlung bäuerlicher Familien traten nun über den unmittelbaren Schutz der Bewohner hinausgehende militärische Funktionen des Staates. Dan und Beerscheba wurden wohl bereits davidisch befestigte Grenzorte (so Y. Aharoni, IEJ 24, 1974, 13–16). Salomo ließ wichtige Verkehrs- und Handelswege in dicht besiedelten Gebieten durch befestigte Städte, in dünn besiedelten Gebieten durch Festungsketten sichern (1 Kön 9, 15. 17–19). Die Befestigung von Hazor, Megiddo und Gezer durch Kasemattenmauern und Sechs-Kammertore (Dever 269ff.) sicherte den Hauptverkehrsweg zwischen Ägypten und Syrien, die Befestigung von Bet-Horon die Verbindung zwischen mittelpalästinischem Gebirge und der Küste, eine Kette von Festungen den Weg von Juda nach Eilat (Z. Herzog, Beer-Sheba II, 1984, 83). Zahlreiche weitere Städte wurden befestigt (N. L. Lapp, BASOR 223, 1976, 25–42), um als Garnisonsstädte (*ʿārê hārækæḇ*, *ʿārê happārāšîm* 1 Kön 9, 19; 10, 26; zur archäol. Diskussion s. de Geus, Stad, 76–81) zu dienen und den Schutz der Region zu stärken.

Nach der Reichsteilung wurde die Sicherung des judäischen Kernlandes nach Süden verstärkt (2 Chr 11, 5b. 6–10aβ; Y. Yadin, BASOR 239, 1980, 19–23: Rehabeam; Na'aman 5ff.: Hiskija; Fritz 46ff.: Joschija; vgl. auch D. Ussishkin, Tel Aviv Journal 10, 1983, 171f.) durch einen Ring von Festungsstädten (*ʿārîm lemāṣôr*), während Asa den Norden Judas durch den Ausbau von Geba und Mizpa sicherte (1 Kön 15, 22; S. Timm, ZDPV 96, 1980, 22f.). Dieses Festungssystem wurde durch einen weiteren Festungsring um Jerusalem (A. Mazar, EI 15, 1981, 229–249) verstärkt.

Für das Nordreich stehen den spärlichen literarischen Nachrichten in 1 Kön 12, 25; 15, 17; 16, 24. 34; 22, 39; KAI 181, 10f. 18f. über Befestigungsmaßnahmen eine Fülle von Ausgrabungsergebnissen in städtischen Zentren an wichtigen Verkehrswegen (Pienaar 151ff.) wie Dan, Hazor, Kinneret (V. Fritz, IEJ 33, 1983, 257–259), Megiddo, Tirza, Sichem, Samaria und von Landstädten fern der großen Straßen wie *ḫirbet el-marǧame* (A. Mazar 171ff.) gegenüber.

In staatlich-hierarchischer Gesellschaftsstruktur Israels wurden die Städte zu Transmissionsriemen staatlicher Verwaltung, die sich archäologisch in den eisenzeitlichen Palastanlagen von Lachisch, Megiddo und Hazor (V. Fritz, ZDPV 99, 1983, 22ff.), in Vorratshäusern (*miskenôṯ*) von Arad, Beerscheba, Lachisch, Bet Schemesch, Sichem, Megiddo und Hazor (Z. Herzog, in: Y. Aharoni [Hg.], Beer-Sheba I, Tel Aviv 1973, 23–30) niedergeschlagen hat. Die *ʿārê hammiskenôṯ* (1 Kön 9, 19) dienten der Steuersammlung und Versorgung der Garnisonen (J. Naveh, in: Y. Aharoni [Hg.], Arad Inscriptions, Jerusalem 1981, 142–148).

Die jeweils von der Hauptstadt ausgehende Urbanisierung Israels seit dem 10. Jh. v. Chr. (B. S. J. Isserlin, VT 34, 1984, 169–178) hatte eine zentrale Lenkung der Stadtplanung zur Folge (s. Herzog, City Planning, 38–43), die sich eines aus dem früheisenzeitl. Runddorf entwickelten Planungsgrundrisses mit ringförmiger Stadtmauer und Hauptstraße, dazu radial angeordneten Häusern (Shiloh, Town Planning; McClellan) sowie eines mit der Toranlage verbundenen öffentlichen Platzes (Z. Herzog, Stadttor 160ff.) bediente. Dieser Aufriß ist in Beerscheba, *tell bet mirsim*, Beth Schemesch, *tell en-naṣbe*, Megiddo und wohl in Jokneam (A. Ben-Tor u. a., IEJ 33, 1983, 30ff.) verwendet worden.

Die Urbanisierung Israels schlägt sich umgangssprachlich zunehmend in den Wendungen *jṣʾ mikkŏl-ʿārê jiśrāʾel* (1 Sam 18, 6), *šûḇ/hlk ʾîš leʿîrô* (1 Sam 8, 22; Esra 2, 1; Neh 7, 6; vgl. 1 Kön 22, 36) nieder. Sie prägt zunehmend auch das Sozialgefüge Israels. Blieb in den Landstädten die Bevölkerung weithin bäuerlich und lebte, wie die zahlreichen Silos, Wein- und Ölpressen zeigen (Feuillet 275ff.), von der Bewirtschaftung der zur Siedlung gehörenden Ländereien *śeḏeh hāʿîr* (Jos 21, 12), *miḡraš hāʿîr* (Num 35, 5; Barr 15–31), so konzentrierten sich in den Hauptstädten in eigenen Quartieren (I. Mendelsohn, BASOR 80, 1940, 17–21) differenzierte Berufsstände von Handwerkern (Jer 37, 21; Neh 3, 32) und Händlern (1 Kön 20, 34). In den Provinzstädten (Frick 127ff.) konzentrierten sich in Lachisch und *tell bet mirsim* (s. aber D. Eitam, Tel Aviv Journal 6, 1979, 150ff.) die Textilindustrie, in Gibeon die Weinverarbeitung, in *tell deir ʿallā* die Metallindustrie. Begleitet wurde der Prozeß von Urbanisierung und Arbeitsteilung von einer sozialen Differenzierung in arme und reiche Schichten (2 Sam 12, 1–4; D. Michel, TRE 4, 72ff.), die zu Slum-Vierteln führte, die in Tirza (R. de Vaux, LO I 122), Sichem (Wright 154f.) und Jerusalem (Shiloh, City of David 28f.) nachgewiesen sind, sowie zu einer generellen Verarmung der Landstädte im 8.–6. Jh. v. Chr. (C. H. J. de Geus, ZDPV 98, 1982, 54ff.).

Folge der Urbanisierung ist auch eine zunehmende Stadtzentrierung israelitischer Rechtsinstitutionen. In Dtn 13, 13–19; 19, 1–13; 20, 10–20; 21, 1–9; Benjamin 177–348) sind stadtgebundene Rechtsüberlieferungen in die israelitische Rechtsgeschichte eingeflossen, die das Bundesbuch noch nicht kannte und die die zunehmende Bedeutung von Städten als Orten von Rechtsentscheiden (vgl. Z. Herzog, Stadttor 163f.) insbesondere nach der Rechtsreform Joschafats (2 Chr 19, 5–11) unterstreichen. So können in Dtn 12–26 *ʿîr* und → שׁער *šaʿar* promiscue gebraucht werden (s. Dtn 13, 13ff. neben Dtn 17, 2ff.; vgl. C. M. Carmichael, The Laws of Deuteronomy, Ithaca – London 1974, 261f.). Dtn 19, 2a. 3b. 4bα. 5b zeigt vor-dtn den Übergang der Asylfunktion vom Ortsheiligtum (Ex 21, 13f.) auf drei ausgesonderte Städte.

4. Über die Siedlungsverhältnisse in persischer Zeit in der Provinz J^{e}hûd geben die Listenüberlieferungen in Esra 2, 21– 35; Neh 3, 2–22; 7, 25–38; 11, 25–35; 12, 28f. Auskunft. Das in diesen Listen erfaßte Territorium, das durch die Funde offizieller Siegel und Münzen bestätigt wird, war begrenzt auf das Gebiet zwischen Mizpa im Norden, Bet-Zur im Süden, Jericho und En Gedi im Osten, Aseka und Gezer im Westen. Die Provinz war in mindestens 5 Distrikte unterteilt, deren Zentren Bet-Zur, Bet Hakkerem, Keïla, Jerusalem, Mizpa (Neh 3, 1–22) waren. Darüber hinaus waren wohl Gezer und Jericho Zentren von zwei weiteren Distrikten (Stern 245ff.). Neh 11, 25–35 zeigt eine Verwaltungshierarchie von Distrikthauptstadt, dieser untergeordneten Ortschaften und deren Tochterorten. Diese Verwaltungshierarchie ist auf Jerusalem ausgerichtet, dessen Bedeutung durch Nehemias Maßnahmen (Neh 2–7; 11) der Befestigung und des Synoikismus gestärkt wurde (Otto, Jerusalem 100ff.).

Für die Provinz Samaria (Neh 2, 10. 19; 4, 1) ist die Quellenlage dürftiger. Nur die Städte Samaria (vgl. dazu Tadmor, Samaria 8ff.) und Sichem (vgl. N. L. Lapp, BASOR 257, 19–43) sind literarisch belegt (Josephus, Ant. XI 8, 6; XIII 5, 9). Diese zentralpalästinischen Orte nehmen sich bescheiden aus im Vergleich mit den unter der Oberherrschaft von Tyrus und Sidon stehenden großen Küstenstädten Akko, Dor, Jabne, Asdod, Askalon; s. Pseudo-Scylax (K. Galling, ZDPV 61, 1938, 83ff.). Herodot (Hist. III 5) sieht Gaza nicht hinter Sardis zurückstehen. In Schikmona und *tell abu hawām* zeigen sich Ansätze zu orthogonal ausgerichteter Stadtplanung (Stern 230). Schwerpunkte in der Errichtung persischer militärischer Infrastruktur, die auf Ägypten ausgerichtet war, lagen mit Festungen und Vorratslagern an der Küstenstraße (Schikmona, *tell qasīle*, Asdod, *tell ǧemme*, *tell el-fārʿa* [Süd]) und im Negev (*tel seraʿ*, Beerscheba, Arad, *ḫirbet ritma*, Kadesch-Barnea, *tell el-ḫlēfe*).

5. Die klassische griechische Polis (Kolb 58ff.) ist als Einheit von Stadt und Staatswesen durch politische und wirtschaftliche, das Münzrecht einschließende Autonomie nach außen sowie durch Selbstverwaltung des δῆμος in ἐκκλησία und βουλή, Eigenständigkeit in Recht und Kultus nach innen gekennzeichnet. Die Polis lebt im hellenistischen Orient in das Konzept eines königlich regierten Territorialstaates integriert und umgeformt weiter. Neben den coelesyrischen Verwaltungseinheiten, die durch Ethnien wie die der Judäer und Idumäer gebildet wurden, standen solche in intensiv hellenisierten Gebieten, die durch halbautonome Städte mit einer Polis-Verfassung strukturiert wurden. In hellenistischer Staatstheorie konnten diese Städte in Fortsetzung des klassischen Polisgedankens als „Verbündete“ des Königs gelten. Sie wurden aber trotz der am klassischen Vorbild orientierten Polis-Verfassung in Verwaltung und Ökonomie von königlichen Beamten kontrolliert (Hengel 42f.). Faktisch hat sich das Wesen der hellenistischen gegenüber der griechischen Polis durch den Verlust der politischen Freiheit erheblich verändert. Staatstheoretisch aber blieb die Polis der noch immer höchste staatsrechtliche Begriff, der eine Siedlung deutlich von solchen, die nicht das Stadtrecht hatten (Dörfer, Katoikien), unterschied. Die bereits in persischer Zeit städtisch geprägte phönizische und palästinische Küste wurde zu einem Zentrum hellenistischer Poleis. Akko-Ptolemais war wohl Hauptstadt der ptolemäischen Provinz „Syrien und Phönizien“. Weitere Regionen hellenistischer Stadtgründungen oder Hellenisierungen durch Einführung der Polis-Verfassung und Umbenennung waren – eine Schutzlinie gegen die Araber bildend – das nördliche Transjordanien, das Gebiet um die Seen Genezareth und Semachonitis (Tscherikover, Hellenistic Civilization 90ff.). Diese Schwerpunkte ptolemäischer Stadthellenisierung (u. a. Ptolemais, Skythopolis, Philadelphia, Rabbat-Moab, Gerasa, Gadara, Hippos, Abila, Philoteria) waren durch eine Politik der Kontrolle der Mittelmeerhäfen und der Handelswege zwischen diesen Häfen, dem persischen Golf und der arabischen Halbinsel bestimmt (M. Rostovtzeff, Caravan Cities, Oxford 1932), während seleukidische Hellenisierung (u. a. Antiochia, Laodicea, Apamea, Beroea, Dura-Europos, Damaskus) von dem Willen zur Kulturprägung und -vereinheitlichung geleitet war (M. Hadas, Hellenistic Culture, New York 1959, 24ff.). Daraus ergaben sich erhebliche Unterschiede in ptolemäischer und seleukidischer Stadtplanung (Barghouti 209–229). Ptolemäische Stadtplanung konzentrierte sich auf die Akropolis oder Zitadelle, während die Wohngebiete nur oberflächlich durch Haupt- und abzweigende Nebenstraßen strukturiert wurden. Seleukidische Stadtplanung gestaltete stärker das Gesamtbild der Stadt durch hippodamischen Straßenplan unter Einschluß einer Agora und Ausgestaltung der Wohnquartiere mit öffentlichen Gebäuden.

In Judäa gab es keine hellenistischen Stadtneugründungen, wie auch der hellenistische Stadteinfluß auf Samaria und Idumäa trotz der makedonischen Kolonie in Samaria (s. Tscherikover, Stadtgründungen 73f.) und der kleinen Landstädte Marissa und Adoraim gering war. Südpalästina wurde durch eine Kette von Festungen vom Toten Meer (u. a. En

Gedi) über Arad bis Bet-Zur militärisch gegen die Wüste gesichert. Eine besondere Rolle kam Jerusalem als ptolemäischer Tempelstadt *Hierosolyma* und Zentrum des Tempelstaats Juda zu. Versuche der Hellenisierung Jerusalems als Polis in seleukidischer Zeit konnten sich dagegen nicht durchsetzen (Tscherikover, Hellenistic Civilization 117ff.). Die geringe Wirkung des hellenistischen Polisgedankens in Judäa wie im ptolemäischen Kernland Ägypten spiegelt sich auch in der entpolitisierten und damit enthellenisierten Verwendung des Polis-Begriffs in der LXX wider (s.u. VI.).

IV. 1. Erzvätererzählungen, die Erinnerungen an dimorphe Lebensweise der protoisraelitischen Hirtenfamilien bewahrt haben, spiegeln eine kritische Einstellung der Hirten zu städtischen Siedlungszentren, mit denen sie in notwendigem Kontakt lebten, wider. Gen 26, 1–11 zeigt die Stadt als Ort staatlicher Macht, die die Hirten in ihre Botmäßigkeit zwingen will und die von diesen als Quelle der Rechtsunsicherheit und der Konflikte (vgl. auch Gen 34; E. Otto, BWANT 110, 1979, 169–181) erlebt wird. Gen 19 und Ri 19 zeigen die Stadt als Ort der Ungastlichkeit und moralischen Korruptheit und darin als Quelle der Zersetzung bäuerlich-familiärer Solidarethik. In diesen beiden Erzählungen formuliert sich landbäuerliche Kritik an der Stadt (de Pury 219–229).

2. Das aus judäischen Gelehrtenkreisen stammende Fragment einer Kulturgeschichte in Gen 4, 1. (2). 17f. bindet in positiver Einstellung zur Stadt Ackerbau und Stadtkultur in der Form zusammen, daß die Stadt in kulturgeschichtlichem Fortschritt aus der Ackerbaukultur entstanden sei. In Gen 10, 8–12 wird in überlieferungsgeschichtlich verwandter Kulturgeschichtsreflexion die Entstehung von Großreichen auf Babel als städtisches Zentrum zurückgeführt und der Stadtgründer mit dem Gewaltherrscher identifiziert; ähnlich Philo Byblios (Eusebius, Praep. evang. I 10, 9. 12f. 35).

Die Turmbauerzählung Gen 11, 2–5. 6aαγb. 8 wendet den Zusammenhang zwischen Großreichs- und Urbanideologie ins Negative. Der Anspruch urbaner Metropolen mesopotamischer Großreiche, Zentrum der Menschheit zu sein, vereine diese nicht, sondern spalte sie. Im Spiegel dieser israelit. Erzählung wurden wohl Stadt- und Staatskultur Israels in ihrer Interdependenz kritisiert. Landjudäisch geprägte Theologie im Tetrateuch nahm diese positiven und negativen Überlieferungen auf, um die Ambivalenz von Stadtkultur als Teil menschlicher Kulturleistung zu verdeutlichen. Kulturarbeit ist nach Verlust der bergenden Sicherheit des Gartens (Gen 2, 4b – 3, 24) notwendig zur Existenzsicherung des Menschen, der – einmal aus der Geborgenheit in JHWH in ein Selbstseinwollen gefallen – jede lebensermöglichende Kulturleistung auch in ihr Gegenteil umschlagen läßt und die Stadtkultur (Gen 4, 17) zum triumphalen Himmelssturm (Gen 11, 1–9) mißbraucht. Gen 12, 1–3 hält dem entgegen, daß nicht durch die Großorganisation einer Metropole, sondern durch den Abrahamsegen, an dem alle Sippen der Erde durch Israel Anteil haben und dem gegenüber es keine Neutralität gibt, die Einheit der Menschheit real werde. Dtn Überlieferung wertet in Dtn 6, 10–13 (s. auch Dtn 19, 1; Benjamin 136ff.) die urbane Strukturierung Israels als von den Landesbewohnern übernommenes Kulturelement positiv, warnt aber vor der Gefahr einer sich auf die Stärke der befestigten Städte verlassenden Selbstsicherheit, die sich gegen JHWH kehre. Mit der Übernahme von Dtn 6, 10–13 in deuteronomistischen Kontext wird diese Sicht als auch für das neue Israel der Zeit nach dem Exil gültig bestätigt. Die Warnung aber wird unter prophetischem Einfluß (s. IV. 3.) noch um den Aspekt der Gefährdung durch Fremdgötterverehrung, die durch die Stadt vermittelt werde, erweitert (Dtn 6, 14–19; vgl. auch Dtn 13, 13–19).

Eine positive Wertung von Stadt und städtischer Strukturierung des Landes schlägt sich im ChrGW nicht nur in der ausführlichen Darstellung der Maßnahmen Nehemias zur Stärkung Jerusalems, sondern auch in der positiven Qualifizierung vorexil. Könige durch städtebauliche Notizen (P. Welten, WMANT 42, 1973, 9–52) nieder.

3. Während die im Nordreich wirksame Prophetie keine direkte Stadtkritik kennt, sondern nur Epiphänomene städtischer Kultur der Sozialkritik unterzieht, knüpft die Südreichprophetie an die sich im Tetrateuch niederschlagende landjudäische Stadtkritik an, die nunmehr ausdrücklich gegen Jerusalem gerichtet wird: Die Stadt sei mit Blutschuld (*dāmîm*) und Unrecht (*ʿawlāh*) erbaut (Mi 3, 10; Hab 2, 12; vgl. Ez 22, 2). Sie sei Ort der Unterdrückung (*ʿošæq* Jer 6, 6; *jônāh* Zef 3, 1) und Rechtsbeugung (*muṭṭæh*; Ez 9, 9), der lärmenden Lebenslust und falschen Gelage (Jes 22, 2; vgl. Jer 7, 34). Diese Kritik spiegelt die soziale Differenzierung wider, die die Urbanisierung begleitet und negative Auswirkungen auf die Rechtsinstitutionen hat (Mi 3, 9–11; 6, 9–16). So kann die Stadt in theologischer Deutung, die sich in judäischer Interpretation hoseanischer Überlieferung (Hos 8, 14b) niedergeschlagen hat, Ausdruck eines Sicherheitsstrebens werden, das der Schöpfermacht JHWHs entgegenstehe. In Mi 1, 13 wird die Stadt als Ursprung von *ḥaṭṭāʾṯ* und *pæšaʿ*, des Bruches der Gemeinschaft mit JHWH, gedeutet. In jeremianischer (Jer 2, 28) und davon abhängig in deuteronomistisch geprägter dtjeremianischer Überlieferung (Jer 7, 17f.; 11, 12; 2 Kön 23, 5 u.ö.), die in judäischer Interpretation hoseanische Motivik aufnimmt, wird die Stadt zum Hort der Fremdgötterverehrung. Als Folge wird ihre Zerstörung angesagt (Mi 1, 8–16; 3, 12; Jer 2, 15; 5, 17 u.ö.), die die Mauern nicht verhindern können (Dtn 28, 52). Im Horizont jesajanischer Theologie (Jes 32, 19) kann die Erniedrigung der in ihrer Stärke triumphalistisch-widergöttlichen Stadt Aspekt der Heilserwartung werden. Für Jeremia kehrt sich die Schutzfunktion der Stadt in ihr

Gegenteil (Jer 8, 14): Nur derjenige wird überleben, der die belagerte Stadt freiwillig verläßt und sich dem Feind ausliefert (Jer 21, 9; 38, 2).

4. Die prophetische Kritik hat einen theologischen Gegenpol in der Zionstheologie als Jerusalemer Kulttheologie. Mit mythischen Motiven wird Jerusalem als Gottesstadt (*ʿîr ʾᵃlohîm*[*-hênû*]; Ps 46, 5; 48, 2) und von JHWH erwählter (Ps 132, 13) Ort der Gottesnähe (Ps 46; 48; 76) gezeichnet, an dem sich die Chaosmächte brechen und von dem Frieden in die Welt ausgeht (Ps 46, 10f.). Im Horizont dieser Theologie werden die Befestigungen Jerusalems geradezu empirischer Ausdruck der Gottesgegenwart und der darin gegründeten Stärke und Sicherheit der Stadt (Ps 48, 4. 13–15). So können befestigte Städte über Jerusalem hinaus als von JHWH geschützt (Ps 127, 1) Gottesstädte (*ʿārê ʾᵃlohênû*; 2 Sam 10, 12) sein.

In der Exilszeit verbindet sich das Motiv der Erwählung Jerusalems mit dem der Kultzentralisation (1 Kön 8, 16ff. u.ö.) zu einem dtr Reformprogramm für die nachexil. Zeit. In dtjesajanischer Überlieferung wird die kultische Heiligkeitskonzeption des Tempels auf die Stadt Jerusalem als *ʿîr haqqoḏæš* (Jes 48, 2; 52, 1) übertragen. Dieses Motiv gewinnt nachexil. eine breite Wirkungsgeschichte (Neh 11, 18; Dan 9, 24; 1 Makk 2, 7; 2 Makk 1, 12; 3, 1; 9, 14 u.ö.). Als von JHWH erneut erwählte Stadt werde Jerusalem an Gutem, das Leben gelingen läßt, überfließen (Sach 1, 17). JHWH werde erneut in ihr als *ʿîr hāʾᵉmæṯ* Wohnung nehmen (Sach 8, 3).

5. Prophetische und kulttheologische Interpretationslinien vereinigen sich in der „Jesaja-Apokalypse" (Jes 24–27).

Trotz erheblicher Divergenzen in der Sonderung literarischer Schichten und ihrer Datierungen (vgl. H. Wildberger, BK X/2, 893ff.) setzt sich weithin Konsens darin durch, daß in Jes 24–27 mit einem längeren Prozeß kontinuierlicher Neuinterpretationen zu rechnen ist. Jes 24, 7–12 (13); 25, 1–5; 26, 1–6 bildet eine geschlossene Interpretationsschicht der in Jes 24, 1–6. 14–20. 23; 25, 6f. 8*. 9–10a; 26, 7–21 jeweils vorgegebenen Überlieferungen: Jes 24, 7–12 (13) deutet die Unheilsankündigung Jes 24, 1–6 auf die Vernichtung städtischen Lebens. Das prophetische Danklied Jes 25, 1–5 spitzt das Offenbarwerden JHWHs als des Königs in Jerusalem auf die Vernichtung der Weltstadt zu. Der Gegensatz von Jerusalem und von JHWH vernichteter Weltstadt prägt den Hymnus Jes 26, 1–6, der an Jes 25, 9–10a, insbesondere die Gottesbergmotivik anknüpft.

Diese Interpretationsschicht verdeutlicht Unheil und Heil der kommenden Zeit an den Schicksalen einer paradigmatisch für die der Vernichtung anheimfallenden Welt stehenden Weltstadt einerseits und Jerusalems andererseits, das für die neue Heilszeit steht. Die Weltstadt wird von JHWH trotz ihrer militärischen Stärke als *qirjāh bᵉṣûrāh* (Jes 25, 2) und *qirjāh niśgāḇāh* (Jes 26, 5) vernichtet werden. Sie wird zu Wüste (*ʿîr šammāh*, Jes 24, 12) und Steinhaufen (*gal*, Jes 25, 2). Lärmender Lebensgenuß mit Musik und Wein stehen für die Lebensweise dieser Stadt (Jes 24, 8–11). Die hochragende Stadt steht für die Haltung ihrer Bewohner als vermessen (*zeḏîm*) und gewalttätig (*ʿārîṣîm*). Schnaubend und tobend sind sie Repräsentanten des Chaos, dem die Armen und Geringen ausgeliefert sind (Jes 25, 4f.). Diesem Bild einer triumphalistisch-falschen Haltung wird das einer Gegenwirklichkeit im Bild des neuen Jerusalem entgegengestellt. Es geht also in dieser Interpretationsschicht nicht um eine generelle Stadtkritik. Auch das neue Jerusalem wird als *ʿîr ʿaz* befestigt sein (Jes 26, 1). Aber JHWH selbst wird ihre Mauern errichten. Die Bewohner sind ein *gôj ṣaddîq* (Jes 26, 2). Dem Schnauben der Gewalttätigen und dem Toben der Vermessenen stehen Bewahren der Treue und Vertrauen auf JHWH gegenüber. Statt Erniedrigung und Vernichtung bewahrt JHWH den Bewohnern des neuen Jerusalem Heil (Jes 26, 3). Die Elenden werden über die Vermessenen triumphieren. In der Antithetik der Motive von untergehender Weltstadt und neuem Jerusalem wird die vorgegebene universal-mythisch geprägte Überlieferung mit konkreten Existenzweisen vermittelt. Die Verhaltensweisen der Gewalttätigkeit und Vermessenheit werden mit solchen der Gemeinschaftstreue und des Vertrauens auf JHWH als jeweilige Signaturen von Unheils- und Heilszeit miteinander konfrontiert. Der Versuch, die Motive der widergöttlichen Stadt als Reflex konkreter historischer Ereignisse zu interpretieren, geht an dieser Intention vorbei.

Die Dimension historischer Erfahrungen erschließen konkreter erst die weiteren Überarbeitungen mit der Einbringung der Moab-Thematik (Jes 25, 10b–12) und der Wiedervereinigungserwartung (Jes 27, 6–11). Die Stadtsymbolik gehörte bereits so konstitutiv zum Bestand, daß auch diese weiteren Überarbeitungen nicht umhin kamen, ihre Zusätze mit den keineswegs lückenlos sich einpassenden Motiven der Stadtvernichtung zu verbinden (Jes 25, 12; 27, 10f.).

6. Weisheitliche Überlieferungen nehmen die Stadt als Sinnbild einer Haltung, die auf äußere Stärke als Gegensatz zu weiser Lebenshaltung setzt. Vertrauen auf die sich in der befestigten Stadt empirisch darstellende Stärke ist dem Vertrauen auf weisheitlich geformte Zucht als wahrer Stärke unterlegen (Spr 21, 22). So ist auch Selbstbeherrschung und Bezwingung des eigenen Ich mehr als die Bezwingung äußerer Macht in der Eroberung einer Stadt (Spr 16, 32). Im Gegensatz zur Jerusalemer Kulttheologie bringt für die Weisheit die Stärke der Stadt nicht die Nähe JHWHs als des Mächtigen zum Ausdruck noch den Versuch triumphalistischer Selbstsicherung ohne und damit wider JHWH wie in prophetischer Kritik, sondern ist ein Äußerliches und Uneigentliches gegenüber dem Inneren des Herzens als eigentlichem Ort der Entscheidung über Stärke und Schwäche.

V. In der Qumran-Literatur ist *ʿîr* ca. 90mal belegt mit Schwerpunkten in den Pescharim, der Damaskusschrift und der Tempelrolle (55 Belege; s. Yadin, Scrolls II 453).

In 1 QpHab wird prophetische Stadtkritik aktualisiert. Die soziale Kritik wird zugunsten der Aspekte religionspolitischer Auseinandersetzungen zurückgedrängt. Das Motiv der mit Blut und Frevel gebauten Stadt (Hab 2, 12) wird auf die Wirksamkeit des Lügenpropheten gedeutet, der viele verleite, eine *ʿjr šww* zu bauen (1 QpHab 10, 10), die 1 QpHab 12, 7 in Angleichung von Hab 2, 17 an Hab 2, 12 auf Jerusalem deutet. Die Bluttat an der Stadt wird auf die Entweihung des Tempels durch den Frevelpriester, die Gewalttat am Lande auf seine Beraubung der Armen in den Städten Judas gedeutet. Ähnlich wird das Motiv der *ʿjr dmm* (Nah 3, 1) in 4 QpNah 2, 2 auf die *ʿjr ʾprjm* in der Hand derer gedeutet, die „nach glatten Dingen suchen". In der Auslegung von Hab 2, 12. 17 in 1 QpHab 12, 6b–10 wird in der Kritik eine Konzeption abgestufter Heiligkeit von Tempel, Tempelstadt und Landstädten Judas erkennbar. Diese Heiligkeitskonzeption der Abfolge von heiligem Land mit Städten und Häusern, einer Drei-Tages-Wegstrecke und einer Dreißig-Riß-Zone (ca. 4 Meilen) jeweils um die Tempelstadt als heiligem Zentrum des Landes, von Tempelberg und schließlich Tempel und seinen Abstufungen wird in CD und vor allem in TR explizit. Jerusalem als Tempelstadt wird als *ʿjrj* (TR 47, 15. 18; 52, 19), *hʿjr* (TR 46, 13. 17), *ʿjr hmqdš* (CD 12, 1. 2; TR 45, 11f. 16f.), *ʿjr hqdš* (CD 20, 22), *ʿjr mqdšj* (TR 47, 9. 13), *hʿjr ʾšr ʾnj škn btwkh* (TR 45, 13f.), *hʿjr ʾšr ʾqdjš lškjn šmj wmqd(šj btwkh)* (TR 47, 3f.), *hʿjr ʾšr ʾnwkj mškn ʾt šmj wmqdšj btwkh* (TR 47, 10f.) und *ʿjrj ʾšr ʾnwkj mqdš lšwm šmj btwkh* (TR 52, 19f.) bezeichnet (Yadin, Scrolls I 280). Die Heiligkeitskonzeption konkretisiert sich in der Übertragung der pentateuchischen Reinheitsvorschriften des Lagers (s. Num 5, 2f.) auf Jerusalem und Städte Israels (s. CD 12, 1f. 19. 22f.; TR 47, 2–7), die sich auf Jes 52, 1 (vgl. Offb 21, 27) berufen kann. Für die Tempelstadt ist zölibatäre Lebensweise (CD 12, 1f.; TR 45, 11f.; 51, 5–10) gefordert. Frauen, Behinderte und Aussätzige sind aus der Stadt verbannt (TR 45, 12–18). Der Verunreinigung durch Exkremente wird durch einen *mqwm jd* 3000 Ellen nordwestlich der Stadt gewehrt (TR 46, 13–16). Die dazu passenden Angaben zu Essenertor und Bethso in der Beschreibung der „ersten Mauer" durch Josephus (Bell. iud. V 145) können Hinweis dafür sein, daß es sich dabei nicht nur um literarische Fiktion, sondern essenische Praxis in Jerusalem handelte (Otto, Jerusalem 124f.; vgl. B. Pixner, An Essene Quarter on Mount Zion? [Studia Hierosolymitana I, 1976, 245–285]). Profan Geschlachtetes soll der Stadt fernbleiben (TR 47, 7–48). Auch für die Städte im Lande gelten besondere, gegenüber der Tempelstadt aber ermäßigte Heiligkeitsforderungen (CD 12, 19; TR 47, 3), die insbesondere die Bestattung in der Stadt verbieten und gesonderte Friedhöfe für je vier Städte fordern (TR 48, 12–14).

VI. Die LXX übersetzt *ʿîr* mit πόλις (vgl. Strathmann 522). Die ca. 1600 Belege von πόλις in der Septuaginta umfassen auch solche, die auf *qirjāh*, *šaʿar* (s. Dtn 14, 21), *māqôm* (s. Dtn 21, 19), *bîrāh* (Est 1, 2. 5 u.ö.) und *ʾarmôn* (s. Jes 34, 13) zurückgehen. Dort, wo *ʿîr* mit κώμη übersetzt wird (Jos 10, 39; 1 Chr 27, 25; 2 Chr 14, 13; Jes 42, 11) soll die nachexil. Siedlungshierarchie in den Texten verdeutlicht werden. Wo der vorgegebene Text mit der Kenntnis der nachexil. Siedlungsverhältnisse nicht interpretierbar war, kam es wie in Jos 10, 2 mit der Übersetzung von *ʿîr hammamlāḵāh* mit μητρόπολις zu Fehldeutungen. Die Wiedergabe von *ʿîr dāwîḏ* mit ἡ ἄκρα Δαυιδ ist an hellenistischer Baugeschichte Jerusalems (Otto, Jerusalem 115ff.) orientiert.
Die staatstheoretischen Implikationen des Polis-Begriffs sind in der LXX ausgeblendet. Die mit der Staatsverfassung der griech. Polis verbundenen Begriffe πολιτεύεσθαι, πολιτεία, πολίτευμα sind nur in solchen Schriften der LXX belegt, die keine hebr. Vorlage haben (zur Diskussion der Belege s. Schmidt 96f.). Die Entpolitisierung des Polis-Begriffs in der LXX (Strathmann 523) ist kaum als Ausdruck einer gezielten Enthellenisierung, sondern eher der geringen politischen Wirksamkeit des Polis-Gedankens nicht nur in Judäa, sondern auch im ptolemäischen Kernland Ägypten (Tscherikover, Hellenistic Civilization 25) zu deuten.

E. Otto

עָכַר *ʿāḵar*

עֵמֶק עָכוֹר *ʿemæq ʿāḵôr*

I. Allgemein – 1. Statistik – 2. Verwandte Sprachen und alte Übersetzungen – 3. Grundbedeutung – II. Der biblische Befund – 1. Verb – 2. Talebene Achor.

Lit.: *H.-D. Neef*, Die Ebene Achor – das „Tor der Hoffnung". Ein exegetisch-topographischer Versuch (ZDPV 100, 1984, 91–107). – *J. J. Stamm*, Das hebräische Verbum *ʿākar* (Or 47, 1978, 339–350).

I. 1. *ʿkr* begegnet im AT sowohl als Verb als auch in Orts- und PN. Andere nominale Bildungen fehlen.

Das Verb ist im MT 14mal belegt (ohne Ijob 6, 4 cj., die Konjektur von *jaʿarḵûnî* in *jaʿaḵrûnî* ist unnötig, vgl. KBL[3] 779; und ohne Ri 11, 35 cj., auch hier ist die Konjektur von *krʿ hiph* in *ʿkr hiph* unnötig, zudem ist *ʿkr hiph* sonst nicht belegt). In Sir 37, 12 ist *ʿkr* unsicher (vgl. Barthélemy/Rickenbacher, Konkordanz 298); auch Sir 7, 10 dürfte statt *ʿkr hitp* wohl *ʿbr hitp* zu lesen sein (vgl. I. Levy, The Hebrew Text of the Book of Ecclesiasticus z.St.). Im Lachisch-Ostrakon II, 5 dürfte *jbkr* zu lesen sein (vgl. KAI 192, 5; Stamm 342; DISO 208).

Von den 14 Belegen des Verbs im MT entfallen 12 auf *qal*, 2 auf *niph*. Andere Stämme, insbesondere *pi* (s.u. I.3.) werden nicht gebildet. Auffällig ist, daß von 12 Belegen für *ʿkr qal* 6, also die Hälfte, auf das Ptz. entfallen (s.u. I.3.).

5mal findet sich der Ortsname *ʿemæq ʿāḵôr* „Ebene Achor"; derselbe Name noch 2mal in der Kupferrolle von Qumran (3Q 15, I, 1; IV, 6; vgl. auch Eusebius, Onomasticon 84, 18–21; F. Wutz, Onomastica Sacra, TU XLI s. vv. Achor und Ἄχωρ); ebenfalls 5mal der PN *ʿŏḵrān* (nur in der Verbindung „Pagiel Sohn Ochrans", Zusammenhang mit *ʿkr* unsicher, vgl. Noth, IPN 253) und 1mal der PN *ʿāḵār* (1 Chr 2, 7, späte Angleichung des PN *ʿāḵān* an das wortspielartig auf diesen PN bezogene Verb *ʿkr*, vgl. Ἄχαρος bei Josephus, Ant. V, 1, 10. 14; und Αχαρ in LXX^B an allen Stellen und in LXX^A Jos 7, 24 für hebr. *ʿāḵān*).
Die at.lichen Belege von *ʿkr* Verb und Orts- bzw. PN werden allgemein derselben Wurzel zugewiesen. Da jedoch der Zusammenhang des PN *ʿŏḵrān* mit dem Verb *ʿkr* unsicher und die Angleichung des PN *ʿāḵān* an die Wurzel *ʿkr* sekundär und künstlich ist, können die PN zur Ermittlung der Bedeutung von at.lichem *ʿkr* nichts beitragen.
2. Das Mhebr. und das Jüd.-Aram. kennen die Wurzel *ʿkr* in der Grundbedeutung ʿ(eine Flüssigkeit) trübe machenʾ. Die alte jüdische Exegese erklärt mit dieser Metapher gelegentlich (z.B. Gen 34, 30) at.liches *ʿkr* (vgl. Levy, WTM III 647f.; Jastrow, DictTalm 1079). *ʿkr* findet sich in dieser Bedeutung auch im Mand. (vgl. MdD 18: AKR II), im Samarit. und im Christl.-Aram. (vgl. KBL^3 779). Dementsprechend gibt V das at.liche *ʿkr* überwiegend mit *(con-, per-) turbare* wieder. Auch kennt Hieronymus für hebr. „Ebene Achor" die überlieferte Deutung *tumultus atque turbarum*, „Getümmel und Gedränge" (Epistula 108, 13 Ad Eustochium, CSEL 55, 1912, 306–351). S gibt an 7 Stellen das at.liche *ʿkr* mit syr. *d*^{e}*laḥ* ʿbeunruhigen, (Wasser) trübenʾ wieder (vgl. Brockelmann, LexSyr^2 155), behält jedoch den hebr. Konsonantenbestand, wohl mit der Bedeutung des syr. *ʿkr* (s.u.), bei (1 Chr 2, 7) oder versteht es als ʿverderben, schädigenʾ (*ʾbd* Spr 11, 17; 15, 16. 27; *hrr ʾaph* Gen 34, 30). LXX^B gibt in Ri 11, 35 *ʿkr* mit ταράσσω wieder (ebenso ʼΑ, Σ, Θ in 1 Sam 14, 29), faßt jedoch sonst hebr. *ʿkr* auffällig verschiedenartig und uneinheitlich auf (vgl. Stamm 344). Targ. (Pentateuch und Propheten) verzichtet auf eine Übersetzung und übernimmt hebr. *ʿkr* als Lehnwort.
Im Syr. bedeutet die Wurzel *ʿkr* ʿzurückhalten, hindernʾ (Brockelmann, LexSyr^2 523). Dem syr. *ʿkr* entspricht mand. AKR I „to detain, retain, hold back, restrain, obstruct" (MdD 17f., von KBL^3 mit arab. *ʿaqara* zusammengebracht). Auch asarab. *ʿkr* „contradict, raise objections, act in a hostile manner" (Biella 363f.), „contest (a claim), refuse (a request)" (Beeston/Ghul/Müller/Ryckmans, Sabaic Dictionary 14f.) gehört offensichtlich hierher. Der einzige Beleg für pun. *ʿkr* wird mit „détruire" übersetzt (DISO 208). Schließlich ist mand. und asarab. die Wurzel *ʿkr* in der Bedeutung ʿpflügen, graben, bebauenʾ (vgl. MdD 18: AKR III) bzw. ʿschwanger werden, fruchtbar sein (vom Ackerland)ʾ (vgl. Beeston/Ghul/Müller/Ryckmans, Sabaic Dictionary 14f.) belegt. – Im Ugar. und Akk. findet sich *ʿkr* nicht.

Die verschiedenen Bedeutungen von *ʿkr* lassen sich kaum aufeinander zurückführen, so daß drei homonyme Wurzeln zu unterscheiden sind: *ʿkr* I ʿzurückdrängenʾ u.ä.; *ʿkr* II ʿtrübenʾ u.ä.; *ʿkr* III ʿfruchtbar seinʾ u.ä.
3. Aufgrund der Tatsache, daß *ʿkr* in Jos 6f.; 1 Chr 2, 7 im unmittelbaren Kontext von → חרם *ḥrm* ʿBann(gut)ʾ, ʿbannenʾ begegnet, wurde die Grundbedeutung von *ʿkr* (im Anschluß an F. Schwally, Semitische Kriegsaltertümer I, 1901, 41ff.) von einigen als ʿzum Tabu machen, für den Verkehr mit anderen unmöglich machenʾ bestimmt (so KBL^2 703). Jedoch legen weder die Bedeutung von *ʿkr* in verwandten Sprachen noch die alten Übersetzungen dieses Verständnis nahe. Wenn diese resultative Bedeutung vorliegen würde, wäre außerdem zu erwarten, daß *ʿkr* auch oder sogar vor allem im *pi* vorkäme (vgl. E. Jenni, Das hebräische Piʿel 123ff.). Auch die signifikant häufige Verwendung des Ptz. *qal*, mindestens einmal (1 Kön 18, 17; vgl. hierzu auch T. Dozeman, The „Troubler" of Israel: *ʿkr* in I Kings 18, 17–18 [Studia Biblica et Theologica 9, 1979, 81–93]) nahezu nach Art eines festen ʿTitelsʾ oder eines Term. techn. gebraucht, ist diesem Verständnis nicht günstig. Vor allem aber gibt diese Übersetzung an mehreren at.lichen Stellen keinen Sinn (vgl. Stamm).
Von den meisten wird eine ausschließlich metaphorische Verwendung von *ʿkr* II ʿaufrühren, trübe machenʾ (s.o. I.2.) angenommen und at.liches *ʿkr qal* mit ʿverwirren, in Unordnung, ins Unglück bringen, zerrüttenʾ, *niph* mit ʿaufgerührt werdenʾ, ʿzerrüttet werdenʾ wiedergegeben (KBL^3 779; vgl. GesB 585; Zorell, Lexicon 595; König, Lexikon 327; Stamm). Im AT findet sich jedoch keine Spur der angenommenen konkreten Grundbedeutung ʿtrübe machenʾ (so auch Stamm 345f.). Auch scheint eine Ableitung der aus dem jeweiligen Kontext für erforderlich gehaltenen allgemeineren Bedeutung ʿschädigen, ins Unglück stürzenʾ aus der angenommenen konkreten Grundbedeutung schwierig, und es muß mindestens für Ps 39, 3 zusätzlich eine Sonderbedeutung angenommen werden (Stamm 349f.).
Dagegen lassen sich alle at.lichen Belege des Verbs *ʿkr* gut verstehen, wenn man at.liches *ʿkr* von *ʿkr* I (s.o. I.2.) mit der konkret-anschaulichen Grundbedeutung ʿ(mit Anstrengung, auch mit Gewalt oder auf feindliche Weise) zusammen-, zurückhalten, zurückdrängenʾ herleitet und eine Ausweitung der Bedeutung auf allgemeineres ʿbehindern, bedrängen, feindlich behandeln, schädigenʾ annimmt. – Für den OrtsN *ʿemæq ʿāḵôr* ist ein ursprünglicher Zusammenhang mit *ʿkr* III ʿfruchtbar seinʾ u.ä. (s.o. I.2.) zu erwägen.

II. 1. Ps 39, 3b *ûk*^{e}*ʾeḇî næʿkār* wird von fast allen modernen Übersetzungen und Kommentaren vom vorausgehenden Satz v. 3aβ, dem er syndetisch angeschlossen ist, adversativ abgesetzt (ʿdoch, aberʾ u.ä., vgl. dagegen LXX καὶ, V *et*), mit dem asyndetisch folgenden Satz v. 4aα (abweichend von der masoret. Punktation) zu einem (synonymen) Parallelismus verbunden (vgl. auch BHK und BHS) und diesem inhaltlich entsprechend übersetzt. Der Nominalsatz v. 3b gehört jedoch als abschließender Umstandsatz (vgl. GKa §§ 156; 141e; 142d) zu den beiden vorangehenden Verbalsätzen v. 3aαβ (vgl. D. Michel, Tempora und Satzstellung in den Psalmen, 1960, 75. 185) und muß inhaltlich einen dem Verschweigen der inneren Not entsprechenden Umstand beschreiben. Ps 39, 3b ist zu übersetzen: „... wobei mein Schmerz niedergehalten, zurückgehalten blieb" (*ʿkr* Ptz. *niph*). Ähnlich ist *ʿkr* Ptz. *niph* Spr 15, 6b zu verstehen: „... aber der Ertrag des Frevlers bleibt niedergehalten", d. h. der Frevler kommt, im Gegensatz zum Gerechten v. 6a, zu keinem Ertrag.

Die Herleitung des at.lichen *ʿkr* von *ʿkr* I bewährt sich auch für die 6 Belege des finiten Verbs *qal*. Dadurch, daß Simeon und Levi ihren Vater bei den Bewohnern des Landes verhaßt gemacht haben (*bʾš hiph*), haben sie ihn „niedergehalten", d. h. ihm ein gedeihliches Leben bei diesen unmöglich gemacht (Gen 34, 30). Die unkluge Anordnung Sauls hat das Land „niedergehalten", d. h. einen glücklichen Ausgang des Kampfes verhindert (1 Sam 14, 29). Achan hat durch seinen Bannfrevel das Heerlager Israels selbst zu etwas Gebanntem gemacht und es so „niedergehalten", d. h. es daran gehindert, sein Vorhaben, die Eroberung Ais, zu einem guten Ende zu bringen (Jos 6, 18). Weil er damit „uns", d. h. das von Josua geführte Israel, „niedergehalten" und den guten Fortgang „blockiert" hat, „blockiert" nun JHWH ihn, indem er vom Volk gesteinigt wird (Jos 7, 25). Elija weist den Vorwurf des Ahab zurück: Nicht der Prophet hat Israel schädigend „niedergehalten", sondern der König und sein Vaterhaus (1 Kön 18, 18).

Auch für das Ptz. *qal* ist die privative Grundbedeutung ʿverhindern, feindlich und schädigend niederhaltenʾ von *ʿkr* I offensichtlich. Es wird an allen 6 Belegstellen nicht verbal, sondern nominal konstruiert (nomen regens einer Cstr.-Verbindung). Es charakterisiert das jeweilige Subj. nach Art eines Appellativum oder eines Epitheton primär als Träger einer Eigenschaft, nicht so sehr als Täter einer einzelnen Handlung (vgl. die Ptz. *ʾojeḇ*; *goʾel*; *ʾoheḇ*; *mašḥîṯ*). 1 Chr 2, 7 ist der einst erzählte Vorgang Jos 6f.* zum Merkmal seiner zentralen Figur geworden. Achan hat nun den Beinamen und „Titel": „der Schädiger Israels" (*ʿoḵer jiśrāʾel*, determiniert!). Der Vorwurf des Ahab gegen Elija geht nicht dahin, daß der Prophet Israel durch konkrete, erzählbare Taten geschädigt habe, sondern daß er in Person „der Schädiger Israels" sei (*ʿoḵer jiśrāʾel*, determiniert, 1 Kön 18, 17). So wurde auch die Tochter Jiftachs eine von seinen „Schädigern" und Feinden (*weʾatt hājîṯ beʿoḵerāj*, determiniert, Ri 11, 35). In den Spr steht das determinierte Ptz. *qal* zwar 2mal parallel zu anderen substantivierten Ptz. Jedoch dürfte es auch hier nach Art eines Term. techn. oder „Titels" eher die Eigenart des Subj. als die Eigenart seines Handelns kennzeichnen. Der Unbarmherzige und Grausame ist „Feind seiner selbst" (*ʿoḵer šeʾerô*, Spr 11, 17). Wer Bestechung nimmt, ist „Feind seines eigenen Hauses" (*ʿoḵer bêṯô*, Spr 15, 27). Und wer „Feind seines eigenen Hauses" ist (*ʿoḵer bêṯô*), wird Wind erben (Spr 11, 29).

2. Die Achangeschichte Jos 6f.* ist literarisch sekundär mit der Erzählung der Eroberung von Ai Jos 7f.* verbunden worden. Auch gehörte die Gestalt des Achan traditionsgeschichtlich mit der Ebene Achor ursprünglich nicht zusammen, wie u. a. die Namensverschiedenheit *ʿkn*/*ʿkr* beweist (vgl. M. Noth, HAT I/7³, 43ff.; Neef 92f.). Der Achanstoff wurde also erst sekundär zur Ätiologie des Namens der Ebene umgeformt, wobei das Verb *ʿkr* I die Brücke bildete (Jos 6, 18; 7, 24–26, s. o. II. 1.). Diese offensichtlich sekundäre Verbindung des OrtsN mit dem Verb *ʿkr* I steht nicht dagegen, daß der OrtsN ursprünglich vom Verb *ʿkr* III ʿfruchtbar seinʾ abzuleiten ist. Die Verwendung des OrtsN in Jes 65, 10 und Hos 2, 17 legt diese Ableitung nahe. Dies würde für den Lokalisierungsvorschlag von F. M. Abel, Géographie de la Palestine I, ²1933, 406; H. W. Wolff, ZDPV 70, 1954, 76–81; Neef passim (Wādī en-Nuwēʿime) und gegen den von M. Noth, HAT I/7³, z. St. u. ö. (Buqēʿa) sprechen.

Jes 65, 10 steht „Ebene Achor" parallel zu Scharon und meint wie dieses (Jes 33, 9; Jes 35, 2; vgl. Hld 2, 1; 1 Chr 27, 29) ein besonders fruchtbares, nahezu paradiesisches Land. Scharon im Westen und „Ebene Achor" im Osten umschließen dabei das ganze Land, so daß mit Scharon und „Ebene Achor" die Fruchtbarkeit des ganzen Landes signalisiert ist (vgl. Jes 65, 9: „Erbe meiner Berge"; daß der „Ebene Achor" Rinderherden, dem Scharon dagegen Kleinviehherden zugeteilt werden, will nicht den Scharon degradieren [vgl. Neef 103], sondern ist stilistisch zu erklären: Das meristische Begriffspaar Rinder–Kleinvieh wird auf die beiden fruchtbaren Ebenen an den einander entgegengesetzten Grenzen des Landes aufgeteilt). Nichts weist darauf hin, daß die Bedrängnis Israels, die die Achangeschichte Jos 6f.* mit der „Ebene Achor" verbindet, in diesem doch späten Text Jes 65, 9f. mitgedacht ist. Eine Konnotation der Achanüberlieferung widerspricht vielmehr der Aussageabsicht von Jes 65, 9f. und ist deshalb auszuschließen. Auch Jos 15, 7 wird die „Ebene Achor" neutral und ohne jede negative Wertung als ein Punkt des nördlichen Grenzverlaufs von Juda genannt (ähnlich neutral auch in der Kupferrolle von Qumran, 3 Q 15, I, 1; IV, 6).

Hos 2, 17 verheißt JHWH, in einer neuen Heraufführung aus der Wüste in das Kulturland dem mit ihm neu vermählten Israel ihre Weinberge wiederzugeben und parallel dazu die „Ebene Achor" zu einer Tür von Hoffnung *pæṯaḥ tiqwāh* zu machen. Die modernen Kommentare tragen hier in den Namen „Ebene Achor" allgemein die Erinnerung an die Achangeschichte ein (vgl. auch Neef 97–101). Nichts in Hos 2, 16f. legt dies jedoch nahe, ja diese Konnotation scheint auch hier ausgeschlossen, da sie der Aussageabsicht des Textes zuwiderläuft. Denn parallel zur Gabe der Weinberge und nach diesen genannt, muß „Ebene Achor" als erster Teil und Inbegriff des ganzen fruchtbaren Landes aufgefaßt werden, das sich in der „Ebene Achor" eröffnet (so auch Neef 100). „Ebene Achor" symbolisiert für den hier verheißenen neuen Einzug ins Land nicht die Bedrängnis Israels durch Achan, sondern die Gabe des fruchtbaren Landes (vgl. F. J. Andersen / D. N. Freedman, AB 24, 275). Dabei ist zu vermuten, daß „Ebene Achor" in den um Jericho und Gilgal beheimateten Landnahmetraditionen der Nordstämme schon für die Vergegenwärtigung des ersten Exodus diese ausschließlich positive Wertung hatte und der Nordreichprophet Hosea an diese Achor- und Landnahmetradition anknüpft.

Mosis

עֹל *ʿol*

I. Etymologie – II. Bildhafter Gebrauch in der Umwelt – III. Verwendung im AT – 1. Allgemeines – 2. *ʿol* in Verbindung mit Zugtieren – 3. *ʿol* als Bild für Fronlast – 4. *ʿol* als Bild für Fremdherrschaft – 5. *ʿol* als positives Bild – IV. LXX.

Lit.: *C. L. Tyer*, The Yoke in Ancient Near Eastern, Hebrew and New Testament Materials, Diss. Vanderbilt 1963.

I. Während KBL² das Wort noch von *ʿll* II ʿhineinstecken' ableitete, handelt es sich nach KBL³ wohl um ein Primärnomen, das in Ugarit (KTU 4.749), in Kanaan (EA I 257, 15; 296, 38 *ḫul*[*l*]*u*), im Reichs- und Jüd.-Aram., Palmyr., Nabat. (DISO 210) belegt ist; arab. *ġullu* ʿHalsring von Gefangenen'. Dagegen heißt das Joch im Akk. *nīru* (vgl. syr. *nîrā*), literarisch oft auch *abšānu*.

II. In Texten aus Mesopotamien und aus dem Palästina der Amarna-Zeit wird das Joch als Bild der politischen und religiösen Abhängigkeit, der Unterwerfung verwendet. So legt der König das Joch seiner Herrschaft auf die Unterworfenen (ANET 297), und diese tragen/ziehen als gehorsame Untertanen das Joch ihres Oberherrn (ANET 314; EA 257, 15; 296, 38). Dementsprechend heißt die Rebellion gegen den Oberherrn „Zerbrechen des Jochs" (Ancient Records of Assyria and Babylonia, ed. D. D. Luckenbill, II, 1927, 27. 218). Das „Tragen des Jochs" wird zuweilen ausdrücklich mit Frondiensten gleichgesetzt (ANET 287. 316), kann aber auch – aus der Sicht des Oberherrn – bildhafter Ausdruck für den Schutz, für das stabile Regiment sein (ANET 286). Da die Könige Mesopotamiens ihr Handeln als Auftrag der Götter verstanden, galt die Gottheit als die Macht, die den Unterworfenen das Joch auferlegte (ANET 297. 383), und es bedeutete Rebellion, das Joch der Gottheit selbst abzuschütteln (ANET 291. 292). Ferner kann der König von sich sagen, daß er das Joch der Gottheit trägt (ANET 307). Nach einem babyl. Mythos wurde der Mensch von Marduk geschaffen, damit er „das Joch trage" (ANET 99), damit er – an Stelle der anderen Götter – Marduk diene (Tyer 27). – Die bildhafte Verwendung des Joches im politisch-religiösen Sinne fehlt in Ägypten, vielleicht deshalb, weil der sichere Bestand der Schöpfung nach äg. Auffassung nicht auf dem Gehorsam des Volkes gegenüber dem König und dem Gehorsam des Königs gegenüber den Göttern beruhte, sondern auf der Präsenz des Königs, der zugleich Gott war (Tyer 35f.).

III. 1. Das Wort *ʿol* kommt 40mal im MT des AT vor (davon 15mal in 1 Kön 12 || 2 Chr 10, 7mal in Jer 27–28), und zwar stets in „besprechender" Rede; nie ist *ʿol* Gegenstand einer Erzählung. Demgemäß bietet das AT keine Angaben über das Aussehen des Jochs, das sich aber im Altertum wohl kaum vom heutigen unterschied. Es besteht aus einem Langholz, das zwei Tiere – das AT erwähnt nur Rinder (s. 2.) – zum Ziehen eines Pfluges oder Wagens verbindet, und, neben den Hälsen der Tiere, je zwei Pflöcken (Jochhaken), an denen Stricke (hebr. *môserôṯ*) befestigt sind; diese werden unter den Hälsen der Tiere zusammengebunden (zum Ganzen vgl. Dalman, AuS II 93–105; BRL 428; BRL² 253. 255).

2. Dreimal wird *ʿol* als Ackerbaugerät in jeweils negierter Aussage erwähnt: Aus der Asche einer fehlerlosen, roten Kuh (*pārāh*), „auf die kein Joch gekommen ist (*ʿlh*)", soll ein „Wasser gegen Unreinheit" hergestellt werden (Num 19, 2); zur Reinigung im Falle eines von unbekannter Hand verübten Mordes soll eine Jungkuh (*ʿæglaṯ bāqār*), „die nicht mit dem Joch gezogen hat (*mšk*)", über fließendem Wasser getötet werden (Dtn 21, 3); die Philister wollen die Lade wieder loswerden und erhalten den Rat, einen Wagen und zwei säugende Kühe (*pārôṯ*), „auf die kein Joch gekommen ist (*ʿlh*)", auszurüsten. Die Kühe würden, als Arbeitstiere verwendet, profanisiert. – Das einem Tier aufgelegte Joch meint auch der Vergleich in Hos 11, 4: „Und ich war für sie wie die (= wie einer von denen), die das Joch an ihren (Kinn-)Backen hochheben", d. h. abnehmen. Die Änderung von *ʿol* in *ʿûl* (BHS): „Und ich war wie ʿeiner', der ʿein Kind' an ʿseine' Wangen hochhebt" ist nicht zwingend. Ebenso dürfte es unnötig sein, in 10, 11 – „und Efraim war eine geübte Jungkuh (*ʿæḡlāh*), die zu dreschen liebte; und ich kam vorüber an (*ʿāḇar* + *ʿal*) ihrem schönen Nacken, ich wollte Efraim einspannen" – das Joch einzufügen. Der Vorschlag (vgl. BHS) „und ich ʿlegte' (*ʿbr hiph*) ʿein Joch' auf ihren schönen Nacken" hat nicht zuletzt den Nachteil, daß er dem Verb *ʿbr* eine Spezialbedeutung zuschreiben muß (→ עבר *ʿāḇar* III. 2. d. ε).

3. Zentralbegriff ist das Wort *ʿol* in dem Bericht über die Verhandlungen Rehabeams mit den Vertretern Israels (1 Kön 12 || 2 Chr 10), wobei für die „Schwere" des Jochs vor allem das Lexem → כבד *kbd* verwendet wird. Die Vertreter Israels sagen: „Dein Vater hat unser Joch hart gemacht (*qšh hiph*), du aber erleichtere (*qll hiph* + *min*) jetzt den harten (*qāšāh*) Dienst deines Vaters und sein schweres (*kāḇeḏ*) Joch, das er auf uns gelegt hat (*nāṯan*). Dann wollen wir dir dienen" (v. 4 = 2 Chr 10, 4). Rehabeam wendet sich an die „Kinder, die mit ihm großgeworden waren", wobei er die Worte der Vertreter Israels – verkürzt – zitiert: „Erleichtere das Joch, das dein Vater auf uns gelegt hat" (v. 9bβ = 2 Chr 10, 9bβ). Rehabeam mildert die Worte der Vertreter Israels ab, indem er den ersten Satz und den „harten Dienst" wegläßt und statt vom „schweren Joch" nur vom „Joch" redet. Das Zitat greifen die „Kinder" – abgewandelt – auf: „Dein Vater hat unser Joch schwer gemacht (*kbd hiph*); du aber erleichtere uns" (v. 10aβ = 2 Chr 10, 10aβ). Daß die „Kinder" die Worte der Vertreter Israels ausführlicher zitieren, als Rehabeam ihnen mitgeteilt hatte, hängt wohl zusammen mit der „geradezu anekdotenhaften Art" (M. Noth, BK IX/1, 270) des hier Erzählten. In seiner Antwort soll Rehabeam sagen: „Und nun, mein Vater hat euch aufgebürdet (*ʿms hiph* + *ʿal*) ein schweres (*kāḇeḏ*) Joch, aber ich werde noch drückender machen (*jsp hiph* + *ʿal*) euer Joch" (v. 11a = 2 Chr 10, 11a). Dementsprechend fällt die Antwort Rehabeams aus: „Mein Vater hat euer Joch schwer gemacht, aber ich werde noch drückender machen euer Joch" (v. 14aβ; in 2 Chr 10, 14 etwas abgewandelt: das Wort *ʿol* erscheint nur im ersten Satz). – Sachlich wäre hier Neh 5, 15 anzuschließen, falls der Vorschlag zutreffen sollte, *hiḵbîḏû ʿol ʿal* statt *hiḵbîḏû ʿal* zu lesen (BHS, KBL[3] 435): „Die früheren Statthalter ... machten schwer das Joch auf dem Volk."

4. In Jer 27–28 dient das Joch zu einer prophetischen Zeichenhandlung, wobei das konkrete Joch *môṭāh*/*moṭôṯ* heißt (27, 2; 28, 10. 12. 13 [bis]), während *ʿol* übertragen für das „Joch des Königs von Babel" gebraucht wird (27, 8. 11. 12; 28, 2. 4. 11. 14). Beide Kapitel gehören nicht von Anfang an zusammen, denn Kap. 27 ist als Ich-Bericht, Kap. 28 als Er-Bericht abgefaßt. – Jeremia bekommt von JHWH den Auftrag, sich Stricke und Joche (*moṭôṯ*) anzufertigen (v. 2a), sie auf seinen Nacken zu legen (v. 2b) und sie an fünf Nachbarkönige zu schicken (v. 3). Damit verbunden ist eine Botschaft an die Könige: eine Drohung über die Völker, die ihren Nacken nicht in das Joch des Königs von Babel geben (*nāṯan*) (v. 8), und eine Verheißung für diejenigen, die ihren Nacken in das Joch des Königs von Babel hineintun (*bôʾ hiph*) (v. 11). Die Merkwürdigkeit, daß Jeremia sich die Joche auflegt und sie (dann?) verschickt, wird meistens durch Streichung des Suffixes in v. 3a behoben (z. B. W. Rudolph, HAT I/12[3], 176), so daß der Text lautet: „Und schicke (Botschaft) zum König von ..." Aber dann wäre die Botschaft eigentümlich abstrakt: Die genannten Könige sollen die Aufforderung zum Tragen des Jochs akzeptieren, während sich das konkrete Joch in Jerusalem befindet. Näher liegt es, in v. 3a den MT zu belassen – wobei Jeremia mehrere Joche verschickt – und v. 2b für einen Nachtrag zu halten, der den Anschluß von Kap. 28 ermöglichen soll (s. u.). In v. 12 wechselt der Prophet überraschend den Adressaten (vielleicht liegt in vv. 12–22 ein Nachtrag vor: W. Thiel, Die deuteronomistische Redaktion von Jeremia 26–45, WMANT 52, 1981, 8) und fordert Zidkija auf: „Tut eure Nacken in das Joch des Königs von Babel hinein." – Kap. 28 schildert die Auseinandersetzung zwischen Jeremia und Hananja, der seine Heilsprophezeiung mit den Worten rahmt: „So hat gesprochen JHWH Zebaoth ...: Ich habe zerbrochen das Joch des Königs von Babel" (v. 2); „denn ich zerbreche das Joch des Königs von Babel" (v. 4b). Der Wechsel von der Afformativ- (*šāḇartî*) zur Präformativkonjugation (*ʾæšbor*) ist gattungsbedingt: die Heilsprophezeiung folgt hier dem Muster der Unheilsprophezeiung (K. Koch, Was ist Formgeschichte?, [5]1986, 254). Dann nimmt Hananja das – vorher in Kap. 28 nicht genannte – Joch (*môṭāh*) vom Nacken Jeremias, zerbricht es und sagt im Namen JHWHs: „Ebenso zerbreche ich das Joch Nebukadnezzars, des Königs von Babel, innerhalb zweier Jahre vom Nacken aller Völker" (v. 11a). Jeremias Antwort: „Joche (*moṭôṯ*) aus Holz hast du zerbrochen, aber du fertigst an (oder: hast angefertigt) an ihrer Stelle Joche (*moṭôṯ*) aus Eisen ... Denn so hat JHWH gesprochen: Ein Joch (*ʿol*) aus Eisen habe ich gelegt auf den Nacken aller dieser Völker" (vv. 13aβ–14aα). Was v. 13 bedeuten soll, läßt sich nur vermuten, etwa so: „Hananja ... hat durch seine Tat ein um so mächtigeres und unzerbrechliches Joch hervorgerufen, geschaffen, vielleicht droben bei Jahwä" (Koch 252).

Auffällig ist auch der Wechsel von *môṭāh* (→ IV 729), dem Joch, das Jeremia trug (vv. 10. 12), zu *moṭôṯ* (v. 13 wie in 27, 2). In 27, 2 handelt es sich wohl um mehrere Joche (s. o.), und in 28, 13 könnte ein „genereller Plural" (Rudolph, HAT I/12, 180) vorliegen. Anders G. Wanke, Untersuchungen zur sog. Baruchschrift, BZAW 122, 1971, 24: „Dort wo vom Herstellen eines Joches die Rede ist, wird der Plural 'Jochstangen' verwendet, der Singular 'Joch' für die Bezeichnung des fertigen, auf dem Halse des Jeremia liegenden Jochs." – Der Vergleich mit den übrigen Belegen *môṭāh*/*moṭôṯ* – alle im übertragenen Wortgebrauch – hilft nicht weiter. Der Plural kommt noch in der Verbindung *moṭôṯ ʿol* vor (s. u.) und in Ez 30, 18, wo aber wohl *maṭṭôṯ* 'Stäbe' zu lesen ist (BHS); in 1 Chr 15, 15 sind die *moṭôṯ* 'Tragstangen'. Der Singular *môṭāh* 'Joch' findet sich in Jes 58, 6 (bis). 9 und in Nah 1, 13, wo die seltsame Suffixform *moṭehû* vielleicht auf *maṭṭehû* weist (W. Rudolph, KAT XIII/3, 159).

Für die Verbindung *moṭôṯ ʿol* gibt es zwei Belege. Der erstere bildet den Abschluß von Lev 26, 4–13, einer Zusage des Segens, falls Israel die Gesetze befolgt: „Ich bin JHWH, euer Gott, der euch herausgeführt

hat aus dem Land Ägypten ... Und ich zerbrach die *mọṭôṯ* eures Jochs" (v. 13). Lev 26, 4–13 diente als Vorlage für Ez 34, 25–30 (vgl. F. L. Hossfeld, Untersuchungen zu Komposition und Theologie des Ezechielbuches, FzB 20, [2]1983, 273–276), eine Darstellung der Heilszeit, in welcher der Rückblick auf JHWHs Befreiungstat (Lev 26, 13) zur Ansage der zukünftigen Befreiung umgeformt und ins Zentrum des Abschnitts gerückt wurde: „Und sie werden erkennen, daß ich JHWH bin, wenn ich zerbreche die *mọṭôṯ* ihres Jochs" (v. 27b).
Anscheinend sind hier die *mọṭôṯ* – abweichend vom sonstigen Sprachgebrauch des AT, der *môṭāh/mọṭôṯ* als Parallelbegriff zu *ʿol* verwendet (s.o.) – die Holzstäbe, aus denen das Joch konstruiert war (R. Hentschke, BHHW II 869).
Jes 9, 3 (*ʾæṯ-ʿol subbŏlô ... haḥiṭṭoṯā*) ist entgegen traditioneller Ansicht wohl nicht futurisch, sondern präterital zu verstehen („das Joch, das auf ihm lastete ... hast du zerbrochen") und auf den Abzug der Assyrer aus dem nördlichen Westjordanland im letzten Drittel des 7. Jh.s zu beziehen (H. Barth, Die Jesaja-Worte in der Josiazeit, WMANT 48, 1977, 148. 173f.). In Jes 10, 27a („Es weicht seine Last von seiner Schulter, und sein Joch von seinem Nacken wird weggerissen") und – ähnlich – 14, 25b liegen zwei späte Aktualisierungen von 9, 3 vor (H. Wildberger, BK X/1, 419; BK X/2, 566). Ähnlich dürfte Jer 30, 8 („Ich zerbreche sein Joch von ʿseinemʾ Nacken, und ich zerreiße seine Stricke") einzuordnen sein (Rudolph, HAT I/12, 191). Laut Gen 27, 40 wird Esau (Edom) die Herrschaft Jakobs (Israels) abschütteln: „Du reißt (*prq*) sein Joch von deinem Nacken." Einmal (Dtn 28, 48) droht JHWH, er werde Israel im Falle des Ungehorsams ein „Joch von Eisen", d.h. Fremdherrschaft, auf den Nacken legen. – Singulär ist Jes 47, 6, wo der Prophet der „Jungfrau Babel" die harte Behandlung alter Menschen vorwirft: „Du machtest schwer für (*kbd ʿal*) den Greis dein Joch." – Der Text von Jes 10, 27b („ein Joch angesichts von Fett") ist verderbt, und das könnte auch für den von Klgl 1, 14 („das Joch meiner Sünden") zutreffen.
5. Das Joch im positiven Sinne kommt nur selten vor: als Bild für die Weisung JHWHs – Jer 2, 20 „von alters her hast ʿduʾ dein Joch zerbrochen, hast ʿduʾ deine Stricke zerrissen"; ähnlich der Wortlaut von 5, 5 – und als Bild für läuternde Mühsal: Klgl 3, 27 „Gut ist es für den Mann, wenn er trägt (*nāśāʾ*) ein Joch in seiner Jugend."

IV. Die LXX hatte keine Probleme mit *ʿol*. 27mal übersetzt sie mit ζυγός/ζυγόν, 10mal mit κλοιός.

Schmoldt

עָלָה *ʿālāh*

מַעַל *maʿal*, מֹעַל *moʿal*, מַעֲלֶה *maʿ^{a}læh*, מַעֲלָה *maʿ^{a}lāh*, תְּעָלָה *t^{e}ʿālāh*, עֱלִי *ʿ^{æ}lî*, עִלִּי *ʿillî*, עֲלִיָּה *ʿ^{a}lijjāh*

→ עֹלָה *ʿolāh*, → עָלֶה *ʿālæh*, → עליון *ʿæljôn*

I. Etymologie – II. Außerbibl. Belege – 1. Äg. *iʿr* – 2. Kanaan. Inschriften – 3. Ugarit – 4. Akk. *elû(m)* – III. AT – 1. Belege – a) Verb – b) Nomina – 2. Sprachliche Besonderheiten, Synonyme, Antonyme – 3. Verb *ʿlh* – a) Ausdruck räumlicher Bewegung – b) Übertragener Gebrauch – c) Geprägte Wendungen, Termini technici – d) Theologischer Gebrauch – α) Heraufführen (aus Ägypten) – β) pilgern, wallfahren – γ) (Opfer) darbringen – δ) Auffahrt, Entrückung – 4. Nominalbildungen – a) *maʿ^{a}lāh* – b) *maʿ^{a}læh* – c) Eigennamen – d) Übrige Ableitungen – IV. 1. Qumran – 2. LXX.

Lit.: *F. Asensio*, Observaciones sobre el „holocausto" y el sacrificio „pacífico" en el culto de Israel (Studia Missionalia 23, 1974, 191–211). – *W. B. Barrick*, The Meaning and Usage of RKB in Biblical Hebrew (JBL 101, 1982, 481–503). – *J. B. Bauer*, Der „Fuchs" Neh 3, 35 ein Belagerungsturm (BZ NF 19, 1975, 97f.). – *L. Boisvert*, Le passage de la mer des Roseaux et la foi d'Israël (Science et Esprit 27, 1975, 147–159). – *G. Brin*, The Formulae 'From ... and Onward/Upward' (מ ... והלאה/ומעלה) (JBL 99, 1980, 161–171). – *H. A. Brongers*, Das Zeitwort *ʿālā* und seine Derivate (Festschr. M. A. Beek, Assen 1974, 30–40). – *M. Dahood*, The Divine Name ʿElî in the Psalms (Theological Studies 14, 1953, 452–457). – *S. Daniel*, Recherches sur le vocabulaire du culte dans la „Septante" (Études et Commentaires 61, Paris 1966). – *M. Delcor*, *ʿālâh* (Gen 31, 10) sensu sexuali, sicut etiam *slq* aram. (QuadSem 5, 1974, éd. 1978, 106f.). – *G. R. Driver*, Hebrew *ʿal* ('high one') as a Divine Title (ExpT 50, 1938–1939, 92f.). – *J. H. Eaton*, Some Misunderstood Hebrew Words for God's Self Revelation (The Bible Translator 25, 1974, 331–338). – *I. Ephʿal*, The Assyrian Ramp at Lachish. Military and Lexical Aspects (Zion 49, 1984, 333–347). – *H. J. Fabry*, „Ihr alle seid Söhne des Allerhöchsten" (Ps 82, 6). Kanaanäische Richter vor dem Gericht Gottes (BiLe 15, 1974, 135–147). – *J. A. Fitzmyer*, The Aramaic Inscriptions of Sefire I and II (JAOS 81, 1961, 178–221). – *W. Groß*, Die Herausführungsformel. Zum Verhältnis von Formel und Syntax (ZAW 86, 1974, 425–453). – *J. D. Heck*, The Missing Sanctuary of Deut 33:12 (JBL 103, 1984, 523–529). – *J. Hoftijzer*, Das sogenannte Feueropfer (VTS 16, 1967, 114–134). – *W. H. Irwin*, The Punctuation of Isaiah 24:14–16a and 25:4c–5 (CBQ 46, 1984, 215–222). – *N. M. Loss*, La terminologia e il tema del peccato in Lev 4–5 (Salesianum 30, 1968, 437–461). – *Sh. M. Paul*, Two Cognate Semitic Terms for Mating and Copulation (VT 32, 1982, 492–494). – *J. Reider*, Etymological Studies in Biblical Hebrew (VT 2, 1952, 113–130). – *Ders.*, Substantival *ʿal* in Biblical Hebrew (JQR 30, 1939/40, 263–270). – *B. Renaud*, Osée II 2 *ʿlh mn hʾrṣ*: Essai d'interprétation (VT 33, 1983, 495–500). – *R. Rendtorff*, Studien zur Geschichte des Opfers im Alten Israel (WMANT 24, 1967). – *L. Rost*, Erwägungen zum israelitischen Brandopfer (BZAW 77, 1958, 177–183). – *L. Ruppert*, Erhöhungsvorstellungen im AT

(BZ 22, 1978, 199–220). – *K. Rupprecht*, עלה מן הארץ (Ex 1, 10; Hos 2, 2) „sich des Landes bemächtigen"? (ZAW 82, 1970, 442–447). – *J. F. A. Sawyer*, Hebrew Words for the Resurrection of the Dead (VT 23, 1973, 218–234). – *S. Shibayana*, Notes on ירד and עלה (JBR 34, 1966, 358–362). – *G. Wehmeier*, עלה *ʿlh* hinaufgehen (THAT II 272–290). – *J. Wijngaards*, הוציא and העלה. A Twofold Approach to the Exodus (VT 15, 1965, 91–102).

I. Die Wurzel *ʿlh* ist in allen semit. Sprachen belegt: akk. *elû(m)* (AHw 205–210; CAD E 110–135); ugar. *ʿlj* (WUS Nr. 2030; UT Nr. 1855); kanaan. *ʿlj* (DISO 211); arab. *ʿlw* bzw. *ʿlj* (Wehr 573f.) und asarab. *ʿlj* 'hoch, hervorragend sein' (Biella 365), in Personennamen: *ḏmrʿlj* (Jamme Nr. 552, 4), *smhʿlj* (ebd. Nr. 555, 1. 4), *ʿljm* bzw. *ʿljn* (ebd. Nr. 689, 4; 745, 2 bzw. 575, 2); äth. *laʿala* 'hoch, überlegen sein' (Dillmann, LexLingAeth 54ff.); vgl. äg. *iʿ(r)* bzw. *ʿrj* (WbÄS I 41). Allgemein nimmt man eine dreiradikalige Wurzel **ʿlj* an. Zu erwägen wäre aber aus morphologischen und sprachgeschichtlichen Gründen die Annahme eines zweiradikaligen Primärnomens *ʿl* in der Bedeutung 'das Oben, Höhe'. Das Verb wäre dann als tertiae infirmae *ʿlh* als Denomination zu betrachten, das in seiner Grundbedeutung die Bewegung nach oben bezeichnet: 'nach oben gelangen'. Die übrigen Nominalformen sind sekundär aus dem Verbalstamm gebildet.

II. 1. Äg. *iʿ(r)* (seit dem M.R. *ʿrj*) ist bereits in den Pyramidentexten in der Bedeutung 'hinaufsteigen' belegt: zu einem Ort hinaufziehen (Pyr 369; vgl. Amduat I, 28; mit *r* ThebGrab Nr. 66; Edfu I 315), an etwas emporsteigen (Pyr 452) bzw. zu jemandem (einer hochgestellten Person) emporsteigen (Pyr 1455; 1773; vgl. die formelhafte Wendung in Urk I 121 u.ö.). In kausativer Funktion: jemanden (Edfu I 513. 579) oder etwas (Dend Mar III 54; IV 27a) heraufbringen. Mit *iʿ(r)* bzw. *ʿrj* kann auch das Ziel der Bewegung ausgedrückt werden: angelangen (Pyr 452). In übertragener Bedeutung: an jmd. herankommen, sich an jmd. heranmachen (Totb 189; ThebGrab Nr. 36; vgl. Edfu I 315).

2. Im außerbibl. Hebr. findet sich die *hiph*-Form in einem Lachisch-Ostrakon: „Šemaʿjahu hat ihn genommen und zur Stadt heraufgebracht" (KAI 194, 7). In phön. Inschriften ist neben der weiten Verbreitung des präp. Nominalelements *ʿl* bzw. *ʿlt* das Verb *ʿlj* relativ wenig bezeugt. Als militärischer Terminus begegnet es in der Aḥiram-Inschrift (10. Jh.): „Wenn ein König unter den Königen oder ein Statthalter unter den Statthaltern oder der Befehlshaber eines Lagers gegen Byblos heraufzieht und diesen Sarkophag aufdeckt, soll der Stab seiner Herrschaft entblättert werden" (KAI 1, 2). Der Kausativ-Stamm ist als Opferterminus bezeugt KAI 159, 8 (pun.): „Jeder, der darbrachte ein Brandopfer oder eine *minḥāh* in dem Heiligtum"; hier auch die Nominalform *ʿlt* 'Brandopfer'. An weiteren Nominalbildungen ist lediglich *mʿl* 'das Obere' mit Präp. *l* (KAI 14, 12) und mit *l-m* (KAI 145, 14) belegt. In eigentümlicher Wortverbindung und Bedeutung steht *ʿlj* in KAI 124, 3: „der als Sohn eingetreten (*ʿlt*) ist" als Formel für die testamentarische Adoption. In aram. Inschriften ist *ʿlj* weitgehend durch *slq* (KAI 222 A 5.27 C 4; 224, 14–16) verdrängt worden (KBL³ 783; der Beleg KAI 222 B 35 [Sefire] wird von R. Degen, Altaram. Gramm. 73 Anm. 67 als eine Form von *ʿll* 'eintreten' aufgefaßt). Als militärischer Terminus ist *ʿlj* KAI 222 B 35 belegt: „(Und der König), der heraufzieht und LBKH oder H ... einnimmt ..." (Text zerstört). An Nominalbildungen findet sich neben der Präp. *ʿl ʿlj(t)* in der Bedeutung 'das Ober(st)e': „(unter Beteiligung der Könige) des Oberen Aram und des Unteren Aram" (KAI 222 A 6); „an dem Tag, an dem er so handel(t), sollen die Götter (je)nen Man(n) umstürzen und sein Haus und alles, was (da)rin ist, und sollen sein Unterstes (zuo)berst kehren!" (KAI 222 C 24). In beiden Fällen ist *tḥt* das direkte Oppositum.

3. Im Ugar. ist *ʿlj* häufig belegt im Zusammenhang mit der Darbringung eines Opfers und des Aufstiegs der Götter zum Zaphon bzw. Götterberg. Alltagssprachlich bedeutet *ʿlj* in KTU 1.17, I, 38 „(das Bett) besteigen, zu Bett gehen" (so wahrscheinlich auch KTU 1.17, I, 4. 14). Zur Darbringung eines Opfers steigt KRT auf Anweisung Els hinauf auf die Plattform des Turmes (KTU 1.14, II, 20; vgl. II, 21, was aber als Ditt. zu streichen ist). Nach KTU 1.14, IV, 2 steigt KRT mit einer Silberschale voll Wein und einer goldenen Schale mit Honig hinauf auf die Plattform des Turmes, um seinem Vater El zu opfern. Vom Aufstieg der Götter zum Götterberg wird mehrfach berichtet: ʿAnat „geht hinauf zum Berg Mslmt, zum Berg Tlijt, und sie geht weinend hinauf zum Arr, zum Arr und zum Zaphon" (KTU 1.10, III, 28–30). „Und Baʿal zieht hinauf zu den Höhen des Zaphon" (KTU 1.4, IV, 19); vgl. KTU 1.10, III, 11: „Baʿal geht hinauf zum (Berg)", was man entsprechend zu verstehen hat. ʿAṯtar steigt hinauf zum Gipfel des Zaphon, um sich auf den Thron Baʿals zu setzen, was freilich mißlingt (KTU 1.6, I, 57). Von der Darbringung (kaus.) eines Opfers spricht KTU 1.19, IV, 23. 30; ferner begegnet *šʿlj* in KTU 6.13 und 6.14 im Ausdruck „ein *pgr*-Opfer darbringen" (UF 7, 1975, 175). ʿAnat trägt (*šʿlj*) den toten Baʿal auf den Gipfel des Zaphon (KTU 1.6, I, 15). Als Epitheton für Baʿal ist *ʿlj nʿm* in KTU 1.16, III, 6–9 belegt (s. Dahood und u. III. 4. c).

4. Akk. *elû(m)* entspricht in der Weite des Bedeutungsspektrums, der Fülle der Nominalbildungen und der Anzahl der Belege am ehesten hebr. *ʿlh*.

Die Nominalform *elû* heißt 'oberer' in konkreter und übertragener Bedeutung. Konkret: „Wer erobert die hohen Berge?" (VAB 4, 234, I, 10); „starke Zedern, gewachsen auf den Höhen der Berge" (VAB 4, 138, IX, 4); „Ihre hohe Zitadelle, fest gegründet wie die Berge" (TCL 3, 260); „ich liebe deine hochgewachsene Gestalt" (VAB 4, 140, IX, 53); in Öl-Omina und ähnlichen Kontexten, z. B. „Wenn der Mittelteil des Öls hoch ist (heraussteht) und nicht mit der Wasseroberfläche gleich ..." (CT 5, 5, 39). In übertragener Bedeutung: hoch = erhaben: „der Sänger singt: Erhabener Ea" (BBR Nr. 60, 15); vgl. die ababyl. PN: *A-li-a-at*-KA-*Sin* „Erhaben-das-Wort-von-Sin" (CAD E 111); *E-li-e-re-sa* „Erhaben-ist-Ihr (der Göttin)-Begehren" (CT 6, 48b, 22) u.ö.; ferner hoch = stolz: „die Götter gewährten mir, hocherhobenen Hauptes zu gehen, voll Freude und Glück" (LIH 98, 96).

Eine zweite Nominalbildung *elû* bezeichnet das „Obere", oft mit der Gegensatzentsprechung im unmittelbaren Kontext: „Habe ich nicht versiegelt mit meinem Siegel das untere und obere Haus?" (BIN 6, 20, 7). In topographischen Angaben: „Ich erstieg die oberen Berge und durchquerte die unteren Berge" (CT 13, 42, 15); „am oberen Tor von GN" (ARM 2, 87, 7; vgl. TCL

13, 203, 2); „der obere Fluß (Distrikt) und der untere Fluß (Distrikt)" (LieSar. 98). Gelegentlich dient *elû* auch als geographische Bezeichnung: „es fiel die Entscheidung für einen Feldzug gegen das Oberland" (ARM 1, 53, r. 6); „ich regierte über die Städte des Oberen Meeres (= Mittelmeer oder See Urmia)" (CAD E 113).
Das Verb *elû* deckt ein derart breites Bedeutungsspektrum ab, daß hier nur einige Hinweise genügen müssen, die für hebr. *ʿlh* von besonderer Bedeutung sind, ansonsten vgl. AHw 206–210; CAD E 114–135.
elû bezeichnet zunächst die Bewegung zu einem höher gelegenen Ort: „er ging (von Ur) hinauf nach Babylon und verbrachte dort die Nacht" (KAR 43, 26). Zahlreiche Belege sprechen vom Hinaufgehen zum Gericht oder vom Hinaufgehen zum König(spalast): „Kommt herauf zu mir, du und die Ältesten des Landes, über die du gebietest, zu einer Unterredung" (TCL 17, 76, 23); „bis zu zehnmal gingen wir hinauf zum Fürsten" (TCL 19, 75, 7). Ebenso spricht man vom Hinaufgehen zum Tempel: „ich ging zu Emašmaš, um Opfer darzubringen" (CAD E 117). Häufig wird *elû* als militärischer Terminus gebraucht: „ich will die Truppen anführen und hinaufziehen gegen GN" (ARM 1, 53, 5); „PN zog herauf und eroberte beide Städte" (EA 81, 46; vgl. 114, 18). Vom Hinaufsteigen zum Himmel ist mehrfach die Rede: „ob wir hinaufsteigen zum Himmel oder hinabgehen in die Unterwelt" (EA 264, 15); „laßt uns hinaufsteigen zum Himmel wie der Rauch" (KBo 1, 3 r. 32); „wir können nicht hinabsteigen zu dir, noch kannst du zu uns hinaufsteigen" (EA 357, 5: Nergal und Ereškigal); vgl. CT 15, 46 r. 5: „Ištar ging hinab in die Unterwelt und stieg nicht mehr empor". Dagegen steigt Dumuzi aus der Unterwelt herauf (CT 15, 47 r. 56f.), vgl. CT 16, 10, IV, 42f.: „(...) ob du ein Geist bist, der von der Unterwelt heraufgestiegen ist". Als sprichwörtliche Redensart: „Im Glück sprechen sie (die Menschen) vom Hinaufsteigen zum Himmel, sind sie betrübt, so reden sie vom Hinabsteigen in die Unterwelt" (Ludlul II, 46).

III. 1. a) Das Verb *ʿālāh* ist insgesamt 890mal (KBL³ 783–785; Wehmeier 273: 888mal) belegt.

Davon entfällt auf *qal* 612mal: Gen 44mal; Ex 36mal; Lev 4mal; Num 23mal; Dtn 24mal; Jos 48mal; Ri 57mal; 1 Sam 48mal; 2 Sam 22mal; 1 Kön 38mal; 2 Kön 52mal (mit 2 Kön 16, 12); Jes 34mal; Jer 41mal (mit Jer 46, 8); Ez 18mal; Hos 6mal; Joël 7mal; Am 5mal; Ob 1mal; Jon 3mal; Mi 2mal; Nah 1mal; Hab 1mal; Sach 6mal; Ps 12mal; Ijob 6mal; Spr 6mal; Koh 2mal; Rut 1mal; Hld 5mal; Klgl 1mal; Dan 3mal; Esra 8mal; Neh 10mal; 1 Chr 11mal; 2 Chr 25mal; auf *niph* 18mal: Ex 3mal; Num 7mal; 2 Sam 1mal; Jes 2mal; Ez 2mal; Ps 2mal; Esra 1mal; auf *hiph* 255mal: Gen 7mal; Ex 23mal; Lev 10mal; Num 12mal; Dtn 8mal; Jos 7mal; Ri 14mal; 1 Sam 22mal (mit 1 Sam 28, 11a); 2 Sam 13mal (mit 2 Sam 15, 24); 1 Kön 15mal (mit 1 Kön 8, 4b; 10, 5); 2 Kön 7mal; Jes 6mal (mit Jes 40, 31); Jer 20mal (mit Jer 52, 9); Ez 19mal (mit Ez 19, 3); Hos 1mal; Am 6mal; Jon 1mal; Mi 1mal; Nah 1mal; Hab 1mal; Ps 9mal (mit Ps 51, 21); Ijob 2mal; Spr 1mal; Klgl 1mal; Esra 5mal; Neh 3mal; 1 Chr 13mal; 2 Chr 27mal (mit 2 Chr 5, 5a); auf *hoph* 3mal: Ri 6, 28; Neh 2, 8 (Text unsicher, vgl. BHS); 2 Chr 20, 34; auf *hitp* 2mal: Jer 51, 3 (Text unsicher); Ps 37, 35 (wenn man mit BHS *wmtʿlh* statt *wmtʿrh* liest).

Mit Ausnahme von Zef und Mal ist das Verb in allen Büchern des AT belegt. Eine massive Häufung der Belege zeigt sich im DtrGW mit 377 und im Pent. (ohne Dtn) mit 169 Belegen. Dahinter bleibt ChrGW mit insgesamt 104 Belegen deutlich zurück. Auffallend ist die große Zahl der Belege in Ri (72) und 1 Sam (70) sowie in Jer (63), wobei etliche davon der dtr Redaktion des Buches zuzuweisen sind.
b) An Nominalformen ist zunächst das Grundwort *ʿal* 'das Obere, Höhe' zu nennen: 1 Sam 2, 10; 2 Sam 23, 1; Jes 59, 18 (nach Klostermann, vgl. Gunkel, Schöpfung und Chaos, 1895, 108: „Höhe des Betrags"); 63, 7; Ez 19, 11; Hos 7, 16; 11, 7 (vgl. aber Wolff, BK XIV/1, 136. 248); *meʿāl* in Gen 27, 39; 49, 25; Ps 50, 4 ist wohl nicht aus *mimmaʿal* verschrieben (so König, Hebr. u. Aram. Wb; dagegen GesB 585; vgl. KBL³ 780).

Von *ʿālāh* abgeleitete Nominalbildungen sind: → *ʿālæh* 18mal; → *ʿolāh* 287mal; *maʿal* 141mal; *moʿal* Neh 8, 6; *maʿalæh* 19mal: Num 34, 4; Jos 4mal; Ri 2mal; 1 Sam 9, 11; 2 Sam 15, 30; 2 Kön 9, 27; Jes 15, 5; Jer 48, 5 Q; Ez 40, 31. 34. 37 (jeweils Q); Neh 9, 4; 12, 37; 2 Chr 2mal; *maʿalāh* 47mal: Ex 20, 26; 1 Kön 2mal; 2 Kön 8mal; Jes 5mal; Ez 9mal (mit 40, 6. 31. 34. 37 Q); Am 9, 6 Q; Ps 15mal (als Pl. in den Überschriften); Esra 7, 9; Neh 2mal; 1 Chr 17, 17; 2 Chr 2mal; *teʿālāh* Jer 30, 13; 46, 11; *ʿælî* Spr 27, 22; *ʿillî* Jos 15, 19; Ri 1, 15; *ʿalijjāh* 20mal: Ri 4mal; 2 Sam 19, 1; 1 Kön 2mal; 2 Kön 4mal; Jer 22, 13. 14; Ps 104, 3. 13; Neh 2mal; 1 Chr 28, 11; 2 Chr 2mal; → *ʿæljôn* 53mal; *ʿalwāh*/*ʿaljāh* Gen 36, 40; 1 Chr 1, 51; *ʿalwān*/*ʿaljān* Gen 36, 23; *ʿelî* 1 Sam 1, 3–4, 16; 14, 3; 1 Kön 2, 27; vgl. 1 Chr 24, 3; *ʾælʿāle* Num 32, 3. 37; Jes 15, 4; Jer 48, 34.

2. Infolge der Verbreitung und der vielfältigen Anwendungsmöglichkeiten des Verbs begegnen im engeren und weiteren Kontext eine Fülle bereichssynonymer Verben.
Allgemeine Fortbewegung: → עבר *ʿbr* (Mi 2, 12f.); → בוא *bôʾ* (Gen 45, 25; Ex 7, 28; Dtn 1, 24); → הלך *hlk* (Ex 33, 1; Ri 11, 16; 2 Sam 17, 21; Jes 2, 3; 8, 7; Mi 4, 2); → יצא *jṣʾ* (1 Kön 10, 19); → קום *qûm* (Gen 35, 1. 3; Dtn 17, 8; Jos 8, 1. 3); → רום *rûm* (1 Sam 2, 6. 7); → פנה *pnh* (Dtn 1, 24; 3, 1); → נגש *ngš* (Jos 8, 11).
Militärischer Bereich: → לחם *lḥm niph* (Dtn 1, 41f.; Jos 10, 36; 19, 47; Ri 1, 3; 1 Kön 12, 24; 20, 1; 2 Kön 12, 18; 2 Chr 11, 4); → צור *ṣûr* (1 Kön 20, 1; 2 Kön 6, 24; 16, 5; 17, 5; 18, 9; Jes 21, 2); *tpś* (2 Kön 16, 9; 18, 13; Jes 36, 1); *nkh hiph* (Jos 7, 3; Ri 8, 11); *bqʿ* (Jes 7, 6); *ḥnh* (1 Sam 11, 1); → חרב *ḥrb* (Jer 50, 21); → חרם *ḥrm hiph* (Jer 50, 21); → ירש *jrš* (Dtn 9, 23); *šdd* (Jer 49, 28); → שרף *śrp* (Ri 15, 6).
Opferbereich: → זבח *zbḥ* (Ex 24, 5; Dtn 27, 6f.; Jos 8, 31; 1 Sam 6, 15; 10, 8); *qṭr* (Jer 33, 18; 48, 35; 2 Chr 29, 7), *ngš hiph* (Ex 32, 6); *ʿāśāh šelāmîm* (1 Kön 3, 15); *ʿāśāh zæbaḥ* (Jer 33, 18).
Als direktes Oppositum fungiert → ירד *jārad*. Das machen Texte deutlich, in denen beide Verben im Parallelismus zum Ausdruck gegensätzlicher Bewegungen gebraucht werden (Gen 24, 16; 28, 12; Ex 19, 24; Num 20, 27f.; Dtn 28, 43; Ri 14, 1f. 19; 16, 31; 2 Kön 1, 4. 6. 16; Jer 48, 18; Ps 104, 8; 107, 26; Ijob 7, 9; Spr 30, 4; Koh 3, 21; 2 Chr 18, 2).

3. *ʿālāh* bezeichnet von der Grundbedeutung seiner nominalen Wurzel *ʿl* ʻdas Obere, Höheʼ her die Bewegung zu einem höheren Ziel. Deshalb kann das Verb durch Aufnahme höchst differenzieller Kontextbestimmungen eine Fülle von Bedeutungsaspekten repräsentieren.

a) Alltagssprachlich bedeutet *ʿālāh qal* zunächst „aus der niedriger liegenden Gegend sich in die höhere begeben" (GesB 589 im Anschluß an Graf). So wandert Abram von Ägypten zum Südland hinauf (Gen 13, 1). Die Brüder Josefs ziehen von Ägypten hinauf ins Land Kanaan (Gen 45, 25). Die Söhne Israels ziehen von Ramses nach Sukkot (Ex 12, 37). Dies wird 12, 38 als Hinaufsteigen interpretiert. Offenbar betrachtet man allgemein den Weg von Ägypten nach Kanaan bzw. Stationen auf dem Weg dorthin als Hinaufsteigen (Ex 13, 18; Num 20, 19; 32, 11; Ri 11, 13. 16; 19, 30; 1 Sam 15, 2. 6; 1 Kön 9, 16; Jes 11, 16; Hos 2, 17). Analog dazu kann auch der Weg aus der Wüste nach Kanaan als Hinaufsteigen bezeichnet werden (Ex 33, 1; Num 13, 17. 21. 30; Dtn 1, 21. 26. 41), vgl. dagegen Ijob 6, 18, wo vom Hinaufsteigen in die Wüste (*tohû*) die Rede ist, weil sie nach dem Augenschein wie das Meer vom Hafen aus als Anhöhe erscheint. Deshalb wäre bei den vorgenannten Stellen jeweils zu prüfen, ob und inwieweit Bezugnahme oder Anspielung auf eine der Herausführungsformeln vorliegt. Das ist gewiß zu vermuten, wenn die Heimkehr der Exulanten als Heraufziehen bzw. als Aufstieg bezeichnet wird (Esra 2, 1. 59; 7, 6. 7. 28; 8, 1; Neh 7, 5. 6. 61; 12, 1, vgl. u. d). Jedenfalls hat sich die Redeweise derart eingebürgert, daß topographische Angaben ganz fehlen können (Gen 44, 17. 24. 33 f.; 45, 9; 50, 5–7. 14). Im unmittelbaren Kontext wird der umgekehrte Weg von Kanaan nach Ägypten durch *jrd* ausgedrückt (Gen 44, 23. 26; 45, 9). Die Annahme einer Sonderbedeutung für *ʿālāh* ʻnach Norden gehenʼ unter Hinweis auf akk. *elû* (so G. R. Driver, ZAW 69, 1957, 74–77) ist deshalb nicht nötig (vgl. W. Leslau, ZAW 74, 1962, 322 f.; Shibayana).

Da Städte, wo es die örtlichen Verhältnisse zuließen, auf einer Anhöhe errichtet wurden, bezeichnet *ʿālāh* häufig das Hingehen zu einer Stadt bzw. das in sie Hineingehen. So geht Juda hinauf nach Timna zur Schafschur (Gen 38, 12. 13). Saul und sein Knecht steigen zur Stadt hinauf (1 Sam 9, 11. 19). Nach seiner Salbung zum König am Gihon ziehen Salomo und seine Gefolgschaft wieder zur Stadt hinauf (1 Kön 1, 35. 40. 45).

In Ortslisten dient *ʿālāh* zur Bezeichnung eines sich aufwärtsziehenden Grenzverlaufes (Jos 15, 6. 8; 18, 12; 19, 11. 12; vgl. Bächli, ZDPV 89, 1973, 6 f.) bzw. ansteigender Landschaften (Jos 11, 17; 12, 7; 15, 3. 6–8; 16, 1).

In speziellen Kontexten kann *ʿālāh* eine Fülle von Bedeutungsnuancen ausdrücken, „die jedoch alle von der Bewegung von unten nach oben" verstanden werden können (Wehmeier 278): die Sünde Rubens besteht nach Gen 49, 4 darin, daß er das Bett des Vaters bestiegen hat; Pharao sieht im Traum sieben Ähren auf einem Halm emporwachsen (Gen 41, 5. 22); im Traumgesicht sieht Jakob Engel auf einer Himmelsleiter herab- (*jrd*!) und hinaufsteigen (Gen 28, 12); die Morgenröte steigt herauf (Gen 19, 15; vgl. Gen 32, 25. 27: Jakob kämpft, bis die Morgenröte heraufsteigt); eine Wolke steigt aus dem Meer empor (1 Kön 18, 44; vgl. Jer 10, 13; 51, 16; Ps 135, 7); die Falle schnellt empor (Am 3, 5); ein Schermesser kommt über das Haupt (Ri 13, 5; 16, 17; 1 Sam 1, 11); das Los kommt (aus dem Becher) heraus = fällt auf jmd. (Lev 16, 9; Jos 18, 11; 19, 10), eine Wunde heilt (Jer 8, 22), Fleisch überzieht die Knochen (Ez 37, 6. 8); Böcke bespringen die Schafe (Gen 31, 10. 12; vgl. Paul), Heuschrecken bedecken das Land (Ex 10, 12. 14), Frösche steigen aus dem Nil empor (*qal*), die Aaron auf JHWHs Geheiß hatte heraufsteigen lassen (*hiph*), und überschwemmen das Land (Ex 8, 1–3), JHWH wird über Israel alle Krankheiten und Schläge bringen (*hiph*), wenn es nicht auf seine Weisung achtet (Dtn 28, 61). Der Aspekt des Hinaufbringens oder -tragens bestimmt auch die übrigen Texte mit *ʿālāh hiph*: die Gebeine Josefs (Gen 50, 25; vgl. Ex 13, 19; Jos 24, 32) bzw. Sauls (2 Sam 21, 13) werden heraufgetragen; aber auch Gerätschaften (Esra 1, 11; vgl. Jer 27, 22); Holz (2 Chr 2, 15), Wagen (2 Chr 1, 17) oder der Zehnte (Neh 10, 39) bzw. Tribut (2 Kön 17, 4). Das heilige Zelt soll mit einem Leuchter ausgestattet werden, auf den man sieben Lampen aufsteckt (Ex 25, 37); die Israeliten sollen reines Öl bereiten, damit eine immerbrennende Lampe aufgesteckt werden kann (Ex 27, 20; vgl. 30, 8). Nicht zuletzt kann auch das Wiederkäuen bei Tieren mit *ʿālāh hiph* ausgedrückt werden (Lev 11, 3–6. 26; Dtn 14, 6–7).

Metaphorischer Gebrauch liegt vor im Bewunderungslied des Liebhabers (Hld 7, 7–10), wenn das intime Zusammensein der Liebenden mit dem Ersteigen einer Palme verglichen wird (v. 9). Die proph. Gerichtsrede Jer 4, 5–31 vergleicht den gegen Israel aus dem Norden heranrückenden Feind mit Wettergewölk, das heraufzieht (v. 13) bzw. mit einem Löwen, der aus dem Dickicht hervorbricht (v. 7). Im Kontrastmotiv wird JHWH einem Löwen gleich, der aus dem Dickicht des Jordan heraufsteigt, die Feinde verjagen und Israel Rettung bringen wird (50, 44). Dieses Bild ist dann in den Edomspruch sekundär eingedrungen; hier wird vielmehr das Unheil über Edom einem Adler gleich aufsteigen und heranschweben (49, 22).

b) Häufig wird *ʿālāh* im übertragenen Sinn gebraucht. So geht man zu einer hochgestellten Persönlichkeit hinauf. Entgegen dem sonst üblichen Sprachgebrauch geht Josef nach Ägypten zum Pharao hinauf (Gen 46, 31). Dieselbe Vorstellung liegt Hos 8, 9 zugrunde, wenn als Begründung für Israels gegenwärtige Not angegeben wird: „Sie sind von sich aus nach Assur hinaufgezogen." Die Söhne Eliabs weigern sich, zu Mose hinaufzugehen (Num 16, 12. 14). Zu Gericht geht man ebenfalls hinauf. Die Israeliten

gehen hinauf zu Debora, um sich Recht sprechen zu lassen (Ri 4, 5). Auch zum Gericht der Ältesten am Tor geht man hinauf, um einen Entscheid zu erhalten (Dtn 17, 8; 25, 7; Rut 4, 1).
Gen 49, 9 vergleicht Juda mit einem jungen Löwen, der vom Raub heraufkommt, d. h. Juda wird groß und mächtig. Nach Dtn 28, 43 wird der Fremdling Israel an Bedeutung übertreffen, während es selbst zur Bedeutungslosigkeit absinkt (*jrd*). Die tüchtige Hausfrau wird im beschließenden Lobpreis des Spr-Buches gerühmt als eine, die alle anderen übertrifft (*ʿālāh ʿal*, Spr 31, 29). Dagegen drückt das Bild vom Hochschnellen der Waage die Wertlosigkeit von jmd. aus (Ps 62, 10).
Übertragener Gebrauch liegt auch vor, wenn gesagt wird, daß Zorn aufwallt (2 Sam 11, 20; 2 Chr 36, 16; Ps 78, 21. 31; Spr 15, 1 *hiph*), daß Wehgeschrei empordringt (Ex 2, 23; 1 Sam 5, 12; Jer 14, 2) oder die Bosheit der Menschen vor JHWH gelangt (Jona 1, 2; vgl. Ps 74, 23).
c) An Termini technici und geprägten Wendungen mit *ʿālāh* (außer den Herausführungsformeln, s. u. d) sind zu notieren:
ʿālāh ʿal rûaḥ bzw. *ʿal leḇ*. Die geprägte Wendung mit *rûaḥ* begegnet bei Ez, jeweils leicht variiert, 5mal, davon 4mal in bezug auf Israel. Gemeint sind die verborgenen Gedanken und Geheimnisse des Herzens, die emporsteigen. Nach 11, 5; 14, 3. 7 sinnt Israel im Innersten seines Herzens auf Abfall von JHWH, hängt sein Sinn den *gillulîm* nach. Bei dem späten Wort 20, 32 ist nicht sicher auszumachen, ob es Ausdruck eines Willensentschlusses zum Götzendienst ist (van den Born, z. St.) oder eine durch das vollzogene Gericht zur Gewißheit gewordene Erkenntnis, ohne JHWH keine Zukunft mehr zu haben und deshalb wie die anderen Völker Fremdkulten nachgehen zu müssen. Die nachexil. Heilsprophetie greift die Redewendung auf und ersetzt *rûaḥ* durch *leḇ*. Dafür könnte Jer 31, 33 maßgebend gewesen sein. Nach Jes 65, 17 wird die Wende zum Heil bewirken, daß man der früheren Nöte nicht mehr gedenkt (→ זכר *zkr*), daß sie nicht mehr im Herzen aufsteigen werden. Jer 3, 16 spricht in vierfacher Steigerung davon, daß die „Lade des Bundes JHWHs" als Verkörperung des Gesetzes (Ex 25, 16; vgl. Dtn 10, 1–5; 1 Kön 8, 9) niemandem mehr in den Sinn kommen wird, man ihrer nicht mehr gedenkt (*zkr*), sie weder vermissen noch wieder herstellen wird. Sie ist überflüssig geworden, weil in der Heilszeit das Gesetz JHWHs auf die Herzen geschrieben wird (Jer 31, 33).
ʿālāh ʿal śᵉpaṯ lāšôn ist eine nur Ez 36, 3 belegte Redeform in der Bedeutung „ins Gerede der Leute kommen".
ʿālāh haššāmajim(āh) „zum Himmel emporsteigen" ist, wie Ludlul II, 46 zeigt (s. I. 4.), eine sprichwörtliche Redensart, die Ps 107, 26 rein metaphorisch gebraucht wird, Jes 14, 13. 14; Jer 51, 53 zum Ausdruck menschlicher Hybris dient, Am 9, 2 die Vergeblichkeit einer Flucht des Frevlers vor JHWHs Zugriff anzeigt (vgl. Ps 139, 8 mit *slq*). Schließlich erweist sich ein solches Tun nach Dtn 30, 12 als völlig unnötig, um JHWHs Weisung zu empfangen.
1 Kön 10, 29 belegt *ʿālāh* als term. techn. des Handels: „(eine Ware) beläuft sich auf, d. h. kostet".
Zur Bezeichnung für die Aushebung von Fronarbeitern dient *ʿālāh hiph* 1 Kön 5, 27; 9, 15; 9, 21 = 2 Chr 8, 8.
Häufig ist *ʿālāh qal/hiph* als militärischer Terminus „in den Kampf ziehen bzw. führen" belegt (vgl. R. Bach, WMANT 9, 1962, 63). Jos 7, 2 schickt Josua Kundschafter nach Ai hinauf, bevor er gegen die Stadt anrückt und sie erobert (Jos 8, 1. 3. 10 [dtr]. 11). Dieselbe dtr Hand wie Jos 8, 10 dürfte auch den Bericht über die Ersteigung und Eroberung Jerichos durch das „Volk" (Jos 6, 5. 10) sowie das Summarium Ri 1, 1–4 gestaltet haben. Ri 6, 3 ziehen Midianiter und Amalekiter gegen Israel, Ri 15, 10 die Philister. 1 Kön 14, 25 = 2 Chr 12, 9 rückt Schischak gegen Jerusalem an und nimmt es ein. Nach 1 Kön 15, 17 = 2 Chr 16, 1 zieht Bascha, der König von Israel, gegen Juda etc.

In diesen und anderen Texten ist *ʿālāh* mit *ʿal* (vgl. Ri 18, 9; 1 Kön 20, 22; 2 Kön 12, 18; 17, 3; 18, 13 = Jes 36, 1; 2 Kön 18, 25 = Jes 36, 10; 2 Kön 23, 29; Jer 50, 3. 21; Ez 38, 11. 16; Joël 1, 6; Nah 2, 2; 1 Chr 14, 10) oder mit *ʾæl* (vgl. Num 13, 31; Jos 15, 15; Ri 1, 1; 12, 3; 20, 23. 30; 1 Sam 7, 7; 2 Sam 5, 19; 2 Kön 16, 9; Jer 35, 11; 49, 28. 31) oder mit b^e (Jes 7, 6) verbunden. Im gleichen Sinne sind die Wortverbindungen zu verstehen *ʿālāh lᵉhillāḥem* „zum Kampf ausrücken" (2 Kön 3, 21; 2 Chr 35, 20), *ʿālāh lammilḥāmāh* bzw. *bammilḥāmāh* „in den Krieg ziehen" (1 Kön 20, 26; 2 Kön 16, 5; Jes 7, 1 bzw. 1 Sam 29, 9), *ʿālāh bammaḥᵃnæh* (1 Sam 14, 21). Entsprechend bedeutet *ʿālāh hiph* „in den Kampf führen" (vgl. Jer 50, 9; Ez 16, 40; 23, 46; 26, 3; 2 Chr 36, 17). Im engeren und weiteren Kontext begegnen naturgemäß eine Reihe von Termini aus dem Bereich des Kriegswesens (s. III. 2.). Die Beendigung des Kampfes bzw. der Rückzug wird durch *ʿālāh meʿal* ausgedrückt (vgl. 1 Kön 15, 19 = 2 Chr 16, 3; 2 Kön 12, 19; Jer 21, 2; 34, 21; vgl. 1 Sam 14, 46; 2 Sam 23, 9). Zur Diskussion der Bedeutung von *ʿālāh min hāʾāræṣ* in Ex 1, 10 und Hos 2, 2 „sich des Landes bemächtigen" vgl. Wolff, BK XIV/1, 27. 32; dagegen Rupprecht; Wehmeier 278; KBL³ 784: „aus dem Land heraufziehen".

Die prophetische Gerichtsverkündigung versteht den gegen Israel heranziehenden Feind als das sich ankündigende und sich notwendig vollziehende Gericht JHWHs. In der Bildrede vom Gericht über die Dirne Jerusalem (Ez 16) ruft JHWH alle Liebhaber herbei, um die treulose Stadt zu entweihen (v. 37) und eine Volksversammlung gegen sie aufzubieten (*ʿālāh hiph*), die das Urteil fällt und an ihr vollstreckt (vgl. die sekundäre Aufnahme des Bildes in 23, 46). Der späte Einschub Jer 5, 10 in die JHWH-Rede vv. 7–11 vergleicht Jerusalem mit einem Weinberg, gegen den der Feind heranrückt, um ihn zu verwüsten. Im nachexil. Aufruf zur Volksklage angesichts einer verheerenden Heuschreckenplage (Joël 1, 5–14) werden (v. 6) die Heuschrecken mit einem großen Feind-

volk verglichen, das gegen das Land JHWHs herangerückt ist.
Die exil./nachexil. Heilsprophetie funktioniert das Feindmotiv um. Dabei greift sie auf die Fremdvölkerorakel zurück. Das vorexil. (!) Wort gegen Ninive (Nah 2, 2–14; vgl. Deissler, NEB 1984, 203ff.) könnte als Anregung gedient haben: Ein nicht genannter Angreifer (JHWH?) zieht gegen (*'ālāh 'al-p^e^nê*, v. 2) die Stadt und vernichtet sie völlig. Nach Jer 48, 12 wird JHWH selbst den Verwüster Moabs aufbieten (*šlḥ pi*), um gegen das Land und seine Städte herauszuziehen (v. 15; zum Text s. BHS). Gegen Babel führt JHWH „eine Schar großer Völker" heran (*'ālāh hiph*), die es angreifen und erobern (Jer 50, 9); vgl. Ez 26, 3, wo JHWH „viele Völker" gegen Tyrus heranführt. JHWH lenkt den Zug der Feinde gegen Israel um und führt ihn gegen sie selbst, um sie zu vernichten und so die Rettung Israels vorzubereiten. Die sekundäre Heilsankündigung von der Sammlung und Rettung Jakobs in Mi 2, 12f. (vgl. Th. Lescow, ZAW 84, 1972, 46–85) spricht von einem Vorkämpfer, der vor dem Rest Israels herzieht (*'ālāh*) und alle Hindernisse beseitigt, die dem Einzug in Jerusalem im Wege stehen. Nach v. 13b ist der Vorkämpfer JHWH selbst, der an der Spitze seines Volkes zieht.
d) Von theologischer Relevanz sind Wortverbindungen und Formulierungen mit *'ālāh qal/hiph* im Zusammenhang mit dem Bekenntnis von der Herausführung aus Ägypten, im kultischen Umfeld von Wallfahrt und Opferdarbringung und schließlich mit Erhöhungs- bzw. Entrückungs- und Himmelfahrtsvorstellungen.
α) Von der Herausführung Israels aus Ägypten spricht das AT außerordentlich häufig. Dies geschieht in vielerlei geprägten Wendungen und Formeln sowie in freier Aufnahme derselben oder in Bezugnahme auf sie. Für den Akt der Herausführung werden zwei Verben benutzt: → יצא *jāṣā'* (76mal) und *'ālāh* (42mal).

Für M. Noth handelt es sich um ein früh verfestigtes formelhaftes Urbekenntnis Israels, das sich ursprünglich auf das Schilfmeerwunder bezog und zum Kristallisationskern der gesamten Pentateucherzählung wurde. Den Wechsel von *jāṣā'*/*'ālāh* hält er für ziemlich beliebig (ÜPt³ 48–54). P. Humbert sieht in *jāṣā'* einen juristischen und politischen Aspekt ausgedrückt, der die Befreiung aus Gefangenschaft und somit den soteriologischen Aspekt des Exodus betone, während *'ālāh* den geographischen und militärischen Aspekt beinhalte (ThZ 18, 1962, 357–361). J. Wijngaards beschränkt die *jāṣā' hiph*-Formulierungen auf die Aussage der Befreiung aus der Sklaverei. Demgegenüber habe die *'ālāh hiph*-Formulierung kultischen Charakter, beziehe sich oft auf die Landnahme und sei an den Heiligtümern des Nordreiches beheimatet. Für H. Lubsczyk kennzeichnen *jāṣā'* und *'ālāh* priesterliche und prophetische Auszugsüberlieferungen mit eigenständiger theologischer Bedeutung (ErfThSt 11, 1963). Nach W. Richter sind *jāṣā'*- und *'ālāh*-Formeln gleich alt und entstammen dem Nordreich. Die *'ālāh*-Formel sei mit dem Zelt verbunden, während für die *jāṣā'*-Formel kein konkreter Sitz im Leben auszumachen sei (Festschr. M. Schmaus, 1967, 175–212). E. Zenger vermutet für die *jāṣā'*-Formel den Sitz im Leben in der Königsprädikation JHWHs. Die *'ālāh*-Formel sei eine von Jerobeam als Präsentationsformel benutzte ältere Formulierung, die primär das Ereignis des Exodus deute (ZDMG Suppl. I, 1969, 334–342).

Die widersprüchliche Forschungslage läßt es ratsam erscheinen, die *'ālāh*-Formeln und ihre Aufnahmen einzeln nach ihrer theologischen Funktion und ihrem Sitz im Leben zu befragen.
'ālāh hiph im Relativsatz: „Hier ist dein Gott, Israel, der dich aus dem Land Ägypten heraufgeführt hat" (1 Kön 12, 28); „Das sind deine Götter, Israel, die dich aus dem Land Ägypten heraufgeführt haben" (Ex 32, 4. 8); „Das ist dein Gott, der dich aus Ägypten heraufgeführt hat" (Neh 9, 18). Neh 9, 18 erweist sich als sekundär und von Ex 32 abhängig in der singularischen Auffassung von Gott und in der Unterdrückung von „Land". 1 Kön 12 enthält einen vor-dtr Bericht aus der Zeit vor 722; er stammt aus Jerusalem. Ex 32 hängt vermutlich von diesem Bericht ab (Groß 433; Dohmen, BBB 62, 1985, 102ff.). Die weitgehende Übereinstimmung der Formeln lassen es möglich erscheinen,daß sie eine alte Kultformel von Bet-El widerspiegeln, die als Präsentationsformel von Jerobeam aufgenommen wurde. In anderen vorexil. Texten mit *'ālāh hiph* im Relativsatz ist jeweils Mose Subjekt (Ex 32, 1. 7. 23; 33, 1). Diese Art der Formulierung wird vom dtr Schrifttum aufgenommen und narrativ umfunktioniert (1 Sam 12, 6; 2 Kön 17, 36; Jer 16, 14; Am 3, 1?).
'ālāh hiph Ptz.: „Ich bin JHWH, dein Gott, der dich aus dem Land Ägypten Heraufführende" (Ps 81, 11). Dies ist ohne Frage ein vorexil. Beleg für eine liturgische Formel, die der Dekalogeröffnung entspricht und im Kontext des Fremdgötterverbotes steht. Ebenso dürfte auf kultischen Sitz im Leben der vorpriesterliche Gesetzesabschluß in Lev 11, 45 weisen: „Ich bin JHWH, der euch aus dem Land Ägypten Heraufführende." Beide Formeln sind Ich-Formulierungen des göttlichen Subjekts und stehen im Gesetzeskontext. Anders liegt der Fall Jos 24, 17 und Jer 2, 6. Der Text Jos 24, 17 ist wohl vor-dtr; er lautet: „JHWH, unser Gott, er ist der uns aus dem Land Ägypten Heraufführende", vgl. Jer 2, 6: „Wo ist JHWH, der uns aus dem Land Ägypten Heraufführende?" Der Passus entstammt der Urrolle. Hinter Jos 24, 17 könnte man eine Bekenntnisformel vermuten, ohne daß deren genaue Formulierung auszumachen ist. Jer 2, 6 dagegen könnte eine liturgische Formel widerspiegeln. Das gilt vielleicht auch für Dtn 20, 1: „JHWH, dein Gott, der dich aus dem Land Ägypten Heraufführende, ist mit dir." H. J. Boecker sieht darin einen Beleg für seine Annahme, daß die Formel in besonderer Nähe zum JHWH-Krieg stehe (WMANT 31, 1969, 42). Vermutlich gehört aber Dtn 20, 1 nicht zur alten Kriegsregel, sondern ist paränetische Verklammerung des Dtr (vgl. 2 Kön 17, 7). Das widerrät auch der Vermutung

W. Richters (Festschr. Schmaus, 1967, 184), daß die Redaktion der dtn Gesetze im Nordreich erfolgt sei.
baʿalôṯ (Inf.) + „aus Ägypten": Hierbei handelt es sich, wie bei den nachfolgenden Formulierungen, um eine formelhafte Zeitangabe. „Israel hat mein Land weggenommen bei seinem Heraufziehen aus Ägypten", sagt der Ammoniterkönig zu den Boten Jiftachs (Ri 11, 13). Dieselbe Angabe findet sich in der Antwort der Boten (Ri 11, 16). In ähnlichem Zusammenhang begegnet die Formel 2 Sam 15, 2 in der JHWH-Rede: „Ich will ahnden, was Amalek an Israel getan hat, indem es ihm in den Weg trat bei seinem Heraufziehen aus Ägypten." Im gleichen Kontext rät Saul den Kenitern zum Rückzug, „da ihr doch ganz Israel Freundschaft erwiesen habt bei seinem Heraufziehen aus Ägypten" (2 Sam 15, 6). Die Belege für die Formel sind alt, vorexil. und von dtr Sprachgebrauch unabhängig. Nach Ausweis ihres Kontextes beziehen sie sich auf die Situation des Wüstenzuges, wobei die Verwendung von *ʿālāh* den Aspekt des Weges betont.
jôm ʿalôṯ (Inf.) + Suff. (des menschlichen Subjekts): Hos 2, 17: „Dorthin wird sie (Israel) hinaufziehen wie in ihrer Jugendzeit, wie am Tag ihres Heraufziehens aus Ägypten." Dieselbe Formulierung findet sich Jes 11, 16: „So wird eine Straße sein für den Rest des Volkes, den die Assyrer übriggelassen, wie eine für Israel gewesen ist am Tag ihres Heraufziehens aus Ägypten." Während Hos 2, 17 vorexil. und nicht-dtn ist, dürfte Jes 11, 16 von einem späten Redaktor stammen. Die Formel weist nicht allgemein auf den Exodus oder den Wüstenzug hin, sondern akzentuiert klar das Ereignis des Auszuges.
(le)mijjôm + ʿalôṯ/haʿalôṯ + ʿaḏ hajjôm hazzæh: Ri 19, 30 läßt der Levit, dessen Frau von den Benjaminiten getötet wurde, die Stämme Israels fragen: „Ist dergleichen geschehen vom Tag des Heraufziehens der Söhne Israels aus Ägypten bis auf diesen Tag?" In der JHWH-Rede an Natan, die den Tempelbau durch David untersagt, heißt es 2 Sam 7, 6: „Habe ich doch in keinem Haus gewohnt vom Tag meines Heraufführens der Söhne Israels aus Ägypten bis auf diesen Tag" (vgl. die Variante 1 Chr 17, 5). Beide Belege sind alt und vor-dtn. Der Kontext von Ri 19, 30 weist wohl auf die JHWH-Krieg-Tradition und ins Nordreich (W. Richter), während 2 Sam 7, 6 eindeutig ins Südreich und nach Jerusalem gehört. Die übrigen Belege für die Formel sind dtn/dtr oder von diesem Schrifttum abhängig (vgl. 1 Sam 8, 8; Jer 11, 7). Von den beiden alten Belegen dürfte 2 Sam 7, 6 die Quelle der dtr Formulierungen darstellen.
Alle Formeln mit Zeitangabe bzw. alle formelhaften Wendungen erweisen sich gegenüber den liturgischen Ich-Formeln des göttlichen Subjekts mit *ʿālāh hiph* als sekundär. Sie zeigen, daß man bereits vorexil. und vor-dtn mit sehr unterschiedlichen formelhaften Wendungen auf das Exodusgeschehen Bezug nehmen konnte. Ein Sitz im Leben für sie ist nicht auszumachen, vielmehr wird man mit einem Sitz in der Literatur zu rechnen haben. Obwohl gewisse bedeutungsmäßige Differenzen festzustellen sind sowie Wendungen, die für die Sprache von P bzw. Dtr charakteristisch sind, ist kaum zu entscheiden, inwieweit sie jeweils gezielt eingesetzt wurden. Sie alle können in Bezugnahme auf die Herausführung verwendet werden.
Für zwei weitere Formeln, sofern sie als selbständig und nicht als Umformungen und Varianten der Formel *ʿālāh* Ptz. mit göttlichem Subjekt anzusehen sind, läßt sich ein je eigener Sitz im Leben feststellen.
1 Sam 10, 18: „So spricht JHWH, der Gott Israels: Ich habe Israel heraufgeführt aus Ägypten." Da Samuel in v. 19 ohne Überleitung in die Selbstrede übergeht und von den „Söhnen Israels" spricht, liegt die Vermutung des Zitats einer Formel nahe (vgl. noch Ri 6, 8). In beiden Fällen liegt die selbständige Bearbeitung eines von prophetischer Verkündigung abhängigen Formulars vor (W. Richter, BBB 21, 1964, 105–109). Diesem vor-dtn Formular entstammt auch diese Herausführungsformel. Das bestätigen auf ihre Weise die späten Belege Am 9, 7; vgl. 2, 10; 3, 1 (alle dtr) sowie Mi 6, 4 (nachexil.; vgl. Th. Lescow, ZAW 84, 1972, 187). Sitz im Leben dieser Formel ist der prophetische *rîḇ*, der Rechtsstreit.
Der nachexil. Bearbeiter des Jer-Buches sieht die Heimführung der Exilierten in Parallele zur Herausführung aus Ägypten. Dabei wertet er den neuerlichen Machterweis JHWHs an seinem Volk als derart außerordentlich, daß er die grundlegende Tat der Herausführung vergessen macht: „Man wird nicht mehr sagen: So wahr JHWH lebt, der Israel heraufgeführt hat aus dem Land Ägypten! Sondern: So wahr JHWH lebt, der Israel heraufgeführt hat aus dem Land des Nordens und aus allen Ländern, wohin er sie verstoßen hatte!" (Jer 16, 14f.; vgl. 23, 7f.). Der nachexil. Gemeinde ist das Bekenntnis von der Herausführung in dieser Form offenbar bekannt, so daß es im Kontrastmotiv neue Hoffnung zu wecken vermag. Da es wenig wahrscheinlich ist, daß diese Formel erst in dieser Zeit gebildet wurde, scheint sie eine ältere widerzuspiegeln. Diese könnte in Ri 6, 13 vorliegen: „Hat uns nicht JHWH aus Ägypten heraufgeführt!" Es könnte sich dann in der Tat um eine alte Bekenntnisformel handeln (J. Wijngaards 99f.).
In den erzählenden Partien des Pent. wird das Thema Herausführung mit *ʿālāh hiph* breit entfaltet, ohne daß eine feste Bindung an eine der Herausführungsformeln erkennbar ist. Im Einzelfall ist kaum zu entscheiden, ob Anspielung oder freie Formulierung vorliegt. Wenn J auf Exodusformeln anspielt, gebraucht er *ʿālāh hiph*, allerdings in sehr freier Formulierung (vgl. Ex 3, 8. 17 [göttl. Subj.]; Ex 33, 1; Num 16, 13; [menschl. Subj.] und, falls die vor-dtn Textbestandteile von Ex 32 zu J gehören, 32, 1. 23 [menschl. Subj.]). Sofern eigenständige E-Texte überhaupt auszumachen sind, gebraucht E keine Formeln, spielt aber auf solche an (vgl. Gen 46, 4; 50, 24 [göttl. Subj.]; Ex 17, 3; Num 21, 5 [menschl. Subj.]).

Man hat die *ʿālāh hiph*-Formeln als für das Nordreich typisch und an den dortigen Heiligtümern beheimatet angesehen (Wijngaards 100, danach Wehmeier 288f.). Damit verbunden ist die Annahme, die Formulierungen mit *ʿālāh* seien, da kultpolitisch belastet, zurückgedrängt und seit dem Exil ganz verschwunden, während sich stattdessen die unbelasteten *jāṣāʾ*-Formulierungen durchgesetzt hätten (vgl. auch W. Richter, BBB 21, 108). Demgegenüber zeigt sich aber, daß in exil.-nachexil. Zeit, abgesehen vom DtrGW, das in der Sprachtradition von Dtn und Dtr steht und *ʿālāh* nur bei Übernahme von Nordreichstraditionen verwendet, *ʿālāh* keineswegs selten gebraucht wird (vgl. Lev 11, 45; Jer 16, 14; 23, 7 [nachexil.]; Jer 11, 7 [dtr]; Mi 6, 4; Jes 11, 16; Num 14, 13; 32, 11 und die sekundären Am-Stellen 2, 10; 3, 1). Hinzu kommt, daß *jāṣāʾ* neben *ʿālāh* nicht nur Jer 31, 32 (vgl. 2, 6), die dtr Jer-Stelle 11, 4 (vgl. 11, 7), sondern auch der Verfasser von DtrGW (1 Sam 12, 6; vgl. 12, 8) benutzen. Das läßt allenfalls den Schluß zu, daß zu dieser späten Zeit der Unterschied zwischen *jāṣāʾ* und *ʿālāh* verblaßt war.

β) Vielfach wird die Begegnung mit Gott, der in der Höhe wohnt, das Hinaufgehen zu seinem Heiligtum oder zum Gottesberg mit *ʿālāh* ausgedrückt, so daß in diesen Kontexten das Verb zum term. techn. für „pilgern, wallfahren" wird.

Im komplexen Traditionsgeflecht der Sinaiperikope ist oft ganz konkret davon die Rede, daß Mose hinaufsteigt oder auf Befehl hinaufsteigen soll auf den Berg zu Gott (Ex 19, 3) bzw. zu JHWH (Ex 24, 12. 15. 18; 32, 30; vgl. Dtn 10, 1) oder Mose mit Aaron (Ex 19, 24) bzw. Mose mit Aaron, Nadab und Abihu sowie 70 von den Ältesten Israels, wobei aber nur Mose sich JHWH nahen darf (Ex 24, 1. 9). Nach Ex 24, 13 steigt Mose hinauf auf den Gottesberg, während er Ex 34, 2 den Befehl erhält, den Berg Sinai zu besteigen und auf der Spitze des Berges vor JHWH hinzutreten (vgl. 34, 4 die Ausführung des Befehls). Dagegen darf das Volk nicht auf den Berg Sinai steigen (Ex 19, 23). Num 20, 27 (P) steigt Mose mit dem Sohn Aarons, der zum Zeichen der Nachfolge die Gewänder des Vaters trägt, auf den Berg Hor, während nach einer späteren P-Notiz (Num 33, 38) Aaron selbst auf den Berg Hor steigt und stirbt.

Die vorkönigliche und frühdynastische Zeit kennt eine Reihe lokaler Heiligtümer, die Ziel regelmäßiger Wallfahrten einzelner Familien oder Sippen waren. Sie werden zumeist sekundär familienätiologisch begründet. So pilgert Jakob von Sichem nach Bet-El, um dort einen Altar und eine Stele zu errichten (Gen 35, 1–9. 14f. E). Im jetzigen Kontext erscheint dies als Einlösung des Gelübdes von Gen 28, 20ff.; es handelt sich aber um einen Doppelbericht, dem Gen 28, 10–22 (JE) zugrunde liegt und der die Ätiologie von Gen 28, 18f. wiederholt. Nach Gen 12, 8 (J) hatte bereits Abraham hier einen Altar gebaut. Später ziehen dann die Israeliten hinauf nach Bet-El, um Gott zu befragen (Ri 20, 18) und ihm Opfer darzubringen (Ri 20, 26ff.; vgl. 21, 2). Saul trifft auf seinem Weg nach Gilgal Männer, die „zu Gott nach Bet-El" wallen (1 Sam 10, 3). Elkana zieht Jahr für Jahr mit seiner Familie hinauf nach Schilo, um vor JHWH zu beten und zu opfern (1 Sam 1, 3. 7. 21. 22; 2, 19). Isaak zieht hinauf nach Beerscheba, wo ihm JHWH erscheint (Gen 26, 23–25 [JE oder dtr]). Nach Ri 21, 5. 8 ziehen die Israeliten hinauf „zu JHWH in Mizpa". Elija steigt auf den Gipfel des Karmel, um zu JHWH zu beten (1 Kön 18, 42).

Mit der Errichtung des Tempels in Jerusalem verloren die lokalen Heiligtümer an Bedeutung, zumal dies aus religionspolitischen Gründen durch die Monarchie betrieben wurde, um so Jerusalem als Staatsmetropole und den Tempel als Nationalheiligtum zu etablieren. Zu diesem Zweck läßt David die Lade, die von Bet-Schemesch in das Haus des Abinadab hinaufgebracht worden war (*ʿālāh hiph*) (1 Sam 6, 21; 7, 1), in feierlichem Zug in die Davidsstadt überführen (2 Sam 6, 2. 12. 15), von wo sie Salomo schließlich in den Tempel bringen läßt. Nach der vor-dtr Grunderzählung in 1 Kön 8, 1–11* (Hentschel, NEB 1984, 55) geschah dies in großer Prozession. Ps 47, 6 könnte ein Reflex auf eine gottesdienstliche Wiederholung einer solchen Lade-Prozession sein. Nach Ps 122, 4 ist es bereits selbstverständlich, daß die Stämme nach Jerusalem wallfahren, um JHWH zu preisen, denn „Gesetz ist es für Israel". Je nach Datierung des Liedes bezieht sich der Dichter auf die Bestimmungen der vor-dtn „Wallfahrtsschicht" (Ex 34, 22. 23. 24b. 26a; vgl. J. Halbe, FRLANT 114, 206–209. 316f.), nach der Israel dreimal im Jahr hinaufziehen soll, um vor JHWH zu erscheinen (34, 24b), oder die dtn Zusammenfassung der Verpflichtung zu den jährlichen Wallfahrtsfesten (Dtn 16, 16f.; vgl. Braulik, NEB 1986, 120). Die Einbürgerung der Wallfahrt nach Jerusalem zeigt negativ 1 Kön 12, 27f., wonach Jerobeam diese für die Nordstämme unterbinden will, indem er feststellt: „Lange genug seid ihr nach Jerusalem gepilgert!" Demgegenüber warnt Hosea 4, 15 in Anlehnung an Am 5, 5 Israel eindringlich davor, nach Gilgal zu kommen (→ בוא *bôʾ*) und nach Bet-Awen (= Bet-El; vgl. schon Am 5, 5) hinaufzuziehen. In exil. Zeit kündigt das Prophetenwort Jer 31, 6 den Verbannten neue Kultgemeinschaft mit dem Zionstempel an; als Pilger werden sie hinaufziehen nach Zion, hin zu JHWH, ihrem Gott. In dem nachexil. Zionslied eines unbekannten Autors (Jes 2, 2–4 = Mi 4, 1–3), das Jes 56, 3–7; 66, 18–23; Sach 8, 20–23 nahesteht, weitet sich der Horizont. Nicht nur die unter die Völker versprengten Israeliten, sondern alle Völker werden sich aufmachen und zum Zion wallen, um JHWH in seinem Heiligtum zu begegnen und von ihm die Weisung zu erhalten (vgl. Sach 14, 16–19).

γ) 77mal bezeichnet *ʿālāh hiph* die Darbringung eines Opfers, davon 61mal in Verbindung mit → עלה *ʿolāh*. Es besteht keine Einigkeit darüber, ob die *hiph*-Bildung ausdrücken will, daß man das Opfer auf den Altar heraufbringt oder es im Rauch aufsteigen läßt. Für das erste Verständnis könnten einige

Stellen sprechen, wo *ʿālāh qal* von Opfern gebraucht wird i.S.v. „auf den Altar kommen (steigen)“. Nach 1 Kön 18, 29 prophezeien die Baʿalspropheten, bis daß das Speiseopfer „aufstieg“ (geopfert wurde). Jes 60, 7 sagt, daß Schafe und Widder „zum Wohlgefallen auf meinen Altar steigen“. Lev 2, 12 und Ps 51, 21 könnte man auch *hiph* lesen. Weniger beweiskräftig sind Stellen, die vom König oder von einem Priester sagen, daß er an den Altar hinaufsteigt, um zu opfern (1 Kön 12, 32f. ; 2 Kön 23, 9; Jes 57, 7). Für das zweite Verständnis spricht die Verbindung mit *ʿolāh* und die Tatsache, daß ein Opfer erst durch Verbrennen als für die Gottheit vollzogen gilt.

Allerdings kann *ʿālāh hiph* auch für die Darbringung anderer Opferarten benutzt werden, „besonders wenn verschiedene Arten nebeneinander genannt sind und ihre Zwecke nicht deutlich unterschieden werden“ (Wehmeier 280, vgl. Ex 30, 9; 40, 29; Lev 14, 20; Jos 22, 23; Ri 20, 26; 21, 4; 2 Sam 6, 17; 24, 25 = 1 Chr 21, 26; 1 Kön 9, 25; 1 Chr 16, 2; 2 Chr 35, 14; Jer 14, 12; Am 5, 22). Die Annahme Wehmeiers (280), *ʿālāh hiph* habe an verschiedenen Stellen, da nähere Angaben fehlten, die allgemeine Bedeutung „opfern“, läßt sich nicht aufrecht erhalten, da im unmittelbaren Kontext aller von ihm genannten Stellen (außer 2 Sam 15, 24) ausdrücklich vom Brandopfer die Rede ist.

Bemerkenswert ist indes, daß in der Darbringungsterminologie zwischen den P-Texten und der älteren Überlieferung ein tiefgreifender Unterschied besteht. Während in den älteren Texten *ʿālāh hiph* eindeutig vorherrscht, vermeidet P den Terminus von wenigen Ausnahmen abgesehen (Ex 30, 9; 40, 29; Lev 14, 20; 17, 8). Der Chronist zeigt sich hingegen auffällig unabhängig von der priesterlichen Terminologie. Bei ihm dominiert wieder *ʿālāh hiph*, und zwar nicht nur dort, wo er Quellen verarbeitet, sondern auch in Eigenberichten, für die er in den Quellen keine Vorlage fand (vgl. 1 Chr 16, 40; 23, 31; 29, 21; 2 Chr 23, 18; 29, 7. 27; Esra 3, 2f. 6).

δ) *ʿālāh hiph* findet Verwendung in Texten, die von Erhöhung oder Entrückung eines Menschen sprechen. Erhöhungs- und Entrückungsvorstellungen haben religionsgeschichtlich verschiedene Ursprünge und sind deshalb getrennt zu behandeln.

Von der Erhöhung eines Menschen durch Gott ist in den hymnischen Prädikationen JHWHs im sog. Danklied der Hanna (2 Sam 2, 1–10; vgl. Th. J. Lewis, JBL 104, 1985, 105–108) die Rede: „JHWH macht tot und lebendig, führt zur Scheol nieder und führt herauf (*ʿālāh hiph*). JHWH macht arm und macht reich, erniedrigt und erhöht (→ רום *rûm pol*). Er erhebt den Geringen aus dem Staub (→ קום *qûm hiph*) und erhöht den Armen aus dem Schmutz (*rûm hiph*)“ (vv. 6–8). Das recht allgemein gefaßte Theologumenon der Erhöhung kommt im Hymnus zur Sprache, also (noch) nicht in Aussagen über den Menschen, sondern im Lobpreis JHWHs. Vv. 7–8 benennen als Personenkreis, an dem sich JHWHs Erhöhungshandeln vollzieht, den Geringen (→ דל *dal*) und Armen (→ אביון *ʾæḇjôn*). Erhöhung meint hier die soziale Rehabilitation des Schwachen und Unterdrückten. V. 6 macht demgegenüber eine generelle Aussage. Sie preist JHWH als den Herrn über Leben und Tod. Sein Erhöhungshandeln wird verstanden als Errettung vom Tod bzw. aus Todesgefahr. Diese ist durch schwere Krankheit oder durch Feindesbedrängnis gegeben. Während Errettung aus Feindesnot in der Regel durch *rûm hiph* ausgedrückt wird (z. B. Ps 3, 4; 92, 11), weisen die Aussagen mit *ʿālāh hiph* auf Errettung aus krankheitsbedingter Todesgefahr hin. Ps 30, 4 dankt der Beter: „JHWH, du hast meine Seele aus der Scheol heraufgeführt“, par. „du hast mich geheilt“ (v. 3). In Ps 71, 20 wird die Errettung vor Nachstellung der Feinde und aus der Todeskrankheit als Heraufführen „aus den Tiefen der Erde“ beschrieben. Ansonsten geschieht dies durch andere Termini, etwa *rûm pol* (Ps 9, 14), *qûm hiph* (Ps 41, 11; vgl. 40, 3), *śgb pi* (Ps 69, 30). Errettung aus todbringender Krankheit dürfte auch im Hintergrund von Ps 40, 3 stehen: „er führte mich herauf aus grausiger Grube, aus Schmutz und Schlamm“. Ausdrücklich ist davon erst in vv. 13–18 die Rede. Dabei dürfte es sich aber um ein selbständiges Klagelied handeln (vgl. Ps 70). In dem sekundären Dankpsalm Jona 2, 3–10 schildert der Beter seine Todesnot als Versinken in tiefen Wassern, als Hinabfahren in die Erde (vv. 6–7a). Im Kontrast dazu beschreibt er JHWHs rettendes Eingreifen: „du führtest herauf mein Leben aus der Grube“ (v. 7b). Die Errettung aus todbringender Krankheit wird in mythischen Bildern dargestellt, die alle den Bereich des Todes umschreiben. Die tiefste Ursache für das Leiden sieht der Beter darin, daß sich Gott von ihm abgewandt hat, so daß er von jeder Lebensmöglichkeit abgeschnitten ist. Eine Wende seiner Not kann nur durch ein unmittelbares Eingreifen Gottes selbst erfolgen. In Umkehrung des Bildes vom Hinabsteigen in die Scheol während der Erkrankung wird Gottes rettendes Eingreifen als ein Heraufführen aus der Tiefe, als Erhöhung verstanden (vgl. C. Barth, Die Errettung vom Tode, 1947, 53ff.).

Von Entrückung bzw. Himmelfahrt (dazu vgl. A. Schmitt, FzB 10, ²1976) eines Menschen im eigentlichen Sinne wird nur im Zusammenhang mit dem Tod Elijas gesprochen (2 Kön 2, 1: *ʿālāh hiph*; 2 Kön 2, 11: *ʿālāh qal*; vgl. die Aussagen mit → לקח *lāqaḥ* in 2 Kön 2, 3. 5 und bei der Entrückung des Henoch in Gen 5, 21–24). Nach 2 Kön 2, 11 steigt Elija im Sturm hinauf (*ʿālāh qal*) zum Himmel. Sturm sowie die im selben Vers genannten „feurigen Wagen und Pferde“ sind traditionelle Elemente der Theophanieschilderung (vgl. Ps 68, 18; 77, 17ff.; Hab 3, 8; Sach 6, 1–8; Jes 66, 15). Innerhalb eines Theophaniegeschehens geht Elija ein in die Sphäre Gottes. Subjekt des Handlungsgeschehens ist JHWH, wie die redaktionelle Einleitung 2 Kön 2, 1a sicherstellt. Die Vorstellung, daß Menschen, die in besonderer Freundschaft zu den Göttern stehen, zum Himmel emporsteigen, ist in der Antike weit verbreitet. Sie dient hier dazu, in formelhafter mythologischer Redeweise die schlichte Tatsache zu umschreiben, daß Elija gestorben ist. Ein solcher Euphemismus erklärt sich aus der überragenden Persönlichkeit des Propheten. Seine Ausnahmestellung dokumentiert sich dann auch in seinem Tod. Während die anderen Menschen zur Scheol hinabsteigen müssen, darf er zum Himmel emporsteigen.

In den meisten Religionen gilt der Himmel als Wohnsitz der Götter. So betrachtet auch Israel seit ältester Zeit den Himmel als Wohnstätte JHWHs (z.B. Dtn 4, 39; 10, 14; 26, 15; 1 Kön 8, 23; Ps 2, 4 u.ö.; vgl. M. Metzger, UF 2, 1970, 139–158). Von dort steigt JHWH herab, um sich in seinem Selbst und seiner Weisung den Menschen kundzutun, und kehrt dorthin zurück. Während von JHWHs Herabsteigen häufig berichtet wird, so daß in diesen Kontexten *jāraḏ* (→ ירד) ohne Ortsangabe geradezu term. techn. für „vom Himmel herabfahren" ist, sind Aussagen für sein Hinaufsteigen zum Himmel selten (vgl. bes. bei J; dazu E. Zenger, QD 104, 1985, 49).

In zwei kurzen Bemerkungen spricht P eher andeutungsweise vom Aufstieg Elohims zu seiner himmlischen Wohnung (Gen 17, 22; 35, 13). Gen 17, 1–22 ist eine ganz von P nach Sprache und Theologie gestaltete, den älteren Vätertraditionen nachgeahmte und ihnen als Alternative gegenübergestellte Erzählung, die in der Stiftung einer *b^erîṯ ʿôlām* gipfelt. Die Einleitung (v. 1a) drückt das Kommen Gottes zu Abraham mit dem aus prophetischem Offenbarungsempfang bekannten Terminus → ראה *rā'āh niph* aus. Die Erzählung schließt mit der Feststellung: „Und Elohim stieg hinauf von (*ʿālāh qal* + *meʿal*) Abraham" (v. 22). Es fehlt sowohl die Angabe des Ortes, von dem aus der Aufstieg erfolgt, als auch die nach dem sonstigen Sprachgebrauch zu erwartende Zielangabe (*haššāmajim*). Die gleiche Unbestimmtheit begegnet Gen 35, 13: „Und Elohim stieg hinauf von dem Ort, wo er mit ihm gesprochen hatte." Wiederum wird hier *rā'āh niph* für das Kommen Gottes gebraucht. „Deutlich ist, daß sich so eine religiöse Scheu der P ausspricht, den überirdischen Gott in die Dinge der Welt zu verflechten" (H. Gunkel, Genesis [GHK I/1⁹], XCV). Für P liegt das Gewicht ganz auf dem Inhalt der Offenbarung Elohims, während die Akzidentien des Offenbarungsvorganges zurücktreten.

Von einer Auffahrt JHWHs ist in Ps 47, 6 und 68, 19 die Rede. Ps 47 gehört zu den JHWH-Königs-Hymnen (H. J. Kraus, BK XV/1⁵, 502ff.). Sprachliche und sachliche Berührungen mit 1 Kön 8, 1–9 lassen es Kraus als sicher erscheinen, daß mit *ʿālāh* „der Aufzug der Lade zum Zion beschrieben" wird (BK XV/1⁵, 505). Jedoch weisen „Jubelklang" und „Schall der Posaunen" in die Topik der Proklamation und Inthronisation eines irdischen Königs (vgl. 2 Sam 15, 10; 1 Kön 1, 34. 39; 2 Kön 9, 13 u.ö.). JHWHs Königssitz ist nach alter Vorstellung sowohl auf dem Zion wie im Himmel (Ps 11, 4; 103, 19). Seine Auffahrt begründet seine Machtstellung als Herrn der ganzen Welt, wie aus den Epitheta *mælæḵ* und *ʿæljôn* (vv. 3. 8f.) klar hervorgeht. Gerade die Korrespondenz zwischen *ʿæljôn* und *ʿālāh* legt die Vermutung nahe, daß hier an JHWHs Auffahrt in seine himmlische Wohnung gedacht ist, wo er als König thront (Jes 14, 14), erhaben (*ʿālāh niph*) über alle Götter (Ps 97, 9) (vgl. schon R. Kittel, KAT XIII⁴, 175; E. J. Kissane, The Book of Psalms I, Dublin 1953, 206).

Ps 68, 19 spricht von JHWHs Auffahrt zur Höhe (*mārôm*). Dabei ist wohl nicht an seinen Aufstieg zum Zion gedacht (E. Podechard, RB 54, 509) oder zum Sinai (Dahood, AB 17, 143). Der Hinweis auf „Gefangene" und „Huldigungsgaben", die JHWH mitführt, läßt eher an seine Himmelfahrt denken. Im Hintergrund steht dabei die altkanaanäische Vorstellung vom Aufstieg der Götter zum Zaphon, die in den vv. 16–18 anklingt. Konkret bezieht sich die Angabe „du bist emporgestiegen zur Höhe" (v. 19) auf den Aufstieg JHWHs zu dem in vv. 16f. geschilderten Gottesberg, der mit seinem himmlischen Wohnsitz identisch ist.

Wie immer man Einzelheiten beurteilen mag, in diesen Texten drückt sich das Bekenntnis Israels zur universalen Herrschaft JHWHs aus. Er ist erhaben (*ʿālāh niph*) sowohl „über die Schilde der Erde" (Ps 47, 3), d.h über alle Herrscher der Erde, als auch über alle Götter (Ps 97, 9).

4. a) *maʿ^alāh* bedeutet vom Verbalbegriff her zunächst „Hinaufziehen", Esra 7, 9 bezogen auf die Heimkehr der Exulanten. Im technischen Sinne bedeutet es „das, worauf man hinaufsteigt", „Stufe": die zur Davidstadt führenden Stufen (Neh 3, 15; 12, 37), die Stufen eines Thrones (1 Kön 10, 19f.; 2 Chr 9, 18f.), eines Tores (Ez 40, 6. 22. 26. 31. 37), der Vorhalle (Ez 40, 49), eines Altars (Ex 20, 26; Ez 43, 17), schließlich die Gradeinteilung einer Sonnenuhr (2 Kön 20, 9–11; Jes 38, 8).

Umstritten ist die Bedeutung der Wortverbindung *šîr ham* (*lam* Ps 121, 1) *maʿ^alôṯ* als Überschrift der Ps 120–134. Man hat sie von der Kunstform der Anadiplosis her deuten wollen, d.h. das Schlußwort eines Verses oder Abschnitts wird zu Beginn des nachfolgenden Verses oder Abschnitts wiederholt; man hat sie mit Hinweis auf Esra 7, 9 verstanden als Reiselieder der Heimkehrer oder nach *Middot* 2, 5 als Stufenlieder, die von den Leviten auf den 15 Stufen des Nikanortores angestimmt wurden. Die vom Verb her naheliegende Deutung als Wallfahrts- bzw. Prozessionslied ist vermutlich vorzuziehen. Diese Gruppe von Psalmen bildet ein Büchlein von Gesängen, die bei der Wallfahrt nach Jerusalem und/oder bei ihrem letzten Akt, der Prozession zum Heiligtum, angestimmt wurden.

b) *maʿ^alæh* bezeichnet den Ort, wo man hinaufgeht, den 'Aufgang, Steig': allgemein (Ez 40, 31. 34. 37; Neh 12, 37), den zur Stadt (1 Sam 9, 11) oder zum Ölberg (2 Sam 15, 30) hinaufführenden Weg bzw. den zu den Davidsgräbern führenden (2 Chr 32, 33). In Verbindung mit Ortsnamen bedeutet es 'Steig, Paß': *m. 'aḏummîm* (Jos 15, 7; 18, 17), vielleicht der jetzige *Kalʿaṭ ed-dam* in der Wüste zwischen Jerusalem und Jericho; *m. ʿaqrabbîm*, der sog. „Skorpionensteig" (Num 34, 4; Jos 15, 3; Ri 1, 36); *m. bêṯ-ḥôron* (Jos 10, 10); *m. hæḥāræs* (Ri

8, 13); *m. hallûḥîṯ* (Jes 15, 5; Jer 48, 5). Die meisten dieser Steige und Pässe sind nicht mehr eindeutig zu lokalisieren.
Als term. techn. scheint *maʿ^alæh* in Neh 9, 4 zu fungieren im Sinne des erhöhten Standortes, Podium oder Tribüne für die Leviten.
c) *ʿElî* ist der Name des Priesters von Schilo (1 Sam 1, 3–4, 18; 14, 3; 1 Kön 2, 27). Herkunft und Deutung des Namens sind umstritten. Asarab. PN mit dem Element *ʿlj* (s. I.) könnten darauf hindeuten, daß *ʿelî* ein Hypochoristikon ist. Die Ostraka von Samaria kennen zudem den Namen *Jhwʿlj* (schon W. F. Albright, CBQ 7, 31), so daß die Möglichkeit besteht, daß der Name des Priesters darauf zurückgeht. Zur Diskussion, ob mit Hinweis auf KTU 1.16, III, 6–9 *ʿlj* als Gottesname und als Synonym zu *ʿljn* zu verstehen ist, vgl. Dahood; → עליון *ʿæljôn*.
ʿalwān (Gen 36, 23) bzw. *ʿaljān* (1 Chr 1, 40) ist der Name einer Sippe, die genealogisch den Horitern, den Ureinwohnern des Berglandes von Seïr, zugeordnet wird (Scharbert, NEB 1986, 235). *ʿalwāh* (Gen 36, 40) bzw. *ʿaljāh* (1 Chr 1, 51) bezeichnet eine edomitische Sippe bzw. deren Sippenhäuptling. Da die Edomiter das Gebiet der Horiter erobert und die Ureinwohner sich assimiliert haben, ist nicht auszuschließen, daß ein und dieselbe Sippe gemeint ist.
d) Von den übrigen Nominalverbindungen sind zu nennen: *maʿal* 'oben', in Verbindung mit *min* oder *h*-lokale häufig als adv. Bestimmung verwendet; zur Formel „von X an und aufwärts" vgl. Brin. *moʿal* 'Erhebung (der Hände)' ist nur Neh 8, 6 belegt. *ʿālæh* „das Heraussprossende", 'Laub, Blätter' → עָלֶה. *ʿ^ælî* in Spr 27, 22 dürfte nach assyr. *elit urṣi* den Mörserstößel bezeichnen. *ʿillî* (vgl. akk. *elû*) heißt 'oberes': Kaleb gibt seiner Tochter als Abschiedsgeschenk die oberen und unteren Quellen (Jos 15, 19 = Ri 1, 15). *ʿ^alijjāh* ist das Obergemach, der Söller (Ri 3, 20. 23. 25; 1 Kön 17, 19. 23; 2 Kön 1, 2; 23, 12; Jer 22, 13 f.), metaphorisch vom „Söller über den Wassern", den himmlischen Gemächern (Ps 104, 3. 13). *t^eʿālāh* schließlich meint das, was eine Wunde überzieht, abstr. 'Heilung, Genesung', die freilich im Spruch Jer 30, 12–15 für Israel (v. 13) und im Spruch Jer 46, 2–12 für Ägypten (v. 11) ausgeschlossen ist.

IV. 1. Die Qumrantexte verwenden *ʿālāh qal* und *hiph* sowie die Nominalableitungen in ganz ähnlicher Weise wie das AT. Alltagssprachgebrauch liegt vor, wenn es im Sabbatgesetz heißt: „Einen lebenden Menschen, der in ein Wasserloch fällt oder sonst in einen Ort, soll niemand heraufholen" (CD 11, 16 f.). Als militärischer Terminus begegnet *ʿlh* 1 QM 1, 3: die Söhne des Lichtes ziehen (hinauf) in den Kampf gegen die Kittäer; vgl. CD 3, 7: „Zieht hinauf und nehmt (das Land) in Besitz!" Umgekehrt bezeichnet es das Sich-Zurückziehen aus dem Kampf (1 QM 14, 2). Vielleicht gehört hierher auch CD 4, 18: In den drei Netzen Belials (Unzucht, Reichtum, Befleckung des Heiligtums) verfängt sich Israel; wer dem einen entkommt (*ʿlh qal*), wird durch das andere gefangen. Häufiger ist indes übertragener und theologischer Gebrauch. So wird Abraham als Freund (Gottes) geachtet (*ʿlh* + *ʾoheḇ*), d. h. steht bei Gott in hohem Ansehen (CD 3, 2). Wer in den Bund eintritt (→ עבר *ʿbr*), wird erhöht (*hiph*) in der Rangordnung der Gemeinschaft nach jährlicher Prüfung seines Verständnisses und der Vollkommenheit seines Wandels (1 QS 5, 24). Die Männer des Frevels, d. h. die nicht in den Bund eingetreten sind, haben durch ihr Verhalten Gottes Zorn „erregt" (Text: *qal*) zum Gericht (1 QS 5, 12). Den gottlosen Priester wird Gott „heraufführen" (*hiph*) zum Gericht (1 QpHab 10, 4). Dagegen wird er die Armen der Gnade „emporführen" (*hiph*) aus dem Getümmel (1 QH 5, 22). Ob hier mehr der Aspekt der Errettung aus Bedrängnis oder bereits an eine Art Auferstehung gedacht ist, bleibt offen. Im Sinne einer Auferstehungshoffnung wird man 1 QH 3, 20 verstehen dürfen: „Du hast meine Seele erlöst (→ פדה *pdh*) aus der Grube, aus der Unterwelt hast du mich erhoben (*ʿlh hiph*) zu ewiger Höhe" (hierzu vgl. H. Lichtenberger, SUNT 15, 1980, 219–227). Opferterminologischer Gebrauch liegt vor in dem generellen Verbot, am Sabbat etwas auf den Altar zu legen (CD 11, 17). Nicht eindeutig zu bestimmen ist der Sinn von CD 5, 5, wenn es von David heißt, seine Werke „wurden aufgehoben mit Ausnahme des Blutes des Urija, und Gott erließ (*ʿzb*) sie ihm". Gemeint ist vermutlich: Seine Werke wurden für wert befunden, als gerecht angesehen.
Ein anderes Bild bietet die Tempelrolle. Hier überwiegen die Nominalbildungen; es handelt sich zumeist um termini technici aus dem Bauwesen. TR 6, 6; 31, 6. 7 sprechen von *ʿ^alijjāh*, dem Obergemach. Man erreicht es über eine *maʿ^alāh*, einen Aufgang bzw. über Stufen (TR 7, 6; vgl. 32, 11), über eine ringsum hinaufführende Stiege, *msbjb ʿwlh mʿlwt* (TR 30, 10), oder über eine Rundtreppe bzw. Wendeltreppe, *ʿwljm msbwt* (TR 42, 8). An den Wänden im Vorbau soll ein Stiegenhaus installiert werden, in dem man emporsteigt (*hiph* Ptz.) auf ringsum hochführenden Stiegen in den zweiten und dritten Vorbau und auf das Dach (TR 42, 7–9). Dorthin sollen die Ältesten, Vorsteher und Befehlshaber hinaufsteigen und Platz nehmen während der „Darbringung" (Inf. *hiph*) der Opfer (TR 42, 15 f.). Opferterminologischer Gebrauch findet sich noch an einigen anderen Stellen. Nach TR 26, 5 soll der Hohepriester den Jungstier schlachten, auf den das Los gefallen ist (*ʿlh hgwrl*), und sein Blut erheben (*ʿlh hiph*) in einer goldenen Schale (vgl. TR 23, 11; 33, 14). Vom Darbringen eines Opfers spricht auch TR 18, 9 und vielleicht TR 32, 6 (der Text ist unsicher). Unsicher ist auch *tʿlh* in TR 32, 12. Vielleicht darf man im Anschluß an 1 Kön 18, 32 an eine Art Graben denken, der rings um den Altar führt. In TR 61, 14 begegnet die Heraufführungsformel mit *ʿlh* Ptz. *hiph*. Im Unterschied zur Parallele Dtn 20, 1 fehlt hier das zur Formel gehörende und sie einleitende göttliche Subj. *ʾnkj JHWH ʾlhjk*. An diese Stelle tritt die Beistandszusage *ʾnkj ʿmk*, die Dtn 20, 1 den Satz beschließt. Eine sonst nicht belegte Intensivform liegt offenbar in der Wortverbindung *ʿlwt dbrjm* vor in der Bedeutung „jmd. die Schuld zuweisen" (TR 65, 7. 12).

2. LXX gibt *ʿlh* in der Regel mit ἀναβαίνειν wieder, das ein ähnlich breites Bedeutungsspektrum abdeckt, so daß nur bei einigen termini technici auf andere Ausdrücke zurückgegriffen werden muß (vgl. ThWNT I 516–519; VIII 600–619).

Fuhs

עוֹלָה/עֹלָה *ʿolāh*/*ʿôlāh*

I. 1. Etymologie – 2. Belege – II. Im AT – 1. Bei P – a) Das Ritual nach Lev 1 – b) Die Vogel-*ʿolāh* – c) Opfermaterial – d) Die tägliche *ʿolāh* – e) Besondere Anlässe – 2. Außerhalb P – 3. In der Kultpolemik der Propheten – 4. Bei Ez – 5. In den Ps – 6. Im ChrGW – 7. Die Königs-*ʿolāh* – 8. Menschenopfer als *ʿolāh* – 9. Brandopferaltar – 10. Zweifelhafte Stellen – 11. *ʿolāh* in den Apokryphen – 12. Herkunft, Sinn und Bedeutung der *ʿolāh* – III. 1. In Elephantine – 2. LXX – 3. Qumran.

Lit.: *A. van den Branden*, Lévitique 1–7 et le tarif de Marseille, CIS I 165 (RSO 40, 1965, 107–130). – *R. Dussaud*, Les origines cananéennes du sacrifice israélite, Paris 1921, ²1941. – *H. Gese*, Die Sühne (Zur biblischen Theologie, Alttestamentliche Vorträge, BEvTh 78, 1977, 85–106). – *Ders.*, Ezechiel 20, 25f. und die Erstgeburtsopfer (Festschr. W. Zimmerli, 1977, 140–151). – *G. B. Gray*, Sacrifice in the Old Testament. Its Theory and Practice, 1925, Neudr. New York 1971 mit Prolegomenon von B. A. Levine. – *H. Haag*, Das Opfer im Alten Testament (Bibel und Liturgie, hg. F. J. Zinniker = Biblische Beiträge 1, 1961, 17–27). – *B. Janowski*, Erwägungen zur Vorgeschichte des israelitischen šᵉlamîm-Opfers (UF 12, 1980, 231–259). – *Ders.*, Sühne als Heilsgeschehen. Studien zur Sühnetheologie der Priesterschrift und zur Wurzel KPR im Alten Orient und im Alten Testament (WMANT 55, 1982). – *O. Kaiser*, Den Erstgeborenen deiner Söhne sollst du mir geben. Erwägungen zum Kinderopfer im Alten Testament (Festschr. C. H. Ratschow, 1976, 24–48 = Von der Gegenwartsbedeutung des Alten Testaments, Gesammelte Studien, 1984, 142–166). – *B. A. Levine*, In the Presence of the Lord (Studies in Judaism in Late Antiquity 5, Leiden 1974, bes. 22ff.). – *L. Moraldi*, Terminologia cultuale israelitica (RSO 32, 1957 = Festschr. G. Furlani, 321–337, bes. 326f.). – *W. O. E. Oesterley*, Sacrifices in Ancient Israel, London 1937. – *A. F. Rainey*, The Order of Sacrifices in Old Testament Ritual Texts (Bibl 51, 1970, 485–498). – *R. Rendtorff*, Studien zur Geschichte des Opfers im Alten Israel (WMANT 24, 1967). – *H. Ringgren*, Sacrifice in the Bible (World Christian Books 42, London 1962). – *L. Rost*, Zu den Festopfervorschriften von Numeri 28 und 29 (ThLZ 83, 1958, 329–334). – *Ders.*, Erwägungen zum israelitischen Brandopfer (Festschr. O. Eißfeldt, BZAW 77, 1958, 177–183 = Das kleine Credo und andere Studien zum Alten Testament, 1965, 112–119). – *Ders.*, Opfer I. Im AT (BHHW II 1345–1350). – *Ders.*, Ein Psalmenproblem (ThLZ 93, 1968, 241–246). – *Ders.*, Fragen um Bileam (Festschr. W. Zimmerli, 1977, 377–387). – *Ders.*, Studien zum Opfer im Alten Israel (BWANT 113, 1981). – *H. H. Rowley*, The Meaning of Sacrifice in the Old Testament (BJRL 33, 1950/51, 74–110 = From Moses to Qumran, London 1963, 67–107). – *N. H. Snaith*, Sacrifices in the Old Testament (VT 7, 1957, 308–317). – *W. B. Stevenson*, Hebrew ʿOlah and Zebach Sacrifices (Festschr. A. Bertholet, 1950, 488–497). – *R. de Vaux*, Les institutions de l'Ancien Testament II, 1960, 291ff. = LO II 259ff. – *Ders.*, Les Sacrifices de l'Ancien Testament (CRB 1, 1964, 28–48 = Studies in Old Testament Sacrifice, Cardiff 1964, 27–51). – *R. K. Yerkes*, Le sacrifice dans les religions grecque et romaine et dans le Judaisme primitif, Paris 1955 = Sacrifice in Greek and Roman Religions and Early Judaism, New York 1952.

I. 1. Der Vorschlag, *ʿolāh* mit der arab. Wurzel *ġalā* (*ġlj*) 'aufwallen, kochen, sieden' in Verbindung zu bringen, geht auf F. Hommel (Die altisraelitische Überlieferung in inschriftlicher Beleuchtung, 1897, 279) zurück, der auf das „Brodeln der Fleischtöpfe" und auf die Bedeutung des Ptz. „fettes Fleisch" hinweist (ähnlich auch J. Barth, Wurzeluntersuchungen zum hebr. und aram. Lexicon, 1902, 35 und F. Zorell, Lexicon 601a). Aber bereits E. König (Hebräisch und Semitisch, 1901, 92) betonte, daß diese arab. Wurzel nichts zur Erhellung der Etymologie von *ʿolāh* beitragen kann, weil beim Brandopfer ein Kochtopf, anders als etwa beim *zæbaḥ* nach 1 Sam 2, 13f., keine Rolle spielt. Nach den Regeln der hebr. Grammatik kann man die Form *ʿolāh* als fem. Ptz. Sing. *qal* vom Verbum *ʿālāh* 'hinaufsteigen' ansehen, so daß „die (oder das) Hinaufsteigende" gemeint wäre. L. Köhler (Hebräische Vokabeln I, ZAW 54, 1936, 287–293, bes. 292, und ders., ThAT, ⁴1966, 175) versuchte, *ʿolāh* als Abkürzung für ein ursprüngliches *hamminḥāh hāʿolāh* „die aufsteigende Huldigungsgabe" zu verstehen, wobei L. Köhler auf das lateinische *aqua tincta* (Tinte) hinweist, ohne allerdings eine at.liche Analogie zu einer derartigen Verkürzung anführen zu können. Außerdem bleibt unklar, wie das „Aufsteigen" zu verstehen ist. Man könnte an das Aufsteigen des Opfers im Rauch, im Feuer oder im Duft denken, oder an das Aufsteigen des Opfers auf den Altar, oder etwa an das Hinaufsteigen des Opfernden zu einem erhöhten Platz, zu einem Höhenheiligtum (→ במה *bāmāh*), auf einen Turm, eine Mauer oder auf das Tempeldach (vgl. D. Conrad, Studien zum Altargesetz, Ex 20:24–26, Diss. theol. Marburg 1968, 114ff. Exkurs: Der Kult auf dem Tempeldach), um dort zu opfern. Weil in dem ugar. Text KTU 1.14, IV, 2ff. davon die Rede ist, daß KRT den Turm und die Schulter der Mauer besteigt, um ein Opfer darzubringen, verbindet R. Dussaud (CRAIBL 1941, 534) mit dieser Szene den Bericht 2 Kön 3, 27, wonach König Mešaʿ von Moab seinen erstgeborenen Sohn „als Brandopfer auf der Mauer" opfert. R. Dussaud (nicht C. Schaeffer, wie B. A. Levine im Prolegomenon zu G. B. Gray, Sacrifice XLIII behauptet) vermutet deshalb (Syr 23, 1942/43, 39–41), daß die *ʿolāh* ein „Turmopfer" war (vgl. auch H. L. Ginsberg, BASOR, Suppl. Studies Nos. 2–3, 1946, 37). Auch die Tatsache, daß ugar. *šʿlj* analog zum hebr. *hiph* von *ʿālāh* 'opfern' heißen kann (vgl. KTU 1.19, IV, 23. 30 und 6.14, 1 sowie 1 Kön 12, 32f.), könnte darauf hindeuten, daß hier sprachliche und sachliche Verbindungen vorliegen. Bereits auf die Anfänge der Ugaritologie geht die Annahme zurück, daß der ugar. Opferterminus *šrp* mit der israelit. *ʿolāh* korrespondiert (B. Janowski, UF 12, 232). Da für ugar. *šrp* von der Wortbedeutung her die Übersetzung „(Verbrennung) Brandopfer" außer Zweifel steht (vgl. M. Dietrich / O. Loretz, UF 13, 1981, 87), kann der Vergleich mit hebr. *ʿolāh* nicht von der Hand gewiesen werden, wenn uns auch die ugar. Texte kaum etwas über das Ritual eines *šrp*-Opfers (vgl. KTU 1.39, 4; 1.46, 7; 1.109, 10 jeweils mit *šlmm* verbunden, und 1.65, 16: *b šrp ʒl*, anders J. F. Healey, UF 15, 1983, 48) verraten.

Während man früher in den sog. Proto-Sinaitischen Inschriften die Konsonantenfolge *m'hbʿlt* als Eigennamen verstand („Beloved of Baalat" vgl. G. R. Driver, Semitic Writing, [3]1976, 97), gliederte W. F. Albright (The Proto-Sinaitic Inscriptions and their Decipherment, HThS 22, 1966, 17. 19f. 42f.) in *m' hb ʿlt* und übersetzte: „Swear to bring a sacrifice" (vgl. auch BASOR 110, 1948, 6–22, bes. 16f. mit Anm. 52, wo die Lesung *ʿālîtu* oder *ʿôlîtu* vorgeschlagen wird). Ob *ʿlt* in diesen Texten wirklich, wie W. F. Albright möchte, etwas mit hebr. *ʿolāh* zu tun hat, muß fraglich bleiben (vgl. H. P. Rüger, BRL[2] 292a); denn die Aufforderung, ein Opfer darzubringen, ist in einer Pilgerinschrift ungewöhnlich.

Im Reichsaram. wird das Brandopfer der Juden auf Elephantine, die hebr. *ʿolāh*, auffälligerweise *ʿlwh* statt *ʿwlh*, im stat. emph. *ʿlwt'* geschrieben. A. Ungnad (Aram. Papyri aus Elephantine, 1911, 4) weist auf die einfache Möglichkeit einer Metathese hin. Das Wort *ʿlwh* kommt sonst im Aram. nicht mehr vor, mit Ausnahme der Pl.-Form *ʿalāwān* Esra 6, 9. Im Syr. dagegen begegnet *ʿelāṯā'*, Pl. *ʿelāwāṯā'* (LexSyr 526b/527a) mit der Bedeutung 'Brandopfer' als Wiedergabe von hebr. *ʿolāh*. Daneben ist jedoch die Bedeutung 'Altar' (vgl. 1 Makk 2, 25 für βωμός) noch häufiger. Das jüd.-aram. Wort lautet *ʿalāṯā'* und kommt nur in der Bedeutung 'Brandopfer' vor. Im Palmyr. (vgl. DISO 211) findet sich nur die Bedeutung 'Altar' für *ʿlt'*. Das mag damit zusammenhängen, daß der Altar selbst ein Opfer bzw. eine Weihegabe war (vgl. J. Teixidor, The Pantheon of Palmyra, Leiden 1979, 66: er schreibt *ʿallatha*). Da die aus Palmyra stammende Inschrift Cooke Nr. 140a/B von Nabatäern abgefaßt ist (B 2. 10 ist von mehreren Altären die Rede), kann man folgern, daß auch Nabatäer das Wort *ʿlt'* i. S. v. 'Altar' kannten, sofern sie sich nicht in Palmyra ganz dem dortigen Sprachgebrauch angepaßt haben.

Von der Bedeutung her gesehen, könnte das hebr. Wort → כליל *kālîl* als „Ganzopfer" das gleiche bedeuten wie *ʿolāh*. So scheint nach Meinung vieler Forscher *kālîl* der ältere Terminus für das Ganzbrandopfer gewesen zu sein, der dann später durch die Bezeichnung *ʿolāh* zurückgedrängt wurde (vgl. R. Rendtorff, BK III 27 und A. Kapelrud → IV 194). Die wenigen Stellen, an denen *kālîl* als Opferterminus auftaucht (Lev 6, 15f.; Dtn 13, 17; 33, 10; 1 Sam 7, 9; Ps 51, 21), und die Tatsache, daß 1 Sam 7, 9 *ʿôlāh* und *kālîl* unverbunden nebeneinander stehen, Ps 51, 21 mit *waw* (explicativum?) verbunden sind, lassen eher daran denken, daß die Bezeichnung *kālîl* das „Fremdwort" *ʿôlāh* sekundär hebraisieren wollte (vgl. noch Dtn 33, 10), allerdings ohne Erfolg, weil der Ausdruck *ʿôlāh* bereits seinen festen Platz im Ritual und im Volksmund hatte. Zum Problem des phön.-pun. Wortes *kll*, das in den Opfertarifen häufig in Parallele zu *šlmm* steht, im Vergleich zu hebr. *kālîl*, vgl. R. Rendtorff, BK III 27; A. Kapelrud → IV 193f.; B. Janowski, UF 12, 254f.; O. Kaiser, TUAT I/3, 264f.

Einmal wird in den Elephantine-Papyri (AP 33, 10) die *ʿolāh* mit einem akk. Lehnwort *mqlw* (AHw II 607b *maqlû* 'Verbrennung; Röstofen', vgl. S. A. Kaufman, The Akkadian Influence on Aramaic, AS 19, 1974, 70) bezeichnet. Ob dagegen das liḥjanische *ḥmm* (JS 77), das W. Caskel (Lihyan und Lihyanisch, Arbeitsgemeinschaft für Forschung des Landes Nordrhein-Westfalen, Geisteswissenschaften, Heft 4, 1954, 92. 117. 134) **ḥummat*, pl. *ḥumam* vokalisiert und mit „Brandopfer" übersetzt, eine der *ʿolāh* vergleichbare Opferart darstellt, muß fraglich bleiben.

Der singuläre neupun. Beleg *ʿlt* für Brandopfer ist nicht so eindeutig wie M. Lidzbarski (Handbuch I 341), DISO (211) oder KAI (159) suggerieren. Es handelt sich um eine Weihinschrift aus Altiburus, zu deren 7 gut lesbaren Zeilen in einer anderen, schwer entzifferbaren Schrift zwei Zeilen hinzugefügt sind. Falls die Lesung etwa in KAI richtig ist, dann ist ohne Verbindung zum vorhergehenden Text davon die Rede, daß jemand aufgrund eines Gelübdes ein Brandopfer oder ein Speisopfer in dem Heiligtum darbrachte. Dieser Beleg wäre nur für das Nachleben der *ʿolāh* von Interesse.

Zusammenfassend läßt sich festhalten, daß die genaue Bedeutung und Herkunft des Wortes *ʿolāh* ungewiß sind. L. Rost (Erwägungen 180f. bzw. 116) weist mit guten Gründen darauf hin, daß der Begriff *ʿolāh* weder ursprünglich griechisch noch semitisch ist. Das Brandopfer dürfte einem Ritual einer südlich des Taurus beheimateten Bevölkerungsschicht entstammen, die später von Griechen und Semiten verdrängt wurde, während die Israeliten dann die *ʿolāh* von den Kanaanäern übernommen haben.

2. Die *ʿolāh* ist die im AT am häufigsten genannte Opferart. A. Even-Shoshan (A New Concordance of the Bible, 1985) zählt 286, THAT II (274) sowie KBL[3] 287 Stellen.

Die Belege für *ʿolāh* verteilen sich wie folgt: Gen 7mal, Ex 17mal, Lev 62mal, Num 56mal, Dtn 6mal; also über die Hälfte aller Belege, nämlich 148, finden sich im Pent., davon 126 bei P. Die übrigen Stellen sind in Jos 6mal, Ri 6mal, 1 Sam 10mal, 2 Sam 5mal, 1 Kön 8mal, 2 Kön 9mal, 1 Chr 14mal, 2 Chr 30mal, Esra 8mal, Neh 1mal, Ijob 2mal, Ps 7mal, Jes 5mal, Jer 7mal, Ez 19mal und je 1mal bei Hos, Am, Mi. Das Wort fehlt also in der Mehrzahl der Kleinen Propheten (Joël, Obd, Jona, Nah, Hab, Zef, Hag, Sach, Mal) und in den Megillot sowie in Spr und Dan. Im hebr. erhaltenen Text des Sir steht *ʿlh* nur einmal 45, 16b nach Ms B. In den aram. Teilen des AT ist nur die Pl.-Form *ʿalāwān* Esra 6, 9 belegt. Die Plene-Schreibung findet sich nur 48mal. Der Brandopferaltar *mizbaḥ hāʿolāh* ist 19mal (Ex 30, 28; 31, 9; 35, 16; 38, 1; 40, 6. 10. 29; Lev 4, 7. 10. 18. 25 [bis]. 30. 34; 1 Chr 6, 34; 16, 40; 21, 26. 29; 2 Chr 29, 18) belegt. Das regelmäßige tägliche Brandopfer *ʿolaṯ hattāmîḏ* begegnet 20mal (davon 4mal *ʿolaṯ tāmîḏ*).

II. Das besondere Merkmal der *ʿolāh* ist, daß das ganze Tier verbrannt wird und weder für den Opferherren noch für den Priester irgendwelche Teile zurückbleiben.

a) Der Verlauf einer *ʿolāh*, wie er z. Z. der Abfassung von P üblich war, läßt sich aus Lev 1 ablesen. Der Laie bringt das Opfertier heran (*hiqrîḇ*). Auffällig ist dabei, daß das Verbum *hiqrîḇ* Lev 1, 2 (bis). 3a die Tätigkeit des Laien kennzeichnet, während in anderen Texten bei P dieses Verbum häufig zur Bezeichnung der priesterlichen Handlungen beim Opfer verwendet wird. Als zweiter Akt folgt das Handaufstemmen auf den Kopf des Opfertieres (Lev 1,4). Die *s^emîkāh* wird bei allen Tieropfern genannt. Ihre Deutung ist umstritten (→ סמך *sāmak*). Mit H. Gese (BEvTh 78, 85–106; ähnlich B. Janowski, WMANT 55, 219f.) ist wohl der Begriff der „Identifizierung" zur Erklärung heranzuziehen. Es geht dabei nicht nur um eine „ausschließende Stellvertretung", indem das Opfertier nach der Sündenbeladung als Sündenträger getötet wird; „vielmehr geschieht in der kultischen Sühne in der Lebenshingabe des Opfertieres eine den Opferer einschließende Stellvertretung" (Gese 97). Da in den älteren Texten bei der *'olāh* nie von der Handaufstemmung berichtet wird, ist dieser Akt wahrscheinlich kein ursprünglicher Bestandteil des *'olāh*-Ritus (vgl. R. Rendtorff, Studien 93, vorsichtiger BK III 47f.). Der dritte Akt ist das Schlachten des Opfertieres (Lev 1,5a. 11a). Es geschieht „vor JHWH" durch Schächtschnitt, der vom Opferherrn selbst ausgeführt wird. Mehrfach wird „der Ort, an dem man die *'olāh* schlachtet" (Lev 4, 24. 29. 33; 6, 18; 7, 2; vgl. 14, 13) erwähnt. Festzuhalten ist, daß nach dem Ritual von Lev 1 das Schlachten vom Opfernden selbst vollzogen wird, während nach Ex 29, 16 und Lev 8, 19 Mose in der Funktion des Priesters das Schlachten übernimmt, oder nach Lev 9, 12 Aaron die *'olāh* für sich selbst schlachtet und darbringt. Lev 14, 19 ist das Subj. von *šāḥaṭ* (vgl. LXX, die ὁ ἱερεύς hinzufügt) wahrscheinlich der Priester. Nach Ez 44, 11 sollen die Leviten die *'olāh* für das Volk schlachten. Nicht ganz eindeutig ist die Vorstellung des Chronisten 2 Chr 29, 20ff. Nach v. 22a ist unklar, wer die Schlächter der *'olāh* sind. Wenn der Chronist an die Leviten gedacht hätte (im Blick auf Ez 44, 11), dann sollte man erwarten, daß er sich diese Gelegenheit, den Leviten neue Aufgaben und Rechte zuzuweisen, nicht hätte entgehen lassen. Man wird deshalb eher daran denken, daß das Schlachten nach Lev 1, 5. 11 durch die Laien, die das Opfer brachten, erfolgte.

In den von Lev 1 abhängigen Ritualen wird das Blutsprengen (→ זרק *zāraq*) bei der *'olāh* regelmäßig erwähnt (Ex 29, 16; Lev 8, 19; 9, 12). R. Rendtorff (Studien 99ff.; BK III 54) vermutet wohl zu Recht, daß das Blutsprengen nicht ursprünglich zum *'olāh*-Ritus gehörte, sondern daß der eigentliche Zweck darin lag, das Blut auf rituelle Weise dem menschlichen Genuß zu entziehen, ein Vorgang, der beim *zæbaḥ* und beim *š^elāmîm*, wo Teile des Opfertieres gegessen wurden, besonders wichtig war (vgl. auch Dtn 12, 6. 23; 15, 23, wo die profane Schlachtung freigegeben wird, sofern das Blut auf die Erde gegossen wird). Während der Priester offenbar mittels einer Schüssel (*mizrāq*, vgl. Sach 9, 15) das Blut rings um den Altar an die Seitenwände schüttet, muß der Opferherr dem Opfertier die Haut abziehen (vgl. dagegen 2 Chr 29, 34), die nach Lev 7, 8 dem Priester als Deputat zufällt, während in den Opfertarifen aus Karthago unterschiedliche Regelungen greifbar werden. So gehört nach KAI 69, 4. 6. 8. 10 das Fell des geopferten Tieres dem Opferherrn, aber nach KAI 74, 2. 3. 4. 5 wird das Fell dem Priester zugesprochen. Es ist also mit unterschiedlichen Regelungen an verschiedenen Tempeln oder zu verschiedenen Zeiten in Karthago zu rechnen. Deshalb kann man auch für Israel mit einer Entwicklung der Opferpraxis mit unterschiedlichen Vorschriften und mit einem Wandel der einzelnen Riten im Laufe der Zeit rechnen. Der nächste Akt besteht im Zerlegen des Tieres in seine natürlichen Teile (*nittaḥ* = tranchieren, Lev 1, 6b; vgl. Mischna Tamid IV, 2). Auf das aufgeschichtete Holz auf dem Altarfeuer sollen dann die Priester die Opferstücke legen, auch den Kopf, der abgetrennt wurde, und den Schmer (so K. Elliger für *pædær*, nur Lev 1, 8. 12; 8, 20; KBL³: Nierenfett). Der Opferherr ist unterdessen mit dem Waschen der Eingeweide und der Unterschenkel beschäftigt (Lev 1, 9a); denn es darf nichts Unsauberes auf den Altar kommen. Zum Schluß legt der Priester auch diese Teile auf das Feuer und läßt so, wie ausdrücklich betont wird (Lev 1, 9b), das Ganze in Rauch aufgehen (*hiqṭîr*), eine Gabe beruhigenden Duftes für JHWH.

b) Eine Sonderstellung nimmt das Ritual der Vogel-*'olāh* (Lev 1, 14–17) ein, das erst später angefügt wurde; denn Lev 1, 2b nennt als Opfertiere nur Rind- und Kleinvieh. Das Ritual ändert sich: das Aufstemmen der Hände entfällt, es gibt keinen gesonderten Schlachtvorgang, alles geschieht am Altar, und deshalb wird alles vom Priester selbst vollzogen. Die Darbringung geschieht nach Lev 1, 15ff. auf folgende Weise: Abkneifen des Kopfes, Verbrennen des Kopfes, Auspressen des Blutes an der Altarwand, Entfernen des Kropfes samt Inhalt (vgl. dazu H. P. Rüger, Festschr. K. Elliger, AOAT 18, 1973, 163–172), Wegwerfen neben dem Altar, Einreißen aber nicht Abtrennen der Flügel und schließlich das Verbrennen auf dem Altar. Aus Lev 5, 7; 12, 8 läßt sich entnehmen, daß ein Vogelopfer eine Konzession für den Fall darstellt, daß der Opfernde infolge von Armut kein größeres Tier opfern kann; insofern waren also Vogelopfer immer Privatopfer. Nach Lev 1, 14 sollen Turteltauben oder gewöhnliche Tauben geopfert werden. Auch beim Opfer des Noach (Gen 8, 20 J) werden ausdrücklich „alle reinen Vögel" als Opfertiere für die *'olāh* genannt. In den P-Texten findet sich die Vogel-*'olāh* noch bei bestimmten Reinigungsriten: Lev 12, 8 (Reinigungsopfer der Wöchnerin im Bedürftigkeitsfall); 14, 22. 30f. (Reinigungsopfer vom Aussatz Geheilter im Bedürftigkeitsfall); 15, 14f. und 29f. (Reinigungsopfer für den krankhaft samenflüssigen Mann und die krankhaft blutflüssige Frau); Num 6, 10f. (Reinigungsopfer für den Nasiräer, der durch plötzlichen Todesfall entweiht wurde).

„Als Ersatz für die kostspieligeren Opfer aufgekommen (vgl. 5, 7; 12, 8; 14, 21f.), hat das Taubenopfer sich im Laufe der nachexil. Zeit von der dem Bedürftigen zugestandenen Ausnahme, in der sich der Wandel von einer bäuerlichen zu einer städtischen Kultur mit ihren negativen Folgeerscheinungen bemerkbar macht, zur vollgültigen Regel entwickelt" (K. Elliger, HAT I/4, 37; vgl. Mk 11, 15f. und Mischna Qinnim).

c) Das Opfermaterial findet sich zusammengestellt bei R. Rendtorff (Studien 115–118). Daraus geht hervor, daß bei P ein gewisses Schema erkennbar wird. Während nach Lev 1 die Haustiere unterschieden werden in Rind- und Kleinvieh mit der Untergliederung in Schafe und Ziegen, ist im Opferkalender von Num 28f. das einfachste Opfermaterial für eine *ʿolāh* das Lamm. Für das tägliche Morgen- und Abendopfer werden zwei einjährige Lämmer gefordert (Num 28, 3ff., vgl. auch Ex 29, 38), ebenso für die *ʿolāh* am Sabbat. Die Zusammenstellung Farre (*par bæn-bāqār*), Widder und Lamm, mit jeweils wechselnden Zahlen für die verschiedenen Feste, ist für P charakteristisch. Sie findet sich z. B. Num 7 bei der Aufzählung der Gaben der zwölf Stammesfürsten zur Einweihung des Altars. Num 15 dagegen, wo die Zusatzopfer geregelt werden, sind die drei Tiergruppen in anderer Reihenfolge geordnet: Lamm, Widder, Rind (vv. 5ff.). Auch beim Neumondopfer des *nāśîʾ* tauchen Ez 46, 6 die gleichen Tiere auf: 1 Stier, 6 Lämmer, 1 Widder. Allerdings läßt sich noch eine genauere Differenzierung der Opfertiere erkennen. Das Lamm wird mehrfach als Opfertier für die *ʿolāh* eines einzelnen genannt (Lev 12, 6; 14, 10; Num 6, 14), der Widder erscheint bei der *ʿolāh* der Priester (Ex 29, 15ff. = Lev 8, 18ff.; 9, 2; 16, 3), der Stier bei der *ʿolāh* für die ganze Gemeinde (Num 15, 24). Abweichungen von diesem Schema finden sich Lev 9, 3, wo *ʿegæl* und *kæbæś* als *ʿolāh* der Israeliten gefordert werden; Lev 16, 5 dagegen ein Widder für die ganze Gemeinde und Num 8, 8 ein Stier als *ʿolāh* für die Leviten. Auch Ez 40ff. finden sich Abweichungen: 46, 4 werden 6 Lämmer und 1 Widder als Sabbat-*ʿolāh* des *nāśîʾ* gefordert, 43, 23 und 45, 23 sind Stier und Widder das *ʿolāh*-Opfertier. Die älteren Texte stimmen nur insofern mit P überein, als stets Haustiere, vielleicht mit Ausnahme der umfassenden Formulierung von Gen 8, 20, gefordert werden. Aus manchen Texten entsteht der Eindruck, als sei eine *ʿolāh* möglich mit dem Tier, das gerade zur Hand ist (vgl. 1 Sam 6, 10. 14: noch säugende Kühe [*pārôṯ ʿālôṯ*]; 2 Sam 24, 22: Rinder; Ex 20, 24: Schafe, Ziegen, Rinder; verhältnismäßig häufig wird der Farre [*par*] genannt: Ri 6, 26; 1 Sam 6, 14 [fem.]; 1 Kön 18, 30ff.; Ps 50, 9, vgl. Gen 22, 13; Jes 1, 11: *ʾajil*; Num 23, 1f. 14. 29f.; Ijob 42, 8: *par* und *ʾajil* zusammen; Mi 6, 6: *ʿegæl*; Gen 22, 7f.; Jes 43, 23: *śæh*; 1 Sam 7, 9: Milchlamm [*ṭeleh ḥālāḇ*]; Ri 13, 15: Zicklein; Ps 66, 15 werden aufgeführt: Fett-[Mast-] Schafe [*meḥîm*], Widder [*ʾêlîm*], Rinder [*bāqār*] und Böcke [*ʿattûḏîm*]).

„Es erscheint ausgeschlossen, aus diesen disparaten Angaben Schlüsse über die üblichen oder gar vorgeschriebenen Opfertiere für eine *ʿola* zu ziehen", obwohl natürlich damit zu rechnen ist, „daß es für die regelmäßigen Opfer an den einzelnen Heiligtümern auch bestimmte Regeln für die zu verwendenden Opfertiere gab" (Rendtorff, Studien 117).

d) Nach den Vorschriften von P (Num 28, 3–8; Ex 29, 38–42, vgl. auch Lev 6, 2) sollen für jeden Tag zwei einjährige Lämmer als regelmäßiges Brandopfer dargebracht werden; nach Num 28, 3 müssen sie fehlerlos sein. Das eine Lamm wird morgens, das andere in der Abenddämmerung geopfert. Num 28, 6 bezeichnet dieses regelmäßige Opfer als *ʿolaṯ tāmîḏ*. In den folgenden Abschnitten über die Opfer an Feiertagen wird jeweils (Num 28, 10. 15. 24. 31; 29, 6. 11. 16. 19. 22. 25. 28. 31. 34. 38) betont, daß diese Opfer zur *ʿolaṯ hattāmîḏ* hinzukommen. Aus dem Rahmen fällt nur die Formulierung Num 28, 23, wo es heißt, daß die Opfer am ersten Tag des Mazzotfestes zur Morgen-*ʿolāh* (*ʿolaṯ habboqær*) hinzukommen, und diese Morgen-*ʿolāh* wird erst durch den Zusatz *ʾašær leʿolaṯ hattāmîḏ* näher bestimmt. Daraus darf man schließen, daß *ʿolaṯ habboqær* der ältere Ausdruck ist. 1 Kön 18, 29. 36 findet sich zweimal die Zeitbestimmung: „um die Zeit, da man das Speisopfer darzubringen pflegte", in v. 29 genauer bestimmt durch: „als der Mittag vorbei war". Daß das Abendopfer, wie heute noch in der Synagoge das Nachmittagsgebet, das allerdings schon zur 9. Stunde (15 Uhr) stattfand (vgl. Mischna Pesaḥim V, 1; Apg 3, 1; 10, 3. 30), als *minḥāh* (→ IV 987–1001) bezeichnet wird, zeigt, daß es eine gegenüber P ältere Sitte gab, nach der abends kein Lamm, sondern nur ein unblutiges Opfer dargebracht wurde. Diese ältere Sitte läßt sich auch in der Erzählung über die gottesdienstlichen Maßnahmen des Königs Ahas 2 Kön 16, 10–18 erkennen, wenn der König den Priester Urija anweist, auf dem neuen Altar „Morgenbrandopfer" (*ʿolaṯ habboqær*) und „Abendspeisopfer" (*minḥaṯ hāʿæræḇ*) neben allen sonstigen Opfern darzubringen. Auch bei Ez (46, 13–15) findet sich in einem Anhang zu den Bestimmungen über die Opfer des *nāśîʾ* die Anweisung für die täglichen Opfer. Hier wird nur ein einjähriges fehlerloses Lamm als *ʿolāh*, und zwar „jeweils am Morgen" gefordert. Erst für die nachexil. Zeit gibt es Belege für die von P geforderten täglichen Morgen- und Abendbrandopfer, wie 1 Chr 16, 40; 2 Chr 13, 11 und vor allem Esra 3, 3 belegen. Daß in einer Zeit wirtschaftlicher Not die Gaben an Gott gegen früher nicht verringert, sondern vermehrt wurden, wie Esra 3, 3 zeigt, weist auf die Frömmigkeit der Heimkehrer hin, die sich auch im Opferkult niederschlug. Daß daneben als Zeitbestimmung weiterhin von der Abend-*minḥāh* gesprochen wurde (vgl. Esra 9, 5, wo Esra sein Bußgebet zur Zeit der Abend-*minḥāh* vorträgt; Dan 9, 21, wo zu eben dieser Zeit der Engel Gabriel sich Daniel offenbart; s. auch Jdt 9, 1), läßt erkennen, daß die alte Zeitrechnung beibehalten wurde, als schon lange das blutige Abendbrandopfer eingeführt war.

e) In den Festopfervorschriften Num 28f. wird neben der täglichen *ʿolāh* genau vorgeschrieben, daß die *ʿolāh* als grundlegendes Festopfer für Sabbat und

Neumond sowie für alle folgenden Feste angesehen wurde (R. Rendtorff, Studien 77). Sekundär scheint die *ʿolāh* als Opfer in die Reinheitsgesetze von Lev 11–15 eingedrungen zu sein. Aus Num 15, 22–26 (vgl. D. Kellermann, Festschr. K. Elliger, AOAT 18, 1973, 107–113) läßt sich entnehmen, daß im Falle eines unwissentlich begangenen Vergehens die ganze Gemeinde einen Farren als *ʿolāh* darbringen muß. Man kann vermuten, „daß in Num 15, 22–26 ursprünglich von der *ʿola* im Zusammenhang mit einem öffentlichen Schuldbekenntnis, etwa im Rahmen einer Volksklagefeier, die Rede war" (Rendtorff, Studien 83). Darauf könnte auch Ri 20, 26; 21, 2–4 oder 1 Sam 7, 6. 9f.; Jer 14, 12 hindeuten. Als JHWH-Opfer schlechthin erscheint die *ʿolāh* in der Geschichte vom Gottesurteil auf dem Karmel 1 Kön 18, 30ff.

2. Aus Jos 22, 10ff. läßt sich erschließen, daß es „einen besonderen gileaditischen JHWH-Kult in Gilgal, konkret am gileaditischen Altar von Gilgal", gegeben hat, an dem ein Opferkult mit *ʿolôṯ*, *zeḇāḥîm* und *šelāmîm* stattfand (vgl. H. Gese, Jakob und Mose: Hosea 12, 3–14 als einheitlicher Text, Festschr. J. C. H. Lebram, 1986, 38–47, Zitat 45), der vom westlichen Hauptteil Israels als Abfall vom Kult Israels angesehen wurde und der erst in einer „Umdeutung der traditionsgeschichtlichen Spätform von Jos 22:10ff." als nicht mehr benützt und als bloßes Zeichen und Zeugnis für die Zugehörigkeit der Gileaditer zur JHWH-Religion gedeutet wurde (anders J. S. Kloppenborg, Bibl 62, 1981, 347–371).

L. Rost (BWANT 113, 17ff.) ist es gelungen, in einer scharfsinnigen Analyse der Berichte der Opferhandlungen durch Gideon (Ri 6) und Manoach (Ri 13) nachzuweisen, daß hier aus der ursprünglich zur Götterspeisung dargebrachten Gabe eine *ʿolāh* wurde. Daß die Übernahme des Brandopfers in der Richterzeit ein entscheidender Schritt in der Religionsgeschichte Israels war, läßt sich aus diesen beiden Erzählungen entnehmen. Wichtig ist, daß in beiden Fällen ein Felsen als Opferstätte genannt wird und daß kein Priester zur Darbringung nötig ist. „Gründer und Ahnherren einer Priesterschaft waren weder Gideon noch Manoach. Sie waren und blieben Laien" (L. Rost, Studien 27). Man könnte in der Umwandlung der Götterspeisung des Gideon und des Manoach in eine *ʿolāh* die Ätiologie für dieses Opfer sehen. Zugleich geht aus beiden Texten hervor, daß Israel offenbar erst im Kulturland die *ʿolāh* als Opfer kennengelernt und dieses kanaanäische Opfer übernommen hat. Wir erfahren mehrmals im AT von einer *ʿolāh*, die nicht für JHWH, sondern für Baʿal dargebracht wurde. Bereits Gideons Tun Ri 6, 25ff. läßt erkennen, daß Gideons Vater Joas offenbar Hüter eines Baʿalsheiligtums war, an dem Opfer wohl auch in der Form einer *ʿolāh* stattfanden. Auch Naaman brachte (2 Kön 5, 17) anderen Göttern Brand- und Schlachtopfer dar. In der Karmelszene 1 Kön 18 werden das Brandopfer der Baʿalspropheten und das Brandopfer des Elija auf dieselbe Weise vorbereitet. Der Sinn des Berichtes erfordert, daß dies die reguläre Form eines Baʿalsopfers ist. Auch in der Episode vom Baʿalstempel 2 Kön 10, 18–27 wird vorausgesetzt, daß Jehu das kanaanäische Ritual befolgt, in dem sich Schlacht- und Brandopfer (v. 24 *zeḇāḥîm weʿolôṯ*) wiederfinden (vgl. noch Jer 19, 5; 2 Kön 3, 27).

3. Wo in den Prophetenbüchern die *ʿolāh*, meist zusammen mit anderen Opfern, erwähnt wird, tragen die Aussagen (mit Ausnahme von Ez 40ff.) polemischen Charakter. Man darf wohl festhalten, daß bei aller scharfen Polemik doch niemals der Kult mit seinen Opfern grundsätzlich abgelehnt wird, sondern daß entweder ein pervertiertes Verhalten oder ein falsches Verständnis (je mehr, desto wirksamer) und die daraus resultierende falsche Sicherheit verurteilt wird. Auffällig ist, daß die *ʿolāh* immer genannt wird und als wichtigstes Opfer entweder allein (Mi 6, 6; Jer 19, 5; Jes 40, 16, wo es heißt, daß alle Tiere des Libanon nicht genügen als *ʿolāh* für JHWH) oder in Verbindung mit anderen Opfern (vgl. Jes 1, 11; Hos 6, 6; Jer 6, 20; 7, 21f.; 17, 26; Jes 43, 23) erscheint.

Am 5, 22 möchte H. W. Wolff (BK XIV/2, 303f.) v. 22aα als Glosse ausscheiden und dann *minḥāh* nicht als Speisopfer, sondern als übergeordneten Opferbegriff verstehen. Aber man wird wohl eher mit W. Rudolph (KAT XIII/2, 206) mit einem Textausfall rechnen müssen, so daß auch hier bei der Kritik des Amos die *ʿolāh* als wichtigstes Opfer zuerst genannt ist.

4. Im Verfassungsentwurf des Ez (40–48, zur Analyse vgl. H. Gese, BHTh 25, 1957) wird in einem sekundären Abschnitt von der Tempelsakristei berichtet, in der das Brandopfer abgespült (*dwḥ*) wird, und von den Tischen, auf denen man die Tiere schlachtete (vgl. 40, 38. 39. 42). Bei der Weihe des Brandopferaltars (43, 18–27) werden ausdrücklich erst nach dem Sündopfer ein fehlerloser Stier und ein fehlerloser Widder als *ʿolāh* gefordert (vv. 23f.); das Sündopfer hat hier bereits die erste Stelle eingenommen. Nach Ez 44, 11 soll den Leviten die Aufgabe übertragen werden, die Brandopfer für das Volk zu schlachten, um ihm so zu dienen. Aber diese Aufgabenerweiterung der Leviten blieb offensichtlich Theorie. Die alte Gewohnheit, daß der Opferherr das Opfertier selbst schlachtet (vgl. 1 Sam 14, 32–35), hat sich nicht verdrängen lassen. Auch nach Lev 1, 5a schlachtet der Opferherr selbst (vgl. noch später Josephus Ant. III, 9, 1 und Mischna Zebaḥim III, 1). Der Abschnitt 45, 10–17 handelt von rechtem Maß und rechter Abgabe. Die Ordnung der *terûmāh* bezüglich Kornfrucht, Öl und Kleinvieh (45, 13–15) ist, anders als 44, 30a oder Num 18, nicht vom Zehnten her zu verstehen; denn vom Kleinvieh z. B. wird 1 Tier von 200 als Abgabe verlangt. Ungewöhnlich aber ist die Voranstellung der *minḥāh* vv. 15. 17 vor die *ʿolāh*. Die großen Feste und das Opfer des *nāśîʾ* werden 45, 18–25 behandelt. Die Quantifizierung des Opfersolls sieht so aus, daß der *nāśîʾ* als Opferherr neben anderen Opfern durch die 7 Tage des Passah-Massot-Festes hindurch täglich ein Brandopfer von 7 Stieren und 7 Widdern darbringt. In der Reihen-

folge steht auch hier das Sündopfer voran, gefolgt von der *ʿolāh*, der *minḥāh* und der Ölgabe. Das gleiche gilt für das Herbstfest 45, 25. Ez 46, 1–12 handelt von den besonderen Opfern des *nāśīʾ*. Sein Opfer am Sabbat soll nach v. 2 eine *ʿolāh* und ein *šelāmîm*-Opfer sein. In der Explikation der Bestimmungen vv. 4f. fehlt das *šelāmîm*-Opfer, aber dafür tritt die *minḥāh* zur *ʿolāh* hinzu. Dasselbe gilt für die Angaben über das Neumondopfer vv. 6f. – Zur sog. Osttortradition gehören offenbar *ʿolāh* und *šelāmîm* wie in v. 2 so auch in v. 12 dazu.

5. Die *ʿolāh* begegnet in Ps nur 7mal: 20, 4; 40, 7; 50, 8; 51, 18. 21; 66, 13. 15, d. h. nur in 5 Psalmen. In Ps 51, 21 steht *kālîl* neben der vorangehenden *ʿolāh*, wobei beides nur erläuternde Glossen sind, ohne Zusammenhang mit den angefügten vv. 20f. Wenn Ps 66, 15 von *ʿolôṯ meḥîm*, also von Brandopfern von fetten Tieren die Rede ist, und wenn der Darbringende darum bittet, JHWH möge sein Brandopfer für fett erklären (*diššen*), dann soll wohl nur unterstrichen werden, daß der Vorwurf des Maleachi (1, 7f.), daß minderwertige Tiere geopfert werden, in diesem Falle nicht zutrifft (vgl. L. Rost, ThLZ 93, 1968, 245). Während Ps 20, 4 die Bitte um gnädige Annahme der Speis- und Brandopfer (vermutlich des Königs) geäußert wird, wird Ps 40, 7 und 51, 18 in ähnlicher Weise wie bei den Propheten gegen den falsch verstandenen Opferkult polemisiert, wozu sich Ps 50, 8 gut einreiht, wonach JHWH als Herr der Welt keine „Götterspeisung" benötigt. Das seltene Vorkommen in Ps zeigt deutlich, daß „die Psalmen nicht nur für Laien bestimmt sind, sondern auch Ausdruck der Laienfrömmigkeit" (L. Rost, ThLZ 93, 1968, 246) sind.

6. Im ChrGW finden sich Angaben über Opfer, die man in den benutzten Quellen vorfand, aufgenommen, öfters erweitert oder verändert, und außerdem sind noch weitere Mitteilungen über Opfer hinzugefügt worden. Die am häufigsten genannte Opferart ist die *ʿolāh*. So sind 1 Chr 16, 1f. die Angaben von 2 Sam 6, 17f. über *ʿolôṯ* und *šelāmîm* bei der Überführung der Lade nach Jerusalem genannt. 1 Chr 21, 23–26 wird im Anschluß an 2 Sam 24, 22–25 von den Opfern Davids auf der Tenne des Arauna berichtet. Auffällig ist dabei, daß v. 23 „Weizen für die *minḥāh*" hinzugefügt und damit die Tradition von P, wonach die *minḥāh* regelmäßig zur *ʿolāh* dazugehört, aufgenommen wird. Bei der Kultordnung Salomos 2 Chr 8, 12f. wird 1 Kön 9, 25 erheblich ausgeweitet (vgl. II. 7.). Ohne daß eine Vorlage im Hintergrund steht, wird 1 Chr 16, 39f. berichtet, daß David Zadok und seine Brüder, d. h. die rechtmäßigen Priester des späteren Tempels, eingesetzt, damit sie das tägliche Morgen- und Abendopfer (wieder in Anlehnung an Num 28, 3ff.; Ex 29, 38ff.) vollziehen. Die Aufgabe der Leviten bei der regelmäßigen *ʿolāh* wird 1 Chr 23, 31 betont, und 2 Chr 13, 10f. wird hervorgehoben, daß Priester und Leviten regelmäßig die *ʿolāh* darzubringen haben. Nach 2 Chr 23, 18 hat Jojada die Priester in ihre alte Funktion bei der Darbringung der *ʿolāh* eingesetzt. Auch bei der Schilderung der Kultreform des Hiskija steht die *ʿolāh* gegenüber der mitgenannten *ḥaṭṭāʾṯ* ganz im Vordergrund (vgl. 2 Chr 29, 21–24. 27–29. 31–35; in v. 21 ist mit BHS *leʿolāh* einzufügen, wie v. 24 beweist). Esra 3, 2f. wird berichtet, daß die Priester nach Wiederherstellung des Brandopferaltars in Jerusalem mit dem Opferdienst begannen. Dabei werden außer freiwilligen Opfern wieder nur die *ʿolôṯ* erwähnt. 2 Chr 2, 3 heißt es (über 1 Kön 5, 19 hinausgehend), daß der geplante Tempel vor allem für die Darbringung der *ʿolôṯ* dienen soll. Auch die Feststellung 2 Chr 24, 14, daß während der ganzen Lebenszeit des Priesters Jojada die *ʿolāh* regelmäßig dargebracht wurde und der Vorwurf in der Rede des Hiskija 2 Chr 29, 7, daß die Väter keine Räucher- und Brandopfer mehr im Tempel dargebracht hätten, zeigen, daß für den oder die Verfasser die *ʿolāh* das entscheidende Opfer ist, dessen Darbringung den Opferkult insgesamt repräsentieren kann. Es ist deutlich, daß im ChrGW ein ausgeprägtes Interesse an der *ʿolāh* zu beobachten ist.

Schwierig bleibt die Erklärung des Wortes *ʿolāh* 2 Chr 35, 12. 14. 16. Beim Bericht über die Passahfeier des Joschija kann v. 12 *hāʿolāh*, nachdem nach v. 11 die Passahtiere bereits geschlachtet sind, nicht lebende Brandopfertiere bezeichnen, die aus den Passahtieren ausgesondert worden wären, damit man sie als Brandopfer darbringen könnte. Da Brandopfer außerdem beim Passahritus im AT nirgends erwähnt werden, muß man hier wohl mit W. Rudolph (HAT I/21, 327) mit einem singulären Sprachgebrauch rechnen und *hāʿolāh* als „die zum Verbrennen bestimmten Teile, d. h. wie 14 richtig erläutert, als die Fettstücke der Passahtiere ansehen".

7. Nach 1 Kön 9, 25 hat Salomo 3mal jährlich *ʿolôṯ* und *šelāmîm* dargebracht. Die Dreizahl bezieht sich gewiß auf die drei Jahresfeste (vgl. schon Ex 23, 14–17) Passah-Mazzot, Wochenfest und Laubhüttenfest, die nun auch für den Jerusalemer Tempel Gültigkeit haben. Vermutlich sind nicht die allgemeinen Festopfer gemeint, sondern das zusätzliche, besondere Opfer des Königs.

Nach 1 Kön 10, 5 hätte auch die Königin von Saba die *ʿolāh* Salomos, die er im Tempel darbrachte, bewundert. Der Paralleltext 2 Chr 9, 4 läßt den Atem der Königin stocken, nachdem sie die einzeln aufgezählte Prachtentfaltung sieht, wozu sonderbarerweise auch „sein Obergemach" *ʿalijjāṯô* (zu dem er hinaufstieg im Hause JHWHs) gehörte. Man könnte auf 2 Chr 3, 9 verweisen, wo auch Obergemächer des Tempels erwähnt werden, die mit Gold überzogen waren. LXX, S und V harmonisieren nach 1 Kön 10, 5 und finden auch hier das Brandopfer des Salomo die Bewunderung der Königin heischend. Aber weder das Brandopfer noch das Obergemach werden die Königin beeindruckt haben, sondern vielmehr die Prozession des Königs vom Palast in den Tempel. Entweder punktiert man dann *ʿalôṯô* (Inf. *qal* mit Suff.), oder man erklärt die masoretische Punktation nach dem neuhebr. *ʿalijjāh* 'Hinaufsteigen'. Mit ziemlicher Sicherheit war demnach ursprünglich sowohl 1 Kön 10, 5 als auch 2 Chr 9, 4 von der Prozession Salomos und nicht vom Brandopfer oder vom Obergemach die Rede.

Auch 2 Kön 16, 15 wird die Praxis des Königsopfers erkennbar. Auf dem nach Damaszener Vorbild gebauten Altar, den Ahas errichten läßt, soll auch das Brandopfer des Königs (*ʿolaṯ hammælæḵ*, nur hier im AT) dargebracht werden. Von Opfern des Königs berichten weiter 2 Sam 6 und 1 Kön 8 (vgl. v. 5 und den Zusatz 62–64). Auch 2 Sam 24, 25 ist David der Opfernde. Eine Fortsetzung der Tradition der Königsopfer kann man in den Opfervorschriften für den *nāśîʾ* Ez 45 f. sehen. Auch der Chronist betont mehrfach die Verantwortung des Königs für die Opfer. 2 Chr 8, 12 ff. wird 1 Kön 9, 25 beträchtlich ausgeweitet. Während dort nur von den drei großen Jahresfesten die Rede ist, werden hier in Anlehnung an P (Num 28 f.) die sabbatlichen und monatlichen Opfer hinzugefügt, wobei auffallenderweise nur von *ʿolôṯ* die Rede ist (v. 12). Wenn W. Rudolph meint (HAT I/21, 221), daß die täglichen Opfer fehlen, so trifft das kaum zu; denn die Wendung v. 13 *ûḇiḏḇar jôm b^ejôm* ist mit Rendtorff (Studien 80) „nach den für jeden Tag geltenden Vorschriften" zu übersetzen. Vgl. noch 2 Chr 29, 20 ff. und 2 Chr 31, 3, wo betont wird, daß Hiskija offenbar als Salomo redivivus aus seinen eigenen Mitteln einen Beitrag zu den regelmäßigen Brandopfern geleistet habe. Ob der König in den geschilderten Fällen die religiösen Vorrechte des Familienoberhauptes, aus alter Zeit ererbt, anwendet oder ob sich seine Rechte aus einer vorderorientalischen Königspriester-Ideologie herleiten lassen, ist schwer zu beantworten.

8. In der Religionsgeschichte gibt es die Theorie, nach der das als Opfer geschlachtete Tier Ersatz für einen Menschen ist, und daraus schließt man, daß ursprünglich Menschenopfer dargebracht wurden (vgl. O. Kaiser und H. Gese, Festschr. W. Zimmerli). Es läßt sich nicht leugnen, daß an einigen Stellen im AT Menschenopfer als *ʿolāh* bezeichnet werden können, vgl. Ri 11, 30–40 (Jiftachs Tochter); Jer 7, 31 (Kinderopfer beiderlei Geschlechts für JHWH im Hinnomtal am Tofet). Jer 7, 31 wird zwar der Begriff *ʿolāh* nicht gebraucht, aber *liśrop̄ bāʾeš* gibt inhaltlich den Hinweis auf ein Brandopfer, der durch das ugar. Äquivalent *šrp* für *ʿolāh* noch verstärkt wird. Von Kinderopfern als *ʿolôṯ* für Baʿal wird Jer 19, 5 gesprochen (vgl. Ps 106, 38). 2 Kön 3, 27, wonach der König von Moab seinen einzigen Sohn als Brandopfer darbringt, muß als Ausnahme und Verzweiflungstat gesehen werden. Daß es dagegen ausgeschlossen ist, daß die hinter dem Auslösungsgebot der männlichen Erstgeburt stehende Anschauung in Israel je zu einer allgemein geübten Praxis eines menschlichen Erstgeburtsopfers hätte führen können, hat Gese nachgewiesen. Das tierische Erstgeburtsopfer dagegen könnte die Form des Ganzopfers, der *ʿolāh*, gehabt haben, „die Erstgeburt, deren Rückgabe von Gott verlangt wird, könnte geradezu als Grundbestand der *ʿōlā*-Opfer angesehen werden" (Gese, Festschr. Zimmerli 148). Die Erzählung vom Opfer Abrahams, in der Isaak, als *ʿolāh* vorgesehen, durch einen Widder ersetzt wird, könnte ätiologischer Bericht sein, der die Stellvertretung eines menschlichen Opfers durch ein Tier erklärt und rechtfertigt. „Dem Verfasser von Gen 22 war es nicht zweifelhaft, daß Gott es vom Menschen fordern könnte; wohl aber war er überzeugt, daß Gott es als des Menschen Tat nicht verlangt" (Kaiser 48 = 166).

9. Ein besonderes Charakteristikum der *ʿolāh* ist die enge Verbindung von *ʿolāh* und Altar. In den erzählenden Texten wird häufig von der Errichtung eines Altars und der Darbringung einer *ʿolāh* gesprochen (vgl. Gen 8, 20; Num 23, 1 f. 14. 29 f.; Ri 6, 26; 2 Sam 24, 25; vgl. auch Gen 22, 9). Ebenso werden in den gesetzlichen Texten *ʿolāh* und Altar zusammen genannt (vgl. Ex 20, 24; Dtn 27, 5–7; Jos 8, 30 f.; auch Dtn 12, 27a). Auch P ist diese Verbindung nicht fremd. Nach Ex 29, 38 ff. scheint der wesentliche Zweck des Altars die Darbringung der *ʿolāh* zu sein (vgl. Ex 28, 43 oder auch Lev 6, 5). Noch deutlicher kommt das Ez 43, 18 ff. zum Ausdruck. So verwundert es nicht, daß der Ausdruck *mizbaḥ hāʿolāh* insgesamt 19mal belegt ist. Erstaunlicherweise fehlen genauere Nachrichten über den Brandopferaltar im Tempelbaubericht des Salomo ebenso wie für die nachexil. Zeit, und auch der Altar, den Ahas errichten ließ (2 Kön 16, 10 ff.), läßt sich nicht rekonstruieren. Die Versuche, aus der Beschreibung des Altars Ez 43, 13–27 Rückschlüsse auf den Altar des salomonischen Tempels oder auf den der nachexil. Zeit zu ziehen, sind kaum erlaubt (vgl. Th. A. Busink, Der Tempel von Jerusalem, 2, Leiden 1980, 730–736 und W. Zimmerli, BK XIII/2, 1089–1096). Die Beschreibung des Brandopferaltars Ex 27, 1–8 und 38, 1–7 läßt erkennen, daß der Altar aus Akazienholz gebaut war. Die Bretter waren mit Bronze überzogen (*mizbaḥ hann^eḥošæṯ*, Ex 38, 30; 39, 39). Das erwähnte eherne Gitterwerk (*mikbar hann^eḥošæṯ*) könnte darauf hindeuten, daß es sich – wie auch 1 Kön 8, 64 und 2 Kön 16, 15, wo gleichfalls ein eherner Altar erwähnt wird, der nach 2 Kön 16, 14 bewegt und umgestellt werden konnte – um einen großen Rost oder Grill handelte, auf dem man die Opfer verbrannte. Vielleicht wurde 1 Kön 6 f. die Beschreibung dieses Altars unterdrückt, weil er für Sitte und Gesetz Israels fremd war (vgl. Ex 20, 24 ff.), der aber, wie zwei phön.-pun. Inschriften (KAI 10, 4; 66, 1; → IV 796) zeigen, im syr.-phön. Kult üblich war. Der Chronist hat die Lücke gefüllt und Salomo die Anfertigung eines ehernen Altars zugeschrieben (2 Chr 4, 1). Als Ahas einen Brandopferaltar in Analogie zu dem in Damaskus stehenden in Jerusalem erbauen ließ, wurde der alte bronzene Altar nach Norden versetzt (2 Kön 16, 14). Ob es daneben vorher schon einen anderen aus Steinen oder Erde gebauten Brandopferaltar im Tempelgebiet von Jerusalem gegeben hat, wissen wir nicht.

10. Das mit dem Subst. *ʿolāh* formgleiche Ptz. fem. akt. *qal ʿôlāh* von *ʿālāh* 'hinaufsteigen' findet sich insgesamt 16mal im AT als *ʿôlāh* (Ri 20, 31; 21, 19; 1 Kön 18, 44; Koh 3, 21; Hld 3, 6 = 8, 5; Ez 20, 32; Dan 8, 3 und Pl. *ʿôlôṯ* nur Gen 41, 2. 3. 5. 18. 19. 22. 27). Daneben finden

sich eine Reihe von Formen, die man der Punktation zufolge von *ʿôlāh* herleiten würde, wenn es der Textzusammenhang nicht verböte. Jes 61, 8 ist *ʿôlāh* als *ʿawlāh* (vgl. 59, 3) zu vokalisieren und zu übersetzen: „ich hasse frevlerischen Raub". Darauf führen auch die alten Versionen mit Ausnahme von Hieronymus, der in V *ripam in holocausto* übersetzt im Gefolge von bSukka 30a und Raši, wo das *ʿôlāh* der Masoreten verteidigt wird. – In der Sentenz Ijob 5, 16 wird für Bosheit *ʿôlāṯāh* monophthongisiert aus *ʿawlāṯāh* gebraucht, wie ähnlich Ps 92, 16 das Ketib *ʿlth* durch das Qere *ʿawlāṯāh* geklärt wird. – Ps 58, 3 und 64, 7 ist *ʿôloṯ* Pl. von *ʿawlāh*, hat demnach nichts mit Brandopfer zu tun. – Ez 40, 26 fällt die Phrase *ûmaʿᵃlôṯ šiḇʿāh ʿolôṯājw* (Qere) nicht nur durch das Ketib *ʿlwtw* auf, sondern auch durch die fem. Form des Zahlwortes. *ʿlwtw* könnte als Inf. oder Ptz. (Qere) aufgefaßt werden (vgl. P. Wernberg-Møller, ZAW 71, 1959, 57). Aber es handelt sich um eine einfache Verschreibung von *h* in *m*, so daß *šbʿ mʿlwtjw* zu lesen ist. Auch das Südtor ist wie das Osttor Ez 40, 22 über „sieben Stufen" zu erreichen (vgl. W. Zimmerli, BK XIII/2, 989. 981). – Nur G. Lisowsky führt in der Konkordanz *ʿolāh* 1 Chr 26, 16 unter „Brandopfer" auf. Es wäre denkbar, daß es eine besondere Straße gegeben hat, auf der die Brandopfertiere zum Tempel gebracht wurden. Aber die übliche Übersetzung „an der aufsteigenden Straße" ist vorzuziehen, da wir sonst nichts von einer „Brandopferstraße" wissen. (Zu 2 Chr 9, 4 vgl. II. 7.)

11. In den Apokryphen findet sich Brandopfer (ὁλοκαύτωμα bzw. ὁλοκαύτωσις) selten. Nach Bar 1, 10 schicken die Exulanten Geld, damit dafür Brandopfer, Sündopfer sowie Weihrauch und Speisopfer gekauft werden können. Offensichtlich steht dahinter der Wunsch, wenigstens indirekt am Kult teilzunehmen und an den Segnungen zu partizipieren. Nach Jdt 16, 18 bringt das Volk nach dem Sieg in Jerusalem Brandopfer dar, obwohl Judit selbst (Jdt 16, 16) die Furcht des Herrn höher einschätzt als jedes Opfer und alles Fett zum Brandopfer. Vgl. noch Weish 3, 6 (die Gerechten werden wie ein Brandopfer angenommen) und Sir 45, 16 (Aaron ist dazu auserwählt, das Tamid-Opfer darzubringen). In den Makkabäerbüchern finden sich einige Hinweise auf das Brandopfer. 1 Makk 1, 45 läßt Antiochus Epiphanes Brand-, Schlacht- und Trankopfer aus dem Tempel verbannen und somit alle Feste entweihen. Judas Makkabäus und seine Brüder brechen nach 4, 44ff. den entweihten Brandopferaltar ab und legen die Steine des Altars auf dem Tempelberg nieder, „bis ein Prophet auftreten würde, der über sie Auskunft gäbe". Sie selbst bauen aus unbehauenen Steinen (vgl. Ex 20, 25) einen neuen Altar nach dem Muster des früheren (v. 47). Die Einweihung des Altars dauert 8 Tage und wird mit Brandopfern freudig gefeiert. In 2 Makk 2, 9 wird die Situation ins Wunderbare gesteigert. Auch nach dem siegreichen Kampf in Galiläa und Gilead werden Brandopfer dargebracht zum Dank, daß keine Gefallenen zu beklagen sind (1 Makk 5, 54). Nach 2 Makk 4, 41 dient sogar die Asche der Brandopfer mit Steinen und Holzstücken als Waffe gegen die Leute des Lysimachus, die den Tempel plündern.

12. „Die Israeliten haben auf keinen Fall – und man darf hinzufügen, trotz Jethro, dem Priester" (Ex 18, 12) – „das Brandopfer in der Wüstenzeit kennengelernt" (Rost, Studien 66). Allem Anschein nach übernahmen die Israeliten das Brandopfer durch Vermittlung der Kanaanäer. Darauf führt nicht nur die Geschichte vom Opfer Gideons (Ri 6, vgl. Rost, Studien 17ff.), sondern auch 1 Kön 18, wonach die Baʿalspropheten und Elija das Brandopfer auf dieselbe Weise vorbereiten. Auch die Ausrottung der Baʿalspriester durch Jehu (2 Kön 10, 18–27 setzt voraus, daß Jehu das kanaanäische Ritual befolgt, wenn er Schlacht- und Brandopfer (2 Kön 10, 24) darbringt. Die Kanaanäer werden, wie der Terminus *ʿolāh* (vgl. I. 1.) zeigt, diese Opferart von einer Bevölkerung südlich des Taurus übernommen haben; denn das Wort scheint in eine vorgriechische und vorsemitische Schicht zurückzureichen (vgl. L. Rost, Erwägungen 116 bzw. 180f.; BHHW II 1345f., Fragen um Bileam 378ff., B. Janowski, UF 12, 250f.). Die *ʿolāh* als Opfer, bei dem alles verbrannt wird, könnte einem Kulturkreis entstammen, der die Leichenverbrennung kennt. Da in Griechenland ein der *ʿolāh* ähnliches Opfer nur für chthonische Götter bezeugt ist, könnte es ursprünglich Ersatzopfer für einen dem Tode nahen Menschen gewesen sein, dessen Rettung man von der Darbringung einer *ʿolāh* erhoffte. Aber als diese Opferart von den Kanaanäern und dann von den Israeliten übernommen wurde, war der ursprüngliche Sinn längst verloren gegangen (vgl. Rost, BHHW II 1350). Vermutlich ist die Vermittlung über Ugarit zustande gekommen. Durch alle Stadien der at.lichen Überlieferung ist das Bild der *ʿolāh* von erstaunlicher Kontinuität. Es ist zu allen Zeiten das Opfer, das insgesamt auf dem Altar verbrannt wird und bei dem das Verbrennen der wesentliche Teil des Rituals ist (vgl. Rendtorff, Studien 235). Den Sinn und die Bedeutung des Opfers im AT, speziell der *ʿolāh*, präzise zu erfassen, ist deshalb besonders schwierig, weil sich im AT zwar ausführliche Anweisungen finden, wie das jeweilige Opfer darzubringen ist, aber ausdrückliche Erklärungen zum Opferverständnis fehlen. Auch die zum Opfer gehörenden Gebete, Lieder und Rezitationen (vgl. 2 Chr 29, 25ff., wo es v. 27 heißt: „Als das Brandopfer begann, setzte gleichzeitig auch der Gesang zur Ehre JHWHs ein") sind nicht mehr in ihrem ursprünglichen Zusammenhang überliefert.

Im AT sind noch Reste der Vorstellung von der Götterspeise (und vom Göttertrank) aufbewahrt. So findet sich Ez 44, 7 im Blick auf die Opfergaben, die im Tempel dargebracht werden, im Munde JHWHs der Ausdruck *laḥmî* „meine Nahrung, Speise". Ebenso steht am Anfang des Opferkalenders Num 28, 2 *laḥmî* in diesem Sinne (vgl. W. Herrmann, ZAW 72, 1960, 205–216, bes. 213; → IV 538–547). Auch die Opfer des Gideon und des Manoach Ri 6 und 13 lassen erkennen, daß die Götterspeisung offensichtlich nichts Fremdes war (vgl. Rost, Studien 17ff.). In anthropomorpher Weise wird vom „Essen JHWHs" (JHWH ist Subjekt des Essens!) nur Hos 13, 8 gesprochen. Andere Götter dagegen verzehrten Opfer (vgl. Dtn 32, 38; zur Entlarvung vgl. Bar 6 = EpJer 27f.), aber die Vorstellung, man könnte JHWHs Hunger stillen, wird Ps 50, 12f. abgewiesen (vgl. auch Jes 40, 16).

Durch das Verbrennen, durch das „Überführen in die immateriell verstandene Pneuma-Sphäre durch Feuer“ (Gese, Sühne 93), ist die Vorstellung von der Götterspeisung abgelehnt (vgl. Ri 13, 16). Da alles, was der Mensch besitzt, von Gott kommt, ist es nur recht und billig, wenn der Mensch ihm „einen Tribut entrichtet, wie ein Untertan seinem König, wie ein Pächter seinem Eigentümer“ (de Vaux, LO II 302). Jedes Opfer trägt in gewisser Weise einen Geschenk- bzw. Gaben-Charakter. Die Bezeichnung der *ʿolāh* als *qŏrbān l^eJHWH* Lev 1, 2 zeigt deutlich, daß das Opfer als Gabe an JHWH verstanden wird.
Es fällt auf, „daß es bei P gar nicht die Sühnopfer allein sind, die sühnen, sondern daß alle Opfer sühnen. Das gesamte Opferwesen dient der Sühne, findet seinen Sinn in der dem Opfer an sich zukommenden Funktion“ (Gese, Sühne 94). So dient die Darbringung der *ʿolāh* zur Entsühnung Israels, seiner Repräsentanten, des einzelnen und des Heiligtums (vgl. Janowski, Sühne 190ff.). Daß die *ʿolāh* in besonderer Weise zur Sühne dient, zeigt auch die Übersetzung im Targ^J zu Lev 6, 2, wo es heißt, daß das Brandopfer dazu bestimmt ist, die lasterhaften Gesinnungen zu sühnen. Nicht nur Verfehlungen, auch eventuell noch gar nicht vollbrachte böse Taten (vgl. Ijob 1, 5, wonach Ijob nach jedem Gastmahl seiner Kinder entsprechend ihrer Zahl Brandopfer darbringt, weil er denkt: „Vielleicht haben meine Kinder gesündigt und Gott geflucht in ihren Herzen“), sogar die Gesinnung, die nicht dem Anspruch JHWHs genügt, kann durch eine *ʿolāh* gesühnt werden, wie Targ^J zeigt.

III. 1. Es ist bekannt, daß die wahrscheinlich im 6. Jh. v. Chr. entstandene jüdische Militärkolonie Elephantine einen Tempel für JHWH errichtet hatte. Vermutlich im Jahre 410 v. Chr. erreichten die Ägypter auf Drängen der ägyptischen Priester des Gottes Chnum die Zerstörung des JHW-Tempels. Die Juden wandten sich daraufhin an ihr Mutterland und baten um Hilfe. In einem ersten Beschwerdebrief (AP 27) wird Z. 13f. berichtet, daß die ägyptischen Priester es nicht erlauben, daß die Juden Speisopfer, Weihrauch und Brandopfer (z. T. ergänzt: *mnḥh wlbwnh wʿlwh*) darbringen. In einem späteren Brief (AP 30, Duplikat-AP 31), der sich an den Statthalter von Juda Bagohi wandte, mit der Bitte, zugunsten der Juden auf Elephantine zu intervenieren, wird erwähnt, daß ein erster Beschwerdebrief (vielleicht AP 27) ohne Antwort blieb (AP 30, 19) und daß die Gemeinde die Trauerriten befolgt und „kein Speisopfer und kein Weihrauchopfer und kein Brandopfer“ mehr in jenem Tempel dargebracht hat. Wenn aber der Statthalter die Wiederaufbaugenehmigung des Tempels erreichen sollte, dann wollten sie genauso wie früher Speisopfer und Weihrauchopfer und Brandopfer auf dem Altar des Gottes JHW in des Statthalters Namen darbringen (AP 30, 25). Als weiteres Druckmittel wird ins Feld geführt, daß der Statthalter mit seiner Hilfe sich Verdienst erwerben werde „mehr als ein Mensch, der ihm (JHW) Brandopfer und Schlachtopfer im Wert von tausend Talenten darbringt“ (AP 30, 28). Das kurze Antwortschreiben (AP 32) enthält die Erlaubnis, den Tempel wieder aufzubauen „und daß man Speisopfer und Weihrauchopfer darbringe auf jenem Altar, genauso wie es früher Brauch war“. Ein weiterer Brief (AP 33) spricht offensichtlich in weiser Einsicht schon selbst davon, daß nach der Wiedererrichtung des Tempels „(nur) Weihrauchopfer und Speisopfer ... aber Schafe, Rinder und Ziegen nicht als Brandopfer (*mqlw*, s. I. 1.) dargebracht werden dürfen“. Zusammenfassend läßt sich sagen, daß die Juden in Elephantine für JHWH Brandopfer (*ʿlwh*, *mqlw*) darbrachten, und zwar von Schafen, Rindern und Ziegen (wenn AP 33, 10 *qn twr ʿnz* so richtig übersetzt ist). Die Reihenfolge der Opfer *mnḥh* – *lbwnh* – *ʿlwh* (AP 30, 21. 25) könnte darauf hindeuten, daß die *ʿolāh* nicht mehr als das wichtigste Opfer aufgefaßt wurde. Vor allem die Einschränkung des Opferdienstes nach dem Wiederaufbau des Tempels auf *minḥāh* und Weihrauch (AP 33, 9) zeigt einmal die Rücksichtnahme auf die Ägypter und ihren Kult für den Gott Chnum und zum andern wahrscheinlich auch aus Jerusalemer Sicht gleichzeitig eine gute Gelegenheit, den Opferkult in Elephantine so zu reduzieren, daß man nicht mehr von einer Konkurrenz zur allgemein gültigen Opferpraxis am Heiligtum in Jerusalem reden konnte, wenn offensichtlich jedes blutige Opfer unterbleiben mußte.

2. Die Wiedergabe von *ʿolāh* in der LXX stellte die Übersetzer insofern vor ein Problem, als im griech. Opferkult die Verbrennung eines ganzen Tieres ein Vernichtungsopfer war, das im Totenkult chthonischen Göttern vorbehalten war. Die LXX-Übersetzer konnten also nicht auf ein vorhandenes griech. Wort zurückgreifen (Yerkes 183). Am ehesten wäre ἐναγισμός die „Darbringung eines Totenopfers“ oder ἐνάγισμα das „dargebrachte Totenopfer“ (vgl. J. Casabona, Recherches sur le vocabulaire des sacrifices en grec des origines à la fin de l'époque classique, Paris 1967, 206) als Opfer, bei dem das ganze Tier vernichtet wird, der hebr. *ʿolāh* vergleichbar. Hätte man etymologisch vorgehen wollen, dann hätte man vom Verbum *ʿālāh* (*qal*, *hiph*/*hoph*) ausgehen müssen, das in LXX öfters mit Formen von ἀναφέρειν wiedergegeben wird. Tatsächlich findet sich das Subst. ἀναφορά – wenn auch nur einmal – als Wiedergabe von *ʿolāh* bzw. *kālîl* Ps 50(51), 21 (vgl. zur Erklärung dieser Übersetzung Suzanne Daniel, Recherches sur le vocabulaire du culte dans le Septante, Études et commentaires 61, 1966, 249. 269f.). Die übliche Wiedergabe von *ʿolāh* in LXX durch ὁλοκάρπωμα 'das, was ganz geopfert wird', durch ὁλοκαύτωσις 'vollständige Verbrennung' oder durch die seltener gebrauchten Wörter ὁλοκάρπωσις 'vollständige Opferung' und ὁλοκαύτωμα 'das, was ganz verbrannt wird' stellt eine gelungene Neuschöpfung von Wörtern dar, die sich zur Wiedergabe von *ʿolāh* gut eignen und die durch die zufällige oder gewollte Homophonie am Wortanfang besonders einleuchten. Während in den meisten bibl. Büchern ὁλοκάρπωμα und ὁλοκαύτωσις ohne erkennbare Gründe promiscue gebraucht werden, gibt es einige Fälle, wo LXX eigene Wege geht.

Ex 10, 25 und Jos 22, 23 handelt es sich um Vertauschung der Reihenfolge der Opfer ohne besondere Gründe. S. Daniel (245f.) hat allerdings nachgewiesen, daß die unterschiedliche Wiedergabe von *ʿolāh* in der Bileamgeschichte Num 23, 3 (bis, einmal in einem Zusatz der LXX) und 15 mit θυσία, dagegen Num 23, 6 mit ὁλοκαυτώματα, 23, 17 mit ὁλοκαύτωσις erklärbar und sinnvoll ist. Die Übersetzer legen Bileam, wenn er mit Balak, dem König von Moab, spricht, ein allgemeinverständliches Wort für Opfer in den Mund, während sie, sobald die direkte Rede verlassen wird, die normale Wiedergabe ὁλοκαύτωμα bzw. ὁλοκαύτωσις verwenden. Im Buch Ijob findet sich am Anfang 1, 5 und am Ende des Buches 42, 8 je einmal das Wort *ʿolāh*. Wenn nun LXX Ijob 1, 5 *ʿolāh* mit θυσία übersetzt, könnte das darauf hinweisen, daß einerseits dem Leser ein bekanntes Wort geboten werden soll und daß andererseits berücksichtigt wird, daß weder Ijob noch seine Freunde Israeliten sind und auch nicht im israelitischen Kernland wohnen (vgl. S. Daniel 248). – Hieronymus übernimmt aus LXX die treffende Neuschöpfung *holocaustum*.

3. *ʿolāh* findet sich in den Qumranschriften 4mal (1 QS 9, 4; 1 QM 2, 5; CD 11, 18. 19), dazu 2mal in 1 QGenApokr (21, 2. 20) und 58mal in TR (mit Ergänzungen durch Y. Yadin). 1 QS 9, 4 werden Gerechtigkeit und vollkommener Wandel dem Fleisch von Brandopfern und dem Fett von Schlachtopfern gegenübergestellt. Damit ist jedoch kaum eine grundsätzliche Opferfeindschaft, sondern der Ersatz der Opfer durch das Leben in der Qumrangemeinde angedeutet (vgl. J. Maier, Die Texte vom Toten Meer II 32; G. Klinzing, Die Umdeutung des Kultus in der Qumrangemeinde und im NT, SUNT 7, 1971, 40f.). Die eschatologischen Bestimmungen 1 QM 2, 5, wonach die ganze Gemeinde aufgefordert wird, sich zu Brand- und Schlachtopfer zu versammeln, damit die Gemeinde durch die Opfer entsühnt werden kann, unterstreicht, daß in der Qumrangemeinde keine grundsätzliche Kultfeindschaft besteht. CD 11, 18 wird aufgrund von Lev 23, 38 vorgeschrieben, daß am Sabbat kein anderes Opfer als das Sabbatbrandopfer auf den Altar gebracht werden darf, und 11, 19 wird hinzugefügt, daß kein unreiner Mann Brandopfer, Speisopfer, Räucherwerk oder Holz zum Altar bringen darf. CD 11, 17f. scheint *mlbd* wie in LXX und V Lev 23, 38 exklusiv verstanden zu sein, so daß auch Festopfer, wenn sie auf einen Sabbat fallen, nicht geopfert werden dürfen. Die beiden Vorschriften scheinen vorauszusetzen, daß die Gemeindeglieder noch am Kult in Jerusalem teilnehmen, wenigstens dadurch, daß sie Gaben zum Tempel schicken (vgl. Josephus Ant. XVIII, 1. 5). Diese Bestimmungen könnten aus einer Zeit stammen, da der Gegensatz zum Jerusalemer Tempel noch nicht bestand. Nach 1 QGenApokr 21, 2 opfert Abraham in Bet-El (vgl. Gen 13, 3f.) auf dem wiederaufgebauten Altar „Brandopfer und eine *minḥāh* für El-Eljon". Nach 21, 20 baut er auch in Mamre einen Altar (vgl. Gen 13, 18) und opfert ein „Brandopfer und eine *minḥāh* für El-Eljon". Der Pl. 21, 2 *ʿlw'n* ist wohl nach Esra 6, 9 *ʿalāwā'n* zu vokalisieren, während der Sing. *ʿl'* 21, 20 in dieser Form nur hier belegt ist. Auffällig ist, daß gegenüber der Gen-Erzählung Abraham sowohl in Bet-El als auch in Mamre eine *ʿôlāh* bzw. *ʿôlôṯ* und die dazugehörende *minḥāh* darbringt. Das zeigt, daß die bei P fixierten Opfervorschriften bekannt sind und berücksichtigt werden. In TR ist wie im AT von zwei Brandopferaltären die Rede; einmal von einem ehernen Altar (3, 14ff., vgl. Ex 27, 4ff.; 38, 1ff.), zum andern aber vom großen Brandopferaltar (12, 8ff.), wobei nicht ersichtlich ist, wie sich der Verfasser von TR das Verhältnis der beiden Altäre zueinander vorstellt. Vermutlich leitet ihn das Bestreben, die unterschiedlichen Beschreibungen im AT zu harmonisieren. Ein besonderes Anliegen der TR ist es, das Sündopfer dem Brandopfer vorzuordnen. Die bereits im AT zu beobachtende Tendenz, das Brandopfer zugunsten des Sündopfers zu verdrängen, ist in TR die Regel. Nach Mischna Zebaḥim X, 2 z. B. muß nur das Blut der Sündopfer vor dem Brandopfer an den Altar gesprengt werden (vgl. J. Maier, Tempelrolle 84).

Zu Inhalt und Bedeutung der Sabbat-Brandopfer-Liturgie in Qumran 4 QSŠirot *ʿolat haššabbat* vgl. J. Strugnell, VTS 7, 1960, 318–345 und C. Newsom, Song of the Sabbath Sacrifice (Harward Semitic Studies 27, 1985).

D. Kellermann

עָלֶה *ʿālæh*

I. Vorkommen im AT und seiner Umwelt – II. Verwendung im AT – 1. im gegenständlichen Sinn – 2. im übertragenen Sinn – III. Verwendung in den Qumran-Schriften.

Lit.: *J. Barth*, Die Nominalbildung in den semitischen Sprachen, ²1884 = 1967. – *M. Zohary*, Pflanzen der Bibel, 1983.

I. Das Nomen *ʿālæh* 'Laub, Blätter' findet sich im AT an 13 Stellen, bei Sir einmal; drei Belege weisen die Qumran-Schriften auf. In den westsemit. Sprachen konnte *ʿālæh* bisher nicht nachgewiesen werden. Im Akk. heißt das vom Verb *elû* 'aufsteigen' abgeleitete *elû* 'Sproß' (AHw I 206b; nur in einer Synonymenliste belegt). Diese Bedeutung bestätigt die Ableitung des Nomens *ʿālæh* von dem Verbum → עלה *ʿālāh* (vgl. J. Barth § 9c; GesB 591; W. Gesenius, Thesaurus II 1024: „folium, a crescendo dictum"; G. Wehmeier, THAT II 272. 278).

II. 1. Das im Sing. als Kollektiv-Begriff verwendete Nomen *ʿālæh* ist bei einem Drittel der zu behandelnden Belege im gegenständlichen Sinn gebraucht und bezeichnet das Blattwerk bestimmter Baumarten. So verfertigen sich Adam und Eva im Garten Eden Schurze aus Feigenblättern, um ihre Nacktheit zu verdecken (Gen 3, 7).

Nach C. Westermann, BK I/1, z.St. ist dies eine kulturhistorisch bedeutsame Aussage. Die mythologische Deutung des Feigenbaums als Todesbaum ist dagegen wohl als abwegig zu betrachten (vgl. B. Pipal, Křestanská Revue 29, 1962, 38f.; zur Diskussion um das Feigenbaumblatt ist noch immer A. Dillmanns Genesis-Kommentar [KeHAT XI, [6]1892] aufschlußreich).

Die von Noach aus der Arche entsandte Taube bringt ein frisches Ölbaumblatt, um damit anzuzeigen, daß die Vegetation auf der Erde wieder begonnen hat (Gen 8, 11). Auf diese Erzählung geht die Darstellung der Taube mit dem Ölbaumzweig als Symbol des Friedens zurück (vgl. auch H. Gunkel, Genesis z.St.). Von Nehemia werden die Bürger Jerusalems aufgefordert: „Zieht hinaus in das Gebirge und bringt Blattwerk vom Ölbaum und Zweige von der Kiefer (so Zohary 114) und Myrtenlaub und Dattelpalmenblätter und Eichenlaub (nach E. Bertheau, KeHAT XVII, 1862, 215f.), um Laubhütten zu bauen, wie geschrieben ist" (Neh 8, 15). Immergrüne Fruchtbäume wachsen am Ufer des wunderbaren Quellflusses, der nach der Vision Ezechiels am Heiligtum zu Jerusalem entspringt, deren Blätter sogar der Krankenheilung dienen (Ez 47, 12).
Verwelktes Laub (*ʿālæh niddāp̱*) spielt eine unheilvolle Rolle in dem das Heiligkeitsgesetz (Lev 17–26) abschließenden Fluchwort Lev 26, 36 (das Wort könnte als Gegenstück zu dem Segenswort Lev 26, 6b aufgefaßt werden): „Den in der Katastrophe Übriggebliebenen sitzt noch im fremden Land der Schreck in den Gliedern, so daß schon raschelndes Laub sie in Panik versetzen kann" (K. Elliger, HAT I/4, 377).

Die von J. Levy, WTM III 650, angeführten Beispiele für die Verwendung von *ʿālæh* in Talmud und Midrasch führen zum größeren Teil gleichfalls in die gegenständliche Welt der Botanik. Da ist vom Wachstumsprozeß der Pflanzen die Rede, die nach 60 Tagen 6 Blätter und nach weiteren 6 Tagen 60 Blätter hervorbringen (J. Schebi V 35[d]) sowie von der Heilkraft bestimmter Blätter, die man auf die Augen legt (Schabb 109[a]). Nur ein Beleg wird für den bildhaften Gebrauch angegeben (Chull 92[a]): „Wären nicht die Blätter, so könnten sich die Weintrauben nicht erhalten, d.h. ohne die Unterstützung seitens der gewöhnlichen Menschen können die Gelehrten nicht bestehen."

2. Die metaphorische Bedeutung von *ʿālæh* hat ihren Platz in der prophetischen und weisheitlichen Literatur des AT und wirkt mit ihrer theologischen Aussagekraft weit über die at.liche Zeit hinaus (s.u. III.). In Verbindung mit → נבל *nāḇel* dient verwelkendes Laub als Bild für das Volk, das sich als Folge des Gottesgerichtes im Unglück befindet (Jes 1, 30; 64, 5, → V 166f.). Im Gegensatz dazu beschreibt die Negation *lo' jibbôl* Ps 1, 3 (Jer 17, 8: *ʿālæh raʿanān*) einen von JHWH gesegneten Menschen im Bilde eines immergrünen Baumes (ähnlich Spr 11, 28: „aber wie das Laub werden die Gerechten sprossen"). Das Lev 26, 36 im gegenständlichen Sinn gebrauchte Wort vom verwelkenden Laub gilt Ijob 13, 25 als Symbol eines durch das erlittene Unglück wertlos gewordenen Menschen (par. *qaš jāḇeš*).
In Sir 6, 2 sind es nicht die durch Trockenheit verwelkten Blätter, die den Niedergang eines Menschen bezeichnen; vielmehr werden sie durch die als Tiere vorgestellte Begierde abgefressen, und das hat die Dürre des Baumes zur Folge.
Mit einem Weinstock oder Feigenbaum ohne Früchte und mit welkem Laub vergleicht Jer 8, 13 den Ungehorsam des Gottesvolkes ähnlich dem „Weinberg-Lied" des Jesaja (Jes 5, 1–7). Ein im AT völlig singuläres Bild verwendet die Ankündigung eines universalen Gerichtes in Jes 34, 4. Die Auflösung des Himmelszeltes und seines Sternenheeres wird verglichen mit dem Zusammenrollen einer Buchrolle, dem Verwelken von Weinblättern und dem Vertrocknen von Feigen (zum Zusammenhang vgl. H. Wildberger, BK X/3, 1341f.).

III. Die bildhafte Verwendung von *ʿālæh* findet sich auch in den „Lobliedern von Qumran". 1 QH 10, 25 lautet: „Aber du hast mich zu einem grünenden Baum gemacht am Rand der Wasserläufe mit reichlichem Blattwerk und zahlreichen Zweigen" und erinnert damit an Ps 1, 3; Jer 17, 8. Dagegen ist in 1 QH 8, 8. 26 die Gemeinde des neuen Bundes als Schößling vorgestellt, dessen frische Blätter (*neṣær ʿālæh*, → V 589) alle Tiere ernähren, die aber verdorren, wenn der „Lehrer der Gerechtigkeit" seine Hand von ihr zurückzieht und damit die lebenspendende Wasserquelle versiegt.
Die LXX verwendet zur Wiedergabe meistens φύλλον.

Beyse

עָלַז *ʿālaz*

*עַלִּיז *ʿallîz*, *עָלֵז *ʿālez*, עָלַץ *ʿālaṣ*, עֲלִיצוּת *ʿalîṣûṯ*, עָלַס *ʿālas*

I. 1. Belegte Formen – 2. Alte Versionen – 3. Textkritik – 4. Etymologie – 5. *ʿālas* – II. 1. Fügungen – 2. Wortfelder – 3. Bedeutung – a) Profane Kontexte – b) Theologische Kontexte – c) Theologische Verwendung.

Lit.: *G. Bertram*, „Hochmut" und verwandte Begriffe im griechischen und hebräischen Alten Testament (WO 3, 1964–66, 32–43). – *J. Bright*, Jeremiah's Complaints: Liturgy, or Expressions of Personal Distress? (in: Proclamation and Presence, Festschr. G. H. Davies, London 1970, 189–214). – *G. Brunet*, Essai sur l'Isaïe de l'histoire, Paris 1975. – *J. A. Emerton*, Notes on Some Passages in the Book of Proverbs (JThS 20, 1969, 202–220). – *A. Guillaume*, Hebrew and Arabic Lexicography. A Comparative Study I (Abr-Nahrain 1, 1959–60, 3–35). – *C. Hardmeier*, Texttheorie und biblische Exegese. Zur rhetorischen Funktion der Trauermetaphorik in der

Prophetie (BEvTh 79, 1978). – *G. Mansfeld*, Der Ruf zur Freude im Alten Testament, Diss. masch. Heidelberg 1965. – *A. R. Millard*, עלז 'to exult' (JThS 26, 1975, 87–89). – *C. Rabin*, Etymological Miscellanea (ScrHier 8, 1961, 384–400). – *E. Ruprecht*, שׂמח *śmḥ* sich freuen (THAT II 828–835). – *G. Vanoni*, Das Problem der Homonymie beim althebräischen *ʿLZ/ʿLṢ* (BN 33, 1986, 29–33).

I. 1. *ʿlz* und *ʿlṣ*, meistens als bedeutungsgleiche Varianten behandelt, begegnen im AT nur in poetischen Zusammenhängen. *ʿlz qal* ist 16mal belegt, das Verbaladj. *ʿālez* 1mal, das Adj. *ʿallîz* 7mal. *ʿlṣ qal* steht 8mal, das Subst. *ʿalîṣûṯ* 1mal. Ps 37, 35 wird nach LXX ein Adj. *ʿalliṣ* konjiziert (nicht überzeugend; vgl. LXX zu *ʿārîṣ* in Jes 13, 11). *ʿlṣ hiph* ist in Sir 40, 20 belegt.

2. Die Wiedergabe von *ʿlz/ʿlṣ* und deren Derivaten in den alten Versionen ist äußerst heterogen. Auffallend hoch ist der Anteil von Wiedergaben mit dem Bedeutungseffekt „stark sein"; vgl. Vanoni 30f. Die divergierenden Wiedergaben haben zum Teil zu textkritischen (andere Vorlage; Emendationen; s.u. I.3.), zum Teil zu lexikographischen (Annahme von Homonymen; s.u. I.4.) Urteilen geführt. In LXX finden sich u.a. folgende Entsprechungen: ἀγαλλιάομαι (6), (κατα)καυχάομαι (4), χαίρω, ὕβρις/ὑβρίζω, φαύλισμα/φαυλίστρια (je 2mal).

3. Für einige Belege von *ʿlz/ʿlṣ* wurden Emendationen vorgeschlagen: *ʿlz*: Jer 11, 15 (W. Rudolph, BHS und HAT I/12³, 78; G. Wilhelmi, VT 25, 1975, 121); 51, 39 (W. Rudolph, BHS); Ps 60, 8 par. 108, 8 (C. R. North, VT 17, 1967, 242f.; BHS); *ʿālez*: Jes 5, 14 (J. A. Emerton, VT 17, 1967, 135–142, bes. 137ff.); *ʿlṣ*: Spr 28, 12 (BHS; vgl. Emerton 216). Außer Jer 51, 39, wo mit den meisten Versionen *ʿlp pu* zu lesen ist (König, Wb 330, erwägt für MT Metonymie), überzeugen die Vorschläge nicht. Für 1 Sam 2, 1 wurde eine vom MT divergierende LXX-Vorlage vermutet (vgl. nur H. P. Smith, ICC, 1899, 15: *'mṣ*; H. J. Stoebe, KAT VIII/1, 101: *ʿṣm*); dagegen hält P. A. H. de Boer (Festschr. W. Zimmerli, 1977, 54) die Wiedergabe in den Versionen für eine „zutreffende Erklärung" (zum Problem s.u. I.4.).

4. Für einzelne Belege von *ʿlz/ʿlṣ* wurden auf divergierendes Etymon zurückzuführende Bedeutungen vorgeschlagen: Rabin 396f. führt *ʿlz* auf arab. *ġalīẓ* („thick") zurück und postuliert für den Großteil der Belege die Bedeutung „to be proud". Dagegen setzt Emerton 216–220 *ʿlṣ* in Beziehung zu arab. *ġaluẓa* („to be strong"). G. R. Driver (BZAW 77, 1958, 42f.) vermutet für *ʿālez* einen Zusammenhang mit arab. *ʿaliza* (s.u. I.5.), Zorell (Wb 602) für *ʿalîṣûṯ* mit arab. *ġalīẓ* („ferocia"; zu weiteren Herleitungen, die auf „Gurgel" bzw. „Obdach" führen, vgl. W. Rudolph, KAT XIII/3, 238). Die Annahme von Homonymen erklärt jedoch weder den Befund in den alten Versionen (s.o. I.2.) noch das Nebeneinander von *ʿlz* und *ʿlṣ* (vgl. Ps 68, 4. 5 und Ps 96, 12 [*ʿlz*] par. 1 Chr 16, 32 [*ʿlṣ*]; unbewiesen sind auch die entsprechenden Erklärungsversuche bei Siegfried/Stade, Wb 521 [*ʿlṣ*: „jüngere Nebenform" zu *ʿlz*], und BLe § 2v [„aus verschiedenen Gegenden"]). Ähnliches gilt für Versuche, die zwar nicht mit Homonymen rechnen, die aber der Variante *ʿlz* eher pejorisierende Bedeutungen zuschreiben (Brunet 291f.: *ʿālez* = „orgueil", *ʿallîz* = „orgueilleux" [vgl. dagegen Bertram 37]; H. G. Reventlow, Liturgie und prophetisches Ich bei Jeremia, 1963, 222f. zu Jer 15, 17 [überzeugend widerlegt bei Bright 200–203]). Der innersemit. Vergleich legt eine andere Lösung nahe.

Die Wurzel *ʿlz/ʿlṣ* als Ausdruck der Freudenkundgebung ist außer im Hebr. (zu mhebr. *ʿallîz*, *ʿalîzāh*, *ʿālaṣ*, *ʿalîṣāh* vgl. Dalman, Wb 314f.) in weiteren semit. Sprachen bezeugt: ugar. *ʿlṣ* 'frohlocken' (unsicherer Kontext; vgl. UT Nr. 1860), asarab. *mʿlṣ* 'Freude' (Conti-Rossini 207; anders Biella 369: 'Kampf'), akk. *elēṣu* 'schwellen; jubeln, jauchzen' (AHw 200; CAD E 88); unsicher: amurr. PN *Alazum* (vgl. J.-R. Kupper, Les nomades en Mésopotamie au temps des rois de Mari, Paris 1957, 94) und pun. *ʿlṣ* (DISO 214: „se réjouir" oder || hebr. *'lṣ*; vgl. Emerton 218f.). Den einzigen Hinweis auf ein der Bedeutung „jubeln" vorausliegendes Etymon haben wir somit aus dem Akk.: „schwellen". Doch ist hier zu berücksichtigen, daß bei andern hebr. (und außerhebr.) Ausdrücken für Freudenkundgebung mit einer Primärfunktion als Zustands-/Ergehens- bzw. Bewegungsverb gerechnet wird; vgl. Vanoni 31f.

Dieser Befund legt folgende Deutung nahe: Hebr. *ʿlz/ʿlṣ* hat einen invarianten Bedeutungskern „Freudenkundgebung". Zusätzliche semantische Merkmale („selbstsicher" usw.) und wertende Konnotationen hängen weder von der Wahl des Sibilanten (*z/ṣ*) noch von der Wortform (*qaṭṭîl*) ab, sondern einzig vom konkreten Kontext. Die alten Versionen spiegeln nicht etymologische Kenntnis des Hebr. bzw. Arab., sondern lediglich eine allgemeine Kenntnis der Ausdrücke für Freudenkundgebung in den Übersetzersprachen (ähnlich Bertram 37 [zur LXX] und Millard 88f. [mit Lit. zum Homonymenproblem]).

5. Viele Lexika bringen *ʿls* mit *ʿlz/ʿlṣ* in Zusammenhang. Bei *ʿls* fehlen jedoch die für *ʿlz/ʿlṣ* typischen Wortfelder (s.u. II.2.); in den alten Versionen bezeugt nur Targ. zu Ijob 20, 18 eine Identifizierung der Wurzeln. *ʿls* ist (mit KBL³ 791; vgl. auch F. Delitzsch, Das Buch Hiob, 1902, 162; Guillaume 29f.) mit (I) arab. *ʿalasa* (Ijob 20, 18: *qal*; Spr 7, 18: *hitp*) bzw. (II) arab. *ʿaliza* (Ijob 39, 13: *niph*) zu verbinden und hat die Bedeutungen '(miteinander) genießen' (I) bzw. 'sich unruhig bewegen' (II).

II. 1. Das Verb *ʿlz/ʿlṣ* bezeichnet überwiegend imperfektive Sachverhalte (Imperf., meist modal). 1mal steht Perf. (perfektisch: 1 Sam 2, 1), 2mal Impf. cons. (Jer 15, 17; Ps 28, 7), 2mal Inf. cstr. (Jes 23, 12; Spr 28, 12), 2mal Imp. (Zef 3, 14; Ps 68, 5). Das Subj. ist meist belebt; unbelebte Subj. bezeichnen „Herz"/„Nieren" des Sprechers (1 Sam 2, 1; Ps 28, 7; Spr 23, 16) oder implizieren belebte Bewohner (Ps 96, 12 par. 1 Chr 16, 32; Spr 11, 10). Auch bei den nominalen Formen ist das Subj. belebt. Weitere Syntagmen sind selten belegt: ein Präpositionalobjekt nennt den Gegenstand der Freude (immer JHWH) bzw. (mit *le*) der Schadenfreude (5mal mit *be*: 1 Sam 2, 1; Hab 3, 18; Ps 5, 12; 9, 3; 149, 5 [vgl. König, Syntax § 212d; *kāḇôḏ* meint JHWH; vgl. Dahood, AB 17A,

356f. 430]; 1mal mit l^e: Ps 25, 2; 4mal mit [*mil*]*lipnê*: Ps 68, 4. 5; 96, 12 par. 1 Chr 16, 32 [aus dem Parallelismus]), ein freies Syntagma gibt die Intensität (Zef 3, 14), eine Infinitivgruppe mit b^e den Anlaß der Freude an (Ps 9, 4; Spr 11, 10; 23, 16). Der Anlaß kann auch in einem eigenen Satz ausgedrückt sein (vgl. Zef 3, 15; Ps 28, 7; 68, 6; 96, 13 par. 1 Chr 16, 33; negativ: 2 Sam 1, 19). In Ps 60, 8 par. 108, 8 könnte Funktionalisierung (vgl. W. Richter, ATS 23, 1985, 77) von *ʿlz* vorliegen (vgl. M. Dahood, AB 17, 75: „Exultant, I will make"). Bei den adjektivischen Fügungen wird der Gegenstand der Freude durch das rectum in der Annexionsverbindung (Jes 13, 3: *gaʾ^{a}wāṯî* [JHWHs Hoheit]; Zef 3, 11: *gaʾ^{a}wāṯeḵ* [Jerusalems Hoheit]) und evtl. durch ein Präpositionalobjekt (Jes 5, 14: *bāh* [oder Ortsangabe?]; vgl. die Erwägungen bei J. A. Emerton, VT 17, 1967, 137) angegeben.

2. Parallel zu *ʿlz*/*ʿlṣ* finden sich die Wurzeln *gjl* (Hab 3, 18), *zmr* (Ps 9, 3; 68, 5), *rnn* (Ps 5, 12; 96, 12 par. 1 Chr 16, 33; Ps 149, 5; Spr 11, 10), *rʿm* (Ps 96, 11 par. 1 Chr 16, 32), *śwś* (Ps 68, 4), *śmḥ* (2 Sam 1, 20; Jer 50, 11; Zef 3, 14; Ps 5, 12; 9, 3; 68, 4; Spr 23, 15). Im weiteren Kontext stehen: Ausdrücke der Freudenkundgebung: *gjl* (Ps 96, 11 par. 1 Chr 16, 31; Ps 149, 2), *jdh hiph* (Ps 28, 7: Tempuswechsel!), *zmr* (Ps 149, 3), *ṣhl* (Jer 50, 11), *rwʿ hiph* (Jer 50, 15; Zef 3, 14; Ps 60, 10 par. 108, 10), *rnn* (Zef 3, 14), *śwś* (Jer 15, 16; neben *ʿallîz*: Jes 24, 8; 32, 13), *śḥq* (Jer 15, 17), *śmḥ* (1 Sam 2, 1; Jer 15, 16; Ps 96, 11 par. 1 Chr 16, 31; Ps 149, 2; neben *ʿallîz*: Jes 24, 7), *šjr* (Ps 68, 5), Ausdrücke der Trauerkundgebung: *ʾbl* (neben *ʿallîz*: Jes 24, 7), *bkh* (2 Sam 1, 24; neben *ʿallîz*: Jes 22, 4), *jll* (Jes 23, 14; neben *ʿallîz*: Jes 23, 6), *spd* (neben *ʿallîz*: Jes 32, 12), Ausdrücke aus dem Wortfeld „Reigen": *kinnôr* + *top* (Ps 149, 3; neben *ʿālez*: Jes 5, 12; neben *ʿallîz*: Jes 24, 8), *māḥôl* (Ps 149, 3). Im Umfeld der Adj. *ʿālez*/*ʿallîz* findet sich das Wortfeld „Selbstsicherheit": *bṭḥ* (Jes 32, 11; Zef 2, 15), *gʾh* (Jes [13, 3]; 23, 9; Zef 2, 10; 3, 11), *hmh* (Jes 5, 14; 22, 2; 32, 14), *šʾh* (Jes 5, 14; 22, 2; 24, 8). Zu weiteren Wortfeldern s.u. II. 3.

3. a) Wo der Kontext für *ʿlz*/*ʿlṣ* keine negativen Akzente setzt, ist von einer positiven Wertung auszugehen. Das zeigen besonders die Stellen, die den Wert der Freude bewußt machen, indem sie vom Aufhören/Fehlen von *ʿlz*/*ʿlṣ* reden: Jeremia sitzt nicht „fröhlich" in Gesellschaft, sondern einsam abgesondert (Jer 15, 17). Die prophetischen Untergangslieder und Traueraufrufe (Hardmeier 215. 351. 361f. 369) unterstreichen „das fröhliche, friedliche Leben im Gegensatz zu den kommenden verheerenden Kriegsereignissen" (Bertram 37; Jes 22, 2; 23, 7. 12; 24, 8; 32, 13; Zef 2, 15; vgl. mit *māśôś*: Jer 49, 25; Klgl 2, 15). Eher negativ gefärbt ist *ʿālez* im Drohwort Jes 5, 14, obwohl Motivverbindungen zu Jes 32, 11–14; Zef 2, 14f. existieren („Vertrauen", „Weide"; vgl. H. Wildberger, BK X/1², 190). Das Drohwort Jer 11, 15 stellt für die Zukunft positiv Freude in Aussicht. Sir 40, 20 nennt Wein und Freundschaft als Freudenquellen. – Freudenkundgebungen der daheimgebliebenen Frauen (*bānôṯ*) im Zusammenhang mit der Siegesmeldung spiegeln (negiert) 2 Sam 1, 20 und (ironisch) Jer 50, 11 (nach Mansfeld 25 Anspielungen auf eine Gattung „Jubelruf" [Imp. Pl. „Freude" + Anrede „*baṯ* + Städtename" + *kî*-Satz]; vgl. 11–47).

ʿlz/*ʿlṣ* in Spr wird durch wertende Adj./Abstrakta positiv eingestuft (11, 10: *ṣaddîq* + *ṭûḇ*; 23, 16: *mêšārîm*; 28, 12: *ṣaddîq*). Durch wertendes Subj. (*rāšāʿ*: Ps 94, 3; Hab 3, 14 [vgl. v. 13]; *ʾojeḇ*: Ps 25, 2) negativ gefärbte Belege von *ʿlz*/*ʿlṣ* bilden den Übergang zu theologischen Kontexten; in diesen Fällen wird ein Eingreifen JHWHs erwartet. Das gilt auch für Zef 3, 11, wo JHWH die Entfernung (*swr hiph*) der sich an der eigenen Größe (*gaʾ^{a}wāh* || *gōḇhāh*) Freuenden ankündigt (vgl. den Gegensatz in v. 12: die Armen bauen auf JHWHs Namen; ähnlich das *bṭḥ* des Beters in Ps 25, 2).

b) Anders als die Hochmütigen von Zef 3, 11 sind JHWHs Krieger von Jes 13, 3 positiv bewertet, da sie sich an JHWHs Größe freuen (wegen der formalen Übereinstimmung vermutet W. Rudolph, KAT XIII/3, 297, eine Anleihe aus Zef; zum Aufgebot JHWHs vgl. H. Wildberger, BK X/2, 511ff.). Die restlichen hier zu besprechenden Belege (überwiegend aus der Gebetsliteratur) bringen *ʿlz*/*ʿlṣ* mit JHWHs Rettungs- bzw. Gerichtshandeln zusammen, das meist recht allgemein (viele Abstrakta) umschrieben wird. Ps 5 stellt Frevler (vv. 5–7. 10f.) und Gerechte (vv. 8f. 13) gegenüber; sicher vor dem Feind (v. 9), darf der Gerechte im Schutz JHWHs jubeln (v. 12: b^e + JHWH: nach H.-J. Kraus, BK XV/1⁵, 181: „Bereich seiner Gegenwart", nach Ruprecht 833: „verkürzte Redeweise für ʿsich über eine Rettungstat Jahwes freuenʾ"; zum institutionellen Hintergrund von Ps 5 vgl. W. Beyerlin, FRLANT 99, 1970, 90–95). „Frevler" (und „Feinde") finden sich in weiteren Gebeten, in denen der Mensch sich an JHWH und seinem Heil freut: 1 Sam 2, 1 („weit öffnet sich mein Mund gegen meine Feinde" || *śmḥ* + *j^{e}šûʿāh*; vgl. v. 9); Hab 3, 18 (|| *gjl* + *ješaʿ*; vgl. v. 13); Ps 9, 3 (v. 4: „denn zurückgewichen sind meine Feinde"; vgl. v. 6); 28, 7 („JHWH ist meine Kraft und mein Schild ... mir wurde geholfen [*ʿzr*]"; vgl. v. 3); 68, 4f. (vgl. vv. 2f.). Dabei reden 1 Sam 2, 10; Ps 9, 5. 9; 68, 6 auch von Gott als „Richter". Die Kontexte von Hab 3, 18; Ps 68, 4 enthalten Theophanieschilderungen (J. T. Willis, CBQ 35, 1973, 139–154, sieht u.a. in 1 Sam 2; Hab 3; Ps 68 eine alte Gattung „song of victory"). Ps 68 hat mit den noch zu besprechenden Belegen die Aussage über das Königsein JHWHs gemeinsam (v. 25; vgl. auch Ps 5, 3; → IV 947ff.). Der „Jubelruf" Zef 3, 14 (Mansfeld 83–86) läßt die „Tochter Zion" über den Abzug der Feinde und den Einzug des Königs JHWH (v. 15) frohlocken (zur Häufung der Freudenausdrücke vgl. Ihromi, VT 33, 1983, 106–110). Ps 96, 12 par. 1 Chr 16, 32 ruft die ganze Natur zum freudigen Empfang des Weltenkönigs auf (v. 10

[nach Mansfeld 128ff. späterer Einschub]; *špṭ* in v. 13 bedeutet „herrschen" [W. H. Schmidt, BZAW 80, ²1966, 38f.]). Ps 149, 5 läßt die Frommen in der *kāḇôḏ* ihres Königs JHWH (v. 2), der den Armen Heil (v. 4: *jᵉšûʿāh*) schafft, frohlocken.

Als literarische Nachbildungen einer im Zusammenhang mit der Siegesmeldung stehenden Gattung „Empfangslied" (Imp. [„singen"] + *kî*-Satz + Jussive [„Freude"]) sieht Mansfeld 102ff. 125–144 die Kontexte von Ps 64, 4f.; 96, 12 par.; 149, 5. Sie sind wie die Nachbildung des „Jubelrufs" (s.o. II. 3. a) in Zef 3, 14f. nachexil. Versuche, die Naherwartung des DtJes wachzuhalten (vgl. die „Jubelrufe" Jes 44, 23; 45, 8; 48, 20; 49, 13; 52, 9; 54, 1 und das „Empfangslied" Jes 42, 10f. [jeweils ohne *ʿlz*/*ʿlṣ*]). F. Crüsemann, WMANT 32, 1969, 55–65, sieht hinter den bei Mansfeld als Jubelruf eingestuften Texten eine Gattung „Heilszuspruch im Bereich des Sexual- und Fruchtbarkeitskultes" (ebd. 65). Der Theorie Mansfelds gebührt der Vorzug (vgl. Ruprecht 834).

c) Vom *ʿlz* Gottes ist nur im Heilsorakel Ps 60, 8 par. 108, 8 die Rede, wieder im Zusammenhang mit der Siegesvorstellung: Der mächtige Gott (v. 9: *māʿôz*; vgl. *ʿzz* in Ps 28, 7f., *ḥjl* in 1 Sam 2, 4; Hab 3, 19) triumphiert wie ein Sieger (vgl. die Rahmung des Orakels durch *ʿlz* und *rwʿ hitp* [v. 10]) und verteilt seine Beute (zum möglichen kanaan. Hintergrund vgl. M. Dahood, AB 17A, 94).

Vanoni

עֶלְיוֹן *ʿæljôn*

I. 1. Etymologie und Bedeutung – 2. Belege – 3. LXX – II. *ʿæljôn* als Gottesbezeichnung im AT – 1. Gebrauch – 2. Inhalte – 3. Herkunft – 4. *ʿāl*? – III. *ʿæljôn* als Gottesbezeichnung in außer-at.lichen Texten – 1. Ugarit – 2. Sfire – 3. Philo Byblius – 4. Zusammenfassung – IV. *ʾel ʿæljôn* von Jerusalem – 1. Gen 14 – 2. Spezifik des *ʿæljôn* im Jerusalemer Kult – V. *ʿæljôn* in der Spätzeit – 1. Dan – 2. Qumran – 3. Apokryphen und Pseudepigraphen.

Lit.: *W. W. Graf Baudissin*, Kyrios als Gottesname im Judentum und seine Stelle in der Religionsgeschichte III, 1929. – *G. Bertram*, ὕψιστος (ThWNT VIII 613–619). – *Ders.*, Theol. Aussagen im griechischen AT: Gottesnamen (ZNW 69, 1978, 239–246). – *P. A. H. de Boer*, Numbers VI 27 (VT 32, 1982, 3–13). – *A. van den Branden*, Il Dio Eljôn (BibOr 16, 1974, 65–85). – *G. Cooke*, The Sons of (the) God(s) (ZAW 76, 1964, 22–47). – *F. M. Cross*, Yahweh and the God of the Patriarchs (HThR 55, 1962, 225–259). – *M. Dahood*, The Divine Name *ʿēlî* in the Psalms (TS 14, 1953, 452–457). – *R. Dussaud*, Les découvertes de Ras Shamra (Ugarit) et l'A.T., Paris ²1941. – *O. Eißfeldt*, Neue Götter im AT (KlSchr II 145f.). – *Ders.*, Baʿalšamēm und Jahwe (ZAW 57, 1939, 1–31 = KlSchr II 171–198). – *Ders.*, El und Jahwe (KlSchr III 386–397). – *Ders.*, Silo und Jerusalem (VTS 4, 1957, 138–147 = KlSchr III 417–425). – *Ders.*, Jahwes Verhältnis zu ʿEljon und Schaddaj nach Psalm 91 (WO 2, 1957, 343–348 = KlSchr III 441–447). – *Ders.*, Das Lied Moses Deuteronomium 32, 1–43 und das Lehrgedicht Asaphs Psalm 78 samt einer Analyse der Umgebung des Mose-Liedes (Berichte über die Verhandlungen der Sächsischen Akademie der Wissenschaften zu Leipzig, Phil.-hist. Klasse 104/5, 1958). – *Ders.*, Psalm 46 (KlSchr IV 8–11). – *Ders.*, Kanaanäisch-ugaritische Religion (HO I/8, 1, 1964, 76–91). – *Ders.*, Eine Qumran-Textform des 91. Psalms (Festschr. H. Bardtke, 1968, 82–85 = KlSchr V 45–49). – *Ders.*, Der kanaanäische El als Geber der den israelitischen Erzvätern geltenden Nachkommenschaft- und Landbesitzverheißungen (WZ Halle, Gesellschafts- und sprachwissenschaftl. Reihe 17, 1968, 45–53 = KlSchr V 50–62). – *H.-J. Fabry*, „Ihr alle seid Söhne des Allerhöchsten" (Ps 82, 6) (BiLe 15, 1974, 135–147). – *H. Gese*, Die Religionen Altsyriens (RdM 10, 2, 1970, 1–232). – *N. C. Habel*, „Yahweh, Maker of Heaven and Earth": A Study in Tradition Criticism (JBL 91, 1972, 321–337). – *T. Hanlon*, The Most High God of Genesis 14, 18–20 (Scripture 11, 1959, 110–118). – *R. Hillmann*, Wasser und Berg. Kosmische Verbindungslinien zwischen dem kanaanäischen Wettergott und Jahwe (Diss. Halle 1965). – *P. Hugger*, Jahwe meine Zuflucht (Münsterschwarzacher Studien 13, 1971, bes. 164–167). – *E. O. James*, The Worship of the Sky-God (Jordan Lectures in Compar. Religion 6/1962, London – New York 1963). – *H. J. Kraus*, Exkurs 1. Die Kulttraditionen Jerusalems (BK XV/1⁵, 94–103). – *R. Lack*, Les origines de ʿElyôn, le Très-Haut, dans la tradition cultuelle d'Israël (CBQ 24, 1962, 44–64). – *G. Levi della Vida*, El ʿElyôn in Genesis 14, 18–20 (JBL 63, 1944, 1–9). – *Comte du Mesnil du Buisson*, Origine et évolution du panthéon de Tyr (RHR 164, 1963, 133–163). – *P. D. Miller, Jr.*, El, The Creator of Earth (BASOR 239, 1980, 43–46). – *M. J. Mulder*, Kanaänitische Goden in het OT (Exegetica IV/4f., 's-Gravenhage 1965). – *H. S. Nyberg*, Studien zum Religionskampf im AT (ARW 35, 1938, 329–387). – *R. A. Oden*, Baʿal Šamēm and ʾĒl (CBQ 39, 1977, 457–473). – *U. Oldenburg*, The Conflict Between El and Baʿal in Canaanite Religion, Leiden 1969. – *Ders.*, Above the Stars of El (ZAW 82, 1970, 187–208). – *M. H. Pope*, El in the Ugaritic Texts (VTS 2, 1955). – *R. Rendtorff*, El, Baʿal und Jahwe (ZAW 78, 1966, 277–292 = ThB 57, 1975, 172–187). – *Ders.*, The Background of the Title ʾEl ʿEljon in Gen. XIV (4. World Congress of Jew. Stud. 1, Jerusalem 1967, 167–170). – *H. Ringgren*, Die Religionen des Alten Orients (ATD Erg. Sonderband, 1979, bes. 201–216). – *D. Sanders*, The Names of God, Part 1: The OT (Eternity 34, 1983, 26f.). – *W. Schatz*, Genesis 14 (EHS XXIII/2, 1972). – *H. Schmid*, Jahwe und die Kulttraditionen von Jerusalem (ZAW 67, 1955, 168–197). – *W. H. Schmidt*, Königtum Gottes in Ugarit und Israel (BZAW 80, ²1966). – *Ders.*, Alttestamentlicher Glaube in seiner Geschichte, ⁴1981. – *E. C. Smith*, Hebrew Names of God (Bulletin of the New York Public Library 54, 1950, 555–560). – *F. Stolz*, Strukturen und Figuren im Kult von Jerusalem (BZAW 118, 1970). – *B. Uffenheimer*, El Elyon, Creator of Heaven and Earth (Shnat Miḳr 2, 1977, 20–26). – *R. de Vaux*, LO II, 1962. – *Ders.*, Histoire Ancienne d'Israël. Les origines, Paris 1971. – *G. Wanke*, Die Zionstheologie der Korachiten in ihrem traditionsgeschichtlichen Zusammenhang (BZAW 97, 1966, bes. 46–54). – *G. Wehmeier*, עלה *ʿlh* hinaufgehen (THAT II 272–290). – *H.-J. Zobel*,

Der kanaanäische Hintergrund der Vorstellung vom lebendigen Gott: Jahwes Verhältnis zu El und zu Baal (WZ Greifswald 24, 1975 [1977], 187–194).

I. 1. Das Adj. *ʿæljôn* ist ein durch das Afformativ *-ôn* gebildetes Denominativum von *ʿāl* 'Höhe' (BLe § 61 pϑ; vgl. auch Stolz 134) mit der Bedeutung des Superlativs „*der obere*, schlechthin = der Höchste" (GKa § 133 g, Anm. 3).

Daß damit eo ipso der „Gott in der Höhe, also die Himmelsgottheit" gemeint sei (Stolz 135), ist wohl zu eng gefaßt. Da im Ugar. das Gottesepitheton *ʿlj* 'der Erhabene' belegt ist, hält Gese (117) es für denkbar, „daß aus einem solchen Epitheton ʿEljon entstanden ist". Freilich fügt er hinzu: „Doch bleibt das unsicher."

2. Das Wort *ʿæljôn* kommt im hebr. AT 53mal vor: 22mal in profaner Bedeutung zur Bezeichnung von etwas Oberem, was mitunter noch von etwas Unterem zu unterscheiden ist (1 Kön 9, 8 = 2 Chr 7, 21 lies mit BHS *ʿijjîm* 'Trümmerhaufen'), und 31mal als Gottesepitheton 'der Höchste (Gott)'.

Möglicherweise erhöht sich die zuletzt genannte Zahl durch drei Konjekturen: Im Stammesspruch über Benjamin (Dtn 33, 12) wird seit Houbigant *ʿālājw* durch *ʿæljôn* ersetzt (vgl. Zobel, BZAW 95, 1965, 35 Anm. 37) und zum nächsten Stichos gezogen: „*ʿæljôn* beschirmt ihn allezeit." Auch in Ps 106, 7 leuchtet die Konjektur von *ʿal-jām* zu *ʿæljôn* ein: „sie empörten sich gegen *ʿæljôn* am Schilfmeer" (vgl. Ps 78, 17 und Kraus, BK XV/2[5], 898). Schließlich könnte auch im Psalm der Hanna 1 Sam 2, 10 *ʿālājw* (K) zu *ʿæljôn* geändert (Schmid 183) und übersetzt werden: „*ʿæljôn* läßt donnern im Himmel." Allerdings macht Stoebe (KAT VIII/1, 102) darauf aufmerksam, daß jetzt eher angenommen wird, *ʿālājw* gehe auf ein vom MT schon nicht mehr verstandenes altes Gottesepitheton *ʿāl* „der Hohe", „der Erhabene" zurück (so zuerst Nyberg 368 f. [vgl. schon ders., Studien zum Hoseabuche, UUÅ 1935, 6, 58–60] und G. R. Driver, ExpT 50, 1938/39, 92), das man auch für Dtn 33, 12 und Ps 106, 7, freilich weniger überzeugend, in Anschlag bringt.

Auch in dem *ʿāl* der letzten Worte Davids (2 Sam 23, 1) liegt eine Gottesbezeichnung vor, ganz gleich, ob man den MT *huqam ʿāl* beibehält und übersetzt: „Ausspruch des Mannes, der durch den Höchsten ernannt wurde" (Stolz, ZBK 9, 292) oder ob man den Text zu *heqîm ʿāl* „den der Höchste erhoben hat" (vgl. KBL[3] 780) ändert. Hos 7, 16 und 11, 7 liegt es ebenfalls nahe, zu lesen: „sie kehren zurück zum Höchsten" bzw. „und zum Höchsten rufen sie" (vgl. J. Jeremias, ATD 24/1, 91 Anm. 17, 144; anders Wolff, BK XIV/1[3], 136. 248 und Rudolph, KAT XIII/1, 152. 212).

Die von Nyberg und Dahood noch unterbreiteten Vorschläge, auch Jes 59, 18; 63, 7; Ps 7, 9. 11; 57, 3; 141, 3 in diesem Sinne zu interpretieren, sind unwahrscheinlich oder doch problematisch (vgl. die Komm.). Zu den Vorschlägen von Ceresko, Job 29–31 in the Light of Northwest Semitic, 1980, 12. 182, in Ijob 29, 4 und 31, 35 den Gottesnamen Eli (= der Höchste) wiederzufinden, vgl. Zobel, OLZ 81, 1986, 268.

Dieses *ʿāl* wird entweder als Hypokoristikon von *ʿæljôn* (Stolz 156 Anm. 33; vgl. Wehmeier 285 f.) oder als Kurzform von Baʿal oder gar als eigenes Gottesepitheton erklärt (vgl. Jeremias, ATD 24/1, 91 Anm. 17).

Zu diesen Belegen kommen noch 10 Belege des aram. *ʿillāj* 'Höchster' als Gottesbezeichnung in Dan und weitere 4 Belege in Dan 7 für den Pl. *ʿæljônîn* 'der Höchste' hinzu.

Auch in den Apokryphen und Pseudepigraphen begegnet unser Wort häufig. In der Qumran-Literatur ist es 6mal und weitere 10mal in 1 QGenApokr bezeugt.

Schließlich ist das Gottesepitheton *ʿljn* belegt in der aram. Inschrift von Sfire aus dem 8. Jh. v. Chr. (KAI 222 A, 11), in der Wendung *ʾl tʿlj* 'El, der Höchste' in asarab. Urkunden aus dem 2. Jh. v. Chr. (Oldenburg, ZAW 82, 1970, 189–200) und im Passus Ἐλιοῦμ, καλούμενος Ὕψιστος bei Philo Byblius (Euseb, Praep. Ev., I 10, 14).

Außerdem begegnet *ʿlj* im Ugar. als Gottesepitheton für Baʿal (WUS Nr. 2030), stehen doch die Wendungen *mṭr bʿl* „der Regen Baʿals" und *mṭr ʿlj* „der Regen des Erhabenen" in KTU 1.16, III, 5–8 zweimal einander gegenüber.

Ob KTU 1.23, 3 *jtnm qrt lʿl[jnm]* zu ergänzen und mit „let glory be given to the exalted ones" (so Driver nach Stolz 135) zu übersetzen ist, bleibt fraglich. – Zu dem Vorkommen des Bildungselements *ʿl* in westsemit. PN und seiner Deutung vgl. PNU 42. 44; APNM 194; Stolz 135.

3. Die LXX übersetzt *ʿæljôn* konsequent und ohne Ausnahme mit (ὁ) ὕψιστος und bezeugt damit die allgemein angenommene Bedeutung „der Höchste".

II. 1. Angesichts der vielen Fragen und Probleme, die Herkunft und Deutung des Gottesepithetons *ʿæljôn* aufwerfen, erscheint es methodisch ratsam, vom Sicheren auszugehen. Das ist der Gebrauch von *ʿæljôn* im AT. Zunächst ist nicht unwichtig festzustellen, daß unser Wort im hebr. Text des AT ausschließlich in der Poesie begegnet: Ps 21mal, Klgl 2mal, je 1mal Num 24, Dtn 32, 2 Sam 22 und Jes 14; auch die vier Belege aus Gen 14 ändern daran nichts, da dieser Text wegen des Segensspruches und des Lobpreises als geprägte Form anzusehen ist. Die möglichen Konjekturen bestätigen das Ergebnis. Das kann nur so interpretiert werden, daß zwischen Wort und Begriff *ʿæljôn* und der Poesie eine besondere Affinität besteht. Diese läßt sich sowohl in formaler als auch in inhaltlicher Sicht beschreiben.

In Genitiv-Verbindungen wird von der „Rechten" (*jemîn* Ps 77, 11), vom „Schutz" (*setær* Ps 91, 1) und von „der Huld" (*ḥæsæḏ* Ps 21, 8) des *ʿæljôn*, vom „Angesicht" und „Mund des Höchsten" (*penê, pî* Klgl 3, 35. 38), von seinem „Rat" (*ʿaṣaṯ* Ps 107, 11), aber auch von „der heiligsten der Wohnungen" (Ps 46, 5) und den „Söhnen des *ʿæljôn*" (Ps 82, 6) gesprochen. Diese Wendungen sind uns weithin auch in der Formulierung mit JHWH vertraut: „die Rechte

JHWHs“ (Hab 2, 16; Ps 118, 15f.; vgl. Ex 15, 6; Dtn 33, 2 u. ö.), „die Huld JHWHs (Gottes)“ (Ps 33, 5; 52, 3. 10; 103, 17 u. ö.), „der Rat JHWHs“ (Jes 19, 17; Ps 33, 11; Spr 19, 21; vgl. Jes 46, 10 u. ö.), „sein Schutz“ (Ps 18, 12) bzw. „der Schutz seiner Flügel“ (Ps 61, 5), „der Mund JHWHs“ (Lev 24, 12; Num 9, 23; Dtn 1, 26. 43 u. ö.) und äußerst häufig „das Angesicht JHWHs“. Natürlich kann auch von „der Wohnung JHWHs“ (Num 16, 9; 31, 30; Jos 22, 19 u. ö.) oder gar von seinen „Wohnungen“ (Ps 84, 2) gesprochen werden, doch niemals von „den Söhnen JHWHs“. Dieser Sachverhalt weist einerseits auf die weitreichende Übereinstimmung zwischen *ʿæljôn* und JHWH hin, kann dabei aber doch andererseits eine gewisse Differenz zwischen beiden nicht völlig verwischen.

Dieses Phänomen wird noch an der poetischen Struktur des Parallelismus membrorum sichtbar, weil sich einerseits in den synonymen Stichen JHWH und *ʿæljôn* entsprechen, andererseits aber *ʾel* als Parallelwort für *ʿæljôn* und somit auf der Stelle JHWHs erscheint. Zum ersten gehören Ps 18, 14 = 2 Sam 22, 14: JHWH donnert im Himmel || *ʿæljôn* läßt seine Stimme erschallen; Ps 21, 8: der König vertraut auf JHWH || durch die Huld des *ʿæljôn* wird er nicht wanken; Ps 50, 14: „Opfere ʻJHWHʼ (MT: *ʾælohîm*) Dank || bezahle *ʿæljôn* deine Gelübde!“ In Ps 47, 3 kann es sogar „*JHWH ʿæljôn*“ heißen (par. „ein großer König“), womit die vollständige Identität von JHWH und *ʿæljôn* ausgedrückt ist (Cooke 32).

Wenn an diesen Stellen nicht immer sicher ist, ob *ʿæljôn* noch als nomen propr. oder als Appellativum „der Höchste“ verstanden wird, so ist in den folgenden Beispielen *ʿæljôn* eindeutig zum Appellativum, ja sogar zur Apposition zu JHWH geworden: „sie sündigten wider ihn, trotzten dem Höchsten“ (Ps 78, 17); „sie versuchten trotzig den höchsten Gott“ (v. 56), oder besser: JHWH, den Höchsten; „ich will lobsingen dem Namen JHWHs, des Höchsten“ (7, 18), oder „deinem Namen, du Höchster“ (9, 3); „gut ist es, zu preisen JHWH und zu spielen deinem Namen, du Höchster“ (92, 2); „JHWH allein ist der Höchste über die ganze Erde“ (83, 19; vgl. 97, 9), „der Höchste, der El, der für mich eintritt“ (57, 3). Bei diesen Belegen steht *ʿæljôn* an zweiter Stelle hinter JHWH.

Eine Parallelisierung aber von *ʾel* und *ʿæljôn* liegt in Ps 73, 11: „Wie sollte es El erfahren, wie wäre ein Wissen bei *ʿæljôn*?“ und in 107, 11 vor, wo die Wendungen „Gebote Els“ und „der Rat des *ʿæljôn*“ parallel stehen. Hierher gehört auch die Einleitung zum dritten Bileam-Lied (Num 24, 16) mit ihren Aussagen, der Seher höre die Worte Els und wisse das Wissen des *ʿæljôn*. Bei diesem Beispiel ist ebenfalls festzustellen, daß an erster Stelle *ʾel* und an zweiter Stelle *ʿæljôn* genannt wird. Von ihrer Position her sind also JHWH und El identisch. Allerdings fährt das Bileam-Lied fort, der Seher schaue die Vision Schaddajs, hingesunken und entblößten Auges (Num 24, 16; vgl. auch v. 4). Es wäre gewiß wenig überzeugend, die drei hier genannten Größen *ʾel*, *ʿæljôn* und *šaddaj* gegeneinander abzugrenzen, da wir bisher die poetische Analogie und die sachliche Zusammengehörigkeit von *ʾel* und *ʿæljôn* beobachten konnten. So scheint es wahrscheinlicher zu sein, die drei Namen in der Weise zu verknüpfen, daß der zuerst genannte Begriff *ʾel* durch die folgenden Bezeichnungen *ʿæljôn* und *šaddaj* näher erläutert wird. Daraus folgt, daß die Vollform der jeweiligen Gottesbezeichnung *ʾel ʿæljôn* und *ʾel šaddaj* lautete (Stolz 158ff.). Ähnliches setzt Ps 91, 1 voraus, wenn „Schutz des *ʿæljôn*“ und „Schatten des *šaddaj*“ synonym parallel zusammengeordnet werden. Das im Sinne einer Identität von *ʿæljôn* und *šaddaj* auszulegen (Eißfeldt, KlSchr V 46), geht höchstens, wenn diese in El selbst gesucht wird.

Diese Durchsicht führt zu dem ersten Ergebnis, daß die Parallelisierung JHWH || *ʿæljôn* im Vergleich zu der El || *ʿæljôn* ein jüngeres Stadium darstellt, in dem eben dann auch das Wort *ʿæljôn* zum Appellativum und zur Apposition wurde. So spricht im AT alles dafür, daß die ursprüngliche volle Gottesbezeichnung *ʾel ʿæljôn* lautete (so Schmidt, Königtum 31 Anm. 7. 58ff.; At.licher Glaube 147; Eißfeldt, KlSchr III 389 Anm. 1; de Vaux, LO II 134; Wanke 50; Stolz 161; anders Dussaud 112f.; Syr 27, 1950, 332f.; Syr 35, 1958, 408f.; Levi della Vida; Pope 52f.), und daß mit ihr eine Gottesvorstellung angedeutet wird, die der JHWH-Vorstellung zeitlich vorausging. Die von uns erschlossene volle Namensform *ʾel ʿæljôn* ist Gen 14, 18–20 und Ps 78, 35 bezeugt, dort allerdings als Parallele zu Elohim oder besser zu JHWH, was genau der Formulierung von Gen 14, 22 entspricht, wo ganz augenscheinlich durch die Redaktion JHWH mit dem *ʾel ʿæljôn* von vv. 18–20 identifiziert wird, wenn Abraham schwört: „Ich erhebe meine Hand zu JHWH *ʾel ʿæljôn* ...“ Und die Vermutung, *ʾel ʿæljôn* sei ein von Hause aus von JHWH zu unterscheidender Gott, wird durch Gen 14, aber auch durch Dtn 32, 8f. und Jes 14, 14 eindeutig bestätigt. Handelt Gen 14 von dem Gott des noch nicht israelitisierten Jerusalem (vgl. Ps 87, 5), so scheint hinter Jes 14 ein alter kanaanäischer Mythus von der Auflehnung gegen den und der Entmachtung des *ʾel ʿæljôn* zu stehen (Oldenburg, ZAW 82, 1970, 187f.; Preuß, → II 270; vgl. auch Wildberger, BK X/2, 535) und das Mose-Lied noch die Vorstellung zu kennen, daß einstmals JHWH dem *ʾel ʿæljôn* untergeordnet war.

Diese an formalen Gegebenheiten gewonnenen Einsichten sollen nun durch inhaltliche Gesichtspunkte bestätigt und ergänzt werden. Was die Gattungszugehörigkeit der Texte anlangt, in die *ʿæljôn*-Aussagen eingebettet sind, so ist am häufigsten mit Ps 46, 5; 47, 3; 87, 5; 92, 2; 97, 9 die Gattung der Hymnen vertreten; und weil Gen 14, 20 ebenfalls ein Lobpreis ist, wird man auch diese Stelle hinzunehmen dürfen. Mit Ps 7, 18; 57, 3; 77, 11; 83, 19 sowie Klgl 3, 35. 38 folgt die Gattung der Klagelieder, wozu vielleicht auch die prophetische Leichenklage Jes 14, 14 zu rechnen ist. Dann kommen die Weisheitslieder Ps 73, 11; 78, 17. 35. 56; 91, 1. 9 sowie das Mose-Lied Dtn 32, 8, die Danklieder Ps 9, 3; 50, 14; 107, 11, die Königslieder Ps 18, 14 = 2 Sam 22, 14; Ps 21, 8 und die Gerichtsrede Ps 82, 6.

Wenn unser Wort auch nicht von einer Psalmengattung bevorzugt wird, so begegnet es doch vorab in der Kultpoesie (Wanke 46). Das verweist auf die besondere Affinität des *'el 'æljôn* zum Kult und damit zum Tempel, speziell zum Tempel von Jerusalem. Beachtet man weiter, daß von den 21 Ps-Belegen unser Wort 10mal in acht „Sängerpsalmen" verwendet wird (Wanke 46), so findet die soeben gemachte Feststellung ihre Bestätigung. Weiter verweist Wanke (53) mit Recht darauf, daß diese „Sängerpsalmen" nachexil. Sängergruppen angehören. Daraus folgt, daß die Bezeichnung *'æljôn* zu den innerhalb des Kultus über weite Zeiträume weitergegebenen Traditionen gehört. Darauf führt auch der oben angedeutete Sachverhalt, daß das Wort *'æljôn* immer enger mit JHWH verschmilzt, bis es schließlich als Attribut bzw. Apposition zu JHWH erscheint (Wanke 53f.). Zugleich wird man bedenken müssen, daß die nachexil. und spätnachexil. Zeit ganz allgemein einen gewissen Hang zu archaisierenden Sprachformen hatte und daß poetische Texte im besonderen außerisraelitisches Gut eher aufnahmen und bewahrten (Wehmeier 286).

2. Fragen wir nach den Inhalten, die im AT mit dem Epitheton *'æljôn* verbunden sind, so steht an erster Stelle die durch diesen Begriff selbst intendierte Vorstellung des „höchsten Gottes". Das kann noch ganz massiv polytheistisch interpretiert werden als „der Gott (oder: El) der Götter" (Ps 50, 1; Jos 22, 22), was doch nichts anderes heißt als „der Götterherr schlechthin". Mit dieser Aussage ist wie von selbst die andere von der Weltherrschaft gegeben. Denn wer „sehr hoch erhaben über alle Götter" ist, der ist „der Höchste über die ganze Erde" (Ps 97, 9; die letzte Aussage auch Ps 83, 19), weil er der Oberherr der jeweils den Ländern und Völkern zugeordneten nationalen Götter ist (vgl. Dtn 32, 8f.). Steht diese Aussage in Ps 97 im Kontext eines JHWH-Königsliedes, so wird die logische Verbindung der Weltherrschaft des höchsten Gottes mit der Königstitulatur in Ps 47, 3 gezogen: „JHWH *'æljôn* ist furchtbar, ein großer König über die ganze Erde". Hat JHWH aber die Weltherrschaft, so ist er auch „der Garant der Weltordnung" (Ottosson, → I 425). Dieses drückt Ps 82 aus: Weil alle Völker Eigentum Gottes sind, kann er als der „Richter der Erde" (v. 8) aufstehen. Das aber heißt zugleich, daß er Richter der Götter ist und für die Armen und Elenden Partei ergreift (vv. 1ff.; vgl. Klgl 3, 35). Wenn in 1 Sam 2, 10 *'æljôn* gelesen werden darf, dann kann auch die im Kontext von JHWH als dem Höchsten stehende Aussage von seinem Richteramt über die ganze Erde hier eingefügt werden.

In diesen gesamtkosmologischen Rahmen der *'æljôn*-Aussagen passen sich leicht diejenigen ein, die den höchsten Gott mit dem Himmel verbinden und ihn gleichsam dort wohnend, oder besser: als König thronend vorstellen. Daß *'æljôn* im Himmel wirkt und dort seine Stimme erschallen läßt, setzen Ps 18, 14 (= 2 Sam 22, 14) und 1 Sam 2, 10 (auch Ps 57, 3f.) voraus. Und wenn Jes 14, 13f. dem König von Babel in den Sinn gibt, er wolle „zum Himmel emporsteigen", „hoch über den Sternen Els" „auf dem Versammlungsberg auf dem Gipfel des Zaphon thronen", „über die Wolkenhöhen emporsteigen und dem Höchsten" sich gleichstellen, so ist auch hier die Himmelshöhe als der Aufenthaltsort des *'æljôn* vorgestellt. Damit steht keineswegs in Widerspruch die Aussage, daß die Gottesstadt die heiligste seiner Wohnungen sei (Ps 46, 5; vgl. Eißfeldt, KlSchr IV 8–11; Schmid 182f.), eben weil der Tempel der Gottesstadt gleichsam das Gegenstück der himmlischen Wohnstätte auf Erden ist. Das drückt sich auch darin aus, daß „*'æljôn* selbst sie gegründet hat" (*kûn polel*) (Ps 87, 5). Die Wurzel → כון *kûn* ist ein Schöpfungsterminus; Ps 87 deutet also an, daß die Gottesstadt ihre Existenz einem Schöpfungsakt des *'æljôn* verdankt. Damit ist die Brücke zur Aussage von Gen 14, 19 geschlagen, die *'el 'æljôn* als „den Schöpfer des Himmels und der Erde" prädiziert. Auch Ps 50 weist diesen Zusammenhang zwischen *'æljôn* und dem Schöpfergott auf, indem, wie Kraus (BK XV/1[5], 534) richtig gesehen hat, der Abschnitt vv. 9–13 die Aufforderung v. 14 begründet: Weil Gott alle Tiere gehören, soll der Fromme seinem Gott Dank opfern und dem Höchsten seine Gelübde bezahlen. Schließlich könnte man auch so argumentieren, daß die zum Höchsten gehörende Titulatur „der große König" (Ps 47, 3) eben in Ps 95, 3–5 auch durch Schöpfungsaussagen exemplifiziert wird.

Daß einem solchen Gott, der als Götterherr, Weltengott und Schöpfer der Höchste ist, der Lobpreis und der Dank gilt (Ps 7, 18; 9, 3; 92, 2; vgl. auch 50, 14; 106, 7; 107, 11), ist genauso selbstverständlich wie die Erwartung oder Hoffnung, er werde helfen, bewahren und schützen, wie es Ps 91, 1. 9 mit dem Sitzen „im Schutz des *'æljôn*" bzw. seiner „Schutzwehr" ausdrückt und wohl weniger auf Tempelasylie anspielt (so Delekat, Asylie und Schutzorakel am Zionheiligtum, Leiden 1967, 235ff.) als vielmehr die Geborgenheit meint, die der Beter bei seinem höchsten Gott findet. Dann aber kann der Beter auch beklagen, daß sich „die Rechte des *'æljôn*" geändert habe (Ps 77, 11), weil er nicht geholfen hat, obwohl 'JHWH' *'æljôn* doch eigentlich der ist, der für den Beter „eintritt" (Ps 57, 3) und durch dessen Huld der König nicht wankt (Ps 21, 8).

In diesen Aussagen liegen uns Äußerungen von Einzelpersonen vor, auch wenn sie des Typischen und damit der Möglichkeit zur Verallgemeinerung nicht entbehren. Davon heben sich formal zwei oder drei Texte ab, in denen ein Plural oder Kollektivum die Bezugsgröße für *'æljôn* ist. In Ps 78, 56 sind es die Israeliten, von denen es heißt, daß sie daran dachten, daß „Gott ihr Fels und *'el 'æljôn* ihr Erlöser" (Ps

78, 35) sei, daß sie *ʿæljôn* in der Wüste trotzten (v. 17) oder daß sie trotzig „Gott *ʿæljôn* versuchten und seine Satzungen nicht hielten" (v. 56). In Ps 106, 7 sind es „unsere Väter", die sich gegen *ʿæljôn* am Schilfmeer empörten. Und der zu konjizierende Text des Mose-Segens Dtn 33, 12 lautet: „Der Stamm Benjamin wohnt sicher, weil ‚*ʿæljôn*' ihn allezeit beschirmt, und er (Benjamin) sich zwischen dessen Berglehnen niedergelassen hat" (→ IV 404f.; vgl. J. D. Heck, JBL 103, 1984, 523–529).

3. Alle diese *ʿæljôn*-Aussagen – das kann gar keine Frage sein – sind JHWH-Aussagen. Denn für Israel ist JHWH der höchste Gott. Dazu gehören auch die Stellen, die vom „Rat" (Ps 107, 11) und vom „Wissen des *ʿæljôn*" (Num 24, 16; Ps 73, 11) sprechen. Dabei kann man nicht ausschließen, daß einige dieser Aussagegehalte von Hause aus *'el ʿæljôn* eigneten und bei der Verschmelzung mit JHWH auf diesen übergingen. Denn daß *'el ʿæljôn* eine eigenständige Gottheit war, ist ebenso richtig wie die Feststellung Eißfeldts, daß *ʿæljôn* zu den Göttern „von hohem sittlichen Rang" gezählt werden muß (KlSchr II 146).

So überzeugend einerseits die Verschmelzung von JHWH und *'el ʿæljôn* auch ist, so bleibt doch andererseits auffällig, daß bis auf die beiden Stellen, die von einer Empörung Israels gegen *ʿæljôn* am Schilfmeer (Ps 106, 7) und in der Wüste (Ps 78, 17) handeln, keine Bezüge zu den großen Geschichtstraditionen Israels vorliegen. Selbst in späterer Zeit blieb dieser ureigene theologische Bereich Israels offenbar für den „Höchsten" etwas Fremdes. Auch das weist auf die von der JHWH-Vorstellung Israels unabhängige eigenständige Vorgeschichte des *'el ʿæljôn*-Glaubens hin. Diese spiegeln Dtn 32, 8–9 und Ps 82, 1–8 noch wider (Eißfeldt, KlSchr II 146).

Beide Texte gehen davon aus, daß *ʿæljôn* und JHWH von Hause aus zwei eigenständige Gottheiten sind, JHWH dem höchsten Gott unterstellt und Mitglied seines Götterpantheons ist. Im Mose-Lied fungiert *ʿæljôn* als oberster Gott, indem er die Völker den jeweiligen, in seinem Pantheon zusammengeschlossenen Nationalgöttern, „Söhne Els" oder „Gottessöhne" genannt, zuweist. Infolge dieses Vorgangs wurde Israel JHWHs Besitz (vv. 8f. nach Eißfeldt, 1958, 9 Anm. 2. 3; so u.a. auch Wanke 49; Haag, → I 681; anders W. F. Albright, VT 9, 1959, 343f.; R. Meyer, Festschr. W. Rudolph, 1961, 197–209; G. v. Rad, ATD 8³, 140; M. Tsevat, HUCA 40/41, 1969/70, 123–137). Nicht nur darin, daß JHWH dem *'el ʿæljôn* unterstellt ist, unterscheiden sich beide Gottheiten, sondern auch darin, daß *ʿæljôn* im Gegensatz zu den Nationalgöttern, eben auch zu JHWH, übernational (Stolz 169) ist. Und daß dieser Text tatsächlich ein solches frühes Stadium der Religionsgeschichte widerspiegelt, ersieht man auch daraus, daß in Abweichung von der gängigen Vorstellung des AT, JHWH sei beim Vorgang der Erwählung Israels der aktive Teil gewesen (so der nächste v. 10), aber auch im Verlassen des Darstellungsduktus einer Verteilung der Völker durch *ʿæljôn* von v. 8 hier in v. 9 ganz zurückhaltend passivisch-neutral (Eißfeldt, KlSchr III 390) formuliert wird: „‚Da wurde' Israel JHWHs Losanteil."

Dieses Bild wird durch Ps 82 in gewisser Weise bestätigt und ergänzt. In v. 1 ist von einer „Versammlung Els" die Rede, in der Kraus (BK XV/1⁴, 199; vgl. BK XV/1⁵, 735–737) „das kanaanäische Götterpantheon" (vgl. auch Cooke 30), Eißfeldt (KlSchr III 390) aber zutreffender den „von El geleiteten Götter-Rat" sieht (Schmidt, Königtum 41: „Els Thronrat"), wobei *'el ʿæljôn* wieder eine monarchische Stellung innehat. In dieser Ratsversammlung tritt JHWH auf; vielleicht gehört er ihr an. Jedenfalls klagt er die anderen Götter, die „Söhne des *ʿæljôn*" heißen (v. 6; so mit Recht Cooke 30ff.; Schmidt, Königtum 41; Gese 117; Haag, → I 681), wegen ihrer Ungerechtigkeit und der daraus resultierenden „Auflösung aller Ordnung" (Eißfeldt ebd.) an und verurteilt sie schließlich dazu, wie Menschen zu sterben (v. 7). Er läßt somit keinen Zweifel, daß eigentlich nur er der höchste Gott ist – einen kanaanäischen Mythus vermuten hinter Ps 82 Cooke (34) und Schmidt (Königtum 42) –, wie denn auch das Mose-Lied in einen begeisterten Hymnus auf JHWHs einzigartige, die Position des *ʿæljôn* einnehmende Machtstellung einmündet: „Preist, ihr Himmel, JHWH; und es sollen niederfallen vor ihm alle Gottessöhne!" (v. 43; zum Text vgl. Eißfeldt, 1958, 13. 14 Anm. 1).

So gewiß also beide Texte zunächst *ʿæljôn* und JHWH auseinanderhalten, so triumphiert doch in beiden Liedern am Schluß JHWH über *ʿæljôn* und tritt an dessen Stelle. Deshalb wird man Eißfeldt (KlSchr III 390) darin zustimmen dürfen, daß sich in den Texten eine Übergangszeit widerspiegelt, in der „kosmologisch-mythologisch überlieferungstreu" *'el ʿæljôn* noch als der oberste Gott gehalten wird, JHWH aber „tatsächlich ... die allein maßgebende Potenz ist, und bald auch für das theoretische Weltbild der israelitisch-jüdischen Religion an Els Stelle treten wird".

Schließlich wird man auch auf Jes 14, 12–15 als Beleg für die Eigenständigkeit des *'el ʿæljôn* gegenüber JHWH verweisen dürfen (Wanke 48f.; Oldenburg, ZAW 82, 1970, 187f.; Preuß, → II 270), weil diesem Lied mit hoher Wahrscheinlichkeit ein kanaanäischer Mythus vom allerdings gescheiterten Auflehnungs- und Entmachtungsversuch der Gottheiten Schaḥar und Schalim, Erscheinungsformen des Morgensterns ʿAschtar, gegen *'el ʿæljôn* zugrunde liegt.

Wenn Ps 91 mit Eißfeldt (KlSchr II 145f.; III 441–447) als „'Bekehrungspsalm', der davon Zeugnis ablegt, wie ein bisher dem ʿEljon-Schaddaj ergebener Frommer sich nun Jahwe zugewandt hat und von einem Priester Jahwes in der Gewißheit bestärkt wird, daß er bei diesem wohl geborgen ist" (Eißfeldt, Einleitung, ³1964, 168), bestimmt werden kann, dann darf auch dieser Text als Beleg für die ursprüngliche Selbständigkeit des *'el ʿæljôn* aufgefaßt werden (anders Kraus, BK XV/2⁵, 805: Bekenntnis des Vertrauens).

Zusammenfassend kann festgehalten werden, daß das AT noch eine kanaanäische Gottheit namens *'el ʿæljôn* kennt, und es darf nach allem bisher Ermittelten angenommen werden, daß diese Gottheit eine hypostatische Verselbständigung eines Prädikats oder, wie Gese (117) sagt, eines „besondere(n) Aspekt(s) Els" darstellt. In dieser Hinsicht können dem Namen *'el ʿæljôn* die anderen Gottesnamen der Gen wie *'el ʿôlām, 'el šaddaj* oder *'el ro'î* an die Seite gestellt werden, weil auch sie eine spezifische Qualitätsaussage über die Gottheit El machen und Hypostasen Els sind.

4. In aller Kürze soll der Gehalt der Stellen erhoben werden, in denen mit einer gewissen Wahrscheinlichkeit der Gott *ʿāl* zu finden ist. Seine „letzten Worte" beginnt David mit der in gewissen Zügen der Einleitung der älteren jahwistischen Bileam-Lieder (Num 24, 3f. 15f.) ähnelnden Zeile: „Ausspruch Davids, des Sohnes Isais, und Ausspruch des Mannes, der durch *ʿāl* ernannt wurde" (2 Sam 23, 1; zum Text s.o.). Das „El" von v. 5 legt es nahe, daß der Gott *ʿāl* eine El-Hypostase ist. Und aus v. 2 „der Geist JHWHs" geht hervor, daß diese Gottheit mit JHWH identisch sein muß. Obendrein wird damit noch die Aussage verbunden, daß er der Königsmacher Davids, der eigentliche Begründer der davidischen Dynastie durch die Gewährung des „ewigen Bundes" (v. 5) war. Das alles könnte zu dem passen, was wir bisher über *ʿæljôn* ermittelt haben und was speziell Ps 21, 8 aussagt.

Damit freilich scheinen die beiden Hos-Stellen (Hos 7, 16; 11, 7) in Spannung zu stehen. Denn wie immer man das Wort *ʿāl* bzw. *ʿal* erläutert, meint es hier eindeutig den Gott Baʿal, gegen den sich Hoseas Kampf richtet. Demnach wurde dieser Gott des Wetters und der Fruchtbarkeit von Land und Vieh wegen seines hohen Einflusses auf das Leben der Menschen auch von den Nordisraeliten als „der Erhabene", „der Höchste" prädiziert. Darauf spielt Hos an, wenn er den Abfall Israels in dessen „Hinwendung zum machtlosen Baal (dem 'Hohen', d.h. Erhabenen, der doch niemand 'hochbringt')" (Jeremias, ATD 24/1, 144) sieht und diesen als *lo' ʿāl* „Nicht-Erhaben", d.h. ohnmächtig geißelt. So wird Ringgren mit seiner Vermutung, daß es sich hierbei „um ein Baal-Epitheton handelt" (206), Recht haben.

III. 1. Wenn wir den Hinweisen des AT auf die Eigenständigkeit des *'el ʿæljôn* folgen und nach Bezeugungen dieser Gottheit außerhalb des AT fragen, so steht hinsichtlich seines hohen Quellenwerts für die frühe Religionsgeschichte Kanaans die ugar. Literatur an erster Stelle. Indes muß mit aller Deutlichkeit festgestellt werden, daß in ihr das Wort *ʿljn* nicht belegt ist, wohl aber das Baʿals-Epitheton *ʿlj* „der Erhabene", „der Höchste". Daraus ergibt sich die Notwendigkeit einer Differenzierung der hierher gehörenden El- und Baʿal-Aussagen.

Was zunächst den Gott El angeht, so entsprechen sowohl seine überragende Rolle innerhalb des Pantheons als auch die Titulaturen weithin dem, was wir als Inhalte der *'el ʿæljôn*-Aussagen des AT ermittelt haben. Obwohl nicht so prädiziert, ist in Ugarit El der „höchste Gott". Die Epitheta Els – „der Freundliche, El, der Gemütvolle" (*lṭpn ʾil dpʾid*), „Stier El" (*ṯr ʾil*), *rpʾi* „der Herr", „El der König" (*ʾil mlk*), „König der Ewigkeit" (*mlk ʿlm*), „der Starke und Majestätische" (*gṯr wjqr*), „der Schöpfer der Schöpfung" (*bnj bnwt*), „der Vater der Menschheit" (*'b 'dm*), „El der Richter" (*ʾil dn*) – lassen erstens den hohen Rang dieses Gottes als des Herrn des Pantheons, als des Königs der Götter und folglich der Welt und als des Leiters „der Versammlung der Götter" (*pḫr ʾilm; pḫr bn ʾilm*) erkennen, die „Söhne Els" (*bn ʾil*) heißen. Zweitens wird die Machtstellung Els ausgedrückt, wenn er „Stier" genannt, als „heilig" und mit „ewigem Leben" versehen bezeichnet und schließlich als „Richter", d.h. doch oberster Richter prädiziert wird. Drittens wird er als ein Gott verehrt, der Gerechtigkeit wahrt und sich um den kümmert, der Unrecht erfahren hat (vgl. KTU 1.17, V, 8; 1.16, VI), der gütig und auch weise ist und dessen Wort glückliches Leben bedeutet. Obwohl keine Kosmogonie berichtet wird, ist El viertens doch der Schöpfergott, weil er so heißt und als lebendiger Gott gilt (vgl. Zobel). Er wohnt „an der Quelle der Ströme, dem Ausfluß der Urfluten" (*mbk nhrm qrb 'pq thmtm*) oder auf dem „Gebirge" (*ḫršn*), wohl dem Weltberg als dem Nabel der Erde. Er wird „Vater der Menschen" genannt und verheißt dem verzweifelten Keret die Geburt von sieben Söhnen und bewirkt dessen Heilung von tödlicher Krankheit. El ist der Leben schaffende und erhaltende Gott im Himmel (Schmid 178. 180; Schmidt, Königtum 31 Anm. 7. 58ff.; Gese 97–100).

Ganz anders ist das Bild Baʿals. Seine Titulaturen lauten: „Mächtigster" (*'lʾijn*), „Fürst, Herr der Erde" (*zbl bʿl 'rṣ*), „Herr des Zaphon-Berges" (*bʿl ṣpn*), „Wolkenfahrer" (*rkb ʿrpt*), „Sohn Dagons (des Getreidegottes)" (*bn dgn*), „Herr der Quellen des Ackerlandes" (*bʿl ʿnt mḥrṯt*), auch „der Heilige" und „der Erhabene" (*ʿlj*), dessen Regen (*mṭr*) eine Wonne für die Erde und das Feld ist (KTU 1.16, III, 5–9). Dazu treten noch die ugar. Personennamen (vgl. bes. PNU 44), Erzählungen über Baʿal und Abbildungen von ihm. Alle Zeugnisse lassen sich zu drei Gruppen zusammenordnen: Erstens geht es um die Macht und Würde Baʿals; er ist nächst El der mächtigste Gott, dem die Erde als spezifischer Herrschaftsbereich zugeordnet ist. Er hat sie nicht geschaffen, doch er regiert über sie. Zweitens wohnt er auf dem Berg Zaphon, dem höchsten Berg nahe Ugarit, dessen Herr er ist. Dort lebt er in seinem Reich über den Wolken. Drittens ist Baʿal ein Wetter- und Regengott und folglich auch der Fruchtbarkeitsgott. Für diese Aufgaben ist der Zaphonberg „mit seiner oft von Wolken umlagerten Spitze die rechte Wohnstatt für einen Wettergott" (Eißfeldt, 1964, 80). Darauf weist auch der Umstand, daß man sich Baʿal auf den Wolken einherfahrend vorstellte, mit Beil oder Keule in der Rechten und Blitzlanze in der Linken, ein Wettergott, der die Quellen des Ackerlandes speist und die Fruchtbarkeit des Bodens verbürgt. Wenn er stirbt, dann nimmt er mit sich in die Gruft seine Wolken, seine Winde, sein Gespann und seine Regengüsse (KTU 1.5, V, 5ff.). Das hat schließlich zur Folge, daß den Bauern „das Brot (*lḥm*) aus ihren Krügen", „der Wein (*jn*) aus ihren Schläuchen und das Öl (*šmn*) ... ausgehen" (KTU 1.16, III, 12ff.). Brot, Wein und Öl sind die spezifischen Baʿals-Gaben. Alle drei Aussagegruppen aber werden durch die Titulatur „der Erhabene" zusammengehalten; denn so heißt Baʿal als der Spender des Regens, als der Wetter- und Fruchtbarkeitsgott Ugarits.

2. Ein eigenes Problem stellt das *ʿljn* aus dem Vertrag Bargaʾjas, des Königs von KTK, mit Matiʿʾel, dem König von Arpad, dar (Sfire-Stele, KAI 222A, 11). Dieser Textteil enthält eine Aufzählung von Göttern, die dem Vertragsabschluß beigewohnt haben und deshalb Garanten der Vereinbarungen sind. Diese Aufzählung schließt mit Z. 12f. ab und lautet ab Z. 10: „vor Hadad von Aleppo und vor dem Siebengestirn und vor El und ʿEljan und vor dem Himmel und der Erde und vor dem Meeresgrund und den Quellen und vor dem Tag und der Nacht: Zeugen sind alle Götter von KTK und von Arpad." Deutlich ist, daß mit *wqdm* „und vor" ab Z. 11 jeweils zwei Wörter zu Paaren zusammengefaßt werden: El und ʿEljan, Himmel und Erde, Meeresgrund und Quellen, Tag und Nacht. Gese (116) interpretiert diese Anordnung, indem er Himmel und Erde als Zusammenfassung des kosmischen Raums, Meeresgrund und Quellen als Bezeichnung des Wasserelements und Tag und Nacht als zeitliche Ganzheit versteht. Demgemäß erläutert Gese das dieser Aufzählung vorangestellte Paar El und ʿEljan als die „den Kosmos im Ganzen tragenden Götter". Aber genau das ist kontrovers, ob Z. 11 ein Götterpaar meint oder ob es sich hierbei um einen einzigen Gott handelt (vgl. Eißfeldt, KlSchr II 172 Anm. 4; Ringgren 203f.; Schmidt, Königtum 58ff.; At.licher Glaube 147), d.h. ob man El und ʿEljan als zwei verschiedene Gottheiten faßt oder ob man übersetzen darf: vor „El, der ʿEljan ist" (so de Vaux, LO II 134) bzw. unter Hinweis auf zweiteilige ugar. Gottesbezeichnungen wie *qdš wʾmrr* oder *kṯr wḫss* auch hier eine solche für den einen Gott El ʿEljan annimmt (vgl. Fitzmyer, Sfire, 1967, 37; Donner, KAI II 246). Denn soviel darf als sicher gelten: Weil zuvor in Z. 10 Hadad genannt ist, wird man Eljan nicht auf Baʿal, sondern auf El beziehen müssen. Dann aber ist es wahrscheinlicher, in El und Eljan eben nur die eine El-Gottheit zu sehen, zu derem wesentlichen Aspekt es gehört, der höchste Gott zu sein (vgl. Stolz 133–137).

3. Schließlich muß in unserem Zusammenhang eine Aussage von Philo Byblius (I, 10, 14) diskutiert werden, weil in ihr möglicherweise die Gottesbezeichnung *ʿæljôn* begegnet und zudem eventuelle Erinnerungen aus der Zeit Sanchunjatons vorliegen.

Folgendes wird erzählt: Ein gewisser Elium, was Hypsistos heiße, und eine Frau namens Beruth seien entstanden und hätten sich in der Umgebung von Byblos niedergelassen. Von ihnen seien Epigeios autochthon, den man später Uranos nannte, und dessen Schwester Ge erzeugt worden. Hypsistos aber sei bei einer Begegnung mit wilden Tieren umgekommen und vergöttlicht worden (I, 10, 15). Damit habe Uranos die Herrschaft seines Vaters übernommen und mit seiner Schwester Ge vier Söhne erzeugt, deren erster Elos ist, der auch Kronos heißt (I, 10, 16).

Die meisten Interpreten gehen davon aus, daß Elium ein ursprüngliches phön. *ʿæljôn* wiedergebe, weil die Übersetzung ins Griech. ὕψιστος „der Höchste" lautet. Dann wäre wegen der Zeugung von Himmel und Erde dieser *ʿæljôn* als Schöpfergott zu verstehen (vgl. u.a. de Vaux, LO II 133; Schmid 179). Und weil die Göttergenealogie Elos (= Kronos) als Enkel Eliums aufführt, müßten El und *ʿæljôn* als zwei ganz verschiedene Gottheiten angesprochen werden (vgl. Schmidt, Königtum 58–60; At.licher Glaube 147; Ringgren 203). Selbst wenn das richtig ist, bleibt zu fragen, ob es sich dabei um einen Sachverhalt aus der Zeit Sanchunjatons, also dem 2. Jt. v. Chr., oder aus der des Philo Byblius handelt. Je nach der Antwort wären die weiteren Möglichkeiten denkbar, *ʾel ʿæljôn* als ursprünglich einheitliche, im Laufe der Zeit aber in zwei Gottheiten aufgespaltene Größe, vergleichbar der späteren Hypostasierung von Bethel und Olam (Gese 113. 203), oder umgekehrt als eine sich im geschichtlichen Prozeß herausbildende Einheit zu verstehen (vgl. Schmidt, At.licher Glaube 147; auch Dussaud 182f. und Syr 27, 1950, 332f.; Syr 35, 1958, 408f.; Comte du Mesnil du Buisson; de Vaux, Histoire 262).

Indes sind die Ausführungen des Philo Byblius derart verworren, daß aus ihnen sichere Schlußfolgerungen kaum gezogen werden können. Zunächst ist die Göttergenealogie Elium, Uranos, Elos zumindest ungewöhnlich und „bedarf ihrerseits der Aufklärung", ehe sie für weitere Schlüsse in Anspruch genommen wird (Eißfeldt, KlSchr III 389 Anm. 1). Weiter weist Eißfeldt (KlSchr II 231f.) mit Recht darauf hin, daß die Tötung Eliums durch wilde Tiere an den Adonis-Mythus erinnert, daß in den Ugarit-Texten aber Baʿal als Adonis-Gestalt begegne; dessen Zuname ʾAlijan sei von Philo fälschlich mit *ʿæljôn* zusammengeworfen und als „Höchster" gedeutet worden (vgl. auch Bertram 614 Anm. 13; Stolz 136f.; Gese 116). Möglich erscheint es auch, daß sich das ugar. Baʿal-Epitheton „der Erhabene" (*ʿlj*) hinter dem Elium Philos verbirgt.

4. Der Ertrag der außer-at.lichen Quellen für das Verständnis des *ʿæljôn* oder auch des *ʾel ʿæljôn* ist dürftig. Das ugar. Material bezeugt einerseits den höchsten Rang Els, andererseits aber wird ausdrücklich Baʿal als „Erhabener" bezeichnet und El an Bedeutung zumindest sehr nahe gerückt. Daß in einigen kan./aram. Texten Baʿalšamēm bzw. Hadad gar an erster Stelle vor El steht (Rendtorff, ZAW 78, 1966, 282f.), geht auf regionale oder lokale Besonderheiten zurück, widerspricht also dem Zeugnis aus Ugarit nicht (Schmidt, Königtum 61).

Daß die Bezeichnung *ʿæljôn* zu El gehört, darf der Sfire-Inschrift entnommen werden. Beiden Texten ist auch das gemein, daß El mit der Schöpfung verbunden wird. In Ugarit ist El Schöpfer der Götter und Menschen sowie der Geschöpfe schlechthin, und in Sfire ist *ʾel ʿæljôn* die „den Kosmos im Ganzen tragende" Gottheit (Gese 116). Hinzu kommt, daß in einer Reihe von westsemit. Inschriften aus Karatepe,

Hatra, Leptis Magna, Palmyra und Jerusalem El als „Schöpfer der Erde" (*qn ᾽rṣ*) prädiziert wird und in Boghazköj der Name ᾽Elkuniršа belegt ist (vgl. im einzelnen Rendtorff, ZAW 78, 1966, 284–286; Stolz 130–133; zuletzt eingehend Miller). Daraus jedoch den Schluß zu ziehen, El sei im kan. Raum von Hause aus der Schöpfer der Erde und Baʿal als Erhabener (= *ʿæljôn*) der Schöpfer des Himmels gewesen (Rendtorff, ZAW 78, 1966, 285ff.), ist deshalb verfehlt, weil in deutlicher Abgrenzung zu El der Gott Baʿal als Baʿalšamēm „Herr des Himmels", nicht dessen Schöpfer, und als *bʿl ᾽rṣ* „Herr der Erde", aber nicht ihr Schöpfer und „als Vegetationsgott der Erhalter der Schöpfung" ist (Schmidt, Königtum 61f.). So ist es nach Auskunft der außer-at.lichen Zeugnisse das Wahrscheinlichere, *ʿæljôn* schon im 2. Jt. v. Chr. als besonderen Aspekt Els aufzufassen und von ihm die Schöpfung Himmels und der Erde sowie von Göttern, Menschen und vielleicht auch von Tieren herzuleiten (vgl. Gese 117; Stolz 137).

IV. Auf der Basis des Erarbeiteten können wir uns nunmehr dem Sonderthema des *᾽el ʿæljôn* von Jerusalem zuwenden.

1. Der hierfür wertvollste Text ist Gen 14, 18–20. Bei diesen drei Versen handelt es sich um eine in sich geschlossene, ursprünglich selbständige Szene, die sekundär mit Abraham verbunden wurde (Westermann, BK I/2, 240). Ein stets wiederholbarer kultischer Vorgang (Mahl, Segnung, Lobpreis, Zehntabgabe) wird zum einmaligen geschichtlichen Ereignis im Leben Abrahams und die Begegnung mit Erscheinungen eines sedentären Lokalkultus in sein Wanderleben eingespannt. Darauf führt auch v. 22, der deutlich der Verklammerung der Szene mit dem Kontext dient, indem nunmehr *᾽el ʿæljôn* mit JHWH gleichgesetzt und zur Apposition JHWHs wird.

Gen 14 ist der einzige Text des AT, in dem die volle Namensform *᾽el ʿæljôn* bezeugt ist und diese Gottheit eindeutig nichtjahwistisch, vorisraelitisch erscheint. Die Frage, ob *ʿæljôn* hier Apposition zu El oder El ein vorangestelltes Appellativum „Gott" ist (Eißfeldt, KlSchr III 389 Anm. 1), wird man in der zuerst genannten Weise entscheiden dürfen, weil hier die vorisraelit. Gottheit mit Namen „El, der Höchste" begegnet. Damit ist auch die nächste Frage prinzipiell dahingehend beantwortet, daß sich beide „Begriffe auf dieselbe e i n e Gottesgestalt" beziehen (Eißfeldt ebd.; auch de Vaux, LO II 133f.; Histoire 262).

In hymnischer Prädikation trägt dieser Gott den Titel „der Schöpfer Himmels und der Erde" (*qoneh šāmajim wā᾽āræṣ*). Die hier gebrauchte Wurzel *qnh* kommt als terminus technicus für die Weltschöpfung im AT nur an dieser Stelle vor (vgl. jedoch Spr 8, 22), ist aber außer-at.lich häufiger belegt (KBL³ 1039). Das spricht für die Zuverlässigkeit unseres Textes und weist abermals auf seine nicht-israelit. Herkunft hin. Was das Wortpaar „Himmel und Erde" anlangt, so äußert der Text selbst keinerlei Verdachtsmomente dafür, daß hier eine Kompilation zweier von Hause aus eigenständiger Glieder vorliege (gegen Levi della Vida; Pope 52f.; weitere Vermutungen bei Stolz 149f.). Vielmehr ist Westermann (BK I/2, 243) zuzustimmen, wenn er diese Prädikation als „eine geprägte Kultformel" bezeichnet. Damit greifen wir hier in der Tat einen Zipfel kanaan. Religiosität (Ringgren 203; anders Rendtorff, ZAW 78, 1966, 290f.).

Die weiteren Einzelheiten des Textes bestätigen den bisher gewonnenen Eindruck. Es ist von einem König die Rede, der zugleich Priester des *᾽el ʿæljôn* ist. Das weist auf die Institution des sakralen Königtums hin, womit auch die Existenz eines Heiligtums zwingend vorausgesetzt wird. Weiter wird die Zehntsitte genannt, die auch für das Heiligtum von Bet-El bezeugt ist (Eißfeldt, KlSchr IV 166); dem Fremden werden Brot und Wein herausgebracht, Gaben der Natur, die die Fruchtbarkeit des Landes symbolisieren (→ IV 541) und deren Genuß ein Konvivium begründet (vgl. Jos 9, 3–15, auch Ex 24, 11 und Å. V. Ström, Kreis und Linie [Hermeneutik eschatologischer biblischer Texte, Greifswald 1983, 103–122]). Schließlich wird Abraham im Namen der Gottheit gesegnet. Doch dieser Segen ist anders als der von Gen 12, 1–3; denn er ist keine Segensverheißung. Und er ist anders als die weiteren Erzvätersegnungen der Gen, denn er sagt nicht Landbesitz oder Nachkommenschaft zu (Eißfeldt, KlSchr V 53f.). Der Segen entbehrt jeden geschichtlichen Moments, ist also ganz und gar ungeschichtlich. Das verbindet Gen 14 mit den anderen *᾽el ʿæljôn*-Aussagen des AT, denen die Bezüge zu den großen geschichtlichen Heilserweisungen ebenfalls fehlten. Obendrein ist diese Szene mit einem Ort fest verknüpft. Das hier genannte Salem, das Ps 76, 3 mit Zion parallel steht, wird man auf Jerusalem beziehen dürfen. Dieser Ort aber ist in Gen 14 noch nicht israelitisch. Abraham zieht an ihm vorüber wie später der Levit (Ri 19, 1ff.).

Somit ist ein hohes Maß an Wahrscheinlichkeit gegeben, daß Gen 14, 18ff. einen um die Mitte des 2. Jt. v. Chr. in Jerusalem geübten *᾽el ʿæljôn*-Kultus bezeugt (Eißfeldt, KlSchr IV 165; vgl. auch van den Branden). Die Verbindung dieser Szene mit Abraham verfolgt die ätiologische Absicht, den seit David in Jerusalem geübten JHWH-Kult in seiner Spezifik und Besonderheit von Abraham herzuleiten und damit zu legitimieren.

Außer *᾽el ʿæljôn* hat man für Jerusalem noch die Gottheiten Sadek und Schalem erschlossen. Wie sie sich zueinander verhalten und ob sie gar eine Triade bilden, ist ebenso unklar (vgl. Schmid 176f.; Schmidt, At.licher Glaube 218f.), wie die von Gese (113ff.) postulierte Triade El, *ʿæljôn* und Kuniršа unwahrscheinlich ist.

2. Da die *᾽el ʿæljôn*-Belege, wie wir sahen, vorwiegend in kultischen Texten stehen, Gen 14, 18 aber diese Gottheit mit dem vorisraelit. Jerusalem verbindet, ist die Wahrscheinlichkeit groß, daß sich die *ʿæljôn*-Aussagen insgesamt auf das Jerusalemer Heiligtum dieses Gottes, eben auf „die heiligste

seiner Wohnungen" (Ps 46, 5), beziehen. Das gibt uns das Recht, sie zu einem Gesamtbild zusammenzufügen.

Jerusalem ist erst mit der Eroberung durch David israelitisch geworden. Daß mit diesem Ereignis auch der Prozeß der Integration der *'el 'æljôn*-Aussagen in den JHWH-Glauben anhebt, ist wiederholt geäußert worden (besonders Schmid 197; Cooke 33; vgl. hierzu auch Lack). Doch dabei wird die Andeutung des Benjamin-Spruches (Dtn 33, 12) übersehen, daß der Stamm dank der Unterstützung des *'æljôn* sicher lebe. Weil es außer Frage steht, daß *'æljôn* hier JHWH meint (vgl. Zobel, Klio 46, 1965, 83–92), und weil es ebenso gewiß ist, daß der Spruch aus vorköniglicher Zeit stammt, belegt er eben schon für die sog. Richter-Zeit diesen Integrationsvorgang. Daß dieser durch die Einnahme Jerusalems einen kräftigen Impuls erfahren hat, steht außer Zweifel; denn jetzt war JHWH der Gott der Eroberer und wurde somit auch zum neuen Gott der Eroberten. Und wenn die Überführung der Lade nach Jerusalem Davids Werk ist, dann ist ihr Einzug in die Stadt sichtbarer Ausdruck dafür, daß von nun an JHWH Zebaot, der Ladegott, der Herr dieser Stadt und ihres Gottes *'el 'æljôn* ist.

Indes wird dieser Integrationsprozeß nicht so rasch und so geradlinig verlaufen sein, wie es oft den Anschein hat. Wenn Eißfeldt mit seiner Deutung von Ps 91 als eines Bekehrungspsalms Recht hat (KlSchr III 441–447. 498), dann hat es zumindest vereinzelt doch auch so ein Empfinden der Unvereinbarkeit oder Unterschiedenheit von JHWH- und *'æljôn*-Verehrung gegeben. Selbst David scheint zu erheblichen Konzessionen an die religiösen Traditionen Jerusalems gezwungen gewesen zu sein. Denn wenn Zadok der Priester des *'el 'æljôn* war, dann hat David durch dessen dominierende Voranstellung vor Ebjatar (vgl. 2 Sam 8, 17) die angestammten Rechte der Jerusalemer Priesterschaft respektiert und folglich auch deren Gott *'el 'æljôn* eine gewisse Reverenz erwiesen (Eißfeldt, KlSchr III 421. 423; auch de Vaux, LO II 134f.). Immerhin hat Nyberg (373f.) darauf aufmerksam gemacht, daß im Unterschied zu den in Hebron dem David geborenen Söhnen, die JHWH-haltige Namen trugen und nicht El-Namen erhielten, von den zwölf oder auch elf Söhnen in Jerusalem keiner einen JHWH-haltigen, mehrere aber einen El-Namen bekamen (zuletzt auch Wanke 52). Diesem Frühstadium der Integration werden auch die Stellen zuzuordnen sein, die *'el 'æljôn* die Präponderanz zuerkennen, JHWH seinem Pantheon einfügen und ihn gleichsam „als eine Hypostase 'Eljons" ausgeben (Eißfeldt, KlSchr III 447). Nicht zuletzt fällt hiervon auf die Aussage von 2 Sam 23, 1, daß *'æljôn* (= *'āl*) der Königsmacher Davids gewesen sei, völlig neues Licht.

In diesem Prozeß behielt letztlich JHWH die Oberhand, ganz gleich, ob die wesentlichen Impulse von der spezifisch nordisraelitischen Lade-Tradition (Eißfeldt, KlSchr III 421) oder von anderer Seite her kamen. Mit der Integration wurden Gottesvorstellungen kanaanäisch-jerusalemer Provenienz in die JHWH-Vorstellung aufgenommen. Äußeres Zeichen dieses Vorgangs sind die Titulaturen JHWHs als des Königs, des Schöpfers von Himmel und Erde, als des Gnädigen und Gütigen, als des Hüters des Rechts von Witwe und Waise u. dgl. mehr.

Wie sich diese Züge leicht aus der *'el 'æljôn*-Theologie Jerusalems herleiten lassen, weil sie auch sonst (vgl. Ugarit) zu El gehören, so gibt es doch eine Reihe von Aussagen, die zu besonderen Fragen Anlaß geben, weil sie herkömmlicherweise der kanaan. Ba'al-Vorstellung eigen sind oder ihr nahe stehen, in den at.lichen Liedern aber mit dem Jerusalemer *'æljôn* verbunden sind.

Wiederholt ist darauf hingewiesen worden (vgl. Schmid 185f. 190; Schmidt, Königtum 31 Anm. 7), daß Ps 47, 3. 7. 9 und Ps 97, 1. 9 ein Thronbesteigungsfest des JHWH-*'æljôn* bezeugen. Wenn dieses Fest aus der kanaan. Kulttradition Jerusalems stammt und von Hause aus mit *'el 'æljôn* verbunden war, dann kann sich darin keine spezifische El-Tradition widerspiegeln, weil es kein Thronbesteigungsfest Els, wohl aber eins Ba'als gab.

In Jes 14, 13 wird der Zion mit dem Zaphonberg idenfiziert und von *'æljôn* gesagt, er habe seinen Thron „hoch über den Sternen Els" aufgerichtet, throne auf dem „Berg der Götterversammlung" (*har mô'ed*) und „auf dem Äußersten (Gipfel) des Zaphon" (*b^ejark^etê ṣāpôn*). Wie der Versammlungs- und der Zaphonberg eigentlich zu Ba'al gehören, so auch die in v. 14 genannten „Wolkenhöhen", ist doch Ba'al der Wolkenfahrer. Nach 2 Sam 22, 10f. = Ps 18, 10f. aber ist es wieder „der Höchste", „der den Himmel neigt und herabfährt, der auf dem Kerub fährt und daherfliegt" (v. 11; vgl. Dtn 33, 26; Jes 19, 1: JHWH als der Wolkenfahrer) und auf den Flügeln des Windes schwebt. Auch Ps 48, 3 nennt den Zion einen „heiligen Berg" und „die Wonne der Welt"; wieder lautet die Apposition zu „Berg Zion" „der Äußerste des Zaphon".

Ebenso eindeutig ist der Sachverhalt bei den Aussagen, die das Wirken des *'æljôn* als eines Wettergottes beschreiben. Heißt es 1 Sam 2, 10 noch zurückhaltend, der Höchste (*'āl*) lasse im Himmel donnern (vgl. Ringgren 206), so wird in 2 Sam 22, 13ff. = Ps 18, 13ff. das Thema breit abgehandelt (vgl. Hillmann 130ff.):

Aus dem Glanz vor ihm brach sein Gebälk,
  Hagel und glühende Kohlen.
Da donnerte JHWH 'vom' Himmel herab,
  und *'æljôn* ließ seine Stimme erschallen.
Er schoß seine Pfeile und streute sie,
  er schleuderte Blitze und jagte sie.
Da sah man das Bett des Meeres,
  und aufgedeckt wurden die Gründe der Erde.

Wolkendunkel, Donner und Blitz, Sturm und Hagel, das sind Ba'als Waffen, mit denen er gegen Jam, „das Meer", kämpft (zur Thematik Chaoskampf vgl. besonders V. Maag, Ges. Stud. 1980, 203–220).

Daß dieser Psalm wirklich Jerusalemer JHWH-*ʿæljôn*-Theologie wiedergibt, zeigt v. 7 damit, daß der JHWH-Tempel *hêkāl* genannt wird, was außer Schilo sonst nur für den Tempel in Jerusalem gilt. Ähnliche Schilderungen des *ʿæljôn* enthalten Ps 77, 17–20 und Ps 97, 1–5. Um den gesamten Umfang der Aufnahme von Schilderungen naturhafter Phänomene in den Psalter überschauen zu können, müßten noch solche Texte wie Ps 65, 10–14, eines der schönsten Stücke von Naturlyrik im AT, herangezogen werden (vgl. auch C. Gottfriedsen, Die Fruchtbarkeit von Israels Land, 1985). Und wenn man bedenkt, daß die dem Abraham von Melkisedek herausgebrachten Elemente Brot und Wein auch in den ugar. Texten, und zwar in dieser Reihenfolge, begegnen (vgl. nur KTU 1.6, VI, 42*–44*; 1.4, IV, 35–37; 1.23, 6. 71) und daß in Sonderheit Brot, Wein und Öl in Ugarit wie bei Hosea als exemplarische Baʿals-Gaben gelten, dann kann die Schlußfolgerung nicht mehr umgangen werden: Die in diesen Liedern auffällige Vermischung von El- und Baʿal-Aussagen ist schwerlich erst von Israel besorgt worden (so Schmidt, Königtum 55–58 aufgrund von Ps 29), sondern war ihm vorgegeben. Das aber heißt, daß eine Verbindung der El- und der Baʿal-Vorstellungen bereits in der *ʾel ʿæljôn*-Theologie von Jerusalem vorlag (vgl. Schmid 187–190; Stolz 154. 165; aber auch J. A. Emerton, JThS 9, 1958, 225–242) und von Israel übernommen wurde. Nicht ganz uninteressant ist schließlich noch der Hinweis darauf, daß auch der von Philo Byblius mit Beelsamem gleichgesetzte Zeus (I, 10, 7) die Prädikate μέγιστος und ὕψιστος trägt (vgl. Eißfeldt, KlSchr II 175; Bertram 613f.).

An diesem Punkt wird nun abermals eine wichtige theologische Differenz zwischen Israel und Juda sichtbar. So nachdrücklich, heftig, konsequent und grundsätzlich das Nordreich Baʿal, den Erhabenen, ablehnte, so leicht, behend und wie selbstverständlich floß in Jerusalem über *ʾel ʿæljôn* Baʿalistisches in den JHWH-Glauben Judas ein. Lautete in Israel aufgrund der getrennt überlieferten El- und Baʿal-Tradition die Alternative klar und eindeutig JHWH oder Baʿal, so konnte in Jerusalem/Juda so nicht formuliert werden, weil hier bereits eine Traditionsmischung erfolgt war und JHWH mit dem „synkretistischen *ʾel ʿæljôn*" verschmolz. Damit ist nicht zuletzt eine Erklärung dafür gewonnen worden, warum insgesamt bei Juda von einer einzigartigen Aufnahme kanaan. Elemente gesprochen werden kann (Zobel, BZAW 95, 1965, 74. 127 und → III 530f.), warum die Baʿals-Polemik ausschließlich in Texten des Nordreichs erscheint und warum erst seit der Förderung durch Atalja von einem eigenständigen Baʿals-Kult in Juda (2 Kön 11, 18; 21, 1ff.; 23, 4ff.) gesprochen werden kann (Mulder, → I 722; vgl. auch Stolz 154 Anm. 23).

V. Der Sachverhalt, daß die Rede vom „höchsten Gott" Israels vorab im Kultus Jerusalems verhaftet war, ist die Voraussetzung dafür, daß sie dank des hohen Anspruchs Jerusalems über die Jahrhunderte hinweg weiter tradiert und weiter gepflegt wurde. Von daher erklärt sich auch die weitere Verwendung unseres Begriffs in der Spätzeit des AT und über es hinaus.

1. Im Dan wird *ʿillāj* 4mal adjekt. „der höchste Gott" und 6mal appell. „der Höchste" gebraucht, ganz analog der Verwendung von *ʿæljôn* im Hebr. Der Unterschied besteht darin, daß unser Wort jetzt ausschließlich in erzählenden Texten begegnet und innerhalb des Dan wiederum nur in den aram. Partien. Dan 3, 26. 32 ist es Nebukadnezzar in den Mund gelegt; er redet die drei Männer „Diener des höchsten Gottes" an und berichtet von den Wundern, „die der höchste Gott an uns getan hat". Damit wird zweierlei ausgedrückt: Der Gott der Juden ist der einzige Gott; ein Fremder bekennt sich zu diesem Gott und erkennt den monotheistischen Anspruch der Juden als gerechtfertigt an. Im Traum Nebukadnezzars wird „die Gewalt des Höchsten über das Königtum der Menschen" (4, 14) ausgesagt, die Deutung durch Daniel als „Beschluß des Höchsten" (v. 21) bezeichnet und dabei in v. 22 die Aussage von v. 14 wiederholt, in v. 29 von einer Himmelsstimme hergeleitet und mit dem Lobpreis des Höchsten durch den König (v. 31) abgeschlossen. Auch hierbei ist mit der Bezeichnung Gottes als des Höchsten der Gedanke der Einzigartigkeit und der unvergleichlichen Macht Gottes über alle Menschen gegeben, die auch der fremde König anerkennen muß. All das kehrt als geschichtliche Replik in 5, 18. 21 wieder: Daniel weist Belschazzar darauf hin, daß der höchste Gott seinem Vater Nebukadnezzar die Königswürde verliehen und ihn zur Erkenntnis geführt habe, der höchste Gott habe Gewalt über das Königtum der Menschen. Und in 7, 25 begegnet noch einmal der „Höchste" als Bezeichnung für Gott.

In diesem Kap. ist noch davon die Rede, daß „den Heiligen des Höchsten" (*qaddîšê ʿæljônîn*) die Macht auf ewig gegeben wird (vv. 18. 22. 25. 27). Wahrscheinlich werden mit dieser Wendung „die Treuen unter den Juden" (Porteous, ATD 23³, 92; vgl. M. Noth, NoTT 56, 1955, 146–161 = ThB 6, ³1966, 274–290) gemeint sein.

2. Das führt uns direkt zu den Qumran-Schriften, denn in CD 20, 8 (9, 33) kommt ebenfalls die Wendung „die Heiligen des Höchsten" vor und bezieht sich wahrscheinlich auf die Mitglieder der Sektengemeinschaft, die den Übeltäter verfluchen sollen. Auch bei den übrigen Belegen finden wir typisch at.lichen Sprachgebrauch wieder. Zweimal kommt die volle Bezeichnung *ʾel ʿæljôn* vor (1 QH 4, 31; 6, 33), und zweimal steht *ʿæljôn* in Parallele zu El (1 QS 10, 12; 11, 15). In 1 QS 4, 22 ist von der „Erkenntnis des Höchsten" die Rede, in 1 QH 4, 31 wird *ʿæljôn* mit Gerechtigkeit, in 1 QS 11, 15 mit Majestät und in 1 QS 10, 12 mit einer Reihe von Begriffen verbunden, die in „Höhe der Majestät" und „Allmacht zu ewiger Verherrlichung" einmünden.

Schließlich steht in 1 QGenApokr 2, 4 und 20, 7 einfaches *ʿlj* „der Höchste", sonst durchweg *ʾel ʿæljôn* (20, 12. 16; 21, 2. 20; 22, 15. 16. 21). Beim Höchsten (2, 4) oder Höchsten Gott (21, 21) wird geschworen; als „Herr aller Welten" (20, 12) und als Erhörer der Gebete (20, 16) wird er gepriesen, und ihm werden Opfer dargebracht (21, 2. 20), wie denn 22, 15 ff. dem Text von Gen 14, 18 ff. entspricht.
Insgesamt zeigt das Qumran-Schrifttum, daß der Titel *ʾel ʿæljôn* als archaische Gottesbezeichnung weiterhin in Gebrauch, vielleicht sogar beliebter geworden ist, weil er der Einzigartigkeit Gottes Ausdruck zu verleihen vermag.
3. Was die Apokryphen und Pseudepigraphen betrifft, so stellt St.-B. II, ^{2}1956, 100 mit Recht fest, daß in ihnen die Gottesbezeichnung *ʾel ʿæljôn* „oft" vorkommt. Die meisten Belege entfallen auf Sir. Baudissin (223) zählt 44 Stellen und resümiert, daß der „Gedanke der Größe Jahwes mit einer Energie ausgedrückt (wird), die sich kaum überbieten läßt". Das unterstützt Bertram mit der Feststellung, daß „ὕψιστος nach κύριος der häufigste Gottesname im Sir" ist (616).
Insgesamt darf festgehalten werden, daß für die Apokryphen und Pseudepigraphen der Name des Höchsten gleichsam als die Zusammenfassung der jüdischen Gottesvorstellung gilt und deshalb auch vollgültig an die Stelle JHWHs treten kann, wie es vorab im hellenistischen Schrifttum geschieht, wo der Höchste „zur gängigen Bezeichnung für den Gott der Juden" wird (Wehmeier 290 unter Verweis auf A. B. Cook). Dabei verbinden sich mit diesem Namen nicht nur die Hoffnungen und Wünsche der Frommen, sondern auch apologetische und propagandistische Absichten der Juden (Bertram 617).

Zobel

עלל *ʿll*

עֹלֵלָה *ʿolelāh*, עֲלִילָה *ʿ^{a}lîlāh*, עֲלִילִיָּה *ʿ^{a}lîlijjāh*, מַעֲלָל *maʿ^{a}lāl*, תַּעֲלוּל *taʿ^{a}lûl*

I. Einleitung – 1. Belege – 2. Gliederung – II. „handeln an" – III. „Nachlese" – 1. in den Sozialgesetzen – 2. in metaphorischer Verwendung – IV. „nach Gutdünken handeln" – V. „Tun, Handeln" – 1. *ʿ^{a}lîlāh* – 2. *ʿ^{a}lîlijjāh* – 3. *maʿ^{a}lāl* – 4. *taʿ^{a}lûl* – VI. 1. LXX – 2. Qumran.

I. 1. Die Wörterbücher stimmen in der Bestimmung der Zahl der Stämme *ʿll* nicht überein: GesB führt drei, KBL^3 zwei auf. Hier werden nur die gemäß beider auf *ʿll* I basierenden Belege behandelt, d. h. Verbformen (20 Belege), und die Substantive *ʿolelāh* ('Nachlese', 6mal), *ʿ^{a}lîlāh* ('Tun', 24mal), *ʿ^{a}lîlijjāh* ('Tun', 1mal), *maʿ^{a}lāl* ('Tat', 41mal) und *taʿ^{a}lûl* ('Handeln', 2mal), also insgesamt 94 Vorkommen. Der Stamm kommt nach GesB im Arab. und Syr. vor, nach KBL^3 auch im Mhebr. Die Doppelung des zweiten Stammkonsonanten weist auf ein transitives oder Aktivität ausdrückendes Wort (GKa § 67a). Als allgemeine Bedeutung läßt sich 'tun, handeln' abstrahieren; dieser Begriff wird aber im AT in der Regel durch Bildungen vom Stamm → עשׂה *ʿāśāh* ausgedrückt. – Zusammenfassend läßt sich sagen, daß die auf *ʿll* fußenden Wörter im AT selten gebraucht werden; sie gehören meist entweder der gehobenen Sprache an oder sind an bestimmte Zusammenhänge gebundene Ausdrücke.
2. Von den 11 *poʿel*-Belegen werden 5 in der allgemeinen Bedeutung 'handeln an' verwendet; sie werden zuerst und zusammen mit der einen *poʿal*- und der einen *hitpoʿel*-Form besprochen (II.). Die anderen 6 dagegen sind Fachausdruck des Weinbaus und entsprechen den 6 Vorkommen des Substantivs *ʿolelāh*. Diese 12 Vorkommen werden gesondert unter III. behandelt. – Die 7 *hitpaʿel*-Formen werden in einem besonderen Sinn benutzt; sie werden unter IV. besprochen. – Schließlich werden die übrigen vier Substantive unter V. behandelt.

II. Die Belege für *poʿel* 'handeln an' (Ijob 16, 15; Klgl 1, 22 [2mal]; 2, 20; 3, 51), *poʿal* (Klgl 1, 12) und *hitpoʿel* (Ps 141, 4) erscheinen in poetischen Texten, gehören also der gehobenen Sprache an. So kann Ijob sagen, daß „er sich das Trauergewand angelegt und seinen Stolz (wörtlich: Horn) in den Staub getan hat". Dem entspricht es, daß verhältnismäßig oft die Verbform zusammen mit einem auf dem gleichen Stamm basierenden Wort (figura etymologica) gebraucht wird, also durch die Doppelung das Wort im Text hervorhebt (Klgl 1, 22; 2, 20; Ps 141, 4).

III. Die 2 Belege für *ʿolelôṯ* 'Nachlese' im Pent. beziehen sich wörtlich auf den Begriff als Aspekt des Weinbaus; die anderen 10 (2mal Ri, 8mal Propheten) verwenden dagegen den Begriff in übertragener Weise (vgl. Kapelrud, BHHW II 1274).
1. Sowohl im Heiligkeitsgesetz (Lev 17–26) wie in der Zusammenfassung der gesamten Gesetzgebung durch den scheidenden Mose (Dtn 1–30) erscheint die Bestimmung, daß alle landbesitzenden Israeliten in ihren Weinbergen nicht Nachlese halten sollen (Lev 19, 10; Dtn 24, 21), d. h. sie sollen offenbar auf das Suchen und Sammeln derjenigen Früchte, die bei der Lese übersehen wurden oder zu Boden fielen oder als schlecht, unreif oder zu klein nicht geerntet wurden, verzichten (s. G. Dalman, AuS I/2, 585, der „die unvollkommen ausgebildeten Trauben" als Übersetzung vorschlägt, aber auch von der „schwer zu ermittelnden genauen Bestimmung des Ausdrucks" spricht). In beiden Fällen ist die Bestimmung mit anderen, ihr parallelen verbunden (z. B. bezüglich des Ährenlesens), und alle werden damit begründet, daß die zurückgebliebenen Früchte für „den Armen und den Beisassen" (Lev) oder „den

Beisassen, die Waise und die Witwe“ (Dtn) bestimmt sind. Lev beendet die Gruppierung jener Bestimmungen mit der Selbstvorstellungsformel „Ich bin JHWH“, während das Dtn für die Einhaltung dieser Gebote JHWHs Segen verheißt und darüber hinaus die Israeliten an ihr Leben als Knechte in Ägypten erinnert. – Die Befolgung der Nachlesebestimmung ist also nicht nur ein Aspekt der Armenpflege in Israel, sondern auch und vor allem ein Bekenntnisakt zu JHWH (Dtn 26, 12–19 und Lev 19, 33f. 37).

2. In den 10 Texten, in denen der Begriff in übertragener Bedeutung gebraucht wird (unter ihnen alle, die das Substantiv verwenden), wird das Volk implizit mit einem Weinberg verglichen (vgl. Jes 5, 1–7). Die Verwendung in den einzelnen Texten zeigt, wie diese Vorstellung jeweils konkretisiert wird. So wird Ri 20, 45 erzählt, daß Israel nach dem Sieg über Benjamin den Fliehenden nachsetzte und dabei eine „Nachlese“ von 5000 hielt, d. h. noch mehr Benjaminiten tötete. – In Ri 8, 2 handelt es sich darum, daß Gideon die sich übergangen fühlenden Efraimiten mit der rhetorischen Frage beschwichtigt: „Ist nicht Efraims Nachlese besser als Abiësers Hauptlese?“, d. h. der Stamm Efraim ist auch nach dem Erfolg der Abiësriten als der überlegene anzusehen. Im Buch Jes wird das Wort in 3 Zusammenhängen in übertragener Bedeutung verwendet: 3, 12; 17, 6; 24, 13. – Der Text 3, 1–15 benutzt die Wurzel *ʿll* 4mal (vv. 4. 8. 10. 12) und stellt damit eine gewisse klangliche Einheit her, vgl. auch u. V.4. Das Ptz. *poʿel* beschreibt die Aufseher des Volkes als solche, die wie Nachleser im Weinberg das Letzte aus dem Volk pressen. – In Jes 17, 6 wird die Erniedrigung Jakobs am Tage des Untergangs von Damaskus auch im Bild der Nachlese beschrieben und weiter mit dem Herunterklopfen von „zwei oder drei Oliven aus der Baumspitze, vier oder fünf aus dem Zweigwerk“ verglichen. – In Jes 24, 13 schließlich wird der Begriff gebraucht, um die wenigen Menschen in der Diaspora zu bezeichnen, die, gleichsam einer Nachlese entstammend, JHWH preisen.

Auch im Buch Jer werden Verb und Subst. metaphorisch verwendet, einmal auf Jerusalem (6, 9) und einmal auf Edom (49, 9 [= Obd 5]) bezogen. – Der erste Text (5, 20 – 6, 30) ist eine Meditation über „den Feind aus dem Norden“; dort wird von den Feinden gesagt, daß sie den Rest Israels „in der Tat nachlesen (inf. abs. + verb. finit.) wie einen Weinstock“, d. h. es ganz vernichten werden. – In ähnlicher Weise wird 49, 14–16 und 9–10 (vgl. Obd 1–6) von Edom gesagt, daß die Weinleser so gründlich in der Hauptlese sein werden, daß nichts zum Nachlesen übrig bleibt. Edom wird also auf einmal ganz vernichtet.

In Mi 7, 1 (6, 9 – 7, 20) schließlich bricht der Prophet in Verzweiflung aus darüber, daß es keine Frommen und Gerechten mehr gibt. Er vergleicht sich mit einem, der Lese und Nachlese gehalten hat und deshalb nichts mehr zu essen findet.

IV. Die 7 Belege der *hitp*-Form ʿan jemand nach Gutdünken handelnʾ (immer gefolgt von der Präp. b^e, die das Objekt der Handlung bezeichnet) sind weit gestreut: 2 im Pent. (Ex 10, 2; Num 22, 29) und 3 im DtrGW (Ri 19, 25; 1 Sam 6, 6; 31, 4 [= 1 Chr 10, 4]) und Jer 38, 19. Zweimal ist JHWH, 3mal eine Gruppe bestimmter Menschen und 1mal Bileams Eselin das grammatische Subjekt. Auch die Objekte, an denen gehandelt wird, sind verschieden: 2mal sind es die Israel unterdrückenden Ägypter, und 4mal sind es Einzelpersonen (Bileam, die Nebenfrau eines Leviten, Saul und Zidkija). Die Erzählzusammenhänge zeigen jeweils, wie die Verbform zu verstehen ist. So sind in Ex 10, 4 (und 1 Sam 6, 6) die von JHWH den Ägyptern gesandten Plagen der Inhalt seines souveränen Handelns; gemäß 1 Sam 31, 4 (= 1 Chr 10, 4) ist es die von Saul gefürchtete Mißhandlung seines Leichnams durch „die Unbeschnittenen“ (d. h. die Philister). In allen Fällen ist die reflexive Bedeutung der Form (GKa § 54a) deutlich. Eine allen Belegen gerecht werdende Übersetzung ist daher „an jemand nach (eigenem) Gutdünken handeln“.

V. 1. Das Nomen *ʿalîlāh* ʿTun, Handelnʾ kommt 24mal vor. Die Femininendung bezeichnet unbelebte, sachliche Gegenstände oder Abstraktbegriffe (GKa § 83a–b); dementsprechend kann das Wort sowohl konkret „Tat“ wie abstrakt „Tun, Handeln“ bedeuten. Es ist also aktivischer zu fassen als *maʿalālîm*, mit dem es zuweilen in Parallele steht (vgl. Ps 77, 13). Dem Wort *maʿalāl* ist es darin ähnlich, daß es (in der Regel) im Pl. steht, daß es in einem prophetischen Buch (fast) unter Ausschluß des anderen gebraucht wird, und daß es sich in umfassender Weise auf menschliche oder göttliche Taten bezieht.

a) Von den 16 Belegen der Bedeutung „Taten der Menschen“ findet sich die Hälfte im Buch Ez. Die anderen sind gestreut. Da zwei Belege nur im dtn Gesetz als geprägter Ausdruck vorkommen, empfiehlt sich dessen Behandlung (γ) nach der Besprechung der verwandten Vorkommen in Ez und Zef (α) und der übrigen Belege (β).

α) Für Ez ist *ʿalîlôṯ* Vorzugswort und das in ähnlicher Weise wie *maʿalālîm* für Jer. Beide Wörter werden in theologisch bedeutsamen Zusammenhängen verwendet. Die fünf Ez-Texte, in denen sich 8 Belege finden, sind weitausgreifende Meditationen über das Schicksal Jerusalems, Judas und Israels: 14, 22. 23 (12–23); 20, 43. 44 (1–44); 21, 29 (1–37); 24, 14 (1–14) und 36, 17. 19 (16–38). In allen bezieht sich das Wort auf den Tat gewordenen Ungehorsam des Volkes oder eines Teils desselben. Das wird z. B. deutlich in der umfassenden Komposition 36, 16–38. Dort werden im einleitenden Rückblick Israels „Wege und Taten“ der kultischen Unreinheit einer Menstruierenden gleichgesetzt und auf das dem Hause Israel innewohnende „steinerne Herz“ zurückgeführt (36, 17. 26). Das verheißene „neue Herz“

und der „neue Geist" werden das Volk befähigen, gehorsam zu leben und so die abtrünnigen Taten der Vergangenheit nicht mehr tun zu müssen. Die Botschaft des Buches berührt sich darin eng mit der von der Beschneidung des Herzens in Jer (vgl. u. V.3. zu *maʿ^{a}lālîm*). In den zwei Belegen in Zef zeichnet sich diese Spannung zwischen gestern und morgen deutlich ab: Das ungehorsame Tun Jerusalems (3, 7) wird dereinst durch Gottes Eingreifen der Vergangenheit angehören, so daß sich die Stadt dessen nicht mehr zu schämen braucht (3, 11).

β) Das Lied der Hanna (1 Sam 2, 1 b–10) feiert JHWH als wissenden Gott, „so sehr, daß (menschliche) Taten (gar) nicht (erst von ihm auf ihre Motive hin) geprüft zu werden brauchen" (K^{e}tib), oder „weil von ihm die Taten gewogen werden" (Q^{e}re) (v. 3). Hier wird das Wort in einfachem, beschreibenden Sinn verwendet. – Ps 14, 1 zitiert zunächst die Gottesleugnung dessen, der sich außerhalb JHWHs Gemeinde stellt, und bemerkt dann summierend, daß solche Menschen in ihrem „Tun" schlecht und greulich sind (anders Ps 53, 2). Hier und in Ps 141, 4 werden solche Menschen den „Tätern von Nichtigkeit" gleichgesetzt, also solchen, die sich ganz von der von „Gesetz und Propheten" geforderten JHWH-Verehrung abgewendet haben. – Der Beleg Ps 99, 8 findet sich am Ende eines JHWH-König-Liedes. Gott hat die Beter erhört, aber auch ihre „Taten" gerächt. Gemeint sind entweder Israels gotteslästerliche Taten (vgl. z. B. Num 13, 1 – 14, 45), oder weniger wahrscheinlich die seiner Feinde (vgl. z. B. Ex 7, 9 – 15, 21).

γ) Die dtn Bestimmung Dtn 22, 14. 17 befaßt sich mit der Behauptung eines Mannes, daß seine Frau bei der Eheschließung nicht unberührt gewesen sei. Die Beschuldigung wird zweimal durch die Phrase *weśām lāh ʿ^{a}lîlo<u>t</u> d^{e}<u>b</u>ārîm* ausgedrückt. Da diese Formulierung nur hier und nicht in ähnlich gelagerten Fällen verwendet wird (vgl. etwa Dtn 13, 13–19), ist anzunehmen, daß sie ein nur in diesem (sexuellen) Zusammenhang gebrauchter Ausdruck ist und mit „in Gerede bringen" wiedergegeben werden kann.

b) Die 7 (8) Belege für „Tun Gottes" finden sich in hymnischen Texten. In Jes 12, 1–6 wird Jerusalem aufgerufen, den Gott Israels zu loben, seinen Namen anzurufen und „seine Taten" unter den Nationen zu erzählen (v. 4). Gemeint ist offenbar die im Buch Jes beschriebene wundersame Errettung der Stadt vor der drohenden Überwältigung durch Aramäer, Efraimiten und Assyrer (vgl. 7, 1–9; 36, 1 – 37, 38) im syro-efraimit. Krieg 701. Ps 9, 12 dagegen spricht summarisch von JHWHs „Tun", das in „allen seinen Wundertaten" (*niplāʾô<u>t</u>* v. 2) offenbar ist und das die Gabe des Gesetzes einschließt (v. 5). Der zum elohistischen Psalter gehörende Ps 66, 5 identifiziert Gottes Tun mit Israels Überquerung des Schilfmeers und des Jordans (vgl. Ex 14, 21–23; Jos 3, 14–17). – Die Psalmen 77 und 78, in denen das wortstammgleiche *maʿ^{a}lālîm* (77, 12; 78, 7) in Parallele zu *ʿ^{a}lîlô<u>t</u>* (77, 13; 78, 11) steht, zählen Gottes „Wundertaten" auf. Bemerkenswert ist, daß die zwei Belegstellen sich in gewisser Weise widersprechen: In 77, 13 (vgl. 12) ist es der Jakob und Josef wohlgesinnte Beter, der sich des Tuns JHWHs „erinnert", während der Dichter des anderen Liedes von den Efraimiten sagt, daß sie Elohims Taten „vergaßen" (78, 9–11). Hier spiegelt sich die auch sonst in der bibl. Tradition belegte Spannung zwischen Nord und Süd, Josef und Juda. Ps 103, 8 betont, daß „JHWH gnädig und barmherzig ist, langmütig und reich an Erbarmen". Hier wird mit dieser inhaltsreichen und feststehenden Formulierung (vgl. Ex 34, 6; Joël 2, 13; Jona 4, 2; Neh 9, 17) Gottes Tun in seinen Taten (v. 7) charakterisiert. – Ps 105 schließlich zeigt, wie sich das Wort (v. 1) auf die Gesamtheit der einzeln aufgeführten „Wundertaten" Gottes beziehen kann (vv. 6–44).

2. Das im AT nur in der Erzählung von Jeremias Ackerkauf belegte *ʿ^{a}lîlijjāh* ist eine Abstraktbildung (Rudolph, HAT I/12^{3}, 210). Es beschreibt JHWH als „groß an Rat und mächtig an Tat", der jedem gemäß seiner Wege und seiner „Taten" (*maʿ^{a}lālîm*) das Seine zukommen läßt (Jer 32, 19). Die Verwendung von zwei, vom gleichen Stamm abgeleiteten Substantiven nebeneinander betont sowohl Gegensatz wie Bezogenheit der göttlichen und der menschlichen Sphären und ist liturgisch geprägt (Volz, KAT X z. St.; vgl. das Zitat des Ausdrucks „groß an Rat und mächtig an Tat" in 1 QH 16, 8).

3. Das durch ein Präformativ gebildete Subst. *maʿ^{a}lāl* 'Tat' (GKa § 85 e–g) kommt 41mal vor, und zwar immer im Pl. Sein im AT bei weitem am meisten gebrauchtes Synonym *maʿ^{a}śæh* (etwa 230 Belege, → עשׂה *ʿāśāh*) kommt nur einmal in Parallele vor (Ps 106, 39). Andererseits sind die ebenfalls wenig verwendeten Nomina *poʿal* und *p^{e}ʿûlāh* (38 und 14 Belege, → פעל *pāʿal*) synonym und stehen zweimal in (poetischer) Parallele: Ps 28, 4 und Spr 20, 11. Häufig steht das Wort *dæræ<u>k</u>* 'Weg', sowohl im Sing. wie im Pl., in Entsprechung zu *maʿ^{a}lāl* (17mal) und deutet so schon an, daß das letztere ein zusammenfassender Begriff ist. Das wird auch durch andere Parallelisierungen bestätigt: „Nicht-Beschneidung (wörtlich: Vorhaut) des Herzens" (Jer 4, 4), „kultische Greuel" (Jer 44, 22) und „(religiöser) Abfall (wörtlich: Böses)" (Hos 7, 2; 9, 15). Darüber hinaus finden sich die summierenden st.cstr.-Verbindungen „der (religiöse) Abfall (als Ergebnis) eurer/ihrer Taten" (11 Belege) und „das Ergebnis (wörtlich: die Frucht) seiner/ihrer Taten" (4 Belege). Kurz, ob sich das Wort auf Taten von Menschen oder auf die Gottes bezieht (Ps 77, 12; 78, 7), hat es meist eine summierende Bedeutung (vgl. besonders die Charakterisierung Nabals: „er war hartherzig (wörtlich: hart) und rücksichtslos in seinem Handeln (wörtlich: böse in seinen Taten)" (1 Sam 25, 3). Abigail nennt v. 25 dies in Anspielung auf seinen Namen *n^{e}<u>b</u>ālāh*, d. h. gemeinschaftswidriges Verhalten (Roth, VT 10, 1960, 394–409). – Das grammati-

sche oder logische Subjekt des Wortes ist in fast allen Belegen der Mensch; nur Mi 2, 7; Ps 77, 12 und 78, 7 sprechen von Gottes/JHWHs Taten.

a) In der Bedeutung „Taten der Menschen" häufen sich die Belege bei den Propheten (31 von insgesamt 38). Dazu kommen 3 Belege in den Psalmen (28, 4; 106, 29. 39) und je einer in Dtn (28, 20), Spr (20, 11) und Neh (9, 35). Die Streuung deutet auf eine spezifisch prophetische Verwendung. Das im Epilog zum prophetischen Kanon sich findende Buch Sach faßt an seinem Anfang in einem Rückblick die Botschaft der „ersten Propheten" so zusammen: „Kehrt um von euren abtrünnigen (wörtlich: bösen) Wegen und euren abtrünnigen Taten!" (1, 4, vgl. die Wiederholung in v. 6).

Innerhalb der prophetischen Literatur entfallen von 31 Belegen 17 auf Jer, 5 auf Hos, je 3 auf Jes und Mi, 2 auf Sach und 1 auf Ez. Die anderen 10 Belege sind ungleich verteilt: 5 in den Psalmen (28, 4; 77, 12; 78, 7; 106, 29. 39) und je einer in Dtn (28, 20), Ri (2, 19), 1 Sam (25, 3), Spr (20, 11) und Neh (9, 35). Die Häufigkeit des Substantivs in Jer und Hos einerseits und sein sonst seltenes Vorkommen andererseits empfehlen jene prophetischen Bücher als Ansatzpunkte ihrer Besprechung.

α) In Jer zeigen drei Arten von mehrmals gebrauchten syntaktischen Wortverbindungen den zusammenfassenden Charakter des Wortes: „Die Abtrünnigkeit (wörtlich: Bosheit) eurer/ihrer Taten" (7mal), „das Ergebnis (wörtlich: die Frucht) seiner/eurer Taten" (3mal) und der Gebrauch des Wortes als direktes Obj. des transitiven Verbs „gut machen" (*jṭb hiph*) im Sinne von „eure/ihre Taten von JHWHs Weisung durch Gesetz und Propheten bestimmt sein lassen" (26, 3. 13). Dazu kommt, daß die Texte das Wort entweder in summarisch-wertender Weise auf begangene Taten anwenden (z. B. 4, 4; 25, 5) oder es in argumentierender Weise von Handlungen, die von einem anderen Maßstab bestimmt sein sollen, gebrauchen (z. B. 7, 5; 35, 15). Die Adressaten sind in der Regel „die Männer Judas und die Bewohner Jerusalems" (4, 4; 18, 11) oder diejenigen von ihnen, die im Tempel erscheinen (7, 3; 26, 3), oder die Judäer, die gegen Jeremias Wort nach Ägypten fliehen (44, 22). Aber auch das Volk Israel als Ganzes kann als Handelndes identifiziert werden (32, 19) oder doch ein bestimmter Teil desselben: das judäische Königshaus (21, 12. 14; 23, 2), die ungehorsamen Propheten (23, 22) oder „die Männer von Anatot" (11, 18).

Synonyme Wörter und Wendungen geben über die begriffliche Verwendung des Wortes Aufschluß. So entspricht das 11mal in Parallele stehende „böse(r) Weg(e)" im Sinne von einer das Leben bestimmenden Richtschnur dem ähnlich breiten Ausdruck „Bosheit/Böses" (11, 18; vgl. 11, 17); dieser Begriff wird in Jer in verschiedener Weise als „Abfall von JHWH" konkretisiert. Hier ist die 7, 5–6 gegebene Liste von vier gebotenen oder verbotenen Handlungen wichtig: Gerechtes Handeln im Verhalten zum Mitmenschen, Nicht-Unterdrückung von Beisassen, Waisen und Witwen, Nicht-Vergießen unschuldigen Blutes und Absage an andere Götter (vgl. die summarische Forderung „gerechten Handelns" [Dtn 16, 18–20; 16, 21 – 25, 19], das Gebot, Menschen minderen Rechts nicht zu benachteiligen [24, 17–18], das Zweizeugengebot [19, 15, vgl. 17, 2–7], und die Verurteilung der Verehrung fremder Gottheiten [8, 19–20]). Dementsprechend können verurteilte Handlungen allgemein als „(religiöse) Greuel" oder als „Nachfolgen anderer Götter" bezeichnet werden (Jer 25, 5f.; 44, 22).

Abtrünnige Taten bestehen im Ungehorsam gegenüber der göttlichen Weisung (26, 3f.) oder in der unbegründeten, deshalb betrügerischen Ansage von Wohlergehen und Frieden (23, 22). Gelegentlich werden die Handlungen des königlichen Hauses oder der Prophetenzunft beurteilt (23, 2. 23). Andererseits werden diejenigen ins Auge gefaßt, die sich auf „den Menschen" und nicht auf JHWH verlassen, denn nur Israels Gott „gibt dem Mann (das ihm Zukommende) gemäß seiner Wege und gemäß der Frucht seiner Handlungen" (17, 10; vgl. Spr 20, 11). Schließlich können die dem Ungehorsam entspringenden Taten der Judäer und Jerusalemer mit dem „Säen in die Dornen" und der „Nicht-Beschneidung des Herzens" gleichgesetzt und dem „Pflügen einer neuen Furche" entgegengesetzt werden (4, 4; vgl. v. 3).

Verschiedene Texte lassen theologisch wichtige Bezüge erkennen. So ist deutlich, daß die Taten der Leute von Juda, Jerusalem und Israel am Maßstab des Gesetzes und der Verkündigung der Propheten bis auf und einschließlich Jeremias gemessen werden und deshalb alles Handeln, das diesem Maßstab nicht entspricht, Abfall von JHWH darstellt. Jeremias weit in die Vergangenheit greifender Vergleich des Jerusalem drohenden Geschicks mit dem Schilos, eines in Ruinen liegenden Heiligtums der ausgehenden Richterzeit (7, 1 – 8, 3 und 26, 1–24, vgl. 1 Sam 1, 1 – 4, 22), gibt seinen Worten unerwartete Aktualität. Nur durch JHWHs besondere Offenbarung wird dem Propheten der wahre, d. h. abtrünnige Charakter der Anschläge seiner Gegner klar (11, 18–23). In diesem tiefen Verständnis von Gottes Handeln gründet die Forderung nach der Beschneidung des Herzens (Jer 2, 1 – 4, 4). Hier und in par. Texten (9, 24–25; Dtn 10, 16; 30, 6) wird das Tun des Gesetzes durch gottgegebene und frei angenommene Verinnerlichung jetzt und in der Zukunft als neue Möglichkeit angeboten, und so die bisherige Abtrünnigkeit der „Taten" überwunden.

β) Die 5 Belege in Hos weisen das Wort als für den Propheten wichtig aus. Wie in Jer erscheinen die Redewendungen „die Abtrünnigkeit (wörtlich: Bosheit) ihrer Taten" (9, 15) und (je 2mal) die Parallelisierung mit „Wege" und mit „Abfall (wörtlich: Bosheit)". Die Täter sind die Leute „Efraims/Israels"; dazu werden einmal die Priester gesondert herausgestellt (4, 9), und einmal wird auf den Erzvater Jakob angespielt, dessen Taten die seiner Nachfahren sozusagen vorbilden (12, 3). Der Sprachgebrauch in Hos ist insofern singulär, als die Taten der Menschen eigene Existenz annehmen: „sie umstellen ihn" und „erlauben ihm nicht, zu JHWH umzukehren" (5, 4; 7, 2).

γ) Die restlichen Belege verwenden das Wort meist wie Jer und Hos, d. h. von abtrünnigen Taten Israels, gewöhnlich in der Vergangenheit. Sach 1, 1–6 gibt das treffend wieder: Es bezeichnet summarisch Israels Ungehorsam („Wege", „Taten", v. 4) und ist so die dunkle Folie, gegen die sich der Gehorsam derer abhebt, die sich jetzt von JHWH Augen und Ohren öffnen lassen (Dtn 29, 1–20; Jer 4, 1–4). Die Mahnung, „den abtrünnigen Charakter eurer Taten abzutun" (Jes 1, 16), erscheint nicht nur im Buchprolog, sondern auch in der Geißelung der das Recht mißbrauchenden führenden Männer Jerusalems und Judas (3, 1–15; dort sowohl negativ [v. 8] wie positiv [v. 10] gefaßt). – Ez 36, 31 läßt innerhalb einer Meditation über Israels Wiederherstellung (36, 16–38) das Volk mit Abscheu auf seine „Taten" zurückblicken. – Mi 3, 4 und 7, 13 verurteilen das Handeln der Häupter Jakobs/Israels in der Vergangenheit ebenso wie das der Bewohner des Landes (aber nicht der Stadt Jerusalem) in der Gegenwart. – Diesem weiten Horizont entsprechen die Belege in Dtn 28, 20; Ri 2, 19; Ps 106, 29. 39 und Neh 9, 35. – Wird im dtn Text die Nichtachtung des Gesetzes als die Ursache auch „der abtrünnigen Taten" gerügt, so zeigen die anderen vier Stellen, wie sich jener Ungehorsam in der Richterzeit, darüber hinaus schon vorher während der Wüstenwanderung und schließlich auch während Israels Wohnen in Kanaan manifestiert. Noch allgemeiner gefaßt erscheint das Wort in der Formulierung des Grundsatzes, daß „abtrünnige Taten" von denen getan werden, die JHWHs Tun nicht kennen und sich auf Nichtiges, d. h. Abgöttisches einlassen (Ps 28, 4; vgl. v. 3). – Das Sprichwort Spr 20, 11 endlich sagt, daß sich schon an den Taten eines jungen Menschen zeigt, ob die Grundsätze seines „Handelns" gerade und lauter sind.

b) In Ps 77, 12; 78, 7 bezieht sich *maʿalāl* auf Gottes Taten als Gnadenerweise an Israel (s. o. zu *ʿalîlôṯ*, das beide Male in Parallele steht). – Mi 1, 2 – 2, 13 zieht gewissermaßen die Linien von Ps 77 und 78 aus, indem es nun auch über Juda das Urteil spricht. Das Wort selbst erscheint im Zitat der Gegner des Propheten: „Ist JHWH etwa ungeduldig? Sind solcher Art seine Taten?" (2, 7). Es bezieht sich auf die vom Propheten erwähnten Zerstörungen Samarias, Jerusalems und anderer Städte. Die Doppelfrage unterstreicht den Widerspruch gegen den Propheten; die Gegner Michas sehen JHWH als schlechthinnigen Garanten des Friedens und der Sicherheit seines Volkes (vgl. ähnliche prophetische Umkehrungen populärer Heilserwartungen in Jer 21, 1–11 und Am 5, 18–21).

4. Die Bildung des nur in Jes und nur im Pl. vorkommenden Substantivs *taʿalûl* weist auf abstrakte Bedeutung (GKa § 85r), etwa „Prinzipien, die sich in gewissen Taten zeigen". – Beide Belege finden sich in summierenden Rahmentexten und entsprechen in der Komposition des Buches einander als Klammern (Jes 3, 4; 66, 4). Im ersten Text steht das Wort in Parallele zu „Buben" im Sinne von „zum Herrschen Unfähigen", bezieht sich also auf Zeiten, in denen die Exilierung der führenden Schichten nur einfache, unkundige Leute im Lande läßt und deshalb Gewalt vor Recht geht (vgl. 2 Kön 25, 4–12. 18–26). In 66, 4 dagegen charakterisiert das Wort götzendienerische Handlungen, die ihre Täter für JHWHs Ruf taub machen.

Roth

VI. 1. Die LXX gibt *ʿll* I sehr unterschiedlich wieder: außer ἐμπαίζειν (6mal für *hitp*), καλαμᾶσθαι (4mal für *po*), ἐπιφυλλίζειν (3 [4] mal) und ἐπανατρυγᾶν (2mal) begegnen nur singuläre Wiedergaben. Entsprechendes zeigt sich bei *ʿolelôṯ* (3mal ἐπιφυλλίς), bei *ʿalîlāh* (10mal ἐπιτήδευμα, sonst ἁμαρτία, ἀνομία, ἀσέβεια u. a. je 1mal); *ʿalîlijjāh* wird neutral durch ἔργον, *maʿalāl* durch ἐπιτήδευμα (28mal), ἔργον (4mal), διαβούλιον (3mal) u. a. wiedergegeben. S. auch Bertram, ThWNT V 630, 25–38.

2. In Qumran begegnet die Wurzel nur in den nominalen Formativen *ʿolêlôṯ* (7mal) und *ʿalîlijjāh*, letzteres nur in 1 QH 16, 8 „Gesegnet seist du, Herr, groß an Rat (*ʿeṣāh*), reich an *ʿalîlijjāh*, sein Werk (*maʿaśæh*) ist alles!" Die Taten der Frevler (*ʿalîlôṯ ʿawlāh*, 1 QS 4, 17; *ʿalîlôṯ rišʿāh*, 1 QS 4, 21; vgl. 1 QH 14, 9; 15, 24) werden von Gott heimgesucht (CD 5, 16) und durch seinen heiligen Geist gereinigt. Wenn er nur auf sie schauen würde, gäbe es für die Menschen keine Rettung. Dagegen haben die *ʿalîlôṯ* des Gerechten sein Wohlgefallen (1 QS 4, 1).

Fabry

עָלַם *ʿālam*

תַּעֲלֻמָה *taʿalumāh*

I. Allgemeines – 1. Belege – 2. Etymologie, andere semit. Sprachen – II. Gebrauch und Bedeutung – 1. Wortfeld 'verbergen' – 2. Kognitiver Aspekt – 3. *ʿlm niph* – 4. *ʿlm hiph* – 5. *ʿlm hitp* – III. Theol. Verwendung – 1. Verborgenheit (der Werke) Gottes – 2. Verweigerte menschliche Zuwendung – IV. LXX.

Lit.: *S. E. Balentine*, The Hidden God, Oxford 1983 (Kap. I [S. 1–21] = überarbeitete Fassung von *ders.*, A Description of the Semantic Field of Hebrew Words for „Hide" [VT 30, 1980, 137–153]). – *S. Ben-Reuven*, עלם ועלמה במקרא (BethM 28, 1982/83, 320f.) (vgl. OTA 7, 1984, Nr. 419). – *G. Gerleman*, Die sperrende Grenze. Die Wurzel *ʿlm* im Hebräischen (ZAW 91, 1979,

338–349). – *G. del Olmo Lete*, Nota sobre Prov 30, 19 *(w^e^derek geber b^e^ʿalmāh)* (Bibl 67, 1986, 68–74). – *L. Perlitt*, Die Verborgenheit Gottes (Festschr. G. v. Rad, 1971, 367–382). – *H. Schult*, Vergleichende Studien zur alttestamentlichen Namenkunde, Diss. Bonn 1967, 107. – *J. A. Thompson*, The Root *ʿ-L-M* in Semitic Languages and Some Proposed New Translations in Ugaritic and Hebrew (Festschr. A. Vööbus, Chicago 1977, 159–166). – *G. Wehmeier*, סתר *str* hi. verbergen (THAT II 173–181).

I. 1. Das hebr. Verb *ʿālam* (= *ʿlm* I+II nach KBL³ 789f.) ʻverborgen seinʼ kommt im protokanon. AT 28mal vor (ferner Sir 5mal, Qumran 6mal). Im *qal* ist das Verb nur 1mal belegt (Ptz. pass.: „unser Verborgenes" = „unsere verborgenen Fehler"), im *niph* 16mal (protokanon. AT 11mal, Sir 1mal, Qumran 4mal), im *hiph* 12mal (protokanon. AT 10mal [incl. Jes 57, 11, s. u. II. 4.; Lev 20, 4 = *ein* Beleg], Sir 2mal) und im *hitp* 10mal (protokanon. AT 6mal, Sir 2mal, Qumran 2mal). Auf Büchergruppen aufgeteilt (ohne Qumran-Belege): Pent. und hist. Bücher 13mal, Propheten 5mal, Ps + Klgl 5mal, Weisheitsliteratur (incl. Sir) 10mal. 19 Belege stehen in poetischen Texten, 14 in Prosatexten (davon 9 in Gesetzesbestimmungen [Dtn, H, Ps]). Die meisten Belege dürften exil./nachexil. sein; vorexil. sind wohl Jes 1, 15; 1 Sam 12, 3 (falls vor-dtr!); Nah 3, 11.

Dtn 28, 61 und Ri 16, 3 (bei Lisowsky 1072 zu *ʿlm* I gezählt) sowie Jes 63, 11 sind Formen des Verbs → עלה *ʿālāh*. Sir 46, 19 (*w^e^naʿ^a^l[aj]im*) gehört zu → נעל *naʿal*.

Das Nomen *taʿ^a^lumāh* ʻVerborgenes, Geheimnisʼ (KBL² 1036a) ist im AT 3mal (sing. nur Ijob 28, 11; pl. Ps 44, 22; Ijob 11, 6), bei Sir und in Qumran nicht belegt. Die Konjektur *taʿ^a^lumotenû* (Ps 64, 7) ist unbegründet.

Weitere Nominalbildungen wurden konjiziert, sind aber abzulehnen: **naʿ^a^lām* ʻBestechungsgeschenkʼ (1 Sam 12, 3 || Sir 46, 19, s. u. II. 4.; Am 2, 6; 8, 6 [MT *naʿ^a^lājim*]; R. Gordis, JNES 9, 1950, 44–46 = ders., The Word and the Book, New York 1976, 319–321); **ʿelæm* ʻVerstandʼ (Koh 3, 11 [MT *ʿôlām*]; F. Hitzig, KeHAT 7, 1847, z. St.; → IV 433f.); **ʿælæm* „wisdom, understanding" (statt MT *ʿôlām* Gen 21, 33. 35; Jes 40, 28; Jer 6, 16; 10, 10; Hab 3, 5; Ps 139, 24; Koh 3, 11; Thompson 164f.); **ʿa/ŏlmāh* ʻDunkelheit; dunkler, verborgener Ortʼ (Spr 30, 19 [MT *ʿalmāh*]; del Olmo Lete 71).

2. Die ʻkommunikative Effizienzʼ einer Sprache (vgl. J. Barr, CPT 134–151) verträgt sich schlecht mit der Präsenz allzu vieler Homonyma. In unserem Fall dürfte es genügen, zwei homonyme Wurzeln *ʿlm* (I ʻverborgen seinʼ; II ʻerregt seinʼ [arab. *ġalima*]) anzunehmen (vgl. Thompson 159–163); das Postulat einer weiteren Wurzel (KBL³ 790a [mit Dahood, Pope u. a.: → III 270]: *ʿlm* III = ugar. *ġlm* ʻdunkel sein/werdenʼ) erübrigt sich. Zum Bedeutungsumfang von *ʿlm* I kann ohne weiteres sowohl die Vorstellung des ʻVerbergensʼ wie die des ʻVerdunkelnsʼ gehören. Auch im Ugar. scheint die Annahme von zwei analogen homonymen Wurzeln *ġlm* ausreichend.

Abgesehen von den Stellen, wo ugar. *ʿlm* wahrscheinlich hebr. *ʿôlām* und ugar. *ġlm(t)* wahrscheinlich hebr. *ʿælæm*/*ʿalmāh* entsprechen, beschränkt sich die Auseinandersetzung um die Frage, ob es im Ugar. ein Nomen *ġlmt* ʻDunkelheitʼ und/oder ein Verb *ġlm* ʻdunkel seinʼ gibt, im wesentlichen auf vier Texte: KTU 1.4, VII, 54 (= 1.8, II, 7): *ġlmt*; 1.14, I, 19: *ġlm*; 1.16, I, 50: *ġlm* und 2.14, 14: *jʿlm*.
Die Diskussion um die 3 *ġlm*-Texte ist noch nicht zugunsten von *ġlm* ʻdunkel seinʼ o. ä. entschieden (gegen del Olmo Lete 71f.). Mit guten Gründen werden jeweils auch andere Ableitungen erwogen (ausführliche Lit.-Hinweise bei del Olmo Lete), und neben dem *ġlm*-Problem stellen sich weitere stichometrische, lexikalische und grammatische Fragen. Das einzige wirkliche Argument – der Parallelismus *ġlmt* || *ẓlmt* (ʻFinsternisʼ) KTU 1.4, VII, 54f. (= 1.8, II, 7f.) – muß nicht für ein bedeutungsgleiches *ġlmt* (gar mit *ġ* als Allophon von *ẓ*?) sprechen. Eine Deutung ʻVerborgenseinʼ (J. C. de Moor, AOAT 16, 1971, 164. 172) ist keineswegs ausgeschlossen. – Die beiden anderen Belege sind noch weniger klar. Daß semit. *ẓ* im Ugar. teilweise durch *ġ* vertreten wird, ist unbestritten (vgl. W. v. Soden, VTS 16, 1967, 291–294 = ders., BZAW 162, 1985, 89–92). Offen bleibt aber, ob auch **ġ/ẓlm* diesen Wechsel bezeugt (gegen M. Dietrich / O. Loretz, WO 4, 1967/68, 308. 312–314).
Die Briefstelle KTU 2.14, 14 bezeugt möglicherweise ein ugar. Verb **ʿlm* ʻverborgen seinʼ (so J. L. Cunchillos, UF 12, 1980, 147. 151). Aber diese isolierte Stelle beweist die Existenz einer solchen Wurzel noch nicht (WUS Nr. 2035: „kennen[?]") und wird hier deshalb vernachlässigt. – Die von KBL³ 789b unter *ʿlm* I (teilweise) genannten Belege KTU 1.43, 9; 1.105, 7. 16. 20. 24f. sind irrelevant: sie gehören zur Partikel *ʿlm* (= *ʿl + -m*) ʻobendrein; daraufhinʼ (vgl. K. Aartun, AOAT 21/1, 1974, 11. 15; ders., UF 12, 1980, 2. 6).

ʿlm I mit der Bedeutung ʻverborgen seinʼ ist nur im Hebr. sicher belegt. Ob sich im Südsemit. (arab. *ʿalama* ʻbezeichnenʼ, *ʿalima* ʻwissen, lernenʼ, *ʿilm* ʻWissenʼ, *ʿalam*/*ʿalāma[t]* ʻ[Kenn-]Zeichen, Merkmalʼ; vergleichbare Wortbildungen und Bedeutungen im Asarab. und Äth. [Geʿez und mehrere moderne Dialekte]) mittels der ʻGegensinnʼ-Theorie eine Wurzelverwandtschaft ausmachen läßt (vgl. vor allem L. Kopf, VT 8, 1958, 189f. [Nr. 49] und 162 Anm. 2 [Lit.]), kann hier offen bleiben.

Relikte des ʻGegensinnsʼ wären auch im Hebr. noch erhalten, wenn man mit Hitzig, Thompson u. a. (s. o. 1.) Nominalbildungen wie **ʿelæm* ʻWissenʼ annehmen könnte oder wenn F. Rosenthal (Knowledge Triumphant, Leiden 1970, 6–12) mit der Theorie recht hätte, der Ortsname *ʿalmôn* (Jos 21, 18; vgl. *ʿālæmæṯ* 1 Chr 6, 45; *ʿalmon diḇlāṯajmāh* Num 33, 46f.) entspreche **ʿalamân* = „the two way signs" (etwas anders KBL³ 791a: *ʿalmôn* = „kleine Wegmarke", vgl. J. J. Stamm, OBO 30, 1980, 5–8). Das ʻWissenʼ sei ursprünglich konkret auf die lebenswichtige Kenntnis von ʻWegzeichenʼ bezogen gewesen (so Rosenthal; zustimmend G. Krotkoff, JAOS 84, 1964, 170f.).
Die Unsicherheit hinsichtlich der Etymologie der Ortsnamen gilt analog von PN wie *ʿālæmæṯ* (1 Chr 7, 8; 8, 36; 9, 42) und *jaʿlām*/*jaʿ^a^lām* (Gen 36, 5. 14. 18; 1 Chr 1, 35; cj. Ps 55, 20; Gesenius [Thesaurus III 1035] = „quem *abscondit* Deus"; KBL² 389a ordnet den Namen unter *ʿlm* II ein, KBL³ 402a läßt die Ableitung offen).

Eine etymologische Verbindung zwischen *ʿlm* I und *ʿôlām* ist eher unwahrscheinlich (so E. Jenni, THAT II 228 und ZAW 64, 1952, 199f. gegen die dort angeführten älteren Autoren; auch gegen Gerleman 340–345, B. Kedar, Biblische Semantik, 1981, 92 und Thompson 161). Nicht weniger spekulativ ist der von Gerleman 345–349 wieder postulierte Zusammenhang von *ʿlm* I und II (vgl. schon Hieronymus [zit. bei G. Brunet, Essai sur l'Isaïe de l'histoire, Paris 1975, 36, bes. Anm. 5. 6. 8]). Dies schließt Wortspiele natürlich nicht aus (vgl. evtl. Spr 30, 19; weitere, jedoch nicht überzeugende Beispiele bei S. Ben-Reuven).

II. 1. Das Verb *ʿālam* und das Nomen *taʿalumāh* gehören zum Wortfeld 'verbergen' (Balentine 1–21). Aus diesem Wortfeld kommt freilich nur das (mit 81 at.lichen Belegen) häufigste Verb, → סתר *str*, parallel oder in unmittelbarer Nähe zu *ʿlm* vor: vgl. bes. Ijob 28, 21 (*ʿlm niph* || *str niph*); ferner Num 5, 13; Spr 28, 27f. (Gedankenassoziation?); Ps 10, 1. 11 (v. 1 *ʿlm hiph*, v. 11 *str hiph* + *pānîm*). Anders als *str* (*hiph* + *pānîm*, fast nur mit Gott als Subjekt, vgl. Balentine) erscheint *ʿlm* nie mit Objekt *pānîm* (umgekehrt *str hiph* nie mit Objekt *ʿênajim*, Balentine 13), aber *ʿlm*-Belege wie Jes 1, 15 und Ps 10, 1 (s.o.) sind praktisch funktions- und bedeutungsgleich.
Manchmal sind *ʿlm* und z. B. → כחד *kḥd* so gut wie austauschbar: „nichts ist dem König verborgen" (1 Kön 10, 3 *ʿlm niph* || 2 Sam 18, 13 *kḥd niph*). Jedoch hat *ʿlm* immer negativen Sinn ('eine Person/Sache der Wahrnehmung durch einen anderen entziehen') und kann nicht wie andere Lexeme des Wortfelds 'sich bergen, geborgen sein' bedeuten. Auch konkretes '(Sich-)Verstecken' wird mit *ʿlm* nicht ausgedrückt (außer evtl. Ijob 6, 16, s.u. 5.).
Ist Gott Aussagesubjekt, so begegnen im Umfeld von *ʿlm* folgende sachlich entsprechende Verben (vgl. Perlitt 369f.): *ʿāmad* + *berāḥôq* Ps 10, 1; *šākaḥ* Ps 9, 13. 19; 10, 11f.; *ḥšh hiph* Jes 57, 11.
2. *ʿālam* und *taʿalumāh* begegnen vorwiegend „in Zusammenhängen ..., wo es um ein Wissen oder Nichtwissen geht" (E. Jenni, ZAW 64, 1952, 199 Anm. 3). Dieser kognitive Aspekt zeigt sich bei der idiomatischen Wendung *ʿlm hiph* + *ʿênajim*, die sich nur in Sir 9, 8 (und – von Gott – in Jes 1, 15) auf physisches Sehen bezieht, aber auch bei *ʿlm niph* (*min*/*meʿênê*). Deutlich wird dies auch daran, daß *ʿlm* in Opposition zu *ngd hiph* (1 Kön 10, 3 || 2 Chr 9, 2; 2 Kön 4, 27; Jes 57, 11f.; vgl. Ijob 11, 6), zu *jdʿ* (Lev 4, 13f.; 5, 3f.; Ijob 28, 21. 23; vgl. Ps 44, 22) und zu Verben des Hörens (*šāmaʿ* Jes 1, 15; Klgl 3, 56; *ʾzn hiph* Ps 55, 2) steht.

Besonders komplex ist die Aussage von Ijob 42, 3: Ijob bekennt, Gottes 'Ratschluß verdunkelt/verborgen' zu haben (*maʿlîm ʿeṣāh* || 38, 2 *maḥšîḵ ʿeṣāh*), indem er ohne 'Verständnis' (*bîn*) über Dinge 'gesprochen' hat (*ngd hiph*), die sein Erkenntnisvermögen übersteigen (*belî dāʿaṯ*; *niplāʾôṯ mimmænnî welōʾ ʾeḏāʿ*).

3. Von insgesamt 16 Belegen für *ʿlm niph* sind 9 mit *min* bzw. *meʿênê* (ohne erkennbaren Bedeutungsunterschied) konstruiert. Es geht um Menschen(-gruppen) bzw. (Ijob 28, 21) um „alle Lebenden", denen (das Wissen um) ein(en) Sachverhalt zeitweise bzw. dauernd/grundsätzlich 'verborgen, entzogen, unzugänglich' ist. Sachlich handelt es sich um versehentliche Vergehen, die der schuldig gewordenen „Gemeinde" (Lev 4, 13) bzw. dem einzelnen Täter (Lev 5, 2. 3. 4) „verborgen" sind, oder um den Ehebruch einer Frau, dessen Kenntnis sich ihrem Ehemann „entzieht" (Num 5, 13, s.u.). Dagegen ist die Lösung keiner der von der Königin von Saba gestellten Rätselfragen Salomo „verborgen" (1 Kön 10, 3 || 2 Chr 9, 2). Die „Weisheit" ist „allen Lebenden", das „Tun Gottes" den „Menschen" „verborgen" (Sir 11, 4). Formen des Ptz. *niph* stehen 7mal ohne *min*: Koh 12, 14 („alles Verborgene"), Nah 3, 11, Ps 26, 4 und vier Qumran-Belege.

Der personifizierten Assyrerhauptstadt Ninive droht Nah 3, 11a: „Auch du [wie Theben, vv. 8–10] mußt trunken werden, wirst von Sinnen sein [*tehî naʿalāmāh*] ..." 'Trunkenheit' und ihre Folgen sind bei den Propheten eine recht häufige 'Kollektivstrafe' (vgl. nur Jes 19, 14; 28, 7; Jer 51, 7. 39. 57; Obd 16). *ʿlm niph* meint hier kaum 'verachtet sein' (so LXX). Angesichts der kognitiven Nuancen der Wurzel (s.o. 2.) bezeichnet sie hier wohl einen reduzierten Bewußtseinszustand, der sich als Ohnmacht vor dem Feind auswirken muß (v. 11b). Eine Textkorrektur erübrigt sich (so auch KBL³ 789b).
Als einzige at.liche Stelle bezeichnet Ps 26, 4 eine Menschengruppe, von der sich der Beter – seine Unschuld beteuernd – distanziert, als *naʿalāmîm*: 'Verborgene, d.h. Hinterhältige, Heimtückische' (KBL³ 789b) oder im geheimen agierende „Dunkelmänner". Da die negative Qualifikation in vv. 4f. parallel zu Generalisierungen wie *meṯê šāwʾ*, *mereʿîm* und *rešāʿîm* steht, ist eine weitere Spezifizierung unmöglich. Der Sprachgebrauch von Ps 26 wurde in Qumran (zur Bezeichnung von Feinden der Gemeinde bzw. des Lehrers der Gerechtigkeit?) mehrfach aufgegriffen (1QH 3, 28; 4, 13; 7, 34 [*sôḏ naʿalāmîm* || *ʿaḏaṯ šāw*]; DJD I 35, 1, 8).
Nur in den soeben erwähnten Sonderfällen sind Personen (bzw. eine personifizierte Stadt) Subjekt von *ʿlm niph*. Deshalb ist es unwahrscheinlich, daß in Num 5, 13 der Liebhaber einer des Ehebruchs verdächtigten Frau „vor den Augen ihres eigenen Mannes verborgen bleibt" (M. Noth, ATD 7 z.St.) oder daß mask. *wenæʿlam* mit Sam^Mss in fem. *wenæʿælmāh* (|| *wenisterāh*, Subjekt: die verdächtigte Frau) zu ändern wäre (gegen Wagner, → V 969). Letzteres wäre lectio facilior. *wenæʿlam* ist – u.a. mit G. B. Gray, ICC z.St. und in Analogie zu Lev 5, 2–4 (vgl. 4, 13) – syntaktisch auf ein unpersönliches Subjekt („es") und sachlich auf das Faktum des Ehebruchs zu beziehen.

4. *ʿlm hiph* kommt – in poetischer Sprache und auf Gott bezogen – in absoluter Verwendung als 'sich verbergen' vor (Ps 10, 1; Jes 57, 11 LXX, s.u.). Weit häufiger ist die idiomatische Wendung *ʿlm hiph* + *ʿênajim*, „die Augen verbergen", d.h. „wegsehen", „keine Beachtung schenken", „durch die Finger sehen" (Lev 20, 4!) (meist mit *ʿjn* + Suff. 'ich verberge meine Augen' usw.): Lev 20, 4; Ez 22, 26; Sir 9, 8 (alle drei mit *min* + Person/Sache, von der man sich abwendet); Spr 28, 27; 1 Sam 12, 3 (s.u.); Jes 1, 15 (Subjekt: Gott). In Klgl 3, 56 begegnet die

Wendung mit Objekt 'Ohr' (*'ŏznᵉkā*), auf das von Gott zu erhörende Gebet bezogen. – Drei weitere *hiph*-Belege: 2 Kön 4, 27 (s. u. III. 1.); Ijob 42, 3 (Ijob 'verbirgt/verdunkelt' Gottes *'eṣāh*); Sir 37, 10 ('Vor dem, der [auf dich] eifersüchtig ist, verbirg – d. h. 'verheimliche' – [deinen] Plan', *sôd*).

Die Lesart *ûma'lim* Jes 57, 11, die höchstwahrscheinlich hinter LXX παρορῶ (und V *quasi non videns*) steht, ist gegenüber MT, der an Jes 42, 14 angleicht, die lectio difficilior (obwohl MT von 1 QJes[a], 4 QJes[d], Syr., Targ. gestützt wird: D. Barthélemy, OBO 50/2, 1986, 414). Ps 10, 1 bestätigt absolutes *'lm hiph* (ohne *'ênajim*).
Beim notariellen Verfahren zur Feststellung seiner Unschuld (1 Sam 12, 3–5) fragt Samuel u. a.: „Aus wessen Hand habe ich Bestechungsgeld (*kopær*) genommen, um damit meine Augen zu verbergen (*wᵉ'a'lîm 'ênaj bô*)?" (v. 3a). Die Formulierung impliziert, daß Samuel sich bewußt hätte bestechen lassen, um dafür bei einem Schiedsspruch die Partei des Schuldigen zu ergreifen (Ex 23, 8 [vgl. Dtn 16, 19b]: „Bestechung [*šoḥad*] sollst du nicht annehmen, denn Bestechung macht Sehende blind [*jᵉ'awwer piqḥîm*] ..."). Statt MT liest LXX (καὶ ὑπόδημα; ἀποκρίθητε κατ' ἐμοῦ) wohl *wᵉna'ᵃlajim 'ᵃnû bî*. Mit seiner höchst eigenständigen Formulierung (*'lm hiph* + *'ênajim* nur hier mit *bᵉ* instrumenti) ist MT lectio difficilior (gegen → V 499 sowie gegen H. J. Stoebe, KAT VIII/1 z. St.; P. K. McCarter, AB 8 z. St.; B. Janowski, WMANT 55, 1982, 167f. [Lit.]). Die LXX muß *'ᵃnû bî* vom Versanfang unnötig wiederholen. Die „inverted quotation" Sir 46, 19 (P. C. Beentjes, Bibl 63, 1982, 506f.) bestätigt nur die LXX-Vorlage von 1 Sam 12, 3, ist aber kein unabhängiger Zeuge gegen MT. Übrigens sind auch die *na'ᵃlāmîm* von Ps 26, 4 (s. o. 3.) Menschen, deren „Rechte mit Bestechung [*šoḥad*] gefüllt" ist (Ps 26, 10), und auch Lev 20, 4 steht *'lm hiph* + *'ênajim* für richterliche Parteilichkeit.

5. Einheitlich, ja formelhaft wirkt der Gebrauch von *'lm hitp*. Die 10 Belege kommen meist in negierten Verbalsätzen (Aufforderung, sich einem Menschen – bzw. dem Vieh „deines Bruders" [Dtn 22, 1–4] – „nicht zu entziehen"), aber auch in sachlich negativen Aussagen (CD 8, 6; Ijob 6, 16, s. u.) vor, häufig mit *min* konstruiert. „Sich jemandem entziehen" heißt soviel wie „ihn bewußt ignorieren", obwohl man seine Hilfsbedürftigkeit durchaus „sieht" (*rā'āh* Dtn 22, 1. 4 || TR 64, 13f.; Jes 58, 7); s. u. III. 2. In Ps 55, 2 fungiert Gott als Subjekt: er soll das Flehen des Beters 'nicht ignorieren'.

Ijob 6, 15–17 vergleicht die unzuverlässigen Freunde Ijobs mit im Winter wasserreichen, im Sommer aber ausgetrockneten Wadis. V. 16 (*'lm hitp*) spricht vom „Schnee, der auf dem Wasser dahintreibend 'sich entzieht', 'sich unsichtbar macht' ..." (F. Horst, BK XVI/1³ z. St.), in metaphorischer Andeutung aber wohl auch von den „Brüdern" (v. 15), die sich Ijob 'entziehen'.
'lm hiph + *'ênajim* und *'lm hitp* (*min*) sind manchmal praktisch synonym: vgl. Spr 28, 27 *hiph* mit Jes 58, 7 *hitp*; Jes 1, 15; Klgl 3, 56 (Objekt *'ozæn*) *hiph* mit Ps 55, 2 *hitp* (die letzteren drei Belege mit göttlichem Subjekt).

III. 1. Während sich mehr als die Hälfte der Belege von *sātar* auf Gott bezieht (Balentine 2–14), ist dies bei *'lm* nur an 7 von 39 Stellen (s. o. I. 1.) der Fall; in Qumran ist dieser Anwendungsbereich überhaupt nicht belegt.
In zwei prophetischen Texten sagt Gott selber von sich, daß er „sich verberge": er schreibt es seinem Schweigen (*ḥšh hiph*) und Sich-Verbergen zu, daß ein Teil der Israeliten ihn nicht fürchtet und sich dem Götzendienst zugewendet hat (Jes 57, 11 LXX, s. o. II. 4.); er wendet sich von denen ab, die ihn mit blutbefleckten Händen anrufen zu können meinen (Jes 1, 15). Als Ausdruck seiner Klage fragt der Beter seinerseits, warum Gott sich verborgen halte und weit weg sei (Ps 10, 1), wie die Umkehrung des Tun-Ergehen-Zusammenhangs ja zeige (Ps 10); er bestürmt ihn, sich seinem Flehen doch nicht zu entziehen (Ps 55, 2 *'lm hitp*; Klgl 3, 56 *'lm hiph* + *'ozæn*), offenbar in der Überzeugung, daß auch der 'verborgene' Gott noch anrufbar, nicht völlig abwesend ist. Schließlich muß der Prophet Elischa feststellen, daß JHWH ihn über den Grund für die Traurigkeit der Schunemiterin im Dunkeln läßt (2 Kön 4, 27). Objektiv-grundsätzlich erklärt Sirach – auf das Faktum menschlichen Unglücks bezogen –, „Gottes Tun" sei „dem Menschen verborgen" (Sir 11, 4; vgl. M. Hengel, Judentum und Hellenismus, ²1973, 265 Anm. 251). Hier wird an – sprachlich anders formulierte – Aussagen Kohelets (z. B. 3, 11; 8, 16f.; 11, 5) und wohl zugleich an die Lehre von der 'verborgenen Weisheit' Gottes (Ijob 28) angeknüpft (vgl. dazu P. S. Fiddes, The Hiddenness of Wisdom in the OT and Later Judaism, Diss. Oxford 1976 [mir nicht zugänglich]).
Ijob 28 besteht aus 3 Teilen: vv. 1–11. 12–22. 23–28 (J. Krašovec, VTS 35, 1984, 115–119). Teil 1 und 2 gipfeln in (antithetischen) *'lm*-Aussagen: nach v. 11 ist der Mensch imstande, die *ta'ᵃlumôṯ* der Erde zu erschließen, aber nach v. 21 bleibt die Weisheit ihm – wie allen übrigen Lebewesen – „verborgen" (*'lm niph* || *str niph*). Gott als Schöpfer dagegen (vv. 23–28 ohne *'lm*!) „weiß (*hebîn*) den Weg zu ihr, er kennt (*jāḏa'*) ihre Stätte" (v. 23) – und kann dem Menschen deshalb „der Weisheit Geheimnisse mitteilen" (*wᵉjaggæd lᵉkā ta'ᵃlumôṯ ḥŏkmāh*, Ijob 11, 6). Vielleicht spielt Ijobs Bekenntnis (42, 3) auf 28, 23 an: *bîn* (*qal/hiph*) und *jāḏa'* sind Gott eigen, während sie dem Menschen von sich aus abgehen. Zum Umfeld dieser anthropologischen Aussage gehören dann noch weitere Texte, die mit *'lm* das begrenzte menschliche Erkenntnisvermögen charakterisieren. Es geht dabei um 'verborgene', d. h. vom Täter selbst nicht wahrgenommene Sünden (Lev 4, 13; 5, 2–4; Ps 90, 8 *'ᵃlumenû* || Ps 19, 13 *nistārôṯ*), ja um 'verborgenes' menschliches Handeln überhaupt, „ob gut oder böse" (Koh 12, 14). Und immer gilt: Gott kennt sogar das im Menschenherzen 'Verborgene' (*hû' jodea' ta'ᵃlumôṯ leb*, Ps 44, 22).
2. Mit *'lm hitp* (Spr 28, 27 mit *'lm hiph* + *'ênajim*) wird in paränetischen Zusammenhängen davor gewarnt, sich dem hilfsbedürftigen Mitmenschen zu versagen. Inhaltlich bezieht sich die Mahnung in Dtn

22, 1–4 (|| TR 64, 13ff., vgl. Ex 23, 4f.) zunächst auf verlaufenes Vieh und abhanden gekommenes Gut, dann überhaupt auf Nachbarschaftshilfe; der Akzent liegt auf dem konkreten „Bruder" und Mitmenschen, dessen Existenzgrundlage gefährdet ist: „Du darfst dich (ihm) nicht entziehen!" (Dtn 22, 3b). Jes 58, 7 und Sir 4, 2 (vgl. Spr 28, 27) erinnern dann an die sozial Schwachen, vor denen – als dem ʿeigenen Fleisch' (*ûmibbeśāreḵā*, Jes 58, 7) – man sich ʿnicht drücken' darf. Nach Sir 38, 16 erstreckt sich die Beistandspflicht sogar noch auf den sterbenden und toten Mitmenschen. In CD 8, 6 schließlich wird – in Anspielung auf Jes 58, 7 – den „Fürsten Judas" vorgeworfen, sie hätten „sich ihren Blutsverwandten entzogen". In ihrer literarischen und zeitlichen Streuung verweisen diese Texte insgesamt auf ein prägendes Ethos brüderlicher Beistandsbereitschaft.

IV. Die LXX übersetzt recht verschiedenartig, jedoch meist der jeweiligen Kontextbedeutung adäquat. Für *niph* steht 5mal λανθάνειν, 1mal κρυπτός (Sir 11, 4), 2mal παρορᾶν pass., je 1mal ὑπερορᾶν pass. (Nah 3, 11), παρανομεῖν (Ps 26, 4), παρέρχεσθαι (2 Chr 9, 2). – Die Wendung *ʿlm hiph* + *ʿênajim* wird 3mal mit ἀποστρέφειν und 1mal mit παρακαλύπτειν (jeweils mit Akk.-Obj. ὀφθαλμός) wiedergegeben; Lev 20, 4 steht volltönend ὑπερόψει ὑπερίδωσιν τοῖς ὀφθαλμοῖς αὐτῶν. Sonst steht für *hiph* 3mal κρύπτειν und je 1mal ἀποκρύπτειν, ὑπερορᾶν (Ps 10, 1) und παρορᾶν (Jes 57, 11). – *hitp* wird 6mal mit ὑπερορᾶν übersetzt; nur Sir 4, 2 steht ἀποστρέφειν τὸ πρόσωπον, und Ijob 6, 16 ist sehr frei wiedergegeben. – Vgl. im übrigen P. Walters, The Text of the Septuagint, Cambridge 1973, 262–264 (auch zu Stellen, wo LXX *mʿl* mit *ʿlm* verwechselt zu haben scheint).
taʿalumāh/-ôṯ gibt LXX mit τὰ κρύφια (Ps 44, 22) bzw. mit δύναμις (Ijob 11, 6; 28, 11 – vgl. H. Heater, A Septuagint Translation Technique in the Book of Job, CBQ Monograph Series 11, 1982, 87f. [§ 71]) wieder. – Das singuläre *ʿlmnw* Ps 90, 8 hat LXX (ὁ αἰὼν ἡμῶν) offensichtlich auf *ʿôlām* zurückgeführt.

Locher

עַלְמָה *ʿalmāh*

עֶלֶם *ʿælæm*

I. 1. Herkunft und Vorkommen der semit. Äquivalente – 2. Verwendung und Bedeutung im Semit. – 3. Etymologie – II. AT – 1. Vorkommen und Verwendung – 2. LXX und alte Versionen – III. Sachliche und literarische Bezüge der *ʿalmāh*-Belege – 1. Die pl. Belege – 2. Die sing. Belege – IV. Zur nt.-lichen Rezeption von Jes 7, 14.

Lit.: *J. M. Asurmendi*, La guerra Siro-Ephraimita. Historia y Profetas (Institución San Jerónimo 13) Valencia/Jerusalem 1982. – *R. Bartelmus*, Jes 7, 1–17 und das Stilprinzip des Kontrastes. Syntaktisch-stilistische und traditionsgeschichtliche Anmerkungen zur „Immanuel-Perikope" (ZAW 96, 1984, 50–66). – *W. Berg*, Die Identität der „jungen Frau" in Jes 7, 14. 16 (BN 13, 1980, 7–13). – *R.G. Bratcher*, A Study of Isaiah 7,14. Its Meaning and Use in the Masoretic Text, the Septuagint and the Gospel of Matthew (The Bible Translator 9, 1958, 97–126). – *G. Brunet*, Essai sur l'Isaïe de l'histoire, Paris 1975. – *D. Buzy*, Les machals numériques de la sangsue et de l'ʿalmah (RB 42, 1933, 5–13). – *E. W. Conrad*, The Annunciation of Birth and the Birth of the Messiah (CBQ 47, 1985, 656–663). – *J. Coppens*, La prophétie de la ʿAlmah, Is 7, 14–17 (ETL 28, 1952, 648–678). – *Ders.*, La mère du Sauveur à la lumière de la théologie vétérotestamentaire (ETL 31, 1955, 7–20). – *Ders.*, L'interprétation d'Is VII, 14 à la lumière des études les plus récentes (Festschr. H. Junker, 1961, 31–45). – *G. Delling*, παρθένος (ThWNT V 824–835). – *L. Dequeker*, Isaïe vii 14 (VT 12, 1962, 331–335). – *Ch. Dohmen*, Verstockungsvollzug und prophetische Legitimation. Literarkritische Beobachtungen zu Jes 7, 1–17 (BN 31, 1986, 37–56). – *A. M. Durbarle*, La conception virginale et la citation d'Is. VII, 14 dans l'évangile de Matthieu (RB 85, 1978, 362–380). – *J. A. Fitzmyer*, παρθένος (EWNT III 93–95). – *G. Fohrer*, Zu Jes 7, 14 im Zusammenhang von Jes. 7, 10–22 (ZAW 68, 1956, 54–56). – *G. Gerleman*, Die sperrende Grenze. Die Wurzel *ʿlm* im Hebräischen (ZAW 91, 1979, 338–349). – *H. Gese*, Natus ex virgine (Festschr. G. v. Rad, 1971, 73– 89). – *M. Görg*, Hiskija als Immanuel. Plädoyer für eine typologische Identifikation (BN 22, 1983, 107–125). – *C. H. Gordon*, ʿAlmah in Isaiah 7, 14 (JBR 21, 1953, 106). – *N. K. Gottwald*, Immanuel as the Prophet's Son (VT 8, 1958, 36–47). – *H. Groß*, Die Verheißung des Emmanuel (Is 7, 14) (BiKi 15, 1960, 102–104). – *H. Haag*, Jes 7, 14 als alttestamentliche Grundstelle der Lehre von der Virginitas Mariae (Ders., Das Buch des Bundes, hg. B. Lang, 1980, 180–186). – *F. Hahn*, Christologische Hoheitstitel (FRLANT 83, ^{4}1974, 273ff. 304ff.). – *E. Hammershaimb*, The Immanuel Sign (StTh 3, 1949, 124–142). – *P. Höffken*, Notizen zum Textcharakter von Jesaja 7, 1–17 (ThZ 36, 1980, 321–337). – *F. D. Hubmann*, Randbemerkungen zu Jes 7, 1–17 (BN 26, 1985, 27–46). – *H. Irsigler*, Zeichen und Bezeichnetes in Jes 7, 1–17. Notizen zum Immanueltext (BN 29, 1985, 75–114). – *R. Kilian*, Die Verheißung Immanuels Jes 7, 14 (SBS 35, 1968). – *Ders.*, Die Geburt des Immanuel aus der Jungfrau Jes 7, 14 (K.S. Frank u.a., Zum Thema Jungfrauengeburt, 1970, 9–35). – *Ders.*, Prolegomena zur Auslegung der Immanuelverheißung (Festschr. J. Ziegler, FzB 2, 1972, 207–215). – *Ders.*, Jesaja 1–39 (EdF 200, 1983). – *L. Köhler*, Zum Verständnis von Jesaja 7, 14 (ZAW 67, 1955, 48–50). – *H. Kruse*, Alma Redemptoris Mater. Eine Auslegung der Immanuel-Weissagung Is 7, 14 (TThZ 74, 1965, 15–36). – *C. Lattey*, The Term ʿAlmah in Is 7, 14 (CBQ 9, 1947, 89–95). – *E. R. Lacheman*, Apropos of Isaiah 7, 14 (JBR 22, 1954, 42). – *H. Lenhard*, „Jungfrau" oder „junge Frau" in Jesaja 7, 14? (Theol. Beiträge 7, 1976, 264–267). – *Th. Lescow*, Das Geburtsmotiv in den messianischen Weissagungen bei Jesaja und Micha (ZAW 79, 1967, 172–207). – *Ders.*, Jesajas Denkschrift aus der Zeit des syrisch-ephraimitischen Krieges (ZAW 85, 1973, 315–331). – *J. Lindblom*, A Study on the Immanuel Section in

Isaiah. Isa VII, 1 – IX, 6, Lund 1957. – *J. A. MacCulloch*, Virgin Birth (ERE XII, 623–626). – *W. McKane*, The Interpretation of Isaiah VII 14–25 (VT 17, 1967, 208–219). – *E. C. B. MacLaurin*, The Canaanite Background of the Doctrine of the Virgin Mary (Religious Traditions 3, 1980, 1–11). – *H.-P. Müller*, Glauben und Bleiben. Zur Denkschrift Jesajas Kapitel vi 1 – viii 18 (VTS 26, 1974, 25–54). – *A. E. Myers*, The Use of Almah in the OT (The Lutheran Quarterly 7, 1955, 137–140). – *G. del Olmo Lete*, Nota sobre Prov 30, 19 (*w^{e}derek geber b^{e}ʿalmāh*) (Bibl 67, 1986, 68–74). – *J. Prado*, La Madre del Emmanuel: Is 7, 14 (Sefarad 2, 1961, 85–114). – *M. Rehm*, Das Wort ʿalmāh in Is 7, 14 (BZ NF 8, 1964, 89–101). – *Ders.*, Der königliche Messias im Licht der Immanuel-Weissagungen des Buches Jesaja (Eichstätter Studien NF 1, 1968). – *L. Reinke*, Die Weissagung von der Jungfrau und vom Immanuel Jes 7, 14–16: Eine exegetisch-historische Untersuchung, Münster 1848. – *L. G. Rignell*, Das Immanuelszeichen. Einige Gesichtspunkte zu Jes. 7 (StTh 11, 1957, 99–119). – *H. Ringgren*, The Messiah in the Old Testament, London 1956. – *C. Schedl*, Textkritische Bemerkungen zu den Synchronismen der Könige von Israel und Juda (VT 12, 1962, 88–119). – *J. Schreiner*, Zur Textgestalt von Jes 6 und 7, 1–17 (BZ NF 22, 1978, 92–97). – *A. Schulz*, ʿAlmā (BZ 23, 1935/36, 229–241). – *K. Seybold*, Das davidische Königtum im Zeugnis der Propheten (FRLANT 107, 1972). – *J. J. Stamm*, La prophetie d'Emmanuel (RHPhR 23, 1943, 1–26). – *Ders.*, Die Immanuel-Weissagung. Ein Gespräch mit E. Hammershaimb (VT 4, 1954, 20–33). – *Ders.*, Neuere Arbeiten zum Immanuel-Problem (ZAW 68, 1956, 46–53). – *Ders.*, Die Immanuel-Weissagung und die Eschatologie des Jesaja (ThZ 16, 1960, 439–455). – *Ders.*, Die Immanuel-Perikope im Lichte neuerer Veröffentlichungen (ZDMG Suppl. 1, 1969, 281–290). – *Ders.*, Die Immanuel-Perikope. Eine Nachlese (ThZ 30, 1974, 11–22). – *O. H. Steck*, Beiträge zum Verständnis von Jesaja 7, 10–17 und 8, 1–4 (ThZ 29, 1973, 161–178 = Wahrnehmungen Gottes im AT [ThB 70, 1982, 187–203]). – *J. E. Steinmueller*, Etymology and Biblical Usage of ʿAlmah (CBQ 2, 1940, 28–43). – *H. Strauß*, Messianisch ohne Messias. Zur Überlieferungsgeschichte und Interpretation der sogenannten messianischen Texte im AT (EHS XXIII/232, 1984). – *J. Thompson*, The root *ʿ-L-M* in Semitic Languages and Some Proposed New Translations in Ugaritic and Hebrew (Festschr. A. Vööbus, Chicago 1977, 159–166). – *M. E. W. Thompson*, Situation and Theology. Old Testament Interpretations of the Syro-Ephraimite War, Sheffield 1982. – *Ders.*, Isaiah's Sign of Immanuel (ExpT 95, 1983/84, 67–71). – *R. Tournay*, L'Emmanuel et sa Vierge-Mère (Revue Thomiste 55, 1955, 249–258). – *M. de Tuya*, ¿La profecia de la ʿAlmah (Is. 7, 14), un caso de „tipologia redaccional"? (Studium 24, 1984, 231–267). – *B. Vawter*, The Ugaritic Use of GLMT (CBQ 14, 1952, 319–322). – *J. Vermeylen*, Du Prophète Isaïe à l'Apocalyptique. Isaïe I–XXXV, Paris 1977/78. – *W. Werner*, Vom Prophetenwort zur Prophetentheologie. Ein redaktionskritischer Versuch zu Jes 6, 1 – 8, 18 (BZ NF 29, 1985, 1–30). – *H. M. Wolf*, A Solution to the Immanuel Prophecy in Isaiah 7:14 – 8:22 (JBL 91, 1972, 449–456). – *H. W. Wolff*, Frieden ohne Ende. Jesaja 7, 1–17 und 9, 1–6 ausgelegt (BSt 35, 1962).

I. 1. Zu dem fem. hebr. Nomen *ʿalmāh* und der entsprechenden mask. Form *ʿælæm* finden sich in zahlreichen semit. Sprachen Äquivalente. Abgesehen von dem sprachgeschichtlich erklärbaren Wechsel des ersten Konsonanten zwischen einzelnen semit. Sprachen (*ʿ* oder *ġ*) fällt vor allem auf, daß das Hebr. singulär eine numerische Überzahl von Belegen der fem. gegenüber der mask. Form des Nomens aufweist (s. u. II. 1.). Keine eindeutigen Parallelen zum anstehenden Nomen sind bis heute im Ostsemit. entdeckt worden. Der Schwerpunkt des Vorkommens liegt beim Westsemit., obwohl einige Belege auch im Südsemit. nachweisbar sind.

Eine große Zahl mask. (*ġlm*) und einige fem. (*ġlmt*) Belege weist das Ugar. auf (WUS Nr. 2150; UT Nr. 1969). Für das Kanaan. sind außer den Belegen des Bibl.-Hebr. (s. u. II. 1.) nur noch zwei fem. Belege (*ʿlmt*) im Phön. (KAI 24, 8; 37 B 9) zu verzeichnen. Ein reicheres Vorkommen bieten demgegenüber die verschiedenen aram. Sprachzweige. Als Besonderheit ist hierbei festzuhalten, daß im Aram. Mask. und Fem., von wenigen Ausnahmen abgesehen (3mal mask. *ʿlm* im palm.-griech. Steuertarif vom 18. 4. 137 n. Chr. [CIS II 3913, 4. 5. 86] und 1mal palm. fem. *ʿlmt* [CIS II 4540, 4]), immer als Deminutivum der Form *quṭáil* (vgl. ATTM 437; R. Degen, Altaramäische Grammatik, 1969, 47) begegnen. Dies könnte von der semantischen Entwicklung des Nomens her erklärt werden (s. u. 2.). Altaram. ist nur 2mal mask. *ʿljm* belegt, und zwar in der aus dem 9. Jh. v. Chr. stammenden Statueninschrift aus Tell Fecherīje (A. Abou-Assaf / P. Bordreuil / A. R. Millard, La Statue de Tell Fekherye, Paris 1982, aram. Zl. 21) und in der in diesem Teil vielleicht von der vorgenannten Inschrift abhängigen – oder gemeinsamer Tradition entstammenden – Sfireinschrift aus der Mitte des 8. Jh. v. Chr. (KAI 222 I A 21 f.). Mask. und fem. Belege – wenn letztere auch in geringerer Zahl als erstere – finden sich im Reichsaram. (vor allem in den Texten aus Elephantine; vgl. AP, Reg. s. v.), im Nabat., Palm., Pun. (keine inschriftlichen Belege, vgl. aber M. Sznycer, Les passages puniques en transcription latine dans le „Poenulus" de Plaute, Paris 1967, 128; P. Schroeder, Die phönizische Sprache, 1869, 174), Syr. (Payne Smith, Syriac Dictionary, 414) und Christl.-Paläst. (F. Schulthess, Lexicon Syropalaestinum, 1903, 147).

Im Südsemit. sind Äquivalente des Nomens im Nordarab. (Wehr, Wb 610) sowie im Asarab. (Conti-Rossini 216; Biella 395) zu finden, wobei die Belege sich semantisch vollständig im Bereich zeitgleicher (die asarab. Inschriften beginnen im 8. Jh. v. Chr., vgl. M. Höfner, HdO III/2–3, 315) Belege des Aram. (s. o.) bewegen. Das Südsemit. weist jedoch ein sehr breites Bedeutungsspektrum auf, das sich in zahlreichen nominalen und verbalen Ableitungen niedergeschlagen hat.

Die chronologisch ältesten Vorkommen sind auf den Bereich des Nomens beschränkt. Mit Ausnahme des Ugar. sind Belege des Nomens aber sowieso sehr rar, so daß vermutet werden kann, daß die zahlreichen Belege in jüngeren Sprachen samt der größeren Zahl abgeleiteter Formen auf eine Bedeutungsentwicklung zurückgehen, die sich vom Speziellen zum Allgemeinen hin vollzogen hat.

2. Für die semantische Bestimmung ist beim Ugar. anzusetzen, weil hier eindeutig die ältesten Belege zu finden sind. Lexikalisch wird üblicherweise ein breites Bedeutungsfeld für ugar. *ġlm/ġlmt* notiert: „Junge, Kind, männl. Sproß, Diener, Bote, Mädchen, Magd etc." (WUS Nr. 2150; UT Nr. 1969). Der weitaus größte Teil der Belege von *ġlm* entfällt auf die Bezeichnung von Götterboten oder -dienern. Ebenso werden die Söhne Krts auch *ġlm* genannt oder Krt selbst wird das Epitheton *ġlm ʾil* zugesprochen. Von diesem Verwendungsbereich her scheint semantisch eine Grundbedeutung auf, die durch Begriffe wie „Stellvertretung" oder „Repräsentanz" umschrieben werden kann (s. u. 3.).

Bei den Belegen des fem. *ġlmt* lassen sich festgefügte Verwendungsbereiche aufgrund der geringen Anzahl der Belege nicht ausmachen. Von den bei Whitaker (515) noch notierten Belegen von *ġlmt* sind nur drei mit Sicherheit als Fem. zu *ġlm* zu deuten.

3mal begegnet *ġlmt* als Name einer Göttin (KTU 1.41, 25 [+ Dupl.]; 1.39, 19; vgl. J.-M. Tarragon, CRB 19, Paris 1980, 166). Die in KTU 1.4, VII, 54; 1. 8, II, 7 zu findende Bezeichnung *bn ġlmt* für die Boten Baʿals wird heute nicht mehr als „Söhne eines Mädchens" (Aistleitner) aufgeführt, sondern aufgrund der Parallele *bn ẓlmt* entweder mit *ẓlmt* 'Finsternis' oder mit dem oben genannten GN in Verbindung gebracht (vgl. W. C. Kaiser jr., The Ugaritic Pantheon, Ann Arbor 1973, 104).

Aufgrund der formalen Ähnlichkeit zwischen Jes 7, 14: *hinneh hāʿalmāh hārāh wᵉjolædæṯ ben* und KTU 1.24, 7: *hl ġlmt tld bn* ist häufig versucht worden, eine Verbindung bzw. Abhängigkeit zwischen beiden Stellen herzustellen (vgl. Vawter; A. van Selms, Marriage and Family Life in Ugaritic Literature, London 1954, 108ff.; RSP I Nr. 36), jedoch besteht Vergleichbarkeit lediglich bezüglich der verwendeten Form des Geburtsorakels. Zur Deutung der erwähnten *ġlmt* ist zu beachten, daß es sich im vorliegenden Text um die sum.-hurr. Mondgöttin Nkl handelt, deren Hochzeit mit dem westsemit. Mondgott Jrḫ erzählt wird. Es liegt folglich nahe, vom Kontext der Verwendung her bei *ġlmt* hier an einen Hinweis auf die ethnische Differenz – und nicht auf den juristischen oder physischen Status – der Frau zu denken. Dies bestätigen auch die beiden anderen ugar. Belege von *ġlmt*, denn sie finden sich im sogenannten Krt-Epos und beziehen sich auf Ḥrj, die Tochter des Königs von Udm, die Krt nach der Belagerung der Stadt als Tribut fordert.

Die wenigen Belege des Fem. im Ugar. lassen sich semantisch zumindest in dem Punkt zusammenfassen, daß die Bezeichnung *ġlmt* sich immer auf eine ethnisch fremde Frau bezieht, die eine Verbindung mit einem Mann anderer Herkunft eingegangen ist.

In der Fluchformel der Inschrift aus Tell Fecherīje und der Sfire-Inschrift (s. o. I. 1.) begegnet *ʿljm*, das sich gut an den im Ugar. begegnenden Verwendungsbereich von *ġlm* zur Bezeichnung von Söhnen/Nachkommen anschließt: „hundert Frauen sollen einen Säugling stillen, ohne daß er satt wird". Da hier spezieller „Säuglinge" gemeint sind, ist die Verwendung der Deminutivform (s. o. I. 1.) durchaus verständlich. In der Kilamuwa-Inschrift (KAI 24, 8, in der Beschreibung der Verhältnisse vor dem Regierungsantritt Kilamuwas: „Eine *ʿlmt* gab man für ein Schaf und einen *gbr* für ein Gewand") wird fem. *ʿlmt* vielleicht im Sinne des ugar. *ġlmt* als „ethnisch Fremde" gebraucht. *ʿlmh* begegnet auch noch einmal in der aram. Inschrift von Deir ʿAlla (ca. 750–650 v. Chr.) in einem derart fragmentarischen Kontext, daß es unmöglich ist, diesen Beleg exakt semantisch auszuwerten (vgl. H.-P. Müller, ZAW 94, 1982, bes. 231 f.). Vom 6. Jh. v. Chr. an begegnen in verschiedenen semit. Sprachen vermehrt Belege der zur Diskussion stehenden Nomina, wobei die entsprechenden Worte sehr undifferenziert und allgemein für 'Junge, Mädchen, Sklave, Dienerin etc.' benutzt werden. KAI 37 B 9 (4.–3. Jh.) scheint dabei an *ʿlmt* im Sinne von „kultischen Dienerinnen" gedacht zu haben.

3. Bisher wurde keine allseits befriedigende Etymologie zu hebr. *ʿalmāh* gefunden (vgl. KBL³ 790). Die bisherigen Vorschläge zur Erklärung von *ʿalmāh* gehen vor allem Fragen nach semantischen Differenzierungen im breiten Feld der semit. Belege der Basis → עלם *ʿlm* nach (vgl. z. B. J. Thompson; Steinmueller; Rehm), oder aber sie versuchen, aus der konkreten Verwendung im Hebr. eine Grundbedeutung zu ermitteln (vgl. z. B. Schulz; Rehm; Gerleman). Die Unsicherheit bei der exakten Bestimmung tritt besonders deutlich zutage, so daß am Hebr. interessierte Beiträge oft ugar. *ġlmt* als Beweis für die Bedeutung 'junge Frau' anführen, am Ugar. interessierte Beiträge hingegen häufig hebr. *ʿalmāh* zur Stützung der genannten Bedeutung zitieren.

Der jüngste Versuch zur Etymologie von Gerleman ist zurückzuweisen, denn er beachtet lediglich at.liche Belege der Basis *ʿlm*. Seine Bestimmung: „Wurzelverwandt mit עולם ist die Vokabel עַלְמָה/עֶלֶם, die gleichfalls zum Sinnbereich des 'Sperrens' gehört und nicht 'Jüngling / junge Frau', sondern 'unwissend', 'uninitiiert' meint" (349) ergibt bei den übrigen o. g. Belegen des zur Diskussion stehenden Nomens im Semit. keinen Sinn.

Will man der Etymologie von *ʿalmāh* erneut nachgehen, so sind vor allem die oben gesammelten Besonderheiten (Alter; Verhältnis verbaler/nominaler und maskuliner/femininer Belege) zu berücksichtigen, so daß folglich von den ugar. Belegen des mask. *ġlm* auszugehen ist (ein Verbum ist ugar. bisher nicht nachgewiesen; gegen *ġlm* „erregt sein, tosen" [WUS Nr. 2149] vgl. z. B. Dietrich / Loretz, AOAT 18, 1973, 34; A. Caquot / M. Sznycer / A. Herdner, Textes Ougaritiques I, Paris 1974, 555 Anm. x; J. J. Scullion, UF 4, 1972, 115). Bei der Suche nach möglichen zugrundeliegenden Stämmen trifft man zunächst auf das phonologische Problem des ugar. Konsonanten *ġ* (vgl. Dietrich/Loretz, WO 4, 1967/68, 299–315; S. Moscati [Hg.], An Introduction to the Comparative Grammar of the Semitic Languages, ³1980, bes. 8.44 – 8.49). Aufgrund der oben skizzierten Semantik der ugar. Belege (I. 2.) sollte eine Entlehnung des ugar. Nomen *ġlm* aus dem akk. *ṣalmu* 'Statue, Bild' (→ צלם

ṣælæm) in Erwägung gezogen werden, denn zum einen ist bisher kein eindeutiges Äquivalent zu semit. *ṣlm* 'Statue' etc. im Ugar. nachgewiesen worden, und zum anderen findet sich im Akk. – und auch in anderen semit. Sprachen – eine metaphorische Verwendung von *ṣlm* 'Statue', die sich teilweise mit dem genannten ugar. Verwendungsbereich der Nomina *ġlm/ġlmt* deckt. Da jeder Bildbegriff durch seine Bestimmungsmöglichkeiten als „Bild von" bzw. „Bild für" dem Bedeutungsfeld der „Stellvertretung" schon angenähert ist, läßt sich die Verwendung von akk. *ṣalmu* auch in diesem Bereich entsprechend nachweisen (so der Beschwörer als *ṣalam Marduk*; der König als „Abbild" oder Vertreter des Gottes; oder auch Kinder als „Abbilder" ihrer Eltern (AHw 1079; CAD Ṣ 78–85). Für die hier vorgeschlagene Entlehnung gilt es auch zu beachten, daß bisher keine direkte Bildterminologie im Ugar. nachgewiesen wurde, so daß sich vermuten läßt, daß das Ugar. einen speziellen metaphorischen Gebrauch des akk. *ṣalmu* entlehnt und diesen dann lexikalisiert hat.
Ob sich alle Belege entsprechender Äquivalente in anderen semit. Sprachen von dieser Entlehnung her ableiten – für das Bibl.-Hebr. legt die Verwendung es nahe (s.u. III.) –, ob homonyme Wurzeln vorliegen (→ עלם *ʿlm*) oder ob semantische Überlappungen aufgrund verwandter Phoneme entstanden sind (vgl. z. B. *ḥlm* 'stark, kräftig, mannbar sein/werden u.ä.' KBL³ 307; ATTM 508), kann nur durch weitere Einzelanalysen entschieden werden. Ebenso bedarf die der oben skizzierten Entlehnung zugrundeliegende phonetische Ableitung von *ṣ* zu *ġ* weiterer Einzelanalysen; sie liegt aber aufgrund möglicher hurrit. Vermittlung (vgl. W. v. Soden, VTS 16, 1967, 291–294) im Bereich des Möglichen (vgl. hurrit. *zalmi*, E. Laroche, Glossaire de la langue Hourrite, Paris 1980, s.v.).

* Diese Herleitung ist nur unter Annahme einer Entlehnung möglich, denn akk. *ṣalmu* hat, wie aram. *ṣᵉlem* zeigt, ursemit. *ṣ*, das auch im Ugar. *ṣ* ergeben sollte. Nach der herkömmlichen Etymologie ist *ʿælæm* (bzw. fem. *ʿalmāh*) ein Primärnomen, das seine Verwandten in ugar. *ġlm* 'junger Mann, Diener, Bote', asarab. *ġlm* 'Kind, Knabe' (Biella 395), arab. *ġulām* 'junger Mann, Sklave' und aram. *ʿljm* 'Kind, Diener, Sklave' (fem. 'junges Mädchen') (DISO 214) hat. Ein Bedeutungswandel 'junger Mann' > 'Diener, Knecht' ist leicht verständlich; vgl. → נער *naʿar*. *(Ri.)*

II. 1. Im AT begegnet *ʿalmāh* insgesamt 9mal, davon 4mal im Sing. und 5mal im Pl. Von den pl. Belegen sind zwei in der schwer zu deutenden Wendung *ʿal-ʿᵃlāmôṯ* zu finden (Ps 46, 1; 1 Chr 15, 20; s.u. III. 1.). Die übrigen pl. Belege (Ps 68, 26; Hld 1, 3; 6, 8) lassen sich semantisch nicht exakt festlegen (s.u. III. 1.). Die vier sing. Belege (Gen 24, 43; Ex 2, 8; Jes 7, 14; Spr 30, 19) scheinen zumindest alle in den gleichen historischen und/oder literarischen Zusammenhang zu gehören (s.u. III. 2.) und von Jes 7, 14 her erklärt werden zu müssen.

2mal nur begegnet das mask. *ʿælæm* im AT, was aufgrund des sonst in den semit. Sprachen anzutreffenden Zahlenverhältnisses zwischen mask. und fem. Formen zu denken gibt. Da beide Belege aber in die Aufstiegsgeschichte Davids (1 Sam 17, 56; 20, 22) gehören (zur fragwürdigen Konj. von *ʿim* in *ʿælæm* in 1 Sam 16, 12 KBL³ 790; vgl. Stoebe, KAT VIII/1, 302), ist zu überlegen, ob hier nicht ein regionaler oder auch schichtenspezifischer Sprachgebrauch durchgeschlagen ist. Unbeschadet dessen ist aber auch beachtenswert, daß beide Stellen den durch *ʿælæm* Bezeichneten im unmittelbaren Kontext auch *naʿar* nennen (vgl. 1 Sam 17, 55; 20, 21).

2. Die LXX bietet kein einheitliches Übersetzungsäquivalent für *ʿalmāh*. 2mal (Gen 24, 43; Jes 7, 14) bietet sie παρθένος, ansonsten νεᾶνις. Ersteres gebraucht sie vorwiegend zur Wiedergabe von → בתולה *bᵉṯûlāh*, letzteres von *naʿᵃrāh* (→ נער *naʿar*). Dem schließt sich auch Hieronymus an, wenn er in Jes 7, 14 und Gen 24, 43 mit *virgo*, sonst aber mit *puella* oder *adolescentula* übersetzt. Demgegenüber bieten Aquila, Symmachus und Theodotion in Jes 7, 14 auch νεᾶνις, was dazu geführt hat, daß in der Väterliteratur schon Hinweise auf die Bedeutung „Jungfrau" für νεᾶνις zu finden sind (vgl. Rehm, Messias 54), da die Übersetzung hier vielleicht bewußt im Gegensatz zur christologischen Deutung der Stelle gebraucht wurde (vgl. Delling 831). Ebenso benutzt S in Jes 7, 14 *btwlt'* statt des für sie sonst als Übersetzung von *ʿalmāh* gebräuchlichen und von der gleichen Basis abgeleiteten *ʿljmt'*. Ob die LXX in Jes 7, 14 versucht hat, den religionsgeschichtlich bekannten Hintergrund einer Jungfrauengeburt (Delling 826–829) einzubringen, ist fraglich. Es ist auch möglich, daß sie mit ihrer Sonderübersetzung auf den durch die Überarbeitung sowie die Rezeption des ursprünglichen Prophetenwortes geänderten Sinn einzugehen versucht (s.u. III. 2.; IV.).

III. Die Untersuchung der at.lichen *ʿalmāh*-Belege ergibt, daß trotz der geringen Zahl eine Trennung zwischen sing. und pl. Belegen insofern anzusetzen ist, als die pl. Belege alle recht unverbunden und separat stehen, die sing. alle hingegen in einer gewissen Verbindung miteinander stehen.
1. Unter den pl. Belegen fällt vor allem Hld 6, 8 auf, da die hier begegnende Trias von *mᵉlāḵôṯ*, *pîlagšîm* und *ʿᵃlāmôṯ* deutlich macht, daß dem Begriff *ʿalmāh* hier eine sehr spezielle Semantik eigen ist, denn sonst gäbe das Nebeneinander der Ausdrücke wenig Sinn. Daß neben Königinnen und Nebenfrauen Sklavinnen erwähnt sein sollen (so Rehm, 'almāh 92), ist aber fraglich, da es vom Kontext der Stelle näherliegt, den je unterschiedlichen rechtlichen Status der verschiedenen zum königlichen Harem gehörigen Frauen in der Trias ausgedrückt zu finden. So handelt es sich dann um Hauptfrauen, Nebenfrauen und wahrscheinlich um eine Gruppe von ausländischen Frauen/Prinzessinnen, die auf dem Wege diplomatischer Verbindungen in jeden orientalischen Harem eines Königs gelangten (vgl. W. Röllig, RLA IV 282–287), und von denen das AT selbst in bezug auf König Salomo eindeutig zu berichten weiß (vgl. 1 Kön 11; hier aber nur *nāšîm*). Es fällt aber auf, daß die *ʿᵃlāmôṯ* zahlreicher als die beiden anderen Gruppen

sind („ohne Zahl"). Die zweite Stelle aus dem Hld ist weniger aussagekräftig. In Hld 1, 3b ist von *ʿalāmôṯ* die Rede („deshalb lieben dich die *ʿalāmôṯ*"); ob auch hier eine besondere Gruppe von Frauen gemeint ist, oder ob sie lediglich zu den „anonymen Zwischenfiguren" gehören, die einen „literarischen Topos" darstellen (G. Gerleman, BK XVIII, [2]1981, 97), ist nicht mit Sicherheit zu entscheiden. Es ist im Einzelfall kaum möglich, die jeweilige Bedeutung, die der Begriff *ʿalmāh* annimmt, exakt festzulegen. Dies gilt ebenso für Ps 68, 26, wo von *ʿalāmôṯ tôpepôṯ* die Rede ist. Möglich ist, daß hier ein Gebrauch von *ʿalmāh* im Sinne von 'Mädchen' vorliegt; vielleicht ist aber auch hier der Begriff auf Ausländerinnen bezogen (vgl. aber auch die Kultdienerinnen in KAI 37, s.o.).

In diesen Zusammenhang gehört vielleicht auch das vieldiskutierte Problem der Wendung *ʿal-ʿalāmôṯ* (Ps 46, 1; 1 Chr 15, 20 [BHS: prb. *ʿelāmîṯ*]). Als Angabe einer musikalischen Spielweise verstanden, wird dann auch häufig das *ʿalmûṯ* aus Ps 9, 1 (mlt. Mss.: *ʿal-mûṯ*; LXX: ὑπὲρ τῶν κρυφίων) sowie das *ʿal-mûṯ* Ps 48, 15 gesetzt und durch zusätzliches *ʿal* in Richtung auf das obengenannte *ʿal-ʿalāmôṯ* verbessert (zur Diskussion vgl. H. Gunkel / J. Begrich, Einleitung in die Psalmen, 1933, 456f.; S. Jellicoe, JThSt 49, 1949, 52f.; W. Rudolph, HAT I/21, 1955, 118; S. Mowinckel, The Psalms in Israel's Worship Vol. II, Oxford 1962, 215–217; L. Delekat, ZAW 76, 1964, 292; H.-J. Kraus, BK XV/1[5], 27).

2. Bei der Durchsicht der sing. Belege von *ʿalmāh* fällt auf, daß hier einerseits ein semantisch recht spezieller Begriff vorzuliegen scheint, andererseits aber die Einzelbelege die Verwendung des Begriffes nicht so konturieren, daß dieser spezielle Charakter deutlich würde. Es scheint in jedem Fall angeraten, Jes 7, 14 als Erstbeleg in der Reihe der *ʿalmāh*-Belege zu behandeln, da der Begriff *ʿalmāh* hier eindeutig im Zentrum der Aussage des Textstückes steht, was nicht zuletzt von den divergierenden Übersetzungen bestätigt wird (s.o. II.2.).

Jes 7, 14 bietet in bezug auf die semantische Bestimmung von *ʿalmāh* große Schwierigkeiten, weil das Verständnis von v. 14 wesentlich von der Beurteilung und Deutung des ganzen Kapitels abhängt. Folglich sind recht unterschiedliche Vorschläge zur Identifikation der *ʿalmāh* vorgelegt worden.

Sie wird – teils aus ganz unterschiedlichen Gründen – mit der Frau des Ahas, also der Königin, identifiziert oder auch mit der Frau des Jesaja, der in Jes 8, 3 genannten „Prophetin", oder aber auch mit einer ungenannten Dame vom Hof oder gar einer Hierodule. Gelegentlich findet sich sogar eine kollektive Deutung auf Frauen im allgemeinen. Schließlich will man im Wort *ʿalmāh* einen symbolischen Anklang an die Tochter Zion erkennen (vgl. im einzelnen Kilian, Jesaja 15–21). Davon abhängig ist dann auch im einzelnen die vieldiskutierte Frage, ob Jes 7 Heil oder Unheil ansage.

Versucht man nun, der literarischen Gestalt des Kapitels näherzukommen (vgl. Dohmen, BN 31), dann stellt man fest, daß hinter dem literarkritisch als letzte Stufe zu fixierenden Fremdbericht überlieferungskritisch ein Prophetenwort zu erkennen ist, das in der Zeichenansage samt Begründung seinen Gipfel hat. Formal und inhaltlich handelt es sich dabei um ein Drohwort gegen Ahas. Mit der oben eruierten möglichen Grundbedeutung von *ʿalmāh* ('Fremde') wird auch der Charakter des Drohwortes besonders deutlich, denn wenn eine Nichtisraelitin vom König Ahas ein Kind erwartet und dieses programmatisch Immanuel nennen soll, dann ergibt sich in Konsequenz, daß das Wort zuerst gegen Ahas gerichtet ist, da das „Wir" des Namens sich primär auf die Frau und ihr Kind bezieht. Für die Davidsdynastie bedeutet dies Kontinuität und Diskontinuität in einem. Die Daviddynastie findet keine gradlinige Fortsetzung, sondern einen von Gott gesetzten neuen Anfang (vgl. auch die spätere Interpretation Jes 11, 1), was auch durch die nebeneinander stehenden und zusammengehörigen Aussagen der Begründung in vv. 16. 17 bestätigt wird.

Die Ausgestaltung zum jetzt vorliegenden Fremdbericht in Jes 7 und die Fortschreibung in diesem Kapitel selbst zeigen an, daß das Interesse an dem zugrundeliegenden Prophetenwort weiterbestehen blieb bzw. sogar noch gewachsen ist. Dieses Interesse mag nicht zuletzt von dem Verhältnis des Nachfolgers des Königs Ahas zum Propheten Jesaja bestimmt sein. Die teilweise durchaus positiven Erfahrungen mit König Hiskija können der Motor gewesen sein, das Drohwort von Jes 7, 14 neu zu lesen und zu interpretieren. Im Zuge einer derartigen Rezeption des Prophetenwortes wird das Zeichen von v. 14 dann auch zum Symbol und somit der Immanuel zu einer in der Zukunft erwarteten Heilsfigur (vgl. Dohmen, BN 31, 49f. Anm. 48; 55). In nachexil. Zeit wird in diesem Sinn Jes 7, 14 messianisch gedeutet (vgl. Kilian, Jesaja 10; Werner, FzB 46, 1982, 197).

Spr 30, 19 bietet in einem viergliedrigen Zahlenspruch (vv. 18f.), der durch das Leitwort *dæræḵ* aufgebaut ist, das Wort *ʿalmāh* im letzten Satz in der Formulierung: *dæræḵ gæḇær beʿalmāh*. Der Satz hat zu vielfältigen Deutungen Anlaß gegeben (vgl. vor allem die Zusammenstellung bei G. del Olmo Lete). So wird das Wort *ʿalmāh* an dieser Stelle entweder recht allgemein im Sinne von Frau verstanden, so daß sich der Satz schlicht auf das Beziehungsverhältnis der Geschlechter beziehe, oder *ʿalmāh* wird von einer anderen Wurzel abgeleitet und im Sinne von Dunkelheit, Finsternis gedeutet, so daß es um den „Weg eines Mannes in der Dunkelheit" gehe (vgl. aber auch W. Gesenius, Thesaurus II 1037: *„referetur ad furta clandestina"*). Da diese Deutungen aber in einem Zahlenspruch, in dem es um etwas Wunderbares geht (v. 18), wenig Sinn ergeben, sollte die Möglichkeit in Erwägung gezogen werden, daß der Satz sich als kritische Anfrage an die gleiche Situation versteht, die auch Jes 7, 14 zugrundeliegt, d. h. dahinter steht die Frage, wie eine herausragende Persönlichkeit (→ גבר *gæḇær*) sich mit einer Fremden

(*ʿalmāh*) einlassen kann. Zu bemerken ist, daß auch in der Kilamuwa-Inschrift *ʿlmt* und *gbr* einander gegenüberstehen.
Ex 2, 8 und auch Gen 24, 43 bieten beide das Wort *ʿalmāh* in einer Erzählung, ohne daß auf eine besondere Bedeutung des Wortes im jeweiligen Kontext näher eingegangen würde. Es fällt aber auf, daß beide Male israelitische Frauen so bezeichnet werden, die in der Fremde leben: zum einen die Schwester des Mose in Ägypten, zum anderen Rebekka in der Heimat Abrahams in Mesopotamien. Da beide Stellen dem zur Zeit Manasses schreibenden JE zuzuweisen sind, ist zu fragen, ob hier ein gezieltes Interesse bei der Verwendung des Begriffs *ʿalmāh* vorliegt. An beiden Stellen hat JE versucht, dem Begriff *ʿalmāh* die negative Konnotation von „Fremde" zu nehmen und den Begriff in Richtung auf „Ausländerin" hin zu deuten. Damit erweisen sich beide Stellen als zur inneralttestamentlichen Rezeption von Jes 7, 14 gehörig. Da in Gen 24 darüber hinaus auch das Thema der „Heirat fremder Frauen" (vv. 3. 37) angesprochen ist, ist die Verbindung zu Jes 7, 14 direkter und unmittelbarer, was nicht zuletzt auch die alten Versionen erkannt zu haben scheinen, wenn sie gerade in Gen 24, 43 und in Jes 7, 14 das Wort *ʿalmāh* abweichend von ihrer üblichen Übersetzung wiedergeben (s.o. II.2.).

IV. Zitiert wird Jes 7, 14 im NT nur in Mt 1, 23. Dabei fällt vor allem neben der Namensdifferenz Immanuel–Jesus die unverbundene und hart aufeinandertreffende Beschreibung der Jungfrauengeburt (Mt 1, 18ff.) mit dem auf den Vater Josef hinauslaufenden Stammbaum Jesu (Mt 1, 1ff.) auf. Dadurch hat das Mt-Evangelium sowohl jüdische Erwartungen eines davidischen Messias als auch heidnische Erwartungen eines von einer Jungfrau Geborenen zurückgewiesen.
Die nt.liche Aufnahme von Jes 7, 14 ist folglich keine von der LXX-Übersetzung des Verses provozierte Theologisierung, sondern sie steht ganz im Gegenteil konsequent auf der Linie inneralttestamentlich beginnender Rezeptionen dieses Verses, die selbst schon im AT auf eine messianische Deutung hinauslaufen.

Dohmen

עָלַץ *ʿālaṣ* → עלז *ʿālaz*

עַם *ʿam*

I. Etymologie und Vorkommen in der Umwelt des AT – 1. Etymologie – 2. Ebla-Texte und Akk. – 3. Ugar. – 4. Amor. – 5. Akk. Belege des 1. Jt. v. Chr. – 6. Phön.-Pun. – 7. Ammon. und Moab. – 8. Nordarab. – 9. Südarab. – 10. Klass. Arab. – 11. Aram. – 12. Zusammenfassung – II. Sing.-Bedeutung im AT – 1. Personennamen – 2. Bestattungsformel – 3. Bannformel – 4. Bundesformel – III. Kollektivbedeutung im AT – 1. Volksversammlung in Israel – 2. Das Volk des Landes in Juda – 3. Volksversammlung in nachexil. Zeit – 4. Volksmenge – 5. Kriegsvolk – 6. Gottesvolk – 7. Heidenvölker – IV. Qumran.

Lit.: *B. Alfrink*, L'expression נֶאֱסַף אֶל־עַמָּיו (OTS 5, 1948, 118–131). – *F. I. Andersen*, Israelite Kinship Terminology and Social Structure (BiTrans 20, 1969, 29–39). – *G. W. Anderson*, Israel: Amphictyony: *ʿam, ḳāhāl, ʿēdāh* (Festschr. H. G. May, Nashville 1970, 135–151). – *E. Auerbach*, *ʿAm hāʾāræṣ* (Proceedings of the First World Congress of Jewish Studies, Jerusalem 1952, 362–366). – *A. H. Brawer*, *ʿAm hāʾāræṣ kip^{e}šûṭô bammiqrāʾ* (BethM 15, 1969/70, 202–206). – *N. A. Dahl*, Das Volk Gottes, Oslo 1941 (= 1963). – *M. Dahood*, Hebrew-Ugaritic Lexicography VII (Bibl 50, 1969, 227–256, bes. 349f.). – *S. Daiches*, The Meaning of עם הארץ in the Old Testament (JThS 30, 1929, 245–249). – *R. Deutsch*, The Biblical Concept of the „People of God" (South East Asia Journal of Theology 13/2, 1972, 4–13). – *A. K. Fenz*, Volk Gottes im AT (BiLi 38, 1964, 163–190). – *G. Fohrer*, Der Vertrag zwischen König und Volk in Israel (ZAW 71, 1959, 1–22). – *I. J. Gelb*, Computer-Aided Analysis of Amorite (AS 21, Chicago 1980, 92–95. 260–264). – *E. Gillischewski*, Der Ausdruck עַם הָאָרֶץ im AT (ZAW 40, 1922, 137–142). – *M. D. Goldman*, Concerning the Meaning of *ʿam* (ABR 3, 1953, 51). – *R. M. Good*, The Sheep of his Pasture. A Study of the Hebrew Noun *ʿAm(m)* and its Semitic Cognates, (Harvard Semitic Monographs 29, Chico 1983). – *R. Gordis*, Sectional Rivalry in the Kingdom of Judah (JQR 25, 1934/35, 237–259). – *G. B. Gray*, *ʿammi* (in: Th. Cheyne / J. Sutherland Black, Encyclopaedia Biblica I, London 1899, 138–140). – *M. Greenberg / A. Oppenheimer*, Am ha-areẓ (EJ II 833–836). – *D. R. Hillers*, *Bĕrît ʿām*: „Emancipation of the People" (JBL 97, 1978, 175–182). – *A. R. Hulst*, עַם / גּוֹי *ʿam/gōj* Volk (THAT II 290–325). – *Ihromi*, Die Königinmutter und der *ʿamm haʾarez* im Reich Juda (VT 24, 1974, 421–429). – *T. Ishida*, „The People of the Land" and the Political Crises in Judah (Annual of the Japanese Biblical Institute 1, 1975, 23–38). – *E. Janssen*, Das Gottesvolk und seine Geschichte, 1971. – *Th. W. Juynboll*, Über die Bedeutung des Wortes *ʿamm* (Festschr. Th. Nöldeke I, 1906, 353–356). – *A. Koschel*, „Volk Gottes" in der deuteronomistischen Paränese. Untersuchungen zum Begriffsfeld 'Volk Gottes' in Dt 7, 1–11 (Liz. Arbeit, Münster 1969). – *M. Krenkel*, Das Verwandtschaftswort עם (ZAW 8, 1888, 280–284). – *C. Levin*, Der Sturz der Königin Atalja (SBS 105, 1982). – *J. Lewy*, The Old West Semitic Sun-God Ḥammu (HUCA 18, 1944, 429–488). – *N. Lohfink*, Beobachtungen zur Geschichte des Ausdrucks עם יהוה (Festschr. G. v. Rad, 1971, 275–305). – *D. D. Luckenbill*, The Name Hammurabi (JAOS 37, 1917, 250–253). – *J. Maier*, Zum Gottesvolk und Gemeinschaftsbegriff in den Schriften vom Toten Meer, Diss. Wien 1958. – *H. G. May*, „This People" and „This Nation" in Haggai (VT 18, 1968, 190–197). – *J. McKenzie*, The „People of the Land" in the Old Testament (Akten des 24. Intern. Orientalisten-Kongresses, München 1957, Wiesbaden 1959, 206–208). – *T. N. D. Mettinger*, King and Messiah (CB.OT Series 8, 1976, 107–130). – *R. Meyer*, Der *ʿAm hā-'Āreṣ*: Ein Beitrag zur Religionssoziologie Palästinas im ersten und zweiten nachchristlichen Jahrhundert (Jud 3, 1947, 169–199). – *J. Muilenburg*, Abraham and the Nations – Blessing and World History (Int 19, 1965, 387–398). – *E. W. Nicholson*, The Meaning of the Expression עם הארץ in the Old Testament (JSS 10, 1965, 59–66). – *M. Noth*, IPN 76–79. – *A. Oppenheimer*, The ʿAm ha-Aretz, Leiden 1977. – *A. Passoni dell'Acqua*, La versione dei LXX e i papiri: Note lessicali (Proceedings of the 16th International Congress of Papyrology, Chico 1981, 621–632, bes. 623–625). – *Ders.*, Precisazione sul valore di δῆμος nella versione dei LXX (RivBib 30, 1982, 197–214). – *L. B. Paton*, ʿAmm, ʿAmmi (ERE^2 I, 1925, 386–389). – *M. H. Pope*, ʿAm Ha'arez (IDB I, 1962, 106f.). – *N. W. Porteous*, Volk und Gottesvolk im AT (Festschr. K. Barth, 1936, 146–163). – *J. D. Prince*, The Name Hammurabi (JBL 29, 1910, 21–23). – *G. v. Rad*, Das Gottesvolk im Deuteronomium (BWANT 47, 1929). – *H. Reviv*, The Elders in Ancient Israel. A Study of a Biblical Institution, Jerusalem 1983 (hebr.). – *G. Rinaldi*, Populi e paesi nei Salmi (BieOr 17, 1975, 97–111). – *L. Rost*, Die Bezeichnungen für Land und Volk im Alten Testament (Festschr. O. Procksch, 1934, 125–148 = Das kleine Credo und andere Studien zum AT, 1965, 76–101). – *W. Rudolph*, Die Einheitlichkeit der Erzählung vom Sturz der Atalja (2 Kön 11) (Festschr. A. Bertholet, 1950, 473–478). – *H. Schmid*, Die Gestalt Abrahams und das Volk des Landes (Jud 36, 1980, 73–87). – *N. Slouch*, Representative Government among the Hebrews and Phoenicians (JQR 4, 1913/14, 303–310). – *M. S. Smith*, *Berit ʿam* / *Berit ʿolam*. A New Proposal for the Crux of Isa 42, 6 (JBL 100, 1981, 241–243). – *J. A. Soggin*, Der judäische *ʿAm-ha'areṣ* und das Königtum in Juda (VT 13, 1963, 187–195). – *E. A. Speiser*, „People" and „Nation" of Israel (JBL 79, 1960, 157–163 = J. J. Finkelstein / M. Greenberg [Hg.], Oriental and Biblical Studies, Philadelphia 1967, 160–170). – *J. J. Stamm*, *B^{e}rit ʿam* bei Deuterojesaja (Festschr. G. v. Rad, 1971, 510–524). – *Ders.*, Ursprung des Namens der Ammoniter (ArOr 17, 1949, 379–382). – *M. Sulzberger*, The Am-ha-aretz: The Ancient Hebrew Parliament, Philadelphia ^{2}1910. – *M. Sznycer*, „L'assemblée du peuple" dans les cités puniques d'après les témoignages épigraphiques (Sem 25, 1975, 47–68). – *H. Tadmor*, „The People" and the Kingship in Ancient Israel: The Role of Political Institutions in the Biblical Period (Cahiers d'histoire mondiale 11, 1968, 46–68). – *S. Talmon*, The Judean *ʿam hā'āreṣ* in Historical Perspective (Proceedings of the Fourth World Congress of Jewish Studies I, Jerusalem 1967, 71–76). – *C. C. Torrey*, ʿAmm (The Jewish Encyclopedia I, New York 1901, 521). – *R. de Vaux*, Le sens de l'expression „peuple du pays" dans l'Ancien Testament et le rôle politique du peuple en Israël (RA 58, 1964, 167–172). – *C. Virolleaud*, Sur le nom de Hammurabi (JA 248, 1955, 133f.). – *Ders.*, Le vrai nom de Hammurabi (GLECS 7, 1955, 1). – *O. Weber*, Der Name Hammurabi in einer südarabischen Inschrift (OLZ 10, 1907, 146–149). – *H. M. Weil*, *ʿAmmî* „compatriote, consanguin" (RÉSB 1941/45, 87f.). – *J. P. Weinberg*, Der *ʿam hā'āreṣ* des 6.–4. Jh. v.u.Z. (Klio 56, 1974, 325–335). – *J. Wellhausen*, Die Ehe bei den Arabern (NGWG 49, 1893, 431–481). – *J. A. Wilson*, The Assembly of a Phoenician City (JNES 4, 1945, 245). – *C. U. Wolf*, Traces of Primitive Democracy in Ancient Israel (JNES 6, 1947, 98–108). – *E. Würthwein*, Der ʿamm ha'arez im Alten Testament (BWANT 66, 1936).

I. 1. Das Substantiv *ʿam(m)*, das durch den Stammvokal *a* und die Verdoppelung des zweiten Konsonanten gekennzeichnet ist, hat im hebr. AT mehr als 1950 Belege und begegnet zusätzlich in 15 PN. Hinzuzufügen sind 15 Belege von aram. *ʿam(m)*, dessen zweiter Stammkonsonant sich im Pl. zu *ʿam^{e}majjā'* aufspaltet.

Es handelt sich um ein Nomen der Verwandtschaft zum Ausdruck eines agnatischen Verhältnisses. Es gehört, mit Ausnahme des Äth., zum Grundvokabular der westsemit. Sprachen und scheint von der Etymologie her mit der Präposition *ʿim(m)* / *ʿam(m)* verbunden zu sein, die ein Verhältnis der Nähe bezeichnet: „mit", „bei".

2. Bisher ist *ʿam(m)* nicht in den Texten von Ebla bezeugt trotz des in diese Richtung gehenden Vorschlags von M. Dahood (VTS 29, 1978, 87). Lediglich der Eigenname *A-mu* könnte in Frage kommen.

Ebenfalls ist das Wort im Akk. unbekannt, wo das Verb *ḫamāmu* ʿanhäufenʾ und seine Derivate auf dieselbe Wurzel zurückgehen wie arab. *ḫamma* ʿzusammenfegenʾ. Von derselben Wurzel leitet sich auch das Mari-Wort *ḫimmu* (ARM XIV 70, Rs. 5') her, das eine ʿListeʾ von Menschen bezeichnet und das maskuline Äquivalent zu *ḫimmatu* ist (AHw 346). Gegen AHw 1413 ist akk. *ummānu* / *ummannu* ʿMenge, Heer, Truppeʾ nicht mit dem Wort *ʿam(m)* in Verbindung zu bringen: vielmehr ist es das Äquivalent zu hebr. *hāmôn*, Derivat von → המה *hāmāh*.

3. Das Wort *ʿam(m)* taucht ebenfalls nicht im ugar. Vokabular auf, das jedoch die Präp. *ʿim(m)* ʿmitʾ, ʿbeiʾ enthält. Drei Passagen sind eigens zu bedenken: KTU 1.4, VII, [55] = 1.8, II, 8 *ʿmmjm*, was man in *ʿm mjm* zerlegen und mit dem akk. *ḫa-am-me me-e* der großen lexikalischen Reihe *ḪAR-ra* = *ḫubullu* XIV, 345 (MSL VIII/2, 38, 345) identifizieren muß. Dieses Wort, das vielleicht „Qualle" bedeutet (AHw 318a), dient in Ugarit als Epitheton der Mutter von Gupan und Ugar (vgl. E. Lipiński, BiOr 38, 1981, 385). Sein Element *ʿm* ist mit akk. $^{(ú)}$*ḫammu* / *ammu(m)* in Verbindung zu bringen, einer Art Alge (AHw 317b). Der zweite Text, KTU 1.124, 2. 11 enthält das Wort *ʿmdtn*, das man gewöhnlich in *ʿm dtn* zerlegt: „bei Ditanu". Diese Interpretation wird bestätigt durch die Z. 13–14, wo Ditanu Subjekt des Verbs *ʿnj* ʿantwortenʾ ist. Die dritte Passage, *ztr. ʿmh* / *ʿmk* / *ʿmj*, wiederholt sich in KTU 1.17, I, 27. [45]; II, [1]. 17. Der Ausdruck *ztr ʿm* steht hier par. zu *skn ʾil ʾib* „Stele des Ahnengottes", so daß für *ʿm* die Bedeutung „Eponymen-Vorfahre" anzunehmen ist, eine Bedeutung, die das Wort im amorit. Onomastikon besitzt. Fügt man den zahlreichen Erklärungen des Wortes *ztr* die Bedeutung ʿUrneʾ hinzu, die man durch Zusammenstellung mit altakk. ^{dug}*zitūrum* (AHw 1534a) erhält, kann man *ztr ʿm* mit „Urne des Eponymen-Vorfahren" übersetzen, welche Gegenstand eines Familienkultes ist. Dies wäre der einzige Beleg des Subst. *ʿam(m)* im Ugar. Da er aber an das Wort *ztr* gebunden ist, das sonst im Ugar. nicht mehr

vorkommt, kann man zu Recht vermuten, daß *ztr ʿm* kein eigentlicher ugar. Ausdruck, sondern der amorit. Terminologie des Bestattungskultes entlehnt ist. Tatsächlich ist das Element *ʿam(m)* im amorit. Onomastikon sehr verbreitet und die 15 ugar. Eigennamen mit *ʿam(m)*, zu denen die beiden Königsnamen *ʿAmmištamru* und *ʿAmmurapi* (PNU 109) gehören, stehen in derselben Namenstradition.

4. Das Element *ʿam(m)* begegnet sehr häufig im amorit. Onomastikon, wo es in die Bildung von über 200 Eigennamen eingeht (Gelb; APNM 196–198). Namen wie *ʿAmmu-ʾil*, *ʾIlī/ʾIla-ʿammu* u.a. weisen es als ein theophores Element aus. Zugleich ist es aber auch ein Verwandtschaftsnomen, denn es wird in der Reihe von Namen gebraucht, die den Schmerz um den Tod eines Familienmitgliedes auszudrücken scheinen: *ʾAjja-ʿammuhū* u.a. „Wo ist sein *ʿam(m)*?", d.h. der *ʿam(m)* des Kindes. Dies wird bestätigt durch das völlige Fehlen von Namen, in denen die Begriffe *ʿam(m)* und „Vater" bzw. „Bruder" zusammen auftreten. Hingegen kennt man einen Namen *ʿAmmu-ḫālum*, den man schwerlich unter Berufung auf die Bedeutung von arab. *ʿamm* und *ḫāl* als „der Onkel väterlicherseits ist der Onkel mütterlicherseits" auffassen kann. Der Königsname *ʿAmmi-Ditāna*, bei dem das Stammesappellativ Ditanu im Genitiv der diptotischen Deklination der Substantive auf *-ānu* steht (E. Lipiński, Festschr. Loewenstamm, Jerusalem 1978, II 91–94), scheint vorauszusetzen, daß der König von Babylonien, der einzige bekannte Träger dieses Namens, die Würde des *ʿam(m)* des königlichen Stammes beanspruchte. Das würde darauf hinweisen, daß *ʿam(m)* das Stammeseponym bezeichnet. Bei den Amoritern war dieser Gründer nicht nur „wie ein Gott" (*ʿammuš kī ʾil*) und hatte Anspruch auf einen Kult an dem Ort, an dem seine Überreste ruhten, sondern er konnte sogar mit einer höheren Gottheit des Pantheons identifiziert werden. Das zeigen PN wie *ʿAmmî-Haddu*, *ʿAmmi-ʿAnat*, *ʿAmmî-Dagān*, *ʿAmmu-ʾEl*. Die ugar. Namen mit *ʿam(m)* schließen sich der amorit. Namensgebung an und auch manche bibl. Namen gehen auf dieselbe Quelle zurück.

Außerhalb des Onomastikons, das auch durch die äg. Ächtungstexte bekannt ist, findet man das Substantiv *ʿammu* im ababyl. Ischtar-Hymnus, in welchem der Gott Anu als *ḫa-mu-uš* bezeichnet wird, wörtlich: „Ihr Sippenoberhaupt" (AHw 317b; CAD Ḫ 69). Allem Anschein nach findet man es auch im CH IV, 54 (vgl. J. Nougayrol, RA 45, 1951, 75, 10) in einem Titel, den Hammurabi sich zuschreibt: *mušēpī kinātim mušēšer ḫammi* „Offenbarer der Wahrheiten, Wegweiser des Sippenoberhauptes", von dem man annimmt, daß er die wahren Prinzipien, die vom König promulgiert wurden, in die Tat umsetzt und anwendet. Es scheint daher, daß die älteste bekannte Bedeutung von *ʿam(m)* 'Sippenoberhaupt' bzw. 'Sippengründer' ist, d.h. Eponym oder gemeinsamer Vorfahre des Stammes oder der Familie.

5. Von ihr rührt die doppelte, kollektive und individuelle Bedeutung des Begriffs *ʿam(m)* im 1. Jt. v. Chr. her. Er kann die gesamte Nachkommenschaft des gemeinsamen Vorfahren bezeichnen oder den einzelnen Agnaten, genau wie → אדם *ʾāḏām* 'Menschheit' und 'Mensch' bedeuten kann. Die Kenntnis der Kollektivbedeutung von *ʿam(m)* ist in Mesopotamien durch die Liste bezeugt, welche nicht-akk. PN erklärt und Hammurabi mit *kimtum rapaštum* „Großfamilie" und Ammiṣaduqa mit *kimtum kittum* „legitime Familie" wiedergibt (H. Rawlinson, The Cuneiform Inscriptions of Western Asia V, 1884, Tfl. 44, I, 21 f.). Die babyl. Gelehrten des 1. Jt. v. Chr. haben also das Element *ʿammu* im Sinne von „Familie" verstanden. Auf diesem Hintergrund ist auch die Gleichsetzung *ʿam-mu = ze-ru* „Nachkommenschaft" zu verstehen, die von der Synonymenliste *malku = šarru* I, 158 vollzogen wird (CAD A/2 77).

6. Geläufig ist der Begriff *ʿam(m)* im Phön.-Pun., wo er im allgemeinen zur Bezeichnung der städtischen Gemeinde, d.h. der Versammlung der Bürger einer Stadt gebraucht wird. Diese „städtische" Bedeutung des Wortes *ʿam(m)* ist schon für das 8. Jh. in den Karatepe-Inschriften belegt (KAI 26, A, III, 7), wo es die Stadtbevölkerung bezeichnet ohne irgendeine Konnotation bezüglich einer Institution oder einer Stammesorganisation. Dies gilt jedoch nicht mehr für den Ausdruck *ʿm ʾrṣ z* der Jeḥawmilk-Inschrift aus dem 5. Jh. Der König bittet hierin die Herrin von Byblos, daß sie ihm „ihre Gunst vor den Augen der Götter und vor den Augen des 'Volkes dieses Landes' ebenso wie die Gunst des 'Volkes dieses Landes' gewähren möge" (KAI 10, 10 f.). Der *ʿm ʾrṣ z* – ein Ausdruck, der mit dem *ʿam hāʾāræṣ* der Bibel zu vergleichen ist – muß eine organisierte Körperschaft meinen, deren Meinung genau soviel galt wie diejenige der Götter, gemäß dem Spruch „Vox populi, vox Dei"!

Diese institutionelle Konnotation des Wortes *ʿam(m)* erscheint noch deutlicher in den späteren Inschriften, in denen es durch den Namen der jeweiligen Stadt näher bestimmt wird: *ʿm ṣdn* „Volk von Sidon" (KAI 60, 1), *ʿm ṣr* „Volk von Tyrus" (KAI 18, 5 f.; 19, 8), *ʿm lpṭ* „Volk von Lapethos" (KAI 43, 5), *ʿm gwl* „Volk von Gaulos" (KAI 62, l. 8), *ʿm bjtʿn* „Volk von Bitia" (KAI 173, 1), *ʿm lkš* „Volk von Lixus" (KAI 170, 3), *ʿm ʾlpqj* „Volk von Leptis (Magna)" (KAI 126, 7), *ʿm ršmlqrt* „Volk von Kap Melqart" (CIS I 3707, 4 f.), *ʿm ʾgdr* „Volk von Cadiz" (KAI 71, 3), *ʿm šmš* „Volk von Heliopolis (?)" (KAI 51, Rs. 4), *ʿm qrtḥdšt* „Volk von Karthago" (CIS 269, 5; 270, 3; 271, 4; 290, 6 f.; 291, 5 f., 4908, 5; 4909, 5; vgl. 272, 5). Außerdem entspricht auf einer Bilingue aus Leptis Magna neupun. *bnʾ ʿm* „Söhne des Volkes" (KAI 126, 5 f.) dem lat. *cives*, während *ʾrṣ* das Äquivalent zu *patria* ist (KAI 126, 4 f.).

Eine andere Kollektivbedeutung des Wortes *ʿam(m)* entdeckt man auf der großen Mactar-Inschrift, auf der *ʿmʾ jšb ʾdmt* „sein Volk, das die Gegend bewohnt" (KAI 145, 3) dem *mzrḥ* (wahrscheinlich „Kollegium" oder „Körperschaft") untergeordnet ist, da sich das Pronominalsuffix von *ʿmʾ* darauf bezieht (vgl. M. Sznycer, Sem 22, 1972, 36–39). *ʿm* scheint also „Leute" zu meinen, die vom *mzrḥ* abhängen und auf dem Lande (*ʾdmt*) wohnen. Diese Bedeutung entspricht derjenigen von 1 Kön 19, 21 und 2 Kön 4, 41. Der Ausdruck *ʿm mḥnt* auf sikulopun. Münzen bedeutet „Volk des Truppenlagers", so daß *ʿam(m)* hier den Heerbann meint, ein weiterer Kollektivgebrauch, der in der Bibel gut bezeugt ist. Diese Kollektivbedeutungen von *ʿam(m)* stehen im Gegensatz zu den wenigen PN, die mit *ʿm* gebildet werden (PNPPI 379). Abgesehen von den Hypokoristika *ʿm*, *ʿmʾ*, *ʿ[m]j* sind die einzigen gesicherten PN *ʾlʿm* (CIS I 147, 6, vgl. hebr. *ʾæliʿām*), *ʿmjl* (CIS I 4911, 4, vgl. hebr. *ʿAmmîʾel*), *ʿmjḥn* (CIS I 5165, 4f.), vermutlich als *ʿAmmîjeḥan* zu verstehen, und *ʿmskr* (CIS I 3303, 4), ebenfalls in nassyr. *Am-maš-ki-ri* (APN 22a) bezeugt: „der *ʿam(m)* ist derjenige, der den Namen gibt" (*maskîr*, vgl. Jes 49, 1). Da der Name typisch phön.-pun. ist (vgl. *skr* für *zkr*), kann man praktisch sicher sein, daß das Wort *ʿam(m)* im Phön.-Pun. auch als Individualnomen gebräuchlich war, etwa im Sinne des „Eponymen-Vorfahrens". Daneben ist im Phön.-Pun. weder die Präp. *ʿim* noch ein feminines Subst. *ʿmt* mit der Bedeutung „Volk, Gemeinschaft, Kongregation" (DISO 217) bezeugt. *bʿmt* (CIS I 263, 3f.) „nach Art" und *ʾlʿmt* (KAI 145, 2), wohl ʿVorhalleʾ (vgl. hebr. *ʾûlām*) gehören nicht hierher.

7. Im Ammon. ist der Begriff *ʿm* bisher nur in dem Eigennamen *ʿmndb* (K. P. Jackson, The Ammonite Language, Chico 1983, 97), der im Nassyr. *Am-mi-na-ad-bi* lautet (APN 22), sowie durch den Namen *ʿAmmon* (*ʿmn*) selbst belegt, der ein Hypokoristikum auf *-ān* > *-ōn* ist, das aus der Wurzel *ʿamm-* gebildet wurde und häufig in der amorit. Namensgebung auftaucht, besonders in Mari (ARM XVI/1, 98f.; vgl. V. Sasson, RA 66, 1972, 179). Im Moabit. liefert die Mešaʿ-Inschrift zwei Belege des Wortes *ʿm*, das hier die Bevölkerung eines Ortes bezeichnet (KAI 181, 11. 24).

8. Die nord-arab. Inschriften nennen mehrere Eigennamen mit *ʿm* (G. L. Harding, An Index and Concordance of Pre-Islamic Arabian Names and Inscriptions, Toronto 1971, 434ff.), denen die Männernamen *ʿmw* im Nabat. (Syr 45, 1968, 64) und *ʿmt* im Palm. (PNPI 45a und 106b) hinzuzufügen sind. Der Gattungsname *ʿm* ist sicherlich ein Verwandtschaftsnomen und bezeichnet einen männlichen Agnaten.

Die beiden nabat. Inschriften CIS II 182, 2 und 354, 2 lassen keinen Zweifel zu, daß *ʿm* hier den „Urgroßvater" bezeichnet, eine Konkretisierung der amorit. Bedeutung „Eponymen-Vorfahre". Dieselbe Bedeutung scheint auch die safait. Inschrift IM 49217 vorauszusetzen (G. L. Harding, Sumer 6, 1950, 124, 5ff.), deren Verfasser vier Personen aufzählt, die er jedesmal als „seine *ʿmt*" (= fem. zu *ʿm*) bezeichnet, wobei es sich wahrscheinlich um *ʿmt* „Urgroßmutter" handelt. Der *ʿm* wäre dann also der „Urgroßvater".

Die Kollektivbedeutung von *ʿm* ʿVolk, Leuteʾ, die im Nabat. geläufig ist (DISO 216), könnte auch in einer safait. Inschrift belegt sein (W. G. Oxtoby, Some Inscriptions of the Safaitic Bedouin, New Haven 1968, 101). Das Safait. bedient sich auch der Präposition *ʿm* (CIS V 4417 und 4443).

9. Das Element *ʿm* findet sich ebenfalls in asarab. Namen (G. L. Harding 434ff.). Im qataban. Bereich kann es aber den Mondgott ʿAmm meinen (WM I/1, 494f.). Obwohl *ʿm* gewöhnlich mit ʿOnkel väterlicherseitsʾ übersetzt wird (Biella 371), bezeichnet der Pl. *ʾʿmm* die Agnaten ganz allgemein; dies gilt für das Sab. (CIS IV, 37, 6; RÉS 4018, 2) und das Min. (RÉS 2771, 8; 3017, 2). Der Sing. *ʿm* scheint gelegentlich die Kollektivbedeutung ʿSippeʾ oder ʿVolkʾ zu haben. So ist auch der Name des Gottes ʿAmm zu verstehen: er ist ein „elterlicher" Gott, sogar ein „Eponymen-Ahne".

Es gibt im Sab. ein Verb *hʿmm*, das vom Kollektivnomen *ʿm* ʿVolkʾ abgeleitet ist: ʿallen zugänglich machenʾ. Damit in Verbindung stehen *tʿmm* ʿÖffentlichkeit, Veröffentlichungʾ und *ʿmt* ʿPöbel, niederes Volkʾ (vgl. A. F. L. Beeston / M. A. Ghul / W. W. Müller / J. Ryckmans, Sabaic Dictionary, Louvain-la-Neuve – Beyrouth 1982, 16f.). Auch die Präp. *ʿm* ist im Asarab. belegt.

10. Das Arab. gebraucht die Wörter *ʿamm* und *ʿamma* im Sinne von ʿOnkelʾ und ʿTanteʾ väterlicherseits, mehr aber für den ʿAgnatenʾ väterlicherseits im weitesten Sinne (Wellhausen 480f.). Die Kollektivbedeutung von *ʿamm* ist ebenfalls bezeugt und wahrscheinlich in dem Ausdruck *banū ʿamm* bewahrt (vgl. R. M. Good 37–41). Das Verbum denominativum *ʿamma* wird mit der Bedeutung ʿallgemein seinʾ gebraucht (Wehr 575). Hingegen ist jede Zusammenstellung der Derivate der Wurzel *ʿamm* mit *ʿāma* (*ʿjm*) ʿentwöhnt werdenʾ und der Partikel *ʿamma*/*ʿammā* < *ʿan-mā* abzulehnen (vgl. E. Lipiński, BiOr 43, 1986, 182).

11. Das Subst. *ʿam(m)*, im emphat. Pl. *ʿammajjāʾ*, *ʿam^{e}majjāʾ* oder *ʿam^{e}mêʾ*, wird im Alt-Aram., Reichsaram. (DISO 216), Jüd.-Aram., Nabat., Syr. und Mand. in der Bedeutung ʿVolkʾ oder ʿLeuteʾ gebraucht, wobei es gelegentlich die Nuancen ʿMengeʾ, ʿKongregationʾ, ʿSekteʾ und ʿPöbelʾ aufweist. Ihr ältester Beleg bleibt derjenige auf der Elfenbeininschrift von Arslan Tash (KAI 232). Die nabat. Belege von *ʿm* mit der Bedeutung ʿUrgroßvaterʾ (DISO 216) hängen vom nord-arab. Gebrauch ab. Syr. *ʿamm^{e}ṯāʾ* meint die ʿTante väterlicherseitsʾ (Brockelmann, LexSyr 252); die mask. Form *ʿam(m)* erscheint in zahlreichen aram. Eigennamen des 1. Jt. v. Chr. (R. Zadok, On West Semites in Babylonia, Jerusalem ²1978, 55f.) und kann dort als theophores Element dienen, bezeichnet aber auch einen Verwandten. Die Bedeutung von *ʿam(m)* in den aram. Eigennamen scheint also dem Amorit. und Nabat. nahezustehen.

12. Zusammenfassend kann man also sagen, daß die Vokabel *ʿam(m)* in den westsemit. Sprachen den Agnaten, sowohl individuell als auch kollektiv verstanden, meint. Die individuelle Bedeutung kann ei-

nen spezifischen Sinn annehmen und den Eponymen-Vorfahren, den Urgroßvater und, in einem jüngeren Stadium, den Onkel väterlicherseits, im modernen Arab. sogar den Schwiegervater bezeichnen. Die Kollektivbedeutung umfaßt die Gesamtheit der Agnaten, den Clan, dann aber auch das Volk, die Menge oder die religiöse Versammlung. Der bibl. Gebrauch von *ʿam* schließt sich ohne Schwierigkeiten an diese doppelte Bedeutung an.

II. 1. Der individuelle Gebrauch von *ʿam* im bibl. Hebr. ist zunächst durch die Eigennamen bezeugt. Einige dieser Namen haben eine sehr lange Tradition und gehen somit auf einen vor-bibl. Gebrauch der Vokabel zurück.

Dies gilt besonders für *ʾælîʿām* (2 Sam 11, 3; 23, 34), *ʿAmmîʾel* (Num 13, 2; 2 Sam 9, 4f.; 17, 27; 1 Chr 3, 5; 26, 5) und *Jiṯreʿām* (2 Sam 3, 5; 1 Chr 3, 3), die alle schon in der amorit. Anthroponymie bezeugt sind, ebenso wie *ʿAmmôn*, der Name des Eponyms der Ammoniter. Den Namen *ʿAmmînāḏāḇ* (Ex 6, 23; Num 1, 7; 2, 3; 7, 12. 17; 10, 14; Rut 4, 19f.; 1 Chr 2, 10; 6, 7; 15, 10f.; vgl. IPN 193), den man auch in Hld 6, 12 lesen muß, tragen ebenfalls zwei ammonitische Könige (K. P. Jackson, The Ammonite Language 97). Das Element *ʿammî* ist hier Subjekt, ebenso wie in *ʿAmmîhûḏ* (Num 1, 10; 2, 18; 7, 48. 53; 10, 22; 34, 20. 28; 1 Chr 7, 26; 9, 4; vgl. IPN 146), im aram. Namen *ʿAmmîzāḇāḏ* (1 Chr 27, 6), im nord-arab. Namen *ʾaniʿām* (1 Chr 7, 19; vgl. G. L. Harding 80 und 145), sowie in *Jeqamʿām* (1 Chr 23, 19; 24, 23; vgl. den Ortsnamen *Joqmeʿām*), *Jārŏḇʿām* und *Reḥaḇeʿām*. Hingegen ist es Prädikat in *ʿAmmîḥûr* (2 Sam 13, 37 K), einem theophoren Namen mit Horus, und in *ʿAmmîšaddaj* (Num 1, 22; 2, 25; 7, 66. 71; 10, 25). Ebenfalls zu nennen sind die Ortsnamen *Joqmeʿām* (1 Kön 4, 12; 1 Chr 6, 53), *Joqneʿām* (Jos 12, 22; 19, 11; 21, 34), *Jŏqdeʿām* (Jos 15, 56), das man evtl. zu *Jŏqreʿām* (1 Chr 2, 44) verbessern muß, und vielleicht noch *Jiḇleʿām* (Jos 17, 11; Ri 1, 27; 2 Kön 9, 27; vgl. 1 Chr 6, 55). Zwei dieser Ortsnamen sind auch als amorit. PN bekannt: *Jaqun-ʿammu* (TCL I 238, 42) und *ʿAmmu-jaqar* (ARM XVI/1, 101).

Die relativ häufigen Überschneidungen mit dem amorit. Onomastikon könnten darauf hinweisen, daß *ʿam(m)* in den meisten Eigennamen ursprünglich die Bedeutung 'Eponymen-Vorfahre' oder 'Sippenherr' hatte. Die Volksetymologie in Gen 19, 37f. könnte eine ähnliche Bedeutung bezeugen. Der Name Moab wird hier mit Hilfe von *meʾāḇ* „aus dem Vater hervorgegangen" erklärt; *bæn-ʿammî* muß dann konsequenterweise „Sohn meines Stammvaters bzw. Familienvaters" bedeuten. Somit können die hebr. Eigennamen mit dem Element *ʿam(m)* einen Ahnenkult widerspiegeln, von dessen Spuren die in die Bibel aufgenommenen Texte offensichtlich gereinigt worden sind.

2. Nichtsdestoweniger hat die Schriftsprache der bibl. Epoche den individuellen Gebrauch von *ʿam* in einigen Ausdrücken bewahrt, besonders in der Begräbnisformel *næʾæsap ʾæl-ʿammājw* (Gen 25, 8. 17; 35, 29; 49, 29. 33; Num 20, 24; 27, 13; 31, 2; Dtn 32, 50 bis). Sie ist ein Euphemismus für „sterben" und bedeutet wörtlich: „zu seinen Stammvätern versammelt werden". Andere Texte drücken denselben Gedanken allein mit dem Verb *næʾæsap* aus (Num 20, 26; Jes 57, 1; Hos 4, 3; Sir 8, 7; 40, 28; vgl. Ez 34, 29) – ein Gebrauch, der schon in Ugarit bezeugt ist (KTU 1.14, I, 18) – oder verbinden es mit anderen Umstandswörtern wie *næʾæsap ʾæl ʾaḇôṯājw* „zu seinen Vätern versammelt werden" (Ri 2, 10; vgl. 2 Kön 22, 20; 2 Chr 34, 28, → I 10) oder *næʾæsap ʾæl-qiḇrôṯājw* „in seine Gräber weggenommen werden" (2 Kön 22, 20; 2 Chr 34, 28). Der Pl. *ʾæl-ʿammājw* ist also nicht fester Bestandteil des Ausdrucks. Die LXX hat ihn einfach mit λαός (Gen 25, 8; 49, 29. 33; Num 20, 24; 27, 13; 31, 2; Dtn 32, 50) oder γένος (Gen 25, 17; 35, 29) übersetzt. Der Targ⁰ bewahrt zwar den Pl. *ʿammêh*, doch ist er nur eine mechanische Übernahme des hebr. Terminus. Auf dem Hintergrund des Ausdrucks *ʾāsap/næʾæsap ʾæl-ʾaḇôṯājw* (Ri 2, 10; 2 Kön 22, 20; 2 Chr 34, 28) und der Bedeutung von *ʿam* im Namensbestand kann man schließen, daß *ʿammîm* hier die verstorbenen „Stammväter", die Vorfahren im weitesten Sinne des Wortes meint. Über seine das „Sterben" euphemistisch umschreibende Bedeutung hinaus könnte der Ausdruck eine versteckte Anspielung auf den Ahnenkult enthalten, den man an ihren Gräbern feierte (2 Kön 22, 20; 2 Chr 34, 28).

3. Den individuellen Gebrauch von *ʿam* findet man auch in der Strafformel *nikreṯāh hannæpæš hāhîʾ meʿammæhā*. Sie begegnet, mit einigen Abweichungen (Ex 12, 15. 19; Num 19, 20), in 30 at.lichen Texten: Gen 17, 14; Ex 12, 15. 19; 30, 33. 38; 31, 14; Lev 7, 20. 21. 25. 27; 17, 4. 9. 10. 14; 18, 29; 19, 8; 20, 2. 5. 6. 17. 18; 23, 29. 30; Num 9, 13; 15, 30. 31; 19, 13. 20; Ez 14, 8. 9. Ohne jeden Zweifel meint sie den Ausschluß aus der Gemeinschaft, ohne die genauen Modalitäten anzugeben (→ IV 362f.). Die doppelte Formulierung der Strafe in Ex 31, 14 scheint anzuzeigen, daß diese Exkommunikation an die Stelle der Todesstrafe getreten ist, die anfänglich für den Sabbatschänder vorgesehen war (Ex 31, 14a; Num 15, 32–36). Da der Gebrauch des Pl. *ʿammîm* ab einer bestimmten Epoche nicht mehr klar war, haben ihn jüngere Texte durch *jiśrāʾel* (Ex 12, 15), *ʿeḏāh* (Ex 12, 19) oder *qāhāl* (Num 19, 20) ersetzt bzw. die Formel leicht abgewandelt in *hikrîṯ* ... *miqqæræḇ ʿammāh/ʿammô* (Lev 17, 10; 20, 3. 6), *nikraṯ miqqæræḇ hammahanæh* (CD 20, 26), *nikraṯ mittôḵ kŏl benê ʾôr* (1 QS 2, 16) oder *mittôḵ ʿamāmeh* (TR 27, 7f.). Auf den ersten Blick kann der Pl. *ʿammîm* des ursprünglichen Ausdrucks nur die Mitglieder der Sippe oder des Stammes meinen, und zwar die lebenden wie die verstorbenen, da eine solche Exkommunikation den Verbannten auch vom Familiengrab ausschließen sollte. Es ist jedoch wahrscheinlich, daß das eigentliche Ziel der Strafe der Ausschluß vom Totenkult war, da die Formel den Ausdruck *næpæš* gebraucht, den man vielleicht im Sinne von *næpæš meṯ* zu verstehen hat. Bei dieser Interpretation hätte der Pl. *ʿammîm* genau dieselbe Bedeutung wie in der

Begräbnisformel *næʾᵉsap ʾæl-ʿammājw*, zu der die Strafformel in Opposition stände.
4. Es ist möglich, daß die individuelle Bedeutung von *ʿam* auch in der Bundesformel enthalten gewesen ist: „Ich werde euch Gott sein und ihr werdet für mich *ʿam* sein" (Lev 26, 12; vgl. Ex 6, 7; Dtn 26, 17f.; 29, 12; Jer 7, 23; 11, 4; 24, 7; 30, 22; 31, 1. 33; 32, 38; Ez 11, 20; 14, 11; 36, 28; 37, 23. 27; Sach 8, 8; TR 59, 13). Dieser Satz verwendet das alte Wortpaar „Gott" und „Vorfahre", das in den amorit. Eigennamen *ʿAmmuš-kī-ʾil* „Sein Vorfahre ist wie Gott" und *ʾIlî/ʾIla-ʿammu* „Der Ahne ist (mein) Gott" sowie noch in Rut 1, 6 vorkommt: „Dein Ahn wird mein Ahn sein und dein Gott wird mein Gott sein". Die Bundesworte beschwören also ein Verhältnis der Gegenseitigkeit, das praktisch dazu zwingt, die Vokabel *ʿam* im Sinne von „Agnat" zu verstehen, wobei die spezifische Bedeutung „Vorfahre" hier ausgeschlossen ist. JHWH und Israel wurden fortan als eine Art Familie aufgefaßt, in deren Mitte JHWH lebte: „Ich werde in eurer Mitte wandeln" (Lev 26, 12). Sicherlich wurde das Wort *ʿam* später im Sinne von „mein Volk" verstanden, aber der Text Lev 26, 12 spricht lediglich von einem *ʿam* ohne Suff., was sich nur bei der Bedeutung „Agnat" oder „Blutsverwandter", die neu begründet wurde, verstehen läßt. Eine spätere Präzisierung drängt sich aufgrund der Beziehung auf, die in der Tradition zwischen der Bundesformel und dem Ausdruck *ʿam JHWH* besteht (1 Sam 2, 24; 2 Sam 1, 12; 6, 21; 2 Kön 19, 6; vgl. *ʿam ʾᵉlohîm* 2 Sam 14, 13), einer Cstr.-Verbindung, die die Beziehung zwischen Israel und Gott ausdrückt und an die sich die suffigierten Ausdrücke „mein Volk" (1 Kön 14, 7; 16, 2 etc.) bzw. „dein Volk" (Hab 3, 13; Ps 3, 9; 79, 13 etc.) oder „sein Volk" (Ps 29, 11; 78, 31 etc.) anschließen. Es ist jedoch wahrscheinlich, daß der Ausdruck sich ursprünglich nicht auf das Israel bezog, das Ende des 13. Jh. im Westjordanland errichtet wurde (vgl. L. E. Stager, Eretz-Israel 18, 1985, 56–64), sondern auf den „Clan" oder den „Stamm JHWHs", der im Lande Edom lebte (vgl. R. Giveon, Les bédouins Shosou, Leiden 1971, 26–28. 75f.). Der Gedanke der Verwandtschaft war darin sicherlich anfangs enthalten, aber der Begriff hatte eine kollektive Bedeutung, genau wie in dem Ausdruck *ʿam kᵉmoš* (Num 21, 29).
Die volle Bundesformel – meistens schon kollektiv umgedeutet – wird zitiert in Zusammenhang mit dem Auftrag an Mose Ex 6, 7, dann mehrmals unter Hervorhebung des Gesetzesgehorsams als Bedingung des Bundes: Lev 26, 12 (H); Dtn 26, 17f.; 29, 12f.; Jer 7, 23; 11, 4, ferner als Folge der Erneuerung der Herzen: Jer 24, 7; 31, 33; Ez 11, 20, als Folge der Reinigung: Ez 14, 11; 37, 23, und im Kontext der allgemeinen Wiederherstellung Israels: Jer 30, 22; 31, 1; 32, 38; Ez 36, 28; 37, 27; Sach 8, 8. Als Anspielungen auf die Formel sind u.a. die folgenden Stellen zu werten: Jer 13, 11 („damit sie mein Volk sein sollten"); Jes 40, 1 (wenn es „mein Volk" und „euer Gott" heißt, ist der Bund noch in Kraft; zum Trösten vgl. 49, 13; 52, 9); 51, 16 (sagt zu Zion: „Mein Volk bist du"); 51, 22 („dein Gott, der den Rechtsstreit seines Volkes führt"); 63, 8 („sie sind doch mein Volk ... er wurde ihr Retter").
Der Ausdruck *ʿam JHWH* scheint zwar Ri 5, 11. 13 „Heer JHWHs" zu bedeuten (vgl. u. III. 5.), aber hier liegt offenbar eine Sonderbedeutung vor. Sonst begegnen der vollständige Ausdruck sowie die suffigierten Formen in Kontexten, wo es um die enge Verbundenheit zwischen JHWH und seinem Volk („Sippe, Verwandtschaft") geht. Der Ausdruck ist in der prophetischen Sprache und in den Psalmen besonders beliebt, fehlt aber in den Gesetzen und in der Weisheitsliteratur. Er gehört nach Lohfink (280) „hauptsächlich in die Sprechsituation des Dialogs zwischen Jahwe und Israel, weniger in die Situation des objektiven Sprechens über Israel".
Die Relation JHWHs zu seinem Volk kann sich dabei negativ oder positiv äußern, je nachdem sie seine Bestrafung oder sein helfendes Eingreifen und seine Fürsorge begründet. Er zürnt (Jes 5, 25; 47, 6; Ps 106, 40), „verkauft" sein Volk (Ps 44, 13), prüft es hart (Ps 60, 5), liefert es dem Schwert aus (Ps 78, 62), er vergilt seine Bosheit (Jer 7, 12). Andererseits sieht er die Not seines Volkes (Ex 3, 1) und rettet es aus Ägypten (1 Kön 8, 16; Ps 105, 43; Dan 9, 15; vgl. Ps 77, 16 *gāʾal*), er verbindet seine Wunden (Jer 30, 26), er zieht aus, um sein Volk zu retten (Hab 3, 13), er wendet sein Geschick (*šûḇ šᵉḇûṯ*, Jer 30, 3; Hos 6, 11; Ps 53, 7). Er gibt Segen, Hilfe und Frieden (Dtn 26, 15; Ps 3, 17; 28, 9; 29, 11), er gibt Kraft (Ps 29, 11), er tut seine Macht kund und schenkt Erlösung (Ps 111, 6. 9). Das Volk ist die Herde, die er weidet (Ps 79, 13; 100, 3; vgl. 77, 21; 78, 52); besonders kümmert er sich um die Schwachen im Volk (Jes 10, 2; 14, 32). Er ist eine Zuflucht für sein Volk (Joël 4, 16). Er setzt Fürsten oder Könige über sein Volk ein (1 Sam 9, 16; 13, 14; 15, 1; 2 Sam 6, 21; 7, 8; 1 Kön 14, 7; 16, 2; 2 Kön 9, 6). Er redet sein Volk an und mahnt es (Ps 50, 7; 81, 9; vgl. 78, 1). Er klagt, daß sein Volk nichts verstehe (Jes 1, 3; hier tritt der Verwandtschaftsaspekt zutage: abtrünnige, verkommene Söhne). Er fragt verzweifelt: „Wie soll ich mit meinem Volk verfahren?" (Jer 9, 6) oder anklagend: „Was habe ich dir getan, mein Volk?" (Mi 6, 3). Besonders eindrucksvoll ist die Häufung der Belege im Tempelweihgebet Salomos 1 Kön 8, 23–52. Dadurch wird die ganze Tempelweihe als Sache des Gottesvolkes dargestellt: das Volk hat das Land als Gabe Gottes (vv. 36. 51), ist zu Gottesfurcht verpflichtet (v. 43) und erwartet von Gott Gebetserhörung (vv. 30. 38. 52) und Sündenvergebung (vv. 34. 36. 50).
Eine besondere Rolle spielt der Gedanke bei Hosea. Er nennt seinen Sohn Lo-Ammi, weil Israel nicht mehr das Volk Gottes ist (1, 9). Dann aber wird JHWH sein Volk zurücknehmen, und es heißt wieder *ʿammi* und *ʾᵉlohaj* (2, 25).
Ein Sonderfall ist Jes 2, 6: *kî nāṭaštāh ʿammᵉkā bêṯ jaʿᵃqoḇ*. Eine Anrede an das Haus Jakob wäre im Kon-

text von vv. 6–22 einmalig (v. 9c ist entweder parenthetisch oder verderbt). LXX liest: „Er hat sein Volk, das Haus Jakob, verworfen", was vielleicht den besten Sinn gibt. T liest „deine Kraft" (*ʿuzzeḵā*), d. h. Gott. H. S. Nyberg, Studien zum Hoseabuche (UUÅ 1935:6), 27f., hat für Hos 4, 4c auf die Möglichkeit hingewiesen, *ʿam* als „Verwandter" auf Gott zu beziehen, was auch hier möglich wäre. Saʿadja faßt *ʿam* als „nationale Eigenart"; vgl. etwa ähnlich B. Wiklander, CB.OTS 22, 1984, 71f.: „die Gemeinde der JHWH-Verehrer". Die Härte des Personenwechsels bleibt aber, und eine endgültig befriedigende Lösung ist kaum zu erreichen.

* Zu bemerken ist, daß außerhalb Israels im Alten Orient die Konzeption „Volk" völlig fehlt. Die Menschen werden nach Wohnsitzen, Landeszugehörigkeit und sozialen Klassen unterschieden; dazu kommen die verschiedenen Sprachen, die aber z.T. zu anderen Abgrenzungen führen (s. W. von Soden, Einführung in die Altorientalistik, 12f.). *(v. So.)*

III. Der Bedeutungsgehalt der Vokabel *ʿam* entwikkelte sich vor allem im städtischen Milieu fort und nahm verschiedene kollektive Nuancen an, in denen der Gedanke der Verwandtschaft zwischen den Sippenmitgliedern oder mit dem Stammes-„Totem" verschwand. Diese Konnotation löste sich im Sprachgebrauch zu dem Zeitpunkt auf, als *ʿam* im synonymen Parallelismus oder zusammen mit → גוי *gôj* (Dtn 4, 6; Ez 33, 13; Ps 96, 3. 10; 106, 34f.) und mit → לאם *leʾom* (Gen 27, 29; Jes 17, 12; Jer 51, 58; Hab 2, 13; Ps 47, 4; 57, 10; 67, 5; 108, 4; Spr 24, 24) gebraucht werden konnte, ohne daß man eine besondere Nuance entdecken könnte. Vielmehr legt der Begriff *ʿam* häufig den Gedanken der Totalität, der Masse nahe, wie *ʿāmma* im Arab. Er wird verwandt im Zusammenhang mit politischen, bürgerlichen und religiösen Institutionen: Truppenerhebung, Generalversammlung, Bevölkerung, Gemeinde der Gläubigen und religiöse Gemeinschaft.

1. Ganz wie im Phön.-Pun. kann *ʿam* die Gesamtheit der Bürger einer Stadt meinen, die die vollen Bürgerrechte genießen (Rut 4, 4. 9), z. B. das Volk von Jerusalem (2 Chr 32, 18). Haben sie sich versammelt, um Entscheidungen zu treffen, so bilden sie die Volksversammlung, die einfach *hāʿām* oder *kŏl-hāʿām* genannt wird. In Ri 10, 18, z. B. meint *ʿam* die Versammlung der Einwohner von Gilead, die Jiftach zum Kriegsherrn ernennt (Ri 11, 11) und deren Älteste (→ זקן *zāqen*) als ihre Bevollmächtigten handeln (Ri 11, 5–11). Eine ähnliche Situation trifft man in 1 Sam 10, 17. 22–24 an, wo der *ʿam*, der in Mizpa zusammengerufen wurde, die Erhebung Sauls zum König beschließt. In beiden Fällen ist *ʿam* eine Stammesversammlung, nämlich diejenige Gileads bzw. Benjamins. Auf eine größere Versammlung nimmt 1 Kön 12 Bezug. Der *ʿam* in Sichem umfaßt die Stämme des Nordens, d. h. Israels, dessen Älteste bei Rehabeam als Delegierte des Volkes vorsprechen. Wenn ein Autor unterstreichen will, daß ein Urteil von der Vollversammlung ausgeht, sagt er: „das ganze Volk", *kŏl-hāʿām* (1 Kön 20, 8, wo die vollzählige Versammlung des Volkes Samarias mit allen Ältesten, die seine Wortführer sind, beim König interveniert). Dagegen meint „ganz Israel" nur das Nordreich, da Juda niemals im eigentlichen Sinne des Wortes zu Israel gehörte. Z. B. wird Omri von „ganz Israel" zum König ausgerufen (1 Kön 16, 16), aber dann spaltet sich der *ʿam* Israels (1 Kön 16, 21), was Anlaß zu einem Bürgerkrieg gibt.

2. In Juda trug die allgemeine Versammlung der Bürger, die in der Zeit der Monarchie von der Bevölkerung Jerusalems zu unterscheiden ist, die besondere Bezeichnung *ʿam hāʾāræṣ*, wörtlich „Volk des Landes" (vgl. 2 Kön 14, 21 mit 2 Kön 23, 30). Dieser *ʿam hāʾāræṣ*, den man mit dem *ʿm ʾrṣ z* auf der Inschrift Jeḥawmilks, des Königs von Byblos, vergleichen kann (s.o. I. 6.), wird unterschieden von bzw. in Gegensatz gestellt zum König oder Prinzen (2 Kön 16, 15; Ez 7, 27; 45, 22; Dan 9, 6), zum König und seinen Ministern (Jer 37, 2), zu den Notabeln, den Priestern und den Propheten (Jer 1, 18; 34, 19; 44, 21; Ez 22, 24–29). Er unterscheidet sich auch von der Bevölkerung der Königsstadt Jerusalem (2 Kön 11, 20; vgl. Jer 25, 2), die sich vor allem aus Funktionären, Söldnern und ihren Familien, Hofpersonal und Tempelbediensteten zusammensetzte. Folglich setzte sich der *ʿam hāʾāræṣ* im wesentlichen aus Bewohnern der Provinz zusammen. Dennoch ruft er Joasch (2 Kön 11, 14. 18; 2 Chr 23, 13) und später Joschija (2 Kön 21, 24; 2 Chr 33, 25) zum König aus. Er beschließt die Zerstörung des Baʿal-Tempels sowie die Hinrichtung des Baʿal-Priesters Mattan und der Königin Atalja (2 Kön 11, 18. 20; 2 Chr 23, 17. 21). Er erscheint somit als Verteidiger autochthoner judäischer Traditionen gegen ausländische Einflüsse aus der Umgebung Ataljas.

Diese Vorstellung vom autochthonen, einheimischen Volk, das sich aus Bewohnern der Provinz zusammensetzt, wurde nach dem Exil von den aus Babylonien Heimgekehrten aufgegriffen. „Die Ärmsten des *ʿam hāʾāræṣ*", die in Juda geblieben waren (2 Kön 24, 14) und sich mit Nicht-Juden vermischt hatten (vgl. Neh 13, 23), erschienen ihnen als Menschen, die das Gesetz nicht kannten oder nicht befolgten, die Beachtung des Sabbats behinderten und das Werk der nationalen und religiösen Restauration hemmten (Esra 9, 1f. 11; 10, 2. 11; Neh 10, 29. 31f.). Entsprechend ging dann die Bezeichnung *ʿam hāʾāræṣ* auf die Samaritaner über (Esra 4, 4), dann auf die nichtjüdischen Einwohner Palästinas (Esra 3, 3; 9, 1; Neh 9, 30; Gen 23, 12f.; Num 14, 9) und schließlich auf die Einheimischen, z. B. auf die Ägypter in Ägypten (Gen 42, 6). Diese pejorative Bedeutung von *ʿam hāʾāræṣ* blieb im Mischna-Hebr. in Gebrauch. Wie in Esra 9, 1f. 11; 10, 2. 11; Neh 10, 29. 31f. meinte der Begriff Juden, die das Gesetz nicht kennen und deshalb verdächtig sind, die rituellen Vorschriften nicht zu beachten und im Tempel den Zehnten der Früchte des Feldes nicht zu opfern. Der Mischna-Traktat Demaj regelte darum den Gebrauch von Produkten, die man beim *ʿam hāʾāræṣ* gekauft hatte. Der Ausdruck wurde häufig zur Bezeichnung eines Individuums gebraucht, was wiederum ein Zeichen für die Ambivalenz des Wortes *ʿam* ist. Entsprechend begegnet man im nachexil. (Esra 3, 3; 9, 1f. 11; 10, 2. 11; Neh 10, 29. 31f.) und sogar noch im talmud. Hebr. (Sabbath 63a; Ḥullin 92a) dem Pl. *ʿammê hāʾāræṣ* oder *hāʾaráṣôṯ*, „Leute des Landes".

3. Der Begriff *ʿam* bezeichnet in nachexil. Zeit auch weiterhin die Volksversammlung, die im nachexil. Jerusalem eine aktive Rolle spielt, z. B. in Neh 8, in der Geburtsstunde des Judentums. Auch wenn der Bericht den Begriff *qāhāl* (→ קהל) verwendet (Neh 8, 2. 17), so ist es doch der Ausdruck *kŏl-hāʿām*, der vorherrscht (Neh 8, 1. 3. 5. 8. 11. 12) und sogar zur Qualifizierung der Volksältesten als *rāʾšê hāʾāḇôṯ lekŏl-hāʿām* (Neh 8, 13) „Familienhäupter des ganzen Volkes" dient. In der Makkabäerzeit, als Juda in großem Maße wieder unabhängig wurde, beschließt wiederum eine große Volksversammlung, Simon und seinen Nachkommen die erblichen Vollmachten eines Ethnarchen, Hohenpriesters und Kriegsherrn der jüdischen Nation zu gewähren (1 Makk 13, 42; 14, 46f.). Die griech. Ausdrücke, die für sie stehen, ahmen lediglich diejenigen nach, derer sich das hebr. Original bediente.

Sie lauten ganz einfach ὁ λαός (1 Makk 13, 42) und πᾶς ὁ λαός (1 Makk 14, 46), Übersetzungen von *hāʿām* und *kŏl-hāʿām*. Der Gebrauch des Wortes λαός, dem die LXX die besondere Bedeutung „jüdisches Volk" gibt, überrascht auf den ersten Blick. Tatsächlich besitzt das Griech. einen eigenen Begriff δῆμος, der die Versammlung der freien Bürger bezeichnet und in 1 Makk 8, 29; 14, 20; 15, 17 auf die Versammlung des jüdischen Volkes angewendet wird. Diese letzten Passagen entstammen jedoch offiziellen Dokumenten, die von Anfang an auf Griech. verfaßt waren und die Terminologie von Institutionen der hellenistischen Welt verwenden. 1 Makk 13, 42 und 14, 46 hingegen spiegeln hebr. Sprachgebrauch wider und geben *hāʿām* quasi automatisch mit ὁ λαός wieder. In Wirklichkeit sind (πᾶς) ὁ λαός und ὁ δημος Ἰουδαίων verschiedene Bezeichnungen derselben Volksversammlung zur Zeit der Makkabäer.

4. Der Begriff *ʿam* wurde auch noch in einem weiteren Sinne gebraucht, ohne jede institutionelle Konnotation und auch noch unbestimmter als im *ʿam hāʾāræṣ* der nachexil. Zeit. So kann *ʿam* einen zufälligen Menschenauflauf, eine Menge bezeichnen (Dtn 13, 10, *kŏl-hāʿām* „alle") oder die Laien (*hāʿām*) im Gegensatz zu den Priestern (Dtn 18, 3; Jes 24, 2; Jer 26, 7; 28, 5; Neh 10, 35). Anderswo meint *ʿam* die Leute aus der Umgebung eines Propheten (1 Kön 19, 21) oder die Leute im allgemeinen (2 Kön 4, 41). Die Untertanen eines Königs werden als sein *ʿam* bezeichnet (Ex 1, 22; 7, 29; 8, 4 etc. von Pharao; 1 Chr 18, 14 von David; 2 Chr 21, 14 von Joram; 33, 10 von Manasse; in 1 Kön 20, 42; 22, 4; Ez 30, 11 klingt vielleicht die Bedeutung „Kriegsvolk" mit). Der Ausdruck *hāʿām hazzæh* hat oft (aber nicht immer, vgl. Ex 3, 21; 5, 22) einen verächtlichen Klang (Jes 6, 9; 8, 6. 11; 28, 11; 29, 1 etc.). Allein der Kontext erlaubt eine semantische Fixierung. Durch weitere Ausdehnung der Bedeutung kann der Begriff *ʿam* zuweilen auch die Tierpopulation bezeichnen (Ps 74, 14; Spr 30, 25f.). Die Bedeutung der Verwandtschaft ist bei diesem Gebrauch völlig verschwunden.

5. „Heerbann" ist eine alte Bedeutung von *ʿam*, die sich aus der Verpflichtung zu bewaffneter Hilfe herleitet, die das agnatische Verhältnis den Sippen- oder Stammesgliedern auferlegte, deren Abstammung von einem gemeinsamen Vorfahren man annahm. Dieser Bezug zu den verwandtschaftlichen Bindungen ist in bestimmten Fällen jedoch nicht mehr zu erkennen, obwohl die Vokabel *ʿam* ohne weitere Spezifizierung das Volksheer oder das Massenaufgebot meinen kann (Num 20, 20; 21, 33; 1 Sam 14, 28ff. etc.). Manchmal trifft man auf den Ausdruck *ʿam hammilḥāmāh* „Kriegsvolk" (Jos 8, 3. 7; 11, 7). Früher, in der Zeit der „JHWH-Kriege" (Num 21, 14; 1 Sam 18, 17; 25, 28; Sir 46, 3) nannte sich der Heerbann *ʿam JHWH* „Volk JHWHs" (Ri 5, 13), ein Ausdruck, der die Verwandtschaft mit Gott andeutet. Während der Zeit der Monarchie, bes. in ihren Anfängen, unterschied sich dieses Volksheer deutlich von den Söldnern, die „Diener" des Königs waren (2 Sam 11, 11). Wahrscheinlich beziehen sich *ʿam jehûḏāh* und *ʿam jiśrāʾel* in 2 Sam 19, 41 auf diesen Heerbann, während der *ʿam kenaʿan* in Zef 1, 11 ganz allgemein „Leute" meint. Der Heerbann konnte sich mit der Volksversammlung identifizieren, denn wir sehen ihn in 1 Kön 16, 15f. Omri zum König proklamieren. Während der Belagerung Jerusalems durch Sanherib ist es wiederum das Volksheer, das die Wache auf den Festungswällen stellt (2 Kön 18, 26; Jes 36, 11). Ebenfalls eine bewaffnete Truppe meint wahrscheinlich *ʿam* in Gen 32, 8; 33, 15 und 35, 6, aber es handelt sich hier nicht im eigentlichen Sinne um den Heerbann.

6. Die kultische und religiöse Versammlung der Gläubigen JHWHs wird häufig „Volk JHWHs" (Num 11, 29 *ʿam JHWH*), „Volk Gottes" (Ri 20, 2 *ʿam ʾælohîm*) oder einfach „das Volk" (*hāʿām*) genannt. Wahrscheinlich haben sich die alten agnatischen Konnotationen der Vokabel inzwischen verloren, während der Gedanke der religiösen und kultischen Abhängigkeit und Bindung die Oberhand gewann (sogar „Volk des Kalbes" Hos 10, 5!). In diesem Sinne sprechen die Texte häufig von „meinem/deinem/seinem Volk" (Ex 3, 7; 5, 1; 18, 1; Dtn 32, 9 etc.), wobei das Suff. sich jedesmal auf JHWH bezieht (vgl. o. II.4.). Manchmal ist auch vom *ʿam qāḏôš* (→ קדש) „heiligen Volk" (Dtn 7, 6; 14, 2. 21; 26, 19; 28, 9; vgl. *ʿam haqqoḏæš* Jes 62, 12) die Rede; es handelt sich dabei nicht um eine inhärente Eigenschaft, sondern um Zugehörigkeit zu JHWH (s. Hulst 307). Weiter ist auch vom *ʿam segullāh* (→ סגלה) *mikkol hāʿammîm*, dem „wertvollen Volk unter allen Völkern" (Dtn 7, 6; 14, 2; vgl. 26, 18), und vom *ʿam naḥalāh* (→ נחל), dem „Erbvolk" Gottes die Rede

(Dtn 4, 20; vgl. 9, 29; 1 Kön 8, 51; 2 Chr 6, 27). Diesem Gebrauch von *ʿam* entspricht in der griech. Übersetzung häufig λαός. Die LXX hat dieses alte griech. Wort neu aufleben lassen, indem sie es mit Nachdruck auf das erwählte Volk anwendete und in dieser Spezifizierung den ἔθνη, den „Heiden", gegenüberstellte.

7. Schließlich kann *ʿam* ein fremdes Volk bezeichnen wie Kusch (Jes 18, 2) oder Ägypten (Jes 30, 5) bzw. im Pl. (*ʿammîm*) die fremden Völker im Gegensatz zu Israel (Jes 2, 3; 8, 9; 12, 4 etc.), eine Bedeutung, die man sogar bei den Ausdrücken *ʿammê hāʾāræṣ* (Est 8, 17) und *ʿammê hāʾarāṣôṯ* (Neh 9, 30) findet. Häufig trifft man auf diesen Gebrauch in der essenischen Literatur, wo die *ʿammê hāʾarāṣôṯ* (1 QM 10, 9; 1 QH 4, 26), *kol hāʿammîm* (1 QpHab 3, 6. 11. 13; 6, 7; 8, 5) und *(hā)ʿammîm* (CD 8, 10 etc.) die Nationen, die „Heiden" meinen.

IV. Die essenischen Schriften betonen auf besondere Weise die Heiligkeit des erwählten Volkes, indem sie es mit den Gerechten, mit den „Söhnen des Lichts" identifizieren. Das Kapitel der Kriegsrolle über die Standarten präzisiert, daß man auf das große Banner, das „an der Spitze des ganzen Volkes", d. h. des Heerbanns ziehen wird, *ʿam ʾel*, „Volk Gottes" schreiben soll (1 QM 3, 13; vgl. 1, 5). Diese militärische Konnotation von *ʿam* findet sich nicht nur in der Kriegsregel, sondern auch in der Tempelrolle (TR 58, 5. 10. 11. 16; 61, 13). Die Heiligkeit des *ʿam* wird in TR 48, 7. 10 unter Aufnahme von Dtn 7, 6; 14, 2 durch den Ausdruck *ʿam qâḏôš* bezeichnet. Andernorts dienen dazu *ʿam qôḏæš* (1 QM 12, 1; 14, 12; vgl. auch Dan 8, 24), *ʿam qeḏôšîm* „Volk der Heiligen" (1 QM 12, 7; vgl. ebenfalls Dan 8, 24) oder *ʿam qeḏôšæ̂ḵāh* „Volk deiner Heiligen" (1 QH 11, 11 f.). Obwohl dieser letzte Ausdruck auch die Lesart *ʿim qeḏôšæ̂ḵāh* „mit deinen Heiligen" zuläßt (vgl. 1 QM 12, 4), legt die Satzkonstruktion es doch nahe, hierin eher eine Variante zu *ʿaḏaṯ qeḏôšæ̂ḵāh* „Gemeinschaft deiner Heiligen" (1 QM 12, 6; 1 QHfragm. 5, 3) und *ṣeḇāʾ qeḏôšæ̂ḵāh* „das Heer deiner Heiligen" (1 QH 10, 34) zu sehen. Sieht man von dieser Betonung der Heiligkeit des wahren Gottesvolkes ab, so weicht der Gebrauch von *ʿam* in den Qumran-Schriften kaum vom at.lichen Gebrauch ab. *ʿam* kann die kultische Versammlung meinen (TR 32, 6; 35, 12. 14; vgl. 51, 11), kann manchmal auch die Laien im Gegensatz zu den Priestern bezeichnen (TR 15, 17), kann aber auch in sehr allgemeiner Bedeutung gebraucht werden. So meint *ʿam haqqāhāl* (TR 18, 7; 26, 7. 9) die „Mitglieder der Versammlung", und *kol hāʿām* kann ganz einfach für „alle" stehen (TR 21, 6). Es ist interessant, daß z. B. *kŏl-gôj ûmamlāḵāh* (2 Chr 32, 15) in TR 58, 3 zu *kŏl gôj weʿam* wird; ferner wird sowohl *gôj* aus Ijob 34, 29 als auch *ʾāḏām* aus Ijob 36, 28 in 11 QTargIjob mit *ʿam* wiedergegeben. *rîḇ ʿam* in CD 1, 21 meint wohl einen „Aufruhr" (vgl. 2 Sam 22, 44 = Ps 18, 44). Die Essener und ihre Zeitgenossen in Palästina scheinen also dem Wort *ʿam* keine bestimmte theologische Bedeutung mehr beigemessen zu haben im Gegensatz zur LXX, die den Begriffen λαός und ἔθνος eine spezifische Valenz zugemessen hat.

Lipiński

עִם *ʿim* → את *ʾeṯ*

עָמַד *ʿāmaḏ*

עֹמֶד *ʿomæḏ*, עֶמְדָּה *ʿæmdāh*, מַעֲמָד *maʿamāḏ*, מָעֳמָד *mŏʿomāḏ*

I. 1. Etymologie – 2. Belege – II. Gebrauch des Verbs – 1. *qal* – a) hintreten – b) mit Zweckangabe – c) im Gericht – d) aufstehen – e) eintreten u. ä. – f) entstehen – g) mit *min* – h) stehen – i) mit Zweckangabe – j) „vor jem. stehen" = dienen – k) vom priesterlichen Dienst – l) im Gottesdienst – m) standhalten – n) stehen bleiben, bestehen – 2. *hiph* – III. Nomina – IV. 1. LXX – 2. Qumran.

Lit.: *S. Amsler*, עמד *ʿmd* stehen (THAT II 328–332). – *D. R. Ap-Thomas*, Notes on Some Terms Relating to Prayer (VT 6, 1956, 225–241). – *P. A. H. de Boer*, בבריתם עמד זרעם Sirach XLIV 12a (Festschr. W. Baumgartner, VTS 16, 1967, 25–29). – *B. Gemser*, The *rîb*- or Controversy-Pattern in Hebrew Mentality (VTS 3, 1955, 120–137). – *W. Grundmann*, Stehen und Fallen im qumrānischen und neutestamentlichen Schrifttum (H. Bardtke [Hrsg.], Qumrān-Probleme, 1963, 147–166). – *J. F. A. Sawyer*, Hebrew Words for the Resurrection of the Dead (VT 23, 1973, 218–234, bes. 222 f.).

I. 1. Etymologisch entspricht hebr. *ʿāmaḏ* 'hintreten', 'stehen' akk. *emēdu* 'anlehnen, auferlegen' (AHw 211) und arab. *ʿamada* 'stützen, sich vornehmen', was zur Erhellung des hebr. Sprachgebrauchs nichts beiträgt. Im Ugar. fehlt die Wurzel; im Aram. und Phön. ist nur *ʿāmmûḏ*/*ʿmd* 'Säule' belegt (der einzige verbale Beleg im Aram., Aḥ 160, ist unsicher, s. P. Grelot, RB 68, 1961, 190; sonst wird hier *qûm* gebraucht).

2. Belegt ist das Verb im *qal* 435mal mit ziemlich gleichmäßiger Streuung im ganzen AT, im *hiph* 85mal vorwiegend in späten Schriften (ChrGW, Dan) und im *hoph* 2mal. Von Derivaten sind außer *ʿammûḏ* 'Säule' (→ עמוד) *ʿomæḏ* 'Standort, Platz' 9mal (Dan, Neh, 2 Chr), *ʿæmdāh* 'Standort' 1mal (Mi 1, 11), *maʿamāḏ* 'Posten, Stellung' 5mal und *mŏʿomāḏ* 'Stand, Halt' 1mal (Ps 69, 3) belegt.

II. 1. 'āmaḏ ist ein Allerweltswort, das zunächst 'hintreten, sich (hin)stellen' bzw. (meist im Ptz.) 'stehen' bedeutet. Eventuelle theologische Übertöne ergeben sich aus dem Kontext.

a) In der Bedeutung 'hintreten' begegnet 'āmaḏ in verschiedenen Kontexten. So tritt z. B. Mose vor Pharao (Ex 9, 10), die Israeliten treten an den Eingang des Zeltes und bringen Weihrauch dar (Num 16, 18), der Engel JHWHs stellt sich an eine enge Stelle am Weg, um Bileam den Weg zu versperren (Num 22, 24. 26), Jotam stellt sich auf den Berg Garizim und trägt seine Fabel vor (Ri 9, 7), David tritt an Goliat heran (1 Sam 17, 51), Saul sagt zum Amalekiter: „Komm her zu mir und töte mich!" (2 Sam 1, 9f.), Abschalom stellt sich neben den Weg zum Stadttor (2 Sam 15, 2), ein Prophetenjünger stellt sich dem König in den Weg (1 Kön 20, 38), Joschafat tritt hin und ruft: „Hört zu!" (2 Chr 20, 20), Jeremia stellt sich an das Tor des Tempels und hält seine Tempelpredigt (Jer 7, 2; 26, 2; vgl. 19, 14).

In militärischem Kontext bedeutet 'āmaḏ 'sich aufstellen, Aufstellung nehmen' (1 Sam 17, 3; 2 Sam 2, 25; 2 Kön 3, 21; 11, 11). Neh 12, 40 geht es um das Auftreten oder Sich-Aufstellen der Festchöre im Tempel.

b) Gelegentlich geschieht das Hintreten zu einem besonderen Zweck. Die Einwohner von Aroër sollen an die Straße treten und Ausschau halten, um zu erfahren, was geschehen ist (Jer 48, 19). Mit einer ähnlichen Wendung mahnt Jeremia seine Zuhörer, sich an die Wege zu stellen, um nach den Pfaden der Vorzeit zu fragen, d. h. um aus der Geschichte zu lernen (Jer 6, 16). Man stellt sich zum Gebet hin: Naaman erwartet, daß Elischa vor ihn hintrete und den Namen JHWHs anrufe (2 Kön 5, 11). Joschafat tritt im qāhāl im Tempel auf und betet zu JHWH (2 Chr 20, 5). JHWH sagt zu Jeremia: „Selbst wenn Mose und Samuel vor mein Angesicht träten, würde ich mich diesem Volk nicht mehr zuneigen" (Jer 15, 1) – es geht hier um Fürbitte, wie auch Jer 18, 20: „Denk daran, wie ich vor dir stand, um zu ihren Gunsten zu sprechen", vielleicht auch Gen 19, 27, wenn es sich auf 18, 22f. bezieht: Abraham steht ('omeḏ) vor JHWH, dann tritt er näher (ngš) und legt seine Fürbitte vor.

c) Öfter steht 'āmaḏ mit Bezug auf Gerichtsverhandlungen. Nach Ez 44, 24 sollen die Priester beim Rechtsstreit „stehen", um zu richten (šāpaṭ); hier bedeutet 'āmaḏ kaum „stehen" (wie G. R. Driver, Bibl 35, 1954, 310 und W. Zimmerli, BK XIII/2, 1121 meinen), sondern einfach „als Richter amtieren" (Gemser 123). Ebenso wird von JHWH gesagt: „Er steht bereit (niṣṣāḇ), um Recht zu sprechen (rîḇ), er steht da ('omeḏ), um sein Volk (MT: die Völker) zu richten (dîn)" (Jes 3, 13). Da die Richter sonst sitzen (jāšaḇ: Ex 18, 13; Jes 16, 5; Joël 4, 12; Ps 9, 5. 8f.; Spr 20, 8; Dan 7, 9), nimmt Boecker (WMANT 14, ²1970, 85) an, JHWH fungiere hier als Ankläger. Vom Ankläger kann aber kaum das Wort dîn ge-

braucht werden, es sei denn, daß JHWH hier Ankläger und Richter zugleich wäre. Besser nimmt man mit Gemser (123) an, daß der Richter sich erhebt, wenn er das Urteil spricht (vgl. auch qûm lammišpāṭ par. mit hišmîa' dîn Ps 76, 9f.). Nach Wildberger (BK X/1², 132) sitzen die Rechtssassen (L. Köhler, Der hebr. Mensch, 1953, 149), wer aber das Wort ergreifen will, steht auf (vgl. Ps 82, 1 niṣṣāḇ || šāpaṭ). Zu beachten ist, daß auch im Akk. sowohl ašābu 'sitzen' als auch izuzzu 'stehen' mit Bezug auf den Richter gebraucht werden.

Viel häufiger ist davon die Rede, daß die Parteien vor den Richter treten bzw. vor ihm stehen. Nach Ex 18, 13 steht das Volk vor Mose den ganzen Tag, während er sie „richtet" (šāpaṭ). Nach Num 27, 2 treten die Töchter Zelofhads an Mose und Eleazar heran, um eine Entscheidung zu erbeten (vgl. v. 21). In Sachen des Asylrechts soll der Mörder vor das Gericht der Gemeinde (lipnê hā'ēḏāh) treten (Num 35, 12; vgl. Jos 20, 4. 6. 9). Im Falle einer falschen Aussage vor Gericht sollen die beiden Parteien vor JHWH, vor die Priester und die Richter hintreten (Dtn 19, 17). – Auch der Ankläger (śāṭān) „steht" oder „tritt hin" zur rechten Seite des Angeklagten, „um ihn anzuklagen" (Sach 3, 1; vgl. Ps 109, 6). Nach Gemser (123) stehen auch die Angeklagten (Ps 76, 8; 130, 3; Jer 49, 19; 1 Sam 6, 20), aber hier könnte man 'āmaḏ auch als „bestehen" auffassen. Für die Zeugen wird qûm gebraucht (Dtn 19, 15f.; Ps 27, 12; 35, 11), für JHWH als Verteidiger aber 'āmaḏ (Ps 109, 31).

Die Rechtssprache wird bei DtJes nachgeahmt. Im 3. Gottesknechtlied heißt es: „Wer wagt es, mit mir zu streiten (rîḇ)? Laßt uns zusammen vortreten (na'amḏāh jāḥaḏ)" (Jes 50, 8). Ähnlicherweise sollen die Götzenmacher vor JHWH treten, um beschämt zu werden (Jes 44, 11; hier liegt aber keine eigentliche Rechtsverhandlung vor, vgl. Westermann, ATD 19², 121).

d) In anderen Fällen bedeutet 'āmaḏ 'aufstehen, sich erheben'. So wird Ezechiel aufgefordert: „Stell dich auf deine Füße, ich will mit dir reden" (Ez 2, 1; vgl. Dan 10, 11). Nach Neh 8, 5 erhob sich das Volk, als Esra das Gesetzbuch aufschlug. Jos 8, 33 steht das Volk zu beiden Seiten der Lade, während Josua das Gesetz aufschreibt und wohl auch, als er es danach vorliest (v. 34). Bei der Tempelweihe erhebt sich (qûm) Salomo, nachdem er vor dem Altar niedergekniet war, tritt hin ('āmaḏ) und spricht den Segen über das Volk (1 Kön 8, 54f.). In Dan 12, 13 wird sogar die Auferstehung durch 'āmaḏ ausgedrückt (Jes 26, 19 dagegen qûm).

e) 'āmaḏ babbᵉrît heißt 2 Kön 23, 3 „in den Bund eintreten" (Dtn 29, 11 hat in ähnlichem Kontext 'āḇar) oder auch „am Bund festhalten" (Sir 44, 12; vgl. de Boer). 'āmaḏ bᵉsôḏ JHWH heißt Jer 23, 18. 23 „im Rat JHWHs stehen" oder eher zur himmlischen Ratsversammlung Zutritt haben – das eben haben die falschen Propheten nicht. In Koh 8, 3 ist der Text schwierig. KBL³ schlägt vor: „Laß dich nicht auf eine böse Sache (d. h. eine gefährliche Angelegenheit) ein" (so auch Lauha, BK XIX 146). Lauha vermutet Aufruhr gegen den König, Zimmerli (ATD 16/1³, 213) denkt an ein Rechtsverfahren; EÜ übersetzt: „Versteife dich nicht auf eine Sache, wenn sie schlimm auszugehen droht." Deutlicher ist Ps 1, 1 „Wohl dem Mann ... der nicht den Weg der Sünder betritt", d. h. sich mit Sündern einläßt.

f) Eine eigentümliche Wendung findet sich Est 4, 14: Wenn Ester versagt, wird den Juden anderswoher (*māqôm 'aḥer*, d. h. von Gott) Rettung „erstehen" (kommen). Hos 13, 13 wird Israel mit einem Kind verglichen, das nicht zur rechten Zeit „hervortritt", d. h. geboren wird. Um „Entstehen" handelt es sich Ps 33, 9: „Er sagte, und es ward (*wajjæhî*), er befahl, und es stand da", d. h. es (das Weltall) trat ins Dasein (anders Jes 66, 22, s. u.). Auch Jes 48, 13 könnte es um die Weltschöpfung gehen: „Meine Hand hat die Erde gegründet, meine Rechte den Himmel ausgebreitet, ich rufe ihnen zu, und sie stehen da allzumal." Nach Westermann (ATD 19², 163) hat Gott „am Anfang Himmel und Erde zugerufen, daß sie ins Sein träten"; möglich ist aber auch, daß er Himmel und Erde aufruft und sie sich einstellen, ihm zu Diensten zu sein.

g) Ferner wird *ʿāmaḏ* mit *min* in der Bedeutung „abstehen von, aufhören" gebraucht. Eine Frau „hört auf zu gebären", d. h. wird unfruchtbar (Gen 29, 35; 30, 9). Als Jona ins Meer geworfen worden war, hörte das Meer auf zu toben (Jona 1, 15). Vgl. absolut 2 Kön 13, 18: Der König tat drei Schläge und hielt dann inne.

ʿāmaḏ merāḥoq bedeutet „sich in der Ferne aufhalten". Das wird vom Volk gesagt, als es die Theophanie am Sinai erlebte (Ex 20, 18. 21), und von den Prophetenjüngern, die Elija und Elischa gefolgt waren und dann in einiger Entfernung blieben (2 Kön 2, 7). Nach Jes 59, 14 bleibt die Gerechtigkeit in der Ferne, par. weicht das Recht zurück (*hussaḡ 'āḥôr*). In Ps 10, 1 bleibt JHWH fern und verbirgt sich vor der Not des Psalmisten, d. h. er greift nicht ein und scheint sich nicht um ihn zu kümmern. In Ps 38, 12 sind es die Freunde und Gefährten, die sich fern von ihm halten, was die normale Gemeinschaft zerbricht und das Leiden des Beters steigert.

h) Manchmal bedeutet *ʿāmaḏ* einfach 'stehen'. Der Knecht Abrahams steht bei den Kamelen (Gen 24, 30; vgl. v. 31). Gott spricht zu Mose: „Der Ort, wo du stehst, ist heiliger Boden" (Ex 3, 5). Die Wolkensäule steht (oder stellt sich) vor dem Eingang des Offenbarungszeltes (Ex 14, 19; 33, 10; Num 12, 5; 14, 14; Dtn 31, 15). Man kann sogar sagen, daß eine Stadt auf ihrem *tel* „steht" (Jos 11, 13; vielleicht geht es jedoch hier um Städte, die noch „bestehen" oder daliegen, weil die Israeliten sie nicht zerstört haben), oder daß das Volk in Goschen „steht", d. h. wohnt (Ex 8, 18). Besonders oft findet sich diese Bedeutung in Visions- und Traumschilderungen. Pharao sieht die Kühe am Nilufer „stehen" (Gen 41, 3), Josua sieht, daß der Anführer des Heeres JHWHs vor ihm steht (Jos 5, 13). Micha ben Jimla sieht, wie das Heer des Himmels um (*ʿal*) JHWH steht (1 Kön 22, 19). Die Serafen in Jesajas Vision stehen *mimmaʿal l^e* JHWH (Jes 6, 2), was nicht notwendigerweise bedeutet, daß sie (schützend) „über" ihm stehen, sondern wie Ex 18, 13 (mit *ʿal*) und Jer 36, 21 (mit *meʿal*) das Stehen bei einem Sitzenden bezeichnet. Vielleicht klingt auch *ʿāmaḏ ʿal* in der Bedeutung „jem. aufwarten" (vgl. Gen 18, 8) an. Ebenso stehen die Lebewesen in Ezechiels Berufungsvision (Ez 1, 21. 24; vgl. 10, 17. 19); sogar die Herrlichkeit JHWHs steht (Ez 3, 23; vgl. 10, 18). In den Ez-Stellen schillert die Bedeutung zwischen 'stehen', 'still stehen' und 'stehen bleiben'. Ez 40, 3 steht ein Mann mit einer Meßschnur vor dem Propheten (vgl. 43, 6). Das Stehen kann verschiedene Konnotationen haben. Der Psalmist steht auf ebenem Grund (*mîšôr*), d. h. er steht fest. Die Pilger stehen in den Toren Jerusalems (Ps 122, 2: sind eingetreten oder stehen schon da). Der König „steht an der Säule" und nimmt die Huldigung des Volkes entgegen (2 Kön 11, 14) bzw. tritt an die Säule heran und schließt einen Bund mit JHWH (2 Kön 23, 3). Ein Wächter steht auf dem Turm und berichtet, was er sieht (2 Kön 9, 17). Der Prophet steht (oder stellt sich, par. *jṣb hitp*) auf seinem Wachtturm, um Ausschau zu halten, was JHWH ihm sagen wird (Hab 2, 1). Ob es sich hier um ein wirkliches Spähen eines Kultpropheten nach einem Zeichen von JHWH oder um ein inneres Erlebnis handelt, ist umstritten (vgl. Rudolph, KAT XIII/3 z. St.). In Jes 21, 8 handelt es sich wohl um eine traumhafte Vision (so Kaiser, ATD 18, 103 mit Lit.): der Späher (l. *hāro'æh* st. *'arjeh*) steht auf seinem Posten (*miṣpæh*; par. *nṣb niph* mit *mišmæræṯ*) und erfährt die Zerstörung Babels.

i) Eine besondere Gruppe bilden die Aussagen, die zugleich den Zweck oder die Absicht des Hervortretens/Stehens angeben. Jerobeam steht am Altar, um zu opfern (*l^ehaqṭîr*) (1 Kön 13, 1). Goliat tritt heran und spricht zum Heer Israels (1 Sam 17, 8). Joschafat tritt hervor und hält eine Rede zum Volk (2 Chr 20, 20). Der Sproß aus der Wurzel Isais steht da als ein Banner für die Völker (Jes 11, 10). Der Herrscher der Zukunft wird dastehen (oder hervortreten) und seine Herde weiden (Mi 5, 3; vgl. zum Ausdruck Jes 61, 5). JHWH tritt auf und erschüttert (*mdd*, s. Rudolph, KAT z. St.) die Erde (Hab 3, 6: Theophanie). Man hat den Eindruck, daß *ʿāmaḏ* hier oft, genauso wie *qûm*, nur die Erwähnung der eigentlichen Handlung vorbereitet.

j) „Vor jem. stehen" hat natürlich in vielen Fällen eine rein örtliche Bedeutung (vgl. z. B. Dtn 4, 10; 1 Kön 1, 28; 19, 11; Jer 36, 21). Oft aber meint es „ehrerbietig vor jem. stehen" mit der Konnotation „ihm dienen", „in seinem Dienst stehen". So steht Josef vor Pharao (Gen 41, 46), Josua vor Mose (Dtn 1, 38), David tritt in den Dienst Sauls (1 Sam 16, 21 f.), Abischag aus Schunem soll dem alternden David dienen (1 Kön 1, 2), die Königin von Saba preist die *ʿaḇāḏîm* Salomos, die vor ihm stehen und

seine Weisheit hören (1 Kön 10, 8; hier könnte vielleicht eine örtliche Bedeutung vorliegen: sich in seiner Nähe aufhalten und die Gelegenheit haben, ihm zuzuhören) (vgl. oben h zum himmlischen Hofstaat JHWHs).
Diener, die vor ihrem Herrn/Herrscher stehen, werden in der altoriental. Bildkunst oft abgebildet (vgl. ANEP 460. 463. 515). Dahinter liegt offenbar der Gedanke, daß sie bereit stehen, jedem Wink ihres Herrn nachzukommen.
k) In ähnlichem Sinn wird *ʿāmad* auch vom priesterlichen Dienst gebraucht. Dtn 10, 8 definiert die Aufgabe der Priester aus dem Stamm Levi als „die Lade tragen, vor JHWH stehen, ihm dienen (*šrt*) und in seinem Namen segnen". Ähnlich verbindet Ez 44, 15 *ʿāmad lipnê* mit *šeret* und spricht außerdem vom Opfern. 1 Kön 8, 11 gebraucht „stehen, um zu dienen (*šrt*)" vom priesterlichen Dienst. Ri 20, 28 berichtet, daß Pinehas „vor (*ʿal*) der Lade stand", d. h. amtierte; an ihn wandten sich die Israeliten, wenn sie JHWH fragen wollten. Einfaches *ʿāmad* bedeutet Neh 12, 44 „amtieren", ebenso 1 Chr 6, 18, wobei aus vv. 16f. klar hervorgeht, daß es um priesterlichen Dienst geht.
Auch das Amt des Propheten kann als „vor JHWH stehen" gekennzeichnet werden (1 Kön 17, 1; 18, 15; 2 Kön 3, 14; 5, 16). Die Ausdrucksweise läßt dabei erkennen, daß es nicht um ein körperliches Stehen (wie im Falle der Priester denkbar wäre), sondern um ein Dienen im allgemeinen geht („Gott, in dessen Dienst ich stehe"). Jer 15, 19 steht „vor mir stehen" parallel mit „mir Mund sein"; der Zweck des Dienstes ist es also, das Wort Gottes zu verkünden. In diesem allgemeinen Sinn muß auch die Aussage über die Rechabiter Jer 35, 19 aufgefaßt werden: ein Abkomme von Jonadab wird immer vor JHWH stehen.
l) Die Kultgemeinde steht vor JHWH im Gottesdienst. Lev 9, 5 erzählt, daß beim ersten Opfer Aarons die Gemeinde (*ʿedāh*) hervortrat (*qārab*) und vor JHWH stand. In demselben Sinn sagt Jer 7, 10: „Ihr kommt (*bôʾ*) und steht vor mir in meinem Haus." Und 2 Chr 20, 13 erzählt, daß ganz Juda vor JHWH stand, als Joschafat sein Gebet vortrug (vgl. dagegen v. 5: er trat auf im *qāhāl*). Die Diener (*ʿaḇāḏîm*) JHWHs, „die im Haus JHWHs stehen" (Ps 134, 1; 135, 2) sind wahrscheinlich die Kultgemeinde. Man kann aber kaum aus diesen Ausdrücken den Schluß ziehen, daß *ʿāmad* die allgemeine Gebetshaltung bezeichnet, denn *ʿāmad* bedeutet sowohl 'stehen' als auch 'hintreten'. Neh 9, 2 muß also übersetzt werden: „Sie traten hervor (*ʿāmad*) und bekannten ihre Sünden ... sie erhoben sich (*qûm*) an ihren Plätzen (*ʿomæd*), und man las ... aus dem Buch des Gesetzes. Dann bekannten sie ihre Schuld und warfen sich vor JHWH nieder (*hištaḥᵃwāh*)." Wenn man hier *ʿāmad* mit „stehen" übersetzt, entsteht, wie Ap-Thomas (225) bemerkt, ein Widerspruch. Offenbar gab es in der Liturgie Partien, bei denen man stand, und andere, bei denen man kniete oder sich niederwarf. So erzählt 1 Kön 8, 22, daß Salomo vor den Altar trat und dort betete. Nach dem Gebet erhob er sich (*qûm*) von seiner knienden Stellung (*kāraʿ ʿal birkājw*), trat hin (oder stellte sich, *ʿāmad*) und sprach den Segen (vv. 54f.; vgl. 2 Chr 6, 12f.).
m) *ʿāmad lipnê* bedeutet aber auch „standhalten, bestehen vor jem.". Die Wahrsager der Ägypter konnten nicht gegen Mose standhalten (sich behaupten) (Ex 9, 11). Josua soll sich vor den fünf Königen nicht fürchten, denn niemand wird gegen ihn (*bᵉpānækā*) standhalten können (Jos 10, 8; weiter im Kontext des heiligen Krieges Jos 21, 44; 23, 9). Als JHWH zürnte, konnten die Israeliten gegen ihre Feinde nicht standhalten (Ri 2, 14; vgl. auch 2 Kön 10, 4). Andere Beispiele für Standhalten im Krieg sind Ez 13, 5; Am 2, 15 und allgemeiner Koh 4, 12: „Wenn jemand einen einzelnen überwältigt, halten zwei stand." Spr 27, 4: „wer besteht vor der Eifersucht?".
Dieser Sprachgebrauch wird auch ins Religiöse übertragen. So sagt JHWH bei Jeremia: „Wer ist meinesgleichen ... und welcher Hirt kann vor mir bestehen?" (Jer 49, 19; 50, 44). Die Männer von Bet-Schemesch sagten: „Wer kann vor JHWH, diesem heiligen Gott, bestehen?" (1 Sam 6, 20). Nahum sagt: „Wer kann vor seinem Zorn bestehen?" (Nah 1, 6, par. *qûm*; vgl. Ps 76, 8). Nach Ps 147, 17 kann niemand vor seinem Frost bestehen (andere: vor ihm erstarren die Wasser). Auch einfaches *ʿāmad* hat oft diese Bedeutung, z. B.: „Wenn du, Jah, Sünden beachten willst, wer könnte dann bestehen?" (Ps 130, 3). „Wer erträgt (*kilkel*) seinen Tag, und wer besteht, wenn er erscheint?" (Mal 3, 2). „Wird dein Herz (Mut) standhalten können ..., wenn ich gegen dich vorgehe?" (Ez 22, 14).
n) Mit verschiedenen Nuancen heißt *ʿāmad* 'stehen bleiben', 'bleiben', 'bestehen'. Alle Vorbeigehenden blieben stehen, als sie den blutigen Amasa erblickten (2 Sam 20, 12). Der Wagen, der die Lade trug, blieb auf einem Feld stehen (1 Sam 6, 14). Das Wasser des Jordan blieb stehen, während die Israeliten den Fluß überquerten (Jos 3, 13. 16). Die Sonne blieb stehen und der Mond stand still (*dmm*), bis das Volk in Gibeon den Sieg errungen hatte (Jos 10, 13; v. 12 gebraucht *dmm* für beides). Ebenso bleibt nach Hab 3, 11 der Mond stehen bei der Erscheinung JHWHs in der Theophanie (Text verderbt; *šæmæš* hat kein Verb). – Die Flüchtlinge bleiben im Schatten von Heschbon, als sie erschöpft sind (Jer 48, 45). Jeremia mahnt vor dem Angriff des Feindes aus dem Norden: „Setzt euch in Sicherheit (*ʿûz*), bleibt nicht stehen" (Jer 4, 6). Nach dem Sieg bei Gibeon mahnt Josua: „Bleibt nicht, sondern verfolgt den Feind" (Jos 10, 19; umgekehrt 2 Sam 2, 28: sie blieben und verfolgten nicht). In Ninive ruft man: „Bleibt, bleibt (Halt, halt)!", aber keiner wendet sich um bei der Flucht (Nah 2, 9; vgl. auch Jer 51, 50). Als aber Josef seinen Vater bittet: „Komm hierher, *ʾal taʿᵃmod*" ist der Sinn am ehesten „zögere nicht", „komm unverzögert" (Gen 45, 9).

Das Bleiben kann ein Warten implizieren. Mose bittet die Aussätzigen zu bleiben, während er JHWH befragt (Num 9, 8). Mose soll bei JHWH bleiben, damit er ihm die Gebote verkünde (Dtn 5, 31). Saul soll bei Samuel bleiben, damit dieser ihn alles erfahren lasse (1 Sam 9, 27). Ein einfaches „bleiben" liegt Ex 9, 28 vor: Die Israeliten werden nicht länger in Ägypten bleiben müssen; vgl. Hag 2, 5: „mein Geist bleibt in eurer Mitte" (ob *ʿomæḏæṯ* auch zum vorhergehenden *dāḇār* gehört: „mein Wort (Bund?) bleibt bestehen"?).

Eine andere Nuance ist ʿBestand haben, bestehenʾ. Die Furcht (*jirʾaṯ*, oder l. *ʾimraṯ*, das Reden) JHWHs bleibt für immer (Ps 19, 10), ebenso sein Rat (Ps 33, 11), seine Gerechtigkeit (Ps 111, 3; 112, 3. 9), sein Lob (Ps 111, 10), Himmel und Erde vergehen (*ʾāḇaḏ*), Gott aber bleibt (Ps 102, 27). Koh 1, 4 sagt dagegen, daß die Geschlechter kommen und gehen, aber die Erde bleibt. Nach Jes 66, 22 wird Israel bestehen, wie der neue Himmel und die neue Erde bestehen bleiben. Auch „übrig bleiben" ist möglich: „Mir bleibt keine Kraft mehr", sagt Daniel (Dan 10, 17). Und Kohelet versichert, daß er bei all seiner Größe noch keine Weisheit hatte (Koh 2, 9).

Ein Kaufbrief „hat Bestand" (bleibende Gültigkeit) als Rechtsurkunde (Jer 32, 14); der Geschmack des Weins bleibt unverändert (Gegens. → מור *mwr*) (Jer 48, 11); ein Geschlagener bleibt einige Zeit am Leben (Ex 21, 21); Aussatz „bleibt" (Lev 13, 5. 23. 28. 37); ein Mann bleibt bei seiner Haltung und will die Leviratsehe nicht vollziehen (Dtn 25, 8); Israel bleibt in seiner Sünde und hat sich nicht geändert (Hos 10, 9).

2. Bei der *hiph*-Form ist eine auffallende Häufung der Belege in späten Texten (ChrGW, Est, Dan, Koh) zu beachten. Alle Belege bleiben als Kausative im Bedeutungsfeld der *qal*-Form.

hæʿᵆmîḏ bedeutet also „hinstellen, plazieren". Die Philister stellten Simson zwischen die Säulen in Gaza (Ri 16, 25); Ezechiel soll den Topf auf das Feuer stellen (Ez 24, 11). Gott stellt den Psalmisten auf die Höhen (*bāmôṯ*), was entweder Sicherheit oder Sieg impliziert (Ps 18, 34 = 2 Sam 22, 34; vergleichbar ist Ps 30, 8, wenn man lesen darf *hæʿᵆmaḏtanî beharerê ʿoz*, „du stelltest mich auf starke [schützende] Berge"). Oder er stellt seine Füße auf einen weiten Platz – gibt ihm Lebensraum (Ps 31, 9). Gott schafft Sonne, Mond und Gestirne und „stellt sie auf" und gibt ihnen ein Gesetz (*ḥoq*), das sie nicht übertreten (Ps 148, 6). Man stellt Wachen hin (Türhüter an das Tor 2 Chr 23, 19; Neh 13, 19; *mišmar* Neh 4, 3). Jesaja soll einen Späher aufstellen (Jes 21, 6; vgl. o. II. 1. h).

Man stellt das Volk nach Familien auf (2 Chr 25, 5; Neh 4, 7, vgl. 2 Chr 23, 10). Nehemia stellt Festchöre (*tôḏôṯ*) auf (Neh 12, 31). Man stellt ein Heer auf, d. h. mobilisiert es (Dan 11, 13). Manasse stellt Ascheren und Götzenbilder auf (2 Chr 33, 19), Amazja fremde Götterbilder (2 Chr 25, 14).

Leute werden zu bestimmten Aufgaben oder Diensten „bestellt" oder eingesetzt. Jerobeam setzt die *bāmôṯ*-Priester zum Dienst in Bet-El ein (1 Kön 12, 32). Rehabeam setzt Abija zum Haupt und Fürsten für seine Brüder ein (2 Chr 11, 22). Ester hat Hofleute, die der König zu ihrem Dienst bestellt hat (Est 4, 5). Esra bestellt die Leviten als Vorsteher des Tempelbaus (Esra 3, 8). Nehemia wird angeklagt, Propheten bestellt zu haben (Neh 6, 7). Vgl. auch Num 3, 6: „Laß den Stamm von Levi vor Aaron antreten, um ihm zu dienen."

Dem Ausdruck *ʿāmaḏ babberîṯ* entspricht „in den Bund eintreten lassen" (2 Chr 34, 32). Dem *qal* „aufrecht stehen" entspricht „auf seine Füße aufrichten" (Ez 2, 2; 3, 24; vgl. Daniel, den Gott aus seiner Ohnmacht aufrichtet und auf seinen *ʿomæḏ* stellt, Dan 8, 18). Einmal scheint die Bedeutung „entstehen lassen" vorzuliegen: Gott läßt durch sein Wort einen Sturmwind entstehen (Ps 107, 25).

Wenn *ʿāmaḏ* „bestehen, Bestand haben" bedeutet, heißt *hæʿᵆmîḏ* „bestehen lassen, Bestand verleihen" u. dgl. So sagt Gott zu Mose: „Ich habe dich ʿam Leben gelassenʾ, um meine Macht zu zeigen" (Ex 9, 16). Ein dtr Kommentar sagt 1 Kön 15, 4, daß Gott um Davids willen den Sohn Jerobeams einsetzte (*heqîm*) und Jerusalem bestehen ließ. Der Chronist läßt die Königin von Saba zu Salomo sagen, daß Gott durch ihn Israel Bestand verleihen will (2 Chr 9, 8). Ebenso verspricht JHWH, Salomo in seinem Haus und seinem Reich Bestand zu verleihen und seinen Thron zu festigen (1 Chr 17, 14). Ein Weisheitsspruch stellt fest, daß ein König durch Gerechtigkeit sein Land aufrichtet oder im Stand hält (Spr 29, 4).

Mit *berîṯ* als Obj. heißt *hæʿᵆmîḏ* „bestätigen, aufrechterhalten" (Ps 105, 10). Ähnlich wird eine Vision „erfüllt" (Dan 11, 14). Ferner wird durch *ʿmd hiph* das Wiederherstellen des Tempels zum Ausdruck gebracht (2 Chr 24, 13; Esra 2, 68; 9, 9).

Mit *pānîm* als Obj. heißt *ʿmd hiph* „seinen Blick (fest) richten": der Gottesmann blickt starr vor sich hin (2 Kön 8, 11). – Besondere Ausdrücke sind: Gebote für sich aufstellen, sich als Verpflichtung auferlegen (Neh 10, 33), Land zuweisen (2 Chr 33, 8), mit *le* „beschließen, etwas zu tun" (2 Chr 30, 5). Zweifelhaft ist 2 Chr 18, 34, wo mit 1 Kön 22, 35 wahrscheinlich *hoph* zu lesen ist: der König stand aufrecht im Wagen. Der zweite *hoph*-Beleg ist Lev 16, 10: der Sündenbock wird lebendig vor Gott gestellt (vgl. *hiph* Lev 14, 11).

III. Von den Nomina finden sich nur *ʿæmdāh* und *maʿᵃmāḏ/mŏʿᵒmāḏ* in älteren Texten. *ʿæmdāh* steht Mi 1, 11, wo der Text schwerlich richtig überliefert ist. In der wortspielreichen Klage über die Verheerung des judäischen Hügellandes heißt es wörtlich „er nimmt von euch seinen Standort". Die vorgeschlagenen Textverbesserungen sind alle unsicher. *mŏʿᵒmāḏ* steht Ps 69, 3 in einer Notschilderung: „Ich versinke in tiefem Schlamm und finde keinen Grund (d. h. Platz, wo ich stehen kann). *maʿᵃmāḏ* steht in der Erzählung von der Königin von Saba, die das

„Aufwarten" (s.o. II.1.j) der Diener Salomos sah (1 Kön 10, 5; 2 Chr 9, 4), und in Jes 22, 19, wo Schebna angedroht wird, Gott werde ihn aus seinem Amt (*maṣṣāḇ*) verjagen und von seiner ʿStellung' vertreiben (zum Text s. BHS). Dasselbe Wort steht noch 1 Chr 23, 28; 2 Chr 35, 15 mit Bezug auf die Stellung oder Funktion der Leviten bzw. der Tempelsänger.

ʿomæḏ kommt nur in ChrGW und Dan vor. Es ist der Platz, wo man steht (Dan 8, 17; 10, 11; zu bemerken ist 8, 18: „er richtete mich auf (*ʿmd hiph*) auf meinem Standort"), der gegebene Platz im gottesdienstlichen Zusammenhang, wo man seine Funktion erfüllt (Neh 8, 7; 9, 3; 13, 11; 2 Chr 30, 16; 35, 10; vgl. auch 34, 31: der König trat an seinen Platz).

IV. 1. Die LXX übersetzt *ʿāmaḏ* meist mit ἱστάναι oder seinen Zusammensetzungen, z. B. παριστάναι, ἀνιστάναι, ἐφιστάναι, ἀνϑιστάναι. Gelegentlich werden auch μένειν und διαμένειν gebraucht.

2. Was die Qumranschriften betrifft, bleibt die Tempelrolle ganz im Rahmen des at.lichen Sprachgebrauchs. Man tritt vor Priester und Richter (61, 8), Priester „stehen" und dienen (56, 9; 60, 11. 14). Es ist auch von aufrecht stehenden Säulen die Rede (35, 10). In der Kriegsrolle bedeutet *ʿāmaḏ* oft ʿAufstellung nehmen', ʿseinen Platz in der Schlachtlinie einnehmen' (1 QM 6, 1. 4. 8. 10; 7, 18; 8, 4. 6; 9, 4; 16, 4. 6. 12); *maʿ^{a}māḏ* bezeichnet dabei den Platz eines jeden (2, 3; 6, 1. 4; 8, 6; bes. mit *hiṯjaṣṣeḇ*: 8, 3. 17; 16, 5; 17, 11; vgl. 1 QSa 1, 22 von den Leviten). Wir erfahren auch, daß der Hohepriester und/oder die Priester „hintreten", um eine Rede zu halten oder ein Gebet vorzutragen (10, 2; 15, 4; 16, 13; 18, 5).

Vielleicht in Anschluß an den militärischen Sprachgebrauch bedeutet *maʿ^{a}māḏ* den Rangplatz jedes Mitglieds in der Gemeinde: „jedermann in Israel soll einen *maʿ^{a}māḏ* (d. h. einen Standort, eine Funktion) haben" (1 QS 2, 22), und niemand soll wegen seines Platzes „niedrig oder hoch sein", denn alle bilden eine Gemeinschaft der Wahrheit, Demut und Liebe (2, 23). CD 20, 5 sagt, daß ein Fehlender bestraft werden soll, bis daß er wieder seinen Platz unter den Männern der vollkommenen Heiligkeit einnehmen kann. Vgl. auch 1 QH 3, 21: „sich auf den Standort stellen mit dem Heer der Heiligen", d. h. seinen Platz in der eschatologischen Gemeinde einzunehmen.

Mehrere Belege gibt es für die Bedeutung „auftreten". Der frevelhafte Priester wurde „am Anfang seines Auftretens (evtl. seiner Amtsausübung)" mit dem Namen der Wahrheit benannt (1 QpHab 8, 9). Besonders häufig ist diese Bedeutung in CD. Ein Mann des Spottes trat auf (CD 1, 14), berühmte Männer (*q^{e}rîʾê haššem*) werden am Ende der Tage auftreten (5, 5). Mose und Aaron traten auf durch den Fürsten des Lichtes, aber Belial ließ Gegenspieler erstehen (*heqîm*; 5, 17 f.). Die „Grenzversetzer" traten auf und führten Israel irre (5, 20). Zu beachten ist der Ausdruck „bis der Lehrer der Gerechtigkeit bzw. der Messias auftritt" (6, 10 bzw. 12, 23; 20, 1). Vgl. auch 4 QFl 1, 11: der Sproß von David wird auftreten mit dem Gesetzesforscher, und 4 QTest 24: ein verfluchter Mann des Belials soll auftreten und ein Netz und eine Falle für das Volk werden.

Wie man im AT vor das Gericht tritt, tritt der in den Orden Eintretende vor „die Vielen", um geprüft zu werden (1 QS 6, 15; vgl. CD 15, 11 „vor den *m^{e}ḇaqqer* treten").

Eine besondere Bedeutungsentwicklung erfährt *ʿāmaḏ* in den Hodajot. Es handelt sich um ein „Stehen vor Gott", das zugleich Dienen und Bestehen impliziert. „Die deinem Verlangen nach sind, werden vor dir stehen (*ʿmd*) für immer, und die auf deines Herzens Weg wandeln, bestehen (*kwn*) für ewig" (1 QH 4, 21 f.). Der Sänger ist gestrauchelt und ist gefallen, aber Gott hat ihn aufgerichtet und nun steht er vor ihm. „Du hast durch das Geheimnis deines Wunders meinen Stand (*ʿmdj*) gestärkt" (4, 28). „In deiner Gerechtigkeit hast du mich hingestellt (*ʿmd hiph*) für deinen Bund" (7, 19). Gott reinigt und vergibt den Kindern der Wahrheit, um sie für ewig vor sich zu stellen (7, 31). Jetzt kann der Sänger sagen: „Mein Fuß steht auf ebenem Plan" (2, 29), aber nur durch Gottes Gnade: „Mein Stand ist durch deine Gnade" (2, 25; vgl. 2, 22 „mein *maʿ^{a}māḏ* ist von dir") und: „Wie soll ich meine Kräfte zusammennehmen (*ḥzq hitp*), wenn du mich nicht aufstellst (*ʿmd hiph*)?" (10, 6; vgl. 1 QHfr 3, 6). Durch Gottes Kraft und Erbarmen kann sein Geist „am Standort festhalten vor der Plage" (4, 36). Zum Ganzen vgl. Grundmann 147 ff.

Ringgren

עַמּוּד *ʿammûḏ*

I. Allgemeines – II. Außerbibl. Belege – III. „Säule, Pfeiler oder Stütze" in der Architektur – IV. Die zwei Bronzesäulen des Tempels – V. *ʿammûḏ ʾeš* und *ʿammûḏ ʿānān* – VI. Metaphorischer Gebrauch – VII. LXX und Qumran.

Lit.: *W. F. Albright*, Two Cressets from Marisa and the Pillars of Jachin and Boaz (BASOR 85, 1942, 18–27). – *Th. A. Busink*, Der Tempel von Jerusalem, Leiden 1970, 299–321. – *E. Cassin*, La splendeur divine, Paris 1968. – *M. Dahood*, Hebrew-Ugaritic Lexicographie VII (Bibl 50, 1969, 337–356, bes. 350). – *M. Görg*, Zur Dekoration der Tempelsäulen (BN 13, 1980, 17–21, bes. 20 f.). – *S. Grill*, Die Gewittertheophanie im AT, ^{2}1943. – *J. Jeremias*, Theophanie (WMANT 10, ^{2}1977). – *W. Kornfeld*, Der Symbolismus der Tempelsäulen (ZAW 74, 1962, 50–57). – *T. W. Mann*, The Pillar of Cloud in the Reed Sea Narrative (JBL 90, 1971, 15–30). – *H. G. May*, The Two Pillars before the Temple of Solomon (BASOR 88, 1942, 19–27). – *G. E. Mendenhall*, The Tenth Generation, Baltimore – London 1973, 32–66. – *M. Noth*, Könige 1 (BK IX/1, 1968, 141–167). – *J. Ouellette*, Le vestibule du Temple de Salomon (RB 76, 1969, 365–378). – *W. J. Phythian-Adams*, The People and the Presence, London 1942. – *R. B. Y. Scott*, The Pillars of Jachin and Boaz (JBL 58, 1939, 143–149). – *S. Talmon*, An Apparently Redundant MT Reading – Jeremiah 1, 18 (Textus 8, 1973, 160–163). – *H. Weippert*, Säule (BRL² 259f.). – *S. Yeivin*, Jachin and Boaz (PEQ 91, 1959, 6–22). – → עָנָן *ʿānān*.

I. Das Nomen *ʿammûḏ*, abgeleitet von dem Verb *ʿmd* (→ עמד) 'stehen' kommt ungefähr 110mal im AT vor und bezeichnet hauptsächlich Säulen oder Balken, die als Stütze für Dachkonstruktionen dienen. In diesem Zusammenhang begegnet *ʿammûḏ* oft in Verbindung mit der Errichtung des Zeltes und des Tempels. Niemals jedoch bezeichnet es die „aufgerichteten Steine" (*maṣṣeḇôṯ*), die als Grenzsteine und Markierungen mit religiöser Bedeutung oder zur Anbetung dienten. Der wichtigste theologische Gebrauch von *ʿammûḏ* ist die in den Exoduserzählungen häufige Verwendung für Gottes Anwesenheit in Feuer- und Wolkensäule. Metaphorisch beschreibt das Wort die Stützen von Himmel und Erde.

II. Alle außerbibl. Belege von *ʿmwd* beziehen sich auf Säulen, in der Regel auf feststehende Bauwerke wie Säulenhallen oder Tempel. Von besonderem Interesse ist ihr Vorkommen in den reichsaram. Elephantine-Papyri. In AP 30, 9 (vgl. die Kopie 31, 8) (408 v. Chr.) klagen der jüd. Priester Jedoniah und seine Begleiter dem pers. Statthalter von Juda Bagohi, daß auf Betreiben des Statthalters in Ägypten die Ägypter den Tempel von Elephantine zerstört hatten. Dabei wurden auch die „Steinsäulen" (*wʿmwdjʾ zj ʾbnʾ*) zerstört.

Die phön. Jeḥawmilk-Stele (ca. 500–400 v. Chr.) wurde anläßlich der Einweihung einer Säulenhalle (*ʿmd*) aufgestellt (KAI 10, 6). In einer lat.-neupun. Bilingue aus Nordafrika (53 n. Chr.; KAI 124, 1) wird eines Bauherrn gedacht, der „die Säulen abdecken ließ", d. h. wohl eine bedeutende Dachkonstruktion über eine Ladenstraße etc. (?) errichten ließ. Zu den palmyr. Belegen vgl. DISO 216f.

III. *ʿammûḏ* wird häufig verwendet im Zusammenhang der Beschreibung des Wüstenzeltes: in den Bauanordnungen (Ex 25, 1 – 27, 19), im Ausführungsbericht (Ex 35, 1 – 38, 31), im Bericht über die Besichtigung durch Mose (Ex 39, 32–43) und über die Aufstellung (Ex 40).

Vier „Stangen" aus mit Gold überzogenem Akazienholz standen auf Silbersockeln; sie hielten den Vorhang, der das Heiligtum vom Allerheiligsten trennte (Ex 26, 32; 36, 36); entsprechend wurde der Vorhof des Zeltes durch eine Zwischenwand aus fünf goldüberzogenen Pfeilern aus Akazienholz in Silbersokkeln vom Heiligtum getrennt (Ex 26, 37; 36, 38; vgl. TR 10, 11?). Die Wände, die den Vorhof umschlossen, wurden wie das Tor zum Hof und seine Vorhänge von silberüberzogenen Stangen aus Akazienholz gestützt (Ex 27, 9–19; 38, 9–20; passim). Mit der Nähe zum Allerheiligsten wuchs auch die Kostbarkeit der Metallüberzüge der *ʿammûḏîm*. Die Levitenfamilie der Merariter war bei der Wüstenwanderung verantwortlich für die Stangen und ihre Sockel (Num 3, 33–37; 4, 29–33).

Die Übersetzung „Stange" legt sich auch in Hld 3, 10 nahe, wo Salomon sich einen Tragsessel aus libanesischem Zedernholz mit Silberpfosten machen läßt (*ʿammûḏājw kæsæp*). Dagegen wird *ʿammûḏ* am besten mit „Säule" übersetzt, wenn eine stützende Struktur beschrieben werden soll. Solche Säulen sind besonders bekannt bei den großen Bauprojekten Salomos: a) das Libanonwaldhaus bestand aus zweistöckigen Räumen, die auf Säulenreihen auflagen (1 Kön 7, 2f.); b) die Säulenhalle (1 Kön 7, 6). Die tragende Funktion der Säulen in einem Tempel der Philister zeigt bes. die Simsongeschichte. Nach Ri 16, 25. 26. 29 brachte Simson die tragenden Mittelsäulen (*ʾašær habbajiṯ nāḵôn ʿalêhæm*) des Tempels zum Einsturz. Archäologische Befunde werden bei Weippert dargestellt.

IV. Die berühmtesten, aber am schwierigsten deutbaren Säulen im AT sind die zwei Bronzesäulen am Eingang des Tempels: die südl. „Jachin" (von *jāḵîn* „er wird aufstellen" [?] → כון *kwn*) und die nördl. „Boaz" (von *bôʿaz* „in ihm ist Kraft" [?] → עזז *ʿzz*; 1 Kön 7, 15–22 = 2 Chr 3, 15–17; 1 Kön 7, 40–42 = 2 Chr 4, 12f.). Ob die Säulen freistehend und somit architektonisch funktionslos waren oder ob sie gegen die Beschreibung von 1 Kön 7 nicht doch das Dach der Vorhalle des Tempels stützten, ist umstritten (zur Diskussion vgl. V. Fritz, WMANT 47, 1977, 14f.). Fraglich ist auch ihre religiöse und vielleicht sogar dynastische Bedeutung. Sie waren so wichtig für die kultische Gemeinschaft, daß ihre Zerstörung prophezeit (Jer 27, 16) und berichtet wurde (2 Kön 25, 13–17; Jer 52, 17–23).

Viel Wahrscheinlichkeit für sich hat die (letztlich nicht mehr beweisbare) Hypothese, daß die Funktion der Tempelsäulen wesentlich in ihrem Namen bestand (Scott, Noth u. a.); in dieser Hinsicht sind hauptsächlich zwei Deutungen möglich: eine theologische und eine dynastische.

Der Name der beiden Bronzesäulen enthielt vielleicht einen Hinweis auf den Tempel als Haus des machtvollen Gottes Israels (Vincent, Busink 312 „Jahwe wird dieses Haus schützen"), zugleich eine Mahnung an das Volk, daß seine Gemeinschaft durch JHWH gegründet war und daß seine Existenz auf seiner Kraft beruhte.

Als Säulen am Eingang zur königlichen Kapelle konnten sie aber auch das Verhältnis zwischen JHWH und dem Haus Davids näher charakterisieren: Die Wurzeln ihrer Namen finden sich in der Psalmenliteratur über das königliche Haus (z. B. Ps 89, 5 „Auf ewig gebe ich deinem Haus Bestand [*ʾāḵîn*]"). Es ist auch denkbar, daß die Namen künstliche Gebilde sind, aus Anfangsbuchstaben zusammengestellt: Ps 89 hat z. B. alle Bestandteile eines möglichen Dynastieorakels, das gelautet haben könnte: *jāk̲în kisseʾ næʾ^{æ}mān bānāh ʿad̲-ʿôlām zeraʿ-dāwid̲* und dessen Anfangsbuchstaben die Namen *jkn* und *bʿz* bilden (vgl. Scott, Albright). Allerdings ist das Orakel in dieser Form nicht belegt; vgl. jedoch 2 Sam 5, 12 und 7, 12 (= 1 Chr 17, 11).

* Mit Hilfe der Archäologie wurden noch folgende Deutungsversuche für die beiden Säulen vorgelegt. Sie seien:
a) „Masseben" wie am Tempel in Sichem (Benzinger; Sellin, ZDPV 51, 1928, 119–123);
b) wegen ihrer pflanzlichen Kapitelle „Ascheren" (Möhlenbrink);
c) vergleichbar mit phallischen Symbolen vor manchen Tempeln (B. D. Eerdmans);
d) mit den äg. Obelisken vergleichbar;
e) überdimensionale Leuchter oder Ständer für Räucherpfannen (Albright; May) in Erinnerung an die Wolken- und Feuersäule des Exodus;
f) in Entsprechung zum äg. Djed-Pfeiler Zeichen für Dauer (Kornfeld);
g) eine Art Hoheitszeichen (Yeivin), Herrschersymbole (Andrae), Symbole göttlicher Allmacht (Vincent) oder göttlicher Gegenwart (Yeivin);
h) Standarten des Tempels, die den Tempel als Haus JHWHs identifizieren; sie seien zuerst heidnischer Provenienz gewesen, weshalb sie nur am Salomonischen Tempel, nicht jedoch später begegneten (Busink 317); dagegen vgl. jedoch Ez 40, 49; 42, 6! *(Fa.)*

Auch der von Ezechiel vorgesehene neue Tempel als Zentralstück der Erneuerung und Restauration Israels soll mit Säulen in der Vorhalle (hier jedoch ohne Namen) ausgestattet werden (Ez 40, 49; 42, 6), wobei auch hier eine mögliche Funktion in bezug auf die Statik des Gebäudes nicht näher beschrieben wird.
Unklar ist, ob diese Säulen Jachin und Boaz gemeint sind, wenn bei wichtigen Ereignissen gesagt wird, daß der König „bei/auf der Säule" (*ʿal hāʿammûd̲*) stand. Joasch wurde von dem Priester Jojada zum König ausgerufen, während er „am gewohnten Platz bei der Säule" (nach anderen „auf dem Podium", vgl. G. Widengren, JSS 2, 1957, 9f.) stand (2 Kön 11, 14 = 2 Chr 23, 13). Nach der Auffindung des Gesetzbuches las König Joschija es dem Volk vor, „trat an die Säule" und schloß einen Bund mit JHWH (2 Kön 23, 1–3). Dieser deutliche Hinweis auf einen „spezifischen" Standort des Königs *ʿal hāʿammûd̲* bei wichtigen Ereignissen ist – wenn er überhaupt eine spezifische Aussage vermitteln will, was doch das beigefügte *kammišpāṭ* insinuiert – sehr unterschiedlich erklärt worden. R. de Vaux, LO I 167 (vgl. Syr 14, 1933, Pl. 16; ANEP Nr. 490) zieht zum Vergleich eine Ras-Shamra-Stele heran, auf der der König auf einem Sockel vor dem Gottesbild dargestellt wird. G. v. Rad, ThB 8, 1958, 207 weist auf den bes. Platz des Pharao im Tempel und denkt an ein Podium (vgl. auch Würthwein, ATD 11/2, 1984, 351. 452). Dabei kam es weniger darauf an, daß der König emporragte, sondern vielmehr auf die Ausgrenzung dieses Ortes, der als kultisch rein galt (vgl. Metzger, VTS 22, 1972, 165f.).

V. *ʿammûd̲ ʾeš* „Feuersäule" und *ʿammûd̲ ʿānān* „Wolkensäule" (→ עָנָן *ʿānān*) sind Theophaniebegriffe, die in quellenspezifischer Anwendung in den Exodus- und Wüstenwanderungsgeschichten die Gegenwart JHWHs anzeigen sollen. Bei J ist es JHWH selbst, E nimmt den *malʾak̲ ʾ^{æ}lohîm* als helfenden und befreienden Beistand der Israeliten während der Wüstenwanderung, während bei Dtr und P die Wolke als Präsenzsignale Gottes gelten. Einzig der jehowistische Redaktor der Hiskijah-Zeit (vgl. P. Weimar, ÄAT 9, 1985, 272) spricht von Wolken- (*ʿammûd̲ ʿānān*) und Feuersäule (*ʿammûd̲ ʾeš*) (Ex 13, 21f.; 14, 19–24; vgl. Num 9, 15–22; vgl. Dtn 1, 33; 5, 19; Ps 78, 14; 105, 39), die die Israeliten bei Tag bzw. bei Nacht auf dem Weg zum Schilfmeer (→ יָם *jām*, → סוּף *sûp*) führen (vgl. Num 14, 14). Nach Mendenhall sind die Säulen sichtbare Medien, durch die die Gottheit für den Menschen erfahrbar wird. Die Form der Säule wird mit *ʿānān* angegeben, eine wolkenartige Hülle, die die Gottheit umgibt und verbirgt, während nachts der feurige Glanz JHWHs hervorscheint. Obwohl Ex 14, 19 scheinbar den Beweis dafür liefert, daß die Wolken- und Feuersäule dieselbe Erscheinungsform für JHWH wie der *malʾak̲ hāʾ^{æ}lohîm* ist, da beide dieselbe Bewegung durchführen, ist der hebr. Text das Ergebnis eines Zusammenfließens verschiedener Quellen. Ex 14, 24 enthält gegenüber den anderen Belegstellen eine abweichende Konstruktion. Während normalerweise die Wolken- und Feuersäule als zwei getrennte Erscheinungen auftreten, ist die Theophanie hier als eine Erscheinung greifbar (*b^{e}ʿammûd̲ ʾeš w^{e}ʿānān*). Zu Mendenhalls Hypothese von *ʿānān* = akk. *melammū* „Maske" der Gottheit → עָנָן *ʿānān*.
Außerhalb der Herausführungsgeschichte sprechen auch die alten Pentateuchquellen von der Wolkensäule als Präsenzsignal Gottes. Wenn man das Zelt der Begegnung außerhalb des Lagers zur Anbetung aufstellte, stieg JHWH in einer Wolkensäule herab und stand am Eingang des Zeltes. Er blieb in seiner Wolke verborgen, wenn er sich den Israeliten näherte, dagegen sprach er „von Angesicht zu Angesicht" mit Mose (Ex 33, 9–11).

VI. Mit Ausnahme von Ri 20, 40, wo *ʿammûd̲* ein Rauchsignal als „Rauchsäule" beschreibt, haben die übrigen Belege metaphorische Bedeutung. Gott gibt Jeremia Kraft, indem er ihn zu einer „befestigten Stadt und einer eisernen Säule" (*l^{e}ʿîr mib̲ṣār ûl^{e}ʿammûd̲ barzæl*), kraftvoll und unzerstörbar gegenüber der Opposition, machen wird (Jer 1, 18).
Hld 5, 10–16 beschreibt die Frau ihren Geliebten mit einer Reihe von Metaphern. So sind seine Schenkel wie „Marmorsäulen, auf Sockeln von Feingold" (*ʿammûd̲ê šeš m^{e}jussād̲îm ʿal-ʾad̲nê-pāz*, v. 15).
Zwei Belege verweisen auf die Säulen der Erde (Ps 75, 4; Ijob 9, 6), einer auf die Säulen des Himmels (Ijob 26, 11). Nach allgemeiner Auffassung war die Erde auf Säulen oder Pfeilern (1 Sam 2, 8 *māṣûq*; Ps 18, 9 *môsād̲*; 104, 5 *māk̲ôn*; Ijob 38, 4–6 *j^{e}sôd̲*) ge-

gründet, die Gott selbst stützte und die er im Zorn erschütterte. Nach at.licher Vorstellung war der Kosmos nach festgesetzten Regeln strukturiert (vgl. Ez 40, 3–43, 17; Sach 1, 16), von Gott mittels einer Meßschnur bestimmt (vgl. Jes 34, 11; Jer 31, 39), mit dem neuen Tempel als seine irdische Wohnstatt, die nach demselben Maßstab gebaut war. Der Himmel galt ebenfalls als durch Säulen in Form von Gebirgen gestützt. Spr 9, 1 spricht vom Haus der Weisheit, das von sieben Pfeilern gehalten wird, in Anlehnung an die vier Pfeiler, die nach der äg. Kosmologie den Himmel tragen. Die Zahl „sieben" impliziert mit ihrer sakralen wie literarischen Konnotation Fülle und Vollkommenheit und geht wohl nicht auf architektonische Vorbilder zurück (anders G. W. Ahlström, The House of Wisdom, SEÅ 44, 1979, 74–76).

Freedman / Willoughby

VII. In der LXX wird *ʿammûḏ* durchwegs mit στῦλος wiedergegeben, das wiederum auch das seltenere *qæræš* „hölzerne Stützen, Balken" im Baubericht des Wüstenheiligtums (Ex 26; 36) abdeckt (Folge einer technischen Unkundigkeit der Übersetzer? vgl. U. Wilckens, ThWNT VII 733). Für die „Wolkensäule" steht durchgängig στῦλος (τῆς) νεφέλης, für die „Feuersäule" στῦλος (τοῦ) πυρός. Zu beachten ist, daß auch *ʿammûḏ* im Königsritual durch στῦλος übersetzt wird (2 Kön 11, 14; 23, 3), wodurch also Deutungen in Richtung eines Podiums weniger wahrscheinlich werden. Nur 4mal findet sich κιών, vielleicht in Reverenz der dahinter stehenden kosmisch-mythischen Motive (Ri 16, 25ff.).

Während bei den Rabbinen *ʿammûḏ* durchaus noch in metaphorischer Bedeutung verwendet werden kann: die Frommen als Säulen, der Lehrer der Thora als Säule, Abraham als Säule der Welt o.ä. (Belege bei Wilckens 734), ist in Qumran der Verwendungsbereich des Wortes überraschend eng. Die 16 Belege verstehen fast durchwegs *ʿammûḏ* als Säule im architektonischen Verbund eines Gebäudes im Tempelbereich (TR 10, 11), ein Stiegenturm mit Zentralpfeiler (TR 30, 9; 31, 9), eine Schlachtanlage für Opfertiere (12 Säulen mit Tragebalken nördl. des Brandopferaltares: TR 34, 2. 3. 15), ein Peristyl westl. des Heiligtums mit freistehenden Säulen (TR 35, 10) und eine Säulenpergola auf dem Dach als Ort der Laubhütten (TR 42, 11; → סכך *sāḵaḵ*). Ob *ʿammûḏ haššenî* in dem kryptographischen Fragment 4 Q 186, 1, II, 6 und 2, I, 7 mit den *ʿammûḏê šāmajim* von Ijob 26, 11 (vgl. Hen 18, 3) zusammenzubringen ist, damit also in den Bereich der kosmologischen Metapher gehört, ist völlig unsicher.

Auch in der Kupferrolle wird *ʿammûḏ* in gleicher Weise verwendet (3 Q 15, 4, 1; 11, 3). 6, 1 nennt das Toponym *mʿrt hʿmwd* „Höhle der Säule", eine Verbindungshöhle zweier größerer Höhlen am Felsabhang zwischen Jericho und Qumran.

In 1 QM 5, 10 schließlich wird die Kannelierung der Säulen als Vorbild für die Gestaltung der Lanzenschäfte der essenischen Krieger genommen. *Fabry*

עָמִית *ʿāmîṯ*

I. 1. Etymologie – 2. Vorkommen – 3. Bedeutung – 4. LXX – II. Volksgemeinschaft als religiöse Größe – 1. Wechselwörter – 2. Der Nächste in Lev – 3. Sach 13, 7 – 4. Qumran.

I. 1. *ʿāmîṯ* wird entweder von *ʿm* (J. Wellhausen, Die Kleinen Propheten, [4]1963, 195) oder von einer nicht bezeugten Wurzel *ʿmh*, verwandt mit der Wurzel *ʿmm* 'sich anschließen' (GesB 601), abgeleitet (GesB 600; KBL[3] 799). Es kommt noch im Mhebr., Jüd.-Aram., Arab. und Asarab. (W. W. Müller, ZAW 75, 1963, 304–316, bes. 312) vor. „Die Endung *-īṯ* ist zum Afformativ verselbständigt und dient der Bildung von Abstraktbegriffen" (J. Körner, Hebr. Studiengrammatik, 1983, 106; vgl. schon GKa § 86k). *ʿāmîṯ* ist also grammatisch ein Abstraktum.

2. Es kommt im AT 12mal vor: Lev 11mal und Sach 13, 7. In der Qumranliteratur finden sich zwei Belege (1 QS 6, 26; CD 19, 8), wobei CD 19, 7–9 Sach 13, 7 wörtlich zitiert. Es ist nur der Sing. des Wortes belegt, und dieser stets suffigiert: *ʿᵃmîṯî* (Sach 13, 7 = CD 19, 8); *ʿᵃmîṯᵉḵā* (Lev 18, 20; 19, 15. 17; 25, 14 [2mal]. 15); *ʿᵃmîṯô* (Lev 5, 21 [2mal]; 19, 11; 24, 19; 25, 17; 1 QS 6, 26).

3. So sicher die grammatische Erklärung von *ʿāmîṯ* auch ist, so sehr schwankt doch die Festlegung der Grundbedeutung. Wellhausen (195) meint: Unser Wort „bedeutet ursprünglich die Verwandtschaft, die Angehörigkeit, und dann auch den Verwandten, den Angehörigen". Die anderen, die eine Grundbedeutung 'Gemeinschaft' oder dgl. annehmen, unterscheiden sich darin, ob sie wie etwa im vorigen Jahrhundert C. v. Orelli (Die zwölf kleinen Propheten, [3]1908, 215) und jüngst wieder KBL[3] 799 das Abstraktum für die ursprüngliche Bedeutung nehmen und das Konkretum 'Volksgenosse' als eine durch Wegfall des Relationswortes *gæḇær* entstandene Sekundärbildung – abstractum pro concreto (E. König, Stilistik, Rhetorik, Poetik, 1900, 66) – halten oder ob sie wie GesB 600 für das Konkretum plädieren und ein Abstraktum ganz und gar ablehnen.

Eine Schlüsselrolle spielt dabei die Wendung *gæḇær ʿᵃmîṯî* (Sach 13, 7). Nach GKa § 130e läge hier die syntaktische Besonderheit vor, daß ein Nomen als Apposition einem St. cstr. zugeordnet ist. Folglich könnte die Wortverbindung mit „der Mann, der mein Genosse ist" (GesB 600) übersetzt werden. Für die anderen ist die Wendung eine Cstr.-Verbindung, die mit „der Mann meiner Gemeinschaft" wiederzugeben ist (so schon F. Hitzig, KeHAT, [2]1852, 379; jüngst wieder K. Elliger, ATD 25[7], 174; W. Rudolph, KAT XIII/4, 212; H. Bardtke, Die Handschriftenfunde am Toten Meer, 1958, 273). Freilich müssen diese dann eine nachträgliche Personifizierung des Wortes in allen Lev-Stellen annehmen (Elliger, HAT I/4, 241 Anm. 19). Schließlich darf nicht übersehen werden, daß die Etymologie von *ʿāmîṯ* „dunkel" und seine spezielle Bedeutung

„nicht mehr sicher zu fassen" (M. Noth, ATD 6, 38) ist.
4. Die LXX übersetzt alle Lev-Belege mit ὁ πλησίον 'der Nächste'. Sach 13,7 gibt sie mit ὁ ἀνήρ πολίτης μου wieder.

II. 1. Da *ʿāmîṯ* außer Sach 13,7 nur in Prosa-Texten vorkommt, gibt es keine echten, im Parallelismus membrorum stehenden Synonyma. Dennoch begegnet gelegentlich als unserem Wort nahestehende Bezeichnung → רע *reaʿ*. In Lev 19 könnte man fast von einem gleichmäßigen Wechsel zwischen beiden Wörtern sprechen: *ʿāmîṯ* findet sich in vv. 11. 15. 17, *reaʿ* in vv. 13. 16. 18. Eine Bedeutungsverschiebung ist nicht zu beobachten. Wird als Objekt des Ehebruchs in Lev 18,20 „das Weib deines *ʿāmîṯ*" genannt, so in Lev 20,10 „das Weib seines *reaʿ*". Auch in 1 QS 6,26 werden *reaʿ* und *ʿāmîṯ* einander recht nahe gerückt.
Als weitere Begriffe, die das mit *ʿāmîṯ* Gemeinte auszudrücken vermögen, stehen in Lev 19,17; 25,14 *ʾāḥ* 'Bruder' unmittelbar neben dem auch inhaltlich deckungsgleichen *ʿāmîṯ* (vgl. Elliger 345) und in Lev 19,18 schließlich noch *b^enê ʿamm^ekā* „deine Volksgenossen". Damit wird auf das allen Begriffen Gemeinsame aufmerksam gemacht: *ʿāmîṯ* ist ein Angehöriger des Volkes Israel, zu dem ein besonderes, der Verwandtschaft zweier Brüder ähnliches Verhältnis besteht, das durch den gemeinsamen JHWH-Glauben geprägt wird. Die Definition von Elliger: *ʿāmîṯ* ist „Glied der Volksgemeinschaft, deren Herr Jahwe ist" (258), trifft den Kern. Deshalb ist es nicht mit „Sippengenosse", sondern mit „Glied der Volksgemeinschaft", „Mitbürger" (Elliger 241; Hulst, THAT II 299) zu übersetzen.
2. *ʿāmîṯ* ist ein vom Heiligkeitsgesetz (Lev 17–26) bevorzugter Begriff. Nur die beiden Belege in Lev 5,21 stehen außerhalb dieses Gesetzes. Sie gehören einem Textabschnitt (vv. 20–26) an, den Elliger (65f.) als den jüngsten von mehreren Nachträgen zu Lev 4,1–5,13 ausweist, womit die Möglichkeit eröffnet ist, den in Lev 5 vorliegenden Gebrauch als Nachwirkung des Heiligkeitsgesetzes auf P zu erklären. Weil auf alle Fälle das Heiligkeitsgesetz älter als DtSach ist, sind diese Belege von *ʿāmîṯ* die frühesten des AT.
Bei allen Stellen geht es um das richtige Verhalten dem Mitbürger gegenüber. Es darf bei Kauf oder Verkauf kein Druck auf ihn ausgeübt werden (Lev 25,14. 15. 17). Man darf ihn nicht bestehlen, betrügen und belügen (19,11), ihm kein Unrecht im Gericht zufügen (19,15), ihn nicht hassen (19,17), ihm keinen Leibesschaden zufügen (24,19) und nicht mit seinem Weibe schlafen (18,20), sondern man soll ihm mit Gerechtigkeit Recht sprechen (19,15) und ihn zurechtweisen (19,17). Daß diese beiden positiven Forderungen in Lev 19 traditionsgeschichtlich sekundär sind (Elliger 248), leuchtet angesichts der Mehrzahl von Negativformulierungen ein. Mithin sind die Verbote die ursprünglichen Sätze. Begründet werden diese Verhaltensregeln insgesamt ausschließlich religiös (vgl. Lev 19,11–14. 16. 18; 25,17): In der Ehrfurcht vor dem Ich JHWHs ist jede Mahnung zu sozialem, auf das Wohl des Mitbürgers gerichtetem Verhalten begründet. Das gilt auch für das Verbot des Einbrechens in eine andere Ehe. Es wird mit der Verunreinigung des Ehebrechers begründet (18,20), womit der Ausschluß „vom Gottesdienst, d.h. vom Verkehr mit Gott und von der Teilnahme an den ... Heilsgütern" (Elliger 240) gemeint ist. Der Mitbürger ist gleichwertiges Glied der Gottesgemeinde und besitzt deshalb Anspruch auf Unterstützung und Schutz (Elliger 258), sogar vor heimlichen feindseligen Gedanken und Gefühlen (Elliger 259).
Diesem umfassenden Schutz vor jeder Art von Schädigung durch den Mitbürger ist schließlich auch das strenge Talionsrecht verpflichtet. Daß in Lev 24,15b–22 ein festes Überlieferungsstück (Elliger 331) vorliegt, ersieht man auch an der anders gearteten Form: nicht Verbot und Mahnung, sondern dem kasuistischen Recht ähnliche Sätze wie der von 24,19: „Wer seinem Mitbürger einen Leibesschaden zufügt, dem wird getan, wie er getan hat." Daß auch dieser Rechtssatz religiös begründet ist, steht fest, ganz gleich, ob man an die Heiligkeit der Gemeinde oder an die Unverletzbarkeit des Lebens denkt (vgl. Noth, ATD 6^4, 157; Elliger 335). Und damit, daß dieser Abschnitt „übernommenes älteres Gut" (Noth) enthält, wird es wahrscheinlich, daß auch unser Begriff aus älterer Rechtstradition stammt.
Diesen religiösen Bezug weist Lev 5,21 damit auf, daß Unterschlagung als „Untreue gegen JHWH" verstanden und u.a. durch ein *ʾāšām* für JHWH gesühnt werden muß.
3. Sach 13,7 ist ein in den Mund JHWHs gelegtes Drohwort. Das Schwert wird aufgerufen, sich zu erheben gegen „meinen Hirten" (*roʿî*) und gegen „den Mann meiner Gemeinschaft" (*gæbær ʿ^amîṯî*).

Die Deutung dieser Wendung wie des kleinen Abschnitts ist umstritten, wie die weiteren Übersetzungen „mein Geselle" (Rudolph, KAT XIII/4, 212), „Mann, der mein Vertrauter ist" (Horst, HAT I/14, 252; so schon Wellhausen 49) oder „Mann, der mir am nächsten steht" (Zürcher Bibel, auch Maier, Die Texte vom Toten Meer I 67, und Lohse, Die Texte aus Qumran 101, für CD 19,8) zeigen. Elliger (ATD 25^7, 175f.) erwägt, ob man nicht „statt 'Gemeinschaft' direkt 'Verwandtschaft' übersetzen" sollte, und weist darauf hin, daß hier statt *ʾîš* das „der gehobenen Sprache angehörende, nicht selten Kraft und Heldenhaftigkeit betonende" *gæbær* steht. Das begründet die Schlußfolgerung, mit beiden Begriffen sei die Messiasgestalt gemeint. Dann aber würde hier das „Fiasko" des Messias als Folge „der Schwere der Schuld" des Volkes (Rudolph, KAT XIII/4, 213f.) vorausgesagt. Anders äußert sich B. Otzen (Studien über Deuterosacharja [Acta Theologica Danica VI], 1964, 193f.), der in v. 7 „einen verborgenen Hinweis auf das kultische Leiden des Königs" findet, womit einerseits die Ereignisse des Jahres 587 „kurz und bündig geschildert" werden und andererseits auf „die zukünftigen Ereignisse" (vv. 8f.) in Form einer „Deutung von 587" hingewiesen werde. Und Wellhausen (195) schlägt den Hohenpriester vor. Vgl. auch I. Willi-Plein, BBB 42, 1974, 77.

4. Der at.liche Sprachgebrauch herrscht hinsichtlich unseres Wortes auch in Qumran vor. Es steht in nächstem Kontakt zu *rea'* und im Kontext eines „Strafkodex" (1 QS 6, 26; Maier II 27). Leider ist der Text unvollständig, so daß die Deutungsversuche unsicher bleiben müssen, obwohl der Zusammenhang klar ist: Wer sich gegen seinen Nächsten vergeht, wird für begrenzte Zeit aus der Gemeinschaft ausgeschlossen (6, 24–27). In diese Festlegung ist die Wendung *jswd 'mjtw* eingebracht, die von Maier mit „das 'Fundament' (?) seines Gefährten", von Lohse und Molin wohl angemessener mit „Grundlage seiner Gemeinschaft" übersetzt (Bardtke und Wernberg-Møller lesen *jswr 'mjtw* „'Zucht' seiner Genossen") und so gedeutet wird, daß das Vergehen gegen den Nächsten deshalb so hart bestraft wird, weil es die Gemeinschaftsgrundlage zerstört, also das Zusammenleben in der Gottesgemeinde gefährdet.
CD 19, 8 fügt Sach 13, 7 in den Zusammenhang des mit der Heimsuchung kommenden eschatologischen Strafgerichts ein, das alle trifft, die die Gebote und Satzungen verachtet haben. Diese Heimsuchung aber besteht im Eintreffen des in Sach 13, 7 Angekündigten.

Zobel

עָמָל *'āmāl*

עָמַל *'āmal*, עָמֵל *'āmel*

I. *'ml* in den semit. Sprachen – II. *'ml* im AT – 1. Statistik. LXX. Generelles – 2. Neutrale Bedeutung 'arbeiten', 'Arbeiter' – 3. *'āmāl* 'Bedrängnis' in individuellen Klagepsalmen und verwandten Texten – 4. *'āmāl* 'Mühsal des Lebens' in der Weisheitsliteratur (außer Koh) – 5. *'āmāl* 'mühevolle Arbeit', 'rastloser Fleiß' im Buche Koh – III. *'āmāl* in spätem und nachbibl. Hebr.

Lit.: *G. Bertram*, Hebräischer und griechischer Qohelet (ZAW 64, 1952, 26–49). – *R. Braun*, Kohelet und die frühhellenistische Popularphilosophie (BZAW 130, 1973). – *I. Engnell*, Work in the Old Testament (SEÅ 26, 1961, 5–12). – *G. Fohrer*, Zweifache Aspekte hebräischer Wörter (BZAW 155, 1981, 203–209; engl. in Festschr. D. Winton Thomas, Cambridge 1968, 95–103). – *H. L. Ginsberg*, Studies in Koheleth (Texts and Studies of the Jew. Theol. Sem. of America XVII, New York 1950). – *Ders.*, Supplementary Studies in Koheleth (PAAJR 21, 1952, 35–62). – *J. Pedersen*, Israel. Its Life and Culture, London – Kopenhagen 1926–1940. – *G. von Rad*, Weisheit in Israel, 1970. – *H. H. Schmid*, Wesen und Geschichte der Weisheit (BZAW 101, 1966). – *S. Schwertner*, עָמָל *'āmāl* Mühsal (THAT II 332–335).

I. Die Wurzel *'ml* ist in den meisten semit. Sprachen vertreten, besonders reich in den späteren Sprachformen. Die Grundbedeutung der Wurzel ist vermeintlich 'müde sein' oder 'müde werden' und um diese Grundbedeutung herum stehen eine Reihe Bedeutungen, die semantisch zusammenhängen: *'ml* bezeichnet einerseits das, wodurch man müde wird, also 'die Arbeit' (und das Verbum 'arbeiten'), andererseits aber den Zustand, worin man sich befindet, wenn man ermüdet wird, also 'Mühsal', 'Elend' und 'Unheil'. Endlich kann *'ml* die positiven Erfolge der mühevollen Arbeit angeben, also 'Gewinn' oder 'Erwerb'. Diesen vielen Bedeutungsnuancen gegenübergestellt, kann man kaum von einer Bedeutungsentwicklung reden. Eher soll man die Bedeutungsnuancen als Ausdruck des „Totaldenkens" der antiken Semiten verstehen. Wenn ein Begriff bei den Semiten ausgedrückt wird, klingen alle Aspekte des Begriffes mit, obwohl in dem betreffenden Zusammenhang eine bestimmte Nuance im Vordergrund steht. Zum Begriff 'müde sein' gehören also die obengenannten Aspekte, daß der Mensch durch Arbeit ermüdet, ebenso durch Elend und Bedrängnis, aber auch daß die mühevolle Arbeit Gewinn bringen kann (s. Pedersen I–II 108–128; Fohrer 207. 209; vgl. die Wurzel → יגע *jāga'* mit ähnlichen Bedeutungsnuancen).
Im Akk. ist die Wurzel nur im häufig belegten Subst. *nēmelu* 'Erwerb' bezeugt (AHw 776). Im Arab. gibt es das Verbum *'amila* 'arbeiten', und das Substantiv *'amal* 'Arbeit'; im Äth. *mā'bal* 'Werkzeug' (vgl. Brockelmann, VG I 226). Im Altaram. (DISO 217) kommt das Verbum auf der Barrakib-Stele vor, wahrscheinlich mit der Bedeutung 'sich abmühen' (KAI 216, 7–8), und in der Sfire-Inschrift das Subst. in dem Ausdruck *kl mh 'ml* „alle möglichen Bedrängnisse" (in einer Fluchformel; KAI 222 A 26). Im Reichsaram. begegnet die vom AT bekannte Paronomasie *'ml' zj 'mlt* „die Mühe, die du dir gemacht hast" (AP 40, 2).
Im späteren paläst. Aram. taucht die Wurzel wieder auf: in den Qumran-Fragmenten des Levi-Testaments (DJD I, 21, [1]–2) ist zwar das Substantiv in Z. 1 verschwunden (vgl. aber das Bodleian Fragment Z. 3, Charles, The Greek Versions of the Testaments of the Twelve Patriarchs, Oxford 1908, 246), das Verb ist aber in Z. 2 bewahrt. Beide Wörter stehen in Beschreibungen von Bedrängnissen (vgl. APOT II 364). In nordpalästin. Synagogeninschriften (3.–5. Jh. n. Chr.) hat *'ml* offenbar eine spezielle, technische Bedeutung, wenn es die Donation einer Privatperson für die Synagoge angibt (s. Fitzmyer / Harrington, A Manual of Palestinian Aramaic Texts, Rom 1978, Texts A 26, 10; A 27, 3f.; A 28, 2f.; A 39, 3). Im rabbin. Aram. bedeutet das Subst. auch 'Miete' oder 'Einkünfte' (s. Levy, WTM), während das Verb wie im Hebr. 'arbeiten' (und besonders 'am Thorastudium arbeiten') bedeutet. Im Syr. begegnen die üblichen Bedeutungen 'Mühsal' und 'sich abmühen', oft in Verbindung mit asketischen Übungen (s. CSD 417).

II. 1. Im AT kommen Formative der Wurzel *ʿml* 75mal vor, davon 50 in der Weisheitsliteratur, vor allem in Koh (35mal). In den Psalmen trifft man die Wurzel 14mal und in den übrigen Schriften sehr verstreut. Das Subst. *ʿāmāl* kommt 55mal vor, das Verbum *ʿāmal* 11mal und das Adj. *ʿāmel* 9mal. Der PN *ʿāmāl* 1 Chr 7, 35 entspricht dem palmyr. Namen *ʿmlʾ*, der vielleicht „Arbeiter" bedeutet (PNPI 106) und hat vielleicht eine Verbindung zum edomit. theophoren Namen *qwsʿml* (s. Th. C. Vriezen, OTS 14, 1965, 330f.).

Überwiegend übersetzt LXX *ʿāmāl* mit μόχθος, πόνος oder κόπος (s. Bertram 35–47), Wörter, die auch andere hebr. Vokabeln wiedergeben, vor allem *j^e^gîaʿ*. Überhaupt ist *jgʿ* die wichtigste Parallele zu *ʿml* und weist ebenfalls negative (ʿMühsalʾ) und positive (ʿErwerbʾ) Bedeutungsnuancen auf (→ III 413–420).

Die statistische Übersicht hat gezeigt, daß *ʿml* zum Spezialvokabular der Weisheitsliteratur gehört und damit für die spätere Sprachstufe des AT typisch ist. Daneben begegnet jedoch das Subst. *ʿāmāl* ʿBedrängnisʾ häufig in den individuellen Klagepsalmen. Die 6 Belege in der prophetischen Literatur sind mehr oder weniger von den Klagepsalmen beeinflußt. Es zeigen sich deutliche Unterschiede zwischen den Bedeutungsfeldern der Wurzel *ʿml* in den verschiedenen Literaturgruppen, ohne daß eine Bedeutungsentwicklung erkennbar ist.

2. Außerhalb von Koh (s.u. II.5.) kommt die Wurzel in der neutralen Bedeutung ʿarbeitenʾ ziemlich selten vor. Ri 5, 26 greift Jaël den *halmûṯ ʿ^a^melîm* „den Arbeiter-Hammer", der normalerweise von den Arbeitern benutzt wird. In Spr 16, 26 trifft man auf einen „makaberen Scherz" (Plöger, BK XVII 195), der etwa aussagen mag: „der Hunger des Arbeiters (*ʿāmel*) arbeitet (*ʿām^e^lāh*) für ihn", d.h. fehlt ihm die Lust an der Arbeit, werden mindestens die elementaren Lebensbedürfnisse ihn antreiben. Die beiden Wörter werden hier wohl neutral benutzt; ein Unterton ist aber hörbar: der Arbeiter ist nicht zu beneiden, seine Arbeit ist qualvoll und die Arbeit, die der Hunger „für ihn" leistet, steigert nur die Qual (s. Engnell 10; W. McKane, Proverbs, London 1970, 490f.).

Ohne negative Färbung begegnet das Verb in Jona 4, 10, wo JHWH zu Jona sagt: „Du fühlst Mitleid mit der Rizinusstaude, an der du nicht gearbeitet hast (*ʿāmaltā*), um sie großzuziehen", und Ps 127, 1, wo es von den Handwerkern heißt, daß sie vergebens arbeiten (*ʿām^e^lû*), wenn nicht JHWH das Haus baut.

3. In den Psalmen und bei den Propheten kommt (außer den eben erwähnten Stellen) nur das Subst. *ʿāmāl* vor; es bezeichnet hier eindeutig ʿMühsalʾ, ʿBedrängnisʾ und ʿUnheilʾ. Eine auffallende Ausnahme ist Ps 105, 44 (s.u. III.). Als Parallelbegriffe trifft man *ʾ^o^nî, ḥāmās, šæqær, mirmāh, tok̠, kaʿas* und vor allem *ʾāwæn*. Dadurch wird das semantische Feld *ʿāmāl* deutlich umschrieben. *ʿāmāl* bezeichnet in diesen Texten überwiegend die Bedrängnisse, die Menschen über andere Menschen bringen. Am häufigsten wird *ʿāmāl* mit *ʾāwæn* ʿÜbelʾ zusammengestellt. Typisch ist die sprichwortartige Wendung „mit *ʿāmāl* schwanger gehen und *ʾāwæn* gebären" (Jes 59, 4; Ijob 15, 35; in Ps 7, 15 kommt der Begriff *šæqær* ʿLügeʾ hinzu, → I 154).

Auch in anderen individuellen Klagepsalmen findet man die Zusammenstellung von *ʿāmāl* mit *ʾāwæn*, wo der Gottlose (*rāšāʿ*) dem Gerechten (*ṣaddîq*) gegenübergestellt wird. In Ps 55 heißt es, die Stadt sei von Gottlosen beherrscht, und „*ʾāwæn w^e^ʿāmāl* sind in ihrer Mitte" (v. 11; v. 12 ergänzt mit *hawwôṯ*, *tok̠* und *mirmāh*, während v. 10 *ḥāmās* und *rîḇ* erwähnt). Es handelt sich hier um soziale Unterdrückung, und ähnliche Wendungen tauchen in prophetischen Anklagen gegen soziale Übergriffe auf: Hab 1, 3 – in einem Abschnitt, der ganz in der Form der individuellen Klagepsalmen gehalten ist – und in dem Wehe-Ruf Jes 10, 1, der mit dem Klagepsalm Ps 94, 20 zusammengesehen werden muß und wohl vom Gottlosen redet, der die Gesetze verdreht, um den Schwachen und Gerechten zu unterdrücken.

Die Bedeutung ʿBedrängnisʾ ist an den eben behandelten Stellen im Rahmen der Gattung der individuellen Klage einleuchtend. Weiter heißt es vom Gottlosen, unter seiner Zunge gebe es *ʿāmāl w^e^ʾāwæn* (Ps 10, 7) oder seine Lippen reden *ʿāmāl* (Ps 140, 10). Die Formulierungen stammen vielleicht aus der Weisheitslehre (vgl. Spr 24, 2, wo gegen „die Männer der Bosheit" [v. 1] gewarnt wird, die Unterdrükkung ausdenken und die mit den Lippen *ʿāmāl* reden). Von der Weisheit kommt wohl auch der Vergeltungsgedanke: derjenige, der *ʿāmāl* schafft, wird selbst von *ʿāmāl* getroffen (Ps 140, 10); „sein *ʿāmāl* kommt über sein eigenes Haupt, und seine Gewalttat (*ḥāmās*) kommt über seinen Schädel herab" (Ps 7, 17); vgl. weiter Ijob 4, 8: „diejenigen, die *ʾāwæn* pflügen und *ʿāmāl* säen, müssen es selbst ernten", und Ijob 20, 22: der Gottlose (v. 5) wird von der „Hand des Unheils" (*jaḏ ʿāmāl*; so zu lesen statt *ʿāmel*, s. Fohrer, KAT XVI 326) getroffen. Umgekehrt ist es für den Leidenden eine Anfechtung, wenn der Gottlose eben nicht von *ʿ^a^mal ʾ^æ^nôš*, „menschliche Bedrängnisse" betroffen wird (Ps 73, 5).

In den individuellen Klagepsalmen begegnet man der Bitte, JHWH solle die Not (*ʿ^o^nî*) und Bedrängnis (*ʿāmāl*) des Klagenden sehen (*rāʾāh*), d.h. dem Beter gegen die Feinde (v. 19) helfen (Ps 25, 18). Das Gebet entspricht der Überzeugung, daß JHWH zu jeder Zeit *ʿāmāl wāk̠aʿas* „Mühsal und Trübsal" des Gerechten sieht (*rāʾāh*) und den Gottlosen ausrottet (Ps 10, 14). Nach Hab 1, 13 sind JHWHs Augen zu rein, als daß er das Böse (*rāʿ*) ansehen (*rāʾāh*) und *ʿāmāl* anschauen (*nbṭ hiph*) kann, d.h. wenn er sie sieht, muß er eingreifen (vgl. Hab 1, 3). Haben die älteren Übersetzungen recht, sagt das Bileamorakel Num 23, 21 genau dasselbe: „Er (JHWH) kann nicht *ʾāwæn* in Jakob zuschauen (*nbṭ hiph*), und er kann nicht *ʿāmāl* in Israel zusehen (*rāʾāh*)."

Diese charakteristische Verwendung des Verbs *rā'āh* in Verbindung mit *ʿāmāl* begegnet auch in dtr Texten: die Israeliten riefen zu JHWH in Ägypten, „er hörte unsere Stimme, und er sah (*rā'āh*) unsere Not (*ʿŏnjenû*) und unsere Bedrängnis (*ʿamālenû*)" (Dtn 26, 7). Nach Ri 10, 16 kann JHWH nach der Bekehrung Israels nicht länger dessen Bedrängnis (*ʿāmāl*) ertragen. Hier wie Ps 107, 12 meint *ʿāmāl* weniger die Bedrängnisse, die von anderen über Israel gebracht sind, sondern die Strafe Gottes über sein Volk. Dieser Psalm ist ohne Zweifel dtr geprägt; also wird vornehmlich im dtr Traditionskreis *ʿāmāl* für die göttliche Strafe über das Volk verwendet. Ganz selten gibt *ʿāmāl* gottgeschickte Strafe des einzelnen an; vielleicht ist ein solcher Gedanke in Ps 25, 18 durch die Zufügung „und vergib alle meine Sünde" angedeutet. Auch die Leiden der für eine besondere Aufgabe ausgewählten Person werden mit *ʿāmāl* bezeichnet: Josef, der bei der Geburt seiner Söhne auf seinen überstandenen *ʿāmāl* zurückschaut (Gen 41, 51); der Knecht JHWHs, der sühnend seinen *ʿāmāl* tragen muß (Jes 53, 11), und Jeremia, der in seinen Konfessionen fragt, warum er überhaupt geboren wurde, wenn er nur *ʿāmāl* sehen sollte (Jer 20, 18).

Wohl nur einmal wird *ʿāmāl* in übertragener Bedeutung verwendet: Ps 73, 16 versucht der Klagende seine Situation zu verstehen; es bereitet ihm aber *ʿāmāl*, „seelische Qualen".

4. In der weisheitlichen Tradition ist eine andere Nuance im Begriff *ʿml* vorherrschend: die Bedrängnisse, oder besser die Mühsal, die zu den elementaren Lebensbedingungen des Menschen gehören. In dem weisheitsgeprägten Ps 90 wird die Last des Lebens geschildert; wenn auch der Mensch ein begehrenswert hohes Alter erreicht, ist doch die „Herrlichkeit" des Lebens nur *ʿāmāl wā'āwæn* (v. 10). Und Ijob meint dasselbe, wenn er behauptet, das Leben sei ein Sklavendienst, und *ʿāmāl*-Nächte seien des Menschen Los (Ijob 7, 3). Nach Elifas wird der Mensch *leʿāmāl* geboren (Ijob 5, 7; wenn nicht der Text korrigiert werden muß: „der Mensch selbst zeugt die Mühsal"; s. aber Fohrer, KAT XVI 132 und Horst, BK XVI/1, 62. 81; anders von Rad 174).

Da also das Menschenleben unter dem Vorzeichen der Mühsal steht, kann man versuchen, vor dieser Wirklichkeit zu flüchten: man kann trinken, damit man den *ʿāmāl* des Lebens vergißt (Spr 31, 7). Oder man kann seine Hände zu Gott ausbreiten, dann verschwindet der *ʿāmāl* wie Wasser, das wegläuft (wie Zofar empfiehlt, Ijob 11, 16). Für Ijob selbst reichen diese Auswege doch nicht; die Freunde sind ihm nur *ʿāmāl*-Tröster (Ijob 16, 2)! Er weiß, daß der *ʿāmāl* seit seiner Geburt sein Verhängnis ist (Ijob 3, 10); so kann er nur fragen, warum Gott dem elenden (*ʿāmel*) Menschen das Licht sehen läßt (Ijob 3, 20; vgl. Jer 20, 18).

5. Koh steht der traditionellen Weisheitslehre kritisch gegenüber, und es ist nicht zufällig, daß er das Wort *ʿāmāl* anders versteht als Spr und Ijob. In seinen Reflexionen über den Sinn des menschlichen Daseins verwendet er etwa 35mal Wörter von der Wurzel *ʿml* (22mal das Subst. *ʿāmāl*; 8mal das Verb; 5mal das Adj. *ʿāmel*). Koh verwendet dabei häufig die Stilfigur der Paronomasie: *kŏl-ʿamālô šæjjaʿamol* (1, 3) oder *kŏl-ʿamālô ... šæhû' ʿāmel* (2, 22; vgl. 2, 11. 18. 20. 21; 5, 17; 9, 9).

Wenn Koh mit *ʿml* nicht „die Mühsal des Lebens" verbindet, hängt es damit zusammen, daß er andere Nuancen im Begriff hervorheben muß, um seine Vorstellungen vom Menschenleben klarzumachen. *ʿāmāl* bezeichnet bei ihm die mühevolle Arbeit, die das menschliche Dasein prägt. Damit kommt er der neutralen Bedeutung von *ʿāmal* 'arbeiten' und von *ʿāmel* 'Arbeiter' ganz nahe (vgl. o. II. 2.). Aber die Wörter haben bei Koh den Unterton der Frustration, bezeichnen also „die mühevolle Arbeit" oder noch besser den rastlosen Fleiß des Menschen, den Koh nur als lautere Eitelkeit betrachten kann. Für ihn haben Arbeit und Fleiß eigentlich keinen Zweck, weil sie keinen Sinn haben; der Mensch kann sich nicht dadurch im Leben – oder gegen des Lebens Fügungen – sichern. Trotzdem soll der Mensch die Frucht der Arbeit und des Fleißes genießen, solange er am Leben ist. *ʿml* bekommt so einen zentralen Platz in der Gedankenwelt des Koh, wenn er versucht, mit der menschlichen Lebensentfaltung und Lebenshaltung zurechtzukommen (zu den entsprechenden Begriffen in der hellenistischen Popularphilosophie s. Braun 48 f.).

Wenn Koh ausdrücken will, daß die Arbeit sinnlos und zwecklos ist, setzt er oft *ʿāmāl* mit dem für ihn spezifischen Wort *jiṯrôn* 'Gewinn' zusammen, und zwar in einer rhetorischen Frage: „Welchen Gewinn (*jiṯrôn*) erreicht der Mensch bei all seiner Arbeit (*ʿamālô*), die er unter der Sonne ausführt (*jaʿamol*)?" (Koh 1, 3; ähnlich 3, 9; 5, 14 f. → יתר *jtr*).

Ganz schlicht wird diese Auffassung vorgeführt im großen Abschnitt über die Nichtigkeit der menschlichen Existenz (Koh 1, 12 – 2, 26). Zwar wird zugegeben, daß der Genuß vielleicht Freude bereiten kann, aber dann heißt es: „Da wandte ich mich allen meinen Werken zu, die meine Hände geschaffen hatten, und zur Arbeit, die ich ausgeführt hatte (*bæʿāmāl šæʿāmaltî*) bei meinem Wirken (*laʿaśôṯ*), und das alles war Nichts und ein Haschen nach Wind, und es war kein Gewinn (*jiṯrôn*) unter der Sonne" (2, 11; vgl. 4, 4). Das Sprichwort „Lieber eine Hand voll Ruhe als zwei Hände voll Arbeit (*ʿāmāl*)!" (Koh 4, 6) drückt denselben Gedanken aus.

Ein Spezialfall bietet die Situation des Einzelgängers dar (4, 7–12), für den doch erst recht die Arbeit sinnlos ist, da er keinen Erben hat. Trotzdem „hat all seine Arbeit (*ʿamālô*) kein Ende, und er sieht sich nicht an seinem Reichtum satt". Unter solchen Verhältnissen kann man wirklich fragen: „Für wen arbeite ich (*ʿāmel*)?" Dann ist es doch besser, wenn zwei zusammen sind; sie helfen einander und können gemeinsam „einen guten Lohn für ihre Arbeit (*baʿamālām*) erhalten".

Aber auch derjenige, der einen Erben hat, steht Problemen gegenüber. Koh führt das in einer kleinen

Abhandlung aus, in der er 10mal mit Wörtern der Wurzel *ʿml* spielt (2, 18–23): „Es war mir verhaßt, daß ich all meine Arbeit, die ich unter der Sonne ausgeführt habe (*'æṯ-kŏl-ʿᵃmālî šæ'ᵃnî ʿāmel taḥaṯ haššæmæš*), einem Menschen überlassen muß, der nach mir kommt. Wer weiß, ob er klug oder töricht ist ...“ Das ist genau das Problem; die ganze Arbeit kann vergebens gewesen sein, wenn nicht der Erbe mit Einsicht die Hinterlassenschaft verwalten kann. Am Ende des Exposés kann Koh nur seufzen: „Was hat denn der Mensch von all seiner Arbeit (*beḵŏl-ʿᵃmālô*) und von seines Herzens Streben, womit er arbeitet (*šæhû' ʿāmel*) unter der Sonne?“ (v. 22).

Diese negative Wertung der Arbeit gründet in der Überzeugung, daß der Mensch nicht mit all seiner Weisheit „den Sinn alles Treibens auf Erden ergründen“ kann (Zimmerli, ATD 16/1³, 218); dies um so mehr, wenn es sich um das göttliche Tun (*maʿᵃśeh 'ælohîm*) handelt: „Wenn auch der Mensch an dem Suchen arbeitet (*jaʿᵃmol*), er findet es nicht heraus“ (Koh 8, 17).

Angesichts dieser Sinnlosigkeit sollte der Mensch eigentlich aufgeben. Das meint aber der Prediger nicht. Wenn auch die Arbeit vielleicht keinen Sinn hat, kann man doch Freude daran haben! Was die Arbeit hervorbringt, ist doch eine gute Gabe Gottes. Hier findet man oft eine gewisse Inkonsequenz beim Prediger (Schmid 193f.). Man spürt aber in diesen Aussagen eine Gottergebenheit, die ihm schließlich erlaubt, darauf zu verzichten, „das Werk Gottes herauszufinden“. Diese Grundhaltung hilft dem Prediger zu einer weltoffenen und lebensoffenen Einstellung, die in einigen Aussagen zum Ausdruck kommt, wo *ʿāmāl* auf charakteristische Weise mit dem Wort *ḥelæq* 'Teil, Los' zusammengestellt wird. Unmittelbar vor Koh 2, 11, wo von der sinnlosen Arbeit die Rede ist (s.o.), hat der König über seine vielen Aktivitäten berichtet und er endet v. 10 mit dem Geständnis, er habe seinem Herzen keine Freude verweigert, „denn mein Herz freute sich über all meine Arbeit (*mikkŏl-ʿᵃmālî*), und das war mein Teil (*ḥælqî*) von all meiner Arbeit“. Das Beste und Schönste ist, „daß einer ißt und trinkt und es sich gut gehen läßt bei all seiner Arbeit (*beḵŏl-ʿᵃmālô šæjjaʿᵃmol*) unter der Sonne all die Lebenstage, die ihm Gott gibt; denn das ist sein Teil (*ḥælqô*)“ (5, 17). Der Reiche kann von seinem Reichtum „essen“ und seinen Teil (*ḥælqô*) tragen und darf sich über seine Arbeit (*baʿᵃmālô*) freuen – „auch das ist eine Gabe Gottes“ (v. 18; ähnlich 2, 24; 3, 13 und 8, 15; zum Ganzen s. von Rad 296–306).

Diesen lebensfrohen Äußerungen stellt aber Koh eine Aussage gegenüber, die wohl besagen soll, daß das unbekümmerte Essen und Trinken freilich eine Freude sei, jedoch ihre dunkle Kehrseite hat: die ungestillte Lebensgier: „Alle Arbeit des Menschen (*kŏl-ʿᵃmal hā'āḏām*) geschieht für seinen Mund – doch der Hunger wird nie gestillt!“ (6, 7). Denselben bitteren Unterton hört man in einer letzten Sentenz: du sollst mit Freude essen und trinken, dich salben und weiße Kleider tragen; du sollst das Leben genießen mit der Frau, die du liebst, „denn das ist dein Teil im Leben (*ḥælqeḵā baḥajjîm*) und für die Arbeit, die du ausführst (*ûḇaʿᵃmāleḵā 'ᵃšær-'attāh ʿāmel*) unter der Sonne“ – tue all das, denn nur eins ist dir sicher: der Tod! (9, 7–10).

III. Aus derselben späten Zeit wie Koh gibt es eine einzige Stelle im AT, wo das Wort *ʿāmāl* eindeutig 'Erwerb' bezeichnet, also was man durch mühevolle Arbeit erwirbt (vgl. o. I.), nämlich Ps 105, 44, wo es von der Landnahme heißt: „und sie nahmen in Besitz den Erwerb der Nationen (*ʿᵃmal leʾummîm*)“.

Man hat versucht dieselbe Bedeutung von *ʿāmāl* in Koh (mit wenigen Ausnahmen) durchzuführen (Ginsberg 1950, 1ff. und Ginsberg 1952, 35–39). An gewissen Stellen hört man wohl diese Nuance mit; eine konsequente Übersetzung „Erwerb“ (Ginsberg: „earning“) wirkt aber künstlich (Galling, HAT I/18², führt sie für den Abschnitt Koh 2, 18f. durch; vgl. auch Zimmerli, ATD 16/1³, 157f.).

Im nachbibl. Hebr. tritt die Bedeutung „Erwerb“ deutlich hervor. 1 QS 9, 22 heißt es, daß die gerechten Gemeindeglieder „den Reichtum und den Erwerb der Hände“ (*hwn wʿml kpjm*) den Ungerechten überlassen sollen. Sonst kommt *ʿāmāl* in den Qumrantexten nur in der gewöhnlichen Bedeutung 'Mühsal' (mehrmals mit Anspielung auf bibl. Stellen) vor (insgesamt 8 Belege). Im rabbin. Hebr. wird besonders das Verb ganz neutral verwendet: „fleißig arbeiten“ (oft vom Thorastudium). Das Subst. hat öfters die bibl. Bedeutung 'Mühsal', kann aber auch 'Eigentum' bedeuten (s. Levy, WTM).

Otzen

עֵמֶק *ʿemæq*

עָמַק *ʿāmaq*, עֹמֶק *ʿomæq*, עָמֹק/עָמֵק *ʿāmeq/ʿāmoq*, מַעֲמַקִּים *maʿᵃmaqqîm*

I. Verbreitung und Bedeutung in den semit. Sprachen – II. Vorkommen und Bedeutung im AT – 1. Belege für die Wortbildungen aus der Wurzel *ʿmq* – 2. Das Verb *ʿmq* – 3. *ʿemæq* als geographischer Begriff – 4. Das Nomen *ʿomæq* und die Adjektive *ʿāmeq/ʿāmoq* – 5. *maʿᵃmaqqîm* – III. Verwendung der Wurzel *ʿmq* – 1. im Jüd.-Aram. – 2. in Qumran – 3. LXX.

Lit.: *A. Bongini*, Ricerche sul lessico geografico del semitico nord-occidentale (AION 19, 1969, 181–190, bes. 188–190). – *M. Dahood*, The Value of Ugaritic for Textual Criticism (Bibl 40, 1959, 160–170, bes. 166f.). – *E. C. Dell'Oca*, El Valle de Josafat: ¿nombre simbólico o topográfico? (Revista Biblica Raf. Calzada 28, 1966, 169ff.). – *G. R. Driver*, Difficult Words in the Hebrew Prophets (Festschr. Th. H. Robinson, Edinburgh 1950,

52–72). – *J. C. Greenfield*, Ugaritic Lexicographical Notes (JCS 21, 1967, 89–93, bes. 89). – *W. Herrmann*, Philologica hebraica (Theol. Versuche 8, 1977, 35–44). – *A. Jirku*, Eine Renaissance des Hebräischen (FF 32, 1958, 211f.). – *L. Krinetzki*, „Tal" und „Ebene" im Alten Testament (BZ NF 5, 1961, 204–220). – *H.-D. Neef*, Die Ebene Achor – das „Tor der Hoffnung" (ZDPV 100, 1984, 91–107). – *J. Reider*, Etymological Studies in Biblical Hebrew (VT 2, 1952, 113–130). – *K.-D. Schunck*, Bemerkungen zur Ortsliste von Benjamin (ZDPV 78, 1962, 143–158). – *A. Schwarzenbach*, Die geographische Terminologie im Hebräischen des Alten Testaments, Leiden 1954. – *A. A. Wieder*, Ugaritic-Hebrew Lexicographical Notes (JBL 84, 1965, 160–164, bes. 162f.). – *H. W. Wolff*, Die Ebene Achor (ZDPV 70, 1954, 76–81).

I. Für die Wurzel *ʿmq* findet man in fast allen semit. Sprachen Belege; die unterschiedlichen Bedeutungen sind nicht voneinander ableitbar.

a) In der Mehrzahl umfassen die Belege den Begriff des Tiefseins oder der Tiefe im wörtlichen oder abgeleiteten Sinn. Schon im Alt-Akk. (AHw 213. 215) bedeutet *emēqu(m)* I ʿweise seinʾ und wird in bezug auf Götter und Menschen gebraucht, ähnlich im Babyl. das Adj. *emqu(m)* ʿweise, klugʾ (so z. B. der König oder ein Handwerker); diese übertragene Bedeutung setzt sich im Jüd.-Aram. und in Qumran fort (s. u. III.). Die wörtlich-materielle Bedeutung des Nomens *ʿmq* ʿTalebeneʾ ist in den außerbiblischen semit. Sprachen ebenso häufig wie im AT selbst (vgl. KBL³ 802), so im Ugar. (WUS Nr. 2050; UT Nr. 1873: ʿTalebene, Tieflandʾ), im Phön. (Karatepe-Inschr. KAI 26, I, 4; II, 8–9. 14. 15: *ʿmq ʾdn* „die Ebene / Flur von Adana"; Inschrift aus Maktar KAI 145, 8: *jrd bʿmq*; als Landschaftsbezeichnung mehrfach in den Amarna-Briefen (vgl. EA, 1112. 1571; dazu M. Noth, ABLAK II 60) und in Mari (ABLAK II 269). Im Alt-Aram. wird von der Wurzel *ʿmq* ein Verb im *haph* abgeleitet (Zakir-Inschr. KAI 202 A, 10: *whʿmqw ḥrṣ* „sie hoben einen Graben aus").

b) Im Ugar. wie im Mittel- und Neu-Assyr. gibt es daneben die homonyme Wurzel *ʿmq* II mit diesen Bedeutungen: ugar. *ʿmq* ʿtüchtig, starkʾ (WUS Nr. 2050; UT Nr. 1874); assyr. *emūqu(m)* ʿArmkraft, Macht, Gewaltʾ (AHw 216); *emūqa(mma)* und *emūqattam* ʿgewaltsamʾ (AHw 215), die für die Erklärung von Jer 47, 5; Ijob 39, 21 und weiteren Stellen (s. u. II. 3. g) herangezogen werden.

II. 1. Für die Wurzel *ʿmq* gibt es im AT ca. 100 Belege, die sich so verteilen: *ʿmq* als Verb einmal im *qal* ʿ(unerforschlich) tief seinʾ; 8mal im *hiph* ʿtief machenʾ (im wörtlichen und übertragenen Sinn); *ʿemæq* ʿTalebeneʾ 65mal; *ʿomæq* ʿTiefeʾ 2mal; das Adj. ʿtiefʾ in den Formen *ʿāmeq* (aram. *ʿammîq*) und *ʿāmoq* 19mal. Die Ableitung *maʿamaqqîm* ʿTiefenʾ kommt 5mal vor.

2. Während das Verb *ʿmq qal* in der immateriellen Sphäre anzusiedeln ist (Ps 92, 6: „Wie groß sind deine Werke, JHWH; sehr tief sind deine Pläne"), beschreibt das *hiph* ein tätiges „in die Tiefe gehen", wie es beim Graben von Höhlen aus Furcht vor dem Feind (Jer 49, 8. 30), beim Herrichten von Fallgruben (Hos 5, 2; 9, 9) oder beim Vorbereiten einer Brandstätte (Jes 30, 33) geschieht. Auch Jes 7, 11 kann hier genannt werden („Erbitte dir ein Zeichen von JHWH; mach es tief nach der Unterwelt hin oder mach es hoch nach oben hin!"). Daneben wird das Verb im metaphorischen Sinn adverbial benutzt: Jes 29, 15 „sie verstecken tief unten vor JHWH einen Ratschluß"; Jes 31, 6 „sie sind tief abgefallen"; Hos 9, 9 „sie handeln aufs tiefste verderblich".

3. Das Nomen *ʿemæq* ʿTalebeneʾ als geographischer Terminus findet sich in verschiedenartigen Zusammenstellungen: a) in Verbindung mit Ortsnamen; b) in Verbindung mit Eigennamen; c) in historischen Zusammenhängen, die eine topographische Identifizierung ermöglichen; d) als geographisch-landschaftliche Gegebenheit. In einigen Fällen verbinden sich mit dem Landschaftsnamen wichtige theologische Aussagen (e). Die Vielzahl von Bezeichnungen für „Täler, Senken und Ebenen" neben *ʿemæq* macht eine Abgrenzung dieser Begriffe voneinander erforderlich (f). Unter (g) werden die Stellen besprochen, an denen *ʿmq* II (s. o. I. b) zur Erklärung herangezogen wird.

a) Durch die – meistens durch eine Cstr.-Verbindung vollzogene – Zusammenstellung von *ʿemæq* mit einem Ortsnamen ist die Lage der folgenden Talebenen bestimmbar: *ʿemæq ʾajjālôn* Jos 10, 12; *ʿemæq ʾašær lebêṯ reḥoḇ* Ri 18, 28; die *ʿemæq* von *bêṯ šæmæš* 1 Sam 6, 13; *ʿemæq begiḇʿôn* Jes 28, 21; *ʿemæq ḥæḇrôn* Gen 37, 14; *ʿemæq jizreʿæʾl* Jos 17, 16; Ri 6, 33 (7, 2. 8. 12); 1 Sam 31, 7 || 1 Chr 10, 7; Hos 1, 5; *ʿemæq sukkôṯ* Ps 60, 8 = 108, 8; der Ort *ʿemæq qeṣîṣ* im Stammgebiet von Benjamin ist jedoch nicht sicher zu lokalisieren (M. Noth, HAT I/7², 111: „über עמק קציץ [trotz der Namensform nach dem Zusammenhang eine Ortschaft] ... wissen wir nichts"; ähnlich J. Simons, GTTOT § 327; dagegen nach K.-D. Schunck 153–158 eine Streusiedlung nördl. und südl. des *wādi el-ḳelt*). In umgekehrter Reihenfolge der Worte ist der Ortsname *bêṯ hāʿemæq* Jos 19, 27 gebildet. Der Name dieser Ortschaft im Stammgebiet von Ascher lebt vielleicht in dem Namen des heutigen Dorfes *ʿamqa* fort (GesB 97; J. Simons, GTTOT § 332 nennt als weiteren archäologischen Identifizierungsversuch den *tell mīmās*).

Hld 2, 1 steht *ʿemæq* in Parallele zu *haššārôn* und meint wohl die gleiche Landschaft.

b) Die Bestimmung der als Eigennamen gebrauchten Namen von Talebenen bereitet schon größere Schwierigkeiten.

ʿemæq hāʾelāh 1 Sam 17, 2. 19; 21, 10 als Schauplatz des Kampfes zwischen Saul und den Philistern, bei dem David Goliat erschlug, ist durch die 17, 1 genannten Orte Socho und Aseka in seiner Lage am westl. Rande des judäischen Berglandes anzusetzen.

ʿemæq habbāḵā Ps 84, 7. Zu dem „Pilgerlied vor den Toren des Heiligtums" würde die von J. Simons, GTTOT § 760 als „highly hypothetical" bezeichnete Identifizierung mit dem vom Jaffa-Tor nach NW führenden *wādi el-mēs* passen, während der Bezug auf die *bāḵāʾ*-Bäume, die auch 2 Sam 5, 23f. || 1 Chr 14, 14 erwähnt werden und vielleicht in der Rephaim-Ebene (s.u.) standen, keinerlei nützliche Hinweise gibt.

ʿemæq b^erāk̲āh 2 Chr 20, 26 und *ʿemæq j^ehôšāpāṭ* Joël 4, 2. 12 s. u. 3. e).

ʿemæq hammælæk̲ Gen 14, 17; 2 Sam 18, 18: neben der sagenhaften Überlieferung von Gen 14 nennt auch der zuverlässige Thronfolge-Bericht das „Königstal", in unmittelbarer Nähe von Jerusalem gelegen (vgl. Josephus, Ant. VII 243), das aber eher in nördl. Richtung gesucht werden muß, nicht den späteren Traditionen folgend im Kidron-Tal (vgl. GTTOT § 364). Die Zusammenstellung *ʿemæq šāweh* ist durch den glossierenden Zusatz von *ʿemæq* zu *šāweh* zu erklären, der dann mißverstanden und als Synonym zu *ʿemæq hammælæk̲* aufgefaßt wurde.

ʿemæq ʿāk̲ôr Jos 7, 24. 26; 15, 7; Jes 65, 10; Hos 2, 17. Die Talebene von Achor ist einerseits der Schauplatz für die Steinigung des Achan unmittelbar nach dem vergeblichen Angriff auf die Stadt Ai (Jos 7, 24. 26), gilt andererseits als Grenzpunkt zwischen Juda und Benjamin (Jos 15, 7). In Verbindung mit Hos 2, 17, wo das Tal Achor als Eingangstor („Tor der Hoffnung") zum verheißenen Land genannt wird, gibt GTTOT § 469 der von Wolff 76–79 vorgeschlagenen und in seinem Hosea-Kommentar gegen verschiedene Einwände festgehaltenen Gleichsetzung mit der im Norden von Jericho gelegenen Ebene am *wādi en-nuweʿime* den Vorzug (so zuletzt auch Neef 91–107; anders dagegen M. Noth, HAT I/7² z. St.).

ʿemæq r^epāʾîm Jos 15, 8; 18, 16; 2 Sam 5, 18. 22 || 1 Chr 14, 9–13; 2 Sam 23, 13 || 1 Chr 11, 15; Jes 17, 5. Diese nach einem „Hauptstamm der Urbevölkerung Palästinas" (GesB 770) benannte Talebene wird als Grenzpunkt zwischen Juda und Benjamin genannt (Jos 15, 8; 18, 16: nach M. Noth, HAT I/7² sek. Zusatz) und ist in der Hauptsache Schauplatz kriegerischer Auseinandersetzungen Davids (2 Sam 5, 18. 22 || 1 Chr 14, 9. 13) bzw. seiner Helden (2 Sam 23, 13 || 1 Chr 11, 15) mit den Philistern. Damit ist die unmittelbare Nähe zu Jerusalem gesichert und die Ansetzung als „the beqʿah sw. of Jerusalem" (GTTOT § 758) zutreffend.

ʿemæq haśśiddim Gen 14, 3. 8. 10. Folgt man nicht der Konjektur von J. Wellhausen oder C. Westermann und ändert *śiddîm* in *šed̲îm* („Dämonental"), so muß diese als Schlachtfeld zu denkende Örtlichkeit im Bereich des Toten Meeres liegen, wie auch der Zusatz vermuten läßt, nur kann nicht dessen Territorium gemeint sein. Dafür spricht auch die Ortsangabe Gen 14, 7 *ḥaṣ^eṣôn tāmār*, das sw. von dessen südl. Rande liegt. GTTOT § 413: „One has the impression that ʿthe plain of the Siddimʾ was the local designation of a relatively small section of the Jordan Valley, close to the Dead Sea and to the Jordan."

c) Die Talebenen, in denen nach Num 14, 25 die Amalekiter und Kanaanäer wohnen (oder wohnen bleiben werden), sind die gleichen Siedlungsgebiete, wie sie später Ri 1, 19. 34 bei den Berichten über die Landnahme der Stämme Juda und Dan genannt werden (vgl. auch Num 13, 29). Die Jos 8, 13 genannte *ʿemæq* in der Nähe von Ai wird von M. Noth, HAT I/7² z. St. mit einer Örtlichkeit 2,5 km sö. von Ai bei dem heutigen Dorf *kufr nāta* gesucht, während BHS *ʿemæq* durch *ʿam* ersetzt (Jos 8, 3: *w^ek̲ŏl-ʿam hammilḥāmāh*; vgl. dazu Schwarzenbach 34). In den Grenzbeschreibungen der Stammesgebiete von Ruben und Gad in Jos 13, 19. 27 bezeichnet *ʿemæq* sicher die Jordanebene (M. Noth, HAT I/7², 80; GTTOT § 137) und das gleiche gilt wohl auch für *ʿemæq* in Jer 48, 8, wo der östliche Jordangraben als moabitisches Gebiet angesprochen wird (W. Rudolph, HAT I/12³, z. St.). Entsprechend der Schilderung des Verlaufs der Debora-Schlacht Ri 4, 12–16 muß in Ri 5, 15 mit *ʿemæq* der Talgrund des Kischon-Baches gemeint sein.

In den prophetischen Warn- und Trostsprüchen für Jerusalem werden oftmals die die Stadt umgebenden Täler genannt und in einigen Fällen auch als *ʿemæq* bezeichnet: Jes 22, 1 das wohl mit dem Hinnom-Tal gleichzusetzende *gêʾ ḥizzājôn*, das sich mit Kriegswagen und Reitern anfüllen wird; nach Jer 31, 40 soll das durch Leichen und Asche verunreinigte Tal (es ist wohl wieder an das Jer 19, 6 erwähnte Hinnom-Tal zu denken) wieder JHWH heilig werden.

d) *ʿemæq* als eine Landschaft, in der Ackerbau und Viehzucht getrieben werden kann, wird in Ps 65, 14 besungen. Deshalb kann Ijob 39, 10 die rhetorische Frage gestellt werden, „ob der Wildstier pflügen wird die Talgründe hinter dir". 1 Chr 27, 29 nennt die Beamten Davids, die für die königlichen Rinderherden *baššārôn* und *bāʿ^amāqîm* verantwortlich sind. Wenn der Jordan nach der Regenzeit über seine Ufer tritt, „läßt er fliehen (?) alle Ebenen nach Osten und Westen" (1 Chr 12, 16).

e) *ʿemæq* findet sich auch in theologischen Aussagen. Im Zusammenhang mit den Aramäerkriegen Ahabs wird die Meinung der Aramäer kolportiert: „Der Gott der Berge ist JHWH und nicht der Gott der Ebenen" (1 Kön 20, 28), woraus diese den Schluß ziehen, daß die nächste Schlacht gegen Ahab in der Ebene von Aphek zu planen ist. Die Erwähnung der *ʿemæq r^epāʾîm* in dem Gerichtswort über Damaskus Jes 17, 5 ist symbolisch gemeint: „und es wird sein, wie wenn einer Ähren liest in der Refaïterebene" – es wird nichts übrig bleiben (vgl. auch das Bild von der Olivenernte in v. 6). Das Bild einer Theophanie zeichnet Mi 1, 3f.: es zerschmelzen die Berge (v. 4aαb) und die Ebenen zerspalten (v. 4aβ) und werden damit beide in ihrer spezifischen Eigenart zunichte gemacht. Die Legende von dem sagenhaften Sieg des judäischen Königs Joschafat 2 Chr 20, 26 fand in der *ʿemæq b^erāk̲āh* statt, nach K. Galling, ATD 12, 128 eine ätiologische Sage zum *wādi berēkūt*, das auf dem Wege von Betlehem nach Hebron, westl. von Tekoa zu suchen ist (GTTOT § 995). Vielleicht wird diese Überlieferung vom Propheten Joël aufgenommen, wenn er in das hier als *ʿemæq j^ehôšāpāṭ* (Joël 4, 2. 12) genannte Tal das endzeitliche Gericht über die Heidenvölker verlegt, weshalb es auch den Namen *ʿemæq ḥārûṣ* „Tal der Entscheidung" (v. 14) erhält (vom Targum mit ersterem gleichgesetzt), wenn es sich nicht um den symbolischen Namen „JHWH richtet" handelt (vgl. dazu Krinetzki 215f.).

f) Das AT kennt verschiedene Bezeichnungen für „Täler, Senken und Ebenen" (Schwarzenbach 30):

Index der deutschen Stichwörter

ISBN 3-17-009626-5

Band VI Lieferung 3-5 (Spalte 225-608)

Theologisches Wörterbuch zum Alten Testament

In Verbindung mit
George W. Anderson, Henri Cazelles, David N. Freedman,
Shemarjahu Talmon und Gerhard Wallis

herausgegeben von
G. Johannes Botterweck †
Helmer Ringgren
und Heinz-Josef Fabry

Kohlhammer

Inhalt von Band VI, Lieferung 3–5

Fortsetzung des Inhaltsverzeichnisses und Index der deutschen Stichwörter: 3. Umschlagseite

Band VI wird etwa 10 Lieferungen umfassen. Einzellieferungen werden nicht abgegeben.
Hörern der an diesem Werk beteiligten Verfasser wird bei Vorlage eines vom Autor unterzeichneten Hörerscheins ein Nachlaß von 20 % auf den Ladenpreis gewährt. Die Ermäßigung gilt nur für die bis dahin erschienenen Teile des Werkes und den gerade im Erscheinen begriffenen Band. Der Hörernachweis muß für die erste Lieferung jedes weiter erscheinenden Bandes ggf. neu erbracht werden.

Verlagsort Stuttgart. Gesamtherstellung: W. Kohlhammer Druckerei GmbH + Co. Stuttgart.
Printed in Germany. ISBN 3-17-009817-9

biq'āh, *gaj'*, *mîšôr*, *naḥal* (→ נחל), *'emæq*, *šāweh*. 2mal steht *'emæq* in Parallele zu *mîšôr* (Jer 21, 13; s. u. 3. g; Jer 48, 8); Jer 31, 40 im Zusammenhang mit dem *naḥal qidrôn*; Jes 22, 7 mit *gê' ḥizzājôn* (v. 1); 3mal in Verbindung mit der Ebene von Scharon (Jes 65, 10; Hld 2, 1; 1 Chr 27, 29). Mi 1, 4 begegnet *'emæq* als Gegensatz zu → הר *har*. So müssen die oben genannten Bezeichnungen ihre spezifischen Bedeutungen haben, die sich aber auch teilweise überschneiden können.

Schwarzenbach 37ff. gibt diese so an: *naḥal* ist der „Winterbach"; *gaj'* bezeichnet ein „profiliertes Tal, welches sehr eng, aber auch sehr breit sein kann", jedenfalls von zwei Bergzügen flankiert ist. *'emæq* „bezeichnet 'Niederungen', die sichtbar begrenzt sind, Raum und Platz für Wohnstätte, Äcker und Weideplätze ... bieten und auch für Kriegshandlungen günstig erscheinen" (33), was die Stellen Gen 14, 3. 8. 10; Jos 10, 12; Ri 6, 33; 1 Sam 17, 2. 19; 2 Sam 5, 18. 22; Jes 28, 21; Joël 4, 2. 12; 2 Chr 20, 26 bestätigen. *biq'āh* ist die „weite Talebene ... im Gegensatz zum Gebirge" (38f.), *mîšôr* bezeichnet ein Plateau (39). In Verbindung mit Eigennamen kommen neben *'emæq* nur *gaj'* und *naḥal* vor.

g) In einigen Fällen wird für die Übersetzung die homonyme Wurzel *'emæq* II herangezogen (nach KBL³ 803 jedoch nicht gesichert). In dem Spruch gegen die Philister Jer 47, 5 wäre nach MT zu übersetzen: „Gekommen ist die Glatze über Gaza, vernichtet ist Aschkelon, der Rest ihrer Ebenen – wie lange willst du trauern?" BHS schlägt unter Hinweis auf Jos 11, 21 f. als Konjektur vor „der Rest der Enakiter". G. R. Driver 61 u. a. übersetzen dagegen unter Verwendung von *'emæq* II „o remnant of their strength". Das gleiche gilt für Ijob 39, 21 bei der Beschreibung des Pferdes (*'emæq* steht in Parallele zu *koaḥ*): „Es scharrt kraftvoll und wiehert, ungestüm stürmt es der Schlachtreihe entgegen" (so Herrmann 39 unter Versetzung des Atnach; vgl. noch dazu Reider 129). Schwarzenbach 35 nennt zwei weitere Stellen, bei denen die Wiedergabe durch *'emæq* II zum besseren Verständnis beitragen soll: Jer 21, 13 wird wiedergegeben mit „die du mit Macht (*'emæq*) thronst, du Hort (*ṣûr*) der Gerechtigkeit (*mîšôr*)", nach dem Zusammenhang eine Anrede voll beißender Ironie. Während die im Spruch gegen die Ammoniter genannten *'ᵃmāqîm* Jer 49, 4 als die Talgründe des Jabbok verstanden werden können, übersetzt Schwarzenbach „was rühmst du dich deiner Macht? ..." (nach Korrektur des MT durch BHS).

4. Das Nomen *'omæq* und das Adj. in seinen beiden Formen *'āmeq* und *'āmoq* bezeichnen nur in wenigen Fällen eine feststellbare Tiefe: Ez 23, 23 beschreibt den Zornesbecher JHWHs als den „tiefen und weiten" (*hā'ᵃmuqqāh wᵉhārᵉḥāḇāh*). In der Gesetzgebung über den Aussatz in Lev 13 wird die betreffende Stelle der Haut als *'āmoq me'ôr bᵉśārô*, *'āmoq min-hā'ôr* oder ähnlich gekennzeichnet (Lev 13, 4. 5. 25. 30–32. 34). Oftmals ist die Tiefe nur als Bild gebraucht: „Eine tiefe Grube ist der Mund der Fremden" (Spr 22, 14; 23, 17); etwas unbestimmter die Aussage „tiefe Wasser sind die Worte bzw. die Vorhaben eines Mannes ..." (Spr 18, 4; 20, 5: unergründlich, vielleicht auch gefährlich). Auch die Unzugänglichkeit der Unterwelt wird mit *'āmoq* beschrieben (Ijob 11, 8; 12, 22; vgl. Spr 9, 18: *'imqê šᵉ'ôl*). Damit erhält das Adj. auch die Bedeutung „unerforschlich" (vgl. Ps 92, 6, s. o. 2.), was sich sowohl auf die Geheimnisse der Welt (Koh 7, 24; Dan 2, 22: *mᵉsattᵉrāṯā'* || *'ammîqāṯā'*) als auch auf das menschliche Innenleben (Ps 64, 7; Spr 25, 3) beziehen kann. Unverständlich ist auch eine fremde Sprache (es muß sich hier um das Assyrische bzw. Babylonische handeln); sie wird *'āmeq* 'tief', *kāḇeḏ* 'schwer' (→ כבד), *nil'āḡ* 'barbarisch' genannt und man kann sie nicht verstehend hören (Jes 33, 19; Ez 3, 5. 6).

5. Der Pl. *ma'ᵃmaqqîm* steht konkret für die Meerestiefe, in die die Schätze des als gesunkenes Schiff beschriebenen Tyrus verschwinden (Ez 27, 34), oder für das tiefe Meer, das JHWH austrocknet, um den Befreiten einen Weg zu schaffen (Jes 51, 10). Bildlich sagt der Beter von Ps 69, daß er in tiefes Wasser geraten ist, das ihn zu ertränken droht (v. 3), und bittet, daß Gott ihn aus dem Wasser erretten möge (v. 15). Wenn der Psalmist Ps 130, 1 „aus den Tiefen" schreit, kann das natürlich „aus tiefer Not" meinen, aber wahrscheinlich klingt auch hier der Gedanke an die Unterweltswasser mit.

III. 1. Im Jüd.-Aram. weist die Wurzel *'mq* die gleichen wörtlichen und übertragenen Bedeutungen wie im Bibl.-Hebr. auf (WTM III 664f.). So bezeichnet *'ûmᵉqā'* sowohl die Tiefe des Hauses, also eine Art Keller (B. bathra 63a) als auch die Tiefe des Wissens: „Halte dich an R. Nathan, denn er war Richter und drang in die Tiefe des Rechts" (B. mez. 117b). Das Adj. *'āmîq*/*'ammîq* bedeutet 'tief, unerforschlich, tiefsinnig' (s. o. zu Dan 2, 22); *'emæq* erscheint als Ortsname (Schebi. X, 38; vgl. Kel. 26, 1; Taan. 21a).

2. Die Qumran-Schriften sprechen von den heiligen Engeln, „deren Ohr geöffnet ist und die Unergründliches (*'ᵃmûqôṯ*) vernehmen" (1 QM 10, 11). Die Ebene Achor (s. o. II. 3. b) nennt die „Kupferrolle" (3 Q15 1, 1; 4, 6) als Ortsangabe für die verborgenen Schätze (vgl. auch 4 QpHos^b 1, 1). J. M. Allegro findet diese Örtlichkeit in der *buqē'a* genannten Ebene am Nordwestrand des Toten Meeres wieder, doch wäre auch die Lage bei Jericho denkbar, weil sich dort nach dem Text der Rolle ebenfalls ein Versteck der verborgenen Schätze befindet, oder es handelt sich im ersteren Fall um eine pseudonyme Bezeichnung für den bei Chirbet Mird gelegenen Platz (vgl. dazu Allegro, DJD V 75ff.). Einmalig ist die Nennung der *'mqj bwr* „Ebenen" bzw. „Tiefen des Brunnens" in 4 Q 184, 1. 6.

3. Die Wiedergabe des geographischen Begriffs *'emæq* in der LXX ist sehr schwankend (Schwarzenbach 34). Am häufigsten wird κοιλάς (39mal) gebraucht, vornehmlich im Pentateuch, in den Samuelis-Büchern und im Dodekapropheton; φάραγξ (7mal) findet sich bei Jesaja und teilweise im Josua-Buch, das aber auch Transkriptionen aufweist: Jos 7, 26 Ἐμεκαχωρ; 18, 16 Ἐμεκραφαιμ; 18, 21 Ἀμεκ(κ)ασις. Die Übersetzung der Chronik-Bücher hat für *'emæq* αὐλῶν benutzt, sonst findet sich noch die Wiedergabe mit πεδίον (4mal), αὖλαξ Ijob 39, 10 und κοῖλος Joël 4, 14.

Beyse

עֵנָב *ʿenāḇ*

אֶשְׁכּוֹל *ʾæškôl,* צִמּוּקִים *ṣimmûqîm*

I. Kulturgeschichte des Weinbaus – II. **ʿenbu* in den semit. Sprachen – Etymologie – III. Weintrauben im at.lichen Sprachgebrauch – 1. Vorkommen – 2. JHWH als Winzer – 3. Syntagma „Traubenblut" – IV. LXX und Qumran.

Lit.: *L. Anderlind,* Die Rebe in Syrien, insbesondere Palästina (ZDPV 11, 1888, 160–177). – *A. Charbel,* Come tradurre *ʾeškôl hak-kôfer* (Cant 1, 14)? (BibO 20, 1978, 61–64). – *J. Döller,* Der Wein in Bibel und Talmud (Bibl 4, 1923, 143–167. 267–299). – *K. Galling,* Wein und Weinbereitung (BRL^2 361–363). – *M. Kochavi,* Khirbet Rabûd = Debir (Tel Aviv Journal 1, 1974, 2–33). – *G. del Olmo Lete,* Mitos y leyendas de Canaán según la tradición de Ugarit, Madrid 1981. – *Ders.,* Interpretación de la mitología cananea, Valencia 1984. – *O. Rössler,* Ghain im Ugaritischen (ZA 54, 1961, 158–172). – *A. van Selms,* The Etymology of *Yayin,* ʿWineʾ (JNWSL 3, 1974, 76–84). → גפן *gæpæn;* → יין *jajin;* → כרם *kæræm.*

I. Der älteste Beleg für Weinbau im syr. Raum (TM 75 G 1847 aus Ebla 2500/2400 v.Chr.) spricht von 3 *mi-at la-ḫa GEŠTIN* „300 Faß Wein" (G. Pettinato 160). Nach heth. Strategie werden beim Hurritereinfall die Weintrauben der Stadt Gašaša abgeschnitten und in die Festung gebracht (Maşat 75/104, Z. 8–12). Weinbeeren und -trauben dienten nicht nur zur Weinproduktion, sie waren begehrte Genuß- und Grundnahrungsmittel (Traubensaft, -honig, -kuchen und frische Trauben). Kanaan ist Sitz uralter Weinkultur (→ II 57f.; III 615f.), 32 bibl.-hebr. Lexeme gehören zur Weinkultur (van Selms 76f.). Die Weinrebenarten bibl. Zeit sind unbekannt, das Syntagma „Traubenblut" und Jes 63, 2; Spr 23, 31; Mt 26, 27f.; Offb 14, 19f. lassen an dunkelblaue Traubensorten denken (Döller 151f.).

Weintrauben wurden je nach geographischer Lage und Witterung im August bis Oktober geschnitten, in Körben gesammelt (Jer 6, 9) und dann entweder eine Zeit im Weinberg in der Sonne getrocknet oder gleich durch Treten (*dāraḵ*) oder Gewichte gekeltert (*gaṯ,* → יקב *jæqæḇ, pûrāh*). Der Traubensaft (*mišrāh, ʿāsîs, dam ʿ^{a}nāḇîm*) bzw. Süßmost (→ תירוש *tîrôš*) gärt schnell. Wein fand Verwendung bei Mahlzeiten und Kult.

Neben Brot und Oliven(öl) waren Weintrauben Hauptnahrungsmittel. Auch Trauben in unreifem Zustand, sog. Herlinge bzw. Sauerlinge (*bosær* Jer 31, 29; Ez 18, 2; Ijob 15, 33) wurden gegessen, obwohl nach dem Sprichwort die Zähne stumpf werden. Der reifere, „volle" Sauerling (*bosær gomel* Jes 18, 5) galt als Leckerbissen.

Ein Teil der Ernte des Weinbergs kam als Tafeltrauben auf den Markt, ein Teil wurde zu Rosinen (*ṣimmûq*) getrocknet. Beliebt waren Rosinenkuchen (1 Sam 25, 18; 30, 12; 2 Sam 16, 1; 1 Chr 12, 41); ein Rosinenkuchen ʾ^{a}*šîšāh* (2 Sam 6, 19; Hld 2, 5) dient als kultische Depositgabe (Hos 3, 1). Der Weinstock verhinderte (*ḥāmas* „unterdrückte" Ijob 15, 33; Klgl 2, 6, → II 1053) auch das weitere Reifen der Sauerlinge oder ließ die Beeren „verkümmern" (*b^{e}ʾušîm* Jes 5, 2. 4). Das Wortpaar Weinstock und Feigenbaum bzw. Weintraube und Feige charakterisiert den Idealzustand eines reichen Agrarlandes seit dem 8. Jh. v.Chr. (→ II 62f.). Orte ohne Trauben und Feigen sind negativ, sie gehören in die Zeit der Wüstenwanderung (Num 20, 5).

In den Kult des Jerusalemer Tempels sind Weintrauben integriert durch die Erstlingsfrüchte des Weines (Num 18, 12f.; Dtn 18, 4). Die Leute um Jerusalem brachten frische Trauben (Dtn 26, 2), weiter entfernte wohl getrocknete. Für Weintrauben gelten Zehnt (Dtn 12, 17f.; 14, 22–26), Levitenzehnt (Dtn 14, 28; 26, 12), Priesterhebe (Num 18, 11–19), Ackerecke (→ פאה *peʾāh*), im 7. Jahr die Brache (Ex 23, 10f.; in Lev 25, 5 Sabbatjahr) und das Jubeljahr (Lev 25, 11).

Die Vorschrift, der Besitzer soll im Weinberg die Nachlese für Arme stehen lassen (Dtn 24, 21; Lev 19, 10 → עלל *ʿll*), gilt für bei der Lese übersehene oder wegen Unreife hängengelassene Trauben wie Einzelfrüchte. In Kunstdarstellungen schmückten Weintrauben den Eingang ins Allerheiligste (M Mid III, 8), Synagogen und Münzen.

II. Termini der Weinkultur zeigen in semit. Einzelsprachen auffallende Bedeutungsverschiebungen. *gæpæn* ʿRebeʾ steht im Ugar. für „Weinstock" und „Weinberg" (→ II 59f.); *kæræm* ʿWeinbergʾ bezeichnet im Arab. das Produkt „Wein" (→ IV 334–340); asarab. *w/jjn* „Rebe, Traube" und „Weinberg" (Biella 127. 231). Das seit Altakk. belegte *inbu(m)* ʿObst, Früchte (von Bäumen), Feldfrüchteʾ artikuliert ebenso die menschliche Sexualität, die „Potenz des Mannes" wie die „Anziehung der Frau" mit resultativer Bedeutung „Kind". Ištar trägt das Epitheton *bēlet inbi.* Die Bedeutung ʿWeinbeereʾ ist aber bisher nicht belegt (AHw 381). Die Maritexte zeigen die Wurzel im Onomastikon (C. G. Rasmussen 259f.; vgl. KBL^3 805 und w.u. III.1.).

Ugar. *ġnb(m)* ʿWeinbeerenʾ (UT Nr. 1976; WUS Nr. 2159) bezeugen ein Gebet des Danʾil (KTU 1.19, I, 38–48) im ʾAqhat-Epos und ein Hymnus in Šaḥar und Šalim (KTU 1.23, 26). Asarab. Inschriften haben *ʿnb* ʿWeingärten, -pflanzungenʾ im Wortpaar mit *ʿbrt* ʿWiesenʾ (Biella 373). Arab. *ʿinab* bedeutet ʿWeinbeere, -traubeʾ (H. Wehr, Arab. Wb 581). Der phön. PN *ʿnbtbʿl* (CIS I 5893, 4) könnte einen Bezug von Weintrauben und Baʿalskult andeuten (PNPPI 381: „unexplained").

Die aram. Sprachfamilie bezeugt *ʿnb* im reichsaram. Ostrakon Nisa 16, 1 als ʿWeintraubenʾ, im äg.-aram. Text AP 81, 1 (DISO 218) dürfte die Bedeutung ʿErnte, Früchteʾ vorliegen, ähnlich mand. *ʿnba* ʿFrüchte, Weintrauben, Bäumeʾ. Jüd.-aram. *ʿenāḇ* bzw. *ʿinbāʾ* neben fem. *ʿenabtā*ʾ ʿWeinbeereʾ (Dalman, Aram.-Neuhebr. Wb, 1922, 316f.), samarit.

ēnâb und syr. *ʿenbᵉṯā* entsprechen mehr dem hebr. Sprachgebrauch, jüd.-aram. *ʿᵃnaḇtā*ʾ ist ʿBeere, Getreidekornʾ. Hebr. *ʿenāḇ* bezeichnet die süße, reife Weinbeere im Gegensatz zur Traube (*ʾæškôl*), die Pl.-Bildung kollektiviert ʿWeinbeeren, -traubenʾ (doch konstanter Sing. in LXX). *ʾæškôl* ist der Fruchtstand des Weinstocks (Hld 7, 9) und anderer Pflanzen (Hld 1, 14; 7, 8). Beide Begriffe kombiniert Num 13, 23 „Fruchtstand der Weinbeeren".

III. 1. *ʿenāḇ* begegnet 19mal im hebr. AT und 2mal in hebr. Sir-Fragm.
Die Traubensymbolik in Num 13, 17–24 malt Kanaan als „fettes" Agrarland. Kundschafter bringen als Beweis Granatäpfel, Feigen und einen Erstlings-Traubenkamm aus dem „Traubental" *ʾæškôl* mit, den sie zu zweit auf einer Stange tragen (vgl. Angaben über große Hebron-Trauben bei Anderlind 174). Der Name des Enakiterdorfes *ʿᵃnāḇ* (LXX Ανaβωϑ!) in Jos 11, 21; 15, 20 (identifiziert mit *Kh. ʿAnab eṣ-Ṣeghira* bei *Rabûd*) läßt an „Weinbeere" oder „Getreidekörner" (jüd.-aram. *ʿᵃnaḇtā*ʾ) denken. Im Traum preßt der Mundschenk Weintrauben mit der Hand über dem Becher des Pharao zu Traubensaft (Gen 49, 10f.). Weinbeeren in Rosinenkuchen erwähnt Hos 3, 1 für den synkretistischen Kult im Nordreich.
In kultischer Späre gelten für Weinbeeren gesetzliche Regelungen. Lev 25, 5 (H) verbietet, im Sabbatjahr wildgewachsene Trauben zu ernten. Das Nasiräergelübde Num 6, 2–4 verbietet Alkoholika generell und alle Produkte der Weinbeere, von der Schale (Trebern) bis zum Kern. Alte Rechtspraxis erlaubt in Dtn 23, 25 einem Reisenden, in einem Weinberg nach Herzenslust Trauben zu essen. Neh 13, 15 tadelt Bauern, die im Umland Jerusalems als Sabbatschänder Trauben keltern und nach Jerusalem transportieren.
2. JHWH inspiziert die Taten der Völker, artikuliert im Bild vom Winzer, der seine Trauben beurteilt. Die Weintrauben der Feinde Israels stammen nach Dtn 32, 32 von den giftigen Beeren am Weinstock Sodoms, allegorisch gedeutet als sündiger Weg der Gottlosen in CD 8, 8 und 19, 22. Im Weinberglied Jes 5 hofft JHWH auf süße Beeren, es zeigen sich nur vertrocknete. Nach prophetischer Gerichtsbotschaft Jer 8, 13 sucht JHWH seinen Weinstock/Feigenbaum Israel vergeblich nach Frucht ab, in den Vätern der Wüstenzeit fand er dagegen beide Fruchtarten (Hos 9, 1). Das nachexil. (dtr?) Heilswort Am 9, 13 verheißt paradiesische Fruchtbarkeit, im Nu wachsen pausenlos Getreide und Weintrauben.
3. Als festes Syntagma begegnet 3mal (vgl. 1 Makk 6, 34) *dam ʿᵃnāḇîm* „Traubenblut" als roter Traubensaft (analog ugar. *dm ʿṣm* „Rebensaft"). Im Jakobsegen Gen 49, 11 wäscht Juda bzw. der messianische Heldenkönig (David) sein Kleid in Wein, sein Gewand in Traubenblut, er schwelgt in Judas Endzeitgaben. Dtn 32, 14 listet Agrarprodukte Kanaans als Zeichen des Überflusses auf, darunter gegorenen Traubensaft. Ähnliche Dinge nennt ein Hymnus in Sir 39, 26 (Hs B) als elementare Bedürfnisse menschlichen Lebens. Sir 51, 15 (16) formuliert das Fortschreiten des Dichters in der Weisheit als Weg von der Traubenblüte bis zur -reife (so 11 QPsᵃ XXII, anders Hs B).

IV. LXX übersetzt *ʿenāḇ* ausschließlich mit Sing. σταφυλή ʿWeintraube, -stockʾ (im klass. Griech. überwiegend Pl.), nur Hos 3, 1 deutet sie mit σταφίς ʿRosineʾ. Den Sing. *ʾæškôl* gibt βότρυς ʿWeintraubeʾ wieder, den Pl. die entsprechende Pl.-Bildung.
In Qumran begegnet *ʿnb* nur 1mal (TR 21, 7) im Ritual des Weinfestes. Die zelebrierenden Priester sollen unreife Trauben (*ʿnb pr*[*j*] *b*[*w*]*sr*) von den Reben (*gpnjm*) meiden.

Angerstorfer

עָנַג *ʿānaḡ*

עֹנֶג *ʿonæḡ*, עָנֹג *ʿānoḡ*, תַּעֲנוּג *taʿᵃnûḡ*

I. Etymologie – II. Vorkommen im AT – III. Das Verbum *ʿānaḡ* – 1. *pu* – 2. *hitp* – IV. Die Nomina – 1. *ʿonæḡ* – 2. *ʿānoḡ* – 3. *taʿᵃnûḡ* – V. LXX – VI. Qumran.

Lit.: *R. Gordis*, The Book of Job. Commentary, New Translation and Special Studies, New York 1978, 250f.

I. Bibelhebr. *ʿng* entspricht arab. *ġnǧ*: Das Verbum *ġaniǧa* I und V bedeutet ʿsich zieren, kokettierenʾ (II vereinzelt auch ʿverhätschelnʾ, ʿeinschmeichelnd seinʾ); die Nomina *ġunǧ* und *uġnūǧa* bezeichnen die sensuell/sexuell ʿinvitierende Gebärdeʾ einer Frau; und die kokettierende Frau wird *ġaniǧa*, *maġnūǧa* usw. genannt (Lane 2299c–2300a; Dozy II 228b); vgl. ferner äth. *ʾaʿnūg* ʿOhr-/Nasenringʾ (Pl., LexLing Aeth 993) und das seltene tigrē-Wort *ʿanig* ʿschönʾ (nur fem., Littmann/Höfner, Wb 475a).
Die bibelhebr. Funktionen dieser Wurzel sind in den Qumran-Schriften (s.u. VI.), im Samar. (LOT II 556a) sowie im Mhebr. (Verbum, *qal* ʿweich, nachgiebig seinʾ; *pi* ʿweich, zart machenʾ; *hitp* ʿsich vergnügenʾ; Nomina *ʿonæḡ*, *ʿinnûḡ* und *taʿᵃnûḡ* ʿLustʾ, ʿGenußʾ, ʿVergnügenʾ) weitergeführt; vgl. rabb.-aram. (Verbum, *pa* ʿdie Haut [durch Salbung, Baden usw.] weich machenʾ, Jastrow DictTalm 1092a).

II. Im AT kommt das Verbum *ʿānaḡ* 10mal vor: 1mal in *pu* ʿverzärtelt seinʾ (Jer 6, 2) und 9mal in *hitp* ʿseine Lust haben anʾ, vereinzelt auch ʿverzärtelnʾ, ʿsich lustig machen überʾ (TrJes 4mal, Ijob und Ps je 2mal und Dtn 1mal). Das Nomen *ʿonæḡ* ʿLustʾ ist 2mal zu belegen (Jes 13, 22; 58, 13), *ʿānoḡ* ʿverzärteltʾ 3mal (Dtn 28, 54. 56; Jes 47, 1) und *taʿᵃnûḡ* ʿLustʾ,

'Wonne' 5mal (Sing. nur Spr 19, 10; Pl. Mi 1, 16; 2, 9; Hld 7, 7; Koh 2, 8).

III. 1. Die theologische Relevanz des einzigen at.lichen Belegs vom Verbum *ʿānaḡ* in *pu* (Jer 6, 2) ist schwer zu bestimmen. Laut MT wird angesichts des Feindes aus dem Norden von JHWH gesagt: „Ich vernichte die Tochter Zion, die schöne und verzärtelte" (*hannāwāh wehammeʿuggānāh dāmîṯî* ...). Die Beschreibung von Zion als eine durch ein behagliches Genußleben verweichlichte Frau läßt sich durch Dtn 28, 56 und Jes 47, 1 (die Tochter Babel!) verdeutlichen. Folgt man dagegen dem Korrekturvorschlag W. Rudolphs *halinweh maʿanāḡ dāmeṯāh* (HAT I/12³, 42; vgl. BHS), wird hier gefragt, ob Zion „einer lustigen Aue gleich ist"; vgl. die Aussagen über den lustvollen Genuß des Landes (Jes 55, 2; Ps 37, 11; s. u. III. 2.). Ein Nomen *maʿanāḡ* läßt sich jedoch nicht anderswo belegen.

2. Die 9 Vorkommen des Verbums *ʿānaḡ* im *hitp* weisen in verschiedene Richtungen. Einmal ist von der 'verwöhnten' Frau die Rede (Dtn 28, 56; s. u. IV. 2.), einmal von dem 'sich lustvoll erquickenden' Säugling an der Mutterbrust des Trostes (Jes 66, 11), einmal noch von den Führern Israels, die ironisch gefragt werden: „Über wen wollt ihr euch lustig machen?" (*ʿal-mî tiṯʿannāḡû*, Jes 57, 4).
In den übrigen 6 Fällen trägt das *hitp* den Sinn 'seine Lust haben an'. 2mal handelt es sich um die Lust am genußreichen Land. So erklärt die Lehrdichtung Ps 37, daß die Armen (*ʿanāwîm*) das Land besitzen werden „und ihre Lust haben an der Fülle des Heils" (v. 11); und DtJes sagt in einem JHWH-Orakel: „Hört doch auf mich, so werdet ihr Gutes essen und am Köstlichen eure Lust haben" (55, 2).
Die Lust am Lande ist aber unauflöslich mit der Lust an JHWH verbunden. Wer seine Lust an ihm hat, bekommt von ihm, was das Herz begehrt (Ps 37, 4); wer seinen Sabbat beobachtet, wird an ihm selbst seine Lust haben und vom Lande speisen (Jes 58, 14). So kann auch Elifas in seiner dritten Antwort an Ijob erklären, daß Ijob – wenn er sich zum „Allmächtigen" (*šaddaj*) bekehrt – seine Lust an *Šaddaj* haben wird (Ijob 22, 26); und Ijob seinerseits sagt, daß der Frevler unmöglich an *Šaddaj* seine Lust haben kann (27, 10).

Gordis' (250f.) Annahme, daß *ʿng hitp* in Ijob 22, 26 und ähnlichen Stellen – er nennt Jes 57, 4; Ps 37, 4; Ijob 27, 10 – die Bedeutung 'bitten', 'begehren' habe, ist beachtenswert, aber sein Hinweis auf arab. *naǧaʿa* VIII (Metathesis) ist nicht unproblematisch, auch nicht sein Berufen auf Saʿadjas Deutung (*dalla*), denn *dalla/jadillu* meint – gleich wie *ġnǧ* (s. o. I.) – 'kokettieren' (I und V) und 'verwöhnen' (V), nie aber 'bitten'.

IV. 1. Das 2mal vorkommende Nomen *ʿonæḡ* bezeichnet die sensuelle Lust. Ein Wort über das Ergehen Babylons beschreibt makaber, wie jetzt Schakale „in den Palästen der Lust" (*behêkelê ʿonæḡ*) sich bergen (Jes 13, 22), d. h. eben „in den Gemächern, die einst von Lauten der Lust widerhallten" (H. Wildberger, BK X/2, 524). Die vollkommene (psycho-physische) Lust ist andererseits der Inbegriff der rechten Haltung Israels zum Sabbat JHWHs (Jes 58, 13).

2. Das adjektivisch fungierende *ʿānoḡ* kommt nur bei DtJes (47, 1) und in den dtr Schichten des Dtn vor (28, 54. 56; vgl. H. D. Preuß, Deuteronomium, 1982, 59. 157). In einem Spottlied über Babel verkündet DtJes, daß man zur Tochter Babel nicht mehr sagen wird: „Du Zarte und Verwöhnte" (*rakkāh waʿanuggāh*). Gleichartig wird in Dtn 28 die Not der Exilszeit retrospektivisch ausgemalt: Ein Mann, der einmal 'verweichlicht' (*raḵ*) und 'verwöhnt' (*ʿānoḡ*) gewesen ist, muß in der Fluchzeit seinen eigenen Sohn essen (v. 54); so auch die Frau, die früher so 'verweichlicht' (*rakkāh*) und 'verwöhnt' (*ʿanuggāh*) war, daß sie nicht einmal versucht hätte, ihre Fußsohle auf die Erde zu setzen „vor Verwöhnung und Verweichlichung" (*mehiṯʿanneḡ ûmeroḵ*, v. 56; → רכך *rāḵaḵ*).

3. Der einzige Beleg des Nomens *taʿanûḡ* im Sing. spricht vom behaglichen Genußleben: „Nicht ist dem Toren Wohlleben bekömmlich" (Spr 19, 10).

Die hier von u. a. Driver und Winton Thomas vorgezogene Deutung von *taʿanûḡ* ('Verwaltung' bzw. 'Aufsicht') in Analogie zur zweiten Vershälfte bleibt anfechtbar. Die angenommenen Bedeutungen lassen sich nicht anderswo belegen; tatsächlich scheint die zweite Vershälfte eine Steigerung zu bieten (s. bei O. Plöger, BK XVII 222).

Die sensuelle Lust wird auch von Micha ins Auge gefaßt (zur Echtheitsfrage s. H. W. Wolff, BK XIV/4, 19). Zur Tochter Zion sagt er: „Die Kinder deiner Wonne" (*benê taʿanûḡājiḵ*) müssen jetzt ins Exil verschleppt werden (1, 16); und die Frauen des Volkes werden von den neuen Machthabern „aus ihren behaglichen Häusern (*mibbêṯ taʿanuḡæhā*) verjagt werden" (2, 9).
Im Lebensexperiment des Koh ist noch deutlicher von *la dolce vita* die Rede: Reichtum, Wein, Gesang und „die Wonne der Menschensöhne" (*taʿanûḡoṯ benê hāʾāḏām*): Mädchen ohne Zahl (2, 8; zu *šiddāh* s. H. W. Hertzberg, KAT XVII/4–5, 80). Parallel wird im Bewunderungslied Hld 7, 7–10a die Schönheit eines Mädchens besungen; sie ist ein „Mädchen voller Wonne" (*baṯ taʿanûḡîm*, zum Text → נעם *nāʿam*, V 502).

V. Das Verbum *ʿānaḡ hitp* wird in der LXX meist mit ἐν/κατα/τρυφᾶν wiedergegeben; *ʿonæḡ* und *ʿānoḡ* mit τρυφερός; und *taʿanûḡ* mit τρυφή.

VI. In 4 QpPs 37 heißt es in der Erklärung von Ps 37, 11: „Seine Deutung bezieht sich auf die Gemeinde der Armen (d. h. alle Juden; vgl. 1 QpHab 8, 1; 12, 4; 4 QpNah 3, 4), die die Zeit des Fastens auf sich genommen haben, die gerettet werden aus allen Fallen Belials; danach werden sich ergötzen [...] des Landes und werden genießen alle Lust des Fleisches" (... *whtdšnw bkwl tʿnwg bśr*, 2, 8–11). Parallel heißt es in der Deutung von Ps 37, 21 f., daß die Gemeinde der Armen „den hohen Berg Isra[els] besitzen [und] sich [an] seinem Heiligtum verlustieren wird" (... [*wb*]*qwdšw jtʿngw*, 3, 11).

In bezug auf die täglichen Gebete spricht 4 Q 503, 24–5, 5 von der Erwählung des Gottesvolkes „für ein Fest der Ruhe und der Wonne" (*lmw*[*ʿd*] *mnwḥ wtʿnwg*). Zwei andere Belege von *taʿanûḡ* sind unsicher (1 QHf 22, 3; 1 QSb 4, 2); möglicherweise redet die letztere Stelle von „den Genüs[sen der Menschensöhne]" (*tʿnwg*[*wt bnj ʾdm*]), an Koh 2, 8 erinnernd.

Kronholm

עָנָה I *ʿānāh*

מַעֲנֶה *maʿanæh*, עִנְיָן *ʿinjān*, עֹנָה *ʿonāh*

I. 1. Wort – 2. LXX – II. AT – 1. Gebrauch in Verhandlung und Disput – 2. Prozessualer Gebrauch – 3. *ʿnh* in der Prophetie – 4. *ʿānāh* im Kult – 5. Sonstiges – 6. JHWH als Subjekt – 7. *niph* und *hiph* – 8. *ʿnh* III – 9. *ʿnh* IV – III. Derivate – 1. *maʿanæh* – 2. *maʿanāh* – 3. Eigennamen – 4. *maʿanæh* 'Zweck' – 5. *maʿan* – 6. *jaʿan* – 7. *ʿinjān* – 8. *ʿônāh* – 9. *ʿeṯ* – IV. Deuterokan. Schriften – V. Qumran.

Lit.: *Chr. Barth*, Die Antwort Israels (Festschr. G. von Rad, 1971, 44–56). – *H. J. Boecker*, Redeformen des Rechtslebens im AT (WMANT 14, 1964). – *F. Büchsel*, ἀποκρίνω etc. (ThWNT III 946f.). – *L. Delekat*, Zum hebräischen Wörterbuch (VT 14, 1964, 7–66, bes. 37–43). – *B. Glazier-McDonald*, *ʿēr wĕʿōneh* – Another Look (JBL 105, 1986, 295–298). – *P. Joüon*, „Respondit et dixit" (Bibl 13, 1932, 309–314). – *C. J. Labuschagne*, ענה *ʿnh* I (THAT II 335–341).

I. 1. Die Wörterbücher unterscheiden gemeinhin vier homonyme Wurzeln *ʿnh* (GesB 603–605; KBL[3] 805–808; vgl. Lisowsky 1094–1098).

Daß diese Unterscheidung nicht unumstritten ist, zeigt KBL[3] 808 mit dem Hinweis, daß *ʿnh* IV 'singen' von *ʿnh* I 'antworten' nicht immer scharf zu scheiden sei. So zieht auch Mandelkern (Concordantiae 899–904) *ʿnh* I und IV zusammen und bringt *ʿnh* III 'sich abmühen' teilweise unter *ʿnh* I und II 'elend sein'. H. Birkeland (*ʿānī* und *ʿānāw* in den Psalmen, 1932, 10f.) hat den Versuch unternommen, *ʿnh* I und II auf eine gemeinsame Wurzel zurückzuführen. Ihm ist E. Bammel (ThWNT VI 888) mit der wenig überzeugenden Argumentation gefolgt, daß *ʿānî* die Situation des Antwortens bezeichne sowie die Willigkeit dazu und in der entwickelteren Form die Stellung der Niedrigkeit gegenüber dem Antwort Erheischenden. Gegen diese These hat sich E. Kutsch (ZThK 61, 1964, 197) ausgesprochen. Nach ihm ist *ʿnh* III wohl relativ spät von II abgespalten, könnte *ʿnh* IV ursprünglich mit I zusammengehören.
Nach L. Delekat ist *ʿnh* IV ein Stamm für sich. *ʿnh* III hingegen sei ein aram. Lehnwort, dessen ursprüngliche Bedeutung 'jemand etwas angehen', 'etwas intendieren', 'meinen', 'eine Anspielung machen auf' auch dem Hebr. bekannt war, wie *lemaʿan* 'im Hinblick auf' und *jaʿan* 'aus Anlaß' zeigen. Diese Bedeutung liege außerdem überall da vor, wo *ʿnh* I in alten Texten ohne voraufgehende Aussage oder Frage begegnet. *ʿnh* stehe hier mit impliziertem Akk. der Sache und heiße 'auf das soeben Mitgeteilte Bezug nehmen'. Erst spät werde *ʿnh* ohne vorausgehende Aussage oder Frage im Sinne von 'anheben' gebraucht. *ʿnh* I und III sind also identisch. Unter Hinweis auf akk. *enûm* 'von einer Vereinbarung umkehren', transitiv 'an einen anderen Platz versetzen' und äg. *ʿn(n)* 'umkehren', transitiv 'etwas zuwenden', 'etwas abwenden' wird die Urbedeutung von *ʿnh* als '(sich) wenden' bestimmt (Delekat 38f.). Nun sei es die formale Besonderheit der unter *ʿnh* II aufgeführten Formen, daß sie kein explizites oder implizites persönliches oder sachliches Objekt haben. Als *qal* zu lesen seien aber wahrscheinlich nur Jes 31, 4; 25, 5 (hier ist jedoch eher mit BHS das *niph* zu lesen; vgl. auch H. Wildberger, BK X/2, 952). Besonders an der ersten Stelle sei der Gebrauch dem von *ʿnh* I 'antworten' im Sinne von 'willfährig sein, sich fügen' noch so verwandt, daß die Ansetzung eines besonderen Stammes unnötig erscheint. Damit gehören sämtliche Bedeutungen von *ʿnh* außer *ʿnh* IV einer Wurzel mit der Grundbedeutung 'sich wenden' an (Delekat 42f.).
Die Argumentation Delekats scheint bezüglich des Verhältnisses von *ʿnh* I und III plausibel zu sein. Die Begründung der Identität von *ʿnh* I und II kann hingegen kaum als gelungen betrachtet werden, da sie doch von einer äußerst schmalen Textbasis und von einer sehr eingeengten Bedeutung von *ʿnh* als 'willfährig sein' ausgeht. Daß Delekat bei seinem Identifizierungseifer gerade *ʿnh* IV als selbständigen Stamm betrachten will, verwundert allerdings.
Labuschagne (THAT II 335) weist darauf hin, daß das arab. *ġannā* 'singen' für eine Eigenständigkeit von *ʿnh* IV sprechen könnte. Andererseits gibt die Tatsache, daß eine entsprechende Wurzel *ġnj* im Ugar. fehlt und die der hebr. Wurzel *ʿnh* verwandte ugar. Wurzel *ʿnj* 'antworten' vielleicht auch 'singen' bedeutet, Anlaß zu Bedenken. Vom Befund im Ugar. her dürften demnach *ʿnh* I und IV zusammenzunehmen sein (vgl. aber auch CPT[2] 127).

Wir gehen also davon aus, daß *ʿnh* I, III und IV zusammengehören.
ʿnh I 'antworten' begegnet im Ugar. als *ʿnj* (UT Nr. 1883; WUS Nr. 2060; UF 7, 1975, 363; UF 8, 1976, 261). Es finden sich dort auch einige Wortpaare, die die Nähe der ugar. und hebr. Literatur zu beleuchten vermögen. So ist die Verbindung von *ʿnj* und *šmʿ* belegt (RSP I 300, Nr. 437 – mit Hinweis auf Gen 23, 5f. 10f.; Jes 65, 12. 24; Jona 2, 3; Ijob 35, 12f.; Spr 15, 28f.), weiter die von *ʿnj* und *ṯb* (RSP I 300f., Nr. 438 – mit Hinweis auf *šwb* in Ri 5, 29; Hos 7, 10; Hab 2, 1f.; Ijob 13, 22; 20, 2f.; 32, 14f.; 40, 2. 4; Spr 15, 1; vgl. Y. Avishur, AOAT 210, 1984, 396. 664), schließlich die von *šmʿ* und *ʿnj* (RSP I 363, Nr. 570 – mit Hinweis auf Jer 7, 13. 27; 35, 17; Ijob 20, 3; 31, 35; Ps 55, 20; Gen 16, 11 unter Voraussetzung der Version von M. Dahood, Bibl 49, 1968, 87f.).

In den Texten von Deir ʿAllā findet sich *ʿnjh* (1, 13; ATDA 212), desgleichen im Aaram., Ägaram., Palmyr. (DISO 218), Jüd.-Aram., Samarit., Christl.-Pal., Syr., Mand. (MdD 24a). Das Äg hat *ʿn(n)*, intrans. 'umkehren (von)', trans. 'etwas zuwenden, abwenden' (WbÄS I 188f.), das Akk. *enû(m)* 'umwenden, ändern' (AHw 220f.; CAD E 173–177).

ʿnh III ʿsich bemühenʾ ist hebr. erst bei Koh belegt. Es findet sich syr. als *ʿenā* ʿsich bemühen umʾ, Ptz. pass. *ʿenē* ʿbeschäftigtʾ (LexSyr 534a); im Christl.-Pal. begegnet das Ptz. *ʿnjn* ʿBeschäftigte, Sich-Bemühendeʾ (Schulthess, Lex. Syropal. 1903, 149b); das Arab. hat *ʿanā* ʿam Herzen liegen, beunruhigen, ernstlich beschäftigenʾ, *ʿanija* ʿbekümmert, in Sorge sein, sich abmühenʾ (Wehr 583b); asarab. findet sich *ʿnj* ʿsich plagen, mühen mitʾ (Conti Rossini 210a; Müller 81; vgl. Biella 374: „sense doubtful").
ʿnh IV ʿsingenʾ begegnet mhebr. als *ʿinnûj*, jüd.-aram. als *ʿinnûjā* ʿKlageliedʾ, syr. *pa* (LexSyr 533b) in der Bedeutung ʿ(im Wechselgesang) singenʾ, *aph* ʿanstimmen lassen, singenʾ; desgleichen in Deir ʿAllā (1, 10; ATDA 202) und im arab. *ġnj* II ʿsingenʾ (vgl. zum Ganzen KBL³ 805–808). Zum Ugar. vgl. J. C. de Moor, AOAT 16, 1971, 93.

Labuschagne (335f.) ist zuzustimmen, wenn er die ursprüngliche Bedeutung von *ʿnh* mit ʿumwendenʾ (des Gesichts oder der Augen) bestimmt. Von daher ist auf eine Grundbedeutung ʿreagieren, erwidernʾ zu schließen, die *ʿnh* I und III – und wohl auch IV – samt den Derivaten zugrundeliegt.
2. LXX gibt *ʿānāh* mit ἀποκρίνομαι wieder. In den Verbindungen von ἀποκρίνεσθαι mit λέγειν, εἰπεῖν etc. liegt ein echter Semitismus vor. Dreimal wird *ʿānāh* mit ἀνταποκρίνομαι übersetzt (Büchsel 946f.).

II. 1. *ʿnh* I kommt 316mal im AT vor. Das aram. Verb begegnet 30mal in Dan, immer in Verbindung mit → אמר *ʾāmar*. Im Hebr. findet sich *ʿānāh* + *ʾāmar* 142mal, davon etwa 100mal als Gesprächsformel im Dialog. 6mal begegnet die Verbindung *ʿānāh* + *dibbær* (Gen 34, 13; Jos 22, 21; 1 Kön 12, 7; 2 Kön 1, 10. 11. 12 (vgl. Labuschagne 336f.). Dieser Befund zeigt, daß *ʿānāh* ʿreagierenʾ einer Näherbestimmung bedarf, wenn es um eine verbale Reaktion geht. Als die Verbindung von *ʿānāh* mit *ʾāmar* bzw. *dibbær* als Hendiadys verstanden wurde, konnte *ʿānāh* auch ohne diese Präzisierungen verwendet werden. In vielen Fällen kommt in Dialogen bloßes *ʾāmar* vor (vgl. B. O. Long, JBL 90, 1971, 129–139; Labuschagne 338).
Die Grundbedeutung ʿreagieren, erwidernʾ weist zunächst in den Bereich von Verhandlung und Disput; vgl. z. B. Gen 18, 27; 23, 5. 10. 14; Ex 4, 1; Num 11, 28; Dtn 1, 14. 41; Jos 1, 16; Ri 8, 8; 1 Sam 1, 15; Jes 14, 32; Am 7, 14; Mi 6, 5; Ps 119, 42; Ijob 3, 2; 4, 1; 6, 1; 8, 1; 9, 1; 32, 1. 6. 12. 15. 16. 20; 1 Chr 12, 18; 2 Chr 10, 13. Es fällt auf, daß die Sprache durchweg gehoben erscheint. Vor allem die Verbindung von *ʿānāh* mit *ʾāmar*, die als „er reagierte und sprach" („indem er sprach") wiederzugeben ist, weist auf eine geprägte Dialogformel. Auch der Kontext ist in den meisten Fällen nicht alltäglich.
Ijob 20, 3 ist Zofars *rûaḥ* Subjekt von *ʿānāh* (vgl. G. Fohrer, KAT XVI 325: „Geist aus meiner Einsicht läßt mich antworten"; möglich ist auch „antwortet mir"), Spr 15, 28 das Herz des *ṣaddîq* (vgl. BHS). Von da aus ist kein weiter Weg zu Spr 1, 28, wo Frau Weisheit als Subjekt von *ʿānāh* begegnet (vgl. B. Lang, Frau Weisheit, 1975, 46f.).

Eine besondere Erwähnung verdient Spr 26, 4f.: „Antworte dem Toren nicht gemäß seiner Torheit, damit nicht auch du ihm gleich wirst. Antworte dem Toren gemäß seiner Torheit, damit er nicht weise wird in seinen eigenen Augen." Die sich scheinbar widersprechenden Sprüche sind wohl als Ratschläge für verschiedene Situationen gemeint: Schweigen ist für den Weisen geboten, der auf der Ebene des Toren keine Verständigung mit ihm erreichen kann, Zurechtweisung des Toren dann, wenn er einem dem Weisen gleichrangigen Anspruch erhebt (vgl. O. Plöger, BK XVII 310).
Gen 30, 33 begegnet *ṣᵉdāqāh* als Subj. von *ʿānāh*. In seiner Auseinandersetzung mit Laban um den Lohn für seinen Hirtendienst beruft sich Jakob auf seine „Gemeinschaftstreue" (vgl. K. Koch, ZEE 5, 1961, 72–90), die wie der Verteidiger in einem Disput für ihn sprechen wird.
Gen 34, 13 geschieht *ʿānāh* hinterhältig (*bᵉmirmāh*), wird somit innerhalb einer Verhandlung als Mittel der Täuschung eingesetzt.
Ex 19, 8 konstatiert, daß das Volk einmütig (*jaḥdāw*) positiv auf die durch Mose überbrachten Worte JHWHs reagiert (vgl. Ex 24, 3 *qôl ʾæḥād*). Dtn 20, 11 findet sich innerhalb des Kriegsgesetzes die Formulierung, daß eine angegriffene Stadt in den Kapitulationsverhandlungen *šālôm taʿanæh*, „*šālôm* erwidert", nachdem ihr (v. 10) *lᵉšālôm* zugerufen worden ist (vgl. Delekat 38: „Wenn die Stadt ... friedlich auf dich reagiert"). *šālôm ʿānāh* bedeutet hier die Unterwerfung unter die Kapitulationsforderung, die dem *šālôm* Israels, der pax israelitica, dient (vgl. H. H. Schmid, SBS 51, 1971, 60).
Im Rahmen eines Disputs inmitten des Hofstaats JHWHs erscheint der Satan als Subj. von *ʿānāh* (Ijob 1, 7. 9; 2, 2. 4; vgl. F. J. Stendebach, BiKi 1975, 2–7). Ijob 5, 1 ist wohl ein himmlisches Wesen als Subj. anzunehmen (vgl. G. Fohrer, KAT XVI 146).
2. Von dem Gebrauch von *ʿānāh* im Kontext von Verhandlung und Disput ist wohl die spezifische Verwendung als term. techn. im Prozeß abzuleiten. Denn die mittels *ʿānāh* verbal zum Ausdruck gebrachte Reaktion kann sich auch aus Erfahrenem oder Wahrgenommenem oder Geschehenem ergeben (Labuschagne 339).
Ex 23, 2 meint *ʿānāh* die Zeugenaussage (vgl. M. Noth, ATD 5⁶, 152f.), desgleichen in den Dekalogsätzen Ex 20, 16; Dtn 5, 20 (vgl. H. J. Stoebe, WoDie NF 3, 1952, 108–126). Hier ist die Verschiedenheit der Formulierung zu beachten. Während Ex 23, 2 *ʿānāh* mit *ʿal-rîḇ* verbunden ist, von Noth (ATD 5², 138) mit „gegen einen Rechtsgegner" wiedergegeben, wobei ich eine Übersetzung mit „bezüglich eines Rechtsstreits" vorziehen würde (vgl. Zorell, Lexicon² 770), verbinden Ex 20, 16; Dtn 5, 20 *ʿānāh* mit *bᵉreʿaḵā* „gegen deinen Nächsten" (vgl. Boecker 103). Hier ist nun die nähere Bestimmung von *ʿeḏ* verschieden. Hat Ex 20, 16 *ʿeḏ šāqær* „als Lügenzeuge", so begegnet Dtn 5, 20 *ʿeḏ šāwʾ* „nichtiger Zeuge". Dtn 5, 20 bezieht sich mit dieser abweichen-

den Formulierung auf Dtn 5, 11 (= Ex 20, 7) und begreift so den mit Zeugenaussagen häufig verbundenen Schwur mit ein (vgl. H. Schüngel-Straumann, SBS 67, ²1980, 66; anders F.-L. Hossfeld, OBO 45, 1982, 78, → עוד *'wd* II. 1. b).

Num 35, 30 untersagt die Hinrichtung eines Totschlägers auf die Aussage nur eines Zeugen. Dtn 19, 16–19 bestimmt, daß ein Zeuge, der einen anderen des Aufruhrs bezichtigt und dabei der Lüge überführt wird, das Schicksal erleiden soll, das er seinem Opfer zugedacht hatte.

'ānāh als juridischer term. techn. findet sich weiter Dtn 21, 7; 25, 9; 31, 21 (mit *šîrāh* 'Lied' als Subj., → עוד *'wd* II. 6.); Jos 7, 20 (Eingeständnis des Angeklagten); Ri 20, 4; 1 Sam 12, 3; 14, 39 (im Sinne von 'anzeigen'); 2 Sam 1, 16 (*pæh* 'Mund' als Subj.); 1 Kön 3, 27 (Urteil); Jes 3, 9 (*hakkāraṯ penêhæm* als Subj.); 59, 12 (*ḥaṭṭā'ṯenû* als Subj.; vgl. BHS); Jer 14, 7 (*'awonênû* als Subj.); Hos 5, 5 (*'ānāh be* bezeichnet die belastende Aussage eines dem Schuldigen konfrontierten Zeugen; der Hochmut Israels ist der letzte Belastungszeuge gegen es; vgl. H. W. Wolff, BK XIV/1, 127); 7, 10 (Glosse, die 5, 5a aufnimmt); Mi 6, 3 (aufgrund der Gerichtssituation ist von der konkreten juridischen Bedeutung her zu übersetzen: „Lege Zeugnis ab gegen mich"; vgl. Boecker 103); Hab 2, 11 (*kāpîs me'eṣ* „Sparren aus dem Gebälk" als Subj.). Da *zā'aq/ṣā'aq* nicht der Sphäre des öffentlichen Gerichtsverfahrens angehört (→ II 635 ff.), sondern den Appell des Schwachen an den Rechtsschutz bezeichnet, kann das parallel stehende *'ānāh* nur heißen: „in das Zetergeschrei mit einstimmen"; somit schreien Mauer und Gebälk der Paläste zu JHWH um Rechtshilfe, weil niemand aufsteht, der im Gerichtsverfahren als Kläger fungieren könnte (vgl. J. Jeremias, WMANT 35, 1970, 72); Mal 2, 12 (*'onæh* = Verteidiger, Advokat; anders B. Hartmann, VTS 16, 1967, 104 f., der *'onæh* als Ptz. zum *pi* von *'nh* II, synonym zu *me'annæh* „Bedrücker" versteht); Ijob 9, 3. 14. 15. 32; 13, 22; 14, 15; 40, 2 f. 5; 42, 1 (*'ānāh* als Erwiderung des Prozeßgegners); 15, 6 (Ijobs Lippen als Subj.); 16, 8 (Ijobs *kaḥaš* 'Abmagerung, Verfall' als Subj.; vgl. G. Fohrer, KAT XVI 280).

Auch die Weisheitsliteratur warnt vor der falschen Zeugenaussage. So vergleicht Spr 25, 18 den *'onæh 'eḏ šāqær* mit Keule, Schwert und Pfeil.

Jes 50, 2 fragt JHWH: „Warum war niemand da, als ich kam, warum gab niemand Antwort (*'ên 'ônæh*), als ich rief?" Das Wort 50, 1–3 gehört zu einer Gruppe von Gerichtsreden, in denen JHWH und Israel einander gegenüberstehen und JHWH der Angeklagte ist. V. 2a spiegelt das Verstummen des Anklägers. Bedeutsam ist in diesem Zusammenhang die Beobachtung, daß, wenn der Mensch Subjekt von *'ānāh* ist, nicht er, sondern JHWH, der „ruft" (*qārā'*), die Initiative ergreift (vgl. noch Jes 65, 12; Jer 7, 13; 35, 17; Ijob 14, 15; Mi 6, 3). Es handelt sich um eine der Reaktion des Menschen vorangehende provozierende Anrede von seiten JHWHs.

Hingewiesen sei noch auf das zweimalige Vorkommen von *'ānāh* im Sinne von „zeugen für" in den Ostraka von Yavneh-Yam (KAI 200, 10 f.).

3. Gen 40, 18; 41, 16 begegnet *'ānāh* im Kontext von Traumdeutung (vgl. Ri 7, 14). So vermag *'ānāh* auch ein Prophetenwort einzuleiten (vgl. 2 Kön 1, 10. 12). Jer 11, 5 wird die Antwort des Propheten auf ein JHWH-Wort mit *'ānāh* eingeführt. Hag 2, 14 setzt die prophetische Adaption einer priesterlichen *tôrāh* mit *'ānāh* ein.

In einen prophetischen Zusammenhang weist Jes 65, 12: „Ich rief, und ihr antwortetet nicht." Hier ist das prophetisch vermittelte worthafte Geschehen zwischen JHWH und Israel als ein dialogisches verstanden, dem sich allerdings Israel verweigert. Die von C. Westermann behauptete Nähe zur dtr Sprache (ATD 19, 322) läßt sich nicht belegen (vgl. noch Jes 66, 4; Jer 7, 13. 27; 35, 17. Die Belege bei Jer gehören Schicht D an, Vorbilder in der dtn/dtr Literatur fehlen; vgl. W. Thiel, WMANT 41, 1973, 113).

Hierhin gehört auch Hos 2, 17, wo *'ānāh* von der Grundbedeutung 'reagieren' her am ehesten mit „bereitwillig folgen" wiederzugeben ist. Es handelt sich um eine constructio praegnans, bei der ein Verb der Bewegung dem Sinn nach zu ergänzen ist (vgl. GKa § 119 ee–gg). Die Umworbene – Israel – tut, was der Anruf erwartet; sie ist neu zur ehelichen Gemeinschaft bereit (vgl. H. W. Wolff, BK XIV/1, 37. 52 f.; anders Labuschagne 337, der *'ānāh* als die „willige Reaktion" der Braut in sexuellem Sinn versteht).

Mit Blick auf Jes 65, 12 und Hos 2, 17 läßt sich grundsätzlich sagen: In der Antwort auf die – prophetisch vermittelte – Anrede JHWHs vollzieht und verwirklicht sich Kommunikation. Demgegenüber bedeutet Schweigen die bewußte Aufhebung der personalen Beziehung (→ I 357).

Bei Sach begegnet *'ānāh* häufiger, allerdings beschränkt auf den Zyklus der Visionen (vgl. Sach 1, 10. 11. 12; 4, 4. 5. 6. 11. 12; 6, 4. 5) und die nicht zu diesem Zyklus gehörende Vision von der Investitur Jeschuas (vgl. Sach 3, 4). *'ānāh* besitzt an diesen Stellen aber keine eigentlich prophetische Funktion, sondern ist durch den dialogischen Stil der Visionen bedingt.

In diesem Zusammenhang sei auf zwei Frage-Antwort-Schemata hingewiesen. Das erste Schema findet sich Jer 22, 8 f.; Dtn 29, 23–27; 1 Kön 9, 8 f. u. ö. Es hat folgende Elemente: 1. Benennung des Fragenden; 2. Zitat der Frage; 3. Zitat der Antwort. Das Schema stammt aus dem assyr. Vertragswesen sowie der assyr. Geschichtsschreibung. Die Antwort wird allerdings nicht mit *'ānāh*, sondern mit *'āmar* eingeleitet. Das zweite Schema begegnet Jer 5, 19; 13, 12–14; 15, 1–4; 16, 10–13; 23, 33; Ez 21, 12; 37, 18 f. Es kommt stets in einer Rede JHWHs an einen Propheten vor. Die Antwort ist mit *'āmar* oder *dibbær* eingeführt. Sitz im Leben ist eine Situation, in der ein Prophet auf Anfragen nach göttlichen Botschaften antwortet (vgl. B. O. Long, JBL 90, 1971, 129–139). Die Beobachtung, daß in beiden Schemata *'ānāh* nicht begegnet, vermag zu zeigen, daß *'ānāh* von Hause aus nicht in einem prophetischen Kontext verwurzelt ist.

A. Malamat (VTS 15, 1966, 211–213) weist jedoch für Mari auf den Terminus *āpilum* bzw. *aplûm* „er, der antwortet" (AHw 58; CAD A/2, 170) hin und bringt ihn in Zusammenhang mit 1 Sam 7, 9; 9, 17; 28, 6. 15; 1 Kön 18, 26. 37; Jer 23, 33–40; 33, 3; Mi 3, 7; Hab 2, 2. Der entscheidende Unterschied ist allerdings der, daß in den angeführten at.lichen Texten nicht ein Prophet, sondern JHWH das Subj. von *ʿānāh* ist. Das gilt auch für KAI 202, 11 f. (= ANET² 501), wo Beʿelšemin Subjekt der Antwort – wenn auch durch Seher und Wahrsager – ist, wie für den edomitischen Namen *Qwsʿnl* auf einem Siegel des 7. Jh. v. Chr. von Eziongeber: *Qws ʿānā lî*, „(der Gott) Qaus hat mir geantwortet" (vgl. N. Glueck, BASOR 72, 1938, 13 Anm. 45). Daß ein Prophet „antwortet", ist belegt Mi 6, 5. Mal 2, 12 bleibt wegen der Schwierigkeiten der Interpretation besser außer Betracht.

4. In kultischen Zusammenhängen scheint *ʿānāh* eher beheimatet zu sein. So wird das „kleine Credo" von Dtn 26, 5–9 mit *weʿānîṯā* (+ *'mr*) eingeleitet. Dtn 27, 14 wird die Verkündigung des Fluches durch die Leviten durch *weʿānû* (+ *'mr*) eingeführt, Dtn 27, 15 die Reaktion des Volkes. Da weder Dtn 26, 5 noch 27, 14 eine Rede vorangeht, die eine Antwort fordert, ist *ʿānāh* hier am ehesten mit „das Wort ergreifen", d. h. in einer bestimmten (kultischen) Situation verbal reagieren, wiederzugeben (vgl. weiter Esra 10, 2; 2 Chr 29, 31; 34, 15 [vgl. Joüon 309 ff.]). 1 Sam 1, 17 leitet *ʿānāh* das priesterliche Heilsorakel ein. 1 Sam 21, 5 f. begegnet es im Zusammenhang einer priesterlichen *tôrāh* und der Reaktion Davids darauf.

Auf einen kultischen Kontext weist auch 1 Kön 18, 21 die Feststellung, daß das Volk auf die Entscheidungsfrage Elijas nach JHWH oder Baʿal nicht reagiert (*lo' ʿānû*; vgl. 1 Kön 18, 24; Jer 44, 15. 20; Esra 10, 12; Neh 8, 6).

Um eine priesterliche *tôrāh* geht es Hag 2, 12 f.; die Antwort der Priester wird jeweils mit *ʿānāh* eingeleitet (s. w. u. 6.).

Chr. Barth stellt mit Bezug auf die eben vorgestellten Belege Dtn 27, 15; 1 Kön 18, 21; Esra 10, 12; Neh 8, 6 sowie auf die unter II. 1. besprochenen Stellen Ex 19, 8; 24, 3; Num 32, 31; Jos 1, 16; 24, 16 fest, daß in allen genannten Fällen *ʿānāh* die Bedeutung eines wirklichen, dialogischen Antwortens hat, daß es immer in einem unmittelbaren Bezug zu einer ihm vorangehenden, von bestimmter Seite an Israel gerichteten, solche Antwort provozierenden Anrede steht (Barth 48 f.). Beim Dialog zwischen JHWH und Israel „tritt regelmäßig eine menschliche Führergestalt als Vermittler in Erscheinung", die – außer Ex 19, 8 – nur „von oben nach unten" vermittelt (Barth 50 f.). Bei der Antwort Israels handelt es sich um eine „Bereitschaftserklärung". „Als Ort solcher Bereitschaftserklärungen wird . . . in allen Texten ein liturgischer Akt erkennbar" (Barth 53). Alle Belegstellen stammen aus der dtn/dtr Theologie bzw. sind von ihr abhängig. „Die Rede von der ʿAntwort Israels' findet sich in einer bestimmten Schicht der Überlieferung, ist also von deren geschichtlichen und theologischen Voraussetzungen her zu verstehen" (Barth 55).

5. Auch außerhalb der genannten Bereiche bestätigt sich, daß *ʿānāh* durchweg in gehobener Sprache bzw. in gehobenem Kontext gebraucht wird (vgl. Ri 5, 29; 1 Sam 9, 8. 12. 19; Spr 18, 23; Rut 2, 6. 11; Hld 2, 10).

In militärischem Zusammenhang begegnet *ʿānāh* Ri 18, 14; 1 Sam 4, 17; 14, 12. 28; 26, 6. 14; 30, 22; 2 Sam 15, 21; 20, 20; 2 Kön 1, 11; Jes 21, 9. Im höfischen Milieu ist es angesiedelt 1 Sam 16, 18; 20, 10. 28. 32; 22, 9. 14; 26, 22; 29, 9; 2 Sam 4, 9; 13, 32; 14, 18 f.; 19, 22; 1 Kön 1, 28. 36. 43; 13, 6; 2 Kön 3, 11; 7, 2. 13. 19; Jes 14, 10 (in der Unterwelt); Est 5, 7; 7, 3.

Im Kontext eines Grußverbotes findet sich *ʿānāh* 2 Kön 4, 29: Elischa befiehlt seinem Knecht, unterwegs auf einen Gruß nicht zu antworten – wohl, um keine Zeit zu verlieren.

Von einer Toten kann Ri 19, 28 gesagt werden *'ên ʿonæh*, was wohl am besten mit „sie reagierte nicht" zu übersetzen ist (vgl. 1 Sam 4, 20). Das Fehlen einer Reaktion ist auch Ijob 19, 16; Hld 5, 6 ausgesagt. Gen 45, 3 bemerkt von den Brüdern Josefs, daß sie zu einer Reaktion unfähig waren, als er sich ihnen zu erkennen gab.

Koh 10, 19 begegnet das Geld (*kæsæp*) als Subj. von *ʿānāh*, das hier die Bedeutung „gewähren, bezahlen" haben dürfte (O. Loretz, Qohelet und der Alte Orient, 1964, 266 Anm. 228; vgl. akk. *apālu*, AHw 56). Labuschagne (236) versteht hingegen *jaʿanæh* als *hiph* und übersetzt: „Das Geld läßt jeden willig reagieren" (vgl. R. B. Salters, ZAW 89, 1977, 425).

6. An vielen der Stellen, wo JHWH Subj. von *ʿānāh* ist, handelt es sich um eine nicht-verbale Reaktion, wobei Labuschagne (238) diese Beobachtung zu überziehen scheint, wenn er Gen 41, 16 (vgl. Dtn 20, 11; 1 Sam 20, 10; 1 Kön 12, 13; 2 Chr 10, 13) für sie reklamiert.

Gen 35, 3 (E) wird dem El von Bet-El das Epitheton *ʿonæh* zugelegt. Gen 41, 16 (E) wird im Kontext der Traumdeutung ausgesagt, daß Elohim – nicht Josef – die Antwort erteilen wird (vgl. BHS). Ex 19, 19 (E) antwortet Elohim dem Mose im Donner (*beqôl*), wobei wohl als Hintergrund die Orakelpraxis anzunehmen ist (vgl. H. Schmid, BZAW 110, 1968, 58).

1 Sam 7, 9 schreit Samuel zu JHWH, und er reagiert auf ihn, d. h. er erhört ihn (vgl. 1 Sam 8, 18; 22, 12). Als term. techn. der Orakelpraxis begegnet *ʿānāh* 1 Sam 14, 37; 23, 4; 28, 6. 15; 2 Sam 22, 36; vgl. 1 Sam 9, 17.

1 Kön 18, 24 ff. geht es um die Frage, welcher Gott – JHWH oder Baʿal – auf Opfer und Anrufung mit Feuer antwortet (vv. 24. 26. 29. 37; vgl. 1 Chr 21, 26. 28).

Man dürfte nicht fehlgehen, wenn man an der Wurzel all der Stellen, an denen Gott als Subjekt von *ʿānāh* begegnet, die Orakelpraxis stehen sieht, wenn diese dann allerdings häufig nur noch verblaßt erscheint (vgl. Jes 30, 19; 41, 17; 49, 8; 58, 9; 65, 24; Jer 23, 35. 37; 33, 3; 42, 4; Hos 14, 9 [LXX liest hier *ʿnh* II; vgl. H. W. Wolff, BK XIV/1, 301]; Joël 2, 19; Mi 3, 4; Hab 2, 2; Sach 1, 13; 10, 6 [vgl. BHS]; 13, 9). Besondere Beachtung verdient Hos 2, 23f.: „Es wird an jenem Tag geschehen: Ich erhöre (vgl. BHS) – Spruch JHWHs –, ich erhöre die Himmel, und die erhören die Erde. Und die Erde erhört das Korn und den Most und den Olivensaft, und die erhören Jesreel." Das vorausgesetzte Flehen Jesreels wird nicht von JHWH unmittelbar gehört, sondern durch eine Kette von Zwischeninstanzen vermittelt, wobei sich in der Reihenbildung der Einfluß didaktischer Motive zeigt, die von weisheitlicher Naturkunde bestimmt sind (vgl. H. W. Wolff, BK XIV/1, 65). Die Form des Kettenspruchs geht vielleicht auf ursprüngliche Zauberformeln zurück; der magische Charakter ist aber bei Hos überwunden durch die Herausstellung JHWHs als der eigentlichen Ursache aller Fruchtbarkeit.

Anders sieht E. Jacob (UF 11, 1979, 404) hinter der häufigen Erwähnung der Wurzel *ʿnh* in Hos 2, 23f. eine kaum verhüllte Anspielung auf die Göttin ʿAnat. Die Leute von Elephantine hätten daraus die Konsequenz gezogen, ʿAnat mit JHWH zu einem Götterpaar zu vereinen. A. Guillaume (JThST 15, 1964, 57) versteht *ʿnh* in Hos 2, 23f. nicht als ʿantworten', sondern – mit Bezug auf das Arab. – als ʿfließen', *hiph* ʿfließen lassen, fruchtbar machen, produzieren'.

Das häufigste Vorkommen von *ʿānāh* mit JHWH als Subj. findet sich in den Psalmen, vor allem in den Gebetsliedern eines einzelnen und den ihnen korrespondierenden Dankliedern. Diese Lieder lassen die Institution eines kultischen Gottesgerichts erkennen, in dessen Zusammenhang mit *ʿānāh* das Orakel bezeichnet wird, das dem Beter die Rechtfertigung und Rettung zuspricht (vgl. J. Begrich, ThB 21, 217–231; W. Beyerlin, FRLANT 99, 1970, 140–142; H. Madl, BBB 50, 1977, 37–70). Im einzelnen sind zu nennen: Ps 3, 5; 4, 2; 13, 4; 17, 6; 18, 42; 20, 2. 7. 10; 22, 3. 22 (es ist bei MT zu bleiben; vgl. H. J. Kraus, BK XV⁵, 323; R. Kilian, BZ NF 12, 1968, 173. Die präsentisch-futurische Übersetzung bei O. Fuchs, Die Klage als Gebet, 1982, 110. 178–183, ist zurückzuweisen, desgleichen seine Ablehnung der Institution des Heilsorakels, 319f.); 27, 7; 34, 5; 38, 16; 55, 3 (v. 20 *jaʿnem* ist verderbt und zu korrigieren; vgl. F. Delitzsch, Die Psalmen, ⁶1984, 390; H. J. Kraus, BK XV⁵, 560); 60, 7 (vgl. BHS); 65, 6; 69, 14. 17. 18; 81, 8; 86, 1. 7; 91, 15; 99, 6. 8; 102, 3; 108, 7 (vgl. Ps 60, 7); 118, 5. 21 (vgl. E. Kutsch, ZThK 61, 1964, 197); 119, 26. 145; 120, 1; 138, 3; 143, 1. 7; vgl. Jona 2, 3; Ijob 12, 4; 30, 20; 35, 12.

Diese Gebete zeigen in der Antwort Gottes auf das Rufen (→ קרא *qārāʾ*), Schreien (→ זעק *zāʿaq*), Suchen und Befragen (→ דרשׁ *dāraš*, → שׁאל *šāʾal*) des Menschen den zutiefst dialogischen Charakter der Gott-Mensch-Beziehung im AT (vgl. F. J. Stendebach, Theologische Anthropologie des Jahwisten, Diss. Bonn 1970, 339–341), innerhalb derer JHWH helfend und rettend zugunsten seiner Verehrer einschreitet. *ʿānāh* gehört metaphorisch in das Wortfeld von *jšʿ* (→ III 1039f.). Darauf weist auch der Parallelismus von *ʿnh* und *jšʿ* in 2 Sam 22, 42 = Ps 18, 42; Jes 46, 7; Ps 20, 10; 22, 22; 60, 7 = 108, 7.

Wenn sich H.-J. Kraus vom „dialogischen Prinzip" wegen des Mißverständnisses distanziert, daß Gott und Mensch als zwei einander korrespondierende Partner auf gleicher Ebene gegenüberständen und ein „dialogisches Prinzip" das Geheimnis dieser Korrespondenz ausloten könne (BK XV/3, 10), so argumentiert er übervorsichtig. Auch aus der Tiefe (vgl. Ps 130, 1) und aus der Distanz zu Gott (vgl. Ps 8, 5) ist ein echter Dialog mit Gott möglich.

In Gebeten des mesopotamischen Raums wird ebenfalls die Antwort der Gottheit, das „Heilsorakel", erwartet: „Auf euren hehren Befehl, der unabänderlich ist, auf euer zuverlässiges Jawort, das nicht umgestoßen wird, möge ich, euer Diener, leben und gesund werden" (SAHG 347).

In den Bereich eines Rechtsstreits zwischen Mensch und Gott führt Ijob 9, 16 (vgl. BHS). Es gilt auch hier: *ʿānāh* bezeichnet in seinem forensischen Gebrauch „jedes prozessuale Vorbringen der im Streit miteinander befangenen ... Parteien, ihre Aussagen, Einwendungen, Erwiderungen oder Bestreitungen" (Horst, BK XVI/1, 148, der es allerdings für unsicher hält, daß in Ijob 9, 16 *qārāʾ* und *ʿānāh* noch im prozessualen Rahmen bleiben – mit Hinweis auf die Gebetssprache des Psalters). G. Fohrer übersetzt geradezu *qārāʾ* mit „vorladen" und *ʿānāh* mit „sich stellen" (G. Fohrer, KAT XVI 195. 199. 207f.); vgl. Ijob 23, 5; 31, 35 (vgl. Fohrer 443); 33, 13; 38, 1; 40, 1. 6 (beide Verse sind als Glosse zu streichen; vgl. Fohrer 494). Auch dieses prozessuale Geschehen ist nur vor dem Hintergrund des dialogischen Verhältnisses zwischen Ijob und JHWH denkbar (vgl. noch Rut 1, 21).

In den meisten Fällen, in denen JHWH als Subj. von *ʿānāh* begegnet, „reagiert" Gott aufgrund menschlicher Initiative. Nur 6mal ist davon die Rede, daß JHWH selber die Initiative ergreift.

7. Es fällt auf das völlige Fehlen des *qal* von *ʿānāh* bei Ez. Dafür findet sich 2mal das *niph* in der reflexiven Bedeutung „sich zur Antwort herbeilassen" mit JHWH als Subj. (Ez 14, 4. 7; nach W. Zimmerli, BK XIII/1, 301, ist v. 4 nach v. 7 zu korrigieren und *naʿanîtî lô bî* zu lesen). Der Bescheid JHWHs in v. 7bβ sagt aus: „Ich, JHWH, lasse mich ihm gegenüber in mir selber zur Antwort bewegen." Das *niph* stellt wohl eine bewußte Eigenwilligkeit der Sprache Ezechiels dar, die das fast passive „sich zur Antwort drängen lassen" zum Ausdruck bringen soll.

Das *niph* findet sich noch Ijob 11, 2; 19, 7 im Rahmen von Disput bzw. Rechtsstreit sowie Spr 21, 13 in der Bedeutung „Antwort erhalten". Das *hiph* von *ʿnh* begegnet Ijob 32, 17 (vgl. aber BHS; G. Fohrer, KAT XVI 449) sowie Spr 29, 19 in der Bedeutung „sich fügen".

Die aram. Belege für *ʿnh peʿal* tragen zu dem bisher gewonnenen Bild nichts Neues bei (Dan 2, 5 [vgl.

BHS]. 7. 8. 10. 15. 20. 26. 27. 47; 3, 9. 14. 16. 19. 24. 25. 26. 28; 4, 16. 27; 5, 7. 10. 13. 17; 6, 13. 14. 17. 21; 7, 2 [vgl. BHS]).

8. *ʿnh* III ʿsich abmühenʾ ist nur Koh 1, 13; 3, 10 belegt. An beiden Stellen geht es um das Geschäft (*ʿinjān*, s. u.), das Gott den Menschen gegeben hat, um sich mit ihm abzumühen – Ausdruck des skeptischen Realismus, der Koh auszeichnet (vgl. F. J. Stendebach, Glaube bringt Freude, 1983, 88–109).

Koh 5, 19 begegnet das *hiph* mit Gott als Subj. (vgl. BHS): Das eigentliche Geschenk Gottes besteht darin, daß ein Mensch sich nicht so oft an die Tage seines Lebens erinnern muß, weil Gott ihn sich abmühen läßt um die Freude seines Herzens. „Im Glück tritt das Denken an den Tod – also gerade das, wohinein Kohelet seine Leser zu führen versucht – im Bewußtsein zurück. Es wird selten" (N. Lohfink, Kohelet, NEB 46).

9. Ex 15, 21 wird die Reaktion der Mirjam auf die Errettung am Meer mit *ʿnh* bezeichnet, das in diesem Zusammenhang ʿsingenʾ (*ʿnh* IV) bedeutet. Daran zeigt sich, daß die erste Reaktion des Menschen auf Gottes Tat an ihm der Hymnus ist, der in seiner klassischen Form unmittelbar folgt. Bei solchen „Siegesliedern" war eine der Frauen die Vorsängerin, die den heimkehrenden Kriegern das Lied „zusang", das dann von dem Chor der übrigen Frauen aufgenommen und wiederholt wurde (vgl. 1 Sam 18, 7; 21, 12; 29, 5).

Weitere Belege im *qal* sind Num 21, 17; Jes 13, 22 (*ʾijjîm* ʿSchakaleʾ als Subj. Nach E. Jenni, Das hebräische Piʿel, Zürich 1968, 219, ist das Verb von *ʿwn* ʿwohnenʾ abzuleiten; vgl. GesB 572; dazu zurückhaltend J. Barr, CPT 243. 250; vgl. I. Eitan, HUCA 12/13, 1937/38, 61); Jer 25, 30 (JHWH als Subj.); 51, 14; Ps 119, 172; 147, 7; Esra 3, 11.

Ex 32, 18 ist schwierig. Es findet sich 2mal der Inf. *qal* von *ʿnh*, einmal der Inf. *pi*: „Keinen Lärm von Siegesgesängen (*ʿanôṯ geḇûrāh*) und keinen Lärm von Niederlagengesängen (*ʿanôṯ ḥalûšāh*), Lärm von Singen (*ʿannôṯ*) höre ich." Im dritten Stichos ist ein Textausfall anzunehmen (vgl. M. Noth, ATD 5[2], 199). Es ist vorgeschlagen worden, statt *ʿannôṯ tannôṯ* zu lesen (*pi* von *tnh* ʿbesingenʾ; vgl. J. Morgenstern, HUCA 19, 1945/46, 492; KBL[2] 1034), was völlig unbegründet ist. Das mit *ʿnh* I identische *ʿnh* IV betont den antiphonalen oder responsiven Charakter eines Liedes; das *pi* könnte eine besondere Weise anzeigen, in der ein Gesang zur Gelegenheit eines Reigentanzes (Ex 32, 19) respondierend dargeboten wird (vgl. J. M. Sasson, AOAT 22, 1973, 157; anders W. F. Albright, Yahweh and the Gods of Canaan, London 1968, 19 Anm. 53). Indiskutabel ist der Vorschlag von R. Edelmann (VT 16, 1966, 355), anstelle von *ʿannôṯ ʿanāṯ* zu lesen, den Namen der kanaan. Göttin, die mit all dem, was sie repräsentiert, dem gegenübergestellt werde, was wie Lärm eines Sieges oder einer Niederlage geklungen haben mag (vgl. R. N. Whybray, VT 17, 1967, 122. 243; anders F. I. Andersen, VT 16, 1966, 108–112). S. Mittmann (BN 13, 1980, 43) schlägt vor, in *meḥolôṯ* ʿReigentänzeʾ (v. 19) das in v. 18 nach *ʿannôṯ* vermißte Wort zu sehen.

Das *pi* begegnet noch Jes 27, 2; Ps 88, 1 (vgl. Jenni 219f.; J. M. Sasson, AOAT 22, 1973, 157; H. J. Kraus, BK XV[5], 771. K. Seybold, BWANT 99, 1973, 113f., liest mit Berufung auf E. A. Leslie, The Psalms Translated and Interpreted in the Light of Hebrew Life and Worship, Nashville – New York 1949, 397, *ʿnh* II *pi* „zur Demütigung"; anders I. J. Glueck, Outestamentise Werkgemeenskaap in Suid-Afrika 6, 1963, 35f., der hier einen musiktechnischen Ausdruck „antwortende, antiphonale Darbietung" sieht).

III. An Derivaten von *ʿnh* finden sich:

1. *maʿanæh* ʿAntwortʾ (vgl. BLe 491 n). Das Nomen ist auch mhebr. belegt. Ugar. begegnet *mʿn* (UT Nr. 1883); akk. *maʾna* (AHw 601) ist unsicher (KBL[3] 581).

Die Belege erstrecken sich fast ausschließlich auf die Weisheitsliteratur. Spr 15, 1 stellt fest, daß eine sanfte Antwort den Zorn abwendet (vgl. W. Bühlmann, OBO 12, 1976, 75ff.). Spr 15, 23 spricht davon, daß es für einen Menschen Freude in der Antwort seines Mundes gibt. „Die den Zorn beschwichtigende Antwort (so v. 1) erfüllt zugleich den mit Freude, der sie gegeben hat" (O. Plöger, BK XVII 183; vgl. Bühlmann 261ff.). Spr 16, 1 lehrt: „Beim Menschen sind die Überlegungen des Herzens, aber von JHWH ist die Antwort der Zunge." Die den Planungen entsprechende Formulierung wird „als eine Begabung angesehen, über die nicht jeder verfügt und die deshalb von JHWH hergeleitet wird" (O. Plöger, BK XVII 189; vgl. Bühlmann 322ff.).

Ijob 32, 3. 5 sagt, daß die Freunde Ijobs auf dessen Reden keine Antwort mehr fanden.

Mi 3, 7 ist von der Antwort Gottes die Rede, die den Sehern und Wahrsagern nicht zuteil wird. Hier steht offensichtlich die Orakelpraxis im Hintergrund (vgl. Barth 47).

Barth (48) weist darauf hin, daß – anders als im AT – *mʿn* in Ugarit im Sinne einer liturgischen Antwort begegnet (UT Nr. 1883).

2. *maʿanāh* ʿPflugbahnʾ (vgl. BLe 492 p). Im Ugar. ist das Wort vielleicht als *ʿnt* ʿFurcheʾ belegt (vgl. J. Gray, VTS 5, [2]1965, 71 Anm. 3). Es handelt sich um die Strecke, an deren Ende der Pflug gewendet wird (vgl. KBL[3] 581; Delekat 38f.; G. Dalman, AuS II[2], 171f.). Das Wort begegnet im AT nur 2mal: 1 Sam 14, 14 (vgl. BHS) und Ps 129, 3 (vgl. BHS).

3. *ʿnh* findet sich als verbales Element in folgenden Eigennamen: *jaʿnî* oder *jaʿanāh*, eine Kurzform „(Gott) erhöre bzw. erhörte" (IPN 27, Anm. 1. 28. 198); vgl. 1 Chr 5, 12 (vgl. KBL[3] 402).

ʿunnî, K *ʿunnô*. Die Bedeutung ist unsicher. Es handelt sich entweder um eine Kurzform zu den Satznamen *ʿanājāh* bzw. *ʿananjāh* „JHWH hat erhört" (IPN 39. 185) oder um einen Bezeichnungsnamen „der Erhörte" (wie akk. *Šūzubu* „der Gerettete" zu *dNergal ušēziḇ*; vgl. AN 112); vgl. 1 Chr 15, 18. 20; Neh 12, 9.

ʿunnā (DJD II 10 I 3 p. 91). Der Name begegnet für den Eponymen einer Levitenfamilie (vgl. 1 Chr 15, 18. 20; Neh 12, 9).

ʿanānî findet sich äg.-aram. als *ʿnnj* (P. Grelot, Documents araméens d'Egypte, Paris 1972, 465f.), babyl.-aram. als *ʿanani* (M. D. Coogan, West Semitic Personal Names in the Muraru Document, Harvard Semitic Monogr. 7, 1976, 32. 80). Der Name ist eine Kurzform

zu *ʿanānejāh* (vgl. J. J. Stamm, Festschr. Landsberger, 1965, 414 Anm. 6 = OBO 30, 1980, 60 Anm. 6; anders IPN 184f.): „Er (JHWH) hat mich erhört"; vgl. 1 Chr 3, 24.
ʿanājāh „JHWH hat erhört" (vgl. IPN 185). Der Name ist inschriftlich belegt (vgl. LidzEph 2, 196f.). Zu vergleichen ist die analoge Namenbildung *ʿn'l* (vgl. W. F. Albright, BASOR 149, 1958, 33, Z. 1; Nimrud Ostrakon: Iraq XIX/2, 139ff.; babyl.-aram. *ʿanā'el*, M. D. Coogan, a.a.O., 32. 80). Der Name begegnet Neh 8, 4 (vgl. BHS); 10, 23.
ʿanānejāh, in LXX als 'Ανανία(ς) wiedergegeben; vgl. äg.-aram. *ʿnnjh* (P. Grelot, a.a.O., 466): „JHWH hat mich erhört" (vgl. J. J. Stamm, OBO 30, 60 Anm. 6; anders IPN 184: „JHWH offenbarte sich" nach arab. *ʿanna* ʻvor Augen erscheinen, sich zeigenʼ); vgl. Neh 3, 23.

All diese Eigennamen haben ein theologisches Gewicht. In ihnen „klingen naturgemäß besonders oft Töne an, die aus dem israelitischen Klagelied bekannt sind" (IPN 198).

Ob der Name der Göttin ʿAnat mit *ʿnh* in der Bedeutung „sexuell willig, respondierend sein" zusammenhängt (Labuschagne 336, mit Verweis auf Hos 2, 17; Ex 21, 10), muß offenbleiben. A. S. Kapelrud verbindet den Namen mit *ʿnh* ʻsingenʼ, auch ʻklagenʼ (The Violent Goddess, Oslo 1969, 28; dagegen J. C. de Moor, UF 1, 1969, 224).

4. *maʿanæh* ʻZweckʼ, abzuleiten von *ʿnh* III (vgl. BLe 491 n); vgl. arab. *maʿnā* ʻSinn, Bedeutungʼ. Das Nomen begegnet Spr 16, 4: „Alles hat JHWH gemacht für seinen Zweck" (vgl. O. Plöger, BK XVII, 187. 190).

5. *maʿan*, Derivat von *ʿnh* III über *maʿanæh* (vgl. BLe 492 o). Die Partikel begegnet auch äg.-aram. (DISO 162). Sie ist stets mit *le* verbunden in der Bedeutung ʻin Rücksicht auf, um ... willen, wegenʼ (vgl. KBL³ 581; H. A. Brongers, OTS 18, 1973, 84–96).
6. *jaʿan* ʻwegen, weilʼ, abzuleiten von *ʿnh* III; vgl. arab. *ʿanā* ʻmeinen, planenʼ. Es handelt sich um ein ursprüngliches Substantiv mit der Bedeutung ʻBeschäftigung, Planʼ, das sich zu einer Präposition entwickelt hat (vgl. BLe 635 b; KBL³ 402). M. J. Mulder (OTS 18, 1973, 49–83) findet den „Sitz im Leben" der Partikel in den prophetischen Begründungen der Heils- und Unheilsworte (vgl. D. E. Gowan, VT 21, 1971, 178–184; anders Labuschagne 339, der in *jaʿan* einen ursprünglichen Jussiv zur Einleitung der Anklage sieht, der zu einer erstarrten verbalen Form geworden sei).

7. *ʿinjān* ʻGeschäft, Sacheʼ, abzuleiten von *ʿnh* III (vgl. BLe 500 o; M. Wagner, BZAW 96, 1966, 92, Nr. 222), ein aram. Lehnwort; auch mhebr., jüd.-aram. belegt als *ʿinjānā'*, samarit. (LOT 2, 479. 499), christl.-pal. als *ʿnjn*, syr. als *ʿenjānā'* ʻAngelegenheit, Sorgeʼ.
Das Nomen findet sich nur in Koh, immer mit einer negativ-skeptischen Konnotation. Es bezeichnet alles, womit sich die Menschen nach Gottes Anordnung „abmühen" (*ʿnh* III) (1, 13; 3, 10), ihr Sammeln und Häufen, das nur eitel (→ הבל *hæḇæl*) ist (2, 26), ihre Geschäftigkeit (5, 2; 8, 16), die nur Leiden und Verdruß verursacht und *hæḇæl* ist (2, 23). Die negative Konnotation wird durch die Zusammenstellung *ʿinjan raʿ* (GKa § 128 w) verstärkt: 1, 13 (s.o.); 4, 8 (das Mühen um Reichtum ist „ein böses Geschäft" und *hæḇæl*); 5, 13 (der Reichtum geht durch „ein Unglück" zugrunde).

8. *ʿonāh* ʻBeiwohnungʼ. Die Ableitung von *ʿnh* II oder III oder von *ʿeṯ* ʻZeitʼ ist strittig. Mhebr. begegnet *ʿônāh* in der Bedeutung ʻeine bestimmte Zeitʼ, jüd.-aram. *ʿuneṯā'*, *ʿōntā'* als ʻZeit, Stundeʼ, in übertragener Bedeutung als ʻZeit der ehelichen Pflichtʼ, ʻBeiwohnungʼ (Levy, WTM III 627f.; Dalman, Wb. 318); in 1 QGen Apokr 2, 10 findet sich *ʿnt* wahrscheinlich mit derselben Bedeutung (A. A. Fitzmyer, BietOr 18A, ²1971, 87).
Der einzige at.liche Beleg ist Ex 21, 10 im Sklavengesetz: „Wenn er sich eine andere Frau nimmt, darf er ihre (sc. einer israelitischen Sklavin, die als Frau genommen wurde) Nahrung, Kleidung und ihre *ʿonāh* nicht schmälern" (vgl. H. Cazelles, Études sur le Code de l'Alliance, Paris 1946, 49, mit Verweis auf Hos 2, 17; 10, 10 Q). Hier wird die sexuelle Befriedigung der Sklavin als ein ihr zustehendes Grundrecht genannt (vgl. Boecker 138f.). Dieser Interpretation widerspricht S. M. Paul mit dem Hinweis auf mesopotamische Gesetzestexte, in denen als Versorgung einer Frau Nahrung (akk. *eprum*), Öl (*piššatum*) und Kleidung (*lubuš/ltum*) begegnen. Von daher sei *ʿonāh* als Äquivalent zu *piššatum* zu verstehen. Überhaupt sei in keinem gesetzlichen Dokument des alten Orients von „ehelichen Rechten" einer Frau die Rede (VTS 18, 1970, 57–61). Während dieses Verständnis von *ʿonāh* aus sprachlichen Gründen zweifelhaft ist, verdient ein Vorschlag von W. von Soden Beachtung. Nach ihm gibt es weder eine Wurzel *ʿnī* noch eine Wurzel *ʿûn*, die in Aussagen über den Geschlechtsverkehr verwendet wird. Es sei in altorientalischen Gesetzen auch nicht üblich, einem freien Mann Vorschriften darüber zu machen, mit welchen Frauen er außerhalb seiner Ehe (!) Umgang haben soll. Das Mädchen braucht aber eine Wohnung. Nun ist das Verb *ʿûn* ʻwohnenʼ im AT nicht sicher bezeugt. Die nominale Ableitung *mā'ôn* ʻWohnungʼ wird im AT aber nur für Tierbehausungen und die Wohnung Gottes verwendet – im Sinne einer Dauerwohnung. *ʿû/ônāh* ist nach ihm ein seltenes und wohl archaisches Wort für eine zeitweilige Wohnung (UF 13, 1981, 159f. = BZAW 162, 1985, 198f.). Diese Deutung hat m.E. viel Wahrscheinlichkeit für sich. *ʿônāh* wäre dann nicht von einer Wurzel *ʿnh*, sondern von *ʿûn* abzuleiten (vgl. noch North, VT 5, 1955, 205f.; E. Oren, Tarbiz 33, 1953/54, 317; I. Cardellini, BBB 55, 1981, 255f.).
9. Die gelegentlich vorgeschlagene Ableitung von → עת *ʿeṯ* ʻZeitʼ von *ʿnh* (J. Muilenburg, HThR 54, 1961, 234) ist nicht zu halten.

IV. In den deuterokan. Schriften begegnet ἀποκρίνεσθαι in einem alltäglichen Gebrauch, wenn auch auf literarisch gehobener Ebene (Tob 2, 3 S; 2, 14; 5, 1; 5, 3 S; 5, 10 S; 6, 14 S).
Auf der politischen Ebene begegnet das Wort Jdt 6, 17; 1 Makk 2, 17. 19. 36; 10, 55; 13, 8. 35; 15, 33. 36.
In einem prozessualen Rahmen findet sich der Begriff 2 Makk 4, 47 im Sinne von ʻverurteilenʼ; vgl. 2 Makk 7, 8.
1 Makk 4, 46 meint ἀποκρίνεσθαι einen prophetischen Bescheid (vgl. 2 Makk 15, 14).

Sir 4, 8 mahnt, dem Armen seinen Gruß zu erwidern; 5, 12, dem Nächsten nur zu antworten, wenn man es vermag; 11, 8, nicht zu antworten, bevor man gehört hat; vgl. 33, 4 G, das aber aufgrund von H zu korrigieren ist (vgl. J. Sauer, JSHRZ III/5, 585).
Das Nomen ἀπόκρισις begegnet Sir 5, 11; 8, 9; 20, 6.

V. In Qumran begegnet *ʿnh* häufig in einem kultischen Kontext – so 1 QS 2, 5. 18 im Zusammenhang eines Fluchrituals, 1 QM 13, 2; 14, 4; 18, 6 im Kontext von Segen–Lob (*brk*) und Fluch, 1 QM 15, 7; 16, 15 im Rahmen einer rituellen Adhortatio zu Beginn des Kampfes.
In einem juridischen Zusammenhang findet sich *ʿnh* CD 9, 7; 13, 18; TR 61, 8 mit Bezug auf Dtn 19, 15–21; TR 63, 5 mit Bezug auf Dtn 21, 1–9. Auf der politischen Ebene bewegt sich TR 62, 7 mit Bezug auf Dtn 20, 10–18.
Gott als Subj. hat *ʿnh* 1 QH 4, 18 (*ʿnh* l^e statt *ʿnh* mit Akk. beruht auf aram. Einfluß; vgl. Labuschagne 341); TR 59, 6 (vgl. Dtn 28. Der Kontext ist „ein Mosaik aus biblischen Motiven"; vgl. J. Maier, UTB 829, 1978, 122).
Das Nomen *maʿ*^{a}*næh* begegnet 1 QH 2, 7; 7, 11. 13; 11, 34; 16, 6; 17, 17 – an allen Stellen in st.cstr.-Verbindung mit *lāšôn* 'Zunge'. Die Belege dürften von Spr 16, 1 abhängig sein. Unter dem Einfluß des „von JHWH" ist freilich aus dem „mit der Zunge Gesprochenen" ein inspiriertes Reden bzw. „Zungenreden" geworden, vor allem in 1 QH 11, 34; 17, 17 (vgl. Barth 47; Labuschagne 341).

Stendebach

עָנָה II *ʿānāh*

עֲנָוָה *ʿ*^{a}*nāwāh*, עֱנוּת *ʿ*^{æ}*nûṯ*, עֹנָה *ʿonāh*, תַּעֲנִית *taʿ*^{a}*nîṯ*, עָנִי *ʿānî*, עָנָו *ʿānāw*

I. Vorkommen und Verbreitung – 1. im AT – 2. in der Umwelt – 3. Statistik – 4. Wortfelder – 5. Literarische Gattungen – 6. LXX – 7. Qumran – II. Das Verbum – 1. *pi* – 2. *hiph*/*hitp* – 3. *qal*/*niph* – III. Nomina – 1. *ʿ*^{o}*nî* – 2. Übrige Nomina – IV. Adjektive – 1. Formen – 2. Außerhalb des Psalters – 3. Im Psalter – 4. Exkurs: Armut – V. Theologie der Unterdrückten – 1. Voraussetzungen – 2. Einzelner und Randgruppen – 3. Das Volk – 4. Befreiung – VI. Ausblick – 1. Hellenismus – 2. Judentum – 3. NT.

Lit.: *K. Aartun*, Hebräisch *ʿānī* und *ʿānāw* (BiOr 28, 1971, 125f.). – *W. W. Graf Baudissin*, Die alttestamentliche Religion und die Armen (Preußische Jahrbücher 149, 1912, 193–231). – *H. Birkeland*, *ʿanî* und *ʿanaw* in den Psalmen, Oslo 1933. – *H. A. Brongers*, Fasting in Israel in Biblical and Postbiblical Times (OTS 20, 1977, 1–21). – *A. Causse*, Les „pauvres" d'Israel, Strasbourg – Paris 1922. – *S. J. Croatto*, Liberar a los pobres: Aproximación hermenéutica (L. Brummel [Hrsg.], Los pobres, Buenos Aires 1978, 15–28). – *L. Delekat*, Zum hebräischen Wörterbuch (VT 14, 1964, 7–66, bes. 35–49). – *T. Donald*, The Semantic Field of Rich and Poor in the Wisdom Literature of Hebrew and Accadian (OrAnt 3, 1964, 27–41). – *A. Gelin*, Les pauvres de Yahvé, Paris ^{3}1956 (deutsch: Die Armen – sein Volk, 1957). – *G. Gutierrez*, La fuerza histórica de los pobres, Lima 1979 (deutsch: Die historische Macht der Armen, 1984). – *T. D. Hanks*, God So Loved the Third World. The Biblical Vocabulary of Oppression, Maryknoll 1983. – *H.-P. Hasenfratz*, Die toten Lebenden (BZRGG 24, Leiden 1982). – *J. Jocz*, God's „Poor" People (Jud 28, 1972, 7–29). – *D. C. Jones*, Who are the Poor? (Evangelical Review of Theology 2, 1978, 215–226). – *Y. I. Kim*, The Vocabulary of Oppression in the Old Testament (Diss. Drew University 1981). – *H. G. Kippenberg*, Religion und Klassenbildung im antiken Judäa, SUNT 14, 1978. – *K. Koch*, Die Entstehung der sozialen Kritik bei den Propheten (Festschr. G. v. Rad, 1971, 236–257). – *A. Kuschke*, Arm und reich im Alten Testament (ZAW 57, 1939, 31–57). – *E. Kutsch*, עֲנָוָה („Demut") (Habil. Mainz 1960). – *Ders.*, Deus humiliat et exaltat (ZThK 61, 1964, 193–220). – *Ders.*, „Trauerbräuche" und „Selbstminderungsriten" im Alten Testament (ThStB 78, 1965, 25–42). – *S. Łach*, Die Termini ʿAni und ʿAnaw in den Psalmen (AcBibCrac 1972, Krakau 1974, 42–64). – *E. Lákatos*, Un pueblo hacía la madurez (RevBibl 32, 1970, 227–232). – *J. M. Liaño*, Los pobres en el Antigo Testamento (EstB 25, 1966, 117–167). – *N. Lohfink*, „Gewalt" als Thema alttestamentlicher Forschung (E. Haag u.a. [Hrsg.], Gewalt und Gewaltlosigkeit im Alten Testament, QDisp 96, 1983, 15–50). – *D. Michel*, Armut II. AT (TRE IV, 1979, 72–76). – *P. D. Miscall*, The Concept of Poor in the Old Testament (HThR 65, 1972, 600–612). – *J. van der Ploeg*, Les pauvres d'Israel et leur piété (OTS 7, 1950, 236–270). – *J. Pons*, L'oppression dans l'Ancien Testament, Paris 1981. – *A. Rahlfs*, עָנִי und עָנָו in den Psalmen, 1892. – *C. Schultz*, *ʿānî* and *ʿānāw* in Psalms (Diss. Brandeis University 1973). – *M. Schwantes*, Das Recht der Armen (BET 4, 1977). – *J. Sobrino*, Die „Lehrautorität" des Volkes Gottes in Lateinamerika (Conc 21, 1985, 269–274). – *E. Tamez*, La Biblia de los oprimidos, San José 1979. – Weitere Lit. → אביון *'æbjôn*, → דל *dal*.

I. 1. Hat es eine eigenständige Wurzel *ʿānāh* II gegeben? Delekat verneint entschieden. Er schreibt alle hebr. Lexeme der Konsonantenfolge *ʿ-n-h* „einer Wurzel mit der Grundbedeutung 'sich wenden zu'" (42) zu. Gegen diese Einspurigkeit sprechen a) die starken Bedeutungsdifferenzierungen der auf *ʿ-n-h* basierenden Lexeme, b) das überwiegende Vorkommen von *ʿānāh* II zugeschriebenen Wörtern in spezifischen literarischen Gattungen, c) mögliche sprachgeschichtliche Separatentwicklungen, d) Rückschlüsse aus sprachvergleichenden Studien (s. u. I. 2.). Bedeutungsannäherungen in Einzeltexten und durch mißverständliche Überlieferung umfunktionierte Vokabeln sind dabei nicht auszuschließen – wie immer, wenn homonyme Wurzeln vorliegen. Aber das Gros der traditionell *ʿānāh* II zugerechneten Ausdrücke kann etymologische Selbständigkeit beanspruchen (vgl. auch I. 4.). Das Gattungsargument (b) spielt dabei im folgenden eine besondere Rolle. Die mögliche Ableitung aus ursprünglichem *ʿnw*, im Gegensatz zu *ʿānāh* I < *ʿnj* (GKa § 75b u.ö.) ist kein sicheres, aber ein starkes Argument für eine Trennung der Wurzeln. Brockelmann, VG I § 271 konstatiert die frühe, vorisraelitische Verschmelzung der beiden Wurzeln (vgl. auch S. Segert, Altaramäische Grammatik, 1975, 297).

Die Wurzel *ʿānāh* III 'sich bemühen, beschäftigen' (KBL³ 808), evtl. belegt durch Koh 1, 13; 3, 10; 5, 19 könnte lediglich eine Bedeutungsvariante zu *ʿānāh* I oder II sein (so Delekat 38). Entsprechende Nuancierungen sind aus dem Arab. (Wehr 583b: *ʿanā* < *ʿanaja*, 'beunruhigen, interessieren, sich sorgen etc.') und dem Syr. (Brockelmann, LexSyr 534a) bekannt.
Die in den Wörterbüchern außerdem ausgewiesene Wurzel *ʿānāh* IV 'singen' (vgl. KBL³ 808; Zorell, GesB; BDB) steht sicherlich *ʿānāh* I nahe (vgl. 1 Sam 18, 7; 21, 12; 29, 5; Ps 119, 172; 147, 7; Num 21, 17; Ex 15, 21; Esra 3, 11), ist aber besonders durch arab. *ġnj* II (Wehr 614) ausgewiesen. Zur Etymologie → ענה I.

2. In der unmittelbaren geographischen und zeitlichen Umgebung Israels kommen *ʿānāh* I und II, wenn auch jeweils in verschiedenen Sprachzonen, vor. Das Ugar. kennt eindeutig *ʿnj* 'antworten' mit Stammesmodifikationen und einer Ableitung (WUS Nr. 2060; 2060a). Ob daneben *ʿnw* bezeugt ist, bleibt umstritten (vgl. KTU 1.2, I, 26. 28. 35; 1.16, VI, 58; A. van Selms, UF 2, 1970, 259f. gegen KBL³ 807). Aus der Mešaʿ-Inschrift ist moabit. *ʿnw* bekannt (KAI 181, 5. 6: „Omri war König von Israel, und er bedrängte Moab lange Zeit ... Und es folgte ihm sein Sohn. Und er sprach: Ich will Moab bedrängen ...“ Dem tritt wohl KAI 26 A I, 18–20 mit dreimaligem *pi* (phön. *ʿnh* II 'unterwerfen', vgl. J. Friedrich, AnOr 32, § 174) zur Seite. Umgekehrt sind aus dem kanaanäisch-syrischen Raum nur sehr spärliche, dem AT zeitgleiche Belege für *ʿnh* I 'antworten', 'Zeugnis ablegen' (KAI 200, 10. 11) bekannt. Die von M. Dahood entwickelte Bedeutungsvariante 'triumphieren (lassen)' (so für Ps 20, 7; 60, 7; 89, 23; 118, 21 u.a.; vgl. M. Dahood, AB 16, 116, 118; AB 17A, 243) muß sich im Einzelfall bewähren. Moabit. „bedrängen“ und phön. „unterwerfen“ sind die beiden Seiten einer Medaille, und zumindest erstere ist auch in politischen Kontexten des AT geläufig.
Das Arab. kennt im südlichen wie im nördlichen Kulturbereich den Ausdruck *ʿanā* 'demütig sein' (Wehr 583a; Biella 373). Wurzelverwandt sind *ʿanwa*, 'Gewalt' und *ʿānī* 'unterwürfig, gefangen'. Die verschiedenen aram. Dialekte benutzen Ausdrücke mit den Radikalen *ʿ-n-h* sowohl in der Bedeutung 'antworten' wie 'demütigen, quälen'. Die letzteren sprechen für eine Wurzel *ʿnh* II, vgl. z. B. KAI 202 A, 2: *ʾš ʿnh* „demütiger Mann“; dazu Kommentar KAI II 206; M. Jastrow, DictTalm II 1092ff.; Brockelmann, LexSyr 533 *ʿenāh* I „respondere“; 534 *ʿenāh* III, *etpa* „se humiliavit“. Im bibl. Aram. nur Dan 4, 24: *miḥan ʿanājîn* „sich erbarmen über Elende“.
Im Akk. und in den nichtsemit. Sprachen des Alten Orients sind keine deutlichen Spuren einer Wurzel *ʿānāh* I oder II aufzufinden. Das Akk. gebraucht eine Reihe von etymologisch nicht verwandten Wurzeln, um den Vorstellungsbereich auszuleuchten; z. B. *dalālu* I 'kümmerlich sein'; D-Stamm 'unterdrükken'; *dallu* 'kümmerlich'; *šukēnu* 'sich niederwerfen'; *muškēnu* 'Palasthöriger, Armer' (Belege im AHw s. v.; vgl. BWL 18 Anm. 1).
Das Ergebnis: *ʿānāh* II kann als eigenständige Wurzel angesehen werden.

3. Infolge der Randunschärfen sind die Wurzelbestimmungen leicht unterschiedlich. Lisowsky zählt 79 einzelne Verbformen, 45 Nomina und 96 Adjektive des Ursprungs *ʿānāh* II.
Bei Mandelkern sind 78, 45 (+8 *ʿinjān*, Arbeit, und 2 *maʿanāh*, Pflugbahn), 94 und bei Even-Shoshan 80, 45, 96 Fälle registriert. R. Martin-Achard (THAT II 342) hält sich mit Lisowsky eng an den MT und rechnet mit respektive 79, 44 und 96 Vorkommen. Eigennamen werden kaum mit *ʿānāh* II verbunden (vgl. *ʿanāh*, Gen 36 passim; M. Weippert, Edom, Habil. Tübingen 1971, 245; *ʿunnî*, 1 Chr 15, 18. 20; Neh 12, 9). Wir wollen vom Bestand bei Lisowsky ausgehen und mögliche Abgänge (vgl. Sach 11, 7. 11) oder Zugänge (vgl. Koh 10, 19: „Geld macht alles untertan“, so Delekat 41; Hos 2, 17: die Frau folgt willig dem Mann, vgl. H. W. Wolff, BK XIV/1², 36f. 53; KBL³ 806: *ʿānāh* I Nr. 3a) später berücksichtigen. Dann ergibt sich das Gesamtbild (s. Tabelle unten).
Als einziges umfangreicheres Buch weist Jos keinerlei Spur von *ʿānāh* II auf. Aber auch in Jos bis Kön insgesamt ist die Wurzel rar. Von den 18 Vorkommen sind 15 verbale Ausdrücke mit 12 *pi*-Formen, die Substantive und Adjektive fehlen fast ganz (nur *ʿonî* in 1 Sam 1, 11; 2 Kön 14, 26 und *ʿānî* in 2 Sam 22, 28; die Samuelstellen sind Psalmen!). Auch im ChrGW tritt die Wortgruppe stark zurück. Es fehlt die *pi*-Form; die zwei verbalen Vorkommen sind wörtliches Zitat aus 1 Kön 8, 35 (2 Chr 6, 26) und terminus technicus für „Fasten“ (Esra 8, 21; 1 Kön 2, 26 fällt aus, weil Chr Salomos Regierungsübernahme ganz anders darstellt). Die drei nominalen Belege (Esra 9, 5; Neh 9, 9; 1 Chr 22, 14) entstammen dem Bußritual bzw. einer bestimmten Davidtradi-

		Gen	Ex	Lev	Num	Dtn	sa.	Ri	Sam	Kön	sa.	Jes	Jer	Ez	kl.P.	sa.	Ps	Ijob	Spr	Meg	Dan	Esra	Chr	sa.
1.	*qal/niph*		1				1					3			2	5	2							5
2.	*pi/pu*	4	5	5	4	7	25	5	5	2	12	5		2	3	10	10	2		2				14
3.	*hiph/hitp*	1					1			3	3	1				1	2				1	1	1	5
4.	*ʿonî*	4	3			2	9		1	1	2	1				1	10	6	1	5		1	1	24
5.	übr. Subst.		1				1								1	1	3		3			1		7
6.	*ʿānî/ʿānāw*		1	2	1	4	8		1		1	16	1	4	9	30	38	7	9	1				55

tion. Merkwürdig, daß die Geschichtsüberlieferung insgesamt *ʿānāh* II zur Beschreibung der mannigfachen Notlagen Israels faktisch ausläßt; Jer (nur *ʿānî* in ethisch-rechtlichem Kontext: Jer 22, 16) und Dan (einziges Vorkommen: *hitp* des Verbs in Dan 10, 12 [weisheitlich-apokalyptisch] und der aram. Ausdruck Dan 4, 24) fallen nicht ins Gewicht. – Auf der anderen Seite stehen Konzentrationen der *ʿānāh*-II-Vokabeln in einigen literarischen Bereichen. Das *pi* tritt signifikant im Pent. auf (24mal). Mit allen anderen Belegen summieren sich dort 45 Wortvorkommen, ca. 20% vom Totalbefund. Die prophetischen Schriften konzentrieren den Gebrauch auf die beiden Adjektive (30mal, bes. bei Jes 16mal; Sach 4mal; Am und Zef je 2mal; Hab 1mal) und sind mit 48 Wörtern (ca. 22%) am Gesamtaufkommen beteiligt, wobei Jer praktisch ausfällt. Das Schwergewicht der Verwendung von *ʿānāh* II liegt in den Ketubim; sie – nicht gerechnet Esra, Neh, Chr und Dan – gebrauchen die Wortgruppe 101mal (ca. 46%), vor allem die Adj. *ʿānî* und *ʿānāw* (55mal) und das Nomen *ʿonî* (22mal). Wenn wir also nach der „Heimat" von *ʿānāh* II suchen, werden uns die in Ps, Ijob, Spr und den Megillot enthaltenen Gattungen besonders beschäftigen müssen.

4. Die Wörter der Wurzel *ʿānāh* II gehören zu einem negativ besetzten Vorstellungs- oder Erfahrungsbereich. Eine neutrale Grundbedeutung ist nicht auszumachen. Positive Wertungen sind nur dann gegeben, wenn das Abträgliche überwunden oder kurzfristig in den Dienst des Bekömmlichen gestellt wird. So deuten Nomina und Adjektive auf lebensfeindliche Befindlichkeiten. Grunderfahrung scheint das „Elendsein" in seiner vielfachen Form zu sein. Die auftretenden Synonyma beschreiben es als „Mühsal, Qual, Schmerz, Verzweiflung" (s.u. III.). „Elendstage" (Ijob 30, 16. 27) sind schlimme, dem Wohlbefinden diametral entgegengesetzte Zeiten (Ijob 29!; vgl. „jetzt" in 30, 1. 6. 16), sie zerstören das Leben. Die Adjektive bezeichnen immer Menschen in „bedrängter, eingeengter, todesnaher" Situation. Das Verb sagt in der Regel aus, daß jemand einen anderen in die Seinsminderung und Bedrohtheit hineinbringt oder sich selbst zeitweise hineinbegibt. Dem „Elenden" (Spr 31, 5: *benê ʿonî*) ist kaum mehr zu helfen. „Gib dem Moribunden Alkohol, Wein dem Verzweifelten. So trinkt er, vergißt seine Not (*rîš*, Armut), denkt nicht mehr an seine Beschwer (→ עמל *ʿāmāl*, Mühe, Unheil)" (Spr 31, 6f.). Der Bedeutungsgehalt unserer Wortgruppe spiegelt also Angst und Todeserfahrung und ist dem Erleben von Sicherheit, Glück, Kraft, Überlegenheit entgegengesetzt. Die Wortgruppe entstammt mit vielen anderen ähnlichen Inhalts den dunklen menschlichen Grunderfahrungen, der anderen Seite des Lebens (→ כאב *kʾb*, → מות *mûṯ*).

5. Der schwerpunktmäßige Gebrauch der Wortgruppe wird noch deutlicher, wenn man die literarischen Gattungen und damit die Lebenssituationen berücksichtigt. Zahlen- und bedeutungsmäßig stehen liturgische Texte und Abläufe im Vordergrund. Not und Veranlassung der Not kommen in den Ps, Klgl und Ijob sowie verstreuten Gebetstexten (1 Sam 1, 11; vgl. Dtn 26, 7) stark zum Ausdruck. Das ist lange bekannt (vgl. die Untersuchungen zu *ʿānî* bes. in den Ps). Weniger beachtet wurde, daß weite Textzusammenhänge bes. aus der prophetischen und weisheitlichen Überlieferung einen gottesdienstlichen Ursprung haben. Für DtJes ist das sofort einleuchtend: *ʿānî* erscheint in Trostworten an Israel (Jes 41, 17; 49, 13; 51, 21; 54, 11; vgl. 61, 1), die in kultischer Versammlung weitergegeben wurden. Dasselbe gilt von den Gottesreden in Jes 66, 2; Zef 3, 12; Sach 7, 10 usw. wie für die mehr predigtartigen Ansprachen (vgl. Jes 58, 7; 66, 2; Ez 18, 12. 17; 22, 29 usw.), die z.T. kultisch-paränetischen Charakter haben und sich in Wortwahl und Intention mit gesetzlichen und weisheitlichen Texten berühren. Dies sind die beiden anderen bedeutsamen Textsorten. In Gesetzen und Mahnsprüchen wird die Mißhandlung des Elenden verboten. Dabei fallen paränetischer Stil (Ex 22, 20ff.; Lev 19, 9f.: J. Halbe, FRLANT 114, 426ff.; 451ff.) bzw. liturgischer Hintergrund (Ijob 24, 1ff.; 29, 1ff.; 34, 17ff.; 36, 5ff.: C. Westermann, Der Aufbau des Buches Hiob, ²1977) auf. Das Verb, vor allem im *pi*, beschreibt die Herbeiführung des miserablen Zustandes. Die Handlung an sich ist verwerflich (vgl. Ex 22, 21f.; Spr 22, 22), der Zustand ein zu überwindender (vgl. Ijob 36, 8ff.; Jer 22, 16). Lehrhafte Erzählungen zeigen die rechtlich-sittliche Situation (Gen 16, 4–12; Ex 1, 6–14). Prophetischer Schuldaufweis schließt sich ebenfalls an die erlebten Unrechtssituationen an (vgl. Am 2, 6f.; 8, 4–6). So kann man einen Zusammenhang erkennen: Die verschiedenen, auf die religiös relevante Elendssituation des Einzelnen oder des Volkes abgestimmten und sie reflektierenden literarischen Gattungen gebrauchen – neben anderen Ausdrücken – die Wortbildungen von *ʿānāh* II.

6. Die LXX nimmt die hebr. Terminologie in breiter Front und vielfältiger Nuancierung auf (vgl. W. Grundmann, ThWNT VIII 6). Die Mehrdeutigkeit der hebr. Wurzel führt zu abweichenden Interpretationen, vgl. z.B. Rut 1, 21; Hos 2, 17; 5, 5; 7, 10; 14, 9; Mal 2, 12: griech. Niedrigkeitsvokabular tritt für masoretisches *ʿānāh* I ein. Umgekehrt scheinen Ausdrücke des Sagens, Antwortens an die Stelle von Unterdrückungs- oder Elendsbegriffen zu treten (vgl. Jes 60, 14: LXX hat lediglich zwei Ptz. nach *benê*; Ps 22, 25: δέησις für *ʿænûṯ*). Überwiegend entspricht die griech. Übersetzung jedoch der Zweiteilung der Wurzeln.

Trotz der Vielfalt – für 13 hebr. Ausdrücke einschließlich der 6 Verbstämme erscheinen in der LXX mit Sir 36 Wörter – läßt sich eine Bevorzugung gewisser Ausdrücke erkennen. Die meisten Wiedergaben geschehen durch ταπεινοῦν / ταπεινός / ταπείνωσις 'niedrig (machen)' (vgl. Gen 15, 13; Lev 16, 29. 31; Dtn 21, 14; Ri 16, 5f.; Ps 82, 3; Jes 14, 32; Gen 16, 11; Dtn 26, 7; W. Grundmann, ThWNT VIII 1–27); πτωχός / πτωχεία 'arm / Armut' (vgl. Lev 19, 10; Ps 10, 2. 9; Ijob 30, 27; Jes 48, 10; E. Bammel, ThWNT VI 888–915); πένεσθαι / πένης / πενεχρός / πενία ʿbedürftigʾ (vgl. Dtn 24, 12; Ps 10, 12; Spr 31, 20; Koh 6, 8; Ex 22, 24; Ijob 36, 8; Synonym zu πτωχός: vgl. „Penner"); πραΰς / πραΰτης ʿmild, Sanftmutʾ (vgl. Zef 3, 12; Sach 9, 9; Jes 26, 6; Ps 45, 5); κακοῦν / κακία / κάκωσις / κακουχεῖν ʿBöses (tun)ʾ (vgl. Gen 16, 6; Dtn 8, 2f.; Ex 22, 22; Jes 53, 4; 1 Kön 2, 26). Die Elends- und Niedrigkeitsaussagen, die z.T. eindeutig positiv gewertet sind (πραΰς!), müssen vor dem Hintergrund der zeitgenössischen Gesellschaftsordnung gesehen werden (vgl. u. VI. 1.).

7. In der nachkanonischen Literatur kommt die Wortgruppe bes. in den Qumranschriften zu Bedeutung. Die Mitglieder der Sekte verstehen sich als die Armen, Frommen, Auserwählten (vgl. J. Maier, Texte II 83–87). 4 QpPs 37, 2, 8f.: *ʿanāwîm* „bezieht sich auf die Gemeinde der Armen" = *ʿadat̠ hāʾæbjônîm*, nach Lohse, Die Texte aus Qumran, 1981, 272f.). Die Selbstbezeichnungen *ʿānî* und *ʿānāw* sind darum zahlreich; Kuhn, Konkordanz, verzeichnet 18 Stellen (167 Anm. 4: „Eine sichere Scheidung ... ist kaum möglich"), davon 7 in den Hodajot (1 QH 1, 36; 2, 34; 5, 13. 14. 21; 14, 3; 18, 14). Das Verb erscheint 6mal (vgl. 1 QpHab 9, 10: Gott demütigt den Frevelpriester, 1 QM 12, 14: die Bedrücker Israels) und *ʿanāwāh* 9mal, überwiegend in der Sektenregel (1 QS 2, 24; 3, 8; 4, 3; 5, 3. 25; 9, 22; 11, 1; 1 QH 17, 22: „richtige Selbsteinschätzung vor Menschen und Gott"). „Keiner sei niedriger als sein Rang oder erhebe sich über den Ort seines Loses. Denn alle sollen in wahrhafter Einung (*jaḥad ʾæmæt̠*), gütiger Demut (*ʿanwat̠ ṭôb̠*), liebevoller Verbundenheit (*ʾahab̠at̠ ḥæsæd̠*) und in rechtem Denken (*maḥašæb̠æt̠ ṣædæq*) sich einer gegenüber seinem Nächsten verhalten ..." (1 QS 2, 23ff.; nach Maier, Texte I 24; vgl. 1 QS 4, 2–6; 5, 23–25; 10, 24 – 11, 2). „Rechtschaffener Geist" (*rûaḥ jôšær*), „Demut" (*ʿanāwāh*) und „Unterwerfung (*ʿanwat̠ næpæš*) unter alle Gesetze Gottes bewirken Sühnung und Reinigung (1 QS 3, 8). *taʿanît̠* kommt sicher vor in 4 QpPs 37, 2, 10 und CD 6, 19 in der Bedeutung „Fasten" (vgl. das Verb in dieser Bedeutung „Fasten am Versöhnungstag" in TR 25, 12; 27, 7); schließlich begegnet das Verb auch in der Bedeutung ʿvergewaltigenʾ (TR 66, 3. 11). Äquivalente für *ʿānāh* II im griechischen apokryphen und pseudepigraphischen Schrifttum sind über Hatch/Redpath und C. A. Wahl, Clavis Librorum Veteris Testamentum Apocryphorum Philologica, 1853 (Nachdr. Graz 1972) zu finden. Außer in Makk und Sir tritt die Wortgruppe wenig in Erscheinung.

II. 1. Das *pi* ist der am stärksten vertretene und relativ gleichmäßig verteilte Verbstamm (54mal; E. Jenni, Das hebr. Piʿel, Zürich 1968, 288, gibt ohne Nachweis 57 Vorkommen an). Unter Anwendung von physischer oder psychischer Gewalt wird der Status eines Menschen zum Negativen hin verändert. Wer „unterdrückt, vergewaltigt, erniedrigt, demütigt", gebraucht seine Macht gegen bestehendes Recht.

a) Scharf profiliert ist der Sprachgebrauch in juridischen Texten. Weil die Sklavin Hagar ihrer Herrin Sara Schaden zufügt (*ḥāmās*, Herabminderung, Gen 16, 5), bekommt Sara die Erlaubnis (v. 6a), Hagar zu bestrafen, d. h. in ihre Rechtsstellung als Nebenfrau und stellvertretend kindergebärende Leibmagd einzugreifen. Sara „degradierte" sie (*watteʿannæhā*; v. 6b; LXX moralisierend: ἐκάκωσιν αὐτὴν). Der Engel gebietet Hagar, diese Heruntersetzung auf sich zu nehmen (*hit̠ʿannî*, „füge dich!"; LXX: ἀποστράφητι; v. 9). Der Ehevertrag zwischen Laban und Jakob enthält die Klausel, daß der Bräutigam die Tochter nicht zugunsten anderer Frauen „zurücksetzen" darf (Gen 31, 50). Daß dort, wo *ʿānāh* II mit „vergewaltigen" übersetzt werden muß, nicht in erster Linie die rohe Gewaltanwendung, sondern die öffentlich-rechtliche Ehrverletzung und damit der Statusverlust gemeint ist, zeigt am deutlichsten 2 Sam 13, 11ff. Amnon erzwingt den Beischlaf mit Tamar. Sie wendet sich gegen die Vernichtung ihrer Existenz, das ist die Schandtat (*nebālāh*, v. 12), ihre Schmach (*ḥærpāh*, v. 13). Andere Stellen liegen auf derselben Linie (Gen 34, 2; Dtn 21, 14: Statusänderung durch Beischlaf!; 22, 24. 29 [vgl. TR 66, 3. 11]: Begründung für Bestrafung des Mannes! Verletzung eines Rechtsgutes; Ri 19, 24; 20, 5; Klgl 5, 11: Schändung als Personverletzung; Dtn 22, 24. 29: Die Entehrung wird vorausgesetzt, aber nicht ausdrücklich erwähnt). Erst in dem späten Text Ez 22, 10f. ist *ʿānāh* II *pi* einfach „Geschlechtsverkehr haben" (W. Zimmerli: „mißbrauchen" BK XIII/1², 502; daher *ʿonāh* in Ex 21, 10?). Der rechtliche Charakter des Verbs kommt auch in Texten zum Ausdruck, die von der „Degradierung" Minderprivilegierter sprechen (Ex 22, 21f.; vgl. Ps 94, 5–6; Ez 22, 7–12: Lasterkatalog; v. 7: Ausbeutung Schwacher; vv. 8–12: kultische Vergehen). Das zweimalige „binden und bezwingen" (Ri 16, 5. 6) signalisiert nicht nur den Kräfte-, sondern auch den Statusverlust; v. 19 sagt abschließend: „So begann sie ihn zu entmachten" (oder: „so begann er, erniedrigt zu werden, seine Position zu verlieren" [inf. *niph*]; vgl. A = ταπεινοῦσθαι). Ein Prozeß der persönlichen und sozialen Desintegration fängt an, der nur im Tod endet (vv. 28–30; gleichzeitig: Rehabilitierung durch Rache. Vgl. Hasenfratz 70–80: Sozialer Tod im normenwidrigen Stand). Der rechtliche Begriff ist übertragen auf das Volk. Beispieltexte sind Dtn 8, 2f. 16 und Ex 1, 11f. Der Dtr läßt JHWH selbst Israel zeitweise aus dem erwählten Stand verstoßen, zurückstufen (vgl. auch Jes 64, 11; Nah 1, 12 und die theol. Rechtfertigung Klgl 3, 31–33; Ijob 37, 23). Hunger (Dtn 8, 3) gehört nicht zum Bundesprogramm, er ist Glaubensprobe, Versuchung (vv. 2. 16). In Ex 1, 11f. sind es die Ägypter, die das Nachbarschaftsverhältnis gröblich verletzen und Israel in den Sklavenstand versetzen („brutale Zwangsarbeit" v. 14), so auch Dtn 26, 6; Gen 15, 13; vgl. Num 24, 24; 2 Sam 7, 10; 1 Kön 11, 39; 2 Kön 17, 20; Ps 89, 23. An zwei Stellen wird das Ptz. zur Bezeichnung der Unterdrücker gebraucht (Jes 60, 14; Zef 3, 19).

b) Der gottesdienstliche Gebrauch des Verbs steht in engem Zusammenhang mit der Rechtssprache. Es geht ja um Normverletzungen, auch wenn JHWH selbst Subjekt ist. Als Vergehen gegen die göttliche Ordnung sind „Erniedrigungen" kulterheblich. Nur Gott kann *ṣedāqāh*, Gerechtigkeit (→ צדק), garantieren (vgl. Ps 82). Darum die Klage des einzelnen über seinen degradierten Zustand (Ps 90, 15; 102, 24: „Er zerstört meine Kraft auf dem Wege“, d. h. „Er macht mich lebensuntüchtig“, durch Krankheit, vv. 4–6, Feinde, v. 9, und sozialen Tod; vgl. Hasenfratz 70ff.; Ps 119, 75). Auch die kollektive Klage kommt aus der Erfahrung des Existenzverlustes (vgl. Ps 90, 15; 94, 5) und der Erhörungszuspruch ist die kultische Antwort (vgl. Zef 3, 19; Ps 89, 23). Schwierig sind Ps 88, 8b („Fluten, du erniedrigst [mich]“?), Ijob 30, 11 („. . . Sehne, und er bedrückt mich“?); Ps 105, 18 („durch Fesseln bedrängen“?). – Freilich muß die Erniedrigung nicht immer von außen kommen. Es gibt auch freiwillige Selbstminderung (vgl. Kutsch). Der Beter beugt sich in den Staub, fastet, demonstriert seine Nichtigkeit. Neben anderen Ausdrücken des Sich-Unwert-Machens hat sich die feste Redewendung *ʿinnāh ʾæṯ næpæš* „sich demütigen“ im AT niedergeschlagen (Lev 16, 29. 31; 23, 27. 32; Num 29, 7; 30, 14; Jes 58, 3. 5; Ps 35, 13). – Die wenigen *pu*-Vorkommen lassen sich in das obige Bild einordnen. „Fasten“ ist Lev 23, 29 gemeint; Jes 53, 4 und Ps 119, 71 fügen sich in den kultischen Kontext. Die vom Gottesknecht ausgesagten Leiden verraten Gemeindetheologie (*nāgûaʿ*; *mukkeh*; *m*^{e}*ḥolāl*; Jes 53, 4f.). Ps 132, 1 schließlich nimmt entweder die Fastenphrase auf oder stammt aus einer Sondertradition der „Niedrigkeit Davids“ (vgl. 1 Chr 22, 14). – Rechtliche und kultische Verwendung von *ʿānāh* II *pi*/*pu* greifen so stark ineinander, daß die Priorität eines Bereiches noch fraglich ist.

2. *hiph* und *hitp* scheinen sich am leichtesten dem transitiven *pi* zuordnen zu lassen. Auf das *hitp* in Gen 16, 9 (Annahme der Degradierung) ist bereits verwiesen. Die Verstoßung Abjatars gehört hierher (1 Kön 2, 26f.): Er wird vorläufig geschont, weil er mit David „unten“ war auf der sozialen Stufenleiter. Den kultischen Sinn des *hitp* bezeugen Esra 8, 21; Dan 10, 12, und in Ps 107, 17 könnte man passiv. (so die Kommentare) oder reflex. Gebrauch vermuten: „Infolge ihrer Sünde . . . gerieten sie in Existenznot . . .“ (v. 19: *ṣar*) – Krankheit, Hunger (vgl. v. 18). – Das *hiph* in 1 Kön 8, 35 || 2 Chr 6, 26 ist bedeutungsgleich mit dem *pi* (vgl. LXX oder liegt *ʿānāh* I vor?). Im Loblied Jes 25, 1–5 ist die Hilfe JHWHs für die Armen thematisiert (v. 4). Dem entspricht die Demütigung der Feinde (v. 5). Das *hiph* *jaʿ*^{a}*næh* ist nach dem parallelen *taḵnîaʿ* vokalisiert (Syr = *niph*; vgl. auch *hiph* in vv. 11f.), die Bedeutung ist die des *pi*. In Ps 55, 20 ist der Text gestört (vgl. H. J. Kraus, BK XV/1^{5}, 560). Das Wortpaar war wohl ursprünglich „erhören und antworten“ (*ʿānāh* I), der nähere Kontext verlangt die Namensrekonstruktion nach Gen 36, 3. 5, der weitere wäre als Klage, Vertrauensaussage, Verwünschung zu rekonstruieren (vv. 18–20).

3. Die wenigen *qal*- und *niph*-Vorkommen scheinen auch den Gemütszustand des Deklassierten beschreiben zu wollen. Die soziale Herabsetzung hat nämlich eine seelische Innenseite. „Ich bin tief (*m*^{e}*ʾoḏ*) gesunken“ (Ps 116, 10 *qal*, LXX pass.; Ps 119, 107 *niph*). So zu beten, heißt das eigene Tief schuldbewußt und klagend anzunehmen (Ps 119, 67 *qal*, LXX pass.; v. 71: „es ist gut für mich . . .“; v. 75; vgl. Elendsschilderungen vv. 19. 25. 50. 92. 95 und Niedrigkeitsaussagen vv. 125. 141. 176 usw.; Gegenpol: die „Vermessenen“ *zeḏîm*, vv. 21. 51. 78. 85 usw.). Der Leidende ist *næpæš naʿ*^{a}*nāh*, Herabgewürdigter (Jes 58, 10; vgl. 53, 7), was *ʿānî* entspricht (Jes 58, 7). – Die rechtlich-kultische Vorstellung vom Verelenden erhellt auch profane Kontexte. Ein Junglöwe gibt seine Machtstellung nicht auf (Jes 31, 4). Im Bildwort Sach 10, 2 zerstreut sich Israel und „verelendet“ (*qal*; vgl. Rudolph, KAT XIII/4, 190), d. h. es verliert seinen Status als Volk. Pharao muß seine angemaßte Vorherrschaft über die Israeliten aufgeben (Ex 10, 3 *niph*).

Hauptvertreter des Verbs ist der *pi*-Stamm. Er hat rechtlich-kultische oder kultisch-rechtliche Bedeutung „jmd. aus seinem gottverordneten Stand entfernen“. Von ihm aus erklären sich die übrigen Verbalstämme.

III. 1. *ʿ*^{o}*nî* ist das häufigste Nomen, stark konzentriert in den liturgisch-weisheitlichen Schriften und in kultischen Zusammenhängen. Es hat ein kompaktes Bedeutungsfeld: „Elend“, das zum Himmel schreit.

Mögliche Ausnahmen: Im chr. Sondergut taucht eine Davidsüberlieferung auf (vgl. 1 Kön 2, 26; Ps 132, 1; 1 Sam 18, 23): David hat „mit Mühe“ (*b*^{e} + *ʿ*^{o}*nî*) die Materialien für den Tempelbau bereitgestellt (1 Chr 22, 14). Sicherlich sind die gefährlichen Zeiten vor der pax Salomonica gemeint (vgl. 1 Chr 22, 8. 18; P. Welten, WMANT 42, 1973, 49f.). Ist aber damit der „Untergrund“ Davids (1 Kön 2, 26!) theologisch aufgewertet? Kaum, denn Chr verwendet die Wurzel *ʿānāh* II sonst nur noch im Tempelweihgebet 2 Chr 6, 26 (= 1 Kön 8, 35), wie er auch mit dem ganzen Wortfeld „Elend, Unterdrückung, Armut“ usw. nichts anzufangen weiß. (Nur bei Esra/Neh ein versprengtes liturgisches *ʿ*^{o}*nî* Neh 9, 9 und das singuläre *taʿ*^{a}*nîṯ*, Esra 9, 5; vgl. J. P. Weinberg, ZAW 98, 1986, 89f.: Verdrängung des Randgruppenproblems durch Chr). Also ist 1 Chr 22, 14 zuerst innermenschlich zu verstehen. In zweiter Linie ist *ʿ*^{o}*nî* hier Folie für die goldene Zeit Salomos (v. 9, vgl. J. D. Newsome, JBL 94, 1975, 201–217; S. Japhet, JBL 98, 1979, 205–218). Auch Gen 31, 42 ist alltägliche „Mühe und Anstrengung“ (*ʿ*^{o}*nî* und *j*^{e}*gîaʿ kap*) im Spiel, jedoch „vor Gott“! Weiter mag das „Elendsbrot“ (Dtn 16, 3) hierher gehören. Ob ein Wortspiel mit *læḥæm ʾônîm* „Trauerbrot“ (Hos 9, 4) vorliegt? Die *maṣṣôṯ* werden sonst nicht so bezeichnet, doch vgl. Ps 127, 2: „Sorgenbrot“; 1 Kön 22, 27 || 2 Chr 18, 26: „Gefängnisbrot“; Spr 20, 17; 23, 3: „Lügenbrot“; Ez 24, 17. 22 (cj. *læḥæm ʾ*^{a}*ḇelîm*): „Trauerbrot“; Ps 80, 6: „Tränenbrot“ usw. Eine sekundäre (?), profane Verwendung von *ʿ*^{o}*nî* wird sichtbar.

Die überwiegende Zahl von Stellen redet aber von einer Notlage, die JHWHs Eingreifen erforderlich macht. Typisch dafür ist die Wendung: „Er hat das Elend von . . . gesehen“ (Gen 29, 32; 31, 42; Ex 3, 7; 4, 31; Dtn 26, 7; 1 Sam 1, 11; 2 Kön 14, 26; Ps 9, 14; 25, 18; 31, 8; 119, 153; Ijob 10, 15; Klgl 1, 9;

Neh 9, 9; alternative Verben: „hören" Gen 16, 11; „gedenken" Klgl 3, 19). Sie taucht vor allem im Gebet des einzelnen auf, dann mit dem Suff. der 1. Pers. „mein Elend" (Gen 29, 32; 31, 42; 41, 52; 1 Sam 1, 11; Ps 9, 14; 25, 18; 31, 8; 119, 50. 92. 153; Ijob 10, 15; Klgl 1, 9; 3, 19, vgl. 1 Chr 22, 14). In kollektivem Gebet heißt es entsprechend „unser Elend" (Dtn 26, 7; Ps 44, 25; „unserer Väter Elend" Neh 9, 9) und in der kultischen Verheißung bzw. Gottesrede „dein/sein/ihr Elend" (Gen 16, 11; Ex 3, 7; „euch" Ex 3, 17; klagend, in Elendsschilderung Klgl 1, 7). Berichtende Verweise auf das Elend Dritter unterstreichen diesen existentiellen, kultischen Gebrauch (Ex 4, 31; Ijob 36, 15; 2 Kön 14, 26). Die Notlage ist also immer persongebunden. Sie wird in der Regel in Klage, Bitte, Vertrauensäußerung oder Dank vor JHWH ausgesprochen, *ʿonî* ist überall das Gott angehende Elend. Einmal erklingt der schwere Vorwurf an JHWH: „Du hast unser Elend übersehen" (Ps 44, 25).

Der Natur der Sache entsprechend ist kein konkretes Elend gemeint. Der kultische Gebrauch umfaßt ein breites Spektrum von Bedrohungen, Gefährdungen, Ängsten, die der einzelne oder die Gemeinde vor JHWH bringt. Darauf weisen die Synonyma, die im engsten Umfeld der *ʿonî*-Aussage auftreten: *ʿāmāl* Mühsal (vgl. Gen 41, 51; Dtn 26, 7; Ps 25, 18; Spr 31, 7); *laḥaṣ* Drangsal (vgl. Dtn 26, 7; Ps 44, 25; Ijob 36, 15); *ḥošæḵ* Finsternis (vgl. Ps 107, 10; Klgl 3, 1); *ṣeʿāqāh* Geschrei (Ex 3, 7; Neh 9, 9); *mārûḏ* Heimatlosigkeit (Klgl 1, 7; 3, 19); *jāgîaʿ* Arbeit (Gen 31, 42); *makʾoḇ* Leiden (Ex 3, 7); *ḥaṭṭāʾṯ* Verfehlung (Ps 25, 18); *ṣārôṯ* Nöte (Ps 31, 8); *ʿaḇoḏāh* Fronarbeit (Klgl 1, 3); *rêš* Armut (Spr 31, 7), vgl. die Elendsschilderungen Klgl 3, 1–21; Ps 31, 8–13; 44, 10–17. 25; 88, 4–10; und summarische Angaben 2 Kön 14, 26; Dtn 26, 7; Ijob 10, 15; Neh 9, 9. Eine spezielle Vorstellung sieht die Not als eine (magisch? kultisch?) bindende oder hemmende Kraft (Ps 88, 9f.; 107, 10: wird die Konjektur in *keḇālîm*, Fesseln, damit überflüssig? Ijob 36, 8).

Erkennbare Notlagen liegen im Familien- wie im nationalen Bereich. Kinderlosigkeit ist für die Frau existenzbedrohend. In Bitte bzw. Gelübde (1 Sam 1, 11) und im Lobgebet nach der Geburt bzw. bei der Namengebung (Gen 29, 32; 41, 52; vgl. auch Gen 16, 11) wird darum *ʿonî* erwähnt. In den Klagen des einzelnen sind die typischen Bedrängnisse, Verfolgung durch Feinde, Getroffensein durch Gottes Zorn und Strafe, leicht zu erkennen (Ps 9, 14; 25, 18; 31, 8; 88, 10; 107, 10. 41; 119, 50. 92. 153; Ijob 10, 15; 30, 16. 27; 36, 8. 15. 21; Spr 31, 5; Klgl 3, 1. 19; 1 Chr 22, 14). Nur einmal ist die wirtschaftliche Ausbeutung des einzelnen (Jakobs durch Laban) gezielt angesprochen (Gen 31, 42).

Ursache, Ablauf, Ziel der Not stehen also nicht im Vordergrund. *ʿonî* signalisiert die JHWH berührende Schwere des Leidens, das immer soziale Implikationen hat. Ähnliches gilt für Israel. Paradebeispiel ist die Bedrückung der Jakobsnachkommen durch die Ägypter (Ex 1, 6–14). Harte Sklavenarbeit soll sie vernichten. Diese Situation wird als *ʿonî* formalisiert (Ex 3, 7. 17; 4, 31; Dtn 26, 7; Neh 9, 9). Spätere Krisen Israels erscheinen im selben Licht (2 Kön 14, 26), besonders die babylonische Katastrophe (Ps 44, 25; Klgl 1, 3. 7. 9). Jes 48, 10 faßt die Geschichtserfahrung im Bild des „Schmelzofen des Elends" (*kûr ʿonî*) zusammen (die gleiche Metapher, ohne *ʿonî*, in Dtn 4, 20; 1 Kön 8, 51; Jer 11, 4; Dan 3, 6ff.). Der Sprachgebrauch konzentriert sich also insgesamt deutlich im religiösen und kultischen Leben. Eine doppelte Probe aufs Exempel: Die wenigen Stellen, in denen *ʿonî* ohne Suff. oder Genetivattribut steht (Jes 48, 10; Ps 88, 10; 107, 10. 41; Ijob 30, 16. 27; 36, 8. 21; Spr 31, 5; Klgl 1, 3), sind aus der religiösen Erfahrung entsprungen und mehr oder weniger direkt in kultische Rede eingebunden. Und: Der mögliche Profangebrauch (Gen 31, 42; Dtn 16, 3; Ijob 30, 16. 27; 36, 21; Spr 31, 5; 1 Chr 22, 14) ist vielleicht aus kultischen Vorstellungen abgeleitet.

2. *ʿanāwāh* bzw. *ʿanwāh* (nur Ps 18, 36; 45, 5: der Unterschied – MT vorausgesetzt – ist für die Bedeutungsbestimmung unwesentlich, vgl. KBL³ 809; G. Schmuttermayr, StANT 25, 1971, 148–153) meint eine menschliche Qualität oder einen gesellschaftlichen Zustand. Man kann diese Eigenschaft erstreben wie *ṣeḏāqāh*, Gerechtigkeitssinn, oder *ḥoḵmāh*, Weisheit: Zef 2, 3 ermahnt *baqqešû ʿanāwāh* „sucht die Demut". „Sucht das Gute, sucht JHWH" heißt es in ähnlichen prophetischen Predigten (Am 5, 14f.; Zef 2, 3; vgl. Ps 27, 8; 105, 4). Die Suche nach der Haltung, die zum wahren Leben führt, beherrscht auch das Denken der Weisheit (vgl. Spr 15, 14; 21, 21 etc.). Nur sollte man sich *ʿanāwāh* nicht als ausschließlich geistig-sittliche Größe vorstellen. Die praktischen Konsequenzen für die Lebensführung und die Rolle, die jemand spielt, sind mitgedacht. Weisheit und Kult sind die Sphären, aus denen wohl der Begriff *ʿanāwāh* stammt. Spr 15, 33; 18, 12 enthalten die Wendung „vor der Ehrung – Unterordnung". Ehrung, *kāḇôḏ*, ist der polare Begriff (vgl. Spr 29, 23). In den Parallelsätzen stehen Hochmut und Fall gegeneinander (Spr 16, 18; 18, 12a). *ʿanāwāh* ist also die menschliche Qualität, die Einfügung in die Weltordnung ermöglicht und verwirklicht (vgl. H. D. Preuß / M. Awerbuch / St. Rehrl, Demut, TRE VIII 459–468). Nach Spr 22, 4 fließt aus der *ʿanāwāh* alles: Gottesfurcht (die Kopula „und" ist moderne Erfindung), Reichtum, Ehre, Leben (zum rabbinischen Streit um den Stellenwert der „Demut" vgl. St.-B. I 189–194. 789). In *ʿanāwāh* liegt die Anerkenntnis seines eigenen Ranges, nicht frömmelnde Tiefstapelei, vgl. die Sektenregel aus Qumran (o. I. 7.).

Synonyme sind von der Wortgruppe → שפל *špl* ʿniedrig sein' (vgl. Jes 2, 9–11; 13, 11; 25, 11f.; 26, 5; 29, 4; Spr 16, 19; 29, 13; → דל *dal*).

Zwei Stellen sind unsicher: In Ps 18, 36 ist *ʿanāwāh* von JHWH ausgesagt (2 Sam 22, 36 inf. *qal* von *ʿānāh* I „dein Antworten"; LXX ὑπακοή oder παιδεία). In

Ps 45, 5 reimt sich „Demut" schlecht auf „Gerechtigkeit". Aber die spätere Redaktion bringt den Begriff „Selbstbescheidung" hinein. Da hilft es kaum, *ʿānāh* III ʿsich kümmern umʾ oder (Dahood) ʿtriumphierenʾ zu postulieren. Vielmehr muß für die Spätzeit mit einer Demutstheologie gerechnet werden, welche auch Gott und dem Messias die Einordnung ganz unten beim leidenden Volk zumutet (vgl. Sach 9, 9).
Die beiden Nomina *ʿænûṯ* (Ps 22, 25) und *taʿanîṯ* (Esra 9, 5) sind grundverschieden. Für das erste gilt: Die Spätredaktion hat „Niedrigkeit" verstanden, im Originaltext kann man „Geschrei", „Gebet", „Stöhnen" vermuten (vgl. LXX; H. Gunkel, GHK II/2[4], 97 „zu antworten"). Bei Esra 9, 5 liegt singulärer terminus technicus vor: Die „Bußübungen" müssen abgebrochen werden, wenn der Beter zur Adoration und Bitte übergeht (Knien, Händeausbreiten, Beten: vv. 5f.). Welche Riten mit *taʿanîṯ* gemeint sind, bleibt ungesagt (vgl. Qumran, o. I. 7.).

IV. 1. Die Semantik der Adjektive ist deshalb schwierig, weil mehrere Formen nebeneinander vorkommen. Besteht ein Bedeutungsunterschied zwischen *ʿānî* und *ʿānāw*? (so Birkeland; Causse; Gelin u.a.). Feststellbar ist zunächst folgendes: *ʿānî* tritt nach MT im Sing. (57mal) *und* im Pl. (19mal) auf. Selbst wenn einige Sing. kollektive Größen meinen, überwiegt der Sing.-Gebrauch, d. h. der Einzelmensch ist der *ʿānî*. Bei *ʿānāw* stehen 19 Pl. nur 1 Sing. gegenüber, und der scheint im Samar. als *ʿānî* wiedergegeben zu sein (Num 12, 3; KBL[3] 809). Es handelt sich also fast ausschließlich um ein Problem der Pl.-Formen. Sollte *ʿanāwîm* der ursprüngliche Pl. zu *ʿānî* sein? (so Delekat und Rudolph). Dann wäre *ʿanijjîm* eine Verschreibung oder Verbildung, erst sekundär zur Bedeutungsdifferenzierung benutzt. Überwiegend sind jedoch die Forscher der Ansicht, daß die Pl. *ʿanijjîm* und *ʿanāwîm* immer nebeneinander gestanden haben, auch wenn sie oft vermischt und verlesen wurden: Die Masoreten wollen gelegentlich statt der *w*-Form eine *j*-Form lesen (Qere: Jes 32, 7; Am 8, 4; Ps 9, 19; Ijob 24, 4) und anstelle der *j*-Form eine *w*-Form (Ps 9, 13; 10, 12; Spr 3, 34; 14, 21; 16, 19; Schreiberzufall? vgl. Ps 9/10: uneinheitlicher Gebrauch!). Möglicherweise ist aber eine bewußte Entwicklung auf *ʿanîjjîm* = Arme; *ʿanāwîm* = Demütige, Fromme hin festzustellen, man beachte jedoch die Warnungen vor Vereinseitigungen durch R. Martin-Achard, THAT II 343; Grundmann, ThWNT VIII 6f.
2. a) Die Ps noch außer acht lassend, skizzieren wir die Lebensbereiche, in denen *ʿānî* zu Hause war. Wie beim Verb zeichnet sich die Rechtssphäre als ein Haftpunkt besonderer Art ab. Personen, denen gewisse natürliche Rechte genommen sind, die also eine empfindliche Minderung ihrer Lebensmöglichkeit erfahren, gelten als *ʿanijjîm*. Die inkriminierten Handlungen gegen sie liegen auf dem Gebiet des Kredit- und Lohnrechtes. In den paränetisch geformten Schutzvorschriften für Randgruppen (Ex 22, 20–26) ergeht ein Zinsnahmeverbot gegenüber dem *ʿammî hæʿānî*, dem „heruntergekommenen Stammesgenossen" (v. 24). Der folgende Vers handelt von der Pfandnahme beim *reaʿ*, dem „Stammesangehörigen". *ʿam* bezeichnet wie *reaʿ* den durch Sippenverwandtschaft verbundenen Nächsten, ursprünglich den „Vatersbruder" (vgl. KBL[3] 792 nach A. R. Hulst, THAT II 291, → עם *ʿam*). Diese Person wird durch das Adjektiv attributiv näherbestimmt: *hæʿānî*, das ist (vgl. Lev 25, 35–38; Dtn 23, 20f.; 24, 6. 10–13. 17; Ez 18, 7f. 16f.; und Am 2, 8; Ijob 24, 9; Ez 22, 12; Spr 19, 17; 22, 7; 27, 13) der wirtschaftlich Heruntergekommene, Abhängige, in der Gefahr des Existenzverlustes Stehende. Er wird bei Darlehensgabe und Pfandnahme besonders geschützt. Die Verbote gründen in der direkten, persönlichen Verpflichtung dem „Armen", „wirtschaftlich Schwachen" gegenüber (Lev 19, 10; 23, 22). „Deine Hand sollst du für deinen Bruder, dem bedürftigen und armen, öffnen" (Dtn 15, 11). Auch hier qualifizieren die Adjektive *ʿānî* und *ʾæḇjôn* die entscheidende Verwandtschaftsbezeichnung *ʾāḥîḵā*, dein Bruder, die auch als Äquivalent zu *reaʿ* oder *ʿam* eine große Rolle spielt (vgl. Lev 19, 17; 25, 25; Dtn 23, 20 und das präzise: *śāḵîr ʿānî weʾæḇjôn meʾaḥæḵā ʾô miggereḵā* Arbeiter, der abhängig und arm ist und deinem Stamm angehört oder aufenthaltsberechtigter Ausländer ist, Dtn 24, 14f.). Die Tagelöhner sind wirtschaftlich schwach. Warum aber die Doppelung des Ausdrucks: „abhängig und arm"? Klingt liturgische Verwendung an (s. u. 3.)? Seit Rahlfs steht fest, daß es sich um den Israeliten handelt, der von der Schonung und Unterstützung der Gesellschaft abhängig ist, ein Arbeitsloser oder Sozialhilfeempfänger der alten Zeit (vgl. die Fürsorgemaßnahmen Ex 23, 11; Lev 19, 9f.; 23, 32; Dtn 24, 19–22), ein gesellschaftlich Heruntergekommener.
b) Ein zweiter Fokalisationspunkt des Adj. *ʿānî* ist die weisheitliche Rede und Gedankenwelt. Sie kennt das Verbot: „Beraube den Armen (→ דל *dal*) nicht, weil er arm ist, und unterdrücke den Geringen (*ʿānî*) nicht im Gericht, denn JHWH wird ihren Prozeß führen . . ." (Spr 22, 22f.; vgl. Amen-em-ope IV 4f.). Ebenso in der Unterweisung an Lemuel: „Schaffe Recht dem Elenden und Armen" (Spr 31, 9). Die Forderung, für den wirtschaftlich Schwachen einzutreten, klingt in Tugendkatalogen und Bekenntnissen an. Die vorbildliche Hausfrau „öffnet ihre Hände für den Armen (*ʿānî*), und reicht ihre Hand dem Bedürftigen (*ʾæḇjôn*)" (Spr 31, 20). Ijob stellt sein vorbildliches Leben dar: „Ich rettete den Armen (*ʿānî*), der da schrie, und die Waise (*jāṯôm*), die keinen Helfer hatte. Der Segen des Verlassenen (*ʾoḇeḏ*) kam über mich, und ich erfreute das Herz der Witwe (*ʾalmānāh*)" (Ijob 29, 12f.). Die Gruppen sind ähnlich wie in den Gesetzestexten, es folgen in vv. 15f.: Blinde, Lahme, Arme (*ʾæḇjônîm*), Unbekannte (*loʾ jāḏaʿtî*). Fehlverhalten wird aufgedeckt: Ijob 24 geißelt das Tun der Gottlosen: „Sie treiben den Esel der Waisen weg und pfänden der Witwe das Rind. Sie stoßen die Armen (*ʾæḇjônîm*) vom Wege, die Elenden im Lande (*ʿanijjê ʾæræṣ*) werden zusammengepfercht . . . Sie nehmen die Waise von der Mutter-

brust und legen dem Elenden (*ʿānî*) Pfand auf ... Wenn es tagt, geht der Mörder aus, erschlägt den Elenden und Armen" (*ʿānî weʾæbjôn*; Ijob 24, 3f. 9. 14; vgl. G. Fohrer, KAT XVI, 1963, 367ff.). Spr 30, 11–14 ist eine Art Fluchspruch über das stolze, gottlose „Geschlecht" (*dôr*), das alle Normen mißachtet und dabei auch „die Elenden" (*ʿanijjîm*) und „Armen" (*ʾæbjônîm*) zugrunderichten will (v. 14: Höhepunkt der Verbrechen?). Andererseits sprechen die Weisen immer wieder Segensworte über diejenigen aus, die sich an die Leitregeln mitmenschlichen Verhaltens gebunden wissen. Spr 3, 33–35: „... das Haus der Gerechten (*ṣaddîqîm*) wird gesegnet ... den Elenden (*ʿanijjîm*) ist er gnädig ... die Weisen (*ḥakāmîm*) erben Herrlichkeit" (vgl. Spr 14, 21; 16, 19). Gott selbst ist nach Elihu ein durch und durch gerechter, unparteiischer Gott (Ijob 34, 19) und achtet darum auf das „Schreien der Elenden" (*dal* und *ʿanijjîm*) (vgl. Ijob 36, 6). Ja, Elihu steigert sich zu der Behauptung, daß Gott die Existenznot positiv für den Armen nutzt (Ijob 36, 15). Über das Geschick des Elenden reflektieren Spr 15, 15 und Koh 6, 8, gleichsam aus stoischer Distanz.

In den weisheitlichen Texten macht sich folglich das Normensystem der Gesellschaft bemerkbar, nach dem Randgruppen sozial gestützt und integriert werden sollen. Im Sozialisationsprozeß werden diese Normen eingeprägt und durch verschiedene Formen der Mahnung und Warnung ständig in Erinnerung gehalten. Der *ʿānî* ist nie Einzelgänger, sondern Vertreter einer sozialen Schicht; er hat nach Sitte und Recht Anspruch auf die Hilfe Gottes und der Menschen (vgl. Schwantes). Die *ʿanijjîm* und *ʿanāwîm* sind gleichbedeutend den wirtschaftlich und sozial Geschwächten und Gefährdeten; sie sind identisch mit den *dallîm* (→ דל), *ʾæbjônîm* (→ אביון), *rāšîm* (→ רוש *rwš*).

c) Kann man die übrigen Vorkommen, vor allem in den Prophetenbüchern, aus dem rechtlichen und weisheitlichen Sprachgebrauch erklären? In der Tat scheint in manchen Prophetensprüchen die Sozialfürsorge der Gesetze und Lehren durch. Das Eintreten des Amos für die Benachteiligten ist bekannt (vgl. Am 2, 6ff.; 4, 1; 5, 11f.). In Am 2, 7 und 8, 4 verwendet er die Ausdrücke *ʿanāwîm* bzw. *ʿanwê ʾāræṣ* (sonst: *ʾæbjônîm, ṣaddîq, dallîm*). Sein Vokabular klingt an weisheitlich-rechtliche Rede an (zu Am 2, 7 vgl. Ex 23, 2; Lev 19, 15; Ijob 24, 4; Spr 22, 22; zu Am 8, 4 vgl. Ex 22, 21–23; Ijob 24, 4. 14; Spr 30, 14; Sippenweisheit? Kultische Normen? vgl. H. W. Wolff, WMANT 18, 1964, 48–50). Noch deutlicher Sach 7, 9f.: Die gesamte Botschaft der Propheten ist Rechtsbelehrung: „Richtet recht, und ein jeder erweise seinem Bruder Güte und Barmherzigkeit und tut nicht Unrecht den Witwen, Waisen, Fremdlingen und Armen, und denke keiner gegen seinen Bruder etwas Arges in seinem Herzen." Die Verpflichtung, für die Schwachen einzutreten, die Warnung vor dem Mißbrauch der eigenen Macht, die Benennung der Randgruppen stimmen mit Weisheit und Recht überein. In den Schuldaufweisen wird derselbe Sachverhalt deutlich (vgl. Jes 3, 14f.; 10, 2; Jer 22, 16; Ez 16, 49; 18, 12. 17; 22, 29). Ohne Bezug auf grundlegende Normen sind sie undenkbar; Jes 10, 1 redet schon von geschriebenen Regeln. Die prophetische Rede geht manchmal in Ermahnung (Jes 58, 7; Zef 2, 3), Zukunftsschilderung (Jes 32, 7), eschatologisches Lied (Jes 26, 6) über. Immer sind die *ʿanāwîm* die besonderen Schützlinge JHWHs (Jes 11, 4; 14, 32; 26, 6; 29, 19; 32, 7; 41, 17; 49, 13; 61, 1; Zef 3, 12; Sach 9, 9). In den Heils- und Trostworten der Prophetenbücher meldet sich dann die kultische Tradition zu Wort (s. u. IV. 3.).

Bedeutsam sind die wenigen femininen Formen des Adjektivs *ʿānî*. Attributiv auf personifizierte Städte angewendet (Jes 10, 30; 51, 21; 54, 11) bezeichnen sie die besiegte, zerstörte, entehrte Stadt (im Kontext könnte Jes 10, 30 allerdings „antworte" = imp. fem. sing. von *ʿānāh* I zu übersetzen sein). Gedacht ist an die degradierte Frau (s. o. II. 1. a). *ʿanîjjāh* steht anderen Bezeichnungen wie „Verlassene" (Jes 54, 6), „Unfruchtbare" (Jes 54, 1), „Verhaßte" (Jes 60, 15), „Verödete" (Jes 54, 1; 62, 4) zur Seite.

In den prophetischen Büchern scheint sich eine bewußte Differenzierung zwischen *ʿanijjîm* und *ʿanāwîm* anzubahnen. Sowohl Kontextanalysen wie masoretische Textüberlieferung sprechen dafür. Beide Pl.-Formen treten nebeneinander auf: *ʿanijjîm* (Jes 3, 14; 10, 2; 14, 32; 58, 7; in Jes 32, 7 und Am 8, 4 hat MT das Q *ʿanijjîm*, in Spr 3, 34; 14, 21; 16, 19! MT Q = *ʿanāwîm*) und *ʿanāwîm* (Jes 11, 4; 29, 19; 32, 7 K; 61, 1; Am 2, 7; 8, 4 K; Zef 2, 3). Ein leichtes Übergewicht von *ʿanāwîm* findet sich bei Jes und Zef, das durch die Programmatik der Aussagen verstärkt wird (vgl. auch Spr! *ʿanijjîm* dagegen mehr in vorgegebenen Kontexten, Jes 3, 14; 10, 2; 58, 7). Feste Redewendungen sind *ʿanijjê ʿammî* (Jes 10, 2; 14, 32; vgl. 49, 13; Ps 72, 4) und *ʿanwê (hā)ʾāræṣ* (Jes 11, 4; Am 8, 4; Zef 2, 3; vgl. Ps 76, 10; Ijob 24, 4). Verstärkt sind kollektive Einheiten gemeint. Von den 28 relevanten Vorkommen von Jes 3, 14 bis Sach 9, 9 beziehen sich 18 auf Menschengruppen – Volk Israel, Stadt Jerusalem, Bevölkerungsschichten, evtl. Exklusivgemeinde – und nur noch 10 Stellen auf den sozial Hilfsbedürftigen (indiv. Vorkommen: Jes 3, 14; 66, 2; Jer 22, 16; Ez 16, 49; 18, 12. 17; 22, 29; Hab 3, 14; Sach 7, 10; 9, 9, starke Affinität zu den Normtexten).

Parallel zur Kollektivierung läßt sich aber auch eine Individualisierung des Begriffs feststellen. So meinen manche Plurale deutlich eine aus Einzelpersonen zusammengesetzte Gruppe, vgl. Jes 61, 1: „... den Elenden die gute Nachricht zu bringen ... die zerbrochenen Herzens sind zu verbinden"; Jes 3, 15: „sie zerstören das Gesicht der Elenden"; auch der Ausdruck *ʿanijjê ʿam* ist eklektiv zu verstehen: „sie schreiben Gesetze, um ... den Armen meines Volkes das Recht zu rauben" (Jes 10, 1f.). Der Pl. *ʿanijjîm/ʿanāwîm* löst eine Gruppe in ihre Komponenten auf, wie es traditionelle Anreden an „Israel" nicht vermögen. Das Adjektiv *ʿānî* ist von einer attributiven

Näherbestimmung (vgl. *śākîr ʿānî*, Dtn 24, 14; *ʿammî hæʿānî* Ex 22, 24) zu einem Subst. und sozialen terminus technicus geworden: Die Elenden des Volkes Israel, des (ganzen) Landes! Hier entsteht ein Klassenbegriff (vgl. Jes 32, 7; Am 8, 4).

3. Die höchste Konzentration der Wortfamilie *ʿānāh* II findet sich im Psalter. Von 65 Belegen entfallen 38 auf die beiden Adjektive.

a) Betrachten wir die Sing. *ʿānî* und *ʿānāw* (24mal), dann erkennen wir die Situation des Einzelbeters. Beziehungen zu den Rechts- und Weisheitsnormen sind gelegentlich ganz deutlich. Der Beter bezeichnet sich selbst mit *ʿānî* und bestimmten Synonyma: „(Hier) dieser Elende schreit ..." (Ps 34, 7); „Ich bin elend und schmerzgeplagt ..." (*kôʾeḇ*, Ps 69, 30); „Einsam (*jāḥîḏ*) und elend bin ich ..." (Ps 25, 16); „Ich bin elend und arm (*ʾæḇjôn*) ..." (Ps 40, 18; 70, 6; 86, 1; 109, 22; vgl. Ps 35, 10; 37, 14; 74, 21; 109, 16; nie Pl.!). Die Existenznot des Beters läßt sich erkennen. Er ist eingehüllt in den Mantel liturgischer Begrifflichkeit und kultischen Rituals. So spricht er von seiner Not. *ʿānî* mit seinen Synonymen ist allgemeines Signal für das persönliche „Elend" (s.o. III. 2.) in allen seinen Schattierungen. „Elend und arm" ist eine wichtige Formel, weit über die Ps hinaus geläufig (vgl. Dtn 24, 14; Jer 22, 16; Ez 18, 12; 22, 29; Ijob 24, 14; Spr 31, 9). Sie drückt einen Anspruch aus und hat eine besondere Funktion im Bittritual (vgl. E. S. Gerstenberger, WMANT 51, 1980, 134ff.). Der „Patient" nimmt sein Armenrecht (Schwantes) in Anspruch. Er stuft sich in die Kategorie derer ein, denen Hilfe von seiten der Schutzgottheit zustand (vgl. die Unschulds- und Schuldbekenntnisformeln, z. B. in Ps 51, 6 oder Ps 26, 1a. 11a; E. S. Gerstenberger, TRE XIII 386–388).

Von den übrigen Sing.-Vorkommen sind zwei textlich unsicher: Ps 14, 6 wegen der anderslautenden Parallelüberlieferung (Ps 53, 6), zudem aus sachlich-inhaltlichen Gründen (vgl. die Kommentare) und Ps 68, 11 (*ʿānî* parallel zu *ḥajjāh* 'Herde'; besser conj. *ʿam* 'Volk'?). Aber die Schlußredaktionen lesen auf jeden Fall „Rat des Armen" (Ps 14, 6) und Speise „für die Armen" (Ps 68, 11) = „das Volk" in der Wüste (Gunkel, GHK II/4, 289; vgl. Kraus, BK XV/5, 625. 627).

Es bleiben die Stellen, die den *ʿānî* als Objekt bestimmter von außen auf ihn gerichteter Handlungen oder als reagierenden Bittsteller zeigen. Die Feinde stellen dem Elenden nach, sie wollen ihn umbringen (Ps 10, 2. 9; 37, 14; 109, 16; ist bei *ḥṭp* 10, 9 an Menschenraub gedacht? vgl. Ri 21, 21; A. Alt, KlSchr I 333–340; eher metaphorisch aus der Jagdsprache = Angstprojektion, vgl. O. Keel, Feinde und Gottesleugner, SBM 7, 1969). Gott bzw. König, die Ordnungsbewahrer, retten den Armen aus seinem Elend (Ps 35, 10; 72, 12), und zwar durch gerechte Urteilsfindung (Ps 82, 3; 140, 13; vgl. Ps 72, 2. 4). Das Gebet des *ʿānî*, sein Hilfegeschrei und seinen Lobgesang, erwähnen Ps 34, 7; 74, 21; 102, 1; vgl. Ps 9, 13; 12, 6; 22, 25. Alles in allem ist der *ʿānî* Spielball übermächtiger, in der Gesellschaft wirkender Feinde und Gewalten. Er wendet sich an seinen Gott, macht seine verzweifelte Lage geltend, appelliert an die Verantwortung Gottes, vertraut auf dessen richterliches Eingreifen, jubelt über die Rettung. Alles dies geschieht in einem Bittgottesdienst für den *ʿānî* (s.o.).

b) Die Plurale des Adj. können die Summe von Einzelschicksalen bezeichnen oder aber Gruppen, Klasse und Volk.

Die Ansammlung von Elenden ist etwa in Neh 5 plastisch vor Augen geführt. Viele leiden unter der widrigen wirtschaftspolitischen Situation, jeder erfährt die Not auf seine Weise (Verpfändung, v. 3; Kreditaufnahme, v. 4; Schuldsklaverei, v. 5). Scharen von Heruntergekommenen sind 1 Sam 22, 2; Ri 11, 3 erwähnt. So ist auch Ps 12 zu lesen: Die Not der einzelnen (vgl. v. 3) kumuliert vor JHWH und veranlaßt sein Eingreifen. Das zusammenfassende *kol* in Ps 76, 10 (vgl. Zef 2, 3) läßt die Einzelschicksale zur Geltung kommen. Die Rede vom „Recht sprechen" zugunsten des Elenden wurzelt in der Individualvorstellung (s.o.) und wird dann auf Gruppen übertragen (vgl. Ps 12, 6; 76, 10). Und der Gebrauch von Pl.- neben Sing.-Formen in einem einzigen Psalmtext (vgl. Ps 10, 2. 9. 12. 17; 22, 25. 27; 25, 9. 16; 34, 3. 7; 37, 11. 14; 69, 30. 33; 72, 2. 4. 12; 74, 19. 21; 109, 16. 22) beweist nicht nur die mögliche Kollektivbedeutung von Singularen, sondern auch die Mikrostruktur des Kollektiven.

Vielfach ist jedoch ein überwiegendes Gruppenbewußtsein zu konstatieren, sei es, daß die „Elenden" mit ganz Israel identifiziert werden (vgl. Ps 72, 2; 74, 19; 147, 6; 149, 4; vgl. Jes 49, 13), oder eine besondere Gruppe, Kategorie oder Schicht innerhalb Israels darstellen. Dann sind sie Gruppen von „Gewalttätigen", „Bösen", „Frevlern", „Gottlosen" etc. entgegengesetzt. Wie kommt es zu solcher Kollektivierung im kultischen Bereich?

ʿanijjê bzw. *ʿanwê ʿam* ist deutlich Gruppenbezeichnung (vgl. Ps 72, 4; Jes 10, 2; 14, 32). Die Hinweise auf die ausgebeuteten und verfolgten Armen verdichten sich in Ps 9/10; 25; 34; 37; 69; 72; 109. Davon ist das Akrostichon Ps 9/10 (auch Ps 25; 34; 37 gehören zu diesem späten Ps-Typ) das klarste Beispiel.

Der Ps enthält Elemente des individuellen Dank- und Klageliedes. Er verallgemeinert aber die Notschilderung und die Darstellung der Gewalttätigkeit der Unterdrücker (bes. 10, 3ff.). Im Wechsel vom Einzelopfer dieser Machenschaften, dem äußerst bedrängten und geretteten „Ich" (9, 2ff.), dem Getretenen (*daḵ*, 9, 10; 10, 18), Unglücklichen (? *ḥêleḵāh*, 10, 8. 14, → II 217f.), der Waise (*jāṯôm*, 10, 14. 18), dem Elenden (*ʿānî*, 10, 2. 9) zur Mehrzahl der Verfolgten und Ausgebeuteten (*ʿanāwîm*/*ʿanijjîm* 9, 13. 19; 10, 12. 17) liegt der Schlüssel zum Verständnis. Offensichtlich verstehen sich seine Benutzer als Elende und von der Machtelite an den Rand gedrängte und ausgesogene Deklassierte, man vgl. das Bild des Löwen (10, 9) und die Beschreibung der lästerlichen Brutalität der Gewalthaber (10, 3ff.). Diese *ʿanāwîm* bilden eine kultische Gemeinschaft, denn sie reden gemeinsam zu JHWH (10, 17f.; die akrostichische Form ist kein Gegenargument, anders S. Mowinckel,

The Psalms in Israel's Worship II, Oxford 1962, 111ff.; „never ritually used", 114; H. Gunkel / J. Begrich, Einleitung in die Psalmen, 1933, 394: „nachträglich ... aufgenommen"; vgl. Gerstenberger, FOTL XIV, zu Ps 9/10). Die Traditionen vom Armen und Elenden und seinem göttlichen Helfer sind aufgenommen. Ganz ähnlich ist die Polarisierung in Ps 34; 37 (vgl. P. A. Munch, ZAW 55, 1937, 36–46; Gunkel/Begrich 209: „Die Frommen gehören zu den niederen Schichten. Ihnen stehen die Reichen und Mächtigen gegenüber." Michel, TRE IV 75: „... Gruppe ... die sich von anderen im Volk abgesondert hat ..."). Sie ist nur denkbar im Zuge exil.-nachexil. Gemeindebildung. Ps 25 ist gemeindliches Schuldbekenntnis. Ps 69; 109 sind überarbeitet; Ps 72 hat messianisches Gepräge: Der Unterdrücker ist draußen (vv. 4. 11), doch der Riß geht auch durch Israel (v. 4, *ʿanijjê ʿam*; vv. 12–14).

Hat *ʿanāwîm* dadurch eine neue Bedeutung erhalten: „demütig"? Ist es zur Selbstbezeichnung geworden? Wir können nur Vermutungen anstellen. Gelegentlich erscheint unser Wort parallel zu „niedergeschlagen, zerbrochenen Herzens" etc. (Ps 109, 16. 22; 147, 3; vgl. Jes 61, 1; 66, 2). Die äußere Not des Beters macht sich auch psychisch bemerkbar (vgl. die stereotypen Elendsschilderungen in Ps 22, 7–19; 38, 4–9; 55, 5–6; 69, 4 usw.). Es wird auch die Bußfertigkeit und innere Qual des Beters als gottgefällig hervorgehoben (vgl. Ps 51, 19). Eine besondere Verinnerlichung und Vergeistigung der Not ist damit nicht gegeben. Der mit *ʿānî* angezeigte Zustand erfaßt den ganzen Menschen. Gruppe oder Gemeinde benutzen Plurale zur kultischen Selbstdarstellung, kaum als Gruppennamen (hierfür eher *ṣaddîqîm*, Gerechte, Ps 1, 5f.; 34, 16; 37, 17. 29. 39; 69, 29; 97, 12; 125, 3; 146, 8; *ḥasîḏîm*, Treue, Ps 30, 5; 31, 24; 52, 11; 79, 2; 85, 9; 89, 20; 97, 10; 116, 15; 148, 14; 149, 1. 5. 9; *jirʾê JHWH*, JHWH-Fürchtende, Ps 15, 4; 22, 24; 33, 18; 103, 17; 115, 11; 118, 4; *jišrê leḇ* „Aufrichtige", Ps 7, 11; 11, 2; 32, 11; 36, 11; 64, 11; 94, 15; 97, 11; *jišrê dæræḵ* „Geradlinige", Ps 37, 14). Der überlieferte Konsonantentext der Ps hat häufiger *ʿanāwîm* (10mal) als *ʿanijjîm* (6mal). Hinzu kommt 2mal das Qere *ʿanāwîm* (Ps 9, 13; 10, 12; vgl. Ps 12, 6); Q *ʿanijjîm* nur Ps 9, 19 (vgl. Ps 10, 17). Ein Zeugnis für die Idealisierung von Demut scheint es aber zu geben: Num 12, 3, der Mann Mose als Vorbild für alle Menschen, *ʿānāw* im Sing. und in Steigerungsform, einzige historisch-konkrete Verwendung! Hier ist die „Selbstbescheidung" eine Tugend (vgl. I.7.; VI.2.; KAI 202 A 2: *ʾš ʿnh*, demütiger Mann = kultisch relevantes Königsprädikat?).

4. Die Wortgruppe, besonders ihre Adjektive, hat zahlreiche Forschungen zu Israels Sozialgeschichte angeregt (vgl. Lit.). Dabei ist in mannigfacher Abschattung die These vertreten worden, aus dem wirtschaftlich-sozialen Begriff der Armut habe sich im Laufe der Jahrhunderte in Israel das Ideal der geistlichen Armut vor Gott und der Demut ihm gegenüber gebildet. Soziologisch gesehen, sollen am Ende dieser Entwicklung die *ʿanāwîm* die Armutsbewegung oder -gruppierung darstellen, die aus den Leid- und Unterdrückungserfahrungen des Exils herausgewachsen sind (vgl. Rahlfs 84: „Israel ist durch das Exil *ʿanaw* geworden"; 85: es hat sich jedenfalls „in ihm eine Partei gebildet, welche jene Umwandlung zunächst an sich selbst vollzog ..."). → אביון *ʾæbjôn*; → דל *dal*.

Die Geschichte der Armut in Israel ist Teil seiner Sozialentwicklung. Diese ist nicht leicht nachzuzeichnen. Bei vorsichtiger Quelleninterpretation (gibt es im AT von „Armen" verfaßte Texte?), Berücksichtigung der antiken Lebenswirklichkeit und Vermeidung von modernen Denkschemata können wir Etappen der Armengeschichte skizzieren (zur Methode vgl. G. Hamel, Poverty and Charity in Roman Palestine, Diss. Santa Cruz, 1983; W. Thiel, Die soziale Entwicklung Israels in vorstaatlicher Zeit, [2]1985, bes. 150ff.).

Armut und Elend des einzelnen sind in der frühen Familienstruktur unbekannt. Produktion und Lebensunterhalt sind Gemeinschaftsaufgaben. Leidet einer, leidet die Gruppe mit (Krankheit! Unglück!). Frühe Klagelieder des einzelnen kennen keine Armut, sie tritt erst mit sich verkomplizierenden Sozial- und Wirtschaftsverhältnissen auf. Bildung von Latifundien, Verstädterung, Geldwirtschaft, Zentralisierung der Verwaltung und die entsprechende Schwächung der bäuerlichen Familienbetriebe und der Sippen- und Dorfstruktur sind Voraussetzung für das Auftreten von „Elenden". Gesetze, Prophetenschriften und Psalmen lassen einen jahrhundertelangen Kampf gegen die Armut erkennen. Begonnen hat er in der frühen Königszeit (vgl. 1 Sam 22, 2, ohne *ʿānāh* II; Sprachgebrauch dtr?) und erstreckt sich in die Spätzeit des AT (vgl. Lev 25; Neh 5; Ijob 24, 2–9). Wirtschaftspolitik und Steuersystem im Perserreich beschleunigten die Auflösung der Sippenverbände und die Entstehung eines Proletariats (vgl. Kippenberg). Inmitten der sich wandelnden Gesellschaftsstrukturen entstanden seit dem Ende der Eigenstaatlichkeit jüdische Gemeinden, die durch gemeinsame Tradition, durch Tempel und Thora zusammengehalten wurden. Wahrscheinlich ist erst seit der Exilierung die Wortgruppe von *ʿānāh* II zu ihrer dokumentierten Bedeutung gekommen; die meisten Texte scheinen nicht über das 6. Jh. hinauszureichen. Das „Elend" der Israeliten war durch äußere und innere, politische und soziale Knebelung und Ausbeutung verursacht. Die Gemeinden konnten die Tradition des „JHWH hilft den Armen" aus der Königszeit in Anspruch nehmen, sich als das wahre Israel verstehen (Gesamtbewußtsein) und gleichzeitig gegen die Unterdrücker aus Babylonien und Persien und deren Kollaborateure im Lande Stellung nehmen (Partikularbewußtsein). Über das Ausmaß der Armut in Israel können wir nichts Genaues sagen. Naturkatastrophen und Kriege verschlimmerten soziale Mißstände, politische oder wirtschaftliche Hochkonjunkturen schufen zeitweise Wohlstand. Man kann jedoch mit einer zunehmenden Verarmung der Bevölkerung rechnen. Besonders anfällig waren seit alters Personenkreise, die keinen starken Familienrückhalt mehr hatten: Witwen, Waisen,

Ausländer (vgl. Ex 22, 21ff.; Dtn 24, 19–21; Ijob 24, 3), Blinde, Lahme und andere Körperbehinderte (vgl. Lev 19, 9f.; Ps 146, 8), Gefangene (Ps 68, 7; 69, 34; Ijob 36, 8), Kleinbauern (vgl. 1 Kön 21, 1–13), Verschuldete (1 Sam 22, 2), Lohnabhängige (Lev 19, 13; Dtn 24, 14). Andererseits kamen aus der alten Familien- und Stammestradition (JHWH-Religion) die Antriebe, die zur Solidarität mit den schuldlos Armen drängten. Welche Personengruppen an welchem Punkt fallengelassen wurden, ist schwer abzuschätzen. Die Tatsache ist belegt (vgl. 1 Kön 17, 12; Ri 11, 7; Gen 37, 18–28).

V. 1. Wie ist es in Israel zur Ausbildung einer Armentheologie gekommen? Mehrere Momente sind dafür bedeutsam. a) Auf der Ebene der Familienreligion ist die persönliche, d. h. die Familien-Schutzgottheit für das Wohlbefinden der Anhänger verantwortlich (vgl. H. Vorländer, Mein Gott, AOAT 23, 1975; R. Albertz, Persönliche Frömmigkeit und offizielle Religion, 1978). b) Bei der Entstehung von zentralistischen Staaten übernimmt der König (zumindest theoretisch) als Vertreter der Gottheit die Fürsorgepflicht, so auch in Israel (vgl. Ps 72). Die Reformgesetze sumerischer und akkadischer Herrscher von Urukagina von Lagasch bis Hammurapi von Babylon geben davon beredt Zeugnis (vgl. TUAT I/1, 1985). c) In Israel tritt in der beginnenden Theokratie der exil.-nachexil. Zeit JHWH voll für die Armen ein. „Vater der Waisen, Rechtshelfer der Witwen" ist der alte Sippenvorstellungen übernehmende Ehrentitel Gottes (Ps 68, 6; vgl. Dtn 10, 17–19; Klgl 5, 1–3; Jes 63, 8. 16; 64, 7). d) Priester, Leviten, Schreiber, Gemeindevorsteher vermitteln die Theologie des mächtigen Gottes, der sich eines jeden einzelnen erbarmt, und der ganz besonders in einer familiär-solidarischen Weise für die Schwachen eintritt. Die geistliche Führerschaft der frühjüdischen Gemeinde ist z. T. so volksverbunden und wirtschaftlich unterprivilegiert, daß eine echte Armentheologie entsteht. Die Leidenserfahrungen des Volkes Israel, insbesondere seiner verarmten Landbevölkerung, werden aufgenommen und gehen in die gottesdienstlichen Texte der prophetischen Sammlungen und des Psalters ein.

2. JHWH kümmert sich vorzugsweise um den notleidenden Einzelnen und um die Randgruppen. Warum? Die älteren Klagelieder aus dem Sippenverband wurden in den JHWH-Glauben und die Großgesellschaft integriert. Die Solidaritätspflicht Gottes wurde über den Kranken (vgl. Ps 38), unschuldig Verfolgten (vgl. Ps 7; 17; 26) und Schuldigen (vgl. Ps 51), auf den *'ānî*, den Abgewirtschafteten (Ps 9/10; 37) ausgedehnt. JHWH, Gott der Armen, das ist Erbe der Familienreligion, unter den Bedingungen der Großgesellschaft. Der Arme tritt als neuer Typ des Hilfsbedürftigen auf. Im dtn Werk werden Waise, Witwe und Fremder genannt (vgl. Dtn 10, 18; 14, 29; 16, 11. 14; 26, 12f.; 27, 19; hinzu kommen die Leviten!). In Dtn 24, 10–15 erscheinen *'ānî* und *śākîr*, die neuen Minderprivilegierten, vor den traditionellen (Dtn 24, 17–21) und sind diesen gleichgestellt. Ps 82, 3 nennt drei Paare von Rechtsuchenden: „Zertretene und Waisen" (*dak* [cj. für *dal*] *w^ejātôm*), „Elende und Verarmte" (*'ānî wārāš*) „Geringe und Arme" (*dal w^e'æbjôn*), hat also die *'^anijjîm* in seine Liste aufgenommen (vgl. Sach 7, 10; Jes 58, 6f. 10). In den späten Ps liegt der Hauptakzent auf den *'^anāwîm* (vgl. Ps 9/10; 25; 34; 37; 119).

JHWH ist der Gott auch der wirtschaftlich Schwachen, er ist kraft uralter Sippentradition mit ihnen solidarisch, ein verläßlicher Helfer, ein bewährter Retter. Er hört die Klage und Bitte der Seinen; ihm gilt Vertrauensäußerung und Lobpreis. „Du vergißt die Elenden nicht" (Ps 10, 12). „Gut und gerecht ist JHWH, darum weist er Sündern den Weg. Er leitet die Elenden recht, und lehrt die Elenden seinen Weg" (Ps 25, 8f.). „Ich will JHWH preisen, die Elenden sollen es hören und sich freuen" (Ps 34, 3; vgl. Ps 22, 27; 69, 33). Die Feinde sind allerdings zuweilen übermächtig (vgl. Ps 9/10), es sind „Brüder" aus dem eigenen Volk (Jes 66, 5).

3. Das gesamte Israel oder genauer, die nachexil. Tempelgemeinde bzw. die Ortsgemeinden Palästinas oder der Exilsländer konnten sich als *'^anāwîm* verstehen (vgl. Jes 14, 32; 26, 1–6; 41, 17; 49, 13; 61, 1–7; Zef 2, 3; Ps 18, 28; 69, 31–34; 72, 2; 74, 18–23; 147, 3–6; 149, 4). Wie verändert sich die theologische Aussage, wenn sie Ausschließlichkeitscharakter bekommen? Wie die Randgruppentheologie sich aus der Familientradition nährt, so wächst die gesamtisraelitische Theologie der Armen aus Traditionen des Königtums und einer Weltidee. Universale Symbole sind notwendig, Zions- und Davidsüberlieferungen, Weltberg- und Chaoskampfmythen (vgl. Ps 72; 76; Jes 25, 1–5; 29, 17–21; 61, 1–9). Die Gefahr, aus dem Elendsdasein überzuspringen in den Glorienschein der Macht, liegt dabei näher als in der Kleingruppe. Die feindliche Stadt wird von den Elenden zertreten (Jes 26, 6). Der elende Rest Israels wird in neuer Herrlichkeit leben, aber die Philister werden von Gott hingemordet (Jes 14, 30. 32). In der Befreiung schlägt die gedrückte Stimmung der Elenden um in den Siegeshymnus (Jes 49, 13). Andererseits führt die Leidenserfahrung der exil.-nachexil. Gesamtgemeinde zu der neuen Erkenntnis (Jes 52, 13 – 53, 12): In der todverfallenen Knechtsgestalt (*'ānāh* II in 53, 4. 7) ist das Leben gegen jeden Augenschein schon angelegt.

4. Das ist in der Tat das Ziel aller Klagen und Bitten aus dem Elend. JHWH möge das Elend überwinden, volle, satte Lebensmöglichkeit herbeiführen. Der Elende hofft auf Wiederherstellung seiner Gesundheit und seines sozialen Status (vgl. Ps 35, 10; 40, 18; 69, 30). Die Randgruppen sollen am Leben gehalten werden. „Eigentlich dürfte es keine Armen unter euch geben" (Dtn 15, 4). Da sie aber vorhanden sind, hat die Gesamtgesellschaft sie zu rehabilitieren (vv. 7f. 11; Lev 25, 25ff.). Überwindung der Bedrängnis bedeutet Vernichtung der feindlichen Mächte, der

Verursacher des Elends. Der Macht und Gerechtigkeit Gottes gelingt, jetzt und in Zukunft, dieses Wunder. Hymnische Anerkennung ist dafür fällig (vgl. die Freude der Elenden in Ps 22, 27; 34, 3; 69, 33). Es beginnt das wahre Leben, der Friede, das Heil für die Elenden. Von hier aus erscheint die Bedrängnis wie eine Vorbereitung, vielleicht die Feuerprobe für das Reich der Gerechtigkeit. *ʿānî* und *ʿonî* bekommen also einen eschatologischen Klang (vgl. Zef 3, 11–13; Jes 61, 1 ff.). Schon die reflektierende Weisheit konnte feststellen: „Er rettet den Elenden in seinem Elend, durch Drangsal öffnet er ihm das Ohr" (Ijob 36, 15; vgl. 33, 14–22). Für die frühjüdische Gemeinde wird das Leben Durchgang zum Heil (Jes 52, 13 – 53, 12). Die *ʿanāwîm* gewinnen eine besondere Bedeutung. JHWH solidarisiert sich mit ihnen (vgl. Jes 41, 17; 66, 2; Ps 18, 28; 22, 25 etc.). Sie werden sein Eigentum (vgl. Jes 49, 13; Ps 72, 1 f.) und „seine Mittler" (vgl. Jes 53, 4f.; 62, 1–5; Ps 41, 2; Spr 17, 5). Diese Identifizierung setzt sich ganz stark in Mt 25, 34–40 fort.

VI. Die „Theologie der Armen" wirkt bis heute kräftig nach. Das Elend wurde im AT nie verherrlicht oder verharmlost. Es wurde durchlitten und zum Bezugspunkt für theologisches Denken und Sprechen.

1. Vom 3. Jh. v. Chr. an bildeten sich griechischsprechende jüdische Gemeinden. Haben sie durch ihre Übertragung von *ʿānāh* II mit Begriffen wie ταπεινός etc. (s. o. I. 6.) einer Vergeistigung und Verinnerlichung Vorschub geleistet? Die hellenistischen Gesellschaftsverhältnisse waren nicht paradiesisch (vgl. M. Hengel, Judentum und Hellenismus, WUNT 10, 1969; Kippenberg 78 ff.). Aristokratische Ordnung, Vergöttlichung des Königs, Wirtschafts- und Steuerstruktur, aufwendige Kriegs- und Rüstungsanstrengungen mußten die Verelendung breiter Bevölkerungsschichten verschärfen. Die jüdischen Gemeinden griechischer Sprache partizipierten z. T. am Wohlstand der führenden Kreise, hatten das Schicksal einer bedrängten Minderheit zu ertragen und lebten in der Tradition des AT. (Die Spannung dieser Existenz ist besonders im Leben und Werk von Philo von Alexandrien und Flavius Josephus zu erkennen.) Die Elends- und Armutsaussagen sind darum nicht ins Geistige verflüchtigt (W. Grundmann, ThWNT VIII 1 ff.). In den griechischen Apokryphen und Pseudepigraphen, z. B. Sir, spielen Bedrückung, Demut, Armut eine Rolle (vgl. Sir 3, 17–25; 4, 1–10; 7, 4–7; 13, 18–20; 35, 14–21 usw.); die Apokalypsen projizieren Bedrängnis und Befreiung in die Endzeit (s. u. 2.).

2. In der hebr.-aram. Tradition ist das Thema „Elend", „Unterdrückung" ebenfalls anzutreffen. Sir ist in seinem Urtext für diese Tradition anzuführen (vgl. Ps Sal 5; 10). Das zadokidische Fragment (8, 13, nach Charles, Apocrypha and Pseudepigrapha II 814) zitiert Jes 10, 2. Im Henochbuch drangsalieren die Geister der Riesen die Welt (äthHen 15, 11) und die Fürsten der Endzeit die Gerechten (äthHen 46, 8; 53, 7) und das erschaute Paradies zeichnet sich durch die Abwesenheit aller Plage und Not für die Gerechten (vgl. äthHen 20, 6; 4 Esra 7, 114) und durch Bedrückung der widergöttlichen Mächte (äthHen 48, 8. 10; 50, 2; 62, 4–5. 10; 91, 12) aus. Die apokalyptische Literatur hat also den Topos der Bedrückung in die Endzeit aufgenommen. „Wehe euch Mächtigen, die ihr mit Gewalt die Gerechten unterdrückt. Der Tag eurer Vernichtung kommt" (äthHen 96, 8). Das Testament der zwölf Patriarchen ist mehr weisheitlich gestimmt, empfiehlt die „Herzensdemut" (Test Ru 6, 10). Issachar ist das Vorbild der Einfachheit und Bescheidenheit; er sympathisiert mit dem „Armen und Schwachen" (Test Is 4, 1 – 5, 3, vgl. bes. 5, 2; 6, 5). Mitleid ist die Devise Sebulons (Test Seb 5, 1 ff.). Die persönliche Einstellung: Bescheidenheit, Demut, wird auch in Pirke Aboth 1, 3; 4, 4. 12; 6, 6 etc. angemahnt. Offenheit gegenüber den Armen ist eine Selbstverständlichkeit (PAb 1, 5). Und die Mitglieder der Sekte von Qumran empfingen Instruktion im gleichen Sinn (1 QS 2, 24; 4, 3; 5, 3. 25; 9, 22; 10, 26). Der Arme und Geringe ist mit dem Frommen, Gerechten, Erwählten identisch (1 QH 2, 13. 32. 34; 3, 25; 5, 13–22 [6 relevante Wörter und Wortverbindungen incl. *ʿānî* und *ʿanāwîm*]; 14, 3; 18, 14 f.; 1 QM 11, 9; 13, 14; 14, 5–11). Die abtrünnigen Gegenspieler und Gewalthaber (die orthodoxen Juden?) werden in gewaltigen, farbenreichen Bildern beschrieben. – Fazit: In den verschiedenen Strömen at.licher Überlieferung über die „Armen, Niedrigen, Unterdrückten" entfalten sich je an besonderen Orten diese und jene Teilinhalte unserer Wortgruppe. Dazu gehören auch die Aussagen, die psychische und persönliche Beschaffenheiten, Eigenschaften, Einstellungen meinen. Aber es ist keine „Entwicklung" zur Verinnerlichung festzustellen.

3. Im NT setzt sich die Überlieferung fort und gewinnt neue Akzente. Jesus weiß sich vorwiegend zu den Geringen berufen (vgl. Lk 5, 31 f.; Mt 19, 14). Sie warten auf den Arzt und Erlöser, sie sind eher geneigt und befähigt, das Evangelium vom Reich Gottes zu akzeptieren als die Besitzenden und die Rechtgläubigen, die Gesetzeslehrer und die Politiker. Auch für Paulus ist – kraft theologischer Schlußfolgerung wie angesichts der Gemeinderealität – der Vorrang der Geringen klar (1 Kor 1, 26–28).

Das at.liche Erbe hat sich weitervererbt, durch Urchristentum und Mittelalter (vgl. M. Mollat, Die Armen im Mittelalter, 1984; die Geschichte der Mönchsorden), anbrechendes Industriezeitalter (vgl. C. Jantke / D. Hilger [Hg.], Die Eigentumslosen, 1965; K. Marx, F. Engels) bis zu den heutigen Auseinandersetzungen um Kapitalismus, Imperialismus, Sozialstaat und die Verelendung der „3. und 4. Welt". Hier ist bes. wichtig die „Option für die Armen" in den Kirchen Lateinamerikas (vgl. Croatto; Gutierrez; Hanks; Schwantes; Tamez; Lohfink).

Gerstenberger

עָנָן *ʿānān*

I. Belege und Verbreitung – 1. Etymologie und außerbibl. Verbreitung – 2. Verteilung im AT – II. Bedeutung und Verwendung – 1. als Bezeichnung eines meteorologischen Phänomens – 2. als Metapher – III. LXX und Qumran.

Lit.: *É. Cassin*, La splendeur divine, Paris 1968. – *S. Grill*, Die Gewittertheophanie im AT (Heiligenkreuzer Studien 1, Wien 1931). – *B. Holmberg*, Herren och molnet i Gamla testamentet (SEÅ 48, 1983, 31–47). – *E. Jenni*, עָנָן *ʿānān* Wolke (THAT II 351 ff.). – *J. Jeremias*, Theophanie (WMANT 10, ²1977). – *L. Kopf*, Arabische Etymologien und Parallelen zum Bibelwörterbuch (VT 8, 1958, 161–215). – *J. Luzarraga*, Las tradiciones de la nube en la Biblia y en el Judaismo primitivo (AnBibl 54, 1973, bes. 15–41). – *T. W. Mann*, The Pillar of Cloud in the Reed Sea Narrative (JBL 90, 1971, 15–30). – *E. Manning*, La nuée dans l'Écriture (BiViChr 54, 1963, 51–64). – *G. E. Mendenhall*, The Tenth Generation. The Origins of the Biblical Tradition, Baltimore – London 1973, bes. 32–66. – *A. Oepke*, νεφέλη (ThWNT IV 904–912). – *W. J. Phythian-Adams*, The People and the Presence, 1942. – *G. von Rad*, Zelt und Lade (NKZ 42, 1931, 476–498 = ThB 8, 1958, 109–129). – *Ph. Reymond*, L'eau, sa vie, et sa signification dans l'AT (VTS 6, 1958). – *L. Sabourin*, The Biblical Cloud. Terminology and Tradition (Bibl. Theol. Bulletin 4, 1974, 290–312). – *R. B. Y. Scott*, Meteorological Phenomena and Terminology in the OT (ZAW 64, 1952, 11–25). – *Ders.*, Behold, He Cometh with Clouds (NTS 5, 1958f., 127–132). – *L. I. J. Stadelmann*, The Hebrew Conception of the World (AnBibl 39, 1970, bes. 97 ff.). – *E. F. Sutcliffe*, The Clouds as Water-Carriers in Hebrew Thought (VT 3, 1953, 99–103).

I. 1. Das im AT 87mal belegte *ʿānān* 'Wolke' (außerdem 1mal bibl.-hebr. *ʿanān* [Dan 7, 13], kollektiv *ʿanānāh* [Ijob 3, 5]) – der PN *ʿānān* (Neh 10, 27) wird ebenfalls hierhergestellt (PNPI 106, anders IPN 38. 184; PNPPI 382) – ist wohl ein Primärnomen, denn das Verb *ʿānan pi* hat an seiner einzigen Belegstelle Gen 9, 14 die Bedeutung „Wolken zusammenballen" (fig. etymol.), ist also denominiert. Ob das *po* in der Bedeutung 'Zeichen deuten, wahrsagen' (KBL³ 811) zu diesem Verb gehört (KBL³) oder auf ein homographes Lexem zurückgeht, ist unsicher (Jenni 315), aber eher ist letzteres anzunehmen (vgl. zur Diskussion Kopf 190).

Außerhalb des Hebr. ist das Nomen selten belegt, dabei überwiegend in jüngeren Sprachen: Im Jüd.-Aram., Syr. (LexSyr 533), Mand. (MdD 24) und Arab. (*ʿanān* Wehr, ArabWb 581) ist die Bedeutung 'Wolke' eindeutig bezeugt.

Ein *ʿnn* begegnet 6mal in den ugar. Texten und ist wohl noch KTU 1.2, I, 18 einzusetzen. In KTU 1.2, I, 34f. wird *bʿl.wʿnnh* allgemein als „Baʿal und seine Knechte (Boten)" übersetzt. KTU 1.4, IV, 59 begegnet *ʿnn ʾṯrt*, was „ein Diener der Aschera" bedeuten soll, ebenso wie *ʿnn ʾilm* (KTU 1.3, IV, 32; 1.4, VIII, 15) „Diener der Götter". KTU 1.10, II, 33 und 2.8, 4 sind beschädigt.

Die Aussagekraft des ugar. Materials ist minimal. Meistens deutet man *ʿnn* als 'Knecht' oder 'Bote' und leitet das ugar. Wort von einer anderen Wurzel als bibl. *ʿnn* ab. *ʿnn* begegnet in allen lesbaren Belegen neben Göttern. Deshalb ist mit Mendenhall zu vermuten, daß *ʿnn* als 'Wolke' oder 'Verhüllung' Gottes das semit. Äquivalent zu akk. *melammū* ist.

* 2. Die insgesamt 87 Belege im AT verteilen sich wie folgt: Pent 51mal (Gen 9 4mal; Ex 20mal [Ex 40 5mal]; Lev 2mal; Num 20mal [Num 9f. bildet mit 14 Belegen die dichteste „Wolkenkonzentration" im AT]; Dtn 5mal); DtrGW 2mal; ChrGW 4mal; Hos 2mal; Jes, DtJes, Jer, Joël, Nah, Zef je 1mal; Ez 11mal; Ps 4mal; Ijob 6mal und Klgl 1mal. Die Aufteilung der Belege auf die einzelnen Pentateuchquellen gestaltet sich schwierig, ist aber – was das meteorologische Phänomen anbetrifft – uninteressant. Erst in der Darstellung der Theophanie zeigen sich markante quellenspezifische Divergenzen (s.u. II. 2.). Während J und E in der Theophanieschilderung die direkte (J) oder vermittelte (E) Konfrontation Gottes bevorzugen, erhält das Wolkenmotiv mit JE, Dtr und P breiten Zugang in dieses Genre. *(Fa.)*

II. 1. Die Belege konzentrieren sich vornehmlich auf die Metaphorik, noch deutlicher auf Theophanieschilderungen, während die Wolke als meteorologisch-atmosphärische Erscheinung wenig Beachtung findet (vgl. Gen 9, 13–16; Jes 44, 22; Ijob 3, 5; 7, 9 u.a.). Nur 1mal treffen wir *ʿānān* zur Bezeichnung einer Weihrauchwolke an (Ez 8, 11), woraus sich die Metapher der Wolke als Präsenzsignal Gottes im Heiligtum (vgl. Lev 16, 13; s.w.u.) entwickelt haben wird.

* Das Wortfeld „Wolke" (vgl. Scott, Reymond, Luzarraga, Jenni) umfaßt neben *ʿānān* die weniger häufigen → עב *ʿāb* 'Gewölk', → שחק *šaḥaq* '(Staub-) Wolken', dann → ערפל *ʿarāpæl* 'Wolkendunkel', *qîṭôr* 'Nebel', *nāśîʾ* 'Dunst', *ḥāzîz* 'Gewitterwolke' u.a. Zur Bedeutung der Wolken als Regenbringer im regenarmen Palästina vgl. Scott, Sutcliffe und → מטר *māṭār*, bes. IV 831–834. *(Fa.)*

2. Das AT verwendet die Wolke vornehmlich in Vergleich und Metapher hauptsächlich in 3 Bereichen: a) zur Darstellung der Unbeständigkeit, b) zur Darstellung der Undurchsichtigkeit und c) aufgrund ihrer Verbindung mit Sturm und elementarer Gewalt zur Darstellung der Theophanie.

a) Hos 6, 4 vergleicht Efraims Liebe zu Gott mit einer Wolke am Morgen, mit rasch vergänglichem Tau. Wegen seiner Sünden gleicht Efraim dem Morgendunst und dem Tau, der bald vergeht (Hos 13, 3). Da Efraims Liebe nicht beständig ist, wird er selbst nicht bestehen bleiben.

b) Die Undurchsichtigkeit der Wolken ist für Ezechiel Bild, um den übermächtigen Einfall Gogs in Israel zu beschreiben. Gog wird „wie eine Wolke, die das ganze Land bedeckt" aufziehen (Ez 38, 9. 16). Das ganze Land wird von einem Nebel verschlungen, vor dem es keine Flucht gibt. In den Klageliedern beschreibt der Dichter die Gottesferne: „Du hast dich in Wolken gehüllt, kein Gebet kann sie durchstoßen" (Klgl 3, 44). Die Undurchsichtigkeit der Wolken oder die Undurchdringlichkeit des Morgennebels wird dazu benutzt, die völlige Unzugänglichkeit der Gottheit zu beschreiben.

c) Die Verbindung von Wolken mit Sturm, Gewitter und mächtigen Naturgewalten nutzen die Propheten, wenn sie Gottes Zorn gegen seine Feinde beschreiben wollen (Zef 1, 15 = Joël 2, 2; Nah 1, 3; Ez 30, 3. 18; 32, 7; 34, 12). Das Erscheinen Gottes am „Tag JHWHs" (→ יום *jôm*) wird mit dem Bild dichter Wolken und Finsternis (*ḥošæḵ*) geschildert; Zerstörung und Untergang werden herrschen. Die Sturmwolken lieferten den Propheten das eindrucksvolle Bild, um den vernichtenden Zorn Gottes gegenüber seinen Feinden zu schildern. Dieser Gebrauch von *ʿānān* gründet in der alten Tradition, Gott als in einen Mantel aus Wolken oder Licht (vgl. Ps 104, 2) gehüllt zu beschreiben.

* Unabhängig von ihrer Quellenzugehörigkeit betreffen alle Theophanieschilderungen mit *ʿānān* die Exodus- und Wüstentradition. Während J JHWH selbst, E den *malʾaḵ hāʾ^{æ}lohîm* beim Befreiungshandeln am Werk sieht, beschreibt im JE-Material (vgl. P. Weimar, ÄAT 9, 1985, 272) *ʿammûḏ ʿānān* „Wolkensäule" neben *ʿammûḏ ʾeš* „Feuersäule", wie Gott den Israeliten erscheint (Ex 13, 21 f.; 14, 19–24; Num 12, 5; Neh 9, 12. 19; Num 14, 14). Die Wolkensäule am Tag und die Feuersäule in der Nacht leiten die Israeliten und beschützen sie vor den Ägyptern. Dtr spricht dagegen nur von der „Wolke" (Ex 14, 20), Finsternis und Feuer (Num 9, 15–22; Dtn 1, 33) und in P wird wieder JHWH und sein *kāḇôḏ* als der wirkmächtig Handelnde verstanden. Dabei wird *kāḇôḏ* „Herrlichkeit" kombiniert mit *ʿānān*; die Herrlichkeit Gottes ist in der Wolke (Ex 16, 10; vgl. Ez 10, 3 f.; 1 Kön 8, 10 f. = 2 Chr 5, 13 f.). *(Fa.)*

Auch nach Ex 33, 9 f. ist JHWH nur in der „Wolkensäule" im Zelt der Begegnung gegenwärtig. Die Wolke zeigt die Gegenwart Gottes an und verhüllt gleichzeitig seinen Glanz (= *kāḇôḏ* in P). Gott erscheint, eingehüllt in die Wolke, Mose auf dem Berg Sinai, um ihm das Gesetz zu überreichen (Ex 19, 9. 16; 24, 15–18; 34, 5; vgl. Dtn 5, 22, wo zusätzlich *ʾeš* begegnet); die *ʿānān* umhüllt Gott ferner, wenn er herabsteigt, um mit Mose (Num 11, 25), mit Aaron und Miriam (Num 12, 5; Ps 99, 7) zu reden. Sie zeigt seine Präsenz im Zelt der Begegnung (Ex 40, 34–38; Num 9, 15–22; 17, 7; Dtn 31, 15) und im Tempel bei seiner Einweihung (1 Kön 8, 10 f. = 2 Chr 5, 13 f.).
„Wolke" und „Feuer" symbolisieren also göttliches Sein und Dasein, während sie gleichzeitig sein Wesen verhüllen. Dagegen ist der *malʾaḵ JHWH* „Engel JHWHs" (→ מלאך) ein mit göttlicher Autorität ausgestatteter Gesandter. Das lange Streitgespräch zwischen Mose und JHWH, wer die Israeliten auf ihrem Weg durch die Wüste und gegebenenfalls in das verheißene Land begleiten wird, macht die Differenz deutlich. JHWH sagt, daß er seinen Boten (*malʾāḵ*) senden will (Ex 23, 20. 23; 32, 34), aber Mose besteht darauf, daß er selber kommt (Ex 33, 12 – 34, 9). Es ist also Gott selbst, der eingehüllt in seiner Wolke seinen traditionellen Aufenthaltsort auf dem Berg Sinai verläßt, um mit seinem Volk zu gehen.

In Ex 14, 19 verwischt die Redaktion den Unterschied zwischen dem in der Wolkensäule verborgenen Gott (JE) und seinem Boten (E): „Der Engel Gottes (*malʾaḵ hāʾ^{æ}lohîm*), der den Zug der Israeliten anführte, erhob sich und ging an das Ende des Zuges" (v. 19a); dieselbe Bewegung vollzieht die Wolkensäule (*ʿammûḏ hæʿānān*, v. 19b). Der Engel Gottes und die Wolkensäule sind zwei verschiedene Weisen, dasselbe Ereignis zu behandeln, auch wenn die Beschreibungen einander nicht entsprechen. Die *ʿānān* vermittelt die Anwesenheit JHWHs, während der Engel als sein Beauftragter handelt; die „Wolke" zeigt JHWH selber gegenwärtig; der Bote zeigt an, daß JHWH, der selber irgendwo ist, durch seinen Boten vertreten ist.

* Mendenhall vermutet, daß *ʿānān* ein älterer Theophanieterminus ist als *malʾāḵ*. Diese Vermutung mag zutreffen, wird allerdings durch die gegenwärtige deutsche Pent.-Kritik nicht gesichert. Danach ist *malʾāḵ* Spezificum des älteren E gegenüber der Wolkensäule beim jüngeren JE und der Wolke beim Dtr. Das schließt nicht aus, daß jüngere Schichten ältere Traditionen enthalten. *(Fa.)*

Mose hat mit JHWH „von Angesicht zu Angesicht" (Num 14, 14; Ex 33, 11) gesprochen. An diesen Stellen nahm JHWH die verhüllende Wolke fort, die eigentlich ein Schutzelement für den menschlichen Dialogpartner Gottes darstellt: Als Mose vom Sinai herabstieg, spiegelte sein Gesicht den Lichtglanz des *k^{e}ḇôḏ JHWH* wider (Ex 34, 29–35). Alle Israeliten durften die Wolke und das Feuer sehen, aber nur Mose durfte JHWH ohne seine „Verhüllung" schauen.
Der *kāḇôḏ* ist in der Wolke (Ex 16, 10; 1 Kön 8, 10 f.; Ez 10, 3 f.), die um und über der Deckplatte der Lade im Allerheiligsten des Offenbarungszelts schwebt (Lev 16, 2).
In Ezechiels Vision von der Erscheinung Gottes (Ez 1, 4–28) ist die Gestalt Gottes als Person inmitten einer feurigen Wolke zu sehen (v. 4). Die Terminologie der Theophanie ist also im AT nicht einheitlich. Das sichtbare Objekt wird beschrieben als „Feuersäule" oder „Wolkensäule" (oft davon abhängig, ob es Tag oder Nacht ist), manchmal einfach als „Wolke" (wobei die Auslassung von „Säule" [→ עמוד] unbedeutend zu sein scheint) oder als „Wolken- und Feuersäule" (Ex 14, 24). Mendenhall vermutet einen religionsgeschichtlichen Zusammenhang zwischen *ʿānān* und akk. *melammu*, der „Schreckensglanz (-maske)" der Gottheit (AHw 643) einerseits und *ʾeš* und akk. *puluḫtu*, der „Furchtbarkeit", in der die Gottheit sich kleidet (AHw 878 f.), wenn sie den Menschen erscheint, andererseits.
Mendenhall konstatiert: „Diese Gotteserscheinungen werden in der Erfahrung des Menschen wie auch in seiner entsprechenden Reaktion hierauf Wirklichkeit" (vgl. die eschatologischen Abschnitte Dan 7, 13 f. und Jes 4, 5).

*III. Die LXX übersetzt *ʿānān* durchwegs wie *ʿāḇ* mit νεφέλη oder νέφος (→ V 981; vgl. ThWNT IV 905), seltener mit σκότος (Ex 14, 20) und γνόφος (Dtn 4, 11; Jes 44, 22).

In Qumran begegnet *ʿānān* bisher 3mal. Zur Aufnahme der Botenvorstellung in 1 QM 12, 9 „unsere Reiter sind wie die Wolken" → V 981f. Die restlichen Belege 4 QDibHam[a] 6, 10 und 4 QDibHam[c] 126, 2 erinnern an die Präsenz Gottes in Wolke und Feuersäule Ex 14, 24. *(Fa.)*

Freedman / Willoughby

עָפָר *ʿāp̄ār*

עפר *ʿpr*, אֵפֶר *ʾep̄ær*

I. 1. Etymologie – 2. Belege im AT – 3. LXX – II. Allgemeiner Gebrauch – 1. Lose Erde – 2. Erdreich, Erdboden – 3. Staub – 4. Asche – a) *ʿāp̄ār* – b) *ʾep̄ær* – 5. Mörtel, Schutt – III. Bildliche Verwendung – 1. Bild für Menge – 2. Bild für Wertlosigkeit – 3. Bild für Vernichtung – 4. Bild für Erniedrigung – 5. *ʾep̄ær* in bildlicher Verwendung – IV. Religiöse Bedeutung – 1. Gott wirft in den Staub und erhebt aus ihm – 2. Minderungs- und Selbstminderungsriten – 3. Selbsterniedrigungsformeln – 4. Rückkehr zum Staub – 5. *ʿāp̄ār* als Ausdruck für Grab und Unterwelt – V. Qumran.

Lit.: *S. Abir*, Das Erdreich als Schöpfungselement in den Mythen der Urgeschichte (Jud 35, 1979, 23–27. 125–130). – *G. W. Coats*, Self-Abasement and Insult Formulas (JBL 89, 1970, 14–26). – *M. Dahood*, Hebrew-Ugaritic Lexicography VII (Bibl 50, 1969, 352). – *P. Fronzaroli*, Studi sul lessico comune semitico (AANLR VIII/23, 1968, 271. 287. 298). – *A. Guillaume*, A Note on Numbers xxiii 10 (VT 12, 1962, 335–337). – *J. Heller*, Noch zu Ophra, Ephron und Ephraim (VT 12, 1962, 339–341). – *J. Hempel*, Gott und Mensch im AT (BWANT 38, ²1936). – *E. Kutsch*, „Trauerbräuche" und „Selbstminderungsriten" im AT (ThSt 78, 1965). – *E. Y. Kutscher*, עֵפֶר (Leshonenu 27/28, 1964, 183–188). – *Ch. Rabin*, Etymological Notes (Tarbiz 33, 1963/64, 109–117). – *A. F. Rainey*, Dust and Ashes (Tel Aviv 1, 1974, 77–83). – *N. H. Ridderbos*, עָפָר als Staub des Totenortes (OTS 5, 1948, 174–178). – *W. H. Schmidt*, Die Schöpfungsgeschichte der Priesterschrift (WMANT 17, ²1967, 197–199. 214–218). – *A. Schwarzenbach*, Die geographische Terminologie im Hebräischen des Alten Testaments, Leiden 1954, 123–129. – *R. Smend*, Asche (BHHW I 136). – *K. L. Tallqvist*, Sumerisch-akkadische Namen der Totenwelt (StOr V/4, Helsinki 1934). – *L. Wächter*, Der Tod im AT (AzTh II/8, 1967, 48–52. 97–106. 161). – *Ders.*, Unterweltsvorstellung und Unterweltsnamen in Babylonien, Israel und Ugarit (MIO 15, 1969, 327–336). – *G. Wanke*, עָפָר *ʿāfār* Staub (THAT II 353–356).

I. 1. Die Wurzel *ʿpr* in der Bedeutung 'lose Erde, Staub' ist als Nominalstamm gemeinsemitisch (P. Fronzaroli 271. 287. 298). Er läßt sich außer im Hebr. noch im Akk. (vgl. dazu W. von Soden, ZA 76, 1986, 155), Ugar., Arab., Aram. und Syr. belegen. Das Hebr. bildet von diesem Stamm das Nomen *ʿāp̄ār* und das hiervon abgeleitete Verbum *ʿpr pi* '(mit Erde) bewerfen'.

Lautlich an *ʿāp̄ār* anklingend und sich in der Bedeutung z. T. damit überschneidend ist das nur im Hebr., Jüd.-Aram. und Äth. (W. Leslau, Contributions 11) bezeugte Nomen *ʾep̄ær*.

Seit J. Barth (Etymologische Studien, 1893, 20–21) das bis dahin mit 'Asche' übersetzte Wort als Synonym zu *ʿāp̄ār* mit der ursprünglichen Bedeutung 'Staub' bestimmt und H. Zimmern (Akk. Fremdwörter, ²1917, 43) es als Lehnwort aus Akk. *epru* (AHw 222f.; CAD E 184–190. 246) erklärt hatte, schien das Problem der Ableitung gelöst, zumal der sprachliche Vorgang im Akk., der von *ʿpr* zu *epru* führte, sich gut erklären läßt (Heller 339). Andere Wege gehen Schwarzenbach und Rainey. Während Schwarzenbach (128) die Zimmernsche Ableitungsthese noch nicht bestreitet, sondern nur, gestützt auf voneinander abweichende Wortfelder, einen Bedeutungsunterschied zwischen *ʿāp̄ār* und *ʾep̄ær* nachzuweisen versucht, wobei er auf die traditionelle Übersetzung 'Asche' für *ʾep̄ær* zurücklenkt, behauptet Rainey (81), die Etymologie von *ʾep̄ær* sei weiterhin ein Rätsel. Das Wort meine die überall in den Siedlungen vorhandene Asche, die zur Befestigung von Straßen dem Lehm bzw. der Erde beigemischt worden sei. Die Zimmernsche Ableitung ist damit keineswegs widerlegt.

2. *ʿāp̄ār* ist im AT 110mal belegt, davon nur 2mal (Ijob 28, 6; Spr 8, 26) im Pl. Die Häufigkeit ist in den Büchern des AT sehr unterschiedlich: Ijob 26mal, Ps 13mal, Jes 15mal, jedoch Jer überhaupt nicht. Das Verb *ʿpr pi* steht nur in 2 Sam 16, 13.

ʾep̄ær ist 22mal belegt, vor allem in relativ jungen Texten (Ijob, Est, TrJes, Ez). Vorexil. sind nur 2 Sam 13, 19; Jer 6, 26 und vielleicht Gen 18, 27.

3. In der LXX überwiegt die Wiedergabe mit γῆ (43mal) oder χοῦς (41mal). χῶμα – wie χοῦς mit der Grundbedeutung 'aufgeworfene Erde' – ist 9mal vertreten, ἔδαφος 'Boden' 4mal.

Das sonst *ʾāḇāq* wiedergebende κονιορτός 'Staub(wolke)' steht in Dtn 9, 21 zweimal für *ʿāp̄ār*. Auffällig ist in Mehrungsverheißungen die Übersetzung mit ἄμμος 'Sand' (3mal) bzw. σπέρμα (Num 23, 10). Während in Ijob 14, 8 mit πέτρα 'Stein' übersetzt wird, bezieht sich πετρῶν in Ijob 30, 6 auf *kep̄îm*, und *ʿāp̄ār* ist unübersetzt geblieben. Letzteres ist auch in Ijob 4, 19 der Fall: πηλός 'Ton, Lehm' steht nicht direkt für *ʿāp̄ār*. In Num 19, 17 handelt es sich um Asche und darum wird mit σποδία übersetzt.

Die Verschiedenheit der Übersetzung beruht nur z. T. auf der Erfassung von Bedeutungsvarianten – wenn es sich um Mörtel oder Schutt handelt, steht immer χοῦς –, z. T. hängt die Wortwahl von der jeweiligen Vorliebe des Übersetzerkreises ab. Ijob bevorzugt γῆ (17mal), ebenfalls Jes; in Ps dominiert χοῦς (10mal).

Einheitlich ist die Übersetzung von *ʾep̄ær*: σποδός 'Asche'; nur Num 19, 10 hat, da σποδός bereits im vorhergehenden Satz steht, das gleichbedeutende σποδία. Eine scheinbare Ausnahme bildet Ijob 2, 8 mit κοπρία 'Misthaufen'. Die LXX hat eine vom MT abweichende Überlieferung: nach dem MT setzt sich Ijob zu Hause in den *ʾep̄ær*, nach der LXX außerhalb der Stadt auf den Misthaufen.

II. Von der Grundbedeutung 'lockere, lose Erde, Staub' aus hat *ʿāp̄ār* einen recht weiten Bedeutungsumfang entfaltet, der auf der einen Seite bis hin zu 'Erdboden' reicht, auf der anderen bis hin zu 'Asche'.

1. Mit loser Erde (*ʿāp̄ār*) füllen die Philister die Brunnen, um sie unbrauchbar zu machen (Gen 26, 15). Das Blut, das beim Schlachten von Wild und Geflügel vergossen wird, soll mit loser Erde bedeckt werden (Lev 17, 13). Die Chaldäer schütten Erde auf, um Festungen erobern zu können (Hab 1, 10). Schimi bewirft David mit Steinen und beschmeißt ihn mit Erdbrocken (*ʿippar bæʿāp̄ār*, 2 Sam 16, 13). Jerusalems Blutschuld wird dadurch veranschaulicht, daß das Blut auf den nackten Felsen geschüttet worden sei und nicht auf den Erdboden (*ʿal hāʾāræṣ*), wo es mit Erde zugedeckt werden kann (*lᵉkassôṯ ʿālāwj ʿāp̄ār*). Hingegen heißt es in Ijob 16, 18: „Erde (*ʾæræṣ*), bedecke mein Blut nicht!" Die gleiche Vorstellung liegt in Jes 26, 21 vor. Die Bedeutungsbereiche von *ʿāp̄ār* und *ʾæræṣ* gehen also ineinander über (→ ארץ *ʾæræṣ* II.2.). Das gleiche ist auch bei *ʾaḏāmāh* der Fall (→ אדמה *ʾaḏāmāh* II.1.a; III.2.a). In Gen 2, 7 – Gott „bildete den Menschen aus Erde (*ʿāp̄ār*) vom Ackerboden (*min hāʾaḏāmāh*)" – wird zwischen der losen Erde (*ʿāp̄ār*) und dem Ackerboden (*ʾaḏāmāh*) unterschieden. In Gen 3, 19 jedoch stehen die Aussagen der Rückkehr zur *ʾaḏāmāh*, von der der Mensch genommen sei und der Rückkehr zum Staub in Parallele. Wenn das auch überlieferungsgeschichtlich zu erklären ist (Westermann, BK I/1³, 280f.; Schmidt 216), so zeigt sich doch hiermit eine Überschneidung der Bedeutungsbereiche von *ʿāp̄ār* und *ʾaḏāmāh*. Damit hängt zusammen, daß der 'Staub', der bei Minderungs- und Selbstminderungsriten (s. u. IV. 2.) aufs Haupt gestreut wird, sowohl *ʿāp̄ār* oder *ʾep̄ær* als auch *ʾaḏāmāh* genannt werden kann.

2. 'Erdreich, Erdboden' ist in Ijob 5, 6 die Bedeutung von *ʿāp̄ār* und *ʾaḏāmāh* im Parallelausdruck: „Denn nicht geht aus dem Erdreich (*meʿāp̄ār*) Unheil hervor, und aus dem Erdboden (*ûmeʾaḏāmāh*) sprießt nicht Mühsal."

ʾæræṣ und *ʿāp̄ār* werden mit gleicher Bedeutung in Ijob 14, 8 und Jes 34, 7 nebeneinander gestellt. 'Erdboden' heißt *ʿāp̄ār* auch in Jes 34, 9. Die Schlangen werden 'Bodenkriecher' genannt, in Dtn 32, 24 *zoḥᵃlê ʿāp̄ār*, in Mi 7, 17 *zoḥᵃlê ʾæræṣ*. Das Erdreich (*ʿāp̄ār*) enthält Eisen (Ijob 28, 2); die Erdkrume (*ʿᵃpar ʾæræṣ*) kann durch Regengüsse weggeschwemmt werden (Ijob 14, 19). Festere Strukturen werden in Jes 2, 19 vorausgesetzt: „Da kommen sie in Felshöhlen und in Erdhöhlen (*mᵉḥillôṯ ʿāp̄ār*) vor dem Schrecken JHWHs" (ähnlich Jes 2, 10). Erdhöhlen (*ḥôrê ʿāp̄ār*) werden auch in Ijob 30, 6 erwähnt. Von einem festen Zusammenbacken der Erde spricht Ijob 38, 38 (*bᵉṣæqæṯ ʿāp̄ār lammûṣāq*).

Ausgehend von der Bedeutung 'Erdboden' konnte schließlich *ʿāp̄ār* die Erde im umfassenden Sinn bezeichnen. In Ijob 41, 25 heißt es vom Krokodil: „es gibt auf Erden nicht seinesgleichen" (*ʾên-ʿal-ʿāp̄ār mŏšlô*). Vielleicht liegt dieser Sinn auch in Ijob 19, 25 vor.

3. Während man in einer Reihe von Fällen bei der Übersetzung von *ʿāp̄ār* zwischen 'Erde' und 'Staub' schwanken kann (etwa in Gen 2, 7; 3, 19), ist die Sache in Dtn 28, 24 eindeutig: „JHWH wird den Regen für dein Land zu Flugstaub (*ʾāḇāq*) und Staub (*ʿāp̄ār*) machen." Das Wort für den feinen Staub, der von Pferden und Fußgängern aufgewirbelt und vom Wind davongetragen wird, *ʾāḇāq* (außerdem: Jes 5, 24; Jes 29, 5; Ez 26, 10; Nah 1, 3; Ruß: Ex 9, 9), tritt hier neben *ʿāp̄ār*.

Staub (*ʿāp̄ār*) entsteht beim Dreschen (2 Kön 13, 7), liegt auf dem Boden der Wohnungen (Num 5, 17) und haftet an den Füßen (Jes 49, 23). Aaron schlägt mit seinem Stab den Staub des Landes (*ʿᵃpar hāʾāræṣ*), und da wird der Staub zu lauter Mücken (Ex 8, 12f.). Der Strauß läßt seine Eier am Boden liegen (*taʿᵃzoḇ lāʾāræṣ*) und im Staube (*ʿal-ʿāp̄ār*) warm werden (Ijob 39, 14). Die Schlange frißt bzw. leckt Staub (Gen 3, 14; Jes 65, 25; Mi 7, 17). Breit ist die Bezeugung von *ʿāp̄ār* im Sinne von 'Staub' in bildlichen Verwendungen (s. u. III.) und Selbsterniedrigungsformeln (s. u. IV. 3.).

4. a) Mit *ʿāp̄ār* kann hin und wieder Asche bezeichnet werden oder Staub mit Aschebestandteilen. Letzteres liegt in Dtn 9, 21 vor: Das Stierbild, das sich die Israeliten gemacht haben, ist verbrannt, zerstoßen und zermalmt worden, bis es zu feinem Staub (*daq lᵉʿāp̄ār*) wurde. Entsprechendes steht auch in 2 Kön 23, 4. 6 (in vv. 12. 15 ohne Erwähnung des Verbrennens; es handelt sich um Altäre). Massive gegossene Götterbilder hätten nicht zu Staub zermalmt, geschweige denn verbrannt werden können. Das war aber bei Götterbildern mit einem Holzkern und einem Mantel aus Goldblech oder Silberblech möglich, deren Herstellung im Rahmen der Götzenbilderpolemik (Jes 40, 19–20; 41, 6–7; 44, 9–20 u. ö.) beschrieben wird. Wenn ein solches Götterbild verbrannt wird, dann hat *ʿāp̄ār* erhebliche Aschebestandteile.

Um reine Asche, die der roten Kuh, aus der ein Reinigungswasser gewonnen wird, handelt es sich in Num 19, 17.

b) Die gleiche Asche wird in Num 19, 9–10 *ʾep̄ær* genannt. Das ist der Bereich, in dem *ʿāp̄ār* und *ʾep̄ær* bedeutungsmäßig zusammenfallen. *ʾep̄ær* hat einen geringeren Bedeutungsumfang als *ʿāp̄ār*; es meint immer nur losen Staub oder Asche. Die seit der LXX traditionell gewordene Übersetzung 'Asche' engt den Bedeutungsumfang allerdings ein. Eine sichere Grundlage hat sie nur in Num 19, 9–10. Zutreffend ist sie wohl auch in Ps 147, 16: „Der Schnee wie Wolle spendet, Reif wie Asche (*kāʾep̄ær*) ausstreut." Anders 2 Sam 13, 19: Da Tamar von Haus und Hof ausgesperrt ist, als sie *ʾep̄ær* auf ihr Haupt tut, kann dies nur Staub sein.

5. Von der Bedeutung 'lose Erde' ausgehend, kann *ʿāp̄ār* auch so viel wie 'Mörtel' oder 'Bauschutt'

heißen. Ein von „Aussatz“ befallenes Haus kratzt man ab und schüttet den Mörtel (*ʿāpār*) an einen unreinen Ort (Lev 14, 41. 45); beim Wiederaufbau nimmt man neuen Mörtel (Lev 14, 42). In 1 Kön 18, 38 wird mit *ʿāpār* ebenfalls Mörtel gemeint sein (Schwarzenbach 125): das Feuer verzehrt Brandopfer, Holz, Steine und *ʿāpār* des Heiligtums auf dem Karmel. Vom Trümmerschutt zerstörter Städte sprechen 1 Kön 20, 10; Ps 102, 15; Neh 3, 34 und Neh 4, 4. Das gleiche wird wohl auch in Ez 26, 4. 12 vorliegen: in den Drohworten gegen Tyrus wird von der Zertrümmerung von Mauern und Türmen (v. 4) bzw. Mauern und Häusern (v. 12) gesprochen, und dann von dem *ʿāpār*, der ins Meer geschwemmt (v. 4) bzw. mitsamt Steinen und Balken ins Meer geworfen (v. 12) wird.

III. 1. Als Bild für eine unübersehbare Menge wird *ʿāpār*, ähnlich *ḥôl* „Sand“ an einigen Stellen verwendet. Es findet sich in Mehrungsverheißungen (Gen 13, 16; Gen 28, 14). Israel ist so zahlreich wie der Staub der Erde, heißt es in 2 Chr 1, 9.

Umstritten ist Num 23, 10: „Wer zählt den Staub Jakobs?“ Die alten Übersetzungen ergeben ein uneinheitliches Bild, und die vorgebrachten Konjekturen machen es nicht übersichtlicher. Rabin und Guillaume suchen mit dem vorhandenen Text durch Stützung vom Arab. auszukommen: Rabin (114), indem er *ʿāpār* mit arab. *ġafir(āh)* ʻMenge' zusammenbringt, Guillaume (336f.), indem er auf arab. *ʿifr* ʻKrieger' rekurriert: „Wer kann zählen die Krieger Jakobs?“ Problematisch ist das große Vertrauen auf „Parallelen“ im Arab.

Wie nahe *ʿāpār* in der Bedeutung *ḥôl* kommen kann, zeigt Ps 78, 27: „Er ließ regnen über sie Fleisch wie Staub (*kæʿāpār*), und flatternde Vögel wie Meeressand (*keḥôl jammîm*).“ Ein Hinweis auf eine Menge ist wohl auch in Jes 40, 12 enthalten: „Wer erfaßt im Dreimaß den Staub der Erde (*ʿapar hāʾāræṣ*)?“

2. Der Gedanke der Wertlosigkeit zeigt sich in Wendungen, die *ʿāpār* als Parallelausdruck für „Kot“ oder „Dreck“ wählen, so Sach 9, 3: „Hat Tyrus ... Silber aufgehäuft wie Staub und Gold wie Straßendreck (*keṭîṭ ḥûṣôṯ*)“; Ijob 27, 16: „Ob er auch Silber wie Staub aufschütte und Kleidung anhäufe wie Lehm (*kaḥomær*).“ In Zef 1, 17b ist *gelālîm* „Kot“ der Parallelausdruck zu *ʿāpār*, in Ps 18, 43 (= 2 Sam 22, 43) *ṭîṭ ḥûṣôṯ* „Straßendreck“.

3. Die zuletzt genannten Beispiele stehen in einem Kontext, der die völlige Vernichtung beschreibt. So auch 2 Kön 13, 7, wo berichtet wird, daß der König von Aram die Israeliten dem Staube beim Dreschen (*ʿāpār lāḏûš*) gleichgemacht habe, oder Jes 41, 2, wo von Kyros ausgesagt wird: „Sein Schwert macht sie wie Staub (*kæʿāpār*), wie stiebende Spreu (*keqaš niddāp̄*) sein Bogen.“ Nahe stehen die Stellen wie Jes 25, 12 und 26, 5, wo einer Stadt die Zerstörung und Niederwerfung „bis in den Staub“ (*ʿaḏ-ʿāpār*) angedroht wird.

4. Ähnliche Wendungen, wenn sie sich auf den einzelnen Menschen beziehen, drücken die Erniedrigung und Demütigung aus. Ps 7, 6: „Der Feind ... trete mein Leben zu Boden (*lāʾāræṣ*) und lege meine Ehre in den Staub (*læʿāpār jašken*).“ Ps 119, 25: „Es klebt am Staub meine Seele“ (vgl. Ps 44, 26). Ijob 30, 19: „Er stieß mich hinunter in den Lehm (*laḥomær*), so daß ich Staub und Asche (*ʿāpār wāʾepær*) gleich wurde.“

„Den Staub der Füße lecken“ ist das Zeichen völliger Unterwerfung. Israel im Exil wird verheißen (Jes 49, 23), Könige und Fürstinnen „werden dir mit dem Angesicht zur Erde huldigen und den Staub deiner Füße lecken“ (vgl. Ps 72, 9; Mi 7, 17).

5. Für die genannte Bedeutungsgruppe gibt es vergleichbare Belege mit *ʾepær*. Auf Wertlosigkeit und Nichtigkeit weist der Spruch hin (Jes 44, 20): „Wer Asche weidet (*roʿæh ʾepær*), den hat ein getäuschtes Herz verleitet.“ Zu vergleichen ist „Wind weiden“ (*rʿh rûaḥ*, Hos 12, 2). „Aschensprüche“ bzw. „Staubsprüche“ (*mišlê-ʾepær*, Ijob 13, 12) sind in den Wind geredete Sprüche, die weder Wert noch Bestand haben.

Auf völlige Vernichtung zielt das Wort über den König von Tyrus (Ez 28, 18): „Ich habe dich zu Staub auf der Erde (*leʾepær ʿal-hāʾāræṣ*) gemacht ...“ Das ist ebenso der Fall bei Mal 3, 21: „Ihr werdet die Gottlosen zertreten; denn sie werden Staub sein unter euren Fußsohlen (*ʾepær taḥaṯ kappôṯ raḡlêḵæm*).“ Der gleiche Ausdruck ist auch im Akk. belegt (AHw 223; CAD E 186f.). In Ijob 30, 19 wird Demütigung (s.o.) mit *ʿāpār wāʾepær* umschrieben. Neben anderen Demütigungsaussagen steht in Klgl 3, 16: „er drückte mich nieder in den Staub (*hiḵpîšanî bāʾepær*). Vergleichbar damit ist Ps 102, 10: „denn Asche esse ich wie Brot“. Es gibt dazu recht enge Parallelen aus Babylonien (AHw 223; CAD E 186), wo „Staub essen“ so viel wie „besiegt sein“ heißt.

IV. 1. In der bildlichen Verwendung des Wortes *ʿāpār* ist oft eine religiöse Komponente enthalten. Derjenige, der in den Staub stößt, der vernichtet und demütigt, kann ein menschlicher Feind sein; es kann sich aber auch um Gott handeln (so Jes 25, 12; 26, 5; Ez 26, 4. 12; Zef 1, 17b u.ö.). Das ist zumal der Fall, wenn es sich um Selbstaussagen von Betern handelt (Ps 119, 25; Ijob 30, 19 u.ö.). Gott, der in den Staub wirft, kann aber auch den Erniedrigten aus dem Staub erheben (1 Sam 2, 8; 1 Kön 16, 2; Ps 113, 7; Jes 61, 3 „Kopfbinde statt Asche“ *peʾer taḥaṯ ʾepær*). Er ruft Jerusalem durch Prophetenmund zu (Jes 52, 2): „Schüttle den Staub von dir ab (*hiṯnaʿarî meʿāpār*)!“ Umgekehrt wird Babel aufgefordert (Jes 47, 1): „herunter, setz dich in den Staub, du Babelmädchen, setz dich zur Erde ohne Thron, Chaldäertochter!“

2. Dahinter stehen Minderungs- und Selbstminderungsriten, wie sie in Israel und seiner Umwelt verbreitet waren (Kutsch 26–35). In einem ugar. Mythos (KTU 1.5, VI, 11ff.) wird die Reaktion Els auf die Nachricht vom Tode Baʿals beschrieben: Er steigt vom Thron herab und setzt sich auf die Erde; „er

streut Asche (*'mr*) der Trauer auf sein Haupt, Staub (*'pr*), in dem er sich wälzt, auf seinen Schädel" (WUS Nr. 295. 2227). Bei Trauerfällen, schwerem Unglück, sei es geschehen oder drohte es hereinzubrechen, zerriß man das Gewand, legte den Trauerschurz (*śaq*) um, fastete, streute Staub aufs Haupt, setzte sich auf die Erde nieder und wälzte sich im Staub. Nach der Niederlage gegen Ai (Jos 7, 6) zerrissen Josua und die Ältesten Israels ihre Gewänder, fielen zu Boden aufs Angesicht, „und sie streuten Staub auf ihr Haupt". Boten, welche die Nachricht von einer Niederlage überbringen (1 Sam 4, 12; 2 Sam 1, 2) kommen mit zerrissenen Kleidern und Erde (*'ªḏāmāh*) auf dem Haupt. In dem gleichen Aufzug tritt Huschai König David nach der Erhebung Abschaloms entgegen (2 Sam 15, 32). Weitere Belege für das Bestreuen des Kopfes mit Staub: 2 Sam 13, 19 (*'epær*); Ez 27, 30 (*'āpār*); Klgl 2, 10 (*'āpār*); Neh 9, 1 (*'ªḏāmāh*); vgl. auch 1 Makk 4, 39; 11, 71; 3 Makk 1, 18; Judit 4, 15; 9, 1; Apk 18, 19. In Klgl 2, 10 werden nacheinander aufgeführt: Sitzen auf dem Boden, Staub auf den Häuptern, Gürten mit dem Sack (*śaq*), Herabbeugen des Hauptes zur Erde.

Als die Freunde Ijob in seinem Elend im Staub sitzen sehen (Ijob 2, 8), zerreißen sie ihre Gewänder und streuen Staub (*'āpār*) auf ihre Häupter himmelwärts (2, 12). Zwei Riten sind hier zusammengefaßt (G. Fohrer, KAT XVI 104. 106): der Minderungsritus „Staub aufs Haupt" und der Ritus der Zurücklenkung des Unheils auf den Unheilsbringer (vgl. Ex 9, 8. 10).

Mardochai (Est 4, 1) zerriß seine Kleider „und zog Sack und Asche an". Es heißt in Est 4, 3 dann: „Sack und Asche wurde ausgebreitet für die vielen." Sollte in allgemeiner Not Asche bzw. Staub bereitgehalten worden sein, um den Gebeten durch den gemeinsam vollzogenen Ritus des Sich-Wälzens in Staub bzw. Asche größeren Nachdruck zu verleihen? Vom Sich-Wälzen im *'āpār* ist die Rede Mi 1, 10, im *'epær* Jer 6, 26 (|| Sack umtun), Jer 25, 34 (angedeutet) und in Ez 27, 30 (|| *'āpār* aufs Haupt). Sack und Asche als Zeichen der Selbstminderung werden noch genannt Jes 58, 5; Jona 3, 6; Dan 9, 3.

Selbstminderungsriten sind auch im profanen Bereich belegt (ebenfalls in der Umwelt des AT: Kutsch 30). Sie wurden geübt, um Schonung zu erwirken (1 Kön 20, 31ff.).

Das ist erst recht im religiösen Bereich der Fall. Der Mensch stellt sich durch diese Riten demütig unter Gott und erfleht seine Gnade (Klgl 3, 29: „er tue in den Staub seinen Mund, vielleicht gibt es Hoffnung!").

3. Solche demütige Unterwerfung unter Gott kann auch verbal geschehen, durch Ausdrücke der Selbstminderung bzw. „Selbsterniedrigungsformeln" (Coats: „self-abasement"). Ijob spricht, als er sich Gott unterwirft (Ijob 42, 6), er widerrufe und bereue in Staub und Asche. Als Staub und Asche bezeichnet sich Abraham bei der Anrede an Gott (Gen 18, 27).

Ijobs Klage (Ijob 16, 15), „den Sack habe ich über meine Haut genäht und mein Horn in den Staub gesteckt (*weʿolaltî ḇæʿāpār qarnî*)", enthält einen doppelten Ausdruck der Minderung: ihm kommt das Trauergewand nicht vom Leibe und er ist zutiefst erniedrigt. „Sein Horn erheben", ein vom Stier genommenes Bild des Stolzes (1 Sam 2, 1; Ps 75, 5f. 11 u.ö.), ist für ihn ins Gegenteil verkehrt worden, und das wird durch das Wort „Staub" noch unterstrichen (G. Fohrer, KAT XVI 289).

Ps 103, 14 betont, daß wir Menschen nur Staub sind; Ijob 4, 19 nennt die Menschen „Bewohner von Lehmhäusern, deren Grundmauer im Staube liegt". Damit ist auf die Stofflichkeit und Vergänglichkeit des Menschenleibes angespielt.

Das gleiche konnte man auch mit anderen Bildern ausdrücken (Wächter, Tod 98–106), vor allem dem verwelkenden Gras (Jes 40, 8; 51, 12; Ps 90, 5f.; 103, 15f., → חציר *ḥāṣîr*) und dem Schatten (Ps 102, 12; 144, 4; Ijob 8, 9; 14, 2; 1 Chr 29, 15 u.ö., → צל *ṣel*). Solche Vergänglichkeitsaussagen dienen dazu, Gott zur Nachsicht geneigt zu machen, aber auch, in der Gegenüberstellung, Gottes unvergängliche Größe zu verherrlichen.

4. Der Spruch „denn Staub bist du und zu Staub sollst du wieder werden" (*kî-ʿāpār 'attāh weʾæl-ʿāpār tāšûḇ*), der, ursprünglich selbständig (Schmidt 216f.; W. Schottroff, Der altisraelitische Fluchspruch, WMANT 30, 1969, 153; C. Westermann, BK I/1³, 358–362), den Strafworten über den Mann in Gen 3, 19 angefügt worden ist, betont in eindrücklicher Weise die Vergänglichkeit des Menschen. Von der „Rückkehr zum Staub" sprechen ebenfalls: Ps 90, 3 (mit *dakkā'*); 104, 29; 146, 4 (mit *'ªḏāmāh*); Ijob 10, 9; 34, 14–15; Koh 3, 20; 12, 7 (mit *'æræṣ*). Der Gedanke des Lebensodems, den Gott gegeben hat (Gen 2, 7) und wieder nehmen kann, ist damit verbunden (Ps 104, 29; 146, 4; Ijob 34, 14f.; Koh 12, 7). Nach Koh 3, 18–21 haben Mensch und Vieh das gleiche Geschick: sie sind aus Staub geworden und müssen zum Staube zurück (v. 20), und es wird in Frage gestellt, ob der Odem des Menschen nach droben, d. h. zu Gott, steigt und der des Viehs nach drunten zur „Erde" (*'æræṣ*), d. h. zur Unterwelt. Diese Frage wird, was den Odem betrifft, in Koh 12, 7 positiv beantwortet: der Staub kehrt zur Erde zurück, der Odem (*rûaḥ*) zu Gott, der ihn gegeben.

Die Rede, daß der Mensch Staub sei und wieder zu Staub werde, dürfte mit den Begräbnissitten des alten Palästina zusammenhängen. In die Ackererde bettete man die Toten nicht, sondern nutzte die Höhlen des Gebirges zu Bankgräbern, in denen man den Zerfall der Gebeine zu Staub bei Neubelegungen feststellen konnte.

5. So können die Toten dem Staube gleichgesetzt werden (Ps 30, 10), heißen die Verstorbenen „Bewohner des Staubes" (*šoḵ°nê ʿāpār*, Jes 26, 19), kann von „Todesstaub" gesprochen werden (Ps 22, 16) und von den Sterbenden als denen, die sich in den Staub legen (Ijob 7, 21; 20, 11; 21, 26). Gewiß ist hierbei

an das Grab gedacht, aber die Vorstellung der Unterwelt (→ שׁאול *še'ôl*) dürfte doch in manchen Fällen hineinspielen (Tallqvist; Ridderbos 174–178; Wächter, Tod 48–52; ders., Unterweltsvorstellung 329–334).

Die Parallelaussage zu „kann Staub dich preisen, deine Treue verkünden?" in Ps 30, 10 lautet: „Was nützt dir mein Blut, wenn ich zur Grube (→ שׁחת *šaḥaṯ*) fahre?" „Zur Grube fahren", das meistens im AT *jrd bôr* (→ באר *be'er* III) genannt wird (Jes 38, 18; Ez 26, 20; 31, 14. 16; 32, 18. 24. 25. 29f.; Ps 28, 1; 30, 4; 88, 5; 143, 7; Spr 1, 12), meint den Gang zur Unterwelt. Das gleiche bedeutet in Ps 22, 30 „zum Staub hinabfahren" (*jrd 'āpār*). In Ijob 17, 16 stehen „in die Unterwelt (*še'ôl*) hinabsteigen" und „in den Staub sinken" zueinander in Parallele. In Jes 26, 19 dürften dem Zusammenhang nach die „Bewohner des Staubes" die Bewohner der Unterwelt sein, was u. a. durch den terminus *repā'îm*, im gleichen Vers nahegelegt wird. Das „Land des Staubes" (*'aḏmaṯ 'āpār*), aus dem viele, die darin schlafen, erweckt werden sollen (Dan 12, 2), ist die Unterwelt: der akk. Ausdruck *bît epri* (Tallqvist 37; AHw 223) ist eine genaue Entsprechung hierzu. „Staub" konnte darum genauso gut Ausdruck für Grab wie für „Unterwelt" sein, weil man sich die Unterwelt, den großen unterirdischen Raum in der Tiefe, so staubig wie das Grab dachte.

V. Die Schriften von Qumran, namentlich die Hodajot, enthalten eine Fülle von Selbsterniedrigungsaussagen (vgl. Ijob). In ihnen nehmen die mit *'āpār* verbundenen Wendungen einen wichtigen Platz ein. Der Mensch ist Staub (1 QH 15, 21), Gebilde des Staubes (18, 31), ein Häufchen Staub (12, 25), Staub und Lehmgebilde (11, 3; 18, 12), er ist aus Staub gebildet (3, 21) bzw. geformt (1 QS 11, 21), ein Gebäude von Staub, mit Wasser geknetet (1 QH 13, 15), aus dem Staub genommen und aus Lehm geformt (12, 24), er ist geformter Lehm, und nach Staub ist sein Begehren (1 QS 11, 22), er ist Staub und Asche (1 QH 10, 5), hat ein Ohr aus Staub (18, 4. 27) und ein Herz von Staub (18, 24).

Mehrfach ist das Wort von der Rückkehr zum Staub belegt (10, 4. 12; 12, 26f. 31; vgl. H. J. Fabry, BBB 46, 1975, 110–120).

Gott kann aus dem Staube erhöhen (1 QM 14, 14). In die Hand der Armen, derer, die in den Staub gebeugt sind, werden die Feinde aller Länder ausgeliefert (1 QM 11, 13). Die Söhne des Lichtes, die „im Staube liegen", d. h. niedergedrückt sind, werden ein Panier erheben (1 QH 6, 34), sie werden aus dem Staube erhöht (11, 12).

Der profane Gebrauch des Wortes *'āpār* tritt demgegenüber zurück. Die Verleumder werden in 1 QH 5, 27 „Bodenkriecher" (*zôḥalê 'āpār*, vgl. Dtn 32, 24) genannt, verbunden mit anderen Anspielungen auf Schlangen. In CD 11, 10–11 und 12, 15–16 hat *'āpār* die Bedeutung „lockere Erde". Die *jôšeḇê 'āpār* werden in 1 QH 3, 13f. denen, die auf dem Meer fahren, gegenübergestellt; *'āpār* heißt hier also so viel wie „trockenes Land".

In TR 53, 6 wird festgesetzt, daß bei Schlachtungen vergossenes Blut mit *'āpār* bedeckt werden muß (vgl. Lev 17, 13).

Wächter

עֵץ *'eṣ*

I. Umwelt – 1. Ägypten – 2. Mesopotamien – II. 1. Etymologie und Bedeutung – 2. Belege – 3. Wortfeld – III. Profane (konkrete) Verwendung und Bedeutung – 1. Baum, Bäume (koll.), Bäume (pl.) – 2. Bauholz und Brennholz – 3. Obstbäume – IV. Religiöse Verwendung und Bedeutung – 1. Der heilige Baum – 2. Baum des Lebens – 3. Baum der Erkenntnis des Guten und Bösen – V. Metaphorische Verwendung und Bedeutung – 1. Baum – 2. Bauholz und Brennholz – 3. Verwandte Metaphern – VI. Qumran.

Lit.: *L. Alonso-Schökel*, Das Alte Testament als literarisches Kunstwerk, 1971. – *P. J. Becker*, Wurzel und Wurzelsproß. Ein Beitrag zur hebräischen Lexikographie (BZ 20, 1976, 22–44). – *M. Dahood*, Accusative *'ēṣāh*, „Wood", in Isaiah 30, 1 b (Bibl 50, 1969, 57f.). – *I. Engnell*, Studies in Divine Kingship in the Ancient Near East, Uppsala 1943. – *Ders.*, „Planted by the Streams of Water." Some Remarks on the Problem of the Interpretation of the Psalms as Illustrated by a Detail in Ps. I (Studia Orientalia Ioanni Pedersen dicata, Kopenhagen 1953, 85–96). – *Ders.*, „Knowledge" and „Life" in the Creation Story (VTS 3, 1955, 103–119). – *K. Galling*, Der Weg der Phöniker nach Tarsis in literarischer und archäologischer Sicht (ZDPV 88, 1972, 1–18). – *H. Genge*, Zum „Lebensbaum" in den Keilschriftkulturen (AcOr 33, 1971, 321–334). – *F. F. Hvidberg*, The Canaanitic Background of Gen. I–III (VT 10, 1960, 285–294). – *E. O. James*, The Tree of Life. An Archaeological Study, Leiden 1966. – *K. Jaroš*, Die Stellung des Elohisten zur kanaanäischen Religion (OBO 4, 1974). – *Ders.*, Die Motive der heiligen Bäume und der Schlange in Gen 2–3 (ZAW 92, 1980, 204–215). – *Y. Kahaner*, The Metaphors of the Vine and the Olive Tree (Dor lěDor 2, 1973–74, 15–20). – *A. Kapelrud*, Joel Studies, Uppsala 1948, 26ff. – *O. Keel*, Die Welt der altorientalischen Bildsymbolik und das Alte Testament. Am Beispiel der Psalmen, Zürich 1972. – *B. Lang*, Kein Aufstand in Jerusalem. Die Politik des Propheten Ezechiel, 1978, 28–88. – *E. Lipiński*, „Garden of Abundance, Image of Lebanon" (ZAW 85, 1973, 358–359). – *F. Lundgreen*, Die Benutzung der Pflanzenwelt in der alttestamentlichen Religion (BZAW 14, 1908). – *M. J. Mulder*, Bedeutet עצים in 1 Reg 5, 13 „Pflanze"? (ZAW 94, 1982, 410–412). – *Kirsten Nielsen*, For et træ er der håb. Om træet som metafor i Jes 1–39 (Denn ein Baum hat Hoffnung. Der Baum als Metapher in Jes 1–39), Kopenhagen 1985. – *M. B. Rowton*, The Woodlands of Ancient Western Asia (JNES 26, 1967, 261–277). – *A. E. Rüthy*, Die Pflanze und ihre Teile im biblisch-hebräischen Sprachgebrauch, Bern 1942. – *K. Seybold*, Die

Bildmotive in den Visionen des Propheten Sacharja (VTS 26, 1974, 92–110). – *F. Stolz*, Die Bäume des Gottesgartens auf dem Libanon (ZAW 84, 1972, 141–156). – *C. Westermann*, Vergleiche und Gleichnisse im Alten und Neuen Testament, 1984. – *G. Widengren*, The King and the Tree of Life in Ancient Near Eastern Religion (UUÅ 1951:4). – *U. Winter*, Der stilisierte Baum. Zu einem auffälligen Aspekt altorientalischer Baumsymbolik und seiner Rezeption im AT (BiKi 41, 1986, 171–177). – *G. R. H. Wright*, The Mythology of Pre-Israelite Shechem (VT 20, 1970, 75–82). – *M. Zohary*, Pflanzen der Bibel. Vollständiges Handbuch, 1983 (Lit.).

I. 1. Äg. *ḫt* ist nicht nur ʿBaum', sondern auch ʿHolz'. Ägypten ist ein holzarmes Land, und deshalb ist es leicht zu verstehen, daß die Bäume als Schatten- und Obstspender auch in den religiösen Vorstellungen eine Rolle spielten. Jede Tempel- oder Palastanlage hatte einen Garten. – Heilige Bäume gab es in mehreren Gauen: Persea, Christdorn, Akazie, Sykomore, Tamariske, aber im öffentlichen Kult spielten sie keine große Rolle; sie gehörten vielmehr zum Volksglauben, meist als Sitz von Gottheiten. Hathor ist z. B. „Herrin der südlichen Sykomore", die Himmelsgöttin Nut wird oft als Baumgöttin dargestellt.
Schon in den Pyramidentexten finden wir die Vorstellung von zwei Sykomoren am östlichen Rand des Himmels, zwischen denen die Sonne aufgeht (Pyr 1433; Tb 109). Auch eine einzige Sykomore, „auf der die Götter sitzen" oder „die den Gott schützt", wird erwähnt (Pyr. 916; 1485). Die Totentexte kennen eine Sykomore im Westen, die dem Verstorbenen Luft und Leben schenkt (Tb 59); Bilder zeigen, wie eine Baumgöttin dem Toten Wasser und Früchte darreicht. Auch Schatten und Schutz werden in diesem Zusammenhang hervorgehoben.
Ein anderer heiliger Baum war der Isched-Baum (kaum Persea). Ein solcher „spaltete sich" neben Re in Heliopolis „in der Nacht des Krieges gegen die Rebellen" (Tb 17; Urk. V 50; Amonsritual 25, 1). Auf die Blätter eines Isched-Baums schrieben Thot und Seschat Namen und Jahre des Königs auf, eine Art Schicksalsbestimmung (RÄR 84).
Im Märchen von den zwei Brüdern tragen Bäume zum Bewahren des unzerstörbaren Lebens bei. Das Herz des jüngeren Bruders ist auf einer Zeder versteckt, und als er als Ochs nach Ägypten zurückkehrt, wachsen aus seinen Blutstropfen zwei Perseabäume auf; als man sie fällt, um Möbel zu machen, befruchtet ein Splitter seine Frau, die einen neuen König gebiert (RAO 34). Zu vergleichen ist der *ʿš*-Baum (kaum Zeder), der lebenspendend den Sarg des Osiris umschließt.
Wohl bekannt, aber einzigartig, ist der Vergleich in der Weisheit des Amenemope, nach dem der Hitzige einem Baum, der verdorrt, der „Schweigende" einem grünenden Baum gleicht (ANET 422).
Als „Lebensbaum" (*ḫt n ʿnḫ*) wird der Obstbaum bezeichnet (mythologisch lebenspendend Pyr 1216; als Werk Amons Kairiner Amonshymnus 1, 7). Mit dem Feigenbaum und der kleinen Sykomore vergleichen sich die Liebenden (Pap. Turin, Lit. Äg. 312); s. H. Grapow, Bildl. Ausdrücke 105, vgl. 46, 101. – Zum Baumkult s. LexÄg I 655–660; RÄR 82–87; M. L. Buhl, JNES 6, 1947, 80–97; E. Hermsen, Lebensbaumsymbolik im alten Ägypten [Arbeitsmaterialien zur Religionsgeschichte 5, 1981).
2. Sum. *giš* und akk. *iṣu* bedeuten beide sowohl ʿBaum' als auch ʿHolz'. Einheimisch waren fast nur die Euphratpappel und die Tamariske (Meissner, BuA I 211), aber in den Texten werden verschiedene Arten genannt: Obstbäume, Dattelpalmen, Zedern usw. Vom Fällen und Pflanzen von Bäumen ist öfters die Rede (Belege CAD I/J 215f.). Expeditionen, um Zedernholz aus dem Libanon zu holen, sind bekannt.
Ideologisch wichtig scheint der *kiškanū*-Baum zu sein: „In Eridu ist ein schwarzer *kiškanū*-Baum, an einem reinen Ort wurde er geschaffen; sein Aussehen ist wie Lasurstein, über Apsū breitet er sich aus" (CT XVI 46, 183ff.; Widengren 5f.). Im Kontext ist auch von der Mündung der zwei Flüsse die Rede; es handelt sich also um kosmische Symbolik im Tempel (vgl. Widengren 9 von der Wiederherstellung des *kiškanū*-Baums).
Sumerische Königshymnen setzen den König einem Baum gleich, z. B. „Der Sproß einer Zeder, ein Wald von Zypressen bin ich, ein Buchsbaum, der mit süßer Üppigkeit ausgestattet ist, bin ich" (W. H. Ph. Römer, Sumerische Königshymnen der Isin-Zeit, Leiden 1965, 53) oder: „ein dicker *mes*-Baum ... mit strahlenden, weit ausgebreiteten Zweigen bin ich, der Schirm Sumers, sein süßer Schatten bin ich" (ebd. 52; vgl. auch 30 „stolze Zeder ... die Kraft besitzt"). Der Baum ist also Bild für Schatten und Schutz und besagt kaum, daß der König ein „Baum des Lebens" ist (Widengren 42). Mehrere zweisprachige Hymnen beschreiben das Wort Enlils als einen Sturmwind, der sogar große *mēsu*-Bäume ausrodet (SBH 4, 34f.; vgl. L. Dürr, MVAG 42ff., 1938, 13. 15. 20f.). In einer Fabel streitet die Tamariske mit der Palme über den Vorrang (BWL 151–164; der Schluß ist leider verloren).
Der sog. Lebensbaum der bildlichen Darstellungen ist eine stilisierte Palme, die von flankierenden Gestalten irgendwie manipuliert wird (kaum künstliche Befruchtung), offenbar ein Lebenssymbol. Ein Ausdruck „Baum des Lebens" ist dagegen im Akk. nicht bekannt (Å. Sjöberg, Festschr. G. W. Ahlström, JSOT Suppl. 31, 1984, 219ff.), wohl aber „Pflanze des Lebens", „Wasser des Lebens" und „Speise des Lebens".

Ringgren

II. 1. Im Hebr. bezeichnet die zweiradikalige Wurzel *ʿeṣ* sowohl ʿBaum/Bäume' als auch ʿHolz' (KBL³ 817f.; Rüthy 10f. 41f.). Dieselbe Wurzel kommt mit dem vollen Bedeutungsumfang in folgenden semit. Sprachen vor: im Akk.: *iṣu*/*iṣṣu* (AHw 390f.); im Ugar.: *ʿṣ* (UT Nr. 1903; WUS Nr. 2078f.) und im

Äth.: ʿeḏ (LexLingAeth 1025f.). Im Bibl.-Aram. ist die Bedeutung der Wurzel eingeengt worden. ʾāʿ (in früharam. Texten ʿq; vgl. S. Segert, Altaram. Gramm., 1975, 3.2.6) bedeutet nur 'Holz' (Dan 5, 4. 23) oder 'Balken' (Esra 5, 8; 6, 4. 11), während 'Baum' mit dem Wort ʾîlān bezeichnet wird (Dan 4, 7. 8. 11. 17. 20. 23). In den Targ. ist ʿeṣ durch ʾîlān (Baum) und qîsāʾ (Holz) ersetzt worden (KBL[2] 1053a; 1049; TW I 33; II 359). Im Mhebr. gibt es Belege für sowohl ʿeṣ als qîsāʾ, beide mit der vollen Bedeutung 'Baum/Holz', während ʾîlān nur mit der Bedeutung 'Baum' vorkommt (Levy, WTM I 65; III 677; IV 298). Das Syr. kennt die Wurzel ʿeṣ nicht mehr. Sie wird in der Bedeutung 'Holz' durch qîsāʾ und in der Bedeutung 'Baum' durch ʾîlānāʾ ersetzt (Nöldeke, Neue Beiträge zur semit. Sprachwissenschaft, 1910, 144f.; KBL[2] 1053a). Im Pun. gibt es auch die Wurzel ʿeṣ (DISO 219). Sie kommt 2mal vor (CIS I 346, 3 und OrAnt 9, 1970, 249–258) und bedeutet an beiden Stellen 'Holz' (vgl. Rüthy 41). Im Asarab. kommt die Wurzel ʿḏ in der Bedeutung 'Holz' vor (Biella 378). Im Nordarab. bezeichnen ʿiḍa, ʿiḍat, ʿiḍḍ 'dornige Bäume und Sträucher' (Rüthy 41; Nöldeke 144f.), während 'Baum' im allgemeinen mit ġaḍan oder šaǧar, 'Holz' mit ḥašab bezeichnet wird.

ʿeṣāh Jer 6, 6 wird in KBL[2] 727 als fem. von ʿeṣ bestimmt, ist aber eher als ʿeṣ mit Suffix der 3. Sing. fem. zu lesen (KBL[3] 817. 821). ʿeṣāh Jes 30, 1 wird von Dahood (57f.) als Akk. von ʿeṣ erklärt; die Argumentation ist aber nicht überzeugend (vgl. KBL[3] 817. 821).

2. Die Wurzel ʿeṣ kommt im AT etwa 330mal vor, wobei die Verteilung ziemlich gleichmäßig ist, in der exil. Literatur jedoch eine Verdichtung erkennbar wird.

3. Das Wortfeld „Baum" ist im AT durch botanische Spezifikationen recht weit gefächert: ʾæræz (Zeder); berôš (Zypresse); gæpæn (Weinstock → גפן); zajiṯ (Ölbaum → זית); rimmôn (Granatapfelbaum); šiṭṭāh (Akazienbaum); teʾenāh (Feigenbaum); tāmār (Dattelpalme). Hier ist auch die Wortgruppe ʾajil, ʾelāh, ʾallāh, ʾelôn, ʾallôn, die unbestimmt als Bezeichnung eines „großen Baumes" gebraucht wird, aber auch besonders 'Eiche' bedeutet, zu erwähnen (KBL[3]). Zum Wortfeld gehören weiter Wörter, die Teile des Baumes angeben, z. B. gezaʿ (Wurzelstock), ḥoṭær (Zweig, Stab), neṣær (→ נצר), ṣæmaḥ (Sproß), šoræš (Wurzel) (s. Rüthy) oder verschiedene Formen von Baumwuchs bezeichnen, z. B. gan (Garten → גן), jaʿar (Wald → יער), kæræm (Weingarten → כרם). Vgl. das Wortfeld „Wald" (→ יער).

III. 1. ʿeṣ bezeichnet sowohl den einzelnen Baum, in dessen Schatten man ruhen kann (Gen 18, 4. 8) als auch eine unbestimmte Anzahl, wie „die Bäume des Feldes" (Ex 9, 25; 10, 5; Lev 26, 4; Jer 7, 20). Die Pl.-Form ʿeṣîm unterscheidet sich in ihrer Verwendung nicht sehr von dem kollektiven ʿeṣ (z. B. Ps 96, 12; 104, 16; Jes 55, 12; Joël 1, 12). Sie steht für verschiedene Baumarten (1 Kön 5, 13; Jes 44, 13f.) oder einfach für mehrere Bäume (z. B. Ri 9, 8ff.; Ez 17, 24; 31, 4ff.).

2. Die Verwendung des Baumes ist von dessen Art abhängig. Einige Bäume werden als Bauholz verwendet, andere, die Obstbäume, sind deshalb wertvoll, weil der Mensch von ihnen lebt (Dtn 20, 19f.). Das beste Bauholz liefern die Zedern und die Zypressen. Die Wohnung des Gottes muß selbstverständlich aus Zedernholz erbaut werden, wie aus 2 Sam 7, 7 hervorgeht: JHWH hat nie für sich „ein Zedernhaus" gefordert. Zum Tempelbau bekommt Salomo Zedern und Zypressen aus Libanon (→ לבנון), wo die Sidonier die Bäume fällen (1 Kön 5, 22. 24; 6, 10. 34 usw.). Ein Teil von Salomos Palast wird 1 Kön 7, 2 „das Libanon-Waldhaus" genannt, was zeigt, woher das Zedernholz stammt. Die Zedern Libanons wurden von Nebukadnezzar zum Bauen des Tempels Marduks herangeholt (ANET 307; AOT 365; s. auch ANET 275f. 291 die Berichte Assurnasirpals II. und Asarhaddons über das Erbauen von Tempeln und Palästen), und auch der Tempel Baʿals ist mit diesen Zedern gebaut worden (KTU 1.4, V, 10ff.). In Ägypten gebrauchte man auch die Libanonzedern zum Schiffbau (ANET 252. 254; s. auch ANET 27b. 240b. 243; vgl. Ez 27, 5). In den Traditionen vom Heiligtum in der Wüste spielen die Akazienbäume (šiṭṭîm) die zentrale Rolle als Bauholz (Ex 25, 5. 10. 13. 23. 28; 26, 15. 26. 32. 37 usw.). Auch andere Baumarten waren verwendbar, z. B.: die Sykomore (šiqmāh, Jes 9, 9), die Ölbäume (ʿaṣê šāmæn, 1 Kön 6, 23. 31ff.); die ʿaṣê ʾalmuggîm, die nicht, wie oft gesagt, Sandelbäume sind (BRL[2] 12) (1 Kön 10, 11f.; 2 Chr 2, 7; 9, 10f.), die ʿaṣê gopær, die Tannen (Gen 6, 14). Die Schwierigkeiten, die mit dem Fällen von großen Bäumen verbunden waren, werden deutlich z. B. durch den Selbstruhm Sanheribs in Jes 37, 24, und durch Salomos besondere Erwähnung der Sidonier als Holzfäller in 1 Kön 5, 20 (Rowton 275 und AuS VII 32–45; auch → יער). Oft wird das Baumaterial unbestimmt als ʿeṣ oder ʿeṣîm bezeichnet (z. B. Lev 14, 45; 1 Sam 6, 14; 2 Kön 12, 13; Hag 1, 8).

Holz wird als Material für allerlei Gegenstände benutzt. Ein Galgen kann ganz einfach als ʿeṣ bezeichnet werden (Gen 40, 19; Dtn 21, 22f.; Est 2, 23 usw.; zur Todesstrafe „ans Holz hängen" vgl. u. V.). Verschiedene Geräte sind aus Holz gearbeitet (Lev 11, 32; 15, 12; Num 31, 20; 35, 18 usw.), und der Holzarbeiter (ḥāraš ʿeṣîm) wird in Jes 44, 13ff., in der zwar ironischen Beschreibung des Götzendieners, aber als ein kundiger und sorgfältiger Handwerker geschildert, der für seine Arbeit verfeinerte Werkzeuge anwenden muß (AuS VII 42f. und BRL[2] 147ff.; 356ff.; s. auch 2 Sam 5, 11; 2 Kön 12, 12; 1 Chr 14, 1).

Beim Opfern wie beim täglichen Kochen wird Holz als Brennholz verwendet (Gen 22, 7. 9; Lev 1, 8; 3, 5; 1 Kön 18, 23. 33f. usw.). Das Brennholz wird entweder aufgelesen (1 Kön 17, 10. 12; Num 15, 32) –

meistens wohl von armen Leuten – oder gehauen. Da das Baumfällen eine schwere Arbeit ist, wird sie in Jos 9, 21 ff. den Gibeonitern, d. h. den Fremden, auferlegt.

3. Ab und zu wird nicht von speziellen Baumarten, sondern allgemein von Bäumen gesprochen, die gefällt werden (z. B. Dtn 19, 5; Ps 74, 5; 2 Chr 2, 15; s. auch Jes 10, 19) – in Dtn 20, 20 sind die Bäume nur als Bäume, von denen man nicht ißt, bezeichnet. Ohne nähere Bestimmung werden oft „die Bäume des Feldes" erwähnt (Gen 23, 17; Ex 9, 25; Jes 55, 12; Ez 17, 24), aber oft geht aus dem Kontext hervor, daß Obstbäume gemeint sind (z. B. Lev 26, 4; Dtn 20, 19; Jer 7, 20; Joël 1, 12. 19; Ez 34, 27). Die Art der nur als *ʿeṣîm* bezeichneten Bäume in Ri 9, 8 ff.; 1 Kön 5, 13; 2 Kön 6, 4; Jes 7, 2; 44, 23; Ez 21, 3; 31, 5 ff.; Hld 2, 3; Koh 2, 6; Ps 96, 12; 104, 16; 1 Chr 16, 33 usw. bleibt unbekannt, während der Kontext in Ex 10, 15; Lev 26, 20; Num 13, 20; Dtn 28, 42; 2 Kön 3, 19. 25; Joël 2, 22; Ps 105, 33 usw. andeutet, daß sie Obstbäume sind. Die wichtigsten Obstbäume Palästinas sind der Ölbaum, *zajiṯ* (→ זית); der Weinstock, *gæpæn* (→ גפן); der Feigenbaum, *teʾenāh*, und der Granatapfelbaum (*rimmôn*, Dtn 8, 8; vgl. Dtn 6, 11; Num 20, 5). Der Ölbaum wird in der Jotamfabel (Ri 9, 8 ff.) als der natürliche König der Bäume beschrieben. Als zweiter und dritter folgen der Feigenbaum und der Weinstock. Diese beiden Obstbäume werden oft nebeneinander gepflanzt und deshalb auch im AT oftmals nebeneinander erwähnt (z. B. 1 Kön 5, 5; 2 Kön 18, 31; Mi 4, 4). Die Früchte des Feigenbaums können frisch gegessen werden (Jes 28, 4) oder in Kuchen verwendet werden (1 Sam 25, 18; 30, 12). Der Weinstock, von dem vor allem der Wein kommt, fordert viel mehr Pflege als der Ölbaum und der Feigenbaum. „Der Ölbaum gleicht darin einer Beduinin (*bedawīje*), die sich selbst zu helfen weiß, während der Feigenbaum als Bäuerin (*fellāḥa*) und vollends der Weinstock als Dame (*sitt*) ganz andere Beachtung verlangen" (AuS IV 173). Deswegen spielen auch der Weinstock und der Weingarten (→ כרם *kæræm*) eine viel größere Rolle in der at.lichen Bildsprache als die übrigen Obstbäume, von denen man nicht so viel zu erzählen weiß. Weil die Obstbäume für die Israeliten lebensnotwendig waren, wurde die Fruchtbarkeit der Bäume als Zeichen der Gnade Gottes verstanden. Fehlt diese Gnade, werden Disteln und Dornen den Weingarten erobern (Jes 5, 6; 7, 23; 27, 4; 32, 13); umgekehrt wird die Wüste zum fruchtbaren Lande, wenn die Strafe JHWHs vorüber ist (Jes 32, 15; 29, 17; s. auch die Beschreibung der Zukunft in Ez 47, 12). Der Granatapfelbaum gehört auch zu den geschätzten Obstbäumen. Er begegnet nicht nur in den Beschreibungen von der Fruchtbarkeit Israels (Num 13, 23; 20, 5; Hag 2, 19; s. auch Joël 1, 12), sondern auch als Ausschmückung des Wüstenheiligtums und des Tempels (z. B. Ex 28, 33 f.; 39, 24 ff.; 1 Kön 7, 18. 20. 42; 2 Chr 3, 16; Jer 52, 22 f.). Die symbolische Funktion des Baumes ist auch im Hohenlied evident (Hld 4, 3. 13; 6, 7. 11; 7, 13; 8, 2). Auch die Dattelpalme (*tāmār*) bezeichnet im AT Fruchtbarkeit; vgl. z. B. die Beschreibung Jerichos als Palmenstadt (Dtn 34, 3; Ri 1, 16; 3, 13; 2 Chr 28, 15) und Elim, wo sich zwölf Wasserquellen und siebzig Palmen fanden (Ex 15, 27; Num 33, 9). Die Bäume, die im Paradies wachsen, sind ganz natürlich als Bäume, von denen man essen kann (aber nicht unbedingt darf), beschrieben (Gen 2, 9. 16; 3, 1 f.; vgl. Ez 47, 7). Auch in Gen 1 sind die Bäume, die geschaffen werden, als Obstbäume aufzufassen (Gen 1, 11. 12. 29). Daß fruchtbare und schöne Gärten in Israel wie in Mesopotamien und Ägypten auch einen ästhetischen Wert gehabt haben, ergibt sich aus den Beschreibungen im Hohenlied, aber auch von den Traditionen über den Garten Eden (Gen 2–3) und über die königlichen Gärten in Koh 2, 5 f. – Zum „Baum der Erkenntnis von gut und böse" vgl. jetzt J. P. Floß, BN 19, 1982, 59–120, bes. 100 ff.

IV. 1. Der Baum signalisiert das Heilige (Jaroš 231). So war es im alten Kanaan, und auch im AT werden an mehreren Stellen heilige Bäume erwähnt. Die Eiche More gehört ganz offenbar zur Kultstätte Sichems, wo Abram nach der Offenbarung JHWHs einen Altar baute (Gen 12, 6 f.). Der Name der Eiche, *ʾelôn môræh*, deutet auf die Funktion des Baumes als Orakelbaum hin (Hos 4, 12). Die Funktion des Baumes bei Sichem in Gen 35, 4, unter dem die fremden Götter begraben wurden, und in Jos 24, 26, wo Josua bei dem Heiligtum JHWHs den großen Zeugenstein unter der Eiche aufrichtete, betont die religiöse Bedeutung des Baumes. In Beerscheba pflanzte Abraham eine Tamariske (*ʾešæl*) und rief dort den Namen JHWHs an (Gen 21, 33). Abram baute einen Altar im Hain Mamre bei Hebron (Gen 13, 18), und der Engel des Herrn kam und setzte sich unter die Eiche bei Ofra (Ri 6, 11). Von einer Beerdigung unter der Eiche von Bet-El lesen wir in Gen 35, 8. Saul und seine Söhne werden unter der Tamariske in Jabesch begraben (1 Sam 31, 13).

Die Bedeutung der heiligen Bäume für die Israeliten ergibt sich auch aus den Beschreibungen des Tempels. Der heilige Baum stellt eines der verbreitetsten Motive der vorderorientalischen Bildkunst dar (BRL² 34 f.). Die zwei Säulen, Jachin und Boas, vor der Vorhalle des Tempels (1 Kön 7, 15–22) sind ohne Zweifel stilisierte Bäume (James 37; Lundgreen 33–43). Auch die vielen Ausschmückungen mit Motiven aus der Pflanzenwelt (Bäume, Früchte, Blumen, Blätter) unterstreichen die nahe Verbindung zwischen der Vegetation und dem Heiligen (→ מנורה *menôrāh*). Wo der heilige Baum wächst, ist Leben. Die vielen Belege für heilige Eichen deuten an, daß vor allem dieser Baum mit Kultstätten verbunden wurde (Gen 13, 18; Ri 6, 19; 1 Kön 13, 14; 1 Chr 10, 12 und Lundgreen 24). Daß die Bäume nicht nur im kanaanäischen Baʿal-Kult, sondern auch im JHWH-Kult eine Rolle gespielt haben, spiegelt sich in der heftigen prophetischen und dtr Polemik wider.

Offensichtlich war dieser Kult in den Hainen und unter den grünen Bäumen äußerst verbreitet und populär (Hos 4, 12f.; Jes 57, 5; Jer 2, 20. 27; 3, 6. 9. 13; 17, 2; Ez 6, 13; 20, 28. 32; Hab 2, 19; vgl. W. L. Holladay, VT 11, 1961, 170–176). Die sexuellen Fruchtbarkeitsriten, die zu diesem Kult gehörten, wurden als Abfall von JHWH, dem Spender des Lebens, verurteilt. Im Verbot Dtn 16, 21: „Du sollst dir keine *'ašerāh kŏl ʿeṣ* neben dem Altar JHWHs errichten" legt das Verb *nāṭaʿ* (→ נטע) es nahe, an einen lebenden Baum zu denken; das Verb kann aber auch in übertragenem Sinn angewendet werden. Dtn 12, 2f. fordert die Zerstörung aller heiligen Stätten, an denen die früheren Einwohner ihren Göttern gedient haben, z. B. unter den grünen Bäumen, und die Verbrennung ihrer Ascheren (vgl. 1 Kön 14, 23; 2 Kön 17, 10; 2 Chr 28, 4). Nach 2 Kön 16, 4 brachte Ahas Opfer dar und räucherte auf den Höhen und auf den Hügeln und unter allen grünen Bäumen. Im Rahmen seiner Kultreform entfernte sein Sohn Hiskija die Höhen (*bāmôṯ* → במה), zerbrach die Steinmale (*maṣṣeḇoṯ* → מצבה), fällte die Aschera (*'ašerāh* → אשרה) und zerschlug die eherne Schlange (*neḥaš hanneḥošæṯ* → נחש → נחשת), die Mose gemacht hatte (2 Kön 18, 4; ähnlich Joschija 2 Kön 23, 4ff.). Gideon riß den Altar Baʿals nieder, haute die Aschera um, baute einen neuen Altar für JHWH und gebrauchte das Holz der Aschera als Brennholz (Ri 6, 25ff.). Damit manifestierte er seinen Übergang von der kanaanäischen Baʿal-Religion zur JHWH-Religion.

Zur Ideologie des Kultes gehört auch die Vorstellung von einer näheren Verbindung zwischen dem Baum und dem König (Engnell, Widengren). Diese Vorstellung wirkt sich im AT vor allem bei der Verwendung von Baummetaphern in Texten, die vom König/Messias reden, aus (s. unten). Weil *ʿeṣ* sowohl „Baum" als „Holz" bezeichnen kann, ist es oft schwierig zu entscheiden, ob der Kultgegenstand ein lebender Baum oder z. B. ein pfahlförmiger Gegenstand aus Holz, eventuell ein stilisierter Baum, ist.

Von Kultgegenständen aus Holz ist mehrmals im AT die Rede. In einer großen Ermahnungsrede sagt Mose voraus, daß Israel im gelobten Land den Götzen, die das Werk von Menschenhänden sind, Holz und Stein, die weder sehen noch hören, noch essen, noch riechen können, dienen werden (Dtn 4, 28; vgl. Dtn 28, 36. 64 [vgl. TR 59, 3]; 29, 16; 2 Kön 19, 18 || Jes 37, 19; Jes 44, 19; Jer 10, 3). Daß nicht nur der Baum, sondern auch das Holz Lebenskraft symbolisieren und Leben vermitteln kann, zeigt die Verwendung von Holz als Heilmittel. Das untrinkbare Wasser von Mara wurde durch ein Stück Holz zu süßem Wasser verwandelt (Ex 15, 25). Ein Stück Zedernholz kann den Aussätzigen und dessen Haus reinigen (Lev 14, 4. 6. 49. 51f.; vgl. Num 19, 6).

2. Die bekanntesten Bäume des AT sind die beiden Bäume des Gartens Eden. Der Baum des Lebens (*ʿeṣ haḥajjîm*) wird in diesem Zusammenhang nur in Gen 2, 9; 3, 22. 24 erwähnt, d. h. in der Einleitung und am Schluß der Paradieserzählung. Infolge Westermann (BK I/1, 289f.; wie Budde) ermöglicht dieser Tatbestand den sicheren Schluß, daß die ursprüngliche Erzählung nur von einem Baum, nämlich dem Baum in der Mitte des Gartens (Gen 3, 3), dem verbotenen Baum (3, 11) handelte. Die Erzählung ist später durch das bekannte Motiv des Wunsches nach dauernder Jugend, d. h. ewigem Leben, erweitert worden (vgl. die ähnlichen Vorstellungen von der Pflanze des Lebens im Gilgamesch-Epos XI 266ff.). Die Zusammenfügung der beiden Motive ist dadurch zu erklären, daß Weisheit (Baum der Erkenntnis) und ewiges Leben (Baum des Lebens) die beiden Eigenschaften sind, die der Gottheit eigen sind. Das theologische Ziel des Verfassers ist, den Unterschied zwischen Gott und Mensch zu unterstreichen. Und dazu braucht er das Seitenthema vom Baum des Lebens. Aus zwei verschiedenen Themen ist eine Geschichte entstanden. Die Schlußfolgerung ist: Nur die Erkenntnis von gut und böse hat der Mensch erlangt, das ewige Leben gehört Gott allein. Die Vorstellungen vom Baum des Lebens sind mit den Vorstellungen vom heiligen Baum verwandt. Hinter der Beschreibung des Gottesgartens sehen nicht zuletzt die skandinavischen Forscher den kanaanäischen Hain mit seinen heiligen Bäumen und Quellen (Hvidberg 285–294). Der kanaanäische Baumkult bezweckte, Leben zu schaffen. Gen 2–3 kann in diesem Zusammenhang als eine polemische Erzählung betrachtet werden. Ihre Botschaft gleicht der Verkündigung des Propheten Hoseas: Vom menschlichen Streben nach dem ewigen Leben kommt kein Leben, nur Tod.

In den Sprüchen wird der Baum des Lebens metaphorisch gebraucht (s.u.). Zu den späteren Vorstellungen vom Baum des Lebens vgl. TestLev 18, 10f.; 4 Esra 8, 52; PsSal 14, 3 und Offb 2, 7; 22, 1ff.

3. Während der Baum des Lebens viele religionsgeschichtlichen Parallelen hat, kennen wir den Baum der Erkenntnis des Guten und des Bösen (*ʿeṣ haddaʿaṯ ṭôḇ wārāʿ*) nur aus Gen 2, 9. 17. Nach Westermann (BK I/1, 290) ist nur die Bezeichnung „Baum des Lebens" eine feste Prägung. Die Bezeichnung des anderen Baumes hat der Verfasser aus der Erzählung heraus (3, 5b) neu gebildet. Die Erkenntnis des Guten und Bösen kann auf verschiedene Weise verstanden werden: Gut und Böse bezeichnen a) die Ganzheit des Wissens, d. h. die göttliche Allwissenheit, b) die ethische Entscheidungsfähigkeit – vielleicht eher funktional oder utilitaristisch interpretiert: nützlich/schädlich – wodurch der Mensch autonom wird, c) die geschlechtliche Erkenntnis und Erfahrung (→ ידע *jādaʿ*). Die Sexualität als ein zentrales Motiv in Gen 3 haben Gunkel, der die Erkenntnis als Wissen um den Unterschied der Geschlechter, wodurch das Menschenkind erwachsen wird, interpretiert, und vor allem Engnell betont (VTS 3, 103–119). Seiner Meinung nach muß das Verb „kennen" auch in diesem Zusammenhang sexuell interpretiert werden. Beim Essen vom Baum der

Erkenntnis erwirbt der Mensch die Fähigkeit, neues Leben zu schaffen und wird dadurch wie Gott. Die Vertreibung der Menschen aus dem Paradies war notwendig geworden, weil sie durch das Essen von den beiden Bäumen sowohl die individuelle als die kollektive Unsterblichkeit erreicht hätten. Für diese Auslegung sprechen die Anspielungen des Textes auf das Sexuelle: die Schlange gilt in der kanaanäischen Religion als Sexualsymbol; durch das Essen der Frucht erkennen die Menschen, daß sie nackt sind; die Feigenblätter, womit sie den Unterleib zudecken, sind wahrscheinlich als Aphrodisiaka zu verstehen; die Verfluchung der Frau belastet eben ihre Schwangerschaft und das Verhältnis zum Manne. Die Konsequenz dieser Interpretation ist nicht, daß Gen 3 eine antisexuelle Botschaft im allgemeinen ausdrückt – das wäre dem AT fremd –, sondern eine antikanaanäische Polemik ausdrückt. Aus dem Sexualkultus, wo die Menschen versuchen, wie Götter zu schaffen, erfolgen nur Fluch und Tod. Zu vergessen ist aber nicht, daß Gen 3 auch den Anfang des Kulturlebens, ja des Lebens der ganzen Menschheit, bedeutet. Die Kultur ersteht erst nach einem „Sündenfall", wo die Menschen etwas Göttliches gestohlen haben.

V. 1. Wie das Wasser (Alonso-Schökel 329f.) ist auch *ʿeṣ* als Metapher ambivalent. Positiv ist die Charakterisierung des Frommen: „Der ist wie ein Baum, gepflanzt an Wasserbächen, der seine Frucht bringt zu seiner Zeit" (Ps 1, 3; vgl. Jer 17, 8), ebenso die Verheißung in Jes 65, 22: „Denn wie das Alter des Baumes soll das Alter meines Volkes sein." Die Gegner des Propheten Jeremias haben gegen ihn beratschlagt und gesagt: „Laßt uns den Baum verderben in seiner Blüte" (Jer 11, 19). Im Hohenlied lesen wir: „Wie der Apfelbaum (*tappûaḥ*) unter den Bäumen des Waldes, so ist mein Geliebter unter den Burschen" (Hld 2, 3). Die junge Braut wird dementsprechend mit allerlei Weihrauchhölzern verglichen (Hld 4, 14), und in der großen Bildrede in Ez 31, wo Pharao mit einem Zedernbaum (*ʾæræz*) auf Libanon (zur Libanonzeder als „Weltbaum" → IV 467; Zimmerli, BK XIII/2, 751ff.) gleichgesetzt wird, steht der Zedernbaum unter den Bäumen auf dem Felde und wird von allen Bäumen im Garten Gottes beneidet (Ez 31, 4. 5. 9), „denn kein Baum im Gottesgarten war ihm zu vergleichen in seiner Schönheit" (v. 8). Aber Hochmut kommt vor dem Fall. Nicht nur die hochmütige Zeder, auch die anderen hohen Bäume müssen hinunter zu den Toten (31, 14ff.); vgl. auch Ez 17, 24: „Dann werden alle Bäume des Feldes erkennen, daß ich, JHWH, den hohen Baum erniedrigt und den niedrigen Baum erhöht habe, daß ich den grünen Baum dürre gemacht und den dürren Baum zum Blühen gebracht habe". Auch in Ez 21, 3 beschreibt das Bild von der Vernichtung der Bäume das Gericht Gottes über die Menschen: Sowohl die grünen als die dürren Bäume sollen von JHWHs Feuer verzehrt werden. Die Bildreden in Ez 31; 17 und 21 spielen auf politische Situationen an, so auch die Jotamfabel Ri 9, 8ff., wo die Einwohner Sichems, die Abimelech zum König gemacht hatten, mit Bäumen verglichen werden, die einen Dornbusch (*ʾāṭāḏ*) als König wünschen. Aus der Beschreibung ergibt sich, daß der Dornbusch als der geringste unter den Bäumen gilt, während der Ölbaum (→ II 568) der natürlichste König wäre. Nach dem Ölbaum kommen der Feigenbaum und der Weinstock, d. h. andere Obstbäume. Wenn die Bäume den Dornbusch als König wählen, müssen sie in seinem Schatten Schutz suchen; „wenn nicht, wird Feuer ausgehen vom Dornbusch und die Zedern des Libanon verzehren" (Ri 9, 15).

Von der Vernichtung des Baumes spricht Ijob 19, 10, wo Ijob darüber klagt, daß Gott seine Hoffnung wie einen Baum ausgerissen hat. In Jes 10, 17–19 wird die Strafe über den hochmütigen König von Assur mit dem Bild vom Waldbrand beschrieben. Die Herrlichkeit der Wälder und Gärten des Königs soll zunichte werden, „und was übrigbleibt von Bäumen in seinem Walde, kann selbst ein Kind zählen". In Jes 56, 3 begegnet der dürre Baum als naheliegende Metapher für den Verschnittenen. In Jes 7, 2 wird die Angst des Königs und des Volkes vor Rezin und Pekach mit dem Bild von den Bäumen im Walde, die vor dem Winde beben, beschrieben.

In den Sprüchen begegnet *ʿeṣ haḥajjîm* nur als Metapher: Spr 3, 18; 11, 30; 13, 12; 15, 4. In 3, 18 wird die Weisheit als ein Baum des Lebens charakterisiert, in 11, 30 ist es die Frucht der Gerechtigkeit, in 13, 12 die Erfüllung des Wunsches, und in 15, 4 die linde Zunge. Es ist schwierig zu sagen, was die Metapher besagen will; wahrscheinlich nur, daß diese vier Dinge lebenspendend sind.

2. Nicht nur der Baum, sondern auch das Holz kommt in der at.lichen Bildsprache vor. Klgl 4, 8 wird die trockene Haut der Einwohner Zions mit Holz verglichen. In Jer 10, 8 wird der gesamte Götzendienst als Holz, d. h. etwas Totes, gestempelt. Genauso negativ werden die Einwohner Jerusalems von Ezechiel beurteilt. Als *ʿeṣ haggæpæn* dachten sie sich wertvoller als jeder Baum (*ʿeṣ*). Sie sind es aber nicht, denn aus ihrem Holz (*ʿeṣ*) kann man nicht einmal einen Pflock machen, man wirft es ins Feuer (Ez 15, 2ff.). Ganz raffiniert spielt der Text auf die Ambivalenz *ʿeṣ* = Baum/Holz an. Infolge Jer 5, 14 will JHWH seine Worte im Munde des Propheten „zu Feuer machen und dieses Volk zum Brennholz, und es wird sie verzehren", während er in Sach 12, 6 die Geschlechter Judas zum Feuerbecken mitten im Holzstoß machen wird, „daß sie zur Rechten und zur Linken alle Völker ringsumher verzehren". Mit einem ähnlichen Bild wird der Untergang Jerusalems in Ez 24, 10 verkündet. In Ps 74, 5 wird die Zerstörung des Heiligtums mit Holzfällen verglichen. In Jer 46, 22 sind die Feinde Ägyptens als Holzhauer beschrieben. Als Metapher ist wohl auch die Anwendung der beiden Stäbe mit den Namen Josefs und Judas in Ez 37, 16ff. zu verstehen.

Die Konnotationen des Wortes „Baum" sind grundsätzlich mit Leben verbunden, auch wenn von der Vernichtung des Baumes erzählt wird. Mit dem Holz verbindet man etwas Totes. Nichtsdestoweniger wird der lebenskräftige Baum in der Bildsprache nicht immer positiv beurteilt. In Ez 31 z. B. wird das Wachstum der Bäume als Hochmut verurteilt, und die Vernichtung dadurch gerechtfertigt. In der Bildsprache wird *ʿeṣ* sehr oft mit Gerichtsverkündigung verbunden, und die Vernichtung vom Baum/Holz als Brand beschrieben.

3. Ein Gesamtbild von der metaphorischen Anwendung ist nicht auf die Auswertung der Belege von *ʿeṣ* zu beschränken. Der Baum als solcher spielt in der Bildsprache des AT eine viel größere Rolle, ist aber häufig unter dem Namen der Baumart (Zeder, Zypresse, Eiche, Weinstock, Ölbaum, Feigenbaum, Dattelpalme usw.) oder auf andere Weise (Wald, Libanon, Weinberg, Wurzel, Sproß usw.) impliziert. Das ist vor allem im Buche Jesaja der Fall. Begrenzt man sich auf Jes 1–39, wo überraschend viele Baummetaphern vorkommen (vgl. dazu bes. Nielsen), ergibt sich folgendes: Das Wort *ʿeṣ* kommt als Metapher nur in Jes 7, 2 und 10, 19 vor. In allen anderen Texten, wo Baummetaphern angewendet werden, d. h. vor allem Jes 1, 29–31; 2, 12–17; 4, 2–6; 5, 1–7; 6, 12–13; 9, 7–20; 10, 16–19; 10, 33 – 11, 10; 14, 4b–20; 27, 2–6; 32, 15–20; 37, 22b–32, wird der Name des Baumes verwendet: Eiche, Linde, Rebe, Disteln und Dornen, Maulbeerbaum, Zeder, Zypresse oder ein anderes Wort, das klar macht, daß es sich um Bäume handelt: Garten, Weinberg, heiliger Same, Frucht, die Hohen und Stolzen (auf Libanon), Ast, Stab, Reis (→ חטר *ḥoṭær*), Sproß (→ נצר *neṣær*, → צמח *ṣæmaḥ*), Stumpf, Wurzel, Libanon, Wald (→ יער *jaʿar*). So werden also sowohl die Bäume, die als Bauholz verbraucht werden, als auch die Obstbäume metaphorisch angewendet. In vielen Texten wird es klar, daß die kanaanäischen Vorstellungen vom heiligen Baum dahinterliegen (z. B. Jes 1, 29–31). In den Bildreden hören wir in Jes 1–39 oft von der Vernichtung des Baumes, entweder durch Fällen oder durch Waldbrand. Der Grund dieser Vernichtung ergibt sich mehr oder weniger direkt aus der Beschreibung der Bäume: wegen Hochmut, d. h. Vertrauen auf eigene Kraft und eigenes Vermögen, wird der Baum gefällt oder vom Feuer gefressen. Diese Bildreden vermitteln uns, auf welche Weise Jesaja und seine Jünger die politische Situation ihrer Zeit gedeutet haben. Sowohl der Feind als auch das Volk selber werden als hochmütig beurteilt und Hochmut kommt vor dem Fall (vgl. die These von Stolz 141–156, daß ein Libanonmythus hinter den at.lichen Vorstellungen vom Fällen des Baumes liege). Jesaja weist aber auch auf die positive Möglichkeit des Baumes hin. Der abgehauene Baum kann wieder ausschlagen und Zweige treiben. Die Vernichtung des Feindes ist vollständig (vgl. z. B. Jes 14, 19), aber für Israel gibt es noch Hoffnung (vgl. z. B. Jes 6, 12f.; 10, 33 – 11, 10).

Die Baummetaphern in Jes 1–39 regen, wie alle guten Bilder, die Zuhörer zu einer aktiven Auslegung des Bildes an. Dadurch übernimmt der Zuhörer, wenn die Metapher gelingt, die Vorstellungen des Verkünders. Der Zuhörer Jesajas lernt die Situation seines Volkes durch das Bild des Baumes sehen und versteht dadurch einerseits, warum das Gericht JHWHs notwendig und gerechtfertigt ist, andererseits daß jede Hoffnung für die Zukunft damit nicht ausgeschlossen ist. Das Bild vom abgehauenen Baum, der wieder neue Zweige treiben kann, weist auf das zentrale Thema in Jes 1–39 hin: Gericht und Heil gehören zusammen. Das Bild schafft den notwendigen Zusammenhang in der Geschichte Israels, denn beides ist von JHWH geplant. Der Hochmut muß bestraft werden, aber nach dem Fällen des stolzen Königs wird ein neuer König kommen, das Reis, das aus dem Stamm Isais hervorgeht. Auch als Metapher für die messianischen Vorstellungen vom kommenden Herrscher zeigt sich der Baum anwendbar (z. B. Jes 11, 1. 10; 4, 2; 53, 2; Jer 23, 5; 33, 15; zum religionsgeschichtlichen Hintergrund dieser Vorstellungen vgl. Engnell und Widengren). Weil sich die Bildsprache für eine Neuinterpretation besonders eignet, sind die Baummetaphern in Jes 1–39 oft neuinterpretiert worden und sind selber zur Wurzel neuer Zweige geworden; z. B. ist Jes 27, 2–6 von Jes 5, 1–7 abhängig, und der Traum Nebukadnezzars vom großen Weltbaum, der umgehauen wird (Dan 4), ist von den früheren Texten beeinflußt. So sind auch die vielen Gleichnisse Jesu im NT und Bildreden in den Pseudepigraphen (z. B. Syr Bar 36–37) als neue Zweige desselben Stammes zu beurteilen.

VI. In den Qumrantexten kommt das Wort *ʿeṣ* 35mal vor; vgl. 1 QpHab 10, 1; 13, 2; 1 QH 2, 26; 3, 29; 8, 5. 6. 9. 12. 22. 25; 1 Q 35 2, 2; 4 QpNah 1, 8; CD 11, 19; 12, 15. Die Bedeutungen 'Baum' und 'Holz' sind beide belegt, vgl. z. B. 1 QpHab 10, 1 und CD 11, 19, wo *ʿeṣ* Bauholz bedeutet, und 1 QH 3, 29 und CD 12, 15, wo Bäume erwähnt werden. In 1 QpHab 13, 2 bezeichnet der Baum den Götzen. Die metaphorische Anwendung des Baumes kommt in 1 QH 8, 4ff. vor. In diesem Psalm wird die Gemeinde mit einem Baum verglichen, der vom Wasser des Lebens trinkt. Diejenigen, die nicht zur Gemeinde gehören, sind auch als Bäume beschrieben, aber sie trinken nur von gewöhnlichem Wasser. Neben dem Wort *ʿeṣ* kommen auch Namen von konkreten Baumarten und Wörtern, die Teile des Baumes angeben, vor.

* Der Bedeutungsrahmen von *ʿeṣ* entspricht also im wesentlichen dem im AT. Dennoch sind manche Belege von solchem Eigengewicht, daß sie gesondert zu nennen sind. So verfügen Bestimmungen der Tempelrolle die Verwendung von Zedernholz im Bereich der Tempelportale (TR 41, 16) und Mauern (42, 04). Im Priestervorhof befand sich eine nicht näher bestimmbare Einrichtung aus Holz (38, 7). Nach 49, 3. 15 war Holz bestimmten Reinigungsriten unter-

worfen. Stimmt man der Rekonstruktion durch Yadin zu, kannte die TR ein „Holzopfer“ (*qŏrbān hāʿeṣîm*, 43, 4). Die Götzenpolemik des Dtn (s.o.) wird von TR 59 aufgegriffen (Z. 3): Israel wird anderen Göttern dienen, Erzeugnissen von Menschenhänden aus Holz und Stein, Silber und Gold.
Von außerordentlicher Brisanz sind die 5 Belege, wo von der Strafe des „ans Holz hängen“ (*tālāh ʿal-hāʿeṣ*) gesprochen wird (TR 64, 8. 9. 10. 11. 12). Nach der Bestimmung Dtn 21, 22f. soll der Hingerichtete nicht über Nacht am Holz hängen bleiben (vgl. die entsprechende Durchführung Jos 8, 29; 10, 26; ähnlich 2 Sam 4, 12). Das „Ans-Holz-Hängen“ wird demnach also an bereits Hingerichteten vollzogen, war also ein Demonstrations-, kein Exekutionsvorgang. Im Gegensatz zu diesem jüdischen Brauch scheint die TR auf eine „Kreuzigung“ (für Hochverrat vorgesehen) noch lebender Straftäter anzuspielen. Man soll ihn ans Holz hängen, *so daß* er stirbt (Z. 7f. 10f.). In Z. 9 dagegen wird die Bestimmung undeutlich, da hier der Delinquent getötet *und* ans Holz gehängt werden soll. Von hier aus ergibt sich die Frage, ob Qumran etwa die römische Kreuzigungspraxis im Blick hatte. Dafür spricht auch die Stelle 4 QpNah 1, 8, die vom „lebendig“ (*ḥaj*) Ans-Holz-Hängen spricht (zur Diskussion vgl. J. Maier, Die Tempelrolle vom Toten Meer, UTB 829, 1978, 124 mit Lit.). (→ תלה *tālāh*)
Erhebliche Diskussion hat auch 11 QPs[a] 28, 6 (= Ps 151) hervorgerufen. Hier enthält der Qumrantext über die LXX hinaus im v. 3 die dem David zugeschriebene Aussage: „Die Berge legen für ihn (?) (sc. Gott) kein Zeugnis ab und die Hügel verkünden nicht, so sollen preisen die Bäume seine (?) Worte und die Schafe seine (?) Taten.“ Da diesem Satz die Anfertigung von Musikinstrumenten (Flöte und Zither) vorausgeht (v. 2), ist in dieser Kombination unschwer das orphisch-bukolische Motiv der den Gott preisenden Bäume und Tiere ausgemacht worden. Die Eindringung dieses hellenistischen Motives hat dann die Reinigung durch die LXX und die Ablehnung des gesamten Psalms durch die Masoreten zur Folge gehabt (zur Diskussion vgl. J. A. Sanders, DJD IV, 1965, 58–64; F. M. Cross, BASOR 231, 1978, 69–71; S. Smith, ZAW 93, 1981, 247–253 und H. J. Fabry, 11 QPs[a] und die Kanonizität des Psalters [Festschr. H. Groß, 1986, 45–67]). *(Fa.)*

K. Nielsen

עָצַב *ʿāṣab̲*

עֶצֶב *ʿæṣæb̲*, עֹצֶב *ʿoṣæb̲*, עָצֵב *ʿāṣeb̲*, עִצָּבוֹן *ʿiṣṣāb̲ôn*, עַצֶּבֶת *ʿaṣṣæb̲æt̲*, מַעֲצֵבָה *maʿaṣeb̲āh*

I. Etymologie – II. Belege – III. Bedeutung – 1. Verb – 2. Nomina – 3. Gen 3, 16 – IV. LXX.

Lit.: *M. Greenberg*, „Labor in the Bible and Apocrypha“ (EncJud 10, 1320–1322). – *J. Scharbert*, Der Schmerz im AT (BBB 8, 1955). – *C. U. Wolf*, Labor (IDB 3, 51f.).

I. Die Wurzel *ʿṣb* ist in den semit. Sprachen nicht sehr verbreitet. Außer im Hebr. begegnet sie im Arab., Aram., nachbibl. Hebr., Äth. und, wenn auch selten, in den Targumim. Im bibl. Hebr. zeigt sich das Verb semantisch fixiert, mit einer möglichen Ausnahme. Die Substantive sind dagegen flexibler. Dieser divergierende Gebrauch könnte auf verschiedene Bedeutungen der gleichen Wurzel oder auf mehrere Wurzeln hindeuten. Das Arab. stützt eher die letztere Vermutung. Driver (JBL 55, 1936, 115–117) schlägt vor, neben *ʿṣb* I ʿbetrübt seinʾ (vgl. arab. *ġaḍiba* ʿzürnenʾ) auf der Basis des arab. *ʿḍb* ʿschneidenʾ, metaphorisch ʿmit Worten schneidenʾ = schmähen, beleidigenʾ ein *ʿṣb* II ʿschmähen, vorwerfen, abschreckenʾ und ein *ʿṣb* III ʿschwer arbeitenʾ zu postulieren. Keine der hebr. Verbbedeutungen stützt letzteres, aber einige Substantive scheinen es zu fordern. Äth. *ʿaṣ(a)ba* ʿschwierig sein, in Schwierigkeiten seinʾ (vgl. WbTigre 491a; LexLingAeth 1019f.) wäre mit *ʿṣb* III verwandt, wenn sich tatsächlich eine dritte Wurzel im bibl. Hebr. spiegelt (vgl. Scharbert 27ff. 31).

II. Das Verb *ʿāṣab̲* begegnet 15mal (evtl. noch 2 Sam 13, 21 txt. emend. mit K. McCarter, AB 9, 314. 319f.). Die Belege sind verstreut bei J, E (Gen 6, 6; 34, 7; 45, 5), im DtrGW (1 Sam 20, 3. 34; 2 Sam 19, 3; 1 Kön 1, 6 [dazu vgl. aber die Lesung *ʿaṣārô* durch J. Gray, I/II Kings, 1977, 78]), bei den Propheten (Jes 54, 6; 63, 10), im Psalter (Ps 56, 6; 78, 40), in der Weisheit (Koh 10, 9) und im chr Material (1 Chr 4, 10; Neh 8, 10f.) zu finden.
Diese Belege verteilen sich so: 4 *qal*, 7 *niph*, 2 *pi*, 1 *hiph* und 2 *hitp*. Die Tendenz zu stärkerem Gebrauch in reflexiven Formen entspricht möglicherweise seinem introspektivischen, persönlichen und emotionalen semantischen Gehalt.
Die Substantive (ausgenommen die Spezialfälle Gen 3, 16. 17 und 5, 29 [alle J]) finden sich sonst weder im Pent. noch in dtn Texten, sondern hauptsächlich in poetischen Texten: 6mal in Spr (5, 10; 10, 10. 22; 14, 23; 15, 1. 13), 4mal in Ps (Ps 16, 4; 127, 2 [M. Dahood, AB 17A, 273 leitet von *ʿṣb* I ab und deutet „Brot der Götzen“]; 139, 24 [Dahood 292 wie zu Ps 127, 2]; 147, 3), vielleicht 1mal in Ijob (7, 15, wenn

man MT *ʿṣmwtj* zu *ʿṣbwtj* emendiert) und 3mal bei den Propheten (Jes 14, 3; 50, 11; 58, 3; zu Jer 11, 19 vgl. R. Houberg, VT 25, 1975, 676f.). Ansonsten begegnet es nur 1 Chr 4, 9 (*ʿoṣæḇ* in einem gezwungenen Wortspiel mit dem Namen Jabez in etymologischer Antizipation des Verbs *ʿṣb* im folgenden Vers).
Die Form *ʿæṣæḇ* begegnet am häufigsten (6mal), gefolgt von *ʿaṣṣæḇæṯ* (5mal, alle entweder in Cstr.-Verbindung oder mit Suff.), *ʿoṣæḇ* (3mal), *ʿiṣṣaḇôn* (3mal); *ʿaṣeḇ* (*ʿaṣṣāḇ* vorzuziehen als Sing. eines Wortes, das nur Jes 58, 3 im Pl. belegt ist) und *maʿaṣeḇāh* (1mal).

III. 1. Als Verb zeigt *ʿṣb* einen Zustand psychischer oder emotionaler Not an. Man kann die innere und ernste Gemütsbewegung, die das Wort anzeigt, näher bestimmen, indem man die Termini betrachtet, mit denen es gebraucht ist. Es wird verbunden mit *leḇ* „Herz" (Gen 6, 6), Wesen eines Individuums, ebenso mit *rûaḥ* „Geist" (Jes 54, 6; 63, 10) als Seele oder Geist einer Person. Die Ernsthaftigkeit tritt auch dort zutage, wo das Verb im Gegensatz zu großer „Freude" (Neh 8, 10; Jubel bei Opfer und Kult an einem dem Herrn heiligen Tag) oder zu Wohlergehen und Friede (Neh 8, 11) und zu Segen und Wohlstand (1 Chr 4, 10) begegnet. Der emotionale Aspekt wird schließlich deutlich in der Parallele mit Worten für großen Ärger (*ḥrh*, Gen 34, 7; 45, 5; 1 Sam 20, 34), Auflehnung (*mrh*, Jes 63, 10; Ps 78, 40), Sorge (*nḥm*, Gen 6, 6) und Trauer (*ʾbl*, 2 Sam 19, 3).
Menschen und auch Gott (Gen 6, 6; Ps 78, 40) können unter dem Schmerz, den *ʿṣb* vorstellt, leiden. Dies kann auf Selbstvorwürfe wegen falscher oder erfolgloser Taten zurückgehen (z. B. Gen 6, 6; 45, 5), oder in den Taten anderer gründen (z. B. Ps 56, 6; 78, 40). Oder er kann aus der Erkenntnis einer Tatsache erwachsen, vor der man hilflos steht (z. B. 1 Sam 20, 3).
Die einzige Ausnahme zu diesem spezifischen Bedeutungsfeld „geistiger Schmerz" ist Koh 10, 9, wo ein physischer Zustand beschrieben ist. Das Verb weist hier auf eine Verletzung hin, die durch splitternde Steine verursacht wurde und bezieht sich auf eine Schnittwunde, weniger auf den begleitenden Schmerz. Das Verb *ʿṣb* in diesem Text sollte deshalb *ʿṣb* I zugewiesen werden.
2. Die Belege für die Nomina teilen sich in zwei Gruppen: in der ersten leitet sich das Nomen klar vom Verb *ʿṣb* her und bezieht sich auf einen geistigen oder psychischen Schmerz (Spr 10, 10; 15, 1. 13; Ijob 9, 28; Jes 50, 11; Ps 139, 24). Einige Belege beinhalten das gleiche Hilfsvokabular, das die Nuancen von *ʿṣb* signalisiert; vgl. „Ärger" (Spr 15, 1), „Herz" und „Geist" (Spr 15, 13). Texte ohne solche Anzeiger beinhalten ausreichende kontextuelle Hinweise auf Not. Ps 16, 4 gehört möglicherweise in diese Gruppe, obwohl seine Verbindung mit dem Verb *rbh* den ersten Satz von Gen 3, 16 in Erinnerung ruft, wo allerdings von Schmerzen bei der Geburt, nicht von geistigem Schmerz gesprochen wird.

In der zweiten Gruppe umschreibt der Begriff körperlichen Schmerz und Arbeit (Gen 3, 16. 17; 5, 29; Jes 14, 3; 58, 3; Ps 127, 2; Spr 5, 10; 10, 22; 14, 23). Es ist möglich, daß diese Belege den Begriff von einer anderen Wurzel ableiten. Jedoch ist eine Verbindung zwischen den Nomina „Schmerz" und „Arbeit" möglich, wenn die semantischen Nuancen des bibl. Vokabulars, das mit körperlicher Arbeit zu tun hat, betrachtet werden (→ יגע *jgʿ*; → עשה *ʿśh*; → עבד *ʿbd*; → עמל *ʿml*; → פעל *pʿl*).
Das AT sieht die Arbeit der Nahrungsproduktion und der Befriedigung sonstiger menschlicher Bedürfnisse allgemein positiv (vgl. Greenberg 1320; Wolf 252). Gott arbeitete bei der Schöpfung und tut dies auch weiter. Menschliche Arbeit gilt gleichfalls als ehrenhaft und der Dekalog beinhaltet im Sabbatgebot die komplementäre Vorstellung, daß sechs Tage Arbeit gefordert sind (Ex 20, 9–11). Aber gerade die Erfahrung der palästinischen Bauern zeigte, daß manchmal die größte Anstrengung vergeblich war. Im ökologisch relativ unwirtlichen Gelände des palästin. Hochlands war die Möglichkeit eines Fehlschlags, der nicht im Fehlen menschlichen Einsatzes gründete, allgegenwärtig (vgl. D. C. Hopkins, The Highlands of Canaan, 1985). Folglich war Arbeit unvermeidlich von Enttäuschungen begleitet. Der geistige Schmerz, den *ʿṣb* ausdrückt, wäre also ein passender Aspekt der verschiedenen von dieser Wurzel abgeleiteten Substantive für Arbeit. Die beiden verwandten Abschnitte Gen 3, 17 und 5, 29 deuten darauf hin, daß produktive Arbeit den Charakter von außerordentlich beschwerlicher Anstrengung annehmen und angesichts der Unsicherheit über ihre Ergebnisse seelisches Unbehagen verursachen konnte, für welches „Trost" wünschenswert war. In diesem Sinn unterscheidet sich *ʿṣb* von → לאה *lʾh*, das die körperliche Beschwerlichkeit harter Arbeit zu betonen scheint.
Dieser negative Aspekt der Arbeit wird in der spätbibl. und nachbibl. Zeit dominierend. Die griech.-röm. Geringschätzung der Handarbeit als der im Gegensatz zu geistigen Aufgaben geringeren Form menschlichen Bemühens geht ins hellenistische Judentum ein und zeigt sich besonders in der jüdischen und christlichen Rezeption von Gen 3, 17 (vgl. ThWNT II 640ff.). Als letztes ist noch auf *ʿaṣṣæḇæṯ* in Ps 147, 3 hinzuweisen, wo es sich auf eine physische Verletzung oder Wunde bezieht, nicht dagegen auf den Schmerz, also zu *ʿṣb* I zu rechnen ist.
3. Gen 3, 16 stellt einen Sonderfall im Verständnis von *ʿiṣṣāḇôn* und *ʿæṣæḇ* dar. Die traditionellen Übersetzungen geben beide Termini mit Wörtern für körperlichen Schmerz wieder. Da jedoch *ʿṣb* II sich eher auf geistigen als auf physischen Schmerz bezieht, muß dieses traditionelle Verständnis in Frage gestellt werden. Für *ʿiṣṣāḇôn* weist das Faktum, daß die beiden anderen Belege dieses Nomens (Gen 3, 17; 5, 29) sich explizit auf physische Arbeit beziehen, darauf hin, daß hier auch für die Frau physische Arbeit angesagt ist. Weiterhin hat das erste Verb (*rbh*) dieses

Verses zwei Obj.: *ʿiṣṣāḇôn* und *herôn* 'Empfängnis' oder 'Schwangerschaft'. Letzteres bedeutet im nuancierten bibl. Wortfeld für Schwangerschaft und Geburt (→ הרה *hārāh*) nicht den Geburtsvorgang. Da weder Empfängnis noch Schwangerschaft schmerzhaft sind, kann das mit Schwangerschaft verknüpfte *ʿiṣṣāḇôn* nicht „Schmerz" bedeuten. Der erste Teil von v. 16 sagt daher aus, daß Gott die Anzahl der Schwangerschaften für die Frau und auch die Menge der von ihr zu leistenden harten Arbeit erhöht, denn in der alten Agrargesellschaft leisteten Frauen einen hohen Anteil der wesentlichen Aufgaben (vgl. C. Meyers, Gender Roles and Genesis 3, 16 Revisited, in: The Word of the Lord Shall Go Forth, Festschr. D. N. Freedman, Winona Lake 1983, 337–354). Der folgende Satz von v. 16 befaßt sich mit dem Thema „Kinder haben", wobei er sich nicht notwendig auf den Geburtsvorgang selber bezieht, denn → ילד *jld* kann einfach „Kinder haben" oder „zeugen" bedeuten und wird für Mann und Frau gebraucht. Viele Kinder zu haben war ein sehr wünschenswerter wesentlicher Aspekt der arbeitsintensiven Agrargesellschaft, wenn auch nicht ohne Schwierigkeiten; Elternschaft hatte ihren eigenen besonderen „Schmerz". So ist die Bedeutung von *ʿæṣæḇ* in diesem Text nicht eindeutig: es kann „Mühe" und „Arbeit" bezeichnen und die Aussage des vorhergehenden Satzes intensivieren; es kann auf den psychischen Streß des Familienlebens hinweisen; oder es kann beides bezeichnen. Aber es bedeutet nicht physischen Schmerz.

IV. Die LXX hat die Belege völlig unterschiedlich wiedergegeben, wobei Schwierigkeiten der Differenzierung zwischen *ʿṣb* I und *ʿṣb* II deutlich werden. Das Äquivalent ist wohl λυπή, λυπεῖν etc., es begegnen aber auch ταπεινοῦν, ἀσθένεια etc.

C. Meyers

*עָצָב *ʿāṣāḇ*

1. Vorkommen und Ableitung – 2. Bedeutung – 3. *ʿaṣabbîm* im prophetischen Schuldaufweis – 4. *ʿaṣabbîm* in den Götterbildpolemiken – 5. LXX – 6. Qumran.

Lit.: *K.-H. Bernhardt*, Gott und Bild. Ein Beitrag zur Begründung und Deutung des Bilderverbots im AT (Theol. Arbeiten 2, 1956). – *Chr. Dohmen*, Das Bilderverbot. Seine Entstehung und seine Entwicklung im AT (BBB 62, 21987). – *O. Eißfeldt*, Gott und Götzen im AT (ThStKr 103, 1931, 151–160 = KlSchr I, 1962, 266–273). – *J. Hahn*, Das „Goldene Kalb". Die Jahwe-Verehrung bei Stierbildern in der Geschichte Israels (EHS.T 154, 1981). – *Chr. R. North*, The Essence of Idolatry (Festschr. O. Eißfeldt, BZAW 77, 21961, 151–160). – *H. D. Preuß*, Verspottung fremder Religionen im AT (BWANT 92, 1971). – *J. Scharbert*, Der Schmerz im Alten Testament (BBB 8, 1955, 27–32). – *S. Schroer*, In Israel gab es Bilder. Nachrichten von darstellender Kunst im Alten Testament (OBO 74, 1987).
→ מסכה *masseḵāh*.

1. Das Nomen *ʿāṣāḇ kommt 19mal im AT vor. Es begegnet fast ausschließlich im Pl. (1 Sam 31, 9 = 1 Chr 10, 9; 2 Sam 5, 21; Jes 10, 11; 46, 1; Jer 50, 2; Hos 4, 17; 8, 4; 13, 2; 14, 9; Mi 1, 7; Sach 13, 2; Ps 106, 36. 38; 115, 4; 135, 15; 2 Chr 24, 18). Nur 2mal findet sich der Sing., Jes 48, 5 (MT) und wahrscheinlich auch Ps 139, 24 (vgl. E. Würthwein, VT 7, 1957, 173f. = Wort und Existenz, 1970, 187f.); seine ungewöhnliche Vokalisierung – *ʿoṣæḇ* statt *ʿāṣāḇ* – will offenbar an *bošæṯ* erinnern und den Begriff qualifizieren (North 154).

Die Konjekturvorschläge, die das Nomen in Jes 2, 8 (B. Duhm, GHK III/1³, 18), Hos 10, 6 (J. Wellhausen, Die kleinen Propheten, ⁴1963, 125) und Mi 5, 13 (W. Nowack, GHK III/4³, 226) wiederfinden wollen, haben in der neueren Kommentarliteratur wenig Gefolgschaft gefunden. Kaum überzeugend ist der Vorschlag J. Wellhausens (Skizzen und Vorarbeiten 6, 1899, 168), das fem. pl. *ʿaṣṣāḇôṯ* Ps 16, 4 *ʿāṣāḇ statt *ʿaṣṣæḇæṯ* 'Schmerz, Plage, Kummer' zuzuordnen.

*ʿāṣāḇ wird gewöhnlich von dem Verbum *ʿṣb* I 'bilden, schaffen' (GesB 609) bzw. 'flechten, gestalten' (KBL³ 818) abgeleitet, das im AT 2mal belegt ist. Ijob 10, 8 (*pi*) bezeichnet es parallel zu *ʿāśāh* das Schöpferhandeln Gottes. Jer 44, 19 (*hiph*) rechtfertigen die Frauen der Ägyptenflüchtlinge, daß sie der Himmelskönigin Kuchen gefertigt haben (*ʿāśāh*), „um sie abzubilden". *leha ʿaṣiḇāh* fehlt zwar in LXX und S, aber wohl nur, weil beide das Wort nicht mehr verstanden haben (vgl. die Übersetzung der V: *ad colendum eam*).

2. Jer 44, 19 verweist auf die Bedeutung des Nomens. *ʿaṣabbîm* gehört zur Götterbildterminologie des AT. Ohne Rücksicht auf Unterschiede in der Art der Herstellung dient es als zusammenfassende Bezeichnung für die Bilder fremder Götter (2 Sam 5, 21; Jes 46, 1; Jer 50, 2; vgl. Dohmen 259). Da das AT nicht zwischen fremder Gottheit und Bild differenziert, bezeichnet *ʿaṣabbîm* auch die Götter selbst (1 Sam 31, 9 = 1 Chr 10, 9; Ps 106, 38; 2 Chr 24, 18; vgl. W. Rudolph, KAT XIII/1, 114). Damit enthält der Begriff gleichsam in negativer Fassung jene beiden Besonderheiten des JHWH-Glaubens, die Israel tiefgreifend von seiner Umwelt unterscheiden, den Ausschließlichkeitsanspruch JHWHs und die Bildlosigkeit seiner Verehrung. Entsprechend wird *ʿaṣabbîm* dort gebraucht, wo es um das Verhältnis Israels zu seiner Umwelt geht. Der Terminus begegnet einerseits im prophetischen Schuldaufweis, der Israel wegen seiner Untreue gegen JHWH anklagt (Hos 4, 17; 8, 4; 13, 2; 14, 9; Mi 1, 7; vgl. Sach 13, 2; Ps 106, 36), andererseits als polemisch-pejorative Benennung der fremden Götter in den Götterbildpolemiken (Jes 10, 11; 46, 1; 48, 5; Jer 50, 2; Ps 115, 4; 135, 15). Im

Rahmen des Schuldaufweises hat wohl bereits die Homonymität der Wurzeln *ʿṣb* I und → עצב *ʿṣb* II 'betrüben, kränken' dem Wort abwertenden Klang verliehen (North 154; H. W. Wolff, BK XIV/1, 178; Dohmen 259; vgl. W. Rudolph, KAT XIII/1, 114f.; anders B. Lang, ThQ 166, 1986, 137). Lediglich der Beleg in Ps 139 steht für sich. In v. 24 wird der Weg des *ʿāṣāḇ* (cj. für MT *ʿosæḇ*, s.o. 1.) „dem ewigen Weg" gegenübergestellt. Der Psalmist bittet, Gott möge ausfindig machen, ob Götzendienst „in ihm" sei, und ihn auf den richtigen Weg leiten (vgl. H. Ringgren, The Faith of the Psalmists, Philadelphia 1963, 56).

3. Die ältesten datierbaren Belege finden sich in den Anklagen Hoseas.

Das Alter von Ps 139 dürfte kaum zu ermitteln sein (H.-J. Kraus, BK XV/2, [5]1978, 1095). 2 Sam 5, 21 ist Zusatz (T. Veijola, Die ewige Dynastie, AnAcScFen B 193, 1975, 97f.). Wahrscheinlich handelt es sich um einen kontrastierenden Rückverweis auf 1 Sam 4, 11, den Verlust der Lade (→ IV 1012). Da die LXX und 1 Chr 14, 12 an dieser Stelle *'ælohîm* bieten, ist zudem umstritten, ob *ʿaṣabbîm* nicht erst später in den Text gekommen ist (so W. Rudolph, HAT I/21, 114; North 154; anders J. W. Rothstein / J. Hänel, KAT XVIII/2, 267. 270; vgl. Th. Willi, Die Chronik als Auslegung, FRLANT 106, 1972, 153). – Auch 1 Sam 31, 9 fügt sich nicht nahtlos in den Kontext. Welchen Sinn soll die öffentliche Zurschaustellung eines enthaupteten Leichnams haben, in dem niemand mehr Saul erkennen konnte? Es scheint, als sei eine kurze Notiz über die Zurschaustellung Sauls (und seiner Söhne?; vgl. v. 12) im Anschluß an 1 Sam 17, 51. 54 erweitert worden (vgl. F. Stolz, ZBK 9, 1981, 183), um das Geschick Sauls ein letztes Mal dem Erfolg Davids gegenüberzustellen (→ IV 1011).

In 13, 2 bezeichnet Hosea das Stierbild von Bet-El als „Gußbild (...) nach dem Modell der Götterbilder" (cj. BHS). Damit qualifiziert er, was ursprünglich als Postament-Tier des unsichtbar thronenden JHWH gedacht war und darum wohl von Elija und Amos noch unbeachtet blieb, als Darstellung JHWHs: „die Repräsentanz (ist) an die Stelle des Repräsentierten getreten" (H. Utzschneider, Hosea. Prophet vor dem Ende, OBO 31, 1980, 102). „Menschen küssen Kälber" (13, 2b, → עגל *ʿegæl*). Der Pl. „Kälber" deutet darauf hin, daß Hosea hier wie 8, 4bf. an statuetten- und plakettenartige Nachbildungen des Stierbildes für den öffentlichen und privaten Gebrauch denkt (J. Jeremias, ATD 24/1, 162).

Zugleich bestimmt Hosea den Stierbilderkult als Fremdgötterverehrung. „Da Israels Nachbarn ihre Götter in Bildern verehren, bedeutet die Herstellung jedes Bildes Übernahme fremder Vorbilder und damit ein Stück Anpassung an deren Gottesverständnis" (W. H. Schmidt, Alttestamentlicher Glaube in seiner Geschichte, [5]1986, 85). Dies gilt insbesondere für das Stierbild, das in der kanaanäischen Umwelt Israels Symbol für Baʿal war.

Umstritten ist jedoch, ob Hosea das 2. Gebot bereits voraussetzt, die Bilder also als Bilder kritisiert – so die Kommentatoren –, oder die Ambivalenz des Bildes aufdeckt und damit allererst das Fundament für das 2. Gebot legt (Dohmen 259f.). Jedenfalls zeigt die Wahl des Terminus *ʿaṣabbîm* an, daß der Schwerpunkt auf dem Ausschließlichkeitsanspruch liegt (J. Jeremias, ATD 24/1, 162). Aber kommt die knappe, wenig argumentative Kritik des Propheten ohne die sachliche Voraussetzung des 2. Gebots aus, wenn denn der Schuldaufweis die Funktion hat, die radikale Unheilsansage für die Hörer „bejahbar" (H. W. Wolff) zu machen?

Von 13, 2; 8, 4bf. her wird man auch 14, 9 zu verstehen haben. In 4, 17 scheint der Prophet jedoch eher den Höhenkult im Blick zu haben (J. Jeremias, ATD 24/1, 72).

Die Kritik Hoseas findet einen kräftigen Nachhall in der sekundären Stelle Mi 1, 7a. In nachexil. Zeit wird die Anklage Hoseas zum Bekenntnis eigener Schuld (Ps 106, 36. 38), damit zur Hoffnung auf Gott (Sach 13, 2).

4. Parallel dazu wird der Terminus *ʿaṣabbîm* zur polemisch-pejorativen Benennung der fremden Götter (vgl. Eißfeldt, KlSchr I 271ff.). Aufgrund der – dem Selbstverständnis der Umwelt kaum entsprechenden (Preuß 42ff.; A. H. J. Gunneweg, Bildlosigkeit Gottes im Alten Israel, Henoch 6, 1984, 259ff.; W. H. Schmidt, Glaube 87f.) – Identifizierung von Gottheit und Bild werden die Götter an ihren Bildern gemessen. Sie sind „Silber und Gold, Machwerke von Menschenhänden" (Ps 115, 4; 135, 15), totes Material (*gillûlîm* Jer 50, 2), „Nichtse" (*'ælîlîm* Jes 10, 11). Dabei handelt es sich jedoch nicht um eine Bestreitung der Existenz der Götter im strengen Sinne. Nicht eigentlich ihr Vorhandensein, sondern eher ihre Wirksamkeit wird bestritten (W. H. Schmidt, Glaube 283). Obwohl sie Mund, Augen, Ohren, Nase, Hände und Füße haben, vermögen sie doch nicht zu reden, zu sehen, zu hören, zu riechen, zu greifen und zu sehen (Ps 115, 5–7; 135, 16–17). Ihnen steht JHWH als der gegenüber, der im Himmel, mithin transzendent und von allem Geschöpflichen unterschieden ist und alles vermag (Ps 115, 3; 135, 6). Anders als die fremden Götter hat er sich durch das Eintreffen seines Wortes als wirksam erwiesen (Jes 48, 5). Ausgangspunkt für diese insgesamt späten Argumentationen ist wohl die Verkündigung DtJes'. Für einen Moment differenziert der Prophet zwischen Gottheit und Bild, aber nur, um die Ohnmacht der Götter und ihre Gebundenheit an ihre Bilder desto mehr zu betonen (46, 1f.). Die Bilder Bels und Nebos werden nach dem Sturz der Götter, der politischen Katastrophe, von ihren Verehrern davongetragen. Die Götter vermögen ihre Bilder jedoch nicht zu retten, werden zur Last für ihre Verehrer und müssen zusammen mit ihren Bildern in die Gefangenschaft. Anders als JHWH, der – anstatt getragen zu werden – die Seinen hindurchträgt und erretten wird (46, 3f.), sind die Hauptgötter Babels an ihre Bilder und das politische Geschick ihres Volkes gebunden (C. Westermann, ATD 19[4], 146f.).

Gibt es eine Verbindung zwischen dem Gebrauch von *ʿaṣabbîm* bei Hosea und dem im Rahmen der Götterbildpolemiken? Vielleicht nimmt bereits Hosea die spätere Verspottung der fremden Götter vorweg: „Das Werk von Handwerkern sind sie alle" (Hos 13, 2; vgl. 8, 6a; 14, 4a). Das Alter dieser Stellen ist jedoch umstritten (vgl. J. Jeremias, ATD 24/1, 108. 169ff.; Dohmen 148 Anm. 243. 151 Anm. 249). Jedenfalls stellt Hosea den als Götterbilder qualifizierten „Kälbern" JHWH als den lebendigen Gott (vgl. Röm 1, 22ff.) gegenüber, außer dem es keinen „Helfer" gibt (Hos 13, 4) und nennt damit das Kriterium, nach dem auch die spätere Zeit die fremden Götter beurteilt (vgl. Jes 43, 11).

5. Die LXX übersetzt **ʿāṣāḇ* mit εἴδωλον. Lediglich an drei Stellen (Jes 46, 1; Ps 106, 36. 38) bietet sie das substantivierte Adjektiv γλυπτός, mit dem sie sonst vorwiegend *pæsæl/*pāsîl* wiedergibt.

6. In Qumran begegnet *ʿṣb* I gesichert nur in 1 QpHab 13, 3 (2 Q 23, 1, 8 und 4 Q 509, 16, 2 sind zu *ʿṣb* II zu ziehen, soweit der verbliebene Textbestand erkennen läßt). Das gesamte Wortfeld der Götzenbildterminologie (*pæsæl*, *massekāh*, *jæṣær*, *ʾælîlîm*, *ʿeṣ*, *ʾæbæn*) Hab 2, 18f. wird hier aufgenommen und im Begriff *ʿaṣabbîm* verdichtet: „Am Tage des Gerichtes wird Gott alle vernichten, die Götzenbilder verehren, die Gottlosen von der Erde."

Graupner

עָצֵל *ʿāṣel*

I. Etymologie – II. 1. Verteilung im AT – 2. Textkritische Anmerkungen – 3. Vorläufige Wortfeldbeschreibung – 4. LXX – III. Verwendung im AT.

Lit.: *A. Barucq*, Le Livre des Proverbes (Sources Bibliques), Paris 1964, 77ff. 155ff. – *J. T. Draper*, Proverbs. The Secret of Beautiful Living, Wheaton, Ill., 1977, 58–65.

I. Im Akk. sind *eṣēlu* 'lähmen' (AHw 251; CAD E 341) und *eṣlu* 'schwer beweglich' (CAD E 350) belegt. Nicht bezeugt ist die Wurzel im Ugar. Vergleichbar sind syr. *ʿeṭel*, *ʿaṭlāʾ* 'taub, unempfindlich, starrsinnig, dumm'; *ʿaṭlûṯāʾ* 'Eigensinn, Dummheit', mhebr. *ʿāṣel* 'nachlässig', *aṣlûṯ* 'Trägheit', *ʿaṣlān* 'träge'; jüd.-aram. *ʿaṭlāʾ* 'faul', *ʿaṭlûṯāʾ* 'Faulheit' und arab. *ʿaṭila* 'entblößt sein, nicht arbeiten', *ʿāṭil* 'entblößt, untätig'; vgl. *ʿaṣala* '(ver)biegen', *ʿaṣila* 'verborgen sein'.

II. 1. Die Verwendung der Wurzel *ʿṣl* ist – das Verb in Ri 18, 9 ausgenommen – durchwegs auf die Weisheitsliteratur beschränkt (Spr und 1mal Koh). Auf das Verbaladjektiv *ʿāṣel* trifft man insgesamt 15mal: Es wird gewöhnlich substantivisch gebraucht; in 24, 30 steht das Adj. Besonders ist auf die Derivate *ʿaṣlûṯ* (31, 27), *ʿaṣlāh* (19, 15) und den ungewohnten Dual in Koh 10, 18 hinzuweisen.

2. Folgt man in Spr 13, 4 Fichtner (BHS), ist *napšô* mit den alten Versionen zu streichen; trifft dies zu, ist *ʿāṣel* Subj. und auf *miṯʾawwæh* zu ändern. Wenn man die lectio difficilior beibehalten will, muß man das Suffix in *napšô* erklären. Mit GKa § 90 a.o. könnte man auf den Rest einer alten Nominativendung schließen. Von der Hand zu weisen ist auch nicht, daß eine fehlerhafte Übernahme aus 13, 3a vorliegt (Lambert, Traité de grammaire hébraïque, 143 Anm. 1).
In Spr 15, 19b wird vorgeschlagen (BHS, Toy, Gemser, McKane), angeregt durch die LXX (τῶν ἀνδρείων), statt *ješārîm*, *ḥārûṣîm* zu lesen (vgl. die Parallele in 13, 4). Da jedoch *ʿāṣel* abwertende Wortbedeutung anhaftet und er nahe dem *rāšāʿ* anzusiedeln ist, mag *ješārîm* als Antithese beabsichtigt sein.
Als Dual zur „Verstärkung des Begriffes" (Lauha, BK XIX 196; vgl. Hertzberg, KAT XVII/4–5, 194) dient *baʿaṣaltajim* in Koh 10, 18; zum Gesamtvers vgl. Dahood, JQR 62, 1971/72, 84–87.

3. Die Bedeutung 'Fauler', 'Faulheit' – nach Lauha (BK XIX 197) „ein Haupttopos der Weisheitsliteratur" – ist durch den Kontext gesichert, doch zeigen nähere Präzisierungen, daß das Bedeutungsfeld sehr weit gefächert ist und nicht durch die Opposition zu *ḥārûṣ* (Spr 13, 4) erschöpfend definiert werden kann. Die Unverläßlichkeit (10, 26 [vgl. 13, 17, Oesterley, The Book of Proverbs, London 1929, 103; 25, 13]; 20, 4), die Fahrlässigkeit bis hin zum Trug (*remijjāh* 19, 15; vgl. 10, 4; 12, 24), ja Verständnislosigkeit (*ḥasar-leḇ*; 24, 30) bringt ihn in den Bereich des Betrügers (*bôḡeḏ*; 13, 2), der zur Gewalttat neigt, wie – im Weiterverfolgen der Wortfelder – die Beziehung zum *rāšāʿ* und all dessen Schlechtigkeit erweist, so daß auch der *ʿāṣel* sein Leben riskiert (21, 25). Insgesamt eignet dem Wort ein nachhaltig pejorativer Charakter, der nicht nur oberflächlich abwertend den Faulenzer, sondern konzentriert jenen bezeichnet, der durch seine Faulheit sowohl einerseits sein Wohlergehen, ja seine Existenz und sein Leben gefährdet als andererseits auch gesellschaftszerstörend (vgl. Barucq 78: „sur l'aspect social du vice de paresse: le paresseux est un être répugnant") wirkt. – Im näheren Kontext sind keine theologischen Argumente oder Anspielungen bezeugt.

4. In der LXX trifft man 10mal auf ὀκνηρός bzw. 1mal auf ὀκνηρία. Daneben wird 2mal ἀεργός gebraucht; in der LXX-Vorlage zu 19, 15b mag *ʿāṣel* statt in v. 15a gestanden haben. Die restlichen Übertragungen sind keine direkten Übersetzungen (10, 26; 19, 24; 24, 34), doch liegen sie im Rahmen des pejorativen Wortfeldes.
Weder in Sir noch in Qumran findet sich *ʿāṣel*.

III. 1. Die einzige nicht weisheitliche Verwendung in Ri 18, 9 scheint keine abwertende Bedeutungskomponente zu besitzen. Im Rahmen der Erzählung, in der die Daniter von ihren Kundschaftern aufgemuntert werden, das schöne und sorglose Lajisch zu überfallen, wird *ʿṣl niph* verwendet. Aufgrund des zuvorgehenden *ḥṣh* (wenn auch der vorliegende Satz in Zweifel gezogen wird [Zapletal, EHAT VII/1, 266; Moore, ICC 393], so doch nicht die Verbwurzel) wird man auch im *ʿṣl* keine moralisch abwertende Nuance erkennen können; es heißt einfach: „zaudert, zögert nicht".

2. Im Rahmen der weisheitlichen Verwendung lassen sich verschiedene Konnotationsschwerpunkte sammeln.

a) Der Faule strebt nach einem falschen Lebensziel. Beachtenswert ist, daß der *ʿāṣel* Streben und Dynamik in sich hat. Dies belegt der Gebrauch von *'wh hitp* bzw. *ta'awāh* (13, 4; 21, 25) und *næpæš* (als Parallele und im Kontext 13, 2–4; 19, 15; die Verwendung von *næpæš* unterstützt allgemein „Begehren"; vgl. McKane, Proverbs 457). Das Ziel des Strebens wird auf dem Lebensweg (zu *dæræḵ* = Lebenswandel, Lebensführung → II 304–307) erreicht. Der kluge und richtige Lebenswandel (vgl. 7, 25; 21, 16; 23, 19) wird häufig dem Gegenteil (2, 12; 22, 5) gegenübergesetzt (*'oraḥ* [15, 19] ist ein häufig belegter Parallelausdruck). Die Pole der Lebensführung lassen sich inhaltlich sehr pointiert gegenüberstellen. Die rechte Lebensführung ist einfach (15, 19), führt zu gesteigerter Vitalität (vgl. 19, 16; 22, 5), während die schlechte Lebensführung auf Lebenseinschränkung („Dornen und Schlingen liegen auf dem Weg des Falschen ..."; 22, 5a) hinsteuert. Solche Lebensminderung bringt nun 15, 19 mit dem Faulen, der „überall Hindernisse und Vorwände für seinen Müßiggang" (Ringgren, ATD 16³, 65) vorschiebt, in Verbindung („Der Weg des Faulen ist ein Dornengestrüpp") und deutet damit an, daß ethisches Fehlverhalten und qualifizierte Faulheit und nicht nur Lethargie (so McKane, Proverbs 530) einander nahestehen. Das unterstreicht 21, 25. Denn, wie sollte man den Satz verstehen: „Den Faulen bringt (beachte das *hiph*) sein Begehren (*ta'awāh*) um"?

ta'awāh ist nicht nur „Begierde nach Ruhe und Bequemlichkeit" (Gemser, HAT I/16², 81). Wenn *ta'awāh* mit negativen Gegebenheiten (Abtrünnigsein wie in 18, 1, Gewinn 19, 22; dem Übeltäter 21, 26. 18. 29) verbunden ist, führt sie zum Unheil. Im äußersten kann die Lebenseinschränkung bis zum Tode reichen (21, 25). Und der Tod wird im Spruchbuch vor allem dem Übeltäter (*rāšāʿ*; vgl. auch 14, 32) und seinesgleichen (wie z. B. dem *ʿāṣel*) angesagt. Die Rettung vor dem Tod bringt nicht der Reichtum (11, 4; 21, 6), sondern Rechtschaffenheit (*ṣedāqāh*; 10, 2; 11, 19; 12, 28), die Zucht im Sinne der Weisheitsschule (19, 18; 23, 13; 15, 10; 5, 23) und vor allem die Einsicht, die Lehre des Weisen (13, 14; vgl. 10, 21). Lenken die terminologischen Querverbindungen die Deutung richtig, ist die Begründung dafür, daß der *ʿāṣel* sein Leben riskiert, nicht darin zu sehen, daß er sich überhaupt zu arbeiten weigert (so EÜ), sondern daß er nicht das Gegenteil vom Schlechten – in dessen Bannkreis ihn das *ʿāṣel*-Sein bringt – tatkräftig erstrebt; in diesem Fall ist es zu wenig, nur von unerfülltem Leben (so McKane, Proverbs 550) zu sprechen. Sonach wird die Frage drängend, was ein *ʿāṣel* alles versäumt.

b) Zuerst ist einmal darauf hinzuweisen, daß der *ʿāṣel* überzeugend scheinende, aber bis zum Unglaubwürdigen reichende Gründe vorbringt (Ringgren, ATD 16³, 87 „unmöglichste Ausrede"; McKane, Proverbs 569), weswegen er nichts Sinnvolles unternehmen kann: Es seien Löwen auf der Straße, und er würde gewiß mitten auf dem Weg im Freien ermordet (Spr 22, 13; 26, 13; → רצח *rṣḥ* bezeichnet qualifiziertes Töten im Sinne von Menschenmord). Während die Straße bzw. das Freie (*reḥoḇ*, *ḥûṣ*) jenes Gebiet ist, wo man sich zu bewähren hat, um zu belegen, daß man eine Familie erhalten kann (24, 27) oder wo sich die Weisheit geradezu aufdrängt (1, 20), ist es auch das gefahrvolle Terrain, wo eine verführerische Frau ihre Künste spielen läßt (7, 12; vgl. 5, 16). In 22, 13; 26, 13 scheint diese abwertende Bedeutungsnuance für „Straße" deutlich mitzuschwingen, um so dem Argument des *ʿāṣel* – mit dem er sein Untätig-Sein begründet – mehr „Überzeugungskraft" zu verleihen.

Hat sich ein *ʿāṣel* auf derartige Weise um die Außenarbeit gedrückt, gibt er sich unfruchtbarer Ruhe hin (vgl. Draper 61). Wie die Tür in der Angel, so dreht er sich im Bett, ohne daran zu denken, seine Bettstätte zu verlassen (26, 14). Während das Herumlungern des *ʿāṣel* nicht unbedingt als Schlafen verstanden werden will, sagt dies 19, 15 deutlich. Danach ist dieser Schlaf einem ohnmachtsgleichen Tiefschlaf (*tardemāh*; die Deutung von Gemser als „Apathie und Lethargie" [HAT I/16², 77] ist unnötig) gleich. Das führt zu einer trägen Handlungsunlust, die nur noch durch pointierten Spott kritisiert werden kann: streckt solch ein Faulpelz die Hand in die Eßschüssel, ist er sogar zu bequem, sie überhaupt wieder zurückzuziehen bzw. zum Mund zu führen (19, 24; 26, 15).

Der *ʿāṣel* ist gefährdet, seinen Besitz zu verlieren und die Nahrungsvorsorge zu versäumen. Dagegen kann man von hier kaum rückschließen, daß insbesondere die Ackerarbeit Maßstab des Fleißes ist (so Gemser, HAT I/16², 39; Ringgren, ATD 16³, 31 f.); vielmehr ist die Nahrungsvorsorge eine lebensnotwendige Angelegenheit. Ob hier „Klima, Anlage und Nachwirkung der nomadischen Lebensweise" (Gemser, ebd.; Lamparter, BAT XVI 271) das auslösende Moment waren, scheint recht zweifelhaft. Es geht um Unabdingbares, wie die Erfahrung lehrt. Daher wendet sich gar mancher Spruch gegen die Schlafsucht, da mit ihr die Verarmung verquickt ist (20, 13; vgl. 24, 33). Nur zur rechten Zeit kann die Ernte eingebracht werden (10, 5). Genau das könnte der *ʿāṣel* sogar in der Tierwelt beobachten und sich dort ein Beispiel nehmen. Er möge zur Ameise gehen (6, 6); der Rat zielt (so McKane, Proverbs 324) nicht auf eine feinsinnige Parabel, sondern stellt eine didaktisch orientierte, geradlinige Analogie her: Bei den Ameisen trifft der Faule auf ein „Volk“, das keine Verwaltungsbeamte hat (6, 7), und doch sammeln sie im Sommer die nötige Nahrung (6, 8). Auf der Vorsorge aufgrund des Fleißes liegt wohl eher der Akzent als auf der „rege(n) Betriebsamkeit als besonderes Merkmal der Ameise“ (Plöger, BK XVII 6). Der *ʿāṣel* dagegen liegt und schläft (6, 9) und daraufhin kehrt die Armut ein (6, 10). Daß die Armut kein „Schicksal“ – auch nicht des *ʿāṣel* (Spr 24, 30–34; Koh 10, 18) –, sondern zum guten Teil selbstverschuldet ist, heben verschiedene Sprüche hervor. Die Faulheit hat ihre tieferen Anlässe darin, daß man sich nicht um die überkommene Zucht kümmert: „Armut und Schande erntet ein Verräter der Zucht“ (13, 18a). Als Mittel dagegen gilt der Fleiß (z. B. 12, 27; 21, 5), der sich besonders in redlichem Arbeiten zeigt (28, 19). Doch wie soll einer seine Ernte im Sommer einbringen können, wenn er, wie der *ʿāṣel*, im Frühjahr nicht pflügt? Selbstverständlich sucht er zur Erntezeit umsonst nach einer Frucht (20, 4).

c) Bewertet werden kann nun das Verhalten oder die „Existenzform“ eines *ʿāṣel* von zwei Gesichtspunkten aus: vom ethischen Erwartungshorizont und von der Grundordnung weisheitlicher Lebensregeln. – Gerade die Mangelerscheinungen lenken auf eine Bewertung. Wie schon erwähnt, eignet dem *ʿāṣel* Begierde, Streben und Vitalität (vgl. *næpæš* in 13, 4 – *næpæš* ist Anlaß, vv. 13, 2–4 redaktionell zusammenzustellen, so Plöger, BK XVII 158 – und in 19, 15). Die bis zum Trug reichende Nachlässigkeit (*remijjāh*) wird dem Fleißigen (*ḥārûṣ*) gegenübergestellt und bewirkt Verarmung: „Lässige (*r^e^mijjāh*) Hand bringt Armut, fleißige (*ḥārûṣ*) Hand macht reich“ (10, 4; vgl. 12, 24). Die innere Nähe von *næpæš*, *r^e^mijjāh*, *ḥāmās* und *ʿāṣel* (6, 6) bzw. der Konnex zum *rāšāʿ* (21,24–29) erweist, daß das *ʿāṣel*-Sein nicht wertneutral ist. *ʿāṣel* wird man auch nicht wegen eines dynamisch wirkenden Tun-Ergehen-Zusammenhangs. *ʿāṣel* ist einfach einer, der sich dahintreiben läßt und seine lebenserhaltenden Grundverpflichtungen nicht wahrnimmt, sich vielmehr unverantwortlichem Müßiggang hingibt. Darum ist seine Unverläßlichkeit ein Hindernis für das Funktionieren einer Gemeinschaft (10, 26).

Solch tiefgreifende Zersetzungstendenzen müßte aber schon der gesunde Menschenverstand (*leḇ*) verhindern und ein allgemein anzunehmendes Maß an Einsichtsfähigkeit (*ḥkm*) den rechten Weg weisen. Daher wird der *ʿāṣel* zur Ameise geschickt, wo er die nötige Vorsorge beobachten kann und daraus klug werden sollte (6, 6). Aber der *ʿāṣel* ist einem *ʾāḏām ḥ^a^sar-leḇ* gleichzustellen (24, 30). Spöttisch wirft 26, 16 dem *ʿāṣel* vor: „Der Faule hält sich selbst für weiser als sieben, die klug antworten können.“ Damit stellt sich der *ʿāṣel* nicht kritisch, sondern wegen seiner Selbstzufriedenheit (van der Ploeg, BvOT VIII 90; Whybray, CBC 153) als zur Lebensgestaltung unfähig dar, und befindet sich außerhalb der weisheitlich ratsamen Lebensanleitungen (vgl. McKane, Proverbs 601; „das ist eben der Gipfel der Torheit“, Ringgren, ATD 16³, 105).

Reiterer

עָצַם *ʿāṣam*

עָצוּם *ʿāṣûm*, עֹצֶם *ʿoṣæm*, עָצְמָה *ʿŏṣmāh*, תַּעֲצֻמוֹת *taʿ^a^ṣumôṯ*

I. Allgemeines – 1. Abgrenzung des Beitrags – 2. Andere semit. Sprachen – 3. LXX – 4. Qumran – II. Gebrauch und Bedeutung – 1. *ʿāṣûm* – 2. *ʿṣm qal* und *hiph* – 3. *ʿoṣæm*, *ʿŏṣmāh*, *taʿ^a^ṣumôṯ* – 4. Unanwendbarkeit für Gott – III. Verwendung in theologischen Zusammenhängen – 1. Gott als Spender von Zahl und Kraft – 2. Der Aufbau menschlicher Macht gegen Gott – 3. Die Väterverheißung – 4. Die Mehrung Israels in Ägypten – 5. Die Völker Kanaans – 6. Der Völkersturm – 7. Die Überwindung der Völker-Macht bei DtJes – 8. Die Völkerwallfahrt – 9. Die Kultgemeinde Israels – 10. Danielische Geschichtsdarstellung – 11. Sünden.

Lit.: *Y. Avishur*, Stylistic Studies of Word-Pairs in Biblical and Ancient Semitic Literatures (AOAT 210, 1984, 399). – *R. Giveon*, A Ramesside ‘Semitic’ Letter (RSO 37, 1962, 167–173). – *M. D. Goldman*, Lexical Notes on Exegesis (ABR 4, 1954f., 87–90, bes. 89f.). – *W. Groß*, Bileam (StANT 38, 1974, 258–260). – *H. W. Hertzberg*, Die „Abtrünnigen“ und die „Vielen“ (Festschr. W. Rudolph, 1961, 97–108, bes. 104f.). – *N. Lohfink*, Zum „kleinen geschichtlichen Credo“ Dtn 26, 5–9 (ThPh 46, 1971, 19–39, bes. 28f. 31). – *J. L. Palache*, Semantic Notes on the Hebrew Lexicon, Leiden 1959, 18. – *P. Weimar*, Untersuchungen zur priesterschriftlichen Exodusgeschichte (FzB 9, 1973, bes. 25–36).

I. 1. Nicht behandelt werden in diesem Beitrag (trotz anzunehmender Wurzelverwandtschaft) → עצם *ʿæṣæm* ‘Knochen, Gebein’ und die damit zusammenhängenden Wörter, ferner *ʿṣm* III ‘(Augen) schließen’ sowie das von G. R. Driver (ExpT 57, 1945/46, 193. 249; WO 1, 1947–1952, 411f.; dagegen: A. R. Johnson, The Vitality of the Individual in the Thought of Ancient Israel, Cardiff 1964, 68) für Ps 22, 18; 53, 6; Ijob 4, 14; 7, 15 postulierte Wort **ʿaṣmāh* ‘großes Ereignis; Unglück, Leiden, Qualen’.

2. *ʿṣm* dürfte auf protosemit. *ʿẓm* zurückzuführen sein. Wörter von dieser Wurzel mit Bedeutungen wie ‘zahlreich, mächtig’ sind im Ugar., Phön., Arab. und Äth. nachgewiesen.

In der Inschrift von Deir ʿAllā 1, 8f. steht *ḥšk.wʾl.ngh.ʿṭm.wʾl.smrkj*. J. Hoftijzer deutet *ʾl.ngh.ʿṭm* mit Vorsichtsklauseln als „mächtige Lichtlosigkeit“ (ATDA 197); seine syntaktische Zuordnung und die Präsenz unserer Wurzel sind aber mit Recht bestritten worden (J. Naveh, IEJ 29, 1979, 136; J. C. Greenfield, JSS 25, 1980, 251; H. und M. Weippert, ZDPV 98, 1982, 93). Ein offenbar „semitisches“ *ʿdmm*-Öl (Rossi-Pleyte, Papyrus Turin II 8) ist nicht weiter deutbar (Giveon).

3. Die LXX hat für die Wortgruppe keinerlei fixe Übersetzung, hat sie also offenbar nicht als etwas durch konkordante Behandlung Herauszuhebendes empfunden. Entsprechend gibt es auch kein spezifisches Echo zu der hebr. Wortgruppe im NT.
4. Belege in Qumran: *ʿṣm* 1 QH 6, 31; 1 QHfragm 52, 1; *ʿṣwm* 1 QM 11, 5; 4 Q 184, 1, 14.

II. 1. *ʿāṣûm* ist – ohne Jes 41, 21; Ijob 7, 15; aber mit Ps 10, 10 – im MT 31mal belegt, in Sir 1mal. Auf Büchergruppen aufgeteilt: Pent. und hist. Bücher 12mal, Propheten 11mal (vor allem Jes und Joël), Ps 3mal, weisheitliche Schriften 4mal, Dan 2mal. 18 Belege stehen in poetischen, 14 in Prosatexten, von denen jedoch mindestens 6 der dtr rhetorischen Prosa (mit Neigung zu Parallelismen und Reihen) zuzurechnen sind. Die ältesten Belege sind Ex 1, 9 (J); Am 5, 12; Jes 8, 7, die jüngsten Dan 8, 24; 11, 25; Sir 16, 5. Die Mehrzahl der Belege scheint exil. und nachexil. zu sein. Es zeigt sich keine auffallende Konzentration in einer bestimmten Epoche oder Gattung.

In Jes 41, 21 meint *ʿaṣumôṯ* die Beweise im Rechtsstreit. Ein Zusammenhang mit *ʿāṣûm* ist zu vermuten (vgl. u. zu *ʿṣm* in Ps 69, 3). Doch liegt eine klare Sonderbedeutung vor, so daß die Stelle hier besser nicht eingeschlossen wird. – Nicht so klar ist, ob auch in Ps 10, 10 eine schon selbständige Sonderbedeutung angenommen werden muß, erst recht nicht, welche. Doch ist es hoffnungslos, sich an diesem auch sonst schwierigen Vers mit Konjekturen zu versuchen. Deshalb zähle ich den Beleg mit. Er ist zumindest Zeugnis des masoretischen Textverständnisses, bei dem die Qere-Auffassung von *ḥlqʾjm* sowieso mit militärischer Metaphorik rechnet („Heer der Schwachen"). – Ich verzichte auf Mitzählung der reinen Konjektur *meʿaṣumôṯāj* „than these my defensive arguments" in Ijob 7, 15 (J. Reider, VT 2, 1952, 126).

Bezeichnend ist die Zuordnung zu bestimmten Wörtern. *ʿāṣûm* steht 21mal attributiv oder prädikativ zu *ʿam* oder *gôj* (im Sinne von 'Volk' oder 'Heer'). Fünf weitere Male kommen *ʿam/gôj* zwar nicht vor, aber es geht um die damit bezeichnete Sache, und *ʿam/gôj* finden sich meist im Kontext (Jes 8, 7; 53, 12; Joël 2, 11; Dan 8, 24; 11, 25). Andere Bezugsgrößen erscheinen für *ʿāṣûm* nur 5mal: Num 32, 1 (Vieh), Am 5, 12 (Sünden), Ps 10, 10 (Fallen, Gruben?), Spr 7, 26 (Opfer der fremden Frau), 18, 18 (mächtige Gerichtsparteien), Sir 16, 5 (beeindrukkende Erzählungen vom Zorn Gottes). *ʿāṣûm* gehört also vor allem zum sprachlichen Umkreis von *ʿam* und *gôj*.

Von diesem Verwendungsschwerpunkt her ist auch die vorherrschende Reihen- und Parallelismusbildung mit den Wörtern *raḇ* (16mal) und *gāḏôl* (8mal) zu erklären. Dazu kommen *raḇ* noch 5mal, *gāḏôl* 2mal im Kontext vor. Nur bei 8 Belegen steht weder *raḇ* noch *gāḏôl* in der Nähe (Num 22, 6; Jes 60, 22; Joël 1, 6; Mi 4, 7; Ps 10, 10; Spr 18, 18; 30, 26; Dan 8, 24). *raḇ* und *gāḏôl* sind mit den Wörtern *ʿam* und *gôj* schon vorgängig zu ihrer Verbindung mit *ʿāṣûm* verwachsen: *gôj gāḏôl* und *ʿam raḇ* sind häufige Wortfügungen. *ʿāṣûm* tritt nur in Einzelfällen verstärkend zu ihnen hinzu. Deshalb steht *ʿāṣûm* dann auch an zweiter Stelle. Es gibt nur 2 Ausnahmen: Dtn 9, 14 *ʿāṣûm* + *raḇ*; Jes 8, 7 *mê hannāhār hāʿaṣûmîm wehārabbîm*. Ein Sonderfall ist die kombinierte Reihe in Dtn 26, 5 *gôj* + *ʿāṣûm* + *raḇ* (hierzu vgl. III. 4.). Der Verstärkungscharakter von *ʿāṣûm* zeigt sich deutlich in den Belegen, wo im Kontext auch der kürzere Ausdruck (nur mit *raḇ* oder *gāḏôl*) steht und dieser dann unter Hinzufügung von *ʿāṣûm* wiederholt wird: Dtn 4, 38 (vgl. 4, 6. 7. 8); 7, 1 (vgl. vorher im selben Vers); Mi 4, 3 (vgl. 4, 2. 13; 5, 6. 7); Dan 11, 25 (vgl. im selben Vers). Zur Deutung dieser stilistischen Technik vgl. Avishur 125. In einigen Fällen sind die Ausdrücke einer Vorlage, die kein *ʿāṣûm* enthielten, im neuen Text durch Hinzufügung von *ʿāṣûm* verstärkt worden: Gen 18, 18 (vgl. Gen 12, 2); Num 14, 12 (vgl. Ex 32, 10); Joël 2, 2 (vgl. Jes 13, 4); Mi 4, 3 (vgl. Jes 2, 4). Auch in Ugarit könnte die Reihe *rb* + *ʿẓm* schon belegt sein: KTU 1.3, I, 12 *biku rabbu ʿaẓumu* „une phiale grande, massive" (E. Lipiński, UF 2, 1970, 81; vgl. Dahood, RSP I, II 516; dagegen J. C. de Moor und P. van der Lugt, BiOr 31, 1974, 6 Anm. 11). Verstärkender Gebrauch von *ʿāṣûm* liegt selbst da vor, wo (vor allem in späten Texten) die Nomina *ʿam* und *gôj* ersetzt oder umschrieben werden. Sehr selten ist eine Verbindung von *ʿāṣûm* allein mit *ʿam* (Num 22, 6; Joël 2, 5) oder *gôj* (Jes 60, 22; Mi 4, 7).

Am Rande dieses Bildes stehen einige weitere parallele oder eng verbundene Vokabeln und Motive. Sie gehören noch in den Umkreis von *ʿam* und *gôj*, *gāḏôl* und *raḇ*. So die Körpergröße und Unwiderstehlichkeit der Anakiter und die Befestigung der Städte Kanaans (Dtn 9, 1), das Wort *ʾælæp̄* (Jes 60, 22 – unzählbare Anzahl, aber vielleicht sogar als militärischer Terminus?), *ʾên mispār* (Joël 1, 6), *šeʾerîṯ* (Mi 4, 7 – Teilmenge eines Heeres, mit Assoziation an militärisches Geschehen), die Bewohner vieler Städte (Sach 8, 20. 22), *qāhāl* (Ps 35, 18), *mælæḵ* (Ps 135, 10; Spr 30, 26f.). Selbst dem Löwengebiß in Joël 1, 6 und dem Wort *ʿāz* in Spr 30, 25 (zu v. 26) eignen noch militärische Assoziationen.

Die Metaphorik, die sich mit *ʿāṣûm* verbindet, steht ebenfalls in diesem Zusammenhang. Jes 8, 7 gebraucht das Bild des Wassers eines über die Ufer tretenden Flusses. In den Joël-Belegen hängt alles mit dem Heuschreckenheer zusammen, das das ganze Land bedeckt (auch in dem mit Num 22, 6 verbundenen Ausdruck *kissāh ʾæṯ-ʿên hāʾāræṣ* könnte das Heuschreckenbild vorliegen, vgl. die Diskussion bei Groß, Bileam 95f.; Spr 30, 26 folgt das Thema Heuschrecken im nächsten Vers). Joël 2, 2 (weitergeführt in v. 5) spricht vom Morgenrot, Mi 4, 6f. von der über das Land zerstreuten Herde. Allen diesen Bildern ist gemeinsam, daß die Erde als eine große Fläche da ist, und auf ihr in großer Breite dann etwas Bewegliches, Neues, sich Veränderndes, Zahlreiches, oft auch Beängstigendes.

Vielleicht läßt sich die Assoziationssphäre von *ʿāṣûm* noch weiter bestimmen. Das Wort kommt nämlich 21mal im Zusammenhang mit Feindschaft, Streit u. ä. vor (Ex 1, 9; Num 22, 6; Dtn 4, 38; 7, 1; 9, 1; 11, 23; 26, 5; Jos 23, 9; Jes 8, 7; 53, 12; Joël 1, 6; 2, 2. 5. 11; Mi 4, 3; Ps 10, 10; 135, 10; Spr 7, 26; 18, 18; Dan 8, 24; 11, 25). An 7 weiteren Stellen liegt diese Thematik zumindest in der Nähe (Num 14, 12; Dtn 9, 14; Jes 60, 22 [Anspielung auf die dtr Landeroberungsaussagen]; Am 5, 12; Mi 4, 7; Ps 35, 18 [umgebende Verse]; Sir 16, 5 [Einleitung zu Geschichten vom Zorn Gottes]). Außerhalb dieser konnotativen Sphäre bleiben nur 4 Belege (Gen 18, 18; Num 32, 1; Sach 8, 22; Spr 30, 26).

Mit der Sphäre der Auseinandersetzung hängt auch zusammen, daß häufig *min* folgt. Diese Konstruktion ist in Ex 1, 9; Num 22, 6 eher mit „zu zahlreich/mächtig für" wiederzugeben, in Num 14, 12; Dtn 9, 14 mit Sicherheit mit „zahlreicher/mächtiger als". An den restlichen Stellen Dtn 4, 38; 7, 1; 9, 1; 11, 23 ist die Entscheidung schwieriger, doch liegt „zahlreicher/mächtiger als" näher (vgl. vor allem den Kontext von 7, 1. Weimar 33 spricht in diesem Zusammenhang von einer „Überlegenheitsformel").

Die relativ seltenen Gegensatzaussagen gehen auf Kleinheit, kleine Zahl, Harmlosigkeit, Schwäche (Dtn 7, 7 [*meʿaṭ*, zu 7, 1], 26, 5 [*meṯê meʿaṭ*], Jes 8, 7 [*holekîm leʾaṭ*], 60, 22 [*qāṭôn, ṣāʿîr*], Mi 4, 6f. [Hinkendes, Fernes, Versprengtes]). Als eine Quasidefinition von *ʿāṣûm* könnte man *ʾên mispār* in Joël 1, 6 betrachten. Vermutlich liegt im Wort *ʿāṣûm* von vornherein schon etwas Elativisches oder Superlativisches – doch das kann (ähnlich wie beim Verb) nochmals durch *meʾoḏ* verstärkt werden: Num 32, 1; Dan 11, 25, vgl. Joël 2, 11.

Die Bedeutung von *ʿāṣûm* oszilliert zwischen „zahlreich, vielköpfig" und „mächtig, kraftvoll". In Num 22, 6; 32, 1 ist mit Sicherheit „zahlreich" zu übersetzen. In Ex 1, 9; Dtn 26, 5; Jes 60, 22; Joël 2, 2. 5. 11; Sach 8, 22 (vgl. 8, 20 „Einwohner vieler Städte"); Ps 35, 18 legen einzelne Kontextelemente zumindest nahe, daß der numerische Aspekt im Vordergrund steht. Dieser Aspekt kann in allen Belegen zumindest mitschwingen, so daß kein wirklich sicherer Beleg für eine schlechthin unnumerische Idee der reinen Mächtigkeit und Kraft aufzufinden ist. Umgekehrt weisen Kontextelemente in Dtn 7, 1; 9, 1 (und infolgedessen auch in den zugehörigen Belegen Dtn 4, 38; 11, 34; Jos 23, 9); Jes 8, 7 (vgl. die Gegensatzaussage); 53, 12 (vgl. den Rahmenbezug zu 52, 13); Am 5, 12 (vgl. 5, 9); Ps 10, 10; 135, 10 darauf hin, daß hier der Aspekt von Macht und Kraft im Vordergrund steht. An anderen Stellen ist eine Entscheidung sehr schwer, da es auch schon bei *raḇ* ein vergleichbares Oszillieren der Bedeutung gibt. Aus einem Parallelismus von *ʿāṣûm* und *raḇ* allein kann man daher nicht auf numerische Bedeutung von *ʿāṣûm* schließen (vgl. Jos 17, 17 *ʿam raḇ* || *koaḥ gāḏôl*). Man wird bedenken müssen, daß in segmentären Gesellschaften Macht und Geltung einer Familie durch die Zahl ihrer Menschen und ihres Viehs definiert war und daß in vortechnischer Kriegsführung auch die militärische Kraft vor allem an der Zahl der Kämpfer hing. Es bestand also kein Grund, die beiden Aspekte sprachlich auseinanderzunehmen. Das Oszillieren der Bedeutung, das uns Probleme bereitet, ist erst durch die Übersetzungssprache und deren gesellschaftlich-kulturelle Voraussetzungen bedingt. Selbst die Vermutung, pluralisch-nominales *ʿaṣûmîm* sei stets mit „Mächtige, Starke (Menschen, Herrscher)" zu übersetzen, bewährt sich nicht. Sie trifft zwar den vorherrschenden Aspekt in Spr 18, 18 und Dan 8, 24, wahrscheinlich auch in Jes 53, 12 (anders Hertzberg 104f.), ist aber in Spr 7, 26 keineswegs sicher. Der mehr oder weniger vorhandene Aspekt der zahlenmäßigen Vielheit dürfte nicht mit Zahlen rechnen, die man an den Fingern einer Hand abzählen kann, sondern eher schon mit schwer zu zählenden Größen, die eher in die Hunderte, die Tausende und darüber hinaus gehen.

Ist „Vielheit" (gegen Palache) die Basisbedeutung von *ʿāṣûm*, dann zwingt das zu weiteren Präzisierungen. *ʿāṣûm* bezieht sich in 17 Fällen auf eine singularische Bezugsgröße, innerhalb der die Vielheit behauptet sein muß. Das ist völlig unproblematisch bei den Kollektiven *ʿam* und *gôj*. Ähnliches gilt auch bei anderen Wörtern. Wenn die Bezugsgröße pluralisch auftritt, etwa als *gôjim ʿaṣûmîm*, müssen das „viele" Völker (die dann zusammen als Vielzahl von Völkern „mächtig" wären) *oder* „vielköpfige, menschenreiche", und deshalb je als einzelne schon „mächtige" Völker sein. Weil *ʿāṣûm* ja auch schon zum Sing. von „Volk" gefügt werden kann, ist die zweite Alternative vorzuziehen (Dtn 4, 38; 7, 1; 9, 1; 11, 23; Jos 23, 9; Mi 4, 3; Sach 8, 22; ähnlich Jes 53, 12; Dan 8, 24). In Dtn 7, 1 wäre die ausdrücklich genannte Siebenzahl der Völker trotz ihres Symbolcharakters doch wohl zu klein. Der Aspekt der Größe des Einzelvolks wird auch sofort in 7, 7 thematisiert. Die *ʿaṣûmîm* von Spr 18, 18 sind nur zwei. Wenn die Idee der Vielheit mitausgesagt ist, kann es sich nur darum handeln, daß sie durch ihre großen Familien oder ihre zahlreiche Anhängerschaft mächtig sind. Ähnliches gilt für die Könige von Ps 135, 10, die jeweils eine große Nation hinter sich haben. Offen bleiben die Lage in Spr 7, 26 und die metaphorischen Verwendungen in Am 5, 12 und Sir 16, 5. Eine Gegeninstanz, wo also *ʿāṣûm* bei einer pluralisch auftretenden Bezugsgröße vom Kontext her nachweisbar gerade diese Pluralität qualifizieren würde, und nicht distributiv jedes einzelne Exemplar der Vielheit, ist nicht auffindbar.

Ps 135, 10 nimmt den dtr Topos von den mächtigen Völkern Kanaans auf, spricht allerdings nicht einfach von den „Völkern". Im Nachbarpsalm 136, 17–20 ist der gleiche Topos sogar ganz auf die Könige hin gewendet, und eindeutig im Sinne von deren Macht und Kraft. Ps 135, 10 steht in der Mitte. Der Sinn von *ʿāṣûm* hängt hier an dem genauen Bezug des Wortes *raḇ*, das an die Stelle des *gāḏôl* der Tradition tritt. Zunächst will scheinen, als sei von „vielen Völkern“ die Rede. Zu den beiden klassischen ostjordanischen Königen von Dtn 2f. und Ps 136, 19f. treten ja alle *mamlāḵôṯ* Kanaans. Doch dürfte *gôjim rabbîm* trotzdem nicht „viele Völker (Kanaans)“ bedeuten. Beim Parallelismus *gôj* || *mælæḵ* bezeichnet *gôj* die Regierten im Gegensatz zur Regierung (vgl. W. L. Moran, A Kingdom of Priests, Festschr. M. J. Gruenthaner, New York 1962, 7–20). Vielleicht mußte deshalb *raḇ* hier *gāḏôl* ersetzen. *gāḏôl* konnte sich wohl nur mit *gôj* verbinden, wenn das Wort nicht mit einem Wort für „Regierung“ gepaart war, sondern sie einschloß. Also ist in Ps 135, 10 das *rabbîm* bei *gôjim* auf das jeweilige einzelne Volk zu beziehen, und konsequenterweise das bei *melāḵîm* stehende *ʿaṣûmîm* auf die einzelnen Könige. Die Übersetzung sollte lauten: „volkreiche Nationen – mächtige Könige“, wobei die Mächtigkeit der Könige an der großen Zahl der von ihnen regierten Völker hängt.

2. Das Verb *ʿṣm* hat (incl. Jer 30, 14; Ps 69, 3 und excl. *pi* in Jer 50, 17 und der Konjektur in Dan 11, 4) 16 Belege im *qal* und 1 im *hiph*. Es steht 3mal in Gen und Ex und fehlt im Rest des Pent. und in den historischen Büchern. Bei den Propheten steht es 5mal, aber nur bei Jes und Jer – dort stets in authentischen Texten. Es fehlt also völlig im Bereich der dtr Literatur. Dann steht es 6mal in Ps und 3mal in Dan. Es fehlt wieder ganz in weisheitlicher Literatur. 11 Belege sind in poetischen Texten (Propheten und Ps), 6 in Prosa (Gen, Ex, Dan). 7 Belege stammen aus der Königszeit. Unter ihnen könnte Gen 26, 6 aus J schon vorausliegender mündlicher Isaak-Tradition kommen, Jer 15, 8 kennt gerade schon die Ereignisse von 597 oder von 587. Die nachexil. Belege sind mehrheitlich spät. Die Psalmenbelege stehen meist in Psalmen eher anthologischer Art (Ps 40, 6. 13; 69, 5; 105, 24).

Jer 30, 14b darf trotz des Gleichlauts mit v. 15b nicht gestrichen werden (vgl. N. Lohfink, Der junge Jeremia als Propagandist und Poet, in: Le livre de Jérémie, BiblEThL 54, 1981, 351–368). – *ʿṣm pi* in Jer 50, 17 ist denominativ von *ʿæṣæm* ʿKnochenʾ (E. Jenni, Das hebräische Piʿel, Zürich 1968, 267). – In Ps 69, 3 könnte eine spezialisierte Bedeutung „sich in einem Prozeß stark machen = einen Prozeß gegen jemanden führen“ vorliegen (so Goldman). Vgl. Jes 41, 21 *ʿaṣûmôṯ* (s.o.) und mhebr. *ʿṣm hitp* „einen Rechtsstreit miteinander führen“. Da die Bedeutungen hier noch nicht wirklich auseinandergedriftet sind, zähle ich die Stelle mit. – Die Konjektur *keʿŏṣmô* in Dan 11, 4 (erstmalig H. Graetz, MGWJ 20, 1871, 142) ist harmonisierende Angleichung an 8, 8 und zurückzuweisen.

In deutlichem Unterschied zur Lage bei *ʿāṣûm* wird das Subjekt des durch *ʿṣm* ausgedrückten Zustandes nur in Ex 1, 20 und Ps 105, 24 (immer im Zusammenhang der Volkwerdung Israels in Ägypten) durch das Wort *ʿam* bezeichnet. Nie steht *gôj*. Ja, in Dan 11, 23 wird von Antiochus IV. gesagt: *weʿāṣam bimʿaṭ gôj* „er wurde mächtig, obwohl seine Anhänger nicht zahlreich waren“. Doch gibt es an 3 Stellen äquivalente Subjekte zu *ʿam/gôj*: Ex 1, 7 (Söhne Israels), Jes 31, 1 (Reiter/Gespanne eines Kriegsheeres), Jer 15, 8 (die Witwen des JHWH-Volks – ironische Anspielung auf die Mehrungsverheißung). An 3 weiteren Stellen wird man Einzelpersonen als Repräsentanten ihrer Sippe oder ihres Reiches sehen müssen: Gen 26, 16 (Isaak), Dan 8, 8 (Alexander d. Gr.), Dan 11, 23 (Antiochus IV.). Schließlich ist auch Dan 8, 24 hierhin zu ziehen (die „Macht“ Antiochus IV. als Subjekt von *ʿṣm*). Das sind 9 von 17 Belegen. In der Nähe stehen noch Ps 38, 20 und 69, 5, wo eine Aussage über die Feinde des Beters gemacht wird: sie werden kaum als Einzelpersonen gemeint sein, sondern als Repräsentanten von Sippen. Die 6 verbleibenden Belege sind metaphorisch: Subjekte des Verbs sind die Sünden Israels oder des Beters (Jer 5, 6; 30, 14f.; Ps 40, 13), die wunderbaren Taten Gottes (Ps 40, 6) und die Summen der Gedanken Gottes (Ps 139, 17). Bei grundsätzlicher Nähe zum Befund bei *ʿāṣûm* beobachten wir beim Verb also weniger Bindung an bestimmte Wörter und größere Neigung zu metaphorischem Gebrauch.

Entsprechend dem Zurücktreten von *gôj* als Subjekt gibt es auch nur einmal eine Reihenbildung mit *gdl*: Dan 8, 8 (*gdl* an 1. Stelle). Reihenbildung mit *rbb*, *rbh* oder *raḇ* ist dagegen häufig (Ex 1, 7. 20; Jes 31, 1; Jer 5, 6; 30, 14f.; Ps 40, 6; 69, 5 mit *rb* vor *ʿṣm*; Ps 38, 20; 139, 17f. mit *ʿṣm* vor *rb* – zusammen 10mal). Dazu kommen *gdl* und *rb* in einer vorauslaufenden sachlichen Explikation zu Gen 26, 16 in vv. 13f. In Ps 139, 18 findet sich so etwas wie eine Definition von *ʿṣm*: „sie wären zahlreicher als der Sand“ (vgl. dazu auch Jer 15, 8 „Sand am Meer“). Vgl. noch Ex 1, 17; Ps 40, 13; 105, 24; 139, 17; Dan 8, 24. Am eindeutigsten parallel ist wohl der Ausdruck *ʾên mispār* in Ps 40, 13. Als Gegensatz erscheint in Ps 38, 12 (zu v. 20) und 69, 9–13 (zu v. 5) die gesellschaftliche Isolierung des Beters, in Dan 8, 7 (zu v. 8) die Kraftlosigkeit des Gegners.

Auch das Verb ist meist mit Feindschaft, Streit u.ä. verbunden. An 10 Stellen ist dies der unmittelbare Kontext (Gen 26, 16; Ex 1, 20; Jes 31, 1; Jer 15, 8; Ps 38, 20; 69, 5; 105, 24; Dan 8, 8. 24; 11, 23), an 4 Stellen zumindest der weitere (Ex 1, 7; Jer 5, 6; 30, 14f.). Die von *ʿāṣûm* her bekannte Konstruktion mit *min* folgt in Gen 26, 16; Jer 15, 8; Ps 40, 6. 13; 105, 24.

Wieder oszilliert die Bedeutung zwischen „zahlreich, vielköpfig sein“ und „mächtig, kraftvoll sein“. In Gen 26, 12–16 wird gut sichtbar, wie unter segmentären Verhältnissen beide Aspekte zusammengehören. Doch tritt, vor allem in späteren Belegen, der Aspekt der Vielheit beim Verb offenbar mehr als bei *ʿāṣûm* hinter dem der Mächtigkeit zurück. Eine völlige Loslösung des Aspekts „Mächtigkeit“ von dem der großen Zahl tritt in Dan 11, 23 („trotz der Kleinheit seiner Truppe“) zutage. In Jes 31, 1 geht es dagegen gerade um die hohe Zahl der äg. Pferdetruppen – denn der Kontext rechnet mit ihrer Niederlage. Der Vergleich mit den Haaren auf dem Kopf in Ps 40, 13; 69, 5 läßt ebenfalls nur an die Zahl denken.

Wieder ist nach dem sachlichen Subjekt der Vielheitsaussage zu fragen, wenn die Bezugsgröße pluralisch auftritt: ist es die Pluralität selbst oder distributiv das einzelne Glied der Vielheit? Bei singularischer Bezugsgröße kann wieder die Vielzahl ausgesagt werden (vgl. Gen 26, 16; Ex 1, 20; Ps 105, 24). Vielleicht sollte man unter Hinweis auf Spr 18, 18 auch bei den Gegnern des Beters in Ps 38, 20; 69, 5 und unter Hinweis auf Am 5, 12 bei den Sünden in Jer 5, 6; 30, 14f.; Ps 40, 13 eher distributiv interpretieren. Doch zeigt ein Text wie Ex 1, 7 („Söhne Israels" als Subjekt), daß beim Verb auch eine andere Sicht vordringen kann. Das pluralische Subjekt wird als Kollektiv empfunden und kann so als ganzes Träger der Vielheits-Mächtigkeitsaussage werden. Dies gilt sicher auch von Jes 31, 1; Jer 15, 8; Ps 40, 6 und 139, 17.

3. Das Nomen *ʿoṣæm* ist bei Nichtzählung von Jes 11, 15; Ps 139, 15 zweimal (Dtn 8, 17; Ijob 30, 21), das Nomen *ʿŏṣmāh* (in KBL^3 übersehen) bei Nichtzählung von Sir 38, 18 und Zählung von Jes 40, 29 fünfmal belegt (Jes 40, 29; 47, 9; Nah 3, 9; Sir 41, 2; 46, 9). In Ps 68, 36 findet sich parallel zu *ʿoz* als hap. leg. noch das Wort *taʿ^{a}ṣûmôṯ* in der Bedeutung 'Macht'. Ps 68 könnte sehr alt sein. Nah 3, 9 ist sicher vorexil. Dtn 8, 17 (der einzige Prosabeleg) gehört einer späten dtr Schicht an.

Das hap. leg. *baʿjām* in Jes 11, 15 kann aufgrund keiner der alten Übersetzungen als Korruption aus *b^{e}ʿoṣæm* (so zuerst Luzzatto) nachgewiesen werden (vgl. Delitzsch, BC z. St.). – Zu Jes 40, 29 LXX (und den anderen alten Übersetzungen) vgl. Elliger, BK XI/1, 93 f. – In Nah 3, 9 dürfte das Mappik von den Masoreten kaum „aus Versehen" (Rudolph, KAT z. St.) ausgelassen sein, hier ist also *ʿŏṣmāh*, nicht *ʿoṣæm* belegt; die alten Übersetzungen haben das Personalpronomen sinngemäß ergänzt. – In Ps 139, 15 ist *ʿoṣmî* gegenüber 11 QPs^a *ʿṣbj* zwar die ursprüngliche Lesung, doch handelt es sich um ein mit *ʿæṣæm* 'Knochen' zu verbindendes *ʿoṣæm* II 'Leib' (vgl. „Seele" in v. 14). – In Sir 38, 18 liest B *jbnh ʿṣbh* „errichtet Mühsal"; LXX κάμψει ἰσχύν könnte *j^{e}ʿanneh ʿŏṣmāh* voraussetzen (Peters, EHAT z. St.) – doch sicher ist das nicht.

Das Wort *ʿoṣæm* existiert nur in der festen Verbindung *ʿoṣæm jāḏ* (Dtn 8, 17; Ijob 30, 21) und bedeutet an beiden Stellen eindeutig „Kraft, Macht". Die Verbindung könnte schon ugar. belegt sein (KTU 1.12, I, 24). Doch wird *ʿẓm jd* dort sowohl für „Kraft der Hand" als auch für „Unterarmknochen" vokalisiert.

Die Bedeutung des freier gebrauchten *ʿŏṣmāh* oszilliert zwischen den beiden bekannten Möglichkeiten. In Jes 47, 9 geht es um numerische Vielheit, vermutlich auch in Nah 3, 9, dagegen in Jes 40, 29; Sir 41, 2; 46, 9 eher um „Kraft, Macht". In Jes 40, 29 (Gegenbegriff: *ʾên ʾônîm*) geht es vielleicht sogar um Stärke durch Reichtum (so deutet Targ.). *m^{e}ʾoḏ* tritt in Jes 47, 9 hinzu. Das Problem einer pluralischen Bezugsgröße stellt sich nur in Jes 47, 9 und ist dort aus dem Kontext nicht weiter klärbar.

Von den bekannten Parallelwurzeln erscheint *gdl* nicht, wohl aber *rb*: Dtn 8, 17 (vgl. 8, 13), Jes 40, 29 (Prädikat des Satzes), Jes 47, 9 (*roḇ* – vgl. auch die nahestehende Formulierung in 47, 12 mit *roḇ*, aber ohne *ʿŏṣmāh*). Neue Parallelen sind *koaḥ* (Dtn 8, 17, *koaḥ* kann dann in v. 18 auch allein stehen; Jes 40, 29, *koaḥ* ist im Zusammenhang ein Leitwort; in Ijob 30, 21 ist *ʿoṣæm jāḏ* des göttlichen Feinds eine Steigerung des *koaḥ jāḏ* des menschlichen Feinds von v. 2), *ʾên qeṣæh* (Nah 3, 9) und *ʿoz* (Ps 68, 36). Im Zusammenhang von Jes 40, 29 ist das Bild von den Adlerflügeln erwähnenswert (40, 31). In 4 der 8 Belege ist die Thematik mit Streit und Krieg verbunden: Jes 47, 9; Nah 3, 9; Ijob 30, 21; Sir 46, 9 (zum kriegerischen Klang von *drk ʿal bāmôṯê ʾæræṣ* vgl. Dtn 33, 29; Mi 1, 3).

4. Obwohl die Wortgruppe bei profanem Gebrauch auch auf Einzelpersonen, nicht nur auf Völker, Heere und andere Kollektive bezogen werden kann, dient sie niemals einer direkten Aussage über Gott. Bei anderen Wörtern für Macht und Kraft ist das durchaus möglich. Am nächsten kommen einer Aussage über Gott noch die Belege Ps 40, 6 (Verb; überaus zahlreich sind JHWHs wunderbare Taten), Ps 139, 17 (Verb; die hohe Summe der Gedanken Els), Ijob 30, 21 (*ʿoṣæm*; die Kraft der Hand Eloahs hebt Ijob empor in den Sturmwind, um ihn zu vernichten) und vielleicht Sir 16, 15 (*ʿāṣûm*; zahlreiche/mächtige in der Bibel erzählte Erweise von JHWHs Zorn). Doch sie wenden das jeweilige Wort stets nur vermittelt an, nie wird es direkt mit Gott verbunden. Die Wortgruppe muß eine Konnotation besessen haben, die so etwas unmöglich machte. Sollte das Bedeutungselement „Vielheit" doch so maßgebend gewesen sein, daß es mit dem einen und einzigen Gott Israels, der in keine göttliche Familienkonstellation eingebunden war, unvereinbar schien? Sollte die Konnotation von Streit und Kampf so sehr auf eine noch offene und unentschiedene Situation verwiesen haben, daß JHWH in ihr nicht gedacht werden konnte? Aus der Nichtverwendbarkeit für Gott darf aber nicht geschlossen werden, es handle sich um eine grundsätzlich negativ besetzte Wortgruppe. Das zeigt schon ihr Gebrauch im Zusammenhang mit dem guten und geschichtswirksamen Handeln Gottes an Menschen.

III. 1. Die Wortgruppe scheint auch unabhängig von den besonderen theologischen Topoi Israels für das freundliche und das geschichtswirksame Handeln der Gottheit an Menschen zur Verfügung gestanden zu haben. Das Mächtigwerden Isaaks durch Zunahme von Gut, Vieh und Gesinde (Gen 26, 13 f. zu 26, 16) wird auf JHWHs reichen (*m^{e}ʾoḏ*) Segen zurückgeführt (v. 12). Im hymnischen Abschluß des möglicherweise sehr frühen (und in diesem Fall aus dem Norden stammenden) Ps 68 wird JHWH von den Königreichen/Königen der Erde / des Landes (v. 33) als der „El Israels" gepriesen, der „(seinem) Volke" (oder „dem Volk = den Menschen") *ʿoz w^{e}ṯaʿ^{a}ṣûmôṯ* schenkt (v. 36). JHWH ist auch im Blick, wenn es in Dan 8, 24 heißt, Antiochus IV. werde mächtig, aber „nicht aus seiner (eigenen) Kraft". Auch bei einigen Belegen im Jes-Buch und in Sir wird man den Gebrauch der Wortgruppe kaum allein auf den Nachklang klassischer Texte der Heilsgeschichtsdarstellung Israels zurückführen können, selbst wenn diese, wie in Jes 60, 22 und Sir 46, 9, vom Kontext her assoziativ nicht sehr fern liegen. In Jes 40, 27–31 erinnert der Prophet das verzagte Jakob-Israel des Exils an altbesessenes Wissen (v. 28): JHWH kann dem Ohnmächtigen *ʿŏṣmāh* verleihen (v. 29). Er kann es und – so sagt das Ganze hier – er will es auch. Im zentralen Kapitel von TrJes, Jes 60, endet die Beschreibung der eschatologischen Verwandlung Zions durch JHWH in dem Satz: „Der Kleinste wird zu einem ‚Tausend', der Geringste zu einem *gôj ʿāṣûm*" (v. 22). In Sirachs „Lob der Väter" wird – auf keine Formulierung im Hexateuch gestützt – von Kaleb gesagt, JHWH habe ihm *ʿôṣmāh* gegeben und habe ihm bis ins Greisenalter zur Seite gestanden (Sir 46, 9). Es wird also feste Sprachmöglichkeit gewesen sein, zu sagen, die Gottheit mache jemanden, dem sie zugeneigt ist, *ʿāṣûm*.

2. Zugleich scheint es, ebenfalls noch vorgängig zur heilsgeschichtlichen Theologie Israels, möglich gewesen zu sein, die Wortgruppe gerade für solche zu verwenden, die gegen die Gottheit oder ihre Treuen eigene menschliche Macht entfalten. Noch fast im Rahmen des normalen profanen Gebrauchs ist es, wenn die Gegner des Beters im Klagelied als *ʿaṣûmîm* geschildert werden (Ps 10, 10; 38, 20; 69, 5). Doch der Beter will sich ja auf der Seite seines Gottes wissen, und so wird im Gesamtzusammenhang die Kraftentfaltung der Gegner als Widergöttliches gestempelt. Auf Völkerebene ergibt sich die gleiche Konstellation in einem Orakel Jesajas gegen das mit Ägypten verbündete Israel (Jes 31, 1: es geht um die zahlreichen äg. Pferdetruppen), in einem Orakel Nahums gegen Ninive (Nah 3, 9: es geht um Kusch und Ägypten als das große Menschenreservoir für Assurs Truppen), in dem ironischen Klagegesang von DtJes über das gefallene Babel (Jes 47, 9: es geht um die zahlreichen Zaubertexte Babels, durch die es sich sicher wähnte). Man wird auch Dtn 8, 17 hierhin stellen müssen: die Warnung an Israel, den Reichtum, den es erwirbt, nicht der „Kraft" der eigenen Hand zuzuschreiben – wo er doch von JHWH stammt. Obwohl diese prophetischen und dtr Belege schon ganz aus heilsgeschichtlich orientierten Texten stammen, weisen sie wohl auf eine vorgängig gegebene Sprachmöglichkeit hin, gerade bei widergöttlicher Kraftentfaltung auf unsere Wortgruppe zurückzugreifen.

3. Vor diesem breiteren Horizont des allgemeinen Gebrauchs der Wortgruppe in theologischen Zusammenhängen gewinnen die im strengeren Sinn heilsgeschichtlichen Verwendungen nun schärfere Kontur. Zunächst ein in der Literatur mehrfach nicht erkannter negativer Befund: Die Wortgruppe gehört nicht zum genuinen Vokabular der Väterverheißungen. In den Belegen der Väterverheißungen im Pentateuch begegnet einzig in Gen 18, 18 der Ausdruck *gôj gāḏôl weʿāṣûm*. Er erweitert die Wendung *gôj gāḏôl* von 12, 2 (vgl. dazu noch 17, 20; 21, 18; 46, 3). Die Zugehörigkeit von Gen 18, 18f. zur Quellenschicht von Gen 18f. (J) wird vertreten wie bestritten. Bei spätem Ansatz könnte man vermuten, daß die inzwischen durch Dtr für einen anderen Zusammenhang zur Formel gemachte Wendung *gôj gāḏôl weʿāṣûm* hier sekundär in den Topos „Väterverheißung" einrückte. Ähnlich erscheinen das Verb *ʿṣm* in Jer 15, 8 und das Wort *ʿāṣûm* in Jes 60, 22 in späten und recht lockeren Anspielungen auf die Väterverheißung.

4. Ein heilsgeschichtlicher Topos, in den die Wortgruppe genuin gehört, ist das Wachstum Israels zu einem menschenreichen Volk in Ägypten. Die Belege am Anfang des Buches Ex gehören verschiedenen Pentateuchschichten an: den alten Quellen (1, 9. 20) ebenso wie P^g (v. 7). Stets geht *rbh* oder *raḇ* voraus. Subjekt der Aussage ist *ʿam* oder *benê jiśrāʾel*. In den alten Quellen erklärt die Aussage, Israel sei den Ägyptern zu zahlreich geworden (v. 9: *ʿāṣûm min*), warum Ägypten Israel unterdrückte. Das setzt dann die Handlung der Exoduserzählung in Gang. Bei P^g ist das genauso. Doch fehlt die Konstruktion mit *min*. P^g hat nämlich das Stichwort *ʿṣm* in eine für die Konstruktion des Gesamtwerkes dezisive Erfüllungsnotiz zum Schöpfungssegen (Gen 1, 28) und zum Segen beim Noach-Bund (Gen 9, 7) eingebracht (Verben: *prh*, *šrṣ*, *rbh*, *mlʾ*). Am Beispielvolk Israel ist das, was bei der Schöpfung mit der Menschheit in Gang gesetzt wurde, nun also erfüllt – von *einem*, das aussteht, abgesehen: sich die Erde zu unterwerfen (*kbš*). Das hieße für Israel konkret: ein eigenes Land in Besitz zu nehmen. Das kann nicht im Land Ägypten geschehen. So wird durch diese Neueinreihung von *ʿṣm* und seine Zuordnung zum *rbh* des Schöpfungssegens die mit der Unterdrückung in Ägypten einsetzende Exodushandlung auch noch auf eine typisch priesterschriftliche Weise in Gang gesetzt: in einem Rückbezug auf die Dynamik, die schon mit der Schöpfung gesetzt worden war. Die Erfüllungsnotiz für das letzte noch ausstehende Element des Schöpfungssegens wird erst in Jos 18, 1 stehen (hierzu vgl. N. Lohfink, Die Priesterschrift und die Geschichte, VTS 29, 1978, 218–220).

Die verbreitete Annahme, das Wortpaar *rbh* + *ʿṣm* in Ex 1, 7 sei nicht von P^g, sondern erst von einem Pentateuchredaktor oder -bearbeiter, weil *ʿṣm* sich ja in Gen 1, 28 nicht finde, ist unbegründet. Sie verkennt die auch sonst beobachtbare literarische Technik von P^g, Sprachsignale aus den alten Quellen an dem für sie typischen Ort aufzunehmen. Genauere Widerlegung bei Weimar 25f.

Doch noch bevor P^g auf diese Weise den Exodus mit der Schöpfung verknotete, warf der Topos von der Volksvermehrung in Ägypten schon seine Lichter in andere Textzusammenhänge, mitsamt Belegen der Wurzel *ʿṣm*. In der Bileamgeschichte fühlt sich Balak, der König von Moab, durch Israel bedroht, das „aus Ägypten ausgezogen ist, die Oberfläche des Landes bedeckt und jetzt mir gegenüber sitzt" (Num 22, 5). Dieses Volk ist „zu *ʿāṣûm* für mich" (v. 6). Deshalb soll Bileam das Volk verfluchen. Wie die Aussage von der Volksvermehrung in Ägypten setzt auch diese Aussage die Handlung der hier beginnenden Erzählung erst in Gang. Durch die Formulierung Balaks hindurch soll der Leser die Zusammenhänge erkennen und schon hier seine Phantasie darauf einstellen, daß der nichtsahnende Balak mit JHWH aneinandergeraten wird. Der Gebrauch von *ʿāṣûm* in Num 22, 6 setzt also nicht nur beim Verfasser, sondern auch bei seiner erwarteten Leserschaft die Kenntnis einer Exoduserzählung nach Art der alten Pentateuchquellen voraus – sei es aus mündlicher oder schriftlicher Tradition, sei es, weil die

Bileamerzählung dem Leser sofort als Stück eines mit Ex 1 beginnenden literarischen Zusammenhangs begegnete.

Wohl frühestens eine protodeuteronomische JE-Redaktion hat in die Geschichte vom Goldenen Kalb die Fürspracheszene Ex 32, 7–14 eingebaut. JHWH teilt Mose mit, er wolle das Volk vernichten und noch einmal neu anfangen, indem er aus Mose ein *gôj gāḏôl* macht (v. 10). Zweifellos klingt hier die Abrahamsverheißung Gen 12, 2 an: Mose soll ein neuer Abraham werden. Eine wohl bald darauf auch in die Kundschaftergeschichte eingesetzte (und auch noch spätere Erweiterungen enthaltende) Fürspracheszene in Num 14, 11–20 lehnt sich an die in Ex 32 an, bringt aber neue Nuancen hinein. Zu ihnen gehört, daß JHWH zu Mose jetzt sagt: „Ich will dich machen zu einem *gôj gāḏôl weʿāṣûm mimmænnû*" (v. 12). Hier stammt *gāḏôl* aus der Vorlage Ex 32, 10, doch die Erweiterung lehnt sich an Ex 1 an und will das geplante neue Mosevolk gegenüber Israel in eine ähnliche Ausgangssituation bringen, wie sie dort Israel gegenüber Ägypten einnahm. Dem entspricht, daß JHWHs Vernichtungshandeln als Pest gedacht ist (14, 12a) – vgl. die ägyptischen Plagen. So wird durch die Einfügung von *ʿāṣûm* der Blick nicht auf Abraham, sondern auf die Exodusgeschichte gelenkt. Während in Ex 1 der Wurzel *ʿṣm* aber stets die Wurzel *rb* vorausläuft, ist jetzt durch die Anlehnung an Ex 32, 10 auch die Wurzel *gdl* in diesen Zusammenhang eingebracht.

Das ist vermutlich eine Vorgabe für die Formulierung der Volksvermehrung in Ägypten, die sich im dtn „kleinen historischen Credo" findet: „Er (mein Stammvater) wurde dort (in Ägypten) *legôj gāḏôl ʿāṣûm wārāḇ* (Dtn 26, 5). In der Vorlage Num 20, 15f. (vgl. N. Lohfink, ThPh 46, 25–28) gab es das Motiv der Volksvermehrung in Ägypten nicht. Daß bewußt Wortmaterial aus Ex 1 aufgenommen wird, liegt auf der Hand. Die Gesamtformulierung ist jedoch neu und wird auch nirgends im AT so wiederholt werden. Die Dreiheit der Attribute zu *gôj* ist durch die poetische Form des Credo von Dtn 26 erzwungen, denn es ist eine Art rhythmischer Variation des ersten, dreihebigen Satzes *'arammî 'oḇeḏ 'āḇî* (Lohfink 24f.). Falls sich nicht schon Gen 18, 18 in dem hier vorauszusetzenden Tetrateuch befand, hat der dtn Verfasser des Credo die Formulierung aus Num 14, 12 zugrundegelegt (wobei er den Zusammenhang mit der Volksvermehrung in Ägypten durchschaute) und *raḇ*, das ursprüngliche Parallelwort zu *ʿāṣûm* in Ex 1, 9, als drittes Attribut hinzugefügt. Seine Endposition legte sich bei einem Dreierausdruck wohl auch aus rhythmischen Gründen nahe. Dtn 26, 5 enthält den *einzigen* dtn/vor-dtr Beleg von *ʿāṣûm*, und von einer „dtn Stereotypie" kann hier keine Rede sein.

Vermutlich ist die Formulierung von Dtn 26, 5 dann wieder die Voraussetzung für die höchst ungewöhnliche Variante des Gotteswortes an Mose aus der Fürspracheerzählung, wie sie der wohl joschijanische Verfasser des ältesten Entwurfs des DtrGW in Dtn 9, 11–14. 25–29 formuliert hat: „Ich mache dich zu einem *gôj ʿāṣûm wārāḇ mimmænnû*" (v. 14). Beide Vorlagen in Ex 32 und Num 14 ebenso wie Dtn 26, 5 hatten *gāḏôl* (die LXX-Vorlage hat es in Dtn 9, 14 auch prompt ergänzt). Das Wort *rāḇ* stand in Ex 1, 9 an erster Stelle, was in Verbindung mit *ʿāṣûm* auch sein normaler Platz ist. Eine mögliche Erklärung für die Wortfolge in Dtn 9, 14 ist, daß Dtr I die Formulierung von Dtn 26, 5 im Ohr hatte und auch bewußt aufgreifen wollte, dabei aber zugleich das erste Element *gāḏôl* strich, um durch diese erkennbare Nullaussage jeden Zusammenhang mit der Volksverheißung an die Väter aus dem Zusammenhang zu verbannen. Letzteres scheint er auch sonst in diesem Zusammenhang zu bezwecken: Im Bittgebet Moses läßt er bei der Erwähnung der Erzväter (9, 27) die Erwähnung der Volksverheißung an die Väter, die die Vorlage in Ex 32, 13 enthielt, ebenfalls aus. Warum, kann hier nicht weiter verfolgt werden.

Sonst spielt die Wurzel *ʿṣm* im Zusammenhang mit der Vermehrung Israels in Ägypten in der dtn/dtr Literatur keine Rolle mehr. Auch in anderen Literaturbereichen klingt der Topos zusammen mit dieser Wurzel nur wenig weiter. Die nachexil. Stellen Jes 60, 22 und Mi 4, 7 könnten locker darauf anspielen. Der schon den Pentateuch voraussetzende Geschichtspsalm 105 enthält das Motiv (v. 24). Hier liegt das einzige belegte *hiph* von *ʿṣm* vor: JHWH wird so in größerer Direktheit als in den alten Texten als der Bewirker dieser Vermehrung Israels bezeichnet.

5. In einigen späten dtr Bearbeitungsschichten tritt das Wort *ʿāṣûm* aber nun in völlig anderem Zusammenhang in die dtr Klischeesprache ein. Es wird an die Verwendung der Wortgruppe für die aus Eigenem kommende Mächtigkeit bei den Gegnern der Gottheit und des Beters angeknüpft. Der umfassendste Text des von Smend in Jos und Ri nachgewiesenen (Festschr. G. von Rad, 1971) und wohl auch im Dtn nachweisbaren (N. Lohfink, Festschr. H. W. Wolff, 1981) „DtrN" ist Jos 23, 1–16. Sein Thema sind die „Völker" (*gôjim*: vv. 3. 4. 7. 9. 12. 13), die Israel bei der Landeseroberung vernichtet oder auch noch nicht vernichtet hat. Die zukünftige Rolle der Völker gegenüber Israel bestimmt sich von der Thoratreue Israels her. Nach einem ersten Bogen der Rede setzen vv. 9f. neu an: Israel hat die Erfahrung gemacht, überlegene Völker vernichten zu können, und es könnte auch in Zukunft dazu in der Lage sein. Hier findet sich, noch in keiner Weise stereotyp zu hören (wie etwa schon die Rede von den „übriggebliebenen" Völkern im gleichen Text), als Objekt von *jrš hiph* die Formulierung *gôjim geḏôlîm waʿaṣûmîm* (v. 9). Sie wird später in Dtn 7, 1; 9, 1; 11, 23 wie ein Stichwort (und stets in Verbindung mit *jrš qal* und *hiph* sowie anderen Verben der Vernichtung) aufgegriffen. Diese Stellen gehören zu einer Schicht des Dtn, die sich mit der nomistischen Theologie von DtrN kritisch auseinandersetzt (zu ihr vgl. Lohfink, ebd. 99f.). Stets ist der Ausdruck hier neu

gegenüber den Vorlagen: zu 7, 1–5 vgl. Ex 23, 23f.; 34, 11; zu 9, 1f. vgl. Num 13, 28. 31; Dtn 1, 28; zu 11, 23–25 vgl. Dtn 1, 7f.; Jos 1, 3–5. Die zentrale, gegen die nomistische Theologie von DtrN gerichtete Aussage steht in 9, 1–5: Nicht wegen einer „eigenen Gerechtigkeit", die Israel etwa zukäme, vernichtet JHWH zugunsten Israels die gegnerischen und überlegenen Völker. Innerhalb der Gesamtaussage dient die Überlegenheitsaussage dazu, den Wundercharakter der ohne jedes eigene Verdienst Israel zugewendeten JHWH-Hilfe herauszustreichen (vgl. G. Braulik, ZThK 79, 1982, 127–160). Ohne die Wurzel *ʿṣm* spricht die gleiche Schicht von diesen *gôjim* noch in Dtn 7, 1. 17. 22; 8, 20; 9, 4f.; 11, 23. Nach 7, 1 sind es die 7 Völker der alten Völkerliste. Vor allem 7, 17–24 rufen zum Vertrauen auf JHWHs helfenden Beistand auf. Um den Wundercharakter dieser Völkervernichtung geht es dann auch in dem einer nochmals späteren Schicht angehörenden Vers 4, 38, wo die Formulierung in durchaus sachentsprechendem Zusammenhang nun schon formelhaft zu sein scheint. Außerhalb der dtr Literatur klingt die Formel ein letztes Mal locker (*raḇ* statt *gāḏôl*) an in der Aufzählung der Landeroberung in Ps 135,10, die sich inhaltlich an der Darstellung von Dtn und Jos orientiert (zur Einführung der Völkerkönige vgl. Dtn 7, 24).

6. Unabhängig von diesem Gebrauch des Wortes *ʿāṣûm* für die Israel feindlichen, dem Untergang geweihten Völker Kanaans und zeitlich weit vorausliegend (gegen Wildberger, BK X/1², 326) schildert in der jesajanischen „Denkschrift" Jes 8, 7 (authentisch) die Juda bedrängende Macht Assurs unter dem Bild der *mê hannāhār hāʿaṣûmîm wehārabbîm*, die über die Ufer steigen und auch Juda überfluten. Es ist die Strafe dafür, daß Juda „die leise einhergleitenden Wasser des Schiloach verschmäht". Juda wollte Weltpolitik, nun geht ihm diese ans Leben! Doch wird der Katastrophe zumindest im kanonischen Text wohl schon durch v. 8b (Authentizität umstritten) von JHWH her eine Grenze gesetzt (der schützende Riesenvogel ist JHWH!), erst recht durch die ironische „Aufforderung zum Kampf" an die Weltvölker in vv. 9f. (Authentizität ebenfalls umstritten). Vgl. zum Bild und seiner Verwendung Jes 17, 12–14. Die konkrete Situation ist auf das Motiv vom Völkersturm gegen Zion und seine Beendigung durch JHWH hin durchsichtig gemacht.

Das verbindet diese Aussagekonstellation mit der des Buches Joël, wo *ʿāṣûm* gehäuft vorkommt: in der älteren Schilderung des einfallenden Heuschreckenheeres (1, 6) und im 2. Kapitel, wo alles durchsichtig wird auf den eschatologischen Völkersturm (2, 2. 5. 11 – zu Beginn, im Zentrum und am Ende einer palindromischen Gesamtstruktur). Hier tritt die Deutung als „Tag JHWHs" hinzu, und das militärische Element ist stark herausgehoben. Am Ende des Buches findet sich wieder eine ironische Aufforderung zum eschatologischen Kampf (Joël 4, 9–14).

7. Bei DtJes glaubt ein müdes und kraftloses Israel nicht mehr daran, daß JHWH ihm wieder *ʿŏṣmāh* geben könne (Jes 40, 29 und oben III. 1.). Die *ʿŏṣmāh* der magischen Wissenschaft hilft andererseits der Unterdrückerin Babel nichts (47, 9 und oben III. 2.). JHWH wird seinen „Knecht" aus dem Tod retten. Die volle Zuwendung JHWHs zu seinem Knecht nach dessen Tod und Erniedrigung gipfelt in Jes 53, 12 im Bild des Beuteverteilens nach großem Sieg. Inmitten der *rabbîm* gibt JHWH seinem Knecht Beuteanteil, mit den *ʿaṣûmîm* zusammen verteilt dieser Beute. *rabbîm* ist Rahmenstichwort von Jes 52, 13 – 53, 12 (52, 14. 15; 53, 11. 12. 12). Nach 52, 15 handelt es sich um die *gôjim rabbîm* und ihre Könige, also um die großen Nationen der Welt, die JHWHs Knecht (im definitiven Text: Israel) unterdrückt haben. Sie hatten sich einst über das schrecklich anzusehende Israel entsetzt (52, 14). Dann aber hatte der Knecht ihre Sünden getragen (53, 12) und sie „gerecht" gemacht (53, 11). Sie sind darob voller Staunen (52, 12). Der Knecht aber wird in die Sphäre versetzt, die bisher für die anderen Völker und Könige typisch war: die des Siegens und Beuteverteilens (53, 12). Die Sphäre der Mächtigkeit, die das Wort *ʿāṣûm* kennzeichnet, ist nun Israels ureigener Bereich geworden. Ist das ein reines Bild für die Erhöhung des geretteten Knechts? Oder soll Israel wirklich in die Mitte der großen Völker aufgenommen werden? Sie würden dann, nachdem sie die Wahrheit der Geschichte erkannt und akzeptiert haben, nicht aufhören, groß und mächtig zu sein. Es läge eine ähnliche Konzeption vor wie beim Bild der Völkerwallfahrt.

Hertzberg 102–106 zeigt, daß auch dann, wenn man den Knecht JHWHs im 4. „Gottesknechtslied" als individuelle Gestalt und die Sprecher von Jes 53, 1–11a nicht als die Völker und Könige der Welt, sondern als Israel bestimmt, die *rabbîm* und *ʿaṣûmîm* des Rahmens auf jeden Fall diese Völker sind.

8. Im klassischen Text von der Völkerwallfahrt (Jes 2, 2–5 = Mi 4, 1–4) steht *ʿāṣûm* in der (kaum älter als nachexil. – was immer man vom Ursprung des Textes halten mag) Mi-Fassung (4, 3): JHWH vom Zion aus, nachdem die Völker dorthin gezogen sind, „wird Recht sprechen im Streit von *ʿammîm rabbîm*, wird zurechtweisen *gôjim ʿaṣûmîm* – bis in die Ferne". Vielleicht, aber nur vielleicht, soll hier die dtr Bezeichnung der Völker Kanaans anklingen, die vernichtet wurden (Dtn 7, 1; 9, 1), und es soll der Unterschied des Endes der Geschichte vom Anfang der Geschichte angedeutet werden. Doch ebenso könnte die Absicht gewesen sein, durch die Texterweiterung gegenüber der Vorlage auf Jes 53, 12 hinzuweisen.

Der Vergleich von Mi 4 mit Jes 2 ergibt: Bei Jes ist *gôj* das leitende Wort, und *ʿam* tritt als Parallelismus hinzu, bei Mi umgekehrt. Die Situation bei Jes ist die ursprüngliche, wie die auch bei Mi erhaltene Formulierung in Jes 2, 4b zeigt, wo im Ausdruck *gôj ʾæl gôj* nur das leitende Wort steht. Bei Mi hat eine Redaktion *ʿammîm* (*rabbîm*) in einem umfassenderen Textbereich und so auch in diesem Orakel zum leitenden Wort gemacht (vgl. Mi 4, 5; 5, 6. 7). Im ursprünglichen Orakel stand *gôjim* ohne

Attribut (vgl. Jes 2, 2. 4), während im jeweiligen Parallelstichus zu *ʿammîm* das Attribut *rabbîm* trat. Die Mi-Redaktion hat das bei ihrer Operation durch die Wortumstellung entstehende Gleichgewichtsproblem in den beiden Fällen verschieden gelöst. In Mi 4, 1f. ließ sie *ʿammîm* nun ohne Attribut und stellte *rabbîm* zu dem an zweite Stelle gerückten *gôjim*. In 4, 3 dagegen nahm *ʿammîm* das *rabbîm* in die Anfangsstellung mit, und so mußte zu *gôjim* an der zweiten Stelle ebenfalls ein Attribut treten. Hier wurde dann *ʿaṣûmîm* eingesetzt. Daß die gesamte Völkerwelt gemeint war, wurde durch die weitere Hinzufügung von *ʿaḏ rāḥôq* unterstrichen.

Der das Thema Völkerwallfahrt aufnehmende Abschlußtext von Protosacharja (8, 20–23; vorher vgl. schon Sach 2, 15) dürfte in vv. 20f. authentisch sein. Ähnlich wie in Jes 2 = Mi 4 sprechen Völker (*ʿammîm*) und die Bewohner vieler Städte (*ʿārîm rabbôṯ*) zueinander und fordern einander zur Wallfahrt nach Jerusalem auf – hier, um den Zorn JHWHs zu besänftigen und das Orakel JHWHs der Heerscharen zu befragen. In 8, 23 ist dann, durch eine chiastische Wiederaufnahme eingehängt, eine Klärung hinzugefügt: es handelt sich um *ʿammîm rabbîm weḡôjim ʿaṣûmîm*. Man wird an dieser Stelle geradezu mit einem literarischen Querverweis auf das im Prophetenkanon schon vorausgehende Orakel von Mi 4, 1–4 rechnen können.

9. Völlig einmalig ist die Bezeichnung der Kultgemeinde, vor der der Beter eines Klageliedes seinen Dank für die Rettung abstatten wird, im Dankgelübde Ps 35, 18 als *ʿam ʿāṣûm*. Im Parallelismus steht zuvor *qāhāl rāḇ*, wozu Ps 22, 26 (ebenfalls Dankgelübde; parallel: „die ihn fürchten"; vgl. schon 22, 23) und Ps 40, 10 zu vergleichen sind. In Ps 22, 25. 27; 35, 10 spielen im Zusammenhang die „Armen" eine Rolle. Alle 3 Texte dürften spät sein. Ist *ʿam ʿāṣûm* zur Bezeichnung der Kultgemeinde üblich gewesen und nur zufällig sonst nie bezeugt? Oder handelt es sich hier um eine neue Formulierung einer sprachlich nicht mehr sicheren Spätzeit? Ps 35 ist auch in anderer Hinsicht außergewöhnlich: er teilt das Dankgelübde auf die Enden seiner drei Teile auf (vv. 9f. 18. 27f.). Sieht man das, dann erkennt man ein Wortspiel zwischen 35, 10 *kŏl-ʿaṣmôṯaj* „mein ganzer Körper" (parallel zu 135, 9 *napšî*) und 35, 18 *ʿam ʿāṣûm*. Vielleicht erklärt allein dies schon die Wortwahl (vgl. ein ähnliches Wortspiel in Ps 135, 15. 17). Natürlich sollen beim Beter wohl vor allem die Aussagen über das in Ägypten zahlreich und stark gewordene Volk Israel anklingen, das dann am Sinai zum *qāhāl* wurde.

10. Dan 8–12 benutzt unsere Wortgruppe zur Kennzeichnung besonders mächtiger Könige oder Truppen. Immer ist solche Macht von Gott gegeben, und es liegt auch an ihm, ob sie nützt oder zuschanden wird. Sprachlich auffallend ist die Verteilung von Verbum und *ʿāṣûm*. Das Verb steht bei Alexander d. Gr. und Antiochus IV. (8, 8. 24; 11, 23), *ʿāṣûm* steht für die Gegner von Antiochus IV. (8, 24; 11, 25).

11. Metaphorisch hat Amos *ʿāṣûm* für die sozialen Sünden des Nordreichs gebraucht: Am 5, 12 *jāḏaʿtî rabbîm pišʿêḵæm waʿaṣumîm ḥaṭṭoʾtêḵæm*. Dann werden Sünden am Stadttor, also bei der Rechtsprechung, genannt. Die Sünden umstehen die sündigende Oberschicht wie ein überlegenes feindliches Heer.

Als Jeremia in den letzten Jahren Joschijas dessen Gebietsausdehnung nach Norden propagandistisch legitimierte und dabei den Grundbestand von Jer 30f. formulierte (vgl. N. Lohfink, BiblEThL 54, 1981, 351–368), griff er beim Rückblick auf die Unglücksgeschichte des Nordens das offenbar bekannte Amoswort im eindringlich wiederholten Schlußsatz einer Strophe auf: Jer 30, 14f. *ʿal roḇ ʿawoneḵ ʿāṣemû ḥaṭṭoʾṯajiḵ* (*ʿāśîṯî ʾellæh lāḵ*). Unter Jojakim wurde er selbst dann in Juda zum Unheilspropheten, und in 5, 6 wendete er nun das Wort des Amos auch gegen Jerusalem: *rabbû pišʿehæm ʿāṣemû mešûḇôṯêhæm*. Daß er sein früheres Wort über den Norden aufgreift, zeigt das Stichwort *nkh hiph* (vgl. 30, 12. 14 mit 5, 6). Daß er immer noch von Amos her denkt, zeigen die Stichworte *mišpāṭ*, *dal* und *pæšaʿ* (vgl. Am 5, 7. 11. 12 mit Jer 5, 6. 4). Neu ist hier der Vorwurf der Verhärtung im Bösen. Gerade er wird aber dadurch unterstrichen, daß ja nur alte und längst vor Zeiten ergangene Prophetenworte wiederholt werden müssen.

Als der Schlußverfasser des nachexil. Ps 40 zwischen den beiden ihm vorgegebenen Teilen des Psalms in v. 13 ein Verbindungsglied schaffen wollte, griff er einerseits auf v. 6 zurück (*rabbôṯ ʿāśîṯā ... nipleʾoṯǣḵā ... ʿāṣemû missapper*), andererseits, durch die Wurzel *ʿṣm* angeregt, auf das prophetische Motiv von den zahlreich und mächtig gewordenen Sünden: (*ʿawonoṯaj ...*) *ʿāṣemû miśśaʿarôṯ roʾšî* (vgl. G. Braulik, FzB 18, 1975, 232f.).

Lohfink

עֶצֶם *ʿæṣæm*

עֹצֶם *ʿoṣæm*

I. Vorkommen in der Umwelt des AT – II. Ableitung, Vorkommen und Bedeutung im AT – 1. Ableitung des Nomens *ʿæṣæm* – 2. Vorkommen und Bedeutung – III. Verwendung im AT – 1. profan-materiell – 2. profan-metaphorisch – 3. religiös-kultisch – 4. theologisch – IV. Weitere Verwendung im außerbibl. Bereich – 1. Qumran-Schriften – 2. Nachbibl. Aram. – 3. LXX.

Lit.: *K. Bornhäuser*, Die Gebeine der Toten (BFChTh 26/3, 1921). – *L. Delekat*, Zum hebräischen Wörterbuch (VT 14, 1964. 7–66), 49–52: *ʿæṣæm*. – *R. Giveon*, A Ramesside 'Semitic' Letter (RStOr 37, 1962, 162–173). – *O. Keel*, Die Welt der altorientalischen Bildsymbolik und das Alte Testament. Am Beispiel der Psalmen, Zürich – Neukirchen ²1977. – *L. Köhler*, Der hebräische Mensch, 1953. – *J. Pedersen*, Israel. Its Life and Culture. I–II, London 1926, 172ff. 267ff. – *W. Reiser*, Die Verwandtschaftsformel in Gen 2, 23 (ThZ 16, 1960, 1–4). – *J. Scharbert*, Der Schmerz im Alten Testament (BBB 8, 1955, 91–97). – *W. H. Schmidt*, Anthropologische Begriffe im Alten Testament (EvTh 24, 1964, 374–388). – *G. Stemberger*, Der Leib der Auferstehung (AnBibl 56, 1972). – *L. Wächter*, Der Tod im Alten Testament (AzTh II/8, 1967, 171–180). – *H. W. Wolff*, Anthropologie des Alten Testaments, ⁴1984.

I. Das Nomen *ʿæṣæm* 'Knochen, Gebein' ist Gemeingut der semit. Sprachen. Im Akk. bedeutet *eṣemtu(m)* 'Knochen' (z. B. gebrochene oder entzündete) oder 'Gebein von Toten'; *eṣem/nṣēru(m)* mit der Grundbedeutung 'Rückgrat' bezeichnet etwa die Linie auf dem Rücken eines Pferdes oder den Kiel eines Schiffes (AHw 251). Das ugar. Aqhat-Epos berichtet, wie Dan'il nach den Überresten seines verschollenen Sohnes sucht, ob vielleicht „Fleischfetzen" (*ʿšmt*) oder „Knochen" (*ʿẓm*; WUS Nr. 2082; UT Nr. 1814) sich in den Eingeweiden von Adlern finden, die ihn geraubt haben könnten (KTU 1.19, III, 5. 11. 19. 25. 34. 39). Mehrere phön. (KAI 9A) und pun. (RES 593. 892. 906. 937. 949. 950. 951; vgl. DISO 220) Inschriften befinden sich auf Sarkophagen und nennen den Inhalt („ossement de ...") bzw. warnen potentielle Grabräuber: „Nicht sollst du öffnen diese Ruhestätte über mir, um meine Knochen zu stören" (Inschrift des Sohnes des Šipiṭbaʿal III. um 500 v. Chr., vgl. KAI 9A, 5). Sinngemäß gehört dazu eine in dem Dorf Silwan gefundene hebr. Inschrift (KAI 191; Keel, Abb. 73), in der es heißt: „¹Dies ist der (Grab des ...) JHW, des Haushofmeisters. Hier ist kein Silber und Gold, ²(denn) nur (seine Knochen) und die Knochen seiner Sklavin sind mit ihm. Verflucht sei der Mensch, der ³dies öffnet" (Übers. nach KAI II 189 und Keel 57). – Zur weiteren außerbibl. Verwendung s. u. IV.).

Einen interessanten Beleg stellt der als „Ramesside 'Semitic' Letter" bezeichnete Musterbrief für einen ägyptischen Schreiber-Anwärter dar, der eine in semit. Sprachgewand abgefaßte Warenliste enthält und darin unter weiteren pharmazeutischen Salben und Ölen „*ʿdmm*-Öl" erwähnt (Giveon 167. 171; vgl. H. Grapow, Wb. der ägyptischen Drogennamen, 1959, 449f.).

II. 1. Obwohl das Nomen *ʿæṣæm* und das Verb *ʿṣm* den gleichen Konsonantenbestand aufweisen, wird in der neueren semit. Sprachwissenschaft die Ableitung des Nomens vom Verb nicht vollzogen (anders W. Gesenius, Thesaurus II 1058 „*os*, a firmitate et robore dictum, v. rad. no. 2", die er mit „*fortis, potens fuit*" wiedergibt; vgl. auch GesB 611 *ʿṣm* I mit Hinweis auf *ʿæṣæm* und *ʿoṣæm* als Derivate und umgekehrt), vielmehr *ʿæṣæm* als „Primärnomen" deklariert (BLe 456; vgl. KBL³ 822).

2. Für *ʿæṣæm* finden sich im AT 123 Belege; die Grundbedeutung ist mit 'Knochen, Gebein' zu umschreiben. Es können sowohl das gesamte Skelett als auch einzelne Knochen gemeint sein, woraus sich dann die Bedeutung „Glieder" ergibt (s.o.). Neben dem materiellen Verständnis des Wortes (Gen 50, 25; 2 Sam 21, 12f.: Gebeine von Menschen, die man in einem Grab beisetzt; Ez 24, 4f.: Knochen von Tieren, die zu einem Fleischgericht verarbeitet werden) steht der poetische Gebrauch in der Bildersprache der Psalmen und der Weisheitssprüche (s. u. III. 2. 3. 4.). Da die Knochen „das Dauerhafteste und sozusagen ... Kern des Menschen" sind (Keel 57; ähnlich W. Eichrodt, ThAT II/III, ⁴1961, 96), kommt *ʿæṣæm* zu der Bedeutung „selbst", so in der Formel *beʿæṣæm hajjôm hazzæh* „an eben demselben Tage" Gen 7, 13 u.ö. (s. u. III. 1.).

Auffällig ist der zweifache Pl. *ʿaṣāmîm* neben *ʿaṣāmôṯ*. L. Delekat deutet sie in der Weise, daß der mask. Pl.-Form die Bedeutung „Glieder" zukommt, während der fem. Pl. mit „Gebeine" wiederzugeben ist. Das trifft für einen Teil der von ihm angeführten Stellen sicher zu (z. B. Ri 19, 29; Ez 24, 4f.; Ijob 2, 5; 40, 18; Koh 11, 5; vgl. Ps 139, 15; dazu KBL³ 822: „diese generelle Unterscheidung bleibt unsicher"). Nach D. Michel, Grundlegung einer hebr. Syntax I, 1977, 49f. bezeichnet der Pl. mask. die Knochen im kollektiven Sinn als „Gebein", während der Pl. fem. die einzelnen Knochen im Blick hat.

III. Die Verwendung von *ʿæṣæm* im AT stellt sich sehr komplex dar und kann kaum auf einen profanen und einen religiösen oder theologischen Bereich verteilt werden. Obwohl die Übergänge fließend sind, wird in der Darstellung der Verwendung eine Gliederung in die Bereiche 1. profan-materiell; 2. profan-metaphorisch; 3. religiös-kultisch; 4. theologisch vorgenommen.

1. Ijob 40, 18 beschreibt den riesenhaften Körper des Nilpferdes mit den Worten „seine Glieder sind (wie) eiserne Röhren". In der Vision vom Kessel auf dem Feuer Ez 24, 1–12 schaut der Prophet, wie Fleisch- und Gliedstücke eines geschlachteten Tieres gekocht werden (vv. 4f.) und schließlich die Knochen verkohlen, weil die Brühe weggegossen wurde und der Kessel zu glühen beginnt (v. 10).

Faßt man das Begraben eines Toten zunächst als rein manuelle Tätigkeit eines Menschen auf, so kann das in diesem Zusammenhang vorkommende *ʿæṣæm* als „profaner Gebrauch" verstanden werden. Gen 50, 25; Ex 13, 19; Jos 24, 32 handelt es sich um die Gebeine des in Ägypten verstorbenen Josef, die im „gelobten Lande", nämlich in Sichem, ihre letzte Ruhestätte finden sollen. 1 Sam 31, 13 (v. 12 steht → גויה *gewijjāh* in Par. zu *ʿæṣæm* in v. 13; → I 976f.); 2 Sam 21, 12–14 par. 1 Chr 10, 12 berichten von den Vorgängen um die ehrenvolle Bestattung des in der Schlacht gegen die Philister gefallenen Saul und seines Sohnes Jonatan. Auch Ez 32, 27 handelt vom Begräbnis von Kriegern, denen man ihren Schild (vgl. W. Zimmerli, BK XIII/2, z. St.) auf die Totengebeine und das Schwert unter den Kopf legte. Am 6, 10 beschreibt, wie aus einem durch Kriegswirren zerstörten Hause die *ʿaṣāmîm* – hier wohl mit „Leichen“ wiederzugeben (Delekat 51) – herausgeholt werden. Nach Ri 19, 29 wird in einer grausigen Symbolhandlung ein Leichnam „entsprechend seinen Gliedern“ (*laʿaṣamǣhā*) zerstückelt, um damit zur Rache für eine geschehene Untat aufzurufen.

Aus den in Palästina gemachten Grabfunden mit ihrem Knochenbestand versucht Köhler (12) die ungefähre Körpergröße des „hebräischen Menschen“ zu bestimmen und gibt sie mit 1,65–1,70 m an.

Alle anderen Belege für *ʿæṣæm* im Sinne von „Totengebein“ stehen im Zusammenhang von Verletzungen ethischer oder kultischer Normen und gehören deshalb zum „religiös-kultischen Gebrauch“ des Wortes (s. u. III. 3.).

Aus den Worten für die Grundbestandteile des menschlichen Körpers → בשר *bāśār* und *ʿæṣæm* (vgl. Ijob 2, 5) wird die „Verwandtschaftsformel“ (vgl. Reiser) gebildet, die den engen Zusammenhang von Personen (Gen 29, 14; 2 Sam 19, 14) oder Gruppen (Ri 9, 2; 2 Sam 5, 1 [par. 1 Chr 11, 1]; 19, 13) betont (*ʿaṣmî ûbeśārî ʾattāh/ʾattæm*) und in Gen 2, 23 „körperlich-anschaulich gefärbt“ (Reiser 3) das Verhältnis von Mann und Frau beschreibt.

ʿæṣæm findet sich mit profaner Bedeutung sodann in der als Zeitangabe dienenden Formel *beʿæṣæm hajjôm hazzæh* „an eben demselben Tage“ in Gen 7, 13 (Sintflut); 17, 23. 26 (Beschneidung Abrahams und Ismaels); Ex 12, 17. 41. 51; Lev 23, 14. 21. 28–30; Jos 5, 11 (Passahfest und andere Festtage); Dtn 32, 48 (Segen Moses); Jos 10, 27 (Schlacht bei Gibeon); Ez 2, 3 (Beauftragung Ezechiels); 24, 2 (Beginn der Eroberung Jerusalems); 40, 1 (Vision vom neuen Tempel, ähnlich in der Wendung „dieser stirbt mitten in seinem Wohlstand“ (*beʿæṣæm tummô* Ijob 21, 23). Dieser Formel kann die Wendung in Ex 24, 10 an die Seite gestellt werden, wo es bei der Gotteserscheinung heißt „und die Fläche unter seinen Füßen war wie mit Saphir ausgelegt und glänzte hell wie der Himmel selbst“ (EÜ; MT *ûkeʿæṣæm haššāmajim lāṭohar*). – Dieser Sprachgebrauch lebt im modernen Hebr. weiter, z. B. *beʿæṣæm* „eigentlich“, *jôm hāʿaṣmāʾût* „Selbständigkeitstag“.

2. Dem profanen Gebrauch schließt sich die metaphorische Verwendung an. Im weisheitlichen Spruchgut wird *ʿæṣæm* in Par. mit einem anderen Teil des Körpers als Synonym für den ganzen Menschen benutzt; Spr 3, 7f.: „Sei nicht weise in deinen Augen, fürchte JHWH und weiche vom Bösen. Genesung wird das sein ʿdeiner Leibeskraftʾ (eigentlich „deinem Fleisch“; vgl. BHK und B. Gemser, HAT I/16, 26) und Erquickung deinen Gebeinen“; ähnlich 15, 30: „Leuchtende Augen erfreuen das Herz (→ לב *leb*), frohe Kunde erquickt das Gebein“; 16, 24: „Honigseim sind huldvolle Reden, Süßes für die Seele (→ נפש *næpæš*) und Erquickung dem Gebein“. Zweimal werden Unglück bringende Eigenschaften oder Verhältnisse mit „Knochenfraß“ (*rāqāb* + *ʿæṣæm*) verglichen: die Leidenschaft (*qinʾāh* → קנא) Spr 14, 30 und eine schandbare Frau (*mebîšāh*, → בוש *bôš*) 12, 4. Weisheitlich klingt auch die Aussage Ijob 20, 11, daß auch die von Jugendkraft erfüllten Glieder sich einmal in den Staub legen werden. Ähnliche Bilder und Parallelen begegnen in den Psalmen und im Ijob-Buch, doch haben sie dort als Klagen eines Beters theologische Relevanz (s. u. III. 4.).

3. Die Gebeine von Tier und Mensch haben auch eine religiös-kultische Dimension. Das wird deutlich bei der Anweisung Ex 12, 46; Num 9, 12, dem Passah-Lamm „nicht die Knochen zu zerbrechen“, was besser mit „zerteilen“ wiederzugeben wäre, denn es soll „eine ungeteilte Gemeinschaft“ ein „ungeteiltes Tier“ in der Feier des Passah-Mahles gemeinsam verzehren, wie es Ex 12, 4 verlangt, d. h. das Opfertier soll nicht vor der Feier aufgeteilt werden.

Eine große Bedeutung hat die kultische Unreinheit, die durch den Kontakt mit Menschengebeinen oder Leichen oder mit einer Grabstätte entsteht; die Unreinheit dauert eine Woche an und muß durch besondere Reinigungsriten getilgt werden (Num 19, 16. 18; vgl. dazu Ez 39, 15: durch das Einsammeln und Bestatten der Totengebeine, die nach der Entscheidungsschlacht unbegraben auf dem Schlachtfeld liegen, wird das Land wieder rein). Sie wird darum in der prophetischen Verkündigung oftmals als Unheilsweissagung genannt (1 Kön 13, 2; vgl. 2 Kön 23, 14. 16. 20 par. 2 Chr 34, 5); um diesem Unheil zu entgehen, bittet daher der in Bet-El ansässige Widerpart des Gottesmannes aus Juda, in dessen Grab beigesetzt zu werden (1 Kön 13, 31, vgl. 2 Kön 23, 18). Im Gegensatz dazu steht die legendenhafte Erzählung von 2 Kön 13, 21: durch die Berührung mit der Grabstätte des Propheten Elischa wird ein Toter wieder lebendig. Auf der anderen Seite steht der ehrenvolle und umsichtige Umgang mit den Gebeinen Verstorbener (vgl. 1 Sam 31, 13; 2 Sam 21, 12ff.), dessen Verweigerung als großes Unrecht (Am 2, 1) oder als Strafe (Jer 8, 1; vgl. 2 Kön 23, 14ff. 20; Ez 6, 5) gilt.

Die Unversehrtheit und ungestörte Ruhe der Gebeine im Grabe ist offenbar von großer Wichtigkeit; „dahinter steht . . . die Sorge, über den Tod hinaus seine Identität und die Gemeinschaft mit der Sippe zu bewahren“ (Stemberger 60 Anm. 19; ähnlich Bornhäuser 21f.; Wächter 171ff. spricht deshalb im negativen Fall von einer „verschärften Form des Todes“). Deshalb ist das Zermalmen des menschlichen Knochengerüstes durch einen Löwen (vgl. Jes 38, 13) oder das Verdorren in der Sonne und der darauf folgende Zerfall ein großes Unglück (vgl. 2 Sam 21, 10 und dazu Bornhäuser 10f.). Das mag auch die in den erwähnten (s. o. I.) Grabinschriften vorkommende Warnung vor dem unbefugten Öffnen der Grabstätte erklären, bei dem die Furcht vor Grabschändung größer ist als die vor einem Grabraub.

Die völlig ausgedörrten, aber eben doch vollzähligen Gebeine der Toten spielen in der gewaltigen Vision Ez 37, 1–10 eine Rolle: auf JHWHs Geheiß fügen sie sich wieder zusammen, werden mit Fleisch, Sehnen und Haut umkleidet und erstehen aufs neue als lebendige Menschen, die in vv. 11–14 als das wiedererstehende Volk Israel gedeutet werden. K. Bornhäuser weist auf die zur Zeit des NT herrschende Anschauung hin, daß die Vollständigkeit und Unversehrtheit der Gebeine die Voraussetzung für die leibliche Auferstehung ist – sofern nicht Gottes Macht den in seinem Martyrium verstümmelten Körper seines Zeugen zu neuem körperlichen Leben erweckt (26ff.). Zudem beschreibt Ez 37, 1ff. die Gebeine in ihrem anatomischen Zusammenhang mit Sehnen, Fleisch und Haut (ähnlich Ijob 10, 11). Ihre Bildung im Mutterleib gilt dem Weisheitslehrer in Koh 11, 5 als ein Gotteswunder, sie waren auch JHWH bereits vor der Geburt bekannt (Ps 139, 15; hier wird das Nomen *ʿoṣæm* verwendet).

4. Die Gebeine als Teil des Körpers (oftmals in Parallelstellung zu anderen Körperteilen) oder als Synonym für diesen nehmen in den Aussagen at.licher Klagen breiten Raum ein; ihr desolater Zustand signalisiert den körperlichen wie psychischen Zusammenbruch (vgl. Scharbert 91f.). Das ist ganz deutlich Jer 23, 9 „zerbrochen ist mein Herz (→ לב *leḇ*) in meinem Inneren, es zittern meine Glieder". Die aus der „Verwandtschaftsformel" (s.o. III. 1.) bekannte Zusammenstellung von *bāśār* und *ʿæṣæm* kehrt wieder in der Beschreibung des totalen Verfalls: Ps 38, 4 (vgl. 102, 6); Ijob 33, 21; Klgl 3, 4; die nach außen sichtbare Haut (*ʿôr*) wird ebenso in diesen Verfallsprozeß einbezogen (Ijob 19, 20; 30, 30; Klgl 4, 8). Die Gebeine oder Glieder (s. Delekat und oben II. 2.) als Grundsubstanz des Körpers und damit als Synonym für die Person des Beters sind schwer in Mitleidenschaft gezogen: Jes 38, 13 (hier stehen in vv. 12f. drei Bilder nebeneinander, die das gleiche ausdrücken wollen); Hab 3, 16 („Knochenfraß" *rāqāḇ baʿaṣāmaj*; vgl. Spr 12, 4; 14, 30); Ps 6, 3; 22, 15; 31, 11 (in Parallele zu *ḥajjîm* → חיה); 32, 3 (ähnlich Jer 20, 9); 42, 11; 102, 4; Ijob 4, 14; 21, 24; 30, 17; 33, 19; Klgl 1, 13.

Neben der Zustandsbeschreibung des Elends steht die Bitte um Heilung Ps 51, 10 (hier steht eindrucksvoll *ʿaṣāmôṯ* neben dem Akk. des Pers.-Pronomen als Synonym!) oder die Aufforderung zum Gotteslob Ps 35, 10. Ps 34, 21 formuliert das Vertrauen des Beters, daß seine Gebeine bewahrt bleiben und nicht zerbrochen werden (vgl. dazu Jes 38, 13 und oben III. 3.); Jes 58, 11; 66, 14 werden den Gebeinen in einem Gottesspruch Rüstigkeit und Lebenskraft zugesagt.

In den Bereich von Politik und Wirtschaft führen Num 24, 8; Mi 3, 2. 3: hier prophezeit der Seher Bileam, daß Jakob-Israel die Gebeine seiner Feinde zermalmen wird; dort wird den besitzgierigen Reichen, die dem Volk „das Fleisch von den Knochen abziehen", die ausgleichende Strafe angedroht.

Schwierig in ihrer Wiedergabe und Bedeutung sind die folgenden, das Nomen *ʿæṣæm* enthaltenden Stellen: Klgl 4, 7 trauert der jungen Mannschaft Jerusalems nach: „rosiger als Perlen war ihr *ʿæṣæm*", was H.-J. Kraus, BK XX 70 mit „Leib" wiedergibt; BHK nennt als Konjekturen *ʾāḏam ʿôrām* oder *ʾāḏemāh śepāṯām*; GesB 611 schlägt *ʾāḏemû mēʿaṣê penînîm* „mehr als Korallenäste" vor. Ps 109, 18 gehört nach H. Schmidt (HAT I/15, 201) und H.-J. Kraus (BK XV/2 z. St.) zu einer Anklage gegen den Beter; man wirft ihm „Anwendung schwarzer Kunst" (H. Schmidt) vor, sein Fluch soll einem Kranken „wie Wasser in seinen Leib (*qæræḇ* → קרב), wie Öl in seine Glieder" (EÜ; H. Schmidt: „wie Salböl in die Poren der Haut") gedrungen sein. H. Gunkel (GHK II/2, 475ff.) läßt diese Verwünschungen von dem Beter gegen seine falschen Ankläger gesprochen sein.

Auch Ps 141, 7 ist in seiner Übersetzung und Deutung sehr unsicher (vgl. H.-J. Kraus, BK XV/2, 928f.); sie könnte in der Richtung liegen, daß hier der Untergang der Gottlosen (l. *ʿaṣmêhæm*, s. BHK) durch ein Erdbeben (vgl. Num 16, 32f.) beschrieben wird.

IV. 1. Die Verwendung von *ʿæṣæm* in den Qumran-Schriften ist stets von theologischer Relevanz; es begegnen Wendungen, die an den at.lichen Sprachgebrauch erinnern: Löwen, die die Knochen zermalmen (1 QH 5, 7, vgl. Jes 38, 13); die Gebeine fallen auseinander (1 QH 7, 4, vgl. Ps 22, 15; 32, 3); Feuer befindet sich in den Gebeinen (1 QH 8, 30, vgl. Jer 20, 9); kummervolle Gedanken dringen in Herz und Gebein (1 QH 11, 21, vgl. Jer 20, 9; 23, 9). 1 QH 5, 35 „es wandelte sich mir mein Brot in Streit ... und es drang in meine Gebeine" erinnert an Ps 109, 18.

In dem als „Recueil de prières liturgiques" bezeichneten Qumran-Fragment 1 Q 34, 3, 1, 3 (DJD I 153) ist im Zusammenhang von Gerechten (*ṣaddîq*) und Gottlosen (*rāšāʿ*) davon die Rede, daß *bʿṣmwtm ḥrph lkl bśr* („en leurs os une ignominie pour tout chair ...") zu finden sei; hier ist *ʿæṣæm* sicher in personellem Sinn als „Wesen" oder „Eigenart" zu verstehen. Eine genaue Deutung des Textes ist aber wegen seines fragmentarischen Zustandes nur schwer möglich. Auch die 4 Belege in TR stehen ganz in der at.lichen Tradition (vgl. TR 50, 5; 51, 4 mit Num 19).

2. Das nachbibl. Aramäisch führt die doppelte Bedeutung von *ʿæṣæm* fort; WTM III 679 nennt Belege für „1. Knochen, Gebein" (z. B. Ab. zara II 40d „man darf den Knochen des Kopfes (*ʿṣm šl rʾš*) [der verrenkt wurde] am Sabbat heben = in seine frühere Lage zurückbringen" und für „2. Wesen, Selbstheit ..." (z. B. Sifre Debarim § 9, wo dieses Wort des Mose an Israel überliefert wird: „ich sagte euch dies nicht aus mir selbst" (*lôʾ mēʿaṣmî ʾanî ʾomar lāḵæm*).

3. Die LXX gibt *ʿæṣæm* meistens mit ὀστέον / ὀστοῦν wieder. Daneben tritt noch eine Reihe singulärer Vokabeln, z. B. σῶμα, κράτος, εἶδος u. a. Entsprechendes gilt für *ʿoṣæm*.

Beyse

עָצַר *ʿāṣar*

עֶצֶר *ʿæṣær*, עֹצֶר *ʿoṣær*, עֲצֶרֶת *ʿᵃṣæræṯ*, עֲצָרָה *ʿᵃṣārāh*, מַעְצוֹר *maʿṣôr*, מַעְצָר *maʿṣār*

I. Etymologie – II. Das Verb (*qal* und *niph*) – 1. Bedeutung – 2. Umstrittene Belege – III. Nomina – 1. *ʿæṣær* – 2. *ʿoṣær* – 3. *ʿᵃṣæræṯ* und *ʿᵃṣārāh* – 4. *maʿṣôr* – 5. *maʿṣār* – IV. 1. LXX – 2. Qumran.

Lit.: *S. Ahituv*, *ʿaṣeret* (EMiqr 6, 1971, 335f.). – *G. W. Ahlström*, Notes to Isaiah 53:8f. (BZ 13, 1969, 95–98). – *A. Ahuvyah*, „*ʿāṣûr wĕ ʿāzûb bĕjiśrāʾel*" (Leshonenu 30, 1965f., 175–178). – *Ders.*, Again Concerning „*ʿāṣûr wĕ ʿāzûb*" (Leshonenu 31, 1966f., 160). – *Ohne Verfasserangabe:* Again Concerning „*ʿāṣûr wĕ ʿāzûb*" (Leshonenu 33, 1968f., 70–71). – *P. J. Calderone*, Supplementary Note on *ḤDL*–II (CBQ 24, 1962, 412–419). – *L. Delekat*, Asylie und Schutzorakel am Zionheiligtum, Leiden 1967, bes. 320–341. – *G. R. Driver*, Isaiah 52:13–53:12: The Servant of the Lord (BZAW 103, 1968, 90–105). – *I. Efros*, Textual Notes on the Hebrew Bible (JAOS 45, 1925, 152–154). – *A. Guillaume*, The Root און in Hebrew (JThSt 34, 1933, 62–64). – *Ders.*, Hebrew and Arabic Lexicography (Abr-Nahrain 1, 1961, 3–35). – *M. Held*, The *YQTL–QTL (QTL–YQTL)* Sequence of Identical Verbs in Biblical Hebrew and in Ugaritic (Studies and Essays in Honor of A. A. Neuman, Leiden 1962, 281–290, bes. 283 Anm. 8). – *P. Joüon*, Notes de lexicographie hébraïque (MUSJ 4, 1910, 1–18). – *R. Kasher*, Again on „*ʿāṣûr wĕ ʿāzûb*" (Leshonenu 31, 1966f., 240). – *E. Kutsch*, Die Wurzel עצר im Hebräischen (VT 2, 1952, 57–69). – *Ders.*, מִקְרָא (ZAW 65, 1953, 247–253). – *E. Y. Kutscher*, Concerning *ʿāṣûr wĕ ʿāzûb* (Leshonenu 31, 1966f., 80). – *J. Lewy*, Lexicographical Notes III (HUCA 12/13, 1937/38, 99–101). – *E. Lohse*, πεντηκοστή (ThWNT VI 44–53, bes. 49). – *P. P. Saydon*, The Meaning of the Expression עָצוּר וְעָזוּב (VT 2, 1952, 371–374). – *H. Seebass*, Tradition und Interpretation bei Jehu ben Chanani und Ahia von Silo (VT 25, 1975, 175–190). – *J. A. Soggin*, Tod und Auferstehung des leidenden Gottesknechtes. Jesaja 53, 8–10 (ZAW 87, 1975, 345–355). – *D. W. Thomas*, A Consideration of Isaiah LIII in the Light of Recent Textual and Philological Study (ETL 44, 1968, 79–86). – *Ders.*, Textual and Philological Notes on Some Passages in the Book of Proverbs (VTS 3, 1955, 280–292). – *I. N. Vinnikov*, L'énigme de „*ʿāṣûr* et *ʿāzûb*" (Hommages à André Dupont-Sommer, Paris 1971, 343–345). – *A. S. Yahuda*, Über *ʿāṣûr wĕ ʿāzûb* und *ʿēr wĕ ʿōneh* im AT (ZA 16, 1902, 240–261). – *H. Yalon*, The Plain Meaning of Some Biblical Verses (BethM 11/4, 1966, 17–20).

I. Hebr. *ʿāṣar* reflektiert die Wurzel **ʿṣr*, die sich auch in anderen semit. Sprachen findet: arab. *ʿaṣara* 'auspressen, ausquetschen'; *ʿaṣr* 'Auspressung, Zeit, Periode' (vgl. Wehr 554); *ʿaṣar* 'Zuflucht' (vgl. Yahuda 243–249); äth. *ʿaṣara*, jüd.-aram. *ʿᵃṣar* 'auspressen', *ʿaṣrāʾ* 'Weinpresse, Faß', syr. *ʿṣar* 'mit den Füßen (Weintrauben oder Oliven) austreten, auspressen etc.', mand. *ʿṣr* 'auswringen' (MdD 33); vielleicht auch altkanaan. *ḫa-zi-ri* 'zurückgehalten werden' (EA 138, 130; DISO 220). Zu einer möglichen Verbindung von *ʿæṣær* in Ri 18, 7 mit arab. *ġaḏara* und *ʿoṣær* in Spr 30, 16 mit arab. *ʿaṭara* vgl. w. u. Unklar ist ugar. *ġṣr* mit semit. **ʿṣr* (WUS Nr. 2163; CML^2 155; Calderone 413 Anm. 10; KBL^3 823b) oder mit **ġḏr* (UT Nr. 1982) zusammengehört. Akk. *eṣēru* 'zeichnen' ist nicht heranzuziehen (vgl. AHw 252).

II. Die Grundbedeutung von *ʿāṣar* ist 'zurückhalten'. Die Wurzel begegnet 46mal: 36mal im *qal*, 10mal im *niph*.

1. Fünf Bedeutungsfelder lassen sich ausmachen:

a) Die grundlegende und am besten bezeugte Bedeutung ist 'zurückhalten, behalten, beschränken, aufhalten': Simsons Eltern halten einen Engel auf (Ri 13, 15f.; beide vv. mit direktem Obj.); Regen droht Ahab zu stoppen oder aufzuhalten (1 Kön 18, 44; mit direktem Obj.; vgl. jedoch LXX [Regen „kommt über" ihn] und Delekat 326). Jemand hält seine Worte zurück, d. h. kontrolliert sie (Ijob 4, 2; 29, 9; Obj. mit *bᵉ*). Gott hält die Wasser zurück (Ijob 12, 15). Frauen werden von David und seinen Männern fern- oder zurückgehalten (1 Sam 21, 6; Ptz. pass.). David wird in Ziklag von Saul ferngehalten, d. h. vor ihm versteckt (1 Chr 12, 1). Der Knecht soll die schunemitische Frau auf ihrem Weg zu Elischa nicht aufhalten (2 Kön 4, 24; *lᵉ* + Obj.).

Hierher gehört auch der Gebrauch im *niph*: Plagen werden „zurückgehalten", so nach Korachs Aufstand (Num 17, 13. 15); nach der Sünde mit Baʿal-Pegor (Num 25, 8; Ps 106, 30) und nach der Volkszählung Davids (2 Sam 24, 21. 25; 1 Chr 21, 22).

b) Das Verb kann auch 'verschließen, einschließen' bedeuten: Gott verschließt einen Mutterschoß, so daß die Frau nicht gebären kann (Gen 16, 2 mit Suff. als direktem Obj.; 20, 18 *bᵉʿaḏ* + Obj.; Jes 66, 9 ohne Obj.; vgl. Spr 30, 16). Vgl. das *niph* im gleichen Zusammenhang in Sir 42, 10. Gott „verschließt" auch den Himmel, so daß kein Regen fällt (Dtn 11, 17; 2 Chr 7, 13; 1 Kön 8, 35 || 2 Chr 6, 26 *niph*). Vgl. hierzu Sir 48, 3. Gottes Wort war eingeschlossen (Ptz. pass. *ʿāṣûr*) im Innern des Jeremia wie ein nicht zu bändigendes Feuer (Jer 20, 9; *ʿāṣûr* [und vorher *wᵉhājāh*] scheint sich auf *dāḇār* v. 8 zu beziehen; möglich ist auch ein Bezug auf *ʾeš* [vgl. hierzu GKa § 132d], zweifelhaft dagegen auf Gott bzw. *šᵉmô*. Eine Emendation zu *ʿæṣær*, *ʿoṣær* oder *ʿaṣurāh* [Delekat; Kutsch; Rudolph, HAT I/12] ist nicht nötig).

c) Dreimal begegnet das Verb in der Bedeutung 'einsperren, gefangennehmen': Der assyr. König nimmt den an einer Verschwörung beteiligten Hoschea gefangen (2 Kön 17, 4); Jeremia wurde im Wachhof eingesperrt (Jer 33, 1; 39, 15).

d) Nur einmal bedeutet das Verb 'regieren': Saul soll das Volk „im Zaum halten", d. h. über es herrschen (1 Sam 9, 17; LXX ἄρξει; vgl. Seebass, ZAW 78, 1966, 174; anders Seebass 1975, 182).

e) *ʿṣr koaḥ* bedeutet 'Macht haben' (Dan 10, 8. 16; 11, 6; 2 Chr 13, 20; 22, 9) und, mehr idiomatisch, 'fähig sein zu' (1 Chr 29, 14; 2 Chr 2, 5); dasselbe ohne *koaḥ*: 2 Chr 14, 10 betet Asa zu Gott: „... kein

Mensch soll etwas gegen dich vermögen" ('al-ja'ṣor 'imm'kā 'ænôš). Sinngemäß ist hier koaḥ zu ergänzen (anders Joüon 11). Ähnliches gilt 2 Chr 20, 37: die Schiffe Joschafats und Ahasjas wurden in Ezjon-Geber zerstört und sie „konnten nicht nach Tarschisch fahren" (w'lo' 'aṣ'rû lālæḵæṯ; + Inf.!). Auch hier ist koaḥ weggefallen.

2. Einige Belege des Verbs 'āṣar sind schwer zu interpretieren:

a) Große Schwierigkeiten bereitet das Ptz. pass. qal in der Alliteration 'āṣûr w'ʿāzûḇ (vgl. Brongers, OTS 14, 1965, 111). Die Wendung begegnet dreimal im Zusammenhang mit einem Fluch auf das nordisraelit. Königshaus (Jerobeam, 1 Kön 14, 10; Ahab, 1 Kön 21, 21; 2 Kön 9, 8). Sie begegnet ferner Dtn 32, 36, der von Gottes Eingreifen zugunsten seines Volkes spricht, da sie ihre Stärke verloren und es kein 'āṣûr und 'āzûḇ mehr gibt; 2 Kön 14, 26 spricht davon, daß Gott sein Volk bewahrte, als „es weder 'āṣûr noch 'āzûḇ gab und kein Retter für Israel zu finden war".

Folgende Versuche zur Klärung dieser Doppelwendung (verstanden als Opposition) wurden vorgelegt:
(1) Unreine, die unter Tabu stehen und vom Kult ausgeschlossen sind, gegenüber nicht Unreinen und daher auch nicht Ausgeschlossenen (W. R. Smith, Religion of the Semites², 456; vgl. S. R. Driver, Deuteronomy, ICC, 376);
(2) die zu Hause Gebliebenen (wegen Krankheit, Alter usw.) und die, die fortziehen können (Oettli bei Driver, Deuteronomy 376);
(3) Sklaven und freie Menschen (BDB 737b);
(4) die, die unter dem Schutz eines Stammes oder einer Sippe stehen im Gegensatz zu denen, die keinen solchen Schutz haben (Yahuda; Driver; Delekat; NEB);
(5) Unmündige unter der Autorität der Eltern im Gegensatz zu Mündigen (vgl. Kutsch; Willi, Festschr. W. Zimmerli, 1977, 540);
(6) Verheiratete gegen Ledige (Keil u. a. nach Driver 376);
(7) Militärpflichtige gegen Zurückgestellte (Seebass 182 f.).
Andere Interpretationen verstehen die Wendung synonym:
(8) Oberschicht oder die in Israel Regierenden (Efros, Held);
(9) Herden, die beim Dorf zurückbleiben und auf einer abgelegenen Weide gehalten werden (Vinnikov);
(10) Hilflose und Nichtsnutze (Saydon);
(11) Unterdrückte und Hilflose (Joüon 9–12);
(12) wachsende und dauernde Macht oder Herrschaft (Yalon 18 ff.);
(13) Krieger und militärische Sieger (Ahuvyah).
Die letzte Interpretation scheint schlagkräftiger zu sein als die anderen, da sie besser vom Text her zu begründen ist. Zu anderen Ergebnissen kommen Driver, Deuteronomy 376; Yahuda 240–243; Kutsch 60–65; J. Gray, I + II Kings (OTL, 1964, 307 f.); KBL³ 824 → עזב 'zb.

b) Zwei Belege des Ptz. pass. 'āṣûr, die einander ähneln, sind unklar: Jeremia kann nicht zum Tempel gehen und aus seiner Buchrolle vorlesen, da er 'āṣûr ist (Jer 36, 5). Dies wird so verstanden, daß er verhindert ist wegen Unreinheit (er darf nicht zum Tempel

gehen; vgl. 1 Sam 21, 6), daß er unter Arrest oder Bewachung steht (so LXX; vgl. Jer 33, 1; 39, 15; aber 36, 19. 26 stützt diese Lösung nicht), daß er in Schutzhaft ist (Delekat) oder daß er wegen öffentlichen Drucks oder Drohungen gezwungen ist, zu Hause zu bleiben (Joüon 10), ferner weil er sich versteckt hält (vgl. 1 Chr 12, 1). Letzteres ist hier wohl vorzuziehen. 'āṣûr in Neh 6, 10 sollte möglicherweise ebenso interpretiert werden, obwohl einige meinen, daß Schemaja verhindert war wegen Unreinheit, prophetischer Ekstase, Haft (Kutsch 59 f.) oder einer Notlage.

c) Doëg wurde „zurückgehalten (niph) vor JHWH" in Nob, als David und seine Männer dort waren (1 Sam 21, 8). Die Versuche, diesen Satz zu interpretieren: Doëg hätte ein Traumorakel erhalten, übe Askese, tue Buße, erfülle ein Gelübde, hätte Asyl gesucht (Yahuda) oder stehe unter dem Schutz des Heiligtums, überzeugen nicht. Wahrscheinlicher ist, daß er vom Heiligtum ferngehalten war wegen Unreinheit oder aus sonstigen Gründen (s. Kutsch 65 ff.). Die EÜ übersetzt völlig unzureichend mit „sich aufhalten".

III. Deverbal abgeleitet begegnen 6 Nomina insgesamt 17mal:

1. 'æṣær: Es ist schwierig, seine Bedeutung zu bestimmen, da es nur 1mal in Ri 18, 7 in der Wendung jôreš 'æṣær belegt ist. Am besten deutet man es als 'Herrschaft, Macht' (vgl. 1 Sam 9, 17); jôreš 'æṣær ist also jemand, der „die Macht ergreift". Alternativ schlägt Delekat (338) vor, es sei jemand, der „Schutzrechte besitzt" (ähnlich Yahuda 249). Calderone (413 f.) bringt 'æṣær mit arab. ġaḏara 'reichlich, üppig sein' und ġaḏr 'fruchtbare Erde' in Zusammenhang. 'æræṣ jôreš 'æṣær bedeutet dann „Land, das fruchtbaren Grund besitzt". Guillaume (30) verbindet es mit demselben arab. Verb, bietet aber die Übersetzung „Reichtum besitzen".

2. 'oṣær in Ps 107, 39 bedeutet etwa 'Unterdrückung' (beachte den Kontext rāʿāh 'Übel' und jāḡôn 'Sorge'). Spr 30, 16 erklärt sich 'oṣær rāḥam am besten als „Kinderlosigkeit" (wörtlich „Verschließung des Mutterschoßes"). Thomas (1955, 290) verbindet mit arab. 'azara 'sich vor etwas ekeln', aber auch 'zu viel trinken'. Indem er rāḥam als 'Aasgeier' versteht, ist dann für 'oṣær rāḥam „die Gefräßigkeit eines Aasgeiers" zu erschließen. Yalon (18 f.) schlägt „Stärkerwerden oder Zunehmen von (sexuellem?) Verlangen" vor (vgl. LXX ἔρως γυναικὸς). 'oṣær in Jes 53, 8 ist schwerer zu verstehen; folgende Bedeutungen wurden vorgeschlagen: Gefängnis, Haft, Arrest; Unterdrückung; Hindernis; Stärke; Verzögerung, Einstellung (in juristischem Sinn); Macht oder Autorität; gesetzlicher (oder anderer) Schutz.

3. 'aṣæræṯ / 'aṣārāh sind ebenfalls umstritten. 'aṣæræṯ bezeichnet (a) eine rituelle Begehung am achten Tag des Laubhüttenfests (Lev 23, 36; Num 29, 35; Neh

8, 18), (b) eine rituelle Begehung am achten Tag der salomonischen Tempelweihe, die der des achten Tags des Laubhüttenfests entspricht (2 Chr 7, 9) und (c) eine rituelle Begehung am siebten Tag des Mazzotfestes (Dtn 16, 8).
ʿaṣārāh bezeichnet (a) rituelle Begehungen oder Feiern im allgemeinen (Jes 1, 13; vgl. den Kontext mit *ḥodæš*, *šabbāṯ*, *miqrāʾ*, *môʿadîm*), (b) Ad-hoc-Feiern als Bitte um Gottes Hilfe mit Fasten und Klagen (Joël 1, 14; 2, 15) und (c) ein Fest zur Ehre Baʿals (2 Kön 10, 20). Der Pl. *ʿaṣroṯêḵæm* Am 5, 21 bezeichnet rituelle Begehungen oder Feste im allgemeinen (par. *ḥaggîm*). *ʿaṣæræṯ* Jer 9, 1 ist eine Cstr.-Form und bedeutet 'Gruppe' oder 'Bande'.
Die gängige Deutung ist, daß (a) diese Nomina „Zusammenkunft; feierliche Versammlung" bedeuten (Ahituv; M. Haran, Temples and Temple-Service in Ancient Israel, Oxford 1978, 296f. Anm. 14). Unter Berücksichtigung anderer Belege dieser Wurzel ist auch an einen „Zusammenschluß (von Menschen)", an eine „Zusammenkunft" (vgl. Seebass 182) zu denken. Gestützt wird dieses Verständnis durch Jer 9, 1 und durch den Kontext von Versammlung 2 Kön 10, 20f.; Joël 1, 14; 2, 15f. (b) Häufig werden die Nomina als „Arbeitsruhe" gedeutet, die üblicherweise mit festlichen Begehungen verknüpft ist. Von hier aus nahmen die Nomina die Bedeutung „ein Fest feiern" an; noch später bezogen sie sich auf die Personengruppe, die das Fest feierte; z. B. „Gruppe" (Jer 9, 1; vgl. Kutsch 65ff.). Gestützt wird diese Erklärung durch die Grundbedeutung von *ʿṣr* und durch die Forderung, nicht zu arbeiten (Lev 23, 36; Num 29, 35; Dtn 16, 8); so könnte dann in 1 Sam 21, 8 der *næʿṣār lipnê JHWH* den Doëg als jem. bezeichnen, der ein Fest feiert. (c) Eine andere Deutung geht davon aus, daß die Nomina ursprünglich die Abschlußfeier eines Festes bezeichneten. Aus dieser Grundbedeutung entwickelten sich „festliche Begehung oder Zusammenkunft", daraus einfach „Zusammenkunft". Dafür sprechen die Grundbedeutung und der Gebrauch von *ʿaṣæræṯ* für die rituelle Begehung am letzten Tag mehrtägiger Feiern (s. o.). Weniger wahrscheinliche Deutungen sind (d) „Abschluß einer Feier" im Heiligtum, (e) „Zustand ritueller Reinheit" (vgl. 1 Sam 21, 6) und (f) ein „Verwandtschaftsmahl" (Yahuda 249 Anm. 1).
Der Zweck der *ʿaṣæræṯ*/*ʿaṣārāh* hängt davon ab, wann das Fest oder die Begehung eingesetzt worden ist. Joël 2, 15 wirft Licht auf einen solchen Festtag. Der prophetische Ruf: „Auf dem Zion stoßt in das Horn, ordnet ein heiliges Fasten an, ruft eine *ʿaṣārāh* aus" entspricht der Festfolge von Neujahrstag (Lev 23, 24), Versöhnungsfest (v. 27) und dem achten Tag des Laubhüttenfests (v. 36). Da der Grund für Joëls *ʿaṣārāh* die Bitte um Regen war, besteht eine Wahrscheinlichkeit, daß die drei Herbstfeste eine ähnliche Funktion hatten (Knohl, mündl.). Es ist wahrscheinlich kein Zufall, daß am achten Tag des Laubhüttenfests im Synagogengottesdienst ein besonderes Regenbittgebet gesprochen wird.

4. *maʿṣôr* 'Hindernis' findet sich nur 1 Sam 14, 6: „Nichts hindert JHWH zu helfen (*ʾjn lJHWH mʿṣwr*)".
5. *maʿṣār* 'Kontrolle, Zurückhaltung' findet sich nur Spr 25, 28: „Eine Stadt mit eingerissener Mauer ist ein Mann, der sich nicht beherrscht."

IV. 1. Die LXX gebraucht 23 verschiedene Verben und Verb-Substantiv-Verbindungen, um die 46 Belege von *ʿāṣar* wiederzugeben. Am häufigsten findet sich συνέχειν (12mal, auch zur Übersetzung von *maʿṣôr*), dann folgen ἔχειν (3mal), κατισχύειν (4mal; für *ʿāṣar koaḥ*) und συγκλείειν (3mal; für *ʿāṣar* bei Schwangerschaftsverhinderung).
2. Der Gebrauch von *ʿāṣar* in der Qumranliteratur knüpft an den schon in der Bibel gefundenen Gebrauch an. Es wird benutzt in den Bedeutungen: (a) „zurückhalten" (den „Trank der Erkenntnis" *mšqh dʿt* 1 QH 4, 11; den „Schutz" *mʿwz* 8, 24, den „unstillbaren Schmerz, der nicht zu heilen ist" *lʾjn ʿṣwr* 8, 28); (b) „abschließen" (den Himmel und das Grundwasser 1 Q 22, 2, 10; in Anschluß an Jer 20, 9 „verhaltenes" Feuer 1 QH 8, 30); (c) mit dem Nomen *koaḥ* „Macht haben, fähig sein zu" (mit Inf. *lhtjšb* 10, 11; *ldʿt* 1 QHfragm. 10, 3; auch *ldʿt* ohne *kwḥ* 1 QHfragm. 1, 4; vgl. 1 QH 10, 12). Vgl. auch 11, 35 (fragm.). Die Wiedereinsetzung von *ʿaṣæræṯ* wird in TR 17, 16; 29, 10 vorgenommen.

Wright / Milgrom

עקב *ʿqb*

עָקֵב *ʿāqeḇ*, עֵקֶב *ʿeqæḇ*, עָקֹב *ʿāqoḇ*

I. 1. Vorkommen – 2. Bedeutung, LXX – II. Die theologische Relevanz – 1. Bildhafter Gebrauch – 2. Anthropologische Aussagen – 3. *ʿqb* im Handeln JHWHs.

Lit.: *P. R. Ackroyd*, Hosea and Jacob (VT 13, 1963, 245–259). – *R. B. Coote*, Hosea XII (VT 21, 1971, 389–402). – *H.-D. Neef*, Die Heilstraditionen Israels in der Verkündigung des Propheten Hosea (Diss. theol. Tübingen), 1984. – → III 752ff.

I. 1. Die Lexikographen nehmen in der Regel zwei Wurzeln *ʿqb* an: *ʿqb* I als Denominativum von *ʿāqeḇ* 'Ferse' und *ʿqb* II, das u. a. im Asarab., Amor. und Äth. belegt ist, 'bewahren', 'beschützen' bedeutet und im Hebr. nur in den Personennamen *jaʿaqoḇ*, *jaʿaqoḇāh* und *ʿaqqûḇ* vorkommt, wenn nicht mit Dietrich und Loretz (BiOr 23, 1966, 127–133, bes. 131) die Bedeutung 'direkt folgen auf', 'nahe sein' anzunehmen ist, die im Ugar. (KTU 4.645, 1; anders KBL^3 825: „rauh, hügelig sein"), Amor. und Phön. (KAI 37B, 1: „'Fortsetzung' o. ä.") belegt ist. L. Prijs, ZDMG 120, 1970, 22f. erschließt aus Sanh 109b ein talmud. *ʿqb* 'sich zuwenden zu, den Weg einschlagen nach'.

ʿqb I kommt im AT 5mal vor: im *qal* Gen 27, 36; Jer 9, 3 (2mal); Hos 12, 4, im *pi* Ijob 37, 4. Wer mit BHS Ps 49, 6: *ʿ^{a}qeḇaj* in *ʿoq^{e}ḇaj* ändert, erhöht die Zahl des *qal* auf fünf (s. dazu unten). Im Ugar. ist die Wurzel in der Form *mʿqbk* (KTU 1.18, I, 19) „der dich betrügt" oder „der dich zurückhält" (WUS Nr. 2086) belegt.
Das der Wurzel zugrundeliegende Nomen *ʿāqeḇ* ʿFerse' kommt im Hebr. 14mal, ohne Ps 49, 6 (s.o.) nur 13mal vor: Ps 5mal (bzw. 4mal), Gen 4mal, Jos, Ri, Jer, Hld und Ijob je 1mal. Es ist ebenfalls im Ugar. (KTU 1.17, VI, 20. 23) sowie im Akk., Arab., Syr., Tigre und Aram. (KAI 233, 11 [S. 285]: „ʿan der Ferse' als Metapher für ʿsogleich'") belegt, kommt 3mal in Sir (10, 16; 13, 25; 16, 3) und 1mal in Qumran (1 QH 5, 24) vor.
Als Weiterbildung von *ʿāqeḇ* ist das Nomen *ʿeqæḇ* ʿLohn' zu verstehen, das im Arab. (zu Hatra 3, 2 vgl. DISO 220) vorkommt und im Hebr. 4mal, häufiger jedoch als Konjunktion belegt ist.
Schließlich begegnen noch das Nomen *ʿāqoḇ* im Hebr. 3mal (Jes, Jer, Hos) sowie in Sir 36, 25 und das Nomen *ʿŏqbāh* 2 Kön 10, 19.
2. So gewiß es ist, daß alle diese Wörter mit einer Wurzel *ʿqb* zusammenhängen, so unsicher ist doch oft die Feststellung ihrer Bedeutung. Der Satz Ackroyds (249): „The exact meaning of the group of words from the root *ʿqb* is not easy to determine" gilt noch heute unvermindert. Das wird sogleich deutlich, wenn man die verschiedenen Bedeutungen des Nomens *ʿāqeḇ* erhebt. *ʿaqib* heißt im Arab. „die Ferse des Fußes", und diese Bedeutung liegt auch Gen 3, 15; 25, 26 vor, wo die menschliche Ferse, nach der die Schlange trachtet, bzw. die Ferse Esaus, die Jakob festhält, gemeint ist. In der Genitiv-Verbindung *ʿiq^{e}ḇê sûs* (Gen 49, 17; Ri 5, 22) könnte unser Wort ʿHufe' (der Pferde) bedeuten (so KBL^{3}). Das gibt für Ri 5 Sinn, weil das hörbare Davonjagen der Streitwagenrosse gemeint ist (Hertzberg, ATD 9^{4}, 181). Freilich will diese Bedeutung für Gen 49 nicht recht passen; denn dort geht es darum, daß eine Schlange dem Pferd in die „Fessel" beißt (Westermann, BK I/3, 247; anders Rin, BZ 11, 1967, 190: „Sehnen"). In Jer 13, 22 steht die Wendung „aufgehoben wird deine Schleppe" parallel zu dem Satz: „es werden entblößt werden *ʿ^{a}qeḇājiḵ*", was als suffigierter Dual anzusprechen und als Euphemismus für den „Hintern" oder auch die pudenda zu deuten ist.
An diesen Stellen gebraucht die LXX ἡ πτέρνα, das insgesamt 8mal für *ʿāqeḇ* begegnet. Darunter ist auch Hld 1, 8, wo *ʿiqḇê haṣṣoʾn* „die Spuren der Herde" meint. Diese Bedeutung hat ebenfalls ugar. *ʿqbt ṯr* (KTU 1.17, VI, 23), will doch Aqhat u.a. den „Fußspuren des Stieres" nachspüren (so WUS Nr. 2086; anders Gordon, UT Nr. 1907: „ʿtendon(s) of a bull' [for making a bow-string]", der auch KTU 1.17, VI, 20f. *ʿqbm dlbnn* so interpretiert [nach KTU ist die Lesung nicht mehr haltbar]; WUS Nr. 2087: „ʿqb II: schwarzer Adler, Seeadler"). Die Fußstapfen des Gesalbten JHWHs (Ps 89, 52) übersetzt LXX mit τὸ ἀντάλλαγμα und die Spuren JHWHs (Ps 77, 20) mit τὰ ἴχνη. Schließlich wird Gen 49, 19 *ʿ^{a}qeḇām* gelesen werden müssen (Zobel, BZAW 95, 1965, 5. 19), was „ihre Nachhut" heißen, aber auch ganz wörtlich übersetzt werden kann: „er (Gad) drängt ihnen (den Räubern) nach auf den Fersen" (Westermann, BK I/3, 247; LXX: κατὰ πόδας). Von der „Ferse des Lagers" spricht Jos 8, 13, was „Hinterhalt" (Noth, HAT I/7^{3}, 51; vgl. auch Hertzberg, ATD 9^{4}, 57) oder doch eher „Nachhut" (KBL^{3}) meint, weil der Hinterhalt v. 12 *ʾoreḇ* heißt (in LXX fehlt der Vers). Und Sir 16, 3 läßt unser Wort das „Lebensende" bedeuten.
Dazu gesellt sich das Nomen *ʿŏqbāh* ʿHinterlist', ʿArglist' (2 Kön 10, 19; LXX: ὁ πτερνισμός, so LXX auch für *ʿāqeḇ* Ps 41, 10).
Das ist offenbar eine der Hauptbedeutungen der Wurzel *ʿqb* I. Denn in Gen 27, 36 wird der Name Jakob volkstümlich erklärt, indem Esau auf den doppelten „Betrug" Jakobs (Gen 25; 27) hinweist. Das ist auch der Sinn von Hos 12, 4, nur daß dort der „Betrug" Jakobs in den Mutterleib vorverlegt wird, weshalb Coote (392) die Übersetzung „an sich reißen" vorschlägt (anders auch Neef 26). Schließlich spielt Jer 9, 3 mit der Wendung *kŏl-ʾāḥ ʿāqôḇ jaʿqoḇ* „jeder betrügt den anderen" auf Jakob an, was Rudolph (HAT I/12^{3}, 64) in die Übersetzung „jeder Bruder übt Jakobstrug" einbringt. LXX übersetzt unser Verb stets mit πτερνίζω.
Die Frage, wie es von der Bedeutung ʿFerse' zur Bedeutung ʿHinterlist' und ʿbetrügen' kommt, läßt sich noch einigermaßen mit GesB 612f. dahingehend beantworten, daß das Verb „eig.: hinter jem. her schleichen" bedeutet habe, woraus dann „betrügen" geworden sei. Diese Bedeutung nimmt Jirku (Kanaanäische Mythen und Epen aus Ras Schamra-Ugarit, 1962, 125) auch für das ugar. *mʿqbk* (KTU 1.18, I, 19) an: „Dreschen soll man den, der dich betrügt". Aistleitner freilich gibt WUS Nr. 2086 „zurückhalten, hindern" an. Das entspricht auch dem Sinn von *j^{e}ʿaqq^{e}ḇem* Ijob 37, 4 „er (JHWH) hält sie (die Blitze) nicht zurück" (anders Stadelmann, AnBibl 39, 1970, 111 Anm. 591), was LXX exakt mit ἀνταλλάσσω wiedergibt. Dabei muß man voraussetzen, daß dieser Bedeutung eine Wendung wie „an der Ferse festhalten" zugrunde liegt.
Auch *ʿāqoḇ* in der Bedeutung „höckriges Gelände" (KBL^{3}) im Gegensatz zu „Ebene" (*mîšôr* Jes 40, 4), von LXX mit τὰ σκολιὰ übersetzt, ist nur mühsam mit „Ferse" zu verbinden. Das gilt auch für *ʿeqæḇ* ʿLohn' (vielleicht „das, was nachher folgt" = Konsequenz), Spr 22, 4 von LXX durch ἡ γενεὰ und Ps 19, 12 durch ἀνταπόδοσις wiedergegeben.
An insgesamt vier Stellen hat LXX anders übersetzt oder es fehlt die entsprechende Textpartie (Jos 8, 13; Jer 17, 9; Hos 6, 8; Ijob 18, 9).

II. 1. Die theologische Relevanz der Wurzel *ʿqb* wird zuerst in bildhaften Redewendungen sichtbar, die der religiösen Sprache Israels zugehören. Durchweg ist von der Ferse des Menschen die Rede. Wenn Bildad äußert, der Mensch werde von den eigenen Füßen ins Netz getrieben, die Falle (*paḥ*) packe die Ferse und der Strick halte ihn fest (Ijob 18, 8f.), so ist unter Benutzung des Bildes von der Jagd mit Fallen (Dalman, AuS VI 320f. 323f.) die Selbstverstrickung des Frevlers dargestellt. Wenn aber der Psalmist (Ps 56, 7) beklagt, daß seine Feinde sich zusammenrotten, ihm auflauern und nach seinen Fersen spähen (*šmr*), so kann auch hier ein Jagdbild anklingen, so, als verfolge der Jäger die Fährten des Wildes (Kraus, BK XV/1⁵, 567); zwingend indes ist diese Annahme nicht, versteht sich doch die bildhafte Aussage als Ausdruck für das aufmerksame Beobachten des Lebenswandels des Frommen, um diesen möglichst zu Fall zu bringen. In dieser Redefigur also äußern sich die Anfechtung, Not und Angst des Beters. Das schwingt wohl auch in dem Satz des Beters mit: „Die Schuld meiner Fersen umgibt mich" (Ps 49, 6; doch vgl. BHS und die Komm.). Schließlich ist in Ps 41, 10 noch davon die Rede, daß der ehemalige Freund des Beters zu dessen Feind geworden ist und „nun groß macht die Ferse gegen mich", eine Wendung, die fast wörtlich in 1 QH 5, 24 wieder begegnet. Das spricht gegen alle Versuche einer Änderung des MT, wie sie fast durchweg vorgeschlagen werden, auch wenn letztlich nicht exakt auszumachen ist, welche Bedeutung diese offensichtliche Redewendung hat: „sich abwenden, betrügen (?), die Ferse = den Fuß erheben = treten" (Maier, Die Texte vom Toten Meer II 87).

Nicht mehr klar zu sagen ist, was Hos 6, 8 meint, wenn Gilead eine „Stadt der Übeltäter" genannt und parallel dazu gesagt wird: *ʿaqubbāh middām*, was von Jeremias (ATD 24/1, 89) mit „voll blutiger Fußspuren" und von Rudolph (KAT XIII/1, 141) mit „voller Blutspuren" übersetzt, von anderen aber conj. wird. Doch wie man auch den Text wiedergibt, sicher ist nur soviel, daß Gilead nicht die Landschaft, sondern die gleichnamige Stadt ist, also deren Bewohner meint und sie als Übeltäter bezeichnet. Worin diese Taten zu finden sind, ist unklar, weil gemäß sonstiger hoseanischer Gewohnheit auch hier mit einer historischen Anspielung zu rechnen ist. Ob in *ʿaqubbāh* eine Anspielung auf eine uns unbekannte Jakobs-Überlieferung vorliegt, wie zuletzt E. Nielsen (Shechem, 1955, 291) und Coote (393) erwogen, ist kaum zu entscheiden. Vgl. auch den Hinweis von Wellhausen, Die Kleinen Propheten, ⁴1963, 117 auf Gesenius, der im Thesaurus auf *ʿqjbt jjn* „conspurcata vino" aufmerksam macht.

In den Bereich at.licher Anthropologie führt uns Gen 3, 15 mit seiner ätiologischen Grundaussage von der Erzfeindschaft zwischen Mensch und Schlange. Dabei wird wie in Gen 49, 17 auch auf die List der Schlange oder ihre Hinterhältigkeit angespielt, wenn vorausgesetzt wird, daß sie den Menschen von hinten anfällt (Westermann, BK I/1, 354). Doch genau diese Aussage wird auch vom Menschenherzen gemacht. Wenn man den Text in Jer 17, 9 nicht ändert, dann ist hier von der Arglist (Weiser, ATD 20/21⁶, 143) oder der Verschlagenheit (Rudolph, HAT I/12³, 114) des menschlichen Herzens die Rede (vgl. hierzu Sir 36, 25 [36, 20]: „Das hinterlistige Herz verursacht Leid", Gegensatz Sir 13, 25: das gute Herz). Damit wird die „widerspruchsvolle Abgründigkeit menschlichen Wesens" (Weiser, ATD 20/21⁶, 146) ausgedrückt und zugleich das Theodizee-Problem in der Weise angesprochen, daß der eine Mensch dem anderen nicht ins Herz schauen kann. Und in einer erläuternden Glosse in 2 Kön 10, 19 wird der Befehl Jehus zum großen Baʿalsopferfest mit der Arglist des Königs verbunden (Würthwein, ATD 11/2, 340 Anm. 2; Hentschel, NEB 12, 48).

Als anklagender Hinweis auf die Verfehlungen Israels ist schließlich auch die Heranziehung und Interpretation der Jakob-Überlieferung durch Hosea (12, 4) zu sehen, wobei die schon Gen 27, 36 im Unterschied zu Gen 25, 26 mit dem Jakob-Namen verbundene Ätiologie „betrügen" aufgegriffen und in der Weise auf das Nordreichsvolk bezogen wird, als sei dieses der direkte Erbe Jakobs auch hinsichtlich von Lug und Trug (vgl. bes. Coote 392f.). In die gleiche Richtung geht das Scheltwort Jeremias, wenn in 9, 1–4 Treulosigkeit, Lüge und Verleumdung gegeißelt werden und es in v. 3 heißt, jeder Bruder betrüge den anderen.

In Ps 89, 52 wird die Schmähung des Gesalbten JHWHs, wohl des Königs, durch die Feinde JHWHs und in Jer 13, 22 die Schmähung Jerusalems durch „Entblößung des Hintern" (vgl. 2 Sam 10, 4) um seiner Sünden willen ausgesagt.

In den weisheitlichen Bereich des Tun-Ergehen-Zusammenhangs führt schließlich die Rede vom reichen Lohn, der dem Beter für das Halten der Gebote zuteil wird (Ps 19, 12; auch Ps 119, 33). Dieser „Lohn der Demut ʿundʾ der Gottesfurcht ist Reichtum und Ehre und Leben" (Spr 22, 4) und gilt ewig: *leʿôlām ʿeqæḇ* (Ps 119, 112). Wenn wir Sir 10, 16 *ʿqb gʾjm* „Fußspur der Stolzen" lesen dürfen (vgl. Sauer, JSHRZ III/5, 529), dann ist auch hier die vergeltende Gerechtigkeit Gottes ausgesagt, denn er „verwischt die Spur der Stolzen und schlägt ihre Wurzel ab bis auf den Grund".

3. Insgesamt nur 3mal wird *ʿqb* ganz direkt mit dem Handeln JHWHs verbunden, und jedesmal ist etwas anderes gemeint. Jes 40, 4 sagt an, daß das „Bucklige" zum Blachfeld werden soll, damit für Israel die Zeit des Exils ein Ende finde. Hierbei ist unser Wort *ʿāqoḇ* „Bild für bergiges, hügeliges Gelände" (Elliger, BK XI/1, 19). Obwohl in v. 3 das Volk angesprochen und in v. 4 ganz neutral formuliert wird, ist doch deutlich, daß JHWH selbst dabei am Werke ist, geht es doch um „den Weg JHWHs" (v. 3) und um die Offenbarung „der Herrlichkeit JHWHs" (v. 5; vgl. hierzu R. Kilian, „Baut eine Straße für unseren Gott!" [Festschr. J. Schreiner, 1982, 53–60]).

Was man bei dieser Stelle unter Hinweis darauf, daß DtJes auch sonst JHWH als den Schöpfergott betont, nur behaupten kann, nämlich daß JHWH die

Natur verwandeln kann, weil er ihr Schöpfer ist, das wird in den nächsten Stellen deutlicher gesagt. Ijob 37, 4 ist eingebettet in eine Darstellung von Gewitterphänomenen wie Donner (vv. 2. 4. 5), Blitz (vv. 3. 4), Schnee und Regen (v. 6). Er, JHWH, ist es, der „(die Blitze) nicht zurückhält, wenn seine Stimme zu hören ist" (v. 4). Er ist der Herr der Natur. Und Ps 77, 11–21 handelt vom wunderbaren „Walten des Höchsten" (v. 11), das sich einerseits auf die Erlösung seines Volkes (v. 16), andererseits auf das von Wasser, Donner und Blitz begleitete Erbeben der Erde (vv. 17–19) bezieht, um einzumünden in die Bekenntnisaussage: „Dein Weg ging durchs Meer ..., doch deine Fußspuren waren nicht zu erkennen" (v. 20), was auf die Führung des Volkes durch Mose und Aaron zielt (v. 21). Wie damals bei der Herausführung des Volkes und dem dieses begleitenden Wetter der höchste Gott unsichtbar zugegen war, so ist er es immer wieder, woraus der Psalmist die Zuversicht gewinnt, nichts zu sehen und doch zu glauben.

Zobel

עָקַר *ʿāqar*

עָקָר *ʿāqār*, עֵקֶר *ʿeqær*, עִקָּר *ʿiqqār*

I. Etymologie und Verbreitung – II. Bedeutung – 1. des Verbs – 2. des Adjektivs – 3. der Nomina – III. LXX und Qumran.

Lit.: *L. W. Batten*, David's Destruction of the Syrian Chariots (ZAW 28, 1908, 188–192). – *S. Gevirtz*, Simeon and Levi in „The Blessing of Jacob" (Gen 49, 5–7) (HUCA 52, 1981, 93–128, bes. 110f.). – *W. Krebs*, „... sie haben Stiere gelähmt" (Gen 49, 6) (ZAW 78, 1966, 369–361).

I. Die Suche nach dem Etymon ist in mehrfacher Hinsicht erschwert, wird doch das Morphem auf mehrere Lexeme aufgeteilt, die allesamt nur wenige Belege aufweisen. Dabei divergieren die semantischen Spezifikationen der einzelnen Lexeme erheblich voneinander. Das Verb *ʿāqar* bezeichnet offensichtlich eine destruktive Tätigkeit: ʿmit der Wurzel ausreißenʾ (*qal*; Koh 3, 2), ʿentwurzelt werdenʾ (*niph*; Zef 2, 4) (KBL³ 827f.; GesB 613f.). Dem schließen sich semantisch problemlos das Nomen *ʿiqqār* ʿWurzelʾ (Ijob 30, 3 cj.; Sir 37, 17), der PN *ʿeqær* (1 Chr 2, 27) und die spätheb. Belege an (WTM III 688). Sollte das unsichere kanaan. *ʿqrt* ʿSpeicherʾ (DISO 220; KAI 26, A, I, 6; vgl. M. Dahood, Bibl 47, 1966, 270; semantische Verbindung über ʿausreißenʾ zu ʿerntenʾ hierhin zu stellen sein, dann gehört diesem Bedeutungssektor zumindest die zeitliche Priorität.

Das Nomen *ʿeqær* ʿAbkömmlingʾ weist mit seinen zahlreichen Belegen in Sfire ins 8. Jh. v. Chr. zurück und könnte mit dem Adj. *ʿāqār* ʿunfruchtbar, ohne Nachkommenʾ (innerbibl. recht alt) über eine Gegensatzbildung mit der Wurzel in Verbindung stehen, wobei die komplexe Sicht der Progenitur bei den Semiten es ermöglichte, „Wurzel" und „Abkömmling" sprachlich zu identifizieren.
Ob das schon bei J belegte *pi ʿiqqer* ʿTiere lähmen durch Zerschneiden der Sehnen an den Hinterläufenʾ schließlich zur o. g. Wurzel zu stellen ist, ist schwierig zu beurteilen, da als gemeinsames semantisches Element nur die destruktive Tätigkeit sichtbar ist. Aber auch dies gilt nur eingeschränkt, da alle Belege – besonders auch die im arab. Bereich (vgl. Krebs) – in einem Zusammenhang zu Bann und Opfer zu stehen scheinen, womit sich also die Positiv-Negativ-Wertung verschiebt.
Sonstige außerbiblische Bezeugungen von *ʿqr* konzentrieren sich durchwegs auf nachbibl. Sprachen: christl.-paläst.; syr.; mand. und arab. Dialekte (KBL³ 827f.; Lane I/5, 2107ff.); vgl. aber akk. *uqquru* ʿein Behinderterʾ (AHw 1427a).

II. 1. Das Verb *ʿāqar* begegnet a) im *qal*, b) im *niph* und c) im *pi* mit divergierender Semantik.
a) Im *qal* wird als Bedeutung durchwegs ʿmit der Wurzel ausreißen, jätenʾ (KBL³) angegeben. Aber mit Hinweis auf die phön. Karatepe-Inschrift (ca. 720 v. Chr.; KAI 26, A, I, 6), wo der König Azitawadda darauf hinweist, daß er die *ʿqrt* von PʿR, die „Speicher" (?) gefüllt habe, und aus dem antithetischen Parallelismus im einzigen bibl. Beleg Koh 3, 2 ist mit Lohfink (NEB) die Bedeutung ʿabernten' zu bevorzugen. Für Koh hat alles seine Zeit, das Gebären wie das Sterben, das Pflanzen (→ נטע *nāṭaʿ*) wie das Abernten.
b) Im *niph* begegnet das Verb nur Zef 2, 4 (sek.?) (und im *etpa* Dan 7, 8) in einem durch Wortspiele geprägten Drohwort: „Gaza wird verlassen, Aschkelon zur Wüste, am hellen Tag treibt man Aschdods Einwohner fort, und Ekron ackert man um (*ʾæqrôn teʿāqer*)." Der Sinn dieses Drohwortes ist im Blick auf die Philistersprüche anderer Propheten (vgl. Am 1, 7f.; Ez 25, 16 u. ö.) und aufgrund der parallelen Verben *ʿzb* ʿverlassenʾ, *grš* ʿvertrieben werdenʾ, *šmm* ʿzur Wüste werdenʾ klar, wenn auch wegen der Paronomasie wenig über das Spezifische von *ʿqr* abfällt.
c) Das *pi ʿiqqer* bezeichnet die Sitte, bestimmten Tieren die Sehnen der Hinterläufe durchzutrennen, um sie bewegungsunfähig zu machen. Dies wurde offensichtlich in alter Zeit so praktiziert, daß die Israeliten erbeutete Kriegswagengespanne „unbrauchbar" machten für den Fall einer Wende im Kampfgeschehen (vgl. Krebs) (vgl. Jos 11, 6. 9: die Pferde [*sûsîm*] der Könige des Nordens). Wahrscheinlich handelte es sich aber nicht nur um eine Kriegstaktik, da auch David die Wagenpferde (*rækæḇ*) der Moabiter lähmen ließ, obwohl er sie ins eigene Streitwagenkorps hätte übernehmen können

(2 Sam 8, 4; 1 Chr 18, 4). Dahinter steht wohl eine alte Bannvorschrift (→ חרם *ḥāram*) (vgl. die par. Verben *hrg* 'umbringen', *śrp* 'in Brand stecken', *nkh hiph* 'vernichtend schlagen'), obwohl der explizite Bann-Terminus hier fehlt. Die Lähmung der Tiere war damit offensichtlich rituelle Opfervorschrift und hatte außerhalb derselben keinen Platz. Tiere „mutwillig" (*berāṣôn*) auf diese Weise zu verstümmeln, galt im höchsten Maße als verwerflich (Gen 49, 6, man beachte die Reihenfolge: Männer umbringen – Stiere lähmen, Klimax oder Antiklimax?).

2. Das Adj. *'āqār* ist nur innerbibl. bezeugt (11mal) und bedeutet hier 'unfruchtbar'. Diese Bedeutung ist kontextuell gesichert, denn es begegnen als Synonyma: *šômemāh* 'einsam', *'almānāh* 'Witwe', *mešakkelāh* „Fehlgebärende" sowie *'umlal* 'welken' und 'keine Kinder haben'. Diesem Zustand stehen als Antonyma entgegen: *hārāh* 'schwanger werden', *ḥîl* 'in Wehen liegen', *pāṯaḥ ræḥæm* „den Mutterschoß öffnen" und *jālaḏ* 'gebären'. Die soziale Wertung der unfruchtbaren Frau zeigt sich darin, daß sie „zurückgesetzt wird" (*śāne'* Ptz. pass.), zu den Armen und Niedrigen (*dal*) und zu den Hilflosen (*'æḇjôn*) gezählt wird. Dem stehen entgegen die „Kinderreiche" (*rabbaṯ bānîm*), die „fröhliche Mutter" (*'em śemeḥāh*), die „Gesegnete" (*bārûḵ*).

Schon der Jahwist weist auf die Unfruchtbarkeit der Ahnfrauen Sarai (Gen 11, 30), Rebekka (25, 21) und Rahel (29, 31), um so das Kontrastmotiv zur göttlichen Mehrungsverheißung zu zeichnen. Wohl in den Umkreis dtr Theologie gehört die Ausgestaltung der Ankündigung der Geburt Simsons (DtrH) zur Geburtsansage eines Nasiräers (Ri 13, 2f.). Seine Mutter ist eine *'aqārāh* und erhält ein eigenes Orakel, wodurch die Bedeutung des erwarteten Sohnes bereits vorab gezeichnet wird. Für einen späten Dtr gehört es zur gängigen Glaubenserwartung, daß es in Israel keine *'aqārāh* mehr geben wird (Ex 23, 26; späte Rahmung des Bb). Er prägt sogar die auffällige Formulierung, daß Israel mehr als alle Völker gesegnet ist und es in ihm und seinem Vieh (Nachtrag?) keinen Unfruchtbaren (*'āqār* mask.!) noch eine Unfruchtbare geben wird (Dtn 7, 14). Diese Formulierung ist wohl weniger aus Gründen der Assonanz (vgl. P. P. Saydon, Bibl 36, 1955, 39), als vielmehr zur Betonung der totalen Fruchtbarkeit (vgl. die bombastisch ausgestaltete Mehrungsverheißung v. 13) gewählt. Wohl zu allen Zeiten hat JHWH (unter gezielter Reservation kanaanäischer Fruchtbarkeitsvorstellungen) als der gegolten, der die Unfruchtbarkeit, die größte Schande einer Frau, aufhebt (Jes 54, 1; Ps 113, 9) und ins Gegenteil verkehrt: zahlreiche Söhne und Ehre (vgl. das Danklied der Hanna und seine nt.liche Fernwirkung Lk 1, 46ff.).

Schwierig ist die Deutung von Ijob 24, 21. Der Frevler tut der Unfruchtbaren Übles an und der Witwe erweist er nichts Gutes. Der nachexil. Weise geißelt damit wohl die verbreitete asoziale Haltung seiner Zeit. Mit Rücksicht auf den Parallelismus im Vers sollte man die starke Textumorganisation durch G. Fohrer (KAT XVI 368) ablehnen.

3. Das Nomen *'iqqār* ist bibl.-hebr. höchst unsicher: in Ijob 30, 3 wird es konjiziert: Leute, die das Gras mitsamt den „Wurzeln" abnagen, und in Sir 37, 17 wird es übertragen gebraucht: Die Wurzel aller menschlichen Pläne ist das Herz (→ לב *leḇ*). In Nebukadnezzars Traum vom stolzen Baum steht *'iqqār* durchgängig für den „Wurzelstock" (Dan 4, 12. 20. 23), der bei aller Demütigung letztlich erhalten bleiben soll. Nebukadnezzar soll König bleiben, wenn er Gott anerkennt (v. 23).

Das Nomen *'eqær* begegnet im AT nur 1mal in Lev 25, 47. In dieser späten Stelle im Heiligkeitsgesetz bezeichnet es ganz allgemein die Nachkommen einer Familie. Damit greift es die bereits in den Sfire-Inschriften des 8. Jh. v. Chr. reichlich bezeugte (20 Belege) Bedeutung auf. Dort bezeichnet *'qr* durchgängig „die Nachkommenschaft" schlechthin beider Vertragspartner. Sie ist in den Vertrag eingeschlossen, hat ihn zu halten und den Verpflichtungen nachzukommen und ihr wird bei Vertragsbruch die entsprechende Strafe angedroht.

III. Die LXX übersetzt das Verb im *qal* mit ἐκτίλλειν, im *niph* mit ἐκρίζουν, das *pi* mit νευροκοπεῖν (für außerbibl. Bezeugungen vgl. Krebs), nur 2 Sam 8, 4 angesichts des schwierigen Objekts *ræḵæḇ* mit παραλύειν. Das Adjektiv wird fast ausschließlich durch στεῖρος, στεῖρα, *'eqær* durch γενετή und *'iqqār* durch φυή wiedergegeben.

In Qumran ist bisher die Wurzel 2mal belegt. In 4 Q 179, 2, 7 wird unter Anspielungen auf Klgl 1 das zerstörte Jerusalem mit einer unfruchtbaren Frau verglichen, die verbittert ist (*mrr*); par. traurig (*'bl*) und kinderlos (*škl*). In 4 Q 509, 283, 1 ist der Kontext zerstört.

Fabry

עקשׁ *'qš*

עִקֵּשׁ *'iqqeš*, עִקְּשׁוּת *'iqqešûṯ*, מַעֲקַשִּׁים *ma'aqaššîm*

I. Etymologie – II. Vorkommen und Gebrauch – III. LXX und V.

Lit.: *W. Brueggemann*, A Neglected Sapiential Word Pair (ZAW 89, 1977, 234–258). – *M. Dahood*, Hebrew-Ugaritic Lexicography VII (Bibl 50, 1969, 353f.). – *F. Nötscher*, Gotteswege und Menschenwege in der Bibel und in Qumran (BBB 15, 1958, 55f.).

I. Der Nachweis der Wurzel in den anderen semit. Sprachen ist schwierig. Die Verbindung mit mand.

ʿqisa (so KBL³ 828) wird in Frage gestellt, wo ʿqisa von der Wurzel *qss* hergeleitet wird (MdD 356b). Die Verwandtschaft mit arab. ʿ*aqaṣa* (KBL³) ist wegen des emphatischen s-Lauts problematisch. Unsicher bleibt auch die Beziehung zu äg. ʿ*a-ga-ś(a)* und ʿ*a-ga-ś-u* (Helck, Die Beziehungen Ägyptens zu Vorderasien im 3. und 2. Jahrtausend v.Chr., ²1971, 510) und zu syr. Parallelen.

II. Im AT kommt das Verb ʿ*qš* 'krümmen, verdrehen' 5mal vor: 1mal im *niph* (Spr 28, 18), 3mal im *pi* (Mi 3, 9; Jes 59, 8; Spr 10, 9) und 1mal im *hiph* (Ijob 9, 20), das Adj. ʿ*iqqeš* ('krumm, falsch, unredlich') 11mal (Dtn 32, 5; Ps 101, 4; 18, 27 = 2 Sam 22, 27; Spr 2, 15; 8, 8; 11, 20; 17, 20; 19, 1; 22, 5; 28, 6), 2mal das Substantiv ʿ*iqqᵉšûṯ* (Spr 4, 24; 6, 12), 1mal *maʿᵃqaššîm* (Jes 42, 16). Alle Vorkommen begegnen in gebundener Sprache, am häufigsten stehen sie in den Sprüchen.

Die konkrete Bedeutung wird sichtbar in *maʿᵃqaššîm* 'unebenes Gelände' mit dem Gegensatz *mîšôr* 'Ebene' (verbunden mit der Rede vom Weg Jes 42, 16b). Verb, Adj. und das Subst. ʿ*iqqᵉšûṯ* werden nur übertragen gebraucht, so z.B. ʿ*qš pi* in Mi 3, 9, wo das konkrete Bild aber noch erkennbar ist. Gegenbegriff in Mi 3, 9 ist *jᵉšārāh*, ein Wort von derselben Wurzel wie in Jes 42, 16: „alles Gerade krumm machen" meint „alles, was recht ist, verdrehen", vgl. die Par.: „das Recht (*mišpāṭ*) verabscheuen (*tʿb*)". Wie in diesen Stellen finden sich im unmittelbaren oder weiteren Kontext von ʿ*qš*/ʿ*iqqeš* immer wieder die typischen, mit dem Wort eng verbundenen Vorstellungselemente: das Bildelement gerade – krumm, das Wegmotiv (außer Jes 42, 16 immer metaphorisch) und spezielle Parallel- bzw. Gegenbegriffe: Jes 59, 8 z.B. hat das Wegmotiv und in chiastischer Stellung als Par. *'ên mišpāṭ* (vgl. Mi 3, 9). Zu Dtn 32, 5f. (in v. 5 selbst hat ʿ*iqqeš* allerdings kein typisches Begleitwort) steht v. 4 in Opposition, wo neben *dæræḵ* in bildlich-übertragenem Gegensatz *jāšār* und in inhaltlichem *tāmîm*, *mišpāṭ* und *ṣaddîq* auftauchen.

In Spr (und Ps) wird ein zunehmend absoluter Gebrauch sichtbar (bei ʿ*iqqeš* und ʿ*iqqᵉšûṯ*): hat Spr 10, 9 noch das konkrete Bild in seiner Metaphorik, und sind in 2, 15; 28, 6. 18 (eingeschränkt auch 22, 5) ʿ*qš*/ʿ*iqqeš* noch innerhalb eines Vorstellungselements mit dem Wegmotiv verbunden, zeigen 17, 20; 8, 8 und 4, 24; 6, 12 (beide ʿ*iqqᵉšûṯ*) schließlich den abstrakten Gebrauch. Das heißt: wo konkrete Bildelemente auftauchen, wird falsches Verhalten „nach einer ohne weiteres verständlichen Metapher als krumme, verkehrte oder gewundene Wege" dargestellt (Nötscher). Diese moralische Beschreibung vom schlechten Wandel wird schließlich verinnerlicht und ʿ*iqqeš* zum ethischen Begriff für 'falsch, unredlich, schuldig', z.T. absolut gebraucht (Spr 8, 8; 22, 5; auch Dtn 32, 5; 2 Sam 22, 27 = Ps 18, 27), z.T. näher bestimmt durch eine Cstr.-Verbindung (mit „Herz" Spr 11, 20; 17, 20; mit „seine Lippen" Spr 19, 1; in Ps 101, 4 als Adj. zu „Herz" → לב *leḇ*).

Der wichtigste Gegenbegriff in Spr ist *tām* (man kann von einem weisheitlichen Wortpaar sprechen: Spr 10, 9; 11, 20; 19, 1; 28, 6. 18; alle Stellen aus dem älteren Teil der Sprüche, vgl. Brueggemann).

a) Einmal vorkommende parallele Wörter sind: *nᵉlôzîm* (*lwz niph*) „verkehrte" (Spr 2, 15); *raʿ* „böse" (Ps 101, 4) und *niptāl* (im Wortpaar) „hinterlistig" (Spr 8, 8).

b) Bei der Bestimmung, wer ʿ*iqqeš* ist, können zwei Gruppen gegenübergestellt werden (Spr 11, 20; der einzelne angesprochen in 17, 20; 10, 9; 28, 6. 18) oder die Differenzierung erfolgt innerhalb der Person (Spr 4, 24; vgl. Ps 101, 4).

c) Die Vokalisation von *drkjm* in Spr 28, 6. 18 als Dual ist abzulehnen, denn es stehen sich zwei verschiedene Wege in den beiden Vershälften gegenüber, nicht aber geht es in der 2. Hälfte um eine Wahl zwischen zwei Wegen (ʿ*qš* enthält das Wahlmoment nicht, dies müßte einem völlig abstrakten Gebrauch erst zugewachsen sein).

d) In Ijob 9, 20 ist wohl ein *hiph* (sonst Mischform oder *pi*, vgl. BHK³; Horst, BK XVI/1³, 140) zu lesen. „Parallel zu רשׁע hi. ... bringt nur das hi. *als verkehrt behandeln* die Paradoxie voll zum Ausdruck" („... mein Mund gäbe mir Unrecht und spräche mich schuldig, wäre ich gleich schuldlos") (Jenni, Das hebr. Piʿel 236; GKa § 53n; M. Lambert, RÉJ 50, 262).

e) In Spr 2, 15 mag man ʿ*iqqᵉšîm* trotz des unterschiedlichen Geschlechts mit *'ŏrḥoṯêhæm* verbinden, oder man bezieht ʿ*iqqᵉšîm* auf das Subjekt des Kontextes und ergänzt vor *'ŏrḥoṯêhæm* in Analogie zur zweiten Vershälfte ein *bᵉ* (Dahood), oder man liest mit BHS *mᵉʿaqqᵉšîm*.

An einigen Stellen nennt der Kontext konkret, was als ʿ*qš*/ʿ*iqqeš* gilt: In Mi 3, 9 meint „alles Gerade krumm machen" (par.: „das Recht verabscheuen"), Zion mit Blut bauen und Jerusalem mit Unrecht (v. 10; v. 11: Recht um Bestechung, Priesterweisung um Lohn, Prophetenworte für Geld). Nach Jes 59, 8 ist auf den Pfaden, die das Volk verdreht, kein Recht; wer darauf wandelt, kennt vor allem keinen Frieden. Auch in Ps 101 („Ein falsches Herz sei ferne von mir ...") bekennt sich der König im unmittelbaren Kontext von v. 4 zu konkreten Pflichten (vv. 3 und 5ff.). Wo in den Worten des Mundes nichts Verkehrtes ist, sind sie rechtschaffen und wahr (Spr 8, 8). In diesem Sinne meint ʿ*iqqᵉšûṯ pæh* (Verkehrtheit des Mundes) „falsche, trügerische Rede". In den Sprüchen wird ʿ*iqqeš* im Kontext allerdings weniger ausgeführt, es hat dort seine Bedeutung als terminus technicus der weisheitlichen Sprache für ein bestimmtes Verhalten; genannt werden häufig die Folgen: Wer krumme Wege geht, fällt in die Grube (Spr 28, 18) oder wird ertappt (10, 9), auf seinem Wege liegen Dornen und Schlingen (22, 5). Menschen mit falschem Herzen sind JHWH ein Greuel (11, 20) und finden kein Glück (17, 20).

Unterschiedlich wird der theol. Kontext gewertet. Nötscher (bes. zu Jes 59, 7f.) hebt hervor, daß moralisch krumme Pfade gleichzeitig als Wege ins Verderben gelten. Wer auf krummen Pfaden geht, erfährt auch kein Heil. Der krumme Weg zieht ein böses Schicksal als Vergeltung nach sich und wird selbst zum Schicksal. Kraus (BK XV/2⁵, 860) definiert:

„עקשׁ bezeichnet die falsche Richtung des Innersten" (zu Ps 101, 4) und sieht damit den Gedanken der Entsprechung verbunden: Wer JHWH bzw. seine Ordnungen ablehnt, verläßt die Heilssphäre (vgl. zu Ps 18, 27).

Beim Wortpaar *tm* – *ʿqš* geht es in allgemeiner Form um das rechte Verhalten im Leben (Brueggemann). *ʿiqqeš* meint „gekrümmt, verdreht" (impliziert also ein Tun; anders *tm*) und verlangt die Vorstellung einer Bewegung weg von einem bestimmten, geraden Weg (der als Maß gilt) hin zu einem Abweg. Im Gegensatz zu *tm* (Vollständigkeit und Einordnung in die Gemeinschaft → תמם) bezeichnet *ʿiqqeš* das Ausscheren des einzelnen, dessen Preisgabe (Spr 10, 9) und Gefährdung (28, 28). Er nimmt sein eigenes Leben aus dem der Gemeinschaft heraus und gibt ihm eine andere Richtung. Auch in königlichen Traditionen (Ps 101, 2–4) kann das Paar *tm* – *ʿqš* so verstanden werden (ob der König im Sinne der Gemeinschaft handelt).

Einige Vorkommen der Wörter *ʿāšaq* bzw. *ʿošæq* werden mit *ʿqš* verbunden, entstanden durch Konsonantenmetathese, und entsprechend übersetzt (für *ʿošæq* wird sonst nicht belegtes *ʿoqæš* oder besser *ʿiqqeš* gelesen). Solche Metathesen werden angenommen in Hos 12, 8 und Jes 30, 12; manchmal in Jes 59, 13 und meist in Ps 73, 8. Die Begründung kann aber nur im Einzelfall von der im Kontext geforderten Bedeutung her geschehen.

III. In der LXX wird das Verb 3mal mit διαστρέφειν (verdrehen) (Mi 3, 9; Jes 59, 8; Spr 10, 9), 2mal mit σκολιός (krumm, gebogen, verdreht, unredlich) (Spr 28, 18; Ijob 9, 20) wiedergegeben. Bei der Übersetzung des Adj. herrscht σκολιός vor (Dtn 32, 5; Jes 42, 16; Spr 2, 15; 4, 24; 22, 5). Nur je 1mal kommen noch sieben weitere Wörter vor. – In der V geschieht die Übersetzung am häufigsten mit *pervertere* bzw. *perversus* und *pravus* (krumm, verkehrt, unrecht, schlecht).

In Qumran ist die Wurzel bisher nicht nachgewiesen.

Warmuth

עָרַב I *ʿārab̲* I

עֲרֻבָּה *ʿarubbāh*, עֵרָבוֹן *ʿērāb̲ôn*, עָרֵב *ʿāreb̲*, תַּעֲרוּבָה *taʿarûb̲āh*

I. Sprachgebrauch – 1. Juristischer Gebrauch des Verbums – 2. Juristischer Gebrauch der Nomina – II. Pfandrecht und Bürgschaft.

Lit.: *A. Abeles*, Der Bürge nach biblischem Recht (MGWJ 66, 1922, 279–294; 67, 1923, 35–53). – *Ders.*, Bürge und Bürgschaft nach talmudischem Recht (MGWJ 67, 1923, 122–130. 170–186. 254–257). – *J. Behm*, ἀρραβών (ThWNT I 474). – *Z. Ben-Ḥajjim*, השורה ערב (Leshonenu 44, 1979/80, 85–99). – *Ders.*, נתון בערבים (Leshonenu 45, 1980/81, 307–310). – *Ders.* (Hg.), השורה ערב (Leshonenu 46, 1981/82, 161–267). – *G. Boström*, Proverbiastudien, Lund 1935, bes. 54–57. – *E. M. Cassin*, La caution à Nuzi (RA 34, 1937, 154–168). – *M. Cohen*, À propos de „gage, caution" dans les langues sémitiques (GLECS 8, 1957–1960, 13–16). – *É. Cuq*, Études sur le droit babylonien, les lois assyriennes et les lois hittites, Paris 1929, bes. 310–338. – *M. Dietrich* / *O. Loretz* / *J. Sanmartín*, Keilalphabetische Bürgschaftsdokumente aus Ugarit (UF 6, 1974, 466f.). – *H. Donner*, Bemerkungen zum Verständnis zweier aramäischer Briefe aus Hermopolis (in: H. Goedicke [Hg.], Near Eastern Studies in Honor of W. F. Albright, Baltimore – London 1971, 75–85, bes. 76–83). – *G. R. Driver* / *J. C. Miles*, The Assyrian Laws, Oxford 1935, 271–290. – *Dies.*, The Babylonian Laws I, Oxford 1952, 208–221; II, 1955, 204–209. 229. – *M. Elon*, Pledge (EncJud 13, 636–644). – *Ders.*, Suretyship (EncJud 15, 524–529). – *Z. W. Falk*, Zum jüdischen Bürgschaftsrecht (RIDA 3. Reihe, 10, 1963, 43–54). – *R. Haase*, Einführung in das Studium keilschriftlicher Rechtsquellen, 1965, 106–111. – *P. Koschaker*, Babylonisch-assyrisches Bürgschaftsrecht. Ein Beitrag zur Lehre von Schuld und Haftung, 1911. – *M. Liverani*, Due documenti ugaritici con garanzia di presenza (Ugaritica VI, Paris 1969, 375–378). – *É. Masson*, Recherches sur les plus anciens emprunts sémitiques en grec, Paris 1967, 30f. – *H. Petschow*, Ein neubabylonischer Bürgschaftsregress gegen einen Nachlaß (Tijdschrift voor Rechtsgeschiedenis 19, 1951, 25–57). – *Ders.*, Neubabylonisches Pfandrecht, 1956 (ASAW 48/1). – *Ders.*, Zum neubabylonischen Bürgschaftsrecht (ZA 53, 1959, 241–247). – *B. Porten* / *J. C. Greenfield*, The Guarantor at Elephantine-Syene (JAOS 89, 1969, 153–157). – *E. Pritsch*, Zur juristischen Bedeutung der *šubanti*-Formel (Festschr. F. Nötscher, BBB 1, 1950, 172–188). – *M. San Nicolò*, Zur Nachbürgschaft in den Keilschrifturkunden und in gräko-ägyptischen Papyri, 1937 (= SBAW 1937; 6). – *Ders.*, Bürgschaft (RLA 2, 77–80). – *É. Szlechter*, Le cautionnement à Larsa (Revue historique de droit français et étranger 1958, 1–39). – *A. Verger*, Ricerche giuridiche sui papiri aramaici di Elefantina, Rom 1965, 137–140. – *H. M. Weil*, Gage et cautionnement dans la Bible (AHDO 2, 1938, 171–241). – *Ders.*, Exégèse de Jérémie 23, 33–40 et de Job 34, 28–33 (RHR 118, 1938, 201–208). – *Ders.*, Le cautionnement talmudique comparé aux institutions correspondantes de l'ancien Orient (AHDO 3, 1948, 167–208).

I. 1. Der Gebrauch des Verbs *ʿārab̲* zur Bezeichnung der Leistung einer Bürgschaft geht mindestens auf das 2. Jt. v. Chr. zurück. In den Texten von Alalach bedeutet *ana qātāti*/ŠU.DU8.A *ana* PN *īrub* (Al.T. 82, 11–13; 84, 4f.) oder *aššum* PN ŠU.DU8A. *īrub* (Al.T. 83, 5f.) „als Sicherheit für jemanden eintreten". Subjekt des Verbs *erēbu* (*ʿrb*) 'eintreten' ist die Person, der Sklave, die Frau oder der Sohn, die/der als Pfand dient. Alle Rechtskodizes des Alten Orients bis zur nbabyl. Epoche bezeugen den häufigen Gebrauch des Personenpfandes, bei dem die Antichrese dominiert; d. h. der Gläubiger wird durch die Arbeit der Person, die ihm als Pfand überlassen wurde, entschädigt. Die Praxis des Personenpfandes ist auch im AT bekannt (Lev 25, 39. 47; Dtn 15, 2. 12; Neh 5, 2. 5–7). Das Verb *ʿrb* wird in diesem Zusammenhang zumindest in Neh 5, 2 (korr.) und in Ps 119, 121 b–122 verwendet; der Psalmist bittet Gott: „Liefere mich nicht meinen Pfandgläubigern aus, gib deinen Diener einem guten (*leṭôḇ*) Menschen zum Pfand (*ʿaroḇ*), damit die Stolzen nicht meine Pfändung bewirken". Subjekt zu *ʿrb* ist nicht mehr, wie in Alalach, die zum Pfand gegebene Person, sondern derjenige, der die Sicherheit stellt. Die Entwicklung zu diesem Gebrauch von *ʿrb* zeichnet sich schon in Ugarit in KTU 3.3, 2; 3.7, 1; 3.8, 6 ab, wo das Syntagma *ʿrb b* PN „bürgen", „sich für jemanden verbürgen" bedeutet, wobei die Präposition *b* die Idee der Gleichwertigkeit ausdrückt. Das Verb hat noch kein direktes Obj. bei sich, wie es in Ps 119, 22 der Fall sein wird; in Spr 17, 18 ist das direkte Obj. des Ptz. *ʿoreḇ ʿarubbāh* „Pfand", ohne näher präzisiert zu werden; in Neh 5, 3 sind es die Felder, Weinberge und Häuser, die als Immobilienpfand gegeben wurden. Dieselbe Konstruktion findet sich Neh 5, 2; hier ist *ʿoreḇîm* zu lesen, und folglich bilden die Söhne und Töchter, die zum Pfand gegeben wurden, das direkte Obj. zu *ʿrb*. Jer 30, 21 gehört die Pfandgabe zu der bildhaften Sprache: „Wer hat sein Herz zum Pfand gegeben, um sich mir zu nähern?" Tatsächlich glaubt man von dem, der sich Gott nähert, ohne gerufen worden zu sein, daß er sein Leben riskiert. In einer Klausel aus dem nabat. Vertrag von Naḥal Ḥever A 11 (J. Starcky, RB 61, 1954, 161–181) heißt es: *wʿrbt wḥšbt btj wmnjt lj bpgʿwn hw* „und ich habe mein Haus zum Pfand gegeben (*ʿrbt*), und du hast (es) geschätzt (*ḥšbt*) und du hast (es) mir in dieser Übereinkunft angerechnet". Man wird diesen Satz mit Dan 4, 32 vergleichen müssen, wo *ḥšb* in Parallele zu *mḥʾ bjd* „in die Hand schlagen" gebraucht wird, einer symbolischen Geste des Bürgen, der sich verbürgt, die vertragsmäßigen Verpflichtungen durch einen Dritten zu erfüllen: „Alle Bewohner der Erde sind, als seien sie nicht geschätzt . . . und es ist niemand da, der in seine Hand schlüge." Danach sind die Erdbewohner dem göttlichen Wohlgefallen als Pfänder ausgeliefert, für die niemand bürgen könnte.

Anstelle des ugar. Syntagmas *ʿrb b* PN findet man im Hebr. die Formel *ʿrb l* PN (Spr 6, 1; vgl. Sir 29, 14), die denselben Grundgedanken „sich für jemanden verbürgen" ausdrückt. Ein anderer Gebrauch zeigt sich bei der Verbindung von *ʿrb* mit dem Akkusativ der Person, für die gebürgt wird: „Herr, mir droht die Pfändung; bürge für mich!" (Jes 38, 14); „Er schadet sich selbst, denn er hat für einen Fremden gebürgt" (Spr 11, 15; vgl. 20, 16; 27, 13). Dieselbe Konstruktion findet man in Texten, wo die Bürgschaft im übertragenen Sinn gemeint ist, und beinhaltet, daß man sich zum Garanten der Sicherheit einer Person macht (Gen 43, 9; 44, 32). Schließlich findet man *ʿrb* mit dem Akkusativ des Pfanddarlehens: „Sei nicht unter denen, die für ein Pfanddarlehen bürgen" (Spr 22, 26). Ohne Obj. wird *ʿrb* Sir 8, 13 verwendet, aber es ist klar, daß der Spruch sich hier auf die einfache Bürgschaft für einen Dritten bezieht.

Das *hitp* von *ʿrb* wird in 2 Kön 18, 23 = Jes 36, 8 in der Bedeutung „wetten" gebraucht (vgl. asarab. *tʿrb* „Pfänder geben" [BGMR 18]); nach W. v. Soden, UF 18, 1986, 341 f. ist „sich einlassen mit" zu übersetzen.

2. Im bibl. Hebr. bezeichnen zwei Substantive das Pfand: *ʿerāḇôn* und *ʿarubbāh*. Der erste Begriff begegnet in Gen 38, 17 f. 20, aber ist auch in Ijob 17, 3 zu lesen: „Hinterlege mein Pfand (*ʿereḇonî*) bei dir." Er ist oft in Elephantine (DISO 221) bezeugt und findet auch im Griech. (ἀρραβών) und im Lat. (*arr[h]abo*) Verwendung, wo die Vokalisation und die Verdoppelung des *r* darauf hinzuweisen scheinen, daß das Wort kein hebr. oder aram., sondern ein phön. Lehnwort ist. Es ist jedoch noch nicht in den phön.-pun. Inschriften belegt. Wohl taucht *ʿrbn* im Ugar. auf, wo es den „Garanten", den „Bürgen" bezeichnet (KTU 3.3, 1. 7).

In dieser Bedeutung verwenden das Hebr. (Spr 20, 17) und das Phön. (KAI 60, 6; vgl. 119, 7?) das Substantiv *ʿrb*, welches als das Ptz. akt. *ʿoreḇ* oder mit größerer Wahrscheinlichkeit als substantiviertes Verbaladjektiv *ʿāreḇ* aufzufassen ist. Letzteres entspricht der Vokalisation in Spr 20, 17, dem talmud. Hebr. und sogar schon dem Reichsaram., wie die Orthographie *ʿrjb* des Wortes „Garant, Bürge" in Saqqarah anzeigt (J. B. Segal, Aramaic Texts from North Saqqarah, Oxford 1983, 21, 5): *[ ]ḥ zk knm ʿrjb hw* „der Obengenannte ist auf diese Weise Bürge". Der Begriff *ʿrb* erscheint schon in dem Brief von Hermopolis (um 500 v. Chr.), in den Texten aus Saqqarah 21, 5; 29, 6 sowie in den aram. Verträgen von Murabbaʿat (Mur 20, 12; 26, 1, 4; 28, 1–2, 10; 32, 4) und Naḥal Ḥever (B 11; C 11), wo er immer in Parallele mit dem Synonym *ʾḥrj* steht. Dieses Paar „Bürge und Garant" findet sich schon im Dokument 29, 6 aus Saqqarah: *ʿrbjʾ wʾḥr[jʾ]*; dieser Ausdruck ist besonders mit *ʿrbʾ wʾḥrjʾ* in Mur 32, 4 zu vergleichen. Die beiden Begriffe sind als synonymer Parallelismus in Spr 20, 17 bezeugt, wo man wahrscheinlich *ʾaḥarāj milleʾ* lesen muß: „ein Bürge (*ʿāreḇ*) ist für den Menschen ein trügerisches Brot und ein Garant (*ʾaḥarāj*) füllt seinen Mund mit Kiesel". Dieses Bild ist dem sehr häufigen Fall entnommen, daß jemand sich verschuldet hat, um seine Familie zu ernähren. Danach muß man bis zur Verkaufsakte Mur 30, 5. 24, die 134 n. Chr. verfaßt wurde, warten, um dieses hebr. Begriffspaar wiederzufinden: *kl šjš lj wšʾqnh ʾḥrjm wʿrbjm lmrq lpnk ʾt hmkr hzh* „alles, was mir gehört und was ich erwerben werde, ist Bürgschaft und Sicherheit, um zu deinen Gunsten (vgl. Spr 17, 18) dieses verkaufte Landstück zu verteidigen" (Z. 23–24). Wie man sieht, können *ʿāreḇ* und *ʾaḥarāj* die Person bezeichnen, die sich als Bürge zur Verfügung stellt (vgl. Spr 20, 17; Text B 11 aus Naḥal Ḥever: *ʾnh ʾḥrj ʿrb l[k]* „ich bin für dich Bürge [und] Garant") oder aber die Habe der betroffenen Person (Mur 30, 23–24; Vertrag C 11 aus Naḥal Ḥever). Wahrscheinlich ist diese zweite Bedeutung auch in der aram. Inschrift CIS II 65 eines babyl. Dokumentes, das in das 17. Jahr Darius' II. (407 v. Chr.) datiert ist, gemeint: *ʿrbʾ zj qdm kjšwš ʾt bjtʾ* . . . „die Sicherheit, die Ki-Šamaš zur Verfügung steht, (besteht) in (*itti*) dem Eigentum . . .". Schließlich spricht die in Berytus 5, 1938, 133 veröffentlichte palmyr. Inschrift von demjenigen, der „die Sicherheit verkaufen würde, die (gestellt ist) für das Grab" (*jzbn ʿrbʾ zj qdm mʿrtʾ*).

Das zweite hebr. Wort für „Pfand" ist *ᶜarubbāh*. Es kommt nur in 1 Sam 17, 18 und Spr 17, 18 vor, aber aassyr. *erub(b)ātu* wird schon im 2. Jt. v. Chr. in der Bedeutung „Pfand" gebraucht in den Texten aus Kültepe, in denen es das Immobilienpfand, das Personenpfand oder das mit einem Siegel versehene Täfelchen meint, das dem Gläubiger als Pfand gegeben wurde (CAD E 327; AHw 248 a). Danach ist dieser Begriff im Akk. nicht mehr belegt. Seine genaue Bedeutung in 1 Sam 17, 18 ist nicht klar; auf jeden Fall ist hier nicht mehr von einem Pfand im juristischen Sinn die Rede.

Der einmalige Ausdruck *b^enê hattaᶜarûbôt* (2 Kön 14, 4 = 2 Chr 25, 24) wird gewöhnlich mit „Geiseln" übersetzt. Dies weist auf asarab. *tᶜrb*, das ein „Führungspfand" meint (BGMR 19) und damit in der Bedeutung dem bibl. Ausdruck sehr nahe kommt.

Das Subst. *maᶜarāb* in Ez 27 (9mal; vgl. AP 2, 5) meint lediglich die 'Fracht, Schiffsladung' und leitet sich von der Grundbedeutung *ᶜrb* 'eintreten' her (E. Lipiński, Studia Phoenicia III, Leuven 1985, 216f.).

II. Die hebr. Terminologie verknüpft die Verpfändung und die Bürgschaftsleistung eng miteinander. Beide Schritte hatten das Ziel, den Gläubiger gegen die Zahlungsunfähigkeit seines Schuldners zu schützen. Man kann den Gläubiger verstehen, daß er seine Risiken vermindern wollte, wenn er nur solche Darlehen gewährte, die durch Hypotheken und Pfänder gesichert waren.

Das Pfand wird durch Derivate der Wurzeln *ḥbl* (→ חבל) und *ᶜbṭ* (→ עבט) bezeichnet, aber *erub(b)ātu* > *ᶜarubbāh* (Spr 17, 18) und *ᶜerābôn* (Gen 38, 17f. 20; Ijob 17, 3) können dieselbe Bedeutung haben; die verschiedenen Wörter scheinen also Synonyme zu sein. Jedoch kann *ᶜrbn* in den jüd.-aram. Papyri aus Ägypten ganz wie ἀρραβών/*arr(h)abo* im griech.-lat. Gebrauch für die verpfändeten Güter stehen, die im Besitz des Schuldners blieben und die vom Gläubiger nur im Falle der Nichtbezahlung der Schuld zum festgesetzten Fälligkeitstermin beschlagnahmt werden durften. Das Verb *ᶜāšaq* und die Substantive *ᶜošæq* und *ᶜôšqāh* (1 QJes^a 38, 14) bezeichnen im Hebr. diese Beschlagnahmung des Pfandes, die auf Güter und Personen zielen konnte. In Elephantine umfaßte die klassische Aufzählung der Güter, die die Rückzahlung garantierten und Gegenstand der Pfändung sein konnten, Sklave und Sklavin, Bronze- und Eisengegenstände, Kleidung und Getreide (BMAP 11, 10; vgl. AP 10, 9f.). Keinerlei Unterschied wurde gemacht zwischen Mobilien, Immobilien und Unfreien, ja sogar Freien. Das will besagen, daß der Terminus *ᶜrbn* auch die Vorstellung der Hypothek einschloß.

Noch weitergehend ist Neh 5, 3, wo die Juden ihre Felder, Weinberge und Häuser gegen Getreide verpfänden (*ᶜor^ebîm*). Hier handelt es sich um mehr als eine Hypothek, da die Gläubiger sich auf diesen Gütern schon niedergelassen haben (Neh 5, 5), so daß Nehemia ihre Rückgabe fordert (Neh 5, 11). Das vertragliche Immobilienpfand, das *ᶜrb* in Neh 5, 5 impliziert, hat also ganz deutlich den Charakter unserer Antichrese. Diese setzt hier voraus, daß der Fälligkeitstermin unbestimmt ist, da die gepfändeten Güter praktisch „anderen" (Neh 5, 5) gehören. Dennoch handelt es sich nicht um ein Satisfaktionspfandgeschäft, eine Art Verkauf mit Rückkaufsrecht, bei dem das vom Verpfänder erhaltene Getreide den Preis darstellte. Die Forderung nach der Schuldrückerstattung erlosch also nicht mit der Übergabe des Pfandes, sondern für den Gläubiger war es vorteilhafter, keinen Fälligkeitstermin festzulegen, da er sich mit den Früchten des Pfandes entschädigte und also nicht auf die Rückzahlung zu drängen brauchte. Der nabat. Vertrag von Naḥal Ḥever A läßt keine Aussage zu, ob Z. 11 auf eine Hypothek oder eine Antichrese anspielt.

Nach Neh 5, 2, wo *ᶜor^ebîm* zu lesen ist, verpfänden die Juden auch ihre Söhne und Töchter. Im Gegensatz zur Geschichte in 2 Kön 4, 1–7, in der vielleicht auf das niedrige Alter der Kinder Rücksicht genommen wird, ist die Personenpfändung in Neh 5, 5 erst mit der Personenübergabe abgeschlossen. Der Gläubiger wurde durch die Nutznießung und die Arbeit der gepfändeten Personen entschädigt. Die orientalischen Dokumente (z. B. ARM VIII 31) weisen darauf hin, daß, wenn ein Pfändling starb, krank wurde oder floh, der Schuldner den erhaltenen Wert sofort zurückerstatten mußte.

Galt die Pfändung ohne Übergabe, so konnte die Beschlagnahmung des Pfändlings im Falle der Zahlungsunfähigkeit des Schuldners durch die Bürgschaft aufgehalten werden (Jes 38, 14). Ebenso konnte für einen Entleiher, der nicht in der Lage war, ausreichende Pfänder zu beschaffen, durch einen Dritten gebürgt werden, dessen Solvenz öffentlich bekannt war. Dieser Dritte „trat" (*ᶜrb*) zum Fälligkeitstermin oder beim Abschluß eines Pfanddarlehens zugunsten (*l^e/lipnê*) des insolventen Schuldners in die Schranken und bürgte für die Bezahlung der Schuld. Der Bürge (*ᶜāreb* bzw. *ʾaḥarāj w^eᶜāreb*) trat mit der symbolischen Geste des „in die Hand Klatschens" oder des „Einschlagens" ein, was im Hebr. mit *tāqaᶜ kap* bzw. *jād* (Spr 6, 1; 11, 15; 17, 18; 22, 26; Ijob 17, 3), im Aram. mit *m^eḥāʾ (b^e)jad* (Dan 4, 32; altaram. Urkunden in Brüssel O. 3658, 5; O. 3670, 3) wiedergegeben wird.

Die Bürgschaft ist schon sehr früh in Mesopotamien bezeugt und das Verb *ᶜrb* wird dafür schon in Ugarit verwendet. Die Gesetzessammlungen der Bibel nennen sie nicht, aber die alten weisheitlichen Sammlungen spielen häufig darauf an (Spr 11, 15; 17, 18; 20, 16f.; 27, 13) und geben so zu erkennen, daß diese Praxis in Palästina nicht erst spät aufkam.

Die Sprüche warnen solche, die für Freunde, vor allem aber für Fremde bürgen (Spr 6, 1; 11, 15; 20, 16; 27, 13). Der Bürge sollte sich in der Tat schadlos halten, indem er den Schuldner ständig bedrängte, bis dieser zahlte (Spr 6, 3–5), weil er sonst selbst als Pfändling ergriffen worden wäre (Spr

20, 16; 22, 27; 27, 13). In späterer Zeit steht Sirach der Bürgschaft positiv gegenüber, da er sie für ein Werk der Nächstenliebe hält (Sir 29, 14–20; vgl. 8, 13). Er empfiehlt jedoch, sich nicht über seine Mittel hinaus als Bürge zur Verfügung zu stellen (8, 13; 29, 20), und erinnert daran, daß der Schuldner seinem Wohltäter gegenüber nicht immer dankbar ist (29, 15) und daß die Bürgschaft schon manchen in den Ruin gestürzt hat (vv. 27f.).

Lipiński

ערב II/III *ʿrb* II/III

עֵרֶב I *ʿeræḇ* I, עֵרֶב II *ʿeræḇ* II, עָרֹב *ʿāroḇ*, עָרֵב *ʿāreḇ*

I. Etymologie und Verbreitung – II. Bedeutung – 1. Verb *ʿrb* II – 2. Nomen *ʿeræḇ* II – 3. *ʿeræḇ* I – 4. *ʿāroḇ* – 5. *ʿārab* III, *ʿāreḇ* – III. LXX und Qumran.

Lit.: *Z. Ben-Ḥayyim*, The Root ʿRB, Meaning and Parallels (Leshonenu 44, 1979f., 85–99). – *W. A. van der Weiden*, Radix hebraica ערב (VD 44, 1966, 97–104).

I. Die Bedeutungen der 5 Verbalformative *ʿrb* I–V sind im Hebr. so different, daß man sie tunlichst nicht auf eine einzige etymologische Wurzel zurückführen sollte. Bei *ʿrb* II scheint es sich zudem um eine späte Vokabel zu handeln, die im Hebr. vornehmlich auf die Weisheitsliteratur der Königszeit zentriert und außerhalb des AT ausschließlich im Aram. (die beiden äg.-aram. Belege AP 2, 5; Aḥ 184 sind undeutlich), Syr. (*ʿerab* 'permiscuit' LexSyr 546) und Mand. „to mix, intermix, mingle" (MdD 35b) bezeugt ist. Das Verb begegnet fast ausschließlich im *hitp* in der Bedeutung 'sich einlassen mit, sich vermengen mit' (KBL^3 830) und wird erst in nach-at.-licher Zeit in Qumran (13 Belege) und in der rabbin. Literatur richtig verbreitet (Levy, WTM 239ff.). Von der gleichen Wurzel gebildet sind die Nominalformative *ʿeræḇ* I 'Mischgewebe' (vgl. aram. *ʿarbāʾ*, Levy, WTM 240f.) und *ʿeræḇ* II 'Völkergemisch' (vgl. aram. *ʿirbûḇ*, *ʿêrabreḇîn* 'zusammengelaufenes Mischvolk', Levy 243).
Meistens wird auch *ʿāroḇ* 'Hundsfliege' mit dieser Verbwurzel in Verbindung gebracht (GesB 616; KBL^3 832), jedoch weist akk. *urbattu* „Wurm" (AHw 1428; vgl. LexSyr 546) par. zu *tultu* „Wurm" in eine andere Richtung.
ʿārab III 'angenehm sein, gefallen' (KBL^3 830) mit seinem adj. Derivat *ʿāreḇ* weist etymologisch nur in den südsemit. Bereich in südarab. und arab. Dialekte (Z. Ben-Ḥayyim 85ff.).

II. 1. Sicher ist *ʿrb* II *hitp* nur 4mal belegt: Spr 14, 10; 20, 19; Esra 9, 2; Ps 106, 35. Hinzu kommen die Konjekturen Spr 14, 16; 24, 21; 26, 17.

Spr 14, 16 ist die Lesung der 2. Vershälfte *ûkesîl miṯʿabber ûḇôṭeaḥ* aufgrund der LXX μείγνυται (= *miṯʿāreḇ*) umstritten (KBL^3 830; → V 1034). In Kontrastierung zur 1. Vershälfte „Der Weise hat Scheu und meidet das Böse" erscheinen beide Lösungsmöglichkeiten sinnvoll: „der Tor mischt sich ein und ist vertrauensselig" oder: „der Tor braust auf (→ עבר II) und fühlt sich sicher" (→ I 612; Ringgren, ATD 16/1 z.St.).
Spr 24, 21 ist stark verderbt: „Fürchte JHWH, mein Sohn, und den König, *ʿim-šônîm ʾal-tiṯʿārāḇ*". Mit LXX ist zu lesen *ʿal-šenêhæm tiṯʿabbār* (BHS; → V 1034; Gemser, HAT z.St.): „beiden gegenüber sei nicht überheblich!" (עבר II). Plöger (BK XVII 264) bleibt bei *ʿrb* auf Kosten einer ungebräuchlichen Deutung von *šônêhæm*: „Mit solchen, die anders denken als sie (JHWH und der König), habe keinen Umgang!"
In Spr 26, 17 wird MT (unter Verschiebung des Athnach) *miṯʿabber ʿal-rîḇ loʾ-lô* „wer sich in einem Streit ereifert, der ihn nichts angeht" (Plöger 307) aufgrund der V (LXX fehlt) *impatiens commiscetur* zu *miṯʿāreḇ* „wer sich in einen Streit mischt" (EÜ) geändert (→ V 1034). Targ und S sprechen jedoch für die Beibehaltung des MT.

Die Bedeutung „sich mischen" (mit b^e oder l^e) steht fest und wird von der LXX ἐπι/μείγνυμι aufgenommen. Sie wird in zwei Bereiche hinein ausgezogen, den der Einmischung und den der Vermischung. Im ersteren Fall ist leicht eine Verwechslung mit *ʿbr* II (s.o.) möglich. Der Verleumder ist bekannt dafür, daß er Geheimnisse verrät. Deshalb soll man sich mit einem Schwätzer „nicht einlassen" (Spr 20, 19; der Kontext ist gekennzeichnet durch eine Stichwortassoziation: *ʿrb* I [v. 16]; *ʿrb* III [v. 17]; *ʿrb* II [v. 19]). Spr 14, 10 nennt das Herz (→ לב *leḇ*) den innersten Sitz der Gefühle und Empfindungen, in dessen Freude sich kein Fremder (LXX moralisiert: keine Hybris) einmischen soll.
Die beiden späten Stellen Esra 9, 2 und Ps 106, 35 spielen auf die Mischehen der nachexil. Zeit an. Durch die Vermischung mit den *gôjim* haben die Israeliten ihre Moral verdorben (Ps 106). Schwerer wiegt jedoch, daß durch diese folgenschwere Kontamination ihre Identität, ihr „heiliger Same" (*zæraʿ haqqoḏæš*, Esra 9, 2; vgl. Jes 6, 13 [sek.]), verlorengegangen ist. Diese theologische Argumentation nimmt privilegrechtliche Grundlagen (vgl. Ex 34, 12. 15f.) auf, die in spät-dtr (Dtn 7, 3; 20, 16ff.), aber auch in massiver prophetischer Diktion (z. B. Mal 2, 10–16) im Volk bekannt waren und faßt sie im nüchternen *ʿrb* zusammen.
2. Das Nomen *ʿeræḇ* II meint offensichtlich ein solches ethnisch und moralisch kontaminiertes Mischvolk ohne theologische Identität. Schon Ex 12, 28 (J) bezeichnet mit *ʿeræḇ rab* den Haufen der Nichtisraeliten, nach Num 11, 4 minderwertige, hergelaufene Leute (*hāʾsapsup*), die sich den Israeliten beim Auszug anschlossen. Ihre Abwertung wird dadurch verdeutlicht, daß sie mit dem Vieh zusammen genannt

werden. Dieses äg. Völkergemisch ist auch in der nachexil. Nachinterpretation Jer 25, 20 gemeint, wo ihm der Zornesbecher JHWHs angekündigt wird. Jer 50, 37 (sek.) hat in seinem Drohwort das Völkergemisch Babylons (Zimmerli: Hilfsvölker des Großreiches) im Blick (von einer Nachbesserung noch hinter „Rossen und Wagen" gewertet). Nach Ez 30, 5 (sek.) stellt *ʿeræḇ* einen verächtlichen Sammelbegriff dar, der aber nicht Leute jüdischer Abstammung mit umfaßt, die eigens als „Söhne des Landes, mit dem ich einst meinen Bund schloß" herausgenommen werden. Wenn *ʿeræḇ* hier wieder auf Ägypten anspielt, dann könnte mit den Leuten jüdischer Abstammung auf die Kolonie von Elephantine angespielt sein.

Neh 13, 3 schließt den Bogen zum Gebrauch des Verbs in Esra 9, 2. Entsprechend der nach-dtr Bestimmung, daß kein „Bastard" (*mamzer* „Mischling" [KBL³ 563]) in den *qāhāl* (→ קהל) eintreten darf (Dtn 23, 3f., nach Sach 9, 6 ist mit dem Begriff vielleicht ein israelitisch-philistäischer Mischling gemeint), sonderte man den *ʿeræḇ* aus der nachexil. Gemeinde aus, wobei Neh 13, 1 jedoch nur eklektisch aus Dtn 23 zitiert, aber wohl die ganze Bestimmung im Blick hat.

3. *ʿeræḇ* I ist ein technischer Begriff aus der Webkunst und könnte das „Gewirke" aus Leinen oder Wolle bezeichnen, sei es im Sinne eines „Mischgewebes" aus mehreren Garnsorten (wie es die Etymologie nahelegen könnte), sei es im Sinne von „Kettfäden und Schuß" (vgl. die grundsätzliche Zusammenstellung mit *šeṯî*) als Bezeichnung von Garnsorten (vgl. KBL³ 831; Dalman, AuS V 104). *ʿeræḇ* I ist 9mal belegt ausschließlich in den jüngeren Erweiterungen des Aussatzgesetzes (Lev 13, 48–59) (→ צרעת *ṣāraʿaṯ*).

4. *ʿāroḇ*, die 'Hundsfliege', ist wegen ihres akk. Etymons wohl kaum mit unserer Verbalwurzel verwandt. *ʿāroḇ* bildet die 4. äg. Plage (Ex 8, 17–27 J) und wird ausschließlich in diesem Zusammenhang erwähnt (vgl. die beiden späteren Reminiszenzen Ps 78, 45 und 105, 31). Die zoologische Identifizierung dieser Tierart ist unsicher. F. S. Bodenheimer (Animal and Man in Bible Lands, Leiden 1960, 72f.) denkt an Läuse.

5. *ʿārab* III 'angenehm sein, gefallen' begegnet 6mal im *qal* und 1mal im *hiph* (Sir 40, 21); 3mal ist das Adj. *ʿāreḇ* 'süß, angenehm' belegt. Umstritten ist Hos 9, 4 (s. w. u.). Subjekt des Gefallens sind Opfer, Dichtung, Rede, Lüge, Instrumente, Schlaf, Wünsche, einmal auch das personifizierte Jerusalem als Dirne (Ez 16, 37), Objekte sind Gott oder Mensch. Dem Menschen bereitet eine angenehme Sache ein körperliches bzw. seelisches Wohlempfinden; dies gilt auch für Gott, der mittels ihm angenehmer Dinge (z. B. Opfer) günstig gestimmt werden kann. Als „kultisches Fachwort" (Gerleman, THAT II 812) wird *ʿrb* III Jer 6, 20 (dtr) und Mal 3, 4 für die Gottgefälligkeit eines JHWH dargebrachten Opfers verwendet und ist damit mit *rāṣôn* (Jer 6, 20) (→ רצה *rāṣāh*) zu vergleichen. Da Jerusalem auf die Worte seines Herrn nicht hörte, verwirft er ihre Opfer und kündigt stattdessen die Vernichtung aus dem Norden an (Jer 6, 16–26). Angenehm wird das Opfer für JHWH erst dann wieder sein, wenn das Volk geläutert ist wie in den Tagen der Vorzeit (Mal 3, 4 [sek.]).

Eine Textänderung in Hos 9, 4 (BHS *welo' jaʿarekû lô ziḇḥêhæm* (von *ʿāraḵ* „in Reihen legen, in Ordnung bringen, gegenüberstellen") ist nicht zwingend, da *ʿāraḵ* die konkrete Ausrichtung des Opfermaterials oder -holzes bezeichnet (vgl. Gen 22, 9; Lev 1, 7. 8. 12; 24, 8; Num 23, 4), zudem mit *zæḇaḥ* nie belegt ist. Hos 9, 4 dagegen geht es um die Möglichkeit bzw. Unmöglichkeit, im fremden Land überhaupt Opfer darzubringen. So ist mit KBL³ 830 u. a. gegen H. W. Wolff, BK XIV/1³ z. St. ein *ʿāraḇ* IV „darbringen" anzunehmen, „denn es geht nicht darum, daß die Opfer Jahwe gefällig sind, sondern daß im Ausland überhaupt keine dargebracht werden können" (Rudolph, KAT XIII/1, 172. 176).

JHWHs Gefallen zu erregen war auch Absicht des Schreibers von Ps 104, 34, hier jedoch nicht durch Darbringung von Opfern, sondern durch den Vortrag eines Lobliedes. Wie Jer 6, 20 möchte der Mensch Gott mittels einer Sache angenehm berühren, damit er ihm gnädig gesonnen sei (vgl. Ps 19, 15 mit *rāṣôn*).

Zu allen Zeiten wird als besonders angenehm der Schlaf (*šenāh*) empfunden. Er stärkt den Körper und wird gefördert durch ein besonnenes Leben (Spr 3, 24). Andererseits zeichnet ein ruhiger und süßer Schlaf das Bild eines sorglosen und unbeschwerten Lebens (Jer 31, 26). Die körperlich und seelisch erquickende Wirkung des Schlafes hängt mit der persönlichen Lebensführung zusammen, denn derjenige, der Böses tut, schläft nicht (Spr 4, 16).

ʿāraḇ III drückt neben körperlichem auch seelisches Wohlbefinden aus. In Spr 13, 19 ist die Verwirklichung eines Wunsches angenehm (*tæʿæraḇ*) für die Seele.

Ez 16, 37 wird *ʿāraḇ* auf das treulose Jerusalem bezogen, das sich als Dirne erwiesen und seinen Liebhabern gefallen hat. Für eine Textkorrektur von *ʿāraḇt* in *ʿāgaḇt* (vgl. BHS) (von *ʿāgaḇ* 'lieben, nach jdn. [*ʿal*] verlangen') – so Zimmerli, BK XIII/1² z. St. – besteht keine Veranlassung (vgl. Ps 104, 34).

Der einzige Beleg für *ʿāraḇ* III *hiph* ist Sir 40, 21, wo es heißt, daß Flöte und Harfe das Lied (*šîr*) angenehm machen (vgl. 3 Q 6, 1 und 11 QPsᵃ Zion 14).

Das Adj. *ʿāreḇ* wird von der EÜ 2mal mit „süß" wiedergegeben, was jedoch nur in einem übertragenen Sinn verstanden werden darf. So erfreut sich der Mann an der süßen Stimme des Mädchens (Hld 2, 14). Spr 20, 17 spricht von einer eher trügerischen Süße. Was man mittels Lüge erreicht, kann zwar anfangs sehr angenehm sein, erweist sich aber letztlich als unredlich. Sir 6, 5 nennt als Kennzeichen von Freundschaft die sanfte Rede, mittels derer man Freunde erwirbt.

III. Die LXX verwendet zur Wiedergabe von *ʿrb* II die Wortgruppe μείγνυμι und Komposita, ähnlich für *ʿeræḇ* II ἐπι/συμ/μίκτος; *ʿeræḇ* I wird in allen Belegen als κρόκη „Garn, Stoff", *ʿārōḇ* als κυνόμυια „Hundsfliege" verstanden. *ʿārab* III / *ʿāreḇ* werden sehr unterschiedlich wiedergegeben: ἡδύνειν/ἡδύς/ἡδέως (6mal), ἐκ/ἐν/δέχεσθαι, ἐπιμιγνύναι u.a. je 1mal.

In Qumran begegnet *ʿrb* II 13mal und *ʿrb* III 4(?)mal. In die Frühzeit der qumranessenischen Bewegung gehen die Belege von *ʿrb* II im Disziplinarrecht von 1 QS zurück. Als Grundaxiom gilt, daß das Gemeindeeigentum nicht mit dem Besitz von Außenstehenden, Postulanten, Novizen u.a. „zusammengebracht" werden darf (1 QS 9, 8; spätere Ausgestaltungen sind 8, 23, dann 6, 17. 22; 7, 24). Die Tempelrolle verwendet *ʿrb* II in kultischen Bestimmungen: die Funktionsgebäude im Tempelbereich sind so zu errichten, daß ein Höchstmaß an Klarheit herrscht. Es darf keinerlei „Vermischung" der Tempelgeräte (TR 45, 4), der Opfer der Priester und des Volkes (TR 35, 12; 37, 11) möglich sein. Das Wasser, das zum Waschen der Opfertiere bestimmt ist, muß schließlich durch einen eigenen Abfluß entfernt werden, daß niemand es berühren kann, da es mit Opferblut „vermischt" ist (TR 32, 15). Eine theologische Aussage macht schließlich der Beter im soteriologischen Bekenntnis 1 QH 16, 14, wo er darum zu bitten scheint, daß der Geist Gottes (?) sich mit seinem Geist „verbinden" möge. Die weiteren Belege von *ʿrb* II (1 QSb 4, 2; 4 QOrd[b] 10, II, 3) und *ʿrb* III (4 Q 186, 1, I, 6; 2, II, 2) sind weitestgehend zerstört.

CD 11, 4 „Niemand darf nach eigenem Gutdünken einen *ʿerûḇ* anlegen am Sabbat" (*jtʿrb*) könnte sich bereits gegen eine Gewohnheit richten, wie sie später im Traktat *ʿErubin* „Vermischungen, Vereinigungen" geregelt werden: eine Verbindung und Vermischung von Höfen und Gassen, um damit das Gesetz vom Sabbatweg zu umgehen.

Fabry / Lamberty-Zielinski

עֶרֶב *ʿæræḇ*

עָרַב *ʿārab*, מַעֲרָב *maʿarāḇ*

I. 1. Ägyptisch – 2. Akkadisch – II. Etymologie – III. 1. Außerbiblische Belege – 2. At.liche Belege – IV. 1. Zeitangabe – 2. Geographische Sachverhalte – V. Kontexte – 1. Kult – 2. Schöpfung – 3. Unheil – 4. Rettung – VI. LXX – VII. Qumran.

Lit.: *F. M. Th. Böhl*, בין הערבים (OLZ 18, 1915, 321–324). – *G. B. Bruzzone*, 'EREB nell'Antico Testamento (BibOr 23, 1981, 65–70). – *G. Dalman*, AuS I/2, 1928, 620–630. – *K. Elliger*, Das Ende der „Abendwölfe" Zeph 3, 3 Hab 1, 8 (Festschr. A. Bertholet, 1950, 158–175). – *P. J. Heawood*, The Beginning of the Jewish Day (JQR 36, 1945/46, 393–401). – *B. Jongeling*, Jeux de mots en Sophonie III 1 et 3? (VT 21, 1971, 541–547). – *H. Lesêtre*, Soir (DB 5, 1912, 1824f.). – *J. A. Loader*, The Concept of Darkness in the Hebrew Root *ʿrb*/*ʿrp* (Festschr. A. van Selms, Leiden 1971, 99–107). – *E. Mahler*, Die chronologische Bedeutung von ערבים und צהרים (ZDMG 68, 1914, 677–686). – *J. Nelis*, Abend (BL[3], 1982, 5f.). – *S. J. Schwantes*, *ʿereḇ bōqer* of Dan 8, 14 Re-examined (AUSSt 16, 1978, 375–385). – *H. R. Stroes*, Does the Day Begin in the Evening or Morning? (VT 16, 1966, 460–475). – *R. de Vaux*, LO I 290–294. – *W. A. van der Weiden*, Radix hebraica ערב (VD 44, 1966, 97–104). – *S. Zeitlin*, The Beginning of the Jewish Day During the Second Commonwealth (JQR 36, 1945/46, 403–414). – *J. Ziegler*, Die Hilfe Gottes „am Morgen" (Festschr. F. Nötscher, BBB 1, 1950, 281–288).

I. 1. Im Äg. wird der Abend unterteilt in *mšrw*, die noch helle Zeit des Sonnenuntergangs, und *wḥ3*/*ḥ3w*, die dunkle Zeit des Abends, in der die Sterne schon sichtbar sind (vgl. E. Hornung, LexÄg IV 291f.; ders., ZÄS 86, 1961, 106–111; 87, 1962, 116f. 119). Der Abend wird herbeigeführt durch den Weggang des Sonnengottes, der das Reich der Toten aufsucht, und er ist bestimmt durch das Aufhören aller Tätigkeiten. Durch ihre Herrschaft über die westliche Wüste, wo die Sonne untergeht, wird Hathor zur Herrin des Abends (*mšrw*) (vgl. E. Hornung, Licht und Finsternis in der Vorstellungswelt Altägyptens [StudGen 18, 1965, 73–83]).

2. Im Akk. wird der Abend durch *līlâtu(m)* (CAD L 184f.; AHw 552), welches wie hebr. *lajlāh* auch die „Nacht" bezeichnen kann, oder durch *tamḫû(m)* (AHw 1314) wiedergegeben.

II. Wie sich aufgrund der außerhebr. (vgl. III. 1.) und teilweise der hebr. (vgl. III. 2.) Belege zeigt, ist für die Ableitung von *ʿæræḇ* auf die Wurzel *ʿrb* in der Bedeutung 'eintreten' zu rekurrieren. D. h., wenn *ʿrb* von der Sonne ausgesagt ist, betritt sie ihren Wohnsitz, so daß sie untergeht und der Abend beginnt. Dies zeigt sich am hebr. Verb *ʿāraḇ* IV 'Abend werden' (Ri 19, 9; Sir 36, 31), 'untergehen' bzw. 'verschwinden' (Jes 24, 11) (vgl. GesB 615; KBL[3] 830; Loader 99f.), wie auch akk. *erēbu* (CAD E 269; AHw 234) und ugar. *ʿrb* und *mʿrb* (WUS Nr. 2093) hiermit in Zusammenhang stehen.

Weitere etymolog. Beziehungen von *ʿrb* zu *ʿrp* (vgl. Loader 101–107) sind abzulehnen, ebenso eine Ableitung von akk. *erēpu* 'sich umwölken' (so CAD E 279f.). Desgleichen ist eine etymolog. Beziehung zwischen *ʿæræḇ* und *ʿarāḇāh* 'Wüste' nicht ersichtlich (gegen A. P. B. Breytenbach, The Connection Between the Concepts of Darkness and Drought as well as Light and Vegetation [Festschr. A. van Selms, 1971, 2]).

Im Hebr. gibt es als Derivate von *ʿrb* IV zwei Substantive: a) *maʿarāḇ* als 'Untergang(sort der Sonne)' (Jes 43, 5; 45, 6; 59, 19; Ps 75, 7; 103, 12; 107, 3; Dan 8, 5) und 'Westen' (1 Chr 7, 28; 12, 16; 26, 16. 18. 30; 2 Chr 32, 30; 33, 14) und b) *ʿæræḇ* zur Bezeichnung des Abends (vgl. III.2.). An einer Stelle (Ps 65, 9) bezeichnet *ʿæræḇ* den Westen oder das Abendland.

Mit der Segolatform *ʿæræḇ* liegt eine nur im Hebr. belegte Form der Wurzel *ʿrb* vor, da im Asarab., Syr., Akk. und Ugar. die Bezeichnung des Abends nicht von einem Derivat der Wurzel *ʿrb* vorgenommen wird.

III. 1. Im Ostsemit. finden sich ausgehend von der Wurzel *ʿrb* im Akk. das Verb *erēbu* als 'untergehen' und die Cstr.-Verbindung *ereb šamši* für den Sonnenuntergang (CAD E 258f.; AHw 233f.).
Im nw-semit. Sprachbereich liegen ugar. *ʿrb* als 'Sonnenuntergang' und *mʿrb* als 'Untergang' (WUS Nr. 2093) vor. Hiermit zu vergleichen ist aram. *mʿrb* als 'Untergang' oder 'Westen' (DISO 162; KAI 215, 13–14; K. Beyer, ATTM 664) sowie syr. *ʿrb* 'untergehen', *mʿrb* 'Westen' und *mʿrbjʾ* 'westlich' (LexSyr 546f.).
Das Asarab. bietet ausgehend von der Wurzel *ʿrb* I die Derivate *mʿrb/mʿrbjt* 'Westen' und *mʿrbj* 'westlich' (BGMR 18).
2. Die 134 at.lichen Belege für *ʿæræḇ* verteilen sich überwiegend auf den Pentateuch (Gen 13mal; Ex 13mal; Lev 33mal; Num 13mal; Dtn 5mal) und das DtrGW (Jos 4mal; Ri 4mal; 1 Sam 3mal; 2 Sam 3mal; 1 Kön 2mal; 2 Kön 1mal). Seltener ist es hingegen bei den Propheten (Jes 1mal; Jer 1mal; Ez 5mal; Zef 2mal; Hag 1mal; Sach 1mal), in der Weisheitsliteratur (Ijob 2mal; Spr 1mal; Koh 1mal), den Ps (8mal) und der apokalypt. Literatur (Dan 3mal), häufiger aber im ChrGW (Esra 3mal; 1 Chr 2mal; 2 Chr 5mal) belegt.

IV. 1. a) Mit den Termini *boqær* (→ בקר) und *ṣŏhŏrajim* (→ צהרים) dient *ʿæræḇ* zur Bezeichnung der drei Haupttageszeiten (vgl. Ps 55, 18a). Dabei meint *ʿæræḇ* den Abschluß des Tages (→ יום *jôm*), der am Sonnenuntergang kenntlich ist, was die häufige Verbindung von *ʿæræḇ* mit *bôʾ haššæmæš* (Dtn 16, 6; 23, 12; Jos 8, 29; 10, 26f.; 2 Chr 18, 34; vgl. Spr 7, 9) zeigt.
Dieser Bezeichnung des Tagesabschlusses entsprechend bezeichnet *ʿæræḇ* auch das Ende der Arbeit (Gen 30, 16; Ri 19, 16; Rut 2, 17; Ps 104, 23; vgl. dagegen Koh 11, 6), die Zeit, Wasser zu schöpfen (Gen 24, 11) und sich auf dem Felde zu ergehen (Gen 24, 63; vgl. Gen 3, 8) bzw. die Zeit zur Bereitung des Nachtlagers (2 Sam 11, 13; Zef 2, 7) und der Übergabe der Braut an den Bräutigam (Gen 29, 23). Dabei kann *ʿæræḇ* sowohl einen Zeitraum wie einen Zeitpunkt meinen. Letzteres ist ersichtlich in den Zeitangaben *leʿeṯ ʿæræḇ* (Gen 8, 11; 24, 11; 2 Sam 11, 2), *ʿeṯ minḥaṯ ʿæræḇ* (Dan 9, 21; Esra 9, 4f.), *ʿaḏ hāʿæræḇ* (1 Sam 20, 5) und *beʿæræḇ* (Gen 19, 1; 29, 23; Ez 12, 4. 7) sowie *lip̱nôṯ ʿæræḇ* (Gen 24, 63).
In Verbindung mit *boqær* bezeichnet der von *ʿæræḇ* und *boqær* eingeschlossene Zeitraum entweder den Tag oder die Nacht. In der Formulierung *meʿæræḇ ʿaḏ boqær* (Ex 27, 21; Lev 24, 3; Num 9, 21; vgl. Num 9, 15), die im kultischen Kontext auftritt, ist die gesamte Nachtdauer gemeint, welche auch in Num 9, 15 durch *bāʿæræḇ ʿaḏ habboqær* und in Est 2, 14 durch *bāʿæræḇ ûḇabboqær* ausgedrückt wird. Umgekehrt wird durch die Formulierung *min (hab)boqær ʿaḏ (hā)ʿæræḇ* (Ex 18, 13f.) bzw. *mibboqær ʿaḏ ʿæræḇ* (Ijob 4, 20) der gesamte Tag in seinem Verlauf angegeben. Dies ist auch der Fall in den Formulierungen *ʿaḏ ʿæræḇ boqær* (Dan 8, 14) und *mehannæšæp̱ weʿaḏ hāʿæræḇ* (1 Sam 30, 17; vgl. Spr 7, 9).
Eine andere Verwendung des Wortpaares *ʿæræḇ – boqær* tritt da auf, wo es nicht einen Zeitraum umschließt, sondern bestimmte Zeitpunkte, die durch eine gemeinsame Handlung und ihre Folge im Zusammenhang stehen, zum Ausdruck bringt. So soll in Gen 49, 27 durch den Parallelismus beider Termini ein andauerndes Tun bezeichnet werden (C. Westermann, BK I/3, 275). Vergleichbar ist hiermit der in Dtn 28, 67 und Koh 11, 6 vorliegende Parallelismus von *ʿæræḇ* und *boqær*, mit dem ein anhaltender Zustand bzw. die Unermüdlichkeit des Tuns gekennzeichnet werden sollen. Auch die Aufteilung von Erkenntnis der Führung Gottes am Abend und dem Sehen der Herrlichkeit Gottes am Morgen in Ex 16, 6–7 meint nicht verschiedene Handlungen, so daß *ʿæræḇ* und *boqær* hier idiomatisch für „bald" verwendet sind (B. S. Childs, Exodus, OTL, London ⁴1982, 287). Dies ändert sich in Ex 16, 8–12, da die Verheißung von Fleisch am Abend und Brot am Morgen zwei verschiedene Handlungen meint (vgl. ebd.).
b) Umstritten in ihrer Bedeutung ist die Zeitangabe *bên hāʿarbajim* (Ex 12, 6; 16, 12; 29, 39. 41; 30, 8; Lev 23, 5; Num 9, 3. 5. 11; 28, 4. 8), die mit Ausnahme von Ex 16, 12 in kultischen Kontexten auftritt (vgl. IV.2.) und einen Dual darzustellen scheint, wobei sonst ein Pl. von *ʿæræḇ* nicht belegt ist. Dieser scheinbare Dual wird allerdings nur aufgrund der vorangehenden Präposition *bên* angenommen (Th. Nöldeke, ZA 30, 1915, 168; Joüon § 91 g), obwohl diese Präposition erst nach der irrtümlichen Deutung von *ʿarbajim* als Dual vorangestellt wurde (GKa § 88c; BLe § 63b'; Nelis 6), während in Wirklichkeit eine Adverbialform vorliegt (Nelis 6). Gegen das Vorliegen einer Dualform spricht auch die Analyse der kultischen Kontexte dieser Formulierung, die zeigt, daß nicht an zwei Abende, sondern an einen gedacht ist, so daß *bên hāʿarbajim* als „in der Abenddämmerung" verstanden werden kann (K. Elliger, HAT I/4, 302. 313; E. Zenger, Das Buch Exodus, ²1982, 118. 164; Childs 179. 182. 272. 520f.).

Daß *ʿæræḇ* in dieser Formulierung den 'Untergang' bezeichnet und die beiden Untergänge von Sonne und Mond mit *bên hāʿarbajim* gemeint seien und die Wendung somit als „solange der Mond am Himmel steht" zu verstehen sei, ein Ausdruck, der von der Passahnacht auf jede Nacht übertragen sein soll (so Böhl 323f.), ist nicht zu halten.
Ein unterschiedliches Verständnis von *bên hāʿarbajim* zeigt sich bei Samaritanern und Pharisäern im Hinblick auf die Opferung des Passahlammes, da die erstgenannten *bên hāʿarbajim* als die Zeit zwischen Sonnenuntergang und vollständiger Finsternis (vgl. Dtn 16, 6) verstanden, während die Pharisäer *bên hāʿarbajim* als die

Zeit, da sich die Sonne zum Horizont neigt bis zu ihrem Untergang, verstanden (Nelis 6; Bruzzone 65; Lesêtre 1824).

c) Auch das Verb *ʿrb* IV macht eine Zeitangabe, wie Ri 19, 9 (*rāpāh hajjôm laʿᵃrob̲*) zeigt, d. h. das Dahinschwinden des Tages (*rāpāh*) bringt den Abend mit sich.
In übertragener Bedeutung steht *ʿārab̲* par. *gālāh* (→ גלה) in der JesApk (Jes 24, 11), um auszudrücken, daß jede Freude verschwunden ist. Im *hiph* bedeutet *ʿārab̲* 'des Abends tun' und es wird in 1 Sam 17, 16 parallel zu *hiškîm* 'des Morgens tun' verwendet.

Der in Spr 7, 9 von BHK/BHS vorgenommenen Änderung des MT nach dem Vorbild von Ri 19, 9 ist nicht zuzustimmen, da die lectio difficilior des MT Sinn ergibt.

d) Die Verwendung von *ʿæræb̲* in den Schöpfungstexten (Gen 1, 5. 8. 13. 19. 23. 31) sowie in kultischen Texten (Ex 12, 18; Lev 15, 5–11; 23, 32; Neh 13, 19; Dan 8, 14; vgl. das religiös motivierte Gesetz Dtn 21, 23) hat Anlaß zur Vermutung gegeben, daß der Tag vom Abend bis zum Abend dauerte (vgl. M. Noth, ZDPV 74, 1958, 138 Anm. 18; W. H. Schmidt, WMANT 17, ³1973, 68). Wenn sich dies auch für die Schöpfungsgeschichte der P^G in Gen 1 nicht zeigen läßt (vgl. v. 2), so wird dennoch im kultischen Kontext der Beginn des Tages mit dem Vorabend angesetzt. Nachweisen läßt sich eine derartige Zählweise von der nachexil. Zeit an, aber auch hier galt diese nicht für die zivile Zeitrechnung (Zeitlin 403–414).
2. Zur Bezeichnung eines geographischen Sachverhalts tritt *ʿæræb̲* als 'Westen' in Ps 65, 9 nur einmal auf, dafür aber sonst *maʿᵃrāb̲*. Dieses findet sich erst seit DtJes (Jes 43, 5; 45, 6) und TrJes (Jes 59, 19) belegt und seitdem noch in den Ps (75, 7; 103, 12; 107, 3), im ChrGW (1 Chr 7, 28; 12, 16; 26, 16. 18. 30; 2 Chr 32, 30; 33, 14) und bei Dan (8, 5), wo es an allen seinen Belegstellen als *m*-locale-Bildung von *ʿārab̲* 'untergehen' den Untergangsort bezeichnet.

V. 1. Im Kult spielt der Abend eine besondere Rolle. Mit ihm beginnt der neue Tag, d. h. der Sabbat und die Festtage. Die Herkunft dieser Zählweise aus der nomadischen Tradition Israels (U. Cassuto, A Commentary on the Book of Genesis I, Jerusalem 1961, 29f.) ist weder nachweisbar noch glaubhaft, ebenso scheidet die Schöpfungstradition von Gen 1 hierfür als Grundlage aus (s. u. V. 2.). Eher ist mit Dtn 16, 6 hervorzuheben, daß der Abend die Zeit des Auszugs aus Ägypten ist.
Durch Neh 13, 19 läßt sich der Beginn des Sabbat am Abend belegen (de Vaux 292f.; Stroes 464f.). Ebenso ist die Dauer des Versöhnungstages festgesetzt als *meʿæræb̲ ʿad̲ ʿæræb̲* (Lev 23, 32), und das Essen der ungesäuerten Brote beginnt am Abend und geht über 14 Tage bis zum Abend (Ex 12, 18). Das Tor im Innenhof des Tempels soll am Sabbat und Neumondtag geöffnet sein und erst am Abend, d. h. am Ende des Feiertags geschlossen werden (Ez 46, 2).

Im Kontext des Passah tritt an einigen Stellen die Formulierung *bên hāʿarbajim* auf, die den Zeitpunkt der Schlachtung der Passahlämmer (Ex 12, 6; vgl. Dtn 16, 4. 6) und der Feier des Passahfestes (Num 9, 3. 5. 11; Lev 23, 5; Jos 5, 10) bezeichnet. Nur in Dtn 16, 6 findet sich hierfür die Begründung, daß dies die Stunde des Auszugs aus Ägypten ist.
Außerhalb des Passahkontextes soll wie an jedem Morgen auch in der Abenddämmerung ein Lamm geopfert werden (Ex 29, 39. 41; Num 28, 4. 8) und ein Speise- (Lev 6, 13; 2 Kön 16, 15) sowie ein Brandopfer (Esra 3, 3) dargebracht werden. Vom Abend bis zum Morgen soll im Zelt der Begegnung vor JHWH ein Licht brennen (Ex 27, 21; 30, 8).
Am Abend enden auch Bitten und Klagen vor JHWH (Jos 7, 6; Ri 20, 23; 21, 2; 2 Sam 1, 12) sowie das Fasten (Ri 20, 26; 2 Sam 1, 12). Ebenso verpflichten Gelübde bis zum Abend (1 Sam 14, 24), und der Sabbat endet am Abend (Lev 23, 32). Im Kontext der kultischen Reinheit kommt dem Abend eine wichtige Aufgabe zu, da die im Laufe des Tages zugezogene Unreinheit bis zum Abend andauert (Lev 11, 24f. 27f. 31f. 39f.; 14, 46; 15, 5–7. 8. 10f. 16–19. 21–23. 27; 17, 15; 22, 6; Num 19, 7f. 10. 21f.) und die Reinheit am Abend eintritt (Lev 17, 15; Num 19, 19; Dtn 23, 12). Diese Rolle des Abends als Scheide zwischen rein und unrein hängt zusammen mit der nachexil. Tageszählung im kultischen Kontext, die den Tag mit dem Abend einsetzen läßt. Ebenso endet am Abend auch der juristische Tag, was sich daran zeigt, daß Hingerichtete am Abend weggenommen wurden (Dtn 21, 23; Jos 8, 29; 10, 26f.; TR 64, 11; vgl. Mk 15, 42f. parr.; Joh 19, 31).
Das Abendopfer (Ex 29, 39; 30, 8; Lev 6, 13; Num 28, 4; Dtn 16, 4; 2 Kön 16, 15; Ps 141, 2; Dan 9, 21; Esra 3,3; 9, 4f.; 1 Chr 16, 40; 23, 30; 2 Chr 2, 3; 13, 11; 31, 3; vgl. Jdt 9, 19) ist eine *minḥāh* (→ מנחה) oder eine *ʿolāh* (→ עלה). Die Darbringung der *minḥāh* fand zur 9. Stunde statt (15 Uhr), was sich deutlich in Esra 9, 4f. zeigt, wo die Peschitta hebr. *minḥaṯ hāʿæræb̲* durch *ltšʿ šʿjm* (vgl. BHS) ersetzt hat. Ein offizielles Speiseopfer (*minḥāh*) gab es in vorexil. Zeit nur am Abend (1 Kön 18, 29; 2 Kön 16, 15; vgl. Esra 9, 4), während das Brandopfer morgens stattfand (Elliger, HAT I/4, 97; W. Kornfeld, NEB, 1983, 29). In Lev 6, 13 liegt eine Verdoppelung des noch selbständigen täglichen Speiseopfers vor. Im weiteren Verlauf der Entwicklung entsteht „eine Kombination von Morgenbrand- und Morgenspeisopfer und der gleichzeitige Ersatz des selbständigen Abendspeisopfers durch die Kombination mit einem Brandopfer“ (Elliger, HAT I/4, 97), wozu besonders Ex 29, 39 und Num 28, 4 sowie die Belege aus dem ChrGW zu vergleichen sind (1 Chr 16, 40; 2 Chr 2, 3; 13, 11; 31, 3).
2. Daß in der Schöpfungsgeschichte der P^G nicht, wie vielfach behauptet (E. Speiser, AB 1, 5; W. H. Schmidt, WMANT 17, ³1973, 68 u. a. m.), der Tagesbeginn mit dem Abend einsetzte, ergibt sich aus der sachgemäßen Übersetzung von *wajᵉhî ʿæræb̲* (Gen

1, 5. 8. 13. 19. 23. 31) als ʿdanach wurde es Abendʾ (E. Zenger, SBS 112, 1983, 68f. Anm. 61; 185), so daß mit *ʿæræb̠* jeweils der Abschluß einer Schöpfungstat bezeichnet ist (de Vaux 181; Bruzzone 65). Dementsprechend beginnt beim ersten Tag das Schöpfungsgeschehen mit der Erschaffung des Lichtes und nicht mit dem Abend (de Vaux 181; Schwantes 385; Zenger 68f. Anm. 61), was ebenfalls gegen eine Zählweise des Tages vom Abend an spricht. Dies heißt auch, daß die Wendung *wajᵉhî ʿæræb̠* die Nacht meint, die auf den Tag folgt, diese aber nicht expressis verbis nennt, da ʿNachtʾ schon negativ als Zeit des Unheils konnotiert war (O. H. Steck, FRLANT 115, ²1981, 175; de Vaux 292f.; Zenger 68f. Anm. 61).

Von hier aus wird auch der Sprachgebrauch (*ʿad̠*) *ʿæræb̠ boqær* (Dan 8, 14) verständlich, der nicht im kultischen Kontext den Tag mit dem Abend beginnen läßt, sondern vom Sprachgebrauch der P^G in Gen 1 beeinflußt ist und den ganzen Tag meint (Schwantes 384f.).

3. Antithetisch zur „Hilfe Gottes am Morgen" (→ I 751–754) bezeichnet der Abend das Hereinbrechen des Grauens und des Unheils, womit übereinstimmt, daß nirgends im Zusammenhang mit dem Abendopfer ausgesagt wird, daß Gott hilft (Ziegler 284). Besonders deutlich wird diese Antithese von Abend und Morgen in ihren unterschiedlichen Konnotationen in Ps 30, 6.

Die Bedrohlichkeit des Abends wird da deutlich, wo *ʿæræb̠* das Hereinbrechen des Schreckens (Jes 17, 14) sowie das Eintreten des Todes markiert (1 Kön 22, 35; Ez 24, 18; Ps 90, 6; 2 Chr 18, 34) und sich am Abend Trauer (Ps 30, 6) und Klage (Ps 55, 18) einstellen. Umgekehrt dauern siegreiche Kämpfe bis zum Abend (Ex 17, 12f.), und wenn der Tag nicht lange genug dauert, so muß der Abend durch das Bleiben der Sonne an ihrem Platz verschoben werden (Jos 10, 12f.). In den Bereich der negativen Konnotation von *ʿæræb̠* gehört Ps 59, 7. 15 mit dem Bild der umherstreifenden Hunde. In den oft herangezogenen Stellen Hab 1, 8; Zef 3, 3 ist anstatt *ʿæræb̠* wie in Jer 5, 6 *ʿᵃrāb̠āh* ʿSteppeʾ zu lesen (Elliger, Abendwölfe 158ff.; K. Seybold, SBS 120, 1985, 57 Anm. 11; ders., OBO 64, 1985, 35; gegen Jongeling 545 u.a.). Erst durch die Hinzufügung einer Glosse in Zef 3, 3 (*loʾ gārᵉmû labboqær*; vgl. Seybold, SBS 120, 57 Anm. 11) wird *ʿæræb̠* als ʿAbendʾ gedeutet.

Diese negative Konnotation des Abends ist verbunden mit altem mythologischen Gut aus der vorisraelitischen Zeit. „Am Abend berennt der anonyme ... Feind die Stadt auf dem Gottesberg, am Morgen sind die Feinde wunderhaft verschwunden" (E. Otto, VT 30, 1980, 321). Mit diesem Sachverhalt ist besonders Jes 17, 12–14 zu vergleichen.

Im Hintergrund dieser Vorstellung steht der Jerusalemer Stadtgott Šalem, der als Abendröte bzw. als Abendstern zu verstehen ist (vgl. H. Gese, RdM 10/2, 80f. 168f.; Otto, ebd.; F. Stolz, BZAW 118, 1970, 181–185. 204–218).

4. Neben diesem negativ konnotierten Sprachgebrauch von *ʿæræb̠* läßt sich an vier Stellen aufzeigen, daß *ʿæræb̠* die Zeit der Rettung bezeichnet. Dies wird deutlich in den Belegen der P^G in Ex 16, 6. 12. Mit der letztzitierten Stelle ist aus 1 Kön 17, 6 die Speisung des Elija am Morgen und am Abend zu vergleichen.

Nach Sach 14, 6f., einem Bestandteil des letzten Anhangs zum Sacharjabuch, wird in der letzten Zeit die Naturordnung dadurch außer Kraft gesetzt, daß das Tageslicht am Abend nicht schwindet und der Wechsel von Tag und Nacht nicht stattfindet. D. h. der endgültige Zustand des Heiles wird dadurch erwirkt, daß in der Abendzeit noch Licht ist und die „urmenschliche Angst vor dem Dunkel der Nacht" (W. Rudolph, KAT XIII/4, 236) gebannt ist, wobei die negative Konnotation, die bei *ʿæræb̠* oft begegnete, durch die positive des Lichtes (→ אור *ʾôr*) überwunden ist.

V. In der LXX treten als Übersetzung von *ʿæræb̠* die Substantive ἑσπέρα, δειλή, das Adjektiv δειλινός und das Adverb ὀψέ auf. Für das Verb *ʿārab̠ hiph* tritt ὀψίζειν und für die Wendung *ʿæræb̠ boqær* (Dan 8, 14) νυχθήμερον auf.

VI. In der Qumranliteratur begegnet *ʿæræb̠* vornehmlich im kultischen Kontext. So soll der Essener die Gebote Gottes sprechen, wenn der Abend anbricht sowie am Morgen (1 QS 10, 10). Die hiermit angesprochenen Gebetszeiten werden auch in 1 QM 14, 14 und 1 QH 12, 5 erwähnt. Ebenso kennt TR 17, 7 die Abend-*minḥāh*. In 4 Q 503 III 6 ist die Rede von einem Segensgebet am Abend des 5. Tages im Monat, womit zu vergleichen sind 4 Q 503 VIII 12; X 18; 42–44, 4; 64, 1; 72, 8 (?); 76, 1. Die Bedeutung des Abends in den Reinheitsgesetzen (Lev 11 u.ö.) wird TR 49, 20; 50, 4. 12; 51, 3 aufgenommen.

Niehr

עֹרֵב *ʿoreb̠*

1. Der Rabe in den semit. Sprachen. Etymologie – 2. Der Rabe im at.lichen Sprachgebrauch. 3. LXX.

Lit.: *N. Avigad*, על תארים וסמלים בחותמות עבריים (EI 15, 1981, 303–305). – *F. S. Bodenheimer*, Animal and Man in Bible Lands, Leiden 1960, 57. – *G. R. Driver*, Birds in the Old Testament. I. Birds in Law (PEQ 87, 1955, 5–20). – *J. Feliks*, Rabe (BHHW III 1545). – *J. Göttsberger*, יָצוֹא וָשׁוֹב in Gn 8, 7 (BZ 6, 1908, 113–116). – *G. L. Harding*, An Index and Concordance of Pre-Islamic Arabian Names and Inscriptions (Near and Middle East Series 8, Toronto 1971, 453). – *B. Kedar*, Biblische Semantik, 1981, 114. – *J. A. Loader*, The Concept of Darkness in the Hebrew Root *ʿrb/ʿrp* (Festschr. A. v. Selms, Leiden 1971, 99–107). – *W. Richter*, Traditionsgeschichtliche Untersuchungen zum Richterbuch (BBB 18, 1963). – *H. Rösel*, Studien zur Topographie der Kriege in den Büchern Josua und Richter (ZDPV 92, 1976, 10–46). – *A. Salonen*, Vögel und Vogelfang im alten Mesopotamien (AASF 180, 1973, 124–131. 178–180). – *L. Störk*, Rabe (LexÄg V 74f.). – *E. Tichy*, Onomatopoetische Verbalbildungen des Griechischen (SAW 409, 1983, 129–131. 168). – *F. V. Winnett / G. L. Harding*, Inscriptions From Fifty Safaitic Cairns (Near and Middle East Series 9, Toronto 1978, Index S. 599).

1. Semit. Sprachen differenzieren Rabe und Krähe nicht. Der Rabe gehört zur präsargonischen Vogelliste, das sumer.-ebl. Wörterbuch (MEE IV Nr. 295) bezeugt *ḫa/ga-rí-bù*, akk. *āribu/ēribu*. In Gilg. XI, 152ff. dient er als Indikator des Flutendes, er verläßt die Arche, frißt, krächzt und kehrt nicht mehr zurück. Jbabyl. Stellen kennen einen Krähenwächter gegen die Saatkrähe. Der Rabenstern (*corvus*) ist in jbabyl. astronom. Texten der Stern des Adad, auch Deckname für Mars und Saturn (AHw I 68a). Der Rabe gehört zur religiösen Sphäre der Omenliteratur (CAD A II 265f.), sein Kopf ist magische Substanz. Unklar bleibt das Verhältnis zu *ḫaḫḫūru* fem. *ḫaḫḫurtu* in den lexikalischen Listen (Salonen 178ff.), das im Kontext Omina fehlt.

Das Lexem **ʿrb* fehlt bisher in ugar., phön.-pun. und asarab. Inschriften, findet sich aber arab. *ġurāb* Pl. *ġirbān* (Wehr, ArabWb 598) und äth., z. B. amhar. *kʾurā* mit Schwund des *-b*. Die aram. Sprachfamilie bezeugt es im Samarit., Jüd.-aram., Christl. pal., Syr. und Mand. Jüd.-aram. Derivate *ʿôrbāʾ*, *ʿûrbāʾ*, fem. *ʿôraḇtāʾ* deuten noch heidnische Magie an (bSchab 67b), es wird ein Adjektiv *ʿārbîṯ* 'rabenartig' gebildet.

Im Safait. ist der Tiername auch PN (RNP I 176b; G. L. Harding, Index 453; F. V. Winnett / G. L. Harding, Index S. 599), ebenso das arab. *ġurāb*. Ri 7, 25; 8, 3 (Jes 10, 26; Ps 83, 12) kennen *ʿoreḇ* als PN eines Midianiterfürsten, der nach efraim. Tradition (?) von Gideons Schar gefangen und am „Raben"-Felsen getötet wird. Vielleicht sind die PNN Derivate der Ortsnamen (siehe Richter 208ff.; Rösel 16. 20).

Als hebr. PN findet sich *ʿoreḇ* in dem Siegelabdruck *l-ʿrb/nbj* mit Vogeldarstellung (Avigad 305 und Taf. 57, 3).

Loader 99f. setzt für semit. *ʿrb* die Bedeutung 'eintreten' an mit verschiedenen Sphären und einzelsprachl. Weiterentwicklungen. Im Wortfeld „Untergehen (der Sonne) > Abend / Dunkelheit / Westen" spreche das akk. und hebr. Ptz. für eine Etymologie „der schwarze (Vogel)". Die babyl. Wendung *erēbu ṣalmu* „schwarzer Rabe" verrät dann, daß die Etymologie nicht mehr verstanden wird. Eher dürfte ein onomatopoetischer Begriff vorliegen wie in griech. κόραξ und dem Denominativ κρώζω (<*krōg-i̯e) 'krächzen' (E. Tichy 129ff.).

2. Unter den vier Rabenarten in Israel überwiegt der Kolkrabe (*corvus corax*), ein Aasfresser. Leichen hingerichteter Verbrecher, denen man die Bestattung verweigerte, wurden Aasfressern überlassen. Die Worte Agurs (Spr 30, 17) drohen diese Entwürdigung dem an, der seine Eltern nicht ehrt. Der Kolkrabe nistet auf Bergen oder in Wadis. Mit seinem schwarzen Gefieder vergleicht die Frau in Hld 5, 11 die Haarfarbe ihres Geliebten.

Ein weißer Fleck um den Schnabel unterscheidet die Saatkrähe (*corvus frugilegus*). Die um Jerusalem heimische Nebelkrähe (*corvus coronae*), ein Allesfresser, nistet auf hohen Bäumen, der Braunnackenrabe bzw. Wüstenrabe (*corvus ruficollis*) lebt im Negev.

Alle Raben- und Krähenarten gelten in den Reinheitsgesetzen in Dtn 14, 14 und Lev 11, 15 (P) als unreine Tiere. Als Aasfresser ordnen prophetische Gerichtsworte sie als Ruinenbewohner ein (Jes 34, 11 und Zef 2, 14 LXX und V), dort hausen unheimliche Tiere und dämonische Wesen (H. Wildberger, BK X/3, 1347ff.).

Dennoch steht der wegen seiner Freßgier berüchtigte Aasfresser in einem engen Verhältnis zu JHWH. Die jungen Raben dienen modellhaft, JHWH als Ernährer seiner Kreatur zu schildern (vgl. Lk 12, 24). Ihr Krächzen in Ps 147, 9 deutet die LXX als Bitten, das JHWH erhört (vgl. Ijob 38, 41).

Die unreinen Raben ernähren den Wundertäter Elija in der vor-dtr Erzählung 1 Kön 17, 5b–7, die DtrP-Bearbeitung in v. 4 betont, es erfolge ausdrücklich auf JHWHs Befehl.

Gen 8, 7 J hat dem dreimaligen Aussenden der Taube (analog den 3 verschiedenen Vögeln in Gilg. XI) den Raben vorangestellt. Als „Variante" fällt er aus der jahwistischen Vogelszene heraus, sein Aus- und Einfliegen aus der Arche trägt nichts zur Information des Noach bei. Dennoch ließ ihn die Endredaktion stehen. Der Rabe deutet noch den Hochwasserstand an. Oder soll er als Aasfresser um die Arche herum ein kultisch reines Terrain für den Altar (Gen 8, 20f.) schaffen, indem er Tierkadaver auffrißt?

3. Die LXX gibt *ʿoreḇ* einheitlich mit κόραξ wieder, das Kollektivum in Ps 147, 9; Zef 2, 14 und Jes 34, 11 übersetzt sie mit dem Plural.

Angerstorfer

עֲרָבָה *ʿarāḇāh* → מדבר *miḏbār*

עָרָה *ʿārāh*

מוֹרָה *môrāh*, מַעַר *maʿar*, עֶרְוָה *ʿærwāh*, עֶרְיָה *ʿærjāh*

I. Etymologie – II. Belege im AT – III. At.liche Verwendung – 1. Verb – 2. Substantiv in nichtpriesterlicher Sprache – a) Kult – b) Familie – c) Gefangenschaft – d) Ehebruch – e) Scheidung – f) geographischer Begriff – g) übertragene Bedeutung – 3. Heiligkeitsgesetz – 4. Ezechiel – IV. LXX – V. Qumran.

Lit.: *A. Alt*, Die Ursprünge des israelitischen Rechts (KlSchr 1, 1953, 278–332, bes. 314f.). – *F. W. Bassett*, Noah's Nakedness and the Curse of Canaan. A Case of Incest? (VT 21, 1971, 232–237). – *S. R. Bigger*, The Family Laws of Lev 18 in Their Setting (JBL 98, 1979, 187–203). – *M. Dahood*, Hebrew-Ugaritic Lexicography VII (Bibl 50, 1969, 337–356, bes. 354). – *K. Elliger*, Das Gesetz Leviticus 18 (ZAW 67, 1955, 1–25). – *J. Halbe*, Die Reihe der Inzestverbote Lev 18, 7–18 (ZAW 92, 1980, 60–88). – *F. L. Horton*, Form and Structure in Laws Relating to Women: Leviticus 18, 6–18 (SBL Seminary Papers 1, 1973, 20–33, bes. 21–24). – *R. Kilian*, Literarkritische und formgeschichtliche Untersuchung des Heiligkeitsgesetzes (BBB 19, 1963, bes. 25–26. 71–84). – *W. Kornfeld*, Studien zum Heiligkeitsgesetz (Lev 17–26), Wien 1952, bes. 89–134. – *A. Phillips*, Some Aspects of Family Law in Pre-Exilic Israel (VT 23, 1973, 349–361). – *H. Graf Reventlow*, Das Heiligkeitsgesetz formgeschichtlich untersucht (WMANT 6, 1961, bes. 52–64). – *R. Yaron*, On Divorce in Old Testament Times (RIDA 4, 1957, 117–128).

I. Im Akk. findet sich eine Wurzel *erû(m)* V, die im G-Stamm die Bedeutung 'mittellos sein' und im D-Stamm 'entblößen' hat (AHw 247f.). Daneben existiert von derselben Wurzel ein Substantiv *ūru(m)* II in der Bedeutung 'Blöße', 'weibliche Scham' (AHw 1435), ferner *erium* 'nackt' (AHw 241ff.).
Im nordwestsemit. Sprachraum treten die Derivate *ʿrh* D im Phön. (KAI 14, 21) und *ʿrj* I D 'entkleiden' (DISO 221) sowie *ʿrh* III 'nackt' (DISO 221) im Aram. auf. Die Existenz einer ugar. Wurzel *ʿrj* war lange umstritten (vgl. WUS Nr. 2097; UT Nr. 1920). Allerdings ließ sich durch Kollation für KTU 1.14, I, 6–8 ein Verb *ʿrw* in Parallele zu *ʾbd* 'zugrundegehen' ermitteln (M. Dietrich / O. Loretz, AOAT 18, 1973, 31–36, bes. 33; L. Badre u.a., Syr 53, 1976, 95–125, hier 96f.), welches hier als 'vernichten' zu übersetzen ist. Ebenso ist ein Verb *ʿrj* 'vernichtet, entblößt sein' belegt (KTU 2.38, 25).

II. Das Vorkommen der Wurzel *ʿrh* verteilt sich neben dem Verb *ʿārāh* auf die Derivate *môrāh*, *maʿar*, *ʿærwāh* und *ʿærjāh*. *ʿārāh* ist 14mal belegt, ohne daß eine besondere Verteilung zu erkennen wäre; anders bei *ʿærwāh*, wo von 54 Belegen 37 in priesterlicher Sprache auftreten (Lev 30mal; Ez 7mal) und sich die restlichen 17 Belege auf Pent. (Gen 5mal; Ex 2mal; Dtn 2mal; DtrGW (1 Sam 1mal), Propheten (Jes 2mal; Hos 1mal) und Klgl (1mal) verteilen.

Von den weiteren Derivaten ist *maʿar* 1mal belegt (Nah 3, 5; vgl. zu 1 Kön 7, 36 M. Noth, BK IX/1², 145; J. Gray, I&II Kings [OTL, London ³1980] 196), *ʿærjāh* 6mal (4mal Ez) und *môrāh* 3mal (Ri 13, 5; 16, 17; 1 Sam 1, 11).

III. 1. Beim Verb *ʿārāh* zeigen sich zwei Verwendungsweisen. In Entsprechung zu den außerbibl. Belegen tritt es im *pi* (Jes 3, 17; 22, 6; Hab 3, 13; Zef 2, 14; Ps 137, 7) und *hiph* (Lev 20, 18. 19; Jes 53, 12) als 'entblößen' sowie im *hitp* (Klgl 4, 21) als 'sich entblößen' auf und im *niph* (Jes 32, 15) sowie im *pi* (Gen 24, 20; Ps 141, 8; 2 Chr 24, 11) als 'ausgegossen werden' und 'ausgießen' bzw. 'ausleeren'. Mit diesen zwei Verwendungsweisen von *ʿārāh* als 'entblößen' und 'ausgießen' liegen allerdings nicht zwei unterschiedliche Bedeutungen vor, vielmehr handelt es sich hierbei um die Modifikation einer Grundbedeutung des Stammes als 'nackt, leer sein', die je nach Objekt zu 'entblößen', 'ausgießen' oder 'ausleeren' wird.
Als 'entblößen' wird *ʿārāh* mit unterschiedlichen Konnotationen verwendet. So wird JHWH die Stirn/Schläfe (vgl. dazu H. Wildberger, BK X/1², 139) der hochmütigen Frauen Jerusalems 'entblößen' (Jes 3, 17), was bedeutet, daß JHWH die Haare abscheren wird. *ʿārāh pi* als 'scheren' liegt auch dem derivierten Substantiv *môrāh* (Ri 13, 5; 16, 17; 1 Sam 1, 11) zugrunde. An einer weiteren jes. Belegstelle von *ʿārāh pi* ist die Rede davon, daß Kir den Schild 'entblößt', d. h. aus der Hülle genommen hat (Jes 22, 6), womit Hab 3, 9 zu vergleichen ist.
Dieselbe Bedeutung hat *ʿārāh hiph* par. *gālāh* in Lev 20, 18 (P). Objekt zu *ʿārāh* ist hier die Scham einer Menstruierenden. Ebenso ist es nach Lev 20, 18 verboten, die Scham einer Verwandten zu entblößen (*gālāh pi*), da man somit einen Blutsverwandten entblößt (*ʿārāh hiph*). Im *hitp* ist *ʿārāh* in Klgl 4, 21 belegt. Es geht hier um das Sich-Entblößen im Rausch (vgl. Gen 9, 21f.). Für *ʿārāh hitp* in Ps 37, 35 ist nach LXX *ʿālāh* zu lesen.
In erweiterter Bedeutung kann *ʿārāh pi* wie ugar. *ʿrw* (KTU 1.14, I, 6–8) auch den Akt der Zerstörung meinen, so in Zef 2, 14 (vgl. zum Text Rudolph, KAT XIII/3, 278f.; K. Seybold, SBS 120, 1985, 53f.), Hab 3, 13 und Ps 137, 7. In Verbindung mit *jᵉsôḏ* scheint *ʿārāh pi* ein Terminus technicus des planmäßigen Zerstörens zu sein (vgl. *gālāh niph/pi* in Ez 13, 14; Mi 1, 6 mit demselben Objekt *jᵉsôḏ* bzw. mit *môsᵉḏôṯ* in Ps 18, 16 = 2 Sam 22, 16).
Im Sinne von 'ausgießen' kann *ʿārāh pi* sowohl in der konkreten Bedeutung 'ein Gefäß entleeren' (Gen 24, 20; 2 Chr 24, 11) als auch übertragen mit *næpæš* als Objekt (Ps 141, 8) als 'das Leben ausgießen' verwendet werden. Diese letztgenannte Formulierung ist in gleicher Bedeutung im *hiph* in Jes 53, 12 belegt: der Gottesknecht goß sein Leben aus. Daß von der *næpæš* an diesen Stellen wie von einer Flüssigkeit die Rede ist, hängt damit zusammen, daß die *næpæš* als Lebensprinzip mit dem Blut in Verbindung gebracht

wird (Gen 9, 4f.; Lev 17, 11; Dtn 12, 33; vgl. auch Klgl 2, 12; Ijob 30, 16 und zu allen Stellen H. W. Wolff, Anthropologie des AT, [3]1977, 38; H. Seebass → נפש 549). Gleichfalls in übertragener Bedeutung wird *ʿārāh niph* in Jes 32, 15 zur Beschreibung der Geistausgießung gewählt, wobei sich zeigt, daß an dieser Stelle noch nicht die feste Terminologie der Geistausgießung mit *šāpak̠* (→ שפך) oder *jāṣaq* (→ יצק) vorliegt (H. Wildberger, BK X/3, 1277).

2. a) Der älteste Beleg von *ʿærwāh* liegt vor innerhalb des Altargesetzes im Bundesbuch mit dem Verbot, auf Stufen den Altar zu besteigen, damit die Scham des Opfernden nicht entblößt werde (*gālāh niph*; Ex 20, 26).

Strittig ist, wogegen sich das Verbot der mit *gālāh ʿærwāh* beschriebenen Handlung genau richtet. Nach M. Noth (ATD 5[6], 142) soll die Einführung von Sexualpraktiken in den JHWH-Kult verhindert werden bzw. es könnten hierdurch nach H. Cazelles (Etudes sur le Code de l'Alliance, Paris 1946, 44) Unanständigkeiten hervorgerufen werden. D. Conrad (Studien zum Altargesetz, 1968, 17f. 53–57. 123) hält die Begründung von Ex 20, 16b für sekundär; das Verbot eines Stufenaltars habe sich ursprünglich gegen den Kult eines Hochgottes gerichtet (vgl. dazu noch B. S. Childs, Exodus, OTL, London [4]1982, 467).

Auf Ex 20, 26b reagiert Ex 28, 42 mit der Aufforderung, Beinkleider aus Leinen herzustellen, um die Scham (*beśar ʿærwāh*) des Priesters zu bedecken.

b) Eine ähnliche Gewandung des Mannes wie in Ex 20, 26 setzt die Erzählung von Noachs Fluch und Segen (Gen 9, 18–29) voraus, die als eigenständige Kurzgeschichte in JE integriert wurde (P. Weimar, BZAW 146, 1977, 158–160). Aufgrund seiner Trunkenheit entblößte sich Noach (*gālāh hitp*; zum Motiv vgl. Klgl 4, 21; Hab 2, 15) und Ham erblickte seine Scham (*ʿærwāh*), die von Sem und Jafet mit einem Überwurf (*śimlāh*) bedeckt wurde (vv. 22f.). Die Schuld Hams besteht nicht darin, die Scham seines Vaters gesehen oder ein sexuelles Vergehen begangen zu haben (so Bassett 233–237), sondern darin, die Scham des Vaters nicht bedeckt zu haben, um somit dem Vater die Schande der Nacktheit zu ersparen (J. Scharbert, Genesis 1–11, NEB 1983, 100; vgl. 2 Sam 6, 20; 10, 4f.; Jes 47, 3). Hierauf weist auch die Beschreibung der Sohnespflichten gegenüber seinem betrunkenen Vater in KTU 1.17, I, 30 u.ö. (O. Eißfeldt, KlSchr 4, 265. 268f.; C. Westermann, BK I/1[2], 653).

Die in v. 22 verwendete Formulierung *rā'āh 'æt̠ ʿærwāh* steht im späteren Text Lev 20, 17 in Parallele zu *gālāh ʿærwāh*. Ob aus Lev 20 auf die Erzählung Gen 9, 22ff. geschlossen werden kann in dem Sinne, daß Ham mit den Frauen seines Vaters Geschlechtsverkehr hatte (Bassett 233ff.), ist sehr fraglich. Gleichfalls zurückzuweisen ist Gunkels Sicht der Stelle (Genesis, [9]1977, 79), demzufolge ein späterer Leser an der Handlung des Sohnes solchen Anstoß nahm, daß er sie ausließ.

Ein alter Beleg für *ʿærwāh* liegt auch vor in 1 Sam 20, 30 im Kontext der Thronaufstiegsgeschichte Davids, wo Saul dem Jonatan vorwirft, er habe sich David zur eigenen Schande und zur Schande der Scham seiner Mutter ausgesucht. Hier bezeichnet *ʿærwāh* den Mutterschoß, um anzuzeigen, daß Jonatan von Anfang an in Schande lebt.

c) Die Schande der Nacktheit wird im Kontext von *ʿærwāh* noch angesprochen in Jes 47, 3, wo Babel wie eine Gefangene behandelt wird, die zum Zeichen der Unterwerfung das Kleid anheben muß und ihre Scham zeigt, wozu das Sehen der Schande (*ḥærpāh*) in Parallele steht.

Im gleichen Kontext der Gefangenschaft steht Jes 20, 4, wo in einer erklärenden Glosse (H. Wildberger, BK X/2, 748; BHS) die Wegführung der nackten Ägypter als Schande für Ägypten (*ʿærwat̠ miṣrajim*) bezeichnet wird. Ebenso ist in Mi 1, 11 mit der Verwendung von *ʿærjāh* an die Gefangenschaft gedacht. Die Hinzufügung von *bošæt̠* stellt eine Nachinterpretation dar, um die Schande der Nacktheit zu betonen. LXX hat *bošæt̠* noch nicht vorgefunden (vgl. zum MT H. W. Wolff, BK XIV/4, 12; zur Änderung von *ʿærjāh* in *ʿîr* vgl. BHS und J. L. Mays, Micah, OTL, London [2]1980, 49 Anm. 1).

d) Nach Hos 2, 11 entzieht der Ehemann seiner geschiedenen Frau die Mittel, mit denen sie ihre Blöße bedecken kann. Nach altoriental. Eherecht konnte eine schuldige Frau ohne Versorgung verstoßen werden (H. W. Wolff, BK XIV/1[3], 45).

Bei der Schilderung Jerusalems als treuloser Frau in Ez 16 ist es JHWH, der dem jungen Mädchen die Blöße bedeckt hat (*kāsāh ʿærwāh*; 16, 8). Aufgrund der weiteren Redewendungen in v. 8 (*pāraś kānāp̠ ʿal*; *nišbaʿ le*; *bô' bib̠rît̠ 'æt̠*) ist an das Eingehen einer Ehe zu denken (G. Giesen, BBB 56, 1981, 332–334). Diese Ehe wird von der Frau dadurch gebrochen, daß sie ihre Scham entblößt hat (*gālāh ʿærwāh*; v. 36), weshalb auch JHWH nunmehr ihre Scham vor ihren Liebhabern entblößen will (v. 37). Das bei dieser Handlung anklingende Motiv der Entehrung der Frau liegt auch Nah 3, 5 zugrunde (W. Rudolph, KAT XIII/3, 178), ohne daß hier von einem Ehebruch (J. Jeremias, WMANT 35, 1970, 36f.) die Rede wäre. Ebenso ist Klgl 1, 8 auf diesem Hintergrund der Entehrung der schuldig gewordenen Frau zu verstehen, da hier das besiegte Jerusalem wie eine erniedrigte Frau ihre Scham zeigen muß.

e) Umstritten in ihrer Bedeutung ist die Cstr.-Verbindung *ʿærwat̠ dāb̠ār*, durch die ein Anlaß bezeichnet wird, einen Scheidebrief auszustellen (Dtn 24, 1). Dieser Terminus tritt schon in Dtn 23, 15 im Kontext der Bestimmungen über die Reinheit des Heerlagers auf und hat hier seinen Gegenbegriff in *qāḏôš*. Im Falle einer *ʿærwat̠ dāb̠ār* wendet sich JHWH vom Lager ab. Im Zusammenhang mit den Reinheitsbestimmungen wird die *ʿærwat̠ dāb̠ār* an dieser Stelle als etwas Anstößiges aufgefaßt. Dementsprechend ist in Dtn 24, 1 ebenfalls etwas Anstößiges, nur in einem anderen Kontext, gemeint. Die *ʿærwat̠ dāb̠ār* ist zu verstehen als „anything which the husband found distasteful in his wife other than her adultery"

(Phillips 355; vgl. Yaron 127f.) und insofern zu unterscheiden vom Ehebruch, der nach Dtn 22, 22 die Hinrichtung verlangt.

f) In Gen 42, 9. 11 bezeichnet *ʿærwaṯ hāʾāræṣ* die „Blöße des Landes", d. h. das militärisch ungeschützte Land, welches Späher erkunden können (Horton 22; vgl. Ijob 26, 6).

g) Im aram. Beleg Esra 4, 14 steht *ʿærwāh*, um die dem König angedrohte Schande der Steuerverweigerung zu bezeichnen.

3. Innerhalb des H findet sich *ʿærwāh* in Lev 18 und 20, wo es an all seinen Belegen (außer Lev 20, 17a) Objekt zu *gālāh* ist. Von diesen 29 Belegen der Wendung *gālāh ʿærwāh* sind 20 prohibitivisch formuliert. Hinsichtlich seiner Bedeutung hieß *gālāh ʿærwāh* an seiner ältesten Belegstelle Ex 20, 26 „die Scham entblößen", während es in Lev 18 und 20 „jedwede geschlechtliche Betätigung" (Elliger 8) meint. In Lev 18, 6–18 liegt ein Dodekalog vor, konstruiert mit dem Prohibitiv *lôʾ tegallæh ʿærwāh* unter Hinzufügung eines enklitischen Personalpronomens oder eines Substantivs, der jede Art von Geschlechtsverkehr zwischen Blutsverwandten verbietet. Die hierfür gewählte Formulierung *gālāh ʿærwāh* ist dabei als ein Euphemismus zu werten (W. Kornfeld, Levitikus, NEB 1983, 70).

Hinter der Elfzahl von Verboten stand, da eine Bestimmung über die Tochter zwischen vv. 9–10 durch Homoioarkton verlorengegangen ist (Elliger, HAT I/4, 234), entweder ein ursprünglicher Dodekalog (Elliger, HAT I/4, 238; ders., Gesetz 2; Kornfeld, Leviticus 70), oder aber ein Dekalog, wenn v. 13 mit der Erwähnung der Schwester der Mutter, die nicht in die Großfamilie gehört, sekundär ist (Elliger, HAT I/4, 239; dagegen Halbe 60–88).

Die Grundform der Reihe ist zu bestimmen als: *ʿærwaṯ ... lôʾ tegallæh* mit Nennung eines weiblichen Verwandtschaftsgrades. Diese hat sich in vv. 8a. 12a. 15a. 16a rein erhalten, wozu Begründungen und Wiederholungen des Verbots (vv. 7bβ. 15bβ) sekundär hinzugetreten sind (Elliger, HAT I/4, 231). Nach Alt (311–317) ist die *lôʾ tegallæh*-Reihe zu vergleichen mit den todeswürdigen Verbrechen (Ex 21, 12. 15. 17), den fluchwürdigen Verbrechen (Dtn 27, 15–26) und dem Dekalog (Ex 20, 2–17; Dtn 5, 6–18). Von den beiden erstgenannten Reihen unterscheidet sie sich durch die prohibitivische Formulierung, wodurch diese Sätze zu einem direkten Verbot werden. In inhaltlicher Hinsicht geht es um das Zusammenleben einer Großfamilie, das nicht in ein Durcheinander der Geschlechtsgemeinschaft entarten soll (H. J. Boecker, Recht und Gesetz im AT und im Alten Orient, ²1984, 176). Was den zeitlichen Ansatz betrifft, so schwanken die Datierungsvorschläge zwischen der vorstaatlichen (Elliger, HAT I/4, 239 u. a.) und der vorexilischen Zeit (Kilian 169).

In Lev 20, 11. 17. 18. 19. 20. 21 werden Aspekte von Lev 18, 7–17 aufgegriffen und zum Teil abgeändert.

Der Grund für diese Aufnahme von Prohibitiven aus Lev 18 in Lev 20 liegt im gleichzeitigen Unterschied: Werden in Lev 18 Prohibitive ausgesprochen, so werden in Lev 20 Strafen ausgesprochen (Elliger, HAT I/4, 265. 271f.). Als weiterer Unterschied zu Kap. 18 wird in Kap. 20 ein kleinerer Personenkreis genannt und nicht mehr die Großfamilie mit vier Generationen.

4. In Ez 22, 10 ist die Formulierung *ʿærwaṯ ʾāḇ gālāh* so zu verstehen, daß bei der Schändung der Frau des Vaters dessen Scham entblößt wird. Zu vergleichen sind Dtn 23, 1 mit dem Parallelismus von *lāqaḥ ʾešæṯ ʾāḇ* und *gālāh kenap ʾāḇ* und Dtn 27, 20, wo *gālāh kenap ʾāḇ* parallel steht zu *šāḵaḇ ʿim ʾešæṯ ʾāḇ*. Ebenso ist zu verweisen auf Lev 18, 8; 20, 11. Der Beleg in Ez 23, 18 ist ein Nachtrag zum Ez-Buch (Zimmerli, BK XIII/1, 548), und es ist hier die aus H bekannte Formulierung *gālāh ʿærwāh* im Sinne des Unzuchttreibens belegt. Daneben findet sich 4mal bei Ez der Terminus *ʿærjāh* (16, 7. 22. 39; 23, 29) in Verbindung mit dem Substantiv *ʿerôm* (→ ערום). Im Unterschied zu *ʿærwāh* ist mit *ʿærjāh* in Ez 16, 7. 22 die Nacktheit eines neugeborenen Kindes gemeint und in Ez 16, 39; 23, 29 die Nacktheit der von ihren Liebhabern beraubten Frau, die wie ein Neugeborenes nackt und bloß ist.

IV. In der LXX wird *ʿærwāh* in priesterlicher Sprache (H und Ez) mit ἀσχημοσύνη übersetzt, eine Ausnahme bildet Ez 16, 37, wo das zweimalige *ʿærwāh* des MT mit αἰσχύνη und κακία differenziert übersetzt wird. Weitere griech. Termini für *ʿærwāh* sind γύμνωσις (Gen 9, 22f.), τὰ ἴχνη (Gen 42, 9. 12) und ἀποκάλυψις (1 Sam 20, 30). Die Cstr.-Verbindung *ʿærwaṯ dāḇār* wird in Dtn 23, 15 mit ἀσχημοσύνη πράγματος und in Dtn 24, 1 mit ἄσχημον πρᾶγμα wiedergegeben. Das hebr. *ʿærjāh* wird mit ἀσχήμων übersetzt. Beim Verb *ʿārāh* richtet sich LXX nach den unterschiedlichen Konnotationen, so daß es als 'entblößen' mit ἀποκαλύπτειν (Lev 20, 18f.), als 'ausgießen', 'entleeren' mit ἐκκενοῦν (Gen 24, 20; Ps 137, 7; 2 Chr 24, 11), als 'scheren' mit ταπεινοῦν (Jes 3, 17) und im übertragenen Sinn als παραδιδόναι (Jes 53, 12) oder ἀνταναλίσκειν (Ps 141, 8 = LXX 140, 8) wiedergegeben wird.

V. In Qumran steht das Zeigen der Scham unter Strafe: etwa wenn jemand seine Hand (Euphemismus?) aus dem Gewand streckt, daß die Scham sichtbar wird, so soll er mit 30 Tagen bestraft werden (1 QS 7, 13–14). Einen Anklang an H bietet CD 5, 10–11: „Wenn die Tochter des Bruders die Blöße des Bruders ihres Vaters aufdeckt, so ist sie (doch) eine Blutsverwandte", auch wenn dies in Lev 18 nicht so, sondern aus der Sicht des Bruders geschildert wird (Lev 18, 9). Die aus Dtn 23, 15; 24, 1 bekannte Cstr.-Verbindung *ʿærwaṯ dāḇār* findet sich in 1 QM 7, 7; 10, 1 als *ʿærwaṯ dāḇār raʿ* im Sinne einer schändlichen Sache (vgl. TR 58, 17). In 1 QM 7, 7 steht sie – wie in Dtn 23, 15 – im Kontext der Lagerordnung. Vergleichbar hinsichtlich der Bedeutung von *ʿærwāh* ist 1 QH 1, 22, wo sich der Beter als Ausbund von

Schande (*ʿærwāh*) bezeichnet. Ähnlich formuliert 1 QH 12, 25, wo sich der Beter als „Quelle der Unreinheit und schmachvoller Schande" (*ʿærwāh*) sieht. In 1 QH 13, 15 wird der Rat des Sünders als „schmachvolle Schande" mit demselben Terminus belegt. Des weiteren zu vergleichen ist der *mišpaṭ ʿærwāh* (CD 5, 9), der als Gesetz über die Blutschande zu verstehen ist und auf Lev 18 verweist.
Nur in 4 QMª 1–3, 8 ist *ʿærwāh* als 'Nacktheit' zu verstehen (vgl. DJD VII, 15).

Niehr

עָרוֹם *ʿārôm*

עֵירוֹם *ʿêrôm*

I. Umwelt – 1. Ägypten – 2. Mesopotamien – 3. Syrien–Kanaan – II. 1. Etymologie – 2. Vorkommen im AT – III. At.liche Kontexte – 1. Armut – 2. Niederlage, Gefangenschaft, Trauer – 3. Ehebruch – 4. Kult, Ekstase – 5. Offenkundigkeit – 6. Zusammenfassung – IV. LXX – V. Qumran.

Lit.: *P. Behrens*, Nacktheit (LexÄg IV 292–294). – *A. van den Born*, Nackt (BL 1212). – *A. van der Flier*, Enkele opmerkingen over het paradijsverhaal (Gen. 2:4b–3:24) (Nieuwe Theologische Studiën 20, 1937, 306–315, bes. 306–311). – *G. Fohrer*, Kleidung (BHHW II 962–965). – *E. Haag*, Der Mensch am Anfang (TTS 24, 1970, bes. 49f. 58f.). – *C. Kuhl*, Neue Dokumente zum Verständnis von Hosea 2, 4–15 (ZAW 52, 1934, 102–109). – *H. Lesêtre*, Nudité (DB IV 1712–1714). – *F. Pfister*, Nacktheit (PW 16/2, 1541–1549). – *H. Ringgren*, Nacktheit (BHHW II 1277). – *J. M. Sasson*, *w^elōʾ yitbōšāšû* (Gen 2, 25) and its Implications (Bibl 66, 1985, 418–421). – *A. Waetzoldt*, Kleidung A. Philologisch (RLA VI, 1980, 18–31). – *B. N. Wambacq*, „Or tous deux étaient nus, l'homme et sa femme, mais ils n'en avaient pas honte" (Gen 2, 25) (Festschr. B. Rigaux, Gembloux 1970, 547–556). – *U. Winter*, Frau und Göttin (OBO 53, 1983, bes. 93–199. 272–276).

I. 1. In Ägypten bedeutet Nacktheit zunächst Statuslosigkeit, weshalb Kinder und tote Feinde nackt dargestellt werden (E. Hornung, Der Eine und die Vielen, ³1983, 93–95). Die Nacktheit der Kindergötter ist als sekundäre Anpassung an die Kinderdarstellung aufzufassen bzw. soll der Jugend im Rahmen der Wiedergeburtssymbolik Ausdruck verleihen (Behrens 292). Insofern tritt Nacktheit auf bei der Darstellung von Göttern als Kind (Hornung 109f.) sowie von solchen, denen die Zeugung obliegt (Behrens 293). Menschliche Nacktheit wird dargestellt bei körperlicher Arbeit sowie bei weiblichen Dienerinnen, die als 'Beischläferinnen' typisiert werden (W. Helck, LexÄg I 684–686). Ebenso werden Importgötter wie Qodšū nackt dargestellt, wobei hier die Nacktheit schon im Ursprungsland vorgegeben ist; auch Bes trägt außeräg. Züge (Behrens 293). Die Nacktheit des Königs ist nur selten belegt; bei derartigen Darstellungen liegen Anspielungen auf den Schöpfergott vor (Hornung 165; Behrens 293).

2. Die Kleidung ist in mesopotamischer Sicht „das zweite Ich des Trägers, dessen Macht auf seine Kleider übergeht" (Waetzoldt 18), was sich besonders deutlich bei Ištars Gang in die Unterwelt zeigt, da diese mit jedem abgelegten Kleidungsstück an Macht verliert. Der Großteil der Bevölkerung hat wohl nur ein Gewand besessen und dieses ständig getragen. Wer sich etwas zuschulden kommen ließ bzw. als Geisel fungierte, dem konnte das Kleid vom Leibe gerissen werden (Waetzoldt 24). In Nuzi wurde der untreuen Gattin zur Strafe das Gewand ausgezogen und diese nackt weggeführt (Waetzoldt 25; CAD E 320 und at.lich Hos 2, 5). Im alten Sumer wurde der Kult von nackten Priestern zur Unterstreichung der kultischen Reinheit dargebracht (vgl. die Abb. bei L. Delaporte, Musée du Louvre. Catalogue des cylindres, cachets et pierres gravées de style orientale [Paris 1920] 13 Nr. I. 110).

3. Aus dem kanaan. Bereich ist aufschlußreich eine Elfenbeinschnitzerei aus Megiddo (BHHW II 927f.) mit der Darstellung zweier nackter Gefangener, die an das Pferd eines Kriegswagens gebunden sind.
Ikonographisch sind besonders wichtig die Figuren nackter Göttinnen: in Syrien als Beschützerin, Fürbitterin und Mittlerin (Nacktheit ist Zeichen der spezifisch weiblichen Machtfülle und nicht das Zeichen der Schutzlosigkeit [Winter 192–199. 280]), in Ugarit als Fruchtbarkeitsgöttin.

II. 1. Die hebr. Lexeme *ʿārôm*/*ʿêrôm* sind hinsichtlich ihrer Ableitung umstritten. So werden sie teilweise zurückgeführt auf *ʿwr* II, welches at.lich in Hab 3, 9 in der Bedeutung 'entblößt werden' im *niph* belegt ist (GesB 573. 620). Ebenso wird eine Rückführung auf eine Wurzel *ʿrm* III postuliert, die mit aram. *ʿ^aram* 'entblößen' in Zusammenhang stehen soll, aber sonst im Hebr. nicht belegt ist (GesB 620). Das gleiche gilt für die bei BLe § 61c‴ vorgeschlagene Ableitung von einer Wurzel *ʿer* (< *ʿau̯ir*) + Suffix *-ōm*.
Dagegen sprechen W. von Soden (ZA 41, 1933, 118 Anm. 1) und KBL³ 778 sich für eine Ableitung von *ʿārāh* aus unter Hinzufügung von *-ôm*, wobei *ʿārôm* nach dem Paradigma *qāṭûl* gebildet sein kann (BLe § 61c‴; J. Barth, Nominalbildung § 27g S. 42 Anm. 1).
Zur weiteren etymologischen Klärung von *ʿārôm*/*ʿêrôm* sind weitere ost- und nord-westsemit. Wurzelverwandte heranzuziehen. So aus dem Akk. das Adjektiv *erû*/*erium* in der Bedeutung 'nackt' oder 'mittellos' (AHw 242; CAD E 320f.). Aus dem Aram. lassen sich altaram. *ʿrh* 'nackt', 'entblößt' (St. Segert, Altaram. Grammatik 546) und reichsaram. *ʿrh* 'nackt', 'entblößt', 'ohne' (DISO 221) heranziehen, aus dem Ugar. das Adj. *ʿrj* 'nackt' (WUS Nr. 2097)

und das Subst. *ʿrm* 'Nacktheit' (UF 12, 1980, 430) sowie ein Adverbial *ʿrjm* (KTU 1.16, II, 29–30) und aus dem Phön. das Verb *ʿrj* D als 'entblößen' (DISO 221). Im Syr. ist ein Substantiv *ʿariaṯ* belegt (Brockelmann, LexSyr 548).

2. Das Adj. *ʿārôm* ist at.lich 15mal belegt (Gen, DtrGW, Hos, Am, Mi, Koh je 1mal; Ijob 5mal; Jes 4mal) und die Form *ʿêrôm* 5mal (Gen 3mal; Ez 2mal) sowie das Subst. *ʿêrôm* 5mal (Dtn 1mal; Ez 4mal). Hinzu tritt noch das von *ʿêrôm* abgeleitete Substantiv *maʿarummîm* (2 Chr 28, 15; Sir 48, 18).

III. 1. Der überwiegende Anteil der at.lichen *ʿārôm*-Belege steht im Kontext der Armut und Bedürftigkeit.

a) Mit ihren 4 Belegen in Gen 2, 25; 3, 7. 10. 11 nehmen die Termini *ʿārôm* und *ʿêrôm* eine Schlüsselstellung im Rahmen des jahwistischen Schöpfungsberichtes ein. Ihre Verwendung an diesen Stellen gehört nicht in die vorjahwistische Vorlage, sondern stellt mit der Erzählung von der Schlange den Eigenbeitrag des J in diesem Bericht dar (L. Ruppert, BZ 15, 1971, 192–194; P. Weimar, BZAW 146, 1977, 154–158). Der erste Teil schließt in Gen 2, 25 mit der Feststellung, daß Mann und Frau nackt (*ʿārôm*) waren und sich nicht voreinander schämten. Im zweiten Teil (Gen 3, 1–7) gipfelt die Verführung der Menschen durch die Schlange in der Erkenntnis, daß sie nackt (*ʿêrôm*) sind (3, 7). Im dritten Teil (3, 9–23) ist der Aspekt der Nacktheit (*ʿêrôm*) in vv. 10. 11 sowie die Bekleidung des Menschen durch JHWH (v. 21) von J in die Vorlage eingetragen (Weimar 156f.), was zeigt, daß J mit der Erkenntnis der Nacktheit einen wichtigen Akzent setzt. Diese Erkenntnis der Nacktheit ist in Bezug zu setzen zum vorjahwistischen Motiv der Erkenntnis von Gut und Böse (Gen 2, 9. 17; 3, 5. 22). Hierauf deutet neben dem gemeinsamen Verb *jādaʿ* auch der gemeinsame Zug des Öffnens der Augen in 3, 5 und 3, 7.

Die unterschiedlichen Deutungen dieses Motivs zeigen jedoch gleichzeitig die Schwierigkeit eines adäquaten Verständnisses. So sieht M. Görg (BN 16, 1981, 42–59) unter Aufgreifung einer Überlegung von W. von Soden (WO 7, 1973/74, 228–240) in der jahwistischen Urgeschichte eine verschlüsselte Kritik an Salomo. Die Schlange deutet er als ein Bild für die Göttin Renenutet (50–53), die als „Ernährerin" und „Vorsteherin des Kleidergemachs" (51) fungiert, was Görg auf die Sequenz von Essen vom Baum und Erkenntnis des Nacktseins bezieht (53). „Gerade der Glaube wird diskreditiert, der sich jener Gottheit mit umfassender Versorgungskompetenz (Nahrung und Bekleidung) zuwendet und dabei die spezifische Orientierung an YHWH aus dem Bewußtsein zu verlieren droht" (53). Ähnlich ist nach Wambacq (551f.) die Nacktheit in der Urgeschichte so zu verstehen, daß es sich bei den ersten Menschen um „créatures indigentes, qui avaient besoin de protection et de secours" (552) gehandelt habe. Ein sexueller Aspekt ist beim Motiv der Nacktheit in der Urgeschichte nicht zu finden, wie dieser auch sonst nie mit *ʿārôm*/*ʿêrôm* zum Ausdruck gebracht wird (vgl. zum Aspekt der Nacktheit als Zeichen der Bedürftigkeit auch Haag 49f.; W. H. Schmidt, WMANT 17, ³1973, 213). Dennoch ist auch aufgrund von Gen 2, 25 und 3, 7 der reziproke Aspekt der Nacktheit in 3, 7. 10 zu berücksichtigen (Sasson).

Des weiteren ist bei der Deutung des Motivs der Nacktheit zu beachten, daß in Gen 3 ein Wortspiel zwischen *ʿārûm* und *ʿārôm*/*ʿêrôm* vorliegt, in dem die List der Schlange (*ʿārûm*) zur Erkenntnis des Nacktseins des Menschen (*ʿārôm*/*ʿêrôm*) führt. Dabei steht *ʿārôm* in Gen 2, 25 vor der Erwähnung der List (*ʿārûm*) der Schlange (3, 1), während in 3, 7. 10. 11 die Nacktheit mit *ʿêrôm* bezeichnet wird. Hiermit zeigt sich die differenzierte Darstellung der Nacktheit, da diese in 2, 25 noch nicht negativ qualifiziert ist. Durch die Wahl von *ʿêrôm* in 3, 7. 10f. (vgl. Dtn 28, 48; Ez 16, 7. 22. 39; 18, 7. 16; 23, 29) wird die negative Konnotation des Motivs der Nacktheit deutlich.

b) Des weiteren kann die Nacktheit Folge der Pfändung von Kleidern sein, wogegen sich Ex 22, 25f. mit dem Verbot der Pfändung des Mantels über den Sonnenuntergang hinaus wehrt (vgl. Dtn 24, 12f.; Ijob 24, 7 und KAI 200) und den somit Nackten der Barmherzigkeit Gottes unterstellt.

Der Sachverhalt der Pfändung ist auch in Ijob 22, 6 angesprochen, wo „pfänden" und „die Kleider der Nackten ausziehen" in Parallele stehen. Beides wird Ijob als Vergehen vorgeworfen und als Grund für das Gericht Gottes an ihm angesehen. Verstärkt wird die Aussage von 22, 6 dadurch, daß die Pfändung „grundlos" geschieht und es die Nackten sind, deren Kleider genommen werden, wobei die letzte Wendung die Bedeutung hat „Schwache ausnützen" (→ IV 475). Ähnlich ist der Zusammenhang von Pfändung und Nacktsein in Ijob 24, 7–10.

Dieser Kontext der Pfändung ist auch in Koh 5, 12–16 gegeben. Im Unterschied zu Ijob 1, 21 ist hier die Formulierung *šûḇ ʿārûm* nicht auf das Sterben des Menschen bezogen, sondern es meint das Fortgehen des Schuldners vom Gläubiger, d. h. seine Kleider werden gepfändet (N. Lohfink, Kohelet, NEB, 1980, 44f.; gegen Wambacq 550 und A. Lauha, BK XIX 111, die *šûḇ* auf den Tod beziehen).

c) In Jes 58, 7 wird gefordert, den Nackten zu bekleiden, im Zusammenhang mit den Aufforderungen, aus Knechtschaft und Gefangenschaft zu befreien, die Hungrigen zu speisen und den Obdachlosen Behausung zu gewähren (vv. 6–7). Vergleichbar ist aus 2 Chr 28, 15 die Bekleidung der nackten Gefangenen, die hier mit dem abstractum pro concreto *maʿarummîm* bezeichnet sind (Lesêtre 1712).

Nach Ez 18, 5–9 übt der *ṣaddîq* keine Unterdrückung aus, gibt dem Schuldner das Pfand zurück, begeht keinen Raub, gibt sein Brot den Hungernden, und den Nackten bedeckt er mit einem Kleid (v. 7; vgl. v. 16). Diesem Ideal entsprechend gehören in der deuterokanonischen Literatur die Bekleidung der Nackten und die Speisung der Hungernden zu den Werken der Barmherzigkeit (Tob 1, 17; 4, 16).

d) Die Rede von Nacktheit als Zeichen der Armut und Bedürftigkeit liegt auch da vor, wo von Neugeborenen die Rede ist, die aus dem Mutterleib kommen (Ijob 1, 21) (vgl. N. C. Habel, Festschr. H. W. Wolff, 1981, 374f.). Diese allgemeine menschliche Grundbefindlichkeit wird ausgeweitet auf weitere menschliche Situationen, um die Bedürftigkeit des Menschen auszudrücken. Nach Hos 2, 5 wird die ehebrecherische Frau nackt ausgezogen (s.u. III.3.) und ausgesetzt wie am Tage ihrer Geburt und zur Wüste gemacht, so daß sie verschmachtet.

2. Im Kontext einer Niederlage kann Nacktheit die Gefangenschaft oder die Trauer zum Ausdruck bringen. Am 2, 16 erwähnt den Helden, der am Tage JHWHs nackt flieht. Nach Mi 1, 8 reagiert der Prophet auf das Gericht Gottes an Juda und Samaria dadurch, daß er klagt und heult sowie barfuß und nackt geht, um damit seiner Trauer Ausdruck zu verleihen (Wambacq 550). Gerade die Erwähnung des Barfußgehens zeigt, daß mit *ʿārôm* nur das Ablegen des Obergewandes und nicht die völlige Nacktheit gemeint ist (W. Rudolph, KAT XIII/3, 42 Anm. 20). Zur Barfüßigkeit als Zeichen der Trauer vgl. noch 2 Sam 15, 30; Ez 24, 17. 23.

Diese Verbindung von Barfüßigkeit und Nacktheit findet sich auch in Jes 20, 2–4 im Kontext einer prophetischen Zeichenhandlung. An Jesaja ergeht der Auftrag, den *śaq* von seinen Lenden zu lösen und die Sandalen von seinen Füßen zu ziehen. Was *ʿārôm* an dieser Stelle bezeichnet, ergibt sich durch den Terminus *śaq*, womit sowohl ein den Körper bedeckender Überwurf, wie auch ein Lendenschurz gemeint sein kann. Im Unterschied zu Mi 1, 8 geht es in Jes 20, 2–4 nicht nur um einen Trauerakt, vielmehr will die prophetische Zeichenhandlung die Deportation vorwegnehmen, da die Kriegsgefangenen nackt deportiert wurden (vgl. Ijob 12, 17. 19; 2 Chr 28, 15). Darüber hinaus ist Nacktheit in Verbindung mit Hunger, Durst und Armut Zeichen der Unterdrückung durch den Feind (Dtn 28, 48).

3. Nacktheit zum Zeichen der Verstoßung nach einem Ehebruch liegt in Hos 2, 5 vor, wo der Prophet seiner ehebrecherischen Frau droht, sie nackt auszuziehen wie am Tage ihrer Geburt. Der Mann war also von der Pflicht der Bekleidung der Frau, die er mit der Eheschließung nach Ex 21, 10 (vgl. Jes 4, 1) übernimmt, entbunden, wenn die Scheidung von der Frau ausging (Waetzoldt 25; Kuhl 105–107). Die Schande der Entblößung nach dem Ehebruch wird at.lich mehrfach erwähnt (Jer 13, 26f.; Ez 16, 36f.; 23, 10. 29; Nah 3, 5).

4. Das Adjektiv *ʿārôm* ist im kultischen Kontext nicht belegt. An mehreren Stellen wird kultische Nacktheit abgewehrt (Ex 20, 26; 28, 42f.; Lev 6, 3; Ez 44, 18). Eine teilweise Entblößung im kultischen Kontext liegt vielleicht in 2 Sam 6, 14 bei Davids Tanz vor der Lade vor.

Nacktheit als Phänomen der Ekstase ist im Bericht über Saul im Prophetenhaus zu Rama belegt (1 Sam 19, 18–24). Auch hier ist wie in Ijob 22, 6; 24, 7. 10; Jes 20, 2–4 zu fragen, ob es sich um eine völlige Nacktheit oder lediglich um ein Ablegen der Obergewänder handelt (Lesêtre 1713). Der Kontext der Ekstase macht allerdings das erste wahrscheinlich, zumal sich der Vergleich zur Entblößung im nichtkultischen Bereich in Ekstase oder Rausch (Gen 9, 21; Hab 2, 15; Klgl 4, 21) nahelegt.

5. In übertragener Bedeutung wird in Ijob 26, 6 das Verhältnis Gottes zur Unterwelt als *ʿārôm šᵉʾôl nægdô* beschrieben. Sie ist dem Blick Gottes preisgegeben und ihm wehrlos ausgesetzt (vgl. Ijob 12, 22; Ps 139, 8. 11f.; Spr 15, 11). Vergleichbar ist Sir 42, 18, wo der Terminus *maʿᵃrummîm* (vgl. Dtn 28, 48) die Geheimnisse von Meerestiefe und Menschenherz bezeichnet, die JHWH kennt.

6. Es ist auffällig, daß außer in Gen 2, 25 alle Belege des Terminus *ʿārôm*/*ʿêrôm* in einem negativ konnotierten Kontext stehen, in dem die mit *ʿārôm*/*ʿêrôm* bezeichnete Nacktheit ein Zeichen von Armut und Bedürftigkeit, Trauer, Gefangenschaft und Ehebruch ist. Eine sexuelle Konnotation läßt sich bei *ʿārôm*/*ʿêrôm* nicht erkennen, und wo im sexuellen Kontext von Nacktheit die Rede ist (Dan 13; 2 Sam 11, 2), wird diese nicht mit *ʿārôm*/*ʿêrôm* bezeichnet.

IV. In der LXX wird *ʿārôm*/*ʿêrôm* an allen Belegstellen mit γυμνός wiedergegeben. Eine Ausnahme bildet Sir 42, 18, wo *maʿᵃrummîm* die „Geheimnisse" bezeichnet, was LXX mit πανούργευμα übersetzt. Das Substantiv *ʿêrôm* übersetzt LXX mit γυμνότης nur in Dtn 28, 48, sonst mit γυμνός.

V. In den Qumrantexten ist *ʿārôm* wenig belegt. Nach 1 QS 7, 12 soll mit 6 Monaten bestraft werden, wer nackt vor seinen Nächsten geht, ohne daß er dazu gezwungen ist. In 4 Q 166 II 12, einem Pešer zu Hos 2, 8–11, ist die Rede von Hunger und Nacktheit (*ʿêrôm*) als einer Strafe Gottes.

Niehr

עָרַךְ *ʿāraḵ*

עֵרֶךְ *ʿēræḵ*, מַעֲרָכָה / מַעֲרֶכֶת *maʿᵃrāḵāh*/*maʿᵃræḵæṯ*

I. Etymologie – II. Bedeutung und Bedeutungsgeschichte – 1. Verb – 2. *ʿēræḵ* – 3. *maʿᵃrāḵāh*/*maʿᵃræḵæṯ* – III. Qumran, LXX.

Lit.: *S. Abramson*, לח קר הערוך (Leshonenu 36, 1971/72, 122–149). – *J. Milgrom*, Cult and Conscience, Leiden 1976, bes. 13ff. 44–54. – *E. A. Speiser*, Leviticus and the Critics. Oriental and Biblical Studies, Philadelphia 1967, 123–142. – *F. Zorell*, Zur Vokalisation des Wortes עֶרְכְּךָ in Lev. 27 und anderwärts (Bibl 26, 1945, 112ff.).

I. Außerhalb des Hebr. ist das Etymon gut belegt im arab. *ʿaraka* ʿreibenʾ, *ʿarika* ʿstark im Kampf seinʾ, *ʿarka* ʿKampf, Streitʾ u.a. (Wehr, Arab. Wb 546). Die Mehrzahl der arab. Nominalderivate hat etwas mit Kampf und Kriegsführung zu tun. In den anderen semit. Sprachen finden sich nur wenige oder keine Belege. Wichtig wie umstritten ist ugar. *ʿrkm* (UT Nr. 1920a). In KTU 1.105, 4 *b. ʾrbʿt. ʿšrt. bʿl ʿrkm* ist von einem Tempel (M. Dahood, Bibl 50, 1969, 355), von Schaubroten, die vor der Gottheit aufgereiht sind (H. Cazelles, VT 19, 1969, 504), oder von einem Krieger (RSP II 142) die Rede (vgl. KBL³ 837). Ebenso umstritten ist *ʿrk lb* (KTU 1.114, 29; zur Diskussion KBL³). Phön. *ʿrkt* (CIS 132, 4) könnte ʿRangʾ bedeuten (DISO 221).

II. Das Verb ist 75mal, die Nomina 33mal belegt. Die Grundbedeutung von *ʿāraḵ* ist ʿin Schichten/Reihen legen, zurüsten, in Ordnung bringenʾ.

1. Daher ist *šulḥān ʿārûḵ* (Jes 21, 5; 65, 11; Ez 23, 41; Ps 23, 5; 78, 19; Spr 9, 2), was die Grundbedeutung klar zeigt, nicht ein Tisch, *auf* dem Dinge angeordnet worden sind, sondern ein Tisch, ursprünglich ein Stück Leder (vgl. AuS VII 126; Kraus, Talmudische Archäologie I 58f.), der ausgebreitet worden ist. Für das Ausbreiten von Dingen *auf* einem Tisch verwendet man die Kombination *ʿāraḵ ʿal* (Ex 40, 23). *ʿāraḵ* ist also das treffende Verb, um das Ausbreiten eines solchen „Tischs" zu bezeichnen. So sitzt nach Ez 23, 41 Israel auf seinem Bett und breitet seinen Tisch aus. Wenn Dinge ausgebreitet werden, ist an ihre horizontale Ausbreitung gedacht, z. B. Holz auf dem Altar (Gen 22, 9; 1 Kön 18, 33) oder Flachs auf dem Dach (Jos 2, 6). Das Ausbreiten von Worten (z. B. Ijob 32, 14) meint ein gesondertes Vorbringen von Worten in geordneter Reihenfolge (geschlossene Argumentation). Jes 44, 7 *jaʿreḵæhā lî* „Er soll es vor mir ausbreiten!" (par. *higgîḏ* „kundtun") zeigt, daß die Bedeutung in der verlangten folgerichtigen Abfolge der Gedanken liegt. So wird das Verb in rechtlichem Kontext gebraucht, um die Darlegung eines Rechtskasus zu bezeichnen (Ijob 13, 18; 23, 4). Schließlich wird das Verb häufig für die Aufstellung von Schlachtreihen gebraucht (Ri 20, 22; 1 Sam 17, 8; 2 Sam 10, 8). Entsprechend meint *maʿarāḵāh* die Schlachtreihe.

Ebenfalls im Sinn von „darlegen" nimmt das Nominalformativ *ʿeræḵ* die Bedeutung von „Schicht, Reihe, Wertschätzung" an. Von der Vorstellung vom Auslegen *abgezählter* Gegenstände leitet sich die abstraktere Bedeutung der Schätzung ab (vgl. dt.: rechnen; engl.: „reckon" < *„extend, reach"). Diese sekundäre Bedeutung „vergleichen, gegenüberstellen" findet sich z. B. Jes 40, 18; Ps 40, 6; 89, 7. Die Übersetzung „vergleichen" trifft jedoch nicht exakt die Bedeutung, wie Jes 40, 18 mit *demûṯ* nahelegt. Eine exaktere, wörtliche Wiedergabe wäre: „Welche Gleichheit willst du ihm zurechnen?"

Ähnlich ist Ps 40, 6 „keiner kommt dir gleich" zu werten. Hier wäre: „Nichts ist dir anzureihen" (Buber) deutlicher; es meint nicht, daß Gott unvergleichlich ist, sondern daß die Menschen unfähig sind, Gott adäquat zu verstehen und all seine Taten aufzulisten. In diesem Sinne ist auch die Frage „Wer gleicht (JHWH)?" (Ps 89, 7) auszulegen: Er ist unvergleichlich, denn nur er selbst kann auflisten, was er ist oder getan hat. Das Nomen *ʿeræḵ* ʿWertschätzungʾ ist entsprechend von der Bedeutung ʿzählenʾ oder ʿrechnenʾ abzuleiten (→ כ *ke*, → דמה *dāmāh*). Ps 55, 14 *ʾænôš keʿærkî* „ein Mensch meinesgleichen" (KBL³ 838 mit Diskussion) ist trotz KBL³ keine Ausnahme. Mit BDB ist eher gemeint: „gemäß meiner Wertschätzung". Die dahinterliegende Vorstellung ist die einer absoluten Wertschätzung durch den Sprecher, nicht ein Vergleich eines Menschen mit einem anderen. D. h.: *ʿārāḵ* bezeichnet die Wertschätzung des Sprechers über den anderen, nicht die Gleichstellung der beiden in den Augen eines neutralen Beobachters.

Das *hiph hæʿærîḵ* ist wohl Denominativ vom Nomen *ʿeræḵ* (2 Kön 23, 35; Lev 27, 8. 12. 14).

2. Die Bedeutung von *ʿeræḵ* leitet sich von der Grundbedeutung „ausbreiten/auslegen" über die abgeleitete Bedeutung „abschätzen" ab. Im Vokabular der Verwaltung des Reiches bedeutete es die „Steuerschätzung" und deren Ergebnis, den „Schätzwert", „Zensus" (2 Kön 23, 35; vgl. 12, 5, oft emendiert zu *ʿeræḵ ʾîš keʿærkô*, BHS). Obwohl der Terminus meist in priesterlichen Texten begegnet, ist er dennoch nicht typisch priesterlich. Die Wertbestimmung einer Person stellte natürlich keine Aussage über den Wert des Menschen an sich dar, da Leben und Geld im biblischen Recht inkommensurabel waren (vgl. M. Greenberg, Some Postulates of Biblical Criminal Law, Festschr. Y. Kaufmann, Jerusalem 1960, 5–28). Sie war lediglich ein approximatives Maß der wirtschaftlichen Produktivität entsprechend Alter und Geschlecht, der „Schätzwert, d.i. die Geldsumme, die nach den üblichen Maßstäben die Arbeitsleistung eines Menschen aufwiegt" (KBL³ 838; vgl. K. Elliger, HAT I/4, 386f.). Damit ist niemals primär ein reiner Marktschätzwert gemeint. Gemäß Lev 27, 3ff. hatte ein ausgewachsener Mann einen Wert von 50 Schekel, eine Frau von 30, ein Mann unter 20 Jahren von 20 und ein Mädchen einen von 10 Schekel usw.

In der Bedeutung „Wertschätzung" ist das Nomen immer mit dem erstarrten Suff. 2. Sing. (*kā*) verbunden, selbst dann, wenn das Nomen zusätzlich determiniert wird (z. B. Lev 27, 2. 12. 23). Dies hat dazu verleitet, die suffigierte Form als ein Relikt anzusehen, bei der das Suffix nicht mehr als solches aufgefaßt wird (so KBL³; GKa § 135q, r). Speiser vergleicht mit *boʿaḵāh* (Gen 10, 19. 30) und akk. *mimma šumšu*, das später ein eigenes Suffix erhält, z. B. *mimmu šunšuja*. Jedoch liegt bei keiner der vorgeschlagenen Parallelen ein wirklich analoger Fall einer solchen Suffixschwächung vor. Dennoch ist es schwierig, eine befriedigendere Erklärung für *ʿærkeḵā* zu bieten. Obwohl die grammatische Kategorie des „gebrochenen constructus" heute vielfach angenommen wird (vgl. Lev 26, 42; Hab 3, 8), wird *ʿærkeḵā*, als suff. Nomen verstanden, dem Kontext nicht gerecht. Die

Erklärungen von Ehrlich (*ʿærkekā = piʿlal*) und von Feigin (*-kā* = afformatives *-k* mit unsicherer Bedeutung) sind grammatisch schwierig oder unergiebig.
Auch in Lev 27, 33 (2mal) ist *ʿeræk* durch Artikel und Suff. determiniert. Diese sind den in GKa § 135r angegebenen Formen analog.

Wie immer man auch das Problem des *-kā* in *ʿærkekā* versteht, so ist doch seine Bedeutung klar dem Kontext zu entnehmen. Hier wird das „monetäre Äquivalent" (Speiser) einer Sache oder Person, die ausgelöst wird, angesprochen. Handelt es sich um Personen, ist diese Auslösung Pflicht (Lev 27, 2–8; Num 18, 15), wobei der Preis festgelegt ist. Die Summe für ein Tier ist dagegen variabel, da der Wert eines Tieres entsprechend der Marktlage schwankt. Der Schätzwert von Personen ist relativ willkürlich, wobei weniger die festgesetzte Summe als vielmehr die Bewertung in Relation zu den einzelnen Gruppen und zu den Tieren interessant ist. Nach dem heth. Gesetz (§ 63 ff.) liegt der Wert für ein Schaf bei einem Schekel, eines Stieres bei 10 Schekel. In Nuzi hat der Schuldige (z. B. bei Gewaltakt oder Eidweigerung) einen Schadensersatz zu leisten, der nach dem Wert bestimmter Tiere festgesetzt wird im Verhältnis: 1 Stier = 1 Esel = 10 Schafe = 10 Schekel (Speiser 126). (Das Beispiel von Nuzi ist deshalb von besonderer Wichtigkeit, weil es das *ʾāšām*-Opfer, das Objekt der „Wertschätzung" in Lev 5, 15 ff. [s. u.] erklären kann.) Es wird also jeweils der Marktwert der Tiere „geschätzt", die für Menschen festgesetzten Geldsummen scheinen dagegen keinen aktuellen ökonomischen Wert zu repräsentieren. Ein solcher Schätzwert soll die Bedeutung der Weihgabe eines Menschen hervorheben, spiegelt also keinerlei Marktbedingungen wider, noch legt es einen letzten Wert fest (vgl. Greenberg, a.a.O.).

Speiser bringt die Formulierung von Lev 27, 12 *bên ṭôb ûbên rāʿ* in Verbindung mit Texten aus Nuzi, die vom Tauschhandel mit Feldern sprechen, wobei die Abmachung nicht mehr verändert werden könnte: *šumma eqlu mād lā inakkiš šumma ṣeḫer / miṣ lā uradda*, „wenn sich das Land als zu groß erweist, dann soll es nicht verkleinert werden; wenn als zu klein, dann soll es nicht vergrößert werden". Diese formelhafte Wendung wurde im weiteren zu *miṣā māda* verkürzt „klein oder groß" oder *lu mād lu ṣeḫer* (Speiser 136). Entsprechend scheint Lev 27, 12 einen Durchschnittswert festzulegen.

Lev 27 befaßt sich mit Art und Weise der Auslösung geweihter Gegenstände. Im Fall von opferbaren Dingen (d. h. Tieren) ist keine Auslösung möglich; Menschen aber sind als nicht opferbare Wesen auslösbar und werden in Form einer Geldsumme geweiht, die nach einer entsprechenden Skala festgesetzt ist. Andere geweihte Gegenstände (z. B. nicht-opferbare Tiere, Häuser, ausgenommen Banngut [*ḥeræm*]) dürfen vom Opfernden für ihren Schätzwert plus einem Fünftel als Buße für die Rückgängigmachung des Gelübdes ausgelöst werden.
Geweihte Gegenstände dürfen auch an jedermann, außer den Opfernden, allein zum Schätzwert weiterverkauft werden (zum Ganzen vgl. Milgrom 48).

3. Das Nominalformativ *maʿarāḵāh* „Schlachtreihe" bedarf keiner eigenen Betrachtung. Das Nominalformativ *maʿaræḵæṯ* bezeichnet das auf dem Tisch im heiligen Zelt ausgelegte Brot. Der Begriff *ʿeræk* bezeichnet in Ex 40, 23 generell die Anordnung der Brote. Die unspezifische Bedeutung von *ʿeræk* zeigt sich in der mangelnden Genauigkeit der Anweisung zur Auslegung der Brote. In Lev 24, 6 sind detaillierte Anweisungen gegeben: es wird eine Anordnung beschrieben, die aus „zwei Reihen mit je sechs (Laiben)" besteht. Trotz der Größe der Laibe muß gemäß der Grundbedeutung der Wurzel *ʿrk* an eine horizontale Anordnung gedacht werden. In späteren Büchern findet sich *maʿaræḵæṯ* in der Cstr.-Verbindung *læḥæm maʿaræḵæṯ* nicht mehr allgemein als „Reihe", sondern als term. techn. für die „Schaubrote".
Die Anordnung der Brote auf dem Tisch zeigt einerseits den Gebrauch des Begriffs im Zusammenhang mit gewöhnlichen Mahlzeiten (s. o. 1.), weist dann aber zumindest typologisch auf eine andere Konzeption, wie der Gottheit Opfer darzubringen sind. Hier werden die Brote im Gegensatz zur üblichen Weise der Übergabe an Gott einfach auf einen Tisch gelegt. Diese Opferart ist für Ägypten und Mesopotamien charakteristisch, in Israel aber unüblich. Sie ist ein Merkmal unter anderen dafür, daß man sich das Zelt als Wohnort Gottes vorstellte, dem man Getränke und Brot bereitstellte.

III. In Qumran finden sich insgesamt 56 Belege (Verb 9mal, *maʿarāḵāh* 47mal), die sich mit wenigen Ausnahmen in der Kriegsrolle finden. Der Gebrauch ist weitgehend mit dem biblischen identisch, wenngleich *ʿeræk* nicht begegnet. Da in Qumran das Gemeinschaftsmahl eine große Rolle spielte, findet sich hier wieder *ʿāraḵ* mit *šulḥān* als Obj. (1 QSa 2, 17; vgl. auch 1 QS 6, 4; 1 QM 7, 3). Einmal wird als Objekt *miqṭæræṯ* (1 QM 2, 5) verwendet. Das Verb bezeichnet auch die Musterung zum Krieg (1 QM 2, 9; 1 QH 4, 24) und die Aufstellung zum Kampf (1 QM 2, 9; hier mit *milḥāmāh* als Obj.). Die am häufigsten belegte Form aber ist *maʿarāḵāh* 'Schlachtreihe', was in Anbetracht der Quelle nicht verwundern kann (46mal in 1 QM). In TR 8, 9 ist auf die Anordnung der Schaubrote hingewiesen.
Die LXX benutzt zur Wiedergabe des Verbs nicht weniger als 23 Verben; dabei zeigt sich eine Präferenz für παρατάσσειν (24mal), ἑτοιμάζειν (8mal), συνάπτειν (5mal), στοιβάζειν und τιμᾶν (je 4mal). *ʿeræk* wird 27mal durch τιμή und Verwandte, 2mal durch πρόθεσις, *maʿarāḵāh* durch παράταξις (16mal) und *maʿaræḵæṯ* durch πρόθεσις (6mal) und θέμα (3mal) wiedergegeben.

Firmage / Milgrom

עָרַל *ʿāral*

עָרֵל *ʿārel*, עָרְלָה *ʿŏrlāh*

I. Sprachliches, LXX – II. Verwendung – 1. *ʿrl* als Unterscheidungsmerkmal des Fremden – 2. *ʿrl* als Bezeichnung des gestörten Gottesverhältnisses – 3. Lev 19, 23–25 – III. Qumran.

Lit.: *K. Albrecht*, ʿOrlah (Vorhaut), Gießener Mischnah I 10, 1916. – *O. Eißfeldt*, Schwerterschlagene bei Hesekiel (Festschr. Th. H. Robinson, Edinburgh 1950, 73–81). – *R. Gradwohl*, Der „Hügel der Vorhäute“ (Josua V 3) (VT 26,1976,235–240). – *H. J. Hermisson*, Sprache und Ritus im altisraelitischen Kult (WMANT 19, 1965). – *F. Liebrecht*, Zur Volkskunde, 1879 (bes. 94–96). – *A. Lods*, „La mort des incirconcis“ (CRAI 1943, 271–283). – *K. L. Schmidt*, ἀκροβυστία (ThWNT I 226f.). – → מול *mûl*.

I. Die akk., aram. und arab. bezeugte Wurzel (KBL³ 838b) begegnet in der Bibel als *ʿŏrlāh* 'Vorhaut' (16mal), *ʿārel* 'unbeschnitten' (32mal), *ʿrl qal* 'die Vorhaut stehen lassen' (1mal), *niph* 'die Vorhaut zeigen' (1mal). 1 Sam 18, 25. 27; 2 Sam 3, 14 meint *ʿŏrlāh* das ganze unbeschnittene Glied (KBL³ 839). Textkritisch fragwürdig sind Ez 32, 27, wo in Anlehnung an die LXX *meʿolām* vorgeschlagen wird (Zimmerli, BK XIII/2 und BHS z.St.) und Hab 2, 16, wo man mit Q und LXX *rʿl niph* 'wanken' lesen will (BHS, anders Rudolph, KAT XIII/3, 221, der am MT festhält).

Die LXX übersetzt *ʿŏrlāh* mit ἀκροβυστία. Lev 19, 23 mit ἀκαθαρσία, *ʿŏrlaṯ lᵉḇaḇkæm* mit σκληροκαρδία Jer 4, 4; Dtn 10, 16, ἀπερίτμητος bzw. ἀπερικάθαρτος Lev 19, 23. Ez 32, 27 liest sie ἀπὸ αἰῶνος. *ʿŏrlaṯ śᵉpāṯajim* wird mit ἄλογος (Ex 6, 12) bzw. mit ἰσχνόφωνος (Ex 6, 30) wiedergegeben. Für *ʿrl qal* steht περικαθαρίζω (Lev 19, 23), für das *niph* σείομαι (Hab 2, 16).

II. 1. Der Besitz der Vorhaut wird spiegelbildlich zur Beschneidung verstanden. Seit dem Ende der Väterzeit ist er ein ethnisches Unterscheidungsmerkmal, welches das conubium verwehrt (Gen 34, 14; vgl. Ri 14, 3). Als Unbeschnittene werden erwähnt: Sichemiten (Gen 34), Philister, Babylonier (Jes 52, 1; Hab 2, 16 MT). Während der israelitischen Auseinandersetzungen mit den Philistern entwickelt sich „Unbeschnittener“ zum Schimpfwort für den Feind (1 Sam 14, 6; 17, 26. 36; 31, 4 = 1 Chr 10, 4; 2 Sam 1, 20). Die zweihundert Glieder mit Vorhaut, die David Saul bringt, beweisen, daß er zweihundertmal im Kampf gegen die Philister siegreich geblieben ist. Der gestellten Aufgabe, die ihm eigentlich den Tod einbringen sollte, hatte er sich erfolgreich entledigt (1 Sam 18, 25. 27; 2 Sam 3, 14).

2. Ez, DtJes und P identifizieren die fehlende Beschneidung mit kultischer Unreinheit (Ez 44, 7. 9; Jes 52, 1; Ex 12, 48). Der Besitz der Vorhaut wird zum Zeichen des gebrochenen Bundes (Gen 17; Lev 12, 3; Ez 44, 7). Offenbar grassierte unter den „Beschnittenen“ nicht selten geistlicher Hochmut. Auf das Zeichen des Bundes pochend, vergaß man selbst in der Priesterschaft, daß den Bund auch bricht, wer durch Ungehorsam und unbußfertige Haltung Gott die Gemeinschaft aufkündigt. Solchen Menschen fehlt zwar die Vorhaut des Fleisches, aber die Vorhaut des Herzens besitzen sie immer noch (→ IV 447). Sie zu entfernen, lautete Jeremias auch sonst aufgegriffener Bußruf kurz bevor die Katastrophe des Jahres 587 v. Chr. über Jerusalem und Juda hereinbrach (Lev 26, 41; Dtn 10, 16; Jer 4, 4; 9, 24f.; Ez 44, 7. 9). Daß Jerusalem sich ihm verschloß, lag an der Vorhaut des Ohrs, wie Jer den mangelnden Willen zur Umkehr bezeichnete (Jer 6, 10). Wenn Ohren nicht vermögen, Gottes Wort aufzunehmen, so ist das auch eine Hilfe zum rechten Verständnis der von P Mose in den Mund gelegten Behauptung, er werde beim Pharao nichts ausrichten können, da er an seinen Lippen unbeschnitten sei (Ex 6, 12. 30). Damit soll nicht gesagt sein, daß Mose schlechthin über kein rhetorisches Geschick verfüge. Vielmehr bekennt er demütig, daß er sich nicht gerüstet fühle, Gottes Auftrag auszuführen.

Das schimpfliche Ende, das Ez den Phöniziern (Ez 28, 10) und Ägyptern (Ez 31, 18; 32, 17–32) androht, manifestiert sich darin, daß sie den Tod der Unbeschnittenen und Schwerterschlagenen sterben und in der Unterwelt mit einem besonderen Platz vorlieb nehmen müssen, wo andere Feinde Israels, Assur, Elam, Mesech-Thubal (d. i. Kilikien und Phrygien), Edom, die Fürsten des Nordens und die Sidonier sie schon empfangen. Hier spricht der Israelit, der die Vorstellung vom Schindanger, wo diejenigen seines Volkes, die unbeschnitten sind, die Volks- und Gottesgemeinschaft gebrochen haben, und die vom Schwert erschlagen, d. h. hingerichtet worden sind, verscharrt werden, auf die Fremden überträgt. Ehrlos geendet, ehrlos begraben sind sie auf ewig zur Ehrlosigkeit verdammt.

3. Eine eigenartige Verwendung liegt in Lev 19, 23–25 (P) vor. Dort wird bestimmt, daß die Früchte eines Baumes in den ersten drei Jahren nach seiner Pflanzung so behandelt werden sollen, als wären sie Vorhäute (v. 23), d. h. sie sind zum Genuß verboten und müssen im vierten Jahr wie ein Zweiter Zehnt (→ עשׂר *ʿśr*) behandelt werden; d. h. der Eigentümer hat sie an sich selbst zu verkaufen und den Erlös bei einer Wallfahrt nach Jerusalem für ein Festessen auszugeben. Danach erst sind Baumfrüchte zum regelmäßigen Verzehr freigegeben. Der Vergleichungspunkt liegt wohl darin, daß die Früchte stehen gelassen werden, wie man die Vorhaut stehen läßt; wie der Unbeschnittene vom Kult ausgeschlossen ist, sind sie vom Verzehr ausgeschlossen. Die näheren Vorschriften haben die Rabbinen größtenteils in den Traktaten ʿOrlah von Mischna, Tosefta und jerusalemischem Talmud gesammelt.

III. Der Gebrauch in Qumran weist im Vergleich zur Bibel keine Besonderheiten auf. 1 QH 6, 20 stellt Unbeschnittene, Unreine und Gewalttätige auf dieselbe Ebene. Nach 1 QH 18, 20 ist demjenigen, der ein unbeschnittenes Ohr hatte, „ein Wort geöffnet worden". 1 QS 5, 5 spricht von Beschneidung der Vorhaut des Triebs. 1 QpHab 11, 13 interpretiert Hab 2, 16 (wo der Text aber *rʿl* liest!) auf den bösen Priester, der die Vorhaut seines Herzens nicht beschnitten hat. Zu 4 Q 184 → IV 451.

Mayer

עָרַם *ʿāram*

עָרוּם *ʿārûm*, עָרְמָה *ʿŏrmāh*

I. Etymologie – II. 1. At.liche Verteilung – 2. Synonyma und Antonyma – III. 1. Außerhalb der Weisheit – 2. Sprüche – 3. Ijob – IV. LXX – V. Qumran.

Lit.: *O. Bauernfeind*, πανουργία, πανοῦργος (ThWNT V 719–723). – *M. Dahood*, Hebrew-Ugaritic Lexicography VII (Bibl 50, 1969, 337–356, bes. 354f.). – *M. Görg*, Die „Sünde" Salomos (BN 16, 1981, 42–59, bes. 50–53). – *K. R. Joines*, The Serpent in Gen 3 (ZAW 87, 1975, 1–11, bes. 4–8). – *F. Nötscher*, Zur theologischen Terminologie der Qumran-Texte (BBB 10, 1956, 61). – *G. von Rad*, Weisheit in Israel, 1970. – *B. Renz*, Die kluge Schlange (BZ 24, 1938/39, 236–241). – *O. H. Steck*, Die Paradieserzählung. Eine Auslegung von Genesis 2, 4b – 3, 24 (BSt 60, 1970) = *Ders.*, Wahrnehmungen Gottes im Alten Testament (ThB 70, 1982, 9–116, bes. 56. 88–91). – *Th. C. Vriezen*, Onderzoek naar de Paradijs-voorstelling bij de oude semietische volken (Wageningen 1937).

I. Das Verb *ʿāram* findet sich außer im Hebr. nur noch belegt im Syr. (Brockelmann, LexSyr 549) und im Jüd.-Aram. (Levy, WTM III 700f.; Beyer, ATTM 664). Nur im Hebr. treten als Derivate die *qāṭûl*-Bildung *ʿārûm* als Adjektiv, welches einen Zustand zum Ausdruck bringt (GKa § 84am), und *ʿŏrmāh* als Substantiv auf.

II. 1. Das Verb *ʿāram* ist außer 1 Sam 23, 22 und Ps 83, 4 nur in weisheitlicher Literatur belegt (Spr 15, 5; 19, 25; Ijob 5, 13). Häufiger findet sich das Adj. *ʿārûm* (11mal), wobei 10 Belege auf die Weisheitsliteratur (Ijob 2mal; Spr 8mal) und einer auf Gen entfallen. Beim Subst. *ʿŏrmāh* finden sich von 5 Belegen zwei (Ex 21, 14; Jos 9, 14) außerhalb der Weisheit und drei in Spr. Das Verb *ʿāram* II und seine Derivate können mithin als weisheitlicher Terminus aufgefaßt werden.

2. In Spr 15, 5 findet sich eine Gegenüberstellung des → אויל *ʾæwîl* mit einem, dessen Handeln als *ʿāram* bezeichnet wird. Dies läßt sich weiter verfolgen anhand von Spr 19, 25 mit der Parallele von *ʿāram* und *bîn daʿaṯ* und der Opposition *pæṯî jaʿrim*, wobei der *pæṯî* (→ פתי) nach Spr 1, 4 zu verstehen ist als „the untutored youth who comes to learn from the wisdom teacher" (W. McKane, Proverbs [OTL, ³1980] 525). Demgegenüber ist in Ijob 5, 13 das auf die Weisen bezogene Verb *ʿāram* negativ gefärbt, was auch für die Verwendung von *ʿāram* in Ps 83, 4 gilt, wo die Feinde JHWHs das Subjekt bilden.

Dieser unterschiedliche Sprachgebrauch einer negativ und einer positiv konnotierten Verwendung von *ʿāram* läßt sich auch für das Adj. *ʿārûm* aufgrund seiner Synonyma und Antonyma nachweisen. So finden sich die Synonyma *ḥāḵām* (Ijob 5, 12–13) und *niptāl* (Ijob 5, 12–13) sowie die Opposita *kᵉsîl* (Spr 12, 23; 13, 16; 14, 8), *ʾæwîl* (Spr 12, 16) und *pæṯî* (Spr 14, 15. 18; 22, 3 = 27, 12). Bei *kᵉsîl* und *pæṯî* liegt eine eigene weisheitliche Verwendung vor, da *pæṯî* nur noch in Ez 45, 20; Ps 19, 8; 116, 6; 119, 130 außerhalb der Sprüche auftritt und von insgesamt 70 *kᵉsîl*-Belegen nur 3 in den Ps auftreten, während sich die übrigen auf Spr und Koh verteilen (H.-J. Hermisson, WMANT 28, 1968, 76; T. Donald, VT 13, 1963, 287. 291). Hinsichtlich der Verwendung von *ʿārûm* ist zu unterscheiden zwischen der negativ konnotierten Verwendung in Ijob 5, 12; 15, 5 „der Listige" und der positiv konnotierten im Sprüchebuch, wo zu *ʿārûm* keine Synonyma, sondern nur negativ besetzte Antonyma auftreten und *ʿārûm* somit als „klug" zu verstehen ist.

Beim Subst. *ʿŏrmāh* läßt sich aufgrund der Synonyma und Opposita eine dem Adjektiv *ʿārûm* vergleichbare Konnotation feststellen. Durch die Parallelbegriffe *daʿaṯ ûmᵉzimmāh* (Spr 1, 4) bzw. *daʿaṯ mᵉzimmôṯ* (Spr 8, 12) und *leḇ* (Spr 8, 5) ist *ʿŏrmāh* wie auch *ʿārûm* in Spr positiv konnotiert, während seine Verwendung außerhalb von Spr in Ex 21, 14 und Jos 9, 4 negativ konnotiert ist.

Allerdings ist diese für die Verwendung von *ʿŏrmāh* in Spr festgestellte positive Konnotation auch wieder nicht zu überschätzen, da *ʿŏrmāh* gleich wie *mᵉzimmāh* immer auf der Grenzlinie zum Pejorativen steht, was damit zusammenhängt, daß der Erziehungsprozeß mehr mit der Erweiterung intellektueller Fähigkeiten als mit Moral beschäftigt war. „It did not educate men to change the existing world into something better, but to make their way successfully in the world as it was" (McKane 265).

III. 1. Der älteste at.liche Beleg eines *ʿāram*-Derivates findet sich im Bundesbuch Ex 21, 14 im Rahmen von Asylbestimmungen. Ist ein Totschlag durch *ʿŏrmāh* erfolgt, so verwirkt der Täter sein Asylrecht am Altar (v. 14b). *ʿŏrmāh* ist hier als 'Hinterlist' zu verstehen.

Der *ʿārûm*-Beleg in Gen 3, 1 ist Eigengut des J, da er die vorjahwistische Urgeschichte mit dem Motiv der Schlange bereicherte (P. Weimar, BZAW 146, 1977, 155; L. Ruppert, BZ 15, 1971, 195f.). Mit der Beschreibung des Menschen als nackt (→ ערום) in Gen 2, 25, die ebenfalls auf J zurückgeht, liegt ein Wortspiel zwischen diesem Terminus und der Qualifikation der Schlange als *ʿārûm* vor. Hinsichtlich der Schlange ist zu beachten, daß sie wie alle anderen Tiere des Feldes von Gott gemacht wurde, also Geschöpf Gottes ist.

Auf dem Hintergrund der antisalomonischen Tendenz der jahwistischen Urgeschichte (W. von Soden, WO 7, 1973/74, 228–240; Görg 42–59) läßt sich die Schlange als Ausformung der äg. Göttin Renenutet erfassen (Görg 53). Die Schlange wird abgehoben von den Tieren des Feldes und erscheint als ein sprechendes Wesen, welches an einer besonderen Ernährung des Menschen Interesse hat, durch die weisheitliche Erkenntnis vermittelt werden soll. Diese Hervorhebung geschah zwecks einer Kritik an der Vorstellung, daß die Schlangengottheit als Symbol der göttlich-weisheitlichen Versorgung mit dem Schutzgott israelitischer Tradition vereinbar sei und vertauscht werden könne. Die Schlange wird somit zum Symbol einer Weisheit ohne JHWH (Görg 53; → נחש *nāḥāš*).

Hiermit erklärt sich auch die negative Konnotation der Verwendung von *ʿārûm* in Gen 3, 1 zur Bezeichnung der listigen Verschlagenheit der Schlange. Nicht zu klären ist, ob J damit eine herkömmliche Einschätzung der Schlange aufgreift (Joines 4–8) und diese gewählt wird, weil die Schlange in ihrer „heimtückischen gefährlichen Art der Erzfeind des bäuerlichen Menschen in Palästina ist und als solcher schon in 3, 15 vorgegeben war“ (Steck 89). Die Klugheit der Schlange wird bezogen „auf ihre Fähigkeit, Gift zu produzieren (antithetisch dazu ihre Heilkraft) oder auf ihre Fähigkeit, sich zu häuten“ (C. Westermann, BK I/1², 325f.). Insofern ist die Bezeichnung der Schlange als *ʿārûm* in Gen 3, 1 nicht nur rein negativ besetzt, was sich auch daran zeigt, daß sie reden kann und um den Baum der Erkenntnis weiß (Renz 236; W. H. Schmidt, WMANT 17, ³1973, 211f.). Durch die Wahl des somit doppeldeutigen Terminus *ʿārûm* zur Qualifikation der Schlange macht J auf den fragwürdigen Charakter der Klugheit der Schlange aufmerksam, der im Widerspruch steht zur Erkenntnis von Gut und Böse.
Innerhalb des DtrGW begegnen das Verb *ʿāram* in 1 Sam 23, 22 und das Subst. *ʿŏrmāh* in Jos 9, 4. 1 Sam 23, 22 gehört in die Geschichte vom Aufstieg Davids, der literaturgeschichtlich in der frühen Königszeit anzusetzen ist. Saul qualifiziert David als *ʿārôm jaʿrim hûʾ*. Wie in Gen 3, 1 ist *ʿārûm*/*ʿāram* an dieser Stelle zunächst als 'listig', 'verschlagen' mit einer negativen Färbung zu verstehen, gleichzeitig ist aber eine Konnotation von 'klug' im Sinne der weisheitlichen Lebensbewältigung nicht von der Hand zu weisen.

Beim Vergleich dieser ältesten Belege der Wurzel *ʿāram* zeigt sich eine Gemeinsamkeit hinsichtlich ihrer überwiegend negativen und nur ansatzhaft positiven Konnotation; so ist auch von hier aus die Ansicht Mendenhalls, die Verwendung von *ʿārûm* in Gen 3, 1 stehe am Ende einer semantischen Entwicklung und sei weisheitlich (G. Mendenhall, Festschr. J. M. Myers, Philadelphia 1974, 319–334, hier 328) abzulehnen.

Zu vergleichen ist hiermit ein weiterer, wohl alter (J. A. Soggin, Joshua, OTL 1972, 113) Beleg von *ʿŏrmāh* in Jos 9, 4, mit dem eine der Einnahme Jerichos analoge Handlung qualifiziert wird. Der Kontext des Kap. 9 zeigt, daß die Gibeoniten Josua und die Israeliten hintergingen, insofern also *ʿŏrmāh* als 'List' oder 'Hinterlist' aufzufassen ist.
Der jüngste außerweisheitliche Beleg des Verbs *ʿāram* II *hiph* findet sich in Ps 83, 4. Hier wird die Aktion der Feinde JHWHs gegen sein Volk bezeichnet als *ʿal ʿammᵉḵā jaʿarîmû sôḏ*. Der Terminus *sôḏ* ist an dieser Stelle als 'Besprechung' zu verstehen (M. Sæbø, THAT II 146), die listig ersonnen wird, das „listige Planen der Feinde“ (→ V 780).
2. Im Sprüchebuch sind alle drei Derivate der Wurzel *ʿāram* II belegt.
ʿāram wird in Spr 15, 5 von einem ausgesagt, der eine Zurechtweisung (→ יכח *jkḥ*) bewahrt und insofern klug handelt. Kontext ist die Disziplinierung in der Erziehung durch die Eltern. In Spr 19, 25 wird das Thema von Spr 1, 4a aufgenommen, wo es darum geht, daß ein ungebildeter Jugendlicher bei einem Weisheitslehrer lernen soll und er daraufhin klug wird (*ʿāram*). Somit steht in Spr 15, 5 und 19, 25 das Verb *ʿāram* jeweils im Kontext der Erziehung. Im Hintergrund steht ein Erziehungskonzept, welches einen klug werden läßt, wenn er Mahnungen beachtet (15, 5) oder sich die Bestrafung des Spötters zu Herzen nimmt (19, 24). Der Terminus *ʿārûm* bezeichnet im Sprüchebuch den Typus des Klugen, wie der *ḥāḵām* den Weisen typisiert. Der Kluge verbirgt das Wissen im Unterschied zum Toren, der die Dummheit herausschreit (12, 23); ebenso verbirgt er die Schmähung, während der Tor seinen Ärger direkt zeigt (12, 16 BHS); die Weisheit des Weisen festigt seinen Weg (BHS) im Unterschied zur Torheit des Toren, die ein Irrweg ist (14, 8); alles tut der Kluge in Kenntnis, während der Tor seine Dummheit ausbreitet (13, 16); achtet der Kluge auf seinen Schritt (BHS), so glaubt der Tor jedem Wort (14, 15); schmücken sich die Klugen mit Wissen, so bleibt der Tor im Besitz seiner Dummheit (14, 18); der Kluge sieht das Unheil voraus und verbirgt sich (BHS), während der Tor weitergeht und zuschanden wird (22, 3 = 27, 12).
Fragt man nach dem für die Konzeption von *ʿārûm* in diesen Belegen Typischen, so besteht dies in seiner Zurückhaltung, dem Abwarten, der Bedächtigkeit und der Vorsicht. Hiermit entspricht der *ʿārûm* der charakteristischen Lebensauffassung des Sprüchebuches (von Rad 116f.). Dies zeigt sich auch an den dem *ʿārûm* zugewiesenen Eigenschaften *ḥŏḵmāh* (14, 8) und *daʿaṯ* (12, 23; 13, 16; 14, 18). Das Substantiv *ʿŏrmāh* bezeichnet das, was dem *pæṯî* vermittelt werden soll (1, 4; 8, 5), und in Spr 8, 12 bezeichnet sich die personifizierte Weisheit als der *ʿŏrmāh* benachbart.

Nach B. Lang (Frau Weisheit, 1975, 86 Anm. 85) steht *šāḵanṯî* wie in Jes 33, 5; Ps 37, 3; 135, 21 mit adverbialem Akk., so daß er übersetzt: „Ich bewohne die Schlauheit", was heißt: „Ich kenne sie." Nach BHS ist zu lesen *šeḵæntî* = „meine Nachbarin ist die Klugheit". Zumeist wird der MT gelesen und übersetzt „Ich bin die Nachbarin der Klugheit" (vgl. O. Plöger, BK XVII 85).

Was die inhaltliche Bestimmung von *ʿŏrmāh* in Spr 1, 4 im Bereich der Terminologie von Spr 1, 1–5 angeht, so ist mit von Rad zu beachten, daß „hier ein umfassender Begriff, für den kein handliches Wort mehr zur Verfügung steht, dadurch vor dem Leser aufgebaut werden [soll], daß gewissermaßen in seinen Raum eine Anzahl bekannter Begriffe hineingestellt werden, so daß durch diese Häufung die gewünschte Ausdehnung des Begriffsraumes erreicht wird" (von Rad 26; vgl. ebd. 43. 75–77). Die hierbei gewählten Einzelbegriffe unterscheiden sich zwar voneinander, aber nicht begrifflich präzise, da sie sich auch überschneiden (26).
In Spr 8, 5. 12 steht *ʿŏrmāh* im Kontext der personifizierten Weisheit. Diese richtet an die zu Belehrenden und Toren den Imperativ, *ʿŏrmāh* und *leḇ* zu verstehen (*bîn*). Der Terminus *leḇ* ist hier als 'Scharfsinn' oder 'Verstand' aufzufassen (→ IV 432–436), so daß auch *ʿŏrmāh* in dieser Richtung als '(Lebens-)Klugheit' (Plöger, BK XVII 88) zu verstehen ist. In v. 12 bezeichnet sich die personifizierte Weisheit als der *ʿŏrmāh* benachbart (s.o.), die an dieser Stelle dadurch eine besondere Note erhält, daß sie in v. 12b zu Verhaltensweisen in Parallele gesetzt wird, die sich durch kluge Besonnenheit auszeichnen.

Ein weiterer Beleg von *ʿŏrmāh* in Spr 14, 24 ist fraglich, obwohl LXX hier πανοῦργος gelesen hat, womit sie sonst *ʿŏrmāh* wiedergibt (s.u. IV.). Der thematische Zusammenhang von Reichtum und Bedürftigkeit in vv. 20–24 gibt allerdings dem MT den Vorzug (so mit McKane 465f., Plöger 174 gegen BHS, B. Gemser, HAT I/16², 66f. u.a.).

3. Das Verb *ʿāram* II begegnet in Ijob 5, 13 in der ersten Rede des Elifas und ist hier auf die Weisen bezogen, die Gott in ihrer eigenen List fängt.
Auch der Terminus *ʿārûm* tritt an seinen beiden Belegstellen in der Erwiderung des Elifas auf. In der ersten Mahnrede (Ijob 5, 8–16) wird die Fügung Gottes beschrieben, der die Gedanken der *ʿarûmîm* zunichte macht (v. 12). In der zweiten Erwiderung des Elifas an Ijob wird diesem vorgeworfen, daß er die Sprache der *ʿarûmîm* gewählt habe (15, 5). An beiden Stellen sind die *ʿarûmîm* als Typos wie im Sprüchebuch angesprochen, doch angesichts der im Ijobbuch thematisierten Krisis der Weisheit immer nur im negativen Sinne der Listigen und Verschlagenen.
Im hebr. Sirach begegnen das Verb *ʿāram* wieder in seiner positiven Konnotation mit *ḥāḵam* als Parallelverb (Sir 6, 32).

IV. Die LXX gibt meistens *ʿārûm* mit πανοῦργος und *ʿŏrmāh* mit πανουργία an 17 Stellen wieder. In Num 24, 22 hat LXX *ʿaḏ māh* in *ʿŏrmāh* verlesen (πανουργία), ähnlich in Spr 14, 24 (Bauernfeind 721 Anm. 13). Die Semantik verschiebt sich in der LXX insofern, als πανοῦργος zwar auch negativ konnotiert sein kann ('gerissen', 'arglistig'), in Spr die *ʿāram*-Derivate allerdings positiv sind ('klug'). Da aber die Derivate von πανουργ- gerade in Spr-LXX besonders häufig verwendet werden, verschiebt sich auf diesem Wege ihr Sinn zum Positiven (Bauernfeind 721).
An zwei Stellen sind *ʿārûm* (Gen 3, 1) und *ʿŏrmāh* (Ijob 5, 13) mit φρόνιμος bzw. φρόνησις wiedergegeben, was beides einen negativen Akzent trägt. In Ijob 15, 5 hat LXX δυναστής, wobei dieses gegen *ʿārûm* positiv gemeint ist.

V. In Qumran wird *ʿŏrmāh* vorwiegend in der positiven Konnotation verwendet, die es in Spr erhalten hatte. Im Kontext weisheitlicher Termini sagt CD 2, 4 aus, daß *ʿŏrmāh* und *daʿaṯ* Gott dienen, womit die Personifikation beider in Spr 1, 4 zu vergleichen ist. Neu ist in Qumran hingegen die Cstr.-Verbindung *ʿŏrmaṯ daʿaṯ* (1 QS 10, 25), mit der ein kluges Wissen gemeint ist. Im weiteren Unterschied zum at.lichen Sprachgebrauch kann *ʿŏrmāh* auch als nomen rectum in einer Cstr.-Verbindung auftreten: *mezimmaṯ ʿŏrmāh* 'kluger Gedanke' (1 QS 11, 6). Diese klugen Gedanken Gottes sind dem Menschen verborgen, und nur das Auge des Frommen sieht sie (Nötscher 61).
Unter die Aufzählung der Wege des Lichtes in der Welt (1 QS 4, 2–7) gehört auch die *ʿŏrmaṯ kôl* (Z. 6), worunter die Klugheit in allen Dingen zu verstehen ist. Analogerweise gehört in die Aufzählung der Eigenarten der Söhne der Finsternis (1 QS 4, 9–11) die *ʿŏrmaṯ rôaʿ* „böse List". Nach 1 QH 1, 35 soll die *ʿŏrmāh* von den Weisen vermehrt werden und den Einfältigen zuteil werden (1 QH 2, 9). In 1 QpHab 7, 14 ist die *ʿŏrmāh* auf Gott bezogen, wo sie die Klugheit seiner Geheimnisse bezeichnet, in denen Gott alle Zeit vorherbestimmt hat.

Niehr

עֹרֶף *ʿoræp*

עָרַף *ʿārap*

I. Etymologie – II. Das Subst. *ʿoræp* – 1. Bedeutung und Vorkommen – 2. Verwandte Wörter – 3. LXX – III. Ausdrücke mit *ʿoræp* – 1. Fliehen – 2. Abfallen – 3. Halsstarrigkeit – IV. Das Verb *ʿārap* – 1. Bedeutung, Wortfeld – 2. Bei Erstlingen – 3. Mord durch unbekannten Täter – 4. Jes 66, 3 – 5. Hos 10, 2 – V. Sir, Qumran.

Lit.: *D. C. Benjamin*, Deuteronomy and City Life, Lanham 1983, 198–210. – *G. Brin*, The Firstling of Unclean Animals (JQR 68, 1977/78, 1–15). – *C. M. Carmichael*, A Common Element in Five Supposedly Disparate Laws (VT 29, 1979, 129–142). – *H. Christ*,

Blutvergießen im Alten Testament, Basel 1977, bes. 86–91. – *B. Couroyer*, „Avoir la nuque raide", ne pas incliner l'oreille (RB 88, 1981, 216–225). – *H. J. Elhorst*, Eine verkannte Zauberhandlung (Dtn 21, 1–9) (ZAW 39, 1921, 58–67). – *C. H. Gordon*, An Accadian Parallel to Deut. 21, 1ff. (RA 33, 1936, 1–6). – *S. H. Hooke*, The Theory and Practice of Substitution (VT 2, 1952, 2–17). – *B. Janowski*, Sühne als Heilsgeschehen (WMANT 55, 1982). – *A. Jirku*, Drei Fälle von Haftpflicht im altorientalischen Palästina-Syrien und Deuteronomium cap. 21 (ZAW 79, 1967, 359–360). – *S. E. Loewenstamm*, *ʿæḡlāh ʿarûpāh* (EMiqr 6, 77–79). – *H. McKeating*, The Development of the Law on Homicide in Ancient Israel (VT 25, 1975, 46–68). – *R. P. Merendino*, Das deuteronomische Gesetz (BBB 31, 1969, bes. 234–243). – *E. Merz*, Die Blutrache bei den Israeliten, 1916, 48–55. – *J. Milgrom*, ʿEgla ʿarufa (EncJud 6, 475–477). – *R. Patai*, The ʿEgla ʿArufa or the Expiation of the Polluted Land (Dt 21, 1–9) (JQR 30, 1939, 59–69). – *R. Press*, Das Ordal im alten Israel (ZAW 51, 1933, 121–140. 227–250). – *A. Roifer*, The Breaking of the Heifer's Neck (Tarbiz 31, 1961/62, 119–143). – *M. Tsevat*, The Canaanite God Šälaḥ (VT 4, 1954, 41–49, bes. 46f.). – *A. C. Welch*, Remarks on the Article of H. J. Elhorst in ZAW 1921 (ZAW 42, 1924, 163f.). – *R. Westbrook*, Lex talionis and Exodus 21, 22–25 (RB 93, 1986, 52–69). – *Z. Zevit*, The ʿ*Egla* Ritual of Deuteronomy 21:1–9 (JBL 95, 1976, 377–390).

I. Hebr. *ʿoræp* 'Nacken' entsprechen arab. *ʿurfah* 'Mähne' und syr. *ʿurpā'* 'Hahnenkamm' (LexSyr 549). Sonst heißt 'Nacken' im Aram. und Syr. *qeḏāl(ā')* oder *ṣawwā'r*. Aram. *ʿurpîn* (Pl.) kommt nur einmal als Glosse zu *qeḏālîn* vor (Jastrow, Dict Talm 1122. 1316). Im Akk. wird *kišādu* verwendet, vgl. äth. *kĕsād*. Das Verb *ʿārap* ist wohl von *ʿoræp* denominiert (KBL³ 840); nach KBL² 738 wäre es eine selbständige Wurzel, verwandt mit arab. *ġarafa* 'zerschneiden'. Zu einer dritten Wurzel *ʿrp* → ערפל *ʿarāpæl*.

II. 1. Das Subst. *ʿoræp* kommt 33mal im AT vor. Die Bedeutung 'hinterer Teil des Halses' geht aus Ausdrücken wie „Sie wandten zu mir ihren *ʿoræp*, nicht ihr Gesicht" (Jer 2, 27) hervor.

2. *ṣawwā'r* 'Hals' hat ähnliche Bedeutung, wird aber anders gebraucht. Das Joch wird auf den *ṣawwā'r* gelegt, nicht auf den *ʿoræp*, ebenso wird eine Halskette an den *ṣawwā'r* gehängt, vgl. auch „einem um den Hals fallen" mit *ṣawwā'r* (Gen 33, 4; 45, 14; 46, 29).

gārôn 'Hals' (8mal) bezeichnet die Kehle als Sprechorgan (Jes 58, 1; Ps 115, 7; 149, 6) oder als Ort des Schluckens (Ps 5, 10; vgl. Durst Jes 2, 25), gelegentlich aber auch den Hals, um den man eine Kette hängt (Ez 16, 11). Auch *gargerôṯ* ist Platz der Halskette (Spr 1, 3; 3, 2. 22; 6, 21).

3. Die LXX hat keine einheitliche Übersetzung: 8mal νῶτος 'Rücken', 10mal τράχηλος 'Hals', letzteres wird auch für *ṣawwā'r*, *gargerôṯ* und *gārôn* i. S. v. 'Hals' gebraucht. Der Ausdruck *qešeh ʿoræp* (s. u. III. 4.) wird durch σκληροτράχηλος übersetzt (5mal + Spr 29, 1, wo LXX *miqqešeh ʿoræp* liest, und Sir 16, 11).

III. *ʿoræp* wird in mehreren geprägten Wendungen gebraucht.

1. Das Syntagma *pānāh ʿoræp*, „den Nacken wenden" beschreibt die Flucht vor dem Feind, z. B. „Israel wird seinen Feinden den Nacken wenden" (Jos 7, 12, vgl. v. 8 mit *hāpak*). Der Ausdruck kommt auch im *hiph* vor, z. B. Jer 48, 39 von Moab; vgl. *hipnetāh lānûs* „wandte sich zur Flucht", 49, 24). Es wird auch mit *nāṯan* gebraucht: JHWH will die Feinde veranlassen (*wenāṯattî*), Israel ihren Nacken zuzuwenden (Ex 23, 27; vgl. 2 Sam 22, 41 = Ps 18, 41).

2. Metaphorisch bezeichnet *pānāh ʿoræp* den Abfall: Die Einwohner Judas „wandten mir ihren Nacken, nicht ihr Gesicht zu" (Jer 2, 27; 32, 33 + „und haben nicht gehört, um Zucht zu empfangen"), auch mit *nāṯan*: „Unsere Väter haben treulos gehandelt ... sie haben ihr Gesicht von der Wohnstätte JHWHs abgewandt (*sbb*) und ihm den Nacken zugekehrt (*wajjittenû ʿoræp*)" (2 Chr 29, 6). Demgegenüber droht JHWH Jer 18, 17: „mit dem Nacken und nicht mit dem Gesicht will ich auf sie blicken (*'ær'em*)"; (LXX, V, S: *'ar'em* „ich werde ihnen den Nacken zeigen").

3. „Die Hand auf dem Nacken der Feinde" (Gen 49, 8) impliziert Sieg. Ijob klagt, daß Gott ihn im Nacken gepackt (*'āḥaz*) und ihn zerschmettert hat (Ijob 16, 12).

4. Wendungen wie *qešeh ʿoræp* „mit hartem, steifem Nacken" drücken Eigensinnigkeit und Störrischkeit aus. Folgende Variationen sind belegt:

a) *qešeh ʿoræp* „hartnäckig" kommt 6mal vor, immer mit *ʿam* und alle in Ex und Dtn mit Bezug auf das Goldene Kalb. Israel wird in diesem Zusammenhang als „ein störrisches Volk" bezeichnet (Ex 32, 9; 33, 3. 5; 34, 9; Dtn 9, 6. 13). Das Wort *qešî* 'Härte' im Gebet des Mose Dtn 9, 27 ist wahrscheinlich elliptisch für *qešî ʿoræp*, also 'Starrsinn', 'Störrischkeit'; vgl. auch die Aufspaltung des Ausdrucks in Jes 48, 4: „Weil ich wußte, daß du halsstarrig („hart" *qāšæh*) bist, und dein Nacken (*ʿoræp*) eiserne Sehnen hat und deine Stirn aus Bronze ist ..."

b) Der Ausdruck *ʿoræp qāšæh* kommt nur in der Abschiedsrede Moses Dtn 31 vor. In v. 27 heißt es: „Denn ich kenne deine Widersetzlichkeit (*merî*) und deine Halsstarrigkeit" („harten, steifen Nacken"). Diese Worte, wie die ganze Rede vv. 24–29, weisen offenbar auf die Episode mit dem Goldenen Kalb zurück (vgl. auch *mamrîm* v. 27 mit Dtn 9, 7. 24; s. M. Zipor, The Impact of the Golden Calf Story in Moses' Sermons in the Book of Deuteronomy, Festschr. M. Goldstein, Jerusalem 1987).

c) Das Syntagma *hiqšāh ʿoræp* bezieht sich auf Abfall und Ungehorsam: „sie versteiften ihren Nacken" (EÜ: „sie blieben hartnäckig"; Jer 7, 26; 17, 23; 19, 15; Neh 9, 16f. 29). Gelegentlich finden sich Erläuterungen wie „wie der Nacken ihrer Väter" (2 Kön 17, 14) oder Parallelen wie „sie wandelten in der Verstocktheit ihres bösen Herzens" (Jer 7, 24) oder „sie neigten nicht ihr Ohr" (Jer 7, 26; 19, 23), „sie hörten nicht" (Jer 7, 26; 17, 23; vgl. 19, 15;

+ „auf meine Gebote" Neh 9, 16, 29). Der Ausdruck wird auch von einzelnen gebraucht: Zidkija „versteifte seinen Nacken, verhärtete (*'mṣ pi*) sein Herz und kehrte nicht um zu JHWH" (2 Chr 36, 13), oder als Mahnung: „Versteift nicht euren Nacken" (Dtn 10, 16; 2 Chr 30, 8; vgl. *'al taqšû lebabkæm* Ps 95, 8). Dtn 10, 16 bietet eine weitere Parallele: „beschneidet die Vorhaut eures Herzens". Hinter dem Ausdruck vom steifen Nacken steht nach den meisten Kommentatoren die Vorstellung von einem eigenwilligen, störrischen Tier. Dabei denken einige an ein Reittier, andere an Rinder, die das Joch scheuen (vgl. Couroyer). Diese Deutung ist abzuweisen, da ein Tier in solchen Situationen eher den Nacken schüttelt als ihn versteift. Sprachlich ist zu bemerken, daß der Ausdruck nie von Tieren gebraucht wird, und daß das Joch nicht auf den *ʿoræp*, sondern auf den *ṣawwā'r* gelegt wird. Bei näherem Zusehen stellt sich heraus, daß die Kombination *qšh* + *ʿoræp* als Gegensatz zu „das Ohr neigen", „hören" u.dgl. steht (z.B. Sach 7, 11; Neh 9, 29; Jer 17, 23; 19, 15). Das Versteifen des Nackens meint also das Weigern, das Ohr zu neigen (2 Kön 19, 16; Ps 45, 11; Dan 9, 18 usw.) (Couroyer 223–225).

IV. 1. Das denominative (s.o. I.) Verb *ʿārap* kommt 6mal vor (Ex 13, 13; 34, 20; Dtn 21, 4. 6; Jes 66, 3; Hos 10, 2).

Es wird diskutiert, ob es ʿden Kopf abschneidenʾ oder ʿdas Genick brechenʾ bedeutet. Beide Deutungen sind in der alten Exegese vertreten. So interpretiert es Mischna Soṭa 9, 5 als „mit einem Messer abschneiden", und LXX übersetzt in Dtn 21, 4. 6 mit νευροκοπεῖν ʿdie Sehne abschneidenʾ; auch die anderen griech. Übersetzungen haben Komposita mit κοπεῖν. Andererseits hat LXX in Jes 66, 3 ὁ ἀποκτέννων „wer tötet" (so auch Σ Ex 13, 13); S hat *qeṭal* ʿtötenʾ (mit Ausnahme von Dtn 21, 4. 6, wo *nekas* = *šāḥaṭ* gebraucht wird).
Zum Wortfeld gehören *mālaq* ʿ(den Kopf) abkneifenʾ (nur Lev 1, 15; 5, 8 von einem Vogel als Opfer) und → שחט *šāḥaṭ*, das sowohl rituelles als auch nichtrituelles Schlachten bezeichnet (78mal im AT) und traditionell als Aufschneiden der Kehle gedeutet wird. Nach Zevit (384) wird *mālaq* für Opfern auf dem Altar, *šāḥaṭ* für Schlachten abseits vom Altar gebraucht; es ist auch möglich, daß die Termini für verschiedene Opfertiere gebraucht werden (Haran bei Zevit 384 Anm. 39).

2. Nach Ex 13, 13; 34, 20 soll jeder Erstling (*pæṭær*) von den Eseln durch ein Schaf ausgelöst (→ פדה *pāḏāh*) werden; wenn man aber nicht auslösen will, soll ihm das Genick gebrochen werden (*ʿārap*). Das alternative Verfahren wird von P nicht erwähnt (Num 18, 15; vgl. Lev 27, 27 – hier handelt es sich aber um Auslösung nicht opferbarer Tiere im allgemeinen, vgl. Brin 2 Anm. 4). Ob die Alternative ein ursprüngliches Opferverfahren ersetzt, bleibt unsicher. Da aber die Auslösung vorgezogen wird, könnte die Alternative eher eine Sanktion sein für den Fall, daß der Besitzer den Erstling nicht auslösen, sondern behalten will.

3. Dtn 21, 1–9 sieht eine Sühnezeremonie vor im Falle eines durch unbekannten Täter begangenen Mordes. Eine Jungkuh (*ʿæglāh*) soll in einem unbebauten Wadi (→ נחל *naḥal*) durch *ʿrp* getötet werden, um Sühne zu schaffen (→ כפר *kpr*). Die Frage ist, ob *ʿārap* ʿden Hals abschneidenʾ oder ʿdas Genick brechenʾ bedeutet, m.a.W. ob der Ritus blutig oder unblutig ist (vgl. Carmichael 133). Das Ritual ist im AT einzigartig. Ugar. Texte (RŠ 17, 230; 17, 158; 20, 22) zeigen, daß die Gemeinde für einen derartigen Mord verantwortlich ist; es handelt sich aber in diesen Fällen um Wiedergutmachung, was in Dtn 21 nicht der Fall ist (vgl. Roifer 122–126).

Viele Forscher sehen in Dtn 21, 1–9 die Abwandlung eines alten Ritus. Nach Merz soll das Blut der Färse die Seele des Getöteten verleiten, zu glauben, daß es das Blut des Mörders sei. Nach Steuernagel (GHK I/3, 1, 78) wird an der Kuh die Strafe des Mörders stellvertretend vollzogen. Bertholet (KHC V 64f.) und Duhm (Die bösen Geister im AT, 1904, 21) betrachten die Färse als ein Opfer an den Geist des Getöteten. Elhorst (61f.) meint, der Ritus sei urspr. ein Opfer an chthonische Götter. Von Rad (ATD 8³, 97) denkt an „eine magische Prozedur zur Beseitigung einer Schuld" und vergleicht mit dem Ritus des Sündenbocks (so auch mittelalterliche jüd. Erklärer). Nach Elhorst ist das Händewaschen über dem getöteten Tier ein magischer Akt, um die Schuld der Gemeinde auf das Tier zu übertragen (anders Zevit 386). Andere verbinden das Töten der Kuh mit dem Eid der Ältesten: möge dasselbe uns treffen, wenn wir nicht die Wahrheit sprechen (Janowski 165, vgl. aber Roifer 122 Anm. 11). Nach Roifer muß die Befleckung des Landes, das Gottes Erbteil ist (v. 1), auf einen unbesiedelten Ort übertragen werden, was durch die symbolische Wiederholung des Mordes an einem neuen Ort geschieht. Ein vorisraelitisches magisches Abwehrritual ist zu einem jahwistischen Sühneopfer geworden. Später wurde unter Einfluß von dtn Ideen das Opfern durch das Brechen des Genicks ersetzt. Carmichael (129ff.) meint, die Zeremonie habe einen didaktischen Zweck (andere Deutungen bei Christ 86–91; Janowski 163–168).

4. Jes 66, 3 enthält eine Reihe von 7 (nach einer Konjektur 8) Partizipialsätze, paarweise geordnet. Man kann übersetzen: „Wer einen Ochsen schlachtet, ist wie einer, der einen Mann tötet; wer ein Schaf opfert, ist wie einer, der einen Hund würgt", was eine Verurteilung des legitimen Opfers bedeutet. Oder: „Wer einen Ochsen schlachtet, tötet zugleich einen Mann, wer ein Schaf opfert, würgt zugleich einen Hund", was eine Polemik gegen Synkretismus sein würde (Westermann, ATD 19³, 328, unter Hinweis auf ein mögliches Hundeopfer in Karthago nach Justin, Epitome XIX 1, 10; R. N. Whybray, NCB 281f.).
5. In Hos 10, 2 liegt metaphorischer Gebrauch vor: „Er wird die Altäre zerbrechen (*ʿrp*) und ihre Säulen zerstören (*ješoḏeḏ*)", vielleicht ironisch gemeint: wie in einem kultischen Akt wird den Altären „das Genick gebrochen" (vgl. Wolff, BK XIV/1³, 226). Zorell, Lex 630 liest *jiśrop* „er wird verbrennen", H. S. Nyberg, Studien zum Hoseabuche, Uppsala

1935, 72, leitet *ʿārap̱* von arab. *ġarafa* ʿabschneidenʾ ab (vgl. o. I.).

V. In Sir 16, 11 kommt der Ausdruck *maqšæh ʿoræp̱* vor: wenn einer halsstarrig ist, kann er nicht straflos bleiben.

In Qumran begegnet die at.liche Wendung *qšj ʿwrp* mehrmals: 1 QS 4, 11 „Steifheit des Nackens und Verstockung (*kibbûḏ*) des Herzens" in einem Lasterkatalog; 1 QS 5, 5 „wer die Vorhaut seiner Gesinnung und seinen harten Nacken beschneidet" als Beschreibung der Umkehr; 1 QS 6, 26 „wer seinem Nächsten mit Halsstarrigkeit antwortet"; 1 QHfragm 12, 4 *wrwḥ ʿwrp qš[h]*.

„Lege deine Hand auf den Nacken deiner Feinde" heißt es 1 QM 12, 12; 19, 3, und 1 QM 9, 2 findet sich die Wendung *whsbw ʿwrpm* zur Bezeichnung der Flucht.

Das Verb kommt nur im Zitat von Dtn 21, 1–9 in TR 63, 1–8 vor.

Zipor

עֲרָפֶל *ʿa͏rāp̱æl*

I. Außerbiblische Belege und Etymologie – II. Belege im AT – III. Alte Übersetzungen und nachbibl. Literatur.

Lit.: *A. van den Born*, Zum Tempelweihespruch (1 Kg viii 12f.) (OTS 14, 1965, 235–244). – *M. Fraenkel*, Bemerkungen zum hebr. Wortschatz (HUCA 31, 1960, 55–101, bes. 80f.). – *M. Görg*, Die Gattung des sogenannten Tempelweihespruchs (1 Kg 8, 12f.) (UF 6, 1974, 55–63). – *J. A. Loader*, The Concept of Darkness in the Hebrew Root ʿrb/ʿrp (De Fructu Oris sui, Festschr. A. van Selms, Leiden 1971, 99–107). – *Ph. Reymond*, L'eau, sa vie, et sa signification dans l'Ancien Testament (VTS 6, 1958, 13f. 35–41).

I. *ʿa͏rāp̱æl* findet sich außer im AT auch im Ugar. (*ġrpl*, KTU 1.107, [8], 9, [12], 19) neben *ʿrpt* ʿWolkeʾ (KTU 1.2, IV, 8, 29 u. ö.), im Samar. *ʿrpel*, im Syr. *ʿarpelāʾ*, im Jüd.-Aram. *ʿarpîlāʾ*, im Mand. *ʾarpilā* (MdD 38), und deutet in diesen Sprachen und Mundarten etwa die „dunkle Wolke" oder das „Wolkendunkel" an.

Die etymologische Herleitung des Wortes ist umstritten. Bisweilen hielt man das *quadrilitterum* für eine Mischung von *ʿrp* ʿtropfenʾ und *ʾpl* ʿschaurig-dunkel seinʾ oder für ein Deminutiv von *ʿrp* bzw. *ʿa͏rîp̄ā* mit Hinzufügung des Deminutivs *l* (Gesenius, Thesaurus 1072; vgl. auch L. Koehler, ThZ 2, 1946, 72). Andere meinten, daß es sich um ein Nomen handelt, dessen Endung durch *-al* (mit Schwächung von /a/ zu /e/) gebildet wurde (Stade, Lehrbuch der hebr. Grammatik, 1879, § 299; vgl. BLe § 61i; König, Lehrgebäude, II § 60, 9; Meyer, Hebr. Gramm. II 40). R. Ružička (Konsonant. Dissimilation in den semit. Sprachen, 1909, 105. 135f.) leitet das Wort von arab. *ġamala* neben *ġamana* ab, woraus durch sekundäre Verwandlung des /m/ in /ph/ sodann *ġafala* in der Bedeutung ʿeine Sache bedeckenʾ usw. entstanden ist. Durch Berührungsdissimilation gab es einen regressiven Wechsel zwischen /ph/ und /r/. Auch sonst leitet man das Wort öfter aus dem Arab. ab (etwa LexSyr 549 von *ġafara* ʿbedeckenʾ; s. auch KBL[2.3]). J. A. Loader (101f.) meint, *ʿa͏rāp̄æl* sei ein Derivat der Wurzel *ʿrp*, verwandt mit *ʿrb* ʿschattenreich seinʾ. *ʿa͏rāp̄æl* bedeute etwa ʿwolkiger Schattenʾ, von dem das denominative Verb *ʿrp* ʿträufelnʾ eine Ableitung sei. Anderer Ansicht ist K. Vollers, der „mit Sicherheit" *ʿa͏rāp̄æl* als Zusammensetzung mit *ʾel* ʿGottʾ sieht, „etwa dem homerischen θεῖος" entsprechend (ZA 17, 1903, 310f.). Er weist weiter auf das assyr. *irpu* hin, das auch durch andere Gelehrte als *erpu*, *erpetu*, *urpu*, *urpatu* aufgeführt wird und ʿWolkeʾ bedeutet (etwa GesB 620; Noth, BK IX/1, 182; H. Wildberger, BK X/1, 207; vgl. auch CAD E, 279 *erēpu*, und 302 *erpetu*; AHw 243 *erpetu(m)* ʿWolkeʾ verweist nach *ʿa͏rāp̄æl*). M. Dahood verneint die Herleitung aus der Wurzel *ʿrp*, weil es im Ugar. einen deutlichen Unterschied zwischen *ʿrpt* ʿWolkenʾ und *ġrpl* ʿdunkle Wolkeʾ gibt (Bibl 50, 1969, 356; s. auch M. Görg 57; vgl. noch P. J. van Zijl, AOAT 10, 1972, 331 und Anm. 7). Die Bezeichnung Baʿals als *rkb ʿrpt*, die 14mal in den ugar. Texten vorkommt, findet eher eine Parallele in Ps 68, 5: Elohim als *rokeḇ bāʿa͏rāḇôṯ* (A. S. Kapelrud, Baal in the Ras Shamra Texts, Kopenhagen 1952, 61), obwohl auch diese Parallelisierung angezweifelt wird (s. G. del Olmo Lete, Mitos y Leyendas de Canaan, 1981, 605). Ist also zwischen den ugar. Wörtern *ʿrpt* und *ġrpl* etymologisch zu unterscheiden, ist man doch (etwa J. C. de Moor, The Seasonal Pattern in the Ugaritic Myth of Baʿlu, AOAT 16, 1971, 98) hin und wieder der Meinung, daß auch *ʿrpt* auf die „dunklen Regenwolken" hinweise. Fast alle Gelehrten übersetzen jedoch *ʿa͏rāp̄æl* durch „Wolkendunkel", „dunkles Gewölk" usw. (s. etwa W. F. Albright, Yahweh and the Gods of Canaan, London 1968, 201: „storm clouds"), ungeachtet der umstrittenen Etymologie.

II. *ʿa͏rāp̄æl* findet sich in Ex 20, 21; Dtn 4, 11; 5, 22 [19]; 2 Sam 22, 10 (par. Ps 18, 10); 1 Kön 8, 12 (par. 2 Chr 6, 1); Jes 60, 2; Jer 13, 16; Ez 34, 12; Joël 2, 2; Zef 1, 15; Ps 97, 2; Ijob 22, 13; 38, 9 (also 15mal, davon nur in Ex 20, 21; Dtn 5, 22 und 1 Kön 8, 12 [par. 2 Chr 6, 1] mit dem Artikel); weiter in Sir 45, 5. Daneben findet sich in Jes 5, 30 die Form *ʿa͏rîp̄æhā* in einer schwierigen Stelle (s. Wildberger, BK X/1[2], 207), und 2mal kommt eine Form des Verbs *ʿārap̱* ʿträufelnʾ vor (Dtn 32, 2 und 33, 28). Im Wortfeld und im unmittelbaren Kontext trifft man öfter → ענן *ʿānān* ʿGewölkʾ (Dtn 4, 11; 5, 22; Ez 34, 12; Joël 2, 2; Zef 1, 15; Ps 97, 2; Ijob 38, 9) (86mal im AT); → חשך *ḥošæḵ* ʿFinsternisʾ (Dtn 4, 11; Jes 60, 2; Joël 2, 2; Zef 1, 15) (82mal im AT), und *ʾa͏pelāh* ʿDunkelʾ (Joël 2, 2 und Zef 1, 15) (nur 10mal im AT) an. Im weiteren Kontext kommen wiederum *ʿānān* (Ex 19, 9. 16; 24, 15f. 18; 1 Kön 8, 10f.; 2 Chr 5, 13f.); *ḥošæḵ* (Dtn 5, 23; 2 Sam 22, 12; Ps 18, 12; Jes 58, 10; 59, 9) und *ʾa͏pelāh* (Jes 58, 10; 59, 9) vor, aber auch Wörter wie → עב *ʿāḇ(ʿāḇîm)* (Ex 19, 9; 2 Sam 22, 12; Ps 18, 12); → צלמות *ṣalmāwæṯ* (Jer 13, 16) und *ʾeš* (Dtn 5, 22; Ps 97, 3).

Die Bezeichnung *ʿarāpæl* 'Wolkendunkel' (Noth, BK IX/1, 182; KBL³ 841), hat einerseits einen unheilvollen Charakter, andererseits kündigt sie Leben und Heil an. Das Wort hat seinen Sitz im Leben in der Theophanieschilderung (Reymond 13f.; S. Terrien, The Elusive Presence, New York 1978, 194; Gamberoni → II 533). In ihm hüllt sich die Gottheit (Ex 20, 21; Dtn 5, 22; 1 Kön 8, 12) oder es leistet ihr Gefolgschaft („Wolkendunkel unter Gottes Füßen": 2 Sam 22, 10 = Ps 18, 10 oder „rings um ihn her": Ps 97, 2).

Im Pentateuch kommt *ʿarāpæl* nur in der Sinai-Horeb-Theophanie vor. Nach Ex 20, 21 (E) hielt sich das Volk zitternd in der Ferne, während der „priesterliche" Mose sich dem *ʿarāpæl* (mit Artikel) am Berge nahte, in dem Gott sich verhüllte (Beer, HAT I/3, 105). E ist der Meinung, daß JHWH seinen Wohnsitz im *ʿarāpæl* auf dem Berg hat (s. auch Ex 19, 3, sowie Sir 45, 5, das sich hierauf bezieht). In der Proklamation der „zehn Gebote" in Dtn 5 heißt es, daß JHWH die Worte auf dem Berg sprach aus „dem Feuer" (*hāʾeš*), „der Wolke" (*hæʿānān*) und „dem Wolkendunkel" (*hāʿarāpæl*) (v. 22). Hier findet sich eine Kombination vergleichbar mit Dtn 4, 11, wo ein „brennender Berg bis in den Himmel hinein" geschildert wird, mit (vgl. für diese Akk. GKa § 118q) „Finsternis" (*ḥošæk*), „Wolke" (*ʿānān*) und „Wolkendunkel" (*ʿarāpæl*). Man hält diese Elemente hin und wieder für Begleiterscheinungen des Wesens JHWHs als eines ursprünglichen Gewittergottes (so z. B. Steuernagel, GHK I/3, 1, 66), aber möglicherweise wurden in späterer Zeit „Feuer", „Wolke" und „Finsternis" zur „Deutung" des Wortes *ʿarapæl* hinzugefügt.

Die Eigenständigkeit des Wortes zeigt sich vor allem in 1 Kön 8, 12 (= 2 Chr 6, 1), im sogenannten Tempelweihspruch Salomos.

Über die Herkunft dieses Spruches ist wenig bekannt. LXX hat nicht nur (nach v. 53) eine Erweiterung des Spruches, sondern auch eine Quellenangabe: Ἥλιον ἐγνώρισεν ἐν οὐρανῷ κύριος usw. οὐκ ἰδοὺ αὕτη γέγραπται ἐν βιβλίῳ τῆς ᾠδῆς;, die seit Wellhausen (Die Composition des Hexateuchs und der hist. Bücher des AT.s, ⁴1963, 269; s. jedoch auch A. Rahlfs, Septuaginta-Studien III, 1911, 262; H. St. J. Thackeray, The Septuagint and Jewish Worship, London ²1923, 76–79; Montgomery/Gehman, ICC, Kings, 189–192; D. W. Gooding, Textus 7, 1969, 21–25) fast allgemein so geändert wird: „Die Sonne am Himmel hat er geschaffen, Jahwe, doch hat er wohnen wollen im Dunkeln und gesprochen: bau mir ein Haus, ein Haus meiner Heimstatt, daß ich dort ewiglich wohne – siehe es steht geschrieben im Buche des Redlichen" (*sepær hajjāšār* anstatt *sepær haššîr* „Liederbuch" (Wellhausen); anders van den Born 237f., der ἐγνώρισεν von *hôḏîaʿ* herleitet und in diesem Wort eine Entstellung von ursprünglichem *hôʿîḏ* sieht: JHWH hat ... gesetzt. Auch sonst kommt er zu einer anderen Übersetzung: „Er hat (sie) angewiesen, außerhalb des Dunkels zu wohnen: Ich habe dir ein Haus zur Wohnung gebaut, eine Stätte zum Wohnsitz Monat für Monat"). Es ist deutlich, daß es sich in diesem Spruch um ein altes Lied handelt, das hier eingeordnet ist. JHWH weist „souverän der Sonne ihren Ort am Himmelsgewölbe" zu (G. Hentschel, 1 Könige, NEB 56), er selbst aber wohnt „im Wolkendunkel" (mit Artikel; W. F. Albright, Yahweh and the Gods of Canaan 201, faßt den zweiten Halbvers zu Unrecht als Frage: „doth he desire to tent in the storm clouds?"). Dies stimmt überein mit dem abgetrennten Raum im Tempelhaus, dem Debir, der in völligem Dunkel liegt, weil kein Fenster ihn erhellt (K. Möhlenbrink, Der Tempel Salomos, BWANT 59, 1932, 132. 137f.). Die Gegebenheiten im Debir entsprechen gleichsam der „himmlischen" Wirklichkeit; das heißt, der Name JHWHs – JHWH selbst – wohnt im Tempelgebäude. Vielleicht deutet JHWHs Wohnen im *ʿarāpæl* auch auf sein Erscheinen als Berg- und regenspendender Wettergott hin, der den astralen Gottheiten gegenüber gestellt ist (Noth, BK IX/1, 182; Würthwein, ATD 11/1², 88f.). In diesem Spruch ist also eine klare Verbindung zweier bis dahin getrennter Tatsachen vollzogen: das Wohnen der Gottheit im Wolkendunkel („Stichwort für den deus absconditus"; von Rad, ThWNT II 379) und sein Wohnen im Tempel. Der Tempelbau mit seinen Anlagen (etwa 1 Kön 7: die Säulen Jachin und Boas oder das „gegossene Meer" und die „Kesselwagen") zeigt den Einfluß jebusitischen und phönizischen Gedankengutes. Ein früheres kanaanäisches Heiligtum mit seinem Kult und seinen Riten und Mythen wurde jetzt – nach Meinung eines späteren Schreibers – als Heiligtum durch JHWH bezogen, der „doch in keinem Hause gewohnt hat von dem Tage an, da er Israel aus Ägypten heraufführte" (2 Sam 7, 6). Freilich zog er ehemals in einer Zeltwohnung herum, aber sein eigentlicher und ursprünglicher Wohnsitz war der *ʿarāpæl* („eine bleibende Erscheinung"; van den Born 236).

2 Sam 22, 10 (= Ps 18, 10) bestätigt diesen Gedanken in einer ziemlich alten Theophanie- (oder vielleicht besser Epiphanie-)Schilderung (vv. 8–16; Kraus, BK XV/1⁵, 289). Diese Epiphanie wird durch ein Erdbeben eingeleitet, wobei Rauch, verzehrendes Feuer und Flammen aufsteigen. Die Gottheit fährt auf dem Kerub (→ כרוב), schwebt auf Flügeln des Windes usw., nachdem sie selbst aus dem sich „neigenden Himmel" herabgefahren ist. Und während sie herabfuhr, war der *ʿarāpæl* unter ihren Füßen. *ʿarāpæl* deutet somit die eigentliche Erscheinung Gottes an, und findet eine Umschreibung und Deutung in Worten wie: Finsternis, die zum Zelt wurde; dunkles Wasser und dichte Wolken, die ihn verbargen; Hagel, Blitz und Donner, in denen „der Höchste seine Stimme" erschallen ließ (vv. 12–15). Der *ʿarāpæl* ist gleichsam die Manifestation und Repräsentation des verborgenen Gottes. In diesem Lied sind freilich „die Beziehungen der Beschreibung zur Sinai-Theophanie in Ex 19 nicht zu übersehen" (Kraus 289), aber sie bestimmen nicht den besonderen Charakter des *ʿarāpæl*. *ʿarāpæl* gehört folglich nicht zu (Sinai-)Theophanie (oder Epiphanie), sondern zur (verhüllenden) Manifestation Gottes, wo immer er erscheint oder sich als Anwesender zeigt. Diesem selben Gedanken begegnet man in Ps 97, 2, wo Gottes Königtum in einer Theophanie- (oder: Epiphanie-)Beschrei-

bung gefeiert wird, die an Ps 18 erinnert. Nun aber ist „Wolkendunkel“ nicht nur unter seinen Füßen, sondern auch „rings um ihn her“. Als Begleiterscheinungen werden wieder Erdbeben, Feuer, Blitze und Donner erwähnt. Während in anderen Religionen die Epopteia (Gottschau) häufig den feierlichen Höhepunkt des Kults bildet, erscheint JHWH hier als der Verhüllte (A. Weiser, ATD 14/15, 417f.). Aber trotz dieser Verhüllung sind Recht und Gerechtigkeit Stützen seines Thrones.
Auch in Ijob 22, 13 wird an Gottes Verhülltsein appelliert, wenn in der letzten Rede des Elifas Ijob die Frage in den Mund gelegt wird: „Was weiß denn Gott? Kann er durch das Wolkendunkel richten?“ Im folgenden Vers heißt es, daß die Wolken seine Hülle sind. *ʿarāpæl* erscheint als eine massive Mauer, hinter der Gott sich versteckt hat. Im Gegensatz zu Ps 97, 2 scheint hier das Recht des Menschen nicht bis zu Gott vordringen zu können. In Ijob 38, 9 wirkt *ʿarāpæl* in einem Gleichnis als „Windeln“ (das Wort nur hier im AT) für das Meer, in Parallele zu den Wolken, die die „Bekleidung“ des Meeres bilden. *ʿarāpæl* steht hier für die Absperrung der Macht des Meeres und als Zeichen für Gottes Macht.
In den prophetischen Büchern findet sich *ʿarāpæl* vor allem als Begleiterscheinung vom „Tag JHWHs“. Dieser wird beschrieben als ein Tag der Finsternis (*ḥošæḵ*), des Dunkels (*ʾapelāh*), des Gewölks (*ʿānān*) und schließlich des *ʿarāpæl* (Joël 2, 2; Zef 1, 15). In Zef 1, 14f. gehen diesen Charakterisierungen „des Tages JHWHs“ noch andere voraus wie etwa „Tag des Zorns“, „Tag der Trübsal“ usw. Hieraus ergibt sich, daß Wort und Begriff *ʿarāpæl* sich gleichsam als einmaliges und selbständiges Element aus dem Bereich der Manifestation und Repräsentation des verhüllten Gottes in Epi- oder Theophanie losgelöst und sich anderen Begleiterscheinungen der Macht Gottes zugeordnet hat. In Ez 34, 12 wird von dem „Tag von Wolken und Wolkendunkel“ gesprochen, obgleich auch hier der Gedanke an einen „Tag JHWHs“ im Hintergrund steht (Zimmerli, BK XIII/2², 839). Möglicherweise handelt es sich um Worte, die dem volkstümlichen eschatologischen Sprachgebrauch bekannt waren (van den Born, Ezechiel, BvOT XI 203). Auch in Jer 13, 16 sieht man deutlich die Umrisse eines unheilvollen „Tages JHWHs“ in einem „selbst bei Jeremia ungewöhnlich schönen Vers“ (Duhm, KHC XI 123). In dieser Gerichtsdrohung wird dazu aufgerufen, JHWH die Ehre zu geben, ehe es finster wird. Man wartet auf Licht, aber Gott macht es zur undurchdringlichen Finsternis (*ṣalmāwæṯ*) und wandelt es in *ʿarāpæl*. In Jes 60, 2 endlich werden in bezug auf Zions künftige Herrlichkeit Unheil für die Völker und Heil für Zion so getrennt, daß Finsternis (*ḥošæḵ*) das Erdreich bedeckt und *ʿarāpæl* die Völker; für Zion hingegen geht JHWH selbst auf und seine Herrlichkeit erscheint. Obwohl man den Gedanken, daß Gott seinem eigenen Volk „Licht“ oder sich selbst gibt, auch anderswo im AT finden kann (etwa Ex 10, 23; vgl. Whybray, Isaiah 40–66 [NCeB], 230), wird dies nur hier auf diese einzige, an die Theophanie erinnernde Weise zum Ausdruck gebracht.

III. In LXX wird *ʿarāpæl* 9mal durch γνόφος übersetzt (Ex 20, 21; 2 Sam 22, 10 [par. Ps 18, 10]; 1 Kön 8, 12 [par. 2 Chr 6, 1]; Jes 60, 2; Ez 34, 12; Ps 97, 2; Ijob 22, 13; dazu Sir 45, 5); 3mal durch ὁμίχλη (Joël 2, 2; Zef 1, 15 und Ijob 38, 9); 2mal durch θύελλα (Dtn 4, 11 und 5, 22) und nur 1mal durch das 115mal im AT sich findende Wort σκότος (Jer 13, 16). Auch in Ex 10, 22 findet sich das Wort θύελλα, und wieder neben σκότος γνόφος, so daß öfter der Verdacht geäußert wurde, in diesem Vers sei das Wort *ʿarāpæl* im MT nach Dtn 4, 11 und 5, 22 zu ergänzen (im NT kommt das Wort nur 1mal in Hebr 12, 18 vor, in Anschluß an Ex 19, 12. 16. 18; Dtn 4, 11). Auch die anderen Wörter kommen weniger als σκότος in der LXX vor: γνόφος 28mal und ὁμίχλη nur 10mal (s. auch 2 Pt 2, 17). Auch in V ist die Übersetzung nicht einheitlich. Am häufigsten (12mal) findet sich *caligo* (Ex 20, 21; Dtn 4, 11; 5, 22; 2 Sam 22, 10 [par. Ps 18, 10]; Jes 60, 2; Jer 13, 6; Ez 34, 12; Ps 97, 2; Ijob 22, 13; 38, 9 und 2 Chr 6, 1); 2mal *turbo* (Joël 2, 2 und Zef 1, 15) und 1mal *nebula* (1 Kön 8, 12), während in Sir 45, 5 *nubes* vorkommt. Auffallend ist der Übersetzungsunterschied zwischen 1 Kön 8, 12 und dem par. 2 Chr 6, 1.
Wie schon oben bemerkt, liegt in Sir 45, 5 eine Parallele zu Ex 20, 21 vor. In der Qumranliteratur ist das hebr. Wort bis jetzt nicht belegt, wohl aber in den rabbinischen Schriften (vgl. etwa die Wörterbücher von Levy und Jastrow s.v.).

Mulder

עָרַץ *ʿāraṣ*

עָרִיץ *ʿārîṣ*, מַעֲרָצָה *maʿarāṣāh*, עָרוּץ *ʿārûṣ*

I. 1. Etymologie, Bedeutung – 2. Vorkommen, Übersetzungen – II. 1. Verbum – 2. Nomina – III. Qumran; späterer Sprachgebrauch – IV. Theologische Bedeutung.

I. 1. Die Etymologie von hebr. *ʿāraṣ* ist unklar. Zu erwägen sind einerseits ugar. *ʿrẓ* ʽder Schreckliche’ als Epitheton des Gottes ʿAthtar und möglicherweise arab. *ʿariṣa* ʽerregt sein’ (mit *ṣ* statt *ẓ*), andererseits arab. *ʿaraḍa* ʽplötzlich zustoßen’, jüd.-aram. *ʿaraʿ*, syr. *ʾeraʿ* ʽbegegnen’ (aber syr. *ʿrṣ* ʽzustoßen’ mit *ṣ*!) und äg.-aram. *lʿrqh* ʽentgegen’. Seiner ursprünglichen Bedeutung nach gehört das hebr. Wurzelformativ zum semantischen Feld ʽfürchten’ (und nicht ʽstark sein’; gegen P. Joüon, Mélanges de la Faculté Orientale ... à Beyrouth 5, 443–445, und die rabbinischen Gelehrten, s.u.).

2. Mit Ausnahme des alten Hymnenfragments Ps 89, 6–19, in dem die Wurzel v. 8 verwendet wird, kommen deren Derivate erst in späteren Sprachdokumenten (ab Jesaja) vor: in Jes, Jer, Ez, Ijob, Ps, dann im Dtn und in einem dtr Abschnitt in Josua. Die außergewöhnliche Varietät, welche die LXX bei der Wiedergabe aufweist, läßt sich in drei semantische Kategorien gliedern: 1. ʿfürchtenʾ (φοβεῖν, πτοεῖν, ταράσσειν u. ä.); 2. ʿmächtig, erhaben seinʾ (ἀνδρεῖος, δυνάστης, κραταιός u. ä.); 3. ʿunrecht tunʾ (ἀδικεῖν, καταδυναστεύειν, λοιμός u. ä.). Die V unterscheidet nur die ersten zwei Kategorien: *metuere, expavere, formidare* u. dgl. gegenüber *robustus, fortis, praevalere, potentiam ostendere* usw.; allenfalls deuten *tyrannus* (Ijob 15, 20) und *violentus* (Ijob 27, 13) auf die Bosheit des Mächtigen hin.

II. 1. Verbalbildungen kommen im *qal* vor (11mal), im *hiph* (3mal) und im *niph* (1mal). Auffallend ist die semantische Bipolarität im *qal* und *hiph*: Formen beider Stämme bedeuten intrans.-passivisch ʿFurcht empfindenʾ und trans.-aktivisch ʿjmd. in Furcht versetzenʾ. Eine mögliche Erklärung wäre hinsichtlich des *qal*, daß es noch die ursprünglich ungegliederte Gesamtvorstellung eines plötzlichen Auffahrens bezeichnet, welches sowohl Ursache wie Folge des Erschreckens (vgl. die Doppeldeutigkeit des deutschen Wortes) sein kann. Der Gegensinn im *hiph* erklärt sich daraus, daß es entweder als Kausativ fungiert (Jes 8, 13 *maʿarîṣ* „der Furcht einflößt") oder deklarativ gemeint ist (möglicherweise denominativ von *ʿārîṣ*, s. u.): Jes 8, 12 *taʿarîṣû* „ihr erkennt als furchterregend an", d. h. „ihr fürchtet".

In den dtr Ermahnungen an Israel zur Furchtlosigkeit im Kampf gegen feindliche Völker (Dtn 1, 29; 7, 21; 20, 3; 31, 6; Jos 1, 9) tritt das Verb im *qal* neben Formen der gebräuchlicheren Wurzeln *jrʾ*, *ḥtt*, *ḥpz* ʿfürchtenʾ (wie diese, kontextbedingt, nach einer Negationspartikel). Die rhetorische Besonderheit unseres Wortes liegt in dem Nachdruck, den es dank seiner geringeren Frequenz der Aussage verleiht; als sein spezifischer Inhalt läßt sich aufgrund der Etymologie und der sonstigen Verwendung erkennen, daß es eine im Verhalten sich manifestierende Furchtsamkeit bezeichnet, also etwa ʿaufschrecken, zurückschreckenʾ.

Ijob beteuert in seinem Reinigungseid (Ijob 31, 34), er sei nie vor der großen Menge zurückgescheut (*ʾæʿærôṣ*); anderwärts (Ijob 13, 25) klagt er, sein Widersacher wolle ihn, ein verwehtes Blatt, aufschrecken (*taʿarôṣ*). – Ps 10, 18 läßt aktivische wie passivische Auslegung der Form *laʿaroṣ* zu; entweder: „daß kein Erdenmensch mehr Macht ausübt" (LXX, V iuxta Hebraeos, Raschi, Kraus, BK XV/1⁵, 226) oder: „daß kein Mensch auf Erden zu fürchten braucht" (Ibn Ezra, Duhm, KHC XIV 33 u. a.).

Im aktiven Sinn wird das *qal* in Aussagen über den Tag JHWHs verwendet (Jes 2, 19. 21): JHWH werde sich erheben, um den Erdkreis in Schrecken zu versetzen (*laʿaroṣ*). Der Schreck ist hier Korrelat der majestätischen Erscheinung des Weltenherrn. Infolge solchen Gebrauchs – gebietende Macht wirkt furchterregend – wird die mit dem Wort verknüpfte dominante Vorstellung ʿmächtig sein, herrschenʾ. In einem Spottlied wird Babel aufgefordert (Jes 47, 12), mittels Zaubersprüche die verlorene Schreckensmacht wieder zu erlangen (*taʿarôṣî*).

Der Gegensinn der *hiph*-Verbalformen kommt in Jes 8, 12f. zu rhetorischer Verwendung: „Fürchtet nicht" (*loʾ taʿarîṣû*), was das Volk fürchtet, lautet der Gottesspruch, denn JHWH ist „der euch in Furcht versetzt" (*maʿarîṣekæm*). Jes 29, 23 lehnt sich an dieses Wort an und setzt dabei *jaʿarîṣû* parallel zu *jaqdîšû* „heilig halten"; damit bahnt sich eine Vergeistigung des Begriffes „Gottesfurcht" an. – Im *niph* wird das Verb par. mit *nôrāʾ* ʿfurchtbarʾ gebraucht: JHWH „ist gefürchtet" (*naʿarāṣ*) im Rat der Götterwesen.

2. *ʿārîṣ* ist eine *qattîl*-Nominalbildung (mit Ersatzdehnung), d. h. eine Intensivform, welche die Steigerung des Wurzelbegriffs zum Ausdruck bringt. Demnach ist *ʿārîṣ* vorerst der ʿSchrecklicheʾ und daher der drohend Mächtige, der Unterdrücker. Es ist der siegreiche Krieger, dem keiner die Beute abzujagen vermag (Jes 49, 25; par. *gibbôr* ʿHeldʾ, so auch v. 24, s. BHS). *ʿārîṣîm* sind fremde Völker, die zu Raub und Mord anrücken (Ez 28, 7; 31, 12 par. *zārîm* ʿFremdeʾ; 32, 12 par. *gibbôrîm*; 30, 11). Der Prophet nennt hier *ʿārîṣê gôjîm* „die Gewalttätigsten der Völker" die babylonischen Heere, die Tyrus bzw. Ägypten mit Krieg überziehen. Jes 29, 5 sind die *ʿārîṣîm* (par. *zārîm*, 1 QJes^a *zedîm* „Mutwillige") die feindlichen Bedränger Jerusalems.

Wer die *ʿārîṣîm* in dem apokalyptischen Hymnus (Jes 25, 3. 5) sind, mag dahingestellt bleiben. Für die semantische Erschließung des Wortes sind die Synonyme (vv. 2. 4 *zārîm* – oder *zedîm* [s. BHS] –, v. 3 *ʿam ʿaz* „mutwilliges Volk") und Antonyme (v. 4 *dal* „gering", *ʾæbjôn* „arm") beachtenswert. In ähnlichem Zusammenhang (Jes 29, 20) sind die Synonyme *leṣ* „Spötter" und *šoqedê ʾāwæn* „Übeltäter", die Antonyme *ʿanāwîm* „Demütige" und *ʾæbjônê ʾādām* „die Ärmsten" (v. 19) bzw. *ṣaddîq* „Gerechter" (v. 21).

Der Einzelne, der sich innerhalb der eigenen Gesellschaft bedroht sieht, nennt seine mächtigen Widersacher *ʿārîṣîm* (Jer 15, 21; par. *rāʿîm* ʿMissetäterʾ; Ijob 6, 23 par. *ṣār* ʿFeindʾ), die gegen ihn aufstehen und ihm nach dem Leben trachten (Ps 54, 5; 86, 14; par. *zārîm* bzw. *zedîm*, s. BHS). Aus der menschlichen Neigung, Gegner als moralisch minderwertig zu beurteilen, ergibt sich schließlich die Gleichsetzung von *ʿārîṣ* mit *rāšāʿ* in den überpersönlichen Betrachtungen über das Menschenschicksal (Ps 37, 35; Ijob 15, 20; 27, 13).

Das Wort *maʿarāṣāh* (Jes 10, 33) wird im allgemeinen im Sinn von „Gewalt" aufgefaßt, doch mag es die Bezeichnung eines Werkzeugs sein (Raschi). – Ob *ʿārûṣ* (Ijob 30, 6) zu unserer Wurzel gehört, bleibt strittig (evtl. wie arab. *'rḍ* 'Schlucht'); wenn man das bejaht, übersetzt man „die schauerlichen (Bäche)".

III. In den Qumran-Schriften kommt das Verb lediglich in Repliken des Dtn vor (1 QM 10, 4; 15, 8), während *'ārîṣîm* mit „Frevlern" und „Spöttern" (1 QH 2, 10–11), und dann endgültig mit den „Ungläubigen", den „Verrätern am Bunde" (1 QpHab 2, 6) und der 'Gemeinschaft Belials' (1 QH 2, 21) gleichgesetzt wird.

Rabbinische Sprachtradition geht von zwei Grundbedeutungen aus: 'zerbrechen' und 'stark sein' (Ibn Ǧanāḥ, S. haš-šorašim, ed. Bacher, Berlin 1896, 387; D. Qimḥi, gleichnamiges Werk, ed. Berlin 1847, 280), erläutert und gebraucht aber andererseits das *hiph* im Sinn von 'lobpreisen', d. h. die Macht Gottes bekennen (Pirqe d'Rabbi Eliezer IV u. ö.). Vgl. Jes 29, 23 T *jēmrûn taqqîp*, V praedicabunt (vgl. Qimḥi ad loc.).

IV. Der *'ārîṣ* vermag zwar Reichtum anzuhäufen (Spr 11, 16; Ijob 27, 16) und wie ein saftig grüner Baum Wurzel zu fassen (Ps 37, 35; zum Text s. BHS), Bestand hat er nicht (v. 36; Ijob 15, 20): Seine Kinder werden hungern oder umkommen, sein Reichtum fällt einem Besseren zu (Ijob 27, 14–17). Denn in der schreckenverbreitenden Macht eines Menschen liegt eine gotteslästerliche Vermessenheit (Ijob 15, 20. 25), die von JHWH gedemütigt wird (Jes 13, 11). Er allein errettet aus der Macht eines *'ārîṣ* (Jer 15, 21), da er, JHWH, sich neben seinen Schützling stellt wie ein „gewaltiger Kriegsheld" (Jer 20, 1; *'ārîṣ* in dieser Wendung bezieht sich auf *gibbôr* und nicht direkt auf JHWH; gegen GesB 619). Israel darf feindliche Gewalten nicht fürchten (Dtn 20, 3; Jes 8, 12), da JHWH mit ihm ist. Dafür soll es die Gewalt JHWHs fürchten (Jes 8, 13), denn wer seine Allmacht bekennt, erkennt seine Heiligkeit (Jes 29, 23).

Kedar-Kopfstein

עֶרֶשׂ *'æræś*

מִטָּה *miṭṭāh*, יָצוּעַ *jāṣûa'*

I. Schlafkultur im Alten Orient und Israel. Bett und Diwan als Luxusmöbel; Archäologie – II. *'æræś*, *miṭṭāh* und *jāṣûa'* in den semit. Sprachen. Differenzierungsprobleme; Etymologie – III. Die Termini im hebr. AT und Sir – 1. Schlafstelle und festes Bett – 2. Krankenbett – Totenbahre – 3. Prophetische Kritik an Elfenbeinbetten – Prunkdiwane und Sänfte – 4. Bett als Stätte von Ehebruch und Prostitution – 5. Unsicheres – IV. 1. Qumran – 2. LXX.

Lit.: *D. Barthélemy*, Critique textuelle de l'Ancien Testament I (OBO 50/1, 1982). – *H. Gese*, Kleine Beiträge zum Verständnis des Amosbuches (VT 12, 1962, 417–438). – *M. Görg*, Die „Sänfte Salomos" nach HL 3, 9f. (BN 18, 1982, 15–25). – *C. D. Isbell*, Corpus of the Aramaic Incantation Bowls (SBL, Diss Ser 17, 1975). – *R. Kilian*, Die Totenerweckungen Elias und Elisas – eine Motivwanderung? (BZ 10, 1966, 44–56). – *C. Levin*, Der Sturz der Königin Atalja (SBS 105, 1982). – *H. G. May*, A Supplementary Note on the Ivory Inlays from Samaria (PEQ 65, 1933, 88f.). – *S. Mittmann*, Amos 3, 12–15 und das Bett der Samarier (ZDPV 92, 1976, 149–167). – *W. Rudolph*, Schwierige Amosstellen (Festschr. K. Elliger, AOAT 18, 1973, 157–162, bes. 157f.). – *A. Salonen*, Die Möbel des Alten Mesopotamien nach sumerisch-akkadischen Quellen (AASF 127, 1963, bes. 107–173). – *A. Schmitt*, Die Totenerweckung in 2 Kön 4, 8–37 (BZ 19, 1975, 1–25). – *H. Weippert*, Möbel (BRL² 228–232).

I. Keilschrifttexte differenzieren einzelne Typen von „Bett" (Salonen 110–121). Götter hatten ihre Betten im Tempel (Tonmodelle, ebd. 16–19). Benannt werden Einzelteile des Bettgestells, Zubehör und Dekoration (146–173). Betten waren im Vorderen Orient Luxusmöbel. Ihre Grundform war ein rechteckiger Rahmen mit Bespannung und Querverstrebungen, der mehrere Polster trug, wie Fragmente aus Ai, Ḫirbet el-Mešāš und Tell en-Naṣbe zeigen. Das assyr. Bett mit gebogenem Kopfteil (nach K 2411 II 19 als Dämon gestaltet; S. Mittmann 155f.) ist vom 8.–5. Jh. v. Chr. bezeugt, wurde vermutlich nach Palästina importiert und dort kopiert, wie Tonmodelle aus Beerscheba' und Aschdod und eine Stele aus Memphis (BRL² 229f.) zeigen. M. Mittmann (161 ff.) rechnet für den paläst.-syr. Raum mit einem eigenen Grundtyp. Das Tonbettmodell aus Grab 1002 in Lachisch weist zwei Lehnen unterschiedlicher Gestalt auf (eigene Grundform?). Aus der Perserzeit stammt das 2 m lange Bronzebett aus Tell el-Farah Süd (BRL² 229f.).

Betten dienen zum Schlafen, als Liegesessel, Diwan, Sofa zum Sitzen (die Arme auf Kopf- und Fußteil gestützt) bei Festen und Orgien, als Krankenlager, für Liebe und Sex, sind Objekt der Magie (Isbell Nr. 66, 3).

Nur Könige und Reiche hatten Elfenbeinbetten (Am 3, 12; 6, 4), Speisesofas aus Gold und Silber (Est 1, 6), Diwane und Ruhelager. Es handelt sich dabei wohl um Betten mit Elfenbein- bzw. Gold- und Silberbeschlägen. Der einfache Mann schlief auf Decken bzw. Teppichen auf dem Boden, deckte sich mit seinem Mantel zu (Ri 4, 18; Ex 22, 26f.), in Mesopotamien waren Matte und Stroh die Schlafstelle.

Ein Bett war ein bespannter rechteckiger Holzrahmen (ca. 1 x 2 m) mit 4 Füßen, der eine Matte bzw. Matratzen trug (AuS VII 187f.). Dazu gehören eine Wand am Fußende und ein halbkreisförmiges Kopfteil. Auf dem Bett liegen ein ausgebreitetes Bettuch, Polster oder Kissen, darüber wurde eine Decke (*massekāh* II) gezogen. Bestiegen (*'ālāh 'al*) wurde das Bett vermutlich mit einem Schemel (Gen 49, 4 [*miškāḇ*]; 2 Kön 1, 4. 6. 16 [*miṭṭāh*] und Ps 132, 6 [*'æræś*]; vgl. ugar. *l'ršh j'l* [KTU 1.17, I, 38]).

II. Das Bibl.-Hebr. verwendet 5 Termini für Schlafmöbel, die undifferenzierbar sind, da sie außer ihrer

Verwendung im Par. vielfältige syntagmatische Figuren bilden.
Das häufigste Wort ist *miškāḇ* (46mal und 6mal im aram. Dan); er bezeichnet die Schlafgelegenheit, meist in Form einer Matte bzw. Matratze, auf der man liegt. Der Terminus bedeutet auch Totenbahre (2 Chr 16, 14) und Grab (Jes 57, 2; Ez 32, 25).
miṭṭāh 'Lager, Bett' begegnet 29mal im hebr. AT und Sir 48, 6 und meint ein Bett mit Holzgestell. Es bezeichnet auch ein tragbares Krankenlager (1 Sam 19, 15) und Totenbahre (2 Sam 3, 31). KTU 1.14, I, 29f. bezeugt ein ugar. Wortpaar *'rṣ* || *mṭt* (vgl. 1 Sam 28, 23). Die Etymologie *miṭṭāh* < *minṭāh* „Ort, an dem man sich ausstreckt" (→ נטה *nāṭāh*) = 'Liege, Lager' (W. Rudolph, KAT XIII/2, 159) entspricht griech. κλίνη < κλίνειν.
11mal begegnet *'æræś* 'Bettgestell, Ruhelager, Diwan, Sofa', die gemeinsemit. Bezeichnung. Die Wurzel liegt vor in akk. *eršu* 'Bett' (AHw 246 b; Salonen 110. 123 ff.; Mittmann 158. 161), *uršu* 'Schlafzimmer' und *mar(a)šu* 'Diwan, Couch'. Ugar. *'rš* (10mal) bezeichnet das Brautbett (KTU 1.17, I, 38), das Bett als Stätte von Empfängnis und Geburt (KTU 1.17, II, 41 f.). Nach KTU 1.14, II, 43 ff. = IV, 21 ff. soll der Kranke sein Bett nehmen (und gehen) – als Wortpaar *bt* || *'rš* wie in Ps 132, 3 und Hld 1, 16 f.
Die aram. Sprachfamilie hat die Wurzel im Samarit., Christl.-Paläst., Syr. und Mand. Zu jüd.-aram. *'arsā'* 'Bett', 'Totenbahre' gehört *'ᵃrîsāh* 'Kinderbett, Wiege' mit Rahmen und Fußgestell. Im Südsemit. scheint die Bedeutung weiterentwickelt zu sein: arab. *'arš*/*'urš* 'Thron' und *'arīš* 'Schattendach'; äth. *'arīš* 'Laube, Zelt'. Hebr. *'æræś* ist fem. (wie syr. und mand.), wie der Pl. *'arśôṯām* (Am 6, 4) zeigt. 4 Q 184, 5 belegt das mask. *'rśjh*. *'æræś* bezeichnet meist ein vornehmeres Bett mit Bettgestell, Polster u. dgl. Ps 6, 7 und Am 6, 4 verwenden *'æræś* und *miṭṭāh* in Par. Als Etymologie bietet sich an, ein Verbum *'rš* 'liegen, ruhen' zu postulieren, oder eher ein Anschluß an arab. *'rš* '(Geländer) zimmern, überdachen, aufbauen'.
jāṣûa' 'Lager, Bett' erscheint 5mal im AT und in Sir 31, 19 (= 34, 19); 41, 22 und 47, 20 und gehört zu *jṣ'* 'sich das Lager aufschlagen' (Jes 58, 5; Ps 139, 8; vgl. arab. und asarab. *wḍ'*) wie die Nominalbildung *maṣṣā'* (Jes 28, 20).

III. 1. *miṭṭāh* und *'æræś* bezeichnen in Ps 6, 7 in Par. das Nachtlager. Davids Verzicht, sein Bett (*'æræś jāṣûa'*) zu besteigen, drückt in Ps 132, 3 seine rastlose Suche nach einer Wohnung JHWHs aus. Ijob klagt über ruhelose Nächte auf seinem Lager, die ihn wie Verfolgungswahn quälen (Ijob 7, 13), als Klagethema wieder in Ijob 17, 13 (*jāṣûa'*).
Spr 26, 14 tadelt den Faulen, der sich im Bett umdreht und nicht aufsteht. Er gleiche der Tür, die sich nur an den Türzapfen bewegen läßt, aber sonst an ihrem Platz bleibt. Sir 31 (34), 19 warnt Fresser und Säufer, das Bett zu beschmutzen.
Die vornehme Frau von Schunem ließ Elischa im gemauerten Obergemach ein Luxuszimmer einrichten mit Bett, Tisch, Stuhl und Leuchte (2 Kön 4, 10), während Gäste sonst auf dem Dach in Stroh oder Zelt nächtigten. Auf Elischas Bett legt die verzweifelte Mutter ihr Kind, das dem Sonnenstich erlegen war (2 Kön 4, 21. 32). In 1 Kön 17, 19 (nach-dtr) hatte Elija den Sohn der Witwe von Sarepta auf sein Bett gelegt, um den Beschwörungsritus vorzunehmen.
2. „Bett" ist häufig das Krankenlager. 2 Kön 1 wiederholt 3mal (vv. 4. 6. 16) Elijas Gerichtswort über Ahasja, er werde sein Krankenbett (*miṭṭāh*) nicht mehr verlassen, da er sterben müsse. In der Fluchtgeschichte 1 Sam 19 befiehlt Saul, David im Krankenbett zur Hinrichtung zu bringen (v. 15), doch Michal deckt durch die Plazierung des Terafim im Bett (v. 13) Davids Flucht. Erst nach Zureden seiner Begleitung und der Frau setzt sich Saul auf das Bett der Totenbeschwörerin in En-Dor (1 Sam 28, 23) und ißt sein letztes Mahl (s. u. IV. 2.). Das Danklied des einzelnen Ps 41, 4 sagt dem Gerechten JHWHs Hilfe in Krankheit zu.
Auf dem Kopfende seiner *miṭṭāh* sitzt der sterbende Jakob (Gen 47, 31 J), er richtet sich auf zur Segnung seiner Enkel (Gen 48, 2 E), er zieht seine Füße auf sein Bett zurück und stirbt (Gen 49, 33). Im Todesfall dient das Bett (nur die Stoffteile?) als Totenbahre, so beim Staatsbegräbnis für Abner in Hebron (2 Sam 3, 31). Dtn 3, 11 bezeichnet das riesige Grab Ogs, des Königs von Baschan, in Rabbat 'Ammon als *'æræś barzæl* „Eisensarkophag".
3. Könige und reiche Leute im Nord- und Südreich lagern auf Elfenbeinbetten (*miṭṭôṯ šen*) in Winter- und Sommerpalästen, leisten sich Speise- bzw. Ruhesofas (Am 6, 4) als „neue Hochkultur" (entsprechend akk. *ⁱˢereš šinni* in der Tributliste Ben-Hadad II. an Adadnirari III.), sie liegen zu Tisch, übersättigt von Luxus und Reichtum. Der Maschal Am 3, 12 kritisiert die Nordreichprominenz, die auf der Ecke/Fußende (→ פאה *pe'āh*) des Bettes (*miṭṭāh*) sitzen bzw. sich an die Kopfwand/Sitzpolster(?) der Bettstatt (*'æræś*) lehnen (zur Textkritik H. W. Wolff, BK XIV/2², 234 ff. und S. Mittmann 155 f.). Diese prophetische Kritik an Königen und Vornehmen überträgt Sir 48, 6 auf Elija. Auch das Bett des Pharao verschont die Froschplage (Ex 7, 28 J) nicht. Auf sein Bett/Diwan legte sich Ahab mit dem Gesicht zur Wand, verärgert, weil Nabot seinen Weinberg nicht verkaufte (1 Kön 21, 4). Der Königspalast hat eine *ḥᵃdar hammiṭṭôṯ* „Bettenkammer" bzw. Depot für Bettwäsche (2 Kön 11, 2 = 2 Chr 22, 11). In ihr versteckt Joscheba ihren Neffen Joasch 6 Jahre lang vor Atalja bzw. diese Bettenkammer ist Hinrichtungsort der Prinzen (zuletzt E. Würthwein, ATD).
Ischbaal wird auf seinem Bett im Schlafzimmer ermordet und enthauptet (2 Sam 4, 7), ähnlich töten Verschwörer nach 2 Chr 24, 25 den bei der Aramäerinvasion schwer verwundeten König Joasch in seinem Bett.

In der Hofgeschichte vom Trinkgelage des Ahasveros im Palastgarten von Susa werden goldene und silberne Ruhelager (Est 1, 6) gerühmt. Auf der *miṭṭāh*, auf der Ester lag, bittet Haman um sein Leben – vom König als Affront aufgefaßt und mit Exekution geahndet (Est 7, 8). In Hld 3, 7 bezeichnet *miṭṭāh* die Liege- oder Sitzsänfte Salomos, ein Prozessionsinstrument (Görg 20) zum Einholen der Braut. Die Verliebten in Hld 1, 16 schwärmen von ihrem Bett mit grünen Decken im Palast aus Zedern- und Wacholderholz.

4. Vom Bett reden Texte über Ehebruch und Prostitution. Der Segen Jakobs Gen 49, 4 (Reminiszenz in 1 Chr 5, 1) kritisiert, daß Ruben, der Sohn Leas, mit Jakobs Nebenfrau Bilha geschlafen hat (*miškāḇ* und *jāṣûa'* in Par.). Spr 7, 16 warnt vor dem parfumierten Dirnenbett (*'æræś*), vielleicht einer Astarteverehrerin. Der Nachtrag in Ez 23, 40f. zeichnet die Vorbereitungen der abtrünnigen Dirnen Ohola und Oholiba: Werbung, Waschen, Schminken, Schmuck, Bett gerichtet, Tisch gedeckt, Räucherwerk und Öl.

Sir 41, 22 erklärt das Bett (*jāṣûa'*) der Magd als tabu; Sir 47, 20 gibt der Polygamie Salomos die Schuld an der Reichsteilung (*jāṣûa'* und *miškāḇ* in Par.).

5. Textkritisch unsicher bleibt 2 Sam 17, 28. Der Nachschub der treuen Vasallen nach dem Abschalomputsch umfaßt Gefäße, Nahrungsmittel und ערשת משכב „Schlafausrüstungen"; LXX korr. *'rśt* > *'śrt* „10" (MT nur: *miškāḇ*; vgl. D. Barthélemy 282ff.).

IV. 1. 1 QH 9, 4 setzt ein Syntagma *j^eṣû'ê 'arśî* (wegen Textlücke nicht ganz sicher) im Kontext der Klage. Im großen Psalm 1 QS 10, 14 wünscht der Beter, immer den Namen Gottes zu loben, auch wenn er im Bett (*miškaḇ jāṣûa'*) liegt.

4 Q 184 polemisiert gegen Prostitution, den Weg ins „ewige Feuer" (Zl. 7), für sie ist unter denen, „die sich mit Licht gürten" (Zl. 8), kein Platz. Das Bett der Dirne beschreiben in vv. 5f. die Termini *'rś*, *jṣw'* und *mškb*.

2. Die LXX gibt *miṭṭāh* (24mal) und *'æræś* (9mal) mit κλίνη 'Bett', 'Sänfte' wieder. *'æræś* entspricht in Am 6, 4 στρωμνή 'Teppich, Decke'; Am 3, 12 liest ἱερεῖς (ursprüngliche Transkription?).

miṭṭāh wird in 1 Sam 28, 23 mit δίφρος 'Sänfte' interpretiert, der Übersetzer versteht das Bett als (mitgebrachte) (Thron-)Sänfte Sauls. In Gen 47, 31 und Am 3, 12 liest die LXX *miṭṭāh* als *maṭṭæh* 'Stab, Stamm'.

jāṣûa' wird wie *miškāḇ* meist mit κοιτή 'Lager, (Ehe-)Bett' gleichgesetzt, singulär mit στρωμνή, während Sir 47, 20 mit σπέρμα umschreibt, um den obszön empfundenen hebr. Text zu entschärfen. A liest in Am 3, 12 κράββατος für *'æræś*.

Angerstorfer

עֵשֶׂב *'eśæḇ*

I. 1. a) Bedeutung und – b) Verbreitung im Semitischen – 2. At.liche Belege – 3. LXX – II. Verwendung im AT – 1. Bild für Fruchtbarkeit und Lebenskraft – 2. Nahrung von Mensch und Tier – 3. Seine Vernichtung als Strafe JHWHs – 4. Symbol der Vergänglichkeit.

Lit.: *A. E. Rüthy*, Die Pflanze und ihre Teile, Bern 1942, 29–37.

I. 1. a) *'eśæḇ* ist Sammelbegriff für alle in der Regenzeit aufsprossenden (*pāraḥ* Ps 92, 8; *ṣāmaḥ* Gen 2, 5), im Sommer aber verdorrenden (*jāḇeš* Ps 102, 12; vgl. v. 5) Gräser (→ חציר *ḥāṣîr*) und Kräuter, die sonst unter dem Aspekt des leuchtenden Grüns → ירק *jæræq* oder im Hinblick auf ihr üppiges Wachstum → דשא *dæšæ'* genannt werden; daher auch die Apposition *dæšæ' 'eśæḇ* Gen 1, 11. 12 und *jæræq 'eśæḇ* Gen 1, 30; 9, 3 (vgl. *jæræq dæšæ'* Ps 37, 2) sowie der Parallelismus mit *dæšæ'* Dtn 32, 2 und mit *jæræq dæšæ'* 2 Kön 19, 26 = Jes 37, 27. In Ex 9, 25 steht das Kollektivum *'eśæḇ* als niedere Vegetation in Opposition zu *'eṣ* 'Bäumen' oder holzbildenden Pflanzen (vgl. auch Ex 10, 15).

b) Das Nomen begegnet – z.T. mit Abwandlung des Sibilanten – in den meisten semit. Sprachen: akk. *išbabtu* „etwa 'Gras'" (AHw 393a; R. C. Thompson, A Dictionary of Assyrian Botany, London 1949, 15ff.), bibl.-aram. *'iśbā'*, jüd.-aram. *'iś/sbā'*, syr. *'esbā'*, palmyr. als pl. abs. *'śb[j]'* (DISO 222; CIS II 3913; II 123). Arab. *'ušb* bedeutet nach Lane I/5, 2050 „fresh, green, juicy, soft, or tender, herbs or herbage" und sekundär (vgl. Wehr, Arab. Wb.) 'Weide'. Für das asarab. Nomen (sing.?) *'śbn* und (pl.?) *'śbt* gibt Biella 386 „fodder" oder „offspring(?)" an, für letzteres bietet BGMR 21 „pastureland".

Eine Verbalwurzel *'śb* ist im Hebr. und in den aram. Sprachen nicht belegt, so daß das Lexem im Semit. kein Deverbativum sein dürfte. F. Delitzsch, Prolegomena eines neuen hebr.-aram. Wörterb. zum AT, 1886, 87 wollte es von akk. *ešēbu* 'sprießen' erklären, doch sind die Verbalbedeutungen akk. *ešēbu* D '(einen Park) mit vielen Pflanzen besetzen' (AHw 253b) sowie arab. *'ašiba* 'grasig, grasbedeckt sein' (Wehr) offensichtlich denominativ.

2. Das Lexem kommt 33mal im AT, überwiegend in poetischen Texten, vor, u. z. als Kollektivum immer nur (außer der einzigen Fem.-Pl.-Form *'iś^eḇôṯ* Spr 27, 25) Sing. Nur 1mal findet sich eine suffigierte Form: *'æśbām* Jes 42, 15.

Im Bibl.-Aram. begegnet *'iśbā'* 4mal im Buch Dan (4, 22. 29. 30; 5, 21).

3. Die LXX übersetzt *'eśæḇ* 25mal mit χόρτος, in Ex (5mal) und Sach 10, 1 mit βοτάνη, sonst mit χορτάσματα (Dtn 11, 15), χλωρόν (Dtn 29, 22), ἄγρωστις (Mi 5, 6), χλόη (Ps 104, 14) und παμβότανον (Ijob 5, 25).

II. 1. Da *ʿeśæb̠* speziell die Regenflora bezeichnet, hängt ihr Gedeihen und Verderben ganz von den Niederschlägen ab. Solange es auf Erden noch keinen Regen gab, konnten nach dem J-Schöpfungsbericht auch noch keine „Feldpflanzen" (*ʿeśæb̠ haśśāḏæh*) wachsen (Gen 2, 5). Mit den erquickenden und wachstumsfördernden Regentropfen auf Gräser und Kräuter vergleicht der Auftakt des Moseliedes (Dtn 32, 2) die belebende und stärkende Wirkung weisheitlicher Lehre. Eine ähnliche Metapher liegt dem wohl nachexil. Spruch Mi 5, 6 zugrunde, wo der das Gras benetzende Tau und Regenschauer den Segen symbolisiert, der durch Israel den Völkern von JHWH zuteil wird. Wie der Tau für die Pflanzen ist nach Spr 19, 12 das Wohlwollen des Königs für seine Untertanen. Das üppige Sprossen der Pflanzen zur Regenzeit ist ein Bild für Fruchtbarkeit und Lebenskraft. Nach dem Königslied Ps 72, 16 „blühen" (*jāṣîṣû*) daher unter der Regierung des idealen Herrschers (als Subj. zu ergänzen:) die Menschen (so die EÜ) wie die Kräuter im Frühling (vgl. AuS I 333) (vielleicht ist mit BHS und Kraus, BK XV/2[5], 655 statt des textlich schwierigen *mʿjr* unter Vertauschung der Konsonanten *ʿmjr[w]* zu lesen: es mögen blühen „[seine] Halme" wie das Kraut des Feldes und der Vergleich auf die in diesem Vers besungene Fülle des Korns zu beziehen). Als Zeichen der Fruchtbarkeit findet *ʿeśæb̠* auch Ijob 5, 25 Verwendung, wenn Elifas sagt, daß die „Sprößlinge" dessen, der sich der Züchtigung Gottes beugt, dem Gras des Feldes gleichen. Von den Frevlern und Übeltätern stellt der zu einer „Gerichtsdoxologie" tendierende Hymnus Ps 92, 8 fest, daß sie zwar wie das Gras sprossen und gedeihen, am Ende jedoch vernichtet werden.

2. Ferner begegnet *ʿeśæb̠* im AT als Nahrung von Mensch und Tier, wobei man zwischen kultivierten (in erster Linie Getreide) und wildwachsenden Pflanzen oder zwischen Saatgrün und Weidegrün differenzieren muß.

Im Gegensatz zur Segnung und Nahrungszuweisung im P-Schöpfungsbericht (Gen 1, 29f.) erscheint es im Fluchspruch der J-Paradieseserzählung als etwas Negatives, da ein Interpolator durch den erläuternden Einschub von 3, 18b die mühsam angebaute pflanzliche Nahrung des Ackerbodens (*ʿeśæb̠ haśśāḏæh*) im Unterschied zu den köstlichen Baumfrüchten des Paradiesesgartens (2, 16 und auch anders als in 2, 5, wo es zu *śîaḥ haśśāḏæh* in Opposition steht) als eine zur Strafe minderwertige Kost verstanden wissen wollte. Nach dem Schöpfungsbericht von P haben sich Mensch und Tier von Anfang an als Ausdruck ihrer friedlichen Existenz rein vegetarisch ernährt, so wie es in der Endzeit wieder sein wird (vgl. Jes 11, 6f.; 65, 25; Hos 2, 20). P denkt bei der Nahrungszuweisung an den Menschen wohl auch an die nahrhaften samenhaltigen Kräuter und Gräser (Körner- und Hülsenfrüchte) und nicht nur an deren Fortpflanzungsfähigkeit, wenn er in Gen 1, 29 *ʿeśæb̠* durch das paronomastische Attribut *zoreaʿ zæraʿ* näher bestimmt. Alle diese Pflanzen, die die Erde auf Gottes Befehl hin in Fülle (darauf zielt *dæšæʾ* ab) hervorbringt, stehen dem Menschen zur Verfügung, wogegen bei den Tieren mehr das Blattgrün (*jæræq ʿeśæb̠* Gen 1, 30) hervorgehoben wird. Erst nach der Flut wird bei P (Gen 9, 3) als Konzession an die Sünde der Fleischgenuß erlaubt, aber auch wiederum alle „grünen Pflanzen" (*jæræq ʿeśæb̠* eigenartigerweise wie in Gen 1, 30 bei den Tieren) den Menschen zur Nahrung übergeben.

Der Schöpfungspsalm 104, 14 erinnert daran, daß Gott für das Vieh Gras (*ḥāṣîr*) wachsen läßt und *ʿeśæb̠* „für die Arbeit des Menschen", wobei im Gegensatz zum Wildwuchs an das Saatgrün der Kulturpflanzen gedacht ist, insbesondere – wie das anschließende *læḥæm* nahelegt – an Getreide.

Da allein JHWH als Schöpfer und Herr der Naturgewalten den Regen zur rechten Zeit spenden kann, ist letztlich er es, der dem Menschen das Brot gibt und dem Feld seinen Pflanzenwuchs (Sach 10, 1).

Wenn hier *lāḥæm* in *læḥæm* 'Brot' zu ändern ist (vgl. BHS und K. Elliger, ATD 25, [6]1967, 154), dann wird mit dem folgenden *ʿeśæb̠ baśśāḏæh* in Opposition dazu die tierische Nahrung gemeint sein, zumal im gleichen Sinn diese präp. Verbindung in einem ähnlichen Kontext nochmals in Dtn 11, 15 begegnet, wo sie ausdrücklich als Viehfutter (*lib̠ᵉhæmtæk̠ā*) dem Korn, Most und Öl in v. 14 als Grundnahrungsmitteln des Menschen entgegengesetzt ist.

Einen verächtlichen Beigeschmack von *ʿeśæb̠* als „Nahrung des Rindviehs" möchte der Geschichtspsalm 106, 20 erwecken, wo Israel vorgeworfen wird, die Herrlichkeit Gottes gegen das Abbild eines grasfressenden Ochsen (*šôr* nur hier als Bezeichnung des Goldenen Kalbes) vertauscht zu haben. Diese Konnotation besitzt das Lexem auch in Dan 4, 22. 29. 30; 5, 21: Wenn der König Nebukadnezzar zur Strafe für seinen Hochmut aus der menschlichen Gesellschaft verstoßen wird und sich von „Gras wie die Ochsen" (*ʿiśbāʾ k̠ᵉt̠ôrîn*) ernähren muß, dann soll mit diesem tierischen Dasein sein besonders tiefer und verdemütigender Sturz zum Ausdruck gebracht werden.

Der nur 1mal in Spr 27, 25 vorkommende Pl. *ʿiśᵉb̠ôt̠* meint wohl die wildwachsenden Heilkräuter und Nutzpflanzen, die man im Frühling auf den Bergen sammelt (oder nach AuS I/2, 326. 335 den als Viehfutter verwendeten Wildwuchs).

3. Hagel und Heuschrecken waren gefürchtete Plagen, welche die so lebenswichtigen Kulturpflanzen schädigen oder ganz vernichten konnten.

So werden bei der (aus J+P kombinierten) 7. äg. Plage (Ex 9, 22) „alle Pflanzen des Feldes" (*kŏl-ʿeśæb̠ haśśāḏæh*; wie in Gen 2, 5 J; vgl. Gen 3, 18b; Ex 10, 15b), die in v. 25 von den „Bäumen des Feldes" (*ʿeṣ haśśāḏæh*) unterschieden werden, vom Hagel zerschlagen. Was vom Hagel verschont wurde, fällt in der nächsten Plage den Heuschrecken zum Opfer, die „alle Pflanzen des Landes" (*kŏl-ʿeśæb̠ hāʾāræṣ* Ex 10, 12. 15a; neben der abweichenden Gen.-Verbindung sind auch die unterschiedlichen Oppositionen *kŏl-p^e^rî hāʿeṣ* und *kŏl-jæræq bāʿeṣ* in v. 15a.b zu beachten) auffressen. Auf diese Plage blickt nochmals Ps 105, 35 zurück, wo *ʿeśæḇ* ebenfalls in (diesmal präpositionaler) Verbindung mit *'æræṣ* erscheint. Auch in der von Amos (7, 2) geschauten Heuschreckenplage vertilgen diese gefräßigen Insekten die Frühjahrssaat (*læqæš*), das Grün des Landes (*ʿeśæḇ hā'āræṣ*).

Nicht minder katastrophal war eine Dürre, wenn der Regen ausblieb (vgl. Jer 14, 4) und „alles Grün des Feldes" (Jer 12, 4; so [vgl. Gen 2, 5] ist wohl mit der LXX [πᾶς ὁ χόρτος τοῦ ἀγροῦ] statt *ʿeśæḇ kŏl-haśśāḏæh* zu lesen) verdorrte, so daß die Wildtiere wegen Grasmangels (*'ên-ʿeśæḇ*) verschmachteten.

In der Heilsankündigung DtJes (42, 14–17) von der Rückführung des Volkes aus Babel wird das unerwartete, die Verhältnisse auf den Kopf stellende Eingreifen JHWHs u.a. dadurch veranschaulicht, daß er Berge und Hügel austrocknet und „all ihr Gras" verdorren läßt (42, 15), ein Bild für das künftige Schicksal der jetzt noch saft- und kraftvollen Feinde Israels. Eine radikale Vernichtung des Kulturlandes wird auch Israel für den Fall des Bundesbruches angedroht, denn nach dem Fluchspruch Dtn 29, 22 sollen Schwefel und Salz das Land bedecken, so daß kein Gräschen oder Hälmchen (*kŏl-ʿeśæḇ*; LXX: πᾶν χλωρόν) mehr wachsen kann.

4. Nach dem Lauf der Natur aber verdorren die im Frühling so üppig sprießenden Gräser und Kräuter endgültig in der sommerlichen Trockenheit und Hitze, ein Symbol (auch bei → חציר *ḥāṣîr* und → ציץ *ṣîṣ*, vgl. Ps 37, 2; 90, 5f.; 103, 15f.; Jes 40, 6.8; 51, 12; Ijob 14, 2) für das kraftlose Dahinsinken und die Vergänglichkeit des Menschen.

So fühlt sich in Ps 102, 5 der an schwerer Krankheit leidende Beter wie das von der heißen Sonne „geschlagene" (*hûkkāh*; vgl. Ps 121, 6; Jes 49, 10; Jona 4, 8) und vertrocknete (*wajjiḇaš* vielleicht Glosse) Gras, ein Bild, das nochmals in v. 12 bei der Klage über die Flüchtigkeit des Lebens aufgegriffen wird. Die Bewohner der von Sanherib zerstörten Städte werden 2 Kön 19, 26 = Jes 37, 27 in ihrer Ohnmacht und Niedergeschlagenheit mit den Pflanzen des Feldes, dem frischen Grün und dem Gras auf den Dächern verglichen, denen der (im April und Mai glühend heiß wehende; vgl. AuS I/2, 323–326) Ostwind (*qdjm* nach 1 QJes^a^ statt *qāmāh*) ein gewaltsames Ende bereitet.

Maiberger

עָשָׂה *ʿāśāh*

מַעֲשֶׂה *maʿ^a^śæh*

I. 1. Etymologie – 2. Evtl. homonyme Wurzeln – II. Gebrauch im AT: die *qal*-Formen – 1. Machen – 2. Götzenbilder machen – 3. Als Schöpfungsverb – 4. Hervorbringen – 5. Gottes Handeln – 6. Mit abstraktem Obj. – 7. Gutes und Böses tun – 8. Einen Befehl ausführen – 9. Eine Eigenschaft ausüben – 10. *ʿāśāh l^e^* – 11. JHWHs Handeln in der Geschichte – 12. Geprägte Wendungen – III. *niph* – IV. *maʿ^a^śæh* – 1. Gemachtes – 2. Tun, Tat – a) allgemein – b) Gottes Walten in der Geschichte – V. 1. LXX – 2. Qumran.

Lit.: *H. J. Boecker*, Redeformen des Rechtslebens im Alten Testament (WMANT 14, ²1970). – *D. Edelman*, Saul's Rescue of Jabesh-Gilead (1 Sam 11, 1–11) (ZAW 96, 1984, 195–209). – *D. R. Hillers*, Treaty Curses and the Old Testament Prophets (BietOr 16, 1964). – *M. R. Lehmann*, Biblical Oaths (ZAW 81, 1969, 74–92, bes. 80–82). – *H. D. Preuß*, Verspottung fremder Religionen im AT (BWANT 12, 1971). – *G. von Rad*, Das Werk Jahwes (Festschr. Th. C. Vriezen, Wageningen 1966, 290–298). – *M. Reisel*, The Relation Between the Creative Function of the Verbs עשׂה – יצר – ברא in Is 43, 7 and 45, 7 (Verkenningen in een stroomgebied, Amsterdam 1975, 65–79). – *W. Schottroff*, Der altisraelitische Fluchspruch (WMANT 30, 1969). – *E. Sjöberg*, Wiedergeburt und Neuschöpfung im palästinischen Judentum (StTh 4, 1950, 44–85). – *Ders.*, Neuschöpfung in den Toten-Meer-Rollen (StTh 9, 1955, 131–136). – *J. Vollmer*, עשׂה *ʿśh* machen, tun (THAT II 359–370).

I. 1. Ugar. *ʿšj* scheint dieselbe doppelte Bedeutung wie hebr. *ʿāśāh* zu haben: ʿtun, machen'. Als Belege sind bekannt: KTU 1.17, I, 29.47; II, 19 *grš dʿšj lnh* „er vertreibt, wer ihm etwas antun will" (vgl. L. Delekat, UF 4, 1972, 23; M. Dijkstra / J. C. de Moor, UF 7, 1975, 176f.); WUS Nr. 2109 anders: „stören", akk. *ešû*); KTU 1.4, V, 14.30.37 *ʿš bt bqrb hklh* „Bauarbeiter in seinem Palast" (WUS Nr. 2113; KTU liest aber *ʿḏbt* statt *ʿš bt*); KTU 4.282, 7.10.14 *šd ʿšj* „bearbeitetes Feld" (vgl. UF 7, 177); KTU 1.17, VI, 8 *jn ʿšj* „bereitgemachter Wein" (vgl. 1 Sam 25, 18; andere Deutung „ausgepreßter Wein" nach mhebr. *ʿśh* ʿpressen', s.u. 2.a).

Im Phön. scheint die Wurzel nur in PN vorzuliegen (PNPPI 385), in der Mešaʿ-Inschrift gibt es aber 5 Belege (KAI 181, 3.9.23.24.26), alle mit der Bedeutung ʿmachen': eine *bāmāh*, eine Mauer, eine Zisterne, eine Straße. Die Lachisch-Briefe enthalten auch mehrere Belege (KAI 194, 3; 196, 9.11; 197, 8; 198, 1), ebenso die Briefe aus Arad (1, 8; 5, 6; 21, 3; 40, 15). Im Asarab. ist ein *ʿsj* (mit *s*, nicht *š*) bekannt mit der Bedeutung ʿmachen, bauen, erwerben, kaufen, (Opfer) verrichten' (Biella 374f.). – Im Aram. wird *ʿbd* gebraucht, im Akk. *epēšu*.

2. a) Ein *ʿāśāh* II ʿpressen' liegt Ez 23, 3.8.29 vor (*pi*, Obj. „Brüste"); es findet sich auch im Mhebr. (*geṭ m^e^ʿuśśæh* „erzwungener Scheidebrief" und im Jüd.-Aram. *paʿel* ʿpressen, kneten'. Damit wird von einigen ugar. *jn ʿšj* „ausgepreßter Wein" zusammengestellt; vgl. aber o. 1.). M. Dahood, AB 17A, 294 stellt die *pu*-Form *ʿuśśêṯî* Ps 139, 15 hierher: „ich wurde abgekniffen", aber die Ableitung von *ʿāśāh* I (*pu* als pass. zu *qal*) „ich wurde gemacht" ist ebenso möglich. (Ein arab. *ġašā* ʿpressen' [so KBL³ 842.845] scheint es nicht zu geben [vgl. Lane I 2261f.].)

b) 'āśāh III wird mit arab. ġašija 'bedecken, verhüllen' zusammengestellt. Es wird in Ez 17, 17 vorgefunden: „Der Pharao wird ihn nicht mit einer starken Streitmacht und mit einem großen Heer im Krieg schützen" (Driver, Bibl 35, 1954, 153), aber eine Ableitung von 'āśāh I bleibt immerhin möglich (vgl. Zimmerli, BK XIII/1, 375: „strafend handeln an"). Spr 13, 16 kŏl-'ārûm ja'ᵃśæh bᵉḏa'aṯ könnte unter Hinweis auf 12, 23 'āḏām 'ārûm kosæh da'aṯ übersetzt werden „jeder Kluge verhüllt sein Wissen" (I. Eitan, A Contribution to Bibl. Lexicography, New York 1924, 57f.; Driver, VT 4, 1954, 243), aber ebenso möglich bleibt „handelt mit Wissen". Auch Jes 59, 6a lo' jiṯkassû bᵉma'ᵃśêhæm könnte diese Wurzel vorliegen (Eitan, HUCA 12–13, 1937/38, 83), aber v. 6b spricht für die gewöhnliche Bedeutung 'Werk'. Reider (VT 4, 1954, 284) findet in Ps 104, 13 ein ma'ᵃśæh 'Wolke'.

c) Unter 'āśāh IV führt KBL³ einige Stellen auf, wo das Verb 'sich wenden zu' bedeuten könnte (vgl. arab. 'aśā mit derselben Bedeutung; Kopf, VT 9, 1959, 270). Diese Wurzel sucht man an den folgenden Stellen: 1 Sam 14, 32 „Das Volk wandte sich der Beute zu (sonst liest man wajja'aṭ von 'jṭ „stürzte sich auf"; Reider, HUCA 24, 1952/53, 85 denkt an arab. sa'ā 'laufen'). 1 Kön 20, 40 „dein Knecht wandte sich hin und her" (vgl. CPT 246), aber „hatte da und dort etwas zu tun" bleibt möglich. Rut 2, 19 kann man auch gut übersetzen: „wo hast du gearbeitet?" Ijob 23, 9 „Wenn er sich nach Norden wendet, erblicke ich ihn nicht" (Driver, Festschr. T. H. Robinson, Edinburgh 1950, 54, aber vgl. EÜ: „[geh ich] nach Norden, sein Tun erblicke ich nicht"). Driver, a.a.O., führt auch Jes 5, 4 an (vgl. Kopf 270), wo aber die gewöhnliche Bedeutung 'hervorbringen' vorzuziehen ist, sowie Spr 6, 32, wo man mit 'verüben, tun' gut auskommt.

3. Die Zahl der Belege ist in Anbetracht der etymologischen Unsicherheit nicht genau anzugeben. KBL³ zählt 2527 Belege für qal (THAT 2627) und 99 für niph; dazu kommt 1 möglicher Beleg für pu (s. 2.a). Das Nomen ma'ᵃśæh 'Werk' kommt 220mal vor.

II. Wie griech. ποιεῖν und lat. facere vereinigt 'āśāh in sich die beiden Bedeutungen 'tun' und 'machen'. Beide treten mit einer breiten Skala von feineren Nuancen auf. Hier kann nur auf einige der wichtigsten aufmerksam gemacht werden.

1. Für die Bedeutung 'machen' gibt es zahlreiche Belege. Gott macht Kleider für Adam und Eva nach dem Sündenfall (Gen 3, 21), man macht Waffen und Werkzeuge (1 Sam 8, 12), Noach macht die Arche (Gen 6, 14–16; 8, 6), Abraham „macht", d. h. baut einen Altar (Gen 13, 4; vgl. 35, 1. 3; Ex 20, 24f.), er macht Kuchen (Gen 18, 6), Jakob und Laban machen einen Steinhügel (gal, Gen 31, 46), Jakob macht Hütten für das Vieh (33, 17). Die Israeliten sollen für JHWH einen miqdāš machen (Ex 25, 8); im folgenden wird in Einzelheiten ausgeführt, wie das Zelt und

alles, was dazu gehört, gemacht werden soll (vv. 10ff.) sowie die Ausführung des Befehls (Ex 36–39) berichtet. Der Töpfer macht ein Gefäß (Jer 18, 3f.; hier wird 'āśāh geradezu zum Leitwort: so wie der Töpfer das Gefäß nach seinem Gefallen „macht", so kann JHWH mit seinem Volk „verfahren" ['āśāh lᵉ], v. 6). Jona macht eine Hütte (Jona 4, 5); Sacharja macht eine Krone für den Hohenpriester Jeschua (Sach 6, 11); man macht goldene Ketten für die Geliebte (Hld 1, 11); Salomo macht einen Tragsessel (Hld 3, 9f.); Haman macht einen Galgen (Est 5, 14; vgl. 7, 9). Man legt einen Garten an (Am 9, 14), man schreibt Bücher (Koh 12, 12; vgl. P. A. H. de Boer, Festschr. A. Vööbus, Chicago 1977, 85–88). Eine bᵉreḵāh 'ᵃśujāh ist ein künstlicher Teich (Neh 3, 16). Man veranstaltet ein Gastmahl (mištæh Gen 19, 3; 21, 8; 26, 30; 29, 22; 40, 20; Ri 14, 10; 2 Sam 3, 20; 1 Kön 3, 15; Jes 25, 6 [JHWH das messianische Mahl]; Ijob 1, 4; Est 1, 3. 5; 2, 18; nur einmal nāṯan Esra 3, 7). Man richtet ein Opfer zu (1 Kön 18, 23. 25); im erweiterten Sinn wird 'āśāh 'darbringen' (wie akk. niqê epēšu, AHw 225b, 5g), z. B. mit 'olāh (Lev 9, 7. 22; Num 6, 16; 29, 2; Dtn 12, 27; Ri 13, 16; 1 Kön 8, 64; 2 Kön 5, 17; 10, 24f.; Ez 43, 27; 45, 17; 46, 2. 12; Esra 3, 4f.; 2 Chr 7, 7, sonst auch hæ'ᵃlāh, hiqrîb, šāḥaṭ), mit minḥāh (Num 6, 17; 28, 31; 1 Kön 8, 64; Ez 45, 17; 46, 15), mit 'iśśārôn 'Zehntel, Zehnt' ('entrichten', Num 28, 21) gebraucht.

2. Besonders bedeutsam sind hier die Aussagen über das Machen von Götzenbildern. Nach dem Dekalog soll man keinen pæsæl und keine tᵉmûnāh machen, um sie anzubeten (Ex 20, 4; Dtn 5, 8 mit Textvariante). Dtn 4, 15f. wird dieses Verbot damit begründet, daß das Volk am Horeb keine Gestalt gesehen hat (hier lautet der Ausdruck pæsæl tᵉmûnaṯ kŏl-sāmæl). Trotzdem enthält das AT mehrere Berichte darüber, daß die Israeliten sich solche Bilder gemacht haben. Schon kurz nach dem Bundesschluß machten die Israeliten das goldene Kalb (hier 'ēgæl massēḵāh genannt, Ex 32, 4. 8, vgl. v. 35). In Ri 17, 4f. wird erzählt, wie Micha Götzenbilder (pæsæl ûmassēḵāh) machen läßt (v. 5 auch einen Ephod und tᵉrāpîm), und in 18, 24 wirft Micha den Daniten vor: „Ihr habt die Götter, die ich mir gemacht habe, genommen". Durch die Wortwahl werden die „Götter" als Menschenwerk gekennzeichnet (Preuß 65). Der Prophet Ahija rügt Jerobeam, weil er sich „andere Götter" gemacht hat (gemeint sind die Stierbilder in Bet-El und Dan); diese werden als Gußbilder (massēḵāh), „um mich (Gott) zu kränken (k's hiph)", näher bestimmt (1 Kön 14, 9); der König hat dadurch „schlimm gehandelt" (hera' la'ᵃśôṯ) und JHWH verachtet. Zu vergleichen ist auch 2 Kön 17, 29: „jedes (in Samarien angesiedelte) Volk machte sich seinen Gott". Amos spricht von kôḵab 'ᵃlôhêḵæm (Sterngott?) und „euren Bildern" (ṣælæm), „die ihr euch gemacht habt" (Am 5, 26). Hosea beklagt, daß die Leute im Nordreich aus Silber und Gold 'ᵃṣabbîm (Hos 8, 4) oder aus Silber Gußbilder (massēḵāh) und

ʿ*ᵃṣabbîm* verfertigt haben, die aber nur Handwerkerarbeit (*maʿᵃśeh ḥārāšîm*) sind (Hos 13, 2). In allen diesen Fällen klingt das Eigenmächtige im Verfahren mit. Hab 2, 18 fragt höhnisch: „Wie kann ein Bildhauer auf ihn (den Götzen) vertrauen, indem er stumme Abgötter (ʾ*ᵆlîlîm*) macht?" Ezechiel gebraucht in ähnlichen Zusammenhängen das Wort *ṣælæm*: „Sie machten (aus ihrem Schmuck) ihre abscheulichen Bilder (*ṣalmê tôʿᵃḇôṯām*), ihre Scheusale (*šiqqûṣ*)" (7, 20; vgl. weiter 16, 17: Gottes Gaben beim Machen von Götzenbilder zu gebrauchen, ist etwas Unerhörtes).
Daß die Götzen nichts als Menschenwerk sind, wird dann durch die zahlreichen Stellen unterstrichen, wo sie in verschiedenen Varianten als *maʿᵃśeh jāḏajim* bezeichnet werden (Jes 2, 8: „Sie beten das Werk ihrer Hände an [*hištaḥᵃwāh*], das ihre Finger gemacht [ʿ*āśāh*] haben"; vgl. auch Jer 1, 16; Mi 5, 12). In seinem Gebet Jes 37, 14–20 sagt König Hiskija, daß die Könige von Assur die Götter der Völker vernichtet haben, „aber das waren keine Götter, sondern Werke von Menschenhand, Holz und Stein" (v. 19). Besonders eindrucksvoll ist die Kritik in Jer 10: „Ihr Götze (zum Text s. die Komm.) ist nur Holz, aus dem Walde gehauen, Arbeit von Handwerkerhand mit dem Messer" (v. 3) ... „sie sind gehämmertes Silber ... und Gold ..., Arbeit des Schnitzers (*ḥārāš*) und Goldschmieds (*ṣorep*) ... das Werk kunstfertiger Männer (*ḥᵃḵāmîm*)" (v. 9) „... nichtig (*hæḇæl*) sind sie, ein Spottgebilde (*maʿᵃśeh taʿtuʿîm*)" (v. 15; vgl. 51, 18). Zwei ziemlich identische Stücke in Ps (115, 3–8; 135, 6. 15–18) führen diese Gedanken breiter aus: JHWH kann alles „tun", was er will, die Götzen (ʿ*ᵃṣabbîm*) aber sind nur Silber und Gold, Werk von Menschenhänden (vv. 4 bzw. 15), sie können weder sprechen, sehen, hören, riechen noch sich bewegen. „Die sie gemacht haben (ʿ*ośêhæm*) werden ihnen gleich werden" (v. 8 bzw. 18).
3. Das Machen erlangt theologische Bedeutung, wenn JHWH der Handelnde ist. Es geht dabei meistens um die Erschaffung der Welt. In der Tat ist ʿ*āśāh* zu allen Zeiten das allgemeingültigste Schöpfungsverb, das auch durch die *bārā*ʾ-Belege in den P-Stücken von Gen 1–5 und bei DtJes und TrJes nicht verdrängt wird. Im Schöpfungsbericht von P erscheint ʿ*āśāh* 8mal gegen *bārā*ʾ 5mal. Ob hier wirklich eine theologische Feinsinnigkeit oder eine Bearbeitung eines urspr. ʿ*āśāh*-Berichts vorliegt (→ ברא *bārā*ʾ), mag dahingestellt bleiben. Bemerkenswerterweise sagt Gott: „Laßt uns Menschen *machen*" (Gen 1, 26), dann aber *erschafft* er sie (1, 27, 3mal *bārā*ʾ). Drei der 6 *bārā*ʾ-Belege beziehen sich also auf die Erschaffung des Menschen; ein vierter steht in der Kombination *bārā*ʾ *laʿᵃśôṯ* (2, 3). Gen 6, 6 hat ʿ*āśāh*, v. 7 dagegen *bārā*ʾ. DtJes setzt *jāṣar*, *bārā*ʾ und ʿ*āśāh* gleich (Jes 45, 7; vgl. Reisel). Gott macht Himmel und Erde (Gen 2, 4 J gegen *bārā*ʾ 1, 1 P; ferner 2 Kön 19, 15 par. Jes 37, 16 als Anrufung im Gebet Hiskijas und ähnlich im Gebet Jeremias nach dem Ackerkauf Jer 32, 17). So will er auch einen neuen Himmel und eine neue Erde machen (Jes 66, 22, dagegen 65, 17 mit *bārā*ʾ).
In den Psalmen begegnet formelhaft das Gottesepitheton ʿ*ośeh šāmajim wāʾāræṣ*: Ps 115, 15 (mit dem Kommentar v. 16: der Himmel ist JHWHs Himmel, die Erde hat er den Menschen gegeben); 121, 2 (der mächtige Helfer); 124, 8 („unsere Hilfe"); 134, 3 (Segenspender in Zion); 146, 6 (erweitert: „das Meer und was darin ist"; Hilfe). Eine ältere Formel liegt in *qoneh šāmajim wāʾāræṣ* vor (Gen 14, 19 → קנה *qānāh*). Ganz allgemein sagt DtJes: „Ich bin JHWH, der alles macht" (Jes 44, 24) und erweitert: „Ich bin JHWH, der das Licht bildet (*joṣer*) und die Finsternis schafft (*bore*ʾ), der das Heil wirkt (ʿ*ośæh*) und das Unheil schafft (*bore*ʾ)" und zusammenfassend „Ich bin JHWH, der das alles wirkt (ʿ*oseh kōl-ʾellæh*)" (Jes 45, 7). Mit Recht bezeichnet H. Wildberger diesen Vers als „die radikalste Absage an den Dualismus, die die Bibel kennt" (Festschr. W. Zimmerli, 1977, 524). Im einzelnen hat JHWH die Gestirne (Ps 104, 19; 136, 7–9), das Meer (Ps 95, 5), das Meer und das Festland (Jona 1, 9) gemacht sowie die Menschen (Jes 17, 7: die Menschen werden auf ihren Schöpfer blicken; Ijob 4, 17: „Ist ein Mann vor seinem Schöpfer rein?") oder Erde, Mensch und Tier (Jer 27, 5 „mit meiner großen Kraft ... und ich gebe sie, wem ich will"). Gott hat den Armen gemacht, und wer ihn bedrückt, schmäht seinen Schöpfer (Spr 14, 31; 17, 5). Er hat Reiche und Arme gemacht, deshalb leben sie zusammen (Spr 22, 2). Ijob 41, 25 scheint zu besagen, daß das Krokodil „ohne Furcht" („voll Unerschrockenheit", Hölscher, HAT I/17 z.St.) „gemacht" worden ist. Ijob nennt zweimal Gott „meinen Erschaffer" (32, 22 ʿ*ośenî*; 35, 10 ʿ*ośaj*; vgl. auch ʿ*ośehû* Jes 27, 11). Personennamen wie ʿ*ᵃśāhʾel*, ʿ*ᵃśājāh(û)*, ʾ*ælʿāśāh* bezeugen denselben Schöpfungsgedanken (Noth, IPN 172).
4. Allgemeiner bedeutet ʿ*āśāh* 'hervorbringen': Obstbäume bringen Frucht hervor (Gen 1, 11 f.; Jer 12, 2; 17, 8; Ps 107, 37; Hos 9, 16), Weinstock Trauben (Jes 5, 2), Felder Nahrung (Hab 3, 17 – in diesem Falle tun sie es nicht; vgl. Hos 8, 7 *qæmaḥ*), Kühe und Schafe Milch (Jes 7, 22). Die Bäume treiben Zweige (Ijob 14, 9; Ez 17, 8. 23), der wohllebende Frevler setzt Speck an (Ijob 15, 27). Jes 19, 15 ist schwierig; offenbar besagt der Vers, daß die Ägypter nichts (wörtl. „kein Werk", *maʿᵃśæh*) vollbringen oder zustandebringen werden.
Mit abstraktem Obj. hat ʿ*āśāh* dann oft die Bedeutung 'bewirken': Wunder (*môpeṯ* Ex 11, 10), Zeichen (ʾ*ôṯ* Ex 4, 17. 30; Num 14, 11. 22), Zeichen und Wunder (Dtn 34, 11, sonst oft mit *nāṯan* oder *śîm*), Zeichen und Taten (*maʿᵃśæh*, Dtn 11, 3).
Mit → חיל *ḥajil* als Obj. wird die Bedeutung von ʿ*āśāh* durch die jeweilige Bedeutung von *ḥajil* bestimmt. In kriegerischen Kontexten bedeutet ʿ*āśāh ḥajil* „mächtige Taten, Großes vollbringen", d. h. siegreich sein (Num 24, 18; 1 Sam 14, 48). Ps 60, 14 sagt: „Mit Gott können wir Großes vollbringen, er wird unsere Feinde zertreten"; nach Ps 118, 16 ist die

Rechte JHWHs erhoben und bewirkt *ḥajil*. Ebenso deutlich ist andererseits Dtn 8, 17f. vom Erwerb von Reichtum die Rede, was nicht aus eigener Kraft, sondern mit Gottes Hilfe geschieht. Nach Ez 28, 4 hat Tyrus großen Reichtum erworben. Rut 4, 11 ist nicht eindeutig. *ʿāśāh ḥajil* steht parallel mit *qārāʾ šem*. Ersteres kann „Reichtum erwerben" bedeuten (so EÜ), letzteres entweder „zu Ansehen kommen" (EÜ) oder „Namen geben". C. Labuschagne (ZAW 79, 1967, 364–367) nimmt *ḥajil* als „Zeugungskraft", das zwar zum Kontext paßt, wo von zahlreichen Nachkommen die Rede ist, aber sprachlich trotz Ijob 21, 7 und Joël 2, 22 unwahrscheinlich ist. Vielleicht ist die Macht, die man durch eine große Familie hat, gemeint (vgl. Parker, JBL 95, 1976, 23 Anm. 2). Auch Spr 31, 29 ist nicht völlig klar; meist wird übersetzt „Töchter (Frauen) erweisen sich als tüchtig", es ist aber nicht ganz auszuschließen, daß es um Erwerb von Besitz geht.

Im Sinn von ʿerwerbenʾ steht *ʿāśāh* auch mit *kāḇôḏ* „Vermögen" (Gen 31, 1), *næpæš* „Lebewesen", d. h. Leute, Sklaven (Gen 12, 5), Sänger und Sängerinnen (Koh 2, 8), Wagen mit Besatzung (1 Kön 1, 5), *miqnæh weqinjān* „Viehbesitz" (Ez 38, 12) und *peʿullat śækær* „Lohn" (Spr 11, 18: das, was man durch Frevel bzw. Gerechtigkeit erlangt).

Der Reichtum macht sich Flügel und fliegt weg (Spr 23, 5), Gott ruft bei Sara ein Lächeln hervor (*ṣeḥoq* mit Anspielung auf *jiṣḥāq*, Gen 21, 6); Israel selbst hat sein jetziges Schicksal (*zoʾṯ*) durch seine Abtrünnigkeit ʿbereitetʾ (Jer 2, 17; vgl. 4, 18 *ʾellæh*). „Sich einen Namen machen" heißt „bekannt, berühmt werden" (Gen 11, 4; Jes 63, 12; Jer 32, 30; Dan 9, 15; Neh 9, 10; sogar von Gott Jes 63, 14).

Ferner bedeutet *ʿāśāh* ein Fest „feiern" oder einen Ritus „ausführen": *pæsaḥ* (Ex 12, 48; Num 9, 2. 4–6. 10. 13f.; Dtn 16, 1; Jos 5, 10; 2 Kön 23, 21; Esra 6, 19; 2 Chr 30, 1f. 5; 35, 1. 16f.), *ḥag* (Ex 34, 22; Dtn 16, 10; 1 Kön 8, 65; 12, 32f.; Esra 3, 4; 6, 22; Neh 8, 18; 2 Chr 7, 8f.; 30, 13. 21; 35, 17), Sabbat (Ex 31, 16; Dtn 5, 15). Man entrichtet ein Gelübde (Jer 44, 25), man veranstaltet eine Trauerfeier (*ʾeḇæl* Gen 50, 10; Ez 24, 17; *mispeḏ* Jer 6, 26; Mi 1, 8). Vgl. o. 2. zum Opfer.

5. Oft steht *ʿāśāh* mit Bezug auf das, was Gott in seiner Weltregierung zustandebringt. Sein Tun wird dabei charakterisiert durch abstrakte Objekte, die den Inhalt seines Handelns umschreiben. Er tut Großes (*geḏolôṯ*): Ps 71, 19 („wer ist wie du?"); 106, 21 (in Ägypten) – vgl. *hiḡdîl laʿaśôṯ* Joël 2, 20; Ps 126, 2f. Er tut Wunder (*pælæʾ* bzw. *niplāʾôṯ* → פלא): Ex 3, 20; Jes 25, 1; Ps 72, 18; 77, 15; 78, 4. 12; 86, 10; 98, 1; 105, 5 (vgl. auch „Zeichen und Taten" *ʾôṯôṯ umaʿaśîm* Dtn 11, 3f.). Bei *môpeṯ* (→ מופת) steht meist *nāṯan*, aber Ex 11, 10; Dtn 34, 11 führt Mose auf JHWHs Befehl die Wunder aus (*ʿāśāh*). Gott soll *nôrāʾôṯ* vollbringen (Jes 64, 2). Er schafft *ṣeḏāqôṯ* (Ps 103, 6), das hier wohl am ehesten „Siegestaten" bedeutet. Vor allem nach Ezechiel vollbringt JHWH *šepāṭîm* „Gerichte" (Ez 5, 10. 15; 11, 9; 25, 11; 28, 22. 26; 30, 14. 19, vgl. auch Ex 12, 12, Num 33, 4). Feinde führen das Gericht Gottes aus (Ez 16, 41; 2 Chr 24, 24). Auch Rache (*nāqām*, *neqāmāh*) übt JHWH (Ri 11, 36; Ez 25, 17 [hier zusammen mit *nāṯan* wie v. 14; vgl. *ʿāśāh binqāmāh* v. 15]; Mi 5, 14; Ps 149, 7 [hier auch *tôḵeḥôṯ* „Züchtigungen"). Er kann *kālāh* „Vernichtung" vollstrecken (Jes 10, 23; Jer 30, 11; 46, 28 [gegen die Völker, aber nicht gegen Israel]; Ez 11, 13; Nah 1, 8f.; Zef 1, 18), tut es aber gelegentlich nicht (Jer 4, 27; 5, 18). Das Hauptgewicht liegt hier auf dem Objekt, das das Handeln JHWHs näher bestimmt.

6. Als Objekte stehen auch Substantive, die eine Verhaltungsweise bezeichnen. So beschreibt *ʿāśāh ṣeḏāqāh ûmišpāṭ* die Lebensweise Abrahams (Gen 18, 19; parallel steht „den Weg JHWHs beachten"). Wenn David *mišpāṭ ûṣeḏāqāh* übt oder schafft (2 Sam 8, 15, par. 1 Chr 18, 14), wird wahrscheinlich auf die ordnungschaffende Funktion des Königs Bezug genommen (H. H. Schmid, Gerechtigkeit als Weltordnung [BHTh 40, 1968, 85]). So übt oder schafft auch JHWH als König „Recht und Gerechtigkeit" in Jakob (Ps 99, 4).

Eine häufige Wendung ist *ʿāśāh ḥæsæḏ ʿim*, „die *ḥæsæḏ*-Haltung ausüben im Umgang mit". Es handelt sich, wenn es um Menschen geht, meist um Gemeinschaftstreue, Milde, Freundlichkeit. Dabei wird oft die Gegenseitigkeit betont: das *ḥæṣæḏ*-Erweisen ist ein Gegendienst oder ein Akt der Dankbarkeit (Gen 21, 23; Jos 2, 12. 14; Ri 1, 24; 8, 35; 1 Sam 15, 6; 2 Sam 2, 5f.; 1 Kön 2, 7; Rut 1, 8; vgl. Sach 7, 9 [+ *raḥamîm*]; Ps 109, 16). Andererseits erweist Gott *ḥæsæḏ* denen, die ihn lieben (Ex 20, 6; Dtn 5, 10; 1 Kön 3, 6 [par. *šāmar*]; Jer 32, 18). Gott erweist auch seinem Gesalbten *ḥæsæḏ* (Ps 18, 51). Andere Verben, die ähnlich mit *ḥæsæḏ* verbunden werden, sind *nāṣar* (Ex 34, 7), *šāmar* (Dtn 7, 9. 12), *zāḵar* (Ps 25, 6; 98, 3; vgl. *loʾ zāḵar ʿaśôṯ ḥæsæḏ* Ps 109, 16) und *rāḏap* (Spr 21, 21).

Man kann auch *ḥonæp* üben, d. h. ruchlos handeln (Jes 32, 6) oder *ḥāmās* tun, d. h. Gewalttätigkeit üben (Jes 53, 9), „Torheit (*neḇālāh*) tun" meint eine sozial wertlose oder gottlose Handlung (Gen 34, 7; Dtn 22, 21; Jos 7, 15; Ri 19, 23f.; 20, 6 [+ *zimmāh*]; 2 Sam 13, 12; Jer 29, 23; Ijob 42, 8).

7. Eine Handlung, die man ausführt, kann als „gut" oder „böse in den Augen JHWHs" charakterisiert werden, m. a. W. als etwas, was JHWH als gut oder böse betrachtet, was ihm gefällt bzw. mißfällt. Für „gut" in den Augen JHWHs sind die Beispiele ziemlich selten (Dtn 6, 18; 2 Chr 14, 1); viel häufiger ist der Ausdruck „tun, was in seinen (eigenen) Augen gut ist" (Gen 16, 6; Ri 19, 24; 1 Sam 1, 23 usw.). Dagegen kommt die Wendung „was in JHWHs Augen böse ist" sehr oft vor (Num 32, 13; Dtn 4, 25; 9, 18; 17, 2; 31, 29; Ri 2, 11; 3, 7. 12; 4, 1; 6, 1; 10, 6; 13, 1; 1 Sam 15, 19 u. ö. im DtrGW; Jes 65, 12; 66, 4; Ps 51, 6).

Einfaches *ʿāśāh ṭôḇ* (oder *ṭôḇāh*) meint meist „Gutes tun", d. h. recht handeln, z. B. „Meide das Böse, und tu das Gute" (Ps 34, 15; 37, 27), „Vertrau auf JHWH, und tu das Gute" (Ps 37, 3), „Kein Mensch ist so gerecht (*ṣaddîq*) auf Erden, daß er (nur) Gutes tue (richtig handle) und nicht sündige (*ḥāṭā'*)" (Koh 7, 20 – Gutes tun ist also mit *ṣdq* verbunden und „sündigen" [oder „einen Fehler begehen"] entgegengesetzt). Negiert findet sich der Ausdruck Ez 18, 18: „tun, was nicht gut (recht) ist"; vgl. auch „Gutes und Redliches (*jāšār*) tun" (Dtn 12, 28; 2 Chr 31, 20).

Nach D. Hillers (BASOR 176, 1964, 46f.) ist *'āśāh ṭôḇāh* in 2 Sam 2, 6 mit akk. *ṭābūta epēšu* „einen Freundschaftsbund schließen" zu vergleichen. David wird anstelle von Saul der Vasallenherr von Jabesch-Gilead werden (vgl. D. Edelman, ZAW 96, 1984, 202).

Entsprechend meint *'āśāh ra'* „Böses tun", d. h. unrecht handeln, z. B. „Ihr sagt: Jeder, der Böses tut, ist gut in den Augen JHWHs" (Mal 2, 17); „Das Antlitz JHWHs richtet sich gegen die, die Böses tun" (Ps 34, 17); „Die Toren verstehen sogar nicht, Böses zu tun" (Koh 4, 17), „Die Lust, Böses zu tun, wächst im Herzen des Menschen, denn ein Sünder (*ḥoṭæ'*) kann hundertmal Böses tun und dennoch lange leben" (Koh 8, 11). Vielleicht schwingt in diesen Ausdrücken der Gedanke mit, daß man Gutes oder Böses zustandebringt oder „schafft". Bei *'āśāh rā'āh* kann es sich um eine bestimmte böse Tat handeln, die man begeht, z. B. „Wie könnte ich (Josef) ein so großes Unrecht begehen und gegen Gott sündigen?" (Gen 39, 9; vgl. Jer 26, 19); „Mein Volk hat ein doppeltes Unrecht verübt" (Jer 2, 13); „Ihr habt all dieses Böse getan" (1 Sam 12, 20). Num 24, 13 steht „Gutes oder Böses tun" im Sinne von „überhaupt etwas tun".

In Koh 3, 12 bedeutet *'āśāh ṭôḇ* am ehesten „(für sich) Gutes (Glück) schaffen", „es sich wohl sein lassen". Griech. εὖ πράττειν, das hier oft angeführt wird, ist nicht völlig vergleichbar (vgl. R. Braun, BZAW 130, 1973, 53f.).

8. *'āśāh* bezeichnet die Ausführung eines Befehls. In der Verordnung über den Bau der Stiftshütte lautet der Befehl *we'āśîṯā* „du sollst machen" (Ex 25, 11. 13. 17f. usw., auch *we'āśû* 25, 8. 10 oder *'aśeh* 25, 19. 40 oder *ta'aśæh*, *ta'aśû*), die Ausführung wird dann wieder mit Formen von *'āśāh* berichtet (*wajja'aś* Ex 36, 8; 39, 1. 6 usw., oder *'āśāh* 36, 11. 14. 22 usw.). Hier handelt es sich natürlich in allen Fällen um ein „Machen". Aber sonst ist in der Ausführungsformel *wajja'aś* bzw. *wajja'aśû ḵen* von einem einfachen „Tun" die Rede (Gen 29, 28; 42, 20. 25; 45, 21; Ex 7, 20; 8, 13; 14, 4; 16, 17; 17, 6; Num 5, 4; 8, 3. 20; Jes 20, 2; Jer 38, 12); auch mit JHWH als Subj. (Ex 8, 9. 20). Ausführlicher heißt es Gen 6, 22: „Noach tat gemäß allem, was JHWH ihm befohlen hatte, so tat er" (vgl. Gen 7, 5; 21, 1; 50, 12; Ex 7, 6. 10; 12, 50; 19, 8; 39, 43; 40, 16; Lev 8, 4f.; 9, 6; 16, 34; Num 1, 54; 17, 26; 20, 27; 23, 26; 32, 31; Dtn 34, 9). Theologisch bedeutsam wird hier Ex 19, 8; 24, 7: „Alles, was JHWH gesprochen hat, wollen wir tun und gehorchen (*šāma'*)" oder Dtn 5, 27: „Sprich, wir wollen hören und tun". Hier spricht sich die Bereitschaft des Volkes aus, den Bund anzunehmen und seine Verpflichtungen zu erfüllen. Jeremia nimmt darauf Bezug, wenn er sagt: „... hört meine Stimme, und tut, was ich euch befehle, so werdet ihr mein Volk sein" (Jer 11, 4; vgl. v. 6: „Hört die Worte des Bundes und tut sie" und v. 8: „... die Worte dieses Bundes, die ich ihnen befohlen hatte, zu tun; aber sie haben es nicht getan"). Weitere Beispiele für „tun, was befohlen wurde" sind Jer 32, 23; 35, 10. 18; 40, 3; 50, 21; Ez 9, 11; 12, 7; 24, 18; Rut 3, 6.

In Joël 2, 11 führt das große Heer JHWHs *dāḇār* aus, d. h. vollbringt seinen Befehl oder Willen. Nach Ps 103, 20f. führen die Engel den *dāḇār* und den *rāṣôn* (Willen) Gottes aus. Andererseits wacht JHWH selbst über sein Wort, um es auszuführen (Jer 1, 12). Nach Mi 2, 1 denken die Menschen sich Pläne aus und verwirklichen sie.

Diesen Stellen nahe stehen solche, in denen *'āśāh* durch Objekte wie *ḥoq*, *miṣwāh*, *mišpāṭ*, *tôrāh* und *piqqûḏîm* konkretisiert wird (vgl. akk. *amāta epēšu*, AHw 225b). Die Satzungen, die Gebote, die Rechtssätze, die Tora „tun" heißt sie erfüllen, in Taten umsetzen.

Mit *mišpāṭîm* steht *'āśāh* Lev 18, 4; Ez 5, 7; 11, 12; 18, 17; 20, 11. 13. 27, mit *ḥuqqôṯ/ḥuqqîm* Lev 18, 30; 25, 18; Ez 20, 11. 13. In Kombination mit *šāmar* 'beobachten, halten' steht *'āśāh* mit *mišpāṭîm* Lev 19, 37; 20, 22; 25, 18; Ez 11, 20; 18, 9; 20, 19. 21; 36, 27, mit *ḥuqqôṯ* Lev 19, 37; 20, 8. 22; Ez 37, 24 (vgl. Elliger, HAT I/4, 237 Anm. 7). Alle diese Belege sind im Heiligkeitsgesetz und bei Ez zu finden. Dazu kommen verschiedene Kombinationen in zahlreichen Belegen in Dtn: 4, 6; 5, 1; 6, 1. 3. 24; 7, 11f.; 8, 1; 11, 22. 32; 13, 1; 16, 12; 17, 19; 19, 9; 23, 24; 24, 8; 26, 16; 28, 1. 13. 15; 29, 28; 30, 8; 32, 46. Mit *miṣwāh/miṣwôṯ* als Obj. steht *'āśāh* Lev 26, 14f. (vgl. 4, 13. 22. 27; 5, 17); Num 15, 22. 40 (Noth, ATD 7, 101: „sehr jung"); Dtn 6, 25; 15, 5; 27, 10; 28, 1. 15; 30, 8 (gegen 23mal mit *šāmar* in Dtn); Ps 119, 166; Neh 10, 30; 1 Chr 28, 7; 2 Chr 14, 3 (30, 12 vom Befehl des Königs), mit *tôrāh* Num 5, 30; Jos 22, 5; 2 Chr 14, 3 (sonst oft mit *nāṣar* und anderen Verben), und mit *piqqûḏîm* Ps 103, 18 und in einer merkwürdigen Konstruktion (Ptz. pass.: „sie werden getreu und redlich 'getan'") Ps 111, 8.

9. Das Tun kann auch durch eine Reihe weiterer Objekte qualifiziert werden. Man tut oder begeht Sünde:

ḥṭ' (Num 5, 6f.; Jes 31, 7; Ez 18, 21), *pæša'* (Ez 18, 22. 28), *'āwæl/'awlāh* (Lev 19, 15. 35; Dtn 25, 16; Ez 3, 20; 18, 24. 26; Zef 3, 5. 13; Ps 37, 1; vgl. Ps 119, 3 mit *pā'al*), *'āwæn* (Jes 32, 6; vgl. Spr 30, 20 mit *pā'al*, so auch in *po'alê 'āwæn*), *riš'āh/ræša'* (Ez 18, 27; Mal 3, 15. 19; Spr 16, 12), *šæqær* (Jer 6, 13; 8, 10; Spr 11, 18), *to'eḇāh* (Lev 18, 27. 29f.; 20, 13; Jer 6, 15; 8, 12; 32, 35; 44, 4. 22; Ez 8, 6. 9. 13. 17; 16, 47. 50f.; 18, 12f.; 22, 11; 33, 26. 29), *'ošæq* (Jer 22, 17), *remijjāh* (Ps 52, 4; 101, 7), *zimmāh/mezimmāh* (Jer 11, 15; 23, 20; 30, 24; Hos 6, 9; Ps 37, 7; Spr 10, 23).

Auffallend selten begegnen positiv bewertete Taten, jedoch *'æmæṯ* Ez 18, 9 und *'æmûnāh* Spr 12, 22.

Hierher gehört in gewisser Hinsicht auch *'āśāh šālôm* „Frieden machen, schließen" (Jes 27, 5, vgl. akk.

salīma epēšu) und der Gegensatz *ʿāśāh milḥāmāh* „Krieg führen" (Gen 14, 2; Dtn 20, 12. 20; Jos 11, 18; 1 Kön 12, 21; Spr 20, 18; 24, 6; 1 Chr 5, 10. 19; 22, 8; oft auch mit *ʿāraḵ*), obwohl hier auch die Bedeutung 'herstellen, schaffen' naheliegt. In solchen Fällen liegt das Hauptgewicht auf dem qualifizierenden Obj.; für nähere Begriffsbestimmung sei deshalb ein für allemal auf die betreffenden Wörter hingewiesen.

10. *ʿāśāh l^e* bedeutet „zu etwas machen". Gott will Abraham zu einem großen Volk machen (Gen 12, 2; vgl. Num 14, 12). Der Götzenmacher will das Holz zu einem Gott (Jes 44, 17; vgl. v. 19) oder das Gold und Silber zu einem Baʿalsbild (Hos 2, 10) machen. Man hatte das Haus Jonatans zum Gefängnis gemacht, d. h. es als Gefängnis eingerichtet (Jer 37, 15). Nach Jer 8, 8 hat „der Lügengriffel der Schreiber" das Gesetz zur Lüge gemacht. Auch ohne *l^e* kann *ʿāśāh* diese Bedeutung haben: 1 Kön 12, 31 Jerobeam macht Männer aus dem Volk zu Priestern; Ps 104, 4 Gott macht Winde zu seinen Boten. Dagegen ist wohl Ps 135, 7; Jer 10, 13; 51, 16 zu übersetzen: „Er macht Blitze für den Regen".

In anderen Fällen bedeutet *ʿāśāh l^e* „einem etwas antun". Hier deckt *ʿāśāh* eine breite Skala von Nuancen ab. Im Weinberglied Jesajas sagt der Freund (= Gott): „Was konnte ich noch für meinen Weinberg tun, das ich nicht schon getan habe?" (Jes 5, 4), dann aber fährt er fort: „Jetzt will ich euch kundtun, was ich mit meinem Weinberg tun werde" (v. 5). Zu vergleichen ist Est 6, 6: „Was soll man mit (hier *b^e*) dem Mann tun?" (was soll mit ihm geschehen?). „Was hast du uns getan?" fragt Abimelech Abraham (Gen 20, 9). Dieselbe Frage richten die Israeliten vorwurfsvoll an Mose mit Bezug darauf, daß er sie aus Ägypten herausgeführt hat (Ex 14, 11). „Tu ihm nichts an", sagt JHWH zu Abraham, als er bereit ist, Isaak zu opfern (Gen 22, 12; vgl. Dtn 22, 26 „dem Mädchen sollst du nichts antun"). Jakob soll zu Laban fliehen, bis Esau vergißt, „was er ihm angetan hat" (Gen 27, 45). Israel soll nicht vergessen, was Amalek ihm angetan hat (Dtn 25, 17; vgl. 1 Sam 15, 2). „JHWH ist bei mir, ich fürchte mich nicht – was können Menschen mir antun?" fragt der Psalmist (Ps 118, 6; vgl. 56, 5. 12). Oder: „Wenn du sündigst, was tust du damit Gott an?" (Ijob 35, 6).

Oft kommt dabei eine Gegenseitigkeit zum Ausdruck, z. B. „So wie er getan hat, soll ihm getan werden" (Lev 24, 19; vgl. Dtn 19, 19 „dann sollt ihr mit ihm so verfahren, wie er mit seinem Bruder verfahren wollte"). Obd 15 redet Edom an: „Was du getan hast, das tut man dir an". Spr 24, 29 wird vor eigenmächtiger Vergeltung gewarnt: „Sage nicht: Wie er mir getan hat, so will ich auch ihm tun". Hierher gehört auch die Schwurformel *koh jaʿaśæh ʾælohîm lî w^eḵoh jôsîp* „so möge mir Gott tun und so fürder tun, wenn ..." (2 Sam 3, 35; s. u. 12.).

Gewissermaßen vergleichbar ist die Konstruktion mit *ʿim* oder *ʾeṯ*. *ʿāśāh ṭôḇ ʿim* „gut handeln mit jmd." meint ihn gut oder freundlich behandeln (Ri 9, 16; 1 Sam 24, 19; 2 Sam 2, 6; Ps 119, 65). Umgekehrt ist *ʿāśāh raʿ ʿim* „jmd. schlecht behandeln, ihm Übles zufügen" (Ri 15, 3). Hier kommt wieder die Gegenseitigkeit zum Vorschein, so besonders Gen 26, 29: „Du wirst uns nichts Böses zufügen, wie auch wir dich nicht angetastet (*nāgaʿ*) haben; wir haben dir nur Gutes erwiesen" (vgl. auch Ri 11, 27).

11. *ʿāśāh* bezeichnet gelegentlich (bes. in exil.-nachexil. Literatur) das Tun oder Walten JHWHs in der Geschichte und im Menschenleben; es steht dabei entweder absolut oder mit Obj. wie *zoʾṯ* oder *ʾellæh*. „JHWH tut nichts, ohne daß er seinen Ratschluß durch die Propheten geoffenbart hat", heißt es in der Amos-Tradition (3, 7 dtr, vgl. v. 6, wo *ʿāśāh* „[ein Unglück] bewirken" meint). Auch nach Am 9, 12 ist JHWH es, der „dies tut", d. h. das Geschehen bewirkt. In Jes 28, 21 (wohl Zusatz, s. O. Kaiser, ATD 18 z. St.) ist vom „fremdartigen Handeln" JHWHs die Rede, hier durch die Figura etymologica *ʿāśāh maʿaśæh* (par. *ʿāḇaḏ ʿaḇoḏāh*) ausgedrückt. Was JHWH zu tun plant, ist andersartig, gegen alle Erwartung. Jes 33, 13 (dtr) steht „was ich getan habe" mit „meine Macht" parallel. In Jesajas Rede an Sanherib (37, 22–32) beteuert JHWH, daß er es seit langem (*merāḥôq*) bereitet und seit den Tagen der Vorzeit geplant (*jāṣar*) hat, daß der Assyrerkönig Städte verwüsten werde (v. 26). Gott schafft also das Weltgeschehen im voraus, ein Gedankengang, der bes. bei DtJes stark hervortritt (s. u.).

Bei Jeremia findet sich die Frage: „Warum (*taḥaṯ mæh*) hat JHWH uns das alles (an-)getan?", und die Antwort ist: wegen des Abfalls des Volkes (5, 19; vgl. 30, 15). So bittet auch Jeremia: „Wenn auch unsere Sünden gegen uns zeugen, handle doch [für uns: schreite ein, hilf] um deines Namens willen" (14, 7). Als Nebukadnezzar angreift, sagt Jeremia: „Vielleicht wird JHWH mit (*ʾeṯ*) uns handeln gemäß seinen Wundern, so daß er von uns abzieht" (21, 2). Oder generell gesagt: „So spricht JHWH, der es tut (*ʿāśāh*), JHWH, der es bildet (*jāṣar*) und es fest gründet" (33, 2 – EÜ ergänzt nach LXX „die Erde" als Obj.; anders Rudolph, HAT I/12 z. St. „der wirkt, was geschieht"). Der Gebrauch von mehreren Schöpfungsverben mit Bezug auf das Geschehen klingt bei DtJes an (vgl. hier bes. T. M. Ludwig, The Traditions of the Establishing of the Earth in Deutero-Isaiah, JBL 92, 1973, 345–357, bes. 355 f.).

Ezechiel betont, daß JHWH sein Wort spricht und es auch „tut", d. h. vollbringt, verwirklicht (12, 25; 17, 24; 22, 14; 36, 36; 37, 14). Und was er tut, tut er nicht ohne Grund (14, 23). „Ich habe mit dir gehandelt, wie du gehandelt hast, indem du den Eid mißachtet und den Bund gebrochen hast" (16, 59). Und was er tut, tut er nicht wegen Israel, sondern um seines heiligen Namens willen (36, 22).

JHWHs Handeln ist groß (*hiḡdîl laʿaśôṯ*), es wirkt sich in reicher Fruchtbarkeit aus (Joël 2, 20 f.; vgl. *ʿāśāh g^edolôṯ*).

DtJes ist davon überzeugt, daß JHWH überall am Werk ist. Die bevorstehende Befreiung soll die Welt

überzeugen, daß die Hand JHWHs es „getan" (bewirkt) hat und daß der Heilige Israels es „geschaffen" (*bārā'*) hat (Jes 41, 20). JHWH steht bereit, etwas Neues zu „tun" (bewirken, schaffen), nämlich die Befreiung seines Volkes (43, 19). So sollen Welt und Natur jubeln, denn er hat gehandelt, d. h. sein Volk erlöst und sich an ihm verherrlicht (44, 23). Kein Götze hat es getan (48, 5), JHWH hat es um seinetwillen getan (48, 11). Er tut (führt aus) alles, was er will (*ḥepæṣ*, 46, 10; vgl. 48, 14, wo JHWHs Beauftragter Kyros seinen *ḥepæṣ* ausführt, und 55, 11, wo das Wort JHWHs das, was er will (*'ašær ḥāpastî*) ausführt. Derselbe Gedanke kommt auch sonst oft zum Ausdruck (Ps 115, 3; 135, 6 *kol 'ašær ḥāpeṣ*).
Nicht ganz eindeutig ist Mal 3, 17. 21: „... an dem Tag, an dem ich handle" oder „... den ich mache" = herbeiführe. Im ersten Fall ist das Geschichtshandeln JHWHs gemeint, im letzteren schafft er den Tag, an dem er eingreift (vgl. ähnlich Ps 118, 24: „dies ist der Tag, den JHWH gemacht hat, bzw. an dem er gehandelt, eingegriffen hat").
Auch im Leben des einzelnen handelt JHWH. Das Ps 22 abschließende Danklied endet mit der Feststellung, daß kommende Geschlechter erfahren sollen, daß JHWH gehandelt, d. h. eingegriffen hat zur Hilfe des Unglücklichen (v. 32; vgl. 52, 11). Und Ps 37, 5 mahnt zum Vertrauen auf JHWH, „denn er wird es tun (EÜ: fügen)". Umgekehrt ist nach Ps 39 der Beter verstummt, weil er weiß, daß JHWH es getan, d. h. sein Unglück verursacht hat (v. 10). So weiß auch Ijob, daß Gottes Hand „das alles getan hat" (12, 9 – oder bezieht sich das Verb auf das Schöpfungswerk?). Oder „wer hält ihm seinen Lebenswandel vor, was er getan hat, wer vergilt es ihm?" (21, 31), m. a. W. wer kann ihn zur Verantwortung ziehen? „Wonach er gelüstet, das tut er (führt er aus)" (23, 13).
12. Zu den geprägten Wendungen gehört zunächst die Beschuldigungsformel *mah-zzo'ṯ ʿāśîṯā* oder *mæh ʿāśîṯā* „Was hast du getan?" (Boecker 26–31). Es ist eine vorwurfsvolle Frage, die der eigentlichen Rechtsverhandlung vorangeht. Beispiele mit kleineren Variationen finden sich Gen 12, 18; 26, 10; 29, 25; Ex 14, 11; Ri 8, 1; 15, 11; 2 Sam 12, 21; Neh 2, 19; 13, 17 (vgl. auch Gen 20, 9; 42, 28; Num 23, 11) und als mehr oder weniger verblaßte Redewendung Ex 14, 5; Ri 2, 2; Jona 1, 10 sowie in der Sündenfallgeschichte Gen 3, 13, wo Gottes Frage an Adam noch etwas vom forensischen Charakter des Ausdrucks bewahrt hat.
Als Gegenstück im Munde des Beschuldigten findet sich die Beschwichtigungsformel „Was habe ich denn getan?" (Boecker 31–34). Beispiele finden sich Num 22, 28 (Esel Bileams); 1 Sam 13, 11; 20, 1; 26, 18; 29, 8 und abgewandelt Jer 8, 6 (Jeremia wirft dem Volk vor, daß keiner *mæh ʿāśîṯî* sagt). Wenn ein Dritter für den Beschuldigten eintritt, begegnet die Formel in 3. Sing. (1 Sam 20, 32; vgl. auch 2 Sam 24, 17 = 1 Chr 21, 17, wo David bekennt, daß er gesündigt hat – aber „was hat das Volk getan?"). In Mi 6, 3 wird die Frage, die anscheinend eine Verteidigung ist, in Gottes Mund zur Anklage gegen das Volk.
Als Geständnis eines Verbrechens erscheint Jos 7, 20 als Antwort auf die Mahnung: „Sag uns offen (*haggeḏ*), was du getan hast" der Satz: „Das und das (*kāzo'ṯ wᵉḵāzo'ṯ*) habe ich getan". Forensisch ist auch die Feststellung von Schuld und Strafe 2 Sam 12, 5: „Ein Kind des Todes (des Todes schuldig) ist der Mann, der das getan hat". Hierher gehört auch der Reinigungseid Ps 7, 4: „Wenn ich das getan habe ... dann möge mich der Feind verfolgen" (vgl. die Schwurformel oben).
Völlig anders ausgerichtet ist die Frage *māh 'æʿæśæh* „was soll/kann ich tun?" (bzw. Pl.). Sie findet sich mit verschiedenen Nuancen u. a. Gen 27, 37; 30, 30; 31, 43; Ri 13, 8; 1 Sam 5, 8; 6, 2; 10, 2; 2 Sam 21, 3; 2 Kön 4, 2 und besonders interessant Ex 17, 4, wo Mose ratlos fragt: „Was soll ich mit diesem Volk anfangen?" (vgl. Hos 6, 4, wo Gott selbst fragt: „Was soll ich mit dir tun, Efraim?").
Die Schwurformel *koh jaʿaśæh 'ælohîm lî wᵉkoh jôsîp* „so möge mir Gott tun und so fürder tun, wenn ..." (2 Sam 3, 35; vgl. 1 Sam 14, 44; 20, 13; 2 Sam 3, 9; 1 Kön 2, 23; 19, 2; 20, 10; 2 Kön 6, 31; ähnlich 1 Sam 3, 17) ruft das göttliche Eingreifen gegen den Schwörenden herab für den Fall, daß er seinen Eid nicht hält. Vermutlich wurde das Aussprechen der Formel durch irgendeine symbolische Handlung begleitet, deshalb „so" (s. dazu Hillers; Schottroff 161; Lehmann 80–82; G. Giesen, BBB 56, 1981, 143 f.).
Zum dtr Rahmen in den Büchern der Könige gehört die Formel: „Die übrige Geschichte (*jæṯær diḇrê*) des NN und alles, was er tat, ist aufgeschrieben in ..." (1 Kön 14, 29; 15, 7. 23. 31 usw.).

III. Die *niph*-Belege bringen grundsätzlich nichts Neues; es sind passive Formen, die dasselbe Bedeutungsfeld wie das *qal* abdecken. Der Himmel wurde durch das Wort Gottes „gemacht", d. h. geschaffen (Ps 33, 6); der siebenarmige Leuchter wurde „gemacht" (Ex 25, 31), ebenso ein Altar (Ez 43, 18). So ist wohl auch Jer 3, 16 zu deuten: man wird nicht mehr eine neue Bundeslade anfertigen (anders H. Cazelles, VT 18, 1968, 157 f.: sie soll außer Brauch kommen). Speise wird zubereitet (Ex 12, 16; Neh 5, 18), ein Opfer wird bereitet oder dargebracht (Lev 2, 7 f. 11; 6, 14), das Passa wird begangen oder gefeiert (2 Kön 23, 22 f. || 2 Chr 35, 18 f.; vgl. Purim Est 9, 28).
Gebote (*miṣwôṯ*) werden befolgt oder erfüllt (Lev 4, 2. 13. 22. 27; 5, 17), ein Urteil (*piṯgām*) wird (über eine böse Tat nicht) vollstreckt (Koh 8, 11), ein Ratschlag wird ausgeführt (2 Sam 17, 23). Eine Tat wird begangen (Gen 20, 9), *tôʿeḇāh* wird „getan" oder verübt (Dtn 13, 15; 17, 4; Ez 9, 4). Arbeit (*mᵉlā'ḵāh*) wird ausgeführt (Ex 12, 16; 31, 15; 35, 2; Lev 7, 24; 11, 32; 13, 51; anders Ez 15, 5 „man konnte nichts daraus machen"). Besonders häufig finden sich in Koh Wendungen wie „das, was getan wird", „die

Werke, die getan werden unter der Sonne", um das Tun und Treiben der Menschen zu bezeichnen.

Von besonderem Interesse ist die Wendung „So tut man nicht an unserem Ort" (*ken lo' je'āśæh bimqômenû*, Gen 29, 26), d. h. das ist bei uns nicht Sitte. „Werke (*ma'aśîm*), die nicht getan werden sollen" (Gen 20, 9), sind unerlaubte oder ungebührliche Handlungen. Der Satz „So etwas tut man nicht in Israel" (2 Sam 13, 12) zeigt das Wissen um die Besonderheit der Rechtssituation Israels (vgl. F. Horst, ThB 12, 1961, 253). Der Begriff der Vergeltung begegnet Obd 15 „wie du (Edom) getan hast, wird dir getan werden"; in Ez 12, 11 ist Ezechiel das Vorbild: „wie ich getan habe, soll mit ihnen getan werden" (hier ist *'āśāh le* „einem etwas antun"). Andere solche Beispiele sind Ex 2, 4; Num 15, 11; 1 Sam 11, 7.

IV. Das Nomen *ma'aśæh* hat wie das Verb eine doppelte Bedeutung, einerseits „das Gemachte", „Werk", andererseits das „Tun".

1. Als „ein Werk von Künstlerhänden" werden die Geschmeide bezeichnet, mit denen die Hüften der Geliebten verglichen werden (Hld 7, 2). Ein Backwerk ist *ma'aśeh 'opæh* (Gen 40, 17; vgl. 1 Chr 9, 31). Kleider können aus Ziegenhaar „Gemachtes" sein (Num 31, 20; vgl. auch Ex 24, 10; 26, 1. 31. 36 usw.). Mit dem Werk eines Töpfers werden die „edlen Kinder Zions" in ihrer Erniedrigung verglichen (Klgl 4, 2). Der Dichter von Ps 45 nennt sein Lied „sein Werk" (v. 2). Fast sprichwörtlich ist Jes 29, 16: „Sagt denn das Werk von seinem Meister (*'ośehû*): Er hat mich nicht gemacht?" (par. steht Topf und Töpfer). Die Frevler machen Kleider aber können sich mit ihrem „Gewirke" nicht bedecken (Jes 59, 6a); dann aber wechselt der Ausdruck und stellt fest, daß „ihre Werke Unheilswerke (*ma'aśê 'āwæn*) sind" – hier ist *ma'aśæh* eindeutig „Tat".

Besonders oft werden Götzenbilder als „Werk von Händen", „Menschenwerk" oder „Künstlerwerk" bezeichnet (Dtn 4, 28; 27, 15; 2 Kön 19, 18; Jes 41, 29; Jer 10, 3. 9. 15; 51, 18; Hos 13, 2; Ps 115, 4; 135, 15; 2 Chr 32, 19). Dadurch werden die Götzen als machtlos dargestellt (vgl. Preuß 65. 129. 173). Daß man nicht „Werke seiner Hände" anbeten (*hištaḥawāh*) soll, wird mehrmals betont (Jes 2, 8; Jer 1, 16; Mi 5, 12). Vergleichbar ist die Bezeichnung der Altäre als „Werke ihrer Hände" in Jes 17, 8. Auch Ez 6, 6 sind wohl nach dem Kontext „eure Werke", die vernichtet werden sollen, mit dem Götzendienst verbunden.

Nicht ganz eindeutig ist die Feststellung, daß die Israeliten Gott gekränkt haben (*hik'is*) „durch die Werke ihrer Hände" (Dtn 31, 29; 2 Kön 22, 17; Jer 25, 6f.; 32, 30; 44, 8; 2 Chr 34, 25). Da der Kontext von Götzendienst spricht, ist die Deutung auf Götzenbilder wahrscheinlich, die Möglichkeit besteht aber, daß der Ausdruck sich auf ihre Taten im allgemeinen bezieht. Mehrdeutig ist auch Jer 48, 7, wo es heißt, daß Moab auf eigene *ma'aśîm* und Schätze vertraut hat; entweder ist *ma'aśæh* „das, was man erworben hat", oder es ist mit LXX *mā'uzzajik* „deine Burgen" zu lesen.

So wie *'āśāh* 'hervorbringen' im allgemeinen bedeutet, ist *ma'aśæh* ungefähr „Ertrag". So ist Ex 23, 16 vom „ersten Ertrag des Feldes" die Rede. Jes 32, 17 stehen *ma'aśæh* und *'abodāh* parallel und bezeichnen beide den Ertrag der Gerechtigkeit, nämlich Friede und Sicherheit. Hab 3, 17 spricht vom Ertrag des Ölbaums und Jes 65, 22 vom „Ertrag der Hände der Auserwählten".

In diesen Zusammenhang gehören auch einige Belege, in denen *ma'aśæh* ungefähr „Machart" (Num 8, 4; 1 Kön 7, 28–33; 2 Kön 16, 10) oder „Bauart" (1 Kön 7, 8. 17. 19. 22) bedeutet.

Alles, was Gott geschaffen hat, ist „sein Werk". So ist der Himmel „das Werk seiner Finger" (Ps 8, 4), und der Mensch soll über „das Werk seiner Hände" herrschen (v. 7). Der Himmel ist das Werk seiner Hände; er wird vergehen, aber Gott bleibt (Ps 102, 26f.). Gott freut sich über seine Werke (Ps 104, 31), der Himmel verkündigt sie (Ps 19, 2). Von der „Frucht seiner Werke" wird die Erde gesättigt (Ps 104, 13; der Text ist unsicher; der Parallelismus deutet auf „Regen" hin). Alle Werke Gottes sollen ihn loben (Ps 103, 22). Nach Jes 60, 21; 64, 7 ist das Volk das Werk der Hände Gottes. Und wenn nach Ps 145, 9f. Gottes Erbarmen über all seinen Werken waltet, sind nach dem Kontext „die Frommen" gemeint (ähnlich wohl Ps 138, 8). Ijob 14, 15 ist der Mensch das Werk Gottes, nach Spr 16, 11 sind es sogar „die Gewichtsteine im Beutel"; demnach geht also „rechtes Gewicht" auf eine Anordnung Gottes zurück.

2. a) Wenn sich *ma'aśæh* auf das Tun bezieht, handelt es sich gelegentlich um das Tun als solches, die Handlungs- oder Verhaltensweise. Israel wird z. B. davor gewarnt, sich nach der Handlungsart der Ägypter und Kanaanäer zu richten und nach ihren *ḥuqqôt* zu wandeln (Lev 18, 3), oder es heißt: „Du sollst nicht ihre (der Heiden) Götter anbeten und nicht tun, wie sie es tun", d. h. ihre Verhaltensweise nachahmen (Ex 23, 24; nach anderen bezieht sich *ma'aśæh* auf die Götzenbilder, aber das würde kaum durch *ke* ausgedrückt werden). Vgl. Ps 106, 35: „sie lernten von ihren (der Heiden) Taten"; Mi 6, 16 „Du hast dich gerichtet . . . nach all den Taten des Hauses Ahab, nach ihren Ratschlägen (*mô'eṣāh*) gelebt"; 1 Sam 8, 8 „die Taten, die sie getan haben, seitdem ich sie aus Ägypten heraufgeführt habe"; ferner Jer 7, 13; 2 Chr 17, 4. Ez 16, 30 wird Israel vorgeworfen: „Du hast das alles getan *kema'aśeh 'iššāh zônāh*, so wie eine Hure tut."

Gelegentlich ist eine Reihe von Taten gemeint: Hiskija hatte Erfolg (*ṣlḥ hiph*) bei jedem Unternehmen (2 Chr 31, 21; 32, 30; vgl. Ps 1, 3 mit *'āśāh*). JHWH läßt Ägypten taumeln „bei allem, was er tut" (*bekolma'aśehû*); so wird für Ägypten nichts mehr geschehen (*lo' jihjæh . . . ma'aśæh*: nichts wird getan, Jes 19, 14f.). Gott sah das Verhalten der Niniviten, wie sie sich von ihren bösen Wegen abwandten (Jona 3, 10).

In anderen Fällen ist eine einzelne Tat gemeint: „eine Tat, die man nicht tun darf, hast du getan" (Gen 20, 9); „seine (Davids) Taten sind für dich (Saul) nützlich gewesen" (1 Sam 19, 4), „alles was der Gottesmann getan hatte" (1 Kön 13, 11), „was ist diese Tat, die ihr getan habt" (Gen 44, 15). Nach Ijob 33, 7 kann Gott den Menschen von einer (bösen) Tat abbringen.

Gott achtet auf die Taten der Menschen (Ps 33, 15), kennt ihre Taten und Gedanken (Jes 66, 18), und wird keine ihrer Taten vergessen (Am 8, 7). Menschen werden durch ihre Taten unrein (Ps 106, 39). Gott vergilt (*šlm pi*) jedem Menschen nach seinen Taten (Ps 62, 13; vgl. Klgl 3, 64; Bitte um Vergeltung Ps 28, 4). Vgl. auch Neh 6, 14: „vergiß ihnen nicht, was sie getan haben".

Ferner meint *maʿaśæh* 'Arbeit'. Sechs Tage soll man seine Arbeit verrichten (Ex 23, 12; vgl. 20, 9 mit *ʿāḇaḏ* und *ʿāśāh melāʾḵāh*). Ein *jôm maʿaśæh* ist ein Arbeitstag oder Werktag (Ez 46, 1). Ein Mann kommt von seiner Arbeit auf dem Feld (Ri 19, 16; vgl. Ex 5, 4. 13; 1 Chr 23, 28). Noach wird seinen Vater trösten bei seiner Arbeit (Gen 5, 29; par. *ʿiṣṣāḇôn*). Sehr häufig begegnet die Aussage, daß Gott sein Volk segnen will „im Werk seiner Hände" (Dtn 2, 7; 14, 29; 15, 10; 16, 15; 24, 19; 30, 9; vgl. Ps 90, 17; Ijob 1, 10, negativ Koh 5, 5); hier kann es sowohl um die Arbeit als auch um ihren Ertrag gehen. Andererseits bedeutet *maʿaśæh* auch 'Beruf' (Gen 46, 33; 47, 3) oder 'Beschäftigung' (1 Sam 25, 2).

In Spr 16, 3 bezeichnet *maʿaśæh* Aktivität im allgemeinen: „Befiehl JHWH dein Tun an (*gol*), so werden deine Pläne gelingen". Diese Bedeutung ist besonders häufig in Koh: „ich beobachtete alles Tun, das unter der Sonne getan wird" (1, 14; vgl. 4, 3; 8, 9), „ich vollbrachte große Arbeiten" (baute Häuser, pflanzte Weinberge usw., 2, 4), „ich dachte nach über all mein Tun" (2, 11). Es gibt eine bestimmte Zeit für jede Angelegenheit (*ḥepæṣ*) und jede Aktivität (3, 17). Der Mensch kann in seinem Tun (durch Arbeit) Freude gewinnen (3, 22). In der Scheol gibt es weder Tun noch Rechnen, noch Können, noch Wissen (9, 10).

b) Gottes Walten in der Geschichte wird in mehreren poetischen Texten (vorwiegend Klagelieder) als sein „Werk" (hier *poʿal*) bezeichnet (Dtn 32, 4; Ps 44, 2; 64, 10; 90, 16; 95, 9; 111, 3; Ijob 36, 24; vgl. von Rad). Gelegentlich steht *poʿal* mit *maʿalāl* und *ʿalîlāh* (Ps 77, 12f.) oder mit *maʿaśæh* (Ps 92, 5; 143, 5) zusammen. Mit dieser Terminologie wird vorwiegend das Heilshandeln Gottes, bes. in Zusammenhang mit dem Exodus, bezeichnet. Im DtrGW wird dafür *maʿaśæh* gebraucht. So heißt es, daß man JHWH „diente" bis zum Tode Josuas, solange die Generation lebte, „die das ganze Werk (Tun) JHWHs gesehen hatte" (Jos 24, 31; Ri 2, 7); dann kam eine Generation, „die das Werk JHWHs nicht mehr kannte" (Ri 2, 10). Vom Sehen der Werke JHWHs ist auch Ex 34, 10 (dtr Einschub) und Dtn 11, 7 die Rede. Es handelt sich um die Heilstaten Gottes, ebenso wie in Ps 77, 12f. (hier jedoch andere Terminologie).

Bei Jes geht es dagegen um das, was JHWH jetzt tut oder in der Zukunft tun wird: „JHWHs Werk (*poʿal*) sehen sie nicht, und das Tun seiner Hände schauen sie nicht" (Jes 5, 12). Die so Angegriffenen antworten höhnisch: „JHWH beschleunige doch sein Werk, daß wir es schauen" (v. 19). Ein anderes Mal kündigt der Prophet an, daß JHWH sich erheben will, „um seine Tat zu tun und sein Werk (*ʿaḇoḏāh*) zu wirken" (Jes 28, 21 → V 989). Und bald wird er sein ganzes Werk auf dem Berg Zion zum Abschluß bringen (10, 12). Nach H. Wildberger (VTS 9, 94ff.) ist Jesaja hier von den Schöpfungsaussagen der Kultsprache beeinflußt, nach von Rad 294 eher von Stellen, die vom Geschichtshandeln reden (Ps 44, 2; 64, 10; 90, 16; 95, 9 u.a.). Nach O. Kaiser, ATD z.St. sind alle diese Stellen spät. Es ist zu beachten, daß *maʿaśæh* in diesem Sinn in Hab 1, 5; 3, 2; Jes 45, 11 durch *poʿal* ersetzt wird. Dagegen findet sich *maʿaśæh* wieder in einem späteren Zusatz zum Jer-Buch, Jer 51, 10: „Laßt uns erzählen das Werk unseres Gottes" mit Bezug auf den Fall Babylons.

In anderen (späten) Texten bezeichnet *maʿaśæh* das göttliche Walten in der Schöpfung, die „stille Lenkung der Geschicke" (von Rad 296). So findet sich in Ps 145, 17, nachdem in vv. 4. 10 von *maʿaśæh* als Schöpfungswerken die Rede war, die Aussage: „Gerecht ist JHWH in all seinen Wegen, treu in all seinem Tun." Gemeint ist das Handeln Gottes im allgemeinen, vor allem wohl im Menschenleben. Dasselbe gilt auch für Sir 38, 8, wo es heißt, daß der Salbenmischer Arznei bereitet, „damit Gottes Werke nicht aufhören", und für Ijob 37, 7, wonach Gott in der Regenzeit die Hand der Menschen „versiegelt", d. h. untätig macht, „damit alle Menschen sein Tun erkennen" (vgl. auch Sir 17, 8).

Bei Koh erlangt der Begriff „Gottes Werk" grundsätzliche Bedeutung. „Alles hat (Gott) schön (gut) gemacht zu seiner Zeit ... nur daß der Mensch das Tun, das Gott getan hat, von Anfang bis zu Ende nicht finden kann" (Koh 3, 11). „Ich sah das ganze Werk Gottes, daß der Mensch das Werk, das unter der Sonne getan wird, nicht finden kann" (8, 17; vgl. 7, 13; 11, 5). Das Walten Gottes ist den Menschen verborgen, er kann es nicht verstehen. Das ist das Grundproblem des Koh.

V. 1. Die LXX übersetzt in der überwiegenden Mehrzahl der Stellen *ʿāśāh* mit ποιεῖν und *maʿaśæh* mit ἔργον. Andere Übersetzungen sind für das Verb γίγνεσθαι (*niph*, aber auch *qal*), ἐργάζεσθαι, πράσσειν, χρᾶν/χρᾶσθαι, συντελεῖν, πλάσσειν, ἑτοιμάζειν, κατασκευάζειν und sogar ἁμαρτάνειν, für das Nomen ποίημα, ποίησις und ἐργασία. Vereinzelt finden sich auch andere Wiedergaben.

2. Die Qumranschriften bieten kaum etwas Neues. Vor allem die Tempelrolle mit über 100 Belegen für

ʿāśāh und 3 (!) für *maʿaśæh* bleibt ganz im Rahmen des at.lichen Sprachgebrauchs.

„Treue/Wahrheit (*'æmæṯ*), Gerechtigkeit und Recht zu tun" faßt das ethische Ideal der Qumrangemeinde zusammen (1 QS 1, 5; 5, 3f.; 8, 2). Man kann auch sagen „Gottes Satzungen (*ḥuqqîm*) erfüllen" (1 QS 1, 7; 5, 20; vgl. 22), „tun, was er befohlen hat" (1 QS 1, 16). Die Mitglieder der Gemeinde sind *ʿôśê hattôrāh* (1 QpHab 7, 11; 8, 1; 12, 4). Die Damaskusschrift gebraucht den Ausdruck „tun nach der genauen Angabe der Tora (*keperûš hattôrāh*, CD 4, 8; 6, 14). Ferner begegnen Ausdrücke wie „das Gute tun" (1 QS 1, 2), *ḥæsæḏ* tun (von Gott 1 QH 16, 8f. [par. *ḥnn*]; CD 20, 21 nach Ex 20, 6), „Böses tun" (1 QS 1, 7), „*remijjāh* tun" (1 QS 7, 5), „tun, was man für richtig hält" (*jāšār beʿênājw*, CD 3, 6; 8, 7; 19, 19, vgl. Dtn 12, 8). Andere schon im AT belegte Kombinationen sind *ʿāśāh geḇûrāh* (1 QM 16, 1), *ʿāśāh ḥajil* (1 QM 6, 6; 11, 5. 7; 12, 11; 19, 3), *ʿāśāh neqāmāh* (CD 8, 11), *ʿāśāh melā'ḵāh* (CD 10, 14), *ʿāśāh šepāṭîm* (1 QS 5, 12; 1 QH 15, 19).

Theologisch bedeutsam, aber nicht völlig klar ist der Ausdruck *ʿaśôṯ ḥaḏāšāh* (1 QS 4, 25), der das, was nach der „Heimsuchung" (*pequddāh*) folgt, bezeichnet, anscheinend eine Neuschöpfung. Dieselbe Vorstellung wird 1 QH 13, 11f. durch *liḇrô' ḥaḏāšôṯ* (Anspielung auf Jes 43, 19; 48, 6) zum Ausdruck gebracht (H. Ringgren, The Faith of Qumran, Philadelphia 1963, 164f.; Sjöberg). – Bezeichnend ist auch, daß Gott Belial „gemacht" hat (1 QM 13, 11).

Für Qumran typisch ist der Satz „ohne ihn (Gott) ist nichts getan worden / geschieht nichts" (1 QS 11, 11; 1 QH 1, 8. 20; 10, 9), m. a. W. nichts kommt zustande ohne die Vorausbestimmung Gottes.

Auch *maʿaśæh* hat im großen Ganzen unveränderte Bedeutung, doch überwiegt die Bedeutung 'Tat' (Gottes sowie des Menschen). Im Abschnitt 1 QM 5, 4–14, wo die Waffen der Lichtsöhne beschrieben werden, finden sich aber 10 Belege für „Künstlerwerk" o. dgl. Auch werden die Menschen, denen Gottes Wunder erzählt werden (1 QH 1, 33; 3, 23) und denen er *ḥæsæḏ* erweist (11, 30), als „sein Werk" bezeichnet. Ebenso wird seine Gerechtigkeit „vor allen seinen Werken" geoffenbart (14, 16); er führt Gerichte aus „vor allen seinen Werken" (15, 20) und versorgt (*klkl*) alle seine Werke (9, 36). Er herrscht über „alles Werk", d. h. die ganze Schöpfung (1 QH 10, 8) und kennt den Trieb (*jeṣær*) des Geschöpfes (1 QH 7, 13 – oder ist hier „Tat" gemeint?).

Gottes Taten sind groß (1 QM 10, 8; vgl. 10, 11 mit *pælæ'*), und wundervoll (1 QH 7, 32; 11, 4), sie sind in Kraft getan (1 QH 1, 21; 4, 32). Sehr oft ist von „den Taten deiner Treue/Wahrheit" (*'æmæṯ*) die Rede (1 QS 1, 19. 30; 10, 17; 1 QM 13, 1. 2. 9; 14, 12).

Gott kannte alle Taten seiner Werke, bevor er sie schuf (1 QH 1, 7 – bemerke die Fortsetzung: „nichts wird ohne dich getan", s. o.), und er hat eine Norm für ihre Taten gesetzt (1, 9).

Am Anfang der Damaskusschrift werden die Zuhörer aufgefordert, auf Gottes Taten zu achten (*bîn*, 1, 1). Er achtet umgekehrt auf die Taten der Menschen (1, 10, vgl. Ps 33, 15). Die Taten des Menschen sind in Gottes Vorherbestimmung gegründet (1 QS 3, 25; 4, 16). Die Taten der Gerechtigkeit gehören Gott (1 QH 1, 26f.; vgl. 4, 31); die Taten der Menschen sind jedoch *remijjāh* (1, 27; vgl. 4, 27) und werden in Torheit geübt (1 QH 4, 8. 17), anders die Taten Gottes (4, 20). Die Taten des Menschen werden ferner mit Attributen wie *ræšaʿ* (1 QS 2, 5), *pæšaʿ* (3, 22), *remijjāh* (4, 23; 1 QH 16, 11), *ʿāwæl*, *ʿawlāh* (1 QS 8, 18; 1 QH 16, 11), *ḥošæḵ* (1 QS 2, 7; 1 QM 15, 9), *'æpʿæh* (1 QH 3, 17), *niddāh* (1 QS 5, 19; CD 2, 1) charakterisiert. Gott handelt aber „um seiner Barmherzigkeit willen und nicht nach unseren (bösen) Taten" (1 QM 11, 4), er „richtet ihre Taten in seiner Wahrheit und Güte" (1 QH 6, 9; vgl. 18, 13).

Entsprechend sollen die in den Bund Eintretenden nach ihrer Einsicht und ihren Taten geprüft werden (1 QS 5, 21. 23. 24); dasselbe soll dann kontinuierlich getan werden (1 QS 6, 14. 17. 18; vgl. 3, 14; CD 13, 11). In solchem Zusammenhang gebraucht CD den Ausdruck *bhwpʿ maʿaśājw* „wenn seine Taten geoffenbart werden".

Ringgren

עֶשֶׂר *ʿæśær*

עשׂר *ʿśr*, מַעֲשֵׂר *maʿaśer*

I. Zahl – II. Zehntabgabe – 1. in Ägypten – 2. in Mesopotamien – 3. in Südarabien – 4. in Ugarit – III. 1. in Früh-Israel – 2. Gen 14, 20 – 3. in Dtn – 4. P und später – IV. Nach-at.liche Belege – 1. Rabbinen – 2. Qumran – 3. LXX – V. Zusammenfassung.

Lit.: *N. Airoldi*, La cosiddetta „decima" israelitica antica (Bibl 55, 1974, 179–210). – *J. M. Baumgarten*, On the Non-Literal Use of *maʿăśēr / dekatē* (JBL 103, 1984, 245–251). – *Ders.*, The First and Second Tithes in the Temple Scroll (Biblical and Related Studies, Festschr. S. Iwry, Winona Lake 1985, 5–15). – *W. Boochs*, Finanzverwaltung im Altertum, 1985. – *W. Bunte*, Maaserot/Maaser Scheni (Die Mischna I/7–8, 1962). – *H. Cazelles*, La dîme israélite et les textes de Ras Shamra (VT 1, 1951, 131–134). – *F. Crüsemann*, Der Zehnte in der israelitischen Königszeit (WoDie 18, 1985, 21–47). – *M. A. Dandamajew*, Das Tempelzehnte in Babylonien während des 6.–4. Jh. v. u. Z. (Festschr. F. Altheim, 1969, 82–90 = Vestnik drevnej istorii 92, 1965, 14–34). – *O. Eißfeldt*, Erstlinge und Zehnten im AT (BWANT 22, 1917). – *Ders.*, Zum Zehnten bei den Babyloniern (BZAW 33, 1918, 163–174 = KlSchr I 13–22). – *G. Giovinazzo*, Le decime (*ešru*) nella Mesopotamia neo-babilonese e achemenide, Diss. Neapel 1985. – *H. H. Guthrie*, Tithe (IDB 4, 654f.). – *M. Haran*, מַעֲשֵׂר (EMiqr 5, 204–212). – *F. Horst*, Das Privilegrecht Jahwes (FRLANT 45, 1930, 51–56 = ThB 12, 1961, 73–79). – *M. S. Jaffee*, Mishnah's Law of Tithes. A Study of Tractate Maaserot, Diss. Brown, Providence RI 1980. – *H. Jagersma*, The Tithes in the OT (OTS 21, 1981, 116–128). – *M. Lichtheim*, The Naucratis Stela (Festschr. G. Hughes, SAOC 39, 1976, 139–146). – *E. Lipiński*, Banquet en l'honneur de Baal (UF 2, 1970, 75–88). – *J. Pedersen*, Israel, its Life and Culture III–IV, London – Kopenhagen 1940, 307–313. – *E. Salonen*, Über den Zehnten im Alten Mesopotamien (StOr 43/4, 1972). – *W. Schmidt* / *A. Erler*, Zehnten (RGG³ 6, 1877–1880). – *E. Schürer*, Geschichte des jüdischen Volkes im Zeitalter Jesu Christi II, ⁴1907, 297–317. – *R. de Vaux*, LO I, 1960, 226f.; LO II, 1962, 217–220. 244–247. – *M. del Verme*, Le decime del Fariseo orante (Vetera Christianorum 21, 1984, 253–283; vgl. RivBibIt 32, 1984, 273–314). – *M. Weinfeld*, The Change in the Conception of Religion in Deuteronomy (Tarbiz 31, 1961, 1–17). – *Ders.*, The Covenant of Grant in the OT and in the Ancient Near East (JAOS 90, 1970, 184–203). – *A. Wendel*, Das Opfer in der altisraelitischen Religion, 1927. – *M. Wischnitzer*, Tithe (EncJud 15, 1971, 1156–1162).

I. Das Wort für 'zehn' ist gemeinsemitisch. Hebr. *ʿæśær*, fem. *ʿᵃśæræṯ*, *ʿᵃśārāh* kommt 56- bzw. 68- und 50mal vor, die Formen *ʿāśār*, fem. *ʿæśreh* werden nur in Zusammensetzungen für 11–19 (211- bzw. 135mal) gebraucht, *ʿæśrîm* 'zwanzig' hat 315 Belege; außerdem steht *ʿᵃśæræṯ* in der Bedeutung 'Gruppe von zehn' 8mal. Davon abgeleitet sind *ʿāśôr* 'Zehnzahl' (von Tagen, Saiten) 17mal, *ʿᵃśîrî* 'zehnter' 20mal, 'Zehntel' 8mal und *ʿiśśārôn* 'Zehntel' 31mal. Ob *maʿᵃśer* 'Zehnten' als Abgabe und das damit verbundene Verb *ʿāśar* (2mal *qal*, 3mal *pi*, 2mal *hiph*) mit dem Zahlwort zusammenhängen, ist z. Z. umstritten, aber trotz allem sehr wahrscheinlich (s.u. II.4.).

II. 1. In Ägypten hat man in Naukratis eine Stele aus dem 1. Jahr Nektanebos I. (380 v. Chr.) gefunden, auf der verordnet wird, daß der Tempel der Neith von Sais ein Zehntel vom Hafenumschlag und von der Produktion erhalten soll (LexÄg 4, 360f.; Lichtheim). Auch auf der sog. Hungersnotstele (ptolem. Zeit) beträgt der Durchgangszoll bei Elephantine 10% (LexÄg 1, 6).

2. In Mesopotamien sind Zehntabgaben an Tempel in sum. (*zag-10*), altbabyl. (*ešrētum*) und spätbabyl. (*ešrû*) Zeit belegt. Die Zehnten werden sowohl von verschiedenen Berufsgruppen, Privatpersonen und Orten als auch von den Königen geliefert. Sie können aus Gold und Silber, landwirtschaftlichen Erzeugnissen oder Handwerksprodukten bestehen. Weltliche Abgaben sind aus den altassyr. Handelskolonien in Kappadozien bekannt: die Kaufleute hatten von ihren Kaufartikeln 10% an den lokalen Herrscher zu geben. Nach Salonen handelt es sich um alte Tempelpraxis, wobei sich allmählich ein Zehntel als zweckmäßige Größe der Abgaben ergab.

3. Plinius d. Ä. berichtet, daß in Südarabien die Priester für ihren Gott den Zehnten als Abgabe erhoben (Nat. Hist. XII 63). Inschriften berichten von der Widmung von Statuetten, die als Zehnten (*ʿšr*) galten oder aus Zehntabgaben bezahlt wurden. Einmal ist auch von einem aus Zehntabgaben bezahlten Kultmahl (*'lm*) die Rede (Belege bei Biella 387).

4. In ugar. Texten kommt das Verb *ʿšr* besonders in drei Kontexten vor: KTU 1.3, I, 9 und 1.17, IV, 30f., wo es von *šqj* 'trinken' gefolgt wird, und KTU 1.16, I, 40, wo *dbḥ dbḥ* „ein Schlachttier schlachten" (oder „ein Opfer darbringen"?, vgl. Spr 9, 2) und *ʿšr ʿšrt* zusammen stehen. Man hat dieses *ʿšr* mit äth. *ʿašara* 'ein Gastmahl halten' und *ʿašūr* 'Gastmahl' (LexLing Äth 967) zusammengestellt; Cazelles übersetzt „Trankopfer" (anders Lipiński 79). Außerdem findet sich *ʿšr ʿšrt* in KTU 1.119, 32f. in einem Zusammenhang, in dem von Opfern für die Abwehr eines feindlichen Angriffs die Rede ist; hier muß irgendeine kultische Handlung gemeint sein.

III. 1. Im AT hat *maʿᵃśer* (mit Ausnahme von Lev 27, 32) keine ausdrückliche Verbindung mit „zehn". Eißfeldt behandelt die Zehnten nur als eine Unterabteilung von den Erstlingen (→ ראשׁית *reʾšîṯ*). Guthrie versucht eine chronologische Einordnung der Texte und meint, daß die frühesten Belege nordisraelitischen Ursprungs sind. Die einzigen Beispiele (Gen 28, 22; Am 4, 4) beziehen sich aber auf Bet-El, das an der immer wechselnden Grenze lag. Beide Belege dürften zudem der Südreich-Literatur (Gen 28, 22 JE; Am 4, 4 judR) entstammen.

2. Ein bemerkenswertes frühes Beispiel (Zeit Davids, Westermann, BK I/2, 226) ist der *maʿᵃśer*, den Abraham dem Melchisedek gab (Gen 14, 20), und zwar nicht im Norden, sondern im Jerusalemer Gebiet oder weiter südöstlich (R. Tournay, RB 67, 1960, 24f.). Abrahams „Zehnt" wird gewöhnlich nicht als eine Abgabe, sondern als ein spontanes Geschenk von seinem „Ertrag", d. h. von seiner Beute, verstanden.

Bei näherem Betrachten erweist sich der Charakter der Gabe als sehr komplex. Der König von Sodom und seine geschlagenen Verbündeten waren Abraham dankbar, daß er sie gerettet hatte, und gingen ihm entgegen (im Schavetal, vielleicht Kidron oder jedenfalls ein Tal, das sowohl von Schalem als auch von Sodom erreichbar war). Ihre Dankbarkeit findet in dem durch Melchisedek gesprochenen doppelten Segen Ausdruck, einmal für El Eljon, einmal von El Eljon. Abrahams spontane Reaktion ist die Gabe des Zehnten von all seiner Beute (die ihm und nicht den fünf Königen gehörte) in die Hände des Melchisedek, entweder an ihn persönlich oder an den Gott, den er verehrte. Zu dieser Beute gehörten Gefangene aus dem Heer Kedor-Laomers und seiner Verbündeten (was aus v. 21 hervorgeht). Obwohl Abrahams Zehnt dem El Eljon gegeben wurde, fühlt sich der König von Sodom veranlaßt, einzuschreiten und zu bestimmen, wie das Zehntengeben vor sich gehen sollte: „Gib mir die *næpæš* (d. h. die menschliche Beute); du (Abraham) magst die Habe behalten" (v. 21). Abraham weist den Vorschlag zurück; er will nichts von der Habe behalten, erlaubt nur, daß seine Männer die nötige Versorgung erhalten. Was dem El Eljon übrig bleibt, mag ein Zehntel vom Gesamten gewesen sein.
Nach Airoldi (193f.) handelt es sich hier um einen Bundesschluß mit begleitendem Mahl.

Außerdem ist von Zehnten in Gen 28, 22; 1 Sam 8, 15; Am 4, 4 die Rede. An der ersten Stelle verspricht Jakob in Bet-El, von allem, was Gott ihm schenkt, den Zehnten zu geben (*ʿśr pi*). Nähere Einzelheiten fehlen. Die zweite Stelle steht im sog. Königsrecht von 1 Sam 8. Samuel sagt, daß der König von den Äckern und Weinbergen Zehnten erheben (*ʿśr qal*) und sie seinen Höflingen und Beamten geben wird. Hier ist offenbar von einer Art Steuer die Rede, und vielleicht richtet sich das Wort gegen einen Mißbrauch des Steuerrechts. Die Amosstelle spricht von Schlachtopfern und von „Zehnten am dritten Tag". Der Zehnt scheint hier mit einem Opfer vergleichbar zu sein (Airoldi 187ff. faßt *maʿᵃśer* auch hier als eine Opfermahlzeit auf).

3. Das Bundesbuch spricht nur von Erstlingen (Ex 22, 29f. *bᵉḵor*; 23, 19 *reʾšîṯ*, *bikkûr*) von Getreide, Wein, Groß- und Kleinvieh. Erst in Dtn finden sich ausführliche Vorschriften vom Zehnten (12, 6f. 11f. 17f.; 14, 22–29; 26, 12–15). Eine nordisraelitische Herkunft (Guthrie) dieser Verse ist kaum noch auszumachen (vgl. N. Lohfink, Bibl 44, 1963, 492; E. Nielsen, Law, History, and Tradition, Kopenhagen 1983, 77–89).

Nach 14, 22 soll man „allen Ertrag von der Aussaat, was auf der Erde wächst", verzehnten (*ʿśr pi*); als Folge der Kultzentralisation soll man „den *maʿᵃśer* von Korn, Most und Öl" sowie „die Erstgeburt von Rind und Kleinvieh am erwählten Ort vor JHWH essen" (v. 23; es wird nicht klar, ob die Erstlinge mit zum Zehnten gehören oder nicht). Der *maʿᵃśer* ist nicht eine Gabe an den Tempel oder an jemanden, sondern ein fröhliches Mahl (vgl. Airoldi 195ff.) in Dankbarkeit zu Gott für eine gute Ernte. Obwohl v. 23 die typisch dtn Forderung des Essens am einzigen von Gott erwählten Ort enthält, wird diese Vorschrift aufgeweicht durch das Zugeständnis, daß das Zentralheiligtum zu weit entfernt sein kann, um den Vollzug zur Erntezeit zu erlauben. Dann kann der *maʿᵃśer* verkauft werden, der Kaufpreis soll aber aufgehoben werden, um bei einer späteren Gelegenheit ein fröhliches Mahl am heiligen Ort zu ermöglichen. Das wäre bei einem der Wallfahrtsfeste möglich, aber die Sorge um die zu große Entfernung scheint die Möglichkeit eines näher gelegenen Ersatzortes zu implizieren, und v. 27 deutet an, daß die Feier auch zu Hause stattfinden kann, da der Levit, „der in deiner Stadt wohnt", nicht unbeachtet gelassen werden darf (Wendel schließt aus Dtn 12, 17, daß der Zehnte nicht in der Heimatstadt verzehrt werden darf; v. 21 aber macht deutlich, daß Fleischessen in der Heimatstadt erlaubt ist, wenn der erwählte Ort zu weit entfernt ist). Die Erwähnung der Leviten in 14, 27 scheint ein später Nachtrag zu sein, und vv. 28f. rechnen die Leviten zu den Bedürftigen, zu denen auch die *gerîm*, die Waisen und die Witwen gehören und für die jedes dritte Jahr „der ganze (nicht ein zweiter) *maʿᵃśer*" vorbehalten werden soll (so auch 26, 12–15).

4. Später wird der Zehnte eine obligatorische Abgabe zum Unterhalt der Priester und des Tempels. In den genannten Texten sieht es so aus, als erhielten die Leviten jedes Jahr nur einen Anteil an den Zehnten und jedes dritte Jahr einen Teil des Armenzehnten, während die Priester nach Dtn 18, 4 die Erstlinge und gewisse Teile von den Opfern (v. 3) erhielten.

Eißfeldts Hauptanliegen ist es, der Meinung von Wellhausen u. a. entgegenzutreten, nach der die Priesterschaft bei der Umformung der Überlieferung (P-Chr) ihren Anteil allmählich vergrößerte. Er betont, daß keine wesentliche Änderung stattgefunden hat von J bis Chr. Eine völlig entgegengesetzte Entwicklung wird von Weinfeld (Tarbiz 31) angenommen: was früher sakral gewesen war, wurde durch Dtn das Vorrecht des Besitzers. In ähnlicher Weise beschreibt Horst (ThB 12, 78) das Festmahl als Ergebnis einer säkularisierenden Tendenz.

Eißfeldt (BWANT 22, 157) lehnt auch die Identifizierung der Erstlinge mit den Zehnten ab. Nach Dtn 14, 28; 26, 10. 12; 18, 4; 2 Kön 4, 42 scheinen Erstlinge und Zehnten jedenfalls zum Teil dieselbe Funktion zu haben. Es ist zu bemerken, daß die Zehnten nicht zu jeder Zeit aus der Habe ihres Besitzers erhoben werden, sondern dann, wenn sie zum ersten Mal in seinen Besitz gelangen: sie sind Erstlinge. Der Besitzer weiß natürlich nicht von Anfang an, wie groß sein Ertrag werden wird (eingerechnet der des Gartens Lev 23, 30 u. a.), deshalb muß er eine Schätzung machen.

In Num 18, 21 finden wir dann zum erstenmal die Feststellung, daß Gott den Leviten „den ganzen Zehnten, den die Israeliten entrichten" als Erbteil gegeben hat. Dies kommt überraschend nach einer langen Ausführung (vv. 11–19) über Erstlinge (*reʾšîṯ*), die die aaronitischen Priester als Entgelt für das mit dem Umgang mit dem Heiligen verbundene Risiko (Noth, ATD 7, 118ff.) erhalten sollen. Dazu gehört nicht nur „das Beste von Öl und Wein und Korn" (Num 18, 12), das nach Dtn 14, 23 für die Feier des Gebers vorgesehen ist, sondern auch die Erstgeburt von Rind und Kleinvieh (Num 18, 17) und sogar die Erstgeburt von Menschen (natürlich mit Geld ausgelöst; v. 15). Diese Situation, in der die Priester so reichlich versehen sind, kann nicht der ursprüngliche Zusammenhang von Num 18, 21–24 gewesen sein, wonach *alle* Zehnten den Leviten zufallen, zumal v. 26 hinzufügt, daß die Leviten einen Zehnten von ihrem Zehnten als eine *tᵉrûmāh* für JHWH abgeben sollen, was wohl bedeutet, daß er den Priestern zufallen soll.

Lev 27, 30–33 wird vorgeschrieben, daß „der Zehnte ... von der Aussaat des Landes und von der Frucht des Baumes" JHWH gehört, aber notfalls unter Hinzufügung von 20% des Wertes ausgelöst werden kann. „Diese Auslösung hat nichts zu tun mit der Dt 14, 24ff. freigestellten vorübergehenden Umsetzung des Fruchtzehnten in Geld" (Elliger, HAT I/4, 392). Bei den animalischen Zehnten (zu bemerken: „jedes zehnte Stück") ist nach v. 32 keine Auslösung möglich; dagegen ist sie nach v. 27 bei nicht-opferbaren Tieren erlaubt.

Lev 27, 32f. ist als Ergänzungsbestimmung entstanden, nachdem animalische Zehnten unter die Erstlinge der Priester aufgenommen worden waren. Das wird auch vorausgesetzt in 2 Chr 31, 5–12, während Mal 3, 8 animalische Zehnten noch erwähnt (falls nicht die untauglichen Opfer von 1, 8 damit identifiziert werden) und nur der normale vegetabilische Zehnt in Neh 10, 37; 12, 44; 13, 5. 12 erwähnt wird, obwohl dieser in 12, 44 als Gehalt für „Leviten und Priester" (genauer 10, 39: für die Leviten und davon ein Zehntel für die Priester) betrachtet wird.

IV. 1. In der rabbinischen Literatur (St.-B. IV/2, 650ff. 668ff.) unterscheidet man die Erstlinge nicht nur von dem „ersten" Zehnten (Num 18, 21–34) und der priesterlichen *t^erûmāh* in Num 18, 12, sondern auch von den beiden anderen *t^erûmôṯ* und vom „Zehnten vom Zehnten" (Num 18, 26) und trennt diese vom „zweiten" (oder „dritten" nach TargJes I Dtn 26, 14, wobei der Armenzehnte der „zweite" ist) Zehnten, der für das Mahl des Gebers gemeint ist (Dtn 14, 22; Lev 27, 30).

2. In der Tempelrolle von Qumran wird *ma'^aśer* in der Bedeutung „Zehntel" gebraucht (58, 5 „ein Zehntel der Mannschaft"; 58, 13: von der Kriegsbeute fällt ein Zehntel dem König zu, den Priestern ein Tausendstel und den Leviten ein Hundertstel). Die Zehntvorschriften weichen z. T. von der rabbinischen Auffassung ab. In 37, 10 ist von Plätzen, die für die Opfer, Erstlinge und Zehnten (nicht näher spezifiziert) der Priester angefertigt sind, die Rede. 60, 6 erkennt den Leviten Zehnt von Korn, Wein und Frischöl zu, 60, 9 spricht in einem parenthetischen Satz vom Zehnt vom (wilden) Honig – im Zusammenhang geht es sonst um Abgaben von der Jagdbeute, die 1/100 oder 1/50 betragen. TR 60 handelt von dem, was rabbinisch „der erste Zehnt" genannt wird; der „zweite Zehnt" (Dtn 14, 22ff.; 26, 12f.) wird in TR 43 behandelt, ohne daß das Wort *ma'^aśer* genannt wird.

Außerhalb dieser speziellen Bedeutung spielt die Zahl „zehn" in Qumran eine große Rolle. So wird mit ihr bes. im Bereich der *milḥāmāh*-Literatur die Einteilung der Gemeinde mittels des Dezimalsystems herausgestellt (vgl. 1 QM 2, 13–16; 4, 3–5. 17). Diese Gruppengliederung besteht auch in „Friedenszeiten" (1 QS 2, 22; 1 QSa 1, 15; 2, 1; CD 13, 1 f.). Des weiteren sind für den Sodalen 10 Jahre Studium der „Satzungen des Bundes" (*ḥuqqê habb^erîṯ*, 1 QSa 1, 8) notwendig. Wer nach Ablauf von 10 Jahren gegen die Satzung der Gemeinschaft handelte, wurde ohne Bewährungsfrist ausgeschlossen (1 QS 7, 22). Man denkt an den altjüd. *minjān*, wenn einmal nach CD 10, 4 ein Richtergremium von 10 Mann für die Gemeinde eingerichtet wird, wenn andererseits mit der Anwesenheit von 10 Männern die Notwendigkeit eines anwesenden Priesters betont wird (1 QS 6, 3; vgl. Z. 6 und 1 QSa 2, 22).

3. Die LXX übersetzt alle Formative dieser Wurzel mit wenigen Ausnahmen mit δέκατος und seinen Komposita. Das Nomen *ma'^aśer* findet seine Wiedergabe mit ἐπιδέκατος (18mal), δέκατος (13mal) und je 1mal mit δέκας, ἐκφόριον und ἀπαρχή.

V. Die chronologische Einordnung der Zehntgesetze wird dadurch erschwert, daß Gesetze aus verschiedenen Zeiten weiterüberliefert werden, auch wenn sie außer Gebrauch kommen. Haran, der P (Num 18, 21) vor Dtn ansetzt, verbessert vielleicht die Reihenfolge (obwohl er vom Königszehnt absehen muß), aber Cazelles Behauptung, *ma'^aśer* habe nichts mit „zehn" zu tun (vgl. Airoldi, der die dtn Belege auf ein „zubereitetes Mahl" deutet), macht hier Schwierigkeiten. Im Hinblick auf die mesopotamischen Fakten (s. o. I. 2.) und die biblischen Belege muß folgendes bedacht werden: 1) jede menschliche Gruppe muß einen gewissen Teil der Privateinkünfte für gemeinsame Angelegenheiten absetzen; 2) der Tempelkult ist eine Angelegenheit, die mit solchen Abgaben finanziert werden mußte; 3) spontane (oder ehrende) Gaben wie griech. λειτουργία (das Festmahl Dtn 14, 23?) konnten anfangs ausreichend gewesen sein, mußten aber allmählich gesetzlich geregelt werden; 4) die Zahl „Zehn" ist ohne sakralen Charakter (wie 7 oder 40); sie läßt sich aber einerseits leicht merken, wenn man auf den Fingern zählt, andererseits ist ein Zehntel ungefähr das, was der einzelne leisten kann; das Zehntel wurde aber ziemlich ungenau berechnet und wurde mit der Zeit als Steuerabgabe im allgemeinen aufgefaßt (Baumgarten, JBL 103); 5) als viele soziale und wirtschaftliche Angelegenheiten säkularisiert wurden, wurden die Zehnten für kultisch-priesterliche Zwecke reserviert, wobei der Name nichts mehr über den Prozentsatz aussagt.

North

עָשָׁן *'āšān*

I. Etymologie – II. Gebrauch im AT – 1. Ex 19, 18 – 2. Gen 15, 17 – 3. Verhältnis zu *q^eṭoræṯ*; unangenehmer Aspekt – 4. „Rauchsäulen" – III. 1. Qumran – 2. LXX.

Lit.: *A. Demsky*, A Note on „Smoked Wine" (Tel Aviv Journal 6, 1979, 163). – *G. F. Hasel*, The Meaning of the Animal Rite in Genesis 15 (JSOT 19, 1981, 61–78). – *J. Jeremias*, Theophanie (WMANT 10, 1965). – *O. Kaiser*, Traditionsgeschichtliche Untersuchung von Genesis 15 (ZAW 70, 1958, 107–126 = Von der Gegenwartsbedeutung des AT, 1984, 107–126). – *E. C. Kingsbury*, The Theophany-Topos and the Mountain of God (JBL 86, 1967, 205–210). – *J. Licht*, Die Offenbarung Gottes beim Aufenthalt am Berg Sinai (Festschr. S. E. Loewenstamm, Jerusalem 1977, 251–267). – *H. Torczyner*, Zur Bedeutung von Akzent und Vokal im Semitischen (ZDMG 64, 1910, 269–311, bes. 270).

I. Die Wurzel *ʿšn* mit der Bedeutung ʿRauch, rauchenʾ liegt in pun. *mʿšn* ʿVerbrennungsurneʾ vor; im Arab. bedeutet *ʿaṯana* ʿaufsteigenʾ (vom Rauch). Zu vergleichen dürfte auch das in mehreren aram. Dialekten belegte *tnn* (*pa.*) ʿrauchenʾ sein (< *ʿtn*). Im Akk. und Ugar. ist *ʿšn* nicht belegt; dagegen findet sich hier *qaṭāru* bzw. *qṭr* mit der doppelten Bedeutung ʿrauchenʾ (G) und ʿräuchernʾ (D) (→ קטר *qṭr*).

II. 1. Im AT ist *ʿāšān* besonders auffällig als Begleiterscheinung der Sinai-Theophanie (Ex 19, 18): „Der ganze Sinai war in Rauch ... Der Rauch stieg vom Berg auf wie Rauch aus einem Schmelzofen, und der ganze Berg bebte gewaltig", vgl. auch Ex 20, 18: „Das Volk sah ... wie es donnerte und blitzte ... und der Berg rauchte." Erstaunlicherweise wird dieses Phänomen weiterhin als → ענן *ʿānān* ʿWolkeʾ beschrieben (58mal in Theophaniekontext); von Rauch wird nicht gesprochen im Zusammenhang mit der Wolken- und Feuersäule, die das Volk begleitete (Ex 13, 21, jedoch Jes 4, 5 in eschatologischem Kontext). Der Rauch in Ex 19, 18 hat vielfach den Eindruck eines Vulkanausbruchs vermittelt, aber der nächste Vulkan, der in historischer Zeit aktiv gewesen ist, liegt bei Tadra Hala al-Badr südöstlich von Elat. Da nun Midian gelegentlich mit Sinai identifiziert wird (Ex 2, 15–14, 19; Num 25, 15; Hab 3, 7) (vgl. den Geographen Ptolemäus 6, 7, 2, s. R. North, TAVO-B 32, 1979, 66f.; E. A. Knauf, ZDMG 135, 1985, 16–21), könnte man hier doch den Berg Sinai suchen. Die Versuche, diesen Vulkan mit dem Ort der Theophanie zu identifizieren (W. Phythian-Adams, PEQ 62, 1930, 135–149. 192–209; G. Hort, Festschr. G. Sicher, Prag 1955, 81–93), sind aber als gescheitert zu betrachten. Man ist aber darüber einig, daß die Theophanie im Kolorit eines Vulkanausbruchs beschrieben wird.

Auf den rauchenden Berg von Ex 19, 18 nimmt Ps 104, 32 Bezug: „Er blickt auf die Erde, und sie bebt, er rührt die Berge, und sie rauchen". Ps 144, 5 bittet um eine Wiederholung des Ereignisses: „Neige deinen Himmel, und steige herab, rühre die Berge an, so daß sie rauchen".

2. In Gen 15, 17 wird erzählt, wie „ein rauchender Ofen und eine lodernde Fackel (oder vielmehr „Flamme" *lappîḏ*)" zwischen den Opferstücken hindurchfuhr. Der Text „erinnert unverkennbar an den Sinaivulkan" (O. Procksch, KAT I, 104). Unmittelbar danach schließt JHWH einen Bund mit Abraham, was zu vermuten gibt, daß die Feuererscheinung JHWHs Gegenwart repräsentiert. Diese Gegenwart ist, wie der Kontext impliziert, numinos, aber nicht furchterregend wie Ex 19, 18. (Zu Gen 15 im allgemeinen s. Kaiser und Hasel; dazu G. J. Wenham, JSOT 22, 1982, 134–137).

Das Sinai-Ereignis findet vielleicht einen Wiederhall im Rauch aus der Nase Gottes in Ps 18, 9 (= 2 Sam 22, 9) mit den Begleiterscheinungen Feuer, Dunkel, Hagel, Donner, aber im Kontext ist hier von einer Manifestation des göttlichen Zorns (v. 8) die Rede. Dasselbe ist Dtn 29, 19 und Ps 74, 1 der Fall: Gottes Zorn ist entbrannt (wörtlich „raucht") gegen die Abfälligen bzw. sein Volk. Elliptisch ausgedrückt „raucht", d. h. zürnt Gott, während sein Volk betet (Ps 80, 5). Nach Jes 65, 5 sind die Götzenanbeter „wie Rauch in meiner Nase, wie ein immer brennendes Feuer", was wohl besagt, daß sie Gottes Zorn hervorrufen (zum Ausdruck vgl. auch Jer 17, 4; Dtn 32, 22).

3. *ʿāšān* erscheint nie als Parallele zu *qeṭoræṯ* (→ קטר) – eine mögliche Ausnahme könnte Jes 6, 4 (der Tempel wird von Rauch gefüllt) sein, aber hier hat vielleicht das Theophaniemotiv eingewirkt. Der Rauch von Weihrauch und Opfern ist „ein angenehmer Duft" (→ ניחוח *nîḥôaḥ*), wogegen *ʿāšān* eher das Unangenehme ausdrückt. Rauch kommt aus den Nüstern des Krokodils (Ijob 41, 12). Nach Spr 10, 26 ist der faule Diener „wie Essig für die Zähne und wie Rauch für die Augen".

Rauch ist auch Symbol der Flüchtigkeit und Vergänglichkeit: die Bösen werden „wie Rauch vergehen" (Hos 13, 3; Ps 37, 20 [lies *keʿāšān* mit 4 QpPs 37]; 68, 3). Der Psalmist klagt in Ps 102, 4, daß seine Tage wie Rauch verschwunden sind. Ein ähnliches Bild liegt auch Jes 51, 6 vor: wenn auch Himmel und Erde wie Rauch und wie ein altes Kleid vergehen, wird aber Gottes hilfreiche Gnade bestehen bleiben. In Jes 34, 10 steigt der Rauch, der den Untergang Edoms symbolisiert, unaufhörlich auf (vgl. O. Kaiser, ATD 18², 284: „Es ist deutlich genug, daß [der Dichter] sich das Ende Edoms ähnlich wie einst den Untergang von Sodom und Gomorra vorstellte"). Nach Jes 9, 17 „loderte die Bosheit (des Volkes) auf wie ein Feuer ... und entzündete das Dickicht ... so daß es in Rauchschwaden aufging", m.a.W., die Bosheit verursachte den zerstörenden Zorn JHWHs. In Jes 14, 31 zeugt der Rauch aus dem Norden von den Verheerungen des herannahenden Feindes. Nah 2, 14 gehen die Streitwagen in Rauch auf. Ganz konkret sehen die Einwohner von Ai nach Jos 8, 20f. den Rauch ihrer verbrannten Stadt aufsteigen. In Jos 20, 38. 40 wird der Rauch des durch die Efraimiten zerstörten Gibea von den Benjaminitern irrtümlich als ein Rauchsignal aufgefaßt.

4. Was Hld 3, 6 mit *tîmarôṯ ʿāšān* ʿRauchsäulenʾ gemeint ist, bleibt unklar; der Kontext deutet Weihrauch an, der um die „Sänfte Salomos" angezündet wird. In Joël 3, 3 sind „Blut, Feuer und Rauchsäulen" Zeichen, die den „Tag JHWHs" (→ יום *jôm*) ankündigen.

III. 1. Qumran bleibt im Rahmen des at.lichen Sprachgebrauchs. Die Stärke der Feinde wird wie Rauch aufgelöst (1 QM 15, 10), und der Frevel wird wie Rauch vergehen und nicht mehr da sein (1 Q 27, 1, 1, 6). 1 QH 9, 7 ist die Lesung unsicher.

2. *ʿāšān* wird in der LXX fast ausschließlich mit καπνός wiedergegeben, vereinzelt findet sich ἀτμίς (Hos 13, 3) und das verbale καπνίζεσθαι. Das Verb

wird mit καπνίζεσθαι (3mal) oder ὀργίζεσθαι (2mal) übersetzt; Dtn 29, 19 steht ἐκκαυθήσεται (ὀργή).

North

עָשַׁק *ʿāšaq*

עֹשֶׁק *ʿošæq*, עֵשֶׁק *ʿešæq*, עָשְׁקָה *ʿŏšqāh*, עָשׁוֹק *ʿāšoq*, עֲשׁוּקִים *ʿᵃšûqîm*, מַעֲשַׁקּוֹת *maʿᵃšaqqôṯ*

I. Wurzel, Derivate – 1. Abgrenzungen – 2. Verbal-, Nominalformen – 3. Streuung – 4. Sprachqualität – 5. Außerbiblische Sprachen – 6. Übersetzungen – II. Bedeutungen und Lebenssitze – 1. Aktivformen – 2. Zustandswörter – III. Sprach- und Sozialgeschichte – IV. Theologische Implikationen – V. Nachwirkungen.

Lit.: *W. B. Bizzel*, The Social Teachings of the Jewish Prophets, Boston 1916. – *L. Epsztein*, La justice sociale dans le Proche-Orient Ancien et le peuple de la Bible, Paris 1983. – *E. Haag* u.a. (Hg.), Gewalt und Gewaltlosigkeit im AT (QD 96, 1983). – *T. Hanks*, God so Loved the Third World: The Biblical Vocabulary of Oppression, Maryknoll 1983. – *P. Joüon*, Verbe עָשַׁק „retenir" (le bien d'autrui), secondairement „opprimer" (Bibl 3, 1922, 445–447). – *Y. I. Kim*, The Vocabulary of Oppression in the Old Testament, Diss. Drew University 1981. – *J. Milgrom*, The Missing Thief in Lev 5, 20ff. (RIDA 22, 1975, 71–85). – *J. Miranda*, Communism in the Bible, Maryknoll 1982. – *J. D. Pleins*, Biblical Ethics and the Poor, Diss. University of Michigan 1986. – *J. Pons*, L'oppression dans l'Ancien Testament, Paris 1981. – *E. Tamez*, The Bible of the Oppressed, Maryknoll 1982. – *L. Wallis*, Sociological Study of the Bible, Chicago ⁴1922.

I. 1. Nach KBL³ wären drei verschiedene Wurzeln zu unterscheiden: *ʿśq* 'streiten' (nur Gen 26, 20), *ʿšq* I 'bedrücken' und *ʿšq* II 'stark sein' (nur Ijob 40, 23; verwandt mit *ḥzq*?, anders F. Hesse, → II 847). Weil *ʿśq* und *ʿšq* II nur so dürftig belegt sind und weil die Differenzierung der Dentale und Zischlaute oft nur eine Dialektfrage ist (vgl. Ri 12, 5; BLe 191 Anm. 1), sollten wir vor allem die von KBL³ *ʿšq* I genannte Wurzel berücksichtigen.

Guttural-, Zisch- und Explosivlaut sind der Grundstock eines Klanggebildes, das wohl schon in sich Aggressivität ausdrückt (P. P. Saydon, Bibl 36, 1955, 294). Ähnliche Lautkombinationen: *šdd* 'gewalttätig handeln'; *šḥṭ* 'schlachten'; *šḥq* 'zerreiben', *šḥt pi* 'verderben'; *šmd hitp* 'zerstören'; *šsʿ pi* 'zerreißen'.

2. Verbal- und Nominalformen sind annähernd gleichgewichtig im AT vertreten. Das Verb erscheint 27mal in aktiven Lexemen, immer im *qal*, davon 19mal mit persönlichem Objekt, 4mal mit einem Sach- oder begrifflichen Objekt und 4mal in absoluter Verwendung. *ʿśq hitp* 'sich streiten' (Gen 26, 20) läßt sich bedeutungsmäßig gut dem *qal* von *ʿšq* an die Seite stellen. Ebenso gehört die singuläre Form *ʿāšôq* (Jer 22, 3) nach Ausweis von Jer 21, 12 als nomen agentis ganz in die Gruppe der handlungsaktiven Wörter. Auf der anderen Seite stehen alle Lexeme, die Zustände, Resultate, Sachverhalte ausdrücken. Dahin läßt sich das völlig intransitive *hen jaʿᵃšoq nāhār* „sieh, der Strom schwillt an" (Ijob 40, 23) (oder: „ist bedrückt"? Fohrer, KAT XVI 523 verbessert mit LXX in *jišpaʿ* „flutet reichlich") stellen; natürlich sind das passive Ptz. *qal* (8mal) und das Ptz. *pu* (Jes 23, 12) sowie die große Mehrheit der Nomina zuständlich orientiert: *ʿošæq* 'Bedrückung' (15mal), *ʿŏšqāh* 'Bedrängnis' (nur Jes 38, 14; zum Weglassen des Meteg – MT hat *ʿāšᵉqāh* – und zu anderen Emendationen vgl. H. Wildberger, BK X/3, 1444; B. Duhm, HKAT III/1, 281 liest Imp. *qal* von *ʿśq* = „bemühe dich ..."), *ʿᵃšûqîm* (3mal) und *maʿᵃšaqqôṯ* (2mal) plurale Abstrakta: 'Erpressung'. Der Personenname *ʿešæq* (1 Chr 8, 39, Nachkomme Sauls) könnte von *ʿšq* abgeleitet sein (anders KBL³ 849; Noth, IPN Nr. 1120: Übersetzung als Seufzer „Bedrückung" ist „unannehmbar"; PNU 29: „stark"). So stehen also den insgesamt 28 „Handlungs"- alles in allem 32 „Zustands"wörter gegenüber.

3. Die Verteilung dieser Lexeme im AT ist bemerkenswert. Die Geschichtsbücher aller Epochen, also Gen, Ex, Jos, Ri, Kön, Chr (Ausnahmen nur 1 Chr 16, 21 = Ps 105, 14; 1 Chr 8, 39 ist unsicherer Name, s.o.), Esra, Neh, zeigen keine Spur dieser Wurzel. Die beiden Samuelstellen (1 Sam 12, 3. 4) wirken in 55 Textkapiteln wie verloren. D. h.: Die erzählende Literatur verwendet den Wortstamm nicht. Dagegen taucht er konstant in Ps (9mal), Jes, Ez, 12 Propheten (je 7mal), Jer (6mal), Spr, Koh (je 5mal) auf. Diese Bücher enthalten 46 der 60 Belege; weitere Vorkommen in Lev (4mal), Dtn, Ijob (je 3mal). Die Statistik legt zwei Schlußfolgerungen nahe: 1) *ʿšq* kommt hauptsächlich in kultisch-lehrhaften Texten vor; die prophetischen und gesetzlichen Passagen müssen auf ihr Verhältnis zu diesen befragt werden. 2) Eine zeitliche Einordnung der Texte mit *ʿšq* wird uns meistens in die nachexil. Periode führen.

4. *ʿšq* und seine Derivate bezeichnen immer negativ bewertete Handlungen und Zustände. Oft ist die Tat verboten (z. B. Lev 19, 13; Dtn 24, 14) oder als verwerflich gekennzeichnet (z. B. Lev 5, 21. 23) und für den Betroffenen als leidvoll ausgewiesen (z. B. Dtn 28, 29. 33). Häufig findet sich das *ʿšq*-Verhalten oder seine Konsequenzen in Aufzählungen verabscheuungswerter Vorgänge (z. B. Ez 18, 10–18; 22, 23–31) und zu befürchtender Leiden (z. B. Ps 146, 7–9). *ʿšq* gehört zu der Sprache, die sich mit der Lebensbedrohung auseinandersetzt. Unsere Wortgruppe bezeichnet lebensfeindliche Sachverhalte.

5. Außerhalb des AT ist die Wurzel vorwiegend in aram. Sprachen belegt. Die ältesten Vorkommen sind wohl KAI 226, 8 (par. zu *nûs haph* 'fortschleppen'); 224, 20: 'gewalttätig handeln' (vgl. Degen,

Altaram. Grammatik 68. 79). Die aram. Qumranfragmente (vgl. K. Beyer, ATTM 272), das jüd. und christl. Aram. aus Palästina, syr. (vgl. Brockelmann, LexSyr 552) und mand. (MdD 41 b) Schriften bieten Einzelbelege – sie lassen sich mit 'bedrücken' wiedergeben. Im Äg. ist *ʿšq* vielleicht aram. Lehnwort (WbÄS I 230). Dagegen sind die arab. und akk. homonymen Wurzeln strittig. Arab. *ʿašiqa* 'heftig lieben' (Wehr 553) ist möglicherweise verwandt. Akk. *ʿešqu* 'stark, massiv' (AHw I 257) hat kaum etwas mit *ʿšq* zu tun.

6. Die LXX gibt *ʿšq* und seine Derivate häufig mit Wörtern vom Stamm (α)δικ- wieder: ἀδικεῖν erscheint 15mal (sogar in Gen 26, 20 = *jaʿašqu 'oṯô*?), dazu ἀπαδικεῖν in Dtn 24, 14. Ἄδικος, ἀδικία, ἀδίκημα ist 8mal für nominale Formen gesetzt. Das griech. Wortfeld stammt aus der Rechtssphäre, 'Unrecht' (vgl. G. Schrenk, ThWNT I 150–162). An zweiter Stelle sind die griech. Äquivalente vom Stamm δυν- zu nennen. (κατα)δυναστεύειν, καταδυναστία 'beherrschen' sind 11mal vertreten, die Wortfamilie läßt sich dem politischen Bereich zuordnen. συκοφαντεῖν, συκοφάντης, συκοφαντία sind ebenfalls 11mal für Wörter der Gruppe *ʿšq* zu finden. Gemeint sind falsche Anklage, Bedrückung und Erpressung, Begriffe aus der Morallehre (vgl. C. H. Hunzinger, ThWNT VII 759). Die restlichen Wiedergaben sind Einzelfälle: βίᾳ ἄγειν „mit Gewalt handeln" (Jes 52, 4); αἰτία 'Schuld' (Spr 28, 17); ἀποστρέφειν 'entwenden' (Dtn 24, 14, A; Mal 3, 5); διαρπάζειν 'ausplündern' (Mi 2, 2), ἐκπιέζειν 'ausquetschen' (Ez 22, 29), θλίβειν, θλῖψις 'Bedrängnis' (Ez 18, 18): Generalisierend werden „Unrecht" und „Gewaltanwendung" in den Vordergrund gestellt. Spezifische Wortinhalte (z. B. „wegnehmen", „plündern", „verleumden") sind nur selten zu erkennen. – V bevorzugt *opprimere* und seine Derivate.

II. 1. Die aktiven Verbformen machen den lebendigsten Eindruck (Verwendungsvielfalt; Konkretion); von ihnen sind die Nomina abgeleitet.

a) In den Verbotsreihen von Lev 19, 11–14 muß *ʿšq* eine den anderen Verboten gleichwertige Bedeutung haben. V. 11 nennt *gnb* 'stehlen', *kḥš* 'lügen', *šqr* 'betrügen' nebeneinander. V. 12 ist priesterlich-ethische Ausweitung (Namensmißbrauch), v. 13 bringt, jetzt in sing. Ermahnung, weitere drei Prohibitive: *lo' taʿašoq 'æṯ-reʿaḵā weloʾ tiḡzol lo' tālîn* ... *gāzal* (→ גזל) heißt 'berauben', *lîn peʿullaṯ śāḵîr* ist das widerrechtliche Vorenthalten des Tageslohnes, vgl. Dtn 24, 14f. (fehlt im Bundesbuch!). Dann bedeutet *ʿšq* 'ausbeuten, erpressen', wobei die Auszahlungsverzögerung (Dtn 24, 15) Teil der wirtschaftlichen Ausbeutung ist. *ʿšq* steht auch sonst im Kontext von wirtschaftlichen Vergehen gegen Einzelpersonen, so in 1 Sam 12, 3f. (*lāqaḥ* → לקח), Am 4, 1 (*rṣṣ* 'kaputtmachen', vgl. 1 Sam 12, 3f.; Dtn 28, 33; Hos 5, 11); Ez 22, 29 (*gāzal* → גזל, vgl. Lev 5, 23; 19, 13; Jer 21, 12, hier völlige Synonymität!; 22, 3; Mi 2, 2; Ps 62, 11; Koh 5, 7); Mi 2, 2 (*ḥmd* → חמד, *gzl*, *nś'*, Wegnehmen des Grundeigentums). Auch die Spruchliteratur benutzt gesellschaftlich-wirtschaftliches Vokabular, wenn von *ʿšq* die Rede ist (Spr 14, 31; 22, 16; 28, 3; Koh 4, 1, vgl. Hos 12, 8). Und wer sind die Ausbeuter des Schwachen? Wohlhabende Israeliten! Das wird aus den Sprichwörtern deutlich (ist Spr 28, 3 mit LXX *rāšāʿ* für *rāš* zu lesen? Vgl. O. Plöger, BK XVII 331. 333: er bleibt bei MT) und scharf ausgesprochen in Mi 2, 1–10 (vgl. H. W. Wolff, BK XIV/4, 44: „Personal der militärischen Besatzung und königlichen Verwaltung") und Ez 22, 23–29 („Fürsten", Priester, Beamte, Propheten, vgl. W. Zimmerli, BK XIII/1, 520ff.). Oft genügt das Ptz. aktiv zur Bezeichnung des Täters: Jer 21, 12; Am 4, 1; Mal 3, 5; Ps 72, 4; 119, 121; Spr 14, 31; 22, 16; Koh 4, 1.

b) Nun ist aber die Anklage gegen Ausbeutung und Erpressung nicht einfach ein zivilrechtlicher Tatbestand. Vielmehr gehören derartige Bedrohungen des Nächsten in den Verantwortungsbereich der Kultgemeinde. *ʿšq* ist im Ethos dieser Gemeinde zu Hause, nicht in älteren sippenbezogenen Normen (vgl. *gnb*, *rṣḥ*, *n'p*). Die Regeln in ihrem Kontext sind auf die Kultgemeinde bezogen (vgl. Lev 19, 12; Jer 7, 6; Ez 18, 5–18; 22, 6–12). *ʿšq* in der Opferthora (Lev 5, 20–26) bestätigt das kultische Interesse. Der zu schützende „Nächste" (vgl. Lev 19, 11–13) ist das Gemeindeglied. Das „Volk" (Ez 18, 18) ist Israel, wie es sich in der Lokalgemeinde und in der Tempelgemeinschaft (vgl. Jer 7, 1–11) konstituiert. In der Predigt gegen die Ausbeutung des Glaubensgenossen (vgl. Lev 25: hier „geschwächter Bruder") kann *ʿšq* immer allgemeiner („Erpressung", „Untat") dem „Rechttun" entgegengesetzt werden (vgl. Ez 18, 18; Mi 2, 1; Sach 7, 9f.). Die wirtschaftliche Schädigung des Nächsten wird dann (in Krisenzeiten? unter dem Druck der Fremdherrschaft und interner Klassengegensätze? vgl. H. G. Kippenberg, Religion und Klassenbildung im antiken Judäa, 1978) zum Beispiel unmenschlichen und widergöttlichen Verhaltens schlechthin (vgl. Ps 72, 4; 119, 121f.; *ʿošeq* „Übeltäter"). Weil wirtschaftliche Ausbeutung auf nationaler Ebene die Vielen trifft, und weil sie das Markenzeichen aller Fremdherrschaft ist, kann *ʿšq* auch auf Volk und Land angewendet werden (vgl. Ps 105, 14 = 1 Chr 16, 21; Jes 52, 3–5).

2. a) Der Zustand des *ʿāšûq*, der unter der *ʿošæq* leidet, erregt Angst, Mitleid, Hilfsbereitschaft. Es gibt keine schadenfrohen Bemerkungen über die *ʿašûqîm*. Die at.lichen Sprecher waren Betroffene. Das Ptz. pass. *qal* (und *pu*) bezeichnet in der Regel eine Gruppe von Ausgebeuteten. In den von den Erfahrungen des 6. Jh. inspirierten Flüchen (Dtn 28, 15–68) mischen sich nach Predigerart Ankündigungen körperlicher und politisch-wirtschaftlicher Züchtigung. *ʿāšûq* (in Doppelnennung mit *gāzûl* oder *rāṣûṣ*) rahmt einen Abschnitt über die Vergewaltigung und Ausbeutung von außen (vv. 29–34; warum ist das Wort nicht in Klgl aufgegriffen?). Ebenso politisch ist es gemeint in Jer 50, 33 (Vokabular der Gefangen-

schaft!); Hos 5, 11 (MT, anders LXX, älteste Stelle für *ʿāšûq*?); Ps 103, 6 (Zusage von „Recht und Gerechtigkeit"); Koh 4, 1 („Tränen der Unterdrückten" = Zeichen für Leid). Die Aufzählung der Leidenden in Ps 146, 7–9 (*ʿašûqîm* an der Spitze) mutet wie ein zeitloses Elendsbild an. Die einzige individuelle, „vergeistigte" Verwendung findet sich in Spr 28, 17: „Der Mensch, belastet von Blutschuld ..." (Bedeutungsurgestein? Eher übertragene Verwendung!). Die Frage ist, ob die drei restlichen Vorkommen von *ʿašûqîm* (Am 3, 9; Ijob 35, 9; Koh 4, 1a), gemeinhin als Abstraktbildung verstanden, nicht auch persönliche Bedeutung haben können (so für Am H. W. Wolff, BK XIV/2, 229; für Ijob Fohrer, KAT XVI 472, nach Emendation; Koh 4, 1a: die Wendung *hāʿašûqîm ʾašær naʿaśîm*, „... die gemacht sind", scheint auf unpersönliche Verwendung zu deuten).
b) Das Nomen *ʿošæq* oszilliert zwischen gegenständlicher und abstrakter Bedeutung. Lev 5, 23; Koh 7, 7 zeigen *ʿošæq* in handfester Gegenständlichkeit (vgl. auch die Sprichwörter in Ex 23, 8; Dtn 16, 17). Auch Koh 5, 7; Jer 22, 17 schließen an diese Redeweise an. Bei *bāṭaḥ beʿošæq* (Jes 30, 12; Ps 62, 11) kann man im Zweifel sein, ob es sich um das unrecht erworbene Gut oder die „ausbeuterische Einstellung" handelt. *dibbær ʿošæq* (Jes 59, 13; Ps 73, 8) läßt nur die letztere Deutung zu. Auf den Vorgang der Ausbeutung oder ihre Mechanismen weisen Jer 6, 6; Jes 54, 14 (vgl. „Unheil in der Stadt" Am 3, 6; Jer 6, 7; Ps 55, 10–12). In der figura etymologica Ez 18, 18; 22, 29 (vgl. GKa § 117p.q) verschmilzt das Nomen mit dem Verb, während das Gewinn-Machen *beʿošæq* (Ez 22, 7. 12) auf die Einstellung des Ausbeuters abzielt. Ps 119, 134 schließlich zeigt das Wort verallgemeinert „Böses, das Menschen mir tun" an (vgl. vv. 29. 37. 39. 115. 128. 133. 153. 163: *rāʿāh*, das Böse, kommt im Ps nicht vor!). – Die Abstraktform *maʿašaqqôṯ* (Spr 28, 16) steht in unsicherem Text.

III. Wegen des geringen Belegmaterials läßt sich keine Begriffsgeschichte schreiben. Immerhin sind einige semantische Stufen erkennbar. a) In der arbeitsteiligen, stark klassenmäßig strukturierten israelitischen Gesellschaft (seit der späten Königszeit? vgl. Jer 21, 12; 22, 3. 17; oder früher? vgl. Hos 5, 11; 12, 8; Am 4, 1; Mi 2, 2) war die wirtschaftliche Ausnutzung des Schwachen verpönt. b) Träger dieser Idee sozialer Gerechtigkeit waren prophetische und priesterliche Kreise. Der Ort der Ermahnung und Anklage war überwiegend der Gottesdienst. c) Die Wörter der Gruppe *ʿšq* spielen neben → גזל *gāzal*, → ינה *jānāh*, → ענה *ʿānāh* und anderen in der ermahnenden Gemeinderede eine Rolle. *ʿšq* bezeichnet dabei die verschiedenen wirtschaftlichen Maßnahmen und Situationen sowie die entsprechenden Einstellungen der wirtschaftlich Potenten, die auf Existenzbedrohung des Armen hinauslaufen. d) Besondere Krisenzeiten (Exilierung; Naturkatastrophen; Aussaugung durch Fremdherrscher) haben dieser Ausbeutung innerhalb der frühjüdischen Gemeinde den Ruch des schlimmsten Unheils und Leides gegeben. (Zur Sozialgeschichte der Gemeinden → ענה II *ʿānāh*).

IV. Theologisch bedeutsam ist, daß im Alten Orient und besonders in Israel der wirtschaftlich Schwache den Schutz Gottes genoß. Hier wirken uralte Sippentraditionen der Solidarität des Schutzgottes mit den Seinen und daraus entwickelte Ideale des väterlich-fürsorglichen Königs mit speziell israelitischen Leid- und Unterdrückungserfahrungen zusammen.

In Ps 146, 7–9 stehen „die Gerechten", die JHWH „liebt" (v. 8c), inmitten Gruppen Minderprivilegierter, sind also selbst arme Leute (Gegensatz: die „Gottlosen", *ršāʿîm*, v. 9c). Die „Ausgebeuteten", *ʿašûqîm*, sind tonangebend an die Spitze gesetzt, ihnen soll „Recht" (*mišpāṭ*) geschehen. Dann folgen Hungrige, Gefangene, Blinde, Gebeugte (vv. 7f.) vor, und die traditionellen Fremden, Waisen, Witwen nach den „Gerechten". JHWH sorgt für sie alle in spezifischer Weise. Doch das (Lebens-)Recht (v. 7a) ist die generelle Zusage für die Randgruppen. Auch der König (Ps 72, 1–4) und jeder Israelit (Lev 19, 13; Spr 14, 31 u. ö.) hat die religiöse Pflicht, die gesellschaftlich Benachteiligten zu schützen. Der Raum, in dem dieses Bewußtsein geschärft wird, ist im alten Israel der Gottesdienst (vgl. Ez 18; 22; Sach 7; Ps 146 etc.).

V. Obwohl die Wortgruppe *ʿšq* in nach-at.licher Zeit keine bedeutende Rolle spielt (vgl. LXX: Einebnung in ἀδικεῖν etc.; Qumran, Apokryphen, NT: schwach belegt und ohne spezielle wirtschaftliche Akzente), ist doch ihr Beitrag in die Armentheologie des Judentums und Christentums (→ ענה II) eingegangen. Das zeigt sich besonders in der exegetischen Arbeit aus Ländern der „Dritten" Welt (vgl. z. B. Hanks; Tamez).

Gerstenberger

עָשַׁר *ʿāšar*

עָשִׁיר *ʿāšîr*, עֹשֶׁר *ʿošær*

I. Wurzel und Verbreitung – II. 1. Formen und Belege im AT – 2. Parallelwörter und Wortverbindungen – III. Allgemeine Verwendung – 1. Verb *ʿšr* – 2. Adj. *ʿāšîr* – 3. Subst. *ʿošær* – IV. Theologische Aspekte – V. Qumran und LXX.

Lit.: *H. A. Brongers*, Rijkdom en armoede in Israel (NedThT 29, 1975, 20–35). – *H. Bückers*, Die biblische Lehre vom Eigentum, 1947. – *T. Donald*, The Semantic Field of Rich and Poor in the Wisdom Literature of Hebrew and Accadian (OrAnt 3, 1964, 27–41). – *H. Donner*, Die soziale Botschaft der Propheten im Lichte der Gesellschaftsordnung in Israel (OrAnt 2, 1963, 229–

245). – *J. W. Gaspar*, Social Ideas in the Wisdom Literature of the Old Testament, Diss. Washington 1947. – *R. Gordis*, The Social Background of Wisdom Literature (HUCA 18, 1943/44, 77–118). – *J. Gray*, Feudalism in Ugarit and Early Israel (ZAW 64, 1952, 49–55). – *F. Hauck / E. Bammel*, πτωχός, B. Der Arme im AT (ThWNT VI 888–894). – *F. Hauck / W. Kasch*, πλοῦτος, B. Reichtum und Reiche im AT (ThWNT VI 321–323). – *F. Horst*, Das Eigentum nach dem AT (ThB 12, 1961, 203–221). – *J. Kelly*, The Biblical Meaning of Poverty and Riches (The Bible Today 33, 1967, 2282–2291). – *K. Koch*, Die Entstehung der sozialen Kritik bei den Profeten (Festschr. G. von Rad, 1971, 236–257). – *H.-J. Kraus*, Die prophetische Botschaft gegen das soziale Unrecht Israels (EvTh 15, 1955, 295–307 = Biblisch-theologische Aufsätze, 1972, 120–133). – *A. Kuschke*, Arm und reich im AT mit bes. Berücksichtigung der nachexil. Zeit (ZAW 57, 1939, 31–57). – *J. A. Lucal*, God of Justice: The Prophets as Social Reformers (The Bible Today 32, 1967, 2221–2228). – *M. Lurje*, Studien zur Geschichte der wirtschaftlichen und sozialen Verhältnisse im isr.-jüdischen Reiche (BZAW 45, 1927). – *E. Marmorstein*, The Origins of Agricultural Feudalism in the Holy Land (PEQ 85, 1953, 111–117). – *P. A. Munch*, Das Problem des Reichtums in den Ps 37. 49. 73 (ZAW 55, 1937, 36–46). – *N. Peters*, Die soziale Fürsorge im AT, 1936. – *G. von Rad*, Weisheit in Israel, 1970, 102–130. – *M. Schwantes*, Das Recht der Armen (BET 4, 1977). – *F. Selter*, Besitz, πλοῦτος (Theol. Begriffslexikon zum NT 1, 1967, 101–104). – *U. Skladny*, Die ältesten Spruchsammlungen in Israel, 1962. – *W. Thiel*, Die soziale Entwicklung Israels in vorstaatlicher Zeit, 1980. – *H. E. von Waldow*, Social Responsibility and Social Structure in Early Israel (CBQ 32, 1970, 182–204). – *G. Wanke*, Zu Grundlagen und Absicht prophetischer Sozialkritik (KuD 18, 1972, 2–17). – *H. W. Wolff*, Herren und Knechte. Anstöße zur Überwindung der Klassengegensätze im AT (TrThZ 81, 1972, 129–139).

Besonderes zu Jes 53, 9aβ: *W. F. Albright*, The High Place in Ancient Palestine (VTS 4, 1956, 242–258, bes. 244–246). – *B. Barrick*, The Funerary Character of „High Places" in Palestine: A Reassessment (VT 25, 1975, 565–595, bes. 580–585). – *G. R. Driver*, Isaiah 52, 13–53, 12: the Servant of the Lord (BZAW 103, 1968, 90–105, bes. 95). – *K. Elliger*, Nochmals Textkritisches zu Jes 53 (FzB 2, 1972, 137–144, bes. 141–143). – *K. F. Euler*, Die Verkündigung vom leidenden Gottesknecht aus Jes 53 in der griechischen Bibel (BWANT IV/14, 1934, 73–75). – *H. S. Nyberg*, Smärtornas man (SEÅ 7, 1942, 5–82, bes. 56–58). – *H. W. Wolff*, Jesaja 53 im Urchristentum, 1952, bes. 41. 77.

Weitere Lit.: → אביון *'æbjôn*, דל *dal*, הון *hôn*, חסר *ḥāser*, יקר *jāqār*, ענה *ʿānāh*.

I. Die Wurzel *ʿšr* (bzw. *ʿšr* I; zur möglichen *ʿšr* II in Ps 65, 10 vgl. KBL^3 850, mit Hinweis auf Ugar.) ist sowohl für den südwestsemit. (vgl. arab. etwa *ʿašara* ʿüppig/voll/reichlich vorhanden seinʾ) wie vor allem für den nordwestsem. Sprachbereich belegt. So ist die Wurzel – mit Verb und Nomina – neben dem at.-lichen und späteren Hebr. (vgl. DictTalm; Levy, WTM, s.v.) belegt im Aram. (*ʿtr*/*ʿtjr*; s. DISO 224; ATTM 666; sonst E. Kautzsch, Die Aramaismen, 1902, 109), im Syr. (*ʿtr* mit mehreren Der.), wobei noch mit dem Mand. verglichen (MdD 43b. 188a. 347a) werden kann (vgl. noch BLe § 61nα; auch die Inschrift aus Chirbet el-Qom Nr. 3; dazu K. Jaroš, BN 19, 1982, 31–40). Die Wurzel scheint allgemein zum Ausdruck zu bringen, daß ein Gegenstand (bzw. Zustand) über das gewöhnliche Ausmaß hinaus reichlich vorhanden ist.

II. 1. Die Wortsippe *ʿšr* ist im AT durch ein Verb, vor allem aber durch zwei Nomina vertreten.

Das Verb *ʿšr* kommt insgesamt 17mal vor, und zwar im *qal* 2mal (Hos 12, 9; Ijob 15, 29), im *hiph* 14mal (einschließlich Ps 65, 10 [s.o. I.] sowie Ps 49, 17 und Sach 11, 5, die vielleicht als *qal*-Formen gemeint sein könnten; vgl. Joüon, Grammaire §§ 54c. 63c; zu Sach 11, 5 s.u.) und im *hitp* 1mal (Spr 13, 7). In bezug auf seine Streuung ist das Verb bezeugt im Pent. 1mal (Gen 14, 23), im DtrGW 2mal (1 Sam 2, 7; 17, 25), bei den Propheten 4mal und weisheitlich 7mal (6mal in Spr samt Ijob 15, 29) oder 8mal, wenn Ps 49, 17 hinzukommt (sonst Ps 65, 10) und apokalyptisch 1mal (Dan 11, 2).

Das Adj. *ʿāšîr*, das auch öfter als Subst. verwendet wird (vgl. BLe § 61nα), kommt (einschließlich Jes 53, 9; s.u.) 23mal vor, wobei allerdings Spr 10, 15a mit 18, 11a identisch ist (vgl. auch 19, 1a mit 28, 6a). 8mal tritt es als Subjekt und 1mal (Koh 10, 20) als Objekt auf. Seine Streuung ergibt: im Pent. 1mal (Ex 30, 15), im DtrGW 3mal (1 Sam 12, 1. 2. 4), bei den Propheten 3mal (Jes 53, 9; Jer 9, 22; Mi 6, 12), weisheitlich 13mal (Spr 9mal, Koh 3mal samt Ijob 27, 19) bzw. 14mal, wenn Ps 49, 3 hier mitgezählt wird (sonst Ps 45, 13), schließlich Rut 3, 10.

Das Substantiv *ʿošær* ist mit seinen 37 Belegen, davon 12mal als Subjekt und 11mal als Objekt, das am häufigsten vorkommende Wort der Wurzel *ʿšr*, wobei allerdings 2 Chr 1, 11f. und 9, 22 mit 1 Kön 3, 11. 13 und 10, 23 parallel sind, obwohl mit einigen Änderungen. Seiner Streuung nach verteilt es sich folgendermaßen: im Pent. 1mal (Gen 31, 16), im DtrGW 4mal, im ChrGW 8mal, bei den Propheten 2mal (Jer 9, 22; 17, 11), dazu weisheitlich 15mal (Spr 9mal und Koh 6mal) bzw. 18mal, falls die Ps-Stellen hinzugenommen werden (Ps 49, 7; 52, 9; 112, 3), und sonst apokalyptisch 1mal (Dan 11, 2) sowie Est 5, 11.

Bei einer Einschätzung der gesamten Streuung der Wortsippe, die total 77mal belegt ist (*ʿāšār* 1 Kön 22, 49 gehört nicht hierher, sondern ist wahrscheinlich als *ʿāšāh* zu lesen, vgl. BHS), fallen einmal ihre relativ große literarische Breite und besonders ihr deutlicher Schwerpunkt im weisheitlichen Bereich auf, wo sie mit 35 (inkl. Ps 49: 38) Belegen vertreten ist.

Am meisten umstritten ist die Stelle Jes 53, 9, wo öfter die Konstruktion *w^{e}ʾæṯ-ʿāšîr* – besonders früher – als korrupter Text angesehen worden ist; dabei ist nun die Form in 1 QJes^a bemerkenswert, die wohl ursprünglich Pl. *ʿ^{a}šîrîm* (vgl. noch LXX; Targ.) gewesen ist, die man aber in einen Sing. (MT) geändert hat (s.u. III.). Die anomale Form וָאַעְשִׁר, Sach 11, 5, die in der ältesten Textgeschichte eine Fülle von Varianten aufweist, die sogar die Annahme des Nomens *ʿāšîr* nahelegen könnte (vgl. M. Sæbø, Sacharja 9–14, WMANT 34, 1969, 73f.), wird gewöhnlich als Ketib *wāʾaʿšir* verstanden und gelesen (s. BHS; vgl. W. Rudolph, KAT XIII/4, 202; KBL³ 850).

2. Die Wortsippe gehört zu einem relativ reichen Wortfeld, wo sie eine Reihe von Synonyma bzw. Parallelwörtern sowie Opposita in mehr oder weniger festen Wortverbindungen hat.

Im *qal* des Verbs stehen dem 'reich sein/werden' parallel teils *māṣāʾ ʾôn* 'Vermögen erwerben', Hos 12, 9, teils *qûm ḥajil*, ein 'Besitz hat Bestand', Ijob 15, 29. Als Parallelwörter zum *hiph* 'bereichern' finden sich *gāḏal* 'groß sein/werden', Jer 5, 27b (vgl. *šāmen* 'fett sein', 5, 28a), *hiśbîaʿ* 'sättigen', Ez 27, 33, und *jirbæh* (Kraus, BK XV 517f., liest *hiph*: *jarbæh*) *keḇôḏ bêṯô*, daß „die Herrlichkeit seines (d. h. des Reichen) Hauses sich mehrt" (Ps 49, 17). Als Oppositum dient eigentlich nur ein Verb, und zwar *rûš* 'arm sein' (→ רוש), Spr 10, 4; 1 Sam 2, 7, wo das Ptz. *hiph* von *jrš* gewöhnlich in *merîš* (Ptz. *hiph*) geändert wird (KBL³ 421), und Spr 13, 7, wo *ʿšr hitp hitpal* von *rûš* „sich arm stellen" gegenübergestellt wird (vgl. noch das nominale Oppositum: *ʾîš maḥsôr* „Mann des Mangels", Spr 21, 17). Sonst hat das Verb zweimal *ʿošær* 'Reichtum' als inneres Objekt 1 Sam 17, 25; Dan 11, 2.

Das öfter substantivisch verwendete Adj. *ʿāšîr* 'reich'/'Reicher' weist meist Opposita auf, und zwar in erster Linie verschiedene Bezeichnungen für 'arm'/'Armer': *ʾæḇjôn*, Ps 49, 3; *dal/dāl*, Ex 30, 15; Spr 10, 15 (Pl.); 22, 16; 28, 11; Rut 3, 10; *rāš/rāʾš*, 2 Sam 12, 1. 3; Spr 14, 20; 18, 23; 22, 2. 7; 28, 6 (in Spr 10, 15 ist *rêš* 'Armut' Oppositum zu *hôn* 'Vermögen, Besitz'); weitere Opposita sind: *ʿoḇeḏ* 'Arbeiter', Koh 5, 11; *jošeḇîm* 'Einwohner, Bürger', Mi 6, 12; *sæḵæl* (oder: *sāḵāl* 'Tor'; → סכל *skl*; Sæbø, THAT II 824) Koh 10, 6. In der schwierigen Stelle Jes 53, 9 ist das Parallelwort *rešāʿîm* „Ungerechte"/„Gottlose" (s. u. III.); in Koh 10, 20 ist es *mælæḵ* 'König'.

Anders als beim Adj. *ʿāšîr* ist es dem Subst. *ʿošær* 'Reichtum' eigen, daß es in mehreren Wortkombinationen auftritt, in denen das jeweilige Parallelwort zur positiven Charakteristik des *ʿošær* dient; das gilt vor allem für *kāḇôḏ* 'Ehre, Herrlichkeit'. Mit diesem Nomen kann *ʿošær* einfach durch *we* 'und' verbunden sein, und zwar teils zweigliedrig (*ʿošær weḵāḇôḏ*, Spr 3, 16; 8, 18a [während v. 18b als Par.-Glieder *hôn ʿāṯeq ûṣeḏāqāh* „stattliches Gut und Gerechtigkeit" – nach Gemser, HAT I/16, 44 – hat; vgl. Ps 112, 3]; 1 Chr 29, 12; 2 Chr 17, 5; 18, 1; 32, 27) und teils dreigliedrig, indem einmal *ḥajjîm* 'Leben' hinzukommt (Spr 22, 4) und anderenfalls mit *neḵāsîm* „Schätze, Vermögen" erweitert ist (Koh 6, 2 [in Koh 5, 18 dagegen zweigliedrig: *ʿošær ûneḵāsîm*]; 2 Chr 1, 11. 12); oder aber es kann in st.cstr. *keḇôḏ ʿǒšrô* „seines Reichtums Herrlichkeit" / „sein mächtiger Reichtum" stehen (Est 5, 11; vgl. 1, 4). Im letzten Fall kommt die Größe des Reichtums zum Ausdruck, was sonst durch *roḇ* 'Menge' (Ps 49, 7) bzw. *lāroḇ* „in Mengen", „in hohem Maß" (2 Chr 17, 5; 18, 1; 32, 27) oder durch *gāḏôl* 'groß' (1 Sam 17, 25; Dan 11, 2) ausgedrückt wird. Übrige synonyme oder positiv nahestehende Parallelwörter sind: *ḥǒḵmāh* 'Weisheit' (1 Kön 10, 23; vgl. Spr 14, 24), *ḥajil* 'Besitz' (Ps 49, 7), *kæsæp/zāhāḇ* 'Silber'/'Gold' (Spr 22, 1), *jeqar tipʾæræṯ* „glanzvolle Pracht" (Est 1, 4), während die relativ wenigen Opposita sind: *ʾiwwælæṯ* 'Torheit' (Spr 14, 24b; vgl. Sæbø, THAT I 77–79; das *ʿǒšrām* in v. 24a kann mit Plöger, BK XVII 166f. 174 gegen BHK³/BHS behalten werden) und *rêš* 'Armut' (Spr 30, 8; vgl. *rāš* 'Armer' Spr 13, 8).

III. Die allgemeine Verwendung von Verb und Nomina des *ʿšr*-Stamms, die durch den Befund der obigen Erörterung des größeren Wortfeldes einigermaßen erhellt worden ist (s. o. II. 2.), zeigt einen weiten Anwendungsbogen, der von neutraler zu sowohl positiver wie auch zu scharf negativer Beschreibung und Einschätzung des Reichtums reicht. Von besonderer Bedeutung ist einerseits der weisheitliche Gebrauch, wobei alle Spr-Belege von Verb und Adj. *ʿāšîr* sowie die meisten von Subst. *ʿošær* zu den älteren Salomo-Sammlungen gehören, und andererseits die prophetische Anwendung; in verschiedener Weise sind sie beide theologisch bedeutsam (s. u. IV.).

1. Beim Verb wird erstens deutlich, daß das Reichsein bzw. Reich-werden als ein Aspekt menschlicher Existenz und Aktivität angesehen werden kann, den man einfach voraussetzt (vgl. Gen 14, 21–23; Ez 27, 33; Dan 11, 2), oder den man als etwas Erstrebenswürdiges hinstellt (vgl. 1 Sam 17, 25); es ist etwas, über das der einzelne Mensch verfügen kann, und das ihm eine Herausforderung ist (Spr 10, 4). Doch ist es zweitens ebenso klar, daß das Reich-sein/-werden noch häufiger in irgendwelcher Weise begrenzt oder geregelt wird, wenn nicht anders, so doch am Ende vom Tod (Ps 49, 17f.); es kann auch vom Menschen selber durch eine unkluge Lebensführung zunichte gemacht werden (vgl. Spr 21, 17). Positiv wird das Reichsein in der Weisheitslehre auf redliche Arbeit, Weisheit und Gerechtigkeit bezogen (vgl. Spr 10, 4; 23, 4; 28, 20), was wiederum zur Folge haben kann, daß anhand der Tat-Folge-Lehre (vgl. etwa K. Koch, ZThK 52, 1955, 2ff.; G. von Rad, Weisheit in Israel, 1970, 165ff.) der Bestand des Reichtums dem Ungerechten/Gottlosen (*rāšāʿ*) verwehrt wird (so Elifas, Ijob 15, 29), oder aber daß der Reichtum auf Gottes Tun (1 Sam 2, 7) und Segen (Spr 10, 22) zurückgeführt wird (s. u. IV.). Auf diesem Hintergrund wird die Verbindung von Reichtum und Ungerechtigkeit (und Gottlosigkeit) um so beunruhigender und führt zum Problem der Theodizee und zur sozialkritischen Gerichtsrede der Propheten (vgl. Jer 5, 27; Hos 12, 9; auch Ez 27, 33; Sach 11, 5 sowie Ps 49; s. sonst Lit. oben).

2. Der nun erarbeitete Befund des Verbgebrauchs wird vom Gebrauch des Adj./Subst. *ʿāšîr* weithin bestätigt, nur wird durch die vielen Opposita (s. o. II. 2.) die Gegenüberstellung von Reichen und Armen

etwas schärfer herausgestellt. Neben einer recht einfachen Feststellung der Existenz von Reichen und Armen, bei der doch eine gewisse Rücksichtnahme auf die Armen wahrnehmbar ist (vgl. Ex 30, 15; 2 Sam 12, 1. 2. 4; Ps 49, 3; Spr 22, 2. 7; Rut 3, 10), werden teils ein positives Bild des Reichen (vgl. Spr 10, 15; 18, 11; 14, 20; Koh 10, 20; Ps 45, 13), teils aber ein negatives Bild des Reichtums gezeichnet, bei dem nicht nur seine Vergänglichkeit zum Ausdruck kommt (vgl. Ijob 27, 19), sondern auch seine Unzulänglichkeit und Ungerechtigkeit (vgl. Koh 5, 11; Spr 18, 23; 22, 16; 28, 6. 11), welches von den Propheten noch verstärkt wird (vgl. Mi 6, 12; Jer 9, 22). Es geschieht eine gewisse Typisierung (vgl. etwa U. Skladny 19ff. 39ff. 62ff.) des ungerechten Reichen, die für eine Bewahrung des *we'æṯ-'āšîr* in Jes 53, 9b als kollektiv verstandene Parallele zu *'æṯ-rešā'îm* im v. 9a sprechen könnte (mit Nyberg; Barrick, gegen BHS und etwa Elliger).

3. Wie schon oben hervorgehoben wurde (II. 2.), steht das Subst. *'ošær* 'Reichtum' in einer Reihe von Wortverbindungen, die ihm ein positives Gepräge verleiht, vor allem in bezug auf Könige (s. die Belege in 1 Kön; 1/2 Chr; Est; Dan). Dabei muß hier besonders die Bedeutung der Weisheit erwähnt werden, weil sie zum Reichtum führt (Spr 3, 16; 8, 18; 14, 24; anders aber Koh 9, 11); und Ähnliches gilt auch von „Demut“ (*'anāwāh*) und „JHWH-Furcht“ (*jir'aṯ JHWH*) sowie „Gerechtigkeit“ (*ṣedāqāh*; vgl. Spr 22, 4; Ps 112, 3), was wiederum auf die Tat-Folge-Lehre führt (s. o. III. 1.), die aber von Koh relativiert wird (4, 8; 5, 12f.). Eine Relativierung des Reichtums liegt auch noch vor, wenn er gegenüber dem „(guten) Namen“ als zweitrangig bezeichnet wird (Spr 22, 1; vgl. LXX), oder wenn anhand des Verbs *bāṭaḥ* 'vertrauen' gegen falsches Vertrauen auf den Reichtum gewarnt wird (vgl. Spr 11, 28; Ps 52, 9); noch schärfer in seiner Gerichtsrede ist Jer (17, 11), wenn es um einen mit Unrecht gewonnenen Reichtum geht. Eine bemerkenswerte Balance von Reichtum und Armut ist in Spr 30, 8 ausgesprochen; und Koh kann sich positiv ausdrücken, wenn er den Reichtum als Gabe Gottes bezeichnet (5, 18; 6, 2).

IV. Das theologische Profil des at.lichen Redens vom Reichtum ist mehrschichtig, auch was die *'šr*-Wörter betrifft; vor allem ist dieses Reden gleichzeitig weithin ein Reden von Armen und Armut. Mehrere Linien kreuzen sich, zumal Stimmen mehrerer Milieus laut werden; die unterschiedlichen theologischen Aspekte lassen sich aber auf die folgenden Punkte zentrieren:

1. Der Reichtum wird als ein Datum menschlichen Lebens einfach vorausgesetzt und hingenommen, und zwar als etwas Positives und Erstrebenswertes.

2. Der Reichtum wird als Ergebnis menschlicher Aktivität angesehen, das zunächst von dem Fleiß und der Klugheit des einzelnen abhängt und auf die Verantwortlichkeit des einzelnen hingewiesen ist.

3. Der Reichtum kann aber nicht nur eine Sache des einzelnen sein, sondern ist ebensosehr eine der Gesellschaft, und zwar im Rahmen der sich ändernden ökonomischen und sozialen Verhältnisse. Denn es ist nicht unwesentlich, wie der einzelne reich wird, oder wie er mit seinem Reichtum haushält, weil es nicht gegen „Recht“ und „Gerechtigkeit“ verstoßen darf. Die Frage des Reichtums wird eine allmählich wichtiger werdende ethische Frage, und zwar sowohl in der Weisheitslehre als auch in der prophetischen Verkündigung (s. o. III.).

4. Die Frage des Reichtums ist aber nicht nur eine ethische, sondern – im Rahmen der sog. „synthetischen Lebensauffassung“ der Hebräer – eine vielfach religiöse Frage, wobei eine zunehmende Tendenz spürbar ist, das Phänomen und Problem des Reichtums religiös zu begründen. Das kommt nicht nur klassisch im Hanna-Lied zum Ausdruck: „JHWH macht arm und macht reich, er erniedrigt und er erhöht“ (1 Sam 2, 7), sondern wird noch schärfer in Spr 10 herausgestellt, wo zunächst in v. 4 gesagt wird, daß „die Hand des Fleißigen reich macht“, dann in v. 15 der Vorteil des Vermögens des Reichen als seine „feste Burg“ gepriesen wird, und schließlich in v. 22 die Sache theologisch radikal korrigiert wird: „Der Segen JHWHs ist es, der reich macht, und bei ihm fügt (eigene) Mühe nichts hinzu“ (Plöger 120f.).

5. Eben die Kreuzung einerseits von Segen und Gerechtigkeit Gottes und andererseits von Ungerechtigkeit und Frevel der Reichen läßt – vor allem im Kreis der Weisen – das Problem der Theodizee aufbrechen und die Anklage- und Gerichtsrede mehrerer Propheten in hohem Maß sozialkritisch ausgerichtet sein.

Bei alledem geben die *'šr*-Wörter ein etwas zwiespältiges Bild vom Reich-sein und Reichtum, auch theologisch.

V. In Qumran ist die Wortsippe nicht belegt, obwohl die Frage von reich und arm für das Selbstverständnis der Qumrangemeinde wichtig gewesen sein mußte, da ihre Theologie wesentlich vom Wissen um die Bedürftigkeit des Menschen geprägt war (→ I 42 und vgl. F. M. Cross Jr, The Ancient Library of Qumran and Modern Biblical Studies, New York 1958; M. Hengel, Eigentum und Reichtum in der frühen Kirche, 1973; ders., Judentum und Hellenismus, WUNT 10, 1973). → ענה *'ānāh* VI. 1.

In der LXX ist der Befund eigentlich bemerkenswert einheitlich, was die Wiedergabe der *'šr*-Wörter betrifft, denn von den 77 Belegen der Wortsippe im MT sind 76 durch πλοῦτος übersetzt worden; und das Wort ist auch Wiedergabe mehrerer der oben angegebenen Synonyme der Wortsippe (vgl. ThWNT VI 321).

Sæbø

עשתרת *ʿštrt* (*ʿaštoræt*)

* עַשְׁתֶּרֶת *ʿaštæræt*, עַשְׁתָּרֹת *ʿaštārôt̲*, עַשְׁתְּרָתִי *ʿaštᵉrāt̲î*

I. Etymologie – II. *ʿt̲/štr* – 1. Ebla, Altmari – 2. Babylonien – 3. Ugarit – 4. Deir ʿAllā – 5. Asarab. – III. *ʿt̲/štrt* – 1. Ugarit – 2. Ägypten – 3. Phön.-Pun. – IV. AT – 1. Sing. – 2. Pl. – V. Hebr. Appellativ **ʿaštæræt̲* – VI. Ortsnamen.

Lit.: *W. F. Albright*, Yahweh and the Gods of Canaan, London 1968, 115–117. 197–212. – *M.-Th. Barrelet*, Les déesses armées et ailées (Syr 32, 1955, 222–260). – *Dies.*, Deux déesses syro-phéniciennes sur un bronze du Louvre (Syr 35, 1958, 27–44). – *A. Cooper*, RSP III, 1981, 358. 403–406. – *E. Cumont*, Astarte (PW II, 1896, 1776–1778). – *M. Delcor*, Astarté et la fécondité des troupeaux en Deut. 7, 13 et parallèles (UF 6, 1974, 7–14). – *Ders.*, Le hieros gamos d'Astarté (RSF 2, 1974, 63–76). – *Ders.*, De l'Astarté cananéenne des textes bibliques à l'Aphrodite de Gaza (FolOr 21, 1980, 83–92). – *O. Eißfeldt*, Astarte (RGG I, ^{3}1957, 661). – *G. Fohrer*, Astarte (BHHW I, 1962, 142f.). – *T. S. Frymer*, Ashtoreth (EncJud III, 1971, 738f.). – *H. Gese* in: *Gese / M. Höfner / K. Rudolph*, Die Religionen Altsyriens, Altarabiens und der Mandäer (RdM 10/2, 1970, 62f. 151f. 161–164). – *J. Gray*, The Legacy of Canaan (VTS 5, ^{2}1965, 169ff.). – *Ders.*, Ashtaroth, Ashtoreth (IDB I, 1962, 254f. 255f.). – *E. Gubel*, An Essay on the Axe-Bearing Astarte and Her Role in a Phoenician „Triad" (Rivista di Studi Fenici 8, 1980, 1–17). – *W. Helck*, Betrachtungen zur großen Göttin und den ihr verbundenen Gottheiten, 1971. – *Ders.*, Die Beziehungen Ägyptens zu Vorderasien im 3. und 2. Jt. v. Chr., ^{2}1971, 456–460. – *J. Henninger*, Zum Problem der Venussterngottheit bei den Semiten (Anthr. 71, 1976, 129–168). – *W. Herrmann*, Aštart (MIO 15, 1969, 6–55). – *Ders.*, *ʿt̲trt-ḫr* (WO 7, 1973/74, 135f.). – *Th. Klauser*, Astarte (RAC I, 1950, 806–810). – *J. Leclant*, Astarté à cheval d'après les représentations égyptiennes (Syr 37, 1960, 1–67). – *Ders. / R. Stadelmann*, Astarte; Astartepapyrus (LexÄg I, 1975, 499–509. 509–511). – *F. Løkkegaard*, A Plea for El, the Bull, and Other Ugaritic Miscellanies (Studia Orientalia J. Pedersen Dicata, Hauniae 1953, 219–235). – *M. J. Mulder*, Kanaänitische Goden in het Oude Testament, Den Haag 1965, 43–51. – *A. L. Perlman*, Asherah and Astarte in the Old Testament and Ugaritic Literatures, Diss. phil. Berkeley 1978. – *J. Plessis*, Études sur les textes concernant Ištar-Astarté, Paris 1921. – *M. H. Pope*, ʿAṯtar; ʿAṯtart, ʿAštart, Astarte (WbMyth I, 1965, 249f. 250–252). – *G. Ryckmans*, ʿAṯtar-Ištar: nom sumérien où sémitique (Festschrift H. von Wissmann, 1962, 186–192). – *R. Stadelmann*, Syrisch-palästinensische Gottheiten in Ägypten, Leiden 1967, 96–110. – *J. G. Taylor*, The Song of Deborah and Two Canaanite Goddesses (JSOT 23, 1982, 99–108). – *M. Weippert*, Über den asiatischen Hintergrund der Göttin „Asiti" (Or N.S. 44, 1975, 12–21). – *U. Winter*, Frau und Göttin (OBO 53, 1983, 544–551).

Zu VI.: *F.-M. Abel*, Géographie de la Palestine II, Paris ^{3}1967, 255. – *W. Borée*, Die alten Ortsnamen Palästinas, ^{2}1968, 46–49. – *S. Cohen*, Ashteroth-Karnaim (IDB I, 1962, 255). – *K. Elliger*, Astaroth (BHHW I, 1962, 142). – *K. Galling*, Astaroth (BRL^{1} 41f.; vgl. BRL^{2} 111ff.). – *D. Kellermann*, ʿAštārōt – ʿAštərōt Qarnayim – Qarnayim (ZDPV 97, 1981, 45–61 [Lit.]). – *W. Schatz*, Gen 14, 1972, 169f. – *M. Wüst*, Untersuchungen zu den siedlungsgeographischen Texten des AT I. Ostjordanland, 1975, 48–55.

I. Die hebr. Bildungen mit den Konsonanten *ʿštrt* werden zusammen mit den Gottesnamen *ʿt̲/štr(t)* von den meisten auf die semit. Wurzel *ʿt̲/šr* 'reich sein' (arab. *ġaṯara* 'mit reicher Vegetation bedeckt sein', *'arḍ ʿaṯūr* '[künstlich] bewässertes Land'; hebr. *ʿšr* I 'reich werden', *ʿošær* 'Reichtum', *ʿāšîr* 'reich'; aram. *ʿtr* 'Reichtum' Aḥ 207 u.ö.) zurückgeführt. Um *ʿt̲/štr(t)* zu erklären, müßte man freilich von einer Form mit infigiertem /*t*/ und Metathesis von /*t*/ und /*t̲*/ ausgehen (Perlman 104 u.a.). Zudem wäre auffällig, daß der Gottesname *ʿt̲/štr(t)* vorwiegend in Sprachen (ugar., phön., aram., asarab., äth.) begegnet, in denen die o.g. Verbalwurzel fehlt; asarab. *ʿt̲r*, das noch KBL^{3} s.v. *ʿšr* I aufführt, wird von BGMR und Biella nicht mehr als eigene Wurzel registriert; auch ist /*ġ*/ statt /*ʿ*/ für die mutmaßliche arab. Isoglosse *ġaṯara* eine Schwierigkeit. Handelt es sich bei *ʿt̲/štr(t)* dagegen um eine sekundäre Fem.-Form zu mesopotamisch Eštar/Ištar (Herrmann, MIO 15, 46), so ist mit Ryckmans zu fragen, ob überhaupt eine semit. Bildung vorliegt, die wir uns allenfalls als vierradikalige Bildung von einer Wurzel unbekannter Grundbedeutung vorzustellen hätten.

II. Die grammatische Mask.-Form des Gottesnamens, *ʿt̲/štr*, findet sich im Eblait., Akk., Ugar. und Asarab., dazu in der Verbindung *ʿštr.kmš* im Moab. (KAI 181, 17), ferner als theophores PN-Element im Altmariot., Altakk., Amurr. (APNM 171f.; CAAA 97f.), Ugar. (PNU 113f.), Phön.-Pun. (PNPPI 385f.), dazu in der Form *ʿtr* vielleicht im Amurr. (APNM 173), sicher im Aram. (schon Sfire [8. Jh. v. Chr.] *ʿtrsmk* KAI 222 A 1. 3. 14; Luristan, *ʿtrmṣrn* bei J. C. L. Gibson, TSSI II, 1975, 57f.; vgl. ferner G. Garbini, ʿAtar dio aramaico?, RSO 35, 1960, 25–28; P. Grelot, Documents araméens d'Égypte, Paris 1972, 466) und im Palm. (PNPI 46f. 108).

1. Aus Ebla ist ^{d}*aš-tár* auch in den Spezifikationen ^{d}*aš-tár* sa-za$_{x}^{ki}$ „ʿAštar des Verwaltungszentrums" und ^{d}*aš-tár ti-in*^{ki} bekannt (vgl. H.-P. Müller, ZDPV 96, 1980, 14f.); aus PNN des Umfelds von Ebla ist als theophores Element außer ^{d}*aš-tár* das altakk. und z.T. ababyl. auch außerhalb der PN-Gebung geläufige ^{d}*eš*$_{4}$*-tár* belegt. Ob hinter einem im „Vocabolario di Ebla" genannten *áš/iš-tár: tá* = ^{d}EN.TE, welche Eintragung vor *aš-tár* = ^{d}inanna(MÙŠ) erscheint (G. Pettinato, Testi lessicali bilingui della biblioteca L. 2769 [Materiali epigrafici di Ebla IV, Neapel 1982] 290), eine */*ʿaṯtarat*/ zu erkennen ist (so A. Archi, AAAS 29/30, 1979/80, 167–171, bes. 168b), bleibe dahingestellt; vgl. zum Fem.: ^{d}*eš*$_{4}$*-tár bé-el-ti-šu* 'E., seine Herrin' in der späteren Inschrift des Ibbiṭ-Lim (G. Pettinato, AAAS 20, 1970, 73–76, bes. 75).
Wenn es sich bei dem Prädikat in dem altmariot. PN *eš*$_{4}$*-tár-dam-qá* (R. Jestin, RA 46, 1952, 196, Nr. 44) um

3. m. sing. Stativ auf /-*a*/ „E. ist gut" handelt (I. J. Gelb, RA 50, 1956, 10; H. Limet, Syr 52, 1975, 49), wäre Eštar hier ein männlicher Gott; ob der Name einer der Gottheiten, denen in Mari archaische Tempel geweiht waren, wirklich mit G. Dossin (in: A. Parrot u. a., Les temples d'Ishtarat et de Ninni-Zaza [Mission archéol. de Mari 3], Paris 1967, 307. 329 f.) ^{d}EŠ$_{4}$.DAR-*ra-at*, fem. zu E., zu lesen ist (kritisch dazu W. von Soden, OLZ 64, 1969, 565, und M. Krebernik, ZA 74, 1984, 165), kann hier nicht erörtert werden.

2. Einen männlichen *eš*$_{4}$-*tár* hat J. Bottéro (Le antiche divinità semitiche, Rom 1958, 40–42) aus altakk. PNN erschlossen (vgl. auch *eš*$_{4}$-*tár-la-ba* „E. ist ein Löwe" [vs. fem. in *Si-la-ba-at*] u. a. bei J. J. M. Roberts, The Earliest Semitic Pantheon, 1972, 37–39. 101 f. Anm. 290), wobei der konservative Charakter der Familienreligion wohl Rückschlüsse auf die zuvor bedeutendere Rolle eines männlichen Eštar gestattet; vgl. auch PN *I-nin-la-ba* „Innin ist ein Löwe" (MAD III, ^{2}1973, 160). Daß Ištar als Liebes- und Kriegsgöttin mit einer grammatisch mask. Namenbildung bezeichnet wird, erklärt sich am ehesten aus einem ursprünglich androgynen Charakter der Gottheit; möglicherweise sind daher auch ihre grausamen Züge und der aggressive Charakter ihrer Vitalität zu verstehen. Vgl. zu Ištar jetzt C. Wilcke / U. Seidl, RLA V, 1976–80, 74–89. – Der Ištarkult ist durch altassyr. Vermittlung nach Kleinasien gewandert (vgl. H. Hirsch, Untersuchungen zur altassyr. Religion [AfO Beih. 13/14], ^{2}1972, 17. 20. 25 f.), wo Ištar mit ḫurritischen Gottheiten Verbindungen einging (E. von Schuler, WbMyth I 179 f.); nach KBo II 9 I 4; II 36 Vs. 14 konnte die Ištar von Ninive sogar aus Sidon als einem ihrer Kultplätze ins Hethiterreich als den Schauplatz ihres erhofften Eingreifens gerufen werden (Weippert 20). Aštar und Eštar sind neben Aštartu und Schreibungen mit Wortzeichen jetzt auch in Emar bezeugt (freundlicher Hinweis W. von Sodens).

Zum Appellativ geworden, bezeichnet *ištaru* 'die Göttin', in der Verbindung von *ilu* und *ištaru*, meist mit Pronominalsuffix, speziell die persönlichen, familialen Götter (CAD s. v. *ištaru* 2); pl. *ilū u ištarātū* wird zur meristischen Sammelbezeichnung 'Götter'. Aus dem mit Fem.-Endung markierten pl. *ištarātū* mag jungbab. *ištartu* „(persönliche) Göttin" abgeleitet sein (CAD s. v. *ištartu*).

3. Eher dürftig ist die Rolle des *ʿṯtr* in Ugarit. Im Baʿal-Mythos soll er, während Baʿal in der Unterwelt weilt, dessen Thron einnehmen, wobei sein schon körperliches Unzureichen offenkundig wird (KTU 1.6, I, 44 ff.); seine Bezeichnung als *ʿrẓ* 'furchtbar' (Z. 54–56. 61. 63) ist atavistisch und ironisch. Der sonst männliche Gott ist in dem PN *ʿṯtr}m* zugleich „Mutter" (vgl. PNU 46; s. u. 5.).

Zu äg. *ʿá-s-tá-ra* s. III. 2. Die Kombination aram. *ʿatar* (< *ʿattar* < *ʿaṯtar*) + *ʿattā* (< *ʿanat*) ergibt aram. *'trʿt'* KAI 239, 3, d. i. der hellenistische Göttinnennamen Atargatis, die Dea Syr(i)a Lukians (vgl. W. Röllig, WbMyth I 244 f.).

4. In der kanaan.-aram. Inschrift von *tell deir ʿallā* am oberen Jordan (etwa 8./7. Jh. v. Chr.) wird I 14(16), offenbar in einer Heilsschilderung, *qqn.šgr. wʿštr* „die *qqn*-Pflanze(?) *Šgr*s und *ʿštr*s" genannt (vgl. H.-P. Müller, ZAW 94, 1982, 217 f. 229 f.). Die Zusammenstellung der Gottesnamen *Šgr* und *ʿštr* entspricht einerseits der der ugar. Gottesnamen ... *š.ʿṯtr.š.'ṯtrt.š.šgr* ... in der Opferliste KTU 1.148, 30 f., andererseits den appellativischen nomina regentia in der hebr. Wendung *š*^{e}*ḡar '*^{a}*lāpǽḵā w*^{e}*ʿašt*^{e}*rôṯ ṣo'nǽḵā* Dtn 7, 13; 28, 4. 18. 51 (s. V.). A. Caquot / A. Lemaire (Syr 54, 1977, 201) wollten auch zu *šgr.wʿštr* (Deir ʿAllā I 14) an appellativische Bedeutung denken: „le croît des bovins et des ovins"; doch werden *š*^{e}*ḡar* und **ʿaštæræṯ* Dtn 7, 13 usw. semantisch durch nomina recta vereindeutigt, die in Deir ʿallā fehlen.

5. Die vermutlich große Bedeutung des *ʿṯtr* schon im altsemit. Pantheon spiegelt noch die Rolle, die der männliche, mit dem Venusstern verbundene *ʿṯtr(m)* bzw. *ʿtr* (vgl. aber auch *'mʿṯtr* CIH 544, 2 und vielleicht Nami 19, 5, falls der fem. Gottesname „Mutter [ist] ʿAṯtar" bedeutet; zu ugar. PN *ʿṯtr}m* s. 3.) im gesamten asarab. Kultgebiet spielt (M. Höfner, WbMyth I 497–501. 547 f.; dies., RdM 10/2, 268–272. 276 f. 283. 290 f.).

III. Wenn man von zweifelhaftem *áš / iš-tár : tá* aus Ebla und ^{d}EŠ$_{4}$.DAR-*ra-at* aus Altmari (s. II. 1.) absieht, begegnet der fem. Gottesname *ʿṯ / štrt* nur im Nordwestsemit., nämlich Ugar., Phön.-Pun. und Hebr.; aus Kanaan ist Astarte (= A.) seit Amenophis II. (15. Jh. v. Chr.) in Ägypten bekannt geworden. Als theophores PN-Element findet sich *ʿṯ / štrt* außer im Äg. (Leclant, LexÄg I 501) vor allem im Phön.-Pun., von wo Bildungen ins Griech. und Lat. übergingen (PNPPI 386 f.).

1. In Ritualen und Götterlisten aus Ugarit nimmt *ʿṯtrt* eine relativ wichtige Position ein; dem Eintrag *[ʿ]ṯtrt* KTU 1.47, 25 entspricht in der syllabischen Götterliste RS 20.24, 24 ^{d}IŠ$_{8}$.DAR$^{\text{iš-tar}}$ (Ug V, S. 45. 56/57). Dagegen tritt A. im Baʿal-Mythos hinter der agressiven *ʿnt*, Baʿals „Schwester", zurück. Die Schönheit (*nʿm* || *tsm*) der von *Krt* umworbenen *Ḥrj* wird KTU 1.14, III, 41 f. mit der der *ʿnt* und A. verglichen, was deren erotisch-sexueller Funktion entsprechen mag; eine kriegerische Rolle spielt *ʿṯtrt ṣwd̊[t]* „A., die Jäg[erin]" in KTU 1.92, 2 (Herrmann 7–16), womit ihre Inanspruchnahme im Fluch *Krt*s gegen dessen Sohn *Jṣb* KTU 1.16, VI, 55–57 (vgl. 1.2, I, 8, dazu 40) und die Rolle des Pferdes als Attribut der A. und *ʿnt* KTU 1.86, 6 zu vergleichen sind (zu 1.2, VI, 27–30 vgl. Herrmann 16 f.). Ist also A. wie Ištar und *ʿnt* – im Gegensatz zu einer eher mütterlichen *'ṯrt*, der Gemahlin des Hochgotts El – zugleich Liebes- und Kriegsgöttin, wobei Herrmann die letztere Rolle wohl doch zu einseitig betont, so verkörpert sie darin oppositive Auswirkungen von Vitalität: Freude und Schrecken des Lebens entstammen derselben Quelle. – Ebensowenig wie in Götterlisten (zu Ug 5 III 9, vs. 8 f. [S. 584] vgl. jetzt KTU 1.148, 30 f.) werden *ʿṯtr* und *ʿṯtrt* im Mythos in einen Zusammenhang gebracht.

Zur Bezeichnung der ugar. *ʿṯtrt* als *šm.bʿl* „Name(nshypostase) Baʿals" in dem oben bezeichneten Fluch *Krt*s KTU 1.16, VI, 56 (vgl. 1.2, I, 8) ist die Parallele aus der phön. Ešmunazar-Inschrift KAI 14, 18 seit langem bekannt. Zur *ʿṯtrt.ḫr* KTU 1.43, 1 = ^{d}*ištar*(IŠ$_{8}$.DAR) *ḫur-ri* von (?)Šuksu (*tell sūkās* bei Ugarit) RS 18.01, 3. 6 (PRU IV, S. 230), RS 16.173, 9' (PRU III, S. 171; vgl. RS 17.410, 7' [PRU VI, S. 35]) ist jetzt phön. *lʿštrt ḥr* auf der Bronzestatuette einer nackten, sitzenden Göttin (8. Jh. v. Chr.) aus dem archäologischen Museum von Sevilla zu vergleichen, entweder als „A. der Höhle" (M. Dietrich u. a., UF 7, 1975, 526f.) oder als die reichlich bezeugte „ḫurritische" oder „syrische" Ištar, nun nordwestsemit. als A. (vgl. u. a. F. M. Cross, HThR 64, 1971, 189–195; Herrmann, WO 7, 135f.; J. Teixidor, HThR 68, 1975, 197f.; TSSI III, 1982, Nr. 16, 3f.). Die Bezeichnung *ʿṯtrt šd* „A. des Feldes" (KTU 1.91, 10; 1.148, 18; 4.182, 55. 58) = ^{d}*ištar*(MÙS) edin (RS 17.352, 12; 17.367, 2' [PRU IV, S. 122. 124]) hat an *bʿl šd* „Baʿal des Feldes" (KTU 4.183, I, 1), vielleicht auch an phön. *šd/r̊ qdš* als Epithet Ešmuns (KAI 14, 17), eine Parallele: die Interpretation des Attributs von der Vorstellung her, daß Göttinnen durch den sexuellen Akt zum *šd ʾlm* „Feld Els / der Götter" KTU 1.23, 13. 28 werden, ist dann hinfällig; die „Jäg[erin] A." von 1.92, 2 kommt *bmdbr* „aus der Steppe" (vgl. Hld 3, 6!), nicht vom Felde, was wohl nicht identifiziert werden darf (gegen Herrmann, MIO 15, 19f.).

2. Zur Rolle der A. in Ägypten muß hier auf RÄRG 55–57, Stadelmann, Leclant, Helck und Herrmann (MIO 15) verwiesen werden. Was den Charakter der Göttin in ihrer äg. Abwandlung angeht, so fehlt einerseits der erotisch-sexuelle Zug auch im A.-Papyrus nicht (A. Gardiner, Festschr. F. Ll. Griffith, London 1932, 74–85; R. Stadelmann, LexÄg I, 1975, 509–511; zu einer heth. Parallele A. H. Sayce, JEA 19, 1933, 56–59); andererseits gilt A. auch in Ägypten als berittene Kriegerin und Streitwagenfahrerin, wobei Identifikation mit der löwenköpfigen Kriegsgöttin Sachmet eine Rolle spielen mag. Zu der berittenen Göttin auf dem Felsrelief östlich des Tempels Sethos' I. mit Beischrift *ʿá-śi-tá* (Transliteration nach Helck) und der ebenfalls reitenden, auf einen Nubier schießenden, dazu nackten *ʿá-tá-ja [ ] śu-[k]ə-śí* (vgl. aber auch LexÄg I 507[71]) der Stele 1308 Suppl. des Turiner Museums (18. Dyn.), die Helck (Bez., 458) mit der ugar. ^{d}IŠ$_8$.DAR *ḫur-ri* (s. 1.) identifiziert, vgl. Weippert 14–17; der ^{d}IŠ$_8$.DAR *ḫur-ri* ist danach mit großer Wahrscheinlichkeit auch die *ʿá-śi-tá-ja ḫú-rú*, die „ḫurritische" oder „syrische Asiti", auf der Weihinschrift des *Ptḥ-ʿnh*, eines mutmaßlichen memphitischen Tempelbeamten, und vor allem die *ʿá-s-tá-ra ḫá-rú* „ḫurr." oder „syr. Astara" mit Epithet „Herrin des Himmels, Herrin der beiden Länder" einer Kopenhagener Stele, beide aus der Zeit Amenophis' III., an die Seite zu stellen. Eine A. mit äg. Tiara und Speer findet sich auf einem spätbronzezeitlichen Siegel aus Bet-El (ANEP 468); zu einem Skarabäus mit einer thronenden, bekleideten A.(?) des 7. Jh. v. Chr. aus dem Hamburgischen Museum für Kunst und Gewerbe (Inv.-Nr. 1964. 324), wo die Göttin eine Axt über der Schulter trägt, vgl. Gubel.

3. Die älteste phön. Erwähnung A.s ist die der *ʿštrt ḥr* auf der Bronzestatuette aus Sevilla (s. 1.). Besondere Verehrung hat A. in Sidon genossen, wo König Tabnit und sein Vater an erster Stelle „Priester der A.", erst an zweiter Stelle „König der Sidonier" heißen (KAI 13, 1f.; Ende 6. Jh. v. Chr.); vgl. zu König Ittobaʿal als A.-Priester Jos. c. Ap. I 123. In der Grabinschrift Ešmunazars (Anfang 5. Jh.) heißt dessen Mutter „Priesterin der A." und danach „die Königin" (KAI 14, 14f.); beide haben Tempel gebaut, u. a. für *[ʿštr]t* (Z. 16) und die (von dieser zu unterscheidende?) *ʿštrt šm bʿl* (Z. 18; s. 1.). Im Ešmuntempel von Sidon fand sich eine Weihinschrift *lʿštrt lʾdnj lʾšmn* „für A. (und) seinen (des Stifters) Herrn Ešmun" (P. Magnanini, Le iscrizioni fenicie dell'oriente, Rom 1973, 12). Vgl. zur sidonischen A.-Verehrung außer *ʿšt bṣdn* auf einem phön. Siegel des 7. Jh. v. Chr. (N. Avigad, IEJ 16, 1966, 247–251; Weippert 13) vor allem 1 Kön 11, 5. 33; 2 Kön 23, 13 (Ri 10, 6) sowie Lukian, De Syr. Dea 4. Für A.-Verehrung in Tyros zeugen der akk. Vertrag Asarhaddons (680–669) mit Baʿal von T., worin die im Fluch über den Vertragsbrecher genannte, offenbar kriegerische ^{d}*As-tar-tú* IV 18, wie es scheint, mit ^{d}*Iš-tar* (Z. 2) identisch ist (R. Borger, Die Inschriften Asarhaddons [AfO Beih. 9], 1956, 107–109, bes. 109), die phön. Inschriften KAI 17, 1 (Thron der Aštart aus T.; 2. Jh. v. Chr.); 19, 4 („für A. im Heiligtum der Gottheit von Ḥammon"; 222 v. Chr., wahrscheinlich aus *umm al-ʿawāmīd* bei T.), eine griech. Inschrift aus T., in der die neben Herakles (= Melqart) genannte Göttin ʾΑστρονόη heißt (R. Dussaud, RHR 63, 1911, 331–339), ferner Jos. Ant. VIII 146; c. Ap. I 118 („Herakles und A.").123 sowie Philo Byblios bei Euseb, praep. ev. I 10, 31. Zu weiteren phön. und pun. Erwähnungen der A. vgl. Magnanini, aaO. 234, und M. G. Guzzo Amadasi, Le iscrizioni fenicie e puniche delle colonie in occidente, Rom 1967, 194. Auf Rhodos bezeichnet ein *Bʿlmlk* sich als *mqm ʾlm mtrḥ ʿštrnj* „der die Gottheit erhebt/erweckt, der Bräutigam(?) der ʾΑστρονόη(?)" (KAI 44, 2). In der pun. Inschrift aus Pyrgi (500 v. Chr.) dagegen läßt zwar die Zeitangabe *bjm qbr ʾlm* Z. 8f. an den „Tag des Gottesbegräbnisses", nicht aber *k ʿštrt ʾrš bdj* „weil A. es von mir verlangte" (Z. 6) an eine heilige Hochzeit des Königs mit A. denken (gegen Delcor, Rivista 2; vgl. TSSI III 145–147. 151–159, bes. 154 [weitere Lit.]).

Da die oft auf einem Löwen stehende Göttin *Qdš* (ANEP 471. 474, vgl. 470. 472. 473) auf einem Relief der Winchester College Collection (I. E. S. Edwards, JNES 14, 1955, 49–51, T. 3) durch Beischrift mit A. und ʿAnat gleichgesetzt ist, mag sich auch der PN *ʿbdlb(ʾ)t* auf den Speerspitzen von *al-ḫaḍr* bei Bethlehem (12./11. Jh. v. Chr.; KAI 21) auf A. beziehen; vgl. ugar. PN *ʿbdlbʾt* KTU 4.63, III, 38, ferner Ortsname *bêṯ l^{e}bāʾōṯ* Jos 19, 6 (15, 32). Bekanntlich werden auch Eštar (s. II. 1.) und Ištar als Löwen angesehen bzw. auf Löwen dargestellt (vgl. zu *ʿṯtr* vielleicht noch *lbʾ* KTU 1.24, 30).

Die (Doppel-)Gottheit *mlkʿštr* „König(sgott und) A." (oder: „König ist A."), die in *umm al-ʿawāmīd* bei Tyros im 3. und 2. Jh. v. Chr. häufig genannt wird, aber auch in Karthago, Leptis magna in Lybien und Cádiz in Spanien (KAI 71, 2; wegen *lʾdn* 1 und *lʿbd-m* 2/3 masc.!) begegnet, ist nach CIS I 8, 1 u. ö. *ʾl ḥmn* „der Gott von Ḥammon" (vgl. KAI 19, 4), möglicherweise also Vorgänger des in Samʾal (KAI 24, 16), Malta (KAI 61, 3f.), Karthago und ganz Afrika verehrten Baʿal-Ḥammon, wobei *ḥmn* vielleicht *umm al-ʿawāmīd* ist (vgl. *ḥammôn* Jos 19, 28, aber auch H.-P. Müller, TUAT I/6, 1985, 640).

IV. Abgesehen von 1 Sam 31, 10 erfolgen alle at.-lichen Erwähnungen der A. aus dtr Polemik; von den mit den Gottesnamen verbundenen religiösen Vorstellungen lassen die Dtr und CD 5, 4, wo dtr Phraseologie partiell nachgeahmt wird, kaum Spezifisches erkennen.

1. Der Sing. **ʿaštart*>**ʿaštæræṯ* (so statt masoret. *ʿaštoræṯ* mit Vokalisation nach *bošæṯ*) ist nur 1 Kön 11, 5. 33; 2 Kön 23, 13 belegt (LXX: Ἀστάρτη; so auch Josephus). 1 Sam 31, 10 wird statt *bêṯ ʿaštārôṯ* mit den meisten *bêṯ ʿaštæræṯ* vorauszusetzen sein (unspezifisch LXX: εἰς τὸ Ἀσταρτεῖον; vgl. zur Bildung Jos. Ant. VI 374); anders O. Eißfeldt, KlSchr II 276[1], vgl. H. J. Stoebe, KAT VIII/1, 522. 1 Chr 10, 10a bringt mit *bêṯ ʾᵆlohêhæm* Distanzierung und Abscheu zum Ausdruck.

Wenn das „Haus der A.", in das die Philister nach 1 Sam 31, 10a die Waffen des toten Saul verbringen, entsprechend v. 10b in Bet-Schean zu suchen ist (vgl. aber auch Stoebe), so haben wir es mit der kriegerischen, ägyptisierten A. zu tun, die möglicherweise auch auf der dort gefundenen ägyptisierten Stele aus dem 13. Jh. v. Chr. (WbMyth I, Syrien Abb. 7) dargestellt wird: eine schlanke, bekleidete Göttin mit hoher, konischer Atef-Krone und Hörnern. Askalon, dessen Heiligtum der οὐρανίη Ἀφροδίτη Herodot I 105 das älteste der Göttin nennt, ist vom Kriegsschauplatz „auf dem Berg Gilboa" (1 Sam 31, 1. 8; vgl. 2 Sam 1, 21) zu weit entfernt; eine von v. 10b abweichende Lokalität wäre in 10a auch genannt worden; wenn 1 Chr 10, 10b statt den Leichnam Sauls nach Bet-Schean (1 Sam 31, 10b) dessen Schädel „in den Dagontempel" bringen läßt, so steigert Chr aus Abneigung gegen Saul (vv. 13f.) und Kenntnis der Philisterreligion die scheußliche Erbaulichkeit der Szene, zumal 1 Chr 10, 9 = 1 Sam 31, 9 ohnehin eine Angabe über den Schädel erwarten läßt.

Nach 1 Kön 11, 5 Dtr(N?) hat Salomo durch Verführung ausländischer Frauen die A. der Sidonier und den Milkom der Ammoniter verehrt, was v. 33a Dtr (N_2?), unter Zufügung des Kemosch von Moab aus v. 7, in einem Unheilsorakel Ahijas von Schilo wiederholt. Nach v. 7 MT nämlich baute Salomo für Kemosch und „Milkom" (l. *ûlᵉmilkom* statt *ûlᵉmolæḵ*, nach καὶ τῷ βασιλεῖ αὐτῶν v. 5 LXX, καὶ τῷ μελχομ u. ä. der Luc. Rez. und entsprechend vv. 5. 33 MT), nach v. 6 LXX auch für A. eine Opferhöhe.

M. Noth (BK IX/1, 246; vgl. E. Würthwein, ATD 11/1, ^{2}1985, 134) schloß aus der Formulierung mit *ʾāz* v. 7 auf eine „amtliche Angabe über die Bautätigkeit des Königs"; statt *šiqquṣ* ist dabei *ʾᵆlohîm* vorauszusetzen – entsprechend vv. 5a. 33 MT und εἰδώλῳ v. 5 LXX anstelle βδελύγματι v. 6 (vgl. 33). Die Lokalisierung v. 7aβ, die in v. 5 LXX fehlt, ist freilich Zusatz nach der präziseren Formulierung 2 Kön 23, 13 (Würthwein 131; anders Noth 241). Der vor-dtr v. 7aαb überliefert also ein Beispiel der synkretistischen Religionspolitik, die Salomo für die nicht-israelitischen Bevölkerungselemente seines Herrschaftsbereichs, nicht, wie die Dtr wollen, für seine Frauen betrieb. Erst die Dtr haben in vv. 5. 33 zu Kemosch und Milkom an erster Stelle *ʿaštæræṯ ʾᵆlohê ṣiḏonîm/n* hinzugefügt; darin ist ihnen LXX v. 33 (vgl. v. 6) gefolgt, wobei sie für A. βδελύγματι = *(lᵉ)šiqqûṣ* statt des εἰδώλοις = *(lᵉ)ʾᵆlohê* aus v. 7aαb cj. (5a. 33) setzte.

Von einer Rolle der A. bei Salomos Religionspolitik wissen wir also nichts.

Auf alle drei Götter, wieder mit A. an erster Stelle, kommt Dtr(N?) bei der Entweihung der Opferhöhen durch Joschija 2 Kön 23, 13 zurück, die er *ʿal-pᵉnê jᵉrûšālem* (vgl. Sach 14, 4) *ʾᵃšær mîmîn lᵉhar-hammišḥāh* (so statt *hammašḥîṯ* MT; vgl. BHS, KBL^{3}) „gegenüber Jerusalem, südlich des ʿÖl'bergs" lokalisiert; die Historizität der Angabe wird von E. Würthwein (ATD 11/2, 460) für die Zeit Joschijas wohl mit Recht bestritten.

1 Kön 11, 5. 33 und 2 Kön 23, 13 bezeugen also lediglich die große Rolle, die A. in der Exilszeit – am Ölberg (?) – spielte. Die Verwendung von βδέλυγμα bei A. durch LXX zeigt den gleichen Abscheu gegenüber der Göttin, den *bêṯ ʾᵆlohêhæm* 1 Chr 10, 10a verrät.

2. Der Pl. *ʿaštārôṯ* steht für die pauschalierende Verurteilung des Fremdgötterdienstes durch die Dtr. Insbesondere die meristische Verbindung von *habbᵉʿālîm* und *hāʿaštārôṯ* in Ri 10, 6; 1 Sam 7, 4 (LXX beide Male Ἀσταρῶθ); 12, 10, von der sich *labbaʿal* (sing.!) *wᵉlāʿaštārôṯ* in Ri 2, 13 (LXX: Ἀστάρται) und alleinstehendes *ʿštrt* (pl.) CD 5, 4 nicht substantiell abheben, bezeichnet, funktionell vergleichbar mit akk. Pl. *ilū u ištarātū* (s. II. 2.), die Gesamtheit der verhaßten Götzen; die Dtr beschränken den pl. Gebrauch dabei auf die Richterzeit, was CD 5, 4 aufzunehmen scheint. Daß der Ausdruck *ʾæṯ-habbᵉʿālîm wᵉʾæṯ-hāʾᵃšerôṯ* Ri 3, 7 (vgl. 2 Chr 33, 3) dasselbe leistet, zeigt, wie wenig es den Dtr auf die Identität der einzelnen Göttin ankam. Ähnlich erscheint in LXX Ἀστάρτη für *ʾᵃšerāh* 2 Chr 15, 16 und Ἀστάρται für *hāʾᵃšerîm* 24, 18; zu 1 Sam 7, 3 und 12, 10 LXX s. u.

Die dtr Erwähnungen des Götzendienstes Israels stehen im Interesse einer Theodizee angesichts der Gerichte JHWHs und begründen damit die Berechenbarkeit seines Handelns. Von Anfang an haben die Israeliten „Baal und den Astarten" gedient (Ri 2, 13 Dtr [H?]); im weiteren Verlauf der Richterzeit fuhren sie fort, das in den Augen JHWHs Böse zu tun (10, 6), wobei Dtr (N?) Gelegenheit nimmt, die Zuordnung von fremden Göttern zu Sidon, Moab und Ammon aus 1 Kön 11, 33; 2 Kön 23, 13 zu antizipieren und *wᵉʾæṯ-ʾᵆlohê ʾᵃrām* sowie *wᵉʾeṯ ʾᵆlohê pᵉlištîm* am Anfang und Ende der Aufzählung hinzuzufügen. Als Samuel aber am Ende der Richterzeit mahnte, die fremden Götter zu entfernen (vgl. zur Wendung Gen 35, 2; Jos 24, 23; Ri 10, 16), taten die Israeliten „die Baale und Astarten" von sich, was der göttlichen Vorsehung ein Ende der Philisternot ermöglichte (1 Sam 7, 3f. Dtr [N?]); dabei scheint das in v. 3 hinter „die fremden Götter" nachklappende *wᵉʾæṯ-hāʿaštārôṯ* „und (besonders) die Astarten" eine spät- oder nach-dtr Hinzufügung zu sein, offenbar aus zeitgenössischem Anlaß. Entsprechend läßt 1 Sam 12, 10 Dtr (H + N?), auf die Richterzeit rückblickend, die Israeliten beklagen, daß sie „den Baalen und Astarten" gedient haben (vgl.

Ri 10, 10); die Selbstanklage war ein Motiv, JHWH zu rettendem Eingreifen gegen Israels Feinde zu bewegen – mit Erfolg, wie die Richterzeit bewiesen hatte (v. 11) und die exilische Gegenwart wieder erwarten läßt.
Wenn LXX in 1 Sam 7, 3; 12, 10 statt *w^e('æṯ-) hā'aštārôṯ* καὶ τὰ ἄλση bzw. καὶ τοῖς ἄλσεσιν hat, so kann sie beide Male *w't-h'šrwt* gelesen haben: καὶ τὰ ἄλση αὐτῶν steht Dtn 12, 3 für *wa'ašerêhæm*; es liegt eine gegenüber 2 Chr 15, 16; 24, 18 (s.o.) oppositive Verwechslung aus Desinteresse an der Unterscheidung der Göttinnen vor (vgl. Ortsname 'Ασηρῶθ statt *'aštārôṯ* 1 Chr 6, 56 LXX), deren Assimilation aneinander fortgeschritten war.
Zu entscheiden, ob die „Himmelskönigin" von Jer 7, 18; 44, 17–19. 25 A. oder eine andere weibliche Gottheit war, hatte der Dtr, der die Stücke zumindest überarbeitete, wiederum keinen Anlaß. Da sich in einem synkretistischen Milieu gleiche oder ähnliche Vorstellungen an verwandte Götter verschiedenen Namens knüpfen konnten, ist die Frage auch religionsgeschichtlich nicht recht sinnvoll: neben der kanaanäischen (Gese 191 f.) und der ägyptisierten A. kann in der Exilszeit und unmittelbar davor auch Ištar, die in der babyl. Götterliste An = *Anum* IV 171 *šarrat šamê* „Himmelskönigin" heißt, zum Bild einer Göttin beigetragen haben, die zudem Pendant des im Syrien des 1. Jt. v. Chr. so erfolgreichen *b'l šmm/n* „Himmelsba'al" gewesen sein mag; von der Herodot I 105 genannten οὐρανίη 'Αφροδίτη aus Askalon (s. 1.) gilt das gleiche. Ebenso muß offenbleiben, ob die *mlkt šmjn* „Himmelskönigin", die nach Hermopolis-Papyrus 4, 1 (um 500 v. Chr.; TSSI II 137 f.) neben dem Gott Bet-El in Syene nahe der jüdischen Militärkolonie einen Tempel hatte, speziell mit A. identisch ist.

V. Das Appellativ * *'aštæræṯ* in der Wendung *'ašt^erôṯ ṣo'nækā* „Wurf, Nachwuchs, Zuwachs deines Kleinviehs" (schwerlich „Fruchtbarkeit d. K."; so E. König, Hebr. und aram. Wörterbuch zum AT, 1910, s.v.) Dtn 7, 13; 28, 4. 18. 51, jedesmal parallel mit *š^egar 'alāpækā* „Wurf deiner Rinder" gebraucht, beruht nach Delcor (UF 6, 1974, 14) auf der Entmythisierung der beiden Gottesnamen, wie denn die Verbindung von *'t/štr* und *šgr* außer in KTU 1.148, 30 f. jetzt auch in Deir 'allā I 14 belegt ist (s. II. 4.). Hinter * *'ašt^erôṯ ṣo'n* steht die Rolle der A. als „Herrin der Tiere", genauer: Ernährerin von Ziegen, wofür die Darstellung einer Göttin auf der Elfenbeinplatte aus einem Grab von *minet al-beiḍa* (ANEP 464; vgl. 465) Anschauungsstoff bietet. In den Appellativen * *'aštæræṯ* und *šæḡær* wären Götternamen zu Bezeichnungen ihrer Gaben geworden; an eine Bedeutung * *'aštæræṯ* „Muttertiere" (Ges., Thes. 1083; vgl. in $KBL^{2/3}$) zu denken, empfiehlt sich weniger, da das parallele *šæḡær* weder ebenso noch oppositiv sicher deutbar ist. Ob *Šgr* Deir 'allā I 14 eine Göttin ist, bleibt unklar (Müller, ZAW 94, 230 Anm. 106). Ugar. *šgr (m}d)* KTU 1.5, III, 16 f. und hebr. *šæḡær* in der (überfüllten?) Wendung *pæṭær šæḡær b^ehemāh* „Erstling des Viehwurfs" Ex 13, 12 (ferner *šgr* „Jungvieh[zucht]" Sir 40, 19) bezeichnen nicht die werfenden Muttertiere. Wenn in Dtn 7, 13 u.ö. einem mask. *šæḡær* das fem. * *'aštæræṯ* entspricht, so erschwert dies, zu den unter I. genannten Bedenken gegen eine solche Etymologie, auch die unmittelbare Ableitung von einer Wurzel *'šr*. – Die Gaben Astartes und *Šgrs* sind Dtn 7, 13; 28, 4 so eindeutig zu Wirkungen des Segens JHWHs unter anderen geworden, daß in den vorliegenden Texten jede Erinnerung an die älteren Götter entschwunden zu sein scheint; für den Fall des Ungehorsams trifft den Mutterleib, den Acker, den Viehnachwuchs Fluch v. 18; nach v. 51aβ werden *š^egar 'alāpækā w^e'ašt^eroṯ ṣo'nækā*, d. i. nach v. 51aα wie nach vv. 4. 18 „die Frucht deines Viehs", zusammen mit der Frucht des Ackers durch JHWH zur restlosen Beute der Neubabylonier.

VI. Ein Zeugnis für die Bedeutung des A.-Kults sind die Ortsnamen *'aštārôṯ* und *(b^e)'æšt^erāh* Jos 21, 27.

1. Zum masoret. Pl. fem. *'aštārôṯ* stehen im Gegensatz einerseits Mask. sing. in eblait. *aš-tár*^ki (G. Pettinato, AfO 25, 1974/77, 7; vgl. auch *aš-tár*-LUM^ki, *áš-tá*-LUM^ki, F. Pomponio, UF 15, 1983, 155), andererseits vor allem Sing. fem. in *'-s-[ta-]r-tum* (äg. Ächtungstext des 18. Jh.; Helck, Bez. 55), *'a-s-tá-r-tu* (Thutmosis' III., Amenophis III., Ortsnamenliste im Tempel von Amarah im Sudan; Helck 129; Kellermann 54), ^uru*aš-tar-te/ti* EA 197, 10; 256, 21, ^uru*as-tar-tu* auf einem Flachrelief Tiglatpilesers III. aus *nimrūd* (B. Meißner, ZDPV 39, 1916, 261–263), *(b^e)'æšt^erāh* Jos 21, 27 mit Nisbe *'ašt^erāṯî* 1 Chr 11, 44 (Kellermann 48 f.), *'štr'* 1 QGenApokr 21, 28 und *tell 'aštara* im heutigen Arabisch. Für die Richtigkeit von masoret. */-ôṯ/* mag dennoch neben der Wiedergabe von LXX (außer 'Ασηρῶθ 1 Chr 6, 56 immer 'Ασταρῶθ) der Sachverhalt sprechen, daß die Endung in dem entsprechenden *'anāṯôṯ* zusätzlich neben dem Morphem für Fem. (sing.) erscheint; bei *bêṯ l^eḇā'ôṯ* (s. III. 3.; allerdings Βαιθλαβαθ Jos 19, 6 LXX A) oder *bêṯ 'anôṯ* Jos 15, 59 wäre die lokalisierende Funktion, wenn sie für */-ôṯ/* wie für alternatives *b^e-* in *b^e'æšt^erāh* gälte, zudem doppelt verwirklicht (gegen Borée). In *b^e'æšt^erāh* könnte eher Kontraktion aus **bêṯ 'æšt^erāh* (Abel 263; BHK) als stabilisiertes Adverbial vorliegen. Da masoret. */-ôṯ/* auch bei Ortsnamen begegnet, die nicht von Göttinnennamen abgeleitet sind, ist über dessen Funktion nicht generell zu entscheiden. Wenn sich der Pl. femininer Gottesnamen in Ortsnamen erhält, so könnte dies zeigen, daß sich der observante Gebrauch eines pl. majestatis in der Ortsnamentradition besser behauptet als in der at.lichen Erzählüberlieferung, zumal echter Pl. bei einem authentischen Ortsnamen insofern schwerlich vorliegt, als an einem Ort immer nur eine lokale Spezifikation der Göttin verehrt wird. Aber warum hat keine der außerbibl. Bezeugungen den pl. majestatis? So scheint auch dtr oder dtr beeinflußte Entstellung von sing. Ortsnamenbildungen, da sie die verhaßte Vielgötterei schon in bezug auf die betr. Einzelgottheit übertreibend anprangern könnte (vgl. noch *b^e'ālôṯ* Jos 15, 24; 1 Kön 4, 16 [?] neben *ba'alāh* und die dtr Ersetzung von *'ælohê* durch *šiqquṣ* 1 Kön 11, 7), besonders wegen der Häufigkeit von pl. *'aštārôṯ* bei Dtr, nicht unmöglich. Derselbe Abscheu hätte später (?) den Wechsel **bêṯ 'aštæræṯ* > *bêṯ 'aštārôṯ* 1 Sam 31, 10 (s. IV. 1.) hervorgerufen.

2. Dtr bezeichnet im Zusatz zu einer älteren Formel Jos 9, 10 (vgl. Wüst 48 Anm. 170) *'aštārôṯ* als Wohnsitz Königs Og von Baschan, wo die äg. und akk. Umschreibungen ebenso wie ugar. *'ṯtrth* KTU 1.100,

41 auch aus anderen Gründen lokalisiert werden (vgl. Kellermann 53–56, ferner M. Astour, JNES 27, 1968, 32; RSP II, 1975, 313f.; M. Tsevat, UF 11, 1979, 759–778). Jos 12, 4; 13, 12. 31 fügen *'ædræ'î* (= *der'a*) als weitere Königsstadt Ogs hinzu, um mit den Angaben von Num 21, 33; Dtn 3, 1 (vgl. v. 10) einen Dtn 1, 4 MT entsprechenden Ausgleich zu schaffen. Daß nach Jos 12, 6 das Ostjordanland, ehemaliger Besitz Sihons von Heschbon und Ogs, dem halben Stamm Manasse zufällt, wird Jos 21, 27; 1 Chr 6, 56 weiter spezifiziert, wobei *(b^e)'æšt^erāh* bzw. *'aštārôṯ* jeweils hinter der Stadt *gôlān babbāšān* erscheint. Dtn 3, 11. 13 bringen Og und Baschan, Jos 12, 4; 13, 12 Og und *'aštārôṯ* mit den *r^epā'îm* in Zusammenhang. Deswegen auch wird die Besiegung der *r^epā'îm* durch Kedor-Laomer Gen 14, 5 nach *'*aštārôṯ* verlegt (zuletzt C. Westermann, BK I/2, 231), das in dem jungen Text *'ašt^erôṯ qarnajim* (vgl. *'štr' dqrnjn* 1 QGenApokr 21, 28f.) heißt, entweder weil sich der Verf. Astarte mit zwei Hörnern vorstellte (vgl. u.a. Philo Byblios bei Euseb, praep. ev. I 10, 31, wonach A. einen Stierkopf hatte) oder weil er in *qarnajim* nach Am 6, 13 eine andere Ortsbezeichnung (= *šeiḫ sa'd*; vgl. 1 Makk 5, 26. 43f.; 2 Makk 12, 21. 26; b. Sukka 2a, dazu Jub 29, 10, wo *Qarānā'îm*, *'Asṭarôs* u.a. Orte nebeneinander stehen) oder Landschaftsbezeichnung (zur assyr. Provinz *Qarnini* vgl. E. Forrer, Die Provinzeinteilung des assyr. Reiches, 1920, 62f.) sah, der er *'*aštārôṯ* zuordnen wollte.

3. Die meisten identifizieren *'aštārôṯ* Dtn 1, 4; Jos 9, 10; 12, 4; 13, 12. 31; 1 Chr 11, 44 (= *[b^e]'æšt^erāh* Jos 21, 27) mit *tell aštara*; GTTOT 124. 214 denkt an *tell aš'ari*. Da sich die Erwähnung von *'ašt^erôṯ qarnajim* Gen 14, 5 bloßen Kombinationen verdankt, ist dessen gesonderte Lokalisierung (GTTOT: *tell aštara*) nicht angezeigt, obwohl Euseb, Onom. 6, 4ff.; 12, 11ff., zwei Orte des Namens kennt (dazu Kellermann 56–61).

H.-P. Müller

עֵת *'eṯ*

עַתָּה *'attāh*

I. Außerbibl. *'t(h)* – II. Etymologie – III. Vorkommen im AT – IV. Philologische Beobachtungen – 1. Generelle Bedeutung – 2. Präpositionelle Ausdrücke – a) mit *b^e* – b) mit *l^e* – c) mit *k^e* – d) Die übrigen – 3. Genetivische Näherbestimmungen – 4. Andere Konstruktionen – 5. Der Plural – 6. *'attāh* – V. Theologische Gebrauchsweisen – 1. *'eṯ* als hebr. Zeitbegriff – 2. Schöpfungstheologisch – a) Überblick – b) Der rechte Zeitpunkt bei Koh – 3. Geschichtstheologisch – a) Die Gegenwart – b) Die Vergangenheit – c) Die Zukunft – VI. LXX – VII. Hebr. Sirachbuch und die Qumran-Literatur.

Lit.: *Kj. Aartun*, Die Partikeln des Ugaritischen I (AOAT 21/1, 1974, bes. 13f.). – *J. Barr*, The Semantics of Biblical Language, Oxford 1961, bes. 46–88. – *Ders.*, Biblical Words for Time (SBT 33, London [2]1969). – *Th. Boman*, Das hebräische Denken im Vergleich mit dem griechischen, [7]1983. – *S. G. F. Brandon*, Time and Mankind, London 1951. – *Ders.*, History, Time and Deity, Manchester – New York 1965. – *H. A. Brongers*, Bemerkungen zum Gebrauch des adverbialen *W^e'ATTĀH* im Alten Testament (VT 15, 1965, 289–299). – *E. Brunner*, Das Ewige als Zukunft und Gegenwart, Zürich 1953, 46–64. – *H. Brunner*, Zum Zeitbegriff der Ägypter (StudGen 8, 1955, 584–590). – *J. L. Crenshaw*, The Eternal Gospel (Eccl. 3:11) (Festschr. J. P. Hyatt, New York 1974, 23–55). – *O. Cullmann*, Christus und die Zeit. Die urchristliche Zeit- und Geschichtsauffassung, Zürich [3]1962. – *G. Delling*, καιρός κτλ. (ThWNT III 456–465). – *Ders.*, χρόνος (ThWNT IX 576–589). – *G. R. Driver*, Isaianic Problems (Festschr. W. Eilers, 1967, 43–57). – *G. Ebeling*, Zeit und Wort (Festschr. R. Bultmann, 1964, 341–356). – *W. Eichrodt*, Heilserfahrung und Zeitverständnis im Alten Testament (ThZ 12, 1956, 103–125). – *J. A. Emerton*, Some Linguistic and Historical Problems in Isaiah VIII. 23 (JSS 14, 1969, 151–175, bes. 156–162). – *M. Filipiak*, Kairologia w Ekl 3, 1–15 (Roczniki Teologiczno-Kanoniczne 20/1, 1973, 83–93). – *J. Finegan*, Handbook of Biblical Chronology, Princeton – London 1964. – *K. Galling*, Stand und Aufgabe der Kohelet-Forschung (ThR 6, 1934, 355–373). – *Ders.*, Das Rätsel der Zeit im Urteil Kohelets (Koh 3, 1–15) (ZThK 58, 1961, 1–15). – *E. Jenni*, Time (IDB 4, 1962, 642b–649a). – *Ders.*, Zur Verwendung von *'attā* „jetzt" im Alten Testament (ThZ 28, 1972, 5–12). – *Ders.*, עֵת *'ēt* Zeit (THAT II 370–385). – *A. Lacocque*, La conception hébraïque du temps (BCPE 36, 1984, 47–58). – *I. Lande*, Formelhafte Wendungen der Umgangssprache im Alten Testament, Leiden 1949, bes. 46–52. – *A. Laurentin*, *We'attah – Kai nun.* Formule caractéristique des textes juridiques et liturgiques (à propos de Jean 17, 5) (Bibl 45, 1964, 168–197. 413–432). – *J. A. Loader*, Qohelet 3, 2–8 – A „Sonnet" in the Old Testament (ZAW 81, 1969, 240–242). – *Ders.*, Polar Structures in the Book of Qohelet (BZAW 152, 1979, bes. 29–35). – *O. Loretz*, *k't ḥyh* – „wie jetzt ums Jahr" Gen 18, 10 (Bibl 43, 1962, 75–78). – *Ders.*, Qohelet und der alte Orient. Untersuchungen zu Stil und theol. Thematik des Buches Qohelet, 1964, bes. 186–188. 251–254. – *D. Lys*, Par le temps qui court (ETR 48, 1973, 299–316). – *J. Marsh*, Time, Season (A. Richardson [Hg.], A Theological Word Book of the Bible, New York 1950, 258–267). – *Ders.*, The Fulness of Time, London 1952. – *J. Muilenburg*, The Biblical View of Time (HThR 54, 1961, 225–271). – *H.-P. Müller*, Ursprünge und Strukturen alttestamentlicher Eschatologie (BZAW 109, 1969). – *Ders.*, Notizen zu althebr. Inschriften I (UF 2, 1970, 229–242, bes. 234f. Anm. 62). – *M. P. Nilsson*, Primitive Time-Reckoning, Lund 1920. – *J. M. Rodríguez Ochoa*, Estudio de la dimensión temporal en Prov., Job y Qoh. El eterno volver a comenzar en Qohelet (EstB 22, 1963, 33–67). – *C. von Orelli*, Die hebr. Synonyma der Zeit und Ewigkeit genetisch und sprachvergleichend dargestellt, 1871. – *E. Otto*, Altägyptische Zeitvorstellungen und Zeitbegriffe (Die Welt als Geschichte 14, 1954, 135–148). – *M. Perani*, La concezione del tempo nell'AT (Sacra Doctrina 23, 1978, 193–242). – *Ders.*, Rilievi sulla terminologia temporale nel libro di giobbe (Henoch 5, 1983, 1–20). – *G. Pidoux*, A propos de la notion biblique du temps (RThPh 2, 1952, 120–125). – *H. D. Preuß*, Jahweglaube und Zukunftserwartung (BWANT 87, 1968). – *G. von Rad*, Weisheit in Israel, 1970, bes. 182–188. – *C. H. Ratschow*, Anmerkungen zur theol. Auffassung des Zeitproblems (ZThK 51, 1954, 360–387). – *J. Schreiner*, Das Ende der Tage. Die Botschaft von der Endzeit in den alttestamentlichen Schriften (BiLe 5, 1964, 180–194). – *M. Sekine*, Erwägungen zur hebr. Zeitauffassung (VTS 9, 1963, 66–82). – *J. van Seters*, In Search of History. Historiography in the Ancient World and the Origins of Biblical History, New Haven – London 1983. – *W. von Soden / J. Bergman / M. Sæbø*, יום *jôm* (ThWAT III 559–586; Lit. 560f.). – *G. Stählin*, νῦν (ἄρτι) (ThWNT IV 1099–1117). – *P. Tachau*, „Einst" und „Jetzt" im Neuen Testament. Beobachtungen zu einem urchristlichen Predigtschema in der neutestamentlichen Briefliteratur und zu seiner Vorgeschichte (FRLANT 105, 1972). – *Sh. Talmon*, The Calendar Reckoning of the Sect from the Judean Desert (ScrHier 4, ²1965, 162–199). – *W. Vollborn*, Studien zum Zeitverständnis des Alten Testaments, 1951. – *S. J. de Vries*, Yesterday, Today and Tomorrow. Time and History in the Old Testament, London 1975. – *Ch. F. Whitley*, Koheleth. His Language and Thought (BZAW 148, 1979, bes. 30–33). – *J. R. Wilch*, Time and Event. An Exegetical Study of the Use of *ʿēth* in the Old Testament in Comparison to Other Temporal Expressions in Clarification of the Concept of Time, Leiden 1969; Lit. 172–180. – *R. Yaron*, *kaʿeth ḥayyah* and *koh leḥay* (VT 12, 1962, 500f.). – *F. Zimmermann*, The Inner World of Qohelet (With Translation and Commentary), New York 1973, bes. 44–49.

I. Das im AT reichlich vorkommende Nomen *ʿeṯ* ʿZeitpunktʾ, ʿMalʾ, aber auch ʿZeitspanneʾ oder generell ʿZeitʾ (s. IV.), läßt sich nur im Hebr., Phön. und Pun. mit Sicherheit belegen (DISO 224). Die manchmal angenommene Verbindung mit akk. *inu/ittu* (*enu/ettu*) ʿZeitʾ bleibt äußerst fragwürdig (AHw 382b. 405f.; CAD I/1, 153b. 304–310; vgl. Wilch 155–160; Jenni, THAT II 370f.; KBL³ 851b–852a).

Hebr. *ʿt* begegnet spärlich in älteren außerbibl. Texten. Besonders auffällig ist das Nomen *ʿt* als akkusativische Zeitangabe im Lachisch-Ostrakon Nr. 6: „JHWH lasse meinen Herrn zu dieser Zeit Heil sehen" (*jrʾ JHWH ʾt ʾdnj ʾt hʿt hzh šlm*, KAI 196, 1f.; Diskussion und alternative Deutungsmöglichkeiten bei Müller, UF 2, 234f. Anm. 62; DISO 224, wo auch weitere Belegstellen verzeichnet sind). In einigen Fällen läßt sich aber hebr. *ʿt* kontextgemäß am natürlichsten als eine Defektivschreibung für *ʿattāh* ʿjetztʾ auffassen (vgl. im AT Ez 23, 43; Ps 74, 6; Müller; L. A. Bange, A Study of the Use of Vowel-Letters in Alphabetic Consonantal Writing, 1971, 127; F. M. Cross / D. N. Freedman, Early Hebrew Orthography, New Haven 1952, 52f., denken an eine Aussprache **ʿat(t)*, z. B. durch Assimilation eines *n* aus **ʿant*; vgl. ugar. *ʿnt* ʿnunʾ, UT Nr. 1888; bibl.-aram. *k^eʿænæṯ* ʿnunʾ, Esra 4, 10f.; 7, 12; ferner DISO 125): Das betrifft z. B. *wʿt* ʿund jetztʾ in vorexilischen Texten aus Murabbaʿāt (DJD II, 1961, 96, Nr. 17, Z. 2; 8. Jh. v. Chr.), Lachisch (Ostrakon Nr. 4, KAI 194, 2) und Tell ʿArad (s. J. C. L. Gibson, Textbook of Syrian Semitic Inscriptions 1, Oxford ²1973, 49–54). Dazu notiert man besonders die in den Lachisch-Ostraka – und zwar in der als Gruß gebrauchten Segensformel „Lasse JHWH meinen Herrn heilvolle Nachrichten hören" (*jšmʿ JHWH ʾt ʾdnj šmʿt šlm*) o. ä. – vorkommende Wendung *ʿt kjm* (KAI 192, 3; 194, 1; 195, 2f.), die vermutlich mit „gerade jetzt", „jetzt an diesem Tage" wiederzugeben ist (s. Müller, UF 2, 234f.).

Im Phön. und Pun. taucht das Nomen *ʿt* vereinzelt auf (s. DISO 224; KAI III 20; Karthago, Revue d'archeologie africaine 12, 1963/64, 52; CRAIBL 1968, 123; Tomback 259): In einem phön. Text aus Sidon (KAI 14, 2f.) heißt es: „Ich wurde vor meiner Zeit dahingerafft" (*ngzlt bl ʿtj*; vgl. hebr. *b^elōʾ ʿeṯ*, s. u. IV. 2. aγ). Zwei pun. Texte verwenden *ʿt* für historische Präzisierung: Der erste spricht von „der Zeit des Herrn ʾDNBʿL" (CRAIBL 1968, 117, Z. 2; aus Karthago); der zweite sagt: „zur Zeit des Herrn der Elitetruppe" (s. M. G. Guzzo Amadasi, Le iscrizioni fenicie e puniche delle colonie in occidente, Roma 1967, 23, Nr. 6, Z. 4; von Malta). Endlich ist auf einen schwer zu deutenden neopun. Text von Leptis Magna aus dem 1. Jh. n. Chr. aufmerksam zu machen: „sie gestatteten ihm, die Tunika(?) allezeit zu verwenden(?)" (*jtnʾ l ʿbd bspʾt kl ḥʿt*, KAI 126, 9; vgl. die at.liche Wendung *b^ekŏl-ʿeṯ*, s. u. IV. 1. a).

II. Trotz einer langwierigen, vielseitigen und intensiven wissenschaftlichen Erörterung muß die etymologische Herleitung des Nomens *ʿeṯ* als ungeklärt gelten (Forschungsübersichten und Diskussionen bes. bei Barr, SBT 33, 110–134; Wilch 155–160; s. auch GesB 628a; THAT II 370f.; KBL³ 851b–852a).

Die bisherigen Erwägungen haben vor allem die folgenden Herleitungsvorschläge ins Licht gebracht.

Die Forscher, die einen dreiradikaligen Stamm voraussetzen, sind zu sehr verschiedenen Auffassungen gelangt. Einige weisen dabei auf einen Stamm III *w/j* hin, entweder auf *ʿdh* I ʿbeschreitenʾ (z. B. W. Gesenius, Thesaurus 1083b. 990b–994b) oder auf *ʿnh* I ʿerwidern, antwortenʾ (z. B. J. Levy, TW 572; Fr. Delitzsch, Prolegomena eines neuen hebr.-aram. Wörterbuchs zum Alten Testament, 1886, 115). Andere denken an einen Stamm mit verdoppeltem zweiten Radikal, *ʿtt*, der aber nicht im at.lichen Hebr. zu belegen ist (z. B. P. Kahle, Der masoretische Text ..., Neudr. 1966, 68); andere verweisen auf einen Stamm I *j*, nämlich auf *jʿd* ʿbestimmenʾ (z. B. von Orelli 47). Im Hinblick auf akk. *ʿidtu* ʿVereinbarungʾ hat man ferner einen Stamm *ʿdt* erwogen (z. B. Bauer/Leander, Grammatik des Bibl.-Aram., § 51z) sowie unter Verweis auf akk. *inu/ittu* (*enu/ettu*) ʿZeitʾ einen Stamm *ʿnt*, der im Aram. zu belegen ist (z. B. Delitzsch 34. 116).

Indessen haben andere die Möglichkeit einer Herleitung aus einem zweiradikalen Stamm bedacht. Abgesehen von vereinzelten Hinweisen auf *ʿ(w)d* I (vgl. arab. *ʿāda* ʿzurückkehrenʾ; im at.lichen Hebr. nur *pi*, *pol* und *hitpol*; z. B. Jastrow, DictTalm 1128a), ist vor allem *ʿn* (+ eine fem. Endung *-t*) in die Diskussion gebracht worden (Wilch 158–160; Aartun 14); dabei verbindet man hebr. *ʿeṯ* sowie aram. *kʿn/kʿnt/kʿt* ʿjetztʾ (DISO 125; KBL² 1086b) mit einem angeblich adv. gebrauchten ugar. Nomen *ʿnt* ʿnunʾ (KTU 1.19, III, 48. 55f.; IV, 6; vgl. UT Nr. 1888 und 102 Anm. 3; s. jedoch WUS Nr. 2065).

Heute läßt sich eine Tendenz in Richtung einer Präferenz der Ableitung vom Stamm *jʿd* ʿbestimmenʾ beobachten, wobei *ʿeṯ* primär ʿTerminʾ bedeutet (**ʿidt* > **ʿitt* > *ʿeṯ*; s. BLe § 61j; J. C. de Moor,

AOAT 16, 1971, 149; E. Vogt, LexLingAram, 85b; THAT II 371; KBL³ 851b). Trifft diese Erklärung zu, ist *ʿeṯ* mit hebr. *ʿeḏāh* I 'Versammlung' und *môʿeḏ* 'Treffpunkt', 'Versammlung', 'verabredeter Zeitpunkt, Termin' etymologisch verbunden (→ יעד *jāʿaḏ*).

III. 1. Die 296 im AT vorkommenden Belegstellen vom hebr. Nomen *ʿeṯ* (Pl. *ʿittîm*/*ʿittôṯ*, vgl. D. Michel, Grundlegung einer hebr. Syntax 1, 1977, 58f.; Genus: normalerweise fem.; die Ausnahmen sind fragwürdig, s. Emerton 159 mit Hinweis auf Driver) finden sich am häufigsten in den folgenden Büchern (exkl. Ez 23, 43 K; Ps 74, 6 K): Koh 40mal (31mal in Kap. 3); Jer 36mal, Ps 22mal; Dtn und Ez je 18mal; Dan und 2 Chr je 16mal; 2 Kön und Jes je 11mal (Jes 1–39 8mal); Gen, Ri und Ijob je 10mal; und 1 Chr 9mal.
Als Derivate begegnen im AT das Adj. *ʿittî* 'bereitstehend' (Lev 16, 21, hap. leg.; s. BLe § 61 w.x; die von Wilch 138 u.a. vorgeschlagene Emendation *ʿāṯîḏ* ist nicht zwingend) und das 433mal zu belegende Adv. *ʿattāh* (inkl. Ez 23, 43 Q; Ps 74, 6 Q; zur Bildung und Verwendung s. GVG I 464hα; Joüon 81. 222; K. Beyer, Althebr. Grammatik, Göttingen 1969, 66; KBL³ 853b–854b; zur 272mal vorkommenden Wendung *weʿattāh* s. bes. Stählin; Lande; Laurentin; Brongers; Jenni 1972); es ist auffallend, daß die Belege am häufigsten in den erzählenden Büchern zu finden sind (1 Sam 46mal; Gen 40mal; 2 Sam 30mal; 2 Chr 29mal; Ri 24mal; 1 Kön 23mal; 2 Kön 22mal; Ex 20mal; Jos 19mal; Num 15mal), spärlicher aber in den prophetischen und poetischen (Jes 29mal; Ijob 18mal; Jer 16mal; Ps 13mal; Hos 12mal; Ez 8mal).

Dagegen ist der mask. PN *ʿAttaj* (nur 1 Chr 2, 35f.; 12, 12; 2 Chr 11, 20) aller Wahrscheinlichkeit nach nicht mit *ʿeṯ* etymologisch verbunden (s. IPN 191; PNPI 108a; KBL³ 854f.). Sehr zweifelhaft ist auch die Erklärung des Nomens *ʿonāh* als „(Zeit des) sexuellen Verkehrs" (Ex 21, 10, → ענה *ʿānāh* III.8.) in Beziehung zu *ʿeṯ*.

IV. 1. Es ist unmittelbar einleuchtend, daß *ʿeṯ* im AT durchweg ein Zeitbegriff ist. Das ist natürlich aus den jeweiligen Kontexten ersichtlich, sowie aus den mannigfachen Verbindungen mit Präp. (*ʿaḏ* 'bis zu' und *min* 'seit', temporales *be*, *le* und *ke* sowie vereinzelt *'æl-*, s.u. 2.a–d) und zeitlich fungierendem Adj. (wie *qārôḇ* 'nahe', Jes 13, 22, und *rāḥôq* 'fern', Ez 12, 27 Pl., s.u. 5.); durch genetivische Näherbestimmungen und andere Konstruktionen unterstrichen (s.u. 3.4.), wird eine bestimmte Zeit im Kreislauf der Natur, im menschlichen Leben, in der Geschichte definiert oder gewertet; das von *ʿeṯ* abgeleitete Adv. *ʿattāh* 'zu dieser Zeit', d.h. 'nun, jetzt' (s.u. 6.) verdeutlicht dieses Bild. Die genaue Bestimmung dieses Zeitbegriffes bleibt aber schwierig und läßt sich bloß unter Vergleich mit anderen Zeitausdrücken einigermaßen durchführen.

Obwohl *ʿeṯ* bisweilen mit → יום *jôm* 'Tag' in Parallelität stehen kann (z. B. Ez 7, 7. 12; vgl. auch die Wendung „in jenen Tagen und zu jener Zeit", Joël 4, 1; Jer 33, 15; 50, 4. 20), ist *ʿeṯ* an sich weder an eine naturgegebene Zeiteinheit gebunden noch impliziert es *per se* eine besondere Plazierung im Lauf der Geschichte, wie z. B. → אחרית *'aḥarîṯ* 'Ende, Ausgang', aber auch 'die Folgezeit, Zukunft', → עד *ʿaḏ* 'dauernde Zukunft', → עולם *ʿôlām* 'lange Zeit, Dauer', → קדם *qæḏæm* 'Vorzeit', 'Urzeit', → קץ *qeṣ* 'Ende', 'Grenze', auch 'Endzeit', → ראש *ro'š* (mit Derivaten) in der Bedeutung 'Anfang (einer bestimmten Zeit)'. Zeitbegriffe dieser Natur treten auch in mannigfachen präp. und adv. Ausdrücken auf (dazu u.a. *'āz* 'damals'). *ʿeṯ* bezeichnet an sich nicht eine gewisse zeitliche Ausdehnung, weder die langwierige Zeitdauer (die vorzugsweise durch Wendungen mit *jôm*/*jāmîm*, *ʿaḏ*/*ʿôḏ*, *ʿôlām* und → דור *dôr* 'Kreislauf', 'Lebenszeit', 'Generation', 'Geschlecht', *ḥælæḏ* 'Lebensdauer', aber auch 'Welt' ausgedrückt werden), noch den kurzen 'Augenblick, Moment' (dafür z. B. *pæṯaʿ*, → רגע *ræḡaʿ*, bibl.-aram. *šāʿāḥ*). *ʿeṯ* ist somit *per se* zeitlich nicht mehr definiert, als → מקום *māqôm* 'Ort' räumlich abgegrenzt ist. Vielmehr ist *ʿeṯ* bedeutungsmäßig mit den meist generellen Zeitbegriffen des AT verwandt; vor allem ist dabei an → מועד *môʿeḏ* 'verabredeter Zeitpunkt, Termin' oder 'Fest(zeit)' zu denken; *môʿeḏ* ist mit *ʿeṯ* bisweilen sogar parallel (z. B. Jer 8, 7; vgl. auch 2 Kön 4, 16. 17 und 2 Sam 24, 15); die kulttheologische Bezogenheit des Nomens *môʿeḏ* ist aber bei *ʿeṯ* nicht dieselbe. Ferner ist auf einige wenig frequente Zeitbegriffe allgemeiner Natur zu verweisen, z. B. **'opæn* '(rechte) Zeit' (nur Spr 25, 11), *'æšûn* 'Zeit(anbruch)' (nur Spr 20, 20 Q; cj. 7, 9), *zemān* 'bestimmte Zeit, Stunde' (4mal im hebr. AT: Koh 3, 1 par. *ʿeṯ*; Est 9, 27. 31; Neh 2, 6; dazu Sir 43, 7 par. *môʿeḏ*) und bibl.-aram. *zeman* (11mal) und *ʿiddān* '(bestimmte) Zeit' (Dan 2, 8. 9. 21; 3, 5. 15; 4, 13. 20. 22. 29; 7, 12. 25).
Insoweit man überhaupt von der Grundbedeutung eines Nomens sprechen darf, ist bezüglich *ʿeṯ* vor allem auf „den (von Gott oder Menschen) bestimmten (und somit rechten) Zeit(punkt) für etwas" hinzuweisen (vgl. THAT II 371); doch soll hervorgehoben werden, daß in einer Reihe von den konkreten Belegstellen weder die Bestimmtheit des Zeitpunktes noch dessen Beziehung zu etwas explizit zum Ausdruck kommt (für Beispiele s. bes. unten 4.).
2. Wie die meisten bereits angeführten Zeitbegriffe verbindet sich *ʿeṯ* am häufigsten mit Präp. verschiedener Art. Solche präp. Ausdrücke, z.T. formelhafter Natur, haben normalerweise eine zeitadv. Funktion und dienen dazu, ein Ereignis auf einen bestimmten Zeitpunkt/-abschnitt zu plazieren (vgl. BDB 773; THAT II 372–378; KBL³ 852f.).
a) Wenn *ʿeṯ* mit den zwei häufiger vorkommenden Zeitbegriffen des ATs bezüglich Präp.-Verbindungen verglichen wird, zeigt es sich, daß *ʿôlām* sich am meisten mit den Präp. *le* und *ʿaḏ* kombinieren läßt,

wogegen die Präp. b^{e} bei *ʿeṯ* sowie bei *jôm* eine Vorrangstellung einnimmt.

α) Hinsichtlich b^{e} + *ʿeṯ* begegnet am häufigsten die formelhafte Wendung *bāʿeṯ hahîʾ* „zu jener Zeit" (68mal: Dtn 15mal, 2 Chr 8mal, Ri und Jer je 7mal, 2 Kön 5mal, Jos 4mal, 1 Kön, Jes und Zef je 3mal, Gen, 1 Chr und Dan je 2mal und je 1mal in Num, Joël, Am, Mi, Esra, Neh und Est; dazu noch Wendungen wie *bāʿeṯ* „zur rechten Zeit", Koh 10, 17; *bāʿeṯ hazzoʾṯ* „in dieser Zeit", Est 4, 14; Pl. *bāʿittîm* „in [diesen] Zeiten", Dan 11, 6; *bāʿittîm hāhem* „in jenen Zeiten", Dan 11, 14; 2 Chr 15, 5; vgl. auch mit anderen Präp. *ʿaḏ hāʿeṯ hahîʾ* „bis zu jener Zeit", Dan 12, 1; Neh 6, 1; und *min-hāʿeṯ hahîʾ* „von jener Zeit an", Neh 13, 21).

β) Die Wendung *bāʿeṯ hahîʾ*, die vor allem mit *bajjôm hahûʾ* „an jenem Tag" vergleichbar ist, bezieht sich in den meisten Fällen auf einen Zeitpunkt/-abschnitt in der Vergangenheit (52mal, vgl. THAT II 372). In den erzählenden Teilen vom Pent., DtrGW und ChrGW wird diese Wendung entweder als Einführungs-/Anknüpfungsformel mit Impf. cons. gebraucht (z. B. „und es geschah zu jener Zeit", *wajhî bāʿeṯ hahîʾ*, Gen 21, 22; 38, 1; 1 Kön 11, 29; „Und sie schlugen Moab zu jener Zeit", *wajjakkû ʾæṯ-môʾāḇ bāʿeṯ hahîʾ*, Ri 3, 29; vgl. Jos 6, 26; 11, 10. 21; Ri 12, 6; 21, 14; 1 Kön 8, 65 [Text?]; 2 Chr 13, 18 u. ö.) oder als präzisierende/anknüpfende Zeitangabe mit Perf. (z. B. „Zu jener Zeit sagte JHWH zu Josua", *bāʿeṯ hahîʾ ʾāmar JHWH ʾæl-*j^{e}*hôšuaʿ*, Jos 5, 2), doch vorzugsweise im Annalenstil (z. B. „Zu jener Zeit erkrankte Abija", *bāʿeṯ hahîʾ ḥālāh ʾ*^{a}*ḇijjāh*, 1 Kön 14, 1; vgl. u. a. 2 Kön 16, 6; 18, 16; 20, 12; 24, 10; 2 Chr 16, 7; 28, 16). Nur ausnahmsweise begegnet diese Wendung in rückschauenden Nominalsätzen (z. B. Num 22, 4; Ri 4, 4; 14, 4). Im Rahmen des linear-heilsgeschichtlichen Gesamtbildes des Dtn (vgl. H. D. Preuß, Deuteronomium, EdF 164, 1982, 185–190) wird *bāʿeṯ hahîʾ* verwendet, um den Zeitabstand zwischen dem „jetzt" (*ʿattāh*) oder dem „heute" (*hajjôm*) des Redenden und konkreten Ereignissen in den älteren Perioden der Geschichte des Gottesvolkes zu markieren (z. B. „Und ich [Mose] sprach zu euch in jener Zeit [*bāʿeṯ hahîʾ*, der Horeb-Offenbarung] und sagte", 1, 9; ferner 1, 16. 18; 2, 34; 3, 4. 8. 12. 18. 21. 23; 4, 14; 5, 5; 9, 20; 10, 1. 8; s. Preuß 62. 179f. 184. 196). Dieselbe Formel kann aber auch in den Verheißungen und Drohungen der Propheten vorkommen, meist mit Impf. (z. B. „Zu jener Zeit werden Gaben gebracht", Jes 18, 7; ferner u. a. Jer 3, 17; 4, 11; 8, 1 Q; 31, 1; Am 5, 13 [nachinterpretierend?, s. H. W. Wolff, BK XIV/2^{2}, 293f.]; Zef 3, 20 [v. 19 mit Ptc. act.]; dazu neben *ʾāz* ʿdannʾ in Mi 3, 4); besonders notiert man die Doppelwendung *bajjāmîm hāhem/-māh ûḇāʿeṯ hahîʾ* (s. o.). Vereinzelt begegnet Perf. (Jes 20, 2; 39, 1). Der prophetische Gebrauch mit vorwärtsgerichtetem Impf. wird z. B. in Dan 12, 1 (2mal) wieder aufgenommen.

γ) Ganz andersartig ist der 15mal zu belegende Ausdruck b^{e} + *ʿeṯ* + Suff. (b^{e}*ʿittô* usw.), der meistens die naturgegebene Zeit (z. B. für Regen, Frucht) oder den rechten Augenblick präzisiert (Regen: Lev 26, 4; Dtn 11, 14; 28, 12; Jer 5, 24; Ez 34, 26; Ernte: Hos 2, 11; Ijob 5, 26; Frucht: Ps 1, 3; Speise: Ps 104, 27; 145, 15; Tag und Nacht: Jer 33, 20; Sternbilder: Ijob 38, 32; Gottes Handeln: Jes 60, 22; ein Wort: Spr 15, 23); s. u. V. 2. a.
Umgekehrt heißt es 2mal negativ b^{e}*loʾ ʿeṯ* „nicht zur Zeit von [der Menstruation]" (Lev 15, 25) bzw. b^{e}*loʾ ʿittækā* „nicht zu deiner Zeit", „vor deiner Zeit [sterben]" (Koh 7, 17) (vgl. H. W. Hertzberg, KAT XVII/4–5, 137. 141); auch b^{e}*loʾ-ʿeṯ* in vielen Hss. zu Ijob 22, 16 (vom Sterben); MT: w^{e}*loʾ-ʿeṯ*; vgl. auch *bl ʿtj* in einem phön. Text (KAI 14, 2f. 12; vgl. o. I.; dazu J. C. Greenfield, Festschr. W. F. Albright, 1971, 260). Positiv steht noch vereinzelt *bāʿeṯ* „zur rechten Zeit" (Koh 10, 17).

15mal findet sich die verallgemeinernde Wendung b^{e}*ḵŏl-ʿeṯ* „jederzeit" (Ex 18, 22. 26; Lev 16, 2; Ps 10, 5; 34, 2; 62, 9; 106, 3; 119, 20; Ijob 27, 10; Spr 5, 19; 6, 14; 8, 30; 17, 17; Koh 9, 8; vgl. b^{e}*ḵŏl-ʿeṯ ʾ*^{a}*šær*, Est 5, 13; *ʿim* + *kol* + Pl., 1 Chr 29, 30). In den meisten Fällen drückt diese Formulierung eine pädagogisch orientierte Generalisierung der Weisheitslehrer aus (z. B. „Jederzeit seien weiß deine Kleider", Koh 9, 8), oder auch den kultischen Eifer des Beters (z. B. „Es vergeht meine Seele in Sehnsucht nach deinen Bestimmungen allezeit", Ps 119, 20; „Preisen will ich JHWH allezeit", Ps 34, 2). Zu dieser Wendung vgl. *kl ḥʿt* in einem neo-pun. Text (KAI 126, 9; s. o. I.).
Schließlich ist zu nennen, daß Cstr.-Verbindungen mit b^{e} + *ʿeṯ* + Nomen/Inf./Verbalsatz etwa 35mal vorkommen (davon 14mal in Jer), um einen besonderen Zeitpunkt/-abschnitt zu fixieren (mit Nomen z. B. b^{e}*ʿeṯ qāṣîr* „in der Erntezeit", Jer 50, 16; ferner u. a. Ri 10, 14; Jes 33, 2; 49, 8; Jer 2, 27. 28; 8, 12; 10, 15; 11, 12; 14, 8; 15, 11 [2mal]; 18, 23; 51, 18; Ez 21, 30. 34; 35, 5 [2mal]; Sach 10, 1; Ps 37, 19. 39; mit Inf. cstr. z. B. b^{e}*ʿeṯ jaḥem haṣṣoʾn* „zur Zeit, da das Kleinvieh in Brunst ist", Gen 31, 10; ferner u. a. 38, 27; 1 Sam 18, 19; Jer 11, 14; Zef 3, 20 [Text unsicher, vgl. BHS]; mit Verbalsatz z. B. b^{e}*ʿeṯ-p*^{e}*qaḏtîm* „zur Zeit, als ich sie heimsuche", Jer 6, 15; ferner u. a. Ijob 6, 17; 2 Chr 20, 22; 24, 11; 29, 27; s. u. 4. 5.).

b) Wenn die Präp. l^{e} sich mit *ʿeṯ* + Nomen/Inf./Verbalsatz (insgesamt ca. 20mal im Sing.) gleichartig verbindet, wird (wie bei b^{e}) der Zeitpunkt/-abschnitt einer Handlung oder eines Geschehens angegeben.

Folgende Beispiele sind zu nennen: mit Nomen l^{e}*ʿeṯ ʿæræḇ* „um die Abendzeit", Gen 8, 11; 24, 11; Jes 17, 14; Sach 14, 7; l^{e}*ʿeṯ ziqnāh* „zur Zeit des Alters", Ps 71, 9; vgl. 1 Kön 11, 4; 15, 23; ferner u. a. Ps 21, 10 (Text?); Rut 2, 14; Koh 9, 12; 1 Chr 12, 23; 20, 1; mit Inf. l^{e}*ʿeṯ bôʾ haššæmæš* „um die Zeit des Sonnenuntergangs", Jos 10, 27; 2 Chr 18, 34, ferner u. a. 2 Sam 11, 1; Ps 32, 6 (Text?); 1 Chr 20, 1; mit Verbalsatz l^{e}*ʿeṯ tāmûṭ raḡlām* „zur Zeit, da ihr Fuß wanken wird", Dtn 32, 35; vgl. u. 4. 5.
Bisweilen dient aber die Präp. l^{e} vor *ʿeṯ* zur Einführung eines selbständigen Dativobjektes (z. B. l^{e}*ʿeṯ kāzoʾṯ* „für einen Augenblick wie diesen", Est 4, 14b; ferner u. a. Jer 8, 15; 14, 19; Ijob 38, 23; Dan 8, 17).

c) Die Präp. k^e wird 22mal mit *'et* verknüpft, ebenfalls ohne klaren Bedeutungsunterschied gegenüber b^e und l^e. 5mal kommt die mit *kajjôm* „jetzt" vergleichbare Wendung *kā'et* vor (Num 23, 23; Ri 13, 23; 21, 22 [möglicherweise ist *kî 'attāh* zu lesen, s. BHS]; Jes 8, 23 [Text? Vgl. Driver 43–49; Emerton 156ff.; dagegen H. Wildberger, BK X 363ff.]; Ijob 39, 18; vgl. noch *k^emô 'et*, Ez 16, 57 [aber vielleicht ist *k^emô 'attā(h)* zu lesen, W. Zimmerli, BK XIII, 341]). Die Wendung wird 9mal mit *māḥār* 'morgen' kombiniert, 8mal in der Formulierung *kā'et māḥār* „morgen um diese Zeit" (Ex 9, 18; 1 Sam 9, 16; 20, 12; 1 Kön 19, 2; 20, 6; 2 Kön 7, 1. 18; 10, 6) und 1mal in gleichbedeutendem *māḥār kā'et hazzo't* (Jos 11, 6). Sehr umstritten ist die Wendung *kā'et ḥajjāh* (Gen 18, 10. 14; 2 Kön 4, 16. 17); in Widerspruch zu früheren Erklärungen hat Yaron auf die entsprechende akk. Wendung *ana balāṭ* „um diese Zeit, im nächsten Jahr" hingewiesen (→ II 897f.). „Wenn sie im AT nur in Gn 18, 10. 14 und 2 Kö 4, 16. 17, und zwar im gleichen Kontext, vorkommt, ist das ein sicheres Zeichen dafür, daß diese sonst verlorene Wendung in dieser bestimmten Erzählung von der Verheißung der Geburt eines Kindes tradiert wurde (in Gn 17, 21 im gleichen Zusammenhang etwas abgeändert)" (C. Westermann, BK I/2, 339f.; vgl. noch R. Kümpel, Festschr. G. J. Botterweck, BBB 50, 1977, 162). Schließlich ist noch zu notieren, daß auch k^e + *'et* + Nomen/Inf. vorkommt (mit Nomen Dan 9, 21; mit Inf. 1 Sam 4, 20 [Text?]; 2 Chr 21, 19).

d) Die übrigen präp. Verbindungen sollen hier nicht erörtert werden: 12mal mit *'ad* 'bis' (Jos 8, 29; 2 Sam 24, 15; Ez 4, 10. 11; Mi 5, 2; Ps 105, 19; Dan 11, 24. 35; 12, 1. 4. 9; Neh 6, 1); ferner 8mal mit *min* 'seit' (Jes 48, 16; Ez 4, 10. 11; Ps 4, 8; Dan 12, 11; Neh 13, 21; 1 Chr 9, 25; 2 Chr 25, 27) und 1mal mit *'æl* 'zu' (1 Chr 9, 25).

3. Als nom. regens im Rahmen einer Cstr.-Verbindung bezeichnet *'et* normalerweise einen bestimmten Zeitpunkt/-abschnitt, dessen Charakter durch den anschließenden Nomen/Inf./Verbalsatz angegeben wird. In den meisten Belegstellen ist das nom. rectum ein Subst. (ca. 65mal). Manchmal wird dabei eine naturgegebene Zeit ausgedrückt, z. B. „Abendzeit" (*'et [hā]'æræb*, Gen 8, 11; 24, 11; Jos 8, 29; 2 Sam 11, 2; Jes 17, 14; Sach 14, 7), „Mittagszeit" (*'et ṣŏh^orājim*, Jer 20, 16), „Zeit des Spätregens" (*'et malqôš* [März–April, AuS I/2, 302ff.], Sach 10, 1); „Zeit der Getreideernte" (*'et [haq]qāṣîr* [April–Juni, AuS III 4f.], Jer 50, 16; 51, 33); „Zeit der Jahreswende" (*'et t^ešûbat haššānāh*, 1 Chr 20, 1), „Zeit des Alterns" (*'et ziqnāh*, Ps 71, 9; vgl. 1 Kön 11, 4; 15, 23), „die Zeit der Menstruation" (*'et niddāh*, Lev 15, 25); vgl. noch „Zeit des Liebesgenusses" (*'et dodîm*, Ez 16, 8), „Zeit des Schneitelns [d. Reben]" (*'et hazzāmîr* [Bedeutung unsicher; vielleicht: „Weinlese" oder „Gesang"?], Hld 2, 12). Es kann sich aber auch um besondere Zeiten handeln, die im Kreislauf der Natur nicht inhärent, sondern eigens festgesetzt sind, entweder von den Menschen als Ordnungen des Alltagslebens (z. B. „Essenszeit", *'et hā'okæl*, Rut 2, 14) bzw. der kultischen Praxis (z. B. „Zeit des Abendopfers", *'et minḥat-'āræb*, Dan 9, 21) oder von Gott zum Glück oder Unheil der Menschen (z. B. „Zeit der Heilung", *'et marpeh/-e'*, Jer 8, 15; 14, 19; „Zeit des Friedens", *'et šālôm*, Koh 3, 8; „die Zeit des [göttlichen] Wohlgefallens", *'et rāṣôn*, Jes 49, 8; Ps 69, 14; vgl. auch *'et pānǽkā*, „die Zeit deiner Erscheinung / persönlichen Gegenwart", Ps 21, 10; dagegen „die Zeit deines Zorns", *'et 'app^ekā*, Jer 18, 23; „die Zeit der [göttlichen] Vergeltung", *'et n^eqāmāh*, Jer 51, 6; vgl. „Tag der Vergeltung", Jer 46, 10; „die Zeit der Heimsuchung", *'et p^equddāh*, Jer 8, 12; 10, 15; 46, 21; 50, 27; 51, 18; vgl. 6, 15; 49, 8; 50, 31; „die Zeit der Not", *'et ṣārāh*, Jes 33, 2; Jer 14, 8; 15, 11; 30, 7; Ps 37, 39; Dan 12, 1; mit Suff. Ri 10, 14; Neh 9, 27; vgl. *jôm-ṣārāh*, 2 Kön 19, 3 u. ö.; *'et-ṣār*, Ijob 38, 23; *'et rā'āh*, Jer 15, 11; Am 5, 13; Mi 2, 3; Ps 37, 19; Koh 9, 12; mit Suff. Jer 2, 27. 28; 11, 12; „Zeit des Krieges", *'et milḥāmāh*, Koh 3, 8; „Endzeit", *'et qeṣ*, Dan 11, 35. 40; 12, 4. 9; *'æt-qeṣ*, Dan 8, 17; vgl. *mô'ed qeṣ*, Dan 8, 19; „die Zeit der Endstrafe", *'et '^awon qeṣ*, Ez 21, 30. 34; 35, 5; „die [Gerichts-]Zeit seines Landes", *'et 'arṣô*, Jer 27, 7; „die abgemachte Zeit", *'et mô'ed*, 2 Sam 24, 15; „die Zeit ihres Unglücks", *'et 'êdām*, Ez 35, 5; „die Zeit der Heiden", *'et gôjim*, Ez 30, 3; vgl. 16, 57).

Seit J. Wellhausen und B. Duhm ist *b^e'et māṣôr* „zur Zeit der Bedrängnis" eine oft akzeptierte Textänderung in Ps 31, 22 (vgl. BHS; alternativ *b^e'et māṣôq* „zur Zeit der Drangsal"); MT ist aber vorzuziehen: *b^e'îr māṣôr* „in der befestigten Stadt" läßt sich in der kontextuellen Reihe *b^esetær pānǽkā ... b^esukkāh* „im Schutz deines Angesichtes ... in einer Hütte" zwanglos einfügen (gegen H.-J. Kraus, BK XV/1[5], 393). – *'et ræwāḥ* „Wiederherstellung" ist eine von W. Rudolph (HAT I/12[3], 214) vorgeschlagene Emendation zum ungeklärten hap.leg. *'^atæræt* Jer 33, 6, möglicherweise mit Recht (vgl. BHS; KBL[3] 857b).

Mit den Cstr.-Verbindungen *'et* + Nomen verwandt sind die ca. 25mal begegnenden Verbindungen *'et* + Inf. cstr. (am häufigsten von *bô'* und *jāṣā'*, 5mal bzw. 4mal). Auch hier handelt es sich oft um Zeitbestimmungen naturhafter Ereignisse, z. B. „die Zeit des Sonnenuntergangs" (*'et bô' haššæmæš*, Jos 10, 27; 2 Chr 18, 34), „die Zeit, da das Kleinvieh in Brunst ist" (*'et jaḥem haṣṣo'n*, Gen 31, 10), „die Zeit des Kommens [der Turteltaube?]" (*'et bo'*, Jer 8, 7), „die Zeit des Gebärens" (*'et lædæt*, Gen 38, 27; Ijob 39, 1), „die Zeit des Sterbens" (*'et mût*, 1 Sam 4, 20). Es kann sich aber auch um einen Vorgang menschlicher Tätigkeit handeln, z. B. „die Zeit, da die Schöpferinnen [zum Wasserbrunnen am Abend] herauskommen" (*'et ṣe't haššo'^abot*, Gen 24, 11), „die Zeit, da man den Dreschplatz feststampft" (*goræn 'et hidrîkāh*, Jer 51, 33), „die Zeit, da das Vieh einzutreiben ist" (*'et he'āsep hammiqnæh*, Gen 29, 7); andere Beispiele: 1 Sam 18, 19; 2 Sam 11, 1; 2 Kön 5, 26; Jes 48, 16; Jer 11, 14; Koh 3, 4b. 5aβ; 1 Chr 20, 1; 2 Chr 28, 22. Schließlich wird gleichartig die göttliche Aktivität zeitlich definiert, z. B. „die Zeit, da ich euch [Israel] versammeln werde" (*'et qabb^eṣî 'ætkæm*, Zef 3, 20), „die Zeit, da sein Wort [kommt =] eintrifft" (*'et bô'-d^ebārô*, Ps 105, 19); s. noch Hag 1, 2; Ps

32, 6; 2 Chr 21, 19 (über die Konstruktion *ʿet* + Inf. cstr. mit *le* s. u. 4.).

In einigen Texten, zunächst aus der exil.-nachexil. Periode, findet sich die Verbindung *ʿet* + Verbalsatz, entweder mit Perf. (z. B. „die Zeit, da ich ihn heimsuche", *ʿet peqadtîw*, Jer 49, 8; ferner 6, 15; 50, 31; Mi 5, 2; Ps 4, 8 [fehlt in Lisowsky 1140a–1142a]; Dan 12, 11; 2 Chr 20, 22; 29, 27) oder mit Impf. (z. B. „die Zeit, da ihr Fuß wanken wird", *ʿet tāmûṭ raḡlām*, Dtn 32, 35; ferner Num 23, 33; Hos 13, 13; Ijob 6, 17; 2 Chr 24, 11), bisweilen noch mit Relativsatz (z. B. „die Zeit, da der Mensch Herrschaft ausübt", *ʿet ʾašær šālaṭ hāʾāḏām*, Koh 8, 9; ferner 2 Chr 25, 27; vgl. noch Ps 4, 8).

Nur selten tritt *ʿet* in ein Cstr.-Verhältnis zu einem Ptz. akt. (z. B. „die Zeit, da [JHWH] dich [Israel] den [rechten] Weg führt" *[be]ʿet môlîḵeḵ baddāræḵ*, Jer 2, 17; auch Ez 27, 34).

4. In einer Reihe von Texten kommt *ʿet* mehr prononciert als selbständiger Satzteil vor. Die konkreten Konstruktionen variieren aber beträchtlich.

Ca. 30mal wird *ʿet* dabei durch einen folgenden, nicht selten attributiv fungierenden Inf. cstr. mit *le* ergänzt, z. B. „die [rechte] Zeit, JHWH zu suchen" (*ʿet lidrôš ʾæt-JHWH*, Hos 10, 12); „die Zeit, JHWH einen Tempel zu bauen" (*ʿæt-bet JHWH lehibbānôt*, Hag 1, 2; vgl. Hag 1, 4; Ps 102, 14; 119, 126; Ijob 39, 2; Koh 3, 2–8a [23mal]).

Manchmal verbindet sich selbständiges *ʿet* mit einer Präp. Mit *be* wird die für etwas rechte/vorzügliche Zeit angegeben (z. B. *bāʿet joʾḵelû*, „[die Fürsten] tafeln zur rechten Zeit", Koh 10, 17; zu *beʿittô* vgl. o. IV. 2. a). *kāʿet* meint „um diese Zeit = jetzt" (Ri 13, 23; 21, 22; zu übrigen Belegen mit *kāʿet* s. o. IV. 2. c). Vereinzelt finden sich verwandte Verbindungen mit den Präp. *min* und *ʿaḏ*/*ʾæl-* (*meʿet ʿaḏ-ʿet*, „von Zeit zu Zeit", Ez 4, 10. 11; *meʿet ʾæl-ʿet*, „von einem Termin zum anderen", 1 Chr 9, 25; *[we]ʿaḏ ʿet*, „bis zu einem [von Gott festgesetzten] Zeitpunkt", Dan 11, 24; vgl. o. IV. 2. d).

Völlig singulär ist die Konstruktion *(we)hāʿet gešāmîm*, Esra 10, 13, die allem Anschein nach meint: „die Zeit ist die der Regengüsse" (vgl. GKa § 141 d; Brockelmann, Synt. § 14 b). Im besonderen Sprachgebrauch Kohelets ist *ʿet* bisweilen selbständig gemacht worden, z. B. „Zeit und Zufall trifft sie alle" (*kî-ʿet wāpæḡaʿ jiqræh ʾæṯ-kullām*, 9, 11; → פגע *pæḡaʿ*); das Herz des Weisen kennt „Zeit und Gericht" (*ʿet ûmišpāṭ*, 8, 6; → משפט *mišpāṭ*; Hendiadyoin? so LXX); vgl. noch *ʿet leḵöl-ḥepæṣ*, „Es gibt eine Zeit für jede Angelegenheit", 3, 1. 17 (zu *ḥepæṣ* → III 109).

Endlich ist zu vermerken, daß das Eintreffen der mit *ʿet* angegebenen Zeit vor allem durch das Verbum → בוא *bôʾ* 'kommen' ausgedrückt wird (z. B. Jes 13, 22; Jer 27, 7; 46, 21; 49, 8 [*hiph*]; 50, 27. 31; 51, 33; Ez 7, 7. 12; Hag 1, 2), bisweilen durch → נגע *nāḡaʿ hiph* 'eintreffen' (Hld 2, 12); ferner, daß *ʿet* als Obj. bei Verben wie *ḥśk le* „aufsparen für" (Ijob 38, 23), → ידע *jādaʿ* 'kennen' (Ijob 39, 1. 2; Koh 8, 5; 9, 12), → קוה *qāwāh pi* 'hoffen auf' (Jer 8, 15; 14, 19) und → שמר *šmr* 'beobachten' (Jer 8, 7) vorkommen kann.

5. Der Pl. von *ʿet* lautet meistens *ʿittîm* (15mal), bisweilen aber *ʿittôṯ* (3mal; s. o. III.).

Die Belege von Pl. *ʿittîm* begegnen fast ausschließlich in späten Texten. Die jeweiligen Bedeutungen lassen sich von den parallelen Sing.-Stellen her in der Regel leicht begreifen. Eine Ausnahme bildet wohl die gewöhnlich als „viele Male" aufgefaßte, und zwar in einer im liturgischen Kontext beheimatete Wendung *rabbôṯ ʿittîm* (Neh 9, 28, vgl. W. Rudolph, HAT I/20, 164; Barr ²1969, 122f.; THAT II 378; vgl. jedoch Ps 31, 16, s. u.), die sich u. a. mit *peʿāmîm rabbôṯ* (Koh 7, 22 u. dgl.) vergleichen läßt (→ פעם *paʿam*); vgl. aram. *zeman*, bes. *zimnîn telāṯāh bejômāʾ* „dreimal am Tage" (Dan 6, 11. 14).

Sonst liegt ein klar numerischer Pl. in einigen Texten vor, besonders im 3mal vorkommenden Ausdruck „zu bestimmten Zeiten" (*leʿittîm mezummānîm*, Esra 10, 14; Neh 10, 35; *beʿittîm mezummānôṯ*, Neh 13, 31). Oft wird aber der numerische Charakter abgeschwächt, so daß die in *ʿittîm*/*-ôṯ* einbegriffenen einzelnen Zeitpunkte in einer Totalität zusammengefaßt sind. Ezechiel weissagt „über künftige Tage und ferne Zeiten" (*lejāmîm rabbîm ûleʿittîm reḥôqôṯ*, 12, 27), und Ijob eifert den „[Gerichts-]Zeiten" (*ʿittîm*) Gottes (Par. „seinen Tagen", *jāmājw*, 24, 1) entgegen. Die formelhafte Wendung *bāʿittîm hāhem* „in jenen Zeiten" kann – wie der Sing. *bāʿet hahîʾ* (s. o. IV. 1. a) – entweder auf die Vergangenheit (2 Chr 15, 5) oder auf die Zukunft (Dan 11, 14) bezogen werden. 3mal kommt *ʿittîm* als nom. rectum in einer Cstr.-Verbindung vor: In Jes 33, 6 wird von „der Sicherheit deiner Zeiten" (*ʾæmûnaṯ ʿittæḵā*, Text?) gesprochen (vgl. O. Kaiser, ATD 18, 267); in Dan 9, 25 von „der Bedrängnis der Zeiten" (*[ûbe]ṣôq hāʿittîm*) und in Dan 11, 13 von einer Situation „nach Ablauf der Zeiten" (*ûleqeṣ hāʿittîm*). Nach MT kommt Pl. *ʿittôṯ* 2mal als nom. regens vor: *leʿittôṯ baṣṣārāh* (Ps 9, 10; 10, 1) bedeutet dann „zu Zeiten der Dürre" (vgl. KBL³ 143a); möglicherweise ist aber mit LXX ... *haṣṣārāh* „für Notzeiten" zu lesen (vgl. BHS). Die vereinzelte Wendung *bāʿittîm* „in d[ies]en Zeiten" in Dan 11, 6 wird gewöhnlich zu v. 7 gezogen (vgl. BHS), aber kaum mit Recht (s. O. Plöger, KAT XVIII 152. 155).

In einigen Fällen kommt die wohl ursprünglichere Verbindung mit den astrologisch bestimmten Zeiten deutlich zutage (vgl. „der Mond bestimmt die Jahreszeiten", *jʾrjḥ ʿtwt*, Sir^M 43, 6): die Söhne Issachars „verstehen sich auf die Zeitläufe" (*jôḏeʿê ḇînāh lāʿittîm*, 1 Chr 12, 33); und die Weisen „kennen die (von Gott festgestellten) Zeiten" (*joḏeʿê hāʿittîm*, Est 1, 13). Aus dieser Bedeutung erklärt sich auch der Übergang „zu einer mehr inhaltlichen Füllung" (Jenni, THAT II 378) des Pl., „Zeiten = Geschick", der besonders in Ps 31, 16 zu beobachten ist: „In deiner Hand ruhen meine Zeiten (= mein Geschick)" (*ʿittoṯāj*). In 1 Chr 29, 30 wird parallel von der ganzen machtvollen Regierung Davids und „den Ereignissen (*hāʿittîm*), die über ihn und Israel und alle fremden Königreiche ergangen sind (*ʿāḇerû*)“, gesprochen (zur „inhaltlichen Füllung“ vgl. auch z. B. Jes 33, 6; Ps 9, 10; 10, 1; vgl. Barr [2]1969, 123; H.-J. Kraus, BK XV/1[5], 217. 398, mit Hinweis auf die von W. F. Albright vorgeschlagene Kombination von *ʿittôṯ* mit akk. *ʿanatu-ettu*, wobei *ʿittôṯ* 'Vorzeichen' bedeuten sollte). Es ist zu bemerken, daß arab. *dahr* 'Zeit' auf ähnliche Weise mit der Bedeutung „die Zeit und ihr Inhalt“ in der vorislamischen Poesie als Schicksalsausdruck begegnet (J. Pedersen, RHPhR 10, 1930, 353f.; H. Ringgren, Studies in Arabian Fatalism, UUÅ 1955: 2, 30–43).

6. Das Adv. *ʿattāh* 'jetzt', 'nun', 'trotzdem', 'künftighin' usw. ist im AT 433mal belegt (s. o. III.; über die Verwendung im AT s. bes. Lande 46–52; Laurentin 168–195. 413–432; Brongers 289–299; Jenni 1972, 5–12; 1976, 379; KBL[3] 853b–854b; vgl. auch Stählin 1099–1117; Tachau 21–70).

Es ist auffallend, daß *ʿattāh*, das zwar häufig in den erzählenden Büchern des AT vorkommt (vgl. o. III.), normalerweise nicht in den erzählenden Textabschnitten zu finden ist, sondern in Gesprächen, Reden (einschließlich Briefen), Orakeln und Gebeten, m. a. W. in der direkten Rede. Dabei dient *ʿattāh* (vgl. Jenni) zur Aktivierung einer Sprechsituation. Diese Aktivierung geschieht meistens innerhalb der Rede für einen ganzen Satz (die nächste Redeeinheit). Hierher gehört die Mehrzahl der 272 Belege mit *weʿattāh*: ca. 220mal ruft diese Wendung nach der Darlegung eines Sachverhaltes, die von der aktuellen Sprechsituation wegführt, zu dieser Situation zurück, um eine Reaktion einzuleiten, und zwar entweder als eine Folge („so ... nun/denn/also“, „darum“, z. B. „Und JHWH Gott sagte: Der Mensch ist doch wie unsereins geworden, da er weiß, was gut und schlecht ist; und nun, daß er nur nicht seine Hand ausstrecke ...“ (Gen 3, 22; zu den weiteren Stellen s. Jenni, ThZ 28, 8 Anm. 15. 17) oder – seltener – adversativ („dennoch“, z. B. Jes 64, 7; Hag 2, 4; s. Brongers 295); alleinstehendes *ʿattāh* hat ca. 40mal eine gleichartige Verwendung (z. B. 1 Sam 9, 6).

Relativ häufig fungiert aber *ʿattāh* als Zeitadv. zur Näherbestimmung des Prädikats. Dabei kann *ʿattāh* einen Gegensatz zum Früheren markieren, z. B. *ʿad-ʿattāh* „bis jetzt“ mit Angabe des zeitlichen Ausgangspunktes (Gen 46, 34; Ex 9, 18; 2 Sam 19, 8b; 2 Kön 8, 6; Ez 4, 14; Rut 2, 7); generell „bisher“ (Gen 32, 5; Dtn 12, 9); explizit *(me)ʾāz* „damals“ gegenübergestellt (z. B. Jos 14, 11; 2 Sam 15, 34; Jes 16, 13f.; 48, 7; Hos 2, 9); formelhaftes *ʿattāh jāḏaʿtî* „jetzt weiß ich“ (Gen 22, 12; Ex 18, 11; Ri 17, 13; 1 Kön 17, 24; Ps 20, 7; vgl. Sach 9, 8); *ʿattāh* „nunmehr“ in Namensätiologien (Gen 26, 22; 29, 32. 34); negiertes *ʿattāh* „jetzt nicht mehr“ (Jes 29, 22 [2mal]; Gen 11, 6; 26, 29 u. ö.); endlich bei Gegenüberstellung des jetzigen und des früheren Zustandes im Rahmen eines Scheltworts oder einer Klage („einst ... jetzt aber“: Jes 1, 21; 16, 14; Ez 19, 13; 26, 18; Ps 119, 67 u. ö.). In dieser Funktion kann aber *ʿattāh* auch im Gegensatz zum Späteren stehen, z. B. *meʿattāh* „von jetzt an“ (z. B. Jes 48, 6; 2 Chr 16, 9; Jer 3, 4); *meʿattāh weʿaḏ-ʿôlām* „von nun an bis in Ewigkeit“ (8mal, z. B. Jes 9, 6; Mi 4, 7); *ʿattāh* bei Aufforderungen (Dtn 32, 39; Ri 9, 38; 1 Kön 19, 4 u. ö.); bei prophetischen Ankündigungen etwas unmittelbar Bevorstehenden (Jes 33, 10 [3mal]; 43, 19; 49, 19; Jer 4, 12; 14, 10 u. ö.); dazu vereinzelte Belege in den historischen Büchern (z. B. Ex 5, 5; 6, 1; Ri 8, 6. 15). Schließlich kann *ʿattāh* in dieser Funktion sogar in zweiseitiger Opposition (Vergangenheit – Zukunft) vorkommen (z. B. einführendes *weʿattāh* bei DtJes „aber jetzt“, 43, 1; 44, 1; 49, 5; vgl. Tachau 34–41; vollständige Stellenübersicht bei Jenni, ThZ 28, 10–12).

V. Die theologischen Schwerpunkte der at.lichen Verwendung des Begriffes *ʿeṯ* sind in der Tat spärlich. Zwar spielt das Nomen in vielen Einzeltexten eine schöpfungstheologische Rolle (s. u. 2. a), aber eine geschlossene Auffassung in dieser Hinsicht begegnet nur im Buche Koh (s. u. 2. b). Sein geschichtstheologischer Gebrauch ist freilich noch mannigfaltiger; doch sind nur ausnahmsweise eigentliche Schwerpunkte zu notieren (s. u. 3. a–c).

1. Die oben durchgeführte philologische Behandlung (bes. IV. 1.) hat gezeigt, daß *ʿeṯ* durchweg im AT ein Zeitausdruck ist, wenn auch manchmal abgeschwächt. Als einer der zeitbezogenen Begriffe des AT ist *ʿeṯ* nur im Gesamtrahmen der sog. hebr. Zeitauffassung theologisch greifbar.

Bekanntlich ist die wissenschaftliche Diskussion über das at.liche Zeitverständnis seit von Orellis bahnbrechender Studie von 1871 immer lebhaft geblieben (die führenden Beiträge sind die von Pedersen, Delling, Vollborn, Marsh, Pidoux, Ratschow, Eichrodt, Boman, Muilenburg, Sekine, Barr, Wilch und Jenni; vgl. noch Untersuchungen wie die von Nilsson und Brandon).

Immerhin ist das Hauptproblem dieser Diskussion die im AT zu registrierende Spannung zwischen einerseits den in die Geschichte einbrechenden Offenbarungen JHWHs und den damit zusammenhängenden, historischen Heils- und Gerichtserfahrungen Israels und andererseits den Vorstellungen von JHWH als dem Ewigen, über der Welt und ihrer Geschichte Erhabenen. Diese Spannung hat dazu geführt, resp. verleitet, für das AT eine besondere, der unsrigen fundamental entgegengesetzte Zeitauffassung zu postulieren. Während man dabei das abendländische Zeitverständnis als linear/chronologisch beschrieben hat, wollte man das at.liche als punktuell/realistisch/gefüllt/konzentriert/psychologisch usw. bestimmen. Indessen zeigte vor allem Eichrodt (1956), daß die linear/chronologische Auffassung dem AT gar nicht fremd ist (vgl. bereits Brunner). Im Gegenteil spürt man durchweg ein Denken, das von einer Bewußtheit der Relation der Gegenwart zur Vergangenheit bzw. Zukunft geprägt ist (später z. B. Jenni, IDB; Barr, Words for Time; Wilch sowie at.liche Theologien von W. Zimmerli, [2]1975, 12–24; C. Westermann, 1978, bes. 5–10; W. H. Schmidt, Alttestamentlicher

Glaube, [4]1982, 9–12. 91–95; vgl. auch H. W. Wolff, Anthropologie des AT, 1973, 127–140).

Somit ist die neuzeitliche Forschung natürlich auch darauf eingerichtet, die Eigenart des at.lichen Zeitverständnisses anzuerkennen. Dabei ist es immer mehr klar geworden, daß diese Eigenart sich nicht durch vergleichende, und zwar manchmal einseitig etymologisch eingestellte Vokabelstudien oder grammatisch-strukturelle Beobachtungen (einschließlich Spekulationen über die verschiedenen sog. Tempussysteme) sachgemäß untersuchen läßt (wie z. B. Boman die Differenz zwischen dem hebr. und griech. Zeitdenken zu erfassen versucht; zur Kritik s. bes. Barr, Semantics 46–88). Vielmehr müssen die einzelnen Zeitbegriffe primär an den jeweiligen Texten und Aussagen untersucht werden (vgl. im äg. Bereich bes. Otto; dazu H. Brunner; E. Hornung, Geschichte als Fest, 1966).
Das betrifft selbstverständlich auch jede Untersuchung des at.lichen Zeitbegriffes *ʿeṯ*, der trotz seiner generellen Natur normalerweise „den bestimmten Zeitpunkt für etwas" meint (s.o. IV.1.) und somit u.a. äg. *tr* bzw. *nw* (Otto 136–139) und griech. καιρός (s.u. VI.) bedeutungsmäßig ähnlich ist. Eine Überprüfung der einschlägigen Texte und Aussagen macht indessen klar, daß *ʿeṯ* an sich keinen präzisierbaren Zeitinhalt oder Qualität bezeichnet (gegen u.a. von Orelli 63; Pedersen, Israel I–II 487–491; Vollborn 26; Marsh 1950, 258; 1952, 28; Muilenburg 235f.; Ebeling 346). Die tatsächliche Inhalts- oder Qualitätsbezogenheit läßt sich also ausschließlich aus dem jeweiligen Kontext bestimmen (wie bes. Wilch gezeigt hat, z. B. 32f. 102; zur Kritik s. Jenni, THAT II 377). Nur eine kontextgemäße Untersuchung des Zeitbegriffes *ʿeṯ* ist geeignet, das Spezifische der at.lichen Konzeption vom bestimmten/rechten Zeitpunkt bloßzustellen, und zwar die einzigartige Beziehung zu Gott, der nach israelitischem Glauben in seiner Schöpfung und in der Geschichte seines Volkes und seiner Welt wirksam anwesend ist (vgl. W. H. Schmidt, At.licher Glaube in seiner Geschichte, [4]1982, 59–95). Somit treten in den at.lichen Texten die verschiedenen in der Schöpfung zu beobachtenden Zeiten – Tageszeiten, Jahreszeiten, die Stunden des menschlichen Alltagslebens – sowie die Gegenwart, die Vergangenheit und die Zukunft in der Offenbarungsgeschichte Israels vor allem als gottbestimmte und gottzeugende Zeiten hervor.
2. a) Es ist bereits ersichtlich geworden (s.o. IV.), daß *ʿeṯ* in einer Reihe von at.lichen Texten als Bezeichnung für die in den verschiedensten Bereichen der Schöpfung JHWHs zu registrierenden bestimmten Zeitpunkte/-abläufe gebraucht wird.
Die wechselnden Tageszeiten, wie die des Abends (Gen 8, 11; 24, 11; Jos 8, 29; 2 Sam 11, 2; Jes 17, 14; Sach 14, 7), des Mittags (Jer 20, 16), des Sonnenuntergangs (Jos 10, 27; 2 Chr 18, 34), sind zwar für den Menschen wahrnehmbar, aber das theologisch Bedeutsame ist, daß diese Tageszeiten im AT der kreativen Aktivität des einen Gottes JHWH zugeschrieben werden: Er allein führt die Gestirne (*mazzārôṯ*) „zu ihrer Zeit" heraus (Ijob 38, 32; vgl. Ps 148, 6); und wegen seines Bundes mit Tag und Nacht treten auch sie regelmäßig „zu ihrer Zeit" ein (Jer 33, 20). Die von JHWH bewirkten Tageszeiten sind somit auch geeignet, als kultische Zeitpunkte zu fungieren (z. B. die Zeit des Abendopfers, Dan 9, 21).
Die Jahreszeiten und die damit zusammenhängenden Termine im Kreislauf der Natur kehren aus der Hand des Schöpfers immer wieder, z. B. die Zeit der Jahreswende (1 Chr 20, 1; → V 849), der Regengüsse (Esra 10, 13, einschließlich des Spätregens, Sach 10, 1), des Kommens der Zugvögel (Jer 8, 7), der Brunst des Kleinviehs (Gen 31, 10), des Wurfes der Steinböcke (Ijob 39, 1) und des Reichtums an Korn und Most (Ps 4, 8). Das wird u.a. durch den in den Segensverheißungen wiederkehrenden Topos von der souveränen Verfügungsgewalt JHWHs über den lebenbringenden Regen „zu seiner Zeit" unterstrichen (Lev 26, 4; Dtn 11, 14; 28, 12; Ez 34, 26; vgl. Jer 5, 24); ferner dadurch, daß Israel in seinen Lobliedern JHWH rühmt, daß er immer noch allen seinen irdischen Geschöpfen „rechtzeitig" ihre Nahrung gibt (Ps 104, 27; 145, 15). Die somit gottesbestimmten Zeiten des Jahres und des Tages sind nur durch Einsicht in die Weisheit (Gottes) zu verstehen und zu bewältigen (vgl. Est 1, 13; 1 Chr 12, 33).
Damit sind wir aber bereits in den Bereich der verschiedenen Zeiten des menschlichen Lebens eingedrungen. Denn eine Reihe der angeführten Zeiten sind für dieses Leben entscheidend und dennoch vom Menschen unabhängig. Das gilt für die Zeit der Geburt (Koh 3, 2), des Liebesgenusses (Ez 16, 8), des Gebärens (Gen 38, 27), der Menstruation (Lev 15, 25), des Alterns (Ps 71, 9; vgl. 1 Kön 11, 4; 15, 23) und des Sterbens (1 Sam 4, 20; Koh 3, 2; dies ist wohl auch impliziert, wenn man ein vorzeitiges Sterben mit der Wendung *beloʾ ʿeṯ* bezeichnet [s.o. IV.2.aγ] – zu vergleichen ist akk. *ina ūm lā šīmtišu* „an einem Tag, der nicht der seines Schicksals war"); vgl. für Ägypten S. Morenz, RdM 8, 74f. Diese Zeiten begrenzen die menschliche Existenz; hinter ihnen jedoch steht JHWH. Das impliziert, daß der Mensch in den bestimmten und bestimmenden Zeiten seines eigenen Lebens dem Wirken Gottes begegnet (vgl. im Äg. Zeitbegriffe, die auch eine räumliche Nähe andeuten, wie bes. *h3w* und *rk*, s. Otto 146f.).
Etwas ähnliches gilt sogar für die vom Menschen selbst in der Begegnung mit den naturinhärent eingerichteten Zeiten, z. B. die Mahlzeit (Rut 2, 14), die Zeit, da man täglich das Vieh eintreibt (Gen 29, 7) oder da die Schöpferinnen am Abend zum Brunnen außerhalb der Stadt herauskommen (Gen 24, 11); ferner die Zeit der Getreideernte (Jer 50, 16; 51, 33; vgl. Jes 28, 23–29; Ijob 5, 26), des Dreschens (Jer 51, 33), des Schneitelns der Reben (Hld 2, 12) und überhaupt die rechten Zeitpunkte für die verschiede-

nen menschlichen Tätigkeiten (Koh 3, 2–8, s.u. b). Das theologisch Bedeutsame ist, daß auch diese Zeiten der Wirksamkeit der Menschen und somit das ganze Geschick in der Hand Gottes ruhen (Ps 31, 16; vgl. IV. 5.).

Das schließt natürlich die Vorstellung vom Verhalten der Menschen zur rechten Zeit ein (z. B. Spr 15, 23) sowie die über sie kommenden Ereignisse (vgl. Koh 3, 8). Von den Ereignissen gilt, daß sie entweder Zeiten des göttlichen Wohlgefallens (Jes 49, 8; Ps 69, 14) und seiner Gegenwart (Ps 21, 10) sind oder auch Unglückszeiten (vgl. Ez 35, 5; Koh 3, 8), z. B. der Drangsal (Ri 10, 14; Jes 33, 2; Jer 14, 8; 15, 11; 30, 7; Ps 37, 39; Dan 12, 1; Neh 9, 27), der Bosheit (Jer 2, 27. 28; 11, 12; 15, 11; Am 5, 13; Mi 2, 3; Ps 37, 19; Koh 9, 12); solche Zeiten gelten als göttliche Heimsuchung (Jer 6, 15; 8, 12; 10, 15; 46, 21; 49, 8; 50, 27. 31; 51, 18), Zorn (Jer 18, 23) und Vergeltung (Jer 51, 6).

b) Eine schöpfungstheologisch geschlossene Auffassung der Zeit, auf dem Begriff *ʿeṯ* basierend, begegnet im AT ausschließlich im Buche Koh (s. z. B. Galling, ZThK 58; Ochoa; Loretz, Qohelet; F. Ellermeier, Qohelet I/1, 1967, 309–322; Loader; Wilch 117–128; G. von Rad, Weisheit in Israel, 1970, 182–188. 295–306; Filipiak; Lys; H. W. Wolff, Anthropologie des AT, 1973, 137–140; Zimmermann; Crenshaw; Whitley).

Obwohl die Vorstellungswelt des Koh viele Einzelelemente aus der äg., babyl. und griech. Weisheit enthalten mag (Lit. bei N. Lohfink, NEB), ist seine Gesamtkonzeption aus dem israelit.-jüd. Weisheitsdenken her zu verstehen (vgl. A. Lauha, BK XIX 13f.).

In fundamentaler Übereinstimmung mit altisraelit. Auffassung betont Koh öfters, daß „alles zu seiner rechten Zeit eintritt und Gott den jeweiligen Zeitpunkt bestimmt" (Loretz, Qohelet 182. 200. 253). Das drückt er bereits im einführenden Lehrsatz seines anaphorisch formulierten Maschals vom rechten Zeitpunkt aus: „Für alles gibt es eine Stunde (*zemān*) und eine Zeit für jede Angelegenheit" (*weʿeṯ lekŏl-ḥepæṣ*, 3, 1; noch v. 17; s.o. IV. 4.). Im anschließenden Maschal wird dies durch sieben Doppelreihen expliziert; dabei umfassen die jeweiligen Hemistichoi zwei antithetisch formulierte Beobachtungen (vv. 2–8), die inhaltlich verwandt sind (z. B. in vv. 2. 4. 6. 8). Zudem unterstreicht Koh, daß der in seiner Schöpfung stets wirksame Gott „alles zu seiner Zeit schön gemacht hat" (v. 11), was nicht nur als Nachhall des Schöpfungsberichts von P aufzufassen ist (s. C. Forman, JSS 5, 1960, 256–263; dagegen mit Recht K. Galling, HAT I/18, ²1969, 95; → עולם *ʿôlām*, 1156); vielmehr handelt es sich um eine tiefgehende Analyse einer kontinuierlichen göttlichen Aktivität. Auch in anderen Kontexten erklärt Koh, daß „jedes Vorhaben [seine] Zeit und [sein] Gericht hat" (*lekŏl-ḥepæṣ ješ ʿeṯ ûmišpāṭ*, 8, 6; vgl. 7, 17; 8, 9; ferner Sir 1, 23; 4, 20. 23; 10, 4; 20, 1. 6f. 19f. u. ö.). Das Herz des Weisen „kennt Zeit und Gericht" (*ʿeṯ ûmišpāṭ jeḏaʿ*, 8, 5; vgl. Est 1, 13; 1 Chr 12, 33). Das Neue und gegen die ältere Weisheitstradition Kritische bei Koh – obwohl er diese Tradition partiell anerkennt – ist, daß seiner Meinung nach selbst der Weise sowie der Schnelle, Heldenhafte, Kluge und Einsichtige nicht völlig in die Geheimnisse der gottbestimmten Zeiten eindringen kann (vgl. 3, 11): „das Brot hängt nicht von den Weisen ab, auch nicht der Reichtum von den Klugen, auch nicht die Volksgunst von den Einsichtigen: vielmehr trifft sie alle die Zeit und das Geschick (*kî-ʿeṯ wāpæḡaʿ jiqræh ʾæṯ-kullām*) – zumal der Mensch seine Zeit auch gar nicht kennt (*loʾ-jeḏaʿ*)" (9, 11 f.). Der Kontext verbietet die oft vertretene Auffassung (z. B. THAT II 383), daß es sich hier ausschließlich um die Stunde des Todes handeln sollte; vielmehr ist die Unkenntnis allumfassend und kann z. B. mit den Aussagen Kohelets über das sinnlose Leiden des Gerechten verglichen werden. Mit Recht hat daher W. Zimmerli hervorgehoben, daß Koh zu ungleich radikaleren Erkenntnissen als die sonstige israelit. Weisheit gelangt ist: „So wie der Zeitpunkt von Geburt und Tod außerhalb der Verfügungsgewalt eines Menschen liegt, so bleibt die Erkenntnis und damit auch die Bewältigung des jeweiligen Kairos ganz außerhalb der Möglichkeit des Menschen" (Grundriss, ²1975, 142).

3. Die von JHWH in stetig schöpferischer Wirksamkeit eingerichteten Zeitpunkte verschiedenster Art sind nicht nur in der Natur und dem Alltagsleben zu beobachten. Sie können auch geschichtstheologisch betrachtet werden. Die geschichtlichen Offenbarungen JHWHs an sein Volk und seine Welt sowie die von ihm festgesetzten Heils-, Unglücks- und Umkehrzeiten sind an besondere Zeitpunkte/-abschnitte gebunden.

a) Die Gegenwart wird in vielen at.lichen Texten als die rechte Zeit zum Eingreifen JHWHs oder zur Buße des Gottesvolkes dargestellt. Manchmal wird diese Gegenwart schlechthin durch „heute" (*hajjôm*) ausgedrückt (vor allem sind die 59 Vorkommnisse in Dtn zu notieren, 5, 1. 3; 8, 19; 11, 2. 26. 32; 15, 15; 26, 16ff. usw.; s. G. von Rad, ThAT II⁵ 114–119; J. M. Schmidt, EvTh 30, 1970, 169–200; de Vries 164–187. 337), häufig auch durch *(we)ʿattāh* „(und) jetzt" (z. B. Jes 43, 1; 44, 1; 49, 5 u. ö.; s. o. IV. 6.), bisweilen aber durch *ʿeṯ*.

So kündigt beispielsweise Hosea dem Gottesvolk im Nordreich an: „es ist Zeit, JHWH zu suchen" (10, 12). Haggai denkt an die Gegenwart, wenn er Serubbabel und den Hohenpriester Josua fragt: „Ist etwa für euch die Zeit (nun) gekommen (*hāʿeṯ lāḵæm ʾattæm*), in gedeckten Häusern zu wohnen, während dieses (Tempel-)Haus in Trümmern liegt" (1, 4); das Volk sucht dagegen diese Zeit in der Zukunft (v. 2).

Vergegenwärtigendes *ʿeṯ* findet naturgemäß im AT auch eine liturgische Verwendung, z. B. im Gebetslied eines einzelnen: „Du (JHWH) wirst dich erheben, dich Zions erbarmen, denn es ist Zeit, ihm gnädig zu sein!" (Ps 102, 14); und im Thorapsalm

119 wird gleichartig gesagt: „Es ist Zeit, zu handeln für JHWH" (v. 126; vgl. auch Est 4, 14).
b) Auf einen Zeitpunkt in der Vergangenheit bezieht sich *ʿeṯ* vor allem in der theologisch wichtigen formelhaften Wendung *bāʿeṯ hahîʾ* „zu jener Zeit", die 52mal im AT (Dtn, erzählende Teile im Pent., DtrGW und ChrGW) in dieser Funktion begegnet (s.o. IV.2.a).
c) Bezüglich der Zukunft ist bemerkenswert, daß *ʿeṯ* in keine feste Wendung eingeht, die mit dem Ausdruck *jôm JHWH* „Tag JHWHs" (→ יום *jôm*, 583) vergleichbar wäre. In einigen vorexil.-exil. Texten steht aber *ʿeṯ* in Kombination mit dieser Vorstellung und variiert dabei den Begriff *jôm* „Tag" als Bezeichnung für den von JHWH festgesetzten Gerichtszeitpunkt. So heißt es z. B. in einer Ankündigung von der Eroberung und Zerstörung der Stadt Babylon: „Ihre Zeit wird bald eintreffen, und ihre Tage werden sich nicht verzögern" (Jes 13, 22); und parallel von dem kommenden Ende des Landes Israel, und zwar determiniert: „die Zeit ist kommend, der Tag ist nahe" (Ez 7, 7; variiert in v. 12; ferner 21, 30. 34; 30, 3, wo der Tag JHWHs mit „der Zeit der Heiden" identifiziert wird; s. ferner Dtn 32, 35; Jer 46, 21; 50, 27. 31).
Die feste Wendung *bāʿeṯ hahîʾ* „zu jener Zeit" hat bisweilen vorwärtsschauende Funktion, bes. in prophetischen Verheißungen oder Drohungen (Jes 18, 7; Jer 3, 17; 4, 11 u.ö.; vgl. o. IV.2.a).
Theologisch hervorzuheben ist die Verwendung von *ʿeṯ* in den Gerichtsankündigungen im Buche Jer, denn hier wird die Stunde des vorgesehenen Unheils als eine Zeit des göttlichen, aktiven Eingreifens geschildert; es dreht sich um die Zeit für JHWHs „Heimsuchung" (→ פקד *pāqaḏ*), „Zorn" (→ אף *ʾap*, 18, 23), „Rache" (→ נקם *nāqam*, 51, 6) und „Ernte" (51, 33); vgl. noch „die Stunde seines Landes", 27, 7.
Bei Ez begegnet 3mal die Wendung *b*ᵉ*ʿeṯ ʿ*ᵃ*won qeṣ* „zur Zeit der Schuld des Endes" (21, 30. 34; in 35, 5 par. mit „zur Zeit ihres Unglücks", *b*ᵉ*ʿeṯ ʾêḏām*); es ist fraglich, inwieweit diese Wendung eschatologisch ausgerichtet ist (vgl. Zimmerli, BK XIII z.St.: „zur Zeit der Endstrafe"); kontextmäßig handelt es sich vielmehr um „den Termin, an dem sich die Schuldsphäre über dem Täter in einem endgültigen Schicksal vollendet" (K. Koch, → V 1172); unzweideutig bleibt, daß diese „Zeit der Schuld des Endes" allein vom Zorn JHWHs bewirkt wird.
Der Ausdruck *ʿeṯ qeṣ* im Buche Dan (8, 17; 11, 35. 40; 12, 4. 9; vgl. Hab 2, 3) zielt offensichtlich auf ein Miteinander von Gegenwart und eschatologischer Zukunft, denn „die Zeit der Schlußphase" bezeichnet zwar primär die Verfolgungsperiode des Antiochus IV. Epiphanes, aber diese Periode ist zugleich die drangvolle Eröffnungsphase der Endzeit (vgl. L. F. Hartman / A. A. di Lella, AB 23, 231 f. 300–304. 310–313; die Wendung *ûḇāʿeṯ hahîʾ* „und zu jener Zeit" weist vermutlich auf den Tod des Antiochus IV., a.a.O. 306); doch auch Dan zufolge liegen alle diese Bedrängnis-/Endzeiten in den Geheimnissen Gottes eingeschlossen.
Nur ausnahmsweise wird das Nomen *ʿeṯ* in prophetischen Heilsankündigungen gebraucht, z. B. bei DtJes: „In der Zeit des Wohlgefallens antworte ich dir, und am Tag des Heils helfe ich dir" (49, 8), wo Vergangenheit und Zukunft ineinander laufen; und bei TrJes: „Ich bin JHWH: zu ihrer Zeit / rechter Zeit werde ich es eilends tun" (60, 22). In diesen Texten ist die JHWH-Bezogenheit des Zeitbegriffes *ʿeṯ* explizit.

VI. Die LXX gibt *ʿeṯ* am häufigsten durch καιρός wieder (198mal; dazu 26mal Sir, s.u. VII.); 24mal durch ὥρα (dazu Sir 5mal), sonst u.a. 9mal ἡμέρα, 4mal ἡνίκα und je 3mal χρόνος, εὐκαιρία, νῦν und ἄν (Wilch 151–155). Das entspricht der primären Bedeutung von *ʿeṯ* „die bestimmte / rechte Zeit für etwas", zeigt also keineswegs, daß die LXX-Übersetzer nicht die wirkliche Bedeutung des Begriffes *ʿeṯ* verstanden hätten (gegen Wilch; zur Kritik s.u. Jenni, THAT II 377). Die καιρός-Vorstellung der LXX, und damit die at.liche *ʿeṯ*-Konzeption, lebt auch im NT fort (s. Delling 1938; vgl. ders. 1973; ferner Cullmann ³1962; Finegan).

VII. Im hebr. Sir begegnet das Nomen *ʿeṯ* etwa 40mal und entspricht hauptsächlich der at.lichen Verwendung (bes. in der Weisheitsliteratur; s. die Analyse von Wilch 138–143). Wirklich neu dem AT gegenüber scheint nur die Konstruktion *lʿt* ohne weitere Modifikation (10, 4; 39, 30; 48, 10; vgl. auch 12, 16) zu sein, aber auch in diesen Fällen handelt es sich allem Anschein nach um die „bestimmte / rechte Zeit" (vgl. Wilch 143). Auch die Belege von *ʿeṯ* in den Qumranschriften führen meistens die at.lichen Gebrauchsweisen fort, wie durch Wilchs Behandlung von ca. 40 Stellen ersichtlich geworden ist (143–151; dazu nunmehr u.a. TR 33, 2 [unsicher]; 45, 6 sowie Adj. *ʿittî* [Hinweis auf Lev 16, 21]; ferner 4 Q 491, 1–3, 17; 8–10, I, 11 [Pl. *ʿtjm*]; 496, 3, 4; 508, 2, 2; 512, 1–6, 2, 5 [Pl. *ʿtjm*]; *[w*ᵉ*]ʿattāh* kommt in TR überhaupt nicht vor; dagegen bisweilen in DJD VII [6mal, Texte teilweise unsicher]). Generell notiert man bei der Verwendung von *ʿeṯ* in den Qumran-Stellen zwei teilweise entgegengesetzte Tendenzen, die über die at.liche Anwendung hinauszielen: einerseits in einer (kultisch) ordnenden, regulierenden Richtung (bes. eine kalendarische Verwendung, z. B. CD 10, 14 f.; 1 QH 12, 7 f.; s. Talmon; Wilch 143–145); andererseits in einer verallgemeinernden Richtung, z. B. durch Hinweise auf einen gottesdienstlichen Ruhm „zu allen Zeiten" (*[bkwl] ʿtjm*, 1 QM 14, 13; vgl. 4 Q 491, 8–10, I, 11) oder auf Gottesoffenbarungen „von Zeit zu Zeit" (*ʿt bʿt*, 1 QS 8, 15; *lʿt bʿt*, 1 QS 9, 13; vgl. spät-at.lich Neh 8, 18; 1 Chr 12, 23; 2 Chr 24, 11; 30, 21) oder auch auf den göttlichen Rat „für ewige Zeit" (*lʿt ʿwlm*, 1 QSb 4, 26; vgl. 5, 18).

Kronholm

עַתּוּד *ʿattûḏ*

I. Belege: – 1. im AT – 2. in den semit. Sprachen – II. 1. Etymologie und genaue Bedeutung – 2. LXX – III. *ʿattûḏ* im AT: – 1. Haustier – 2. Handelstier – 3. Opfertier für: – a) Heilsopfer – b) Brandopfer – 4. Metaphorischer Gebrauch: – a) Leitbock – b) Schlachtopfertier.

I. 1. Das Nomen ist 29mal, und zwar immer nur im Pl. belegt.
2. In den semit. Sprachen spielt das Lexem nur noch im Akk. und Arab. eine gewisse Rolle: akk. *atūdu*, altassyr. *etūdum*, auch *dūdu* (nach AHw 88b) 'Wildschaf; Schafbock', altassyr. 'Widder (der Herde)?' (so auch CAD A/1, 521 „wild sheep [male]"; „wild ram"; dagegen nach B. Landsberger, JNES 24, 1965, 296 Anm. 40 „wild boars of the mountain" und WdO 3, 1966, 265 Anm. 5 „Wildschwein") und arab. *ʿatūd* 'junger Ziegenbock'.

II. 1. Die Etymologie von *ʿattûḏ* ist nicht ganz sicher. GesB, der „Bock", und KBL², der „Widder und Bock" angibt, postulieren eine Wurzel *ʿtd* II, ohne deren Bedeutung zu erschließen. Dagegen leitet B. Landsberger, Die Fauna im alten Mesopotamien, 1934, 97 das Lexem von *ʿtd* I 'bereit, fertig sein' ab und stellt es analog den Bildungen *bikkûr(îm)* 'Erstlinge' bzw. *bikkûr(āh)* 'Frühfeige' und *limmûḏ* 'Anfänger, Schüler', die ein Anfangsstadium bezeichnen, zur Nominalform *qiṭṭûl*. Er bezieht den Terminus *ʿattûḏ* auf die Geschlechtsreife und versteht darunter einen Schafbock, der altersmäßig zwischen Böckchen (*g^eḏî*) und Widder (*ʾajil*) steht, d. h. zwischen dem fortpflanzungsfähigen und dem völlig ausgewachsenen Tier, wie er auch akk. *atūdu* für die Bezeichnung einer Altersstufe des Schaf- oder Ziegenbockes hält.
Eine ähnliche Grundbedeutung hatte schon W. Gesenius, Thesaurus II 1083f. vermutet, wobei er auf arab. *ʿatad* (oder *ʿatīd*) verwies, womit „ein zum Rennen 'bereites' Pferd" bezeichnet wird und das auch „stark" bedeuten kann.
Mit *ʿatūd* wird im Arab. eine über ein Jahr alte Ziege (Lane I/5, 1945 „a yearling goat", nach T. Noeldeke, Beiträge zur semitischen Sprachwissenschaft, 1904, 83 auch ein Schaf) bezeichnet.

Im Gegensatz zu akk. *atūdu*, womit in erster Linie ein wildes Schaf gemeint ist, handelt es sich im AT nur um das Haustier, den Ziegenbock und nicht (wie KBL³ außerdem angibt) um einen Schafbock oder Widder (was vom Kontext her nur in Sach 10, 3a zu rechtfertigen wäre, wo jedoch eine das Bildwort störende Glosse vorliegt), weil nämlich die *ʿattûḏîm* meistens in der Dreiheit von Widdern (*ʾêlîm*) und Lämmern (*kārîm*: Dtn 32, 14; Jes 34, 6; Jer 51, 40; Ez 27, 21; 39, 18; bzw. *k^eḇāśîm*: Num 7, 17–88; Jes 1, 11; nur mit *ʾêlîm*: Ez 34, 17; Ps 66, 15) als Vertreter des Kleinviehs, d. h. von Schafen und Ziegen erscheinen.

Die Vermutung, daß mit *ʿattûḏ* eine bestimmte Eigenschaft, offenbar die Geschlechtsreife (vgl. Gen 31, 10. 12) hervorgehoben werden soll, liegt deshalb nahe, weil das Hebr. noch drei Synonyme für den Ziegenbock kennt, nämlich *śāʿîr* „der Haarige" sowie *tajiš* und *ṣāpîr*, deren eigentliche Bedeutung jedoch nicht feststeht. Da nach Jes 14, 9; Jer 50, 8 *ʿattûḏ* den Leitbock bezeichnet (in Spr 30, 31 heißt dieser allerdings auch *tajiš*), der als stärkstes Tier der Herde vorangeht, dürfte mit *ʿattûḏ* nicht jeder beliebige Ziegenbock gemeint sein (wie etwa *ś^eʿîr ʿizzîm* in Gen 37, 31), sondern ein besonders kräftiges und wertvolles Tier (Zuchtbock).

2. Die LXX übersetzt *ʿattûḏ* meist mit τράγος 'Ziegenbock' (so aber auch *tajiš* in Gen 30, 35; 32, 15; Spr 30, 31 und *ṣāpîr* in Dan 8, 5. 8. 21), in Ps 50, 9; 66, 15 mit dem synonymen χίμαρος (so auch für *śāʿîr* in Lev 4, 24; 16, 7f.; 16, 9–26 [9mal] und für *ṣāpîr* Esra = 2 Esdr 8, 35; 2 Chr 29, 21), in Jer 51, 40 = 28, 40 mit ἔριφος 'junger Ziegenbock'. In Ez 27, 21; Sach 10, 3 setzt sie jedoch ἀμνός 'Lamm' dafür ein bzw. das gleichbedeutende ἀρήν in Spr 27, 26. Die Metapher *ʿattûḏê ʾāræṣ* in Jes 14, 9 gibt sie sinngemäß mit οἱ ἄρξαντες τῆς γῆς wieder, wogegen sie in Jer 50, 8 = 27, 8 fälschlicherweise δράκοντες sagt.

III. 1. Die Hausziege (→ עז *ʿez*; *Capra hircus*) Palästinas, die von der vorderasiatischen Bezoarziege (*Capra aegagrus*) abstammt, ist gewöhnlich schwarz (daher der Vergleich mit dem Haar der Geliebten Hld 4, 1; 6, 5; vgl. auch 1 Sam 19, 13). Tiere anderer Färbung und Zeichnung bildeten die Ausnahme, denn die geringe Entlohnung Jakobs durch Laban (Gen 30, 31–34) setzt voraus, daß gestreifte (*ʿ^aquddîm*; KBL³ dagegen „mit gewundenem Schwanz"), gesprenkelte (*n^equddîm*) und gefleckte (*b^eruddîm*) Ziegenböcke (Gen 31, 10. 12; die LXX fügt zu τράγοι noch κριοί „Widder" hinzu; in 30, 35 werden die gefleckten [EÜ: „weißscheckigen"] Ziegenböcke *t^ejāšîm ṭ^eluʾîm* genannt) nicht gerade häufig vorkamen.
Wahrscheinlich handelt es sich hier um Mutanten der Bezoarziege oder um Kreuzungen mit anderen Ziegenarten (dazu und zur Domestikation der Ziege vgl. B. Brentjes, Die Haustierwerdung im Orient, 1965, 22–29 sowie G. Cansdale, Animal of Bible Lands, 1970, 44–48). Die unterschiedlichen hebr. Namen für den Ziegenbock könnten daher auch verschiedene Rassen bezeichnen, doch bezieht sie J. Feliks, The Animal World of the Bible, Tel Aviv 1962, 16 alle auf *Capra hircus mambrica*.

Wenn auch das Ziegenfleisch nicht so fett war wie das der Schafe (vgl. AuS VI 99), so besaß doch der *ʿattûḏ* genügend Fett, denn das Moselied (Dtn 32, 14) stellt ihn in dieser Hinsicht als Wohltat JHWHs neben Lämmer und Widder.
2. Diese Tiere waren daher wertvolles Handelsgut. Sie wurden besonders von dem an Kleinviehherden reichen Arabien geliefert (Ez 27, 21; als Tributleistung vgl. 2 Chr 17, 11). Nach Spr 27, 26 dienten *ʿattûḏîm* als Kaufpreis für Äcker.

3. a) Am häufigsten (18mal) wird der *ʿattûḏ* als Opfertier genannt (nach W. von Soden, ZA 53, 1959, 232 vermutlich auch akk. *atūdu* in Gilg. XI 51), vor allem in nachexil. Zeit. Nach kultischen Texten wurde der gewöhnliche Ziegenbock immer nur für das Sündopfer genommen (der *śāʿîr* wird außer Gen 37, 31 [wo die LXX *ś^eʿîr ʿizzîm* mit ἔριφος αἰγῶν, das Opfertier dagegen immer mit χίμαρος ἐξ αἰγῶν übersetzt] überhaupt nur in diesem Zusammenhang erwähnt [vgl. Lev 4, 23; 16, 9–26],

bes. als *śeʿîr ʿizzîm* [Lev 4, 23; 9, 3; 16, 5; 23, 19; Num 7, 16–87; 15, 24; 28, 15. 30; 29, 5–25; Ez 43, 22; 45, 23] und *śeʿîr ḥaṭṭāʾt* [Lev 9, 15; 10, 16; 16, 15. 27; Num 28, 22; 29, 28–38; Ez 43, 25; 2 Chr 29, 23], wogegen der *ṣāpîr* [von aram. *ṣepîrāʾ* entlehnt?; vgl. Esra 6, 17] nur 2mal in nachexil. Texten [Esra 8, 35; 2 Chr 29, 21]; der *tajiš* gar nicht als Sündopfertier erscheint). Dagegen wurde der *ʿattûd* speziell für das Heilsopfer verwendet.
So brachten nach Darstellung nachexil. Kulttheologie anläßlich der Altarweihe am Sinai die 12 Stammesführer der Israeliten an je 12 Tagen allerlei Gaben herbei, darunter verschiedene Opfertiere für die auf dem Altar darzubringenden Opferarten, nämlich Brand-, Sünd- und Heilsopfer (*zæbaḥ haššelāmîm*). Für letzteres wurden jeweils 2 Rinder, 5 Widder, 5 *ʿattûdîm* und 5 einjährige Lämmer (Num 7, 17–83), also insgesamt 60 *ʿattûdîm* (v. 88) bereitgestellt. Nach Lev 3, 1–17 konnte das Heilsopfer (*zæbaḥ šelāmîm*: zu den erst in P-Texten verbundenen Begriffen und diese Opferart vgl. R. Rendtorff, WMANT 24, 1967, 149–168. 237 f.) ein Rind bzw. ein männliches oder weibliches Kleinviehtier, d. h. ein Schaf oder „eine Ziege“ (*ʿez*), wie hier generell gesagt wird, sein. Das Blut dieser Tiere wurde ringsum an den Altar gesprengt, ihr Fett verbrannt.

b) In nichtpriesterlichen, z. T. älteren Texten, erscheint der *ʿattûd* neben anderen Groß- und Kleinviehtieren (*bāqār* und *ṣoʾn*) nur im Zusammenhang mit dem Brandopfer (*ʿolāh*), ohne daß jedoch bei der Aufzählung und Terminologie dieser Opfertiere ein bestimmtes, kultisch geprägtes Schema erkennbar würde (vgl. Rendtorff 117 f.).
So verspricht der Beter von Ps 66, 15 zum Dank fette Tiere als Brandopfer darzubringen sowie Widder, Rinder und *ʿattûdîm* herzurichten. Vom „Blut der *ʿattûdîm*“ wird 2mal in kultkritischen Texten gesprochen. Scharf polemisiert Jesaja gegen ein falschverstandenes, seelenloses Opferritual (*zebāḥîm* und *ʿolôt*), für das JHWH nur Ekel empfindet, so daß ihm die Brandopfer und das Blut der Stiere, der Lämmer und *ʿattûdîm* zuwider sind (1, 11). Da der Wert des Opfers in der rechten Gesinnung, in Verehrung und Anbetung und nicht in der Speisung und Verfügbarmachung der Gottheit besteht, weist die levitische Gerichtsrede von Ps 50, 7–15, die den rechten Gottesdienst zum Thema hat, darauf hin, daß JHWH, dem die ganze Welt mit all ihren Tieren gehört, nicht auf die Stiere und die *ʿattûdîm* Israels angewiesen ist (v. 9), und er nicht nach einer naiven Opfer- und Gottesvorstellung (vgl. Dan 14, 6) zu seiner Daseinserhaltung das Fleisch der Stiere essen und das Blut der *ʿattûdîm* trinken muß (v. 13).
4. a) Der *ʿattûd*, der als Leittier der Herde vorangeht, ist ein Bild für den seinem Volk voranziehenden König.

So werden in Jes 14, 9 die Beherrscher der Erde (LXX οἱ ἄρξαντες τῆς γῆς) metaphorisch geradezu *ʿattûdîm* genannt (*kŏl-ʿattûdê ʾāræṣ* ist durch das nachfolgende *kol malkê gôjim* präzisiert. In Dan 8, 5. 8. 21 symbolisiert der Ziegenbock [*ṣāpîr*] Alexander d. Gr., und in Spr 30, 29–31 wird der König neben dem stolz einherschreitenden Hahn, Löwen und Leitbock [*tajiš*] genannt). Da der Leitbock beim Öffnen der Hürde als erster ungestüm hinausdrängt, fungiert der *ʿattûd* (LXX δράκων!) in dem sekundär in das Jeremiabuch eingefügten Orakel gegen Babel (50, 1 – 51, 58), wo Israel aufgefordert wird, schleunigst die vom Untergang bedrohte Stadt und das Land der Chaldäer zu verlassen (50, 8) als Vorbild rasch entschlossenen und beherzten Handelns.

Als Leitbock kann sich der *ʿattûd* nur dann durchsetzen und seine Vormachtstellung behaupten, wenn er seine Konkurrenten rücksichtslos niederkämpft, so daß er auch als Prototyp von Gewalttätigkeit und Unterdrückung gilt.
Daher verkörpert er in der Parabel vom Guten Hirten (Ez 34, 17) zusammen mit dem Widder, vielleicht als Glosse (vgl. W. Eichrodt, ATD 22[4], 328 Anm. 2) zu den fetten und starken Schafen, die die schwächeren vom Futter und Wasser abdrängen, die führenden und besitzenden Kreise Israels, die die sozial Schwächeren ihrer Rechte und Güter berauben (vgl. auch Mt 25, 33, wo die Böcke [ἐρίφια] die Ungerechten symbolisieren). Das gleiche Bild verwendet auch Sach 10, 3, wonach sich JHWH als wahrer Hirt seiner Herde annimmt und die *ʿattûdîm*, wie hier die falschen Hirten, d. h. die gewalttätigen Führer Israels in einer Glosse genannt werden, zur Rechenschaft zieht.
b) In dem Bildwort vom „Schlachttag JHWHs“ (nach H. Greßmann, Der Ursprung der israelitisch-jüdischen Eschatologie, 1905, 141 eine prophetische Verkehrung des heilseschatologischen Freudenmahls), an dem der Herr an seinen Gegnern Rache nehmen wird, verkörpern die *ʿattûdîm* neben anderen Schlacht- und Opfertieren die der Vernichtung geweihten Feinde Gottes.

So werden bei dem großen Schlachtopferfest (*zæbaḥ gādôl*), das JHWH als Strafgericht an Gog abhalten wird (Ez 39, 17–20; das Motiv ist nach W. Zimmerli, BK XIII/2[2], 952 f. älter als Ez; vgl. Zef 1, 8), die Feinde aus dem Norden wie Opfertiere abgeschlachtet, wobei neben Rindern und Stieren als Großvieh Widder, Lämmer und *ʿattûdîm* als Kleinvieh erscheinen, und alle Vögel (vgl. Apk 19, 17 f.) und wilden Tiere (vgl. Jes 56, 9; Jer 12, 9) zu diesem Opfermahl eingeladen. Wenn in Jes 34, einem sekundären, wohl spät- oder frühnachexil. Stück (vgl. H. Wildberger, BK X/3, 1341) das Gericht über Edom ebenfalls mit einem gigantischen Schlachtopferfest (*zæbaḥ . . . weṭæbaḥ*) verglichen wird, dann dürfen bei der Menge verschiedener Opfertiere, die das gewaltige Ausmaß und den ungeheuren Blutrausch dieser Orgie illustrieren sollen, auch hier die *ʿattûdîm* nicht fehlen, von deren Blut das Schwert JHWHs dann nur so triefen wird (Jes 34, 6; vgl. Jer 46, 10). Dieses Bild wurde vermutlich von hier aus, wenn auch in abgeschwächter Form und wohl nachträglich (weil hinter der Schlußformel) in die Schilderung vom Strafgericht an Babel (Jer 51, 34–39) übernommen, wenn JHWH das Blut Jerusalems an dieser Stadt rächt, als würde er Lämmer, Widder und *ʿattûdîm* zum Schlachten (*liṭebôaḥ*) führen (Jer 51, 40; vgl. auch 50, 27).

Maiberger

עתק *ʿtq*

עָתִיק *ʿāṯîq*, עַתִּיק *ʿattîq*, עָתֵק *ʿāṯeq*, עָתָק *ʿāṯāq*

I. Etymologie – II. Verwendung im AT – 1. Verb – 2. Adjektive – III. LXX.

Lit.: *D. Pardee*, A Note on the Root *ʿtq* in CTA 16 I 2, 5 (UT 125, KRT II) (UF 5, 1973, 229–234). – *J. Sanmartín*, Lexikographisches zu ug. *ʿtq* (KTU 1.16 I 2–5, 15–19; II 38–42) (UF 10, 1978, 453f.).

I. Die Grundbedeutung der Wurzel *ʿtq* scheint 'fort-, weiter-, vorrücken' (örtlich und zeitlich) zu sein. So in Ugarit: KTU 1.6, II, 5. 26 „ein, zwei Tage gehen vorüber"; KTU 2.36, 17 „und sie (die Truppen?) ziehen weiter"; etwas unklar KTU 1.16, VI, 1f. 13 Ptz. *šaph.* „die (eine Göttin?) vorbeigehen läßt, die entfernt". Auch die vielverhandelten Sätze in KTU 1.16, I, 2. 5 = I, 16. 19 = II, 38. 41 (*kklb bbtk nʿtq* ... *ỉḫštk lntn/lbkj ʿtq*) dürften den Sinn des Fortschreitens, der Dauer enthalten, etwa: „Wie ein Hund in deinem Haus werden wir altern ... Oder soll dein Grabbau zu andauerndem Schreien (*ntn*) / Weinen werden?" (so Sanmartín 454; ähnlich Pardee 233: „to grow old ... to pass on"). Unnötig ist hier die Annahme einer Wurzel *ʿtq* II 'laut reden, heulen' (gegen M. Dietrich / O. Loretz, UF 12, 1980, 190; B. Margalit, UF 15, 1983, 103). Die Bedeutung 'vorrücken' ist auch sonst die übliche: akk. *etēqu* 'vorübergehen, passieren', arab. *ʿatuqa* und *ʿataqa* 'alt werden', reichsaram. das Adj. *ʿtq* 'alt', syr. *ʿtq* 1. 'fortschreiten', 2. 'alt werden', 3. 'frech sein' (dazu vgl. u. II.2.).

II. 1. Die Wurzel *ʿtq* erscheint 20mal im MT (17mal hebr., 3mal aram.). Beim Verb (9mal) tritt die vermutliche Grundbedeutung (s. I.) mehrfach klar zutage, so 2mal im *qal*: Ijob 14, 18: „Ein Fels kann von seiner Stelle fortrücken" (z. B. durch einen Erdrutsch), aufgenommen in 18, 4: „Soll deinetwegen ... der Fels von seiner Stätte fortrücken?". Demgemäß das *hiph*: Ijob 9, 5 (von Gott) „der die Berge fortrückt", woran sich wohl die Bedeutung „aufbrechen, weiterwandern" – als Ellipse von „das Zelt fortrücken" (vgl. BDB 801) – anschließt (Gen 12, 8; 26, 22) und 2mal ein übertragener Gebrauch: Ijob 32, 15 „Die Worte sind von ihnen fortgerückt" (d. h. sind ihnen ausgegangen); Spr 25, 1 „die Sprüche Salomos, die die Männer Hiskijas übernommen (oder: gesammelt; eigentlich: von anderwärts fortgerückt, versetzt) haben". Unklar ist Ps 6, 8 *ʿāšešāh* ... *ʿênî ʿāṯeqāh*, was wohl eher „angeschwollen ... ist mein Auge, hervorgetreten" bedeutet (KBL³ 856 nach L. Delekat, VT 14, 1964, 54) als „getrübt ... ist mein Auge, ganz matt" (H. J. Kraus, BK XV/1⁵, 182). In Ijob 21, 7 nimmt man durchweg die Bedeutung „altern" an, z. B. G. Fohrer, KAT XVI 335f.: „Warum bleiben die Frevler leben, altern (*ʿāṯeqû*), sind gar an Kraft überlegen (*gam gāḇerû ḥajil*)?" Da *ḥajil* hier – wie auch sonst im Ijobbuch (5, 5; 15, 29; 20, 15. 18; 31, 25) – 'Vermögen, Habe' bedeuten muß, ließe sich die zweite Vershälfte entweder im Sinne von „wenn sie altern, nehmen sie an Vermögen zu" verstehen, was etwas banal klingt, oder im Sinne von „sie erreichen ein hohes Alter, auch nehmen sie an Vermögen zu", wobei das Verb *ʿtq* eine Bedeutung erhält, die ihm nicht zwangsläufig innewohnt und für die im AT sonst andere Ausdrucksweisen verwendet werden (vgl. 42, 17 „und Ijob starb alt und lebenssatt"). Besser paßt in den Zusammenhang die Bedeutung 'vorrücken', d. h. Erfolg haben, die auch von den Parallelen nahegelegt wird, auf die Fohrer verweist: Jer 12, 1f.: „Warum ist der Weg der Frevler glücklich ...? Du pflanzt sie ein, da schlagen sie Wurzeln, kommen voran (*hlk*), auch bringen sie Frucht"; Ps 73, 3ff., bes. v. 12: „Siehe, das sind die Frevler, und immer ungestört vermehren sie Vermögen (*ḥajil*)".

2. In den Umkreis der Verbbedeutung gehören auch die Adjektive. So lassen sich *ʿāṯîq* und *ʿāṯeq* (je 1mal) als „vom Herkömmlichen abgerückt" = 'prächtig', 'reich' verstehen: prächtige Kleidung (Jes 23, 18); reiches Vermögen (*hôn*) (Spr 8, 18). – *ʿattîq* (2mal) dient in Jes 28, 9 zur Umschreibung des Begriffes „Kleinkinder": „die von der Brust abgesetzt (*ʿattîqê*) sind". Schwierig ist der Text in 1 Chr 4, 22, wo die Söhne Schelas aufgeführt werden: „... und Joasch und Saraf, die für Moab arbeiteten und 'Bewohner' Lehems waren" (Übersetzung nach M. Dijkstra, VT 25, 1975, 672), *wehaddeḇārîm ʿattîqîm*. Die beiden letzten Worte übersetzt man gewöhnlich mit „und die Dinge/Aufzeichnungen sind alt" (so auch Dijkstra); aber auch die Übersetzung als Randglosse „und die Worte sind weggerückt", d. h. hier sind Worte ausgelassen oder umgestellt (W. Rudolph, HAT I/21, 36), dürfte möglich sein.

Der kultischen Sprache gehört das Adjektiv *ʿāṯāq* (4mal), 'frech, vermessen' („vom Herkommen losgelöst", „emanzipiert": KBL³ 857) an, das die Rede des gottlosen, hochmütigen Frevlers kennzeichnet (1 Sam 2, 3; Ps 31, 19; 75, 6; 94, 4). – Ein denominiertes Verb *ʿtq hiph*, 'frech machen', wird in Ez 35, 13 vermutet: (angeredet ist das Bergland Seïr) „Ihr habt euch großgemacht gegen mich mit eurem Mund, und ihr habt frech gemacht (statt *wehaʿtartæm* von *ʿtr* 'beten') gegen mich eure Worte" (vgl. W. Zimmerli, BK XIII/2², 853).

Mit aram. *ʿattîq jômîn/jômajjāʾ* (Dan 7, 9. 13. 22), „Hochbetagter", „Uralter", wird die Ewigkeit Gottes umschrieben. Eine Parallele zu diesem Ausdruck stellt der Gottestitel *rĕʾĕsa mawāʿĕl* „Haupt der Tage" in den Bilderreden des äthHen (46, 1. 2; 47, 3; 55, 1; 60, 2; 71, 10. 12. 13. 14) dar.

Ferner zieht man vielfach zum Vergleich den ugar. Ausdruck *ʾb šnm* (in der Wendung *qrš mlk ʾb šnm* KTU 1.1, III, 24; 1.2, III, 5; 1.3, V, 8; 1.4, IV, 24; 1.5, VI, 2; 1.6, I, 36; 1.17, VI, 49) heran, der dann mit „Vater der Jahre" übersetzt wird (→ I 263; vgl. F. M. Cross, Canaanite Myth and Hebrew Epic, Cambridge 1973, 16). Doch diese Deutung ist umstritten (→ I 6). So übersetzt

M. Pope, El in Ugarit Texts (VTS 2, 1955, 34–36) „Father of the Eldest" o.ä. und sieht darin eine Bezeichnung für das hohe Alter – und die mit ihm verbundene Schwäche – Els; nach C. H. Gordon, JNES 35, 1976, 261 f. und A. Jirku, ZAW 82, 1970, 278 f. – beide verweisen auf KTU 1.114 – bedeutet *'b šnm* „Vater des (Gottes) Šnm"; und Aistleitner (WUS Nr. 312) versteht unter *šnm* die „Bezeichnung der hochgelegenen himmlischen Wohnung Els", so daß die Wendung *qrš mlk 'b šnm* zu übersetzen ist: „der Bezirk des Königs und Vaters: das *šnm*".

III. Die LXX gibt von den 20 Belegen von *ʿtq* 8 mit dem Verb παλαιοῦν wieder; Spr 25, 1 steht ἐκγράφειν, Ijob 18, 4 καταστρέφειν. *ʿattîq* wird durch ἀποσπᾶν und ἀθουκιεῖν, *ʿāṯāq* durch ἀδικία, ἀνομία und μεγαλορρημοσύνη übersetzt.
In Qumran ist die Wurzel bisher nicht nachgewiesen.

Schmoldt

עָתַר *ʿāṯar*

עָתָר *ʿāṯār*

I. Wortmaterial – 1. Verbreitung – 2. Etymologie – II. Semantik – 1. *niph* – 2. *qal/hiph* – 3. Ableitungen – 4. Sitz im Leben – III. Theologie – IV. Qumran.

Lit.: *R. Albertz*, עתר, *ʿāṯar* beten (THAT II 385 f.). – *D. R. Ap-Thomas*, Notes on Some Terms Relating to Prayer (VT 6, 1956, 225–241). – *W. Fuss*, Die deuteronomistische Pentateuchredaktion in Ex 3–17 (BZAW 126, 1972). – *F. Hesse*, Die Fürbitte im Alten Testament (Diss. Erlangen 1951).

I. 1. Die Wurzel ist im AT spärlich bezeugt (23mal), und begegnet hauptsächlich in Ex 8–10, Esra/Chr und Ijob. Ihre Bedeutung 'beten' ist in der Umwelt Israels nicht nachzuweisen. Die jüdische Tradition behält den alten Wortsinn bei (vgl. Sir 37, 15; 38, 14). Häufiger gebrauchte Synonyma sind → פלל *pll*, → זעק *zʿq*, → קרא *qr'*, → שאל *š'l*.
Die LXX übersetzt *ʿtr* in den aktiven Stämmen mit (προσ)εὐχεσθαι (11mal, für *pll* 80mal), im *niph* mit (εἰσ/ἐπ)ακούειν, das sonst überwiegend *šmʿ*, *'zn*, *ʿnh* I, *qšb* wiedergibt.
2. Etymologische Ableitungen von arab. *ʿatara* 'schlachten, opfern' (J. Wellhausen, Reste arab. Heidentums, [2]1897, 142) und ugar. *ġtr* 'töten, schlachten, opfern, bitten' (UF 7, 1975, 138) sind möglich, aber Verbindungen mit arab. *ʿaṭara* 'duften' (vgl. Ez 8, 11: *ʿāṯār* 'Duft') oder – im Blick auf Spr 27, 6 – mit arab. *ʿaṯara* 'lügen' sind wohl auszuschließen. Ähnlich ist *zbḥ tôdāh* vom „Opfer" zu *tôdāh* 'Dankgebet' geworden (→ II 526 f.). Hebr. *ʿtr* hat aber keinen Bezug zum „Opfern", „Räuchern" mehr.

II. *ʿtr* läßt sich in spezifischen Schichten der Überlieferung lokalisieren und muß aus seinem Kontext erklärt werden.
1. Auffällig ist vor allem das *niph*. JHWH „ließ sich erbitten, erweichen" (*wajjeʿāṯær*; immer mit *l^e* – commodi oder auctoris? Brockelmann, Synt. § 107e und GKa § 121 f: Gen 25, 21; 2 Sam 21, 14; 24, 25; Esra 8, 23; 2 Chr 33, 13; weitere *niph*-Formen Jes 19, 22; 1 Chr 5, 20; 2 Chr 33, 19; evtl. Spr 27, 6). Das *niph* erscheint also 4mal im ChrGW (liturgischer Kontext; Sondergut). Der Bittvorgang wird in der Regel jedoch nicht mit *ʿtr qal* ausgedrückt, sondern mit *bqš*; *zʿq*; *ḥlh*; *pll*. Eigenartig ist die Verbfolge *ʿtr niph* + *šmʿ* in 2 Chr 33, 13: *ʿtr* geht der Erhörung voran. Das liturgische Vorspiel schildert vv. 12–13 a (vgl. Esra 8, 21–23 a). *ʿtr niph* heißt also: Gott ist vom gottesdienstlichen Gebet beeindruckt. Er veranlaßt die Wende in der Not. So auch in den restlichen *niph*-Belegen: 2 Sam 21, 14; 24, 25 stellen gleichlautend die Betroffenheit Gottes (zugunsten des Landes? durch das Land?) fest. Voraus gehen kultische Handlungen. In Jes 19, 22 löst die Umkehr der Ägypter die Begnadigung aus. Gen 25, 21 erscheint die Bitte (nur hier *ʿtr qal*) als Anstoß zur Behebung der Not; ist das *qal* hier künstlich vom *niph* her gebildet? Das theologische Schema Gebet (Gottesdienst) – Einschreiten JHWHs wird in der Regel durch die Verbpaare *zʿq – šmʿ* (vgl. Neh 9, 1. 27. 28; für Dtn vgl. Fuss 39). *qr' – ʿnh / jšʿ / šmʿ* (vgl. Ps 3, 5; 17, 6; 18, 7; 34, 7; 55, 17; 57, 3 f.; 91, 15; 119, 146; 138, 3) und dergleichen ausgedrückt. *ʿtr niph* gehört damit wohl zum (regionalen?) Sprachgebrauch weniger Redaktoren.
2. Bis auf Gen 25, 21 sind aktive Formen von *ʿtr* nie syntaktisch mit dem *niph* verbunden. Sie bezeichnen den Bittakt, meist mit Angabe des Bittempfängers (immer Gott! Präp. *l^e* 2mal; *'æl* 8mal) evtl. unter Nennung des/der begünstigten Dritten (*b^eʿaḏ* Ex 8, 24; *l^enoḵaḥ* Gen 25, 21; *l^e* Ex 8, 5) und des Anliegens (vgl. Ex 8, 4; 8, 25; 9, 28; 10, 17; Ri 13, 8). Das Gebet wird in Ri 13, 8 zitiert, die Gebetserhörung hinzugefügt (v. 9). In allen Texten ist der rituelle Rahmen erkennbar. Ijob 22, 21–27; 33, 14–26 enthalten Elemente des Buß- und Restitutionsrituals (vgl. K. Seybold, BWANT 99, 82–98). Das Erhörungsmoment gehört zum Begriffsfeld (*šmʿ*: Ijob 22, 27; vgl. Ri 13, 8; *rṣh*: Ijob 33, 26; vgl. das göttliche Eingreifen in Ex 8, 26; 10, 18). Warum ist *ʿtr* statt der Synonyme gewählt? Eine Antwort kann am ehesten Ex 8–10 (8mal *ʿtr*) geben. In der 2., 4., 7., 8. und 10. Plage (besondere Überlieferungsschicht? schriftstellerische Dramaturgie? vgl. B. S. Childs, The Book of Exodus, Philadelphia 1974, 133–137; anders M. Noth, ÜPt 70–77) ist das strenge Verstokkungsschema verlassen. Pharao drängt auf Moses Fürbitte. *ʿtr* (*hiph* und *qal*: Ex 8, 4 f. 24–26; 9, 28; 10, 17 f.) wird für Befehl und Ausführung des Bittaktes verwendet (für letzteres auch *zʿq*, Ex 8, 8 und *prś kappajim* Ex 9, 29. 33). *ʿtr* meint vermutlich das liturgische Gebet des Gemeindeleiters (Nachfolger

des Mose!), das (wie im Passaritus?) mit dem Segen schließt (Ex 12, 32: „segnet auch mich"; Quellenzugehörigkeit unsicher, trotz Fuss 160f.).

3. Das Nomen *ʿāṯār* (nur Zef 3, 10) könnte 'Beter' bedeuten. Der gottesdienstliche Hintergrund ist jedenfalls überdeutlich (vgl. v. 9; vgl. W. Rudolph, KAT XIII/3, 291f.). *ʿāṯār* 'Opferrauch' (?) (nur Ez 8, 11, fehlt in LXX) und der Ortsname *ʿæṯær* 'Weihrauchsort' (?, so KBL³ 857) mögen auf eine sonst im Hebr. fehlende Wurzel (vgl. arab. *ʿaṭara*) zurückgehen. Für *naʿtārôṯ* in Spr 27, 6 wird die Bedeutung 'trügerisch' postuliert (KBL³ 857, vgl. arab. *ʿaṯara* 'lügen').

4. Die Überlieferung von Ex 1–15 ist nur in gottesdienstlicher Gemeinde vorstellbar. Die Plagenerzählungen (Ex 5–12) haben ein eigenes Gewicht. Sie dienen der Stärkung der Gemeinde (vgl. Ex 10, 2): Der „Gottlose" (→ רשע *rāšaʿ*) wird „verhärtet" und „verstockt" und kommt nicht zur Erkenntnis JHWHs und einem „demütigen" (→ ענה *ʿānāh*) Lebenswandel. Er bricht unter den Machterweisen Gottes zusammen, sucht seine Zuflucht zum Gemeindegebet. Es sollte nicht verwundern, wenn aktives *ʿtr* vom spät formulierten Plagenzyklus in die Ijob-, Samuel- und Genesisstellen übernommen worden wäre. Die passive Verwendung beim Chr könnte aus einer theologischen Reflexion über die Wirkung des Bittgebetes hervorgegangen sein.

III. *ʿtr* bedeutet so wenig wie → פלל *pālal* in sich „Fürbitte leisten". Es bezeichnet zu einer bestimmten Zeit und in einem bestimmten gottesdienstlichen Rahmen (Plagenzyklus!) das Bitten, das JHWH rühren kann. Gen 25, 21 ist die Synthese: JHWH ist ein erbittlicher Gott.

IV. Der einzige Qumran-Beleg 4 Q 173, 1, 4 (4 QpPs^b 127) ist unsicher. Möglicherweise spricht der Text von *ʿtrwt* „Bittgebeten" des Lehrers der Gerechtigkeit.

Gerstenberger

פֵּאָה *peʾāh*

I. Die Wurzel(n) *pʾh* – Etymologie – II. Vorkommen im AT – 1. Seite/Rand eines Raumes/Zimmers oder Möbelstücks in P sek. – 2. Die Rechtsinstitution der „Ackerecke" – 3. Seite/Rand eines Raumes oder Territoriums (synonym zu *gᵉḇûl*) in Listen – 4. Terminus für Bartpflege und Frisur – 5. *pʾh* in Qumran und in Sir – 6. Mischna – 7. LXX.

Lit.: *W. Bauer*, Pea (vom Ackerwinkel). Text, Übersetzung und Erklärung nebst einem textkritischen Anhang (Die Mischna I/2, 1914). – *R. Brooks*, Support for the Poor in the Mishnaic Law of Agriculture: Tractate Peah (Brown Judaic Studies 43, Chico 1983). – *E. Dhorme*, L'emploi métaphorique des noms de parties du corps en hébreu et en akkadien, Paris 1923. – *H. Gese*, Kleine Beiträge zum Verständnis des Amosbuches (VT 12, 1962, 417–438). – *E. A. Knauf*, Supplementa Ismaelitica (BN 22, 1983, 25–33). – *S. Mittmann*, Am 3, 12–15 und das Bett der Samarier (ZDPV 92, 1976, 149–167, bes. 158f.). – *S. D. Ricks*, A Lexicon of Epigraphic Qatabanian, Phil. Diss. 1982 = Ann Arbor 1982. – *G. A. Wewers*, Pea. Ackerecke (Übersetzung des Talmud Yerushalmi I/2, 1986).

I. Eine Wurzel *pʾh* mit der Grundbedeutung 'etwas spalten, abschlagen, zerstückeln', liegt in qataban. *fʾj* 'teilen, spalten', minäisch kaus. *sfʾj* 'schlagen', 'zerstören' (nach Biella 403 und BGMR 47 ist die Wurzel *fjʾ*) und dem bibelhebr. Hap. leg. *hipʾāh* „in Stücke hauen" (Dtn 32, 26; Text unsicher) vor (Ricks 193). Übertragene oder resultative Bedeutung zeigt arab. *faʾā* 'erbeuten', was mit dem Abschlagen von Beutestücken (Edelmetall- und Metallobjekte von Wänden, Sockeln usw.) einhergeht. Zu dieser Wurzel könnte arab. *fiʾat* 'Gruppe, Klasse, Kriegsschar' gehören, das auch äth. und amhar. bezeugt ist.

W. von Soden, GAG § 54b bestimmt dagegen *pātu* 'Rand' und *pūtu* 'Stirn(seite)' als Fem. der einkonsonantigen Wurzel *pû* 'Mund' (AHw 849a). *peʾāh* in der Bedeutung 'Seite, Rand' ist außer in der aram. Sprachfamilie (jüd.-aram. *pāṯā*ʾ, syr. *paʾṯā*ʾ) noch ugar. als *pʾt/pȝt* belegt, davon dreimal in der Phrase *pʾt.mdbr* „Grenzen der Wüste" (z. B. KTU 1.14, III, 1; IV, 30). Mehrere Stellen sind unklar, auch *pȝt.ʾdm* in der Beschwörung KTU 1.107, 32, das eher „Stirn des Menschen" heißen dürfte als „Ecke". Die verwandten Lexeme *peʾāh* und **poṯ* 'Stirn(seite)' haben sich im Hebr. (wie akk. *pātu* und *pūtu*) gegenseitig beeinflußt, wie der textkrit. Apparat zu einzelnen bibl. Belegen zeigt. Dhorme (71) setzt die Grundbedeutung 'Seite, Richtung, Hauptpunkt' an; vermutlich sind zwei homophone Wurzeln zusammengefallen.

II. Das Nomen *peʾāh* begegnet 84mal im AT, davon 48mal im sog. Verfassungsentwurf Ez 40–48, und 26mal in H und P. Es bezeichnet ohne Unterschied die Seiten/Ränder eines Gegenstandes (Zimmers, Möbelstücks) oder eines Raumes (Feldes, Stammesgebiets). *peʾāh* fungiert vereinzelt als Synonym von → גבול *gᵉḇûl* 'Grenze' oder dient zur Angabe von Himmelrichtungen als erweiterte Präposition. Eine spezielle Verwendung zeigt der Kontext Bartpflege und Frisur.

1. In späten Schichten von P bezeichnet *peʾāh* den Standort des Brettergerüstes an den Langseiten der Stiftshütte in Ex 26, 18. 20 (= 36, 23. 25). Ex 27, 9–13 (= 38, 9–13) regelt die Bestückung der Lang- und Schmalseiten des Vorhofs mit Vorhängen. In Ex 25, 26 (= 37, 13) meint *peʾāh* die vier Ecken des Schaubrottisches, die von seinen Füßen gebildet werden. Nicht sicher ist die Bedeutung des Lexems in Am 3, 12 (zur Textkritik H. W. Wolff, BK XIV/2³, 234ff. und Mittmann 155f.) in Verbindung mit

„Bett" (Wortpaar → ערשׂ *'æræś* und *miṭṭāh*). Der Maschal attackiert die Prominenz von Samaria, die bei ihren Parties auf der Ecke/Kante/Fußende des Bettes sitzen bzw. sich an die Kopfwand/Sitzpolster (?) der Bettstatt lehnen. KBL³ 859 übersetzt „Pracht des Lagers".

2. Der Terminus markiert die Seiten/Ränder des Getreidefeldes, dessen Abernten bis zum Rand Lev 19, 9; 23, 22 verbieten, eine Angabe des Mindestmaßes erfolgt nicht. *pe'āh* ist offenbar seit alters eine feste, urspr. wohl kultisch begründete (Elliger, HAT I/4, 257) Rechtsinstitution der Armenpflege wie später in der Mischna.

3. In Listen dient *pe'āh* als Synonym zu *gᵉḇûl* 'Grenze', differenziert nach Himmelsrichtungen. Jos 18, 12–20 legt die Grenzen Benjamins, 15, 5 die Ostgrenze Judas fest. Die Liste Ez 47, 15–20 definiert die Seiten des Gesamtgebietes der 12 Stämme außerhalb des Heiligtums. Der sog. Verfassungsentwurf skizziert eine Landkarte des neuen Israel. Entsprechend gibt Num 34, 3 die Südgrenze an bei der Festlegung der Grenzen des Erbbesitzes (Num 34, 3–12) im gelobten Land.

Die Stämmeliste in Ez 48, 1–29 entwirft eine neue Landzuteilung für jeden Stamm nach den 4 Himmelsrichtungen, indem sie 18mal *pe'āh* verwendet. V. 8 nimmt die Weihegabe (→ תרומה *tᵉrûmāh*) als 13. Stammesterritorium aus. Ez 48 regelt die Maße des neuen Jerusalem nach den vier Himmelsrichtungen (v. 16) und die Anordnung der Stadttore gegen die 4 Seiten (vv. 30–34). Allein in Ez 47f. begegnet *pe'āh* 44mal (über 50% der Belege).

Der Begriff markiert Begrenzungen von Weideflächen nach den Himmelsrichtungen, für das Weideland des „Fürsten" (→ נשׂיא *nāśî'*) in Ez 45, 7 und der Levitenherden in den Levitenstädten, die Num 35, 5 auf 2000 Ellen in jede Richtung festlegt. In Ez 41, 12 beschreibt *pe'āh* die Lage des Breitraumgebäudes, das dem Tempelhaus in westl. Richtung gegenüberliegt. *pe'āh* wirkt wie eine erweiterte Präposition. Isoliert erscheint der Sprachgebrauch im Gebet Neh 9, 22, das Reiche und Völker als „Randgebiet" oder eher „Ackerecke" (zum Abernten) für die Stämme Israels klassifiziert.

4. Als term. techn. dient *pe'āh* im Kontext von Bartpflege und Frisur. Das Syntagma *qᵉṣûṣê pe'āh* „am (Haar-)Rand abgeschnittene" für arab. Beduinen in Gerichtsorakeln des Jer-Buches (Jer 9, 25; 25, 23; 49, 32) spielt auf eine arab. Haartracht an, „indem sie sich auch unter den Schläfen rasieren" (Herodot III, 8). Sie läßt sich ikonographisch belegen (Knauf 30–33).

Das H verbietet in Lev 19, 27a, den Haarrand des Kopfes zu schneiden und den Rand des Bartes zu scheren, letzteres wiederholt Lev 21, 5 ausdrücklich für Priester. Verboten werden vermutlich Haaropfer für Tote, bei denen das Kopfhaar geschnitten wurde (vgl. Elliger, HAT I/4, 261). Im Aussatzgesetz Lev 13f. erklärt 13, 41 den Haarausfall am Rand des Gesichtes (Geheimratsecken/Stirnglatze) als nicht unrein. Im Gerichtswort Jer 48, 15 (kombiniert aus Num 21, 28 und 24, 17) frißt Feuer die *pe'āh* Moabs, der Parallelismus mit *qŏḏqoḏ* 'Scheitel' läßt an die vom Haarrand bedeckte Schläfe denken, synonym zu *raqqāh*. Die Dualform in Num 24, 17 erhärtet die Bedeutung „Schläfe". Die alten Versionen LXX, V, Targ und S weisen mit „Herrschern Moabs" auf metaphorischen Gebrauch.

5. Qumran hat *pe'āh* nur in 1 QM 11, 6 (Zitat aus Num 24, 17). Ein später Reflex der „Schläfen Moabs" findet sich im hebr. Sir 33, 12a (36, 12a) *r'š p'tj mw'b* (jedoch lesen LXX, V und Bm *'wjb* 'Feind' anstelle von *mw'b*).

6. Der Mischnatraktat Pē'āh legt die „Ackerecke" auf $^1/_{60}$ als Mindestmaß von Gewächsen, die als Nahrung dienen (Getreide, Hülsenfrüchte, Gemüse, Zwiebeln), und Bäumen (Obstbäume, Weinstock, Nutzholz), fest. Nachlese, Vergessenes, Armenzehnt und *pe'āh* sind rabbin. Institutionen der Armenpflege. Diese Abgaben werden vom Besitzer überlassen oder verteilt, wenn sie schwieriger zu ernten sind (bei Weintrauben, Nüssen und Datteln).

7. Die LXX kennt für *pe'āh* unterschiedlichste Wiedergaben, die sich nicht konsequent auf einzelne Bücher verteilen lassen. Die Entsprechungen sind der Pl. von μέρος 'Gegend, Gebietsteil', κλίτος 'Seite' (LXX-Sondervokabel?), θερισμός 'Ernte' (in Lev 19, 9 Äquivalent für „Ackerecke" – eine Übersetzung versucht Lev 23, 22: τὸ λοιπὸν τοῦ θερισμοῦ). Im Kontext Himmelsrichtungen wird *pe'āh* präpositionell übersetzt (πρὸς, ἀπὸ, ἕως, κατὰ, ὡς) oder bleibt ganz unberücksichtigt oder durch Artikel (vor allem Ez 47 und 48) ausgedrückt. Sonderfälle bleiben εἴσοδος (Ez 47, 20), ἀρχηγός (verderbt?); κατέναντι φυλῆς (Am 3, 12). Im Kontext von Bartpflege und Frisur benutzt die LXX ὄψις (Lev 19, 27; 21, 5) und κόμη (Lev 19, 27).

Angerstorfer

פאר *p'r*

תִּפְאֶרֶת *tip̄'æræṯ*, פְּאֵר *pᵉ'er*

I. Vorkommen im AT – II. Verwendung im AT – 1. Profaner Gebrauch – 2. Ehre des einzelnen bzw. des Volkes – 3. Theologischer Gebrauch – III. Sir und Qumran – IV. LXX.

Lit.: *E. E. Platt*, Jewelry of Bible Times and the Catalogue of Isa 3:18–23 (AUSSt 17, 1979, 71–84. 189–201). – *D. Vetter*, פאר *p'r* pi. verherrlichen (THAT II 387–389). – *W. Zimmerli*, Zur Sprache Tritojesajas (ThB 19, 1963, 217–233, bes. 226ff.).

I. Das Verbum *p'r* begegnet 6mal im *pi* (Jes 55, 5; 60, 7. 9. 13; Ps 149, 4; Esra 7, 27) und 7mal im *hitp*

(Ex 8, 5; Ri 7, 2; Jes 10, 15; 44, 23; 49, 3; 60, 21; 61, 3 – dazu noch Sir 48, 4; 50, 20). Ebenfalls 7mal findet sich das Nomen *pe'er* (Ex 39, 28; Jes 3, 20; 61, 3. 10; Ez 24, 17. 23; 44, 18). Ungleich häufiger wird mit 51mal das Nomen *tip'æræṯ/tip'ārāh* gebraucht, so daß bei diesem der eigentliche Schwerpunkt liegt. Dazu kommen noch 23 sichere und 4 unklare Belege in Qumran.
Direkte Entsprechungen zu den Sprachen der Umwelt liegen nicht vor (zur Problematik möglicher Etymologien vgl. die bei Vetter 387 genannte Lit.).

II. 1. Besonders ausgeprägt zeigt sich der profane Gebrauch beim Nomen *pe'er*. Es steht jeweils als Bezeichnung für eine Kopfbedeckung (Turban?), wobei Ex 39, 28 die Kopfbedeckung Aarons und seiner Söhne meint; ähnlich auch Ez 44, 18 (Kopfbedekkung der levitischen Priester). Ansonsten wird *pe'er* gebraucht zur Bezeichnung der Kopfbedeckung für den Bräutigam (Jes 61, 10), für die Frau (Jes 3, 20) bzw. von Menschen überhaupt (Jes 61, 3 – mehr dazu unter II. 3.; ferner Ez 24, 17. 23).
Auf die Kleidung Aarons bzw. seiner Söhne bezogen sind auch Ex 28, 2. 40 mit *tip'æræṯ* in Verbindung mit *kbd*. Beide Male wird zum Ausdruck gebracht, daß die Kleidung der Betreffenden diesen zum Ruhm / zur Zierde gereicht. Es geht dann aber möglicherweise doch darum, daß Ehre und Herrlichkeit des Heiligtums betont werden sollen (vgl. F. Michaeli, CAT II 249). Est 1, 4 werden die Pracht und Herrlichkeit des Königs Ahasver angesprochen. Ez 23, 26. 42 nennen den Schmuck der Huren Ohola und Oholiba. Jer 13, 20 bestimmt eine Herde näher als prächtig, während Jes 44, 13 als „eine Pracht von einem Menschen" interpretiert werden kann (Elliger, BK XI/1, 429). In Ez 24, 25 dient *tip'æræṯ* der Verstärkung von *meśôś* und hat so keine spezielle Eigenaussage.
Abgesehen von Spr 28, 12 wird *tip'æræṯ* in den Spr immer profan gebraucht und bringt zum Ausdruck, was dem Menschen zur Ehre gereicht. So ist das graue Haar der Schmuck des Alters (16, 31; vgl. 20, 29 b), die Weisheit dient allgemein als Schmuck (4, 9), der Stolz der Kinder sind ihre Väter (17, 6), die Jungen haben Ehre durch ihre Kraft (20, 29), und es dient den Menschen allgemein zu ihrer Ehre, wenn sie Unbill übersehen (9, 11). Nach Ri 4, 9 wird Barak keinen Ruhm erfahren, wenn Debora mit in den Kampf zieht. Jes 10, 15 erkundet in einer rhetorischen Frage, ob sich die Axt „rühmt" gegenüber dem, der mit ihr schlägt.
Aus dem bisherigen Rahmen fällt Ex 8, 5 mit *hitpā'er 'ālaj*. Unklar ist, ob es sich hier um eine Höflichkeitsformulierung handelt (vgl. dazu B. S. Childs, The Book of Exodus, OTL, 128; Vetter 387), oder ob es um die Anerkennung der Höherstellung des Pharao durch Mose geht (Michaeli, CAT II 72), die dann aber vielleicht auch als ironisch zu werten ist.
2. Die folgenden Texte haben jeweils im Blick den Ruhm bzw. den sich daraus ergebenden Stolz und Hochmut einzelner Völker oder eines Königs. Letzterer wird angesprochen in Jes 10, 12 mit der Kritik am Prahlen des assyr. Königs. Jes 13, 19 nennt Babel als Zier der Königreiche (zur Problematik der Erwähnung Babels an dieser Stelle vgl. Wildberger, BK X/2, 507 f.). Jes 20, 5 tadelt den Stolz auf den Verbündeten Ägypten; Jes 28, 1. 4 sprechen den Stolz Efraims an, der zunichte gemacht wird. Dieser Aussage wird in v. 5 f. in einem Zusatz kontrastierend gegenübergestellt, daß JHWH dem Rest seines Volkes (Efraim?) zur herrlichen Krone, also zur Ehre sein wird. Insgesamt ist wohl festzuhalten, daß alle hier genannten Texte aus dem Jesajabuch nicht auf den Propheten selbst zurückgehen (vgl. Wildberger, BK X/1, 402). Um den Selbstruhm Israels geht es in Ri 7, 2, dem kritisch gewehrt wird. Dem Stolz Jerusalems wird entgegengetreten, indem nach Sach 12, 7 in der Heilszeit zunächst Juda geholfen wird, dann erst Jerusalem selbst. Jer 48, 17 zeigt auf, daß durch das Eingreifen JHWHs der Ruhm Moabs zunichte gemacht wird. Um die Ehre des Tempels durch eine besonders prächtige Ausstattung geht es in 1 Chr 22, 5; 2 Chr 3, 6; Esra 7, 27.
3. Im theologisch orientierten Bereich fallen zwei Aspekte auf. Zum einen wird die Ehre angesprochen, die JHWH einer Größe verleiht, zum anderen geht es um den Ruhm/die Ehre, die JHWH selber hat. Dtn 26, 19 erwähnt JHWHs Zusage, Israel über alle Völker zu erhöhen in Blick auf Lob (*tehillāh*), Ehre (*šem*) und Herrlichkeit/Ruhm (*tip'æræṯ*). Ebenfalls an das ganze Volk denkt der (alte?, so H. Schmidt, HAT I/15, 257) Text Ps 149, 4, der vom Wohlgefallen JHWHs an seinem Volk spricht und davon, daß er es mit Sieg krönen und ihm Ehre verschaffen will (*jepā'er*). Interesse an Jerusalem zeigen Jes 52, 1; Jer 33, 9; Ez 16, 12. 17 mit jeweils unterschiedlicher Ausrichtung. Nach Jer 33, 9 wird die Stadt aufgrund des Heilshandelns JHWHs den Völkern Anlaß geben zu Ehre, Lob und Ruhm (vgl. Dtn 26, 19). In einem Gerichtswort über das untreue Jerusalem erinnert JHWH daran, wie er es mit Schmuck versehen hat, u. a. mit einer herrlichen Krone (*'aṭæræṯ tip'æræṯ* Ez 16, 12). Diesen Schmuck entfernte Jerusalem in seiner Untreue, um daraus Kultobjekte herzustellen (Ez 16, 17). Ebenfalls vom Schmuck Jerusalems spricht Jes 52, 1 mit der Aufforderung, aufgrund des begonnenen Heils Prachtgewänder (*biḡdê tip'artek*) anzulegen (vom Kontext her ähnlich auch Jes 61, 3). Um die Herrlichkeit Zions geht es ebenso in Jes 60, 7. 9. 19. 21; 62, 3, hier aber schon mit Blick darauf, daß es bei der Verherrlichung Zions bzw. des Tempels (Jes 60, 7) letztlich doch um die Herrlichkeit bzw. den Ruhm JHWHs geht, wie Jes 60, 21 deutlich macht (vgl. auch Jes 62, 3, wo Jerusalem beschrieben wird als ein prächtiges Schmuckstück, an dem JHWH seine Freude hat; auf die Parallele zu Babylon verweist Westermann [ATD 19, 298] mit einem Hinweis auf Stummer).
Ganz an der Ehre JHWHs orientiert sind die übrigen Texte. Gepriesen wird die Herrlichkeit JHWHs in Ps

71, 8 (t^e*hillāh* und *tip'artæḵā*) im Rückblick auf JHWHs Heilshandeln im Kontext der Klage; ebenso in Ps 96, 6, wo *tip'æræṯ* im Zusammenhang mit *'oz*, *hāḏār* und *hôḏ* begegnet. Hier ist möglicherweise ein Hinweis zu sehen auf JHWHs Theophanie und ihre kultische Repräsentation (Anderson, Psalms II, NCeB, 683).

Das Lob der Herrlichkeit JHWHs steht auch in 1 Chr 29, 11. 13 im Vordergrund, wobei in v. 11 neben *tip'æræṯ* von g^e*ḏullāh*, g^e*ḇurāh*, *neṣaḥ* und *hôḏ* gesprochen wird, während v. 13 *šem tip'artæḵā* nennt. Im Rahmen eines Geschichtsrückblicks weist Ps 78, 61 darauf hin, daß JHWH seine Ehre der Gefangenschaft preisgibt – zu denken ist wohl an die Gefangennahme der Bundeslade durch die Philister. Es begegnet wiederum *'oz* im Wortfeld, so daß der par. membr. es nahelegt, *tip'æræṯ* hier eher im Sinn von Stärke zu verstehen. Die gleiche Kombination findet sich auch in Ps 89, 18, so daß auch hier wieder von der Macht und Stärke gesprochen werden sollte, die JHWH für sein Volk ist. Nach Jer 13, 11 wünscht sich JHWH die (dann aber doch nicht erfolgende) Zuwendung des Volkes ihm zu Ehre, Lob und Ruhm (*šem*, t^e*hillāh*, *tip'æræṯ*).

Jeweils im *hitp* wird *p'r* mit JHWH als Subjekt verwendet in Jes 44, 23 und 49, 3. Beide Male wird die Selbstverherrlichung JHWHs zum Ausdruck gebracht, die nach Jes 44, 23 durch die Erlösung Israels geschieht (nach Elliger, BK XI/1, 452, ist hier aufgrund des Imperfekts von einem fortdauernden Handeln auszugehen) und nach Jes 49, 3 durch den Gottesknecht.

Anders als in den bisherigen Texten ist die theologische Orientierung in Spr 28, 12 insofern, als es dort weder um die Verherrlichung JHWHs noch um die des Volkes bzw. Zions geht, sondern es wird von der großen Freude *rabbāh tip'æræṯ* (wohl eher als „große Ehre") gesprochen, die angesichts des Triumphierens der *ṣaddîqîm* sich ergibt im Gegenüber zum Sich-Verstecken der Leute angesichts des Arrivierens der Gottlosen.

Es zeigt sich deutlich, daß der Schwerpunkt der theologisch orientierten Belege in der exil.-nachexil. Zeit liegt mit besonderem Gewicht auf den Texten Deutero- und Tritojesajas. Auch ergibt sich im Blick auf die Textsorten eine Häufung der Belege in Lobliedern und Heilszusagen, so daß festgehalten werden kann, daß die Wurzel *p'r* besonders dort verwendet wird, wo es um das heilvolle Handeln JHWHs an seinem Volk geht und JHWHs Ehre bzw. Herrlichkeit angesichts dieses Handelns zum Ausdruck gebracht werden soll, auch letztlich da, wo der Ruhm Israels bzw. Zions Subjekt von *p'r* ist.

III. Es fällt auf, daß bei Sir außer in 38, 6 nirgends die Ehre JHWHs mit *p'r* angesprochen ist. Vielmehr wird die Wurzel jeweils dann gebraucht, wenn es um die Ehre von Menschen geht: Diese besteht nach 9, 16; 10, 22 in der Gottesfurcht bzw. nach 31, 10 (= 34, 10 LXX) darin, nicht vom rechten Weg abzuweichen. Genannt werden die Ehre Adams (49, 16; hierin ist vielleicht auch „ein Stück Mitteilung der Herrlichkeit des Höchsten" zu sehen, J. Marböck, Weisheit im Wandel, BBB 37, 1971, 148), Josefs (v. 15) und der durch David zerbrochene Stolz Goliats (47, 4) sowie der Ruhm der Väter (44, 7). Vor Hochmut wird gewarnt in 11, 4 (so nach Handschrift B); 38, 15. Stolz darf hingegen sein, wer so ist wie Elija (48, 4). In Verbindung mit *'^{a}ṭæræṯ* begegnet *tip'æræṯ* in 6, 31 als Bezeichnung der Weisheit. Zur Charakterisierung der Priesterkleidung dienen 45, 8; 50, 11, während 50, 20 davon spricht, daß sich der Priester nach dem Vollzug des Segens als herrlich erwies (genauer dazu O. Rickenbacher, Weisheitsperikopen bei Ben Sira, OBO 1, 1973, 98). Auf die Ehre Gottes direkt bezogen ist allein 38, 6, wonach Gott dem Menschen Einsicht gab, um sich durch seine Stärke zu verherrlichen.

In Qumran wird die Wurzel *p'r* vorwiegend in theologischen Zusammenhängen gebraucht. Lediglich in 1 QH 8, 22 (vgl. 4 Q 501, 1, 5; 11 QPs^a 22, 4) wird im Zusammenhang eines Schöpfungslobes vom Gezweig (?) der Bäume gesprochen und dieses mit *p'r* näher beschrieben, wohl um die besondere Schönheit der Zweige zum Ausdruck zu bringen; und 1 QM 7, 11 beschreibt die Priesterkleidung bei einer Schlacht und nennt dabei *prj* als einen Kleidungsteil, der wohl als Turban zu verstehen ist.

In den anderen Texten geht es besonders um die Herrlichkeit Gottes bzw. um seinen Ruhm, so 1 QS 10, 12 (mit *qdš* und *kbd* im Wortfeld); 1 QS 11, 15; 4 Q 511, 1, 4; 11 QPs^a 22, 5f. (mit *ṣdq* im Wortfeld); 1 QM 14, 13, wo wohl *tp* durch *'rtkh* zu ergänzen ist; 1 QSb 5, 19 in Verbindung mit *hdr*. Zum letztgenannten Text ist besonders zu vergleichen: 1 Q 19: 13, 2, wo *tip'æræṯ* gebraucht wird im Umfeld von *hdr* und *kbd*. Gottes Ruhm liegt auf Ländern und Meeren (11 QPs^a 18, 7), und ins Angesicht derer hinein, die sein Volk hassen, wird er seinen Ruhm vergrößern (4 Q 160, 3–4, II, 4). 4 QŠîr^a 1, 2 preist den Gott der Erkenntnis, den Glanz seiner Macht, Gott der Götter, Herrn der Heiligen. Der Weise versteht sich als Verkünder der göttlichen Herrlichkeit (4 Q 510, 1, 4; vgl. 11 QPs^a 18, 1).

Um den Ruhm (*kbd*) des Gottesvolkes, Zions, der heiligen Stadt und *bêṯ tip'artæḵāh* geht es in 4 QDib Ham 4, 12 (vgl. Hag 2, 7–9). Zu fragen ist, ob die uns interessierende Wendung als Hinweis auf den Tempel zu verstehen ist oder wie „heilige Stadt" als Apposition zu Zion (so M. Baillet, RB 68, 1961, 224). Die sprachliche Gestaltung legt die Interpretation als Apposition wohl doch näher. Entscheidend jedoch ist, daß bei diesem Vers die Wurzel *p'r* wiederum verwendet wird, um die Schönheit bzw. Herrlichkeit einer zu JHWH gehörenden Größe zu beschreiben. Gleiches gilt auch von 1 QH 13, 17, wo innerhalb eines Lobpreises Gott gerühmt wird, daß er einen Mann herrlich ausstattet (Verbum im *pi*) mit Pracht. CD 6, 7 beschreibt den Ruhm der Bekehrten Israels. Die Gemeinde verbindet durchaus ihr Selbstver-

ständnis mit der *tip'æræṯ* Gottes (11 QPs^a 22, 5). Sie versteht sich als Gemeinde, die seine Majestät verkündet (18, 2) und damit den wahren Kultdienst leistet (18, 7f.). Sie weiß darum, daß Gott dem, der ihm die Ehre gibt, seine Gunst schenkt (18, 14). Schließlich werden Generationen von Frommen Gottes *tip'æræṯ* sein (22, 4). Es ist im Überblick erstaunlich, den sonst wenig zu beobachtenden Gedanken der Verkündigung bes. dicht im Umkreis der Wurzel *p'r* angesiedelt zu finden.
Als unklare Stellen, die deshalb für diese Untersuchung nicht aussagekräftig sind, müssen noch 1 QH 4, 1; 1 QM 14, 13 und 1 Q 16, 3, 4 genannt werden.

IV. Ein Blick auf die LXX zeigt die Vielschichtigkeit der Wurzel *p'r* auf. Eine Fülle von Übersetzungsvarianten begegnet, in deren Vordergrund Ableitungen von δόξα zu finden sind.

Hausmann

פִּגּוּל *piggûl*

I. 1. Etymologie – 2. Belege – II. 1. Lev 7, 18 und 19, 7 – 2. *b^eśar piggûl* Ez 4, 14 – 3. *m^eraq piggulîm* Jes 65, 4 – III. 1. LXX – 2. Qumran.

Lit.: *M. Görg*, Piggul und pilaegaeš – Experimente zur Etymologie (BN 10, 1979, 7–11). – *B. Levine*, *Piggûl* (EMiqr 4, 1971, 435f.). – *W. Paschen*, Rein und Unrein. Untersuchung zur biblischen Wortgeschichte (StANT 24, 1970).

I. 1. Die Etymologie des Wortes *piggûl* ist unbekannt. W. Gesenius (Thesaurus 1090b) weist darauf hin, daß man einerseits arab. *faǧala* „cibus foedus fuit" (vgl. Lane 2342c–2343a; nach KBL³ 860 *faǧula* „schlaff, welk sein") und andererseits äth. *faḥala* (von A. Dillmann, LexLingÄth 1347 bereits verworfen) zum Vergleich heranzieht. J. Barth (Wurzeluntersuchungen 36f.) nennt arab. *ǧafala* (mit Metathese) „Mist von sich geben" als etymologische Parallele. M. Görg hat den interessanten Versuch unternommen, einerseits auf akk. *bugurru* (bzw. *buqurru* oder *pug/qurru*) hinzuweisen, das nach CAD II 307a ein „edible organ of a sacrificial animal", nach AHw 136b „ein Fleischstück" bedeutet, andererseits auf äg. *grg* ʿLüge' (WbÄS V 189f.), das „allem Anschein nach nicht nur die gesprochene Unwahrheit, sondern auch das Unrechte, Abscheuliche, Verkehrte überhaupt" (Görg 9) bedeuten kann. Mit Artikel versehen könnte *pꜣ grg* mit hebr. *piggûl* verglichen werden. Man wird die von Görg (10) aufgestellte Vermutung nicht von der Hand weisen, daß vielleicht „eine lautliche und semantische Kontamination stattgefunden hat, d. h. ein aus dem Ägyptischen entlehnter Ausdruck zur Bezeichnung eines unrechten bzw. verabscheuungswürdigen Sachverhalts wäre mit einem an sich neutralen Terminus für ein bestimmtes Opferstück wegen seiner lautlichen Ähnlichkeit und trotz seiner semitischen Herkunft und semantischen Andersartigkeit verknüpft worden". E. König (Wb 356) vermutet, daß die ursprüngliche Bedeutung Auflösung = Verwesung (Ez 4, 14) gewesen sei und daß später das Wort als abstractum pro concreto i.S.v. „verwestes Fleisch" gebraucht wurde.
Ein vom Subst. denominiertes Verbum *pgl* findet sich im Mhebr. im *pi* und im Jüd.-Aram. und Samar. im *paʿel* i.S.v. „ein Opfer über die vorgeschriebene Frist hinaus zum Genuß bestimmen und dadurch verwerflich machen" (KBL³ 860).

2. Die Nominalbildung *piggûl* findet sich im Sing. 3mal (Lev 7, 18; 19, 7; Ez 4, 14) und 1mal im Pl. (Jes 65, 4).

II. 1. K. Elliger (HAT I/4 z.St.) übersetzt *piggûl* Lev 7, 18 und 19, 7 mit „Unflat", W. Kornfeld (NEB z.St. nach EÜ) dagegen mit „untauglich". Nach den beiden Lev-Stellen handelt es sich um Fleisch von Heilsmahlopfern (*zæḇaḥ š^elāmîm*), das erst am dritten Tag gegessen wird. Aber daraus zu entnehmen, daß damit die Grundbedeutung des Wortes *piggûl* erkannt ist, wie das GesB 632 tut, dürfte ein Trugschluß sein. In Lev ist nur der besondere Fall geschildert, der das Opferfleisch zum Greuel werden läßt. Gemeint ist das am dritten Tag noch nicht verzehrte Opferfleisch, dessen Heiligkeit von da ab in gefährliche Unreinheit umschlägt und das deshalb verbrannt werden muß (Lev 7, 17).
2. Die Aufforderung JHWHs an Ezechiel (4, 9ff.), Brot aus verschiedenartigen Hülsenfrüchten (vgl. das Verbot Lev 19, 19 und Dtn 22, 9) auf Menschenkot zu backen, weist der Prophet entrüstet zurück, mit dem Hinweis, daß er zeitlebens noch nie von verendeten (*n^eḇelāh*) oder zerrissenen (*ṭ^erepāh*) Tieren gegessen habe und daß niemals *b^eśar piggûl* in seinen Mund gekommen sei. W. Zimmerli (BK XIII/1, 94) läßt in der Übersetzung *piggûl* unübersetzt, weil er zu Recht vermutet, daß der Ausdruck ursprünglich eine „allgemeinere qualifizierende Bedeutung" (ebd. 127) hatte, als sie durch die Lev-Stellen nahegelegt wird.
3. In dem Abschnitt Jes 65, 1–7, der in einer Schelt- und Drohrede Fremdkulte und Götzendienst geißelt, ist davon die Rede, daß in Gärten Schlachtopfer dargebracht werden, auf Ziegeln geräuchert, und Fleisch von Schweinen gegessen wird und daß „Greuelbrühe in ihren Töpfen" ist. Der hebr. Text *ûp^eraq piggulîm k^elêhæm* ist in zweifacher Hinsicht zu verbessern: statt *p^eraq* ʿEingebrocktes, Brocken' – so Ketib – ist mit Qere 1 QJes^a, LXX, Targ und V *m^eraq* ʿBrühe, Suppe' zu lesen; und *k^elêhæm* ist kaum mit K. Elliger (Die Einheit des Tritojesaja, BWANT III/9, 32) in *makkŏltām* (nach 1 Kön 5, 25 „ihre Speise") zu verbessern, sondern man muß mit 1 QJes^a, Targ und V die Präposition *b^e* (Ausfall durch Haplographie) an den Wortanfang setzen, so daß zu übersetzen ist „und Greuelbrühe ist in ihren Töpfen". Das Ketib denkt wohl tatsächlich an Brocken von drei Tage

altem Opferfleisch (nach Lev 7, 18; 19, 7), während die „Greuelbrühe" vielleicht mit W. Robertson Smith (Die Religion der Semiten, 1899 = ND 1967, 265 Anm. 597) an die Blutsuppe der Lakedämonier in Sparta (αἱματία, vgl. Pollux 6, 57) erinnert. In jedem Falle handelt es sich um dem JHWH-Kult zuwiderlaufende Speisen.

III. 1. LXX übersetzt *piggûl* Lev 7, 18 mit μίασμα (vgl. F. Hauck, ThWNT IV 648 „kultisch-rituelle und moralische Befleckung"), Lev 19, 7 mit dem in LXX nur hier belegten Adj. ἄθυτος ʻnicht opferbarʼ. Ez 4, 14 wird *beśar piggûl* mit κρέας ἕωλον (ἕωλος ʻabgestanden, matt, schalʼ nur hier in LXX) wiedergegeben. Jes 65, 4 ist offensichtlich μεμολυμμένα Äquivalent für *piggulîm* in der etwas freien Übersetzung: „und Opferbrühe, besudelt sind (damit) alle ihre Gefäße". Targum hat mit Ausnahme von Jes 65, 4, wo *piggûl* beibehalten ist, immer mit *meraḥaq* ʻverabscheuungswürdigʼ übersetzt.

2. In den Qumranschriften findet sich *pgwl* nur 3mal, und zwar TR 47, 14. 18; 52, 18. Die Bedeutung ist etwas verallgemeinert. J. Maier übersetzt *pgwl* mit „profan" (vgl. Hieronymus in V zu Lev 19, 7 und Jes 65, 4, der an diesen Stellen auch „profanus" wählt), Y. Yadin mit „abominable". Nach TR 47, 14. 18 wird das Reinheitsgebot rigoros ausgelegt: Selbst Häute reiner Tiere dürfen für Transporte in die Heilige Stadt nur benutzt werden, wenn sie von geopferten Tieren stammen; die Häute von Tieren aus profanen Schlachtungen (*ʻwrwt zbḥj pgwljhmh*), die im Lande vorgenommen werden, gelten als verabscheuungswürdig. TR 52, 17f. wird noch einmal betont, daß reine, aber mit einem Makel behaftete Tiere zwar geschlachtet und gegessen werden dürfen, aber die Schlachtung muß mindestens 30 Ris (= ca. 4 Meilen) vom Heiligtum entfernt geschehen; denn es ist Fleisch profaner Schlachtung (*bśr pgwl*, vgl. Ez 4, 14).

D. Kellermann

פָּגַע *pāgaʻ*

פֶּגַע *pægaʻ*, מִפְגָּע *mipgāʻ*

I. At.liche Belege – II. Vorkommen und Bedeutung in den semit. Sprachen – III. Etymologie und Wortfeld im Hebr. – IV. Verwendung im AT – 1. *qal* – 2. *niph* – 3. *hiph* – V. Wiedergabe durch die LXX – VI. Derivate – 1. *pægaʻ* – 2. *mipgāʻ* – VII. PN – VIII. Qumran.

I. Das Verbum ist 46mal belegt, davon 39mal im *qal*, 1mal (Jes 47, 3) im *niph* (cj. für *qal*) und 6mal im *hiph* (falls das Ptz. in Ijob 36, 32 nicht in ein Nomen zu ändern ist). Derivate sind die Nominalformen *pægaʻ* (2mal) und *mipgāʻ* (1mal bzw. bei cj. 2mal). Ferner begegnet die Wurzel in dem theophoren PN *Paḡʻîʾel* (5mal).

II. Die Wurzel ist nur im Nordwestsemit., vor allem im aram. Sprachzweig, und im Arab. belegt: pun. und reichs-aram. *pgʻ* (*qal* ʻbegegnenʼ; *pi* ʻerfüllenʼ? [Gelübde]; vgl. DISO 225); syr. *pegaʻ* (immer mit der Präp. *b*) ʻbegegnen (einer Person); ankommen (Ort); stoßen auf; befallen mit, zustoßen (Krankheit, Unglück); angreifen, bekämpfenʼ; mhebr. *pāgaʻ* (nach J. Levy, WTM IV 7) „anstoßen, zusammentreffen, insbes. oft feindlich anfallen"; *niph* „befallen, betroffen werden; insbes. oft: von Plagegeistern, Dämonen heimgesucht werden"; jüd.-aram. *pegaʻ* „begegnen, zusammentreffen" (Levy); arab. *faǧaʻa* ʻin Leiden und Kummer stürzen, heimsuchenʼ; II ʻquälen, peinigen, bekümmernʼ (Wehr 624). Daneben existiert die verwandte Wurzel *faǧaʾa*, die mehr den Aspekt des überraschenden Angriffs betont und die syr. *pegaʻ* sowie mhebr. *pāgaʻ* bedeutungsmäßig nähersteht: I + III ʻplötzlich, unerwartet kommenʼ (über jmd.), ʻplötzlich, unerwartet herantretenʼ (an jmd.), ʻüberraschenʼ (jmd., mit *bi*); ʻüberfallenʼ (jmd.).

Eine spezielle Bedeutung als Opferterminus eruierte G. Garbini (Terminologia sacrificiale fenicia: pgʻ: BibOr 21, 1979, 109–113) für das auf neupun. Inschriften belegte *pgʻ* (nach J. G. Février: JA 243, 1955, 60; 255, 1967, 62 ʻopfernʼ), das er wegen seiner Grundbedeutung ʻbegegnen, erreichenʼ mit der synonymen hebr. Wurzel *qrb*, die im *hiph* ʻ(ein Opfer) darbringenʼ bezeichnet, vergleicht und daher für pun. *pgʻ* im *pi* ʻdarbringenʼ annimmt.

III. Die semit. Wurzel *pgʻ* beschreibt eine auf einen Ort (Sache) oder Person gerichtete Bewegung, die zufällig (syr. *men peḡʻā*) oder beabsichtigt (dann meist vehement und überraschend; vgl. arab. *faǧʾatan* oder *fuǧāʾatan* adv. ʻunerwartet, unversehensʼ) sein kann, wobei man hinsichtlich der Absicht bzw. Wirkung noch zwischen indifferent und positiv oder negativ (feindlich) differenzieren muß. Das Aktionsverbum ʻstoßenʼ kommt der Grundbedeutung und den Anwendungsmöglichkeiten von hebr. *pāgaʻ* noch am nächsten.

Demnach kann man die Bedeutungsinhalte im Grundstamm folgendermaßen modifizieren:
1. zufällig: 1.1. indifferent: a) Ort: α) auf einen Ort stoßen = gelangen zu; β) anstoßen = grenzen an (einen Ort) – b) Person (Tier): auf jmd. stoßen = jmd. treffen, begegnen (vgl. die verwandte Wurzel *pāḡaš*). – 1.2. negativ: a) Person: aufeinander stoßen (Feinde) – b) Raubtier: niederstoßen = erschlagen (Bär als Subj.).
2. absichtlich (nur bei Personen): 2.1. negativ: a) jmd. (mit dem Schwert) niederstoßen = umbringen, töten – b) jmd. (durch Schwert oder Pest) in den Tod stoßen (Subj. Gott) – c) jmd. stoßen = anrempeln, belästigen oder fortstoßen. – 2.2. positiv: jmd. anstoßen = aufmerksam machen, ihn dazu bewegen,

etwas (zugunsten eines anderen) zu tun, d. h. jmd. eindringlich oder mit allem Nachdruck bitten.
Das Obj. wird überwiegend (wie im Syr. ausschließlich) mit *b^e^* angeschlossen.

IV. 1. *qal:* 1.1.a.α) In der Erzählung von der hl. Stätte Bet-El wird geschildert, wie Jakob unbeabsichtigt und unwissentlich an diesen Ort (*b^e^*) gelangt (Gen 28, 11).
β) *pāḡaʿ g^e^ḇûl b^e^*: Eine spezielle Bedeutung besitzt *pāḡaʿ* in Jos (15) 16–19, wo die Grenzen der Stammesgebiete (fehlt bei Juda und Benjamin) markiert sind.

Der Verlauf der Grenze (*g^e^ḇûl*) wird den topographischen Verhältnissen entsprechend sehr abwechslungsreich mit einer Reihe von Verba der Bewegung oder Ortsveränderung (*jāṣāʾ*, *hālak*, *ʿāḇar*, *ʿālāh*, *jāraḏ*, *sāḇaḇ*, *pānāh*, *tāʾar*, *šûḇ*) beschrieben (vgl. O. Bächli: ZDVP 89, 1973, 3–5), wobei auch 9mal *pāḡaʿ* Verwendung findet, wenn sie an (*b^e^*) bestimmte Orte stößt (LXX συνάψει; nur Jos 16, 7 ἐλεύσεται), nämlich wo sie Städte (Jericho 16, 7; Dabbeschet 19, 11), Berge (Tabor 19, 22; Karmel 19, 26), Flüsse (Bachtal gegenüber von Jokneam 19, 11 [da *pāḡaʿ* nur hier mit der Präp. *ʾæl* konstruiert ist, könnte diese auffällige Ausnahme durch eine Verschreibung, vielleicht aus *ponæh ʾæl* – vgl. 15, 7 – zustandegekommen sein. J. Simons, GTTOT 181. 188 Anm. 173 möchte – mit der LXX – *ûpāḡaʿ* streichen und „Dabbeschet bei (*ʾæl*) ...“ lesen]; ferner [Obj. zu *pāḡaʿ*] die Flüsse Libnat 19, 26 und Jordan 19, 34) und Stammesgebiete (Ascher 17, 10; 19, 34; Sebulon 19, 27. 34; ferner Issachar 17, 10 und Juda 19, 34) berührt.

1.1. b) Zufällig entdeckt Jakob auch Mahanajim, das „Heerlager Gottes“, wo „Engel Elohims“ auf ihn (*bô*) stoßen, ohne daß diese Begegnung als freundlich oder feindlich (wie Gen 32, 25 ff.; vgl. die entsprechende Frage Jos 5, 13) charakterisiert wird (Gen 32, 2; vgl. C. Houtman: VT 28, 1978, 37).
Nach ihren erfolglosen Verhandlungen mit dem Pharao stoßen die Listenführer zufällig auf Mose und Aaron (Ex 5, 20). Unvermutet, wenn auch von Samuel vorhergesagt, ist das Zusammentreffen Sauls mit einer Schar von Propheten in Gibea (1 Sam 10, 5). Wer zufällig das verirrte Rind oder den Esel seines Feindes findet, soll das Tier nach dem Ethos des Bundesbuches seinem Gegner zurückgeben (Ex 23, 4).

Schwierig ist der Sinn von *pāḡaʿ* in dem (nicht in den Volksklagepsalm passenden und daher wohl) sekundären und zudem textlich verderbten Vers Jes 64, 4a. KBL³ stellt es zu „antreffen, begegnen“ (so auch die LXX συναντήσεται und V *occurristi*). Dementsprechend übersetzt C. Westermann (ATD 19², 310): „Ach, träfst du auf solche, die recht tun“ und versteht (314) darunter den nachträglich eingefügten frommen Wunsch, Gott möge doch, wenn er den Himmel aufreißt und herabsteigt (63, 19), Gerechte auf Erden antreffen. GesB erschloß eine sonst nicht belegte Bedeutung „entgegenkommen, sich annehmen“ (EÜ: „Ach, kämest du doch denen entgegen, die tun, was recht ist“).

1.2. a) Das Aufeinanderstoßen zweier Feinde mag zwar zufällig sein, doch sind die negativen Folgen voraussehbar.

So darf der Bluträcher den Mörder, sobald er auf ihn (*bô*) trifft, töten (Num 35, 19. 21). Um Tod oder Gefangennahme zu entgehen, rät Rahab den israelitischen Spionen, ins Gebirge zu fliehen, damit die Verfolger nicht auf (*b^e^*) sie stoßen (Jos 2, 16).

1.2. b) Böse Folgen hat auch die Begegnung mit einem Raubtier. Unentrinnbar läuft ins Unglück, wer nach dem wohl sprichwörtlichen Vergleich Am 5, 19 vor dem Löwen flieht und dem Bär zum Opfer fällt.

Der Kontext vom unheilvollen Tag JHWHs setzt voraus, daß mit „ihn ʿstößtʾ der Bär“ weniger die versehentliche Begegnung (V *occurrat ei ursus*; GesB z. St. „auf jmd. oder etwas stoßen, jmd. antreffen“) als vielmehr der tödliche Prankenhieb gemeint ist (LXX καὶ ἐμπέσῃ αὐτῷ ἡ ἄρκος; KBL³ „jmd. anfallen“ zu schwach).

2.1. a) Mehrmals erscheint *pāḡaʿ* in der speziellen Bedeutung ʿjmd. (immer mit *b^e^*) niederstoßenʾ, d. h. mit dem Schwert töten, wie aus 1 Kön 2, 32 hervorgeht, wo die Aussage, Joab habe zwei Männer „niedergestoßen“, durch den synonymen Parallelismus „und er tötete sie mit dem Schwert“ (*wajjahargem baḥæræḇ*) präzisiert wird.

Diese Todesart meinten auch die Midianiterfürsten Sebach und Zalmunna mit ihrer Aufforderung an Josua: „Stoß uns nieder!“ (Ri 8, 21; vgl. v. 20!). Weil sich die Diener Sauls weigerten, die Priester von Nob niederzustoßen, stößt sie der Edomiter Doëg nieder (par. *mûṯ hiph*; 1 Sam 22, 17 f.). David läßt den Mann, der es wagte, Saul, den Gesalbten des Herrn, zu töten, niederstoßen (par. *wajjakkehû*; 2 Sam 1, 15). Als Salomo zur Festigung seiner Herrschaft mit seinen und Davids Gegnern abrechnet, beauftragt er Benaja, Adonija (1 Kön 2, 25), Joab (2, 29. 31. 34 *wajjipgaʿ-bô waj^e^miṯehû*) und Schimi (2, 46) den Todesstoß zu versetzen.

Im weiteren Sinn meint *pāḡaʿ* ʿjmd. erschlagenʾ (ob mit dem Schwert oder sonstwie).

Als Simson die Männer von Juda, die ihn fesseln und den Philistern ausliefern wollen, bittet, daß nicht sie ihn ʿniederstoßenʾ (V *occidatis*; EÜ „herfallen über“), versprechen sie daher, ihn nicht zu „töten“ (*mûṯ hiph*; Ri 5, 12). Denselben Sinn besitzt das Verbum in Ri 18, 25, wo Micha und sein Anhang vor dem Dreinschlagen (LXX ἀπαντήσωσιν; V *veniant ad*; EÜ „herfallen über“) aufgebrachter Daniter gewarnt werden, weil sie sonst ihr „Leben einbüßten“ (*ʾāsap næpæš*).

2.1. b) Nur einmal ist Gott Subj. von *pāḡaʿ*. So befürchten die Israeliten, JHWH werde sie „durch Pest oder Schwert“ umbringen (EÜ „strafen“; LXX unpersönl. μήποτε συναντήσῃ ἡμῖν θάνατος ἢ φόνος), wenn sie nicht in die Wüste ziehen und ihm opfern (Ex 5, 3).

2.1. c) Mit *pāḡaʿ* kann auch ein feindseliges, schikanöses Verhalten zum Ausdruck gebracht werden, mit dem man versucht, jmd. ʿfertigzumachenʾ und sich seiner zu entledigen.

So erteilt Noomi Rut (2, 22) den Rat, nur mit den Mägden des Boas Ähren zu lesen, damit sie auf anderen Feldern nicht 'gestoßen' (LXX nur: „angetroffen": ἀπαντήσονταί σοι; V aber: *resistat tibi*), d. h. wohl 'angerempelt' und auf diese Weise von der Nahrungsquelle fortgestoßen oder abgedrängt wird (GesB „über jmd. herfallen, um ihm Leid anzutun"; KBL³ „eine Frau belästigen").

2.2. Im positiven Sinn meint *pāḡaʿ* jmd. 'anstoßen' oder 'in die Rippen stoßen', um seine Aufmerksamkeit zu erregen, dann nämlich, wenn man heftig oder zudringlich (Gott oder einen Menschen: mit *bᵉ*) um etwas bittet oder mit Bitten belästigt (vgl. arab. *faǧaʿa* 'plagen, heimsuchen').

Die Frevler allerdings finden es nutzlos, Gott zu dienen und mit Bitten zu bestürmen (Ijob 21, 15). Wenn das Strafgericht über das abtrünnige Volk bereits unabänderlich feststeht, dann hat es keinen Zweck mehr, daß Jeremia (7, 16) Gott noch so sehr drängt und bittet. Die falschen Propheten fordert Jeremia (27, 18) auf, die Wahrheit ihrer Worte dadurch zu erweisen, daß auf ihre inständige Bitte hin Gott nicht auch noch die 597 v. Chr. in Jerusalem verbliebenen Tempelgeräte nach Babel verschleppt werden läßt.
Abraham bittet die Bürger Hebrons, Efron dazu zu bewegen, ihm die Höhle von Machpela als Begräbnisstätte für Sara zu verkaufen (Gen 23, 8). Rut (1, 16) möchte von Noomi nicht genötigt werden, in Moab zurückzubleiben.

2. Das *niph* ist nach dem MT nicht belegt. Es dürfte nur 1mal in Jes 47, 3b vorkommen, wo das masor. *qal* *'æpgaʿ* von manchen als *niph* *'æppāḡaʿ* vokalisiert wird. Andere lesen mit der V die 3. Sing. Impf. *qal* oder schlagen eine andere Verbalwurzel (*prʿ*) vor. Da außerdem *'āḏām* kontrovers ist, kann man die vielen Konjektur- und Übersetzungsvorschläge letztlich nur vom Kontext her beurteilen.

Kap. 47, das einzige zur Gattung der Völkersprüche gehörende Gedicht bei DtJes, handelt vom Sturz Babels. Fest steht daher nur, daß nach v. 3b JHWH an der Stadt Rache nehmen wird. Das anschließende *wᵉlo' 'æpgaʿ 'āḏām* dürfte folglich eine Näherbestimmung sein. Die BHS schlägt nach V (*et non resistet mihi homo*) und Σ (καὶ οὐκ ἀντιστήσεταί μοι ἄνθρωπος) die 3. Sing. Impf. *qal jipgaʿ* vor; KBL³: „und keiner kann (mich) bittend angehen". Am überzeugendsten scheint aber das (von H. Oort, Textus Hebraici emendationes, 1900, vorgeschlagene) *niph* *'æppāḡaʿ*. Zu ihm tendiert auch KBL³: „ich will/werde mich nicht erbitten lassen" (vgl. Jer 27, 18). In diesem Sinn übersetzte L. Köhler (BZAW 37, 1923, 32): „'Ich nehme Rache unerbittlich' – sagt [*'āmar* statt *'āḏām*] unser Loskaufer" (übernommen von C. Westermann in ATD 19², 151; ähnlich B. Duhm, Das Buch Jesaja, ⁵1968, 355; G. Fohrer, Das Buch Jesaja, ZBK, 1964, 104 und EÜ).

3. Im *hiph* kann man zwei Bedeutungen unterscheiden:

a) Kausativ: 'machen, daß etwas auf jmd. stößt' oder 'etwas jmd. treffen lassen'.

So läßt JHWH den (*bᵉ*) Gottesknecht (Jes 53, 6) die Strafe für die Schuld (*ʿāwon*) Israels treffen, so daß er stellvertretend für das Volk leidet.

b) Transitives *hiph* im Sinne des *qal* (vgl. Bergsträsser, Grammatik II § 19f.): 'jmd. mit allem Nachdruck (für einen anderen) bitten', d. h. für jmd. eintreten.

Dieser andere Sinn begegnet im selben Lied (Jes 53, 12), wo der Gottesknecht für (*lᵉ*) die Schuldigen eintritt. F. Delitzsch, Jesaja, ³1879 = ⁵1984, 558 spricht hier von einem Intensivum des *qal*: „bittend anlaufen". Jeremia (15, 11) war bei (*bᵉ*) JHWH für den Feind eingetreten. Hierher gehört auch (gegen KBL³, der unterscheidet zwischen „2. eintreten für jmdn" und „3. [bittend] dringen in") Jer 36, 25, wo Elnatan, Delaja und Gemarja den König Jojakim inständig bitten (EÜ „bestürmten"), die Buchrolle nicht zu verbrennen. Das Ptz. *mapgîʿa* in Jes 59, 16 bedeutet nach dem Kontext weniger mit Worten (Delitzsch 605: „Zwischeneintretender") als mit Taten einzutreten.

Zum Ptz. Ijob 36, 32 vgl. *mipgāʿ* VI. 2.

V. Die LXX übersetzt *pāḡaʿ* im *qal* meistens (z. T. ungenau oder falsch) mit ἀπ-αντάω (14mal) und συν-αντάω (8mal). Differenzierter wird sie nur in 1 Kön 2, wo sie (4mal) ἀν-αιρέω (neben 6maligem ἀπ-αντάω! Vgl. z. B. 1 Kön 2, 31 mit v. 34) für „(mit dem Schwert) niederstoßen" (2.1.a) und in Jos 17 und 19, wo sie konsequent (7mal) συν-άπτω (1mal jedoch ἔρχομαι in Jos 16, 7) für „angrenzen" (1.1.a.β) einsetzt. Ferner verwendet sie je 1mal ἐμ-πίπτω (Am 5, 19) sowie λαλέω (Gen 23, 8) und προσέρχομαι (Jer 7, 16) (neben 3maligem ἀπ-αντάω!) für 'heftig bitten' (2.2.).

VI. 1. Das Nomen *pæḡaʿ* ist der 'Stoß' oder 'Schlag', und zwar in einem negativen Sinn, der a) zufällig sein kann, nämlich als Schicksalsschlag, Mißgeschick, Unglück oder b) beabsichtigt in Form eines feindlichen und lebensbedrohenden Angriffs (vgl. mhebr. *pæḡaʿ* „was jmdm. begegnet, Ereignis, τύχη" und *pigʿā'* „Anfall, Plage" [nach Levy 7]).

a) So werden nach Koh 9, 11 die Bemühungen und Erwartungen der Menschen oft zunichte gemacht durch die unvermuteten und unberechenbaren Faktoren Zeit und *pæḡaʿ*, d. h. Schicksalsschlag (A. Lauha, BK XIX, 1978, 172 „Geschick"; LXX ἀπάντημα), die jeden zufällig treffen können.
b) Nachdem Salomo alle politischen Gegner besiegt hatte, brauchte er keinen Feind (*śāṭān*) und keinen böswilligen Angriff (*pæḡaʿ rāʿ*) mehr zu befürchten (1 Kön 5, 18).

2. Das mit dem Präformativ *m* gebildete Derivat *mipgāʿ* ist die Stelle (*m* locale), auf die schmerzliche und unheilvolle Stöße oder Schläge treffen.

So fragt der leidgeprüfte Ijob (7, 20), warum er denn für Gott zum Angriffsziel (LXX κατεντευκτή) geworden sei. Vielleicht liegt hier die gleiche Metapher wie in 16, 12 (vgl. auch Klgl 3, 12) vor, wo sich Ijob als Zielscheibe (*maṭṭārāh*) der Zornespfeile Gottes (vgl. 6, 4; Ps 38, 3) fühlt. Dieselbe Bedeutung vermuten manche auch in dem textlich schwierigen Vers Ijob 36, 32, in dem sie das Ptz. *hiph mapgîʿaʿ* in *mipgāʿ* ändern.

Die Stelle meint wohl, daß Gott in seine Hände den Blitzstrahl (so *'ôr* auch in 37, 3. 15) nimmt (*niśśāh* statt *nissāh*; vgl. G. Fohrer, KAT 16, 1963, 479) und ihm (*'ālājw* statt *'ālæhā*) befiehlt, sein „Ziel" zu treffen (vgl. Weish 5, 21; Bar 6, 62). Die Vorstellung, JHWH schleudere die Blitze gegen seine Feinde, ist im AT sonst nicht belegt und dürfte auch hier wegen der kausativen Bedeutung des *hiph* ('stoßen/treffen lassen') nicht in Frage kommen.

VII. Die Wurzel *pg'* begegnet auch in dem theophoren PN *Paḡ'î'el* (LXX Φαγαιηλ). So heißt in Num 1, 13; 2, 27; 7, 72. 77; 10, 26 der Anführer (*nāśî'*) des Stammes Ascher.

Vermutlich ist dieses Verbum auch Bestandteil des theophoren PN *Pg'qws* (so Albright, BASOR 82, 1941, 13; Lesung unsicher), der zweimal (Nr. 5 und 9) auf einem paläographisch in das 6. Jh. v. Chr. zu datierenden Ostrakon (Nr. 6043) aus Ezion-Geber belegt ist und von W. F. Albright (a.a.O.) als „Entreat Qaus", „Qaus is my prayer" oder „Qaus is entreated" erklärt wird. Als Kurzform *Pg'* erscheint der Name möglicherweise auf dem Samaria-Ostrakon Nr. 1, Z. 4, sowie in vier thamudischen Inschriften der pers. Periode (vgl. RNP I 177: *fāǧi'* „furchtbar"). Dem bibl. Namen *Paḡ'î'el* konnte M. Noth (IPN 254, Nr. 1128) keinen einleuchtenden Sinn abgewinnen. Eine auf arab. *fāǧi'* beruhende Deutung „El ist furchtbar" hält KBL³ für sehr fraglich und denkt eher an „der von El Erbetene". Dagegen müssen nach H. Schult (Vergleichende Studien zur alttestamentlichen Namenkunde, Diss. Bonn 1967, 114) theophore Namen nicht immer ein Gottes*lob* aussprechen, weshalb er nach arab. *faǧa'a* „in Leid und Kummer stürzen" die Bedeutung „Deus 'afflixit dolore'" vorschlägt.

VIII. In Qumran begegnet in den Hymnen einmal die Verbalform (3. fem.) *wtpg'* (1 QHfragm. 4, 16: S. Holm-Nielsen, Hodayot [Acta Theologica Danica 2], Aarhus 1960, 264 „and this affecteth Thy servant") und einmal (1 QH 17, 5) die im AT nicht belegte Nominalform *pwg'wt* (wohl in Parallele zu *n^eḡî'îm* „Plagen" in Z. 8; vgl. die christl.-paläst. suffigierte Nominalform *pgw'tj* „res adversae" [F. Schulthess, Lexicon Syropalaestinum, 1903, 154] für *magg^epoṯaj* „meine Plagen" Ex 9, 14).
In 4 Q 504, 1–2, IV, 13 (= 4 QDibHam^a 1–2, IV, 13) wird aus 1 Kön 5, 18 die Wortverbindung *'ên śāṭān w^e'ên pæḡa' rā'* (vgl. VI. 1. b) „Feind" und „böswilliger Angriff" aufgenommen und dem „Frieden und Segen" (*šlwm wbrkh*) gegenübergestellt.
Geistige und psychische Defekte führte man offenbar auf das Wirken von Dämonen zurück, da in 4 Q 510, 1, 6 (= 4 QShir^a 1, 6) die Rede ist von den „plötzlich 'Zustoßenden'" (Ptz. act. *pwg'jm*; vgl. mhebr. *p^eḡā'îm/n* oder *p^eḡô'în* „anfallende Dämonen, Plagegeister" [J. Levy, WTM IV 7]; Targ. Est II zu 1, 2 nennt neben Dämonen [*šdjm*] die *pg'jm* [St.-B. IV/1, 501 „die Anfallenden"]); vgl. auch die Verbalform *jpg'w* in 4 Q 511, 11, 4: „um zu verwirren den Geist der Einsicht, um zu verwüsten ihr Herz ...". Nach 11 QPs^a 27, 10 hatte David 4 Lieder (*šjr*) verfaßt, „zu singen über den 'Gestoßenen'" (Ptz. pass. *pgw'jm*; vgl. auch das fragmentarische *wpgw'* [ ] ebd. 4, 2 von vermutlich derselben Form und Bedeutung; ferner *hpgw'jm* in 4 Q 511, 11, 8), d. h. von bösen Geistern Besessenen oder Geschädigten (vgl. mhebr. *pāḡa' niph* „von Plagegeistern, Dämonen heimgesucht werden" [Levy]; K. Seybold, Die Psalmen, Urban TB 382, 1986, 38. 201 Anm. 3 will darunter Lieder für „'Schlag'- und Saiteninstrumente" verstehen). So wurde nach rabbinischer Tradition (Schebuoth 15 b; TJ Erubin X 26 c; TJ Schabbat VI 8 b), der wohl schon in Qumran (vgl. J. P. M. van der Ploeg, Un petit rouleau de psaumes apocryphes [11 QPsAp^a], in: Tradition und Glaube [Festgabe für K. G. Kuhn], hrsg. v. G. Jeremias, 1971 [128–139] 128 f.) zur Abwehr von Dämonen apotropäisch verwendete Ps 91 *šjr šl pg'jm/pgw'jn* genannt.

Maiberger

פָּגַר *pāḡar*

פֶּגֶר *pæḡær*

I. *pāḡar*: – 1. Grundbedeutung und Verwendung im Semitischen: – a) transitiv – b) intransitiv – 2. At.licher Gebrauch – 3. *pæḡær* in Gen 15, 11 'Gespaltenes' oder 'Teilstück'? – II. *pæḡær*: – 1. Verwendung im Semitischen: – a) lebender und toter Körper – b) nur toter Körper – 2. At.licher Gebrauch – a) pejorative Konnotation – b) Kontext Krieg und Gewalt – c) Strafgericht Gottes – 3. Qumran – 4. LXX – III. *pæḡær* in Ez 43, 7. 9 – 1. Leiche – 2. Stele – 3. Opfer.

Lit.: *M. Dietrich / O. Loretz / J. Sanmartín*, *PGR* im Ugaritischen (UF 5, 1973, 289–291). – *R. Dussaud*, Deux stèles de Ras Shamra portant une dédicace au dieu Dagon (Syr 16, 1935, 177–180). – *J. H. Ebach*, *PGR* = (Toten-)Opfer? Ein Vorschlag zum Verständnis von Ez. 43, 7. 9 (UF 3, 1971, 365–368). – *K. Galling*, Erwägungen zum Stelenheiligtum von Hazor (ZDPV 75, 1959, 1–13). – *D. Neiman*, *PGR*: A Canaanite Cult-Object in the Old Testament (JBL 67, 1948, 55–60). – *J. Obermann*, Votive Inscriptions from Ras Shamra (JAOS 61, 1941, 31–45 [bes. 38–40]).

I. 1. Die Lexeme *pāḡar* 'schlaff, müde sein' und *pæḡær* 'Leichnam' haben wahrscheinlich (gegen GesB und KBL³, die letzteres als Derivat ansehen) etymologisch nichts miteinander zu tun.

J. Obermann (39 Anm. 14) bestimmte hebr. *pāḡar* als Denominativum von semit. *pgr* „unanimated, immovable matter; a lifeless, rigid mass", das dann im Hebr., Aram. und Akk. zu 'Körper' und im Ugar. zu „a stone, heap of stones, altar" geworden sei, und leitete daher für das *pi* die Bedeutung „to be petrified" ab.

Die Grundbedeutung von *pāḡar* könnte vielleicht das Arab. erhellen. Hier bedeutet *faǧara* 'spalten' (Lane 2340); davon abgeleitet ist z. B. *faǧr*, der 'Durch-

bruch' des Lichts = 'Morgenröte' oder 'Tagesanbruch'; vgl. auch asarab. *fgr* 'Wasser freien Lauf geben' (Biella 400). Im intransitiven Sinn ist mit *faǧara* ein moralischer 'Dammbruch' gemeint, 'unmoralisch handeln, sündigen, ausschweifend leben' (Wehr, ArabWb 623). Beide Aktionsarten sind auch für das Jüd.-Aram. und Mhebr. belegt.
Transitiv ist *p^e^ḡar* 'zerstören, niederreißen' (WTM IV 7f.) (vgl. *pa/iḡrāʾ* 'Schaden, Verlust', was etymol. nichts mit *pa/iḡrāʾ* 'Leichnam' zu tun hat). Im Hinblick auf die Grundbedeutung 'spalten, brechen' ist dann mit dem Intransitivum urspr. der körperliche, aber auch der geistige und moralische Zusammenbruch gemeint. Im letzteren Sinn ist wohl jüd.-aram. *p^e^ḡar* 'ohne Beschäftigung sein, müßiggehen' (WTM IV 8) aufzufassen; vgl. syr. *b^e^ḡar* 'schwach, kraftlos, hinfällig, ausgemergelt sein'.

Das in Deir ʿAlla in fragmentar. Zusammenhang (Combination V, Fragm. c:3) belegte *tpgr* (3.fem.sing.impf. *paʿel*?) könnte nach ATDA 307 (vgl. 175 und 256f.) „to be weak, to be faint (?)" bedeuten.

2. Diesen Sinn besitzt auch das nur im *pi* 2mal (1 Sam 30, 10. 21) belegte hebr. Verbum *pāḡar*: Als David die Amalekiter verfolgte, blieben zweihundert Mann am Bach Besor zurück, weil sie zu 'geschwächt' oder 'erschöpft' waren (*pigg^e^rû*, intrans., vgl. Jenni, Das hebr. Piʿel 52. 54), um dem Feind noch weiter nachzusetzen.
3. Von dem transitiven 'spalten, brechen' ist wahrscheinlich das Nomen *pæḡær* in Gen 15, 11 abgeleitet, das dann im Sinne von 'Gespaltenes' oder 'Teilstück' zu verstehen wäre.

Dafür sprächen der Kontext und die Tatsache, daß *pæḡær* sonst immer nur von menschlichen Leichen (gegen KBL³ 861: „b) von Tieren Gn 15, 11") verwendet wird. Abram „zerschneidet" oder „teilt" (*waj^e^ḇatter*) die Opfertiere und legt die Teile (*bæṯær*) einander gegenüber. Wenn es dann heißt, Raubvögel seien auf die *p^e^ḡārîm* herabgestoßen, so dürfte mit diesem Terminus im Hinblick auf den besonderen Ritus (vgl. Jer 34, 18) eher auf den Begriff 'Teilstücke' (*pæḡær* wäre dann Synonym zu *bæṯær*) abgehoben werden (die LXX fügt daher wohl zu τὰ σώματα das erläuternde τὰ διχοτομήματα αὐτῶν hinzu; EÜ „Fleischstücke") als auf den in diesem Zusammenhang belanglosen Aspekt des 'Leichnams' (V *cadavera*!).

II. 1. Das isolierte Nomen *pæḡær* 'Körper' begegnet im NO- und NW-Semit., ist jedoch im SW-Semit. (Arab., Äth.) nicht belegt.
a) Im Akk. (vgl. AHw 809) bezeichnet *pagru(m)* 'Körper, Leib' sowohl den lebenden (aber nur bei Menschen; *pagru* steht ababyl. auch für das Reflexivpron. 'selbst') als auch den toten Körper, und zwar von Menschen ('Leichnam') wie von Tieren ('Kadaver, Aas'). Den weitesten Anwendungsbereich besitzt das Lexem im Syr. (vgl. R. Payne Smith, Thesaurus Syriacus, 3033f.), das zudem eine Reihe von Ableitungen gebildet hat (z. B. *eṯpaggar* „incarnatus est"). So gebraucht S im AT *paḡrāʾ* vornehmlich vom toten Leib der Menschen (*g^e^wijjāh* 1 Sam 31, 12) und Tiere (*n^e^ḇelāh* Lev 7, 24; 11, 8. 11. 24. 25. 27). Im Mand. wird *pagra* aufgrund der auf dualistischen Vorstellungen beruhenden Abwertung des Leibes (Kerker der Seele) meist im Sinne des Materiellen und Sterblichen verwendet (vgl. MdD 359).
b) Demgegenüber wird im Alt-Aram., Reichs-Aram. und Palmyr. *pgr* nur für den toten Körper (vgl. DISO 225) gebraucht. In zwei Staatsvertragstexten aus Sfire taucht zweimal (KAI 222 B 30; 223 B 11) im Zusammenhang eines kriegerischen Ereignisses die formelhafte Wendung *pgr ... ʿl pgr* „Leichnam ... auf Leichnam" (Kontext gestört) auf. Auch im Jüd.-Aram. (vgl. WTM IV 8) bedeutet *pa/iḡrāʾ* nur 'Leichnam'. Das gleiche gilt für hebr. und mhebr. *pæḡær*. Vermutlich ist hier mit einem ähnlichen Bedeutungswandel zu rechnen wie bei dt. 'Leiche' und 'Leichnam', die urspr. den lebendigen 'Körper' (vgl. 'Fronleichnam') bezeichneten.
2. Für „Körper" verwendet das Hebr. → גויה *g^e^wijjāh*, womit jedoch (wie akk. *pagru*) nur bei Menschen (Gen 47, 18; Neh 9, 37) und himmlischen Wesen (Ez 1, 11. 23; Dan 10, 6) der lebendige Leib bezeichnet wird, der tote aber bei Menschen (1 Sam 31, 10. 12; vgl. *gûp̄āh* par. 1 Chr 10, 12) und Tieren (vgl. Ri 14, 8f.; dort auch *mappæləṯ* für Tierkadaver). Dagegen meint → נבלה *n^e^ḇelāh* nur den toten Leib von Mensch und Tier.
a) Demgegenüber bezieht sich *pæḡær* immer nur auf den Leichnam eines Menschen, wobei an allen (18) Stellen der Tod immer gewaltsam herbeigeführt wurde, so daß im Hebr. diesem Begriff eine pejorative Konnotation anhaftet.

So steht *pæḡær* (als coll.) oder *p^e^ḡārîm* mehrmals in Par. zu „Erschlagenen" (*h^a^ruḡîm* Jes 14, 19), „Durchbohrten" (*ḥ^a^lālîm* Jes 34, 3; Jer 41, 9; Ez 6, 5; Nah 3, 3) oder in Verbindung mit dem Verbum „erschlagen" (*nkh hiph*: 2 Kön 19, 35 = Jes 37, 36; Jer 33, 5; 41, 9).
Es handelt sich daher um entstellte und entehrte Leichen, die ohne Begräbnis einfach „hingeworfen" (Am 8, 3; Jes 34, 3) werden (vgl. Jes 14, 19; Jer 36, 30), so daß ihr Gestank aufsteigt (Jes 34, 3), oder die man, statt in ein Grab zu betten, kurzerhand in eine Zisterne wirft (Jer 41, 9), die man den Vögeln und wilden Tieren zum Fraß gibt (1 Sam 17, 46), die unbestattet überall herumliegen (Nah 3, 3) und die man „niedertritt" (*pæḡær mûḇās* Jes 14, 19; das von H. Wildberger, BK X/2, 533, in diesem offenbar korrumpierten Vers vermutete Bild „zerstampftes Aas" trifft wohl aufgrund der Tierleiche nicht zu), deren Anblick abscheulich ist (Jes 66, 24).

pæḡær taucht überwiegend im Kontext des Krieges auf, wobei der gewaltsame Tod meist auf dem Strafgericht Gottes beruht.
b) Von Kriegsgefallenen ist die Rede in 1 Sam 17, 46 (*pæḡær* coll. Leichen der Philister) und in 2 Chr 20, 24 (Leichen der Ammoniter, Moabiter und der Bewohner des Berglandes Seïr; das im folgenden v. 25 stehende *p^e^ḡārîm* ist nach BHS wohl *b^e^ḡāḏîm* zu lesen: V *vestes*; LXX σκῦλα). Von hinterhältig Ermordeten spricht Jer 41, 9.

Das bei der sekundären Grenzbeschreibung Jerusalems Jer 31, 40 erwähnte „Tal der Leichen" (ʿemæq happᵉḡārîm), das den topographischen Angaben zufolge im Westen oder Süden der Stadt zu suchen ist und mit dem Tal Ben-Hinnom identisch sein dürfte (nach A. Weiser, ATD 20/21⁶, 290, ist happᵉḡārîm wᵉhaddæšæn wohl eine spätere Glosse zu hāʿemæq; der ganze Satzteil fehlt in LXX), hat seinen Namen vermutlich von den beim Moloch-Opfer auf dem Tofet verbrannten (vgl. Jes 30, 33) Kinderleichen (Jer 7, 31; 19, 5; 32, 35; vgl. auch den Deutungsvorschlag von Ebach unter III. 3.), weshalb nach Jer 7, 32 (vgl. 19, 6. 11) dieses Tal künftig „Mordtal" (gêʾ hahᵃreḡāh) heißen soll und im Tofet Tote begraben werden.

c) An allen anderen Stellen erscheint pæḡær im Zusammenhang vom Strafgericht Gottes. Weil die Israeliten während der Wüstenwanderung ständig murrten, dürfen sie zur Strafe das Land der Verheißung nicht betreten, sondern ihre Leichen sollen in der Wüste „fallen" (jippᵉlû besitzt hier eine negative Konnotation [→ נפל nāpal III. 6.], Num 14, 29. 32. 33). Auch Bundesbruch und Sündenschuld werden mit dem Tod geahndet. So droht JHWH in dem sekundären (K. Elliger, HAT I/4, 377) Fluchspruch Lev 26, 30 den Götzendienern an, ihre Kulthöhen und Räucheraltäre zu vernichten und ihre Leichen auf die „Leichen ihrer Götzen" (piḡrê gillûlêkæm) zu häufen.

Da pæḡær vermutlich auch ʿDenkstele' (s. III. 2.) bedeutet (Obermann, 39 Anm. 14 übersetzt piḡrê gillûlêkæm mit „the stone-heaps of your idols"; Galling, 11: „. . . eure Stelen hingeben auf die Stelen eurer Götzen"; W. Kornfeld, Levitikus, NEB, 107 versteht darunter „die zerbrochenen Statuen und Bilder"), könnte hier nach M. Noth (ATD 6², 175) mit der Doppeldeutigkeit dieses Begriffes gespielt sein; doch liegt ein metaphorischer Gebrauch insofern näher, als auch in Jer 16, 18 im Hinblick auf die Götzen(darstellungen) von den „Leichen" (so Elliger a.a.O.; EÜ) oder gar dem „ʿAas' (→ V 170) ihrer Scheusale" (niḇlaṭ šiqqûṣêhæm) gesprochen wird und in polemischen Texten die Götterbilder des öfteren als „tote" Gebilde verspottet werden (vgl. Ps 115, 4–8; 135, 15–18; Dtn 4, 28; Jes 44, 9–20; Dan 14, 7; Bar 6, 7–72: v. 70 „einem Toten [νεκρῷ] gleichen die Götter"; Weish 15, 5: „lebloses Gestalt eines toten Bildes" [νεκρᾶς εἰκόνος εἶδος ἄπνουν]). Auch in Ez 6, 5 droht JHWH an, die Leichen der Götzendiener ihren Idolen (gillûlêhæm) zu Füßen zu legen (wohl mit Lev 26, 30 in Verbindung zu bringender Zusatz und Doppelung zum vorhergehenden v. 4b; fehlt in LXX!).

Wegen der Sünden Jerusalems hatte JHWH in seinem Zorn und Grimm während der Belagerung der Stadt durch die Chaldäer ihre Bewohner erschlagen, so daß sich die Häuser mit Leichen füllten (Jer 33, 5). Drastisch schildert das göttliche Strafgericht auch der an die vierte Vision des Amos (8, 3) angehängte Spruch des Herrn, wonach alles voller Leichen ist und man sie überall hinwirft.
Auch in den Gerichtssprüchen über die Völker signalisiert pæḡær schreckliche Vernichtung. So werden bei dem gewaltigen Strafgericht über Edom die Leichen hinaus ins Freie geworfen, wo sie zum Himmel

stinken (Jes 34, 3), und beim Untergang Ninives ist die „Masse der Leichen" (koḇæḏ pāḡær) so groß, daß man darüber stolpert (Nah 3, 3). In dem Spottlied auf den König von Babel findet das schmachvolle und trostlose Ende des Tyrannen darin seinen Ausdruck, daß man seine Leiche unter einem Haufen Erschlagener unbestattet liegen und zertreten läßt (Jes 14, 19). Als Strafgericht Gottes für den Hochmut Sanheribs wurde auch die an ein Wunder grenzende unerwartete Vernichtung des assyr. Heeres (durch eine Seuche?) interpretiert, da der Engel des Herrn 185 000 Mann erschlug, so daß man die Feinde als „lauter Leichen" (pᵉḡārîm mᵉṯîm: Tautologie wohl zur Steigerung) fand (2 Kön 19, 35 = Jes 37, 36). Besonders grandios und eindringlich wirkt die an das Ende von Tritojesaja (66, 24) sehr spät hinzugefügte eschatologische Vision von der endgültigen Vernichtung der Feinde Gottes, deren Leichen dann draußen liegen und „ein Abscheu (derāʾôn; vgl. Dan 12, 2) für alles Fleisch" sein werden.

3. In Qumran begegnet pæḡær ganz ähnlich 4mal: nach 1 QM 11, 1 werden im endzeitlichen Kampf durch die Hand Gottes die Leichen der Feinde „zerschmettert" (rûṭṭᵉšû) und unbestattet daliegen (vgl. auch 4 QMᵃ 14–15, 9), so daß die Söhne des Lichtes ihre Kleider vom Blut der „Leichen der Schuld" (piḡrê hāʾašmāh) waschen müssen (14, 3; vgl. auch 4 QpNah 2, 6 als Kommentar zu Nah 3, 3 unter Wiederaufnahme von Am 8, 3).
4. Die LXX übersetzt pæḡær bzw. pᵉḡārîm uneinheitlich. Am häufigsten verwendet sie τὰ κῶλα (Lev 26, 30: 2mal; Num 14, 29. 32. 33; Jes 66, 24; 1 Sam 17, 46 coll. τὸ κῶλα), mehrmals auch νεκροί (Jes 34, 3; Jer 33, 5; 2 Chr 20, 24; Jes 14, 19 sing.). Zweimal sagt sie τὰ σώματα (2 Kön 19, 35 = Jes 37, 36; auch in Gen 15, 11) und je einmal πεπτωκώς (Am 8, 3) und πτῶσις (Nah 3, 3). In 2 Chr 20, 25 liest sie σκῦλα (Konj.!), wogegen die Stellen Jer 31, 40; 41, 9 und Ez 6, 5 in LXX fehlen.

III. Umstritten ist die Bedeutung von pæḡær an jener Stelle der Tempelvision Ezechiels, wo die Herrlichkeit des Herrn den neuen Tempel erfüllt und die Israeliten aufgefordert werden, diese heilige Wohnstätte JHWHs nie mehr zu verunreinigen „durch ihre Unzucht" (biznûṯām) und „durch die piḡrê ihrer Könige bāmôṯām" (43, 7). Kontrovers ist nicht nur der Sinngehalt von pᵉḡārîm, sondern auch des syntaktisch schwierigen Synsemantikums bāmôṯām.

Da mit zᵉnûṯām die Cstr.-Verbindung ûpiḡrê malkêhæm als offensichtlich äquivalenter Parallelbegriff nochmals in v. 9 aufgegriffen wird, der Zusatz bāmôṯām jedoch fehlt, scheint dies entweder eine redundante oder von v. 7 her vorausgesetzte Information zu sein (W. Zimmerli, BK XIII/2, 1072, erwägt gar, bmwtm als Dittogr. zum folgenden bttm zu streichen).
Die LXX paraphrasierte pæḡær mit καὶ ἐν τοῖς φόνοις „mit den Morden" (τῶν ἡγουμένων), weshalb G. Fohrer (HAT I/13, 243) ûḇᵉhargām für ûpiḡrê konjiziert, und las statt bāmôṯām: bᵉtôḵām ἐν μέσῳ αὐτῶν (Fohrer, der „mit ihrer Hurerei ʿund ihrem Töten' ʿin ihrer Mitte'"

übersetzt, versteht [244] unter „Unzucht“ kultische und unter „Töten“ ethische Sünden). V leitete *pæḡær* wenig sinnvoll von aram. *p^{e}ḡar* 'zerstören, niederreißen' (vgl. I.1.a) ab: *et in 'ruinis' regum suorum* und löste die syntaktische Spannung von *bmwtm*, das sie wie die Masoreten auf *bāmāh* 'Höhe' zurückführte, kopulativ: *'et' in excelsis*.

1. Die Schwierigkeit von *bāmôṯām* besteht darin, daß „Höhen(heiligtümer)“ schlecht zum Tempelbezirk passen, die Konjektur *b^{e}môṯām* „wenn sie tot sind“ aber eine überflüssige Tautologie zu *p^{e}ḡārîm* 'Leichen' darstellt (weshalb A. B. Ehrlich, Randglossen zur Hebr. Bibel V, 1912, 148 die Tilgung des Wortes als Glosse vorschlug). Die traditionelle Übersetzung „durch die 'Leichen' ihrer Könige“ führte zur Annahme, der Tempel sei dadurch entweiht worden, daß man die Gräber einiger Könige in unmittelbarer Nachbarschaft angelegt habe (wobei man an jene von Manasse 2 Kön 21, 18 = 2 Chr 33, 20 und Amon 2 Kön 21, 26 dachte), was aber weder literarisch noch archäologisch zu belegen ist.

Da *pæḡær* 'Leichnam' in Ez 43, 7. 9 keinen rechten Sinn ergibt, scheint hier ein Sekundärbegriff oder ein Homonym vorzuliegen, dessen unbekannte Bedeutung man mit Hilfe des Ugar. und Akk. herauszufinden versuchte.

2. So eruierte Neiman für das auf zwei Gedenksteininschriften aus dem Dagontempel in Ugarit belegte *pgr* (R. Dussaud: „sacrifice“; J. Obermann: „altar“, „stone-altar“) durch Vergleich dreier analoger frühphön. Votivinschriften (KAI 1; 4; 6) die Bedeutung „Stele“ (UT Nr. 2005: *pgr* „monument, stela“) und erklärt (S. 59) Ez 47, 7 mit „With the stelae of their kings (they desecrated) their high places“, da sie diese den Göttern geweihten Gedenksteine zum kultischen Inventar der *bāmāh* machten.

W. F. Albright (VTS 4, 1957, 247f.) möchte *b^{e}ḇāmôṯām* lesen und darunter „a special funerary installation separate from the royal tombs themselves“ verstehen, wo die Memorialstelen der Könige errichtet wurden. Nach Galling (ZDPV 75, 1959, 12) handelt es sich um „in meinen Mauern“ (statt *bāmôṯām* schlägt er *b^{e}ḥômoṯaj* [vgl. Jes 56, 5] vor, was besser zum Folgenden passe) für den Ahnenkult verstorbener Könige aufgestellte Pro-memoria-Stelen (vergleichbar jenen im Stelen-Sanctuarium von Hazor), denen die hier unter Verdikt gestellte Todesatmosphäre anhaften mochte (Zimmerli, BK XIII/2, 1070: „durch die Denksteine ihrer Könige 'bei ihrem Tode'“).

Etymologisch könnte demnach *pæḡær* 'Totengedenkstein' als sekundäre Ableitung von *pæḡær* 'Leichnam' angesehen werden (so Neiman 60). Dies betrifft auch den dritten Übersetzungsvorschlag als 'Totenopfer'.

3. Im Akk. (vgl. AHw 809a) bedeutet *pagrā'um*, *pagrûm* „ein Schlachtopfer für Dagan?“, der in Mari als *be-el pa-ag-re-e* (KBL^3 „Herr der *pagrê*-Opfer“; ARM X, 63, 15 dagegen „le seigneur des morts“) erscheint. WUS Nr. 2189 erschließt für ugar. *pgr* (nach arab. *faǧr*) „1. Morgenlicht“ und dementsprechend „2. Morgenopfer?“. Da es sich in den Mari-Texten bei *pagrā'um* um eine bestimmte Opferart handelt (A. Finet gibt in seinem Glossar [ARM XV 238] für das Lexem im Sing. „le mort“ und im Pl. „le sacrifice des morts“ an), postuliert J. H. Ebach (368) auch für ugar. *pgr*, nicht zuletzt wegen hebr. *pæḡær* 'Leichnam', die Bedeutung „Totenopfer“ (M. Dietrich / O. Loretz / J. Sanmartín sehen in *pgr* ebenfalls ein [nicht näher zu bestimmendes] Opfer), die wegen des Parallelbegriffs *z^{e}nûṯ* (im Sinne von kultischer Unreinheit) für Ez 43, 7. 9 (wahrscheinlich auch für Jer 31, 40 und vielleicht für Gen 15, 11) in Erwägung zu ziehen sei, zumal diesem Terminus das Odium des Synkretismus anhaftete, da damit ein urspr. einem nichtisraelitischen Gott dargebrachtes Opfer bezeichnet wurde.

Maiberger

פָּדָה *pāḏāh*

פְּדוּת *p^{e}ḏûṯ*, פִּדְיוֹן *pidjôn*

I. Die Wurzel in den semit. Sprachen – II. AT – 1. Vordtn Texte – Jes, Hos, Mi – 2. Dtn Texte – 3. exilisch – 4. nachexilisch – III. Frühes Judentum, LXX und Qumran.

Lit.: *M. A. Anat*, Determinism and Redemption (hebr.) (BMiqr 23, 1978, 425–429). – *C. Barth*, Die Errettung vom Tode in den individuellen Klage- und Dankliedern des AT, Zollikon 1947, 133–137. – *E. Beaucamp*, Aux origines du mot „rédemption“. Le „rachat“ dans l'AT (Laval Théologique et Philosophique 34, 1978, 49–56). – *Ders.*, Alle origine della parola „redenzione“. Il „riscatto“ nell'Antico Testamento (BibOr 21, 1979, 3–11). – *J. L. Cunchillos*, Rachat. I. AT (DBS 9, 1045–1054). – *G. I. Davies*, The Hebrew Text of Exodus VIII 19 (Evv. 23) an Emendation (VT 24, 1974, 489–492). – *R. Duval*, Exode et altérité (RSPhTh 59, 1975, 217–241). – *F. García López*, „Un peuple consacré“. Analyse critique de Deutéronome VII (VT 32, 1982, 438–463, bes. 445–455). – *H. Goeke*, Das Menschenbild der individuellen Klagelieder, Diss. Bonn 1971, 172ff. – *H. Groß*, Selbst- oder Fremderlösung. Überlegungen zu Psalm 49, 8–10 (Festschr. J. Ziegler II, FzB 2, 1972, 65–70). – *F. K. Heinemann*, Erlösung im AT (Theologie der Gegenwart 25, 1982, 42–55). – *B. Janowski*, Sühne als Heilsgeschehen. Studien zur Sühnetheologie der Priesterschrift und zur Wurzel KPR im Alten Orient und im AT (WMANT 55, 1982). – *Ders.*, Auslösung des verwirkten Lebens. Zur Geschichte und Struktur der biblischen Lösegeldvorstellung (ZThK 79, 1982, 25–59). – *A. Jepsen*, Die Begriffe des Erlösens im AT (Festschr. R. Herrmann, 1958, 153–162). – *H. W. Jüngling*, Ich mache dich zu einer ehernen Mauer (Bibl 54, 1973, 1–24). – *H.-J. Kraus*, Erlösung. II. Im AT (RGG^3 II 586–588). – *M. R. Lehmann*, Identification of the Copper Scroll Based on its Technical Terms (RQu 5, 1964/65, 97–105). – *L. de Lorenzi*, Gesù λυτρωτής (RivBiblIt 8, 1960, 10–41, bes. 15f.). – *A. A. Macintosh*, Exodus VIII 19, Distinct Redemption and the Hebrew Roots פדה and פדד (VT 21, 1971, 548–555). – *J. Mejía*, La liberación, aspectos bíblicos: evaluación crítica (Teología [Buenos Aires] 10, 1972/73, 25–61). – *W. F. Meyer*, Semantic Significance of Padah in OT Hebrew, Diss. Wisconsin 1974. – *J. Nuñes Carreira*, O exodo e a linguagea de libertaçao (Didaskalia 7, 1977, 239–258). – *J. Pirenne*, RShW, RShWT, FDy, FDyT and the Priesthood in Ancient South Arabia (Proceedings of the Seminar for Arabian Studies 6, 1976, 137–143). – *O. Procksch*, λύω κτλ. Die Wortgruppe im AT (ThWNT IV 329–337). – *A. Schenker*, kōper et expiation (Bibl 63, 1982,

32–46). – *J. J. Stamm*, Erlösen und Vergeben im AT, Bern 1940, 7–30. – *Ders.*, Das Leiden des Unschuldigen in Babylon und Israel (AThANT 10, 1946, 68 f.). – *Ders.*, פדה *pdh* auslösen, befreien (THAT II 389–406). – *C. Stuhlmüller*, Creative Redemption in Deutero-Isaiah (AnBibl 43, 1970). – *R. J. Thompson*, Penitence and Sacrifice in Early Israel Outside the Levitical Law, Leiden 1963. – *J. Untermann*, The Relationship of Repentance and Redemption in Jeremiah, Diss. Berkeley 1983.

I. Die Wurzel *pdj* (tert. infirm.) ist im Akk. als *padū/pedū* 'verschonen, loslassen' (AHw 808) gut belegt, oft vom assyr. König *lā pādū* „schonungslos" (Seux 210). Im Ugar. kommt sie selten vor (WUS Nr. 2194–2198); Whitaker (Concordance 521) verzeichnet 12 Belege von *pdj* (plus 2 *pdjn*), vor allem Eigennamen; viele scheinen hurritisch zu sein. Im Aram. scheint die Wurzel unbekannt zu sein (siehe jedoch F. Vattioni, Bibl 50, 1969, 365: israelit. Name im Murašu-Archiv). Gut belegt ist sie hingegen im Asarab. mit der Bedeutung 'kaufen, bezahlen, loskaufen' (BGMR 43; Biella 401) sowie in späteren semit. Sprachen: im Arab. (zum *fedu*-Opfer „pour délivrer l'homme ou le bétail d'une destruction prochaine", vgl. A. Jaussen, Coutumes des arabes au pays de Moab, Paris 1908, 361 f.), im Äth. (Lex LingÄth 1378–1380) und im Pun. (KAI II 92. 114; PNPPI 97. 389).

Im AT ist die Wurzel 70- oder 71mal belegt (zu *p^e^d̲ûṯ* Ex 8, 19 vgl. KBL³ 863, Macintosh und Davies), oft mehrmals im selben Vers. Das Verb begegnet im *qal* (51mal), im *niph* (3mal), je 1mal im *hiph* und *hoph*. Der subst. Gebrauch ist außergewöhnlich, 2- oder 3mal in der Form *p^e^d̲ûṯ*, 4mal als *p^e^d̲ûjim* (Q *pdjm*), 1mal in der Form *pid̲jôn* und 2mal in der Nebenform *pid̲jôm*. Dann erscheint die Wurzel in mehreren Eigennamen: *p^e^d̲āh'el*, *p^e^d̲ājāh*, *p^e^d̲ājāhû*, *p^e^d̲āhṣûr*. Auf Siegeln ist der PN *P(e)d(a)jahu* belegt (P. Bordreuil / A. Lemaire, Sem 26, 1976, 52, und Vattioni, Nr. 45. 235; vgl. auch das Arad-Ostrakon 49, 15; vgl. R. Lawton, Bibl 65, 1984, 343 f.).

Die Wurzel steht häufig in Parallele mit *gā'al* (→ גאל) (Lev 27, 27; Jes 35, 9 f.; 51, 10 f.; Jer 31, 11; Hos 13, 14; Ps 69, 19), einige Male mit *nṣl* (→ נצל) (Jes 50, 2), das auch in Jer 1, 19 vorliegt (vgl. H.-W. Jüngling, Bibl 54, 1973, 8, der Jer 1, 19 und 15, 21 vergleicht). Für andere semantische Beziehungen → בכור *b^e^k̲ôr* (→ I 645), → יצא *jāṣā'* (→ III 805. 813. 816), → ישע *jš'* (→ III 1039 f. 1052) und vor allem *kpr* → כפר *kippær* (→ IV 304–318, vgl. Ex 21, 30).

II. Die urspr. Bedeutung ist sicherlich eine juristische, wie man im Asarab. und Ugar. feststellen kann. KTU 3.4 enthält den Vertrag einer Lösung aus einer Verpflichtung (vgl. Yaron; zur Bedeutung von *ỉnṯ* 'Verpflichtung' oder 'Fronarbeit' vgl. O. Loretz, UF 8, 1976, 449; M. Heltzer, Sem 30, 1980, 6–12). Die theophoren Eigennamen mit *pdj* lassen jedoch auch eine weitere Bedeutung vermuten (Stamm: „befreien"). Wie immer in vorbibl. Zivilisation ist die Bedeutung zugleich profan und religiös, d. h. kultisch.

1. Als vor-dtn Texte sind zu werten Ex 21, 8. 30; 34, 20 (3mal), sehr wahrscheinlich 1 Sam 14, 45; 2 Sam 4, 9; 1 Kön 1, 29; Jes 29, 22; Hos 7, 13; 13, 14; Mi 6, 4; wahrscheinlich Ex 8, 19.

Die beiden Texte aus dem Bundesbuch (Ex 21, 8. 30) enthalten Gewohnheitsrecht. V. 8 betrifft das Auslösen (*hiph*) einer Dienerin/Konkubine (*'āmāh*), die ihr Herr nicht heiraten möchte, durch einen Dritten (vgl. H. Cazelles, Études sur le Code de l'Alliance, Paris 1946, 18; S. M. Paul, Studies in the Book of Covenant in the Light of Cuneiform and Biblical Law, VTS 18, 1970, 53 f.; J. J. Stamm, THAT II 391). V. 30 nennt die Bezahlung (*pid̲jôn*) als Lösegeld (*kopær*) für das eigene Leben eines Mannes, der es unterlassen hat, auf seinen gefährlichen Stier aufzupassen, so daß dieser einen Mann tötete (Cazelles 57. 152; Paul 109, vgl. 80–82; zu den Beziehungen mit den Gesetzen von Eshnunna [§ 53 f.] vgl. J. J. Finkelstein, The Ox that Gored, Philadelphia 1981, 14 f., mit CH ebd. und V. Korošec, RIDA 8, 1960, 23, mit dem hethit. Gesetz R. Haase, RIDA 14, 1967, 36–47, und außerhalb des Orients B. C. Jackson, Travels and Travails of the Goring Ox, Festschr. S. E. Loewenstamm, Jerusalem 1979, 41–56). Das gleiche Gesetz mit wenigen stilistischen Varianten findet sich in Ex 13, 13. Obwohl die Auslösung der Erstgeburt sich hier innerhalb einer dtr Redaktion findet (vgl. Dtn 6, 10, aber auch Ex 23, 23), wird hier diese Frage nicht wie Dtn 15, 19 behandelt und muß daher als vor-dtn, möglicherweise elohistisch, betrachtet werden. Man erkennt hier keine theologische Variante. Das Bundesbuch behandelte die Erstgeborenen-Auslösung in Ex 22, 28 b–29 (für eine präzise Analyse, M. Caloz, Exode XIII, 3–16 et son rapport au Deutéronome, RB 75, 1968, 5–62).

Wir treffen hier auf die israelitische Anwendung eines allgemeinen Brauchs. Die Existenz der ugar. theophoren Namen mit *pdj* verpflichtet uns, diesen Texten Ex 34, 19 f. hinzuzufügen. Bei diesem kleinen „rituellen" Gesetzestext handelt es sich sicherlich nicht um eine dtn Redaktion (vgl. H. Cazelles, L'alliance du Sinaï en Ex 34, 10–27, Festschr. M. Delcor, AOAT 215, 1985, 57–68), da dann seine Satzstruktur sehr verschieden sein würde (vgl. Dtn 15, 19–23). Der Israelit muß den Erstgeborenen (*b^e^k̲ôr*) (dazu vgl. DBS 8, 467–491) auslösen (*tipdæh*) oder den Nacken des *pæṭær ræḥæm* („was den Mutterschoß durchbricht") einer Kuh oder einer Eselin brechen (wahrscheinlich nicht den Erstgeborenen selbst, sondern einen Wertgegenstand [nach einem Maritext], vgl. H. Cazelles, Consecration d'enfant et de femmes, Miscellanea Babylonica, Festschr. M. Birot, Paris 1985, 45–50). *b^e^k̲ôr* und *pæṭær ræḥæm* gehören der Gottheit, aber der Mensch kann oder muß ihn auslösen. Konsekration ist nicht Opferung. Es wird nicht präzisiert, was der Gottheit gegeben wird. Das wird auch nicht in 1 Sam 14, 45 präzisiert, wo das

Volk (*ʿam*) Jonatan, der aufgrund von Sauls Schwur zum Tode verurteilt ist, auslöst oder befreit. Aber es ist die Gottheit, die aus aller Gefahr befreit (eher als „auslösen, erlösen"), was David mit Eid bekräftigt; diese Formulierung findet sich ebenso in 1 Kön 1, 29 (Nachfolge Davids). Dies wird in Jes 29, 22 von Abraham ausgesagt, ohne „aus aller Gefahr" zu präzisieren. Es ist eben jenes Theologumenon, auf welches Hos 7, 13 anspielt, wenn Gott selbst vom Übel befreit. Dieses Theologumenon war auch vorhanden in den akk. theophoren Namen mit *paṭāru* (AN 169. 191) oder in den äg. PN mit *nḥm m* (Ranke, PN I 208). Aber diese Verben riefen die Vorstellung von Magie oder Gewalt hervor (vgl. Šurpu II 134–184; E. Reiner, Šurpu, AfO Beih. 11, Graz 1958, 17f.). Es ist wahrscheinlich, daß der bibl. Autor, als er das Vertragsverb *pāḏāh*, nicht aber *pṭr* oder *jšʿ* wählte, verhindern wollte, den Gott Abrahams dieser Handlungsweise zu beschuldigen. Er entscheidet sich für ein Vertragsverb, selbst wenn er sich vorbehält, einen Preis festzusetzen. Das Wesentliche ist, den Gott Abrahams, Israels und Davids zum allein Handelnden in dieser Befreiung zu machen. In Jes 29, 22 ist es der Gott des Hauses Israel, der Abraham erlöste (auslöste), ohne zu sagen wie und wovon. Es ist noch die gleiche religiöse Perspektive des Auslösens oder der Befreiung eines Individuums aus der Gefahr, dem Druck oder der Verpflichtung seitens Dritter.

Mit Hosea wird die Bedeutung theologischer, da er von einer kollektiven Auslösung spricht. Aber es handelt sich noch um eine Anzahl von Individuen und nicht um ein Volk als solches (Suff. Pl. mask.). In beiden Fällen steht *pāḏāh* in der 1. Sing. Perf. *qal*. Grammatisch wäre dies, wie in den vorangehenden Fällen, die Bekräftigung oder der positive Wunsch, daß Gott auslösen wird. Der Kontext aber (Revolten gegen Gott, Lügen gegen ihn) läßt viele Übersetzer in 7, 13 eine Verweigerung Gottes lesen, indem sie ein Fragezeichen einfügen und eine negative Antwort unterstellen (TOB, BJ, NEB u. a.). Andere hingegen halten in Übereinstimmung mit den alten Texten den positiven Sinn aufrecht (Osty-Trinquet, Rudolph, Andersen-Freedman, Mays, Hauret, Wolff). Die gleiche Divergenz manifestiert sich in Hos 13, 14 (par. mit *gʾl*); der Kontext spricht von Totgeborenen und Unterwelt. In der Parallele „Ich werde deine Pest sein, Tod, ich werde dein Zerstörer (*qoṭæḇ*) sein, Unterwelt" sehen viele ebenfalls eine rhetorische Frage und lesen mit der LXX (ποῦ) *ʾajjeh* statt *ʾæhî*. Aber alle, die sich dieser Lösung anschließen (vgl. Wolff, BK XIV/1³, 286), erkennen an, daß die LXX das Problem nicht löst. *ʾæhî* paßt hier gut in die Reihe der Verben, aber eine Frage über den Ort hat keinen Platz. Tod und Unterwelt sind personifiziert, ebenso wie die zerstörerischen Kräfte; Hosea nimmt die traditionelle Bekräftigung der Macht Gottes in Anbetracht aller anderen Mächte, selbst des Todes (ebenfalls in Jes 28, 15 personifiziert), wieder auf (vgl. aber Andersen-Freedman, AB 24, 639f.; E. Jacob, CAT XIa, 93f.). Dies will aber nicht heißen, daß Gott erlösen wird, da er v. 15 den Ruin Efraims ankündigt, sondern nur, daß Gott die Macht hat, es zu tun (im modalen Sinn des Perf.).

In jeder Epoche entwickelt sich die Theologie der Heilsgeschichte um den Kristallisationspunkt der Herausführung aus Ägypten. Ich würde zögern, in Ex 8, 19 *p^eḏûṯ* zu lesen (vgl. H. Cazelles, Festschr. W. Kornfeld, Wien 1977, 46 Anm. 32), da hier eher eine „wundersame Trennung" als ein Auslösen „zwischen deinem Volk und meinem Volk" zu sehen ist. Aber das διαστολή der LXX kann „Bezahlung" bedeuten (Liddell-Scott 413a, 4.) und *bên* greift in die Transaktionen ein. So hätten wir hier einen Akt der kollektiven Erlösung, den Gott ohne Gegenleistung ausführt; das Verb *šjt* könnte eingesetzt sein, um eine Bezahlung oder eine Verpflichtung „aufzuerlegen" (Ex 21, 22; Num 12, 11).

Diese Theologie der Befreiung durch einen Akt der Macht Gottes ohne Gegenleistung präzisiert sich in Mi 6, 4 (dieser Vers ist von einer weniger umstrittenen Authentizität als andere, s. J. L. Mays, Micah, OTL 1976, 130). So gibt es zweifelsfrei vor-dtn Indizien: die Parallele mit „hinaufsteigen aus Ägypten", anstelle des dtn „ausziehen aus Ägypten" (vgl. J. Wijngaards, VT 15, 1965, 91–102); Mose, Aaron und Mirjam auf die gleiche Ebene als Erlöser zu stellen, ist kaum verträglich mit der totalen Vorherrschaft des Mose in den dtn und priesterlichen Texten. „Ich habe dich aus einem Sklavenhaus befreit", d. h. aus einer Verwaltung, in der alle Menschen und vor allem die Beamten als „Diener" des Pharao bezeichnet wurden. Mit dem Dtn nimmt der Ausdruck den Sinn „Land der Sklaverei" für Israel an.

2. Als dtn Texte kommen in Frage: Dtn 7, 8; 9, 26; 13, 6; 15, 15; 21, 8; 24, 18; als dtr gelten 2 Sam 7, 32; Jes 1, 27 und, allerdings umstrittener, Jer 15, 21 und 31, 11.

Wir lesen Dtn 7, 8, daß „JHWH euch mit starker Hand herausführte und euch aus dem Sklavenhaus, der Hand des Pharao, des Königs von Ägypten, ʿauslösteʾ". Gleiches Thema mit gleicher Satzstruktur ist wiederaufgenommen in 9, 26; 13, 6; 15, 15 („Denk daran: als du im Land Ägypten Sklave warst, hat JHWH, dein Gott dich ausgelöst"), in einer Perikope, die aus dem Bundesbuch aufgenommen, aber in Inhalt und Form verschieden ist. In 21, 8 begründet das *pāḏāh* JHWHs für Israel ein Sühnopfer (*kippær*), um das Volk für durch unbekannten Mörder vergossenes Blut zu entschulden. Schließlich erinnert 24, 18 im Zusammenhang einer Pfandnahme daran, daß der Sklave Israel in Ägypten ohne Gegenleistung von JHWH ausgelöst wurde. Man sieht hier, wie sehr sich die juristische und die theologische (heilshistorische) Bedeutung überlagern. Das ruft auch das Gebet Davids (2 Sam 7, 23, dtr) in Erinnerung (vgl. P. Kyle McCarter, AB 9, 240; M. Weinfeld, Deuteronomy and the Deuteronomic School, Oxford 1972, 42. 326–329).

Bei Jer ist *pāḏāh* 2mal belegt. Jer 15, 21 gehört zu den „Konfessionen des Jeremia" und ist der Schluß eines seiner Bekenntnisse (zur lit. Struktur H. Mottu, Les 'Confessions' de Jérémie, Genf 1985, 83–100; zur Analyse W. Thiel, WMANT 41, 1973, 160, der sich über den dtr Charakter des Verses nicht sicher ist). Man könnte darin ein Orakel des Jeremia aus der Zeit seiner Verbannung unter König Jojakim sehen. Gott macht aus Jeremia eine bronzene Mauer, der die Gegner nichts anhaben können: „ich rette dich (*hiṣṣaltîḵā*) aus der Hand der Bösen und ich befreie dich (*peḏiṯîḵā*) aus der Faust der Schrecklichen". Es handelt sich also wiederum um eine Befreiung durch die Macht Gottes und eine individuelle Auslösung, aber die verwendeten Bilder machen aus dem Propheten einen Repräsentanten des Volkes. N. Ittmann (WMANT 54, 1981, 44–49. 54f.) schätzt dies als spätere Wiederaufnahme von 20, 13b ein. F. D. Hubmann (FzB 30, 1978) jedoch sieht in den vv. 20f. eine Entwicklung des Textes, durch eine neue Krise im Leben des Jeremia begründet.

Jer 31, 11 gehört zum Trostbuch, eine der wichtigsten Sammlungen in der Komposition des Buches, die einerseits Anspielungen auf den Untergang Judas macht, andererseits aber auch alte Orakel enthält aus der Zeit der großen Hoffnungen nach dem Untergang Assurs und der Rückeroberung einiger Nordgebiete durch Joschija. S. Böhmer (Heimkehr und neuer Bund, 1976, 69) lehnt jeremianische Authentizität aufgrund der Parallele mit *gā'al* (2mal bei DtJes) ab. Aber die Wurzel *gā'al* findet sich auch im juristischen Teil von Jer 32 (vv. 7f.). Die Perikope mit dem doppelten Aspekt der Wiederherstellung Samariens sowie des Kultes am Zion (Jer 31, 1–6, nach Böhmer 81f. authentisch) entspricht jedoch der dtr Theologie (vgl. auch H. Weippert, BZAW 132, 1973).

3. Die exil. Belege finden sich bei DtJes. Ezechiel benutzt niemals *pāḏāh* und nur einmal *g'l* (Subst.), allerdings nicht in der Bedeutung „Befreiung", sondern „Verwandtschaft". Auch er erwartet die Heimkehr durch die Macht Gottes, aber er betont eher die Präsenz Gottes in seinem Volk.

Im Gegensatz dazu benutzt DtJes, wenn er auf den Exodus hinweist, sehr häufig *g'l* für die Errettung Israels vor seinen Rächern (→ I 889). *pdh* verwendet er nur zweimal (DBS 9, 1052f.): 50, 2; 51, 11. In 50, 2 ist es das Subst. *peḏûṯ*, par. mit *hiṣṣîl* in einem juristischen Kontext. „Ihr wurdet verkauft wegen eurer bösen Taten." Es gab eine Scheidungsurkunde, aber die Hand (Gottes) erwies sich als nicht zu kurz, um zu befreien. Entsprechend kehren nach 51, 11 die von JHWH „Befreiten" zum Zion zurück. In keinem Fall steht *pdh* in strengem Parallelismus zu *g'l*.

Man würde Jes 1, 27 gerne dieser Epoche zurechnen (Jes 1 zeigt Züge einer dt-jesajanischen Redaktion): „Der Zion wird befreit werden durch das Recht (*mišpāṭ*; vgl. Jes 40, 14; 42, 1. 3), und wer zu ihm zurückkehrt (*šāḇæhā* „Gefangene"?) durch die Gerechtigkeit." Solches Gedankengut findet sich aber auch bei TrJes, obgleich dieser niemals *pdh* benutzt.

4. Die nachexil. Propheten benutzen *pdh* nicht, mit Ausnahme zweier bereits apokalyptisch gefärbter Texte, die dtjes. Theologie aufgreifen. In der „Kleinen Apokalypse" des Jes (35, 10) kehren die Befreiten voll Freude zum Zion zurück. Nach DtSach (10, 8) sind die Befreiten voll des Jubels und warten auf „das Zeichen dessen, der sie versammelt".

Mit 15 Belegen verwendet die Priesterschrift (P) *pāḏāh* häufig, jedoch sind die Belege auf vier Perikopen konzentriert (Lev 19, 20; 27, 27–29; Num 3, 46–51; 18, 15–17). Sie scheinen alle (außer Lev 19) zu den Erweiterungen (P^S) der Priestergrundschrift zu gehören, die den historischen Gesetzestext den Bedingungen des wiederaufgenommenen Kultes am 2. Tempel anpassen (zu Num 18 vgl. DBS 7, 842. 851).

Es handelt sich immer um eine Bezahlung für eine Befreiung. Der interessanteste Fall ist Lev 19, 20 (H): es geht um das Schuldopfer eines Mannes, der sexuelle Beziehungen zur Sklavin eines anderen aufgenommen hat, einer Frau, die weder losgekauft (*nipdāṯāh*) noch freigelassen (*ḥupšāh*) ist. Dieser Text ist rein juristisch.

Die drei anderen Belege sprechen von der Auslösung der Erstgeborenen. Auslösung der Erstgeborenen ist theologisch legitimiert dadurch, weil sie „heilig" (*qoḏæš*) sind (Num 18, 17); von Israel als dem heiligen, Gott geweihten Volk sprechen Dtn, das Heiligkeitsgesetz (Lev 17–26), Ezechiel und die Priesterschrift (vgl. DBS 10, 1424–1429). Num 3 (P^S) läßt die Musterung der Leviten zu (gegen P^g 1, 49, vgl. v. 47). Die Leviten gehören JHWH (3, 45) und werden als Preis für die Auslösung der Erstgeborenen Israels betrachtet; man präzisiert selbst die Höhe des fehlenden Betrags (3, 48–50). Von einem Zustand der „Heiligkeit" der Leviten ist nicht die Rede. Allein der Priester (*kôhen*) ist *qoḏæš*; nach dieser Gesetzgebung sind die Leviten gereinigt und dem Priester Aaron und seinen Söhnen zum Dienst am Heiligtum gegeben (Num 8, 19).

Nach dem Tarif von Lev 27, einem der jüngsten Texte des Pent., kann man ein unreines Tier auslösen (*pdh*, 27, 27), dagegen kann man keinen Menschen und kein Tier, die durch den Bann (*ḥeræm*, → חרם) JHWH geweiht sind, auslösen, da sie grundsätzlich JHWH gehören (vv. 28f.).

Nach der Rückkehr aus dem Exil und der Wiederaufnahme der Liturgie des Tempels nehmen auch die Psalmen dieses Thema auf. Die 16 Belege der Wurzel in den Psalmen sind in keiner der Sammlungen konzentriert; die Bedeutung schillert zwischen „auslösen" und „befreien".

Zu diesem Thema ist der weisheitliche Ps 49 am interessantesten. Der Text ist schwierig und schlecht erhalten (H.-J. Kraus, Psalmen, BK XV/1[5], 518; J. van der Ploeg, OTS 13, 1963, 139; L. G. Perdue, JBL 93, 1974, 533–542), vor allem v. 9. Ein Mensch kann einen anderen nicht „auslösen", selbst dann nicht, wenn er Gott sein Lösegeld (*kopær*) zahlt (v. 8); sich selbst kann man ebenfalls nicht auslösen, welchen

Preis man auch bietet (v. 9). Nur JHWH kann das Leben (*næpæš*) „auslösen“ (v. 16, vgl. dazu Hos 13, 14) und den Menschen aus der Macht der Unterwelt „nehmen“ (*lāqaḥ*) (zum Verb vgl. Gen 5, 24 [Henoch] und 2 Kön 2, 10 [Elija]). Es ist ein häufiger Topos in den Psalmen, daß Gott „befreit“, sei es in der Vergangenheit (Ps 78, 42, aus der Not, *ṣar*, vgl. 2 Sam 4, 9; Ps 111, 9 „er hat die *p*^{e}*ḏûṯ* gesandt“), sei es in der Gegenwart (Ps 25, 2); Ps 130 präzisiert, daß Gott Israel von allen Fehlern befreit (v. 8), denn seine *p*^{e}*ḏûṯ* ist reichlich.

Am häufigsten sind das Individuum und sein Leben (vgl. o. Ps 49) Objekte des befreienden Handelns JHWHs (26, 11; 31, 6; 55, 19; 71, 23). Dabei handelt es sich um Befreiung von den Feinden (69, 19) oder der Unterdrückung (119, 134). In Ps 34, 23 und 44, 27 ist es der Beter, den Gott befreit. Es liegt in der Linie der Psalmen, daß Nehemia (1, 10) Gott daran erinnert, daß er seine Diener, die Israeliten, durch seine Macht befreit hat; 1 Chr 17, 21 nimmt das Gebet Davids aus 2 Sam 7 wieder auf und bekräftigt, daß Gott sein Volk „befreit“ oder „ausgelöst“ hat, um es zu seinem Volk zu machen.

Die 3 Fälle im Buch Ijob (5, 20 Befreiung vom Tod; 6, 23 vom Feind; 33, 28 aus dem Grab) passen in die psalmistische Auffassung der Befreiung. Überraschend ist, daß die sonstige protokanonische Weisheitsliteratur *pdh* nicht kennt. Es erscheint lediglich bei Sir im Schlußgebet in 51, 2 „du hast meinen Leib vor dem Verderben bewahrt“ (par.!).

III. Daniel kennt weder in seinen hebr. noch in seinen aram. Teilen die Wurzel. Es ist wenig wahrscheinlich, daß das Griech. sie kannte, denn das λυτροῦν in Dan 3, 88 entspricht eher *prq* (wie in 4, 24) oder *šêziḇ* wie in 6, 27 (28). Die LXX zeigt große Unschlüssigkeiten bei der Übersetzung von *pdh*. Sie hat im allgemeinen λυτροῦν und seine Komposita verwendet (47mal), womit sie auch 7mal *kpr* übersetzt. Sie verwendet daneben noch 5mal ῥύεσθαι 'zurückhalten, retten' (z. B. Ijob 5, 20; 6, 23; Jes 50, 2), 3mal ἀλλάσσειν 'in Austausch geben' (Ex 13, 13; Lev 27, 27) singulär ἀφορίζειν, συνάγειν, σῴζειν; an 3 Stellen bleibt sie bei einer Umschreibung.

Während die LXX für *kippær* (und auch 2mal für *kopær*) ἱλάσκεσθαι 'versöhnen, sühnen', ἁγιάζειν 'heiligen, weihen' bevorzugt, versteht sie *pāḏāh* doch deutlich eher als λυτροῦν und seine Komposita, die im klass. Griech. eine Bezahlung oder eine Bezahlung als Lösegeld implizieren (Belege ThWNT IV 333). Sie bewahrt so die ursprüngliche Bedeutung, selbst wenn sie in einigen Fällen die Unentgeltlichkeit des Auslösens durch Gott bemerkt und so einen theologischen Sinn gibt (ThWNT IV 335; S. Daniel, Recherches sur le vocabulaire du culte dans la Septante, Paris 1966, 325 und die Anmerkungen über die Hexapla).

In Qumran begegnet das Verb *pāḏāh* 13mal, das Subst. *p*^{e}*ḏûṯ* 14mal (fast ausschließlich in *milḥāmāh*-Texten) und *pdwjjm* 1mal (4 Q 511, 36, 3). Während *kippær* in der Regelliteratur (1 QS; CD) und in TR dominiert, konzentriert sich *pāḏāh* auf die Hodajot, wo es die gleiche Bedeutung wie in den Psalmen aufweist. Gott befreit die *næpæš* des Armen (2, 32. 35), den Beter aus der Unterwelt (3, 19). Nach 1 QM 1, 12; 14, 5 scheint *'m pdwt 'l* „Volk der Erlösung Gottes“ eine Selbstbezeichnung der Qumrangemeinde zu sein. Die *pdwt* in 1 QM ist mit Carmignac als „Befreiung“ des Volkes durch Gott zu verstehen, ein reines Gnadengeschenk (vgl. F. Nötscher, BBB 10, 188 f.). Die Belege von *pāḏāh* in TR sind grundsätzlich mit denen der dtn/dtr Belege zu vergleichen: Gott kauft Israel los aus dem Sklavenhaus (54, 16), aus der Hand seiner Hasser (59, 11), er mehrt es (Z. 12). Er schafft Sühne seinem Volk, das er losgekauft hat (63, 6).

In der rabbin. Literatur findet sich die Wurzel *pdh* (*pd'*) ca. 100mal (vgl. Kasowski, Thesaurus Mischnae), wobei die juristische Bedeutung vorherrscht in Anwendung der bibl. Texte über das Auslösen von geweihten Gegenständen oder Erstgeborenen. Midrasch und Talmud sprechen auch über die Befreiung Israels (vgl. H. Jastrow, DictTalm 1136 f.). Die jüd. Konzeption der Erlösung von Schuld und Fehler hat sich jedenfalls nicht um *pdh*, sondern um *kpr* entwickelt.

Cazelles

פֶּה *pæh*

I. Außerbibl. Belege – 1. Akk. – 2. Ugar. – 3. Phön., Althebr., Aram. – II. Bibl. Belege und Verteilung – III. Überblick über das semantische Feld – IV. Semantische Spezifikationen – 1. Körperteil – 2. Organ der Kommunikation – V. Theologische Bedeutung – 1. Mund JHWHs – 2. Mund des Propheten – 3. Mund des Beters – VI. In weisheitlich-ethischen Kontexten – 1. allgemein – 2. in der Opposition weise–töricht – 3. Instrument der Macht – 4. weisheitlich-ethisches Ideal – VII. 1. LXX – 2. Qumran.

Lit.: *M. Bernaert*, Cœur – langue – mains dans la Bible. Un langage sur l'homme (Cahiers Évangile 46, Paris 1983). – *W. Bühlmann*, Vom rechten Reden und Schweigen (OBO 12, 1976). – *E. Cortese*, Da Mosè a Esdra. I libri storici dell'Antico Israele, Bologna 1985. – *M. Dahood*, Hebrew-Ugaritic Lexicography VIII (Bibl 51, 1970, 391–404, bes. 395 f.). – *P. Dhorme*, L'emploi métaphorique des noms de parties du corps en hébreu et en akkadien IV (RB 30, 1921, 517–540). – *P. Fronzaroli*, Studi sul lessico commune semitico (AANLR 19, Rom 1964, 255. 269). – *T. H. Gaster*, A Canaanite Magical Text (Or NS 11, 1942, 41–79). – *B. de Geradon*, Le cœur, la bouche, les mains. Essai sur un schème biblique (BVChr 1, 1953, 7–24). – *Ders.*, Le cœur, la langue, les mains. Une vision de l'homme, Paris 1974. – *J. H.*

Greenberg, The Languages of Africa, Den Haag 1963. – *R. Grelot*, La bouche du gloire (Sem 35, 1985, 61–65). – *A. R. Johnson*, The Vitality of the Individual in the Thought of Ancient Israel, Cardiff [2]1964. – *C. J. Labuschagne*, פֶּה *pæ* Mund (THAT II 406–411). – *A. Lemaire*, Inscriptions hébraiques I. Les Ostraca, Paris 1977. – *H. Michaud*, Les ostraca de Lakiš conservés à Londres (Syr 33/34, 1956/57, 39–60, bes. 55f.). – *W. H. Schmidt*, Anthropologische Begriffe im Alten Testament (EvTh 24, 1964, 374–388). – *R. Sollamo*, Renderings of Hebrew Semiprepositions in the Septuagint (AASF Dissertationes Humanarum Litterarum 19, Helsinki 1979, bes. 224–234). – *J. H. Tigay*, „Heavy of Mouth" and „Heavy of Tongue". On Moses' Speech Difficulty (BASOR 231, 1978, 57–67). – *H. W. Wolff*, Anthropologie des Alten Testaments, [3]1977.

I. 1. Hebr. *pæh* 'Mund' repräsentiert eine einkonsonantische Wurzel, die in allen semit. Sprachen vertreten ist, aber in einigen auf verschiedene Weise erweitert wird: akk. und amor. *pû* (altakk. auch *pā'um*, *pīum*), ugar. *p*, phön. *pj*, arab. *fū* (cstr.; abs. meist erweitert zu *fam*), asarab. *f* (nur in der Bedeutung 'Befehl' belegt), erweitert aram. *pum*, äth. *'af*.
In der akk. Literatur begegnet *pû* in vielen Ausdrükken, die im bibl. Hebr. Entsprechungen haben. So wird in der altakk. Formulierung *ina pîm u lišānim* (vgl. AHw I 556a, 4a) der Parallelismus zwischen Mund (*pû*) und Zunge (*lišānu*) betont. Auch der bekannte bibl. Ausdruck *môṣā' pæh* (Dtn 8, 3) entspricht der akk. Wendung *ṣit pî* („das, was aus dem Mund hervorkommt"). Für andere Entsprechungen vgl. Dhorme 533–539; AHw II 872–874. Zu den Eigennamen vgl. APN 128. 254.
2. Im Ugar. wird die einkonsonantische Form *p* gebraucht. Der häufige Gebrauch von synonymen und parallelen Termini, der das Ugar. mit dem Hebr. gemeinsam hat, wird besonders deutlich bei *p*, das im Parallelismus mit *lšn* 'Zunge', *šnt* 'Zähne' und *špt* 'Lippe(n)' gebraucht wird (vgl. M. Dahood, AB 17A, 454; L. R. Fisher, RSP 309–311, Nr. 455–458). Im Aqhat-Epos wird häufig die Formel wiederholt *bph.rgm.l jṣ'|| bšpth.hwt(h)*: „Soeben ist das Wort aus seinem Mund, das Gesagte aus seinen Lippen herausgekommen ..." (vgl. KTU 1.19, II, 26; III, 7. 21. 35). Dabei ist zu bemerken die Wendung *bph jṣ'* „aus dem Mund herauskommen", die an die dtn Formel erinnert, die oben zitiert wurde (vgl. I. 1.). In all diesen Texten begegnen *p*, *špt* und *lšn* als Organe des Sprechens.
In zwei Stellen aus dem Mythos über den Kampf zwischen Ba'al und Mot (KTU 1.5, I, 7 || II, 4) ist mit W. H. Schmidt auf den Parallelismus zu *npš* hinzuweisen, dessen Bedeutung „Gurgel" der von *pæh* nahe steht. Schmidt (377) weist auf die Verbindung dieser Texte zu Jes 5, 14 hin. In diesen Mythen begegnet *pæh* als Körperteil, als Organ des Essens/Verschlingens und wird in metaphorischer Bedeutung benutzt zur Beschreibung der Tätigkeit der Scheol, die wie ein Monstrum verschlingt (vgl. H. Wildberger, BK X/1, 190; J. B. Burns, VT 22, 1972, 245–246; M. Dahood, Bibl 51, 1970, 395). Zu den ugar. Namen mit *p* vgl. F. Gröndahl, PNU 170.
3. Der Terminus „Mund" findet sich auch in einigen phön. Inschriften in der Form *pj*, im außerbibl. Hebr. im Ausdruck *bpj*, im Aram. (*pm*); alle Belege stammen aus der at.lichen Zeit.
In einem Beschwörungstext aus dem 7. Jh. v. Chr. aus Arslan Tash in phön. Schrift wird der Gott Ḥoron (oder seine Frau – der Text ist nicht klar) mit dem Epitheton *'š tm pj* belegt, „dessen Mund (Äußerung) vollkommen (wahr) ist" (KAI 27, 16). Dies ist zu vergleichen mit akk. magischen Texten, in denen über die Reinheit des Mundes bzw. des Ausspruchs einer Gottheit gesprochen wird; dann ist dieses Epitheton wohl so zu verstehen, daß die Gottheit Herr (bzw. Herrin) des magisch wirkenden Wortes ist (vgl. Gaster 41–44. 62–63).
Im Ostracon 16 von Lachiš (Z. 3–5) rekonstruiert H. Michaud folgenden Text: *šlḥ '[bdk d]br bpj Q[šbjhw]hnb'*, „hat [deinen Knecht] gesandt: [Sa]ge durch den Mund Q[e][šabjahus] des Propheten" (Michaud 55f.). Wenn diese Rekonstruktion zutrifft (vgl. aber Lemaire 131), treffen wir hier auf eine hebr. Inschrift mit einer Formulierung, die ähnlich der in der prophetischen Literatur ist.
In der Geschichte des Aḥiqar finden wir zwei typisch weisheitliche Ausdrücke, die zum Teil mit Wendungen im Buch der Sprüche vergleichbar sind. In Aḥ 7, 97f. finden wir die Mahnung, „den Mund zu bewachen", weil dieser Ursache für Übles sein kann. In der Fortsetzung (Z. 99) wird darauf hingewiesen, daß man den Mund zugunsten von andern benutzen soll, „weil der Hinterhalt des Mundes schlimmer ist als der Hinterhalt des Krieges" (*kj 'zjz 'rb pm mn 'rb mlḥm*). In Aḥ 10, 156 wird *pm* im Parallelismus zu *lšn* gebraucht in einer religiös weisheitlichen Reflexion: *j'pk 'l pm 'pk' wjnsh lšn[h* „Gott wird den Mund des Verkehrten (Lügnerischen) verkehren und wird seine Zunge herausreißen". Für das Bibl.-Aram. vgl. u. II. Andere Belege für *p(m)* im Westsemit. vgl. DISO 227–229; Tomback 261f.

II. Das Nomen *pæh* begegnet 505mal im AT (nicht 500mal, THAT II 406), wobei die Belege sehr gleichmäßig auf die verschiedenen Teile verteilt sind: Tetrateuch 101mal (Gen 21; Ex 23; Lev 8; Num 49), Dtn/DtrGW 110mal (Dtn 23; Jos 27; Ri 15; Sam 20; Kön 25), Propheten 100mal (Jes 29; Jer 31; Ez 17; Dodekapropheton 23), Weisheitsliteratur 99mal (Ijob 36; Spr 56; Koh 7); die 95 restlichen Belege verteilen sich auf die übrigen Bücher (Ps 68mal; Hld, Klgl, Est, Dan 9mal; ChrGW 18mal). Normalerweise begegnet die Wurzel im Sing. (*pæh* oder im st. cstr. *pî*), der Pl. ist nur 2mal belegt (Ri 3, 16; Spr 5, 14: *pejôṯ/pijjôṯ*). Zur Form *pîm* als Gewichtsmaß in 1 Sam 13, 21 vgl. E. A. Speiser, BASOR 77, 1940, 18ff.; R. Gordis, JBL 61, 1942, 209ff.; H. J. Stoebe, KAT VIII/1, 255. In weiteren zwei Fällen treffen wir die reduplizierte Form *pîpijjôṯ* „Schneiden" (Jes 41, 15; Ps 149, 6).

In den aram. Teilen des Daniel ist das Wort 6mal bezeugt in der zweikonsonantischen Form *pum* (vgl. o. I.1.).

III. Die Ausdrücke mit *pæh* werden auf verschiedenen Ebenen verwendet. *pæh* wird angewandt sowohl auf Sachen, Tiere, Menschen, Götterbilder als auch auf Gott selbst, wenn man ihn in anthropomorpher Form beschreibt.
1. Im weitesten Sinne bezeichnet *pæh* eine Öffnung in verschiedenen Formen. Dabei handelt es sich normalerweise um eine Öffnung, die eine Verbindung zwischen außen und innen herstellt. So z. B. die Öffnung eines Brunnens (Gen 29, 2. 3. 8. 10), die Öffnung einer Schüssel oder eines Sackes (Gen 42, 27; Sach 5, 8), der Eingang einer Höhle oder einer Stadt (Jos 10, 18; Spr 8, 3) usw.
2. Im engeren Sinne bezieht sich der Ausdruck *pæh* bei Tieren und Menschen normalerweise auf die Öffnung im Vorderteil des Kopfes, die in Verbindung mit dem Magen steht (vgl. griech.: στόμα „Mund" – στόμαχος „Magen"). In diesem Sinne ist der Mund das Organ des Essens und des Trinkens (vgl. Ri 7, 6; Ez 2, 8; Ps 78, 30; Spr 19, 24; Neh 9, 20). Zu diesem Organ gehören dann natürlich auch die umgebenden Organe wie Lippen, Zunge, Gaumen, Zähne usw.
Im übertragenen Sinne kann es sich auch auf die Erde beziehen, die als ein Monster beschrieben wird, das Menschen, Tiere und Sachen verschlingt (Gen 4, 11; Num 16, 30. 32; Dtn 11, 6). In Assoziation dazu wird *pæh* auch vom Schwert ausgesagt, dessen Schneide das Fleisch der Feinde frißt (Dtn 32, 42). In den historischen Büchern begegnet der Ausdruck *l^epî-ḥæræḇ* („mit der Schärfe des Schwertes", EÜ: „mit scharfem Schwert") besonders häufig (vgl. Jos 6, 21; 8, 24; Ri 1, 8; 4, 15; 18, 27; 1 Sam 22, 19; 2 Sam 15, 14; 2 Kön 10, 25).
3. Im AT wird *pæh* normalerweise genannt als Organ für sprachliche Kommunikation. Das entspricht exakt der Grundbedeutung, denn die Sprache ist ja eine Äußerung von Gedanken aus dem Inneren des Menschen. Die eigentlichen Sprechorgane sind Lippen (→ שׂפה *śāpāh*) und Zunge (→ לשׁון *lāšôn*), aber der Bibeltext überträgt oft diese Funktion auf den Mund (*pæh*). In dieser Hinsicht bezeichnet *pæh* den Mund von Menschen und von Gott (vgl. Gen 45, 12; 1 Kön 8, 15. 24) und wird nur selten auf Tiere übertragen (vgl. Num 22, 28). Als Kommunikationsorgan bezeichnet *pæh* auch metonymisch das, was aus dem Mund herauskommt (Sprache, Worte, Befehle usw., vgl. Num 14, 41; Dtn 32, 1; Ps 19, 15; Koh 10, 12f.), unabhängig davon, ob die Person selber spricht oder ob sie eine Botschaft übermittelt (vgl. Ex 4, 15f.; Jer 15, 19).
Der Mund ist schließlich auch das Organ des Küssens (vgl. 1 Kön 19, 18). Dabei geht es um eine besondere Form der Kommunikation, der Weitergabe eines Gefühles. Obwohl der Kuß mit dem äußeren Organ Mund gegeben wird, repräsentiert er die Sprache des Herzens, der Liebe (vgl. Ijob 31, 27; Hld 1, 2).
4. Schließlich ist noch hinzuweisen auf verschiedene feste Verbindungen mit *pæh*, wie *k^epî*, *l^epî* und *'al-pî* „gemäß, entsprechend" (vgl. Ex 16, 21; Lev 25, 52; Num 26, 54; Jos 18, 4; 2 Kön 23, 35; Spr 22, 6), die nur noch indirekt mit der Grundbedeutung des Wortes verbunden sind, vielmehr die durch das Gesprochene (aus dem Mund Herausgekommene) gegebene Norm bezeichnen.
Daneben lassen sich Sonderfälle aufzeigen, in denen *pæh* sich auf Rand oder Ende einer Sache bezieht (vgl. 2 Kön 10, 21; 21, 16; Esra 9, 11: „von einem Ende bis zum anderen"). Hier ist auf die mögliche etymologische Verbindung zwischen *pæh* und *pe'āh* (→ פאה) „Seite" oder „Rand" zu verweisen (vgl. u. VII. 1.; THAT II 406; GesB 1086f.).

IV. In einer Reihe von Texten bezieht sich *pæh* auf das Gespräch zwischen Mensch und Gott.
1. Als Körperteil – wir betrachten jetzt nicht die Funktion – ist der Mund mehr oder weniger eng mit den anderen Körperteilen verbunden. Zuerst einmal ist auf die Verbindung des Mundes mit dem Kopf oder besser, entsprechend der bibl. Perspektive vom Menschen (vgl. A. R. Johnson 40–50; H. W. Wolff § 9), mit dem Gesicht (*pānîm*, → פנים) zu sehen, näherhin also mit den Organen, die den Mund umgeben oder zusammen bilden. So ist die Verbindung von *pæh* mit *lāšôn* und *śāpāh* (s.o.) zu betonen. Solche Verbindungen kommen sehr häufig vor in poetischen Texten, in denen *pæh* in Parallelismus mit diesen Organen begegnet: *pæh* || *lāšôn* (Jes 57, 4; Jer 9, 7; Ps 10, 7; 37, 30; 39, 2; 50, 19; 66, 17; 73, 9; 78, 36; 109, 2; 126, 2; Ijob 15, 5; 20, 12; 32, 2; Spr 10, 31; 15, 2; 26, 28; 31, 26; vgl. Ex 4, 10); *pæh* || *śāpāh* (Jes 11, 4; 29, 13; Mal 2, 6. 7; Ps 51, 17; 59, 8. 13; 66, 14; 119, 13; 141, 3; Ijob 8, 21; 15, 6; 23, 12 [33, 2–3]; Spr 4, 24; 10, 32; 13, 3; 14, 3; 16, 10. 23; 18, 6. 7. 20; 27, 2; Koh 10, 12). In einigen Fällen stehen „Zunge" und „Lippen" in Wechsel- oder Komplementärbeziehung zu „Mund" (Dtn 23, 24; Mi 6, 12; Sach 14, 12; Ps 5, 10; 39, 2; 51, 16f.; 59, 13; 63,6; Spr 18, 20f.; 21, 23). In Jes 6, 7 sind *pæh* und *śāpāh* austauschbar: „Er berührte damit meinen Mund und sagte: Das hier hat deine Lippen berührt." In Jes 11, 4 steht *rûaḥ śāpāh* in derselben Bedeutung wie *rûaḥ pæh* in Ps 33, 6. Außerdem ist auf die Verbindung des Mundes mit dem Gaumen (*ḥeḵ*) hinzuweisen: Ez 3, 26f.; Ijob 29, 9f.; Spr 8, 7f. (so steht *ḥeḵ* synekdochisch für den Mund in Hos 8, 1; Ijob 22, 12f.; 33, 2), mit den Zähnen (*šen* [→ שׁן]: Mi 3, 5; Sach 9, 7; Ps 58, 7; Klgl 2, 16), zu der Gurgel (*gārôn*: Ps 5, 10), mit den Wangen (*l^eḥî* [→ לחי]: Ijob 16, 10), mit der Stirn (*qæræn* [→ קרן]: 1 Sam 2, 1), mit den Augen (*'ajin* [→ עין]: Gen 45, 12) und mit den Ohren (*'ozæn*: Jer 9, 19; Ps 78, 1; vgl. Ps 54, 4). In einem Fall wird der Mund in Parallele zum Kopf (*ro'š*) verwendet (vgl. Spr 10, 6. 11; vgl. dazu die Beobachtungen von W. McKane, OTL,

422; O. Plöger, BK XVII 121). Weniger fest ist die Verbindung von Mund und Fleisch (*bāśār*, vgl. Ps 145, 21; Koh 5, 5).

Als zweites ist hinzuweisen auf die Verbindung des Mundes mit den inneren Organen des Menschen (*qæræḇ*). Was der Mund ausspricht, kommt aus dem Inneren (Ps 5, 10). Am wichtigsten ist hier das Herz (*leḇ* [→ לב]), das häufig mit dem Mund verbunden wird: „Das Wort ... ist in deinem Mund und in deinem Herzen" (Dtn 30, 14). Mund und Lippen können sich bewegen, aber das Herz spricht (1 Sam 1, 12f.). Es besteht also eine lebendige Verbindung zwischen diesen Organen, ob sie nun harmonisch ist (Ps 17, 3; 19, 15; 37, 30f.; 49, 4; 66, 17f.; 141, 3f.; Ijob 15, 12f.; 22, 22; 31, 27; 33, 2f.; Spr 4, 4f. 23f.; 16, 23; Koh 5, 1) oder nicht (Jes 29, 13; Ez 33, 21; Ps 55, 22; 78, 36f.; vgl. auch Spr 15, 14. 28 und 1 Sam 2, 1). Mit dem Bauch (*bæṭæn*) bildet der Mund eine mehr organische und materielle Verbindung (vgl. o. III. 2.) als mit dem Herzen (Ez 3, 3; Spr 18, 20). Auch die Verbindung zwischen *pæh* und *næpæš*, dessen Grundbedeutung „Gurgel" ist, hier aber normalerweise den lebendigen Atem des Menschen bezeichnet, ist evident (vgl. Ps 63, 6; Spr 21, 23).

Schließlich ist auch die Verbindung zwischen Mund und den Gliedern des Körpers zu nennen, bes. zwischen *pæh* und *jāḏ* (→ יד) „Hand". In verschiedenen Texten wird davon gesprochen, daß man die Hand an den Mund führt zum Essen oder Trinken (Ri 7, 6; 1 Sam 14, 26. 27; Ez 2, 8f.; Ijob 19, 24; 26, 15). In anderen Fällen ist davon die Rede, daß man die Hand auf den Mund legt (*śîm jāḏ ʿal-pæh*, Ri 18, 19; Mi 7, 16; Ijob 21, 5; 40, 4; zu den äg. Parallelen s. B. Couroyer, RB 67, 1960, 197ff.), um das Schweigen zu bezeichnen (vgl. Ri 18, 19, wo synonym dazu das Wort für Schweigen begegnet [*ḥāraš*, → דמה II / דמם *dāmāh*/*dmm*]). In der Priesterschrift finden wir die für sie charakteristische Formel *ʿal-pî X bᵉjaḏ Y* (Ex 38, 21; Lev 27, 8; Num 4, 37. 45. 49; 9, 23; 10, 13; Jos 22, 9), eine Formel, die hinweist auf die Beauftragung und die Mittlerfunktion, in perfekter Koordination von Mund und Hand. Etwas wird mit dem Mund gesprochen und mit der Hand in die Tat umgesetzt (Jer 44, 25; Ps 144, 7f. 11). Über die Zusammenarbeit von Mund und Hand JHWHs spricht 1 Kön 8, 15. 24 || 2 Chr 6, 4. 15. JHWHs Hand berührt oder legt sich auf den Mund des Propheten (Jer 1, 9; Ez 33, 22; vgl. Jes 51, 16). Mit seiner Hand straft JHWH solche, die nicht auf die Befehle seines Mundes hören (1 Sam 12, 15).

2. Als Organ der Kommunikation erscheint der Mund in verschiedenen Funktionen und Aktivitäten, alle in Beziehung zur Sprache. In bibl. Perspektive ist die Hauptfunktion des menschlichen Mundes (analog des Mundes JHWHs) die Sprache. Von hierher sind die verschiedenen Nomina und Verben zu verstehen, die in den at.lichen Texten die Äußerungen des Mundes bezeichnen.

So treffen wir zunächst die Ausdrücke für die Kommunikation von Ideen: das Verb *dbr pi* 'sprechen' (Subj. Mensch: Gen 45, 12; Jer 32, 4; 34, 3; Ps 49, 4; 63, 12; 66, 14; 144, 8. 11; 145, 21; Subj. Gott: Num 12, 8; Jes 1, 20; 40, 5; 58, 14; Jer 9, 11; Mi 4, 4), dem entsprechend das Nomen *dāḇār* 'Wort' (Subj. Mensch: Ps 36, 4; Spr 18, 4; Koh 10, 13; Subj. JHWH: Jer 9, 19; Esra 1, 1; 2 Chr 36, 21 f.). Dieselbe Funktion des Sprechens im allgemeinen Sinne – ohne Spezifizierung – wird mit dem Verb *ʾāmar* ausgedrückt, das auffälligerweise niemals in Verbindung mit *pæh* gebraucht wird. Dagegen wird die substantivische Verbindung *ʾîmrê pæh* häufig verwendet, von Menschen (Dtn 32, 1; Ps 19, 15; 54, 4; 78, 1; Spr 4, 5; 5, 7; 6, 2; 7, 24; 8, 8; Ijob 8, 2; 23, 12) und von Gott (Hos 6, 5; Ps 138, 4). Ferner werden mit *pæh* verbunden: „fragen" (*šʾl*: Gen 24, 57 [Menschen]; Jos 9, 14; Jes 30, 2 [Gott]); „antworten" (*ʿnh*: Dtn 31, 21; 2 Sam 1, 16; vgl. Ijob 15, 6; Spr 15, 28; dazu die „Antwort" [*mʿnh*]: Ijob 32, 5; Spr 15, 1); „die Worte sprudeln lassen" (*nbʿ hiph*: Ps 59, 8; 78, 2; Spr 15, 2. 28); „erzählen" (*spr pi*: Ps 71, 15; vgl. 50, 16); „reden" (*mll*: vgl. Ijob 8, 2); „bestimmen" (*nāqaḇ*: Jes 62, 2: Subj. JHWH); „äußern" (*hgh*: Ps 37, 30; vgl. Spr 15, 28); „melden" (*ngd hiph*: Gen 43, 7; Ps 51, 17; vgl. Dtn 17, 10; Jes 48, 3); „zur Kenntnis geben" (*jdʿ hiph*: Ps 89, 2); „befehlen" (*ṣiwwāh*: nach Jes 34, 16 befiehlt JHWH mit seinem Mund: *kî-pî hûʾ ṣiwwāh*). Angesichts dieser Belege ist der Parallelismus zwischen *ʿal pî JHWH* und *kaʾᵃšær ṣiwwāh JHWH* gut zu verstehen (Num 3, 16. 51; 4, 49; 36, 5f.; vgl. Jos 17, 4: *ʾæl-pî*) so wie zwischen *śîm bᵉpî* || *ṣiwwāh* (2 Sam 14, 19; Esra 8, 17) oder *nāṯan bᵉpî* || *ṣiwwāh* (Dtn 18, 18) und die Verbindung zwischen „ungehorsam sein" (*mārāh* + *pæh*) und „befehlen" (*ṣiwwāh*, Jos 1, 18; 1 Kön 13, 21). Es gibt auch eine Verbindung zwischen dem Mund JHWHs und seinen Befehlen: *pî JHWH – miṣwaṯ JHWH* (1 Kön 13, 21; Ijob 23, 12; vgl. auch Dtn 8, 2–6; vgl. u. V. 1.). In demselben Sinn wird *pæh* mit „Thora" verbunden. So nennt man das Gesetz oder die Weisung JHWHs *tôraṯ pîḵā* (Ps 119, 72; vgl. Ijob 22, 22), und es wird gesagt, daß die Thora im Mund sein muß und nicht aus dem Mund weichen darf (Ex 13, 9; Jos 1, 8; Mal 2, 6. 7). Ein paralleler Ausdruck ist *ʿeḏûṯ pîḵā* mit Bezug auf JHWH (Ps 119, 88). In Verbindung zu diesen Texten ist auch auf die Wendung *mišpaṭ pæh* hinzuweisen (Ps 105, 5; 119, 13; 1 Chr 16, 12).

Als zweites ist hinzuweisen auf die Äußerungen des Mundes, die zur Vermittlung von Gefühlen dienen: „loben" (*hll pi*: Ps 63, 6 in bezug auf JHWH; Spr 27, 2 in bezug auf Menschen; vgl. auch Ps 34, 2f.; 109, 30; 63, 12 [im Vergleich zu v. 6]); entsprechend das Substantiv „Lob" (*tᵉhillāh*: „der Mund ist voll des Lobes Gottes" *jimmāleʾ pî tᵉhillāṯæḵā*, Ps 71, 8; vgl. 34, 2; und entsprechend: der Mund äußert das Lob: Ps 51, 17; vgl. 40, 4; 71, 14f.); „Dank sagen" (*jdh hiph*: Ps 109, 30 in Parallelismus mit *hll*; vgl. auch Ps 138, 4, wo die Danksagung auf die Verheißungen aus dem Munde JHWHs antwortet); „segnen" (*brk pi*: Ps 34, 2; 63, 5f.; 145, 21, in bezug auf

Gott; Ps 62, 5 verurteilt die Doppelzüngigkeit, daß man mit seinem Mund segnet, aber in seinem Herzen flucht; vgl. Spr 11, 11); „fluchen“ (*qll*: „Ijob öffnete seinen Mund und verfluchte seinen Tag“, Ijob 3, 1; vgl. Ps 62, 5); „Wohlgefallen haben“ (*rāṣāh*); während in Ps 49, 14 gesagt wird, daß die Reichen sich in großen Worten gefallen, bittet man in Ps 119, 108 JHWH, daß er Gefallen haben möge an den Worten aus dem Mund des Beters; ähnlich erbittet der Beter in Ps 19, 15 JHWHs Wohlgefallen (*rāṣôn*) für die Worte aus seinem Mund (*'imrê-pî*); „flehen“ (*ḥnn hitp*: Ijob 19, 16: *b^emô-pî 'æṯhannæn-lô*); „rufen“ (*qārā'* in bezug auf JHWH Ps 66, 17: *'elājw pî-qārā'tî*, in bezug auf die Törichten Spr 18, 6: *ûpîw l^emah^alumôṯ jiqrā'*). In diesen Zusammenhang gehört auch der Ausdruck „heuchlerischer Mund“ (*pæh ḥālāq*, Spr 26, 28).

Bleiben wir in diesem Bereich der Kommunikation, dann treffen wir schließlich auf eine Reihe von Ausdrücken mit *pæh*, die an sich unbestimmt sind; sie lassen sich unter Berücksichtigung des Kontextes in eine der beiden soeben besprochenen Bedeutungen einfügen. Hier sind zu nennen: „den Mund öffnen“ (*pāṣāh pæh*: Ri 11, 35f.; Ijob 35, 16; vgl. Klgl 2, 16; 3, 46; *pāṯaḥ pæh* in bezug auf Menschen: Ez 21, 27; Ps 38, 14; 39, 10; 78, 2; 109, 2; Spr 24, 7; 31, 8. 9. 26; Ijob 3, 1; 33, 2; Dan 10, 16; vgl. Jes 53, 7; oder auf Gott: Ez 3, 27; 33, 22; *pā'ar pæh*: Ps 119, 131; Ijob 16, 10; 29, 23). Die Verben *pāṣāh*, *pāṯaḥ* und *pā'ar* werden auch sonst häufig mit *pæh* benutzt; hier beschränken wir uns aber nur auf solche Verbindungen, die im Wortfeld Kommunikation stehen; „sich mit seinem Mund vergehen“ (*'āḇar pîw*: Ps 17, 3); „den Mund bewachen“ (*šāmar pæh*: Mi 7, 5; Spr 21, 23); „den Mund bedecken“ (*sāḵar pæh*: Ps 63, 12); „die Hand auf den Mund legen“ (*śîm jāḏ l^epæh*: Ijob 40, 4; vgl. Spr 30, 32 ohne *śîm*); „sehr schnell reden“ (*bāhal 'al pî*: Koh 5, 1); „den Mund verschließen“ (*ḥāśaḵ pæh*: Ijob 7, 11). Solche Ausdrücke bezeichnen meistens eine Aktivität, die sich einpassen läßt in den Gegensatz Klugheit – Dummheit (vgl. u. VI.).

In allen diesen Belegen haben wir den breiten Bedeutungsbereich des Lexems *pæh* beobachten können. Im menschlichen Bereich ist es ein psycho-physisches Lexem, weil *pæh* einmal über psychische Qualitäten spricht (Emotionen und Intellekt), mal über physische (als Körperteil mit seinen eigenen Funktionen). Die Belege, die sich auf den psychischen Bereich der Kommunikation beziehen, sind mit weisheitlichen und ethischen Färbungen gefüllt. Sie zeigen das persönliche Verhalten, so wie es mit dem Mund angesagt wird. In anderen Fällen erhalten sie eine religiöse Bedeutung, bes. wenn JHWH in die menschliche, psychologische Ebene eindringt, in das Herz und in den Mund des Menschen, oder immer dann, wenn Gott Menschen benutzt als seinen eigenen Mund, um seinen Willen und seine Gedanken auszudrücken.

V. Hier sind nun die Belege zu berücksichtigen, in denen der Mund mit JHWH in Verbindung gebracht wird, sei es, daß direkt vom Mund JHWHs gesprochen wird oder sei es, daß JHWH durch den Mund anderer spricht oder wenn vom Mund bestimmter Personen gesprochen wird, die in einem Dialog mit JHWH stehen. Solche Belege finden wir vor allem in 3 Bereichen: das Gesetz, insofern der Mund JHWHs gleichbedeutend ist mit Gebot oder Gesetz; die Prophetie, durch die JHWH seine Worte vermittelt; und schließlich – in der Mitte zwischen beiden – die Psalmen, in denen der Mensch durch das Gebet mit Gott in Kontakt tritt.

1. Wenn vom Mund JHWHs gesprochen wird, sind an erster Stelle die Texte zu berücksichtigen, die den Ausdruck *pî JHWH* allein benutzen (47mal) oder mit Präp. *k^epî JHWH* (1 Chr 12, 24) oder *mippî JHWH* (Jer 23, 16; 2 Chr 36, 12; vgl. 2 Chr 35, 22 *mippî '^ælohîm*). *pî JHWH* ist ein Anthropomorphismus, der wörtlich „Mund JHWHs“ bedeutet, aber hauptsächlich im übertragenen Sinne verstanden wird und sich sowohl auf das, was im Mund JHWHs ist, bezieht, als auch auf das, was aus ihm herauskommt. Der Ausdruck *pî JHWH* begegnet häufig in der gesetzlichen und prophetischen Sphäre, besonders in dtr und priesterschriftlichen Traditionen.

In Dtn 8, 3, einem Text aus der Zeit Joschijas vor der dtr Redaktion, findet sich der Ausdruck *kôl-môṣā' pî-JHWH*, der deutliche Vorläufer in der akk. und ugar. Literatur hat (vgl. I.1.2.). Nach dem ersten Augenschein bedeutet diese Wendung genau „das, was aus dem Mund JHWHs herauskommt“, doch im engeren Kontext nimmt diese Wendung die Bedeutung eines Strukturkerns der katechetischen Einheit Dtn 8, 2–6 an und weist auf den Ausdruck *miṣwôṯ JHWH* hin, der mehrmals in dieser Einheit begegnet (vgl. vv. 2. 6). Also „alles, was aus dem Munde JHWHs hervorkommt“ sind in diesem Falle vor allem und über alles seine Gebote (vgl. F. García López, Bibl 62, 1981, 50–53).

In den priesterlichen und dtr Traditionen wird der Ausdruck *pî JHWH* gebraucht zur Bezeichnung von Gebot, Befehl oder Auftrag JHWHs (Ex 17, 1; Lev 24, 12; Num 3, 16. 39. 51; 4, 37. 41. 45. 49; 9, 18. 20. 23; 10, 13; 13, 3; 33, 2. 38; 36, 5 [alle P] und Dtn 34, 5; Jos 15, 13; 17, 4; 19, 50; 21, 3; 22, 9; 2 Kön 24, 3 [alle dtr]). Diese Bedeutung wird in solchen Stellen klar bestätigt, in denen der Ausdruck *pî JHWH* mit Ausdrücken verbunden wird, die direkt die Gebote und Befehle JHWHs benennen (wie *ṣiwwāh* oder *mišmæræṯ*: vgl. o. IV. 2.), oder in solchen, die einen direkten Bezug auf ein von JHWH gegebenes Gesetz haben. In der Mehrzahl dieser Texte erhält Mose (seltener Josua) den Auftrag, den Willen JHWHs zu interpretieren und darauf zu achten, daß diese Gebote auch ausgeführt werden. So erscheint Mose als Vermittler des göttlichen Willens und als Mittelsperson zwischen Gott und seinem Volk.

JHWHs Willen kann man entweder akzeptieren oder sich gegen ihn auflehnen. So muß auch Bileam mehr Wert darauf legen, den göttlichen Willen zu erkennen, als die Absicht des Balak zu erfüllen. Auch wenn Balak ihm noch so viele Geschenke anbietet, wird Bileam den Befehl JHWHs nicht überschreiten: *lo' 'ûḵal la'ʿḇor 'æt-pî JHWH* (Num 22, 18; 24, 13, beides Texte, die aus späteren Redaktionen stammen, vgl. Cortese 144). Der Ausdruck *'āḇar 'æt pî JHWH* ist synonym mit *ḥāṭā* „sündigen", wie das Bekenntnis Sauls an Samuel zeigt (1 Sam 15, 24, dtr).

Besonders in den dtr und priesterschriftl. Traditionen begegnen häufig Berichte über eine Auflehnung des Volkes gegen den Willen JHWHs. In Dtn 1, 26. 43; 9, 23; 1 Sam 12, 14. 15; 1 Kön 13, 21. 26 (typisch dtr Texte) benutzt man das Verb *mārāh* 'widerspenstig sein' zusammen mit dem Ausdruck *pî JHWH*, um die Opposition Israels gegenüber einem göttlichen Befehl anzuzeigen. Dasselbe begegnet in Num 20, 24 und 27, 14 (P) mit leicht veränderter Ausdrucksweise, aber mit der gleichen Bedeutung. In den dtr Traditionen stehen die Ausdrücke *mārāh* oder *'āḇar + pî JHWH* oft zusammen mit negiertem *šāmaʿ*, *šāmar* oder *'mn hiph*, mit denen man auch den Ungehorsam des Volkes gegenüber Gott und seinen Geboten anzeigt. In Dtn 9, 23; 1 Sam 12, 14f. steht *himrāh pî JHWH* in Parallelismus mit *lo' šāmaʿ qôl JHWH*, was uns die grundsätzliche Verbindung zwischen *qôl* (→ קול) und *pæh* aufzeigt (vgl. u. VII. 1.).

Im prophetischen Bereich begegnet der Ausdruck *pî JHWH* in Jos 9, 14 abhängig von *šā'al* (vgl. Num 27, 21; Jes 30, 2), in Jes 1, 20; 40, 5; 58, 14; Jer 9, 11; Mi 4, 4 abhängig von *dibbær*, und in Jes 62, 2 abhängig von *nāqaḇ* (vgl. auch Jer 34, 16: *ṣiwwāh + pæh* mit Bezug auf JHWH).

Jos 9, 14 spielt vielleicht auf die Orakelpraxis an, in der man JHWH mittels Losen befragte (vgl. M. H. Woudstra, NICOT 160), d. h. der Ausdruck *pî JHWH* ist mit „Orakel JHWHs" gleichzusetzen. In Num 27, 21 begegnet die Orakelbefragung mittels Urim, um JHWH zu seinem Volk sprechen zu lassen. In solchen Orakelsituationen war die göttliche Antwort nicht artikuliert, so daß der Priester sie interpretieren mußte, damit das Volk die göttliche Offenbarung erkennen konnte. In dem Ausdruck *ûpî lo' šā'ālû* (Jes 30, 2) bezieht sich „Mund JHWHs" wahrscheinlich auf den Propheten; er ist zum König Hiskija geschickt worden, um ihm eine Botschaft Gottes zu verkünden, aber Hiskija wollte nicht hören (zum Propheten als Mund Gottes vgl. u. V.2.).

Jes 1, 20; 40, 5; 58, 14 und Mi 4, 4 benutzen den Ausdruck *kî pî JHWH dibbær*. Dieser Ausdruck wird verwendet als abschließende Botenformel, um die Prophetie zu autorisieren als ein Wort, das JHWH mit seinem eigenen Mund gesprochen hat. Jer 9, 11 benutzt *dibbær + pî JHWH*, aber in einer unterschiedlichen Formulierung, mit Bezug auf solche Propheten, als Weise aufgefaßt (vgl. 8, 8f.), die den Auftrag haben, dem Volk den Willen Gottes zu verkünden.

2. Der Mund JHWHs wird durch den Mund der Propheten „verlängert": Jer versteht sich selbst als Mund JHWHs. Wenn Jer umkehrt, so darf er aufs neue wieder Mund JHWHs sein (vgl. 15, 19).

Der Ausdruck *śîm dᵉḇārîm bᵉpæh* mit JHWH als Subj. oder sein Äquivalent *nāṯan dᵉḇārîm bᵉpæh* sind charakteristisch für die prophetische Literatur. Die erste Formulierung finden wir in der Erzählung von Bileam (Num 22, 38; 23, 5. 12) und wiederholt in Jes 51, 16; 59, 21. Bileam bekommt JHWHs Wort in seinen Mund, wie es auch den anderen Propheten geschehen ist. Auch diese Formulierung gewinnt den Wert einer Botenformel (2 Sam 14, 3. 18f.; Ex 4, 15; Esra 8, 17). Als Bote versteht sich Jeremia in seinem Berufungsbericht und auch sonst in seinem prophetischen Dienst, wenn er darauf hinweist, daß JHWH seine Worte in seinen Mund gelegt hat (Jer 1, 9; 5, 14; vgl. Dtn 18, 18), wodurch wiederum bestätigt wird, daß die Propheten sich selbst als Mund Gottes verstanden haben. Die unleugbare Beziehung zwischen der Mission des Jer und der des Mose wird auch durch identische Ausdrücke bezeichnet (vgl. Jer 1, 9 mit Dtn 18, 18; vgl. F. García López, VT 35, 1985, 1–12), wodurch die prophetische Mittlerfunktion noch weiter unterstrichen wird (vgl. o. V.1.; L. Ramlot, DBS 8, 1038–1040).

Die Funktionen der wahren Propheten unterscheiden sich klar von denen der falschen Propheten. Solche geben falsche Orakel (1 Kön 22, 22f. par. 2 Chr 18, 21f.). Sie verkünden Visionen, die aus ihrem eigenen Herzen stammen, nicht aus dem Mund JHWHs (Jer 23, 16). Nach Mi 3, 5 hören sie eher das Geräusch von Geld als den Mund JHWHs.

JHWHs Mund spricht schließlich nicht nur durch die Propheten als Personen, sondern auch durch ihre geschriebenen Worte. In mindestens einem Fall wird der Mund JHWHs identifiziert mit dem Buch JHWHs, das zugleich das Buch des Propheten Jesaja ist (Jes 34, 16). Analog beschreibt Ezechiel seine Prophetie als eine Buchrolle, die JHWH ihm gegeben hat, die er zuerst aufessen muß, bevor er sie seinem Volk weitergeben kann (Ez 3, 2f.). Er verzehrt die Rolle und JHWH öffnet den Mund des Propheten, damit die Worte der Rolle ans Volk weitergegeben werden können (v. 27). Diese Botschaft, sei sie gesprochen oder geschrieben, ist einerseits ganz die Gottes und andererseits ganz die des Propheten.

Die Worte aus dem Munde JHWHs, durch die Propheten weitergegeben, zeigen eine solche Kraft und Effektivität, daß sie mit Werkzeugen verglichen werden können, die verletzen und sogar töten können (Hos 6, 5; Jes 11, 4). Das Prophetenwort ist wie ein Feuer, das verzehrt – eine Funktion, die auch sonst zum Mund gehört (Jer 5, 14; 23, 29) –, oder wie ein tödlicher Pfeil (Jer 9, 7), wie ein scharfes Schwert (Jes 49, 2; vgl. o. III. 2.). Die Wirkmächtigkeit des göttlichen Wortes geht bes. klar hervor aus Jes 55, 10f., wo das Wort verglichen wird mit Regen und Schnee, die die Erde fruchtbar machen. Das Wort aus dem Mund Gottes kann Leben und Tod geben, durchaus vergleichbar zu den Segens- und Fluchbestimmungen im Zusammenhang mit dem Bundesschluß (Dtn 30, 14f.).

3. Gott gibt nicht nur seine Worte in den Mund des Propheten, sondern er legt auch in den Mund des Beters (*nāṯan* + *b*[e]*pî*, vgl. o. V.1.) „ein neues Lied, einen Lobgesang auf unseren Gott" (Ps 40, 4). Das Gotteslob ist deshalb möglich, weil Gott selbst die Lippen des Beters öffnet und ihn inspiriert mit einem Lied, das dann aus seinem Mund hervorkommt (Ps 51, 17). Das Gotteslob zeigt sich damit als ein Geschenk desselben Gottes. Das erklärt, daß man auch im Munde der Kinder die Stimme des lebendigen Gottes vernehmen kann. Gott zeigt sich in den Kleinen, und in ihrem Mund entsteht das Lob (Ps 8, 3 nach LXX; vgl. Mt 21, 16).

Der Mund, in Harmonie mit den Lippen und der Zunge (vgl. Ps 51, 17; 63, 6; 66, 17; 126, 2), mehr noch, in Übereinstimmung mit dem ganzen Sein (Ps 145, 21), alles kommt in Bewegung, um die Größe des Herrn zu besingen, um seine Gerechtigkeit und sein Heilswirken zu erzählen (Ps 71, 8. 15; 126, 2; 145, 21). Damit also ein Gebet zustandekommt, muß der Herr die Lippen des Beters öffnen; dann erst kann er die Gebete akzeptieren, die aus dem Mund des Menschen hervorgehen (Ps 54, 4; 119, 108).

Beim Gebet muß auch ein weiteres Organ, das Herz, funktionieren. Auch wenn sich die Lippen bewegen und der Mund sich öffnet, betet man doch tatsächlich mit seinem Herzen. Das Herz bewegt sich zu Gott und der Mund macht diese Bewegung mit (1 Sam 1, 12f.; 2,1).

Der Psalmist schließlich unterscheidet den eigenen Mund, der die Wundertaten JHWHs besingt, von dem Mund der Frevler, die er als wilde Bestien versteht mit offenem Maul, das ihn verschlingen will. In solchen Fällen wendet sich das Gebet an Gott, der ihn retten kann (Ps 22, 22; 109, 2. 30; vgl. Am 3, 12 und Ijob 36, 16). Diese Vorstellung nun berührt eng den Bereich der Weisheitsliteratur.

VI. In der Weisheitsliteratur begegnet *pæh* sehr häufig im Buch der Sprüche und in den Psalmen, weniger häufig bei Ijob und Kohelet.

1. In diesen Büchern können die Passagen, die „Mund" enthalten, sehr allgemein gehalten sein, was Inhalt und auch Absicht betrifft. So werden in Spr 4, 5; 5, 7; 7, 24 die Söhne, d. h. die Schüler, eingeladen, die Worte des Mundes (*'imrê pæh*) des Lehrers zu lernen. Eine ähnliche Einladung begegnet in Ps 75, 1f.; dort ist sie ans Volk gerichtet (vgl. Ps 49, 2ff.).

2. In den weisheitlichen Texten, die vom Mund sprechen, läßt sich deutlich eine Aufteilung erkennen in bezug auf zwei gegensätzliche Personengruppen: weise – dumm und gut – schlecht. Dabei bezeichnet das erste Paar eine intellektuell-weisheitliche Kategorie, während das zweite Paar eine ethisch-religiöse Kategorie beinhaltet, obwohl es häufig zwischen beiden Querverbindungen gibt dergestalt, daß Weise bzw. Dumme sich identifizieren können durch ihre Güte bzw. Bosheit.

Zur Gruppe der Guten gehören die Gerechten (*ṣaddîqîm*, Spr 10, 6. 11. 31; 11, 9; Ps 37, 30) und die Geraden (*j*[e]*šārîm*, Spr 11, 11). Der Mund der Gerechten äußert Weisheit (*ḥŏkmāh*, Spr 10, 31; Ps 37, 30). In Spr 8 wird die Weisheit personifiziert und die Worte aus ihrem Mund werden charakterisiert als Wahrheit und Aufrichtigkeit. Die Weisheit haßt den verlogenen Mund (*pî tahpuḵôṯ*); in ihren Worten ist nichts Hinterhältiges und Falsches (Spr 8, 7f. 13). In dieser Reihe der ethischen Werte wird die Wahrheit der Bosheit entgegengesetzt: Wahrheit ohne Falsch und Aufrichtigkeit ohne Bosheit, im Bereich der Sprache.

Zu der Gruppe der Bösen gehören die Bösewichte und die Ungerechten (*'āḏām b*[e]*lijja'al*, *'îš 'āwôn*, Spr 6, 12), die Frevler (*r*[e]*šā'îm*, Spr 10, 6. 11; 11, 11; 12, 6; 15, 28; 19, 28; Ps 36, 2ff.). Ihr Mund ist durch Falschheit gezeichnet (*'iqq*[e]*šûṯ*, Spr 4, 24; 6, 12), durch Perversion und Lüge (*tahpuḵôṯ*, Spr 10, 32; *'āwôn*, Spr 19, 28; Ps 36, 4) und durch Übeltat im allgemeinen (*rā'ôṯ*, Spr 15, 28, vgl. Ps 50, 19). Das Herz des Klugen ist auf Weisheit gerichtet, und sein Mund äußert Weisheit, während der Mund des Dummen sich von Boshaftigkeit ernährt und Boshaftes äußert (Spr 15, 2. 14). Der Weise kontrolliert seine Lippen und spricht mit Klugheit, und der Mund des Dummen äußert Übermut (Spr 14, 3); „Wer seine Lippen hütet, bewahrt sein Leben, wer seinen Mund aufreißt, den trifft Verderben" (Spr 13, 3; Ijob 35, 16). „Das Herz des Weisen macht seinen Mund klug, es mehrt auf seinen Lippen die Belehrung" (Spr 16, 23). Elifas weist die Ansichten des Ijob zurück, da er nicht weise spreche; seine Äußerungen sind leer und seine Worte ohne Gewicht: „dein eigener Mund verurteilt dich, nicht ich, deine Lippen zeugen gegen dich" (Ijob 15, 2–6).

3. Der Mund des Menschen ist nicht neutral; im Gegenteil, er ist eine starke Waffe. Aus seiner Sprache erstehen ernsthafte Folgen, seien es gute, seien es schlechte. Es ist nicht nur der Fall beim Individuum, sondern auch in der Gemeinschaft und im sozialen Bereich. Der Mund des Gerechten ist Quelle des Lebens und des Segens. Seine Sprache produziert Wohlstand. Der Dumme erzielt Gewalt und praktiziert sie mit seinem Mund. Seine Sprache zerstört ihn und die anderen (vgl. Spr 10, 6. 11. 14. 31f.; 18, 7; Ps 50, 19; Koh 10, 12f.). Mit seinem Mund kann der Mensch die Lebensgemeinschaft mit seinen Nachbarn bauen oder zerstören. Die Sprache der Bösen bildet Intrigen und verkündet Bosheiten gegen den Nächsten; eine solche Sprache wird zu einer zerstörenden Kraft innerhalb der Gesellschaft. Im Gegenteil dazu dient der Segen der Gerechten zum Heil und zum Reichtum der Stadt; ihre Sprache ist gut und konstruktiv, weil sie sich um das Wohlergehen des Nächsten kümmern (Spr 11, 9. 11). Die Worte der Bösen können sogar zu tödlichen Fallen werden. Der Schuldige versucht, mit seinen Worten das Recht umzudrehen und den Unschuldigen dem

Tode auszuliefern. Der Unschuldige kann sich verteidigen und retten, wenn er die Wahrheit spricht (Spr 12, 6; 18, 7). Also ist die sorgfältige Beachtung der Sprache eine Frage von Leben und Tod; die Früchte des Mundes sind entweder wohltuend oder tödlich. Wer sorgfältig auf seinen Mund achtet, der verspritzt kein Gift und achtet darauf, daß er die anderen nicht tödlich trifft (Spr 13, 2f.; 21, 23; 26, 9). Alle diese Belege unterstreichen eindeutig Gewicht und Effektivität der menschlichen Sprache, die Kraft des Mundes des Menschen. Diese Beobachtungen bestätigen wiederum das, was wir oben (V. 2.) über die Kraft des Wortes gesagt haben. In dieser Hinsicht versteht man gut den Psalmisten, der im weisheitlichen Ton die Gefahren betont, die aus dem bösen Mund und von der lügnerischen Zunge ausgehen, und angesichts dessen zu Gott betet, er möge nicht ruhen, sondern eingreifen und ihn retten (Ps 109, 2; 144, 8–11; vgl. Ijob 5, 15f.).

4. Wenn man mit einem Wort das ethisch-weisheitliche Ideal des Menschen definieren soll, so wie es aus den Texten hervorgeht, die das Wort „Mund" enthalten, dann müssen wir über die „Kohärenz des Lebens" sprechen. Herz, Mund und Hände sind die wichtigsten Zentren im menschlichen Leben. Das Ideal besteht darin, daß Harmonie besteht zwischen diesen drei Organen und ihren Funktionen: Gedanken, Sprache und Aktion. Aber dieser Zusammenhang wird oft durch Konflikte zwischen Gedanken und Sprache gestört (Lüge), zwischen Wort und Aktion (Heuchelei) und zwischen Gedanken und Aktion (Doppelzüngigkeit oder Schwäche; vgl. de Geradon 31. 36; Beernaert 5f.).

In Spr 4, 20–27 finden wir eine Reihe von Querbezügen zwischen den Körperteilen des Menschen und wesentlichen Vollzügen der menschlichen Tätigkeit. Die Beschreibung des Herzens, des Mundes, der Zunge, der Augen, Ohren, Hände und Füße versucht, die ganze Persönlichkeit des Schülers in ihrer körperlichen Verfassung, in ihrem ganzen menschlichen Leben darzustellen. Das Herz funktioniert als Zentrum des Menschen. Von hier aus werden die Funktionen der anderen Körperteile reguliert. Vom Herzen geht die Kontrolle über Mund und Zunge aus, über die Augen und über das, was sie sehen, sowie schließlich über die Aktion der Füße.

Aus Spr 6, 12–14 geht ein Gegensatz hervor zwischen den äußeren Organen (Mund, Augen, Füße, Finger) und dem Verstand oder Herzen, d. h., eine Opposition zwischen der inneren Aktivität des Menschen (Absicht) und ihren äußeren Manifestationen. Der falsche Gebrauch der äußeren Organe weist hin auf eine Perversion des Herzens, des Lebenszentrums, aus dem heraus die Gedanken und die Gefühle hervorkommen (vgl. B. Gemser, HAT I/16, 39). Im Gegenteil macht das Herz des Weisen seinen Mund klug (Spr 16, 23). Diese innere Verbindung zwischen Verstand oder Herz und Mund oder Äußerungen bildet einen wesentlichen Teil der Argumentation und der Grundkonzeption einer Reihe anderer weisheitlicher Texte: vgl. Spr 15 (bes. vv. 14. 28); Spr 16, 23; Ps 141, 3f. Das gut orientierte Herz, von dem eine gute moralische Lebensführung ausgeht, ist das, das in sich das Gesetz Gottes enthält (Ps 37, 30f.). Letztlich besteht das weisheitlich-ethische Ideal des Menschen in seiner Beziehung zu Gott, dem einzigen, in dem es eine perfekte Einheit gibt von Herz, Lippen und Äußerungen.

VII. 1. Im allgemeinen übersetzt die LXX *pæh* mit στόμα, ein Ausdruck, der wesentlich dieselben Bereiche der Bedeutung wie *pæh* abdeckt. In 5 Fällen benutzt sie περιστόμιον, das im strengen Sinne das bezeichnet, was „um den Mund herum liegt"; im weiteren Sinne bezieht es sich auf die Mundöffnung als ganze (vgl. Ex 28, 28 [= 32]; 36, 31 [= 39, 23]; Ijob 30, 18; vgl. auch Ijob 15, 27). Wenn die LXX andere Termini zur Übersetzung verwendet, sind diese Variationen immer noch im Bereich der Bedeutungsbreite von *pæh* (vgl. o. IV.). Diese Variationen lassen sich in zwei Gruppen zusammenfassen. In erster Linie wird *pæh* übertragen durch γλῶσσα (Ri 7, 6), χεῖλος (Spr 6, 2) oder πρόσωπον (Ps 17, 8; 54, 21; Spr 2, 6), also Ausdrücke, die andere Körperteile bezeichnen, die mit dem Mund in Verbindung stehen. In zweiter Linie wird *pæh* mit Wörtern übersetzt, die die Kommunikation bezeichnen: εἰπεῖν (Gen 45, 21); λόγος (1 Sam 15, 24); πρόσταγμα (Lev 24, 12; Num 9, 18b. 20. 23b. 33. 38; 36, 5; Jos 15, 13; 17, 4; 19, 50; 21, 3; 22, 9; Ijob 29, 27); ῥῆμα (Ex 17, 1; Num 14, 41; 22, 18; 24, 13; 27, 14; 33, 2; Dtn 1, 26. 43; 9, 23; 34, 5; 1 Kön 13, 26; Ijob 16, 5; 23, 12); φόνος und φωνή (Ex 17, 13; Num 21, 24; Dtn 13, 15; 20, 13; Num 3, 16. 39. 51; 4, 37. 41. 45. 49; 9, 20; 10, 13; 13, 14; Am 6, 5).

Ein merkwürdiger, aber beachtenswerter Fall liegt in Ps 132, 2 vor, wo *pæh* durch ᾤα „Rand" übersetzt wird, das letztlich noch zum Bedeutungsfeld von *pæh* gehört (vgl. o. III. 4.).

Unabhängig davon werden verschiedene Wendungen mit *pæh* durch eigene Ausdrücke übersetzt: z. B. *k^e^bad pæh* (Ex 4, 10) wird übersetzt durch ἰσχυόφωνος; *higdîl pæh* (Obd 1, 12) durch μεγαλορρεμονεῖν und *mārāh 'æt pæh* (Num 20, 24) durch παροξύνειν. In den meisten Fällen bilden solche Varianten Präzisionen, die noch im Bedeutungsbereich von *pæh* enthalten sind. Das ist grundsätzlich überall dort der Fall, wo Termini der Kommunikation vorliegen, da *pæh* sich in diesen Belegen nicht im strikten Sinne auf den Mund bezieht, sondern auf die Sprache, auf Gebote oder auf die Stimme, auf das, was aus dem Mund hervorgeht.

In 1 Sam 15, 24 wird *pî JHWH* durch τὸν λόγον κυρίου übersetzt, wodurch die LXX einen Anthropomorphismus vermeidet, der wegen des Parallelismus des Ausdrucks mit *d^e^bārækā* (*š^e^mû'el*) u. U. eine Fehlinterpretation hervorrufen konnte. Die gleiche Absicht treffen wir auch dort wieder, wo die LXX häufig den Ausdruck *'æt pî* übergeht, z. B. Jos 9, 15 (vgl. dazu R. G. Boling, AB 6, 258).

2. *pæh* begegnet in seinen diversen Formen 138mal in den Schriften von Qumran: 1 QH 39mal; 1 QS 31mal; CD 20mal; TR 17mal; 1 QSa 13mal; 1 QM 4mal, in anderen Schriften 14mal. In mehr als drei Viertel der Belege wird *pæh* mit Präpositionen verbunden: *l*^{e} 35mal; *ʿal* 33mal; *b*^{e} 17mal; *min* 11mal und *k*^{e} 9mal, wobei die Bedeutung dem bibl. Hebr. recht ähnlich ist: „gemäß, entsprechend ...". Gleicherweise treffen wir wiederum auch auf die festen Wendungen, wie wir sie im AT vorgefunden haben: *ʿal pî hadd*^{e}*ḇārîm* oder *ʿal pî hattôrāh* (1 QS 6, 24; CD 7, 7; 19, 4; 20, 28), wobei auch charakteristische Merkmale der Qumranschriften begegnen, wie *ʿal pî hārabbîm* (1 QS 6, 21; 8, 19; 9, 2), ein Ausdruck, der wahrscheinlich dem Ausdruck *ʿal pî rāḇ jiśrāʾel* (1 QS 5, 22) entspricht.

In 1 QS 6, 26 ist hinzuweisen auf die Formel *b*^{e}*ʿamrôṯ ʾeṯ pî r*^{e}*ʿehû*, die eine Rebellion gegen den Willen einer anderen Person anzeigt, eine Formulierung, die an Dtn 1, 26. 43; 9, 23 erinnert, wo es um eine Rebellion gegen JHWH ging (vgl. o. V.1.). Ein anderer wichtiger Text liegt in 1 QS 10, 21f. vor, wo Herz (*leḇ*), Mund (*pæh*), Lippen (*śāpāh*) und Zunge (*lāšôn*) zusammenstehen, wodurch eine Reihe von persönlichen Entschlüssen deutlich gemacht werden soll, was an die Weisheitsliteratur erinnert. In 1 QS 10, 23 steht *pæh* in Parallelismus mit *lāšôn*, in einer Formulierung, die sich in den Hodajot wiederfindet *b*^{e}*hôḏôṯ ʾæptaḥ pî*, par. *w*^{e}*ṣiḏqôṯ ʾel t*^{e}*sapper l*^{e}*šônî tāmîḏ* (vgl. 1 QH 11, 4. 33).

Nach 1 QM 14, 6 (ein Danksagungstext) öffnet Gott selbst den Mund seiner Getreuen, damit sie ihm Dank sagen; er öffnet den Mund der Stummen, damit sie seine Größe besingen. Der Text spielt auf Ez 33, 22 an; vgl. auch Ps 39, 10.

Der Terminus *pæh* wird in den Hodajot (1 QH) auch noch mit einer höheren theologischen Bedeutung versehen als in anderen Dokumenten (vgl. o. V.3.). Gott wird zum Zentrum zahlreicher Ausdrücke mit *pæh*. Man spricht über „seinen Mund" (3, 5), über seinen „glorreichen Mund" (*b*^{e}*pî k*^{e}*ḇoḏ*^{e}*ḵā*, 6, 14) und über seinen „wahrhaftigen Mund" (*ʾ*^{æ}*mæṯ piḵāh*, 11, 7). Außerdem treffen wir in diesem letzten Text noch auf einen Parallelismus zwischen Mund und Hand Gottes: „ich habe erkannt, daß Wahrheit dein Mund ist und in deiner Hand Gerechtigkeit". Aus dem Mund Gottes kommen Worte der Unterweisung (6, 9); von dort geht die Ordnung der Zeit aus (12, 9). Der Mund Gottes ist Motiv für Umkehr (6, 14) und Lebenswandel (4, 21). Gott selbst ist es, der dem Psalmisten Gebet und Lob in den Mund legt (9, 11; 11, 4; vgl. auch 11, 33). Ein ähnlicher Ausdruck mit *śîm* begegnet in 8, 16: *śamtāh b*^{e}*pî k*^{e}*jôræh gæšæm* „Du hast in meinen Mund gelegt (etwas) wie der Frühregen", was sich auf den Lehrer der Gerechtigkeit bezieht, der hier eine wichtige Rolle als Vermittler der Lehre spielt (vgl. M. Delcor, Les Hymnes de Qumran [Hodajot], Paris 1962, 206). Gott ist derjenige, der die wahre Lehre in den Mund des Menschen und die Einsicht in sein Herz legt, so wie es in 2, 17f. in ähnlichen Parallelformulierungen ausgedrückt wird. Das erklärt die Frage von 10, 7 und 12, 32: „und wie soll ich reden, wenn du mir den Mund nicht auftust?". Der Psalmist öffnet seinen Mund, um Gott zu besingen, denn Gott hat geschaffen den Hauch auf der Zunge (*rûaḥ b*^{e}*lāšôn*) und „die Frucht der Lippen" (*p*^{e}*rî ś*^{e}*pāṯajim*), und er bestimmt Worte und das Ausstoßen von Hauch der Lippen (1, 28. 30–31; vgl. 11, 24f.). Neben diesen vielen Belegen in bezug auf Gott und in bezug auf den Beter hat das Buch der Hodajot eine Reihe von Belegen, in denen vom Mund derer gesprochen wird, „die nach Täuschung suchen" (2, 34), solche, die Gott suchen wollen im Mund von Lügenpropheten, die durch Irrtum verführt sind (4, 16). 1 QH 7, 11 bietet einen schönen Parallelismus zwischen Mund und Zunge: „es gibt keinen Mund für den Geist des Verderbens und keine Antwort der Zunge für alle Söhne der Schuld". Nach 8, 35 wird dagegen die Zunge deutlich als Teil des Mundes gekennzeichnet. Die verschiedenen Belege der TR zeigen die Verwendung von *pæh* im Bereich des Gelübdes. Im Kontext der priesterlichen Gesetze über das Gelübde wird vorgeschrieben, daß der Mensch das halten muß, was er mit seinem Mund versprochen hat (TR 53, 13; vgl. Z. 10. 15). Dabei wird eine klare Beziehung zwischen *śāpāh* und *pæh* vorausgesetzt. In TR 54, 5 spricht die TR auch über die Gelübde, wobei sie eine Formel verwendet, in der jedoch das Verb *jāṣāʾ* direkt mit *pæh* verbunden wird: *kwl ndr ... ʾsr ... ʿl npšh jqwmw ʿljh kkwl ʾšr jṣʾ mpjh*: „Jedes Gelübde einer Witwe und einer Geschiedenen, alles, was sie auf sich genommen hat, ist gültig entsprechend all dem, was aus ihrem Mund hervorgegangen ist." Diese Texte beziehen sich zurück auf Num 30, 10 und Dtn 23, 22ff.

Zu den Belegen von *pæh* in den aram. Texten vom Toten Meer vgl. K. Beyer, ATTM 669.

F. García López

פוח *pwḥ*

I. Etymologie – II. 1. Vorkommen im AT incl. Sir – 2. Phraseologie – 3. Übersetzung in der LXX – III. Verwendung im AT – 1. Heftig blasen – 2. Nachdrücklich, heftig reden – IV. Verwendung in Sir und Qumran.

Lit.: *J. Barth*, Die Nominalbildung in den semitischen Sprachen, ²1894 (= 1967). – *P.-R. Berger*, Zu den Strophen des 10. Psalms (UF 2, 1970, 7–17). – *B. Blake*, „Until the day break and the shadows flee away" (ExpT 47, 1935/36, 45). – *W. Bühlmann*, Vom rechten Reden und Schweigen (OBO 12, 1976, bes. 93–100. 160–167). – *M. Dahood*, Some Ambigous Texts in Isaias (30, 15; 52, 2; 33, 2; 40, 5; 45, 1) (CBQ 20, 1958, 41–49). – *G. Gifford*, Song of Songs II.17 (IV.6) and Isaiah XL.3

(ExpT 47, 1935/36, 381). – *S. E. Loewenstamm*, *jāpe*ᵃ*ḥ*, *jāpi*ᵃ*ḥ*, *jāpî*ᵃ*ḥ* (Leshonenu 26, 1962, 205–208. 280). – *P. D. Miller*, YĀPÎAḤ in Ps XII 6 (VT 29, 1979, 495–500). – *J. Obermann*, Survival of an Old Canaanite Participle and its Impact on Biblical Exegesis (JBL 70, 1951, 199–209). – *D. Pardee*, YPḤ „Witness" in Hebrew and Ugaritic (VT 28, 1978, 204–213). – *F. H. Pickering*, „Until the day break and the shadows flee away" (ExpT 48, 1936/37, 44). – *J. S. Sibinga*, Une citation du cantique dans la secunda Petri (RB 73, 1966, 107–118). – *W. v. Soden*, *n* als Wurzelaugment im Semitischen (in: Studia Orientalia in memoriam C. Brockelmann, 1968, 175–184). – *A. Strobel*, Untersuchungen zum eschatologischen Verzögerungsproblem (NTSuppl 2, Leiden/Köln 1961). – *D. W. Thomas*, „Until the day break and the shadows flee away" (ExpT 47, 1935/36, 431 f.). – *M. Ch. Virolleaud*, L'alphabet sénestrogyre de Ras-Shamra (CRAIBL 1960, 84–90).

I. Die ursprünglich einsilbige, lautmalende Wurzel *pwḥ* (v. Soden 176; Meyer, Hebräische Grammatik II, ³1969, 133) hat schon früh ein Pendant in *npḥ* (→ נפח) erhalten. Im Ugar. ist kein einsilbiger Beleg gegeben, wohl aber entspricht syr. *pāḥ* (LexSyr 559), mhebr. und jüd.-aram. *pûaḥ*; vgl. arab. *fāḥa* 'Duft oder Wohlgeruch verbreiten'; anzuführen ist auch *faḫḫa* 'pfeifen (Sturm)'. Zu notieren ist *puḫpuḫḫû/u* 'Kampfschnauben, Streit' (AHw II 876). In der Diskussion spielt ugar. *jpḥ* 'Zeuge' (UT Nr. 1129) eine Rolle; bemerkenswert ist, daß hebr. *npḥ* im ugar. *npḫ* (mit *ḫ*) die Entsprechung besitzt. Allerdings wird man mit einer Nähe rechnen müssen, die sich semasiologisch markant ausgebildet hat. In der Argumentation stützt man sich auch auf syr. *paḥ* „defecit (vox) . . . laboravit" (LexSyr 561 f.).

II. 1. Man kann 15 Vorkommen registrieren, davon 3mal *qal* und der Rest *hiph*. Allerdings wird häufig angenommen, *jāpîaḥ* (vgl. Barth 189. 233) sei selbständiges Nomen (= 'Zeuge') in Spr 6, 19; 14, 5. 25; 19, 5. 9; auch hinsichtlich Ps 12, 6 wie Hab 2, 3 wird diese Möglichkeit ins Auge gefaßt. *hāpeaḥ* Jes 42, 22 ist nicht inf. abs. *hiph*, sondern von *pḥḥ* herzuleiten.

2. *pwḥ* ist häufig in festgeprägten Verbindungen bezeugt. So lassen sich *pûaḥ hajjôm* 2mal und *jāpîaḥ k*ᵉ*zābîm* 5mal belegen. Als Präp., die das Obj. einführen, stehen *l*ᵉ (2mal), *b*ᵉ (1mal) und *'al* (1mal). Nur in Ez 21, 36 und vielleicht Ps 12, 6 ist JHWH das Subjekt, in Hab 2, 3 scheint es *ḥāzôn* zu sein.

3. Die Übertragung in der LXX bemüht sich um Gleichmäßigkeit in der Wortwahl, wenn sie auch bestrebt ist, den Inhalt entsprechend einzufangen. Folgende Worte können angeführt werden: διαπνεύειν (3mal), ἐκκαίειν (5mal), ἐμφυσᾶν, ἐγκαλεῖν, ἐπιδεικνύειν, ἀνατέλλειν und κατακυριεύειν (je 1mal).

III. Die Wortverwendung umfaßt die Bereiche der heftigen Windbewegung (verbal ausgedrückt) bis zum übertragenen Gebrauch mit Bezug auf die Rede (aushauchen > aussprechen). Es scheint nicht ausgeschlossen, eine Akzentsetzung im Bereich forensischer Gegebenheiten zu sehen. In diesem Fall wäre die Verwendung in Richtung „Zeugenaussage" nicht auszuschließen. Die semasiologische Schwerpunktbildung veranlaßte KBL³ 866 f. zu einer zögernd durchgeführten Unterscheidung zwischen einem *pûaḥ* I und *pûaḥ* II.

1. Die Grundaussage von *pûaḥ* ist in Hld 4, 16 gegeben, wo die Qualität der Windbewegung das in den lyrischen Kontext Eingebundene und übertragen Verwendete erläutern will. Dem Beschreibungslied (4, 12–15) folgt in Form eines Sehnsuchtsliedes (G. Krinetzki, BET 16, 1981, 22. 153) antithetisch die eindringliche Aufforderung an den Geliebten, die Früchte des Gartens (nämlich der sprechenden Frau) zu genießen. Realsymbolisch werden imperativisch der Nordwind und der Südwind zum Kommen (*'wr*; vgl. Jer 25, 32 und *bw'*; vgl. Hos 13, 15) und zum Wehen (*pwḥ*) aufgefordert. Durch die Wortwahl ist ungebändigte Sturmeskraft angezeigt; der gleiche Parallelismus in Sir 43, 16 f. untermauert dieses Verständnis. Im Hld-Kontext geht es um die Gewalt der Sehnsucht der Geliebten. O. Keel (ZBK 18, 169) und G. Krinetzki (Das Hohe Lied, 1964, 175) verlegen die Pointe auf den ruhigen Genuß und werden der geradezu unbändigen Explosivität kaum gerecht. Für *pwḥ hiph* ergibt die Untersuchung, daß die mittels des Verbs eingefangene Tätigkeit nicht als leichthin den Duft weitertragend beschrieben werden kann (Rudolph, KAT XVII/1–3, 151), sondern als stürmisch und mitreißend zu verstehen ist: „durchbrausen, durchstürmen lassen". Im Garten soll die ganze, jeden Winkel erfassende Kraft des Windes aktiviert und wirksam werden, um alle Düfte zu erfassen und, in der Fülle dem alles benetzenden (vgl. *nāzal*, → נזל) Regen (vgl. Num 24, 7; Jer 9, 17; 18, 14; Ps 147, 18; Ijob 36, 28) vergleichbar, den Geliebten zu animieren und mitzureißen.

Der Ausdruck *pûaḥ hajjôm* kommt nur Hld 2, 17 und 4, 6 vor: „bis der Tag *jāpûaḥ* und die Schatten fliehen (*nûs*)".

Da Hld 2, 17a. b und 4, 6a. b identisch sind, vermutete man, daß 4, 6 eine nachträgliche Übernahme darstelle (Ringgren, ATD 16³, 272 u. a.), die zudem nicht am rechten Ort eingefügt wurde (nach v. 7 nach Loretz, AOAT 14/1, 1971, 26. 28; nach v. 8 nach Graetz, Schir ha Schirim, Breslau 1885, 157). Doch läßt sich derlei nicht zwingend belegen, so daß eher ein Beispiel vorliegt, daß in der Liebeslyrik dieser Topos beliebt war.

Um zu eruieren, was *pûaḥ hajjôm* bedeutet, mag man vergleichen, wie man andernorts den fortschreitenden Tag darstellte. Das „Vergehen des Tages" wird bezeichnet durch *'br jôm (jāmîm)* (Zef 2, 2 [umstritten]; Gen 50, 4; Ijob 17, 11 u. ö.), *pnh hajjôm (jāmîm)* (Jer 6, 4; Ps 90, 9) und *rph hajjôm* (Ri 19, 9). Während die größere Anzahl der Stellen mit Bewegungsverben (*'br*, *pnh*) gebildet werden, ist Ri 19, 9 wie die Stellen in Hld übertragen. Der Großteil der Exegeten sieht das noch näher zu bestimmende Vergehen des Tages und Längerwerden des Schattens dargestellt, doch sehen andere den anbrechenden Tag beschrieben (Berger 14; Sibinga 108f.; O. Loretz, AOAT 14/1, 1971, 19). Als erklärenden Hinweis bringt Pope (AB 7C, 365), daß es jene Zeit ist, da „the amative activity ends". Gegen dieses Verständnis von *jāpûaḥ hajjôm* erheben sich meteorologische Bedenken. Es dürfte nämlich die Wirkung der auch in Gen 3, 8 genannten *rûaḥ hajjôm* gemeint sein. Es beginnt (nach Keel / Küchler / Uehlinger, Orte und Landschaften der Bibel 1, 1984, 51) „im Sommer im Laufe des Morgens regelmäßig ein angenehmer W-Wind zu wehen, der gegen Abend stärker wird". Schon Dalman (AuS 1/2, 511f.) notierte, daß dieser Wind um ca. 14 Uhr seine größte Stärke erreicht; nach ihm sind die Hld-Stellen nur in diesen Zeitraum einzuordnen.

Tatsächlich deutet auch der Gebrauch von *pûaḥ* in diese Richtung, da, wie oben erhoben wurde, das Verb eine stürmisch-aktivierende Komponente hat. Wenn der belebende Nachmittag-Abendwind die lähmende Hitze des Tages ablöst, wird die Unternehmungslust geweckt. Daß es um diese geht, unterstreichen die Vergleiche mit der Gazelle bzw. dem jungen Hirsch, die nach altorientalischer Vorstellung (Belege bei Keel, ZBK 18, 95f.) die Schnelligkeit, das Spielerisch-Anmutige, vor allem aber auch das gesteigerte Lebensgefühl der Leidenschaft symbolisieren. In solcher Intention ruft nach 2, 17 die Geliebte ihren Geliebten; entsprechend 4, 6 äußert der Geliebte, er werde während des animierenden Windes zum Myrrhenberg, zum Weihrauchhügel gehen. Letztere Vergleiche beschreiben die Anziehungskraft und das berauschende Fluidum der Frau (ähnlich Loretz, AOAT 14/1, 28).

Ez 21, 33–37 (sekundär) gilt als „schärfstes Gerichtswort" (Fuhs, NEB, 1984, 115). Es nimmt mitunter ezechielische Diktion auf, weicht dann aber wieder deutlich von ihr ab. „Das Feuer meines Zorns *'āpîaḥ* gegen dich", nimmt das Thema des Gerichtsfeuers für Frevler auf (Ijob 20, 26; vgl. 15, 34; Dtn 32, 22; Jer 15, 14; 17, 4) und erinnert an Ez 22, 21. 31; 38, 19, wobei in 22, 21 *npḥ* im Sinne von „entfachen" gebraucht wird. Die unterschiedliche Verbverwendung scheint beabsichtigt. Ziel der vv. 35b–37 ist die Beschreibung der geballten, nicht mehr zu bremsenden Wucht der Wut Gottes, die zu einem Blutbad führen wird. In solchem Zusammenhang ist das mitunter auch neutrale *npḥ* zu unscharf. *pwḥ* dagegen drückt das wuchtige Losbrechen des Sturmes – hier übertragen: des Zornesfeuers – aus.

2. Noch weiter entfernen sich die folgenden Stellen von der Bindung an die Ausgangsbilder. Spr 29, 8 behält die stürmisch, animatorische Funktion bei, doch ergibt sich aus dem Kontext ein neuer Akzent, der darin besteht, daß es sich um eine Form sprachlicher Äußerung handelt. „Spöttische Menschen (*'anšê lāṣôn*) entfachen (*jāpîḥû*) eine Stadt (*qirjāh*). Den *'anšê lāṣôn* stehen die *ḥakāmîm* gegenüber und es handelt sich um ein Gemeinwesen (*qirjāh*). Das Bestreben der *'anšê lāṣôn* ist darauf gerichtet, Unruhe, bösen Schimpf anzufachen, und dieser durchfährt die Stadt wie ein Sturm, wobei er sie aufwühlt. *pwḥ hiph* wird dazu verwendet, das stürmisch Erregende (des üblen Wirkens) auszudrücken.

Den Stellen Spr 6, 19; 14, 5. 25; 19, 5. 9 ist die Phraseologie gemeinsam (*jāpîaḥ kezāḇîm*). Gemser (HAT I/16², 38) nimmt die Ausführungen von Gordon (vgl. UT Nr. 1129) an und vermutet in *jāpîaḥ* ein Subst., das synonym mit *'ed* 'Zeuge' sei; in den Übersetzungen bleibt er durchwegs bei *pwḥ hiph* („wer Lügen aushaucht"). Wie Dahood für Ps 27, 12 glaubhaft darlegt (CBQ 20, 1958, 47f. Anm. 21) kann *jāpeaḥ* eine synonyme Parallele zu *'ed* darstellen. Der Parallelismus in Spr 19, 5 ist geeignet, diese Bedeutung auch im Spruchbuch annehmen zu lassen (*'ed šeqārîm lo' jinnāqæh wejāpîaḥ kezāḇîm lo' jimmāleṭ*; siehe dazu Delitzsch, Salomonisches Spruchbuch [1883 =], Gießen 1985, 114f.), doch sprechen 12, 17a (*jāpîaḥ 'æmûnāh jaggîd ṣædæq*) und der Chiasmus in 14, 5 eher dagegen. Während die Deutung bei Beibehaltung des *hiph* von *pwḥ* durchgängig möglich erscheint, mag die Frage gestellt werden, ob die Tautologie in 6, 19a und 14, 5b, die bei *jāpîaḥ* in der gleichen Bedeutung wie *'ed* unumgänglich ist, der Absicht der Autoren entspricht. In 19, 5 scheint eine eindeutige Entscheidung unmöglich.

Deutlich geht in den oben behandelten Stellen die Bedeutung von *pwḥ hiph* in die Richtung sprachlicher Äußerungen. Das Aussprechen von *kezāḇîm* wird häufig mit dem Verb *dibbær* zur Sprache gebracht (Ri 16, 10. 13; Hos 7, 13; Zef 3, 13; Dan 11, 27). In der weisheitlichen Ausdrucksweise scheint sich eine andere Terminologie herausgebildet zu haben. Die Nähe zum *'ed šæqær* (Spr 6, 19; 14, 5; Ex 20, 16; Dtn 19, 18) oder *'ed šeqārîm* (Spr 12, 17; 19, 5. 9) wie *'ed ḥāmās* (Ex 23, 1; Dtn 19, 16; Ps 35, 11) bzw. *'ed kezāḇîm* (Spr 21, 28) ist unübersehbar. Damit kommt man in den Bereich der Zersetzung der Gemeinschaft und richtet Unheil (*'āwæn*) an (Spr 19, 28; 21, 28); darauf legen auch 19, 5. 9 großen Wert. Spr 6, 19 betont, daß durch das Aussagen von Lügen der Streit unter den Brüdern entsteht und so auch die engeren Familienbande zerbrochen werden. Da ein Zeuge gewöhnlich vor Gericht auftritt, kann physisches Leben bei einer Verurteilung auf dem Spiele stehen (Spr 14, 5), so daß derjenige, der als Trugzeuge Lügen vertritt, zu Recht dem *rāšā'* gleichgesetzt wird. Nun fragt es sich, ob – wie eine Reihe von Übersetzungen belegen (vgl. EÜ: „Lügen zuflüstern") – hier ein stilles, geheimes Geschehen, ein Tuscheln im Hintergrund aufgezeigt wird. Schon die forensischen Situationen weisen darauf hin, daß ein Trugzeuge öffentlich auftrat. Die Folgen der Falschaussage weisen nicht auf hinter vorgehaltener Hand vorgebrachte lügnerische Aussagen. Wenn nämlich jener, der *'æmûnāh* im Wort vertritt (*pwḥ hiph*), Rechtschaffenes (*ṣædæq*) sagt (12, 17) und ein *'ed 'æmæṯ* Menschenleben rettet (14, 25), dann ist das Wirken der zerstörerischen Gegenpartei wohl genauso publik. Es ist anzunehmen, daß es sich um ein recht engagiertes Vertreten von Lügen und ein argumentatives Verharren auf dem unrechten Standpunkt handelt. Danach wird man die weisheitlich geprägte Phrase *jāpîaḥ keẓāḇîm* wie folgt verstehen: „er bringt mit Nachdruck die Lügen zur Sprache".

Die Verbindung *jāpeaḥ laqqeṣ* (Hab 2, 3) ist im AT singulär. Die Verbform ist entsprechend 1 QpHab als einfaches Imperf. *hiph* (Rudolph, KAT XIII/3, 212) und nicht, wie MT vermuten ließe, als Verbaladj. oder Jussiv zu bestimmen. Im Kontext geht es darum, daß der Prophet „ungestüm und ungeduldig" (Jeremias, WMANT 35, 1970, 85) die Ankunft des Angekündigten erwartet. Zu Recht reiht C.-A. Keller (ZAW 85, 1973, 159) *pwḥ* unter die von Habakuk verwendeten Termini für „reden" ein (vgl. Molin, Die Söhne des Lichtes, Wien 1954, 14: „es keucht dem Ende zu"; dabei kommt aber das Element der Äußerung zu kurz). Die Vision kündet vehement vom Ende, so daß sie keine Lüge ist (*welo' jekazzeḇ*). Die Bedeutung rückt nahe an Spr 14, 5 heran. Hab 2, 3 wurde später vornehmlich eschatologisch verstanden (vgl. Strobel).

Ps 10, 5 fügt sich in die Reihe ein, in der *pwḥ hiph* ein nachdrücklich heftiges Äußern – hier im aggressiven Sinne – beschreibt, wobei forensische Zusammenhänge nicht ausgeschlossen werden können. Dagegen sind Anhaltspunkte dafür, daß man „ursprünglich an einen Hauchzauber zu denken" habe (Gunkel, GHK II/2⁴, 38), nicht zu finden.

Zu den mit vielen Problemen belasteten Worten zählen *jāpîaḥ lô* in Ps 12, 6. Delitzsch, BC IV/1, 1984, 137, verweist auf Hab 2, 3. Dort meine es „den danach (nämlich Gottes Heil) sich Sehnenden". Daß es um einen solchen geht, dem man hart zusetzt, vertritt Kraus (BK XV/1⁵, 233f. 236). Ein „Zeuge", der für die unterdrückten Armen eingetreten sei, werde hier genannt (Miller, VT 29, 1979, 499f.). Die Worte können auch so verstanden werden, daß JHWH den Armen seine Hilfe zukommen läßt, da „er" (kollektiv verstanden) „nach dieser (*lô* bezöge sich auf *jæša'*) heftig schreit".

IV. In Sir 4, 2 wird davor gewarnt, „den Armen zu enttäuschen" (vgl. Sauer, Jesus Sirach, JSHRZ III 513). Diese Wortverwendung weicht von der bisher aufzeigbaren ab.

In 1 QS 7, 14 kann das Verb im Kontext nur jene windähnliche Bewegung meinen, die Kleidungsstücke zum Schwingen bringt (vgl. III. 1.). Wenn dadurch die Scham aufgedeckt wird, soll der Betreffende mit 30 Tagen bestraft werden.

Reiterer

פוץ *pûṣ*

תְּפוּצָה *tepûṣāh*, נָפַץ *nāpaṣ*, פזר *pzr*

I. Etymologie – II. Das Verb im AT – 1. Belege – 2. Überfließen, sich ausbreiten – 3. Ausstreuen von leicht beweglichen Dingen – 4. Herde zerstreuen – 5. Menschen, Völker zerstreuen – 6. Exil, Diaspora – III. Nomina – 1. *tepûṣāh* – 2. *baṯ pûṣaj* – IV. 1. Qumran – 2. LXX – V. *pzr*.

Lit.: *G. Widengren*, The Gathering of the Dispersed (SEÅ 41–42, 1977, 224–234). – *Ders.*, Yahweh's Gathering of the Dispersed (Festschr. G. W. Ahlström, JSOT Suppl. 31, 1984, 227–245).

I. Etymologisch ist *pûṣ* mit arab. *fāḍa(i)* 'überfließen, sich verbreiten' verwandt (Kopf, VT 8, 1958, 191). Da das arab. Verb mediae *j* ist gegen hebr. mediae *w* und da das Hebr. außerdem eine Nebenform *npṣ* kennt (vgl. äth. *nafṣa* 'sich zerstreuen, fliehen' LexLingÄth 713), spricht alles dafür, daß ein zweikonsonantischer Stamm vorliegt, der auf verschiedene Weise erweitert worden ist.

II. 1. Das Verb ist im AT 13mal im *qal*, 16mal im *niph* und 36mal im *hiph* belegt. Ob ein Subst. *tepûṣāh* in Jer 25, 34 vorliegt, ist zweifelhaft (s. u.). Das Wort *pûṣaj* in Zef 3, 10 ist nicht endgültig erklärt (s. u.).

2. a) Die Grundbedeutung 'überfließen' liegt in Spr 5, 16 vor, wo der Weisheitsschüler ermahnt wird, Wasser aus seinem eigenen Brunnen zu trinken: „Sollen deine Quellen auf die Straße fließen?" Nach v. 18 ist mit „Brunnen" eine Frau gemeint, und die Stelle ordnet sich somit in die Warnungen vor dem fremden Weib ein; wahrscheinlich symbolisiert dabei der eigene Brunnen die Weisheit oder den eigenen Glauben (vgl. H. Ringgren, ATD 16³, 30). Dieselbe Bedeutung liegt wohl auch Sach 1, 17 vor: „Meine Städte werden wieder überfließen von allen Gütern" (so K. Elliger, ATD 25⁶, 116; W. Rudolph, KAT XIII/4, 72f.; anders F. Horst, HAT I/14³, 220, der *pûṣ miṭṭôḇ* als „glücklos, in Zerstreuung" faßt). Bildlich wird das *hiph* in Ijob 40, 11 gebraucht: Ijob soll seine Zornesfluten (*'æbrôṯ 'ap*) sich ergießen lassen.

b) Die Bedeutung 'sich ausbreiten' kommt 2 Sam 18, 8 vor: der Kampf breitete sich über die ganze Gegend aus. Hierher gehört auch Ijob 38, 24: der Ostwind breitet sich über die Erde aus (intrans. *hiph*). In 1 Sam 14, 34 ist aber schon die Bedeutung „zerstreuen" spürbar: „Geht aus (zerstreut euch)." Mit der Ausbreitung ist gelegentlich eine Verzweigung verbunden: die Sippen der Kanaaniter verbreiteten sich und spalteten sich (Gen 10, 18; vgl. 9, 19 mit *npṣ*). Das Volk verteilte sich über ganz Ägypten, um sich Stroh zu besorgen (Ex 5, 12). Kriegsvolk verläßt den Befehlshaber und verstreut sich (1 Sam 17, 8; 2 Sam 20, 22; 2 Kön 25, 5 = Jer 52, 8; vgl. 1 Sam 13, 11 mit *npṣ*).

3. Besonders die *hiph*-Form bezeichnet das Ausstreuen von leicht beweglichen Dingen. Im Gleichnis vom Ackermann Jes 28, 23–29 wird das Aussäen von Samen in v. 25 mit den beiden Verben *hepîṣ* und *zāraq* bezeichnet. Berge werden zur Spreu, die der Wind zerstreut (Jes 41, 16), ein Bild für die Vernichtung von Israels Feinden. JHWH will die abtrünnigen Israeliten zerstreuen, wie Spreu, die dahinfliegt, wenn der Wüstenwind weht (Jer 13, 24; vgl. 18, 17). In Hab 3, 14 stürmt (*sʿr*) der Feind heran, um Israel zu zerstreuen. In den beiden letzten Fällen sind zwar Personen Obj., aber die Herkunft des Bildes ist deutlich. Nicht ganz eindeutig ist Ijob 37, 11, wonach Gott „die Lichtwolken" ausbreitet oder verstreut. Wahrscheinlich ist aber *ʿānān* (st. abs.) zu lesen und *'ôr* wie in v. 3 als „Blitz" zu fassen: die Wolken streuen ihre Blitze umher. Demnach würde Ps 18, 15 (= 2 Sam 22, 15; vgl. die Bitte Ps 144, 6) besagen, daß Gott Blitzpfeile „sendet und zerstreut (d. h. in verschiedene Richtungen fahren läßt)"; sonst müßte man die Suffixe auf ungenannte Feinde beziehen.

4. In der Viehzüchtersprache hat sich dann eine Sonderbedeutung entwickelt: eine Herde wird zersprengt und die Tiere zerstreuen sich. Die Verwendung ist meist bildlich. In Ez 34, 5 sagt JHWH: „Weil sie keinen Hirten hatten, zerstreuten sich meine Schafe und wurden eine Beute wilder Tiere" – gemeint ist natürlich Israel. Sach 13, 7 fordert das Schwert auf, den Hirten zu schlagen, so daß die Schafe zerstreut werden. Die genaue Beziehung dieser Aussage ist unbekannt. Nach Elliger, ATD 25⁶, 175 f., schwebt dem Verfasser eine Messiasgestalt vor (vgl. das Zitat im NT Mk 14, 27). Oder ist der schlechte Hirt von 11, 15 gemeint? Nach Jer 10, 21 (vgl. 23, 1 f.) waren die Hirten, d. h. die Führer Israels, töricht, und ihre Herde wurde zerstreut. Micha ben Jimla sieht Israel auf den Bergen zerstreut „wie Schafe ohne Hirten" (1 Kön 22, 17 = 2 Chr 18, 16).

5. Diese Bedeutung wird dann direkt auf Menschen in verschiedenen Situationen angewandt. Die Leute von Babel wollten einen Turm bauen, damit sie sich nicht über die ganze Erde zerstreuten (Gen 11, 4), Gott griff ein und zerstreute sie (vv. 8 f.). Die Stämme Simeon und Levi werden nach dem Jakobsegen in Israel zerstreut werden (Gen 49, 7). Geschlagene Feinde werden zerstreut (1 Sam 11, 11; vgl. Jes 33, 3 mit *npṣ* und par. *ndd*). Nach dem Fall Jerusalems laufen alle Judäer Gefahr, zerstreut zu werden (Jer 40, 15). Hier ist vor allem an den alten Ladespruch von Num 10, 35 zu erinnern: „Steh auf, JHWH, dann zerstreuen sich die Feinde, dann fliehen (*nûs*) deine Gegner vor dir." Ein Echo davon findet sich Ps 68, 2.

6. In der überwiegenden Mehrzahl der *niph*- und *hiph*-Belege bezieht sich *pwṣ* auf die Zerstreuung im Exil (3mal Dtn, 1mal Jes, 3mal Jer, 13mal Ez [+ 3mal von Ägypten], 1mal Neh). Nach Dtn 4, 27 wird JHWH das Volk, wenn es Götzendienst treibt, unter die Völker zerstreuen. In Dtn 28, 64 ist die Zerstreuung Folge des Nichteinhaltens der Gebote, und 30, 3 ist von der Sammlung der Zerstreuten die Rede. Bei Ez, wo die Belege besonders zahlreich sind, wird die Zerstreuung angedroht (12, 15 „damit sie erkennen, daß ich JHWH bin"; 22, 15 mit par. *zrh*; 20, 23 im Geschichtsrückblick, par. *zrh*; vgl. auch Jer 9, 15) oder ist schon eine Tatsache (34, 6; vgl. Jer 40, 15). Das Hauptgewicht liegt auf der kommenden Sammlung der Zerstreuten „aus all den Ländern/Völkern, wohin sie zerstreut worden sind" bzw. „wohin sie JHWH zerstreut hat" (Ez 11, 17; 20, 34. 41; 28, 25; 29, 13; 34, 12, alle *niph*; 11, 16; 36, 19 par. *zrh*; vgl. v. 24; vgl. Jer 30, 11). Zerstreuung wird auch für Ägypten vorausgesagt (29, 12 f.; 30, 23. 26 par. *zrh*). Neh 1, 9 erinnert in einem Bußgebet JHWH an die Zusage, das zerstreute Volk wieder zu versammeln. Jes 11, 12, wo angesagt wird, daß Gott die Vertriebenen (*ndḥ*) Israels und die Zerstreuten (*nᵉpûṣôṯ*) Judas wieder versammeln (*'āsap*, *qbṣ pi*) wird, stammt wohl ebenfalls aus nachexil. Zeit. Nach der eschatologischen Aussage Jes 24, 1 zerstreut JHWH die Einwohner der Erde im Rahmen der großen Katastrophe. Nach Widengren gehört „das Versammeln der Zerstreuten" zu den Pflichten des assyrischen Königs. Daraus ist aber nicht ohne weiteres zu folgern, daß die at.liche Vorstellung davon abhängig ist. Sie kann sich aus der historischen Situation ergeben haben.

III. 1. Der einzige Beleg für *tᵉpûṣāh* (Jer 25, 34) ist unsicher. Die gebotene Form *ûṯᵉpôṣôṯîkæm* ist grammatisch unmöglich und läßt sich syntaktisch schwer in den Kontext einordnen. Die Hirten werden zum Wehklagen aufgefordert, weil der Tag des Schlachtens nahe ist; in der Fortsetzung scheint gemeint zu sein: „und ihr werdet zerstreut werden und fallen". Das Wort fehlt in LXX. Möglicherweise liegt eine verzerrte Form von *npṣ* 'zerschlagen' vor (W. L. Holladay, Jeremiah 1, Philadelphia 1987, 677).

2. Ebenso problematisch ist *baṯ pûṣaj* Zef 3, 10: „Von jenseits der Ströme von Kusch bringen mir *ʿaṯāraj baṯ pûṣaj* Gaben (*minḥāh*)." Die beiden nichtübersetzten Ausdrücke sind ungeklärt. Wenn *ʿaṯāraj* mit *ʿtr* 'beten' zusammenhängt, könnte „meine Verehrer" gemeint sein. *baṯ pûṣaj* könnte mit G. Gerleman, Zephanja, Lund 1942, 57 „die Tochter (kollektiv) meiner Zerstreuten" bedeuten und als Variante zu „meine Verehrer" aufgefaßt werden. Rudolph, KAT XIII/3, 292 faßt *pûṣaj* als abstrakten Plural „Zerstreuung" auf. Zu erwägen wäre auch die Konjektur *battᵉpûṣāh* „in der Zerstreuung". Aber der Vers bleibt sowieso dunkel.

IV. 1. In den Qumranschriften gibt es nur 5 Belege. In der Kriegsrolle ist von „der Kraft Gottes, den Feind zu zerstreuen" die Rede (1 QM 3, 5; ähnlich 4 QMᵃ 8–10, I, 14 und 4 QShirᵃ [4 Q 510], 1, 3 mit *pzr*). Die Damaskusschrift zitiert Sach 13, 7 (CD 19, 8). Ein Stück Gemeindetheologie steht hinter 4 QPrFêtesᶜ (4 Q 509) 3, 4, wo mit den zeitlich begrenzten (*tᵉqûp̄āh*) Zuständen des Verstreuens und

Sammelns ekklesiologische Epochen gemeint sein mögen.

2. In der LXX wird *pwṣ* meist mit διασπείρειν oder διασκορπίζειν übersetzt. Nur vereinzelt finden sich andere Übersetzungen wie διαχεῖν (Sach 1, 17), ὑπερεκχεῖν (Spr 5, 16), σπείρειν (Jes 28, 25) oder σκορπίζειν (Ps 18, 15).

V. Das zum Teil gleichbedeutende *pzr* bezieht sich nur einmal (Est 3, 2, Ptz. *pu*) auf die Diaspora des jüdischen Volkes. Etwas Ähnliches ist wohl auch Jer 50, 17 gemeint: Israel ist wie ein versprengtes (*qal* Ptz. pass.) Schaf, von Löwen gehetzt. Ein Einschub erklärt das Bild: die Löwen sind Assyrien und Babel; dann wird v. 19 die Rückführung des Schafes angesagt. Im Zusammenhang mit dem Kampf JHWHs mit Rahab hat er „seine Feinde zerstreut" (Ps 89, 11 *pi*). Joël 4, 2 spricht vom Gericht über die Hirten, die Israel zerstreut haben (*pi*), Gott zerstreut (*pi*) die Gebeine der Feinde (Ps 53, 6), als Ausdruck völliger Vernichtung; vgl. Ps 141, 7, wo der Beter klagt: „Unsere Gebeine sind hingestreut (*niph*) am Rande der Scheol."

Schließlich heißt *pizzar* ʽausstreuen' im Sinne von „reichlich geben": von Gott (par. *nāṯan* Ps 112, 9) und von Menschen (Spr 11, 24: „Wer reichlich gibt, bekommt immer mehr"). Ähnliches könnte Jer 3, 13 gemeint sein, wenn man mit BHS *dôḏajiḵ* statt *d^erāḵajiḵ* lesen dürfte: „du hast deine Liebe auf Fremde verschwendet". Holladay, Jeremiah 1, 59, behält MT und übersetzt: „du hast deine Kraft verschwendet". Schließlich heißt es Ps 147, 16, daß JHWH den Reif wie Asche ausstreut.

Ringgren

פַּז *paz* → זָהָב *zāhāḇ*

פזר *pzr* → פוץ *pûṣ*

פַּח *paḥ*

I. 1. Etymologie – 2. Belege – 3. Bedeutung – II. Gebrauch im AT – III. 1. Qumran – 2. LXX.

Lit.: *G. Fohrer*, Falle (BHHW I 463). – *G. Gerleman*, Contributions to the Old Testament Terminology of the Chase (Bull. de la Soc. R. des Lettres de Lund 1945–46, IV), Lund 1946, 79–90. – *P. Hugger*, Jahwe meine Zuflucht, 1971, bes. 173–176. – *I. Scheftelowitz*, Das Schlingen- und Netzmotiv (RVV XII/2, 1912). – *J. Schneider*, παγίς, παγιδεύω (ThWNT V 593–596). – *G. Stählin*, Skandalon. Untersuchungen zur Geschichte eines biblischen Begriffs (BFChTh.M 24, 1930, bes. 98–104). – *E. Vogt*, „Ihr Tisch werde zur Falle" (Ps 69, 23) (Bibl 43, 1962, 79–82). – *H. Wildberger*, Schlinge (BHHW III 1702f.).

I. 1. KBL³ 871 sieht in dem hebr. Wort *paḥ* ein Primärnomen vom Typus *qall*. Im Aram. ist das Wort als *paḥḥā'* weitverbreitet (jüd.-aram., christl.-pal. und vor allem syr., s. Brockelmann, LexSyr 562a) i.S.v. ʽSchlinge'. Deshalb rechnet S. Fraenkel (Die aram. Fremdwörter im Arabischen, Leiden 1886 = 1962, 119) das arab. *faḫḫ* mit der Bedeutung ʽNetz, Schlinge, Falle' zu den aram. Fremdwörtern im Arab.

Das bei GesB, KBL² und Brockelmann, LexSyr 562a angeführte akk. *pāḫu* (vgl. AHw II 811b „ein Ärmel" mit Fragezeichen) trägt kaum zur etymologischen Erhellung des hebr. *paḥ* bei und ist infolgedessen mit Recht in KBL³ nicht mehr erwähnt. – Jedoch existiert im Äg. ein Wort *pḫȝ* (WbÄS I 543), das demot. als *pḫ* und kopt. als *paš* oder *faš* belegt ist i.S.v. ʽFalle, Schlinge, Strick' und das kaum von hebr. *paḥ* zu trennen ist. Hebr. *paḥ* ist demnach Lehnwort aus dem Äg. (vgl. F. Calice, Grundlagen der ägyptisch-semitischen Wortvergleichung, WZKMBeih. 1, 1936, 148f. Nr. 605). Die Bedeutung ʽVogelfalle' scheint im Äg. erst sekundär aus der ursprünglichen Bedeutung von *pḫȝ* ʽPlatte, Scheit' entwikkelt zu sein. Es handelt sich demnach um eine Vogelfalle aus Holz, während im Hebr. wohl das Netz das wichtigste Kennzeichen für die Vogelfalle *paḥ* ist. Es ist zwar verlockend, *paḥ* als onomatopoetische Bildung anzusehen, aber die aufgezeigte Herkunft aus dem Äg. widerrät dem.

KBL³ 871 rechnet mit einem von *paḥ* I zu trennenden *paḥ* II, das als äg. Lehnwort (vgl. M. Ellenbogen, Foreign Words in the OT, London 1962, 130) von dem oben behandelten *pḫȝ* ʽPlatte, Scheit' hergeleitet wird. Man kann jedoch *paḥ* I und II nicht voneinander trennen, sondern muß damit rechnen, daß hebr. *paḥ* ʽbreitgehämmerte Platte' die ursprüngliche Bedeutung aus dem Äg. beibehalten hat, während das hebr. *paḥ* ʽVogelfalle (Klappnetz)' in der Bedeutung spezialisiert ist.

paḥ ʽPlatte' ist 2mal im AT belegt. Ex 39, 3 wird bei der Schilderung der Anfertigung des Ephod berichtet, daß man Goldbleche (*paḥê hazzāhāḇ*) dünn hämmerte, um Goldfäden daraus schneiden zu können, die in den blauen und roten Purpur und Byssus mittels Kunstwirkerarbeit eingearbeitet wurden. Num 17, 3 sollen die von der Rotte Korach illegitim verwendeten Räucherpfannen zu Blechplatten breitgehämmert werden als Überzug für den Altar.

2. Das Subst. *paḥ* findet sich 25mal im AT, davon gehäuft 9- bzw. 8mal in Pss (Ps 11, 6 ist statt *paḥîm* vielmehr *pæḥām* oder *paḥ^amê* ʽKohlen' zu lesen; sonst Ps 69, 23; 91, 3; 119, 110; 124, 7 (bis); 140, 6; 141, 9; 142, 4), je 3mal findet sich das Wort bei Jes (8, 14; 24, 17. 18) und Jer (18, 22; 48, 43. 44), je 2mal bei Hos (5, 1; 9, 8), Ijob (18, 9; 22, 10), Spr (7, 23; 22, 5) und je 1mal Jos 23, 13; Am 3, 5 (bis) und Koh 9, 12, dazu noch Sir Ms A 9, 13. Der Pl. *paḥîm* findet

sich – abgesehen von Ps 11, 6 – Ijob 22, 10; Spr 22, 5; Jer 18, 22 und Sir 9, 13.

Einmal findet sich ein denominiertes Verbum im *hiph* Jes 42, 22 'gefangen, gefesselt sein'. Im MT steht ein Inf. abs. *hāpeaḥ*, wofür KBL² Inf. abs. *hoph hupaḥ* und K. Elliger (BK XI/1, 272f.) sowie BHS die finite Verbform *hupaḥû* vorschlagen.

3. Während über die genaue Bedeutung von *môqeš* keine Einigkeit herrscht (→ III 866: Stellholz der Vogelfalle, Bumerang, Köder, Netz), läßt sich *paḥ* ziemlich genau definieren. Zwar begegnen beide Termini mehrmals in Parallele (Jos 23, 13; Jes 8, 14; Ps 69, 23; 141, 9), ohne daß ein Unterschied erkennbar würde, aber nach Spr 7, 23; Ps 124, 7 und Koh 9, 12 sowie vor allem nach Am 3, 5 dient *paḥ* zum Vogelfang. Deshalb ist es erlaubt, die als Klappnetz durch bildliche Darstellungen (vgl. AOB 58 mit Abb. 182, O. Keel, Die Welt der altorient. Bildsymbolik und das AT, ²1977, Abb. 110–120) bekannte Vogelfalle, die heute noch gebräuchlich ist (vgl. G. Dalman, AuS VI 338f. mit Abb. 60–63), mit *paḥ* zu identifizieren. Das Klappnetz besteht aus zwei meist gebogenen Rahmen, die je mit einem Netz ausgespannt sind. Halb aufgeklappt wird die Falle mit einem Köder versehen ausgelegt. Setzt sich der Vogel auf das am Boden liegende Netz, so klappen beide Hälften zusammen, und der Vogel ist gefangen.

II. Im AT kommt das Subst. *paḥ* nur in bildlicher Verwendung und nur in poetischen Texten vor. Bei diesem übertragenen Gebrauch liegt das Schwergewicht meist auf den Momenten des Tückischen und Verderblichen.

Die Wendung *hājāh l^epaḥ* kann im übertragenen Sinn übersetzt werden „jem. zum Verderben werden". So wird in der Abschiedsrede Josuas (Jos 23, 13) Israel vor der Lebensweise mitten unter fremden Völkern (offensichtlich ist die Exilssituation vorausgesetzt) gewarnt. Wenn Israel Abfall übt und anderen fremden Völkern anhängt, dann werden diese „ein Klappnetz und eine Falle" werden, d. h. sie werden zum Verderben Israels beitragen. – Weil der Beter Ps 91, 3 weiß, daß Gott aus dem Klappnetz des Vogelstellers (*mippaḥ jāqûš*), d. h. vor den Nachstellungen der Feinde erretten kann (vgl. auch Ps 124, 7), deshalb bittet man, Gott möge vor Klappnetz und Stellholz (oder Köder) der Übeltäter bewahren (vgl. Ps 141, 9). Ps 69, 23 (vgl. Vogt) fleht der Beter, Gott möge eingreifen und seine Feinde der verdienten Strafe zuführen, indem er ihren Tisch vor ihnen zur Falle und ihr Opfermahl (l. *w^ešalmêhæm*) zur Lockspeise werden lasse. Der Vergleich von Tisch (*šulḥān*) und Falle (*paḥ*) wird klar, wenn man sich vor Augen hält, daß als Tisch der einfachen Leute eine auf dem Boden ausgebreitete Tierhaut oder ein Strohgeflecht diente und daß Tische reicher Leute im nordsyr.-kleinasiat. Raum oft als „Klapptische" konstruiert waren (vgl. H. Weippert, BRL² 230). Die Bauart des Klappnetzes erinnert an diese Tische. Ähnlich wird Ps 141, 9 diese Konstruktion deutlich, wenn man MT nicht verändert: „Behüte mich vor den beiden Händen der Falle (*mîdê paḥ*), die man mir legt." Hier ist deutlich an die „beiden Schlagnetze oder Klappen der Falle, die wie zwei Hände plötzlich zusammenschlagend um den überraschten Vogel greifen" (Vogt 82), gedacht. Wenn der Psalmist Ps 142, 4b davon spricht, daß man auf dem Pfad, den er ging, eine Vogelfalle versteckt hat, dann steht dieses Bild für die heimliche Verleumdung und heimtückische Anklage, wie ähnlich Ps 140, 6 die Hoffärtigen dem Beter heimlich eine Falle stellen. Der Fromme kann sich darauf berufen, daß er nicht von den Geboten abgeirrt ist, obwohl die Frevler ihm eine Falle stellten (Ps 119, 110; vgl. Spr 22, 5).

In der zweiten Antwort des Bildad (Ijob 18, 9) wird festgestellt, daß auf Ijob in der Erde verborgen das Klappnetz wartet, um ihn zu Fall zu bringen; Ijob 18, 8–10 wird eine ganze Palette von Jagdgeräten aufgezählt, deren genaue Identifizierung nicht immer möglich ist. Auch in der dritten Antwort des Elifas (Ijob 22, 10) wird Ijob gewarnt vor den Klappnetzen (Pl.!), die als Fallen um ihn her sind. – Jes 24, 17f. wird vom Verfasser das Schicksal aller Erdbewohner am Tag des Gerichts in Worte gekleidet, die nicht nur wegen ihrer Alliteration zeigen, daß hier ein wortgewaltiger Apokalyptiker spricht:

> Grauen und Grube und Garn (*paḥad wāpaḥat wāpāḥ*)
> über dich, Bewohner der Erde!
> Geschehen wird's: Wer flieht
> vor der Stimme des Grauens,
> fällt in die Grube.
> Und wer aus der Grube steigt,
> verfängt sich im Garn!

Diese Ankündigung von der Unentrinnbarkeit des Weltgerichts, wobei als letztes und sicherstes Fanggerät wieder das Klappnetz erwähnt wird, findet sich Jer 48, 43f. wörtlich auf Moab übertragen. Auch Menschen können anderen Menschen zum Klappnetz, d. h. zum Verderben werden (vgl. auch 1 Makk 5, 4). Auch Hos 9, 8 gehört hierher. Hosea spricht davon, daß das Volk ihn anfeindet: „Fallen, wie sie der Vogelfänger stellt, sind auf allen seinen Wegen." LXX mißversteht den Text und kehrt das Bezugsverhältnis gerade um. Nach LXX ist der Prophet eine παγὶς σκολιά, während nach MT wohl an die Priesterschaft und das Königshaus gedacht ist, die für Hosea zur Falle (*paḥ*) werden.

Den Vergeltungsgedanken verdeutlicht Sir 27, 26: „Wer eine Grube gräbt, fällt in sie hinein, und wer eine Falle stellt, fängt sich in ihr." Hos 5, 1f. fordert der Prophet Priester, Sippenhäupter und das Königshaus auf, ihre gemeinsame Verantwortung wahrzunehmen. In drei Bildern aus dem Jagdleben werden sie als Zerstörer der Freiheit Israels herausgestellt. Sie wurden für Mizpa zur Vogelfalle, auf dem Tabor zum ausgespannten größeren Netz, das bei Löwen- und Gazellenjagd (Ez 19, 8; Sir 27, 20) Verwendung findet, und 'in Schittim' zur verdeckten Fanggrube, in die das Wild einbricht. Die Bilder besagen, daß die

Verantwortlichen für das Volk gerade an diesen drei genannten Orten das Volk verführt und zu Fall gebracht haben. Fallenstellen bedeutet Freiheitsentzug und Lebensbedrohung. Leider ist uns die genaue historische Situation nicht mehr bekannt.
Koh 9, 12 wird darauf hingewiesen, daß sich das Geschick der Menschen mit der gleichen Unberechenbarkeit erfüllt, wie bei einem Vogel oder Fisch das Gefangenwerden in der Falle oder im Netz. Plötzlich (*piṯ'om*) fällt das unerwartete Schicksal über den Menschen her. – Spr 7, 23 ist vom fremden Weib und ihrer Beute die Rede. „Wie ein Vogel zur Falle eilt, ohne zu merken, daß es sein Leben gilt", so benimmt sich der Liebhaber, der zur Hure geht. Noch deutlicher wird Sir 9, 3: „Nahe dich nicht einer Dirne, daß du nicht in ihre Netze fallest." Selbst JHWH kann zur Falle für sein eigenes Volk werden. So blickt Jes 8, 14 mit dem Bild vom Klappnetz und von der Falle vermutlich auf die Einschließung Jerusalems erst durch die Assyrer und dann durch die Babylonier. JHWH ist „zum über den Einwohnern der Stadt zusammengeschlagenen Klappnetz und zur Falle geworden" (O. Kaiser, ATD 17[5], 187). Hier ist auch der schwierige Satz Am 3, 5 einzuordnen. „Fällt der Vogel '...' zur Erde, wenn kein Köder gelegt ist? Springt das Klappnetz vom Boden, indem es nicht fängt?" – „Die beiden ... Ereignisse sind gleichsam nur zwei Aspekte ein- und derselben Wirklichkeit: so wie das Zuklappen des Netzes und das Gefangensein des Wildes nur ein von zwei verschiedenen Subjekten aus gesehenes identisches Ereignis ist, so bilden auch Prophetie und Jahwe-Wort eine Wesenseinheit" (H. Gese, VT 12, 1962, 427).

III. 1. *pḥ* läßt sich in den Qumrantexten 10mal belegen. Einige Wendungen sind dem AT entnommen, so CD 4, 14, wo Jes 24, 17 *paḥad wāpaḥat wāpāḥ* zitiert und anschließend erläutert wird durch die drei Netze (*mṣwdwt*) des Belial, nämlich Unzucht, Reichtum und die Befleckung des Heiligtums. 1 Q 22, I, 8 (Worte des Mose) greift auf Jos 23, 13 zurück, wenn es heißt, daß die Götzen des Landes Israel zur Fal[le und] Fangholz (?) (*lp[ḥ w]mwqš*) werden. *ṭmn* im Zusammenhang mit *pḥ*, das heimliche Legen der Falle, findet sich wie Ps 140, 6; 142, 4b und Jer 18, 22b so auch 1 QH 2, 29 und 1 QHfragm 3, 4. 8. Kein direktes Vorbild im AT haben die Bilder, daß der Beter selbst zur Falle für die Übeltäter wird (1 QH 2, 8, vgl. immerhin Hos 9, 8 LXX) und daß sich die Fallen der Grube (*pḥj šḥt*) auftun (1 QH 3, 26). Auch die Wendungen in dem Fragment 1 QHfragm 3, 4. 8 „meine Schritte auf ihren verborgenen Fallen" und „Falle über Falle verbergen sie" (*wpḥ lpḥ jṭmwnw*) sind neu. Besonders ungewöhnlich ist wohl die Bitte 1 QH 18, 25 „aus den Fallen des Gerichts entsprechend deines Erbarmens" errettet zu werden.
2. LXX übersetzt *paḥ* regelmäßig mit παγίς 'Schlinge, Falle, Fallstrick'; Hieronymus setzt das lateinische Äquivalent *laqueus* ebenfalls regelmäßig. Das konkrete Bild von der Vogelfalle wird nicht erkannt. παγίς ist außerdem Wiedergabe für *môqeš* u. a.

Ez 29, 4 liest LXX statt *ḥaḥîm* 'Haken' offensichtlich versehentlich *paḥîm* (παγίδας). Auch Jes 42, 22 wird auf Grund eines Mißverständnisses bei LXX, S und V (*laqueus iuvenum omnes*) *happaḥ* für *hāpeaḥ* gelesen. παγιδεύω, eine Neubildung der Koine bzw. eine direkte Neubildung der LXX, findet sich 1 Sam 28, 9 als Wiedergabe von *mitnaqqeš* „eine Falle stellen" und Koh 9, 12 παγιδεύονται = *jûqāšîm*.

D. Kellermann

פָּחַד *pāḥaḏ*

פַּחַד *paḥaḏ* I und II

I. Semit. Wurzeln *pḥ*/*ḫd*/*ḏ* – II. Hebr. *pḥd* und *paḥaḏ* – 1. Semantische Übersicht – 2. Das Verb *pḥd* – 3. *pḥd 'æl* – 4. Das Nomen *paḥaḏ* I – 5. Der numinose Schrekken – 6. *pḥd* für die weisheitliche Gottesfurcht – III. *paḥaḏ jiṣḥāq*.

Lit.: *B. J. Bamberger*, Fear and Love of God in the OT (HUCA 6, 1929, 39–53). – *J. Becker*, Gottesfurcht im AT, Rom 1965. – *Y. Braslavi*, *pḥd jṣḥq* and the Blessing of Ephraim and Manasseh (BethM 14 [7/2], 1962, 35–42). – *L. Derousseaux*, La crainte de Dieu dans l'AT, Paris 1970. – *J. Haspecker*, Gottesfurcht bei Jesus Sirach, Rom 1967. – *J. Hempel*, Gott und Mensch im AT (BWANT 38, 1936, bes. 4–33). – *D. R. Hillers*, *Paḥad Yiṣḥāq* (JBL 91, 1972, 90–92). – *P. Joüon*, Crainte et peur en Hébreu biblique (Bibl 6, 1925, 174–179). – *K. Koch*, *păḥăd jiṣhaq* – eine Gottesbezeichnung? (Werden und Wirken des AT. Festschr. C. Westermann, 1980, 107–115). – *N. Krieger*, Der Schrecken Isaaks (Jud 17, 1961, 193–195). – *A. Lemaire*, Le 'pays de Hépher' et les 'Filles de Zelophehad' à la lumière des ostraca de Samarie (Sem 22, 1972, 13–20; vgl. *Ders.*, Inscriptions hébraïques I: Les ostraca, Paris 1977, 287–289). – *Ders.*, Les Benê Jacob (RB 85, 1978, 321–337). – *Ders.*, À propos de *paḥad* dans l'onomastique ouest-sémitique (VT 35, 1985, 500 f.). – *B. Levine*, *pḥd jṣḥq* (EMiqr 6, 451 f.). – *S. E. Loewenstamm*, *ṣlpḥd* (EMiqr 6, 738). – *M. Malul*, More on *paḥad yiṣḥāq* (Genesis xxxi 42, 53) and the Oath by the Thigh (VT 35, 1985, 192–200). – *S. Morenz*, Der Schrecken Pharaos (SNumen 17, 1969, 113–125). – *E. Puech*, „La crainte d'Isaac" en Genèse xxxi 42 et 53 (VT 34, 1984, 356–361). – *C. H. Ratschow* u. a., Gottesfurcht (RGG[3] 2, 1958, 1791–1798). – *K. Romaniuk*, Furcht II. AT und NT (TRE 11, 1983, 756–759). – *J. M. Sasson*, RSP I, 1972, 438 f. – *H.-P. Stähli*, פחד *pḥd* beben (THAT II, 1976, 411–413). – *G. Wanke*, φόβος und φοβέομαι im AT (ThWNT IX, 1973, 194–201).

I. Das Semit. kennt mindestens drei Wurzeln *pḥ*/*ḫd*/*ḏ*. – (1.) Die Verbalwurzel hebr. *pḥd* (< *pḥ*/*ḫd* I) 'Schrecken empfinden; zittern, beben' und das Nomen *paḥaḏ* I kommen außer in einem unverständlichen syllabischen Abschnitt einer ugar. Beschwörungsserie (RS 17. 155 mit Dupl. 15. 152; Ugaritica V 32, Z. h: *lip-ḫu-tu-ma*), dem schwer deutbaren PN *jptḥd* auf einer Silberschale von Hala Sultan Tekké (Zypern; 13. Jh. v. Chr.; Puech 358. 361[19], aber auch Lemaire, VT 35) und einem beschädigten Zeilenanfang der Deir-ʿallā-Inschrift (I 10[12]) nur im Hebr. und Jüd.-Aram. vor. – (2.) Der Gegenstandsbegriff mit den Konsonanten *pḫḏ* ist aus hebr. *paḥ*ᵃ*ḏâjw* „seine (des Behemot) Schenkel" Ijob 40, 17, wo aramaisierend /*d*/ < /*ḏ*/ statt hebr. /*z*/ < /*ḏ*/ vorliegt, targum-aram. *paḥ(*ᵃ*)ḏîn* 'Hoden' (J. Levy, Chaldäisches Wörterbuch II, Nachdr. 1966, 258; vgl. neben Targ. auch V zu Ijob 40, 12[=17]: *testiculorum eius*), syr. *puḥdā* 'Schenkel, Keule', asarab. *fḫḏ*, dazu vor allem aus arab. *faḫiḏ*, *faḫḏ*, *fiḫḏ* (fem.) '(Ober-)Schenkel' mit denom. Verb und anderen Ableitungen bekannt; vgl. äg. *ḫpdwj* 'Gesäß' mit Metathese *p*/*ḫ*. Möglicherweise (!) Ableitungen des gleichen Stammes sind das in der Lesung zweifelhafte *pḥḏ*ʾ 'der Klan' aus Hatra (NESE III, 1978, 73 f.), palm. *pḥ(w)z*, *pḥd* 'Klan' (DISO 226 [Lit.]) und arab. *faḫiḏ* u. ä. (masc.) 'Unterabteilung eines Stammes'. – (3.) Dagegen dürfte in akk. *puḫādu(m)* 'Lamm' mit Fem. *puḫattu(m)* (AHw 875 f.) und ugar. *pḫd* kollektiv 'Lämmer' eine Nominalwurzel mit den Konsonanten *pḫd* II vorliegen, zu der es keine hebr. Isoglosse gibt (M. Dietrich / O. Loretz, UF 17, 1985, 99–103, bes. 100 f. [Lit.]).

Die Annahme eines Zusammenhangs von *pḫḏ* > *pḥz*/*d* 'Klan' u. ä. mit den ebenfalls gegenständlichen Signifikaten der Wurzel *pḫd* II in akk. *puḫādu(m)* 'Lamm' und ugar. *pḫd* würde nicht nur eine sehr weitläufig metonymische Bedeutungsvariation voraussetzen (Hillers 92), sondern statt akk. *puḫādu(m)* auch eine Bildung mit /*z*/ als 3. Radikal erwarten lassen (gegen W. F. Albright, From the Stone Age to Christianity, Baltimore ²1957, 248[71]; UT Nr. 2035; UHPh 69, wo deshalb nicht nur wie bei Albright und C. H. Gordon 'flock' zu ugar. *pḫd*, sondern auch 'a pack [of dogs]' zu hebr. *paḥaḏ* Jes 24, 18 u. ö. vorgeschlagen wird [vgl. RSP I 439], und gegen S. Segert, A Basic Grammar of the Ugaritic Language, 1984, 198; vgl. Puech 359[5], der ugar. *pḫd* nach Ijob 40, 17 mit „cuisse" übersetzen möchte).
Zu keiner der drei o. g. Wurzeln gehören *pḥz* in der Wendung *mn.pḥzj.bnj.ʾš* „wegen des Übermuts der Menschenkinder" Deir-ʿallā-Inschrift II 8, das vielmehr von *pḥz* 'anschwellen, aufbrausen; mutwillig, leichtsinnig sein' (hebr., jüd.-aram., syr., arab.) abzuleiten ist (vgl. H.-P. Müller, ZAW 94, 1982, 233; anders J. Hoftijzer / G. van der Kooij, ATDA 277, und KBL³ s. v. *paḥaḏ* I, 3) und mbabyl. *pa*/*eḫīdu* für eine Mehlsorte (AHw 811).

II. 1. Das komplexe Signifikat des hebr. Verbs *pḥd* I ist 'Schrecken empfinden' und dessen somatische Äußerung 'zittern, beben', welche gelegentlich aber auch von freudigen Anlässen bewirkt sein kann (Jes 60, 5; Jer 33, 9). Das *pi* bezeichnet, wie beigefügtes *tāmîḏ* 'ständig' zeigt, die lebenslange Angst (Jes 51, 13) oder Gottesfurcht (Spr 28, 14; Sir 37, 12); ohne Adverb bedeutet es 'in Furcht versetzen' 1 QS 4, 2. Kausativ ist dann das *hiph* 'in Schrecken versetzen' Ijob 4, 14. Der Gegenstand des Schreckens schließt mit *min* oder *mipp*ᵉ*nê* an.
Das hebr. Nomen *paḥaḏ* bezeichnet den Vorgang des Erschreckens (Dtn 28, 67; vgl. *qôl happaḥaḏ* „der Angstschrei" Jes 24, 18, *qôl p*ᵉ*ḥāḏîm* Ijob 15, 21, ähnlich Jer 30, 5) bzw. das von diesem ausgelöste „Zittern, Beben" (Ijob 4, 14, par. *r*ᵉʿ*āḏāh* 'Beben'), aber auch das, was den „Schrecken", das „Zittern, Beben" erregt, den Gegenstand des Schreckens, das „Schreckliche" (Jes 24, 17 = Jer 48, 43 u. ä., Ijob 3, 25; 22, 10 u. ä.; s. u. 4.). Wenn *paḥaḏ* den Vorgang des Erschreckens, nicht seine somatische Äußerung bezeichnet, ist das Herz dessen Sitz (Dtn 28, 67; vgl. zum Verb Jes 60, 5; Ps 119, 161; Sir 7, 29; 1 QS 4, 2). Insofern das Verb *pḥd* im *qal* und *pi* eine transitive Konnotation „fürchten" hat, kann ein von dem Nomen *paḥaḏ* abhängiger Genitiv, wenn er das Gefürchtete bezeichnet, als gen. objectivus (anders Stähli 413), wenn er den Sich-Fürchtenden bezeichnet, als gen. subjectivus aufgefaßt werden.
Eine Verdinglichung des *paḥaḏ*-Begriffs führt Ps 53, 6; 91, 5; Ijob 3, 25; 39, 22; Spr 1, 26 f. 33; 3, 25; Hld 3, 8 zur Konnotation „Gefahr" (zuletzt KBL³ 872, 1 b). Soll der Schreckenerreger spezifiziert werden, schließt ein entsprechender Genitiv oder ein Pronominalsuffix an *paḥaḏ* an, so daß *paḥaḏ* wieder den Vorgang des Erschreckens bzw. Zitterns, Bebens meint, den das Gefürchtete herbeiführt. Wendungen wie *paḥaḏ ʾôjeḇ* Ps 64, 2; 4 QpNah 2, 5, *pḥdj mwt* Sir 9, 13 oder *paḥad JHWH* (s. u. 4.–6.) lassen den „Feind", den „Tod" oder JHWH als Gegenstand des Erschreckens erscheinen; vgl. zu letzterem Jes 2, 10. 19. 21, wonach man sich vor dem an seinem Tage (v. 12) sich erhebenden (vv. 19. 21) JHWH und natürlich nicht vor dem eigenen Erschrecken verbergen soll. In der fig. etym. *pḥd paḥaḏ* Dtn 28, 67; Ps 14, 5 = 53, 6; Ijob 3, 25; Sir 9, 13 (pl.) kann *paḥaḏ* den Vorgang des Erschreckens (Dtn 28, 67, par. der Vorgang des Sehens, wie auch *ûpāḥaḏtā lajlāh w*ᵉ*jômām* v. 66 bα das wiederholte In-Schrecken-Geraten meint, das zur Lebenssicherheit [v. 66 bβ] im Gegensatz steht) oder das Schreckliche, die erschreckende Gefahr (Ijob 3, 25) meinen. Der Pl., der Ijob 15, 21; Sir 9, 13 für das 'Erschrecken' gebraucht wird, hat intensivierende Funktion.

Der Häufigkeitsbefund von hebr. *pḥd* in exil.-nachexil. Literatur mag daran liegen, daß der stark emotionsbesetzte Begriff vorher von anderen Lexemen mit verwirklicht wurde, nun aber ein Bedürfnis nach stärkerer Spezifikation aufkam (vgl. Wanke 200), was freilich nur eine detaillierte Wortfelduntersuchung darzustellen vermöchte, wie sie hier nicht gegeben werden kann.
Zur Wiedergabe der hebr. Verben des Sich-Fürchtens in LXX vgl. die ausführlichen Erörterungen von Wanke, dazu Stähli 413 (Lit.). Zu Parallel- und Oppositionsbegriffen der Wurzel *pḥd* vgl. Joüon, Wanke und Stähli 412. Zu akk. Parallelbegriffen Stähli 413: akk. *puluḫtu* bezeichnet neben der 'Furcht' als menschlicher Lebensäußerung die 'Furchtbarkeit' von Göttern; zu letzterem ist *melemmu(m)* 'Schreckensglanz' von Göttern, Dämo-

nen, Königen und Tempeln zu stellen (AHw 878/9. 643). Zu äg. *nrw*, *snḏ*, *š'ṯ* vgl. Morenz 114f. (s.u. 5.). Das hebr. Nomen *paḥaḏ* II < **pḥḏ* in der Wendung *gîḏê paḥ^a^ḏâjw* 'die Sehnen seiner Schenkel' Ijob 40, 17 (s. I. [2.]) gehört wegen des Wechsels /ḏ/ > /d/, der freilich auch im Ugar. vorkommt, zu den Aramaismen insbesondere der nachträglichen Stücke des Ijobbuches, vorwiegend freilich der Elihureden. LXX hat die Konsonanten *pḥd* offenbar wegen Unverständlichkeit übergangen, während V sie nach zeitgenössischem Aram. deutete, also ebenso wie Targ. für aram. hielt. Wie sich der äg. Dual *ḫpdwj* 'Gesäß', den P. Lacau (Les noms des parties du corps en égyptien et en sémitique, Paris 1970, 79) – morphologisch und semantisch plausibel – als Isoglosse in Anspruch nimmt, abgesehen von der Konsonantenmetathese phonologisch einordnet, muß offen bleiben.

2. Die vor allem von dem Verbum *pḥd* verwirklichte Bedeutung 'Schrecken empfinden' bzw. 'zittern, beben' entspricht einer elementaren Lebensäußerung von Menschen und Tieren.

Das kreatürliche Erschrecken des Menschen vor dem Tode benennt Sir 9, 13 in der final getönten Abmahnung *w'l tpḥd pḥdj mwt*: halte dich fern von einem Manne, der die Macht hat zu töten, „damit du nicht das Erschrecken erfährst, das der Tod erregt" (s.u. 4.). Mehr als um tausend Schätze soll man nach Sir 41, 12 um seinen Namen „zittern", da dessen Wirkung weiter reicht. – Ein Tier, das *jiśḥaq l^e^paḥaḏ* „des Schreckens lacht", ist das Pferd Ijob 39, 22. *b^e^lî-pāḥaḏ* „unbekümmert" verhält sich der Strauß (?) gegenüber seinen Jungen, was dem Verf. von Ijob 39, 16 als Dummheit erscheint.

Sonst interessiert der zumeist objektlose, gegenstandsunabhängige kreatürliche Schrecken des Menschen nur im religiösen Zusammenhang. Daß JHWH die Rettung und Lebenskraft des frommen Individuums ist, schließt dessen Erschrecken aus (Ps 27, 1; Jes 12, 2). JHWH hat Israel „sicher" geführt, so daß „sie nicht im Schrecken leben mußten" (Ps 78, 53). Dagegen hört man nach der Unheilsankündigung Jer 30, 5 „Angstruf" und *paḥaḏ*; das ist das Gegenteil von *šālôm* 'Heil' (vgl. 49, 5 im Spruch gegen die Ammoniter). Gegen das Erschrecken (Jes 44, 8), vor allem die lebenslange Angst (*pi* Jes 51, 13) richtet sich darum, im Blick auf JHWHs künftiges Geschichtshandeln, die Mahnung des DtJes; umgekehrt beherrschte ein Erschrecken *lajlāh w^e^jômām* „bei Nacht und (ebenso auch) bei Tage" (E. Jenni, Das hebr. Pi'el, Zürich 1968, 224) das Leben Israels unter den Neubabyloniern, wie die dtr Unheilsschilderung in einem auf dtn Gesetzesgehorsam bezogenen Fluchkontext Dtn 28, 66f. erkennen läßt.

Nach weisheitlichem Regeldenken gewährleistet moralische Observanz Schlaf ohne Aufschrecken (Spr 3, 24), vor allem ein Leben ohne plötzlich hereinbrechenden Schreckenerreger (*paḥaḏ piṯ'om* v. 25). Für die Retributionsdoktrin ist Schrecken, weil Gott für Vergeltung sorgt, auf der Seite der Frevler (Ps 14, 5 = 53, 6); „Schreckensruf in seinen Ohren", da unverhofft (*baššālôm*) der Verderber über ihn kommt, und *paḥaḏ piṯ'om* lassen den Frevler als solchen erkennen, wie Ijobs Kontrahent Elifas betont (Ijob 15, 21; 22, 10). Umgekehrt findet Ijob, in einer Parodie auf die Norm, *šālôm mippāḥaḏ* „schreckenloses Wohlergehen" in den Häusern der Frevler (21, 9), während über ihn selbst „das Schreckliche" kommt, die Gefahr, vor der er sich als Weiser immer gefürchtet hatte (3, 25). Vor Freude dagegen „zittert" und „weitet sich" das Herz der erlösten Israeliten nach der Heilsschilderung in Jes 60, 5; Jer 33, 9 (nach-dtr) läßt „alle Völker der Erde" wegen des von JHWH gewirkten Guten (*ṭôḇāh*), des Heils (*šālôm*) erzittern (*pḥd*) und erbeben (*rgz*).

Umgekehrt scheint das Vorherrschen kreatürlicher Angst nach den Qumranschriften ein Merkmal dieses Äons zu sein; 1 QH 2, 36; 1 QS 1, 17 artikulieren die Befürchtung, „Angst" könnte die Glieder der Gemeinschaft zur Untreue führen; *pḥd w'jmh* sind nach 1 QS 10, 15 kennzeichnend für den hiesigen „Ort der Trübsal und Öde"; vgl. zur Angst der Völker und der Kittäer-Herrschaft 1 QpHab 3, 4f.; 4, 7.

3. Religiös zielgerichtet und somit positiv-wertig wird die kreatürliche Angst, wenn sie sich Zuflucht suchend an JHWH (*'æl-JHWH*) richtet. Die früh nachhoseanische Ankündigung der Umkehr Israels jenseits des Gerichts Hos 3, 5 (vgl. J. Jeremias, ATD 24/1, 57) stellt das futurische *ûpāḥ^a^ḏû 'æl-JHWH w^e^'æl-ṭûḇô* „sie werden hinzittern zu" > „Zuflucht suchen (vgl. L. Kopf, VT 9, 1959, 257) bei JHWH und seinem Gut" synonym hinter *jāšûḇû* „sie werden umkehren" und *ûbiq(q)^e^šû 'æṯ-JHWH '^æ^lôhêhæm* „und werden JHWH, ihren Gott, suchen"; vgl. zum Ausdruck *pāḥ^a^ḏû 'îš 'æl-re'ehû* „da wandte sich jeder voller Furcht zu seinem Nächsten" (Jer 36, 16). Der von Hos 3, 5 abhängige Satz Jer 2, 19aβb, der, hinter dem abschließenden Vers 19aα nachklappend, v. 17 sekundär aufnimmt und weiterführt, beklagt, daß die zitternde Hinwendung zu JHWH faktisch nicht erfolgt ist; lies *w^e^lô' pāhaḏtî 'elâj* (vgl. BHS). Trotz der Wortumstellung scheint Mi 7, 17bβ MT dem als Abschluß von Hos 1–3 formulierten Satz Hos 3, 5 nachgebildet.

4. Das Nomen *paḥaḏ* wird oft dann gebraucht, wenn es „das Schreckliche", die Gefahr, zu vergegenständlichen gilt, die die kreatürliche Angst erregt. *paḥaḏ piṯ'om*, d.i. ein Anlaß plötzlichen Erschreckens, wie er Ijob trifft, geht nach Elifas Ijob 22, 10 auf dessen „Bosheit" und „Vergehen" zurück (v. 5), während der Observant das Schreckliche nicht zu fürchten braucht (Spr 3, 25); sicher (*ša'^a^nan*) ist dieser vielmehr vor *paḥaḏ rā'āh* „Gefahr des Übels, böser Gefahr" (Spr 1, 33) wie vor *paḥaḏ lājlāh* „dem, was nächtlich Schrecken erregt" (Ps 91, 5), d.h. dem „Schrecklichen", gegen das man beim Brautzug das Schwert an der Hüfte trägt (*mippaḥaḏ ballêlôṯ* Hld 3, 8; s.u. III.). Die vom Schrecklichen, der Gefahr betroffene Person kann in der Bildung *paḥd^e^ḵæm* „die euch drohende Gefahr" der weisheitlichen Warnung Spr 1, 26f. durch das Pronominalsuffix (Gen. subj.: Suffix für den sich Fürchtenden) bezeichnet

werden; in *paḥaḏ limjuddāʿâj* „ein Schrecken für meine Bekannten" der Klage Ps 31, 12 werden die Betroffenen durch l^e + Dependenz benannt.
Spezifischer kann der Schreckenerreger erfaßt werden, wenn er umgekehrt als Genitiv zu *paḥaḏ* erscheint wie schon in *paḥaḏ rāʿāh* Spr 1, 33 und, formal, in *paḥaḏ lājlāh* Ps 91, 5; vor allem ist *paḥaḏ ʾôjeḇ* in der Bitte Ps 64, 2 „der Schrecken, der vom Feind ausgeht" (vgl. *mpḥd ʾwjb* „aus Furcht vor dem Feind" [4 QpNah 2, 5] und *mpḥd hwwt r[šʿj]m* „aus Furcht vor dem Terror der F[revl]er" [1 QH 2, 36], *[p]ḥd ḥpš* „der Schrecken, den die Tiefe herbeiführt" [Deir ʿallā I 10(12)] und *pḥdj mwt* „das Erschrecken, das der Tod erregt" [Sir 9, 13], ferner *hktjʾjm ʾšr pḥdm [wʾj]m[t]m ʿl kwl hgwʾjm* „die Kittäer, von denen Erschrecken und Angst auf alle Völker ausgeht" [1 QpHab 3, 4f.]).
5. Erreger kreatürlichen Schreckens, ebenfalls meist durch das Nomen *paḥaḏ* bezeichnet, ist auch das Numinose, vor allem die Gottheit als Inbegriff des „Schrecklichen", hier des mysterium tremendum.
Mit magisch wirksamer Assonanz arbeitet der altertümelnde Fluchspruch *paḥaḏ wāpaḥaṯ wāpāḥ ʿālækā* „Grauen, Grube und Garn über dich", einmal Jer 48, 43 im Unheilsorakel über Moab, ein andermal Jes 24, 17 eschatologisch über „die Bewohner der Erde" (vgl. das Zitat CD 4, 14): die Unheilsmächte *paḥaḏ* u.ä. mögen durch den formelhaften Nominalsatz einst unmittelbar, ohne Bezug auf eine sie richtend einsetzende Gottheit, mobilisiert worden sein; auf die Stabilität solcher Formeln weisen die Anspielungen Ijob 22, 10 (*paḥîm* par. mit *paḥaḏ piṯʾom*), Klgl 3, 47 (*paḥaḏ wāpaḥaṯ*) und Sir 9, 13 hin (*wʾl tpḥd pḥdj mwt ... dʿ kj bjn pḥjm tṣʿd* „damit du nicht das Erschrecken erfährst, das der Tod erregt ... wisse, daß du zwischen Fallen hindurchschreitest").
Religiös spezifischer wird die Gottheit als Erreger numinosen Schreckens im Zusammenhang mit dem heiligen Kriege bezeichnet, und zwar durch Genitiv-Verbindungen wie *paḥaḏ JHWH* „Schrecken, den JHWH erregt" > „Schrecken, den JHWH darstellt" (1 Sam 11, 7; Jes 2, 10. 19. 21; 2 Chr 14, 13; 17, 10 [zu 2 Chr 19, 7 s. 6.]) oder *paḥaḏ ʾ^ælôhîm* (2 Chr 20, 29 [zu Ps 36, 2 s. 6.]). Gleiche Funktion hat absolut gebrauchtes *(ʾêmāṯāh wā-)paḥaḏ*, ergänzt durch *biḡdol z^erôʿ^akā* „wegen der großen (Macht) deines Armes", in Ex 15, 16 sowie das Nomen *paḥaḏ* Jes 19, 16; Jer 49, 5 und das Verb *pḥd* Jes 19, 17; 44, 11 (vgl. den Gebetswunsch Mi 7, 17) in Unheilsankündigungen gegen Feinde. Für die durch den an Feinden wirksamen „Schrecken" Geretteten, die Nutznießer des *paḥaḏ*, wird dieser durchaus zum „positiven Erlebnis der Gottesnähe" (gegen Koch 108), das ja auch durch den mit *pḥd ʾæl* bezeichneten Vorgang gesucht wird (s.o. 3.). Zu *paḥaḏ* mit Genitiv der Gottheit vgl. akk. *[a]t-rat puluḫtašu* „übergroß war mein Schrecken vor ihm > seine Furchtbarkeit", par. mit *kabtat qātšu* „schwer war seine Hand (scil. auf mir)" (Ludlul III 1f.; zum Par. vgl. Jes 19, 16). Der von JHWH erregte „Schrecken" ist Ijob 25, 2 wie das vorangehende *hamšel* „Herrschaft" geradezu dessen Attribut. – Die besondere Häufung, mit der das Subj. *paḥaḏ* im Zusammenhang des Krieges mit dem Prädikat *npl ʿal* „fallen auf" (Ex 15, 16; 1 Sam 11, 7 u.ö.) und später *hjh ʿal* „kommen über" (2 Chr 14, 13; 17, 10; 19, 7; 20, 29) verbunden wird, zeigt die gerade hier erlebte numinose Spontanüberwältigung (vgl. zu *paḥaḏ ʿal* Dtn 2, 25; 11, 25; Jes 24, 17 = Jer 48, 43; Jer 49, 5; 1 Chr 14, 17, zu *paḥaḏ ʾæl* Ijob 31, 23 cj. [s.u.]): sie trifft das eigene Volk, das danach geschlossen auszieht und so von seinem Erschrecken den Vorteil hat (1 Sam 11, 7), vor allem aber die Gegner, die Verstummen (Ex 15, 16), Beschämung (*ḥŏggāʾ* Jes 19, 17; *jeḇošû* 44, 11) u.ä. ergreift, so daß sie zersprengt werden (Jer 49, 5). Das Refrainwort Jes 2, 10. 19. 21 fordert angesichts eines über alles Hohe und Erhabene ergehenden kriegerischen JHWH-Tages die Betroffenen auf, sich „im Fels", „im Staub" u.ä. zu verbergen.

Um das Motiv vom JHWH-Schrecken (u.a. zu Am 2, 14–16 G. von Rad, Der heilige Krieg im alten Israel, [5]1969, 63ff.) kristallisiert sich das Ideologem von der Ausschließlichkeit göttlicher Wirksamkeit im Kriege (vgl. F. Stolz, Jahwes und Israels Kriege, AThANT 60, 1972, 187–191). Wie man einen kriegsentscheidenden Gottesschrecken künstlich hervorruft, lehrt Ri 7, 16–22 (vgl. 1 Sam 4, 4–8; Jos 6, dazu H.-P. Müller, VT 14, 1964, 183–191). Phänomenologisch läßt die Verbindung von *paḥaḏ JHWH* mit dem Kriege daran denken, daß griech. φόβος als Sohn des Ares selbst zum Kriegsgott wird (Homer, Il 13, 298–300; Hesiod, Theog. 933–936; vgl. auch allgemein zum φόβος im Kriege H. Balz, ThWNT IX 187f.; EWNT III 1027).

Je mehr die exil.-nachexil. Zeit, die eine eher archaische Kriegstopik (vgl. F. Schwally, Semit. Kriegsaltertümer I, 1901) erst eigentlich systematisch entfaltet, dabei den israelitisch-jüdischen Erwählungsglauben gegen alle politische Erfahrung ideologisiert, um so mehr geht einerseits der einstige JHWH-Schrecken nunmehr von Israel (*paḥd^ekā, -kæm* „der von dir/euch ausgehende Schrecken", Dtn 2, 25; 11, 25; vgl. *paḥdām* Ps 105, 38; Est 9, 2) bzw. David (*paḥdô* 1 Chr 14, 17) aus (vgl. ferner *paḥaḏ hajj^ehûḏîm* Est 8, 17 und *paḥaḏ mŏrd^okaj* 9, 3) und wird andererseits die Auswirkung des „Schreckens" 1 Chr 14, 17; 2 Chr 20, 29 (vgl. 17, 10) universal. Die Suffixe in *paḥd^ekā, -kæm, paḥdām* und *paḥdô* bezeichnen dabei wie die Genitive in *paḥaḏ hajj^ehûḏîm* und *paḥaḏ mŏrd^okaj* als gen. obj. das Zu-Fürchtende. Zu David oder Mordochai als Schreckenerreger vgl. allenfalls noch äg. *nrw.f* „der Schrecken vor ihm (Pharao); der Schrecken, der von ihm ausgeht", *snḏ.f* „die Furcht vor ihm", *šʿt.f* „das Entsetzen vor ihm" (Morenz 114f.).
Individualisiert ist das numinose Erschrecken, wenn damit von einzelnen auf die Verlesung der Unheilsworte aus Jeremias Rolle reagiert wird (*pāḥ^aḏû* Jer 36, 16, welche Reaktion bei der Verbrennung der Rolle v. 24 verhängnisvollerweise ausbleibt) oder wenn es vor der Einlaßliturgie die einzelnen Sünder

ergreift (*pāḥ^{a}ḏû* Jes 33, 14). Daß im Fall der Verschuldung der eher gegenständliche *paḥaḏ 'el* „Gottesschrecken" über Ijob gekommen wäre, setzt entsprechend der Reinigungseid Ijob 31, 23 cj. voraus (lies *paḥaḏ 'el jæ'^{æ}ṯæh 'elâj* [anders BHK, während BHS keine Konjektur hat]; zu *'th* beim Subj. *paḥaḏ* vgl. 3, 25, mittelbar Spr 1, 27). Erschrecken vor dem Angesicht der Gottheit befällt Ijob aber auch wegen deren Willkür (*mippānājw 'æbbāhel* „vor ihm gerate ich in Entsetzen", par. *w^e'æpḥaḏ mimmænnû* „und ich erschrecke vor ihm" Ijob 23, 15), wie er umgekehrt, wieder etwas gegenständlicher, „seinen (JHWHs) Schrecken" 13, 11 den Dialogkontrahenten ansagt. Vorganghafter *paḥaḏ* 'Erschrecken' und *r^{e}'āḏāh* 'Beben' widerfahren nach der etwas manierierten Schilderung 4, 14 auch den (weisheitlich) Inspirierten, den dabei **rîḇ '^{a}ṣāmôṯ* „Erschütterung (vgl. akk. *rību* I 'Erdbeben') des Gebeins" in Schrecken versetzt (*pḥd hiph*).

6. In der Weisheit und ihrem Umfeld wird absolut gebrauchtes *pḥd pi* für das weisheitlich religiöse Wohlverhalten überhaupt verwendet: *m^{e}paḥeḏ tāmîḏ* „ständig ehrfürchtig" (Spr 28, 14; Sir 37, 12; vgl. φοβούμενος, -οι Apg 10, 2. 22. 35; 13, 16. 26 neben σεβόμενος [ab Apg 13, 43] für heidnische Anhänger jüdischen Glaubens). Der Inf. *pi* in *lpḥd lbbw bmšpṭj 'l* „sein (des Menschen) Herz in Furcht zu versetzen vor den Gerichten Gottes" bezeichnet eine der Tugenden der „Söhne des Lichts" bzw. der hinter ihnen stehenden „Geister des Lichts" (1 QS 4, 2ff.), womit sie das weisheitlich-religiöse Wohlverhalten hervorrufen. Entsprechend ist *paḥaḏ JHWH* schon 2 Chr 19, 7 abgeschwächt zu „JHWH-Furcht", mit *pḥd* als grammatisch transitivem Begriff, sachlich spezifiziert zur Amtssorgfalt des Richters; allgemein religiös ist dagegen das Oppositum *'ên-paḥaḏ '^{æ}lôhîm* „keine Gottesfurcht" (Ps 36, 2). – Dem Imp. *qal pḥd 'l* „fürchte Gott" entspricht Sir 7, 29 die Achtung vor der Heiligkeit des Priesters. Furcht vor den „Gerichten" Gottes wie 1 QS 4, 2f. (vgl. 1 QHfragm 4, 9) klingt noch Ps 119, 120 an, wobei zwischen diesen und „Wort(en)" als Objekt der Furcht v. 161 nur noch ein rhetorischer Unterschied besteht.

III. *paḥaḏ jiṣḥāq* (Gen 31, 42) bzw. *paḥaḏ 'āḇîw jiṣḥāq* (v. 53b) ist wohl schon deshalb eher von der Wurzel *pḥd* I als von *pḥḏ* abzuleiten, weil *pḥd* I, wenn auch meist in späteren Texten, hebr. reichlich belegt ist, während die Wurzel *pḥḏ* außer in Ijob 40, 17 nur in jüngeren Sprachen vorkommt; /ḏ/ in ursemit. **pḥḏ*, wie es aus arab. *faḫiḏ* zu erschließen ist, kann nur im Aram. und in aram. beeinflußten Idiomen zu /d/ werden (vgl. Hillers 92), allenfalls auch im Ugar., wo aber **pḫd* 'Schenkel' oder 'Klan' nicht vorkommt. Das Nomen *paḥaḏ* würde den „Schrecklichen" bezeichnen (vgl. II. 4.), wobei der gen. poss. *jiṣḥāq* den Nutznießer eines an Feinden wirksamen numinosen Schreckens nennt (II. 5.): „Schrecklicher Isaaks". Angesichts der Polysemie (insbesondere früher bzw. altertümelnder) religiöser Formeln ist freilich nicht auszuschließen, daß Isaak zugleich selbst, wie im Fall des Genitivs in *paḥaḏ JHWH* u. ä., der Schreckenerreger ist: „Schreck, der von Isaak ausgeht" (Lit. bei A. Alt, KlSchr I, 1953, 25[3]); wer einen schrecklichen Gott hat, ist selber schrecklich.

Term und Begriff sind dabei, so hat es den Anschein, innerhalb des AT nicht so isoliert, wie Alt (24) annahm. So ist der Personen- bzw. Stammesname *ṣlpḥd*, nach Σαλπααδ LXX *ṣel paḥaḏ* zu lesen, familial- oder tribalreligiös als „(schützender) Schatten des Paḥad" zu erklären (vgl. Lemaire, Sem 22, 20; Inscriptions 288, aber auch KBL[3] s. v., wo Verf. falsch wiedergegeben wird, und Puech 356/57. 360[10]; ferner akk. *puluḫti ṣillīka* „die Furchtbarkeit deines Schattens" [AHw 879a]) – offenbar mit theophorem Element einer Gottheit, in der sich der von einem anderen Gott, etwa einem El, ausgehende panische „Schrecken" zu einer eigenständigen Gestalt, dem „Schrecklichen", animatisiert hat, die als Familien- oder Stammesnumen in den unvermeidlichen kriegerischen Auseinandersetzungen der Gruppe als „Schutz" wirksam ist; vgl., wenn auch mit irrtümlichen Bezug auf das Arab., C. Westermann, BK I/2, 607, der die Wendung *'^{æ}lôhê 'aḇrāhām ûpaḥaḏ jiṣḥāq* Gen 31, 42 wohl mit Recht für nachträglichen Zusatz ansieht, nämlich entsprechend v. 53b. Der friedliche Charakter der Vätersagen geht ohnehin am ehesten auf nachträgliche Übermalung zurück (M. Rose, BZ 20, 1976, 197–211). Die Wendungen *paḥaḏ lājlāh* Ps 91, 5 und *paḥaḏ ballêlôṯ* Hld 3, 8 (s. o. II. 4.) mögen sodann voraussetzen, daß eine schreckenerregende Kleingruppengottheit dämonisiert ins Gespenstische abgesunken ist (vgl. H. Gunkel, Genesis, [6]1964, 349; ders., Die Psalmen, [5]1968, 406); sachlich vergleichbar sind die *balhôṯ ṣalmāwæṯ* (*ṣalmûṯ*?) „Schrecken der Finsternis", vor denen der Ehebrecher sich nicht fürchtet Ijob 24, 17, ferner der *mælæḵ ballāhôṯ* „König der Schreckensmächte" 18, 14, zumal die Beziehung von Hld 3, 8 und Ijob 24, 17 zu Hochzeit und geschlechtlichem Umgang wieder auf einen familialreligiösen Zusammenhang weist.

Freilich lassen weder der PN *ṣlpḥd* noch gar Hld 3, 8 eine spezielle Beziehung zu Isaak erkennen. *ṣlpḥd* ist nach späten Bezeugungen wie Num 26, 33; 27, 1; Jos 17, 3 (1 Chr 7, 15) Nachkomme von Manasse-Gilead-Hefer; zumindest seinen Töchtern Hogla und Tirza (Num 26, 33; 27, 1; 36, 11; Jos 17, 3) entsprechen Lokalitäten in Mittelpalästina (vgl. auch N. H. Snaith, VT 16, 1966, 124–127; Lemaire, Sem 22; Inscriptions 287–289; A. Demsqi, EI 16, 1982, *70–*75), was beides der Beheimatung Isaaks im tiefen Süden widerspricht. Immerhin ist die Verbindung der Gottesbezeichnung *paḥaḏ* mit einem Genitiv im appellativischen Charakter dieser Gottesbezeichnung und die mit einer Personenbezeichnung in der familialen Funktion des Numens begründet.

Liegt also in der Interpretation eines familial-religiösen *paḥaḏ* als des Gottes *'āḇîw jiṣḥāq* „seines Vaters Isaak" lediglich die Konstruktion des familial-religiös orientierten Erzählers von Gen 31, 53b, die dann unter Verkürzung von *paḥaḏ 'āḇîw jiṣḥāq* zu dem nun wie eine eigenständige Gottesbezeichnung wirkenden *paḥaḏ jiṣḥāq* als Auffüllung nach v. 42 übernommen wurde? Die In-Anspruch-Nahme eines den „Schrekken" verkörpernden, von Isaak an Jakob überkommenen Familiennumens für den Schwur bei der eherechtlichen Abmachung von v. 50 würde dabei der vorangehenden aggressiven Situation entsprechen. Denn vv. 50. 53b scheinen als Elemente einer Familiengeschichte älter zu sein als „der stämmepolitische Pakt in v. 51–53a" (Westermann 609 unter Hinweis auf Gunkel) mit der Gegenüberstellung des Gottes Abrahams und des Gottes Nahors in 53a, die für den Erzähler die späteren Völker Israel und Aram vertreten. Da ein *paḥaḏ jiṣḥāq* zudem in der Aufzählung von Gottesbezeichnungen Gen 49, 24f. nicht erscheint, stellt sich die allgemeinere Frage nach Alts „Vätergöttern" (KlSchr I 1–78, bes. 24–26) von Gen 31, 53b her nicht. Daß die Familienreligion der Vätererzählungen authentische vorisraelitisch-nomadische Züge aufweist, hat n.a. M. Köckert (Vätergott und Väterverheißung. Eine Auseinandersetzung mit A. Alt und seinen Erben, 1987) bestritten.

Während eine Übersetzung von *paḥaḏ jiṣḥāq* mit „Verwandter Isaaks" (Albright, From the Stone Age to Christianity 248) an aram. (?), palm. und arab. *pḥd/z* bzw. *faḫiḏ* 'Klan' bzw. 'Unterabteilung eines Stammes' keinen semantischen Anhalt hat (Hillers u.v.a.), kann auch Koch, dessen Vorgänger Malul (194) nennt, für seine Vermutung, „daß Jakob bei der Lende oder dem Zeugungsglied seines Vaters Isaak schwört" (113), nur auf so späte semantische Isoglossen wie targ.-aram. *paḥ^{a}ḏîn* 'Hoden' und, davon offenbar abhängig, auf V zu Ijob 40, 17 hinweisen; als phonologische Isoglosse zu aram. **paḥaḏ* entsprechend arab. *faḫiḏ* '(Ober-)Schenkel' wäre im älteren, nicht aram. beeinflußten Hebr. /z/ statt /d/ als 3. Radikal zu erwarten; Malul (195f.) sieht deshalb in *paḥaḏ* 'Schenkel' Gen 31, 42. 53 ein aram. Wort, übersieht dabei aber, daß eine der erzählten Situation entsprechende aram. Wendung in v. 47 natürlicherweise Laban, nicht Jakob in den Mund gelegt wird. Dasselbe wäre gegen eine Übersetzung „Klan Isaaks" geltend zu machen (vgl. Puech 356). Wenn vollends *paḥaḏ jiṣḥāq* Gen 31, 42 von *paḥaḏ 'āḇîw jiṣḥāq* v. 53b herzuleiten ist, würde der nun allein entscheidende Erzählkontext von v. 53b kein Argument für die Vermutung Kochs ergeben. Im Gegenteil: obwohl Jakob auf der Ebene des Erzählten sich auch selbst für den Fall des Eidbruchs verflucht, der „Schrecken" von v. 53b gegebenenfalls also an ihm wirksam wäre, wird *paḥaḏ jiṣḥāq* auf der pragmatischen Ebene der Erzählung, insbesondere nachdem Jakob zum Repräsentanten Israels, Laban zu dem der Aramäer geworden war, zum „Schrecken" an Jakobs und Israels Feinden und sekundär in v. 42 zu beider Wohlergehensgarantie, womit er sich stimmungsmäßig in die Vätererzählung fügt. Der „Schrecken", den Isaak erleidet, wie Koch (108) voraussetzt, müßte **paḥaḏ 'al-jiṣḥāq* heißen (vgl. II.5.), käme also für das Verständnis der Formel ohnehin nicht in Frage; dagegen wird für das von Koch angenommene Schwören bei der „Lende" gerade in der Vätererzählung *jāreḵ* verwendet Gen 24, 2. 9; 47, 29, während die Wendung **śîm jāḏ taḥaṯ jāreḵ* bei Gen 31, 53 fehlt, was doch nicht ohne Gewicht ist.

Synonym mit *paḥaḏ* in dessen Funktion als Gottesbezeichnung ist *môrā'* 'Schrecklicher' Ps 76, 12, wo der Begriff parallel mit *JHWH 'ælôhêḵæm* erscheint, was an das Nebeneinander von *'ælôhê* (2mal) und *paḥaḏ*, jedesmal mit dem Genitiv des Verehrers, Gen 31, 42 erinnert; auf *mwr'* als Gottesbezeichnung 1 QpHab 6, 5 macht T. Thorion-Vardi (RQu 46, 1986, 282) aufmerksam.

H.-P. Müller

פַּחַת *paḥaṯ*

1. Etymologie und Vorkommen außerhalb des AT – 2. Belege und Bedeutung – a) im AT – b) in den alten Übersetzungen – c) in den Qumrantexten – 3. *p^{e}ḥæṯæṯ* in Lev 13, 55.

Lit.: *A. Schwarzenbach*, Die geographische Terminologie im Hebräischen des Alten Testaments, Leiden 1954, 40f.

1. Im allgemeinen leitet man *paḥaṯ* vom Verb *pḥt* (BLe 458; KBL^{3} 873) ab, das sich nicht im bibl. Hebr., jedoch wohl in anderen semit. Sprachen (Jüd.-Aram., Syr., Sam., Akk.) findet. Es bedeutet u.a. 'aushöhlen', 'durchbohren'. Im Arab. kommt das Verb *faḥata* 'graben', 'durchbohren' vor (Wehr, Arab. Wb 625), gleichfalls im Akk. *patāḫu(m)* in etwa derselben Bedeutung (AHw 846f.), wie im Syr. *pḥt (pa)*. Die Grundbedeutung des Wortes im Hebr. ist wohl 'Grube'. Das Nomen findet sich in dieser Bedeutung auch in anderen nwsemit. Sprachen: etwa *pḥth* im Sam. (LOT II 517); *peḥtā* oder *paḥtā* im Syr. und im Aram.

2. a) Das Wort *paḥaṯ* findet sich in der Einzahl in 2 Sam 18, 17; Jes 24, 17. 18 (2mal); Jer 48, 28. 43. 44 (2mal) und Klgl 3, 47; in der Mehrzahl in 2 Sam 17, 9 und schließlich als *p^{e}ḥæṯæṯ* in Lev 13, 55 (s.u. 3.).

Überdies konjiziert man *paḥaṯ* (anstatt *paḥ*) in Am 3, 5 (Dalman, AuS VI 339) und mit mehr Recht (anstatt *paḥaḏ*) in Ijob 39, 22 (mit einigen hebr. Handschriften und S; vgl. LXX). 2 Sam 18, 17 kann entnommen werden, daß *paḥaṯ* mask. ist, obgleich in 17, 9 *'aḥaṯ* anstatt *'aḥaḏ* geschrieben ist (vgl. im Syr., wo das Wort bald mask., bald fem. ist).

Aus den verwendeten Verben in 2 Sam 18, 17; Jes 24, 18 und Jer 48, 44 (*hišlîḵ 'æl, nāpal 'æl* und *'ālāh min*) geht hervor, daß es sich bei *paḥaṯ* um eine „Tiefe", eine „Grube" (etwa in einem Wald, → יער *ja'ar* III.2.a) handelt, welche in bergigen Gebieten auch „Schlucht" genannt werden kann (etwa 2 Sam 17, 9; Jer 48, 28). Eine speziellere Bedeutung bekommt das Wort, wenn man es als eine „Fanggrube" (Schwarzenbach) oder eine „Vogelfalle" (Dalman, AuS VI 335. 339) betrachtet (etwa Jes 24, 18; Jer

48, 44). Freilich ist letztgenannter Vorschlag nicht so wahrscheinlich, weil in Am 3, 15 *paḥ* eher (mit LXX) zu streichen, als in *paḥaṯ* zu ändern ist. Andererseits liegt die Bedeutung „Fanggrube" mehr auf der Hand, weil im alliterierenden Sprichwort (in Jes 24, 17f. und Jer 48, 43f.) *paḥaṯ* nach *paḥaḏ* ('Schrekken') und vor *paḥ* ('Fangnetz') vorkommt. Nach Schwarzenbach flieht das Wild vor dem Lärm der Treiber und fällt in die Grube. Falls es sich wieder befreien kann, gerät es ins Fangnetz. Immerhin wäre es möglich, bei dieser sprichwörtlichen Redensart nicht sofort an eine Entlehnung aus der Jagdsprache zu denken, indem man *paḥaṯ* mit dem Begriff „Fanggrube" verbindet, sondern einfach die Bedeutung „Grube", in die ein Fliehender unerwartet hineinfällt, zu betonen. Überdies gibt es im AT noch andere Wörter für 'Fanggrube', etwa *šaḥaṯ* (Ez 19, 4. 8; Ps 7, 16; 9, 16 usw.); *šûḥāh* (Jer 18, 20. 22 usw.) oder *šîḥāh* (Ps 57, 7; 119, 85 usw.; vgl. jedoch G. Gerleman, Bulletin de la Société Royale des Lettres de Lund 1945–1946, IV, 1946, 86f.; K. Galling, BRL^2 152).

In Jer 48, 28 bereitet der Wortlaut des Textes den Übersetzern einige Schwierigkeit: den Bewohnern Moabs wird geraten, ihre Städte zu verlassen, in Felsen zu wohnen und wie die Tauben zu handeln, die da nisten *b^{e}ʿæbrê pî-pāḥaṯ* „zu den Seiten (vgl. B. Gemser, VT 2, 1952, 351) des Mundes der Schlucht".

Unter Verweis auf Eißfeldt (VT 2, 1952, 87–92) meint Schwarzenbach, *pî* als eine Art Fangwort („Kustos") streichen zu können, aber dies ist unnötig (so mit Recht W. Rudolph, HAT I/12^3, 278; vgl. noch die Konjektur von A. van Selms, Jeremia III (PvOT) 31: *pîpaḥaṯ* = akk. *papaḫḫu* in der Bedeutung 'Bergland'; vgl. aber AHw 823: „churr. Fw.").

Das Sprichwort, das sich in Jes 24, 17f. und – mit leichten Modifikationen – in Jer 48, 43f. in einer Weissagung gegen Moab findet (nach A. Weiser, ATD 20/21^6, 401 „nachträgliche Erweiterung"), und durch seine dichterische Alliteration und Assonanz (vgl. „Grauen, Grube, Garn") ins Auge fällt, gehört wohl zum Sprichwörterbestand des alten Israel und deutet hin auf Angst, Verderben und unerbittliches Schicksal, die unentrinnbar sind und zum (zukünftigen Gottes-)Gericht gehören (vgl. Am 5, 19). Auf dieses Wortspiel greift wahrscheinlich die Nebeneinanderstellung von *paḥaḏ* und *paḥaṯ* in Klgl 3, 47 zurück.

b) In der LXX wird *paḥaṯ* meistens durch βοθύνος übersetzt, wobei man in 2 Sam 18, 17 eine doppelte Übersetzung: χάσμα neben βοθύνος antrifft. In 2 Sam 17, 9 liest LXX^{BA} βουνός 'Hügel' (öfter Übersetzung von *giḇʿāh*), aber LXX^{Luc} αὐλών 'Kluft' (vgl. Josephus, Ant. VII ix 6 § 218). Man (so schon I. F. Schleusner, Novus Thesaurus I, 1820, 583) vermutet, daß βουνός hier wohl aus βοθύνος verschrieben ist. In Klgl 3, 47 übersetzt LXX^{BA} durch θυμός, andere LXX-Handschriften durch θάμβος 'Erstaunen', S übersetzt das Wort gewöhnlich durch *gûmāṣā* (2 Sam 18, 17; Jes 24, 17f.; Jer 48, 43f.). In Jer 48, 28 faßt S die drei letzten Worte (s.o. 2. a) in *g^{e}ḏānpā* 'Felsenriff', 'Klippe' zusammen; in 2 Sam 17, 9 hat sie *'āṯrāwāṯā* 'Plätze'; und in Klgl 3, 47 steht *gûmāṣā* an einer andern Stelle. Auch T überträgt in den meisten Fällen *paḥaṯ* durch *qûmṣā* oder *kûmṣā*. In V schließlich findet sich am meisten *fovea*, nur in Jer 48, 28 *foramen* und in Klgl 3, 9 *laqueus*.

c) In CD 4, 14 wird Jes 24, 17 angeführt: „Grauen und Grube und Garn über dich, Einwohner des Landes". In CD 11, 13f. wird verboten, Vieh beim Werfen am Sabbattag zu helfen, selbst wenn es in einen Brunnen (*bôr*) oder eine Grube (*paḥaṯ*) fällt, darf man es am Sabbat nicht wieder herausholen (vgl. hierzu Mt 12, 11; Lk 14, 5).

3. Im Gesetz über die Feststellung von „Aussatz" (→ צרעת *ṣāraʿaṯ*) wird auch über „aussätzige" Stellen an Kleidern gesprochen (Lev 13, 47–59). In klaren Unreinheitsfällen der Kleider, Fellen usw. werden sie mit Feuer verbrannt, in Zweifelsfällen aber werden sie gewaschen. Ist das Ergebnis dennoch negativ, so ist das Stück unrein geblieben, und soll mit Feuer verbrannt werden (v. 55): „Es ist *p^{e}ḥæṯæṯ* an der kahlen Stelle auf der Rück- oder Vorderseite." Im allgemeinen wird das Wort durch „Einfraß" (Elliger, HAT I/4, 186), „(eingefressene) Vertiefung" (GesB; KBL^{2,3}) usw. übersetzt. Es handelt sich hier wohl um Spuren der Einwirkung des Schimmelpilzes. Elliger (173) hält das Wort für einen der neuen Fachausdrücke aus späterer Zeit.

Mulder

פַּטִּישׁ *paṭṭîš* → מַקֶּבֶת *maqqæbæṯ*

פָּטַר *pāṭar*

פָּטִיר *pāṭîr*, פֶּטֶר *pæṭær*, פִּטְרָה *piṭrāh*

I. Etymologie – II. Belege im AT – III. At.liche Verwendungen – 1. Fachausdruck der Bausprache – 2. Fachausdruck der kultischen Sprache – 3. Allgemeines Befreien – IV. LXX – V. Qumran.

Lit.: *A. van den Born*, Erstgeburt (BL^2, 1968, 424f.). – *H. Cazelles*, Premiers-Nés. II. Dans l'Ancien Testament (DBS 8, 1972, 482–491). – *H. Gese*, Ezechiel 20, 25f. und die Erstgeburtsopfer (Festschr. W. Zimmerli, 1977, 140–151). – *J. Halbe*, Das Privilegrecht Jahwes. Ex 34, 10–26 (FRLANT 114, 1975, 176–185). – *G. C. Heider*, The Cult of Molek (JSOT Suppl 43, Sheffield 1985, 252–258). – *O. Kaiser*, Den Erstgeborenen deiner Söhne sollst du mir geben (Festschr. C. H. Ratschow, 1976, 24–48). –

W. Zimmerli, Erstgeborene und Leviten. Ein Beitrag zur exilisch-nachexilischen Theologie (Festschr. W. F. Albright, Baltimore – London 1971, 459–469 = ThB 51, 1974, 235–246).

I. Hinsichtlich der Herkunft des Verbs *pāṭar* ist auf akk. *paṭāru* '(ab)lösen', 'auslösen' (AHw 849–851) und *ipṭiru* 'Lösegeld' (AHw 385; CAD I–J 171–173) zu verweisen. In den akk. PN hat das Element *paṭāru* an einigen Belegstellen die Bedeutung 'lösen' (K. L. Tallqvist, APN 301), teilweise wurde auch in Analogie zum hebr. *pæṭær ræḥæm* gerade in bezug auf Erstgeburten die Bedeutung 'spalten' angenommen (Tallqvist, ebd. 301; vgl. ders., Neubabylonisches Namenbuch, Helsingfors 1905, 327), was aber von J. J. Stamm (AN 169f.) zurückgewiesen wird (vgl. aber ebd. 128). Allerdings läßt sich auf der Basis einer Bedeutung 'spalten' das hebr. Verb *pāṭar* als Fachausdruck der Bausprache erklären, weshalb M. Noth, BK IX/1², 102 zusätzlich auf arab. *faṭara* 'spalten' hinweist (so auch schon vorher GesB 640 und jetzt KBL³ 873f.). Ebenso steht hebr. *pæṭær ræḥæm* als 'Spaltung des Mutterschoßes' hiermit in Zusammenhang.

Die in akk. *paṭāru* '(ab)lösen' mitgesetzte Komponente des Trennens kommt zum Tragen in dem in Mari belegten Substantiv *paṭērum* 'Deserteur' (AHw 851) und in der hebr. Verbbedeutung von *pāṭar* als 'sich entfernen' (1 Sam 19, 10; Sir 32, 11).
Das Ugar. kennt die Wurzel *pṭr* in den Schreibweisen *pṭr*/*bṭr*/*pẓr* (vgl. die Übersicht bei J. Sanmartín, UF 11, 1979, 724 Anm. 24). So tritt sie auf in der Wendung *bṭr bd mlkt* „frei vom Dienst, zu Händen der Königin" (KTU 4.382, 1.2) und in der Bedeutung „tilgen" (KTU 1.108, 34).
In EA ist das Verb *paṭāru* als 'lösen, loslassen, abfallen, abziehen' oder 'weichen' (EA I 1491) belegt.
Das Phön. kennt ein Substantiv *pṭrh* (CIS I 102a), welches nach M. Lidzbarski (Eph III 109f.) den Zustand des freigelassenen oder losgekauften Sklaven meint (vgl. DISO 227 und KAI 49, 34). Ebenso ist ein PN *pṭr* belegt (PNPPI 390). Im Reichsaram. ist das Verb *pāṭar* I mit der Bedeutung „détacher" (?) belegt (DISO 227). K. Beyer, ATTM 667 notiert das Verb als „(sich) entfernen" sowie das Substantiv *pṭr* als „Verlust" und ein weiteres Substantiv *pṭwrjn* als „Scheidung".

II. Im AT sind 8 Verbbelege im *qal* und einer im *hiph* zu verzeichnen sowie 11 Belege des Substantivs *pæṭær* und einer des Substantivs *piṭrāh*. Die Substantivbelege finden sich mit Ausnahme von Ez 20, 26 und Neh 8, 16 nur im Pent. (Ex 8mal; Num 2mal), während die Verbbelege im DtrGW (5mal) und ChrGW (2mal) und jeweils 1mal in Ps und Spr auftreten. Hinsichtlich ihrer zeitlichen Ansetzung reichen die Substantivbelege von der frühstaatlichen Zeit im Privilegrecht JHWHs (Ex 34, 19f.) bis in die Exilszeit (Ez, H) und die nachexil. Zeit (P^S). Das Verb *pāṭar* tritt erst in Texten der exil. Zeit auf.

III. 1. Als term. techn. der Bausprache begegnet das Verb im Tempelbaubericht 1 Kön 6. Hierin tritt in vv. 18. 29 (> LXX). 32 die Cstr.-Verbindung *peṭurê ṣiṣîm* auf. Eine Übereinstimmung hinsichtlich der Deutung des Verbs wurde bislang noch nicht erzielt. So denkt M. Noth (BK IX/1², 97. 102. 125f.) aufgrund der von ihm angenommenen etymol. Beziehung der Wurzel zu arab. *faṭara* 'spalten' an „aufgespaltene Formen von Blumen", d. h. Blumenkelche, die man sich als lange Reihen eines Pflanzenornamentes vorstellen muß (vgl. Th. A. Busink, Der Tempel von Jerusalem 1, Leiden 1970, 272–274). Hingegen denken GesB 640 und E. Würthwein (ATD 11/1², 60f.) an Blumengehänge, was sich mit der Bedeutung 'freilassen' in Verbindung bringen läßt.

2. Als Fachausdruck der kultischen Sprache ist das Substantiv *pæṭær* bereits im Privilegrecht JHWHs in Ex 34, 19f. belegt. Daß es sich hierbei um eine dtr Interpolation aus Ex 13 handelt (E. Kutsch, ZThK 55, 1958, 7f.), ist zurückzuweisen (Halbe 179f.; Kaiser 46f.). *pæṭær* findet sich hier erstmalig in der Cstr.-Verbindung *pæṭær ræḥæm*. Der literarkritisch nicht einheitliche Text Ex 34, 19f. besteht ursprünglich aus vv. 19aα. 20bα, so daß zu lesen ist: *kŏl-pæṭær ræḥæm lî kol bekôr bānæ̂kā tipdæh* (Halbe 177). Somit ist terminologisch differenziert zwischen *pæṭær ræḥæm*, womit die Erstgeburt des Tieres bezeichnet wird, und *bekôr*, welches die menschliche Erstgeburt bezeichnet (Zimmerli 237). *pæṭær ræḥæm* wird nicht auf die menschliche Erstgeburt bezogen, weil bei der Verwendung von *pæṭær ræḥæm* der Erstgeborene nach der Mutter bestimmt werde (Cazelles 483), was in polygynen Verhältnissen Schwierigkeiten hinsichtlich des Status des Erstgeborenen nach sich zöge (M. Tsevat → I 647f.). Insofern hat sich der Terminus *pæṭær ræḥæm* auch nicht zur Bezeichnung der Erstgeburt durchsetzen können; hier dominieren die Termini *re'šîṯ 'ôn* und besonders *bekôr*. Hinsichtlich der Erstgeburt lautet die Bestimmung in Ex 34, 19f., daß jede Erstgeburt JHWH gehört und jeder erstgeborene Sohn ausgelöst (→ פדה *pāḏāh*) werden soll. Die Erstgeburt von Tieren soll geopfert werden, während für Menschen ein Ersatzopfer dargebracht wird. Der jüngere Bundesbuchtext Ex 22, 28 formuliert schon nicht mehr so eindeutig, was dazu führte, daß er hinsichtlich des Kinderopfers mißverstanden werden konnte und auch wurde (Zimmerli 239).
Nach ihrem erstmaligen Auftreten im Privilegrecht JHWHs wird die Cstr.-Verbindung *pæṭær ræḥæm* erst wieder in exilischen Texten verwendet, hier dann auch zur Bezeichnung der menschlichen Erstgeburt. Dies läßt sich damit erklären, daß die gewandelten sozialen Verhältnisse (Monogamie) Mißverständnisse hinsichtlich der Stellung des als *pæṭær ræḥæm* bezeichneten Erstgeborenen nicht mehr aufkommen ließen. In Ex 13, 2 und Num 3, 12 erscheint *pæṭær ræḥæm* in epexegetischer Verbindung mit *bekôr*, da die Cstr.-Verbindung archaisierend geschätzt, aber als allein der Materie nicht angemessen empfunden wurde (Halbe 181 Anm. 24).
Im Vergleich zur alten Bestimmung Ex 34, 19f. wird in Ex 13, 11–16 die Darbringung der Erstgeburt vor dem Herrn mit dem Exodusereignis erklärt: Da JHWH in Ägypten alle Erstgeburt bei Mensch und

Vieh erschlug, soll ihm alle männliche Erstgeburt von Tieren geopfert und die von Menschen ausgelöst werden (v. 15). Die nach Mensch und Tier differenzierte Opferpraxis ist schon in Ex 34, 19f. bezeugt, neu ist in Ex 13, 15 die Begründung mit der Tötung der ägyptischen Erstgeburt. Ein detaillierter Vergleich zwischen Ex 13, 11–16 und Ex 34, 19a. 20abα (vgl. dazu Halbe 181–184) zeigt die Abhängigkeit des ersten Textes im Hinblick auf eine mit Ex 34, 19f. nahezu kongruente Erstgeburtsordnung (Halbe 185).

Die priesterliche Forderung (Ex 13, 2) an das ganze Volk, die Erstgeburt für JHWH zu heiligen (*qiddeš*), wird in Num 3, 12 aufgegriffen und als erwählender Zugriff (→ לקח *lāqaḥ*) JHWHs verstanden (vgl. Num 8, 16), wie es auch JHWH ist, der alle Erstgeburt Israels für sich heiligt (Num 3, 13). Der Gedanke der Auslösung der männlichen Erstgeburt des Menschen wird hier in Num 3, 12f. weitergeführt, da JHWH anstelle jeder Erstgeburt die Leviten nimmt. Die Begründung hierfür ist dieselbe wie in Ex 13, 12f. Neu ist, daß die Leviten als Ersatz für die Erstgeburt genommen werden, eine Argumentation, die auch in Num 8, 16–18 begegnet. Hier ist nur anstelle des sonst auftretenden Substantivs *pæṭær* die fem. Form *piṭrāh* im Sinne eines nomen unitatis gewählt (KBL[3] 874).

Mit den in diesen Texten getroffenen Aussagen sind in der religionspolitischen Situation der nachexil. Zeit zwei Dinge sichergestellt: Erstens sind die Leviten nicht mehr zu Dienern am Heiligtum degradiert, vielmehr gibt ihnen eine göttliche Wahl das Vorrecht dieses Dienstes. Zweitens ist die alte göttliche Forderung der Erstgeburt in einem radikaleren Sinn wieder voll in ihr Recht eingesetzt. Nicht mehr ein Tieropfer dient der Auslösung menschlicher Erstgeburt, sondern der ganze Stamm Levi tritt für jede einzelne Erstgeburt als Gabe an Gott ein (Zimmerli 245).

Nach Num 18, 15 fällt der *pæṭær ræḥæm* den Priestern als Opferanteil zu. Dabei müssen die Erstgeburt von Menschen und die von unreinem Vieh ausgelöst werden. Außer bei Rind, Schaf und Ziege geschieht die Auslösung durch Geld.

Der einzige Beleg von *pæṭær ræḥæm* im Ez-Buch (16, 20) setzt auch die Auslösepraxis, wie sie in Ex 34, 19f. gefordert ist, voraus, berichtet aber von der Unterlassung dieser Praxis durch die Israeliten, da sie alle Erstgeborenen als Opfer für Götzen „durch das Feuer gehen ließen". Strittig ist, ob bei der Verwendung von *pæṭær ræḥæm* an dieser Stelle wie in Ex 34, 19f. an Tiere oder an Menschen zu denken ist. Allerdings ist wohl davon auszugehen, daß hier an das Kinderopfer gedacht ist, welches in der Assyrerzeit besonders im Schwange war (vgl. 2 Kön 16, 3; 21, 6 sowie Zimmerli, BK XIII/1[2], 357. 449; H. Spieckermann, FRLANT 129, 1982, 106; P. Maiberger, Gen 22 und die Problematik des Menschenopfers in Israel [BiKi 41, 1986, 104–112, bes. 109f.]). Die Verwendung des archaischen *pæṭær ræḥæm* an dieser Ez-Stelle läßt an eine polemische Verwendung als hintergründig-mythischer Begriff denken (Halbe 181 Anm. 24). Oder es soll vielleicht mit dem Wort über die ungerechten Satzungen die Absicht verfolgt werden, den Gedanken auszuschließen, daß JHWH die Tötung der Erstgeborenen verlangt habe (Kaiser 25), da es ein reguläres Kinderopfer at.lich nicht gegeben hat (Kaiser 44–47; → IV 967f.). Zu fragen ist auch, ob man nicht Ez 20, 25f. im Blick auf vv. 28. 40 auch auf ein nicht durchführbares oder am falschen Ort dargebrachtes Tieropfer beziehen kann (so J. Garscha, EHS XXIII/23, 1974, 119f.).

3. Das Verb *pāṭar* als „befreien" differenziert sich in unterschiedliche Konnotationen und findet Anwendung in diversen Kontexten.

Intransitiv wird es an seiner ältesten Belegstelle in der Aufstiegsgeschichte Davids (1 Sam 19, 10) verwendet, um Davids Flucht vor Saul zu beschreiben: *wajjipṭar mippᵉnê šāʾûl*. Teilweise liest man hier eine *niph*-Form (BHK; Stoebe, KAT VIII/1, 357) aufgrund der nachbibl. Verwendung der Wurzel vor allem in Qumran. Da aber in Sir 32, 11 ebenfalls das *qal* in derselben Bedeutung verwendet wird, kann auch in 1 Sam 19, 10 das *qal* belassen werden (vgl. BHS). Die intransitive Verwendung des Verbs in 1 Sam 19, 10; Sir 32, 11 läßt an das in Mari belegte Substantiv *paṭērum* 'Deserteur' denken.

In transitiver Verwendung heißt *pāṭar qal* 'entfesseln, freilassen' und es kann wie in Spr 17, 14 im übertragenen Sinn das Entfesseln einer Wasserflut bezeichnen, womit akk. *nagbē puṭṭuru* „die Quellen öffnen" (VAB VII 6, 45; 212, 2) zu vergleichen ist (KBL[3] 874). Bei der in Spr 17, 14 auftretenden Formulierung *pôṭer majim reʾšîṯ māḏôn* stellt *pôṭer* weniger ein Abstraktum der Form *qôṭel* dar (B. Gemser, HAT I/16[2], 112; G. Driver, Bibl 32, 1951, 196; W. McKane, Proverbs, OTL, London [3]1980, 505), vielmehr ist wie in Spr 17, 13. 15 eher an einen Casus pendens zu denken (GKa § 116w; vgl. grundsätzlich W. Groß, BN 35, 1986, 30–72).

Im Kontext der levitischen Dienstklassen am Zweiten Tempel meint *pāṭar* deren Dienstbefreiung durch die Priester (2 Chr 23, 8). Diese Dienstfreiheit ist auch in 1 Chr 9, 33a gemeint, wenn mit den *liškôṯ pᵉṭûrîm* die Räume der dienstfreien Abteilung genannt sind. W. Rudolph (HAT I/21, 90) erblickt hierin allerdings einen Widerspruch zu v. 33b, da er *pᵉṭûrîm* als ein plurale tantum versteht und die ganze Wendung als „Aussparung in den Zellen" übersetzt.

Der einzige Beleg von *pṭr hiph* tritt in Ps 22, 8 mit präp. Obj. als *hipṭîr bᵉśāpāh* „einen Spalt machen mit den Lippen" auf, womit das Aufsperren des Mundes als Gebärde der Verhöhnung bezeichnet wird (vgl. Ps 35, 21; Ijob 16, 10).

IV. Die LXX gibt *pæṭær (ræḥæm)* mit διανοῖγον μήτραν bzw. πρωτότοκος (Ex 34, 19) wieder. Ebenso wird *bᵉḵôr pæṭær ræḥæm* (Num 3, 12) mit πρωτότοκος διανοίγων μήτραν übersetzt und auch in Num 8, 18 das Hap.leg. *piṭrāh*. In Spr 17, 14 liest LXX

für *majim* λόγοι und übersetzt *pāṭar* als ἐξουσίαν διδόναι.
In 2 Chr 23, 8 wird das Verb mit καταλύειν wiedergegeben und die *liškôṯ peṭûrîm* von 1 Chr 9, 33 versteht LXX als διατεταγμέναι ἐφημερίαι.
Der intransitiven Verwendung von *pāṭar* in 1 Sam 19, 10 entspricht in LXX ἀπέρχεσθαι. In Ps 22, 8 übersetzt LXX *pṭr hiph* mit ἐν χείλεσιν.

V. In Qumran ist das Verb *pṭr niph* belegt (1 QS 7, 10. 12) in der Bedeutung „sich entfernen". Die Form *peṭûrî[m]* in 4 Q 491, 1–3, 8 legt denselben Sprachgebrauch wie in 1 Chr 9, 33 nahe (vgl. DJD VII 15). Der schwierige Kontext erlaubt keine inhaltliche Näherbestimmung.
In einem Brief aus En-Gedi (DJD II Nr. 46, 9) ist *pāṭar* als „befreit sein von" (sc. etwas zu bezahlen) belegt.

Niehr

פלא *pl'*

פֶּלֶא *pælæ'*

I. 1. Vorkommen – 2. Grundbedeutung – 3. Wiedergabe in der LXX – II. Das Verb – 1. *niph* – 2. *hiph* und *hitp* – III. Die nominalen Ableitungen – 1. *niplā'ôṯ* als Substantiv (*miplā'ôṯ*) – a) Allgemeines – b) Die konkreten Inhalte – c) Die übergreifende Bedeutung – 2. *pælæ'* und *pil'î* – IV. Die Wortgruppe in den Qumrantexten.

Lit.: *R. Albertz*, פלא *pl' ni.* wunderbar sein (THAT II 413–420). – *G. Bertram*, θαῦμα (ThWNT III 27–42). – *D. Grimm*, Die hebräische Wurzel *pl'* und ihre nominalen Ableitungen im AT, Diss. Halle/S. 1977 (vgl. ZAW 90, 1978, 306f.). – *Ders.*, „Jahwe Elohim, der Gott Israels, der allein Wunder tut" (Jud 35, 1979, 77–83). – *J. Haspecker*, Wunder im AT, 1965. – *F. Nötscher*, Zur theologischen Terminologie der Qumran-Texte (BBB 10, 1956). – *G. Quell*, Das Phänomen des Wunders im AT (Festschr. W. Rudolph, 1961, 253–300). – *J. J. Stamm*, Beiträge zur hebräischen und altorientalischen Namenkunde (OBO 30, 1980). – *H. J. Stoebe*, Anmerkungen zur Wurzel *pl'* im AT (ThZ 28, 1972, 13–23). – *F.-E. Wilms*, Wunder im AT, 1979.

I. 1. Die Wortgruppe *pālā'* ist innerhalb des AT nur im Hebr. bezeugt. Das Verb kommt 57mal im *niph* vor (davon 42mal das Ptz. in der substantivierten Pluralform *niplā'ôṯ* [abgesehen von Ps 131, 1; Ijob 42, 3, wo *niplā'ôṯ* adjektivisch gebraucht wird]), einmal im *hitp* und 11mal im *hiph*. Eine besondere Gruppe bilden die für kulttechnische Vorgänge gebrauchten Formen von *pi* und *hiph* (s.u. I. 2.). Das *qal* ist nur in PN und da als Ersatz für das *hiph* bezeugt (*Pelā'jāh* Neh 8, 7; 10, 11, *Pelājāh* 1 Chr 3, 24, als Kurzform *Pallû'* Gen 46, 9; Ex 6, 14; Num 26, 5. 8; 1 Chr 5, 3, davon abgeleitet *Pallu'î* Num 26, 5, zum Ganzen s. IPN 36. 38. 191, KBL³ 876–878. 880, problematisch ist *'elîplehû* 1 Chr 15, 18. 21, cj. Num 16, 1, s. IPN 32, KBL³ 54. 876). Ableitungen sind das Nomen *pælæ'* und das dazugehörige Adjektiv *pil'î* (fem. *pil'ijjāh*, Q *pælî*, fem. *pelî'āh*). Das Nomen kommt 13mal vor (davon 2mal die Pluralform *pelā'ôṯ*, 1mal *pelā'îm* [als suffigierte Form in späten Handschriften auch in Ps 77, 12; 88, 13; 89, 6, doch dazu s.u. III. 2.]), das Adj. ist 2mal bezeugt. Das hap.leg. *miplā'ôṯ* ist möglicherweise eine Verschreibung von *niplā'ôṯ*. In Sir findet sich 4mal das *niph* (davon 2mal *niplā'ôṯ* als substantivierte Form), 3mal das *hiph* und 3mal *pælæ'* in der fem. Pluralform.
Auch außerhalb des AT ist die Wortgruppe im wesentlichen nur im Hebr. bzw., von diesem beeinflußt, im späten Aram. bezeugt (DictTalm 1174. 1181). Vielleicht ist auch jüd.-aram. *pil'aṯā'* 'Gleichnis, Rätsel' (DictTalm 1175) und entsprechend syr. *pēlē'tā'* (LexSyr² 569) hinzuzuziehen. Das Verb kommt im ugar. PN *Ja-ap-lu* (PNU 336, vgl. Stamm 188) und im Pun. vor (Plautus, Poenulus 1017; DISO 227). Die Annahme weiterer Zeugnisse, wie für das Ugar. (KBL³ 875f.) oder das Nordarab. (*fa'l* 'Omen' als Ableitung von *pālā'*, GesB 641), ist ganz unsicher.
2. Für die Bestimmung der Grundbedeutung der Wurzel *pālā'* kann nur von den Belegen im AT ausgegangen werden. L. Köhler zufolge ist sie mit „anders, auffallend, merkwürdig sein" zu umschreiben (ThZ 1, 1946, 304, KBL¹ 759). Diese Bestimmung ist jedoch zu allgemein. Bei den Belegen geht es stets um Sachverhalte, die für den Menschen unbegreiflich sind, also sein Erkenntnis- und Vorstellungsvermögen übersteigen. Von da aus gesehen legt sich die übliche Wiedergabe des *niph* mit 'wunderbar sein' auch als Grundbedeutung nahe.

Dagegen hat aber Stoebe eingewandt, daß „die Aussage, die damit gemacht wird, eine Eigenschaft beträfe, die statisch zu einem Gegenstand oder Tun gehörte, das an sich anders, merkwürdig, also wunderbar wäre" und daß „eine solche Auffassung nicht das Wesen dessen trifft, was das A.T. meint, wenn es von Wundern redet" (14). Statt dessen kommt er zu dem Schluß, daß „*pl'* das Moment einer von dem Wirkenden ausgehenden oder an ihn gebundenen Wirksamkeit enthält" (15). Tatsächlich geht es in den Belegen durchgängig nicht darum, daß bestimmte Sachverhalte nur als unbegreiflich konstatiert werden, sondern um bestimmte Ziele, die Menschen mit ihren Mitteln nicht erreichen können, oder um Handlungen und Vorgänge, die auf sie selber abzielen oder sich auf sie auswirken, die sie aber ihrerseits nicht zu beeinflussen vermögen. M.a.W., es geht um ein Wirken oder Wirksamwerden, das menschliches Erkenntnis- und Vorstellungsvermögen und damit vor allem auch die Möglichkeiten menschlichen Handelns übersteigt. Soweit ist Stoebe durchaus im Recht.

Es ist aber zu beachten, daß die Wortgruppe *pālā'* nicht das Wirken oder Wirksamwerden als solches wiedergibt, sondern es als für Menschen unbegreiflich oder undurchführbar qualifiziert. D. h., es muß zwischen ihrer Grundbedeutung und ihrer Anwendung auf bestimmte Inhalte unterschieden werden. Die erstere kann nur als eine Zustandsaussage im Sinne von 'unbegreiflich, unvorstellbar sein' bestimmt werden. Nur unter dieser Voraussetzung läßt sich die Konstruktion der *niph*-Formen mit komparativem *min* oder die Funktion des *hiph* erklären. Es wird also doch primär eine Feststellung getroffen, nämlich die einer Grenze, die für den Menschen nicht überschreitbar ist, die aber gleichwohl von anderer Seite überschritten werden kann. Die Wortgruppe markiert also zugleich den Gegensatz zwischen der Begrenztheit von Möglichkeiten auf der einen und deren Unbegrenztheit auf der anderen Seite. Das letztere kann in besonderen Fällen auch für andere Menschen gelten, im übrigen aber für übermenschliche Kräfte und Mächte, insbesondere für Gott. In den Belegen geht es denn auch vor allem um den unüberbrückbaren Gegensatz zwischen den Möglichkeiten des Menschen und denen Gottes, d. h. aber um dessen Andersartigkeit und Übermacht, die der Mensch als unbegreiflich und unerreichbar erfährt.

Von da aus gesehen ist es erklärlich, wenn Quell dem Nomen *pæle'* (wobei er die Wortgruppe insgesamt meint) eine „genuin sakrale, numinose Eigennote" zuschreibt, „die es in nächste Nähe zu dem Grundwort für das Göttliche in Gott, das Heilige, rückt" (294). Die Wortgruppe ist jedoch nicht nur auf Gott bezogen. Einige Belege mit dem *niph* des Verbs lassen deutlich erkennen, daß sie auch auf den zwischenmenschlichen bzw. innerweltlichen Bereich angewandt wird und es sich dabei nicht um eine sekundäre Bedeutungsentwicklung handeln kann. Quell spricht hier denn auch nur von einem „göttlichen Numinosum" bzw. einem „numinosen Einschlag" (296). Aber selbst diese Interpretation ist, ganz abgesehen von der Unbestimmtheit des Begriffs des Numinosen, fraglos überzogen. Die Wortgruppe hat jedenfalls keine genuin theologische Bedeutung, auch wenn sie fast durchgängig auf Gott bezogen wird, und ist daher auch nicht als ganze aus dem sakralen Bereich herzuleiten.

So ist daran festzuhalten, daß es sich bei der Grundbedeutung um eine konstatierende und qualifizierende Aussage handelt. Wenn Stoebe das ganze Gewicht auf den Aspekt des Wirkens legt, dann stützt er sich auf die Inhalte, durch die die Grundbedeutung konkretisiert wird. Dieser Aspekt ist freilich sehr wesentlich, wenn man den tatsächlichen Gebrauch der Wortgruppe erfassen will.

Völlig unklar ist, wie die kulttechnisch gebrauchten und mit dem Nomen *nædær* verbundenen *pi*- und *hiph*-Formen in der Priesterschrift zu deuten sind (*pi* Lev 22, 21; Num 15, 3. 8, *hiph* Lev 27, 2; Num 6, 2 [vielleicht *pi* zu lesen, s. BHS]). Sie werden teils auf dieselbe Wurzel *pālā'* zurückgeführt, wobei meist die fragwürdige Grundbedeutung 'anders, besonders sein' vorausgesetzt ist („ein besonderes Gelübde erfüllen, leisten", Stoebe 15f. denkt folgerichtig an ein Wirksammachen des Gelübdes). Teils wird eine andere Wurzel als Nebenform zu *pālāh* („ein Gelübde absondern") oder überhaupt eine eigene Wurzel ('geloben') postuliert (vgl. GesB 641f., KBL[3] 876, Albertz 414. 416, → נדר *nāḏar* I.3.). Alle diese Ableitungs- und Deutungsversuche sind jedoch reine Vermutungen, da der jeweilige Kontext keinerlei Anhaltspunkte für eine präzisere Bestimmung bietet. Ein Bezug zu der hier zu behandelnden Wortgruppe ist jedenfalls gänzlich unsicher.

Problematisch ist auch die Annahme einer Zusammengehörigkeit mit der Wurzel *pālāh*. Deren *hiph*-Formen in Ex 8, 18; 9, 4; 11, 7 können nur die Bedeutung 'absondern, einen Unterschied machen' haben. Mit der gleichen bzw. mit abgewandelter Bedeutung kommt die Wurzel auch in anderen semit. Sprachen vor (KBL[3] 878, DictTalm 1181, MdD 373, vgl. AHw 817). Diese Bedeutung ist kaum mit der des *hiph* von *pālā'* ('unbegreiflich, unvorstellbar machen') in Einklang zu bringen. Beide Wurzeln sind daher zu trennen. Es könnte allenfalls die gemeinsame Vorstellung einer unüberschreitbaren Grenze zugrundeliegen. Allerdings ist formal eine Angleichung der beiden Wurzeln erfolgt, da einige Verbformen von *pālā'* nach Analogie der Verba tertiae infirmae gebildet sind (*niph* Ps 139, 14, *hiph* Ps 4, 4; 17, 7, Mischform Dtn 28, 59, umgekehrt wird im sam. Pent. in Ex 9, 4; 11, 7 *pālāh* an *pālā'* angeglichen, Entsprechendes gilt für das Mittelhebr., im Aram. sind die beiden Verbalklassen ohnehin vermischt). Bei der *niph*-Form in Ex 33, 16 kann daher gefragt werden, ob sie mit 'abgesondert sein' (*pālāh*) oder 'sich als wunderbar erweisen' (*pālā'* mit komparativem *min*) wiederzugeben ist. Doch dürfte das erstere vorzuziehen sein, da eine *niph*-Form von *pālā'* mit direktem menschlichen Subj. wenig wahrscheinlich ist (eine solche ist freilich in Ps 139, 14 bezeugt, hier liegt aber sicher eine Textverderbnis vor, s. u. II. 1.).

3. In der LXX werden die Pluralform *niplā'ôṯ* und das Nomen *pæle'* (auch im Sing.) überwiegend mit θαυμάσια wiedergegeben, seltener mit θαυμαστά, vereinzelt mit anderen Wendungen wie ἐξαίσια (so auch *miplā'ôṯ*), ἔνδοξα oder ὑπέρογκα (in Ex 15, 11 τέρατα, in Ijob 37, 14 δύναμις). Die Wiedergabe des *niph* erfolgt durch θαυμαστοῦν (Pass.) und ἀδυνατεῖν bzw. ἀδύνατος oder ὑπέρογκος (εἶναι), in Jer 32, 17. 27 durch (ἀπο)κρύπτειν (Pass.), die des *hiph* durch θαυμαστοῦν bzw. θαυμάσια oder θαυμαστὰ ποιεῖν, in Dtn 28, 59 durch παραδοξάζειν, in Jes 29, 14 durch μετατιθέναι (für den Inf. abs. [und *pæle'*] finite Verbform; für den Inf. abs. in 2 Chr 2, 8 ἔνδοξος; in Jes 28, 29 τέρατα [fälschlich mit v. 29a verbunden]). Für das *hitp* (Ijob 10, 16) steht δεινῶς ὀλέκειν. Das Adjektiv *pil'î* wird durch θαυμαστός (Ri 13, 18) oder verbal durch θαυμαστοῦν (Pass., Ps 139, 6) wiedergegeben.

II. 1. Grundlegend für das Verständnis der Wortgruppe sind die Belege mit dem *niph* des Verbs (abgesehen von *niplā'ôṯ* als Subst., dazu s. u. III. 1.), dessen Formen sämtlich (außer in Ps 139, 14) mit der Präposition *min* oder der präpositionalen Wendung *be'ênê* konstruiert sind. Vor allem durch die Konstruktion mit *min* wird deutlich eine Grenze markiert. Es geht um Sachverhalte, die der Mensch wohl feststellen und beobachten und gegebenenfalls für sich nutzen kann, die er als solche aber nicht zu erklären oder ausreichend aufzuklären vermag und über die er folglich auch keine Entscheidungs- und Verfügungsgewalt hat. Dabei geht es jedoch nicht um eine neutrale Stellungnahme, sondern um Sachverhalte, die ihn unmittelbar berühren und denen er sich konfrontiert sieht. Das können einerseits Aufgaben und Schwierigkeiten sein, zu deren Bewältigung ihm die nötige Durchsicht und Handlungsfähigkeit fehlt, und andererseits Vorgänge und Kräfte, deren Wirkungen er ausgesetzt ist.

Dieses Bedeutungsspektrum ist bei den wenigen Belegen, die sich auf den zwischenmenschlichen bzw. innerweltlichen Bereich beziehen, sehr klar erkennbar. So gibt es Rechtsfälle, in denen sich die Ortsgerichtsbarkeit außerstande sieht, ein Urteil zu finden, so daß sie auf die Hilfe einer anderen Instanz angewiesen ist (Dtn 17, 8f.). Amnon ist von heftiger Begierde zu Tamar erfüllt, weiß sich aber unter den gegebenen Umständen keinen Rat, an sie heranzukommen (2 Sam 13, 1f.). Nur ein Klügerer kann ihm da weiterhelfen (vv. 3–5). Umgekehrt ist David in der Liebe Jonatans eine Erfahrung zuteil geworden, die über das Normalmaß menschlicher Liebeserfahrung weit hinausgeht und daher besonders geheimnisvoll ist, ihn aber um so tiefer ergriffen hat (2 Sam 1, 26). In dem Zahlenspruch Spr 30, 18f. geht es zunächst nur um die Feststellung von Grenzen menschlichen Erkenntnisvermögens, so jedenfalls bei den beiden erstgenannten Sachverhalten (v. 19a). Der dritte (v. 19bα) ist freilich vom Menschen nutzbar und insofern für ihn wirksam. Erst recht gilt dies für den sexuellen Umgang der Geschlechter (v. 19bβ), der von ihm selbst vollzogen wird und sich für ihn als äußerst wirkungsmächtig erweist (hier wird also gerade der Normalfall der Beziehung zwischen Mann und Frau als ein letztes und tiefstes Geheimnis verstanden; vielleicht ist die bei Beginn der Ehe vollzogene und als grundlegend erfahrene sexuelle Gemeinschaft gemeint). So wird durch den Zahlenspruch als ganzen zum Ausdruck gebracht, daß der Mensch in der Welt von Geheimnissen umgeben ist, die sich seiner Erkenntnis entziehen, die er aber zu seinem Teil als für ihn wirksame Kräfte oder als wirkungsmächtiges Geschehen erfährt.

Bei allen übrigen Belegen geht es um das Wirken Gottes am Menschen. In ihnen wird vor allem bezeugt, daß es für Gott keine Grenzen gibt, dem Menschen in einer Bedrängnis oder einer schwierigen Lage zu helfen, aus der dieser selbst keinen Ausweg weiß. Als Gotteswort, und zwar als rhetorische Frage formuliert, wird damit der menschlichen Seite eine Zusage für die Zukunft gemacht. Sie richtet sich sowohl an einen einzelnen (Gen 18, 14) als auch an eine Gemeinschaft wie die Stadt Jerusalem (Jer 32, 27, vgl. v. 17) oder das nachexilische Israel (Sach 8, 6b). Die Zusage setzt freilich die Bereitschaft der Betroffenen voraus, sich auf ein Geschehen einzustellen, das ihren Vorstellungen und Handlungsmöglichkeiten zuwiderläuft (Sach 8, 6a), sich also ganz dem Wirken Gottes auszuliefern. Ist aber Hilfe eingetreten, dann kann sie nur als ein unfaßbares Geschehen gepriesen und gefeiert werden (Ps 118, 23, hier von seiten der Gemeinde bei der Dankliturgie eines einzelnen).

Innerhalb der Weisheitsliteratur und der Psalmen werden darüber hinaus verallgemeinernde und grundsätzliche Aussagen gemacht. Sir 39, 20 zufolge handelt Gott zu jeder Zeit und überall in unbegreiflicher Überlegenheit, um rettend einzugreifen und für Heil zu sorgen (vgl. v. 33). Es gilt, diese Überlegenheit anzuerkennen und nicht mit eigenen Vorstellungen in Frage zu stellen (v. 21). Ijob muß daher eingestehen, daß es die Grenzen seines Erkenntnisvermögens übersteigt, wenn er mit Gott über sein Schicksal und damit über dessen Wirken zu rechten versucht (Ijob 42, 3aβb). Umgekehrt betont der Beter in Ps 131, 1, daß er nicht danach strebt, hohe Ziele zu erreichen und so die Grenzen seiner Möglichkeiten zu überschreiten, sondern daß er auf jeden Eigenwillen verzichtet und sich ganz Gott anvertraut (v. 2). Auch der Beter von Ps 139 weiß sich ganz auf Gott angewiesen, denn dieser hat ihn geschaffen und sein gesamtes Leben vorherbestimmt (vv. 13. 15–18). Gott hat sich ihm dadurch als unbegreiflich groß erwiesen (v. 14a, statt *niplêṯî* ist *niplêṯā* zu lesen, s. BHS), und daran ermißt er, daß dessen Wirken überhaupt unbegreiflich ist (v. 14bα). Er empfindet das freilich nicht nur als beglückend. Durch die adverbial gebrauchte Wortform *nôrā'ôṯ* (→ III 881) wird vielmehr angedeutet, daß Gottes Überlegenheit auch etwas Unheimliches an sich hat.

Um Gottes Wirken geht es der Sache nach auch in Dtn 30, 11. Das Einhalten des Gesetzes übersteigt nicht die Möglichkeiten Israels und mithin jedes einzelnen Israeliten, weil es ihm nahegebracht und in sein Inneres gelegt ist (v. 14). Die Einhaltung des Gesetzes liegt also deshalb im Bereich des Möglichen, weil Gott selbst die Voraussetzungen dazu gegeben hat. Das gleiche gilt für die viel weitergehende Aussage in Sir 48, 13, derzufolge Elischa über unbegrenzte Möglichkeiten des Wirkens verfügt hat.

2. Die *hiph*-Belege beziehen sich fast ausschließlich auf das Wirken Gottes. Dieser ist dementsprechend auch grundsätzlich das grammatische oder logische Subjekt der Verbformen. Die Verbformen dienen jedoch nicht dazu, sein Handeln als solches wiederzugeben, sondern das aus dem jeweiligen Kontext ersichtliche Handeln als ein für den Menschen unbegreifliches oder seinen Vorstellungen zuwiderlaufendes zu qualifizieren. Das ist ganz offenkundig der Fall, wenn ein anderes Verb im Inf. cstr. folgt (Ri 13, 19; 2 Chr 26, 15), gilt aber der Sache nach auch für die übrigen Belege. So wird in Klageliedern des einzelnen der Bitte oder der Gewißheit Ausdruck gegeben, daß Gott dem Bedrängten in einer für ihn ausweglosen Lage Zuwendung und Hilfe (*ḥæsæḏ*) zuteil werden läßt (Ps 4, 4 [text. emend.]; 17, 7; 31, 22). Angesichts der Ausweglosigkeit seiner Lage kann das aber nur bedeuten, daß Gott auf eine gar nicht mehr vorstellbare Weise eingreifen muß bzw. eingegriffen

hat. Das gleiche gilt für die Ankündigung neuen Heils für Israel als ganzes angesichts der verheerenden Folgen einer Heuschreckenplage (Joël 2, 26, vgl. v. 25). Verallgemeinernd wird von Usija gesagt, daß er auf militärischem Gebiet ganz unerhörte Hilfe erfuhr (2 Chr 26, 15), und diese kam natürlich von seiten Gottes (vgl. v. 7).

Auf eine konkrete Situation ist wohl auch Jes 28, 29 bezogen. Dem Wortlaut nach geht es in dem Stück vv. 23–29 um eine weisheitliche Belehrung über die sinnvolle Tätigkeit des Bauern, zu der er von Gott selbst auf geheimnisvolle Weise angeleitet ist (vgl. v. 26). Damit ist sicherlich die göttliche Weltordnung gemeint, die das gesamte Leben des Menschen bestimmt, als solche für ihn aber unergründbar bleibt. Es dürfte sich jedoch um eine Parabel handeln, durch die verdeutlicht werden soll, daß Gott auch im Umgang mit Menschen stets sachgemäß handelt und dabei auf die Erhaltung einer sinnvollen Ordnung bedacht ist, selbst wenn dies zum gegenwärtigen Zeitpunkt deren Einsicht widerspricht (→ III 740f.). Eine aus textkritischen Gründen nicht eindeutig bestimmbare Aussage liegt in Ri 13, 19bα vor. Sie kann sich auf die Ankündigung der Geburt Simsons als ganze beziehen, um zu verdeutlichen, daß auch die Unfruchtbarkeit einer Frau für Gott kein Hindernis ist, wenn es gilt, Israel zu erretten (als Apposition zu *l^eJHWH* v. 19aβ, s. BHK). Es kann sich aber auch um einen Nominalsatz handeln, der sich auf das Auffahren des göttlichen Boten in der Opferflamme (v. 20) bezieht, um anzuzeigen, daß Gott selbst dies auf geheimnisvolle Weise bewirkt hat (so MT). Eine ganz generelle Aussage, nämlich daß Gott in aller Welt auf unbegreifliche und geheimnisvolle Weise wirkt, wird in dem hymnischen Aufruf zum Gotteslob, der den „Preis der Väter" in Sir abschließt, gemacht (Sir 50, 22).

Gottes Wirken ist jedoch nicht bedingungslos auf Heil ausgerichtet. Er wird in ebenso unvorstellbarer Weise strafend und vernichtend gegen Israel vorgehen, wenn es seine Forderungen nicht einhält (Dtn 28, 59, vgl. v. 58). Das gleiche gilt für Jes 29, 14. Weil Israel ihn nur äußerlich verehrt (v. 13), darum wird er so reagieren, wie es selbst die Klügsten nicht für möglich halten können. Durch die Konstruktion mit *jāsap̱* (text. emend.) soll dabei zum Ausdruck gebracht werden, daß Gott immer auf unbegreifliche Weise an Israel handelt, dies aber auch Unheil bedeuten kann, so daß er dann für Israel nur noch unheimlich ist (das letztere wird durch die ungewöhnliche elliptische Formulierung mit nochmaligem Inf. und *pælæ'* unterstrichen). In diesen Zusammenhang gehört auch der einzige Beleg für das *hitp*, in dem Gott allerdings angegriffen wird. Ijob, der sich ungerecht behandelt glaubt, kann nicht anders, als ihm den Vorwurf zu machen, daß er ihn in völlig unverständlicher und unheimlicher Weise dem Verderben preisgibt (Ijob 10, 16, vgl. v. 15).

Nur ausnahmsweise beziehen sich Belege für das *hiph* auf das Handeln von Menschen. So will Salomo einen Tempel bauen, der das sonst gegebene Maß menschlicher Bauvorhaben überschreitet (2 Chr 2, 8). Dabei wird gewiß vorausgesetzt, daß der Tempel eben der Größe Gottes entspricht, so daß letztlich doch dieser es ist, der ein solches Vorhaben ermöglicht und damit seiner Wirkungsmacht Ausdruck gibt (vgl. auch Stoebe 18). Zwei andersartige Belege finden sich im Sirachbuch. Sir 31, 9 (34, 9) zufolge hat ein Reicher, der untadelig lebt, und der Versuchung des Geldes nicht erliegt, etwas, das eigentlich unmöglich ist, vollbracht (vgl. vv. 1–8). Dagegen gab es Könige in Israel, die unglaubliche Untaten begingen (Sir 48, 16).
Im Sinne des *hiph* sind auch die mit dem *qal* des Verbs gebildeten PN zu verstehen (s.o. I.1.). Es handelt sich um Satznamen, durch die bezeugt wird, daß Gott an dem Betreffenden unbegreiflich, und zwar heilvoll, gehandelt hat. Damit ist wohl zunächst dessen glückliche Geburt gemeint, so daß sie als Danknamen zu bezeichnen sind. Sie dürften aber zugleich Ausdruck des Vertrauens sein, daß Gott stets so handelt und der Betreffende dies in seinem gesamten Leben erfahren wird.

III. 1. a) Die substantivierte Ptz.-Form *niplā'ôṯ* bezeichnet, von zwei Ausnahmen abgesehen, Heilstaten Gottes, die für die menschliche Seite unerklärlich und unbeschreiblich sind, von dieser aber als äußerst wirkungsmächtige und ihre Existenz bestimmende Ereignisse erfahren werden. Es handelt sich dabei um eine die Heilstaten zusammenfassende Bezeichnung, die überwiegend formelhaften Charakter hat. Das letztere ist vor allem in den Fällen deutlich, in denen ihr ein stereotyper Relativsatz mit einer Perfektform von *ʿāśāh* folgt (Ps 78, 4; 105, 5 [1 Chr 16, 12]; Neh 9, 17) oder in denen sie als Objekt zu *ʿāśāh* in einer ebenfalls stereotypen Ptz.-Konstruktion auftritt (Ps 72, 18; 86, 10; 106, 21f.; 136, 4; Ijob 5, 9; 9, 10). Daß es sich um eine abstrahierende, die Heilstaten zusammenfassende Bezeichnung handelt, wird auch daran ersichtlich, daß sie ausschließlich im Pl. vorkommt. Da sie weitaus am häufigsten in den Psalmen bezeugt ist, kann angenommen werden, daß sie im Bereich des Kultes geprägt wurde und insbesondere in Hymnus und Danklied beheimatet ist. Die Belege außerhalb der Psalmen gehören durchweg zu Texten, die erst in exil. oder nachexil. Zeit anzusetzen sind. Das gleiche dürfte für die entsprechenden Psalmen gelten. So dürfte auch die Substantivierung des Ptz. erst verhältnismäßig spät erfolgt sein.
b) Inhaltlich gesehen sind die *niplā'ôṯ* in erster Linie Heilstaten Gottes an ganz Israel, durch die es in der Vergangenheit aus Bedrängnissen errettet und als Volk bewahrt worden ist. Dabei handelt es sich vor allem um die großen heilsgeschichtlichen Geschehnisse aus seiner Frühzeit (Ex 34, 10; Ps 78, 4. 11. 32; 136, 4 [vgl. vv. 10–22]; Neh 9, 17, speziell auf Ägypten bezogen Ex 3, 20; Ri 6, 13; Ps 106, 7. 21f., vgl. Mi 7, 15, auf die Landnahme bezogen Jos 3, 5, mit Einschluß der Erzväter Ps 105, 2. 5 [1 Chr 16, 9. 12]). Diese Geschehnisse haben seine Existenz begründet und sind daher von herausragender und bleibender Bedeutung. Es geht jedoch nicht nur um die Frühzeit. Aus Ps 111 geht deutlich hervor, daß die in v. 4 genannten *niplā'ôṯ* die gesamte Geschichte Israels durchziehen und Zeichen dafür sind, daß Gott an seiner *b^erîṯ* (→ ברית) unverbrüchlich festhält (vv.

5.9) und ständig für die Erhaltung Israels sorgt. In Ps 96,3 [1 Chr 16,24]; 98,1 ist wohl vor allem, die Botschaft Deuterojesajas aufnehmend, der neue Exodus und die Sammlung der Diaspora gemeint. So kann auch die Hoffnung oder Bitte geäußert werden, daß Gott gegenwärtige Bedrängnis beseitigt und erneut, wie schon bisher bzw. wie in der Frühzeit, rettend eingreift (Jer 21,2; Mi 7,15). Die *niplāʾôṯ* als Zeichen seines ständigen rettenden und bewahrenden Eingreifens werden darüber hinaus in individuellen Klage- und Dankliedern jeweils von einem einzelnen bezeugt, und zwar als der tragende Grund für die Gewißheit, daß er auch in eigener Not Hilfe und Rettung erfährt (Ps 9,2; 26,7; 40,6; 71,17; 86,10). Wenn hier betont von allen oder unzähligen Heilstaten gesprochen wird oder der Betreffende beteuert, daß er sie seit seiner Jugend verkündet (Ps 71,17), dann bezieht sich das natürlich auf Gottes Handeln an Israel insgesamt. Zugleich aber greift Gott direkt und ebenso unbeschreiblich und wirkungsmächtig in das persönliche Leben des einzelnen ein. In Ps 107 werden verschiedene Gruppen genannt, die jeweils aus einer bestimmten Notlage errettet wurden und dies nun als Erweis von Gottes unbegreiflichem Heilswirken bezeugen sollen (vv. 8.15.21.31).

Ps 119 zufolge ist es die *tôrāh* (→ תורה), die dem, der sich an sie hält, vollkommenes Heil gewährt. So können ihre Wirkungen (v. 18) und die Anordnungen selbst (v. 27, parallel zu *piqqûdîm*) als *niplāʾôṯ* bezeichnet werden.

Die Heilstaten sind jedoch nicht nur für Israel von Bedeutung. Ex 34,10 zufolge sind sie einzigartig in aller Welt. Dementsprechend sollen sie auch allen Völkern verkündet werden (Ps 96,3 [1 Chr 16,24]; 105,1f., so auch Ps 98,1 zu verstehen). Nach Ps 96,7–9; 98,3–5 führt dies dazu, daß die letzteren ihrerseits den Gott Israels als König der Welt preisen und verehren (vgl. auch Ps 86,9f.). Darüber hinaus bezeichnen die in Ps 145,5 genannten *niplāʾôṯ* das universale Heilswirken Gottes zum Schutz aller Bedrängten und Frommen (vv. 14.18f.), so daß „alles Fleisch" ihn loben soll (v. 21). Dieses Lob wird aber nicht nur von den Menschen angestimmt, sondern von allen seinen Werken (v. 10). D. h., die gesamte Schöpfung ist einbezogen (Ps 96,11f.; 98,7f.). So können die Schöpfungswerke selbst als *niplāʾôṯ* bezeichnet (Ps 107,24; Ijob 37,5 [*niplāʾôṯ* hier adverbial gebraucht oder text. emend., s. Fohrer, KAT XVI 480]. 14.16 [*miplāʾôṯ*, s.o. I.1.]; Sir 42,17; 43,29 [statt des folgenden *dbrjw* wohl *gbwrtw* zu lesen]) und seinen Heilstaten an Israel vorangestellt werden (Ps 136,4–9). Ganz allgemein kann daher gesagt werden, daß er allein solche Heilstaten vollbringt (Ps 72,18) und sich in ihnen als der alleinige Gott erweist (Ps 86,10 [vgl. v. 8]; 96,3–5).

In den Psalmen und im Buch Ijob werden auch andere Begriffe zur Bezeichnung der göttlichen Heilstaten gebraucht, die in unmittelbarem Kontext mit *niplāʾôṯ* stehen und weitgehend synonym sind, aber auch bestimmte Aspekte, die *niplāʾôṯ* inhärent sind, verdeutlichen. Zu nennen sind vor allem *g^{e}ḏôlôṯ* (Ps 71,19; 106,21; Ijob 5,9; 9,10; 37,5, vgl. *g^{e}ḏullāh* Ps 145,6), *g^{e}ḇûrôṯ* (Ps 145,4, vgl. *g^{e}ḇûrāh* Ps 71,18), *ʿ^{a}lîlôṯ* (Ps 78,11), *maʿ^{a}śîm* (Ps 107,24; 145,4, vgl. Ex 34,10), *t^{e}hillôṯ* (Ps 78,4), *môp^{e}ṯîm* (Ps 105,5 [1 Chr 16,12]), der Aspekt des Unheimlichen bei *nôrāʾôṯ* (Ps 106,22; 145,6, vgl. Ex 34,10), der Aspekt der Zuwendung bei *ḥ^{a}sāḏîm* (Ps 106,7, vgl. Ps 107,8.15.21.31). Darüber hinaus sind die *niplāʾôṯ* Ausdruck der Majestät und Macht Gottes (*kāḇôḏ* Ps 96,3 [1 Chr 16,24]; 145,5 [text. emend., s. BHS], *šem* Ps 9,3, *ʿ^{æ}zûz* Ps 78,4; 145,6) sowie seines rettenden Handelns und seiner Gerechtigkeit (*j^{e}šûʿāh* Ps 96,2; 98,2, *ṣ^{e}ḏāqāh* Ps 71,19; 98,2; 145,7). Im Unterschied zu allen diesen Begriffen ist für *niplāʾôṯ* eben der Aspekt des für den Menschen Unbegreiflichen und Unmöglichen bestimmend.

So geht es bei den *niplāʾôṯ* grundsätzlich um ein heilvolles Wirken Gottes, das für Menschen zwar unbegreiflich und folglich auch unberechenbar ist, von ihnen aber als befreiend und lebenserhaltend erfahren wird (Ps 107,10–16.17–22 zufolge auch ausdrücklich bei selbstverschuldeter Not). Dies wird allerdings im Buch Ijob in Frage gestellt. Während Elifas davon überzeugt ist, daß Gott in seinen *niplāʾôṯ* gerecht und heilvoll handelt (5,8f., vgl. vv. 1–7. 10–27), betont Ijob, an ihn anknüpfend (9,10), daß er selbst Gottes Handeln als völlig widersinnig erachten muß, weil dieser ohne Grund nur auf sein Unheil bedacht ist (vv. 11–35). Für ihn sind die *niplāʾôṯ* nur in schrecklicher Weise unbegreiflich und unberechenbar. Eine vermittelnde Position wird am Ende der Elihu-Reden vertreten. Ijob soll aus den Vorgängen in der Natur erkennen, daß Gott für Menschen zwar nicht zugänglich, gleichwohl aber gerecht ist und er selbst sich dem nur beugen kann (37,5.14.16 [zu diesen Belegen s.o.], vgl. v. 23).

Nur an zwei Stellen werden *niplāʾôṯ* auf einen Menschen zurückgeführt. Beide Male ist Antiochus IV. Epiphanes gemeint. Dan 11,36 zufolge erhebt er sich über alle Götter und spricht auch gegen den höchsten Gott, also den Gott Israels, *niplāʾôṯ* aus. D. h., er macht sich zum alleinigen Gott und glaubt, nun seinerseits über unbegrenzte Möglichkeiten zu verfügen. *niplāʾôṯ* bedeutet also auch hier göttliche Wirkungsmächtigkeit, die aber von einem Menschen angemaßt und pervertiert worden ist und deshalb nur zu Unheil führen kann. Das gleiche gilt für Dan 8,24 (*niplāʾôṯ* hier wohl adverbiale Bestimmung zu *jašḥîṯ*, das letztere aber wahrscheinlich Dittographie zu *hišḥîṯ* in v. 24b, statt dessen *j^{e}ḏabber* wie in 11,36 oder besser *jāśîaḥ* [so BHS] zu lesen.

c) Die *niplāʾôṯ* sind keine Einzelerscheinungen, die nur für sich zu betrachten wären. Es handelt sich vielmehr um besondere Manifestationen von Gottes Wirken überhaupt, die als solche grundlegende und über sich hinausweisende Bedeutung haben. Das ist vor allem an den Verben ablesbar, die direkt oder indirekt auf die *niplāʾôṯ* als Objekt bezogen sind.
So wird häufig, besonders in formelhafter Wendung, hervorgehoben, daß Gott diese getan hat bzw. tut oder tun wird und kann (*ʿāśāh*, Ex 3,20; 34,10; Jos 3,5; Jer 21,2; Ps 40,6; 98,1, zum formelhaften Gebrauch s.o. 1.a). Hierdurch wird zunächst zum Aus-

druck gebracht, daß Gott tatsächlich handelt und dabei Fakten setzt, die sein Handeln ganz offenkundig machen. Es geht aber nicht um eine bloße Feststellung. Wesentlich ist vielmehr, daß sich alle, die solche Fakten erleben oder davon hören, auf sie berufen und sich an sie halten können und so das Vertrauen gewinnen, daß Gott sich auch an anderer Stelle als ebenso wirkungsmächtig erweist. Das gleiche gilt für die Aussage, daß er seine Heilstaten sehen läßt (*rāʾāh hiph*, Ps 78, 11; Mi 7, 15 [text. emend.]). In Ex 34, 10 wird deren grundlegende Bedeutung noch dadurch unterstrichen, daß neben *ʿāśāh* der Schöpfungsterminus *bārāʾ* tritt (→ ברא IV.2.).

Die Heilstaten führen freilich nicht automatisch zu Vertrauen und Hoffnung auf menschlicher Seite. Hier bedarf es der Bereitschaft, sie als Manifestationen bleibender Zuwendung und Wirkungsmacht Gottes anzunehmen und daran festzuhalten. So wird der Wüstengeneration der Vorwurf gemacht, daß sie auf die Heilstaten, die sie selbst erlebt hatte, nicht geachtet (*śāḵal hiph*, Ps 106, 7), nicht auf sie vertraut (*ʾāman hiph*, Ps 78, 32), ihrer nicht gedacht (*zāḵar*, Neh 9, 17) oder sie vergessen hat (*šāḵaḥ*, Ps 78, 11; 106, 21 f.). D. h., sie hat sie als Ereignisse, die nur noch der Vergangenheit angehören, erachtet und kein beständiges Vertrauen auf sie gegründet. Das gleiche gilt auch für die Hoffnung auf ein erneutes Eingreifen Gottes in Jer 21, 2. Denn hier ist vorausgesetzt, daß die Betreffenden gar nicht bereit sind, sich Gott ganz anzuvertrauen, und somit auch dessen Eingreifen bei ihnen nichts ändern würde. Israel kann daher nur aufgefordert werden, der früheren Heilstaten zu gedenken, so daß es sich in Gegenwart und Zukunft auf Gott angewiesen weiß (Ps 105, 5 [1 Chr 16, 12], vgl. v. 4). Entsprechend wird Ijob nahegelegt, die Vorgänge in der Natur gründlich zu bedenken, um so die richtige Einstellung zu Gott zu gewinnen (*bîn hitp*, Ijob 37, 14). Darüber hinaus soll Ps 119, 18 zufolge Gott selbst dafür sorgen, daß der Psalmist die Wirkungen der *tôrāh* wahrnimmt, sich also an sie halten kann (*nāḇaṭ hiph*, vgl. v. 27 *śîaḥ*). Dies führt zu der noch weiterreichenden Aussage in Ps 111, 4, derzufolge Gott ein Gedenken seiner Heilstaten an Israel bewirkt und so von sich aus die Voraussetzungen schafft, daß diese angenommen werden und ihre Gültigkeit behalten (*zeḵær*).

Solches Gedenken aber wird durch Menschen vermittelt, die die Heilstaten anderen weitererzählen (*sāpar pi*). Subjekt des Erzählens sind einerseits die Generationen innerhalb Israels (Ri 6, 13; Ps 78, 3 f.) oder auch eine Mehrheit, die für Israel als ganzes spricht (Ps 75, 2 [text. emend.]) und die sich als solche auch an alle Völker wenden soll (Ps 96, 3 [1 Chr 16, 24]). Andererseits sind es einzelne, die die Heilstaten nach Errettung aus eigener Not öffentlich verkünden bzw. dies zu tun geloben (Ps 9, 2; 26, 7). In Ps 71, 17 f. bezeugt ein Bedrängter, daß er sie von früh an verkündet hat und daraus selbst die Zuversicht gewinnt, daß er nun auch im Alter errettet wird und dies als erneuten Erweis göttlichen Heilshandelns der kommenden Generation verkünden kann (*nāḡaḏ hiph*, v. 18 text. emend., s. BHS). Für den aus Bedrängnis Erretteten in Ps 40, 1–12 sind die Heilstaten allerdings so unermeßlich zahlreich, daß es unmöglich ist, sie im einzelnen wiederzugeben (*nāḡaḏ*, *dāḇar pi*, v. 6). Das gleiche gilt Sir 42, 17 zufolge für Gottes Schöpfungswirken in der Natur.

Das letztere ist freilich nur Ausdruck dessen, daß es sich um Vorgänge handelt, die mit menschlichen Worten überhaupt nicht adäquat wiedergegeben werden können. Sie zu erzählen, kann nur bedeuten, sie als etwas Unsagbares und Unbegreifliches zu rühmen und Gott dafür zu danken und ihn zu loben. Dem entsprechen die Verba *jāḏāh hiph* und *śîaḥ* (Ps 107, 8. 15. 21. 31, vgl. Ps 9, 2; 75, 2 [text. emend.], bzw. Ps 105, 2 [1 Chr 16, 9]; 145, 5 [text. emend.]). Weitere Verba mit verwandter Bedeutung finden sich im Umkreis der Belege. Daran wird deutlich, daß auf dem Aspekt des Rühmens und Lobens das eigentliche Gewicht liegt. Der gegebene Ort für solches Rühmen und Loben und die öffentliche Verkündigung der Heilstaten aber ist der Kult. Die genannten Psalmen spiegeln denn auch ganz deutlich ein kultisches Geschehen wider (Ps 26, 6 f.; 107) oder sind doch zumindest in Anlehnung an kultische Vorgänge gestaltet worden. Auch dies spricht dafür, daß die Bildung des Begriffs *niplāʾôṯ* als Substantiv speziell im Kult erfolgt ist.

2. Das Nomen *pælæʾ* hat grundsätzlich die gleiche Bedeutung wie *niplāʾôṯ* und bezieht sich ausschließlich, direkt oder indirekt, auf das Wirken Gottes. Auch bei ihm handelt es sich um eine dieses Wirken zusammenfassende und verallgemeinernde Bezeichnung. Es kommt überwiegend im Sing. vor, der jedoch kollektiv zu verstehen ist (so besteht auch kein Grund, die durch späte Handschriften bezeugte Pluralform in Ps 77, 12; 88, 13; 89, 6 als ursprünglich anzusehen, die Pluralform in den Versionen ist nur die Wiedergabe des hebr. Kollektivs). Dadurch wird noch deutlicher als bei der pluralischen Form *niplāʾôṯ* vom Einzelfall abstrahiert. Die meisten Belege sind wiederum in den Psalmen und ihnen nahestehenden Texten zu finden, und diese dürften durchweg aus exil. und nachexil. Zeit stammen. Es gibt jedoch auch Belege aus früherer Zeit und in anderen Zusammenhängen (Jes 9, 5 [Datierung umstritten]; 29, 14 [vorexil.]; Dan 12, 6). Das läßt darauf schließen, daß das Nomen kein spezifisch kultischer Begriff ist und es sich bei ihm auch nicht um eine späte Bildung handelt.

Inhaltlich gesehen geht es wiederum zunächst um die Heilstaten Gottes an Israel (Ps 77, 12. 15), insbesondere bei der Herausführung aus Ägypten (Ex 15, 11; Ps 78, 12, vgl. Ps 77, 15 f. 21). Ps 89, 6 bezieht sich im Gesamtzusammenhang des Psalms auf die Erwählung Davids (vgl. vv. 20–38). Hier sowie in Ps 77 sind die Heilstaten zugleich Ausdruck der Wirkungsmächtigkeit Gottes als des Schöpfers und alleinigen Herrn der Welt (Ps 77, 17–20; 89, 7–19; vgl. Ex 15, 11 a; in einem nur auf die Schöpfung bezogenen

Kontext Sir 43, 25). Eine zukünftige Heilstat ist in Jes 25, 1 gemeint (vgl. v. 2, zur Verbindung mit *ʿeṣôṯ* s.u. zu Jes 9, 5).

Auch *pælæʾ* steht in Parallele zu anderen Begriffen für die Heilstaten Gottes (vgl. *teʰillôṯ*, *nôrāʾ* als Adj. Ex 15, 11, *maʿaśæh* Sir 43, 25 [s.o. 1.b], *maʿalālîm* Ps 77, 12 [vgl. auch v. 13], *ʿoz* Ps 77, 15, in Ps 89, 6 *ʾæmûnāh* als Ausdruck für die Beständigkeit des Heilswirkens, in Ps 78, 12 Aufnahme von *ʿalîlôṯ* und *niplāʾôṯ* in v. 11). Ebenso wie bei *niplāʾôṯ* wird die bleibende Bedeutung des Geschehens durch entsprechende Verba angezeigt (*ʿāśāh* Ex 15, 11; Ps 77, 15; 78, 12; Jes 25, 1, *zāḵar* Ps 77, 12, *jāḏāh hiph* Jes 25, 1; Ps 89, 6 [hier die Himmel bzw. himmlische Wesen als Subjekt, text. emend.], zu diesen Verba s.o. 1.c). In Ps 119, 129 sind es die Bestimmungen der *tôrāh* (dazu s.o. 1.b), die als *pelāʾôṯ* erfahren werden und deshalb zu befolgen sind (*nāṣar*).

Bei den übrigen Belegen werden jedoch eigene Akzente gesetzt. Ps 88, 11. 13 zufolge vollbringt Gott keine Heilstaten an Toten und in der Unterwelt, so daß solche dort auch nicht gepriesen und verkündigt werden können. Andererseits kann sein Wirken auch unheilvoll sein (Jes 29, 14 [s.o. II.2.], als indirekte Aussage in der adverbialen Konstruktion Klgl 1, 9). Eine ambivalente Bedeutung hat das Nomen in Dan 12, 6. Es bezieht sich auf die vorher geschilderten Bedrängnisse, die aber Vorzeichen für den endgültigen Untergang alles Bösen und den Beginn eines neuen Gottesreiches sind. D.h., es geht um Vorgänge, die letztlich zu Heil führen, die aber gerade von denen, die Gott treu bleiben, nur als ein in höchstem Maße geheimnisvolles und zugleich unheimliches Geschehen erfahren werden können. Dem entspricht die generelle Aussage in Sir 11, 4, daß Gottes Taten (*maʿaśîm*) unbegreiflich sind und zu unerwarteten Wendungen führen können (vgl. vv. 5f.). Über unbegrenzte Möglichkeiten, vollkommenes und endgültiges Heil zu schaffen, wird der in Jes 9, 5 angekündigte Herrscher der Zukunft verfügen (*pælæʾ jôʿeṣ*, das Verb *jāʿaṣ* bedeutet hier das Planen und Beschließen von Handlungen, die dann auch ausgeführt werden; das gleiche gilt für *ʿeṣôṯ* in Jes 25, 1 [s. BHS]).

Adjektivischer Gebrauch des Nomens mit *min* liegt in Sir 3, 21 vor. Allgemein wird angenommen, daß in Ijob 11, 6 *kiplāʾîm* oder *pelāʾîm* (*pelājîm*) statt *kiplajim* zu lesen ist (vgl. BHS). Gemeint wäre dann, daß Weisheit (*ḥŏḵmāh*), die von Gott vermittelt ist, zu einer dem Menschen selbst nicht möglichen Einsicht und entsprechenden Erfolg (*tûšijjāh*) führt. Für die Wortgruppe *pālāʾ* ist eine solche Aussage sonst freilich nicht belegt. Die Konjektur ist daher nicht unbedenklich.

Das Adjektiv *pilʾî* in Ri 13, 18 kennzeichnet den göttlichen Boten als eine geheimnisvolle und wirkungsmächtige Gestalt und unterstreicht damit das Geheimnisvolle des in diesem Kapitel geschilderten Geschehens überhaupt (vgl. v. 19, dazu s.o. II.2.). Ps 139, 6 zufolge sieht sich der Beter durch und durch von Gott erkannt (*daʿaṯ* als Erkenntnis von seiten Gottes, vgl. vv. 1f. 4). Dies übersteigt die Grenzen seines Vorstellungsvermögens und kann für ihn nur bedeuten, daß er Gott bedingungslos ausgeliefert ist (vv. 5. 7–12).

IV. Ein beachtliches Gewicht hat die Wortgruppe in den hebr. Texten von Qumran. Das Verb kommt rund 20mal im *hiph* vor (davon 12mal in 1 QH). Vom *niph* ist nur das substantivierte Ptz. bezeugt (rund 30mal *niplāʾôṯ*, davon 12mal in 1 QH, vereinzelt auch *niplāʾîm*). Rund 45mal findet sich das Nomen *pælæʾ* (davon 19mal in 1 QH). Durch die Wortgruppe wird hier generell das Schöpfungs- und Heilshandeln Gottes bezeichnet. Die Belege stammen überwiegend aus psalmenartigen Texten. Hinsichtlich des Gebrauchs und des Wortfeldes besteht daher vielfach eine enge Verwandtschaft mit den Belegen in den Psalmen des AT (vor allem bei *niplāʾôṯ*). Für das Verständnis des göttlichen Heilshandelns sind allerdings die für die Qumrangemeinschaft spezifischen Vorstellungen von Erwählung, Sünde, Dualismus und Eschatologie maßgeblich. So geht es nur vereinzelt um die Heilstaten Gottes in der früheren Geschichte Israels (1 QM 11, 9, vgl. 11, 1–10). Entscheidend ist vielmehr dessen Handeln an der eigenen Gemeinschaft, da erst in ihr wirkliches Heil beginnt, und dies CD 3, 18 zufolge deshalb, weil Gott hier auf unbegreifliche und geheimnisvolle Weise Schuld und Sünde beseitigt (vgl. 2, 14 – 3, 17. 19). Auf den einzelnen als Glied der Gemeinschaft ist die Wortgruppe vor allem in 1 QH bezogen (vgl. 5, 15; 9, 7. 27; 11, 3). Das göttliche Heilshandeln, das da bezeugt wird, ist jedoch nicht nur für den einzelnen selbst relevant, sondern, wie in den Psalmen des AT, von ihm weiterzuerzählen, und zwar allen Werken Gottes und allen Menschen (vgl. 1, 33f.; 3, 23; 6, 11f.). Es ist also über die Qumrangemeinschaft hinausgehend von universaler Bedeutung. In den hymnischen Stücken in 1 QM bezieht sich die Wortgruppe denn auch auf die Herbeiführung universalen eschatologischen Heils, bei der die Mächte des Bösen vernichtet werden (13, 9; 14, 5. 9; 15, 13; 18, 7. 10 [18, 10 ergänzt nach 1 Q 33, 1, 4, hier Jes 29, 14, jedoch positiv verstanden, aufgenommen, s.o. II.2.]). D.h., es geht um Heil für die ganze Welt, das aber vorerst nur in der Qumrangemeinschaft erfahren werden kann.

Im Unterschied zum AT ist am häufigsten das Nomen *pælæʾ* bezeugt (durchgängig im Sing.). Durch dieses werden die spezifischen Vorstellungen der Gemeinschaft auch am deutlichsten zum Ausdruck gebracht, insbesondere im Zusammenhang mit Verben des Erkennens (*bîn*, *jāḏaʿ*, *śāḵal*). So wird einerseits hervorgehoben, daß der Mensch von sich aus die Heilstaten Gottes nicht verstehen kann (1 QH 7, 32). Andererseits aber wird bezeugt, daß Gott dem, der zur Gemeinschaft gehört, dennoch Einsicht in sie gegeben hat und ihn damit in das der Gemeinschaft geschenkte Heil einbezieht (1 QH 11, 4, *niplāʾôṯ* 1 QH 10, 4). Charakteristisch ist vor allem die (rund 10mal vorkommende) Verbindung mit dem Nomen *rāz* (mit Verben des Erkennens 1 QH 7, 27; 11, 10, vgl. 1,21; 1 QS 11,5; entsprechendes gilt auch für *sôḏ* 1 QH 12, 11 f., zu beiden Nomina s. Nötscher 71–77, vereinzelt auch *rāz* mit *niplā'ôṯ* verbunden 1 QM 14, 14, vgl. 1 QS 11, 19, vgl. auch das *hiph* des Verbs 1 QpHab 7, 8). Durch diese Verbindung wird der der Wortgruppe *pālā'* selbst inhärente Aspekt des Geheimnisvollen und damit zugleich die Paradoxie eines Erkennens, das über die Grenzen menschlicher Möglichkeiten hinausgeht und dennoch Menschen ermöglicht wird, besonders hervorgehoben. Solche Erkenntnis ist vorrangig dem „Lehrer der Gerechtigkeit" gegeben, der sie seinerseits den Gliedern der Gemeinschaft vermittelt (auf diesen dürften sich die Aussagen in 1 QH 2, 13; 4, 28 beziehen). 1 QS 9, 18 zufolge hat der *maśkîl* die Aufgabe der Vermittlung.

Dem Gewicht des Nomens *pælæ'* entspricht es, wenn Gott direkt als '*ælôhê pælæ'* bezeichnet wird (4 QShir[a] 1, 8; 4 QShir[b] 10, 7). Entsprechendes gilt für seine Diener (1 QH 5, 21). Besonders häufig kommt *pælæ'* in 4 QS *šîrôt 'olat haššabbat* 39; 40 vor (Strugnell, VTS 7, 1960, 318–345). Es kennzeichnet hier bestimmte Elemente des himmlischen Kultes (40, 24, 6f.). Außerdem wird von den sieben *diḇrê pælæ'* gesprochen, mit denen himmlische Wesen einzelne Gruppen von Menschen segnen sollen (39, 1, 16ff.). Die Bezeichnung '*ælôhê pælæ'* ist hier als Engelstitel bezeugt (Strugnell 332). Zu *pælæ' jô'eṣ* 1 QH 3, 10 →יעץ *jā'aṣ* IV.2.

Conrad

פָּלַג *pālaḡ*

פֶּלֶג *pælæḡ*, פְּלַגָּה *p^elaggāh*, פְּלֻגָּה *p^eluggāh*, מִפְלַגָּה *miplaggāh*

I. 1. Etymologie, Belege in der Umwelt – 2. Bedeutung – 3. LXX – 4. Qumran – II. Profaner Gebrauch – 1. des Verbums – 2. der Nomina – III. Religiös-theologische Verwendung – 1. Das Nomen *pælæḡ* – 2. Das Nomen *p^eluggôṯ*.

Lit.: *A. D. Crown*, Judges V 15b–16 (VT 17, 1967, 240–242). – *I. Engnell*, „Planted by the Streams of Water" (Festschr. J. Pedersen, Kopenhagen 1953, 85–96). – *G. Morawe*, Peleg (BHHW III, 1966, 1411). – *P. Reymond*, L'eau, sa vie et sa signification dans l'Ancien Testament (VTS 6, 1958, 70. 129). – *A. Schwarzenbach*, Die geographische Terminologie im Hebräischen des AT, Leiden 1954, 61 f. – *N. M. Waldman*, On הפליג, עבר, and Akkadian Parallels (Gratz College Annual of Jewish Studies 2, 1973, 6–8). – *H.-J. Zobel*, Stammesspruch und Geschichte (BZAW 95, 1965, 49).

I. 1. Die Wurzel *plg* tritt im AT sowohl als Verbum als auch als Nomen, bei dem mehrere Derivate zu unterscheiden sind, auf. Darüber hinaus begegnet sie auch im Mhebr., Jüd.-Aram. und Äg.-Aram., in palmyr., nabat., samarit., syr., christl.-paläst. und mand. Texten sowie in akk., ugar., phön., arab., äth. und kopt. Quellen. Dabei weisen die Belege aus der Umwelt, von der Grundvorstellung des Teilens ausgehend, eine Bedeutungsentwicklung in zwei Richtungen auf: a) zu der vorherrschenden Bedeutung 'teilen' bzw. 'Teil', 'Hälfte' (DISO 227 f.; MdD 360 b. 373 b), wozu auch die im Phön. auftretende Bedeutung 'Bezirk' (DISO 229; KAI 18, 3) gehört; b) zu der bereits durch das akk. Parallelwort *palgu* (AHw 815 f.) belegten Bedeutung 'Graben', 'Kanal', die in ugar. Texten in der Bedeutung 'Bach' (KTU I, 100 Z. 69; UF 7, 1975, 122. 125) aufgenommen wird und sich in der analogen arab. Wortbildung *falǧ* 'Spalte' bzw. *falaǧa* 'spalten' sowie in dem äth. Wort *falag* 'Bach' wiederfindet.

2. Der Bedeutungsskala der Wurzel in der Umwelt entsprechen ihre Bedeutungen im AT. Von den 26 Belegen im AT entfallen 7 Stellen auf einen Gebrauch als Eigenname (Gen 10, 25; 11, 16. 17. 18. 19; 1 Chr 1, 19. 25); unter den übrigen 19 Belegstellen, an denen die Wurzel 4mal als Verbum im *pi* (Ps 55, 10; Ijob 38, 25) bzw. im *niph* (Gen 10, 25; 1 Chr 1, 19) und 15mal als Nomen (*pælæḡ* u.a.) begegnet, steht die Bedeutung 'Graben', 'Bach', 'Kanal' mit 11 Belegen (bzw. 12 mit Ps 55, 10 cj) im Vordergrund. Daneben treten 4mal die Bedeutung 'Teil', 'Abteilung' (Ri 5, 15 f. *p^elaggāh*; 2 Chr 35, 5 *p^eluggāh*; 35, 12 *miplaggāh*) und 4mal die Bedeutung 'spalten', 'furchen' (Ps 55, 10; Ijob 38, 25) bzw. 'sich zerteilen' (Gen 10, 25; 1 Chr 1, 19) auf.

3. Die LXX hatte offensichtlich keine genaue Vorstellung von der Bedeutung der Wurzel. Abgesehen von der Übersetzung von 3 Stellen mit der Bedeutung 'Abteilung' durch διαίρεσις (Ri 5, 15; 2 Chr 35, 5. 12) ist ihre Übersetzung völlig heterogen. Für die Nomina finden u.a. διέξοδος, ὁρμή, ὅρμημα, ἄφεσις, ποταμός Verwendung; in der Wiedergabe des Verbums durch διαμερίζω stimmen nur Gen 10, 25 und 1 Chr 1, 19 überein. Der Eigenname wird als Φαλεκ umschrieben.

4. In den Qumrantexten begegnet die Wurzel als Verb wie auch in Nomina, wobei diese teils in der Bedeutung 'Bach', 'Kanal', teils in der Bedeutung 'Abteilung' stehen (Kuhn, Konkordanz 130. 177). Dazu tritt eine Anführung als Eigenname in CD 20, 22.

II. 1. Das Verb dient in allen Formen dazu, den profanen Vorgang des Teilens zu bezeichnen bzw. metaphorisch anzuwenden. So bezieht es sich in Ijob 38, 25 auf das Ausheben eines Wassergrabens, wodurch ein Geländeabschnitt geteilt wird, während es in Gen 10, 25; 1 Chr 1, 19 um die Teilung der Menschheit in einzelne Völker geht. Aber auch hinter der bildhaft gemeinten Aussage von einer gespaltenen Zunge (Ps 55, 10) als Ausdruck der Unmöglichkeit eines Redens in Wahrhaftigkeit steht eine ganz profane Vorstellung.

2. a) Analog zu der in Ijob 38, 25 durch das Verb hergestellten Beziehung zeigt auch das Nomen in der

Bedeutung 'Graben', 'Bach', 'Kanal' eine profane Verwendung. Dabei steht es stets in Verbindung mit den Begriffen 'Wasser' und 'Öl'. Der Ausdruck *palḡê majim* bezeichnet zunächst einen Wasser führenden Graben bzw. Kanal im Gelände (Ps 1, 3; Jes 32, 2), wird aber bald, insbesondere in der Weisheitsdichtung, zu einer beliebten Metapher. So dient er zur Umschreibung des heftigen Tränenflusses (Klgl 3, 48; Ps 119, 136) oder des überschäumenden Redeschwalls (Ps 55, 10 cj). Aber auch das mögliche Streben der Ehefrau zu fremden Männern (Spr 5, 16) kann durch ihn symbolisiert werden. In gleicher Weise ist auch die Verbindung *palḡê (pᵉlaggôṯ) šæmæn* zu verstehen: Sie stellt in sprichwörtlicher Redeweise einen bildlichen Ausdruck für Reichtum und Überfluß dar (Ijob 29, 6; 20, 17 cj; vgl. G. Fohrer, KAT XVI 324f.).

b) Auch bei einem Gebrauch der Nomina in der Bedeutung 'Teil', 'Abteilung' liegt überwiegend eine profane Verwendung vor. Schon im Deboralied bezeichnet das betr. Nomen die Abteilungen eines israelit. Stammes (Ri 5, 15f.), und in analoger Weise steht es in 2 Chr 35, 5. 12 für die Teile, die eine israelit. Großfamilie bilden.

c) Als Eigenname verwendet bezeichnet das Nomen *pælæḡ* einen Sohn Ebers, der als ein Nachkomme des Sem gilt (Gen 10, 22–25). Dabei zeigt die den Namen erklärende Bemerkung, daß dieser als reiner Personenname zu verstehen ist (C. Westermann, BK I/1, 701f.).

III. 1. Eine Verwendung der Wurzel *plg* und ihrer Derivate im religiös-kultischen Bereich sowie eine theologische Deutung begegnen erst in nachexil. Texten. Im Vordergrund steht dabei eine Verbindung des Nomens *pælæḡ* in der Bedeutung 'Wasserkanal' mit JHWH, seiner Stadt Jerusalem und seinen Heiligtümern. Der 'Wasserkanal' JHWHs ist die Quelle allen Segens (Ps 65, 10); 'Wasserkanäle' erfreuen die Gottesstadt Jerusalem (Ps 46, 5) und werden im Eschaton auf jeder Höhe zu finden sein (Jes 30, 25). Wird hier ein altes Mythologumenon aufgenommen (vgl. Jes 33, 21; Ez 47, 1–12; Joël 4, 18; Sach 14, 8), so dient der Ausdruck *palḡê majim* in Jes 32, 2 zur Umschreibung des Heils, das der eschatologische König bringen wird und findet in Spr 21, 1 als bildlicher Vergleich für die Lenkung der Gedanken des Königs durch JHWH Verwendung. In analoger Weise wird der Ausdruck in Ps 1, 3 zum metaphorischen Vergleich mit dem Frommen herangezogen (vgl. Ps 92, 13–15).

2. Die Form *pᵉluggôṯ*, die nur in 2 Chr 35, 5 auftritt und sich hier möglicherweise aus einer falschen, in Anlehnung an das bibl.-aram. Wort *pᵉluggāh* (vgl. Esra 6, 18) vollzogenen Punktierung des Nomen *pᵉlaggôṯ* (Ri 5, 15f.; Ijob 20, 17) erklärt, weist mittelbar einen kultischen Bezug auf: Die hier angesprochenen Abteilungen von Großfamilien sind Teile von Priesterfamilien.

Schunck

פִּלֶגֶשׁ *pilæḡæš*

I. 1. Etymologie – 2. Belege, Bedeutung, LXX – II. Die Situation der Nebenfrau.

Lit.: *J. P. Brown*, Literary Contexts of the Common Hebrew-Greek Vocabulary (JSS 13, 1968, 163–191, bes. 166–169). – *M. Ellenbogen*, Foreign Words in the Old Testament, London 1962, 134. – *L. M. Epstein*, The Institution of Concubinage Among the Jews (Proceedings of the American Academy for Jewish Research 6, 1934/35, 153–188). – *M. Görg*, Piggul und pilægæš – Experimente zur Etymologie (BN 10, 1979, 7–11, bes. 10f.). – *G. Jasper*, Polygyny in the OT (Africa Theol. Journal 2, 1969, 27–57). – *H.-W. Jüngling*, Richter 19. Ein Plädoyer für das Königtum. Stilistische Analyse der Tendenzerzählung Ri 19, 1–30a; 21, 15 (AnBibl 84, 1981). – *S. Levin*, Hebrew *pilegeš*, Greek *pallakē*, Latin *pellex*. The Origin of Intermarriage Among the Early Indo-Europeans and Semites (General Linguistics 23, 1983, 191–197). – *H. Lewy*, Die semitischen Fremdwörter im Griechischen, Hildesheim – New York, repr. 1970 (1895). – *E. Neufeld*, Ancient Hebrew Marriage Laws, London 1944, bes. 118–132. – *W. Plautz*, Monogamie und Polygamie im Alten Testament (ZAW 75, 1963, 3–27). – *C. Rabin*, The Origin of the Hebrew Word Pīlegeš (JJS 25, 1974, 353–364).

I. 1. Eine sichere Klärung der Herkunft von *pilæḡæš* (griech. πάλλαξ, παλλακίς; lat. *pellex;* jüd.-aram. *palqᵉṯā*; syr. *palqā*; arab. in dem fem. Namen *Bilqīs*) kann nicht gegeben werden. Der Ursprung des Wortes ist sowohl im semit. als auch im indo-europäischen Sprachraum gesucht worden, und die Mutmaßungen über gegenseitige Wechselwirkungen sind vielfältig (vgl. Ellenbogen 134). Man hat an die hebr. Wurzel *plg* 'teilen, spalten' gedacht, an eine Rückentlehnung aus griech. παλλακίς, παλλακή, πάλλαξ, urspr. 'Jüngling' oder 'Mädchen' oder davon auch *plgs* 'mannbar'. Rabin gewinnt aus den indo-europäischen Bestandteilen *pi-* („at, on, towards") und *legh-* („to lie down") und der Nominalendung *š* die Theorie philistäischer Herkunft, während Görg mit äg. Einfluß rechnet und als Grundbedeutung „der neben jemandem Befindliche" annimmt (Forschungsüberblick s. Rabin).

2. *pilæḡæš* ist im hebr. AT 36mal belegt: Gen 22, 24; 25, 6; 35, 22; 36, 12 4mal; Ri 12mal, davon 11mal in der Erzählung Ri 19f.; 2 Sam 8mal; 1 Kön 1mal; Ez 1mal; Hld 2mal; Est 1mal; 1 Chr 5mal und 2 Chr 1mal und bedeutet 'Nebenfrau, Kebsfrau'. Als Besitzer von Nebenfrauen werden namentlich genannt: Nahor, Abraham, Jakob, Elifas, Gideon, David, Saul, Rehabeam, der König Ahasveros, Kaleb, Manasse. Der Begriff kommt einmal in einem „Prahllied" (Hld 6, 8f.) vor, dagegen fällt auf, daß er in den Rechtstexten (obwohl z. B. Lev 18, 8. 11. 18 deutlich Polygynie vorausgesetzt ist) und in der prophetischen und weisheitlichen Literatur nicht begegnet (Ez 23, 20 ist eine unsichere Stelle und bezieht sich auf männliche *pilaḡšîm*). In der LXX finden sich als Äquivalent immer παλλακή/παλλακίς mit Aus-

nahme von Ez 23, 20 (τοῦς Χαλδαίους) und Est 2, 14 (τῶν γυναικῶν). Ferner nennt sie in Gen 46, 20 in Übereinstimmung mit 1 Chr 7, 14 eine παλλακή Manasses und Ijob 19, 17 Nebenfrauen Ijobs, die MT nicht kennt.

II. Es hat den Anschein, als habe sich das AT wenig Gedanken um die rechtlich-soziale Stellung der *pilæḡæš* gemacht. In den genannten Texten handelt es sich um die Nebenfrauen von Patriarchen, Königen, einem Leviten, einem sog. großen Richter und einem Stammesahnherrn. Unter allen Stellen stellt die alte und in das DtrGW aufgenommene Erzählung Ri 19f. eine Ausnahme dar. Die familienrechtlichen Termini *lāqaḥ lô 'iššāh* (sich zur Frau nehmen), *ḥoṯen* (Schwiegervater), *ḥāṯān* (Tochtermann) werden nur hier in Verbindung mit *pilæḡæš* gebraucht und lassen an ein eheähnliches Verhältnis denken, was dem sonstigen Bild nicht entspricht. Die Kombination *'iššāh pilæḡæš* (ähnlich wie *iššāh zônāh* Ri 11, 1; 16, 1; *iššāh n^e^bî'āh* Ri 4, 4; *iššāh 'almānāh* 2 Sam 14, 5) findet sich neben Ri 19, 1. 27 auch noch 2 Sam 15, 16; 20, 3 für die zehn Nebenfrauen (wohl aus dem königlichen Harem stammend), die David bei seiner Flucht vor Abschalom in Jerusalem zurückläßt, um das Haus zu hüten und die, von Abschalom öffentlich geschändet, er bei seiner Rückkehr bis zu ihrem Tode als Witwen einschließen läßt. Daß sich das *pilæḡæš*-Verhältnis von der normalen Eheschließung unterschied, zeigt zwar schon die unterschiedliche Terminologie, läßt sich aber noch an zwei Beobachtungen festmachen. Einmal werden Frauen und Nebenfrauen nebeneinander genannt (Ri 8, 31; 2 Sam 5, 13 [nur an dieser Stelle die Nebenfrauen zuerst]; 19, 6; 1 Kön 11, 3; Hld 6, 8. 9 [Königinnen und Nebenfrauen]; 2 Chr 11, 21). Zum anderen kann ein Mann zwei oder mehrere Hauptfrauen haben, ohne daß eine weitere Ehefrau notwendigerweise zur *pilæḡæš* wird (Gen 4, 19; 26, 34; 28, 9; 36, 2; 1 Sam 1, 2; 1 Chr 4, 5. 18; 8, 8; 2 Chr 24, 3). Dem widerspricht nicht, daß Gen 37, 2 die beiden Nebenfrauen Jakobs, Bilha und Silpa, als *n^e^šê 'āḇîw* bezeichnet, da Gen 35, 22 Bilha eindeutig als *pîlæḡæš 'āḇîw* klassifiziert. Jakob erhält Bilha mit derselben Formulierung (*nāṯan lô l^e^'iššāh* ist zwar term. techn. für verheiraten, geht aber rechtlich gesehen immer von dem männlichen Familienvorstand aus) und aus demselben Grund von seiner Hauptfrau Rahel als Nebenfrau (Gen 30, 4), wie Lea mit Silpa verfährt (Gen 30, 9). Beide Ehefrauen erwarten aufgrund ihrer eigenen Unfruchtbarkeit, daß Jakob mit ihrer *šipḥāh* Nachkommenschaft zeuge, die anschließend von ihnen adoptiert werden kann; ähnlich Gen 16, 1–3 von Saras *šipḥāh* Hagar, 20, 17 von Abimelechs Frau und seinen *'^a^māhôṯ*. Die Beobachtungen machen es wahrscheinlich, daß die Nebenfrau im Vergleich zur Hauptfrau einen sozial niedrigeren Rang einnahm. Daß eine Nebenfrau vorher immer die Stellung einer Magd oder Sklavin innehatte, ist nicht zwingend. Häufig sind sie nichtisraelitischer Herkunft (Ri 19, 1; 8, 31; 1 Chr 1, 32; 7, 14). Auch schenkt das AT der rechtlichen Position der Nebenfrau keine Aufmerksamkeit. Sollte Ex 21, 10f. an das Konkubinat mit einer Sklavin gedacht sein, so darf der Mann seiner ersten Frau (hier eine Sklavin) Nahrung, Kleidung und ehelichen Verkehr (?) nicht entziehen, wenn er eine weitere hinzunimmt. Bei Nichterfüllung seiner Pflichten soll Freilassung ohne Lösegeld erfolgen, d. h. die Rechte der ersten Frau werden geschützt, nicht die der zweiten. Lev 18, 18 verbietet das Konkubinat mit der Schwester der Ehefrau. Das Erbrecht des in Poly(Bi)gynie erstgeborenen Sohns wird in Dtn 21, 15–17 geschützt. Insgesamt scheint die Nebenfrau der Willkür ihres Mannes und – war sie eine Sklavin der Ehefrau – auch deren Entscheidungsgewalt ausgesetzt gewesen zu sein. Zugunsten Isaaks erben die Söhne der Nebenfrauen Abrahams nicht, sondern werden mit Geschenken abgefunden (Gen 25, 6). Dies impliziert aber nicht notwendigerweise eine untergeordnete Stellung der Söhne von Nebenfrauen. Tamar scheint die Tochter einer Nebenfrau Davids zu sein (1 Chr 3, 9) und wird als solche als einzige mit Namen genannt; ihr Bruder Amnon hätte sie nicht entehren dürfen (2 Sam 13). Die Funktion des Konkubinats ist aus at.licher Sicht eindeutig durch den Wunsch nach zahlreicher Nachkommenschaft bestimmt. Außer bei der Nebenfrau des Leviten (Ri 19, sie stirbt einen frühen, gewaltsamen Tod) und den zehn von David in Jerusalem zurückgelassenen Nebenfrauen (2 Sam 15, 16; 16, 21 f.; 20, 3, ihre Funktion ist hier nicht das Gebären) wird von fast allen genannten Nebenfrauen ausgesagt, daß sie gebären, vor allem Söhne. Dies scheint auch das wichtigste, was die at.lichen Autoren von ihnen aussagen wollten. Bei den königlichen Haremsfrauen ging es außerdem um das Prestige und um politische Zwecke des Herrschers. Ein Angriff auf den Harem galt als Angriff auf den Thron (2 Sam 3, 7; 16, 21 f.; 1 Kön 2, 22). Est 2, 8–18 zeigt, wie sich der Autor einen persischen Harem vorstellte. Die legitime Möglichkeit, daß ein israelitischer Mann zu seiner Ehefrau eine oder mehrere Ehefrauen (so Gen 4, 19; 29, 23. 30; 36, 2; Ri 8, 30; 1 Sam 1, 2; Jer 38, 23) und/oder Nebenfrauen hinzunehmen konnte, dürfte in der gesamten at.lichen Zeit bestanden haben, denn ein Verbot ist nicht überliefert, und die Belegstellen für *pilæḡæš* entstammen sowohl frühen als auch späten Texten. Der umgekehrte Fall, daß eine Frau mehrere Männer haben durfte, ist nicht bekannt (Ez 23, 20 bezeugt kaum die Praxis). Es findet sich keine explizite Kritik am Konkubinat, nur einmal an der Polygynie (Dtn 17, 17) aus religiösen Gründen, da zu viele (ausländische) Frauen den König zu einem Abfall von JHWH zu fremden Göttern bewegen könnten (1 Kön 11, 3). Insgesamt sind zwei Tendenzen wahrnehmbar: a) Das Konkubinat galt in der Patriarchen- und Richterzeit wahrscheinlich als etwas Selbstverständliches, während es später eher den Königen vorbehalten blieb. b) Auch wenn die Polygynie mit Ausnahme von Dtn 17, 17 nicht offen kritisiert wird, so scheinen doch besonders die

dtr und auch schon die jahwistisch beeinflußten Stellen sie nicht in positivem Licht zu sehen. Man könnte meinen, daß die Mehrehe für ein negatives Schicksal der betreffenden Familien und das Scheitern von Regenten zumindest mitverantwortlich gemacht werden soll, denn Streit, Eifersucht, Gewalt und Tod sind ihr Ergebnis.
In Qumran ist *pilægæš* nicht belegt.

Engelken

פָּלַט *pālaṭ*

מָלַט *mālaṭ*, פָּלִיט *pālîṭ*, פָּלֵ(י)ט *pālêṭ*, פְּלֵיטָה *p^elêṭāh*, פְּלֵטָה *p^eleṭāh*, מִפְלָט *miplāṭ*

I. Umwelt – 1. Westsemitisch *plṭ* – a) Ugaritisch – b) Phönizisch – c) Ammonitisch – d) Moabitisch – e) Jaudisch – f) Aramäisch – g) Palmyrenisch – h) Mandäisch – i) Syrisch – j) Arabisch – k) Äthiopisch – 2. Ostsemitisch – 3. Westsemitisch *mlṭ* – II. 1. Etymologie und Grundbedeutung – 2. Statistik – a) *plṭ*-Stämme und Nominalderivate – b) *plṭ*-Personennamen – c) *mlṭ*-Stämme – 3. Streuung der Belege – 4. Verwandte Begriffe – 5. LXX – III. 1. Wortfeldanalyse – a) *plṭ*/*mlṭ*-Verba im Vergleich zu verwandten Verba – b) *plṭ*/*mlṭ*-Nomina im Vergleich zu verwandten Nomina – IV. Sprachgebrauch im religiös-theologischen Bereich – 1. Sprachgebrauch in der Lieddichtung – 2. Sprachgebrauch in der Weisheitsliteratur – 3. Sprachgebrauch in der at.lichen Restvorstellung – 4. Sprachgebrauch in der at.lichen Apokalyptik – V. Qumran.

Lit.: *R. Bach*, Die Aufforderung zur Flucht und zum Kampf im alttestamentlichen Prophetenspruch (WMANT 9, 1962, bes. 15–50). – *Ch. Barth*, Die Errettung vom Tode in den individuellen Klage- und Dankliedern (Basel 1947, bes. 124–140). – *G. Fohrer*, σῴζω und σωτηρία im Alten Testament (ThWNT VII 970–981). – *G.F. Hasel*, Remnant (IDBSuppl., 1976, 735f.). – *Ders.*, The Origin and Early History of the Remnant Motif in Ancient Israel (Diss. Vanderbilt 1970). – *Ders.*, The Remnant. The History and Theology of the Remnant Idea from Genesis to Isaiah (Andrews University Monographs. Studies in Religion 5, Berrien Springs ^{3}1980). – *V. Herntrich*, λεῖμμα κτλ. B. Der „Rest" im AT (ThWNT IV 200–215). – *E. Jenni*, Das hebräische Piʿel (Zürich 1968). – *J. Mejia*, La liberación. Aspectos biblicos: evaluación critica (Theologia 10, 1972/73, 25–61). – *W.E. Müller / H.D. Preuß*, Die Vorstellung vom Rest im Alten Testament, ^{2}1973. – *W.J. Rosłon*, Zbawienie czlowieka w Starym Testamencie (Diss. habil. Acad. Teol. Varsaviensis 1970). – *E. Ruprecht*, פלט *plṭ pi.* retten (THAT II 420–427). – *J.F. Sawyer*, Semantics in Biblical Research (SBTh II/24, London 1972). – *H. Schult*, Vergleichende Studien zur alttestamentlichen Namengebung, 1967, bes. 114–116. – *D.M. Warne*, The Origin, Development and Significance of the Concept of the Remnant in the Old Testament (Diss. Edinburgh 1958).

I. 1. a) Die ugar. Wurzel *plṭ* ʿbefreien, retten' (WUS Nr. 2223; UT Nr. 2048) ist in poet. Literatur und in PN belegt. In der Aqhat-Legende fordert ʿAnat den Gott El im Streitgespräch auf: „Und rufe [Aqhat] und laß ihn dich retten [*jplṭk*], Sohn Daniils, und laß ihn dir helfen [*jʿdrk*] von der Hand der Jungfrau ʿAnat" (KTU 1.18, I, 13; zum Text vgl. R. E. Whitaker, A Concordance of the Ug. Lang., 1972, 316). Der Parallelismus *plṭ* || *ʿdr* ʿretten, helfen' (H. L. Ginsberg, Or 7, 1938, 3) entspricht dem hebr. *ʿāzar* || *pālaṭ* in Ps 37, 40 in umgekehrter Reihenfolge (vgl. M. Dahood, Psalms, AB 16, 1966, 232). Ugar. *plṭ* liegt in verschiedenen PN vor: *Palaṭ* (*plṭ* KTU 4.374, 7) als Ein-Wort-Name ʿRetter' oder Hypokoristikon (vgl. PNU 57.173); *Japluṭ* (*jplṭ* KTU 4.214, IV, 4; 4.222, 2; 4.638, 1f.) „(Gott) rettet/rettete" (PNU 50.173) entspricht dem hebr. *Japleṭ* (1 Chr 7, 32f.; IPN 199); *Japluṭánu* (*jplṭn* KTU 4.215, 5; vgl. PNU 58 für diesen verbalstämmigen *jaqṭul*-Kurznamen mit Suffix und S. Segert, A Basic Grammar of the Ugaritic Language, London 1984, 188).

b) Im Phön. ist das Lexem *plṭ* in dem PN *Palaṭbaʿal* (*plṭbʿl*, vgl. Z. S. Harris, Grammar of the Phoenician Language, New Haven 1936, 137) „Baʿal rettet/ist Retter" (KAI 11, dessen Übersetzung „Meine Rettung ist Baʿal" nicht der Namensform entspricht, die *plṭjbʿl* sein sollte; vgl. PNPPI 176).

c) Das Ammonit. weist die Wurzel *plṭ* in PN auf. Ein Siegel aus dem 7. Jh. v. Chr. enthält den PN *plṭw*, der als *Palṭō* (P. Bordreuil, Syria 50, 1973, 190f.) oder *Palṭū* (K. P. Jackson, The Ammonite Language of the Iron Age, HSM 27, 1983, 71) vokalisiert wird und ʿRettung' bedeutet (das finale-*w* ist eine hypokor. Endung). Auf einem anderen Siegel der gleichen Zeit erscheint der PN *plṭj*, *palṭi* (P. Bordreuil / A. Lemaire, Sem 26, 1976, 53; Jackson 72) „meine Rettung" (KBL^3 879 hat ihn falsch dem inschriftlichen Hebr. zugewiesen), der dem hebr. Kurzformnamen *Palṭî* (Num 13, 9; 1 Sam 25, 44) mit gleicher Bedeutung entspricht. Der Ein-Wort-Name *plṭ*, *Palaṭ* ʿRettung' (Bordreuil/Lemaire 60; Jackson 73) hat wieder eine hebr. Korrespondenz im Kurznamen *Peleṭ* (1 Chr 2, 47; 12, 3; vgl. IPN 156; KBL^3 879 hat auch diesen PN falsch dem inschriftlichen Hebr. zugewiesen). Ammonit. ist auch der Satzname *ʾdnplṭ* (LidzNE 209; F. Vattioni, Bibl 50, 1969, 370 Nr. 98), in dem *plṭ* entweder Verb (*pi*) oder Nomen (mask. sing.) ist und entsprechend mit „Adon [der Herr] rettet / ist Retter" wiedergegeben werden kann (L. G. Herr, The Scripts of Ancient Northwest Semitic Seals, HSM 18, 1978, 59 Nr. 2; Jackson 72).

d) Im Moabit. ist die Wurzel *plṭ* nur im theophoren PN *kmšplṭ* belegt (vgl. die moabit. theophoren Satznamen *kmšṣdq*, *kmšntn*, *kmšjḥj*, *kmšmʾš* etc., vgl. Herr 155–158), in dem *plṭ* wieder als Verb oder Nomen verstanden werden kann und entsprechend mit „Kamosch rettet / ist Retter" zu übersetzen ist (vgl. N. A. Giron, Textes araméens d'Egypte, Kairo 1931, 30).

e) Das Jaud. (P.-E. Dion, La langue de Ya'udi, Editions 3R-Canada 1974, 36–43) enthält in der Panammu-Statue (ca. 730 v. Chr.) das Verbum *plṭ* (*pa*) 'retten' (DISO 228) in der Sentenz: „Wegen der [Gerech]tigkeit seines Vaters haben die Götter von *j'dj* ihn vor seiner Ausrottung gerettet [*plṭwh*]" (KAI 215, 2).

f) Das Aram. der Elephantinepapyri enthält die Wurzel *plṭ* in den PN *plṭw* (AP 13, 15) „Rettung" (M. H. Silverman, Or 39, 1970, 490f. Anm. 3 mit Lit.), *plṭh* (AP 82, 10) „(GN) hat befreit" (W. Kornfeld, Onomastica Aramaica aus Ägypten, Wien 1978, 68), *plṭj* (AP 40, 1; BMAP 6, Frag. b) „Yh hat befreit" (Kornfeld 69) oder besser „JHWH hat gerettet / ist Retter" (vgl. KBL³ 880; IPN 38 Anm. 156). Für den Gebrauch von *plṭ* im Mittelaram. s. u. V. Qumran.

g) Im Palmyr. ist das Nomen *blṭ* von der Wurzel *b/plṭ* in dem hypokoristischen PN *blṭj* (CIS 4212, 2) 'Retter' (PNPI 10.76 übersetzt 'Leben', anscheinend in Anlehnung an das Nomen *balāṭu*) belegt.

h) Das Mand. gebraucht verschiedene Formen des Stammes *plṭ* (im *pe*, *pa* und *etpa*) i. S. v. 'entkommen, entrinnen, trennen' (MdD 374).

i) Das syr. Verb *plṭ* hat die Bedeutung 'entkommen, entfliehen' im *pe* und 'retten, erretten, entkommen lassen' im *pa* (vgl. LexSyr 573).

j) Das klass. Arab. gebraucht *falaṭa* IV 'entkommen lassen, befreien', *falaṭa* 'befreien, entkommen' (vgl. Lane I/7, 2730ff.; C. Barth, Die Errettung vom Tode in den individuellen Klage- und Dankliedern des AT, 1947, 32). Ob asarab. *blṭ* „eine Münze" (Biella 43) hierher gehört, ist zweifelhaft (vgl. A. K. Irvine, JRAS 1964, 22f. für eine andere Etymologie).

k) Das Äth. kennt die Wurzel *plṭ* i. S. v. „trennen" (Dillmann, LexLingAeth 1344f.; Leslau, Contributions 42) und ist mit *fälätä* im Hararidialekt (W. Leslau, Etymol. Dictionary of Harari, 1963, 63) *fällätä* 'trennen' im Amharischen (W. Leslau, Hebr. Cognates in Amharic, 1969, 99) belegt.

2. Das Akk. weist das Verb *plṭ* als Fremdwort westsemit. Ursprungs im PN *palaṭaj* (CBS 4993.26; 10350 = *pa-la-ṭa[a-a]*) auf (M. D. Coogan, West Semitic Personal Names in the Murašû Documents, Missoula 1976, 33. 82). Hierzu gehören auch andere PN (vgl. R. Borger, TUAT I/4, 1984, 412) westsemit. Ursprungs, die meistens in assyr. Rechtsurkunden erscheinen: *pal-ṭi-i* (APN 179), *Pal-ṭi-ia-u* und *Pal-ṭi-iá-u* (APN 179; vgl. S. Parpola, CT 53 Nr. 46, Zl. 4.27). Sie entsprechen den hebr. PN *Palṭi*, *Pᵉlaṭjah* und *Pᵉlaṭjāhû* (vgl. IPN 156). Vom 15. bis 13. Jh. v. Chr. stammen die akk. PN *Ia-ab-lu-ṭá-nu* (PRU III 202 [16.257 III, 57]) und *Ia-ab-lu-ṭá-na* (PRU III 37 [16.287, 3]) nordwestsemit. Ursprungs mit dem Lexem *plṭ* (vgl. D. Sivan, Grammatical Analysis and Glossary, AOAT 214, 1984, 259). Aus gleicher Zeit stammt das Wort *pu-la-ṭu* 'retten' (RS 20.123), das in einer polyglotten Wortliste aus Ugarit erscheint (Ugaritica V Nr. 137 II:20 S. 243) und dem akk. *šūzubu* 'retten' gleichgesetzt ist. Außer diesen Belegstellen ist *plṭ* in einem Tell-el-Amarna-Brief erhalten: „und beinahe nur ein Haus ist entkommen (*pa-li-iṭ-mi*)" (EA 185, 25. 33). Der Gebrauch des Verbs *plṭ* in diesem Brief darf westsemit. geprägt sein. Akk. *balāṭu* 'leben' (AHw 99) überschneidet sich semantisch in mancher seiner Bedeutungen mit dem hebr. *plṭ* und wird deswegen mit dem hebr. Terminus in Verbindung gebracht (vgl. P. Fronzaroli, AANLR 8/19, 1964, 248f.; 8/20, 1965, 250. 263. 267). Weil akk. *balāṭu* gewöhnlich mit dem Leben / Überleben zu tun hat, wird es auch verschiedentlich i. S. v. 'entkommen, entrinnen, retten' gebraucht. Im Atraḫasis-Epos (17. Jh. v. Chr.) gibt der Wassergott Enki den Befehl an Atraḫasis „Rette Leben" (Atraḫasis III i 24: *napišta bulliṭ*) oder dem Kontext gemäß genauer „Laß Leben [der Menschen und Tiere im Schiff] entkommen" (vgl. H. A. Hoffner, Festschr. S. N. Kramer, AOAT 25, 1976, 241–245). Später fragt der wütende Kriegsgott Enlil: „Wie ist der Mensch der Zerstörung entkommen [oder entronnen]?" (Atraḫasis III vi 10: *kī ibluṭ awēlum*). Fast gleich wird diese Szene auf der XI. Tafel des Gilg.-Epos wiederholt. Enki befiehlt „Laß Leben entkommen" (2.26: *napišti bulliṭ*; vgl. RTAT² 119 „sichere das Leben" und Enlil betont später wütend: „Keiner soll der Zerstörung entkommen [entrinnen]!" (Zl. 173: *a-a ib-luṭ amēlu*; vgl. ANET³ 95). – In der akk. Rechtssprache erscheint akk. *blṭ* auch i. S. v. 'entkommen, entrinnen'. Der Codex Eschnunna (Anfang des 2. Jt. v. Chr.) legt fest, daß ein Dieb (CE § 12, 40) in einem gewissen Fall oder auch eine Ehebrecherin (CE § 28, 37) „sterben soll, und nicht mit dem Leben entrinnen soll" (*imât ul iballuṭ*, TUAT I/2, 34. 36; ANET³ 162). Obwohl akk. *balāṭu* einen breiten Bedeutungsfächer hat, steht es doch semantisch und der vergleichenden Semitistik entsprechend dem westsemit. *plṭ* in verschiedenen seiner Anwendungen verhältnismäßig nahe. Es darf deswegen das Verb *balāṭu* im Akk. als eine ostsemit. Neuerung der gemeinsemit. Wurzel *plṭ* verstanden werden.

3. Das Wort *mlṭ* I erscheint im Vergleich zu *plṭ* weit begrenzter und nur im südsemit. Sprachbereich. Mit Sicherheit kommt die Wurzel in verschiedenen äth. Dialekten vor. Der Hararidialekt weist das Verb *(a)mälāṭa* 'entrinnen' (W. Leslau, Etym. Dictionary of Harari, 1963, 107f.) auf, das von der Wurzel *mlṭ* 'abkratzen, abstreifen' (Dillmann, LexLingAeth 154) abgeleitet wird. Die Tigresprache kennt *mälṭa* (= *mälča*) 'entrinnen' (Leslau, Contributions 30). Das Amhar. hat das Derivat *amällāṭä* 'entrinnen' (W. Leslau, Hebrew Cognates in Amharic, 1969, 97). – Das palmyr. Subst. *mlṭ'* 'Schaffell' (DISO 152) ist kaum mit dem hebr. *mlṭ* I in Verbindung zu bringen. – Im Neuhebr. liegt *mlṭ* i. S. v. 'retten' (*pi*), 'gerettet werden, entkommen' (*niph*, *hitp*) vor (G. Dalman, Aram.-Neuhebr. Handwörterbuch, ²1922, 237) und im Jüd.-Aram. ist eine *itpe*-Form des Stammes *mlṭ* i. S. v. 'gerettet werden' (ebd.), 'entkommen' belegt.

II. 1. Die hebr. Wurzel *plṭ* ist also gemeinsemit. und hat die Grundbedeutung „entkommen, davonkommen". Die *qal*-Form, die nur in Ez 7, 16 erscheint, meint „entkommen" aus einer tödlichen Gefahr, also ein Davonkommen, mit dem sich der Gefährdete in Sicherheit bringt.

Das hebr. Verb *mlṭ* I wurde mit dem arab. *malaṭa* ʿenthaaren', V ʿglatt sein' und äth. *maláṭa* ʿabstreifen, nackt sein' in Verbindung gebracht (Gesenius, Thesaurus 791) oder davon abgeleitet (Zorell 441; vgl. G. R. Driver, VTS 3, 1955, 80). Es ist wahrscheinlicher, daß *mlṭ* II *hitp* ʿkahl sein' Ijob 19, 20 mit den arab. Formen zu verbinden ist (mit KBL³ 558 und E. Kutsch, VT 32, 1982, bes. 474–482) und als eigene Wurzel von *mlṭ* I zu trennen ist. Man darf annehmen, daß *mlṭ* aus *plṭ* entstanden ist (mit KBL² 529 und Fohrer 972; Ruprecht 421 legt sich nicht fest). Das westsemit. Vergleichsmaterial (s.o. I.1.2.3.) stützt diese Herleitung und ebenso der Gebrauch der hebr. Stammformen. Dementsprechend ist die Grundbedeutung von *mlṭ* I ʿentkommen' aus einer Gefährdung.

2. a) Die Wurzel *plṭ* erscheint im AT insgesamt 80mal (A. Even-Shoshan, A New Concordance of the OT, Jerusalem 1985, 944f. 663). Die *qal*-Form ist im MT 1mal belegt (Ez 7, 16). Am häufigsten erscheint die *pi*-Form mit 24 Belegen, *hiph* dagegen nur 2mal (Jes 5, 29; Mi 6, 14).

MT liest in Ijob 23, 7 die *pi*-Form *ʾᵃpalleṭāh*. G. Hölscher (HAT I/17², 58) und G. R. Driver (AJSL 1935/36, 160) und ihnen folgend BHK, M. Dahood (Bibl 50, 1970, 397), Ruprecht (421) u.a. punktieren *ʾplṭh* als *qal*-Form *ʾæpleṭāh* i.S.v. ʿentrinnen'. Dieser Umpunktierungsvorschlag wurde von G. Fohrer (KAT XVI 363) mit Recht zurückgewiesen und von BHS nicht übernommen (vgl. KBL³ 879). Das *pi* von *plṭ* in Mi 6, 14 wird in eine *hiph*-Form (so BHK) umgeändert oder die *hiph*-Form im ersten Teil des Verses wird in ein *pi* (so BHS) emendiert. Beide Emendationen sind unnötig und man darf bei MT bleiben (mit Jenni 107; W. Rudolph, KAT XIII/3, 116f.; KBL³ 879).

Die Wurzel *plṭ* weist vier Nominalformen auf. Am häufigsten ist das fem. Subst. *pᵉle(ê)ṭāh* (*qᵉṭîlāh*-Bildung, vgl. R. Meyer, Hebr. Grammatik II, ³1969, 28) 28mal im AT belegt. Die mask. *qaṭîl*-Bildung *pālîṭ*, die 19mal belegt ist, entstammt einer Adjektivform. Die mask. adj. *qaṭil*-Bildung *pale(ê)ṭ* (BLe 464) liegt 5mal (Num 21, 9; Jes 66, 19; Jer 44, 14; 50, 28; 51, 50) und nur im Pl. vor. Das mit *ma*-Präformativ geformte mask. Verbalnomen *miplāṭ* ʿZufluchtsort' (KBL³ 584) ist im MT nur in Ps 55, 9 belegt.

Das *pi*-Ptz. *mᵉpalleṭî* „mein Erretter" (KBL³ 879) hat man in Ps 18, 3 oft umpunktiert in *miplāṭî* „mein Zufluchtsort" (BHK; vgl. M. Dahood, Psalms I, AB 16, 101; W. G. E. Watson, Classical Hebrew Poetry, ²1986, 265) oder man will es *metri causa* ausscheiden (BHS). Ebenso hat man das gleiche *pi*-Ptz. in Ps 55, 9 und Ps 144, 2 umpunktiert. Die Lesung *mplṭ lj* in 11 QPsᵃ 23, 13 = Ps 144, 2, die mit „Erretter für mich" (J. A. Sanders, The Dead Sea Psalms Scroll, New York 1967, 79) oder als Nomen i.S.v. „Zufluchtsort für mich" übersetzt werden kann, läßt nicht zwingend auf den ursprünglichen Sinn des hebr. Textes schließen. Die Umpunktierung macht es möglich, diese drei *pi*-Ptz. als Verbalnomen *miplāṭ* zu verstehen. Ob die Umpunktierung notwendig ist, bleibt weiterhin fraglich.

b) Die Wurzel *plṭ* ist in einer Anzahl von mask. PN belegt. *Pælæṭ* „Rettung" (IPN 156), *Palṭî* „meine Rettung" (IPN 38), *Pilṭāj* „meine Rettung ist J[HWH]" (IPN 38. 156), *Palṭîʾel* „Gott ist meine Rettung" (IPN 38 Anm. 1), *Pᵉlaṭjāh* „JHWH hat gerettet" (IPN 156), *Japleṭ* „(Gott) rette/rettete" (IPN 199), *ʾElîpælæṭ* und *ʾĒlpælæṭ* „Gott ist Rettung" (IPN 156). Eine Reihe dieser Namen sind auch in anderen semit. Sprachen bekannt (s.o. I.1.2.).

c) Das Verbum *mlṭ* ist, wenn man sich mit KBL³ 558 auf *mlṭ* I beschränkt, im AT 94mal belegt (Even-Shoshan 663f., wenn die *hitp*-Form in Ijob 19, 20 einer separaten Wurzel zugeschrieben wird). Die *niph*-Form ist 62mal, die *pi*-Form 28mal, die *hiph*-Form und die *hitp*-Form je 2mal belegt.

3. Die Streuung der Belege zeigt, daß *plṭ/mlṭ* als Verbal- (nur *mlṭ niph* 5mal in Gen) und Nominalformen (*plṭ*, Gen 3mal, je 1mal Ex und Num) je nur 5mal im Pent. vorkommen. Die *plṭ*-Derivate findet man in größter Konzentration in den großen (Ez 9mal, je 8mal in Jes und Jer) und kleinen Propheten (Mi, Joël und Obd je 2mal und Am 9, 1), der Lieddichtung (Ps 20mal) und den Geschichtsbüchern (Esra 4mal, je 3mal in Ri, 2 Sam, 2 Kön, 2 Chr, je 1mal in Jos, Neh, 1 Chr). Zweimal sind sie in Ijob (21, 10; 23, 7) belegt und je 1mal in Klgl (2, 22) und Dan (11, 42). Die *mlṭ*-Derivate sind am häufigsten in der prophetischen Literatur bezeugt (Jer 14mal, Jes 9mal, Ez 4mal, Am 3mal, je 1mal Joël, Sach, Mal), gefolgt von den Geschichtsbüchern (1–2 Sam 17mal, 1–2 Kön 8mal, Ri 2mal, 2 Chr 1mal), der Weisheitsliteratur (Ijob 11mal, je 3mal in Spr und Koh), der Lieddichtung (Ps 8mal), 2mal in Dan (11, 41; 12, 1) und 1mal in Est (4, 13). Derivate von *plṭ/mlṭ* erscheinen also gehäuft in den Geschichtsbüchern, großen und kleinen Propheten und der Lieddichtung.

4. Die Verba *plṭ/mlṭ* werden in Wortfeldern verwendet, in denen eine große Anzahl von verwandten Termini erscheinen: *nṣl hiph* „entreißen", *nûs qal* „fliehen", *brḥ qal* „entlaufen, fliehen", *jṣʾ* „hervor-/herauskommen", *nwḥ pi* „unbehelligt, in Ruhe lassen", *jšʿ hiph* „helfen, retten" (vgl. bes. Fohrer 970–972. 978f.).

Die verschiedenen Nominalformen der Wurzel *plṭ* stehen besonders im Wortfeld der at.lichen Restvorstellung (zum Ganzen vgl. Hasel, Remnant Motif in Ancient Israel, 176–180. 185f. 197f., s.u. IV.3.): *pālîṭ/pālêṭ* || *śārîḏ* „Entronnener", *pᵉlêṭāh/pᵉleṭāh* || *šᵉʾerîṯ* „Rest", *šᵉʾār* „Rest", *jtr niph* „übrig bleiben", *jæṯær* (cj. Esra 9, 8; KBL³ 431), und *ʾaḥᵃrîṯ* „Rest" (G. F. Hasel, Festschr. S. H. Horn, Berrien Springs 1986, 511–524).

5. In der LXX werden *plṭ/mlṭ* und deren Derivate mit 17 verschiedenen griech. Wörtern wiedergegeben. Die Übersetzungsstatistik zeigt, daß die Formen von σῴζειν ʿbewahren, retten' 49mal *mlṭ* (*niph* 37mal, *pi* 11mal, *hiph* 1mal) und 12mal *plṭ* (*pi* 1mal, sonst nur

Verbalnomen *p^{e}lêṭāh* 5mal, *pālîṭ* 4mal, je 1mal *pālêṭ* und *miplāṭ*), ἀνασῴζειν 'wieder erretten, für sich retten' *plṭ*-Formen 20mal (*qal* 1mal, *pālîṭ* 10mal, *p^{e}leṭāh* 6mal, *pālêṭ* 3mal) und *mlṭ* 3mal (*niph* 2mal, *pi* 1mal), διασῴζειν 'glücklich durchbringen, retten' *mlṭ* 24mal (*niph* 20mal, *pi* 4mal) und *plṭ* mit Subst. 11mal (*pi* 2mal, *hiph* 1mal; *pālîṭ* 2mal, *p^{e}lêṭāh* 5mal, *pālêṭ* 1mal), περισῴζειν *mlṭ* (*niph* 1mal) wiedergeben. Das Subst. σωτηρία 'Rettung, Erhaltung, Schutz, Wohlergehen, Heil' übersetzt 6mal *p^{e}lêṭāh*. Wenn LXX das Wortfeld σῴζω so stark heranzieht, dann zeigt sie klar eine Verschiebung des hebr. Entkommen- und Entrinnen-Wortfeldes zu dem des Rettens, so daß die Entronnenen des MT in der LXX zu Geretteten werden (vgl. Fohrer 973). – Das Verb ῥύομαι gibt 11mal *plṭ* (vgl. W. Kasch, ThWNT VI 1000) und 9mal *mlṭ* (*pi* 7mal, *niph* 2mal) und ἐξαιρεῖν 5mal *mlṭ* (*pi* 4mal, *niph* 1mal) und 4mal *plṭ pi* wieder. Das *niph* von *mlṭ* wird 1mal (Spr 19, 5) und *pālîṭ* 2mal mit einer Form von διαφεύγειν übersetzt. Je 1mal wird *mlṭ niph* mit διαβαίνειν (1 Kön 20, 29), διαλανθάνειν (2 Kön 4, 6), ἐκσπᾶν (Ps 22, 9), εὑρίσκειν (2 Kön 23, 18) und *hiph* mit τίκτειν (Jes 66, 7) wiedergegeben. Das *pi* von *plṭ* wird 4mal mit ῥυστής, je 1mal mit ἐξάγειν (Ijob 23, 7), ὑπερασπιστής (Ps 40, 18) und das *hiph* 1mal mit ἐκβάλλειν (Jes 5, 29) übersetzt.

III. 1. a) Die Stämme *plṭ* und *mlṭ pi* sind mit dem Parallelbegriff *nṣl hiph* (→ נצל) mehrfach verbunden. Die Reihenfolge *nṣl hiph* „entreißen" (aus der Gewalt oder dem Zugriff eines anderen) gefolgt von *mlṭ* „jemanden retten" erscheint in der Siegesaussage des Volkes (2 Sam 19, 10) und in einer prophetisch-eschatologischen JHWH-Heilszusage (Jer 39, 17f.). In der Lieddichtung ist die Reihenfolge *plṭ pi* / *nṣl hiph* (Ps 18, 49; 22, 9; 31, 2f.) und *nṣl*/*plṭ* (Ps 71, 2) belegt, in der immer Gott der Rettungshandelnde ist oder sein wird. Man kann kaum einen Bedeutungsunterschied erkennen. Das „Entreißen" (*nṣl hiph*) ist ein „Retten", und so ist es auch mit dem „Davonbringen" (*plṭ pi*). Die gleiche semasiologische Übereinstimmung liegt in der Gottesrede im himmlischen Götterrat vor: „Rettet (*plṭ pi*) die Geringen und Armen, von der Hand der Bösen entreißt sie (*nṣl hiph*)" (Ps 82, 4).

Der kausative Gebrauch von *mlṭ hiph* ist für das Gebären gebraucht (Jes 66, 7) i. S. v. vom „Entschlüpfenlassen" eines Knaben aus dem Mutterleibe (vgl. Jenni 107: „das Leben schenken"). Eine konkrete Bedeutung hat *mlṭ pi* im Faktitivgebrauch in Jes 34, 15 für das „Legen" ('herausschlüpfen') von Eiern (vgl. Wildberger, BK X/3, 1329). In Ijob 21, 10 wird *plṭ pi* für das „Entschlüpfen" i. S. v. „Gebären", d. h. „kalben" der Kuh der Gottlosen verwendet. Aus diesen Beispielen für Gebären / Kalben in Verbindung mit dem Bericht des Entkommens der Mörder in 2 Sam 4, 7 „und Rechab und sein Bruder Baana brachten sich in Sicherheit (*mlṭ niph*)" nach dem Totschlag Ischba'als hat man die konkrete Grundbedeutung für *mlṭ niph* „aus einer Enge entschlüpfen, in gefahrvoller Enge hindurchschlüpfen" vorgeschlagen (Ruprecht 421). Der Beweis dafür ist jedoch schwach, weil von einer Enge nirgends die Rede ist und nur zwei *mlṭ niph*-Stellen die Sonderbedeutung „gebären / kalben" enthalten. So scheint es am sinnvollsten zu sein, bei der gemeinsamen Grundbedeutung von „entkommen" für *plṭ* / *mlṭ* zu bleiben (s. o. II. 1.).

Eine schwierige Stelle mit *mlṭ hiph* findet sich in Jes 31, 5. MT vokalisiert *w^{e}himlîṭ* „davonbringen" (nach KBL^{3} 558). 1 QJes^{a} liest *hpljṭ*, was den Sinn nicht ändert, aber wegen der großen Anzahl der fragwürdigen Varianten in 1 QJes^{a} nicht notwendig die älteste Lesung darstellt. B. Stade (ZAW 6, 1886, 189) hat die *hiph*-Formen *w^{e}hiṣṣîl* und *w^{e}himlîṭ* zu *inf. abs.*-Formen *w^{e}haṣṣêl* und *w^{e}hamlêṭ* ohne Konsonantenwechsel umpunktiert (gefolgt von BHK, BHS u. a.). V liest die vier Verben in Jes 31, 5 als „protegens at liberans transiens et salvans". Obgleich der Umvokalisierungsvorschlag Stades die attraktivste Emendation ist und akzeptiert wurde (Wildberger, BK X/3, 1237), muß man sich doch daran erinnern, daß syntaktisch im Hebr. einem ersten inf. abs. konsekutive Perfekte, die frequentative Zukunftsbedeutung haben (Jos 6, 13; 2 Sam 13, 9; vgl. besonders GKa § 113t), folgen können und deswegen keine Änderung des MT zwingend ist.

In Ijob 41, 11 erscheint die einzige *mlṭ hitp*-Form i. S. v. „Feuerfunken sprühen hervor" (Fohrer, KAT XVI 525, anders M. H. Pope, AB 15^{3}, 335 „flames of fire escape"). 11 QTargIjob liest *blšnj 'šh jrṭwn'* „mit Feuerzungen rennen sie". Wenn das Subj. *kîḏoḏ* im Hebr. richtig mit „Funken/Feuerfunken" (vgl. M. Dahood, Bibl 46, 1965, 327 liest *kîḏôḏê 'eš* „Feuersöhne", was den Sinn nicht ändert) übersetzt wird, dann darf dem Kontext gemäß die *hitp*-Verbform vom *mlṭ* mit „hervorsprühen" (KBL^{3} 558; anders König, Wb 226 „entschlüpfen"; BDB 572 „slip forth, escape") wiedergegeben werden.

Parallel zu *mlṭ niph* erscheint mehrfach *nûs qal* 'fliehen' (→ נוס). Die normale Reihenfolge dieser Termini ist *nûs*, gefolgt von *mlṭ*, wobei *nûs* den Vorgang des Fliehens vor einem zwischenmenschlichen Konflikt zum Ausdruck bringt und *mlṭ* den Erfolg oder die Erfolglosigkeit des Fliehens selbst mit dem Gedanken des Entrinnens/Entkommens ausdrückt. David flieht (*nûs*) vor Saul und „entrinnt" oder „rettet sich" (*mlṭ niph*) erfolgreich (1 Sam 19, 10; vgl. 1 Kön 20, 20), indem er sich in Sicherheit bringt. Am 9, 1c: „Keiner der Fliehenden (*nās*) von ihnen kann fliehen (*nûs*) und keiner der Entronnenen (*pālîṭ*) von ihnen ist gerettet (*mlṭ niph*)". Im Völkerspruch gegen Ägypten wird betont, „der Schnelle kann nicht entfliehen (*nûs*), und der Held kann nicht entkommen (*mlṭ niph*)" (Jer 46, 6; die Jussive *'al-jānûs* und *'al-jimmāleṭ* betonen das Nichtkönnen des Fliehens/Entkommens; vgl. GKa § 107b; R. P. Carroll, Jeremiah, OTL, 1986, 762). Der Parallelgebrauch *nûs*/*mlṭ* ist auch in den Völkersprüchen gegen Moab (Jer 48, 6) und Babel (Jer 51, 6) enthalten. Das Ptz. *nimlāṭāh* (BLe § 62y) bezeichnet den fem. Flüchtling, wie das parallel gebrauchte Ptz. *nās* in Jer 48, 19 den mask. Flüchtling bezeichnet (vgl. Rudolph, HAT I/12^{3}, 276; Carroll 786). Die Heilsverheißung an

Israel in Sach 2,10f. enthält die Aufforderung, schnell vom Nordland zu „fliehen" (*nûs*; W. Rudolph, KAT XIII/4, 89 Anm. 3 weist darauf hin, daß *nûs* nicht nur „fliehen", sondern auch „schnell weggehen" [vgl. Jes 30,16] bedeutet) und sich nach Zion zu „retten" (*mlṭ niph*). Schon im Bericht von der Rettung Lots ist das Fliehen Lots 5mal mit *mlṭ niph* im Assonanzwortspiel zu dem Namen Lot (vgl. Gunkel, GHK 212) (Gen 19,17.17.19.20.22) und parallel zu *nûs* (v. 20) gebraucht. Hier scheint *nûs* wieder den Vorgang des Fliehens zu betonen und *mlṭ* das Ergebnis des Sich-in-Sicherheit-Bringens, d.h. der Rettung in der Stadt. Der Restgedanke spielt hier eine wichtige Rolle. JHWH ist die treibende Kraft, die Lot als den Überlebenden rettet (Hasel, IDBSuppl. 735). Auch die Reihenfolge *mlṭ niph* / *nûs* (1 Sam 30,17; 2 Sam 1,3f.; Am 2,15f.) zeigt, daß *nûs* den Vorgang und *mlṭ* das Endergebnis der Flucht als Rettung/Sich-in-Sicherheit-Bringen betont. Im prophetischen Strafwort JHWHs gegen Israel (Am 2,13–16) erscheint ein dreifacher Gebrauch von *mlṭ pi*, mit dem ausgedrückt wird, daß der Tapfere, Leichtfüßige und Reiter sein Leben (*næpæš*) „nicht retten kann" (Endergebnis der Flucht) und sogar der starke Held im Vorgang der Flucht nackt „fliehen" (*nûs*) wird.

Das Verb *mlṭ niph* ist mit *brḥ qal* ʿentlaufen, fliehenʾ (KBL³ 149) bedeutungsverwandt (→ ברח), aber in seinem Sinn nicht wirklich synonym. Das Verb *brḥ* ist dem Verb *nûs* sinnähnlich (E. Jenni, Or 47, 1978, 351–359; B. Grossfeld, ZAW 91, 1979, 107–123). Beide Ausdrücke betonen den Vorgang des Davonlaufens im Unterschied zu *mlṭ niph*, was die Parallelgebrauchsweisen (1 Sam 19,12.18; 22,20) aufzeigen. Die Aktionsfolge ist in 1 Sam 19,12 klar zu erkennen: „und er brach auf (*hlk qal*), floh (*brḥ*) und hat sich in Sicherheit gebracht / gerettet (*mlṭ niph*)", d.h. Anfang (*hlk*), Vorgang (*brḥ*) und Resultat (*mlṭ*) der Flucht sind mit drei nahezu synonymen, aber doch semantisch unterschiedlich nuancierten Verben zum Ausdruck gebracht. Vorgang (*brḥ*) und Resultat (*mlṭ*) des Entweichens kommen im gleichen Kontext wieder vor: „und David war geflohen (*bāraḥ*) und hatte sich in Sicherheit gebracht/gerettet (*wajjimmāleṭ*)" (1 Sam 19,18). Den gleichen Aktionsunterschied trotz Ähnlichkeit zeigt auch 1 Sam 22,20 (mit Reihenfolge *mlṭ niph* / *brḥ*) auf. So darf man folgern, daß *mlṭ niph* die ziel- oder resultativgebundene Betonung des Fliehens, also das „Retten" und „In-Sicherheit-Kommen" zum Inhalt hat (vgl. Ri 3,26; Ps 124,7).

Das Verb *mlṭ niph* oder *mlṭ pi* mit *næpæš* ʿLebenʾ als Obj. erscheint in der Gattung der „Aufforderung zur Flucht" innerhalb prophetischer Völkerorakel (Jer 48,6; 51,6.45; Sach 2,10f.), auf die Bach (20f.) hingewiesen hat. In dieser Gattung findet sich der prosaische Parallelgebrauch von *jṣʾ* „hervor-/herauskommen" (→ יצא) und *mlṭ pi* mit *næpæš*: „Zieht aus seiner Mitte aus (*jṣʾ qal*), mein Volk, und rettet euch (*mlṭ pi*), jeder sein Leben" (Jer 51,45). Das erste Verb bezeichnet den Anfang und Vorgang der Flucht, das zweite dagegen das Ergebnis, die Rettung. Das Verb *mlṭ pi* „unbehelligt, in Ruhe lassen" in Verbindung mit dem Parallelwort *nûaḥ* (→ נוח) „Ruhe haben" ist in 2 Kön 23,18 belegt: „Und er sagte: Laßt ihn Ruhe haben (*hanniḥû*), kein Mensch soll seine Gebeine bewegen, und so ließen sie seine Gebeine unbehelligt / in Ruhe (*mlṭ pi*) zusammen mit den Gebeinen des Propheten." Das Unbehelligt-/In-Ruhe-Lassen der Gebeine bedeutet, daß sie sich weiterhin im geretteten / unverletzten Zustand befinden.

In das weitere semantische Wortfeld von *plṭ pi* gehört auch das weitverbreitete Verb *jšʿ hiph* (→ ישע). Ps 37,40: „JHWH hilft (*ʿzr qal*) ihnen und errettet (*plṭ pi*) sie, er errettet (*plṭ pi*) sie von den Gottlosen und hilft (*jšʿ hiph*) ihnen, weil sie bei ihm Zuflucht suchen." Hier zeigt sich, daß das erste *plṭ pi* über das Handeln JHWHs im ersten Satzteil hinausgeht und daß darüber hinaus die Hilfe JHWHs (*jšʿ hiph*) mehr ist als das Retten durch JHWH. Die Hilfe folgt der Rettung. Sie ist demnach eine substantielle Folgehandlung Gottes, die das göttliche Retten/Erretten (*plṭ pi*) voraussetzt. Das gleiche zeigt sich auch in Ps 71,2–4 (zum Unterschied von *plṭ pi* und *jšʿ hiph* vgl. Jenni 122f.).

b) An Gebrauchsweisen der *plṭ*-Nominalderivate (s.o. II.2.a) ist folgendes belegt: Die adj. Nominalformen *pālîṭ* / *pālêṭ* haben beide die Grundbedeutung „Entronnener". Das Subst. *pālêṭ* wird verschiedentlich in semasiologischer Wortverwandtschaft mit *śārîḏ* „Entronnener" (Terminus der Restvorstellung) gebraucht (Jos 8,22; Jer 42,17; 44,14; Obd 14,17f.; Klgl 2,22). Der Parallelgebrauch von *pālîṭ* / *šeʾerîṯ* findet sich in Jer 44,28. Die Subst. *pālîṭ* / *pālêṭ* stehen gewöhnlich für „Entronnene" aus historischen Katastrophen: Ephraim (Ez 7,16; 24,6.27; 33,21), Juda (Obd 14; Ez 6,9; 24,26), Jerusalem (Ez 7,16–24,16f.; 33,21), Moab (Num 21,29), Babel (Jer 50,28), Ramot-Gilead (2 Kön 9,15), die Völker (Jes 45,20; 66,19). Sie werden teilweise mit dem JHWH-Krieg (Num 21,29; Jos 8,22) oder der proph. Gerichtsankündigung (*pālîṭ*, Am 9,1; Jes 45,20; Jer 42,7; 44,28; Ez 6,8f.; 7,16; Obd 14; *pālêṭ* Jes 66,19; Jer 44,14; 50,28; 51,50) verbunden. Das fem. Subst. *peleṭāh* (*peleṭāh*) „Entronnene" bezieht sich auf Judäer (Jes 37,31f. = 2 Kön 19,30f.), Israel (Jes 4,2; 10,20), Israeliten (2 Chr 30,6), Benjamin (Ri 21,17), Moab (Jes 15,9), Jerusalemer (Ez 14,22), die nachexilische Gemeinde (Esra 9,8.13.15; Neh 1,2), Amalek (1 Chr 4,43) und i.S.v. „Entronnenes" auf Sachen wie Feldfrüchte (Ex 10,5). Auch dieses Subst. ist fest im at.lichen Restgedanken verankert (s.u. IV.3.); vgl. den Parallelgebrauch von *peleṭāh* mit *šeʾerîṯ* (→ שאר) ʿRest/Übrigesʾ (Gen 45,7; Jes 15,9; 37,32 = 2 Kön 19,31; 1 Chr 4,43; Esra 9,14), *šeʾār* „Rest/Übriges", dem subst. Ptz. *niph nišʾārîm* „Übrige" (Gen 32,9; Ex 10,5; Jes 4,2f.; Neh 1,2f.) sowie den Zusammenhang mit *ʾaḥarîṯ* (Am 9,1) (s.u. IV.1.a). Die Verwandtschaftsbegriffe der *plṭ*-Nomina bezeichnen mehr oder weniger immer den Rest, die

Übrigen u. dgl. Die *plṭ*-Nomina sowie auch die *plṭ*-Verbalformen dagegen betonen immer wieder, daß diese Übrigen, dieser Rest, ein aus dem Krieg / der Schlacht o. ä. *entronnener* Rest ist (vgl. Herntrich 202; Hasel, Remnant Motif 179f.). Damit wird der positive Gedanke des Überlebens durch die Kriegshandlungen hindurch hervorgehoben und schließlich kann durch dieses Entrinnen das Heil durch Gott zum Ausdruck gebracht werden.

IV. 1. In den Psalmen findet man die stärkste Häufung der *plṭ/mlṭ*-Derivate (*mlṭ* 8mal, *plṭ* 21mal). Zuerst ist festzustellen, daß Gott bzw. JHWH durchweg das Subjekt des Handelns ist (außer Ps 33, 17; 89, 49 mit *mlṭ pi*; 82, 4 mit *plṭ pi*; Ps 56, 8 und 32, 7 [s. u.] sind problematisch). JHWH wird wiederholt als „mein Retter" (Ps 18, 3; 41, 18; 70, 6; 144, 2 *plṭ pi* Ptz.) bezeichnet. In Verbindung mit dem Bundesgedanken wird zum Ausdruck gebracht, daß JHWH die Vorväter „rettete", weil sie auf Gott vertrauten (Ps 22, 5 *plṭ pi*). Ein Vertrauen in das Tier (Pferd), das zum Krieg gebraucht wird, bringt dagegen keine Rettung (Ps 33, 17 *mlṭ pi*). Gott soll wegen seiner Gerechtigkeit (*ṣᵉdāqāh* → צדק) den retten (Ps 31, 2; 71, 2 *plṭ pi*), der auf ihn vertraut (Ps 22, 5f.) und an ihm hängt (Ps 91, 14). Das Hilfegeschrei zu JHWH (→ זעק *zʿq*) führt zur göttlichen Rettungstat (Ps 22, 5f. mit *plṭ* und *mlṭ*; 107, 6f. *mlṭ*). So schreit, ruft oder erfleht der Bedrängte bzw. Leidende: „Rette mich" (Ps 32, 2; 43, 1; 71, 2. 4 *plṭ pi*) bzw. „Rette mein Leben (*næpæš*)" (Ps 17, 13 *plṭ pi*; 116, 4 *mlṭ pi*). Der Bittende ist vom Gottlosen (Ps 17, 3; 37, 40), von der Hand der Gottlosen (Ps 71, 4), vom zornigen Feind (Ps 18, 49) und vom Rechtsstreit (→ ריב *rîḇ*) des Volkes (Ps 18, 44) lebensgefährlich bedroht. Der Psalmist bringt seine Bitte um Rettung vor Männern der List und dem unholden Volk allgemein vor (Ps 43, 1), wendet sich Gott zu mit der Bitte, sein Richter zu sein und den Rechtsstreit für ihn zu führen (vgl. Ps 7, 9f.; 9, 5; 26, 1). Gott hat gerettet (Ps 18, 44. 49; 22, 5f.) und wird auch weiterhin retten (Ps 37, 40b). Anhand der Termini *plṭ/mlṭ* zeigt sich, daß Gott der befreiende, helfende Rettergott aller Unterdrückten, Bedrängten, Verfolgten, Leidenden und fälschlich Angeklagten ist. Darum dürfen bedrohte Menschen sich an ihn wenden mit der hilfesuchenden Bitte: „In deiner Gerechtigkeit, errette mich!" (Ps 31, 2; 71, 2). Rettung führt zur Danksagung (Ps 22 mit *plṭ/mlṭ* in vv. 5f. 9) und zum Lobpreis (Ps 22, 23. 26; 107, 32 *mlṭ* in v. 7; 40, 10f. *plṭ* in v. 18).

Der MT des Ps 32, 7 liest *rŏnnê palleṭ* „Rufe [Jubelrufe] der Rettung". K. Budde emendierte das hap. leg. *rnj* zu *māḡinnê* „mit Schilden der Rettung" (gefolgt von Kraus, BK XV/1[5], 400f.; vgl. BHS, KBL[3] 879). M. Dahood schlägt vor, *rnj* als *rōnnî* zu vokalisieren mit der Bedeutung „my refuge" und von der Wurzel *rnn* „to find refuge, to rest", die er für Ps 63, 8 postuliert, abzuleiten (AB 16, 196). J. Leveen emendiert *rnj* zu *'dnj* „Herr" und übersetzt „rescue me, O Lord, and encompass me ..." (VT 21, 1971, 55). Zudem wird der inf. abs. *palleṭ* nicht selten als ein imp. gelesen (vgl. Dahood) oder in das Verbalnomen *pālîṭ* emendiert (vgl. BHS). Diese Emendationen bleiben sehr fragwürdig. Eine wörtliche Übersetzung des MT „du wirst mich mit Jubelrufen der Rettung umgeben" ist nicht von der Hand zu weisen (vgl. P. C. Craigie, WBC 19, 1983, 264).

2. *plṭ* (Ijob 23, 7) und besonders *mlṭ* gehören auch zur Rechtssprache Israels. Im Ijobprolog wird auf die Knechte Ijobs, die den Naturkatastrophen Blitzschlag und Wirbelsturm (Ijob 1, 16. 19) und den sabäischen und chaldäischen Bandenüberfällen (vv. 15. 17) entronnen sind, hingewiesen. Sie sind am Leben geblieben, um ihre Unheilsbotschaften zu verkünden. In seiner Verteidigungsrede fragt Ijob (vgl. Jer 15, 21), ob er seine Freunde jemals gebeten habe: „Rettet mich (*mlṭ pi*) aus der Gewalt meiner Feinde" (Ijob 6, 23). Elifas behauptet: „Er [Gott] rettet den Schuldlosen, gerettet wird er wegen der Reinheit seiner Hände" (Ijob 22, 30; vgl. N. M. Sarna, JNES 15, 1956, 118f.; R. Gordis, JNES 4, 1945, 54f. zu den Textschwierigkeiten). Ijob antwortete Elifas in der Rechtssprache (Ijob 23, 1–17): „ich werde wahrlich gerettet werden von meinem Richter" (Ijob 23, 7 *plṭ pi*). Zofar behauptet, daß das Unheil durch den Frevler verursacht wird, und deswegen „wird er mit seinem Kostbarsten nicht entrinnen" (Ijob 20, 20); Ijob schildert, wie er für die Hilfsbedürftigen gesorgt hat, „ich rettete den Elenden, der um Hilfe rief" (Ijob 29, 12). – Die Spruchdichtung führt die Wahrheit vor, daß der Lügenzeuge „nicht entkommen wird" (Spr 19, 5). Andererseits wird gesagt, daß im forensisch-juridischen Bereich „die Nachkommen der Gerechten entrinnen werden" (Spr 11, 21; Plöger, BK XVII 140f. schlägt mit LXX vor „Nachkomme / Same der Gerechten" zu ändern und „wer Gerechtigkeit aussäht, wird gerettet" zu lesen). Wer auf seinen Verstand oder Intellekt (*leḇ*) baut, ist ein Tor, wer aber der Regel der Weisheit nach lebt „wird entkommen" (Spr 28, 26).
In Koh wird der Gott Wohlgefällige, der der fremden Frau „entrinnt" (*mlṭ niph*), dem Sünder gegenübergestellt, der von ihr gefangen und verführt wird (Koh 7, 26). So kann auch Unrecht (*ræšaʿ*) seinen Täter (*baʿal*) nicht „retten" (Koh 8, 8 *mlṭ pi*; zu den vielen Emendationsversuchen s. BHK; BHS; anders A. Lauha, BK XIX 746: „ist textkritisch und inhaltlich einwandfrei"). In Koh 9, 15 wird *mlṭ pi* „retten" für den Weisen gebraucht, der die Stadt „retten konnte / hätte retten können", aber vergessen oder geringgeachtet wurde. Der Mensch muß die Weisheit nutzen, um Leben zu sichern und dadurch sich und andere zu retten.

3. Im religiös-theologischen Sprachgebrauch werden die *plṭ/mlṭ*-Termini besonders zum Ausdruck der at.lichen Restvorstellung verwendet. Im Pent. erscheinen *plṭ/mlṭ*-Formen betont im Restmotiv. Im Abram-Lot-Zyklus wird von einem einzelnen „Entronnenen" (*pālîṭ*) aus einer Schlacht berichtet, der Abram über die Verschleppung Lots Bericht erstattet (Gen 14, 13). Das Verb *mlṭ* wird im gleichen Zyklus

wiederholt, um Lot einer Naturkatastrophe entfliehen zu lassen, damit er sein Leben rette (Gen 19, 17. 19. 20. 22). Es wird explizit auf „Leben (*næpæš*) retten" Bezug genommen. Es geht also um das Überleben in einer Bedrohung und damit um die Errettung eines von Gott gewollten Restes. Das Grundmotiv der Restvorstellung ist die von Gott geplante Lebenserhaltung, die hier zuerst im AT auftaucht (vgl. Hasel, The Remnant 50–134, zum Ursprung des Restmotivs im Bereich Leben und Tod mit der Sicherung der Lebensexistenz in der Lit. des Alten Vorderen Orients, d. h. in sum., akk., ugar., heth. und äg. Texten, → שאר).

Die Jakob-Esau-Erzählung weist in Gen 32, 9 (8) auf die *p^eleṭāh* „Rettung/Entrinnung" (im Jidd. und Deutschen 'Pleite'; vgl. KBL³ 880; Ruprecht 424) des geteilten Lagers Jakobs hin, das im Familienstreit „übrigbleiben" (*hanniš'ār*) soll. In der Erkennungsszene der Josefsgeschichte sagt Josef zu seinen Brüdern: „Gott hat mich vor euch hergesandt, um euch einen Rest (*še'erîṯ*; vgl. Müller/Preuß 54, gegen O. Procksch, KAT I² 415) auf der Erde zu lassen und um euch am Leben zu erhalten als eine große Rettung (*p^eleṭāh*)" (Gen 45, 7). Die Korrelation von *še'erîṯ* || *p^eleṭāh* „Rest || Rettung" verankert die „Rettung" im Restgedanken. Sie ist mit der Erhaltung des Lebens verbunden, das durch eine Hungersnot gefährdet wurde. Der überlebende Rest ist Träger des Lebens (Gen 45, 5), der Erwählungstraditionen und eines sich aus ihm zu entfaltenden Israel (vgl. Hasel, The Remnant, 157–159).

Im Saul-David-Zyklus des 1 Sam wird oft mit *mlṭ* auf David hingewiesen, der immer wieder den Mordanschlägen und Verfolgungen Sauls entkam und sich rettete (1 Sam 19, 10–12. 17f.; 22, 1; 23, 13; 27, 1). Im Thronnachfolgekampf, als Adonija versuchte, das Königtum an sich zu reißen (1 Kön 1, 1–10), rät der Prophet Nathan der Batseba „rette (*mlṭ pi*) dein Leben und das Leben deines Sohnes Salomo!" (1 Kön 1, 12), um Salomo die Thronfolge zu sichern.

In der Elijaerzählung erscheint eine Häufung der Resttermini (*jtr niph* 1 Kön 19, 10. 14; *š'r hiph* v. 18; *mlṭ niph* 18, 40; 19, 17. 17). Der israelit. Rest ist nicht eine unqualifizierte Schar dem Religionskampf Entronnener, welche als historischer Rest dem Volk seine zukünftige Existenz sichert, sondern ein Restbestand an Gläubigen, eine Gruppe JHWH-Getreuer, die das wahre Israel Gottes darstellt und seine Existenz aufrecht erhält. Zum erstenmal wird hier im AT ein Unterschied im physischen Israel gemacht, der in der Glaubenstreue gründet und zu einem neuen Israel, das an JHWH gebunden ist, führt. Amos hat häufig vom Rest gesprochen (Am 3, 12; 4, 1–3; 5, 1–3. 14f.). Der Zyklus der Völkersprüche (1, 3 – 2, 16) findet seinen Höhepunkt in der Gerichtsankündigung über Israel (2, 13–16). Der Tag JHWHs, auf den Israel hoffte (5, 18), ist „jener Tag" (2, 16), an dem „der Held sein Leben nicht rettet (*mlṭ pi*) . . . der Schnellfüßige sich nicht rettet (*mlṭ pi* aber mit LXX zu *niph* geändert), und der auf dem Pferd reitet, sein Leben nicht rettet (*mlṭ pi*)" (2, 14f.). Im göttlichen Strafgericht gibt es kein Entrinnen für ganz Israel als Staatsgröße wie auch nicht für die Ba'alverehrer (vgl. 1 Kön 19, 17; vgl. Fohrer 981). In 9, 1 wird betont, daß „ich ihren Rest (*'aḥ^arîṯ*) mit dem Schwert umbringen werde, kein Flüchtling von ihnen wird entfliehen, kein Entronnener (*pālîṭ*) wird sich in Sicherheit bringen (*mlṭ niph*)". Die negative Bedeutung des Restgedankens für die national-physische Volkseinheit Israels (vgl. 3, 12; 4, 1–3; 6, 9f.) ist klar dargestellt. Sie bedeutet aber doch nicht das Ende aller Einwohner Israels (Hasel, The Remnant, 190–207). Ein Rest JHWH-Getreuer (Am 5, 14f.) wird übrigbleiben (die Echtheit von Am 5, 14f. wird von verschiedenen Auslegern in Frage gestellt, z. B. H. W. Wolff, BK XIV/2², 274. 294f., aber von der Mehrzahl mit durchschlagenden Gründen aufrechterhalten).

Im Jesajabuch ist der Restgedanke weit verbreitet. Die *plṭ-* (Jes 4, 2; 5, 29; 10, 20; 15, 9; 37, 31f. = 2 Kön 19, 30f.; 45, 20; 66, 19) und *mlṭ*-Derivate (Jes 20, 6; 31, 5; 34, 15; 37, 38; 46, 2. 4; 49, 24f.; 66, 7) werden oft gebraucht. Jes 4, 2f. spricht von „jenem Tag", an dem „die Entronnenen (*p^eleṭāh*) Israels" und die in Zion/Jerusalem „Übriggebliebenen" (*hanniš'ār* || *hannôṯār*) heilig sein werden, d. h. alle die „in Jerusalem zum Leben aufgeschrieben sind". Zum erstenmal wird vom heiligen Rest oder an anderer Stelle vom „heiligen Samen" (6, 13) gesprochen. Die prophetische Gerichtsandrohung (5, 26–29) schließt mit dem Vergleich des Feindes mit einer Löwin, die ihre Beute, d. h. das bezwungene Israel „in Sicherheit bringt" (v. 29 *plṭ hiph*). Das Volk wird nicht vor dem Gericht geschont! Doch wird später versichert, daß JHWH dem Feind die Beute in der Wiederherstellung des Gottesvolkes entreißt und sie vor dem Feind entkommen läßt (49, 24f.). Jes 10, 20–23 ist theologischer *locus classicus* des Restgedankens (Datierung und Echtheit sind in der neueren Forschung umstritten). Die „Entronnenen (*p^eleṭāh*) des Hauses Jakobs" und „der Rest (*še'ār*) Israels" (v. 20) sind diejenigen, die sich JHWH zuwenden und nicht in politischen Mächten ihre Sicherheit suchen. Sie kehren zu ihrem starken Gott um und stützen sich in Treue auf ihn (v. 21f.). Das Nebeneinander vom Heil des treuen Restes und vom kommenden Gericht (v. 22f.), das der Nation ein Ende setzt, bedeutet, daß Israels nationale Existenz zu Ende geht, aber Gott weiterhin seinen Plan mit einem treuen Rest weiterführt. JHWH der Heerscharen wird in der Zukunft Jerusalem „beschirmen und erretten (*hiṣṣîl*), schonen und davonbringen (*himlîṭ*)" (31, 5; zu Emendationsvorschlägen s. o. III. 1.).

Die Heilszusage in 37, 31f. (= 2 Kön 19, 30f.) betont das Wachsen des Restes: „Und die Entronnenen (*p^eleṭāh*) des Hauses Juda, die Übrigen (*hanniš'ārāh*, vgl. S. Iwry, Textus V, 1966, 34–43, für 1 QJes^a Varianten) werden wieder nach unten Wurzeln und nach oben Früchte tragen. Denn von Jerusalem wird ein Rest (*še'erîṯ*) ausgehen und Entronnene (*p^eleṭāh*) vom Berg Zion". Der historische Rest ist die Grundlage des eschatologischen Restes, der aus zukünftigen, wahren Gottestreuen besteht. JHWH wird diese „Entronnenen" zu den Nationen senden, und „sie werden meine Herrlichkeit unter den Nationen verkünden" (66, 19f.).

Joël greift diesen Gedanken auf. Am eschatologischen Tag JHWHs „wird jeder, der den Namen JHWHs anruft, gerettet (*mlṭ niph*), denn auf dem Berge Zion und in Jerusalem wird es Rettung (*p^eleṭāh*) geben, wie JHWH gesagt hat, und unter den Übriggebliebenen (*s^erîḏîm*) sind die, die JHWH ruft" (3, 5). Jeder, der sich intensiv als Rufender zu Gott wendet (für *qārā' b^e* vgl. GKa § 119k), sich zu ihm kehrt, wird gerettet werden. Hier wird nicht ausgesagt, daß Jerusalem/Zion in der Völkerwelt gerettet wird (gegen Wolff, BK XIV/2², 71), sondern es wird von der Rettung eines Restes, der von JHWH Gerufenen und ihm Treuen, gesprochen. Obadja spricht auch vom Tag JHWHs, der über alle Völker kommt (v. 15) und universaler Gerichtstag der Welt ist. Wie Joël verkündet Obadja: „Und auf dem Berge Zion wird es Rettung (*p^eleṭāh*) geben" (v. 17).

In der Heilsverheißung des 3. Nachtgesichtes Sacharjas wird Israel aufgefordert, aus Babel zu fliehen und sich vor ihr zu retten (Sach 2, 10f.).

Im Jeremiabuch werden *plṭ/mlṭ*-Formen für einen historischen Rest der Überlebenden einer Kriegskatastrophe sowie auch einen eschatologischen Rest der Heilzeit gebraucht. Es wird berichtet, daß Ebed-Melech, der JHWH vertraute, an jenem Tage errettet werden wird (Jer 39, 18. 18 *mlṭ niph*). Die Judäer, die nach Ägypten ziehen, werden durch Schwert, Hunger und Pest sterben. „Und sie werden keinen Übrigen (*śārîḏ* koll.) und Entronnenen (*pālîṭ* koll.) haben von dem Übel, das ich über sie bringen werde" (Jer 42, 17). Eine Zukunft für den historischen Rest liegt in Juda und nicht in Ägypten (Jer 44, 14). Trotzdem wird aus Ägypten ein Häuflein „dem Schwert Entronnener (*pālîṭ*)" (Jer 44, 28) nach Juda zurückkehren (→ שוב *šûḇ*). Der Prophet verkündet in apokalyptischer Sprache, daß am Tag JHWHs (s. u. IV. 4. zu Jer 51, 6. 45) für die Führenden der Nationen alle Zuflucht (*mānôs*) und jedes Entrinnen (*p^eleṭāh*) verloren ist (Jer 25, 35). Der eschatologische Gerichtstag bringt das Ende über die Nationen.

Das Thema des Endes ohne Entkommen/Entrinnen kommt häufig in den prophetischen Völkersprüchen vor. Dort wird immer wieder das Nicht-Entkommen/Entrinnen zum Ausdruck gebracht: Ägypten (Jer 43, 4. 6; 46, 6), Moab (Jer 48, 8. 19; vgl. Jes 16, 13), Küstenlandbewohner (Jes 20, 6). In anderen Fällen wird *plṭ/mlṭ* nicht gebraucht, aber verwandte Restterminologie liegt vor: Syrien (Jes 17, 1–6), Philistäa (Jes 14, 28–32), Arabien (Jes 21, 13–17), Babel (Jes 14, 22f.).

In diesem Zusammenhang ist auf die einmalige Wendung „Entronnene der Nationen" (Jes 45, 20 *p^elîṭê haggôjim*) einzugehen, die nicht die von den Nationen entronnenen Israeliten meint (vgl. J. L. McKenzie, AB, 82–84; J. Morgenstern, JSS 2, 1957, 225–231), sondern einen eschatologischen Rest der heidnischen, götzenanbetenden Nationen, die dem JHWH-Gericht entronnen sind. Diese Entronnenen der Völker werden zum Heil eingeladen. Der historische Rest der Heiden wird aufgefordert, Glaubensrest zu werden. Er soll sich JHWH, dem einzigen Gott (v. 22) zuwenden, denn in JHWH allein ist Macht und Heil (v. 24). Der Restgedanke erweist sich hier universalistisch und durchbricht den nationalen Partikularismus.

Im Ezechielbuch erscheinen *plṭ/mlṭ*-Derivate in der Form des mask. Verbalnomens *pālîṭ* (6, 8f.; 7, 16; 24, 26f.; 33, 21f.), des fem. Subst. *p^eleṭāh* (14, 22), der Verben *plṭ qal* (7, 16) und *mlṭ niph* (17, 15. 15. 18), *pi* (33, 5). Der „Entronnene" (*pālîṭ*) ist nicht allgemein als „Flüchtling" oder Deportiertenschar (gegen G. Hölscher mit Zimmerli, BK XIII/2², 811) anzusehen, sondern er ist der Überlebende, der Kampf/Schlacht und Kriegszerstörung entkommt (Ez 6, 8). Diese dem Schwert Entronnenen werden während ihrer Zeit als Exilierte unter den Völkern ihre Schuld einsehen und sich zu JHWH bekehren (6, 8–10). Die Aussage in Ez 14, 22 schildert, wie ,,Entronnene" den Fall Jerusalems überleben und zu den Exilierten ziehen, um ihnen ein Zeichen des Trostes über das Unheil zu werden, damit sie JHWH erkennen (v. 23). Ez 33, 21f. berichten vom Kommen eines „Entronnenen" aus Jerusalem, der den Fall der Stadt dem Propheten mitteilt. Der Prophet „wird reden und nicht mehr stumm sein und wird ihnen ein Zeichen sein, und sie werden erkennen, daß ich JHWH bin" (24, 27). Das Ziel der Handlungen (Gericht und Offenbarungswort) und der Handelnden (Entronnener und Prophet) ist zur Erkenntnis JHWHs zu führen. Wer ihn kennt und erkennt, hat eine Zukunft. In JHWH ist Heil.

4. Die prophetischen Orakel gegen Babel in Jer 50–51 haben starke eschatologisch-apokalyptische Züge und werden zur „frühen Apokalyptik" gerechnet (vgl. D. L. Christensen, Transformations of the War Oracle in OT Prophecy, Missoula 1975, 249–280). Dazu weist Babel universalistische Züge auf, die über den historischen Feind Israels des 6. Jh. v. Chr. weit hinausgehen, so daß es als Typos für den Erzfeind des Gottesvolkes aller zukünftigen Zeiten angesehen werden darf. Dreimal wird das Gottesvolk aufgefordert, aus Babel zu fliehen. Jeder der Treuen Gottes, der in Babel wohnt, soll sein Leben retten (Jer 51, 6 *mlṭ niph* [LXX 28, 6]) und dadurch vor dem Gericht über die Schuld Babels geschützt werden. So ergeht die Auszugsaufforderung „Zieht aus seiner Mitte aus, mein Volk, und rettet euch (*mlṭ niph*), jeder sein Leben" (Jer 51, 45 [fehlt in LXX]). Ihr, die „dem Schwert Entronnenen (*p^eleṭîm*), geht, bleibt nicht stehen" (Jer 51, 50; s. 50, 29 für die *p^eleṭāh*). Der Restgedanke spielt hier eine große Rolle. Das Gottesvolk in der Form der treuen Entronnenen muß sich aufmachen und aus Babel vor dessen Sturz ausziehen.

In der Zukunftsschilderung in Dan 11, 40–45 wird ein kriegerisches Handeln in der apokal. Zeit des

Endes beschrieben, in der die Edomiter, Moabiter und eine Oberschicht (MT liest *r'šjt*. Syr. liest *šrk'*, aus dem man *r'šjt* zu *š*^{e}*'erîṯ* „Rest" emendiert, s. BHK, BHS; Di Lella, AB, 260; diese Emendation ist aber nicht zwingend) der Ammoniter befristet „aus seiner Hand [König des Nordens] entrinnen werden" (Dan 11, 41 *mlṭ niph*), während es für Ägypten „kein Entrinnen (*p*^{e}*leṭāh*) geben wird" (v. 42). Nach Dan 12, 1 gibt es in der Endzeit, nach der Trübsalszeit, eine Errettung für den treu an Gott im Glauben festhaltenden Überrest. „Jeder, der im Buch geschrieben steht" und damit durch ein himmlisches Gericht gegangen ist (mit G. W. Nickelsburg, Resurrection, Immortality, and Eternal Life, HThS 26, 1972, 11; vgl. J. J. Collins, The Apocalyptic Vision in the Book of Daniel, HSM 16, Missoula 1977, 136) „wird gerettet werden (*mlṭ niph*)" (Dan 12, 1). In dieser Aussage des endzeitlichen Heils des Restes erweist sich, daß das danielische Parallelschema von Bedrohung – übernatürlichem Eingriff – Heil/Rettung der apok. Visionen von Dan 7–12 auch hier erhalten ist. Zur Rettung des lebenden Restes tritt die Auferstehung der Entschlafenen als endzeitliches Geschehen hinzu (Dan 12, 2; vgl. G. F. Hasel, ZAW 92, 1980, bes. 267–280), so daß alle Glaubenstreuen ewiges Leben erfahren werden.

V. In den hebr. Texten aus Qumran ist *plṭ*/*mlṭ* in Verbal- bzw. für *plṭ* auch Nominalderivaten belegt. Es wird behauptet, daß *mlṭ qal* zum erstenmal in einem bisher unbekannten Psalm aus 11 QPs^{a}, „Apostrophe zu Zion" (= 4 QPs^{f}; vgl. J. Starky, RB 73, 1966, 353–371) belegt ist: „Wer ist je (in) Gerechtigkeit umgekommen (*'bd qal*), wer ist je in seinem Unrecht entronnen?" (*mlṭ qal* nach DJD IV 87 mit der Bedeutung „survive"; es kann aber auch eine *pi*-Form sein i.S.v. „retten"). Als Sonderbedeutung liegt auch *mlṭ hiph* „gebären" in 1 QH 3, 9 parallel zu *plṭ niph* „davonbringen (zur Geburt bringen) aus den Krampfwellen" (1 QH 3, 10) vor. Die anderen Gebrauchsweisen im Hymnenbuch aus Qumran (1 QH) entsprechen denen der at.lichen Lieddichtung (s.o. IV. 1.). Das Loblied besingt die göttliche Bewahrung des Armen: „das Leben des Armen hast du gerettet" (1 QH 5, 18 *plṭ pi*). „Deine friedliche Obhut ist da, um mein Leben zu retten" (9, 33 *plṭ pi* inf. cstr.; vgl. E. Lohse, Die Texte aus Qumran, ^{2}1971, 149 „um meine Seele zu retten"). Der auf Gott Vertrauende ist „zu retten auf ewig" (9, 29 *plṭ pi*; vgl. 6, 32). – Die Damaskusschrift spricht von den Standhaften, die „sich im Lande des Nordens retteten" (CD 7, 14 *mlṭ niph*) oder den Söhnen Seths, die „sich retteten (*mlṭ niph*) zur Zeit der ersten Heimsuchung" (7, 21) in der Vergangenheit. In der zukünftigen Heimsuchung „werden diese (die Armen der Herde) gerettet werden" (19, 10 *mlṭ niph*). Gott wird sich dann „Entronnene (*p*^{e}*leṭāh*) für das Land übriglassen (*jtr hiph*), um den Erdkreis mit ihrem Samen zu füllen" (2, 11 f.). Für die Gottlosen wird es dann aber „keinen Überrest (*š*^{e}*'erîṯ*) und keine Entronnenen (*p*^{e}*leṭāh*)" (2, 6 f.; vgl. 1 QM 1, 6 mit der gleichen Formel; 1 QS 4, 14 ist sehr ähnlich mit der Formel *śārîḏ-pelêṭāh*; vgl. 1 Q 27, 1, 1, 4 *mlṭ niph*) mehr geben. – In den Segenssprüchen der Sektenregel (1 QSb) wird Gott gebeten, daß er den Gesegneten „erretten" (*plṭ pi*) möge (1, 7). Derivate von *plṭ*/*mlṭ* werden in TR nicht gebraucht. Sie werden auch nie als Selbstbezeichnung der Qumrangemeinde als Restgemeinde verwendet, wie es mit *š*^{e}*'erîṯ* der Fall ist (1 QM 14, 8: „Aber wir sind der Re[st (*š*^{e}*'e[rîṯ]*) deines Volkes]"). – Aram. Texte aus Qumran enthalten mehrfach das Verbum *plṭ qal*/*pa* i.S.v. „entkommen, gerettet werden, freigeben" (ATTM 668). Das Verbum *plṭ* ist 3mal in 1 QGenApokr belegt. Diejenigen, die die Sintflut überlebten, sprechen dem Höchsten ihren Dank dafür aus, daß er sie „vom Verderben errettet hat" (*pa* 12, 17; vgl. Jub 7, 34). Im Traumgespräch wird mitgeteilt, daß Abrahams Leben um Sarai willen „gerettet werden wird" (*qal* 19, 20; vgl. Gen 12, 13). In der Loterzählung wird von einem Hirten berichtet, „der aus der Gefangenschaft entkommen war" (*qal* 22, 2). – 11 QTargIjob 39, 3 gebraucht *plṭ pa* „freigeben" (ATTM 296; B. Jongeling, C. J. Labuschagne, A. S. van der Woude, Aramaic Texts from Qumran, Leiden 1976, 61; „to usher in") für das Leben, das durch das Gebären zur Welt kommt. – Die Henochbücher enthalten eine apok. Stelle, in der die „Wahrhaftigen" im Jüngsten Gericht „gerettet werden" (*qal* 4 QEn^{c} = H 10, 17; vgl. ATTM 238). Diese aram. Gebrauchsweisen aus den Qumrantexten entsprechen hebr. *plṭ*-Formen.

Hasel

פלל *pll*

תְּפִלָּה *t*^{e}*pillāh*, פְּלִילִים *p*^{e}*lîlîm*, פְּלִילָה *p*^{e}*lîlāh*, פְּלִילִי *p*^{e}*lîlî*, פְּלִילִיָּה *p*^{e}*lîlijjāh*

I. Etymologie, Verbreitung – 1. Wurzel – 2. Befund im AT – 3. Übersetzungen – 4. Außerkanonisches – II. Nomen und Verb – 1. *t*^{e}*pillāh* – 2. *hitp* – 3. Andere Stämme und Nomina – 4. Personennamen – III. Kultpraxis – 1. Gebet und Fürbitte – 2. Gemeindegottesdienst – 3. Theologie des Gebets – IV. Nachwirkungen – V. Qumran.

Lit.: *A. Aejmelaeus*, The Traditional Prayer in the Psalms (BZAW 167, 1986, 1–118). – *R. Albertz*, Gebet II. AT (TRE XII 34–42). – *D. R. Ap-Thomas*, Notes on Some Terms Relating to Prayer (VT 6, 1956, 225–241). – *S. E. Balentine*, The Prophet as Intercessor (JBL 103, 1984, 161–173). – *P. A. H. de Boer*, De voorbede in het Oude Testament (OTS 3, 1943, bes. 124–130). – *E. S. Gerstenberger*, Der bittende Mensch (WMANT 51, 1980). – *M. D. Goldman*, The Root PLL and its Connotation with Prayer (ABR 3, 1953, 1–6). – *A. Gonzalez*,

La oración en la Biblia, Madrid 1968. – *K. Heinen*, Das Gebet im Alten Testament, Rom 1971. – *Ders.*, Das Nomen t^{e}*fillā* als Gattungsbezeichnung (BZ 17, 1973, 103–105). – *F. Hesse*, Die Fürbitte im Alten Testament, Diss. Erlangen 1949 (überarbeiteter Neudruck, o. Ort 1951). – *C. Houtman*, Zu I. Samuel 2, 25 (ZAW 89, 1977, 412–417). – *N. Johansson*, Parakletoi, Lund 1940. – *E. Kutsch*, „Trauerbräuche" und „Selbstminderungsriten" im Alten Testament (ThS [B] 78, 1965, bes. 25–42). – *G. C. Macholz*, Jeremia in der Kontinuität der Prophetie (Festschr. G. von Rad, 1971, 306–334). – *J. L. Palache*, Semantic Notes on the Hebrew Lexicon, Leiden 1959. – *H. Graf Reventlow*, Gebet im Alten Testament, 1986. – *J. F. A. Sawyer*, Types of Prayer in the Old Testament (Semitics 7, 1980, 131–143). – *J. Scharbert*, Die Fürbitte im Alten Testament (Festschr. A. Hofmann, 1984, 91–109). – *E. A. Speiser*, The Stem *PLL* in Hebrew (JBL 82, 1963, 301–306). – *E. F. de Ward*, Superstition and Judgement (ZAW 89, 1977, 1–19).

I. 1. Homonyme Wurzeln mit der Bedeutung „beten" sind in den semit. Sprachen nicht zu finden. Darum ist der etymologische Stammbaum für *pll* kaum mehr auszumachen.

Man vermutet a) eine Zusammengehörigkeit mit arab. *falla* 'schartig machen, brechen' (Wehr 647). Dann könnte *pālal* ursprünglich die kultische Kasteiung meinen (vgl. 1 Kön 18, 28; abgewandelt de Boer). Stellt man b) eine Verbindung zu *npl* 'fallen' her, kommt man auf die Grundbedeutung 'niederfallen' (K. Ahrens, ZDMG 64, 1910, 163). Beliebter sind Herleitungen aus dem juridischen Raum. c) Das akk. *palālu* 'überwachen' (AHw 813) führt auf eine richterliche Tätigkeit (Johansson; Hesse; J. Levy, WTM IV 53). d) Palache (59) geht von einer angenommenen Urbedeutung aller Wurzeln *pl* „cleave, break, separate" aus und postuliert die Entwicklung „judge, demand, judgement, plead, pray". Neutraler möchte e) Speiser den sprachgeschichtlichen Ausgangspunkt bei einem rekonstruierten *pālal* 'schätzen, bewerten' ansetzen. Alle etymologischen Theorien laufen aber leicht darauf hinaus, den eindeutigen Sprachgebrauch einer Wortgruppe in das Korsett einer vorgefaßten Theologie zu zwängen (vgl. Heinen; Macholz; J. Barr, The Semantics of Biblical Language, Oxford 1961).

Weil die Suche nach dem Wurzelursprung bisher so fruchtlos war, sollte man ernsthaft die Möglichkeit untersuchen, das Nomen t^{e}*pillāh* als vorgegeben und das *hitp* des Verbs davon abgeleitet zu verstehen. Zu einer Denominierung könnten beigetragen haben die klangliche Nähe zu *hiṯnappel* (vgl. Bedeutungsberührungen in Jer 42, 2; Dtn 9, 18. 25; Esra 10, 1 und mehrere Qumranbelege) sowie die allgemeine Verwendung von *hitp*-Formen in der Kultsprache (vgl. z. B. *npl hitp*, s. o.; *ḥnn hitp* 1 Kön 8, 33. 47. 51; *jdh hitp* Neh 1, 6; 9, 2f.; Esra 10, 1; *šḥh hitp* Ex 4, 31; Jos 5, 14; Jes 44, 17; Ps 95, 6; *qdš hitp* Ex 19, 22; Jes 66, 17; 2 Chr 29, 5. 15. 34 usw.; GKa § 54f.: das *hitp* zeigt öfter „eine mehr mittelbare Rückwirkung auf das Subjekt an"; *hitpallel* ist darum „sibi intercedere"). – Gegen diese Herleitung könnte sprechen, daß t^{e}*pillāh* nicht wie ein Primärnomen aussieht.

2. Die weitaus häufigsten Belege der Wurzel sind das *hitp* des Verbs und das Nomen t^{e}*pillāh*. Sie erscheinen im AT insgesamt 155mal. Alle übrigen Wortformen von *pll* sind zusammengenommen nur 11mal vertreten. Hinzu kommen noch vier mit *pll* gebildete PN (s. u. II. 4.). Die beiden Hauptvertreter (*pll hitp* und t^{e}*pillāh*) haben ein ganz eng umgrenztes, eindeutiges Wortfeld: 'beten' / 'Gebet'.

3. Die alten Übersetzungen bestätigen den sehr spezifischen Gebrauch der beiden Hauptbildungen von *pll*. In der LXX steht für das *hitp* 8mal εὔχεσθαι, sonst προσεύχεσθαι, das sind im hellenistischen Judentum und in den frühen Christengemeinden die Standardbezeichnungen für das kultische Beten (H. Greeven, J. Herrmann, εὔχομαι, ThWNT II 774–808; H. Schönweiss, Gebet, Theol. Begriffslexikon zum NT I 421–424).

Der Sprachgebrauch ist fließend, doch ist spontanes, nichtrituelles Beten wie im Hebräischen eher durch andere Verben ausgedrückt: z. B. δέομαι (vgl. U. Schoenborn, EWNT I 687f.); κράζειν (vgl. W. Grundmann, ThWNT III 898–904).

In der lat. Überlieferung scheint das Hauptäquivalent für *pll orare/oratio* zu sein; andere Ausdrücke (*rogare*; *supplicare*; *implorare*; *petere*; *precari* und Derivate) treten gelegentlich auf (vgl. schon V in Ex 10, 17; 1 Reg 1, 12; Zef 3, 10; Ijob 33, 25f.; Esra 10, 1; Ex 12, 32; 1 Reg 1, 17. 27; Dtn 3, 23; 2 Reg 24, 10; 4 Reg 1, 13; 1 Chr 4, 10). Die aram. Sprachen benutzen überwiegend die Wortstämme *b*ʿʾ; *ḥnn*; *ṣl*ʾ zur Bezeichnung des Betens (vgl. Dan 6, 14; 6, 12; 6, 11; Esra 6, 10; C. Brockelmann, LexSyr 82b; 243a, 628a; ATTM 745).

Die kultische Bedeutung dehnt LXX in 1 Sam 2, 25 sogar auf das *pi* aus (προσεύχεσθαι). Es bleiben also nur wenige Stellen übrig, die aus diesem semantischen Feld herausfallen: Ez 16, 52 (διαφθείρειν 'verderben'), Ps 106, 30 (ἐξιλάσκειν 'sühnen'), Gen 48, 11 (στερεῖσθαι 'beraubt sein'). Neben den verbalen Formen sind die seltenen Substantive zu nennen: p^{e}*lîlîm* (Ex 21, 22: μετὰ ἀξιώματος „nach Gutdünken"; Dtn 32, 31: ἀνόητος 'unverständig'; Ijob 31, 11 (anderer Text); p^{e}*lîlî* (Ijob 31, 28: *ʿāwôn* p^{e}*lîlî* ἀνομία ἡ μεγίστη, „Kapitalverbrechen" (frei für „Vergehen, das vor den Richter gehört"? So viele moderne Übersetzungen); p^{e}*lîlāh* (Jes 16, 3: σκέπη 'Schutz'); p^{e}*lîlijjāh* (Jes 28, 7: fehlt). Die Unsicherheit der alten Übersetzer ist so groß wie unsere eigene.

4. Im außerkanonischen hebr. Schrifttum wird die Wurzel *pll* in verbaler Form nur schwach gebraucht. Sie hat gewohnte Gestalt (*hitp*) und Bedeutung: z. B. Sir 36, 22; 38, 9; 51, 11 (Qumran gebraucht *hiṯnappel*). Andererseits gibt es neue Ableitungen, so das jüd.-aram. *palpel* 'disputieren' und das mittelhebr. *pilpel* 'untersuchen'. Levy, WTM IV 57 bringt beide mit *pilpel* 'Pfefferkorn', zusammen. Das für manche Schichten des AT so wichtige Verb *pll hitp* 'beten' verschwindet also wieder aus der Literatur.

Das Nomen t^{e}*pillāh* dagegen ist in Sir (z. B. 7, 10. 14), Qumran (z. B. 1 QH 12, 4; 1 QM 15, 5; fehlt in der Tempelrolle!) und den rabbinischen Schriften bekannt und wird über die Mischna hinaus zum Begriff für rituelles Gebet, speziell das Achtzehnbittengebet (vgl. I. Elbogen, Der jüdische Gottesdienst in seiner geschichtlichen Entwicklung, ³1931 [Nachdruck 1967], 27–60; 247–249 und sub

Inhalt von Band VI, Lieferung 3–5

(Fortsetzung von Umschlagseite 2)

Index der deutschen Stichwörter

ISBN 3-17-009817-9

Band VI Lieferung 6/7 (Spalte 609-864)

Theologisches Wörterbuch zum Alten Testament

In Verbindung mit
George W. Anderson, Henri Cazelles, David N. Freedman,
Shemarjahu Talmon und Gerhard Wallis

herausgegeben von
G. Johannes Botterweck †
Helmer Ringgren
und Heinz-Josef Fabry

Kohlhammer

Inhalt von Band VI, Lieferung 6/7

Band VI wird etwa 11 Lieferungen umfassen. Einzellieferungen werden nicht abgegeben.
Hörern der an diesem Werk beteiligten Verfasser wird bei Vorlage eines vom Autor unterzeichneten Hörerscheins ein Nachlaß von 20% auf den Ladenpreis gewährt. Die Ermäßigung gilt nur für die bis dahin erschienenen Teile des Werkes und den gerade im Erscheinen begriffenen Band. Der Hörernachweis muß für die erste Lieferung jedes weiter erscheinenden Bandes ggf. neu erbracht werden.

Verlagsort Stuttgart. Gesamtherstellung: W. Kohlhammer Druckerei GmbH + Co. Stuttgart.
Printed in Germany. ISBN 3-17-009919-1

voce *t^{e}pillāh*). Der Ausdruck *t^{e}pillîn* „Gebetsriemen" scheint damit in Verbindung zu stehen, zumindest im Verständnis des Volkes (vgl. H. G. Kuhn, Gebetsriemen, BHHW I 525f., andere Ableitungen von *tpl*, 'hängen': DictTalm 1687 oder *tpl*, 'fade sein').

II. Das Nomen und das Verb im *hitp* sind beide gelegentlich (z. B. 2 Sam 7, 27; 1 Kön 8 = 2 Chr 6) streng aufeinander bezogen, gehören also zum selben Wortfeld. Die Streuung ist aufschlußreich: im Pent. erscheint 6mal lediglich das Verb. In den Geschichtsbüchern 1 Sam bis 2 Kön finden sich – in dtr Stücken! – 27 Verbvorkommen und 10mal das Nomen *t^{e}pillāh*. Das ChrGW gebraucht das *hitp* 20mal und das Nomen 14mal. In Prophetenschriften (ohne Dan) finden wir 19mal das Verb und 9mal das Nomen. Die Psalmen zeigen eine Konzentration von 31 *t^{e}pillāh*-Vorkommen bei nur 3 *hitp*-Stellen. Ijob, Spr und Dan sowie Klgl kommen zusammen noch auf 4 *hitp*- und 9 *t^{e}pillāh*-Erwähnungen. Diese Übersicht läßt erkennen, daß das Wortpaar „Gebet"/„beten" überwiegend seit dtr Zeiten verwendet wird. Auch die Propheten- und Psalmenstellen wird man in der Regel seit dem Exil ansetzen müssen.

1. a) Das Fehlen des Nomens im Pent. ist kein Zufall. Es beweist bewußte Redaktionsarbeit: Die Väter redeten mit JHWH persönlich und direkt (Gen 18, 22b–32; Ex 32, 11–13; 33, 11–23), nicht durch Vermittlung der Gemeinde. *t^{e}pillāh* ist das kultisch formalisierte, von der feiernden Gruppe ausgehende Gebet. In den Klageliedern des einzelnen bringt der Beter sein persönliches Anliegen vor Gott (*t^{e}pillāṯî*, „mein Gebet", oft parallel mit *t^{e}ḥinnāh*, *rinnāh*, *šaw'āh*, *'imrê pî*, *taḥ^{a}nûn*, *maś'aṯ kappajim*: immer mit Suff. der 1. Person Sing. des Beters; vgl. Ps 4, 2; 6, 10; 17, 1; 35, 13; 39, 13; 54, 4; 55, 2; 61, 2; 66, 19f.; 69, 14; 84, 9; 86, 6; 88, 3. 14; 102, 2; 141, 2. 5; 143, 1; Jona 2, 8). *t^{e}pillāh* ist dabei entweder die einzige Gebetsbezeichnung (Ps 4, 2; 35, 13; 66, 19. 20; 69, 14; 84, 9, vgl. Jona 2, 8) oder es steht an der Spitze von zwei oder mehr synonymen Ausdrücken (Ps 39, 13; 54, 4; 55, 2; 86, 6; 88, 3; 102, 2; 141, 2; 143, 1). Nur in vier Fällen besetzt ein anderes Wort die Spitzenposition (Ps 17, 1; 61, 2: *rinnāh*; Ps 6, 10: *t^{e}ḥinnāh*; Ps 88, 14: *šaw'āh*). Damit tritt die besondere Bedeutung von *t^{e}pillāh* als Ausdruck für „Gebet" ins Licht (vgl. Heinen). Weiter: Der formelhafte Charakter der Bittgebete und die vergleichbaren Texte besonders aus dem akk. Sprachraum lassen darauf schließen, daß wir es ursprünglich mit liturgischem Gut aus dem Kleinkult der Familie zu tun haben (Gerstenberger). Das Gebet setzt die lebensbedrohende Not voraus (→ צרר *ṣrr*). Eingebettet in Fasten- und Selbstminderungsriten (Ps 35, 13f.; vgl. Kutsch) sucht es zu dem erzürnten persönlichen Schutzgott durchzudringen. Eine Übertragung auf die Not des Volkes und sein Gebet ist möglich (Ps 80, 5). *t^{e}pillāh* erscheint oft in der Bitte um Erhörung (Anrufungs- und Bittelement im Klagelied, Ps 4, 2; 17, 1; 39, 13; 54, 3f.; 55, 2f. usw., vgl. H. Gunkel / J. Begrich, Einleitung in die Psalmen, 1933, 212–214). Dieses Element ist Kern des liturgischen Gebets (vgl. Aejmelaeus). Die begleitenden Verben sind 'rufen', 'schreien', 'um Hilfe rufen' (→ קרא *qārā'*; → זעק *zā'aq*; → שוע *šw'*) u. ä., nur ausnahmsweise das in anderen Schichten verwendete *pll hitp* (Ps 5, 3; 32, 6). In der Gebetssprache des Gruppenkultes ist praktisch nur das Nomen bekannt. Klgl 3, 8. 44 – ein individuelles Gebet – zeigt, daß der *t^{e}pillāh* der Weg zu Gott versperrt sein kann.

b) Das DtrGW läßt eine Veränderung des Lebenssitzes erkennen. *t^{e}pillāh* ist jetzt überwiegend das Gemeindegebet für alle Anlässe. Das gilt schon für das dtr Gebet Davids in 2 Sam 7, 18–29. Als Danksagung nach dem Empfang der Dynastieverheißung konzipiert, hat es durchweg erbaulichen, vorbildhaften Charakter und zeigt durch den ausgefeilten Ausschließlichkeitsanspruch JHWHs und die gemeindliche Traditionsformel (beides in v. 22b) seine wahre Herkunft (vgl. T. Veijola, Die ewige Dynastie, Helsinki 1975, 78f.). Erst recht sehen wir die Gemeindebezogenheit im großen Tempelweihgebet Salomos (1 Kön 8, 23–53 = 2 Chr 6, 14–42, s. u. III. 2.). Salomo nimmt hier nicht vorausblickend die Situation der frühjüdischen Gemeinde zur Zeit des zweiten Tempels vorweg, sondern die Gemeinde projiziert ihre neue Tempeltheologie in die Zeit Salomos zurück (vgl. E. Würthwein, ATD 11/1^2, 97–100). Der Tempel ist das Bethaus (Jes 56, 7) für Einzelanliegen und das Gebet des ganzen Volkes (vgl. 1 Kön 8, 38 und den Kontext vv. 31–51). *t^{e}pillāh* geschieht also im gottesdienstlichen Rahmen; das Gemeindegebet faßt alle Anliegen der Gemeinde, Lob, Dank, Bitte, Klage zusammen (vgl. *t^{e}pillāh* in Psalmenüberschriften: Ps 17, 1; 86, 1; 90, 1; 102, 1; 142, 1). *t^{e}ḥinnāh* ist in 1 Kön 8 ständiges Begleitwort (vv. 28, 29f. 38. 45. 49. 54). Das Paar begegnet formelhaft noch im NT (vgl. Eph 6, 18; Phil 4, 6; Hebr 5, 7).

In 2 Kön 19f. sind – in verschiedener redaktioneller Bearbeitung – mindestens drei Gebetssituationen zu erkennen, wie im Tempelweihgebet angedeutet. Auch hier weisen Inhalt und Struktur der Gebete (obwohl im Kontext von Hiskija bzw. Jesaja gesprochen) auf gemeindlichen Brauch: Die Verhöhnung des lebendigen Gottes ist exilisches Motiv; die Bezeichnung als „Rest", „Übriges" (v. 4 = Jes 37, 4; v. 31 = Jes 37, 32; vgl. Jes 46, 3; Jer 8, 3; 42, 2. 15. 19; 44, 12. 14) entspricht dem Selbstverständnis der frühjüdischen Frommen. Vv. 15–19 sind ein typisch dtr Gebet, und 2 Kön 20, 5 geht auf Hiskijas Bitte ein: „Ich habe dein Gebet gehört".

c) Gebraucht wird das Nomen auch im ChrGW und in Dan. *t^{e}pillāh* ist jetzt überwiegend das Bußgebet der Gemeinde. Die zugehörigen Riten (den Sack anlegen; Asche oder Erde aufs Haupt streuen; Weinen: vgl. Neh 9, 1f. und schon 2 Kön 19, 1–2; Kutsch) werden eigens erwähnt. Ausdrücklich als *t^{e}pillāh* bezeichnet sind die Bußtexte Neh 1, 5–11; Dan 9, 4–19. Für Esra 9, 6–15 und Neh 9, 5–37 ist die Gattung zu erschließen (vgl. Esra 10, 1; für Neh 9 aus Struktur und Inhalt). Allerdings ist *t^{e}pillāh* nicht ausschließlicher terminus technicus: *t^e ḥinnāh* und *taḥ^a nunîm* treten daneben auf (2 Chr 6, 19. 21; 33, 13; Dan 9, 3. 17. 23), und die verbalen Ausdrücke für „beten" sind zahlreich (s. u.). Wichtig sind die Ausführenden des Gebets. Es gibt noch das Privatgebet für den einzelnen (2 Chr 33, 9–13). Daneben ist eine starke Konzentration auf den Gemeindeleiter und das beamtete Personal zu beobachten. Ein Vorbeter spricht den Text für die versammelte Gemeinde. In 2 Chr 30, 27 heißt es sogar, die Priester schickten „*ihr* Gebet" zum Himmel. Doch ist die Verwurzelung im Gemeindegottesdienst mindestens ebenso stark (vgl. u. III.2). Das gemeindliche „Wir" durchzieht manche Texte (J. Scharbert, Das „Wir" in den Psalmen, Festschr. H. Groß, 1986, 297–324). Die liturgische Fixierung der Texte und Abläufe scheint schon weit fortgeschritten zu sein. Ein Asaf-Nachkomme hat als „Leiter des Lobsingens" beim „Gebet den Dank anzustimmen" (Neh 11, 17).

d) Neben den Schwerpunkten Psalmen, DtrGW und ChrGW sind die übrigen Vorkommen von *t^e pillāh* von untergeordneter Bedeutung. Jes 37, 4; 38, 5; Jer 7, 16; 11, 14 gehören in den dtr Kontext. Sonst gibt es bei Protojesaja nur einmal das Nomen *t^e pillāh* (Jes 1, 15: eine späte Kultkritik [*hirbāh t^e pillāh* singulär]; vgl. Jes 23, 16; Ijob 40, 27). Der zweite Tempel ist gleichzeitig Bet- und Opferhaus (Jes 56, 7; 2 Chr 7, 12–15). Die Prophetenschriften insgesamt nehmen also keine Notiz von unserem Wort, obwohl Kult und Tempel oft zentrale Themen sind.

Dürftig ist auch der Befund in den Weisheitsschriften. Anscheinend ist das persönliche, in gottesdienstliche Handlungen der Gruppe eingeschlossene Gebet gemeint (vgl. etwa Spr 15, 29). Der rituelle Hintergrund ist evident (Ijob 16, 15 f.; Spr 15, 8). *t^e pillāh* ist Gegenmaßnahme gegen „Untat" (*ḥāmās*, Ijob 16, 17), geht dem Opfer parallel (Spr 15, 8) und kann durch falsches Verhalten pervertiert werden (Spr 28, 9; vgl. 21, 27).

Alles in allem: Das Nomen *t^e pillāh* meint immer ein rituelles Gebet; doch sind jeweils verschiedene soziale und kultische Strukturen vorausgesetzt. Die beginnende nachexil. Gemeinde vereinigt das Gebet des einzelnen und der größeren Gemeinschaft im Gemeindegebet, welches zunehmend rituell festgelegt, von „Kultdienern" administriert wird und Bußelemente enthält.

2. Der Gebrauch des Verbs im *hitp* läuft weithin, aber nicht durchgängig dem des Nomens parallel. Der Gebetsvorgang und das fertige, vorgeprägte Gebet sind zweierlei.

a) In den Psalmen sind die wenigen Stellen mit *pll hitp* auffällig: Ps 5, 2 f. ist Anrufung mit Bitte um Gehör für „meine Worte", „mein Seufzen", „mein Schreien". Dann folgt die einzigartige Vertrauenstitulatur („mein König und mein Gott") und die Willenskundgabe zu beten (*pll* v. 3c). Ps 32, 5 f. zieht nach Sündenbekenntnis und Sündenvergebung die Schlußfolgerung: „Darum betet (*pll*) jeder Fromme zu dir". Ps 72, 15 empfiehlt (par. mit *brk* 'segnen') die Fürbitte für den König (*pll*). Alle drei Psalmenstellen sind feierlich-liturgische, möglicherweise späte Formulierungen. Insgesamt spielt im Psalter das Verb *pll* keine Rolle. Andere Ausdrücke bezeichnen den Gebetsvorgang: 'schreien', 'rufen', etc. (→ צעק *ṣā'aq*; → קרא *qārā'*). Gelübde und Beten der Hanna (1 Sam 1–2) gehören nach der Meinung des (dtr?) Erzählers zu den kultisch-feierlichen Anrufungen. Deshalb verwendet er massiv *pll hitp* (1 Sam 1, 10. 12. 26. 27; 2, 1). Auch in der Jona-Erählung erscheint das Verb (Jona 2, 2; 4, 2), nicht aber im Jona-Psalm (Jona 2,3–10). Auch Gemeinschaften können sich betend an Gott wenden (Jer 29, 7. 12; Neh 4, 3; ironisch oder schadenfroh: Jes 16, 12; 44, 17; 45, 14. 20). Wird das Verb im Umkreis von Gebetstexten gebraucht, dann deutet es die kultisch-rituelle Situation an. Es bezeichnet alle Arten von Gebet: Gelübde, Klage, Dank, Fürbitte des einzelnen und der Gemeinde.

b) Besondere Aufmerksamkeit haben die Stellen gefunden, in denen eine Führergestalt im Namen des Volkes zu JHWH betet. Sie sollen den Beweis dafür liefern, daß *pll* zuerst „als Fürbitter eintreten" bedeutet habe. Die Phalanx der großen Beter ist auch beeindruckend: Abraham, der Prophet, tritt für Abimelech ein (Gen 20, 7. 17). Mose wendet zweimal Gefahr für das Volk ab (Num 11, 2; 21, 7; Fürbittsituationen ohne *pll*: Ex 32, 12 ff. 30 ff.; Num 12, 10 ff.; in Dtn 9, 20. 25 f. ist unter Verwendung von *pll* auf Ex 32 angespielt). Samuel ist neben Mose der große Fürbitter (1 Sam 7,5; 8, 6; 12, 19. 23; vgl. Jer 15, 1; Ps 99, 6). David und Salomo beten stellvertretend für das Volk (2 Sam 7, 27; 1 Kön 8, 28 ff. = 1 Chr 17, 25; 2 Chr 6, 19 ff.). Der Deuteronomist weitet – unter Verwendung von *pll* – die Vorstellung des königlichen Beters auf Hiskija aus (2 Kön 19, 15. 20; 20, 2; vgl. Jes 37, 15. 21; 38, 2; 2 Chr 30, 18; 32, 20). Dagegen gehören die Gebete 2 Chr 32, 24; 33, 13 zu den persönlichen Krankheitsbitten (vgl. Jes 38, 10 ff.). Die Reihe der prophetischen Beter wird fortgesetzt durch einen Anonymus aus dem Nordreich (1 Kön 13, 6), Elischa (2 Kön 4, 33; 6, 17 f.) und schließlich Jeremia, den viele für den Fürbitter schlechthin halten (Jer 7, 16; 11, 14; 14, 11; 32, 16; 37, 3; 42, 2. 4. 20). In weisheitlich-priesterliches Terrain kommen wir bei Ijob (Ijob 42, 8. 10), Daniel (Dan 9, 4. 20), Esra (Esra 10, 1) und Nehemia (Neh 1, 4. 6; 2, 4).

Sollte darum *pll* die Fürbitt- und Mittlertätigkeit bezeichnen? Keineswegs. Abgesehen von den grammatischen und sachlichen Schwierigkeiten, die gemeindebezogenen *pll*-Stellen auf den Nenner der Fürbitte festzulegen und das Amt ausfindig zu machen, dem Fürbitte obgelegen hat (Prophet? Kultprophet? Priester? Weiser?), verkennt die vorherrschende Interpretation (de Boer, Hesse, Macholz, Reventlow usw.), daß die Vorbeterfiguren, insbesondere Mose, Samuel und Jeremia, durch die nachexil. Gemeinde stilisiert worden sind. In den Betergestalten spiegeln sich Kultpraxis und Gemeindeaufbau der Restaurationszeit. Mose ist Thorageber und Prophet, präsent in Priestern und Leviten. Seine Stimme kommt bei der gottesdienstlichen Lesung und im Gemeindegebet (vgl. Ps 90, 1) zum Ausdruck. Samuel ist Vorbeter in kritischer Zeit (1 Sam 7, 5; 8, 6; vgl. 1 Sam 15, 25f.). Jeremia, in seiner Existenz und Berufung angefochten, kämpft in hoffnungsloser Situation um das Überleben der Gemeinde (Jer 7, 16; 11, 14; 14, 11: Verbot der Fürbitte; vgl. Jer 32, 16ff.; 15, 1).

3. Die *pi*-Vorkommen und die übrigen Nomina von *pll* lassen sich in der Tat semantisch nicht mit *t^epillāh* und dem *hitp* vereinen. Ob darum eine andere Wurzel *pll* (wie in GesB) oder *pl* (vgl. Levy, WTM) angenommen werden muß, ist eine offene Frage. Die Seltenheit der Belege, die Unsicherheit der at.lichen Texte und der alten Übersetzungen ermuntern nicht zu schnellen Schlüssen. – Die oft angenommene Grundbedeutung ʿrichten, entscheiden' (vgl. GesB 643f. *pll* I; KBL³ 881 *pll* A; H.-P. Stähli, THAT II 427) ist sehr fragwürdig und eher vom modernen Ordnungsdenken inspiriert. Ps 106, 30: Pinhas exekutiert nach Num 25, 7f. Abtrünnige, er fällt keine richterliche Entscheidung. Ez 16, 52: Juda „übertrifft" Israel an Sünde, Schande und Strafe (vgl. Ez 23, 35; Jer 3, 11). Gen 48, 11: Jakob ruft: „Ich hätte nicht geglaubt (? *lo' pillaltî*), dich wiederzusehen!" 1 Sam 2, 25a: Ein textlich und inhaltlich unsicheres Sprichwort (vgl. de Ward). Das Subst. *pālîl* nebst Derivaten könnte stellenweise juridischen Gehalt haben, so in Ex 21, 22 (begründete Zweifel bei Speiser 302f.; cj. bei Budde, ZAW 11, 1891, 107f.: *bann^epālîm*, „für die Fehlgeburt"); Ijob 31, 11. 28; Jes 16, 3; 28, 7. Dtn 32, 31 bleibt dunkel, und andere Erklärungen (z. B. Speiser; de Ward; Levy) erreichen denselben Grad von (Un)Wahrscheinlichkeit.

4. Personennamen, die das Element *pl* aufweisen, sind schwer deutbar. *Pālāl* (Neh 3, 25), *P^elaljāh* (Neh 11, 12), *'Æplāl* (1 Chr 2, 37), *'Ælîpal* (1 Chr 11, 35) können je nach den hypothetischen Wurzelbedeutungen interpretiert oder als von *pll* unabhängige Bildungen verstanden werden (vgl. KBL³ s. v.; IPN 187f.). Sicher ist nur, daß in Namen mit theophoren Elementen das Verb nicht ʿbeten' bedeuten kann.

III. *pll hitp* und *t^epillāh* gehören zur israelitischen Kultsprache. *t^epillāh* scheint ursprünglich in der „Kasualpraxis" beheimatet gewesen zu sein, während das *hitp* von *pll* zusammen mit anderen *hitp*-Bildungen erst seit dtn/dtr Zeiten massiv in Erscheinung trat. Welche Kultpraxis und welches Kultverständnis stehen hinter dem Sprachgebrauch?

1. a) Gebet ist Rede des Menschen zu seiner Gottheit (vgl. F. Heiler, Das Gebet, ⁵1923 = 1969). Es muß darum nach religiöser Etikette formalisiert und ritualisiert sein. Körperhaltung, Gestik, Kleidung, Stimmaufwand, Begleitriten, Musik, Ort und Zeit der Anrufung, Vorbereitungs- und Folgehandlungen sind durch Brauch und Norm für spezifische Gebetsausführungen vorgegeben (Ap-Thomas 225–230; Albertz 34f.): Ps 5, 4: Opfer und Gebet am Morgen; vv. 2. 8: Anrufung und Proskynese; Ps 35, 13f.: Trauerriten; Neh 1, 4; Ijob 16, 15–17: Bußzeremoniell; Jes 44, 17: Karikatur des Götzendieners; 1 Kön 8, 22: Handerhebung usw. Ähnliche Rituale sind zahlreich aus dem Alten Orient bekannt und z. T. bis heute üblich, vgl. O. Keel, Die Welt der altorientalischen Bildsymbolik und das AT, 1972, 287–301. Das *hitp* von *pll* will also sagen: ein Gebet *rite* gemäß dem erforderlichen Zeremoniell vollziehen.

b) *t^epillāh* und *pll hitp* legen das Gebet nicht auf einen bestimmten Inhalt oder eine agendarische Form fest (gegen Heinen). Vielmehr setzen unsere Ausdrücke liturgisches Beten der verschiedensten Art voraus: Klage und Bitte (Jes 38, 2–5; 2 Chr 33, 12f. 18f.; so überwiegend auch in den Psalmen und in 1 Kön 8) Lob und Dank (2 Sam 7, 18–27; Ps 42, 9; Neh 11, 17; 2 Chr 20, 22. 27); Gelübde (1 Sam 1, 10f.). Einmal faßt der Pl. *t^epillôṯ* die verschiedenen Gebetsgattungen zusammen (Ps 72, 20; vgl. o. II. 1. b).

c) Gebet ist immer persönliches Hintreten vor die Gottheit, ob in kleinerem oder größerem Kreis, ob mit oder ohne Hilfe eines Vorbeters. *t^epillāṯî*, „mein Gebet", kommt 22mal, hauptsächlich in den Psalmen vor (vgl. o. II. 1. a). Weitere 8mal ist mit Suffixen der 2. oder 3. Person Sing. auf den Beter verwiesen (vgl. 1 Kön 9, 3; Jes 38, 5; Ps 109, 7; 2 Chr 33, 18f.). Gebet ist die ureigenste Tat des Beters, obwohl es liturgisch festliegt. Ja, es ist im Grunde Gottes „Lied", das dem Gläubigen zum Trost geschickt wird (Ps 42, 9). Es wird auch dann nicht kollektiviert, wenn es vom Volk ausgeht (Ps 80, 5; 1 Kön 8, 45. 49), und die durchaus mögliche Wendung „unser Gebet" (Jer 42, 2; Neh 4, 3; Dan 9, 18) schließt die Teilnehmer der gottesdienstlichen Handlung zur Gemeinde zusammen (vgl. Reventlow 295–298). Es liegt mit in der Verantwortung des/der Beter, ob das Gebet von Gott „gehört" (→ שׁמע *šāmaʿ*) und angenommen wird. Wehe dem, der „viel betet" (*hirbāh t^epillāh* par. zu *pāraś kappajim*, „die Hände ausbreiten", Jes 1, 15), aber von Blutschuld nicht läßt.

d) Daß ein Ritualexperte für Gebetstext und -ausführung verantwortlich wird und evtl. stellvertretend für den einzelnen und die Gruppe das Gebet rezitiert, ist ein weitverbreitetes Phänomen (Heiler 150–156, seine Bewertung als „Erstarrungs- und Mechanisierungsprozeß" 150 u. ö. ist unsachgemäß; Reventlow 228–264; Gerstenberger 67–73. 134–160). Je nach Gesellschaftsstruktur, religiöser Organisation und kultischem Anlaß sind die Funktionen des Liturgen von verschiedenen Gestalten wahrgenommen worden: vom Sippenoberhaupt (Gen 20, 7; ein späterer Einschub macht Abraham zum *nāḇî'*, Propheten), Gottesmann (1 Kön 13, 6, doch *hiṯpallel* fehlt in LXX), König (1 Kön 8, 22ff.), Prophet (Jer 42, 2ff.), Priester (2 Chr 30, 27), Gouverneur (Neh 1, 4ff.). Die Tendenz ist unverkennbar, den Vorbeter als machtbegabten Fürbitter der Gemeinde gegenüberzustellen (*hiṯpallel b^eʿaḏ* oder *ʿal*: Gen 20, 7; Num 21, 7; Dtn 9, 20; 1 Sam 7, 5; 12, 19. 23; 1 Kön 13, 6; Jer 7, 16; 11, 14; 14, 11; 29, 7; 37, 3; 42, 2. 20; Ps 72, 15; Ijob 42, 8. 10; Neh 1, 6; 2 Chr 30, 18). Hier scheint sich ein magisches Verständnis des Gebets (vgl. 1 Sam 12, 16f.; 2 Kön 4, 33f.) bis in die theokratische Gemeindeverfassung der nachexil. Zeit durchgehalten zu haben. Die eigentliche *t^e^pillāh* ist das Gebet des Notleidenden, der Gottesdienstgruppe oder -gemeinde, des Gemeindeleiters, der mit der Gemeinde solidarisch betet. Die „Fürbitte" im AT ist kritisch zu hinterfragen.

Immer wieder wird die Behauptung nachgesprochen, „Fürbitte" sei eine spezifische Aufgabe des Propheten gewesen und *hitpallel* bedeute ganz präzise: „fürbittend eintreten für" (vgl. Hesse, Scharbert, Reventlow u.a.; kritisch Balentine; Sawyer). Dienstanweisungen für Propheten sind aber leider nicht auf uns gekommen. Wahrscheinlich ist die Fürbittfunktion dem Prophetenbild in der Spätzeit zugewachsen.

2. Positiv ist das am Beispiel von *pll hitp* zu beweisen. Der fast durchweg späte Sprachgebrauch ist den Zeitgenossen nicht erklärungsbedürftig. Sich anschikken „zu beten" (*l^e^hitpallel*, ohne Attribut) ist ein Stereotyp (1 Sam 1, 12. 26; 12, 23; 2 Sam 7, 27; 1 Kön 8, 54; Jes 16, 12). Das Gebet geschieht an heiliger Stätte und in kultischem Rahmen (Dtn 9, 18. 25f.; 1 Sam 1, 9ff.; 7, 5f.; 2 Kön 19, 14f.; Jes 16, 12 [von den Moabitern!]), oder aber „privat" in Ausrichtung auf Tempel und Gemeinde (2 Kön 20, 2; Jona 2, 2. 4. 8f.; Dan 6, 11). Gelegentlich tritt die Gemeinde klar als Subjekt des Betens hervor (Jer 29, 7. 12ff.; Ps 32, 6; 72, 15; Dan 9, 18; 2 Chr 7, 14f.), ja, es werden hier und da im Kontext des *pll*-Gebrauchs liturgische Sätze in der 1. Pl. zitiert: „Wir haben gesündigt" (1 Sam 7, 6 nach dem „ich bete für euch" in v. 5; Dan 9, 5ff. nach „ich betete ..." in v. 4); „wir haben unserem Gott die Treue gebrochen" (Esra 10, 2; vgl. v. 4: an Esra, der im Gebet liegt: „Steh auf, es ist deine Angelegenheit, wir sind auf deiner Seite"); „Ich bete ... und bekenne die Sünden der Israeliten, die wir dir angetan haben ..." (Neh 1, 6; vgl. v. 11: „das Gebet deines Knechtes und das Gebet deiner Knechte" ..."; Neh 4, 3). Augenfälliger kann das Ineinander von Liturgen- und Gemeindegebet nicht demonstriert werden.

Ein Text, in dem *pll hitp* in stärkster Konzentration (9mal; *t^e^pillāh* 6mal) vorkommt, ist das literar- und redaktionsgeschichtlich komplexe Tempelweihgebet Salomos (1 Kön 8, 22–54 = 2 Chr 6, 12–7, 1a; vgl. die liturgischen Korrekturen z. B. 6, 13). Die Gemeindesituation wird stark betont (→ קהל *qāhāl*, 1 Kön 8, 14. 22. 55. 65). Am Tempel findet die Festversammlung statt (vv. 5–11). Der Liturge tritt vor den Altar, breitet seine Hände aus und spricht das große Fürbittgebet (v. 22). Dessen Hauptanliegen ist die Sicherstellung der Erhörung für alle Gebete, die Israel an der heiligen Stätte vor JHWH bringt (v. 30). Sieben typische Gebetssituationen werden angesprochen (vv. 31–51). Wenn der einzelne/das Volk im Tempel oder zum Tempel hin betend Gott anspricht, „so wollest du hören im Himmel" (vv. 32. 34. 36. 39. 43. 45. 49). Der Akt der Hinwendung heißt „beten" (*hitpallel*), aber auch „kommen" (*bô'*, vv. 31. 41. 42), „umkehren" (*šûb*, vv. 33.35.47.48), „bekennen" (*jdh*, vv. 33. 35), „flehen" (*hithannen*, vv. 33. 47), „die Hände ausbreiten" (*prś kappajim*, v. 38). Aber *hitpallel* ist der beherrschende Begriff (vv. 33. 35. 42. 44. 48; einmal *jihjæh t^e^pillāh*, v. 38). Und die Klein- und Großgemeinde, in Kasualien und Festgottesdiensten, am Ort und in der Diaspora ist bedacht. Die „Gemeinde Israel" in ihrer verschiedenen Erscheinungsweise ist Trägerin des Gebets und des damit angezeigten Gottesdienstes. Salomo fungiert lediglich als Liturg der Gemeinde. Das entspricht ganz der gottesdienstlichen Wirklichkeit, die wir aus den Psalmen erschließen können. Wenn in der erzählenden und prophetischen Literatur die machtvollen Betergestalten dargestellt werden, dann dient diese legendäre Überhöhung erbaulichen und pädagogischen Zwecken.

Das Gebet ist im opferlosen Gottesdienst der exil.-nachexil. Zeit in Israel (neben Schriftlesung und Homilie) zum hervorragenden Bestandteil aller religiösen Zeremonien geworden. *pll hitp* und *t^e^pillāh* signalisieren diese Entwicklung.

3. Im Gebet der exil.-nachexil. Zeit laufen die Traditionen des Individual(Gruppen-)gebetes, der Fest- und Tempelgemeinde und der Gebete machtbegabter Gottesmänner zusammen. Darum ist Israels Beten so unendlich reich und theologisch vielschichtig. Gottesvorstellungen aus unterschiedlichen Epochen haben sich im Gebet erhalten. Insgesamt aber ist Israels Gebet immer partnerschaftliche Selbstdarstellung gegenüber dem solidarischen Gott, Mitteilung von Lebensfreude, Dankbarkeit, Hilfsbegehren. Es ist auch Einflußnahme auf JHWH, Beschwichtigung der erzürnten Gottheit, Versuch, den teilnahmslosen Gott zu überreden, auch Klage und Vorwurf. *t^e^pillāh* kann jedes Gebet meinen (s. o. III. 1. b). In der Spätzeit, als *pll* zum stark favorisierten Ausdruck wurde, stehen allerdings Buße und Bitte, zumindest in den Gemeindegottesdiensten, im Vordergrund (1 Sam 7, 5f.; Esra 10, 1ff.; Neh 1, 4ff.; 9 [ohne *pll*!]; Dan 9). Der Schock des Zusammenbruchs und die entstehende theokratische Theologie hatten ein Unwertbewußtsein zur Folge, das sich auch im Gebet niederschlug (vgl. auch die dtr Geschichtstheologie!).

IV. Die at.lichen Gebetstraditionen, besonders das durch *pll hitp* und *t^e^pillāh* bezeichnete liturgische Beten, haben die jüdische und die christliche Glaubensgemeinschaft zutiefst geprägt. Das gilt nicht nur formal für das Weiterleben mancher Gottesdienstformen, sondern auch für die im Gebet Israels angelegten theologischen und ethischen Grundwerte.

V.* In Qumran sind bisher das Verb 6mal, die Nomina *t^e^pillāh* 10mal und *p^e^lîlîm* 1mal bezeugt. Ein markantes Abweichen vom at.lichen Sprachgebrauch ist nicht zu erkennen. In einer Mosesapokryphe wird Mose als der Fürbitter gezeichnet, der vor JHWH betet (*hitpallel*) und vor ihm um Erbarmen fleht (*hithannen*, 2Q 21, 1, 4). 1 QH 17, 18 im Zusammenhang eines Gemeindeliedes (?) zeigt die enge Verbindung der Verkündigung der Großtaten Gottes und des fürbittenden Gebetes (vgl. auch 12, 4). Aus den Einbindungen des Nomens *t^e^pillāh* in Qumran geht eindeutig hervor, daß die Gemeinde Gebets- und Liedersammlungen für bestimmte Tageszeiten, Festzeiten und sonstige Gelegenheiten hatte (vgl. P. W. Skehan, CBQ 35, 1973, 195–205): *tplt ljwm hkjpwrjm*

(1 Q 34, 2, 5), *tplh lmw'jd* (4 QPrFêtes[c] [509] 10 II – 11, 8). In die Reihe der Psalmenüberschriften mit Situationsangabe gehört 4 Q 381, 33, 8 *tplt mnšh mlk jhwdh*, „Gebet des Manasse, des Königs von Juda, als der König von Assyrien ihn gefangennahm". Die Gemeinde hatte ein Repertoire an Gebeten und Liedern für den Krieg (vgl. *tplt mw'd hmlḥmh*, 1 QM 15, 5; vgl. 4 QM[a] [491], 8–10, 1, 17). Die qumranessenische Umdeutung des Kultes mit seiner neuen Opferordnung geht schließlich klar aus CD 11, 21 hervor: „Das Schlachtopfer der Gottlosen ist ein Greuel, aber das Gebet der Gerechten ist ein wohlgefälliges Speiseopfer."

4 Q 158, 9, 5 (*p[e]lîlîm*) ist eine Aufnahme von Ex 21, 22.

(Fa.)

Gerstenberger

פָּנָה *pānāh*

1. Etymologie, Bedeutung, Vorkommen – 2. (Sich) wenden – a) örtlich – b) zeitlich – c) personbezogen – 3. Theologischer Gebrauch – a) von JHWH – b) von Israel – 4. LXX – 5. Qumran.

Lit.: *O. Bächli*, Von der Liste zur Beschreibung (ZDPV 89, 1973, 1–14). – *P. Dhorme*, L'emploi métaphorique des noms des parties du corps en hébreu et en akkadien III (RB 30, 1921, 374–399). – *J. A. Fitzmyer*, The Aramaic Inscriptions of Sefîre (BietOr 19, 1967, bes. 110f.). – *P. Fronzaroli*, Studi sul lessico comune semitico I/II (AANLR VIII 19, 1964, bes. 255. 269). – *E. Lipiński*, Peninna, Iti 'el et l'athlète (VT 17, 1967, 68–75). – *W. W. Müller*, Altsüdarabische Beiträge zum hebräischen Lexikon (ZAW 75, 1963, 304–316). – *F. Nötscher*, „Das Angesicht Gottes schauen" nach biblischer und babylonischer Auffassung, 1924, [2]1969. – *J. Reindl*, Das Angesicht Gottes im Sprachgebrauch des Alten Testaments (ErfTh St 25, 1970). – *A. S. van der Woude*, פָּנִים *pānīm* Angesicht (THAT II 432–460). – *J. Ziegler*, Die Hilfe Gottes „am Morgen" (Festschr. F. Nötscher, BBB 1, 1950, 281–288). → פָּנִים *pānîm.*

1. Die ursprünglich wohl zweiradikalige (s. ugar. *pn*: WUS Nr. 2230) Wurzel **pan* ist in allen semit. Sprachen belegt (s. Fronzaroli 255. 269; KBL[3] 884f.), im Äth. nur als Verbum. Im Hebr. wird sie als tertiae infirmae behandelt. Angesichts der weit größeren Bezeugung von *pānîm* „Gesicht" wird angenommen, daß das Verbum *pn(h)* vom Substantiv **pan* abgeleitet ist (so Dhorme 376, Anm. 3; Nötscher 4, mit Verweis auf H. Holma, Die Namen der Körperteile im Assyr.-babyl., Helsinki 1911, 13). Auch W. von Soden (AHw 822b) ist der Auffassung, daß *panû(m)* 'sich wenden' Denom. von *pānu* I 'Vorderseite, plur. Gesicht' sei.

Als gemeinsame Grundbedeutung in den semit. Sprachen ist '(sich) wenden' anzunehmen; mit ihr hängt auch äth. *fanawa* 'schicken', arab. *fanija* 'vergehen', vgl. tigr. *fanna* 'vergänglich sein', zusammen. Das hebr. *pānāh* mag „zunächst das Wenden des Gesichts, dann 'sich wenden' überhaupt" (Nötscher 3) bezeichnet haben. Dafür könnte sprechen, daß eigens die Zuwendung des Gesichts (Jer 2, 27; 32, 33) verneint wird, wenn vom Zuwenden des Rückens gesprochen wird. Jedoch ist auch vom Zuwenden des Rückens (Jos 7, 12; Jer 48, 39) oder der Schulter (1 Sam 10, 9) die Rede, ohne daß dabei auf das Gesicht Bezug genommen wird. Auch die Tatsache, daß im *qal* etwa 2/3 aller Stellen (hinzukommen ca. 13, wo JHWH Subjekt ist) mit menschlich-personalem Subjekt, im *hiph* alle, im *pi* 5 (und 3 mit JHWH) konstruiert sind, legt es nahe, vom „Wenden des Gesichts" als der zunächst grundlegend implizierten Bedeutung auszugehen.

Von Sachen wird *pānāh* etwa 15mal ausgesagt. – Im *qal* kommt *pnh* 116mal, im *pi* und *hiph* je 8mal vor. Für das *hoph* werden 2 Stellen verzeichnet: Jer 49, 8; Ez 9, 2, doch dürfte es nicht ursprünglich sein. Die Situierung des Tores wird bei Ez, wenn *pānāh* verwendet wird, sonst mit dem Ptz. *qal* ausgedrückt (8, 3 u. ö.), so daß wohl auch 9, 2 *happonæh* zu lesen ist. Bei Jer wird das Sich-wenden zur Flucht im *hiph* formuliert (46, 5. 21; 49, 24), so daß auch 49, 8 eher *hapnû* zu vokalisieren ist. Vom Sinnzusammenhang des Satzes wird *hoph* beide Male nicht gefordert.

2. a) In vielen Fällen zeigt *pānāh* eine in Aussicht genommene, bevorstehende oder beginnende Ortsveränderung an. Sie kann unbestimmt sein, wenn nicht klar ist, wohin der Weg gehen soll (Gen 24, 49); oder das Sich-umwenden geschieht absichtlich nach allen Seiten, um sich abzusichern (Ex 2, 12), bevor man eine geplante Tat ausführt. Häufig aber ist eine bestimmte Richtung angezielt, in die auch sofort gegangen wird. So legen die Philister fest, wohin sie zu ihrem Raubzug aufbrechen (1 Sam 13, 17f.). Die „Töchter Jerusalems" hingegen kennen die Richtung nicht, in die der Geliebte, den sie mit der Braut suchen wollen, sich begeben hat (Hld 6, 1). Um die Richtung anzuzeigen, wird *pānāh* auch mit nicht-personalem Subjekt verbunden. In Jos 15, 2. 7 wird so der Grenzverlauf markiert. Der Betrachter folgt der Grenze, die dahinläuft. Bei der Beschreibung von Bauten dient *pānāh* ebenfalls der Richtungsangabe, wie etwa um die Ausrichtung der Rinder anzuzeigen, die das Eherne Meer trugen (1 Kön 7, 25). In den Tempelvisionen Ezechiels sind die Tore in die Himmelsrichtung „gewendet", von der her man das Gebäude bzw. die Tore betritt (8, 3; 9, 2; 11, 1; 43, 1; 46, 1. 12. 19; 47, 2). Ihre Außenseite bzw. ihre Fassade („Gesicht") liegt im Osten usw. Beim Altar (43, 17) liegen die Stufen, die zu ihm hinaufführen, östlich vom Altarblock. Der Standort des Beschreibenden scheint im Inneren des Tempels zu liegen. In diese richtungsbestimmte Schau fügt sich 10, 11 auch die Angabe über das Fahren des „Thronwagens" JHWHs. Die Räder dürfen nicht laufen, wohin sie wollen. Die Wendung des vordersten bestimmt die Richtung. Nach dtr Auffassung leitet JHWH durch die Angabe von Weg und Ziel, dem sich Israel zuzuwenden hatte auf göttlichen Befehl, den

Vollzug der Landnahme. Die Männer, die Mose (Num 13,1: auf Befehl JHWHs) zur Erkundung des Landes ausschickte, wandten sich dem Gebirge zu (Dtn 1,24), erkundeten das Bergland und berichteten. Der Herr hatte bereits den Beginn der Landnahme angeordnet und befohlen, ins Bergland der Amoriter hinaufzuziehen (1,7). Als das Volk nach dem Bericht der Kundschafter murrte und nicht glaubte, nahm JHWH den Auftrag, ins verheißene Land zu ziehen, zurück und ordnete an, daß sich Israel wieder der Wüste zuwende und den Weg zum Schilfmeer einschlage (Dtn 1,40; Num 14,25), was es auch tat (Dtn 2,1). Nachdem das Volk lange in einem leeren Kreislauf um das Gebirge Seir herumgezogen war, gab JHWH den Weg ins Ostjordanland frei (v. 3), und Israel entsprach der von seinem Gott verfügten Wende, zog den Weg zur Wüste Moab entlang (v. 8) und wandte sich dann nach Norden, dem Baschan zu (3,1; vgl. Num 21,33). In all diesen Wendungen, die von Gott angeordnet sind, zeigt und konkretisiert sich seine Führung. Selbst das Weggehen vom erwählten Ort nach der Paschafeier (16,7) wird von ihm geregelt. Auch Elija ist, selbst wenn er nicht direkt als Prophet tätig ist, der göttlichen Leitung unterstellt: JHWH befiehlt ihm, an den Bach Kerit zu gehen und so der Hungersnot auszuweichen (1 Kön 17,3). – Mit der Verwendung von *pānāh* werden bewußt Markierungen im Lauf eines Geschehens gesetzt, von dem berichtet wird. Wenn jemand sich vom bisherigen Schauplatz der Handlung abwendet und einem anderen zuwendet, beginnt eine neue Szene. So ist es, da die Männer (Boten Gottes) sich anschicken, nach Sodom zu gehen (Gen 18,22), so auch in der Plagenerzählung, da der Pharao sich abwendet und sein Desinteresse zeigt (Ex 7,23) und Mose sich umwendet (10,6), ohne eine Antwort des Pharao abzuwarten. Als die Königin von Saba sich dem Heimweg zuwendet (1 Kön 10,13), ist ihr Besuch bei Salomo beendet. Mehr als ein bloßer Szenenwechsel wird in der Geschichte von der Verehrung des goldenen Stierbilds mit dem von JHWH befohlenen Sich-umwenden des Mose (Ex 32,15) signalisiert: Die Angelegenheit nimmt die entscheidende Wende; das Stierbild wird zerstört, die Tafeln werden zum Zeichen, daß der Bund gebrochen ist, zerschmettert (auch Dtn 9,15ff.). Nach der erneuten Begegnung Moses mit Gott erfolgt in einem für die dtr Theologie wichtigen Akt eine heilvolle Wende (10,5). Mose legt die Tafeln in die Lade des Bundes. Als sich Saul an den Amalekiter wendet (2 Sam 1,7), trifft er die Entscheidung, seinem Leben ein Ende zu setzen. Die Auseinandersetzung Abners mit Asaël wendet sich für diesen zum Unheil: Er wird getötet (2 Sam 2,20). Da sich Naaman, der Aramäer, voll Enttäuschung und Zorn abwendet (2 Kön 5,12), kommt er in Gefahr, die Chance der Heilung zu verspielen. Mit der Äußerung, sich anderswohin wenden zu wollen, bringt der Knecht Abrahams die Angelegenheit zur Entscheidung (Gen 24,49). Indem sie sich abwenden, bringen die Daniter wie Micha zum Ausdruck (Ri 18,21.26), daß weiter nichts zu machen ist.
Nachdem die Landnahme auch westlich des Jordan beendet ist, entläßt Josua (Jos 22,4) die ostjordanischen Stämme in ihre Gebiete. So wird in dtr Sicht dokumentiert, daß sie den Auftrag Moses (Dtn 3,18ff.) erfüllt haben. Für die dtr Theologie ist auch wichtig, daß sie 2 Kön 23,16 nicht einfach feststellt, es habe in der Nähe von Bet-El Gräber gegeben, mit deren Gebeinen der Altar von Bet-El verunreinigt wurde, sondern die Initiative bei Joschija beläßt: Er wendet sich um, sieht die Gräber und verbrennt die Gebeine auf dem Altar, gemäß „dem Wort des Herrn, das der Gottesmann ausgerufen hatte" (1 Kön 13,2). Im Kriegsgeschehen wird, wenn die Kämpfenden sich umwenden und umschauen, deutlich, daß die Lage sich zu ihren Ungunsten (Jos 8,20; Ri 20,40; 2 Chr 13,14) oder Gunsten (2 Chr 20,24) verändert hat. Ist die Lage ungünstig und die Schlacht nicht zu gewinnen, wenden sie den Feinden den Rücken zu (Jos 7,12; Jer 48,39), wenden sie sich zur Flucht (Ri 20,42.45.47; Jes 13,14; Jer 46,5.21; 49,8.24; Nah 2,9), wie es auch geschieht, wenn der Herr seine Strafe über seine Feinde verhängt. – Der Ausdruck „wohin er sich auch wendet" (1 Sam 14,47; 1 Kön 2,3 in der Anrede) meint: was immer er auch unternimmt. Wenn einer sich seinem Weinberg zuwendet (Ijob 24,18), dann will er ihn bearbeiten, seine Früchte sehen und ernten. So wendet sich Kohelet (2,11f.) in seinen Überlegungen all seinen Unternehmungen zu, die er getätigt hat, bedenkt die aufgewendete Mühe und wendet sich dann der Weisheit zu. Und er zieht den Schluß, daß es in beidem keinen Vorteil und wirklichen Gewinn gibt. Schwierig zu deuten ist Hag 1,9. Der Prophet sagt seinen Hörern, daß sie sich „viel(em) zuwenden, doch siehe: zu Wenigem". Nach dem Kontext, der vom Säen und Ernten spricht, möchte man an die erwartete Ernte denken. Vielleicht ist gemeint: Ihr habt viel erhofft. Oder es ist allgemein auf all das angespielt, was man unternommen hat.

Schließlich ist auf das *pi* einzugehen, das die Bedeutung „aufräumen" hat, die auch für den theologischen Gebrauch wichtig wird (s.u.): Laban räumt das Haus auf (Gen 24,31), damit der Knecht und die kleine Karawane Platz haben. Bevor der Priester kommt, um den „Aussatz des Hauses" (→ צרעת *ṣāra'aṭ*) zu untersuchen, soll das Haus ausgeräumt werden (Lev 14,36), damit die darin befindlichen Geräte nicht unrein und damit unbrauchbar werden.

b) Das Sich-zuwenden oder Sich-abwenden impliziert naturgemäß einen zeitlichen Aspekt, ein Vorher und Nachher. Bisweilen aber sind es die Zeitabschnitte selbst, die sich „wenden" und damit oder dabei eine bestimmte Situation heraufführen. Eine bisweilen verwendete Formel spricht vom Anbruch des Abends (Gen 24,63; Dtn 23,12), wenn der Tag sich neigt (Jer 6,4), sich also zum Gehen wendet, oder wenn der Morgen sich wendet bei Tagesanbruch (Ex 14,27; Ri 19,26; Ps 46,6). In dieser Morgenstunde hat sich am Schilfmeer das Schicksal Israels entschieden und das Unheil wurde durch Gottes Hilfe abgewendet. Dieser Gedanke von der göttlichen Hilfe in der Morgenfrühe wurde dann auch in die Theologie der Heiligen Stadt im Zionspsalm (Ps 46, 6) aufgenommen (→ I 752 f.). Beim Kommen des Abends darf einer, der unrein geworden ist, sich entsprechend der dtn Theorie von der Reinheit des Lagers Israels mit Wasser waschen und in das Lager zurückkehren (Dtn 23, 12), um nicht während der unheilvollen Nacht draußen bleiben zu müssen. Mit dem Unheil jedoch, das der Zorn Gottes mit sich bringt, verbindet der Psalmist die Wende all seiner Tage (Ps 90, 9); sie werden vergehen. Und im Gedanken an diese Vergänglichkeit ruft er zu Gott, dem Ewigen, daß er ihn annehme, ihn aus Schuld zu einem guten Leben befreie.

c) Eine besondere Note erhält das Sich-zuwenden zweifellos, wenn es dem Menschen gilt. Es kann zu Gutem ausschlagen wie bei Merib-Baal, den David begnadigte, da er sich ihm demütig unterwarf (2 Sam 9, 8). Es sollte Hilfe bringen in der Not (vgl. Jer 47, 3). Dahin zielt die wiederholte Bitte Ijobs (6, 28; 21, 5). Die Freunde sollen ihn anhören, auf seine Argumente eingehen, sich in seine Lage versetzen, seine Worte ernst nehmen und nicht in eine falsche Richtung argumentieren. Im Verhältnis der Staaten und Völker zueinander sollte Vertragstreue (Ez 17, 6), aber nicht ein falsches Vertrauen (Ez 29, 16) eine Zuwendung und Verbindung bestimmen. Sich jemandem zuwenden, bringt nicht immer Gutes mit sich. Abner tötet Asaël (2 Sam 2, 20). Elischa wendet sich nach den jungen Leuten um, die ihn verspotten, und verflucht sie, was ihren Untergang bewirkt (2 Kön 2, 24). Dem, der Bestechungsgeld verwendet, geht es nicht um den Mitmenschen, an den er sich wendet, sondern um den eigenen Vorteil; es bringt, wie Spr 17, 8 feststellt, anscheinend stets Erfolg. Bevor man ein Urteil abgeben kann, muß man sich dem Sachverhalt zuwenden und gründlich prüfen, wie es Aaron Mirjam gegenüber und die Priesterschaft im Fall des Königs Usija tun (Num 12, 10; 2 Chr 26, 20).

Rückblickend auf den vielfältigen Gebrauch des Verbums *pānāh* darf wohl gesagt werden: *pānāh* drückt eine Änderung im Verlauf eines Geschehens oder Verhaltens, den Beginn einer Tätigkeit, eine angezielte Richtung aus. Was mit all dem verbunden ist an Inhalten, wird erst durch die Aussagen des Kontextes deutlich. Diese Beschreibung gilt für das *qal* und *hiph*. Im *pi* hingegen erhält *pnh* die Bedeutung „wegschaffen, aufräumen". Die Bedeutung des Verbums liegt zum großen Teil, wenn nicht überwiegend in der Aussage, daß sich jemand oder etwas „wendet" (vgl. Jenni, Das hebr. Piʿel, Zürich 1968, 22). Die Folgen und die Auswirkung werden erst danach im Text mitgeteilt oder kenntlich gemacht. Ähnliches ist auch beim theologischen Gebrauch zu beobachten.

3. a) In der Segensverheißung für den Gehorsam Israels, die sich an das Heiligkeitsgesetz (Lev 17–25) anschließt, verspricht JHWH seinem Volk: „Ich wende mich euch zu" (26, 9). Was das konkret besagt, wird anschließend (vv. 9–13) aufgeführt: Er schenkt Fruchtbarkeit und macht sein Volk zahlreich, schlägt seine Wohnstatt in ihm auf, wandert mit ihm, hat keine Abneigung gegen es und läßt es nach der Befreiung aus der ägyptischen Knechtschaft wieder aufrecht gehen. Diese umfassende Gewährung von Heil ist in der göttlichen Zuwendung beschlossen und mit ihr gegeben. Ähnlich ist es mit dem Heilswort über die Berge Israels, denen sich der Herr nun wieder zuwendet (Ez 36, 9). Sie werden wieder grün und bringen für Israel Früchte hervor, so daß das Volk zurückkehren kann. Man ackert und sät wieder auf ihnen. Viele Menschen und Tiere werden dort leben, und der Aufbau wird vonstatten gehen. JHWH hatte sich abgewendet; das Land verfiel dem Gericht der Verödung. Seine Zuwendung bringt neues Leben. Um seinem Volk Rettung zu verschaffen, kann Gott sich auch einem einzelnen zuwenden, wie es im Fall des Gideon (Ri 6, 14) geschieht. Dann erfolgt der Auftrag und die Sendung zur Befreiungstat. Der Herr entkräftet denn auch den vorgebrachten Einwand und erklärt sich bereit, ein Zeichen zu geben, daß er mit dem Erwählten ist. Wenn JHWH sich jemandem zuwendet, dann mit Ernst, Wohlwollen und Festigkeit, so daß der Betreffende sicher mit seiner Hilfe rechnen kann. Darum spricht Salomo (1 Kön 8, 28) in seinem Tempelweihgebet, bevor er die einzelnen Bitten formuliert: „Wende dich, Herr, mein Gott, dem Beten und Flehen deines Knechtes zu!" Aus derselben Grundstimmung flehen die Beter der Psalmen zu ihrem Gott. Ein Angefochtener, der unter seiner Schuld und unter den Nachstellungen der Feinde leidet, fleht (Ps 25, 16) um Gnade und Vergebung, um Befreiung von der Angst und Rettung. Ein unschuldig Verfolgter bittet um Erbarmen (69, 17), Erhörung, Gottesnähe und Befreiung und spricht: „Verbirg nicht dein Gesicht vor deinem Knecht!" (v. 18). Einer, der arm und gebeugt ist, verspricht sich von der Zuwendung Gottes neue Kraft und ganz allgemein wirksame Hilfe (86, 16). Auch der Schriftgelehrte, der die Weisung des Herrn treu befolgen möchte, erwartet Gottes gnadenvolle Zuwendung (119, 132) und darin Belehrung, Festigung der Schritte, Erlösung und Gewährung von Heil; er sagt: „Laß dein Angesicht leuchten über deinem Knecht!" (v. 135). Ein Kranker, der darum bittet, daß Gott sein Antlitz nicht verbergen möge, was die Fortdauer seiner Leiden bewirken würde (102, 3), ist davon überzeugt, daß der Herr sich dem Gebet der Verlassenen zuwendet (v. 18). Insofern das Opfer Hingabe und Bitte um Vergebung ist, gepaart mit dem aufrichtigen Bemühen, den göttlichen Willen zu tun, wendet sich JHWH ihm zu (vgl. Mal 2, 13), und er nimmt den Darbringenden huldvoll an. Von daher wird es verständlich, daß Mose beim Aufruhr Korachs, Datans und Abirams voll Zorn den Herrn bittet, er möge sich ihrem Opfer nicht zuwenden (Num 16, 15). Wendet sich JHWH aber dem Starrsinn, der Schuld und Sünde seines Volkes zu, dann besteht höchste Gefahr, und die Vernichtung droht. Mose sucht dies mit seiner Fürbitte abzuwenden (Dtn 9, 27). Räumt er jedoch die Feinde weg (*pnh pi*, Zef 3, 15), die sein Volk eingeengt und bedrängt haben, verschafft er ihm wieder weiten Raum, wie er

es einst bei der Landnahme getan hatte (Ps 80,10). Was die Zuwendung JHWHs zu seinem Volk anbelangt, so zieht der wohl dtr Autor am Ende der Elischa-Geschichte (2 Kön 13,23) eine noch positive Bilanz mit allerdings bedrohlich ernstem Hintergrund: Noch wendet sich der Herr wegen seines Bundes mit den Vätern Israel wieder zu, verstößt und verdirbt es noch nicht. Später muß er davon berichten, daß JHWH sich abgewendet hat (2 Kön 17), und die Folgen beschreiben.

b) Israel sollte sich stets seinem Gott zuwenden, wie es ein Geretteter in seinem Danklied (Ps 40, 2–12) jedem anrät: Er preist den Menschen glücklich, der sein Vertrauen auf den Herrn setzt und sich nicht zu den Stolzen und zu den treulosen Lügnern hält (v. 5). Vertrauen ist in der Tat die Voraussetzung dafür, daß einer sich an jemanden in der Erwartung wendet, akzeptiert zu werden und Hilfe zu erhalten. In dieser Erwartung wendet sich das Volk, das nach dem Auszug aus Ägypten unter Hunger leidet, auf das durch Aaron vermittelte Wort Moses zur Wüste hin, JHWH zu, der auch in seinem *kāḇôḏ* erscheint (Ex 16,10). Als die Gemeinde sich gegen Mose und Aaron zusammenrottet, wenden sich diese dem Offenbarungszelt zu und damit an JHWH, der auch jetzt in seiner Herrlichkeit erscheint (Num 17,7) und das Volk straft, bis Aaron es entsühnt. In einem Heilswort, das auch den anderen Völkern zugesprochen ist (Jes 45,22), sagt der Prophet allen die Rettung zu, die sich an JHWH wenden. Weil er der einzige Gott ist, gibt es niemand außer ihm, der zu retten vermag. Zuwendung zu ihm ist unerläßlich. In späterer Zeit, da er in den Glaubensvorstellungen mehr in die Transzendenz entrückt und von Engelscharen umgeben ist, wendet man sich in Not anscheinend gerne an die Heiligen (= Engel), die zu Gott hin vermitteln können (Ijob 5,1). Elifas betrachtet dies wohl als eine letzte Möglichkeit, die er aber ausschließt.

Dtr Theologie aber muß konstatieren, daß Israel sein Herz von seinem Gott abwendet (Dtn 30,17) und sich anderen Göttern zuwendet (31,18), um ihnen zu dienen. Dann hat Israel den Bund gebrochen und steht unter dem Fluch. An jenem Tag wird der Herr sein Angesicht noch mehr verbergen. Und das Lied des Mose (32,1–43) soll als Zeuge (31,20f.) gegen das Volk aussagen, Gottes Heilszuwendung herausstellen sowie das Unrecht und die Gefahr des Götzendienstes. In Hos 3,1b ist sicherlich ein dtr Nachtrag, der eine nicht im Duktus der Symbolhandlung gelegene Interpretation und diese dazu noch vorzeitig einträgt. Es ist eine Ausdeutung des Wortes „ehebrecherisch" (*mᵉnāʼāpæṯ*), auf Israel bezogen: die Liebe JHWHs zu seinem abtrünnigen Volk, das sich anderen Göttern zugewendet hat, wird hier als erzieherisches Handeln verstanden. Die Symbolhandlung jedoch spricht vom Entzug der Gemeinschaft und ihrer Gaben (v. 4). Die Hinwendung zu anderen Göttern verletzt das erste Gebot des Dekalogs. Entsprechend wird es Lev 19,4 formuliert: „Ihr sollt euch nicht (anderen) Göttern zuwenden!" Jer 2,27; 32,33 umschreiben die Abkehr von JHWH, die im Götzendienst vollzogen wird, mit dem sprechenden Bild: „Sie wenden mir den Rücken zu und nicht das Gesicht." In 2,27 könnte auch an magische Praktiken im Zusammenhang mit der Fremdgötterverehrung gedacht sein. Dies steht sicherlich Dtn 29,17 im Hintergrund, wo jeder gewarnt wird, sein Herz abzuwenden und mit Blick auf seinen Götzendienst einen Gegensegen über sich auszusprechen, der den Fluch, den er sich durch das Brechen des Bundes zugezogen hat, unwirksam machen soll. Auch Jes 8,21f. wird davor gewarnt, sich an dunkle Mächte – v. 19 werden Totengeister und Zauberer genannt – zu wenden. Für den, der das tut, „gibt es kein Morgenrot", keine Hoffnung. Folgerichtig wird Lev 19,31; 20,6 verboten, sich an Totenbeschwörer und Wahrsager zu wenden. Sie machen den Betreffenden unrein, nehmen ihm die Möglichkeit, sich an JHWH zu wenden. Und er richtet sein Angesicht gegen ihn und tilgt ihn aus seinem Volk. Das Volk muß seinen Gott befragen und zu ihm seine Zuflucht nehmen (Jes 8,19). Er hat Israel gesagt, wie es leben soll, und auch die Weisheit mahnt (Ijob 36,21), sich nicht dem Bösen zuzuwenden. Doch die Gruppe, die sich um den leidenden Gerechten schart, muß bekennen (Jes 53,6), daß sie ihren eigenen Weg ging, eine Verirrung. Vielleicht ist dabei angedeutet, daß jeder, wie es bei den Führern des Volkes der Fall ist (Jes 56,11), nur seinen eigenen Vorteil suchte. Nicht klar zu bestimmen ist, was in der Aussage (1 Sam 10,9) impliziert ist: „Und es geschah (l. *wjhj* statt *whjh*), als er (Saul) seine Schulter wendete, um von Samuel fortzugehen" (vgl. Jenni, Das hebr. Piʿel, Zürich 1968, 59 Anm. 93). Saul hat demnach Samuel den Rücken gekehrt. Soll hier schon angedeutet werden, daß er mit Samuel und damit mit dem Propheten und folglich mit JHWH später Differenzen hatte?

Eigens hinzuweisen ist auf die theologische Sinngebung im *pi* von *pnh*. Hier wird die Bedeutung „wegschaffen, aufräumen" aufgegriffen. Jes 40,3 verheißt, daß den Verbannten ein Weg in der Wüste für ihre Heimkehr nach Jerusalem gebahnt wird. Zunächst geht es mit dem Imp. *pannû* um das Wegräumen der Hindernisse. Die Straße wird durch die himmlischen Mächte, die offensichtlich angesprochen sind, gebaut. Es ist der Weg JHWHs, auf dem er mit seinem befreiten Volk nach Zion zurückkehrt. Der Aufruf von 40,3 wird 57,14 zitiert und ist hier im übertragenen Sinn zu verstehen: Entfernt aus eurem Leben, Tun und Verhalten, was das Kommen des Heils noch aufhält! Noch einmal wird 62,10 auf 40,3 zurückgegriffen. Jetzt sind die bereits in Jerusalem Wohnenden aufgefordert, die Hindernisse zu beseitigen, „die die vielen noch in der Fremde weilenden Israeliten hindern, wieder nach Jerusalem zu kommen" (Westermann, ATD 19², 301).

4. Es ist zu erwarten und sinngemäß, daß die LXX *pānāh* mit στρέφειν und Komposita wiedergibt (ca. 42mal). Aber sie übersetzt mindestens ebenso häufig (ca. 45mal) mit βλέπειν und Komposita. Hier denkt der Übersetzer wohl an *pānîm*. Ijob 5,1 steht ὁρᾶν, als

ob es um die Schau der Engel gehe; ein Zeichen dafür, daß Ijob ohne Schuld ist? Auffallend ist, daß βλέπειν auch in den Ez-Stellen steht, die eine Richtung des Tores oder Gebäudes aussagen. In den Psalmen, in denen sich der Betende an seinen Gott wendet (24 [25], 16; 39 [40], 5; 68 [69], 17; 85 [86], 16; 101 [102], 18; 118 [119], 132) wird wie an einer Reihe anderer Stellen ἐπιβλέπειν verwendet: Der Bedrängte schaut zu seinem Gott auf, und JHWH schaut auf sein Volk (Ez 36, 9). Vielfach wird mit Verben der Bewegung gemäß dem Kontext *pānāh* gedeutet oder zum Ausdruck gebracht, was mit „wenden" beginnt. So steht Ez 29, 16 ἀκολουθεῖν, Dtn 29, 18 (17) ἐκκλίνειν, Ps 89 (90), 9 ἐκλείπειν, 2 Kön 2, 24; 23, 16 ἐκνεύειν, Jes 56, 11 ἐξακολουθεῖν, Lev 19, 4 ἐπακολουθεῖν, Jos 15, 7 καταβαίνειν, Jer 6, 4 κλίνειν, Dtn 30, 17 μεθιστᾶν, Num 17, 7 ὁρμᾶν, Jes 53, 6 πλανᾶσθαι, Num 16, 15 προσέχειν. Bei Zeitangaben wird *pānāh* mit τὸ πρὸς (ἑσπέραν) Dtn 23, 11 (12), mit τὸ πρὸς (πρωί) Ps 45 (46), 6 übersetzt. In der Wiedergabe des *pi* liest die LXX Lev 14, 36 ἀποσκευάζειν, Gen 24, 31; Jes 40, 3 ἑτοιμάζειν, Jes 62, 10; Ps 79 (80), 10 ὁδοποιεῖν. Sie bezieht also das „Aufräumen" JHWHs nicht auf die Vertreibung der Völker aus dem Gelobten Land, sondern auf die Führung dorthin.

5. Die Qumran-Gemeinde gewinnt aus Jes 40, 3 eine wichtige Einsicht für ihr Selbstverständnis und ihren von Gott gegebenen Auftrag. Sie sieht sich „ausgesondert aus der Mitte der Behausung der Männer des Frevels, um in die Wüste zu gehen, dort den Weg des Herrn zu bereiten". „Das ist das Studium des Gesetzes, welches er durch Mose zu tun befohlen hat gemäß allem, was geoffenbart ist von Zeit zu Zeit, und wie die Propheten offenbart haben durch seinen heiligen Geist" (1 QS 8, 13–16). Die Wegbereitung besteht also darin, daß die Männer der Gemeinschaft „vollkommen wandeln, jeder mit seinem Nächsten in allem, was ihnen offenbart ist" (9, 19). Die Damaskusschrift warnt die Mitglieder der Gemeinde, Gottes Gebote zu mißachten und zu verlassen und sich in der Verstocktheit des Herzens abzuwenden (CD 8, 19; 19, 33). In den Lobliedern sagt der Betende mit Blick auf Gen 1, wann die Zeiten sind, Gott zu preisen: wenn es Abend und wenn es Morgen wird (1 QH 12, 5f.). In 1 QH 8 dankt allem Anschein nach der „Lehrer der Gerechtigkeit" dafür, daß Gott ihn ausersehen hat, der Gemeinde den entscheidenden Dienst der Unterweisung zu leisten; er sagt: „Und durch meine Hand hast du ihre Quelle geöffnet mit [ihren] Bächen [...], um zu wenden nach zuverlässiger Meßschnur" (Z. 21). Er sieht die Gemeinde als Pflanzung, der er durch seine Lehre gemäß dem göttlichen Willen Weisung und Ausrichtung schenken darf.

Schreiner

פִּנָּה *pinnāh*

I. Etymologie und Vorkommen – II.1. Architektonische Bedeutung – 2. Soziologische Bedeutung – 3. Theologische Bedeutung – III. LXX – IV. Qumran.

Lit.: *J. Jeremias*, Der Eckstein (Angelos 1, 1925, 65–70). – *Ders.*, Κεφαλὴ γωνίας – Ἀκρογωνιαῖος (ZNW 29, 1930, 264–280). – *Ders.*, Eckstein – Schlußstein (ZNW 36, 1937, 154–157). – *Ders.*, λίθος (ThWNT IV 272–283). – *L. Köhler*, Zwei Fachworte der Bausprache in Jesaja 28, 16 (ThZ 3, 1947, 390–393). – *J. Lindblom*, Der Eckstein in Jes 28, 16 (Festschr. S. Mowinckel, NoTT 56, 1955, 123–132). – *U. Maiburg*, Christus der Eckstein. Ps. 118, 22 und Jes. 28, 16 im Neuen Testament und bei den lateinischen Vätern (Festschr. Th. Klauser, JAC Erg.-Bd. 11, 1984, 247–256). – *H. Merklein*, Das kirchliche Amt nach dem Epheserbrief (StANT 33, 1973, bes. 144–152). – *H. Muszyński*, Fundament, Bild und Metapher in den Handschriften aus Qumran (AnBibl 61, 1975). – *J. van der Ploeg*, Les chefs du peuple d'Israel et leurs titres (RB 57, 1950, 40–61). – *K. Th. Schäfer*, Lapis summus angularis (Festschr. H. Lützeler, 1962, 9–23). – *Ders.*, Zur Deutung von ἀκρογωνιαῖος Eph 2, 20 (Festschr. J. Schmid, 1963, 218–224).

I. Die Etymologie von *pinnāh* ist nicht sicher. Leitet es sich von der im Hebr. nicht belegten Basis * *pnn* ab, die als Nebenform von → פנה *pnh* 'umbiegen, wenden' aufgefaßt werden kann (vgl. GesB 650 und KBL^3 890), oder handelt es sich um eine eigenständige Wurzel, die in Analogie zum arab. *fanna* II 'verschieden machen, mischen' (vgl. H. Wehr, Arab. Wb 650) 'sich zerteilen' bedeutet (so König, Wb 367), oder stellt es eine nominale Weiterbildung des hebr. → פנים *pānîm* dar (vgl. A. S. van der Woude, THAT II 433)? Unsicherheit besteht auch in bezug auf eine Verbindung mit dem ugar. Namen *pnt* (vgl. RSP I 466).

Das Wort begegnet im AT 30mal, im Sing. 18mal, im Pl. *pinnôt* 11mal, *pinnîm* 1mal (Sach 14, 10). Es verteilt sich folgendermaßen: Ex 2; DtrGW 4; Jes 2; Jer 3; Ez 2; Zef 2; Sach 2; Pss 1; Ijob 2; Spr 4; Neh 3; Chr 3.

II. 1. Die weitaus meisten Belege (23) beziehen sich auf bauliche Gegebenheiten. *pinnāh* bezeichnet den Punkt, wo eine Gerade eine Wende macht, so daß sich im Unterschied zur Kurve *ḥāmûq* (Hld 7, 2) ein spitzer, scharfer Knick bildet; so z. B. beim Verlauf einer Straße (Spr 7, 8. 12; 2 Chr 28, 24) oder einer Mauer. Besonders in der Jerusalemer Stadtmauer gab es – wohl auf der N(O)-Seite – eine markante, bekannte Ecke (Neh 3, 24. 31. 32); auf der NW-Seite (zur Neustadt hin?) befand sich das Ecktor, das den Namen *šaʿar happinnāh* trug (2 Kön 14, 13; Jer 31, 38; 2 Chr 26, 9). Nur in Sach 14, 10, wo die Lage des endzeitlichen Jerusalems vermutlich durch die Angabe der Stelle der größten Ausdehnung umrissen wird, heißt das Tor *šaʿar happinnîm*. Daß es sich dabei um eine noch dazu verderbte Glosse handelt, wie man vielfach annimmt, ist zweifelhaft. Wahrscheinlicher handelt es sich um eine bewußt antikisierende Formulierung, die an vorexil. Verhältnisse anknüpfen will. Dies legt der ausdrückliche Hinweis „an der Stelle des früheren Tores" (*ša'ar hāri'šôn*) nahe, zumal in Neh 3 nichts mehr von diesem Ecktor verlautet. In der Bedeutung „Eckturm" kann *pinnāh* als pars pro toto auch die „Burg", die „Befestigung" symbolisieren (vgl. Rudolph, KAT XIII/3, 286 zu Zef 3, 6). Daß *pinnāh* term. techn. für die Vorsprünge einer Fleschenmauer wie z. B. der in Tell Arad sei (so de Vaux, LO II 37f.), läßt sich nicht belegen.

6mal tritt *pinnāh* in Verbindung mit *'arba'* auf und bezeichnet die vier Ecken eines Hauses (Ijob 1, 19), des Altars (Ex 27, 2; 38, 2), der Altareinfassung (Ez 43, 20; 45, 19) oder des Gestells der Kesselwagen (1 Kön 7, 34).

Für die theologische Bedeutung war es in einer umfangreichen, meist von Neutestamentlern geführten Debatte von großer Wichtigkeit, ob *ro'š pinnāh* bzw. *'æbæn pinnāh* nur den Bauschlußstein eines Gebäudes bezeichnet (so v. a. J. Jeremias) oder aber ausschließlich den Eckstein des Fundamentes, den Grundstein (so bes. Schäfer; vgl. die Diskussionsübersicht bei Merklein 144–152). Die architektonische Bedeutung des Begriffes läßt sich innerat.lich aber nicht in die eine oder andere Richtung festlegen. Denn von Spr 21, 9; 25, 24 (*pinnaṯ gaḡ*) und Zef 1, 16 (*happinnôṯ hagg^{e}ḇohôṯ*) ist die Bedeutung (eckiger) „Dachabschlußstein, Zinne" gesichert (vgl. auch Zef 3, 6; 2 Chr 26, 15). Umgekehrt ist in Ijob 38, 6 eindeutig auf (eckiger) „Grundstein" zu deuten. In Jer 51, 26 ist nicht klar, ob *l^{e}pinnāh* im synonymen Parallelismus zu *l^{e}môsāḏôṯ* steht (vgl. R. Mosis, → III 673), also „Grundstein" bedeutet, oder aber im antithetischen Merismus die Totalität vom Grundstein bis zur „Zinne" ausdrücken soll.

2. In übertragener Bedeutung meint *pinnāh* in Ri 20, 2; 1 Sam 14, 38; Jes 19, 13 (in par. *śārîm*); Sach 10, 4 und evtl. auch Zef 3, 6 (par. *gôjîm*) die gesellschaftliche Führungsschicht. Die Metapher *pinnôṯ kŏl hā'ām* kann dabei sowohl die Grundpfeiler der ganzen Gesellschaft als auch ihre höchsten Zinnen („High Society") meinen. Daß eine bestimmte Funktion oder Amtsbefugnis an diesem Titel haften, wird man wohl kaum zeigen können (vgl. J. van der Ploeg 52. 60).

3. In Jes 28, 16 wird im Rahmen eines Drohwortes gegen trügerische Selbstsicherheit bei der (antiassyr.) Bündnispolitik (Hiskijas gegen Sanherib?) offenbar als Alternative auf eine *pinnaṯ jiqraṯ mûsāḏ* (par. *'æḇæn boḥan*) verwiesen. Die Deutung dieses „kostbaren Fundamenteckstein" (oder evtl. nach Köhler „Ecke, wo eine Grundmauer auf die andre trifft") wird durch die unklare Zeitstufe des regierenden Verbums (*hin^{e}nî jissaḏ*) erschwert: Handelt es sich um eine vergangene Heilssetzung JHWHs (etwa um die Erwählung des Zion zum Grundstein des Tempels und zum Nabel [-schlußstein] der Welt oder um das davidische Königtum)? Oder ist eine erst zukünftige gemeint (etwa die Bewahrung eines „Restes" der wahrhaft Glaubenden [vgl. Qumran] oder der Messias)? Oder – falls das Wort exil. oder gar nachexil. wäre – könnte dann nicht die Heimkehrergemeinde und der neue Tempel gemeint sein? Oder ist, was sich von v. 16bβ („Wer glaubt, weicht nicht") am ehesten nahelegt, der gegenwärtige Glaube hier mit dem in die Fundamente (LXX εἰς τὰ θεμέλια) eingelassenen Eckstein verglichen, der die Stabilität und Ausrichtung des ganzen Hauses bestimmt und durch den allein es Bestand hat (vgl. Jes 7, 9)? (Über die vielfältigen Deutungen des Ecksteinwortes informieren z. B. O. Kaiser, ATD 18^2, 201 ff.; H. Wildberger, BK X/3, 1075 ff.)

Ps 118 ist Reflex einer liturgisch bewegten Dankfeier mit mehreren Sprecherwechseln, bei welcher ein vom Tode Erretteter in und mit der Gemeinde seinen Dank in den Tempel vor Gott bringt. V. 22 faßt sein Geschick als Bekenntnis der Gemeinde in das Bildwort vom Stein, der – obgleich von den vermeintlich kundigen Bauleuten verworfen – dennoch durch Gottes wunderbares Eingreifen zum Eckstein wurde (*l^{e}ro'š pinnāh*, wobei *ro'š* wohl nicht als vertikal Höchstes, sondern als horizontal Vorderstes zu verstehen ist, vgl. Ez 16, 25. 31 oder Jes 51, 20). Dieses Bildwort hat eine bewegte Auslegungsgeschichte (vgl. für die ältere Forschung H. Hupfeld / W. Nowack, Die Psalmen II, ^{3}1888, 521 ff.; zu den neueren Lösungen vgl. H.-J. Kraus, BK XV/2^5, 979 f.): In der jüdischen Exegese und häufig auch in der kritischen christlichen Auslegung wurde und wird das „Ich" des Psalms kollektiv als Chiffre für Israel interpretiert, das in einer nationalen Dankfeier – etwa nach der trotz aller Anfeindungen glücklichen Vollendung des Mauerbaus unter Nehemia oder nach den Makkabäersiegen – der wunderbaren Wende seines schon verlorengeglaubten Schicksals gedenkt. Zunehmend aber deutet man das „Ich" individuell, und zwar weniger auf ein bestimmtes historisches Individuum, etwa einen König wie Hiskija, Joschija oder Jojachin, oder den erwarteten Messias, als vielmehr auf ein „exemplarisches Ich"; der den Psalm Betende selbst bezeugt jeweils mit seiner persönlichen Erfahrung, was für Gottes Handeln mit den Menschen typisch ist: Gott holt scheinbar Verworfene in das Leben und die Gemeinschaft zurück und rückt die Verkündigung ihres Geschicks zur „Auferbauung" ins Zentrum des Gemeindegottesdienstes.

III. LXX übersetzt *pinnāh* zumeist mit γωνία oder (ἀκρο)γωνιαῖος (λίθος), selten mit καμπή (Neh 3, 24. 31) oder κλίμα (Ri 20, 2). In Jes 28, 16 begünstigt LXX durch Hinzufügung von ἐπ' αὐτῷ („Wer *an ihn* glaubt ...") eine messianische Deutung, die auch in Ps 118, 22 durch ein zusätzliches explikatives οὗτος („... *dieser* ist zum Eckstein geworden") angebahnt wird.

IV. In den erhaltenen Qumran-Texten begegnet *pinnāh* 33mal, allein in der Tempelrolle 30mal; unsicher ist 1 QM 9, 13 (*pnj hmgdl*): „Ecken des Turmes" oder „Vorderseite des Turmes"? Alle Belege bis auf zwei beziehen sich auf bauliche Gegebenheiten. Besonders in der Tempelrolle werden die Ecken des Altares, des idealen neuen Tempels und der nach ihrer Heiligkeit gestaffelten Höfe mit *pinnāh* bezeichnet.

In 2 Q 23, 1, 6 (DJD III 82 f.) ergeht in einem apokryphen prophetischen Weheruf über die frevelhaften Einwohner einer nicht namentlich erhaltenen Stadt (Jerusalem?) das Drohwort, daß sie *m'bn pnh* herabgestürzt werden sollen, was nur bedeuten kann „vom Zinnen-Stein, vom höchsten Stein“ (vgl. 2 Chr 25, 12). Nur im wohl ältesten Teil der Gemeinderegel in 1 QS 8, 7 findet sich ein übertragener, theologischer Gebrauch. Hier wird Jes 28, 16 in quasi ekklesiologischer Deutung aufgenommen und auf die vollzogene Gemeindegründung bezogen: die Qumran-Gemeinschaft versteht sich selbst als den „kostbaren Eckstein“ der allein wahrhaft Glaubenden (vgl. H. Muszyński 174–193 und Ch. Dohmen, RQu 11, 1982/84, 86 f.).

Oeming

פָּנִים *pānîm*

I. **pan* in den semitischen Sprachen – II. Verbreitung im AT – III. Nominaler Gebrauch – 1. In bezug auf Gegenstände – 2. In bezug auf kosmische Elemente – 3. In bezug auf Tiere – 4. In bezug auf Menschen – a) Physische Bedeutung – b) Ausdruck der Gefühle – c) Übertragene Bedeutung – d) Als Bezeichnung der Person – 5. *p^enê JHWH* – 6. *X-pānîm* – IV. Feststehende Wendungen – 1. *pānîm b^e / 'æl pānîm* – 2. *bqš pānîm* – 3. *he'îr pānîm* – 4. *ḥlh pānîm* – 5. *nś' / hdr pānîm* – 6. *ntn / śjm pānîm* – 7. *sbb / swr / šwb pānîm* – 8. *ksh/str pānîm* – 9. *r'h/ḥzh pānîm* – V. Semantische und theologische Bewertung – VI. Präpositionaler and adverbieller Gebrauch – 1. *lipnê* – a) allgemein – b) *lipnê JHWH* – 2. *millipnê* – 3. *mipp^enê* – 4. *(me) 'al-p^enê* – 5. *'æṯ / me'eṯ p^enê* – 6. *'æl p^enê* – 7. Sonstige Präpositionen – 8. Adverbieller Gebrauch – VII. 1. LXX – 2. Qumran.

Lit.: *S. E. Balentine*, The Hidden God, Oxford ²1984. – *Ders.*, A Description of the Semantic Field of Hebrew Words for „Hide“ (VT 30, 1980, 137–153 = The Hidden God, 1–21). – *J. Barr*, Theophany and Anthropomorphism in the O.T. (VTS 7, 1960, 31–38). – *W. W. Graf Baudissin*, „Gott schauen“ in der alttestamentlichen Religion (ARW 18, 1915, 173–239 = Anhang zu F. Nötscher, „Das Angesicht Gottes schauen“ nach biblischer und babylonischer Auffassung, ²1969, 193–261). – *J. Böhmer*, Gottes Angesicht (BFChTh 12, 1908, 323–347). – *P. A. H. de Boer*, An Aspect of Sacrifice (VTS 23, 1972, 27–47, bes. 27–36). – *G. C. Bottini*, „Pose la sua faccia tra le ginocchia“. 1 Re 18, 42 e paralleli estrabiblici (SBFLA 32, 1982, 73–84). – *W. H. Brownlee*, „Son of Man Set Your Face“, Ezekiel the Refugee Prophet (HUCA 54, 1983, 83–110). – *J. Carmignac*, Le complément d'agent après un verbe passif dans l'Hébreu et l'Araméen de Qumrân (RQ 9, 1978, 409–427, bes. 421–427). – *E. Dhorme*, L'emploi métaphorique des noms des parties du corps en hébreu et en akkadien. III. Le visage (RB 30, 1921, 374–399). – *L. Díez Merino*, Il vocabolario relativo alla ricerca di Dio nell'AT (BibO 24, 1982, 129–145; 25, 1983, 35–38). – *J. F. Drinkard*, *'al pĕnê* as „East of“ (JBL 98, 1979, 285 f.). – *M. Fishbane*, Form and Reformulation of the Biblical Priestly Blessing (Festschr. S. N. Kramer = JAOS 103, 1983, 115–121). – *M. D. Fowler*, The Meaning of *lip̄nê* YHWH in the OT (ZAW 99, 1987, 384–390). – *Ch. T. Fritsch*, A Study of the Greek Translation of the Hebrew Verbs „to see“, with Deity as Subject or Object (Festschr. H. M. Orlinsky = EI 16, 1982, 51*–57*). – *O. García de la Fuente*, „David buscó el rostro de Yahweh“ (2 Sm 21, 1) (Aug 8, 1968, 477–540). – *Y. Gil*, *kî qāran 'ôr p^enê mōšæh* (BethM 30, 1984/85, 341–344). – *M. I. Gruber*, The Many Faces of Hebrew נשא פנים „lift up the face“ (ZAW 95, 1983, 252–260). – *E. G. Gulin*, Das Antlitz Jahwes im Alten Testament (AASF Ser. B 17/3, 1923, 1–30). – *M. Haran*, The Shining of Moses' Face: A Case Study in Biblical and Ancient Near Eastern Iconography (Festschr. G. W. Ahlström = JSOT Suppl. Ser. 31, 1984, 159–173). – *B. Halpern*, Yhwh's Summary Justice in Job xiv, 20 (VT 28, 1978, 472 ff.). – *A. Jirku*, „Das Haupt auf die Knie legen“. Eine ägyptisch-ugaritisch-israelitische Parallele (ZDMG 103, 1953, 372). – *A. R. Johnson*, Aspects of the Use of the Term פָּנִים in the Old Testament (Festschr. O. Eissfeldt, 1947, 155–159). – *H.-J. Kraus*, Theologie der Psalmen (BK XV/3, 1979, bes. 46–48). – *S. C. Layon*, „Head on Lap“ in Sumero-Akkadian Literature (JANES 15, 1983, 59–62). – *S. Layton*, Biblical Hebrew „to Set the Face“, in Light of Akkadian and Ugaritic (UF 17, 1986, 169–181). – *R. W. L. Moberly*, At the Mountain of God (JSOT Suppl. Ser. 22, 1983). – *J. Morgenstern*, Moses with the Shining Face (HUCA 2, 1925, 1–27). – *F. Nötscher*, „Das Angesicht Gottes schauen“ nach biblischer und babylonischer Auffassung, ²1969. – *J. Reindl*, Das Angesicht Gottes im Sprachgebrauch des Alten Testaments (ErfThSt 25, 1970). – *F. Schnutenhaus*, Das Kommen und Erscheinen Gottes im AT (ZAW 76, 1964, 1–22). – *K. Seybold*, Der aaronitische Segen: Studien zu Numeri 6, 22–27, 1977. – *Ders.*, Reverenz und Gebet. Erwägungen zu der Wendung *ḥillā panîm* (ZAW 88, 1976, 2–16). – *D. C. T. Sheriffs*, The Phrases *ina IGI Dn* and *lipĕnēy Yhwh* in Treaty and Covenant Contexts (JNWSL 7, 1979, 55–68). – *R. Sollamo*, Renderings of Hebrew Semiprepositions in the Septuagint (AASF Diss. hum. 19, Helsinki 1979). – *M. Tsevat*, קרן עור פניו (Festschr. H. M. Orlinsky = EI 16, 1982, 163–167). – *E. Vogt*, Die vier „Gesichter“ (*pānīm*) der Cheruben in Ez (Bibl 60, 1979, 327–347). – *C. Westermann*, Die Begriffe für Fragen und Suchen im Alten Testament (KuD 6, 1960, 2–30).

I. Das Subst. **pan*, 'Gesicht' (hebr. *pānîm*) ist gemeinsemitisch (s. P. Fronzaroli, AANLR, VIII/19, 1964, 255. 269): akk. *pānu(m)* 'Vorderseite', Pl. 'Gesicht' (AHw 818 b–822 a); ugar. *pnm*, 'Antlitz' (WUS Nr. 2230; UT Nr. 2059); phön., pun. (interessant ist hier die Bezeichnung der Göttin Tinnit als *pn b'l*, „Angesicht Ba'als“; s. KAI 78, 2 mit Komm.), moabit. und reichsaram. (DISO 229–230; vgl. bibl.-aram. *'^anaf*); arab. *finā'* 'Vorhof'; syr. *p^enîṯā*, 'Seite, Gegend'; asarab. *fnwt*, 'Vorderseite', 'vor' (BGMR 45). Das Verbum → פנה *pānāh* ist vielleicht denominativ von *pānîm* (KBL³ 885a).

Hebr. *pānîm* kommt nie im Sing. vor und ist als plur. tantum zu betrachten.

Parallel mit *pānîm* erscheinen im Ugar. und Hebr. *ṣr* 'Rücken' (Ps 97, 3); *jmn* 'rechte Seite' (Ps 16, 11; 44, 4); *ksl* 'Rücken, Lende' (Ijob 15, 27); *p't*, 'Seite' (Lev 13, 41); *p'm* 'Fuß', 'Schritt' (Ps 57, 7; 85, 14); *tmwnh* 'Bild, Anblick' (Ps 17, 15) (RSP I 313–316). Von besonderem Interesse ist die Tatsache, daß es in den semit. Sprachen zahlreiche Wendungen mit *pn(m)* gibt, die auch im Hebr. bezeugt sind. Im Ugar. findet man *jtn pnm ʿm* „das Antlitz in eine Richtung wenden" (vgl. hebr. *śjm/ntn pānîm ʾæl/ʿal*) als Ausdruck des Sendens oder Gehens (del Olmo Lete 610); vgl. auch *wbhm pn bʿl* (KTU 1.12, I, 33, vgl. hebr. *śjm/ntn pānîm bᵉ* „das Antlitz richten gegen"); und die Präpositionalwendung *lpn-* „vor, in deiner/seiner usw. Gegenwart, von/zu seiner Gegenwart"; im Aram. kommt *lpn-* oft vor in der Bedeutung „in der Gegenwart von, in der Meinung/nach dem Urteil von". Vor allem im Akk. gibt es viele Ausdrücke, die sich eng an die *pānîm*-Wendungen im Hebr. anschließen. *pānu(m)* als Subst. bedeutet wie im Hebr. „Gesicht, Vorderseite, Oberfläche, Aussehen". Wie im Hebr. wird *pānu(m)* in Verbindung mit Personen, Gegenständen, kosmischen Elementen (Himmel, Sterne, Wasseroberfläche) gebraucht. Im übertragenen Sinn bezeichnet es auch eine Absicht (*ana ālim pānūšu*, „er will zur Stadt (gehen)", vgl. 2 Chr 32,2, *pānājw lammilḥāmāh*). Auch sind feststehende Wendungen belegt wie „Leuchten (*nawārum*) des Antlitzes", „das Gesicht erhellen, leuchten lassen" (*p. nummuru*), „das Angesicht von jemandem sehen, schauen, suchen" (*p. amāru*), „Nachsicht üben" (*p. wabālum*, vgl. *nśʾ pānîm*), „das Gesicht richten" (*nadānu*), „das Gesicht senken" (*p. quddudu*), „das Angesicht umwenden, abwenden, zuwenden" (*p. suḫḫuru*), wobei jeder dieser Ausdrücke verschiedene Bedeutungen haben kann. Als Semipräpositionen erscheinen z.B. *ana pān-* „zu, für, gegenüber", *ina pān-*, „angesichts, in Gegenwart von, vor".

Im AT kommen nur zwei Eigennamen vor, die mit *pānîm* gebildet sind: der PN *pᵉnûʾel* (1 Chr 4,4; 8,25 Q) und der Ortsname *pᵉnûʾel/pᵉnîʾel* (Gen 32,31 f.).

II. Die folgende Tabelle von *pānîm* ist (basierend auf Lisowsky) nach den in Verbindung mit ihm auftretenden Präpositionen zusammengestellt (incl. *lipnê* 1 Kön 6,17, vgl. M. Noth, BK IX/1, 100; excl. *millipnî* 1 Kön 6,29, s. M. Noth BK IX/1, 102; excl. *pnj*, Q *pî* Spr 15,14, vgl. O. Plöger, BK XVII 177). Die Gesamtzahl im jeweiligen at.lichen Buch schließt auch die Zahlen der unten noch anzugebenden Belegstellen von *pānîm* mit anderen Präpositionen ein. Unter *ʾeṯ* sind die *nota acc.* und die Präp. unterschiedslos mitgezählt. Unter *ʿal* ist auch die Verbindung mit *kol* (*ʿal-kŏl-pᵉnê*) mit berücksichtigt.

Dazu kommen, außer *lᵉpānîm* (adv. „früher"; incl. *millᵉpānîm* Jes 41,26) 22mal, noch *ʾæl-mûl* 8mal, *mimmûl* 2mal, *meʾeṯ* 6mal, (*ʾæl-*) *nokaḥ* 6mal, *nægæḏ*

	total	*ʾæl*	*bᵉ*	*ʾeṯ*	*lᵉ*	*millᵉ*	*min*	*ʿal*	*meʿal*	ohne Präp.
Gen	141	1	–	8	56	5	15	28	5	20
Ex	128	2	–	5	62	3	17	9	1	21
Lev	107	4	–	5	76	4	5	5	–	6
Num	119	2	1	–	83	3	10	13	–	4
Dtn	132	3	5	3	67	5	26	9	1	10
Jos	91	1	3	–	51	2	22	9	–	–
Ri	46	1	–	–	22	–	15	2	–	2
1 Sam	98	–	–	5	62	3	12	8	1	4
2 Sam	73	1	–	6	41	1	8	8	–	7
1 Kön	100	–	–	10	56	3	9	15	3	4
2 Kön	73	–	–	4	32	2	14	7	6	7
Jes	89	–	–	1	27	2	29	4	1	23
Jer	128	–	–	2	44	4	45	9	6	16
Ez	155	18	4	4	37	2	5	17	–	64
12 Proph.	72	–	2	4	27	3	15	8	3	9
Ps	133	–	–	5	49	6	21	3	–	48
Ijob	70	2	1	1	16	–	11	11	–	24
Spr	42	–	1	1	22	–	1	1	–	15
Rut	2	–	–	–	–	–	–	1	–	–
Hld	2	–	–	–	1	–	–	–	–	1
Koh	21	–	–	–	10	5	1	1	–	4
Klgl	11	–	–	–	3	–	3	–	–	3
Est	37	–	–	1	30	4	–	–	–	2
Dan	33	–	–	3	15	1	–	4	–	10
Esra	10	–	–	–	7	1	–	–	–	2
Neh	31	1	–	–	23	1	3	–	–	2
1 Chr	63	–	–	–	40	4	10	2	–	5
2 Chr	119	1	–	4	71	9	10	8	1	14
AT	2126	37	17	72	1030	73	307	182	28	327

4mal, *minnæḡæḏ* 1mal, *me'im* 2mal, *'al-lipnê* 1mal und *lappānîm* 1mal.

Formal gesehen sind die Präpositionen (außer *bᵉ*) in zwei Kategorien einzuteilen, die jeweils das „Hingewendet-sein" zum Präpositionalobjekt und das „Umgewendet-sein" von diesem zum Ausdruck bringen: *lᵉ, 'æl, 'eṭ, 'al, 'æl-mûl, noḳaḥ, næḡæḏ* auf der einen und *min* und Zusammensetzungen mit *min* auf der anderen Seite. Inhaltlich ist es interessant zu bemerken, daß der Gebrauch von *pānîm* in etwa mit dem Inhalt des jeweiligen Buches zusammenhängt; so sind beispielsweise in Gen *'al* (*pᵉnê-hā'āræṣ / hā'ᵃḏāmāh*), in den „Kultbüchern" (Ex, Lev, Num und Dtn) *lipnê* (JHWHs oder der Kultgegenstände), in Est *lipnê* (*hammælæḵ*), in Ez, Ps und Ijob *pānîm* ohne Präp. häufig belegt.

III. *pānîm* erscheint als Nomen etwa 400mal im AT (Reindl 8 gibt 402 an) und bezieht sich regelmäßig auf ein anderes Subst. oder einen Eigennamen, sei es durch eine Reihung im st. cstr., durch Possessivsuffixe oder, in wenigen Fällen, durch den unmittelbaren Kontext. Ein Zehntel der Belege bezieht sich auf Sachen, über die Hälfte auf menschliche Wesen (auch auf Tiere oder Zwischenwesen – Kerubim und Serafim). Etwas über ein Viertel der Texte bezieht sich auf JHWH. Es scheint semantisch nicht angebracht, in der einen oder anderen Gruppe für *pānîm* eine „eigentliche" oder ursprünglichere Bedeutung anzunehmen.

1. Auf Sachen bezogen bezeichnet *pānîm/pᵉnê* den Teil oder die Seite eines Gegenstandes, die sich dem Beobachter darbietet: die Fassade des Tempels (Ez 41, 14. 21; 47, 1) oder eines Tores (Ez 40, 6. 15. 20); das Antlitz des Mondes (Ijob 26, 9); die Vorderseite des Gewandes (Ijob 41, 5); die Kriegsfront (2 Sam 10, 9; 11, 15; 1 Chr 19, 10); das Dominierende einer Angelegenheit (2 Sam 14, 20). In Koh 10, 10 ist *pānîm* die Schneide einer Waffe (vgl. A. Lauha, BK XIX 186).

2. *pānîm/pᵉnê* erscheint mit verschiedenen Termini, die Elemente aus dem geographischen Bereich bezeichnen. *pᵉnê hā'ᵃḏāmāh* (Gen 2, 6; 8, 13; Ps 104, 30; Spr 24, 31 – *pānājw*) ist die Oberfläche der Erde oder des Landes, das bewässert, ausgetrocknet, bewohnbar oder fruchtbar werden kann. *pᵉnê 'æræṣ/hā'āræṣ* (Gen 19, 28; 41, 56; Ez 34, 6), *pᵉnê ṯeḇel* (Jes 14, 21; 27, 6) und *pᵉnê* + Städtenamen (Gen 19, 28) fügen der Bedeutung der bestimmten Nomina keine weitere Schattierung hinzu. *pᵉnê tᵉhôm* (Ijob 38, 30) ist die „Oberfläche des Abgrunds", die sich verfestigen kann. *pᵉnê dammāśæq* (Hld 7, 5) gibt die Richtung an. *pᵉnê-X*, auf Elemente des Universums bezogen, kann Objekt von Verben sein: das Antlitz der Erde erneuern (*ḥḏš pi*, Ps 104, 30) oder entstellten (*'wh pi*, Jes 24, 1).

3. *pᵉnê* in Verbindung mit Tiernamen (Löwe [*'arjeh*] Ez 1, 10; 10, 14; 1 Chr 12, 9; [*kᵉpîr*] Ez 41, 19; Adler, Ez 1, 10; 10, 14; Stier, Ez 1, 10; Herde [Schafe] Gen 30, 40) und mit Namen von Kerubim (Ex 25, 20; 37, 9; Ez 10, 14. 21) ist die Vorderseite des Kopfes. In Spr 27, 23 bezeichnet *pᵉnê ṣo'nᵃḵā* das Aussehen oder den Zustand der Herde.

4. a) *pānîm/pᵉnê* in Verbindung mit Eigennamen und anderen Substantiven, die Personen bezeichnen, bedeutet häufig Antlitz im physischen Sinn: Jakobs (Gen 50, 1), Moses (Ex 34, 35 [2mal]), eines jungen Mannes (2 Kön 4, 29. 31), einer Anzahl von Personen (Jes 13, 8; Nah 2, 11), von Darstellungen (Ez 1, 10; 10, 14; 41, 19), Daniels (Dan 9, 3; 10, 15), Hamans (Est 7, 8), eines Toten (Ijob 14, 20). In Gen 31, 2. 5 bezieht sich *pānîm* auf den Gesichtsausdruck Labans. Ohne weitere Präzisierung bezeichnet *kŏl-pānîm* (Ez 21, 3) das Antlitz von hypothetischen Zuschauern beim Brand, die versengt werden. In wörtlichem Sinn ist das menschliche Antlitz Obj. der Verben „waschen" (Gen 43, 31), „anschauen" (*nbṭ hiph*, Ps 84, 10), „leuchten lassen" (*ṣhl hiph*, Ps 104, 15), „verändern" (*šnh pi*, Ijob 14, 20). Ins Angesicht spucken (*jrq bᵉpānîm*) ist Zeichen der Verachtung (Num 12, 14; Dtn 25, 9). Man bedeckt (*lwṭ hiph*) das Antlitz mit dem Gewand als Anzeichen der Furcht (1 Kön 19, 13), der Trauer (2 Sam 19, 5 hier *lā'aṭ*), als Hinweis für die Verurteilung zum Tode (*ḥph*, Est 7, 8), oder um nicht erkannt zu werden (*ksh*, Gen 38, 15; *śîm seṭær*, Ijob 24, 15). Mose bedeckt sein Antlitz mit einem Schleier (*wajjitten 'al-pānājw maswæh*, Ex 34, 33, vgl. vv. 34–35) nicht als mit dem öffentlichen Kult befaßte Person, sondern als Privatmensch, insofern er nicht mit der Verkündigung des Wortes JHWHs beschäftigt ist. Sein leuchtendes (→ קרן *qrn*) Antlitz in Gegenwart der Israeliten ist die Rechtfertigung für seine Autorität (vgl. Haran 163).

b) Als Subj. einiger Verben ist *pānîm* – im wörtlichen Sinn verstanden – Teil von Redewendungen, die Gefühle zum Ausdruck bringen, die sich im Gesicht oder in Gesten widerspiegeln, an denen das Antlitz teilhat. Nach den Trostworten Elis „war das Antlitz Hannas nicht mehr dasselbe" (1 Sam 1, 18). Das Antlitz wird „traurig" ob der Sorgen (*ra'*, Gen 40, 7; Neh 2, 2), es verfällt aus Mangel an guter Ernährung (*zo'ᵃpîm*, Dan 1, 10), es wird gereizt durch Geschwätz (Spr 25, 23), gerötet durch Tränen (Ijob 16, 16), blaß durch Leiden (*ḥwr*, Jes 29, 22, vgl. H. Wildberger, BK X/3, 1135), „grün" vor Schrecken (Jer 30, 6), verstört (*r'm*, Ez 27, 35) aufgrund eines schrecklichen Anblicks. „Das Erglühen (*qbṣ pā'rûr*) der Gesichter in erregter Angst" (H.-W. Wolff, BK XIV/2², 54) gehört zu den traditionellen Motiven der Beschreibung des Tages JHWHs (Joël 2, 6; Nah 2, 11). Der Zorn Kains wird auf seinem Antlitz sichtbar, da es auf die Erde gerichtet ist („niedergeschlagen", *npl*, Gen 4, 5. 6; vgl. v. 7 *śᵉ'eṭ* und *nś' pānîm*, IV. 5). Diese Geste unterbricht die Verbindung, die durch den Anblick hergestellt wird. *npl 'al/'æl pānîm* ist Zeichen der Trauer, wenn vom Antlitz eines Toten die Rede ist (Gen 50, 1). Auf das Antlitz niederfallen ist hingegen Ausdruck der Furcht und Ehrfurcht vor der Gottheit oder ihrer Manifestation (*'al*: Gen 17, 3. 17; Lev 9, 24; Num 17, 10; 20, 6; Ri 13, 20; 1 Kön 18, 39; Ez 1, 28; 3, 23; 9, 8; *'æl*: Jos 5, 14; Ez 43, 3; 44, 4) oder Ausdruck der Ehrerbietung vor dem König (2 Sam 9, 6). Es bezeichnet auch Zorn oder Scham (Num 14, 5; 16, 4) und demütiges Flehen (Num 16, 22; Jos 7, 6. 10; Ez 11, 13). Dagon, der auf sein Angesicht fällt (1 Sam 5, 3. 4, mit LXX *ʿal-pānâjw* statt *lᵉpānājw*) erkennt damit die Oberhoheit JHWHs an. Das Flehen *ûpᵉnêhæm ʾal-jæḥpārû* (Ps 34, 6), verbunden mit der Aufforderung, in strahlender Freude auf JHWH zu blicken, legt nahe, daß die „Beschämung", die mit *ḥpr* (häufig par. zu *bwš*) zum Ausdruck kommt, sich sichtbar als Störung auf dem Antlitz niederschlägt.

c) Als Obj. einiger Verben läßt *pānîm* die wörtliche Bedeutung noch mitklingen, aber der Ausdruck nimmt auch metaphorische und allgemeine Bedeutung an und bezeichnet eine Handlung, die eine Beziehung zu Haltung oder Aussehen des Antlitzes und zu den Empfindungen des Trägers von *pānîm*, häufig Subj. des Verbums, einschließt. *šjt* (Num 24, 1) und *kwn hiph* (Ez 4, 3. 7) *pānîm* bedeuten „das Antlitz hinwenden zu". Die Unbeweglichkeit des Antlitzes (*ʿmd hiph*, 2 Kön 8, 11) besagt Trauer; seine Verhärtung (*ʿzz hiph*, Spr 7, 13; 21, 29 *bᵉpānājw*) Dreistigkeit. Man erhebt (*rwm hiph*, Esra 9, 6) das Antlitz beim Gebet. (Bildlich läßt JHWH es „fallen" [*npl hiph bᵉ*, Jer 3, 12] gegen jemanden oder er zeigt ihm [*rʾh hiph*] zur Strafe den Rücken und nicht das Antlitz [Jer 18, 17]). Das Antlitz bedeckt Scham (*bwš hiph*, 2 Sam 19, 6) und es ist voll von Schande (*mlʾ pi*, Ps 83, 17). Freude macht das Antlitz liebenswürdig (*ṭwb hiph*, Spr 15, 13). „Gute Miene machen" (*ʿzb pānîm*, Ijob 9, 27, vgl. M. Dahood, JBL 78, 1959, 303–309) läßt den Kummer vergessen.

d) Bei verschiedenen feststehenden Wendungen (z. B. mit den Verben *bqš, hdr, ḥlh, ksh, nśʾ, rʾh, šwb*, vgl. IV), aber auch außerhalb solcher Wendungen bedeutet *pᵉnê* die Person selbst, die das nomen rectum angibt: Isaak (Gen 27, 30, aber *meʾeṯ pᵉnê* scheint einfach präpositional zu sein), Josef (44, 26), die Armen (Lev 19, 15; Jes 3, 15) und die Alten (Lev 19, 32; Klgl 5, 12); der Nächste (Spr 27, 17), Knechte (2 Sam 19, 6), Vornehme (Spr 19, 6), Weise (Spr 17, 24) und Priester (Klgl 4, 16), Autoritäten (2 Kön 18, 24; Ijob 34, 19), der König (1 Sam 22, 4; 2 Sam 14, 24 *pānaj*. 28. 32; 2 Kön 3, 14; 25, 19); Salomo (1 Kön 10, 24; 12, 6); der Gesalbte (Ps 84, 10; 132, 10); Pharao (Ex 10, 11); Ijob (Ijob 42, 9); die Bösen (Ps 82, 2). Bei der Mehrzahl dieser Texte ist die Übersetzung „Antlitz, Angesicht" nicht angebracht. Besonders ausdrucksstark ist 2 Sam 17, 11, wo *pānæḵā* („du selbst") Subj. des Verbums *hlk* ist.

nkr (*hiph*) *pānîm* bedeutet Parteilichkeit gegenüber Personen im gerichtlichen Bereich (Dtn 1, 17; 16, 19; Spr 24, 23; 28, 21); *kpr* (*pi*) *pᵉnê-X* heißt „jemanden mit Geschenken besänftigen" (Gen 32, 21); *ṭḥn pᵉnê-X* (Jes 3, 15) heißt „ausbeuten" (einen Armen); *qdm* (*pi*) *pᵉnê-X* (Ps 17, 13; 89, 15; 95, 2) heißt „jemandem gegenübertreten, auf jemanden zugehen" oder „vor jemandem erscheinen"; *šḥr* (*pi*) *pānîm* (Spr 7, 15) heißt „jemanden suchen"; *šrt* (*pi*) *ʾeṯ pᵉnê-X* (Est 1, 10) heißt „jemandem zu Diensten sein". In Ijob 40, 13 fordert JHWH Ijob heraus, die Bösen in der Unterwelt einzuschließen (*ḥbš pᵉnêhæm*). Spr 27, 17 sagt, daß jeder Mensch *ḥdd pᵉnê reʿehû* „das Benehmen (oder die Erkenntnis?) seines Nächsten ʿschleiftʾ". Wenn es sich um eine Autoritätsperson handelt, betont *rʾh* (*ʾæṯ-*) *pᵉnê-X* (IV.9) die Wichtigkeit, gelegentlich oder gewöhnlich bei einer solchen Person zugelassen zu werden (Gen 32, 21; 33, 10; 43, 3. 5; 44, 23. 26; Ex 10, 28; 2 Sam 3, 13; 14, 24. 28. 32; 2 Kön 25, 19). In der Mehrzahl der in diesem Abschnitt angeführten Texte stellt *pānîm* die Gegenwart des Objektes als Terminus und Zielpunkt der Handlung des Verbums heraus, dessen Subjekt indes nicht mit dem Träger von *pānîm* identisch ist. In den Ausdrücken *qwṭ* (*niph*) *bipnêhæm* (Ez 6, 9, „gegen sich selbst Ekel empfinden", vgl. 20, 43; 36, 31) und *ʿnh bᵉpānâjw* (Hos 5, 5; 7, 10, „gegen sich selbst [?] zeugen") bezeichnet *pānîm* das Präpositionalobj. des Verbums, das faktisch mit dem Subj. identisch sein kann.

5. Besondere Wichtigkeit erhält *pānîm* in Verbindung mit JHWH und als Subjekt von Aussagen in Ex 33, das Teil der rhetorischen Einheit Ex 32–34 ist und sich auf die verschiedenen Weisen der Gegenwart JHWHs konzentriert. Die Unterscheidung verschiedener Textschichten, die auf verschiedene Traditionen hinweisen, ist nicht unmöglich, verkennt aber die Einheit des theologischen Problems in der aktuellen Textfassung. Nach der Vernichtung des goldenen Kalbes und der exemplarischen Strafe für das Volk verspricht JHWH, „seinen Boten" vor Mose herzusenden (*malʾāḵî jeleḵ lᵉpānæḵā*, 32, 34; vgl. 33, 2). JHWH hat beschlossen, sein Volk nicht gänzlich zu verlassen, aber die Anwesenheit des *malʾāḵ*, im Gegensatz zur Gegenwart *bᵉqirbᵉḵā* (Ex 33, 3. 5), wird als unvollkommener Beistand betrachtet, mit dem zugleich weniger Gefahr verbunden ist (vgl. Ex 32, 34). Mose benützt sein Gespräch *pānîm ʾæl pānîm* (33, 11; IV.1) im Versammlungszelt dazu, um erneut zu fragen, wen JHWH senden wird (v. 12). Die Antwort *pānaj jeleḵû* (v. 14) bleibt bewußt undeutlich. Mose verlangt genauere Auskunft mit zwei Ausdrücken, die sich ergänzen: v. 15 *ʾim-ʾên pānæḵā holᵉḵîm* (wenn du nicht mit dem Volke gehst, so laß uns nicht fortziehen); v. 16: nur *bᵉlæḵtᵉḵā ʿimmānû* wird man wissen, daß JHWH seinem Volke hilft.

E. A. Speiser, „The Biblical Idiom Pānîm hōlᵉkîm", (The Seventy-Fifth Anniversary Volume of JQR, 1967, 515–517) auf der Basis von akk. *ālik pāni* meint, die Hauptbedeutung des Ausdrucks sei „herziehen vor", „die Führung übernehmen", eine Bedeutung, die auch für 2 Sam 17, 11 (vgl. oben 4. d) möglich ist.

In Ex 33, 14. 15 drückt *pānîm* in unklarer Weise die persönliche Gegenwart JHWHs aus, sei es, daß *pānîm* als Ersatz für das Personalpronomen (du, vgl. 4. d) steht oder als Hinweis auf eine kultische Gegenwart zu verstehen ist. Ex 33, 18–23 gibt genauer an, welches die einzige Gegenwart JHWHs ist, zu der jeder Mensch (vgl. v. 20, *ʾāḏām*) Zugang hat. Die Bitte Moses, die Herrlichkeit JHWHs sehen zu dürfen (v. 18), erhält eine dreifache Antwort (v. 19): JHWH wird vor Mose *kŏl-ṭûḇî* herziehen lassen (*ʿbr hiph* nimmt *baʿ*^{a}*ḇôr k*^{e}*ḇoḏî* und *ʿaḏ ʿŏḇrî*, v. 22, vorweg). *w*^{e}*qārāʾṯî b*^{e}*šem JHWH* (v. 19, JHWH als Subj. ist MT erhalten) würde bedeuten, daß JHWH seinen eigenen Namen ausruft, als Grundlage für die Anrufung Moses in 34, 5 (es ist unwahrscheinlich, daß das Subjekt dort JHWH ist). JHWH gibt seinen Entschluß kund, seine Gnade und seine Barmherzigkeit zu gewähren, wie er es in seiner Freiheit will. Die Gaben JHWHs, die Ausrufung seines Namens (die Möglichkeit, seine in 34, 6–7 angeführten Eigenschaften zu erkennen) und seine freie Entscheidung, sie zu gewähren, gehen zusammen mit dem Sehen nur seiner Rückseite (*ʾ*^{a}*ḥorîm*), und stehen dem Sehen seines Antlitzes gegenüber (vv. 20. 23), was keinem Menschen gestattet ist.

In Dtn 4, 37 entspricht das befreiende Handeln JHWHs *b*^{e}*pānājw b*^{e}*ḵôḥô* den „Prüfungen, Zeichen, Wundern, dem Krieg, der starken Hand und dem ausgestreckten Arm" (v. 34, die Begriffe sind ebenfalls mit *b*^{e} eingeführt) und ergänzt die Erscheinung durch das Wort „aus dem Feuer" (vv. 33. 36). *b*^{e}*pānājw* besagt keine besondere Erscheinungsform über *b*^{e}*jāḏ* oder *bizrôaʿ* hinaus. Während diese Ausdrücke die Kraft dessen betonen, der erscheint, hebt *b*^{e}*pānājw* den personalen Aspekt des göttlichen Handelns hervor und gibt zu verstehen, daß die einzige Erscheinungsform JHWHs sein Eingreifen in der Geschichte ist.

In Jes 63, 9, Teil des heilsgeschichtlichen Rückblicks innerhalb des Volksklagepsalms Jes 63, 7–64, 11, stellt *pānājw hôšîʿām* (er selbst – JHWH – hat sie gerettet) einen Gegensatz zwischen den Boten (*ṣir* statt *ṣār* mit LXX, *ûmalʾāḵ*) und ihrer üblichen Handlungsweise (Bündnisse, vgl. Jes 18, 2; Spr 13, 17) und JHWH her, der durch (*b*^{e}) seine Liebe und sein Mitleid rettet. Auch in Klgl 4, 16 teilt *p*^{e}*nê JHWH* die letzte Verantwortung für die Bestrafung, die über die Einwohner Jerusalems kommt, JHWH zu (vgl. H.-J. Kraus, BK XX^{3} 71.79 f.).

6. Wenn *pānîm* als nomen rectum in einer Kette mit st. cstr. vorkommt, so liegt das Gewicht des Ausdrucks auf dem nomen regens, und *pānîm* verliert häufig jeglichen Bezug zu „Antlitz". *maśśôʾ pānîm* (2 Chr 19, 7) und *hakkāraṯ pānîm* (Jes 3, 9) (vgl. *nkr pānîm* und *nśʾ pānîm*) bedeuten „Ansehen der Person". In *j*^{e}*šûʿôṯ pānāj* (Ps 42, 6. 12; 43, 5) fungiert *pānāj* als Possessivpronomen („mein Heil"). Das Antlitz ist Sitz der Äußerung von Seelenzuständen wie z. B. Scham (Ps 44, 16, „Scham bedeckte mein Antlitz"). Aber in dem Ausdruck *bošæṯ pānîm* hebt *pānîm* den possessiven Charakter hervor: „unsere, seine (ihre) *eigene* Schande" (Jer 7, 19 mit Possessivsuffix; Dan 9, 7. 8; Esra 9, 7; 2 Chr 32, 21), wobei „Schande" eine wirkliche Anerkennung der Schuld, der Verantwortlichkeit und des Scheiterns ist. – Der Feind, der kein Mitleid hat (Dtn 28, 50), und der König, der das Volk der Gerechten vernichtet (Dan 8, 23) sind *ʿaz-pānîm*. Die „Härte des Antlitzes" (*ʿoz pānîm*) ist ein negativer Zug, den die Weisheit verändern kann, indem sie das Antlitz zum Leuchten bringt (Koh 8, 1). Die Stärke im Angesicht Ezechiels jedoch (*nāṯattî ʾæṯ-pānǣḵā ḥ*^{a}*zāqîm*, Ez 3, 8) ist eine Gabe JHWHs, um einem rebellischen (*q*^{e}*šê pānîm*) und hartherzigen Volk (2, 4) widerstehen zu können. *roaʿ pānîm* (Koh 7, 3) ist der traurige Anblick, aus dem ein weises Herz Nutzen zu ziehen weiß.

Licht des Angesichts kommt in zwei Texten mit einem Menschen als Subj. vor. Die spontane Verbindung Licht-Leben (Ps 36, 10; 56, 14) erlaubt in Spr 16, 15 die Aussage, daß das Licht des Antlitzes des Königs, wie die Wolke, die Regen verspricht (dieselbe Verbindung in Ijob 29, 23. 24), Quelle des Lebens für die Untertanen ist. Die freundschaftliche oder unwillige Geste des Königs verheißt Gutes bzw. Bestrafung. *ʾôr pānîm*, auf JHWH bezogen, kommt in einigen Psalmen vor. Die flehentliche Bitte von Ps 4, 7b „laß leuchten („erhebe", lies *nśʾ* statt *nsh*) über uns das Licht deines Antlitzes", d. h. wende uns dein leuchtendes Antlitz zu, ist die Reaktion auf die Klage von v. 7a. Militärischen Beiklang hat indes *ʾôr pānǣḵā* in Ps 44, 4 („hat ihnen den Sieg errungen"), als Parallele zu „Arm" und „deine Rechte". In Ps 89, 16 zeigt sich die schützende Gegenwart JHWHs in den Parallelausdrücken „wandeln im Licht deines Antlitzes" und *t*^{e}*rûʿāh*, als Anerkennung des göttlichen Sieges von seiten des Volkes. In Ps 90, 8 erleuchtet das Licht (*m*^{e}*ʾôr*) des Antlitzes JHWHs das menschliche Herz, damit es seine Sünden erkennen kann.

læḥæm (hap)pānîm (Ex 25, 30; 35, 13; 39, 36; 1 Sam 21, 7; 1 Kön 7, 48; 2 Chr 4, 19; vgl. Num 4, 7 *šulḥan happānîm*) bezeichnet die Brote, die Israel JHWH darbringt als Anerkennung der Tatsache, daß er der Spender des Lebens ist. Die Annahme dieser Gaben durch JHWH stellt sodann die permanente Tischgemeinschaft zwischen JHWH und dem Volke her (→ IV 545).

IV. 1. Die Erklärung des Namens Penuel in Gen 32, 31 „weil ich Elohim *pānîm ʾæl pānîm* gesehen habe", kann einen anderen Namen und eine andere Erklärung in der vorisraelitischen Erzählung (Westermann, BK I/2, 633) verdrängt haben, stellt aber in der jetzigen Geschichte von Esau und Jakob ein Strukturelement dar, das durch den dreifachen Ausdruck von 32, 21 (*kpr pānîm*; *rʾh pānîm*; *nśʾ pānîm*) vorbereitet und durch 33, 10 („ich nahe deiner Gegenwart wie der Gegenwart eines Elohim", vgl. u. 9) wieder aufgenommen wird. In diesem Ausdruck klingen die Empfindungen der Unsicherheit, der Furcht und der Hoffnung mit, die die Begegnungen Jakobs mit dem Numinosen in Bet-El und am Jabbok begleitet haben. Die Schlußfolgerung *wattinnāṣel napšî* (32, 31) unterstreicht die Gegenwart Gottes als Ursache für die Rettung mehr als die Verwunderung darüber, die Begegnung überlebt zu haben. Diese Empfindung wird in der ganzen Beschreibung der Begegnung mit Esau hervorgehoben (Gen 33, vgl. v. 4).

Das erschrockene Bekenntnis Gideons (Ri 6, 22) begründet einen Unterschied zwischen dem *malʾāḵ*, den er *pānîm 'æl pānîm* gesehen hat, und *'ªḏonāj JHWH*. Die tröstende Antwort „fürchte dich nicht, du wirst nicht sterben" (v. 23) ist die Bestätigung dafür, daß die Vision den *mal'āḵ*, nicht unmittelbar JHWH selbst zum Inhalt hatte.

Wenn es sich nicht um „sehen", sondern um „sprechen", „Umgang haben" oder „vor Gericht kommen" handelt, drückt *pānîm 'æl/bᵉ pānîm* die innige Verbindung aus, die unter den Teilnehmern an einer Handlung besteht, deren Subjekt immer JHWH ist. Der Empfänger in Ex 33, 11 ist Mose. Diese innige Vertrautheit unterscheidet Mose von allen anderen Propheten (vgl. Num 12, 6–8) und ist der Inhalt der abschließenden Lobpreisung in Dtn 34, 10.

In Dtn 5, 4 unterstreicht der Ausdruck die Identität der Hörer der Rede Moses mit der Generation am Horeb („mit euch persönlich [*pānîm bepānîm*] hat JHWH ... geredet"), was eine Spannung zu v. 5 darstellt, der die Vermittlung Moses voraussetzt. Die Spannung ist wieder aufgenommen und will durch vv. 24–26 geklärt werden. Die Verheißungen von Ez 20, 40–44 sind bedingt durch ein unvermeidliches Urteil *pānîm 'æl pānîm* (v. 35), dessen Ergebnis die Säuberung des Volkes von den Rebellen sein wird, die in seiner Mitte wohnen.

2. *biqqeš ('æt-)pānîm* bedeutet sich vor einer Autoritätsperson einfinden (1 Kön 10, 24 // 2 Chr 9, 23, Salomo; Spr 29, 26 dem „Mächtigen"), um von ihrer Weisheit zu lernen bzw. ihre Gunst zu erlangen. Diese Bedeutung ist auch im Ausdruck *biqqeš pᵉnê JHWH* vorhanden. JHWH verspricht, auf sein Volk zu hören, ihm zu verzeihen und es zu heilen, wenn es sich demütigt, betet, „mein Antlitz sucht" und sich von seinen Irrwegen bekehrt (2 Chr 7, 14). *biqqeš pānîm* schließt hier eine kultische Handlung nicht aus, bezeichnet sie aber auch nicht per se (anders Reindl 164–174). Die Verbindung zu „diesem Ort" (v. 15) erklärt sich aus der Übertragung der Vision Salomos in Gibeon in den Tempel.

Auch in Hos 5, 15 *ûḇiqšû pānāj* liegt keine kultische Handlung vor (auf eine solche spielt indes v. 6 an), sondern die Haltung, die JHWH von seinem Volk erwartet. Solange diese Haltung nicht vorhanden ist, bleibt JHWH zurückgezogen an seinem „Ort" wie ein Löwe in seiner Höhle. Das erfolgreiche Suchen JHWHs setzt die Bekehrung voraus (*bqš* // *šwb* in Hos 3, 5; 7, 10) und wird begünstigt durch Bedrängnis (5, 15; vgl. Ps 78, 34, wo mit den Verben *šwb*, *drš* und *šḥr pi* derselbe Gedanke zum Ausdruck kommt). Jene, die das Antlitz (des Gottes) Jakobs (Ps 24, 6) suchen (*bqš* Ptz. + *pānêḵā*), sind eine bestimmte Kategorie von Personen (*dôr*), die reine Hände und ein lauteres Herz haben (v. 4) und nach dem Willen JHWHs forschen (*drš*). *bqš* und *drš* erscheinen hier nicht als „termini technici für die Wallfahrt zum Heiligtum" (Kraus, BK XV/1⁵, 346), sondern als Zusammenfassung der Bedingungen innerer Verfaßtheit, die für die Gläubigen erforderlich ist, wenn sie in den Tempel eintreten wollen. Sie beziehen sich also auf ein Moment, das der Wallfahrt vorausliegt. „Das Antlitz

JHWHs suchen" ist somit ein Gebot von universaler und beständiger Geltung.

baqqᵉšû pānājw tāmîḏ // *diršû JHWH* (Ps 105, 4) weist auf eine grundlegende Haltung hin, die alle Aspekte der Beziehung des Menschen zu Gott einschließt: ihn kennen (ausgedrückt durch die Verben „nachsinnen, erforschen, sich erinnern") und ihn anbeten („Dank sagen, seinen Namen anrufen, ihn bekannt machen, singen, psalmodieren, verherrlichen") (vv. 1–5). Es ist begreiflich, daß dies der Psalm ist, der für die Feier der Einführung der Lade in das Bundeszelt (1 Chr 16, 8–22, vgl. v. 11) ausgewählt wurde. Aber Suchen bedeutet noch nicht Begegnen. In Erfüllung des Gebotes *baqqᵉšû pānāj* (Ps 27, 8a; Text?) schließt der Vorsatz des Psalmisten *'æt pānêḵā 'ªḇaqqeš* (v. 8b) die Ungewißheit der Gewährung der Begegnung (v. 9, *'al taster pānêḵā*), die Furcht, den Feinden „ausgeliefert" zu werden (v. 12), den Zweifel (v. 13 *lûlê'*), die Güte Gottes schauen zu können, nicht aus. Der unbefangenen Sicherheit der vv. 1–6, im Tempel (v. 4) Schutz vor den Feinden gefunden zu haben, folgt ein von Angst gekennzeichneter Realismus in den vv. 7–14.

In 2 Sam 21, 1 wird *biqqeš 'æt-pᵉnê-JHWH* schwerlich die Befragung JHWHs durch ein persönliches Orakel bedeuten (anders A. S. van der Woude, THAT II 455). Der gewöhnliche Gebrauch von *š'l*, um die Orakelbefragung auszudrücken (→ I 765), und die Bedeutung von *bqš* in 1–2 Sam (García de la Fuente 529) weisen darauf hin, daß es sich um eine flehentliche Bitte Davids für das Volk handelt, auf die JHWH antwortet, indem er die Ursache für die Strafe angibt (vgl. ähnliche Bedeutung von *biqqeš 'æt hā'ᵉlohîm*, 2 Sam 12, 16, David bittet für [*bᵉ aḏ*] seinen Sohn, und Ex 33, 7; M. Görg, Zelt der Begegnung, BBB 27, 1967, 158). Es ist im übrigen klar, daß man bei den Beziehungen zu JHWH nicht unterscheiden kann zwischen Fragen nach der Ursache für eine Strafe – wobei es nicht um eine theoretische Frage eines Unbeteiligten geht – und der Bitte um Milderung oder Aufhebung der Strafe.

3. *hē'îr pānîm* („das Angesicht leuchten lassen") hat 8mal JHWH als Subj. und Adressaten einer volitiven Form. Num 6, 25; Ps 67, 2 (Juss.) sind die Bitte über das Volk oder über einen einzelnen, um JHWHs allumfassenden Segen zu erlangen, bzw. die Bitte um die Fruchtbarkeit des Landes. Die anderen sechs Texte haben den Imp. In Ps 31, 17, eine vertrauensvolle Bitte des verfolgten Gerechten, erscheint *hā'îrāh pānêḵā 'al* in unmittelbarer Verbindung mit Befreien und Retten (*nṣl/jš'*). „Laß dein Angesicht leuchten, und wir werden gerettet sein" (Ps 80, 4. 8. 20) strukturiert als wiederkehrender Refrain den Psalm und teilt ihn in drei Abschnitte, die fortschreitend an Dramatik zunehmen, und faßt alle Bitten zusammen: zeige dich, komm uns zu Hilfe, stelle uns wieder her, kehre zurück, blicke an, suche heim, beschütze, unterstütze. In Ps 119, 135 *hā'er pānîm bᵉ* wird die Unfähigkeit des Menschen, die Gebote zu erfüllen, anerkannt, wenn nicht JHWH selbst die notwendigen Bedingungen für ihre Erfüllung schafft (vv. 133 f.). In Dan 9 wendet

Daniel sein Angesicht JHWH zu, um zu beten (v. 3), er erkennt die „Scham auf dem Antlitz“ bei sich selbst und beim Volke an (vv. 7–8), er bekennt, das Angesicht JHWHs nicht besänftigt zu haben (*ḥillāh pānîm*, v. 13) und fleht zu JHWH *w^ehā'er pānæ̂kā* über dem Heiligtum (v. 17). Die Anspielungen auf die Zerstörung Jerusalems und des Heiligtums weisen darauf hin, daß der Inhalt der Bitte nicht eine mystische oder kultische Offenbarung JHWHs ist, sondern die Möglichkeit, das Leben im Lande neu aufzubauen. Der Glanz des Antlitzes JHWHs ist das alles umschließende Zeichen, daß Gott sich dem Menschen zuwendet. Das „erleuchtete“ Antlitz des Menschen, der die Weisheit aufnimmt (Koh 8, 1), ist ein Widerschein dieser gnädigen Gegenwart Gottes beim Menschen (vgl. Ex 34, 29 f.).

4. *ḥillāh ('æṯ-)pānîm* (16mal im AT, dazu Sir 33 [30] 20d. 22a nach Handschrift E) bezieht sich dreimal auf *pānîm* des Menschen und 13mal auf *pānîm* Gottes (*p^enê JHWH* 11mal, *p^enê 'el* [Mal 1, 9], direkte Anrede an JHWH [Ps 119, 58]). Die unsichere Etymologie von *ḥlh* läßt keine sicheren Schlüsse über die Bedeutung des Ausdrucks zu (→ חלה *ḥlh*). Wegen der Schwierigkeiten des Bedeutungsübergangs von „schwach, krank“ zu „weich, sanft machen“, und der Schwierigkeit, JHWH als passives Subjekt einer Handlung zu betrachten, das einen gewissen Grad von Zwang beinhaltet (angezeigt durch *pi*), bringt K. Seybold *ḥlh* in diesem Ausdruck mit *ḥlh* II ʻsüß, angenehm sein' in Verbindung, für das im Hebr. die Nominalformen *ḥ^alî*/*ḥæljāh* (ZAW 88, 1976, 4. 14) bezeugt sind.

Im profanen Gebrauch bringen Ps 45, 13 und Ijob 11, 19 den Wunsch bzw. die Sicherheit zum Ausdruck, daß die Gemahlin des Königs bzw. Ijob die Huldigung der Völker bzw. von vielen erhalten. Spr 19, 6 stellt die Neigung des Menschen zum Schmeicheln fest: von Selbstsucht bestimmt huldigt er dem, der Macht oder Reichtum hat (*nāḏîḇ*).

ḥillāh p^enê JHWH findet Verwendung in jenen Situationen, in denen man bemüht ist, das göttliche Wohlwollen zu erlangen, um die Vollstreckung einer beschlossenen Strafe fernzuhalten (Ex 32, 11; Jer 26, 19; Reaktion JHWHs in beiden Fällen: *wajjinnāḥæm JHWH ʻal/'æl hārā'āh*, Ex 32, 14; Jer 26, 19, „JHWH ließ sich das Böse reuen ...“), um Hilfe in Gefahr zu erhalten (1 Sam 13, 12) oder um die Folgen einer Strafe abzuwenden (1 Kön 13, 6; 2 Kön 13, 4; 2 Chr 33, 12).

Subjekt von *ḥillāh pānîm* sind bedeutende Personen: charismatische Führer (Mose und Samuel), Könige (Hiskija, Joahas und Manasse) und ein anonymer „Mann Gottes“. In späteren Texten jedoch ist das Subjekt von *ḥillāh* eine Mehrzahl von Personen: Gesandte von Bet-El, um eine Antwort bezüglich des Festes zu erhalten (Sach 7, 2); nichtisraelitische Völker, die sich mit Israel verbinden, *l^eḥallôṯ 'æṯ- p^enê JHWH*, wobei die Handlung, parallel zu *biqqeš JHWH*, nichts anderes zu beinhalten scheint als den Besuch des Tempels (Sach 8, 21. 22); Priester, die von JHWH ermahnt werden, ihre kultischen Aufgaben angemessen zu erfüllen (Mal 1, 9).

ḥillāh p^enê JHWH/'el erscheint häufig in kultischem Kontext, ist aber nicht gleichzusetzen mit dem Fürbittgebet Moses für das Volk, noch mit dem Gebet des Mannes Gottes für Jerobeam (*ḥal-nā'* ... *w^ehiṯpallel*, 1 Kön 13, 6), noch mit dem Brandopfer Sauls (1 Sam 13, 12), noch mit den von den Priestern geforderten geeigneten Opfern (Mal 1, 9), noch mit den Bußhandlungen Manasses (*wajjikkānaʻ* ... *wajjiṯpallel*, 2 Chr 33, 12. 13). Jer 26, 19, Sach 7, 2; 8, 21. 22 geben keinerlei Auskunft über die Eigenart von *ḥillāh pānîm*. Der Abschnitt *ḥeṯ* in Ps 119 veranlaßt zur Interpretation von *ḥillîṯî pānæ̂kā* (v. 58) als Gewißheit, das Wohlwollen JHWHs durch die Beobachtung seiner Gesetze erlangt zu haben. Dan 9, 13 setzt *ḥillāh pānîm* parallel zur Bekehrung von der Ungerechtigkeit und dem Gehorsam der Stimme JHWHs gegenüber. Nur die Aufeinanderfolge der Verben von 2 Kön 13, 4 *waj^eḥal* (Joahas) ... *wajjišmaʻ* (JHWH) weist auf einen konkreten Gebetsgestus hin. In den übrigen Texten bringt *ḥillāh p^enê JHWH/'el* das Anliegen der Bitte oder der kultischen Handlung zum Ausdruck, d. h. das Wohlwollen JHWHs zu erlangen.

5. *nāśā' pānîm* (für gewöhnlich ohne *'æṯ*, Ausnahme Ijob 42, 9) hat rein physischen Sinn in 2 Kön 9, 32 (Jehu erhebt das Antlitz, um zu sehen) und außerdem emotionalen Beiklang in 2 Sam 2, 22 (das Antlitz erheben auf jemand hin, um sich ihm gegenüberzustellen). Ijob soll sein Gesicht im Gebet (Ijob 22, 26) erheben.

nāśā' pānîm min bedeutet sein Gesicht abwenden von (Mal 1, 9; Ijob 11, 15; *mûm* an dieser letzten Stelle soll „das, was nicht wertvoll ist“ bedeuten, vgl. Dtn 32, 5).

In den übrigen Texten hat *nāśā' pānîm* übertragenen Sinn. Positiv bedeutet es Rücksicht nehmen auf (so der Wunsch von Num 6, 26 *jiśśā' JHWH pānājw 'elæ̂kā*) und konkret verzeihen (Gen 32, 21), eine Bitte (Gen 19, 21; 1 Sam 25, 35) oder eine Gabe (Mal 1, 8) annehmen. Im Gegensatz dazu hat der Feind keine Achtung vor den Alten (Dtn 28, 50) noch vor den Priestern (Klgl 4, 16). *pānîm* bezeichnet in diesen Texten (mit Ausnahme von Num 6, 26) die Person, die die Wohltat empfängt. Subjekt von *nś'* ist jener, der die Wohltat spendet. Es scheint keinen Unterschied zu geben zwischen *nāśā' pānîm l^e* – die Übersetzung „lächeln“ (Grube 253 f.) kann sich nicht auf hinreichende Argumente stützen – und *nāśā' p^enê X*.

Der Empfänger der gewährten Wohltat kann auch ein anderer als das Subjekt von *pānîm* sein. JHWH erweist Ijob seine Gunst, indem er seinen „Freunden“ verzeiht (Ijob 42, 8. 9), und Elischa erweist dem König von Juda seine Gunst, indem er dem König von Israel seine Aufmerksamkeit zuwendet (2 Kön 3, 14).

Negativ bedeutet *nāśā' pānîm* „jemanden ungerechterweise bevorzugen“, insbesondere bei Gericht (Lev 19, 15; Ps 82, 2; Spr 18, 5). JHWH ist das Modell der unparteiischen Gerechtigkeit, der niemanden bevorzugt und der sich nicht bestechen läßt (Dtn 10, 17; Ijob 34, 19), ein Modell, dem die in Mal 2, 9 getadelten

Priester in der Anwendung der Torah nicht folgen. Ijob klagt seine Feinde an, für JHWH ungerechterweise in dem Wortstreit Partei zu ergreifen (Ijob 13, 8), er vertraut aber darauf, daß JHWH sie bestrafen wird, da sie insgeheim für ihn Partei ergreifen (13, 10). Elihu behauptet, in der Diskussion unparteiisch zu sein (Ijob 32, 21). *nś' p^e^nê kŏl-kopær* (Spr 6, 35) ist ein außergewöhnlicher Fall, weil das nomen rectum ein Gegenstand und nicht eine Person ist. Die Lesart *nś' pānǣkā l^e^kopær* ist wahrscheinlicher, syntaktisch identisch mit Gen 19, 21. Der betrogene Ehemann wird den Verführer nicht freundlich aufnehmen, nicht einmal für ein Lösegeld. Diese Lesart stimmt mit der Mahnung in der zweiten Person von v. 35b überein.

M. Dahood (Bibl 51, 1970, 399) liest *pnj*, mit *jod* der 3. Sing. und übersetzt: „Keine wie auch immer geartete Gabe wird ihn besänftigen." Aus demselben Grund übersetzt er Ijob 41, 2 „wer kann vor ihm bestehen?"

Die Bedeutungen des Verbalausdrucks *nś' pānîm* spiegeln sich im Nominalausdruck *n^e^śû' pānîm* wider. Positiv ist es eine Bezeichnung, die auf die Qualität dessen anspielt, der wegen seiner Verdienste die Gunst des Königs erlangt hat (Naaman, 2 Kön 5, 1). Ein neutraler Sinn („Würdenträger") findet sich in Jes 3, 3. Der Parallelismus mit „Prophet, der Lügen lehrt" (Jes 9, 14) und mit „gewaltsamer Mensch" (Ijob 22, 8) legt für *n^e^śû' pānîm* in beiden Texten einen pejorativen Sinn nahe: ein Mensch, der sich auf krummen Wegen eine Sonderstellung erworben hat.
hdr pānîm (→ II 363) hat positive Bedeutung in Lev 19, 32; Klgl 5, 12 (*niph*) (das Antlitz eines Alten ehren) und parallel zu *nś' pānîm* (illegitim begünstigen) negative (*lo' tæhdar p^e^nê gāḏôl*, „du sollst nicht Partei für den Vornehmen ergreifen", Lev 19, 15).
6. *ntn ('æt) pānāj b^e^X* („ich werde mein Gesicht gegen X richten") erscheint als feststehende Wendung mit Subjekt JHWH. Der Ausdruck hat seinen Ort zwischen der Formel *'îš 'îš mibb^e^nê/mibbêṯ jiśrā'el '^a^šær*, die einen Fall einführt und der Verurteilung, die durch die Ausrottungsformel „ich will ihn/sie ausrotten aus der Mitte seines/ihres Volkes" ausgesprochen wird. In H verurteilt *ntn pānāj b^e^* den Blutgenuß (Lev 17, 10), die Kinderopfer (Lev 20, 3) und die Befragung von Wahrsagern und Zeichendeutern (Lev 20, 6), in Ez 14, 8 die Befragung eines Propheten, wenn man durch Götzendienst schuldig geworden ist. In Lev 26, 17 und Ez 15, 7a wird der Ausdruck im allgemeineren Sinn gebraucht, als Teil oder Einführung der angekündigten Strafen. Wenn JHWH nicht das Subjekt von *ntn pānîm* ist, drückt es eine physische („das Antlitz zur Erde wenden", Dan 10, 15) oder eine metaphorische Bewegung aus, die sich unmittelbar vom wörtlichen Sinn herleitet („sich dem Herrn zuwenden", Dan 9, 3). In 2 Chr 20, 3 drückt *ntn pānîm l^e^* + inf. cstr. nicht physische Bewegung aus (etwa sich zum Tempel begeben), sondern den Entschluß, JHWH zu befragen (*drš*). In Ez 3, 8 fallen Subjekt von *ntn* und der Träger von *pānîm* nicht zusammen: JHWH „macht" das Gesicht des Propheten hart gegenüber seinen Feinden.
*śîm pānîm b^e^* mit JHWH als Subjekt erscheint als Parallele zu *ntn pānîm b^e^* mit derselben Bedeutung in Lev 20, 5 (vgl. v. 3) und Ez 15, 7b. Jer 21, 10; 44, 11 fügen der Formel *l^e^rā'āh* hinzu, behalten aber als Ausdruck der Strafe „preisgeben" bzw. „ausrotten" bei. *śîm panîm b^e^* besagt, daß JHWH den Entschluß gefaßt hat, zu bestrafen („ich habe mein Angesicht gewandt gegen") und unterscheidet sich so von der konkreten Form der vorgegebenen Strafe.
Wenn JHWH nicht Subjekt ist, hat *śîm pānîm* entweder wörtlichen (1 Kön 18, 42, das Gesicht zwischen die Knie legen) oder übertragenen Sinn: das Antlitz wenden, d. h. die Absicht in eine bestimmte Richtung lenken, sich entscheiden zu: *śîm pānîm l^e^* + inf. cstr. Hasaël entschließt sich, gegen Jerusalem zu ziehen (2 Kön 12, 18). Jer 42, 14–15 unterscheidet deutlich zwischen dem betrügerischen Verlangen, nach Ägypten zu ziehen, der Absicht, sich auf den Weg zu machen (*śôm t^e^śîmûn p^e^nêḵæm*, v. 15) und dem Ereignis der Ankunft. Ähnlich ist Jer 44, 12. In Dan 11, 17 beschließt „der König des Nordens", das ganze Reich unter seine Herrschaft zu stellen; 1 Kön 2, 15 (*śîm pānîm 'al*) bringt den vermeintlichen Willen des Volkes zum Ausdruck – nicht den Entschluß, der ihm nicht zukommt –, Adonija zum Königtum zu bewegen. Von diesem Ausdruck könnten die elliptischen Formen *dæræḵ hennāh p^e^nêhæm* (Jer 50, 5 „der Weg dorthin ist ihr Ziel") und *pānājw lammilḥāmāh* (2 Chr 32, 2 „seine Absicht war der Kampf ...") abhängen.

Der Gebrauch von *śîm pānîm* mit Akkus. der Richtung in Gen 31, 21 (Jakob „wendet sich" gegen das Gebirge von Gilead) und sein Vorkommen zusammen mit Verben der Bewegung in Jer 42, 17; 44, 12; 2 Kön 12, 18; Dan 11, 17 (*lāḇô'* ist hier Teil eines besonderen Syntagmas, nicht Verbum der Bewegung) hat W. H. Brownlee veranlaßt, für *śjm/śwm pānǣkā 'æl/'al* in Ez 6, 2; 13, 17; 21, 2 (*dæræḵ*). 7; 25, 2; 28, 21; 29, 2; 35, 2; 38, 2 den Charakter einer Formel zu postulieren, die mit Reisen zu tun hat. Ezechiel sei mit einer Gruppe von Flüchtlingen von Jerusalem tatsächlich durch Israel, Transjordanien, Phönizien und Ägypten gezogen. Die Orakel gegen Magog seien ein Zeugnis für seine Anwesenheit in Babylon, auf das sie in verhüllter Weise anspielen. Die Hypothese hat ein lexikographisch fragliches Fundament, setzt viele Korrekturen und Umstellungen im Text und eine hyperrealistische Auffassung von der Tätigkeit Ezechiels voraus. Wahrscheinlich will der Ausdruck nur den Empfänger der Botschaft mit einer plastischen, archaisch anmutenden Formulierung herausheben, die an die Wichtigkeit des visuellen Kontaktes zwischen dem Propheten und dem Empfänger seiner Botschaft (vgl. Num 22, 41; 23, 13; 24, 2) erinnern soll.

In Jes 50, 7 handelt es sich nicht um die feststehende Wendung *śîm pānîm*. *śîm* bedeutet hier „machen zu, verändern zu".
7. *sbb (hiph) pānîm* (9mal) bedeutet „das Antlitz wenden", sich physisch jemandem zuwenden (Ri 18, 23) mit einer positiven Geste, z. B. um zu segnen (1 Kön

8, 14 = 2 Chr 6, 3), oder im Gegenteil „das Antlitz abwenden“ (*min*) mit einer Geste der Erbitterung (1 Kön 21, 4), der Traurigkeit oder der Verzweiflung (2 Kön 20, 2 = Jes 38, 2), der Verachtung (2 Chr 29, 6) oder der Herausforderung (2 Chr 35, 22). JHWH ist nur in Ez 7, 22 Subjekt von *heseḇ pānîm*. Sein Abwenden des Antlitzes besagt, daß er das Volk nicht mehr unterstützt und dem Feind freie Hand läßt, um das Heiligtum zu profanieren. Eine ähnliche Bedeutung hat *hesîr pānîm* (2 Chr 30, 9). Hiskija äußert das Vertrauen, daß JHWH sein Antlitz nicht abwendet, wenn Israel sich zu ihm bekehrt. *swr hiph* scheint hier das gewöhnlichere *histîr* aus rein linguistischen Gründen (Balentine 109) verdrängt zu haben. Es geht weniger um eine Anspielung auf die „Entfernung von Götzen“ und die daraus sich ergebende Gegenüberstellung mit JHWH (Reindl 123).

hešîḇ pānîm (ca. 10mal im AT) hat positiv wörtlichen („sich wenden zu“, Dan 11, 18. 19) oder negativ übertragenen Sinn („sich [von der Schlechtigkeit] fernhalten“, Ez 14, 6), wenn das Subjekt des Verbums mit dem Träger von *pānîm* identisch ist. Ist dies nicht der Fall, hat *hešîḇ pānîm* negativ wörtlichen („zurückdrängen, beiseite drängen“, 2 Kön 18, 24 = Jes 36, 9) oder übertragenen Sinn („zurückweisen, verweigern, ablehnen“), es handle sich um eine konkrete Bitte (1 Kön 2, 16. 17. 20) oder um die gänzliche Verwerfung einer Person – des Königs – (Ps 132, 10 = 2 Chr 6, 42). Die Bedeutung wird selbstverständlich von dem Ausdruck *pānaj* (= „mein Antlitz, ich“) oder *p^e nê-X* („das Antlitz von X“) mitbestimmt.

8. „Sich das Gesicht bedecken“ (*ksh pānîm*, ca. 11mal, vgl. auch III.4.a) erscheint im wörtlichen Sinn („sich das Antlitz bedecken“ [*pi*] mit einem Schleier, Gen 38, 15; Ez 12, 6, oder mit Flügeln, Jes 6, 2, oder mit Fett, d.h. fett werden, Ijob 15, 27; das Feld des Faulen ist mit Disteln bedeckt [*pu*], Spr 24, 31) oder im übertragenen Sinn: sich mit Schande bedecken ([*pi*] Jer 51, 51), mit Schmach (Ps 44, 16), mit Verwirrung (Ps 69, 8), mit Finsternis (Ijob 23, 17). In Ijob 9, 24 ist es JHWH selbst, der das Antlitz der Richter bedeckt (vernebelt), so daß sie für die Ungerechtigkeit unempfindsam werden.

histîr ('æṯ-)pānîm (*min*), „das Antlitz verbergen“ (29mal, außerdem 4mal in den deuterokanonischen Büchern), hat nur 3mal ein anderes Subj. als JHWH. Mose verhüllt das Gesicht in der Gegenwart JHWHs (Ex 3, 6); der Knecht verbirgt sein Antlitz nicht vor der Schmach (Jes 50, 6); vor dem Knecht verhüllen die Leute das Gesicht, um ihn nicht anschauen zu müssen (Jes 53, 3). Der Sinn dieser Geste ist, sich in acht zu nehmen vor Personen oder Dingen, die gefährlich oder ekelerregend sind.

Das Verbergen des Antlitzes JHWHs (oft mit *min* + Personen) ist nicht nur einfach eine Strafe, sondern es bedeutet den radikalen Abbruch der Beziehungen zwischen Gott und dem Menschen. Das „Haus Jakobs“, das die Zeichen JHWHs verschmäht hat, muß die Geschichte im Schweigen JHWHs, der sein Antlitz verbirgt, bewältigen (Jes 8, 17). Die in Ez 39, 23. 24 erwähnten Strafen sind umrahmt durch die zweifache Nennung des Verhüllens des Antlitzes, ohne daß dies mit der Strafe gleichgesetzt wird. Dem Text (auch Jes 59, 2) liegt die Abfolge Schuld – Verbergen des Antlitzes – Strafe zugrunde. Wenn JHWH sein Antlitz verbirgt, so gibt sich der Sünder der trügerischen Sicherheit hin, straflos auszugehen (Ps 10, 11), die Propheten sind außerstande, das Volk zu unterweisen (Mi 3, 4) und das Volk selbst ist unfähig, seinen Namen anzurufen und ist somit der Macht seiner Schuld ausgeliefert (Jes 64, 6). Das Antlitz verbergen ist die äußerste Reaktion JHWHs, der das Entflammen seines Zornes und das „Verlassen“ vorausgeht (Dtn 31, 17–18; vgl. 32, 20; Jer 33, 5).

Die Beziehung zwischen Gott und den Menschen ist unwägbar (Ijob 34, 29) und hängt nicht unbedingt von der Gerechtigkeit oder Sündhaftigkeit des Menschen ab. Obwohl der Gerechte sicher ist, daß JHWH sein Antlitz vor dem Armen nicht verbirgt (Ps 22, 25), stellt er auch fest, daß sich das Antlitz JHWHs aus geheimnisvollen Gründen vor ihm verhüllt. Der Psalmist fragt ängstlich nach dem „wie lange“ und „warum“ der unverständlichen Verlassenheit durch JHWH (Ps 13, 2; 44, 25; 88, 15), und mit dem Ruf „verbirg nicht dein Antlitz“ (Ps 27, 9; 69, 18; 102, 3; 143, 7) gibt er seinen Empfindungen Ausdruck: „erhöre mich, antworte mir, verlaß mich nicht, verwirf mich nicht, vergiß mich nicht, sei mir nahe, erlöse mich, befreie mich“. Die Möglichkeit, daß JHWH sein Antlitz verbirgt, versetzt den Psalmisten in Schrecken (Ps 30, 8), da er weiß, daß die großartigsten Wesen der Schöpfung zum Staub zurückkehren, wenn JHWH sein Antlitz verbirgt (Ps 104, 29), und daß er selbst, fern vom Angesicht JHWHs, in die Grube sinken muß (Ps 143, 7).

Die Tatsache, daß sowohl die Frage „wie lange“ wie auch die Bitte „verbirg nicht dein Antlitz“ in den Psalmen häufig zusammen vorkommen, und zwar nicht im Zusammenhang mit Anerkennung von Schuld, sondern innerhalb einer Aussage über die Treue JHWHs trotz Verfolgung von seiten des Feindes (vgl. Ps 44, 18–23; 69, 19; 143, 9b), offenbart das Bewußtsein des Psalmisten über die Unberechenbarkeit der Beziehung zu JHWH.

„Sein Angesicht nicht mehr verbergen“ (Ez 39, 29) ist die Zusammenfassung aller Verheißungen JHWHs und setzt einer kurz dauernden Trennung JHWHs von seinem Volk ein Ende (Jes 54, 8). Wenn JHWH sein Antlitz nicht verbirgt, so wird der Mensch sich über seine eigene Sünde klar (Ijob 13, 24). Dann kann JHWH „sein Gesicht verbergen“ vor der Sünde des Menschen (Ps 51, 11) und der Mensch wird frei davon. In den jüngeren Texten findet sich die Sicherheit, daß JHWH sein Antlitz nicht verbergen wird vor dem, der die Wahrheit aus ganzen Herzen tut (Tob 13, 6); zu erwähnen ist auch die Bitte Tobits an JHWH (3, 6) und seine Mahnung an Tobias (4, 7), sein Angesicht nicht abzuwenden von ihm bzw. von den Armen, damit JHWH sein Angesicht nicht von ihm abwende. Sir 18, 24 enthält die Mahnung, den Tag des Zornes gegenwärtig zu haben, wenn JHWH sein Antlitz abwenden wird.

9. *rā'āh ('æṯ/'æl) pānîm* hat, auf einen Menschen bezogen, drei Bedeutungen: tatsächlich das Gesicht jemandes sehen (Gen 31, 2. 5; Ex 34, 35; Dan 1, 10); jemanden treffen (zu Gesicht bekommen, Gen 32, 21; 33, 10; 46, 30; 48, 11); und gelegentlichen (Gen 43, 3. 5; 44, 23. 26; Ex 10, 28. 29; 2 Sam 3, 13) oder ständigen (2 Sam 14, 24. 28. 32) Zugang haben zu einer hochgestellten Persönlichkeit (Josef, Pharao, dem König). Die Texte der dritten Gruppe bringen das Verbot einer Begegnung zum Ausdruck. *ro'ê p^enê hammælæḵ* ist der Titel von Beamten, die zum König Zugang haben, die in 2 Kön 25, 19 // Jer 52, 25 zusammen mit *sārîs*, *pāqîḏ* und *soper* aufgezählt werden (vgl. auch Est 1, 14).

rā'āh ('æṯ/'æl) p^enê JHWH (*qal*, häufig umvokalisiert in *niph*, vgl. die Diskussion bei Reindl, 147f.) ist in der Mehrzahl der Texte des AT ein terminus technicus für die Bezeichnung der kultischen Begegnung mit der Gottheit. Jeder der drei liturgischen Kalender, Ex 23, 14–19 (im Bundesbuch), Ex 34, 18–26 (im Privilegrecht) und Dtn 16, 1–17 (dtn Fassung des genannten) erwähnt zweimal den Ausdruck. Ex 23, 15; 34, 20 bestimmen nach den Vorschriften über das Mazzotfest mit gleichlautender Formulierung: „und sie sollen mein Angesicht nicht mit leeren Händen sehen". Etwas anders formuliert – „und er (d. h. jeder männliche Israelit) soll das Angesicht JHWHs nicht mit leeren Händen sehen" – beschließt Dtn 16, 16 die Vorschriften über die Feste. Ex 23, 17; 34, 23; Dtn 16, 16a legen mit fast gleichlautender Formulierung die Verpflichtung für alle Männer fest, dreimal im Jahr das Heiligtum zu besuchen („das Angesicht JHWHs zu schauen"). Die Entsprechung dieser Vorschrift mit der Beschreibung der drei wichtigsten Feste legt nahe, daß es sich um ein (das) zentrale(s) Heiligtum handelt.

Dtn 16, 16 identifiziert das Heiligtum mit dem Tempel in Jerusalem. Ex 34, 24 denkt auch an ein entferntes zentrales Heiligtum, wenn bemerkt wird, daß „niemand nach deinem Land begehren soll, während du hinaufsteigst dreimal im Jahr, um das Angesicht JHWHs ... zu sehen". Dtn 31, 11 sieht die Proklamation des Gesetzes alle sieben Jahre vor für das ganze Volk, das am Laubhüttenfest zum Heiligtum (von Jerusalem) gekommen ist, um „das Angesicht JHWHs zu schauen".

Außerhalb des Kontextes liturgischer Vorschriften erscheint *rā'āh ('æṯ-)p^enê JHWH* nur 4mal. In Jes 1, 12, einer Anklage bezüglich Kultpraxis ohne Gerechtigkeit (vv. 10. 17), ist die Beziehung zwischen „das Antlitz sehen" und der Anwesenheit im Tempel in v. 12 durch die Erwähnung der „Vorhöfe" betont; in 1 Sam 1, 22 durch den Abschluß des Verses „und wird dort wohnen". Die Auswechslung von *qal* und *niph* ist hier nicht evident, aber die Konstruktion mit *'æṯ* läßt auf eine aktive Form schließen. Ps 42, 3 bringt die intensive Sehnsucht, das Antlitz JHWHs zu sehen, zum Ausdruck, die in anderen Texten fehlt. Der kultische Aspekt ist vorhanden in der Erinnerung an den Tempel (v. 5), in der Gewißheit, vor dem Altar Gottes zu erscheinen (Ps 43, 4) und im liturgischen Lobpreis (*jdh*). In Ijob 33, 26 spielen *rṣh* und *t^erû'āh* auf einen liturgischen Kontext an, um „sein Antlitz zu sehen". Wenn JHWH nicht sein Angesicht sondern seinen Rücken zeigt (Jer 18, 17, *r'h* als *hiph* vokalisiert), so liegt hier in seinem Verhalten eine Antwort an das Volk (Jer 2, 27), und er verweigert so jede mögliche Hilfe.

ḥāzāh p^enê JHWH erscheint nur in zwei Psalmen, in denen es schwierig ist, die Bedeutung des kultischen Elementes zu bestimmen. Der verfolgte Gerechte von Ps 11 scheint im Tempel Zuflucht zu suchen (vv. 1aβ.4). Seinem Verlangen nach Bestrafung des Feindes (in der Geborgenheit des Heiligtums?) (v. 6) steht die Sicherheit gegenüber, daß die Gerechten sein Antlitz schauen werden (*jāšār jæḥ^azû pānājw* [für *panêmô*], v. 7). Die Interpretation von Ps 17, 15 „in Gerechtigkeit werde ich dein Antlitz schauen" macht Schwierigkeiten durch den Parallelvers „beim Erwachen (*b^ehāqîṣ*) werde ich mich an deiner Gestalt (*t^emûnāh*) sättigen" (v. 15b). Beide Begriffe weisen auf „kultgeprägte Vorstellungschiffren" hin (H. F. Fuhs, Sehen und Schauen, FzB 32, 1978, 273). Das Vorhandensein von *ḥāzāh* anstelle von *rā'āh* ist kein hinreichendes Argument, um die kultische Theophanie auszuschließen, es sei denn, man riskiert eine *petitio principii*. Jedenfalls ist nicht zu bestreiten, daß in beiden Psalmen dieser Ausdruck „die Erfahrung der gnädigen Zuwendung Gottes in Rettung Heil" (Fuhs 274) mitbesagt.

V. Eine Studie über *pānîm*, auf syntaktisch-semantischen eher als unmittelbar auf thematischen Kategorien basierend, macht es möglich, einige Feststellungen über dessen Sinn zu bestätigen, der von früheren Studien immer klarer herausgearbeitet wurde. Man kann keine unmittelbare Abhängigkeit der bibl. Wendungen im Hinblick auf Bedeutung oder Sitz im Leben von den entsprechenden Ausdrücken des Alten Orients feststellen. Einige dieser Ausdrücke sind auf sprachlicher Ebene wiederaufgenommen worden, aber ihre Bedeutung kann nur vom eigentlich at.lichen Kontext her bestimmt werden. So wird es unmöglich, *pānîm*-Wendungen mit mutmaßlichen Riten in Verbindung zu bringen, über die das AT keinerlei Auskunft gibt, z. B. wenn man *ḥillāh pānîm* als Liebkosung des Antlitzes eines Gottesbilds verstehen will; desgleichen, wenn man „das Antlitz mit Fett bedecken" (Ijob 15, 27) mit einem Salbungsritual, *rā'āh pānîm* mit dem Betrachten eines Bildes, *nāśā' pānîm* mit einer Geste gerichtlicher Begnadigung, „das Licht des Antlitzes" mit dem Kult von Astralgottheiten in Verbindung bringen will. Alle diese Versuche haben wenig Zustimmung oder sogar entschiedene Ablehnung gefunden. Folglich ist eine Diskussion über den möglichen Ursprung solcher Ausdrücke (Profanierung eines kultischen Begriffs oder Erhebung eines profanen Begriffs in den kultisch-theologischen Bereich), die einer ganz bestimmten Aufteilung in Kategorien entspringt und nicht den üblichen Prozeß der Sprachentwicklung in Rechnung stellt, letztlich unfruchtbar. Die *pānîm*-Wendungen haben ihren Ursprung mit aller Wahrscheinlichkeit in den vielfältigen Möglichkeiten der Bedeutung von *pānîm*. Da das Antlitz jener Teil des menschlichen Körpers und damit des Menschen ist, der differenzierte Äußerungen am besten auszudrücken vermag, ist es nur folgerichtig, daß die Sprache in zahlreichen Wendungen, die die zwischenmenschlichen Beziehungen und die Beziehungen des Menschen zu Gott betrafen, den terminus *pānîm* als Ausgangspunkt genommen hat. Das Antlitz verbergen, zeigen, hin- oder wegwenden, erheben, senken, bedecken, verhärten, milde oder finster oder hell werden lassen, sind natürliche Ausdrücke des Verhaltens und deshalb verfügbare Möglichkeiten der Sprache, die in verschiedenen Idiomen bezeugt sind, deren evtl. Abwesenheit – mehr als das offensichtliche Vorhandensein – einer Erklärung bedürfte.

Es ist also angebracht, die Feststellung Reindls (198ff.), daß die *pānîm*-Wendungen (nicht nur die *p^e^nê-JHWH*-Wendungen) nicht eigentlich einen Begriff, sondern eine Redeweise darstellen, wiederaufzunehmen und zu vervollständigen. *pānîm* hat sich nicht entwickelt, bis daraus ein genauer theologischer oder anthropologischer Begriff wurde, der für verschiedene Wendungen mittels Verben oder Präpositionen wieder aufgenommen worden wäre. *pānîm* 'Antlitz' mit seinen vielfältigen möglichen Untertönen kann verwendet werden und ist verwendet worden in vielen Wendungen, deren Bedeutung indes nicht ausschließlich oder primär von einem postulierten technischen (z. B. theologischen), durch *pānîm* gewonnenen Sinn, sondern vom Ausdruck als einem Ganzen abhängt, wobei der Kontext in Rechnung zu stellen ist. Dieser macht deutlich, daß einige Ausdrücke (z. B. *nāśā' pānîm*, *sbb pānîm*) sich auch nicht als feststehende Wendungen mit einer einzigen Bedeutung entwickelt haben, sondern daß sie im wörtlichen und übertragenen, im positiven und im negativen Sinn verwendet werden konnten. Nur zwei *pānîm*-Wendungen haben kultisch-technischen Sinn erworben: *rā'āh ('æṯ-)p^e^nê JHWH* (das Heiligtum besuchen) und der Präpositionalausdruck *lipnê JHWH* (VI. 1.b), um theologisch die Mehrzahl der kultischen Handlungen (aber nicht nur sie) zu qualifizieren, die in irgendeiner Weise in der Gegenwart JHWHs vollzogen werden. Es ist nicht unmöglich, daß der den Bildern erwiesene Kult aus dem Alten Orient Einfluß hatte auf die Entstehung beider Ausdrücke. Aber es ist auch wahrscheinlich, daß Möglichkeiten und Gebrauch des Begriffs *pānîm*, um interpersonale Beziehungen zu bezeichnen, auch zur Entwicklung beider Ausdrücke beigetragen haben.

pānîm, als Organ ausdrucksstärker als die Hand und umfassender als der Blick – den es irgendwie einschließt, ohne jedoch mit ihm identisch zu sein – war außerdem geeignet, nach Art einer Synekdoche die ganze menschliche Person zu repräsentieren. Dies ist der Fall, wenn *pānîm* Subjekt ist, bei den Ausdrücken, die in III. 4.d behandelt wurden, und bei einigen Bedeutungen der in IV. aufgeführten Wendungen. Wegen seiner Fähigkeit, Gefühle und Reaktionen auszudrücken, bezeichnet *pānîm* das Subj., insofern es sich anderen zuwendet (*pnh*), d. h. insofern es Subj. von Beziehungen ist. *pānîm* ist ein Begriff, der Beziehungen beschreibt. Die Beziehung wird syntaktisch explizit, wenn das Subj. des Verbums nicht mit dem Subj. von *pānîm* zusammenfällt. Wenn beide zusammenfallen, gibt es entweder eine syntaktische Kennzeichnung, die die Beziehung zum Ausdruck bringt (z. B. das Antlitz verbirgt sich vor [*min*] jemandem) oder der unmittelbare Zusammenhang weist auf den Charakter einer Beziehung hin (Ex 33). Die Beziehung schließt die Gegenwart beider Partner und das Handeln wenigstens des einen von ihnen ein. Die Anwesenheit schließt das Suchen (*biqqeš pānîm*), allgemeine (sehen, betrachten, sich in jemandes Gegenwart befinden, dienen) oder besondere, positive (besänftigen, gerechter- oder ungerechterweise begünstigen, Wohlwollen suchen oder erlangen) oder negative Haltungen (gegenüberstellen, verweigern, zurückweisen) und schließlich sogar die Verweigerung der Begegnung (das Antlitz abwenden, sich vor jemandem verbergen) mit ein. Die semantischen Möglichkeiten von *pānîm* machen den Begriff auch geeignet, für JHWH verwendet zu werden. Er besagt keinen stärkeren Anthropomorphismus als jeder beliebige andere, der im theologischen Bereich angewendet wird, noch setzt er eine besondere Adaptation technisch-theologischer Art voraus. *pānîm* auf JHWH angewendet sagt nicht mehr und nicht weniger, als was es für menschliche Wesen besagt. Die bedeutungskonstituierenden Elemente von *pānîm*, die es für die Rede über JHWH geeignet machen, sind dieselben, die für menschliche Wesen gelten nämlich, daß es wirkliche persönliche Gegenwart, Beziehung und Begegnung (oder Verweigerung derselben) bezeichnet. Alle grundlegenden Beziehungen zwischen Gott und dem Menschen können mittels *pānîm* und der damit verbundenen Ausdrucksweisen beschrieben werden. Es scheint indes nicht ratsam zu sein, im Ausdruck *p^e^nê JHWH* als solchem einen Aspekt besonderer Gegenwart oder Beziehung JHWHs zum Menschen anzunehmen, z. B. eine vermittelte Gegenwart im Gegensatz zu einer unmittelbaren, eine strafende (*'eṯ pānæḵā* in Ps 21, 10 ist die „Zeit der Gegenwart", wenn JHWH sich offenbaren wird, und der Sinn von Strafe geht aus der Gesamtheit des Verses hervor, vgl. vv. 9–11) oder im Gegenteil eine tröstende Gegenwart.

Eine Übersetzung wie „Zorn" für Texte wie Ps 9, 4; 34, 17; 80, 17; Koh 8, 1; Klgl 4, 16 und den erwähnten Ps 21, 10 (vgl. W. F. Albright, Yahweh and the Gods of Canaan, London 1968, 117, und M. Dahood, Bibl 51, 1970, 399; anders dagegen F.J. Morrow Jr., VT 18, 1968, 558f.) kann in einem konkreten Fall angebracht sein. Ihre systematische Anwendung würde aber dabei leicht die komplexen und reichhaltigen Schattierungen von *pānîm* vergessen.

Insofern *pānîm* Anwesenheit besagt, zielt es darauf, den positiven Aspekt der interpersonalen Beziehung zu unterstreichen. Der negative Aspekt der Beziehung wird ausgedrückt durch die Entfernung von *pānîm*. Eine Ausnahme stellt *nāṯan pānîm bᵉ* dar. *śîm pānîm 'æl/'al* hat negativen Beiklang nur durch das Orakel, das es einführt.

pānîm, auf JHWH bezogen, ist somit ein reichhaltiger Begriff, der eine Mittlerstellung einnimmt zwischen der Gefahr einer materialisierenden Auffassung von der Gottheit mittels Bildern, die das AT systematisch verwarf, und der Gefahr eines Nominalismus, der die göttliche Gegenwart zur Abstraktion reduziert. Von den Schwierigkeiten, *pānîm* in die theologische Konzeption von Israel einzugliedern, gibt Ex 33 Zeugnis, von seinem theologischen Nutzen, um die Auffassungen in Einklang zu bringen Ps 17,15 (*pānîm* // *tᵉmûnāh*). Eine überzeugende Argumentation, *pānîm* als Hypostase zu betrachten, konnte bis heute nicht geboten werden (vgl. dagegen G. Pfeifer, Ursprung und Wesen der Hypostasenvorstellungen im Judentum, AzTh I/31, 1967, 69, der *pānîm* als eine, in irgendeiner Weise mit Kultgegenständen verbundene Erscheinungsform bei der Führung des Volkes betrachtet, und die kritischen Anmerkungen von A. S. van der Woude, THAT II 448. 956), sie scheint auch vom vorhandenen at.lichen Material her nicht möglich zu sein.

VI. Die Konstruktform *pᵉnê* ist Bestandteil mehrerer Semipräpositionen.

1. a) Die verschiedenen Bedeutungen von *lip̱nê* ergeben sich aus der Verbindung von *lᵉ* mit *pānîm* in der Bedeutung „Anwesenheit" und aus der Bedeutung des Verbums, mit dem die Präp. zusammengeht. Im räumlich-statischen Sinn bedeutet *lip̱nê* „vor" mit Verben wie *ḥnh*, *jṣb hitp*, *'md* (Gen 41,46; 43,15; Ex 8,16; 9,13; 14,2) oder mit Verben, die eine Tätigkeit beschreiben, die in jemandes Gegenwart ausgeführt wird (Ex 11,10).

Im räumlich-dynamischen Sinn führt *lip̱nê* die Person oder Sache ein, in deren Gegenwart eine Bewegung zum Abschluß kommt, so mit Verben wie *ntn* (Ex 30,6), *'md hiph* (Lev 27,8), *qrb hiph* (Ex 29,10), *śjm* (Ex 40,26). „Vor" bezeichnet auch das Verhältnis zwischen zwei sich in Bewegung befindlichen Personen, von denen die eine der anderen vorausgeht: Gen 24,7 (*šlḥ*); Ex 13,21 (*hlk*); Dtn 9,3 (*'br*; vgl. v. 1); 1 Sam 10,8 (*jrd*); vgl. auch 1 Sam 8,11 (*rwṣ*).

Die räumlich-statische und -dynamische Bedeutung von *lip̱nê* nimmt je nach Verben und Umständen andere Schattierungen an, wobei es zu Bedeutungen kommt, bei denen die physische Anwesenheit „vor" nicht mehr zentrales Element, sondern nur noch möglicher Nebenumstand ist. *'md lip̱nê* (Gen 41, 46; 43,15; Ex 9,10; 1 Sam 16,22; 1 Kön 10,8; 2 Chr 29,11; mit *'æṯ-pᵉnê* 1 Kön 12,6) oder *hjh lip̱nê* (1 Sam 19,7; 29,8; 2 Kön 5,2) bedeutet, wenn es sich um den König oder eine andere wichtige Person handelt, „zu Diensten sein". Die Bedeutung ergibt sich aus dem Unterschied in der Rangordnung der in einem bestimmten Verhältnis zueinander stehenden Personen. In militärischem Kontext bedeuten *jṣb (hitp) lip̱nê* (Dtn 9,2), *'md lip̱nê* (Ri 2,14), *qwm lip̱nê* (Lev 26,37; Jos 7,12. 13) „widerstehen, standhalten vor". *jṣ' lip̱nê* bedeutet „an der Spitze" (1 Sam 8,20) oder „gegen jemanden hinausziehen" (1 Chr 14,8; 2 Chr 14,9). *nws lip̱nê* heißt „fliehen vor" (Jos 7,4; 2 Sam 24,13; vgl. auch *pnh lip̱nê* Ri 20,42); *npl lip̱nê* bedeutet „fallen vor" (1 Sam 14,13; 2 Sam 3,34); *ngp (niph) lip̱nê* ist „(von Feinden) geschlagen werden" (Lev 26,17; 1 Sam 4,2; 7,10; 2 Sam 10,15). *śjm lip̱nê* kann „vorlegen" bedeuten (dem Volk das Gesetz, Ex 19,7; 21,1).

lip̱nê kann besagen, daß jener, vor dem etwas geschieht, eine besondere Würde hat (2 Sam 2,14), ein Aufsichtsamt (1 Sam 3,1), die Möglichkeit (Koh 9,1) oder das Recht, in einer bestimmten Situation zu urteilen (Dtn 25,2; Est 5,14). *'kl lip̱nê* (2 Kön 25,29) heißt so „zum Tisch des Siegers zugelassen sein", d.h. „Begnadigung erhalten haben". *hlk (hitp) lip̱nê* (1 Sam 12,2) bedeutet „in einer Weise vor jemandem (JHWH, dem Volk) handeln", daß man sich seines positiven Urteils sicher sein kann. Dieser Bedeutung kommt „nach Ansicht von", „nach dem Urteil von" (1 Sam 20,1; 2 Kön 5,1) nahe, betont jedoch nicht das Recht, zu urteilen. In Ausdrücken wie „Barmherzigkeit, Gunst und Gnade gewähren/erlangen" (Gen 43,14; 1 Kön 8,50; 2 Chr 30,9; Est 2,17) unterstreicht *lip̱nê* den Vorrang dessen, der Gunst und Gnade gewährt.

ntn lip̱nê (zum Unterschied vom einfachen *ntn lᵉ*) betont den Aspekt des „Zur-Verfügung-Stellens" von wichtigen Gütern (Land Dtn 1,8; Feinde Dtn 23,15). Der Ausdruck *lᵉpānæḵā* (ohne Verb) hebt unmittelbar das Zur-Verfügung-Stellen hervor (Gen 13,9; 20,15; 24,51; 47,6); vgl. auch *npl qal/hiph tᵉḥinnāh lip̱nê*, „eine Bitte annehmen/vorbringen" (Jer 36,7; 37,20; 42,2; bzw. 42,9). Wenn das durch *lip̱nê* bestimmte Wort nicht eine Person oder einen Gegenstand, sondern ein Ereignis bezeichnet, bringt *lip̱nê* (oft mit Inf. cstr.) eine zeitliche Priorität bezüglich eines anderen Ereignisses zum Ausdruck, sei es in der Vergangenheit (Gen 13,10; 1 Sam 9,15), in der Zukunft (Gen 27,7) oder einfach eine Priorität innerhalb einer ständig gültigen Situation (Gebräuche und Gesetze: die jüngere [Tochter] wegzugeben vor der älteren, Gen 29,26).

b) *lip̱nê* JHWH ist, was *lip̱nê* angeht, nicht verschieden, nur in bezug auf die Häufigkeit bestimmter Bedeutungen zeigt sich ein Unterschied. Die zeitliche Bedeutung kommt nur Jes 43,10 vor: „vor mir ist kein Gott geschaffen worden". Die räumlich-dynamische Bedeutung in militärischem Kontext ist auch kaum vertreten: 1 Chr 22,18 *kbš (niph) hā'āræṣ lip̱nê JHWH*; 2 Chr 14,12 *šbr (niph)* (die Kuschiter) *lip̱nê JHWH*. Beide Texte wiederholen *lip̱nê* und fügen ein anderes agens für die Niederlage (das Volk, das Heer) hinzu, das mit JHWH zusammenwirkt. Die räumlich-dynamische Bedeutung, bei der beide Termini in Bewegung sind (der voraus-, *lip̱nê*, und der hinterhergeht), könnte in Jos 4, 13 in der eigentlichen Bedeutung vorhanden sein: vierzigtausend Bewaffnete ziehen (über den Jordan) *lipnê JHWH* her. Aber das Bild scheint mehr für das Ziehen in der wachsamen Gegenwart JHWHs zu gelten. In 6, 8 bezieht sich *'br* nicht auf *lipnê JHWH*. Die Priester tragen die Trompeten *lipnê JHWH* (vor ihm oder in seiner Gegenwart?). In bildlichem Sinn gehen Sturm (1 Kön 19, 11), Pest (Hab 3, 5), Feuer (Ps 50, 3; 97, 3), Gerechtigkeit (Ps 85, 14), ein „Bote" (Mal 3, 1), sein „Lohn" (Jes 40, 10 // 62, 11) vor JHWH her, wenn er sich offenbart. „Ehre und Majestät" (Ps 96, 6 // 1 Chr 16, 27) und Weisheit (Spr 8, 30) sind *lipnê JHWH* als seine Diener.

Im räumlich-statischen Sinn wird von Abraham (Gen 18, 22 [19, 27, *'æt-pᵉnê*]), vom Volk (Dtn 4, 10; 1 Sam 6, 20) und von einem Mitglied des himmlischen Hofes (1 Kön 22, 21 // 2 Chr 18, 20) gesagt, daß sie vor JHWH stehen. Das Sprechen (*dbr, 'mr*) Moses *lipnê JHWH* (Ex 6, 12. 30) ist ehrerbietige Ausdrucksweise anstelle von „sprechen zu".

Der häufigste Gebrauch von *lipnê JHWH* (oder *lipnê* + Suff., das sich auf JHWH bezieht) in räumlich-statischem und dynamischem Sinn findet sich in kultischem Kontext. P lokalisiert *lipnê JHWH*: den Platz unmittelbar vor der Lade (Ex 16, 33; Lev 16, 13; Num 17, 22); den Vorhang vor der Lade (Lev 4, 6. 17); den Tisch mit den Schaubroten (Ex 25, 30); den Leuchter (Ex 27, 21; Lev 24, 3); den Altar im Zelt (Lev 4, 18) und den vor dem Zelt (Lev 1, 11; 16, 18); den Platz vor dem Zelt (Ex 29, 11). Die Mehrzahl der Kulthandlungen geschieht *lipnê JHWH*: Das „Schwingen" der Gaben mit den Händen (*henîp tᵉnûpāh*: Ex 29, 24. 26; Lev 7, 30; 8, 27. 29; 9, 21; 10, 15; 14, 12. 24; 23, 20; Num 6, 20; 8, 11. 21); das Herbeibringen der Opfergaben (*hiqrîb*: Lev 3, 1. 7. 12; 6, 7; 9, 2; 10, 1. 19; 12, 7; Num 3, 4;6, 16; 16, 17; 17, 3; 26, 61; 1 Chr 16, 1; Ez 43, 24); das Schlachten der Opfertiere (*šḥṭ*; Ex 29, 11; Lev 1, 5. 11; 4, 4. 15. 24; 6, 18); die Darbringung des Räucheropfers (Lev 16, 13); der Entsühnungsritus (*kpr*: Lev 5, 26; 10, 17; 14, 18. 29. 31; 15, 15. 30; 19, 22; 23, 28; Num 15, 28; 31, 50); das Schlachtopfer (*zbḥ*: Lev 9, 4; 1 Sam 11, 15; 1 Kön 8, 62; 2 Chr 7, 4); das Brandopfer (*'olāh*: Ri 20, 26; 2 Sam 6, 17); die Opfer Moses bei der Priesterweihe Aarons und seiner Söhne (Ex 29, 11); die Weihe der Leviten (Num 8, 10). Das Heiligtum betreten heißt „*lipnê JHWH* hintreten" (Ex 28, 35), und so könnte allgemein jeder priesterliche Dienst bezeichnet werden (vgl. Ex 28, 30). In einem allgemeineren Sinn wird der Dienst für JHWH mit *'md lipnê JHWH* bezeichnet (1 Kön 17, 1; 18, 15; 2 Kön 3, 14; 5, 16, in einer Schwurformel; Jer 15, 19; vgl. Ez 44, 15), wobei das Moment der Treue zu Gott betont wird.

In anderen Texten außerhalb P geschehen die Opfer von Bet-El (Ri 20, 26), von Gilgal (1 Sam 11, 15), die Überführung der Lade nach Jerusalem (2 Sam 6, 17) und die Tempelweihe durch Salomo (1 Kön 8, 62) *lipnê JHWH*.

Nicht nur die offiziellen kultischen, sondern auch private religiöse Handlungen geschehen *lipnê JHWH*: das Gebet Hannas (1 Sam 1, 12), Davids (2 Sam 7, 18), Hiskijas (2 Kön 19, 15), Gebet und Fasten Nehemias (Neh 1, 4), das „Erleichtern des Herzens" (Ps 62, 9; 102, 1), die Anbetung (Ps 22, 28) und das demütige Verhalten (2 Chr 34, 27). Keine dieser Gesten setzt eine an das Heiligtum gebundene Kulthandlung voraus (vgl. M. D. Fowler, ZAW 99, 1987, 384–390).

Es gibt Gesten, die in bestimmten Situationen, aber nicht immer, formal eine Kulthandlung einschließen. Das Essen *lipnê JHWH* ist eine genau umschriebene Kulthandlung (Dtn 12, 7. 18; 14, 23. 26; 15, 20; Ez 44, 3), aber Ex 18, 12 und 1 Chr 29, 22 legen eine nicht streng liturgische Feier nahe. Dasselbe gilt von „sich freuen *lipnê JHWH*", das die vorhergehende Geste begleitet (Dtn 12, 12. 18; 16, 11; 27, 7), erscheint aber auch unabhängig von ihr (Lev 23, 40; Jes 9, 2 *lᵉpānǽkā*; *lipnê 'ᵉlohîm*). Das „Weinen *lipnê JHWH*" kann ein Sühneritus nach einer Niederlage gewesen sein (Dtn 1, 45; Ri 20, 23. 26). Aber in Num 11, 20 ist das Weinen *lᵉpānājw* (vor JHWH) eine Geste der Bitte und zugleich des Protestes (vgl. vv. 4.10). Nichtkultische religiöse Gesten sind auch der Segen Isaaks (Gen 27, 7), der Fluch Josuas über die Ruinen Jerichos (Jos 6, 26) und das Eingehen von Bündnissen (1 Sam 23, 18 David und Jonatan; 2 Sam 5, 3 // 1 Chr 11, 3 David und die Ältesten von Hebron; 2 Kön 23, 3 // 2 Chr 34, 31 Joschija, das Volk und JHWH). In Jer 34, 15. 18 ist der Bund *lᵉpānaj* ein Bund mit JHWH selbst. Auch Ri 11, 11 (vgl. v. 8) scheint auf einen Bund *lipnê JHWH* zwischen Jiftach und den Ältesten von Gilead anzuspielen; es ist daher zweifelhaft, ob *lipnê JHWH* an sich als charakteristischer Ausdruck der Bundesschließung angesehen werden kann. In Dtn 29, 14 z. B. sieht man deutlich, daß *lipnê JHWH* eine nicht unbedingt notwendige Voraussetzung für die Bundesschließung ist (vgl. Sheriffs 62, der *lipnê JHWH* mit *ina IGI* + göttlicher Name vergleicht).

„Sterben *lipnê JHWH*" kann kultische Gegenwart einschließen (Lev 10, 2; Num 3, 4; 1 Chr 13, 10?), kann aber auch Strafe JHWHs besagen (Num 14, 37; 20, 3). „Leben *lipnê JHWH*" (Gen 17, 18; Hos 6, 2) heißt anerkennen, daß von JHWH allein das Leben abhängt. Die Anerkennung JHWHs als Wirkursache kommt in dem Wunsch für den König zum Ausdruck, er möge „vor Gott thronen in Ewigkeit" (Ps 61, 8).

lipnê JHWH kann auch den Gesichtspunkt JHWHs und sein Urteil über Situationen oder Personen ausdrücken (Gen 6, 11; 7, 1; 10, 9; Lev 16, 30; Dtn 24, 4; Koh 2, 26). Was nicht mit Sein und Handeln JHWHs übereinstimmt, kann nicht bestehen (*'md lipnê JHWH* 1 Sam 6, 20; Jer 49, 19 // 50, 44; Ps 76, 8; Esra 9, 15). *lipnê JHWH* bestehen (*'md*) nur Himmel und Erde (Jes 66, 22) oder jene, die sich bekehren (Jer 15, 19). Weil Institutionen und Personen nur vor JHWH Bestand haben können (*kwn lipnê JHWH* 2 Sam 7, 26; 1 Kön 2, 45; 1 Chr 17, 24; Jer 30, 20; Ps 102, 29), ist es wichtig, daß JHWH daran erinnert wird (*zkr* [*niph*] *lipnê JHWH* Num 10, 9), daß man seiner bedarf. Das ist der Sinn von Gegenständen, die man bei sich trägt oder von Gesten, die man vollführt als *zikkārôn* (Ex 28, 12. 29; 30, 16; Num 10, 10; 31, 54). *sepær zikkārôn l^epānājw* (Mal 3, 16) spiegelt dieselbe Auffassung wider.

Der Vorschlag von B. Pennacchini, Euntes Docete 29, 1976, 505 (vgl. M. Dahood, Bibl 47, 1966, 411), *lipnêhæm* in Ijob 21, 8 als Präpositionalausdruck mit Substantivfunktion („progenitores", als Parallele zu „progenie") zu verstehen, zerstört den Parallelismus zwischen *lipnêhæm* und *l^e'ênêhæm*.

2. Die Bedeutung von *millipnê* fügt jener von *lipnê* eine Nuance der Trennung oder Entfernung hinzu. Im zeitlichen Sinn kommt es selten vor: *mill^epānēnû* „vor uns" (Koh 1, 10). Im räumlichen Sinn erscheint es in Verbindung mit Verben, die ein „sich entfernen" von jemandes Gegenwart beinhalten (Gen 4, 16; 41, 46; 47, 10; Ex 35, 20, Verb *jṣ'*; 1 Chr 19, 18, *nws*), jemanden vertreiben (Ex 23, 28, *grš*; Dtn 11, 23, *jrš hiph*; 2 Sam 7, 15, *swr hiph*; Ps 51, 13, *šlk hiph*; Lev 22, 3; 1 Kön 8, 25 // 2 Chr 6, 16, *krt*) oder sich verbergen (Jer 16, 17, *str niph*). Auch Verben, die Furcht oder ehrfurchtsvollen Abstand bezeichnen, werden mit *millipnê* zusammen verwendet: *z'q*, 1 Sam 8, 18; *kn' niph* (// *kn' niph mippānaj*) 1 Kön 21, 29; *ḥjl*, 1 Chr 16, 30; *jr'*, Koh 3, 14. Die Bewegung, die durch Verben wie *qwm* zum Ausdruck kommt, erhält ihre nähere Bestimmung durch *millipnê*: 1 Kön 8, 54; Esra 10, 6. In Verbindung mit *qbr* scheint *millipnê* pleonastisch zu stehen (Gen 23, 4. 8), aber der Sinn ist wohl „weg von den Lebenden".

Daß etwas von JHWH oder von einer menschlichen Autorität kommt, wird auch mit *millipnê* ausgedrückt: der Zorn (Num 17, 11; 2 Chr 19, 2), das Urteil (Ps 17, 2), ein Bote (Ez 30, 9). Das Feuer, das *millipnê JHWH* hervorbricht, bezeichnet die Annahme des Brandopfers durch ihn (Lev 9, 24) oder läßt ihn als Ursache für die Bestrafung erscheinen (Lev 10, 2).

3. *mipp^enê* hebt den präpositionalen Sinn von *min* hervor, während die nominale Bedeutung von *pānîm* fast völlig verschwindet. *mipp^enê* bezeichnet Entfernung oder physischen Abstand, mit intransitiven Verben (Gen 16, 6. 8, *brḥ*; 36, 6; Ex 4, 3 *nws*; 14, 19, *ns'*; 1 Sam 18, 11, *sbb*) oder mit transitiven Verben (Ex 23, 29; Ps 78, 55, *grš*; Ex 34, 24, *jrš hiph*; 2 Kön 11, 2, *str hiph*; Jer 4, 1, *swr hiph*; 1 Chr 12, 1, *'ṣr*). *qwm mipp^enê* (Gen 31, 35; Lev 19, 32) bedeutet aufrecht stehen vor einer Person von Rang. *mipp^enê* in Verbindung mit Verben und/oder in einem Kontext, in dem von Furcht, Abscheu, Notwendigkeit zu fliehen oder sich zu schützen die Rede ist (Gen 7, 7; 27, 46; 45, 3; Ex 1, 12; Num 20, 6; 22, 3; Dtn 5, 5; 7, 19; 28, 60; Jos 2, 9; Ri 11, 33; Jer 1, 17), führt die Person oder Sache ein, vor der man zu fliehen sucht, und gibt zugleich den Grund für Flucht oder Schrecken an. Ein kausaler Sinn ohne den Gedanken der räumlichen Trennung findet sich in Gen 6, 13 (ihretwegen); 47, 13 (wegen der Hungersnot); Ex 3, 7 (wegen ihrer Antreiber); 9, 11 (wegen der Geschwüre); vgl. auch: Jos 6, 1; 1 Kön 5, 17; 8, 11; Jer 7, 12; 14, 16; 26, 3; Hos 11, 2; Ps 38, 4. 6; 44, 17; 55, 4. Die präpositionale Bedeutung tritt klar zutage in Wendungen wie *mipp^enê 'ašær* (Ex 19, 18; Jer 44, 23).

mipp^enê JHWH enthält die drei vorher erwähnten Bedeutungen: physische Distanz (Gen 3, 8; Num 10, 35), geistige Distanz (Ex 9, 30; 10, 3; 1 Kön 21, 29) und Kausalität (Ri 5, 5; Jer 4, 26). Eine stärkere Betonung der Gegenwart JHWHs ist möglich in Ps 68, 2 (vgl. Nachdruck auf *pānîm* in vv. 2–5).

Die Bedeutung (menschliche) Gegenwart scheint im Kontext von Gen 45, 3; 1 Chr 12, 1; Klgl 2, 3 nahezuliegen.

4. In der Verbindung *'al-p^enê* kann *p^enê/pānîm* + Suff. Subst. sein und *'al* einfach „auf, über" bedeuten (z. B. Gen 50, 1; Ex 20, 20; 2 Kön 4, 29; Jer 13, 26; Ijob 4, 15).

'al-p^enê + Person als präpositionale Wendung bedeutet „im Angesicht von", „nahe bei", in physischer oder moralischer Gegenwart von jemandem: Gen 11, 28 (zu Lebzeiten von?); Ex 4, 21; 11, 10; 33, 19; 34, 6; Num 3, 4b („unter Aufsicht von"); 2 Sam 15, 18; 2 Kön 13, 14; Ps 9, 20. In Gen 16, 12; Nah 2, 2 liegt die Bedeutung „gegen" vor, in Gen 32, 22 die von „vor" (räumlich). In Ijob 6, 28; 21, 31 ist eher das Moment der Herausforderung als das der Feindschaft betont. In Dtn 21, 16 und wahrscheinlich auch in Gen 25, 18 bedeutet *'al-p^enê* „auf Kosten", „zum Nachteil von" (vgl. auch Gen 16, 12).

'al-p^enê auf JHWH bezogen betont die Dreistigkeit, mit der man ihm in seiner persönlichen Gegenwart zuwiderhandelt (Jes 65, 3; Jer 6, 7; Ijob 1, 11; 2, 5. [text. emend.]. Zorell 656 rechnet diese Texte (außer Jer 6, 7) zu den „dictiones adverbiales". Die Unterscheidung präpositional/adverbial ist für bestimmte hebr. Morpheme unzureichend (s. u. 8.). Gegenwart und Konfrontation zugleich sind im Gebot Ex 20, 3 // Dtn 5, 7 enthalten: „du sollst keine anderen Götter haben *'al-pānāj*, in meiner Gegenwart" und damit „als meine Rivalen" (s. die Komm.).

'al-p^enê mit Subst. bedeutet „auf" oder „über" (Lev 16, 14; 2 Chr 34, 4), auch wenn es darum geht, einen tiefer gelegenen Ort von einem höher gelegenen aus zu betrachten (Gen 18, 16; 19, 28; Num 21, 20; 23, 28).

Häufig ist die Konstruktion von *'al-p^enê* zusammen mit *'æræṣ*, 'Erde, Land', *'^adāmāh*, 'Erdboden, Ackerboden', *śādæh* 'Feld', *majim* 'Wasser', *midbār* 'Wüste', *t^ehôm* 'Urflut'. Außerhalb der Fälle, in denen *pānîm* als Substantiv „Oberfläche" bedeuten kann (Gen 1, 29; 7, 18. 23, vgl. o. III.2), heißt *'al-p^enê* einfach „über" (Gen 1, 2; 8, 9; 11, 4. 8. 9; Ex 16, 14; 32, 20; 33, 16).

In Verbindung mit Ortsnamen bedeutet *'al-p^enê* „nahe bei", „gegenüber von", „in Richtung auf" (in einigen wenigen Fällen „östlich von", vgl. Drinkard): Gen 23, 19 (Mamre); 25, 18 (Ägypten); Num 21, 11 (Moab); 33, 7 (Baal-Zefon); Dtn 32, 49 (Jericho); Jos 17, 7 (Sichem); Ri 16, 3 (Hebron); 1 Kön 11, 7 (Jerusalem); vgl. auch Jos 13, 25; 18, 14; 19, 11; 1 Sam 26, 1. 3; 2 Sam 2, 24; 1 Kön 17, 3. 5.

'al-p^{e}nê in Verbindung mit Bauten oder Gegenständen des Tempels bedeutet „auf der Vorderseite" „vor", gelegentlich auch „an der Spitze" (1 Kön 7, 6. 42; 8, 8; 2 Chr 3, 17; Ez 42, 8).
me'al-p^{e}nê bezeichnet Entfernung von Personen (Gen 23, 3) und oft ihre gewaltsame Trennung vom Land/von der Erde (Gen 4, 14; 6, 7; 7, 4; Ex 32, 12; Dtn 6, 15; 1 Sam 20, 15; 1 Kön 9, 7; 13, 34; Jer 28, 16; Am 9, 8; Zef 1, 2. 3).
me'al-p^{e}nê JHWH kommt fast ausschließlich im Vokabular von Jer und in dtr Texten vor (Ausnahme 2 Chr 7, 20) und wird immer nach Verben des Verwerfens verwendet (1 Kön 9, 7; Jer 15, 1 [*šlḥ*]; 2 Kön 13, 23; 24, 20; Jer 7, 15; 52, 3; 2 Chr 7, 20 [*šlk hiph*]; 2 Kön 17, 18. 23; 23, 27; 24, 3; Jer 32, 31 [*swr hiph*]; Jer 23, 39 [*nṭš*]).
5. *'æṯ-p^{e}nê X* bezeichnet die räumliche (Gen 33, 18; im übertragenen Sinn Spr 17, 24) oder persönliche Nähe (1 Sam 2, 11; 22, 4; 1 Kön 12, 6). Die genaue Bedeutung des Ausdrucks (Bewachung, Aufsicht, Schutz) ergibt sich aus dem Kontext. *me'eṯ p^{e}nê* fügt die Bedeutung der Entfernung von einem Ort oder einer Person hinzu (Gen 27, 30; 43, 34; Ex 10, 11; 2 Kön 16, 14). *'æṯ/me'eṯ p^{e}nê JHWH* bezeichnet Nähe bzw. Fernsein JHWHs. *pānîm* ist in diesen Ausdrücken gleichbedeutend mit „Gegenwart". Die Klage über Sodom und die Sünde der Söhne Elis ist groß *'æṯ-p^{e}nê JHWH* (Gen 19, 13; 1 Sam 2, 17). Abraham kehrt an den Ort zurück, an dem er *'æṯ p^{e}nê JHWH* gestanden hatte (Gen 19, 27); Samuel dient in der Gegenwart JHWHs (1 Sam 2, 18). Der Versucher entfernt sich *me'eṯ p^{e}nê JHWH* (Ijob 2, 7 // *me'im* Ijob 1, 12). In Ps 16, 11; 21, 7 kommt die Freude *'æṯ pānækā* („in deiner Gegenwart") zum Ausdruck. In Ps 140, 14 legt das Weilen der Gerechten *'æṯ pānæḵā* die Teilnahme an der Liturgie des Tempels nahe, auch das Wohnen im Lande, im Gegensatz zur Verbannung, um die der Psalmist für seine Feinde bittet (v. 12).
6. *'æl p^{e}nê* in Verbindung mit Sachen/Orten bezeichnet die Richtung („gegen", „nach"), ohne den Hinweis auf den vorderen Teil des betreffenden Gegenstandes zu betonen (Lev 6, 7; 9, 5; 16, 2; Num 17, 8; 20, 10; Ez 41, 4. 12. 15; 44, 4). Die präpositionale Bedeutung wird verstärkt, wenn *mûl* (Ex 28, 37; Num 8, 2. 3) oder *noḵaḥ* (Num 19, 4) mit *'æl p^{e}nê* zusammen vorkommt. In allen diesen Texten handelt es sich häufig um Gegenstände, denen gegenüber Ehrfurcht am Platz ist: die Kopfbedeckung des Priesters, der Opferaltar, das Versammlungszelt, der Leuchter, die Opfergabe, der Vorhof des Tempels, der Tempel, der Fels Moses. *'æl p^{e}nê* besagt einen ehrfurchtsvollen Abstand im Umgang mit diesen Gegenständen (vgl. aber Neh 2, 13).
'æl p^{e}nê + Person scheint den Adressaten einer Handlung stark hervorzuheben (JHWH, Ex 23, 17, vgl. aber IV. 9; Ijob 13, 15; den König, 2 Chr 19, 2; den Bösen, Dtn 7, 10). In Texten wie Lev 6, 7; 9, 5; Jos 5, 14; 2 Sam 14, 22; Ez 41, 25; 42, 3, könnte *'æl* die Stelle von *'al* eingenommen haben.
7. *biṗnê* bezeichnet einen Gegensatz. Mit *'md* und *jṣb hitp* bedeutet es „widerstehen" (Dtn 7, 24; Jos 10, 8; 21, 44). Es kommt auch mit „zeugen" (gegen) vor (Hos 5, 5; Ijob 16, 8). *noḵaḥ p^{e}nê* (Jer 17, 16; Klgl 2, 19; Ez 14, 3. 4. 7) und *næḡæḏ p^{e}nê* (Jes 5, 21; Hos 7, 2; Klgl 3, 35; 1 Sam 26, 20 – *minnæḡæḏ*) bedeuten „vor", „in Gegenwart von", bzw. „fern von". Im Kontext von Klgl 3, 35; 1 Sam 26, 20 ist das Land Juda der Ort der Gegenwart JHWHs. Der Ausdruck bedeutet nichts anderes als *lipnê*, *'æl p^{e}nê* oder *millipnê*. In Ex 10, 10 ist *næḡæḏ p^{e}nêhæm* nicht als präpositionaler Ausdruck zu nehmen. *pānîm* steht anstelle von „ihr", und der Sinn der Aussage ist „eure Absicht ist schlecht". *'æl 'eḇær pānājw* (Ez 1, 9. 12; 10, 22) bedeutet „geradeaus vorwärts".
8. Adverbial gebraucht erscheint *pānîm* in verschiedenen Ausdrücken: im räumlichen Sinn, *pānîm w^e'āḥôr* „vorne und hinten" (Ez 2, 10) Beschreibung der Buchrolle; in militärischem Kontext (1 Chr 19, 10; 2 Chr 13, 14; 2 Sam 10, 9, *mippānîm ûme'āḥôr*) von der Kriegsfront, die auf allen Seiten bedrohlich nahe ist; in räumlich-dynamischer und übertragener (ethischer) Bedeutung „nach rückwärts und nicht nach vorne gehen" (*l^e'āḥôr w^{e}lo' l^{e}pānîm* Jer 7, 24).
l^{e}pānîm hat sonst zeitlichen Sinn und bezeichnet eine vergangene, im allgemeinen unbestimmte Zeit, während der ein Volk in einer bestimmten Gegend wohnte (Dtn 2, 10. 12. 20; 1 Chr 4, 40), eine Stadt Hauptstadt war (Jos 11, 10), der Name einer Stadt (Jos 14, 15; 15, 15; Ri 1, 10. 11. 23) oder ein Brauch verschieden war (Ri 3, 2; 1 Sam 9, 9; Rut 4, 7), eine Sitte existierte (Neh 13, 5) oder ein Ereignis stattfand (1 Chr 9, 20). In bezug auf JHWH bezeichnet *(mil) l^{e}pānîm* die Zeit der Urhandlungen JHWHs (Jes 41, 26, das Wissen, das Voraussehen der Zukunft; Ps 102, 26, die Schöpfung).

VII.1. In der LXX ist πρόσωπον der meistgebrauchte Terminus für die Übersetzung von *pānîm* und enthält fast ohne Ausnahme alle seine Bedeutungen: Gesicht, Seite, Vorderseite, Fläche, Oberfläche. Es wird für Gegenstände, kosmische Elemente, Tiere, Personen und für JHWH gebraucht. Es kann wörtliche oder übertragene Bedeutung haben und in präpositionalen und feststehenden Wendungen vorkommen. Von diesen werden die wichtigsten immer mit demselben Verbum übersetzt. So ist *biqqeš pānîm* regelmäßig ζητεῖν τὸ πρόσωπον; *śîm pānîm* ist στηρίζειν τ. π.; *histîr pānîm* ist regelmäßig ἀποστρέφειν τ. π. (in zwei Fällen jedoch κρύπτειν); *ḥillāh pānîm* ist λιτανεύειν, θεραπεύειν oder δεῖσθαι; *rā'āh pānîm* ist ὁρᾶν oder βλέπειν τ. π.; *nāšā' pānîm* ist θαυμάζειν τ. π. oder λαμβάνειν τ. π.; *pānîm 'æl pānîm* ist πρόσωπον πρός πρόσωπον.
Wenn *pānîm* Subj. eines Verbs ist (Ex 33, 14. 15; Dtn 4, 37; Jes 63, 9), zieht LXX αὐτός vor. In den kultischen Vorschriften mit *r'h pānîm* (Ex 23, 17; 34, 23; Dtn 16, 16) liest LXX wie MT passivische Form ὀφθήσεται ἐνώπιον/ἐναντίον.
liṗnê ist in der Mehrzahl der Fälle als gewöhnliche

Präp. übersetzt (ἐνώπιον 218mal; ἐναντίον 181mal; ἔναντι 153mal; ἔμπροσθεν 80mal).
Wörtliche Übersetzungen, hebraisierend und nicht idiomatisch, sind z. B. πρὸ προσώπου (67mal) und κατὰ προσώπου (65mal). Andere Semipräpositionen (vgl. Brockelmann, VG, 383; Sollamo 1) werden meist durch πρόσωπον mit Präp. übersetzt. Dies ist der Fall bei *mipp^{e}nê*, das 194mal mit ἀπὸ προσώπου wiedergegeben wird, daneben mit ἐκ προσώπου 21mal, πρὸ προσώπου 11mal, mit ἀπό 29mal, mit διά + Akkus. 15mal. *millipnê* lautet ἀπὸ προσώπου 34mal, ἐκ προσώπου 10mal. *'al p^{e}nê* wird mit ἐπὶ προσώπου/πρόσωπον 29- bzw. 28mal übersetzt, mit κατὰ πρόσωπον 20mal; *me'al p^{e}nê* mit ἀπὸ προσώπου 11mal; *'æl-p^{e}nê* mit κατὰ πρόσωπον 10mal. In all diesen Fällen deckt die nicht-idiomatische Übersetzung zwischen 50 und 66% der Belege der entsprechenden Präposition ab. Für die restlichen Semipräpositionen läßt die Knappheit des Materials keine Schlüsse zu. Freiere Übersetzungen finden sich häufig im Hexateuch, bei Jes, in Spr und in Ijob.
pānîm, die präpositionalen und adverbiellen Ausdrücke eingeschlossen, wird mit 45 verschiedenen Ausdrücken wiedergegeben (wobei die zahlreichen Verbindungen mit πρόσωπον als ein Ausdruck zählen). – Zu πρόσωπον im allgemeinen vgl. E. Lohse, ThWNT VI 769–781.
2. *pānîm* als Subst. sowie in den verschiedenen adv. Ausdrücken ist in Qumran mehr als 300mal belegt. Die Bedeutung und Verwendung entsprechen weitestgehend dem at.lichen Spektrum, z. B. *nāśā' pānîm* (1 QS 2, 4. 9; 1 QH 14, 19; 1 QSb 3, 1. 3 mit Anspielung auf Num 6, 26), *he'îr pānîm* (1 QH 4, 5. 27; 3, 3, 1 QSb 4, 27); *ḥillāh pānîm* (1 QH 16, 11), *histîr pānîm* (CD 1, 3; 2, 8), *'al-p^{e}nê majim* (1 QH 3, 13. 26; 5, 8; 6, 24), *mal'ak̠ pānîm* (1 QSb 4, 25 f.). Zum adv. Gebrauch vgl. Carmignac. In 1 QM scheint *pānîm* gelegentlich eine technische Sonderbedeutung anzunehmen, wenn es nach 1 QM 5, 3. 8; 7, 12; 9, 4 u. ö. die vorderste Schlachtreihe des eschatologischen Heeres bezeichnet (ähnlich *p^{e}nê hammiḡdāl* „Vorderseite des Turmes" [eine militärische Formation]). Nach 1 QM 5, 5. 11 meint *pānîm* die glänzende Oberfläche der Waffen der „Söhne des Lichtes".

Simian-Yofre

פָּסַח *pāsaḥ*

פֶּסַח *pæsaḥ*

I. Wortbedeutungen – 1. *psḥ* und verwandte semitische Begriffe – 2. *pæsaḥ* – 3. Übersetzungen – II. Geschichte des *pæsaḥ* – 1. Der Familienritus – 2. Das dtn Reformprogramm – 3. Die Entwicklung priesterlicher *pæsaḥ*-Programme im Pent. und im „Verfassungsentwurf" des Ez – 4. Die Entwicklung des spätisraelit. *pæsaḥ* im Mazzotpapyrus von Elephantine und in den chr. *pæsaḥ*-Überlieferungen – 5. Das spätisraelit. und frühjüd. *pæsaḥ* in Mischna und Targum – 6. *pæsaḥ* in Jubiläenbuch, Qumranfestkalender und Tempelrolle.

Lit.: *D. C. Arichea*, Translating Biblical Festivals (Bi Trans 32, 1981, 413–423). – *W. R. Arnold*, The Passover Papyrus from Elephantine (JBL 31, 1912, 1–33). – *C. W. Atkinson*, The Ordinances of Passover-Unleavened Bread (AThR 44, 1962, 70–85). – *E. Auerbach*, Die Feste im alten Israel (VT 8, 1958, 1–18). – *G. Auzou*, De la servitude au service, Paris 1961. – *T. Barrosse*, Pascha und Paschamahl (Concilium 4, 1968, 728–733). – *G. Beer*, Pascha oder das jüdische Osterfest (SgV 64, 1911). – *Ders.*, Miscellen. 2. Die Bitterkräuter beim Paschafest (ZAW 31, 1911, 152 f.). – *Ders.*, Pesachim (Ostern). Text, Übersetzung und Erklärung (Die Mischna II 3, 1912). – *S. Ben-Chorin*, Narrative Theologie des Judentums anhand der Pessach-Haggada. Jerusalemer Vorlesungen, 1985. – *J. Benzinger*, Hebräische Archäologie, ^{3}1927. – *J. Blau*, Über homonyme und angeblich homonyme Wurzeln (VT 6, 1956, 242–248; VT 7, 1957, 98–102). – *J. Bowman*, The Importance of the Moon in Hebrew and Samaritan Festival Observances (Actes du Congrès International des Orientalistes 25 I, 1962, 360–362). – *W. Brandt*, Zur Bestreichung mit Blut (ZAW 33, 1913, 80 f.). – *G. Braulik*, Leidensgedächtnisfeier und Freudensfest. „Volksliturgie" nach dem deuteronomischen Festkalender (Dtn 16, 1–17) (ThPh 56, 1981, 335–357). – *Ders.*, Pascha – von der alttestamentlichen Feier zum neutestamentlichen Fest (BiKi 36, 1981, 159—165). – *S. P. Brock*, An Early Interpretation of *pāsaḥ*: *'aggēn* in the Palestinian Targum (Festschr. E. I. J. Rosenthal, Cambridge 1982, 27–34). – *A. Brock-Utne*, Eine religionsgeschichtliche Studie zu dem ursprünglichen Passahopfer (ARW 31, 1934, 272–278). – *G. B. Bruzzone*, I mesi della Bibbia: Nisan (BietOr 27, 1985, 223–227). – *Ders.*, Isaac and the Second Night (Bibl 61, 1980, 78–88). – *R. Cantalamessa*, La Pasqua della nostra salvezza. Le tradizioni pasquali della Bibbia et de la primitiva chiesa, Turin 1971. – *J. Carmignac*, Comment Jésus et ses contemporains pouvaient-ils célébrer la Pâque à une date non officielle (RQu 5, 1964/65, 59–79). – *F. Chenderlin*, Distributed Observance of the Passover – a Hypothesis (Bibl 56, 1975, 369–393). – *B. Couroyer*, L'origine égyptienne du mot „Pâque" (RB 62, 1955, 481–496). – *J. Creten*, La Pâque des Samaritains (RB 31, 1922, 434–442). – *G. Dalman*, Das samaritanische Passah im Verhältnis zum jüdischen (PJB 8, 1912, 121–138). – *Ders.*, AuS I. – *R. J. Daly*, The Soteriological Significance of the Sacrifice of Isaac (CBQ 39, 1977, 45–75). – *P. R. Davies*, Passover and the Dating of the Aqedah (JJSt 30, 1979, 59–67). – *Ders.*, The Sacrifice of Isaac and Passover (Studia Biblica 1978, I, JSOT Suppl. 11, Sheffield 1979, 127–132). – *Ders./B. D. Chilton*, The Aqedah: A Revised Tradition-History (CBQ 40, 1978, 514–546). – *R. Le Déaut*, La Nuit Pascale. Essai sur la signification de la Pâque Juive à partir du Targum d'Exode XII. 42 (AnBibl 22, 1963). – *M. Delcor*, Réflexions sur la Pâque du temps de Josias d'après 2 Rois 23, 21–23 (Henoch 4, 1982, 205–219). – *B.-J. Diebner*, „Passa" als interpretatio iudaica des Kreuzestodes Jesu (DBAT 18, 1984, 85–94). – *Ders.*, Gottesdienst II. Altes Testament (TRE XIV, 1985, 5–28). – *A. Dupont-Sommer*, Sur la fête de la Pâque dans les documents araméens d'Éléphantine (REJ 107, 1946/47, 39–51). – *J. H. Eaton*, Dancing in the OT (ET 86, 1974/75, 136–140). – *B. D. Eerdmans*, Das Mazzoth-Fest (Festschr. Th. Nöldeke, 1906, II, 671–679). – *Ders.*, Passover and the Days of the

Unleavened Bread (Expositor 8, 1909, 448–462). – *E. L. Ehrlich*, Die Kultsymbolik im Alten Testament und im nachbiblischen Judentum (Symbolik der Religionen 3, 1959). – *O. Eißfeldt*, Feste und Feiern. II. In Israel (RGG² II 550–558). – *I. Elbogen*, Der jüdische Gottesdienst in seiner geschichtlichen Entwicklung, ⁴1967. – *H. J. Elhorst*, Die deuteronomischen Jahresfeste (ZAW 42, 1924, 136–145). – *I. Engnell*, Paesaḥ-Maṣṣōt a Hebrew Annual Festival of the Ancient Near Eastern Pattern (Proceedings of the 7th Congress for the History of Religions 1950, Amsterdam 1951, 111–113). – *Ders.*, Paesaḥ-Maṣṣōt and the Problem of „Patternism" (OrS 1, 1952, 39–50). – *H. Ewald*, De feriarum hebraeorum origine ac ratione commentatio (Zeitschr. für die Kunde des Morgenlandes 3, 1840, 410–441). – *Ders.*, Die Alterthümer des Volkes Israel (Anhang zu Bd. II/III der Geschichte des Volkes Israel, ³1866). – *F. Festorazzi*, La celebrazione della Pasqua ebraica (Es 12) (Parola – Spirito e Vita 7, 1983, 9–22). – *G. Fohrer*, Überlieferung und Geschichte des Exodus (BZAW 91, 1964). – *M. Fraenkel*, Der Name des Pessachfestes (HaKidmah 14, 1961, 647). – *T. Friedman*, *dm krbn psḥ* (BethM 28, 1982/83, 23–28). – *N. Füglister*, Die Heilsbedeutung des Pascha (STANT 8, 1963). – *T. H. Gaster*, Festivals of the Jewish Year, New York 1953. – *Ders.*, Passover, Its History and Tradition, London/New York 1958. – *A. George*, De l'agneau pascal à l'agneau de Dieu (BVChr 9, 1955, 85–90). – *G. Gerleman*, Was heißt פֶּסַח? (ZAW 88, 1976, 409–413). – *T. F. Glasson*, The „Passover", a Misnomer: The Meaning of the Verb *pāsach* (JThS N. S. 10, 1959, 79–84). – *N. N. Glatzer*, The Passover Haggadah, New York 1953. – *R. Goetschel*, Le Midrash de la seconde Pâque (J. E. Ménard [Hg.], Exégèse biblique et Judaïsme, Leiden 1973, 8–14). – *G. B. Gray*, Passover and Unleavened Bread: The Laws of J, E and D (JThS 37, 1936, 241–253). – *P. Grelot*, Études sur le „Papyrus Pascal" d'Éléphantine (VT 4, 1954, 349–384). – *Ders.*, Le Papyrus Pascal d'Éléphantine et le problème du Pentateuque (VT 5, 1955, 250–265). – *Ders.*, La dernière étape de la rédaction sacerdotale (VT 6, 1956, 174–189). – *Ders.*, Le Papyrus Pascal d'Éléphantine. Nouvel Examen (VT 17, 1967, 114–117). – *Ders.*, Le Papyrus Pascal d'Éléphantine. Essai de restauration (VT 17, 1967, 201–207). – *Ders.*, Le Papyrus Pascal d'Éléphantine et les lettres d'Hermopolis (VT 17, 1967, 481–483). – *Ders./J. Pierron*, Osternacht und Osterfeier im Alten und Neuen Bund, 1959. – *M. J. Gruber*, Ten Dance-Derived Expressions in the Hebrew Bible (Bibl 62, 1981, 328–346). – *H. Guthe*, Das Passahfest nach Dtn 16 (BZAW 33, 1918, 217–232). – *Ders.*, Zum Passah der jüdischen Religionsgemeinde (ThStKr 96/97, 1925, 144–171). – *H. Haag*, Ursprung und Sinn der alttestamentlichen Paschafeier: Das Opfer der Kirche (Luzerner theol. Stud. 1, 1954, 17–46). – *Ders.*, Pâque (DBS VI 1120–1149). – *Ders.*, Das Pascha als alttestamentliche Bundesfeier (BiKi 15, 1960, 34–36). – *Ders.*, Vom alten zum neuen Pascha. Geschichte und Theologie des Osterfestes (SBS 49, 1971). – *Ders.*, Das liturgische Leben der Qumrangemeinde (in: Das Buch des Bundes, 1980, 119–149). – *Ders.*, Das christliche Pascha (in: Das Buch des Bundes, 1980, 201–215). – *Ders.*, Das Mazzenfest des Hiskia (in: Das Buch des Bundes, 1980, 216–225). – *F. Hahn*, Alttestamentliche Motive in der urchristlichen Abendmahlsüberlieferung (EvTh 27, 1967, 337–374). – *J. Halbe*, Passa-Massot im deuteronomischen Festkalender (ZAW 87, 1975, 147–168). – *Ders.*, Erwägungen zu Ursprung und Wesen des Massotfestes (ZAW 87, 1975, 324–346). – *M. Haran*, The Passover Sacrifice (VTS 23, 1972, 86–116). – *Ders.*, Temples and Temple-Service in Ancient Israel, Oxford 1978. – *A. Heitzmann*, El Cantar de los Cantares: Poesia y ritual de la Pascua (EstB 43, 1985, 321–330). – *J. Henninger*, Les fêtes de printemps chez les Arabes et leurs implications historiques (Revista do Museu Paulista 4, 1950, 389–432). – *Ders.*, Über Frühlingsfeste bei den Semiten (Festschr. Missionspriesterseminar St. Augustin bei Siegburg, 1963, 375–398). – *Ders.*, Les fêtes de printemps chez les semites et la pâque Israélite (ÉtBibl), Paris 1975. – *Ders.*, „Pāsaḥ" und Wiederauferstehungsglaube (ZRGG 35, 1983, 161 f.). – *H. W. Hertzberg*, Zum samaritanischen Passah (Festschr. D. H. Rendtorff, 1958, 130–136). – *H. H. Hirschberg*, Die Grundbedeutung des Passahfestes (ZRGG 26, 1974, 355 f.). – *J. Hofbauer*, Die Pascha-, Maṣṣōt- und Erstgeburtsgesetze des Auszugsberichtes Ex 12 und 13 (ZkTh 60, 1936, 188–210). – *S. H. Hooke*, The Origin of Early Semitic Ritual, London 1938. – *F. Horst*, Das Privilegrecht Jahwes (FRLANT 45, 1930 = ThB 12, 1961, 17–154). – *F.-L. Hossfeld*, Der Durchgang vom Leiden zum Leben. Alttestamentliche Themen der Osternacht (Lebendige Seelsorge 34, 1983, 1–6). – *W. Huber*, Passa und Ostern (BZNW 35, 1969). – *A. Jaussen*, Coutumes des Arabes au pays de Moab, Paris 1908. – *A. Jeremias*, Das Alte Testament im Lichte des Alten Orients, ⁴1930. – *J. Jeremias*, Die Passahfeier der Samaritaner und ihre Bedeutung für das Verständnis der alttestamentlichen Passahüberlieferung (BZAW 59, 1932). – *Ders.*, πάσχα (ThWNT V 895–903). – *Ders.*, Die Abendmahlsworte Jesu, ⁴1967. – *M. Joseph*, Passover (Pesach) (Universal Jewish Encyclopedia VIII, New York 1942, 408–410). – *O. Keel*, Erwägungen zum Sitz im Leben des vormosaischen Pascha und zur Etymologie von פֶּסַח (ZAW 84, 1972, 414–434). – *F. Kohata*, Jahwist und Priesterschrift in Exodus 3–14 (BZAW 166, 1986). – *E. König*, Geschichte der Alttestamentlichen Religion, ²1915. – *K. Kohler*, Blutbestreichung und die Phylakterien (ARW 13, 1910, 81–84). – *Ders.*, Verbot des Knochenzerbrechens (ARW 13, 1910, 153 f.). – *H.-J. Kraus*, Zur Geschichte des Passah-Massot-Festes im Alten Testament (EvTh 18, 1958, 47–67). – *Ders.*, Gottesdienst in Israel, ²1962. – *A. Kuenen*, De Godsdienst van Israël tot den Ondergang van den Joodschen Staat, Haarlem 1869. – *G. Kuhnert*, Das Gilgalpassah (Diss. theol. Mainz, 1982). – *E. Kutsch*, Erwägungen zur Geschichte der Passahfeier und des Maṣṣotfestes (ZThK 55, 1958, 1–35). – *Ders.*, Feste und Feiern II. In Israel (RGG II³ 910–917). – *P. Laaf*, Die Pascha-Feier Israels (BBB 36, 1970). – *S. Linder*, Die Passahfeier der Samaritaner auf dem Berge Garizim (PJB 8, 1912, 104–120). – *F. Lindström*, God and the Origin of Evil (CB OTS 21, Lund 1983). – *G. Lüling*, Das Passahlamm und die altarabische „Mutter der Blutrache", die Hyäne (ZRGG 34, 1982, 130–147). – *Th. Maertens*, C'est fête en l'honneur de Jahvé, Brügge 1961. – *R. Martin-Achard*, Essai biblique sur les fêtes d'Israël, Genf 1974. – *H. G. May*, The Relation of the Passover to the Festival of Unleavened Cakes (JBL 55, 1936, 65–82). – *G. Mayer*, Passa und Hohes Lied (Friede über Israel 59, 1976, 2–7). – *J. G. Mc Conville*, Law and Theology in Deuteronomy (JSOT Suppl. 33, Sheffield 1984). – *J. W. Mc Kay*, The Date of Passover and its Significance (ZAW 84, 1972, 435–447). – *C. Mohrmann*, Pascha, passio, transitus (in: Études sur le latin des chrétiens I, Rom 1958, 205–222). – *J. Morgenstern*, The Bones of the Paschal Lamb (JAOS 36, 1916, 146–153). – *L. Morris*, The Passover in Rabbinic Literature (ABR 4, 1954/55, 57–76). – *S. Mowinckel*, Die vermeintliche „Passahlegende“ Ex 1–15 in bezug auf die Frage Literaturkritik und Traditionskritik (StTh 5, 1951, 66–88). – *J. Müller*, Kritischer Versuch über den Ursprung und die geschichtliche Entwicklung des Pesach- und Mazzothfestes, Bonn 1883. – *J. Neusner*, A History of the Mishnaic Law of Appointed Times 2: Erubin, Pesachim (Stud. in Judaism in Late Antiquity 34/2, Leiden 1981). – *N. W. Nicolsky*, Pascha im Kulte des jerusalemischen Tempels (ZAW 45, 1927, 171–190. 241–253). – *S. I. L. Norin*, Er spaltete das Meer. Die Auszugsüberlieferung in Psalmen und Kult des alten Israel (CB.OTS 9, Lund 1977). – *W. O. E. Oesterley*, Early Hebrew Festival Rituals (S. H. Hooke [Hg.], Myth and Ritual, Oxford/London 1933, 11–146). – *M. Ohana*, Agneau pascal et circoncision: Le problème de la Halakha prémishnaïque dans le Targum palestinien (VT 23, 1973, 385–399). – *E. Olávarri*, La celebración de la Pascua y los Acimos en la legislación del Antiguo Testamento (EstB 30, 1971, 231–268; 31, 1972, 17–41. 293–320). – *H. Oort*, Oud-Israëls Paaschfeest (Theol. Tijdschrift 42, 1908, 483–506). – *E. Otto*, Das Mazzotfest in Gilgal (BWANT 107, 1975). – *Ders.*, Erwägungen zum überlieferungsgeschichtlichen Ursprung und „Sitz im Leben“ des jahwistischen Plagenzyklus (VT 26, 1976, 3–27). – *Ders.*, Feste und Feiertage II. Altes Testament (TRE XI, 1983, 96–106). – *Ders.*, Zur Semantik von hebr. *psḥ/pisse^{a}ḥ* und akk. *pessu(m)/pessatu(m)* (BN 41, 1988). – *Ders./T. Schramm*, Fest und Freude (Biblische Konfrontationen, 1977). – *J. Pedersen*, Passahfest und Passahlegende (ZAW 52, 1934, 161–175). – *J. J. Petuchowski*, Wirkliche und vermeintliche messianische Elemente der Sederfeier (Jud 40, 1985, 37–44). – *J. van der Ploeg*, The Meals of the Essenes (JSS 2, 1957, 163–175). – *J. Potin*, Les sacrifices de sang dans l'Ancien Testament (Bible et Terre Sainte 74, 1965, 6f.). – *K. von Rabenau*, Passa (Evang. Kirchenlex. III ^{2}1962, 72–75). – *G. M. Redslob*, Die biblischen Angaben über Stiftung und Grund der Paschafeier vom allegorisch-kabbalistischen Standpunkte aus betrachtet (Verzeichnis der Vorlesungen, welche am Hamburgischen Akademischen und Real-Gymnasium von Ostern 1856 bis Ostern 1857 gehalten werden, Hamburg 1856, 1–63). – *W. Riedel*, Miscellen. 5. פֶּסַח (ZAW 20, 1900, 319–329). – *H. Ringgren*, Israelitische Religion (RdM 26, ^{2}1982). – *J. Rosenthal*, Passover and the Festival of Unleavened Bread (JJSt 3, 1952, 178–180). – *S. Ros-Garmendia*, La Pascua en el Antiguo Testamento (Biblica Victoriensia 3, Vitoria 1978). – *L. Rost*, Weidewechsel und altisraelitischer Festkalender (ZDPV 66, 1943, 205–215 = Das kleine Credo und andere Stud. zum AT, 1965, 101–112). – *Ders.*, Josias Passa (in: BWANT 101, 1974, 87–93). – *H. H. Rowley*, Worship in Ancient Israel, London 1967. – *J. C. Rylaarsdam*, Passover and Feast of Unleavened Bread (IDB 3, 1962, 663–668). – *S. Safrai*, Die Wallfahrt im Zeitalter des Zweiten Tempels (Forschungen zum jüd.-christl. Dialog 3, 1981). – *G. Sauer*, Israels Feste und ihr Verhältnis zum Jahweglauben (Festschr. W. Kornfeld, 1977, 135–141). – *G. Sauter*, Passahaggada und Osterpredigt (Festschr. H. J. Gunneweg, 1987, 208–223). – *R. Schaefer*, Das Passah-Mazzoth-Fest nach seinen Ursprüngen, seiner Bedeutung und seiner innerpentateuchischen Entwicklung im Zusammenhange mit der israelitischen Kultusgeschichte, 1900. – *J. Scharbert*, Das Pascha als Fest der Erlösung im Alten Testament (Festschr. J. G. Plöger, 1983, 21–30). – *A. Scheiber*, „Ihr sollt kein Bein dran zerbrechen“ (VT 13, 1963, 95–97). – *J. Schildenberger*, Der Gedächtnischarakter des alt- und neutestamentlichen Pascha (B. Neunheuser [Hg], Opfer Christi und Opfer der Kirche, 1960, 75–97). – *P. Schlesinger/J. Güns*, Die Pessach-Haggadah, Tel Aviv 1962. – *R. Schmitt*, Exodus und Passah. Ihr Zusammenhang im Alten Testament (OBO 7, ^{2}1982). – *J. Schreiner*, Ex 12, 21–23 und das israelitische Pascha (Festschr. W. Kornfeld, 1977, 69–90). – *J. B. Segal*, The Hebrew Passover from the Earliest Times to A.D. 70 (London Oriental Series 12, London 1963). – *J. van Seters*, The Place of the Yahwist in the History of Passover and Massot (ZAW 95, 1983, 167–182). – *L. Sirard*, Sacrifices et rites sanglants dans l'Ancien Testament (Sciences Ecclésiastiques 15, 1963, 173–197). – *N. H. Snaith*, The Jewish New Year Festival, London 1947. – *J. A. Soggin*, Gilgal, Passah und Landnahme. Eine neue Untersuchung des kultischen Zusammenhangs der Kap. III–VI des Josuabuches (VTS 15, 1966, 263–277). – *C. Steuernagel*, Zum Passa-Maṣṣothfest (ZAW 31, 1911, 310). – *C. H. Toy*, The Meaning of *paesaḥ* (JBL 16, 1897, 178–184). – *R. de Vaux*, Les sacrifices de l'Ancien Testament (CRB 1, Paris 1964). – *Ders.*, LO II ^{2}1962. – *G. Vermès*, Scripture and Tradition in Judaism (Studia Post-Biblica 4, Leiden 1961). – *D. Völter*, Passah und Mazzoth und ihr ägyptisches Urbild, Leiden 1912. – *Ders.*, Der Ursprung von Passah und Mazzoth neu untersucht, Leiden 1913. – *L. Wächter*, Der jüdische Festkalender. Geschichte und Gegenwart (ZZ 34, 1980, 259–267). – *B. N. Wambacq*, Les origines de la Pesaḥ israélite (Bibl 57, 1976, 206–224. 301–326). – *Ders.*, Le Maṣṣôt (Bibl 61, 1980, 31–54). – *Ders.*, Pesaḥ-Maṣṣôt (Bibl 62, 1981, 499–518). – *A. C. Welch*, On the Method of Celebrating Passover (ZAW 45, 1927, 24–29). – *J. Wellhausen*, Prolegomena zur Geschichte Israels, ^{6}1929. – *J. A. Wilcoxen*, The Israelite Passover: Some Problems (BiblRes 8, 1963, 13–27). – *H. Wildberger*, Jahwes Eigentumsvolk (AThANT 37, 1960). – *F. E. Wilms*, Freude vor Gott. Kult und Fest in Israel, 1981. – *F. Zeilinger*, Das Passionsbrot Israels. Deutungsgeschichtliche Untersuchungen zum ungesäuerten Brot im Alten Testament (Diss. theol. Graz 1963). – *P. Zerafa*, Passover and Unleavened Bread (Angelicum 41, 1964, 235–250). – *I. Zolli*, La Pasqua nella litteratura antico- e neotestamentaria (in: Il Nazareno. Studi di esegesi neotestamentaria alla luce dell'aramaico e del pensiero rabbinico, Udine 1938, 178–227).

I.1. Das Verb *psḥ* ist in Ex 12, 13. 23. 27; 1 Kön 18, 21; Jes 31, 5; 2 Sam 4, 4 (*niph*), 1 Kön 18, 26 (*pi*) belegt. Davon abgeleitet ist das Verbaladj. *pisseaḥ* (Lev 21, 18; Dtn 15, 21; 2 Sam 5, 6. 8; 9, 13; 19, 27; Jes 33, 23; 35, 6; Jer 31, 8; Mal 1, 8. 13; Ijob 29, 15; Spr 26, 7). Versuche, das Bedeutungsspektrum von *psḥ* unter Annahme von zwei verschiedenen, homonymen Wurzeln (Ex 12, 13. 23. 27; Jes 31, 5: 'vorübergehen', 'verschonen' / 2 Sam 4, 4; 1 Kön 18, 21. 26: 'hinken', 'lahmen') zu deuten (Glasson; B. Kedar, Bibl. Semantik, 1981, 96f.) haben geringeren Erklärungswert als die Versuche der Ableitung aus einer Wurzel (Blau 243f.). Grundlage zur Erhebung der Bedeutung von *psḥ* können nur die mit der volksetymologischen Erklärung des Passaritus nicht verbundenen Belege der finiten Verbform sein. Während die hebr. Lexikographie (GesB 650; KBL^2 769) mit einer diachronen Entwicklung der Wortbedeutung von 'lahmen'/'hinken' zu 'hüpfen'/'überspringen' / 'verschonen' oder einem synchronen Nebeneinander dieser Bedeutungen (KBL^3 892) rechnet, setzen sich in der letzten Zeit

Versuche durch, die Belege aus einer gemeinsamen Wurzelbedeutung von *psḥ* zu erklären. Gegen eine Grundbedeutung 'hüpfen' / 'springen' (Keel 428–433; Ros-Garmendia 149f.) spricht, daß 2 Sam 4, 4 nicht unter diese Bedeutung zu subsumieren und das Verbaladjektiv *pisseaḥ* daraus nicht ableitbar ist. Die Präposition *'al* in *waj^epass^eḥû 'al-hammizbeaḥ* (1 Kön 18, 26) widerspricht der Deutung als kultischem Hinketanz um den Altar (E. Jenni, Das hebräische Pi'el, Zürich 1968, 140) und führt zur unwahrscheinlichen These eines „über (-den-Altar-) Hüpfens" (Keel 429). In Jes 31, 5 steht *pāsoaḥ* parallel zu *gānôn* (s. bereits Redslob 25f.) und bezeichnet kaum das Hüpfen eines Vogels (s. auch H. Wildberger, BK X/3, 1237).

Die Belege lassen sich besser unter der Bedeutung '(an-, auf-, zurück-) stoßen/schlagen' subsumieren. Gerleman akzentuiert von der Vorstellung des apotropäischen Ritus bestimmt den Aspekt des „Zurückprallens". Für 1 Kön 18, 21 ist statt mit einem durch 1 Kön 18, 26 ausgeschlossenen „hinken auf beiden Seiten" oder einem „hüpfen auf zwei Krücken" (*s^e'ippîm*; dazu Gerleman 411f. gegen P. Joüon, MUSJ 3, 1908, 336) mit der Vorstellung eines „Anstoßens gegen zwei Seiten" zu rechnen. Durch die Fortsetzung mit zweimaligem *l^eḵû 'aḥ^arājw* ist *psḥ* in die Vorstellung der Bewegung eingebunden. In 1 Kön 18, 26 *waj^epass^eḥû 'al hammizbeaḥ* wird daran angeknüpft. Durch die Intensivform wird das Stoßen gegen den Altar in die Vorstellung sukzessiv verschiedener Bewegungen eingebunden (vgl. Jenni 151–154). Man wird also kaum mit einem Kultritus wiederholten Anrennens gegen den Altar (s. Gerleman 411), sondern mit Stoßverletzungen als Folgen des aufgeregten Umherlaufens (vgl. LXX) rechnen müssen.

In Jes 31, 5 bezeichnet das Wegstoßen (*pāsoaḥ w^ehamlêṭ*; GKa § 113[t]) des Feindes die Abwehr- und Schutzmaßnahmen (par. *gānôn w^ehaṣṣêl*) zugunsten Jerusalems. Die Orientierung von Jes 31, 5 an der Bedeutung 'hinken' oder 'vorübergehen' (H. Barth, WMANT 48, 1977, 78. 88–90) gibt nur Sinn, wenn der *pæsaḥ* in der in Ex 12, (1–14). 21–23 belegten Form des Familienritus hier auf Jerusalem übertragen wurde. H. Barth setzt deshalb die Zentralisierung des *pæsaḥ* in Jerusalem voraus. An Dtn 16, 1–7. (8) hat diese an Ex 12 anknüpfende Deutung aber keinen Anhalt. Die Ableitung von *psḥ* in Jes 31, 5 von *pæsaḥ* („ein Passa feiern"; W. Riedel 322f.; J. Schreiner, StANT 7, 1963, 247–252) macht aus der Not dieses Auslegungstyps, der *psḥ* in Jes 31, 5 vom *pæsaḥ*-Ritus her deutet, eine Tugend. Jes 31, 5 ist aus der Wortbedeutung von *psḥ* unabhängig vom *pæsaḥ*-Ritus zu deuten.

Von der Grundbedeutung „stoßen" für *psḥ* erklärt sich auch der Beleg in 2 Sam 4, 4 (*niph*) *wajjippol wajjippāseaḥ* in reflexiver Bedeutung als „sich stoßen" (Gerleman 411). Die Folge ist das Lahmsein der Beine (*n^eḵeh raḡlajim*).

Damit ist eine Verbindung zum Verbaladj. *pisseaḥ* hergestellt, das wie andere Adjektive zur Bezeichnung körperlicher oder geistiger Gebrechen nach dem Typus *qiṭṭel* (GKa § 84b a.c) gebildet ist. Die damit bezeichnete Art des Gebrechens aufgrund eines „Gestoßen-seins" ist aus dem jeweiligen Kontext zu erschließen (→ פסח *pisseaḥ*). Die nicht auf bestimmte Körperteile eingegrenzte Bedeutung von *pisseaḥ* ist mit der Übersetzung „lahm" zu eng gefaßt. Vielmehr sind alle Formen der durch Stoß verursachten Gebrechen der Extremitäten des Körpers mit in die Bedeutung einbegriffen (s. E. Otto, BN 41).

Sprachgeschichtlicher Zusammenhang besteht zwischen *psḥ* und akk. *pessû(m)* (AHw 856f., vgl. dazu W. W. Hallo, EI 9, 66–70). *pessû(m)* bezeichnet wie *pisseaḥ* die äußerliche Verletzung des Körpers oder Sehbehinderung von Mensch und Tier. Die Einschränkungen der semantischen Konnotation auf „lahmend" und „hinkend" leiten sich aus einer zu engen Deutung vom hebr. *pisseaḥ* ab (s. AHw 856). Umfassender ist jede Form der Verletzung gemeint (vgl. nur RMA 235 A Rs 5: *ittu ina libbi pessāti*). Es ist ein Zirkelschluß, wenn die hebr. Lexikographie (GesB; KBL^2; KBL^3 893a) akk. *pessû(m)* in der Bedeutung „lahmend"/„hinkend", die von einer entsprechenden Übersetzung von hebr. *pisseaḥ* abgeleitet ist, als Argument für die Übersetzung der hebr. Wurzel *psḥ* mit „lahmen"/„hinken" nimmt.

Von *psḥ* abgeleitet ist *paseaḥ* als PN in Esra 2, 49; Neh 3, 6; 7, 51; 1 Chr 4, 12 (s. auch siegelinschriftliches *psḥ* N. Avigad, EI 9, I; F. Vattioni, Bibl 50, Sig Nr. 235) belegt. Die Deutung des PN als „Hinker" (IPN Nr. 227; KBL^3 894) ist für einen Geburtsnamen unwahrscheinlich. Vielmehr könnte der Name auf das vorgeburtliche Stoßen im Mutterleib als Ausdruck von Stärke (vgl. Gen 25, 22f.) weisen. Ugar. ist der PN *psḥn* belegt (KTU 4. 63 III 42; 4. 343. 2). Über die Bedeutung des PN geben die ugar. Texte keine Auskunft.

Sprachgeschichtlicher Zusammenhang besteht auch zwischen *psḥ* und arab. *fasaḥa* 'ausrenken, verrenken' (KBL^3 892f.).

In der Grundbedeutung von *psḥ* 'stoßen' schließen sich zwei zusammengehörende Perspektiven (vgl. G. Fohrer, BZAW 155, 1981, 203ff.) zusammen. *psḥ* bezeichnet die Bewegung von außen gegen den Widerstand eines Gegenstandes (1 Kön 18, 26) oder einer Machtsphäre (1 Kön 18, 21). *psḥ* bezeichnet aber auch in entgegengesetzter Perspektive das Zurückstoßen oder Abstoßen einer zukommenden Bewegung, so in Jes 31, 5 der eines angreifenden Feindes. Von dieser Grundbedeutung fällt auch Licht auf die mit dem *pæsaḥ*-Ritus verbundenen Belege von *psḥ* in Ex 12, 13. 23. 27. Das Bestreichen der Eingänge der Häuser mit Blut (Ex 12, 7. 13a. 22) ist Ursache, daß in überlieferungsgeschichtlich ursprünglicher Fassung *hammašḥîṭ*, in späterer Interpretation JHWH (s. u. II. 3) an den Eingängen der Häuser auf Widerstand stoßen (*pāsaḥ 'al happæṯaḥ* [Ex 12, 27: *'al bātê b^enê jiśrā'el*; Ex 12, 13: *'^alêḵæm*]) und so ein vernichtendes Schlagen (*ngp*) der Bewohner verhindert wird (Ex 12, 13): *w^elo' jihjæh bāḵæm nægæp l^emašḥîṭ*; Ex 12, 23: *w^elo' jitten hammašḥîṭ lāḇô' 'æl bātêḵæm lingop*; Ex 12, 27: *w^e'æṯ bātênu hiṣṣîl*). Die Nähe der Wortbedeutungen von *psḥ* und *ngp* wird in diesen Belegen erkennbar (vgl. Gerleman 412): *psḥ* bezeichnet ein Stoßen, das auf Widerstand stößt mit Blick auf den Stoßenden. Der Widerstand, auf den der Stoßende trifft und die daraus resultierende mögliche Konsequenz der Verletzung des Stoßenden steht semantisch im Vordergrund; s. 2 Sam 4, 4 sowie das Bedeutungsspektrum von *pisseaḥ*. *ngp* dagegen bezeichnet das Schlagen mit Blick auf den Geschlagenen. Der Aspekt der verletzenden oder vernichtenden Konsequenz für den Geschlagenen steht hier semantisch im Vordergrund.

2. Zwei unterschiedliche Wege, die Bedeutung des Subst. *pæsaḥ* zu erheben, wurden beschritten (s. den Überblick bei Ros-Garmendia 146–151). Die Ableitungen vom Verb *psḥ* können sich auf die Deutungen von *pæsaḥ* in Ex 12, 13. 23. 27 berufen. Andere Deutungsversuche sehen darin eine sekundäre, volksetymologische Verbindung sprachgeschichtlich unabhängiger Lexeme. In der Konsequenz wird die Bedeutung von *pæsaḥ* sprachgeschichtlich aus der Umwelt Israels abgeleitet.

Zu den Deutungen von *pæsaḥ* als *rite de passage* (König 298), Mondfest (Benzinger 382), apotropäischer Ritus (Kraus, Gottesdienst 62) oder Musterungsritus (Segal 185–187), die sich auf *psḥ* als 'vorübergehen' / 'verschonen' stützen, sowie zu den Deutungen von *pæsaḥ* als Hinketanzritus (Engnell, OrS 1, 46) zur Darstellung des Exodus (Ringgren 167f.), als Mondtanz (W. Graf, LThK IX, 1292) oder als Fruchtbarkeitsritus, der auf die Befruchtungssprünge des Bockes zurückgeht (Beer, Pesachim 13f.; s. den Überblick bei Laaf 143f.). Auf dieser Linie der Interpretation hat Keel (432f.) *pæsaḥ* auf das wilde Springen der Dämonen und den Ritus, mit dem man sich davor zu schützen sucht, gedeutet. Dagegen hat Gerleman *pæsaḥ* als apotropäisches „Zurückprallen" von *psḥ* abgeleitet.

Die semantische Konnotation von *psḥ* „auf-gegen-zurückstoßen" deutet den Blutritus des *pæsaḥ*. Der *pæsaḥ*-Ritus bewirkt aus der Perspektive des sich Schützenden das Zurückstoßen der Macht (*mašḥîṯ*; JHWH) des Schlages (*ngp*), aus der Perspektive dieser Macht das Gegenstoßen gegen die Macht des Blutes, die den Schlag verhindert.

Gegenüber den Erklärungen von *pæsaḥ* aus der Wurzel *psḥ* in Ex 12, 13. 23. 27 haben die Thesen keinen Erklärungswert, die *pæsaḥ* von akk. *pašāḫu*, 'sich abkühlen/beruhigen' (AHw 840; s. A. Jeremias 411 Anm. 1; dagegen Riedel 324 – weitere Lit. s. Laaf 145 Anm. 93), dem damit möglicherweise verwandten arab. *fasuḥa* 'geräumig sein' (s. L. Kopf, VT 8, 1958, 194f.), arab. *faṣaḥa* 'weitsichtig, klar sein' (atmosphärische Klarheit aufgrund der Leuchtkraft des Vollmondes > *pæsaḥ*; s. J. Gray, Kings, OTL, ²1970, 740), arab. *fasḥa* 'Teil; Stück; gesalzenes Fleisch' (Fraenkel 647), syr. *p^eṣaḥ* 'fröhlich sein' (s. P. Smith, Thesaurus Syriacus 2, 1901, 3208) oder äg. *(pꜣ) ꜣsḥ* 'Ernte' (Riedel 326–329; Völter, Urbild 10ff.; dagegen Couroyer 486f. Anm. 6), *(pꜣ) sḥꜣ* 'Erinnerung' (F. Hommel, Die altisraelitische Überlieferung in inschriftlicher Beleuchtung, 1897, 292f.; P. Buis/J. Leclercq, Le Deutéronome, Paris 1963, 123; dagegen Couroyer 487f.), *(pꜣ) sḥ* 'Schlag' (Couroyer; J. Barr, CPT 103. 333; Laaf 146f.; dagegen de Vaux, LO II 346f.; J. B. Segal 100; Keel 431) ableiten.

Diese Ableitungen sind hinfällig, wenn *pæsaḥ* sich in einer den Ritus des Passa erklärenden Weise mit dem Verb *psḥ* in Verbindung bringen läßt und sich darin die Erklärungen in Ex 12, 13. 23. 27 nicht als volksetymologische Verbindung zweier ursprünglich zu trennender Lexeme, sondern als sachgemäße Erklärungen erweisen, die einen sprachgeschichtlichen Zusammenhang zwischen *psḥ* und *pæsaḥ* festhalten. Die Grundbedeutung von *pæsaḥ* weitet sich zur Bezeichnung der Kultbegehung der Passanacht – in frühen Schichten unabhängig vom siebentägigen Mazzotfest (s. u. II.1), nach der Verbindung beider Begehungen (s. u. II.2) in Abgrenzung vom Mazzotfest (s. u. II.3–6): *pæsaḥ l^eJHWH* Ex 12, 11; Lev 23, 5; Num 28, 16 – *'āśāh ('æṯ) happæsaḥ* Num 9, 2. 4–6. 13; Jos 5, 10; 2 Kön 23, 22; Esra 6, 19; 2 Chr 30, 2; 35, 16f. – *ḥaḡ happæsaḥ* Ex 34, 25b – *happāsaḥ ḥaḡ* Ez 45, 21 (s. aber BHS) – *mimmŏh^orat happæsaḥ* Jos 5, 11; Num 33, 3. Erst volkstümlicher Sprachgebrauch der spätisraelit. Zeit kann Passa und Mazzotfest als *pæsaḥ* zusammenfassen; Josephus Ant X 4.5; XIV 2.1; Bell II 1.3; Lk 22, 1; s. J. Jeremias, ThWNT V 897.
Der Begriff *pæsaḥ* kann auch auf das in der Kultbegehung geschlachtete Tier übertragen werden: *šḥṭ happæsaḥ* Ex 12, 21; Esra 6, 20; 2 Chr 30, 15; 35, 1. 6. 11; *zbḥ pæsaḥ l^eJHWH* Dtn 16, 2. 5f.; vgl. Ex 12, 27 *zæḇaḥ pæsaḥ*; Ex 34, 25 *zæḇaḥ ḥaḡ happāsaḥ*; pl. *happ^esāḥîm* „Opfertiere" 2 Chr 30, 17; 35, 7f. – *'āḵal 'æṯ happæsaḥ* 2 Chr 30, 18.
3. Die LXX übersetzt *pāsaḥ* in Ex 12, 13. 27 mit σκεπάζειν, 'schützen' (V: protegam), in Ex 12, 23 mit παρέρχεσθαι, 'vorübergehen' (V: pertransibit) *pāsoaḥ* in Jes 31, 5 mit περιποιήσεται („retten"). Die Übersetzung mit παρέρχεσθαι ist aus dem Kontext (*'āḇar* Ex 12, 23; vgl. Ex 12, 12) erschlossen.

Sie wird in Jub 49, 3, von Ezechielos (s. A. M. Denis [Hg.], Pseudepigrapha Veteris Testamenti Graece III, 1970, 213) und der Vulgata (Ex 12, 13. 27: *transibo*/*transivit*; Ex 12, 23 *transcendit*; Jes 31, 5; *transiens*; s. auch Hieronymus, MPL 36, 190) übernommen. Der Aspekt des Schutzes ist über den Kontext von Ex 12 hinaus möglicherweise aus Jes 31, 5 gewonnen und wirkt in der Übersetzung von *psḥ* mit *ḥws* 'schonen' in Targ^O Ex 12, 13. 23. (27); Targ^Jon Ex 12, 13. (27); Targ^PsJon Ex 12, 13. (27) nach. In Targ^PsJon Ex 12, 13. 23. 27 margin. wird *psḥ* jeweils durch *gnn* (*'aph*: *'aggên*; vgl. Jes 31, 5) erläutert. *'aggên* ist in S, paläst. und babyl. Targumüberlieferungen zum terminus technicus für göttliches Eingreifen des Schutzes und der Rettung geworden (Brock 26–34). Abweichend von diesen LXX- und Targum-Belegen wird in Targ^O Ex 12, 27 mit der Übersetzung von *psḥ* mit *dḥs* „drücken/drängen" ein dem hebr. *psḥ* verwandter Aspekt deutlich.
S übernimmt hebr. *psḥ* als *'apṣaḥ*, wobei offen ist, warum in den Kausativ übertragen wurde. Syr. Kommentarliteratur verbindet volksetymologisch *'apṣaḥ* mit *p^eṣāḥā* „Freude".

Die LXX transkribiert hebr. *pæsaḥ* mit φάσεκ/φάσεχ (2 Chr 30; 35), aram. *pasḥā'* (Spätform *pisḥā'*; s. ThWNT V 895f. Anm. 2 gegen Riedel 325f. Anm. 1) mit πάσχα; so auch Philo, NT, A, Σ, Θ; zur seltenen Form φάσκα s. J. Jeremias, ThWNT V 895f. Die sich in der Übersetzung von *psḥ* mit παρέρχεσθαι in der LXX niederschlagende Interpretation prägt auch die Übersetzung von *pæsaḥ* mit διάβασις/διαβατήρια durch Philo (AIL 3.94 u. ö.). Die Interpretation von *psḥ* als 'schützen' in der LXX-Übersetzung von Ex 12, 13. 27 wirkt nach in der Symmachus-Übersetzung von *pæsaḥ* mit ὑπερμάχησις 'Verteidigung'. Targ^{O} Ex 12, 27 übersetzt *pæsaḥ* mit *ḥajis* (Targ^{PsJon}: *ḥ^{a}jāsā'*) 'Schonung'.

II. 1. Die P zugeordnete Überlieferung Ex 12, 1–14 hat in Ex 12, 3b*. 6b*. 7a. 8a. 11bβ eine in der 3. Pers. pl. formulierte Ritualüberlieferung bewahrt, die sich von einer in der 2. Pers. formulierten Ergänzungsschicht abhebt (Nachweis bei Laaf 10–16 [Lit.]). In dieser Ritualüberlieferung klappen vv. 7b. 8b jeweils nach und erweisen sich als überlieferungsgeschichtliche Zusätze. Das gilt auch für v. 3fin *śæh labbājiṯ*. In v. 6b ist mit der Einfügung von vv. 4–6a die Präzisierung des Subjektes durch eingefügtes *kŏl-q^{e}hal '^{a}ḏaṯ jiśrā'el* notwendig geworden.
Die ursprüngliche Ritualüberlieferung lautete:
w^{e}[lā]q^{e}ḥû lāhæm 'îš śæh l^{e}ḇêṯ-'āḇôṯ
w^{e}šāḥ^{a}ṭû 'ôṯô bên hā'arbājim
w^{e}lāq^{e}ḥû min haddām
w^{e}nāṯ^{e}nû 'al š^{e}tê hamm^{e}zûzôṯ w^{e}'al hammašqôp̱
w^{e}'āḵ^{e}lû 'æṯ habbāśār ballajlāh hazzæh
pæsaḥ hû' l^{e}JHWH
Die Überlieferung ist durch die Reihung von *w-qaṭal*-x-Sätzen gestaltet. Die PK-Form in v. 3b geht auf den Verlust der Anfangsstellung der Verbform durch die Einfügung von *bæ'āśôr laḥoḏæš hazzæh* zurück. Verglichen mit dieser Überlieferung zeigt die Parallele in Ex 12, 21b–23 ein bereits im Blutritus weiterentwickeltes, in der Sprachstruktur stärker gegliedertes und um einen Deuteteil erweitertes Überlieferungsstadium. Nur das *pæsaḥ*-Mahl in Ex 12, 8a weist über Ex 12, 21b–23 hinaus, wobei nicht mehr zu entscheiden ist, ob sich darin die Weiterentwicklung eines reinen Blutritus widerspiegelt oder dieses Motiv in Ex 12, 21b–23 auf späterer Überlieferungsstufe gestrichen wurde. Als Familienritus ist dieses *pæsaḥ* von Dtn 16, 1–7 (8) und der späteren priesterlichen Überarbeitung deutlich geschieden. Während die Überarbeitungsschicht in Ex 12, 1–14 Dtn 16, 1ff. aufnimmt und korrigiert (s. u. II. 3), zeigt Ex 12, 3b*. 6b*. 7a. 8a. 11bβ weder dtn noch priesterschriftlichen Einfluß, wohl aber enge Parallelität mit Ex 12, 21b–23. Das spricht für eine vor-dtn Datierung von Ex 12, 3b*. 6b*. 7a. 8a. 11bβ als möglicherweise sehr alter *pæsaḥ*-Überlieferung im AT. Die nachdrückliche Dedizierung des Ritus an JHWH in v. 11bβ kann Hinweis dafür sein, daß der Ritus ursprünglich nicht mit JHWH verbunden war; s. Haran, Temples 317f. Anm. 2.
Ex 12, 21–23 (24–27a). 27b unterbricht die jahwistische Erzählung der 10. Plage. Die Einbindung von Ex 12, 21b–23 in erzählenden Kontext durch Ex 12, 21a. 27b ist jahwistisch (Laaf 19–21) oder jehowistisch (Schreiner 75–80) geprägt; s. die *z^{e}qenîm* als Repräsentanten Israels; *wajjiqqoḏ hā'ām wajjištaḥ^{a}wû* Gen 24, 26. 48; 43, 28; Ex 4, 31; 34, 8; Num 22, 31. Die vorgegebene Überlieferung Ex 12, 21b–23 ist strukturiert durch eröffnende Imperative, die durch *w-qaṭal*-x-Sätze (zur Funktion des Sachverhalts- und Äußerungsprozesses in der Nachzeitigkeit s. R. Bartelmus, ATS 17, 1982, 73ff.) fortgesetzt werden. Die *w-qaṭal*-x-Sätze sind durch einen *w-x-jiqṭol*-Satz (v. 22b; zur Funktion der Unterbrechung einer Kette von Progressen s. W. Groß, BN 18, 1982, 66) untergliedert. Die rituellen Anweisungen sind so vom Deutegeschehen des Ritus (v. 23) abgehoben, das in eine als *w-jiqṭol*-x-Satz (zur finalen Funktion s. F. T. Kelly, JBL 39, 1920, 3f.) formulierte Zweckbestimmung des Ritus (*w^{e}lo' jitten hammašḥîṯ lāḇô' 'æl-bātêḵæm lingop̱*) ausläuft.

Ritus und Deutung des Ritus sind in einer kohärenten Sprachstruktur miteinander verbunden. Der Ritusteil ist auch durch die Zeitangaben in v. 21b beginnend mit dem Morgen (*mišḵû*; s. W. v. Soden, BZAW 162, 1985, 201f.) bis zum folgenden Morgen in v. 22b. (*'aḏ boqær*) zu einer Einheit zusammengebunden. V. 22 als Ziel des Ritusteils und v. 23b als Ziel des Deuteteils sind in den Motiven des Nichtverlassens der Häuser und des Nichthineinlassens des Verderbers in die Häuser aufeinander bezogen. Die Überlieferung Ex 12, 21b–23 hat also folgende Struktur:

Imperativ-Sätze *w-qaṭal*-x-Sätze *w-x-jiqṭol* Satz (Trennungsmarker)		*Ritus*
w-qaṭal-x-Sätze *w-jiqṭol*-x Satz (Finalbestimmung)		*Deutung*

Angesichts der Kohärenz in der strukturierenden Gestaltung der Sprachebene, die eine Abgrenzung der Überlieferung nach vorn und hinten ermöglicht, verlieren die Versuche literarkritischer Scheidung innerhalb von Ex 12, 21b–23 (s. u.a. P. Weimar, ÄAT 9, 1985, 131: „jehowistischer Einschub" in Ex 12, 21. 22a. 23bβ. 27b) an Überzeugungskraft.

Die Bestimmung der Funktion des Ritus kann sich der Deutung des Ritus in Ex 12, 23 anschließen. Diese Deutung wird durch die Finalbestimmung *w^{e}lo' jitten hammašḥîṯ lāḇô' 'æl-bātêḵæm lingop̱* abgeschlossen, die als Zweck des Ritus den Schutz der Familie benennt. Die vom Kontext der *w-qaṭal*-x-Sätze abgehobene Gestalt der Finalbestimmung als *w-jiqṭol*-x-Satz unterstreicht, daß es sich dabei nicht um ein beiläufiges erzählerisches Element im Duktus der heilsgeschichtlichen Deutung auf den Exodus handelt, sondern um ein als eigenständig abgehobenes Deuteelement der Zweckbestimmung.
Damit verlieren Interpretationen an Bedeutung, die Ex 12, 21b–23 aufgrund des Blutritus in der Zweckbestimmung als Reinigungs- und Sühneritus interpretieren und Ex 12, 21–23 auf eine literarische Ebene mit Ex 12, 1–14 (P) rücken (May 65–82; Wambacq, Bibl 57, 316–319; van Seters 172–175) oder der Nachgeschichte von Ex 12, 1–14 zuordnen (Norin 173–176; Lindström 55–73). Auf die Verwendung des Begriffes *ng'* können sich diese Thesen nicht berufen. Wo *ng'* zur Bezeichnung entsühnender Riten verwendet wird (Num 19, 18; Jes 6, 7; in Jer 1, 9f. geht es eher um eine Machtübergabe), wird diese Funktion ausdrücklich

vermerkt. *ng'* wird in Ex 12, 22 aufgrund der Ähnlichkeit in Lautgehalt und Bedeutung mit den Verben *ngp* (Ex 12, 23) und *ngḥ* 'stoßen', die mit dem Verb *psḥ* bedeutungsverwandt sind (s. o. I. 1), eingeführt. Erst in der priesterlichen Bearbeitung von Ex 12, 1–14 könnte mit dem Wechsel von *ng'* zu *ntn* (Ex 12, 7) Terminologie des entsühnenden Blutritus aufgenommen worden sein (Füglister 98). Auch die Uminterpretation des *mašḥîṯ* (Ex 12, 23) zu einem Handeln *l^emašḥîṯ* spricht in der Entpersonifizierung eher für ein überlieferungsgeschichtliches Gefälle von Ex 12, 21b–23 zu Ex 12, 1–14 als für die umgekehrte Richtung der Entwicklung, die mit einer sekundären Personifizierung des *mašḥîṯ* als JHWH-Hypostase und einer Nähe zu spätjüdischer Engellehre rechnen muß (Norin 175f.; Lindström 59–65). Die Deutung von Ex 12, 21b–23 als Reinigungs- und Sühneritus kann nicht die Bezeichnung des Ritus als *pæsaḥ* erklären und muß sich auf die These einer ungeklärten Etymologie von *pæsaḥ* zurückziehen (Lindström 69f. Anm. 39).

Ex 12, 21b–23 beschreibt *pæsaḥ* als einen in der *mišpāḥāh* zu vollziehenden Blutritus, der dem Schutz der Familie in den Häusern in der Nacht des Ritus dient. Der Einfluß der Auszugsüberlieferung beschränkt sich auf den Deuteteil in Ex 12, 23 (*lingop̱ 'æṯ-miṣrajim*). Neben der expliziten Funktion des Schutzes der Familie tritt implizit die Erinnerung an die Auszugsnacht. Das Auszugsmotiv ist entsprechend in Anlehnung an die Zweckbestimmung formuliert: *lingop̱ 'æṯ-miṣrajim*/*'æl-bātêḵæm lingop̱*. Im Gegensatz zum Ritualteil zeigt der Deuteteil in Ex 12, 23 noch Spuren des überlieferungsgeschichtlichen Wandels im Verständnis des frühen *pæsaḥ*-Ritus. In Ex 12, 23 ist auffällig, daß in v. a *'āḇar JHWH* ... *lingop̱* vom *mašḥîṯ* nicht die Rede ist, der in v. bβ die Funktion des vernichtenden Schlages hat. Ex 12, 23bα paßt nicht zur Fortsetzung in v. bβ. Nach Ex 12, 23bα stößt JHWH auf einen Widerstand (*psḥ*) an der Türöffnung und kann nicht zuschlagen (*ngp*), während in der Fortsetzung JHWH den *mašḥîṯ* hindert, in das Haus einzudringen. Die archaischen Vorstellungen des Widerstands (*psḥ*), der nicht durchdrungen wird, des Schutzes des Hauses und der Täuschung durch das Blut als Ausdruck für den bereits am Lebewesen gewaltsam eingetretenen Tod (H. Christ, Blutvergießen im AT, Basel 1977, 131–133) passen nicht zu JHWH, wohl aber zu dem in Ex 12, 23bβ als „stumpfes Motiv" noch erhaltenen *mašḥîṯ* als Verkörperung vernichtender Macht. Um so auffälliger und auf nachdrückliche Neuinterpretation weisend ist es, daß gerade an dieser Stelle JHWH erneut eingeführt wird. Der Deuteteil des Ritus läßt also noch eine ältere Interpretation erkennen, die den Ritus als Schutz der Familie vor dem *mašḥîṯ* in der Nacht der Begehung interpretierte. Der Schutz gründet in der Kraft des Blutes, durch Täuschung dem *mašḥîṯ* den Zugang in das Haus zu verwehren.

In dieser vorliterarischen Überlieferungsstufe von Ex 12, 21b–23 wird eine traditionale, von rationalisierender Vereinheitlichung des Lebens unter dem Gottesgedanken noch weit entfernte, archaische Religionsstufe erkennbar. Der Ursprung dieses Ritus ist weder aus den Hoch-Gott-Religionen der syr.-kanaan. Umwelt Israels, die derartige Blutriten nicht kennt, noch aus der JHWH-Religion Israels ableitbar. Als apotropäischer Familienritus ist der *pæsaḥ*-Ritus aus der protoisraelit., familiar strukturierten, im stationären Nomadisieren ortsgebundenen Hirtenkultur des Kulturlandes ableitbar. Die Funktion von Religion zur Überlebenssicherung der Familie schafft sich in dieser archaischen Kultur, die kulturgeschichtlich ungleichzeitiger Spätling in hochkomplexer Umwelt ist, unterschiedlichen, noch nicht systematisch rationalisierend miteinander vermittelten Ausdruck. Das Erzählen der Erzvätergeschichten von gefährlichen Situationen wie einem Furtübergang (Gen 32, 23–33*) dient der aktualisierenden Vergewisserung der im Ahnvater sichtbar werdenden Kraft des Familiengottes (E. Otto, BWANT 110, 1979, 40ff.) und ist also eine Form des Schutzes *neben* dem Blutritus des *pæsaḥ*. Erst die rationalisierende Kraft der JHWH-Religion vermittelt diese unterschiedlichen Religionshandlungen in einem Gott als Erinnerung einer die verschiedenen Gruppierungen, aus denen Israel entstand, vereinheitlichenden Geschichte dieses Gottes mit seinem Volk.

Henninger (EtBibl 36ff. [Lit.]) interpretiert *pæsaḥ* als ein Hirtenfest, das eine religionshistorische Parallele im Frühjahrsfest des *rağab* arab. Beduinen habe – eine Deutung, die sich bereits auf Ewald (De feriarum 418f.) und Wellhausen (Prolegomena 85ff.) berufen kann – und also seine Mitte im Erstgeburtsopfer habe. Vorislamisch sei dieses Opfer mit dem Himmels- und Schöpfergott El verbunden gewesen. Der Einbindung des Hirtenritus in den Hochgottgedanken, die W. Schmidts religionshistorischer These des nomadischen Monotheismus (Der Ursprung der Gottesidee I, ²1926, 670–674) nahesteht (Henninger, EtBibl 120. 126 u. ö.), steht entgegen, daß sich die Deutung von *pæsaḥ* als Erstgeburtsopfer auf spätere Mazzotfestüberlieferungen (Ex 13, 11–16; 34, 19f.) stützen muß. Die Analogie zwischen protoisraelit. Hirten und arab. Beduinen ist nicht tragfähig.

Ex 12, 21b–23 gibt auch keinerlei Hinweise dafür, daß der *pæsaḥ*-Ritus mit dem Weidewechsel zu verbinden sei, so Rost, Weidewechsel 101–112; Laaf 148–158; s. dagegen Schreiner 72f.; Otto, TRE XI 97f. Nach Ex 12, 22 handelt es sich um einen Nachtritus. Die spätere Datierung auf die Nacht des 14./15. 1. (Lev 23, 5; Ez 45, 21; Ex 12, 6) kann Erinnerung daran bewahrt haben, daß der nachts gefeierte *pæsaḥ*-Ritus in die Vollmondnacht im Frühjahr fiel. Die Vollmondtage und -nächte können besonders im Frühjahrsmonat als besonders gefährlich gelten (Spr 7, 20; vgl. S. Langdon, Babylonian Menologies and the Semitic Calendars, London 1935, 77. 92–95). Sie fordern einen entsprechenden Ritus zur Abwehr der Gefährdung.

Auch in der jahwisierten, Ritus und Deutung in einer kohärenten Sprachstruktur vereinigenden Überlieferung Ex 12, 21b–23 dient der Ritus dem Schutz der Familie, der nunmehr aber darin begründet ist, daß JHWH den *mašḥîṯ* von den Häusern fernhält. Der

Ritus versetzt in die Situation der Auszugsnacht und erhält Funktion als deren Vergegenwärtigung. Der Aspekt des Schutzes der Familie wird ergänzt durch den der Vernichtung der Feinde Israels (Ex 12, 23a: *w^eʿāḇar JHWH lingop̱ 'æṯ-miṣrajim*), der bereits die Familienbindung des Ritus hinter sich läßt und ihn der Deutung auf den Exodus entsprechend auf den Schutz des Volkes Israel bezieht. Die Einbindung des Ritus in den Gottesgedanken Israels unterwirft ihn der universalisierenden und rationalisierend-vereinheitlichenden Wirkung JHWHs auf die Erfahrungsdeutung und Weltsicht. Es gibt in dieser Überlieferung keine negative Macht unabhängig von JHWH. Der *mašḥîṯ* ist von JHWH abhängiges Werkzeug zur Vernichtung der Feinde Israels.

Ex 12, 23 setzt die Kenntnis einer Erzählung der Auszugsnacht voraus, die der als Ätiologie des Mazzotfest-Ritus der ungesäuerten Brote dienenden vorpriesterschriftlichen Überlieferung der 10. Plage (Otto, VT 26, 3–27; mit exilischer Datierung van Seters 175f.) verwandt aber auch deutlich davon geschieden ist: Nach Ex 12, 22 darf kein Israelit bis zum nächsten Morgen sein Haus verlassen, während nach Ex 12, 31 Mose mitten in der Nacht zum Pharao gerufen wurde. Drängen nach Ex 12, 29ff. die Ägypter die Israeliten so schnell aus dem Lande, daß diese keine Zeit mehr finden, für rechte Verpflegung zu sorgen, so weiß dieser Zusammenhang nichts von dem Verbot, das Haus vor Anbruch des Tages zu verlassen. In Ex 12, 21b–23 fehlt jeder Hinweis auf die Tötung der Erstgeborenen, wie umgekehrt die Plagenerzählung in Ankündigung und Durchführung der Plage nichts von einer speziellen Vorkehrung zur Verschonung der Israeliten weiß. In der dieser Erzählung der 10. Plage verwandten Einbringung der Exodusthematik in den Deuteteil der Überlieferung Ex 12, 21b–23 ist eine Verbindung von Mazzotfest- und *pæsaḥ*-Überlieferung erkennbar, die in dem Zusammenwachsen dieser beiden Kultbegehungen ihre Begründung hat.

Die Datierung dieses Vorganges richtet sich nach dem Ergebnis der Verhältnisbestimmung von Ex 12, 21b–23 zur Überlieferung Dtn 16, 1–7 (8), in der die Verbindung von *pæsaḥ* und Mazzotfest explizit vollzogen wird (s.u. II. 2). Die Bindung von *pæsaḥ* an die Familie weist Ex 12, 21b–23 entweder in die Vor- oder Nachgeschichte von Dtn 16, 1–8. Der formgeschichtliche und semantische Abstand von der priesterlichen Überlieferung Ex 12, 1–14, die nichtdtr Gestalt von Ex 12, 21b–23 und der redaktionellen Rahmenverse Ex 12, 21a. 27b sprechen dafür, in Ex 12, 21b–23 ein Zeugnis der Vorgeschichte von Dtn 16, 1–8 zu sehen. Die Einbindung der Exodusthematik in einen familiengebundenen Ritus widerspricht dem Versuch, Familienreligion und offizielle Religion (R. Albertz, Persönliche Frömmigkeit und offizielle Religion, CThM 179, 1978) durch die mit der jeweiligen Religionsausprägung verbundenen Themen in der Form zu differenzieren, daß die großen heilsgeschichtlichen Themen nur Ausdruck offizieller Religion seien. Vielmehr sind unterschiedliche *Funktionen* ein und derselben Tradition in Familie und überfamiliärer Gemeinschaft zu differenzieren (vgl. Ex 12, 21b–23 neben Ex 15, 2–18). In Ex 12, 21–23 ist die Auszugsüberlieferung der Funktion, dem Schutz der Familie zu dienen, dienstbar geworden.

2. In Dtn 16, 1–7. (8) bestimmt die Intention der Verbindung von *pæsaḥ*- und Mazzotfestüberlieferung die Strukturierung der Sprachebene. Den Rahmen bilden im Anschluß an die Aufforderung, den *ḥoḏæš hā'āḇîḇ* zu beachten (*šāmôr*; GKa § 113.4), *w^eqaṭal*-Sätze in Dtn 16, 1aβb.2. 7. Sie umfassen eine Reihe gegliederter *jiqṭol*-Sätze in vv. 3–6. Vv. 3. 5. 6 sind als Verbote mit folgender Negation, die das gebotene Positivum unterstreichen, formuliert. Die korrespondierende Opposition *lo' to'ḵal ḥāmeṣ / to'ḵal maṣṣôṯ*, die sich auch in der syntaktischen Entgegenstellung von *jiqṭol*-x-/x-*jiqṭol*-Sätzen ausdrückt, bedarf im Gegensatz zu dem nicht korrespondierend formulierten Gefüge vv. 5f. keiner Entgegensetzungspartikel (Y. Thorion, Stud. zur klass. hebr. Syntax, 1984, 22–27). Durch die Gemeinsamkeit der Struktur in vv. 3/5f. werden Mazzotfest- und Passaanweisungen aufeinander bezogen und v. 4, der Mazzot- und Passagebote zusammenbindet, umfaßt:

1aα	Inf. abs.	
1aβb. 2	*w-qaṭal*-Sätze	Rahmen: Passaanweisung
3	*jiqṭol*-x x-*jiqṭol*	Mazzotfestanweisung
4	*w-jiqṭol*-x	Mazzotfestanweisung
	w-jiqṭol-x	Passaanweisung
5.6	*jiqṭol*-x x-*jiqṭol*	Passaanweisung
7	*w-qaṭal*-Sätze	Rahmen: Passaanweisung

Der Rahmen in vv. 1aβb. 2. 7 enthält die entscheidenden Neuerungen für den *pæsaḥ*: die Verlegung auf den *ḥoḏæš hā'āḇîḇ*, den Termin des Mazzotfestes, die Umdeutung zu einem *zæḇaḥ*, für das auch Großvieh (*bāqār*) geschlachtet wird, dessen Fleisch gekocht wird (vgl. Dtn 12, 21; R. P. Merendino, BBB 31, 1969, 128) und die Zentralisation des *paesaḥ* an dem von JHWH erwählten Heiligtum. In der Endgestalt des Textes bilden die Passaanweisungen den Rahmen der Mazzotfestüberlieferung.

Der Text zeigt Spuren des überlieferungsgeschichtlichen Wachstums. Die isolierte Stellung des Verses Dtn 16, 8, der im jetzigen Kontext der Verknüpfung von 16, 1–7 mit dem folgenden Wochenfestgebot dient und mit dem 6/7-Schema ein altes Mazzotfestmotiv bewahrt (Ex 13, 6; s. Braulik, ThPh 56, 345 Anm. 34. 38) sowie die Unterbrechung des Zusammenhangs von Dtn 16, 4a. 8 durch vv. 4b. 5–7 deuten darauf, daß Zentralisationsforderung und Passathematik in eine Mazzotfestüberlieferung eingebunden wurden, die in diachroner Perspektive den Rahmen abgab. Die Parallelen zu Dtn 16, 1 in Ex 23, 15; 34, 18 zeigen, daß die Passathematik in v. 1bβ sowie das nachklappende *lajlāh* in v. 1fin sekundäre Elemente der Uminterpretation einer Mazzotfestüberlieferung sind. Der Rückbezug von v. 3 auf v. 2 durch *ʿālājw* erweist sich darin als sekundär, daß der unebene Zusammenhang entsteht, daß man sieben Tage ungesäuertes Brot zu *pæsaḥ* essen solle, obwohl das Passa nicht übernachten darf. Die ursprüngliche Mazzotfestüberlieferung umfaßt also Dtn 16, 1aα b*.3*. 4a (8), in die Dtn 16, 1aβ. bfin. 3 (*ʿālājw*). 4b. 5–7 eingefügt wurde. Die intensiv diskutierte Frage, ob die Mazzotfest- oder *pæsaḥ*-Anweisungen Priorität haben (s. dazu A. Cholewiński, AnBibl 66, 1976, 179–189; Halbe, ZAW 87, 147–168), löst sich in der Unterscheidung zwischen synchroner und diachroner Betrachtungsweise: Überlieferungsgeschichtlich ist die Mazzotfestüberlieferung der ursprüngliche Rahmen, der durch die Passathematik ergänzt wurde. In der so entstandenen Endgestalt des Textes bilden die Passaanweisungen den Rahmen für die Mazzotfestüberlieferung.

Die Differenzierung von Dtn 16, 3 in Dtn 16, 8 deutet an, daß die Mazzotfestüberlieferung selbst einen Überlieferungsprozeß durchlaufen hat. Durch den Ersatz eines ursprünglichen *ḥag̅* (Ex 13, 6) durch *ʿaṣæræṯ* (M. Caloz, RB 75, 1968, 57) wird dieser Ruhetag von der Zentralisationsforderung ausgenommen (s. den Überblick über die Diskussionslage zu v. 8 bei A. Cholewiński, AnBibl 66, 186f. Anm. 32). Dtn 16, 1aβ. 5–7 ist durchgängig dtn formuliert, hat nur in v. 4b auf vorgegebene Überlieferung (Ex 23, 18; 34, 25a) zurückgegriffen und in dem Motiv der nächtlichen Feier den Zusammenhang mit dem alten Familienritus gewahrt. Daß die Rekonstruktionen der Überlieferungsgeschichte von Dtn 16, 1–7. (8) so stark in den Ergebnissen divergieren (s. H.-D. Preuß, Deuteronomium, 1982, 135f. [Lit.]) zeigt, daß das Ziel des Redaktors, *pæsaḥ* und Mazzotfest zusammenzubinden, das die Sprachgestalt von Dtn 16, 1–7 prägt, erreicht wurde.

Die Thesen, die das Mazzotfest als bäuerliche Aktualisierung von *pæsaḥ* (Halbe, ZAW 87, 324–346) oder *pæsaḥ* als dtn Weiterentwicklung des Mazzotfestes deuten (Wambacq, Bibl 62, 499–518), heben sich in ihrer Gegenläufigkeit auf. Sie treffen sich aber in der wohl begründeten Ablehnung eines kanaanäischen Ursprungs des Mazzotfestes (s. Wambacq, Bibl 61, 31–54; Otto, TRE XI 96f.).

Das Mazzotmotiv ist eng mit der Erinnerung des Exodus in einer „Leidensgedächtnisfeier" (Braulik, ThPh 56) verbunden, während die Exodusthematik nur in Dtn 16, 1. 6fin locker mit der *pæsaḥ*-Thematik verknüpft ist. Während in der Mazzotfestüberlieferung die Zentralisationsthematik fehlt, sind die *pæsaḥ*-Anweisungen auf das engste mit ihr verbunden (Dtn 16, 2. 5. 7f.). Der Rahmen umfaßt die Anweisung für die Passa-Nacht (s. v. 2 neben v. 6 *tizbaḥ ʾæṯ-happæsaḥ bāʿæræḇ keḇôʾ haššæmæš*), während das siebentägige Mazzotessen Verlängerung in den Alltag zur Einschärfung des Exodusgedächtnisses für das ganze Leben in seinen Alltagsbezügen ist (Braulik, ThPh 56, 344). Die Einbindung der Familienfeier des *pæsaḥ* in den offiziellen Kult der zentralisierten Wallfahrtsfeste verändert den *pæsaḥ*, zeigt aber auch die Veränderung des offiziellen Kultes auf dem Wege vom Staatskult zum nachexilischen Gemeindegottesdienst. An die Stelle der Schutzfunktion für die Familiengemeinschaft (Ex 12, 23) tritt die Funktion der Verinnerlichung des Exodus durch den einzelnen *lemaʿan tizkor ʾæṯ-jôm ṣeʾṯekā meʾæræṣ miṣrajim kŏl-jemê ḥajjǽḵā* (Dtn 16, 3). Wird die Bindung an die Familie als feierndes Subjekt aufgebrochen, so rückt der einzelne als Teil des Volksganzen in den Blickpunkt. Mit dem Verlust der Schutzfunktion für die Familie verliert der Blutritus an Bedeutung. An seine Stelle tritt der *zæḇaḥ* (vgl. Ex 34, 25 [dtr überarbeitet]), der in der Gegenbewegung zur Individualisierung Israel als Opfergemeinschaft integriert. Die Anrede in der 2. Pers. sing. meint auch ganz Israel (s. Dtn 27, 6f.).

Offen ist die Frage, ob dieses Reformprogramm unter die Voraussetzungen einer joschijanischen Reform von *pæsaḥ* (2 Kön 23, 21–23; 2 Chr 35, 1–19) zu rechnen ist, Reflex einer solchen Reform oder exilisches Reformprogramm für ein zukünftiges Israel ist (zur historischen Frage einer *pæsaḥ*-Reform Joschijas s. Rost, BWANT 101, 87–93; Delcor 205–219 – zur Frage der Vorgeschichte in einer hiskianischen Reform des Mazzotfestes [2 Chr 30, 13, 21f.] s. Haag, Hiskia 216–225; zu einer mittelalterlichen Parallelentwicklung der Zentralisierung des samaritanischen *pæsaḥ* als Folge der Reduktion des samaritanischen Wohngebiets s. J. Jeremias, BZAW 59, 66–72). Der Reformbericht 2 Kön 23, 21–23 ist von Dtn 16, 1–8 abhängig. Gegen eine dtr Verfasserschaft in 2 Kön 23, 21–23 (H.-D. Hoffmann, AThANT 66, 1980, 259; H. Spieckermann, FRLANT 129, 1982, 130ff.) hat N. Lohfink (BEThL 68, 1985, 45 Anm. 91 [Lit.]) geltend gemacht, daß 2 Kön 23, 21–23 zum literarischen (vordtr) Grundbestand des Reformberichts in 2 Kön 22, 3–23, 3 gehöre. Unabhängig von den literaturhistorischen Fragen zu 2 Kön 23, 21–23 ist der terminus ad quem einer Zentralisation von *pæsaḥ* durch die Überlieferungen Lev 23, 5–8 (Cholewiński, AnBibl 66, 188f. 214) und Ez 45, 21a. 23f. gegeben, die die Zentralisation von *pæsaḥ* nicht mehr durchsetzen, sondern voraussetzen, sowie durch eine kritische Anknüpfung der priesterlich-exilischen Bearbeitung an Dtn 16, 1–7. (8) in Ex 12, 1–14.

3. Die Überarbeitung der vorgegebenen Überlieferung des Familienritus in Ex 12, 1–14 (P^g [?] s. J.-L. Ska, Bibl 60, 1979, 23–35; P. Weimar, BN 24, 1984, 142 Anm. 159 [Lit.]) führt mit dem 10. 1. als Vorbereitungstag (Ex 12, 3aβ. 6a), der dem Versöhnungstag am 10. 7. korrespondiert, eine *Anspielung* auf die Sühnethematik ein, die auch mit der Assoziation von *ntn* (Ex 12, 7) an das entsühnende Bestreichen der Altarhörner mit Blut (Ex 29, 12. 20 u. ö.; s. Laaf 112; anders B. Janowski. WMANT 55, 1982, 248f.) einen neuen Verstehenshorizont für den Blutritus gibt. Sie unterstreicht die Funktion von *pæsaḥ* als Erinnerung

an die Auszugsnacht durch Einfügung von Motiven eines Hirtenideals (Ex 12, 11) und integriert die Mazzotfestthematik (Ex 12, 8b. 14. [15–20]) in die vorgegebene *pæsaḥ*-Überlieferung. Darin setzt die Überarbeitungsschicht Dtn 16, 1–7. (8) voraus. Ex 12, 10 nimmt Dtn 16, 4b und Ex 12, 11abα (*bᵉḥippāzôn*) nimmt Dtn 16, 3b auf. Mit der Anknüpfung verbunden ist die kritische Korrektur: Ex 12, 8b. 9 korrigiert die dtn Anweisung, das Opferfleisch zu kochen (Dtn 16, 7a), Ex 12, 5 die dtn Anweisung, auch Großvieh als *pæsaḥ* zu schlachten (Dtn 16, 2). Ex 12, 3fin (*śæh labbājiṯ*). 4 unterstreicht die Familienbindung des Ritus und interpretiert die dtn Zentralisationsforderung. Neben Dtn 16, 1–7. (8) wird in Ex 12, 12f. an jahwistische Überlieferung in Ex 11f. angeknüpft. Ex 12, 13 nimmt Ex 12, 23 auf und entwickelt die Deutung des *pæsaḥ*-Ritus durch Entpersonalisierung des *mašḥîṯ* unter dem Gesichtspunkt der Alleinwirksamkeit JHWHs weiter. Die Plagenthematik, die in der Exilszeit unter dem Aspekt der Geschichtsmächtigkeit JHWHs gegenüber den Völkern überraschende Aktualität gewann (Ex 12, 12) und das *pæsaḥ*-Blut zum Unterscheidungszeichen Israels unter den Völkern werden ließ (Ex 12, 13), wurde über Ex 12, 21–23 hinausgehend in die Deutung des *pæsaḥ*-Ritus einbezogen. Die Korrekturen am dtn Reformprogramm erklären sich durch das in der Gesamtkonzeption der priesterlichen Bearbeitungsschicht begründete Problem, daß der *pæsaḥ*-Ritus aufgrund der Bindung an den Exodus vor Einrichtung des legitimen Heiligtums am Sinai eingeführt wird. Ex 12, 1–14 erklärt sich also in seiner Endgestalt aus der Stellung innerhalb der priesterlich gestalteten Erzählung. Ob sich in Ex 12, 1–14 eine Rückverlagerung des *pæsaḥ* in die Familie nach Zerstörung des Tempels widerspiegelt, ist eher zweifelhaft. Die *pæsaḥ*-Gesetzgebung in Lev 23, 5–8, die in Lev 23, 5 an Ex 12, 6 (*bên hāʿarbajim*) anknüpft, geht von der Feier des *pæsaḥ* am zentralen Heiligtum aus (Cholewiński, AnBibl 66, 214f.).

An Dtn 16, 1–7.(8) anknüpfend werden in Lev 23, 5–8 *pæsaḥ* und Mazzotfest durch die Aufeinanderfolge miteinander verbunden, über Dtn 16, 1–7. (8) hinaus aber als zwei Begehungen gesondert. Die Opferthematik in Lev 23, 8a ist überlieferungsgeschichtlicher Zuwachs, der die *miqrāʾ qodæš*-Bestimmungen in vv. 7. 8b trennt. Als *w-qaṭal*-x-Satz fällt er syntaktisch aus der vorgegebenen Struktur der Abfolge von NS und x-*jiqṭol*-Sätzen heraus. Durch die Einarbeitung von v. 8a wird die Brücke zu einer von Lev 23, 5–7. 8b unabhängigen *pæsaḥ*-Theorie der exilischen Zeit in Ez 45, 21a. 23f. hergestellt.

Ez 45, 21a. 23f. macht *pæsaḥ* zu einem am Tempel zentrierten und auf den 14. 1. datierten Fest (*happāsaḥ ḥaḡ*) der siebentägigen *ʿōlāh* und *ḥaṭṭāʾṯ*. Der Zusatz Ez 45, 21b bringt den klassischen Mazzotfestritus wieder zur Geltung und schlägt auch hier die Brücke zwischen Dtn 16, 1–7. (8) und der nachexilischen *pæsaḥ*-Praxis.

In späteren Zusätzen (Pˢ) wird die priesterlich-exilische *pæsaḥ*-Überlieferung unter Anknüpfung an Tendenzen der priesterlichen Redaktion in Ex 12, 1–14 an die nachexilische Situation des zweiten Tempels angepaßt. In Ex 12, 15–20; Num 28, 16–25 (Pˢ) wird die Mazzotfestthematik über Ex 12, 1–14 hinaus wieder zur Geltung gebracht und die Distanz in Ex 12, 1–14 vom dtn Reformprogramm verringert.

Die Tendenz zur Reintegration des dtn Reformprogramms im priesterlichen Kontext setzt sich bei Rᴾ (vgl. H.-J. Fabry, BEThL 68, 1985, 354f.) unter Verbindung priesterlicher und dtr Motive fort. Ex 12, 24–27a verklammert durch parallele Gestaltung mit Ex 13, 3–16 Mazzotfest und *pæsaḥ*. In Jos (4, 19); 5, 10–12 wird die *pæsaḥ*-Motivik in eine vorgegebene Überlieferung des Mazzotritus (Otto, BWANT 107, 62f. 175–186; anders M. Rose, AThANT 67, 1981, 25–45: dtr und priesterlich überarbeitete Militärtradition) eingefügt und das Bild von Passa-Mazzot als zentralisiertem Hauptfest der Feier des Einzugs in die Heimat (vgl. Esra 6, 19–21) gezeichnet. *pæsaḥ* (Ex 12, 1–36) und Sabbat (Ex 16, 13–35) bilden durch chiastische Entsprechung (P. Weimar, ÄAT 9, 1985, 16–20) einen Rahmen des dritten Abschnittes der in sieben Abschnitte gegliederten Endgestalt des Exodusbuches. Anknüpfungspunkt ist der siebente Tag des Mazzotfestes als Ruhetag (Dtn 16, 8; Lev 23, 8b; Ex 12, 16; Num 28, 25).

Die bereits in Ex 12, 1–14 angeklungene Sühnethematik wird in der Opferthora Num 28, 16–25 breit entfaltet. In der Funktion von *pæsaḥ*, Israel aus der Völkerwelt auszusondern (Ex 12, 12f.), und in der neugewonnenen Sühnefunktion ist die Forderung nach kultischer Reinheit, Ausschluß der Unbeschnittenen vom *pæsaḥ* (Ex 12, [42]. 43–50; Jos 5, 2–9. 10–12) und die Einrichtung eines zweiten *pæsaḥ* im zweiten Monat (Num 9, 6–14; 2 Chr 30, 2f. 15) begründet.

4. Der pentateuchische Prozeß der Reintegration des dtn Reformprogramms in priesterliche Überlieferungen zeigt sich parallel auch in den *pæsaḥ*-Überlieferungen des Mazzot-Papyrus von Elephantine (AP Nr. 21) und in den chronistischen *pæsaḥ*-Überlieferungen (Esra 6, 19–22; 2 Chr 30, 1–27; 35, 1–19). Der Mazzot-Papyrus (s. die Zusammenfassung der Textrekonstruktionen und Interpretationen durch Ros-Garmendia 285–292 [Lit.]) führt eine mit Ex 12, 15–20 (Lev 23, 5–8; Num 28, 16–25; s. Grelot, VT 4, 367f.) verwandte Regelung für das Mazzotfest ein und korrigiert damit eine Ex 12, 1–14 entsprechende, auf die *pæsaḥ*-Nacht reduzierte Feier (s. auch die Erwähnung von *psh* in zwei Elephantine-Ostraka, E. L. Sukenik/J. Kutscher, Qedem 1, 1942, 53–56). Die *pæsaḥ*-Überlieferungen der hellenistischen Zeit in 2 Chr 30, 1–27; 35, 1–19; Esra 6, 19–22 betreiben besonders auffällig die Integration des dtn Reformprogramms in das in priesterlicher Schicht des Pentateuch entwickelte *pæsaḥ*-Programm. Die von Dtn 16, 2 geforderten Rinder werden auf ein *zæḇaḥ šᵉlāmîm* gedeutet (2 Chr 35, 12ff.; s. dort in v. 13 den Dtn und P ausgleichenden Formulierungsversuch *wajᵉḇaššᵉlû happæsaḥ bāʾeš*). Der Reintegrationsprozeß der Maz-

zotfestthematik zeigt sich darin, daß sie in 2 Chr 35,17b; Esra 6,22 Anhang zur *pæsaḥ*-Überlieferung ist. In 2 Chr 30,1–27 (zur literarischen Schichtung s. Haag, Hiskia 216ff.) ist die Verbindung von Mazzotfest (2 Chr 30,13. 21f.) und *pæsaḥ* (2 Chr 30,15. 17f.; s. Wambacq, Bibl 57, 219f.) bereits weiter fortgeschritten. Die chronistischen *pæsaḥ*-Überlieferungen lassen im Motiv, daß die Zentralisation der *pæsaḥ*-Schlachtung in Jerusalem sich nicht allgemein durchgesetzt hatte (2Chr 30,10f.; 35,18; Esra 6,21), die samaritanische Sonderentwicklung erkennen (J. Jeremias, BZAW 59, 67). Über die dtn und priesterlichen *pæsaḥ*-Programme hinaus werden die Funktionen der Priester und Leviten in der Blutbesprengung, beim Brandopfer und beim Schlachten der *pæsaḥ*-Tiere fixiert (2 Chr 30,15–17 [s. dazu B. Janowski, WMANT 55, 249]; 35,2–6. 10–15; Esra 6,20). Die dtn „Leidensgedächtnisfeier" (Braulik) wandelt sich im Spiegel der chronistischen Überlieferungen zu einem Freudenfest (2 Chr 30,21. 23; Esra 6,22; vgl. mPes X 5; Jub 49,2. 22).

5. Das chronistische *pæsaḥ*-Programm hat sich in entscheidenden Punkten am zweiten Tempel nicht durchsetzen können. Das Schlachten des *pæsaḥ* im Priestervorhof des Tempels (mZev V 8; tPes IV 12; 162,20) wurde in drei Abteilungen von den israelitischen Männern vollzogen und nicht von den Leviten (mPes V 5; mShab I 11; Philo Vict 5; Josephus Ant III 9.1). Die Priester fingen in zwei Reihen mit je goldenen und silbernen Schalen das Blut auf und reichten es zum Altar weiter, wo es an den Altargrund, nicht an die Hörner des Altars (zur Frage des Sühneaspekts s. Morris 65f.; A. Schenker, Münchener Theol. Zeitschr. 34, 1983, 195–213; N. Füglister in: Festschr. W. Kornfeld, 1976, 143–165), gesprengt wurde. Die Funktion der Leviten beschränkte sich auf die Aufsicht über die Reinheit der Tempelbesucher (Philo SpecLeg I 156) und das Hallel-Singen (tPes III 11; vgl. 2Chr 35,15). Tannaitische Überlieferung (jPes VI 33c; bPes 70a) zeigt, daß sich der *zæbaḥ šᵉlāmîm* (2 Chr 35,13) nur als freiwilliges Opfer halten konnte.

Mit der Zerstörung des Tempels wurde die *pæsaḥ*-Schlachtung aufgegeben (mPes X 3), weil die Forderung Dtn 16,2. 6f., *pæsaḥ* an der von JHWH erwählten Stätte zu schlachten, nicht mehr erfüllt werden konnte. Versuche, in der Diaspora am Verzehr ganzgebratener Lämmer in der *pæsaḥ*-Nacht festzuhalten (tYomṬov II 15; 204, 24par.; vgl. auch Augustin, Retractat I 10) konnten sich nicht durchsetzen; zur *pæsaḥ*-Schlachtung der Falaša und Samaritaner s. J. Jeremias, BZAW 59 (Lit.).

Der bereits das chronistische *pæsaḥ*-Programm kennzeichnende fröhliche Charakter von *pæsaḥ* wird durch die Flötenbegleitung des Hallel-Gesangs unterstrichen (mAr II 3). Das anschließende Braten und Verzehren des *pæsaḥ* fand im ganzen Stadtgebiet von Jerusalem statt (mPes VII 12; X 3; mShab I 11; anders Jub 49,16. 20). Jedes Haus gewann damit etwas von der Heiligkeit des Tempels (Philo SpecLeg II 148). Aufgrund der in hasmonäischer Zeit sprunghaft gewachsenen Zahl der Festpilger und der Jerusalemer Bevölkerung (E. Otto, Jerusalem, 1980, 119–126) wurde wohl im 1. Jh. v. Chr. dieser Teil des *pæsaḥ*-Festes dezentralisiert und in die Familien, familienähnliche (Meister, Schüler; Nachbarn) oder ad hoc gebildete Mahlgemeinschaften (*ḥᵃbûrāh*; Josephus: φρατρία) verlegt (mPes VIII 3; tPes VII 3; Mk 14,12; Mt 26,18; Lk 22,8).

Das Mahl ist geprägt durch die vier Becher Wein, Rezitation des Hallel sowie das Gedächtnis an den Auszug aus Ägypten (mPes X). Der von Ex 12,11 geforderte Wandergestus und der Blutritus (Ex 12,7. 13) werden als zum Ägypten-*pæsaḥ* gehörig nicht festgehalten (mPes IX 5; tPes VIII 11ff.). Statt dessen tritt ein griech.-röm. Bankett (Beer, Pesachim 188f.) auch für die Ärmsten in den Mittelpunkt (mPes X 1; vgl. Mk 14,18; Lk 22,14; Joh 13,12). Darin drückt sich die proleptische Verwirklichung eschatologischer Befreiungshoffnung aus, die eine starke soziale Komponente als Befreiung der Armen aus Armut erhält. In der *pæsaḥ*-Haggada wird dieser Zug in der aram. gesprochenen Einladung des Hausvaters an alle Armen und Hungrigen (*kŏl diṣᵉrîḵ jêṭê wᵉjipsaḥ* „jeder, der in Not ist, komme und feiere Passa"; s. Schlesinger/Güns 3) weitergeführt. Die sich im 1. Jh. v. Chr. verdichtende messianisch-eschatologische Stimmung schließt sich im Hallel-Gesang besonders an die zweimalige Wiederholung von Ps 118,25 sowie von Ps 118,26 (*bārûḵ habbā' bᵉšem JHWH*) an.

Nach der Zerstörung des Tempels durch Titus wurde dem *pæsaḥ*-Ritual die von R. Akiba formulierte Bitte um Wiederaufbau der Stadt hinzugefügt (Schlesinger/Güns 32). Tritt in der Gestaltung des Mahles die Darstellung der eschatologischen Erwartung an die Stelle der Darstellung der Auszugssituation, so bedeutet das nicht, daß die Erinnerung *(zikkārôn)* an die Exodusbefreiung nicht mehr zentral war. Vielmehr wurden Vergangenheitserfahrung und Zukunftserwartung zu Aspekten der festlich gefüllten Gegenwart. Wie die erhoffte Zukunft schon proleptisch Gegenwart wurde, so wurde auch die Vergangenheit im Gedächtnis wieder Gegenwart. Jeder, der am *pæsaḥ* teilnahm, war verpflichtet, sich so anzusehen, als wäre er selbst aus Ägypten herausgeführt worden, „aus dem Kummer in die Freude, aus der Trauer in die Festlichkeit, aus der Finsternis in das große Licht und aus der Knechtschaft in die Erlösung" (mPes X 5bc). Um zu dieser Gleichzeitigkeit befähigt zu sein, bedurfte es der pädagogischen Vermittlung und Internalisierung der Festinhalte in der Belehrung der Kinder durch den Hausvater (mPes X 4 u.ö., s. bereits Ex 12,26. 27a; 13,8–16).

Am zweiten Tage der Festwoche wurden die Omer-Garben (Lev 23,9–14) aus der Umgebung von Jerusalem (tMen X 21: *biqʿaṯ bêṯ miqlāh* im Kidrontal; s. dazu G. Dalman, Jerusalem und sein Gelände, 1930 [1972], 160) oder, wenn in dieser Gegend die Gerste noch nicht reif war, auch aus entfernteren Orten (mMen X 2) am Tempel dargebracht.

Mit der Garbendarbringung wurde die mit dem Mazzotfest konstitutiv verbundene, in den dtn, priesterlichen und chronistischen Programmen aber durch *pæsaḥ* überlagerte Fruchtbarkeitsthematik wieder verstärkt akzentuiert, die sich auch in der über dem *karpas* gesprochenen *bᵉrāḵāh* („König des Alls, der die Frucht des Ackerbodens erschafft") wie auch in den *bᵉrāḵôṯ* über dem ungesäuerten Brot („König des Alls, der das Brot aus der Erde hervorbringt") zeigt. Eine parallele Bewegung der Reintegration des Fruchtbarkeitsaspektes ist auch für das nachexilische Wochenfest zu beobachten (Otto, TRE XI 101 [Lit.]).

In der Targum-Überlieferung wird das Gedächtnis des Auszugs in einen universalen, von der Schöpfung bis zur eschatologischen Befreiung Israels reichenden Horizont gestellt. Die älteste Fassung des Passa-Midraschs Targ^PsJon^ Ex 12,42 („Gedicht der vier Nächte"; vgl. Davies, JJSt 30, 65; anders Vermès 217 Anm. 2: Targ^PsJon^ Ex 12,42 gekürzte Fassung von Targ^Frag^ Ex 12,42) verbindet *lêl šimmurîm* („Nacht des Wachens"; s. Le Déaut, AnBibl 22, 272f.) mit der Erinnerung an die Nächte der Schöpfung, der Erscheinungen Gottes vor Abraham, in Ägypten, als seine Hand die Erstgeborenen der Ägypter tötete und die Erstgeborenen Israels rettete, und der Befreiung des Hauses Israels aus der Herrschaft der Völker. Im Fragmententargum und im Codex Neofiti (s. Le Déaut 133–135. 215. 264f.) wird diese Überlieferung durch Einbringung biblischer Anspielungen erweitert, wobei besonderes theologisches Interesse in den Erweiterungen zur zweiten und vierten Nacht erkennbar und in einer messianischen Mosetypologie das Bild einer eschatologischen Wanderung aus der Wüste in der Befreiungsnacht entfaltet wird. Die Darstellung der zweiten Nacht ist mehrfach überarbeitet worden. In einer ersten Erweiterung wurden die Sohnesverheißungen Gen 15; 17 einbezogen. Eine zweite Überarbeitungsschicht fügt das Motiv der Opferung Isaaks (Gen 22) ein. Im Mittelpunkt steht die Himmelsvision Isaaks. Es wird kein expliziter Bezug zwischen entsühnendem Blut des Isaak-Opfers und dem *pæsaḥ*-Blut hergestellt, so daß TargEx 12,42 nicht mit der *ʿaqeḏāh* in Verbindung zu bringen ist.

Die Verbindung von Isaak-Opfer und *pæsaḥ* hat einen Vorläufer in Jub 17,15 mit der expliziten Datierung des Isaak-Opfers auf den 15. Nisan (vgl. G.L. Davenport, The Eschatology of the Book of Jubilees, Studia Post-Biblica 20, 1971, 59 Anm. 2 u. 3). Auch hier ist keine Beziehung der Verbindung zwischen *pæsaḥ* und *ʿaqeḏāh*-Motivik erkennbar. Die Rettung des erstgeborenen Sohnes durch ein Tieropfer wird in typologischen Bezug zur Rettung der israelitischen Erstgeborenen durch *pæsaḥ* gesetzt (vgl. Davies, JSOT Suppl. 11, 129f.). Die *ʿaqeḏāh* ist im Fragmententargum und Codex Neofiti zu Gen 22,8. 10 ausgebildet, ist dort aber nicht mit *pæsaḥ* verbunden. Die früheste, sicher datierbare Verbindung von *ʿaqeḏāh* und *pæsaḥ* ist in tannaitische Zeit zu datieren (MekhYEx 12,13; zur Datierung s. E.P. Sanders, Paul and Palestinian Judaism, London 1977, 65–69 [Lit.]) und dürfte bereits Reaktion auf eine christliche Isaak-Christus-Typologie sein (Barn VII 3; Meliton von Sardes Frag. 9; 10 [vgl. D. Lerch, Isaaks Opferung christl. gedeutet, BHTh 12, 1950, 27–46]; Irenaeus, Contra haer IV 5.4; Tertullian, Adv. Marc. III 18; Adv. Jud. X).

Targ^PsJon^ Ex 12,13 verbindet das Blut des *pæsaḥ* mit der Beschneidung. Nicht der *pæsaḥ*-Ritus allein wirkt den Schutz, sondern das Verdienst der Beschneidung (vgl. MekhEx 12,13). TargCant 2,9 läßt die Tore der Israeliten mit *pæsaḥ*-Blut und Blut der Beschneidung bestrichen sein (vgl. Ohana 385–399). In MekhEx 12,6 (R. Mathja ben Ḥereš) sind *pæsaḥ*- und Beschneidungsblut in entsühnender Funktion miteinander verbunden (s. auch ExR 15, 35b. 26a; Morris 65f.). Die Targumüberlieferung Sach 9,11 („um des Blutes deiner *b^e^rîṯ* willen lasse ich auch deine Gefangenen frei aus der Grube, in der kein Wasser ist") bezieht *b^e^ḏam b^e^rîṯêḵ* auf das *pæsaḥ*-Blut und bringt darin den Befreiungsaspekt im *pæsaḥ* zur Geltung.

6. In literarischer Zusatzschicht zum Jubiläenbuch ist in Jub 49 eine *pæsaḥ*-Überlieferung nachgetragen, die sich in wesentlichen Zügen von der sich spätisraelitisch bis zur Zerstörung des Tempels herausbildenden *pæsaḥ*-Praxis abhebt. Der vom *pæsaḥ* nach Einrichtung des Kultes (Jub 49,18f.) abgehobene Ägypten-*pæsaḥ* (Jub 49,1–6) paßt Ex 12 an eine gewandelte *pæsaḥ*-Praxis an. Das Motiv der Wanderkleidung wird übergangen. Statt Bitterkräuter und Mazzen begleitet Wein als „Anfang der Freude" (Jub 49,2) das *pæsaḥ*-Mahl (Jub 49,6). Die Bestimmungen für den *pæsaḥ* nach dem Exodus und nach der Einrichtung des Heiligtums fordern, das *pæsaḥ*-Mahl im Hof des Heiligtums zu braten und zu verzehren (Jub 49,16. 18–21). Jeder männliche Israelit vom 20. Lebensjahr an (Jub 49,17) hat, sofern er rein ist (Jub 49,9), den *pæsaḥ* zu halten (Jub 49,10). Der in Dtn 16,6f.; Ex 12,6 unscharf bleibende Zeitablauf für den *pæsaḥ* wird genauer festgelegt („vom dritten Teil des Tages bis zum dritten Teil der Nacht", Jub 49,10f.; mPes V 1 „das ständige Abendopfer wird um die 8 1/2 Tagesstunde geschlachtet ... und *pæsaḥ* anschließend"; Josephus, Bell VII 9.3: 9.–11. Stunde; MekhYEx 12,6: 6. Stunde). Obwohl die Teilnahme an *pæsaḥ* an die Forderung der Reinheit gebunden ist, fehlt ein Hinweis auf einen zweiten *pæsaḥ*.

Eine aus Qumran Höhle 4 stammende *mišmārôṯ*-Ordnung (J.T. Milik, VTS 4, 1957, 24f.; E. Vogt, Bibl 39, 1958, 72–77; zur Datierung R. de Vaux, RB 63, 1956, 73f.) verbindet die Festordnungen in Lev 23 und Num 9,1–13 mit dem reinen Sonnenkalender von 364 Tagen. Das Passamahl am Abend des 14.1. fällt gleichbleibend auf einen Dienstag, der erste Festtag am 15.1. auf einen Mittwoch (J.A. Fitzmyer, The Dead Sea Scrolls, Missoula 1977, 131–137 [Lit.]). Der Kalender vermeidet ein Zusammenfallen von *pæsaḥ* und Sabbat und die sich daraus ergebenden Konflikte von Festbestimmungen und Sabbatbestimmungen (vgl. mPes V 8–10; VI 1; zur Diskussion um die Priorität von *pæsaḥ* bei Hillel d.Ä. s. tPes IV 1; jPes VI 33a; bPes 66a). Die strenge Observanz der Sabbatheiligung in Qumran (CD 11,17: *ʾal jaʿal ʾîš lammizbeaḥ baššabbāṯ*; vgl. Jub 50,10f.) hatte Vorrang vor anderen Festbegehungen (J.M. Baumgarten, Studies in Qumran Law, StJLA 24, 1977, 101–114). Das Garbenopfer wird auf den ersten Sonntag nach der *pæsaḥ*-Woche, also auf den 26.1. datiert. Das zweite *pæsaḥ* soll dreißig Tage nach dem ersten stattfinden.

TR 17,7–16 weicht übereinstimmend mit Jub 49 von mischnischer Überlieferung ab. Im Gegensatz zu spätisraelit. Praxis vor der Zerstörung des Tempels soll das *pæsaḥ*-Mahl in den Höfen des Heiligtums eingenommen werden (TR 17,9; Jub 49,16–20). Die Altersgrenze von 20 Jahren (TR 17,8) entspricht Jub 49,17; 1 QSa 1,8–11 (dazu P. Borgen, RQu 3, 1961, 267–277). Die Mazzotfestbestimmungen TR 17,10–16 folgen Lev 23,6–8; Num 28,17–25; Jub 49,22f.

Otto

פִּסֵּחַ *pisseaḥ*

I. 1. Etymologie und Bedeutung – 2. Verwendung und Synonyme – II. 1. Lahme Menschen im AT – 2. *pisseaḥ* in PN – 3. Lahme Tiere – 4. LXX und Qumran.

Lit.: *G. Bressan*, L'espugnazione di Sion in 2 Sam 5, 6–8 // 1 Chron 11, 4–6 e il problema del „ṣinnôr" (Bibl 25, 1944, 346–381). – *G. Brunet*, Les aveugles et boiteux jébusites (VTS 30, 1979, 65–72). – *R. A. Carlson*, David the Chosen King. A Traditio-Historical Approach to the Second Book of Samuel, Uppsala 1964. – *B. Couroyer*, L'origine égyptienne du mot „Pâque" (RB 62, 1955, 481–496). – *A. Douglas*, Purity and Danger. An Analysis of the Concepts of Pollution and Taboo. London 1966. – *G. Fohrer*, Elia (AThANT 53, ²1968). – *T. F. Glasson*, The 'Passover' a Misnomer: The Meaning of the Verb *pāsaḥ* (JThS 10, 1959, 79–84). – *J. J. Glück*, The Conquest of Jerusalem in the Account of 2 Sam 5, 6a–8 with Special Reference to „the Blind and the Lame" and the Phrase *weyiggaʿ baṣṣinnor*. Studies in the Books of Samuel (OTWSA 1960, 98–105). – *J. H. Grønbæk*, Die Geschichte vom Aufstieg Davids 1 Sam 15 – 2 Sam 5. Tradition und Komposition (Acta Theologica Danica 10, Kopenhagen 1971). – *D. M. Gunn*, The Story of King David. Genre and Interpretation (JSOT Suppl. 6, 1978). – *H. Haag*, Vom alten zum neuen Pascha (SBS 49, 1971). – *J. Heller*, David und die Krüppel (2 Sam 5, 6–8) (Communio Viatorum 8, 1965, 251–258). – *W. H. Irwin*, Isaiah 28–33 (BietOr 30, 1977). – *O. Keel*, Erwägungen zum Sitz im Leben des vormosaischen Pascha und zur Etymologie von פֶּסַח (ZAW 84, 1972, 414–434). – *P. Laaf*, Die Pascha-Feier Israels (BBB 36, 1970, bes. 142–147). – *W. O. E. Oesterley*, The Sacred Dance. A Study in Comparative Folklore, Cambridge 1923. – *L. Rost*, Die Überlieferung von der Thronnachfolge Davids (BWANT III/6, 1926 = Das kleine Credo, 1965, 119–253). – *H. J. Stoebe*, Die Einnahme Jerusalems und der Ṣinnor (ZDPV 73, 1957, 73–99). – *M. Tsevat*, 'Ishboshet and Congeners (HUCA 44, 1976, 71–87). – *E. C. Ulrich Jr.*, The Qumran Text of Samuel and Josephus (HSM 19, 1978, bes. 128ff.). – *W. G. E. Watson*, David Ousts the City Rulers of Jebus (VT 20, 1970, 501f.). – *Y. Yadin*, The Art of Warfare in Biblical Lands, New York – London 1963 (bes. 267–270).

I. 1. Das Adj. *pisseaḥ* geht auf eine Intensivform des Verbs *pāsaḥ* zurück, die den Zustand von jemand (Person oder Tier) beschreibt, der nicht normal gehen/laufen und von daher sich nicht uneingeschränkt fortbewegen kann. Im *niph* bedeutet das Verb „lahm werden" (2 Sam 4, 4) und beschreibt eine Unglückssituation. Die Intensivform *qiṭṭel* (vgl. BLe 477b) verweist auf einen dauernden oder relativ andauernden Zustand. Zum verwandten akk. Terminus *pessû* → פסח *pāsaḥ*. Trotz der Konsistenz der Bedeutung von *pisseaḥ* und seines unbestreitbaren Zusammenhangs mit *pāsaḥ* ist die exakte Bedeutung des Verbs nicht klar.

R. Schmitt (OBO 7, 1975, 25f.) vermutet eine Verwandtschaft mit arab. *fasaḫa* 'ausrenken, auflösen' (Wehr, Arab. Wb. 636). Das Adj. würde dann ein unnützes Glied bezeichnen. Dies paßt aber wegen des *ḫ* nicht zu akk. *pessû*. Dagegen plädiert G. Gerleman (ZAW 88, 1976, 409–413) für eine Grundbedeutung „gegen etwas schlagen, zurückprallen", so daß die weitere Bedeutung dann auf ein zerstörtes, gebrochenes Glied hinweise (vgl. auch Keel 430ff. und Irwin 114).
Das Verb *pāsaḥ* im AT wird mit *pæsaḥ* zusammengestellt, wobei man die Bedeutung „springen, hüpfen" annimmt (vgl. Ex 12, 13. 23. 27). Ob es daneben eine andere Wurzel mit der Bedeutung „schützen, retten" gegeben hat (vgl. Glasson 79ff.; vgl. J. P. Hyatt, Exodus [NCB], 1971, 133; Irwin 114), ist hier nicht zu entscheiden.

Das Hauptproblem für das exakte Verständnis der Semantik von *pisseaḥ* liegt in der offensichtlichen Unsicherheit zwischen „lahm sein etc." und „hüpfen etc.". Einerseits ist eine starke Bewegungseinschränkung, andererseits eine Bewegungsintensivierung angesprochen.
Eine Schlüsselstelle für das Verständnis beider Sinngehalte ist 1 Kön 18, 26, wo *psḥ pi* gebraucht wird, um die rituelle Aktivität der Baʿalspropheten an (*ʿal*) dem Altar auf dem Karmel zu beschreiben. Das steht in enger Beziehung zu 1 Kön 18, 21, wo Elija das Volk beschuldigt, es schwanke (Ptz. *qal*) nach (*ʿal*) zwei Seiten. Fohrer (Elia 14) lehnt eine direkte Bedeutungsverwandtschaft ab. V. 26 zeige das wilde Umherspringen der Baʿalspropheten in einem rituellen Tanz, der einen ekstatischen Zustand herbeiführen solle, während in v. 21 ein metaphorischer Gebrauch vorliege mit der Bedeutung „lahm sein, schwanken" (vgl. S. J. de Vries, 1 Kings, 1985, 229). Es ist ziemlich einsichtig, daß der Verfasser mit dem Wort spielte, aber unklar ist, ob er dieses Wortspiel auch als Kontrastzeichnung verstand. In beiden Versen könnte die Bedeutung „umherspringen" gleicherweise passen. Man kann nicht ausschließen, daß die rituelle Betätigung in v. 26 aus einer solchen Bewegungsform bestand (vgl. G. Hölscher, Die Propheten, 1914, 132). Das aber muß als die am wenigsten wahrscheinliche Erklärung angesehen werden. Die Doppeldeutigkeit ist jedoch nicht zu übersehen. Das bedeutet für *pisseaḥ*, daß sich von der Wurzel *pāsaḥ* eine Intensivform in der Bedeutung „überspringen", dann aber auch ein privatives *qiṭṭel* in der Bedeutung „lahm, verkrüppelt" gebildet hat (vgl. E. Jenni, Das hebräische Piʿel, Zürich 1968, 140; Haag 25ff.; E. Würthwein, ATD 11/2, 217).
2. Das engste Synonym zu *pisseaḥ* ist *nekeh raḡlajim* „mit zwei gebrochenen Beinen", „an beiden Beinen gelähmt" (EÜ) 2 Sam 4, 4. Beide Möglichkeiten hat Lev 21, 18f. im Blick. *pisseaḥ* steht offensichtlich sowohl für jemanden, der dauerhaft im Zustand des Lahmseins sich befindet, wie auch für jemand, der kurzfristig durch den Bruch eines Beines in der Bewegung gehindert ist. Das AT unterscheidet nicht nach den Ursachen für den genannten Zustand. Auch werden Einschränkungen im Gebrauch der oberen Gliedmaßen nicht mit *pisseaḥ* bezeichnet. Die Befindlichkeit eines *pisseaḥ* konnte reichen von einer relativ geringfügigen Bewegungseinschränkung bis hin zu fast totaler Bewegungslosigkeit.
In Mi 4, 6f. wird das Verb *ṣālaʿ* II für 'hinken, lahm sein' gebraucht (vgl. Gen 32, 32).

Oft ist *pisseaḥ* eng verbunden mit Blinden (→ עִוֵּר *ʿiwwer*) (Lev 21,18; Dtn 15,21; 2 Sam 5,6.8; Jer 31,8). Lahme und Blinde standen für die ernstesten Formen physischer Handikaps. Entsprechend zählte es zu den üblichen militärischen Grausamkeiten, gefangene Tiere zu lähmen (vgl. 2 Sam 8,4) und die Kriegsgefangenen zu blenden (1 Sam 11,2; 2 Kön 25,7). In kultischer Hinsicht galten beide, Blinder wie Lahmer, als unrein.

II. 1. Der erste Hinweis auf Personen, die als *pisseaḥ* klassifiziert werden, findet sich in einer Sammlung von Vorschriften für die Qualifikation für den Priesterdienst (Lev 21,18). Dieser Vers steht in einem Abschnitt (vv. 16–23), der übereinstimmend als später Einschub in das schon späte Heiligkeitsgesetz gedeutet wird (vgl. K. Elliger, HAT I/4, 284). Das Wort begegnet in Verbindung mit der Blindheit als Disqualifikation für den Priesterdienst (vgl. Douglas 51). Ein lahmer Mensch galt als nicht ganz (→ שלם *šālem*), was als eine Art Unreinheit verstanden wurde, die den Zugang zum Heiligtum unmöglich machte. Eine Person als „lahm" zu deklarieren schloß also ein, sie neben der liturgischen Disqualifikation zugleich auch ethisch-moralisch zu beurteilen (vgl. Ijob 29,15). Es ist nur vage zu erahnen, inwiefern lahme Personen bei richterlichen Verfügungen etc. ausgesondert wurden. Wahrscheinlich bildeten sie nur eine so kleine Gruppe, daß für ihre spezielle Problematik keine eigenen Lösungsmodelle entworfen wurden.
Zum ersten Mal in der Geschichte Israels wurde das Kriterium der körperlichen Unversehrtheit wichtig in der Gestalt des Meribbaʿal, des Sohnes des Jonatan, also Enkel des Saul (2 Sam 4,4; 9,1–13; 19.24–30; 21,1–14). Er erhält von David das Recht auf eine angemessene Pension (2 Sam 9,10–13) und schließlich sogar die Möglichkeit, die Besitztümer Sauls zu übernehmen. Das war natürlich Taktik Davids, den Saulenkel unter Kontrolle zu haben (vgl. K. McCarter, AB 9,265). Meribbaʿal war lahm und es ging nicht an, ihn deshalb ohne weiteres von der Thronfolge auszuschließen (beim Priestertum war die Sachlage natürlich anders, vgl. Lev 21,18). Hier stoßen wir aber an die literarischen Probleme der Aufstiegsgeschichte Davids (vgl. Grønbæk). Möglicherweise gehört der Hinweis auf die Umstände, wie Meribbaʿal lahm wurde, hinter 2 Sam 9,3 (vgl. Carlson 51f.; P. Kyle McCarter, AB 9,128). In jedem Fall ist die Voranstellung des Sohnes des Jonatan vor Ischbaʿal, dem Sohn Sauls (2 Sam 4), literarische Absicht. Die detaillierte Darstellung der Umstände von Meribbaʿals Lahmheit soll David von dem Verdacht frei machen, er habe einen Thronprätendenten ausschalten wollen.
Lahmheit stellt auch ein bedeutendes Element in der Darstellung der Eroberung der jebusitischen Feste Jerusalems dar (2 Sam 5,6–10). Diese Erzählung, die 3mal von lahmen und blinden Personen spricht (vv. 6.8), stellt den Historiker aber vor große Probleme (vgl. S.R. Driver, Notes on the Hebrew Text of the Books of Samuel, 258–261; Stoebe 73–99; Bressan 346–381; Brunet 65–72 u.a.). (Die Qumran-Fragmente 4 Q Sam^a helfen bei der Textrekonstruktion, lösen aber letztlich die Probleme auch nicht; vgl. Ulrich 128f.).
Um die Identität der *pissᵉḥîm* (vv. 6.8) zu bestimmen, ist es zuerst wichtig, den sekundären Charakter der Parenthese (v. 8b: „ein Blinder und ein Lahmer kommt nicht ins Haus") zu erkennen. Diese Bestimmung hängt eng mit dem Ausschluß solcher Personen vom Priesterdienst zusammen (Lev 21,18). Die Einfügung dieser Bemerkung weist auf einen Schreiber, der nicht mehr um die wirklichen Gründe für Davids Haß gegenüber Lahmen und Blinden (v. 8a) wußte. Die Identität der *pisᵉḥîm* und *ʿiwᵉrîm* ist unklar. Zusätzlich ist der Text selbst schwierig (pl. Subjekt, sing. Verb, nur möglich, wenn man das Subjekt als Kollektiv versteht; Wellhausens Emendation des Verbs als Pl. *jᵉsîruḵā* wurde weitgehend akzeptiert). Der Satz könnte damit eine Verspottung der jebusitischen Einwohner (*jôšeḇ*, nicht „Herrscher", Watson) beinhalten.

Dagegen sieht Stoebe in der Erwähnung der Lahmen und Blinden eine Anspielung auf Davids Soldaten angesichts der ausgezeichnet befestigten Stadt. Das aber kollidiert mit dem ebenfalls schwierigen Hinweis auf Davids Haß (v. 8a).
4 Q Sam^a *hsjt* (< *sjt* ʿantreiben') hilft, die Lesung der LXX zu verstehen, und impliziert, daß hier die Rede ist von der zuversichtlichen Haltung der jebusitischen Verteidiger. Jebusitische Arroganz vermag zwar Davids Haß zu erklären, nicht aber die Rolle der Blinden und Lahmen selbst. Schon früh ging man daran, diesen Haß als wechselseitigen Haß der Kriegsgegner zu verstehen, allerdings gibt der Text dafür keine Begründung. Targ. interpretiert paraphrasierend als „Sünder und Schuldige" (S. R. Driver 261). Mittelalterliche jüdische Kommentatoren sahen darin die Bezeichnungen für zwei Götzenbilder (McCarter 138).
J. Wellhausen u.a. sahen in v. 8a eine verschlüsselte Redeweise dafür, daß David keine Überlebenden bei seinem Kriegszug gegen die Jebusiter zurückließ. Davids Haß gegen die Blinden und Lahmen ergab sich daraus, daß sie die Einwohner der Jebusiterfeste angestachelt hatten, sich über David und seine Soldaten lustig zu machen.

An drei Stellen nehmen die Propheten Bezug auf die Lahmen. Die Kontexte sind grundsätzlich eschatologisch gefärbt. In Jes 33,23 ist von der großen endzeitlichen Heimkehr zum Zion die Rede und von Gottes *kāḇôḏ*, der in Jerusalem von nun an bleiben wird (Jes 33, 17–24; vgl. J. Vermeylen, Du prophète Isaïe a l'apocalyptique I, Paris 1977, 433f.). Der Text ist wahrscheinlich beschädigt (BHS möchte *ʿiwwer* in v. 23c lesen, vgl. W. H. Irwin 161). „Dann werden die Blinden große Beute verteilen, die Lahmen machen einen ergiebigen Beutezug". Dahinter steht eine deutliche Anspielung auf 2 Sam 5,6ff. (vgl. Vermeylen 433), wenn man die Emendation im Anschluß an Targ. akzeptiert. Dann aber zeigen sich auch Bezüge zu Jes 8,3 und 9,2, die anzeigen, daß das Thema „Lahmheit und Blindheit" auf die ursprüngliche prophetische Warnung (Jes 6,10) zurückgeht. Die Warnung wurde dann wie ein Midrasch überarbeitet unter dem Einfluß von 2 Sam 5,6ff. Dasselbe Thema wird später noch einmal aufgearbeitet Jes 35,6: „Dann springt der Lahme wie ein Hirsch, die Zunge des Stummen jauchzt auf." Der vorherige v. 5 bekräftigt, daß im künftigen eschatologischen Zeitalter auch die Augen der Blinden geöffnet werden. Diese Aussagen sind eingebettet in den Abschnitt Jes 34, 1–35, 7, nach J. Vermeylen (440–445) eine eschatologische Vision mit apokalyptischer Ausstattung. Anders sieht O. H. Steck (SBS 121, 1985, 31 f.) Jes 35 als eine redaktionelle Einheit, die die Einfügung von Jes 40ff. in die Sammlung früherer jesajanischer Prophetensprüche erleichtern soll. In diesem Zusammenhang sind vv. 5. 7 sekundär. Der Text zeigt Weiterentwicklungen früherer Themen; dazu gehört die Wiedererlangung der Bewegungsfreiheit lahmer Personen. Im neuen Jerusalem werden die Blinden und Lahmen wie damals bei der Eroberung der Jebusiterfeste besiegt, indem sie geheilt werden.

Nach Jer 31,8, Bestandteil einer kurzen Erweiterung (vv. 7.9) innerhalb des Abschnittes Jer 31,2–8, wo es ebenfalls um den Anbruch des eschatologischen Zeitalters geht, werden die Lahmen und Blinden in einem neuen Exodus in ihre Heimat zurückkehren. Von einer Heilung dieser Personen – wie in Jes 35,6 – ist hier nicht die Rede, was vielleicht auf eine gegenüber Jes 35 frühere Abfassungszeit von Jer 31 hinweist, in der die Heilung der Lahmen noch nicht als Zeichen der eschatologischen Erneuerung Israels gewertet wird. Auch textlich ist die Stelle unsicher (vgl. LXX, die an das Passahfest denkt). Schließlich spricht Mi 4,6f. noch von der Heimkehr der Lahmen (vgl. die terminologischen Anklänge zu Gen 32,32).

Die Weisheitsliteratur des AT spricht 2mal von den Lahmen. Nach Spr 26,7 (zu den Textproblemen vgl. BHS) ist ein Weisheitsspruch eines Toren zu vergleichen mit dem schlaffen Schenkel eines Lahmen.

In einer umfangreichen Verteidigungsrede versucht Ijob, seine Integrität nachzuweisen, dies vor allem durch Hinweis auf sein Verhalten den Bedürftigen gegenüber. Nach Ijob 29,15 war er „den Blinden Auge und den Lahmen Füße". Ijob betont seine Unschuld angesichts der Vorwürfe von seiten seiner Freunde. Der verwendete Ausdruck scheint eine wohlbekannte traditionelle Redeweise widerzuspiegeln.

2. Der PN *pāseaḥ* „Lahmer, Hinker" (vgl. IPN 227) wird gleich 3 Personen gegeben (→ פסח *pāsaḥ*).

3. Im AT werden 3mal Tiere als *pisseaḥ* qualifiziert (Dtn 15,21; Mal 1,8.13). Dtn 15,21 liefert die Basis für eine umfangreiche kultische Reglementierung, was die Verwendung von Tieren als Opfergaben betrifft. Keine männliche Erstgeburt von Tieren darf Gott geopfert werden, wenn sie blind oder lahm ist. Diese Bestimmung wird dann noch weiter ausgedehnt dahin, daß jedweder Defekt eine solche Opfergabe irregulär macht. Dahinter steht dieselbe Vorstellung wie in Lev 21,18. Eine physische Behinderung wird als „Mangel an der Ganzheit" verstanden, der damit ipso facto vom Zugang zur heiligen Sphäre des Kultes ausschließt. Mal 1,8.13 wirft der Prophet seinen Zeitgenossen vor, gegen diese Bestimmung verstoßen zu haben. Es ist zu beachten, daß die dtn Bestimmung in 15,22 dahingehend fortgeführt wird, daß die Gemeinde solche Tiere verzehren kann. Es muß deshalb überraschen, daß eine solche Bestimmung ignoriert werden konnte in der Zeit Maleachis, als die dtn Vorschrift die Verwendung solcher Tiere als profane Nahrung ermöglichte. Wahrscheinlich hat man die besten Tiere für die Zucht reserviert, so daß man nur die mit Defekten behafteten zur Opferung verwendete. Zudem wird man dem Opferer in der Beurteilung der Intaktheit des Opfertieres einen gewissen Spielraum zugestanden haben. Die dtn Bestimmung und der prophetische Tadel gewähren jedoch einen Einblick, wie intensiv man jede Art physischer Behinderung als zur Heiligkeit in Gegensatz stehend betrachtete. Physische Behinderung, von der man heute meint, sie verdiene in besonderer Weise göttliches Mitleid, wurde im AT rigoros als nicht zur göttlichen Sphäre gehörig abqualifiziert.

4. Die LXX übersetzt *pisseaḥ* durchgängig mit χωλός. Nach Meinung von 1 QM 7,4 war in Qumran der *pisseaḥ* (neben dem *ḥigger*, 'lahm' → II 744) von der Teilnahme an der eschatologischen Entscheidungsschlacht der „Söhne des Lichtes" ausgeschlossen. P.R. Davies (BietOr 32, 1977, 42) sieht keine Verbindung zur Bestimmung der Kultfähigkeit für Priester (Lev 21,17–21), was man allerdings bei der kultischen Dimension des eschatologischen Heerlagers füglich bezweifeln darf. Semantisch interessant ist 1 QSa 2,6, wo *pisseaḥ* nur auf die Hände bezogen wird und wohl eine Verletzung an der Hand bezeichnet. Eine solche Person ist aus der Gemeinde auszuschließen. In TR 52,10 wird die Opferbestimmung von Dtn 15,21 aufgenommen.

Clements

פסל *psl*

*פָּסִיל *pāsîl*, פֶּסֶל *pæsæl*

I. Das Belegspektrum von *psl* – 1. Vorkommen, Verwendung und Bedeutung im AT – 2. Außerbibl. Belege und Etymologie – 3. LXX – II. Thematische Schwerpunkte der at.lichen Verwendung – 1. Bilderverbotskontext – 2. Fremdreligionen – 3. Götterbildpolemik – III. Qumran.

Lit.: *K.-H. Bernhardt*, Gott und Bild. Ein Beitrag zur Begründung und Deutung des Bilderverbotes im Alten Testament (Theol. Arbeiten 2, 1956). – *Ders.*, Das „Bilderverbot" im Alten Testament und im antiken Judentum (J. Irmscher [Hg.], Der byzantinische Bilderstreit, 1980, 73–82). – *H.-U. Boesche*, Die Polemik gegen die Verehrung anderer Gottheiten neben Jahwe im alten Israel (Diss. masch. Göttingen 1962). – *R. P. Carroll*, The Aniconic God and the Cult of Images (StTh 31, 1977,

51–64). – *E.M. Curtis*, The Theological Basis for the Prohibition of Images in the Old Testament (Journal of the Evangelical Theological Society 28, 1985, 277–288). – *C. Dohmen*, Das Bilderverbot. Seine Entstehung und seine Entwicklung im Alten Testament (BBB 62, ²1987). – *Ders.*, פְּסִיל* – פֶּסֶל. Zwei Nominalbildungen von פסל? (BN 16, 1981, 11f.). – *J. Dus*, Das zweite Gebot (Communio Viatorum 4, 1961, 37–50). – *H. Eising*, Der Weisheitslehrer und die Götterbilder (Bibl 40, 1959, 393–408). – *O. Eissfeldt*, Gott und Götzen im Alten Testament (KlSchr I 266–273). – *J.A. Emerton*, New Light on Israelite Religion: The Implications of the Inscriptions from Kuntillet ʿAjrud (ZAW 94, 1982, 2–20). – *J.P. Floß*, Jahwe dienen – Göttern dienen. Terminologische, literarische und semantische Untersuchung einer theologischen Aussage zum Gottesverhältnis im Alten Testament (BBB 45, 1975). – *K. Galling*, Götterbild, weibliches (BRL² 111–119). – *A. Graupner*, Zum Verhältnis der beiden Dekalogfassungen Ex 20 und Dtn 5 (ZAW 99, 1987, 308–329). – *A.H.J. Gunneweg*, Bildlosigkeit Gottes im alten Israel (Henoch 6, 1984, 257–271). – *J. Gutmann*, The „Second Commandment" and the Image in Judaism (HUCA 32, 1961, 161–174). – *Ders.*, Deuteronomy: Religious Reformation or Iconoclastic Revolution (ders., The Image and the Word. Confrontations in Judaism, Christianity and Islam, Missoula 1977, 5–25). – *H. Haag*, Das Bild als Gefahr für den Glauben (H. Brunner u.a. [Hg.], Wort und Bild, 1979, 151–165). – *J. Hahn*, Das „Goldene Kalb". Die Jahwe-Verehrung bei Stierbildern in der Geschichte Israels (EHS XXIII/154, 1981). – *F.-L. Hossfeld*, Der Dekalog. Seine späten Fassungen, die originale Komposition und seine Vorstufen (OBO 45, 1982). – *O. Keel*, Jahwe-Visionen und Siegelkunst. Eine neue Deutung der Majestätsschilderungen in Jes 6, Ez 1 und 10 und Sach 4 (SBS 84/85, 1977). – *J.C. Kim*, Das Verhältnis Jahwes zu den anderen Göttern in Deuterojesaja (Diss. masch. Heidelberg 1963). – *D. Knapp*, Deuteronomium 4. Literarische Analyse und theologische Interpretation (GTA 35, 1987). – *C. Konikoff*, The Second Commandment and its Interpretation in the Art of Ancient Israel, Genf 1973. – *A. Kruyswijk*, „Geen Gesneden Beeld ...", Franeker 1962. – *T.N.D. Mettinger*, The Veto on Images and the Aniconic God in Ancient Israel (H. Biezais [Hg.], Religious Symbols and their Functions, Uppsala 1979, 15–29). – *D. Metzler*, Bilderstürme und Bilderfeindlichkeit in der Antike (M. Warnke [Hg.], Bildersturm. Die Zerstörung des Kunstwerks, 1973, 14–29). – *C.R. North*, The Essence of Idolatry (Festschr. O. Eissfeldt, BZAW 77, ²1961, 151–160). – *H.D. Preuß*, Verspottung fremder Religionen im Alten Testament (BWANT 92, 1971). – *J. Renger/U. Seidl*, Kultbild (RLA VI 307–319). – *H. Ringgren*, The Symbolism of Mesopotamian Cult Images (H. Biezais [Hg.], Religious Symbols and their Functions, Uppsala 1979, 105–109). – *W.H. Schmidt*, Ausprägungen des Bilderverbots? Zur Sichtbarkeit und Vorstellbarkeit Gottes im Alten Testament (Festschr. G. Friedrich, 1973, 25–34). – *Ders.*, Bilderverbot und Gottebenbildlichkeit. Exegetische Notizen zur Selbstmanipulation des Menschen (Wort und Wahrheit 23, 1968, 209–216). – *H. Schrade*, Der verborgene Gott, 1949. – *S. Schroer*, In Israel gab es Bilder (OBO 74, 1987). – *A. Spycket*, La statuaire du Proche-Orient ancien (HO VII/1, 2, Leiden 1981). – *W.B. Tatum*, The LXX Version of the Second Commandment (Ex 20,3–6 = Deut 5,7–10): A Polemic Against Idols, not Images (JSJ 17, 1986, 177–195). – *P. Weimar*, Das Goldene Kalb. Redaktionskritische Erwägungen zu Ex 32 (BN 38/39, 1987, 117–160). – *P. Welten*, Bilder II. Altes Testament (TRE VI 517–521). – *Ders.*, Götterbild, männliches (BRL² 99–111). – *Ders.*, Göttergruppe (BRL² 119–122). – *W. Wifall*, Models of God in the Old Testament (BTB 9, 1979, 179–186). – *A.S. van der Woude*, Het twede Gebod (Rondom het Woord 19, 1967, 221–231). – *E. Zenger*, Israel am Sinai. Analysen und Interpretationen zu Exodus 17–34, ²1985. – *W. Zimmerli*, Das zweite Gebot (Festschr. A. Bertholet, 1950, 550–563 = ThB 19, 1963, 234–248). – *Ders.*, Das Bilderverbot in der Geschichte des alten Israel. Goldenes Kalb, Eherne Schlange, Mazzeben und Lade (Festschr. A. Jepsen, 1971, 86–96 = ThB 51, 1974, 247–260). – *Ders.*, Die Spendung von Schmuck für ein Kultobjekt (Festschr. H. Cazelles, AOAT 212, 1981, 513–528).

I.1. Die Basis *psl* ist im AT sowohl verbal als auch nominal belegt. Von den insgesamt 60 Vorkommen entfallen allerdings nur 6 auf das Verbum im *qal* (Ex 34,1.4; Dtn 10,1.3; 1 Kön 5,32; Hab 2,18). Die Nominalbelege werden in der hebr. Lexikographie üblicherweise getrennt nach *pæsæl*, von dem 31 Sing.-Belege nachweisbar sind, und der erschlossenen Grundform **pāsîl*, von der 23 pl. Belege im AT begegnen.

Diese Aufteilung auf zwei verschiedene Lexeme entspricht genau dem Befund der masoretischen Punktation dieser Formen. Die Untersuchung aller belegten Formen auf die Schreibweise des *jod* im Pl. ergibt aber vom Konsonantenbestand her ein anderes Bild; während üblicherweise fehlendes *jod* (z.B. Jer 50,38; 2 Chr 33,19; 34,3.4; Hos 11,2) entweder ergänzt oder als Defektivschreibung aufgefaßt wird, läßt sich zeigen, daß der Wechsel in der Schreibweise mit bzw. ohne *jod* in keiner Weise willkürlich ist, sondern exakt die phonetischen Verhältnisse im jeweiligen Wort widerspiegelt, so daß das *jod*, wenn es geschrieben wird, nur als Vokalbuchstabe erklärt werden kann, der einen langen Vorton anzeigt (vgl. Dohmen, BN 16). Dieses Phänomen läßt sich nur durch eine Rückführung auf eine seltene *qaṭil*-Bildung erklären (vgl. E. König, Historisch-kritisches Lehrgebäude der hebräischen Sprache II/1, 1895, 79). Somit muß man die Pluralform der Nominalbildung von *psl* auf eine Grundform **pāsel* zurückführen, aus der sich dann auch die Bildung der *qaṭl*-Form *pæsæl* erklären läßt, wobei zu erwägen ist, ob das im AT häufig als Kollektivum verwendete Nomen *pæsæl* neben den numerischen Pl. als gebrochener oder innerer Pl. aufgefaßt werden kann (vgl. D. Michel, Grundlegung einer hebräischen Syntax I, 1977, 84 Anm. 4; S. Moscati [Hg.], An Introduction to the Comparative Grammar of the Semitic Languages, ³1980, Nr. 12.43–12.51). Die masoretische Punktation der Pluralformen, die einem *qaṭîl*-Typ entspricht, läßt sich leicht erklären aus dem rein numerisch größeren Vorkommen der Formen mit Vokalbuchstabe *jod* (17 von 23), die von ihrem Konsonantengerippe her natürlich eher an diesen Bildungstyp als an den seltenen *pāsel*-Typ denken lassen.

Sing.- und Pl.-Formen begegnen in einer Reihe von Cstr.-Verbindungen, wobei das Nomen von *psl* vornehmlich als nom.reg. erscheint, wie in *pæsæl hā'ᵃšerāh* (2 Kön 21,7), *pæsæl hassæmæl* (2 Chr 33,7), *pæsæl hā'ep̱ôḏ* (Ri 18,18), *pæsæl mîḵāh* (Ri 18,31), *pᵉsîlê 'ᵆlohîm* (Dtn 7,25; 12,3; Jes 21,9), *pᵉsîlê ḇāḇæl* (Jer 51,47), *pᵉsîlê ḵæsæp̱* (Jes 30,22); als nom. rect.

erscheint es nur in *ʿobᵉdê pæsæl* (Ps 97,7) und *ʾæræṣ pᵉsilîm* (Jer 50,38).
Im Kontext der Konstruktionen des Nomens spielt die Verbindung *pæsæl ûmassekāh* eine herausragende Rolle, da dieses Wortpaar für die semantische Entwicklung von *pæsæl* im AT eine entscheidende Rolle spielt. In dieser Form begegnet die Verbindung 5mal im MT des AT (Dtn 27,15; Ri 17,3.4; 18,14; Nah 1,14), es ist aber damit zu rechnen, daß sie ursprünglich auch noch in Ri 18,17.18.20 gestanden hat und erst durch sekundäre Überarbeitung aufgelöst worden ist (vgl. M. Noth, ABLAK I 136 Anm. 12; sowie zur Gesamtproblematik H. M. Niemann, FRLANT 135, 1985, 96–110). Syntaktisch und semantisch entspricht dem Wortpaar auch die Formulierung *pislî wᵉniskî* in Jes 48,5. Als tendenziöse Abwandlung dieses Wortpaares ist die Formulierung in 1 Kön 14,9 *ʾᵆlohîm ʾᵃḥerîm ûmassekôṯ* zu verstehen, denn der Verfasser hat durch diese Bezeichnung für Jerobeams Kultbilder, bei der er das erste Glied von *pæsæl ûmassekāh* durch *ʾᵆlohîm ʾᵃḥerîm* ersetzt und das zweite entsprechend im Numerus verändert hat, eine doppelte Anspielung auf das erste und zweite Dekaloggebot zur Diffamierung dieser Kultbilder eingeführt (vgl. Dohmen, BBB 62, 56f.). Zu beachten ist schließlich, daß zusätzlich noch an fünf Stellen des AT (Jes 30,22; 42,17; Jer 10,14 = 51,17; Hab 2,18) von dem Wortpaar ausgegangen werden muß, weil dort *pæsæl* und *massekāh* einander im Parallelismus membrorum gegenüberstehen, so daß das Wortpaar hier aus stilistischen Gründen aufgespalten wurde, wie es sich ähnlich auch für das Wortpaar *ʿeṣ wā ʾæḇæn* in Jer 2,27; 3,9; Hab 2,19 nachweisen läßt. Sowohl in der hebr. als auch in der ugar. Literatur finden sich zahlreiche Beispiele für den Wechsel von Hendiadyoin bzw. Wortpaar und Aufteilung und Gegenüberstellung der entsprechenden Glieder im Parallelismus membrorum (vgl. M. Held, BASOR 200, 1970, 37).
Die formale Betrachtung der beiden Teile des Wortpaares *pæsæl ûmassekāh* weist schon auf semantische Besonderheiten hin, denn während *pæsæl* allein im st. abs. oder st. cstr. mit verschiedenen anderen Lexemen begegnet, findet sich *massekāh* – abgesehen von einigen Ausnahmen, die aus dem literarischen Kontext zu erklären sind (vgl. vor allem zu den drei „isolierten" Belegen in Dtn 9,12; 2 Kön 17,16 und Hos 13,2, Dohmen, BBB 62, 52f.) – nur als nom. rect. in Cstr.-Verbindungen mit *ʿegæl*, *ʾᵆlohîm* und *ṣælæm* (→ IV 1013–1015).
Durch die mit dem Nomen verwendeten Verben wird nochmal eine Besonderheit des Begriffs und seiner Verwendung deutlich, denn Verben des Herstellens finden sich nie mit dem Pl. von *psl*, während sie beim Sing. eine große Rolle spielen. Dies hängt damit zusammen, daß der Pl. – auch zur Abwertung (vgl. B. Kedar, Biblische Semantik, 1981, 111) – immer auf Götterbilder fremder Religionen bezogen wird, so daß der Pl. *pᵉsilîm* semantisch von seiner Verwendung her durchaus auf „Fremdgötterbilder" (Hossfeld 273) einzugrenzen ist. Ist der Sing. auch häufig mit Verben der Herstellung und der kultischen Verehrung verbunden, so wird damit keine Sonderbedeutung festgelegt, sondern ein kontextueller Schwerpunkt (s.u. II.1.) angezeigt (vgl. Floß 160; Dohmen, BBB 62, 42).
Die Belege des Nomens *psl* gehören von ihrer Verwendung her alle in den Bereich der Bildterminologie; eine Ausnahme könnte lediglich die Bezeichnung *happᵉsilîm* in Ri 3,19.26 bilden, da es sich hier um eine geographische Angabe handelt, deren Grundbedeutung schwer zu eruieren ist (zu den verschiedenen Lösungsmöglichkeiten vgl. Schroer 307–310). In bezug auf die Bildterminologie lassen sich at.lich grob fünf Verwendungsbereiche ausmachen; sie beziehen sich auf die Erwähnung von Bildern 1. in Erzählungen, 2. in Kultreformtexten, 3. in Texten mit polemischer Kritik, 4. in Texten, die die Auseinandersetzung mit nichtisraelitischen Göttern und Kultpraktiken thematisieren, 5. in Texten, die mit dem Bilderverbot zu tun haben. In allen skizzierten Bereichen begegnet *psl*, so daß auch von hierher deutlich wird, daß die Basis ein relativ weites semantisches Feld umschreibt. Eine Eingrenzung läßt sich nur dahingehend ziehen, daß das Nomen *psl* ausschließlich auf den religiösen Bereich festgelegt ist; eine profane Verwendung, wie beispielsweise bei → צלם *ṣælæm* (vgl. Wildberger, THAT II 557f.), ist nicht zu finden, und das Nomen *psl* rangiert eindeutig als häufigster Götterbildterminus des AT.
Die genaue Analyse der Belege des Nomens *psl* zeigt, daß sich eine „Grundbedeutung" sehr wohl auch im Wortpaar *pæsæl ûmassekāh* finden läßt; in diesem Hendiadyoin wird mit zwei die Produkte handwerklicher Tätigkeit beschreibenden Begriffen das Wesentliche des ganzen gemeinten Gegenstandes beschrieben, d.h. es meint eine plastisch gearbeitete Darstellung (*psl*) samt den – für ein Kulbild notwendigen – Produkten der Goldschmiedekunst (*massekāh*). Es ist durchaus möglich, daß *pæsæl* als erstes Glied des Wortpaares die Bedeutung des Gesamtausdruckes später aufgesogen hat und dann – quasi elliptisch – alleine die Bedeutung ʿ(wertvolles) Kultbildʾ übernehmen konnte. Auf dem Hintergrund der übrigen Belege der Nominalbildung zeigt sich, daß ihre Bedeutung gerade in dem Bereich zu finden ist, der teils vom Begriff Götterbild, teils vom Begriff Kultbild erfaßt wird. Da aber die funktionale Determination (kultischer Bereich) bei allen Belegen festzustellen ist, die inhaltliche in bezug auf Götterbilder aber nicht, ist es angebracht, die Bedeutung der Nominalbildung von *psl* im AT mit „Kultbild" zu umschreiben. Die Bedeutung des Verbums *psl* scheint auf den ersten Blick mit ʿbehauen, zurecht hauenʾ (vgl. KBL³ 894) treffend umschrieben zu sein, zumal das semantische Feld, das von der Basis *psl* in anderen semit. Sprachen umfaßt wird, auf die Holz- und Steinbearbeitung einzugrenzen ist (s.u. I.2.). Bei genauerer Betrachtung zeigt sich aber, daß im AT einzig in 1 Kön 5,32 eindeutig ein „neutrales" Zurechthauen gemeint ist, wenn dort die Bearbeitung der Quadersteine für den Tempel erwähnt wird. Die übrigen Belege des Ver-

bums *psl* gehen zwar von der gleichen Grundbedeutung aus, haben aber eine derart starke tendenzielle Eigenbedeutung von ihrer jeweiligen kontextuellen Einbindung her, daß sie semantisch eigens zu behandeln sind: Ex 34,1.4 und Dtn 10,1.3 stehen in direkter Verbindung zum Bilderverbot und können nur von hierher verstanden werden (s.u. II.1.); Hab 2,18 steht im Kontext sehr später Götterbildpolemik und greift thematisch auf die zuvor genannten Belege des Verbums *psl* zurück (s.u. II.3).

2. Die Basis *psl* ist im Nordwestsemit. belegt und beschreibt hier das Bedeutungsfeld 'behauen, schnitzen u.ä.'. So ist *psl* im Ugar. eine Berufsgruppenbezeichnung, die auf bestimmte Handwerker im Bereich der Stein- und Holzverarbeitung bezogen wird (vgl. WUS Nr. 2240; UT Nr. 2073; B. Cutler/J. Macdonald, UF 9, 1977, 21). Umstritten ist die Deutung der *psltm* in KTU 1.5, VI, 18; 1.6, I, 2 (vgl. WUS Nr. 2241; A. Caquot/M. Sznycer/A. Herdner, Textes ougaritiques I, Paris 1974, 251 Anm. i; T. L. Fenton, UF 1, 1969, 70; J. C. de Moor, UF 1, 1969, 227; CML² 73.156; K. Aartun, WO 4, 1967/68, 286; M. Dietrich/O. Loretz, UF 18, 1986, 108: „Schnitzwerk"). Dem Bereich der Holz- und Steinbearbeitung sind auch die verschiedenen verbalen und nominalen Belege der Basis *psl* in pun. und nabat. Inschriften zugeordnet (vgl. DISO 231), und bedeutungsmäßig liegt auf der gleichen Linie auch syr. *psl* (Brockelmann, Lex Syr 581) und aram. *psl/psjlh* und *pslh* (DISO 231; ATTM 669) sowie auch die entsprechenden verbalen und nominalen Belege des außerbibl. Hebr. (vgl. Levy, WTM IV 71ff.). Im Südwestsemit. sind bisher keine vergleichbaren Entsprechungen zur Basis *psl* gefunden worden. Eine Rückführung bzw. Verbindung mit akk. *pasālu* 'sich um-, abdrehen' (AHw 838) sollte in Erwägung gezogen werden, weil *pasālu* dem Wortfeld „drehen, wickeln etc." zuzuordnen ist (zur möglichen Einbeziehung von akk. *pašālu* [AHw 841] und *patālu* [AHw 847] mit entsprechenden semit. Parallelen vgl. im einzelnen Dohmen, BBB 62, 43–45), und vergleichend-semasiologisch (vgl. W. Eilers, Die vergleichend-semasiologische Methode in der Orientalistik, AAWLM 10, 1974) die äg. Homonyme *mḏḥ* (WbÄS II 190), die sowohl das 'Umwickeln' als auch die Holz- (vgl. F. Steinmann, ZÄS 107, 1980, 151) und Steinbearbeitung (vgl. *mḏḥ nśw.t* 'Steinmetz' WbÄS II 190) bezeichnen können, zu berücksichtigen sind.

Für die hebr. Nominalbildung *psl* läßt sich aus diesem Befund schließen, daß die Wurzelbedeutung etwas Be- und Zurechtgehauenes bezeichnet. Für den at.lichen Sprachgebrauch spielt diese der Wurzel inhärente Bedeutung kaum noch eine Rolle, außer zum Verständnis des Wortpaares *pæsæl ûmassekāh* (s.o. I.1.), ansonsten grenzt die Verwendung im at.lichen Sprachgebrauch den Begriff auf das 'Kultbild' ein, was vor allem auf dem Hintergrund, daß bisher außerhalb des Hebr. kein Beleg für die Verwendung der Basis *psl* im Bereich der Bildterminologie gefunden wurde, zu beachten ist.

3. Die LXX gibt das Nomen von *psl* vorwiegend mit γλυπτός (insgesamt 40mal) wieder, darüber hinaus sind keine Schwerpunkte bei den Übersetzungsäquivalenten der LXX festzustellen. Je 1mal benutzt sie ἄγαλμα, γλύμμα und περιβώμιον; 4mal γλύφειν, 5mal εἴδωλον und 2mal εἴκων. Außer zur Übertragung von 1 Kön 5,32, wo sie ἑτοιμάζειν benutzt, verwendet die LXX zur Wiedergabe des Verbums *psl* λαξεύειν.

Zu beachten ist, daß die LXX im Pent. das Nomen *pæsæl* mit einer Ausnahme immer durch eine entsprechende Form von γλυπτός wiedergibt; einzig bei den beiden Dekalogfassungen Ex 20,4 und Dtn 5,8 benutzt die LXX εἴδωλον. Hierin zeigt sich schon eine späte Interpretation, die das erste und zweite Dekaloggebot zusammenliest und auf diesem Hintergrund das zweite als Verbot von „Götterbildern" (Idolen) – nicht mehr allgemein von Kult- oder sonstigen Bildern – versteht (vgl. im einzelnen Tatum).

II. Ein statistischer Überblick über die Verwendung der Basis *psl* im AT zeigt schon, daß gewisse Schwerpunkte bei der Verwendung ausgemacht werden können, die unterschiedlicher Herkunft und Intention sind. Es handelt sich dabei vornehmlich um drei thematische Schwerpunkte: 1. Texte, die in Zusammenhang mit dem Bilderverbot stehen – 2. Texte, die um die Auseinandersetzung mit Fremdreligionen kreisen – 3. Texte, denen es um Polemik gegen Bilder geht. Neutrale Erwähnungen von *psl* in narrativem Kontext finden sich nicht (zum Hintergrund von Ri 17–18 vgl. Niemann, FRLANT 135, 1985, 61–147; und zum funktionalen Zusammenhang mit Dtn 27,15 vgl. Dohmen, BBB 62, 234f.).

1. Im Kontext der Texte, die im engen Sinne mit dem at.lichen Bilderverbot zu tun haben, begegnet *pæsæl* erstmals in einem Kurzprohibitiv *lo' ta'aśæh-lekā pæsæl*, der früh-dtr für den Grundtext des Dekalogs in Dtn 5 formuliert wurde (vgl. Hossfeld 273). Dieser Kurzprohibitiv hat aber Vorläufer in der Formulierung und in der Sache. Zum einen ist er wohl inspiriert von der alten Kultgesetzeinleitung des Bundesbuches Ex 20,23 (zur Rekonstruktion und zum Inhalt vgl. Dohmen, BBB 62, 154–180), zum anderen mag der „Kultfrevel" Manasses für die Objektbezeichnung *pæsæl* ausschlaggebend gewesen sein; denn das Kultbild der Aschera, das Manasse anfertigen und errichten ließ, wird in 2 Kön 21,7 *pæsæl hā'ašerāh* genannt, in 2 Chr 33,7 heißt es dann *pæsæl hassæmæl* und 2 Chr 33,15 nur noch einfach *hassæmæl*, und wenn man nun noch Nah 1,14 als Spruch gegen Manasse miteinbezieht (vgl. J. Jeremias, WMANT 35, 1970, 22ff.), dann kommt auch noch die Bezeichnung *pæsæl ûmassekāh* für dieses Kultbild hinzu. Daß eine auf Allgemeingültigkeit zielende Formulierung, wie sie für den Dekaloggrundtext anzunehmen ist, diese Begrifflichkeit auf *pæsæl* hin engführt, ist von der Sache her durchaus verständlich (s.o. I.1.). Auch vom zeitlichen Hintergrund her läßt sich diese Ansetzung stützen, denn gerade der zur Zeit Manasses schreibende JE hat

durch seine in die Sinaitheophanie eingesetzte Erzählung Ex 32* zum ersten Mal den Tatbestand der Bildverehrung als Sünde charakterisiert. Er hat die Konkretion, die zur Entstehung des Bilderverbotes nötig war, geliefert, indem er den eigentlichen Übergang von der Forderung nach exklusiver JHWH-Verehrung hin zur Klassifizierung der Bildverehrung als Sünde, die die genannte Forderung verhindert, vollzieht (zur Konzeption der JE-Sinaitheophanie vgl. Dohmen, BBB 62, 132–141). Diese Charakterisierung vollzieht JE vor allem auch durch die pointierte Einführung des „Tafelmotivs" (vgl. *luḥoṯ 'æḇæn* in Ex 24, 12; 31, 18; 32, 19). Die durch die Tafeln quasi beurkundete Theophanie wird durch die Sünde der Bildverehrung zunichtegemacht (Zerbrechen der Tafeln Ex 32, 19), und die Einführung des Privilegrechtes in Ex 34 (ohne Tafeln!) konstituiert ein neues Verhältnis Gott-Volk.

„Eine dtr Redaktion, die den Tetrateuch mit dem mittlerweile angewachsenen Dtn verklammerte, mußte das Verhältnis des Privilegrechts innerhalb des 'Mose-Bundes' von Ex 34 zu dem Dekalog innerhalb des 'Horeb-Bundes' von Dtn 5, 9f klären. Sie gestaltete nach dem Kalbsdienst von Ex 32 unter Einfluß von Dtn 9f das Kap. 34 um zu einer Bundeserneuerung" (Hossfeld 210). Im Zusammenhang der Konzeption dieser Redaktion sind dann auch die Verse Ex 34, 1. 4 und Dtn 10, 1. 3 mit den verbalen Belegen von *psl* zu erklären, da diese Redaktion (vgl. auch Zenger 130ff.) einerseits die vorgegebene Tafelvorstellung übernimmt, andererseits aber auch schon auf dem Hintergrund des Dekalogs – im vorliegenden Fall vor allem des Bilderverbotes – formuliert. Wenn nun an diesen Stellen das Zurechthauen der neuen Tafeln für den Dekalog mit dem Verb *psl* ausgedrückt wird, dann ist eine Assoziation zum dekalogischen Bilderverbot insofern mitgegeben, als dies im Kontext der Beschreibung auf eine Konfrontation von Wort und Bild hinausläuft. Dies wird vor allem auch noch einmal durch die Formulierung von Dtn 10, 4 unterstrichen, wo durch den Hinweis auf JHWHs Reden auf dem Berge mitten aus dem Feuer am Versammlungstage (zur genaueren Beschreibung der vorliegenden Redaktion vgl. F.-L. Hossfeld, QD 110, 1987, bes. 130ff.) auf Dtn 4, 12 zurückgegriffen wird, wo die Alternative zwischen gehörtem Wort und nicht gesehener Gestalt auch einer Redaktion zum Ausgangspunkt für eine große Paränese zum Bilderverbot wurde (vgl. Knapp 61f.). Das Verb *psl* hat somit in Ex 34, 1. 4 und Dtn 10, 1. 3 die besondere Konnotation – vom Gedanken der Herstellung ausgehend –, die einzig legitime Alternative zum verbotenen *'āśāh pæsæl* (Dtn 5, 8; Ex 20, 4) anzuzeigen. Die an Dtn 4, 9–13 anknüpfende Erweiterung in Dtn 4, 15–16a* (ohne *sæmæl*). 19–28 hat dann die erste Erweiterung des dekalogischen Bilderverbotes durch *kōl-teºmûnāh* bedingt (vgl. Dohmen, BBB 62, 218ff.). Der sich im Exil etablierende Monotheismus bewirkt dann in Konsequenz eine Zurückdrängung des ersten unter gleichzeitiger Bevorzugung des zweiten Dekaloggebotes.

Auf diesem Hintergrund ist dann auch die in späten nachexilischen Texten festzustellende Tendenz zu erklären, daß das Bilderverbot des Dekalogs inhaltlich von einem Kultbildverbot zu einem Verbot jedweder Darstellung im kultischen Bereich ausgeweitet wird. In diesem Kontext sind dann auch entsprechende dtr Erweiterungen im Hoseabuch (vgl. Hos 8, 6; 11, 2, 13, 2; 14, 4; dazu Dohmen, BBB 62, 148–151. 259f., bes. Anm. 243. 249) zu verstehen, die die vorhandene hoseanische „Bildkritik" vom dekalogischen Bilderverbot her interpretieren und auf dem Hintergrund polemischer Auseinandersetzung inhaltlich ausdehnen. Diese inhaltliche Ausdehnung findet sich in der Ergänzung des dekalogischen Bilderverbotes samt seiner Novellierung für die Fassung von Ex 20 und in den Ergänzungen in Dtn 4, 16*. 17–18 sowie in Lev 19, 4; 26, 1 und ebenso in Dtn 27, 15, wo das Bilderverbot auf den Bereich des privaten Kultes ausdrücklich angewendet wird, und als einziges Gebot, das die Gottesverehrung betrifft, im näheren Kontext begegnet (vgl. H.-J. Fabry, Noch ein Dekalog!, in: Festschr. W. Breuning, 1985, 75–96).

2. Der für die at.liche Religion so wesentliche Ausschließlichkeitsanspruch JHWHs (vgl. M. Rose, BWANT 106, 1975) hat Tendenzen zur Auseinandersetzung mit bzw. Abgrenzung von anderen Religionen hervorgebracht. Vor allem die dtn-dtr Texte, die auf Ausrottung und Vernichtung fremder Kultobjekte abzielen (vgl. Ex 34, 13; dazu Dohmen, BBB 62, 257 Anm. 63; Dtn 7, 5. 25; 12, 3; dazu H. Spieckermann, FRLANT 129, 1982, 217 Anm. 123), weisen auf die grundsätzliche Bedeutung der Auseinandersetzung mit fremden Religionen durch die Hinweise auf ihre Bilder- und Kultobjekte hin (vgl. zum ganzen G. Schmitt, BWANT 91, 1970). Wenn auch nur im indirekten Konnex zu Fremdreligionen stehen die sogenannten Kultreformtexte des DtrGW und ChrGW, bei denen es um die Zerstörung von JHWH-fremden Kultobjekten geht (vgl. Spieckermann; H.-D. Hoffmann, AThANT 66, 1980, bes. zur dtn-dtr Kultsprache, 323–366). Wie auch vergleichbare Texte aus dem Bereich der Prophetie (z. B. Jes 10, 10; 21, 9; Jer 51, 47) deutlich machen, haben die Texte, denen es um Auseinandersetzungen mit Fremdreligionen geht, keine Verbindung zu einem irgendwie formulierten Bilderverbot; ihr Motivationsgrund liegt vielmehr in der Forderung nach Alleinverehrung JHWHs. Dies zeigt sich vor allem auch daran, daß das verwendete Vokabular aus dem Wortfeld der Prostitution genommen ist (→ II 615ff.), und es ist sogar möglich, daß von hierher auch Münzen aufgrund der Bilder, die sie tragen, in später Zeit als „Dirnenlohn" bezeichnet werden (vgl. z. B. zu Jes 23, 17 T. Fischer/U. Rüterswörden, WO 12, 1983, 48 Anm. 70). Inhaltlich sachliche Überschneidungen sind lediglich im Hinblick auf die Götterbildpolemiken (s. u. II. 3.) festzustellen, da die Auseinandersetzung mit fremden Religionen gelegentlich entsprechende polemische Argumentationen übernimmt.

3. Sachlich vom Bilderverbot völlig zu trennen sind

die vor allem bei DtJes (dort aber meist sekundär, vgl. K. Kiesow, OBO 24, 1979, 159 Anm. 2) sowie in der Weisheitsliteratur (vgl. Eising; G. v. Rad, Weisheit in Israel, 1970, 229–239) zu findende Götterbildpolemik (zum Ganzen vgl. Preuß 192–247). Diese sind als späte Parallelentwicklung zum Bilderverbot zu werten, denn Polemik und Verbot haben beide in gleicher Weise die Absicht, eine vorhandene Gefahr zurückzudrängen. Von hierher erklärt sich auch, daß in späten Texten des AT Götterbildpolemik und Bilderverbot teils nebeneinander vorkommen bzw. miteinander vermischt werden können. Hier sind vor allem Texte zu nennen wie Jes 10; Hab 2,18–20 (→ עשׂה *'āśāh*); Ps 135 u.v.m. Das Nebeneinander wird auch durch die Gegenüberstellung der Wendung *ma'aśeh jāḏ* mit *'ælohîm 'aḥerîm* in Jer 1,16 verdeutlicht (→ III 455). Haben Götterbildpolemik und Bilderverbot auch ein gemeinsames Ziel, die Ablehnung von Bildern, so sind Motivation und Herkunft doch recht verschieden; während das Bilderverbot in der spezifischen Glaubensgeschichte Israels gründet, hat die Götterbildpolemik ihre Wurzeln letztlich in einer – auch im hellenistischen und römischen Bereich anzutreffenden (vgl. B. Gladigow, Zur Konkurrenz von Bild und Namen im Aufbau theistischer Systeme, in: H. Brunner u.a. [Hrsg.], Wort und Bild, 1979, 103–122), rationalen Auseinandersetzungen um das Wesen des Bildes. Eine besondere Bedeutung dieser Texte im AT wird aber durch die Aufnahme in DtJes angezeigt, denn dort übernehmen die ausführlichen Götterbildpolemiken die Funktion, die in diesem Textbereich zu findende Zurückdrängung des Visuellen noch zu unterstreichen.

III. Abgesehen von den Pentateuchzitaten der TR begegnet *psl* in den bis heute bekannten Texten aus Qumran nur noch in 1 QpHab 12,10–13, wo Hab 2,18 zitiert und dann folgendermaßen „ausgelegt" wird: *pšr hdbr 'l kwl pslj hgwjm 'šr jṣrwm l'wbdm wlšthwt*. Abgesehen von der Auslegungsart (→ פשׁר *pæšær*) bietet die Stelle nichts Besonderes gegenüber Hab 2,18 (s.o. II.3. sowie A. Deissler, Zwölf Propheten II, NEB 229f.), die ausgedehnte Götterbildpolemik findet lediglich Anwendung auf die Gegenüberstellung von frommer Gemeinde und gottloser Welt ihrer Feinde und Gegner, deren Kult sich als „Bilderdienst" erweist.

Dohmen

פָּעַל *pā'al*

פֹּעַל *po'al*, פְּעֻלָּה *pe'ullāh*, מִפְעָל *mip'āl*

I. Etymologie – II. Belege, Verteilung – III. Das Verbum – 1. Mensch als Subj. – 2. Gott als Subj. – IV. Das Subst. *po'al* – 1. Des Menschen Tat etc. – 2. Gottes Tat etc. – V. Das Subst. *pe'ullāh* – VI. Das Subst. *mip'āl* – VII. In Qumran – VIII. In LXX.

Lit.: *R. Humbert*, L'emploi du verbe *pā'al* et de ses dérivés substantifs en hébreu biblique (ZAW 65, 1953, 35–44). – *O. Keel*, Feinde und Gottesleugner. Studien zum Image der Widersacher in den Individualpsalmen (SBM 7, 1969). – *R. P. Merendino*, Der Erste und der Letzte. Eine Untersuchung von Jes 40–48 (VTS 37, 1981). – *G. von Rad*, Das Werk Jahwes (Festschr. Th. C. Vriezen, Wageningen 1966, 290–298). – *J. Vollmer*, פעל *p'l*, machen, tun (THAT II 461–466). – *J. T. Willis*, On the Text of Micah 2, 1aα-β (Bibl 48, 1967, 534–541, bes. 536f.).

I. Die Wurzel *p'l* mit der Bedeutung 'tun, machen' ist in mehreren semit. Sprachen belegt. Im Mhebr. heißt das Verb 'arbeiten'. Im Jüd.-Aram. sind nur Nomina belegt (z.B. *pā'alā'* 'Arbeiter', vgl. samar. *pj'l* 'Handlung, Tat' [LOT 2, 565]; äg.-aram. *p'l* 'machen' in einem Ostrakon aus Elephantine [KAI 271 A, 1] ist wahrscheinlich ein Kanaanismus); erst im Syr. ist das Verb ('arbeiten') belegt. Im Phön. und Pun. ist *p'l* das gewöhnliche Wort für 'tun, machen' (DISO 231f.). Arab. *fa'ala* hat dieselbe Bedeutung, asarab. *f'l* ist 'machen', als Nomen 'Arbeiter' (Biella 407). Ob ugar. *b'l* 'machen', 'arbeiten' (WUS Nr. 546) mit *p'l* identisch ist, ist umstritten (L. L. Grabbe, UF 11, 1979, 307–314); *p'l* ist in PN bezeugt: *jp'l*, *mn p'l* (PNU 171). Die Wurzel fehlt im Akk. und im Äth. – Für den Begriff gebraucht das Hebr. häufiger → עשׂה *'āśāh*, außerdem auch → עלל *'ll*, im Aram. ist *'bd* (hebr. 'dienen') das gebräuchliche Wort.

II. Das Verbum ist im MT 56mal belegt, oder 57mal, wenn eine Textkorrektur in Ijob 37,12 mit KBL³ 895 gemacht wird. Alle Belege sind im *qal* und verteilen sich auf Ps (26), Ijob (11/12), Jes (7), Spr (4), Hos (2) und übr. (6). Das Subst. *po'al* mit insgesamt 38 Belegen (37, wenn man Ijob 37,12 abzieht) verteilt sich auf Ps (11), Jes (6), Ijob (6/5), Spr (5), Jer (3), Dtn (2), Hab (2) und übr. (3). Die 14 Belege des Subst. *pe'ullāh* verteilen sich wiederum auf Jes (5), Ps (3), Spr (2) und übr. (4). Das Subst. *mip'āl* endlich kommt 3mal vor in Ps (2) und in Spr (1). Zusammen macht dies somit 111 Belege der Wurzel *p'l*, was im Vergleich zu den über 2800 Belegen von → עשׂה *'āśāh* wenig ist. Schon die Verteilung zeigt, daß die Wurzel *p'l* ausgesprochen poetisch verwendet wird. Die wenigen Belege in Prosa- und Gesetzestexten können entweder als im gehobenen Stil oder in sehr späten Texten vorkommend betrachtet werden. Ob dafür eine historische Erklärung, z.B. daß die Wurzel auf Grund ihrer angenommenen Herkunft aus kanaan. und phön. Sprachraum in Israel als verdächtig vorkam und deshalb zugunsten der Wurzel *'śh* zurückgetreten sei (so Humbert 36f.), ausreicht, scheint zweifelhaft. *p'l* ist poetisch und konnte deshalb nur eingeschränkt gebraucht werden.

III. 1. Das Verbum mit menschlichem Subjekt bedeutet 'machen', 'tun' und wird oft mit einem Obj. versehen, welches ein positives oder negatives Tun ausdrückt. Freilich sind positive Objekte hier selten: *ṣædæq* (Ps 15,2) und *mišpāṭ* (Zef 2,3), d.h. Gottes Recht(sordnung) halten. Sehr viel häufiger kommen

Objekte wie šæqær, 'Lüge', 'āwæl, 'awlāh, rāʿ, 'Böses', 'Übel' (bzw. Hos 7, 1; Ijob 34, 32; Ps 119, 3; Mi 2, 1) vor. Das aktive Ptz. bildet mit dem Subst. 'āwæn (→ אָוֶן) die feste Redewendung poʿᵃlê 'āwæn, „Übeltäter". Da diese nicht weniger als 23mal, hauptsächlich in den Ps, vorkommt, hat man sich gefragt, ob damit eine bestimmte Gruppe gemeint sei. Nun aber ist der Terminus sehr allgemein und wird par. zu mᵉreʿîm („Böse" Jes 31, 2; Ps 64, 3), hôlᵉlîm („Prahler" Ps 5, 6) und rᵉšāʿîm („Gottlose" Ps 28, 3; 92, 8; 101, 8 u. a.) verwendet. Diese „Übeltäter" gehören zu der größeren Gruppe der „Feinde des Individuums" und teilen mit dieser ihre Unbestimmtheit (vgl. Keel 98 ff.). Dem Beter, der sich oft als „gerecht" (ṣaddîq) oder als „grundlos" (ḥinnām) verfolgt bezeichnet, geht es auch keineswegs um eine präzise Angabe von Identität und Anzahl jener Feinde, sondern nur darum, daß sie zahlreich und gefährlich sind, damit Gott zum Eingreifen bewegt werden kann. Dazu sind sie auch Gottes Feinde. Wenn ein Charakteristikum jener „Übeltäter" hervorgehoben werden soll, ist es die oft erwähnte Rolle ihres Redens (z. B. Ps 5, 6f.; 28, 3; 64, 3. 4. 9; 94, 2–4; Mi 2, 1). Wenn man bedenkt, daß dieses Reden oft im Zusammenhang mit einer Krankheit oder einer gegen den Beter gerichteten Anklage steht, ist es nicht überraschend, daß ihr böses Wirken sich als Rede ausdrückt. Hier wird die Vorstellung vom schicksalsschweren Wort (Magie, Zauber u. ä.) eine Rolle spielen.

Eigentümlich ist noch die Verwendung von pāʿal für das Herstellen von Götterbildern in Jes 44, 9–20. Sonst werden dafür jāṣar, nāsaḵ und 'āśāh verwendet. Auffallend ist der absolute Gebrauch in v. 12, da pāʿal sonst nur mit Gott als Subj. absolut verwendet wird (Jes 41, 4; 43, 13). Wahrscheinlich werden jāṣar und pāʿal bewußt als ironische oder abwertende Ausdrücke für die menschliche Abgötterei verwendet, weil besonders jāṣar (→ יצר) sonst in DtJes für Gottes Schöpfertätigkeit verwendet wird (vgl. Merendino 383, der sich mit der Bemerkung begnügt, daß die beiden Verben in Jes 44, 9–13 „nicht theologisch" verwendet werden).

2. Mit Gott als Subj. drückt pāʿal entweder seine mächtigen Taten in der Geschichte, oder auch ein erhofftes Eingreifen in der nahen Zukunft aus. Jene dienen als Hoffnungsgründe für diese. In Ex 15, 17 werden als Schlußpunkt für die Befreiung aus Ägypten die Erwählung des Zion und der Tempelbau besungen. In Num 23, 23b wird zum zweiten Bileamspruch eine Reflexion über JHWHs wunderbare Hilfe angefügt. In Dtn 32, 27 wird eine Selbstreflexion JHWHs ausgedrückt: Israels Feinde könnten den Schluß ziehen, daß die Ausrottung Israels ihre eigene und nicht JHWHs Tat sei. Die seit alters berühmte Tat in Ps 44, 2 (poʿal pāʿaltā bîmêhæm, „eine Tat hast du ausgeführt in ihren [d.h. der Väter] Tagen") ist die Eroberung des Landes Israel für sein Volk. So wie Gott verantwortlich für die Strafe an Israel durch die Chaldäer ist (Hab 1, 5), so wird er auch die Rettung aus dem Exil herbeiführen (Jes 41, 4). Er ist der Erste und der Letzte: „Das Argument ist letztlich nicht irgendeine wunderbare Tat Jahwes, sondern allein sein Gottsein, das in absoluter Freiheit die schöpferische Quelle alles Seienden und Geschehen ist. Das Wissen um Jahwe als den einzigen Ursprung der weltlichen Wirklichkeit läßt keine andere Erklärung zu für all das, was jetzt geschieht" (Merendino 130).

Auch im Psalter sind Zukunftshoffnung und Erfahrung des Vergangenen fest aneinander gebunden. Kollektiv heißt es, daß JHWH sein Volk erhalten wird, ebenso wie er ihm Erlösung geschaffen hat (Ps 68, 29; 74, 12). Individuell gilt ebenso, daß der Beter seine Zuflucht vor den Feinden in JHWH finden kann (Ps 31, 20). In der Elihu-Rede wird Ijob aufgefordert, Gottes Werke anzuerkennen und zu preisen, nicht aber in Frage zu stellen (Ijob 36, 23 f.). Das Ziel für Elihus Theodizee ist es, „meinem Schöpfer Recht [zu] verschaffen" (lᵉpoʿᵃlî 'ætten-ṣædæq, Ijob 36, 3).

IV. Wie das Verb wird das Subst. poʿal als Bezeichnung für sowohl Menschentaten als auch für Gotteswerke verwendet.

1. Taten der Menschen können dabei qualifiziert werden, z. B. als poʿal ḥāmās, „Freveltat" (par. maʿᵃśê 'āwæn, „Unheilswerke", Jes 59, 6). An anderen Stellen geht die Negativität der Handlung aus dem Zusammenhang hervor (so z. B. Jes 29, 15; Jer 25, 14; 50, 29; Ps 28, 4; Ijob 36, 9; Spr 24, 12. 29). Zuweilen ist auch von der Vergeltung Gottes die Rede: (šlm Jer 25, 14; Ijob 34, 11; Rut 2, 12; hešîḇ Spr 24, 12. 29).

poʿal wird aber auch ganz neutral vom Tageswerk des Menschen (Ps 104, 23) oder vom Lebenswandel (Spr 20, 11; 21, 8) verwendet. Es kann auch die Bedeutung „Lohn" annehmen (Jer 22, 13; Ijob 7, 2). In der Zusammensetzung raḇ-pᵉʿālîm ist es ein Ehrentitel: entweder Benaja oder sein Vater (vgl. BHS) ist ein Mann „von großen Taten" (2 Sam 23, 20 = 1 Chr 11, 32). Wie das Verb wird auch das Subst., wenn von Menschen die Rede ist, überwiegend negativ gebraucht. Es gibt aber auch neutrale und sogar positive Belege.

2. Gottes Werk wird zumal mit einer paronomastischen Wendung ausgedrückt: poʿal pāʿaltā bîmêhæm, „eine Tat hast du in ihren Tagen ausgeführt" (Ps 44, 2, s. o. III. 2.) und kî poʿal poʿel bîmêḵæm, „(ich) werde ein Werk in euren (d. h. der Zuhörer) Tagen tun" (Hab 1, 5, zum Text vgl. BHS und Rudolph, KAT XIII/3, 203). Obwohl die Formulierungen sehr ähnlich sind, gehen die Zeitbezüge in ganz verschiedene Richtungen. In Ps 44, 2 ist es die Vertreibung der Kanaanäer bei der Einwanderung, in Hab 1, 5 die Erregung der Chaldäer wider die Abtrünnigen im eigenen Volk in naher Zukunft. Diese beiden Zeitbezüge kehren in den übrigen Stellen wieder. In Ps 95, 9 wird auf die Massa-Meriba-Tradition in Ex 17 Bezug genommen. Auch in Ps 77, 12f. und 143, 5 sind die Heilstaten in der Geschichte des Volkes gemeint. In Ps 111, 3 wird JHWHs poʿal als hôḏ-wᵉhāḏār „Hoheit und Pracht" charakterisiert.

Aber auch für die Zukunft darf man hoffen, daß JHWH für das Volk oder für den Einzelnen ähnliches tut (z. B. Ps 64, 10; 90, 16). Bisweilen ist die Beschreibung freilich so allgemein gehalten, daß man nicht sicher entscheiden kann, ob die Geschichte oder die Weltherrschaft überhaupt gemeint ist: Dtn 32, 4; Ps 92, 5; Ijob 36, 24. Von Rad meint vermutlich mit Recht, daß „alle diese Belege einer bestimmten kultischen Überlieferung und Phraseologie zugehören" und daß der Terminus *po'al* „ursprünglich an wunderhaften Ereignissen des Exodus oder der Führung in das Land Kanaan haftete und daß er von da in die Gebetssprache des Einzelnen übergegangen ist" (v. Rad 291).

Für die Verwendung des oft par. Substantivs *ma'aśæh* vgl. → עשׂה *'āśāh* und v. Rad 291 ff. Auch *po'al* kommt im prophetischen Schrifttum vor; außer Hab 1, 5 (s. o.) haben wir es auch in Hab 3, 2 mit JHWHs Machterweisen zu tun. Etwas dunkel, aber offensichtlich auf die Zukunft bezogen ist Jes 45, 9. 11. Das *po'al* JHWHs ist nach Merendino (427) beidemal Israel: JHWH ist der Schöpfer, Israel das Werk. Von Rad (294) dagegen will mit Hinweis auf v. 13 in v. 11 einen Bezug auf Kyros und JHWHs Werk durch ihn sehen. Wie dem auch sei: Israel oder Kyros, es handelt sich um geschichtliche Größen, die als solche JHWHs Werke sind. Von Rad (295) kommt zu dem Ergebnis, daß bei *po'al* ähnlich wie bei *ma'aśæh* eine „Stereotypisierung und Verabsolutierung des Begriffes" eintritt, wobei nicht mehr eine einzelne Geschichtstat, sondern das göttliche Walten bezeichnet wird.

Vereinzelt steht *po'al* für das Wirken von Wolken oder Blitzen, die Gottes Auftrag ausführen (Ijob 37, 12). In Elihus Theodizee, wo Gott als Schöpfer (*po'el*, Ijob 36, 3) Recht verschafft werden soll (vgl. o. III. 2.), zeigt sich Gottes Schöpferwirken in den atmosphärischen Phänomenen (vgl. vv. 27–33).

V. Das Substantiv *pe'ullāh* auf Menschen angewandt bedeutet „Arbeit", „Tat", „Lohn", auf Gott ähnlich „Tat", „Lohn" und „Strafe" (KBL³ 897). In Jer 31, 16 und 2 Chr 15, 7 bezeichnet *pe'ullāh* die Arbeit, für die ein gewisser Lohn (*śākār*) bestimmt ist. In beiden Fällen geht es um göttliche Zusagen, wo das Aushalten angesichts Gefangenschaft (Jer 31, 16) bzw. feindlichen Angriffs (2 Chr 15, 7) die „Arbeit" ausmacht. Ganz konkret um den Lohn des Tagelöhners geht es in Lev 19, 13: *pe'ullat śākîr*. In Ez 29, 20 ist Ägypten „der Lohn" Nebukadnezzars „für die Arbeit, die er vor Tyrus getan hat" (vgl. Zimmerli, BK XIII/2³, 717). In Spr 10, 16 steht *pe'ullat ṣaddîq*, „der Erwerb des Gerechten" im Gegensatz zu *tebu'at rāšā'*, „das Einkommen des Frevlers". In Spr 11, 18 ist der Gegensatz *pe'ullat-šāqær*, „trügerischer Gewinn", bzw. *śækær 'æmæt*, „beständiger Lohn". Die Pl.-Konstruktion *lip'ullôt 'ādām* in Ps 17, 4 wird wohl am besten mit „am Treiben der Menschen" (Kraus) o. ä. wiedergegeben. In Ps 28, 5 steht *pe'ullôt JHWH*, „JHWHs Taten" par. zu *ma'aśeh jādājw*, „seiner Hände Werke", d. h. beide als Bezeichnungen für Gottes Taten, die freilich hier von den Frevlern nicht beachtet werden. In Ps 109, 20 steht *pe'ullat śoṭenaj*, „Lohn meiner Ankläger", was im MT mit einer Hinzufügung erklärt wird: *me'et JHWH*, „von JHWH". Streicht man diese Glosse, könnte die Bedeutung eher „Tat meiner Ankläger" oder „Verkläger" (so Kraus) sein. Dann würden vv. 6–20 das „Fluchwerk" der Feinde beschreiben. MT will mit der Glosse die *pe'ullāh* als „Lohn", d. h. „Strafe" für die Feinde durch JHWH, verstanden wissen.

Im Gottesknechtlied Jes 49, 1–6, ist das Recht (*mišpāṭ*) und der Lohn (*pe'ullāh*) des Knechtes bei Gott aufgehoben (v. 4b), nachdem sein Wirken unter den Menschen vergeblich war (v. 4a). In Jes 40, 10 und 62, 11 ist es JHWH selbst, der nach einer schweren Arbeit zurückkehrt und dabei seinen Lohn (*śekārô*) und (par.) „Ertrag" (*pe'ullātô*) mitbringt. In 62, 11 dürfte es klar sein, daß mit dem „Lohn" das aus dem Exil befreite Israel gemeint ist. Für 40, 10 hat man auf Gen 30, 28. 32 f.; 31, 8, wo *śākār* für Jakobs Erwerb an Schafen und Ziegen steht, hingewiesen. Hier wäre dann das Bild von JHWH als dem Hirten verwendet (so Elliger, BK XI/1, 37; vgl. Bonnard, Le Second Isaïe 92, und Merendino 68). – *pe'ullāh* wird noch einmal als Lohn für die Knechte JHWHs (Jes 61, 8) und negativ als Strafe oder Rache für die Abtrünnigen (Jes 65, 7) gebraucht (vgl. zu Ps 109, 20). In der Regel ist die Bedeutung von *pe'ullāh* positiv.

VI. Das Subst. *mip'āl* kommt nur 3mal vor, jedesmal in Pl., und bezeichnet in allen Fällen JHWHs Werk. In Spr 8, 22 redet die Weisheit von sich selbst als *re'šît darkô*, „Anfang seines (= Gottes) Tuns" und par. dazu als *qædæm mip'ālājw*, „erstes seiner Werke". In Ps 46, 9 steht *mip'alôt JHWH* „JHWHs Werke" par. zu *šammôt*, „Schrecken", d. h. als Bezeichnung für solche schreckenerregende Taten JHWHs wie die Herausführung aus Ägypten (vgl. Ex 10, 2; Ps 78, 43). In Ps 66, 5 werden in einem ähnlichen Ausdruck die *mip'alôt JHWH* mit einer Beschreibung von JHWH als *nôrā' 'alîlāh*, „schrecklich im Walten", verbunden. Im folgenden Vers wird dann der Durchzug durch das Meer beim Exodus beschrieben. Aus diesen drei Beispielen sollte man aber nicht den Schluß ziehen, daß *mip'āl* nur Gottes Werk in der Geschichte bezeichnet. Schon in Sir 15, 19 begegnet der Ausdruck *mip'al 'îš*, „eine menschliche Tat", die nicht Gottes Blick entgehen kann.

VII. In Qumran kommt das Verb meist mit abstraktem Obj. vor in der Bedeutung 'tun, üben': *ræša'* (1 QH 14, 14), Werke bzw. Wege der *tô'ebāh* (1 QpHab 12, 8; 8, 13), einmal aber mit Gott als Subj.: „du hast dies getan" (1 QH 11, 33). Das Nomen *pe'ullāh* ist 6mal belegt: die Menschen „erfüllen" ihre Werke nach dem Plan Gottes (1 QS 3, 16), das Tun ihrer Werke (*pe'ullat ma'aśêhæm*) geschieht durch die beiden Geister (1 QS 4, 15); Gott kennt die Taten der Geister (1 QS 4, 25). Die Belege in den Hodajot sind fragmentarisch. In 1 QH 14, 12 ist von Taten der

Menschen im Zusammenhang mit den Geistern die Rede; 15,22 besagt, daß Gott die Geister „gebildet“ (*jṣr*) und ihre Taten bereitet (*heḵîn*) hat; 11,34 kann nicht mit Sicherheit rekonstruiert werden. In der Tempelrolle ist die Wurzel nicht belegt.

VIII. In der LXX wird *pāʿal* am häufigsten mit ἐργάζεσθαι übersetzt; daneben kommen auch ποιεῖν und πράσσειν vor. Für *poʿal* und *peʿullāh* werden meist ἔργον und ἐργασία gebraucht, daneben auch μισθός. Vereinzelt sind auch andere Übersetzungen vertreten.

Illman

פעם *pʿm*

פַּעַם *paʿam*, פַּעֲמוֹן *paʿamôn*

I. Wurzel und Verbreitung – II. 1. Formen und Belege im AT – 2. Parallelwörter und Wortverbindungen – III. Allgemeine Verwendung – 1. Verb *pʿm* – 2. Subst. *paʿam* – 3. Subst. *paʿamôn* – IV. Theologische Aspekte – V. Qumran und LXX.

Lit.: *J. Barr*, Biblical Words for Time (SBT I/33, ²1969, 113f. 122). – *A. Caquot / M. Sznycer / A. Herdner*, Textes ougaritiques, I. Mythes et légendes, Paris 1974, 166. 343. – *J. A. Emerton*, Notes on Two Proposed Emendations in the Book of Judges (11, 24 and 16, 28), (ZAW 85, 1973, 220–223, bes. 221f.). – *J. Friedrich*, Phönizisch-punische Grammatik (AnOr 46, ²1970). – *P. Fronzaroli*, Studi sul lessico comune semitico (AANLR 19, 1964, 261. 274. 279). – *E. Jenni*, עֵת *ʿēt* Zeit (THAT II 370–385, bes. 378). – *E. Kolari*, Musikinstrumente und ihre Verwendung im AT, Helsinki 1947. – *D. Michel*, Grundlegung einer hebräischen Syntax I, 1977, 56. – *J. Niehaus*, *paʿam ʾeḥāt* and the Israelite Conquest (VT 30, 1980, 236–239). – → יוֹם *jôm*; עֵת *ʿeṯ*.

I. Mit Ausnahme des Südsemit. ist die Wurzel *pʿm* allgemein semit. belegt und kommt vor allem im nwsemit. Sprachbereich vor; vgl. akk. *pêmu(m)/pênu* ʿOberschenkelʾ (von Menschen, Göttern sowie Tieren; AHw 854); ugar. einerseits *pʿn* ʿFußʾ (vgl. WUS Nr. 2243; UT Nr. 2076; CML² 156, sowie G. D. Young, Concordance of Ugaritic [AnOr 36, 1956] Nr. 1560, mit Belegen; sonst RSP I 58. 315f.; betreffs KTU 1. 12, I, 40 s. III. 2 zu Jes 41, 7) und andererseits *pʿm* (Pl. *pʿmt*) ʿMalʾ (WUS Nr. 2185; UT Nr. 1998; CML² 155; Young, Concordance, Nr. 1507, mit Belegen; in bezug auf KTU 1. 23, I, 20 findet man eine andere Deutung bei Caquot/Sznycer/Herdner 372); ferner phön. *pʿm* (so auch im Du.) ʿFuß/Füßeʾ (KAI 18, 7; 26 A, I 16; DISO 232), auch redupl. *pʿm pʿm* „Schritt für Schritt“ (KAI 27, 20, vgl. aber KAI II 46; NESE II 19) sowie pun. mit dopp. Pl., und zwar *pʿmm* „Füße“ (KAI 69, 4. 6. 8. 10) neben *pʿmʾt* (KAI 120,1) „Male“ (sonst DISO 232; Friedrich § 226. 230f. 236), was im letzten Fall auch als Pl. von einem Sing. *pʿmh/pʿmt* ʿMalʾ erwogen worden ist (DISO 232), und noch *ʿd pʿm* (KAI 68, 5), das zeitlich entweder „noch einmal“ (so KAI II 82; vgl. Friedrich § 247. 248b) oder „viele Male“ (so Y. Avishur, UF 8, 1976, 13) meinen dürfte; im übrigen sam. *fam* (LOT II 559, 80–84) und wohl auch inschriftlich hebr. *hpʿm* (KAI 188, 2), das vielleicht „endlich“ meint (KAI II 185f.; vgl. aber Gibson).

Es fällt bei dieser Übersicht auf, daß es sich hier nur um Nomina handelt; sie haben öfter den konkreten Sinn ʿFußʾ, daneben aber auch ʿSchritt/Trittʾ sowie den multiplikativen Sinn von ʿMalʾ. Dabei ist aber die etymologische Frage nach der Wurzel dieser Wörter nicht leicht zu entscheiden; und sie wird durch doppelte Mehrzahlformen sowie durch eine gewisse Unsicherheit in bezug auf das Genus einiger Wörter noch weiter erschwert. Diese Schwierigkeiten machen sich auch im at.lichen Befund bemerkbar (s. II. III.) und lassen sich kaum so leicht erklären, wie C. H. Gordon gemeint hat: „פעם is a blend of *pʿm* ʿtimeʾ and *pʿn* ʿfootʾ, having the meanings of both“ (UT Nr. 1998).

II. 1. Die at.lichen Formen und Belege entsprechen weithin dem eben angezeigten weiteren semit. Befund, nur ist hier auch ein Verb *pʿm* belegt. Es kommt 5mal vor, und zwar 1mal (Ri 13, 25) im *qal* (so traditionell; vgl. etwa GesB 652; BDB 821; KBL 771; Lisowsky 1177) oder *pi* (zur Erwägung gestellt von Zorell 661 und KBL³ 897, von Even-Shoshan 1779 direkt angenommen; s. sonst III. 1), 3mal im *niph* (Ps 77, 5; Gen 41, 8; Dan 2, 3) und 1mal im *hitp* (Dan 2, 1). Nur sind aber der genaue Sinn des Verbs (s. III. 1) sowie auch das Verhältnis des Verbs zu den Nomina der Wortsippe nicht eindeutig klar. Gewöhnlich werden das Nomen *paʿam*, das 118mal vorkommt (davon 46mal im Sing., 9mal im Du. und 63mal im Pl.), und das Nomen *paʿamon*, das 7mal belegt ist (Ex 28, 33f.; 39, 25f.), als Derivate vom Verb *pʿm* aufgefaßt (vgl. GesB; BDB; BLe 456k); doch wird die Herleitung des *paʿamon* von *pʿm* bei Zorell abgelehnt und in KBL³ in Frage gestellt; im Fall von *paʿam* erwägt KBL³ die Möglichkeit, ob es ein Primärnomen sein kann. Der innere Zusammenhang der ganzen Wortsippe dürfte jedoch semantisch erweisbar sein (vgl. III).

Zudem nimmt Even-Shoshan ein fem. Derivat an, und zwar *paʿamāh* als Sing. von der Pl.-Form *peʿāmôṯ*, die in bezug auf die Füße eines Gegenstands (der Lade bzw. der Gestelle) 3mal vorkommt (Ex 25, 12; 37, 3; 1Kön 7, 30), und die Mandelkern als Pl. II von *paʿam* rechnet. Diese Annahme von Even-Shoshan, der darum für *paʿam* nur 115 Belege zählt, dürfte aber nicht notwendig sein (vgl. KBL³ 897b); denn nicht nur zeigt der außerbiblische Befund einen Wechsel im Genus (s. I), sondern dies ist auch der Fall im Sing. *paʿam*, das als ein fem. Nomen gilt, aber als mask. Nomen behandelt werden kann (Ri 16, 28, vgl. Emerton; 2 Sam 23, 8; vgl. sonst Michel 56).

Was endlich die Streuung des Nomens *paʿam* betrifft, kommt es vornehmlich in narrativen (und rechtlichen) Texten der geschichtlichen Literatur vor, und zwar im Tetrateuch 36mal, im DtrGW 50mal und im ChrGW (einschließlich Neh) 8mal, ferner bei den Propheten sowie in den Psalmen (nur Pl.) je 8mal, schließlich in weisheitlichen Texten 7mal und im Hld 1mal.

2. Den Schwerpunkt der Wortsippe bildet also das Subst. *pa'am*. Weil das Wort in erster Linie eine ausgedehnte zeitliche Verwendung hat (s. III. 2), weist die Wortsippe wenige Parallelwörter auf (s. aber Jes 66, 8); sie kommen vor allem beim konkreten bzw. übertragenen Gebrauch vor, und zwar als Synonyme, so in Jes 26, 6, mit *ræḡæl*, dem häufigsten hebr. Wort für 'Fuß' (vgl. KAI II 27 zu Nr. 18, 7), in Ps 17, 5, mit *'ašuraj* „Schritte" (s. BHS), sowie im schwierigen Jes 41, 7, wo *paṭṭîš* (großer) 'Schmiedehammer' (KBL[3] 873) als Parallelwort zu *pa'am* steht (s. III. 2). Im übrigen tritt *pa'am* bei seiner zeitangebenden Verwendung in mehreren, fast formelhaften Verbindungen auf (s. III. 2).

III. 1. Das spärlich belegte Verb *p'm* weist einen recht einheitlichen Gebrauch auf, wobei auch der Unterschied von *niph* und *hitp* abgeschwächt zu sein scheint, wie die ähnliche Ausdrucksweise in Gen 41, 8 und Dan 2, 1 nahelegt. In 4 von insgesamt 5 Stellen ist das Verb mit *rûaḥ* 'Geist' verbunden, und zwar so, daß 1mal (Ri 13, 25) der „Geist" den Geist JHWHs meint, der seine Wirkung auf einen Menschen (Simson) aktiv ausübt, ihn „treibt / in Bewegung setzt" (vgl. Zorell 661), während sonst eines Menschen Geist (Gen 41, 8, des Pharao; Dan 2, 1. 3, des Nebukadnezzar; vgl. Ps 77, 4. 7) von einem Traum (*ḥalôm*, → חלם *ḥālam*) „bewegt worden" ist (Gen 41, 8; Dan 2, 1; vgl. Ps 77, 5). Dabei ist der betroffene Mensch nicht nur „beunruhigt" worden (GesB), sondern sein Geist kann auch „bewegt / unruhig / rastlos" sein, „um den Traum (d.h. seinen Sinn) zu erkennen" (*wattippā'æm rûḥî lāḏa'aṯ 'æṯ-haḥalôm*, Dan 2, 3). So mag das Verb im Grundstamm (*qal*) etwa „sich bewegen" meinen und der D-Stamm (*pi*) die faktitive Bedeutung „in Bewegung setzen / treiben" haben (vgl. E. Jenni, Das hebr. Pi'el, Zürich 1968, 9ff.), wobei sich die Form in Ri 13, 25 mit Even-Shoshan als *pi* auffassen läßt (s. II. 1.).

2. Beim Subst. *pa'am* kommt die Verbindung zum Verb zunächst bei der konkreten Bedeutung „Fuß / Füße" zum Vorschein (in Jes 26, 6 ist *ræḡæl* das syn. Parallelwort, s.o.), zumal es vorwiegend von Füßen, die in Bewegung sind, benutzt wird (s. bes. Ri 5, 28b, von den „Beinen" / „Schritten" der Gespanne, oder Hld 7, 2, von den tanzenden Füßen der Schulammit), wobei der Übergang zur Bedeutung „Schritt / Tritt" gelegentlich fließend sein kann (vgl. etwa Ps 57, 7; 140, 5; Spr 29, 5 sowie Ps 58, 11). Ebenso geht der buchstäbliche Sinn leicht in den übertragenen über (vgl. die par. Stellen 2 Kön 19, 24 // Jes 37, 25, wo von den „Fußsohlen" des Königs Sanherib die Rede ist), so vor allem, wenn anthropomorph von Gott (Ps 74, 3; 85, 14) oder vom rechten Lebenswandel eines Frommen (Ps 17, 5; 119, 133) geredet wird. Die 13 nun erwähnten Stellen sind alle poetischen Stils. Wenn das Wort im buchstäblichen, erweiterten oder übertragenen Sinn poetisch benutzt ist, mag es als ein seltenes oder gar gehobenes Wort empfunden worden sein.

Selten sind ebenfalls zwei besondere Verwendungen, einmal eine kultische mit abweichendem Pl. fem. (s. II. 1), bei der die „Füße" der Lade (Ex 25, 12; 37, 3) und bestimmter Gestelle im Tempel (1 Kön 7, 30; vgl. etwa J. Gray, I & II Kings, London [2]1970, 192. 195) gemeint sind, und sodann die Angabe eines Werkzeugs des Schmieds in Jes 41, 7. An der letzten Stelle hat man traditionell *pa'am* mit „Amboß" wiedergegeben, was das Wort sonst nicht bedeutet und im Blick auf den Kontext auch kaum bedeuten kann; vielmehr wird es als Parallelwort zu *paṭṭîš* 'Schmiedehammer', wahrscheinlich einen kleinen Hammer, einen Klöppel (vgl. Θ; Targ. *qurnāsā'* 'Schlägel / Klöppel', sonst in Ps 74, 3; s. WTM IV 276f.), vielleicht in der Gestalt eines Fußes, meinen (vgl. bes. K. Elliger, BK XI/1, 108. 129; KBL[3] 897f.). Dabei hat man auch auf einen möglichen verbalen Sinn 'schlagen / stoßen' hingewiesen (BDB 822; vgl. C. R. North, The Second Isaiah, Oxford 1964, 96, der übrigens *pa'am* mit „nailhammer" übersetzt; sonst A. Haldar, UUÅ 1950: 3, 37; Caquot / Sznycer / Herdner 343, zu KTU 1. 12, I, 40). Es darf hier noch hinzugefügt werden, daß auch *pa'am 'aḥaṯ* 1 Sam 26, 8 in diesem Sinn gedeutet worden ist, wobei man „mit einem Stoß (ein zweiter wird nicht nötig sein)" übersetzt (Zür.-Bibel); das wäre schon möglich und im Nahkontext verständlich, doch in Anbetracht des semantischen Befunds, daß – abgesehen von den poetischen Stellen Ri 5, 28; 2 Kön 19, 24 // Jes 37, 25 sowie der besonderen Pl.-Form in Ex 25, 12; 37, 3; 1 Kön 7, 30 – der Gebrauch von *pa'am* im Tetrateuch, im DtrGW und ChrGW zeitlich bezogen ist, dürfte in einem narrativen Text wie 1 Sam 26, 8 die zeitliche Bedeutung „mit einem Mal" (vgl. Luth.-Bibel) näherliegend sein (vgl. sonst H. J. Stoebe, KAT VIII/1, 461).

Der zeitliche Gebrauch von *pa'am*, und zwar mit 101 (bzw. 100, von 1 Sam 26, 8 abgesehen; Jenni; KBL[3] 897) von total 118 Belegen, ist also der vorherrschende; das Wort hat im at.lichen Hebr. vor allem im zeitadverbiellen Sinn fungiert; hier ist aber der Gebrauch auch recht vielgestaltig.

Im Unterschied zu *'eṯ* 'Zeit' (vgl. Jenni 377, der sich auch mit J. R. Wilch, Time and Event, Leiden 1969, auseinandersetzt) zeigt *pa'am* im Sing. einen bestimmten Zeitpunkt, ein „Mal" an (vgl. Barr 133f.). Die Besonderheit des Zeitpunkts kann durch die Determinierung des Nomens allein, *happa'am* „diesmal", „nun", ausgedrückt werden (Gen 29, 35; 30, 20; 46, 30; Ex 9, 27; Ri 15, 3; 16, 18; so wohl auch Gen 2, 23, s. die Komm.; vgl. noch *hajjôm* „heute" Gen 4, 14 u.ö.); sie wird aber meistens durch Hinzufügungen näherbestimmt – sei es durch *'aḵ* (*'aḵ happa'am* „[nur] noch diesmal", Gen 18, 32; Ex 10, 17; Ri 6, 39; 16, 28) oder *raq* (*raq happa'am* „nur [noch] diesmal", Ri 6, 39), oder aber durch die Präp. *b[e]* und Demonstrativum (*bappa'am hazzo'ṯ* „diesmal", Ex 9, 14; 2 Sam 17, 7; Jer 10, 18; 16, 21), was wiederum durch ein verstärkendes *gam* erweitert werden kann („auch diesmal", Ex 8, 28; vgl. Dtn 9, 19; 10, 10). Verstärkend kann auch ein vorangestelltes *zæh* „dies" sein (Gen 27, 36; 43, 10; Num 14, 22; 24, 10; Ri 16, 15; Ijob 19, 3), was vielleicht die schwierige Nachstellung von *zæh* in Ri 16,28 (*happa'am hazzæh* „[noch] diesmal") einigermaßen erklären mag (vgl. sonst Emerton). Hervorhebend ist ebenfalls ein vorangestelltes *'attāh* „nun" (Gen 29, 34; vgl. 43,10). Diese Hervorhebungen tragen dazu bei, das „Mal" als eine besondere Situation herauszustellen; die Reduplikation des Sing. mit Vergleichspartikel *k^e* macht zudem eine Situation mit einer früheren vergleichbar (*k^epa'am b^epa'am* „diesmal wie früher", Num 24,1; Ri 16,20; 20,30f.; 1 Sam 3,10; 20,25); die einfache Reduplikation, ohne Partikel, drückt einen (raschen) Wechsel der Situationen aus (*pa'am ... pa'am* „mal [so] ... mal [so]", Spr 7,12).

Noch häufiger ist die numerative Verwendung von *pa'am*, so schon bei einigen Belegen des Sing. (*pa'am 'aḥaṯ*/*'æḥāṯ* „einmal", Jos 6, 3. 11. 14; 10,42; Jes 66,8; vgl. noch 2 Sam 23,8 // 1 Chr 11,11; auch 1 Sam 26,8, s.o. 2 Kön 4,35 hat elliptisch nur *'aḥaṯ*) sowie im Du. (*pa'^amajim* „zweimal", 9mal; vgl. noch *pa'am ûš^etajim* „paarmal", Neh 13,20) und bei den meisten der vielen Pl.-Vorkommen. Hier wird Pl. *p^e'āmîm* „Male" mit verschiedenen Zahlwörtern verbunden (s. KBL³ 897b). Erwähnenswert sind dabei vor allem Angaben ritueller Wiederholung in priesterlichen Texten, sei es „dreimal" (vgl. etwa Ex 23,17; 1 Kön 9,25; 7,4f.) oder „siebenmal" (bes. in Lev und Num, etwa Lev 4,6.17; Num 19,4); sonst wird das „dreimal" auch in Verbindung mit Bileams Segen über Israel (Num 24,10) sowie mit Gottes wiederholtem Tun gegenüber Menschen (Ijob 33,29) und sowohl „dreimal" wie „siebenmal" in bezug auf besondere Taten Elijas (1 Kön 17,21; 18,43) benutzt. Die großen Zahlen („hundertmal", 2 Sam 24,3 // 1 Chr 21,3; „tausendmal", Dtn 1,11) werden auf die göttliche Mehrung des Volkes, und die „vielen Male" (Ps 106,43; anders Koh 7,22) auf Gottes Rettung des Volkes bezogen. Im zeitlichen Sinn kann *pa'am* auch im Fragesatz verwendet werden (vgl. 1 Kön 22,16 par.).

3. Das Subst. *pa'^amôn* ist ein seltenes Wort, dessen Herleitung noch unklar ist (s. II.1; KBL³ 898a). Es ist ein technisches Wort priesterlicher Terminologie, das von den Glöckchen am Gewandsaum des Hohenpriesters benutzt wird (vgl. Kolari 26–28).

IV. Die theologischen Aspekte der Wortsippe sind schon oben zum Vorschein gekommen, und zwar vor allem, was ihre kultische Verwendung betrifft (s. III.2–3).

Das Verb und das Nomen *pa'am* machen keinen theologischen „Hauptbegriff" aus; ihre theologische Bedeutsamkeit liegt auch nicht so sehr in der at.lichen Zeitauffassung (vgl. Barr), als vielmehr in einer hervorragenden Funktion innerhalb verschiedener theologischer Zusammenhänge. So trägt das Verb besonders dazu bei, das Bild von Gottes machtvoller Lenkung menschlicher Geschicke und dadurch der Geschichte zu bereichern (s. III.1).

Dasselbe ist auch bei einigen Stellen der übertragenen bzw. metaphorischen Verwendung von *pa'am* der Fall (*hārîmāh p^e'āmæḵā* „Erhebe deine Schritte ...", Ps 74,3; *l^edæræḵ p^e'āmājw* „[Heil] auf dem Weg seiner Spuren", Ps 85,14; s. BHS), die von der Gewißheit über Gottes Geschichtsmächtigkeit und Heil getragen sind. Zudem liegt ein indirektes Zeugnis über den mächtigen und heilbringenden Gott in einigen auf den gottesfürchtigen und gesetzestreuen Menschen bezogenen Aussagen, denn der Mensch ist völlig auf Gottes Wort und Heil angewiesen, besonders wenn er von Gegnern umgeben ist (Ps 17,5; 119,133; vgl. auch Ps 57,7; 140,5; Spr 29,5 sowie Jes 26,6 im Rahmen von 26,1–6).

Beim zeitlichen Gebrauch vom *pa'am* kommt die Wichtigkeit einzelner Zeitpunkte/Situationen zum Ausdruck; das kann schöpfungstheologisch der Fall sein (Gen 2,23), geschieht aber vor allem im Rahmen heilsgeschichtlicher Überlieferungen, so etwa in der Vätergeschichte (Gen 18,32), beim Exodus (8,28; 9,14.27; 10,17), bei der Landnahme und später (vgl. etwa Jos 6; 10,42; Ri 6,39; 1 Sam 3,10; 2 Sam 17,7; 23,8; 1 Kön 11,9; 2 Kön 13,25). Zusammenfassend und allgemein heißt es in Ps 106,43: „Viele Male hat er sie gerettet" (*p^e'āmîm rabbôṯ jaṣṣîlem*; vgl. noch Dtn 9,19; 10,10). In der prophetischen Verkündigung hat diese Verwendung ihren Platz sowohl in der Gerichtsrede (vgl. Jer 10,18; 16,21) als auch in der Heilsrede (vgl. Jes 66,8). Es geht hier um die geschichtsbestimmende Stunde Gottes, und zwar um seine Stunde des Gerichts, wie auch um seine Stunde heilbringender Gnade.

V. Der at.liche Gebrauch des Verbs *p'm* und des Nomens *pa'am* wird im jüngeren jüd. Schrifttum fortgesetzt (vgl. etwa Jastrow 1202f.; KBL³ 897a); so auch in Qumran, wo das Nomen 19mal belegt ist in wörtlicher, übertragener und auch zeitlicher Bedeutung (vgl. auch K. G. Kuhn, RQu 4, 1963, 219, zu der allerdings fraglichen Stelle 4 QOrd 2,7).

In der LXX ist die Wortsippe sehr unterschiedlich wiedergegeben worden. Das betrifft sowohl das Verb, das eben so viele Wiedergaben wie Belege hat, als auch das Nomen *pa'am*, das mit 26 verschiedenen griech. Wörtern übersetzt worden ist. Dabei kommen die Wörter νῦν/νυνί 7mal und καιρός 4mal vor (vgl. ThWNT VI 626; IX 581, wo auf das Nomen *pa'am* Bezug genommen ist).

Sæbø

פָּקַד *pāqaḏ*

פָּקִיד *pāqîḏ*, פִּקָּדוֹן *piqqāḏôn*, פִּקּוּדִים *piqqûḏîm*, פְּקוּדִים *p^eqûḏîm*, פְּקִדֻת *p^eqiḏuṯ*, פְּקֻדָּה *p^equddāh*, מִפְקָד *mipqāḏ*

I.1. Etymologie – 2. Belege – II. Verb im AT – 1. Anwesenheit prüfen – 2. Heer mustern – 3. Volkszählung – 4. Sich um jem. kümmern – 5. Jem. verurteilen – 6. Beauftragen (*qal* und *hiph*); anvertrauen (*hiph*) –

7. Richtende Aktivität Gottes – 8. *niph*-Formen – III. Nomina – 1. *pāqîḏ* – 2. *piqqāḏôn* – 3. *piqqûḏîm* – 4. *pᵉqûḏîm* – 5. *pᵉqiḏuṯ* – 6. *pᵉqôḏ* – 7. *pᵉquddāh* – 8. *mipqāḏ* – IV. 1. LXX – 2. Qumran.

Lit.: *G. André*, Determining the Destiny. PQD in the Old Testament (CB OTS 16, Uppsala 1980). – *H. J. Boecker*, Redeformen des Rechtslebens im Alten Testament (WMANT 14, ²1970). – *H. P. Fürst*, Die göttliche Heimsuchung. Semasiologische Untersuchung eines biblischen Begriffes, Rom 1965. – *H. S. Gehman*, 'Επισκέπομαι, ἐπίσκεψις, ἐπισκοπος, and ἐπισκοπή in the Septuagint in Relation to פקד and Other Hebrew Roots – a Case of Semantic Development Similar to that of Hebrew (VT 22, 1972, 197–207). – *B. Grossfeld*, The Translation of Biblical Hebrew פקד in the Targum, Peshitta, Vulgate and Septuagint (ZAW 96, 1984, 83–101). – *J. B. Van Hooser*, The Meaning of the Hebrew Root פקד in the Old Testament. Diss. Harvard 1962. – *D. Kellermann*, Die Priesterschrift von Numeri 1:1 bis 10:10 literarkritisch und traditionsgeschichtlich untersucht (BZAW 120, 1970). – *J. Scharbert*, Formgeschichte und Exegese von Ex 34, 6f und seinen Parallelen (Bibl 38, 1957, 130–150). – *Ders.*, Das Verbum PQD in der Theologie des Alten Testaments (BZ NF 4, 1960, 209–226 = WdF 125, 1972, 278–299). – *W. Schottroff*, פקד *pqd* heimsuchen (THAT II 466–486). – *E. A. Speiser*, Census and Ritual Expiation in Mari and Israel (BASOR 149, 1958, 17–25, bes. 21).

I. 1. Die Wurzel *pqd* ist in allen semit. Sprachen vertreten: akk. *paqādu* 'anvertrauen, betreuen, mustern, prüfen, in ein Amt einsetzen, beauftragen' (AHw 824–826), ugar. *pqd* 'befehlen' (WUS Nr. 2257), phön. *pqd* 'beauftragen' (KAI 119, 3), äg.aram. *pqd* 'befehlen', *hoph* 'deponiert sein' (AP 20, 7; DISO 233), nabat. *pqdwn* 'Verantwortung' oder 'Befehl' (?), jüd.-aram. *pᵉqaḏ* 'aufbewahren', *pa* 'anordnen, befehlen, beauftragen', *aph* auch 'in Verwahrung geben', chr.-pal. 'prüfen, besuchen, vorschreiben', syr. *pᵉqaḏ* 'suchen, vermissen, mustern', *pa* 'befehlen, besuchen' (LexSyr 588f.), mand. 'anvertrauen', *pa* 'befehlen, betrauen mit' (MdD 376f.), arab. *faqada* 'nicht finden, verlieren, vermissen', V. und VIII. 'suchen, prüfen, besichtigen, besuchen', äth. *faqada* 'besuchen, suchen, untersuchen' (LexLingÄth 1360f.), asarab. *fqd* 'verlieren, vermissen', auch 'fern sein (von einem Gott)' (Biella 407f.; BGMR 45).

Im Hebr. scheint *pqd* ein Wort mit Doppelsinn zu sein. Man muß aber mit einer Grundbedeutung rechnen, die in verschiedenen Kontexten verschieden realisiert wird (vgl. D. Cohen, Arabica 8, 1961, 1–29). Als solche Grundbedeutung kann man etwa 'genau beobachten' annehmen, wobei oft das Urteil oder die Entscheidung, die aus der Beobachtung erfolgt, mit einbegriffen wird (andere Vorschläge KBL³ 900; THAT II 467f.).

2. Die Wurzel kommt im MT 383mal vor. Lisowsky gibt für *qal* 231 Belege an; von diesen sollten aber Num 4, 27; Jer 6, 15; 49, 8; 50, 31 in *pᵉquddāh* umvokalisiert und Num 1, 22; 4, 49b gestrichen werden, weiterhin sollte Num 26, 3 *qal* statt *wajᵉḏabber* gelesen werden. *Niph* kommt 21mal (einschl. cj. Jer 6, 6), *pi* 1mal, *hitp* 4mal, *hotp* 5mal, *hiph* 29mal und *hoph* 7mal vor. Von den zwei *pu*-Belegen ist Ex 38, 21 eigentlich pass. *qal*, und Jes 38, 10 wird zu *pᵉquddāh* emendiert. Von den Nomina ist *pᵉquddāh* am häufigsten belegt (37mal, einschl. 5mal cj.), danach *piqqûḏîm* (24mal, davon 21mal in Ps 119), *pāqîḏ* 13mal, *mipqāḏ* 5mal, *pᵉqûḏîm* 3mal, *piqqāḏôn* 3mal, *pᵉqôḏ* 2mal und *pᵉqiḏuṯ* 1mal. Eine Häufung von Belegen ist in Num 1–4 (81mal), Num 26 (20mal) und in Jer (66mal) zu beobachten.

II. 1. In einigen Fällen bedeutet *pāqaḏ* „prüfen, ob jem./etw. da ist oder nicht", meist mit negativem Ergebnis: „vermissen". Saul hat den Verdacht, daß die Verwirrung im Philisterlager von jemandem aus seinem Heer verursacht worden ist und gibt den Befehl: „Prüft (*pqd*) und seht nach (*r'h*), wer von unseren Leuten weggegangen ist" (1 Sam 14, 16). Dann stellt sich heraus, daß Jonatan und sein Waffenträger fehlen. – Um die Absichten Sauls zu ermitteln, will David von einem Festmahl des Königs wegbleiben und sagt deshalb zu Jonatan: „Wenn dein Vater nach mir fragt (*pqd*, d. h. mich vermißt), dann sag: ‚David hat mich gebeten, nach Betlehem gehen zu dürfen'" (1 Sam 20, 6). Jonatan willigt ein und sagt: „Du wirst vermißt werden (*pqd niph*), man wird nach dir fragen), man wird deinen Platz beobachten (*pqd niph*) und leer befinden". Dies geschieht auch (vv. 25. 27). – David sendet Boten zu Nabal, um ein Geschenk zu erbitten, und läßt sagen: „Deine Hirten sind bei uns gewesen; wir haben ihnen nichts zuleide getan, und sie haben nichts vermißt (*lo' nipqaḏ lāhæm*)" (1 Sam 25, 7), was später von den Hirten bestätigt wird (v. 15, vgl. v. 21). – Der junge David wird von seinem Vater zu seinen Brüdern geschickt mit dem Befehl: „Sieh nach, ob es deinen Brüdern gutgeht" (m. a. W. „prüfe, ob *šālôm* da ist oder nicht", 1 Sam 17, 18, vgl. v. 21, wo er nach ihrem Befinden *fragt*). – Elifas sagt zu Ijob: „Du wirst erfahren, daß dein Zelt in Frieden bleibt; prüfst (*pqd*) du dein Heim, so fehlt dir nichts (*lo' tæḥᵉṭā'*)" (Ijob 5, 24). – Wenn ein Mann vermißt wird (*pqd niph*, 1 Kön 20, 39), ist er nicht mehr da (*'ênænnû*, v. 40). Bei einer Versammlung fehlen oder ausbleiben (*niph* 2mal, 2 Kön 20, 19) ist dasselbe wie „nicht kommen" (v. 21). Nach der Vernichtung des Stammes Benjamin versammelt sich Israel in Bet-El (Ri 21), und als „sie einander musterten (*hitp* v. 9), zeigte sich, daß ganz Benjamin fehlte" (*niph* v. 3); der Stamm war von Israel „abgehauen" worden (v. 6). Der Satz „Sie (die Schafe) werden nicht vermißt werden" (Jer 23, 4; fehlt in LXX) steht als Abschluß eines Wortspiels in vv. 1–4 (3mal *pqd*). Der neue Hirt wird für die Schafe sorgen im Gegensatz zu den früheren, die die Herde zerstreut haben (André 151).

Jes 34, 16 ist der Text wahrscheinlich nicht in Ordnung. Nach vv. 13ff. werden die Wüstentiere in den Palästen Edoms hausen. V. 16 sagt: „Nicht eines von ihnen ist ausgeblieben (*'dr niph*). Das darauf folgende *'iššāh rᵉ'ûṯāh lo' pāqāḏû* gehört zu v. 15: „die Geier werden sich versammeln, der eine wird den anderen nicht vermissen" (s. BHS).

2. Eine Spezialisierung dieser Bedeutung liegt an den zahlreichen Stellen vor, wo *pāqaḏ* die Musterung eines Heeres bezeichnet. Dabei ist folgendes zu beachten:
a) Voraus geht die Versammlung des Heeres, z. B. Jos 8, 1 „Nimm all das Kriegsvolk"; 1 Sam 11, 7b „sie rückten aus wie *ein* Mann"; 1 Sam 13, 4 „das Volk wurde aufgeboten (*ṣ'q niph*), Saul zu folgen"; 1 Sam 15, 4 „Saul bot das Volk auf (*šm' pi*)"; 2 Chr 25, 5 „Amazja versammelte die Judäer ... und stellte sie nach Großfamilien ... auf". In 2 Sam 24, 2 // 1 Chr 21, 2 ziehen die Beauftragten durch das Land, um das Volk zu mustern.
b) Meist wird die Musterung von militärischen Führern ausgeführt: von Saul, David, Ben-Hadad, Joab und den Anführern Joram, Ahab, Amazja. Der grundlegende Ausdruck „das Volk mustern (*pqd 'æṯ-hā'ām*)" (Jos 8, 10; 2 Sam 24, 2) wird ausgeweitet (1 Sam 13, 15; 2 Sam 18, 1), durch „Israel" (2 Sam 24, 4), „alle Kinder Israels" (1 Kön 20, 15b; LXX „jeder Soldat"). Das Suff. in *wajjipq^{e}ḏem* (1 Sam 11, 8; 15, 4aβ) bezieht sich auf ein vorhergehendes *hā'ām* (v. 7 bzw. 4aα). In vier Fällen wird das gemusterte Volk mit Namen genannt: Aram (1 Kön 20, 26), ganz Israel (2 Kön 3, 6), Levi und Benjamin (1 Chr 21, 6, vgl. 2 Chr 25, 5). In 1 Kön 20, 15a werden „die jungen Männer der Provinzstatthalter" gemustert – eine Elitetruppe?
c) Das Ergebnis ist, daß eine Anzahl der Männer für kriegsfähig befunden wird, was entweder durch eine Zahlenangabe (1 Sam 11, 8; 13, 15; 1 Kön 20, 15) oder weitere Angaben näher spezifiziert wird: „Fußvolk" (1 Sam 15, 4), „Krieger, die mit dem Schwert kämpfen konnten" (1 Sam 24, 9 // 1 Chr 21, 6), „auserlesene, wehrfähige Männer" (2 Chr 25, 5). Die Musterung kann auch einhergehen mit der Suche nach einem Verbündeten (2 Kön 3, 6, vgl. v. 7).
d) Die Kriegsfähigen marschieren unter einem Führer in einem Heer oder in kleineren Gruppen. Der Kampf wird beschrieben. Nach der Schlacht findet erneut eine Musterung statt, deren Ergebnis sein kann, daß „niemand vermißt wurde" (*pqd niph*, Num 31, 49) oder daß eine Anzahl fehlt (*pqd niph*, 2 Sam 2, 30). Die Frage ist: Wie viele sind gefallen?
In Ri 20, 15. 17 wird die *hitp*-Form gebraucht (vgl. H. Yalon, ZAW 50, 1932, 217 f.), da kein Anführer genannt wird. In einem anderen Fall wurden die Israeliten für kriegsfähig befunden (*hotp*), mit Lebensmitteln versehen und gegen die Aramäer ausgeschickt (1 Kön 20, 27, vgl. vv. 15. 26).
In dem einzigen *pi*-Beleg (Jes 13, 4) mustert JHWH selbst ein Heer; es „kommt aus einem fernen Land, vom Ende des Himmels ..., um die ganze Erde zu verwüsten" (v. 5).
3. Der Volkszählungsbericht in Num 1–4 (s. Kellermann) hat 81 Belege für *pqd*. Die Zählung soll in der Wüste Sinai (1, 1) stattfinden. Mose erhält den Befehl: „Ermittelt die Gesamtzahl (*nś' ro'š*) der Israeliten in der Gemeinde, geordnet nach Sippenverbänden (*mišpāḥāh*) und Großfamilien (*bêṯ 'āḇ*); zählt mit Namen (*b^{e}mispar šemôṯ*) alle Männer (*kŏl-zāḵār*) Kopf für Kopf (*l^{e}ḡulg^{e}lôṯâm*) von 20 Jahren und darüber; was wehrfähig ist in Israel, sollt ihr mustern (*pqd*), Heerschar um Heerschar, du und Aaron" (vv. 2 f.). Ein Mann aus jedem Stamm soll ihnen behilflich sein (vv. 4–16). Im Ausführungsbericht (vv. 18 f.) wird die Gemeinde versammelt, nach ihrer Abstammung registriert (*jld hitp*) und gemustert (*pqd*). Der Abschnitt vv. 20–43 listet die Zahl der Gemusterten (*p^{e}quḏîm*) aus jedem Stamm (außer Levi) auf nach den Kriterien a) NN's Söhne, b) nach ihrer Abstammung (*tôl^{e}ḏôṯ*) und c) ihren Geschlechtern, d) ihren Sippen und e) Namen, f) von 20 Jahren und darüber, und g) ihrer Wehrfähigkeit (vgl. Num 14, 29; 1 Chr 23, 24). Das Ergebnis wird durch die Formel *p^{e}quḏêhæm l^{e}maṭṭeh NN (000)* angegeben. Bei den beiden ersten Stämmen (Ruben vv. 20 f., Simeon vv. 22 f.) steht außerdem „Kopf für Kopf, alles was männlich war" und bei Simeon ein *p^{e}quḏājw* zwischen d) und e); diese Angaben durchbrechen das feste Schema und sind zu streichen (s. BHS). In 1, 44–46 wird das Ergebnis nach den Kriterien c) und f) und g) zusammengefaßt. Gegenüber der Musterung eines Heeres sind zwei Unterschiede zu notieren: die Musterung wird von religiösen Führern ausgeführt und hat nicht einen Kampf zum Ziel, sondern die Wanderung durch die Wüste.
Die Leviten werden in 1, 47–53 gesondert behandelt. Nach der einleitenden Feststellung „die Leviten wurden nicht gemustert" (d. h. auf ihre Wehrfähigkeit geprüft, *pqd hotp*) kommt das Verbot: „Den Stamm Levi sollst du nicht mustern (*pqd*) und zählen (*nś' ro'š*) unter den (übrigen) Israeliten" (v. 49), „sondern du sollst sie bestellen (*pqd hiph*, s. u.) zum Dienst an der Wohnung des Zeugnisses" (v. 50).
Num 2 enthält Vorschriften für den Platz der Stämme im Lager und bei der Wanderung. Die Zahl der Gemusterten (*p^{e}quḏîm*) aus jedem Stamm wird angegeben sowie die Summe für jede Gruppe von drei Stämmen, schließlich die Gesamtsumme. Die Leviten aber wurden nicht (als wehrfähig) gemustert (v. 33).
Num 3–4 gilt den Leviten: „Aaron aber und seine Söhne sollst du dazu bestellen (*pqd qal*), den Priesterdienst zu versehen" (v. 10). Ab v. 15 tritt ein Muster hervor, das an Kap. 1 erinnert. Die Vorschriften über die Leviten beziehen sich nicht nur auf ihren Platz im Lager, sondern auch auf ihre Dienstobliegenheiten (vgl. 1 Chr 23, 24). Nach Num 3, 40–43 sollen alle Erstgeborenen gemustert und gezählt werden, um durch Leviten ersetzt zu werden. Kap. 4 beginnt mit dem Befehl: „Ermittelt die Gesamtzahl (*nś' ro'š*) der Kehatiter", dem im Ausführungsbericht (4, 34 f.) *wajjipqoḏ* entspricht. Der Befehl betreffs der Gerschoniter (vv. 21–28) wird mit *nś' ro'š* eingeleitet, enthält aber auch *tipqoḏ* (v. 23) und *ûp^{e}qaḏtæm* (v. 27; s. Kellermann 59 f.); der Ausführungsbericht fehlt. Der Befehl betreffs der Merariter (vv. 29–33) formuliert gleich mit *pqd* (vv. 29 f. 32); auch hier fehlt der

Ausführungsbericht. Die Gesamtzahlen werden formelartig aufgelistet (vv. 36–45). 4, 46 faßt die Musterung der Leviten zusammen: „Nach dem Befehl JHWHs durch Mose wurden sie betraut (*pqd*) ein jeder mit seiner Aufgabe (*p^equddāh*) und seinem Trägerdienst" (v. 49).

Num 26 (20 Belege) erinnert in der Form an 1–4. Die hier vorgenommene Musterung ist dadurch veranlaßt, daß das Land den Stämmen im Verhältnis zu ihrer Größe (*b^emispar šemōṯ* v. 53, *l^epî p^equdājw* v. 54) verteilt werden soll. Der Musterungsbefehl wird durch *ś^e'û 'æṯ-ro'š* eingeleitet (vgl. vv. 1, 2. 49; 4, 2. 22; Ex 30, 12), aber der Ausführungsbericht fehlt, was durch die Lesung *wajjipqod* statt *waj^edabber* in v. 3 abgeholfen werden kann (s. BHS). Vv. 5-50 listen die Zahlen der Gemusterten (*p^equdîm*) auf (zu vv. 24. 41. 50 s. BHS), und v. 51 gibt die Gesamtzahl. Die Leviten werden auch hier gesondert behandelt (vv. 57–62).

Die Musterung in Ex 30, 11–16 hat den Zweck, „Lösegeld" (*kæsæp kippurîm*) herbeizuschaffen. Der Befehl wird durch *tiśśā' 'æṯ-ro'š* eingeleitet (v. 12). *pqd* findet sich in der distributiven Formel *lipqudêhæm* (vgl. Num 26, 5–50) und in der Begründung „damit sie keine Heimsuchung (*næḡæp*) trifft bei der Musterung" (v. 12). Für die Veranlagung der Kosten für das Zeltheiligtum wird Ex 38, 21 der Ausdruck *p^eqûdê hammiškān* gebraucht; die Mittel werden von *p^equdîm* (vv. 25 f.) erhoben (*puqqad* v. 21, als pass. *qal*).

4. *pāqad* kann „nach jem. fragen, sich für jem. interessieren, sich um jem. kümmern" bedeuten. – Nach längerer Abwesenheit besucht Simson seine philistäische Frau und bringt ihr ein Zicklein als Gabe (*pāqad 'æṯ-'ištô b^e*, Ri 15, 1). Die Absicht ist, die Beziehung wieder anzuknüpfen – die Frau war aber inzwischen wieder verheiratet. – Als Jehu Isebel überfahren hatte, sagte er: „Seht nach (*piqdû*) dieser Verfluchten und begrabt sie" (2 Kön 9, 34); die Absicht war, den Fluch zu vereiteln (vgl. 1 Kön 21, 23; 2 Kön 9, 10). – Von einem guten Hirten wird erwartet, daß er „sich um die Herde kümmert", d. h. sie nicht zerstreut und versprengt (Jer 23, 2, vgl. v. 4 *niph*) oder daß er das Verlorene sucht (*pqd*), das Gebrochene heilt und das Gesunde versorgt (Sach 11, 16). – Nach der Rückkehr der Exulanten wird man sich weder um die Bundeslade kümmern (*pqd*), von ihr reden ('*āmar*), ihrer gedenken ('*ālāh 'al leb*) noch an sie erinnern (Jer 3, 16).

Ez 23, 21 ist schwierig (eine Tat als Obj. ist selten; Personenwechsel; *pqd* steht an unerwarteter Stelle im juridischen Kontext). Zimmerli (BK XIII/1², 529) übersetzt: „Du 'sehntest dich' nach (d. h. interessiertest dich für) dem Frevel deiner Jugend."

In dieser Bedeutung kann *pqd* auch JHWH als Subj. haben. Der Schöpfer gedenkt *(zākar)* des Menschen und nimmt sich seiner an (Ps 8, 5). In Ijob 7, 17 f. wird diese Aufmerksamkeit von seiten Gottes negativ aufgefaßt, und Ijob bittet: „Schau weg von mir!" Nach Ps 65, 10 hat Gott für das Land gesorgt (*pqd*) und es getränkt, also ihm Fruchtbarkeit geschenkt.

Ex 4, 31 faßt Kap. 3–4 zusammen: „Das Volk hörte, daß JHWH sich der Israeliten angenommen (*pqd*) und ihr Elend gesehen (*r'h*) hatte." Der Vers weist auf 3, 16 zurück (*pāqad* ohne *rā'āh*; vgl. jedoch 3, 7.9). Das Sich-Annehmen ist die Voraussetzung der Rettung. Ein ähnlicher Fall liegt in Rut 1, 6 vor: daß „JHWH sich seines Volkes angenommen hat", ist die Voraussetzung dafür, daß er „ihm Brot gegeben hat" und für die Rückkehr Ruts nach Betlehem.

Auf die Rettung aus Ägypten wird in den letzten Worten Josefs Bezug genommen: „Gott wird sich euer annehmen (*pqd*) und euch aus diesem Land hinausführen. Wenn Gott sich euer annimmt, dann nehmt meine Gebeine von hier mit hinauf!" (Gen 50, 24 f.). JHWH versprach Abraham einen Sohn mit Sara (Gen 18, 9. 14 J; 17, 16 P). Die Erfüllung wird 21, 1 erzählt: „JHWH nahm sich Saras an, wie er gesagt hatte … Sara wurde schwanger und gebar dem Abraham einen Sohn" (v. 2). Das Ganze ist eine Sache zwischen Gott und Abraham. Abraham erhält die Verheißung, Gott nimmt sich Saras an und Abraham erhält einen Sohn. In 1 Sam 1–2 dagegen wird das Interesse auf die Frau konzentriert. Hanna gebiert zuerst Samuel, weil JHWH ihrer gedacht hat (*zkr*, 1, 19 f.); dann nimmt sich JHWH wieder Hannas an, und sie gebiert noch drei Söhne (2, 21).

5. Das Nachfragen kann jem. zum Nachteil gereichen. Abner wird nach 2 Sam 3, 8 durch Ischbaal der Thronusurpation beschuldigt und weist in einer Beschwichtigungsrede (Boecker 31–34) auf seine Treue gegen Sauls Haus hin und wertet die Anklage (v. 7) als eine Verurteilung: „Du rechnest mir heute eine Schuld an (*pqd 'al 'āwon*)." – Ijob 36, 22 f. enthält drei rhetorische Fragen: „Wer ist ein Lehrer wie er (Gott)? Wer beanstandet (*pqd 'al*) seinen Weg? Wer sagt zu ihm: Du hast Unrecht getan?" Der Parallelismus in v. 23 zeigt, daß in v. a eine Verurteilung gemeint ist. Weil niemand Gott verurteilen kann, ist er groß in seiner Macht (v. 22).

6. An 5 Stellen bedeutet *pāqad* „beauftragen, bestellen". Der Oberste der Leibwache betraute Josef mit der Bedienung (*šrt pi*) des Mundschenks und des Bäckers (Gen 40, 4, vgl. 39, 4 mit *hiph*). – Nach Dtn 20, 9 sollen die Listenführer vor dem Kampfe Truppenführer über das Volk ernennen (*pqd*). – Als Gehasi die eigentlich für Elischa bestimmten Geschenke empfangen hatte, heißt es *wajjipqod babbajiṯ* (2 Kön 5, 24). Das kann bedeuten, daß er die Geschenke im Haus deponierte; da aber *pqd* gewöhnlich ein menschliches Obj. hat, ist eher gemeint, daß er jemanden im Haus über die Geschenke bestellte (André 119). – In Jeremias Aufforderung an die Nationen zum Kampf gegen Babel heißt es u. a.: „Setzt einen *ṭipsar* (Truppenwerber) gegen sie ein" (Jer 51, 27). Jes 27, 3 muß ähnlich verstanden werden: damit Dornen und Disteln nicht (einen Werber?) gegen den Weinberg einsetzen, bewacht ihn JHWH Tag und Nacht (André 134, vgl. BHS).

Sonst ist diese Bedeutung durch *hiph* vertreten. Zweimal steht *pqd hiph* mit *p^eqidîm* als Obj. (Gen 41, 34;

Est 2, 3); das Verb kann als denominiert verstanden werden: „zum *pāqîḏ* machen“. *pāqîḏ* ist ein Vorgesetzter (vgl. u. III. 1), und *hipqîḏ* kann somit, auch wenn *pāqîḏ* fehlt, bedeuten „jemanden einem Amt vorsetzen“. Das Ptz. *hoph* bezeichnet jemanden, der zum Vorgesetzten gemacht worden ist (2 Kön 12, 12 Q; 22, 5. 9; 2 Chr 34, 10. 12. 17).

7mal wird von Gedalja gesagt, daß der König von Babel ihn in sein Amt eingesetzt hat: über (*ʿal*) die in Juda Zurückgelassenen (2 Kön 25, 22, vgl. v. 23; Jer 40, 11), über (*bᵉ*) das Land (Jer 40, 7a; 41, 2. 18), die Städte Judas (Jer 40, 5). Der Titel Gedaljas wird nicht genannt, aber der König „hatte ihn mit den Männern, Frauen, Kindern und den Geringen im Lande betraut (*hipqîḏ ʾittô*)“ (Jer 40, 7b), und „der Oberste der Leibwache hatte ihn mit den Königstöchtern und allem Volk, das in Mizpa übriggeblieben war, betraut (*hipqîḏ ʾæl-gᵉḏaljāhû*)“ (Jer 41, 10). Potifar machte Josef zum Vorgesetzten über (*ʿal*) sein Haus und all seinen Besitz (Gen 39, 4 f. J, vgl. 40, 4 E *qal*). Der König von Israel bestellte „den Ritter, auf dessen Arm er sich lehnte, über (*ʿal*) das Tor“ (2 Kön 7, 17). Josua befahl: „Bestellt Männer über (*ʿal*) den Eingang der Höhle, um (die sich versteckenden Könige) zu bewachen“ (Jos 10, 18). Der Prophet hat Wächter über die Mauern Jerusalems bestellt (Jes 62, 6). David setzte tüchtige Männer über die Rubeniter usw. für alle Angelegenheiten Gottes und des Königs (1 Chr 26, 32). Salomo bestellte Jerobeam über (*lᵉ*) alle Fronarbeit des Hauses Josef (1 Kön 11, 28 – als Baumeister? vgl. v. 27). Die Leviten wurden nicht gemustert und gezählt (s. o. II. 3.), wurden aber mit der Sorge für das Zeltheiligtum betraut (*hiph* Num 1, 50). Achisch, der König von Gat, wird aufgefordert, David an den Ort zurückzuschicken, wo er ihn als Befehlshaber bestellt hatte (1 Sam 29, 4). – Das *niph* hat passive Bedeutung: „zum Vorgesetzten bestellt werden“ (Neh 7, 1; 12, 44); auch das passive Ptz. *qal* wird so gebraucht (Num 31, 14. 48; 2 Kön 11, 15; 2 Chr 23, 14).

Auch JHWH kommt als Subj. zu *pāqaḏ* und *hipqîḏ* in dieser Bedeutung vor. Mose bittet, JHWH möge einen Mann als Anführer der Gemeinde einsetzen (Num 27, 16). Daraufhin ergeht der Befehl, Josua über die Gemeinde zu bestellen (vv. 18 ff.). – Nach 2 Chr 36, 23; Esra 1, 2 ist Kyros von JHWH beauftragt (*pāqaḏ ʿālaj*), ihm ein Haus zu bauen in Jerusalem. – Die Berufung Jeremias wird als ein Eingesetztwerden über die Völker beschrieben (1, 10).

In übertragenem Sinn wird *pqd hiph* im abschließenden Teil des Heiligkeitsgesetzes gebraucht: JHWH wird gegen die Ungehorsamen Schrecken, Schwindsucht usw. einsetzen (über sie als Machthaber bestellen, Lev 26, 16).

Ps 109, 6 scheint nicht in Ordnung zu sein. MT bietet: „Setze einen Ungerechten (*rāšāʿ*) gegen ihn (den Gegner des Psalmisten) (als Richter) ein, ein Ankläger trete an seine Seite.“ Es würde einen besseren Sinn geben, *jāšār* statt *rāšāʿ* zu lesen (André 143).

Die *hiph*-Form bedeutet auch „in Verwahrung geben, anvertrauen“. Rehabeam übergab den Befehlshabern der Leibwache bronzene Schilde (1 Kön 14, 27 // 2 Chr 12, 10). Die Beamten ließen die Schriftrolle Jeremias in der Halle des Schreibers Elischama verwahren (Jer 36, 20). Jeremia selbst wurde im Wachhof verwahrt (Jer 37, 21). Die gegen Jerusalem anrückenden Assyrer werden ihren Troß in Michmas in Verwahrung geben (Jes 10, 28). Ein vertrauensvoller Psalmist sagt zu JHWH: „In deine Hände lege ich voll Vertrauen meinen Geist“ (Ps 31, 6). Als Pass. dient das *hoph*: das Anvertraute (*piqqāḏôn*), das einer Person anvertraut ist (Lev 5, 23).

7. In einer großen Anzahl von Texten steht *pāqaḏ* für die Aktivität des göttlichen Richters, und zwar für die gerichtliche Entscheidung (André 57–186. 232–255; vgl. auch Boecker, der aber *pqd* nicht erwähnt). Auffallend oft findet sich diese Ausdrucksweise bei Jeremia. Mehrere formelartige Ausdrücke kommen dabei zur Verwendung:

a) *hinᵉnî poqeḏ ʿal/ʾæl* „ich spreche das Urteil über“ mit persönlichem Obj. im Pl. (die Männer von Anatot, Jer 11, 22; falsche Hirten, Jer 23, 2b; den falschen Propheten Schemaja und seine Nachkommen, Jer 29, 32; Ägypten mit seinen Göttern und Königen, Jer 46, 25; den König von Babel und sein Land, Jer 50, 18a). Der Formel gehen *lāḵen* (außer 46, 25) und die Botenformel voraus, und ihr folgt der Strafsatz: Todesurteil (Jer 11, 22 f.; 29, 32; 46, 26), Absetzung vom Hirtenauftrag (22, 3, vgl. 50, 17. 19).

b) *ûpāqaḏtî ʿal* „ich will das Urteil über ... sprechen“ ist eine Variante der vorhergehenden Formel. Das Volk Israel, wegen Sünde (*ḥaṭṭāʾṯ*) angeklagt, wird zum „Unheil“ (*næḡæp*) verurteilt (Ex 32, 34 f.). Der Erdkreis wird um seiner Bosheit (*rāʿāh*) willen und die Gottlosen um ihres Vergehens (*ʿāwon*) willen verurteilt (Jer 13, 11). Ägypten, Juda, Edom, Ammon, Moab und alle Wüstenbewohner mit gestutztem Haar werden der Unbeschnittenheit angeklagt (Jer 9, 24). Das Volk Gottes wird zum Tod durch das Schwert usw. verurteilt (Jer 15, 3, vgl. v. 2). Das Haus Davids wird wegen der Frucht seiner Taten von verzehrendem Feuer vernichtet werden (Jer 21, 14); falsche Priester und Propheten werden „mit ihrem Haus“ verurteilt (Jer 23, 34); die Bedrücker Jakobs werden verurteilt (Jer 30, 20). Der König von Juda, seine Nachkommen und seine Diener werden wegen *ʿāwon* mit Unheil (*rāʿāh*) (Jer 36, 31), die Juden in Ägypten wegen der Werke ihrer Hände (Götzendienst) mit Schwert, Hunger und Pest bestraft (Jer 44, 13a, vgl. v. 8). Babel und seine Götzen werden vom Untergang betroffen wegen des Unrechts gegen Zion (Jer 51, 44. 47. 52, vgl. vv. 34 ff.). Israel wird wegen seiner Bluttaten sein Königshaus (Hos 1, 4) und wegen seiner Baʿalsfeste seine Liebhaber verlieren (Hos 2, 15, vgl. vv. 8b. 9). Priester und Volk werden wegen ihrer Wege mit Hunger und Kinderlosigkeit bestraft (Hos 4, 9 f.); die Altäre von Bet-El werden „am Tag meines Urteilens (*pŏqdî*)“ wegen der Sünden (*pæšaʿ*) Israels zerstört werden (Am 3, 14a). Fürsten und Prinzen in Jerusalem, die fremdländische Kleider tragen (Zef 1, 8), alle, die das Haus ihres Herrn mit Gewalt und Betrug anfüllen (v. 9), und genußsüchtige Menschen (v. 12) werden mit Verwüstung bestraft (v. 13).

c) Eine dritte Variante hat Frageform: „Sollte ich nicht über diese das Urteil sprechen (*ha'al-'ellæh lô'-'æpqoḏ* [*bām*]), spricht JHWH, und sollte ich mich nicht rächen an einem Volk wie diesem?" (Jer 5, 9. 29; 9, 8). Grund der Anklage sind Sünden (*pæša'*) und Abtrünnigkeit (Jer 5, 6), Frevel und Sünde (*'āwon, ḥaṭṭā'ṯ* v. 25) oder Treulosigkeit im allgemeinen (8, 18–9, 5). Die Strafe ist Tötung durch wilde Tiere (5, 6) oder Untergang (9, 9 f.).

d) Eine vierte Variante nennt den Richter in 3. Pers.: *jizkor 'awonām wejipqoḏ ḥaṭṭā'ṯām* „er gedenkt ihrer Missetat und spricht über ihre Sünde das Urteil" (Jer 14, 10; Hos 8, 13; 9, 9). Juda wird mit Schwert, Hunger und Pest (Jer 14, 12), Efraim mit Rückkehr nach Ägypten (Hos 8, 13; 9, 3) bestraft.

e) In einigen Texten wird der Zeitpunkt des Urteilsspruchs angegeben. Die Prahlrede des Assyrerkönigs (Jes 10, 8–15) wird durch eine Strafansage abgebrochen: JHWH wird sagen: „Ich spreche das Urteil über (*'æpqoḏ 'al*) die Frucht des Hochmuts des Königs von Assyrien" (v. 12). Die Aussage in der 1. Pers. bricht formal und inhaltlich den Zusammenhang und würde besser nach *lāḵen* in v. 16 passen mit der folgenden Strafansage vv. 17–19. Dreimal wird gesagt, daß JHWH nach 70 Jahren das Urteil sprechen wird. In einem Fall (Jer 25, 12 ff.) werden der König von Babel und sein Volk mit Untergang bestraft wegen ihrer *'āwon*, in den beiden anderen Fällen ist das Urteil ein Freispruch. JHWH hat früher den Untergang von Tyrus beschlossen (Jes 23, 8 f.), nach 70 Jahren aber wird er ein positives Urteil über es sprechen (v. 17, die Stadt wird wieder ihren Dirnenlohn erhalten, aber der Gewinn wird JHWH gehören). Auch Jer 29, 10–14 ist die Wiederherstellung der Inhalt des Freispruchs: nach 70 Jahren im Exil wird JHWH ein positives Urteil über Juda sprechen (v. 10) mit Rückkehr nach Jerusalem und Schicksalswende (v. 14 *šûḇ šeḇûṯ* → שבות; so auch Zef 2, 7) als Ergebnis. Das Volk wird nach Babel geführt werden und dort bleiben, bis JHWH ein positives Urteil über es spricht (Jer 27, 22; vgl. 32, 5 von Zidkija; vgl. Jer 34, 2–5; zu Jer 6, 15; 49, 8; 50, 31 s. u. III. 7).

f) Der Urteilsspruch kann auch ohne bestimmte Formeln ausgedrückt werden. Nach Jer 27, 8 bestraft (*pqd 'al*) JHWH jedes Volk, das sich Nebukadnezar nicht unterwirft, mit Schwert, Hunger und Pest. Eine ähnliche Strafe wird den abfälligen Juden in Ägypten angesagt (Jer 44, 29 *pqd 'al*). Jer 13, 21 f. ist eine Aufforderung an Jerusalem, gegen eine Verurteilung nicht zu argumentieren: "Was wirst du sagen, wenn er sein Urteil über dich spricht?" (vgl. Ijob 31, 14). In Zef 3, 7 sagt JHWH: „Nichts von dem, was ich ihr (Jerusalem) angesagt habe (*pqd 'al*), wird aus ihren Augen (l. mit LXX, S *me'ênæhā*) schwinden (d. h. ausbleiben)." In Hos 4, 14 kommt statt der erwarteten Verurteilung der treulosen Männer eine Freisprechung der ausgenutzten Frauen: „Ich verurteile nicht eure Töchter und Schwiegertöchter." Am 3, 2 werden die Israeliten wegen all ihrer Vergehen verurteilt. Hos 12, 3 kündigt den Rechtsstreit JHWHs mit Israel an. Israel hat wie sein Ahnvater Jakob gehandelt (vv. 4 f.), und die Strafe wird im Verhältnis zu seinen Taten bestimmt. Nach Sach 10, 3 wird JHWH, nachdem er seine Herde (Juda) freigesprochen hat (*pqd* + Akk.), die Hirten und die Böcke verurteilen (*pqd 'al*). Jer 49, 19 = 50, 44 ist mit Cornill, Rudolph u. a. *ûmî bāḥûr 'elæhā* in *ûmiḇḥar 'elæhā* zu ändern: „Ich spreche über ihre besten Widder das Urteil"; gemeint sind die Fürsten in Edom und Babel.

In 1 Sam 15, 2 ist das Obj. von *pqd* auffallenderweise eine Handlung: „was Amalek Israel angetan hat". Saul soll den Ex 17, 16 ausgesprochenen Fluch vollziehen; also ist zu übersetzen: „Ich bestätige hiermit (GKa § 106i) das Urteil über Amalek für das, was er tat."

In der Jesajaapokalypse tritt der Urteilsausdruck *pqd 'al* zum ersten Mal Jes 24, 21 auf. Das Heer der Höhe und die Könige der Erde werden verurteilt und ins Gefängnis geworfen (v. 22 muß *ûmeroḇ jāmîm jippāqeḏû* als „nach langer Zeit werden sie freigesprochen [d. h. aus dem Gefängnis freigelassen]" verstanden werden). Zu 26, 21 s. u. Jes 26, 14 fällt auf, daß die Strafe („Tote werden nicht lebendig") vor dem Urteilsspruch erwähnt wird. Jes 27, 1 wird Leviatan verurteilt und getötet.

Hier ist auch Ijob 31, 14 zu nennen: „Was wollte ich tun, wenn Gott sich (als Richter) erhebt, was wollte ich antworten, wenn er mich verurteilt (zur Rede stellt; *pqd*)."

In Jes 26, 16 ist der Text nicht in Ordnung. Mit BHS ist statt *peqādûkā pŏqdeḵā* und statt *ṣāqûn ṣaqnû* zu lesen: „In der Not deiner Bestrafung ergießen wir (Gebete) wegen deiner Züchtigung von ihnen." – Ijob 35, 15 ist problematisch. „Sein Zorn" ist unwahrscheinlich als Subj. zu *pqd*. Dhorme übersetzt jedoch: „sein Zorn bestraft nichts", möglicherweise „verurteilt nichts". Hölscher, HAT z. St. „nicht ahndet" (l. *'ên poqeḏ*; anders André 133).

g) In Klageliedern (Ps 59; 80; Jer 15, 15–18) steht *pqd* in der Bitte um JHWHs Eingreifen. Der unschuldige Beter von Ps 59 ruft Gott an: „Wach auf, komm mir entgegen, sieh her … erwache, verurteile (*pqd*) alle Völker" (vv. 5b. 6). Auch Jeremia betrachtet sich als unschuldig und betet: „Denk an mich (*zŏḵrenî*), nimm dich meiner Sache an (*pŏqdenî*: fälle eine Entscheidung zu meinen Gunsten), nimm für mich Rache an meinen Verfolgern" (Jer 15, 15). In Ps 80 wird Israel als Weinstock dargestellt, und es wird gebeten: „Wende dich uns wieder zu, blicke vom Himmel herab, und sieh auf uns, entscheide für (*pqd*) diesen Weinstock" (v. 15); vv. 17b. 18 explizieren, was das inhaltlich meint. Auch in Ps 17 spricht ein unschuldig Verfolgter; er beteuert: „Prüfst du mein Herz, entscheidest du (*pqd*) in der Nacht, erprobst du mich, findest du an mir kein Unrecht" (v. 3).

h) 4mal (Ex 20,5; Dtn 5,9; Ex 34,7; Num 14,18) findet sich der Ausdruck *poqeḏ ʿawon ʾāḇôṯ ʿal-bānîm* mit Bezug auf JHWH, der die Einhaltung des Gesetzes überwacht. Der eifersüchtige Gott bestraft die Sünden der Väter bis in die dritte und vierte Generation, ist aber loyal an Tausenden, wenn man die Gebote hält. In Ex 34,7 und Num 14,18 geht die Formel „er wird niemanden freisprechen (*nqh*)" dem *pqd*-Satz voraus.

Ähnlich steht *pqd ʿāwon ʿal* in der Bedeutung „verurteilen, bestrafen" in Jes 26,21. Ps 89,31ff. hat die Form eines kasuistischen Gesetzes für die Könige der davidischen Dynastie; die Strafe wird durch *pqd bᵉ* ausgedrückt: „dann werde ich ihr Vergehen mit der Rute strafen und ihre Sünde mit Schlägen" (v. 33).

8. *pqd niph* mit JHWH als logischem Subj. ist selten. Nach Ez 38,8 wird das exilierte Israel wieder (von JHWH) „gemustert werden". Die *niph*-Form in Jes 29,6 folgt zwar auf eine Kriegssituation (vv. 2–5), ist aber mit instrumentalem *bᵉ* konstruiert („mit Donner und Getöse", Sturm, Flammen usw.): „von JHWH *ṣᵉḇāʾoṯ* wird das Urteil gesprochen" (*tippāqeḏ meʿim*). In Num 16,29 verteidigt Mose nach dem Aufstand Korachs seine Autorität: „Wenn diese sterben, wie alle Menschen sterben, oder über sie die *pᵉquddāh* aller Menschen gesprochen (*pqd*) wird (d.h. wenn sie eine gewöhnliche menschliche Strafe trifft), dann hat JHWH mich nicht gesandt." Die Schuldigen werden von der Erde verschlungen, und Mose ist als JHWHs Gesandter erwiesen (vv. 31–33). Spr 19,23 ist kaum richtig überliefert; der Sinn muß aber sein, daß dem Gottesfürchtigen nichts Böses auferlegt wird, d.h. er wird vom Unheil nicht betroffen.

Die *hoph*-Form in Jer 6,6 kann als Inf. *niph* gelesen werden: der Stadt wird die Strafe des Feindesangriffs zugeteilt.

III. 1. *pāqîḏ* ist 'Vorsteher, Vorgesetzter', der in ein Amt bestellt worden ist (vgl. *hiph*). Es kann einen Offizier bezeichnen (2 Kön 25,18f.; Jer 52,24f.). Ein Priester kann *pāqîḏ nāgîḏ* im Hause Gottes sein (Jer 20,1) oder Aufseher über „die verrückten Propheten" (Jer 29,26; 1. Sing. mit BHS). Der Hohepriester hatte einen Aufseher, der zusammen mit dem Schreiber des Königs die Tempelsteuer erhob (2 Chr 24,11). Leviten waren Aufseher über die Tempelabgaben (2 Chr 31,13; vgl. *niph* Neh 12,44). Die Gruppen, die sich zur Zeit Nehemias freiwillig in Jerusalem ansiedelten, hatten je einen Vorsteher: Offizier (Neh 11,9), Priester (v. 14), Levit (v. 22). Ein Chorleiter wird *pāqîḏ* genannt (Neh 12,42). Der Stadthauptmann (*śar hāʿîr*) des Abimelech heißt *pāqîḏ* („Vogt", Ri 9,20, vgl. v. 30). Josef riet dem Pharao, Vorgesetzte über alles Land zu setzen (*pqd hiph*), um das Speichern von Getreide zu organisieren (Gen 41,34). König Ahasveros bestellte (*pqd hiph*) Beauftragte in allen Provinzen seines Reiches, um schöne Jungfrauen um den König zu versammeln (Est 2,2f.).

2. *piqqāḏôn* ist das, worüber jemand *pāqîḏ* ist. Es bezeichnet einmal den von Josef gespeicherten Getreide-„Vorrat" (Gen 41,36), dann (Lev 5,21.23) auch hinterlegtes oder anvertrautes Gut (vgl. *pqd hoph* v. 23); wie es sich zu *tᵉśûmæṯ jāḏ* (Entliehenes?) verhält, bleibt unklar.

3. *piqqûḏîm* sind die Verordnungen oder Befehle, die JHWH seinem Volk auferlegt hat. In Ps 119 kommt das Wort in 19 von 22 Strophen vor (in v. 128 ist mit LXX *lᵉḵŏl piqqûḏâḵā* zu lesen). Es steht meist am Ende der Strophe, während *dᵉḇārîm* und *ʾimrāh* meist am Anfang stehen; ein genauer Bedeutungsunterschied innerhalb des semantischen Feldes läßt sich nicht feststellen. Der ebenso akrostische Ps 111 hat einen Beleg (v. 7: „seine Befehle sind verläßlich"). Nach Ps 19,9 sind JHWHs Befehle „richtig" (*jāšār*). Nach Ps 103,18 gewährt JHWH denen seine Huld, „die seinen Bund halten und seiner Befehle gedenken, um danach zu handeln".

4. *pᵉqûḏîm* ist etwas Auferlegtes oder Angewiesenes: die für das Zeltheiligtum angewiesenen Dinge (Ex 38,21 als Einleitung einer Aufzählung der verbrauchten Metallmengen; so wahrscheinlich auch Num 7,2, wo die Fürsten die Darbringung der verordneten Gaben beaufsichtigen) oder die von Mose angewiesenen Obliegenheiten der Leviten (Num 4,49; vgl. Kellermann 52).

5. *pᵉqiḏuṯ* steht nur Jer 37,13 in der Verbindung *baʿal p.*, die einen Torhüter oder Wachhabenden bezeichnet, der Jeremia festnimmt.

6. *pᵉqôḏ* bezeichnet Jer 50,21; Ez 23,23 einen aram. Stamm in Babylonien (akk. *Puqūdu*); s. KBL³ 903.

7. *pᵉquddāh* hat mehrere Bedeutungsnuancen. Es kann einmal die Musterung von Soldaten bezeichnen (2 Chr 17,14; 26,11). Dann bezeichnet es die Aufgabe oder das Amt eines *pāqîḏ*: die Verantwortung für das Zeltheiligtum und seine Geräte (Num 3,36; 4,16, vgl. Num 3,32; 4,27 cj.; 1 Chr 23,11; 24,3.19; 2 Chr 24,11); in 1 Chr 26,30 ist die Verwaltung des Westjordanlandes gemeint. Der Pl. *pᵉquddôṯ* scheint eine Mehrzahl von Beauftragten zu bezeichnen: Torhüter oder Wachhaber (2 Kön 11,18; 2 Chr 23,18; Ez 44,11). *pᵉquddôṯ hāʿîr* in Ez 9,1 ist umstritten: „Aufseher der Stadt", „Gerichtsvollstrecker" oder „Strafgericht über die Stadt"? (Zimmerli, BK XIII/1², 195f.). König Zidkija lebte in Babel „im Haus der *pᵉquddāh*", wahrscheinlich ein bewachtes Gefängnis (Jer 52,11). Im übertragenen Sinn steht *pᵉquddāh* in Jes 60,17 par. zu *nogᵉśîm*: „Ich setze den Frieden als Aufsicht über dich, und die Gerechtigkeit als deinen Vogt."

Jes 15,7 ist schwierig. O. Kaiser, ATD 18, 49, übersetzt: „So schleppt man denn, was man erübrigt und was sie gespart (*pᵉquddāh* als Niedergelegtes), über den Pappelbach mit sich fort." Wahrscheinlich steckt aber die Textverderbnis tiefer (vgl. André 162).

pᵉquddāh ist ferner das dem Menschen bestimmte Verhängnis. Aus dem juridischen Kontext in Num 16,29 (s.o.) geht hervor, daß „das Schicksal aller Menschen" die Bestimmung zum Tod ist. Auch Ps 109 hat juridische Übertöne, weshalb die Übersetzung „sein Schicksal – er soll ein anderes erhalten" besser paßt als „ein anderer soll sein Amt erhalten" (v. 8). In Jes 38, 10 ist statt *pu puqqaḏtî pequddāṯî* zu lesen und zu übersetzen: „Ich dachte, ich muß in der Mitte meiner Tage weggehen, für den Rest meiner Jahre wird mein Schicksal in der Scheol sein" (André 167). Ähnlich soll Ijob 10, 12 verstanden werden: „Leben und Wohltat hast du mir gewährt, und deine Schicksalsbestimmung hat meinen Odem bewahrt."

Der Tag (bzw. die Tage) der *pequddāh* ist die Zeit des Urteilsspruches JHWHs oder des Strafvollzugs. In Jes 10, 3 steht der Ausdruck in einer vorwurfsvollen Frage: „Was sollt ihr mit dem Tag des Urteils anfangen, mit dem Unheil, das von ferne kommt?" Nach Hos 9, 7 sind die Tage des Urteils und der Vergeltung (*šillum*) schon gekommen (vgl. vv. 6. 9). Nach Mi 7, 4 hat der *pequddāh*-Tag JHWHs Bestürzung zur Folge (vgl. *jôm pǒqdî* Ex 32, 34; Am 3, 14; Jer 27, 22). Dreimal steht bei Jeremia der Satz „Ich will über NN Unheil kommen lassen, das Jahr der *pequddāh*". An der ersten Stelle (11, 23) begründet der Satz das gefällte Urteil (*pqd* v. 22). Auch in 23, 12 geht es um die Begründung der Strafe. Im Moaborakel Kap. 48 begründet v. 44 einen Feindesangriff. Überall ist hier also vom Jahr des Strafvollzugs die Rede. Unbestimmt ist *ʿeṯ pequddāh* die „Zeit der Strafe" (Jer 6, 15 BHS; 8, 12; 10, 15 = 51, 18; 46, 21; 49, 8 cj.; 50, 27. 31 BHS).

8. *mip̄qaḏ hāʿām* ist die Musterung des Volkes/Heeres (2 Sam 24, 9; 1 Chr 21, 5), der Zensus mit Zahlen als Ergebnis. *mip̄qaḏ habbajiṯ* (Ez 43, 21) ist ein zugewiesener oder vorgesehener Platz beim Tempel, wo das Sündopfer verbrannt wird. *šaʿar hammip̄qāḏ* (Neh 3, 31) könnte das Tor sein, das zu diesem Platz leitet. In 2 Chr 31, 13 wird *bemip̄qaḏ* gewöhnlich als „nach dem Befehl" verstanden, aber wahrscheinlich handelt es sich um den von Hiskija angewiesenen Platz (André 169. 230). *ʿeṯ mip̄qāḏ* (Sir 32/35, 11) ist vielleicht die „festgesetzte Zeit", an der man nicht säumen soll; nach KBL³ 585 liegt eine Textverderbnis vor.

IV. 1. Die große Bedeutungsbreite von *pqd* spiegelt sich in der Wiedergabe in der LXX wider. Meist wird schablonenhaft mit ἐπισκέπ(τ)ειν (bzw. ἐπίσκεψις, ἐπισκοπή) übersetzt; andere häufigere Wiedergaben sind ἐκδικεῖν 'strafen' und ἀριθμεῖν 'zählen'.

Wie wenig die LXX zum Verständnis von *pqd* beiträgt (gegen Gehman), geht u. a. aus der Übersetzung der oben (II. 7. a–d) besprochenen Formeln hervor. Für a werden ἐπισκέπτειν und ἐκδικεῖν gebraucht, für b außerdem ἐπάγειν 'herbeiführen' und ἐντέλλεσθαι 'befehlen', für c nur ἐπισκέπτειν und in d ἐκδικεῖν. Andere Verben für das Richten Gottes sind ἐφιστάνει, (ἀντ)αποδιδόναι, μιμνήσκεσθαι für *qal*, ἑτοιμάζειν und ἐπισκοπεῖν für *niph*. Der einzige *pi*-Beleg wird mit ἐντέλλεσθαι übersetzt. JHWHs Beauftragung von Kyros übersetzt 2 Chr 36, 23 mit ἐντέλλεσθαι, aber Esra 1, 2 mit ἐπισκέπτειν; in der Beauftragung Jeremias heißt es καθιστάναι. Militärische Musterung ist ἐπισκέπτειν oder ἀριθμεῖν, Volkszählung überwiegend ἐπισκέπτειν. Die Feststellung, ob etwas da ist oder nicht, wird durch ἐπισκέπτειν oder ἐντέλλεσθαι, vereinzelt durch ἐκπηδᾶν, συνιστάναι, καθιστάναι, παρατιθεναι, ἐκζητεῖν, ἁλίσκειν wiedergegeben. – Das Handeln zum Vorteil jems. heißt ἐπισκέπτειν, zum Nachteil ἐπιζητεῖν oder wird umschrieben. Das Einsetzen in ein Amt heißt meist καθιστάναι, aber auch ἐπίσκοπος, παρακαθιστάναι, διδόναι, φυλάσσειν, ἐμβάλλειν. Auch begegnen Zusammensetzungen mit τιθέναι.

pāqîḏ wird mit ἐπίσκοπος, ἐπιστάτης, προστάτης, καθιστάμενος, κωμάρχης und τοπάρχης übersetzt. *piqqāḏôn* ist entweder παραθήκη oder φυλάσσειν. Für *piqquḏîm* steht in Ps 19 und 5mal in Ps 119 δικαίωμα, 16mal in Ps 119 und in Ps 103. 18 ἐντολή. *peqûḏîm* wird mit σύνταξις, ἐπισκοπή und ἐπισκέπτειν übersetzt, *baʿal peqiḏuṯ* mit παρ' ᾧ κατέλυεν. – Bei *pequddāh* überwiegen ἐπίσκεψις und ἐπισκοπή, aber auch andere Übersetzungen und Umschreibungen kommen vor. Im Ausdruck *jôm/šenaṯ/ʿeṯ pequddāh* stehen ἐπισκοπή, ἐπίσκεψις oder ἐκδίκησις und 1mal das Verb. – *mip̄qāḏ* wird umschrieben oder transkribiert.

2. Der Sprachgebrauch der Qumranschriften weicht in manchen Hinsichten vom biblischen ab. Die Tempelrolle hat 2 Beispiele für *pqd* in der Bedeutung „in ein Amt einsetzen" (TR 57, 3 König; 62, 5 Truppenbefehlshaber), vgl. übertragen 1 QM 13, 10: Gott hat den Fürsten des Lichtes zum Helfer der Guten bestellt. Nach 1 QH 15, 5 hat er sogar den Standort der Gerechtigkeit angewiesen. In militärischen Kontexten hat *pqd* die Bedeutung „mustern" (1 QM 2, 15; vielleicht 12, 4; 19, 12), aber schon hier tritt eine neue Nuance zu Tage: die Gemusterten sind zugleich die Mitglieder der Gemeinde: sie sollen sich einstellen zu den Festzeiten (1 QM 2, 4), und die Engel sind mit ihnen (12, 8). In der Gemeinderegel wird verordnet, daß die Eintrittsuchenden (durch einen *pāqîḏ*, der über 'die Vielen' steht, 1 QS 6, 14, hier aber *dāraš*) geprüft („gemustert") werden sollen (1 QS 6, 21; vgl. CD 13, 11); jedes Jahr findet dann eine neue Prüfung statt (1 QS 5, 24). CD 14, 3 setzt militärische Ordnung voraus: sie sollen im Lager namentlich gemustert werden.

Eine neue Bedeutung liegt auch vor, wenn es heißt, daß man auf Gottes Satzungen (*ḥoq*) „achten" soll (1 QS 5, 22; 1 QSb 3, 24).

In 1 QH 14, 24 liegt eine Anspielung auf Ex 20, 5f. vor, wenn es heißt, daß Gott „denen, die von der Sünde umkehren, vergibt und die Sünde der Gottlosen ahndet". *pāqaḏ* steht hier mit direktem Obj., ohne *ʿal*, wie auch CD 5, 15 „er hat alle ihre Werke bestraft". Ferner beziehen sich *pāqaḏ* und vor allem *pequddāh* auf die endgültige Entscheidung am Ende der Tage. Die Gemeinderegel lehrt, daß der Weltlauf unter den beiden Geistern stehen soll „bis zur bestimmten Zeit seiner *pequddāh*" (1 QS 3, 18, vgl. 4, 26). Diese Entscheidung gereicht den Guten zu Heil und Frieden (4, 6), den Bösen aber zu Plagen und ewiger Schmach (Z. 11) oder zur Vernichtung (Z. 19). Dieselbe Entscheidung ist wohl auch 1 QH 1, 17 gemeint (vgl. auch 1 QS 2, 6). Einige Stellen in der Damaskusschrift können sich auf dieselbe Entscheidung beziehen:

wenn Gott das Land verurteilt (*pqd*), wird die Vergeltung der Gottlosen kommen (CD 7,10, vgl. 19,6), oder „er wird sie verurteilen zur Vernichtung (*kālāh*) durch Belial" (8,2 = 19,4; anders 1 QS 2,6); „dies ist der Tag, an dem Gott verurteilt" (8,3; 19,15). Die Damaskusschrift spricht daneben von einer „ersten (früheren) Entscheidung" (oder „Entscheidung über die Frühen, d.h. die Väter"), die mit Ez 9,4 in Verbindung gebracht wird (CD 7,21; 19,10f.).

André

פָּקַח *pāqaḥ*

I.1. Etymologie – 2. Vorkommen (einschl. LXX) – II. Profaner bzw. konkreter Gebrauch – III.1. Die geöffneten Augen JHWHs – 2. JHWH als Subj. des Öffnens.

Lit.: *G. Gerleman*, Bemerkungen zur Terminologie der „Blindheit" im AT (SEÅ 41/42, 1976/77, 77–80).

I.1. Die Wurzel *pqḥ* 'öffnen' (mit starker Nähe zu → פתח *pāṯaḥ*) begegnet vorwiegend innerhalb des bibl. Hebr. Außerhalb des AT ist auf KAI 193,4 und vor allem auf KAI 222 A, 13 (Sefire) zu verweisen, wo *pqḥ* auch (vgl. III.1) im Kontextbezug vom Öffnen der Augen verwendet wird. Neben einer Verwendung im Asarab. (Biella 408) und Akk. (AHw 855) stehen Belege aus jüngeren semit. Sprachen, nämlich dem Aram. (DISO 234) und Syr. (KBL^3 903), dort für das Sich-Öffnen von Blumen, damit für das Blühen, wie dort auch das Subst. *paqḥā'* für 'Blume' steht.

2. Im AT findet sich die Wurzel *pqḥ* fast nur als Verbform, und zwar 15mal im *qal* (Gen 21,19; 2 Kön 4,35; 6,17.20; 19,16; Ijob 14,3; 27,19; Ps 146,8; Spr 20,13; Jes 37,17; 42,7.20; Jer 32,19; Dan 9,18 [Q]; Sach 12,4), 3mal im *niph* (Gen 3,5.7; Jes 35,5), dann als Adj. (Ex 4,11; 23,8). Daneben steht einmal *p^eqaḥ-qôaḥ* (Jes 61,1). Im hebr. Sir ist *pqḥ* nicht belegt, in Qumran bisher nur 1mal in 4 QShir[b] (511) 16,5 in der Wendung *pqḥ 'znjm* „die Ohren öffnen". Möglicherweise ist in der Spätzeit *ptḥ* an die Stelle von *pqḥ* getreten. *pqḥ* begegnet jeweils im Zusammenhang mit dem Nomen *'ajin* (→ עין), abgesehen von Jes 42,20 (dort mit *'ozæn* – anders *ptḥ*, das nur 1 Kön 8,29.52; 2 Chr 6,20.40; 7,15; Neh 1,6 in Kombination mit *'ajin* steht, ansonsten aber in anderen Verbindungen. Die Belege in der LXX zeigen keine Auffälligkeiten. Das Adj. wird mit βλέπειν wiedergegeben, während das Verb mit Ableitungen von οἴγειν begegnet (ἀνοίγειν bzw. διανοίγειν). Für *p^eqaḥ-qôaḥ* steht ἀνάβλεψις.

II. In nur wenigen Stellen wird *pqḥ* profan bzw. konkret verwendet. Nach 2 Kön 4,35 öffnet der tote Sohn der Schunemiterin wieder die Augen. Gemeint ist damit das erneute Lebendigsein. Auf das Öffnen der Augen am Morgen nach dem Schlaf beziehen sich Ijob 27,19 wie Spr 20,13, wobei die erste Stelle mit einem negativen Kontext verbunden ist – der Frevler wird erkennen, daß ihm sein Besitz abhanden gekommen ist. In Spr 20,13 hingegen findet sich die Aufforderung, morgens zeitig die Augen zu öffnen, wohl um durch Fleiß der Armut und dem Hunger zu entgehen (vgl. O. Plöger, BK XVII 235).

III.1. Die geöffneten Augen JHWHs werden angesprochen im Rahmen von Gebeten. Nach 2 Kön 19,16 // Jes 37,17 bittet Hiskija, JHWH möge seine Augen öffnen, um zu erkennen, in welcher Weise Sanherib ihn (= JHWH) verhöhnt, und dann einzugreifen, damit alle an der Rettung Jerusalems erkennen, daß JHWH Herr ist. Um das helfende Eingreifen zugunsten Jerusalems bittet auch Dan 9,18, wenn JHWH um das Öffnen seiner Augen angefleht wird (wie in 2 Kön 19,16 // Jes 37,17 in Kombination mit *haṭṭeh 'ŏzn^ekā*).

Ebenfalls positiv für Jerusalem ist das Offenhalten der Augen JHWHs, wenn JHWH Gericht über die Völker ausüben wird mit Judas/Jerusalems Hilfe (Sach 12,4). Das „Augen aufhalten" ist deutlich Ausdruck der Sorge und des Schutzes (A. S. van der Woude, PvOT 229; W. Rudolph, KAT XIII/4, 221).

Etwas differenzierter ist Jer 32,19 zu sehen: JHWHs Augen sind offen über allen Wegen des Menschen, und so gibt JHWH jedem nach seinem Wandel. Darin kann auch eine Deutung des Exils erkannt werden, denn die offenen Augen JHWHs werden nicht nur zu seinem helfenden, sondern auch zum richtenden Handeln in Beziehung gesetzt. Ijob 14,3 kennt allein den richtenden Aspekt: Gott wird als Verfolger gesehen, der den Menschen vor Gericht stellt (vgl. A. Weiser, ATD 13^5, 102), weniger als einer „seeing what was not seen before" (N. C. Habel, Job [OTL] 240, in Analogie zu Gen 3,5.7 u.a.).

2. Steht *pqḥ* mit JHWH als Subj., so liegt metaphorischer Gebrauch vor. Mit JHWH als sachlichem Subj. begegnet *pqḥ* Gen 3,5.7; Jes 35,5. Adam wie Eva werden die Augen aufgetan, wenn sie von der verbotenen Frucht essen (Gen 3,5.7), und es kommt zu einem qualitativ neuen Sehen. In der kommenden Heilszeit Israels werden (Jes 35,5f.) die Augen der Blinden geöffnet und andere Gebrechen geheilt. Wildberger (BK X/3, 1362) wie Clements (NCeB, 276) denken an konkrete körperliche Gebrechen, der nicht eindeutige Kontext läßt aber durchaus ein Ineinander konkreten wie spiritualisierten Verstehens zu: Die erneute Fähigkeit zum körperlichen Sehen ermöglicht auch ein neues geistiges/geistliches Sehen (Wildberger 1363); ähnlich auch Ps 146,8.

Wohl übertragen mit Blick auf die Blindheit Israels angesichts seines Gottesverhältnisses ist Jes 42,7 zu deuten, da es umfassend um das Geschick Israels geht. Die Sendung des Gottesknechtes hat das Öffnen blinder Augen zum Ziel, wobei nicht deutlich ist, ob JHWH oder der Knecht Subj. ist, JHWH aber jedenfalls der Urheber bleibt. Deutlich metaphori-

schen Charakter hat das Adj. in Ex 23, 8 mit der Warnung vor blind machender Bestechlichkeit. Ebenso Ex 4, 11, wonach JHWH Moses Einwand, er sei unfähig zum Reden, begegnet mit dem Hinweis auf sein Schöpfungshandeln am Menschen. So hat JHWH u.a. die Fähigkeit gegeben, nicht blind, sondern sehend zu sein. Der von S. T. Lachs (VT 26, 1976, 249 f.) vorgeschlagenen Konjektur (*pisseaḥ* statt *piqqeaḥ*) ist nicht zu folgen, da es primär um das von JHWH geschaffene Sinnesorgan geht, nicht um seine Gebrechlichkeit, die von Lachs hervorgehoben wird angesichts des Kontextes (vgl. S. Speier, VT 10, 1960, 347).
In Gen 21, 29 wird stärker ein konkreter Gegenstand beim Öffnen der Augen durch JHWH sichtbar: Hagar sieht einen Brunnen zum Stillen des Durstes. 2 Kön 6, 17. 20 enthalten eine Bitte Elischas, daß JHWH (einem, v. 17) anderen die Augen öffnen soll, so daß die jeweilige Wirklichkeit wahrgenommen werden kann. Elischas Diener erkennt (v. 17), daß Israel im Kampf gegen die Syrer nicht alleingelassen ist, sondern ungeahnte „feurige Rosse und Wagen" zu Hilfe kommen. V. 20 erzählt, daß die Feinde erkennen, daß sie überlistet worden bzw. nicht ausreichend klug gewesen sind.
Daß auch offene Ohren nicht das Hören garantieren, spricht Jes 42, 20 an – um so erstaunlicher, als hier der Knecht JHWHs derjenige ist, der JHWH nicht in rechter Weise wahrnimmt.
Die Durchsicht der Texte zeigt, daß *pqḥ* in Verbindung mit *ʿajin* bzw. *ʾozæn* nahezu durchgängig im übertragenen Sinn gebraucht wird. Es geht nicht (primär) um konkretes Sehen bzw. Hören, sondern um ein neues bzw. anderes Verstehen dessen, was in den Blick bzw. zu Gehör kommt. Es geht um die richtige Einschätzung einer Situation, nicht um die bloße Wahrnehmung. Allein Jes 61, 1 begegnet *pqḥ* atypisch in anderer Funktion als Hinweis auf das Öffnen von Fesseln.

Hausmann

פַּר *par*

פָּרָה *pārāh*

I. Vorkommen und Bedeutung in den semit. Sprachen – II. Vorkommen und Bedeutung im AT – 1. Vorkommen – 2. Bedeutung – III. Verwendung im AT – 1. als landwirtschaftliches Nutztier – a) in erzählenden Texten – b) im bildlichen Gebrauch – 2. als Opfertier – a) in der Opfergesetzgebung – b) in erzählenden Texten – c) Kritik am Tieropfer – IV. LXX und Qumran – 1. LXX – 2. Qumran.

Lit.: *B. Lincoln*, Priests, Warriors, and Cattle. A Study in the Ecology of Religions (Hermeneutics 10, Berkeley 1981) (dazu Rez. v. *W. Thiel*, OLZ 82, 1987, 241–243). – *L. Malten*, Der Stier in Kult und mythischem Bild (JDAI 43, 1928, 90–139). – *R. Péter-Contesse*, פר et שור. Note de lexicographie hébraïque (VT 25, 1975, 486–496). – *Ders.*, Note on the Semantic Domains of two Hebrew Words: פר and שור (Bi Trans 27, 1976, 119–121). – *D. Wachsmuth*, „Taurobolium" und „Tauros" (K. Ziegler u. a. [Hg.], Der kleine Pauly 5, 1975, 543 f. 546 f.). – *M. Weippert*, Gott und Stier (ZDPV 77, 1961, 93–117). → בקר *bāqār*.

I. Für das Wort *par* / *pārāh* finden sich in den semit. Sprachen nur wenige Belege. AHw 834b nennt – unter Hinweis auf das Hebr. – *parru* II „Lamm, Jungschaf" und *parratu* „weibliches Lamm". Im Ugar. ist *par* als *pr* II (WUS Nr. 2260; UT Nr. 2122. 2125) belegt in KTU 4. 142, 1 f. (nach O. Eißfeldt, KlSchr II 398 „Inventory of young bulls [*prm*] – quantities with price in shekels, e. g. line 2: ʿfour bulls for 20 [shekels]ʾ"), während eine *prt* in dem Text KTU 1. 5, V, 18 erwähnt wird: Alijan Baʿal befindet sich auf dem Wege zu Mot aufgrund einer Einladung, und „er gewann lieb eine Färse auf der Trift, eine Kuh im Felde des Löwen der Mametu" (Übers. n. J. Aistleitner, Die mythologischen und kultischen Texte aus Ras Schamra, Budapest ²1964, 16). Das nach DISO 234 im Phön. (KAI 14, 12) und im Pun. (CIS I 166 B, 2) vorkommende *pr* ist mit *p^erî* gleichzusetzen. Im Jüd.-Aram. stellt der Talmud-Traktat Para („Die rote Kuh") den Hauptbeleg für *par* / *pārāh* dar und ist mit den darin überlieferten Diskussionen wichtig für die inhaltliche Bestimmung des Nomens (s. u. II. 2). Die Funde von Qumran und Wadi Murabbaʿat liefern jeweils einen Beleg für *par* und *pārāh* (s. u. III. 1a, 1b).

II. 1. Für das der Sache nach zur Wortgruppe → בקר *bāqār* gehörende *par* / *pārāh* zählt man über 150 Belege (131 + 25) im AT, wobei diese hohe Zahl durch das vielfache Vorkommen des Begriffes in den Opfervorschriften des Pent. hervorgerufen wird.
2. Für die sachliche Bestimmung von *par* besagt der mehrfach anzutreffende Zusatz *bæn-bāqār* (Lev 4, 3. 14; Num 7, 15 ff.; 8, 8; 15, 24 u. ö.; Ez 43, 19. 23. 25 u. ö.) wenig; er bezeichnet die Zugehörigkeit des Tieres zur Gattung „Rind", sagt aber über das Alter des Tieres nichts aus.
Während GesB 656 *par* mit „Stier, bes. jüngerer, Farr (versch. v. *ʿēgæl*)" wiedergibt, definiert KBL³ 904 f. „das kann ein junges Tier sein"; nur an zwei Stellen treten zu *par* Altersangaben, die aber unsicher sind (Ri 6, 25; 1 Sam 1, 24 f.). Die altersmäßige Festlegung des Begriffes *par* als „junger Stier" ist vielleicht durch den Talmud-Traktat Para beeinflußt, in dem über das Alter eines opferfähigen Rindes bzw. der zur Herstellung des Reinigungswassers (Num 19, 2 ff.) benötigten Kuh diskutiert wird (Para I, 2: „nur bringe man aus Ehrerbietung keine alten"). Nach R. Péter-Contesse kann *par* / *pārāh* als Stier (oder Bulle) und Kuh im ausgewachsenen, d. h. geschlechtsreifen Zustand gedeutet werden, während für die Jungtiere das Wortpaar *ʿēgæl* / *ʿæglāh* (→ עגל) zur Verfügung steht; *bāqār* und *šôr* würden dann die Gattung „Rind" als kollekti-

ve Größe oder als Einzeltier bezeichnen, ohne Alter oder Geschlecht kenntlich zu machen.

Er erwägt aber auch die andere Möglichkeit, daß *šôr* „taureau" und *pārāh* „vache" zusammen gehören und *par* mit „taurillon" wiederzugeben ist (vgl. die Schemata 496 bzw. 121). Das kultisch verehrte Stierbild heißt im AT aber niemals *par* = „junger Stier", sondern *ʿegæl* = „Kalb", was gegen diese Vermutung einzuwenden wäre. Eine überzeugende etymologische Herleitung von *par* gibt es bis heute nicht; W. Gesenius, Thesaurus II 1131 (vgl. GesB 656. 662) nennt eine Wurzel *prr* mit den Bedeutungen „cito ferri, currere" (vgl. dazu der Name des 2 Kön 5, 12 genannten Flusses *parpar* nahe Damaskus; s. GesB 661) oder auch „vehi ... ut iuvencus dictus sit a vehiculo trahendo", verweist aber auch auf die Möglichkeit, *prr* = *prh* in der Bedeutung „fertilis fuit" zu verstehen, was zu dem unten III. 2a) genannten mythologischen Kontext passen würde (vgl. dazu auch Th. Nöldeke, ZDMG 40, 1886, 734). – Wahrscheinlich ist *par* ein Primärnomen.

III. 1. a) Das Rind als „wichtige wirtschaftliche Kraft" (G. Dalman, AuS VI 160) ist zugleich ein wertvoller Besitz und damit ein geeignetes Versöhnungsgeschenk Jakobs an seinen Bruder Esau (Gen 32, 16: 40 Kühe und 10 Bullen). Die at.lichen Erzählungen reden mehr von den weiblichen als den männlichen Tieren. Dem Pharao erscheinen im Traum jeweils sieben wohlgenährte bzw. abgemagerte am Nil grasende Kühe (Gen 41, 2 u. ö.). Im Ijob-Buch (21, 10) wird der Befruchtungsvorgang der Tiere beschrieben, der bei den Herden des Frevlers (*rāšāʿ*) unverdienterweise gelingt. 1 Sam 6 erzählt in anschaulicher Weise von dem Rücktransport der durch die Philister erbeuteten Lade nach Juda: zwei noch nicht zur Arbeit herangezogene, säugende Kühe (*pārôṯ ʿālôṯ*) werden vor den Wagen mit der Lade gespannt und ziehen diesen, JHWHs Willen entsprechend, nach Bet-Schemesch, obwohl ihr mütterlicher Instinkt sie zu ihren daheim gebliebenen Kälbern zieht (vv. 7. 10. 12). Unter den Funden im Wadi Murabbaʿat findet sich ein Dokument aus der Zeit des zweiten jüdischen Aufstandes, in dem vom Kauf einer Kuh (*prh*) die Rede ist (RB 60, 1953, 270, Z. 3 f.).

b) Kuh und Stier finden sich mehrfach in der bildhaften Sprache der Propheten. Die Vernichtung bzw. das sinnlose Abschlachten des Viehs, worunter immer auch *pārîm* gezählt werden, beschreibt in anschaulicher Weise den Untergang eines Staatswesens (Jes 34, 7: Edom; Jer 50, 27: Babylon; Ez 39, 18: Gog). Hosea vergleicht Israel mit einer störrischen Kuh (4, 16: *pārāh sorerāh*). Dagegen erwartet Jes 11, 7 für die zukünftige Heilszeit, daß Kuh und Bär sowie ihre Jungen gemeinsam auf die Weide gehen.

In den individuellen Bereich führt die Verwendung von *par* als Bild für persönliche Feinde des klagenden Beters (Ps 22, 13; vgl. H. Ringgren, Psalmen, 1971, 61). In die entgegengesetzte Richtung führt die Aussage der „Segenssprüche" von Qumran (1 QSb 5, 27): „Mögest du stoßen wie ein Jungstier und niedertreten die Völker ... (29) und du wirst sein wie ein Löwe."

Unvorstellbar scharf ist die Anrede des Amos gegenüber den Frauen der Oberschicht von Samaria: „Hört dieses Wort, ihr Baschankühe!" (Am 4, 1), wobei der Hinweis auf die fruchtbare Landschaft Baschan (vgl. Dtn 32, 14; Mi 7, 14) unterstreichen soll, daß die Tiere dort besonders wohlgenährt sind (nach G. Dalman, AuS VI 161 gibt das „Golan-Rind" auch wesentlich mehr Milch als das gewöhnliche arabische Rind).

2. Auf die religionsgeschichtliche Bedeutung des Stieres, vor allem im Bereich der Mythologie, wird hier nicht eingegangen (vgl. die oben angegebene Lit.); hier soll lediglich die Verwendung des Stieres als Opfertier dargestellt werden. Sie ergibt sich sicher nicht allein daraus, daß „das Opfer eines Rindes ... natürlich wertvoller als das eines Schafes oder einer Ziege war" (P. Thomsen, Rind [Reallexikon der Vorgeschichte XI 143]). Es werden vielmehr auch mythologische und kultische Aspekte eine Rolle spielen. So gilt der Stier als Symbol der Fruchtbarkeit; er steht in den Religionen des alten Vorderasien im Zusammenhang mit Himmel, Sonne und Regen, die wiederum für das Gedeihen von Pflanzen und Tieren von Bedeutung sind. Auch seinem Opferblut wird besonderer Wert zuerkannt (vgl. L. Malten 139). Eindrucksvolle Bildzeugnisse derartiger Opferhandlungen finden sich ANEP, Nr. 364. 607. 673.

a) Der Stier als Opfertier hat in der at.lichen Gesetzgebung seinen Platz bei den Riten der Priesterweihe, des Sühneopfers und der hohen Festtage.

Lev 8, 2 ff. (vgl. Ex 29, 1 ff.) schildert die Einsetzung Aarons und seiner Söhne zum Priesteramt, wobei ein Stier als Sündopfer (*ḥaṭṭāʾṯ* → חטא dargebracht wird (Lev 8, 14; vgl. Ex 29, 14) und das Blut weiteren Reinigungsriten dient (Lev 8, 15; vgl. Ex 29, 12). Auch das Aufstützen der Hände (→ סמך *sāmak*) (Lev 8, 14; Ex 29, 10; vgl. Num 8, 12) gehört zu dieser Zeremonie. Num 8, 8 ff. beschreibt in ähnlicher Weise die Einsetzung der Leviten, nur werden hier zwei Stiere als Sünd- und als Brandopfer dargebracht (Num 8, 12). Lev 4 enthält die gesetzlichen Vorschriften für ein Sühnopfer im Fall einer nicht vorsätzlich begangenen Übertretung der göttlichen Gebote. Handelt es sich um einen Priester oder die ganze Gemeinde, so muß ein Stier geopfert werden (Lev 4, 1 ff. 14 ff.; Num 15, 24), an dem die gleichen Riten zu vollziehen sind wie bei der Entsündigung des zum Priester geweihten Aaron und seiner Söhne (s. o.). In ähnlicher Weise gestaltete sich der Ritus beim Versöhnungstag (Lev 16, 3–27); auch hier wird dem Blut eine besondere entsündigende Kraft zugesprochen (Lev 16, 14 f. 18), doch steht daneben die Übertragung der Sünde durch das Aufstützen der Hände auf den Kopf des sogenannten „Sündenbocks", der danach in die Wüste gejagt wird (vv. 21 f.).

Ausführlich werden Num 28–29 die Opfer an den einzelnen Feiertagen des Jahres aufgeführt. Jeweils zum Monatsanfang (Num 28, 11 f.), zum Passa-Fest (vv. 19 f.) und zum Wochenfest (vv. 27 f.) müssen zwei Stiere geopfert werden. Im Herbst stehen gleich drei Festtermine an: am 1. VII. das Neujahrsfest (Num 29, 1–6; vgl. Lev 23, 23–25), am 10. VII. der Versöhnungstag (vv. 7–12; vgl. Lev 16; 23, 26–32) und am 15. VII. das Laubhüttenfest (vv. 12–39; vgl. Lev 23, 33–36), das dann 8 Tage lang andauert. An seinem ersten Tag werden 13 Stiere, an den sieben folgenden jeweils ein Tier weniger dargebracht, am 8. Tag nur ein Stier.

Mit diesen Opfervorschriften des Pentateuch stehen die Ausführungen zum Kultus in Ezechiels „Verfassungsentwurf" im Einklang, wenn auch hinsichtlich der Anzahl der Opfertiere andere Anforderungen gestellt werden.

Zur Wiedereinweihung des Heiligtums werden ein Stier und ein Bock als Sündopfer dargebracht (vgl. Lev 4, 3ff. 14ff.), dem danach an sieben Tagen ein Stier und ein Widder als Brandopfer folgen sollen (Ez 43, 19ff. 22. 23ff.). Nach Num 7, 10–88 werden dagegen für die Einweihung des Zeltheiligtums von den 12 Stämmen je ein Stier, Widder und Lamm als Brandopfer und je zwei Tiere als Heilsopfer gespendet.

Für die Opfer zu den Festen (Ez 45, 18–25) werden diese Termine und Zahlen genannt: am 1. I. (v. 18) ein Stier zur Entsündigung des Heiligtums; am 7. I. (v. 20) ein Stier zur Sühne für unwissentlich begangene Gesetzesübertretungen (vgl. Lev 4, 4ff. 14ff.); am 14. I. (vv. 21–24) = Passa-Fest opfert der „Fürst" (→ נשׂיא *nāśî'*) einen Stier als Sündopfer, an den folgenden sieben Tagen jeweils sieben Stiere und sieben Widder als Brandopfer; das gleiche zum Laubhüttenfest (13. VII.; v. 25). Die Opfergaben des „Fürsten" zum jeweiligen Monatsbeginn werden besonders aufgeführt; sie bestehen aus einem Stier, einem Widder und 6 Lämmern (vgl. Num 28, 11: 2 Stiere, ein Widder, 7 Lämmer; wurden die Zahlen vielleicht aus wirtschaftlichen Gründen reduziert?).

Nicht direkt als Opfertier wird die sogenannte „rote Kuh" (*pārāh 'ădummāh*) Num 19, 2 verwendet; sie wird geschlachtet (v. 3), mit dem Blut das Offenbarungszelt besprengt (vgl. Lev 4, 7), sie wird verbrannt (v. 5) und die gesammelte Asche zur Herstellung des Reinigungswassers (v. 9) verwendet. Sie soll untadelig (*t^emîmāh* → תמם *tmm*) sein und darf noch kein Joch getragen haben (vgl. 1 Sam 6, 7). Die Diskussion der Rabbinen über ihr zulässiges Alter ist in dem Talmud-Traktat Para (I, 1. 2) niedergelegt. (s. o. II. 2.).

Zu der Farbangabe bemerkt G. Dalman, AuS 172: „Verschiedenartige Farbe der Rinder ist vorausgesetzt, wenn bestimmt wird, daß eine rote Kuh ..., deren Farbe wohl an Blut erinnern soll, für ein Reinigungsmittel verbrannt werden soll" (vgl. dazu auch R. Gradwohl, Die Farben im Alten Testament, BZAW 83, 1963, 9).

b) Entsprechend den in den gesetzlichen Regelungen niedergelegten kultischen Vorschriften erzählen die at.lichen Texte von einer Vielzahl von Opferhandlungen, in denen die Darbringung eines Stieres eine Rolle spielt.

In der alten Erzählung vom Bundesschluß am Sinai Ex 24 werden bei dem Zeremoniell Stiere als Heilsopfer (*š^elāmîm* → שׁלם) dargebracht und ihr Blut zur Besprengung des Altars (vgl. Ex 29, 12f.; Lev 4, 18) benutzt (v. 5). Der Seher Bileam fordert von dem Moabiterkönig Balak 7 Stiere und 7 Widder, um sie auf 7 Altären zu opfern und dadurch ein Orakel JHWHs zu erhalten (Num 23, 1f. 4. 14. 29f.). Gideon opfert auf dem neu errichteten JHWH-Altar einen seinem Vater gehörenden Stier (Ri 6, 25f. 28; der Text ist unsicher). Hanna bringt aus Freude über die Geburt ihres Sohnes Samuel einen (nach LXX dreijährigen) Stier als Dankopfer dar (1 Sam 1, 24f.). Die Kühe, die die von den Philistern nach Juda gebrachte Lade auf einem Wagen nach Bet-Schemesch gebracht haben, werden dort zusammen mit dem Holz dieses Gefährts als Opfer für JHWH verbrannt (1 Sam 6, 14). Für das Gottesurteil auf dem Karmel fordert Elija für sich und seine Gegner je einen Stier als Opfertier (1 Kön 18, 23–33).

Auch das ChrGW berichtet von derartigen Opferhandlungen. Beim Einzug der Lade nach Jerusalem werden für die Leviten 7 Stiere und 7 Lämmer als Opfer dargebracht (1 Chr 15, 26), bei der Thronbesteigung Salomos sogar je 1000 Stiere, Widder und Lämmer (1 Chr 29, 21). Nachdem König Hiskija den Tempel von Jerusalem wiederhergestellt hatte, läßt er zur Entsühnung des Königshauses, des Heiligtums und des Volkes je 7 Stiere, Widder, Lämmer und Böcke opfern und ihr Blut an den Altar sprengen (2 Chr 29, 21; vgl. Ex 29, 10ff.; Lev 4, 3ff. 14ff.). Das darauf folgende Passa-Fest wird sogar noch zeitlich ausgedehnt und die Fürsten sowie der König lassen für das Volk 1000 Stiere sowie eine Unmenge Kleinvieh schlachten (2 Chr 30, 24). Die mit Esra aus dem Exil Zurückkehrenden bringen nach der Zahl der Stämme Israels 12 Stiere und eine Vielzahl an Kleinvieh als Opfer dar (Esra 8, 35; vgl. Num 7, 10–88).

Aufschlußreich sind noch diese Belege: Nach seiner Rehabilitation fordert Ijob seine Freunde auf, für ihre seinem Geschick unangemessenen Reden ein Sündopfer in Gestalt von 7 Stieren und 7 Widdern darzubringen (Ijob 42, 8). Den Königen des Nordreiches Israel wirft Abija von Juda vor: „Jeder, der mit einem jungen Stier und sieben Widdern kam, um sich in das Priesteramt einsetzen zu lassen, wurde Priester der Nichtgötter" (2 Chr 13, 9).

c) Neben diesen Gesetzen und Erzählungen steht die prophetische Kritik am Opfer von Stieren und anderen Tieren. Während Jes 1, 11 diese Opfer deswegen zurückweist, weil sie nicht mit Aufrichtigkeit dargebracht werden und Kultus und Alltagsverhalten nicht übereinstimmen (vgl. Jes 1, 15–17; 5, 8–24) und Ps 50, 9 sich vielleicht nur gegen ein magisches Verständnis des Opfers wendet (so H.-J. Kraus, BK XV/1^5 z. St), erweckt Ps 69, 32 den Eindruck, als solle das Tieropfer völlig zurückgewiesen werden.

Ähnliches gilt wohl auch für Hos 14, 3, wo das JHWH dargebrachte Dankopfer als „die Stiere unserer Lippen" (*pārîm ś^epāṯênû*) bezeichnet werden. LXX und nach ihr einige Kommentare ändern in *p^erî* (andere Lösungsversuche und Lit. bei W. Rudolph, KAT XIII/1 z. St.). Th. Naumann, Strukturen der Nachinterpretation in Hos

4–14 (Diss. Halle 1987) verbindet diese ungewöhnliche Aussage mit den genannten Psalmen-Stellen und stellt sie zu den „Nachinterpretationen" des ursprünglichen Hosea-Textes. Sie wird auch durch den Targ. gestützt, in dem es heißt: „Mögen die Worte unserer Lippen vor dir wohlgefällig sein, wie Farren angenehm sind auf dem/deinem Altar" (nach W. Rudolph 248).

In Ps 51 stehen sich dagegen zwei Aussagen gegenüber: In v. 19 heißt es: „Das Opfer, das Gott gefällt, ist ein zerknirschter Geist ..." (EÜ), während vv. 20f. die Hoffnung auf den Wiederaufbau Jerusalems und die Wiederherstellung des Kultus in der im Gesetz festgelegten Form ausspricht: „Dann wirst du Wohlgefallen haben an rechten Opfern, an Brandopfer und Ganzopfer; dann wird man auf dem Altar Stiere opfern." Diese Aussage wird als spätere Ergänzung gelten müssen, die nach H.-J. Kraus, BK XV/1[5], 548 „z. Zt. des von Nehemia durchgeführten Mauerbaus gut denkbar wäre" (vgl. zu diesem Problem noch R. de Vaux, LO II 305–308).

IV. 1. LXX übersetzt *par* meist mit μόσχος, 'Jungstier'; daneben kommen μοσχάριον, βοῦς (1 Kön 18, 23) und δάμαλις 'Färse' (1 Num 7, 88) vor. Für *pārāh* steht meist δάμαλις, vereinzelt βοῦς. Jer 50, 27 liest LXX *p*[e]*rî* und übersetzt mit καρπός.

2. In Qumran ist *par* außerhalb der Tempelrolle nur 1 QSb 5, 27 (s.o.) belegt, in der Tempelrolle ist es dagegen 23mal belegt und nach den at.lichen Vorgaben noch zusätzlich 19mal zu rekonstruieren. Die TR hat für den Festzyklus eine sehr detaillierte Opferordnung erstellt, in der der *par* als Opfertier wie im AT reichlich genannt wird. Außer am Passa-Fest ist er an allen Festen vorgesehen; im einzelnen: Sabbatopfer (TR 14, 1); am Monatsbeginn (14, 3); beim Neujahrsopfer (14. 11. 14); am Weihfest für die Priester (15, 16; 16, 01. 02. 6. 10. 14–16); am Mazzotfest (17, 13. 15); am Festtag des Garben-Schwingens (18, 3. 7); am Wochenfest (18, 10); am Wein-Erstlingsfest (20, 05); am Holz-Abgabe-Fest (23, 6; 24, 7); am 1. VII. (25, 4); am Versöhnungstag (25, 13. 15; 26, 7. 9; 27, 3) und am Laubhüttenfest (28, 5. 8. 11; 29, 01–011. 1). Schließlich beschreibt TR 34 die Opferanlage am Tempel und die Art und Weise der Zurüstung eines *par*-Opfers.

Beyse

פֶּרֶא *pæræ'*

I. 1. Vorkommen – 2. Bedeutung – 3. LXX – II. 1. Allgemeines über den Wildesel – 2. Bildliche Aussagen – 3. Weisheitliche Bezüge – 4. Religiöse Aussagen.

Lit.: *F. Altheim*, Die Krise der alten Welt I, 1943, 27f. – *Ders.*, Gesicht vom Abend und Morgen, 1955, 102f. – *F. S. Bodenheimer*, Animal Life in Palestine, Jerusalem 1935. – *B. Brentjes*, Die Haustierwerdung im Orient (Neue Brehm-Bücherei 344, 1965). – *Ders.*, Onager und Esel im Alten Orient (Festschr. Unger, 1971, 131–145). – *P. Humbert*, En marge du dictionnaire hébraïque (ZAW 62, 1950, 199–207). – *A. E. Knight*, Bible Plants and Animals, 1889, 150–152. – *L. Köhler*, Beobachtungen am hebr. und griech. Text von Jeremia Kap. 1–9 (ZAW 29, 1909, 1–39, bes. 35f. – *Ders.*, Zebra oder Kuh wird Kamelin (Kleine Lichter, 1945, 45–47). – *Ders.*, פֶּרֶא = Equus Grevyi Oustalet (ZAW 44, 1926, 59–62) = *Ders.*, Das Zebra im AT (Kleine Lichter, 1945, 64–70). – *W. W. Müller*, Altsüdarabische Beiträge zum hebräischen Lexikon (ZAW 75, 1963, 304–316). – *A. Salonen*, Hippologica accadica (AASF 100), 1955, 44–46. 54. 74f.). – *A. Schott*, Die Vergleiche in den akkadischen Königsinschriften (MVÄG 30, 1926). – *A. Wünsche*, Die Bildersprache des AT, 1906, 70–72.

I. 1. Außer dem einmaligen Vorkommen des *hiph* der als Nebenform der Wurzel *prh* anzusprechenden Wurzel *pr'* mit der Bedeutung 'Frucht bringen' (Hos 13, 15) – freilich wird MT in der Regel geändert – ist das Nomen *pæræ'* zwar 10mal im AT belegt, in Jer 2, 24 aber muß der MT *pæræh limmuḏ miḏbār* „ein Wildesel (*pæræ'*)" oder „eine Kuh (*pārāh*), an die Steppe gewöhnt" mit Köhler (45–47) = BHS zu *por*[e]*ṣāh lammiḏbār* geändert und an das vorhergehende Wort angeschlossen werden: „die Kamelin, die ausbricht in die Steppe". Außerdem kommt unser Wort in Sir 13, 18 und Hen 89, 11. 16 vor. Das Nomen ist auch belegt im Arab. (*fara'* und *farā'*) und Akk. (*parû*; vgl. Salonen 74f.; AHw 837).

Mit *pr'* gebildete Personennamen gibt es im Hebr. *pir'ām* (Jos 10, 3), im Asarab. *fr'* (RES 4742; Müller 313) und wohl auch im Ugar. *pr(?)j* (vgl. WUS Nr. 2269; PNU 174). Ob AP 42, 9 *qṭ' pr'* hierher gehört, ist deshalb nicht zu entscheiden, weil die Stelle „unintelligible" (AP 144) ist.

2. In der Smitten (→ II 1038) leitet unser Nomen von einer Wurzel *pr'* 'wild, flink sein' her. Unter Hinweis auf die Belege in den semit. Sprachen ist unser Wort ein Primärnomen, das seit jeher als 'Wildesel' gedeutet wurde.

Das wurde von Köhler (64–70) heftig bestritten. Da in Ijob 39, 5 im Parallelismus membrorum *pæræ'* und *'ārôḏ* vorkommen, das aram. *'ārôḏ* aber hap.leg. sei, die Bedeutung „Flüchtiger" habe und somit den Wildesel (*Equus onager*) meine, müsse das par. hebr. *pæræ'* etwas anderes heißen. Unter Berufung auf J. J. Hess wird hierfür das Zebra (*Equus grevyi*) vorgeschlagen, weil in der Somalisprache *far'o* das Grevyzebra bezeichne. Diese Bedeutung wird dann für alle anderen Stellen postuliert. Damit hat sich Humbert (202–206) gründlich auseinandergesetzt und darauf hingewiesen, daß *'ārôḏ* genauso gut hebr. sei wie *pæræ'* und daß beide Wörter sich auf den Wildesel beziehen, wie *'arjeh* und *lāḇî'* in Gen 49, 9 auf den Löwen. Weiter heiße nach D. H. Müller *'ārôḏ* „der Schreihals", meine also den Wildesel und sei mithin synonym für *pæræ'* (so schon betont Dalman, AuS VI 378). Das Vorkommen von *far'o* in der Somalisprache sei in der Weise zu erklären, daß diese das semit. Wort aufgegriffen habe als Bezeichnung für das in Somalia anstatt des Wildesels vorkommende Zebra. Damit war die Auseinandersetzung zugunsten der Bedeutung „Wildesel" entschieden, auch wenn in der wissenschaftlichen Literatur das Zebra noch hier und da weiterlebt (z. B. v. Rad, ATD 2–4[11], 151; KBL[1.2]; Weiser, ATD 13[3], 55. 82. 240; Fohrer, KAT XVI 157. 220. 222 u. ö.).

3. Die LXX versteht unser Wort eindeutig als Wildesel. Denn 4mal übersetzt sie ὄνος ἄγριος (Jes 32, 14; Jer 14, 6; Ijob 6, 5; 39, 5), 2mal ὄναγρος (Ps 104, 11; Sir 13, 19) und Ijob 11, 12 ὄνος ἐρημίτης. Ijob 24, 5 steht einfaches ὄνος, und Jer 2, 24; Hos 8, 9 gibt sie anders wieder. Die Wendung *pæræ' 'āḏām* (Gen 16, 12) übersetzt sie mit ἄγροικος ἄνθρωπος.

II. 1. Nach Bodenheimer (116) gab es in Syrien und Transjordanien zwei Formen von Wildeseln, den syr. Wildesel (*Equus hemihippus*) und den Onager (*Equus onager*), die beide nicht die Vorfahren des domestizierten Esels (*Equus asinus*) sind (128; Salonen 45), wohl aber dem Wildesel des AT entsprechen. Diese Wildesel scheint es im alten Orient seit den ältesten Zeiten gegeben zu haben (vgl. Altheim und PW VI 628–631). Um 1925 waren sie am Aussterben (Bodenheimer 128), und wenige Jahre später wurde die letzte Herde in Nordsyrien beobachtet (Brentjes 44). Da der Wildesel wegen seiner Kleinheit und Schwäche, aber auch wegen seiner Ungebärdigkeit kaum zur Domestikation geeignet war und nach dem Vordringen des Pferdes in den alten Orient alle Versuche einer Zähmung des wilden Esels rasch aufgegeben wurden (Brentjes 44–49), begegnet der Wildesel außerhalb des AT ausschließlich als Jagdbeute (vgl. die Darstellung aus Kuyundschik, die Reliefs assyr. Paläste, die Jagdbeschreibung bei Xenophon, die Nachrichten bei Josephus und Knight 150f.; Dalman, AuS VI 77. 325. 342; Altheim 27f.; Brentjes 45).
Aus dem AT erfahren wir über den Wildesel, daß er in der Steppe (*'ᵃrāḇāh*) und der Salzwüste (*mᵉleḥāh*; Ijob 39, 6), also in Südjuda und der Gegend nördlich und vor allem südlich des Toten Meeres (Fohrer, KAT XVI 512) lebt, daß er durchs Gebirge streift (Ijob 39, 8; vgl. Jer 14, 6) oder in die Wüste (*miḏbār*) zu seinem Tagewerk aufbricht, um in ihr sein spärliches Futter zu suchen (Ijob 24, 5), daß er Gras frißt (Ijob 6, 5) und Quellwasser säuft (Ps 104, 11), daß er schreit (Ijob 6, 5), sehr scheu ist und für sich bleibt (Hos 8, 9) und den Löwen fürchten muß (Sir 13, 19), daß er besonders wegen seiner Ungebundenheit (Ijob 39, 5; Dalman, AuS II 102) und Zähigkeit (Jer 14, 6) gerühmt wurde.
2. Vom Wildesel reden ausschließlich poetische Texte des AT. Das weist auf die Beliebtheit des Bildvergleichs mit diesem Tier hin (vgl. Wünsche). Im allgemeinen werden unter Hinweis auf Jer 14, 6 und Ijob 39, 5–8 die Wildheit und der unbändige Freiheitsdrang des Wildesels als Vergleichspunkte hervorgehoben (Knight 152; Michel, ThWNT V 283; → II 1038) und bei der Interpretation etwa von Gen 16, 12 eingetragen. Westermann (BK I/2, 295) hebt statt dessen die „Bejahung des räuberischen Beduinentums" hervor. Vielleicht muß man im Blick auf Ijob 24, 5, wo das Tagewerk der Wildesel darin gesehen wird, „nach dem Raub der Steppe zu sehen", eher das notvolle, ärmliche Leben dieser Tiere herausstellen (vgl. Fohrer, KAT XVI 372). Immerhin ist trotz aller Betonung des freien Lebens der Wildesel in Ijob 39, 5–7 doch auch vom „ärmlichen Futter" in v. 8 (Fohrer 513) die Rede. Und Ijob 6, 5 setzt voraus, daß er, wenn er Gras gefunden hat, nicht mehr schreit. So scheint das Wildeselbild im AT doch auch für den ständigen Kampf um den Lebensunterhalt zu stehen. Damit braucht man nur die Ausführungen von G. Jacob (Altarabisches Beduinenleben, ²1897, 115) zusammenzustellen, der die Eifersucht des in der Steppe lebenden Tiers und seine häufigen Kämpfe mit seinen Artgenossen hervorhebt.
Was die ausgeführten Vergleiche angeht, so wird in einem von Hause aus selbständigen Völkerspruch Ismael als „ein Wildesel von Mensch" (*pæræ' 'āḏām*; vgl GKa § 128 k.l) bezeichnet und dieses Bildwort dahingehend ausgelegt, daß „seine Hand gegen alle und aller Hand gegen ihn sein" und daß „er allen seinen Brüdern auf der Nase sitzen" werde (Gen 16, 12). Der im Wildeselbild von uns bereits ermittelte Hinweis auf den ständigen Kampf mit Seinesgleichen ums Überleben in der Steppe wird von Th. Nöldeke (ZDMG 40,1886, 175) zurecht in die Worte gefaßt: „Nicht aus Muthwillen, sondern aus Noth: Die Wüste ernährt ihre Kinder nicht genügend und zwingt sie zum Rauben und Blutvergießen". In diesem Zusammenhang ist es bezeichnend, daß der Wildesel in Hen 89, 11. 16 Bildwort für die Ismaeliter und Midianiter, zwei Nomadenvölker, ist.
Der andere ausdrückliche Vergleich findet sich Hos 8, 9. Wahrscheinlich ist hier sogar ein Wortspiel zwischen *pæræ'* und *'æprajim* beabsichtigt. Auf jeden Fall wird zwischen beiden Größen ein Gegensatz konstatiert, der das „widernatürliche" Verhalten Efraims aufzeigen soll. „Der Wildesel bleibt für sich." So hätte sich Efraim auch verhalten sollen; statt dessen aber zieht es nach Assur und gibt „Liebesgeschenke" (*'ᵃhāḇîm*). Hier sind zwei Gedanken miteinander verknüpft. Der eine zielt auf das Für-sich-Sein Israels. Es hätte für das Gottesvolk Sicherheit und Stärke bedeutet (Num 23, 9; Dtn 33, 28; → I 511–518). Der zweite Gedanke betrifft das Objekt, dem Israels Liebe gilt oder doch gelten sollte. Das ist für Hos allein JHWH, nicht Assur (bzw. Ba'al).

In den einschlägigen akk. Vergleichen wird am Wildesel zweierlei hervorgehoben. Das Wichtigste ist seine ungeheure Schnelligkeit (vgl. auch PW VI 628ff.): Genauso rasch sollen die Feinde vor dem König davonrennen oder die Urkundenfälscher außerhalb der Stadt herumlaufen (Schott 96. 99; weitere Vergleiche bei Salonen 45). Der andere Vergleich betrifft den Lebensraum des Wildesels. Als äußerster Zufluchtsort der vor dem assyrischen Heer fliehenden Königin von Arabien wird der Ort des Durstes, eben die Gegend, wo die Wildeselin lebt, genannt (Schott 91).

3. Auffällig ist schließlich noch der wahrscheinliche Bezug der meisten Wildesel-Texte des AT zur Weisheitsüberlieferung. Fohrer (KAT XVI 370) bezeichnet Ijob 24, 5 als „Beschreibungslied", das „wahrscheinlich der Bildungsweisheit" entstammt. Ijob 11, 12: „Kann ein Wildeselhengst noch zum Menschen wer-

den?" wird von Weiser (ATD 13, 85) als „Sprichwort" und von Horst (BK XVI/1, 171) als „sprichwortartiger Vergleich" bezeichnet. Und man muß fragen, ob nicht hinter Ijob 11, 12 die Wendung *pæræ' 'ādām* aus Gen 16, 12 steht, was voraussetzen würde, daß Gen 16, 12 gleichsam zur sprichwörtlichen Redewendung wurde (zu *'ajir* in der Bedeutung „Hengst" vgl. Köhler 56; Humbert 201f.). Auch die beiden Beispiele aus der Natur für unberechtigtes Brüllen von Wildesel und Rind (Ijob 6, 5) werden zurecht als Weisheitssprüche beurteilt (Weiser, ATD 13, 58; Fohrer, KAT XVI 169), und die beiden Tierbeispiele für die höchste Not, Hindin und Wildesel (Jer 14, 5–6), sind mit hoher Wahrscheinlichkeit aus der Weisheitsüberlieferung erwachsen. Dazu paßt, daß sich Sir 13, 19 mit der Fabel 299 des Äsop berührt (Sauer, JSHRZ III/5, 538).

4. Nur wenige Male wird der Wildesel mit JHWHs Handeln in Verbindung gebracht. So ist es JHWH gewesen, der die Bande des Wildesels gelöst hat, daß er frei ziehen kann (Ijob 39, 5), und er ist es auch gewesen, der die Quellen in den Tälern zur Tränke für den Wildesel geschaffen hat (Ps 104, 11). In beiden Aussagen spiegelt sich die unerforschliche Weisheit und unendliche Größe des Schöpfergottes wider.

Und im Drohwort über Jerusalem (Jes 32, 9–14) werden die Frauen zur Totenklage darüber aufgefordert, daß die einst pulsierende Stadt u.a. zur „Wonne der Wildesel" und zur „Weide der Herden" geworden sei (v. 14). Wird eine Stadt so beschrieben, „ist sie völlig vernichtet", stellt Dalman (AuS VI 260) fest. Das gehört in den Kontext ähnlicher Aussagen von Jes 5, 17; 7, 21; 13, 21 f.; 17, 2; 34, 11–15; Zef 2, 14. Sie alle deuten an, daß nicht nur eine Stadt, sondern das ganze Kulturland von dem Gottesgericht betroffen ist, wieder zur Steppe und zur Wüste und eben auch zum Lebensraum von Tieren wie dem Wildesel zu werden.

Zobel

פָּרַד *pāraḏ*

I. 1. Etymologie – 2. Belege – II. *prd* ohne Bezug zu Menschen – III. in bezug auf Menschen – 1. Tod – 2. Trennung einzelner – 3. Zerstreuung – 4. Trennung von Völkern – 5. absondern – IV. Qumran – V. LXX.

Lit.: *A. Vivian*, I campi lessicali della 'separazione' nell'ebraico biblico, di Qumran e della Mishna, Florenz 1978.

I. 1. Die Wurzel *prd* begegnet außer im Hebr. auch im Mand. wie im Ugar. als *brd* in KTU 1.3, I, 6 (vgl. dazu CML 164 bzw. CML² 143b; WUS Nr. 574 u.a.). E. Lipiński, UF 2, 1970, 78f., verweist für *brd* auf das arab. *barada*, wenn dort auch mit der Bedeutung 'feilen' bzw. 'frieren'. Dem hebr. *prd* entspricht im Arab. eher *farada* 'sich zurückziehen, sich absondern'. Vgl. äth. *tafārada* 'sich trennen', tigr. *farda* 'richten' bzw. *tĕfārada* 'als Feinde auseinandergehen' (vgl. KBL³ 906). Im Akk. findet sich *parādu* II 'sich absondern' (AHw II, 827b; westsemit. Lehnwort), im Syr. *pᵉrad* 'sich absondern, fliehen'.

2. Die Wurzel *prd* 'trennen/absondern' u.ä. ist im AT nur als Verb belegt: jeweils einmal im *qal* (Ez 1, 11), im *pi* (Hos 4, 14), im *pu* (Est 3, 8), dann 4mal im *hitp* (Ijob 4, 11; 41, 9; Ps 22, 15; 92, 10), 12mal im *niph* (Gen 2, 10; 10, 5. 32; 13, 9. 11. 14; 25, 23; Ri 4, 11; 2 Sam 1, 23; Neh 4, 13; Spr 18, 1; 19, 4) und 7mal im *hiph* (Gen 30, 40; Dtn 32, 8; Rut 1, 17; 2 Kön 2, 11; Spr 16, 28; 17, 9; 18, 18). Zum möglichen *prd* im *hiph* in hebr. Sir 42, 9 vgl. G. Sauer, JSHRZ III/5, 609. Zu eventuellen Derivaten im AT vgl. KBL³ 906.

II. In sechs Texten wird *prd* nicht in bezug auf Menschen gebraucht: Gen 2, 10 spricht von der Teilung des Paradiesstromes in vier Ströme. In der Vision Ez 1, 1 ff. wird darauf verwiesen, daß die Flügel der erschauten Gestalt sich ausbreiten / ausgebreitet seien (v. 11; zur Problematik vgl. W. Zimmerli, BK XIII/1², 25f.). Der Beter von Ps 22 klagt angesichts seines Befindens, daß seine Knochen sich voneinander gelöst hätten (v. 15). Nach Gen 30, 40 sondert Jakob Vieh von der Herde Labans ab und kommt so in den Besitz einer großen Herde (zum Absondern von Tieren vgl. C. Westermann, BK I/2, 590). Elifas weist in Ijob 4, 11 Ijob bei der Festschreibung des Tun-Ergehen-Zusammenhangs darauf hin, daß angesichts der fehlenden Beute des Löwen die Jungen der Löwin sich zerstreuen. In der zweiten Gottesrede des Ijobbuches zeigt Gott seine Macht auch darin, daß die Zähne des Leviatan sich nicht voneinander trennen lassen (Ijob 41, 9).

III. 1. Die Trennung durch den Tod wird mit *prd* in Rut 1, 17 wie 2 Sam 1, 23 angesprochen, wobei nach Rut 1, 17 der Tod das einzige Mittel zur Trennung von Rut und ihrer Schwiegermutter ist, während 2 Sam 1, 23 betont, daß Saul und Jonatan aufgrund ihrer sie weiterhin verbindenden gemeinsamen Eigenheiten auch durch den Tod nicht getrennt werden können.

2. Gen 13, 9. 11. 14 sprechen das freundschaftliche Auseinandergehen von Abraham und Lot an, 2 Kön 2, 11 redet von der wunderbaren Trennung Elijas und Elischas durch den feurigen Wagen. Ähnlich konkret zeigt sich auch Ri 4, 11: Heber trennt sich durch Wegziehen von den Kenitern. Das Auseinandergehen von Freunden wird in den Sprüchen thematisiert: Armut (Spr 19, 4), Verleumdung (Spr 16, 28) wie Aufrühren der (wohl negativen) Vergangenheit (Spr 17, 9) sorgen für die Zerstörung von Freundschaft. Spr 18, 1 spricht den an, der sich (von seinen Freunden?) absondert oder abgesondert ist (vgl. O. Plöger, BK XVII 210 zur Problematik des Ptz. *niph*). Nach Spr 18, 18 wird das Los entscheiden zwischen Streitenden und so Mächtige trennen (als Freunde?).

3. Im Sinne von bzw. im Zusammenhang mit „zerstreut sein" begegnet *prd* in Neh 4, 13; Est 3, 8; Ps

92,10. Neh 4,13 spricht innerhalb eines profanen Kontextes davon, daß Leute weit auf der Mauer um Jerusalem verstreut sind. Est 3,8 verweist auf die besondere Situation der Juden zur Zeit der Perserherrschaft. Das Volk wird beschrieben als *m^epuzzār* und *m^eporād*. Diese beiden Ptz. sind wohl nicht als identische zu verstehen (anders die LXX, die διεσπαρμένον für beide bietet), sondern beschreiben zum einen die äußere (zerstreut), zum anderen die innere Verfassung (abgesondert, d.h. in besonderer Weise lebend aufgrund der Zerstreutheit) des Volkes (vgl. G. Gerleman, BK XXI 95; A. Meinhold, ZBK 13, 46). Ps 92,10 hebt lobend hervor, daß sich die Übeltäter als Feinde JHWHs zerstreuen müssen.

4. In Form eines JHWH-Orakels wird in Gen 25,23 deutend auf die Schwangerschaft Rebekkas geblickt und auf die Geburt Jakobs und Esaus vorausverwiesen, die für das Getrenntsein zweier Völker (→ גוי *gôj*) stehen, wobei außerdem die Vormachtstellung des einen Volkes angedeutet wird (J. Scharbert, NEB, 183; genaueres z. Stelle bei R. A. Kraft, JThSt 13, 1962, 318–320). Mit Gott als Subjekt steht *prd* in Dtn 32,8, wo es um die Zuteilung der Erde an die einzelnen Völker geht (→ VI 139). Der „Höchste" trennt die Menschen, wobei hier wohl aufgrund des Kontextes fortzuführen ist „in Völkergruppen", und weist ihnen dann ihr Gebiet zu, wobei dann im folgenden v. 9 eine Sonderstellung für Israel angesprochen ist (vgl. G. v. Rad, ATD 8², 140; zum besonderen Problem von v. 8 vgl. R. Meyer, Die Bedeutung von Deuteronomium 32,8f. 43 [4Q] für die Auslegung des Moseliedes, Festschr. W. Rudolph, 1961, 197–209).

Im Sinne von „abstammen" ist *prd* in der Völkertafel in Gen 10,5.32 verwendet.

5. Auf die Beziehung zu Kultprostituierten spielt Hos 4,14 an: Die Israeliten sondern sich mit diesen ab, wobei offen bleibt, worin die Absonderung besteht. K. Marti (KHC XIII 44; ähnlich auch W. Nowack, GHK III/4, 34) denkt an das Verlassen des Bereichs des Heiligtums und schlägt entsprechend Spr 18,1 eine Veränderung des *pi* in *niph* vor. Dazu liegt jedoch keine Veranlassung vor, so daß offen bleiben muß, wie das Absondern mit der Kultprostituierten zu verstehen ist, ob im mehr profanen Sinn („beiseite gehen") oder mit Blick auf die Trennung von der Gottesgemeinschaft oder Gemeinde (zur willentlichen Absonderung von der Gemeinde vgl. Pirqê Abôt 2,4^b; Hebr 10,25).

IV. In Analogie zu Ps 22,15 stehen 1 QH 7,4.22, wo vom Zerfall des Körpers angesichts der Sünde die Rede ist. In Z. 22 ist dabei nicht sicher, ob das allein erhaltene *p* zu *prd* oder zu *pṣṣ* zu ergänzen ist. 4 Q pNah 3,7 spricht von der Zerstreuung einer Gemeinde/Versammlung. Auf die Trennung von Völkern zielen CD 7,12 (Efraim ist von Juda abgefallen) wie 1 QM 10,14 (wie die Sprachverwirrung hat JHWH auch die Trennung der Völker geschaffen; vgl. Gen 10, 5. 32). Die Belege 1 QHfragm. 5, 2. 14 sind zu fragmentarisch.

V. In der LXX findet sich keine spezielle Zuordnung eines Begriffs zu *prd*, vielmehr begegnet eine große Zahl an Übersetzungen. Mehr als einmal kommen vor: für *niph* ἀφορίζεσθαι und (δια)χωρίζεσθαι, für *hiph* διαστέλλειν, für *hitp* διασκορπίζεσθαι.

Hausmann

פֶּרֶד *pæræḏ*

1. Belege – 2. Etymologisches – 3. Zoologisches – 4. At.liche Informationen – a) königliches Reittier – b) nachexilisches Lasttier.

Lit.: *B. Brentjes*, Die Haustierwerdung im Orient, 1965, 52–54. – *G. Cansdale*, Animals of Bible Lands, Exeter 1970, 79f. – *M. Dahood*, Hebrew-Ugaritic Lexicography VIII (Bibl 51, 1970, 400). – *J. Feliks*, The Animal World of the Bible, Tel Aviv 1962, 28. – *Ders.*, Maultier (BHHW II 1177). – *F. Olck*, Esel IV. Maultier (PW VI/1, 655–664).

1. Das Lexem kommt 15mal im AT vor: 2mal (neben *sûs*) als Koll. (1 Kön 18,5; Sach 14,15), 5mal im Sing. und 8mal im Pl., wobei es 5mal (1 Kön 10,25 = 2 Chr 9,24; Ez 27,14; Esra 2,66 = Neh 7,67; vgl. auch Jes 66,20) zu *sûsîm* in Parallele steht. Das fem. *pirdāh* begegnet 3mal (1 Kön 1,33.38.44).

2. Ein Nomen *prd* mit der (vom Hebr. her erschlossenen) Bedeutung 'Maultier' ist nur noch im Ugar. belegt (vgl. RSP I 439 Nr. 101 und M. Dahood, Or 34, 1965, 484), auch als PN *prd(n)* (vgl. WUS Nr. 2265; UT Nr. 2098.2100; PNU 174.406; M. Dietrich / O. Loretz / J. Sanmartín, UF 6, 1974, 35 Nr. 95.96). Vielleicht meint akk. *perdum* (einmal neben Esel) ebenfalls das Maultier (AHw 855a „ein Equide").

Die Etymologie steht nicht mit Sicherheit fest, zumal das Wort in den übrigen semit. Sprachen nicht vorkommt. Es könnte daher Lehnwort (Importtier!), ein hebr. Primärnomen oder von der Wurzel *prd* abgeleitet sein. W. Gesenius (Thesaurus II 1124) wollte diese Bezeichnung wegen syr. *p^eraḏ* 'wegfliegen, fliehen' auf die Schnelligkeit des Tieres beziehen. Doch liegt eine Ableitung von hebr. *pāraḏ* 'sich trennen, absondern' näher. E. Nestle (OLZ 12, 1909, 51) erklärte *pæræḏ* demnach (unter Verweis auf das syr. Oppositionspaar *prd'* – *zwg'*) als „das für sich gehende Tier". Doch wird der spezifischen Eigenart des Maultiers (steriler Bastard) am ehesten noch die von den Juden tradierte (bei Gesenius a. a. O. zitierte) Etymologie gerecht: *quippe qui non generet et separatus* [*niprāḏ*] (caelebs) *sit* (daher J. Levy, WTM IV 100: „eig. das isolirte, sich nicht fortpflanzende Tier"). Damit dürfte aber nicht nur das sexuell, sondern auch das gattungsmäßig isolierte Tier gemeint sein, da es weder Pferd noch Esel ist.

3. Das Maultier (Equus asinus mulus; in LXX immer ἡμίονος), Nachkomme eines Eselhengstes und einer Pferdestute, kombiniert in idealer Weise (anders als

der von einem Pferdehengst und einer Eselstute abstammende kleinere und schwächere Maulesel) die Größe und Stärke des Pferdes mit der Geduld, Ausdauer und Genügsamkeit des Esels.

Literarisch ist es im Alten Orient seit dem späten 3. Jt., bildlich seit dem 2. Jt. (äg. Grabmalerei der 18. Dyn.; vgl. LexÄg III 1249) zu belegen (vgl. Brentjes 52f. mit Abb. eines assyr. Reliefs). Bevorzugt gezüchtet wurde das Maultier in den nördl. Gebieten Mesopotamiens und Syriens.
Nach Lev 19,19 war die Kreuzung heterogener Tiere verboten. Die Mischnagelehrten gestatteten zwar die Verwendung des Maultieres (anders Tosefta Kil. 5), aber nicht die Züchtung (Talm. Jerusch. Kil. 8, 31c ahndet sie mit Geißelung).

4. a) Das Maultier wurde, wie das Pferd, nach Israel importiert. Nach Ez 27,14 bezog Tyrus diese Tiere aus Bet-Togarma (Armenien). In Israel taucht das Maultier erstmals zur Zeit Davids auf, und zwar als königliches Reittier.

David selbst besaß eine Maultierstute (*pirdāh*), die Salomo zur Königssalbung zum Gihon hinabtrug (1 Kön 1, 33. 38. 44). Von den übrigen Söhnen Davids ritt ebenfalls „jeder auf seinem Maultier“ (2 Sam 13,29), so auch Abschalom, als er mit den Haaren in einem Baum hängenblieb (2 Sam 18,9 [3mal]). Zu den Geschenken, die Salomo alljährlich von den „Königen der Erde“ erhielt, gehörten neben Pferden auch Maultiere (1 Kön 10,25 = 2 Chr 9,24). Mit dieser Wertschätzung ist es historisch schlecht vereinbar, wenn nach 1 Chr 12,41 (d.h. aus nachexil. Sicht; fehlt in 1 Kön!) Maultiere neben Eseln, Kamelen und Rindern als gewöhnliche Lasttiere Lebensmittel für David nach Hebron schleppen. Auch in 1 Kön 18,5 gelten Pferde und Maultiere noch als besonders wertvoller Viehbestand.

b) Nach Ps 32,9 sind es jedoch dumme, unvernünftige Tiere, deren ungestüme Kraft nur mit Zaum und Zügel zu bändigen ist. Maultiere sind vielseitiger verwendbar als Pferde und den besonderen Verhältnissen Israels insofern besser angepaßt, als sie größere Hitze vertragen und als Lasttiere im schwierigen Gebirgsgelände leichter zurechtkommen. So will der Syrer Naaman auf einem Maultiergespann (*ṣæmæḏ-p^erāḏîm*) Erde aus Israel transportieren (2 Kön 5,17; vgl. Jdt 15,11).
In nachexilischer Zeit erscheint das Maultier als inzwischen gewöhnliches, wenn auch nicht gerade häufiges Last- oder Reittier.

So besaß die aus dem Exil heimkehrende Gemeinde (42360 Personen) neben 736 Pferden, 435 Kamelen und 6720 Eseln nur 245 Maultiere (Esra 2,66 = Neh 7,68; vgl. Jdt 2,17). Diese vier Tierarten werden in derselben Reihenfolge auch in Sach 14,15 genannt, in Jes 66,20 Maultiere neben Dromedaren (*kirkārôṯ*).

Maiberger

פָּרָה *pārāh*

פְּרִי *p^erî*

I. 1. Etymologie – 2. Vorkommen, textkritische Bemerkungen – 3. Übersetzungen – II. „Frucht“ in den Vorstellungen der Umwelt – III. AT – 1. Verbalformen – 2. Nomen konkret – 3. Übertragung – IV. Theologische Aussagen – 1. Konkrete Verwendung – 2. Übertragung – V. Qumran.

Lit.: *I. Benzinger*, Hebräische Archäologie, 1907, 24f. 66. 139–145. – *G.J. Botterweck*, Der Triliterismus im Semitischen (BBB 3, 1952, 65f.). – *I. Eitan*, A Contribution to Isaiah Exegesis (HUCA 12/13, 1937/39, 55–88). – *K. Galling*, Baum- und Gartenkultur (BRL² 32–34). – *K. Goldammer*, Die Formenwelt des Religiösen, 1960, 71–74. – *F. Hauck*, καρπός (ThWNT III 617f.). – *G. Jobes*, Fruit (Dictionary of Mythology, Folklore, and Symbols, 1962, I 614). – *J. Sawyer*, The Place of Folk-Linguistics in Biblical Interpretation (Proceedings of the Fifth World Congress of Jewish Studies, Jerusalem 1969, 109–113). – *N. Shupak*, Egyptian Idioms in Biblical Wisdom (Tarbiz 54, 1985, 475–483). – *E. Struck*, Bedeutungslehre, Nachdr. der 2. Aufl. 1972. – *H. Wünsche*, Die Bildersprache des AT, 1906, 103–131.

I. 1. Den hebr. Wortbildungen aus der Wurzel *prh* entsprechen in etymologischer wie semantischer Hinsicht Nomina und Verben in nwsemit. Sprachen und Dialekten wie auch im Äg. und Äth.: aram. *prj*, *pr'* 'wachsen, sprossen', *pjr'* 'Frucht, Ernte, Gewinn', syr. *p^erî*/*p^erā'* 'Frucht hervorbringen, fruchtbar sein', *pe(')rā'* 'Frucht', *perjā'* 'Nachkommenschaft', ugar., phön., pun. *pr* 'Frucht', äth. *farja* 'blühen, Frucht tragen', *fĕrē* 'Frucht', tigre *farā* 'Frucht tragen, sich vermehren', äg. *prj* 'hervorgehen', *pr.t* 'Frucht, Nachkommenschaft' (KBL³ 907. 910; BDB 826; DictTalm 1170. 1225; WbÄS I 518–525. 530f.). Ob es sich um eine Erweiterung einer zweiradikaligen hamitosemit. Wurzel mit ursprünglicher Schallbedeutung handelt (etwa 'lärmen', davon 'in Menge vorhanden sein', dann 'fruchtbar sein'; vgl. Botterweck 65f.), bleibt fraglich. Jedenfalls aber weist die hebr. Wurzel *prh* (genauer *prj*) lautliche und semantische Affinität auf zu anderen mit der Konsonantenfolge *pr* beginnenden Wurzeln wie *prḥ* 'sprossen, blühen', *pr'* 'das Haar wachsen lassen', *prṣ* 'durchbrechen, sich ausbreiten' u.dgl. (GKa § 30 g–l), möglicherweise auch zu *po'rāh*/*pu'rāh* 'Ast, Zweig'. (*Für *pr* wird meist als urspr. Bedeutung „trennen“ angenommen. Dann wäre *p^erî* am ehesten Primärnomen und *pārāh* denominiert [*Ri.*]).
2. Im hebr. Text des AT kommen Verbalformen der Wurzel 29mal vor (nach dem MT und der üblichen Textauslegung; doch s. BHK zu Jes 11,1, BHS zu Jes 45,8; zur Auslegung von *porāṯ*, Gen 49,22, s.u. III. 1). Es lassen sich im Gebrauch zwei unterschiedliche Bedeutungen ausmachen: 'Frucht tragen' (*qal*) und 'sich vermehren, zahlreich sein bzw. machen' (*qal* und *hiph*). Da sich beide Bedeutungen mühelos auf den

gemeinsamen Nenner ʿfruchtbar seinʾ bringen lassen, erübrigt sich die Annahme einer homonymen Wurzel *prj* (urspr. *prw*), dem arab. *wafara* ʿviel seinʾ entsprechend (gegen J. Barth, Etymologische Studien, 1893, 12f.). Hingegen scheint sich an ganz vereinzelten Stellen noch die Primärbedeutung ʿhervorgehen, herauskommenʾ erhalten zu haben (s. u. III. 1).

Das von dieser Wurzel abgeleitete *p^erî* kommt im Sing. als Kollektivum vor im Sinn von „Gesamtheit des Fruchtertrags". Besonders deutlich läßt sich dieser Sammelbegriff bei der Schilderung des Sündenfalls erkennen. Es werden in dieser weder Früchte noch eine einzelne Frucht erwähnt, sondern es heißt stets *mipp^erî* „von der Frucht" darf man essen (Gen 3, 2) bzw. nicht essen (v. 3), und *mippirjô* „von seiner Frucht", nämlich der des verbotenen Baumes, hat das erste Menschenpaar gekostet (v. 6).

Das Lexem *p^erî* kommt im MT 122mal vor, doch gibt es auch hier Vorschläge zu Textänderungen.

Statt *p^erî* sei in Jes 10, 12 *p^eʾer* ʿPrachtʾ, in Jes 27, 9 *pārê* „Stiere" zu lesen, statt *pirjô* „seine Frucht" Hos 10, 1 *pārājw* „seine Stiere". Andererseits möchte man Jer 50, 27 mit LXX und A *pārǣhā* „ihre Stiere" in *pirjāh* „ihre Frucht" und Hos 14, 3 *pārîm* „Stiere (unserer Lippen)" in *p^erî* „Frucht (unserer Lippen)" (vgl. LXX und 1 QH 1, 29) ändern (vgl. Gray, Isaiah, ICC, 460; BHK; BHS). *pæræʾ* (Hos 8, 9), üblicherweise „Wildesel", als Derivat von unserer Wurzel i. S. v. „Sprößling" zu betrachten (H. S. Nyberg, Studien zum Hoseabuche, UUÅ 1935: 6, 64) scheint abwegig; akk. *perʾu* bietet keine Stütze, da es mit hebr. *prḥ* zusammenzustellen ist.

Im hebr. Sir bedeutet das Verb ʿsich vermehren, reichlich Nachkommenschaft erzeugenʾ (16, 2), während das Nomen konkret die „Baumfrucht" (6, 22, griech. Text 27, 6) oder allgemeiner ein „Produkt" bezeichnet: „Frucht der Biene" (11, 3), d. h. der von ihr erzeugte Honig. In übertragenem Sinn steht es für „nützliches Ergebnis": „Früchte der Einsicht" (37, 22). In der Mahnrede gegen die Leidenschaften wird dem Menschen bildlich dargelegt: „... deine Begierde möchte deine Blätter verzehren und deiner Frucht (*prjk*) die Wurzeln nehmen, bis sie dich gleich einem dürren Baum zurückläßt" (6, 2–4).

Aus den Qumrantexten verdienen zuerst jene Formen erwähnt zu werden, die auf at.lichen Zitaten beruhen, wie *p^erî bæṭæn* „Leibesfrucht" (1 QpHab 6, 11, vgl. Jes 13, 18) und *šôræš pôræh* „die fruchtende Wurzel" (1 QH 4, 14, vgl. Dtn 29, 17). Für *prj mgbʿwt* 1 QM 7, 11 ist *pʾrj* zu lesen: „Kopfschmuck der Turbane" (vgl. Ex 39, 28). Zu 1 QH 2, 26; 3, 27 → פרר *prr*. Bei *prwt zrʿ* (1 QS 4, 7), das im Zusammenhang mit einem segensreichen Zustand des Friedens und der Langjährigkeit erwähnt wird, kann das erste Wort als Inf. cstr. oder als späthebr. Pl.-Form aufgefaßt werden und demnach mit „das Vermehren der Nachkommenschaft" bzw. „die Früchte der Nachkommenschaft" übersetzt werden. In Anspielung auf die Frucht des Eden-Gartens wird *p^erî* einige Male verwendet (1 QH 8, 11. 13. 20). Im Hinblick auf den at.lichen Sprachgebrauch (s. III. 3) verdient die metaphorische Verwendung des Nomens i. S. v. „Rede" Beachtung: *prj thlh* „Frucht des Lobpreises" (1 QS 10, 9), *prj qwdš* „heilige Frucht" (auf der Zunge) (1 QS 10, 23) und *prj śptjm* „Frucht der Lippen" (1 QH 1, 28).

3. Die LXX bevorzugt zur Wiedergabe des Verbs αὐξάνειν bzw. αὔξειν, das die Idee des „Vermehrens" ausdrückt, während die semantische Komponente des „Sprießens, Keimens" (βλαστᾶν Jes 45, 8 [App.], ὑψοῦν Gen 42, 52 [App.], nominal γέν[ν]ημα Jes 32, 12; Sir 6, 19) nur selten hervorgehoben wird. Καρποφορεῖν bzw. καρποφόρος ʿfruchttragendʾ findet sich für *prḥ* Hab 3, 17 (s. aber BHS), während es für *p^erî* nur dort eintritt, wo das hebr. Wort als Genetivus epexegeticus zu *ʾæræṣ* (Ps 107, 34) oder *ʿeṣ* (Ps 148, 9) tritt, also ein „fruchtbares Land" bzw. einen „fruchttragenden Baum" bezeichnet.

Für *p^erî* steht meistens καρπός, ein Wort, das eine dem hebr. Wort nicht unähnliche semantische Spannweite besitzt (Struck 41. 46f.). Neben „Frucht" als Kollektivum und „die einzelne Frucht" bedeutet es auch „Erzeugnis, Wirkung, Werk, Nutzen, Gewinn, Ertrag". Καρπὸς κοιλίας für „Leibesfrucht" (Gen 30, 2; Ps 132, 11) muß jedoch als Hebraismus betrachtet werden (vgl. Lk 1, 42; S. Ch. Schirlitz, Grundzüge der neutestamentlichen Grächität, 1861, 33). Sonst steht für die pflanzliche Frucht γέννημα ʿErtragʾ (Dtn 28, 4. 11. 18 u. ö.), für den menschlichen oder tierischen Nachkommen ἔκγονος ʿSprößlingʾ (Dtn 28, 11); einmal begegnen wir der semantischen Wiedergabe τέκνα „Kinder" (Jes 13, 18).

V macht die Doppeldeutigkeit des Verbs deutlich: *germinare* (Jes 45, 8), *ascendere* (Jes 11, 1) gegenüber *fertilis* (Jes 32, 12), *fructiferus* (Ps 106, 34). Das Nomen wird überwiegend mit *fructus* ʿFrucht, Ertrag, Genuß, Gewinn, Folge, Belohnung, Erfolgʾ wiedergegeben; seltener wird für *p^erî* ʿFeldfruchtʾ *fruges* eingesetzt (Dtn 26, 2. 10 u. a.). Auch *p^erî bæṭæn* „Nachkommen" heißt *fructus ventris* (Dtn 7, 13 u. ö.), aber *p^erî* einer Giftschlange wird zu *semen* (Jes 14, 29).

II. Aus der Perspektive des Zieles erscheint die Frucht als Vollendung der wundersamen pflanzlichen Entwicklung; darüber hinaus trägt sie den Samen, aus dem erneutes Leben einer gleichartigen Pflanze zu entstehen vermag. Viele der Baum- und Erdfrüchte dienen dem Menschen zur Nahrung; bei anderen lernt er unheilvolle Giftkräfte kennen und fürchten. Damit wird die Frucht zum Träger geheimnisvoller Potenzen und Sinnbild des sich stets erneuernden Lebens. Die ihr entgegengebrachte ehrfürchtige Bewunderung findet ihren Ausdruck in Kulthandlungen und Mythen. Der Mensch erfleht von der Gottheit einen gesegneten, reichen Fruchtertrag oder versucht, mit Hilfe magischer Riten einen solchen herbeizuführen. Er erzählt von segenbringenden oder aber lebenzerstörenden Früchten, auf welche die Helden der Vorzeit gestoßen seien. Er betrachtet bestimmte Pflanzen als von einer Gottheit gestiftet. Aufgrund dieses gewaltigen Vorstellungskomplexes verbindet sich mit dem

Begriff „Frucht" über den konkreten Gegenstand hinaus ein Nebensinn wie „Ertrag, Kraft, Folge, Erfolg, Gewinn" u. dgl., der häufig in den verschiedenen Sprachen lexikalische Beständigkeit erlangt.
Das akk. Wort *inbu* (AHw I 381f.; CAD I/J 144–147), etymologisch mit hebr. *'enāḇ* 'Weintraube' verwandt (möglicherweise auch mit *'eḇ* 'Frucht' Hld 6, 11; Ijob 8, 12), bezeichnet, oft als Kollektivum, Baumfrüchte (des Weinstocks, des Ölbaums, des Granatbaums, aber auch der Zeder) und Feld- und Gartenfrüchte. Auf Menschen bezogen bezeichnet das Wort „die Leibesfrucht, Nachkommenschaft". Metonymisch steht es für den fruchttragenden Baum, metaphorisch für die sexuelle Anziehung und die Geschlechtskraft von Mann und Frau. In mesopot. Texten wird wiederholt das Anlegen von Obstgärten, mitunter zu Ehren einer Gottheit, erwähnt wie auch das regelmäßige Darbringen von Fruchtopfern. Betreffs der Erwähnung von Früchten im Mythos sei nur an die sum. Paradieserzählung von Enki und Ninḫursag (ANET 39f.) und den üppigen Wundergarten im Gilg.-Epos (ANET 89) erinnert.
Im Äg. bedeutet *pr.t* eigentlich „das Hervorgegangene", die Frucht eines Baumes oder Krautes, auch das Saatkorn. So bezeichnet das Wort auch die Jahreszeit, in der das Saatgut „hervorkommt", keimt. Auf Menschen bezogen steht es für „Nachkommenschaft"; der König ist *pr.t* des göttlichen Vaters. Verbal (*prj*) kommt die Wurzel zur Verwendung in der Wortverbindung „was aus dem Leib hervorgeht", d.h. die „Leibesfrucht", und metaphorisch „was aus dem Munde hervorgeht", nämlich die Rede. Schließlich kann *pr.t* auch das Hervortreten eines Gottes in einem Prozessionsfest bezeichnen.

III. 1. Im Rahmen des bibl. Hebr. läßt sich der etymologische Zusammenhang zwischen dem Verb *pārāh* und dem Nomen *p^erî* nur unter Berücksichtigung des semantischen Werdegangs verstehen. Aus der urspr. Bedeutung der Verbalwurzel 'hervorbrechen, aufsprießen' ergab sich die Nominalbildung *p^erî* 'Frucht', und diese wiederum brachte denominative Verbalformen mit der Bedeutung 'fruchttragend, fruchtbar sein' hervor (Eitan 59).

Die ursprüngliche Bedeutung hat sich nur an vereinzelten Stellen erhalten. In der Weissagung vom messianischen Paradiesesfrieden in Jes 11 heißt es: „Es geht hervor ein Reis aus dem Stamm Isais, und ein Schößling *jipræh* aus dessen Wurzel." Man hat die hebr. Form infolge voreiliger Anlehnung an das Nomen mit „Frucht bringen" (Luther) übersetzt bzw. in diesem Sinn erklärt. Da sich diese Vorstellung jedoch schwerlich mit dem Bild von Baumstumpf und Wurzel vereinigen läßt, gehen viele Ausleger von einer emendierten Lesart aus (vgl. BHK). Diese Textänderung wird aber überflüssig, wenn man bei der eben angeführten Grundbedeutung bleibt, die auch durch das Parallelverb *jāṣā'* gestützt wird: „... ein Sprößling entspringt (*jipræh*) der Wurzel" (ähnlich LXX, V). Auch in JHWHs Segenspruch Jes 45, 8 sollte man von dieser Grundbedeutung ausgehen, gleichwohl, ob man die Pl.-Form des MT beibehalten will (Subj. ist dann „Heil und Gerechtigkeit"; so Qimḥi und A. B. Ehrlich, Mikra ki-pheschuto III, 1901, 106, wobei man jedoch dem par. Verb das Subj. nimmt und gegen die Akzente liest) oder Sing. vorzieht: *w^ejipræh* „es wird sprießen das Heil" (vgl. LXX, V, T; 1 QJes^a bestätigt die Sing.-Form, doch ist diese von der Wurzel *prḥ* gebildet). Dtn 29, 17 läßt sich auf ähnliche Weise erklären, wobei jedoch das *qal* transitiviert wird (vgl. Raschi: *mapræh*, d.h. kausativ): „eine Wurzel, die Giftkraut *poræh* 'hervorbringt'".

Die denominative Bedeutung „reich an Frucht sein" bzw. „sich als fruchtbar erwiesen haben" liegt bei der fem. Ptz.-Form des *qal* vor: *porijjāh* ist der Ölbaum (Jes 17, 6; zum Text s. BHS) wie auch der Weinstock (Jes 32, 12), der, ans Wasser gepflanzt, voller Zweige ist (Ez 19, 10); die Mutter einer kinderreichen Familie gleicht einem solchen (Ps 128, 3). Diese Ptz.-Form kann elliptisch das gesamte Syntagma vertreten, also „die Fruchtbare" statt „fruchtbarer Ölbaum" (Jes 17, 6) und „fruchtbare Rebe" (Gen 49, 22) stehen.

Nach der üblichen Auffassung liegt dieses Ptz. auch der Form *porāṯ* (Gen 49, 22) zugrunde (GKa § 80g; BLe § 62v). Demnach wäre Josef hier als „Sohn der Fruchtbaren", d.h. als Zweig einer fruchtbaren Rebe oder ein fruchtbarer Zweig angesprochen. Man hat aber auch *prt* als *p^erāṯ* gelesen und eine Anspielung auf den geographischen Namen Efraim, Efrat finden wollen und die Form als Bezeichnung für „Fruchtland" erklärt (J. Wellhausen, Composition des Hexateuchs, 1889, 322). Da jedoch die meisten Bilder im Jakobssegen der Tierwelt und nicht der Flora entnommen sind, könnte man geneigt sein, *prt* als „Kuh" (ATAO 390) oder „Wildeselin" (fem. zu *pæræ'*; E. A. Speiser, AB 1, 367f.) zu erklären. Josef erhielte damit eine Bezeichnung („Sohn einer Jungkuh" bzw. „einer wilden Eselin"), deren Nachklang in Dtn 33, 17 vernehmbar ist. In sprachlicher Spielerei greift der Midrasch beide Auslegungsmöglichkeiten auf: Josef sei zu Amt und Würden gelangt, da er sowohl das eine Traumbild von *pārôṯ* „Kühe" wie auch das andere von *perôṯ* „Früchte" (d.h. Ähren) richtig zu deuten verstanden habe (Gen rabba zu Gen 41, 25–27).

Bei den übrigen Belegen hat das Verb die Bedeutung 'sich mehren, viel Nachkommenschaft haben'. Dabei steht es in kontextueller Kontiguität mit Formen der Wurzeln *'ṣm* 'mächtig sein/werden' (Ps 105, 24), *šrṣ* 'wimmeln' (Ex 1, 7), *ml'* 'etw. anfüllen' (Gen 9, 1) und vor allem *rbh* 'viel sein' (Gen 9, 1 u.ö.). Die Zusammenstellung *prh* und *rbh* im Imp. („seid fruchtbar und mehret euch"), an die tierische Kreatur (Gen 8, 17) oder meistens an die Menschen gerichtet, tritt besonders häufig in P auf (Gen 1, 22. 28; 9, 1. 7; 35, 11; 47, 27 usw.). Möglicherweise spiegelt sich hier eine altertümliche Segensformel wider, mit der die Fruchtbarkeit eines jungen Paares bewirkt werden sollte (vgl. Gen 28, 2f.). Von dort wurde die redundante Wortverbindung auch in Texte übernommen, in denen von reichlicher Nachkommenschaft und einer sich ausbreitenden Bevölkerung die Rede ist, wobei dieser Zustand als Erfüllung eines einst erteilten Segens oder als zukünftiges Heil aufgefaßt wird (vgl. IV. 1).

An den zwei Stellen, an denen *prh* ohne die stereotype Synonymwurzel *rbh* vorkommt, geht aus dem Textzusammenhang der Nebensinn 'sich ausbreiten' (so Targ.) deutlich hervor. Isaak begründet den Brunnennamen *r^eḥoḇôṯ* „Weiten" mit den Worten: „Jetzt hat uns JHWH Weite geschafft, so daß wir uns ausbreiten können (*pārînû*) im Lande" (Gen 26, 22). Im Epilog zum Bundesbuch verheißt Gott seinem Volk, er werde die feindliche Bevölkerung Kanaans allmählich vertreiben, „bis du dich so ausgebreitet hast (*tipræh*), daß du das Land in Besitz nehmen kannst" (Ex 23, 30). Da die Fruchtbarkeit als von Gott gesandter Segen betrachtet wird (s. IV.1), bezieht sich die in den *hiph*-Formen enthaltene Aussage („fruchtbar, zahlreich machen") immer auf Gott als Subj., der den Fruchtbarkeitssegen dem Einzelmenschen (Gen 17, 6. 20) oder dem Volk (Lev 26, 9) verspricht bzw. geschenkt hat (Ps 105, 24) oder von dem dieser erfleht wird.

Die *hiph*-Form *hiprani* „er schenkte mir Fruchtbarkeit", möglicherweise aramaisierend als *'aph* mit *'ālæp* zu sprechen (Sawyer 111), wird zur volksetymologischen Erklärung des Namens Efraim herangezogen (Gen 41, 52).

2. Als konkret müssen wir jede Verwendung betrachten, bei der *p^erî* als einer Pflanze zugehörig erwähnt wird. Daß in mehreren Textstellen diese Pflanze nicht als reales Objekt beschrieben wird, sondern als Sinnbild für Werden, Gedeihen und Absterben eines Menschen oder eines Volksstammes dient, gehört zum literarischen Charakter des AT; die lexikalisch-semantische Analyse muß diesen stilistischen Aspekt vorerst unberücksichtigt lassen.
Das Nomen *p^erî*, urspr. „das Herauskommende, Hervorgebrachte", bezeichnet im at.lichen Sprachgebrauch konkret das den Samen enthaltende Erzeugnis jeglichen „Gewächses des Bodens" (Gen 1, 29; 4, 3). Daher kann ein Vegetation aufweisendes Erdgebiet *'æræṣ p^erî* „Fruchtland" (Ps 107, 34), im Gegensatz zur öden Salzsteppe, genannt werden. Insbesondere bezeichnet das Wort die Frucht, welche zur Nahrung dient. Der Mensch sät Felder und pflanzt Gärten, um *p^erî* als Ertrag (*t^eḇû'āh*) zu erhalten (Ps 107, 37), so wie er Herden für seinen Milchbedarf züchtet (Dtn 7, 13; Ez 25, 4). Im weiten Sinne umfaßt *p^erî hā'^adāmāh* „Bodenfrucht" das Korn wie auch den aus Trauben gewonnenen Most und das aus Oliven gepreßte Öl (Dtn 28, 51) und kann folglich als vorangestellte Apposition zu dem umfassenden Wort *j^eḡîa'* „das mühselig Erarbeitete" treten (Dtn 28, 33). Als umfassender Begriff kann *p^erî* den Gesamtertrag eines Landes, insbesondere des Landes Israel, bezeichnen. Das Land gibt seine Frucht, so daß man sich satt essen kann (Lev 25, 19); sie ist dessen gesegnetes Gut (*ṭûḇ*, Jer 2, 7; Neh 9, 36) und gereicht ihm zu Schmuck und Zierde (Jes 4, 2). Bedeutungsverengung in entgegengesetzte Richtungen läßt sich dort feststellen, wo *p^erî*, wie häufig, i. S. v. „Baumfrucht" im Gegensatz zu dem Grünzeug des Feldes genannt wird (Ex 10, 15), oder aber umgekehrt das bereits erwähnte Syntagma *p^erî hā'^adāmāh* als Bezeichnung für „Erdfrucht" im Gegensatz zum Baumobst verwendet wird (Jer 7, 20; Mal 3, 11). Letzteres ist selten; es erklärt sich aus der semantischen Unbestimmtheit des Bestimmungsworts *'^adāmāh* (bzw. des Synonyms *'æræṣ*), das hier im engeren Sinn als „Erdboden" aufgefaßt wird, dessen Frucht das Gemüse ist. Andererseits bedeuten *'^adāmāh* und *'æræṣ* „Landgebiet", wodurch das Syntagma *p^erî '^adāmāh* die Baumfrüchte einbeziehen kann (Dtn 26, 2) oder gar ausschließlich diese im Gegensatz zum Kraut des Feldes bezeichnet (Ps 105, 35). In Ex 10, 15, auf das der Psalmvers zurückgreift, steht verdeutlichend *p^erî hā'eṣ* „Baumfrüchte". Diese spezialisierte Bedeutung wird zur gebräuchlichsten: der Baum spendet die Frucht, das Feld den Ertrag (Ez 34, 27; 36, 30; Sach 8, 12; Lev 27, 30). Die Kundschafter, ausgesandt, um die Beschaffenheit des Landes Kanaan ausfindig zu machen und von dessen *p^erî* etwas mitzubringen, kehren mit einer Rebe, Granatäpfeln und Feigen zurück: „Es ist ein Land von Milch und Honig, und dies ist sein *p^erî*" (Num 13, 20. 24–27).
Jeder Baum trägt die ihm eigene Frucht mit dem Samen, aus dem wiederum ein artgleicher Baum erwachsen kann, wie der priesterliche Schöpfungsbericht in lapidarer Kürze dieses Wunder der Fortpflanzung zusammenfaßt (Gen 1, 11 f.). Es werden Früchte der Zeder (Ez 17, 9. 23) und der Zypresse (Hos 14, 9) erwähnt, insbesondere aber ist bei *p^erî* an eßbare Früchte zu denken (Gen 1, 29; Lev 19, 23; Ez 47, 12). Die Seßhaftigkeit der Israeliten und die damit erreichte höher entwickelte Kulturstufe bringt die geplante Nutzung der Früchte von den Bäumen des Feldes (Lev 26, 4) und den angelegten Obstgärten (Am 9, 14; Jer 29, 5. 28; Koh 2, 5; vgl. Gen 3, 2) mit sich. Diese Bäume verlangen Pflege (Lev 19, 23–25); Wächter bewachen ihre Früchte (Hld 8, 11 f.). Häufig wird der Weinstock und seine Frucht genannt (2 Kön 19, 29 = Jes 37, 30; 65, 21; Hos 10, 1; Ez 17, 8 f.; 19, 12. 14 u. a.), aber auch der Ölbaum (Jer 11, 16), der Feigenbaum (Joël 2, 22; Spr 27, 18), der Apfel- und Granatapfelbaum (Hld 2, 3 bzw. 4, 13) und ihre Früchte. *p^erî* schmeckt süß (Hld 2, 3), Produkte wie Most und Feinöl werden aus ihm gewonnen (Joël 2, 22; Neh 10, 38).
Die Frucht gehört mit den Blättern (Ps 1, 3; Sir 6, 3) und Zweigen (Ez 36, 8) zum Bild des gesunden Baumes, der seine Wurzeln weit ausstreckt (Jer 17, 8; 2 Kön 19, 30). Die Vernichtung eines Baumes beginnt mit dem Verdorren der Wurzel und endet mit dem Vertrocknen des Laubes und dem Ausbleiben des Fruchtertrags (Ps 1, 3; Am 2, 9; Hos 9, 16; Sir 6, 3). Der Merismus in diesen und ähnlichen Versen, wonach der ganze Baum mit der Nennung der Wurzeln einerseits und der Frucht andererseits veranschaulicht wird, hat seine stilistische Parallele in einer phön. Inschrift: „... weder sollen sie nach unten eine Wurzel besitzen noch Frucht nach oben" (KAI 14, 11 f.).
3. An mehreren Stellen wird der animalische Nachwuchs, öfter der menschliche – meist mit dem Bestim-

mungswort *bæṭæn* 'Leib' – als *p*ᵉ*rî*, also „Leibesfrucht" bezeichnet. Obwohl die Sprache hier unbefangen urtümliche Analogievorstellungen bezüglich des biologischen Prozesses bei Pflanzen und Lebewesen festhält, muß dieser Ausdruck im Rahmen des bibl. Sprachgebrauchs als metaphorisch bewertet werden, da sich „Leibesfrucht" hier nur in seltenen Fällen auf das im Mutterleib wachsende Kind bezieht, meistens hingegen die Nachkommenschaft als solche bezeichnet und die Abstammung vom Vater im Auge hat. Als Jakob seiner unfruchtbaren Frau Rahel zu bedenken gibt, ob es nicht Gott selbst sei, der ihr *p*ᵉ*rî bæṭæn* versagt habe (Gen 30,2), meint er allerdings die Frucht im Mutterleib. Auch die Klage über die Frauen, die in äußerster Not ihren *p*ᵉ*rî* zu essen gezwungen sind, denkt an die von den Müttern ausgetragene Frucht, ihre – so das Parallelsyntagma – „wohlgepflegten Kindlein" (Klgl 2,20). In der Schilderung der Kriegsgreuel und des erbarmungslosen Hinmordens der *p*ᵉ*rî bæṭæn* (Jes 13,18) könnte das Wort schon allgemein für „Kinder" stehen, wie es die meisten Ausleger im Hinblick auf das par. *bānîm* „Söhne" auffassen; vielleicht aber ist an die im Alten Orient öfter erwähnte Grausamkeit zu denken, den Leib einer Schwangeren aufzuschlitzen (Am 1,13) und das Leben zu vernichten (vgl. Hieronymus, Kommentar z. St.). Dann befände sich das Wort auch hier auf der bisher besprochenen semantischen Ebene. Die Paränese des Dtn (7,13; 28,4.18.53 u.ö.), in der von „deiner *p*ᵉ*rî bæṭæn*", die Rede ist, richtet sich an den erwachsenen Israeliten, Mann und Frau, oder gar nur an den Verantwortlichen für die Sippe, nämlich den Mann, wobei natürlich auch an ihn als den Erzeuger gedacht ist. Leibesfrucht steht also einfach für Nachkommen. Der Mann, der in übereifriger Büßerbereitschaft seinen Sprößling, ja seinen Erstgeborenen opfern will, nennt diesen „*p*ᵉ*rî* meines Leibes" (Mi 6,7). Der Psalmendichter preist den Mann glücklich, dem von JHWH Söhne verliehen worden sind, denn „ein Lohn ist *p*ᵉ*rî* des Leibes" (Ps 127,3). Hier ist ausdrücklich der Mann (*gæbær*, v. 5) angesprochen; in dem diesem Psalm ähnlichen sumer. Nisaba-Lied ist demgegenüber von Mutterliebe und „der Frucht im Mutterleib" die Rede (SAHG 66f.). Die Verheißung JHWHs an David: „Aus der Frucht deines Leibes setze ich dir auf den Thron" (Ps 132,11) versteht unter „Leibesfrucht" spätere und späteste Nachkommen. So ist auch das Wort in der Heilszusage an den judäischen König zu verstehen, nach der er *p*ᵉ*rî* und Samen seiner Feinde zu vernichten imstande sein werde (Ps 21,11).

Einen höheren Grad der Abstraktion trifft man dort an, wo *p*ᵉ*rî* in Verbindung mit Begriffen für Rede, Gedanken, Tat u.dgl. vorkommt, m.a.W. deren Manifestation, Tat und Wirkung als ihre *p*ᵉ*rî* betrachtet wird, die sich als segenbringend oder als verderblich erweist. Dieser Sprachgebrauch ist besonders in den Weisheitsschriften anzutreffen. Drei einander ähnelnde Sprichwörter, die sich am leichtesten als Variationen auf ein Grundthema auffassen lassen (Spr 12,14; 13,2; 18,20), lehren, daß „von der Frucht des Mundes eines Menschen" er selbst essen und satt werden muß, d.h. doch wohl, daß der Mensch gute wie böse Folgen seiner Worte zu kosten bekommt. In der Fortsetzung zur dritten Fassung des Sprichworts wird der menschlichen Rede Macht über Tod und Leben zugeschrieben, so daß, „wer sie lieblich behandelt, ihre Frucht kosten darf (18,21; vgl. W. Bühlmann, Vom rechten Reden und Schweigen, OBO 12, 1976, 306–312).

Die äg. Parallele zu der Redewendung „Frucht des Mundes" verdient Erwähnung. *prj m r3* heißt wörtlich „was aus dem Mund hervorkommt, nämlich die Rede (vgl. *môṣā' pæh*, Dtn 8,3). Aufgrund der sprachlichen Ähnlichkeit, ließe sich vermuten, daß auch im Hebr. bei „*p*ᵉ*rî* des Mundes" eigentlich nicht metaphorisch von einer Frucht, sondern deverbal von „dem, was aus dem Munde hervorkommt", gesprochen worden sei (Shupak 481f.). Doch beweist die Kontiguitätsbeziehung des Wortes auch da, wo Rede, Gedanken und Tat die Themen sind, mit Verben für „essen", „sättigen" und mit Nomina für „Ertrag", daß die Verwendung des Wortes mit der Vorstellung einer Obstfrucht verbunden bleibt.

Häufig werden die Folgen der Handlung (Jes 3,10; Jer 17,10; Mi 7,13), des Lebenswandels (Spr 1,31), der Gedanken (Jer 6,19) u. dgl. (Hos 10,13; Jes 10,12) *p*ᵉ*rî* genannt (vgl. u. IV.2). Frucht symbolisiert das Erarbeitete, den Erfolg. Die fleißige Hausfrau legt von dem, was sie verdient hat („von der Frucht ihrer Hände"), einen Weinberg an (Spr 31,16). Die personifizierte Weisheit preist ihren *p*ᵉ*rî* als wertvoller denn feinstes Gold an; wer ihre Rede und ihre Lehre aufnimmt, dem ist der Erfolg sicher (Spr 8,19). Es ist zu bedauern, wenn der Frevler *p*ᵉ*rî* macht und erfolgreich ist (Jer 12,2), denn *p*ᵉ*rî* gebührt dem Gerechten (Ps 58,12).

IV. 1. Seiner diesseitsbejahenden Grundstimmung gemäß sieht das AT den Bestand des Lebens, seinen Fortgang und seine Ausbreitung als Wirkung und sichtbares Zeichen des göttlichen Segens. Über Tier und Mensch spricht Gott bei der Schöpfung und nach der Sintflut den Segenspruch aus: „Traget Frucht und mehret euch ..." (Gen 1,22.28; 8,17; 9.1.7). Die fruchttragenden Bäume werden in der Liste der von Gott geschaffenen Naturerscheinungen eigens genannt (*'eṣ p*ᵉ*rî* Ps 148,9); die Früchte dieser Bäume (*p*ᵉ*rî 'eṣ*, Gen 1,29) sind zur Nahrung des Menschen bestimmt.

Nachkommen, die Frucht des Leibes sind der Anteil des von JHWH gesegneten Mannes (Ps 127,3); die Frau, die dem gottesfürchtigen und rechtschaffenen Mann Söhne geschenkt hat, gleicht einem fruchtbringenden Weinstock (Ps 128,3). Gott kann diese Frucht versagen (Gen 30,2) oder Vernichtung der Frucht des Feindes androhen (Ps 21,11). Umgekehrt sichert die göttliche Verheißung von Leibesfrucht den Bestand der davidischen Dynastie (Ps 132,11). So kann der vom Propheten bekämpfte Irrglaube aufkommen, die Frucht des Leibes, insbesondere der Erstgeborene, sei

JHWH als Opfer in äußerster Not willkommen (Mi 6, 7). Erst Sir 16, 2 gibt zu bedenken, daß Stolz auf die sich vermehrende Familie nicht am Platz sei, wenn bei Kind und Kindeskind keine Gottesfurcht ist. Die wiederholten Verheißungen von reichlichem Kindersegen an die Erzväter (Gen 17, 6. 20; 35, 11; 48, 4) wie die Berichte von deren Erfüllung (Gen 47, 27; Ex 1, 7) sollen im Erzählungszusammenhang den Übergang vom Eponym zum Volksstamm plausibel machen; aus diesen Ätiologien spricht der Stolz der Hebräer auf die zahlenmäßige Überlegenheit ihrer Nation den feindlichen Nachbarstämmen gegenüber (Ps 105, 24). Bedeutsam bleibt aber eben die Verknüpfung des Zuwachses mit dem Gottessegen (Gen 28, 3), wie sie auch in der volksetymologischen Erklärung des Namens Efraim (Gen 41, 52) ihren Ausdruck findet. Das in Kanaan seßhaft gewordene Israel ist sich dessen bewußt, daß sein Verbleiben von der Vermehrung abhängt. Gott hat sein Volk fruchtbar gemacht, damit es das Land in Besitz nehmen kann (Ex 23, 30), und verspricht dem Volk Fruchtbarkeit, solange es die Bundesverpflichtungen einhält (Lev 26, 9; Dtn 7, 13; 28, 4), während der Fluch für Ungehorsam grauenvolle Drohungen bezüglich des Schicksals der Leibesfrucht enthält (Dtn 28, 18. 53). Die Kollektivpersönlichkeit des Volkes wird mitunter bildhaft als Fruchtbaum dargestellt (Jes 17, 6; Ez 19, 10), womit der einzelne Stammesangehörige zu dessen Früchten zu zählen ist (Hos 9, 16). In der Katastrophe, die mit dem Untergang der Reiche Israel und Juda eintritt, erfüllt sich JHWHs Strafandrohung: Mütter essen ihre Leibesfrucht in der furchtbaren Not (Klgl 2, 20). Für die Heilszeit verspricht Gott wiederum dem Volk nach seiner Heimführung Vermehrung und Ausbreitung (Jer 3, 16; 23, 3; Ez 36, 11). Auch in der Qumranliteratur zählt die „zahlreiche Nachkommenschaft" (*prwt zrʿ*) zu den Heilsversprechungen (1 QS 4, 7).

JHWH, der Herr über Land und Wasser, entzieht den boshaften Bewohnern fruchttragendes Land (*'æræṣ pᵉrî*, Ps 107, 34), indem er es zur Wüste macht, er leitet aber Wasser in dürre Landschaft, damit Hungernde Frucht ernten können (v. 37). So ist eine der die widerspenstigen Völker treffenden Strafen, daß die Frucht ihres Landes von Schädlingen vertilgt (Ex 10, 12. 15; Ps 105, 35) oder von Fremden gegessen wird (Ez 25, 4). Israel wurde von Gott ein Land verliehen, das beste Frucht trägt (Num 13, 26f.; Neh 9, 36), und ihm wurde zugesagt, daß als Lohn für seinen Gehorsam Baum und Feld dieses Landes ihre Frucht bringen würden (Lev 25, 19; 26, 4; Dtn 7, 13; 28, 4. 11; 30, 9). Bei Ungehorsam hingegen wird der Baum seine Frucht versagen (Lev 26, 20) oder fremde Völker die Früchte des Landes verzehren (Dtn 28, 33. 42. 51). Demgemäß versprechen die Propheten, wo sie Anlaß sehen, dem Volk ein Gefühl sicheren Vertrauens zu vermitteln, Fruchtertrag und dessen Genuß (Joël 2, 22; Jes 37, 30), drohen aber in anderer Stunde mit Unheil über Feld und Fruchtbaum (Jes 32, 12). Jeremia klagt an, das Volk habe das Land, dessen gute Frucht es essen durfte, verunreinigt (Jer 2, 7), weshalb JHWH seinen Zorn über Mensch und Tier, Baum und Frucht ergießen werde (Jer 7, 20). In den nachexilischen Trostsprüchen wird für die Heilszeit wieder das Blühen und Genießen der Frucht verheißen (Am 9, 14; Jes 4, 2; Ez 34, 27; 36, 8.30; Jes 65, 21f.; Sach 8, 12; Mal 3, 11).

Die Dankbarkeit JHWH gegenüber für die Gabe der Frucht findet ihren freiwilligen oder angeordneten Ausdruck in Fruchtopfern, wofür insbesondere die Erstlingsfrüchte in Betracht kommen (Gen 4, 3; Lev 19, 23; 23, 40; 27, 30; Dtn 26, 2. 10; Neh 10, 36).

2. Theologisch bedeutsame Aussagen verwenden das Wort *pᵉrî* in übertragenem Sinn auf zweierlei Weise. Die Obstfrucht, konkret vorgestellt, kann bildhaft ein anderes Phänomen repräsentieren, oder aber das Wort tritt in seiner konventionalisierten Bedeutungserweiterung auf und bezeichnet „Wirkung, Ergebnis". Genaue Grenzen zwischen wirklicher Metapher und erstarrter Metapher lassen sich nicht ziehen, da *pᵉrî* „Frucht" auch bei verblaßter Bedeutung („Folge") in ergänzender Beziehung zu *'āḵal* ʿessen' stehen kann, womit zu dem ursprünglichen Sprachbild zurückgeleitet wird. Die mythische Hochschätzung der einer Frucht innewohnenden Kräfte klingt in der Paradieserzählung an: Der Genuß einer wundersamen Frucht bewirkt, den Menschen in gewisser Beziehung gottähnlich zu machen (Gen 3, 1–22). Jedoch es ist Gott selbst, der den Baum gepflanzt hat (Gen 2, 9) und die Frucht dem Menschen verbieten und vorenthalten kann. In den Qumrantexten findet sich eine midraschartige Auslegung dieser Geschichte, wobei die von Gott behütete Frucht besonders erwähnt wird (s. u. V.).

Der auf Gott vertrauende Mann gleicht einem kräftigen Baum, der stets Frucht bringt (Jer 17, 8; Ps 1, 3). Gewiß erlaubt das metaphorisch verwendete Wort *pᵉrî* sehr verschiedenartige Auslegungen. Es mag einfach Gedeihen und Erfolg des Gerechten bedeuten, seine beispielhaften guten Taten (Qimḥi) oder seinen unerschütterlichen Glauben (Hieronymus). Jedenfalls gebührt *pᵉrî* dem Gerechten aufgrund einer gerechten Weltordnung (Ps 58, 12), was zur bitteren Klage des Propheten Jeremias führt, warum auch Frevler gedeihen und Frucht bringen (Jer 12, 2). Einer vergeistigten Auffassung von *pᵉrî* begegnet man in der Weisheitsliteratur. Die Leidenschaften berauben den Menschen seiner Frucht, d.h. des Edelsten (Sir 6, 3); *pᵉrî* des Gerechten (LXX: der Gerechtigkeit) ist ein Lebensbaum (Spr 11, 30), da aufrechte Gesinnung und ehrliches Tun lebenspendende Kraft ausstrahlen.

So wie aus einer bestimmten Pflanze die entsprechende Frucht hervorgeht, ergeben sich aus gottgefälligem Sinnen und Handeln segensreiche Folgen für den Betreffenden selbst und seine Umgebung, während böses Trachten und Tun auf den Frevler zurückfällt. Diese ursprünglich auf dynamistischen Vorstellungen beruhende Auffassung (Jes 3, 10; Hos 10, 13; Spr 1, 31; 12, 14; 13, 2; 18, 20) wurde in Israel mit dem Glauben an JHWH als gerechten Richter verbunden: Gott verwandelt Feindesland in Wüste infolge (*pᵉrî*) der Taten seiner Bewohner (Mi 7, 13); er bestraft den Assyrerkönig wegen des Gebarens (*p^erî*) seines Hochmuts (Jes 10, 12), die Judäer gemäß der *p^erî* ihrer bösen Anschläge (Jer 17, 10; 6, 19). JHWH prüft den Menschen auf Herz und Niere, damit er jedem das geben kann, was er nach Wandel und *p^erî* seiner Taten verdient (Jer 17, 10). Der Lohn ist gerechtfertigt, da es menschliche Willkür vermag, aus gesunder Wurzel Gift und Wermut hervorzubringen (Dtn 29, 17) und *p^erî* der Gerechtigkeit in Gift zu verwandeln (Am 6, 12). Wenn Jakobs Missetat gesühnt wird, so ist die volle Frucht sowohl die Tilgung seiner Sünde als auch die Beseitigung irriger Kultpraktiken (Jes 27, 9). Die Bedeutung von *p^erî* schwebt hier zwischen „Ursache" und „Wirkung". Ein Volk gleicht einem Baum (Jes 17, 6; Ez 19, 10); das Ansehen des Volkes, seine materiellen und geistigen Errungenschaften, die Macht seiner Herrscher sind den Baumfrüchten vergleichbar. Es ist der in der Menschheitsgeschichte sich offenbarende JHWH, der das Schicksal der Völker bestimmt. Er hat Frucht und Wurzel der Amoriter vernichtet (Am 2, 9), als sie sich Israel entgegenstellten; er nannte sein Volk einen saftigen Ölbaum, schön von Frucht und Gestalt (Jer 11, 16). Doch mit dem Überfluß an Frucht hob in Israel auch ein Übermaß an Kultsünden an (Hos 10, 1). So läßt man JHWH die Frucht des verworfenen Königshauses in Juda durch Feindesmacht abpflücken (Ez 17, 8f.; 19, 12), bis das neugepflanzte Volk in der Heilszeit wieder Frucht bringen darf (Jes 37, 31; Ez 17, 23). Ein Sproß aus Isais Stamm wird fruchten (Jes 11, 1; s.o. III. 1.); der den göttlichen Gesetzen folgende Herrscher wird Fruchtsegen hervorbringen (Ps 72, 16); Heil und Gerechtigkeit sollen wie Früchte sprießen (Jes 45, 8). Gott selbst wird seinem Volk wie ein immergrünender Baum sein, an dem es seinen *p^erî* findet (Hos 14, 9). Denn vom *p^erî* der Gottestaten wird die Erde satt (Ps 104, 13).

*V. In Qumran begegnet das Verb *pārāh* 2mal im Zusammenhang ekklesiologischer Metaphern: in der Gemeinde verwirklichen sich Heilung, Friede und „Fruchtbarkeit des Samens" (*prwt zr'*, 1 QS 4, 7). Die Feinde der Gemeinde werden mit einer Wurzel verglichen, die Gift hervorbringt (*pwrh rwš*, 1 QH 4, 14). *p^erî* begegnet 23mal, davon 6mal in der Verbindung mit *bæṭæn*, zumeist in stark fragmentarischen Texten (4 Q 173 [Zitat und Pescher von Ps 127, 3b]; 4 Q 502, 20, 3; 163, 3; 4 Q 503, 183, 1; 221, 2). Die Brutalität der Kittäer zeigt sich darin, daß sie nicht einmal „Leibesfrucht" schonen (1 QpHab 6, 11; vgl. Am 1, 13; Hos 14, 1). Auch *p^erî* kann ekklesiologisch verstanden werden: die Gemeinde ist eine „Pflanzung der Frucht", bestimmt zu herrlicher Wonne (1 QH 8, 20 txt.?). Sie ist ein geschützter Paradiesesgarten (vgl. Gen 3), dessen Frucht behütet wird (1 QH 8, 11. 13; Hos 14, 1). Damit ist der Schritt getan zur Einbindung in die Schöpfungsvorstellung: Gott hat alles geschaffen, auch die Früchte des Weinstockes (*p^erî kæræm*, 4 Q 381, 1, 6). Und der Mensch ist geschaffen, über alles dies zu herrschen, Feste zu feiern und die Früchte zu essen (ebd. 1, 8).

In Qumran wird der Opferkult ersetzt durch einen umfangreichen und detaillierten Gebetskult. Dies steht hinter dem Satz: „Solange ich bin, ist ein Gesetz eingegraben auf meiner Zunge zur Frucht des Lobpreises (*p^erî t^ehillāh*) und als Teil meiner Lippen" (1 QS 10, 8; vgl. *p^erî qôḏæš* Z. 22; vgl. auch 1, 28). Schließlich kennt Qumran ein Wein-Erstlingsfest, in dessen Ritualen die „Frucht des Weinstockes" eine Rolle spielt (TR 21, 7 txt.?). *(Fa.)*

Kedar-Kopfstein

פָּרַח *pāraḥ*

פֶּרַח *pæraḥ*

I. Etymologie – II. Belege – 1. Verbum – 2. Nomen – III. Qumran – IV. LXX.

Lit.: *J. Barr*, Comparative Philology and the Text of the OT, Oxford 1968, 333, Nr. 264. – *O. Keel*, Die Welt der altorientalischen Bildsymbolik und das AT, 1972, 145. – *F. L. Lundgreen*, Die Benutzung der Pflanzenwelt in der at.lichen Religion (BZAW 14, 1908).

I. Die Wurzel *prḥ* ist gemeinsemit. und schon im Akk. und Ugar. benutzt. Die westsemit. Bedeutung ist gewöhnlich 'sprossen'. Akk. *parāḫu* scheint aber 'gären' zu bedeuten (AHw 827; vgl. Oppenheim, JAOS Suppl. 10, Anm. 43, 34). Das akk. Nomen *per'u* oder *perḫu*, 'Sproß' (AHw 856; Primärnomen) wird in Verbindung mit Pflanzen und Bäumen benutzt. Es wird auch in übertragener Bedeutung von Menschen gebraucht ('Nachkommen'). Das ist oft in Segens- und Fluchformeln der Fall (Nachkommen schützen, vernichten usw.) Das akk. *per'u* muß auch in Verbindung mit hebr. *p^erî*, 'Frucht, Ergebnis, Nachkommenschaft' gesehen werden. Im Ugar. kommt *prḫ* 'Blüte' vor (UF 7, 1975, 166), auch 2mal als Personenname (UT Nr. 2102, WUS Nr. 2267, PNU 312. 406a). Arab. *faraḫa* heißt in der II. und IV. Form 'Schößlinge treiben', 'Junge haben' oder 'ausschlüpfen lassen'. Im Äg. bedeutet *prḫ* 'aufblühen' (WbÄS I 532).

II. 1. Im AT wird das Verbum *pāraḥ* in der Bedeutung 'sprossen, blühen' von Pflanzen und Bäumen gebraucht (Gen 40, 10; Num 17, 20, 23; Hld 6, 11; 7, 13; Hab 3, 17; Ijob 14, 9 [hier mit i-Form in *qal* impf., vgl. R. Meyer, Grammatik § 68, 2a]). Metaphern aus der Pflanzenwelt wurden von den Propheten und in den Psalmen oft benutzt, so auch *pāraḥ* als Bild des Blühens und Wachsens. Israel oder die Israeliten sind Subjekte des Blühens: „In künftigen Tagen wird Jakob Wurzel schlagen. Israel wird blühen und sprossen und die ganze Welt wird sich mit Früchten füllen"

(Jes 27, 6). „Ich werde wie Tau für Israel sein, es wird aufblühen wie eine Lilie und Wurzel schlagen wie (die Bäume auf dem) Libanon“ (Hos 14, 6). „Sie werden wieder in meinem Schatten wohnen, sie werden Getreide anbauen. Sie werden blühen wie ein Weinstock, der guten Ruf hat wie der Wein vom Libanon“ (Hos 14, 8).

Oft aber findet man andere Subjekte, z. B. den König: „In seinen Tagen blühe das Heil, und großer Friede, bis der Mond nicht mehr da ist“ (Ps 72, 7), oder den Frevler: „Wenn auch die Gottlosen sprossen (*prḥ*) wie Gras, und die Missetäter alle blühen (*ṣîṣ*), ist es nur, um vertilgt zu werden für immer“ (Ps 92, 8), oder den Gerechten: „Der Gerechte sproßt (*prḥ*) wie eine Palme, er wächst wie die Zedern des Libanon. Gepflanzt im Hause des Herrn sprossen sie in den Höfen unsres Gottes“ (Ps 92, 13 f.). Bekannt ist die Stelle in Jes 11, 1: „Aber ein Reis wird aus dem Baumstumpf Isais hervorwachsen, und ein junger Trieb aus seinen Wurzeln wird sprießen“ (hier ist wohl *jiprāḥ* zu lesen; vgl. auch Jes 35, 1 f.; 45, 8 [vgl. 1 QJes[a] *w[e]jipraḥ*]; 66, 14; Hos 10, 4; Ez 7, 10; Hab 2, 3 [vorgeschlagene cj.]; Spr 11, 28; 14, 11; Sir 11, 22; 49, 10).

Gewisse Krankheiten, besonders Hautkrankheiten, konnten als blühend bezeichnet werden (Lev 13, 12. 20. 25. 39. 42. 57). In übertragener Bedeutung findet man das Verbum vom Befall an einem Haus verwendet (Lev 14, 43), und in der Bedeutung ʻaufplatzenʼ in Ex 9, 9 f. In diesem letzteren Falle wird vom Aufplatzen bösartiger Geschwüre gesprochen. Das Blühen kann also auch in *malam partem* verstanden werden.

Im *hiph* wird die kausative Bedeutung deutlich: „zum Sprossen bringen“, so Jes 17, 11: „Und wenn du sie [die fremden Ranken] großziehst am Tage, da du pflanzt, und zum Sprossen bringst (*prḥ*) am Morgen, da du säst, verschwindet die Ernte, wenn die Krankheit kommt.“ Und in Ez 17, 24: „Dann werden alle Bäume des Feldes erkennen, daß ich JHWH bin. Ich mache den hohen Baum niedrig, aber den niedrigen mache ich hoch. Ich lasse den grünenden Baum verdorren, den verdorrten aber sprossen (*prḥ*).“ Mit innerem Objekt bedeutet es auch im *hiph* „blühen“, z. B. Ps 92, 13 f. (s. o.) und Spr 11, 28: „Wie Laub sprossen die Gerechten.“ Nicht sicher ist, ob das Ptz. fem. *por[e]ḥôṯ* in Ez 13, 20 von einer anderen Wurzel stammt (vgl. Zimmerli, BK XIII/1, 285; G. Fohrer, HAT I/13, 75). Die Bedeutung scheint „fliegende“ zu sein, vielleicht „Vögel“. Zimmerli stellt die Frage, ob das Wort vom aram. *prḥ* ʻfliegenʼ abgeleitet ist. Man stimmt ihm gern zu: „Der Sinn ist dunkel.“

2. Das Nomen *pæraḥ* hat Parallelen im akk. *perʼu* und *perḫu*, ʻSproß, Nachkommeʼ, ugar. *prḥ*, ʻBlüteʼ (s. o. I.). Im Jüd.-Aram. heißt *parḥāʼ* ʻBlüteʼ, syr. *parḥā* ʻBlumeʼ, während das arab. *farḫ* eine weitere Bedeutung hat: ʼSproß, Schößling, Vogeljunges.“ In Mhebr. kann *pæraḥ* auch einen jungen Menschen bezeichnen, wie z. B. *pirḥê k[e]hunnāh*, „die jungen Priester“ (MJom 1, 7).

In Num 17, 23 wird vom Blühen des Stabes Aarons erzählt. Der Stab repräsentierte das Haus Levi und im Gegensatz zu anderen Stäben blühte er und ließ Blumen hervorsprossen, sogar auch reife Mandeln. In negativem Kontext heißt es, daß die Blüten Israels wegen der Sünden wie Staub aufgewirbelt werden (Jes 5, 24; 18, 5), so auch die prachtvolle Blüte Libanons (Nah 1, 4). In Ijob 15, 30 ist wohl mit LXX *pirḥô* statt MT *pîw* zu lesen: „seine Blüte wird vom Winde verweht“ (Fohrer, KAT XVI 263). Auch in Sir 14, 18 sind die blühenden Blumen als Bild des vergänglichen Lebens verwendet, während in Sir 50, 8 ein Blühen wie im Libanon als Ergebnis des Werkes des Hohenpriesters Simon gezeichnet wird.

Im salomonischen Tempel war das eherne Meer mit aus Bronze gefertigten blühenden Knospen am Rande versehen (1 Kön 7, 26; 2 Chr 4, 5; C. C. Wylie, BA 12, 1949, 86–90). Die Beschreibung der Verzierungen am Leuchter im Zelt der Begegnung und im salomonischen Tempel ist sehr dürftig. Es heißt in Ex 25, 31: „Du sollst einen Leuchter aus reinem Gold verfertigen. Der Leuchter, sein Gestell, sein Schaft, seine Kelche, seine Knäufe und Blüten (*pæraḥ*) sollen aus einem Stück getrieben sein.“ Die Blüten werden auch in vv. 33 f. in Verbindung mit „Kelchen“ und „Knäufen“ erwähnt. Zum Schmuck der Arme des Leuchters, „sowie des Schafts dienen getriebene ʻKelcheʼ, bestehend jeweils aus einem ʻKnaufʼ, d. h. einer Ausbuchtung, und einer offenbar darüber sitzenden ʻBlüteʼ“ (Noth, ATD 5[6], 169).

Die Schilderung des Leuchters wird in Ex 37, 17 ff. wiederholt mit denselben Worten. Auch in Num 8, 4 ist die Blüte des Leuchters erwähnt (*pirḥāh*, vielleicht ist mit Sam *p[e]rāḥæhā* zu lesen). Auch hier wird gesagt, daß der Leuchter aus Gold gemacht war von Mose selbst nach dem Vorbild, das ihm JHWH gezeigt hatte.

Nachbiblisch ist eine deutliche Veränderung des at.lich belegten Sprachgebrauchs zu erkennen. Eine gewisse Abstraktion der Wurzel scheint unverkennbar, obwohl auch die ursprüngliche Bedeutung erhalten ist.

III. In den Hymnen von Qumran werden *pāraḥ* und *pæraḥ* mehrmals metaphorisch verwendet, etwa in derselben Weise, wie sie von den Propheten benutzt wurden. In 1 QH 6, 15 heißt es: „Einen Sproß (*prḥ*), wie eine Blume, (die blüht) für immer, um den Schößling wachsen zu lassen.“ In 5, 27 wird von den Söhnen der Bosheit gesagt, daß sie eine lügnerische Zunge haben, „wie das Gift von Schlangen, das Dornen sprießen läßt (*pwrḥt*)“. In 8, 6 f. sagt der Sänger Gott Dank für die Bäume des Lebens: „Sie lassen einen Schößling zu ewiger Pflanzung sprossen (*lhprjḥ*), sie fassen Wurzel, bevor sie sprießen lassen (*jprjḥw*), und schicken ihre Wurzeln zum Bach.“ In der Fortsetzung (8, 10) heißt es: „Aber zum Bach werden sie nicht die Wurzel hinabschicken. Und der, der den Schößling der Heiligkeit sprießen läßt (*wmprjḥ*) zur Pflanzung der Wahrheit, ist verborgen geblieben.“ Später im Psalm wird von der Verbannung, die den Betenden getroffen hatte, gesprochen:

„Und es blühte wie Feuer (*wjprḥ k'š*) in meinem Gebein eingeschlossen" (8,30). In 10,29f. heißt es: „Mein Herz erfreut sich an deinem Bund, und deine Wahrheit erfüllt meine Seele mit Wonne. Ich bin erblüht (*w'prḥh*) – (Lücke), und mein Herz öffnet sich für die ewige Quelle." Dupont-Sommer (Die essenischen Schriften vom Toten Meer, 1960, 256) hat „wie eine Lilie" für die Lücke vorgeschlagen.

IV. Die LXX bietet keine einheitliche Übersetzung von *pāraḥ* und *pæraḥ*. Gewöhnlich sind βλαστάνω und βλαστός benutzt, um das Blühen von Gras und Blumen anzugeben. Auch ἄνθος wird in derselben Weise verwendet. In Schilderungen des Tempelleuchters wird aber κρίνον vorgezogen, vielleicht in der Bedeutung „Lilie" (Mt 6,28; Lk 12,27).

Kapelrud

פָּרֹכֶת *pāroḵæṯ*

I. Etymologie – II. AT – 1. Bedeutung und Vorkommen – 2. Material und Anbringung – III. Entsprechungen in späteren Tempeln.

Lit.: *U. Cassuto*, A Commentary on the Book of Exodus, Jerusalem ²1974. – *R. E. Friedman*, The Tabernacle in the Temple (BA 43, 1980, 241–248), – *V. Fritz*, Tempel und Zelt (WMANT 47, 1977). – *M. Haran*, Temples and Temple-Service in Ancient Israel, Oxford 1978. – *G. Henton Davies*, Tabernacle (IDB 4, 498–506). – *A. R. S. Kennedy / A. S. Herbert*, Tabernacle (Dictionary of the Bible, Edinburgh ²1963, 948–951). – *A. R. S. Kennedy / N. H. Snaith*, Temple (Dictionary of the Bible, Edinburgh ²1963, 961–968). – *S. Légasse*, Les voiles du temple de Jérusalem. Essai de parcours historique (RB 87, 1980, 560–589). – *B. A. Levine*, פָּרֹכֶת (EMiqr 6, 1971, 584f.). – *W. F. Stinespring*, Temple, Jerusalem (IDB 4, 534–560).

I. Das Wort *pāroḵæṯ*, bezogen auf den inneren Vorhang des Heiligtums, kann eine oder sogar beide von zwei verschiedenen Herleitungen repräsentieren. Vom sum. *bára* 'erhöhter Sitz', 'Herrscher' wurde akk. *parakku* 'Kultsockel; Heiligtum; Hochsitz; Cella (der Gottheit)' (AHw II 827f.) entlehnt. Andererseits ist die semit. Wurzel *prk* belegt im Akk. durch das Verb *parāku* 'sich quer legen, hindernd dazwischentreten, sperren' (AHw II 828f.) und das Nomen *pariktu* 'Quergelegtes; Absperrung' (AHw II 833). Evtl. steht damit in Beziehung das ugar. Subst. *prk*, vielleicht auch phön. *prkm*, obwohl letzteres eher eine Art Tempeldiener zu bezeichnen scheint. Syr. *pᵉrakkā* bedeutet 'Heiligtum' und ist wohl dem Akk. entlehnt, aber mand. *prikkā* bezeichnet den Altar.

II. 1. *pāroḵæṯ* kommt 25mal im AT vor und bezieht sich ausschließlich auf den das Allerheiligste vom Heiligtum trennenden verhüllenden Vorhang, 24mal im Wüsten-(Zelt-)Heiligtum und 1mal (2 Chr 3,14) im salomonischen Tempel. Von seiner Funktion her scheint *pāroḵæṯ* in enger Beziehung zu den Bedeutungen der akk. *parakku* und *parāku* zu stehen. Der Vorhang diente als Schranke, um Eingang und Sicht zu verhindern, und markierte zugleich den Ort, in/auf dem Gott thronte.

4mal (Ex 35, 12; 39,34; 40,21; Num 4,5) wird der Vorhang *pāroḵæṯ hammāsāḵ* genannt. Der qualifizierende Terminus *māsāḵ* ist der gleiche, der auch für den Vorhang am Eingang des Zeltes gebraucht wird (Ex 26,36); dies verstärkt den Eindruck, daß *pāroḵæṯ* einfach zur Abtrennung in zwei Teile diente. Lev 4,6 wird der Vorhang *pāroḵæṯ haqqoḏæš* „Vorhang des Heiligtums" und Lev 24,3 *pāroḵæṯ hāʿeḏuṯ* „Vorhang des Zeugnisses" genannt, entsprechend der Verbindung zwischen dem Vorhang und der Bundeslade, in der die Bundesurkunde, das „Zeugnis", aufbewahrt wurde (Ex 25,16.21; 40,20).

Innerhalb des Heiligtums ist die *pāroḵæṯ* der entscheidende Anhaltspunkt, dem verschiedene Bezeichnungen zugeordnet sind. Während der Vorhang ausdrücklich das Allerheiligste vom Heiligtum abtrennt (Ex 26,33), wird die Lade „innerhalb des Vorhangs", d.h. im Allerheiligsten aufgestellt. Andererseits befinden sich Tisch und Leuchter „außen vor dem Vorhang" (Ex 26,35; 27,21). Der Räucheraltar steht „vor dem Vorhang" (Ex 30,6).

Die Rabbinen (b Sukk. 7b) hatten Schwierigkeiten mit Ex 40,3 „... verdecke (*wᵉsakkoṯā ʿal*) die Lade durch (*'æṯ*) den Vorhang". Sie interpretierten den Vers so, daß eine Trennung im Sinne einer Abdeckung gemeint war, so daß der Vorhang über der Lade lag und wie eine Hülle aussah. Aber das Verb *skk* bezieht sich auf das Unzugänglich-Werden/Machen, die jeweilige Richtung muß vom Kontext erschlossen werden. In Klgl 3,44 geht es um das Unzugänglich-Werden von unten. *ʿal* bezieht sich auf das, was verdeckt wird, und obwohl die Grundbedeutung von *ʿal* „auf" ist, ist es auch gut bezeugt als „neben" (KBL³ 781). Es gibt also keinen Grund, warum die *pāroḵæṯ* nicht ein einfacher vertikaler Vorhang sein konnte, der die Gottheit und die mit ihrer Präsenz verbundenen Symbole vor jeglichem menschlichen Blick verbarg. Unsere Annahme, wie die *pāroḵæṯ* hing, wird dies bestätigen (s.u.).

2. Die *pāroḵæṯ* bestand aus violettem und rotem Purpur, Karmesin und gezwirntem Byssus. Diese Materialien sollten so gewebt werden, daß Bilder von Kerubim zu erkennen waren. Diese „Kunstweberarbeit" wird Ex 26,31 mit dem Terminus *ḥošeḇ* bezeichnet und galt als überlegen der „Arbeit eines Buntwirkers" (*roqem*, Ex 26,36), der eine Mischung von Farben und Materialien verwandte, aber keine Figuren herstellte. Mischungen von Geweben wie den genannten waren der heiligen Sphäre vorbehalten, also für den alltäglichen Gebrauch verboten (Lev 19,19). Von den Geweben im Heiligtum besaß die *pāroḵæṯ* den höchsten Grad der Heiligkeit. Dies wird deutlich aus der Tatsache, daß sie als Hülle für die Lade während der (Wüsten-)Wanderung diente (Num 4,5).

Die *pārokæt* wurde an vier mit Gold überzogenen Akaziensäulen mit goldenen Haken aufgehängt (Ex 26, 32; 36, 36). Die Haken waren wahrscheinlich kleine Pflöcke in Form des alten Buchstaben Waw, das einem Y ähnelte, über denen eine hölzerne Stange gelegen haben muß, von der die *pārokæt* hinter die Säulen herabhing. Nach Ex 26, 33 sollte die *pārokæt* unterhalb der Haken der Vorhänge der Wohnstätte (*miškān*) aufgehängt werden, d. h. in einer Entfernung von 20 Ellen vom Eingang des Zeltes. Das kann auf Grund der Tatsache berechnet werden, daß es fünf Vorhänge vor den Haken gab, jeder 4 Ellen breit. Hinter dem Vorhang blieb ein Raum von 10 × 10 × 10 Ellen, der das Allerheiligste bildete.

III. Das Schicksal der *pārokæt* ist ungewiß. Wenn die Lade aus dem ersten Tempel vor dessen Zerstörung entfernt/in Sicherheit gebracht wurde, wie 2 Makk 2, 4 f. andeutet, könnte angenommen werden, daß die *pārokæt* die Lade bedeckte (Num 4, 5). Im salomonischen Tempel war das Innere nicht durch einen Vorhang unterteilt, sondern durch eine Zwischenwand, in die eine Tür aus Olivenholz eingelassen war (1 Kön 6, 31). Der in 2 Chr 3, 14 erwähnte Vorhang ist problematisch. Obwohl Stinespring (538) annimmt, daß dieser Vorhang vielleicht kein Merkmal des salomonischen Tempels, sondern einer seiner Nachfolger war, bleibt das Problem ungelöst. Im ezechielischen Tempel hat die die zwei Räume trennende Mauer eine Dicke von zwei Ellen (Ez 41, 3). Im Tempel Serubbabels gab es einen prächtigen Vorhang, der das Innere teilte, erwähnt im Zusammenhang mit den von Antiochus geraubten Gegenständen (1 Makk 1, 22; 4, 51). Im herodianischen Tempel schlossen zwei kostbare Vorhänge das Allerheiligste (20 × 20 Ellen) ab. Nach M. Joma 5, 1 war der äußere Vorhang nach Süden hin umgefaltet, der innere nach Norden hin, so daß der Hohepriester am Versöhnungstag den Zwischenraum zwischen den Vorhängen von Süden her und durch ihn hindurch das Allerheiligste auf der Nordseite betrat – NT nennt nur einen Vorhang (Mt 27, 51; Mk 15, 38; Lk 23, 45).

Gane/Milgrom

פָּרַע *pāraʿ*

פֶּרַע *pæraʿ*

I. Etymologie – II. Verwendung im AT – 1. Das Verb *pāraʿ* – 2. Das Nomen *pæraʿ* – III. LXX – IV. Qumran.

Lit.: *P. C. Craigie*, A Note on Judges V 2 (VT 18, 1968, 397–399). – *J. Henninger*, Zur Frage des Haaropfers bei den Semiten (Festschr. des Instituts für Völkerkunde Horn-Wien 1956, 349–368 = ders., Arabica Sacra [OBO 40, 1981, 286–306]).

I. Die mit hebr. *prʿ* zusammenhängenden etymologischen Fragen sind verwickelt und lassen sich hier nicht befriedigend diskutieren.

BDB 828b–829a verzeichnet nicht weniger als drei verschiedene Wurzeln *prʿ* (I ʻübertreffen, führenʼ; II ʻsprießenʼ; III ʻlösenʼ), wogegen KBL^3 912b–913b (wie bereits Gesenius, Thesaurus 1128) nur mit einer Wurzel rechnet, zwar semantisch umfassend (Verb im *qal* ʻfrei lassenʼ, ʻdas Kopfhaar frei hängen lassen, lösenʼ, ʻjmdn. ausarten, verwildern lassenʼ und ʻunbeachtet lassenʼ; Nomen ʻdas frei hängende, ungeflochtene Haupthaarʼ, ʻFührer, Fürstʼ).
Indessen scheint es sachgemäß, die hebr. *prʿ*-Belege im AT unter Hinweis auf zwei verschiedene arab. Wurzeln zu erklären: einerseits *faraʿa* (I ʻübertreffenʼ; *farʿ* ʻZweigʼ, ʻHaarʼ (Lane I 2378b–2380c), die u. a. im hebr. Nomen *pæraʿ* in der Bedeutung ʻFürstʼ (Dtn 32, 42; Ri 5, 2?) zu ersehen ist (vgl. ugar. *prʿ* [KTU 2. 31, 15?. 16. 37] ʻFürstʼ; ʻErsterʼ; *prʿt* [KTU 1. 8, 9] ʻFürstinʼ [s. UT Nr. 2113; WUS Nr. 2276; CML^2 156a; S. Segert, Ugaritica VI 473]; Krašovec, BietOr 33, 1977, 134, Nr. 201; KBL^3 913b); andererseits *faraġa* (I ʻleer, erschöpft seinʼ, ʻfrei seinʼ, ʻsich widmenʼ, Lane I 2381a–2383a), die mit einer Reihe der at.lichen *prʿ*-Belege verwandt zu sein scheint; vgl. asarab. *frʿ* (Nomen ʻErtrag, Erstlingeʼ; Verb ʻdarbringen, entrichtenʼ, Biella 410 f.), samar. *prjth* < **prjʿth* ʻBezahlungʼ, ʻStrafeʼ (LOT II 564; III/2, 63), mand. *pra* IV ʻfrei lassenʼ, ʻzurückzahlenʼ (MdD 377 f.), altaram. *prʿ* ʻzahlenʼ; *prʿn* ʻZahlungʼ (Segert, Altaram. Gramm. 547 f.), palm. *prʿ* ʻbezahlenʼ (DISO 236 f.), syr. *prʿ* I ʻ[Haupt] entblößen; [Haare] auflösenʼ; II ʻ[Blätter, Früchte] hervorbringenʼ; *ʼaph* ʻsprossenʼ; III ʻbezahlenʼ (Brockelmann, Lex Syr 603 f.), rabbin. hebr./aram. (DictTalm 1235 f.); christl.-pal. *pwrʿtʼ* ʻEntschädigungʼ; Verb *itpe* ʻBelohnung empfangenʼ (Schulthess, Lexicon Syro-palaestinum 163), äg.-aram. (AP 17, 6?), Sir (Smend, Die Weisheit des Jesus Sirach, 1906, 76) und Qumran (s. IV.). – Akk. *pertu* ʻHaupthaarʼ (AHw 856) ist Primärnomen.

II. Im AT kommt *prʿ* nicht besonders häufig vor. Das Verbum begegnet 13mal im *qal* (Ex 32, 25 [*bis*]; Lev 10, 6; 13, 45; 21, 10; Num 5, 18; Ri 5, 2; Ez 24, 14; Spr 1, 25; 4, 15; 8, 33; 13, 18; 15, 32; laut G. Fohrer, KAT XVI 453. 455 u. a. dazu cj. Ijob 33, 24), 1mal in *niph* (Spr 29, 18) und 2mal im *hiph* (Ex 5, 4; 2 Chr 28, 19). Das Nomen *pæraʿ* findet sich 4mal (Num 6, 5; Dtn 32, 42; Ri 5, 2; Ez 44, 20). Viele Lexikographen führen noch das nom. loc. *pirʿāṯôn* (Farʿata 9 km wsw. Nablus, Ri 12, 15; GTTOT § 601. 663–665; vgl. BDB 828b; KBL^3 914a) mit gent. *pirʿāṯônî* (Ri 12, 13. 15; 2 Sam 23, 30; 1 Chr 11, 31; 27, 14) zu *prʿ*.

1. Von den Belegen des Verbs *pāraʿ* im *qal* notiert man vor allem diejenigen, die sich in den priesterlichen Gesetzen (Ex 25 – Num 10) bezüglich des Kopfhaares finden (→ שׂער *śeʿār*). So wird in H vorgeschrieben, daß der Hohepriester – während der sieben Tage seiner Konsekration (vgl. M. Haran, EncJud 13, 1081) – eine rigorose Reinheit beobachten sollte; u. a. heißt es: „er darf sein Haupthaar nicht frei hängen lassen und seine Kleider nicht zerreißen“ (*ʼæṯ-roʼšô loʼ jiprāʿ ûḇᵉgāḏājw loʼ jiprom*, Lev 21, 10); eine verwandte Praxis betrifft auch die aaronitischen Priester (Lev 10, 6); nach der Ordination sollen die Priester ihr Haar

regelmäßig stutzen (Ez 44, 20, s. u. 2.). Umgekehrt wird geregelt, daß das Haupthaar eines Aussätzigen (Lev 13, 45; → צרעת *ṣāra'aṯ*) oder einer des Ehebruchs verdächtigten Frau (Num 5, 18; → נאף *nā'ap*) frei herabhängen sollte; im ersteren Fall handelt es sich primär weder um ein Erkennungszeichen noch um einen Ausdruck der Trauer, sondern wohl um eine apotropäische Handlung (Elliger, HAT I/4, 185; vgl. Henninger 361–368), im zweiten vielleicht um eine Entstellung in Erwartung eines zu fällenden Richterspruches (Noth, ATD 7[4], 47).

Die das Deboralied eröffnenden Worte *biproa' p^erā'ôṯ b^ejiśrā'el* (Ri 5, 2) sind bez. seiner Bedeutung sowie seines Hintergrunds sehr umstritten: sie lassen sich im Hinblick auf die Konsekration des heiligen Krieges auffassen: „als die Haare frei wallten in Israel" (z.B. J. Gray, Joshua, Judges, and Ruth, NCeB, 276; vgl. KBL[3] 913a); natürlich kann man sie auch in bezug auf die militärische Führerschaft deuten: „Daß Führer führten in Israel" (H. W. Hertzberg, ATD 9[4], 171; vgl. Krašovec, BietOr 33, 134; LXX[A] [ἐν τῷ ἄρξασθαι ἀρχηγοὺς ...] und ugar. *pr'/pr't*, s. I.); endlich ist die Erklärung Craigies (399) mit Hinweis auf arab. *faraġa* (KBL[3] 913a fälschlich: *faġara*) erwägenswert: „Als man sich völlig hingab ...", was mit dem Folgesatz eine gute Parallele bildet.

Die übrigen *qal*-Belege beziehen sich vor allem auf eine Auflösung moralischer Natur. Laut der Erzählung vom Goldenen Kalb konstatiert Mose, daß das Volk „in Verwilderung geraten war" (*pārua'*), weil Aaron „es hatte ausarten lassen" (*p^erā'oh*, Ex 32, 25). In Spr bezeichnet *pr'* am meisten, daß man Zucht oder Rat „unbeachtet läßt" (1, 25; 8, 33; 13, 18; 15, 32), einmal, daß man den Weg der Bösen „beiseite lassen" soll (4, 15). Schließlich ist in Ez 24, 14 gesagt, daß JHWHs Aussage nicht „unbeachtet gelassen" wird.

Von einer Auflösung ethischer Art spricht die einzige Belegstelle von *pr'* im *niph*: „Ohne Vision verwildern die Leute" (*b^e'ên ḥāzôn jippāra' 'ām*, Spr 29, 18; → חזה *ḥāzāh*; vgl. O. Plöger, BK XVII 347).

Verwandte Bedeutungen sind auch in den zwei *hiph*-Belegen zu spüren. Nach dem ChrGW „verursachte [der König Ahas] Verwilderung in Juda" (*hiprîa' bîhûḏāh*, 2 Chr 28, 19); und laut Ex 5, 4 klagt der äg. König Mose und Aaron an: „Warum ... macht ihr das Volk frei [*taprî'û*; samar. *tprjdw*!] von seiner Arbeit?" (Ex 5, 4).

2. Das 4mal belegte Nomen *pæra'* kommt 2mal im Sing. (Num 6, 5; Ez 44, 20) und 2mal im Pl. (Ri 5, 2; Dtn 32, 42) vor.

Die beiden Sing.-Vorkommnisse bezeichnen unzweideutig 'das frei hängende Haupthaar'. Das priesterliche Gesetz des zeitlich begrenzten *nāzîr*-Gelübdes (Num 6, 1–21) regelt, daß kein Schermesser über das Haupt des Nasiräers während der Zeit seines Gelübdes fahren darf: „er soll heilig sein; die freie Fülle seines Haupthaares soll er wachsen lassen" (... *gaddel pæra' ś^e'ar ro'šô*, v. 5; vgl. Ri 13, 5; 16, 17; 1 Sam 1, 11). Das besondere Gottesverhältnis des Geweihten wird also an dem Wildwuchs seines Haares offenbar, das symbolisch-real die Weihe enthält (→ נזר *nzr*, bes. 331f.; vgl. Henninger 354f.). Anders wird es im Rahmen der großen Zukunftsvision im Buche Ez (Kap. 40–48) für die zadokidischen Priester vorgeschrieben, daß sie ihr Haupthaar weder kahl scheren sollten noch frei wachsen lassen (*ûpæra' lo' j^ešalleḥû*), sondern genau stutzen (*kāsôm jiḵs^emû*, 44, 20; vgl. akk. *kasāmu* 'zerschneiden', arab. *kašama* 'abschneiden'; ugar. *ksm* 'Abschnitt', KBL[3] 466b); rabbin. Regelung zufolge (b Sanh 22b) sollte ein Hoherpriester sein Haar wöchentlich einmal stutzen, ein Priester dagegen einmal pro Monat (vgl. M. Haran, EncJud 13, 1081).

Die zwei Pl.-Belege sind nicht eindeutig. Im Moselied Dtn 32 heißt es in einem JHWH-Wort: „Trunken mache ich meine Pfeile von Blut ..., vom Blut der Erschlagenen und Gefangenen, *mero'š par'ôṯ 'ôjeḇ*" (v. 42), was entweder „vom Haupt der Führer des Feindes" (G. von Rad, ATD 8[3], 139) oder „vom Haupt des Feindes, mit frei wachsendem Haar" bedeuten kann (vgl. KBL[3] 913b); zu Ri 5, 2 s. o.

III. Die LXX gibt hebr. *pr'* äußerst verschieden wieder, das Verb im *qal* z. B. 2mal bemerkenswert durch ἀποκιδαρόω (Lev 10, 6; 21, 10), ferner u. a. ἀποκαλύπτω (Num 5, 18; vgl. Lev 13, 45) und ἀφαιρέω (Spr 13, 18).

IV. In Qumran kommt *pr'* nur spärlich vor. Über den „Fürsten Judas" (*śrj jhwdh*) wird in CD 2mal gesagt: „Und sie ließen sich gehen mit erhobener Hand [*wjpr'w bjd rmh*], um auf dem Weg / den Wegen der Gottlosen zu wandeln" (8, 8f.; 19, 21); möglicherweise liegt dieses Verb noch in 1 QS 6, 26 in der Bedeutung '[die Grundlage einer Gemeinschaft] zerbrechen' vor (*l[pr]w'*). In zwei Texten aus Murabba'āt findet sich *pr'* insgesamt 3mal: das hebr. Nomen *pr'n* 'Bezahlung' (DJD II 22 [von 131 n. Chr.] 1–9, 2 und 10 [teilweise konjektural]) und das aram. Verbum *pr'* in *itpa* (mit assimil. *-t-*; vgl. *'ippārû'ê*, bBM 16a) in der Bedeutung 'bezahlt werden' (DJD II 18, 6, vermutlich in der Zeit der ersten jüdischen Revolte in Murabba'āt plaziert; der Text hat: *'prw'nk*); sowohl das hebr. Nomen *perā'ôn* als auch das aram. Verb im *itpa* in den angegebenen Bedeutungen sind aus der rabbin. Literatur wohl bekannt (s. DictTalm 1172a. 1236a).

Kronholm

פַּרְעֹה *par'oh*

I. Belege, Etymologie – II. 1. Äg. Königstitel – 2. At.liche Belege – III. Der „Pharao" im Urteil des AT – 1. In der Plagenerzählung – 2. Bei den Propheten – IV. Nach-at.liche Belege.

Lit.: *M. Ellenbogen*, Foreign Words in the Old Testament, London 1962, 139. – *S. Morenz / B. Reicke*, Pharao (BHHW III 1445–1447). – *J. Vergote*, Joseph en Égypte (Orientalia et Biblica Lovaniensia 3, Leuven 1959, bes. 45–48).
Ägypten: *E. Edel*, Die Stelen Amenophis' II. aus Karnak und Memphis (ZDPV 69, 1953, 97–176, bes. 145). – *A. Gardiner*, Egyptian Grammar, Oxford ³1979, bes. 71–76. – *J. Osing*, Pharao (LexÄg IV 1021). – *G. Posener*, Dictionnaire de la civilisation égyptienne, Paris 1959, bes. 218–222. – *Ders.*, De la divinité du Pharaon, Paris 1960. – *J. Vergote*, L'étymologie du mot papyrus (CdÉ 60, 1985, 393–397).
Zur Verstockung des Pharao: *F. Hesse*, Das Verstokkungsproblem im Alten Testament (BZAW 74, 1955, bes. 7–21). – *B. Jacob*, Gott und Pharao (MGWJ 68, 1924, 118–126. 202–211). – *H. Räisänen*, The Idea of Divine Hardening, Helsinki ²1976. – *K.L. Schmidt*, Die Verstockung des Menschen durch Gott (ThZ 1, 1945, 1–17). – *R.R. Wilson*, The Hardening of Pharaoh's Heart (CBQ 41, 1979, 18–36).

I. Das Wort *par'oh* begegnet im AT 268mal, zusätzlich *par'oh nᵉḵoh* (5mal) und *par'oh ḥŏpra'* (6mal). Im Abraham-Zyklus finden sich 6 Belege, 14 im Moses-Zyklus, 7 im Dtn, 17 im DtrGW, 28 bei den Propheten (Jes 4, Jer 11, Ez 13 Belege, keine im Dodekapropheton); Schriften 6 Belege, davon keiner in der Weisheitsliteratur (Ausnahme vielleicht Sir 16, 15, vgl. aber Rahlfs und Ziegler). Die LXX enthält 32 Belege über MT hinaus. Da der hebr. Terminus nie den Artikel bei sich führt, wird er offensichtlich als Eigenname verstanden. Es handelt sich dabei um eine Transskription des äg. *pr-'ȝ*, ausgesprochen *pir-ô*, im Akk. *pi-ir-'u-u*, im Kopt. *(p)rro* oder *ouro*, im Hebr. *par'oh*, im Griech. φάραω.

II. 1. Im Äg. gehört der Terminus nicht zur Königstitulatur. Wörtlich übersetzt bedeutet er in frühester Zeit „großes Haus", d.h. Palast, Residenz (des Königs und seiner Verwaltung). Er bezeichnet also nicht die Person des Königs in seiner göttlichen Qualität, sondern in den Ordnungen und Befehlen, die er seiner Verwaltung gibt. Dennoch verbindet man mit ihm – von der 12. Dyn. (2000–1800 v. Chr.) an – die drei Wünsche, die dem eigentlichen Königsnamen folgen: Leben, Gesundheit, Kraft. Mit Amenophis II. (15. Jh.; nach Osing schon mit Thutmosis III., vgl. Urk IV, 1248, 16) wird der Titel auf den König selbst übertragen, ebenso später in der Amarna-Periode. In der 19. Dyn. ist er dann etwa gleichwertig mit dem Titel *ḥm.f* „sein (des Gottes?) Diener". Aber erst in der 22. Dyn. wird unter Schischak I. (Zeitgenosse Salomos und Jerobeams/Rehabeams) der Titel fest mit dem Namen des Königs verbunden und findet Eingang in die Namenskartusche.
2. Die bibl. Belege entsprechen in ihrer Streuung dieser äg. Entwicklungsgeschichte. In Gen und Ex wird z.B. niemals der Name des Pharao genannt, erst 2 Kön 23, 29 nennt Necho, Jer 44, 30 Hophra. Schischak wird als „König von Ägypten" tituliert (1 Kön 14, 25), nicht jedoch als „Pharao", ähnlich So (2 Kön 17, 4), dessen Horus-Name es war (vgl. R. Sayed, VT 20, 1970, 116ff., anders K. Kitchen, The Third Intermediate Periode in Egypt, Oxford 1973, 373). In der Josefsgeschichte (Gen 40, 1) wie auch in der Mosesgeschichte (Ex 1, 8. 15–18; 3, 18f.; 5, 3f.; 14, 5) alternieren die Titel „Pharao" und „König von Ägypten". Dahinter steht aber nicht notwendig eine differenzierte Theologie, eher treffen wir hier auf terminologische Eigenheiten der Pentateuch-Quellen (vgl. H. Cazelles, Rédactions et traditions dans l'Exode, Festschr. W. Kornfeld, Wien 1977, 43f.). In späterer Zeit werden beide Titel sogar miteinander verbunden (vgl. Ex 6, 11. 29 P). In den Texten der Abrahams- und Josefsgeschichte begegnet der Begriff als Bezeichnung für die mehr oder weniger personifiziert verstandene Unterdrückungsverwaltung.

III. 1. In den Plagenberichten steht das Verhalten des Pharao sprichwörtlich für die Verhärtung des Herzens (vgl. B.S. Childs, Exodus, Philadelphia 1974, 171–174). Wahrscheinlich ist es der Jahwist, der dieses theologische Motiv eingeführt hat (vgl. Wilson 27). Aber der von ihm benutzte Ausdruck ist letztlich eine Übersetzung des äg. *dns ib*, das einen Menschen bezeichnet, der sich wichtig macht und niemand anderen beachtet (vgl. WbÄS V 468). Die literarkritische Zuteilung ist recht unsicher: vielleicht ist es der Elohist, der das *ḥzq* als Ausdruck der Machtausübung und des Mächtigseins (vgl. *jāḏ* Ex 6, 1; dazu Cazelles 43, Anm. 24) auf die Verhärtung des Herzens übertragen hat (Wilson 27ff.; Ex 9, 35; 10, 20). Vielleicht aber handelt es sich auch um einen priesterlichen Text, denn P benutzt den Terminus entweder im *qal* (Ex 7, 13. 22; 8, 15), im *pi* (9, 12; 11, 10; 14, 8) oder im *hiph* (7, 3). Das Subjekt der Handlung ist dann Gott selbst; wahrscheinlich finden wir hier eine Abhängigkeit vom jesajanischen Berufungsbericht vor (Jes 6, 9f. → II 856).
2. Die zwölf Propheten erwähnen den Pharao nicht. Jesaja warnt den Hof von Jerusalem, sich auf die Prinzen von Tanis zu stützen, die sich als Ratgeber des Pharao, Abkömmlinge der „Könige der Vorzeit" und Nachkommen der großen Weisen bezeichnen: „Die Fürsten von Zoan sind Narren, was die Weisen dem Pharao taten, ist Unsinn!" (Jes 19, 11). Der Prophet greift nicht direkt den Pharao an, aber er schätzt seine Macht als ein „Nichts" ein, als einen trügerischen Schutz (vgl. Num 14, 9; Klgl 4, 20). Jesaja richtet sich also primär gegen die Weisen von Jerusalem, die nicht JHWH gesucht haben, bevor sie ihre Ratschläge erteilten.
Von Jeremia und Ezechiel werden die Angriffe bedeutend heftiger geführt. Jeremia weiß, daß der Pharao einen Palast hat (43, 9), eine Armee (37, 5. 7. 11), die in der Lage ist, Gaza einzunehmen (47, 1). Aber JHWH überwacht ihn (*pôqeḏ* 46, 25; vgl. 5, 1; 13, 21 ...) und er wird, wie sein Gott Amon, dem König von Babylon ausgeliefert sein. Man wird ihn nennen „Getöse (*šā'ôn*), das die Zeit verpaßt (*hæ'ᵉḇîr*) hat" (v. 17; W. Rudolph, HAT I/12, 232; vgl. M.D. McDonald,

Prophetic Oracles Concerning Egypt, Diss. Baylor 1978, 227–231), Cornill sah im Verb *hæ'ᵃḇîr* ein Wortspiel auf den Namen Hophra (*w'ḥ-īb-Re'*; LXX und S lesen aber Necho). Auch er wird – wie die übrigen Völker – den Zorn JHWHs zu spüren bekommen (25, 19).

In der Zeit Zidkijas argumentiert Ezechiel noch härter, bes. während der Belagerung Jerusalems, gegen diese Macht-Einbildung. Trotz der großen Zahl seiner Untertanen (31, 2), trotz seines großen Ruhmes und seines Glanzes (v. 18) wird dieser Jungleu der Völker (32, 2), das Krokodil, das die Wasser bewegt (ebd.; 29, 3), mit Haken gezogen und auf den Boden geworfen, als Futter vorgeworfen (vv. 4f.). Sein Arm wird gebrochen werden (vgl. W. Zimmerli, BK XIII/2, 734ff.) und niedergedrückt, denn JHWH ist gegen ihn (30, 21–25). In einer Vision – analog zu Jes 14 – sieht Ezechiel den Pharao, der einst Schrecken im Land verbreitet hat, in die Scheol hinabsteigen, umkommen in der Mitte der Unbeschnittenen (32, 31f.). Er ist die Zeder, die mit den anderen Bäumen Edens in den Untergrund hinabgestiegen ist (31, 15ff.). Eine solche politische Macht kann nicht retten (17, 17). Ägypten wird erneuert, nicht jedoch der Pharao (29, 13–16).

IV. Die schreckliche Vernichtung des Pharao und seiner Streitmacht beim Ereignis am Schilfmeer (Ex 14) ist auch für die Qumranessener heilsgeschichtliches Musterbeispiel für die Errettung der Getreuen durch JHWH in der Vernichtung ihrer Feinde (1 QM 11, 9f.). Vielleicht berief sich auch 4 Q Ages of Creation (180) 5–6, 5 (stark fragmentarisch) auf diesen Topos.

Die Apokryphen erwähnen den Pharao nur in der Relecture at.licher Texte (27mal in den Jubiläen und 4mal Text XII) in deutlicher Anspielung an seine Verstockung (3 Makk 2, 6; 6, 4). Apg 7, 10. 13 erinnert an den Pharao der Josefsgeschichte. Nach Hebr 11, 24 hat sich Mose aus Glaubensgründen geweigert, sich als Sohn des Pharao bezeichnen zu lassen. Röm 9, 17 zitiert Ex 9, 16: am Pharao will JHWH seine Macht erweisen und seinen Namen auf der Erde bekannt machen.

Cazelles

פָּרַץ *pāraṣ*

פֶּרֶץ *pæræṣ*, פָּרִיץ *pārîṣ*, מִפְרָץ *mip̱rāṣ*

I. 1. Vorkommen – 2. Etymologie – 3. Wiedergabe in der LXX – II. 1. Das Verb – 2. *pæræṣ* und *pārîṣ*.

Lit.: *W. Boreé*, Die alten Ortsnamen Palästinas, ²1968. – *G. R. Driver*, The Root פרץ in Hebrew (JThS 25, 1924, 177f.). – *Ders.*, Studies in the Vocabulary of the Old Testament III (JThS 32, 1931, 361–366, bes. 365). – *J. J. Glück*, The Verb PRṢ in the Bible and in the Qumran Literature (RQu 5, 1964/65, 123–127). – *C. Toll*, Die Wurzel PRṢ im Hebräischen (OrS 21, 1972, 73–86). – *Ders.*, Ausdrücke für „Kraft“ im AT mit bes. Rücksicht auf die Wurzel BRK (ZAW 94, 1982, 111–123). – *A. Vaccari*, Le radici חרץ e פרץ nell' Ebraico Biblico (Bibl 19, 1938, 308–315). – *T. Veijola*, Verheißung in der Krise (AnAcScFen B 220, 1982). – *J. Ziegler*, Ps 144, 14 (Wort und Geschichte, Festschr. K. Elliger, AOAT 18, 1973, 191–197).

I. 1. Innerhalb des AT (nur im Hebr.) ist die Wortgruppe *pāraṣ* 96mal belegt. Das Verb kommt 48mal vor, davon 45mal im *qal* (jedoch in Neh 2, 13; 4, 1; 1 Chr 13, 2; 2 Chr 11, 23 text. crrpt., in den beiden ersten Fällen ist *pᵉrāṣîm* [s. BHS, Rudolph, HAT I/20, 110. 124], in 2 Chr 11, 23 ein anderes Verb zu lesen [s. BHS, Rudolph, HAT I/21, 232], dies vielleicht auch in 1 Chr 13, 2 [s. BHS, dagegen jedoch Rudolph, HAT I/21, 110], zur Konjektur in Jer 2, 24 s. u. II. 1.) und je einmal im *niph*, *pu* und *hitp*. Nominale Ableitungen sind *pæræṣ*, das 18mal als Nomen (außerdem text. emend. in Neh 2, 13; 4, 1, s. o.) und 15mal als Name einer judäischen Sippe (dazu einmal *parṣî*) sowie 7mal in geographischen Bezeichnungen vorkommt, und *pārîṣ* mit 6 Belegen, außerdem das hap. leg. *mip̱rāṣ*. In den hebr. erhaltenen Teilen des Sirachbuches ist je einmal das Verb im *qal* und *pæræṣ* (als Nomen) belegt.

2. Die Wortgruppe hat die Grundbedeutung 'durchbrechen', und zwar konkret auf eine Mauer bezogen, also 'eine Bresche in eine Mauer schlagen' (von da aus erklärt sich die relativ häufige Konstruktion des Verbs mit *bᵉ*). Ihr entspricht im Akk. das Verb *parāṣu* 'durchbrechen', das ebenfalls eine Mauer zum Objekt haben kann, samt dessen nominalen Ableitungen *pe/irṣum* 'Durchbruch, Bresche in einer Mauer oder einem Kanaldeich' und *parriṣu*, das am häufigsten in neuassyr. Briefen und dort in der Bedeutung 'Rechtsbrecher' vorkommt (AHw 832. 834. 855). In den älteren semit. Sprachen ist die Wortgruppe sonst nur noch im Ugar. belegt (WUS Nr. 2280, UT Nr. 2117, s. auch KBL³ 914). Im Mhebr. hat sie neben der Grundbedeutung vor allem die spezifizierte Bedeutung 'gesetzlos, zügellos sein' (im Sinne des Ausbrechens aus bestehenden Ordnungen, DictTalm 1227f., 1237). Nur vereinzelte Belege finden sich in den hebr. Qumrantexten. Auf Einfluß des Mhebr. ist das Vorkommen in jüngeren aram. Sprachen zurückzuführen (mit dem gleichen Bedeutungsspektrum wie dort, so im Jüd.-Aram. [DictTalm 1227. 1237. 1172] und im Mand. [MdD 372. 380], vgl. auch LexSyr² 605). Als Äquivalent im Nordarab. kommt *faraḍa* in der Bedeutung 'eine Kerbe, einen Einschnitt machen' in Betracht (Lane 2373, davon abgeleitet das Nomen *furḍa* 'Spalt, Loch' [Lane 2374], das in der speziellen Bedeutung 'Einschnitt in einer Uferlinie', d. h. Bucht als Landeplatz für Schiffe, vielleicht ein Äquivalent zu *mip̱rāṣ* in Ri 5, 17 ist [zu anderen Deutungen s. GesB 450, KBL³ 585]). Asarab. *frḍ* ist 'Dammriß' (BGMR 46).

Die obengenannte Grundbedeutung ist für alle Belege der Wortgruppe im AT vorauszusetzen. Es erübrigt sich daher die Annahme verschiedener Wurzeln (Driver, KBL[3]) oder einer anderen Grundbedeutung, aus der sich die obengenannte erst entwickelt habe und die für einige Belege noch maßgeblich sei (Glück). Das Verb *pāṣar*, das mit bestimmten Belegen von *pāraṣ* bedeutungsgleich ist (s. u. II. 1.), dürfte zumindest im *qal* eine Nebenform des letzteren sein (zum schwer deutbaren *hiph* s. KBL[3] 899, Stoebe, KAT VIII/1, 291). Abzulehnen ist auch die These von Toll, daß die Grundbedeutung eine Spezifizierung in sexuellem Sinne erfahren habe und diese für die meisten Belege direkt oder indirekt vorauszusetzen sei. Die These ist schon deshalb fragwürdig, weil ihre Berechtigung von der Exegese eines einzelnen Belegs (Hos 4, 10) abhängt, sie für die übrigen aber reines Postulat bleibt (zu Hos 4, 10 s. u. II. 1.).

3. In der LXX wird die Wortgruppe auf höchst unterschiedliche Weise und z. T. sehr frei wiedergegeben. Für das *qal* des Verbs wird relativ häufig καθαιρεῖν (9mal) und διακόπτειν bzw. διακοπή (8mal) verwendet. In der speziellen Bedeutung 'jemanden drängen' ist βιάζεσθαι oder ein Kompositum davon das Äquivalent (ebenso für das *qal* von *pāṣar*). In der Bedeutung 'sich ausbreiten' ist die Wiedergabe völlig verschieden. Für das *niph* tritt διαστέλλειν, für das *pu* καθαιρεῖν (Pass.), für das *hitp* ἀναχωρεῖν ein. Das Nomen *pæræṣ* wird jeweils mehrfach mit διακοπή, φραγμός sowie Formen und Ableitungen von πίπτειν wiedergegeben, das Nomen *pārîṣ* zweimal mit λοιμός (nur einmal, und von da aus im NT übernommen, mit λῃστής [Jer 7, 11, vgl. Mk 11, 17 Parr.]).

II. 1. Der Grundbedeutung entsprechend ist das häufigste Obj. des Verbs eine Mauer, insbesondere die Befestigungsmauer einer Stadt (→ חומה *ḥômāh*), in die im Kriegsfall eine oder mehrere Breschen geschlagen werden, so daß die Stadt als ganze dem Feind wehrlos ausgeliefert ist (2 Kön 14, 13 [2 Chr 25, 23]; 2 Chr 26, 6). Die Verteidigung bzw. das Neuerstehen einer Stadt ist daher nur möglich, wenn die auf solche Weise durchbrochene Mauer (Ptz. pass. *qal* 2 Chr 32, 5, Ptz. *pu* Neh 1, 3) wieder geschlossen wird. Wird dabei sehr eilig und nicht solide gearbeitet, dann können die Breschen freilich leicht wieder aufgerissen werden (Neh 3, 35). Zum Vergleich dient die aufgebrochene Stadt (*'îr p[e]rûṣāh*), die keine (intakte) Mauer mehr hat, in Spr 25, 28. Ihr entspricht ein Mann ohne Selbstbeherrschung, der sich andern gegenüber ins Unrecht setzt und sich deshalb Angriffen von deren Seite nicht erwehren kann. Neben der Befestigungsmauer ist es die zum Schutze eines Weinbergs oder als Viehhürde aufgeschichtete Steinmauer (*gāḏer*, *g[e]ḏerāh*), die durchbrochen wird und die infolge ihrer lockeren Bauweise leicht einfällt, so daß ein Durchbrechen einem Niederreißen gleichkommt. Dieser Vorgang dient zur Veranschaulichung der von Gott über Israel verhängten Katastrophe (in Jes 5, 5; Ps 80, 13 Israel als Weinberg, in Ps 89, 41 die befestigten Städte [→ מבצר *mibṣār*], wohl die das Land schützenden Grenzfestungen, mit Viehhürden verglichen, s. Veijola 100f. 167f.). Koh 10, 8 zufolge ist die beim Einreißen einer solchen Mauer lauernde Gefahr ein Sinnbild dafür, daß menschliches Handeln generell unerwartet böse Folgen haben kann. Auch dem absoluten Gebrauch des Verbs in Koh 3, 3 liegt die Vorstellung des Durchbrechens bzw. Einreißens einer Mauer zugrunde. Sie wird hier zum allgemeinen Bild für Vorgänge des Abbrechens und Abbauens, wie sie sich auf verschiedenen Ebenen im menschlichen Leben vollziehen (entsprechendes gilt für Sir 7, 17, wo davor gewarnt wird, vorschnell an ein „Einreißen" [Inf. cstr. *qal*] zu denken [→ אמר *'āmar* II. 4.]).

Die Vorstellung des Durchbrechens oder Einreißens von Mauern ist auch in 2 Chr 24, 7 vorausgesetzt. Aus dem Kontext zu schließen, geht es wohl nur um Bauschäden, die nicht behoben wurden. Durch die gewählte Formulierung soll jedoch verdeutlicht werden, daß der Intention nach ein Akt gezielter Zerstörung vorliegt. – Nur vereinzelt werden andere gegenständliche Objekte genannt bzw. vorausgesetzt. In Ijob 28, 4 (text. emend., s. BHS) sind es Schächte, die beim Bergbau vorgetrieben werden (das eigentliche Obj. dürfte der Erdboden sein, der mit solchen Schächten wie eine Mauer durchbrochen wird). Verallgemeinernd im Sinne von 'zerbrechen, zerstören' wird das Verb in 2 Chr 20, 37 auf das durch Gott verursachte Scheitern von Schiffen bezogen.

Die vergleichenden Aussagen in Jes 5, 5; Ps 80, 13 zielen der Sache nach auf Israel, also auf ein menschliches Obj. ab, wobei zugleich Gott das Subj. ist (zu Jes 5, 5 vgl. v. 7). So können auch Menschen als das direkte Obj. des Verbs, dessen Subj. Gott ist, erscheinen. Metaphorisch stellt sich Ijob in seinem Geschick als eine Stadt dar, in deren Mauern Gott Bresche über Bresche schlägt (Ijob 16, 14). Entsprechend kann dieser in das ganze Volk Israel eine Bresche schlagen, und d.h., daß er mit verderblicher Gewalt gegen es vorgeht und ein beträchtlicher Teil dabei umkommt (Ex 19, 22. 24; Ps 60, 3). Ps 106, 29 zufolge ist es eine von ihm bewirkte Plage, die beträchtliche Teile des Volkes vernichtet.

Auf einen einzelnen übertragen, ist in 2 Sam 6, 8 (1 Chr 13, 11) dessen völlige Vernichtung durch Gott gemeint. Darauf, daß auch hier von der Vorstellung einer in den Betreffenden wie in eine Mauer geschlagenen Bresche ausgegangen wird, und zwar als pars pro toto für gänzliches Niederreißen verstanden, weist die Konstruktion mit *b[e]* (bei der chronist. Interpretation 1 Chr 15, 13 wird dieser Fall wie in den vorher genannten Belegen als eine Bresche in das Volksganze verstanden).

In abgemilderter Bedeutung kann das Verb auch einen zwischenmenschlichen Vorgang bezeichnen, nämlich daß einer oder mehrere einen anderen wie eine Mauer durchstoßen, d. h. Hemmungen auf seiner Seite überwinden, um ihn zu einer bestimmten Entscheidung bzw. Handlung zu nötigen (1 Sam 28, 23; 2 Sam 13, 25. 27; 2 Kön 5, 23, entsprechend *pāṣar qal* Gen 19, 3. 9; 33, 11; Ri 19, 7; 2 Kön 2, 17; 5, 16, dazu s. o. I. 2.).
Bei den bisher behandelten Belegen ist grundsätzlich von der Voraussetzung auszugehen, daß das Durch-

brechen bzw. Niederreißen der Mauer von außen her erfolgt und damit das dahinter gelegene Gelände seines Schutzes beraubt wird. Das Gewicht liegt also auf dem Aspekt der Zerstörung. Bei den übrigen Belegen ist die umgekehrte Richtung vorausgesetzt. D.h., es geht um das Aufbrechen einer Mauer, die einengt und gefangenhält, von innen her, um Freiheit und Raum zu gewinnen. Entscheidend ist hier der Aspekt der Befreiung und Ausweitung. So wird in Mi 2,13 das aus der Zerstreuung wieder zusammengeführte Israel (v. 12) mit einer Herde in einem zu engen Pferch verglichen, die unter der Führung ihres Leittieres (*poreṣ*) als Bild für Gott das Tor aufbricht und sich nun frei und ungestört ausbreiten kann (zur Interpretation im einzelnen s. die Komm.). 2 Sam 5,20 (1 Chr 14,11) zufolge hat Gott die Feinde Davids durchbrochen, wie wenn Wasser, etwa nach starken Regengüssen, alle Hindernisse durchbricht und sich reißend seinen Weg bahnt (vgl. dazu Hertzberg, ATD 10, 224). Entsprechend ist auch der Geburtsvorgang in Gen 38,29 als ein gewaltsames Ausbrechen aus dem Mutterschoß, nämlich durch einen Dammriß, zu deuten. Metaphorischer Sprachgebrauch liegt in Spr 3,10 vor. Wer seine kultischen Verpflichtungen einhält (v. 9), dessen Keltern werden einen Durchbruch erzielen, d.h. die Grenzen ihres Fassungsvermögens sprengen und nach allen Seiten von Most überlaufen. Ausdrücklich vom Durchbrechen einer Grenze, nämlich der der *tôrāh* (→ תורה), wird in CD 20,25 gesprochen, und zwar von seiten derer, die in den Bund, d.h. in die neue Gemeinde (vgl. 20,12), eingetreten sind, sich aber gleichsam mit Gewalt wieder von ihm freimachen und damit freilich künftigem Verderben entgegengehen.

Der Sache nach geht es auch in Jer 2,24 um das Durchbrechen einer Grenze, wenn man der weithin angenommenen Konjektur von L. Köhler folgt (ZAW 29, 1909, 35f., s. BHS). Israel erscheint hier als eine brünstige Kamelin (v. 23), die aus dem Kulturland ausbricht, um in die Weite und Ungebundenheit der Wüste zu entkommen. Grundsätzlich das gleiche dürfte für das *hitp* in 1 Sam 25,10 gelten, das auf das Entlaufen von Sklaven bezogen ist, und zwar wohl in dem Sinne, daß sich die Betreffenden als Ausbrechende betätigen bzw. sich einen Durchbruch, also einen Ausweg schaffen (gegen die Annahme, daß das *hitp* die Bedeutung 'sich räuberisch, als Freibeuter betätigen' habe [als Ableitung von *pārîṣ*, vgl. Stoebe, KAT VIII/1, 447], spricht die Konstruktion mit *mippᵉnê* in v. 10bβ).

Die Vorstellung, daß eine Grenze wie eine Mauer durchbrochen wird, liegt auch den weiteren Belegen zugrunde. Bei ihnen fällt das Gewicht jedoch ganz auf den Aspekt des Raumgewinns und der Ausweitung als Folge und Ziel eines solchen Durchbruchs. Das Verb kann daher direkt mit 'sich ausbreiten' wiedergegeben werden. Dies ist freilich nicht im Sinne eines sich organisch und rein friedlich vollziehenden Entfaltungsprozesses zu verstehen. Vielmehr handelt es sich, eben als die Folge eines Durchbruchs, um einen Vorstoß in bisher nicht zugängliche Bereiche und deren Inbesitznahme als Ausdruck von Macht und Überlegenheit. So sollen die Nachkommen Jakobs so zahlreich sein, daß sie sich in alle Himmelsrichtungen ausbreiten (Gen 28,14). D.h., daß sie den Rahmen einer Familie sprengen und nun nach allen Seiten hin machtvoll vorstoßen. Entsprechendes gilt für das wiedererstandene Israel in der künftigen Heilszeit (Jes 54,3) oder, als bereits vollzogen, für Israel in Ägypten (Ex 1,12). In 1 Chr 4,38 ist speziell die zahlenmäßige Vergrößerung, also die Vermehrung bestimmter Familien gemeint, die aber zwangsläufig zur Inbesitznahme neuen Landes führt (vv. 39ff.). In dieser Weise, und zwar im gegenteiligen Sinne, ist auch Hos 4,10 zu verstehen. Obwohl sich die Betreffenden hurerisch betätigen, d.h. Fruchtbarkeitsriten vollziehen, die ihnen reichliche Nachkommenschaft sichern sollen (*hiznû* als innerlich-kausatives *hiph*), werden sie sich doch nicht vermehren und damit auch nicht an Boden gewinnen können (als allgemeine Aussage über Israel, nicht nur über die in vv. 4ff. angesprochenen Priester, zu verstehen, vgl. v. 9, der aber vielleicht sekundär ist; die Annahme von Toll, daß hier die sexuelle Bedeutung 'potent sein' [im Sinne des Eindringens in die weibliche Scham] vorliege, ist unnötig und unbeweisbar, da auch die übrigen Belege der Wortgruppe keine Anhaltspunkte dafür bieten). In Gen 30,43, wo ein einzelner als Subjekt des Verbs auftritt, ist die Vermehrung von dessen (Vieh-)Besitz gemeint, und zwar bildhaft als Durchbruch und Bodengewinn. In Gen 30,30; Ijob 1,10 erscheint der Besitz selbst als Subjekt, wobei im ersten Falle aus der Formulierung wie aus dem Kontext ersichtlich ist, daß sich eine unerwartete Wendung vollzogen hat, der Besitz seinerseits also gleichsam aus seinen bisherigen Grenzen ausgebrochen ist und nun immer mehr um sich greift. Subj. können darüber hinaus auch Abstrakta sein. Hos 4,2 zufolge ist es das Fehlverhalten Israels, das sich im Lande mit Macht ausbreitet (*pārāṣû* syntaktisch mit v. 2a zu verbinden, dahinter wohl *bā'āræṣ* zu ergänzen, s. BHS), in 2 Chr 31,5 ein königlicher Befehl (vgl. v. 4), der sich allgemein verbreitet, also bekannt wird und sich damit entsprechende Geltung verschafft.

Analog dürfte auch das *niph*, in 1 Sam 3,1 auf göttliche Offenbarungen bezogen, zu verstehen sein (wohl in dem Sinne, daß keine Vision verbreitet, d.h. zur allgemeinen Kenntnis und Geltung gebracht wird).

2. Das Nomen *pæræṣ* bezeichnet, der Grundbedeutung der Wortgruppe entsprechend, fast ausschließlich die Bresche oder den Riß in einer Mauer. In Am 4,3; Neh 2,13; 4,1; 6,1 sind es die bei der Eroberung durch Feinde in die Stadtmauer geschlagenen Breschen (zu Neh 2,13; 4,1 s.o. I.1., zu Am 4,3 s. KBL³ 915). Demzufolge ist in den Verheißungen Jes 58,12; Am 9,11 das Zumauern (*gāḏar*) von Breschen ein wesentliches Merkmal der künftigen Heilszeit.

In Am 9,11b (text. emend., s. BHS) ist der Wiederaufbau von Befestigungsmauern gemeint, nicht der eines Hauses, da sich *pæræṣ* (und *pāraṣ*) wie auch *gāḏar* (und *gāḏer*) sonst nie auf Hauswände beziehen und die in v. 11a genannte *sukkāh* ohnehin kein festes Haus ist. Es wird also nur in v. 11a eine bildliche, in v. 11b dagegen eine konkrete Aussage gemacht (übertragen nur insofern, als Gott hier Subj. bleibt). *sukkāh* ist entweder Bild für die Stadt Jerusalem oder für das Reich der Heilszeit und dessen befestigte Städte insgesamt, → סכך *sāḵaḵ* IV. 1., Veijola 167f. – Um eine noch verbliebene Lücke, die im Zuge der Bautätigkeit Salomos geschlossen wird, geht es in 1 Kön 11, 27 (zu *millô'* → מלא *māle'* IV. 3.).

Im übrigen wird das Wort zu Vergleichen bzw. bildhaft benutzt. Ijob sieht die von Gott gesandten Unglücksmächte wie Eroberer durch eine breite Mauerbresche auf sich eindringen (Ijob 30, 14, vgl. vv. 11f., ähnlich 16, 14, dazu s. o. II. 1.). Durch die fast völlige Vernichtung Benjamins ist bei den Stämmen eine Lücke nach Art einer Mauerbresche entstanden (Ri 21, 15). Die Vernichtung eines Einzelnen ist in 2 Sam 6, 8 (1 Chr 13, 11) gemeint (dazu s. o. II. 1., zugleich Erklärung der Ortsbezeichnung *pæræṣ ʿuzzā'*). Jes 30, 13 zufolge wird sich die Schuld des Volkes zu dessen Verderben auswirken wie ein Riß, der zum Einsturz einer Mauer führt (*pæræṣ* könnte hier allerdings auch ein Mauerstück bezeichnen, das rissig ist, da dies besser zu den folgenden Partizipien paßt, s. Wildberger, BK X/3, 1174f., KBL³ 915). Umgekehrt kann einer in eine Bresche treten (*ʿāmaḏ*), um die durch sie eindringenden Feinde abzuwehren, und so die Eroberung der bereits angeschlagenen Stadt zu verhindern. Diese Vorstellung wird bildlich auf führende Gestalten und Kreise übertragen, die Israel in einer besonderen Situation vor Verderben von seiten Gottes bewahrt haben (Mose Ps 106, 23, Pinhas Sir 45, 23, vgl. Num 25, 6–13) bzw. es durch ihr Wirken generell davor hätten bewahren müssen (Propheten Ez 13, 5 [hier *ʿālāh*, wohl an Zerstörungen am oberen Teil der Mauer gedacht], verallgemeinert in Ez 22, 30, vgl. auch die Aufforderung in 4 QMª 11, 2, 13 [DJD VII 31]).

Zu *pæræṣ* als Dammriß bei der Geburt s. o. II. 1. (entsprechend wird der Name der betreffenden Sippe gedeutet, der auch an anderer Stelle im Pent., im ChrGW und im Buch Rut bezeugt ist [vgl. Gen 46, 12; Num 26, 20f.; Neh 11, 4; 1 Chr 2, 4f., dazu *parṣî* Num 26, 20], jedoch fraglich, ob dies die ursprüngliche Bedeutung des Namens ist, vielleicht ist eher an den Aspekt der Ausbreitung zu denken [etwa als Wunsch bei der Geburt]; zu anderen Deutungen s. KBL³ 915). In 2 Sam 5, 20 (1 Chr 14, 11) ist der Vorgang des Durchbrechens (von Wasser) gemeint (s. o. II. 1., von da aus die Ortsbezeichnung *baʿal perāṣîm* [in Jes 28, 21 *har perāṣîm*] erklärt, jedoch ist sie sicher ebenfalls sekundär; zur ursprünglichen Bildung dieser Namensform vgl. Borée 52f., 95–97). Eine ganz allgemeine Bedeutung im Sinne von 'Unfall, Unglück' hat *pæræṣ* wohl in Ps 144, 14 (anders Ziegler aufgrund textkritischer Überlegungen zum gesamten Vers). Schwierig ist CD 1, 18f. zu beurteilen. Es könnte hier darum gehen, daß die Abtrünnigen (1, 12) wie nach Breschen in einer Mauer suchen, um den Verpflichtungen des Bundes (vgl. 1, 20) zu entgehen. Vielleicht ist aber auch aktiv böses Handeln im Sinne eines Niederreißens, Zerstörens gemeint (vgl. dazu Glück).

Dem Nomen *pārîṣ* liegt die Vorstellung des Ausbrechens aus den bestehenden Rechtsordnungen zugrunde, so daß es mit 'Rechtsbrecher, Verbrecher' wiederzugeben ist (vgl. das akk. *parriṣu*, dazu s. o. I. 2.). In dieser eigentlichen Bedeutung wird es in Jer 7, 11 (als vergleichende Aussage, s. Rudolph, HAT I/12³, 53f.), Ez 18, 10 (als Apposition zu *ben*) und Ps 17, 4 (jedoch text. crrpt., s. BHS, Kraus, BK XV⁵, 271f.) wie auch in 1 QH 6, 20 gebraucht. In Ez 7, 22 ist es auf fremde Mächte, die Jerusalem verwüsten, in Dan 11, 14 auf Aufständische im eigenen Volk bezogen. Als Bild für reißende Tiere erscheint es in Jes 35, 9.

Conrad

פָּרַק *pāraq*

פֶּרֶק *pæræq*

I. Etymologie – II. 1. Verteilung im AT – 2. Phraseologie und synonyme bzw. antithetische Paralleltermini – 3. LXX – III. Verwendung im AT – 1. Abreißen, wegreißen im allg. – 2. Zerbrechen des Jochs – 3. Ringe in Ex 32 – IV. Nomen.

Lit.: *P. Auffret*, Note sur la structure littéraire du Psaume CXXXVI (VT 27, 1977, 1–12). – *P. A. Giguère*, „Le son d'une brise légère": un progrès dans la représentation de Dieu. Une étude de 1 R 19, 11–12 (Église et Theologie 2, 1971, 177–184). – *J. Lust*, Elijah and the Theophany on Mount Horeb (BiblEThL 41, 1976, 91–100). – *L. V. Meyer*, An Allegory Concerning the Monarchy: Zech 11, 4–17; 13, 7–9 (Pittsburgh Theological Monograph Series 17, 1977, 225–240). – *I. Willi-Plein*, Prophetie am Ende. Untersuchungen zu Sacharja 9–14 (BBB 42, 1974). – *J. van Zijl*, The Root פרק in Targum Isaiah (JNWSL 2, 1972, 60–73).

I. Das Verb ist sowohl im Ost-, wie im Westsemit. bezeugt. Die ältesten Belege sind akk. *parāqu* 'abtrennen' (AHw 829b) und ugar. *prq* 'brechen' (UT Nr. 2118). Weitere Querverbindungen sind zu ziehen: mhebr. *pāraq* 'trennen' (Levy, WTM IV 135f.); aram. *prq* 'zerstören, aufbrechen' (KAI 222 B, 34), vgl. *peraq* in Dan 4, 24: „zerbrich (tilge) die Verfehlungen durch Rechtschaffenheit" (der bibl.-hebr. Einfluß ist unverkennbar und scheint nivelliert vorzuliegen); jüd.-aram. *peraq* 'einlösen, zerreißen' (Dalman, Handwörterbuch 352); syr. *peraq* 'lösen, retten' (LexSyr 605); samarit. *frq* 'erlösen' (Macuch, Grammatik 401); arab. *faraqa* 'trennen, teilen', vgl. *farq* 'Trennung' (Wehr, ArabWb 958); äth. *faraqa* 'befreien, retten' (Dillmann, LexLingAeth 1354). Als Grundbedeutung ist nach KBL³ 'spalten, trennen' anzunehmen.

II. 1. Das Verb begegnet im AT 4mal im *qal*, 3mal im *pi* und 3mal im *hitp*, und zwar im Pentateuch 4mal, im DtrGW und Ps je 2mal, bei Ez, Klgl und Sach je 1mal. Das Nomen *pæræq* ist 2mal belegt.

2. Zu notieren ist, daß die Objekte je 1mal mit *'æt* und *min* eingeführt werden. Subjekt des Verbs sind der Wind (1mal), Menschen (7mal) und Gott (2mal). – Als Parallelwort findet man *šbr* (1mal) und *ṭrp* (1mal) und als Antithese *nṣl* (1mal). Die Wortbedeutung umschreibt „wegreißen", „zerreißen", und zwar mit großer Gewalt, wobei die Zielrichtung negativ (zerstörend) oder positiv (rettend) sein kann. Es ist nicht leicht, zwischen *qal* und *pi* zu unterscheiden (vgl. Jenni, Das hebräische Pi'el, Zürich 1968, 176), wiewohl stilistische Argumente auf Aspektunterschiede auf dieser Ebene weisen.

3. Die Wiedergabe in der LXX geschieht durch ἐκλύειν (1mal), διαλύειν (1mal), λυτροῦσθαι (3mal), ἐκστρέφειν (1mal), περιαιρεῖσθαι (3mal); ἐκδικεῖν (Ez 19,12) geht wohl auf eine andere Vorlage zurück.

III. Die Belege scheinen durchwegs jüngeren Datums (um die Exilszeit oder später) zu sein. Da sich daher ein diachroner Vergleich nicht anbietet, wird man sich nach solchen Einzelstellen richten, an denen die Bedeutung klar faßbar ist.

1. Wenige Kommentare stoßen sich am mask. *m^epāreq* nach *rûaḥ* in 1 Kön 19,11. Nach Rehm (Das erste Buch der Könige, 1979, 188) liegt hier eine spätere Zufügung vor, die – so wird man weiterargumentieren – in *rûaḥ* schon JHWH personifiziert sah. Zur Bedeutungsfeststellung bietet sich das parallel verwendete *m^ešabber* als Hilfe an. Daneben zeigt der Kontext – ein gewaltiger (*g^edôlāh*), reißender (*ḥāzāq*; wohl fem. zu lesen) Sturm, der JHWH vorausgeht –, daß eine Theophanie mit großer Wucht dargestellt wird. Der Sturm, hier verstanden als spezifische Präsenzform Gottes, spaltet (*m^ešabber*) nicht nur Felsen, sondern zertrümmert und zerreißt (*m^epāreq*) sogar Berge (*hārîm*). *prq* beschreibt die ungestüme Tätigkeit des Zerbrechens.

In der Vehemenz und zerstörerischen Wucht reicht Ez 19,12 an die eben behandelte Stelle heran. Der Vers bereitet Schwierigkeiten (vgl. Eichrodt, ATD 22, 159; Fohrer, HAT I/13², 105), doch nur selten wird *prq hitp* selbst in Frage gestellt (so z. B. Zimmerli, BK XIII/1², 420. 430, der aus metrischen Gründen einen späteren Einschub mit interpretierendem Charakter annimmt). Wenn *prq* ursprünglich ist, aber insonderheit wenn es für die nachträgliche Zufügung gewählt wurde, steht das relativ seltene Wort hier wegen seines Inhaltes. Der Untergang des in Ez 19,10–14 im Bild des Weinstocks beschriebenen Herrschers soll drastisch dargestellt werden: im Zorn wurde er ausgerissen und der alles versengende Ostwind ließ auch seine Frucht verdorren. Als weitere Steigerung wird noch *hiṯpār^eqû* angefügt, also „sie (die Früchte) werden abgerissen" (zur passiven Verwendung des *hitp* vgl. GKa § 54g). Die zerstörerische Wirkung des Zornes, das Zerreißen und Zerfetzen treten deutlich hervor.

Auch Sach 11,16 gehört zu den umstrittenen Stellen, nehmen doch viele Forscher an, *parsêhæn*, das Objekt zu *prq pi*, sei zu ändern. Vom schlechten Hirten heißt es vorher, er fresse (*'kl*) das Fleisch der fetten Tiere und reiße ihre Stücke ab (vorausgesetzt ist die Änderung auf *pæræṣ*, so z. B. Horst, HAT I/14³, 252, oder die Annahme eines Aramaismus *p^eras*, so viele seit Sellin, KAT XII 516f.). Doch schon Keil (BC III/4, 630. 644) sah die Gier, derzufolge der nichtsnutzige Hirte auch noch die Klauen auseinanderreißt, um die letzten genießbaren Teile zu erhaschen (vgl. Dalman, AuS VI 230; Otzen, Studien über Deuterosacharja, Acta Theologica Danica 6, Kopenhagen 1964, 259f.). Da der Kontext offensichtlich in steigender Form die Wertlosigkeit des unnützen Hirten (in v. 16 stehen gehäuft Verba im *pi*) zeichnet, zeigt neben dem *pi* die Position am Ende der Aufzählung, daß *prq pi* den negativen Höhepunkt schildert: Zerfetzen, wildes Zerreißen ist demnach die entsprechende Inhaltsbeschreibung.

In Ps 7,2f. steht der Hilfeschrei eines Beters, der fürchtet, wie von einem Löwen zerrissen (*ṭrp*) zu werden. Der Text in 3b, wo das Ptz. *poreq* steht, ist Gegenstand von Diskussionen, die sowohl die vermutete Bedeutung der Worte wie das Metrum betreffen. Duhm (KHC XIV 29), Briggs (ICC I 57) z.B. schlagen durch die LXX angeregt *'ên poreq* vor, Leveen (VT 16, 1966, 440) dagegen *jiproq*. Dahood (AB 16, 41) argumentiert, daß vv. 2b und 3b parallel seien, zieht *napšî* zu *jiproq* und erhält dadurch einen sauberen Doppelvierer, in dem *prq* und *ṭrp* einander entsprechen. Schon die Parallele bestätigt *prq* in der Bedeutung von „zerreißen". – Sicher ist, daß die Gefahr des Zerrissenwerdens das Gegenteil der Rettung (*nṣl*) darstellt.

2. Für das Zerbrechen des Joches – „Joch" fungiert häufig als Symbol für menschliche, politische wie soziale Unterdrückung (→ על *'ol*) – trifft man am häufigsten auf *šbr* (u.a. Jer 2,20; 5,5; 28,2.4.11). Auch andere Verba wie *qll* (1 Kön 12,9), *ḥbl* (Jes 10,27), *sûr* (Jes 14,25), *ḥtt* (Jes 9,3) können je nuanciert vom gleichen Faktum handeln. In Gen 27,40 (wohl späterer Zusatz) übernimmt *prq qal* diese Aufgabe. Esau wird das Joch seines Bruders von seinem Nacken (*ûpāraqtā 'ullô me'al ...*) schmettern, womit eine befreiende Tat gesetzt wird. Verglichen mit anderen Verben und im Rückblick auf die bisher erhobene *prq*-Verwendung wird man eine besonders gewaltsame Selbstbefreiung angezeigt sehen.

Die eben behandelte Stelle leitet zu jenen über, in denen *prq* vom Herausreißen, Entreißen zugunsten einer Rettung spricht; hier fügt sich Klgl 5,8 ein. Die Sprecher beklagen, sie müßten die Schuldfolgen der Vorfahren erleiden und die Regentschaft von Sklaven ertragen. Mit diesen ist nicht wie in Spr 30,22 und Jes 3,4 die Umkehrung der Sozialordnung angesprochen, vielmehr meint *'^aḇāḏîm* babylonische Beamte, die harte Regentschaft (*mšl*) ausüben. Parallel dazu steht die Hoffnungslosigkeit hinsichtlich einer Änderung: *poreq 'ên*. Es existiert also niemand, der die Judäer kraftvoll aus den Fängen der Oberherren zu entreißen vermag. Die Wahl des Ptz. verschärft den Aspekt des andauernden Zustandes der Aussichtslosigkeit. – Ps 136,24 beschreibt die Rettung aus Feindesnot (*ṣar*).

Vergleichbare Formulierungen sind nicht selten: *jšʿ min* (Ps 44, 8) bzw. *mijjād* (Neh 9, 27b), *mlṭ mijjād* (Ijob 6, 23a), *gʾl mijjād* (Ps 107, 2) oder nominal konstruiert: *ʿezær min* (Dtn 33, 7; vgl. auch Ps 60, 13). Die spezielle Eigennuance von *prq* ist nur durch den Kontext genauer bestimmbar; in diesem werden die Bedrohungen durch die Könige während der Wüstenwanderung (vv. 17–20) und der erlittenen Erniedrigungen (v. 23) – vermutlich das Exil – erwähnt. In diesem Umfeld beschreibt *prq* das Herausreißen aus lebensbedrohender (militärpolitischer) Feindesnot.

3. Ausschließlich das Ungestüme, Ungezügelte einer Handlung scheint die Verwendung von *prq* in Ex 32 veranlaßt zu haben. Man (nach dem heutigen Kontext Aaron) fordert zur Einsammlung des vorhandenen Goldes. Der Auftrag lautet nach Ex 32, 2, man habe die goldenen Ohrringe der Frauen, Söhne und Töchter abzunehmen (*prq pi*); nach v. 3 „reißt" sich (*prq hitp*; Noth, ATD 5^6, 203, spricht von derber Ausdrucksweise) das Volk auch tatsächlich den Schmuck ab. – Da *prq* an sich eine heftige Handlung anzeigt und hier je *pi* bzw. *hitp* gewählt wurde, wird die sich aufdrängende Wildheit der Einsammlung die Wortverwendung ausgelöst haben. Der Sprachvergleich zeigt, daß diese singuläre Verwendung gezielt einen deutlich von den vergleichbaren Stellen abweichenden Akzent setzen möchte. Für das Abnehmen des Ringes (*næzæm*) sind die Verba *lqḥ* (Gen 24, 22), *ntn* (Gen 35, 4; Ri 8, 24), *sûr hiph* (Jes 3, 18. 21) und *šlk hiph* (Ri 8, 25) bezeugt. Die Stellen aus dem Richterbuch, an denen es um eine kritisierte Herstellung von Kultobjekten geht, sind als inhaltliche Parallele interessant, doch begegnet dort keine so roh und scharf klingende Wortwahl wie in Ex 32, 2. 3 bzw. 24.

IV. Das Nomen *pæræq* bezeichnet Nah 3, 1 die vom Feinde weggerissene und in Sicherheit gebrachte Beute. Obd 14 ist umstritten: „Bleibe nicht am *pæræq* stehen." Man denkt meist an „Scheideweg" oder „Wegkreuzung" (so S und Targ.); andere Vorschläge sind „Engpaß" (Rudolph, KAT XIII/2, 304 f.) und „Fluchtweg" (Wolff, BK XIV/3, 18. 37).

Reiterer

פרר *prr*

פור *pwr*

1. Etymologie – II. 1. Statistik – 2. Objekte – 3. Synonyme – III. 1. Profaner Wortgebrauch – 2. Theologischer Wortgebrauch – IV. *heper b^{e}rîṯ*: 1. Statistik – 2. Übersetzungsproblem – 3. Ältester Beleg/Herkunft der Formel – 4. Belege mit eindeutig theologischem Sprachgebrauch – 5. Welche *b^{e}rîṯ*? – V. Sir – VI. Qumran – VII. LXX.

Lit.: *E. Kutsch*, פרר *prr hi* brechen (THAT II 486–488).
Zu I.: *M. Dahood*, Hebrew-Ugaritic Lexicography IX (Bibl 52, 1971, 337–356). – *H. L. Ginsberg*, The Legend of King Keret, New Haven 1946. – *J. Gray*, The KRT-Text in the Literature of Ras Shamra (DMOA 5, ^{2}1964). – *W. A. Ward*, Observations on the Egyptian Biconsonantal Root *pꜣ** (Festschr. C. H. Gordon [AOAT 22], 1973, 207–212, bes. 207–209).
Zu IV.: *F. Ch. Fensham*, Malediction and Benediction in Ancient Near Eastern Vassal-Treaties and the Old Testament (ZAW 74, 1962, 1–9, bes. 4 f.). – *E. Kutsch*, בְּרִית *b^{e}rit* Verpflichtung (THAT I 339–352). – *W. Thiel*, Hēfēr b^{e}rīt. Zum Bundbrechen im Alten Testament (VT 20, 1970, 214–229).
Zu VI.: *M. Baillet*, Un recueil liturgique de Qumrân, Grotte 4: „Les paroles des luminaires" (RB 68, 1961, 195–250, bes. 208–211). – *M. Delcor*, Les hymnes de Qumran (Hodayot), Paris 1962.

I. Die Lexika unterscheiden in der Regel (Ausnahmen: Gesenius, Thesaurus 1131 und Levy, WTM IV 131 f. 140) zwei selbständige Wurzeln: *prr* I (*hiph, hoph*) mit Nebenform (?) *pwr* (nur *hiph*) sowie *prr* II (*qal, po, hitpo, pilp*: verschiedenste Bedeutungen!). Eine Nebenform *pwr* zu *prr* (I) wäre zwar nicht ungewöhnlich (vgl. GKa § 67v, BLe 438, Bergstr.^{2} § 27q), doch ist *ʾāpîr* in Ps 89, 34 wohl Verschreibung aus *ʾāsîr* (vgl. BHK, BHS), und an den beiden restlichen Stellen (Ez 17, 19; Ps 33, 10) könnte *heper* in *hepîr* verschrieben sein. *prr* II wird mit mhebr., jüd.-aram. *pirper* ʿzucken, sich hin- und herbewegenʾ sowie mit syr. *parpar* ʿflattern, zitternʾ und arab. *farfara* ʿsich schüttelnʾ (vgl. Wehr 633a) in Verbindung gebracht (vor allem Ward). Doch spricht vornehmlich der Befund von akk. *parāru* gegen zwei selbständige Wurzeln (vgl. AHw 829 f.): G ʿsich ablösenʾ, D ʿauflösenʾ, N ʿauseinanderlaufenʾ, Ntn ʿ(planlos) hin- und herlaufenʾ. Grundlage für beide „Wurzeln" ist die zweiradikalige Basis *pr* ʿtrennenʾ (so freundliche Auskunft von B. Kienast). In *pārar* liegt eine Teilreduplikation, in *pirper*/*parpar* (mhebr., jüd.-aram./syr., arab.) eine Vollreduplikation der zweiradikaligen Basis vor.

Auch semantisch besteht zwischen den so verschiedenartigen Bedeutungen von *prr* in den semit. Sprachen ein Zusammenhang (Kienast): Im Grundstamm (von Personen und Tieren): ʿfortgehen, fortlaufen, fliehenʾ (vgl. ugar. KTU 1.19, III, 14.28: von Vögeln, vgl. WUS Nr. 2259; UT Nr. 2120, gegen Caquot / Sznyzer / Herdner, Textes ougaritiques I, Paris 1974, 450ᵗ; auch syr.), (von Sachen) ʿabfallen, sich lösen, erschlaffenʾ (akk.); im Kausativ: ʿverjagen, in Schrecken versetzenʾ (syr.), sowie ʿlösenʾ, d. h. ʿauflösen, für ungültig erklärenʾ (von *brjt*), so hebr. *prr* I, Qumran, mhebr.; jüd.-aram.); im Faktitiv: ʿfortlaufen machenʾ, d. h. ʿzerstreuen, verteilenʾ, so akk. D, ʿin Schrecken versetzenʾ, so hebr. „*prr* II" *po, pilp* ʿlösenʾ, d. h. ʿauflösenʾ (von Fesseln), ʿzerschlagenʾ, so akk. D, hebr. *hiph* (Qumran), ʿzerbröckelnʾ, so mhebr. *pi* und *pilp* (Levy, WTM IV 140) (Derivate: *perûr* ʿZerbröckeln, Zerbröckeltesʾ; *perûrāʾ* „Mehlbrei"), pass.: jüd.-aram. *itpalp*; im Extensiv: ʿhin- und herlaufen, schwanken machenʾ, so hebr. „*prr* II" *po*, pass.: *hitpo*, akk. ND: ʿauseinanderlaufenʾ (von Menschen), ʿauseinanderbrechenʾ (intr. von Töpfen); akk. Ntn ʿplanlos hin- und herlaufenʾ. – Die 4 at.lichen Belege von „*prr* II" ordnen sich hier bestens ein: Jes 24, 19 (*hitpo*:

'hin- und herschwanken', Subj.: die Erde); Ps 74, 12 (*po*: 'in Schrecken versetzen, aufstören', Obj.: das Meer), gleichfalls: Ijob 16, 12 (*pilp*, Obj.: Ijob, nicht: 'schütteln, hin- und herzerren', gegen KBL³ 917b, bei Even-Shoshan übersehen). Die hier oft verglichene Bedeutung 'zucken' beschränkt sich auf relativ späte vierradikalige Verbbildungen, Vollreduplikationen (mhebr. *pirper*; syr. *parpar*; arab. *farfara*). – Rätsel geben 2 ugar. Parallelen auf, wo *prr* (im Grundstamm!) anscheinend 'brechen' bedeutet: KTU 1.2, I, 12f. (// *ṯbr*); 1.15, III, 29f. (// *ṯnj*), vgl. CML 78f.; Gray 20; Ginsberg 23f.; Dahood 335; RSP I Nr. 469.470; unsicher: UT Nr. 2131. In Deir ʿAllā (II 17) begegnet das aram. Nomen *pr*, das nach ATDA 246 mit „foolishness, mental deficiency" zu übersetzen wäre (vgl. akk. *parāru* 'abfallen, erschlaffen'). Die Bedeutung von *prr hitpo* im Samar. 'aufwachen' (LOT II 581) dürfte wohl mit *pirper* 'zucken' zusammenzubringen sein. Ein pun. Beleg (DISO 237) ist unsicher.

II. 1. Das Verbum *prr* (*pwr*) begegnet (abzüglich der zu emendierenden Stelle Ps 89, 34) im AT 52mal, davon allein 45mal im *hiph*, 3mal im *hoph* (Jes 8, 10; Jer 33, 21; Sach 11, 11), 4mal in Stämmen von „*prr* II" (s.o.).
Wie die Belege von „*prr* II" durchgängig, so sind auch die *hiph*/*hoph*-Formen von *prr* meist exil.-nachexil. Älteste Belege sind 2 Sam 15, 34; 17, 14 (jeweils in der Thronfolgegeschichte) und 1 Kön 15, 19 (= 2 Chr 16, 3). Mit Jes 14, 27; 8, 10 (*hoph*: Jes?); Spr 15, 22; Ez 16, 59; 17, 15. 16. 18. 19 dürften die vorexil. Belege erschöpft sein. In die Exilszeit gehören: Jes 33, 8; 44, 25; Jer 11, 10; 14, 21; Ez 44, 7; Ri 2, 1 (dtr), in die frühnachexil. Zeit alle 13 Pent.-Belege, die sich auf (z. T. ältere) gesetzliche Materialien im Umkreis von P beschränken (Gen 17, 14 [p^G?]; Lev 26, 15. 44 [H]; Num 15, 31; 30, 9. 13³. 14. 16²; Dtn 31, 16. 20); sowie: Ps 33, 10; 85, 5; ins 5. Jh.: Esra 4, 5; 9, 14; Neh 4, 9; ins 4. Jh.: Ijob 5, 12; 15, 4; 40, 8; in noch spätere Zeit: 2 Chr 16, 3 (= 1 Kön 15, 19); Ps 119, 126; Sach 11, 10. 11; Koh 12, 5; Jes 24, 5; Jer 33, 20. 21 (als wohl jüngster Beleg).
2. Im Unterschied zum Akk. aber auch Mhebr. finden sich bei *prr hiph* in der Bedeutung 'auflösen/vereiteln' bzw. 'brechen/für ungültig erklären' ausschließlich ungegenständliche Objekte: Plan (*ʿeṣāh*): 2 Sam 15, 34; 17, 14 (jeweils des Ahitofel); Jes 14, 27, dazu noch *hoph*: Jes 8, 10; Plan der Völker (*gôjîm*): Ps 33, 10; Zeichen (*ʾôṯôṯ*) der Zauberer (*baddîm*): Jes 44, 25; JHWHs Recht (*mišpāṭ*): Ijob 40, 8 bzw. Weisung/Gesetz (*tôrāh*): Ps 119, 126; Gebot/Gebote (*miṣwāh*/*miṣwôṯ*): Num 15, 31 bzw. Esra 9, 14; (Gottes-)Furcht (*jirʾāh*): Ijob 15, 4 (Vorwurf des Elifas an Ijob); JHWHs Zorn (*kaʿas*): Ps 85, 5 (in einer Bitte an JHWH); die Bruderschaft (*ʾaḥawāh*): Sach 11, 14; ein Gelübde (*neḏær*): Num 30, 9. 13². 14. 16 (für ungültig erklären). – An nicht weniger als 18 Stellen ist *b^erîṯ* ('Bund' bzw. 'Verpflichtung') Objekt, wobei mit Ausnahme von 1 Kön 15, 19 (= 2 Chr 16, 3) und Ez 17, 15. 16. 18. stets JHWHs *b^erîṯ* gemeint ist.
3. Als synonyme Verbverbindungen begegnen: einen Eid (*ʾālāh*), so Ez 16, 59; 17, 18. 19 bzw. das Wort (*dāḇār*) JHWHs (Num 15, 31) geringschätzen (*bzh*); die Satzung (*ḥôq*) ändern (*ḥlp*) und die Gesetze (*tôrôṯ*) übertreten (*ʿbr*): Jes 24, 5; Zeugen (*ʿeḏîm*, cj., MT: *ʿārîm*) ablehnen (*mʾs*): Jes 33, 8; schließlich: anderen Göttern nachlaufen (*hlk ʾaḥarê*), um ihnen zu dienen (*ʿbd*): Jer 11, 10. – Von den 3 passivischen Belegen (*hoph*) ist Jes 8, 10 'vereitelt/aufgehoben werden' zu übersetzen, wobei ein menschlicher, JHWHs Geschichtsplan entgegenstehender Plan (*ʿeṣāh*), in Jer 33, 21 und Sach 11, 11 JHWHs *b^erîṯ* gemeint ist.

III. 1. Nur 2 Belege finden sich, vordergründig betrachtet, nicht in theologischem Kontext, in sog. intransitivem *hiph*: „Vorhaben/Pläne" (*maḥašāḇôṯ*) ohne Beratung „(zer-)brechen" (*prr hiph* inf. abs.!): Spr 15, 22. Die eigenartige Form ist wohl durch die Vorstellung vom Tun-Ergehen-Zusammenhang bedingt: Ohne Beratung zustandegekommene Pläne bringen sich notwendig selbst zum Scheitern. Ähnlich „zerbricht" bzw. konkret „platzt" die Kaperfrucht (Koh 12, 5; vgl. KBL² 781). Ihr Platzen verweist in dem Gedicht vom alternden Menschen, einer Anreihung von Metaphern, auf den plötzlich eintretenden Tod. Da in v. 5 sonst keine Passiv-Formen vorkommen, empfiehlt sich eine Konjektur (*w^eṭuppar*, vgl. BHS) nicht, noch weniger (gegen Hertzberg, KAT XVII/4, 207) in *tipræh* („bringt Frucht") bzw. *tipraḥ* („erblüht"); das Bild wäre dann schlecht gewählt.

2. Der theologische Kontext der übrigen Belege ist unübersehbar: Wenn es David durch Huschai gelingt, den für ihn gefährlichen Plan Ahitofels zu „vereiteln" (2 Sam 15, 34), dann weil JHWH es selbst so gefügt bzw. durch Huschai vollbracht hat (2 Sam 17, 14). Nach Jesaja ist es dagegen für Menschen unmöglich, das, was JHWH plant (*jʿṣ*), zu vereiteln (Jes 14, 27 *hiph*, vgl. 8, 10 *hoph*). Nur vorübergehend kann es gelingen, den Plan (*ʿeṣāh*) des Tempelbaus zu vereiteln (Esra 4, 5). Umgekehrt macht Gott den Plan der auswärtigen Gegner des Mauerbaus unter Nehemia zunichte (Neh 4, 9), wie er überhaupt den (gottwidrigen) Plan der Heiden (*ʿaṣaṯ gôjîm* // *maḥšeḇôṯ ʿammîm*) vereitelt (Ps 33, 10), nach Elifas (Ijob 5, 12) die Vorhaben der Klugen (*maḥšeḇôṯ ʿarûmîm*) zunichte macht (Ptz. *hiph*) und nach DtJes (44, 25) die Zeichen der Zauberer (*ʾôṯôṯ baddîm*) zerbricht (Ptz. *hiph*). Elifas wirft Ijob vor, mit seinem Rechten die (Gottes-)Furcht (*jirʾāh*) zu zerbrechen (Ijob 15, 4), und Gott selbst fragt Ijob (40, 8), ob er denn Gottes Recht (*mišpāṭî*), also Gottes Rechtsanspruch Ijob gegenüber, zerbrechen wolle, um selbst recht zu behalten (*ṣdq*).
In Vorschriften über Gültigkeit von Gelübden (Num 30, 2–17 P^s) heißt *prr hiph* „außer Kraft setzen": Ein Mann kann ein Gelübde (*neḏær*) oder einen Eid (*š^eḇuʿāh*) seiner Frau, der zu einer Enthaltung verpflichtet, außer Kraft setzen an dem Tag, an dem er davon erfährt, und zwar so, daß JHWH der Frau das Gelübde erläßt (Num 30, 9. 13). Setzt er es erst später außer Kraft, ist dies insofern illegitim, als er dafür die Verantwortung zu tragen hat (Num 30, 14. 16). Diese Bestimmungen werden TR 54 aufgenommen.

IV. 1. An nicht weniger als 21 Belegen findet sich *prr hiph* mit dem Obj. *b^{e}rîṯ* („Bund, Verpflichtung"): Gen 17, 14; Lev 26, 15. 44; Dtn 31, 16. 20; Ri 2, 1; 1 Kön 15, 19 (= 2 Chr 16, 3); Jes 24, 5; 33, 8; Jer 11, 10; 14, 21; 31, 32; 33, 20; Ez 16, 59; 17, 15. 16. 18. 19; 44, 7; Sach 11, 10. – 2mal ist *b^{e}rîṯ* Subj. zu *prr hoph*: Jer 33, 21; Sach 11, 11. Dies sind insgesamt etwa die Hälfte aller Belege. Vier weitere Belege mit unterschiedlichen Objekten zu *prr hiph* (Num 15, 31: *miṣwāṯî*; Ps 119, 129: *tôrāṯækā*; Sach 11, 14: *'aḥ^{a}wāh*; Ps 85, 5: *ka'as^{e}ḵā*) setzen die Tradition von der Gottes-*b^{e}rîṯ* voraus.

2. Da Etymologie und Bedeutung von *b^{e}rîṯ* selbst umstritten sind („Vertrag/Bund" oder „Verpflichtung"), wird die genaue Erfassung der Wortbedeutung von *prr hiph* zusätzlich erschwert. Obwohl *b^{e}rîṯ* etymologisch wohl soviel wie „Verpflichtung" bedeutet (Kutsch), wird, wie die Präpositionen *bên* (zwischen) und *'eṯ* (mit) signalisieren, damit zugleich auf ein Verhältnis zwischen zweien verwiesen, das durch die Wiedergabe „Verpflichtung" nicht mitangezeigt wird. Deshalb kann im folgenden noch von „Bund" gesprochen werden. Rein etymologisch könnte *hep̱er b^{e}rîṯ* sowohl „eine Verpflichtung einseitig (auf)lösen" als auch „einen Vertrag brechen/für ungültig (nicht mehr bindend) erklären" bedeuten. Doch favorisieren die akk. Synonyma (vgl. Weinfeld → I 789) eher letzteres Verständnis: *mamīta parāṣu* „einen Eid (d. h. beschworenen Vertrag) brechen" (vgl. AHw 832), sowie: *riksa wuššuru* (PRU IV 36, 23 f.) „einen Vertrag nicht beachten" (vgl. AHw 1485b). Die at.lichen Synonyme für *hep̱er b^{e}rîṯ* lassen sich freilich mit beiden Übersetzungen vereinbaren: eine *b^{e}rîṯ* „entweihen" (*ḥll pi*: Ps 55, 21; 89, 35), „vergessen" (*škḥ*: Dtn 4, 31), „übertreten" (*'br*: Dtn 17, 2), „verwerfen" (*n'r pi*: Ps 89, 40; *m's*: 2 Kön 17, 15), „zunichte machen" (*šḥt*: Mal 2, 8), „verlassen" (*'zb*: Dtn 29, 24).

3. Für die ursprüngliche Bedeutung von *hep̱er b^{e}rîṯ* ist 1 Kön 15, 19 (= 2 Chr 16, 3) der älteste Beleg, dazu wohl als der einzige in nichttheologischem Kontext, signifikant: Asa von Juda bittet König Ben Hadad von Aram – im Hinblick auf eine schon länger zwischen Aram und Juda bestehende *b^{e}rîṯ* –, doch seine *b^{e}rîṯ* mit (*'eṯ*) Bascha von Israel zu „brechen", damit dieser von Juda (wörtlich: „von mir") abziehe. Ben Hadads *b^{e}rîṯ* mit Bascha war offenbar ein Nichtangriffspakt (vgl. Thiel 215), den Ben Hadad dann auch, zusätzlich durch ein Bestechungsgeschenk motiviert, gebrochen hat. *hep̱er b^{e}rîṯ* meint dann hier „die einseitige Aufhebung eines Vertragsverhältnisses" (Thiel). Hier jedenfalls hat *b^{e}rîṯ* die Bedeutung von „Bund, Abkommen" angenommen (vgl. selbst Kutsch 488).

Dagegen muß offen bleiben, ob die Formel *hep̱er b^{e}rîṯ* „in der altorientalischen Rechtspraxis der Vertragsabschlüsse" wurzelt (Thiel 215). Die weiteren von Thiel herangezogenen Beispiele (Ez 17, 15–19; Jes 33, 8) sind wegen ihres theologischen Kontextes wenig beweiskräftig: Ez 17, 15–19 ist 4mal davon die Rede, daß der König von Juda (Zidkija) die *b^{e}rîṯ* mit Nebukadnezzar „gebrochen" hat. Obwohl ihr Abschluß (so Thiel 216) als Abschluß eines Vasallenvertrages verstanden werden kann, bedeutet *b^{e}rîṯ* hier doch – im Unterschied zu 1 Kön 15, 19 – nicht so sehr „Bund" als „Verpflichtung", die Nebukadnezzar Zidkija auferlegte und letzterer durch Eid akzeptieren mußte. D. h. *hep̱er b^{e}rîṯ* bedeutet hier soviel wie „(einseitig) eine Verpflichtung (auf)lösen", nicht so sehr „einen Vertrag brechen". Gerade die nach Thiel deutlich für einen Vasallenvertrag sprechenden Belege Ez 17, 16. 18 finden sich in einem zwischen vv. 15 und 19 eingeschobenen Text (vgl. Fuhs, NEB 88), der Zidkijas Bruch der *b^{e}rîṯ* (v. 15) als Eidesbruch gegenüber Nebukadnezzar interpretierend qualifiziert. Demgegenüber erscheint die gebrochene *b^{e}rîṯ* in dem ursprünglich unmittelbar folgenden v. 19 als JHWHs *b^{e}rîṯ*, doch wohl nicht nur, weil die *b^{e}rîṯ* auf seiten Zidkijas vor JHWH geschlossen wurde und von ihm garantiert wird (vgl. Thiel 216). Zidkijas Verhalten impliziert durchaus einen Treubruch auch gegenüber JHWH, der hinter jenem Geschehen steht. – Jes 33, 8 ist sehr unkonkret und nur bei isolierter Betrachtung der Einheit (vv. 7–9) auf einen „Vertragsbruch" im profanen Verständnis deutbar, der Kontext (vgl. vv. 10–16) verweist dagegen auf den Bruch des Gottes-„Bundes" (vgl. Wildberger, BK X/3, 1299).

4. Die übrigen 15 Belege weisen eindeutig theologischen Sprachgebrauch auf: Während die Formel im Bestand des dtn Gesetzes fehlt, begegnet sie bei Ez (44, 7) und seiner Schule (Ez 16, 59), an (sekundär) dtr Stellen (Dtn 31, 16. 20; Ri 2, 1), in dtr Jeremiatexten (Jer 11, 10; 14, 21; 31, 32), im exilischen Schlußkapitel von H (Lev 26, 15. 44), in einer vermutlichen Erweiterung bei P (Gen 17, 14), sowie in späten Prophetentexten (Sach 11, 10. 14; Jes 24, 5; Jer 33, 20). Subj. sind in der Regel (die) Israeliten, nur Jes 24, 5 allgemein die Bewohner der Erde, an 4 Stellen ist sogar JHWH Subj. (Lev 26, 44; Ri 2, 1; Jer 14, 21; Sach 11, 10). An den beiden erstgenannten Stellen wird die Möglichkeit, daß JHWH seine *b^{e}rîṯ* mit Israel brechen könnte, ausgeschlossen. Nach Jer 33, 21 kann ebenso wenig JHWHs *b^{e}rîṯ* mit David gebrochen werden (*prr hoph*), wie man nicht JHWHs *b^{e}rîṯ* mit dem Tag und der Nacht brechen kann (Jer 33, 20, MT *tāp̱erû* ist beizubehalten, vgl. KBL^3 917a). An diesen Stellen (vgl. auch Jer 14, 21) werden offenbar im Exil aufgekommene Befürchtungen zurückgewiesen. Schwer deutbar ist Sach 11, 10. 14, wonach JHWH seine *b^{e}rîṯ* mit allen Völkern bricht (vgl. auch v. 11 *hoph*) bzw. die „Bruderschaft" (*'aḥ^{a}wāh*) zwischen Juda und Israel.

5. Es wird (ähnlich Sach 11, 10) nicht immer deutlich, welche *b^{e}rîṯ* JHWHs gemeint ist, so Ez 44, 7 (Bruch der *b^{e}rîṯ* durch Zulassung von unbeschnittenen Fremden zum Heiligtum mit daraus folgender Entweihung des Tempels). Ez selbst redet metaphorisch von einem Ehe-„Bund" mit Jerusalem (Ez 16, 8). Diesen „Bund" hat Jerusalem nach der Ez-Schule durch Götzendienst gebrochen (Ez 16, 59). Lev 26, 44 ist wohl die Abraham-*b^{e}rîṯ* (Gen 17) gemeint (vgl. v. 42), eine Ägypten-*b^{e}rîṯ* aber nicht ganz ausgeschlossen (vgl. v. 45 und Jer 31, 32). Dagegen bezieht sich der hypothetisch angenommene Bruch der *b^{e}rîṯ* in Lev 26, 15 auf die Mißachtung von JHWHs Geboten (konkret des Hei-

ligkeitsgesetzes) (v. 14), wobei Lev 26 die Katastrophe des Exils voraussetzt. Gen 17,14 ist es die Abraham-*b^{e}rîṯ*, die vom einzelnen Israeliten durch Verweigerung der Beschneidung (ihres Zeichens!) gebrochen werden kann, was die Austilgung des Betreffenden aus der Stammesgemeinschaft zur Folge hat (ein sakraler Rechtssatz). Ri 2,1 ist es offenbar der Erzväterschwur, den JHWH in Ewigkeit nicht brechen wird. Im Rahmentext zum Mose-Lied (Dtn 31,16–22) sagt JHWH dem Mose den Bruch der *b^{e}rîṯ* (doch wohl vom Horeb) durch Israel – nach dem Einzug ins Land – voraus (Dtn 31,16.20), in der Form des Götzendienstes. Auch hier ist das Exil bereits vorauszusetzen. Die drei auf den Horeb-„Bund" (?) zu beziehenden Jer-Stellen (11,10; 14,21; 31,32) finden sich sämtlich in dtr Kontext (vgl. Thiel 217–221, Schreiner, NEB 80.96f. 187f.). Jer 11,9–14 ist von einer (aktuellen) Verschwörung unter den Leuten Judas und Jerusalems (gegen JHWH) die Rede (v. 9). Sie besteht in der Rückkehr zu den Sünden der Väter, Verweigerung des Gehorsams und (konkret) im Götzendienst (v. 10a). Dies wird theologisch als Bruch der JHWH-*b^{e}rîṯ* mit den („ihren") Vätern (vgl. auch Ri 2,1) qualifiziert, wobei der „Bundes"-Bruch des Hauses Juda mit demjenigen des (untergegangenen) Hauses Israel ineins gesehen wird (v. 10b). Im Rahmen der Verheißung einer neuen *b^{e}rîṯ* (Jer 31,31–34) wird der gleiche Sachverhalt angesprochen: Das Haus Israel, das Haus Juda, die von ihnen gebrochene, mit ihren Vätern geschlossene JHWH-*b^{e}rîṯ* (vv. 31f.), die eigenartigerweise mit dem Auszug aus Ägypten zusammengesehen wird (v. 32, vgl. auch Ri 2,1 dtr). Doch wird hier nicht nur das Faktum des Bruchs der *b^{e}rîṯ* konstatiert, sondern der Abschluß einer neuen (unzerstörbaren) *b^{e}rîṯ* verheißen (v. 31), die nicht mehr einer geschriebenen „Urkunde" (*tôrāh*) bedarf. Der dritte Jer-Beleg (14,21) findet sich in einer „Volksklage" (Jer 14, 19–22) im Rahmen der sog. Dürre-Liturgie (Jer 14, 1–15,4) dtr. Prägung (anders: Rudolph, HAT I/12^{3}, 97). Die (dtr) Zusage JHWHs von Ri 2,1, seine *b^{e}rîṯ* niemals aufzulösen, wird hier gleichsam in der Volksklage beschworen: „Gedenke der *b^{e}rîṯ* mit uns und löse sie nicht!" (Jer 14,21b). Motiviert wird die Bitte mit JHWHs Namen und dem Thron seiner Herrlichkeit, d.h. Jerusalem (v. 21a, vgl. Jer 3,17; 17,12). Der Bruch der *b^{e}rîṯ* durch Israel ist infolge des Gottesgerichtes (vgl. Jer 14,19f.) als Faktum erkannt, ihre Auflösung durch JHWH wird befürchtet, die neue *b^{e}rîṯ* von Jer 31,31–34 ist noch nicht in Sicht, die ja die erste ersetzt.

V. Der einzige Beleg von *prr hiph* in Sir (41,19b) findet sich nur im Masadatext: „(Schäme dich), Eid (*'lh*) und Verpflichtung (*brjt*) zu ʿbrechen'".

VI. Qumran bietet 13 Belege, jeweils im *hiph*, mit Ausnahme von CD 1,20 in Gebeten: 4 QDibHam 5,8 weist den Gedanken, daß Gott die Nachkommenschaft Jakobs (bzw. Israel) verworfen habe, um sie zu vernichten (*klh pi*) und seinen „Bund" (*brjt*) mit ihnen (*'tm*) zu „brechen" (*lhpr*), zurück, wie in 4 QDibHam 6,7f. für die Gemeinde ihrerseits die Vorstellung – angesichts der von Gott kommenden Prüfungen und Schläge –, den „Bund (Gottes) zu brechen" (*lhpr brjtkh*), ausschließt (vgl. dazu auch 4Q 381,69,8 und 4 Q 418,131,4). Dagegen haben die Abtrünnigen (vgl. CD 1,12ff.) zu Übertretungen (*ʿbr hiph*) des „Bundes" (*brjt*) und zum Bruch (*prr hiph*) der „Satzung" (*ḥwq*) veranlaßt (CD 1,20; vgl. TR 59,8). 4 QShir^{b} [511] 63, III 5 verflucht alle, die (den Bund) brechen. Die eschatologische Neuschöpfung geht mit dem Zerbrechen (*prr hiph*) dessen, „was seit Urzeit besteht" (*qjjmj qdm*), durch Gott einher (1 QH 13,12). TR 54 greift die Bestimmungen Num 30 (s.o.) auf. An den beiden Stellen mit Pfeilen (*ḥṣjm* bzw. *ḥṣj šḥt*) als Subjekt (1 QH 2,26; 3,27) ist (gegen Kuhn, Konkordanz 181) nicht ein eigener Stamm „commovere" anzunehmen, sondern die Bedeutung „vernichten" (vgl. Kutsch 488, vgl. auch akk. D: „zerschlagen"). In 1 QHfragm. 3,5 hat das *hitpo* (inf. *mhtprr*) in Verbindung mit „Gebilde von Staub" (*jṣr ʿpr*) die Bedeutung „zerbrechen" (anders Kuhn: commovere).

VII. Die LXX gibt *prr hiph* meist mit διασκεδάζειν wieder. Dan 3,34 Θ/LXX greift im Gebet des Asarja (3,25–45) fast wörtlich Jer 14,21c auf: καὶ μὴ διασκεδάσῃς τὴν διαθήκην σου (bzw. σου τ.δ.).

Ruppert

פָּרַשׂ *pāraś*

מִפְרָשׂ *miprāś*

I.1. Etymologie – 2. Belege – II. Verwendung im AT – 1. Kleid u.ä. ausbreiten – 2. Hände ausstrecken – 3. Zerstreuen – III.1. Qumran – 2. LXX.

I.1. Etymologisch hängt *prś* zusammen mit ugar. *prš* ʿsich ausdehnen' (s. Dietrich / Loretz / Sanmartín, UF 7, 1975, 139: Omentext „unser Land wird sich ausdehnen"; KTU 1.4, I, 35 *d prš bbr* ist unsicher, vielleicht „mit leuchtendem Metall überziehen", v. Selms, UF 7, 1975, 472f.; Dietrich / Loretz, UF 10, 1978, 61), jüd.-aram. *p^{e}raś/p^{e}ras* ʿausbreiten, ausspannen', mand. ʿausbreiten, ausstrecken' und arab. *faraša* ʿausbreiten, hinbreiten'. Ob asarab. *mfrśt* ʿZaun' o.dgl. (Biella 411; BGMR 46) hierher gehört (so KBL), ist zweifelhaft (Beeston, JSS 22, 1977, 57 nennt ein Verb *frś* ʿverbreiten, kundtun').

2. Das Verb ist im AT 56mal im *qal*, 1mal im *niph* (+ 2mal cj.) und 8mal im *pi* belegt. Von den *qal*-Belegen sind aber 2 zu *pāras* ʿbrechen, zerstückeln' zu rechnen (Mi 3,3; Klgl 4,4). Das Subst. *miprāś* ist einmal in der Bedeutung ʿSegel' (Ez 27,7), einmal als Verbalsubst. ʿAusspannung' (Ijob 36,29) belegt.

II. 1. *pāraś qal* bedeutet zunächst ‘ausbreiten’. Man breitet ein Tuch oder ein Kleid aus (*bæğæḏ*, Num 4, 6–8. 11. 13) über das „Hochheilige“ beim Transport während der Wüstenwanderung (vgl. *k^esûj* „Decke“ 4, 14; *śimlāh* „Mantel“, Dtn 22, 17); vor den Ältesten, um zu beweisen, daß eine Frau bei der Heirat Jungfrau war [vgl. TR 65, 13], Ri 8, 25, um goldene Ringe aus der Beute aufzusammeln; *sāmāḵ* „Decke“, um die Öffnung eines Brunnens zu verbergen; *maḵber* „Decke“, 2 Kön 8, 15 über das Gesicht Hasaels, so daß er erstickt). Ein Zelt wird gespannt (Ex 40, 19), ebenso ein Segel (Jes 33, 23) oder ein Netz (*ræšæṯ* Ez 12, 13; 17, 20; 19, 8; 32, 3; Hos 5, 1; 7, 12; Ps 140, 6; Spr 29, 5; Klgl 1, 13; *miḵmæræṯ* Jes 19, 8). Ein Vogel breitet seine Flügel aus (Ijob 39, 26; als Bild für Gottes Fürsorge Dtn 32, 11; als Bild für den Feind Jer 48, 40; 49, 22). So breiten die Keruben im Allerheiligsten ihre Flügel über die Deckplatte (*kapporæṯ*) aus (Ex 25, 20; 37, 9; 1 Kön 6, 27; 8, 7; 1 Chr 28, 18; 2 Chr 3, 13; 5, 8; TR 7, 11; vgl. 4 QDibHam[a] 6, 8 und 4 Q 405, 23 II 5). Eine Buchrolle wird ausgebreitet (Ez 2, 10), ein Brief ebenso (2 Kön 19, 14; Jes 37, 14). Metaphorisch heißt es Narrheit (*'iwwælæṯ*) auskramen (Spr 13, 16). Gott breitet die Wolken aus (Ps 105, 39, wohl auch Ijob 26, 9, wo MT *pršz* hat). Das Morgenrot wird über die Berge ausgebreitet (Joël 2, 2).

Eine symbolische Bedeutung hat es, wenn ein Mann den Zipfel seine Gewandes über eine Frau ausbreitet; dadurch nimmt er sie zur Frau (Rut 3, 9 und allegorisch mit Bezug auf Gott und Jerusalem Ez 16, 8). Eine ähnliche Handlung ist bei den Arabern sowohl in alter wie in moderner Zeit belegt (Lit. bei Gerleman, BK XVIII 32 und E. F. Campbell, AB 7, 123).

2. Ferner heißt *pāraś* mit *jāḏ* „die Hand ausstrecken“. Der Feind streckte seine Hand aus nach den Schätzen Jerusalems, um sie zu ergreifen (Klgl 1, 10; so Rudolph, KAT XVII/3, 205. 207, anders Plöger, HAT I/18², 133: „seine Hand legen auf“). Von der tüchtigen Hausfrau heißt es Spr 31, 20, daß sie den Elenden ihre Hand (*kap*) ausbreitet (= öffnet) und den Armen ihre Hand ausstreckt (*šālaḥ jāḏ*), um ihnen zu helfen. Häufig begegnet *pāraś* mit *kappajim* als Obj., um eine Gebetsgeste zu bezeichnen: man breitet die Handflächen nach oben aus, etwa um die Gaben Gottes zu empfangen oder als „Ausdruck des Vereinigungswunsches“ (Kaiser, ATD 17, 10 Anm. 12). Mose breitet im Gebet seine Hände zu JHWH aus, und das Gewitter hört auf (Ex 9, 29. 33). Esra streckt seine Hände zu JHWH und bekennt die Sünde des Volkes (Esra 9, 5). Zofar mahnt Ijob, seine Hände zu Gott auszustrecken, damit Gott seine Schuld tilge (Ijob 11, 13). Salomo streckt seine Hände zum Himmel (1 Kön 8, 22. 54; 2 Chr 6, 12 f.) und bittet, Gott möge die mit gegen den Tempel gestreckten Händen gesprochenen Gebete hören (1 Kön 8, 38 = 2 Chr 6, 29). Im Volksklagelied Ps 44 beteuert das Volk, es habe nie seine Hände zu einem fremden Gott ausgestreckt (v. 21). In diesem Sinn wird auch *pi* gebraucht. Wie sehr auch die Israeliten ihre Hände im Gebet ausbreiten, wird Gott sie nicht erhören, denn ihre Hände sind mit Blut befleckt (Jes 1, 15). Zion betet klagend um Schonung mit ausgestreckten Händen (Jer 4, 31), aber niemand tröstet sie (Klgl 1, 17, hier *jāḏajim*). Der Psalmist streckt in seiner Not seine Hände aus (Ps 143, 6). Man kann aber auch seine Hände zum Schwimmen ausbreiten (Jes 25, 11), oder Gott kann seine Hände einladend zu seinem Volk ausstrecken (Jes 65, 2).

3. Aus dem Begriff des Ausbreitens läßt sich leicht die Bedeutung „zerstreuen“ ableiten. So hat Schaddaj nach Ps 68, 15 „Könige zerstreut“. Dieselbe Bedeutung liegt wohl Sach 2, 10 vor, wo diejenigen, die Gott in alle Richtungen (*rûḥôṯ*) zerstreut hat, aufgefordert werden, aus dem Nordland zu fliehen (Rudolph, KAT XIII/4, 86 f. übersetzt „ich schaffe euch Raum“). Hierher gehört auch der einzige sichere *niph*-Beleg Ez 17, 21: Zidkija wird besiegt und das Volk in alle Richtungen zerstreut werden. Wahrscheinlich soll auch Ez 34, 12 *nip̄rāśôṯ* statt MT *nip̄rāšôṯ* gelesen werden: der Hirt versammelt die zerstreuten Schafe.

III. 1. In Qumran kommt *prś* vorwiegend in Verbindung mit dem Ausbreiten von Netzen vor. Böse Menschen spannen ihr Netz gegen den Beter oder gegen die Guten aus (1 QH 2, 29; 3, 26; 5, 8; wohl auch 1 QHfragm. 3, 4). In 1 Q Sb 5, 29 scheint es sich um schnelle Gebote zu handeln, die sich über die Erde „ausbreiten“. Nach 4 Q 381, 46, 4 sind Gottes Glanz und Schönheit über die ganze Erde ausgebreitet (vgl. Ps 105, 39 u. ö.).

2. *pāraś* wird in der LXX sehr unterschiedlich übersetzt. Am häufigsten kommen Zusammensetzungen mit πετάννυμι (δια-, ἐκ-, ἀνα-) vor, danach ἐκτείνειν διατείνειν, ferner ἐπιβάλλειν und ἀναπτύσσειν. Für die Bedeutung ‘zerstreuen’ steht nur einmal διασπείρειν; Sach 2, 10 hat LXX συνάγειν, Ps 68, 15 διαστέλλειν. Vereinzelt finden sich auch andere Wiedergaben.

Ringgren

פָּרָשׁ *pārāš*

I. 1. Etymologie – 2. Semantik – 3. LXX – 4. Verteilung im AT – II. At.liche Kontexte – 1. Königliche Macht – 2. Militärischer Bereich – 3. Transportwesen – 4. Ehrentitel und Symbol – III. Qumran.

Lit.: *D. R. Ap-Thomas*, All the King's Horses (Festschr. G. H. Davies, London 1970, 135–151). – *W. R. Arnold*, The Word פָּרָשׁ in the Old Testament (JBL 24, 1905, 45–53). – *M. A. Beek*, The Meaning of the Expression „The Chariots and the Horsemen of Israel“ (2 Kings 2, 12) (OTS 17, 1972, 1–10). – *F. C. Fensham*, Ruitery of strydwabemanning in Exodus (NedGTT 19, 1978, 195–199). – *K. Galling*, Der Ehrenname Elisas und die Entrückung Elias (ZThK 53, 1956, 129–148). – *M. L. Henry*, Pferd (BHHW III 1438 f.). – *Y. Ikeda*, Solomon's Trade in Horses and Chariots in its International Setting (T. Ishida [Hg.], Studies in the Period of David and

Solomon, Tokyo 1982, 215–238). – *W. Mayer*, Gedanken zum Einsatz von Streitwagen und Reitern in neuassyrischer Zeit (UF 10, 1978, 175–186). – *S. Mowinckel*, Drive and/or Ride in O.T. (VT 12, 1962, 278–299). – *A. Rüthy*, Reiter, Reiterei (BHHW III 1584f.). – *H. Chr. Schmitt*, Elisa, 1972, bes. 111–115. – *H. Weippert*, Pferd und Streitwagen (BRL² 249–255).

I. 1. Die Etymologie von *pārāš* muß trotz verschiedener Erklärungsversuche als ungeklärt betrachtet werden, weshalb BLe § 61m″ und KBL³ 919 mit einem Primärnomen rechnen. Unhaltbar ist die Hypothese, *pārāš* sei vom Ländernamen Persien abzuleiten (P. Jensen, ZA 15, 1900, 230; Ap-Thomas 146f.). Ebenso hilft eine Ableitung von *pāraś* „(die Beine) ausbreiten" (Ap-Thomas 148f.) nicht weiter.

Der Terminus *pārāš* findet sich im Nwsemit. (Altaram.; Reichsaram.; Nabat.; Palmyr.; Belege in DISO 237) und im Asarab. (BGMR 46) in den Bedeutungen 'Pferd', 'Reiter' oder 'Reiterei'. Der älteste Beleg liegt vor in der Zakir-Inschrift (KAI 202 B 2) mit der Formulierung *lrkb [w]lprš*, wobei *prš* im Unterschied zu *rkb* Reitpferde oder Reiterei meint (vgl. KAI z.St.; DISO 237). An seinen palmyr. und nabat. Belegstellen bezeichnet *prš* 'Reiter' (DISO 237). Diese semantische Breite läßt sich auch in den jüngeren semit. Belegen verfolgen, so in syr. *parrāšā* 'Pferd' (Brockelmann, LexSyr 609), mand. 'Reiter' (MdD 363), arab. *faras* 'Pferd' und *fāris* 'Reiter'. – Zu vergleichen ist auch ugar. *prs* 'trainiertes Pferd' (s. M. Dietrich / O. Loretz, UF 11, 1979, 189–191. 193).

2. Die nicht zu klärende Etymologie von *pārāš* trägt mit dazu bei, daß auch die Semantik von *pārāš* umstritten ist. Teilweise geht man aus von einer Grundbedeutung „Pferd" mit späterer Ausweitung zu „Reiterei" (Arnold 45ff. 50ff.; Galling 133; Mowinckel 290; Ap-Thomas 143ff.), teilweise wird „Reiterei" als Grundbedeutung und „Pferd" als sekundär angesehen (KBL² 783; zur Übersicht über die Wörterbücher vgl. Fensham 195f.). KBL³ 919 nimmt zwei Substantivtypen an (vgl. GesB 663), einen Typ *qaṭal* (Pl. *pᵉrāšîm*) in der Bedeutung 'Pferd' und einen Typ *qaṭṭāl* (Pl. *pārāšîm* 'Reiter'), gibt aber zu, daß beide Typen nicht mehr sicher voneinander unterschieden werden können. Insofern hilft nur die Durchsicht der einzelnen Belegstellen zur Klärung der jeweiligen Verwendung von *pārāš*.

Nicht immer ist deutlich, ob *pārāš* Streitwagenpferde oder Reiter bezeichnet (1 Sam 13, 5; 1 Kön 20, 20). Ersichtlich wird die Bedeutung von *pārāš* in Verbindungen wie *baʿalê happārāšîm* (2 Sam 1, 6) und *śārê pārāšîm* (1 Kön 9, 22; 2 Chr 8, 9), in denen *pārāš* das Pferd meint und durch die Cstr.-Verbindung Wagenkämpfer oder Reiterei bezeichnet sind.

Ebenso deutlich ist die Formulierung *pārāšîm rôkᵉbê sûsîm* (Ez 23, 6. 12), in der *pārāš* den Reiter meint, bzw. die Parallele von *pārāšîm* zu *'îš raglî* (2 Sam 8, 4), von *pārāš* zu *rômeh qæšæṯ* (Jer 4, 29) und von *pārāšîm* zu (*śar*) *ḥajil* (Esra 8, 22; Neh 2, 9).

An einigen Stellen meint die Parallele von *sûsîm* und *pārāšîm* Pferde und Reiter (Ez 38, 4; Hos 1, 7), während an anderen Stellen dieselbe Parallele Reit- und Wagenpferde meint (Ez 27, 14; Joël 2, 4).

sûs und *pārāš* sind allerdings nicht einfachhin synonym. Nach Galling handelt es sich bei *pārāš* im Unterschied zu *sûs* um einen aus dem nordsyrisch-aramäischen Raum stammenden Fachausdruck, der als Fremdwort in Israel aufgefaßt wurde. Dabei ist offenzulassen, ob dieser Fachausdruck auf die Rasse oder die Ausbildung der Pferde oder auf beides abzielte (Galling 134f.). Eine Differenzierung zwischen *sûs* und *pārāš* ist da vorzunehmen, wo beide Termini in einer Reihe verwendet werden. So bei *sûs – ræḵæḇ – pārāšîm* (Ex 14, 23; 15, 19; Jes 31, 1; Ez 26, 7), wo *sûs* (→ סוס) als Oberbegriff die Reiterei bezeichnet, zu der Kriegswagen mit ihren Gespannen gehören (Galling 133 Anm. 2; → V 786). Dies ist besonders deutlich in Ex 15, 19 zu sehen, wo formuliert wird: *sûs parʿoh bᵉriḵbô ûḇᵉpārāšājw*, d.h. die Reiterei (*sûs*) besteht aus Wagen und Zugpferden. Vergleicht man die at.liche Kombination von *ræḵæḇ* und *sûs* mit der von *ræḵæḇ* und *pārāš*, so zeigt sich, daß letztere mit 25 Belegen gegenüber der ersten mit 5 Belegen ungleich häufiger ist (J. Krašovec, BietOr 33, 1977, 145), was dafür spricht, daß *pārāš* eher als *sûs* das Zug- oder Wagenpferd bezeichnet. Dies könnte auch der Grund für das Vorliegen zweier Termini für „Pferd" im at.lichen Hebr. sein, da somit unterschiedliche Nuancen zum Ausdruck kommen. Insofern kann *pārāš* im Unterschied zu *sûs* auch mit *ṣæmæḏ* 'Gespann' in einer Cstr.-Verbindung auftreten (Jes 21, 7. 9). Dabei ist nicht zu übersehen, daß auch *sûs* das Wagenpferd und parallel verwendetes *pārāš* das Reitpferd meinen kann (Jer 46, 4).

Die Kombination *ræḵæḇ – pārāš* bezeichnet aber nicht nur Wagen und Gespanne, sondern an einigen Stellen auch Wagen und Reiter. Dies ist gegeben in Jes 22, 7 (vgl. H. Donner, VTS 11, 1964, 126; dagegen H. Wildberger, BK X/2, 807), Ex 14, 28, wo *ræḵæḇ* und *pārāš* durch *ḥajil* kollektiv zusammengefaßt werden (B. S. Childs, The Book of Exodus, Philadelphia ⁴1982, 217), und in 2 Sam 10, 18 (vgl. 1 Chr 19, 18 und W. Hertzberg, ATD 10, 247).

3. Die LXX übersetzt *pārāš* unterschiedlich, je nachdem, ob „Pferd" oder „Reiter" gemeint ist. So finden sich ἱππεύς (Ex 14, 9. 17; Jos 24, 6; 1 Sam 13, 5 u.ö.), ἵππος (1 Kön 1, 5; 10, 26; Jes 22, 6 u.ö.), ἀναβάται (Ex 14, 23. 26. 28; 15, 19; Jes 36, 9; Jer 4, 29; 2 Chr 12, 3) und ἱππάρχαι (2 Sam 1, 6).

4. Mit dem Auftreten von *pārāš* im Pent. (Gen 11mal; Ex 7mal), DtrGW (Jos 1mal; 1 Sam 2mal; 2 Sam 3mal; 1 Kön 7mal; 2 Kön 4mal), den Propheten (Jes 7mal; Jer 2mal; Ez 6mal; Hos, Nah, Joël, Hab je 1mal), der Apokalyptik (Dan 1mal) und im ChrGW (11mal) läßt sich eine Verwendung des Terminus vorzugsweise in narrativen Texten erkennen. Damit korrespondiert das Fehlen des Terminus in Ps und in der Weisheitsliteratur.

II. 1. Der älteste Beleg für *pārāš* liegt vor in der Thronfolgegeschichte, die von Adonija aussagt: *waj-*

ja'aś lô rækæḇ ûp̄ārāšîm wah̲amiššîm 'îš rāṣîm lᵉpānājw (1 Kön 1, 5). Die Verbindung der drei Termini *rækæḇ*, *pārāš* und *'îš* zeigt, daß die Pferde als Wagenpferde dienen, zumal das Reiten auf Pferden erst später aufkam (→ V 785; THAT II 779f.; Fensham 196–198; Mayer 181f.). Vergleichbar ist hiermit 1 Sam 8, 11, demzufolge das Vorrecht des Königs darin bestand, die Söhne der Israeliten zu nehmen: *wᵉśām lô bᵉmærkaḇtô ûḇᵉpārāšājw wᵉrāṣû lip̄nê mærkaḇtô*. Auch hier sind die Pferde als Streitwagenpferde angesprochen, während die einfachen Soldaten laufen. Im Vergleich dieser Stellen 1 Kön 1, 5 und 1 Sam 8, 11 mit dem ebenfalls aus der frühen Königszeit stammenden Text 2 Sam 15, 1 (*wajja'aś lô 'aḇšālôm mærkāḇāh wᵉsusîm wah̲amiššîm 'îš rāṣîm lᵉpānājw*) zeigt sich an diesen Stellen ein synonymer Gebrauch von *sûs* und *pārāš*. In späteren Zusätzen zum DtrGW wird der Pferdebesitz Salomos zur Unterstreichung seiner Macht und seines Reichtums hervorgehoben: So hatte Salomo viertausend Stellplätze für seine Wagenpferde (1 Kön 5, 6), bzw. besaß zwölftausend Pferde (1 Kön 10, 26).

2. Die überwiegende Anzahl der Belege von *pārāš* ist im militärischen Bereich angesiedelt. Hierauf verweisen termini technici der Militärsprache, die in Parallele zu *pārāš* verwendet werden, wie *hajil* (Ex 14, 9. 17; Ez 38, 4; Esra 8, 22; Neh 2, 9; 2 Chr 16, 8), *rækæḇ* (Gen 50, 9; Ex 14, 9. 17f. 23. 26; 15, 19; Jos 24, 6; 1 Sam 13, 5; 2 Sam 1, 6; 10, 18; 1 Kön 9, 22; 10, 26; 2 Kön 18, 24; Jes 21, 7; 22, 7; 31, 1; 36, 9; Ez 26, 7; Dan 11, 40; 1 Chr 18, 4; 2 Chr 1, 14; 12, 3; 16, 8), *rômeh qæšæṯ* (Jer 4, 29), *'am* (Ez 26, 7) und *qæšæṯ*, *ḥæræḇ* und *milḥāmāh* (Hos 1, 7). Kriegswagen und Pferde sind im Besitz eines Königs, der als Feldherr auftritt, bzw. eines kriegerischen Volkes. So verfolgt der Pharao mit Kriegswagen und Reiterei die Israeliten (Ex 14, 9. 17f. 23. 26; 15, 19; Jos 24, 6). Nach 1 Sam 13, 5 hatten die Philister beim Angriff gegen Israel dreitausend Wagen und sechstausend Pferde (vgl. auch 2 Sam 1, 6). David nahm diese philistäische Streitmacht gefangen, wobei er die Wagenpferde lähmen ließ (2 Sam 8, 4 = 1 Chr 18, 4). Ebenso wurden die Kriegswagen und Reiter der Aramäer durch David vernichtet (2 Sam 10, 18). Von den Königen Israels ist Salomo der erste, von dem der Besitz von Streitwagen und Reiterei ausgesagt wird (1 Kön 5, 6; 9, 22), für die sogar eigene Wagenstädte existierten (1 Kön 10, 26 = 2 Chr 1, 14; 8, 6; 9, 25). Mit Ausnahme dieser Stellen wird von einer Reiterei in Israel im militärischen Kontext nicht gesprochen, was es unwahrscheinlich macht, daß es im israelitischen Heer eine Reiterei gegeben hat (Rüthy 1584; THAT II 779f.).

Aus der Umwelt Israels geben vor allem die neuassyr. Quellen Aufschluß über die Entwicklung der Reiterei im 1. Jt. Die Existenz von Reitern beim Militär wird seit Tukulti-Ninurta II. (888–884) erwähnt. Hier sind zunächst Zweierteams belegt. Ein Reiter war mit Bogen, der zweite mit Lanze, Schwert oder Schild bewaffnet. Unter Tiglatpilesar III. (745–727) traten erstmalig gepanzerte Reiter auf, die den Schild entbehrlich machten. Der Reiter war ein aufgesessener Infanterist, dessen wichtigste Aufgaben die Sicherung, die Aufklärung und die Verfolgung waren. Darüber hinaus fungierte er als Kurier und Leibwache. Der im Laufe seiner Entwicklung immer schwerer gewordene Streitwagen wurde durch die Reiterei in seiner Bedeutung zurückgedrängt (vgl. Mayer 181–186).

Es waren demgegenüber außerisraelitische Mächte, die Pferde und Kriegswagen heranbrachten. So vertraute Juda im Aufstand gegen Assur auf Wagen und Reiterei Ägyptens (2 Kön 18, 24; Jes 31, 1) und Pharao Schischak kam zu seiner Belagerung Jerusalems mit Kriegswagen, Wagenkämpfern und Kriegsvolk (2 Chr 12, 3). Nebukadnezzar brachte gegen Tyros Pferd, Wagen, Reiterei und ein Heer auf (Ez 26, 7. 10). Des weiteren wird diese militärische Macht neben den Ägyptern (Jer 46, 4) und Assyrern (Ez 23, 6. 12) auch den Kuschitern und Libyern (2 Chr 16, 8) sowie weiteren nicht namentlich genannten Feinden Israels (Jer 4, 29) zugeschrieben. Nach seiner Niederlage durch Ahab, den König von Israel, floh Ben-Hadad, der König von Aram *'al sûs up̄ārāšîm* (1 Kön 20, 20).

Das Verständnis dieser Formulierung ist allerdings nicht ganz eindeutig. So beziehen einige Übersetzer die Präposition *'al* nur auf *sûs*: „on a horse and horsemen along with him" (J. Gray, I & II Kings, ³1980, 420; vgl. A. van den Born, BvOT IV 118f.), während andere sie auf beide Termini beziehen „brachte sich in Sicherheit zusammen mit seinen Wagenpferden" (E. Würthwein, ATD 11/2, 234; vgl. Mowinckel 292f.), bzw. „because of his chariot- and cavalry-horses" (Arnold 49).

3. In einigen wenigen Belegen wird *pārāš* in der Bedeutung „Zugpferd" verwendet. Dies zeigt in Jes 21, 7. 9 die Parallelverwendung von *rækæḇ ḥ̲amôr* und *rækæḇ gāmāl* zu *ṣæmæḏ pārāšîm*. Den Kontext bildet der Fall Babylons; allerdings ist in der Interpretation der Stelle nicht deutlich, ob es sich bei der Aufzählung der diversen Transportmittel um den Troß der Eroberer, die die Beute abtransportieren, den Zug der Befreiten, die heimkehren, oder um den Aufbruch eines Heeres handelt (O. Kaiser, ATD 18, 104; H. Wildberger, BK X/2, 781f.).
Ebenso bezeichnet im Kontext des Bauerngleichnisses (Jes 28, 23–29) *pārāš* die Zugtiere des Wagens, die zum Getreidemahlen eingesetzt werden (v. 28).

4. Die Verwendung von *pārāš* als Ehrentitel wird aus 2 Kön 2, 12; 13, 14 ersichtlich, wobei der älteste dieser literarisch voneinander abhängigen Texte in 2 Kön 13, 14 vorliegt. Hierin wird Elischa, und sekundär in 2 Kön 2, 12 auch Elija als *rækæḇ jiśrā'el ûp̄ārāšājw* bezeichnet. Dieser Ehrentitel zeigt, „daß es eine Tradition über Elischa gab, die ihn als Helfer in den Aramäerkriegen feierte und ihn in seinen paranormalen Fähigkeiten dem Wert einer Streitmacht gleichstellte" (E. Würthwein, ATD 11/2, 365). Zu übersetzen ist der Ausdruck mit „Kriegswagenkorps (koll. sing.) Israels und dessen Gespanne" (Galling 135). Eine zuweilen vermutete Beziehung dieses Titels zu aramäischen religiösen Traditionen (so Galling) ist

abzulehnen (Schmitt 111–115). Dasselbe gilt für eine vermutete Beziehung zum Exodus (so Beek). Eher ist auf das Motiv von Pferden und Wagen in Sach 6,1–8 zu verweisen (Schmitt 114).
Wie *sûs* steht auch *pārāš* als Symbol für das Vertrauen auf menschliche Macht, welches unvereinbar ist mit dem Vertrauen auf die Hilfe JHWHs (Jes 31,1–3). Die bei der Nennung der äg. Macht gewählte Aufzählung *sûsîm – rækæḇ – pārāšîm* erinnert an die Schilderung der Macht des Pharao in Ex 14,23; 15,19 und des Nebukadnezzar in Ez 26,7, so daß von diesen Stellen her die Formulierung von Jes 31,1 eine negative Konnotation erhält, da sie die Machtmittel der Feinde Israels aufzählt. Die Nennung dieser militärischen Macht steht in Opposition zum Heiligen Israels, auf den der Mensch in seiner Not nicht schaut.

III. Die 6 Qumranbelege finden sich alle in 1 QM. Hierin ist die Rede von Reiterabteilungen (*siḏrê pārāšîm*; 1 QM 6,8–9) und den Reitern der Kampfordnung (*pārāšê hassæræḵ*; 1 QM 6,14), die gepanzert und bewaffnet bis zum letzten kämpfen (ebd. 15–17) und verglichen werden mit Wolken und Tau, die Erde zu bedecken (1 QM 12,9). Daß unter *pārāš* auch der Wagenkämpfer fällt, zeigt die Formulierung *pārāšîm ʿal rækæḇ* (1 QM 6,11).

Niehr

פָּשַׁט *pāšaṭ*

I. Etymologie – II. Gebrauch im AT – 1. Vorkommen – 2. *qal* und *hiph* – a) Kleidung ausziehen – b) sich häuten – c) abhäuten – d) losziehen – 3. *pi* – 4. *hitp* – III. 1. LXX. – 2. Qumran.

I. Neben akk. *pašāṭu(m)* ʿtilgen, auslöschenʾ (AHw 844) erscheint *pšṭ* meistens in der Bedeutung ʿausstreckenʾ oder ʿausbreitenʾ, z.B. mand. *pšṭ* ʿsich/Hand o.ä. ausstrecken, sich ausbreitenʾ (MdD 382), syr. *pšṭ* ʿsich/Hand o.ä. ausstrecken, gerade sein/machen, erklärenʾ (Brockelmann, LexSyr 611), jüd.-aram. *pᵉšîṭ* ʿeinfachʾ (d.h. nicht gefaltet oder nicht doppelt) (DISO 238), arab. *basaṭa* ʿausbreiten, eben machen, ausstreckenʾ. – KBL³ 921 erwägt als Grundbedeutung „ausbreiten", woraus sich im Hebr. einerseits „ausziehen (ein Kleid)" (s.u. II.2.a–c.3.4), andererseits „einen Überfall machen (ein Heer, das sich ausbreitet)", „losziehen" (s.u. II.2.d) entwickelt haben könnte.

II.1. Das Verb *pšṭ* kommt 43mal im AT vor (*qal* 24mal, *pi* 3mal, *hiph* 15mal, *hitp* 1mal).
2. Das *qal* ist intransitiv (ʿsich ausziehen, sich häuten, losziehenʾ), das *hiph* transitiv (ʿjemanden ausziehen, abhäutenʾ).

a) In der Bedeutung „(ein Gewand) ausziehen" hat *pšṭ* 11mal eine Pl.-Form – mit Suff. oder im st.cstr. – von *bæḡæḏ* als Obj. bei sich (Lev 6,4; 16,23; Num 20,26.28; 1 Sam 19,24; Ez 16,39; 23,26; 26,16; 44,19; Ijob 22,6; Neh 4,17) und steht 7mal neben → לָבֵשׁ *lāḇeš* als Oppositum (Lev 6,4; 16,23; Num 20,26.28; Ez 26,16; 44,19; Hld 5,3). Es liegt in der Natur der Sache, daß ein an sich so alltäglicher Vorgang wie das Ablegen von Kleidung nur in Sondersituationen dargestellt wird. – Als Josef zu seinen Brüdern kam, zogen sie ihm seinen Rock (*kuttŏntô*) aus (Gen 37,23). – Nehemia beschreibt, wie er, seine Brüder, sein Gefolge und das Wachkommando beim Schutz des Mauerbaus mit gutem Beispiel vorangingen und auch des Nachts ihre Kleider nicht auszogen (Neh 4,17). – Das Mädchen, das sich weigert, den Geliebten einzulassen, begründet dies mit den Worten: „Ich habe mein Unterkleid (*kuttŏntî*) ausgezogen; wie soll ich es (wieder) anziehen? Ich habe meine Füße gewaschen; wie soll ich sie beschmutzen?" (Hld 5,3). Es ist dem Mädchen also zu umständlich, wieder aufzustehen. – In der Erzählung, wie Saul, um des zu den Propheten in *nāwoṯ* oder *nājôṯ* (→ V 296) geflohenen Davids habhaft zu werden, zweimal Boten aussandte, die in Ekstase gerieten, und wie er dann selbst kam und in Ekstase geriet (1 Sam 19,18–24), heißt es (v. 24): „Und er zog aus, auch er (*gam-hûʾ*), seine Kleider." Das *gam-hûʾ* ist auffällig, weil der Text nichts davon sagt, daß auch die Boten sich ausgezogen hatten. Hier dürfte es sich um eine Nachlässigkeit des Erzählstils handeln, verursacht durch das noch dreimal im Text vorkommende *gam-hûʾ* (22a. 23b. 24a) und das *gam-hemmāh* in 20b. 21a.b (gegen H.J. Stoebe, KAT VIII/1, 365, der übersetzt: „Selbst seine Kleider riß er sich ab"). – In Mi 2,8aβ, einem korrupten Text, klagt der Prophet die unsozial handelnden Machthaber an: „ʿDen Friedfertigenʾ zieht ihr aus ʿden Mantelʾ" (so BHS). Und Ijob bekommt den Vorwurf zu hören: „Du pfändest deine Brüder ohne Grund, und die Kleider der Nackten ziehst du aus" (22,6), wobei die „Nackten" wohl die „dürftig bekleideten Armen" (G. Fohrer, KAT XVI 356) sind. In Mi 3,2b–3a wirft der Prophet den Verantwortlichen in Jerusalem mit einem drastischen Bild Menschenschinderei vor: „Die abreißen (*gzl*) ihre Haut von ihnen und ihr Fleisch von ihren Knochen; ʿʾ sie essen das Fleisch meines Volkes, und ihre Haut ziehen sie ab (*pšṭ hiph*) von ihnen, und ihre Knochen zerschlagen sie." Hier gilt v. 3aα² („und ihre Haut ziehen sie ab von ihnen") als nachträgliche Erläuterung von v. 2bα („die abreißen ihre Haut von ihnen") (vgl. H.W. Wolff, BK XIV/4, 60f. 69). – Die Philister plünderten nach ihrem Sieg über Saul die Erschlagenen aus (s.u. 3.) und zogen dabei dem Saul seine Rüstung aus (1 Sam 31,9a par. 1 Chr 10,9a). – In Hos 2,5 droht JHWH seiner treulosen Ehefrau Israel, falls sie sich nicht bessere, an: „Sonst ziehe ich sie nackend aus", womit er anzeigt, „daß er sich von der Pflicht zur Bekleidung der Frau befreit sieht, die der Mann rechtlich mit der Eheschließung übernahm

(Ex 21, 10)" (H. W. Wolff, BK XIV/1³, 40), also die Scheidung vollzieht. Indirekt vollzieht JHWH nach Ez 16 die Scheidung von dem buhlerischen Jerusalem, indem er ankündigt, er werde es in die Hand seiner Liebhaber geben, „und sie ziehen dir aus (*wᵉhipšîṭû ʾôṯāḵ*) deine Kleider, und sie nehmen weg deine Schmuckstücke" (v. 39aβ) (vgl. W. Zimmerli, BK XIII/1², 351. 360). Dieser Satz findet sich fast gleichlautend (mit der leichten Abwandlung *wᵉhipšîṭûḵ*) in 23, 26, wo er nachträglich der Ankündigung des Strafgerichts über die buhlerische Oholibama = Jerusalem zugefügt wurde (Zimmerli 550).

Als Trauerbrauch wird das Ablegen der Kleidung erwähnt in Ez 26, 16, wo beim Fall von Tyros die Fürsten der Meeresgestade von ihren Thronen steigen und ihre Kleider ausziehen, und in Jes 32, 11 b, wo die sorglosen Frauen Jerusalems aufgefordert werden: „Zieht euch aus (*pᵉšoṭāh*: entweder Imp. 2. fem. Pl. auf *-āh* [R. Meyer, Hebr. Grammatik § 68, 2e] oder aram. Form [KBL³ 921]) und entblößt euch und umgürtet die Lenden." – Ijobs Klage über Gott: „Meine Ehre (*kᵉḇôḏî*) hat er mir ausgezogen" (19, 9a) entspricht der auch sonst im AT begegnenden Vorstellung von der Ehre, der Gerechtigkeit oder dem Heil als einem Gewand (vgl. 29, 14 und → לָבֵשׁ *lāḇeš* III. 3. a).

Im kultischen Bereich erscheint das Verb *pšṭ* als Teil einer Amtsübertragung – auf Befehl JHWHs soll Mose dem Aaron vor dessen Tod die Kleider ausziehen (*pšṭ hiph*) und sie Aarons ältestem Sohn Eleasar anlegen (Num 20, 26a), was Mose auch tut (v. 28aα) – und als Schutzmaßnahme. So findet sich in dem wohl nach-ezechielischen (vgl. W. Zimmerli, BK XIII/2², 1139) Abschnitt Ez 44, 6–31 die Anweisung für die Priester: „Wenn sie ... zum Volk hinausgehen, sollen sie ihre Kleider, in denen sie Dienst taten, ausziehen ... und andere Kleider anziehen, damit sie nicht das Volk mit ihren Kleidern heilig machen" (v. 19), weil der Zustand der Heiligkeit gefährlich ist. Aus demselben Grund soll der Priester das Kleid, das er anzog, bevor er die Asche des Brandopfers vom Altar entfernt, danach wieder ausziehen (Lev 6, 4a), und das soll auch Aaron, d. h. der Hohepriester, nach Abschluß der Sühneriten tun (16, 23).

b) In Nah 3, 15b–17a wird Ninive angeredet: „Mehre 'dich' wie die Heuschrecke (*jælæq*), mehre dich wie der Grashüpfer (*ʾarbæh*). Du hast deine Händler zahlreicher gemacht als die Sterne des Himmels. Eine Heuschrecke (*jælæq*) häutet sich (*pāšaṭ*) und fliegt (davon). Deine Beamten sind wie der Grashüpfer (*ʾarbæh*) und deine Schreiber wie ein Heuschreckenschwarm (*gôḇ*)." Der Satz: „Eine Heuschrecke häutet sich und fliegt (davon)" (16b) paßt – gegen W. Rudolph, KAT XIII/3, 186, der ihn für ein Sprichwort hält – nicht in den Zusammenhang und dürfte eine Glosse sein, die nach A. S. van der Woude, Jona. Nahum, PvOT 1978, 124 darauf hinweisen will, daß ein *jælæq*, ein aus dem Ei gekrochenes hüpfendes Tier, nach der letzten Häutung als *ʾarbæh*, als geflügeltes Tier, wegfliegt (vgl. Dalman, AuS II 347).

c) Das Verb *pšṭ hiph* ist der terminus technicus für das Abhäuten des Opfertieres und kommt als solcher 3mal im AT vor. Wenn das Ritual für die Rinder-*ʿolāh* (Lev 1, 3–9) in v. 6 bestimmt, daß der Opfernde, hier der Laie, die *ʿolāh* abhäuten soll, so gilt das für jede *ʿolāh*; und das Abhäuten wird ausdrücklich erwähnt, weil das Fell dem bei einer Privat-*ʿolāh* amtierenden Priester zusteht (Lev 7, 8) (vgl. R. Rendtorff, BK III 54). Laut 2 Chr 29, 34 brachte das Volk nach Hiskijas Kultreform so viele Brandopfer dar, daß die Priester nicht in der Lage waren, alle abzuhäuten, und die Leviten mußten dabei helfen. Hier gilt also das Abhäuten als Sache der Priester selbst. Bei der Passafeier Joschijas schlachteten die Leviten die Opfertiere und häuteten sie ab (2 Chr 35, 11), wobei offen bleibt, ob sie nach Meinung des Chronisten auch hier nur im Notfall Hilfsdienste leisteten (vgl. 30, 17 und J. Milgrom, Studies in Levitical Terminology I, Berkeley 1970, 60 Anm. 226), die der Chronist in 29, 34 und 30, 17 ausdrücklich auf den größeren Eifer der Leviten gegenüber den Priestern zurückführt, oder ob er das Opferschlachten beim Passa als Aufgabe der Leviten ansieht (so W. Rudolph, HAT I/21, 329).

d) Als Ausdruck für ein militärisches Unternehmen kommt *pšṭ qal* 15mal im AT vor (5mal folgt eine Form von *nkh hiph*: Ri 9, 44b; 20, 37; 1 Sam 27, 8; 30, 1; 2 Chr 25, 13). Dabei ist die Behauptung von H. Tawil (CBQ 42, 1980, 31 Anm. 9). hebr. *pšṭ* als militärischer Ausdruck bedeute „to raid/commit a razzia" zu pauschal. Denn der Bericht über den Angriff Abimelechs und seiner Truppe auf Sichem bietet die Abfolge: *pšṭ* (ohne präpositionales Objekt), *ʿmd* (Ri 9, 44a) und dann erst den Kampf gegen die Stadt und deren Einnahme (v. 45a); und in 1 Chr 14, 9. 13 hat der Chronist mit *pšṭ* – *bᵉʿemæq rᵉpāʾîm* bzw. *bāʿemæq* – das Verb *nṭš niph*, 'sich verteilen (zum Kampf)' (→ V 438), der Vorlage (2 Sam 5, 18. 22) ersetzt. Ferner dürfte *pāšaṭ gᵉdûḏ bahûṣ* (Hos 7, 1) am ehesten zu übersetzen sein: „Draußen zieht die Räuberbande los" (so H. W. Wolff, BK XIV/1³, 132). Ansonsten läßt sich *pšṭ* mit „einen Überfall machen" wiedergeben: Ri 9, 33. 44b (mit *ʿal*, auf Sichem bzw. auf die Leute auf dem Feld); 20, 37 (mit *ʾæl*, auf Gibea); 1 Sam 23, 27 (mit *ʿal*, auf das Land, nämlich das Gebiet Sauls); 27, 8 (mit *ʾæl*, auf die Geschuriter und andere); 27, 10 (Achisch fragt David: *ʾān pᵉšaṭṭæm hajjôm*, „wo habt ihr heute einen Überfall gemacht?"); 30, 1. 14 (mit *ʾæl* bzw. *ʿal* ergänzt, auf das Südland); Ijob 1, 17 (mit *ʿal*, auf Ijobs Kamele); 2 Chr 25, 13 und 28, 18 (mit *bᵉ*, auf Städte). Sucht man aber nach einer einheitlichen Wiedergabe für alle 15 Belege, so bietet sich „losziehen (gegen)" an.

3. An den drei *pi*-Stellen – und nur hier – bedeutet *pšṭ* resultativ '(endgültig) ausgezogen machen' = 'ausplündern' (E. Jenni, Das hebr. Piʿel, Zürich 1968, 203). So plünderten die Philister am Morgen nach dem Sieg über Saul die Erschlagenen aus (1 Sam 31, 8a = 1 Chr 10, 8a); und von Davids Elitekrieger Eleasar wird in 2 Sam 23, 9f. berichtet, daß die Israeliten sich beim Kampf gegen die Philister zurückzogen, er aber

die Philister besiegte, „und das Volk kehrte hinter ihm (drein) zurück, nur um auszuplündern" (v. 10b), nämlich die Erschlagenen (vgl. BHS).

4. Nach 1 Sam 18,4 bekräftigt Jonatan die *b^erîṯ*, die er mit David eingeht (v. 3), indem er sein Obergewand (*m^e'îl*) auszieht und es David gibt, wobei das *hitp* von *pšṭ* vielleicht das „Wegschenken" des Kleidungsstückes als „Zeichen vorbehaltloser Verbundenheit" (H.J. Stoebe, KAT VIII/1, 348; vgl. GKa § 54f) ausdrücken soll.

III. 1. Die LXX übersetzt *pšṭ* unterschiedlich: *qal* und *hiph* in der Bedeutung „Kleidung ausziehen" (ebenso *hitp*) meistens mit ἐκδύειν bzw. ἐκδύεσθαι (17mal), 'abhäuten' mit (ἐκ)δείρειν, 'losziehen' oft mit ἐπιτίθεσθαι (7mal).

2. In Qumran ist das Verb 5mal belegt, durchgängig in Fortführung at.licher Verwendungsweise. TR 34, 9 spricht vom Abziehen der Haut bei Opfertieren. Nach 1 QM 7, 2 dürfen diejenigen, die nach der eschatologischen Entscheidungsschlacht den Erschlagenen die Kleider ausziehen (*mapšîṭê haḥ^alālîm*), nicht älter als 30 Jahre sein. In 1 QM 8, 6 und 17, 10 begegnet einzigartig das Ptz. *niph nipšāṭîm* zur Bezeichnung der ausrückenden Marschgruppen des eschatologischen Heeres. TR 32, 13 schließlich ist unklar.

Schmoldt

פָּשַׁע *pāša'*

פֶּשַׁע *pæša'*

I. Der Sündenbegriff in der Umwelt. – 1. Ägypten – 2. Mesopotamien – 3. Ugarit – II. 1. Sprachvergleich, Streuung – 2. Thesen (L. Köhler, R. Knierim) – III. Grundbedeutung – 1. Bestätigende Belege – 2. Ex 22, 8 – 3. Ergänzende Belege – 4. Sprüche – 5. Ergänzende Belege – IV. Der verallgemeinernde Gebrauch – 1. Wortfeld – 2. Ptz *qal* – 3. Bruch mit JHWH – 4. Gottes Vergebung – 5. Verbleibende Belege – V. 1. Qumran – 2. LXX.

Lit.: *E. Beaucamp*, Amos I–II: Le pésha' d'Israël et celui des nations (ScE 21, 1969, 435–441). – *B. Janowski*, Sühne als Heilsgeschehen (WMANT 55, 1982). – *A. Jepsen*, Untersuchungen zum Bundesbuch (BWANT 41, 1927). – *R. Knierim*, Die Hauptbegriffe für Sünde im AT, ²1967, bes. 113–184. – *Ders.*, פֶּשַׁע *pæša'* Verbrechen (THAT II 488–495). – *R. Koch*, Die ganzheitliche Wirklichkeitserfassung des alttestamentlichen Sündenbegriffs (Festschr. S. Cipriani, Brescia 1982, 585–598). – *L. Köhler*, Zu Ex 22, 8 (ZAW 46, 1928, 213–218). – *L. Perlitt*, Bundestheologie im AT (WMANT 36, 1969). – *S. Porubčan*, Sin in the OT, Rom 1963. – *G. Schmitt*, Der Landtag von Sichem (AzTh I/15, 1964). – *R. Youngblood*, A New Look at Three OT Roots for „Sin" (Festschr. W.S. LaSor, Grand Rapids 1978, 201–205).

Zu I. 1.: *H. Bonnet*, Sünde (RÄR 759–761). – *S. Morenz*, Ägyptische Religion (RdM 8, 1960). – Zu I. 2.: *A.H. Edelkoort*, Het Zondebesef in de Babylonische Boetepsalmen, Utrecht 1918. – *J. Hehn*, Sünde und Erlösung nach biblischer und babylonischer Anschauung, 1903. – *J. Morgenstern*, The Doctrine of Sin in the Babylonian Religion, 1905. – *A. van Selms*, De babylonische Termini voor Zonde, Wageningen 1933. – *G. Widengren*, The Accadian and Hebrew Psalms of Lamentation as Religious Documents, Uppsala 1936.

I. 1. Der äg. Sündenbegriff ist mit Wörtern wie *isf.t* 'Unrecht, Sünde' (WbÄS I 129; Gegensatz *m'ꜣ.t*; schon Pyr.). *btꜣ* 'Verbrechen, Sünde' (WbÄS I 483 f.; seit 18. Dyn.) und *ḫww* 'böse Handlung, Sünde' (WbÄS III 247; seit MR) verbunden. Sünde ist das, was gegen die Maat verstößt (vgl. schon Pyr. 265): „Ich liebe die Maat und hasse die Sünde (wohl *isf.t*)" (Morenz 130); wenn aber hinzugefügt wird: „ich wußte, daß (Sünde) die Abscheu Gottes ist", wird die Sünde vom göttlichen Urteil abhängig. So heißt es in einem Sargtext: „Ich (der Gott) gebot ihnen nicht, daß sie Übles (*isf.t*) täten, sondern ihre Herzen waren es, die mein Wort übertraten" (Morenz 59 f.), und in der sog. Bannstele: „Sie haben etwas getan, ohne daß es einen Befehl gab, es zu tun" (Urk. III 112, Morenz 61). In biographischen Texten wird meist behauptet, daß der Betreffende keine Sünde begangen hat. Obwohl es bei Amenemope (XIX 18) heißt: „Sage nicht: Ich habe keine Sünde (*btꜣ*)", sind wirkliche Sündenbekenntnisse selten und stammen fast ausschließlich von Arbeitern an den thebanischen Gräbern (N.R.). Bemerkenswert ist dabei, daß die Sünde als Folge der Unwissenheit dargestellt wird: „Ein unwissender Mann, ein törichter, weiß nicht gut von böse (*nfr bjn*). Ich beging die Tat der Sünde gegen die Bergspitze, und sie bestrafte mich" (RTAT 61). Ein Leiden irgendeiner Art macht den Sünder auf seine Schuld aufmerksam (vgl. das Bußgebet Erman, Lit. 379). Dann aber vergibt die Gottheit dem Büßenden: „War der Diener bereit, Sünde zu tun, so ist der Herr bereit, gnädig zu sein" (RTAT 60).

In der Totenliteratur finden sich mehrmals Unschuldsbeteuerungen, bes. im Totenbuch, Kap. 125: „Ich habe nicht gegen Menschen gesündigt ... Ich kenne nicht Böses und tue nicht Schlechtes" oder: „Ich komme zu euch ohne Sünde und Verbrechen, ohne Böses und ohne ein Zeugnis (gegen mich)." Dieser allgemeinen Beteuerung folgt dann eine Aufzählung nicht begangener Sünden, die eine Vorstellung von dem, was als Sünde galt, gibt. Vgl. Totenbuch 18: „Keine Sünde ist in meinem Leibe, ich spreche wissentlich keine Lüge." Wie die Überschrift von Totenbuch 125 lehrt, ist der Zweck dieser Unschuldsbeteuerungen, den Verstorbenen „von seinen Sünden zu trennen", d.h. durch das Sprechen der Formel die Sünde zu beseitigen. Ein Sündenbewußtsein spricht also auch aus diesen Texten.

2. Die akk. Termini für Sünde können in drei Gruppen eingeteilt werden (van Selms 78 ff.). Erstens steckt in *ikkibu* (AHw 368 f.), *anzillu* (AHw 56) und *asakku* (AHw 73) ein alter Tabubegriff. Man kann aber nicht nur *ikkiba akālu* „Verbotenes essen" sagen, sondern

auch *ikkiba epēšu* „Verbotenes tun". Zweitens sind die Wörter *annu/arnu* (AHw 53. 70), *ḫīṭu/ḫiṭītu* (Verb *ḫaṭû*; AHw 337f. 350) und *egû* (Verb, AHw 191) die allgemeinsten Ausdrücke für „Sünde, sündigen". Ersteres heißt in juristischen Texten u. a. 'Strafe' (*arna emēdu* „Strafe auferlegen"); in politischen Zusammenhängen bezeichnet es einen Vertragsbruch oder Aufruhr. *ḫaṭû* ist sprachlich mit hebr. *ḥāṭā'* verwandt und bedeutet wohl urspr. „einen Fehler begehen"; es kann aber wie *arnu* auch „Strafe" bedeuten. Es kann durch einen Satz wie *itâ ša ilija lū ētiq* „ich überschritt die Grenzen meines Gottes" erörtert werden (van Selms 37). *egû* schließlich heißt 'nachlässig sein' (vgl. hebr. *jgʿ*). Im allgemeinen scheint es sich bei dieser Gruppe um kultische Vergehungen zu handeln. Drittens bezeichnen *gullulu* (bzw. *gillatu*, AHw 288. 297f.) und *šēṭu* die Mißachtung der heiligen Pflichten; sie begegnen im gerichtlichen Sprachgebrauch nicht.

Charakeristisch sind in Bußpsalmen die Reihungen von Sündentermini, was zeigt, daß sie im allgemeinen als synonym galten (van Selms 62; Beispiele SAHG 270. 272f., RTAT 133). Ebenso charakteristisch ist, daß so oft von „Sünden, die ich kenne, und Sünden, die ich nicht kenne" die Rede ist: bes. kultische Sünden kann man leicht in Unwissenheit begehen. Man erkennt die Sünde, wenn man von der Strafe betroffen wird. Es gibt aber auch Zeugnisse eines allgemeinen Sündenbewußtseins: „Wen gibt es, der nicht gegen seinen Gott gesündigt, wen, der die Gebote stets befolgt hätte?" (RTAT 133).

Ferner ist zu beachten, daß die Sünde oft mit dem Handeln *ina ramānišu* „auf eigene Faust" gleichgestellt wird: Sünde ist Überhebung und Geringschätzung der Gottheit (Widengren 141f.); sie ist aber auch ein Verstoß gegen die von den Göttern gesetzte Weltordnung.

Eine nähere Bestimmung von dem, was als Sünde gilt, kann man aus dem „Beichtspiegel" in der Serie *Šurpu* gewinnen. In der II. Tafel sind die Versehen meist sozialer Art, in anderen Teilen überwiegend kultisch. Sündenbekenntnisse sind häufig. Man bittet um die Lösung (*paṭāru*) oder das Tilgen (*pasāsu/pussusu*) des Bannes (*mamītu*), der als Folge der Sünde gilt, aber auch als Wirkung von Dämonen erklärt werden kann.

3. Infolge der Art der ugar. Texte ist es natürlich, daß Sünde nur selten erwähnt wird. Von *pšʿ* gibt es einen Beleg (KTU 1. 17, VI, 43), und zwar in Parallele zu *gʾn* 'Hochmut, Überhebung'. Die Belege für *ḥṭʾ* (KTU 1. 40, 11. 14f.; 2. 72, 30) sind z. T. bruchstückhaft überliefert, z. T. umstritten. Es scheint sich in beiden Fällen um ein Sich-Verfehlen gegen eine Person zu handeln (M. Dietrich / O. Loretz / J. Sanmartín, UF 7, 1975, 152f.; G. J. Brooks, UF 11, 1979, 78 mit Anm. 78; anders A. van Selms, UF 3, 1971, 244), weshalb die Belege kaum zur Sinnbestimmung des Sündenbegriffs beitragen.

Ringgren

II. 1. *pšʿ* ist bisher ugar. nur 1mal belegt (KTU 1.17, VI, 43), und zwar als Nomen mit der Bedeutung 'Vergehen, Sünde' (vgl. o. I. 3, UT Nr. 2128). Während der Gebrauch im Mhebr. und im Jüd.-Aram. vom Hebr. abhängt (KBL[3]), hat das Syr. nach Brockelmann, LexSyr. mit den Bedeutungen „erschreckt sein, töricht handeln" wohl eigenes Gewicht (abweichend KBL[3]). Im Hebr. findet man neben dem Nomen segolatum (93mal; plus Sir 47, 11) das Verb im *qal* (40mal; 1 Sam 13, 3 nur LXX; Jes 64, 4 non cj.) und im *niph* (1mal; Spr 18, 19; LXX anderer Text).

Die Streuung der Belege ergibt nicht allzuviel. Beim Verb fällt auf, daß es im Pent., aber auch in Jos, Ri 1/2 Sam fehlt. Es scheint zuerst im zwischenstaatlichen Verhältnis aufzutauchen 1 Kön 12, 19; 2 Kön 1, 1; 3, 5. 7; 8. 20. 22 *bis*, also für Vorgänge im 10./9. Jh. Am unteren Ende scheint sich zu ergeben, daß es in nachexil. Texten eher zitathaft (z. B. Esra 10, 13 nach Am 4, 4; 2 Chr 10, 19; 21, 8. 10 [*bis*]; Dan 8, 23) als originär begegnet. Knierim, THAT II 489 meint, es sei im 8. Jh. aufgekommen; aber das läßt sich kaum sichern. Zum dtn/dtr Standardvokabular gehört es nicht. – Das Nomen ist breiter gestreut als das Verb (Knierim, Hauptbegriffe 113), fehlt aber erneut z. B. im Dtn (Jos nur 24, 19), Ri, 2 Sam, 2 Kön. Knierim hält seinen Gebrauch für älter als den des Verbs; aber auch diese Annahme ist wenig sicher. Sporadisch ist das Nomen auch sehr spät belegt (z. B. Jes 24, 20; Dan 8, 23; 9, 24). Es gehört ebenfalls nicht zum dtn/dtr Standardvokabular, auch wenn es in entsprechendem Kontext Ex 34, 7; Num 14, 18; Jos 24, 19; 1 Kön 8, 50 begegnet (vgl. noch den Kontext von Ex 23, 21).

2. Da KBL[3] die Thesen Knierims im wesentlichen übernommen hat, wird man sich in erster Linie mit diesen auseinandersetzen müssen. Köhlers These (Protest, Bestreitung, Aufruhr, Rebellion) ist jedoch nach wie vor einflußreich, so daß man sie im Einzelfall diskutieren muß. Dazu kommt, daß Knierims Deutung zu Spr 10, 12; 17, 9; 19, 11 kaum ausreicht. Ferner scheint die Bedeutung „Eigentumsdelikt" für Ex 22, 8 zu eng, während es zutreffen dürfte, daß das Nomen von vornherein als Oberbegriff über mehrere Deliktarten zu gelten hat. Daher sollen im Folgenden zuerst die die Grundbedeutung bestätigenden angeführt, die zweifelhaften relativ früh diskutiert und die ergänzenden sowie die allmählich ins Allgemeine, nicht sicher bestimmbare ausufernden Belege vorgeführt werden. M. E. muß offenbleiben, ob das Verb oder das Nomen den Vorrang hat. Das Bedeutungsspektrum läßt sich jedenfalls für beide gemeinsam besser erheben als getrennt.

Knierim schlug (nach ausführlicher Diskussion einer angemessenen Übertragung) „Verbrechen" als Äquivalent für das Nomen vor. Dies hat zwar die Kennzeichnung eines Rechtsbruchs für sich, aber gegen sich, daß es unserem Rechtssystem gemäß primär das Strafrecht assoziieren läßt. Im Hebr. fehlt jedoch nicht nur ein Wort für Strafe als Rechtsakt, sondern die Rechtsidee orientierte sich auch kaum am Strafen, sondern am Rechtsfrieden und seiner Wiederherstellung (K. Koch). Knierims These erlaubt aber auch die Fassung, daß *pšʿ* ursprünglich den

Bruch des Rechtsfriedens an einer Person oder Gemeinschaft bezeichnet (vgl. KBL³), also ein Delikt, das im Prinzip durch einen Prozeß (im Völkerrecht durch Krieg) zu regeln war, wenn nicht ausdrücklich auf Rechtsverfolgung durch Vergebung o.ä. verzichtet wurde. Daher soll im folgenden von dem neutraleren „Rechtsbruch, Delikt" ausgegangen werden. Freilich fällt auf, daß die meisten Fälle, die man einigermaßen genau beschreiben kann, Empörung, Erregung o.ä. auslösen und kein ganz einfaches Urteil erlauben. Könnte damit zusammenhängen, daß *pæša'* anders als *'āwon* und *ḥaṭṭā'ṯ* nicht zugleich die Sanktion, sondern nur das Delikt bezeichnete (Knierim, Hauptbegriffe 131f.; beachte jedoch Jes 24,20; Ps 39,9; Ijob 8,4)?

III.1. Zu den Belegen, die die Grundbedeutung bestätigen, gehört Gen 31,36. Laban vermißte seine Teraphim und beschuldigte Jakob, sie gestohlen zu haben. Der Vorgang war empörend, und es war nicht ohne weiteres klar, wie man einen solchen Fall vor Gericht zu beurteilen hätte. Jakob war aber seiner Sache so sicher, daß er den für todeswürdig erklärte, bei dem die Teraphim gefunden würden (H. Gunkel, Genesis, ⁹1977, 349). Da Rahel der Entdeckung durch einen Trick entging, fand Laban nichts. Da verlangte Jakob, daß Laban vor Zeugen seine schwere Anschuldigung mit einem corpus delicti belegte. Er wollte nicht ständig von jener Anschuldigung belastet bleiben, schon gar nicht innerhalb der gemeinsamen Verwandtschaft, und stellte die Gegenfrage: „Was ist mein Delikt (*pæša'*) und was meine Verfehlung (*ḥaṭṭā'ṯ*)?" Laban antwortete nicht direkt, sondern setzte mit dem ab v.44 geschilderten Abkommen einen weitgehenden Rechtsfrieden ins Werk (Seebass, BN 34, 1986, 30ff.).

Ein Gegenbild (dem Jakob entkommt) liefert Spr 28,24: „Wer seinen Vater und seine Mutter beraubt und erklärt: ‚Das ist kein Delikt', ist dem Mann, der Vernichtung wirkt (*mašḥîṯ*), ein Genosse." Wieder handelt es sich um einen empörenden Fall, da der Täter sich den Umstand zunutze machte, daß er als Sohn im Innenverhältnis manches nehmen konnte, ohne Raub zu begehen. So war es besonders gemein, daß er einen Raub nicht Rechtsbruch nennen wollte. – Das benachbarte Spr 28,21 muß man wohl auch hier einreihen: „Die Person ansehen ist nicht gut: wird (doch) wegen eines Stücks Brot ein (freier) Mann *jipša'* Rechtsbruch begehen!" Liegt nicht wieder ein erregender Fall vor, da ein Freier ein Stück Brot nicht rechtsbrüchig nehmen muß und solch verwirrende Handlungen doch vorkommen? Der Fall ist ja nur bemerkenswert, wenn auch der Angesehene bei einem Delikt ertappt werden kann.

Vor allem sind die Amosworte 1, 3. 6. 9. 11. 13; 2, 1. (4?). 6 einschlägig. Durchweg handelt es sich um Delikte, und zwar um bes. brutale (anders nur 2,4: Zusatz?, anders Rudolph, KAT XIII/2, 137), zweifellos empörende: Dreschen mit eisernen Dreschwagen, Deportation zum Verkauf von Menschen, Bruch einer Bruderschaftsverpflichtung, Verbrennen von Totengebeinen, Verkauf eines Armen um ein Paar Sandalen, Genuß des Weins von Unterdrückten, Beischlaf von Vater und Sohn mit demselben Mädchen. JHWHs jeweilige Sanktion zeigte, daß eine solche nur schwer festzulegen war, weil die Rechtsbrüche auch nach übernationalen Maßstäben (H.H. Schmid) schwer wogen. – Wegen dieser klaren Sprache wird man Am 3,14; 5,12, die die gemeinten Taten nicht näher beschreiben, kaum anders auffassen können, und selbst das Am 4,4 zweimal absolut gebrauchte Verb heißt wohl einfach „Rechtsbrüche begehen" (vgl. Knierim, Hauptbegriffe 178; KBL³ „verbrecherisch handeln").

Zu den stützenden Belegen gehört ganz wesentlich Gen 50,17 (*bis*): Die Brüder baten Josef, ihren *pæša'* nach Israels Tod (nicht zu verfolgen, sondern) zu verzeihen. Der Text beschreibt das Delikt nicht – neben Menschenraub (Knierim) kam Bruderschaftsverletzung (s.o. Amos) und u.U. gewaltsame Verfügung über das Recht des Vaters, in Schuldsklaverei zu verkaufen, in Betracht. Es ist kaum Zufall, daß das Delikt selbst nicht beschrieben wird, da die Brüder mehr als einen Prozeß Josefs Möglichkeiten zu fürchten hatten, sie über das Fremdenrecht in Todesschuld o.ä. zu bringen (wie Gen 42). Ihr Delikt gab viel Spielraum für Sanktionen. Josef ließ sich auf die Bitte der Brüder ein, weil Gott mit Josefs Aufstieg die Dimension einer weltweiten Rettung von Menschen gewählt hatte, welche Familienquerelen mit ihren Delikten hinter sich ließ.

Eine Erörterung verlangt 1 Sam 25,28 (vgl. die Analyse von T. Veijola, Die ewige Dynastie, AnAcScFen 193, 1975, 47–55: angebl. Dtr.!), zumal dessen Kontext *'āwon* 'Schuld' gut von *pæša'* 'Delikt' absetzt. Für die Nichtleistung des Tributes an Davids Leute nahm also Abigajil, vor David niederfallend vv. 23a. 24a (v. 23b verstärkt: wie vor einem König), alle Schuld (*'āwon*) auf sich. Da nicht sie, sondern Nabal verantwortlich war und der Hausherr die Außenvertretung hatte, mußte Abigajil ihr Vorgehen begründen. Dies geschieht in vv. 24b. 25a (gegen Veijola 48). Nabal war, was sein Name besagte, ein Tor. Er konnte daher als Partner Davids nicht in Betracht kommen (*nᵉḇālāh 'immô*); daher handelt Abigajil (v.27). Daß Abigajil Davids Leute nicht bemerkt hatte (v.25b), diente ihr also nicht zur Entschuldigung (so Veijola), sondern zur Annahme eines Fehlers, den sie sofort zu korrigieren unternahm (v.27). (V.26 ist mit Nübel, Davids Aufstieg in der Frühe israelit. Geschichtsschreibung, Diss. Bonn 1959, 50ff.; Veijola 49 gewiß ein Zusatz, der vv. 24b–25 von v.27 trennt; v.a nimmt vv. 34f., vielleicht v. 31a, vorweg, und v.b enthält eine hier befremdliche Anspielung an König Saul, vgl. Stoebe, KAT VIII/1,449). Nabals Disqualifikation (v.25a) bereitete vor, daß David die Gabe einer Frau (Abigajils) für Nabals Haus akzeptieren sollte (v.27): *šiphāh* betont Abigajils Niedrigkeit vor David, während *'āmāh* vv. 24b. 28a ihre Weiblichkeit in Niedrigkeit anklingen läßt (I. Riesener, BZAW 149, 1979, 83 gegen Veijola 48).

Mit der Annahme der Gabe sollte David „den *pæša'* deiner Magd" vergeben (v.28a; nach v.35 ging David darauf ein). Mit ihrer Beurteilung der Unterlassung als *pæša'* (Rechtsfriedensbruch mit David) erkannte Abigajil die Berechtigung der Gefahr an, die Nabals Haus von David und seinen Leuten drohte (vv. 12f. 34; v. 21f. gewiß sekundär). Indem sie nicht mehr den *ʿāwon*, sondern den *pæšaʿ* übernahm, disqualifizierte sie erneut den Verursacher des Deliktes und brachte sich in die Position, ihre Bitte aussichtsreich vorzutragen (zumal sie sich als überragend loyale Frau eines gänzlich unwürdigen Mannes erwies). – Da v. 28b mit einem neuen Gedanken beginnt, kann man mit v. 28a abbrechen und die sehr umstrittenen vv. 28b–31 unberücksichtigt lassen. Mindestens vv. 23a. 24f. 27–28a sind also für Abigajils Darstellung unentbehrlich. Bemerkenswert bleibt, daß *pæšaʿ* als empörend-törichte Tat für Sanktionen viel Spielraum ließ.

Beim Verb läßt sich feststellen, daß 2 Kön 8, 20. 22 zweifellos den völkerrechtlichen Bruch Edoms mit Juda meinen, gesichert durch die Wendung (im Kontext auch für Libna gültig) *mittaḥat jad jehûdāh*. Entsprechend bezeichnen 2 Kön 1, 1; 3, 5. 7 nicht bloß einen Aufstand Moabs gegen Israel (vgl. Köhler 213; „Rebellion" bliebe kompatibel), sondern den Bruch, die Verselbständigung (*pšʿ be*, so schon Fahlgren, *ṣedāḳā*, nahestehende und entgegengesetzte Begriffe im AT, Uppsala 1932, 19). Dasselbe besagt 1 Kön 12, 19: Israel verselbständigte sich gegen das Haus Davids (weniger gut scheint die Erläuterung Knierims [THAT II 491] durch Delikt der „Wegnahme fremden Besitzes", da die Davididen kaum Eigentumsrecht am Nordreich gehabt hatten; besser: Wegnahme der spezifisch königlichen Verfügung).

Hier schließt sich bereits unmittelbar ein religiöser Gebrauch an. Denn Hos 7, 13 redet mit derselben Radikalität von Israels Bruch mit JHWH: „Wehe ihnen, denn sie sind von mir gewichen / Gewalt ihnen, denn sie haben mit mir gebrochen (*pšʿ be*)." Die Empörung über den Bruch ergibt sich aus der unbestimmten Gewaltdrohung, wird aber klassisch durch Jes 1, 2f. formuliert, wo Himmel und Erde zu Zeugen des unerhörten Bruchs mit JHWH (*hem pāšeʿû bî*) angerufen werden: „Das Rind kennt seinen Erwerber und der Esel die Krippe seines Herrn. Israel aber weiß nichts! Mein Volk, es zeigt keine Einsicht!" Nun weiß ein so später Text wie Jes 57, 4f., der die „Israeliten" als „*pæšaʿ*-Kinder" anspricht, ganz detailliert von einzelnen Vergehen der Betroffenen zu reden (Götzeneichen, Kult unter Bäumen, Kinderopfer etc.), daß der urspr. Sinn des Wortes noch bekannt zu sein scheint. Ähnlich setzt das Gleichnis bei DtJes (Jes 50, 1): „Geschieden wurde eure Mutter wegen eurer Vergehen" eine Kenntnis der Rechtssprechung voraus, bei der es um erhebliche Delikte der Söhne gegangen sein muß, wenn Scheidung in Betracht kam. Daher wird man nicht nur Jer 2, 29 „Ihr alle habt mit mir gebrochen" (par.: euer Schwert fraß eure Propheten), sondern auch Jer 2, 8 „Deine Hirten brachen mit mir" (neben Priestern, Hütern der Thora und Lügenpropheten) und Jes 43, 27 „Schon dein Urvater hat sich verfehlt (*ḥāṭāʾ*), und deine Wortführer (? *melîṣæḳā*) brachen mit (*pšʿ be*) mir" zu Hos 7, 13; Jes 1, 2 stellen dürfen.

2. Zu dem für Köhlers Auffassung entscheidenden Text Ex 22, 8 hat Knierim (Hauptbegriffe 146–171) folgendes zweifelsfrei erwiesen: a) *pæšaʿ* ist at.lich stets negativ qualifiziert. Es kann daher keinesfalls neutral „Protest, Bestreitung" (Köhler 218) heißen. b) V. 8b kann nur die Schuldigerklärung des Beklagten, nicht aber die des klagenden Eigentümers, der den Verlust erlitt, bezeichnen. Denn das at.liche Recht kennt nur die Verpflichtung des Beklagten zur Rechtfertigung, nicht die des Klägers für seine Klage. Nie wird auch in einem speziellen „Fall" die evtl. ungerechtfertigte Anklage verfolgt. Vielmehr regelt Dtn 19, 15ff. in einer eigenen Entscheidung zum falschen Zeugnis eines *Gewalt*zeugen (Dtn 17, 12f.) den Umgang mit einem durch einen Priester ergehenden Gottesurteil. c) V. 8a kann man nicht, obwohl sprachlich schwierig, als in der Sache einfach und klar nennen (so Köhler 215). Denn weder *pæšaʿ* noch der Relativsatz zu *ʾabedāh* sind in sich klar. Der Relativsatz kann sowohl „Das ist es" als „Der ist es" heißen, und der allgemeine Sinn von *pæšaʿ* muß im groben Rahmen bekannt sein, um v. 8a deuten zu können.

Damit hat Knierim zwar Köhlers Deutung widerlegt. Aber der ungewöhnlich schwierige Wortlaut hat ihn zu einer sehr weitgehenden Hypothese veranlaßt. Nach der inneren Analyse von v. 8 kommt er zu der Übersetzung: „Bei jedem Fall von Eigentumsdelikt, betreffe er ein Rind, einen Esel, ein Schaf, einen Mantel oder irgend etwas, was verlorengeht, bezüglich dessen einer sagt: ʿdieser war (hat) esʾ – vor Gott soll die Angelegenheit kommen! Wenn Gott (den Angeklagten) schuldig spricht, soll er seinem Genossen doppelten Ersatz leisten!" Aufgrund einer zusätzlichen Kontextanalyse bildet Knierim nun die Hypothese, a) daß v. 7 absichtlich kein Urteil fälle, weil b) v. 8 die Fälle vv. 6. 7 dahin generalisiere, daß über alles, was verlorengeht, sei es durch Raub, Diebstahl, Unterschlagung oder bloßes Weglaufen, einheitlich mit Schuld- oder Freispruch des Beklagten im Gottesurteil entschieden werde. Zu dieser Hypothese wird Knierim durch seine Übersetzung von *pæšaʿ* gezwungen, weil sonst nicht einzusehen ist, warum nur v. 8 und nicht auch der Kontext, der von Eigentumsdelikten handelt, das Wort „Eigentumsdelikt" erwähnt. Insbesondere muß Knierim ablehnen, daß v. 7 mit v. 10 im Verfahren vergleichbar sei (so z. B. Noth, ATD z. St.; vgl. Jepsen: v. 7 vorisraelitisch, v. 10 israelitisch.).

Diese Kontextanalyse leuchtet nicht ein. V. 7b variiert die Formel der Selbstverfluchung bei einem Reinigungseid vor Gott und konnte nicht anders formuliert werden, weil der Fall von v. 7 nur eintrat, wenn der Hausherr seine Hand nicht im Spiel hatte. Damit war der Fall von v. 7 wie der von v. 10 entschieden. Umgekehrt scheint *ʾabedāh* die Fälle von vv. 6. 7 durchaus nicht zu generalisieren, sondern einen eigenen, sehr empörenden Fall zu meinen, den wohl auch Dtn 22, 1–3 (Ex 22, 8 wahrscheinlich interpretierend, so Knierim) vor Augen hat. Schlimmer als der Obligationenfall vv. 6. 7 war es, wenn jemand etwas Verlorenes (Rind, Esel, Schaf, Mantel etc.) fand und unter seiner Habe verschwinden ließ. Wenn man die Norm von 23, 4f. zugrunde legt, nach der man sogar das verlaufene Tier seines Feindes zurückgeben sollte, war jene Tat ein schweres Vergehen (*pæšaʿ*). Dtn 22, 1–3 erläutert den Fall dahin, daß der Eigentümer dem Finder unbekannt sein konnte, der Finder aber von sich aus das Gefundene zurückzugeben hatte, sobald der Eigentümer ihm als Suchender bekannt wurde.

Dtn 22, 1–3 schärft damit eine moralische Obligation ein, die nicht justifikabel gemacht wird, während Ex 22, 8 den justifikablen Fall einer Beschuldigung wegen *pæšaʿ* an Verlorenem zu enthalten scheint (Knierim). Nicht was der Finder wußte oder nicht wußte, steht hier an, sondern eine Beschuldigung, die auf der Identifikation eines (möglichen) Finders von Verlorenem basierte. Die Beschuldigung war solcher Art, daß sie nicht durch einen Reinigungseid, sondern nur durch Gottesurteil entschieden werden konnte. Dies setzt voraus, daß der (mögliche) Finder nicht zugab, etwas Verlorenes gefunden zu haben. Bei dieser Auffassung ist es nicht entscheidend, ob man den Relativsatz mit „Der" oder „Das ist es" übersetzt, und *jo'mar* könnte sogar das unpersönliche „man" bezeichnen. Es wird sich aber empfehlen, mit „Der ist es" zu übersetzen, da vor v. 8b vom Beschuldigten die Rede gewesen sein sollte (Knierim, Hauptbegriffe 160–163). Gegen Knierim ist jedoch der Fall von Gen 31, 30ff. unvergleichbar, da dort ein Gottesurteil nicht mal erwogen wird.

Den Fällen von vv. 6.7 wurde also mit v. 8 ein Fall beigegeben, bei dem zwar keine rechtliche, aber eine moralische Obligation vorlag, die empörend leicht zu brechen war. Wenn der Eigentümer vom möglichen Finder nichts erfuhr, war die Bereicherung perfekt. Dieser Möglichkeit will Dtn 22, 1–3 sichtlich entgegenwirken, indem es den Finder verpflichtete. Erfuhr der Eigentümer etwas von einem möglichen Täter, mußte er es auf ein Gottesurteil ankommen lassen. Für den Geist dieser Rechtsfindung ist es immerhin bezeichnend, daß es letzten Endes auf die Entscheidung vor Gott ankam.
Auch wenn man den Wortlaut von v. 8a zu kryptisch finden sollte, um mit letzter Sicherheit zu urteilen, ist hinreichend gewiß, daß *pæša'* etwas wie Delikt heißen muß. Daß es im Kontext nur hier steht, scheint mit der ausgelösten Empörung zusammenzuhängen, nicht mit der Fixierung auf Eigentum (gegen Knierim, KBL³).

3. Nach den bisherigen Erhebungen kann man davon ausgehen, daß das Nomen „Rechtsbruch" heißt und einen Oberbegriff über verschiedene Delikte darstellt, für die typisch zu sein scheint, daß sie besonders empörten oder erregten, und daß das Verb „Rechtsbruch begehen" heißt. Dazu gibt es eine Reihe von Belegen, die die Grundbedeutung zwar nicht stützen, wohl aber mit ihr harmonieren.
Schon den sicher nicht ganz jungen Text 1 Sam 24, 12 hat man hier einzureihen. Nach v. 10 mußte David sich gegen den Vorwurf verteidigen, das für Saul Böse zu suchen (Stoebe: eine 1 Sam 26 vergröbernde David-Apologie). Mittels seines Husarenstücks, Saul in einer Höhle einen Mantelzipfel abzuschneiden, soll er erklärt haben: „An meiner Hand ist nichts Böses (*rā'āh*) und kein Rechtsbruch (*pæša'*), und ich habe mich an dir nicht verfehlt (*ḥāṭā'tî*)." Neben *rā'āh* und *ḥṭ'* könnte *pæša'* auch einen abgeschliffenen Sinn haben. Im Konflikt zwischen Saul und David wird jedoch überall ein konkretes Delikt gemeint sein. David hatte Saul nicht getötet (v. 12), seine Hand nicht gegen JHWHs Gesalbten erhoben (v. 7, vgl. Ex 22, 27b), sich am Königtum und seinem Repräsentanten nicht vergangen (all diese Vorwürfe waren kaum ganz irreal). Ferner hat Knierim (Hauptbegriffe 123f.) plausibel machen können, daß in Ps 59, 4; Spr 28, 24; Ijob 33, 9; 34, 6 unbeschadet des Alters der Belege die Form der Bestreitung des Vorwurfs durchscheint, einen *pæša'* begangen zu haben. Im Rahmen einer Argumentation, „die Möglichkeit der kultischen Opfer ad absurdum" zu führen, formuliert ferner Mi 6, 7 als ein Übermaß (Wolff, BK XIV/4, 152): „Werde ich meinen Erstgeborenen in Bezug auf mein Delikt dahingeben / die Frucht meines Leibes in Bezug auf eine Verfehlung meines Ichs?" Schwerlich denkt der Verfasser an anderes als an ein außergewöhnliches Vergehen. Die Antwort gibt der liturgische Schluß des Buches 7, 18: „Wer ist ein El wie du, der du Schuld vergibst und an *pæša'* vorübergehst für den Rest deines Erbes ...?" Ohne Opferkult!
Älter ist gewiß Mi 3, 8, wo der Prophet wohl selbst erklärt, er sei mit Kraft, Recht und Stärke erfüllt, um Jakob seinen Rechtsbruch (*pæša'*) und Israel seine Verfehlung (*ḥaṭṭā'ṯ*) zu künden. Knüpft Micha hier an Amos an oder meint er den Bruch mit JHWH oder wird beides absichtlich offengelassen? Redaktionell (Wolff 152: dtr., ?) sind wohl bereits Mi 1, 5. 13b, wenn etwa v. 5 den *pæša'* Jakobs mit Samaria identifizieren kann (ein abschließendes geschichtliches Urteil). Vorher belegt Hos 8, 1 die auffällige Wendung, Israel habe sich „gegen meine Thora verselbständigt" (*pš' 'al*; par.: meine *b^erîṯ* übertreten [*'āḇar*]). An all diesen Stellen kann man den Ton der Empörung kaum überhören. Der Rechtsbruch betraf das Zentrum, nicht die Peripherie.
Der prophetischen Anklage respondiert die prophetische Selbstanklage Jes 59, 12–14 mit ganz konkreten Taten (*pæša'/'āwon*; *pāšôa'//kaḥeš*; Bedrückung, Abfälligkeit, Vergewaltigung des Rechts). Noch Ijob 13, 23 scheint konkrete Anklagepunkte vor Augen zu haben, wenn Ijob Gott zum Prozeß herausfordert mit der Bitte: „Laß mich mein Vergehen (*pæša'*) und meine Verfehlung (*ḥaṭṭā'ṯ*) wissen!" Sonst gäbe jene Herausforderung keinen Sinn, zumal Ijob im Kontext weniger belangreiche Verfehlungen durchaus zugesteht. Besonderes Gewicht aber hat gewiß der Gebrauch von *pæša'* im großen Sakralrechtsentscheid Ez 18, der bezeichnenderweise Vergebung denen zuspricht, die sich von ihren Vergehen abwenden (vv. 22. 28; vgl. 33, 10ff.; 18, 30f. wohl redaktionell; vgl. dazu im einzelnen Zimmerli). Ähnlich konkret bleibt Ez 14, 4 (wohl echt, Zimmerli, BK XIII/1², 310), das ebenfalls hierhergehört.
Man wird dann kaum umhin können, hier Jes 59, 20 anzuschließen: „Kommen wird für Zion der Loskäufer (*gô'el*) / und für die, die sich in Jakob vom *pæša'* abwandten" – es kann sich hier nur um den Bruch mit JHWH handeln. Daher wird v. 21 entgegengesetzt: „Dies ist meine *b^erîṯ* ihnen gegenüber: ... meine Worte in deinen Mund ..., nie sollen sie aus deinem und deiner Nachkommen Mund weichen für immer."
4. In einer Reihe von Sprüchen begegnet ein Gebrauch, bei dem die Schärfe eines Deliktes nicht paßt. Knierim (THAT II 491) nahm deswegen eine Ausweitung der „Bedeutung in andere Sitze im Leben" an, KBL³ dagegen die Abschleifung zum allgemeinen Sündenbegriff (vgl. auch Knierim 492: „im Sinne von verwerflichem, unmoralischem Handeln"). Da das spezifisch Rechtsbrecherische fehlt, würde die im Syr. belegte Bedeutung „unweise handeln" am besten

passen, wenn es dafür im Hebr. eine Analogie gäbe. Oder soll man an einen Bruch mit dem, wie „man" sich weisheitlich verhalten sollte, denken?
Spr 10,12: „Haß erregt Rechtsstreitigkeiten; aber alle *p^ešāʿîm* bedeckt die Liebe!" 17,9: „Wer *pæšaʿ* bedeckt, sucht Liebe. Der aber eine Angelegenheit wiederholt, trennt (selbst) Verwandtschaft." 19,11: „Einsicht eines Menschen verzögert seinen Zorn, und seine Ehre ist es, am *pæšaʿ* vorüberzugehen." In all diesen Fällen kann man nicht mit Knierim (THAT II 492) sagen: „Hier ist *pæšaʿ* nicht notwendigerweise ein gerichtlich zu ahndendes Vergehen." Denn nach at.licher Rechtsauffassung kann es keinesfalls erlaubt sein, ein beliebiges Delikt mit Liebe zu bedecken oder gar seine Ehre im Nichtbeachten zu suchen.
Man denkt auch nicht gleich an ein Delikt, wenn es 10,19 heißt: „Bei einer Vielzahl von Wörtern bleibt *pæšaʿ* nicht aus; aber wer seine Lippen schont, bewährt Einsicht." 29,16 ergäbe eine Tautologie, wenn *pæšaʿ* hier Delikt hieße: „Wo Schuldige/Frevler (*r^ešāʿîm*) zahlreich werden, wird *pæšaʿ* zahlreich, und Unschuldige (*ṣaddîqîm*) schauen ihren Sturz." (Die cj. *birdôṯ* hat keinen Textzeugen für sich, vgl. Plöger, BK XVII 346f.). Vgl. auch 17,19: „Wer *pæšaʿ* liebt, liebt Zank / Wer seine Tür überhöht, sucht Einsturz." 12,13: „Im *pæšaʿ* der Lippen verfängt sich (l.c. LXX *nôqaš*, vgl. KBL³ 923; anders Plöger 205) ein Böser: da geht ein Gerechter aus der Not." Und muß man 28,2 MT nicht übersetzen: „Durch Unweisheit (*pæšaʿ*) eines Landes sind seine Minister zahlreich, aber durch einen einsichtigen Menschen (einen Kenner) wird das Rechte (*ken*) lang währen."? (LXX liest: „Durch das Vergehen von Ruchlosen wird man zum Prozeß gereizt; aber ein verständiger Mann wird sie löschen"). Den Übergang zum Gebrauch im Recht (28,24) zeigt vielleicht 29,22: „Ein Mann des Zorns erregt Rechtsstreit, ein Jähzorniger hat viel *pæšaʿ*" (29,6 Text?).
Nun gibt auch 28,13 Anlaß, einen Übergang von „Vergehen" zu „Delikt" anzunehmen: „Wer seine *p^ešāʿîm* bedeckt, hat kein Glück, und wer sie bekennt und läßt, findet Erbarmen" (vgl. auch Ijob 31,33). Man wird jedoch nicht übersehen dürfen, daß dem Wort in den vorgeführten Belegen zumeist das Rechtsbrecherische fehlt. Mit „Delikt" hat es nur gemeinsam, daß es mit Empörung zusammengehört (vgl. Spr 17,19). Indem KBL³ 922 treffend definiert: „Taten, welche die Gemeinschaft unter den Menschen und mit Gott brechen", scheint die Weisheit eher an die unweisen als an die dringend Rechtshilfe benötigenden Brüche zu denken.
5. *pæšaʿ* ist demnach ein empörendes, unweises, Gemeinschaft im Kleinen und im Großen zerstörendes Handeln, welches bei Anwendung im Recht, im Völkerrecht und zumal im Verhältnis zu JHWH als dem sein Volk zu Israel (als Kriterium, s. Zobel → III 1003ff.) prägenden Gott eine große Schärfe annehmen konnte. Zumindest das Verb (auch das *niph* Spr 18,19MT) ist von ihr völlig erfaßt (zum Ptz. *qal* s.u.) – eine Ausnahme könnte nur Spr 28,21 bilden (Rechtsbruch wegen eines Stücks Brot). Das Nomen hat dagegen seinen Charakter als Oberbegriff über verschiedene Arten von Vergehen behalten, weswegen es eine Reihe meist späterer Belege gibt, denen man einen präzisen Sinn nicht abgewinnen kann. Dies muß im Folgenden noch bedacht werden.
Die von Köhlers Auffassung nicht zu trennende Beobachtung schien sich zu bestätigen, daß die vom Nomen bezeichneten Delikte so etwas wie Empörung, Erregung auslösten, und wenn Knierim (Hauptbegriffe 131f.) Recht hat, steht das Nomen nicht zugleich für Delikt und Sanktion. Dies muß an Jes 24,20; Ijob 8,4; Ps 39,9 überprüft werden, die so etwas wie eine Bedrohung durch geschehene Vergehen enthalten.
Typisch für *pæšaʿ* schien bisher zu sein, daß die Sanktion nicht einfach festgelegt war, sondern, daß es unberechenbare Folgen geben konnte. Der wegen seines Textes zurückgestellte Spruch Spr 29,6 (non cj.) läuft auf eine solche Auffassung hinaus: „Im Vergehen eines bösen Mannes (liegt) ein Fallstrick – und der Schuldlose (*ṣaddîq*) jubelt und freut sich." Fallstrick: das drückt Unberechenbarkeit aus. Dem entspricht zumindest der Wortlaut von Ijob 8,4. Indem Ijobs Söhne sich an Gott verfehlen (*ḥāṭāʾ*) „entließ (*šillaḥ*) er sie in die Gewalt (*b^ejaḏ*) ihres *pæšaʿ*". Gott ermäßigte also nicht die Folgen ihrer Verfehlungen, sondern überließ sie der Gewalt unberechenbarer Wirkungen, die ihr Vergehen erzielte.

Vor allem bekommt der schwierige Ps 39 bei dieser Deutung einen besseren Zusammenhalt. V. 9 lautet: „Von all meinen Vergehen (*p^ešāʿaj*) rette mich / zum Hohn für einen Toren (*nāḇāl*) mach mich nicht (LXX: machtest du mich)." In einem Kontext, der hochoriginell und bewegend von einer Vergänglichkeitsklage bestimmt ist, kommt v. 9 etwas überraschend (vgl. B. Duhm, KHC XIV 114ff.). An der Punktation hat man Zweifel geäußert, weil der Parallelismus im MT eine Zurückweisung von Gottlosen *pôš^eʿaj* nahelegt (Gunkel, GHK II/2⁴,167; Kraus, BK XV z.St.). Aber diese Punktation hat gegen sich, daß das Verb sonst nie mit dem Akk. konstruiert wird (passend wäre höchstens *pôšeaʿ* „Rette mich vor jedem Rechtsbrecher"). Wenn man aber das Nomen so versteht, daß der Beter an eigene Vergehen denkt, die sehr weitgehende Sanktionen zuließen, so gibt die Versfolge durchaus Sinn – das Verstummen v. 10 bedeutet gewiß, daß der Beter keinesfalls wie Ijob JHWH wegen seines Tuns verklagen will. Auch der Wortlaut „Reiß mich weg/heraus aus ..." bekommt so Farbe. Unmöglich scheint dann nur die übliche cj. zu v. 14a „Blicke weg von mir" (was zu einer Ijobklage paßt). Darf man ein sonst nicht belegtes *niph* von *šwʿ*, also *hiššāwaʿ* „Laß dich von mir erbitten ..." vorschlagen?

So bleibt Jes 24,20; aber der Kontext lehrt, daß der eingeschlagene Weg zur Deutung richtig sein muß, da ganz ungeheure Wirkungen mit dem Lasten des *pæšaʿ* auf der Erde verbunden sind: ihre Grundfesten beben (v. 18), sie birst, springt, splittert, wankt und schwankt (v. 19), taumelt wie eine Hängematte (v. 20a). Der *pæšaʿ* muß hier selbst eine letzte Dimension des Verbrecherischen und Widergöttlichen haben, und

seine Wirkungen bzw. die von ihm hervorgerufenen Sanktionen gehen über alle Maßen.
Mit Knierim (THAT 493f.) darf man abschließend festhalten: *pæša'* heißt „nicht ‚Sünde'. Denn so sehr der Begriff eine theologische Dimension hat, so sehr ist das AT, wie auch sonst, daran interessiert, von ‚Sünde' so zu reden, daß es Taten und Vorgänge bei ihrem eigenen Namen nennt". „Die speziell theologische Eigenart des Begriffes wird durch seine ... Grundbedeutung bestimmt: Wer *pæša'* begeht, rebelliert nicht einfach gegen Jahwe ..., sondern er bricht mit ihm, nimmt ihm das Seine weg, raubt, unterschlägt es, vergreift sich daran. Obwohl dies immer ein bewußtes Verhalten impliziert, bezeichnet der Begriff als solcher nicht die Gesinnung, sondern das Verbrecherische einer Tat ...".

IV. 1. Es fällt nicht ganz leicht, den jetzt zu entfaltenden verallgemeinernden Gebrauch angemessen zu gliedern, da sich nur Weniges für eine Verselbständigung empfiehlt. Als Einführung kann eine Übersicht über das Wortfeld dienen. Nur die wichtigsten Züge werden genannt (sehr detailliert KBL³).
Brechen mit JHWH (wie Hos 7,13; Jes 1,2; Jer 2,8.29) findet man auch 1 Kön 8,50; Jes 43,27; Jer 3,13; 33,8; Ez 2,3; 18,31 (statt MT *bām* LXX besser *bî*); 20,38; Zef 3,11. Plerophor reden Jer 33,8 „ihre Schulden (*'āwon*), durch die sie mit mir brachen"; Ez 18,31 „eure Vergehen (*pæša'*) ..."; Zef 3,11 „deine Untaten (*'alîlôtajik*) ...". Das Nomen (Sing. oder Pl.) steht häufig parallel zu *'āwon* und *ḥaṭṭā'ṯ* (*ḥaṭā'āh* Ps 32,1; Ijob 8,4 wohl nicht parallel, s.o.). *'āwon*: 1 Sam 25,28; Jes 50,1; 53,5; Ez 18,30; Ps 65,4; 89,33; 107,17; Ijob 7,21; 31,33; 33,9 (plus Lev 16,21. s.u.). – *ḥaṭṭā'ṯ*: Gen 31,36; 50,17; Jos 24,19; Jes 58,1; 59,12; Ez 33,10.12; Am 5,12; Mi 1,5.13; 3,8; 6,7; Ps 25,7; 59,4; Ijob 13,23; 14,17; 34,37. Alle drei Ausdrücke zusammen hat man in Ez 21,29 (dazu *'alîlôt*); Ps 32,5; Dan 9,24; vgl. die Formel Ex 34,7 (zitiert Num 14,18) und die ähnliche Mi 7,18 sowie die Häufung Ps 51,3–7. Nur bei Ez findet man „s. verunreinigen mit (*hiṭṭamme'*)" 14,11; 37,23; 39,24 (vgl. Lev 16,16 *pæša'*//*ṭum'āh* → טמא *ṭāme'*). Während „*pæša'* begehen (*'āśāh*)" nur Ez 18,22.28 belegt ist (für das Verb, s.u. 2), hat Signifikanz, daß Menschen den *pæša'* gern bedecken (*kissāh* Ps 32,5; Ijob 31,33; Spr 28,13), bekennen (*hôḏāh* Ps 32,5; Spr 28,13 *hoph*; Lev 16,21 *hitp*: der Hohepriester) oder daß er aufgedeckt wird (*higgālôṯ* Ez 21,29) bzw. angesagt wird (*higgîḏ* Mi 3,8; Ijob 36,9 //*po'al*). Das Vergeben bezeichnet einigermaßen häufig → נשא *nāśā'* (Gen 50,17; Ex 23,21 [nicht vergeben]; 34,7; Num 14,18; Jos 24,19 [nicht vergeben]; 1 Sam 25,28; Ps 32,1; Ijob 7,21 [nicht vergeben]). Daneben stehen → מחה *māḥāh* (Jes 43,25; 44,22; Ps 51,3); *'āḇar 'al* (Mi 7,18; Spr 19,11), *lo' nizkar* (Ez 18,22; Ps 25,7), → כפר *kippær* (Lev 16,16; Ps 65,4) und vereinzelt → סלח *sālaḥ* (1 Kön 8,50) sowie *hirḥîq* (Ps 103,12).
2. Eine kleine Gruppe für sich bilden die Belege im Ptz. Der eindeutig verbale Gebrauch (mit *bᵉ*) in Jes 66,24 zeigt, daß das Ptz. jedenfalls (von JHWH) Abtrünnige bezeichnen kann. Diese Bedeutung paßt überall (Jes 1,28 [//*ḥaṭṭā'îm*]; 46,8; 48,8 [nicht rechtsbrecherisch, sondern abtrünnig, aufrührerisch von Mutterleib an]; 53,12b [Text? s.u.]; Ez 20,38 [ich trenne von euch die *pošᵉ'îm*]; Hos 14,10 [straucheln]; Ps 37,38 [verderben]; 51,15 [schön: ich lehre die *pošᵉ'îm* deine Wege!]; Dan 8,23 [Text?]; so mit KBL³). Als Ausnahme käme nur Jes 53,12a in Betracht (Knierim; KBL³ mit ?): „Sein Leben hat er zum Tode entblößt, und zu den *pošᵉ'îm* wurde er gezählt." Aber Jes 53 ist sehr interpretationsfähig und war das schon z.Z. der LXX, so daß eine Sonderbedeutung fraglich wird. Ausschließen kann man sie wegen Spr 28,21 freilich nicht.
3. Ausgerechnet in redaktionellen Texten zeigt *pš' bᵉ* „brechen mit" in Verbindung mit JHWH eine relativ breite Nachwirkung (1 Kön 8,50; Jer 3,13; 33,8; Ez 2,3 [fehlt in LXX, wohl Glosse]; Zef 3,11). Das abs. gebrauchte Verb in Klgl 3,42 (// „wir waren widerspenstig [*mārāh*]") dürfte im Sinne von „abtrünnig handeln" ebenfalls hierhergehören. Auf den Bruch mit JHWH bezieht Knierim auch Ps 19,14: „Ich bleibe unschuldig an einem großen Vergehen (*pæša' rāḇ*)"; vgl. den Kontext.
4. Auch wenn der Wortsinn eher indirekt als direkt betroffen ist, müssen die einschlägigen Belege für Gottes Vergebung überdacht werden. Ein Nacheinander von Nichtvergeben Gottes (Ex 23,21; Jos 24,19) und seinem Vergeben wird man jedenfalls an Ex 23,21; Jos 24,19 nicht festmachen können (gegen Knierim, THAT II 492), um so mehr als Vergebung nach dem bisherigen Befund im einzelnen stets möglich, aber keineswegs zwangsläufig war.
Ex 23,21b wechselt mitten in sing. Anrede zum Pl. und erweckt den Eindruck eines Zusatzes mit Rücksicht auf Ri 2,1–5. Das Nichtvergeben dürfte also im Nichtvertreiben der fremden Völker bestehen, woran der Kontext vv. 22–26 eben nicht dachte (erst vv. 28b.30b und dort wieder anders als in Ri 2; eine Schichtenbestimmung kann wegen ihrer Schwierigkeit hier nicht geleistet werden). Da wird demnach Geschichte gedeutet und nicht absolut, d.h. für jeden beliebigen Fall, entschieden (DtrN?). – Ähnliches gilt für Jos 24,19–22, die im Kontext von Jos 24 zwar folgenlos bleiben, aber ebenfalls Geschichte deuten. Daß Israel JHWH nicht dienen könne, weil er als leidenschaftlicher Gott ihre Vergehen nicht vergeben werde (v.19), erläutert v.20 dahin, daß Israel zu anderen Göttern abfallen werde. Dem widerspricht das Volk in aller Form (v.21), und dabei behaftet Josua das Volk (v.22), indem es gegen sich selbst als Zeuge fungieren muß. D.h. es wußte, was es tat, als es sich einst JHWH zum Gott erwählte, so daß die Konsequenz der Vernichtung nationaler Existenz nicht unerwartet sein durfte (Perlitt 260 Anm.1; Schmitt 12). Das ist (eher) exil.-nachexil. (als dtn, so Perlitt) Theodizee: das Volk war in allen seinen Stämmen (so früh, als es diese noch gab!) seit Urzeiten gewarnt (v.1). – Beide Texte widerstreiten nicht der

Vergebungsbereitschaft JHWHs, sondern deuten einen bestimmten Fall.
Auch wenn man Ex 34,7 nicht exakt datieren kann (Noth, ATD 5 z.St.: Zusatz zu J; W. Beyerlin, Herkunft und Geschichte der älteren Sinaitraditionen, 1961, 32: J; J. Halbe, Privilegrecht 284: Jehowist, vgl. B.S. Childs, The Book of Exodus, OTL, 610; Perlitt 213f.: dtr; E. Zenger, Das Buch Exodus [Geistliche Schriftlesung 7], 242ff.: nachexil.), sagt es wohl für Gottes Vergebung Maßgebendes als Erklärung des JHWH-Namens: (JHWH, erbarmender und gnädiger El, distanziert vom Zorn und reich an Verbundenheit und Treue, der Verbundenheit für Tausende wahrt) „der *ʿāwon*, *pæšaʿ* und *ḥaṭṭāʾāh* vergibt, aber gewiß nicht schuldlos sein läßt, der er den *ʿāwôn* von Vätern an den Söhnen und Enkeln bis ins 3. und 4. Glied (Großfamilie) heimsucht". Diese offenbar in sich spannungsvolle Proklamation will JHWHs Freiheit unterstreichen, Schuld heimzusuchen und nicht in ausbeutbarer Weise zu vergeben, auch wenn er überwältigend ist in Erbarmen und Gnade. Mi 7,18–20 machen in einem liturgischen Beschluß des Buches von einer ähnlichen Proklamation Gebrauch, indem sie den Gedanken einbringen, daß JHWH ein El ist, der nicht ewig an dem einst vom Propheten verkündigten Zorn festhält. Darf man eine solche Proklamation mit Knierim (Hauptbegriffe 117ff.) dem Laubhüttenfest zuweisen? Unter Anreicherung von Worten DtJes (55, 6–8) nimmt wohl auch Ps 103,12 auf jene Proklamation Bezug, wenn es heißt, daß JHWH „unsere Abtrünnigkeiten (*pešāʿênû*)" fern sein läßt wie den Himmel von der Erde (vgl. Mi 7,19, Tiefen des Meeres). In einer eigenständigen Weise spricht DtJes 43,25 in JHWHs Namen dem im Exil verzweifelnden Restvolk die Vergebung zu: „Ich, ich bin es, der deine Vergehen (*pešāʿîm*) wegwischt, und deiner Verfehlungen (*ḥaṭṭāʾôṯ*) gedenke ich nicht" (vgl. 44,21f.). Wenn vv. 22–24 als Einleitung dazugehören, so meint das betonte Ich: Obwohl Israel einst nicht JHWH rief, nicht ihn mit Opfern verwöhnte, sondern ihn mit schwerer Schuld verletzte, hat JHWH nach der Katastrophe alle Vergehen abgetan (C. Westermann, ATD 19, 107: ganz wichtig für DtJes als Zeugnis prophet. Kontinuität; man beachte, daß v. 27 vom Bruch mit JHWH redet). Das Gebet um die Verwirklichung solcher Vergebung nach der Katastrophe legt 1 Kön 8,50 Salomo zur Tempeleinweihung in den Mund. Wenn das Volk sich nach seiner Zerstreuung bekehrt, „mögest du deinem Volk das, womit sie sich verfehlt (*ḥāṭāʾ*) haben, und alle ihre Vergehen (*pešāʿîm*), wodurch sie mit dir brachen (*pšʿ be*), vergeben (*sālaḥ*)." In einem fast höfischen, jedenfalls sehr förmlichen Stil (Datierung?) kann Ps 65,3f. MT diese Gewißheit Israels allem Fleisch, also weltweit proklamieren: „Zu dir, der du Gebete erhörst / kommt alles Fleisch. / Die Anliegen der Schulden (*ʿawonôṯ*) wurden mir (LXX besser: uns) zu groß / unsere Vergehen: du, ja du sühnst sie (*kippær*)." Der Psalm stellt dies allen anderen Wohltaten JHWHs voran. Überindividuelles hat jedenfalls auch Ps 89,33 im Sinn, wenn in einer gewiß dtr. geformten Davidklage (T. Veijola, Verheißung in der Krise, AnAcScFen 220, 1982, 118) JHWH daran erinnert wird, daß er auch das schlimmste Vergehen der Davididen nur mit dem Stock habe ahnden, die Verbundenheit aber nicht habe brechen wollen.
Individuell, aber prototypisch erfleht der Beter von Ps 51,3, daß JHWH nach der Fülle seines Erbarmens seine Vergehen wegwischen möge (Ps 25,7 ist *pešāʿaj* in ähnlichem Kontext wohl Zusatz). Die Überschrift vv. 1f. assoziierte hier eine sehr schwere, todeswürdige Tat Davids, erschaute also eine große Tiefe der Vergebung. Ähnliches stand wohl dem Dankenden von Ps 32,1–5 vor Augen. Er erzählt, wie das Verschweigen von *pæšaʿ*, *ḥaṭṭāʾṯ* und *ʿāwon* ihn belastete, wie schon der Entschluß zum Bekenntnis ihm Erleichterung verschaffte und er nun JHWHs Vergebung in vollen Zügen zu rühmen vermag. Die Fülle der Ausdrücke bei Verzicht auf die Näherbestimmung schuf erst die Übertragbarkeit wie Aussagbarkeit in großer Gemeinde. Eine ähnliche Fülle der Ausdrücke findet man auch Ijob 7,20f.; nur daß dem, der vor Gott gegen Gott sein Recht suchte, die Vergebung (*nāśāʾ*) seines Vergehens, das Abtun (*hæʿæḇîr*) seiner Schuld (*ʿāwon*) keine Hoffnung mehr gab; denn im Entscheidenden, also in dem, was ihn traf, meinte er, nicht schuldig zu sein. Etwas anders Ijob 14,17: „mein Vergehen im Beutel versiegelt"; erneut geht es um ein Vergehen, das kein Äquivalent zu Ijobs Ergehen sein soll.
Abschließend seien Lev 16,16.21 erwähnt. In einem Zusatz zur Entsühnung des Hohenpriesters und des Volkes (Noth, ATD 6, 106; Janowski 263 Anm. 419) heißt es v. 16, daß der Hohepriester mit dem Blut des vorher erwähnten Jungstieres „Sühne schaffen soll (*kippær*) für das Heiligtum von allen Verunreinigungen (*ṭumʾôṯ*) der Israeliten und von all ihren Vergehen (*pešāʿîm*) gemäß ihren Verfehlungen (*ḥaṭṭāʾôṯ*)". Die Vielzahl der Begriffe dient der Vollständigkeit, nicht der Präzision, so wie auch der Ritus in seiner Kürze nicht voll verständlich wird. War etwa daran zu denken, daß der Hohepriester, indem er in Vertretung des Volkes das Heiligtum zu betreten hatte, von den Vergehen wie von einer Sphäre des Unheils umgeben war, die er auch für das Heiligtum abzuleiten hatte? War das Heiligtum insoweit ein menschliches Gebilde für die Einwohnung Gottes unter seinen Menschen, daß es der Entsühnung bedurfte? Oder herrscht ein nichtpersonaler, materieller Begriff der Entsühnung? Lev 16,21 (f.) vollendet dagegen den Sündenbockritus (→ IV 312f.). Daß man diesen nicht mit Opfern zusammenstellen darf, hat Janowski (208–215) nachgewiesen. Der Hohepriester hatte beide Hände auf den Kopf zu stemmen und über ihm ein Bekenntnis aller Schulden der Israeliten, ja auch ihrer Vergehen gemäß ihrer Verfehlungen abzulegen. Anschließend wurde der Bock in die Wüste geführt – wohl eine Zeichenhandlung (vgl. Sach 5,5ff. die nach Babylonien versetzte Frau), die nicht der Sühne, sondern der

Entfernung alles Gottwidrigen aus Israels Mitte dienen sollte. Für den jetzigen Kontext wird man behaupten dürfen, daß der Ritus die Sühnehandlungen nur ergänzt. Denn für Israels Vergehen mußten JHWHs Vergebung und Sühne ausschlaggebend sein, und so kann der Asasel-Ritus nicht die Hauptsache sein (Janowski 219f.). Alle Gottwidrigkeiten sollten der Wüste, d.h. der Welt des Todes zugeordnet werden, Israel aber dem Leben.
Im Text verderbt ist der Hinweis Ps 107, 17 auf Dankende, die ein Elend am Weg ihres Vergehens fühlten und von ihm freikamen. Im Kontext scheint der Sinn insoweit sicher.
5. Es bleiben nur noch wenige Belege, die wie die eben genannten keine sehr bestimmte Deutung erlauben. Dies gilt für Klgl 1, 5. 14. 22, die zu Beginn der Klage die eigenen Vergehen unvergessen lassen, sie aber nicht konkretisieren. Ganz ähnlich redet Ez 39, 24, und so allgemein bleibt auch Ps 5, 11: „Wegen der Fülle ihrer Vergehen verstoße sie!" Einigermaßen konkret könnte noch Ez 37, 23 (Ez-Schule?, vgl. Zimmerli, BK XIII/2^2, 905) wirken, wenn neben *gillûlîm* „Götzen" und *šiqqûṣîm* „Greueln" auch Vergehen genannt werden, mit denen „Israel" sich verunreinigte und von denen JHWH es reinigen will; aber allzu Genaues läßt sich nicht erheben. Auch Ijob 36, 9 (Elihu-Reden) denkt im Zusammenhang einer Verhaftung/Sicherungsverwahrung vielleicht eher an konkrete Vergehen als allgemein an Sünden, ohne jene freilich wirklich benennen zu wollen. Wie eine Redensart klingt Ijob 34, 37: ein Vergehen (*pæšaʿ*) einer Verfehlung (*ḥaṭṭāʾṯ*) hinzufügen.
Eine genauere Betrachtung verlangen nur noch Jes 53, 5. 8. 12(*bis*) und Dan 8, 12. 13. 23; 9, 24.

In Jes 53, 5. 8 möchte man wegen des schweren Körperschadens, den der Knecht erleidet, zunächst an konkrete Delikte der „Wir" denken, die sich dazu bekennen, daß sie die Schläge verdient hätten. Man kann es jedoch nicht ausschließen, daß die „Wir" vom Geschick des Knechtes aus eine viel tiefere Einsicht in ihre Schuldverstrickungen und Vergehen gewonnen hatten als bloß in die, die unmittelbar zu jenem Geschick geführt hatten. Ja, alle Wahrscheinlichkeit spricht dafür, daß mehr als nur ad-hoc-Erkenntnisse gewonnen wurden. So hält die Vokabel am Charakter des Vergehens fest, meint aber recht Grundsätzliches. In v. 12a (Ptz) würde es ebenfalls naheliegen, wegen der vorher beschriebenen Prozeßsituation anzunehmen, daß der Knecht zu den Rechtsbrechern (KBL^3 nach Knierim) gezählt wurde; aber in v. 12b wäre eine solche Deutung zu speziell (MT: „er tritt ein für die Abtrünnigen"). Zwar liest LXX in v. 12b *pišʿām* statt *pôšᵉʿîm* – das kommt jener Deutung entgegen; aber ein sorgfältiger Vergleich zwischen LXX und MT würde zeigen, daß man zwei recht alte Interpretationen einer älteren, kaum noch völlig eindeutig rekonstruierbaren Vorlage vor sich hat, deren allgemeiner Sinn durchaus klar, reichhaltig, aber wohl auch absichtlich vielfältig sein dürfte. Daher sind Konjekturen von einer Rezension in die andere nur in Ausnahmefällen zwingend, und gerade v. 12 interpretieren LXX und MT unterschiedlich (v. 12a LXX ἀνόμοι, also nicht „Rechtsbrecher", sondern „Abtrünnige"). Das Nähere muß also einer Exegese von Jes 53, aber kaum einer Wortuntersuchung überlassen bleiben.

Bei Dan 8, 12. 13. 23; 9, 24 dominieren in noch stärkerem Maße Textprobleme, und in diesen Fällen scheint die griech. Übersetzung (welche sie genau sei) auf jeden Fall eher Deutung einer schwer verständlichen Vorlage als Original zu sein. Nicht zufällig konvergieren in neuester Zeit die Auslegungen in einer möglichst weitgehenden Erhaltung des MT, ohne etwa schon eine einheitliche Deutung damit zu verbinden. Wenn man dies gelten läßt, scheint es folgerichtig, *ṣāḇāʾ* v. 12 (fehlt in LXX) keinen völlig anderen Sinn zu unterlegen als den in v. 10 (Lacocque, CAT XV b 121). V. 12a müßte demnach lauten: „Und das Heer (sc. der überirdischen Völkervertreter, später „Völkerengel") wird zum Tamidopfer hinzu preisgegeben durch den (Religions) Bruch" (oder mit Lacocque *bᵉ pretii*: „um der Abtrünnigkeit willen"). Philologisch befriedigt diese Deutung, auch wenn die Identität von *ṣāḇāʾ* mit den in Dan 10 so lebhaft geschilderten überirdischen Völkervertretern nicht zwingend nachgewiesen werden kann. Der Sinn wäre also, daß Gott keine überirdische Macht zum Schutz der „Wahrheit" (v. 12b, wohl die JHWH-Religion, deren Schriften Antiochus IV. verbrennen ließ) gewähren ließ, sondern das üble „kleine Horn" mit seinem Tun Erfolg hatte (v. 12b).
Ähnlich scheint in v. 13 nach der Frage „Bis wann (gilt) die Vision?" eine Aufzählung ihrer Inhalte zu folgen, die mehr aus Stichworten als aus grammatisch korrekten Äußerungen besteht. Also: „Das Tamidopfer und der (Religions)Bruch als ein verwüstender, ʿsein' (des Bruchs oder des Antiochus, l. *tittô*) Dahingeben des Heiligtums und des Heeres zum Zertrampeln." In v. 12 und v. 13 wäre demnach *pæšaʿ* nach seiner Grundbedeutung und so konkret wie nur möglich gebraucht, da nach Dan 11, 36–39 Antiochus die maßgebliche Verantwortlichkeit und damit die alle Empörung auslösende Handlung eines religiösen Bruches anzulasten war (Koch, Das Buch Daniel, EdF 144, 1980, 136–140).
In 8, 23 liest MT: „Im Danach ihrer Königsherrschaft, wenn die Abtrünnigen vervollständigt haben werden (ihre Herrschaft, Taten?) ...". Das läßt unmittelbar an die Verhältnisse in Jerusalem denken (Plöger). Ob aber trotz Plögers Einspruch die Lesart der LXX nicht vorzuziehen ist *kᵉhuṯam happᵉšāʿîm* „wenn die Abtrünnigkeiten (ihr) volles Maß erhalten haben"? Möglich scheint beides. – In 9, 24 geht es um K oder Q, der *pæšaʿ* scheint in Parallele zu *ḥaṭṭāʾṯ* und *ʿāwon* nicht dieselbe Bedeutung zu haben wie in 8, 12. 13, wo gewiß auf den Baʿal Šamem und seinen Kult angespielt werden dürfte (Koch).

V. 1. Auch wenn in bezug auf Qumran nur das relativ Sichere erwähnt werden soll, lohnt ein knapper Abriß des bisher Bekannten. Kuhn, Konkordanz (mit Nachträgen) zählte 3 Belege für das Verb (2mal Ptz) und 42 für das Nomen. Nach H.-J. Fabry (brieflich) sind

3 Belege für das Verb (2mal Ptz, 1mal eine sonst unbekannte *hiph*-Form 4 Q 184, 1, 15 = 4 Q Wiles / Harlot) und 19 für das Nomen hinzugekommen – in der Tempelrolle fehlt die Wurzel völlig. Von diesen Belegen sind sicher aber nur 4 für das Verb (3mal Ptz) und 49 für das Nomen. Das neu belegte *hiph* gilt der Frau Unzucht, die die „Armen" von Gott weg zum Sündigen veranlaßt (vgl. auch 184, 1, 4: in ihren Gewändern eine Fülle von Vergehen).
Aus dem at.lichen Befund hat Jes 59, 20 (f.) eine starke Nachwirkung „die sich vom *pæšaʿ* abwenden in Jakob" 1 QS 10, 20; 1 QH 2, 9; 6, 6; 14, 24; CD 2, 5; 20, 17; 4 Q 512, 70–71, 2 (ergänzbar). In bekannten Bahnen bleiben „die Sünde wegwischen" (*māḥāh* 1 QS 11, 3); „vergeben" (*nāśāʾ*, 1 QH 16, 16; vgl. Ex 34, 17; CD 3, 18) und „sühnen" (*kippær*, 4 Q Ord 2, 2; 3 Q 9, 3, 2). Nicht überraschend sind die Verwendungen des Ptz: „ein Netz für die Abtrünnigen" (1 Q 2, 8); „Spottlied für ..." (1 QH 2, 11); der weitere Kontext von 4 Q 491, 8–10, I 15 (4 Q M[a]) erinnert an Jes 66, 24 durch intensive Schilderung des Feuers der Scheol (unmittelbarer Kontext nicht vorhanden). Weiterentwicklungen der bibl. Tradition sind nicht selten. Eine schöne poetische Weiterführung von Ps 25, 7 (Sünden der Jugend, „meine Vergehen") findet man in Ps 155, 12 (11 Q Ps[a] 24, 11). Sind solche Sünden der Jugend mit den „ersten Sünden" identisch (1 QH 9, 13; 17, 18), für die der Beter Tröstung sucht (1 QH 9, 13)? Vgl. noch 4 Q 509, 12, I–13, 5: Gott ist ein Tröster für die durch Sünden Gestrauchelten. Von Ez 37, 23 angeregt scheint *gillûl* als neue Parallele zu *pæšaʿ* (1 QH 4, 19; vgl. *hiṯgôlel* CD 3, 17). Dem bibl. Verunreinigen (Ez) wird Gottes Reinigen (*ṭaher*) entgegengesetzt (vom großen *pæšaʿ* 1 QH 3, 21 [aus Ps 19, 14?]; 11, 10; 4 Q 504, 1–2, VI 2 = 4 Q Dib Ham[a]) bes. eindrücklich „und du warfst von uns (*hišlîk*) all unsere Sünden und hast uns gereinigt" (vgl. noch 4 Q 512, VI, 9).
Auffällig gegenüber dem bibl. Befund ist die Kombination von *pæšaʿ* mit *ʾašmāh* ʿSchuldʾ (1 QS 1, 23; 9, 4; 3 Q 9, 3, 2; 4 Q 511, 18, II 9 = 4 Q Shir[b] (Schuld der Sühne oder umgekehrt). Neu, bemerkenswert, aber auch typisch ist offenbar 1 Q 4, 35: „Wegen meiner Sünden war ich verlassen von deiner *b*^{e}*rîṯ*." In diesen Kontext gehört wohl 1 QHfragm 4, 14 „mein Herz zerfließt wie Wachs wegen der Sünde (*pšʿ wḥṭʾh*)", vgl. auch 1 QHfragm 1, 4 „Ich bin ein Mann der Sünde (*ʾjš pšʿ*)". Ganz neu und wegen des ungesicherten Kontextes nicht völlig klar ist die Wendung „Geheimnisse (*rāzê*) des *pæšaʿ*" (1 QH 5, 36 [Denn (entsprechend?) des Frevels Geheimnisse ändern sie Gottes Werke durch ihre Schuld]; 1 QHfragm 50, 5; 27, 1, 1, 2). Interessant ist auch die neue Verbindung *ta*^{ʿa}*nîjjôṯ pæšaʿ*, wohl „Demütigungen für die Sünde" (4 Q 510, 1, 8). Nicht sicher ist mir dagegen die Ergänzung von *pæšaʿ* zu *nṣl* (1 QH 7, 17 nach Ps 39, 9) und *nṣl* zu *pæšaʿ* in 4 Q 512, VII, 9.
2. Die LXX benutzt zur Wiedergabe von *pšʿ* die ganze Skala von Sündentermini. Mehr als 2mal kommen vor: für das Verb ἀσεβεῖν, ἀφιστάναι und ἀνομεῖν, für das Nomen ἀδικία / ἀδίκημα, ἁμαρτία / ἁμάρτημα, ἀνομία / ἀνόμημα, ἀσέβεια und παράπτομα.

Seebass

פֵּשֶׁר *pešær*

פָּתַר *pāṯar*, פִּתְרוֹן / פִּתְרֹן *pittārôn / piṯrôn*

I. Etymologie und Verteilung – II. AT – 1. Koh 8, 1 – 2. Josefsgeschichte – 3. Daniel – 4. LXX – III. Qumran – IV. *pešær* als hermeneutisches Prinzip.

Lit.: *O. Betz*, Offenbarung und Schriftforschung in der Qumransekte (WUNT 6, 1960). – *G. Brooke*, Qumran Pesher: Towards the Redefinition of a Genre (RQu 10, 1979/81, 483–503). – *G. J. Brooke*, Exegesis at Qumran. 4 QFlorilegium in its Jewish Context (JSOT Suppl. Series 29, 1985). – *W. H. Brownlee*, The Midrash Pesher of Habakkuk (SBL Monograph Series 24, 1979, bes. 23ff.). – *F. F. Bruce*, Biblical Exegesis in the Qumran Texts, Grand Rapids – Den Haag 1959. – *J. Carmignac*, Notes sur les Pesharîm (RQu 3, 1961/62, 505–538). – *Ders.*, Le genre littéraire du „Péshèr" dans la Pistis-Sophia (RQu 4, 1963/64, 497–522). – *J. J. Collins*, Jewish Apocalyptic Against its Hellenistic Near Eastern Environment (BASOR 220, 1975, 27–36). – *K. Elliger*, Studien zum Habakuk-Kommentar vom Toten Meer (BHTh 15, 1953). – *H. Feltes*, Die Gattung des Habakukkommentars von Qumran (1 QpHab). Eine Studie zum frühen jüdischen Midrasch (FzB 58, 1986). – *A. Finkel*, The Pesher of Dreams and Scriptures (RQu 4, 1963/64, 357–370). – *I. Fröhlich*, Le genre littéraire des Pesharim de Qumrân (RQu 12, 1985/87, 383–398). – *M. Gertner*, Terms of Scriptural Interpretation: A Study in Hebrew Semantics (BSOAS 25, 1962, 1–27). – *M. P. Horgan*, Pesharim: Qumran Interpretations of Biblical Books (CBQ Monograph Series 8, Washington 1979). – *F. L. Horton*, Formulas of Introduction in the Qumran Literature (RQu 7, 1969/71, 505–514). – *E. Jucci*, Il pesher, un ponte tra il passato e il futuro (Henoch 8, 1986, 321–337). – *W. R. Lane*, Pešer Style as a Reconstruction Tool in 4 QpIs[b] (RQu 2, 1959/60, 281–283). – *A. L. Oppenheim*, The Interpretation of Dreams in the Ancient Near East, Philadelphia 1956. – *I. Rabinowitz*, „PĒSHER/PITTĀRŌN". Its Biblical Meaning and its Significance in the Qumran Literature (RQu 8, 1972/75, 219–232). – *C. Roth*, The Subject Matter of Qumran Exegesis (VT 10, 1960, 51–68). – *L. H. Silberman*, Unriddling the Riddle. A Study in the Structure and Language of the Habakkuk Pesher (1 QpHab.) (RQu 3, 1961/62, 323–364). – *A. Szörényi*, Das Buch Daniel, ein kanonisierter Pescher? (VTS 15, 1966, 278–294).

I. Wie die Verteilung der Belege zeigt (s. u.), ist das Wort erst spät in die hebr. Sprache eingedrungen, wohingegen es schon weit früher im aram. Sprachbereich auftauchte (AP 63, 14). Über das Aram. ist dann wohl auch die Verbindung zu einer frühsemit. Wurzel *pṯr* mit /*ṯ*/ zu vermuten, die sich im akk. *pašāru* (AHw 842) mit seinem Verbaladj. *pašru* und den Nomina *pišru* und *pišertu* wiederfindet. Im Grundstamm bedeutet dieses schon ababyl. belegte Verb „den Boden auflockern, Getreide verkaufen (?), Streit ausgleichen, jem. befreien, auslösen, berichten, erklären, auflösen (einen Eid, einen Knoten)". Schon früh ist also die Bedeutung „berichten, deuten" belegt: *pašāru šutta* „Träume deuten" (Gilg I V 25; VI 192), „Worte deuten" (BWL 134, 126). Es gab den Beruf des *pāšir šunāti* „Traumdeuter" (BWL 128, 54; vgl. weiter Oppenheim 217 ff.). Das Nomen *pišru* (AHw 868) „Lösung, Deutung" zeigt eindeutige Nähe zu magisch-mantischen Belangen, z. B. *iṣ pišri* „Zauberstab", daneben das magische Lösungsmittel u. a. Es bezeichnet die „Deutung" bei Träumen, bei Erdbeben und bei Mondomina (vgl. W. von Soden, ZA 41, 1933, 220). Die Belege im außerbibl. Aram. beschränken sich offensichtlich auf AP 63, 14, ein sehr fragmentarischer Text, der keine weitreichenden Schlüsse zuläßt: Cowley vermutet die Bedeutung „to pay". Das Bibl. Aram. hat Verb wie Nomen gut bezeugt (s. u.). Außerhalb der Bibel begegnet die Wurzel dann noch im Syr. „verflüssigen, interpretieren, lösen (ein Rätsel)" (LexSyr 614), über Metathese vielleicht verwandt mit *p^{e}raš* „trennen, lösen" (LexSyr 607 f.). Im Christl. Paläst. bedeutet das Nomen **pšwrjn* „Erklärung" (F. Schulthess, Lexicon Syropalaestinum, 1903, 165). Im mand. Sprachbereich wird aus dieser semantischen Breite eine spezielle Bedeutung besonders intensiviert: *pišra* als „Exorzismus" (MdD 372. 383). Ähnlich wurde das Wort auch im Samarit. aufgefaßt (vgl. A. E. Cowley, The Samaritan Liturgy, 1909, 2. 67). Eine etymologische Verbindung zum semantisch ähnlichen arab. *fasara* „erklären, deuten", *tafsîr* „Kommentar (bes. zum Koran)" (Wehr, Arab. Wb. 637) ist nur möglich, wenn ein ursemit. *š* vorliegt. Nach diesem Befund ist das bibl. Wort *pāšar* eindeutig ein Aramaismus (vgl. S. Wagner, BZAW 96, 1966, 96).

Dies möchte Horgan weiter differenzieren, da sie trotz semantischer Überlappung zwischen hebr./aram. *pšr* und hebr. *ptr* doch Unterschiede zu bemerken glaubt: der Verf. von Gen 40 f. habe *pāṯar* direkt aus dem Aram. übernommen, weil ihm das akk. *pašāru* zu sehr mit mantischen Konnotationen verbunden war. Dagegen ist *pāšar* über das Aram. ins Hebr. oder eher sogar umgekehrt über das Hebr. ins Aram. eingedrungen. Die Existenz einer doppelten Ausprägung des Etymons läßt in der Tat auf zwei Übermittlungswege schließen; aber weder ist die von Horgan behauptete semantische Differenzierung zu erkennen, noch ist *ptr* im Aram. bezeugt. Hebr. *pāṯar* bliebt dann unerklärt.

Die Verteilung der Belege ist recht aufschlußreich. Hebr. *pešær* begegnet im AT nur 1mal (Koh 8, 1). Das hebr. Verb *pāṯar* begegnet 9mal, wie die 5 Belege von *pittārôn* ausschließlich in der Josefserzählung, näherhin Gen 40 f. Das aram. Nomen *p^{e}šar* begegnet 31mal in Dan, davon 12mal in Dan 2, das aram. Verb ist 2mal belegt (Dan 5, 12. 16). Hinzukommt noch Sir 38, 14.

Das Hauptverbreitungsgebiet liegt eindeutig in der Literatur von Qumran, wo es insgesamt mehr als 100mal belegt ist, allerdings mit wenigen Ausnahmen (CD 4, 14; 1 Q 30, 1, 6; Mur 18, 6) in Kommentaren zu bibl. Büchern sowie im Buch Henoch. CD 4, 14 ist eine Auslegung von Jes 24, 19; 1 Q 30, 1, 6 hat offensichtlich auch die Auslegung von Bibeltexten im Blick (vgl. DJD I 132 f.). In Mur 18, ein Schuldschein, ist das Verb belegt im *ithpa'el* in der Bedeutung „erstatten, zurückzahlen" (Z. 6; vgl. DictTalm 1249).

In der rabbin. Literatur begegnet das Verb *pāšar* in der Bedeutung „lau sein", wahrscheinlich ein Homophon, dann „lösen, abgelöst, aufgelöst sein", aber auch „Träume deuten" (z. B. Joma 28[b]; Ber 56[a]; vgl. WTM IV 151 ff.); in nahezu gleicher Bedeutung wird *pāṯar* verwendet (ebd. 160; etwas ungenau Horgan 229–256). In der Fülle der von WTM angeführten und besprochenen Belege dominiert die Bedeutung „Traumdeutung", während man die Bedeutung der „Schriftauslegung" völlig vermißt, die bei den Rabbinen sich vornehmlich im Midrasch konzentrierte. Hier aber ist WTM zu ergänzen: *pāṯar* begegnet in der rabbin. Literatur (vgl. die Belege bei Gertner 18) ähnlich wie in Qumran, jedoch häufig mit dem Unterschied, daß die Auslegung primär identifizieren, erst sekundär aktualisieren will.

II. Nach dem bisherigen Befund begegnet *pšr/ptr* neben Gen 40 f. ausschließlich in späten at.lichen Texten, in Qumran und in der rabbin. Literatur. Dies würde zumindest für die Traumdeutungsgeschichte im Rahmen der Josefsgeschichte eine relativ späte Datierung vermuten lassen (vgl. aber w. u.).

Der kontextuelle Zusammenhang ist in allen Belegen überraschend einförmig: es geht um eine Deutung eines von einem König vorgetragenen Problems, fast überall um die Deutung eines Traumes des Königs.

1. Koh 8, 1 macht nur scheinbar davon eine Ausnahme. V. 1a „Wer ist gebildet (*ḥāḵām*), wer versteht es, ein Wort zu deuten (*mî jôḏea' pešær dāḇār*)?" ist ein isolierter Spruch, im jetzigen Kontext eine konstatierende Frage auf einen Diskurs über das Problem, „ob es mit auf Erfahrung und Beobachtung gründender, induktiver Erkenntnis vielleicht anders bestellt sei und besser gehe als mit dem traditionellen Wissenserwerb durch Lernen von Sprichwörtern" (N. Lohfink, Kohelet, NEB, 56). Es mag besser gehen, führt aber letztlich auch zu nichts. Erst im Zusammenhang mit v. 1b zeigt der Satz seinen ursprünglichen Kontext. Dort war die Rede vom Berater des Königs, dessen Wissen und Rat (und damit auch *pešær*) die Miene des Königs erleuchtet.

2. In der Josefsgeschichte geht es um die Deutung der Träume der beiden hohen Beamten (Gen 40) und des Pharao (Gen 41). Die Datierung und redaktionsgeschichtliche Einordnung dieser Belege hängt ab von der Einordnung der gesamten Josefsgeschichte. Versteht man sie als Diaspora-Novelle, dürfte sie exil.-nachexil. anzusetzen sein, was der Spätdatierung der sonstigen *pšr*-Belege entspricht. Neigt man dagegen zu der Ansicht, in der Josefsgeschichte sei das Weiterlaufen der klassischen Pent.-Quellen zu beobachten, dann wird man in Gen 40 primär J, in Gen 41 dagegen eher E vermuten können (vgl. J. Scharbert, Genesis 12–50, NEB). Wie dem auch sei, das Motiv des

Königs, der seine Weisen um die Deutung seiner Träume ersucht, hat sicher ein hohes Alter. Ähnlich wird man den Drang nach Deutung von unangenehmen Träumen einschätzen müssen. Für solche Aufgaben standen berufsmäßige Traumdeuter (*ḥarṭummîm* → III 189ff.) bereit, die im Umkreis der Magier genannt werden (Dan 1; 2 passim). Der Vorgang des Traumdeutens wird durch die Verben *pāṯar* und *ngd hiph* gefaßt. Die Parallelität dieser beiden Verben faßt den Deutungsvorgang als Offenbarungsvermittlung (F. García López, → V 192f.), die nichts mit Mantik zu tun hat, deshalb von den Mantikern auch nicht geleistet werden kann, sondern eher eine prophetische Qualität hat, deshalb den Josef – wie später den Daniel – als Propheten ausweist (vgl. Gen 41,38), da man den Träumen einen prophetischen Wert zusprach (E!; → חלם *ḥālam*). Traum wie Deutung sind Offenbarung, die unmittelbar auf Gott zurückgeführt werden (vgl. vv. 16. 25. 28. 32). Bedeutsam ist, daß die Deutung in allen Fällen unmittelbar eine Handlung zur Folge hat.

3. Die symbolischen Träume bei Daniel zeigen deutliche apokalyptische Züge. Wie in der Josefsgeschichte werden auch hier Traum und Deutung dezidiert als von Gott ausgehende Offenbarung (vgl. die begleitenden Verben *gālāh* und *jāḏaʿ hiph*) verstanden, dies sogar graduell intensiviert, insofern nun auch Daniel selbst die „Deutung der Sachen" (*pᵉšar millajjāʾ*, Dan 7,16) von Gott über einen angelus interpres erfragen muß, obwohl Daniel doch sonst Träume deuten kann (Sach 6,14 Σ nennt ihn *ḥolem*; Dan 5,12 *mᵉpaššar ḥælmîn* „Traumdeuter"). Ganz eindeutig ist hier wie in der Josefsgeschichte die durch Gott initiierte und bewirkte Traumdeutung gegen die ausländische Mantik gerichtet. Die Symbolträume und ihre Deutungen im Danielbuch resultieren nicht in einer dynamischen Handlung, sondern verbleiben bei einer statischen Rätsellösung und Symboldekodierung. Trotzdem wird auch hier im Traum eine künftige Wirklichkeit artikuliert, wie dann der *pešær* die im Traum gesehene Wirklichkeit vorwegnimmt.

4. Die LXX benutzt zur Wiedergabe mehrere Vokabeln: für die Verben *pāṯar* / *pᵉšar* συνκρίνειν (Ausnahme Gen 41,8 ἀπαγγέλλειν), für die Nomina *pešær* λύσις, *pᵉšar* σύγκρισις (Ausnahme Gen 40,8 διασάφησις). In Sir 38,14 übersetzt sie hebr. *pᵉšārāh*, hier in der Bedeutung „ärztliche Untersuchung", einmalig durch ἀνάπαυσις „Ruhe, Erholung" und interpretiert den hebr. Text bereits im Vorgriff auf v. 14b, wo von der „Heilung" gesprochen wird.

III. Für die Übernahme der Vokabel ins qumranessenische Sprachgut waren zwei Komponenten ausschlaggebend: einmal die prophetische, dann die apokalyptische. Beide Komponenten werden konsequent ausgezogen. So werden als erstes die prophetischen Bücher gedeutet (Aufgabe des Priesters in der Gemeinde, vgl. 1 QpHab 2, 8f.), dann auch einzelne Psalmen (bes. Ps 37), die dadurch als prophetisch gewertet werden. Wie in der Exilszeit Israels gewann die Frage nach der Einlösung göttlicher Weissagungen durch die Propheten auch jetzt im selbstgewählten Exil besondere Dringlichkeit. Die *pešær*-Deutung legt also den Bibeltext konsequent auf die unmittelbare – apokalyptisch verstandene – Gegenwart des Interpreten und seiner Gemeinde aus (vgl. J. Maier, BiKi 40, 1985, 52). Bisher sind in Qumran 19 verschiedene Texte gefunden, in denen eine Schriftauslegung (meist *eines* bibl. Buches; nur 4 QpJes[c] und die thematischen Pescharim 11 QMelch und 4 QFlor zitieren aus verschiedenen Büchern) vorgenommen wird, die durch Interpretationsformeln eingeleitet wird. Folgende Formeln lassen sich erkennen, ohne daß eine spezifische Verwendung und differenzierte Bedeutung sicher nachweisbar wäre:

pešær haddāḇār ʿal + Subst.: „die Deutung des Wortes bezieht sich auf ..." (z. B. 1 QpHab 2, 5; 10, 9; 12, 2. 12; 4 QFlor 1, 14. 19 u. ö.);

pešær haddāḇār ʾašær + Verb: „die Deutung des Wortes ist, daß ..." (z. B. 1 QpHab 5, 3; 4 QpJes[a] 1, 2 u. ö.);

pišrô ʿal + Subst.: „seine Deutung bezieht sich auf ..." (z. B. 1 QpHab 2, 12; 3, 4; 4, 5. 10; 5, 9; 6, 10; 4 QpNah 1, 6; 4QpPs 37 1, 2. 6. 8 u. ö.);

pišrô ʾašær: „seine Deutung ist, daß ..." (z. B. 1 QpHab 4, 1–2; 5, 7; 7, 7. 15; 4 QpHos[b] 2, 12. 15; 4 QpPs 37 2, 3 u. ö.);

pišrô + Subst. oder Personalpronomen: „seine Deutung: er/sie/es ..." (z. B. 1 QpHab 12, 7–10; 4 QpNah 2, 2 u. ö.);

pišrô lᵉ „seine Deutung bezieht sich auf ..." (z. B. 4 QpJes[c] 6–7 II 8. 17).

Die apokalyptische Einbindung zeigt sich besonders deutlich in der Formel

pešær haddāḇār lᵉʾaḥarîṯ hajjāmîm: „die Deutung des Wortes bezieht sich auf das Ende der Tage ..." (4 QpJes[b] 2, 1 u. ö.) und

pešær happiṯgām lᵉʾaḥarîṯ hajjāmîm ... lᵉ: „die Deutung des Ausspruches bezieht sich auf das Ende der Tage ..." (z. B. 4 QpJes[a] 5–6, 10) (weitere Differenzierungen bei Horgan).

Diese nahezu ausschließlich gebundene Verwendung des Begriffes in den Qumrantexten zeigt, daß er inzwischen die Valenz eines terminus technicus der Schriftauslegung gewonnen hat.

Die *pešær*-Kommentierung biblischer Schriften geschieht in unterschiedlicher Nähe zum kommentierten Text (vgl. Horgan 244f.):

1.) Die Auslegung orientiert sich eng am (Handlungs-)Ablauf des Zitates bis hin zur wörtlichen Übernahme des Textes (vgl. 1 QpHab 2, 10–3, 13 in Aufnahme von Hab 1, 6ff.; 1 QpHab 11, 2–8 in Aufnahme von Hab 2, 15; vgl. auch 4 QFlor 1, 7f. u. ö.).

2.) Manchmal greift die Auslegung nur Schlüsselworte oder -vorstellungen auf, um sich dann unabhängig vom zitierten Text fortzuentwickeln (vgl. 1 QpHab 1, 16–2, 10, wo aus Hab 1, 5 nur das Motiv „Ihr glaubt es nicht, wenn ihr es hört" aufgegriffen wird). Solche Schlüsselworte können in der Auslegung dann auch durch Metathese oder Stichwortassoziation ein völlig differenziertes Eigenleben entfalten (vgl. 4 QpPs[a] 1–10, 1, 25–2, 1).

3.) Oft beschränkt sich die Auslegung auf eine metaphorische Identifikation (Allegorese) der im Zitat genannten Personen, Orte oder Dinge (vgl. 4 QpPs 37, 2, 4 „Die auf JHWH harren, werden das Land erben" [Ps 37, 9] werden mit der Gemeinde von Qumran identifiziert; vgl. auch 3, 4f. 9f. u. ö.).

4.) Gelegentlich steht die Auslegung nur in loser Beziehung zum Zitat (vgl. z. B. 4 QpNah 3, 1–5).

IV. In der genauen Bestimmung des hermeneutischen Prinzips *pešær* beobachtet man mehrere Ansätze, die sich auf zwei Lager verteilen: der *pešær* gehört wie der Midrasch zur rabbinischen Literatur oder er ist völlig unabhängig davon:

1. Lange Zeit bestimmend blieb die Identifikation des *pešær* mit dem Midrasch (Brownlee), der primär eine aktualisierende, auf die jeweilige Gegenwart bezogene Auslegung bezeichnet, eine erbauliche Erklärung der Schrift in Form einer Vers-für-Vers-Erklärung oder einer punktuell ansetzenden Homilie.

2. Tatsächlich ist die Auslegungsmethode des *pešær* diesem sehr ähnlich, jedoch mit dem wesentlichen Unterschied, daß nun die Auslegung sich nicht mehr aus dem Bibeltext ableiten läßt, sondern umgekehrt dem Bibeltext eine Auslegung unterlegt. Neben den Midrasch als deduktive tritt der *pešær* als induktive Auslegung. Der Interpret stützt sich also auf eine eigene Offenbarung, so daß der *pešær* mehr als der Midrasch eine eigene Offenbarungsschrift sein will: Schlüsseloffenbarung zu einer bereits ergangenen früheren Offenbarung. Die Verwandtschaft zur hermeneutischen Methode des Danielbuches ist offensichtlich (Elliger, Szörényi).

3. Mit Recht sind hier weitere Differenzierungen vorgenommen worden (z. B. Silberman): die at.liche Vorgabe bes. vom Danielbuch her zeigt, daß *pešær* dort immer Traum- und Zeicheninterpretation, nie jedoch Textinterpretation darstellt. Eine Propheteninterpretation ist auch in erster Linie Traum-(Visions-)Interpretation, nicht jedoch Schriftinterpretation (vgl. Feltes 196–199). So bildet der qumranessenische *pešær* eine Mischform: midraschische Auslegung auf der Basis einer Schlüsseloffenbarung. Horgan intensiviert dies, indem sie für den *pešær* eine von der rabbin. Literatur völlig separate Entstehung postuliert.

4. Rabinowitz geht von der Etymologie „Vorbedeutung, Vorzeichen" (vgl. aber o.) aus und lehnt eine Deutung als hermeneutisches Prinzip ab: ein *pešær* konstatiert eine Wirklichkeit, die durch einen Bibeltext als „vorangezeigt" gedacht werden muß, und zeigt Personen, Orte oder Zeiten an, auf die das „Vorangezeigte" bezogen werden muß. Der Zweck des *pešær* ist es, das Kommende vorherzusagen, wie es in den noch nicht erfüllten Voranzeigen des göttlichen Wortes angezeigt ist, und die Glaubwürdigkeit der noch unerfüllten Voranzeigen zu bestätigen dadurch, daß die Fakten mit den bereits erfüllten Voranzeigen identifiziert werden. Der *pešær* hat also nichts mit einem intellektuellen Verstehen eines Textes zu tun, er ist vielmehr die artikulierte Vorahnung der Realität und zugleich die realisierte Vorahnung. „The term *pesher*, in fine, never denotes just an explanation or exposition, but always a presaged reality, either envisaged as emergent or else observed as already actualized" (a. a. O. 225f.; zur Kritik vgl. Horgan 229–259).

5. J. J. Collins (im Anschluß an Szörényi) sieht im *pešær* eine literarische Erscheinung der spätat.lichen Apokalyptik. Die zeitgeschichtlichen Umstände und das Fehlen charismatischer Prophetie zur Problemmeisterung bilden die Grundlage für das Phänomen der „Prophetie durch Deutung", die sich im Buch Daniel, im qumranessenischen *pešær*, aber auch in der „demotischen Chronik" (vgl. W. Spiegelberg, 1914) artikuliert.

6. F. F. Bruce schließlich sah das hermeneutische Prinzip des *pešær* bereits im AT selbst in der Re-Interpretation älterer prophetischer Texte durch jüngere Propheten begründet (z. B. Jes 29, 12f. → Hab 1, 5f.), wenn es auch der Qumranausleger subjektiv anders interpretierte. Er „dachte nicht an eine nochmalige Anwendung des Prophetenwortes, sondern an einen einmaligen Bezug desselben, nämlich auf Zeit und politisch-geschichtliche Umstände der Exulanten am Toten Meer" (Feltes 230).

7. Zuletzt hat G. J. Brooke darauf hingewiesen, daß die *p[e]šārîm* sich vornehmlich zu Büchern finden, die in der Liturgie gebraucht wurden. Der *pešær* zeigt damit seinen Sitz in der Homilie vor versammelter Gemeinde. Der autorisierte *pešær* wird damit weniger Deutung der Heiligen Schrift als vielmehr verantwortete Deutung der Gemeindeexistenz im Lichte at.licher Prophetie auf der Basis eines konsequenten Erwählungs- und Selbstbewußtseins.

Fabry | Dahmen

פֵּשֶׁת *pešæt*

I. 1. Etymologie und Bedeutung – 2. Belege – 3. Wortfeld – II. Konkrete Verwendung und Bedeutung – III. Metaphorische Verwendung und Bedeutung.

Lit.: *I. Löw*, Aramäische Pflanzennamen, 1881. – *Ders.*, Die Flora der Juden II, Wien 1924. – *H. N. Moldenke / A. L. Moldenke*, Plants of the Bible, Waltham 1952. – *H.-P. Müller*, Notizen zu althebräischen Inschriften I (UF 2, 1970, 229–242, bes. 230f.). – *A. E. Rüthy*, Die Pflanze und ihre Teile im biblisch-hebräischen Sprachgebrauch, Bern 1942. – *K. A. Tångberg*, A Note on *Pištî* in Hos II 7, 11 (VT 27, 1977, 222–224). – *M. Zohary*, Pflanzen der Bibel, 1983, bes. 78.

I. 1. Im Hebr. bezeichnet das Wort *pešæṯ* sowohl die Flachspflanze als das aus Flachsstengeln verarbeitete Leinen (KBL³ 923f.). *pešæṯ* begegnet im Sing., nur mit Suffix und nur 2mal (Hos 2, 7. 11). *Pištāh* bezeichnet sowohl die Pflanze als auch den aus Flachs gearbeiteten Docht. Es ist umstritten, ob *pešæṯ* und *pištāh* zwei Nebenformen sind, oder nur *pištāh* als Sing. von *pištîm* vorkommt. Wäre das letzte der Fall, müßte *pštj* in Hos 2, 7. 11 als *pištaj* punktiert werden (so Rudolph, KAT XIII/1, 63 und Wolff, BK XIV/1², 36). Diese Hypothese wird aber von Tångberg bestritten (vgl. auch Wildberger, BK X/2, 701). Als Beleg für die Form *pešæṯ* darf das Wort *pšt* im Gezer-Kalender gewertet werden (Müller 230f. und KAI 182, 3). Dieselbe Wurzel kommt auch vor im Ugar.: *pṯt* (UT Nr. 2135; WUS Nr. 2296), im Mhebr.: *pištān* (Löw, Aramäische Pflanzennamen 233), im Pun.: *pšt* (DISO 238). (S. auch Löw, Die Flora der Juden II 208ff.).

2. *pešæṯ*/*pištîm* kommt im AT 16mal vor: Lev 4mal, Dtn, Jos, Ri, Jes, Jer je 1mal, Ez 4mal, Hos 2mal, Spr 1mal; *pištāh* 4mal: Ex 2mal, Jes 2mal.

3. Flachs wird sehr oft neben Wolle (→ צמר *ṣæmær*) erwähnt (Lev 13, 47. 48. 52. 59; Dtn 22, 11; Hos 2, 7. 11; Spr 31, 13). Flachs und Wolle sind die gewöhnlichen Rohstoffe für die Kleidung. Die Schafwolle (*gez*) wärmt (Ijob 31, 20), der Flachs dagegen kühlt (Ez 44, 17f.). In Dtn 22, 11 wird diese Unverträglichkeit der beiden Materialien zur Grundlage für das Verbot, Flachs und Wolle zusammenzuweben (vgl. auch Lev 19, 19).

II. In Ex 9, 31 und Jes 19, 9f. wird Anbau von Flachs für Ägypten vorausgesetzt. In Ex 9, 31 ist Flachs neben der Gerste erwähnt. Das ist vielleicht ein Beleg für die Schätzung des Flachssamens als Nahrungsmittel (vgl. auch die Erwähnung von Flachs im Gezer-Kalender; Müller). Daß man daneben die Leinenproduktion betrieb, ergibt sich aus Jes 19, 9f., wo die Ägypter, die den Flachs verarbeiten, kämmen und weben, verurteilt werden. Nach Jos 2, 6 legte man in Jericho die Flachsstengel (*pištê hā'eṣ*) auf das Dach zum Trocknen, und in 1 Chr 4, 21 kann man von speziellen Geschlechtern der Leinenweber lesen. Hosea zählt Flachs und Wolle zu den guten Gaben JHWHs, sowie Brot und Wasser, Öl und Getränke (Hos 2, 7. 11). Die tüchtige Hausfrau geht mit Wolle und Flachs um und arbeitet gerne mit ihren Händen (Spr 31, 13). Im Gesetz über die Feststellung von Aussatz wird vorausgesetzt, daß das befallene Kleid aus Flachs oder Wolle gewebt ist (Lev 13, 47ff.). Die levitischen Priester sollen nach Ez bei dem Dienst am Heiligtum leinene Kleider anziehen. Sie dürfen nichts Wollenes anhaben, sondern einen leinenen Kopfbund und leinene Beinkleider, so daß sie nicht schwitzen (Ez 44, 17f.). Der Schweiß ist wohl als unrein betrachtet worden. Außer zu Kleidern kann man Flachs zu Schnüren verarbeiten (Ez 40, 3).
Nach Ri 15, 14 hat Simson seine Fesseln wie Flachsfäden, die das Feuer versengt hat, zerrissen. Auch als Docht ist Flachs verwendbar (Jes 42, 3; 43, 17).

III. Eine Bildhandlung des Propheten Jeremias (Jer 13, 1ff.) verkündet das kommende Verderben. Juda und Jerusalem sollen wie der leinene Gürtel werden, der lange Zeit in einer Felsspalte gelegen hat und verdorben ist: sie taugen nichts mehr. Denn wie Jeremia seine Lenden mit dem Gürtel gegürtet hat, so hat auch JHWH Israel und Juda um sich gegürtet, daß sie sein Volk sein sollten; aber sie wollten nicht hören. Zweimal wird *pištāh*, „Docht", metaphorisch benutzt. Jes 42, 3 beschreibt den Knecht Gottes mit den Worten: „... und den glimmenden Docht löscht er nicht aus." Die negative Ausdrucksweise spiegelt die vorhandene Situation wider. Im Exil ist das Volk wie eine erlöschende Lampe. Der Knecht will sie aber nicht auslöschen, d. h. er will sie vielmehr füllen, so daß sie wieder leuchten kann. In Jes 43, 17 wird die Niederlage Pharaos am Schilfmeer mit dem Erlöschen des Dochts verglichen. Die Kombination von Ertrinken und Erlöschen, wodurch Wasser und Feuer zusammengestellt werden, erinnert an den Anfang des Kapitels, wo JHWH verspricht, sein Volk zu erlösen: die Ströme sollen es nicht ertränken, die Flamme soll es nicht versengen (Jes 43, 2), denn überall ist JHWH sein Retter. Ganz anders ist hier das Bild von Wasser – Feuer benutzt als in Jes 1, 29–31, wo das Volk wie ein Garten ohne Wasser sein wird, der Starke wie Werg und sein Tun wie ein Funke, und beide miteinander brennen – und niemand löscht.

K. Nielsen

פִּתְאֹם *piṯ'om*

פֶּתַע *pæṯa'*

Lit.: *D. Daube*, The Sudden in the Scriptures, Leiden 1964. – *L. Kopf*, Arabische Etymologien und Parallelen zum Bibelwörterbuch (VT 9, 1959, 247–287, bes. 271f.).

piṯ'om 'plötzlich' ist ein Adverb mit normaler Mimation, jedoch mit singulärem Vokal *o* statt *ā*. Das vergleichbare Adverb *šilšôm* 'vorgestern' ist kein wirkliches Analogon, da es aus *šālîš* und *jôm* zusammengezogen sein dürfte (vgl. ababyl. *šalšūmi*, ARM III 74, 5). Das *o* in *piṯ'om* läßt sich am besten als Rest eines ursprünglichen Lokativs erklären (mit C. Brockelmann, ZA 14, 1899, 346; VG I 465; BLe § 65z; KBL³ 924), wofür auch analoge Bildungen im Akk. sprechen (W. v. Soden, GAG § 113f). Weniger überzeugen die Herleitung von einer alten Nominativ-Endung (P. Dhorme, RB 11, 1914, 346) oder die Erklärung als Ersatzdehnung für die Laryngal-Abschwächung (P. Joüon, Grammaire § 102b). Dem Adverb *piṯ'om* dürfte das Nomen *pæṯa'* 'Augenblick' zugrundeliegen (mit Abschwächung des ע in א). Auf die Stammverwandtschaft verweisen Doppelausdrücke, die in steigernder Weise ein „urplötzlich" umschreiben: *bᵉpæṭaʿ piṭ'om* (Num 6,9; Sir 11,21), *lᵉpæṭaʿ piṭ'om* (Jes 29, 5), *pæṭaʿ piṭ'ôm* (1 QH 17,5), *piṭ'om lᵉpæṭaʿ* (Jes 30,13).

Am stärksten ist *piṭ'om* in der prophetischen Literatur (10mal) und in der Weisheit (7mal) belegt. Dabei ist von Spr 7,22 abgesehen, wo mit LXX und den meisten Auslegern *pᵉṭāʾîm* „(wie) Einfältige" zu lesen ist (anders O. Plöger, BK XVII 74: „kurz entschlossen"). In berichtenden Texten kommt das Wort nur 4mal vor, dazu treten ein Beleg in einem Ritualtext (Num 6,9) und zwei Belege in einem Psalm (Ps 64,5.8).

Die durch *piṭ'om* qualifizierten Ereignisse sind überwiegend unheilvoller Art (zutreffend, aber allzu einlinig herausgearbeitet von Daube). Selten wird *piṭ'om* direkt auf eine Rettungstat Gottes oder sein heilvolles Handeln überhaupt bezogen. Freilich kommt das mit *piṭ'om* bezeichnete Geschehen, soweit es sich auf die Feinde richtet, indirekt auch Israel bzw. dem Einzelnen zugute. Das zeigt sich schon bei den Texten, in denen ein Mensch Subjekt des Vorganges ist. Jos 10,9; 11,7 beschreiben Überraschungsangriffe Josuas, die jeweils zum Sieg über die Feinde führen (vgl. A. Malamat, EncJud Year Book 1975/76, 178 f.).

Vom unvorhergesehenen Tod eines Menschen handeln Num 6,9 und Ijob 9,23, allerdings in unterschiedlicher Weise. In Num 6,9 geht es darum, daß ein Nasiräer durch den plötzlichen Tod eines anwesenden Menschen entweiht wird. In Ijob 9,23 äußert Ijob eine schwere Anklage gegen Gott: Er töte unversehens Schuldige wie Unschuldige und spotte noch über ihre Verzweiflung.

Die meisten Texte bezeichnen mit *piṭ'om* die Plötzlichkeit des hereinbrechenden Gerichtes JHWHs. In Num 12,4 ist von einem plötzlichen Sprechen Gottes die Rede, das den Aufruhr Mirjams und Aarons abschneidet. Die anderen hierher gehörigen Texte, durchweg aus Prophetenbüchern, betreffen das Gericht JHWHs über sein Volk: im Bild der durch die Sünde rissig gewordenen Mauer (Jes 30,13), in den Aussagen von Jer 4,20 und 6,26, die die Verwüstung des Landes teils vorgreifend beklagen, teils ankündigen, schließlich in der die Ereignisse von 597 voraussetzenden JHWH-Klage Jer 15,8. Auf das prompte Eintreffen des angesagten Gerichts bezieht sich der dtjes Text Jes 48,3. Den Vorboten des zum Gericht kommenden Gottes kündigt Mal 3,1 an.

Umgekehrt kann sich der Vernichtungsschlag JHWHs auch gegen die Feinde Israels richten. Sowohl in Jer 51,8 als auch in Jes 47,11, beides Völkerspruch-Texte, wird der plötzliche Zusammenbruch Babels zur Sprache gebracht. Erbeten wird das Eingreifen JHWHs gegen die persönlichen Feinde, die als Verächter des prophetischen Wortes auch Widersacher Gottes sind, in dem „Konfessions"-Text Jer 18,22. Die Erhörung eines ähnlichen Wunsches spiegelt Ps 64,5.8 wider, und zwar in Form einer Entsprechungsstrafe: Wie die Feinde des Beters unversehens Denunziationen wie einen Pfeil gegen ihn schleudern (v. 5), so trifft sie Gott plötzlich mit seinem Pfeil der Strafe (v. 8).

Zu den Themen der Weisheit gehört das plötzliche Ende des Toren (Ijob 5,3), des Frevlers (Spr 3,25) bzw. des Unheilstifters (Spr 6,15), aber auch die Mahnung zu distanziertem Wohlverhalten gegenüber Höhergestellten, die rasch Verderben bereiten können (Spr 24,22). Elifas erklärt in Ijob 22,10 Ijobs Unheilssituation („Klappnetze ... und plötzliches Erschrekken") als Folge seiner Schuld. Kohelet beschreibt die Hilflosigkeit des Menschen gegenüber der verrinnenden Zeit und dem plötzlich zuschlagenden bösen Schicksal (Koh 9,12).

Direkte Bezugnahmen auf heilvolle Setzungen Gottes mit *piṭ'om* ergeben sich an zwei Stellen: Jes 29,5 spricht – wohl unter Bezug auf die Ereignisse von 701 – von einem plötzlichen Eingreifen JHWHs in einer Gewittertheophanie, das die Zerstreuung der Feinde und die Errettung Jerusalems bewirkt. In 2 Chr 29,36 wird der rasche Erfolg der Kultmaßnahmen Hiskijas als Tat Gottes interpretiert.

Vor dem plötzlich hereinbrechenden Gerichtstag Gottes warnt Sir 5,7. Der textlich schwierige Vers Sir 40,14 meint wohl den rasch dahinschwindenden Reichtum des Frevlers. Eine mögliche positive Wendung des Geschicks des Armen erwägt Sir 11,21: Gott kann auch ihm unversehens zu Reichtum verhelfen. Die drei Belege aus Qumran (1 QH 8,18; 17,5; CD 14,2) sind wegen unklarer oder fragmentarischer Kontexte wenig aussagekräftig; in CD 14,2 ist zudem die Lesung *pᵉṭāʾîm* „Toren" vorzuziehen.

Thiel

פתה *pth*

פְּתִי *pæṭî*, **פְּתַיּוּת** *pᵉṭajjûṭ*

I. Allgemein – 1. Statistik – 2. Verwandte Sprachen – 3. Alte Übersetzungen – 4. Grundbedeutung – II. Die biblischen Belege – 1. Substantive – 2. Verb – a) *qal* und *niph* – b) *pi* und *pu* – III. *pth pi* mit JHWH als Subjekt – a) Jer 20,7 – b) Ez 14,9 – c) Hos 2,16 – IV. Qumran.

Lit.: *J. Dupont*, Les „simples" (*petâyim*) dans la Bible et à Qumrân (Festschr. G. Rinaldi, Genua 1967, 329–336). – *R. Mosis*, Ez 14,1–11 – ein Ruf zur Umkehr (BZ NF 19, 1975, 161–194). – *M. Sæbø*, פתה *pth* verleitbar sein (THAT II 495–498). – Weitere Lit. → אֱוִיל *ᵉʷîl*; → חכם *ḥkm*; → כסל *ksl*; → נָבָל *nābāl*.

I.1. Die Wurzel *ptj/h* wird von den Wörterbüchern wiedergegeben mit „verleitbar, unerfahren, töricht (sein)" o.ä. (vgl. z. B. Sæbø; KBL³). Sie ist in substantivischen Bildungen und als Verb im MT 47mal belegt, dazu noch 6mal in Sir. Adjektivische Bildungen fehlen. 18 von den insgesamt 20 substantivischen Vorkommen (mit Ps 19,8; 119,130) und 14 von den insgesamt 33 Vorkommen des Verbs, also etwa 3/5 aller Vorkommen finden sich in eindeutig weisheitlichen Zusammenhängen. Die meisten der übrigen Belege, insbesondere des Verbs, lassen sich gut als Übertragung weisheitlicher Denkmöglichkeiten auf zunächst nicht weisheitliche Bereiche verstehen. Der mit *ptj/h* gemeinte Sachverhalt gehört also von Haus aus in den Bereich weisheitlichen Verstehens und Verhaltens.

Der nur Joël 1,1 vorkommende PN (*jô'el bæn-*) *p^{e}ṯû'el* ist unerklärt (vgl. H. W. Wolff, BK XIV/2, 28; W. Rudolph, KAT XIII/2, 36) und kann hier außer acht bleiben. – Gen 9,27 kann das *hiph japt* (*'^{ae}lohîm l^{e}jæpæt*) kaum vom hebr. *pth* abgeleitet werden (*pth hiph* sonst nicht belegt, *pth* nie mit *l^e* konstruiert). Es dürfte hier ein einmaliges und künstliches (spätes?; zeitgeschichtlicher Hintergrund für das Wohnen des Jafet in den Zelten Sems und seiner Herrschaft über Kanaan v. 27aβ.b das Vordringen der Griechen in der späteren Perserzeit?) Wortspiel unter Verwendung der gut bezeugten aram. Wurzel *ptj/'* „weit sein" o.ä. vorliegen (Wagner, BZAW 96, 1966, 97 u.a.). Das so entstandene hebr. hap. leg. *pth* ist als LW aus dem Aram. von *pth* I zu unterscheiden. – Von manchen wird auch das Ptz. *poṯæh* Spr 20,19 von aram. *ptj/'* abgeleitet (so z.B. KBL^3 926; GesB 666), jedoch scheint die Zuordnung zu hebr. *pth* wahrscheinlicher.

Das Nomen concretum *pæṯî* (auch im Kontext nur als Pausalform, vgl. BLe § 72x'; Joüon § 96Aq) ist insgesamt 18mal (bzw. 19mal, s.u. zu Spr 1,22) belegt (mit Spr 9,6 [s.u.] und ohne Spr 7,22: hier ist die Änderung von *piṯ'om* in *p^{e}ṯā'im* unnötig; auch sprechen die Sing.e des Kontextes gegen den Pl. *p^{e}ṯā'im*), davon 11mal im Pl. (zur Schreibweise des Pl. vgl. BLe § 72p'; GKa § 93x; Joüon § 96Aq).

Schwierig ist das Verständnis von *pæṯî* Sing. in Spr 1,22 *'ad-mātaj p^{e}ṯājim t^e'eh^{a}bû pæṯî*. Offensichtlich fungiert hier *pæṯî* nicht als Nomen concretum, sondern als Nomen abstractum. Allerdings dürfte es kaum richtig sein, dieses nur hier belegte abstrakt verwendete *pæṯî* als eigenes Wort *pæṯî* II vom Nomen concretum klar zu trennen (so z.B. GesB; KBL$^{2.3}$ s.v.). Denn daß neben der eindeutigen Abstraktbildung *p^{e}ṯajjûṯ* Spr 9,13 von derselben Wurzel (und wohl innerhalb derselben literarischen Schicht) ein weiteres selbständiges Nomen abstractum zu finden wäre, das noch dazu aufgrund der Wortbildung nicht als solches erkennbar wäre, ist unwahrscheinlich. König (Wörterbuch s.v.) nimmt an, daß *pæṯî* von Haus aus ein Nomen abstractum ist, das allerdings an fast allen Stellen metonymisch als Abstractum pro Concreto (Synekdoche, vgl. E. König, Stilistik, Rhetorik, Poetik, 1900, 65–69) verwendet wird. Gegen diese Auffassung spricht, daß die angenommene abstrakte Grundbedeutung von *pæṯî* Sing. nur noch in Spr 1,22 gegeben wäre, und daß in derselben literarischen Schicht Spr 9,13 sich die Abstraktbildung *p^{e}ṯajjûṯ* findet. – Nun liegt Spr 1,22 offensichtlich ein Wortspiel vor, und so dürfte (mit Zorell, Lexicon s.v.) anzunehmen sein, daß im sehr künstlichen, ja manieristischen Kontext von Spr 1,20–33 und in Angleichung an den folgenden Halbvers Spr 1,22aβ (*leṣîm – lāṣôn*) hier einmalig das Nomen concretum pro Abstracto gesetzt worden ist. Spr 1,22aα wäre also als weiterer Beleg für *pæṯî* zu den oben genannten 18 Belegen hinzuzuzählen. – Zorell (Lexicon s.v.) faßt auch in Spr 9,6 den Pl. (*'izbû*) *p^{e}ṯā'jim* als Concretum pro Abstracto auf. Zwar verlangt → *'zb* in der Regel ein Objekt. Dieses kann jedoch öfter unausgesprochen bleiben und muß dann aus dem Kontext sinngemäß ergänzt werden, so z.B. Ps 10,14; Jer 14,5; Neh 3,34, Text?; Spr 28,13). *p^{e}ṯā'jim* könnte dann hier wie Spr 1,22; 8,5 Vokativ Pl. sein. Oder es ist als Nomen concretum Objektakkusativ „verlasset die Einfältigen" (so z.B. F. Delitzsch, BC IV/3, 1873, 154; vgl. O. Plöger, BK XVII 99; anders die alten Übersetzungen und die meisten Kommentare). Denn daß derselbe Verfasser Spr 9,13 das Abstractum *p^{e}ṯajjûṯ* und Spr 9,6 ein anderes, aber mißverständliches Abstractum *p^{e}ṯā'jim* gebraucht haben soll, ist unwahrscheinlich (Delitzsch). Die von anderen vorgeschlagene Änderung von *p^{e}ṯā'jim* in *p^{e}ṯajjûṯ* erübrigt sich damit. Auch wäre unerklärlich, wie ursprüngliches *p^{e}ṯajjûṯ* in *p^{e}ṯā'jim* hätte verlesen werden können.

Außer dem konkreten Nomen *pæṯî* ist noch 1mal das abstrakte Nomen *p^{e}ṯajjûṯ* belegt (Spr 9,13), eine späte und wohl künstliche Bildung (wie das parallele hap. leg. *k^{e}sîlûṯ*; aram. Einfluß?, vgl. Wagner, BZAW 96, 1966, 130f.; vgl. auch GKa § 86k), die keinen Eingang fand in die breiter verwendete bibl. und nachbibl. Sprache.

Das Verb *pth* begegnet im *qal*, *niph*, *pu* und häufig im *pi*. *pth qal* ist im MT nur 5mal belegt, dazu noch 4mal in Sir. Auffällig ist, daß von den insgesamt 9 Belegen 7 auf das Ptz. *poṯæh* entfallen (mit Spr 20,19, s.o.), also auf die nominale Form, die nicht einen Vorgang oder eine Handlung, sondern eine Eigenschaft oder einen Zustand wiedergibt. Auch dürften die beiden finiten Vorkommen von *pth qal* (Dtn 11,16; Ijob 31,27) als Zustandsverb und nicht als Vorgangsverb aufzufassen sein (so Sæbø; E. Jenni. Das hebräische Pi'el, Zürich 1968, 21; anders z.B. KBL^3 925). Die beiden Belege für *pth niph* (Jer 20,7; Ijob 31,9) sind wohl am besten als Niphal tolerativum (vgl. Joüon § 51c; GKa § 51c) zu deuten, wobei der tatsächlich erreichte Effekt, nicht der Vorgang im Blick ist. Ähnlich ist das *pu* an allen vier Belegstellen (mit Sir 42,10, hier *hitp* als Textvariante in Hs Bm) am eingetretenen Zustand des Verleitbar- oder Törichtseins interessiert, der zur Grundlage und Ermöglichung eines daraus folgenden Geschehens wird. – 18mal, also weitaus am häufigsten, ist *pth* im *pi* belegt. Bei der gegebenen intransitiven Bedeutung des Grundstamms hat das *pi* faktitive Bedeutung, d.h. „es bezeichnet das Bewirken des adjektivischen Zustands ohne Rücksicht auf den Hergang" (E. Jenni 275; zu Hos 2,16; Ez 14,9; Jer 20,7 s.u. III). Diese faktitive Bedeutung des *pi* schließt dabei die deklarativ-ästimative ein (ebd. 43).

2. Die Wurzel *ptj/h* fehlt im Akk. Auch das 1mal belegte ugar. *pt* kann allenfalls mit aram. *ptj/'* 'weit sein' o.ä. oder wahrscheinlicher mit *ptt* 'brechen, zerbröckeln' zusammengehören (WUS Nr. 2289), nicht jedoch mit hebr. *ptj/h* (anders UT Nr. 2129). – Gut bezeugt ist aram. *ptj/'* „Weite", „weit sein" o.ä. (vgl. DISO 239; ATTM 673; E. Vogt, LexLingAram 141; KBL^2 1115); vgl. auch akk. *pūtu* AHw II 884f.). Vielfach wird angenommen, daß hebr. *ptj/h* mit aram. *ptj/'* wurzelgleich sei (vgl. Levy, WTM und DictTalm s.vv. *p^{e}ṯā'* und *pāṯāh*; Zorell; König und Gesenius, Thesaurus s.v. *pth*). Die Grundbedeutung 'weit (sein)'

würde dann im Hebr. ausschließlich metonymisch im Sinne von '(geistig) weit', 'beeinflußbar', 'verführbar' verwendet. Da jedoch hebr. *ptj/h* nirgends mehr die angenommene Grundbedeutung erkennen läßt (zu *jap̱t* Gen 9,27 s.o. I.1.), wird man besser zwei verschiedene Wurzeln annehmen (so z.B. KBL[2.3] und GesB s.vv. *pth* I und II) und aram. *ptj/'* zur Bestimmung der Grundbedeutung von hebr. *ptj/h* nicht heranziehen. – Dagegen haben arab. *fatā(w)* 'jugendlich sein', 'großherzig sein' (Wehr, Arab. Wb 623) bzw. *fatan* 'Jüngling' und aram. *paṯjā'* 'Kind' (Dalman, Handwörterbuch 1356), „inexperienced child, lad" (DictTalm II 1253), „Edler, für das Gute Empfänglicher" (Levy, WTM IV 157) dasselbe semantische Feld aufzuweisen wie hebr. *ptj/h*, so daß hier ein Zusammenhang anzunehmen ist.

3. Auffällig ist, daß V (und Hier Ps) das Subst. *pæṯî* überwiegend mit *parvulus* (13mal), *infantia* (2mal), *innocens* (1mal) wiedergibt, mit Ausdrücken also, die nicht negativ werten und die in *pæṯî* vor allem das Moment der unerfahrenen Jugendlichkeit hervorheben (daneben nur wenige Stellen mit *stultus*, *deceptus* o.ä.). Das Verb *pth* wird von V in der Regel mit allgemeinen Ausdrücken des Täuschens wiedergegeben (*decipere* 12mal, *lactare* 6mal), dagegen nur 4mal mit *seducere* 'verführen' (Ex 22,15; Hos 7,11; Jer 20,7 [2mal]).

LXX setzt für das Subst. *pæṯî* an etwa der Hälfte der Stellen ἄφρων 'unverständig' (10mal), jedoch fast ebenso oft Bezeichnungen, die Jugendlichkeit oder Gutmütigkeit und Einfalt ausdrücken (νήπιος 4mal, ἄκακος 5mal). Spr 1,22 sieht die LXX in den *p^e^ṯājim* sogar die besonders Schutzbedürftigen und Schutzwürdigen und ändert entsprechend. Somit versteht LXX an etwa der Hälfte der Stellen *pæṯî* in durchaus positivem Sinn. Für das Verb *pth* steht meistens ἀπατᾶν 'betrügen, täuschen' (16mal) und – weniger häufig – πλανᾶν 'in die Irre führen' (5mal). Auffällig ist, daß LXX für das Verb nie Ausdrücke gebraucht, die gewöhnlich die sexuell-erotische Verführung bezeichnen (z.B. θέλγειν 'bezaubern, verführen'; anders dagegen A). –

4. Das Subst. *pæṯî* wird ausschließlich auf Personen angewandt. Dabei bezeichnet es nie konkret gegebene und individuell begegnende einzelne, sondern meint immer jeweils generell eine Personengruppe in ihrer spezifischen und typischen Eigenart. Das ist offensichtlich der Fall bei den Vorkommen im Pl. (über die Hälfte aller Belege). Aber auch *pæṯî* Sing. hat immer generell die Kategorie der „Einfältigen" oder „Toren" als solche im Blick. Nie steht das Subst. *pæṯî* als Attribut. Als Prädikatsnomen tritt es nur bei pronominalem Subjekt auf, wobei der ganze Satz seinerseits Subjektsatz ist (*mî pæṯî* ... „wer ist ein Einfältiger, der ...", Spr 9,4.16). Überall sonst ist *pæṯî* selbst grammatikalisch oder der Sache nach (z.B. als Vokativ, Spr 1,22; 8,5; 9,6?) Subjekt, d.h. die mit *pæṯî* bezeichnete Qualität wird nicht als akzidentell und fallweise hinzukommende Eigenschaft gesehen, sondern als ein Proprium, das eine bestimmte Personengruppe in ihrer eigentlichen und in der ihr wesentlichen Eigenart charakterisiert. Dem entspricht, daß auch bei verbaler Verwendung der Wurzel beim transitiven und aktiven *pi* immer eine Person das direkte Objekt, beim passiven *pu* und *niph* sowie beim zustandsbeschreibenden *qal* immer Personen das Subjekt sind. Wie beim Subst. *pæṯî* ist also auch beim Verb *pth* der Träger des *pæṯî*-Zustandes nie eine Sache, sondern immer eine Person bzw. eine Personengruppe (1mal durch eine Tiermetapher vermittelt: Hos 7,11).

Sätzen mit dem Verb *pth* folgen öfter explikative und konsekutive Satzkonstruktionen (z.B. Dtn 11,16; Ri 14,15; 16,5; 1 Kön 22,20; Ez 14,9a; Spr 16,29; Jer 20,10). Aber auch dort, wo syntaktisch keine Konsekutivkonstruktion vorliegt, ist der Sache nach meist eine Folge von *pth* angegeben (z.B. Jer 20,7: v.7b expliziert v.7a, indem er die Folge von *pth* und von → חזק *ḥzq* nennt). Oder aber es ist eine explizierende Folge ins Auge gefaßt, ohne daß sie ausdrücklich genannt wird (z.B. Spr 1,10: „Mein Sohn, wenn Sünder dich verleiten wollen", nämlich so zu sein und zu handeln wie sie, vgl. vv. 11ff.). Wenn das Subst. *pæṯî* den Träger einer Handlung und eines Geschehens bezeichnet, ist es immer reduplikativ zu verstehen, so daß die jeweilige Handlung als Folge des mit *pæṯî* bezeichneten Zustands erscheint: Der Einfältige als solcher, insofern und weil er einfältig, töricht ist, handelt in einer bestimmten Weise oder erduldet ein bestimmtes Geschehen (vgl. z.B. Spr 14,15 „der Einfältige glaubt jedem Wort"). Sowohl beim verbalen als auch beim substantivischen Gebrauch der Wurzel *ptj/h* wird somit das Einfältig- und Töricht-Sein immer als Basis und Grund für ein folgendes Handeln oder Geschehen angesehen.

Während z.B. *k^e^sîl* 'Tor' (→ כסל) und *nāḇāl* (→ נבל) 'töricht, frech' immer negativ getönt sind und eine moralische und theologisch-religiöse Abwertung beinhalten, ist *ptj/h* nirgends in sich selbst wertend gebraucht. Es ist eine „vox media" (F. Delitzsch, BC IV/3, 46), die von sich aus kein Werturteil impliziert. Allerdings ist der mit *ptj/h* bezeichnete Zustand nie ein Ziel, das erstrebenswert ist, oder in dem eine Person verweilen soll. Obwohl ohne moralisch-religiöse Wertung, nennt *ptj/h* immer einen Mangel. Dieser Mangel ist entweder eine Gegebenheit, die überwunden werden soll und überwunden werden kann. Der mit diesem Mangel Behaftete gilt dann als besonders gefährdet und besonders schutzbedürftig, und *ptj/h* verbindet sich mit der Vorstellung von eher unerfahrener und naiver Jugendlichkeit (vgl. z.B. Spr 1,4; 7,7: paralleles → נער *na'ar*). In diesem Fall wird *ptj/h* in partem positivam verwendet. Oder er wird angesehen als einer, der in diesem Zustand verharrt und der sein Verhalten von diesem Zustand bestimmt sein läßt. In diesem Fall wird *ptj/h* in partem negativam verwendet. Die an sich wertfreie Beschreibung eines Zustandes bekommt also eine positiv oder negativ wertende Komponente aus dem jeweils intendierten Zusammenhang.

ptj/h kennzeichnet also einen Menschentyp, dem eine

notwendige Reife und Vernünftigkeit fehlt – darum ist er öfter jugendlich vorgestellt –, der jedoch auf Belehrung und Erziehung angewiesen und hierfür offen ist. Dieser Mangel bewirkt eine gewisse Unfähigkeit, den Situationen des Lebens so gerecht zu werden, daß man keinen Schaden erleidet, und bedeutet darum eine Gefährdung, die öfters als äußerst bedrohlich hingestellt wird. Aus dieser Gefährdung ergibt sich eine besondere Schutzbedürftigkeit und Hilflosigkeit. Im Zusammenhang mit dieser Schutzlosigkeit und Bedürftigkeit entwickelt sich dann auch die Vorstellung des besonderen Angewiesenseins auf den Schutz JHWHs und zugleich damit einer besonderen Fürsorge von seiten JHWHs.

II. 1. In Spr 1, 20–33 wendet sich die personifizierte Weisheit an Menschen, die der Erkenntnis und Einsicht noch entbehren. Sie redet ihre Hörer u.a. als „Einfältige und Unerfahrene" an und malt die Möglichkeit aus, daß ihre Worte bei ihnen kein Gehör finden. Denn die „Einfältigen" hängen offensichtlich an ihrer „Einfalt" und „lieben" sie (v. 22, → אהב *'hb*). Sie spricht von der „Abkehr der Einfältigen" (→ שוב *šwb*) von der Weisheit, davon also, daß sie in ihrer „Einfalt" beharren. Diese „Abkehr" wird sie töten (v. 32 → הרג *hrg*), d.h. sie wird ihr Leben mißlingen lassen. Im Ganzen der Rede hat jedoch die Schilderung der Ablehnung und ihrer Folgen nicht die Funktion einer Scheltrede, sondern dient als warnendes und abschreckendes Beispiel und soll die „Einfältigen" dazu bewegen, auf die Weisheit zu hören. Diese Schilderung dient also der werbenden Mahnung.
Eine weitere große Mahnrede der Weisheit findet sich in Spr 8, 1–21. Auch hier wendet sich die Weisheit an die „Einfältigen und Unerfahrenen" und will bei ihnen erreichen, daß sie von ihr Weisheit und Klugheit annehmen (v. 5). Wenn sie sich dieser Erziehung der Weisheit überlassen, führt dies zu Reichtum und gefüllten Schatzkammern, d.h. zu einem geglückten und erfüllten Leben (v. 21).
Der Abschnitt Spr 9, 1–6. 13–18 schließt die ganze Sammlung Spr 1–9 ab und leitet zugleich zu den folgenden Spruchsammlungen Spr 10ff. über (vgl. B. Gemser, HAT I/16², 51 u.a.). Die Weisheit tritt hier als Gastgeberin auf, die ihre Mägde aussendet und zu einem Festmahl in ihr neu gebautes Haus einlädt (vv. 1–6). Die Eingeladenen sind wiederum die „Einfältigen und Unerfahrenen" (v. 4). Wenn sie die Einladung der Weisheit annehmen, gewinnen sie das Leben (v. 6). Die Torheit äfft die Weisheit nach (vv. 13–18), auch sie lädt in ihr Haus ein und auch sie wendet sich an die „Einfältigen und Unerfahrenen" (v. 16). Jedoch ist sie selbst ganz charakterisiert durch *p^e^tajjûṯ* und *k^e^sîlûṯ*, durch „Torheit" und „Unverstand". Wer darum bei ihr einkehrt, bleibt selbst *pæṯî* „einfältig und unerfahren" und gerät in den Bereich des Todes (v. 18), d.h. sein Leben mißlingt.
Nach der ausführlichen Überschrift zum ganzen Proverbienbuch Spr 1,1–6 sind die „Sprüche Salomos" insgesamt zu dem Zweck verfaßt, daß die „Einfältigen und Unerfahrenen", die noch ungebildete, aber für Belehrung offene Jugend (v. 4) Klugheit und Erkenntnis gewinnt und damit instand gesetzt wird, ihr Leben gelingen zu lassen.
In den bisher genannten vier Perikopen wird sowohl die weisheitliche Erkenntnis als auch der Zustand der Adressaten durch eine Fülle sinnverwandter Ausdrücke umschrieben. Neben *ḥŏḵmāh* 'Weisheit' (→ חכם *ḥkm*) begegnen Wörter der Wurzeln → ידע *jd'*, → בין *bjn*, → יכח *jkḥ*, → יעץ *j'ṣ*, → ערם *'rm*, → זמם *zmm*, → ישר *jšr* und schließlich auch der Ausdruck *jir'aṯ JHWH* (→ ירא *jr'*). Neben *pæṯî* finden sich → ליץ *ljṣ*, → כסל *ksl* und *ḥ^a^sar leḇ* (→ חסר *ḥsr*). In dieser Kumulierung sinnverwandter Ausdrücke dürften die einzelnen Wörter nicht in begrifflich klarer Abgrenzung voneinander gebraucht sein (vgl. G. v. Rad, Weisheit in Israel, 1970, 75–77). Dennoch ist deutlich, daß *pæṯî* sowohl das Moment des Mangels an Erfahrung und Reife, also eine gewisse Unfähigkeit und Hilflosigkeit beinhaltet als auch das Moment der Offenheit für Belehrung und Erziehung durch die Weisheit. Die *p^e^ṯā'îm*, die noch nicht imstande sind, das Leben zu meistern, sollen durch die Belehrung und Erziehung der Weisheit dazu befähigt werden, Beschädigungen von sich abzuwehren und ihr Leben glücken zu lassen.
Diese Aufgabe der Weisheit wird in den beiden Thorapsalmen Ps 19 B und Ps 119 von der Thora, der Weisung JHWHs übernommen. Die „Worte" JHWHs erleuchten, indem sie den „Einfältigen und Unerfahrenen" Einsicht bringen (*bjn hiph*, Ps 119, 130). Die Weisung JHWHs, sein „Zeugnis" ist „zuverlässig" und derart, daß es den „Einfältigen und Unerfahrenen" weise werden läßt (*ḥkm hiph*, Ps 19, 8).
Der „Einfältige und Unerfahrene" ist zwar für Belehrung grundsätzlich offen und kann von seiner „Einfalt" abgebracht werden, er kann sie aber auch festhalten und in seinem Verhalten zur Auswirkung kommen lassen. Beide Möglichkeiten sind in den Sentenzen der Teilsammlung Spr 10, 1–22, 16 (mit Spr 27, 12 als Dublette zu 22, 3; in den weiteren Teilsammlungen des Proverbienbuches kommt das Subst. *pæṯî* nicht vor) bedacht und ausgesprochen. Wenn man einen Spötter (*leṣ*) schlägt und ein „Einfältiger und Unerfahrener" dies sieht, kann sogar er durch dieses abschreckende Beispiel klug werden, wie er auch dadurch, daß er die Zurechtweisung eines schon Verständigen sieht, Erkenntnis annehmen kann (Spr 19, 25). Wenn der Spötter (*leṣ*) Strafe zahlen muß, kann der „Einfältige und Unerfahrene" weise werden, wie er auch durch die Unterweisung, die dem schon Weisen noch zuteil wird, Erkenntnis gewinnt (Spr 21, 11; an beiden Stellen dürfte *pæṯî* auch im jeweils 2. Halbvers Subj. sein, so z.B. O. Plöger, BK XVII 219. 246; anders z.B. F. Delitzsch, BC IV/3, 314. 339). – Im Unterschied zum „Klugen", der bedächtig und vorsichtig vorangeht, verläßt sich der „Einfältige und Unerfahrene" unbesehen auf jedes Wort (Spr 14, 15). Ja, es ist das angestammte „Erbe" (→ נחל *nḥl*) der „Einfältigen und Unerfahrenen", unbesonnen und töricht zu handeln und zu reden (*'iwwælæṯ*, Spr 14, 18).

Während der Kluge das Unheil sieht und sich zurückzieht (*str niph*, vgl. BHS), tappen die „Einfältigen und Unerfahrenen" hinein und müssen es büßen (Spr 22, 3 = 27, 12).

Spr 7, 6–23 findet sich innerhalb einer Mahnrede des Weisheitslehrers eine Art Erfahrungsbericht über die Verführung eines jungen Mannes durch die fremde Frau (→ II 562). Wer auf ihre Verlockungen hereinfällt, ist einer von den „Einfältigen und Unerfahrenen" (*bappeṯā'jim*), einer von den „jungen Leuten" (*babbānîm*), er ist ein „Junge ohne Verstand" (*na'ar ḥasar leḇ*; v. 7). Parallel zu *peṯā'jim* steht hier *bānîm*, wobei der beobachtete einzelne aus dieser Gruppe *ḥasar leḇ* ist. *pæṯî* wird hier zwar im Zusammenhang von sexuell-erotischer Verführung gebraucht, gehört jedoch nicht selbst zum erotischen Vokabular. Es meint hier wie auch sonst den eher jungen Menschen, der mangels Erfahrung und Verständigkeit der gegebenen Situation nicht gewachsen ist und darum Schaden nimmt (s. u. II. 2. und vor allem III.).

Ez 45, 20 steht *pæṯî* erklärend neben *'îš šoḡæh* „ein Mann, der unwissend eine Übertretung begeht" (→ שגג *šgg*) und bezeichnet fast entschuldigend einen Menschen, der mangels genügender Kenntnis eine Übertretung im Bereich des Heiligtums nicht vermeiden konnte. In Ps 116, 6 ist in *pæṯî* allein das Moment der Hilflosigkeit und darum der Schutzbedürftigkeit gesehen. Der Beter selbst weiß sich unter den *peṯā'jim* und erwähnt sein „Geringsein" (→ דל *dal*, v. 6b) und sein „Elendsein" (→ ענה *'nh* II, v. 10). Wie andere Gruppen von minder Gestellten, z. B. den „Fremden" (→ גור *gwr*), stehen die *peṯā'jim* unter der besonderen Fürsorge JHWHs: *šomer JHWH peṯā'jim* (→ שמר *šmr*). Das Moment der besonderen Nähe des *pæṯî* zu JHWH und zu seinem Schutz tritt vor allem in LXX (I. 3.) und Qumran (IV.) in den Vordergrund und wirkt weiter im Sprachgebrauch des NT (vgl. S. Légasse, νήπιος, EWNT II 1142f. [Lit.]; weitere Lit. ThWNT X/2, 1186f.).

2. a) Die einfältige Dummheit kann zu unbedachtem schwatzhaftem Reden führen. Darum soll man einen solchen „Toren" (*pth* Ptz. *qal*) nicht ins Vertrauen ziehen (Spr 20, 19; Sir 8, 17). Auch in aufgebrachter Gereiztheit (→ כעס *k's*) und blindwütigem Eifern (→ קנא *qn'*) kann sich die Torheit (*pth* Ptz. *qal*) äußern. Dieses Eifern wird allerdings das Leben zum Scheitern bringen und den „Toren" (*pth* Ptz. *qal*) töten (Ijob 5, 2). Auch wer auf die Frau seines Nächsten aus ist, hat sich „wegen einer Frau" zu einem „Narren" machen lassen (*pth niph* Ijob 31, 9). Ebenso ist die Unzucht eines alten Mannes „Narrheit" (*pth* Ptz. *qal*, neben *kesîl*), und man soll sich nicht scheuen, ihn zurechtzuweisen (Sir 42, 8).

Das „Herz", das Vermögen vernünftiger Erkenntnis und klugen Handelns, würde sich als „einfältig und töricht" erweisen (*pth qal*), wenn Israel von JHWH abweichen, anderen Göttern dienen und sie anbeten wollte (Dtn 11, 16). Weil Efraim seine Hilfe in Ägypten und Assur sucht, ist es „wie eine törichte Taube" (*pth* Ptz. *qal*) geworden, „ohne Verstand" (*'ên leḇ* Hos 7, 11). Wie Reichtum und Gold blenden und zu falschem Vertrauen verlocken können (vgl. Sir 34, 5–7, *pth* Ptz. *qal* v. 7), so kann auch der Anblick des (Sonnen-)Lichtes und des Mondes dazu führen, daß sich das Herz des Menschen „heimlich" (*bassæṯær*) als „töricht und närrisch" erweist (*pth qal*) und er Gott in der Höhe verleugnet (Ijob 31, 24–28). Auch ist es nach Sir 16, 17–23 „naiv und dumm" (*pth* Ptz. *qal* v. 23) anzunehmen, daß Gott, vor dem doch die ganze Schöpfung offenliegt, die Verfehlungen, und seien sie noch so heimlich geschehen, nicht bemerken würde (vgl. Ps 10, 4. 11; 14, 1; 53, 2; 73, 11; 94, 7; Jes 29, 15; Ijob 22, 13f.).

b) Die Philister bitten Delila, die Frau des Simson, ihren Mann zu einem „Narren" zu machen (*pth pi*), ihn also soweit zu bringen, daß er nicht mehr Herr der Lage ist, so daß er ihnen sein Rätsel verrät und sie erfahren, worin seine Kraft begründet ist (Ri 14, 15; 16, 5). – Nach Meinung des Joab war Abner nicht in guter Absicht zu David gekommen. Vielmehr wollte er ihn in naive Sorglosigkeit versetzen (*pth pi*), um dann von ihm seine Vorhaben zu erfahren (2 Sam 3, 25). – Micha ben Jimla offenbart dem König von Israel, daß sein geplanter Feldzug in einer Niederlage enden werde (1 Kön 22, 17). Um aufzudecken, daß die Propheten des Königs, die ihm Erfolg verheißen, die Wahrheit nicht kennen und nicht sagen können, schildert er eine Szene im Himmel (1 Kön 22, 19–23). Danach hat JHWH einen „Geist der Lüge" (*rûaḥ šæqær*) in den Mund dieser Propheten gegeben. Dieser Geist bewirkt durch ihre Worte, daß der König ein „Narr" wird, unfähig, das ihm Förderliche zu erkennen und zu tun (*pth pi* vv. 20. 21. 22 = 2 Chr 18, 19. 20. 21), so daß er zu seinem Unglück nach Ramot-Gilead hinaufzieht. – Spr 1, 10–19 warnt der Weisheitslehrer davor, daß Sünder einen zum „Narren" machen (*pth pi* v. 10), so daß er zu seinem Schaden (vgl. vv. 18f.) so handelt wie sie. Ebenso wird davor gewarnt, daß ein „Gewalttäter" (*'îš ḥāmās*) seinen Gefährten zu einem „Narren" macht (*pth pi*), so daß er ihn auf einen Weg bringt, der für ihn nicht gut ist (Spr 16, 29). – Die Gegner des Jeremia hoffen darauf, daß er sich zu einem „Toren" machen läßt (*pth pu*) und etwas tut, weswegen man seiner Herr werden könnte (Jer 20, 10).

An allen bisher angeführten Stellen ist der Sinn von *pth pi* und *pu* offensichtlich. Es meint, jemanden in einen Zustand versetzen, in dem er nicht mehr fähig ist, sich selbst zu behaupten, damit er in der Folge davon zu Schaden kommt. Dieses Verständnis von *pth pi* bewährt sich auch für Ex 22, 15 *weḵî jepattæh 'îš beṯûlāh* ... Hier steht nicht die modern empfundene subjektiv-emotionelle Seite von Verführung im Vordergrund, sondern das objektive Ergebnis (faktitives *pi*, s. o. I. 1), daß jemand ein Mädchen willfährig und damit zugleich „unklug" und „töricht" macht, so daß sie nicht mehr imstande ist, Schaden von sich fernzuhalten. Das gilt auch von *pth pu* Sir 42, 10.

An einer Stelle (Ps 78, 34–37) bezeichnet *pth pi* den unaufrichtigen Umgang mit JHWH. Die „Väter" halten JHWH zum „Narren", indem sie nach empfangener Züchtigung sich ihm zwar wieder zuwenden, jedoch nur mit dem Mund und nicht mit dem Herzen (*pth pi*, parallel zu → כזב *kzb* v. 36). – Spr 25, 15 hat *pth pu* den abgeschwächten Sinn, daß ein Vorsteher mit Geduld sich milde und geneigt machen läßt, und Sir 30, 23 soll man seine eigene „Seele" (*næpæš*) fügsam und ruhig machen (*pth pi*, parallel zu *pwg leḇ*), damit nicht aufgebrachtes Eifern (*qin'āh*, vgl. *qin'āh* mit *pth qal* Ijob 5, 2) und Streiten das Leben verkürzen.

III. An drei Stellen ist JHWH Subj. von *pth pi*: Jer 20, 7; Ez 14, 9; Hos 2, 16.

a) Jer 20, 7 wird *pth pi* und *niph* meist unter Beziehung von Ex 22, 15 im Sinne einer sexuell-erotischen Verführung verstanden (vgl. z. B. W. McKane, Jeremiah I, ICC 1986, 467–470, Lit.). JHWH habe also Jeremia behandelt wie der Verführer ein junges und unerfahrenes Mädchen. Dieses Verständnis legt das Hauptgewicht mehr auf den Vorgang von *pth* als auf das erreichte Ergebnis, und im Vorgang wird massiv anthropomorph vor allem die gezielte Absicht JHWHs betont, der Jeremia bewußt täuschen und verführen wollte.

Nun evoziert die Wurzel *ptj/h* in sich selbst die Vorstellung sexuell-erotischer Verführung sicher nicht. Auch bezeichnet das *pi* des Zustandsverbs *pth* das Erreichen eines Zustands ohne Rücksicht auf den Hergang (s. o. I. 1.). Außerdem kann das parallele *ḥzq qal* v. 7aβ nicht dem Vorstellungsbereich der Erotik zugewiesen werden (*ḥzq* nur im *hiph* und nur an einer Stelle von der Vergewaltigung einer Frau: Dtn 22, 25); die Metapher „Verführung eines Mädchens" bliebe also im Kontext völlig isoliert. Im unmittelbaren überlieferten Kontext ist bei *pth pu* Jer 20, 10 die Komponente des Erotischen sicher auszuschließen (s. o. II. 2.). Der Verfasser / Redaktor der Einheit vv. 7–9. 10ff. hat dann aber auch *pth pi* und *niph* v. 7 nicht von der fernen Bestimmung des Bundesbuches Ex 22, 15, sondern von *pth pu* v. 10 her verstanden. Jedoch auch ohne Berücksichtigung von v. 10 im heutigen Kontext ist es äußerst unwahrscheinlich, daß *pth pi* und *niph* v. 7 die Vorstellung von sexuell-erotischer Verführung wecken will.

pth pi und *niph* läßt sich also angemessener ohne den Rückgriff auf Ex 22, 15 verstehen. Jeremia macht hier JHWH den Vorwurf, daß er ihn mit der Berufung zu seinem Propheten zu einem „Narren" gemacht hat, so daß Jeremia, weil er JHWHs Prophet geworden ist, nun nicht mehr imstande ist, klug das ihm Förderliche wahrzunehmen und Schaden von sich abzuwenden. Sowohl v. 7aβ als auch die Fortsetzung v. 7b, wonach Jeremia zum Spott und Gelächter geworden ist, und zwar um des JHWH-Wortes willen (v. 8b), fügt sich gut zu diesem Verständnis von *pth pi* und *niph* in v. 7aα. Die Anklage des Jeremia zeigt sich so in ihrer ganzen objektiven Härte: Die Rücksicht auf die anthropomorphe Verführungsabsicht JHWHs entfällt, der Blick ist allein auf den Zustand des Jeremia gerichtet, und sein Prophetsein ist mit seinem *pæṯî*-Sein unlöslich verbunden: Weil JHWHs Prophet, taugt er für das Leben nicht (faktitiv), und dies ist öffentlich in Erscheinung getreten (deklarativ-ästimativ).

b) Ez 14, 9aβ wird *'anî JHWH pittêṯî 'eṯ hannāḇî' hahû'* schon von LXX und V sowie von den meisten modernen Übersetzungen und Kommentaren so verstanden, daß JHWH selbst die unrechtmäßige und getadelte prophetische Verkündigung an die götzendienerischen „Männer aus der Ältestenschaft Israels" (v. 1) verursacht oder veranlaßt habe. *pittêṯî* läge also in der Vergangenheit. Die Aussage v. 9aβ wird dann meist mit den sogenannten „Verstockungsaussagen" des AT zusammengebracht. Dieses Verständnis von *pth pi* in v. 9aβ dürfte jedoch nicht zu halten sein. Im kasuistischen Rechtsatzgefüge v. 9 ist nach der Umschreibung des Straftatbestandes v. 9aα nicht die Angabe des Grundes zu erwarten, der zur Straftat führte, sondern allein die Angabe der Straffolge. Wie vv. 4b. 7b kennzeichnet das betonte *'anî JHWH* auch v. 9aβ den Einsatz der Apodosis, und das darauf folgende *pittêṯî* kann nicht anders verstanden werden als die perfektischen Verben in vv. 4b. 8, vor allem aber nicht anders als die v. 9bβ unmittelbar folgenden ebenfalls perfektischen Verben *wenāṭîṯî* und *wehišmadtîw*. Es muß also wie diese die strafende Reaktion JHWHs auf die Verschuldung des Propheten bezeichnen.

pth pi v. 9aβ entspricht *pth pu* v. 9aα in einer wortspielartigen Transponierung: Den Propheten, der sich von götzendienerischen Fragern zu einem „Narren" machen läßt (*pth pu*), so daß er ihnen zu Unrecht im Namen JHWHs eine Antwort erteilt, macht JHWH selbst zu einem „Narren" und stellt ihn als „Narren" hin, allerdings in einem anderen Sinn. *pittêṯî* v. 9aβ ist also futurisch oder präsentisch mit futurischer Bedeutung zu übersetzen: „... so mache ich, JHWH, diesen Propheten zum Toren", d. h. ich bewirke, daß er zu einem Toren wird (faktitiv) und für alle als Tor offenbar wird (deklarativ-ästimativ). Ich nehme ihm die Fähigkeit, auf gegebene Situationen klug und ohne Schaden für sich selbst reagieren zu können und lasse ihn als solchen „Toren" und „Narren" erscheinen (vgl. Mosis 163–171).

c) Hos 2, 16 wird das Ptz. *pi mepattæhā* meist über das Perfekt *weholaḵtîhā hammiḏbār* hinweg unmittelbar mit dem Perfekt *weḏibbartî 'al libbāh* verbunden und mit diesem zusammen dem erotischen Bereich zugeordnet. – Jedoch ist schon der Ausdruck „zu jemandes Herzen reden" nicht primär erotisch zu verstehen (vgl. G. Fischer, Bibl 65, 1984, 244–250 [Lit.]). Vor allem aber besteht die erste Explikation und Folge des *mepattæh* darin, daß JHWH Israel in die Wüste gehen läßt (syndetische Perfekta nach Nominalsatz als Konsekutivsätze, vgl. Joüon § 119n; GKa § 166a mit § 112n und t; oder besser mit D. Michel, Tempora und Satzstellung in den Psalmen, 1960, 95–99 als Explikation des partizipialen Nominalsatzes). Die Wüste ist aber, anders als Ägypten und Assur (vgl. Hos 8, 13; 9, 3; 11, 5) der gute Ort der Jugendzeit Israels, an dem Israel noch willig und erziehbar war (vgl. Hos 10, 11: „gelehrige Jungkuh, willig zum Dreschen"; Hos

11,1–4: Israel als noch nicht erzogener, aber erziehungsfähiger junger Sohn; vgl. auch Hos 9,10; 12,10).
Dadurch also, daß JHWH Israel in die Wüste gehen läßt und zu ihrem Herzen redet, macht er Israel zu einem *pæṯî* (faktitives *pi*), das heißt, er führt Israel – nun störrisch wie eine störrische Kuh (Hos 4,16) – wieder zurück in den Stand der Formbarkeit und Erziehbarkeit. Die festgestellte Grundbedeutung von *pth*, und zwar in der positiven Ausrichtung auf neue Erziehung und Formung hin, bewährt sich also auch hier.

IV. In Qumran ist bisweilen mit *pæṯî* ein Defekt der rechten Erkenntnis gemeint, der eine vollständige Mitgliedschaft, vor allem aber eine Führungsposition in der Gemeinde nicht zuläßt (so vor allem 1 QSa und CD). Zugleich sind aber die *peṯā'jim* Menschen, die die Erkenntnis der Gemeinde entbehren, zu der sie die Gemeinde jedoch führen will (so vor allem 1 QH; 11 QPs; 1 QpNah; 1 QpHab; vgl. Dupont [Lit.]). Sie sind also besonderer Fürsorge bedürftig und ihrer auch würdig. Ein Beleg setzt die *peṯā'îm* Judas sogar mit den „Tätern des Gesetzes" gleich (1 QpHab 12,4f.).

Mosis

פָּתַח *pāṯaḥ*

פֶּתַח *pæṯaḥ*, פְּתִיחָה *peṯîḥāh*, מִפְתָּח *mipṯāḥ*, מַפְתֵּחַ *mapṯeaḥ*, פִּתּוּחַ *pittûaḥ*, פִּתָּחוֹן *pittāḥôn*

I.1. Etymologie – 2. Belege – 3. Bedeutung – 4. Homonym *ptḥ* II? – 5. Semantisches Umfeld – II. Verwendung im AT – 1. *qal/niph* – 2. *pi/pu/hitp* – 3. *pæṯaḥ* – III.1. LXX – 2. Sir und Qumran.

Lit.: *M. Dahood*, Hebrew and Ugaritic Equivalents of Accadian *pitû purîda* (Bibl 39, 1958, 67–69). – *J. Jeremias*, θύρα (ThWNT III 173–180). – *P. Marrassini*, פתח „aprire" etc. (QuadSem 1, 1971, 30–32). – *O. Procksch*, λύω κτλ. (ThWNT IV 329–337). – *H. Schult*, Vergleichende Studien zur alttestamentlichen Namenkunde, Diss. Bonn 1967.

I.1. *ptḥ* ist eine bibl.-hebr. bzw. -aram. Wurzel, für die sich auch in den meisten übrigen semit. Sprachen Belege finden. Dabei läßt sich eine erstaunliche Bedeutungskonstanz feststellen: Nahezu alle Belege in den verschiedenen Zweigen der semit. Sprachen lassen sich von der allgemein angenommenen Grundbedeutung 'öffnen' her interpretieren. Konkrete Belege außerhalb des AT und der Qumrantexte finden sich u.a. im Akk. (*petû/patû*; AHw 858b–861b), Alt-Aram. (KAI 224,8f.; HSM 7,33.82; APN 92a; ATDA 258); Arab. (*fataḥa*, auch 'erobern'); Asarab. (*ftḥ* 'erobern, verwüsten', 'urteilen', Biella 417; BGMR 47)); Äth. (*fatḥa* 'öffnen, lösen, urteilen', Dillmann, LexLingAeth 1364f.); Äg.-Aram. (AP 5,14; 25,6; BMAP 9,13; 12,21; Aḥ 178)); Inschriftlich-Hebr. (IEJ 3, 1953, 143); Jüd.-Aram. (LOT 2, 660; ATTM 320, V. 45,4); Mand. (*ptḥ* [NF *pta/pht*]; MdD 384b [383b]); Nabat. (CIS II 211. 226. 271); Palmyr. (CIS II 4218); Phön. (DISO 238; KAI 10,4. 5; 27,23); Pun. (DISO 238); Syr. (*peṯaḥ*; Lex Syr 296b) und Ugar. (UT Nr. 2130; RSP I 318, Nr. 472). Dazu kommt die Verwendung der Wurzel als semit. Lehnwort im Äg. (WbÄS I 565).

2. Im AT kommt die Wurzel *ptḥ* insgesamt 327mal im hebr. und 2mal im aram. Teil vor. Dabei stehen 144 hebr. und 2 aram. Belegen für *ptḥ* in verbaler Verwendung 183 Belege gegenüber, in denen ein nominales Derivat der Wurzel erscheint; unter diesen nominalen Belegen findet sich allein 165mal das Nomen *pæṯaḥ* (1mal: *peṯaḥ*), das somit nahezu exakt die Hälfte aller Belege der Wurzel repräsentiert. Von geringerer Bedeutung sind demgegenüber die übrigen Nominalbildungen *peṯîḥāh* 'gezückte Waffe' (2mal), *mapṯeaḥ* 'Schlüssel' (3mal), *mipṯāḥ* 'Öffnen' (1mal), *pittāḥôn* 'Auftun' (2mal) und *pittûaḥ* 'Eingeritztes, Gravierung' (11mal), unter denen die letztgenannte von dem vermuteten Homonym *ptḥ* II abgeleitet wird. – Von den 144 verbalen Belegen im hebr. Teil entfallen 97 auf das *qal*, 18mal ist die Wurzel im *niph*, 27mal im *pi*, und je 1mal in *pu* und *hitp* belegt, wobei die 9 Belege für das angebliche Homonym *ptḥ* II mitgezählt sind (8mal *pi*, 1mal *pu*). Die beiden aram. Belege in Dan 6,11 und 7,10 repräsentieren das Passiv des Grundstamms (*pe'îl*).
Beim Verb läßt sich keine Präferenz einzelner Bücher für die Wurzel feststellen; der relativ häufige Gebrauch des Verbs in Jes (21mal) dürfte zufallsbedingt sein. Ganz anders dagegen beim Nomen *pæṯaḥ*, bei dem rund 3/5 aller Belege (93) in Ex-Num und Ez zu finden sind, und dort konzentriert auf Passagen, in denen die Schilderung eines Heiligtums (so in Ex-Num) bzw. der heiligen Stadt Jerusalem und ihres Heiligtums (so bei Ez) im Mittelpunkt steht. Hier läßt bereits der bloße statistische Befund den Schluß zu, daß es neben einer allgemein-säkularen Verwendung des Nomens in den verschiedensten Zusammenhängen auch eine spezifisch theologische geben muß.

3. Bei der Verwendung des Verbs im *qal* geht es stets um das Öffnen eines vorher verschlossenen Gegenstands oder die „Eröffnung" eines Abstractums – etwa im Sinne der Lösung eines Rätsels (Ps 49,5); die Annahme einer Grundbedeutung 'öffnen' bewährt sich hier augenscheinlich. Dabei kann *ptḥ* in vielfältiger Weise konstruiert werden: mit oder ohne (in)direktes Objekt, mit oder ohne nota acc., ebenso als Ptz. pass. Trotz dieser unterschiedlichen Fügungsmöglichkeiten ergeben sich nirgends signifikante Bedeutungsunterschiede – von dem angenommenen semantischen Nucleus her lassen sich auch die wenigen Fälle metaphorischen Sprachgebrauchs (Ps 37,14; Ez 21,33 und Mi 5,5 [cj. BHS bzw. H. W. Wolff, BK XIV/4,

104]), wo von einem „geöffneten", d.h. „gezückten" Schwert die Rede ist, und – parallel dazu – das nominale Derivat *p^{e}tîḥāh* 'gezückte Waffe' erklären; Analoges gilt für das *niph*. Dementsprechend lassen sich auch die Belege für 3 weitere vom *qal* (*niph*) abzuleitende Derivate (*pæṯaḥ*, *miptāḥ* und *mapteaḥ*) problemlos von der Grundbedeutung 'öffnen' her verstehen; dabei dürfte *pæṯaḥ* zunächst die konkrete Öffnung am Zelt des Nomaden, also den Ein- und Ausgang des Zelts bezeichnet haben, dann aber auch jede beliebige Form einer Öffnung, die den Durchlaß zwischen einem „draußen" und „drinnen" (oder umgekehrt) gewährt, während die mit *m* präfigierten Bildungen das nomen abstractum/instrumenti bezeichnen.

4. Anders liegen die Dinge im Falle der Doppelungsstämme, wo zwar der Großteil der Belege im Sinne einer resultativen Verwendung der Wurzel („offen machen, befreien, lösen") erklärt werden kann, aber bei 9 Belegen kein Konsens in der Forschung besteht. Während etwa die großen Lexika (GesB; KBL$^{2.3}$) für diese Fälle mit einer Wurzel *ptḥ* II rechnen, die entweder als denominale Bildung vom Primärnomen *pittûaḥ* aufgefaßt wird (vgl. E. Jenni, Das hebräische Pi'el, Zürich 1968, 163f.), oder aber vom akk. *pa-tāḫu(m)* 'durchstoßen, durchbohren' hergeleitet wird (ebd. 245; AHw 846f., vgl. asarab. *fth* 'eingravieren', Biella 419; anders M. Görg, BN 13, 1980, 24f., der auf kopt. bzw. äg. Terminologie verweist), erscheinen diese Belege in den Konkordanzen von Mandelkern und Even-Shoshan inmitten der sonstigen Belege der Wurzel. Letzteres dürfte dem Sachverhalt angemessen sein: daß ein- und dieselbe Wurzel im *qal* 'öffnen' und im *pi* 'durchbohren, eingravieren' bedeutet, könnte mit dem von E. Jenni beschriebenen, aber im Fall von *ptḥ* außer acht gelassenen Phänomen zusammenhängen, daß bei Verben, die im *qal* ein relativ breites Bedeutungsspektrum aufweisen, dem *pi* eine spezielle „technische Bedeutung auf dem Gebiet des Bau- oder Kunsthandwerks" zukommt. Darüber hinaus gilt es zu beachten, daß *ptḥ* 2mal im Zusammenhang mit der Öffnung des Mutterschoßes verwendet wird (Gen 29, 31; 30, 22; vgl. KAI 27, 23). Von daher ist nicht ausgeschlossen, daß die Wurzel *ptḥ* – analog etwa zu *bô'* mit seiner unstrittigen sexuellen Nebenbedeutung – auch im sexuellen Bereich verwendet wurde (vgl. L. Rost, Festschr. A. Bertholet, 1950, 456f., der Initiationsriten im Rahmen des kanaan. Fruchtbarkeitskultes u.a. zur Deutung der PN Petachja und Jiftach heranzieht, und H. Schult [120], der Ähnliches im Blick auf den ON Jiftach-El vermutet; dagegen W. Rudolph, ZAW 75, 1963, 66f. – Einen nominalen Beleg für den Sachverhalt bietet Hld 7, 14; vgl. O. Keel, ZBK 18, 236). Und von einer solchen sexuellen Konnotation her ist der Weg zur technischen Bedeutung 'durchbohren, eingravieren' unschwer nachzuvollziehen.

5. Parallel zu *ptḥ* erscheint gelegentlich die Wurzel → פקח *pqḥ* (so Jes 35, 5), die allerdings so gut wie ausschließlich das Öffnen der Augen bezeichnet (Ausnahme: Jes 42, 20; vgl. E. Jenni, THAT II 263), während umgekehrt *ptḥ* nur im Ptz. pass. mit dem Stichwort „Augen" verbunden erscheint. Weitere (partielle) Überschneidungen im Wortfeld finden sich im Falle von → רחב *rḥb hiph* und v.a. von → גלה *glh pi*, wobei erstere Wurzel stärker auf die Größe der jeweiligen Öffnung abhebt, während letztere betont, daß etwas, das vorher verborgen war, offengelegt wird; *ptḥ* dagegen meint die Durchlässigkeit von einem „draußen" nach „drinnen" (und umgekehrt). Analoges gilt auch für die zu den 3 Wurzeln gehörigen Gegenbegriffe. Bilden die unmittelbare Opposition zu *rḥb hiph* → צרר *ṣrr qal I/hiph* ('einengen, bedrängen') und zu *glh pi* die Wurzeln → כסה *kāsāh* ('bedecken') bzw. → סתר *sāṯar* ('verbergen'), so steht *ptḥ* die Wurzel → סגר *sāḡar* ('schließen') gegenüber (vgl. Gen 7, 16/8, 6; Jes 22, 22; 45, 1; 60, 11; Jer 13, 19; Ez 44, 2; Ijob 12, 14).

II. 1. Die Zusammenhänge, in denen *ptḥ* im *qal* und *niph* erscheint, sind entsprechend dem Allgemeinheitsgrad der Grundbedeutung der Wurzel äußerst vielfältig. Das Spektrum reicht von einem theologisch zentralen Vorgang wie der Bevollmächtigung des Propheten Ezechiel zum Verkünden des Gottesworts (Ez 3, 27) bis hin zu alltäglichen Tätigkeiten wie dem Öffnen von Kornsäcken (Gen 42, 27 u.ö.), von politisch-militärischen Sachverhalten (Dtn 20, 11 u.ö.) bis hin zu intimen Szenen (Hld 5, 2ff.). Unter den Objekten, die dabei am häufigsten genannt werden, halten sich „Mund" und „Tor/Tür" nahezu die Waage (22 bzw. 21mal); nimmt man dazu noch die Fügungen der Wurzel mit anderen Körperteilen (Lippen, Auge, Ohr, Hand; 15mal) bzw. Objekten der Bautechnik (Fenster, Luke, Speicher, Schatzhaus, Stadt; 11mal), so finden sich genau 3/5 aller *qal/niph*-Belege in Zusammenhang mit Objekten aus diesen beiden Sachbereichen – dazu kommen noch analoge Fügungen mit nominalen Derivaten.

Was die Fügung „den Mund öffnen" betrifft, lassen sich – sieht man von Jos 10, 22 einmal ab, wo → פה *pæh* in weiterem Sinne als Terminus für den „Eingang" (einer Höhle) verwendet ist und dementsprechend der technische Vorgang des Öffnens der Höhle Makkeda gemeint ist – im wesentlichen drei Verwendungsbereiche feststellen: der rechtliche Bereich, die „gehobene" Sprache v.a. in weisheitlichen Kreisen und eine spezifisch theologische Verwendung, v.a. bei Ez. (Der erste und der zweite Bereich sind allerdings insofern nicht exakt gegeneinander abzugrenzen, als 5 der 8 Belegstellen für den Gebrauch im rechtlichen Bereich weisheitlichen Ursprungs sind.)

Dazu kommt noch als Einzelfall Ez 21, 27 – eine Stelle, die insofern nur schwer einzuordnen ist, als der Vers textkritisch problematisch ist (vgl. BHS).

Als Umschreibung der Redeeröffnung in einem Prozeßgeschehen erscheint die Wendung „den Mund auftun" (etwa in Ijob 3, 1; 33, 2 mit Bezug auf Ijob bzw. Elihu). Analoges – im ersteren Fall allerdings mit negativem Vorzeichen – kann angenommen werden, wenn der Beter in Ps 109,2 klagt, daß seine Feinde ihr Lügenmaul aufgemacht haben oder wenn Lemuël in Spr 31,8.9 zweimal aufgefordert wird, seinen Mund für die Stummen bzw. für Gerechtigkeit und Recht der Armen und Elenden zu öffnen. Auch Ez 16,63, wo Jerusalem angekündigt wird, es werde angesichts der unerwarteten Vergebung JHWHs den Mund nicht mehr auftun (hier nominal ausgedrückt: *piṯḥôn pæh*), gehört wohl hierher. Daß bei Verwendung der Fügung „den Mund auftun" insbesondere die Einrede in rechtlich schwierigen Situationen gemeint ist, ergibt sich nicht nur aus Ijob 3,1 und Spr 31,8.9, sondern v.a. aus Ps 39,10; 38,14 bzw. Jes 53,7, wo ausdrücklich vom Verzicht auf die rechtlich an sich mögliche, im letztgenannten Fall sogar mehr als naheliegende Einrede gesprochen wird. Wenn der Knecht JHWHs die Sünde aller auf sich nimmt und alle Martern willig leidet, dann ist dieser Vorgang – juristisch gesehen – so ungewöhnlich, daß der Autor sich genötigt sieht, ihn durch zwei Vergleiche aus dem Tierreich zu erläutern. Der Grund für den Verzicht auf eine Einrede ist allerdings klar, wenn auch in Jes 53 nicht so unmittelbar ausgesprochen wie in Ps 39,10: JHWH hat es so gefügt, damit erübrigt sich jeder Einspruch – eine theologische Einsicht, die natürlich auch im Buche Ijob nicht fehlt, die dort jedoch erst ganz am Ende das Ergebnis der Auseinandersetzung Ijobs mit Gott und seinen Freunden bildet (Ijob 42,2–6). – Daß die Verwendung der Fügung „den Mund auftun" im Sinne eines rechtlichen Terminus technicus wohl kaum auf eine künstliche theologische Stilisierung zurückgeht, sondern einen Sitz im profanen Rechtsleben haben dürfte, belegt Spr 24,7: Ein Tor darf im Tor (Gericht) den Mund nicht auftun.

Als bloße gehobene Ausdrucksweise anstelle von „sprechen" begegnet die Fügung im Bereich der Weisheit. Das belegen Stellen wie Spr 31,26 und Ps 78,2, zu denen wohl auch Ps 49,5 gerechnet werden kann – legt es doch die enge sachliche Verbindung der beiden „Weisheitslieder" Ps 49 und 78 (vgl. H. Gunkel, GHK II/2^4, 209ff. 340ff.) nahe, in Ps 49,5 mit einer Ellipse, in der (aus metrischen Gründen?) ein *pæh* ausgefallen ist, zu rechnen. Wenn der weisheitliche Dichter rühmt, daß die tüchtige Hausfrau „ihren Mund in Weisheit" auftut, dann ist damit wohl kaum ein Auftritt in der Rechtsgemeinde gemeint – dort verkehrt nur ihr Mann (Spr 31,23)! – sondern doch wohl eher ihr pädagogisches Wirken in einem Haus, in dem höhere Bildung gepflegt wird. Und ebenso verbietet es der Kontext in Ps 78,2 bzw. 49,5, an eine Szene aus dem Rechtsleben zu denken – es geht im ersteren Fall vielmehr um die Einleitung eines hymnischen Berichts über JHWHs Heilstaten und im zweiten um eine grundsätzliche anthropologische Erörterung, beides Sachzusammenhänge, in denen gehobene Sprache auch ohne rechtlichen Anlaß einen sinnvollen Ort hat. – In weiterem Sinne „gehobene" – hier allerdings wohl kaum weisheitliche, sondern poetische – Sprache liegt auch vor, wenn in Num 16,32; 26,10 und Ps 106,17 – dort (wiederum aus metrischen Gründen?) elliptisch ohne *pæh* formuliert – berichtet wird, daß die Erde ihren „Mund" öffnete und die Rotte Korach bzw. Datan und Abiram verschlang.

Unter den Stellen, in denen die Fügung in spezifisch theologischem Zusammenhang gebraucht wird, kommt Ez 3,27 eine besondere Bedeutung zu, wird dort doch die Befähigung des Propheten, als Gottesbote auftreten zu können, explizit darauf zurückgeführt, daß JHWH ihm den Mund öffnet. In gewissem Gegensatz zu Ez 3,2, wo der Symbolakt festzulegen scheint, daß der Prophet nach dem Verzehr der Buchrolle (zu dem er den Mund noch selbst geöffnet hatte) die gesamte Offenbarung gewissermaßen in sich trägt, wird hier klargestellt, daß die empfangene Botschaft dem Propheten, der trotz allem ein *bæn 'āḏām* – ein Mensch – bleibt, nicht frei verfügbar ist. Es bedarf auch nach der Einsetzung noch je und je der Öffnung des Mundes, eines besonderen Aktes der Beauftragung durch JHWH, ehe Ezechiel die Botenformel *koh 'āmar JHWH* anwenden und dem „Haus des Widerspruchs" die jeweils anstehende konkrete Botschaft vermitteln darf. Die abschließende „Nachinterpretation" des Buches (so W. Zimmerli, BK XIII/1^2, 111.137f.) hat damit eine Aussage, die ursprünglich in der Symbolhandlung des temporären Verstummens bis zum Untergang Jerusalems verortet war (Ez 24,27; 33,22) und auch in Ez 29,21 auf einen konkreten Vorgang bezogen ist – dort allerdings unter Verwendung der Nominalfügung *piṯḥôn-pæh* (in Verbindung mit *nāṯan*) –, programmatisch verallgemeinert: eine *generelle* Bevollmächtigung zu prophetischem Reden und Handeln ist zwar mit der Berufung des Propheten gegeben – der *aktuelle* Vollzug bleibt jedoch von JHWHs Initiative abhängig.

Dem äußeren Verlauf nach in gewisser Weise ähnlich, wenn auch in einem theologisch bzw. religionsgeschichtlich und v.a. literarisch gänzlich anders strukturierten Zusammenhang angesiedelt, erscheint die Verwendung der Fügung in der Erzählung von Bileams Eselin (Num 22,28). Zu dem Zeitpunkt, an dem JHWH dort den Mund der Eselin öffnet, hat sie – das verbindet sie mit Ez – bereits Dinge wahrgenommen, die keinem normalen Sterblichen, ja nicht einmal einem „Seher", zu Gebote stehen. Aber erst das unmittelbare Eingreifen JHWHs ermöglicht es ihr, die ihr bekannte Botschaft weiterzugeben – wenn auch um der Pointe der Erzählung willen nur in der verklausulierten Form einer mäeutischen Frage. – Noch einmal anders, wenn auch theologisch näher bei Ez angesiedelt, liegen die Dinge in Dan 10,16. Entsprechend der Theologie der Spätzeit des AT berührt nicht JHWH selbst, sondern einer der „(Engel-)Fürsten" den Mund Daniels, so daß der angesichts des furchtbaren Inhalts der Vision bzw. Audition verstummte Apokalyptiker wieder den Mund auftun und sprechen kann. Was bei Ez noch ein theologisch zentrales Moment war, ist bei Dan zu einem Element bloßer Illustration des apokalyptischen Schreckens geworden.

Daß neben der Fügung „den Mund auftun" auch die

Fügung „die Lippen auftun" erscheinen kann, liegt nahe. Die 3 Belege hierfür lassen sich dem oben genannten ersten (so Ijob 11,5; 32,20) bzw. zugleich dem zweiten und dritten Bereich (so Ps 51,17: „Herr tue meine Lippen auf, daß mein Mund deinen Ruhm verkündige") zurechnen, ohne daß von daher wesentlich neue Aspekte zu erkennen wären. Zum zweiten Bereich kann man auch den einzigen Beleg für das nomen abstractum *miptāḥ* rechnen (Spr 8,6), wo „Frau Weisheit" „Sprechen" und „Öffnen der Lippen" parallel verwendet. Bemerkenswert ist, daß hier nicht nur von Menschen ausgesagt wird, daß sie ihre Lippen auftun (Ijob 32,20; Elihu), sondern daß dabei auch Gott selbst gemeint sein kann (Ijob 11,5).

Unter den weiteren Fügungen der Wurzel mit Begriffen, die Körperteile bezeichnen, läßt sich lediglich noch bei den Fügungen mit „Auge" eine spezifisch theologische Verwendung erkennen, ist es doch in allen 6 Fällen JHWH, der gebeten wird (bzw. zusagt), seine Augen über dem Tempel oder dem Gebet Salomos bzw. Nehemias geöffnet zu halten (1 Kön 8,29 // 2 Chr 6,20; 1 Kön 8,52 // 2 Chr 6,40; Neh 1,6; in 2 Chr 7,15 als Zusage JHWHs formuliert). Nachdem normalerweise in Verbindung mit „Auge" nicht *ptḥ*, sondern *pqḥ* gebraucht wird, scheint hier absichtsvoll ein ungewöhnlicher Terminus gewählt worden zu sein, durch den die in der Gebetsanrede an JHWH verwendeten anthropomorphen Assoziationen abgemildert werden sollten.

Wenn der Gottesknecht sich darauf beruft, daß JHWH ihm sein Ohr geöffnet hat, daß er nicht widerspenstig war und sich nicht zurückgezogen hat (Jes 50,5), dann ist damit im wesentlichen der gleiche Sachzusammenhang angesprochen wie in Ez 3,27, nur daß der Akzent von der Weitergabe des Auftrags auf die Befolgung desselben verschoben ist. (Genau das gegenläufige Verhalten wird übrigens kurz darauf Israel vorgeworfen [Jes 48,8; im MT *pi*, 1 QJes[a] dagegen wohl zu Recht *qal*].) In einen anderen Bereich weist dagegen Jes 35,5, wo davon die Rede ist, daß die Augen der Blinden aufgetan (*pqḥ*) und die Ohren der Tauben geöffnet (*ptḥ*) werden sollen: die Aufhebung allen Leids am Ende der Tage wird mit einfachen, sinnenfälligen Bildern geschildert. Bezieht sich die letztere Verwendung von *ptḥ* auf die Zukunft, so sprechen die weisheitlich geprägten Psalmstellen Ps 104,28 und 145,16 von der Güte JHWHs für die gegenwärtige Welt; JHWH tut seine Hand auf und sättigt alles, was lebt, mit Gutem. In analoger Weise auf die vorfindliche Welt sind die Aufforderungen zum Öffnen der Hand in Dtn 15,8.11 bezogen. Doch während das erwähnte Öffnen der Hand JHWHs beinhaltet, daß er schenkt, bezieht sich das Öffnen der Hand beim Menschen in Dtn 15,8 auf das bloße Leihen. In Dtn 15,11 bleibt es dem Wortlaut nach zwar offen, ob an echte oder an Leihgaben gedacht ist, der Kontext, der vom „Erlaßjahr" handelt, legt indes das letztere nahe.

Unter den Fügungen von *ptḥ* mit Objekten der Bautechnik lassen sich die Fügungen mit „Stadt" und „Tor/Tür" sachlich kaum voneinander trennen, geht es doch oft um die politisch-militärische Sachfrage, ob eine Stadt bzw. deren Tore offen oder geschlossen ist (sind). Ja, selbst die metaphorisch formulierte Ankündigung JHWHs, daß die Berghänge Moabs „geöffnet" werden (Ez 25,9; wie aus dem folgenden Text hervorgeht, sind damit die Städte gemeint), sowie 2 der Stellen mit objektsloser Verwendung der Wurzel (Dtn 20,11; 2 Kön 15,16) lassen sich diesem Sachbereich zuordnen, zumal beim Kriegsgesetz Dtn 20,11 das Obj. „Stadt" kurz vorher erwähnt ist und in 2 Kön 15,16 klar ist, daß die Stadt Tifsach (LXX: Tirza) bzw. deren Bewohner (vgl. BHK–BHS übergeht das Problem der Formulierung in der 3. mask. sg.) Menahem die Tore nicht freiwillig öffnen wollte(n). Unter den Belegen mit Nennung des Objekts gehören zu diesen meist rein strategisch gemeinten Verwendungen der Wurzel Jos 8,17 und Neh 7,3: die Bewohner von Ai fallen auf die Kriegslist des Josua herein und lassen, als sie die Israeliten fliehen sehen, ihre Stadt offen (d.h. ungeschützt), während umgekehrt Nehemia die Tore Jerusalems erst beim Aufkommen der Tageshitze öffnen läßt, um gegen Überraschungsangriffe durch Tobija oder Sanballat gesichert zu sein. Inwieweit in Nah 2,7; 3,13 die Ankündigung, daß die Tore Ninives (den Feinden) geöffnet werden, neben dem militärisch-chauvinistischen auch einen theologischen Aspekt aufweist – das Drohwort 2,4ff. verwendet immerhin gewisse Elemente der JHWH-Kriegstradition –, ist unklar; zumindest für 3,13, wo eine Analogie zum Fall Thebens (in Ägypten) hergestellt wird, kann man davon ausgehen, daß allein der politische Aspekt im Vordergrund steht. Ähnliches gilt für Sach 11,1, wo der Libanon (metaphorisch) dazu aufgefordert wird, seine Tore zu öffnen, damit Feuer seine Zedern verzehre. – In weiterem Sinne politisch-strategisch gemeint ist wohl auch Jer 13,19, nur daß hier die Kategorien „drinnen" und „draußen" genau gegenläufig angewandt sind: König und Königsmutter haben den „Prunkkranz" (KBL³), das Zeichen der Macht, verloren, niemand kann mehr die Städte des Südlandes öffnen, d.h. jede Verfügungsgewalt über sie ist für das davidische Herrscherhaus verlorengegangen.

Anders dagegen in Jes 45,1, wo ein unmittelbarer Bezug zwischen der theologischen und der politischen Dimension hergestellt wird: die Erwählung des Kyros zum Gesalbten JHWHs erweist sich für DtJes daran, daß JHWH vor ihm Türen öffnet, und daß Tore vor ihm nicht verschlossen bleiben, ja daß JHWH andere Könige vor ihm entwaffnet (*ptḥ pi*!). Was hier nur indirekt angesprochen ist, wird in seiner theologischen Bedeutsamkeit durch Jes 22,22 vollends klar: die Begabung mit dem „Amt der Schlüssel", die Fähigkeit zu öffnen, ohne daß ein anderer schließen darf, und zu schließen, ohne daß ein anderer öffnen darf (so im Blick auf den „Knecht JHWHs" Eljakim [ohne direktes Obj.] formuliert – dem Text nach ein Haushofmeister des davidischen Hofs, dem der Schlüssel [*map̱teaḥ*) des Hauses Davids „auf die

Schulter" gelegt wird, faktisch wohl eher eine eschatologische Gestalt [vgl. O. Kaiser, ATD 18, 127]), begründet theologisch ganz unmittelbar Machtansprüche (vgl. dazu 1 Chr 9, 27, wo es um die Hierarchie im levitischen Klerus geht, und im NT Mt 16, 18f. bzw. U. Rüterswörden, BWANT 117, 79f., der allerdings nur von den verwendeten Titeln her argumentiert und die Bedeutung der verbalen Aussage übersieht). Von daher erweist sich jedoch, daß auch Jer 13, 19 theologisch verstanden werden kann, denn es geht dort um den Entzug der von JHWH den Davididen verliehenen Verfügungsgewalt über Juda, also um nichts Geringeres als eine Revozierung der Nathanweissagung. Selbst die an sich unscheinbare Notiz in Neh 13, 19, daß Nehemia die Anweisung gab, die Tore Jerusalems erst nach dem Ende des Sabbats zu öffnen, erweist sich dann als eine gewichtige Aussage, die zum Schluß des Buches noch einmal das zusammenfaßt und unterstreicht, was die Denkschrift schon vorher betont hatte, daß nämlich Nehemia im neu errichteten Jerusalem der alleinige legitime Inhaber der geistlichen und weltlichen Jurisdiktion ist.

In diesem Zusammenhang sind auch 6 Belege zu nennen, in denen es um die Öffnung von Toren am Heiligtum geht. Daß Samuel als Diener JHWHs bzw. Elis die Funktion zukommt, die Türen des Hauses JHWHs zu öffnen (1 Sam 3, 15), wird wohl nicht zufällig erst nach seiner Einsetzung durch JHWH und in der Ausdrucksweise für individuelle Sachverhalte berichtet; offenbar soll damit die Übernahme des „Amts der Schlüssel" zum Ausdruck gebracht werden – die Fähigkeit, die Türen des Hauses JHWHs zu öffnen, legitimiert ihn als vollmächtigen Nachfolger des Eli. Und wenn in 2 Chr 29, 3 davon berichtet wird, daß Hiskija die Türen am Hause JHWHs öffnete und dabei mit Nachdruck darauf verwiesen wird, daß dies im ersten Monat des ersten Jahres seiner Herrschaft geschah, dann hat diese Nachricht augenscheinlich die Funktion, Hiskija mit dem impliziten Hinweis auf das „Amt der Schlüssel" als legitimen Kultreformer und zugleich Herrscher zu qualifizieren. Im Verfassungsentwurf des Ezechiel schließlich geht es zwar nicht darum, wer das sonst stets geschlossene Osttor des Heiligtums öffnen darf, sondern nur darum, für wen und zu welchem Zweck dies geschehen darf (Ez 44, 2; 46, 1bis.12). Trotzdem besteht eine enge sachliche Beziehung zu den eben diskutierten Texten: Wenn diese Auszeichnung dem *nāśî'* für besondere freiwillige Opfer an Sabbat- oder Neumondtagen vorbehalten bleibt, dann wird damit zum Ausdruck gebracht, was für eine herausragende Stellung diesem unter seinen Volksgenossen zukommt.

Weniger um das aktive Öffnen von Toren als um die Frage des Einzugs durch augenscheinlich bewachte Tore geht es in Ps 118, 19; Jes 26, 2. Zielt die Aufforderung zum Öffnen in Ps 118, 19 darauf, dem Beter in Analogie zum Verfahren in Tempeleinlaßliturgien Durchgang durch die „Tore der Gerechtigkeit" zu ermöglichen, ihn also gerecht zu sprechen (vgl. K. Koch, Festschr. G. von Rad, 1961, 45–60), so geht es in Jes 26, 2 um den Einzug des „gerechten" Volks in das nach dem Gerichtstag JHWHs neu errichtete Jerusalem. In beiden Fällen fehlt bezeichnenderweise eine „Unschuldsbeteuerung" (vgl. ebd. 49f.), es ist vielmehr vorausgesetzt, daß durchaus einmal Anlaß zu massiver „Züchtigung" durch JHWH bestanden hat; aber der Beter bzw. der Apokalyptiker geht davon aus, daß die Zeit solchen „negativen" Handelns JHWHs einmal zu Ende gehen wird und dann die Tore zu einer heilvollen Zukunft geöffnet werden. Ja, in der Fortsetzung des Jes-Buchs wird damit gerechnet, daß die Tore Jerusalems für immer offen bleiben werden (Jes 60, 11; MT *pi*; cj. mit BHK/BHS: *niph*). Das Öffnen/Offenstehen von Toren ist damit – ausgehend von dem liturgischen Formular der Tempeleinlaßliturgien – zu einer Metapher für Heil schlechthin geworden.

Die verbleibenden Belege für das Öffnen von Toren/Türen lassen keine gemeinsamen Aspekte erkennen. Noch einmal eine theologisch relevante Dimension ist angesprochen, wenn Ijob in seinem „Reinigungseid" darauf verweist, er habe seine Tür stets für fremde Wanderer offengehalten, was seines Erachtens für seine Unschuld spricht – im zwischenmenschlichen Bereich hat das Offenhalten von Türen ethische Qualität. Auch im Falle von 2 Kön 9, 3.10 läßt sich noch in Andeutungen eine theologische Dimension erkennen. Wenn der Prophetenjünger die Tür, hinter der er Jehu im Verborgenen gesalbt hat, zum Zwecke der Flucht (abrupt) öffnen soll bzw. öffnet, dann nimmt diese absurde Handlung wahrscheinlich die rasche Ausbreitung der Revolution des Jehu symbolisch vorweg: Die einmal im Auftrag JHWHs in die Welt gesetzte Realität kann nicht verborgen bleiben, sie bricht sich vielmehr unaufhaltsam ihre Bahn. – Dagegen geht es in Ri 3, 25, wo die Wurzel 2mal verbal und 1mal nominal verwendet ist, und ebenso in Ri 19, 27 um höchst weltliche Angelegenheiten, unter denen die skurrile Szene um Eglon von Moab auf dem Abtritt die Fügung in einer im Vergleich zu den vorgenannten Stellen beinahe peinlichen Weise gebraucht.

Wenn der Psalmist das Manna-Wunder auf die Öffnung der Türen des Himmels zurückführt (Ps 78, 23), so gebraucht er dabei ein ähnliches Bild wie Mal 3, 10, wo im Blick auf die Segnungen der Endzeit davon gesprochen wird, daß JHWH die „Luken" (*'ᵃrubbôṯ*) des Himmels (wieder) öffnen wird; die einzelnen bautechnischen Ausdrücke erscheinen hier beinahe austauschbar. So ist davon die Rede, daß JHWH sein Schatz-/Zeughaus (*'ôṣār*) öffnen kann, um Regen zu spenden (Dtn 28, 12) oder zum Kampf gegen Babel zu rüsten (Jer 50, 25). Stets geht es um ein Eingreifen JHWHs zum Heil Israels. Daß hinter der Wendung in Mal 3, 10 die bewußte Umkehrung einer Passage im priesterlichen Flutbericht steckt (Gen 7, 11), ist dabei ebenso offensichtlich wie der Umstand, daß letztere Fügung nur wenig verändert in der Jes-Apokalypse zur Illustration der Schrecken des Gerichtes aufgegriffen ist (Jes 24, 18).

Die 4 Belege für das Öffnen eines Fensters enthalten keine wesentlich darüber hinausführenden Erkenntnisse. Daß Noach das Fenster der Arche öffnen muß, um den Raben bzw. die Taube ausfliegen zu lassen, ist ein zu naheliegender Zug der Erzählung, als daß man ihm einen besonderen (Symbol-?)Wert beimessen könnte. Etwas mehr ist 2 Kön 13, 17 zu entnehmen, wo Elischa Joasch den Auftrag gibt, das Fenster nach Osten zu öffnen und einen Pfeil hindurchzuschießen; die Symbolhandlung soll eine Wende im Kriegsglück ankündigen. Dagegen enthält Dan 6, 11 einen Hinweis auf das religionsgeschichtlich wichtige Phänomen der Gebetsrichtung (Qibla). Rein säkular ist der letzte Beleg dieser Reihe zu verstehen, wo zur Öffnung der Speicher Babels als Teil der Eroberung dieser Stadt aufgerufen wird (Jer 50, 26).

Unter den verbleibenden Belegen können die Stellen, wo vom Öffnen bzw. Offenstehen verschiedenartiger Gefäße (Gen 42, 27; 43, 21; 44, 11; Ex 2, 6; Num 19, 15; Ri 4, 19; Jer 5, 16), von Dokumenten (Dan 7, 10; Neh 6, 5; 8, 5), von Gürteln (im Sinne der Wehrlosigkeit; so mit *lo'* Jes 5, 27) oder einer Zisterne (Ex 21, 33) die Rede ist bzw. wo der Rachen der Feinde mit einem offenen Grab verglichen wird (Ps 5, 10), angesichts ihres säkularen Inhalts übergangen werden. Auch die metaphorische Wendung, daß Ijob in seinem früher glücklichen Leben seine Wurzeln zum Wasser hin „geöffnet" hatte (Ijob 29, 19), gehört wohl in diese Reihe. In ihr ist Neh 8,5 immerhin von liturgiegeschichtlichem Interesse, wo berichtet wird, daß die nachexilische Gemeinde aufstand, als Esra das Buch des Gesetzes öffnete. Ebensowenig theologische Relevanz kommt den 8 Stellen zu, an denen das eigentliche Obj. der Öffnung im Sinne einer Ellipse unterdrückt ist (Gen 41, 56; Am 8, 5: Kornspeicher [vgl. H.W. Wolff, BK XIV/2², 376]; Ijob 32, 19: [Wein-]Schlauch) bzw. nur indirekt erschlossen werden kann (Jes 14, 17: Gefängnis(-tore) [vgl. H. Wildberger, BK X/2, 535]; Jes 45, 8: die Erde ihren „Leib" [vgl. G. R. Driver, VT 1, 1951, 243; BHS cj. *niph*; nach K. Elliger, Festschr. J.M. Myers, 1974, 136f. ein Lesefehler für *taprîaḥ*; Hld 5, 2. 5. 6: Haus- bzw. Kammertür).

Ganz anders dagegen die Stellen, wo JHWH indirekt oder direkt als Subj. des Öffnungsvorgangs erscheint. Wenn sich die Himmel zu Gesichten öffnen (Ez 1, 1), dann entspricht das dahinter stehende Denkmuster mutatis mutandis der Verwendung von „öffnen" in Mal 3, 10 etc. – damit ein Mensch etwas von JHWH erfahren kann, bedarf es einer außerordentlichen Öffnung des dem Menschen sonst verschlossenen himmlischen Bereichs. Auf innerweltliche Vorgänge weisen dagegen 2 metaphorische Fügungen hin, bei denen JHWH als Verursacher der Handlung vorausgesetzt werden muß: JHWH ist dazu in der Lage, das Böse von Norden zu „öffnen" (d.h. losbrechen zu lassen; Jer 1, 14) wie auch dazu, danach die Gefangenen wieder loszugeben (Jes 51, 14). – Zwar innerweltliche, aber nichtsdestoweniger ungewöhnliche, ja außerordentliche Vorgänge sind in Gen 29, 31; 30, 22; Ez 37, 12. 13 erwähnt. Mag der Umstand, daß JHWH den Schoß von Lea bzw. Rahel öffnet, noch als bloße metaphorische Ausdrucksweise für JHWHs Erbarmen mit den bis dahin kinderlosen Frauen gewertet werden – im Vergleich mit der Verheißung an Abraham oder Hanna fällt immerhin auf, daß hier bewußt(?) konkret von einem Eingreifen JHWHs gesprochen wird –, daß das Öffnen von Gräbern im Sinne einer Wiederbelebung etwas ist, das alle normalen menschlichen Handlungs- und Denkmöglichkeiten übersteigt, steht außer Frage (vgl. R. Bartelmus, ZAW 97, 1985, 366–389). Zu den außerordentlichen Taten JHWHs zählt schließlich noch der Ps 105, 41 erwähnte Umstand, daß JHWH (und nicht Mose wie in Ex 17, 6!) den Felsen öffnete, so daß Wasser herausflossen, ein Thema, das im weiteren Verlauf der Traditions- bzw. Auslegungsgeschichte mehrfach in typologischer Weise aufgenommen und weitergebildet worden ist (so Jes 41, 18, wo elliptisch vom „Öffnen" von Strömen auf kahlem Felsgrund die Rede ist, indirekt wohl auch in Sach 13, 1; nominal [*pæṯaḥ*] in Ez 47, 1 ff.). JHWH erweist sich – das ist der Grundtenor all dieser Aussagen – durch das Öffnen von Dingen, die auf normale Weise nicht zu öffnen sind, als der wahre Gott (so explizit in dem „erweiterten Erweiswort" von Ez 37, 13 [W. Zimmerli, BK XIII/2, 889]); und umgekehrt gilt, daß niemand öffnen kann, wenn Gott zugeschlossen hat (Ijob 12, 14; ohne Nennung eines Objekts). Von Jes 22, 22 her, wo die Begriffe im Rahmen der Einsetzung eines Menschen zum Machthaber in ähnlicher Weise einander gegenübergestellt sind, erschließt sich unschwer der tiefere Sinn der antithetischen Formulierung: die einfache Anwendung des Oppositionspaares „öffnen"/„schließen" hat – wie andere vergleichbare Antithesen oder Antinomien – das Ziel, in theologisch prägnanter Weise die Universalität, und hier besonders die Allmacht Gottes zu umschreiben.

2. Was die Verwendung von *ptḥ* in den Doppelungsstämmen betrifft, lassen sich 8 der 9 Belege für die technische Verwendung, von denen 5 zugleich in paronomastischer Weise das zugehörige Nomen *pittûaḥ* enthalten, kaum theologische Aspekte abgewinnen, obwohl der Akt der Eingravierung in allen Fällen an einem wichtigen Kultobjekt geschieht und gelegentlich auch das Engramm theologisch bedeutsam ist. So werden auf den Onyxsteinen am Priesterschurz die Namen der Stämme Israels eingraviert (Ex 28, 9. 11; 39, 6 – in 39, 14 nominal ausgedrückt), auf dem Stirnblatt des priesterlichen Kopfbundes steht „ein Heiligtum für JHWH" (Ex 28, 36 – in 39, 30 nominal ausgedrückt), und auch die priesterliche Brusttasche erhält entsprechende Verzierungen „nach den Namen der Söhne Israels" (Ex 28, 21 – nominal ausgedrückt). Noch weniger bedeutsam erscheint demgegenüber der Herstellungsprozeß der figürlichen Darstellungen an den Kultwagen des salomonischen Tempels (1 Kön 7, 36) und der Kerubim an den Tempelwänden (2 Chr 3, 7), sowie die allgemein gehaltenen Erwähnungen des Vorgangs im Zusammen-

hang mit den Planungen des Tempelbaus (2 Chr 2, 6. 13) und die Verwendung des Nomens an den verbleibenden 2 Belegstellen (1 Kön 6, 29; Ps 74, 6). Ungleich gewichtiger erscheint der Beleg Sach 3, 9, und zwar aus zwei Gründen. Zum einen handelt hier JHWH selbst an einem Stein, den er vor den Hohenpriester Jeschua hingelegt hat, und zum anderen scheint hier ein fließender Übergang zwischen der technischen und der allgemeinen Verwendung der Wurzel im *pi* vorzuliegen. Das gilt besonders, wenn man damit rechnen kann, daß hier – wie häufig in der späten Prophetie – ein Wortspiel vorliegt, in dem die Konsonanten ambivalent sowohl im Sinne des MT als „Gravierungen" als auch – anders vokalisiert – als „Öffnungen" verstanden werden sollen (letzteres nach LXX bzw. E. Lipiński, VT 20, 1970, 28 f.; dagegen W. Rudolph, KAT XIII/4, 101), so daß JHWH nicht nur entsprechend Ex 32, 16; 34, 1 eine Inschrift an dem Stein anbringt, sondern ihn in Analogie zu Ps 105, 41 zugleich öffnet, d. h. zum Ursprungsort der eschatologischen Tempelquelle macht (vgl. Ez 47, 1 ff.; Joël 3, 18; Sach 14, 8 – der meist als sekundär eingeschätzte v. 10 [vgl. K. Galling, Festschr. W. Rudolph, 1961, 92 f.], der auf kommende Fruchtbarkeit blickt, fügte sich dann gut in den Kontext). In jedem Fall ist klar, daß *ptḥ* hier einmal mehr als Terminus für ein außerordentliches Handeln JHWHs verwendet ist.

Die übrigen Belege für die Verwendung der Doppelungsstämme – abgesehen von den nach cj. BHS unter *qal/niph* verhandelten Stellen Jes 48, 8; 60, 11 (nach M. Dahood, Scripta Pontificii Instituti Biblici 113, 1963, 8 Anm. 4 und J. J. Scullion, UF 4, 1972, 116 zusammen mit Hld 7, 13; Ps 109, 2 Belege für pass. *qal*) – bringen die Verstärkung eines bisher nur am Rande (Jes 51, 14) erkennbaren Gesichtspunkts, läßt sich doch bei den Objekten, die „gelöst" werden, eine gewisse Dominanz des semantischen Felds „Gefangenes, Gebundenes" feststellen. Im säkularen Bereich können dabei Kamele (Gen 24, 32), Waffen (1 Kön 20, 11) oder Kleider (Jes 20, 2 – der Auftraggeber ist immerhin JHWH!) „gelöst" werden; einmal geht es darum, ob Blüten offen stehen (Hld 7, 13; nach G. Gerleman, BK XVIII 205 wahrscheinlich „ein prägnanter Fachausdruck der Gärtnersprache" – wahrscheinlicher ist einmal mehr eine sexuelle Konnotation). Nur in Jes 28, 24 paßt keine dieser Bedeutungsnuancen, zumal ein Objekt fehlt – dem Kontext nach müssen hier drei sachlich verwandte Tätigkeiten des Bauern angesprochen sein; da vorher vom Pflügen und nachher vom Eggen die Rede ist, ist vermutlich „umgraben" oder „furchen" gemeint (so E. Jenni, Das hebräische Piʿel, Zürich 1968, 202).

Wenn Nebusaradan Jeremia von seinen Fesseln befreit (Jer 40, 4), dann steckt dahinter zwar weniger der in Jes 58, 6 festgeschriebene ethisch-religiöse Impetus, nach dem solche Akte der Mitmenschlichkeit wichtiger als kultische Aktionen (Fasten) sind, sondern eher das Wissen darum, daß Jeremia sich stets gegen den Aufstand gegen Babylon ausgesprochen hatte. Aber alle anderen Belege für die Fügung von *ptḥ pi/hitp* mit Lexemen aus diesem semantischen Feld stehen in mehr oder weniger deutlichem Zusammenhang mit der Tatsache, daß in der JHWH-Religion dem Gedanken der Befreiung ein ganz zentraler Stellenwert zukommt. Dabei macht es inhaltlich wenig Unterschied, ob JHWH selbst als Löser der Bande erscheint (so Ps 102, 21; 105, 20; 116, 16; Ijob 12, 18 [cj. mit BHK bzw. KBL³]) oder ob er Jerusalem zur Befreiung von seinen Fesseln ermutigt (Jes 52, 2). Auch wenn der Psalmist dafür dankt, daß JHWH ihm das Trauergewand ausgezogen hat (Ps 30, 12), steckt dahinter ein Akt der Befreiung im weiteren Sinne. Von diesen Aussagen ist es kein allzugroßer Schritt zu drei rhetorischen Fragen in den Gottesreden des Ijob-Buches, in denen die Grenzen des Menschen Ijob bzw. umgekehrt die Größe Gottes daran exemplifiziert wird, daß Ijob gefragt wird, ob er etwa den Gürtel des Orion lösen oder den Rachen des Leviatan öffnen könne bzw. ob er es gewesen sei, der dem Wildesel seine Freiheit gegeben habe (Ijob 38, 31; 41, 6; 39, 5). Ebenso gehört hierher die Fähigkeit JHWHs, Könige zu entwaffnen (Jes 45, 1; s. o.). Selbst eine so dunkle Stelle wie Ijob 30, 11, in der nicht ganz klar ist, welche Art von Band/Strick Gott eigentlich an Ijob „gelöst" hat (vgl. G. Fohrer, KAT XVI 418 – es handelt sich um den einzigen Beleg, wo das Lösen Gottes zu einem für den Menschen negativen Ergebnis geführt hat), fügt sich problemlos in diesen Zusammenhang, denn klar ist in jedem Fall, daß der einzige, der wirklich Macht (Bande) zu lösen hat, Gott ist.

3. Bei der säkularen Verwendung von *pæṯaḥ* lassen sich zwei große Hauptverwendungsbereiche feststellen, die durch die Stichworte *pæṯaḥ bêṯ* ... bzw. *pæṯaḥ šaʿar* ... vorläufig charakterisiert werden können; die beide Begriffe vereinende Fügung *pæṯaḥ šaʿar bêṯ* ... kommt dagegen nur in theologischem Sprachgebrauch und auch dort nur 3mal mit Bezug auf den Tempel vor (Jer 36, 10; Ez 8, 14; 10, 19). Im einen Bereich geht es somit um Öffnungen (Ein- und Ausgänge) an Häusern (oder Zelten), im anderen um das gleiche Phänomen bei Städten, die über Tor-Anlagen (*šaʿar*) verfügen. Im Blick auf den letztgenannten Bereich läßt sich dabei feststellen, daß gelegentlich der präzisere Ausdruck *pæṯaḥ šaʿar* (für den eigentlichen Durchgangsteil der Toranlage im Gegensatz zu den Wehr- und sonstigen Anlagen; vgl. zu letzterem L. Delekat, BHHW III 2009 f.) abkürzend durch *pæṯaḥ* (in Verbindung mit *hāʿîr* o.ä. Worten) ersetzt ist, das dann auch alleinstehend das Objekt „Tor" bezeichnen kann (z. B. 1 Kön 17, 10).

Der eigentliche Tordurchlaß ist in der Stadtanlage stets der strategisch kritische Punkt (vgl. H. Rösel, ZDPV 92, 1976, 26, Anm. 90 bzw. Ri 9, 35. 40. 44. 52; 18, 16. 17; 2 Sam 10, 8; 11, 23; 2 Kön 7, 3; 1 Chr 19, 9; evtl. auch Jes 13, 2 [MT]: die „Tore der Freiwilligen" wären dann der Ort, an dem die von JHWH gesammelten Freiwilligen in die Stadt Babel eindringen; anders H. Wildberger, BK X/2, 512). An ihm wird denn auch nach der Einnahme einer Stadt der Thron des Eroberers aufgestellt (Jer 1, 15; 43, 9). Letztere

Sitte könnte in einem gewissen Zusammenhang mit der Funktion des *pæṯaḥ šaʿar* in Friedenszeiten stehen, wo es der Ort für öffentlich relevante Rechtsakte ist (Jos 20, 4; 1 Kön 22, 10; 2 Kön 10, 8; Jer 26, 10; 2 Chr 18, 9; wohl auch Jos 8, 29; Ijob 31, 34; vgl. L. Köhler, Der hebräische Mensch, 1953 = 1976, 147 ff.). Daneben scheint es auch ein Ort gewesen zu sein, an dem Reden gehalten wurden (Spr 1, 21; 8, 3; 9, 14). Je einmal wird schließlich berichtet, daß sich in der Nähe eines städtischen *pæṯaḥ* kleinere Höhenheiligtümer befanden (2 Kön 23, 8) bzw. daß sich dort Prostituierte ihrer Kundschaft anbieten konnten (Gen 38, 14; nach I. Robinson, JBL 96, 1977, 569 steht *pæṯaḥ* zugleich für die einladende Haltung Tamars). Die übrigen Belege für *pæṯaḥ* i.S. von Stadttor (1 Kön 17, 10; Jer 19, 2) sind nur an der Verortung des jeweiligen Geschehens interessiert und sagen insofern wenig über die Funktion eines *pæṯaḥ* aus. Im übertragenen Sinne erscheinen Stadttore schließlich noch in Jes 3, 26, wo die Tore Jerusalems als pars pro toto über Zions Verwüstung klagen, und in Spr 8, 34, wo „Frau Weisheit“ diejenigen rühmt, die ihre „Tore“ bewachen.

Die letztere Stelle kann man jedoch genauso gut in die Reihe der Belege für *pæṯaḥ bêṯ* einreihen, denn auch der Eingang von Häusern muß gelegentlich vor Eindringlingen bewacht werden (Gen 19, 6. 11). Dementsprechend ist der Eingang von Häusern auch der angemessene Ort für apotropäische Riten zum Schutze der Hausgenossenschaft (Ex 12, 22. 23). Anderer – militärischer – Schutzmaßnahmen bedarf v.a. der Eingang zur Residenz des Königs (2 Sam 11, 9; 1 Kön 14, 27; 2 Chr 12, 10). Wenn man sich jedoch umgekehrt als junger Mann vor der Annäherung an eine Haustür in acht nehmen muß, um von der Hauseigentümerin nicht hineingerufen zu werden, dann liegt eine besonders krasse Form von Sittenverfall vor (Spr 5, 8). Denn der Eingang zum Haus bildet im Normalfall eine unantastbare Grenze zwischen dem öffentlichen Bereich und der Intimssphäre des einzelnen bzw. der Familie (Ri 19, 26. 27; Ijob 31, 9; Dtn 22, 21 → V 900). Gespräche mit Fernerstehenden finden deshalb am Eingang in das Haus statt (Gen 43, 19; 2 Kön 4, 15 [?]; 5, 9; Ez 33, 30 – in Ri 4, 20 ist es der Zelteingang); nichts charakterisiert die von der Hybris der Mächtigen genährte Sittenlosigkeit der Frau des Jerobeam besser, als die eher beiläufige Bemerkung, daß sie ungefragt bei Ahija eintritt (1 Kön 14, 6). In architektonisch verfeinerter Form begegnet die genannte Funktion in Est 5, 1, wo beschrieben ist, daß der Thron im Audienzsaal genau gegenüber dem *pæṯaḥ* steht, so daß der König die Bittsteller im Hofe stehen sehen kann. Auch in Num 11, 10; 16, 27 geht es weniger um Gespräche als um andere Formen von akustischer Kommunikation – um Klage und Verfluchung; unbeschadet dessen befinden sich die Beteiligten am Zelteingang. Ein besonders aufschlußreiches Beispiel für die kommunikative Funktion eines *pæṯaḥ* bildet Gen 18, 1 ff., wo allerdings die säkulare Funktion des Terminus unmittelbar zu einer theologischen Aussage genutzt wird: entsprechend nomadischer Sitte sitzt Abraham in Erwartung von Gesprächspartnern, die etwas Neues berichten können, im Zelteingang – was ihm und Sara indes zuteil wird, ist eine Offenbarung. – Wenig Relevantes zur Bedeutung des Terminus läßt sich allein den verbleibenden Belegen Gen 6, 16 (Tür an der Arche), Spr 17, 19 (*māšāl* von der zu hoch gebauten Tür) und Neh 3, 20. 21 (Hauseingänge als Grenzen von Abschnitten beim Mauerbau) entnehmen.

6 Stellen fügen sich nicht in die angewandte Systematik; in 1 Kön 19, 13; Hos 2, 17; Mi 7, 5; Ps 24, 7. 9 liegt dies an den jeweiligen Genitiv-Objekten, in Gen 4, 7 dagegen daran, daß eine solche Bezugsgröße fehlt, daß *pæṯaḥ* also absolut gebraucht wird. Während sich jedoch die Fügung *piṯḥê-pîḵā* (Mi 7, 5) unschwer als (pleonastische) Wendung i.S. der übrigen Fügungen der Wurzel mit *pæh* identifizieren läßt (s.o.) und den säkularen Belegen zuzurechnen ist, sind Hos 2, 17; Gen 4, 7; 1 Kön 19, 13; Ps 24, 7. 9 gewichtige Beispiele für die spezifisch theologische Verwendung von *pæṯaḥ* und bedürfen von daher einer je eigenen Erörterung. Wenn Hos 2, 17 das Tal Achor als *pæṯaḥ tiqwāh* bezeichnet wird, dann ist dabei weniger an ein konkretes Tor gedacht als vielmehr an einen Ort, an dem sich nach einer langen Phase des Unheils die neue Dimension einer positiven Zukunft öffnet (vgl. J. Jeremias, ATD 24/1, 47 f.). – Zum Verständnis der Verwendung von *pæṯaḥ* in Gen 4, 7 wird zumeist das Bild von der „Herzenstür“ etwa in reziproker Analogie zu Spr 5, 8 herangezogen: wie in Spr 5, 8 die Verführerin innen an der Haustür lauert, so lauert die Sünde vor der „Herzenstür“ darauf, sich des Menschen bemächtigen zu können (anders zuletzt U. Wöller, ZAW 91, 1979, 436 [„von Mutterleib an“] bzw. M. Ben Yashar, ZAW 94, 1982, 635–637 [„für den Erstgeborenen“]). Wahrscheinlicher ist jedoch eine weitergehende Deutung, die den Umstand ernst nimmt, daß *pæṯaḥ* hier absolut und zugleich determiniert verwendet ist, und zudem den hohen Abstraktionsgrad der Stelle insgesamt sowie die Tatsache berücksichtigt, daß bereits in der Protasis („Wenn du nicht gut handelst ...“) eine konkrete negative Handlung als Voraussetzung des folgenden genannt ist: es bedarf nur einer minimalen Touchierung der dem Menschen vorgegebenen Grenzen, einer winzigen „Öffnung“ in diesem gottgegebenen Schutzwall, dann ist nichts mehr gegen die Urgewalt der Sünde zu machen, dann ist schon der Damm gebrochen und die Sünde hat freien Zugang zum Menschen. Es ginge somit nicht um eine von Haus aus vorhandene Öffnung i.S. von „Tür“, sondern um eine erst durch das Verhalten des Menschen geschaffene Öffnung i.S. einer „Bresche“, um eine Grenzverletzung von innen her, die der Sünde Zugang zum Menschen schafft. – In 1 Kön 19, 13 ist weniger die singuläre Fügung „Höhleneingang“ bemerkenswert als vielmehr der Umstand, daß hier erstmals das „pattern“, das Vorstellungskonzept begegnet, das den Hintergrund für die meisten Belege der theologischen Verwendung von *pæṯaḥ* bildet – die Gottesbegegnung

an einem *pæṯaḥ*. Die elementare Tatsache, daß sich an jedem *pæṯaḥ* dem Menschen insofern eine neue Dimension von Wirklichkeit erschließt als jeder Durchlaß (Ein- oder Ausgang), an dem der Mensch aus der Geborgenheit ins Freie, aus dem sozialen Umfeld ins Private, aus einer Existenzform in die andere tritt, die Eröffnung einer neuen Perspektive impliziert, hat sich der Autor von 1 Kön 19 in der Weise zunutze gemacht, daß er die Begegnung Elijas mit Gott symbolträchtig an einen solchen Ort verlegt: der Ort des Transgresses aus der Geborgenheit der Höhle in die Weite der Wüste wird zum Offenbarungsort, zu einem Ort, an dem Elija aus der Enge seiner religiösen Vorstellungen in die Weite der göttlichen Wirklichkeit geführt wird. – Nicht viel anderes – wenn auch unter Umkehrung der Bezugsgrößen „innen" und „außen" – ist Ps 24, 7. 9 zu entnehmen, nur daß dort ein konkretes Heiligtum angesprochen ist, in dem der *mælæḵ hakkāḇôḏ* seinen Wohnsitz nimmt, und dessen Tore darum „Pforten zur Ewigkeit" werden (vgl. H.-J. Kraus, BK XV/1⁵, 347).

Redundant erscheint *pæṯaḥ* dementsprechend in theologischen Texten, in denen es um die geplante oder auch vollzogene Umsetzung dieses Vorstellungskonzepts in architektonische Wirklichkeit geht, und zwar in der letztgenannten Verteilung von „innen" und „außen". So werden die verschiedenen Türen des Tempels, die auf den Debir zuführen, je nach Nähe zum Ort der Begegnung mit der Gottheit, unterschiedlich prächtig ausgeführt (1 Kön 6, 31. 33; [6, 8; 7, 5] – ohne Parallelen in Chr, sofern die cj. BHK zu 2 Chr 4, 22 richtig ist). Eine Kombination des in Rede stehenden Konzepts mit der säkularen Funktion von Toranlagen scheint in Jer 36, 10 vorzuliegen, wenn Baruch im Durchlaß des Tempeltores aus seiner Niederschrift von Jeremia-Worten vorliest.

Dominant erscheint das Konzept in sicher nachexilischen Texten, so bei Ezechiel. Dabei läßt sich eine Tendenz zu bewußt antitypischer Verwendung des Terminus feststellen: finden in Ez 8–11 an den verschiedenen Öffnungen – genannt sind (in Ez 8 im Sinne einer gewissen Steigerung) der Durchlaß am Nordtor Jerusalems (v. 3), der Eingang zum Vorhof (v. 7), ein Loch in der Mauer des Vorhofs (v. 8), der Durchlaß am Nordtor des Tempels (v. 14), der Eingang zum *hêḵāl* (v. 16), sowie der Durchlaß am Osttor des Tempels (10, 19; 11, 1) – „Offenbarungen" von negativen Aspekten statt, die den Auszug des *k*ᵉ*ḇôḏ JHWH* durch das Osttor begründen, so werden in der Schilderung der künftigen Gottesstadt und ihres Tempels die verschiedenen „Öffnungen" zu Orten, an denen die göttliche Wirklichkeit – in unterschiedlichen Abstufungen – offenbar bzw. den Menschen zugänglich wird (Ez 40–47; insgesamt 23mal). Daß unter diesen Belegen der letzte (als Höhepunkt?) den wunderbaren Strom, der vom Tempel ausgeht, betrifft, schlägt eine Brücke zu Ps 105, 41 und den weiteren in diesem Zusammenhang genannten Belegen des Verbs.

Besonders auffällig erscheint die Häufung des Wortes und damit die Dominanz des Konzeptes in den sinaitischen Heiligtumstexten (vgl. zur Abgrenzung dieses Textkomplexes H. Utzschneider, OBO 77, passim; zur Analyse der relevanten Termini ebd., 124 ff.) bzw. im Gesamt der priesterschriftlichen Texte aus Ex-Num (+ Dtn 31, 15), wo *pæṯaḥ* stereotyp v. a. in Verbindung mit dem *'ohæl mô'eḏ* bzw. dem *miškān* erscheint (42mal explizit mit *'ohæl mô'eḏ* – so außerhalb der sinaitischen Heiligtumstexte nur noch 3mal in sehr späten Passagen [Jos 19, 51; 1 Sam 2, 22; 1 Chr 9, 21; vgl. V. Fritz, WMANT 47, 1977, 107 f.] –, dazu 7mal implizit [nur *hā'ohæl*], sowie 3mal mit *miškān* und 2mal in der redundanten Fügung *pæṯaḥ miškan 'ohæl mô'eḏ*, die wohl auf die sekundäre Überlagerung einer „Lade-Wohnungs-Konzeption" durch eine „Ohel-Moed-Konzeption" zurückgeht [H. Utzschneider, OBO 77, 125. 252 u. ö.]). Die „Öffnung" des *'ohæl mô'eḏ* ist dabei ganz offensichtlich nicht nur im räumlich-anschaulichen Sinne als Zelteingang zu verstehen, sondern sie ist der Ort, wo sich die Wolkensäule (*'ammûḏ hæ'ānān*) als irdischer Repräsentant der Gegenwart JHWHs jeweils niederläßt, d. h. sie ist das Einfallstor des Göttlichen in die Welt der Israeliten, der Ort, am dem die „Eröffnung" der göttlichen Geheimnisse an Mose stattfindet, der Berührungspunkt von himmlischer und irdischer Sphäre (vgl. Gen 28, 17 – dort allerdings nur *ša'ar*). *pæṯaḥ* ist damit ganz ohne Änderungen an der Morphologie des Worts aus dem säkularen in den theologischen Sprachgebrauch übernommen. – Von daher ist deutlich, daß die masoretische Annahme eines eigenen Lexems *peṯaḥ* neben *pæṯaḥ* als Term. techn. für die Offenbarung des Gotteswortes (Ps 119, 130) überflüssig ist (vgl. A. Deissler, MThS I/11, 227 f.). – Daß die Kombination von *pæṯaḥ* und *'ohæl* im eben angesprochenen Textbereich einmal ganz dezidiert für säkulare und theologische Sachverhalte promiscue verwendet wird (Ex 33, 8–10 – je 2mal; zur literarischen Zusammengehörigkeit aller Ohel-Mo'ed-Texte vgl. H. Utzschneider 249 Anm. 1; anders R. Schmitt, Zelt und Lade als Thema at.licher Wissenschaft, 1972, 212 ff.), spricht nicht gegen diese Deutung der (erweiterten) Fügung, sondern dient vielmehr der bewußten Hervorhebung der Besonderheit des *'ohæl mô'eḏ* gegenüber den gewöhnlichen Zelten der Israeliten: so wie der Zelteingang der Ort der Begegnung mit dem „Anderen" (i. S. von Mitmensch) ist, so ist der Eingang des *'ohæl mô'eḏ* der Ort der Begegnung mit dem „ganz Anderen" – die theologische Denkfigur von Gen 18, 1 ff. ist auf höherem Abstraktionsniveau wiederholt.

III. 1. LXX übersetzt *ptḥ* zumeist mit ἀνοίγειν bzw. διανοίγειν. Entsprechend der breiten Verwendung der Wurzel in den unterschiedlichsten Zusammenhängen finden sich jedoch noch weitere 19 griechische Äquivalente, unter denen λύειν (für *qal*, *niph* und *pi*) am (relativ) häufigsten erscheint; daneben sind διαρρήσσειν (für *qal* und *pi*), σπᾶν (für *qal*) und γλύφειν (für *pi*/*pu* [II]) mehr als einmal verwendet, während die übrigen nur je einmal auftauchen. Unter letzteren sei ausdrücklich nur auf ὀρύσσειν in Sach 3, 9 hingewiesen, das in der obigen Deutung der Stelle eine wichtige Rolle spielt. Was die nominalen Derivate betrifft, bevorzugt LXX zur Wiedergabe von *pæṯaḥ* eindeutig θύρα vor gelegentlichem πύλη, πυλών oder πρόθυρον, θύρωμα, *mapteaḥ* wird mit κλείς, *pittûaḥ* mit γλυφή und 5 weiteren Äquivalenten wiedergegeben; die übrigen 10 Worte oder Wortverbindungen, mit denen LXX nominale Derivate der Wurzel übersetzt, sind situationsspezifisch bedingt und dementsprechend jeweils nur einmal belegt.

2. In Sir erscheint die Wurzel 8mal (in 34 [31], 7 ist wohl *pôṯæh* zu lesen), davon 5mal (6?) als Verbum; Besonderheiten sind – abgesehen von der nicht voll mit den at.lichen Relationen übereinstimmenden Verteilungshäufigkeit von Nomen und Verbum – nicht festzustellen: in gleicher Bedeutung wie im AT erscheint je 1mal *pittûaḥ* (45, 11), *mapteaḥ* (42, 6 [M]; [B] stattdessen: *tiptaḥ*), sowie *pæṯaḥ* in bildlich-metaphorischem Sinn, und zwar im Zusammenhang mit einer Schilderung des rechten Umgangs mit der Weisheit (14, 23). Verbal ausgedrückt erscheint der gleiche Gedanke in 51, 19. Als gehobene Ausdrucksweise anstelle von Sprechen erscheint in 51, 25 „ich öffnete meinen Mund" (vgl. Spr 31, 26; Ps 78, 2), während es in 15, 5 die hypostasierte Weisheit ist, die ihrem Jünger den Mund öffnet (vgl. Ps 51, 17). Ohne at.liche Entsprechung ist lediglich 34 (31), 12, wo davor gewarnt wird, an der Tafel der Großen den Schlund zu weit aufzureißen. Vom Offenhalten der Hand entsprechend Dtn 15, 8. 11 spricht schließlich 4, 31 (A).

Analoges gilt von der Verwendung der Wurzel in den Qumran-Texten, wobei die deutliche Dominanz der verbalen Belege der Wurzel zufallsbedingt sein kann. Unter den 46 Belegen der Wurzel in der Konkordanz von Kuhn findet sich nur ein einziges Mal das Nomen *pæṯaḥ*, und auch in den seither neu veröffentlichten Texten dominiert das Verbum: 19 Belegen für nominale Derivate, darunter 17mal *pæṯaḥ* und 2mal *pittûaḥ* (4 Q 405, 23 II 1. 7; vgl. C. Newsom, Songs of the Sabbath Sacrifice, HSSt, Atlanta 1985, 332–336), stehen 28 Belege für das Verbum gegenüber, sofern die 6 der letzteren Gruppe zugeordneten Belege aus Textfragmenten (1 Q 25, 4, 3; 3 Q 14, 1, 1; 4 Q 487, 16, 2; 499, 1, 5; 511, 156, 2; 5 Q 15, 1 II 14 – von den Belegen bei Kuhn gehören hierher 1 QH 8, 16; 18, 32; 1 QHfragm 64, 2) tatsächlich Verbalformen repräsentieren. Möglicherweise spiegelt sich in dem durch diesen statistischen Befund bereits mittelbar angedeuteten Fehlen von Belegen für *pæṯaḥ* im oben erwähnten theologischen Sinn die seit langem bekannte Distanzierung der Qumran-Gemeinde vom Jerusalemer Tempel als dem Ort der Gottesbegegnung. Denn auch 4 Q 405, 23 I 8. 9 bzw. 11 QShirShabb 2–1–9–, 6, wo – in Anspielung auf Ps 24, 7. 9? – von den Eingangs-Portalen des himmlischen Palastes Gottes die Rede ist, kann allenfalls indirekt als Beleg für verwandte Vorstellungen herangezogen werden, da es dort eben nicht um einen Ort unmittelbaren Kontakts zwischen Mensch und Gott, um eine Stätte irdischer Offenbarung durch Gott selbst geht, sondern um den Ein- und Ausgang, den himmlische (Mittler-)Wesen auf ihrem Weg vom himmlischen König zu den Menschen und von dort wieder zurück benutzen (vgl. C. Newsom 322ff. 372ff.). Und 5 Q 15, 1 II 2, wo der Terminus einmal – verbal – in der Schilderung des neuen Jerusalem in einer möglicherweise von Ez 40ff. her bestimmten Weise verwendet ist, steht zu vereinzelt, als daß man von daher weitergehende Schlüsse ziehen könnte.

Die weiteren Belege für *pæṯaḥ* entsprechen weitgehend dem aus dem AT bekannten Befund: es geht zumeist um beliebige Öffnungen/Eingänge/Durchlässe an Gebäuden oder sonstigen Objekten, die durch menschliche Bearbeitung entstanden sind (TR 31, 7; 41, 14; 42, 2; 46, 6; 3 Q 15, 1, 8. 11; 6, 2. 3. 6; 10, 10). Daß somit selbst in der TR, die ja wie Ez 40ff. am Aufriß eines idealen Heiligtums interesssiert ist, *pæṯaḥ* nur 4mal, und dazu noch in ganz nebensächlichen Zusammenhängen verwendet ist, bestätigt die obige Vermutung, daß das in Ex-Num und Ez mit dem Terminus verbundene theologische Konzept der Qumran-Gemeinde fremd geblieben ist. Bemerkenswert ist dagegen, daß in 1 QM 11, 9 die ungewöhnliche Fügung Hos 2, 17 aufgegriffen ist, doch bleibt der Zusammenhang in 1 QM dunkel. Wenn daneben in 4 Q 184, 1, 10 in höchst weltlicher Weise vom Eingang zum Hurenhaus die Rede ist, so ist von einer Assoziationskette auszugehen, die den im Zusammenhang mit Gen 38, 14 diskutierten Vorstellungen entspricht (vgl. o. I. 4). Eher bildlich-metaphorisch gebraucht erscheint *pæṯaḥ* schließlich noch in 11 QPs[a] 18, 5. 10, wo von den Toren der Weisheit bzw. Toren der Gerechten, an denen Weisheit gehört wird, die Rede ist.

Ein entsprechender Gedanke – allerdings unter Verwendung des Verbums – ist wohl auch für 11 QPs[a] 21, 17 anzunehmen, sofern der dortige text. crrpt. von Sir 51, 19 her ergänzt werden darf: der Jünger der Weisheit öffnet ihre Tore, so daß er unmittelbaren Zugang zur Weisheit hat. – Was die übrigen Belege der verbalen Verwendung der Wurzel betrifft, taucht eine Fülle der Objekte, die im AT im Zusammenhang mit *ptḥ* erwähnt werden, auch in den Qumran-Texten auf, wobei sich – wenn auch in stark reduziertem Maße – die im AT beobachtete Häufung von Objekten der Bautechnik bzw. von Körperteilen wiederholt; 3mal finden sich Belege für die technische Bedeutung „eingravieren, durchbohren" (1 QM 5, 7; 4 Q 405, 14–15 I 2. 5). Allgemein ist jedoch – wie bereits das erste Beispiel gezeigt hat – eine gewisse Tendenz zur Ausweitung des Gebrauchs ins Metaphorisch-Abstrakte festzustellen: neben „natürlichen" Toren (TR 31, 6; 1 QM 12, 13), Städten (TR 62, 7; vgl. Dtn 20, 11), Festungen (1 QH 6, 30) und Galerien (3 Q 15, 12, 10) lassen sich auch „Tore des Kriegs" (1 QM 3, 1. 7; 16, 4; 4 Q 493, 1, 2), „Tore der Hilfe" (1 QM 18, 7), „Tore der Unterwelt" (1 QH 3, 17 – in 3, 16 ohne „Tor") oder „Fallen des Verderbens" (1 QH 3, 26) öffnen. Und ebenso ist nicht nur – in allen 3 erwähnten Nuancen – vom Öffnen des Mundes die Rede (1 QS 10, 23; 1 QM 14, 6; 1 QH 10, 7; 12, 33; CD 5, 12; 4 Q 491, 11, I, 17; 511, 10, 9; 511, 75, 2), sondern auch von dem der Zunge/Sprache (1 QH 5, 26; 4 Q 381, 45, 5), nicht nur vom Öffnen der Augen (4 QEn^{e} 4 III 17), sondern auch von dem des Herzens (1 QH 10, 31; 1 QHfragm. 4, 12); ja sogar eine „Weite im Herzen" wird durch Gott geöffnet (1 QH 5, 33). Unter diesen Stellen kommt v.a. 1 QH 10, 7 und 4 Q 511, 75, 2 eine besondere Bedeutung zu, ist dort doch das Fortwirken der in Ez 3, 27 spezifisch ausgeformten und in Ps 51, 17 verallgemeinerten theologischen Verwendung der Fügung belegt.

Als materiell verfügbare Gegenstände erscheinen in Fügungen mit *pṯḥ* weiterhin die auch at.lich belegten Objekte „Buch" (des Gesetzes; CD 5, 3) und „Gefäß" (CD 11, 9; TR 49, 9 – vgl. Num 19, 15); nicht at.lich belegt ist dagegen das „Öffnen" (= Lösen der Sperrvorrichtungen) von „Rädern" in der Schlachtanlage des idealen Heiligtums (TR 34, 8; Näheres bei J. Maier, Die Tempelrolle vom Toten Meer, UTB 829, 92), der inneren Kammern der Erde (4 QEn^{e} 4 I 17; doch vgl. Jes 24, 18 bzw. Mal 3, 10) und von Quellen (1 QH 8, 21; doch vgl. Ex 21, 33 bzw. die eben zitierten Stellen). Darüber hinaus ist noch mehrfach in bildlich-metaphorischer Weise von einem Öffnen die Rede, so z.B. von dem eines Wegs (1 QHfragm. 3, 2), vom „Öffnen" (= Ausstrecken) von Wurzeln nach lebendigem Wasser (1 QH 8, 7; vgl. Ijob 29, 19) und vom Öffnen verschiedener Quellen durch Gott; entsprechend der Situation der Beter werden im letzteren Fall die jeweils genannten Objekte als „Quelle der Erkenntnis" (1 QH 2, 18; indirekt auch 18, 10. 12), „Quelle zur Trauer" (1 QH 11, 19), ja als „ewige Quelle" vom Himmel spezifiziert (1 QSb 1, 4). Wie im AT wird Gott als der Befreier schlechthin (4 Q 511, 42, 8), als der, der allein versiegeln und wieder öffnen kann (4 Q 511, 30, 3; vgl. Ijob 12, 14), betrachtet. Von dieser universell-abstrakten Verwendung der Fügung von *pṯḥ* mit Gott als (Sinn-)Subjekt her ist es auch zu verstehen, daß mit ihr die verschiedensten in weiterem Sinn als „Befreiung" interpretierbaren Sachverhalte ausgedrückt sein können. So verwenden die Autoren in Qumran *pṯḥ* nicht nur, wenn sie davon sprechen wollen, daß Gott die Kammern der Finsternis öffnet (1 QS 10, 2) und dem Licht freie Bahn schafft (1 QS 11, 3), sondern auch, wenn es darum geht, daß er Not/Bedrängnis löst (1 QS 11, 13; 1 QH 15, 16 – selbst deren Entstehung [„Auftun"] wird mit *pṯḥ* ausgedrückt [so 1 QS 10, 17]!) und von Schmerzen befreit (1 QH 11, 32), ja daß er Erkenntnis (1 QS 11, 15; 1 QH 12, 13), (s)ein Wort (1 QH 18, 20), seine Gerechtigkeit (4 Q 511, 63 III 1) und „seine heiligen Sabbate und seine herrlichen Festzeiten, seine gerechten Zeugnisse und die Wege seiner Wahrheit und die Wünsche seines Willens" offenbart (CD 3, [14–]16). Insofern erscheint es nur konsequent, wenn in 4 QTestLev ar^{a} 2, 16. 17 bzw. 4 QEn^{c} 1 XIII 23 zur Situationsbeschreibung von Offenbarungen in der Urzeit die gleichen Topoi Verwendung finden wie in Ez 1, 1. Daß indes in Qumran neben diesen genuin at.lichen Gedanken auch dualistische Anschauungen nicht unbekannt waren, belegt 4 QFlor (174) 5, 3, wo erst- und einmalig die widergöttliche Gestalt Belial als Subjekt eines Öffnungsvorganges erscheint: Belial wird gegen das Haus Juda Schlimmes „eröffnen" (= aufkommen lassen).

Die wenigen Belege für den säkularen Gebrauch von *pṯḥ* in dieser Zeit ergeben demgegenüber nichts Neues: die Erwähnung von baulichen „Durchlässen" im Ḥever Contract B und Texte auf Grabsteinen, die das Öffnen von Gräbern untersagen (vgl. J. A. Fitzmyer / D. J. Harrington, A Manual of Palestinian Aramaic Texts, BietOr 34, Rom 1978, Nr. 51, 4 bzw. 67, 4; 70, 4; 71, 2–3; 95, 6), fügen sich nahtlos in das Bild, das den literarischen Texten zu entnehmen war. Im späteren Judentum schließlich wird die Wurzel allerdings – theologisch konsequent – u.a. als Term. techn. im Kontext von Schriftauslegung gebraucht (vgl. M. Gertner, BSOAS 25, 1962, 1–27): die Zeit der unmittelbaren Offenbarung ist vorüber – „Eröffnung" von göttlichen Geheimnissen geschieht nur mehr auf dem Wege der Auslegung.

Bartelmus

פָּתַל *pāṯal*

נַפְתּוּלִים *napṯûlîm*, פְּתַלְתֹּל *p*^{e}*ṯaltol*, פָּתִיל *pāṯîl*

I. 1. Etymologie – 2. LXX und V – II. Vorkommen – III. Bedeutung – Spr 8, 8; Ijob 5, 13; Ps 18, 27 // 2 Sam 22, 27 und Dtn 32, 5 (Adj.) – 2. Gen 30, 8 – IV. *pāṯîl* und *napṯālî*.

I. 1. Die Wurzel *ptl* findet sich im Mhebr. (in der Bedeutung 'verdrehen, verderben; umwickeln'), in Qumran (1 QS 10, 24, Ptz. *niph nptlwt* „Verdrehtheit"), im Aram. ('verdrehen, verderben'), im Akk. (*patālu* 'drehen, [um]wickeln'; AHw 847), auch im Syr., Mand. (MdD 385), Äth. und Tigr. (WbTigre 664) und im Arab. (*fatala* 'zusammendrehen, flechten, zwirnen'; Wehr, Arab. Wb. 622). Eine Reihe von semit. Parallelwörtern gibt es zu *pāṯîl* „Schnur" (vgl. KBL^{3}; vgl. bes. mand. *ptula* II 'Gewinde' und *ptiliata* 'Docht' (MdD 384) und arab. *fatla* 'Zusammendrehung, Flechtung; Faden', *fatil* (adj.) 'gedreht, geflochten, gewunden', subst. 'Docht', auch *fatila* (Wehr, Arab. Wb. 622), akk. *pitiltu*.

2. In LXX tauchen als Übersetzung auf στραγγαλώδης (Spr 8, 8), πολύπλοκος (Ijob 5, 13) und Formen von στρεβλοῦν und διαστρέφειν (Ps 18, 27 // 2 Sam 22, 27 und Dtn 32, 5), in V Formen von *perversus*, *perverto* (Spr 8, 8; Dtn 32, 5; Ps 18, 27) und *pravus* (Ijob 5, 13).

II. Das Verbum *ptl* kommt 5mal vor, 3mal als *niph* (Gen 30, 8; Spr 8, 8; Ijob 5, 13) und 2mal als *hitp* (Ps

18, 27 und verkürzt oder verdorben in der Parallelstelle 2 Sam 22, 27). Das Substantiv *naptûlê* ist hap. leg. und steht als inneres Objekt bei der Verbform von Gen 30, 8. An dieser Stelle wird der Name Naftali von *ptl* hergeleitet. Auch das Adj. *pᵉtaltol* taucht nur einmal auf (Dtn 32, 5). Das mit der Wurzel *ptl* zu verbindende Wort *pāṯîl* 'Schnur, Faden' kommt 12mal (mit Sir 6, 30) vor.

III. 1. Sieht man von dem schwierigen Vers Gen 30, 8 zunächst ab, zeigt sich ein einheitlicher Wortinhalt (für die Verbformen Spr 8, 8; Ijob 5, 13 und Ps 18, 27 // 2 Sam 22, 27 und das Adj. in Dtn 32, 5). Auf dem Hintergrund einer Wurzelbedeutung „drehen" haben die genannten Wörter eine metaphorische, negativ wertende Bedeutung im Sinne von „verdreht". Außerdem kommen alle in gebundener, z. T. geprägter Sprache vor.

Die *niph*-Formen von Spr 8, 8 und Ijob 5, 13 sind Ptz., in Spr 8, 8 im Sing. mask. zur Benennung einer Eigenschaft bzw. eines Inhalts von Worten, in Ijob 5, 13 im Pl. mask. als Bezeichnung von Personen. In Spr 8, 8 „rechtschaffen sind alle Worte meines Mundes; es ist nichts Verdrehtes und Krummes in ihnen" bildet *niptāl* zusammen mit *ʿiqqeš* ein Wortpaar (die Struktur der vv. 7–9 spricht für eine große Nähe beider Begriffe). *niptāl wᵉʿiqqeš* meint den Inhalt der Rede, der diese nicht mehr wahr und gerecht sein läßt (v. 8a). In v. 9 sind *nāḵoaḥ* und *jāšār* (auch v. 6) Gegenbegriffe ('gerade, recht'), in v. 7 ist es allgemeiner *'ᵃmæṯ*, dem Parallelwort *ræšaʿ* ('Unrecht') gegenübergestellt.

Die *niptālîm* von Ijob 5, 13 werden mit den parallelen Bezeichnungen *ʿᵃrûmîm* ('Kluge' im Sinne von 'Listige'; v. 12) und *ḥᵃḵāmîm* (v. 13; ihr Vorgehen wird zusätzlich mit dem Begriff *ʿrm* [vgl. v. 12] beschrieben) gekennzeichnet als „Kluge" und „Weise". Für Elifas ist es die selbstsichere Klugheit der Menschen, die mit Gottes Handeln nicht rechnen und deren Tun deshalb ohne Erfolg bleibt. Ihr Plan, ihr Ratschlag überstürzt sich, erweist sich als übereilt. „Sie tasten wie in dunkler Nacht im Leben umher, während sie im Licht ihrer Schläue sicher ausschreiten zu können wähnten" (v. 14; G. Fohrer, KAT XVI 151). Gottes Stellung ihnen gegenüber (v. 13a „Weise fängt er in ihrer List") erinnert an Ps 18, 27. Aufgrund dieses Kontextes werden die „Verdrehten" von Ijob 5, 13 als „Schlaue, Hinterlistige, Verschlagene oder Gottlose" gesehen.

In Ps 18, 27 (*hitp* „sich als verdreht erweisen gegen jem."; mit *ʿim* konstruiert wie das *niph* von Gen 30, 8) entspricht *ptl* innerhalb einer Reihe, in der sich mehrere Verbformen auf ein sonst jeweils stammgleiches Adj. beziehen, dem Adj. *ʿiqqeš*: den „Verkehrten, Falschen" wird Gott entsprechend behandeln. Der folgende Vers bringt ein Beispiel: stolze Augen wird er erniedrigen. Als Oppositionsbegriffe zu *titpattāl* taucht die genannte Wortreihe (alle *hitp*) mit *ḥsd*, *tmm* und *brr* (wenn man nicht die Konj. übernimmt; vgl. KBL³) auf (vv. 26f.). (Die Parallelstelle 2 Sam 22, 27 hat statt *titpattāl* die – entweder verkürzte oder verdorbene – Form *tittappāl*, nach Blau, VT 7, 1957, 387 Anm. 1 eine Reimbildung.)

Das Adj. *pᵉtaltol* 'verdreht, verdorben' (Dtn 32, 5) hat eine den genannten Verbformen entsprechende Bedeutung. Wie in Spr 8, 8 *niptāl* bildet *pᵉtaltol* mit *ʿiqqeš* ein Wortpaar. Charakterisiert wird damit das ganze Volk (in Ijob 5, 13 wurde der Begriff nur auf einzelne „Gottlose, Verdrehte" angewendet), das anschließend (v. 6) als *ʿam nāḇāl wᵉlo' ḥāḵām* angeredet wird. Diesem Volk steht in v. 4 Gott gegenüber und die auf ihn bezogenen Wörter als Gegenbegriffe (*'ên ʿāwæl, ṣaddîq wᵉjāšār*). Die Parallel- und Gegenbegriffe weisen zwar auf einen aspektreichen, aber gleichzeitig allgemein bleibenden Begriffsinhalt „verdreht, verdorben, gottlos" hin.

Trotz der großen Nähe zu *ʿiqqeš* (Spr 8, 8; Ps 18, 27; Dtn 32, 5) und des spezifischen Gebrauchs (gebundene Sprache, typischer Gegenbegriff) läßt sich aufgrund des geringen Vorkommens nicht sagen, ob der Begriff als bestimmter Terminus verwendet wurde und als spät zu gelten hat (die Ptz. *niph*, vielleicht auch das Adj., scheinen am ehesten geprägte Begriffe zu sein).

2. Die Wendung *naptûlê 'ᵉlohîm niptaltî* von Gen 30, 8 ist nicht nur als solche einmalig, auch Nomen und Verb (als finite Form des *niph*) sind es. Dasselbe gilt auch für ihre allgemein akzeptierte Bedeutung „Kämpfe habe ich gekämpft". Diese Übersetzung knüpft etymologisch an der Grundbedeutung an, in der man mit „drehen, flechten" auch das Bild „sich (ineinander) verschlingen (im Ringkampf)", daher dann „ringen, kämpfen", gegeben sieht; und sie wird durch den Kontext begründet, da sie „durch das folgende גם־יכלתי gesichert" ist (Westermann, BK I/2, 579).

Die Kämpfe als „Gotteskämpfe" wurden allerdings sehr verschieden verstanden, zumal eine Verbindung mit dem folgenden „mit meiner Schwester" hergestellt werden muß. Man deutete die *naptûlê 'ᵉlohîm* als „Gebetskämpfe der Glaubensanfechtung" („gekämpft mit Lea, im Grunde aber mit Gott selbst ...") (F. Delitzsch), als „Kampf um Gottes Gnade und Segen" („mit Lea") (A. Dillmann, Die Genesis, KeHAT 11⁶, 373) und ähnlich als „Kämpfe um Leibesfrucht, um göttlichen Segen" (H. Gunkel, der „mit meiner Schwester" streicht, da Rahel diese mit zwei Söhnen nicht besiegt haben könne. Sie hat „mit Gott gekämpft und ihm die ihr bisher versagten Söhne abgerungen"; GHK I/1⁹, 334), als „Kämpfe, deren Ausgang Gottes Urteil entscheidet" (O. Procksch, KAT I² 348; so schon E. W. Hengstenberg; so auch E. A. Speiser, AB 1, 230f., der auf dem Hintergrund, daß *'ᵉlohîm* „also as the instrument of divination by ordeal" [230] vorkommt, im Satz „a metaphorical allusion to an ordeal" sieht und ihn umschreibt: „I have been entangled in a contest with my sister, which only celestial powers could resolve, and I have emerged victorious from the ordeal" [231]). Oder man versteht mit D. W. Thomas, VT 3, 1953, 209ff., *'ᵉlohîm* adjektivisch („gewaltig, furchtbar"), „dann ist klar, daß ein Kampf mit ihrer Schwester gemeint ist" (Westermann, BK I/2, 579). Schon Delitzsch („übermenschliche Kämpfe", wobei er dann *'ᵉlohîm* als gen. subj. verstand; Neuer Commentar über die Genesis,

[5]1887, 385) hat eine solche Deutung als zweite Möglichkeit geboten. A. B. Ehrlich hat nur sie, lehnt aber vor allem für *naptûlê* die Übersetzung „Kampf" ab und schlägt „schlauer Kniff" und für das Verb „zu einem schlauen Kniff greifen" vor (Randglossen I, 1908, 145f.).

Wer für Gen 30, 8 keine Sonderbedeutung zulassen will, wird die einheitliche Bedeutung der übrigen Stellen auch hier einzusetzen versuchen. Dies ist sinnvoll, wenn man die jetzt vorliegende Geschichte (ursprünglich wird v. 8 einer selbständigen Episode angehört haben; Westermann, BK I/2, 579) von einem ihrer wichtigen Kompositionselemente aus versteht, den Kampf der Frauen um den Platz der Favoritin. Nachdem Rahel von vornherein den Vorzug genießt, hat Lea bei jedem ihrer ersten Söhne nur die eine Hoffnung, Jakob werde sich nun ihr zuwenden (29, 32ff.); ob Rahel ihre Stellung zu verlieren droht oder verloren hat, sie braucht Kinder und gibt deshalb Jakob ihre Magd. Bezieht man nun auch Rahels Namenserklärungen auf den Kampf um ihre Stellung, meint *dānannî* („Gott hat mich ins Recht gesetzt", v. 6): durch die Geburt „ihres" Sohnes Dan hat Gott ihre Stellung gerechtfertigt. In diesem Sinn wäre auch das *jākoltî* von v. 8 zu verstehen: „ich habe Erfolg gehabt, ich habe gewonnen." Mit *niptaltî* würde Rahel dann davon sprechen, daß sie ihre Schwester zurückgedrängt und übervorteilt hat. Jedenfalls wirft ihr Lea in 30, 15 vor, daß sie ihr, Lea, den Mann genommen hat. *niptaltî* scheint freilich noch keinen so negativen Beiklang zu haben wie in Spr und Ijob, außerdem verweist das innere Objekt *naptûlê ᵓᵆlohîm* nicht nur auf den Geber des Kindes, sondern rechtfertigt auch Rahels Vorgehen. (Die beiden Gründe, daß der Hinweis auf Gott bei den Namensgebungen ein wesentliches Element ist und daß er hier dem Verhalten Rahels die Eigenmächtigkeit nimmt, sprechen gegen ein adj. Verständnis von *ᵓᵆlohîm*, das allerdings auch in diesem Fall möglich wäre.) Eine Übersetzung bleibt schwierig, da *naptûlê ᵓᵆlohîm* nur frei wiedergegeben werden kann: Mit Gottes Hilfe habe ich gegenüber meiner Schwester verdreht gehandelt und Erfolg gehabt. (Diese Übersetzung kommt der von LXX am nächsten.)

IV. Das Nomen *pāṯil* heißt überall 'Schnur, Faden' (außer man faßt Num 19, 15 als Adj. auf, vgl. KBL[3]) und wird durch ein nomen rectum näher bestimmt als „Wergfaden" (Ri 16, 9), „Leinenschnur" (Ez 40, 3), „purpurblaue Schnur" (Ex 28, 28. 37; 39, 21. 31; Num 15, 38; Sir 6, 30), oder es meint einen aus breitgeschlagenem Gold geschnittenen Faden (Ex 39, 3) oder die Schnur, an der der Siegelring hängt (Gen 38, 18. 25). Der Name Naftali wird von einer Ortsbezeichnung stammen (Jos 20, 7; Ri 4, 6; zur Deutung als „Hügelbewohner" vgl. J. Lewy, HUCA 18, 1944, 452 Anm. 122; KBL[3]).

Warmuth

פֶּתֶן *pæṯæn* → נחשׁ *nāḥāš*

פתר *ptr* → פשׁר *pešær*

צֹאָה *ṣo'āh*

צֵאָה *ṣe'āh*, צֹאִי *ṣo'î*

I. Vorkommen in den außerbibl. semit. Sprachen – II. 1. Etymologie – 2. Vorkommen im AT – III. Verwendung im AT – 1. Im alltäglich-materiellen Sinn – 2. In der prophetischen Verkündigung – a) im wörtlichen Sinn – b) im metaphorischen Gebrauch – IV. 1. Qumran – 2. LXX.

Lit.: *G. R. Driver*, Hebrew Notes (ZAW 52, 1934, 51–56). – *L. Kopf*, Arabische Etymologien und Parallelen zum Bibelwörterbuch (VT 8, 1958, 161–215, bes. 177f.).

I. Mit hebr. *ṣo'āh/ṣe'āh* verwandt ist wahrscheinlich akk. *zû* I 'Kot, Exkremente, Schmutz' (AHw 1535). In ugar. *zỉ* findet sich eine spezielle Bedeutung, die die Geruchsintensität oder Ausdünstung ins Positive, Angenehme wendet und mit „Duft" wiederzugeben wäre (WUS Nr. 2366). Man vergleiche äth. *ṣē'a* 'stinken'. Im älteren Aram. ist die Wurzel nicht belegt. Das Jüd.-Aram. kennt ein Verb *ṣᵉ'ā'* 'schmutzig, häßlich sein' und ein Subst. *ṣā'ṯā'* 'Häßlichkeit', übertr. 'Sündhaftigkeit' (Levy, WTM IV 161f.); zu vergleichen wäre syr. *ṣᵉ'î* 'schmutzig sein'.

II. 1. Gesenius, Thesaurus II 616 (vgl. III 1153) leitet *ṣo'āh* von der Wurzel *jṣ'* (→ יצא) ab; diese Herleitung vertritt auch Kopf 177. Als Alternative nennt KBL[3] 931 eine Wurzel **ṣw'* oder arab. *waṣi'a* 'schmutzig sein' und vergleicht aram. *ṣᵉ'āh* (s. o.).
2. Für die nominale Wurzel *ṣo'āh* (*ṣe'āh*)/*ṣo'î* hat das AT 9 Belege; dazu kommen nach KBL[3] 931 drei weitere Stellen, an denen diese als Konjektur vorgeschlagen wird (s. u. II. 2. a). Das Adj. *ṣo'î* wird nur in einem Textzusammenhang benutzt (2mal). Die Vokalisierung des Nomens schwankt zwischen *ṣo'āh* (5mal) und *ṣe'āh* (2mal); die Kurzform *ṣe'* ist für die Konjektur in Jes 30, 22 erschlossen.

III. 1. Das Nomen *ṣo'āh/ṣe'āh* bezeichnet Dtn 23, 14 den Menschenkot, den der Soldat außerhalb des Heerlagers vergraben soll. 2 Kön 18, 27 = Jes 36, 12 beschreibt die materielle Not der Stadt Jerusalem im Falle ihrer Belagerung, in der die Bewohner gezwungen sein werden, ihren Kot zu essen und ihren Urin zu trinken (Q *ṣo'āh* und *mêmê raḡlajim* ersetzen die wohl als anstößig erscheinenden Ausdrücke *ḥar'ehæm* und *šênêhæm* von K; zur Sache vgl. Ez 4, 12). Jes 28, 8 zeichnet ein Bild von dem ausschweifenden Leben der Priester und Propheten in Jerusalem mit den Worten: „Wahrlich, alle Tische sind voll von Gespei, kein Fleck mehr ohne Kot."
2. a) In der prophetischen Strafankündigung spielt der Kot die Rolle, um das kommende Unheil zu beschreiben. So soll Ezechiel, um die kommende Not bei der beginnenden Belagerung Jerusalems anzukündigen, eine symbolische Handlung ausführen: „Das Brot (aus allerlei zusammengesuchten Getreidesorten und Hülsenfrüchten) sollst du wie ein Gerstenbrot

zubereiten und essen; auf Menschenkot sollst du es vor aller Augen backen" (Ez 4, 12).

An den folgenden Stellen wird *ṣeʼāh/ṣoʼāh* als Konjektur vorgeschlagen: Jes 30, 22: „Dann wirst du deine silberbeschlagenen Götzenbilder verunreinigen und deine Gußbilder, die mit Gold überzogen sind; wie Unreines wirst du sie wegwerfen; 'Kot!' sagst du dazu" (*ṣeʼ toʼmar lô*), wobei *ṣeʼ* (*ṣoʼ*) als Nebenform zu *ṣeʼāh/ṣoʼāh* angesehen wird (H. Wildberger, BK X/3, 1191; vgl. dazu Driver 53; so versteht auch der Talmud-Traktat Ab.zara III 43ᵃ diese Stelle: „Verachte den Götzen als Schmutz" [WTM IV 162]; G. Fohrer, ZBK, und O. Kaiser, ATD 18, halten an der Deutung von *ṣeʼ* als Imp. von *jṣʼ* fest). Für das unpassende *ṣāmāʼ* Jer 48, 18 schlägt W. Rudolph, HAT I/12³, 276 *ṣoʼāh* vor: „Herunter von deiner Herrlichkeit und in den Schmutz gesessen, Bewohnerschaft Dibons!" In Ez 32, 6 wird das hap. leg. *ṣāpāh* 'Ausfluß' (des Blutes?, von *ṣwp* 'fließen' ableitbar; vgl. Zimmerli, BK XIII/2², 763 f.; KBL³ 978) seit Hitzig mit LXX und Σ durch *ṣoʼāh* ersetzt (vgl. Fohrer, HAT I/13², 177; LoC 281 f.; KBL³ 931), was aber wenig überzeugend ist.

b) Nomen und Adj. *ṣoʼāh/ṣoʼî* stehen im metaphorischen Sinn für ethisch-moralische oder kultische Verfehlungen. Jes 4, 4 entwirft ein Bild von der Zukunft, für die ein Läuterungsgericht erwartet wird, bevor die Epiphanie (vv. 5 f.) eintreten kann: „Wenn abwaschen wird der Herr den Schmutz der Töchter Zions und das Blut Jerusalems abspülen wird aus ihrer Mitte durch den Geist des Gerichts ...". Der nach dem Wiederaufbau des Tempels zum Hohenpriester ausersehene Jeschua muß – so schaut es Sacharja im 4. Nachtgesicht Sach 3, 1–7 – von seinen Verfehlungen gereinigt werden, was in dem Wechsel seiner Kleider symbolisch dargestellt wird (vv. 3 f.). In ähnlichem Sinn ist Spr 30, 12 zu verstehen: „Ein Geschlecht, das rein ist in den eigenen Augen, doch nicht gewaschen von seinem Schmutz", wobei vv. 11. 14 besagen, was hier mit *ṣoʼāh* gemeint ist.

IV. 1. Die Qumran-Schriften enthalten Belege für Nomen und Adjektiv *ṣoʼāh/ṣoʼî*.
Wohl in Anlehnung an die Vorschrift Dtn 23, 14 enthält die Tempelrolle (46, 15) die Anweisung, die Aborte für die Bewohner der Heiligen Stadt in einer Entfernung von 3000 Ellen von ihr anzulegen. Zur umstrittenen Lokalisierung dieses *Bethso* (*bêṯ ṣoʼāh*) (Fl. Josephus, Bellum V 145) vgl. Y. Yadin, Jerusalem Revealed, Jerusalem 1975, 90 f. (NW der Zitadelle) und B. Pixner, Studia Hierosolymitana I, Jerusalem 1976, 256 f. (SW des Zion), dazu auch R. Riesner, BiKi 40, 1985, 64–76. Die Damaskusschrift verwendet das Adj. *ṣoʼî* im wörtlichen Sinn: es ist verboten, sich mit schmutzigem oder nicht ausreichendem Wasser zu waschen (CD 10, 11) oder ungewaschene (schmutzige oder in einer Kammer abgelegte) Kleider zu tragen (CD 11, 3).
2. Für die wörtlich-materielle Bedeutung von *ṣoʼāh/ṣeʼāh* verwendet LXX κόπρος (2 Kön 18, 27 = Jes 36, 12; Ez 4, 12), für die metaphorische ῥύπος / ῥυπαρός (Jes 4, 4, Sach 3, 3 f.). Die Aussage von Dtn 23, 14 wird durch die Verwendung von ἀσχημοσύνη etwas verändert; Spr 30, 12 übersetzt LXX *ṣoʼāh* mit ἔξοδος, was an die oben II. 1. erörterten Probleme der Etymologie erinnert.

Beyse

צֹאן *ṣoʼn*

I. 1. Semit. Dialekte und Etymologie – 2. At.-liche Belege – 3. Bedeutung – 4. LXX – II. 1. Haus- und Herdentier – 2. Besitz, Geschenk und Beute – 3. Vergleich – 4. Topographie – III. 1. Ort der Berufung – 2. Bild für Volk und Gemeinde – 3. Opfer – IV. Qumran.

Lit.: *F. S. Bodenheimer*, Animal Life in Palestine, Jerusalem 1935, 122–125. – *G. J. Botterweck*, Hirt und Herde im Alten Testament und im Alten Orient (Festschr. J. Kardinal Frings, 1960, 339–352). – *B. Brentjes*, Die Haustierwerdung im Orient (Neue Brehm-Bücherei 344, 1965, 22–32). – *J. Clutton-Brock*, The Early History of Domesticated Animals in Western Asia (Sumer 36, 1980, 37–41). –. *G. Dalman*, AuS VI 180–203 u. Index. – *L. Dürr*, Ursprung und Ausbau der israelitisch-jüdischen Heilandserwartung, 1925, 116–124. – *V. Hamp*, Das Hirtenmotiv im Alten Testament (Festschr. M. Kardinal Faulhaber, 1949, 7–20). – *J. Jeremias*, ποιμήν κτλ. (ThWNT VI 484–501). – *R. Rendtorff*, Studien zur Geschichte des Opfers im Alten Israel (WMANT 24, 1967). – *I. Seibert*, Hirt – Herde – König, 1969.

I. 1. Das Nomen ist gemeinsemitisch. Akk. *ṣēnu* (AHw 1090 f.) wird in EA Nr. 263, 12 durch kanaan. *ṣú-ú-nu* glossiert. *ṣʼn* (**ṣaʼnu* > **ṣānu* > **ṣōnu*, R. Meyer, Hebr. Gramm. § 22, 3a) unter Beibehaltung des ʼ ist neben hebr. und samarit. (*ṣēʼon*, KBL³ 932) auch phön. (KAI 26 A III 9), moab. (KAI Nr. 181, 31; DISO 240) und ugar. (*ṣʼn*, UT Nr. 2137; WUS Nr. 2297) belegt. Dem entspricht bei Elidierung des ʼ samarit. *ʿan*, syr. *ʿānāʼ*, palm. *ʿn* (DISO 218) und jüd.-aram. *ʿān* bzw. *ʿānāʼ* (ATTM 661). 1 Q GenApokr 22, 2 bezeugt aram. *ʿnh* (ATTM 182) und CTest Levi 24, 23 *ʿʿnʼ* (ATTM 195).

Hierzu ist möglicherweise *ṣonæh* (Ps 8, 8) zu vergleichen, eine Form, die weithin als orthographische Variante zu *ṣoʼn* (einige MSS belegen *ṣʼnh*) mit fem. Endung *-ǣ* (BLe § 61 m) oder altertümlicher Endung *-*aj* > *-ǣ* (KBL² 808) erklärt wird. Die Frage, ob für *ṣonaʼᵃḵæm* (Num 32, 24) eine Nebenform *ṣnʼ* angenommen werden muß oder eine Verschreibung von *ṣoʼneḵæm* vorliegt (so viele MSS u. Sam.), ist wohl im letzteren Sinne zu beantworten.

Äg.-aram. findet sich *qn* (DISO 218) und mand. *aqna*. Im Asarab. ist *ḏʼn* und im Arab. *ḏaʼnu* belegt (KBL³ 932).
Die Etymologie des Wortes ist fraglich. Eine Ableitung von der Wurzel *jṣʼ* („wie πρόβατον von προβαίνειν", GesB 670 u. a.) ist unsicher (vgl. THAT I 756); eher handelt es sich um ein Primärnomen (KBL³ 932).
2. *ṣoʼn* ist einschließlich Ps 8, 8 und Num 32, 24 275mal im AT bezeugt. Die Belege verteilen sich wie

folgt: Gen 63mal; Ez 29mal; 1 Sam 19mal; Jer 18mal; Dtn und Ps je 17mal; Ex 15mal; Num und 2 Chr je 13mal; Lev und Sach je 9mal; Jes 8mal; 1 Kön und 1 Chr je 7mal; 2 Sam, Ijob und Neh je 5mal; Mi 3mal; Am 2mal und je 1mal Jos, 2 Kön, Hos, Joël, Jona, Hab, Zef, Spr, Hld, Koh und Esra.

Eine Konzentration der Belege läßt sich in Erzählungen, die im halbnomadischen Milieu angesiedelt sind (Gen, Ex, 1 Sam), in Opfervorschriften (Lev-Dtn) und dort feststellen, wo *ṣo'n* als Metapher für Volk und Gemeinde Verwendung findet (Jer, Ez, Sach, Ps).

3. Die Bedeutung Kleinvieh ist in allen semit. Dialekten grundlegend. Gemeint sind vornehmlich Schafe und Ziegen als kollektiver Zusammenschluß im Herdenverband oder als Besitzstand. Häufig tritt *ṣo'n* deshalb in Parallele zu *'eḏær* (Gen 29, 2f.; Jer 13, 20; Ez 34, 12 u. ö.) oder wird durch *'eḏær* (Gen 29, 2; Joël 1, 18; Mi 5, 7) bzw. *miqnæh* (Gen 26, 14; 47, 17; 2 Chr 32, 29) näher bestimmt. Die Bedeutung 'Herde' wird nachdrücklich, wenn auch in metaphorischer Bedeutung, durch die Cstr.-Verbindung *ṣo'n 'āḏām* (Ez 36, 38) gestützt.

Gleich *šôr* und *ḥ^amôr* (Dtn 5, 14), *śæh* und *šôr* (Lev 27, 26) kann *ṣo'n* zusammen mit *bāqār* (Lev 1, 2) gattungsmäßig den „Haustieren" (*b^ehemāh*) zugerechnet werden (vgl. Dalman 171). Bei Aufzählungen des Besitzes oder des Beutegutes bildet *ṣo'n* eine eigene Gattung in Unterscheidung zu *bāqār*, *'ælæp*, *šôr*, *ḥ^amôr* bzw. *'āṯôn*, *sûs* und *gāmāl*. Eine feste Verbindung besteht häufig zwischen *ṣo'n* und *bāqār*. Die Wortfolge *ṣo'n ûḇāqār* ist 44mal und die Umkehrung *bāqār w^eṣo'n* (vor allem in Opfervorschriften) 25mal belegt (→ I 737).

Gegenüber der äußeren Abgrenzung ist *ṣo'n* als Kollektivum in sich vielschichtig. Allein „Schafe" unter Ausschluß von „Ziegen" werden in 1 Sam 25, 2 mit *ṣo'n* bezeichnet (vgl. H. J. Stoebe, KAT VIII/1, 446). Da im Kontext von der Schafschur (*gzz*) die Rede ist, könnte bei *ṣo'n* an entsprechenden Stellen (Gen 31, 19; 38 12f.; Dtn 15, 19) ebenfalls an „Schafe" gedacht werden.

Ausgenommen die metaphorische Bezeichnung für Menschengruppen (Volk, Gemeinde, s. u. III. 2.) wird *ṣo'n* namentlich durch folgende Begriffe und Arten näher bestimmt: Neben *kæḇæś*/*kæśæḇ* und *'ez* (Gen 30, 32; Lev 1, 10; 3, 6f. 12 u. ö.), wobei in dieser Verbindung meist Jungtiere von Schafen und Ziegen gemeint sind, tritt *śæh* (Gen 30, 32; Ex 21, 37; Ez 34, 17 u. ö.), das häufig das einzelne Tier der Kleinviehherde (Schaf oder Ziege) bezeichnet (Ex 12, 5; Num 15, 11; Dtn 14, 4). Zur Bezeichnung weiblicher Tiere findet sich *kiḇśāh* (Gen 21, 28f.; Lev 14, 10; Num 6, 14; 2 Sam 12, 3f. 6), und Lev 5, 6 belegt *kiśbāh* und *ś^e'îraṯ 'izzîm*. Die Muttertiere der Herde heißen in Gen 31, 38 *r^eḥelǣkā w^e'izzǣkā* und in Ps 78, 71 *'ālôṯ* (fem. Ptz. *qal* der Wurzel *'wl*). Letzteres kann nicht nur die „stillenden", sondern auch die „säugenden" Tiere bezeichnen (Gen 33,13). Ex 22,29 belegt allgemein *'em* für Muttertier. Die auf Ges. Thes. (1083) zurückgehende Übersetzung „Muttertier" für *'ašt^erôṯ* (vgl. Dalman 191f.) dürfte auf Grund des parallelen Begriffs *š^egar* 'Wurf' in Dtn 7,13; 28,4. 18.51 eher mit 'Zuwachs' wiederzugeben sein (GesB 627; G. v. Rad, ATD 8³ z. St.; unentschieden KBL³ 851).

Zur Bezeichnung der männlichen Tiere finden sich *'ajil* 'Widder' (Gen 31, 38; Lev 5, 15. 18. 25; Ez 34, 17; 43, 23. 25 u. ö.), *'attûḏ* 'Ziegen- und Schafbock' (Gen 31, 10. 12; Ez 34, 17 u. ö.) und *g^eḏî* 'Böckchen', letzteres häufig zur Kennzeichnung von Ziegen (*g^eḏî 'izzîm*: Gen 27, 9. 16; 38, 17; Hld 1, 8 u. ö.). Auch *śā'îr* (Gen 37, 31; Lev 4, 23; 9, 3 u. ö.) und *tajiš* (Gen 30, 35; 32, 15; Spr 30, 31; 2 Chr 17, 11) bezeichnen in den meisten Fällen den Ziegenbock. Die Lämmer heißen Am 6, 4 *kārîm miṣṣo'n* und Ps 114, 4. 6 *b^enê ṣo'n*.

4. LXX übersetzt *ṣo'n* am häufigsten mit πρόβατον (219mal; auch Ps 8, 8 für *ṣonæh*). Vereinzelt gibt sie mit πρόβατον auch *śæh*, seltener *kæḇæś*, *kiḇśāh*, *kæśæḇ* und *rāḥel* wieder (ThWNT VI 689). Dem sinnverwandt folgt ποιμνίον, das 26mal für *ṣo'n* steht. Dabei fallen allein 18 Belege auf 1 + 2 Sam (πρόβατον hier nur 4mal), 12mal findet sich κτῆνος, was in LXX häufig für *miqnæh* steht. In 2 Chr 7, 5 ist βόσκημα belegt, und in Jer 23, 3 tritt an Stelle von *ṣo'n* schon interpretierend λαός. *kalḇê ṣo'nî* (Ijob 30, 1) übersetzt LXX mit κυνῶν τῶν ἐμῶν νομάδων, und sie gibt *ša'ar haṣṣo'n* (Neh 3, 1. 32; 12, 39) mit τὴν πύλην τὴν προβατικήν wieder.

II. 1. Schafe und Ziegen gehören zu den ältesten Haustieren im Vorderen Orient. In Palästina besitzt die Ziege bei der Domestizierung das Primat (Ende d. 8. Jt. v. Chr), während das Schaf erst im frühen 6. Jt. aus dem Osten hinzukam (Brentjes).

Beide zusammen bilden auf Grund ihrer gemeinsamen Weide und in Unterscheidung zu den Haustieren, die teilweise oder ausschließlich zur Arbeit verwendet werden, die Gruppe des Kleinviehs (*ṣo'n*).

a) Um den Prozeß der Domestizierung scheint auch die at.liche Überlieferung zu wissen, wenn sie erstmals mit der Ausbildung der beiden Grundberufe des Menschen (Ackerbau und Viehzucht) von Abel als einem Kleinviehhirten (*ro'eh ṣo'n*, Gen 4, 2) spricht. In den Schöpfungserzählungen ist entweder ganz allgemein von den Landtieren (*ḥajjaṯ haśśāḏæh*, Gen 2, 19) oder bei deren Untergliederung in Hauptarten vom Vieh (*b^ehemāh*, Gen 1, 34f.) die Rede. Eine Ausnahme bildet Ps 8,8, wo im Schöpfungslob Kleinvieh (*ṣonæh)* und Rinder (*'^alāpîm*) die Reihe der Tiere einleiten, die der Herrschaft des Menschen unterstellt sind.

b) *ṣo'n* für sich bildet die wirtschaftliche Grundlage des Nomaden. Erst „wenn die Aufzucht von Rindvieh noch zu der des Kleinviehs hinzukommt, hört der Hirt auf, echter Nomade zu sein. Er wird seßhaft" (R. de Vaux, LO I, ²1964, 18).

Diesen sozialgeschichtlichen Umbruch spiegelt die Vätergeschichte wider. Einerseits wird für Abraham, Isaak und Jakob der Besitz an Klein- und Großvieh (*ṣo'n ûḇāqār*) vorausgesetzt (Gen 12, 16; 26, 14; 32, 6); andererseits aber spielen die J/E-Erzählungen weithin im Milieu der Kleinviehhirten, d. h. im nomadischen Bereich (Gen 29, 1–30; 30, 25–31, 21; 37). Es ist dann verständlich, wenn Josef seinen Brüdern vor der

Audienz beim Pharao den Rat gibt: „Sagt: Viehzüchter (*'anšê miqnæh*) sind deine Knechte von Jugend an ..., denn ein Greuel sind den Ägyptern alle Kleinviehhirten (*ro'eh ṣo'n*)" (Gen 46, 34).

c) Dementsprechend finden wir Angaben und Aussagen über Kleinviehhaltung und -wirtschaft in Erzählungen, die die Zeit der Väter und die Ereignisse und Geschehnisse der vorstaatlichen Zeit Israels reflektieren. Die Väter waren Kleinviehhirten wie dann auch Mose (Ex 3,1) und David (1 Sam 16,11.19; 17,15ff.). Die Existenz des einzelnen wie die der Sippe oder des Stammes ist in dieser Zeit noch weithin durch die Suche nach Weide und Wasser als den Grundbedingungen für die Kleinviehhaltung (vgl. Dalman 208ff. 271ff.) bestimmt. Als besonders günstige Weidegebiete gelten die Jordanaue (Gen 13, 10), das Ostjordanland (Num 32; Mi 7, 14) und das Gebiet von 'Gedor' (1 Chr 4, 39). Entfernt von natürlichen Gewässern sind die Herden auf das Wasserreservoir der Brunnen angewiesen, die eigens für das Vieh gegraben wurden (Gen 21, 30; 26, 15ff.). Das Tränken des Kleinviehs kann geradezu zu einem Erzählmotiv der „ersten Begegnung" ausgestaltet werden (Gen 29, 2ff.; Ex 2, 15ff.; vgl. auch Gen 24, 11ff.; dazu C. Westermann, BK I/2, 472–475). Gen 30, 38f. setzt voraus, daß sich die Tiere begatten (*jḥm*), wenn sie zur Tränke kommen. So veranstaltet Jakob hier seinen „Tierzauber", worauf das Kleinvieh die von ihm und zu seiner Bereicherung gewünschten Färbungen an Jungtieren wirft: „Gestreifte" (*'ᵃquddîm*), „Gefleckte" (*nᵉquddîm*) und „Gesprenkelte" (*ṭᵉlu'îm*). Darüber hinaus vermag er „schwächliche" (*'ᵃṭupîm*) und „starke" (*qᵉšurîm*) Tiere voneinander zu scheiden (vv. 41f.).

d) Die Sorge um das Kleinvieh oblag der ganzen Familie (vgl. Gen 29, 6; Ex 2, 15ff.). Laban geht selbst durch seine Herden (Gen 30, 32); Jakob schickt Josef, daß er nach dem Wohlergehen (*šālôm*) des Kleinviehs sehe (Gen 37, 14ff.). Der Weise achtet jedenfalls auf das „Aussehen des Kleinviehs" (*pᵉnê ṣo'n*), denn es ist kein unvergänglicher (*lᵉ'ôlām*) Besitz (Spr 27, 23f.; vgl. Koh 2, 7 im Kontext). Vielmehr gehört *ṣo'n* mit anderen Gütern zu den Segnungen JHWHs (Gen 24, 35; Dtn 7, 13; 8, 13; 28, 4), die Israel im Falle des Abfalls von JHWH verlieren kann (Dtn 28,18.31.51; Jer 5,17) und wovon es hoffen darf, sie in einer neuen Heilszeit in ausreichendem Maße wiederzuerlangen (Jes 7, 21f.; 61, 5; Jer 31, 12; 33, 12f.).

e) Der Wert von *ṣo'n* besteht einerseits in dem Fleisch und der Milch und andererseits in der Schafwolle und den Ziegenhaaren, die die Herden liefern. Ezechiel etwa klagt die schlechten Hirten an: „Die 'Milch' (lies *ḥālāḇ*) genießt ihr, mit der Wolle (*ṣæmær*) kleidet ihr euch; das Gemästete (*bᵉrî'āh*) schlachtet ihr" (34,3; vgl. Jes 22,13). Jakobs Beteuerung, keinen „Widder" (*'êlê ṣo'n*) von Labans Herden gegessen zu haben, deutet auf den Fleischwert dieser Tiere hin (Gen 31, 38). Die „Schlemmer von Samaria" bevorzugen dagegen die Lämmer (Am 6, 4). David erhält von Abigajil neben Brot, Wein und anderem „fünf schon zurechtgemachte (Q *'ᵃśûjoṯ*) Tiere" vom Kleinvieh (1 Sam 25, 18). Auf der Flucht vor Abschalom wird er unter anderem mit „Dickmilch (*ḥæm'āh*) und Kleinvieh" (MT) oder mit „Dickmilch vom Kleinvieh" (S: *wḥ'wt' d'n'*) gespeist (2 Sam 17, 29; vgl. 1 Chr 12, 41). Milchprodukte zählen Dtn 32, 14 und Jes 7, 21 zu den Speisen der Heilszeit.

f) Als feste Einrichtung für die Kleinviehhaltung sind im AT nur die „Viehhürden" (*giḏroṯ ṣo'n*) bezeugt (Num 32, 16; 1 Sam 24, 4). Es handelt sich um einen mit Zaun oder Mauer umfriedeten Lagerplatz für die Nacht. Die gleiche Einrichtung dürfte auch mit *miḵlāh* (Hab 3, 17) gemeint sein (W. Rudolph, KAT XIII/3, 239), und sie läßt sich auch für Mi 2, 12 im Anschluß an Targ. und V konjizieren (für *bŏṣrāh* lies *baṣṣirāh* – „im Pferch"; vgl. Rudolph 62). „Gabelhürden" vermutet O. Eißfeldt (KlSchr III 61–66) hinter dem Dual *mišpᵉṯajim* (Gen 49, 14; Ri 5, 16; vgl. auch BRL² 317).

2. Nicht nur im Bereich der Halbnomaden macht *ṣo'n* einen überwiegenden Teil des Besitzes aus. Mögen die Zahlen, die wir dem AT hinsichtlich der Größe der Herden oder der Anzahl der Beute entnehmen können, weithin fiktiv sein, so lassen sie doch erkennen, daß *ṣo'n* im Verhältnis zu anderen Haustieren deutlich an erster Stelle rangiert (vgl. Num 31, 32; 1 Sam 25, 2; Ijob 1, 3; 42, 12; 1 Chr 5, 21).

a) So fehlt *ṣo'n* kaum in einer Reihung, die den Besitzstand (*miqnæh*) einer Familie, eines Stammes oder eines Königs auflistet. Eine Veränderung in der Bewertung von *ṣo'n* läßt sich hier insofern erkennen, als im Bereich der Vätererzählungen *ṣo'n* in der Regel die Reihe des Besitzstandes eröffnet (Gen 12, 16; 13, 5; 20, 14 u.ö.; → I 738), während es bei der Bewertung königlichen Besitzes ins hintere Glied tritt (2 Chr 32, 29; vgl. Ex 9, 3; Koh 2, 7). Diese unter dem Kulturlandeinfluß veränderte Bewertung spiegelt auch ein Text wie 2 Kön 5, 26 wider: „Nun wohl, du hast Silber bekommen und magst dir Kleider, Ölbäume, Weinberge, Kleinvieh, Rinder, Knechte und Mägde anschaffen ...".

Dem gleichen Einfluß unterliegt das Dtn, wenn bei den Segnungen des verheißenen Landes die Produkte des Feldes vor dem Vieh genannt werden (7, 13; 28, 4), was entsprechend für die Fluchreihen gilt (28, 18. 51).

b) Dennoch stellt *ṣo'n* im Bereich des Königtums eine wichtige Säule der Wirtschaft dar.

Nach 1 Sam 8, 17 beansprucht der König den zehnten Teil von allem Kleinvieh. Salomos Hofhaltung benötigte laut 1 Kön 5, 3 neben anderen Naturalien täglich „10 Mastrinder, 20 Weiderinder und 100 Stück Kleinvieh". Vor allem im Bereich des Tempels und der Kultfeiern verzeichnet das AT einen hohen Verbrauch an Klein- und Großvieh (1 Kön 8, 63; 2 Chr 7, 5; 29, 33; 30, 24), das zum Teil aus dem Besitz des Königs (*merᵉḵûš*) stammte (2 Chr 35, 7). So erwähnt die Liste der Verwalter über das davidische Krongut in 1 Chr 27, 31 eigens einen Hagariter namens Jasis, der zur Aufsicht über das Kleinvieh bestellt war.

c) Im einzelnen läßt sich der Wert von *ṣo'n* im Zusammenhang von Gesetz, Handel und Vertrag ablesen. Als Besitz ist *ṣo'n* vor fremdem Zugriff zu schützen. Ex 21, 37 legt fest, daß einer, der ein Stück Kleinvieh (*śæh*) stiehlt, schlachtet oder verkauft, an Stelle des einen vier Stück *ṣo'n* zurückerstatten muß. Nach dtn Gesetzgebung ist dem hebräischen Schuldsklaven in Anbetracht dessen, daß ganz Israel Sklave in Ägypten war, ein entsprechender Anteil vom Kleinvieh, von der Tenne und Kelter bei seiner Entlassung mitzugeben (Dtn 15, 14).

Wenn Juda mit Tamar den Preis eines Ziegenböckchens vom Kleinvieh vereinbart (Gen 38, 17) und Josef gegen Abgabe von Kleinvieh Brot austeilt (Gen 47, 17), so dient *ṣo'n* als Zahlungsmittel im Handel. Abraham (Gen 21, 27 ff.) schenkt Abimelech Klein- und Großvieh, um mit ihm einen Vertrag (*b^erîṯ*) zu schließen. Sieben Lämmer (*k^eḇāśôṯ*) vom Kleinvieh dienen als *'eḏāh* (v. 30) und machen so die Annahme des Geschenkes zu einem „öffentlich-rechtlichen Akt" (Westermann, BK I/2, 427).

ṣo'n zusammen mit anderen Gaben kann aber auch zur Leistung der Wiedergutmachung (Gen 12, 16; 20, 14) oder als Tributzahlung (2 Chr 17, 11) eingesetzt werden.

d) In Kriegserzählungen wird *ṣo'n* häufig als Bestandteil des Beutegutes erwähnt (Num 31, 28 ff.; 1 Sam 14, 32; 15, 9; 27, 9 u. ö.; vgl. auch KAI 181, 31). In den meisten Fällen steht *ṣo'n* zusammen mit *bāqār* (→ I 741). Wie alles Beutegut unterliegt auch *ṣo'n* im Bereich des JHWH-Krieges der spezifischen Gesetzgebung von Verteilung (Num 31,28 ff.) und Bannung (1 Sam 15, 9. 15).

5. Oft dient *ṣo'n* dem Vergleich, wobei die Grenzen zur Metapher hin fließend sind (s. u. III. 2.). Als Mengengröße spiegelt *ṣo'n* den heilvollen Zustand des Volkes (Ez 36, 37), einer Sippe (Ps 107, 41), einer Stadt (Ez 36, 38) oder auch der Natur (Ps 65, 14) wider. Unheil bricht dagegen ein, wenn das Land zum Lagerplatz (*mirbāṣ*) des Kleinviehs wird (Ez 25, 5) oder auf ihm Hürden (*giḏrôṯ*) errichtet werden (Zef 2, 6). Dem 'Hüpfen' (*rqd*) des Kleinviehs bzw. seiner Lämmer ist die Natur vergleichbar bei JHWHs Theophanie (Ps 114, 4. 6) und das für Ijob ungerechtfertigte Kinderglück der Gottlosen (*r^ešā'îm*) (21, 11). Noch weiter in die Einzelbeobachtung des Herdenlebens geht der Vergleich, wenn Israel aufgefordert wird: „Flieht aus Babel ..., seid wie die Hammel vor der Kleinviehherde" (Jer 50, 8) oder wenn Ijob schon die Väter seiner Spötter nicht seinen „Herdenhunden" (*kalḇê ṣo'n*) gleich achtet (30, 1).

6. Topographisch sicher bezeugt findet sich *ṣo'n* in der Bezeichnung „Schaftor" (*ša'ar haṣṣo'n*, Neh 3, 1. 32; 12, 39): ein Jerusalemer Stadttor, das in der Zeit des 2. Tempels in der Ostmauer, nördlich des Tempelbereiches, gelegen haben dürfte (vgl. BHHW II 833 f. Abb. 3. 839. 843). Umstritten ist dagegen, ob *giḏrôṯ haṣṣo'n* (1 Sam 24, 4) einen Ortsnamen beinhaltet (J. Simons, GTT OT § 708) oder ob der Kontext nicht eher an tatsächliche Viehhürden denken läßt (Stoebe, KAT VIII/1, 434).

III. 1. Am 7, 15 begründet die Berufung des Propheten mit den Worten: „JHWH hat mich hinter dem Kleinvieh weggeholt" (*wajjiqqāḥenî JHWH me'aḥ^arê haṣṣo'n*); fast gleichlautend ist diese Wendung in 2 Sam 7, 8 für David belegt mit der Begründung, daß er *nāgîḏ* sei über JHWHs Volk Israel (par. 1 Chr 17, 7; vgl. Ps 78, 70). Auch Mose wurde berufen, als er das Kleinvieh „hinter die Wüste" (*'aḥar hammiḏbār*) trieb (Ex 3, 1).

Die Aussage dieser Stellen scheint vorab darauf zu zielen, daß die Berufenen durch einen Auftrag JHWHs aus ihrem alltäglichen Dasein herausgerissen (*lāqaḥ*) worden sind. Aber schon die theologische Reflexion zeigt bei David (vgl. 2 Sam 5, 2) und entfernt auch bei Mose (vgl. Jes 63, 11) insofern einen Zusammenhang zwischen Berufung und Auftrag, als der aus dem Hirtendasein Berufene beauftragt wird, Israel zu weiden (*rā'āh*). Was in dem Gegenüber von 2 Sam 5, 2 und 7, 8 mehr lose anklingt, wird in Ps 78, 70 f. voll ausformuliert: "Er (JHWH) erwählte David, seinen Knecht, er holte ihn weg (*wajjiqqāḥehû*) von den Hürden des Kleinviehs ..., daß er weide Jakob, sein Volk, und Israel, sein Erbe..." vgl. H. Schult, Amos 7, 15a und die Legitimation des Außenseiters, Festschr. G. v. Rad, 1971, 462–478).

2. Ps 78 ist auf Grund der vom Dtn und der Weisheit her stark beeinflußten Sprache kein altes Stück (vgl. H. J. Kraus, BK XV/2, 705). Dennoch führt dieser groß angelegte „Geschichtspsalm" mit den Bildern von Hirte und Herde umfassend in den metaphorischen Gebrauch von *ṣo'n* ein: „Er (JHWH) führte wie das Kleinvieh (*ṣo'n*) sein Volk, leitete (*nhg*) sie gleich einer Herde (*'eḏær*) in der Wüste" (v. 52; vgl. vv. 51–55). Entsprechend heißt es am Ende des Psalmes von David: „Er weidete sie (*rā'āh*) mit lauterem Herzen und mit kluger Hand führte (*nhg*) er sie" (v. 72).

a) Gott oder der König als Hirte (*ro'æh*) und das Volk als ihre Herde (*ṣo'n*, *'eḏær*) ist ein gemeinorientalisches Bild (→ רעה *rā'āh*; vgl. Dürr, Hamp, Seibert, Jeremias), bei dem sich für das AT die Frage erübrigt, ob es dem Nomadenleben oder dem Kult entstammt (vgl. H. Gottlieb, Die Tradition von David als Hirten, VT 17, 1967, 190–200). Die Davidtradition jedenfalls erhellt zur Genüge, daß Israel das Bild als traditionelle Metapher vorgegeben ist und daß es zugleich in seiner natürlichen Umwelt real präsent war (vgl. 1 Sam 16, 11. 19; 17, 15. 20. 34). Deshalb ist W. Zimmerli recht zu geben, der meint: „So ist die konventionelle Sprache immer wieder mit Anschauung gefüllt worden" (BK XIII/2, 835).

b) Wesentlich für die Bestimmung des Bildes ist, daß sich beide Seiten gegenseitig bedingen; d. h., Stellen, die von Gott oder dem König als Hirten reden, setzen, auch wenn der Begriff fehlt, das Volk als Herde voraus (vgl. 2 Sam 5, 2; 7, 8; Ps 23) und umgekehrt (vgl. 2 Sam 24, 17; Jes 53, 6; Ps 74, 1 u. ö.). Von daher läßt sich die Frage nach Aufkommen, Verwendung und Gebrauch des Bildes *ṣo'n* für Volk und Gemeinde nicht allein auf den Begriff selbst reduzieren. Wenn die Mehrzahl der Belege in die exil.-nachexil. Prophetie und in Psalmen weist, die weithin derselben Zeit

Index der deutschen Stichwörter

ISBN 3-17-009919-1

Band VI Lieferung 8-10 (Spalte 865-1248)

Theologisches Wörterbuch zum Alten Testament

In Verbindung mit
George W. Anderson, Henri Cazelles, David N. Freedman,
Shemarjahu Talmon und Gerhard Wallis

herausgegeben von
G. Johannes Botterweck †
Helmer Ringgren
und Heinz-Josef Fabry

Kohlhammer

Inhalt von Band VI, Lieferung 8–10

Fortsetzung 3. Umschlagseite

Band VI wird 11 Lieferungen umfassen. Einzellieferungen werden nicht abgegeben.
Hörern der an diesem Werk beteiligten Verfasser wird bei Vorlage eines vom Autor unterzeichneten Hörerscheins ein Nachlaß von 20% auf den Ladenpreis gewährt. Die Ermäßigung gilt nur für die bis dahin erschienenen Teile des Werkes und den gerade im Erscheinen begriffenen Band. Der Hörernachweis muß für die erste Lieferung jedes weiter erscheinenden Bandes ggf. neu erbracht werden.

Verlagsort Stuttgart. Gesamtherstellung: W. Kohlhammer Druckerei GmbH + Co. Stuttgart.
Printed in Germany. ISBN 3-17-010230-3

entstammen (Ps 44; 49; 74; 77; 79; 95; 100), dann ist damit noch kein Indiz für das Aufkommen des Bildes gegeben, sondern es wird allein seine ausgesprochen breite Verwendung in dieser Zeit bezeugt. Das Bild ist der Sache nach schon mit der früh belegten Vorstellung von JHWH als dem Hirten Israels vorausgesetzt (Gen 49,24; Hos 4,16; Ps 80,2; vgl. dazu V. Maag, Kulturkontakt und Religion, 1980, 111 ff.).

c) *ṣo'n* als Bild ist in sich vielschichtig. In den weitaus meisten Fällen bezeichnet *ṣo'n* Israel (Jer 23,1 f.; Ez 34; Sach 11; Ps); es können aber auch persönliche Feinde (Jer 12,3) und Fremdvölker (Jes 13,14; Jer 49,20; 50,45; Mi 5,7) unter diesem Bild angesprochen werden. Das Bild lebt einerseits von der Beobachtung, daß *ṣo'n* auf sich allein gestellt, ohne Schutz, Führung und Hirten (Sach 10,2), der Vernichtung anheimfällt. So schaut Micha ben Jimla „ganz Israel zerstreut (*pwṣ*) auf den Bergen, wie Kleinvieh, das keinen Hirten besitzt" (1 Kön 22,17; vgl. Num 27,17), und der Psalmist eröffnet das „Gebetslied des Volkes" mit dem Aufruf: „Du Hirte Israels höre, der du wie Kleinvieh Josef geleitest (*nhg*)" (Ps 80,2). Ohne Hirten ist *ṣo'n* aufgescheuchten Gazellen vergleichbar, die keiner sammelt (*qbṣ*, Jes 13,14); gleich einer Herde, in die der Löwe einbricht, so daß selbst noch die „Geringsten" (*ṣ^{e}'îrê haṣṣo'n*) weggeschleppt werden (Jer 49,19 f.; 50,44 f.; zum Text s. W. Rudolph, HAT I/12^{s}, 288, 291; vgl. auch Mi 5,7). Andererseits liegt die Bedrohung in der Tötung und Schlachtung des Kleinviehs. So wünscht Jeremia, daß seine Feinde herausgerissen werden wie Kleinvieh „zum Schlachten" (*l^{e}ṭibḥāh*) und geweiht 'für den Tag des Würgens' (*l^{e}jôm h^{a}regāh* 12,3; was im Kontext von 11,20a und 20b zu lesen ist, BHS). Das Motiv klingt bei Jeremia nochmals im Drohwort gegen die „Herren des Kleinviehs" (*'addîrê haṣṣo'n*) an (25,34 ff.), in dem das Schicksal der Könige, ihrer Völker und Länder „unter dem Bild der Schlachtung von Opfertieren dargestellt" wird (W. Rudolph, HAT I/12, 167). In gleicher Weise klagt Israel (Ps 44,12): „Du (JHWH) gabst uns hin wie Schlachtvieh (*k^{e}ṣo'n ma'^{a}kāl*; vgl. auch v. 23: *k^{e}ṣo'n ṭibḥāh*); und Deuterosacharja nimmt das Bild in der „Hirtenvision" (11,4–17) wieder auf, indem er vom „Schlachtvieh" (*ṣo'n hah^{a}regāh*) für die 'Viehhändler' spricht (für *lāken '^{a}nijjê* ist in vv. 7 + 11 *likna'^{a}nijjê* zu lesen; BHS; KBL^{3} 462; W. Rudolph, KAT XIII/4, 202).

d) Wenn im vierten Gottesknechtslied Israel zu der Aussage gelangt: „Wir alle irrten (*tā'āh*) wie Kleinvieh, wir gingen ein jeder seinen Weg" (Jes 53,6), so scheint die Aussage, neben der Kontrastierung zum „Gottesknecht" (v. 7), darauf hinzudeuten, daß Israel die Verantwortung für die Verirrungen selbst trägt (vgl. auch vv. 4 f.). Weit häufiger indes dient das Bild dazu, die Verantwortung derer herauszustellen, denen *ṣo'n* anvertraut ist. So bekennt David angesichts göttlichen Gerichts: „Ich habe gesündigt und mich vergangen, aber diese, das Kleinvieh, was haben sie getan?" (2 Sam 24,17). Hier knüpft die Prophetie der exil.-nachexil. Zeit an und gestaltet das Bild von Hirte und Herde zur Anklage und zum Drohwort gegen die Führer des Volkes (Jer 23,1 f.; 25,34 ff.; Ez 34,1 ff.; Sach 11,4 ff.; 13,7 ff.).

e) Israel gilt als „die Schafe, die JHWHs Erbbesitz sind" (Mi 7,14: *ṣo'n nah^{a}lāṯækā*); JHWH spricht von „meinem Kleinvieh" (*ṣo'nî* Jer 23,2 f.; Ez 34,8.10 f. u.ö.) und „Kleinvieh meines Weidens" (*ṣo'n mar'îṯî* Jer 23,1; Ez 34,31). Die letzte Bezeichnung dürfte der Gebetssprache entstammen, wo sie als Selbstaussage Israels belegt ist (Ps 74,1; 79,13; 100,3; vgl. auch 95,7: *'am mar'îṯô w^{e}ṣo'n jāḏô*, dazu H.J. Kraus, BK XV/2^{5}, 828).

ṣo'n ist den Hirten anvertrautes Gut (Jer 13,20), über das JHWH als Besitzer Rechenschaft fordert. Auf der einen Seite folgt daraus die Anklage, zumeist in Form des Weherufes (*hôj* Jer 23,1; Ez 34,2; Sach 11,17), gegen die Hirten, die sich selbst an Stelle des Kleinviehs weiden (Ez 34,2 f. 10): sie richten es zugrunde (*'bd pi*), lassen es sich verlaufen (*ndḥ niph*) und zerstreuen (*pwṣ hiph* Jer 23,1 f.; Ez 34,4 f.); sie verlassen (*'āzaḇ*) das Kleinvieh (Sach 11,17), machen es zum Raub (*bzz*) und zum Fraß (*'ŏḵlāh*) der Tiere (Ez 34,8). In der „Hirtenvision" (Sach 11,4 ff.) ist das durch Jeremia und Ezechiel vorgegebene Bild insofern verlassen, als der Prophet im Auftrag JHWHs die Rolle des Hirten in zweifacher, gegensätzlicher Weise (vv. 4 ff. 15 ff.) selbst übernimmt.

Auf der anderen Seite wird dem dann entgegengesetzt, daß sich JHWH seiner Herde annimmt (Jer 23,3 f.; Ez 34,11 ff.): Er wird sie sammeln (*qbṣ pi*), sich um sie kümmern (*pāqaḏ, dāraš*), nach ihnen schauen (*bqr pi*), sie weiden (*rā'āh*) und erretten (*nṣl hiph*). In Ez 34 wird das Bild noch dahingehend erweitert und differenziert, daß JHWH auch unter den Tieren der Herde (vv. 17.20) Recht schaffen (*šāpaṭ*) wird (vgl. schon v. 16: *rā'āh b^{e}mišpāṭ*). Am Ende steht die Wiederherstellung des „Bundesverhältnisses" (v. 31). Hoffnungen dieser Art finden sich auch in den Zusätzen zu Micha (2,12; 7,14).

3. a) *ṣo'n* gehört auch nach at.licher Überlieferung zu den ältesten Opfertieren (Gen 4,4) und wird dann vor allem außerhalb der Opfervorschriften häufig und in verschiedenen Zusammenhängen mit dem Rind als Opfermaterial genannt (Num 22,40; 1 Kön 1,9 u.ö.; Jer 3,24; Hos 5,6). Die Bezüge dieser Belege zu den festen Opfervorschriften sind im einzelnen nicht immer sicher zu bestimmen. Vielfach scheint bei der Schlachtung von Groß- und Kleinvieh neben dem eigentlichen Opfer an ein Mahl gedacht zu sein, durch das eine Schicksals- (Num 22,40; 1 Kön 1,9.19.25; 2 Chr 18,2) oder Sakralgemeinschaft (1 Kön 8,5.63; 2 Chr 7,5; 15,11) hergestellt werden soll.

b) Steht *ṣo'n* in Opfervorschriften ohne nähere Bestimmung, dann sind unterschiedslos 'Schafe' oder 'Ziegen' gemeint. So belegen es die älteste Einsetzung des Passah (Ex 12,21) und das „Altargesetz" (Ex 20, 24–26). Auch das „Zentralisationsgesetz" des Dtn nennt nur allgemein 'Groß- und Kleinvieh' und verlangt, daß die entsprechenden Opfer und Abgaben an dem von JHWH erwählten Ort (12,6.17) und daß

Schlachtung und Verzehr in der von ihm geforderten Weise (12,21) zu leisten sind; H zählt sechs Gebrechen auf, die *ṣo'n* wie *bāqār* als Opfertier ausschließen (Lev 22,21f.).

c) In der Regel differenzieren die priesterlichen Opfervorschriften zwischen den einzelnen Tierarten des Kleinviehs, die hier im einzelnen nicht aufgeführt werden können (→ עז *'ez* → שה *śæh*).

Wenn *ṣo'n* nicht wie im „Opferkalender" (Num 28f.) ganz fehlt und durch „Lämmer", „Widder" und „Ziegenböcke" vertreten ist, dann kann wie in Num 15 nach einer allgemeinen Voranstellung von „Groß- und Kleinvieh" (v. 3) eine „Wertskala der Opfertiere" folgen (vv. 4ff.), „die vom (männlichen) Schaf über den Widder zum Stier aufsteigt" (M. Noth, ATD 7,101). So präzisiert P das *ṣo'n* der älteren Passahbestimmung, indem nun ein „makelloses, einjähriges, männliches Tier von Schafen oder Ziegen" verlangt wird (Ex 12,5). Dtn 16,2 hingegen fügt der älteren Bestimmung *bāqār* hinzu, womit angedeutet ist, „daß aus dem Passah als Familienfest ein offizielles Gemeinschaftsfest am Zentralkultort wurde" (→ I 742). In anderer Weise wird dies auch durch die Chronik bestätigt, wenn sie Hiskija (2 Chr 30,24) und Joschija (35,7) übergroße Spenden an *ṣo'n* und anderen Opfertieren für das Volk zum Passah zuschreibt.

d) Die Opfergesetze in Lev 1ff. nennen *ṣo'n* im Zusammenhang der Brandopfer (*'olāh* 1,10) und der Mahlopfer (*zæbaḥ šelāmîm* 3,6). Das Brandopfer verlangt ein „männliches, fehlerloses Tier von den Schafen oder Ziegen", während es für das Mahlopfer ebenfalls fehlerlos, aber „männlich oder weiblich" sein kann. Beide Opfer werden als „Darbringung" (*qŏrbān*) zusammengefaßt (K. Elliger, HAT I/4, 34), wobei 1,2 den allgemeineren Begriff „Darbringen von Haustieren (*behemāh*)" durch *bāqār* und *ṣo'n* erläutert (nach M. Noth, ATD 6,9f. sekundär).

Wie die „Darbringung" bezeichnet *'āšām* ursprünglich keine eigene Opferart und stellt auch im ersten Nachtrag (5,1–6) zum Sündopfergesetz (Kap. 4) eine „Bußleistung" im Bereich des Sündopfers (*ḥaṭṭā't*) dar, für die ein „weibliches Tier des Kleinviehs", Schaf oder Ziege, vorgesehen ist (5,6). Erst mit dem in 5,14ff. als Opfertier eingeführten Widder (*'ajil tāmîm min haṣṣo'n*) wird *'āšām* zum „Schuldopfer" (vv. 15. 18. 25; vgl. Esra 10,19).

„Das männliche Schaf in der Vollkraft seiner Jugend erscheint neben dem Farren seit alters (z.B. Nu 23,2ff. Jes 1,11) als das geläufige Brand- und Heilsmahlopfertier" (Elliger, HAT I/4, 75). ‚Farre' und ‚Widder' (ebenfalls mit dem Zusatz: *min haṣṣo'n*) dienen Ez 43,23.25 als Brandopfer zur Einweihung des Altars, dem zwei Sündopfer (Farre und Ziegenbock vv. 19ff. 22) vorausgehen. In einem Nachtrag dazu (vv. 25ff.) folgt die Anweisung, daß Entsühnung und Weihe des Altars sieben Tage lang täglich mit den gleichen Opfertieren wie in vv. 21f. zu wiederholen sind (vgl. W. Zimmerli, BK XIII/2², 1104f.).

e) Neben den Opfergesetzen erscheint *ṣo'n* auch in verschiedenen Anweisungen und Gesetzen, die die Abgabe der Erstlinge (*bekôr, re'šîṯ*) und des Zehnten (*ma'aśer*) regeln (Ex 22,29; Lev 27,32; Dtn 14,13. 26; 15,19; 18,4; Neh 10,37; 2 Chr 31,6).

IV. In Qumran ist *ṣo'n* 11mal belegt, 3mal im Zusammenhang at.licher Zitate (CD 19,8f.; 4 QpPs 37,3,6). Die Bedeutung beschränkt sich hier ausschließlich auf *ṣo'n* als Metapher für Volk und Gemeinde, und sie wird CD 19,9 auf die Glieder, 4 Qp Ps 37,3,5f. auf die Häupter und Führer der Bundesgemeinde ausgelegt. Ps 151 – der von der Orphik geprägte Davidpsalm – enthält gleich 3mal das Wort (11 QPsª 28,4 [*ṣôn*]. 6.11), das hier ebenfalls für das Volk steht: „er bestimmte mich zum Hirten für sein Vieh und zum Herrscher über seine Böckchen" (v. 1 = Z. 4). Nicht metaphorisch – nun in der plene-Schreibung *ṣô'n* begegnet es im eigentlichen orphischen Motiv v. 3 (= Z. 6): „Es richten sich auf die Bäume zu meinen Worten und das Vieh zu meinen Werken" (vgl. M. Smith, ZAW 93, 1981, 247–253; H.J. Fabry, Festschr. H. Groß, ²1987, 45–67). Ein klassischer Topos der Berufung „hinter dem Vieh weg" (*m'ḥr hṣw'n*) liegt schließlich in v. 7 (= Z. 11) vor. Die Tempelrolle spricht von *ṣo'n* im Zusammenhang von Erstlingsfrüchten und -tieren (TR 43,15; 52,7.9) sowie im Verbot profaner Schlachtung (53,3; vgl. Dtn 12,15). 4 Q Catena A [177] 5–6, 15 spielt auf Jes 22,13 an.

Waschke

צֶאֱצָאִים *ṣæ'æṣā'îm*

I.1. Etymologie – 2. Bedeutung – 3. Vorkommen – II. Gebrauch im AT – 1. Pflanzensprößlinge – 2. Metaphorischer Gebrauch: Sprößlinge = Nachkommen – III.1. LXX – 2. Qumran.

I.1. In den hebr. Wbb. (noch KBL³) wird gerne zum Vergleich mit *ṣæ'æṣā'îm* auf arab. *ḍu'ḍu'* und *ḍi'ḍi'* hingewiesen. Aber *ḍu'ḍu'* ist die onomatopoetische Bezeichnung eines nicht zu identifizierenden Vogels, der nach seiner Art zu schreien charakterisiert ist. Nur *ḍi'ḍi'* bezeichnet die Verwandtschaft in auf- und absteigender Linie. M. Ullmann kann 14 Belege in seiner Kartei des WKAS namhaft machen. Eine von Th. Nöldeke (ZDMG 40, 1886, 725; ZA 19, 1905/6, 155 und Beiträge zur semit. Sprachwissenschaft 1904, 112, Anm. 3) erwogene Herleitung von der Wurzel *wḍ'* ist kaum haltbar, weil *waḍu'a* 'rituell rein, sauber sein' heißt und somit ein semantischer Zusammenhang mit *ḍi'ḍi'* i.S.v. 'Herkunft, Ursprung, Abstammung' schwer herzustellen ist, es sei denn, man geht von einer Grundbedeutung „rein herausgegangen sein" – „rein sein" aus. Im Äth. findet sich eine Form *ḍā'ḍā'* „abortus, embryo, fetus" (z.B. Num 12,12; Ijob 3,16; 1 Kor 15,8; vgl. Dillmann, LexLingÄth 947f.), die als reduplizierte Bildung von einer Wurzel *wḍ'* hergeleitet wird. Die Bedeutung ist allerdings gegenüber dem Hebr. eingeschränkt (vgl. aber im Hebr. das substantivierte Ptz.

fem. *jôṣe'ṯ* 'Fehlgeburt' Ps 144, 14). Eine verwandte Form findet sich im Amharischen mit Palatalisierung als *čăčut* (vgl. F. Praetorius, Die Amharische Sprache, 1879, 84) mit der Bedeutung 'Küken'. W. Leslau (Contributions, 43) lehnt einen Zusammenhang mit hebr. *ṣæ'*^{æ}*ṣā'îm* ab, wahrscheinlich, weil er *čăčut* für eine onomatopoetische Form hält. Im Aram. lautet die vergleichbare Wurzel *j''*. Dem hebr. *ṣæ'*^{æ}*ṣā'îm* an die Seite zu stellen ist die Bildung *'ă'jāṯā'* 'Zinnen' (vgl. G. Hoffmann, ZDMG 32, 1878, 753, Anm. 3 und Brockelmann, LexSyr 537b). Das hebr. *ṣæ'*^{æ}*ṣā'îm* steht in seiner Bedeutung dem Verbum *jṣ'* 'herausgehen' am nächsten, während vergleichbare Wörter in anderen semit. Sprachen eine eingeengte Spezifizierung erfahren haben.

2. Das Nomen ist nach dem Vorbild *q*^{e}*ṭalṭal* (vgl. GKa § 84n und Brockelmann, VG § 178) gebildet mit Aphärese des ersten Radikals *j* als reduplizierte Bildung der restlichen Basis des Verbums *jāṣā'* 'herausgehen, herauskommen, fortgehen, weggehen, aufbrechen'. Die wörtliche Bedeutung „Herauskömmlinge" i. S. v. „Sprößlingen" kann wie im Deutschen zuerst im eigentlichen Sinne von jungen Trieben einer Pflanze auch i. S. v. „Knospen" und dann metaphorisch vom menschlichen Nachwuchs, den „Nachkömmlingen" (im engeren Sinne „Enkeln") gebraucht werden. Auch das von der vollständigen Wurzel gebildete Nomen *jāṣî'* (2 Chr 32, 21 Q) bedeutet 'Abkömmling', wie auch das Ptz. *joṣ*^{e}*'ê j*^{e}*reḵô* „Abkömmlinge seiner Lenden" Gen 46,26 zu vergleichen ist.

3. Im AT findet sich das Nomen *ṣæ'*^{æ}*ṣā'îm* nur als Pluraletantum, und zwar nur Jes (7mal) und Ijob (4mal). Dazu kommen noch zwei Belege aus Sir (44, 12 nur Ms M und 47, 20 nur Ms B). Die ältesten Belege dürften demnach DtJes (42, 5; 44, 3; 48, 19) zuzuschreiben sein; denn Jes 22, 24 ist ein junger Zusatz und Jes 34, 1 ist nachexil.

II. 1. Dreimal (Jes 34, 1; 42, 5; Ijob 31, 8) bezeichnet *ṣæ'*^{æ}*ṣā'îm* „Sprößlinge" im eigentlichen Sinne als junge Triebe von Pflanzen. So wird in Jes 42, 5–9 JHWH im hymnischen Stil als der Schöpfer vorgestellt, der Himmel und Erde und „was auf ihr wächst" geschaffen hat. Möglicherweise sind hier nicht nur die „Herauskömmlinge" in pflanzlicher Gestalt, sondern auch die Tierwelt (vgl. *jṣ' hiph* Gen 1, 12. 24) gemeint (so K. Elliger, BK XI/1, 231). Ähnlich werden bei der Ankündigung des universalen Gerichts Jes 34, 1 beim Zeugenaufruf die Erde mit all ihren Geschöpfen und „das Festland und alles, was ihm entsproßt" als Zeugen und als Mitbetroffene aufgerufen. Im Schlußmonolog, der den Erweis der Unschuld Ijobs bringen soll, beteuert Ijob, wenn er begehrlich gewesen sei (31, 8:) „so will ich säen, und ein anderer soll essen, und meine Pflanzensprößlinge sollen sogar entwurzelt werden". Seine Feinde werden das essen, was er gesät hat, und sie werden außerdem noch die Setzlinge auf den Feldern, d. h. die gerade erst sprossenden und zum Verpflanzen geeigneten Triebe, mutwillig entwurzeln, damit auch diese Ernte für Ijob vernichtet ist.

LXX mißversteht v. 8b, wenn sie ἄρριζος δὲ γενοίμην übersetzt. A. Knobel (ThStKr 1842, 490–492) folgert, daß das Suffix zeige, daß „nicht die Sprößlinge seiner Aecker oder Gärten, sondern nur seine Kinder" gemeint seien. In diesem Sinne übersetzt schon V „et progenies mea eradicetur" und in ihrem Gefolge Luther (1545) „und mein Geschlecht müsse ausgewurtzelt werden". Aber v. 8a beweist deutlich, daß v. 8b von jungen Pflanzentrieben die Rede ist.

2. Jes 22, 24 zeigt den Übergang des Wortes von der konkreten zur metaphorischen Verwendung im Vergleich. Die Familienangehörigen des Eljakim werden verächtlich als Sprößlinge und Blätter (wenn *ṣ*^{e}*pi'ôṯ* wirklich Blätter heißt) bezeichnet, um deren Versuch zu charakterisieren, aus der Beförderung ihres Anverwandten Gewinn zu schlagen (vgl. H. Wildberger, BK X/2, 843). Nach Ijob 27, 14 werden die Nachkommen des Frevlers verhungern, während in 21, 8 das scheinbare Glück des Frevlers darin gesehen wird, daß sein Nachwuchs und seine Sprößlinge gesichert dastehen. In seiner ersten Antwort sichert Elifas dem Ijob zu (5, 25), daß seine Nachkommenschaft zahlreich sein wird und seine Sprößlinge wie das Kraut der Erde sein werden. Bei DtJes und TrJes sind es jeweils Segens- und Heilsverheißungen, die auch der Nachkommenschaft gelten. So heißt es Jes 44, 3: „Ich gieße meinen Geist über deine (Jakobs) Nachkommen (wörtl.: Samen) aus und meinen Segen über deine Kinder (wörtl.: Sprößlinge)", und 48, 19 wird Israel verheißen, daß sein Same wie der Sand und die Sprößlinge seines Leibes wie die Körner des Sandes wären, wenn es auf die Gebote Gottes achten würde. Bei TrJes (nach K. Koenen, Ethik und Eschatologie im Tritojesajabuch, Diss. Tübingen 1987, 137 ff. 189 ff., gehören beide Verse weder Tritojesaja noch dem Redaktor an) wird 65, 23 betont, daß die Menschen der Heilszeit das Geschlecht der Gesegneten JHWHs sind „und ihre Sprößlinge mit ihnen". Ähnlich wird 61, 9 Israel als der von JHWH gesegnete Same genannt. Deshalb wird Israel unter den Völkern bekannt werden als das von Gott gesegnete Volk „und ihre Sprößlinge", d. h. doch wohl, alle folgenden Generationen. – Im Lob der Väter der Vorzeit Sir 44 ff. wird festgestellt, daß die Nachkommen der im folgenden aufgeführten begnadeten Männer an ihrem Bund festhalten und ihre Sprößlinge um ihretwillen (Sir 44, 12b nach Ms M), d. h. die Nachkommenschaft sorgt dafür, daß das Andenken ihrer frommen Vorfahren nicht ausgelöscht wird, indem auch sie in gleicher treuer Gesetzeserfüllung verharren. Sir 47, 20 heißt es dagegen von Salomo, daß er wegen seiner Vielweiberei Zorn über seine Nachkommen brachte.

ṣæ'^{æ}*ṣā'îm* steht öfter (7mal: Ijob 5, 25; 21, 8; Jes 44, 3; 48, 19; 61, 9; 65, 23 und Sir 44, 12) in Parallele zu *zæra'*. K. Elliger (Die Einheit des Tritojesaja, BWANT 45, 1928, 54. 72) rechnet mindestens für Jes 61, 9 mit dem sog. Stilmittel der „Zerdehnung" (vgl. auch S. Sekine, Redaktionsgeschichtliche Studie zum Tritojesajabuch, Diss. München 1984, 296). Aber es fragt sich, ob ein synonymer Parallelismus vorliegt. Weiterführen könnte Ijob 27, 14, wo *ṣæ'ᵉṣā'îm* in Parallele zu *bānājw* steht, so daß hier doch wohl Söhne und Enkel gemeint sind (vgl. Targ 7mal *bnj bnj'* „Kindeskinder").

III. 1. LXX übersetzt *ṣæ'ᵉṣā'îm* 5mal mit τὰ τέκνα (Ijob 5, 25; 21, 8; Jes 44, 3; Sir 44, 12; 47, 20) und 3mal mit τὰ ἔκγονα (Jes 48, 19; 61, 9; 65, 23), je einmal mit ὁ λαός (Jes 34, 1) und τὰ ἐν αὐτῇ (Jes 42, 5).
Ijob 31, 8 verkürzt LXX (s.o. II. 1), und 27, 14 interpretiert sie frei, wie auch Jes 22,24 (vgl. A. van der Kooij, Die alten Textzeugen des Jesajabuches, OBO 35, 1981, 56ff.). V übersetzt je 2mal mit *progenies* (Ijob 5, 25; 31, 8), *stirps* (Jes 44, 3; 48, 19), *nepotes* (Ijob 21, 8; 27, 14) und *germen* (Jes 34, 1; 61, 9 bzw. *germinant* Jes 42, 5). An den verbleibenden 2 Stellen (Jes 22, 24; 65, 23) weicht V vom MT ab.
2. In den Qumrantexten begegnet *ṣ'ṣ'* insgesamt 7mal. Soweit der z. T. fragmentarisch erhaltene Textzusammenhang erkennen läßt, wird das Wort in Qumran genauso wie im AT verwendet, d.h. 3mal (1 QM 10, 13; 12, 10; 1 QH 13, 9) sind Pflanzen und 4mal (1 QH 1, 18; 2, 38; 1QSb 2, 28; 1 QH Fragm. 10, 8) sind Menschen gemeint. 1 QM 10, 13 wird in einem Hymnus der Gott Israels gepriesen als der, „der die Erde geschaffen hat und die Gesetze ihrer Einteilung für Wüste und Steppenland und all ihre Sprößlinge", wobei der Anklang an Jes 42, 5 unverkennbar ist.
Insofern fragt es sich, ob man *ṣ'ṣ'* in den Qumrantexten ohne Blick auf den Gebrauch des Wortes im AT interpretieren darf, wie es J. Maier versucht, indem er von der allgemeinen Übersetzung „Ausläufer" ausgeht und dann an Gewächse, Produkte, Früchte (z.B. für 1 QM 10, 13) oder an die Enden der Erde (für 1 QM 12, 10) oder an Zweige (für 1 QH 1, 18) denken kann, während z.B. Y. Yadin 1 QM 10, 13 *ṣ'ṣ'* als Wasserläufe versteht (vgl. J. Maier, Die Texte vom Toten Meer, II 126).

D. Kellermann

צָבָא *ṣāḇā'*

I. 1. Etymologie – 2. Belege – II. Gebrauch im AT – 1. Verb – 2. Nomen – III. 1. Qumran – 2. LXX.

Lit.: → צבאות

I. 1. Etymologisch entspricht hebr. *ṣāḇā'* akk. *ṣabā'um/ṣabû* 'zu Felde ziehen' (AHw 1071), äth. *ḍab'a/ṣab'a* 'in den Krieg ziehen' und asarab. *ḍb'* 'kämpfen, Krieg führen' (BGMR 40). Arab. *ḍaba'a* bedeutet nach Lane (I 1763) 'sich verbergen, sich ducken' und 'Zuflucht nehmen', was semantisch nicht paßt. Die von Kopf (VT 8, 1958, 196) angeführte Bedeutung 'sich versammeln' paßt bedeutungsmäßig besser, ist aber schlecht bezeugt. Arab. *ṣaba'a* 'hervorkommen, aufgehen, über jmd. kommen' kommt wegen äth. und asarab. *ḍ* nicht in Frage. – Die Frage ist, ob das Nomen *ṣāḇā'* 'Heerhaufen' vom Verb abgeleitet oder ein Primärnomen ist, aus dem das Verb gebildet wurde. Ugar. *ṣb'* meint 'Heer' und 'Krieger' und wird auch für Schiffsmannschaft gebraucht (WUS Nr. 2299; viell. als Verb KTU 1. 14, II, 53); akk. *ṣābu* heißt 'Leute, Soldaten, Arbeiter' (AHw 1072); das Äth. hat *ṣab'ē* 'Krieg' und *ṣabā'īt* 'Heer' (vgl. asarab. *ḍb'* 'Kampf'). Ob es ein phön. *ṣb'* 'Arbeitsleistung' gibt (KAI 46, 5 mit Komm.), ist zweifelhaft.
2. Das Verb *ṣāḇā'* ist im AT 10mal im *qal* und 2mal im *hiph* belegt. Das Nomen *ṣāḇā'* kommt außer in der Gottesbezeichnung *ṣᵉḇā'ôṯ* 201mal vor, vorwiegend in Num (77mal) und den erzählenden Büchern (DtrGW 58mal, ChrGW 40mal). Das Nomen ist mit dem Pl. auf *-ôṯ* ca. 300mal, aber auf *-îm* nur 2mal (Ps 103, 21; 148, 2 Q) belegt. In beiden Fällen bereitet das Verständnis als Gruppenplural keine Schwierigkeit (vgl. D. Michel, Hebr. Syntax 1, 1977, 46).

II. 1. Das Verb bedeutet meist 'zu Feld ziehen, kämpfen' (mit *'al*). Israel zieht gegen Midian zu Feld (Num 31, 7), Völker werden gegen Ariel/Zion in den Krieg ziehen, jedoch ohne Erfolg (Jes 29, 7f.); die Völker, die gegen Jerusalem in den Krieg gezogen sind, wird JHWH vernichten (Sach 14, 12). Jes 31, 4 muß *'al* „auf" bedeuten: JHWH wird herabsteigen, um „auf" dem Berg Zion zu kämpfen, denn v. 5 besagt, daß er Jerusalem schützen und befreien wird.
Absolut steht das Ptz. in Num 31, 42, wo von der Beute „der Krieger" die Rede ist; gleichbedeutend steht v. 36 *joṣᵉ'îm baṣṣāḇā'* „die mit dem Heer ausgezogen waren".
Eine verallgemeinerte Bedeutung hat man in ein paar Stellen finden wollen, wo die figura etymologica *liṣbo' ṣāḇā'* „Dienst tun" steht. Dabei ist Num 4, 23 nicht ganz eindeutig: Mose soll die Gerschoniter mustern *kŏl-habbā' liṣbo' ṣāḇā' la'ᵃḇoḏ 'ᵃḇoḏāh bᵉ'ohæl mô'eḏ*. EÜ faßt *habbā' liṣbo' ṣāḇā'* als „wehrfähige Männer", die im Offenbarungszelt „Dienst tun" sollen. Ebenso gut könnte *liṣbo' ṣāḇā'* synonym mit *la'ᵃḇoḏ 'ᵃḇoḏāh* stehen und „um Dienst zu tun" bedeuten. Diese Auffassung wird durch Num 8, 24 gestützt, wo es einfach heißt, daß die Leviten am Offenbarungszelt *jāḇô' liṣbo' ṣāḇā' ba'ᵃḇoḏaṯ 'ohæl mô'eḏ*, d.h. Dienst tun sollen, wobei *ṣāḇā'* offenbar die Bedeutung „Dienst" hat (s.u.). Ähnlich ist Ex 38, 8 von Frauen die Rede, „die am Eingang des Offenbarungszeltes Dienst taten" (*haṣṣoḇᵉ'ôṯ 'ᵃšær ṣāḇᵉ'û pæṯaḥ 'ohæl mô'eḏ*); wahrscheinlich haben sie einfachere Arbeiten wie Saubermachen o.ä. verrichtet. Hier kann unmöglich Kriegsdienst gemeint sein. Diese *nāšîm ṣoḇᵉ'ôṯ* werden noch 1 Sam 2, 22 erwähnt, ohne daß klar hervorgeht, worin ihre Aufgabe bestand; wir erfahren nur, daß die Söhne Elis mit ihnen schliefen.
Die beiden *hiph*-Belege (2 Kön 25, 9 = Jer 52, 25) sind identisch: es handelt sich um einen Schreiber des Befehlshabers, der das Volk „zum Kriegsdienst aushob".
2. a) Das Nomen *ṣāḇā'* bezeichnet zunächst ein Heer oder eine Heeresabteilung. In der Lagerordnung Num 2 wird für jeden Stamm die Größe „seines Heeres"

angegeben (vv. 4. 6. 8. 11. 13. 15. 19. 21. 23. 26. 28. 30). Bei dem Aufbruch vom Sinai (Num 10, 11–36) werden wieder die „Heere" der verschiedenen Stämme genannt (vv. 14. 15. 16. 18. 20. 22. 23–27). Joab „und das ganze Heer, das mit ihm war", kehren von einem Streifzug zurück (2 Sam 3, 23). David schickt Joab mit dem Heer der *gibbôrîm* gegen die Ammoniter (1 Chr 19, 8). Wir hören von den *'anšê haṣṣāḇā'*, den „Kriegern" (Num 31, 21. 53), vom *'am haṣṣāḇā'*, „dem Kriegsvolk", das Beute nimmt (Num 31, 32), oder den *'alpê haṣṣāḇā'*, „den Tausendschaften des Heeres" (v. 48); vgl. auch *rā'šê haṣṣāḇā'* „Hauptleute des Heeres" (1 Chr 12, 15).
Jes 34, 2 ist von den Völkern (*gôjim*) und ihren Heeren die Rede, auf die JHWH zürnt und die er vernichten will. In der Exoduserzählung wird das herausziehende Volk als „(Heer)scharen JHWHs" (Ex 12, 41; vgl. 7, 4) oder als „(Heer)scharen Israels" (Ex 6, 26; 12, 17. 51) bezeichnet.
Drei Psalmenstellen werfen JHWH vor, daß er mit den Heerscharen des Volkes nicht in den Kampf zieht (Ps 44, 10; 60, 12; 108, 12), d. h. er versagt seine Hilfe im Krieg. Ps 68, 13 spricht von den Feinden als „Königen der Heerscharen", die vor JHWH fliehen; es handelt sich offenbar um Fürsten, die mit ihren Armeen Israel angegriffen haben. Ganz vereinzelt ist die Erwähnung in Ps 68, 12 von einer „Schar der Siegesbotinnen (*m^{e}ḇaśś^{e}rôṯ*)".
Eine stehende Verbindung ist *śar ṣāḇā'* „Heeresbefehlshaber, Feldherr" mit dem Pl. *śārê ṣ^{e}ḇā'ôṯ* (Gen 21, 22; Ri 4, 2; 2 Sam 19, 14; 1 Kön 1, 25; 2, 52; 2 Kön 5, 1 usw.; Pl. Dtn 20, 9; 1 Kön 2, 15; 2 Kön 9, 5; 1 Chr 27, 3; → שׂר *śar*). Ein Sonderfall ist „der Anführer des Heeres JHWHs", der dem Josua erscheint (Jos 5, 14 f.). Ob hier ein Befehlshaber eines himmlischen Heeres (von Engeln o. dgl.) oder einfach ein himmlischer Heerführer gemeint ist, bleibt ungewiß, da die Tradition verstümmelt ist und keinen klaren Zusammenhang ergibt.
b) „Das Heer des Himmels" ist nach Dtn 4, 17 „die Sonne, der Mond und die Sterne", die Israel nicht anbeten darf, da JHWH sie den anderen Völkern zugewiesen hat. Dasselbe Verbot erscheint Dtn 17, 3, wo aber Sonne und Mond dem Heer des Himmels nebengeordnet sind und *ṣ^{e}ḇā' haššāmajim* also nur die Sterne meint. Die Nachrichten über Synkretismus 2 Kön 17, 16; 21, 3 (vgl. 2 Chr 33, 3. 5); 23, 4 f. gebrauchen „das ganze Heer des Himmels" als Sammelbegriff für Gestirndienst. Im Jer-Buch findet sich ein ähnlicher Sprachgebrauch: 8, 2 spricht von Sonne, Mond und dem ganzen Heer des Himmels, 19, 13 nur vom ganzen Heer des Himmels, ebenso Zef 1, 5, wo vom Anbeten des ganzen Himmelsheeeres auf den Dächern die Rede ist.
An anderen Stellen begegnet „das ganze Heer des Himmels" als Beweis für die Schöpfermacht Gottes (Jes 40, 26; 45, 12; Neh 9, 6) oder als Bild für eine unendliche Zahl (so Jer 33, 32, par. „Sand des Meeres", vgl. Gen 15, 5, wo die Sterne ausdrücklich genannt sind). Nach Jes 34, 4 wird bei der Endkatastrophe über Edom der Himmel aufgerollt werden und sein ganzes Heer wie welkes Laub über die Erde fallen. Deutlich sind hier die Sterne gemeint. Dies ist gewiß auch der Fall, wenn Jes 24, 21 sagt, JHWH werde das Heer der Höhe (*mārôm*) und die Könige der Erde „heimsuchen" (*pāqaḏ*), vielleicht mit Anspielung auf ihre Rolle als Gestirnsgötter (vgl. O. Kaiser, ATD 18, 156 f.). Dan 8, 10 scheint einen Unterschied zu machen zwischen „dem Heer des Himmels" und den Sternen, aber „Sterne" ist wahrscheinlich Glosse (L. F. Hartmann / A. A. Di Lella, AB 23, 225): der Widder (das Perserreich) wirft einige von ihnen nieder und zertritt sie, ein Ausdruck für die Anmaßung des Widders.
Andererseits kann „das Heer des Himmels" auch den Hofstaat JHWHs bezeichnen. So schaut Micha ben Jimla JHWH auf seinem Thron, umgeben von „dem ganzen Heer des Himmels" (1 Kön 22, 19 = 2 Chr 18, 18), und Ps 103, 21 werden „alle seine (JHWHs) Heerscharen" aufgefordert, JHWH zu loben; im vorhergehenden Vers ist von Engeln und *gibbôrîm* die Rede, und als Parallele steht „seine Diener, die seinen Willen tun". Demgemäß muß „der Fürst der Heerscharen" Dan 8, 11 JHWH selbst sein.
Schließlich muß auf Gen 2, 1 aufmerksam gemacht werden: der Himmel und die Erde „mit all ihrem Heer" wurden vollendet. Wahrscheinlich liegt hier ein archaistischer Ausdruck vor für das, was sonst „alles, was darin ist" genannt wird.
c) Mit besonderer Häufung in Num 31 steht *ṣāḇā'* auch in der Bedeutung „Heeresdienst, Kriegsdienst". Nach Num 1, 3 sollen *kŏl-jośe' ṣāḇa'*, d. h. alle Wehrfähigen gezählt werden. In Zusammenhang mit dem Midianiterkrieg (Num 31) verordnet Mose, daß man sich für den *ṣāḇā'* „Heeresdienst" rüsten soll (v. 3). Jeder Stamm soll 1000 Mann für *ṣāḇā'* (Heeresdienst) abstellen (v. 4). Die Beute soll zwischen denen, die am Krieg teilgenommen haben (*hajjoṣ^e'îm laṣṣāḇā'*), und der ganzen Gemeinde geteilt werden (v. 27; vgl. v. 36, wo *joṣ^e'îm baṣṣāḇā'* steht). In demselben Kapitel ist auch von *ḥ^{a}lûṣê ṣāḇā'*, „den für den Heeresdienst Gerüsteten" (v. 5; vgl. 32, 27 und Jos 4, 13; 1 Chr 12, 24; 2 Chr 17, 18), *'anšê haṣṣāḇā'* (v. 21) und *'am haṣṣāḇā'* (v. 32) die Rede. Und *ṣ^{e}ḇā' milḥāmāh* ist der Kriegszug, von dem die Soldaten wiederkehren (v. 14). Zu vergleichen ist auch *'ālāh laṣṣāḇā'* „zum Krieg hinaufziehen" (Jos 22, 12). Der schon genannte Ausdruck *ṣ^{e}ḇā' milḥāmāh* kommt auch Jes 13, 4 vor: Gott mustert die Truppen, vgl. *g^{e}ḏûḏê ṣ^{e}ḇā' milḥāmāh* (1 Chr 7, 4) und *k^{e}lê ṣ^{e}ḇā' milḥāmāh* „die Kriegswaffen" (1 Chr 12, 38).
d) Diese Bedeutung kann dann auf andere Arten von Dienst übertragen werden. An 6 Stellen in Num 4 bezeichnet *ṣāḇā'* den kultischen Dienst der Leviten am Offenbarungszelt (vv. 3. 23. 30. 35. 39. 43; vgl. 8, 25, wo vom Aufhören ihrer Dienstpflicht die Rede ist). Eine andere Erweiterung erfährt das Wort, wenn vom Menschenleben als einem *ṣāḇā'* gesprochen wird (Ijob 7, 1); dabei läßt das Parallelwort „Tage des Taglöhners" an Frondienst oder Sklavendienst denken. Auch

Ijob 14, 14 kann so verstanden werden: „Ich würde all meine Dienstzeit (*j^e mê ṣ^e bā'î*) harren, bis meine Ablösung käme" – hier könnte „Ablösung" (*ḥ^a lîpāh*) den Gedanken auch auf Kriegsdienst führen. Ob 10, 17 hierher gehört, ist dagegen zweifelhaft: *ḥ^a lîpôṯ w^e ṣābā'* bedeutet wohl nicht „Ablösungen und Frondienst", sondern ein „ständig sich bei mir ablösendes Heer" (F. Horst, BK XVI/1, 158).
Dieselbe Bedeutung findet man meist auch in Jes 40, 2 „... daß ihr Frondienst vollendet und ihre Schuld bezahlt ist". Das Exil könnte aber auch als harter Kriegsdienst oder sogar als (sühnender) kultischer Dienst verstanden werden. Eine weitere Entwicklung zeigt Dan 10, 1, wo *ṣāḇā' gāḏôl* ungefähr „große Mühsal" bedeutet. Dan 8, 12. 13 bleiben dunkel (vgl. aber neuestens M. Buschhaus, BN 38/39, 1987, 28f.: „und es (das Horn) wird wegen des Tamids ein Heer im Frevel dahingeben wollen ...)".

III. 1. Von den Qumranbelegen reproduziert die Tempelrolle at.liche Stellen: TR 55, 18 zitiert Dtn 17, 3, und 58, 10f. schließt sich an Num 31, 21f. an. TR 62, 5 spricht von Truppenbefehlshabern.
Auch im übrigen wird at.licher Sprachgebrauch weitergeführt. Die Kriegsrolle ordnet an, daß man sich für den Kriegsdienst rüsten soll, im Erlaßjahr aber nicht (1 QM 2, 8), und daß ein Banner die Inschrift „Heer Gottes" tragen soll (4, 11); ferner spricht 5, 3 von dem Fall, wenn „ihr Heer vollzählig ist". Das militärische Denken hier läßt Spuren in der Gemeindeorganisation. So ist von „der Ordnung für alle *ṣ^e ḇā'ôṯ* (Abteilungen) der Gemeinde" die Rede (1 QSa 1, 6), und man wird „in die Ordnung des Heeres eingeschrieben" (1 QSa 1, 21). Führer, Richter und Amtsleute funktionieren „entsprechend der Zahl aller ihrer *ṣ^e ḇā'ôṯ* (Abteilungen)" (1 QSa 1, 25). Und an den Klassen der beiden Geister haben die *ṣ^e ḇā'ôṯ* (Scharen) der Menschen in ihren Geschlechtern Anteil.
Ein hymnischer Abschnitt der Kriegsrolle spricht von „einem Heer von Lichtern (*m^e 'ôrôṯ*) zusammen mit Wolken und Winden (1 QM 10, 11f.), andere nennen „Heerscharen von Engeln in der heiligen Wohnung (Gottes)" (12, 1) und ein Buch mit den Namen „aller ihrer Heerscharen" (Z. 2). „Das Heer seiner Erwählten" wird gemustert (Z. 4); das Heer der Engel „ist unter den Aufgebotenen" (Z. 8; vgl. 7, 6 „heilige Engel sind mit unseren Heerscharen"), und „das Heer der Geister Gottes ist mit unseren Schritten" (12, 9).
In den Dankliedern heißt es, daß man Platz nimmt mit dem Heer der Heiligen (1 QH 3, 22) oder mit dem Heer der Ewigkeit (11, 13). In einem Zusammenhang, wo es um die Schöpfung geht, werden „das Heer deiner Geister" (13, 8) und „[der Himmel] und sein Heer und die Erde und ihr Heer" erwähnt (13, 9). Das Heer des Himmels läßt seine Stimme hören (3, 35); das Heer der Erkenntnis wird 18, 23 erwähnt. Recht merkwürdig wird 4 Q 381, 1. 10 *ṣāḇā'* im Kontext von allerlei Getier getrennt.
2. Die Übersetzung von *ṣb'* in der LXX entbehrt jeder Konsequenz. Das Nomen wird meist mit δύναμις oder στρατιά wiedergegeben, aber auch παράταξις, πόλεμος, μάχη und λειτουργία kommen vor. Ijob 7, 1; 10, 17 steht πειρατήριον, Jes 40, 2 ταπείνωσις und Jer 34, 2 ἀριθμός. Ijob 14, 14 wird umschrieben und völlig neu interpretiert. „Das Heer des Himmels" ist ὁ κόσμος, ἡ δύναμις oder ἡ στρατιὰ τοῦ οὐρανοῦ; Jes 34, 4; 45, 12 steht sinngemäß ἄστρα. *śar ṣāḇā'* ist ἀρχιστράτηγος oder ἄρχων τῆς στρατιᾶς. Noch größer ist die Variation beim Verb. Nur zwei Verben kommen mehr als einmal vor, nämlich ἐπιστρατεύω (4mal) und λειτουργεῖν (2mal); sonst heißt es ἐνεργεῖν, παρατάσσειν und Ex 38, 8 sogar νηστεύειν.

Ringgren

צְבָאוֹת *ṣ^e ḇā'ôṯ*

I. 1. Belege – 2. LXX – 3. Verbindungen – 4. Etymologie und Grammatik – 5. Deutungen – II. Die Herkunft der Bezeichnung Zebaoth – 1. Amos und Jesaja – 2. Jerusalem – 3. Schilo – III. Die Bedeutung von Zebaoth – 1. In der Frühzeit und in Schilo – 2. Im Kult von Jerusalem – 3. Auswirkungen in der erzählenden Literatur – 4. Ausstrahlungen auf die judäische Prophetie – 5. Qumran, Apokryphen und Pseudepigraphen – IV. Zusammenfassung.

Lit.: *W. F. Albright*, Rez. zu B. N. Wambacq (JBL 67, 1948, 377–381). – *Ders.*, Yahweh and the Gods of Canaan (Jordan Lectures in Comparative Religion 7, London 1968). – *A. Alt*, Gedanken über das Königtum Jahwes (KlSchr I 345–357). – *W. R. Arnold*, Ephod and Ark (HThS 4, 1917, bes. 142–148). – *W. W. Graf Baudissin*, Kyrios II, 1929, bes. 73–80. – *F. Baumgärtel*, Zu den Gottesnamen in den Büchern Jeremia und Ezechiel (Festschr. W. Rudolph, 1961, 1–29). – *O. Borchert*, Der Gottesname Jahve Zebaoth (ThStKr 69, 1896, 619–642). – *H. A. Brongers*, Der Eifer des Herrn Zebaoth (VT 13, 1963, 269–284). – *W. H. Brownlee*, The Ineffable Name of God (BASOR 226, 1977, 39–46). – *H. Cazelles*, Sabaot (DBS 10, 1123–1127). – *P. C. Craigie*, The Problem of War in the Old Testament, Grand Rapids, Michigan 1978. – *J. L. Crenshaw*, *YHWH Ṣ^e ba'ôt Š^e mô*: A Form-Critical Analysis (ZAW 81, 1969, 156–175). – *F. M. Cross*, Yahweh and the God of the Patriarchs (HThR 55, 1962, 255–259). – *Ders.*, Canaanite Myth and Hebrew Epic, Cambridge Mass. 1973, bes. 65–75. – *G. R. Driver*, Reflections on Recent Articles (JBL 73, 1954, 125–136). – *B. Duhm*, Israels Propheten (Lebensfragen 26, ²1922). – *F. Dumermuth*, Zur deuteronomistischen Kulttheologie und ihren Voraussetzungen (ZAW 70, 1958, 59–98, bes. 70–79). – *W. Eichrodt*, ThAT I, ⁸1968, bes. 120f. – *O. Eißfeldt*, Jahwe Zebaoth (Miscellanea Academica Berolinensia, 1950, II/2, 128–150 = KlSchr III 103–123). – *Ders.*, Silo und Jerusalem (VTS 4, 1957, 138–147 = KlSchr III 417–425). – *J. A. Emerton*, New Light on Israelite Religion: The Implications of the Inscriptions from Kuntillet ʿAjrud (ZAW 94, 1982, 2–20, bes. 3ff.). – *G. Fohrer*, Geschichte der israelitischen Religion, 1969. – *D. N. Freedman*, The Name of the God of Moses (JBL 79, 1960, 151–156). – *K. Galling*, Der Ehrenname Elisas und die Entrückung Elias (ZThK 53, 1956, 129–148). – *Ders.*, Die Ausrufung des Namens als Rechtsakt in Israel (ThLZ 81, 1956, 65–70). – *I. Gefter*, Studies in the Use of *YHWH ṣ^ebāʾôṯ* in its Variant Forms, Diss. Brandeis 1977. – *J. Hehn*, Die biblische und die babylonische Gottesidee, 1913, bes. 250–258. – *H.D. Hummel*, Enclitic *Mem* in Early Northwest Semitic, especially Hebrew (JBL 76, 1957, 85–107). – *A. Jeremias*, Das AT im Lichte des alten Orients, ⁴1930, bes. 435f. – *J. Jeremias*, Lade und Zion (Festschr. G. v. Rad, 1971, 183–198). – *S. Johnson*, Sabaoth/Sabazios. A Curiosity in Ancient Religion (Lexington Theol. Quart. 13, 1978, 97–103). – *E. Kautzsch*, Zebaoth (RE 21, 1908, 620–627). – *W. Keßler*, Aus welchen Gründen wird die Bezeichnung „Jahwe Zebaoth" in der späteren Zeit gemieden? (WZ Halle 7, 1957/58, 767–771 = Festschr. O. Eißfeldt, 1959, 79–83). – *I. Kišš*, Zmysel formuly „Jahve cebaót" a jej preklad (Křesťanká revue 41/5, 1974, 107–114). – *Ders.*, „The Lord of Hosts" or „The Sovereign Lord of All"? (BiTrans 26, 1975, 101–106). – *L. Köhler*, ThAT, ⁴1966, bes. 31–33. – *E. König*, ThAT, ⁴1923, bes. 150–154. – *L. Kopf*, Arabische Etymologien und Parallelen zum Bibelwörterbuch (VT 8, 1958, 161–215, bes. 196). – *H.-J. Kraus*, Psalmen (BK XV/1⁵, Exkurs 1, 94–103). – *M. Liverani*, La preistoria dell'epiteto *„Yahweh ṣ^ebāʾōt"* (AION 17, 1967, 331–334). – *M. Löhr*, Untersuchungen zum Buch Amos (BZAW 4, 1901). – *V. Maag*, Jahwäs Heerscharen (SchThU 20, 1950, 27–52 = Kultur, Kulturkontakt und Religion, Festschr. V. Maag, 1980, 1–28). – *J. Maier*, Das altisraelitische Ladeheiligtum (BZAW 93, 1965, bes. 50–54). – *T.N.D. Mettinger*, Härskarornas Gud (SEÅ 44, 1979, 7–21). – *Ders.*, The Dethronement of Sabaoth. Studies in the Shem and Kabod Theologies (CB, OT Series 18, 1982). – *Ders.*, YHWH SABAOTH – The Heavenly King on the Cherubim Throne (Studies in the Period of David and Solomon and Other Essays, Tokyo 1982, 109–138). – *P.D. Miller*, The Divine Warrior in Early Israel (HSM 5, ²1975, bes. 145–155. 247–258). – *M. Noth*, Jerusalem und die israelitische Tradition (OTS 8, 1950, 28–46 = ThB 6, 172–187). – *J. Obermann*, The Divine Name *YHWH* in the Light of Recent Discoveries (JBL 68, 1949, 301–323). – *M. Ottosson*, Tradition and History with Emphasis on the Composition of the Book of Joshua (K. Jeppesen / B. Otzen [Hg.], The Productions of Time, Bradford-on-Avon 1984, 81–106. 141–143). – *G. v. Rad*, ThAT I, ⁶1969, bes. 32. – *J.P. Ross*, Jahweh Ṣ^eḇāʾôṯ in Samuel and Psalms (VT 17, 1967, 76–92). – *F. Schicklberger*, Die Ladeerzählungen des ersten Samuel-Buches (FzB 7, 1973). – *W.H. Schmidt*, Königtum Gottes in Ugarit und Israel (BZAW 80, ²1966, bes. 89f.). – *R. Schmitt*, Zelt und Lade als Thema at.licher Wissenschaft, 1972, 145–159. – *J. Schreiner*, Sion – Jerusalem Jahwes Königssitz. Theologie der Heiligen Stadt im AT, 1963. – *F. Schwally*, Semitische Kriegsaltertümer I, 1901. – *R. Smend*, Lehrbuch der alttestamentlichen Religionsgeschichte, ²1899, bes. 201–204. – *R. Smend Jr.*, Jahwekrieg und Stämmebund (FRLANT 84, ²1966, bes. 59f.). – *F. Stolz*, Jahwes und Israels Kriege (AThANT 60, 1972, bes. 45ff.). – *A. Strikovsky*, Hashem Ṣevaot in the Bible (hebr.), Diss. New York 1970. – *M. Tsevat*, Studies in the Book of Samuel (HUCA 36, 1965, 49–58). – *Ders.*, The Meaning of the Book of Job and Other Biblical Studies, New York 1980. – *R. de Vaux*, Les chérubins et l'arche d'alliance, les sphinx gardiens et les trônes divins dans l'ancien Orient (MUSJ 37, 1960/61, 91–124 = Bible et Orient, Cogitatio fidei 24, Paris 1967, 231–259). – *Ders.*, Histoire ancienne d'Israël, Paris 1971, bes. 427f. – *Th. C. Vriezen*, ThAT in Grundzügen, 1956. – *B.N. Wambacq*, L'épithète divine Jahvé Sᵉbaʾôt, Brügge 1947. – *G. Wanke*, Die Zionstheologie der Korachiten (BZAW 97, 1966, bes. 40–46). – *M. Weinfeld*, „They Fought from Heaven" – Divine Intervention in War in Ancient Israel and in the Ancient Near East (M. Haran [Hg.], H.L. Ginsberg Volume, Eretz Israel 14, Jerusalem 1978, 23–30). – *J. Wellhausen*, Die kleinen Propheten, ⁴1963, bes. 77. – *A.S. van der Woude*, צָבָא *ṣāḇāʾ* Heer (THAT II 498–507). – *W. Zimmerli*, Grundriß der alttestamentlichen Theologie, ⁵1985, bes. 63f.

I. 1. Das ausschließlich als Gottesepitheton verwendete Nomen *ṣ^eḇāʾôṯ* kommt im AT 285mal vor. Die Belege verteilen sich auf die einzelnen Bücher wie folgt: Jer 82mal, Proto-Jes 56mal, Sach 53mal, Mal 24mal, Ps 15mal, Hag 14mal, Am 9mal, 2 Sam und DtJes je 6mal, 1 Sam 5mal, 1 Kön und 1 Chr je 3mal, 2 Kön, Nah und Zef je 2mal sowie Hos, Mi und Hab je 1mal. Einer eindrucksvollen Häufung bei Jes und Jer sowie bei Hag, Sach und Mal steht das völlige Fehlen in Gen bis Ri (zum Fehlen im Pent. vgl. A. Jeremias 436 und zuletzt Eißfeldt, KlSchr III 113), damit eben auch im Dtn und in den entscheidenden Partien des DtrGW sowie in Ez, TrJes und Teilen der spätnachexil. Literatur (z.B. 2 Chr, Esra, Neh, Dan) gegenüber. Da auch die Belege in 1/2 Kön mit den Propheten Elija, Elischa und Jesaja verbunden sind, sind nichtprophetische Bezeugungen lediglich in den Pss und in 1/2 Sam (= 1 Chr) zu finden.

2. Die LXX übersetzt *ṣ^eḇāʾôṯ* in der Regel mit παντοκράτωρ (etwa 120mal). Diese Übersetzung stellt in Jer 5, 14; 15, 16; 23, 16; 25, 27; 31, 36; 32, 14; 33, 11; 44, 7; 50, 34; 51, 5. 57 insofern eine Ausnahme dar, als Jer in LXX fast durchweg (etwa 69mal) keine Entsprechung für das hebr. *ṣ^eḇāʾôṯ* bietet, dafür aber παντοκράτωρ an Stellen hat, wo im MT nichts steht (vgl. Jer 32, 19). Darüber hinaus fehlt an weiteren 9 Stellen in LXX ein Äquivalent für das Wort (Jes 3, 15; 9, 18; 14, 23. 27; 24, 23; Am 6, 8; Sach 1, 3²; 13, 2); und 15mal bietet nur der Apparat der LXX παντοκράτωρ, δυνάμεων oder σάβαωϑ an (1 Sam 4, 4; Jes 8, 13; 9, 12; 10, 23. 26; 14, 22; 19, 17. 18. 20; 22, 14; 31, 5; Am 6, 14; Sach 1, 3; 8, 3; 13, 2). Bei Jes wird das Wort als Eigenname aufgefaßt und mit σάβαωϑ wiedergegeben (etwa 42mal); das findet sich auch 1 Sam 1, 3. 11; 15, 2; 17, 45; Jer 46, 10. Eine dritte Möglichkeit der Wiedergabe besteht in der Übersetzung von *JHWH* (*ʾ^elohê*) *ṣ^eḇāʾôṯ* mit κύριος (ὁ ϑεός) τῶν δυνάμεων in 2 Sam 6, 2. 18; 1 Kön 18, 15; 2 Kön 3, 14; 19, 31; Jer 33, 12; Zef 2, 9; Sach 7, 4 und ausschließlich in den Psalmen; diese Übersetzung sei erst sekundär „durch Vermittlung der Hexapla des Origenes aus Theodotions Übersetzung" in die LXX eingedrungen (Eißfeldt, KlSchr III 105 Anm. 1).

Die Konzentration bestimmter Übersetzungsvarianten auf bestimmte bibl. Bücher – Ps: δύναμις, Jes: σάβαωϑ, die weitere prophetische Literatur: παντοκράτωρ – weist weniger auf Bedeutungsvarianten, als vielmehr auf unterschiedlichen Sprachgebrauch der Übersetzer hin. Von daher hat LXX ursprünglich entweder „der Herr Allherrscher" oder „der Herr der Mächte" gesagt. Ob man darin „einen Hinweis auf die verschiedenen Stufen des Sprachgebrauchs" (Kautzsch 626) sehen darf, ist zweifelhaft. Wichtig erscheint, daß schon die LXX-Übersetzung alle denkbaren Möglichkeiten der Wiedergabe von ṣᵉḇāʾôṭ als Eigenname und als Appellativ im Sing. und Pl. sowie der grammatischen Erläuterung der Wortverbindung JHWH ṣᵉḇāʾôṭ als Cstr.-Verbindung und als attributive Zuordnung zu einem Eigennamen bietet (vgl. Eißfeldt, KlSchr III 105).

3. Das Gottesepitheton ṣᵉḇāʾôṭ wird niemals allein gebraucht. Die Verbindung JHWH ṣᵉḇāʾôṭ ist im AT 240mal, ʾᵃḏonāj JHWH ṣ. 15mal, JHWH ʾᵉlohê ṣ. 14mal, hāʾaḏôn JHWH ṣ. 5mal, JHWH ʾᵉlohîm ṣ. 4mal, ʾᵉlohê ṣ. und JHWH ʾᵉlohê haṣṣ. je 2mal und ʾᵃḏonāj JHWH haṣṣ., ʾᵃḏonāj JHWH ʾᵉlohê haṣṣ. und JHWH ʾᵉlohê ṣ. ʾᵃḏonāj je 1mal belegt. Weil die Verbindungen JHWH ʾᵉlohîm ṣ. (Ps 59,6; 80,5.20; 84,9) und ʾᵉlohîm ṣ. (Ps 80,8.15) ausschließlich im elohistischen Psalter vorkommen und sekundärer Ersatz für ursprüngliches JHWH ṣᵉḇāʾôṭ sind (GKa § 125h), wird man diese Verbindung JHWH ṣᵉḇāʾôṭ als die primäre ansprechen dürfen, zumal sie die kürzeste und am häufigsten belegte Verbindung ist (für die Kurzform auch GKa § 125h; Kautzsch 621; Duhm 64; Wambacq 100; v. Rad 32; Tsevat 50f.; Stoebe, KAT VIII/1, 90; Wildberger, BK X/1², 28; Mettinger, Studies, 127; für die Langform auch Smend 203; König 150; Köhler 32; Maag 2f.; unentschieden noch Eißfeldt, KlSchr III 106f.; van der Woude 503f.).

4. ṣᵉḇāʾôṭ ist grammatisch ein pl. fem. des Nomens → צבא ṣāḇāʾ ʿHeerʾ. Da dieses Nomen neben dem pl. mask. auch den pl. fem. bildet, wird man ṣᵉḇāʾôṭ mit diesem Nomen zwar in Verbindung bringen dürfen (vgl. Ross 89), bei der Feststellung der Bedeutung aber doch den Unterschied zwischen den differenten Pluralbildungen beachten müssen (vgl. D. Michel, Grundlegung einer hebr. Syntax 1, 1977, 46). Die einzige Stelle im AT, die eine Erklärung von ṣᵉḇāʾôṭ bieten will, ist die dem David in den Mund gelegte Rede an Goliat, dieser komme zu ihm schwer bewaffnet, er aber „im Namen des JHWH ṣᵉḇāʾôṭ, des Gottes der Schlachtreihen (maʿarḵôṭ) Israels" (1 Sam 17,45). Daß hier in volksetymologischer Weise ṣᵉḇāʾôṭ als „Heerscharen" gedeutet wird (Ross 89), ist richtig, auch wenn nicht auszumachen ist, ob diese Wendung eine Glosse ist (Smend 202f.) oder nicht. Daß sie zum alten Überlieferungsgut gehören könnte (Buber, Königtum, ³1956, 67f.), nimmt heute keiner mehr an (schon Smend 202; wieder Eichrodt 120 Anm. 68; Smend Jr. 60; Ross 82), auch wenn der Hinweis auf Berührungen zur dtn Namenstheologie (so Stoebe, KAT VIII/1, 332.338; Stolz 141f.) wenig besagt, da das Dtn und auch das DtrGW das Epitheton ṣᵉḇāʾôṭ nicht verwenden.
Ebenfalls kann diese Stelle dafür herangezogen werden, daß sie die Wendung JHWH ṣᵉḇāʾôṭ als eine Genitiv-Verbindung versteht, wie sie die LXX-Über-

setzung κύριος τῶν δυνάμεων voraussetzt. Daß diese grammatische Erklärung zutrifft, nimmt man seit Driver unter Verweis auf GKa § 125h gern an, auch wenn sich schon König (150) und neuerlich wieder Maag (2f.) und Tsevat (51–55) dagegen aussprachen, Mettinger (Studies 128) eine solche Verbindung am wenigsten problematisch empfindet und Eißfeldt (KlSchr III 106) sie nicht ausgeschlossen sehen möchte.

Möglich ist auch, ṣᵉḇāʾôṭ als Eigennamen oder die Wendung als Nominalsatz „JHWH ist ṣᵉḇāʾôṭ" (Tsevat 54f.) zu deuten. Besser erscheint indes die Erklärung der Stellung von ṣᵉḇāʾôṭ zu JHWH als die eines Attributs (Vriezen 125; v. Rad 32; Wanke 44 Anm. 16; Wildberger, BK X/1², 28; van der Woude 503) bzw. einer Apposition (Tsevat), während die Verbalsatz-Erklärung „He (who) creates the (heavenly) armies" o.ä. von Cross (vgl. Freedman 156; Brownlee) schon wegen der eigenwilligen Deutung des JHWH-Namens unwahrscheinlich ist (de Vaux, Histoire, 427f.). Bei einer derartigen Interpretation der Wortverbindung JHWH ṣᵉḇāʾôṭ verdienen die von Vriezen und Eißfeldt gemachten Vorschläge, ṣᵉḇāʾôṭ als Intensitäts- (Vriezen 124f.) bzw. besser als intensiven Abstraktplural (Eißfeldt, KlSchr III 110–113) zu verstehen, ernsthafteste Beachtung (so auch v. Rad 32; Galling, ZThK 53, 145f.; Wanke 43), auch wenn der Einwand Brockelmanns (Synt. 16 Anm. 1), Eißfeldt setze den Abstraktplural mit dem Pl. des Konkretums gleich, nicht überhört werden darf (vgl. auch Eichrodt 121 Anm. 71).

Die Meinung Maiers (51), ṣᵉḇāʾôṭ sei der Dual des Konkretums und bezeichne die beiden Heerhaufen Israels und Judas, ist abwegig.

5. Angesichts der Kompliziertheit der Aufgabe, eine allseits befriedigende Erklärung von ṣᵉḇāʾôṭ zu bieten, erscheint es ratsam, den eigentlichen Erörterungen eine Übersicht über die bisher vorgeschlagenen wichtigsten Deutungen vorauszuschicken.

An erster Stelle sei, weil wir schon bei 1 Sam 17,45 darauf stießen, die Deutung von ṣᵉḇāʾôṭ auf die Heerscharen Israels angeführt und auf das damit intendierte Verständnis JHWHs als des Kriegsgottes hingewiesen, wie es durch Schwally (vgl. Kautzsch 622f.) in Verbindung mit Verweisen auf die Lade vertreten wurde und manchen Nachfolger fand (König 151f.; Freedman 156; Smend Jr. 60; Stolz 45ff.; J. Jeremias 188). Dagegen spricht, daß dort, wo von Kriegen JHWHs die Rede ist, der Titel ṣᵉḇāʾôṭ nicht erscheint (Köhler 32f.; Ross 79), daß dieser Titel der Lade erst zugewachsen ist, also nicht von ihr her gedeutet werden darf, und daß sich der Gebrauch von ṣᵉḇāʾôṭ in der Prophetie mit dieser Deutung sperrt (v. Rad 32).

Der zweite Vorschlag bezieht sich auf die himmlischen Heere (vgl. auch Fohrer, ZBK Jes I², 43. 100; Wildberger, BK X/1, 28f.; Kaiser, ATD 17⁵, 56), versteht also JHWH als den Gebieter der Gestirne (Köhler 33; ähnlich schon A. Jeremias 435) bzw. des himmlischen Rates (Mettinger, Studies 123–126) oder einfach als den Himmelsgott (Duhm 64) oder auch als den Herrn der Engelsheere (so etwa Cross, HThR 55, 255ff.; Freedman-Willoughby, → IV 902). Dagegen wird eingewendet, daß im AT eine

Engelsvorstellung nur schwach ausgebildet ist (Köhler 33), daß vom Himmelsheer nur im Sing. oder im Pl. mask. gesprochen wird (Kautzsch 622) und daß die Funktion eines Vorsitzenden der himmlischen Ratsversammlung eher am Titel *'æljon* haftet (vgl. Mettinger, Studies 134, der *'æljon* und *ṣ^e^bā'ôṯ* als „Zwillingstitel" bezeichnet). Deshalb schlägt Tsevat vor, *ṣ^e^ḇā'ôṯ* als „Heere" zu verstehen und die Gottesbezeichnung mit „Yahweh (Is) Armies" (55–57) zu übersetzen. Diese Deutung wird dann stark verallgemeinert und so weit gefaßt, daß sie ihre Spezifik verliert und mit anderen Interpretationen zusammenfließt.

Ein dritter Vorschlag geht auf Maag zurück. Er denkt bei *ṣ^e^ḇā'ôṯ* an die „depotenzierten mythischen Naturmächte Kanaans" (26. 17f.; vgl. auch Schicklberger 27). Hierbei ist schwierig, daß ein solcher depotenzierender Vorgang innerhalb des AT nicht bezeugt ist.

Die nächsten Vorschläge haben das gemein, daß sie eine ganz allgemeine Bedeutung annehmen. Smend (202) deutet *ṣ^e^ḇā'ôṯ* als „Beherrscher aller Mächte der Welt". Nach Wellhausen (77) bezeichnet unser Wort „wahrscheinlich die Welt und alles was darinnen ist, vielleicht eigentlich die Heere der Dämonen". Für Eichrodt (121) ist *ṣ^e^ḇā'ôṯ* der „Inbegriff aller irdischen und himmlischen Wesen". Ähnlich bestimmt Vriezen (124f.) den Gehalt des Wortes: „der alle Mächte im Himmel und auf der Erde umfaßt". Eißfeldt (KlSchr III 110–113) schließlich findet in *ṣ^e^ḇā'ôṯ* JHWHs Allmacht ausgedrückt (so auch Galling, ZThK 53, 145f.; Ross 80ff.; van der Woude 505f.: „königliche Herrschermacht"). Diese Vorschläge haben das παντοκράτωρ der LXX auf ihrer Seite, was freilich auch belastend sein könnte.

Schließlich kann man den Schwierigkeiten in der Weise zu entgehen versuchen, daß man entweder Bedeutungsentwicklungen annimmt (so schon Kautzsch 625f.; König 153f.; neuerlich wieder Wambacq; Schreiner 29.189; Maier 51–53; Fohrer 159f.) oder auf eine Erklärung des Epithetons ganz verzichtet (v. Rad 32; Wanke 43; Smend Jr. 60f.; ähnlich auch Stolz, ZBK 9, 214).

II. 1. Der Einsatzpunkt in der Entwicklung des Begriffs liegt bei den frühen Propheten des 8. Jh. v. Chr., Am und Jes. Weil Jes *ṣ^e^ḇā'ôṯ* so häufig verwendet, hatte Brongers (De scheppingstradities bij de Profeten, Amsterdam 1945, 117ff.) gemeint, ihm sei diese Gottesbezeichnung im AT zu verdanken. Mit einer ähnlichen Überzeugung setzte sich schon Alt (350) auseinander. An derartigen Vorstellungen ist lediglich dies zutreffend, daß Jes das Epitheton im Sinne von JHWHs umfassender Macht verstand (so mit Recht Vriezen 125 Anm. 1).

Wellhausen war hingegen der Meinung, Amos habe den Titel *ṣ^e^ḇā'ôṯ* erfunden, und die Belege in Sam und Kön beruhten auf späterer Eintragung. Darin folgte ihm nur Smend (203f.). Ein solches Urteil läßt sich deshalb kaum halten, weil die Belege in Am wahrscheinlich auf die redaktionelle Bearbeitung zurückgehen.

2. Daß das Epitheton *ṣ^e^ḇā'ôṯ* in den Jerusalemer JHWH-Kult gehört, wird heute angesichts der Belege in den Zionsliedern der Psalmen und bei Jes von keinem Gelehrten bestritten. Zu fragen ist nur, ob es hier dem mit der Lade in die Stadt einziehenden Gott Israels zugewachsen ist (Galling, ZThK 53, 145; Fohrer, ZBK Jes I², 99), also möglicherweise sogar aus altehrwürdiger jebusitischer Tradition stammt, oder ob es als ein bereits mit JHWH als dem Gott der Lade verwachsener Titel von Schilo her nach Jerusalem kam. Da hin und wieder die Meinung geäußert wurde – was hier nicht hinterfragt werden soll –, die mit JHWH und der Lade in Schilo ebenfalls verbundene Titulatur „der Kerubenthroner" (1 Sam 4, 4; 2 Sam 6, 2) sei „schwer anders wie als Rückprojektion der Verhältnisse des salomonischen Tempels" zu verstehen (Smend jun. 59; noch zuversichtlicher Maier 53–55; Görg, → III 1027–1029), so könnte analog auch die *ṣ^e^ḇā'ôṯ*-Bezeichnung auf Schilo zurückprojiziert sein. Dann aber wäre damit ein wichtiges Indiz für die Jerusalemer Herkunft gewonnen.

Doch dieser Analogieschluß ist unbegründet, weil ausgerechnet im kultischen Sprachgebrauch Jerusalems die für Schilo bezeugte Verbundenheit von *ṣ^e^ḇā'ôṯ* und Kerubenthroner nicht belegt ist, vielmehr die Titulatur „Kerubenthroner" dort, wo sie sich findet, ohne *ṣ^e^ḇā'ôṯ* steht, so im Gebet Hiskijas an „JHWH, den Gott Israels" (2 Kön 19, 15; anders Jes 37, 16: *JHWH ṣ^e^ḇā'ôṯ*, Gott Israels, Kerubenthroner), in 1 Chr 13, 6 oder in Ps 99, 1 (vgl. J. Jeremias 188 Anm. 18). Ps 80, 2 ist insofern eine Ausnahme, als in diesem Psalm auch insgesamt 4mal *ṣ^e^ḇā'ôṯ* vorkommt, was nicht anders erklärt werden kann denn als ein ursprünglich mit „Kerubenthroner" verbundener Titel. Eine Auflösung erfährt diese Spannung in der Annahme, Ps 80 sei ein Lied aus Nordisrael (zuletzt Ottosson 97). Daraus folgt, daß man für Jerusalem die beiden Titulaturen je für sich nehmen muß. Dann aber besteht kein ernsthafter Anlaß mehr, die schilonische Herkunft des Epithetons *ṣ^e^ḇā'ôṯ* zu bestreiten.

3. Der Sachverhalt, daß der Name *ṣ^e^ḇā'ôṯ* in der at.lichen Überlieferung zum ersten Mal 1 Sam 1, 3. 11 und 1 Sam 4, 4 belegt ist, kann kaum Zufall sein. In beiden Texten aber ist die Bezeichnung *JHWH ṣ^e^ḇā'ôṯ* mit Schilo und mit seinem Tempel verbunden. Der erste Text erzählt, daß Elkana Jahr für Jahr heraufzieht, um zu *JHWH ṣ^e^ḇā'ôṯ* in Schilo zu beten. Und das Gebet der Hanna im Tempel von Schilo beginnt denn auch mit der Anrufung „*JHWH ṣ^e^ḇā'ôṯ*" (1 Sam 1, 3. 11). In der letztlich für Israel doch mit einer Niederlage endenden Auseinandersetzung mit den Philistern spielt die von Schilo herbeigeholte „Bundeslade des *JHWH ṣ^e^ḇā'ôṯ*, der über den Keruben thront", eine besondere Rolle (1 Sam 4, 4). Bei der Einholung der Lade von Baala in Juda durch David taucht diese volle Titulatur ein zweites Mal auf und lautet hier: „die Lade Gottes, über die genannt war der Name *JHWH ṣ^e^ḇā'ôṯ*, der über den Keruben thront" (2 Sam 6, 2). Daß diese Benennung der Lade erst in Baala erfolgt sei (Stolz, ZBK 9, 214), ist deshalb unwahrscheinlich, weil dieser Name schon für die Lade in Schilo bezeugt ist. Die Feststellung Stoebes (KAT VIII/1, 95), daß der Name *JHWH ṣ^e^ḇā'ôṯ* „mit an Sicherheit grenzender Wahrscheinlichkeit auf dem Boden von Silo und in enger Bindung an die Lade entstanden ist", stellt gegenwärtig die opinio commu-

nis dar (Maag 6; Eißfeldt, KlSchr III 113–116. 421; → I 76; v. Rad 32; de Vaux, Chérubins 258f.; Histoire 428; Schreiner 29; Smend Jr. 60; Schmidt 89f.; Wanke 41, Ross 79; Crenshaw 167; J. Jeremias 188; Zimmerli 63; Preuß, → I 495; van der Woude 506; Fabry, → IV 266; Mettinger, Studies 128). Weil aber der Titel *ṣ^e^bāʾôṯ* in der vor-schilonischen Ladeüberlieferung nicht bezeugt ist, wird er erst in Schilo der Lade als Titulatur zugewachsen sein (anders Fohrer 98). In der Frage, ob diese Titulatur israelitischen (so van der Woude 506 [?]; Mettinger, Studies 134f.) oder kanaanäischen Ursprungs ist, läßt sich eine überzeugende Antwort kaum finden, obwohl der Umstand, daß, soweit wir wissen, die Lade in Schilo erstmalig in einem Tempel, und das heißt doch: in einem kanaanäischen Tempel untergebracht worden war, und der Hinweis von 2 Sam 6, 2 (zum Text vgl. I. L. Seeligmann, VT 11, 1961, 204f.) auf den feierlichen Rechtsakt (schon Kautzsch 623; wieder Noth 185; mit Nachdruck Galling, ThLZ 81; auch Eißfeldt, KlSchr III 422 Anm. 1; Zimmerli 64) der Neu- oder Zubenennung des Ladegottes JHWH wohl eher dahingehend verstanden werden möchten, es handele sich bei dem Titel *ṣ^e^bāʾôṯ* um eine in Schilo längst bekannte (anders Wanke 41) und auf den neuen Herrn des Tempels übertragene Gottesbezeichnung. Denn de Vaux (Chérubins 259) versteht mit Recht 2 Sam 6, 2 als die Legitimation dieses Vorgangs und Maag (6ff.) die Namenserweiterung als ein Zeichen der Auseinandersetzung von JHWH-Religion und Kulturlandglauben. Schließlich muß beachtet werden, daß wir diese Titulaturen nur deshalb kennen, weil sie für Verfasser und Überlieferer der sog. Ladeerzählung von Bedeutung waren. Deren Interesse aber war nach Rost (Das kleine Credo 151f.) eindeutig priesterlich-kultisch geprägt.

Für die exakte Erfassung des Gehalts von *ṣ^e^bāʾôṯ* ist sodann von Belang, was im einzelnen über die zweite Titulatur „der Kerubenthroner" auszumachen ist. Daß sie aus dem kanaanäischen Bereich stammt und in der Tat nach Schilo gehört (Stoebe, KAT VIII/1, 158), ist schon deshalb wahrscheinlich, weil die Keruben im Kultus und in der Kultur Kanaans zu Hause sind (de Vaux, Chérubins 234–252) und die Keruben im salomonischen Tempel nicht die Funktion von Thronträgern hatten. Wenn das zutrifft, dann liegt die weitere Folgerung auf der Hand, daß die Titulatur „der Kerubenthroner" in Schilo eo ipso zum Titel *ṣ^e^bāʾôṯ* hinzugehörte (Eißfeldt, KlSchr III 116–119; de Vaux, Chérubins 231f.; J. Jeremias 187; Mettinger, Studies 128–134). Daß beide Titel in der Jerusalemer Kulttradition nicht mehr verbunden erscheinen, ist kein Gegenargument, weil man von JHWH als dem über den Keruben Thronenden angesichts der andersartigen Funktion der Keruben als Wächter- oder Schutzfiguren der Lade kaum noch so direkt sprechen konnte (Zimmerli 64).

Inhaltlich aber enthält das Epitheton „Kerubenthroner" einen nicht zu übersehenden Hinweis auf das göttliche Königtum (so Ross 80; J. Jeremias 198). Der Gott, der thront, wird als König verehrt. Wenn das für Schilos Heiligtum zutrifft, dann ist die Vermutung kaum zu umgehen, daß zum Kultinventar des dortigen Tempels ein Kerubenthron gehört hat. Weil „*ṣ^e^bāʾôṯ*, der Kerubenthroner" die Neubenennung JHWHs als des Gottes der Lade ist, ist somit in Schilo „die Thronvorstellung ... auf die Lade ... appliziert" worden (Fabry, → IV 266f.). Wie man sich die Verbindung der beiden Kultobjekte Thron und Lade vorstellen kann, hat de Vaux (Chérubins 258) in den Satz gebracht: „Les chérubins-siège et l'arche-marchepied composent ensemble le trône de Yahvé." Als letzte Frage kann man noch die nach der Gottheit, mit der JHWH in Schilo identifiziert wurde, stellen. Ross (79. 89f.) schlug Baʿal vor, weil er Berührungen mit dem Fruchtbarkeitskult Kanaans festzustellen meinte. Doch diese begegnen nicht im Umkreis des Titels *ṣ^e^bāʾôṯ*. Andere dachten an El (de Vaux, Chérubins 159; Clements [bei Ross 90 Anm. 1]; vgl. auch van der Woude 506). Dafür spricht, daß der Titel eines „Kerubenthroners" und die Vorstellung des thronenden Königs viel eher El als Baʿal entsprechen (Freedman / O'Connor, → IV 329; Mettinger, Studies 128. 134), wird doch in Ugarit El als König prädiziert und auf seinem Thron sitzend, also „im Sinne einer statischen Präsenz" (Görg, → III 1028) dargestellt, während Baʿal der im Himmel rüstig ausschreitende dynamische Gott ist, wozu der Titel *rkb ʿrpt* „Wolkenreiter" sehr gut paßt. Dann aber könnte die Bezeichnung „*ṣ^e^bāʾôṯ*" ebenfalls aus dem Umkreis dieser El-Verehrung stammen, wobei eine postulierte Wendung *ʾel ṣ^e^bāʾôṯ* die grammatischen Probleme der Verbindung „*JHWH ṣ^e^bāʾôṯ*" beseitigen könnte (Mettinger, Studies 134f.).

Ob in der Herleitung des Epithetons *ṣ^e^bāʾôṯ* aus der Religion Kanaans der Grund für die Meidung dieser Titulatur schon bei Hos – der einzige Beleg geht auf judäische Hände zurück – und dem Dtn und dann vor allem bei Ez liegt, weil „der Begriff Jahwe Zebaoth immer noch erinnerte an integrierte numinose Mächte und etwa auch heidnische Götter" (Keßler 770; vgl. schon Smend 204), ist angesichts der hohen Zahl von Belegen bei anderen nachexil. Propheten nicht zu entscheiden.

III. 1. Eißfeldt (KlSchr III 421) hat besonderes Gewicht auf die Feststellung gelegt, daß die JHWH-Religion in Schilo eine „höhere Stufe" erreicht hat. Diese neue Qualität ist durch die Erweiterung des Namens JHWH um die Titulatur „*ṣ^e^bāʾôṯ*, der Kerubenthroner" auch äußerlich kenntlich gemacht worden. So verhält sich JHWH *ṣ^e^bāʾôṯ*, der Kerubenthroner, zu JHWH wie JHWH zu El Schaddaj (Ex 6, 2f.; KlSchr III 422). Damit aber sind die notwendigen Voraussetzungen geschaffen worden, um die Frage nach dem Sinngehalt von *ṣ^e^bāʾôṯ* in der Frühzeit der israelitischen Religion zu beantworten. Methodisch ist soviel klar, daß, weil dieser Name dem Ladegott JHWH zugewachsen ist, die Deutung nicht primär von der Lade her erfolgen darf (so mit Recht Smend Jr. 60; anders Eichrodt 120 oder Stoebe, KAT VIII/1, 95), auch wenn das, was JHWH als Ladegott darstellt, im Titel mit enthalten sein muß. Da der Lade kriegerische Gottesvorstellungen eignen und sie deshalb gern als Kriegspalladium bezeichnet wird, werden wir hier auf derartige Inhalte zunächst verzichten müssen. Dann aber erscheint es wahrscheinlicher, die Elemente, die von Hause aus nichts mit der Lade zu tun haben, dem Titel *ṣ^e^ḇāʾôṯ* zuzuweisen. Das ist der Bereich, den man den königlichen nennen könnte. Schon für Alt (350) war es ausgemacht, daß lange vor Jes die Lade, die Sonderbezeichnung *JHWH ṣ^e^ḇāʾôṯ* und der Königstitel zusammen gehörten. Neuerlich formulierte Ross (80): „the power of Jahweh Ṣ^e^ḇāʾôṯ is royal", und van der Woude (505f.) stimmt mit ihm darin überein, daß der Titel *ṣ^e^ḇāʾôṯ* „königliche Herrschermacht prädiziert". Und wenn Zimmerli (63) unseren Titel als „den 'Mächtigen'" deutet (ähnlich Schreiner 189; Stolz, ZBK 9, 214), besteht zu dem bisher Gesagten kein prinzipieller Unterschied. Denn diese Deutungen berühren sich auch darin, daß die Aussage des neues Titels umfassender ist und alle Vorstellungen des kriegerischen und präsenten Ladegottes mit umgreifen. Darin hat auch Eißfeldt Recht (KlSchr III 422), daß die durch die Titulatur *ṣ^e^ḇāʾôṯ* ausgesagte neue Stufe der JHWH-Religion sich von der früheren durch „eine gewaltige Ausweitung hinsichtlich der Machtfülle und Majestät" JHWHs unterscheidet und daß eben auch der Titel *ṣ^e^ḇāʾôṯ* diese Machtfülle und Majestät zum Ausdruck bringen will. Dann kann man das Verhältnis von *ṣ^e^ḇāʾôṯ* und Lade in der Weise bestimmen, daß zur königlichen Majestät JHWHs u.a. auch der Aspekt der JHWH-Kriege gehört, daß diese aber nicht den Aspekt des thronenden Königs definieren (vgl. J. Jeremias 187f.). In diesem Zusammenhang ist noch darauf hinzuweisen, daß der JHWH-Tempel in Schilo – wie später nur wieder der von Jerusalem – → היכל *hêḵāl* genannt wird (1 Sam 1, 9; 3, 3). Weil dieser Begriff sich „vor allem auf königliche Paläste" bezieht (Ottosson, → II 409), wird man darin eine Bestätigung für unsere Deutung von *ṣ^e^ḇāʾôṯ* finden können (auch Schmidt 90).

2. Mit der Überführung der Lade nach Jerusalem zogen auch die mit ihr verbundenen Traditionen im allgemeinen und die an ihr haftenden Gottesprädikationen im besonderen in die Davidsstadt ein und verschmolzen mit JHWH und seinem Tempel in der neuen Hauptstadt. Wie das im einzelnen geschah, ist nicht mehr zu erhellen. Aber das Resultat ist greifbar: *JHWH ṣ^e^ḇāʾôṯ* war der Kultname des Gottes Israels in Schilo geworden, und *JHWH ṣ^e^ḇāʾôṯ* lautete nun auch die Titulatur dieses Gottes in Jerusalem. Das Epitheton *ṣ^e^ḇāʾôṯ* war kultisch und blieb kultisch. Die Verbindung mit der Lade war gerade so fest, daß dieses Prädikat zusammen mit ihr nach Jerusalem kam und in den Tempel einzog, sich dort aber rasch von ihr löste und nicht von ihrem Bedeutungsschwund erfaßt wurde.

Auch in der gehobenen Sprache des Gebets war *ṣ^e^ḇāʾôṯ* der Kultname JHWHs in Schilo (1 Sam 1, 3. 11), und bei der Einholung der Lade nach Jerusalem fungierte David nicht nur wie ein Kultbeamter, sondern segnete zum Schluß auch wie ein Priester das Volk „im Namen von *JHWH ṣ^e^ḇāʾôṯ*" (2 Sam 6, 18). Den Psalmen läßt sich in formaler wie inhaltlicher Hinsicht folgendes entnehmen. Von den acht Psalmen mit *ṣ^e^ḇāʾôṯ*-Belegen gehören vier zu den Hymnen (Ps 46; 48; 84; 89), drei zu den Klageliedern (Ps 59; 69; 80), und der letzte Teil von Ps 24 ist vielleicht als Kultlied zu bestimmen. Von daher ist es nicht verwunderlich, daß von den insgesamt 15 Ps-Belegen zehn in der Gebetsanrede, sei es nun der Klage (Ps 59, 6; 69, 7; 80, 5. 8. 15. 20; vgl. auch 1 Sam 1, 11) oder des Lobpreises (Ps 84, 2. 4. 9. 13), stehen. Daß sich hierin Jerusalemer Kultsprache widerspiegelt, kann nicht fraglich sein. Ob aber die Titulatur *ṣ^e^ḇāʾôṯ* zu den Jerusalemer Kulttraditionen gehört hat (vgl. Wanke, 41 f. 44; Keßler 767; Stolz, ZBK 9, 214), ist eher unwahrscheinlich, weil man dann mehr Belege in den Psalmen erwarten dürfte (vgl. → עליון *ʿæljôn*: 31mal im AT, davon 21mal im Psalter nach Wanke 46).

Als Parallelbezeichnungen zu *JHWH ṣ^e^ḇāʾôṯ* kommt in Ps 46, 8. 12; 84, 9 „der Gott Jakobs" und in Ps 69, 7 „der Gott Israels" vor. In beiden Bezeichnungen wird man spezifisch nordisraelitisches Traditionsgut sehen dürfen, was zur schilonischen Herkunft von *JHWH ṣ^e^ḇāʾôṯ* vorzüglich paßt (vgl. Preuß, ZAW 80, 151; → I 495). In Ps 84, 4 findet sich außerdem noch die aus dem Bereich persönlicher Frömmigkeitsäußerungen stammende Wendung „mein König und mein Gott". Hier kann die Königsprädizierung Zufall sein oder auf allgemeinen Überzeugungen hinsichtlich des Königtums JHWHs beruhen. Das ist aber in Ps 24 kaum der Fall. Denn der Abschnitt, der danach fragt, wer der König der Ehre sei, endet ganz betont mit der Antwort: „*JHWH ṣ^e^ḇāʾôṯ*, er ist der König der Ehre" (v. 10). Zuvor allerdings werden in v. 8 die Antworten „JHWH, ein Starker und ein Held" und „JHWH, ein Kriegsheld" gegeben. Zumindest bei der zweiten Wendung ist durch die Anspielung auf den JHWH-Krieg die Bezugnahme zur Lade unüberhörbar. Und auch der Begriff *kāḇôḏ* gehört, wie die Namengebung für den Sohn der Schwiegertochter Elis „Ikabod" (1 Sam 4, 21) und die Erläuterung des Namens „,Dahin ist die Herrlichkeit aus Israel!' – weil die Lade Gottes genommen war" zeigen, zur Ladetradition. Aber liegt hierin der „Sinn des Titels" *ṣ^e^ḇāʾôṯ* (Smend Jr. 61)? Die Anspielungen auf die Lade und den Heiligen Krieg könnten das nahelegen (Wanke 44; J. Jeremias 188). Doch von dieser kriegerischen Funktion der Lade her ist der Titel „König" nicht gedeckt. Das aber weist auf den spezifischen Sinn von *ṣ^e^ḇāʾôṯ* hin; denn für den Dichter von Ps 24 geht es nicht um den, der die Kriege Israels führt und der Israels Kriegsgott ist (vgl. Schreiner 189; Kraus, BK XV/1^5, 348), sondern um den in die Stadt Jerusalem und den Tempel einziehenden und fortan hier residierenden „König der Ehre" (vgl. Mettinger, Studies 112–123; wieder anders Ross 88).

Hier schließen sich leicht die Aussagen über die göttliche Gegenwart von *JHWH ṣ^e^ḇāʾôṯ* in Jerusalem und auf dem Zion an. Jerusalem wird Ps 48, 9 die

„Stadt des *JHWH ṣ^{e}ḇā'ôṯ*“ genannt (doch vgl. BHS); hier befinden sich seine lieblichen Wohnungen (Ps 84, 2) und seine Altäre (Ps 84, 4). Als *JHWH ṣ^{e}ḇā'ôṯ* ist er unvergleichlich unter den Göttersöhnen (Ps 89, 7. 9), wie ein Blick in die Geschichte und in die Schöpfung lehrt (vv. 10ff.). Er steht der Götterversammlung vor (v. 8), ist er doch der höchste Gott, eben der himmlische König (als Gegenüber des irdischen Königs? Mettinger, Studies 135–138). Deshalb kann der Psalmist sein Vertrauen auf steten Schutz und Beistand in den Kehrvers einbringen: „JHWH *ṣ^{e}ḇā'ôṯ* ist mit uns (Schreiner 225: Davidsbund; Preuß, ZAW 80, 159: typischer Glaubensausdruck; J. Jeremias 194f.: Heiliger Krieg), eine Burg ist uns der Gott Jakobs“ (Ps 46, [4.] 8. 12). Das sind Zeugnisse Jerusalemer Theologie und Tempelfrömmigkeit (vgl. Schreiner 189; Stolz, ZBK 9, 214).

Diese Glaubensvorstellungen aber begründen nicht zuletzt auch die Bitten an *JHWH ṣ^{e}ḇā'ôṯ* um Beistand und Hilfe: Er möge das Gebet erhören (Ps 84,9) und diejenigen nicht zuschanden werden lassen, die auf ihn hoffen (Ps 69, 7). Er solle aufwachen und alle Heiden züchtigen (Ps 59, 6). Und wenn Ps 80 aus Nordisrael stammt (zuletzt Ottosson 97), so bezeugt er, daß auch hier die Gottesbezeichnung JHWH *ṣ^{e}ḇā'ôṯ* lebendig ist, wendet sich doch Josef (v. 2), und das heißt Efraim, Benjamin und Manasse (v. 3) an ihn als den „Hirten Israels“ und den „Kerubenthroner“ (v. 2) mit der Bitte, er möge „erhören“ und „erstrahlen“, seinem Volk nicht mehr länger „zürnen“ (v. 5), sondern „umkehren“ (v. 15), „vom Himmel herabblicken“ (v. 15), sein „Angesicht leuchten lassen“, ihm „helfen“ und es „wiederherstellen“ (vv. 4. 8. 20). Dabei ist festzuhalten, daß *ṣ^{e}ḇā'ôṯ* wie ein Eigenname gebraucht wird (so Ottosson) und in loser Verbindung zu dem Titel „Kerubenthroner“ steht, worin altisraelitisch-schilonische Tradition weiterleben (vgl. Ross 85f.) und gewisse Differenzierungen zu Jerusalem erkennbar machen könnte.

3. Daß die Jerusalemer Theologie einen nachhaltig prägenden Einfluß auf alle Bereiche des geistigen und eben auch des literarischen Lebens Israels ausübte, kann angesichts der hohen Wertschätzung des Tempels auf dem Zion als Stätte göttlicher Gegenwart nicht verwundern (vgl. Noth 181f.). Zu diesen Auswirkungen gehört, daß der Titel *JHWH ṣ^{e}ḇā'ôṯ* außer den bisher zitierten Stellen aus 1/2 Sam betont in 2 Sam 5, 10 steht: „David wurde immer größer, denn JHWH, der Gott *ṣ^{e}ḇā'ôṯ*, war mit ihm“ (= 1 Chr 11, 9). Hier begegnen wir dem „Leitthema“ (Stolz, ZBK 9, 207) der Aufstiegserzählung. Ebenso ist zu beurteilen, wenn der Erzähler das Gebet Davids an „*JHWH ṣ^{e}ḇā'ôṯ*“ gerichtet sein läßt (2 Sam 7, 26 = 1 Chr 17, 24). Als *JHWH ṣ^{e}ḇā'ôṯ* besitzt der Gott Jerusalems königliche Würde und Macht und ist somit das göttliche Gegenbild des Königtums Davids.

Solche Auswirkungen sind dann aber viel breiter in der Prophetie zu finden. Jedenfalls sind die Botenformeln „So spricht *JHWH ṣ^{e}ḇā'ôṯ*“, wie sie Samuel (1 Sam 15, 2) und Natan (2 Sam 7, 8 = 1 Chr 17, 7) in den Mund gelegt worden sind, nicht auf dtr, sondern eindeutig auf prophetischen Einfluß zurückzuführen (Stoebe, KAT VIII/1, 279; Stolz, ZBK 9, 99f.). Ähnlich wird man die *ṣ^{e}ḇā'ôṯ*-Erwähnungen in den Elija-Elischa-Geschichten (1 Kön 18, 15; 19, 10. 14; 2 Kön 3, 14) beurteilen dürfen, gehen sie doch, wie der einzige Hos-Beleg, möglicherweise auf judäische Bearbeitung zurück (vgl. Würthwein, ATD 11/2, 286f.; Hentschel, NEB 10, 117f.; Stolz, ZBK 9, 214; Dumermuth 72 Anm. 70; Th. Naumann, Die Strukturen der Nachinterpretation in Hosea 4–14 [Diss. theol.Halle], 1987, 127–136).

4. Auffällig ist die Häufung der *ṣ^{e}ḇā'ôṯ*-Bezeugungen in der judäischen Prophetie und ihr Fehlen beim einzigen Nordreichpropheten Hosea; denn Hos 12, 6 ist ein später Einschub (Dumermuth 72 Anm. 69; Wolff, BK XIV/1, 277; Jeremias, ATD 24/1, 154; BHS). Das weist darauf hin, daß zumindest in der mittleren Königszeit die *ṣ^{e}ḇā'ôṯ*-Bezeichnung in Nord-Israel nicht oder nicht mehr verwendet wurde. Dann aber kann der Traditionsweg zu Jes und Am kaum über die Stationen Elija-Elischa geführt haben (so Ross 91; vgl. auch van der Woude 506). Viel näher liegt es, auch hierin den nachhaltigen Einfluß des Jerusalemer Kultes zu sehen (so Stolz, ZBK 9, 214; anders Wanke 42f. 46).

Ehe wir auf inhaltliche Fragen des prophetischen *ṣ^{e}ḇā'ôṯ*-Gebrauchs eingehen, sollen die Einbindungen in formelhafte Wendungen skizziert werden. Innerhalb der Botenspruchformel „So spricht JHWH“ kommt zusätzlich *ṣ^{e}ḇā'ôṯ* vor bei Jes 2mal, Am 1mal, Jer 54mal, DtJes 1mal, Sach 18mal, Hag 5mal und Mal 1mal. Die um *ṣ^{e}ḇā'ôṯ* erweiterte Gottesspruchformel „Ausspruch JHWHs“ ist belegt bei Jes 7mal, Am 3mal, Jer 11mal, Sach 10mal und Hag 6mal. Die um *ṣ^{e}ḇā'ôṯ* verlängerte Formel „spricht (*'āmar*) JHWH“ begegnet bei Am 1mal, Nah 2mal, Zef 1mal, DtJes 1mal, Hag 2mal, Sach 4mal und Mal 20mal. Da das starke Anwachsen von erweiterten Formeln bei Jer von der LXX mit ihren wenigen *ṣ^{e}ḇā'ôṯ*-Übersetzungsbelegen nicht oder noch nicht bezeugt wird (Baudissin 76f.), haben wir hier eine spätnachexil. Angleichung vor uns, wie denn bei Jer insgesamt der Hang zur Plerophorie zu beobachten und die längste Formel: „So spricht JHWH, der Gott *ṣ^{e}ḇā'ôṯ*, der Gott Israels“ dreimal (Jer 35, 17; 38, 17; 44, 7) zu finden ist. So erhellt aus diesem Überblick der zunehmende Drang einer „epigonenhafte(n) Nachahmung der vorexilischen Propheten“ (Löhr bei Kautzsch 622) durch die Prophetie der nachexil. Zeit. Indirekt ist damit zugleich deutlich gemacht worden, daß die Formeln mit *JHWH ṣ^{e}ḇā'ôṯ* „altprophetisch“ (Baudissin 74–77) sind.

Das bezeugen auch beteuernde Wendungen wie „denn der Mund von *JHWH ṣ^{e}ḇā'ôṯ* hat es gesagt“ (Mi 4, 4) oder die Aufforderung an Hiskija: „Höre das Wort von *JHWH ṣ^{e}ḇā'ôṯ*!“ (Jes 39, 5; vgl. 2 Kön 20, 16 ohne *ṣ^{e}ḇā'ôṯ*). Hierzu paßt die Einführung in Sach 7, 4:

„Und es erging das Wort von *JHWH ṣ^eḇā'ôṯ*" (Sach 8,1.18).
Schließlich soll noch kurz auf die Wendung „*JHWH ṣ^eḇā'ôṯ* ist sein Name" eingegangen werden, die Crenshaw gründlich untersucht hat (vgl. F. Crüsemann, Studien zur Formgeschichte von Hymnus und Danklied in Israel, 1969, 104ff.). Sie ist bezeugt bei DtJes (47,4; 48,2; 51,15; 54,5; vgl. Elliger, BK XI/1, 401), bei Am (4,13; 5,27; [9,6]) und bei Jer (10,16; 31,35; 32,18; 48,15; 50,34; 51,57). Am 4,13 und 9,6 gehören dem redaktionell in das Am-Buch eingefügten Schöpfungshymnus an, und unsere Wendung in Am 5,27 wird eine redaktionelle Erweiterung sein (vgl. Wolff, BK XIV/2², 304). Auch die Belege in Jer gehen auf späte Bearbeitung zurück. So bezeugt diese Formel Vorstellungen der exil.-nachexil. Gemeinde.
Der Parallelsatz in Jes 54,5: „Gott der ganzen Erde wird er genannt" legt den Gehalt von *JHWH ṣ^eḇā'ôṯ* in dieser Wendung offen: Er ist der Schöpfergott, und deshalb ist er der allein Mächtige, der Majestätische. Weitere mit dieser Formel intendierte Themen sind das gerechte Gericht Gottes und die Auseinandersetzung mit dem Götzendienst. Die Formel stellt somit das Bekenntnis der exil.-nachexil. Gemeinde zur Macht und Majestät ihres Gottes JHWH dar (vgl. Elliger, BK XI/1, 401; Westermann, ATD 19², 114), den sie, wie es in Jer 48,15; 51,57 ausdrücklich geschieht, auch als den „König" prädizieren kann. Insofern ist es richtig, diesen Schlußformeln „liturgisch-hymnisches Gepräge" zuzusprechen, sie „aus dem gottesdienstlichen Gebrauch der Gemeinde" stammen zu lassen (Weiser, ATD 20/21⁶, 399.439) und mit Jeremias (ATD 24/1, 154) in den redaktionellen Einschüben bei Am und Jer den Preis von JHWHs Machtfülle durch die nachexil. Gemeinde zu sehen.
Das meint auch die Wendung „JHWH ist der Gott *ṣ^eḇā'ôṯ*, JHWH ist sein Gedächtnis" (Hos 12,6).
Die Tatsache, daß bei Jes *ṣ^eḇā'ôṯ* 56mal belegt ist, aber nur 9mal in festen Formeln steht, zeigt den „freien Gebrauch" des Wortes durch Jes auf und weist darauf hin, daß Jes die Bezeichnung *ṣ^eḇā'ôṯ* bewußt aufgegriffen hat (Wildberger, BK X/1, 28). So kommt diesem Propheten besondere Bedeutung zu sowohl hinsichtlich der Auf- und Übernahme der *ṣ^eḇā'ôṯ*-Bezeichnung in die prophetische Literatur schlechthin als auch hinsichtlich ihrer inhaltlichen Prägung.
Jes hat den Titel der Tempeltheologie Jerusalems entlehnt (Stolz, ZBK 9, 214; vgl. auch Dumermuth 71.76). Darauf weisen die in den Tempel führende Berufungserzählung mit dem wohl aus der Liturgie stammenden Trishagion von Jes 6,3 (Wildberger, BK X/1, 248) und die „liturgische Formel" (Wildberger 348) von *JHWH ṣ^eḇā'ôṯ*, „der auf dem Berg Zion wohnt" (Jes 8,18; vgl. auch Jes 31,9 und Noth 185).
Daß in Jes 18,7 vom Berg Zion gesagt wird, er sei der Ort, wo „der Name des *JHWH ṣ^eḇā'ôṯ*" ist, weist diesen Vers als späten Zusatz aus (Fohrer, ZBK Jes I², 224 Anm. 39; Kaiser, ATD 18, 75).

Der besondere Impuls liegt in Jes 6 einerseits auf der Heiligkeit von *JHWH ṣ^eḇā'ôṯ* und anderseits auf seiner Prädizierung als „König" (v. 5). Das findet darin seine Bestätigung, daß als Parallelbezeichnungen für *JHWH ṣ^eḇā'ôṯ* bei Jes noch „der heilige Gott" (5,16), „der Heilige Israels" (5,24; vgl. 10,20), „der Starke Israels" (1,24) oder auch einfach „der Gott Israels" (21,10; 37,16) begegnen. Auf der Heiligkeit von *JHWH ṣ^eḇā'ôṯ* liegt besonderes Gewicht. Sie ist eine kultische Kategorie, wie denn auch gesagt werden kann, daß sich *JHWH ṣ^eḇā'ôṯ* „heilig erweist" (5,16) und die Israeliten ihn „heiligen", „fürchten" und „vor ihm erschrecken" (8,13; vgl. Jes 10,24) oder zusammengefaßt: ihn „suchen" sollen (9,12). Und der andere Aspekt des Königlichen begegnet in der betonten Bezeichnung „der Herr" *JHWH ṣ^eḇā'ôṯ* (Jes 1,24; 3,1; 10,16; 19,4; vgl. 3,15). Schließlich macht das Weinberglied darauf aufmerksam, daß *JHWH ṣ^eḇā'ôṯ* der Besitzer des Weinbergs und der Pflanzung, also der Herr Israels und Judas ist (5,7).
An Genitiv-Verbindungen finden sich „die Hand" (Jes 19,16), „der Ratschluß" (Jes 19,17), „der Eifer" (Jes 9,6; 37,32) und „der Zorn des *JHWH ṣ^eḇā'ôṯ*" (Jes 9,18; 13,13) sowie „ein Tag des *JHWH ṣ^eḇā'ôṯ*" (Jes 2,12; 22,5), vorwiegend also Verbindungen, die den Gerichtsernst verdeutlichen.
Das gilt auch für die Verben, die dem Subjekt *JHWH ṣ^eḇā'ôṯ* zugeordnet sind: *JHWH ṣ^eḇā'ôṯ* offenbart sich in den Ohren Jesajas (22,14; vgl. 5,9), er läßt sich hören (21,10; 28,22) und schwört (14,24), er nimmt hinweg (3,1), läßt los gegen (10,16), vertilgt (10,23), geißelt (10,26), zerschlägt (10,33), hält Heerschau (13,4), hat Böses beschlossen (14,27; 19,12; 23,9), sucht heim (29,6), ruft eine Klagefeier aus (22,12) und steigt herab zum Zion *liṣbo'* (31,4).
Wenn dagegen vom Segnen (19,25) oder vom Beschirmen Jerusalems (31,5) durch *JHWH ṣ^eḇā'ôṯ* die Rede ist, dann sind das Heilszusagen, die genauso jung sein werden wie der Spruch von der Wunderbarkeit seines Rates und der Größe seiner Weisheit (28,29) sowie von der herrlichen Krone und dem glänzenden Stirnreif, die *JHWH ṣ^eḇā'ôṯ* für den Rest seines Volkes sein wird (28,5). Auch die Aussagen der kleinen Apokalypse, daß *JHWH ṣ^eḇā'ôṯ* auf dem Berg Zion als König herrschen (24,23) und auf ihm für alle Völker ein Freudenmahl ausrichten werde (25,6), beziehen in sein eschatologisches Königtum die ganze Welt ein.
Was bedeutet nun für Jes der Titel *ṣ^eḇā'ôṯ*? Man geht bei der Deutung gern von Jes 6 aus und sieht den dort vorausgesetzten „Hofstaat" als die Größe an, über die JHWH herrscht. Folglich wären die *ṣ^eḇā'ôṯ* so etwas wie die Himmelswesen oder das Götterpantheon. Darauf müßte dann konsequenterweise auch die Titulatur „König" bezogen werden: JHWH ist der König der *ṣ^eḇā'ôṯ*. Aber gerade das wird nicht gesagt. Vielmehr ist JHWH der Herr und König seines Volkes. Als solcher straft er Israel und droht ihm das Gericht an. Von daher scheint es eher geboten zu sein, den *ṣ^eḇā'ôṯ*-Titel mit der „überweltliche(n) Allmacht und Erhabenheit" (Eichrodt 120) oder mit der „ganze(n) Machtfülle Jahwes" (Fohrer 160) zu verbinden. Denn die andere Möglichkeit der Herstellung und Verfolgung eines Traditionszusammenhangs mit der

Lade scheidet aus, weil sie seit Salomo im „Ruhestand“ (Kautzsch 626) war.

Dagegen spricht nicht Jes 31,4, wo augenscheinlich ein Wortspiel oder auch eine Volksetymologie mit *ṣ^{e}ḇā'ôṯ* vorliegt, wenn es heißt: Wie der Löwe knurrt über seinem Raub, so steigt herab *JHWH ṣ^{e}ḇā'ôṯ, liṣbo'* auf dem Berg Zion und auf seinem Hügel. Zur Frage, ob hier ein Heils- oder ein Drohwort vorliegt und wie demzufolge das Verb zu deuten ist, vgl. die Kommentare.

Was nach Abzug der durch die Redaktion eingetragenen formelhaften Wendungen bei Am an Bezeugungen von *ṣ^{e}ḇā'ôṯ* übrigbleibt, ist umstritten. Am 5,14f. ist kein JHWH-Wort; hier redet ein anderer und interpretiert die JHWH-Rede von 5,4: „Suchet mich, auf daß ihr lebt!“ Dieser könnte Amos sein. Aber selbst wenn das der Fall wäre, bliebe fraglich, ob die Wendung „JHWH, der Gott *ṣ^{e}ḇā'ôṯ*“ (5,14f.) auf Amos zurückgeht oder von der Redaktion gestaltet wurde, wie sie es Amos 4,13 tat (Wolff, BK XIV/2^{2}, 270). Das könnte dann auch für das Drohwort Am 5,16 und die Formel Am 6,8 zutreffen. Denn es spricht in der Tat einiges für die Beobachtung Wolffs von dem „ganz knappen Amosstil“ (ebd. 271). Damit scheidet Amos hier aus.

Die einzige Bezeugung von *ṣ^{e}ḇā'ôṯ* in Mi 4,4 enthält die die Ankündigung des Friedensreiches abschließende Formel: „denn der Mund von *JHWH ṣ^{e}ḇā'ôṯ* hat es gesagt.“ Diese Formel fehlt hinter dem Paralleltext Jes 2,1–4 und steht ohne *ṣ^{e}ḇā'ôṯ* noch in Jes 1,20; 40,5; 58,14 (vgl. Jer 9,11). Sie enthält wahrscheinlich exil.-nachexil. Vorstellungen.

In Nah 2,14; 3,5 stoßen wir auf die Gottesspruchformel *n^{e}'um JHWH ṣ^{e}ḇā'ôṯ*. Sie gehört zum Drohwort gegen Ninive und versteht JHWH als den „Weltenherrn“ (Rudolph, KAT XIII/3, 178). Hab 2,13a ist eine sekundäre Einfügung eines späteren Glossators (Rudolph 223). Und in Zef 2,9 wird das Drohwort gegen Moab mit der Formel „Ausspruch des *JHWH ṣ^{e}ḇā'ôṯ*, des Gottes Israels“ eingeleitet, und in v. 10 wird Israel „das Volk des *JHWH ṣ^{e}ḇā'ôṯ*“ genannt.

Bei DtJes steht unsere Titulatur nur in den erweiterten Einleitungen und in den bereits genannten Formeln. Zu „JHWH, der König Israels“ heißt es parallel: „sein Erlöser, *JHWH ṣ^{e}ḇā'ôṯ*“ (Jes 44,6). Vom „Erlöser“ und „Heiligen Israels“ wird gesagt, daß sein Name *JHWH ṣ^{e}ḇā'ôṯ* sei (Jes 47,4; ähnlich Jes 54,5). Damit soll „auf das Wesen des Absenders (der Botschaft) aufmerksam gemacht werden“ (Elliger, BK XI/1, 400). König, Erlöser und Heiliger Israels weisen einerseits auf den Traditionszusammenhang zu Jes hin, aus dem DtJes auch den Titel *ṣ^{e}ḇā'ôṯ* geschöpft hat, und klingen anderseits in der „Majestät Gottes“ (Westermann, ATD 19^{2}, 114) zusammen.

Bei Jer findet sich hinsichtlich des Wortfeldes von *ṣ^{e}ḇā'ôṯ* nichts grundsätzlich Neues. Überwiegend steht unser Wort in der Einleitung zu den Gottessprüchen und verleiht ihnen damit eine gewisse Feierlichkeit. Nebensätze wie „der dich gepflanzt hat“ (Jer 11,17) oder „der gerecht richtet und Herz und Nieren prüft“ (Jer 11,20), Ergänzungen wie „der Heilige Israels“ (Jer 51,5) oder „der König“ (Jer 51,57) oder bekenntnisartige Äußerungen über Gott als den „Schöpfer des Alls“ (Jer 51,19) unterstreichen die Majestät und die unveränderte Autorität des Gottes Israels (Weiser, ATD 20/21^{6}, 90: „seine göttliche Erhabenheit über alle himmlischen und irdischen Mächte.“). Die Unmöglichkeit Jeremias, der drängenden Anrede Gottes auszuweichen, und die sich dann doch wieder einstellende Freude des Propheten darüber, Gottes Eigentum zu sein, kann er in einer seiner Konfessionen in den Satz einbringen: „daß ich deinen Namen trage, JHWH, Gott *ṣ^{e}ḇā'ôṯ*“ (Jer 15,16).

In den Büchern Hag, Sach und Mal zeigt sich weithin ein einheitliches Bild der *ṣ^{e}ḇā'ôṯ*-Vorstellungen. Der Tempel Jerusalems ist auf dem „Berg des *JHWH ṣ^{e}ḇā'ôṯ*“ (Sach 8,3) errichtet und wird „das Haus des *JHWH ṣ^{e}ḇā'ôṯ*“ genannt (Hag 1,14; Sach 7,3; 8,9; 14,21). Somit ist *JHWH ṣ^{e}ḇā'ôṯ* auch der Gott Jerusalems (Sach 8,21f.; vgl. Mal 3,14). Dort soll er angebetet werden als „König“ (Sach 14,16f.) oder als „großer König“ (Mal 1,14). Obwohl er in besonderer Weise den Judäern zugetan ist (Sach 9,15; 10,3; 12,5), ist er doch der Weltenherr (Sach 1,12.14f.) und seine Stadt eine heilige Weltstadt (Sach 14,21). Wer von diesem Gott gesandt wird, darf der Anerkennung gewiß sein (Sach 2,13.15; 4,9; 6,15). Neu ist in dieser spätnachexil. Zeit die Vorstellung, daß *JHWH ṣ^{e}ḇā'ôṯ* der Garant des Vergeltungsglaubens ist (Sach 1,6; vgl. Sach 7,12) und daß die Priester seine Boten sind (Mal 2,7), ein Gedanke, der nur noch bei Koh 5,5 begegnet (vgl. Rudolph, KAT XIII/4, 266).

5. In der Qumran-Literatur finden wir nur einen einzigen Beleg für *ṣ^{e}ḇā'ôṯ*. Bezeichnenderweise steht er innerhalb der „Priestersegnung“ und läßt den Dienst des Priesters, der als „Engel des Angesichts in der heiligen Wohnung“ bezeichnet wird, „zur Ehre des Gottes *ṣ^{e}ḇā'ôṯ*“ geschehen (1 QSb 4,25).

Zu den zahlreichen Belegen von (κύριος) παντοκράτωρ in den Apokryphen und Pseudepigraphen vgl. W. Bousset / H. Greßmann, Die Religion des Judentums im späthellenistischen Zeitalter, ^{3}1926, 312 Anm. 2.

IV. Wenn wir noch eine kurze Zusammenfassung versuchen, so soll sie davon ausgehen, daß das Wort *ṣ^{e}ḇā'ôṯ* der häufigste Gottestitel im AT ist. Er weist damit auf eine Spezifik der at.lichen Gottesvorstellung hin. Zwar hat der Titel seinen Siegeszug im Raum des Tempelkults begonnen, doch er wäre nicht zu dieser hohen Wertschätzung ohne die Mithilfe der Prophetie gekommen. Vor allem der Prophet Jes hat dem Gottesepitheton *ṣ^{e}ḇā'ôṯ* so nachhaltig zum Durchbruch verholfen, daß es auch noch in späten Schichten des AT und darüber hinaus zu finden ist. Diese Vorzugsstellung verdankt die Bezeichnung *ṣ^{e}ḇā'ôṯ* ihrem einzigartigen Gehalt. Ob man diesen in der „gesammelte(n) Heerkraft“ JHWHs (Galling, ZThK 53, 146), in seiner „Mächtigkeit“ (Eißfeldt, KlSchr III 120) oder gar in der „überragende(n) Würde dieses Allherrn“ (Eißfeldt, → I 76) findet, fest steht: „der erhabenste und prachtvollste oder wie königliche Eigenname Gottes blieb er stets“ (Ewald, Lehre der Bibel von Gott II, 340, bei Kautzsch 626).

Zobel

צְבִי *ṣeḇî* I und II

1. Etymologie, LXX und Qumran – 1. Etymologie von *ṣeḇî* I 'Zierde' – 2. Etymologie von *ṣeḇî* II 'Gazelle' – 3. LXX – 4. Qumran – II. *ṣeḇî* 'Gazelle' – 1. als Speise – 2. Symbol der Schnelligkeit und der Flucht – 3. im Hld – III. *ṣeḇî* 'Zierde' – 1. Verwendung für Israel-Juda – 2. Die Zierde der Fremdvölker.

Lit.: *E. Brunner-Traut*, Gazelle (LexÄg II 426f.). – *J. Feliks*, Gazelle (BHHW I 516f.). – *M. Gilula*, צְבִי in Isaiah 28, 1 – A Head Ornament (Tel Aviv 1, 1974, 128). – *M. Görg*, Die Bildsprache in Jes 28, 1 (BN 3, 1977, 17–23). – *A. Salonen*, Jagd und Jagdtiere im alten Mesopotamien (AASF B 196, 1976). – *E. Unger*, Gazelle (RLA III 153f.).

I. 1. *ṣeḇî* I 'Zierde' ist nach KBL³ 936f. Derivat von *ṣbh II* 'wollen, wünschen' und entspricht akk. *ṣibûtu(m)* (vgl. Görg 22). Gesenius, Thesaurus 1147f. und Zorell, Lexikon 680 sind mit der Herleitung zurückhaltend; in der Tat hat *ṣibûtu* 'Wunsch, Vorhaben, Bedarf' (AHw 1099; CAD Ṣ 167–171) nicht die gleiche Bedeutung wie *ṣeḇî* im AT, es sei denn, man zieht den Wunsch nach Preziosen als Vergleich heran. Görg 21–23 sieht eine Verbindung mit äg. *ḏbȝ* 'schmücken' und meint, das semit. *ṣbj* hätte so „eine semantische Anreicherung erfahren" (23). Die Bedeutung „wünschen, begehren" begegnet nach DISO 241 im Reichsaram., Nabat., Palmyr., jüd.-Aram. (vgl. J. A. Fitzmyer / D. J. Harrington, A Manual of Palestinian Aramaic Texts, Rom 1978, 52, 10; 40, 7. 19). Nach KAI 270 B 1 findet sich *ṣbj* auf einem Ostrakon des 5. Jh. v. Chr. aus Elephantine: „Ornamente" zum Verkaufen, vgl. jüd.-aram. *ṣiḇtā'*, syr. *ṣeḇtā* 'Glanz, Putz', palmyr. *tṣbjthwn* „ihre Dekorationsstücke" (DictTalm 1258).

2. *ṣeḇî II* 'Gazelle' ist mit akk. *ṣabītu(m)* (AHw 1071; CAD Ṣ 42–44 und arab. *ẓabj* verwandt. Görg 19f. sieht im *ršp ṣbȝ* das lautliche Verbindungsglied zwischen „Soldat" (*ṣb'*) und „Gazelle" (*ṣbj*) in der Anwendung auf Reschef, dessen Symbol – als Begleittier und Stirnschmuck – die Gazelle ist (Lit. bei Görg). Die Metaphorik zu Gazelle in KTU 1. 15, IV, 6f. 17f. ergibt sich aus den Synonymen *ṯr*: *šwr* („meine Stiere", „meine Gazellen" für Würdenträger; vgl. RSP III 177; I 419; M. Dahood, Bibl 40, 1959, 161f.). Zu äg.-aram. *ṭbj*, aaram. *ṣbj* vgl. DISO 99. 241. KAI 222 A 33 bringt den Terminus zur Kennzeichnung von Arpad als Ruinenhügel. („[Lagerstätte] der Gazellen und Schakale"). Als männl. PN findet sich *ṣiḇjā'* (1 Chr 8, 9), als weibl. PN *ṣiḇjāh* (2 Kön 12,2; 2 Chr 24,1), beide stammen aus südl. Wüstengebiet. Von den Nachkommen der Knechte Salomos Esra 2, 57; Neh 7, 59, dessen Tafel Gazellen zierten, sind *benê poḵæræṯ haṣṣeḇājîm* bekannt („Gazellenfänger"? vgl. KBL³ 875). Unter den jüd. Gefangenen in Theben ist eine Ṣabjāh, Tochter des Mešullam (P. Grelot, Documents araméens d'Égypte, Paris 1972, 397, Nr. 100, 4). Weitere PN im Asarab. (W. W. Müller, ZAW 75, 1963, 313).

3. Die LXX hat für *ṣbj* I mehrere Wörter: δόξα (Jes 28,1); ἔνδοξος (Jes 13, 19; 23, 9); ἐκλεκτός (Ez 7, 20; 25, 9)); dann die ursprüngliche Bedeutung aufnehmend θέλημα (Dan 11, 16), θέλησις (Dan 11, 45); βουλή (Jes 4, 2), vielleicht ἐλπίς (Jes 24, 16; 28, 4. 5). Die Übersetzungen ἀνιστάναι (Ez 26, 20) und στηλοῦν (2 Sam 1, 19) setzen die Basis *n/jṣb* voraus; Jer 3, 19 wird *ṣbj ṣb'wt* mit θεός παντοκράτωρ wiedergegeben, und κηρίον (?) Ez 20,6.15 bleibt dunkel. Dan 11,16 und Θ 11,41.45 geben nur die Wurzel *ṣbj* wieder.

Für *ṣbj* II 'Gazelle' hat die LXX stets δορκάς/ῶν/άδιον, wohl wegen der hellen schönen Augen des Tieres ein volksetymologischer Anschluß an δέρκομαι „ansehen, blicken" (vgl. H. Frisk, Griech. etym. Wörterb. 1, 1973, 410; O. Keller, PW VII/1, 889).

4. In Qumran begegnet *ṣbj* I in 1 QH 7, 29 *kwl ṣbj rwḥ* „alle Herrlichkeit ist Wind". S. Holm-Nielsen, Hodayot, Aarhus 1960, 138f. verweist auf die Belege mit *rwḥ* in Koh sowie auf Jes 24, 16 und 23, 9. TR 52, 11 gibt den Text Dtn 15, 22, TR 53, 4 Dtn 12, 15 in leicht veränderter Form wieder. Als PN findet sich *ṣbj* im Palimpsest Mur 17 B 2 (DJD II 96f.), nach Milik von *ṣbj I* „splendeur", nach KBL³ 937 „Gazelle". Der Name kommt ferner auf einem Ossuar vor (RB 9, 1900, 107); vgl. Josephus BJ IV 3, 5, § 145 Δορκάδος (O. Michel / O. Bauernfeind, Josephus, BJ II/1, 1963, 210, Anm. 31).

II. 1. Die Gazelle, von der es nach F. S. Bodenheimer, Animal and Man in Bible Lands, Leiden 1960, 225, fünfzehn Unterarten gibt, ist in Israel besonders durch die *Gazella gazella* und *Gazella dorcas* (J. Feliks, EncJud 7, 345f.; O. Keel / M. Küchler, Orte und Landschaften der Bibel 1, 1984, 150f.) vertreten. Als Speise wird sie in einem Katalog von vier Wildtieren für die Tafel Salomos 1 Kön 5, 3 erwähnt, zusammen mit dem *'ajjāl* 'Hirsch' (?) (vgl. die Tafel Assurnasirpal II. mit 500 Hirschen und ebensovielen Gazellen; W. Heimpel, RLA IV 419f.), in einer Siebenerreihe von reinen Wildtieren Dtn 14, 5 (vgl. P. C. Craigie, NICOT, 230f.). Der Verzehr der Gazelle scheint, wie die Dtn-Belege 12, 15. 22; 15, 22 mit dem Verweis (*ke*) bei den Schlachttieren zeigen, erst spät geregelt, unter den ausdrücklichen Segen JHWHs gestellt (12, 15. 21) und die Schlachtung in den Stadtbereich (*biš'ārækā*) mit besonderer Observanz des Blutes (15, 23) verlegt worden zu sein. Auch die Aufteilung der Esser in rein und unrein (12, 15. 22; 15, 22) dürfte erst später sein (vgl. zur Schichtung R. P. Merendino, BBB 31, 1969 z. St. und G. Seitz, BWANT 93, 1971). Auffallend ist die Vermeidung der Gazelle als Opfertier, wo sie doch vor allem im Kult des Min (E. Brunner-Traut 426) geschlachtet wird (vgl. ANEP 601. 618, Salonen 256) oder im Kult des Ta'lab (M. Höfner, RdM 10/2, 1970, 331ff.) gefangen wird.

2. Bild der Schnelligkeit des Kriegers ist die Gazelle 2 Sam 2, 18 und 1 Chr 12, 9, auch die Hinde *'ajjālāh* 2 Sam 22, 34 = Ps 18, 34, abgeblaßt Hab 3, 19 (in der Kriegssprache), jeweils mit der Ortsbestim-

mung *'al-hæhārîm* (1 Chr 12, 9), *'al bāmôṯ* (2 Sam 22, 34), *baśśāḏæh* (2 Sam 2, 18). Vielleicht ist auch Gen 49, 21 *š^eluḥāh* als Ausdruck der Schnelligkeit zu deuten, ähnlich steht für Naftali Ri 5, 18 *'al me^erômê śāḏæh* (s. bes. B. Jacob, Das erste Buch der Tora. Genesis, 1934, 919 f.). Spr 6, 5; Sir 27, 20 sprechen von der wohl dem Netz entkommenen Gazelle (ein eigenes Gazellen-Netz: *musahhiptum*, *pāqātu*, Salonen 49 ff.; → יקשׁ *jāqaš*; AuS VI 323 f.). Es sind dies Bilder für das Entkommen aus einer Bürgschaft (Spr 6, 5) oder einem falschen Freund (Sir 27, 20). Gazellen wurden sonst im AO in Gruben gefangen (Salonen 214; AuS VI 322 f.), ihre Jagd mit Schußwaffen war wohl Prärogative der Könige (Salonen 135; ANEP 183. 190 z. B.). Die vertriebene Gazelle (Salonen 256) ist Jes 13, 14 Metapher für die Schrecken des JHWH-Tages an Babel (H. Wildberger, BK X/2, 519; → נדח *nāḏaḥ*, 259).

3. Hld 2, 9, wo der Geliebte mit der Gazelle und dem Hirschkalb verglichen wird, wie er über die Berge springt, spiegelt sicher einmal die Freude über die Schnelligkeit und Jugendkraft wider; die Ortsbestimmungen *'al-hæhārîm*, *'al-hagg^eḇā'ôṯ* (v. 8) erinnern an 1 Chr 12, 9; 2 Sam 22, 34 = Ps 18,34; Hab 3, 19 (zum Verb *dālaḡ* vgl. Jes 35, 6). Der Anklang an das Bild des Königs unter der Metapher Gazelle (vgl. 2 Sam 1, 19; 22, 34) mag nicht zufällig sein (Unger 153; ebenso Hirsch als Epitheton, Salonen 210 und P. D. Miller Jr., UF 2, 1970, 184), interessant sind dann gerade Hld 2, 17 und 8, 14. In 2, 17 ist das Bild mit dem Verwehen des Tages verbunden, das aber, wie *ṣel* mit *jôm* (Ps 102, 12; 144, 4; Ijob 8, 9; Koh 6, 12; 8, 13; 1 Chr 29, 13) zeigt, den Bereich des Todes und der Nacht (3, 1) mitschwingen läßt. Auch Hld 8, 14 fügt sich das Verb *bāraḥ* „fliehen“ in diesen Kontext. Es ist kein Fliehen vor Freunden (8, 13), noch weniger vor der Braut (O. Keel, ZBK 18, 257), sondern, greift man auf den letzten Imp. an den Geliebten 8, 6 zurück, eine Flucht vor den Mächten des Todes und der Trennung, die die Liebe bedrohen.

Der altorientalische Kontext stützt diese Denkmöglichkeit, wo die Gazelle gerade Attributtier von Sonnen/Mond- und Regenerationsgottheiten ist (Dumuzi, WbMyth I 88; Reschef, D. Conrad, ZAW 83, 1971, 157–183; Min, R. Gundlach, LexÄg IV 136–140; Samā'-Ta'lab, M. Höfner, RdM 10/2, 1970, 247. 256. 266). Es verwundert nicht, daß Reschef erotische Züge erhielt und in Bilddarstellungen gerade mit Min und Qadschu zusammengestellt wurde (Görg 20–23; ANEP 473. 474).

Folgt man dieser Deutung, so erklären sich auch 2, 7 und 3, 5 leichter, die gerade 2, 9. 17 rahmen. Daß der Schwur (*šb'*) fast immer bei der Gottheit erfolgt (GesB 803a), veranlaßte wohl die LXX, ἐν ταῖς δυνάμεσιν/ἰσχύσεσιν zu übersetzen. Nun ist das Feld (*śāḏæh*) Hld 7, 12 ausdrücklich der Ort der letzten Hingabe (v. 13); zudem sind die Liebesgöttinnen Ischtar und Artemis, auch Isis und Anuket (E. Brunner-Traut), eng mit Gazellen und Hinden verbunden (O. Keel, ZBK 18, 92–94), so daß man „nicht bei der Gottheit selber, sondern bei ihren Attributen“ schwört (Keel 94). Hld 4, 5; 7, 4 vergleicht die Brüste der Geliebten mit „zwei Böcklein, Zwillingen der Gazelle“; als Vergleich läßt sich Spr 5, 19 heranziehen. Keel (139 f.) gewinnt aufgrund der at.lichen Belege und der altorientalischen Ikonographie den Eindruck, „Brüste und Gazellenkitzen symbolisieren beide das warme, beweglich siegreich dem Tod entgegenwirkende Leben“, die lotosfressende Gazelle sei insbesondere Symbol der Regeneration (vgl. für den Aspekt der Fruchtbarkeit 4, 2b; 6, 6 bzw. 4, 5; 7, 4: Zwillinge – die Hirschjungen, die die Mutter Ningirsus mit Milch versorgen, vgl. Salonen 211; W. Heimpel, RLA IV 420; vgl. Hld 8, 1).

III. 1. Einen begrenzten Personenkreis – Saul und Jonatan – meint *haṣṣ^eḇî* 'Zierde?' in 2 Sam 1, 19. Dies bestätigt das Synonym *gibborîm*. Vielleicht ist die Übersetzung „Gazelle Israels“ gerade wegen der Näherbestimmung *'al bāmôṯæḵā* treffend (vgl. M. Dahood, Bibl 40, 1959, 162; RSP I 419; W. H. Shea, JBL 105, 1986, 13–25, 14 f.). Geht dieser Text vielleicht bis David zurück (D. L. Zapf, Grace Theol. Journal 5, 1984, 95–126), so ist Jes 28, 1–4 ein Prophetenwort Jesajas um 724 v. Chr. (E. Vogt, Festschr. J. Prado, Madrid 1975, 109–130). Zierde und Pracht (*ṣ^eḇî tip'artô*) der Trunkenen von Efraim, welche die Fruchtbarkeit Samarias ist, wird zur welkenden Blume, das Diadem der Hoffart (*'^aṭæræṯ ge'ûṯ*) wird mit Füßen getreten (v. 3; vgl. J. Ch. Exum, JSOT Suppl. 19, 1982, 108–139). Gilula deutet *ṣbj* hier als „head ornament“, mit Gazellenkopf als Stirnschmuck; Görg will mit den „Insignien“ *ṣjṣ* und *ṣbj* und ihrem Schicksal auch eine „Kritik am vornehmen Ambiente des judäischen Königshofs“ sehen (23). – Jer 3, 19 redet der Prophet deutlich erstmals vom Land als Zierde, in das JHWH wieder Juda und Israel aus der Verbannung führt. Es ist betont JHWHs köstliches Land (*ḥæmdāh*; vgl. 12,10 *ḥælqaṯ ḥæmdāṯî*), Kleinod (*ṣ^eḇî ṣiḇ'ôṯ*) unter den Völkern (im Kontrast Babel und Tyrus, deren Pracht vernichtet wird, Jes 13, 19; 23, 9).

Ez 20, 6. 15 ist die Weiterführung von Jer 3, 19; es ist jedoch formelhaft: *nāśā' jāḏ*, „die Hand erheben“ (→ נשׂא *nāśā'*), die Formel des Herausführens aus Ägypten (→ יצא *jāṣā'*), das Hineinbringen ins Land (→ בוא *bô' hiph*), die Beschreibung des Landes, fließend von Milch und Honig (Dtn 6mal – zum Gebrauch dtn Materials in Ez 20 vgl. J. Pons, ETR 61, 1986, 165–175). Das Land ist Zierde (*ṣ^eḇî*) für alle Länder, wie umgekehrt 22,4 die Stadt Jerusalem zur Schande (*ḥærpāh*) der Völker und zum Schimpf (*qallāsāh*) aller Länder werden soll.

Jes 4, 2 ist wie Jer 3, 19 und Ez 20, 6 als Verheißung gestaltet („an jenem Tag“). Der Sproß JHWHs, der zur Zierde und zur Herrlichkeit werden soll, ist nicht der gesalbte König (vgl. H. Wildberger, BK X/1, 154), vielmehr geht der Blick schon auf den Zion, auf Jerusalem (je 3mal), auf „die Stätte des Berges Zion“. Der Text ist sicher nachexilisch (R. Kilian, Jesaja 1–12, NEB, 37–39).

Die Zierde seines Schmuckes (*ṣ^e^bî 'ædjô*) Ez 7,20 setzt Israel zur Hoffart (*gā'ôn*) ein. *ṣ^e^bî* dürfte das Land meinen (v. 23 *hā'āræṣ*; → עדה *'ādāh*), *ṣ^e^pûnî* „mein Kleinod" gemäß v. 23 Stadt und Tempel von Jerusalem. Die Götzenbilder sind jene der Fremdvölker (16, 17; 23, 14), die Scheusale Genossen Israels schon von Ägypten her (20, 7. 8) bis ins Land Israel (11, 18). Israels Schmuck macht JHWH zur Unreinheit (→ נדה *niddāh*, 36, 17) wie die einer Frau. Die Notiz stammt nach W. Zimmerli (BK XIII/1², 182f.) aus der Schule Ezechiels. – In Dan 8, 9; 11, 16. 41 ist mit dem betonten *haṣṣ^e^bî* am ehesten das Heiligtum Jerusalem gemeint (vgl. K. Koch, Vom profetischen zum apokalyptischen Visionsbericht, in: D. Hellholm [Hg.], Apocalypticism in the Mediterranean World and the Near East, 1983, 413–446, bes. 417–423; J. C. H. Lebram, VT 25, 1975, 737–772, bes. 768, anders ZBK 23, 94f. 115–121; N. W. Porteous, ATD 23³, 96. 121. 123; B. Hasslberger, Hoffnung in der Bedrängnis, ATS 4, 1977, 54. 235). Dies legt besonders die Deutung von *ṣ^e^bî* in 11, 45 durch *har-ṣ^e^bî-qodæš* nahe. Die Landperspektive wird immer stärker auf den Tempel von Jerusalem zentriert. – In Jes 28, 5f. (nach J. C. Exum 133–135 Redaktion von Kap. 28–32) wird statt des Diadems der Hoffart Efraims (vv. 1. 4) JHWH selber Diadem der Zierde (*'^a^ṭæræṯ ṣ^e^bî*), statt der welkenden Blume (vv. 1. 4) zu einem prächtigen Kranz. Das Bild ist Jes 62, 3 und 60, 19 nahe, wo Zion/Jerusalem JHWHs Prachtdiadem und JHWH Jerusalems Pracht ist. Die Heilszusage („an jenem Tag") spricht wie Jes 4, 2 den Rest des Volkes an. JHWHs Herrschaft manifestiert sich in der Verheißung des Rechts nach innen und militärischer Abwehr nach außen (H. Wildberger, BK X/3, 1050 f.). – Jes 24, 14–16a ist vielleicht ein ursprünglicher Hymnus auf JHWH (W. H. Irwin, CBQ 46, 1984, 215–222). JHWH, dem Gerechten, kommt Zierde/Herrlichkeit zu (v. 16a; anders O. Kaiser, ATD 18, 152: den frommen Juden). Dem gerechten Gott steht das 5malige *bāgaḏ* „treulos sein" der Menschen gegenüber, der Zierde „Grauen, Grube und Garn" (vgl. Jer 48, 43), das Geschehen gilt der ganzen Erde.

2. Zierde des Landes (Moab) werden im Wort gegen die Moabiter Ez 25, 8–11 die Städte Bet-Jeschimot, Baal Meon und Kirjataim (v. 9) genannt. Das Wort ist viel knapper als Jer 48 und klingt eigenständig im Spott (v. 8) wie in der Zusammenstellung der Orte (Jos 13, 17–20; Baal Meon und Kirjataim Jer 48, 23; KAI 181, 9f.). – Das Wort gegen Tyrus Jes 23, 9 stammt vielleicht bereits aus der Zeit Asarhaddons (681–669 v. Chr.). Wie das Verb „krönen" (*'ṭr* v. 8), so lassen auch die Parallelen zum Verb „entweihen" (→ חלל *ḥll*; vgl. Ps 89, 40; Ez 28, 7) mit ihren Objekten *nezær* „Diadem" und *jip'āh* „strahlender Glanz" an das Bild einer Krone denken. Statt der Fruchtbarkeit des Landes steht der Aspekt der politischen Herrschaft voran (v. 11). Personal, als strenges Synonym zu *nikbadê-'āræṣ* fassen M. Dahood, Bibl 40, 1959, 161 f.; G. R. Driver, JSS 13, 1968, 49 u. a. „nobles" *ṣ^e^bî*; *śārîm* v. 8 „Fürsten" sei dann analog dem Ugar. (s. I. 2.) als *šārîm* „bulls" zu lesen (vgl. 2 Sam 1, 19 *haṣṣ^e^bî gibbôrîm*). Ende der Zierde ist die vollständige Zerstörung (vv. 11b. 13b. 14). – Ez 26, 20 mit der „Hadesfahrt von Tyrus" (vv. 19–21) ist nach W. Zimmerli (BK XIII/2, 621–623) Werk der Schule oder des Tradentenkreises. Statt des schwierigen MT *w^e^nāṯattî ṣ^e^bî* (*b^e^'æræṣ ḥajjîm*) „ich setze dich als Zierde im Land der Lebenden" nehmen viele die LXX zu Hilfe: μηδὲ ἀνασταθῇς: „so daß du nicht wieder erstehst" (Zimmerli), Targ. hat: „ich gebe Freude (*ḥdw'*) im Lande Israels". Ergänzt man indes aus v. 20a die Negation, so besteht kein Grund zur Änderung des Textes. Die Zierde von Tyrus ist wohl seine politische Macht, sein Ruhm (v. 17), doch auch sein Wohlleben (vv. 11–13). Statt die Pracht im Land der Lebenden zu sein, muß es in die Welt der Toten (*jāraḏ* 3mal v. 20, *taḥaṯ*), in die Grube (*bôr*), in Trockenheit und Wasserflut, aus denen es trotz Versuches (v. 21b) keine Wiederkehr mehr gibt (*'ênek*, *'ôlām* 3mal vv. 20f.). Statt Zierde (*ṣ^e^bî*) der Lebenden (v. 17: *hā'îr hahullālāh* „die gepriesene Stadt") ist Tyrus ihr Schreckbild (*ballāhôṯ*)! – Das Unheilswort gegen Babel Jes 13, 19–22 hat vielfältige literarische Bezüge (J. D. W. Watts, WBC 24, 194–196. 199), es gilt der „Zierde der Königreiche" (*ṣ^e^bî mamlāḵôṯ*, vgl. Jes 47, 5 die „Herrscherin der Reiche" (*g^e^bæræṯ mamlāḵôṯ*), Pracht und Stolz der Chaldäer. Doch Gott kehrt die Pracht um, so daß auf ewig kein Mensch mehr hier wohnt und lagert, sondern greuliches Getier dort haust. Dem Fluchkatalog aus allen Arsenalen des AO (H. Wildberger, BK X/2, 522ff.) ist noch die Notiz des sicheren Untergangs (v. 22b) beigefügt.

Madl

צָדַק *ṣāḏaq*

צֶדֶק *ṣædæq*, צְדָקָה *ṣ^e^dāqāh*, צַדִּיק *ṣaddîq*

I. Vergleichbare Begriffe in der Umwelt. – 1. Ägypten – 2. Mesopotamien – 3. Ugarit, westsemit. Sprachen – II. 1. Vorkommen – 2. Zur Diskussion der Bedeutung – III. 1. Verwandte Begriffe – 2. Entgegengesetzte Begriffe – IV. 1. Verb – 2. *ṣædæq* – 3. *ṣ^e^dāqāh* – 4. Der Unterschied zwischen *ṣædæq* und *ṣ^e^dāqāh* – 5. *ṣaddîq* – 6. *ṣdq min* – V. *ṣdq* in Funktion – 1. Bund – 2. Gesetz – 3. Versöhnung – 4. Prüfung – VI. LXX – VII. Qumran.

Lit.: *E. R. Achtemeier*, The Gospel of Righteousness; a Study of the Meaning of *Ṣdq* and its Derivatives in the OT, Diss. Columbia Univ. New York 1959. – *O. Betz*, Rechtfertigung in Qumran, (Festschr. E. Käsemann, 1976, 17–36). – *N. Bosco*, La nozione di „giustizia" nell' AT (Filosofia 17, 1966, 475–494). – *H. J. Boecker*, Redeformen des Rechtslebens im AT (WMANT 14, ²1970). – *H. Cazelles*, A propos de quelques textes difficiles relatifs à la justice de Dieu dans l'Ancien Testament (RB 58, 1951, 169–188). – *Ders.*, De l'idéologie royale (JANES 5, 1973, 59–73). – *J. Coppens*, Le Saddîq –

„Juste“, dans le Psautier (Festschr. H. Cazelles, Paris 1981, 299–306). – *D. Cox,* Sedaqa und Mispat: The Concept of Righteousness in Later Wisdom (FrancLA 27, 1977, 33–50). – *H. Cremer*, Biblisch-theologisches Wörterbuch der neutestamentlichen Gräcität, ^{10}1915. – *Ders.*, Die christliche Lehre von den Eigenschaften Gottes, 1897 = 1983, – *Ders.*, Die paulinische Rechtfertigungslehre im Zusammenhang ihrer geschichtlichen Voraussetzungen, ^{2}1900. – *J.L. Crenshaw*, Popular Questioning of the Justice of God in Ancient Israel (ZAW 82, 1970, 380–395 = Studies in Ancient Israelite Wisdom, New York 1976, 289–304). – *F. Crüsemann*, Jahwes Gerechtigkeit (*ṣᵉdāqā/ṣädäq*) im AT (EvTh 36, 1976, 427–450). – *P. Dacquino*, La formula „giustizia di Dio“ nei libri dell'Antico Testamento (RivBiblIt 17, 1969, 103–119. 365–382). – *A. Descamps / L. Cerfaux*, Justice et justification (DBS IV 1417–1510). – *L. Diestel*, Die Idee der Gerechtigkeit, vorzüglich im AT, biblisch-theologisch dargestellt (Jahrbücher für deutsche Theologie V, 1860, 173–253). – *A. Dünner*, Die Gerechtigkeit nach dem AT (Schriften zur Rechtslehre und Politik 42, 1963). – *J.A. Dumke*, The Suffering of the Righteous in Jewish Apocryphal Literature, Diss. Duke Univ. 1980. – *L. Epsztein*, La justice sociale dans le proche-orient ancien et le peuple de la Bible, Paris 1983. – *K.H. Fahlgren, ṣᵉdāḳā*, nahestehende und entgegengesetzte Begriffe im AT, Uppsala 1932. – *C. Graesser Jr.*, Righteousness, Human and Divine (Currents in Theology and Mission 10, 1983, 134–141). – *R. Gyllenberg*, Die paulinische Rechtfertigungslehre und das AT (StTh 1, Riga 1935, 35–52). –*Ders.*, Rechtfertigung und AT bei Paulus (Franz Delitzsch Vorlesungen 1966, 1973). – *R.L. Honeycutt*, The Root ṢDḲ in Prophetic Literature, Diss. Edinburgh 1970. – *B. Johnson*, Rättfärdigheten i Bibeln, Göteborg 1985. – *J.P. Justesen*, On the Meaning of ṢĀDAQ (AUSSt 2, 1964, 53–61). – *O. Kaiser*, Gerechtigkeit und Heil bei den israelitischen Propheten und griechischen Denkern des 8.–6. Jahrhunderts (Neue Zeitschrift für systematische Theologie und Religionsphilosophie 11, 1969, 312–328). – *E. Kautzsch*, Ueber die Derivate des Stammes *ṣdq* im alttestamentlichen Sprachgebrauch, 1881. – *E. Kellenberger*, *ḥäsäd wä'ᵃmät* als Ausdruck einer Glaubenserfahrung (AThANT 69, 1982). – *K. Koch*, Gibt es ein Vergeltungsdogma im AT? (ZThK 52, 1955, 1–42). – *Ders.*, Die Entstehung der sozialen Kritik bei den Profeten, (Festschr. G. von Rad, 1971, 236–257). – *Ders.*, Die drei Gerechtigkeiten. Die Umformung einer hebräischen Idee im aramäischen Denken nach dem Jesajatargum (Festschr. E. Käsemann, 1976, 245–267). – *Ders.*, צדק *ṣdq* gemeinschaftstreu/heilvoll sein (THAT II 507–530). – *R. Leivestad*, Guds straffende rettferdighet (NoTT 47, 1946, Tilleggshefte). – *M.C. Lind*, Monotheism, Power, and Justice. A Study in Isaiah 40–55 (CBQ 46, 1984, 432–446). – *B.V. Malchow,* Social Justice in the Wisdom Literature (BTB 12, 1982, 120–124). – *J.L. Mays*, Justice: Perspectives from the Prophetic Tradition (Int 37, 1983, 5–17). – *D. Michel*, Begriffsuntersuchung über *ṣädäq-ṣᵉdaqa* und *'ᵃmät-'ᵃmuna* (Diss. habil. Heidelberg 1964). – *J.P. Miranda,* Marx and the Bible, New York 1974. – *B. Mogensen*, *ṣᵉdāqā* in the Scandinavian and German Research Traditions (K. Jeppesen / B. Otzen [Hrsg.], The Productions of Time: Tradition History in Old Testament Scolarship, Sheffield 1984, 67–80). – *E.M. Nieto*, Justicia y Biblia (Festschr. J. Alonso Diaz = Miscelánea Comillas 41, 1983, 269–280). – *F. Nötscher*, Die Gerechtigkeit Gottes bei den vorexilischen Propheten (ATA VI/1, 1915). – *J. Pedersen*, Israel I–II, København 1920. – *G. Pidoux*, Un aspect négligé de la justice dans l'AT. Son aspect cosmique (RThPh 4, 1954, 283–288). – *G. van Rad*, „Gerechtigkeit“ und „Leben“ in der Kultsprache der Psalmen (Festschr. A. Bertholet 1950, 418–437 = ThB 8, 1958, 225–247). – *F.V. Reiterer*, Gerechtigkeit als Heil. צדק bei Deuterojesaja, Graz 1976. – *H. Graf Reventlow*, Rechtfertigung im Horizont des AT (BEvTh 58, 1971). – *Ders.*, Hauptprobleme der alttestamentlichen Theologie im 20. Jahrhundert (EdF 173, 1982). – *E.P. Sanders*, Paulus und das Palästinische Judentum (SUNT 17, 1985). – *H.H. Schmid*, Gerechtigkeit als Weltordnung (BHTh 40, 1968). – *Ders.*, Rechtfertigung als Schöpfungsgeschehen (Festschr. E. Käsemann, 1976, 403–414). – *J.J. Scullion*, *Ṣedeq – ṣedaqah* in Isaiah cc. 40–66 with Special Reference to the Continuity in Meaning between Second and Third Isaiah (UF 3, 1971, 335–348). – *I.P. Seierstad*, Guds rettferd i Det gamle testamente (TTK 39, 1968, 81–104). – *N.H. Snaith*, The Distinctive Ideas of the Old Testament, London ^{7}1957. – *O. da Spinetoli*, La „giustizia“ nella Bibbia (BibOr 13, 1971, 241–254). – *J.H. Stek*, Salvation, Justice, and Liberation in the OT (Calvinistic Theol. Journal 13, 1978, 133–165). – *F. J. Stendebach*, Gerechtigkeit als Treue (BiKi 34, 1979, 79–85). – *H. Thyen*, Studien zur Sündenvergebung im NT und seine alttestamentlichen und jüdischen Voraussetzungen (FRLANT 96, 1970). – *E. Toaff*, Evoluzione del concetto ebraico di צְדָקָה (Annuario di Studi Ebraici 2, 1969, 110–122). – *K. van der Toorn*, Sin and Sanction in Israel and Mesopotamia (Studia semitica neerlandica 22, Assen 1985). – *J. Vella*, La giustizia forense di Dio (RivBiblIt Suppl 1, 1964). – *R. Voeltzel*, Le juste (RHPhR 62, 1982, 233–238). – *A.H. van der Weijden*, Die „Gerechtigkeit“ in den Psalmen, Nijmegen 1952. – *M. Weinfeld*, „Justice and Righteousness“ in Ancient Israel against the Background of „Social Reforms“ in the Ancient Near East (H.J. Nissen / J. Renger [Hg.], Mesopotamien und seine Nachbarn, XXV RAI 1978 [Berliner Beiträge zum Vorderen Orient 1, 1982], 491–519). – *W. Zimmerli*, Alttestamentliche Prophetie und Apokalyptik auf dem Wege zur „Rechtfertigung des Gottlosen“ (Festschr. E. Käsemann, 1976, 575–592).

Zu I: *J. Bergman*, Ich bin Isis, Uppsala 1968. – *R. Grieshammer*, Maat und Ṣädäq. Zum Kulturzusammenhang zwischen Ägypten und Kanaan (GöttMiszÄg 55, 1982, 35–42). – *S. Morenz*, Ägyptische Religion (RdM 8, 1960). – *H. Ringgren*, Word and Wisdom, Lund 1947.

I. Als mit hebr. *ṣæḏæq* vergleichbare Begriffe in der Umwelt des AT melden sich vor allem das äg. *mȝʿ.t* und die akk. *mēšaru* und *kettu.* Dazu kommen die ugar. Belege sowie die inschriftlichen Belege im Phön. und Aram.

1. Äg. *mȝʿ.t* wird oft mit „Wahrheit“ wiedergegeben, hat aber einen weit tieferen Sinn. „Maat ist der im Schöpfungsakt gesetzte richtige Zustand in Natur und Gesellschaft und von da aus je nachdem das Rechte, das Richtige und das Recht, die Ordnung, die Gerechtigkeit und die Wahrheit“ (Morenz 120). Ursprünglich scheint *mȝʿ.t* ganz konkret „Geradheit“ und „Ebenheit“ bedeutet zu haben (Morenz 120, vgl. hebr. *jāšār*).

Die Erhaltung der Maat obliegt dem König. Schon in den Pyramidentexten heißt es, daß der tote König „die Maat an die Stelle der Unordnung (*ỉsf.t* → פשע *pæšaʿ*) gesetzt“ hat (Pyr. 1775b). Wenn es von Amenemhet

II. heißt, daß er „die Unordnung (*ỉsf.t*) vertreibt, indem er erschienen ist als Atum" (Urk VII 27), dann wird impliziert, daß er dadurch den Schöpfungsakt wiederholt. Dasselbe ist gemeint, wenn von Tutanchamun gesagt wird: Er hat die Unordnung (*ỉsf.t*) aus den beiden Ländern vertrieben, und die Maat ist fest an ihrem Platze; er hat veranlaßt, daß Lüge (*grg*) ein Abscheu ist, und das Land ist wie beim ersten Male" (Urk IV 2026). „Das erste Mal" ist die Zeit der Schöpfung. Die Ordnung der Natur ist impliziert im Lied auf Merneptah: „Die Wahrheit hat die Lüge geschlagen ... Das Wasser steigt und versiegt nicht ... die Tage sind lang, die Nächte haben Stunden, und die Monde kommen richtig" (Erman, Lit. 346f.). Oder: „Die Maat kam vom Himmel in ihrer (der acht Urgötter) Zeit und vereinigte sich mit den Lebenden auf der Erde, das Land war in Überfluß, die Mägen waren gefüllt" (vgl. Ringgren 46f.).

Der König erfüllt seine Pflicht u.a. dadurch, daß er täglich ein Bild der personifizierten Maat opfert. Dabei kann er sagen: „Ich bringe dir Maat, du lebst von ihr, du freust dich an ihr, du bist vollkommen an ihr" usw. (Ringgren 48). Maat ist sozusagen das Wesen der Götter, das die Welt aufrechterhält. Dieses Wesen wird durch das Maatopfer gestärkt. Auf der Stele des Haremheb wird Maat mit dem lebenspendenden Nordwind identifiziert (Bergman 186). Oft wird der Thron des Königs abgebildet als auf einem Fundament ruhend, das von dem Schriftzeichen für Maat gebildet wird (H. Brunner, VT 8, 1958, 426–428).

Personifiziert als Göttin und Tochter des Re (Ringgren 45–52) steht sie am Bug der Sonnenbarke, deren Bahn die kosmische Ordnung veranschaulicht (Bergman 198f.). Wie H. Frankfort (Ancient Egyptian Religion, New York 1948, 65–72) betont hat, haben die Weisheitslehren zum Zweck, den Menschen instand zu setzen, sich in die göttliche Ordnung einzupassen. Merkwürdigerweise heißt es dabei in Amenemope, daß „Gott die Maat gibt, wem er will" ebenso wie der König Maat darbringt („trägt", *fȝj*) (RTAT 85).

2. Akk. *mī/ēšaru* (Stamm *jšr* → ישר) heißt „Gerechtigkeit, Recht" (AHw 659f.), *ki/ettu* (Stamm *kwn* → כון) ist „Wahrheit, Rechtlichkeit, Treue" (AHw 494f.), *mēšaru* ist die Gerechtigkeit eines Rechtspruchs, die Wahrheit, die man spricht, und die gerechte Ordnung im Lande. *kettu* ist die Zuverlässigkeit eines Vorzeichens, die Treue eines Dieners oder die Wahrheit, die man spricht; pl. *kīnāti* bezeichnet die Gesetze Hammurabis. Vor allem bezeichnen die beiden Wörter die normale Ordnung in der Gesellschaft, weniger persönliche Tugenden.

Unter den Menschen sind *mēšaru* und *kettu* ebenso wie sum. *nì-si-sa* und *nì-zi-da* Sache des Königs und des Richters. Als Königsepitheton erscheint u.a. *rā'im ketti u mēšari* „der das Recht und die Gerechtigkeit liebt" oder einfach *rā'im ketti* oder *rā'im mēšari* (Seux, Epithètes royales 237). Hammurabi ist als König eingesetzt worden, um die Gerechtigkeit (*mēšaru*) im Lande erscheinen zu lassen (*šūpû*) und das Schlechte (*raggu*) und Böse (*ṣēnu*) zu vernichten (CH Prolog I 32f.), was u.a. heißt, daß der Starke die Schwachen nicht bedrückt; und im Epilog proklamiert er, daß er Recht und Gerechtigkeit nach dem Brauch des Landes gesetzt hat und es den Menschen hat gut gehen lassen (CH V 29f.). Neriglissar sagt, er habe Gerechtigkeit (*mēšaru*) im Lande gesetzt und sein Volk in Frieden regiert (VAB 4, 216, II 2f.). Ein Brief an Assarhaddon sagt, daß Schamasch und Adad in wahren (*kēnu*) Visionen dem König „eine gute Regierung, geordnete (*kēnu*) Tage und Jahre von Gerechtigkeit (*mēšaru*), reichlichen Regen, reiche Fluten und gute Preise" geschenkt haben (ABL I 29ff.). Es geht nicht hervor, ob die guten Verhältnisse im Lande eine Folge der rechten Regierung des Königs sind oder ob *mēšaru* als Weltordnung das alles impliziert. Zu bemerken ist vielleicht, daß sich das Epitheton *muštēšir* sowohl auf das Rechtleiten der Menschen als auch auf das Lenken von Quellen und Flüssen und vom Licht des Alls beziehen kann (K. Tallqvist, Akk. Götterepitheta, Helsinki 1938, 150). Die soziale Ordnung ist jedenfalls das Vorherrschende. – Als Königsepitheta erscheinen u.a. *šākin mēšari* „der Gerechtigkeit schafft" (Seux 271), *šar mēšari* „König des Rechts" (Seux 316f.), *dajjān kīnāti* „Richter der Rechtlichkeit" (Seux 66; vgl. *šar kīnāti* ebd. 308, *šarru kēnu*).

Unter den Göttern ist vor allem Schamasch gerechter Richter (*dajjān kīnāti*, Tallqvist 80) und „Herr des Rechts und der Gerechtigkeit" (*bēl mēšari u ketti*, ebd. 47). Schließlich ist zu erwähnen, daß Mēšaru und Kettu als personifizierte oder hypostasierte Eigenschaften des Sonnengottes Götter in seinem Gefolge sind (Ringgren 53–59).

3. In den ugar. Texten gibt es nur wenige Belege für *ṣdq*. Im Keretepos steht *'tt ṣdqh* „seine legitime Frau" par. zu *mtrḫt jšrh* „seine rechtmäßige Gattin" (KTU 1.14, I 12). *ṣdq k* in KTU 2.8, 5 ist unklar. KTU 7.63, 4 ist *b'l ṣdq* Titel des Königs von Ugarit, entweder „Erhalter des Rechts" oder „legitimer Fürst". Ferner finden sich PN wie *Ṣdq-ȝl*, *Ṣdq-šlm* und *Ṣdqn* (PNU 187f. 412) und vielleicht ein Götterpaar *Ṣdq Mšr* (PNU 187; vgl. aber Gese, RdM 10/2, 170 Anm. 528).

In einer phön. Inschrift aus Lapethos ist von einem *ṣmḥ ṣdq* „legitimen Sproß" die Rede (KAI 43, 11); wahrscheinlich ist auch *bn ṣdq* ein „legitimer Sohn" oder Erbsohn (KAI 16, 1). Ein *mlk ṣdq* ist nach dem Zusammenhang (par. *mlk jšr*) ein „gerechter König" (KAI 4, 6; vgl. auch 10, 9). In der Karatepeinschrift rühmt sich Azitawadda, daß er wegen seiner Gerechtigkeit (*ṣdq*), seiner Weisheit (*ḥkmtj*) und der Güte seines Herzens (*n'm lbj*) von allen Königen „zur Vaterschaft erwählt" worden sei (KAI 26 A I 12f.). In aram. Inschriften hat *ṣdq* in der Regel die Nuance von „Loyalität", so dreimal in KAI 215 (Z. 1.11.19), ferner 216, 4f.; 217, 5; 219, 4 (alle aus Zencirli), vgl. *ṣdqh* 226, 2. In einer Inschrift aus Tēmā meint *ṣdqh* ein

Loyalitätsgeschenk (KAI 228 A 15). In allen diesen Fällen handelt es sich um Loyalität innerhalb eines Vasallenverhältnisses.
Philo Byblius nennt unter den phön. Göttern das Paar Misor und Sydyk, „d.h. εὔλυτος und δίκαιος" (Praep. ev. I 10,10); letzterer sei Vater des Asklepios (= Esmun I 10,18). Offenbar soll das *mîšôr* und *ṣædæq* wiedergeben; wir hätten also eine westsemit. Entsprechung von Mešaru und Kettu. Für einen Gott *mîšôr* fehlen inschriftliche Belege, für *ṣædæq* zeugen aber PN wie hebr. *malkî-ṣædæq* (Gen 14,18) und *'adonî-ṣædæq* (Jos 10,1.3), Rab-ṣidqi (EA 170,37), die oben gen. PN aus Ugarit und phön. *ṣdq-mlk*.
Im Arab. bedeutet *ṣadaqa* 'wahr sein', in der II. Form 'glauben, für wahr halten'; *ṣidq* ist aber nicht nur 'Wahrheit', sondern in der alten Poesie Ausdruck des beduinischen Männerideals: 'Tapferkeit, Zuverlässigkeit, Tüchtigkeit' u.ä. (vgl. H. Ringgren, Festschr. G. Widengren, SNumen 22, 1972, 134f.). – Verwandt sind ferner asarab. *ṣdq* 'eine Pflicht erfüllen, in Ordnung halten', als Subst. 'Recht, Gerechtigkeit, Wahrheit' (BGMR 141) und äth. *ṣādĕq* 'gut, gerecht', *ṣĕdq* 'Recht, Gerechtigkeit'. Im Syr. ist /ṣ/ durch /z/ ersetzt worden: *zedqā'* 'das Rechte, Schuldige, Vorschrift, Pflicht' (Lex Syr 189). – Im Akk. fehlt die Wurzel.

Ringgren

II.1. Die Wurzel *ṣdq* kommt im AT 523mal vor. Dazu kommen Eigennamen und das aram. *ṣidqāh* (Dan 4,24). Die meisten Belege finden sich bei den Propheten (vor allem DtJes), in Ps und in der Weisheitsliteratur, während das Vorkommen in den Geschichtsbüchern spärlicher ist.
2. In der Diskussion kommen vor allem zwei Auffassungen von der at.lichen Gerechtigkeit zum Vorschein. Einerseits wird der *ṣdq*-Begriff „juridisch" bestimmt. Die Gerechtigkeit wird als Übereinstimmung mit einer Norm aufgefaßt. Wer die Gerechtigkeit überwacht (letzten Endes Gott), verteilt Belohnung und Strafe je nachdem, ob die Gerechtigkeit, die beurteilt wird, der Norm entspricht. Als Gegensatz zur Gerechtigkeit treten dann Begriffe wie Gnade, Barmherzigkeit und Heil auf.
Andererseits wird der *ṣdq*-Begriff als fast synonym mit Rettung und Heil verstanden. Die Gerechtigkeit wird nicht auf eine von Gott gestellte Norm bezogen, sondern wird als Relation zu Gott selbst beschrieben. Gottes heilsames und rettendes Eingreifen steht nicht im Gegensatz zu seiner Gerechtigkeit, sondern ist genau ein Ausdruck dafür. Eine strafende göttliche Gerechtigkeit kann höchstens als ein Sekundäreffekt auftreten, der denjenigen trifft, der Gottes rettendes Eingreifen zu verhindern versucht.
Als erste moderne Untersuchung des at.lichen *ṣdq*-Begriffes kann die Arbeit von Diestel (1860) betrachtet werden. Er beschreibt die Gerechtigkeit Gottes als sein heilsames Eingreifen und lehnt eine strafende göttliche Gerechtigkeit an sich ab. Die Untersuchung von Diestel wurde von Cremer weitergeführt, der konstatiert, daß *ṣdq* „durchaus ein Verhältnisbegriff ist, und zwar in dem Sinne, daß er sich auf ein wirkl. Verhältnis zwischen zweien, zwischen Obj. u. Subj. bezieht, nicht aber auf d. Verhältnis eines d. Beurteilung unterzogenen Obj. zu einer Idee od. zu seiner Idee" (Cremer, Wörterbuch 300). Grundlegend ist nach Cremer das Verhältnis zum Anspruch, den jemand hat. Diese Ansprüche ergeben sich aus dem bestehenden Verhältnis. Das Verhältnis selbst ist die Norm. Gerecht ist wer Recht übt, Recht hat und Recht bekommen hat. Der Begriff bleibt forensisch, indem Gottes Gerechtigkeit die Zuflucht des Betenden ist, aber wird dabei auch soteriologisch, denn für wen Gott ist, der ist im Recht. Cremer findet hier den Anknüpfungspunkt für die paulinische Verkündigung.
Die juridisch-legalistische Auffassung des *ṣdq*-Begriffes wurde dann von Kautzsch und Nötscher näher entwickelt und ist für lange Zeit vorherrschend geworden. Eine besondere Wirkungsgeschichte hat diese Linie dadurch bekommen, daß sie für die Auffassung vom at.lichen Gerechtigkeitsbegriff in anderen theologischen Disziplinen in hohem Grad bestimmend wurde.
Einen neuen Ansatz bietet Pedersen. Er hebt stark hervor, daß die at.lichen Begriffe nach ihrer Eigenart, im at.lichen Kontext, untersucht werden müssen. Er versteht *ṣdq* als „Gesundheit der Seele". Die normale, gesunde Seele handelt ihrer Natur gemäß. Das bedeutet im AT, den Bund aufrecht zu halten, indem man dem Schwachen Hilfe leistet und dem Starken Ehre entbietet. Man hat Pedersen vorgeworfen, daß er den at.lichen Menschen nicht zutreffend beschrieben hat. Aber das von ihm behauptete Prinzip hat dazu verholfen, daß man den *ṣdq*-Begriff nicht mehr in moderne Kategorien einpressen konnte.
Fahlgren hat *ṣdq* unter Zuhilfenahme von angrenzenden und entgegengesetzten Vokabeln näher präzisiert. Er beschreibt die Lebensauffassung des Israeliten als „synthetisch": Tat und Tatfolge sind deswegen unlöslich verknüpft (50f.). Den Inhalt von *ṣdq* bestimmt Fahlgren, sich Kautzsch und Pedersen anschließend, als Leistung und Habitus des Menschen (96f.). In bezug auf die göttliche Gerechtigkeit findet er als Grundbedeutung „Gemeinschaftstreue", an die sich Bedeutungen wie Rettung, Sieg und Heil anschließen (105).
Die Frage, ob *ṣdq* auch die Bedeutung einer strafenden Gerechtigkeit Gottes einschließt, wird in der folgenden Zeit verschieden beantwortet. P. Heinisch (ThAT 1940) und J. Ruwet (VD 25, 1947, 35–42. 89–98) versuchen die beiden Aspekte innerhalb des *ṣdq*-Begriffes beizubehalten. Aber Gottes strafende Gerechtigkeit wird meistens mit anderen Termini ausgedrückt: → אשם *āšām*, → יסר *jāsar*, → כלה *kālāh*, → נגף *nāgap*, → נקם *nāqam*, → נשׂא *nāšā'* (*'āwôn*), → פקד *pāqad*, → שׁלם *šālem*, → שׁפט *šāpaṭ* u.a. (vgl. K. Koch [Hrsg.], WdF 125, 1972). Leivestad, der der Wurzel *ṣdq* in Verbindung mit Gottes strafender Gerechtigkeit eine Sonderuntersuchung gewidmet hat, findet dabei im AT nur drei Stellen (Jes 5,16; 10,22; Zef 3,5), wo *ṣdq* möglicherweise als Ausdruck für eine strafende Gerechtigkeit Gottes stehen könnte.
Die folgende Forschung hat die Linie von Diestel und Cremer wieder zur Geltung gebracht. Ansätze finden sich bei H.W. Hertzberg (ZAW 41, 1923, 16–76) und F. Horst (ZAW 41, 1923, 94–153). Dazu kamen Gyllenberg, Snaith, S. Lyonnet (VD 25, 1947, 23–34), Cazelles (RB 58, 1951), van der Weijden und E. Beaucamp (NRTh 81, 1959, 897–915; FrancLA 11, 1960, 5–55). Vor allem aber haben von Rad und Koch den Charakter der at.lichen Gerechtigkeit als positive, heilvolle Aktivität unterstrichen. Von Rad betont, daß *ṣdq* als Gabe, nie als Strafe zu

verstehen sei. Gegen Nötscher bemerkt er: „Der Begriff einer strafenden צְדָקָה ist nicht zu belegen; er wäre eine contradictio in adiecto" (ThAT I[6], 389). Koch führt Fahlgrens Gedanken weiter durch die Annahme einer schicksalswirkenden Tatsphäre: „Durch sein Tun 'schafft' der Mensch sich eine Sphäre, die ihn bleibend heil- und unheilwirkend umgibt. Diese Sphäre ist von dinglicher Stofflichkeit und gehört zum Menschen in ähnlicher Weise wie sein Eigentum" (THAT II 517 = WdF 125, 176). Im Anschluß an von Rad will Koch aber stärker betonen, daß „die Fähigkeit zum Tun des Guten und damit die Voraussetzung für einen Guttat-Heils-Zusammenhang von Jahwe vorgängig den Menschen bzw. dem Volk Israel übereignet werden muß" (ebd.). Diese neuen Impulse wurden allgemein positiv aufgenommen (vgl. E. Achtemeier, Righteousness in the OT, IDB IV 80–85, und W. Mann, Gerechtigkeit [Handbuch theologischer Grundbegriffe I, 1962, 468–479]).

In der neueren Forschung sind einige Tendenzen bemerkbar: H. H. Schmid hat die Gerechtigkeit unmittelbar an den Ordnungsbegriff angeknüpft (vgl. auch O. Procksch, ThAT 1950, 568ff. und Pidoux). Hier schließt sich Reventlow an, indem er den Ordnungsbegriff weit genug bestimmt, um die Rechtfertigung als zentrales Thema im AT mit einbeziehen zu können (BEvTh 58; EdF 173, 195ff.).

Auch die neuere Linguistik hat sich um den *ṣdq*-Begriff gekümmert, so bei DtJes (Reiterer). Im Rahmen der Befreiungstheologie wendet sich Miranda gegen die Verknüpfung von *ṣdq* und Bund und will dagegen den *ṣdq*-Begriff unter → משפט *mišpāṭ* einordnen. In mehreren neueren Arbeiten zeigt sich eine Tendenz in Richtung auf eine Synthese zwischen der Auffassung, die die Gerechtigkeit vor allem als eine Gabe sieht, und der, die auch den normierenden und sogar unter Umständen strafenden Inhalt des at.lichen Gerechtigkeitsbegriffes sehen will, z.B. Seierstad; Dacquino, der besonders den eschatologischen Charakter des Begriffes „Gottes Gerechtigkeit" betont; Honeycut; C. F. Whitley (VT 22, 1972, 469–475); J.L. McKenzie (ThAT 1974); J. Piper (ThZ 36, 1980, 3–16). Gute Forschungsüberblicke finden sich bei Crüsemann, Koch (THAT II), Reventlow (EdF 173) und Mogensen.

Im herkömmlichen jüdischen Verständnis der Gerechtigkeit wird die ethische Seite betont und die Frage vom Leiden der Gerechten gestellt (F. Rosenthal, HUCA 23/1, 1950/51, 411–430; L. Jacobs, EncJud 14, 180–184).

III. 1. Die Derivate von *ṣdq* treten oft in Verbindung mit verwandten Begriffen auf. Grundlegend ist hier die Untersuchung von Fahlgren, der als synonyme oder verwandte Begriffe *mišpāṭ*, *ḥæsæḏ*, *'ᵃmæṯ*, *raḥᵃmîm*, *kāḇôḏ*, *šālôm* und *ṭôḇ* behandelt. Diese Reihe läßt sich unschwer erweitern.

a) Parallelen wie → אמן *'āman*, → חסד *ḥæsæḏ* und → שלם *šālôm* geben den Zustand eines allgemeinen positiven Gemeinschaftsverhältnisses an. *ṣdq* par. *'ᵃmæṯ*/*'ᵉmûnāh* stehen für das geordnete Verhältnis in der Natur (Ps 85, 11f.), im göttlichen Handeln mit den Menschen (Hos 2, 21. 22; Ps 40, 11; 96, 13; 143, 1; Neh 9, 33; vgl. auch Jes 48, 1; Jer 4, 2; Sach 8, 8), von David zu Gott (1 Kön 3, 6), vom König zum Volk (Jes 11, 5) und unter den Menschen (1 Sam 26, 23; Jes 1, 26; 26, 2; 59, 4; Spr 12, 17). In einer geordneten, wohletablierten Lage, oft im Verhältnis zwischen dem Übergeordneten und dem Untergeordneten, bedeutet *'mn* und *ṣdq* zu praktisieren, daß man den positiven Erwartungen der Umgebung entspricht. Der Gerechte zeigt durch sein Handeln, daß man sich auf ihn verlassen kann.

Mit *ḥæsæḏ* zusammen steht Gottes oder des Königs *ṣæḏæq* (Hos 2, 21; Ps 85, 11; 89, 15). Gottes *ḥæsæḏ* und *ṣᵉḏāqāh* sind hilfreich (Jer 9, 23; Hos 10, 12; Ps 33, 5; 36, 11; 40, 11; 103, 17), man soll ihnen nachjagen (Spr 21, 21). *ṣaddîq* steht mit *ḥasîḏ* parallel in bezug auf Gott (Ps 145, 17) und auf Menschen (Jes 57, 1; Ps 37, 25ff.). *ṣæḏæq* und *šālôm* geben zusammen die glückliche, geordnete Lage an (Ps 35, 27; 85, 11), ebenso *ṣᵉḏāqāh* und *šālôm*, obwohl hier die Aktivität ein wenig mehr hervorgehoben wird (Jes 48, 18; 60, 17; Ps 72, 3; vgl. v. 7, wo *ṣaddîq* von *šālôm* gefolgt wird). *šālôm* kann auch Ergebnis von *ṣᵉḏāqāh* sein (Jes 32, 17). Das Adjektiv *šālem* steht mit *ṣæḏæq* zusammen in bezug auf volle und richtige Gewichte und Maße (Dtn 25, 15).

Wenn *ṣdq* mit *'mn* verbunden wird, geht es besonders um das Wohletablierte, das Zuverlässige. Mit *ḥæsæḏ* zusammen wird die Großzügigkeit und mit *šālôm* die Harmonie hervorgehoben. Die Abgrenzung der Begriffe *ḥæsæḏ* und *'ᵃmæṯ*/*'ᵉmunāh* von *ṣdq* wird von Kellenberger (43. 64ff. 87ff.) und, was *ḥæsæḏ* betrifft, von G. Gerleman (VT 28, 1978, 151–164) betont.

b) Parallel zu *ṣdq* tritt Gottes → ישע *jš'* (bes. → III 1054f.), sein heilsames, rettendes Eingreifen als Ausdruck seiner Gerechtigkeit (Jes 45, 8; 51, 5ff.; 61, 10; 63, 1; vgl. auch Jes 45, 21; 56, 1; Ps 65, 6; 71, 2; 98, 2; 116, 5f.; 118, 15; 119, 123). Auch der König steht in dieser Parallele als Subjekt (Sach 9, 9) sowie Jerusalem, das *ṣæḏæq* und *jᵉšû'āh* besitzt oder bekommt (Jes 62, 1).

In Ps 24, 4f. steht *ṣᵉḏāqāh* parallel mit *bᵉrāḵāh*: wer reine Hände usw. hat, wird Segen und Gerechtigkeit von Gott empfangen. Andere Parallelen, die Stärke und Einsatzbereitschaft aussagen, sind *zᵉrôa'* (Jes 59, 16); mit *gᵉḇurāh* (Ps 71, 16ff.) und noch dazu *jᵉšû'āh* (Ps 98, 1f.) zusammen; weiter *gibbôr* (Jes 49, 24); *'oz* (Jes 45, 24); *koaḥ* (Ijob 37, 23) und die Reihe von Parallelen in Ps 111. In Ps 22, 32 steht *'āśāh* 'tun, vollführen' in absoluter Stellung als Parallele, im Gegensatz dazu stehen die unnützen menschlichen Werke (Jes 57, 12). Die richterliche, rettende Aktivität geht auch mit *ṣdq* zusammen (Jer 20, 12; Ps 71, 2; 72, 2; 82, 3f.; Spr 31, 9; vgl. auch Ps 7, 12).

c) Der in *ṣdq* vorhandene Charakter von Legitimität führt mit sich den Anspruch auf eine gebührende Ehre. Also steht *ṣdq* mit *kāḇôḏ* zusammen (Jes 58, 8; 62, 2; Ps 97, 6; 112, 9; Spr 8, 18; 21, 21), mit *šem* und *tᵉhillāh* (Jes 61, 11; Ps 48, 11; 89, 17; 143, 11; vgl. auch Jes 45, 25; Ps 98, 1f.), mit *nôrā'oṯ* (Ps 45, 5; 65, 6), *hôḏ-wᵉhāḏār* (Ps 111, 3; vgl. 45, 5), *śāś* (Jes 64, 4) und *tip'æræṯ* (mit *tᵉšû'āh* zusammen, Jes 46, 13). In Jer 31, 23 stehen *nᵉweh-ṣæḏæq* und *har haqqoḏæš* parallel. In Verbindung mit *ṣdq* steht auch *'ôr* (Ps 97, 11; 112, 4; Spr 4, 18), oft mit *mišpāṭ* zusammen (Jes 59, 9; Mi 7, 9; Zef 3, 5; Ps 37, 6).

d) Die häufigste Parallele zu *ṣdq* ist → משפט *mišpāṭ* (ca. 80mal). Wenn die festgestellte Ordnung, die vor allem in *ṣædæq* zum Ausdruck kommt, betont wird, wird auch der Unterschied zwischen *ṣdq* und *mišpāṭ* weniger beachtet (A. Shusterman, The Universal Jewish Encyclopedia 9, 165; Miranda 93ff.; Cox). Eine vollständige Behandlung des Begriffspaares geben H. Cazelles (JANES 5, 68ff.) und H. Niehr (Herrschen und Richten. Die Wurzel *špṭ* im Alten Orient und im AT, FzB 54, 1986, 358ff.).

Mit dem Verb *ṣādaq* werden in Ps 19, 10 die *mišpāṭîm* JHWHs als gerecht charakterisiert. Ijob behauptet: „Ich bin im Recht (*ṣādaqtî*), doch Gott hat mir meinen *mišpāṭ* weggenommen" (Ijob 34, 5), und JHWH antwortet: „Willst du meinen *mišpāṭ* zerbrechen und mich schuldig sprechen, damit du recht behältst (*tiṣdaq*)?" (Ijob 40, 8).

ṣædæq und *mišpāṭ* stehen oft parallel und sind anscheinend synonym: sie sind in Jerusalem vorhanden (Jes 1, 21); der Fürst sucht *mišpāṭ* und fördert *ṣædæq* (Jes 16, 5). Aber die Parallele kann auch eine Steigerung andeuten: wenn Gottes *mišpāṭîm* kommen, lernen die Bewohner *ṣædæq* (Jes 26, 9). Der König soll Gottes Volk in *ṣædæq* und seine Elenden in *mišpāṭ* richten (Ps 72, 2; vgl. auch Jes 32, 1; Jer 22, 13; Ps 37, 6; Ijob 29, 14). Im Ausdruck *mišpeṭê ṣidqækā* (Ps 119, 7. 62. 106. 164; vgl. auch vv. 75. 160) ist *ṣædæq* anscheinend der übergeordnete Begriff, wodurch *mišpāṭ* charakterisiert wird. Hierher gehört auch Ps 94, 15: „zu *ṣædæq* wird *mišpāṭ* zurückkehren". *ṣædæq* ist das übergeordnete Prinzip, dem sich *mišpāṭ* anpassen soll. (Auch deswegen ist die Lesart *ṣaddîq* in S u. a. als sekundär abzulehnen.) Vgl. auch Ijob 8, 3; 35, 2; Koh 3, 16.

Noch häufiger ist die Zusammenstellung von *mišpāṭ* und *ṣedāqāh*. Gott, der König oder der einzelne übt (*ʿāśāh*) Recht und Gerechtigkeit (2 Sam 8, 15; 1 Kön 10, 9; Jer 9, 23; Ez 18, 5 u. ö.); auch in der Reihenfolge *ṣedāqāh* und *mišpāṭ(îm)* (Gen 18, 19; Dtn 33, 21; Jes 58, 2). Durch *mišpāṭ* und *ṣedāqāh* wird die Königsherrschaft gefestigt und gestützt (Jes 9, 6). JHWH wartet auf *mišpāṭ* und *ṣedāqāh* und steht dadurch als erhaben da und erweist sich als heilig (Jes 5, 7. 16); er füllt Zion damit (Jes 33, 5); er liebt *ṣedāqāh* und *mišpāṭ* (Ps 33, 5); dadurch werden Zion und die sich in ihm Bekehrenden erlöst (Jes 1, 27). *mišpāṭ* und *ṣedāqāh* sollen vom Volk beobachtet und geübt werden (Jes 56, 1); sie können fern stehen und zurückgedrängt werden (Jes 59, 9. 14). Die Bildanwendung geht in Amos weiter: *mišpāṭ* wird in Wermut verkehrt und *ṣedāqāh* mit Füßen getreten (Am 5, 7; vgl. 6, 12); *mišpāṭ* möge sprudeln wie ein Wasserquell und *ṣedāqāh* wie ein nie versiegender Bach (Am 5, 24). Bisweilen werden die beiden mit korrespondierenden oder kontrastierenden Begriffen identifiziert: Richtschnur und Setzwaage (Jes 28, 17), Gottesberge und Weltmeer (Ps 36, 7); *mišpāṭ* wird in der Steppe wohnen und *ṣedāqāh* im Garten (Jes 32, 16). Mit *ṣaddîq* zusammen steht *mišpāṭ* gern für die Folge, die praktische Auswirkung der Gerechtigkeit. Die Wege des Herrn sind *mišpāṭ*, weil er auch *ṣaddîq* ist (Dtn 32, 4; vgl. Zef 3, 5; Ps 119, 137; Ijob 34, 17). Wenn ein Mensch *ṣaddîq* ist, fördert er *mišpāṭ* (Ps 1, 5; 37, 30; Spr 12, 5; 21, 15). Wenn der Frevler den *ṣaddîq* umgarnt, wird *mišpāṭ* verdreht (Hab 1, 4).

mišpāṭ und *ṣdq* sind nicht Synonyma. Zu *mišpāṭ* gehört auch das Bedeutungsfeld von „Entscheidung, Urteil, Gesetz". Mit *ṣdq* gemeinsam ist „was recht ist", „das Richtige" als Prinzip. Wenn *mišpāṭ* dann seine Bedeutungsfunktionen in Richtung von konkreten Geboten oder Handlungen erweitert, kann *ṣedāqāh* ein Stück weiter als *ṣædæq* folgen.

Angrenzende Parallelen sind *naḥalāh* ʿLos, Schicksal' (→ נחל *nāḥal*) in Jes 54, 17; *ḥelæq* (→ II 1016) und *zikkārôn* (→ II 588f.) in Neh 2, 20. Die Bedeutung ist hier „Anteil, Rechtsanspruch".

Mit *ṣdq* zusammen tritt auch *tôrāh* auf. Es geht dabei in erster Linie nicht um das Erfüllen einzelner Gebote, sondern um die Harmonie zwischen „*ṣædæq* kennen" und „Gottes *tôrāh* im Herzen haben" (Jes 51, 7). In Ps 119 wird *ṣdq* mit mehreren Begriffen für Gesetz zusammengestellt (vv. 40. 138. 142. 144. 172). In ähnlicher Parallele wird auch der Weg erwähnt (Ps 5, 9; Spr 2, 9). Auffallend ist, daß *ṣdq* in dieser Parallele eher bei Gott als Gesetzgeber als beim Menschen als Erfüller des Gesetzes angesiedelt ist (s. w. u. V. 2.).

e) Wörter für „Gnade, Barmherzigkeit, Mitgefühl", *raḥamîm*, *raḥûm*, *ḥannûn* treten mit *ṣdq* zusammen in verschiedenen Reihen auf (Hos 2, 21; Ps 111, 3f.; 112, 4; 116, 5). Sie artikulieren einen Aspekt von *ṣdq*, sind aber nicht synonym. Nach Fahlgren markieren *mišpāṭ*, *ṣedāqāh*, *ʾæmæṯ*, *ḥæsæḏ* und *raḥamîm* verschiedene Stufen einer Skala, auf der *mišpāṭ* am meisten pflichtbetont und *raḥamîm* am meisten gefühlsbetont ist (146).

f) Einige Parallelen geben eine positive Eigenschaft oder Haltung an. Hierher gehört *jāšār* (→ ישר), das mit *ṣedāqāh* oder *ṣaddîq* in Verbindung mit dem Weg (Ps 5, 9; Spr 29, 27) und mit dem Herzen (Dtn 9, 5; 1 Kön 3, 6; Ps 32, 11; 36, 11; 64, 11; 94, 15; 97, 11) steht. *ṣaddiq(îm)* und *ješārîm* stehen parallel (Ps 33, 1; 140, 14; Spr 21, 18; vgl. Ijob 17, 8f.). Der Herr ist *ṣaddîq* und *jāšār* (Dtn 32, 4; vgl. Ps 119, 137). Er steht auch als *ṣaddîq* in Beziehung mit den *ješārîm* (Ps 112, 4). *ṣædæq* und Formen von *jšr* stehen parallel (Spr 1, 3; 2, 9); oft in bezug auf richtige Rede oder gerechtes Urteil (Jes 11, 4; 45, 19; Ps 9, 9; 58, 2; 98, 9; Spr 8, 6ff.; 16, 13; vgl. *ṣedāqāh* als Folge von *mêšārîm* Ps 99, 4; vgl. auch Spr 11, 6).

Parallel zu *tām* und verwandten Wörtern steht *ṣdq*, um das Gemüt, die Einstellung, die Gesamthaltung anzugeben (Ps 7, 9; 15, 2; Ijob 9, 20; 12, 4; 22, 3; vgl. auch Spr 11, 5; 13, 6; 20, 7; Ijob 31, 6). Noach ist *ʾîš ṣaddîq* und *tāmîm* (Gen 6, 9). JHWHs Werk ist *tāmîm*, seine Wege sind *mišpāṭ*, er ist *ṣaddîq* und *jāšar* (Dtn 32, 4). *ṭôḇ* steht mit *ṣaddîq* parallel (1 Kön 2, 32; Jes 3, 10; Spr 2, 20; 13, 22; Koh 7, 20; 9, 2) und das Subst. *ṭûḇ* mit *ṣedāqāh* (Ps 145, 7). *ṭôḇ* hat den größeren Verwendungsbereich und knüpft an keine besondere Seite von *ṣdq* an.

ṭāhôr (→ טהר) steht in ethisch-moralischer Bedeutung als Parallele zu *ṣdq* (Ijob 4,17; 17,9; Koh 9,2) sowie auch *bor* (Ps 18,21.25). *nāqî* als Parallele (Ex 23,7; Ps 94,21; Spr 11,21; Ijob 17,8f.; 22,19; 27,17) läßt den rechtlichen Aspekt in den Vordergrund treten (→ V 595ff.). Der *ṣaddîq* wird mit dem Schuldlosen identifiziert, so bei → זכה *zāḵāh* (Ps 51,6; Ijob 15,14; 25,4). Andere Parallelen mit ähnlichen Bedeutungen sind *nāḵôn* (Ps 112,6f.) und *jir'aṯ 'ᵉlohîm/JHWH* (2 Sam 23,3; Ps 19,10; 111,10); vgl. R. B. Y. Scott, Wise and Foolish, Righteous and Wicked (VTS 23, 1972, 146–165).

g) In der Weisheitsliteratur stehen *ṣaddîq* und *ḥāḵām* zusammen (Spr 9,9; 11,30; 23,24; → II 929). Beide sind in Gottes Hand (Koh 9,1). Der *ṣaddîq* redet *ḥŏḵmāh* (Ps 37,30). Die zu vermeidende übertriebene Gerechtigkeit und Weisheit (Koh 7,16) ist wohl als „Selbst-Realisierung des Weise-Seins" (M. Sæbø, THAT I 559) zu verstehen. Weitere Parallelen sind *maśkîl* (Ijob 22,2f.; vgl. auch Dan 12,3) und *nᵉḏîḇîm* (Spr 17,26). Mit dem Weisen zusammen gehört der Gerechte zur Elite, zur auserwählten Gruppe (die später in Qumran eine besondere Prägung bekam).

h) Beinahe im Kontrast zum Vorhergehenden wird *ṣaddîq* auch mit dem Bedrückten identifiziert. Nach Ps 82,3f. werden die Geringen und Verwaisten, die Bedrückten, Dürftigen und Armen „gerechtfertigt", und in Ps 146,7–9 werden die Unterdrückten, die Hungrigen, die Gefangenen, die Blinden, die Gebeugten, der Fremdling, die Waisen und Witwen mit den *ṣaddiqîm* gleichgestellt. Sie alle gehören zur Gemeinschaft der Gerechten und haben deswegen einen legitimen Anspruch auf ihren Anteil an der Gerechtigkeit. In diesem Zusammenhang steht *ṣdq* synonym zu *'ānî* (→ ענה *'ānāh*) und *'æbjôn* (→ אביון). Der Arme hat die Gemeinschaft nicht gebrochen und bleibt *ṣaddîq* (Am 2,6; 5,12; Ps 140,13f.; Spr 31,9; vgl. auch Zef 2,3; Ps 72,2; 103,6; vgl. H. Donner, OrAnt 2, 1963, 229–245). Auch der König ist in seinem Verhältnis zu Gott *ṣaddîq* und *'ānî* (Sach 9,9).

2. Die Gegensätze von *ṣdq* sind von Fahlgren (1–77) gründlich durchgearbeitet worden. Vor allem tritt hier → רשע *rāša'* hervor. Der *rāšā'* wird charakterisiert als derjenige, der den *ṣaddîq* haßt (Ps 34,22). Besonders in den Psalmen und in der Weisheitsliteratur stehen *ṣaddîq* und *rāšā'* als Gegenbegriffe (C. van Leeuwen, THAT II 814f.; → כסל *kāsal*; → כרת *kāraṯ*, vgl. w.u. IV.5.). Das mask. *ræša'* und das fem. *riš'āh* erinnern in ihren Funktionen an den Unterschied zwischen *ṣæḏæq* und *ṣᵉḏāqāh* (dazu vgl. B. Johnson, ASTI 11, 1978, 31–39).

IV. 1. Das Verb (41 Belege) steht im *qal* (22 Belege) für „gerecht sein, als gerecht hervortreten". Als Subj. stehen Gott (Ps 51,6), Gottes *mišpāṭîm* (Ps 19,10) oder Menschen. Oft hat die Aussage die Form einer Auseinandersetzung oder eines Vergleichs zwischen zwei Parteien. Wer dabei triumphiert, wer recht hat oder recht bekommt, der ist gerecht. Ein Mensch kann einem anderen gegenüber im Recht sein (Gen 38,26; Ez 16,52). Gott gegenüber ist dies jedoch unmöglich (Jes 43,9.26); vor Gott ist kein Lebender gerecht (Ps 143,2). So wird auch in Ijob wiederholt die Frage gestellt, ob Ijob oder überhaupt ein Mensch vor Gott gerecht sein kann (Ijob 4,17 u.ö.). Im Verhältnis zu Gott kann ein Mensch nur in oder durch Gott gerecht sein (Jes 45,25).

Nach Dan 8,14 wird das Heiligtum wieder „gerechtfertigt" (*niph*), d.h. es kommt wieder zu seinem Recht.

Von den fünf Belegen im *pi* beschreiben drei (Jer 3,11; Ez 16,51.52), wie die Schwester Juda durch ihre Sünden die Schwester Israel als gerecht erscheinen läßt. In Ijob 32,2 wird Ijob vorgeworfen, daß er behauptet, gegenüber Gott im Recht zu sein, und in Ijob 33,32 sagt Elihu: „sprich, denn ich möchte dich gern rechtfertigen." Es geht in diesen Belegen primär um Situationsgerechtigkeit.

Im *hiph* (12 Belege) bedeutet *hiṣdîq* „für gerecht erklären, zum Recht verhelfen, freisprechen". Der Handelnde ist der Richter oder einer, der kraft seines Amtes die Gerechtigkeit oder das Recht einer Person bestätigen und dadurch zur Geltung bringen kann (Ex 23,7; Dtn 25,1; 2 Sam 15,4; 1 Kön 8,32; Jes 5,23; Ijob 27,5; Spr 17,15). Wer arm und bedrückt ist, hat einen Anspruch, sein Recht zu bekommen, „gerechtfertigt" zu werden, wodurch *ṣdq hiph* auch für „retten, helfen" steht (Jes 50,8; 53,11; Ps 82,3; Dan 12,3).

Ein *hitp* liegt in Gen 44,16 vor: „wie sollen wir uns rechtfertigen?"

2. Das mask. Subst. *ṣæḏæq* (119 Belege) gibt das geordnete, göttliche Prinzip an, zeigt sich aber auch als ein aktives Eingreifen. Die Aktivität tritt an vielen Stellen zutage: Gottes Gerechtigkeit ist nahe (Jes 51,5); sie geht vor ihm und folgt ihm nach (Ps 85,14). JHWH läßt die Gerechtigkeit des Psalmisten wie das Licht strahlen (Ps 37,6); die Gerechtigkeit des Volkes geht vor ihm (Jes 58,8). Sie schaut vom Himmel nieder (Ps 85,12); JHWH läßt sie von den Wolken herabströmen (Jes 45,8; Hos 10,12). Sie ist der Gurt an den Hüften des Königs (Jes 11,5); sie kommt dem König Kyros entgegen (Jes 41,2). In diesen Beispielen ist die dynamische Aktivität hervortretend.

An anderen Stellen wird der Schwerpunkt auf das fest Etablierte, das Zuverlässige, gelegt. Die Gerechtigkeit wohnt in der Stadt (Jes 1,21). *ṣæḏæq* bildet (mit *mišpāṭ* zusammen) die Stützen des Thrones Gottes (Ps 89,15; 97,2; → כסא *kisse'*; vgl. auch Spr 25,5; 16,12 mit *ṣᵉḏāqāh*; 20,28 mit *ḥæsæḏ*).

Die beiden Aspekte gehen oft ineinander über. Wenn *ṣæḏæq* Gottes rechte Hand erfüllt (Ps 48,11), wenn die Himmel oder der Psalmist Gottes Gerechtigkeit kundtut (Ps 35,28; 40,10; 50,6; 97,6), handelt es sich um Gottes heilsame und rettende Ordnung.

Der König oder der Richter soll *ṣæḏæq* lieben und *ṣæḏæq* richten (Dtn 1,16; Ps 45,8; Spr 31,9); vgl. K. Whitelam, The Just King (JSOT Suppl. Series 12, 1979). Bemerkenswert ist, daß *ṣæḏæq* nicht nur mit Präp. (s.u.), sondern auch als direktes Obj. eingeführt wird. Der Akk. kann adverbiell verstanden werden:

„in *ṣæḏæq*-Weise richten", oder aber es wird damit angegeben, daß *ṣæḏæq* selbst der Inhalt der Handlung ist, nicht nur das Prinzip, nach welchem die Handlung ausgeführt wird.

Wenn Gottes Gebote, Rechte usw. in Ps 119 wiederholt als *ṣæḏæq* bezeichnet werden, bezieht sich das in erster Hand wohl auf die festgestellte Ordnung. *ṣæḏæq* ist, was JHWH befohlen hat (Ps 119, 138), was er hört (Ps 17, 1) und spricht (Jes 45, 19), was man kennt (Jes 51, 7), sucht (Zef 2, 3), lernt (Jes 26, 9. 10; Spr 1, 3), versteht (Spr 2, 9) und redet (Ps 52, 5; 58, 2; Spr 12,17). Wenn man *ṣæḏæq* nachstrebt, tritt noch ein Aspekt hervor: der Anspruch darauf, was einem mit Recht zuteil gekommen ist. *ṣæḏæq* als legitimer Anspruch stützt sich auf die von Gott gegebene Ordnung, aber auch auf sein rettendes Handeln. Man soll der Gerechtigkeit nachjagen (Dtn 16, 20; Jes 51, 1); man kann sich darin kleiden (Ps 132, 9; Ijob 29, 14), sie tun (Jes 64, 4; Ps 15, 2; 119, 121) und seinem Schöpfer *ṣæḏæq* geben (Ijob 36, 3), d. h. ihm die ihm gebührende Ehre geben, indem man Gott und sein Handeln richtig beschreibt (vgl. Jes 62, 2, Zions *ṣæḏæq* und *kāḇôḏ* parallel). Dem neuen König in Jer 23, 6 und der Stadt Jerusalem in Jer 33, 16 wird der Name *JHWH ṣiḏqenû* „JHWH (ist) unsere Gerechtigkeit" beigelegt — vielleicht zum Namen des Königs Zidkija kontrastierend (J. J. Stamm, Festschr. H. Cazelles, Paris 1981, 227–235). JHWH ist das Heil, die Rettung seines Volkes, aber auch der ihm zukommende Anteil. Wenn der Arme bedrückt wird, indem man seinen *ṣæḏæq* und *mišpāṭ* wegrafft (Koh 5, 7), wird die Ordnung gestört, das Heil verhindert und der legitime Anspruch des Armen beseitigt. Der Gegensatz dazu ist die harmonische Situation, die in Ps 85, 11 beschrieben wird: *ḥæsæḏ* und *ʾᵆmæṯ* begegnen einander, *ṣæḏæq* und *šālôm* küssen sich.

ṣæḏæq steht oft in Präpositionalausdrücken, meistens mit *bᵉ*: JHWH oder ein Mensch (oft der König) richtet *bᵉṣæḏæq* (Lev 19, 15; Jes 11, 4; Ps 9, 9; 72, 2; 96, 13; 98, 9). Das Richten wird auch mit *kᵉ* verbunden: „Richte mich (= schaffe mir Recht) *kᵉṣiḏqᵉḵā*, nach deiner Gerechtigkeit" (Ps 35, 24); der Mensch preist JHWH nach seiner Gerechtigkeit (Ps 7, 18). Er kann auch beten und erwarten, daß JHWH in Übereinstimmung mit der Gerechtigkeit des Betenden mit ihm handelt (Ps 7, 9; 18, 21. 25) – hier stehen *tom* und *bor*, Unschuld und Reinheit, als Parallelen zur Gerechtigkeit des Menschen. *bᵉ* deutet die Aktivität von *ṣæḏæq* an, während mit *kᵉ* *ṣæḏæq* als bestehende Ordnung hervorgehoben wird. Auch *ḥæsæḏ*, *bᵉrāḵāh* und *raḥᵃmîm* werden sowohl mit *bᵉ* als auch mit *kᵉ* verbunden, während *ʾᵆmæṯ*, *ʾᵆmûnāh*, *jæšaʿ*, *jᵉšûʿāh* und *šālôm* mit *bᵉ*, nie aber mit *kᵉ* vorkommen. Die Aktivität in *bᵉ* + *ṣæḏæq* zeigt sich, wenn JHWH in Gerechtigkeit Kyros erweckt (Jes 45, 13), wenn er erhört (Ps 65, 6) und sich Israel auf ewig verlobt (Hos 2, 21; hier ist auch an *bᵉ* pretii zu denken, vgl. Kellenberger 162ff.). Der Mensch kann in Gerechtigkeit Gottes Angesicht schauen (Ps 17, 15) und in Gerechtigkeit jemanden vor Gericht rufen (Jes 59, 4). Auch die feste Ordnung wird durch *bᵉ* + *ṣæḏæq* ausgedrückt: in Gerechtigkeit soll der Mund reden (Spr 8, 8) und wird der Thron des Königs befestigt (Spr 25, 5). Aber der Gerechte kann auch mitten in seiner Gerechtigkeit zugrunde gehen (Koh 7, 15; die Präp. wird hier von F. Piotti, BibOr 22, 1980, 243–253, als *beth concessivum* verstanden: „vergeht trotz seiner Gerechtigkeit").

In Jer 22, 13 wirft der Prophet dem König vor, daß er sein Haus *bᵉloʾ-ṣæḏæq* und seine Obergemächer *bᵉloʾ-mišpāṭ* baut. Wie bei *mišpāṭ* gibt die negierte Form von *ṣæḏæq* nicht nur die Ungerechtigkeit als solche an, sondern zeigt auch auf das Übertriebene, daß Maßlose, im Gegensatz zu dem, was zur richtigen Ordnung gehört.

Auch andere Präpositionen kommen vor: der Gerechte kann von (*min*) seiner Gerechtigkeit abkehren (Ez 3, 20); der König soll *lᵉṣæḏæq*, mit Gerechtigkeit, sein Königtum führen (Jes 32, 1; vgl. J. V. Olley, VT 33, 1983, 446ff.); *mišpāṭ* wird zu (*ʿaḏ*) *ṣæḏæq* zurückkehren (Ps 94, 15); JHWH handelt *lᵉmaʿan ṣiḏqô*, um seiner Gerechtigkeit willen (Jes 42, 21).

An einer Reihe von Stellen wird *ṣæḏæq* mit einem anderen Substantiv verbunden: *moʾzᵉnê-ṣæḏæq* „richtige Waage" (Ez 45, 10; Ijob 31, 6; vgl. auch Lev 19, 36: Dtn 25, 15); *ziḇḥê-ṣæḏæq* „richtige Opfer" (Dtn 33, 19; Ps 4, 6; 51, 21). In Cstr.-Verbindung mit *ṣæḏæq* stehen auch *māqôm* („Stätte des Rechts", Koh 3, 16); *nāwæh* („Trift, Wohnung des Rechts", Jer 31, 23; 50, 7; Ijob 8, 6), Stadt (Jes 1, 26), Terebinthen (Jes 61, 3), Pfade (Ps 23, 3), Tore (Ps 118, 19), Lippen (Spr 16, 13). Die Verbindung *mišpaṭ-ṣæḏæq* (Dtn 16, 18; Ps 119, 160) meint Rechtsprechung auf der Basis der Gerechtigkeit. Gottes *mišpᵉṭê-ṣæḏæq* sind seine gerechten Urteile oder Gebote (Jes 58, 2; Ps 119, 7. 62. 106. 164). Andere Verbindungen sind die rechte Hand der Gerechtigkeit Gottes (Jes 41, 10) und die Rede seiner Gerechtigkeit (Ps 119, 123). Wenn JHWH *šopeṭ ṣæḏæq* genannt wird (Jer 11, 20; Ps 9, 5), kann das als „gerechter Richter" oder „Richter, der Gerechtigkeit richtet" verstanden werden. Die Wortverbindungen *ʾᵆlohê ṣiḏqî* „Gott meiner Gerechtigkeit" (Ps 4, 2); *ḥᵃpesê ṣiḏqî* „die meine Gerechtigkeit wünschen" (Ps 35, 27) machen deutlich, daß die Gerechtigkeit ein Anspruch des Betenden ist, aber daß dieser Anspruch nicht in ihm selbst, sondern in seinem Gott verankert ist.

In Ps 45, 5 tritt der König für *ʾᵆmæṯ* und *ʿanwāh-ṣæḏæq* auf. Das letzte Wortpaar ist vielleicht adverbiell zu verstehen, „eine rechte Demut", oder „wronged right" (J. S. M. Mulder, Studies on Psalm 45, Nijmegen 1972, 106ff.).

3. Das Femininum *ṣᵉḏāqāh* (157 Belege) geht oft einen Schritt weiter als *ṣæḏæq* in der Konkretisierung (vgl. u. 4.). Damit hängt zusammen, daß *sᵉḏāqāh* im Gegensatz zu *ṣæḏæq* auch im Plural verwendet werden kann: *ṣᵉḏāqôt* sind Handlungen, in denen sich die Gerechtigkeit manifestiert.

Die *ṣᵉḏāqāh* JHWHs wird als eine Größe mit festem Bestand und großer Ausbreitung beschrieben. Sie ist wie die Gottesberge (Ps 36,7) und reicht bis an den Himmel (Ps 71,19); sie wird ewig bestehen (Jes 51,8; Ps 111,3; 112,3.9), wird nicht aufhören (Jes 51,6), ist *ṣædæq* für ewig (Ps 119,142). Die *ṣeḏāqāh* kann auch als eine selbständige Größe in positiver Relation zu Gott auftreten. Sie ist bei ihm und nur bei ihm vorhanden (Jes 45,24; Dan 9,7). Er legt sie als einen Panzer an (Jes 59,17), er beugt sie nicht (Ijob 37,23), er liebt sie (Ps 11,7; 33,5). Sie ist auch bei der Weisheit zu finden (Spr 8,18).

Vor allem ist *ṣeḏāqāh* das positive, heilsame Eingreifen JHWHs. Sie fällt dem Volk zu (Dtn 6,25; 24,13); sie ist aus dem Mund JHWHs hervorgegangen (Jes 45,23), sie ist nahe (Jes 46,13; 51,6), sie wird dem Volk von JHWH zuteil (Jes 54,17), sie ist die Stütze JHWHs bei seinem Eingreifen (Jes 59,16). Man klagt, wenn sie fernbleibt (Jes 59,9.14). Die Gerechtigkeit JHWHs wird vollstreckt (Dtn 33,21); er erweist seinem Volk *ṣeḏāqôṯ* (1 Sam 12,7; Ps 103,6). JHWH macht die Gerechtigkeit zur Setzwaage (Jes 28,17), er füllt Zion damit (Jes 33,5), macht sie zur Regierung des Volkes (Jes 60,17), läßt sie sproßen (Jes 61,11), verleiht sie dem Königssohn (Ps 72,1) und offenbart sie vor den Augen der Völker (Ps 98,2).

In Gen 15,6 wird von JHWH *ṣeḏāqāh* dem Abraham angerechnet (zur Konstruktion des Verses und zur inhaltlichen Diskussion siehe G. von Rad, ThLZ 76, 1951, 129–132; H. Wildberger, ZThK 65, 1968, 129–159; Stendebach; D.H. van Daalen, Studia Evangelica 6, 1969/73, 556–570, bes. 563; H.H. Schmid, EvTh 40, 1980, 396–420; H. Groß, Festschr. F. Mussner, 1981, 17–29 und vor allem → חשב *ḥāšaḇ* und → אמן *'āman*, bes. I 328). In einer ähnlichen Konstruktion wird dem Pinehas das Eingreifen zur Gerechtigkeit (*liṣḏāqāh*) angerechnet (Ps 106,31). In Gen 15,6 steht *ṣeḏāqāh* ohne Präposition. Daraus ergibt sich, daß das fem. Suffix in *wajjaḥšeḇæhā* von *ṣeḏāqāh* gefärbt sein kann (H.S. Nyberg, Hebreisk grammatik, Uppsala 1952, § 84q). Das Gotteshandeln wird dadurch wie auch durch die konsekutive Verbform *wehæ'æmîn* hervorgehoben: Gott gab ihm Verheißungen, er glaubte, und Gott rechnete ihm das als Gerechtigkeit an.

Ein neues Verständnis des Verses (schon von Ramban im 13. Jh. vorgeschlagen) wurde von L. Gaston, Horizons in Biblical Theology 2, 1980, 39–68) und M. Oeming (ZAW 95, 1983, 182–197) in die Debatte geworfen. Hier wird Abraham den ganzen Vers hindurch als Subj. verstanden: Abraham glaubte dem Herrn und rechnete ihm das (was er versprochen hatte) als Gerechtigkeit(serweis) an. Dagegen sprechen vor allem die konsekutive Verbform und der Gottesname unmittelbar vor dem Verb „und er rechnete", wodurch „er" sich in natürlicher Weise auf Gott beziehen kann (B. Johnson, SEÅ 51/52, 1986/87, 108–115).

An einer Reihe von Stellen, bes. in der Weisheitsliteratur, ist es schwer zu entscheiden, ob *ṣeḏāqāh* als Ausdruck göttlicher oder menschlicher Aktivität zu verstehen sei. Die Gerechtigkeit (als Folge des ausgegossenen Geistes) wird im Garten wohnen (Jes 32,16). Gerechtigkeit errettet vom Tode (Spr 10,2; 11,4), behütet die unsträflich Wandelnden (Spr 13,6) und erhöht ein Volk (Spr 14,34). Einmal steht als Subj. die Erde, die Heil (*jæša'*) und *ṣeḏāqāh* sprossen läßt (Jes 45,8).

Die *ṣeḏāqāh* JHWHs zeigt sich als eine auf den Menschen gerichtete, positive und heilsame Aktivität. Der Mensch ist Empfänger (Ps 24,5). Die richtige Antwort des Menschen darauf ist, daß er diese Gerechtigkeit bekennt, preist und besingt (Ri 5,11; Mi 6,5; 7,9; Ps 22,32; 40,11; 51,16; 71,15ff.; 88,13; 145,7). Gottes errettendes Eingreifen wird gleichzeitig die *ṣeḏāqāh* dessen, der sie empfängt: „Der Herr hat unsere *ṣeḏāqôṯ* ans Licht gebracht; lasset uns das Walten JHWHs verkündigen" (Jer 51,10). Wenn Israel auf die Gebote JHWHs achtete, dann würde sein *šālôm* wie ein Strom und seine *ṣeḏāqāh* wie die Wellen des Meeres sein (Jes 48,18). Vgl. dazu das Bild von *ṣeḏāqāh* als ein nie versiegender Bach (Am 5,24).

Die Ausübung der menschlichen Gerechtigkeit wird gewöhnlich durch *'āśāh* ausgedrückt (etwa 20mal, oft mit *mišpāṭ* zusammen): der Mensch tut Gerechtigkeit (und Recht). Andere Verben sind „füllen" (Jes 33,5), „säen" (Spr 11,18) und „nachjagen" (Spr 15,9; 21,21). Die *ṣeḏāqāh* des Menschen ist für seinen Mitmenschen wichtig (Ijob 35,8); sie macht seinen Weg eben und rettet die Rechtschaffenen (Spr 11,5.6). Die *ṣeḏāqāh*, die der Mensch ausübt, kehrt auf ihn zurück (Ez 3; 18; 33). Als handelndes Subj. steht auch Gott (1 Sam 26,23; Ijob 33,26).

Die *ṣeḏāqāh* eines Menschen kann auch negativ beurteilt werden. Nicht nur fehlt beim Menschen die von ihm erwartete *ṣeḏāqāh*, sondern selbst die vorhandene *ṣeḏāqāh* zeigt sich als eine negative Größe: „Ich will deine Gerechtigkeit und deine Werke (*ma'aśæh*) bekannt machen; sie werden dir nichts nützen" (Jes 57,12); „unsere *ṣeḏāqôṯ* waren wie ein besudeltes Gewand" (Jes 64,5). Es geht um die *ṣeḏāqāh*, die der Mensch von sich selbst aus hervorbringen will, ohne die richtige Relation zu Gott.

Nicht selten hat *ṣeḏāqāh* die Bedeutung von „legitimer Anspruch". Jakob hat das Kleinvieh von einer besonderen Farbe als Lohn bekommen, und eine Kontrolle würde seine *ṣeḏāqāh* zeigen (Gen 30,33). Jakobs Gerechtigkeit besteht natürlich darin, daß er das Übereinkommen wirklich gehalten hat, aber seine *ṣeḏāqāh* ist auch, ganz konkret, das Kleinvieh, das er jetzt mit legitimem Recht besitzt. Mefiboschet hat keine weiteren Ansprüche: „Welche *ṣeḏāqāh* (Recht) hätte ich noch vom König zu beanspruchen?" (2 Sam 19,29). Nehemia weist die Nachbarvölker mit den Worten ab: „Ihr habt weder Anteil noch *ṣeḏāqāh* noch Gedächtnis in Jerusalem" (Neh 2,20). Diejenigen, die den Gerechten ihre Gerechtigkeit wegnehmen (Jes 5,23), entfernen dabei ihren legitimen Anspruch auf Anteilnahme an der Gemeinschaft. Vgl. die Worte gegen diejenigen, die *mišpāṭ* in Wermut verkehren und ṣ^{e}ḏāqāh zu Boden treten (Am 5,7). Schwierig ist Jes 10,22: „Vernichtung beschlossen, flutend ṣ^{e}ḏāqāh". Die zusammengezogene Konstruktion öffnet Möglichkeiten für verschiedene Übersetzungen (vgl. J.G. McConville, VT 36, 1986, 205–224, bes. 220).

Die häufigste Präposition bei ṣ^{e}ḏāqāh (wie bei *ṣædæq*) ist b^e. In, durch ṣ^{e}ḏāqāh wird Gott heilig (Jes 5,16), redet (Jes 63,1), ist Gott (Sach 8,8), leitet (Ps 5,9), befreit und rettet (Ps 31,2; 71,2), „läßt mich leben" (Ps 119,40), „erhört mich" (Ps 143,1) und „hilft mir" (Ps 143,11). Auch in dieser Verbindung tritt ṣ^{e}ḏāqāh oft als eine selbständige Größe auf, und die Abgrenzung zwischen göttlicher und menschlicher ṣ^{e}ḏāqāh wird unscharf. Durch ṣ^{e}ḏāqāh werden in Zion die sich Bekehrenden erlöst (Jes 1,27) und werden der Thron und das Volk fest gegründet (Jes 9,6; 54,14; Spr 16,12). In ṣ^{e}ḏāqāh sollte man wandeln (1 Kön 3,6) und schwören (Jes 48,1; Jer 4,2). Durch ṣ^{e}ḏāqāh tragen die Berge und Hügel *šālôm* (Ps 72,3); besser ist wenig mit ṣ^{e}ḏāqāh als großes Einkommen b^{e}lo' mišpāṭ (Spr 16,8); in ṣ^{e}ḏāqāh sollen Opfergaben dargebracht werden (Mal 3,3). Durch die ṣ^{e}ḏāqāh JHWHs wird das Volk erhöht (Ps 89,17), aber die Feinde sollen nicht „in sie hineinkommen" (Ps 69,28). Hier wird ṣ^{e}ḏāqāh fast als eine Sphäre verstanden. Die Gerechtigkeit ist nicht im Menschen vorhanden, sondern der Mensch lebt in der Gerechtigkeit Gottes. Wer Gerechtigkeit übt, soll leben (Ez 18,22), aber selbst die Gerechtigkeit von Noach, Daniel und Ijob könnte die treulose Stadt Jerusalem nicht retten (Ez 14,14ff.). Nicht die ṣ^{e}ḏāqāh des Volkes, sondern das heilsame Eingreifen JHWHs ermöglicht die Landnahme: „Nicht um deiner Gerechtigkeit willen ..." (Dtn 9,4ff.).

Die Präp. k^e kommt in Dan 9,16 vor: „JHWH, laß gemäß allen deinen ṣ^{e}ḏāqôṯ deinen Zorn sich abwenden." Gottes „Gerechtigkeiten" sind die früheren Wohltaten, die er seinem Volk erwiesen hat. Der Mensch kann auch zu Gott beten, daß er mit ihm nach der ṣ^{e}ḏāqāh des Betenden handeln werde (2 Sam 22,21.25; par. Ps 18 *ṣædæq*; vgl. auch 1 Kön 8,32). ṣ^{e}ḏāqāh steht auch mit *min*: man kann von der Gerechtigkeit fern sein (Jes 46,12); der Gerechte kann sich von seiner Gerechtigkeit abwenden (Ez 18,24.26; 33,18). Die Präp. l^e findet sich in Ps 106,31 (s.o.), Hos 10,12 und Joël 2,23: man sät *liṣḏāqāh*, und der Regen kommt *liṣḏāqāh*. Hier steht ṣ^{e}ḏāqāh für das Wachstum, fast synonym mit *šālôm* und b^{e}rāḵāh (oder liegt bei Joël der Ordnungsbegriff vor: „zu rechter Zeit"?). Die Präp. *'al* kommt zweimal vor: sich auf seine Gerechtigkeit verlassen und Böses tun (Ez 33,13); „nicht auf Grund unserer Gerechtigkeit flehen wir" (Dan 9,18).

In Cstr.-Verbindungen ist von „Werk" oder Ertrag (Jes 32,17), Mantel (Jes 61,10), Sproß (Jer 33,15); Frucht (Am 6,12), Sonne (Mal 3,20), Pfad, Weg (Spr 8,20; 12,28; 16,31) der „Gerechtigkeit" die Rede. In ken-ṣ^{e}ḏāqāh (Spr 11,19) steht ṣ^{e}ḏāqāh wohl adverbiell: fest in Gerechtigkeit.

4. Die Bedeutungsfelder von *ṣædæq* und ṣ^{e}ḏāqāh decken sich also nicht vollständig. Beide Begriffe werden oft synonym verwendet, aber öfters nimmt ṣ^{e}ḏāqāh deutliche Konkretisierungen an und kann deshalb, im Gegensatz zu *ṣædæq*, auch im Plural verwendet werden.

Diesen Unterschied hat O. Procksch (ThAT 1950, 569) notiert. Er sieht die Parallele zu anderen vergleichbaren Wortpaaren und beschreibt das Verhältnis von *ṣædæq* zu ṣ^{e}ḏāqāh als dem von *ḥeṭ'* zu ḥ^{a}ṭā'āh entsprechend, nämlich dem des objektiven Begriffes zur subjektiven Haltung zu ihm. *ṣædæq* ist „Ordnung"; ṣ^{e}ḏāqāh „Einordnung". A. Jepsen (Festschr. H.-W. Hertzberg, 1965, 78–89 = Jepsen, Der Herr ist Gott, 1978, 221–229) folgert, daß *ṣædæq* auf die richtige Ordnung geht, ṣ^{e}ḏāqāh auf ein rechtes Verhalten, das auf Ordnung zielt. Erst in der Spätzeit übernimmt *ṣædæq* die Funktion von ṣ^{e}ḏāqāh, als dieses sich konkretisiert. Ähnliche Gedanken liegen bei Justesen, Scullion und Schmid vor. In seiner „Gerechtigkeit als Weltordnung" stützt sich Schmid auf Jepsen und findet die Ordnung vor allem in *ṣædæq* verankert. *ṣædæq* ist die richtige, JHWH-gewollte, heilvolle Ordnung der Welt, ṣ^{e}ḏāqāh das ihr gemäße, richtige, heilvolle Verhalten – auch im Vollzug des Gerichts. Für Crüsemann (vgl. Michel) ist *ṣædæq* ein Abstraktum bzw. eine Qualität, ṣ^{e}ḏāqāh eine Tat oder wohl besser ein Tun. Auch in den Qumrantexten scheint dieser Unterschied vorhanden zu sein (Betz). Die Argumente von Jepsen u.a. wurden von B. Johnson (ASTI 11, 1977/78, 31–39) abgestützt.

Obwohl *ṣædæq* und ṣ^{e}ḏāqāh in vielen Fällen austauschbar sind, können sie nicht als Synonym behandelt werden. Mask. *ṣædæq* wird gewählt, wenn es sich um Richtigkeit und Ordnung handelt. Bei ṣ^{e}ḏāqāh liegt der Ton auf dem Handeln und Tun, nicht auf einem Zustand. ṣ^{e}ḏāqāh ist *ṣædæq* in Funktion.

ṣædæq wird oft mit Gott verbunden. Seine rechte Hand ist mit *ṣædæq* gefüllt (Ps 48,11; vgl. dazu Jes 41,10; Jer 50,7; Ijob 8,6). Die Tore von *ṣædæq* (Ps 118,19) stehen parallel zum Tor JHWHs, und das Volk als „*ṣædæq*-Terebinthen" (Jes 61,3) wird „die Pflanzung JHWHs" genannt. *ṣædæq* und *mišpaṭ* sind die Stützen des Thrones JHWHs (Ps 89,15).

ṣ^{e}ḏāqāh steht oft in Verbindung mit einer Bewegung und wird mit fließendem Wasser verglichen (Jes 48,18; Am 5,24) sowie mit dem Wachstum (Jes 61,11; Joël 2,23; Am 5,7; 6,12; Ps 72,3; Spr 11,18). In dieser Bildsprache wird *ṣædæq* gern mit dem vom Himmel kommenden Segen identifiziert, während ṣ^{e}ḏāqāh sich in der Fruchtbarkeit des Erdbodens zeigt: „die Wolken mögen *ṣædæq* herabströmen lassen ... Die Erde tue sich auf ... und sie lasse ṣ^{e}ḏāqāh sprossen" (Jes 45,8); „Säet nach ṣ^{e}ḏāqāh und erntet nach *ḥæsæḏ* ..., bis (JHWH) kommt und *ṣædæq* über euch regnen läßt" (Hos 10,12); „*ḥæsæḏ* und '^{æ}mæṯ begegnen einander, *ṣædæq* und *šālôm* küssen sich. '^{æ}mæṯ wird aus der Erde sprossen und *ṣædæq* vom Himmel niederschauen ... JHWH wird uns Gutes geben, und unser Land gibt seinen Ertrag. *ṣædæq* wird vor ihm gehen und ihn begleiten" (Ps 85,11–14). Vgl. auch Ps 65, wo Gottes *ṣædæq* (v.6) im Folgenden als Erntesegen beschrieben wird.

Es ist deutlich, vor allem in der metaphorischen Sprache, daß mask. *ṣædæq* mit Himmel und Regen verknüpft wird, während fem. *ṣ^{e}dāqāh* eher mit dem Erdboden und seiner Fruchtbarkeit zusammengehört. Es liegt natürlich nahe, dahinter kanaanäischen Sprachgebrauch zu vermuten. Dann aber ist auffallend, daß JHWH, Israels Gott, nicht näher mit einem der beiden Begriffe verbunden wird; daß er etwa mit *ṣædæq* hervorgetreten wäre, damit der Mensch oder das Volk mit *ṣ^{e}dāqāh* antworten sollte. *ṣ^{e}dāqāh* und *ṣædæq* werden gleichwertig mit JHWH verbunden. Er ist nicht nur Garant des *ṣædæq*-Prinzips, er greift auch ein und führt *ṣ^{e}dāqāh* durch.

5. Das Adj. *ṣaddîq* ist mit 206 Belegen das häufigste Wort des Stammes *ṣdq*. Es kann in Beziehung auf Gott und auf Menschen verwendet werden, kaum dagegen zur Beschreibung einer Sache oder einer Handlung. Nur in Dtn 4, 8 wird von Gottes *ḥuqqîm* und *mišpāṭîm* gesagt, daß sie *ṣaddîqîm* sind.

Wenn Gott als *ṣaddîq* bezeichnet wird, liegt im Kontext regelmäßig ein Handeln vor, durch das er seine Gerechtigkeit zeigt. Eine in Gott ruhende Eigenschaft wird nicht beschrieben, sondern sein heilsames Eingreifen: Gott ist ein gerechter und rettender Gott (Jes 45, 21). *ṣaddîq* steht in diesem Zusammenhang parallel mit *ḥannûn*, *raḥûm* und *ḥāsîd* (Ps 112, 4; 116, 5; 145, 17). Dabei wird der Bosheit der Gottlosen ein Ende gesetzt, und den Redlichen wird zu ihrem Recht verholfen (Jer 20, 12; Ps 7, 10. 12; 11, 7; 129, 4). Wenn der gerechte Gott das Volk für seine Bosheit straft, bleibt er gerecht. Die Strafe soll zur Bekehrung führen (Zef 3, 5). Der Mensch soll Gott die Ehre geben, indem er ihn als Gerechten bekennt (Dtn 32, 4; Jes 41, 26; Ps 119, 137). Der Angeklagte kann den Gegner als *ṣaddîq* anerkennen und seine eigene Schuld gestehen (Ex 9, 27; Jer 12, 1). Erlittene Strafe ruft oft im Volk solches Bekenntnis hervor (Klgl 1, 18; Dan 9, 14; Esra 9, 15; Neh 9, 8. 33; 2 Chr 12, 6). Dadurch wird zugegeben, daß JHWH im Recht ist; die volle Schuld liegt beim Volk. Da aber Gott *ṣaddîq* bleibt, kann man auf Vergebung und Aufrichtung hoffen.

In Jer 23, 5 wird ein *ṣæmaḥ ṣaddîq*, ein gerechter (oder „legitimer") Sproß, versprochen (J. Swetnam, Bibl 46, 1965, 29–40). Dieser wird als König mit Weisheit regieren und *mišpāṭ* und *ṣ^{e}dāqāh* tun. In Sach 9, 9 wird der König als *ṣaddîq*, *nôšā'* „sieghaft" und *'ānî* „demütig" beschrieben. Der König ist *ṣaddîq*, wenn er sich zu Gott und zu den Untertanen richtig verhält (2 Sam 23, 3).

Noach wird als *ṣaddîq* bezeichnet. Dies wird näher so ausgeführt, daß er *tāmîm* war und mit Gott wandelte (Gen 6, 9; vgl. auch v. 22; 7, 1). Seine Gerechtigkeit kann auch in der Perspektive der Erwählung zugunsten der Welt gesehen werden (M. Clark, VT 21, 1971, 261–280). Abimelech ist *ṣaddîq*, weil er in der Unschuld seines Herzens und mit reinen Händen gehandelt hat (Gen 20, 4f.). „Ihr seid *ṣaddiqîm*" sagt Jehu zum Volk (2 Kön 10, 9), weil es nicht an der Konspiration Jehus teilgenommen hat. David ist *ṣaddîq*, als er Saul schont (1 Sam 24, 17f.), und Ischboschet, als er unschuldig in seinem eigenen Haus ermordet wird (2 Sam 4, 11). Der *'æbæd* ist *ṣaddîq*, wenn er durch seine Erkenntnis den Vielen zur Gerechtigkeit verhilft (Jes 53, 11; vgl. H. Simian-Yofre, Bibl 62, 1981, 55–72).

An mehreren Stellen wird ausgeführt, was es heißt, *ṣaddîq* zu sein. Maßstäbe liegen vor im Dekalog, in den Torliturgien Ps 15 und 24, sowie in Ijob 31 und Ez 18, 5ff. (vgl. auch Ez 3 und 33). Diese Beschreibungen sind untereinander sehr verschieden. Es gibt keine fixierten Listen, sondern Sammlungen von Beispielen. Die Aufzählungen beginnen oft mit dem Verhältnis zu Gott, z. B. in der Form der Verwerfung fremder Götter, und enden mit zusammenfassenden Worten wie „wandeln", „Gottes Gebote halten" usw. *ṣaddîq* charakterisiert also den Lebenswandel (Jes 26, 7; Ps 1, 6; Ijob 17, 9; Spr 2, 20; 4, 18; 20, 7; Koh 7, 15). „Gerechtigkeit" und „Leben" treten in Hab 2, 4 zusammen auf: „Vermessen und nicht aufrichtig ist die Seele (des chaldäischen Unterdrückers) in ihm, aber der *ṣaddîq* lebt in seiner *'^{æ}mûnāh* (→ I 343; vgl. W. T. In der Smitten, Festschr. G. J. Botterweck, BBB 50, 1977, 291–300; J. M. Scott, VT 35, 1985, 330–340; A. H. J. Gunneweg, ZAW 98, 1986, 400–415), *'^{æ}mæt* (Ez 18, 9) oder *'^{æ}mûnāh* ist hier die grundlegende Einstellung, die sich in der Zuverlässigkeit und Treue konkretisiert (vgl. auch Ez 33, 12; Spr 21, 21).

Ohne nähere Bestimmung steht *ṣaddîq* z. B. in Gen 18, 23ff. und oft in der Weisheitsliteratur: das Herz und die Gedanken des Gerechten richten sich auf das, was recht ist (Spr 11, 9; 12, 5; 15, 28); der Gerechte redet recht (Ps 37, 30; Spr 10, 11. 20. 21. 31. 32) und haßt die Lüge (Spr 13, 5); seine Frucht ist ein Baum des Lebens (Spr 11, 30). Vor Gericht unterstützt er die gerechte Sache (Ez 23, 45; Ps 1, 5; 141, 5; Spr 12, 26; 21, 12. 15). Er ist barmherzig und freigebig und hilft den Bedrückten (Ps 37, 21; Spr 21, 26; 29, 7), selbst dem Vieh (Spr 12, 10). Er freut sich an JHWH und nimmt seine Zuflucht zu ihm (Ps 64, 11). Deswegen steht er fest, bleibt getrost und ist unerschrocken (Spr 10, 25; 14, 32; 28, 1), und sein Vater kann sich über ihn freuen (Spr 23, 24).

ṣaddîq steht oft im Gegensatz zu *rāšā'* (vgl. W. S. Prinsloo, NedGTT 22, 1981, 80–90). Diese beiden Extreme können zusammen als Ausdruck der Totalität gebraucht werden, wenn es z. B. heißt, daß JHWH *ṣaddîq* und *rāšā'* ausrotten will (Ez 21, 8). Nach Koh 7, 15; 8, 14; 9, 2 ergeht es dem *ṣaddîq* wie dem *rāšā'*. Der Prediger sieht keinen mechanischen Zusammenhang zwischen Gerechtigkeit und Erfolg. Auch ist kein Mensch so gerecht, daß er nicht sündigt (Koh 7, 20). Der Schatten der Gerechtigkeit ist immer die Selbstgerechtigkeit (Ijob 32, 1). Auch wenn der Gerechte in Gottes Hand weilt, ist er nicht vor Unglück geschützt. Er ist beständig den Angriffen des Bösen ausgesetzt, sei es unter dem Anschein des Gesetzes (Ex 23, 8; Dtn 16, 19; Jes 5, 23; 29, 21; Am 2, 6; 5, 12; Spr 17, 15. 26; 18, 5; 24, 15), sei es als Verfolgung von seiten der Gottlosen (Ez 13, 22; Hab 1, 4; Ps 31, 19;

34, 22; 37, 12. 32; 94, 21; Ijob 12, 4; 34, 17; Spr 25, 26; Klgl 4, 13). Der Gerechte wendet sich dabei mit Klagen und Gebet an Gott (Jes 57, 1; Hab 1, 3f.), aber die Antwort wird häufig in der Prüfung des Gerechten gesehen (Ps 11, 5; s. u. V. 4).

6. Die Konstruktion *ṣdq* + *min* wird oft ohne weiteres komparativ verstanden: „gerechter als". Aber es geht hier eher um einen Vergleich zwischen zwei Parteien, die einander gegenübergestellt werden, als um das Messen beider an einer Norm (GKa § 133b.c). Die zu beantwortende Frage ist: wer ist in der gegebenen Situation der Gerechte?

In Gen 38, 26 steht Tamar ihrem Schwiegervater Juda gegenüber. Mit den Worten *ṣāḏ^eqāh mimmænnî* gibt er zu, daß sie im Recht ist und er nicht. So ist auch David gerechter als Saul (1 Sam 24, 18) und Abner und Amasa in der Konfrontation mit Joab (1 Kön 2, 32). Im Vergleich zwischen den beiden abtrünnigen Schwestern Israel und Juda (Jer 3, 11; Ez 16, 51 f.) liegt eine komparative Deutung nahe. Aber das Urteil „Israel ist gerechter als Juda", besagt eher, daß Juda durch ihre Sünden die Schwester Israel als „gerecht" hat erscheinen lassen.

In Ijob 4, 17 wird die rhetorische Frage gestellt, ob ein Mensch im Vergleich mit Gott gerecht sein kann, und in Ijob 32, 2; 35, 2 wird Ijob vorgeworfen, daß er beansprucht, Gott gegenüber gerecht zu sein (vgl. dazu G. Fohrer, in: Essays in Old Testament Ethics, hg. von J. L. Crenshaw und J. F. Willis, New York 1974, 1–22; G. Many, Der Rechtsstreit mit Gott im Hiobbuch, 1971; B. Halpern, VT 28, 1978, 472–474). Will Ijob in diesem Wettkampf siegen, muß er auch bereit sein, die ganze Schöpfung zu erhalten und zu erneuern. – Ein nt.licher Ausläufer von *ṣdq min* liegt offenbar in Lk 18, 14 vor.

V. 1. *ṣdq* steht in einer engen Verbindung mit → ברית *b^erîṯ*, und zwar als bundesgemäßes Verhalten (vgl. E. Nielsen, StTh 6, 1952, 54–78; W. R. Roehrs, Lutherischer Rundblick 12, 1964, 154–174; J. E. Eggleton, The Ethical Import of Select Theological Concepts Reflected in the Thought of the Early Eight Century B. C. Hebrew Prophets, Diss. Univ. of Iowa 1973; P. Buis, La notion d'alliance dans l'Ancien Testament, Lectio Divina 88, Paris 1976; Sanders 198ff.; D. J. McCarthy, Treaty and Covenant, AnBibl 21 A, 1978). Seit der Untersuchung von N. Glueck (BZAW 47, ²1961) wurde *ḥæsæḏ* als Bezeichnung für den positiven Inhalt des Bundes verstanden, eine Auffassung, die in neueren Untersuchungen modifiziert worden ist (→ חסד *ḥæsæḏ*; vgl. K. D. Sakenfeld, The Meaning of Hesed in the Hebrew Bible: a New Inquiry, HSM 17, Missoula 1978; Kellenberger; siehe auch K. D. Sakenfeld, Faithfulness in Action, Philadelphia 1985). *ḥæsæḏ* bezeichnet nicht nur den Inhalt des Bundes, sondern steht auch als Parallele zu *b^erîṯ*. Dazu kommt, daß die Abgrenzung und Datierung der Bundesvorstellung in der neueren Diskussion nicht mehr so eindeutig sind. Aber mit diesen Vorbehalten liegen *ḥæsæḏ* und *ṣdq* am nächsten, um das positive Verhalten innerhalb des Bundes oder in einem Gemeinschaftsverhältnis überhaupt auszudrücken. Der Unterschied zwischen *ḥæsæḏ* und *ṣdq* in diesem Zusammenhang ist, daß *ḥæsæḏ* die offene, fast übersprudelnde Großzügigkeit angibt, während *ṣdq* die Form und die Wirkungen des positiv geordneten Gemeinschaftsverhältnisses beschreibt. Grundlegend für die Bestimmung der Funktion von *ṣdq* innerhalb des regulierten Gemeinschaftsverhältnisses ist die Untersuchung von Boecker. Er zeigt, daß *ṣaddîq* und *rāšāʿ* die beiden Parteien in einem Rechtsstreit bezeichnen. War die Gesellschaft durch ein Verbrechen gefährdet, war es Aufgabe des Richters zu erforschen, wer durch sein Benehmen die innere Zusammengehörigkeit der Gesellschaft bedrohte. Durch sein Urteil *'attāh ṣaddîq, hû' rāšāʿ* „du bist gerecht, er ist Frevler" hat der Richter die Entscheidung getroffen. Der Verbrecher wird nicht mehr direkt angeredet, sondern in der dritten Person erwähnt – seine Stellung außerhalb der Gesellschaft wird dadurch angedeutet. Der Unschuldige wird „gerechtfertigt" (*hiṣdîq*), indem der gerechte Richter oder König alle Versuche, ihm zu schaden, niederschlägt. Wer innerhalb dieser Gesellschaft steht, ist also *ṣaddîq*, solange sein Leben und Verhalten nicht gegen die Gemeinschaft verstoßen. Wenn jemand seinen Status als *ṣaddîq* in Frage stellt oder ihn dieser Stellung berauben will, erweist er sich selbst durch diese Handlung als *rāšāʿ* und stellt sich außerhalb der Gesellschaft.

Die at.liche Bundesgemeinschaft bekommt ihren besonderen Charakter dadurch, daß auch Gott ein Mitglied des Bundes ist. Deswegen zeigt er seine Gerechtigkeit, indem er seinen Bund aufrecht hält (Ps 111, 3. 5. 9). Gottes Gerechtigkeit ist natürlich unermeßlich größer als alle menschliche Gerechtigkeit, aber beide werden *ṣdq* genannt. Gott zeigt seine Gerechtigkeit, indem er den Bund und letztlich die ganze Schöpfung erhält. Die richtige und gerechte Antwort des Menschen besteht darin, innerhalb dieser von Gott gegebenen Gemeinschaft und ihr gemäß zu leben.

Wenn sich ein Bruch des Bundesverhältnisses zwischen Gott und Menschen ereignet, kann Gott nicht der Schuldige sein, weil das Recht von ihm untrennbar ist. Gott ist Ursprung und Garant aller Gerechtigkeit; es gibt keine von ihm getrennte Gerechtigkeit an sich. Wenn Gott also *ṣaddîq* ist, ist der Mensch *rāšāʿ*, solange er von Gott getrennt ist. Er muß seine Sünde bekennen und Gottes Gerechtigkeit bezeugen: „auf daß du recht behältst (*tiṣdaq*) mit deinen Urteilssprüchen" (Ps 51, 6).

Ein Bruch kann auch zwischen Gott und einem Menschen vorliegen, ohne daß sich der Mensch bewußt gegen Gott gewendet oder ihn verlassen hat. Ein Beispiel dafür ist die Diskussion bei Ijob, wo dieser scheinbare Bruch auf eine Prüfung des Gerechten zurückgeführt wird.

Die Frage nach dem Bestand des Bundes und nach Gottes Gerechtigkeit wurde in der Exilszeit brennend. Da Gott immerfort *ṣaddîq* ist, ist seine rettende *ṣᵉdāqāh* nicht aufgehoben. Es gibt also noch eine Zukunft und eine Hoffnung (Jer 29, 11; Klgl 3, 22).

2. Das Gesetz mit den dazu gehörigen Geboten und Vorschriften verhilft dazu, daß die Gerechtigkeit innerhalb der Gesellschaft funktioniert. Sowohl *bᵉrîṯ* als auch → תורה *tôrāh* treten als Ausdrücke für Gottes Handeln nebeneinander auf. In diesem Zusammenhang können auch *ṣdq* und *tôrāh* parallel stehen (III. 1.). Gott manifestiert seine heilsame Gerechtigkeit darin, daß er den Menschen sein Gesetz gibt. Entsprechend gehört es zur Gerechtigkeit des Menschen, daß er in Übereinstimmung mit diesem Gesetz lebt (vgl. J. M. Myers, Grace and Torah, Philadelphia 1975; H. Gese, Festschr. E. Käsemann, 1976, 57–77; A. Jepsen, ThLZ 93, 1968, 85–94 = Der Herr ist Gott, 1978, 155–162; R. Martin-Achard, ETR 57, 1982, 343–359; G. Braulik, ZThK 79, 1982, 127–160 = Int 38, 1984, 5–14).
Die Listen, in denen das Gesetz in konkreten Vorschriftenreihen dargestellt wird, sind nicht uniform (IV. 5). Sie umschreiben paradigmatisch die grundlegende und richtige Gottesrelation im Alltagsleben. *tôrāh* ist nicht nur „Gesetz", sondern auch „Weisung". Dabei fällt auf, daß gerade die sog. Torliturgien im Vergleich zu ähnlichen ägyptischen Texten, welche außer den ethischen auch kultisch-rituelle Vorschriften enthalten, (mit Ausnahme von Ez 18) exklusiv ethisch sind (M. Weinfeld, ScrHier 28, 1982, 224–250, bes. 239ff.; vgl. schon H. Ringgren, Psalmen, Urban Tb 120, 1971, 123).
Zu den Torliturgien siehe weiter K. Koch, Tempeleinlaßliturgien und Dekaloge (Festschr. G. v. Rad, 1961, 45–60); M. B. Dick, Job 31, The Oath of Innocence, and the Sage (ZAW 95, 1983, 31–53); S. Steingrimsson, Tor der Gerechtigkeit (ATS 22, 1984); E. Otto, Kultus und Ethos in Jerusalemer Theologie (ZAW 98, 1986, 161–179); T. Mettinger, Namnet och Närvaron. Gudsnman och gudsbild i Böckernas Bok, Örebro 1987; bes. 147f.

3. Es ist auffallend, daß Gerechtigkeit und Sühne im AT kaum in einer engeren Beziehung zueinander stehen. Das hängt offenbar damit zusammen, daß ein Mensch Gott nicht versöhnen kann (→ כפר *kippær*). Sünde und Unreinheit eines Menschen werden durch Opfer und andere Riten entsühnt, was zu einem Leben in Gerechtigkeit gehört, aber den Grund dafür nicht ausmacht. Wenn der Gerechte und seine Lebensweise beschrieben werden, werden in erster Linie seine Gottesbeziehung und sein dazu gehöriges ethisches Handeln genannt. Wird das Verhältnis zu Gott durch Sünde gestört, kommen zuerst Sündenbekenntnis und Vergebung in Frage (Ps 32; 51). Opfer werden im Zusammenhang mit den abschließenden Gelübden erwähnt. Der Gerechte bringt auch Opfer (Ijob 1, 1. 5), aber diese haben in seinem Gottesdienst neben Gebet und Lobgesang ihren Platz als Ausdruck seines Gottesverhältnisses.
Im Zusammenhang eines Sühnegeschehens wird *ṣdq* primär an den, der die sühnende Handlung ausführt, geknüpft. So wird das Eingreifen von Pinhas ihm zur Gerechtigkeit angerechnet (Ps 106, 30f.), und der Gottesknecht verhilft als Gerechter den Vielen zur Gerechtigkeit, indem er ihre Sünden trägt (Jes 53, 11). Das sühnende Handeln ist hier nicht Bedingung, sondern Ausdruck der Gerechtigkeit, die sich durch dieses Handeln erweitert.

4. Das Modell vom „Tun-Ergehen-Zusammenhang" dient zur Beschreibung des Verhältnisses des Gerechten zu seinem Gott. Wenn die Gerechtigkeit eines Menschen nicht automatisch zu Glück und Erfolg führt, nimmt man an, daß der Gerechte von Gott geprüft wird (→ בחן *bāḥan*; → חקר *ḥāqar* → נסה *nissāh*). Wenn JHWH den Bund überwacht und aufrechterhält, gehört auch dazu, daß er den Bundespartner prüft (B. Gerhardsson, The Testing of God's Son, CB, NT Series 2:1, 1966, 25–35; L. Ruppert, Der leidende Gerechte, FzB 5, 1972). Auch wenn diese Prüfung ein Unbehagen für den Bundespartner bedeutet, zielt sie auf das positive Aufrechterhalten des Bundes.
Objekt der Prüfung ist das ganze Volk oder der einzelne. Die Prüfung des einzelnen bekommt besonderes Gewicht, wenn sie darauf zielt, die Zugehörigkeit zum Rest zu bestimmen (Am 9, 9). In Jes 7 wird der König Ahas vor die Entscheidung gestellt und besteht die Probe nicht (vgl. auch Ez 9 und Sach 13, 8). Der Freispruch des Gerechten vor Gericht wird mit der Prüfung von seiten JHWHs zusammengesehen (Ps 7, 9f.). Dabei tritt der Gegensatz zwischen dem Gerechten und dem Gottlosen zutage (Ps 11, 5).
Die Prüfung wird bisweilen als eine besondere Auszeichnung gesehen, die den Auserwählten zuteil wird. Dadurch wird dem Gerechten eine Gelegenheit gegeben, seine Unschuld zu zeigen (Ijob 23, 10–12). Diese Unschuldserklärungen (wie z. B. in Ps 15; 17; 24; 26) weisen grundlegend auf die ununterbrochene Gottesbeziehung – daß der Mensch von sich selbst keine Gerechtigkeit vor Gott besitzt, wird auch in ähnlichen Texten betont (Ps 143, 1f.; Ijob 9, 2ff.). Deswegen kann diese göttliche Prüfung gewünscht werden, damit die Gottesbeziehung des Gerechten befestigt wird (Ps 139, 23f.).
Der Gemeinschaftscharakter der Gerechtigkeit bedeutet, daß die bestandene Prüfung des einzelnen ein Segen auch für die Gemeinde ist. Dieser Gedanke geht beim „leidenden Gerechten" einen Schritt weiter. Der Gerechte wird nicht nur durch sein Leiden befähigt, anderen zu helfen, sondern er nimmt das Leiden der anderen auf sich. Jede Auserwählung hat in sich ein Moment des stellvertretenden Leidens. Aber dazu kommt, daß „der leidende Gerechte" durch sein Leiden Versöhnung stiftet (Ps 22; 69; Jes 53).

VI. Die Wörter des Stammes *ṣdq* werden in der LXX regelmäßig durch δικαιοῦν, δικαιοσύνη und δίκαιος wiedergegeben. Außerdem wird an etwa 25 Stellen δικαιοσύνη als Übersetzung von *ḥæsæḏ*, *'æmæṯ*, *miš-*

pāṭ u.a. verwendet. Andererseits hat der griech. Übersetzer an etwa 50 (von den rund 270) Stellen das hebräische *ṣædæq*/*ṣᵉḏāqāh* mit anderen griech. Termini wiedergegeben.

Viele Untersuchungen sind der Frage der Übersetzung von *ṣdq* in der LXX gewidmet: C. H. Dodd, The Bible and the Greeks, London 1935; A. Descamps, La justice de Dieu dans la Bible grecque, Studia Hellenistica 5, 1948, 69–92; N. M. Watson, Some Observations on the Use of ΔΙΚΑΙΟΣ in the Septuagint, JBL 79, 1960, 255–266; O. Kaiser, Dike und Sedaqa, Neue Zeitschrift für systematische Theologie und Religionsphilosophie 7, 1965, 251–273; D. Hill, Greek Words and Hebrew Meanings, Society for NT Studies, Monograph Series 5, Cambridge 1967, bes. 82–162; M. J. Fiedler, Δικαιοσύνη in der diaspora-jüdischen und intertestamentarischen Literatur, JSJ 1, 1970, 120–143; J. W. Olley, „Righteousness" in the Septuagint of Isaiah, SBL Septuagint and Cognate Studies 8, Missoula 1979; T. Muraoka, On Septuagint Lexicography and Patristics, JThSt 35, 1984, 441–448.

Das hebr. *ṣædæq*/*ṣᵉḏāqāh* unterscheidet sich von δικαιοσύνη vor allem dadurch, daß *ṣdq* als Relationsbegriff das Verhältnis zwischen zwei Parteien angibt, während δικαιοσύνη als eine der vier Kardinaltugenden einen Habitus des Menschen beschreibt. Deswegen fällt es z. B. in Ps 24, 4 f. dem Übersetzer schwer, *ṣᵉḏāqāh* mit δικαιοσύνη wiederzugeben, wenn es um Segen und Gerechtigkeit geht, die der Schuldlose von Gott bekommen wird; er wählt also ἐλεημοσύνη 'Barmherzigkeit'. Ähnliche Beispiele liegen in Jes 1, 27; 56, 1; 59, 16; Ps 103, 6 u. a. vor. An einigen dieser Stellen kann das Verständnis von *ṣᵉḏāqāh* als „Almosen" mitgespielt haben, vgl. die spätere Bedeutungsentwicklung (B. Janowski, Sühne als Heilsgeschehen, WMANT 55, 1982, 139 f.) sowie auch das aram. *ṣiḏqāh* (Dan 4, 24) und, im Anschluß daran, Mt 6, 1 f. (W. Nagel, Gerechtigkeit – oder Almosen? Vigiliae Christianae 15, 1961, 141–145). Andere Übersetzungen sind καθαρός, κρίμα, κρίσις, ἀληθής, πιστός, εὐφροσύνη (Mantel der „Fröhlichkeit", Jes 61, 10). Das Verb kann auch mit δίκαιος + ἀναφαίνειν oder ἀποφαίνειν wiedergegeben werden.

Der griech. Übersetzer hat im allgemeinen nicht gezögert, hebr. Ausdrücke wörtlich zu übersetzen, aber in diesem Fall lag die Schwierigkeit darin, daß δικαιοσύνη als Ausdruck einer rettenden und heilsamen Gerechtigkeit dem griech. Sprachgebrauch fremd war. Δικαιοσύνη bzw. δίκαιος ist das, was man besitzt oder ist, aber kaum, was man empfängt. Diese schon in der LXX vorliegende Schwierigkeit, hebr. *ṣdq* völlig zu verstehen, zeigt sich in der Wirkungsgeschichte bis heute (vgl. dazu F. Stolz, ZEE 18, 1974, 246 f. mit Lit.).

VII. In den Qumrantexten kommt die Wurzel *ṣdq* häufig vor (ca. 140 Belege). Grundlegend sind die Untersuchungen von P. Wernberg-Møller, צדק, צדיק and צדוק in the Zakodite Fragments (CDC), the Manual of Discipline (DSD) and the Habakkuk Commentary (DSH) (VT 3, 1953, 310–315) und J. Becker, Das Heil Gottes. Heils- und Sündenbegriffe in den Qumrantexten und im NT (SUNT 3, 1964); S. Schulz, ZThK 56, 1959, 155–185; W. Grundmann, RQu 2, 1960, 237–259 (vgl. auch J. K. West, Justification in the Qumran Scrolls, Diss. Vanderbilt University, 1961 und Sanders, 305 ff.). Im Anschluß an Koch u. a. findet Becker, daß *ṣdq* in den Qumrantexten, wie im AT, eine heilsame, nie dagegen eine strafende Gerechtigkeit bezeichnet. Die rettende *ṣᵉḏāqāh* ist eine Gabe Gottes. Aber es besteht ein wichtiger Unterschied: die Willensfreiheit, die z. B. von den Pharisäern stark betont wurde, tritt in den Hintergrund. An ihrer Stelle wird der Prädestinationsgedanke unterstrichen. Dieser Gedanke konnte auch an die Vorstellung vom Rest anknüpfen. Die auserwählte Gruppe repräsentierte nunmehr das wahre Israel.

In 1 QM 17, 8 scheint eine Hypostasierung der Gerechtigkeit vorzuliegen: „*ṣædæq* wird sich freuen" (G. Pfeifer, Ursprung und Wesen der Hypostasenvorstellungen im Judentum, AzTh I/31, 1967, 36); vgl. aber die von H. Ringgren (SEÅ Suppl. 15, Uppsala 1956, 36) angeführte alternative Übersetzung „er wird sich in Gerechtigkeit freuen".

Ein besonderes Problem stellt der *môræh haṣṣædæq* „Lehrer der Gerechtigkeit" dar (→ III 919). War er ein bedeutsamer Leiter in der Geschichte der Qumrangemeinde (P. Wallendorff, מורה הצדק Rättfärdighetens lärare, Helsinki 1964) oder sogar Johannes der Täufer (B. Thiering, Redating the Teacher of Righteousness, Australian and New Zealand Studies in Theology and Religion I, Sydney 1979)? Zur Frage einer möglichen Verbindung vgl. auch R. Eisenmann, Maccabees, Zadokites, Christians and Qumran, Studia Post-Biblica 34, Leiden 1983, 36 f.). Hier muß man aber vorsichtig sein (vgl. H. Burgmann, RQu 10, 1980, 314–317) und wenigstens die Identifizierung offen lassen (so neulich B. Otzen, Den antike jødedom, Kopenhagen 1984, 124 f., sich Ringgren und Vermés anschließend).

B. Johnson

צָהֳרַיִם *ṣŏhᵒrajim*

I. 1. Etymologie – 2. LXX – II. At.liche Verwendung – 1. Zeitangabe – 2. Mittagsdämon – 3. Theologischer Kontext.

Lit.: *G. Dalman*, AuS I/2, 1928, 610–613. – *E. Mahler*, Die chronologische Bedeutung von ערבים und צהרים (ZDMG 68, 1914, 677–686). – *J. de Fraine*, Le „démon du midi" (Ps 91 [90], 6) (Bibl 40, 1959, 372–383).

I. 1. Zur etymologischen Klärung von *ṣŏhᵒrajim* liegen zwei divergierende Ansichten vor. So wird bisweilen verwiesen auf akk. *ṣēru* 'Rücken' (AHw

1093–1095; CAD Ṣ 138–147) und hebr. ṣohar (Gen 6, 16 hap. leg.) 'Rücken' und 'Dach', so daß von daher ṣŏhᵒrajim als Kulminationspunkt der Sonne verständlich wird (J. E. Armstrong, VT 10, 1960, 328; THAT I 647; KBL³ 946). Nicht überzeugend ist hingegen die Bezugnahme auf die ugar. Wurzel ṯhr/ẓhr 'glänzen' (WUS Nr. 1115; J. A. Emerton, ZAW 79, 1967, 236; J. H. Eaton, JThSt 19, 1968, 605).
An außerbiblischen Belegen der Wurzel in der Bedeutung „Mittag" ist zu verweisen auf moab. ṣhr in der Mescha-Stele (KAI 181, 15; DISO 244), syr. ṭahrā (Brockelmann, LexSyr 269), kanaan. ṣhr (EA 232, 11), den asarab. GN ḏāt ẓahrān (vgl. jedoch ẓhr 'Rücken', Biella 230 f.) und arab. ẓahr 'Rücken', ẓuhr 'Mittag' (Lane I 1929).
Bei hebr. ṣŏhᵒrajim handelt es sich weder um einen Pl. noch um einen Dual. Vielmehr wird an eine Adverbialendung -am zu denken sein, wie sie bei jôm in der Form jômām auftritt und in KAI 181,15 auch für moab. ṣhr belegt ist (Joüon § 91 g).
2. LXX übersetzt ṣŏhᵒrajim mit μεσημβρία; nur in 1 Kön 18, 29 ist δειλινόν gewählt.

II. Mit boqær (→ בקר) und ʿæræḇ (→ ערב) gehört ṣŏhᵒrajim zu den Termini, die den Tag (→ יום jôm) in die Haupttageszeiten einteilen (vgl. Ps 55, 18a). Dabei bezeichnet ṣŏhᵒrajim den Höchststand der Sonne, d. h. den Mittag. At.lich finden sich 23 Belege, wobei eine spezifische Verteilung auf lit. Schichten nicht erkennbar ist.
1. Als Zeitangabe gibt ṣŏhᵒrajim zunächst nur die Tageszeit an. Das ist der Fall bei der Erwähnung des Mittagessens (Gen 43, 16. 25) sowie des Mittagschlafes (2 Sam 4, 5), bzw. -lagers (Hld 1, 7). Aus Ps 55, 18, wo Abend, Morgen und Mittag als Gebetszeiten genannt werden, läßt sich nicht ohne weiteres auf die Existenz eines institutionalisierten Mittagsgebetes schließen, da die hier vorliegende meristische Sprechweise den gesamten Tag meint (gegen J. Krašovec, BietOr 33, 1977, 132). Ebenfalls als Merismus zur Bezeichnung des Vormittags dient die Formulierung babboqær – bᵉʿeṭ ṣŏhᵒrajim in Jer 20,16 sowie die Beschreibung der Anrufung des Baʿal durch seine Propheten von Morgen bis Mittag (1 Kön 18, 26) und deren Raserei vom Mittag bis zur Zeit des Speiseopfers (1 Kön 18, 27).
Aufgrund des Sonnenhöchststandes ist der Mittag für militärische Operationen ungünstig; um so überraschender ist es, wenn der Feind zu dieser Zeit angreift (1 Kön 20,16; Jer 6,4). Im militärischen Kontext kann baṣṣŏhᵒrajim auch die Konnotation „schon am Mittag" haben: So wird nach Zef 2, 4 Aschdod nach einem nur halbtägigen Kampf schon am Mittag in die Gefangenschaft geführt. Als vergleichbarer Text ist eine Notiz aus der Mescha-Stele anzuführen, der zufolge Mescha Nebo einnimmt, nachdem er es nur von Morgen bis zum Mittag bekämpft hatte (KAI 181, 15–16; vgl. W. Rudolph, KAT XIII/3, 280 Anm. 2).

stellungen eines zur Mittagszeit auftretenden Dämons nachweisen. So spricht Ps 91, 6 von der Seuche, die am Mittag wütet (vgl. H. Gunkel, Die Psalmen, ⁵1968, 404; de Fraine), während nach Jer 15, 8 JHWH es selber ist, der den Verwüster (šoḏeḏ) über die Frauen Jerusalems bringt und Angst und Schrecken über sie fallen läßt. Vielleicht hat diese Vorstellung auch in Zef 2, 4 nachgewirkt dergestalt, daß hier die Seuche (šeḏ) die Stadt am Mittag vertreibt (vgl. K. Seybold, SBS 120, 1985, 45), doch scheint gerade auf dem Hintergrund der Mescha-Stele die rein zeitliche Bedeutung von ṣŏhᵒrajim an dieser Stelle vorzuziehen zu sein. Ebenso fraglich ist, ob die Vorstellung des Mittagsdämons in 2 Kön 4, 18–20 nachwirkt, da das Kind der Schunamitin über Kopfschmerzen klagt und am Mittag stirbt (vgl. dazu P. Hugger, Jahwe meine Zuflucht, 1971, 197 Anm. 135).
Als Hintergrund für die Sicht der Mittagszeit als Zeit der Krise kann auf die äg. Vorstellung von der Sonnenbarke verwiesen werden, deren Stillstand in der Mittagszeit als Kulminationspunkt der Krise angesehen wird; einer Krise, die als Hunger, Seuche und Krieg hereinbrechen kann (vgl. J. Assmann, OBO 51, 1983, 78).
3. Die Rede vom Handeln Gottes am Mittag ist ambivalent, da Gott sowohl Unheil wie Heil für den Menschen schafft. Ersteres dürfte in Kontinuität zur Annahme böser Dämonen, die am Mittag auftreten, stehen. So bewirkt JHWH auf den Ungehorsam des Menschen hin, daß dieser am hellen Mittag blind umherläuft (Dtn 28, 29), was auch für die Weisen gilt, die am Mittag umhertappen wie in der Nacht (Ijob 5, 14; an beiden Stellen māšaš pi). Dasselbe bewirkt der sündige Mensch für sich selbst, der am Mittag zu Fall kommt (→ כשל kšl) und wie die Toten schon im Dunkel lebt (Jes 59, 10). An diesen drei Stellen ist ṣŏhᵒrajim in bildlicher Sprache der mangelnden Einsicht des Menschen entgegengesetzt.
Das Gericht Gottes über den Menschen drückt sich darin aus, daß Gott am Mittag die Sonne untergehen läßt (Am 8, 9). Als Antithese hierzu ist zu verweisen auf den Stillstand der Sonne an ihrem Kulminationspunkt mitten am Himmel (Jos 10, 13), was für Israel den Sieg und die Niederlage für die Feinde bedeutete (vgl. dazu H.-P. Stähli, OBO 66, 1985, 35 f.).
Im Unterschied hierzu steht ṣŏhᵒrajim als positiv konnotierter Vergleichsterminus zur Anzeige des rechten menschlichen Verhaltens. So verheißt TrJes demjenigen, der die Unterdrückung beendet, niemanden verachtet und Not lindert, daß seine Finsternis hell wird wie der Mittag (Jes 58, 9 f.). Ebenso führt JHWH die Gerechtigkeit der Rechtschaffenen heraus wie die Sonne das Licht und sein Recht wie den Mittag (Ps 37, 6). Hiermit ist die Zusage zu vergleichen, daß sich das Leben der Rechtschaffenen heller als der Mittag erhebt (Ijob 11, 17).

Niehr

צַוָּאר *ṣawwā'r*

I. 1. Etymologie – 2. Belege – 3. LXX – II. Gebrauch – 1. Hals von Tieren – 2. Kontext von Begrüßung – 3. Ausdruck des Stolzes – 4. Träger des Jochs (Gerichts).

Lit.: *W. Bunte*, Hals (BHHW II 628). – *P. Dhorme*, L'emploi métaphorique des noms des parties du corps en hébreu et en accadiens (RB 29, 1920–32, 1923, Sonderdruck Paris 1923 = 1963). – *H. Holma*, Die Namen der Körperteile im Assyrisch-Babylonischen (AASF B VII 1, Helsinki 1911). – *O. Keel*, Deine Blicke sind Tauben. Zur Metaphorik des Hohen Liedes (SBS 114/115, 1984). – *J. Oelsner*, Benennung und Funktion der Körperteile im hebräischen AT (Diss. Leipzig 1960). – *Th. Schlatter*, Hals (Calwer Bibellexikon, 1959, 458).

I. 1. Klare Hinweise auf die Etymologie von *ṣawwā'r* liegen nicht vor. Zur Frage nach einer gemeinsemit. Grundform vgl. KBL³ 946 (**ṣawar*/*ṣaur* oder *ṣaw'ar*). Entsprechungen finden sich im Altakk., Syr., Jüd.-aram., Christl.-paläst., Samar., Mand. sowie im Äth. in der Bedeutung 'Lastträger' und im Arab. als *ṣaur* in der Bedeutung 'Ufer'. Eine Nähe zum arab. Verständnis zeigt auch das assyr. Äquivalent *kišādu*, welches u. a. neben 'Hals/Nacken' auch 'Ufer' bedeuten kann (Holma 39). Zur Verwendung von *kišādu* (AHw 490) in ähnlichen Kontexten wie *ṣawwā'r* im AT Genaueres bei Dhorme 91. Zur Bedeutung → ערף *'oræp*.

2. Das Nomen *ṣawwā'r* in der Bedeutung 'Hals/Nacken' begegnet im AT 27mal im Sing. (Gen 27, 40; 41, 42; Dtn 28, 48; Neh 3, 5; Ijob 15, 26; 39, 19; 41, 14; Ps 75, 6; Hld 1, 10; 4, 4; 7, 5; Jes 8, 8; 10, 27; 30, 28; 52, 2; Jer 27, 2. 8. 11; 28, 10. 11. 12. 14; 30, 8; Klgl 1, 14; 5, 5; Hos 10, 11; Hab 3, 13). Daneben stehen 13 Belege im Pl. (Gen 27, 16; 33, 4; 45, 14 [2mal]; 46, 29 – wobei in Gen 33, 4 das Q in Angleichung an Gen 45, 14; 46, 29 zu lesen ist; Jos 10, 24 [2mal]; Ri 5, 30; 8, 21. 26; Jer 27, 12; Ez 21, 34; Mi 2, 3 mit der Besonderheit der Pl.-Bildung auf *ôṯ*). Abgesehen von CD 1, 19 (vgl. u. II. 4.) findet sich kein Beleg in Qumran. Sir spricht nur in 51, 26 von *ṣawwā'r* (vgl. u. II. 4.).

3. Die LXX übersetzt fast durchgehend mit τράχηλος, nur vereinzelt mit φάραγξ (Jes 30, 28) oder ὦμος (Jes 10, 27); in Ijob 15, 26 steht sinngemäß ὕβρει für *beṣawwā'r*. Zu Ps 75, 6 s. u.

II. 1. Einige Belege, wie Ijob 39, 19 und Ri 8, 21. 26, sprechen zunächst vom Schmuck des Tierhalses, wobei Ijob 39, 19 den natürlichen, von Gott als Schöpfer gegebenen Schmuck der Mähne des Rosses im Blick hat, Ri 8, 21. 26 hingegen die mit Amuletten geschmückten Hälse von Kamelen der Midianiter. In Ijob 41, 14 steht weniger der Hals des Krokodils als solcher im Vordergrund, vielmehr wird bereits deutlich, daß der Hals Symbol für die Stärke seines Besitzers sein kann, hier allerdings eher für die physische als für die psychische.

2. Im Zusammenhang mit einer besonders innigen Begrüßung begegnet *ṣawwā'r* in Gen 33, 4; 45, 14; 46, 29 (vgl. auch Lk 15, 20). Hintergrund der hervorgehobenen Begrüßung durch das Um-den-Hals-Fallen ist jeweils eine durch schuldhaftes Verhalten hervorgerufene Trennung, so daß Westermanns Äußerung zu Gen 33, 4 insgesamt gilt: „In dieser herzlichen Bewillkommnung ist die Vergebung eingeschlossen.“ (BK I/2, 639). Möglicherweise wird dieser Aspekt unterstrichen durch die Verwendung des Pl. von *ṣawwā'r* auch bei den Einzelpersonen als Intensivplural.

3. Eine größere Textgruppe spricht vom „Hals“ in übertragener Bedeutung (Stolz, Würde), und das sowohl positiv als auch negativ. Die goldene Kette, die der Pharao Josef um den Hals legt (Gen 41, 42), verleiht dem Beschenkten besondere Ehre. Der geschmückte Hals der Geliebten wird Hld 1, 10 besungen und in Hld 4, 4; 7, 5 mit einem Turm verglichen. Dieser Vergleich wird wohl weniger die Form des Halses bestimmen, sondern eher Hinweis auf die Würde, den Stolz und das Selbstbewußtsein der Frau sein. Inwieweit darin auch ein Zeichen für die Unantastbarkeit bzw. die Wahrung der Jungfräulichkeit der Frau zu sehen ist, läßt sich nicht eindeutig bestimmen und erscheint zumindest zweifelhaft (vgl. dazu genauer Keel, 32–39 wie auch ZBK 18, z. St.). Einen Ausdruck des Siegerstolzes zeigt Ri 5, 30, wenn die erbeuteten Tücher zum Halsschmuck des Siegers gebraucht werden.

Eher mit negativem Vorzeichen steht in Jos 10, 24 die Aufforderung, daß die Sieger den Besiegten die Füße auf die Nacken setzen sollen als Zeichen der völligen Unterwerfung, die mit dem Verlust des Stolzes der Unterworfenen einhergeht. In Ijob 15, 26 wird das Verhalten des Menschen, der sich Gott widersetzt, indem er mit dem „Hals“ gegen ihn anrennt, kritisiert. Ähnlich übt Neh 3, 5 Kritik an den Vornehmen, die den Nacken nicht gebeugt haben und zu stolz waren, um am Mauerbau teilzunehmen. *'ᵃdonêhæm* wird hier kaum als Gottesbezeichnung zu verstehen sein, so daß anders als in Ijob 15, 26 nicht das stolze Verhalten gegenüber Gott, sondern gegenüber Menschen verurteilt wird.

Textkritisch umstritten ist, ob auch Ps 75, 6a als Tadel stolzen Verhaltens zu verstehen ist mit der Aufforderung, keine Rede zu führen mit frechem Hals. Der LXX entsprechend wird vorgeschlagen, hier *ṣûr* statt *ṣawwā'r* zu lesen (in Analogie zu Hab 3, 13, wo die Veränderung aufgrund des Kontextes zwingend scheint). Die par. Stellung zu *mārôm* in Ps 75, 6a legt es nahe, der LXX zu folgen, wohingegen das *tārîmû* durchaus auch eine Fortführung in *ṣawwā'r* finden könnte. Dann würde *ṣawwā'r* allein hier gebraucht für die Art des Redens (gegenüber Gott), so daß der LXX der Vorzug gegeben werden sollte (vgl. H.-J. Kraus, BK XV/2⁵, 684; F. Baethgen, GHK II/2², 232 mit Hinweis auf die Interpretation bei A, Quinta und Hier., S, Targ., die die MT-Fassung beibehalten, und auf Σ).

4. Das Joch (→ מוט *mwṭ* → על *'ol*), das JHWH seinem Volk auf den Nacken/Hals legt, ist angesprochen in

Dtn 28,48; Jer 27,2.8.11.12; 28,10.11.12.14 (vgl. Apg 15,10), wobei Jer 27,2; 28,10.12 das konkret sichtbare Joch der Zeichenhandlung meint. Als Element einer solchen Zeichenhandlung verweist es aber schon auf das Joch des strafenden Handelns JHWHs. Aufgabe des Volkes ist es, sich diesem Joch zu beugen, seinen Nacken dafür (her)zugeben (Jer 27,8.11) und so die Herrschaft der Babylonier zu akzeptieren und JHWH gehorsam zu sein. Eine besondere Demütigung kommt zum Ausdruck mit der Rede vom eisernen Joch (Jer 28,14; Dtn 28,48), das JHWH als nicht zerbrechbares auferlegt – in Jer 28 bewußt der Rede von Hananja entgegensetzt, der die Aufhebung des Jochs der Babylonier vom Nacken aller Völker verkündet. Der Kontext wie die sonstige Rede vom Joch verweisen darauf, daß in Hos 10,11 eher eine Verschärfung der Situation Ephraims angesprochen ist mit dem Joch, das JHWH ihm auf den Nacken legt, (K. Marti, KHC XIII 83) als ein Zeichen dafür, daß JHWH Größeres mit Ephraim vorhatte (so J. Jeremias, ATD 24/1, 134). Das Lösen des Jochs vom Hals/Nacken ist Inhalt von Gen 27,40; Jes 10,27; 52,2 (Q); Jer 30,8, wobei in Jes 10,27; 52,2; Jer 30,8 JHWH Urheber des Lösens ist, das in der Befreiung aus der Bedrängung aus der Fremdherrschaft Assurs (Jes 10,27) bzw. Babylons (Jes 52,2; Jer 30,8) besteht. Anders Gen 27,40, wo von der Befreiung Esaus vom Joch seines Bruders die Rede ist.

Von einem vordergründig anders gearteten Joch auf dem Nacken sprechen Klgl 1,4; 5,5 mit dem Hinweis auf die eigene Sünde (1,4) bzw. auf die Sünde der Väter (5,5), die niederdrückt. Besonders Klgl 5,5 wird dann aber doch auch an die Fremdherrschaft als Folge der Sünde zu denken sein. Eher positiv als demütigend wird das Beugen des Nackens unter das Joch in Sir 51,26 gesehen, da es hier um das Joch der Weisheit geht. Im Kontext von Gerichtsaussagen begegnet *ṣawwā'r* auch in den übrigen Texten. Jes 8,8; 30,28 sprechen vom Wasser, das bis an den Hals reichen wird. Jes 8,8 denkt dabei wohl an die Assyrer, die Juda bedrängen werden (hier ist kaum an eine konkrete Überschwemmung, noch gar an die des Euphrat, zu denken, so B. Duhm, GHK III/1, 56). Jes 30,28 hebt ab auf den Zorn JHWHs in einem Gerichtswort gegen Assur. Die Bedrohung durch Fremdvölker steht auch hinter Ez 21,34, wonach die Ammoniter ihr Schwert an den Hals wohl der Judäer setzen. An die Rede vom Joch erinnert Mi 2,3 mit dem Hinweis darauf, daß das Volk seinen Nacken nicht aus dem Unheil ziehen können wird. Der einzige Beleg in Qumran (CD 1,19) erhebt in einer Reihe von Anklagen den Vorwurf, daß die Schönheit des Halses erwählt wurde. Möglicherweise ist darin ein Hinweis auf die Ablehnung von JHWHs Joch zu sehen (vgl. J. Maier, Die Texte vom Toten Meer II, 1960, 43). Zur Rede von *ṣawwā'r* in den aram. Texten vgl. ATTM 675.

Nur als Bezeichnung eines Körperteils steht *ṣawwā'r* in Gen 27,16 (der glatte Hals Jakobs).

Hausmann

צוד *ṣwd*

צַיִד *ṣajiḏ*

I. Etymologie und Vorkommen – II. Jagd im Alten Orient – III. Jagd im Alten Testament – 1. Grundsätzliches – 2. Jagd als Nahrungserwerb – 3. metaphorische Verwendungen – 4. JHWHs Anwort an Ijob – IV. LXX – V. Qumran.

Lit.: *H. Altenmüller*, Jäger / Jagd / Jagddarstellungen / Jagdmethoden / Jagdritual / Jagdtracht / Jagdzauber (LexÄg III 219–236). – *Ders.*, Darstellungen der Jagd im Alten Ägypten, 1967. – *P. Amiet*, Quelques ancêtres du chasseur royal d'Ugarit (Ugaritica 6, 1969, 1–8). – *R. Bartelmus*, Die Tierwelt in der Bibel. Exegetische Beobachtungen zu einem Teilaspekt der Diskussion um eine Theologie der Natur (BN 37, 1987, 11–37). – *G. Dalman*, AuS VI, 1939, 314ff. – *W. Fauth*, Der königliche Gärtner und Jäger im Paradeisos. Beobachtungen zur Rolle des Herrschers in der vorderasiatischen Hortikultur (Persica 8, 1979, 1–53). – *K. Galling*, Jagd (BRL² 150–152). – *G. Gerleman*, Contributions to the Old Testament Terminology of the Chase (Bull. de la Soc. des Lettres de Lund 1945–46 IV, Lund 1946, 79–90). – *W. Heimpel / L. Trümpelmann*, Jagd (RLA V 234–238). – *W. Helck*, Jagd und Wild im alten Vorderasien. Die Jagd in der Kunst, 1968. – *M. L. Henry*, Das Tier im religiösen Bewußtsein des alttestamentlichen Menschen, 1958. – *O. Keel*, Jahwes Entgegnung an Ijob (FRLANT 121, 1978, bes. 63–125). – *Ders. / M. Küchler / Ch. Uehlinger*, Orte und Landschaften der Bibel 1. Geographisch-geschichtliche Landeskunde, 1984, 100–181. – *M. Landmann*, Das Tier in der jüdischen Weisung, 1959. – *B. Meissner*, Assyrische Jagden (AO 13/2, 1911). – *A. Salonen*, Jagd und Jagdtiere im Alten Mesopotamien, Helsinki 1976.

I. *ṣwd* ist eine allgemeinsemit. Basis mit der Bedeutung 'jagen, fischen'. Im Akk. hat *ṣâdu(m)* zusätzlich noch die Konnotationen 'sich drehen (von Menschen und Stürmen), wirbeln, schwindelig werden' und 'herumjagen, ruhelos herumstreunen' (vgl. AHw 1073f.). Im Ugar. (vgl. WUS Nr. 2302; UT Nr. 1718. 2151), im Phön. (s. KAI 69,12; 74,9 sowie den Ortsnamen *ṣaida* [= Sidon], der gewöhnlich von *ṣud* 'fischen' abgeleitet wird, also „Fischerstadt" bedeutet; vgl. Westermann, BK I/1, 695f.; anders E. Meyer, Geschichte des Altertums I/II § 356, der von dem Gott *ṣd* ableiten will), wie im Aram. (KAI 261, 5) ist das Lexem bezeugt. Arab. *ṣāda/ṣaid* bedeutet ebenfalls 'jagen' und 'fischen'; *miṣjada* heißt 'Falle, Schlinge, Netz' (vgl. G. Wehr, Arab. Wb. 483); das syr. *ṣwd* hat die gleiche Bedeutung (vgl. CSD 471f.).

Das Verbum *ṣûḏ* begegnet 14mal, 11mal im *qal*, 3mal im *pol*. Davon abgeleitet sind fünf Nomina: *ṣajiḏ* 'Jagd, Erjagtes, Wild' (Gen 10,9; 25,27.28; 27,3.5.7. 19.25.30.31.33; Lev 17,13; Spr 12,27 und Jer 30,17cj.), *ṣajjāḏ* 'Jäger' (Jer 16,16; Koh 6,5cj.), *māṣôḏ* 'Fang, Netz, Belagerungsturm' (Koh 9,14), unsicher Ijob 19,6; Spr 12,12; Koh 7,26; Ps 116,3cj. (bei Hupfeld / Nowak, Die Psalmen II, ³1888, 517), *m^eṣûḏāh* 'Fang, Netz' (Ez 12,13; 13,21; 17,20 und Ez

19, 8cj. zur Bedeutung 'Bergfeste' s.u.) und *m^e^ṣôḏāh* 'Netz, Bergfeste' (Jes 29, 7; Ez 19, 9 unsicher; Koh 9, 12).

Zwei etymologische Probleme bleiben bestehen: Wie verhält sich *ṣûḏ* zu *ṣjd* 'sich mit Reisezehrung, Lebensmittel versehen' (Jos 9, 12) bzw. den davon abgeleiteten Nomina *ṣajiḏ* II 'Proviant, Reisezehrung' (Jos 9, 5. 14; Ps 132, 15; Ijob 38, 41; Neh 13, 15) und *ṣêḏāh*, das 10mal belegt ist (Gen 27, 3 K; 42, 25; 45, 21; Ex 12, 39; Jos 1, 11; 9, 11; Ri 7, 8; 20, 10; 1 Sam 22, 10; Ps 78, 25)? Handelt es sich tatsächlich um zwei verschiedene Wurzeln oder ist – die zahlreichen formalen und inhaltlichen Annäherungen legen dies nahe – die Unterscheidung der beiden Wurzeln *ṣwd* und *ṣjd* erst sekundär (vgl. GKa 73, 1. 2)? Die gemeinsame Grundbedeutung, auf die beide zurückzuführen wären, könnte 'Nahrung beschaffen' sein.

Nicht ganz klar ist zweitens die Herleitung der Sonderbedeutung von *m^e^ṣûḏāh*, das außer „Fang" (Ez 13, 21) und „Netz" (Ez 12, 13; 17, 20; Ps 66, 11) zumeist „Bergfeste" bedeutet, ebenso wie *m^e^ṣāḏ*, die in dieser Bedeutung insgesamt 38mal vorkommen (→ מצודה *m^e^ṣûḏāh*). Wie aber soll man sich die Bedeutungsverschiebung von 'Fang, Netz' zu 'Bergfeste' erklären? Bedeuten *m^e^ṣûḏāh*/*m^e^ṣāḏ* ursprünglich 'Jagdburg', was dann als Synekdoche allgemeinere Bedeutung erlangte (so König, Wb. 240)? Oder war es ein von Jägern benutzter 'Hochsitz', der dann metaphorisch zur 'Bergfeste' wurde (so angedeutet von KBL² 555)? Die letztere Möglichkeit scheint am plausibelsten, hat aber die Schwierigkeit gegen sich, daß archäologisch-ikonographische Belege für die Jagd von Hochsitzen aus fehlen. Daher ist zu erwägen, ob man nicht besser mit KBL³ 588 *m^e^ṣûḏāh* I und II unterscheidet und die Bedeutung 'Bergfeste' von der Wurzel *mṣd* 'saugen' (vgl. arab. *maṣada* 'Brust') herleitet. Aber auch das bleibt fraglich.

II. Die Jagd hat in der Umwelt Israels eine bedeutende Rolle gespielt. Auf primitiver Kulturstufe war sie ein Hauptmittel zur Nahrungssicherung; in den Hochkulturen bildete sie, nach der Domestikation der Fleisch liefernden Tiere, einen nur unbedeutenden Wirtschaftszweig, der sich primär dem Schutz der Herden vor Raubtieren widmete. Der soziale Status des Jägers war trotz der geringen ökonomischen Bedeutung nicht gering; wegen seiner Kraft und Schnelligkeit, seines Mutes und seiner Ausdauer genoß er hohes Ansehen, konnte in den Erzählungen sogar heroisch-halbgöttliches Ansehen gewinnen. Auch Privatmänner, die nicht Berufsjäger waren, rühmten sich auf Grabinschriften ihrer Jagderfolge. Überhaupt gab es zahlreiche Jagden, die nicht aus Erwerbsgründen, sondern als vornehmer Sport betrieben wurden. Solche Jagden, die mit viel Aufwand an Personal und Material veranstaltet wurden, waren der Oberschicht, insbesondere dem König, vorbehalten. Die assyr. und pers. Herrscher unterhielten sogar Tierparks, in denen sie regelmäßig Jagden veranstalteten. Hauptjagdtiere waren Löwen, Wild-Stiere, Wild-Ziegen, Strauße, Bären, Vögel. Als Jagdwaffen begegnen Pfeil, Bogen, Speer und Dolch, bisweilen die bloße Hand, aber auch Netze und Fallgruben waren in Gebrauch; (ungewöhnlich kräftige) Jagdhunde fehlen nur selten. Die königliche Jagd erfolgte zumeist vom Streitwagen aus, gelegentlich aber auch zu Fuß. An den zahlreichen erhaltenen Jagddarstellungen kann man alle diese Einzelheiten gut studieren (vgl. das Verzeichnis des archäologischen Materials in RLA V 237 f.).

Aber eine Deutung der Jagd als bloßen Fleischerwerb oder als Luxussport, auch mit dem Nebenaspekt der Wehrertüchtigung, greift viel zu kurz. Da Jagen mit Töten zu tun hat, greift es in den Bereich der Götter ein und hat von daher eine religiöse Dimension. Rechte Jagd erfordert daher magisch-rituelle Vorbereitungen und kultische Unterstützung bis hin zum Jagdzauber und schließt notwendig mit einem Opfer an die Götter ab, in deren Sphäre der Jäger eingedrungen ist und deren Rechte er für sich in Anspruch genommen hat. Vielleicht hiervon ausgehend ist das Jagen symbolisch überhöht worden. Die meisten Jagddarstellungen sind nämlich keine realistischen, sondern politisch-programmatische Bilder. „Die wilden Tiere sind jetzt die Sinnbilder der zu bannenden bösen Kräfte" (Helck 11). Der König erscheint als „der Herr der Tiere" (vgl. Keel 1978, 86 ff.) und hat die Aufgabe, das Böse, das Chaos, das sich in den Tieren verdichtet und die Ordnung der Welt bedroht, abzuwehren. Es zeigt sich „eine innere Verwandtschaft zwischen Jagd und Krieg" (Helck 12): in beiden Fällen geht es darum, daß der König seine Macht erweist und den „Bestand der Welt" garantiert. Der Erfolg in der Jagd, der als Topos zum Selbstruhm eines Königs gehört, ist von hierher zu verstehen. Ein Jagdbild ist daher ein mit apotropäischen Kräften ausgestattetes „Zauberbild, durch das dem König die Macht gegeben wird, das Böse zu bekämpfen" (Helck 12). In der Jagdtypologie manifestiert sich, ja kulminiert die altorientalische Königsideologie, die „Vorstellung vom König, der Macht und Überlegenheit, Glück und Kraft vor aller Augen im Kampf mit den stärksten der Tiere sichtbar werden läßt" (Helck 17, vgl. Faulk). Ein Reflex dieser Vorstellung findet sich auch im AT, wenn der Herrschaftsantritt eines fremden Königs auffälligerweise auch die Tierwelt einschließt (Jer 27, 5 f.; 28, 14).

III. 1. Ganz allgemein muß zunächst festgestellt werden, daß die Belege für die Jagd im AT unerwartet gering sind. Wenn man den Wildreichtum Palästinas bedenkt, und auch in Betracht zieht, daß auf der königlichen Tafel ein gutes Stück Wildbret nicht fehlte (1 Kön 5, 3), so ist es erstaunlich, wie wenig über die Arbeit des Jägers verlautet. Ebenso auffällig ist diese Zurückhaltung angesichts der Fülle der Belege in den Kulturen der Umwelt; keiner der israelitischen Könige stimmt in den sonst gesamtaltorientalischen Selbstruhm der Könige durch große Jagderfolge ein, selbst Salomo nicht; keiner veranstaltet höfische Jagden. Dabei bilden auch Simson und David keine Ausnahme: zwar wird von beiden erzählt, daß sie mit bloßer Hand einen Löwen respektive Bären erlegt hätten (Ri 14, 5f.; 1 Sam 17, 34–37), aber dies geschah gleichsam in Notwehr. Auch die Aktion mit den dreihundert Füchsen, die Simson fängt (Ri 15, 4f.) und mit ihrer Hilfe die Felder der Philister in Brand setzt, hat eher ambivalente Wirkung (vgl. Ri 15, 16ff.). Selbstruhm durch Jagderfolge – auch dieses Element der Königsideologie ist Israel fremd geblieben. Ganz im Gegenteil scheinen die großen Jäger (und Jagdgötter?) in Israel eher sehr kritisch gesehen worden zu sein: der so gewaltige Gründer Babels und Assurs, Nimrod, hinter dem sich traditionsgeschichtlich eventuell die Jagd-Gottheit Nin-ib (vgl. H. Gunkel, GHK 1/1, [9]1977, 89) bzw. Ninurta (vgl. H. Ringgren, RAO 125) verbirgt, wird in Gen 10, 9 doch wohl zum „Jagdhelden *vor* JHWH" degradiert (zur sonst üblichen Deutung des umstrittenen *lipnê JHWH* vgl. Westermann, BK I/1, 689f.); zumal in der späteren Traditionsbildung wird Nimrod zum Inbegriff des Bösen (vgl. H. Schützinger, Ursprung und Entwicklung der arabischen Abraham-Nimrod-Legende, Diss. phil. Bonn 1961). Esau wird als Repräsentant des Jägerstandes im Vergleich zu den aufstrebenden Ackerbauern als eher dümmlich-derber Geselle gezeichnet, der sich leicht hinters Licht führen läßt (vgl. C. Westermann, BK I/2, 508–511, 525ff.). Von einer Verherrlichung der Jagd (vgl. dazu J. Ortega y Gasset, Über die Jagd, 1957) kann jedenfalls im AT überhaupt keine Rede sein. Schon dies ist theologisch bedeutsam. Ist in der priesterschriftlichen Schöpfungstheologie ein tiefster Grund für eine skeptische Sicht der Jagd erkennbar? „Gottes volle Billigung findet nur eine Welt, in der es noch kein Blutvergießen gibt (Gen 1, 29ff.). Als 'Gewalt' auf Erden aufkommt, urteilt Gott geradezu entgegengesetzt (6, 12f.)" (W. H. Schmidt, Alttestamentlicher Glaube in seiner Geschichte, [5]1986, 183). Dies spiegelt sich auch in den eschatologischen Erwartungen, bes. der des Tierfriedens (Jes 11, 6–8; 65, 17–25).

2. Obgleich die Jagd nicht ideologisch überhöht wurde, wurde sie doch praktiziert. Darauf verweisen vor allem die vielen Bilder aus der Jagdwelt in Ps und der Weisheitslit., wo von Netz und Grube, von Schlingen und Fallen häufig die Rede ist (→ רשת *ræšæt*, → שחת *šaḥat*, → פח *paḥ*). Die Jagdbeute wurde als besonderer Leckerbissen geschätzt; so wünscht sich der greise Isaak ein gebratenes Wild (Gen 27, 3f.; in diesem Kapitel ballen sich die Belege für *ṣûḏ*); auf der Königstafel wurde es reichlich geboten (1 Kön 5, 3) und auch sonst überall verkauft (vgl. – textlich allerdings unsicher – Neh 13, 15) und verzehrt (vgl. Dtn 12, 15). Wie beim Fleisch der Haustiere mußte auch das erjagte Wild völlig ausbluten, um zum Genuß rein zu sein. Der Verzehr eines gefallenen oder zerrissenen Wildtieres verunreinigt für einen Tag (Lev 17, 13–16).

Die Titulierung Nimrods als „Jagdheld" gehört wohl als entmythisierende Polemik in diesen Zusammenhang.

3. Der Jäger jagt nach etwas, was nicht leicht zu bekommen ist; wenn er erlangen will, was er begehrt, muß er sich entsprechend klug und geschickt verhalten. So ermahnt der Wissende: „Lässigkeit (*r^emijjāh*) erlangt das Wild nicht", im Gegensatz zum Fleiß (Spr 12, 27; vgl. O. Plöger, BK XVII 153).

Aber von den zahlreichen Aspekten der Jagd werden in den bildlichen Reden nicht diejenigen aus dem Erleben des Jägers besonders betont, sondern vielmehr die Erfahrungen des Gejagten. In Klgl 3, 52 wird die Situation der Anfechtung und Verfolgung beschrieben: „Wie auf einen Vogel machten Jagd auf mich, die meine Feinde sind ohne Grund" (vgl. 4, 18f.). Ps 140, 12 verflucht die Gewalt- und Übeltäter, indem es ihm die Erfahrung des Gejagtseins wünscht: „Das Böse möge ihn erjagen."

Das Leben bzw. die Seele ist mehrfach Ziel der Jagd: Mi 7, 2 schildert die völlige Zerstörung des rechten Gemeinschaftsverhältnisses in Israel durch das Bild von einem Menschen, der auf seinen eigenen Bruder wie auf ein Wild Jagd macht und auf dessen Blut lauert. Nach Ez 13, 18 verkehren die falschen Prophetinnen das rechte prophetische Wächteramt, das Seelen von ihrem bösen Weg umkehren soll, und machen mit Zauberriten Jagd auf das Leben der Gerechten. Der Weisheitslehrer mahnt, lieber zur Hure zu gehen als zur Ehefrau eines anderen, denn jene ist mit vergleichsweise Geringem zufrieden, diese aber jagt nach dem Leben (Spr 6, 26).

Besonders erschreckend und bedrohlich wird es, wenn JHWH selbst zum Jäger nach dem Leben des Menschen wird. Die sich über Sünde wie Unschuld hinwegsetzende absolute Souveränität Gottes jagt „wie ein Löwe" den Menschen, der es wagt, sein Haupt im Streit mit Gott zu erheben (Ijob 10, 16; s. u. III. 4.). Jeremia verkündigt: Unentrinnbar ist das Gericht; alle Schlupfwinkel und Zufluchtsorte wird JHWH durch erfahrene Jäger aufstöbern lassen (Jer 16, 16).

4. Besondere Bedeutung hat der Vorstellungskomplex der Jagd für die Interpretation der Antwort JHWHs an Ijob (Ijob 38–41) gewonnen. O. Keel hat den viel verhandelten und sehr unterschiedlich gedeuteten Textkomplex (vgl. zuletzt die übersichtliche Zusammenstellung von J. van Oorschot, Gott als Grenze. Eine literar- und redaktionsgeschichtliche Studie zu den Gottesreden des Hiobbuches (BZAW 170, 1987) von der altorientalischen Jagdsymbolik aufzuschlüsseln versucht. Vom Studium der zahlreichen bildlichen Darstellungen in Israels Umwelt her (s. o. II) zieht er die Schlüsse: Erstens seien die in Ijob 38–41 begegnenden Tiere nicht zufällig und unsystematisch ausgewählt, sondern stellten die Hauptjagdtiere der Zeit dar; zweitens seien sie nicht als Jagdtiere im eigentlichen Sinne zu verstehen, sondern als Symbole des Chaos und der Lebensbedrohung; drittens bestehe die doppelte Antwort JHWHs auf Ijobs Anklagen darin, daß JHWH sich einerseits (Ijob 38f.) als „Herr der Tiere" erweise, der die (Tier-)Welt trotz ihrer Wildheit und ihrer zerstörerischen Kräfte kontrolliere; „JHWH hält das Chaos im Zaum, ohne es in eine langweilige, starre Ordnung zu verwandeln" (125). Andererseits (Ijob 40f.) gebe es, repräsentiert durch Leviatan und Behemot, ein unableitbares Böses in der Welt, das gegenüber JHWH

eine gewisse Eigenmächtigkeit besitze; JHWH aber – in Analogie zum Bildmotiv des „Nilpferd- und Krokodiltöters Horus“ – bekämpfe immer wieder dieses Böse und bestehe den Kampf immer wieder neu siegreich. Diese Deutung stellt insofern einen Fortschritt dar, als aus der altorientalischen Ikonographie heraus überzeugend die Herkunft und Komposition der Tiere als königlicher Jagdtiere sowie deren Symbolträchtigkeit aufgezeigt wird. Problematisch aber ist die Deutung, daß JHWH sich in den Jagd-Topos „Herr der Tiere“ einreihen lasse. Denn das Wort *ṣûḏ/ṣajiḏ* selbst begegnet nur zweimal in diesem Textkomplex, wobei es jeweils um die Nahrungsbeschaffung für die Tiere geht, zum einen für den Löwen (Ijob 38, 39), zum anderen für den Raben (Ijob 38, 41). JHWH tritt also nicht mit Pfeil und Bogen, mit Speeren und Netzen etc. den Tieren entgegen, sondern im Gegenteil: er tritt für sie ein und gibt ihnen ihre Nahrung. Mit anderen Worten: Ijobs Anklage über die chaotischen Mächte der Welt erhält die Antwort, daß JHWH selbst es ist, der sich um diese kümmert und dafür sorgt, daß es ihnen gut geht. Das Bild vom „Herrn der Tiere“ wird also gerade auf den Kopf gestellt. Von daher erscheint auch die Deutung von 40f. verfehlt, daß Behemot eine Macht gegen Gott sei. Vielmehr ist er Gottes Geschöpf wie Ijob auch (Ijob 40, 15. 19); Leviatan, dieser „König über alle Raubtiere“ (Ijob 41, 26), ist für den Menschen schlechthin unbezwingbar. Damit wird die Königsideologie implizit verspottet und abrogiert (vgl. z. B. Ijob 40, 32), keinesfalls appliziert! JHWH bekämpft Leviatan nicht, so wie der König oder Horus. Leviatan ist vielmehr Spielgefährte JHWHs (Ijob 40, 29; vgl. bes. Ps 104, 26), der in diesem spielerischen Umgang mit der Chaosmacht schlechthin seine menschlichen Möglichkeiten unendlich überlegene und unbegreifliche Macht erweist. Eine wirklich befriedigende Deutung der JHWH-Reden am Schluß des Ijob-Buches muß daher davon ausgehen, daß diese nicht im Sinne der altorientalischen Bildsymbolik JHWH als Bändiger und Bekämpfer der Jagdtiere darstellen, sondern als Schöpfer und Erhalter auch dieser Wesen der Gegenwelt des Chaos. Der bequeme Ausweg eines Dualismus von Gott und dem Widergöttlich-Bösen ist damit ausgeschlossen.

IV. LXX verwendet zahlreiche Worte zur Übersetzung von *ṣûḏ/ṣajiḏ*, insgesamt 18, deren wichtigste ἀγρεύειν κτλ., θηρεύειν κτλ., κυνήγειν κτλ., βόρα, ὀχύρωμα, περιοχή sind. Eine Sinnverschiebung ergibt sich kaum; das semantische Feld bleibt erhalten. In zwei Fällen ergeben sich leichte Akzentverlagerungen: in Ez 13, 18. 20 wird durch die Übersetzung mit δια/ἐκστρέφειν aus dem „Jagen nach dem Leben“ ein „Verdrehen der Seele“; bei der Übertragung von *m^{e}ṣûḏāh* „Jagdburg, Bergfeste“ (s. o. I.) durch καταφυγή wird der Ton auf das Moment der Flucht gelegt: „Zufluchtsstätte, Schlupfwinkel“.

V. In den Qumran-Texten begegnet *ṣwd* samt Derivaten 7mal. In der Tempelrolle (60, 5. 8) wird die Abgabe von der Jagdbeute an den Tempel auf ein Tausendstel und an die Leviten auf ein Hundertstel festgelegt. Ansonsten bezeichnet die Wortfamilie das Handeln oder die Werkzeuge der Bösewichter und Verführer (CD 4, 12; 16, 15; 1 QH 3, 26; 4. 12) oder diese selbst (1 QH 5, 8). Die negative Bewertung der Jagd hält sich somit durch.

Oeming

צוה *ṣwh*

I. Außerbiblische Belege – II. Biblische Belege, Syntax, Stilistik und Bedeutungsfeld – III. Charakteristische Wortverbindungen – 1. Priesterschrift – 2. Deuteronomium – 3. Verbindung *ṣwh – dbr* – 4. Verbindung *nāḡîḏ – ṣwh* – 5. Einsetzungsformeln – IV. *ṣwh* als Ausdruck der souveränen Macht JHWHs in Schöpfung und Geschichte - V.1. LXX – 2. Qumran.

Lit.: *W.A.M. Beuken*, Isa. 55, 3-5: The Reinterpretation of David (Bijdragen 35, 1974, 49-64). – *E. Cortese*, La terra di Canaan nella storia sacerdotale del Pentateuco, Brescia 1972. – *Ders.*, Da Mosè a Esdra. I libri storici dell' Antico Israele, Bologna 1985. – *A.B. Ehrlich*, Randglossen zur hebräischen Bibel III, 1910. – *K. Elliger*, Sinn und Ursprung der priesterlichen Geschichtserzählung (ZThK 49, 1952, 121-143 = ThB 32, 1966, 174-198). – *F. García López*, Analyse littéraire de Deutéronome, V-XI (RB 84, 1977, 481-522; 85, 1978, 5-49). – *Ders.*, Un profeta como Moisés. Estudio crítico de Dt 18, 9-22 (N. Fernández Marcos [Hg.], Simposio Bíblico Español, Madrid 1984, 289-308). – *J. Halbe*, Das Privilegrecht Jahwes Ex 34, 10-26. Gestalt und Wesen, Herkunft und Wirken in vordeuteronomischer Zeit (FRLANT 114, 1975). – *B. Halpern*, The Constitution of the Monarchy in Israel (HSM 25, Chico 1981). – *A.R. Hulst*, Opmerkingen over de *ka'ašer*-zinnen in Deuteronomium (NedThT 18, 1963/64, 337-361). – *L. Kopf*, Arabische Etymologien und Parallelen zum Bibelwörterbuch (VT 8, 1958, 161-215, bes. 197f.). – *C.J. Labuschagne*, The Pattern of the Divine Speech Formulas in the Pentateuch. The Key to its Literary Structure (VT 32, 1982, 268-296). – *Ders.*, Divine Speech in Deuteronomy (N. Lohfink [Hg.], Das Deuteronomium. Entstehung, Gestalt und Botschaft, BiblEThL 68, Leuven 1985, 111-126). – *F. Langlamet*, Israël et „l'habitant du pays“. Vocabulaire et formules d'Ex., XXXIV, 11-16 (RB 76, 1969, 321-350.481-507). – *Ders.*, Gilgal et les récits de la traversée du Jourdain (Jos. III-IV) (CRB 11, 1969). – *H. Leene*, Universalism or Nationalism? Isaiah XLV 9-13 and its Context (Bijdragen 35, 1974, 309-334). – *G. Liedke*, Gestalt und Bezeichnung alttestamentlicher Rechtssätze. Eine formgeschichtlich-terminologische Studie (WMANT 39, 1971). – *Ders.*, צוה *ṣwh* pi. befehlen (THAT II 530-536). – *N. Lohfink*, Das Hauptgebot. Eine Untersuchung literarischer Einleitungsfragen zu Dtn 5-11 (AnBibl 20, 1963). – *S.E. McEvenue*, The Narrative Style of the Priestly Writer (AnBibl 50, 1971). – *T.N.D. Mettinger*, King and Messiah. The Civil and Sacral Legitimation of the Israelite Kings (CB OT Series 8, 1976). – *W.L. Moran*, The Ancient Near Eastern Background of the Love of God in Deuteronomy (CBQ 25, 1963, 77-87). – *B.D. Naidoff*, The Two-fold Structure of Isaiah XLV 9-13 (VT 31, 1981, 180-185). – *A. Pelletier*, L'autorité divine d'après le Pentateuque grec (VT 32, 1982, 236-242). – *J.R. Porter*, The Succession of Joshua (Proclamation and Presence. Festschr. G.H. Davies, London 1970, 102-132). – *R. Rendtorff*, Die Gesetze in der Priesterschrift. Eine gattungsgeschichtliche Untersuchung

(FRLANT 62, ²1963). – *W. Richter*, Die *nagid*-Formel. Ein Beitrag zur Erhellung des *nagid*-Problems (BZ 9, 1965, 71-84). – *E. Rubinstein*, The Verb צוה – A Study in the Syntax of Biblical Hebrew (A. Shinan [Hg.], Proceedings of the Sixth World Congress of Jewish Studies. Volume I, Jerusalem 1977, 207-212). – *U.Rüterswörden*, Von der politischen Gemeinschaft zur Gemeinde. Studien zu Dt 16, 18 – 18, 22 (BBB 65, 1987, 86f.) – *K. Seybold*, Das davidische Königtum im Zeugnis der Propheten (FRLANT 107, 1972). – *D.E. Skweres*, Die Rückverweise im Buch Deuteronomium (AnBibl 79, 1979). – *R. Smend*, Das Gesetz und die Völker. Ein Beitrag zur deuteronomistischen Redaktionsgeschichte (Probleme biblischer Theologie, Festschr. G. v.Rad, 1971, 494-509). – *C. Stuhlmueller*, Creative Redemption in Deutero-Isaiah (AnBibl 43, 1970). – *S.J. de Vries*, The Development of the Deu- teronomic Promulgation Formula (Bibl 55, 1974, 301-316). – *H.G.M. Williamson*, The Accession of Solomon in the Books of Chronicles (VT 26, 1976, 351-361).
→ מצוה *miṣwāh*

I. Das hebr. Verb *ṣwh* hat keine direkten Parallelen in anderen Sprachen. Im Ostrakon 18 aus Arad (7.–6. Jh. v.Chr.) begegnet dieses Verb in der Formel *wldbr 'šr ṣwtnj* (Z. 6-8): „betreffs der Sache, die du mir befohlen hast" (Aharoni 37). Ähnliche Formeln mit *dbr* + *'sr* + *ṣwh* begegnen häufig im MT (vgl. Ex 16,32; 35,4; Lev 17,2; Jos 8,35; u.ö.; vgl. II.5), um einen Befehl, der unmittelbar folgt, anzukündigen oder um auf einen bereits gegebenen Befehl hinzuweisen (so das Ostrakon von Arad, vgl. A. Lemaire, Les Ostraca hébreux de l'époque royale Israelite, Paris 1973, 181).
Einige Autoren weisen hin auf die Beziehung zwischen dem hebr. Verb *ṣwh* und dem reichsaram. *ṣwt*, welches in einem Brief an Jedonija (4. Jh. v.Chr.) belegt ist, wo es heißt *'mr tjrj bw[ ]bṣwt mlk'* „Tirib hat gesagt... auf Befehl des Königs" (AP 37,13f.; dagegen aber BLA § 43j'; DISO 244).
Andere Gelehrte verweisen auf die morphologische Verbindung zwischen hebr. *ṣwh* und arab. *wṣj* (Metathese), wobei sie zugleich auf eine gleichartige Bedeutung hinweisen können: 'anvertrauen, empfehlen, zur Pflicht machen' o.ä. (Wehr, Arab.Wb. 955), Bedeutungen, die in den bibl. Texten bezeugt sind, daneben auch die Bedeutung „der Obhut jemandes anvertrauen" (vgl. Gen 12,20) und „zum Sachwalter ernennen, als Vormund einsetzen" (vgl. 2 Sam 6,21; 1 Kön 1,35; Kopf 162.197f.).
Im Äg. entspricht dem hebr. Verb *ṣwh* das Wort *wḏ*, das in vielen unterschiedlichen Verbindungen (alleinstehend, mit Obj., in festen Wendungen u.ä.) mit der Grundbedeutung 'befehlen', 'Befehl erteilen' oder 'überweisen' begegnet (vgl. WbÄS I 394ff.).

II. Auf den ersten Blick scheint das hebr. Verb in den bibl. Zeugnissen ein recht blasser Terminus zu sein, nicht exakt bestimmt und wenig relevant. Deshalb braucht *ṣwh* eine gründliche Klassifikation auf der Basis der Syntax, der Stilistik und des Wortfeldes; nur so gewinnt das Verb ein eigenes Profil.

1. Das Verb *ṣwh* ist 494mal im MT bezeugt: 485mal im *pi* und 9mal im *pu*. Die Belege sind nicht gleichmäßig über die Bibel verteilt: Pent. 246mal *pi* (Gen 26mal; Ex 53mal; Lev 33mal; Num 46mal; Dtn 88mal) und 6mal *pu*; DtrGW 115mal (Jos 43mal; Ri 6mal; Sam 29mal; Kön 37mal); Propheten 60mal *pi* und 3mal *pu* (Jes 10mal; Jer 39mal; Ez 3mal *pi* und 3mal *pu*; Am 5mal); Schriften 64mal (Ps 15mal; Est 9mal; Neh 7mal; Chr 20mal). Daraus geht hervor, daß mehr als die Hälfte der Belege im Pent. begegnet, besonders häufig dort im Buch Dtn. Die Belege in den Prophetenbüchern sind mehr als zur Hälfte auf das Buch Jer konzentriert, das ja dtr überarbeitet ist. Auffällig ist, daß das Verb *ṣwh* völlig in der Weisheitsliteratur ausfällt.

Einziges Nominalderivat dieser Wurzel ist → מצוה *miṣwāh*.
2. Als Subjekt zum Verb *ṣwh* begegnet normalerweise Gott (JHWH, in wenigeren Fällen *ᵆlohîm*; in Jes 48,5 die Götter) und Menschen (normalerweise Männer; nur in Gen 27,8; Rut 3,6 und Est 4,5.10.17 Frauen). Das wichtigste aller Subjekte zu *ṣwh* ist ohne Zweifel Gott: 270mal *pi* (zusätzlich noch *pæh JHWH* Jes 34,16) und 5mal *pu*. Gott begegnet als Subjekt 147mal im Pent. (Gen 8mal und 7mal in der Urgeschichte; Ex 47mal; Lev 22mal; Num 36mal; Dtn 34mal), 47mal bei den Propheten (Jes 5mal; Jer 23mal, davon 17mal in 1-26; Ez 3mal; Am 4mal.) und 38mal in den Schriften (Ps 15mal [= alle Belege]; Neh 5mal; Chr 12mal.).
Menschen als Subj. sind je nach ihrer Häufigkeit Mose 86mal (72mal im Pent., davon 53mal im Dtn; 10mal in Jos, 2mal in 2 Kön und 2mal in 1 Chr); Josua 14mal (ausschließlich im Josuabuch); David 11mal (7mal in 2 Sam; 2mal in 1 Kön, mit einer Ausnahme alle Belege in der Thronfolgeerzählung; 2mal in 1 Chr). Neben David spielen alle anderen Könige, sei es Israels oder Judas, sei es der umliegenden Reiche wichtige Rollen als Subj. von *ṣwh*, so Pharao (Gen 12,20; 47,11; Ex 1,22; 5,6), Abimelech (Gen 26,11), Saul (1 Sam 18,22; 21,3), Salomo (1 Kön 2,43; 5,31), Hiram (1 Kön 5,20) und der König von Aram (1 Kön 22,31; 2 Chr 18,30), Ahas (2 Kön 16,15), Hiskija (Jes 38,1), Joschija (2 Kön 22,12; 23,21; 2 Chr 34,20), Nebusaradan (Jer 39,11), Ahasveros (Est 3,2), Kyros (Esra 4,3), Artaxerxes (Neh 5,14) und Joschafat (2 Chr 19,9). Als Subj. zu *ṣwh* begegnen auch andere Personen, die verschiedene Gruppen oder Schichten repräsentieren: die Patriarchen (9mal in Gen 12ff.), Josef (5mal in Gen 36ff.), Priester (Lev 13,54; 14,4.5.36.40), Beamte des Heeres (vgl. Jos 1,11; 3,3; 2 Sam 11,19; 2 Kön 11,5.9.15; 2 Chr 23,8), Brüder (Gen 50,16; 1 Sam 20,29), Propheten (Jer 27,4; 32,13; 36,5.8; 51,59), Jonadab (Jer 35,6.8.10.14.18). Mit einem Wort: Alle, die Macht und Autorität haben, zu befehlen oder anderen eine Aufgabe zuzuweisen, können als Subj. zu *ṣwh* begegnen.
Die Entscheidungen und Befehle kommen meistens von Gott. Dies wird deutlich auch in den Fällen, in denen eine menschliche Person als Subj. von *ṣwh*, dann aber als Mittler oder Bote Gottes auftritt.

Mose, Josua, die Propheten äußern ihre Befehle in Übereinstimmung mit JHWH. Ihr Auftrag besteht darin, einen Befehl oder Auftrag Gottes zu überbringen. Diese Vermittlung durch Mose oder die Propheten wird besonders deutlich aus dem Ausdruck *b^e jad*-X: JHWH befiehlt (*ṣwh*) durch Mose (*b^e jad̲ mosæh*: Ex 35,29; Lev 8,36; Num 15,23; 36,13 [P]; Jos 14,2; 21,2.8; Ri 3,4 [alle dtr]; Neh 8,14; 9,14) und durch die Propheten (*b^e jad̲ hann^e b̲î'îm*: Esra 9,11, vgl. 2 Chr 29,25). Im Blick auf diese Konzeption erinnert man sich an Ez 37,7; Ez weist darauf hin, daß er die prophetische Botschaft so geäußert hat, wie JHWH sie ihm aufgetragen hat: *w^e nibbe'tî ka'^a šær ṣuwwêṯî*. Der Ausdruck *b^e jad̲ hann^e b̲î'îm* im Zusammenhang mit der Wurzel *ṣwh* begegnet nur in 2 späten Texten, häufig dagegen in Verbindung mit *dbr* in bezug auf die Propheten allgemein (vgl. 2 Kön 17,23; 21,10; 24,2; Ez 38,17; Hos 12,11) oder auf einzelne Propheten (vgl. 1 Kön 12,15; 14,8; 15,29; 16,12; 17,16; 2 Kön 9,36; 10,10; 14,25; Jes 10,2; Jer 37,2; 2 Chr 10,15). Der Ausdruck *dibbær b^e jad̲*-X bezieht sich auf Mose an verschiedenen Stellen in den P-Schichten (Lev 10,11; Num 17,5; 27,23), ebenso bei den Dtr (Jos 20,2; 1 Kön 8,53.56), also in denselben Schichten wie auch *ṣiwwāh b^e jad̲ mošæh*. Dies weist darauf hin, daß der Ausdruck *b^e jad̲*-X seinen Ursprung in prophetischen Traditionen hat, von wo aus er zu den übrigen at.lichen Traditionen überwechselte. Es handelt sich also vor allem um eine Übermittlung von Worten. In dieser Perspektive wird deutlich, daß Mose nicht nur als Gesetzeslehrer — wie das Verb *ṣwh* anzeigen könnte —, sondern auch als Bote, mit allen Merkmalen eines Propheten begegnet. Zusätzlich bezieht *ṣwh* sich nicht nur auf die Weitergabe von göttlichen Botschaften, sondern auch auf die Weitergabe von Botschaften anderer Menschen (vgl. Gen 32,5.18.20; 50,16).

3. Was die direkten oder indirekten Obj. zu *ṣwh* betrifft, sind zunächst einige syntaktisch-stilistische Beobachtungen zu machen. Das Obj. zu *ṣwh* wird am häufigsten durch *'æṯ*, *^c al*, *'æl* oder *l^e* eingeleitet, in anderen Fällen wird *ṣwh* mit einem Suff. verbunden. Wenn das Subj. zu *ṣwh* Gott ist, begegnen als Obj. Menschen, manchmal Geschöpfe im Himmel oder auf der Erde. Der erste mit *ṣwh* formulierte Befehl Gottes an den Menschen ergeht im Paradies an Adam (Gen 2,16, vgl. 3,11.17). In der Urgeschichte werden 4 Befehle Gottes an Noach durch *ṣwh* ausgedrückt (6,22; 7,5.9.16). *'^æ lohîm* ist nur einmal in Gen Subj. zu *ṣwh*, wenn er einen Befehl an Abraham erteilt (Gen 21,4, vgl. 17,12.19). In den Büchern Ex/Num ist Mose der unmittelbare (wenn auch nicht immer der letzte) Empfänger göttlicher Befehle oder Aufträge (64 Belege, davon 50mal *'æṯ-mošæh, 1mal 'æl-mošæh*, 13mal mit Suff.). Auffällig ist, daß 50 Belege mit *'æṯ-mošæh* zu P gehören (vgl. u. III.1.b). Der Ausdruck *ṣiwwāh 'æṯ-mošæh* begegnet sonst nur noch 12mal (Dtn 2mal; Jos 6mal; 2 Kön 1mal; Neh 2mal; 2 Chr 1mal). In einer Reihe von Fällen, die wir als „Weitergabebefehl" bezeichnen (vgl. Rendtorff 68f.), beauftragt Gott den Mose, an Aaron oder an seine Söhne (Lev 6,2) oder an andere Israeliten (Lev 24,2; Num 5,2; 28,2; 34,2; 35,2) einen Befehl weiterzugeben. Diese Texte (alle P) sind gleichförmig strukturiert: *ṣwh* Imp. + *'æṯ*-X. Zu diesen von Rendtorff zitierten Texten ist hinzuzufügen Ex 27,20 (P) mit Impf. (vgl. auch Dtn 2,4 und Jos 3,8; 2 Kön 20,1 // Jes 38,1). Im Dtn werden die mit *ṣwh* formulierten göttlichen Befehle am häufigsten an Mose oder an das Volk gerichtet, im Buch Jos zusätzlich an Josua, in der prophetischen Literatur zusätzlich an die Propheten.

Wenn Menschen als Subj. zu *ṣwh* auftreten, besteht eine Wechselbeziehung zwischen dem Befehlsgeber und dem Beauftragten, zwischen dem Höhergestellten und dem Untergeordneten. Väterliche und mütterliche Aufträge gehen an die Kinder (vgl. Gen 18,19; 27,8; 28,1; 49,33; 50,16; u.ö.), andere Befehle gehen vom Herrn an den Knecht (Gen 32,18.20; 50,2; 1 Sam 18,22 u.ö.), von Offizieren des Heeres an Soldaten (vgl. Jos 1,10; 8,4; 2 Sam 11,19 u.ö.). Kämpfe und Kriege sind besondere Situationen für Befehle (vgl. Jos 6,10; 2 Sam 18,5.12; 1 Kön 2,46 u.ö.).

4. Das Verb *ṣwh* begegnet häufig in Relativsätzen mit *'^a šær* und mit vergleichenden Formulierungen wie *ka'^a šær* und *k^e k̲ōl-'^a šær*. In Ex 34,18 begegnet *'^a šær* als Komparativpartikel (GKa § 161b). Diese Relativ- und Komparativformeln sind im allgemeinen kurz. Ihre Funktion besteht in vielen Fällen darin, an einen bereits gegebenen Befehl zu erinnern oder zu zeigen, daß dieser Befehl erfüllt worden ist.

Die Vergleichsformulierungen werden normalerweise im Perfekt konstruiert: von 97 Fällen mit *ka'^a šær* (93mal *pi* und 4mal *pu*) und den 38 Fällen mit *k^e k̲ōl '^a šær* (alle *pi*) gebrauchen nur 2 das Ptz. (Num 32,25; Dtn 30,2) und 2 das Futur (Jos 1,18; 2 Sam 9,11); alle anderen Formen werden im Perfekt konstruiert. Im Gegensatz dazu wechseln die Tempora in den Relativsätzen, bes. in einer Gruppe von Texten mit *'^a šær* + Ptz. (vgl. u. III.2.a).

Obwohl die Belege im gesamten AT verbreitet sind, begegnen die komparativen Formulierungen vorwiegend in priesterlichen Traditionen (von 135 Belegen stammen 68 aus P-Literatur), wohingegen die Relativpartikel + Ptz. nahezu ausschließlich im Buch Dtn begegnet (von 34 Fällen 32 im Dtn; hinzu kommen 5 Fälle mit *^c al-ken... miṣwāh*, alle im Dtn, zusätzlich noch die Ptz.-Formulierung in Dtn 26,16). Die Imp.-Formulierung der P-Traditionen hat normalerweise Gott als Subj. (63/68mal), während die Ptz.-Formulierungen Mose als Subj. haben (mit Ausnahme von 2 Fällen: Ex 34,11 JHWH; Gen 27,8 Rebekka). Hier treffen wir also deutlich auf einen eigenartigen Sprachgebrauch von P- und Dtn/Dtr-Literatur (vgl. u.III.2.).

Andere Formulierungen begegnen häufig als *w^e-jiqṭol* von *ṣwh*: besonders die Formel *waj^e ṣaw* begegnet 48mal im MT, davon 22mal im Pent. und 17mal im DtrGW. In 32 von 48 Fällen wird diese Formulierung durch *le'mor* und in drei Fällen durch *w*^e^*'āmartā* vervollständigt. Im Gegensatz zu einer großen Anzahl von Relativ- und Komparativformulierungen, die auf bereits Vorangegangenes zurückverweisen, weisen die Formeln *waj*^e^*ṣaw...le'mor* / *w*^e^*'āmartā* auf noch Folgendes hin. Mit Ausnahme von Gen 2,16 und Dtn 31,23 ist das Subj. hier immer ein Mensch.

5. Das Bedeutungsfeld von *ṣwh* wird wesentlich bestimmt durch eine Reihe von Substantiven. Am häufigsten begegnen die Termini *miṣwāh* und *dāḇār*, sei es im Sing. oder im Pl. *miṣwāh* begegnet in dieser Funktion 39mal im MT: Lev/Num 2mal (P): Dtn 25mal; Jos / 2 Kön 9mal; Jer 1mal; Neh 2mal). Daneben begegnen *dāḇār* / *d*^e^*ḇarîm* 25mal in Verbindung mit *ṣwh* (Ex/Num 11mal [10mal P]; Dtn 5mal; Jos / 2 Kön 5mal; Jer 3mal; Sach 1mal; Neh 1mal). Aus diesen Belegen geht eindeutig die Differenz zwischen beiden Begriffen hervor, bes. im Bereich des Pent.: während *dāḇār* charakteristisch ist für die priesterliche Tradition, wird *miṣwāh* im Dtn bestimmend. In 8 von 10 Fällen der priesterlichen Tradition wird die Formel *zæh haddāḇār ᵓ*^a^*šær ṣiwwāh JHWH* gebraucht (Ex 16,16.32; 35,4; Lev 8,5; 9,6; 17,2; Num 30,2; 36,6); in 2 anderen Fällen (Ex 35,1; Lev 8,36) wird eine Konstruktion mit *d*^e^*ḇārîm* verwendet. Die Formel *zæh haddāḇār ᵓ*^a^*šær ṣiwwāh JHWH* ist typisch priesterlich und hat keine strikten Parallelen im übrigen AT. Sie bezieht sich auf einen göttlichen Befehl in einem sehr konkreten, definierten Fall. Der Terminus *miṣwāh* / *miṣwôṯ* bezieht sich im Gegenteil dazu auf den Dekalog, der am Horeb offenbart worden ist, und auf die Gebote, die damit in Verbindung stehen (vgl. Dtn 4,40; 6,1.2.17.25; 7,11; 8,1.11; 10,13; 11,8.13.22.27; 13,19; 15,5; 19,9; 26,13; 27,1.10; 28,1.13.15; 30,8.11; 31,5). Diese Beziehung zu göttlichen Geboten im allgemeinen ist bes. in Dtr und den damit verbundenen Traditionen erhalten (vgl. Jos 22,5; Ri 3,4; 1 Sam 13,13; 1 Kön 2,43; 8,58; 13,21; 2 Kön 17,13.34; 18,6; Jer 35,16; Neh 1,7; 9,14). In Lev 27,34 und Num 36,13 (beide P), die *miṣwôṯ* als Korrelat zu einem Relativsatz mit *ṣwh* verwenden, handelt es sich um die letzten Verse des jeweiligen Buches. Ihre Funktion besteht darin, das gesamte vorangegangene Material zusammenzufassen.

Bei vielen der besprochenen Belege wird der Terminus *miṣwāh* / *miṣwôṯ* verbunden mit *ḥuqqîm* und/oder *mišpāṭîm*; die Bedeutung dieser Substantive ist analog zu *miṣwāh* (vgl. bes. 1 Chr 22,13).

Daneben kommt relativ häufig auch → תורה *tôrāh* in Verbindung mit *ṣwh* vor, dessen Bedeutung von Fall zu Fall wechseln kann. In Jos 22,5; 2 Kön 17,13.34 und Neh 9,14 steht es in Verbindung mit *miṣwāh* in ähnlicher Bedeutung wie dieses. In 2 Kön 14,6 und Neh 8,1 wird von einem Buch (→ ספר *sepær*) der Thora des Mose gesprochen und in Jos 1,7; 2 Kön 21,8; Mal 3,22 von einer Thora, die Mose befohlen hat (*ṣwh*). Daneben spricht 1 Chr 16,40 von einer Thora JHWHs, die Israel befohlen wurde, und Neh 8,14 verbindet zwei Formeln miteinander: die Thora, die JHWH befohlen hat durch die Hand des Mose. In einigen Texten der Priesterschrift begegnet *tôrāh* nur in der Bedeutung einer partikulären Vorschrift (vgl. Lev 7,37f.; Num 19,2; 31,21).

Eine große Bedeutung hat → ברית *b*^e^*rîṯ* im Zusammenhang mit *ṣwh*: entweder alleinstehend (Dtn 4,13; Jos 7,11; 23,16; Ri 2,20) oder im Ausdruck *diḇrê habb*^e^*rîṯ* (Dtn 28,69; Jer 11,3f.8) oder in der Verbindung mit anderen Begriffen für Gesetz (vgl. 1 Kön 11,11; 2 Kön 18,12).

Der Begriff → דרך *dæræḵ* in Verbindung mit *ṣwh* begegnet in Abschnitten über Bundesbruch und Bundeserneuerung (vgl. Ex 32,8; Dtn 9,12.16). In diesen drei Stellen ist das Abweichen (*sûr*) von dem von JHWH befohlenen Weg (*dæræḵ* + *ṣwh*) gesprochen (vgl. dazu Dtn 11,28; 31,29). Dagegen befehlen Dtn 5,33; 13,6; 1 Kön 8,58 und Jer 7,23, auf den Wegen des Herrn wandeln (*hālaḵ*), die grundsätzlich mit den Geboten, seinem Gesetz und dem mit ihm geschlossenen Bund übereinstimmen.

Schließlich zählt auch der Terminus *ᶜeḏûṯ* (→ עוד *ᶜwd*) zu den Begriffen, die mit *ṣwh* zusammengefügt werden (vgl. Dtn 6,17.20). In diesen beiden Versen wird auch eine Verbindung hergestellt zu anderen Begriffen der gesetzlichen Sprache.

Aus all dem läßt sich deutlich ableiten, daß das Bedeutungsfeld des Verbs *ṣwh*, bes. in den priesterlichen und dtn/dtr Schichten sich auf die Gebote bezieht, auf das Gesetz oder auf den Bund mit Gott. Dabei handelt es sich um Gebote oder um das Gesetz, das Gott direkt oder über Mittler wie Mose oder andere Personen an sein Volk richtet. Dem entspricht völlig die Beobachtung in anderen Texten, in denen *ṣwh* mit einigen von den soeben besprochenen Begriffen zusammengestellt wird (vgl. Dtn 15,15; 24,18.22; 33,4; 1 Kön 11,10; 13,9; Jer 7,23; Ps 111,9; 119,38; vgl. auch Ps 119,4: *'attāh [JHWH] ṣiwwîṯāh piqqudæ-ḵā*).

6. In den vorherigen Abschnitten wurde auf die einleitende oder abschließende Funktion einiger Formeln mit *ṣwh* hingewiesen. In diesem Abschnitt nun betrachten wir die Folgeformulierungen, d.h. die Sätze, die unmittelbar auf solche Einleitungsformulierungen mit *ṣwh* folgen. Es entspricht der Natur des Verbums, daß ihm normalerweise Imperative oder Prohibitive im Zusammenhang mit Ermahnungen und Anregungen folgen. So geschieht es in einer großen Anzahl von Belegen, z.B. Gen 44,1; Jos 1,10; 4,17; 18,8; 1 Sam 18,22; 2 Kön 17,27; 22,12; 23,21; Jer 39,11, 2 Chr 34,20. Hier wird die Konstruktion *waj*^e^*ṣaw...le'mor* (vgl. o. II.4.) gefolgt von einem Imperativ; so geschieht es auch im Anschluß an die Formulierung *zæh haddāḇār ᵓ*^a^*šær ṣiwwāh JHWH* in Ex 16,16.32; 35,4 (vgl. Num 19,2; man kann den Imp. auch durch einen Inf.abs. ersetzen, um einen Befehl auszudrücken; vgl. Dtn 1,16; 27,1; 31,25). Um den Prohibitiv auszudrücken, setzt man im Anschluß an *ṣwh...le'mor* ein *lo'* + Impf. (vgl. Gen

2,16f.; 3,17; 28,1.6; Ex 5,6) oder *'al* + Juss. (vgl. Ex 36,6). Zu den Ermahnungen und Befehlen kann man noch Jos 4,3 und 2 Sam 13,28 (beide eingeleitet mit einem Imp. [*śe'û* „hebt auf!" bzw. *re'û* „seht!"]) und zusätzlich noch Jos 1,9; 1 Kön 2,1; 2 Chr 19,9 heranziehen. Schließlich ist noch zu verweisen auf Befehle mittels eines Boten, die durch die Botenformel *koh 'āmar* eingeleitet werden können (vgl. Gen 32,5; 50,16).

7. Unter den bedeutungsnahen Begriffen werden wir nur die betrachten, die besonders charakteristisch sind. In vielen Fällen wird *ṣwh* von dem Verb → אמר *'āmar* begleitet, um eine direkte Rede, einen Auftrag oder eine Instruktion einzuleiten: entweder als Inf. mit *le* (vgl. Gen 3,17; Ex 35,4; Lev 6,2; 8,31; Num 19,2; Dtn 1,16; 2,4; 3,18.21; 19,7; Jos 1,11.13; 3,8; 4,3; 6,10; 1 Kön 22,31; 2 Kön 11,5; 17,35; Jer 7,23; 27,4; 35,6; 2 Chr 25, 4; zur Formel *waj^eṣaw...le'mor* vgl. o. II.4.), oder im Impf. cons. (vgl. Gen 28,1; 49,29; Num 32,28f.; Dtn 31,23; 2 Kön 11,15; 1 Chr 22,6f.).

Neben der grundsätzlichen Funktion des Befehlens oder des Beauftragens hat das Verb *ṣwh* auch die Funktion, die Ausführung des Befehls festzustellen. Auf diese Weise entsteht die Formalstruktur „Befehl-Ausführung", die sich normalerweise widerspiegelt in der Konstruktion „X handelte, wie Y befohlen hatte". Anstelle des Verbs „handeln" kann ein spezifischeres Verb eintreten, das direkt oder mehr generell mit dem Befehl selbst verbunden ist. Im ersten Fall, wenn es sich z.B. um einen Marschbefehl im Krieg handelt, sagt man: „X ging (*hālak̠*), wie Y ihm aufgetragen hatte (*ṣwh*)" (vgl. Dtn 1,19; 1 Sam 17,20). Im zweiten Falle tritt als mehr generelles Verb das Verb *ʿā'sāh* ein, z.B. in dem Ausdruck „X tat (*ʿā'sāh*), wie Y ihm aufgetragen hatte (*ṣwh*)" (vgl. u.a. Gen 7,5; 50,12; Ex 7,20; 29,35; Lev 8,4; 9,7; Num 2,34; 27,22; Dtn 26,14; 31,5; Jos 4,8; 11,15; 2 Sam 9,11; 13,29; 2 Kön 11,9; 21,8; Jer 32,23; 50,21; Est 4,17; 2 Chr 23,8). Oft wird dieses Verhältnis noch verdeutlicht durch die Abfolge *ṣwh* ... *ken ʿā'sāh*, charakteristisch für die Priesterschrift (vgl. u. III.1.a).

Zwei Verben werden direkt mit *ṣwh* verbunden (manchmal auch miteinander): → שמר *šāmar* und → שמע *šāmaʿ*. Diese finden wir bes. in dtn/dtr Traditionen im Kontext von Gehorsam gegenüber den göttlichen Geboten. *šāmar* steht häufig zusammen mit *ṣwh*, oft in Verbindung mit *miṣwāh* und, in einigen Fällen, mit *ḥuqqîm* und *mišpāṭîm* (vgl. Ex 34,11; Dtn 5,32; 12,28; 13,1; 24,8; 32,46; Ri 13,14; 1 Sam 13,14; 1 Kön 9,4; 11,10; Jer 35,18; vgl. dazu die Texte in II.5). In Ps 119,4 sagt der Psalmist: „Du hast deine Befehle (*piqquḏîm*) gegeben (*ṣiwwāh*), damit man sie genau beachtet (*šāmar*)". Die Textabfolge *ṣiwwāh* — *šāmar* steht in solchen Texten, um das Volk zur Erfüllung der Gebote zu ermahnen. Das Verb *šāmaʿ* findet sich in Verbindung mit *ṣwh* bes. in den Ausdrücken *šāmaʿ beqol* ... (vgl. Gen 27,8; Dtn 30,2; Jos 22,2b; Jer 35,8) und *šāmaʿ miṣwôṯ* (Dtn 11,13.27.28) oder in einem Ausdruck, der beides kombiniert (vgl. Dtn 28,1.13.15). Hinzuzufügen sind 1 Kön 11,38; Jer 11,3f.; 35,8.10.16.18.

Zum Wortfeld von *ṣwh* gehören auch *dāḇār* (vgl. II.5) und *dibbær*. Weil es sich um Texte mit einer bes. Bedeutung handelt, ist dieser Konstellation eine eigene Untersuchung zu widmen (s.u. III.3.).

„Senden" und „befehlen" sind direkt verbunden wie der Bote und die Botschaft; dieser Zusammenhang wird deutlich in Texten, wo *šālaḥ* in Verbindung zu *ṣwh* steht (vgl. Ex 4,28; 1 Sam 21,3; Jes 10,6; Jer 14,14; 23,32; 27,3f.).

III.1.a) P-Texte benutzen *ṣwh* sehr häufig. Zu ihrem Sprachgebrauch gehören vor allem die vergleichenden Formulierungen mit *ka'ašær* oder *kek̠ōl 'ašær ṣiwwāh* mit Gott als Subjekt zu *ṣwh*. Diese Formel begegnet im gesamten Pent. von der Urgeschichte (Gen 6,22; 7,16) und der Geschichte des Abraham an (Gen 21,4) bis hin zu Dtn 1,3; 34,9, Stellen, die allgemein P zugeschrieben werden. Das Zentrum der Verwendung dieser Formulierung liegt in Ex/Num, bes. in der Sinaiperikope (Ex 19-Num 10), wo 41 von 64 P-Belegen konzentriert sind: in den Abschnitten über das Zelt der Begegnung (Ex 29,35; 31,11; 39,1.5.7.21.26.29.31f.42f.; 40,16.19.21.23.25. 27.29.32), über die Priesterweihe (Lev 8,4. 9.13.17.21.29; 9,7.10; 10,15) und in anderen Abschnitten, die die Gemeinde betreffen: Reinheit, Kult, Heiligkeit etc. (vgl. Lev 16,34; 24,23; Num 1,19.54; 2,33f.; 3,42.51; 8,3.20.22; 9,5). Weniger häufig sind die Belege zu Beginn des Buches Ex (Ex 7,6.10.20: ägyptische Plagen; 12,28.50: Passah) in den Abschnitten über die Wüstenwanderung (Ex 16,34; Num 15,36; 17,26), und schließlich über die Landnahme (Num 20,27; 26,4; 27,11.22; 30,1; 31,7.31.41.47; 36,10). Besonders deutlich wird die semantische Valenz dieser Formeln in den 14 Texten, in denen der Vergleich *ka'ašær*/*kek̠ōl 'ašær* durch *ken ʿā'sāh*/*ʿā'sû* abgeschlossen wird (Gen 6,22; Ex 7,6; 12,28.50; 39,32.42f.; 40,16; Num 1,54; 8,20.22; 9,5; 17,26; 36,10). Obwohl die Verbindung von *ṣwh* mit *ʿā'sāh* häufig im AT begegnet (vgl. II.7.), gehört doch diese Konstruktion ausschließlich in die priesterliche Literatur. Diese Verbindung begegnet noch einmal in Jos 14,5, ein Text, der zum Abschnitt 13,15-14,5 gehört und von Vokabular und Stilistik her eindeutig P zugewiesen werden muß, wobei auch eine Verbindung dieses Textes mit den Texten aus Gen/Num vorgeschlagen worden ist (vgl. G.E. Wright, AB 6, 1982, 58.67f.). Das wird auch deutlich dadurch, daß Jos 14,5 sich auf einen göttlichen Auftrag an Mose, nicht dagegen an Josua (vgl. 13,7) zurückbezieht (vgl. M. Noth, HAT I/7, 1971, 83). Die andauernde Wiederholung dieser Formulierungen in zentralen priesterlichen Traditionen und der exklusive Gebrauch bestimmter Sätze (... *ken ʿa'sāh*/*ʿā'sû*) bietet ausreichende Indizien dafür, daß dahinter eine theologische Konzeption der Autoren/Redaktoren dieser Texte steht.

b) Die Erfüllung der göttlichen Befehle bildet (nach Elliger) eine konstante Struktur in der priesterlichen Tradition. Dies geht aus einer Reihe von priesterlichen Texten eindeutig hervor (Gen 17,11f./23; Ex 14,16/21f.; 14,26/27f.; Num 13,1f./3.17; 20,7/10; 20,23.25f./27f.; 27,18-21/22f.). Daneben tritt eine Reihe von Stellen, in denen es auch um Gehorsam gegenüber Befehlen geht, aber undetailliert (Gen 6,22; Ex 12,28; 14,4). In anderen Texten sind beide Formen gemischt (Num 20,27; 27,22, vgl. Elliger 129f.). Die Formeln *ka'ašær/kekōl 'ašær ṣiwwāh* gehören zur zweiten Gruppe, die allgemein und farblos den Gehorsam gegenüber göttlichen Befehlen darstellt. Trotz ihres allgemeinen Charakters steht hinter ihnen eine sehr konkrete theologische Konzeption, die bes. repräsentativ ist für die priesterliche Theologie.

In der Ur- und Patriarchengeschichte benutzt der P-Redaktor zuerst das Verb *ṣwh* in drei Vergleichsformeln, in denen Gott als Subj. steht und Noach bzw. Abraham als unmittelbares Obj.; der programmatische Charakter wird deutlich, da diese Befehle sich an die ganze Menschheit (Gen 6,22; 7,16) oder an das ganze Volk Gottes (Gen 21,4) richten.

Durch Einleitung und Schluß (Gen 6,13-22; 9,1-7) gestaltet der P-Redaktor die Fluterzählung als eine Rede Gottes an Noach, in der die Flut und ihre Folgen (7,6-24) den Zentralpunkt bilden. Noach wird geschildert als ein rechtschaffener Mensch, dessen Lebenswandel in Übereinstimmung mit dem Willen Gottes steht (6,9). In der theologischen Vision von P geschieht das Wichtige nicht in den Ereignissen, sondern in der Gottesrede, die die Geschichte bewegt und die Ereignisse in Gang setzt, und dementsprechend in der Antwort des Menschen auf diese Rede. Deshalb ist es wichtig, daß Noach auf ein göttliches Gebot hin die Arche baut und in sie hineingeht: *kekōl 'ašær/ka'ašær ṣiwwāh 'oṯô 'ælohîm* (6,22; 7,16). Gott spricht und der Mensch hört, er befiehlt und ihm wird Gehorsam entgegengebracht, das ist das Wichtigste für P. Es handelt sich hier um „a graphic picture of Noah working devotedly, with complete faith in all that the Almighty God had told him, and in absolute obe-dience to the word of his creator" (U. Cassuto, Genesis I, Jerusalem 1978, 71). P legt bes. Wert auf die Gestaltung des Einzugs in die Arche, weil dieser Einzug den Gehorsam Noachs gegenüber dem göttlichen Wort und Gebot darstellt. In diesem Gehorsam realisiert sich die Errettung Noachs und durch ihn die der Menschheit. Der Einzug in die Arche „assures future life, and puts it all under the obedience theme" (McEvenue 61). Der Gehorsam Noachs gegenüber dem göttlichen Gebot verändert den Weg der Menschheit, die ihre eigene Zerstörung betreibt; daraus entsteht ein neues Verhältnis zwischen Gott und Mensch, das dann im sog. Noachbund festgeschrieben wird. „Das Hinzutreten des Gehorsamen, des Frommen zum Ort der Rettung und Bewahrung" deutet nach Westermann (BK I/1, 1976, 586) „ganz von fern das Hinzutreten zum Heiligtum an", Zentralmotiv der Priesterschrift.

P gestaltet auch die Abrahamerzählung nach dem Schema Befehl-Gehorsam, diesmal in bezug auf die Beschneidung: in Gen 17,23 wird detailliert die genaue Erfüllung des göttlichen Befehles (vv. 11f.) dargestellt (Rückbezug in Gen 21,4). In dieser Texteinheit werden die Schemata Verheißung-Gebot-Gehorsam verbunden mit dem Thema Bund; im Bund korrespondieren auf der Seite Gottes die Einlösung der Verheißung und auf der Seite Abrahams der Gehorsam gegenüber dem Gebot. „Das Kernstück der Theologie der Priesterschrift findet in diesem Kapitel einen kristallklaren Ausdruck" (C. Westermann, BK I/2, 308). Die Verbindung Verheißung-Gebot wird programmatisch, einerseits in bezug auf das Schema Gebot-Gehorsam, andererseits auf den Charakter der Verheißung selbst, die sich nach 17,8 „auf das ganze Land Kanaan" bezieht, ein Lieblingsausdruck von P bes. in Num (vgl. Cortese 1972).

Im Blick auf Struktur und Umfang der Materialien bildet die Sinaiperikope das Zentrum der Priesterschrift (vgl. Cortese 1985, 107). Dies gilt vollends auch für die Verwendung des Verbs *ṣwh*, besonders für die komparative Formulierung.

Die Erfahrung am Sinai war bestimmend für das Gottesvolk. P kommt es darauf an, die Herkunft aller Gesetze vom Sinai darzustellen. Dies erklärt auch den enormen Zuwachs priesterschriftl. Materialien (Ex 25-Num 10), die unmittelbar an die ursprüngliche Sinaierzählung (Ex 19-24) angeschlossen sind, obwohl sie den Wüstenmarsch unterbrechen.

Dieser große Abschnitt behandelt vorwiegend kultische Aspekte. In Ex 25-31 werden der Bau des Wüstenheiligtums, die Priesterweihe und die Darbringung der Opfergaben geschildert. Ex 35-40 bildet zu den Kap. 25-31 das Gegenstück: die Ausführung der von Gott an Mose gerichteten Befehle.

Die Verbindung der Heiligtumstraditionen mit den Sinaitraditionen wird akzentuiert durch die Aufforderung, das Heiligtum zu bauen, „genau nach dem Modell, so wie er es dem Mose auf dem Berg gezeigt hat". Diese Formel wird mehrere Male wiederholt (vgl. 25,9.40; 26,8.30; 27,8) und findet ihre Korrespondenz in den Kapiteln 35-40 in der Feststellung, daß es gemacht wurde *ka'ašær ṣiwwāh JHWH 'æṯ-mošæh* (7mal wiederholt in Kap. 39 und noch einmal 7mal in Kap. 40) oder *kekōl 'ašær ṣiwwāh JHWH 'æṯ-mošæh* (39,32.42; 40,16). Durch diese Formel soll der Bau des Wüstenheiligtums in allen seinen Details auf explizite Befehle Gottes an Mose zurückgeführt werden. Jede Einzelheit des Entwurfs wurde ausgeführt nach dem Befehl JHWHs an Mose. So wird die Einrichtung des Wüstenzeltes legitimiert, da sie auf den Willen Gottes zurückgeht. Die Anwesenheit Gottes in Wolken- und Feuersäule (40,34-38) bestätigt diese Institution als göttlichen Ursprungs. Das Schema „Befehl — Ausführung" funktioniert hier in vollster Perfektion. Mose ist der Mittler des göttlichen Auftrages, Bezaleel und Oholiab sind die Ausführenden. Das ganze Volk als freiwillige Mitarbeiter bilden ein Beispiel für den treuen Gehorsam gegenüber den göttlichen Geboten.

Auch die Vorstellung der Heiligkeit, bestimmend für P bes. im Buch Lev, wird eng verbunden mit der Erfüllung des göttlichen Willens. Die Heiligkeit fordert einerseits Absonderung, andererseits aber Weihung und treuen Gottesdienst. Der plötzliche Tod der beiden Aaronsöhne, die etwas nicht Befohlenes getan hatten (*ᵃšær lo' ṣiwwāh 'oṯām*, Lev 10,1), weist hin auf die Forderung der Heiligkeit, die Gott an seine kultischen Diener stellt. Gerade im kultischen Bereich wird besonders streng darauf geachtet, daß alles nach dem Befehl JHWHs ausgeführt wird. Nach der P-Tradition beginnt mit Aaron das Priestertum in Israel. Die Priesterweihe des Aaron und seiner Söhne (Lev 8ff.) muß daher genau dem Befehl Gottes entsprechen (Ex 29,35). Daraus entsteht erst die Befähigung, den Kult auszuüben. Die Manifestation der Gegenwart Gottes vor dem ganzen Volk als Höhepunkt der ersten Amtshandlung nach der Priesterweihe (Lev 9,23f.) zeigt, daß das Opfer von Gott akzeptiert wird. Das heißt im Kontext, daß alles geschehen ist, *kaᵃšær ṣiwwāh JHWH*. Diese Formulierung wiederholt sich 9mal in den Kap. Lev 8-10 dort, wo es um die Einsetzung des Priestertums, um den Beginn der Opferdarbringung geht, um die Treue des Mose, des Aaron und der Priester gegenüber dem göttlichen Wort hervorzuheben. Der Bruch des Schemas „Befehl — Gehorsam" durch die Handlung von Nadab und Abihu, der Söhne des Aaron, wird wieder gutgemacht durch den treuen Gehorsam Aarons und der anderen Priester. Dieses Schema dominiert in der Theologie der gesamten P in der Beschreibung der Wüstenwanderung (Ex 15,22-18,27; Num 10,11-20,13) wie auch bei der Vorbereitung der Landnahme (Num 20,14-36,13) bis hin zum Tod des Moses. Gegen Ende von P (Dtn 34,9) begegnet die Formel *kaᵃšær ṣiwwāh JHWH 'æṯ-mošæh* zum letzten Mal im Pent.: die positive Reaktion des Volkes auf den neuen Führer ist ein Gehorsamsakt gegenüber einem göttlichen Auftrag.

Die häufige Wiederholung des Verb *ṣwh*, ganz bes. in den genannten Formeln, entspricht genau der theologischen Auffassung von P, daß nur der bedingungslose Gehorsam des Menschen der Heiligkeit des göttlichen Willens entspricht. Israel zeigt sich hier als zum Kult Gottes geheiligte Gemeinde, in der alles bis ins kleinste Detail von Gott reglementiert ist. Die Heiligkeit der Gemeinde hängt ab von der Treue gegenüber dem göttlichen Wort in seinen heiligen Normen.

2. Im Dtn treffen wir auf eine Gruppe von Formeln, die als „Promulgationssätze" bezeichnet worden sind (Lohfink 59-63). Es handelt sich dabei um Relativsätze, die sich normalerweise einem oder mehreren Termini für Gesetz anschließen (vgl.o.II.5.). Solche Substantive fehlen in Dtn 5,12.16.32; 6,25; (10,5); 12,21; 20,17; 26,14 (auch in Ex 34,11 und Dtn 12,14), 6 Texte, die den „Vollzugsformeln" in der P-Tradition sehr ähnlich sind (vgl. Ex 7,6.10; 12,28.50; Lohfink 59). Nach De Vries (311ff.) haben diese Formeln hier eine andere Funktion als die in der P-Tradition. Er möchte sie daher qualifizieren als „Beglaubigungsformel". Auch wenn wir mit De Vries in vielem nicht übereinstimmen, so erkennen wir doch den eigentümlichen Charakter dieser Formelgruppe an.

a) Die „Promulgationssätze" sind solche Formeln, deren Inhalt in der Promulgation göttlicher Gebote besteht, die vom Volk Israel bei seinem Eintritt ins Land Kanaan erfüllt werden müssen. Mit Ausnahme von 5 Texten mit *dibbær* (4,45; 5,1), *lmd pi* (5,31), *nāṯan lipnê* (11,32) und *šāmar* (12,1) enthalten alle diese Formeln das Verb *ṣiwwāh* (im Ptz. oder im Perf.; in Dtn 18,18 im Impf., mit ganz eigentümlichen Untertönen [de Vries 311; Lohfink 61.298], vgl. w.u. III.3.).

Die Ptz.-Formulierung des Promulgationssatzes konstituiert ein fixiertes Klischee mit ganz geringen Varianten: *ᵃšær 'ānoḵî mᵉṣawwᵉḵā hajjôm* (Ex 34,11, 18mal im Dtn: 4,40; 6,6; 7,11; 8,1.11; 10,13; 11,8; 13,19; 15,5; 19,9; 27,10; 28,1.13.15; 30,2.8.11.16; dieselbe Formulierung ohne *hajjôm*: Dtn 6,2; 12,14.28); die Formel *ᵃšær 'ānoḵî mᵉṣawwæh 'æṯḵæm* (Dtn 4,2; 11,22; 12,11; 13,1; dieselbe Formulierung mit *hajjôm* Dtn 11,13.27f.; 27,1.4; 28,14); andere ähnliche Formulierungen mit dem Ptz. von *ṣwh*, die nicht zur Gruppe der Promulgationsformeln gehören, finden sich Dtn 15,11.15; 19,7; 24,18.22: *ᶜal-ken 'ānoḵî mᵉṣawwᵉḵā* [*hajjôm*] und in Dtn 26,16: *hajjôm hazzæh JHWH ᵉlohæḵā mᵉṣawwᵉḵā*. Im gesamten Dtn hat die Promulgationsformel Mose als Subj. (in Ex 34,11 ist dagegen JHWH Subj.) und als Adressaten das Volk Israel. Dementsprechend wird Mose gezeichnet als der, der an der Grenze des verheißenen Landes dem Volk das Gesetz vorlegt.

Die Promulgationsformeln mit *ṣwh* Perf. haben, im Unterschied zu den Ptz.-Formulierungen, JHWH als Subj. (Dtn 4,13.23; 5,33; 6,1.17.20; 9,12.16; 13,6; 26,13f.; 28,45.69; de Vries [312f.] fügt hinzu 1,3 und 17,3, aber Dtn 1,3 gehört wie 34,9 zu P [vgl. Skweres 19f. Anm. 106]), und in formeller Hinsicht stehen sie auf der Linie der P-Formeln (vgl.o.III.1). In Dtn 17,3 ist nicht klar, ob JHWH oder Mose Subj. ist (vgl. Lohfink 61f.). Nur in Dtn 31,5.29 mit der Promulgationsformel im Perf. ist Mose Subj.

b) Die Beglaubigungsformeln wollen rechtfertigen, daß etwas realisiert wird oder realisiert werden soll in Übereinstimmung mit einer göttlichen Anordnung. Auch diese Formeln sind konstruiert mit *ṣwh* Perf. und immer (außer 12,21) ist JHWH Subj. Aber im Unterschied zu den Promulgationsformeln beginnen die Authentizitätsformeln grundsätzlich mit *kaᵃšær* (Dtn 4,5; 5,12.16.32; 6,25; 20,17; 24,8; de Vries fügt Dtn 18,20 hinzu, aber es beginnt nicht

mit *ka'ašær*, sondern mit *'ašær* und gehört thematisch in eine andere Gruppe von Formeln [vgl. u. III.3.]).
c) Dieser Befund zeigt, daß sowohl die Ptz.- und Perf.-Formulierungen gewisse Ähnlichkeiten und Unterschiede zeigen sowohl bei Promulgation als auch bei Beglaubigung. Aufgrund der grundsätzlichen Unterschiede in Form und Inhalt spricht de Vries (315) von einer unabhängigen Entwicklung, wobei die Formel mit Ptz. das älteste Glied in der Kette darstellen soll. Das stimmt, aber es muß anders erklärt werden. Vor allem sind seine Gründe für Alter und Ursprünglichkeit der Promulgationsformel in Dtn 6,6 (de Vries 309f.315) nicht überzeugend. Dieser Text zeigt vielmehr, daß die Promulgationsformel nicht die älteste ist, sondern auf eine frühere Formel zurückgeht. So liegt tatsächlich in der Promulgationsformel von Dtn 6,6 bereits ein stereotypes Klischee vor wie in allen anderen Texten im Dtn, die sekundär hinzugefügt worden sind (vgl. García López, RB 85, 1978, 164-167). Alles spricht dafür, daß die Formeln einen gemeinsamen vor-dtn Ursprung haben. Die Unterschiede weisen auf eine unabhängige Entwicklung im Bereich der Überlieferung hin. Die älteste Formulierung, die das Dtn beeinflußt haben könnte, seien es die Formeln im Ptz. oder im Perf., ist die in Ex 34,11. Diese Formulierung liegt einerseits im Ptz. vor, andererseits enthält sie JHWH als Subj. In einer erschöpfenden Analyse des Vokabulars und der Formelsprache von Ex 34,11-16 hat Langlamet Alter und Ursprünglichkeit von Ex 34,11a (*'ašær 'ānoḵî meṣawweḵā hajjôm*) im Blick auf die Formeln in Dtn nachgewiesen. In Ex 34,11a, wo sich das göttliche „Ich“ offenbart, „l'enracinement cultuel et théophanique des ‚lectures de la loi‘ est perçu ... à sa source même“ (Langlamet 329f.; vgl. auch 503ff.). Von einem anderen Gesichtspunkt aus hat im gleichen Sinne Halbe entschieden (59-96). Folgerichtig hat die Ptz.-Formulierung von Ex 34,11a Einfluß ausgeübt auf die Promulgationformeln im Dtn, die — auf ihrem Traditionsweg — verschiedenen Variationen unterworfen worden sind (vgl. o.III.2.a). Entsprechend der Mosefiktion im Dtn muß das „ich“ in den Formeln grundsätzlich zum „ich“ des Mose werden, im Unterschied zu dem in Ex 34,11a. Andererseits kommen die perfektisch formulierten dtn Formeln, die normalerweise JHWH als Subj. haben, ebenfalls von Ex 34,11a her, ein Text, in dem besonders die Souveränität JHWHs betont wird, auf der die dringende Ermahnung zum Gehorsam gegenüber dem göttlichen Gebot gründet (vgl. Halbe 95f.).
In seiner urspr. Form bildete das Dtn ein durch Mose promulgiertes Gesetzbuch (vgl. 2 Kön 22,18; Dtn 4,45), das paränetische Gesetzesabschnitte im Sing. der Kap. 6-28 enthielt. Später wurden historische Abschnitte am Anfang und am Ende des Buches (Kap. 1-3 + 29-34) und die Bezüge zum Geschehen am Horeb (Kap. 5 und 9,7-10,11) hinzugefügt. In diesen Abschnitten trat nicht nur der Horeb in den Vordergrund, auch das Dtn kleidete sich in eine neue Gestalt und wurde den orientalischen Verträgen angepaßt. Am Horeb wurde der Bund zwischen Gott und seinem Volk geschlossen. Das Grundgesetz des Horeb ist der Dekalog, den Mose direkt aus den Händen Gottes empfangen hat. Der Horeb und konkreter noch der Dekalog verstärken die Paränese und das Gesetz des Ur-Dtn (vgl. García López 1977, 512f.520f.; 1978, 47ff.). Während in den partizipialen Promulgationsformeln das „Ich“ des Mose an die erste Stelle springt, bezieht es sich in den Formeln im Perf. auf den Horeb (vgl. Moran 86; Lohfink 60ff.), und JHWH nimmt die erste Stelle ein. In dieser Sicht erscheint JHWH als Gesetzgeber und Mose als Vermittler. Die Aufgabe des Mose besteht in der Promulgation und Aktualisierung des Gesetzes vom Horeb in Moab. Von daher begegnet *hajjôm* so häufig in der Ptz.-Formulierung. Die Stimme Gottes am Horeb, weit entfernt vom Volk (vgl. Dtn 5,23ff.), kommt näher durch die Vermittlung des Mose (vgl. Dtn 5,27ff.). Hier fließen also nicht nur die Stimmen JHWHs und Moses zusammen, sondern auch die Formulierungen, in denen diese Stimmen zum Ausdruck kommen. Von da an kann man dann beide Stimmen nicht mehr unterscheiden. Das ist der Fall in Dtn 17,3 (vgl. o. III.2.a), wo das „Ich“ sich vom ersten Augenschein her auf Mose bezieht, aber wenn man sie mit Dtn 18,20; Jer 7,31; 19,15; 32,35 vergleicht (Texte, mit denen Dtn 17,3 in formaler Hinsicht sehr eng verbunden ist), dann tritt das „Ich“ JHWHs doch in den Vordergrund: Mose repräsentiert und übermittelt die Stimme JHWHs, er ist der Sprecher Gottes. Das Volk wird aufgerufen, dem Gesetz, dem Willen Gottes zu gehorchen. Das ist letztlich die religiös-theologische Botschaft der hier analysierten Formeln: Mose promulgiert das Gesetz Gottes und authentisiert es als göttlich.
3. Im AT treffen wir 18 Fälle, in denen die Verben *ṣiwwāh* und *dibbær* in enger Verbindung stehen. Die meisten dieser Belege gehören zu P (Ex 6,13; 7,2; 25,22; 34,32.34; Num 27,23; Dtn 1,3) und zu Jer (1,7.17; 7,22; 14,14; 19,5; 26,2.8; 29,23). Die übrigen Belege finden sich im Prophetengesetz Dtn 18,18.20 und in Jos 4,10. Die wichtigsten Subj. in diesen Abschnitten sind einerseits JHWH, andererseits Mose und Jeremia; weniger wichtig sind die Propheten im allgemeinen, die falschen Propheten und Josua.
Im Blick auf Subj. und Adressaten der Verben *ṣiwwāh – dibbær* begegnen 3 Typen von Kombinationen: 1. JHWH als Subj. beider Verben (Ex 6,13; 25,22: bestätigend; Jer 7,22; 14,14; 19,5: ablehnend); 2. JHWH als Subj. von *dibbær* und Mose von *ṣiwwāh*, d.h. Mose vermittelt, was JHWH gesagt hat (Ex 34,32; Num 27,23); 3. JHWH als Subj. von *ṣiwwāh* und Mose, Jeremia oder andere Personen Subj. von *dibbær*: JHWH befiehlt, und Mose, Jeremia und andere übermitteln den JHWH-Befehl (Ex 7,2; 34,34; Dtn 1,3b; 18,18.20; Jos 4,10; Jer 1,7.17;

26,2.8; 29,23). Diese Gruppe dominiert im Blick auf Bedeutung und zitierte Traditionen. 4 dieser Texte enthalten die Verben im Impf. (in den übrigen Texten begegnet *ṣiwwāh* immer in Vergangenheit), woraus sich nun zwei verschiedene Konstruktionen ableiten: ... *t^e d̲abber 'et̲ kŏl-'^a šær '^a ṣawwæk̲ā* (Ex 7,2; Jer 1,7) und *w^e d̲ibbær (-) 'et̲ kŏl-'^a šær '^a ṣawwæh(-)* (Dtn 18,18; Jer 1,17). Dementsprechend werden Mose, Jeremia und die Propheten nach Art des Mose „sprechen, alles was JHWH ihnen aufgetragen hat". Diese Formulierung besagt dann, daß Mose oder die anderen Propheten nach seiner Art (Jeremia ist ein solcher) Beauftragte des Herrn sind. Auch hier begegnet wieder das Schema „Auftrag – Gehorsam" (wenn auch unterschieden von Obigem, III.1). Letztlich wird die Formel *(w^e)dibbar(tā) 'et̲ kŏl- '^a sær '^a ṣawwæh*(-) in Jer und im Dtn mindestens weiter spezifiziert durch die andere Formel *(w^e)nāt̲attî d^e b̲āraj b^e pîk̲ā* (Dtn 18,18bα; Jer 1,9bβ). Entsprechend ist „sprechen, was Gott befiehlt" (Dtn 18,18bβ; Jer 1,7bβ) gleichwertig mit dem, was JHWH in seinen Mund nimmt (vgl. García López, VT 35, 1985, 10). Der Prophet ist nach allem sein Botschafter (Ex 4,15; 2 Sam 14,18f.). Jeremia definiert sich selbst als „Mund Gottes" (Jer 15,19). Jeremia versteht sich als Instrument Gottes, das wie Mose eine Mittlerfunktion hat. In P wird diese Wirklichkeit durch andere Formulierungen ausgedrückt: „Dort werde ich dir sagen, was du den Israeliten befehlen sollst" (Ex 25,22; vgl. 34,32); Vermittlung, durch das Wort! Der wahre Prophet wird sagen, was JHWH ihm befiehlt (vgl. die Formulierungen im Impf.). Im Gegensatz dazu verkünden die falschen Propheten, was JHWH „weder gesagt noch befohlen hat" (Jer 14,14; vgl. Dtn 18,20). Der wahre Prophet steht treu zum Wort Gottes; der übermütige spricht im Namen JHWHs, was dieser nicht befohlen hat, er wird sterben (vgl. Dtn 18,20). Mose und Jeremia haben sich dadurch als wahre Propheten ausgewiesen, daß sie das Wort Gottes exakt weitergegeben haben (vgl. Ex 34,34; Dtn 1,3; Jer 26,8: Formeln mit *ṣwh* im Perf.). In dieser Prophetenkonzeption fließen die jeremianische, die dtn und die priesterschriftl. Tradition zusammen.

Man kann sich nun fragen, ob solche engen Verbindungen von Inhalt und Form in verschiedenen Traditionen nicht letztlich auf eine gemeinsame Quelle zurückgehen. Häufig sucht man die Antwort auf diese Frage einerseits in den Traditionen des Nordreiches, wo die Wurzelgründe für das Dtn und die jeremianische Botschaft liegen (vgl. García López 304ff.), und an die andererseits die priesterl. Tradition anknüpft. Ohne Zweifel enthält P in den Berichten über das Wüstenheiligtum eine Reihe sehr alter Traditionen vom „Zelt der Begegnung" (→ אהל *'ohæl* → מועד *mô^c ed̲*; vgl. Ex 33,7-11, E). Auch die Funktion des Mose, der mit Gott spricht und als Mittler handelt (vgl. Ex 25,22, P), enthält sehr alte Traditionen von den Aufgaben des Mose (vgl. Ex 33,11). Die Dekalogtafeln, auf die sich Dtn 18,15ff. zurückbezieht, werden in der Bundeslade aufbewahrt (Ex 25,21; 40,20) als Zeichen der Kontinuität zwischen der Offenbarung Gottes in der Vergangenheit und seiner gegenwärtigen Offenbarung an Israel von der Bundeslade aus (Ex 25,22; vgl. J.P. Hyatt, NCC 1971, 265; B.S. Childs, OTL 1974, 540f.).

4.a) Die Struktur der *nāg̲îd̲*-Formeln in Sam und Kön (in denen das Verb *ṣwh* benutzt wird) zeigt Verb + Subj. (normalerweise JHWH) + *nāg̲îd̲* + *^c al*-Obj. Die Variable in dieser Formulierung ist das Verb, aus dem heraus dann zwei Gruppen von Formeln entstehen: Die erste mit *māšaḥ* (1 Sam 9,16; 10,1 → משח) und die zweite mit *ṣiwwāh* (1 Sam 13,14; 25,30; 2 Sam 6,21; 1 Kön 1,35), *hājāh* (2 Sam 5,2; 7,8), *nāt̲ān* (1 Kön 14, 17; 16,2) und laqah (2 Sam 7,8). Diese zweite Gruppe ist trotz unterschiedlicher Verben einheitlich; *nāt̲ān* und *lāqaḥ* sind Korrelative, und *hājāh* unterstreicht die erreichte Situation (in 2 Sam 7,8 wird es mit *lāqaḥ* verbunden). *ṣiwwāh* bezeichnet mehr eine königliche oder göttliche Resolution, um eine bestimmte Aktion anzuordnen (vgl. Richter 72-75). Texte mit *ṣwh* in 1/2 Sam beziehen sich auf David, die in 1/2 Kön auf Salomo. Interessant ist auch der Gebrauch von *ṣwh* in 1 Sam 13,13f.: im Kontext der Ablehnung Sauls meldet der Prophet Samuel: *biqqeš JHWH lô 'îš kilb̲āb̲ô waj^e ṣawwehû JHWH l^e nāg̲îd̲ ^c al-^c ammô* (v. 14bα). Diese Formulierung wird eingerahmt von zwei weiteren Formulierungen mit *ṣwh*: *lo' šāmartā 'æt̲-miṣwat̲ JHWH '^æ lohæk̲ā '^a šær ṣiwwāk̲* (v. 13b) und *kî lo' šāmartā 'et̲ '^a šær-ṣiww^e k̲ā JHWH* (v. 14bβγ). Der Autor spielt hier mit einer Doppelbedeutung von *ṣiwwāh*, indem er eine Verbindung etabliert zwischen dem, was JHWH befohlen hat, und der Designation zum *nāg̲îd̲*: „He (Saul) has disobeyed Yahweh, or rather Yahweh's prophet. Thus he has violated the terms of his *appointment* as king. Kingship requires obedience" (P.K. McCarther jun., AB 8, 1980, 230). Später wird derselbe David sich mit der gleichen Formulierung für Salomo einsetzen: *w^e 'ot̲ô ṣiwwît̲î lihjôt̲ nāg̲îd̲ ^c al-ji'srā'el w^{ec} al-j^e hûd̲āh* (1 Kön 1,35). Das Verb *ṣiwwît̲î* ist hier zu verstehen als perfectum declarativum (Perfekt der Koinzidenz). „... and I hereby appoint him to be *nāg̲îd̲* over Israel" (Mettinger 161f.; vgl. Halpern 6f.).

Aus diesen Texten mit der Formel *ṣiwwāh ... nāg̲îd̲* geht hervor, daß *ṣiwwāh*, ohne seine Grundbedeutung „anordnen, befehlen" zu verlieren, nunmehr überwechselt zur Bedeutung „bestimmen, ernennen, einsetzen".

b) In Jes 55,3-5 begegnet ein Spezialfall einer *nāg̲îd̲*-Formulierung: in *nāg̲îd̲ ûm^e ṣawweh l^e 'ummîm* von v. 4b begegnet *ṣwh* in einer eigentümlichen Anwendung; nur hier wird das Ptz. *pi* gebraucht, um eine Funktion auszudrücken: „Fürst und Gebieter der Nationen" (die Grundbedeutung von *ṣwh* bleibt erhalten). DtJes assoziiert den Bund Israels mit David und überträgt auf Israel die Titel, die an David gegeben worden sind. So wie David einmal über

Israel geherrscht hat, so wird Israel nun zum Gebieter über die Nationen. In seinen Siegen und Eroberungen hat David Zeugnis abgelegt für die Macht Gottes und sein Handeln zugunsten seines Volkes. Analog wird nun Israel beauftragt, Zeuge Gottes unter den Nationen zu sein (v. 4; vgl. Jes 43,10; 44,8). Das Zeugnis besteht nun in der Proklamation JHWHs. Israel hat in der Heilsgeschichte die erlösende Macht Gottes erfahren, deshalb soll es Zeuge sein für seine befreiende Kraft. Kurz gesagt werden in Jes 55,3-5 die Gestalt und die Funktion Davids reinterpretiert (vgl. Beuken 55-64; J.L. McKenzie, AB 20, 1968, 142ff.; Seybold 155 Anm. 14).

c) Die Formel *w^eᶜal-ᶜam ᶜæḇrāṯî ^aṣawwænnû* (Jes 10,6) ist zwar formal gleich der *nāḡîḏ*-Formel von 1 Sam 13,14; 25,30; 2 Sam 6,21; 1 Kön 1,35. Vergleicht man aber diese Formulierungen in Sam – Kön mit der von Jes 10,6, so fällt ein gewisser antithetischer Parallelismus auf: Im ersten Fall setzt JHWH einen *nāḡîḏ* ein als Instrument, die Rettung an seinem Volk durchzuführen; im anderen beauftragt (*ṣwh*) JHWH Assur, als Instrument sein Volk Israel zu bestrafen (vgl. Wildberger, BK X/1, 395).

5.a) In Num 27,19.23; Dtn 31,14.23; Jos 1,9; 1 Kön 2,1; 1 Chr 22,6.12; 2 Chr 19,9 treffen wir auf ein formales Schema, das Porter qualifiziert hat als „a definite form of installation to an office or function“ (106). Die Worte der Einsetzung werden beschrieben als ein feierlicher Befehl, *ṣiwwāh* (vgl. 2 Sam 7,7, ein Text, der aber nicht von Porter und Williamson zitiert wird). Der Terminus beinhaltet in diesem bes. Kontext die Zulassung zu einem klar definierten Amt. Wenn dagegen Einsetzungen in nicht klar definierte Ämter gemeint sind, dann wird *ṣwh* nicht benutzt. *ṣwh* bezeichnet das Handeln dessen, der Autorität hat, der seine Macht an andere überträgt (Porter 107f.). In Num, Dtn und Jos übergibt Mose seine Macht an Josua, der ihm folgt in der Führung der israelitischen Stämme. In 1 Kön/1 Chr geht es um den Übergang der Thronfolge von David an seinen Sohn Salomo. 2 Chr 19,8f. hat einen anderen Charakter: Joschafat, König von Juda, setzt Priester, Leviten und die Oberhäupter der Vaterhäuser von Israel ein, damit sie Recht sprechen über sein Volk. Es gibt allerdings darin einen Unterschied, daß in den Numeritexten (Num 27,19.23) Mose das Subj. zu *ṣiwwāh*, in Dtn 31,14.23; Jos 1,9 dagegen JHWH das Subj. ist. Ähnlich liegt der Fall in 1 Kön 2,1; 1 Chr 22,6, wo David Subj., und 1 Chr 22,12, wo JHWH Subj. zu *ṣiwwāh* ist (vgl. Williamson 354).

Im Blick auf die Einsetzungsformel Jos 1,9a muß man auf eine formale und thematische Verbindung mit Jos 1,7aα verweisen. In beiden Halbversen wird die gleiche Formulierung in chiastischer Konstruktion verwendet: *raq ḥ^azaq wæ'^æmaṣ m^e'oḏ // lišmor la^caśôt k^eḵōl-hattôrāh '^ašær ṣiww^eḵā mošæh ... h^alô' ṣiwwîṯîḵā // ḥ^azaq wæ'^æmāṣ* (Jos 1,7aα.9aα; vgl. auch Dtn 3,28: *ṣiwwāh – ḥāzaq – 'āmaṣ*). Wenn das Subj. von *ṣiwwāh* wechselt (vgl. v. 7 Mose; v. 9 JHWH), dann wechseln auch Valenz und Reichweite des Verbs (in v. 9 handelt es sich um die emphatische Deklaration, um die feierliche Einsetzung des Josua in sein Amt auszudrücken; vgl. R.G. Boling, AB 6, 1982, 125; für andere Unterschiede in diesen Formeln der vv. 6-9 vgl. A.B. Ehrlich 2f. und Smend 494-497), trotzdem existiert eine Verbindung zwischen diesen Formeln und den vorher besprochenen in 1 Sam 13,13f. Der Redaktor DtrN spielt hier mit der Doppelbedeutung des Verbs und deutet eine Verbindung zwischen der Einsetzung in ein Amt und Erfolg in dem Amt einerseits und Gesetzesgehorsam andererseits an (vgl. auch 1 Kön 2,1-4 und 1 Chr 22,11-13).

Wenn es also stimmt, daß diese Einsetzungsformeln ihren „background in the royal practice and administration of the Judaean monarchy“ (Porter 108; vgl. Williamson 353f.) haben, dann haben sie auch einen Sitz im Leben analog zu den *nāḡîḏ*-Formulierungen.

b) *ṣiwwāh* in 1 Kön 2,1b hat eine andere Bedeutung. Im Blick auf den unmittelbaren Kontext (*wajjiqr^eḇû j^emê-dāwîḏ lāmûṯ* v. 1a) und auf die etymologische Verbindung von *ṣwh* mit arab. *wṣj* (vgl. o. I.) könnte man 1 Kön 2,1b übersetzen mit „testamentarisch geben“ oder „testamentarisch verordnen“ (vgl. J. Gray, OTL 1970, 99; vgl. auch Gen 49,29.33; 50,16; 2 Sam 17,23; 2 Kön 20,1; Jes 38,1, alles Texte, die man in ähnlicher Weise interpretieren kann). Formal gesehen steht 1 Kön 2,1 näher an Dtn 31,14: 1 Kön 2,1: *wajjiqr^eḇû j^emê-dāwîḏ lāmûṯ waj^eṣaw* ... Dtn 31,14: ... *qār^eḇû jāmæḵā lāmûṯ ... wa'^aṣawwænnû* ... Merkwürdigerweise ist das Subj. in Dtn 31,14 JHWH , der zu Mose spricht. Es scheint also so, daß JHWH in der Nähe zum Tod des Mose selbst die letzten Instruktionen an Josua gibt. In diesem Zusammenhang ist zu bemerken, daß die Worte des Davids an Salomo ihren Widerhall in den Worten des Mose an Josua (Dtn 31,23) und in der parallelen Ermahnung JHWHs an Josua (Jos 1,6-9) finden.

Somit dient *ṣiwwāh* sowohl in 1 Kön 2,1 als auch in Dtn 31,14 dazu, besondere Befehle und Instruktionen (göttliche und menschliche) zu bezeichnen, die unmittelbar vor dem Tod eines Führers und bei der Übertragung des Amtes an seinen Nachfolger ausgesprochen werden. In der Tat findet die Einsetzung des Josua in sein Amt in Dtn 31,23 statt (vgl. G. von Rad, ATD 8^2, 135f.).

IV. Im AT erscheinen die Schöpfung sowie die Ausrichtung der Geschichte als Werk der souveränen Macht Gottes. JHWH erweist sich als Herr über alle Geschöpfe und als Lenker aller Ereignisse. Aus diesem Grund kann er auswählen, wer seine Heilspläne verwirklichen soll, oder er benutzt die verschiedenen Elemente der Natur als Instrumente, um seine Pläne zu realisieren. In diesen Zusammenhängen begegnet *ṣiwwāh*, das zwar seine Grundbedeutung 'befehlen' nicht verliert, aber unter Einfluß des jeweiligen Kontextes verschiedene semantische

Abfärbungen sowie ein eigenes theologisches Gewicht entwickelt.

1. Programmatischen Charakter hat die Stelle Jes 45,11f., wo *ṣwh* zweimal begegnet. Diese Stelle steht innerhalb einer ausgezeichnet strukturierten (vgl. Naidoff 180-185) kleinen Texteinheit (Jes 45,9-13), die im Licht der vorangehenden Perikope zu deuten ist. In Anbetracht der Prophezeiung von Jes 45,1-7 fragen sich die Exilierten, wie es möglich sei, daß Kyros, ein Ausländer, der Gesalbte JHWHs sein kann, ein Titel, der innerhalb der at.lichen Traditionen sich nur auf die israelitischen Könige bezieht, ganz besonders auf die der davidischen Dynastie (→ משח *māšaḥ*). Die Antwort wird gegeben in den vv. 9-13: Israel hat kein Recht, die Handlungen JHWHs zu kritisieren, der Kyros als Instrument seines Heilswirkens benutzt. In dieser göttlichen Entscheidung zeigt sich die absolute Souveränität Gottes. Gott kann wählen, wen er will, um seine Pläne durchzuführen, und braucht keine Rechenschaft darüber abzulegen. Er kann dem gesamten himmlischen Heer „befehlen" (...*w*e*kŏl-ṣ*e*ḇā'ām ṣiwwêṯî*: Jes 45,12; vgl. 40,26), wohingegen ihm niemand Befehle erteilen kann (45,11).

Hier zeigen sich deutlich die Grundbedeutung von *ṣiwwāh* und die eigene Natur dieses Verbs, dessen Subj. und Obj. sich einander gegenüberstehen wie der Herr und der Untergeordnete. Als souveräner Gott kann JHWH über alle Personen und Sachen Befehle aussprechen, wohingegen er von niemandem Befehle entgegennehmen kann (vgl. Stuhlmüller 204f.; Leene 314).

2. Von einem anderen Gesichtspunkt her zeigen Ps 33,6-9 und 148,5 die gleiche theologische Konzeption wie Jes 45,11f. In beiden Psalmen wird die Macht des göttlichen Wortes unterstrichen. Die Formulierungen erinnern an Gen 1. „Das Wort Gottes hat den Himmel geschaffen..., weil Gott gesprochen hat, existiert es, Gott hat befohlen und es ist entstanden" oder „Gott hat befohlen und es wurde geschaffen".

Die syntaktisch-stilistische Konstruktion ist wie folgt: *qāṭal* + *w-jiqṭol* der Verben *'āmar* und *hājāh*, eingeleitet durch das Personalpronomen *hû'* (in bezug auf JHWH gesetzt) und im Parallelismus dazu das *qāṭal* von *ṣwh* + *w-jiqṭol* von *ʿāmaḏ*, eingeleitet durch *hû'* (=JHWH)(Ps 33,9a//9b). In Ps 148,5 wird das *qāṭal* von *ṣwh* gefolgt von *w-jiqṭol* von *bārā'*. Formal gesehen stimmen Ps 148,5b und Ps 33,9ab überein: *kî hû' ṣiwwāh w*e*nibrā'û* (148,5b), *kî hû' 'āmar wajjæhî* (33,9a), *hû'-ṣiwwāh wajjaʿamoḏ* (33,9b). In dieser syntaktisch-stilistischen Korrelationenreihe wird klar, daß *ṣiwwāh* das Schöpferwort Gottes bezeichnet (vgl. auch Ps 147,15-18).

3. In der at.lichen theologischen Reflexion wird das Thema Schöpfung sehr häufig in den Zusammenhang der Geschichte gestellt. Im Buch Ijob hat die Souveränität Gottes in der Schöpfung seine Souveränität in der Geschichte zur Folge. Die Fragen Gottes an Ijob in 38,12 (vgl. vv.12-15) weisen aus, daß Gott allein die Macht besitzt, die Ordnung innerhalb der Natur beständig zu erneuern (vgl. G. Fohrer, KAT XVI, 1963, 503f.). Dasselbe kommt zum Ausdruck in der Gottesrede 36,27-37,21, wo *ṣiwwāh* 2mal begegnet: JHWH steht hinter den Naturphänomenen, da er den Wolken und den Blitzen etc. Befehle erteilen kann (vgl. 36,32; 37,12). Die Elemente des Kosmos werden verstanden als „Heer Gottes" („Gottes Regiment"; vgl. G. Hölscher, HAT I/17 86f.), über das JHWH regiert als höchster Befehlshaber. Die kosmische Macht Gottes spiegelt sich gleicherweise wider im Weinberglied (Jes 5) und in Ps 78, eine weisheitliche Darstellung der Geschichte Israels. Als der höchste Gott (*ʿæljôn*, Ps 78,17) befiehlt JHWH den Wolken (78,23). Als der Herr des Weinberges (Jes 5,7) befiehlt *JHWH ṣ*e*ḇā'ôṯ* den Wolken, nicht über den Weinberg zu regnen (v. 6). Diese Art des Befehlens zeigt die Allmacht Gottes (vgl. Ijob 38,34, vgl. B. Duhm, Jesaja, 1922, 56). Ähnlich stellt Am 9,3-4 die Omnipräsenz Gottes im Kosmos heraus. JHWH befiehlt wie persönlichen Wesen der Schlange auf dem Grund des Meeres (v.3) und dem Schwert über dem feindlichen Land (v.4). Die Schlange, Personifikation der feindlichen Macht des Meeres (vgl. Jes 27,1; Ijob 26,13) und das Schwert, feindliche Macht in den Schlachten, werden hier reduziert zu fügsamen Instrumenten, im Dienst gegenüber dem göttlichen Befehl. Bei Amos wie im Weinberglied des Jesaja nimmt der göttliche Befehl den Charakter einer Züchtigung oder eines Fluches an. In Ps 133,3 hat im Gegenteil *ṣiwwāh* als Obj. eine Segnung. H.-J. Kraus kommentiert: „Hierin ‚entbietet' JHWH Segen. ברכה ist im Alten Testament 'Lebensmacht', 'Lebenssteigerung', 'Lebensüberhöhung'" (BK XV/2, ⁵1978, 1069).

4. Mehr über die Macht Gottes in der Geschichte als über seine Naturmächtigkeit sprechen Ps 7,7; 44,5; 68,29; 71,3. Der Psalmist beschreibt JHWH als König (Ps 44,5; vgl. 7,7), Fels und Festung (Ps 68,29; 71,3); er gewährt Sieg, Gunst und Rettung. In Ps 44,5 und 71,3 wird *ṣwh* gefolgt von einem Begriff der Wurzel *jšʿ*: *ṣawweh ješûʿôṯ jaʿaqoḇ* (44,5b); *ṣiwwîṯā l*e*hôšîʿenî* (71,3aβ), mit der Bedeutung, die Rettung zu verwirklichen. Als König kann Gott entscheiden oder bestimmen, wem seine Rettung gelten soll.

In Ps 71,3 schlägt BHS vor, wie in Ps 31,3 in Übereinstimmung mit der LXX *l*e*bêṯ m*e*ṣûwôṯ* zu lesen. Von vielen wird diese Änderung akzeptiert, da der MT *laḇô' tāmîḏ ṣiwwîṯā* keinen Sinn ergibt. Der Vergleich mit 44,5 jedoch ermuntert, den Ausdruck *ṣwh* + *jšʿ* zu erhalten. Ohne Textkorrektur kann man dem Vorschlag der TOB folgen: „Sois le rocher où je m'abrite / où j'ai accès tout instant: / tu as décidé de me sauver. / Oui, tu es mon roc, ma forteresse" (TOB I, Paris 1983). JHWH als göttlicher Souverän und starker Fels kann befehlen (*ṣiwwāh*) und es geschieht Rettung (*jšʿ*).

Mit den gleichen Bildern von Gott als Retter (*j*e*šûʿôt*) und Fels (*sælaʿ*) spricht der Psalmist seine Überzeugung aus, daß Gott ihm Gnade gewähren wird (*ṣiwwāh ḥæsæḏ* Ps 42,6.9f.). Aus Ps 42,6-10 sprechen die gleichen Gefühle wie aus Ps 71,1-3: Furcht und

Beklemmung werden überwunden durch die Hoffnung, daß Gott retten wird. Dies ist das Vertrauen auf den Willen Gottes: wenn er es will, kann er befehlen und der Beter wird Rettung erfahren.

So wird also in den unterschiedlichsten Formen die Macht und Souveränität Gottes mit seinen Befehlen verbunden. Die Geschöpfe des Universums und die geschichtlichen Ereignisse erscheinen als gehorsame Instrumente des göttlichen Wortes, das anordnet (*ṣiwwāh*) mit wirkmächtiger Stimme.

V.1. In der LXX wird zur Wiedergabe von *ṣwh* am meisten ἐντέλλομαι verwendet, das 350mal begegnet (344mal für das *pi* und 6mal für das *pu*); es begegnet zusätzlich 3mal in Sir (15,20; 45,3 *pi*; 7,31 *pu*). Das Verb ἐντέλλομαι, dessen Grundbedeutung 'befehlen, anordnen' ist, begegnet noch 50mal in der LXX, um *'āmar, dibbær* u.ä. zu übersetzen. In seiner Bedeutung und Anwendung stimmt es weitestgehend mit *ṣwh* überein.

In der Reihenfolge der Häufigkeit sind noch vier weitere Verben von der Wurzel τάσσω zu nennen, mit insgesamt 177 Belegen: 4mal ἐπιτάσσω (3mal *pi* und 1mal *pu*); 16mal προστάσσω; 94mal συντάσσω (92mal *pi*, 2mal *pu*); 3mal τάσσω . Das letzte Verb enthält in 2 Kön 17,11 und 1 Chr 17,10 die Bedeutung 'verordnen' oder 'einsetzen'. In gleicher Bedeutung begegnen die Verben καθίστημι, das in 2 Kön 6,21 *ṣwh* übersetzt (vgl. 1 Kön 8,5, wo es andere Termini übersetzt) und συνίστημι in Num 27,23. In diesen Fällen handelt es sich um die *nāḡîḏ*-Formel o.ä., in denen *ṣwh* eine spezifische Bedeutung übernommen hat. Dasselbe Streben nach Präzision zeigt sich im Gebrauch von τίθημι in Ps 77 (78),5 und von διατίθημι in Jos 7,11, wo *ṣwh* vom Substantiv *b^{e}rîṯ* abhängig ist. Im gleichen Sinne wird ἀποστέλλω mit εὐλογία zusammengestellt (Lev 25,21; Dtn 28,8), um den Ausdruck *ṣiwwāh b^{e}rāḵāh* zu übersetzen.

Am Beispiel der Übersetzung von *ṣwh* zeigt sich die harmonisierende Tendenz der LXX, bes. wenn es sich um die Wiedergabe des Verbs im Kontext fester Formeln handelt; so bes. in der Ptz.-Formulierung *$^{'a}$šær 'ānoḵî m^{e}ṣaww^{e}ḵā*, die im MT im Sing. und im Pl., mit oder ohne *hajjôm* begegnet; die LXX liest sie grundsätzlich im Sing., auch da, wo MT Pl. enthält (vgl. Dtn 11,13.22; 27,4; 28,14) und fügt auch *hajjôm* dort ein, wo es fehlt (vgl. 4,2b; 6,2; 11,22; 12,11.14; 13,1). Das gleiche geschieht mit der Formel *ka$^{'a}$šær ṣiwwāh JHWH*, die in Num normalerweise durch *'æṯ mošæh* aufgefüllt wird; in Num 17,26, wo MT *'oṯô* liest, übersetzt die LXX: τῷ Μωυσῃ.

2. In Qumran begegnet *ṣwh* 43mal (1 QS 11mal; 1 Q 22 [Dires de Moïse] 9mal, TR 5mal; 1 QH 3mal; 1 QSb; 1 Q 34 [Recueil de prières liturgiques]; CD je 1mal; zusätzlich noch 12mal in 4 Q). Da Kampf und Krieg Situationen sind, in denen Befehle geäußert werden, würde man *ṣwh* in 1 QM / 4 QM erwarten, wo es aber merkwürdigerweise nicht begegnet.

Häufigkeit und Bedeutung des Verbs in 1 QS verdient einige Aufmerksamkeit. Unter den grundsätzlichen Bestimmungen an die Gemeinde tritt an erste Stelle das Gebot, „Gott zu suchen (*liḏroš 'el*)..., wie es Gott befohlen hat durch Mose und durch alle seine Diener, die Propheten" (1 QS 1,1-3). In 8,15f., fast am Ende der Gemeinderegel, kommt man wieder auf diese Forderungen zurück, zwar mit den gleichen Ausdrücken, nun aber mit etwas unterschiedlicher Bedeutung. Die zukünftige Idealgemeinde in der Wüste ist verpflichtet zum Studium der Thora (*miḏraš hattôrāh*), „die Gott durch Mose befohlen hat".

Die beiden Texte stimmen darin überein, daß sie die Bedeutung des von Gott gegebenen Gesetzes, herausstellen (vgl. 1 QS 6,6; CD 6,7; 20,6). Thorastudium ist identisch mit Gottsuche. Das Gesetz Gottes enthält seinen Willen, der durch Mose und seine Propheten geoffenbart worden ist. Die Formel *ṣwh b^{e}jaḏ* X begegnet wie im AT (vgl.o.II.2.) häufig in Qumran (vgl. 1 QS 1,3; 8,15; 4 QDibHam 4,8; 5,14). Die Gleichung von Gesetz und Willen Gottes, normalerweise im AT impliziert, wird in 1 QS 9,15.24 explizit dargestellt; vorgeschrieben wird, Gottes Willen zu seinem Wohlgefallen zu tun (vgl. 4 QPrFêtes 131/132, II 6; *rāṣôn* ist ein Terminus, der im MT nie in Verbindung mit *ṣwh* gebracht wird), wie er es befohlen hat (*ka$^{'a}$šær ṣiwwāh*). Diese Grundkonzeption der Gemeinderegel erklärt die Bedeutung, die dem göttlichen Willen zugeschrieben wird (vgl. noch 1 QS 1,17; 5,1.8.22; 8,21; 9,25). Der göttliche Wille ist so heilig, daß „niemand von den Wegen Gottes, wie er befohlen hat, weder nach rechts noch nach links abweichen" darf (1 QS 3,10). In den „Worten des Mose" (1 Q 22) konzentriert sich *ṣwh* hauptsächlich auf die zwei ersten Kolumnen, d.h. auf die Unterredungen Gottes mit Mose und über ihn mit den Israeliten. Die Abschnitte erinnern in Form und Inhalt an gewisse Texte des Dtn, von denen sie ohne Zweifel abhängig sind. JHWH befiehlt dem Mose, dem Volk alle die Worte des Gesetzes zu übermitteln, die er auf dem Berg Sinai „befohlen" hatte (1 Q 22,1,3.4; vgl. 2,11). Gott verwarnt die Israeliten, diese Gesetze zu übertreten und seinen Vorschriften untreu zu werden (1,6.9). Die in 1,8-9 benutzte Formulierung ist typisch dtn (vgl. III.2.). Mose ermahnt die Israeliten, nicht übermütig zu sein und nicht zu vergessen, was er ihnen befohlen hat. Die dazu verwandte Formulierung *[hšmr] lmh jrwm [lb]bkh wšk[ḥth']šr 'nwkj [mṣw]k hjwm* (2,4) ist von Dtn 8,11a.14 inspiriert, mit einem bedeutenden Unterschied: was sich im Dtn direkt auf JHWH bezieht, wird in 1 Q 22 auf ein Gebot Moses bezogen. In 4 QOrd 2-4,3 wird Lev 25,42 (Verbot des Verkaufs von Israeliten als Sklaven) zitiert und als göttlicher Befehl bezeichnet.

5 Belege der Tempelrolle reproduzieren Stellen aus Dtn; sie konzentrieren sich auf die Kolumnen 54f. und 61f.: im Zusammenhang mit Gelübden (54,6 par Dtn 12,28; vgl. Dtn 23,22-24), Propheten (54,17 par Dtn 13,6; 61,1 par Dtn 18,20), Aufwieglern (55,13 par Dtn 13,19) und Krieg (62,15 par Dtn

20,17). Bes. bedeutsam ist, daß im Gegensatz zum Dtn die TR grundsätzlich in bezug auf Gott in der ersten Person spricht. Nur in einem Fall, im Zusammenhang mit den falschen Propheten, wo das Dtn schon die 1.Pers. hat, wiederholt TR den dtn Text (vgl. TR 61,1 par Dtn 18,20).

García López

צוּם *ṣûm*

צוֹם *ṣôm*

I. Zur Wurzel – II. Bedeutung – III. Belege und ihre Streuung – IV. Wortfeld und Bezugsrahmen – V. Zu Einzelstellen – VI. LXX, frühes Judentum, Qumran.

Lit.: *A. Baumann*, Urrolle und Fasttag (ZAW 80, 1968, 350–373). – *R. Bohlen*, Der Fall Nabot (TTS 35, 1978, bes. 161f.). – *H. A. Brongers*, Fasting in Israel in Biblical and Post-Biblical Times (OTS 20, 1977, 1–21). – *F. Buhl*, Fasten im Alten Testament (RE V 768–770). – *H.-J. Hermisson*, Sprache und Ritus im altisraelitischen Kult (WMANT 19, 1965, bes. 76–84). – *E. Kutsch*, „Trauerbräuche" und „Selbstminderungsriten" im AT (ThSt 78, 1965, 23–42 = BZAW 168, 1986, 78–95). – *H. Graf Reventlow*, Gebet im AT, 1986, bes. 201f. – *F. Stolz*, צום *ṣūm* fasten (THAT II 536–538). – *P. Welten*, Geschichte und Geschichtsdarstellung in den Chronikbüchern (WMANT 42, 1973, bes. 146.171).

I. Die Basis *ṣm*, von der im at.lichen Hebr. das Verbum *ṣûm* (nur im *qal*, dort 21mal) sowie das Nomen *ṣôm* (26mal; da sonst stets ohne Artikel, wird auch in Ps 35, 13 und 69, 11 oft ein *b^e ṣôm* konjiziert) begegnet, findet sich auch (s. KBL^3 949) im Aram. (Elephantine: DISO 244, Christl.-Paläst., Samarit.), Syr., Arab. und Äth. Nach J.C. de Moor (UF 12, 1980, 429–432, bes. 431; dort Z. 7 des Textes) findet sie sich auch im Ugar. in einer Anrufung gegen böse Geister. In einer Inschrift auf einer Synagogensäule in Rehov bei Beth Schean findet sich noch ein Stiftername *ṣwmj* „der an einem Fasttag Geborene"? (ATTM 675).

II. Zwischen Verb und Nomen ist keine Bedeutungsdifferenzierung festzustellen. Man vgl. z.B. Jes 58, 3–6, wo beides gemeinsam auftritt, oder 2 Sam 12, 16; dann Sach 7, 5 mit 8, 19; Esra 8, 21. 23. Neben den bereits (s.o. I.) genannten Psalmenstellen (Ps 35, 13; 69, 11) ist noch Est 9, 31 (Zusatz?) ein umstrittener Beleg.

Inhaltlich meinen Verb und Nomen das „Fasten" als einen völligen oder teilweisen Verzicht auf Speise und Trank (vgl. das „nicht essen und nicht trinken": Ex 34, 28; Dtn 26, 14; 1 Sam 1, 8; Dan 10, 2f.), das im Normalfall einen Tag lang dauert („Fastentag", s.u. IV.), nach Est 4, 10 sogar drei Tage hindurch, und zwar vom Morgen bis zum Sonnenuntergang (vgl. 1 Sam 15, 24; 2 Sam 1, 12; 3, 35; Ri 20, 26). Gründe und Anlässe sind die Trauer (1 Sam 31, 13; 2 Sam 1, 12; 3, 35; 1 Chr 10, 12; Neh 1, 4: man hat auch hier durch den Tod eines Mitmenschen bzw. durch die Situation eine „Minderung" erfahren: Kutsch 34), sowie bestehende oder drohende Notlagen, wobei das Fasten von einem Sündenbekenntnis begleitet sein kann (1 Sam 7, 6; Neh 9, 1f.; Dan 9, 3ff.; vgl. Jer 14, 7. 12 und auch Jona 3, 4ff.) oder auch sonst von Gebeten und zu deren Unterstreichung (Esra 8, 21. 23), womit es dann insgesamt nicht nur als Zeichen der Trauer, sondern als Zeichen der Buße sowie als Bußritus fungiert (vgl. 2 Sam 12, 16; Jer 14, 12; Jona 3, 5; Neh 1, 4). Es „bringt die von ihm (= JHWH) geforderte Haltung des Menschen zeichenhaft zum Ausdruck" (Hermisson 78) und möchte als Form der Selbstminderung und Selbstdemütigung, als Kennzeichen der eigenen Niedrigkeit (so mit Kutsch) Gott auch zur Abkehr von seinem Zorn bewegen (vgl. 2 Sam 12, 22). So erscheint es auch als Vorbereitung für anderes Handeln oder andere Riten (Est 4, 16; Dan 9, 3; Esra 8, 21), wie z.B. (allerdings ohne *ṣûm*) zur Vorbereitung eines Offenbarungsempfangs (Ex 34, 28; Dan 10, 2ff.). Als sühnendes Handeln ist Fasten innerhalb des AT nicht belegt. Ein Fasten im JHWH-Krieg belegt vielleicht Ri 20, 26 (vgl. 1 Sam 14, 24). Zur inhaltlichen Füllung des Fastenbrauchs vgl. man noch (neben den Belegen mit *ṣûm/ṣôm*) Jes 22, 14; Jer 14, 1–15, 3 (9); Jdt 4, 1–15 und dazu Reventlow 251ff.

III. Die Streuung der Belege läßt erkennen, daß nur wenige eindeutige oder mögliche Texte in die vorexil. Zeit verweisen (Ri 20, 26; 1 Sam 31, 13 // 1 Chr 10, 12; 2 Sam 1, 12; 12, 16. 21–23; 1 Kön 21, 9. 12.[27?]). Bei den vorexil. Propheten wird das Fasten (abgesehen von Jer 14) nicht erwähnt, auch nicht in den älteren Gesetzescorpora (erst in Lev 16). Die wenigen Texte machen jedoch den Eindruck, daß der Brauch des Fastens dort schon geläufig war, vor allem bei ad hoc einberufenen Fastentagen oder aufgrund einzelner persönlicher Anlässe. Seit dem Exil und besonders in nachexil. Zeit wurde der Brauch des Fastens jedoch eindeutig häufiger und auch geregelter, damit zu einem wichtigeren Bestandteil von Frömmigkeitsäusserung, wie die Einbettung in andere Riten und Bräuche zeigt (s. IV.).

Das Verbum ist belegt (21mal und nur im *qal*) in Ri 20, 26; 1 Sam 7, 6; 31, 13 // 1 Chr 10, 12; 2 Sam 1, 12; 12, 16; 12, 21–23 (ter); 1 Kön 21, 27; Jes 58, 3. 4 (bis); Jer 14, 12; Sach 7, 5; Est 4, 16 (bis); Esra 8, 23; Neh 1, 4.

Das Nomen findet sich (26mal) 2 Sam 12, 16; 1 Kön 21, 9. 12; Jes 58, 3. 5. 6; Jer 36, 6. 9; Joël 1, 14; 2, 12. 15; Jona 3, 5; Sach 8, 19 (quater); Ps 35, 13; 69, 11; 109, 24; Est 4, 3; 9, 31; Dan 9, 3; Esra 8, 21; Neh 9, 1; 2 Chr 20, 3.

IV. Fasten war Teil privater Frömmigkeitsübung wie Bestandteil des Kultus der Gemeinschaft. Daher erklärt sich, daß es nur selten als isolierte Handlung erwähnt wird, sondern vielmehr mit anderen Riten verbunden erscheint (vgl. konzentriert Est 4, 1–3). Dementsprechend finden sich Verb wie Nomen häufig in geprägten Wendungen und mit anderen Verben kultischer Prägung wie privater Frömmigkeitsäußerung verbunden.

Da das Fasten als Bestandteil der sog. Selbstminderungsriten (als Zeichen von Verzweiflung, Trauer, Selbstdemütigung; vgl. Jes 58, 3. 5; Ps 35, 13) begegnet (1 Kön 21, 27; Jes 58, 3–5; Neh 1, 4; 9, 1; Est 9, 31: dazu Kutsch), wird es zusammen mit → אבל *'āḇal* erwähnt (Est 4, 3; Neh 1, 4). Zum Fasten gehört das Weinen (→ בכה *bāḵāh*: 2 Sam 1, 12, 12, 15–22; Ps 69, 11; Ri 20, 26; Neh 1, 4; Est 4, 3; Joël 2, 12). Man schreit zu Gott (→ צעק/זעק *z'q/ṣ'q*: Est 9, 31; Neh 9, 1–3), den man mit dem Fasten auch „sucht" (→ בקש *bqš*: 2 Sam 12, 16; Esra 8, 23; vgl. 2 Chr 20, 4; Dan 9, 3). Man trauert (→ ספד *spd*: 2 Sam 1, 12; Joël 2, 12; Sach 7, 5; Est 4, 3), streut sich Asche auf sein Haupt oder auch Staub (z. B. Dan 9, 3; Est 4, 3) und legt sich den → שק *śaq* als Bußgewand an (1 Kön 21, 27; Neh 9, 1; Est 4, 1ff.; Ps 35, 13; 69, 11f.; Jona 3, 5; vgl. 2 Sam 3, 31; 2 Kön 19, 1f.; Jer 4, 8 u. ö.; Kontrast: Ps 30, 12), betet (→ פלל *pll*; vgl. o. II.) und demütigt sich selbst (→ ענה II *'ānāh* II + נפש *næpæš*; s. E. Jenni, THAT II 342; vgl. Lev 16, 29; 23, 27; Num 29, 7 am großen Versöhnungstag).

Ein besonderer Fastentag (→ יום *jôm*: Jes 58, 3b. 5b; Jer 36, 9; Neh 9, 3; Ri 20, 26; vgl. Sach 8, 19) kann „ausgerufen" werden (→ קרא *qārā'*: 1 Kön 21, 9. 12; Jer 36, 9; Jona 3, 5; Esra 8, 21; 2 Chr 20, 3; vgl. Jes 58, 5c), wobei der König ein Initiativrecht dazu gehabt zu haben scheint (2 Chr 20, 3; auch Jona 3, 5. 7–9; 1 Kön 21, 9). Aus vor allem prophetischen Texten hat folglich H. W. Wolff einen „Aufruf zur Volksklage" zu rekonstruieren versucht (ZAW 76, 1964, 48–56 = ThB 22, ²1973, 392–401; vgl. ders., BK XIV/2², 23f.), während Baumann (359–361) den Verlauf eines solchen Tages (unter bevorzugter Heranziehung von Joël 1f.) zu erfassen sich bemüht. Nach Jer 36, 6; Neh 9, 1–3; vgl. Bar 1, 3ff. hat zu einem solchen Fastentag eine Schriftlesung gehört, was Baumann außerdem noch veranlaßt, aus diesem Brauch den Umfang der sog. Urrolle Jeremias zu rekonstruieren. Neben dem „Ausrufen" wurde ein solcher Fastentag auch „geweiht bzw. geheiligt" (→ קדש *qdš*: Joël 1, 14; 2, 15; beide Belege verweisen außerdem noch auf den Begriff *'aṣārāh* [Feier, Versammlung [→ עצר als für das Wortfeld von Bedeutung). Joël 2, 15 gibt ferner zu erkennen, daß dieses „Rufen" bzw. „Weihen" durch Hornblasen geschah.

Häufigere oder gar regelmäßige Volksklagefeiern mit Fasten als wesentlichem Bestandteil sind dann besonders in und seit dem Exil belegt (Klgl; Sach 7, 5; 8, 19; vgl. Reventlow 201f.; H.-J. Kraus, BK XV/3, 121). Von den in Sach 8, 19 genannten Fasttagen blieb später nur der 9. Ab als regelmäßiger Ritus übrig. Auffällig ist, daß die innerhalb des Psalters sich findenden sog. „Klagelieder des Volkes" (wie auch das Buch der Klagelieder) ein Fasten nirgends direkt erwähnen. Wird von diesem begleitenden oder zugeordneten Ritus hier nur geschwiegen, da er selbstverständlich war, oder muß man sich vor vorschneller Systematisierung von Kultbräuchen hüten?

Daß das Fasten nichts spezifisch Israelitisches war, zeigt der Blick in die allgemeine Religionsgeschichte (dazu: P. Gerlitz, TRE 11, 42–45; Lit.!) sowie auf die nähere Umgebung des alten Israel (zu Ägypten und den dort belegten „Selbstminderungsriten" vgl. H. Brunner, LexÄg I 1229–1231; B. Schlichting, LexÄg V 1126–1128). Daß das Fasten in Israel ein „Restbestand kanaanäischen Totenkults" war (so F. Stolz 536), läßt sich nicht erweisen.

Als semantische Oppositionen zum „Fasten" begegnen → שמח *śmḥ*, → בשר *bśr* und גיל *gjl*; → I 1016).

Kritik am Brauch des Fastens (s. Hermisson) wird (neben Jer 14, 12) nur in nachexil. Texten geäußert (Sach 7, 4–14; Joël 2, 12–14: Mahnwort mit dtr Einfluß; Jes 58, 1–12), d. h. zu einer Zeit, als der Brauch des Fastens auch stärker geübt wurde. Die Kritik ist der Meinung, daß das Verhalten zu Gott (= „Fasten") und zum Mitmenschen sich entsprechen solle, daß soziales Handeln ein Ausdruck rechten Fastens sei.

V. Einzelne Belege des Verbs bzw. des Nomens bieten noch Sonderprobleme oder auch besonders festzuhaltende Hinweise.

Beim Verb in Ri 20, 26 ist nicht deutlich zu erkennen, ob das Fasten (zusammen mit Weinen und Opfer) ein Bestandteil des Kriegshandelns war, oder ob es als Reaktion auf die Niederlage bzw. gar bei der Orakeleinholung zu denken ist.

Anläßlich der Bestattung Sauls und seiner Söhne (1 Sam 31, 13 // 1 Chr 10, 12; vgl. 2 Sam 1, 12) fasteten die Jabeschiten sogar sieben Tage lang. David beendete (!) sein Fasten und Weinen, als das von ihm mit Batseba gezeugte Kind starb (2 Sam 12, 16. 21–23), was Befremden erregte. Da es aber um Selbstdemütigung und Buße ging während der Erkrankung des Kindes (nicht aber um Trauer anläßlich seines Todes), ist diese Handlung verständlich. Das Fasten Ahabs (zusammen mit dem Zerreißen seiner Kleider und dem Anlegen des „Sackes") soll sich jetzt (in 1 Kön 21, 27, und d. h. in dem Zusatz vv. 27–29) auf die Unheilsankündigung Elijas (vv. 19–24) beziehen (zum v. 4 und dem dortigen Motiv s. Bohlen 260ff.).

Daß ein Fasten nicht automatisch eine positive Reaktion JHWHs herbeizwingen kann, betonen Jes 58, 3–5; Jer 14, 12; Sach 7, 5 (zum Verbalsuffix mit Dativbedeutung an dieser Stelle s. GKa § 117x). Daß man auch zugunsten anderer fasten kann, zeigen Ps 35, 13 und Est 4, 16.

In 1 Kön 21, 9. 12 (v. 12 als Vollzug von v. 9) steht das Nomen innerhalb der sog. Isebelschicht des Kap. (Bohlen 350ff.). Der Anlaß des Fastens ist nicht völlig klar (wohl kaum die Dürre von 17, 1). Um Nabot zu Fall zu bringen, war jedenfalls die kultische Gerichtsgemeinde notwendig und dann auch anwesend. Nabot selbst erhält einen Ehrenplatz, wohl damit sein Fall dann um so größer wird. „Diese Bußstimmung, die den Willen wachruft, das Böse auszuscheiden und gegen Schuldige vorzugehen, paßt vorzüglich in den Plan der Isebel" (G. Fohrer, Elia, AThANT 53, ²1968, 26), und außerdem bleibt der Schein des Rechts auch hier gewahrt.

Nach Jona 3, 5 riefen König und Bewohner Ninives ein Fasten als Zeichen der Buße aus. Sie kennen diesen Brauch also auch und zeigen sich bußfertiger als Jona erwartet oder auch als Jona selbst.

Zum Fasten im 4., 5., 7. und 10. Monat (Sach 8, 19), das jetzt für das Haus Juda angesichts anbrechenden Heils zur guten und schönen (Fest-) Zeit werden soll (vgl. betr. der dort genannten Daten W. Rudolph, KAT XIII/4, 139f.; H.W. Wolff, ZAW 76, 1964, 49).

In Klagen eines einzelnen findet sich die Erwähnung von Fasten Ps 35, 13; 69, 11; 109, 24; vgl. Est 4, 3. Esra (8, 21) ließ ein Fasten ausrufen vor der Bitte um eine gute, da ja auch bedeutsame Reise (vgl. v. 23 Verb). Über die an einem Fasten Beteiligten sagen 2 Chr 20, 3; Joël 2, 15 und Jona 3, 5 in der Weise etwas aus, als dort auf die Ausweitung der Teilnehmer (auch Frauen und Kinder z.B.) hingewiesen wird.

VI. Die LXX verwendet für das Nomen *ṣôm* stets νηστεία, für das Verbum *ṣûm* νηστεύειν, nur in Est 4, 16 ἀσιτεῖν.

Zum Fasten in spätnachexil., frühjüd. und rabbin. Zeit sowie in der hellenist.-griech.-röm. Umwelt vgl. etwa Sir 34, 30f.; 1 Makk 3, 17. 47 – im hebr. Sir jedoch ohne *ṣûm/ṣôm*: J. Behm, ThWNT IV 929–932; Brongers 14ff.; B. Janowski, Sühne als Heilsgeschehen, WMANT 55, 1982, 138f.; K. Koch, BK XXII 67–69; H. Mantel, TRE 11, 45–48; ders., TRE 11, 59–61 zur „Fastenrolle"; St.-B. II 241–244; IV/1, 77–114; R. Arbesmann, RAC VIII 447–524.

In den Qumrantexten ist (bisher) nichts über ein Fasten einzelner belegt (auch nicht in der „Tempelrolle"). Nur 1 QpHab 11, 8 bezeugt indirekt ein Fasten der Gemeinschaft am großen Versöhnungstag (vgl. auch noch CD 6, 19), das aus Lev 16, 29ff. par bekannt ist.

Preuß

צוק I *ṣwq* I

צוֹק *ṣôq*, צוּקָה *ṣûqāh*, מָצוֹק *māṣôq*, מְצוּקָה *m^eṣûqāh*

I. Etymologie – II. Belege, Bedeutung – 1. Verb – 2. Nomina – a) *ṣôq/ṣûqāh* – b) *māṣôq/m^eṣûqāh* – 3. Sir – III. LXX – IV. Qumran.

צוק II → יצק

I. Belege der Wurzel *ṣwq* im Akk. mit der Bedeutung 'eng, schmal sein' (Verb *siāqum/sâqu* mit *s*! AHw 1039; CAD S 169f., Adj. *sīqu* AHw 1049; CAD S 305) beziehen sich sowohl auf physisch/materielle Dinge (Körperteile, Kleider, Schiff) wie auf psychische Zustände (Bedrängnis, bedrängtes Leben, knappe Zeit). Im Ugar. bedeutet *ṣq* 'eng sein', Š 'bedrängen, packen' (s.u.). In den übrigen semit. Sprachen findet sich z.T. eine Engführung des Begriffs hin zu negativ/bedrückend empfundener Enge/Bedrängnis in Zusammenhang mit Angst/Ekel/Schmerz etc.: mhebr. *ṣwq* 'ängstigen', *hiph* 'beengen', *ṣûq* 'Schlucht, Abgrund' (vgl. 3 Q 15, 8, 8; 9, 14); *ʿûq* 'drücken, drängen' (Aramaismus; WTM IV 180; III 628f.); jüd.-aram. *ṣwq ʾaph* 'sich ängstigen', *ṣûq^etāʾ* 'Drangsal', samarit. *ṣwq ʾaph* 'Ekel empfinden' (vgl. KBL³ 951); syr. *ʿāq* 'Ekel empfinden, bedrückt sein', *ʿajīq* 'eng'; christl.-paläst. *ʿwq ʾaph* 'sich ängstigen' bzw. *ṣwq* 'betrübt sein'. Die arab. Belege (Lane 1815f.) sind bedeutungsmäßig weiter gefaßt: *ḍāqa (i)* 'eng sein, beklommen/bedrückt sein', *ḍajjiq* 'eng, knapp, schmal', *ḍīq* 'Enge, Beschränkung'. Im Asarab. ist die Wurzel nur in einem Ortsnamen bezeugt: *mḍjq* und *mḍjqt* „enges Tal" (ContiRossini 227; vgl. W.W. Müller, ZAW 75, 1963, 313). Im Äth. findet sich *ṭōqa* 'eng sein' (LexLingAeth 1239; Leslau, Contributions 44), vgl. *ʾaṭaqa* 'beengen, bedrücken'.

Im Ugar. hat die Wurzel *ṣq* (**s[w/j]q*) in ihren drei Belegen drei verschiedene Bedeutungen: KTU 1.6, II, 10 (vgl. D. Pardee, UF 7, 1975, 367; CML² 76.156) packt (*tšṣq*) ʿAnat den Mot an (*b*) den Kleidern, um ihn festzuhalten. Dem Hebr. am nächsten kommt die Bedeutung der Form *šṣq lj* (KTU 2.33, 27) „da bedrängten mich (die Feinde)" (vgl. D. Pardee, UF 8, 1976, 269; K. Aartun, AOAT 21/1, 1974, 70; 21/2, 1978, 45). Ohne Präposition ist *ṣq* im Grundstamm belegt KTU 1.82, 25 als *ṣq ṣdr* „narrow of mind" (vgl. J.C. de Moor / K. Spronk, UF 16, 1984, 245). Ob die Form *mṣqt* (KTU 2.72, 18) Ptz. pass. fem. zu *ṣwq* („bedrückte Person") oder zu *jṣq* („Gesalbte") ist, wird in der Forschung unterschiedlich beantwortet (vgl. D. Pardee, BiOr 34, 1977, 4.10f. vs. G.J. Brooke, UF 11, 1979, 75f.; vgl. KBL³ 951) und kann hier letztlich nicht entschieden werden, da die Form im Ugar. bisher sonst nicht belegt ist (vgl. P. Xella, UF 12, 1980, 451).

Eine andere Wurzel *ṣwq* ist als Nebenform zu → יצק *jṣq* zu beurteilen.

II. Im AT ist das Verb *ṣwq* I 10mal im *hiph* belegt; dazu kommen 3 Belege für *mûṣāq* (Ptz. *hoph*; Jes 8, 23; Ijob 36, 16; 37, 10).

Die von KBL³ 951 mit „?" versehene Form *ṣāqûn* als mögliche *qal*-Form (mit *nûn*-paragogicum) zu *ṣwq* I (BLe § 56u" leitet sie von *ṣwq* II 'gießen' ab) wird weder von Lisowsky noch von Even-Shoshan genannt (GKa § 72o nennt sie eine „Anomalie" innerhalb der Verba ע״ו); die Emendation durch H. Wildberger, BK X/2, 984f. in *ṣāʿaqnû* hat die größte Wahrscheinlichkeit für sich. Gegen G. Fohrer, ZBK I², 104 und F. Huber, BZAW 137, 1976, 12 ist die von BHK noch vorgeschlagene Korrektur von *n^eqiṣænnāh* in *n^eṣiqænnāh* Jes 7, 6 mit BHS und H. Wildberger, BK X/1², 266 abzulehnen.

Als Nominalformen sind belegt: *ṣôq* 1mal (Dan 9, 25), *ṣûqāh* 3mal, mit m-Präformativ *māṣûq* 6mal und *m^{e}ṣûqāh* 7mal. Der hebr. Sir weist je 1mal ein Ptz. *hiph/hoph*, *ṣwqh* und *mṣwqh* aus.
Bedeutungsmäßig verengt sich *ṣwq* samt Derivaten im Hebr. gegenüber dem Akk., Ugar. und Arab. hin zu „in die Enge treiben, bedrängen, zusetzen" im Sinn eines psychisch belastenden, meist durch äußere Einwirkung hervorgerufenen Angst einjagenden Zustands. Das Obj. des Bedrängens wird außer Ri 14, 17; Ijob 32, 18 (Akkus.) mit *l^e* angehängt. Obj. kann ein einzelner oder ein ganzes Volk sein; Subj. ist ebenfalls eine Einzelperson oder ein feindlich agierendes Volk, daneben – bes. in Ps – ein durch sündhaftes Verhalten hervorgerufenes Schicksal. Parallel zu *ṣwq* und seinen Derivaten stehen häufig Formen der Wurzel → צרר I *ṣrr* I ʿzusammengedrängt, eng sein', sowohl räumlich (Jes 28, 20; 49, 20) wie psychisch verstanden.
1. In dem auf Jesaja selbst zurückzuführenden Drohwort Jes 29, 1–8 wird mit *ṣwq* (vv. 2. 7) das militärische Bedrängen Jerusalems durch fremde Völker angesagt, das bedeutungsmäßig durch die parallel gesetzten Formen von → צבא *ṣb'* ʿzum Krieg ausziehen' und → צוד *ṣwd* ʿfangen' (v. 7) näher bestimmt ist. Dieses Bedrängen konkretisiert sich in einem durch Belagerungswälle und Schanzen, Gräben, Dämme (v. 3) und möglicherweise fahrbare Befestigungsanlagen (vgl. LO II 44f.) errichteten Belagerungszustand, der die Stadtbewohner in eine Demutshaltung zwingt und ihnen die Vorstellung des Totenreichs (v. 4) vor Augen führt, jedoch die Möglichkeit und Realisierung einer Errettung durch JHWH offenläßt (vv. 7f.). Zu denken ist dabei wohl an die wunderbare Rettung Jerusalems vor Sanherib 701 v. Chr. Die Härte und die Auswirkungen eines derartigen Belagerungszustandes werden in der Fluchankündigung Dtn 28, 53. 55. 57 (spätdtr. Zusatz; vgl. H. D. Preuß, EdF 164, 1982, 157) und in Jer 19, 9 (dtr.) deutlich. Die Situation, gekennzeichnet durch *b^{e}māṣôr ûḇ^{e}māṣôq 'a^{a}šær-jāṣîq l^{e}ḵā 'ojiḇ^{e}ḵā* (Jer 19, 9: *jāṣîqû lāhæm 'oj^{e}ḇêhæm*) – die doppelte Verwendung der Wurzel *ṣwq* in Zusammenstellung mit einer Form von *ṣrr* I verschärft das Dargestellte — bringt die Eingekesselten so sehr an den Rand der Existenz, daß sie gezwungen sind, das Fleisch ihrer eigenen Kinder zu essen, eine Vorstellung, die bei der Schilderung von Städtebelagerungen häufig vorkommt (vgl. Lev 26, 29; 2 Kön 6, 29; Ez 5, 10; Klgl 2, 20; 4, 10). Dies entspricht wohl der Lage von 587 v. Chr. (vgl. 2 Kön 25, 3f.). Hier ist kein Entrinnen möglich, ausgelöst worden ist die Katastrophe durch das Volk, das JHWH nicht gehorcht hat (v. 47). Gegenüber v. 52, in dem das reine Faktum der Belagerung (*ṣrr I hiph*) geschildert wird, birgt *ṣwq* hier eine zusätzliche Konnotation, die EÜ im Gegensatz zu „belagern" (*ṣrr*) mit „einschnüren" wiedergibt (vgl. die nebeneinander gestellten Formen *māṣôr* und *maṣôq* vv. 53. 55. 57).
Diese Situation des Bedrängens/Einschnürens wird personifiziert im Heilsorakel Jes 51, 13 (bis) durch das Ptz. *meṣîq* wieder aufgenommen, hier parallel mit *šḥt hiph* „zugrunde richten", wobei JHWH sich als derjenige erweist, der diese Bedrängnis aufheben kann (vv. 11f. 14; vgl. Jes 29, 7). Eine durch *ṣwq hiph* dargestellte Bedrängnis durch ein feindliches Volk geht demnach bis an den Rand der Existenz, vernichtet aber nicht unbedingt endgültig; Rettung aus dieser Situation ist nur durch JHWH möglich.
Bedrängnis durch einen einzelnen findet sich 2mal in der Simsongeschichte (Ri 14, 17; 16, 16); sie ist aber völlig unmilitärisch, und derjenige, der bedrängt wird, kann dem Druck nachgeben und ihn damit aufheben. Es ist jeweils eine Frau (Simsons Frau, Delila), die Simson bedrängt, ein bestimmtes Geheimnis preiszugeben; beide Male gibt er ihrem Drängen nach. Die Bedeutung von *ṣwq* wird hier bes. durch das Ri 16, 16 parallel gesetzte *'lṣ pi* „mit Worten zusetzen" (→ IV 547f.) verdeutlicht. Bedrückung durch sich selbst, d. h. durch seinen Geist (*rûaḥ*) erfährt Elihu (Ijob 32, 18), den es drängt, Ijob seine Gottesvorstellung vorzuführen. Diesem Drängen kann Elihu nicht mehr widerstehen, er muß einfach reden; wie ein Prophet (vgl. Jer 20, 9) fühlt er sich dazu aufgerufen (vgl. G. Fohrer, KAT XVI 451).
Die 3 Belege des Ptz. *hoph mûṣāq* sind unterschiedlich in ihrer Bedeutung. Ijob 36, 16 (4. Elihurede) definiert sich *mûṣāq* durch das entgegengesetzte *raḥaḇ*, das neben einer räumlichen Weite im übertragenen Sinn Freiheit und reiches Leben beinhaltet, das bei sündhaftem Verhalten des Menschen in Bedrängnis umschlägt. In derselben Elihurede findet sich ein weiteres Mal das Gegensatzpaar *rḥb-mûṣāq* (37, 10), hier jedoch auf einen geographischen Raum bezogen: die Wasserfläche wird durch JHWHs Hauch (*n^{e}šāmāh*) zu Eis und damit in ihrer Weite dezimiert. In dem als Glosse zu wertenden Vers Jes 8, 23 ist *mûṣāq* mit der wurzelverwandten Form *ṣûqāh* (v. 22) zusammenzusehen (s. u.).
2. Die Nomina haben gegenüber dem Verb zusätzliche Konnotationen. Beschrieben werden meist menschliche Ausnahmesituationen, die z. T. ausweglos erscheinen, deren Ursache nicht immer deutlich wird.
a) *ṣôq* Dan 9, 25 (nicht zu ändern) beschreibt eine für Jerusalem bedrängte Zeit ohne Glück und Heil und Gottes Wohlwollen, da ein Gesalbter getötet wird und Verderben über die Stadt kommt.
ṣûqāh ʿBedrängnis' wird in allen Belegen mit *ṣārāh* ʿNot, Angst' parallel gesetzt, um die Tragweite der Bedrückung zu unterstreichen. Jes 8, 22 beschreibt die trostlose Situation eines zerstörten Landes, die durch Not (*ṣārāh*), Finsternis (*ḥ^{a}šeḵāh*) und *ṣûqāh* gekennzeichnet ist. Wegen der unterschiedlichen literarischen Zuweisung (jesajanisch? dtr oder nachdtr?) ist auch die historische Anbindung umstritten. Zumindest wird mittels *ṣûqāh* und *ṣārāh* ein inhaltlicher Bezug zu Dtn 28, 52ff.; Jer 19, 9 hergestellt, so daß die Terminologie einen katastrophalen Zustand beschreibt, der durch eine Belagerung ausgelöst worden ist.
Wiederum unmilitärisch ist die Bedrängnis in den beiden folgenden Belegen. Jes 30, 6 beschreibt den

Negeb als Ort, der aufgrund seines unwegsamen Geländes und seiner wilden Tiere Bedrängnis bewirkt (vgl. Dtn 8, 14f.). Nach Spr 1, 27 führt eine durch sündhaftes menschliches Verhalten hervorgerufene *ṣûqāh*, die gekennzeichnet ist durch Not (*ṣārāh*), Schrecken (*paḥad*) und Verderben (*'ēd*), unweigerlich zum Untergang, selbst wenn die Menschen JHWHs Hilfe erflehen.

b) Der durch feindliche Operationen herbeigeführte *māṣôq* in Dtn 28 wurde oben beschrieben. Zu den Söldnern, die David nach seiner Flucht vor Saul um sich schart, gehört der *'îš māṣôq* (1 Sam 22, 2) neben solchen, die Schulden hatten oder verzweifelt (*mar næpæš*) waren. „Sehr vertrauensvolle Leute sind das wohl nicht gewesen, vielmehr armes und niederes Volk, wirtschaftlich gescheiterte und sozial heruntergekommene Existenzen, dunkle Gestalten" (H. Donner, ATD E 4/1, 190). Für den Menschen werden Not (*ṣar*) und *māṣôq* aushaltbar, wenn er sich an Gottes Geboten orientiert (Ps 119, 143).

m^eṣûqāh in Zef 1, 15 hat eine ähnliche Bedeutung wie *ṣwq* und *māṣôq* in Dtn 28; es geht um den Untergang Jerusalems, der hier mit dem Tag JHWHs identifiziert wird (v. 8) und mittels der Kennzeichnung durch Zorn, Krachen, Verwüstung, Finsternis, Dunkel, Wolken und dunkles Gewölk eine drastische Steigerung erfährt. Ähnlich Spr 1, 27 sind in Ijob 15, 24 Not (*ṣar*) und *m^eṣûqāh* Phänomene, die den Gottlosen (*rāšā'*) plötzlich überfallen und ohne Möglichkeit eines Auswegs überwältigen. Eine Glosse besagt, daß *ṣar* und *m^eṣûqāh* ihn packen wie ein zum Krieg bereiter König und gibt somit dem jetzigen Text einen kriegerischen Aspekt.

Die umfassendste Bedeutung von *m^eṣûqāh* liefern die Psalmenbelege. Die Herausführung aus der aufgrund eigenen Verschuldens zustande gekommenen *m^eṣûqāh* (Ps 25, 17; nachexil.) soll die damit verbundene Enge des Herzens (*ṣar leḇ*) in Weite (*rḥb*; vgl. o. Ijob 36, 16) umwandeln. In dem Danklied Ps 107 (nachexil.) wird die Erlösung (*g'l*) als Befreiung aus Bedrückung (*ṣar*) zum Gegenpol der *m^eṣûqāh*. Vv. 6. 13. 19. 28 bringen mit der stereotypen Formel „die dann in ihrer Bedrängnis (*ṣar*) schrien zu JHWH, die er ihren Ängsten (*m^eṣûqôṯ*) entriß (*nṣl*)" eine Art Refrain, der in seiner Terminologie zusammenfaßt, was die übrigen Verse an konkreten Auswirkungen der Bedrückung beschreiben. Gekennzeichnet ist die Situation durch Verengungen im gesamten menschlichen Bereich: fehlende Nahrung (mit existentieller Auswirkung) (v. 5), das Sitzen in Finsternis, in Elend und Eisen (v. 10), das Umherirren in der Wüste (v. 4), die beständige Todesnähe aufgrund sündhaften Verhaltens, schließlich das Ende aller Weisheit (v. 27). Gleichzeitig wird dennoch bei Reue und Umkehr die Möglichkeit der Errettung durch JHWH offengehalten.

3. Die Sir-Belege weichen vom at.lichen Gebrauch nicht ab. 4, 9 „Rette den Bedrängten (*mwṣq* Ptz. *hoph*) vor seinem Bedränger (*mṣjq* Ptz. *hiph*)" lehnt sich bedeutungsmäßig an 1 Sam 22, 2 (s. o.) an und plädiert für eine gerechte Behandlung von in Not Geratenen. 37, 4 beschreibt das Nomen *ṣwqh* eine allgemein menschliche Notsituation, in der sich ein Freund als wahrer Freund bewähren könnte. Zieht er sich zurück, dann war seine Freundschaft ausschließlich auf materiellen Gewinn ausgerichtet. Die Zeit der *mṣwqh* 36, 26 wird durch Gottes Gnade (*rṣwn*) erträglich, ja sogar angenehm, wie Regen in einer Zeit der Dürre.

III. Der Nuancenreichtum der Belege von *ṣwq* im AT wird in der LXX durch die unterschiedliche Wiedergabe des Verbs und der Nomina erkennbar. Dabei reichen die Bedeutungen von „belagern" im rein militärischen Sinn bis hin zu „bedrängen" im Sinn von „ruinieren, zerstören". Im einzelnen wird *ṣwq hiph* wiedergegeben mit θλίβειν/ἐκθλίβειν (Dtn 28, 53. 55. 57; Jes 29, 7; 51, 13 [bis]; Ri 16, 16; Jes 29, 2); πολιορκεῖν (Jer 19, 9); ὀλέκειν (Ijob 32, 18); παρενοχλεῖν (Ri 14, 17); *mûṣāq* mit στενοχωρία (Jes 8, 23); κατάχυσις (Ijob 36, 16); *māṣôq* und *m^eṣûqāh* mit θλῖψις (Dtn 28, 53. 55. 57; Ijob 15, 24); ἀνάγκη (1 Sam 22, 2; Ps 119, 143; 106, 6. 13. 19. 28; Zef 1, 15) und πολιορκία (Jer 19, 9).

IV. In Qumran ist das Nomen *ṣwqh* 3mal in den Hodajot belegt und kommt in zwei Belegen dem at.lichen Gebrauch sehr nahe. Neben einer allgemeinen, durch menschliche Unzulänglichkeit hervorgerufenen Gottferne als Zustand der Bedrängnis (9, 13) ist die Rede von üblen Freunden, die den Frommen aufgrund ihres verderblichen Verhaltens bedrängen (5, 33). Über das AT hinaus reicht die Bedeutung von *ṣwqh* in 3, 7, wo Bedrängnis mit der Situation einer gebärenden Frau verglichen wird (vgl. 5, 31; Jer 13, 21; 30, 6 u. ö.). Der Beleg des Verbs 4 QDibHam 5, 18 entspricht Jes 51, 13; 4 Q 380, 2, 4 (*m^eṣûqôṯ*) zitiert Ps 107, 6. 13. 19. 28 (s. o.).

Lamberty-Zielinski

צוּר *ṣûr*

מָצוֹר *māṣôr*, מְצוּרָה *m^eṣûrāh*, צוּרָה *ṣûrāh*, צִיר *ṣîr*

I. Allgemeines – II. 1. Das Verb *ṣûr* I – 2. Die Nomina *māṣôr* I und *m^eṣûrāh* I – III. Das Verb *ṣûr* II – IV. 1. Das Verb *ṣûr* III – 2. Das Nomen *ṣûrāh* – 3. Das Nomen *ṣîr* – V. Die Nomina *māṣôr* II und *m^eṣûrāh* II.

Lit.: *J. Hehn*, צור „bilden", „formen" im Alten Testament (Festschr. E. Sellin, 1927, 63–68).

I. Die hierher gehörigen Verben und Nomina lassen sich drei oder sogar vier verschiedenen Wurzeln zuordnen, die sämtlich Nebenformen anderer schwacher Verben sind. Eine exakte Trennung ist in manchen Fällen nur mit Schwierigkeiten möglich. Mehrere Belege sind zudem durch textkritische Probleme belastet.

II. 1. Das Verb *ṣûr* I kommt ausschließlich im *qal* vor (zum einzig möglichen Beleg im *niph* Jes 1, 8 → נצר *nṣr* VI.). Es ist eine Nebenform zu *ṣrr* I (→ צרר) und hat die Grundbedeutung 'einbinden, einschnüren, verschnüren'. Sie findet sich etwa in Ez 5, 3: Der Prophet soll einen Teil der abgeschnittenen Haupt- und Barthaare in seinen Gewandzipfel einbinden – eine Geste der Bewahrung, die freilich eine Erweiterung der ursprünglichen Zeichenhandlung darstellt. Dem Besucher des Zentralheiligtums wird in Dtn 14, 25 erlaubt, seine Zehntabgabe in Form von Geld mitzuführen, und zwar „eingebunden in der Hand", also offenbar in einem Beutel verwahrt. Explizit wird dieses Verfahren in 2 Kön 5, 23 (mit *ḥāriṭ* „Beutel") formuliert. Da sich dieselbe Konstruktion – wenn auch mit etwas anderer Vokalisation des Nomens – in dem umstrittenen Vers Ex 32, 4 findet, wird man hier denselben Vorgang widergespiegelt finden: das Einschnüren des gesammelten Goldes in einen Beutel (mit M. Noth, VT 9, 1959, 419–422). Die vom Kontext her ebenso mögliche Interpretation auf das Einschmelzen des Edelmetalls und seine Formung in einem Gußmodel (C. C. Torrey, JBL 55, 1936, 259f.; O. Eißfeldt, KlSchr II, 1963, 107–109), also eine Herleitung von *ṣûr* III, wird durch die parallele Satzkonstruktion in 2 Kön 5, 23 und Ex 32, 4 unwahrscheinlich (zudem heißt *ḥæræṭ* nicht „Gußform", sondern nach Jes 8, 1 „Griffel", lies also *ḥāriṭ*). Dieselbe Alternative („einschnüren" – „einschmelzen") stellt sich auch für 2 Kön 12, 11, wo eine nähere Bestimmung des Verbs fehlt. Zwar könnte eine Ellipse (sc. „Beutel") vorliegen. Wahrscheinlicher ist aber ein Textfehler für ursprüngliches *waj^{e}'ārû* (nach 2 Chr 24, 11, vgl. BHK z. St. und J. Gray, I & II Kings, OTL, ^{3}1977, 584).
Von der Bedeutung „einschnüren" her wird *ṣûr* zur Bezeichnung des „Einschließens" und dadurch zum term. techn. des „Belagerns" (zur Sache → סלל *sll*). Das Verb begegnet daher oft in Belagerungsberichten, sei es, daß die Israeliten eine eigene Stadt (Tirza 1 Kön 16, 17) oder fremde Städte (Rabbat-Ammon 2 Sam 11, 1 // 1 Chr 20, 1; Gibbeton 1 Kön 15, 27) belagern, sei es, daß die Residenzen der beiden Teilstaaten, Samaria und Jerusalem, von Fremdherrschern (Ben-Hadad, Salmanassar, bes. oft genannt: Nebukadnezzar) eingeschlossen werden. Zielpunkt der Aussage kann auch eine Person sein, die sich in einer Stadt befindet und dort belagert wird: David in Keïla (1 Sam 23, 8), Scheba in Abel-Bet-Maacha (2 Sam 20, 15), Ahas in Jerusalem (2 Kön 16, 5). Die Kriegsanweisungen in Dtn 20 betreffen in vv. 10–20 das Verhalten Israels gegenüber einer belagerten Stadt (*ṣûr* in vv. 12. 19, das dazugehörige Nomen in vv. 19f., s. u. II. 2.). In dem vor 539 anzusetzenden Babelwort Jes 21, 1–10 werden Elam und Medien aufgefordert (v. 2), die Belagerung Babylons aufzunehmen (mit absolutem Gebrauch von *ṣûr*). Hingegen kündigt JHWH im Ariel-Spruch Jes 29, 3 an, daß er selbst die Belagerung gegen Jerusalem verhängen will. Leitwortartig durchzieht die Wurzel *ṣûr* die Zeichenhandlungen in Ez 4, 1–5, 3, in denen der Prophet die Belagerung Jerusalems von 587 darstellt. Das Verb begegnet hier in 4, 3 (5, 3), das Nomen in 4, 2. 3. 7. 8; 5, 2, wobei ein Wortspiel zwischen 5, 2 und 3 entsteht. Einige Textstellen verwenden *ṣûr* in übertragener Bedeutung. Jes 59, 19 vergleicht JHWHs Kommen zum Gericht mit der Gewalt eines „eingeengten" und daher „reißenden" Stromes. (Die von Hehn 68 vorgeschlagene Ableitung von akk. *ṣarru* „weiterdrängend" [eher „funkelnd"] ist kaum notwendig, vgl. dazu AHw 1086 einerseits und CAD Ṣ 114 andererseits.) In Ps 139, 5 umschreibt der Psalmist die Allgegenwart JHWHs, die ihn ständig schützend umgibt. Eine eigentümliche Abwandlung erfährt die Belagerungsterminologie in bezug auf die erotische Zugänglichkeit eines jungen Mädchens in Hld 8, 9. In Ri 9, 31 ist *m^{e}'îrîm* zu lesen (vgl. BHK z. St.).

2. Gemäß den Bedeutungen von *ṣûr* I kann *māṣôr* I die Bedrängnis und konkret die Belagerung bezeichnen. Aber auch bei der allgemeineren Bedeutungsnuance schwingt in der Regel die Vorstellung von der Not einer Belagerung mit. Das gilt nach dem jeweiligen Kontext sicher für die alliterierende dtr Formel *b^{e}māṣôr ûḇ^{e}māṣôq* (Dtn 28, 53. 55. 57; Jer 19, 9), in der der erste Teil auf Belagerungsnot, der zweite auf allgemeine Bedrängnis (→ צוק *ṣwq*) anzuspielen scheint. Das im Kontext genannte Essen des Fleisches der eigenen Kinder gehört zu den stereotypen Elementen der Notschilderung einer Belagerung. Auch der Spruch Jer 10, 17, in dem *māṣôr* nicht formelhaft gebraucht wird, gehört in diesen Sachzusammenhang. Der Text, der die Deportation ankündigt, dürfte die Belagerung Jerusalems von 597 voraussetzen. Mit beiden Bedeutungsnuancen, der allgemeinen und der speziellen, operiert offenbar bewußt Ez 4, 8. Hier „verfließen ... die Aussage vom Belagern der Stadt und der vom Propheten selber erfahrenen Bedrängnis in dem doppelsinnigen מצור in unlöslicher Weise ineinander" (W. Zimmerli, BK XIII/1^{2}, 1969, 118). Ähnlich doppeldeutig in ihrem jetzigen Wortlaut ist die Glosse Sach 12, 2b, in der sowohl die Feindbedrängnis Judas als auch die Belagerung Jerusalems in unklarem Bezug (wohl als Variantlesarten) nebeneinander stehen. Am stärksten verallgemeinert scheint das Nomen in Ps 31, 22 zu sein: Der Psalmist preist Gott, der ihn in der Zeit (l. *b^{e}'eṯ*) der Not erhört hat. Eine analoge Aussage ist wohl in Ps 32, 6 intendiert (l. *l^{e}'eṯ māṣôr* mit B. Duhm, KHC XIV 94, und A. S. van der Woude, OTS 13, 1963, 131–135).
Mehrere Texte gehen auf konkrete Belagerungssituationen ein. Dabei kann *māṣôr*, wie das Nebeneinander in Dtn 20, 19. 20 zeigt, nicht nur die Belagerung überhaupt bezeichnen, sondern auch die Mittel dazu, die Belagerungswerke und -geräte (so v. 20 mit *bnh*, ebenso cj. Koh 9, 14, der einzigen Stelle mit *māṣôr* im Pl.). Das Verbot, die Obstbäume abzuhauen, um

Belagerungsmaschinen daraus zu bauen, zeigt ein einzigartiges „ökologisches" Interesse. Fast alle anderen Belege beziehen sich auf Belagerungen Jerusalems, so 2 Chr 32, 10 auf den assyr. Angriff unter Sanherib von 701, 2 Kön 24, 10 auf die erste babyl. Belagerung von 597, 2 Kön 25, 2 // Jer 52, 5 auf die zweite von 587. Auf die letztere Situation scheint auch die Notschilderung in Mi 4, 14 zurückzublicken, während die Zeichenhandlungen von Ez 4, 1–5, 3 sie vorwegnehmen. Der Vers Nah 3, 14 kündigt einige Zeit vor 612 den Untergang Ninives an, indem er zeigt, wie vergeblich die Vorbereitungen auf die Belagerung sind.

Das fem. Nomen *m^e ṣûrāh* I ist sehr schwach bezeugt. Wahrscheinlich ist es in Jes 29, 3 im Pl. mit der Bedeutung „Belagerungswerke" vertreten (vgl. das korrespondierende Verb *ṣûr* zu Beginn der Zeile). Es wird wohl auch in Ps 66, 11 für *m^e ṣûḏāh* zu lesen sein (vgl. das parallele *mûʿāqāh*). Hier hätte es den allgemeinen Sinn „Drangsal".

III. Das Verb *ṣûr* II, eine Nebenform von *ṣrr* II (→ צרר), wird mit dem Akkus. der Person konstruiert und heißt „jmd. bedrängen, bekämpfen". Es kommt nur im *qal* vor, und zwar in drei dtr formulierten Passagen und einem späten Text. Nach den fast gleichlautend stilisierten Versen Dtn 2, 9 und 19 hat Mose von JHWH das Verbot erhalten, beim Durchzug durch das Ostjordanland die Moabiter und die Ammoniter zu bekämpfen. In dem inhaltlich entsprechenden Vers über die Edomiter (v. 5) fehlt das Verb *ṣûr*. In dem ebenfalls dtr Vers Ex 23, 22 verheißt JHWH für den Fall des Gehorsams, seinerseits die Feinde Israels bekämpfen zu wollen. Der paronomastisch konstruierte Satz zeigt sehr schön das Nebeneinander der Formen von *ṣûr* II und *ṣrr* II. Est 8, 11 schließlich bezieht sich auf den Pogromerlaß Hamans (3, 13) zurück, kehrt ihn aber um: Die Juden erhalten jetzt die königliche Erlaubnis, ihre Angreifer umzubringen.

IV. 1. Die Existenz eines Verbums *ṣûr* III, das als Nebenform zu *jṣr* „formen, bilden" heißen müßte, ist kontrovers (vgl. bes. Hehn). Nur in Jer 1, 5 wäre diese Wiedergabe angemessen. In Ex 32, 4; 1 Kön 7, 15; 2 Kön 12, 11 kann es sich nur speziell um die Verarbeitung von Metall handeln, das eingeschmolzen und gegossen wird.

Alle Belege sind aber in ihrer Ableitung von einem unterstellten Verb *ṣûr* III höchst zweifelhaft. Im Zusammenhang mit dem Bau des salomonischen Tempels wird in 1 Kön 7, 15 vom Gießen der Metallsäulen durch Hiram von Tyrus berichtet. Der Vorgang ist klar, aber die Ursprünglichkeit der Form *wajjāṣar* unterliegt stärksten Zweifeln. Da im Kontext gehäuft die Wurzel *jṣq* als term. techn. für den Metallguß vorkommt (7, 16. 23. 24. 30. 33. 46, → יצק *jṣq* II. 3. mit weiteren Belegen), ist die singuläre Form am Versanfang in *wajjiṣṣoq* zu korrigieren. Auch Ex 32, 4 und 2 Kön 12, 11 scheiden mit großer Wahrscheinlichkeit als Belege für das Verb *ṣûr* III und dessen Anwendung auf den Metallguß aus (s. o. II. 1.). Jer 1, 5 ist trotz der ungewöhnlichen Pleneschreibung der Wurzel *jṣr* zuzuordnen (→ יצר V. 3.). So kann die Existenz von *ṣûr* III allenfalls durch nominale Ableitungen wahrscheinlich gemacht werden.

2. Nur einmal begegnet das Nomen *ṣûrāh*: in Ez 43, 11. Hier wird der Prophet angewiesen, die „Gestalt" des zukünftigen Tempels, seine Einrichtung und seine Tore und schließlich auch die für ihn geltenden Regeln aufzuzeichnen. Es handelt sich also, abgesehen von den Satzungen, um den „Lageplan des ganzen Tempelareals" (W. Zimmerli, BK XIII/2², 1085). Etwas häufiger ist das Nomen in den Qumranschriften belegt: 1 QM 5, 5. 8. 14; 7, 11. Es bezeichnet hier Details der Waffen bzw. der Priesterkleidung, und zwar Verzierungen unterschiedlicher Art.

3. Das Nomen *ṣîr* heißt wohl ursprünglich „Gestalt, Figur" und wird dann speziell auf Götzenbilder bezogen (KBL³ 960). Eindeutig ist diese letztere Bedeutung in Jes 45, 16, einem Vers, der – zusammen mit v. 17 in den Textzusammenhang eingesetzt – die Thematik der Götzenbilderwerkstatt anspricht. Die Lesung *ṣîrækā* „deine Götzenbilder" für *ʿārækā* ist auch in Mi 5, 13 (mit E. Sellin, KAT XII/1, 339 f.) ernsthaft zu erwägen, da sie vom Parallelismus unterstützt wird (anders und komplizierter jetzt H. W. Wolff, BK XIV/4, 123 f., der auch den Parallelausdruck korrigiert). In Ps 49, 15 könnte mit *ṣîr* neutral „Gestalt" gemeint sein. Doch ist der Text hier so heillos verderbt, daß sich der Vers einer einsichtigen Erklärung entzieht.

V. Das Nomen *māṣôr* II/*m^e ṣûrāh* II ist entweder aus einer (verbal nie belegten) Wurzel *ṣûr* IV herzuleiten, die eine Nebenform zu *nṣr* darstellen müßte, oder es handelt sich um ein Lehnwort aus dem Akk. (*maṣṣartu*). Die letztere Erklärung ist nicht unwahrscheinlich. Da wohl alle Belege die assyrische Zeit voraussetzen, ist eine Entlehnung durchaus möglich. Das Nomen ist, freilich mehr in der fem. als in der mask. Form, ein vorzüglich vom Chronisten gebrauchter Ausdruck. Es bedeutet „Befestigung, Festung" und wird oft mit *ʿîr* zusammengestellt.

In Ps 60, 11 erbittet der Sprecher Geleit für einen kriegerischen (?) Zug zu der „befestigten Stadt", anscheinend Bozra, der Hauptstadt Edoms. In der Parallelstelle Ps 108, 11 wird statt *ʿîr māṣôr* die geläufigere Konstruktion *ʿîr miḇṣār* gewählt, wodurch die Anspielung auf den Ortsnamen Bozra noch stärker zum Ausdruck gebracht wird. In Sach 9, 3 wird auf die starke Befestigung von Tyrus Bezug genommen, die doch ihren Untergang nicht verhindern kann (v. 4) – möglicherweise ein Rekurs auf die Eroberung der Stadt durch Alexander d. Gr. (332). Hier scheint nun *māṣôr* statt des häufigeren *miḇṣār* (→ מבצר II. 1.) gebraucht zu sein, um wiederum einen stärkeren Anklang an den Namen der Stadt (*ṣor*) zu erzielen. Zu Hab 2, 1 → נצר V. In 2 Chr 8, 5, einer erweiterten Fassung von 1 Kön 9, 17, wird im Zusammenhang mit den Festungsbauten Salomos der Begriff *ʿārê māṣôr* geradezu exegesiert. 11, 5 stellt hingegen die Überschrift über eine dem Chronisten vorgegebene Liste der Festungen Rehabeams dar.

Die Belege für das fem. Nomen *m^e ṣûrāh* II finden sich ausschließlich im ChrGW. Denn sowohl Jes 29, 3 (s. o.

II.2.) als auch Nah 2,2 (→ נצר VI.) gehören nicht hierher. Es verbleiben 2 Chr 11,10.11.23; 12,4; 14,5; 21,3, durchweg chronistisch gestaltete und formulierte Textelemente. Charakteristisch ist in Kap. 11 das Verhältnis zwischen überlieferter Listenüberschrift in v. 5b (*ʿārîm l^{e}māṣôr*) und chronistischer Explikation durch fem. Formen in vv. 10.11.23 ([*ʿārê*] *m^{e}ṣurôṯ*). Außer dieser Tradition über die Festungen Salomos und Rehabeams besaß der Chronist schwerlich weitere Überlieferungen über Festungsbauten in Juda. Daß Schischak (Schoschenk) die Festungen Judas (11,5–10) eingenommen hat (12,4), ist wohl eine ebenso unhistorische chronistische Bildung wie die Angabe, daß Asa weitere Festungen erbaut habe (14,5). Ähnlich wird man die Mitteilung beurteilen müssen, daß die Söhne Joschafats von ihrem Vater neben Schätzen auch Festungen zugewiesen bekommen hätten, bevor sie dann durch ihren Bruder Joram ermordet wurden (21,3f.).

Thiel

צוּר *ṣûr*

צֹר *ṣor* I, צֹר *ṣor* II

I. Etymologie und außerbiblische Belege – 1. Ugarit – 2. Hebr. und aram. Belege – 3. *ṣor* I/II – 4. in Eigennamen – II. At.liche Belege – 1. Verteilung von *ṣûr* – 2. Verteilung von *ṣor* I/II – 3. Wortfeld – 4. LXX – III. *ṣûr* als Bezeichnung für den Fels – 1. in Ortsnamen und Geländebezeichnungen – 2. als Gestein – IV. *ṣûr* im religiösen Bereich – 1. als Ort der Theophanie – 2. als Ort des Opfers – 3. in religiös-kosmischer Metaphorik – 4. als Ort der Rettung in der Wüste – V. *ṣûr* in theologischer Metaphorik – 1. als Berg JHWHs – 2. als Gottesepitheton – 3. als Gottesname – 4. als mythischer Erzeuger (?) – VI. Sir, Qumran und Rabbinen – 1. Sir – 2. Qumran – 3. Rabbinen.

Lit.: *H.Baltensweiler*, Fels (BHHW I 469f.). – *O.Betz*, Felsenmann und Felsengemeinde (ZNW 48, 1957, 49-77). – *G.Braulik*, Das Deuteronomium und die Geburt des Monotheismus (E.Haag [Hg.], Gott, der Einzige, QD 104, 1985, 115-159, bes. 154-159). – *O.Cullmann*, πέτρα (ThWNT VI 94-99). – *H.Donner*, Der Felsen und der Tempel (ZDPV 93, 1977, 1-11). – *H.J.Dreyer*, The Roots *qr*, *ʿr*, *ġr* and *ṣ/ṭr* = „Stone, Wall, City" etc. (Festschr. A. van Selms, POS 9, 1971, 17-25). – *D.Eichhorn*, Gott als Fels, Burg und Zuflucht. Eine Untersuchung zum Gebet des Mittlers in den Psalmen (EHS XXIII/4, 1972). – *H.W.Hertzberg*, Der heilige Fels und das Alte Testament (*ders.*, Beiträge zur Traditionsgeschichte und Theologie des AT, 1962, 45-53). – *H.-J.Kraus*, Archäologische und topographische Probleme Jerusalems im Lichte der Psalmenexegese (ZDPV 75, 1959, 125-140). – *C.J.Labuschagne*, The Incomparability of Yahweh in the OT (POS 5, 1966). – *S. Olofsson*, God is my Rock. A Study of Translation Technique and Theological Exegesis in the Septuagint, Diss. Uppsala 1988. – *A. Passoni Dell' Acqua*, La metafora biblica di Dio come rocca e la sua soppressione nelle antiche versioni (Ephemerides Liturgicae 91, 1977, 417-453). – *G.von Rad*, Die Stadt auf dem Berge (EvTh 8, 1948/49, 439-447 = ThB 8, 1965, 214-224). – *H.Schmidt*, Der heilige Fels in Jerusalem. Eine archäologische und religionsgeschichtliche Studie, 1933. – *A.Schwarzenbach*, Die geographische Terminologie im Hebräischen des AT, Leiden 1954. – *N.A. van Uchelen*, Abraham als Felsen (Jes 51,1) (ZAW 80, 1968, 183-191). – *E.Vogt*, Vom Tempel zum Felsendom (Bibl 55, 1974, 23-64). – *A.Wiegand*, Der Gottesname צור und seine Deutung in dem Sinne Bildner oder Schöpfer in der alten jüdischen Litteratur (ZAW 10, 1890, 85-96). – *H.Wildberger*, Gottesnamen und Gottesepitheta bei Jesaja (ThB 66, 1979, 219-248, bes. 244f.). – *A.S. van der Woude*, צוּר *ṣûr* Fels (THAT II 538-543).

I. Das Wort *ṣûr* 'Fels, Felsblock, Felswand u.a.' ist wohl ein Primärnomen, das in keinem erkennbaren etymol. Zusammenhang zu den Verbalwurzeln *ṣwr* I-III (→ צור *ṣwr*) steht. Die Streuung seiner Belege beschränkt sich auf den nordwestsemit. Bereich. Die frühesten Belege liegen wohl in amorit. PN vor (APN 258), von da aus dann in phön.-pun. PN (PNPPI 402).

1. Im Ugar. ist *ġr* belegt in der Bedeutung „Berg" (UT Nr. 1953; WUS Nr. 2166; RSP I 96.125.305-308; II Nr. 49; vgl. auch A. Caquot / M. Sznycer / A. Herdner, Textes Ougaritiques I, Paris 1974, 158), das mit *ṣwr* (zum Lautwechsel vgl. W. v. Soden, VTS 16, 1967, 291-294) auf eine gemeinsame sprachliche Grundlage zurückgehen könnte (→ הר *har*, → II 462). So nimmt Dreyer (17) nicht nur eine gemeinsame Basis für beide Morpheme im Proto-Semitischen an, sondern sieht in einer Radix *?r* zugleich die Basis auch für *gîr* 'Kiesel', *har* 'Berg', *qûr* 'Steine behauen', *qîr* 'Mauer', *ʿîr* 'Stadt'. Das Ugar. verbindet mit *ġr* die Vorstellung von Bergen in kosmologischer und mythologischer Hinsicht. Zusammen mit der Erde (*'rṣ*) und den Hügeln (*gbʿ*) werden die *ġrm* erschüttert, wenn Baʿal seine Stimme erhebt (KTU 1.4,VII,32.37). Man dachte sich die bewohnte Welt begrenzt durch die beiden Berge *ġr tr'zz* und *ġr trmg*, jenseits derer der Herrschaftsbereich des Mot begann (KTU 1.4,VIII,2f.). Auch in der Unterwelt gibt es Berge, z.B. den *ġr knkj*, den der tote Baʿal aufzusuchen hat (KTU 1.5,V,12). Auf der Suche nach ihm durchstöbert ʿAnat alle Berge und Hügel bis in das Innere der Erde (KTU 1.5,VI,26; 1.6,II,16). Ansonsten steht *ġr* für den Ṣaphonberg (→ צפון *ṣāpôn*), den Berg Els (*ġr ll*, KTU 1.2,I,20), auf dem El residiert und sich auf „seinem Berg" einen Palast bauen will (KTU 1.3,III,29ff.). Dann ist aber auch vom „Berg Baʿals" die Rede, ebenfalls „Ṣaphon" genannt (KTU 1.10,III,11.28ff.) oder „Hochland Ṣaphon" (*mrjm ṣpn*, KTU 1.4,V,23). Um hier dem Baʿal einen Palast zu bauen, benötigt man „Berge" von Silber und „Hügel" von Gold (KTU 1.4,V,15.31.38). Schließlich wird die kosmische Ausdehnung der Klage um den kranken König Krt dadurch deutlich, daß selbst

der Berg Ba'als, der Ṣaphon, ihn beweinen würde (KTU 1.16,I,6; II,45).

2. Um den außerbibl. hebr. Beleg in der Siloah-Inschrift (um 700 v.Chr.; KAI 189) hat sich eine rege Diskussion entfacht. Nach Z. 3 konnten die aufeinander zu arbeitenden Mineure noch vor dem Durchbruch einander hören, weil *zdh bṣr* „ein Spalt (?) im Fels" war (KAI). H. Michaud deutet (VT 8, 1958, 297-302): „es war im (Innern) des Berges eine Aufregung entstanden" (vgl. auch H.P. Müller, UF 2, 1970, 234), während H.J. Stoebe an ein „Aufeinandertreffen" der Mineure im „gewachsenen Fels" denkt (VT 9, 1959, 99ff.). Die daraus resultierende semantische Nuancierung für *ṣûr* ist mit Z. 6 zu lösen: „100 Ellen betrug die Höhe des Felsens über den Köpfen der Mineure". Dem dürfte auch die kleinere Inschrift eines Grabes in Silwan (7./6. Jh. v.Chr.) nach der Entzifferung durch N. Avigad (IEJ 5, 1955, 163-166) entsprechen: *hdr bktp hṣr* „Grabkammer am Abhang des Felsens..." (vgl. DISO 247).

Im außerbibl. Aram. ist *ṭûr* recht selten belegt (DISO 100; LexLingAram 68). Neben reichsaram. Aḥ 62 (ein Offizier hat von Esarhaddon den Auftrag erhalten, den Weisen Aḥiqar aufzuspüren und ihn „zwischen zwei Bergen" [*bjn ṭwrj'*] hinzurichten) treten nur noch 3 Belege aus 1 QGenApokr (s.u.).

3. *ṣor* I „Kiesel" ist ebenfalls ein Primärnomen (KBL³ 985) mit ursprünglicher Lautung **ṣurr*. Es ist allgemeinsemitisch verbreitet; vgl. akk. *ṣurru* „Feuerstein" (AHw 1114), syr. *ṭarrānā'* „Fels" (Lex Syr 286), asarab. *ẓwr* „Fels" (BGMR 173), „Berg" (Biella 224), arab. *ẓirr* „scharfkantiger Stein, Feuerstein" (Wehr, Arab.Wb. 524).

ṣor II „Tyrus", griech. Τύρος, wird von den Wb. meistens mit *ṣûr* „Fels" zusammengestellt (vgl. KBL³ 985, v.d. Woude 539), obwohl es im Ugar. ein eigenes Morphem besaß (*ṣr*, UT Nr. 2193; WUS Nr. 2355); vgl. daneben akk. *Ṣurru* (S. Parpola, AOAT 6, 1970, 325f.) und äg. *Ḏwȝwj* oder *Ḏrrm* (M. Görg, BN 9, 1979, 8f.).

4. In Eigennamen ist *ṣûr* recht häufig eingebunden sowohl außerhalb des AT (s.o.), wie im bibl. Hebr. Hier begegnen die PN *'elîṣûr* (Num 1,5; 2,10; 7,30.35; 10,18), ein Rubenit, *ṣûrî'el*, nach Num 3,35 ein Merariter, *ṣûrîšaddaj* (Num 1,6; 2,12; 7,36.41; 10,19), ein Simeonit, und schließlich *pᵉdāhṣûr* (Num 1,10; 2,20; 7,54.59; 10,23), ein Manassit. Nach Noth (IPN 129f.156f.) ist *ṣûr* in diesen PN durchwegs prädikatives Element. Der letztgenannte PN signalisiert jedoch (vgl. *pᵉdah'el* Num 34,28), daß *ṣûr* auch als theophores Element auftreten kann. Das korrespondiert durchgängig mit den außerbibl. Belegen und könnte sich auch in einigen bibl. Ortsangaben erhalten haben, vor allem *bêṯ-ṣûr* (Jos 15,58; vgl. aber Ges¹⁸ 147 „Felsenhausen"). Es wird noch zu erforschen sein, ob die Häufung der *ṣûr*-haltigen PN in den P-Listen zur Wüstenwanderung weiterreichende Signifikanz besitzt.

II.1. *ṣûr* begegnet im hebr. AT 74mal, in den aram. Teilen 2mal (Dan 2,35.45). Die Ps dominieren mit 24 Belegen, es folgen Jes 12, DtrGW 12, Dtn 9, Ijob 6, Ex 5, Jer 2 und Nah, Hab, Spr und ChrGW je 1 Beleg. Der dichteste Text ist Dtn 32 (8 Belege). Neben 9 Belegen des Pl. *ṣûrîm* (Gruppen- oder Gattungsplural) begegnet nur einmal der Pl. *ṣûrôṯ* (Ijob 28,10) zur Bezeichnung einzelner Felsen (vgl. D.Michel, Grundlegung einer hebräischen Syntax 1, 1977, 51f.).

2. *ṣor* I begegnet im AT sicher nur 5mal (Ex 4,25; Jos 5,2.3; Ez 3,9; Ijob 22,24 [gegen KBL³]); in der Zuordnung umstritten sind Jes 5,28; Ps 89,44 und Ijob 41,7.

ṣor II „Tyrus" (ca. 40 Belege), die phön. Inselstadt (seit der Eroberung durch Alexander d.Gr. Halbinsel), wird hauptsächlich in Ez 26-29 genannt (13mal); es folgen das DtrGW mit 7, Jes 23 mit 5, ChrGW, Jer und Ps mit 3, Am, Mi, Joël und Sach mit je 1 Beleg.

Tyrus war gerühmt wegen seiner umfangreichen Handelsbeziehungen (vgl. Hiram und Salomo 1 Kön 5,15-26); aus Tyrus stammte Isebel, die Tochter des Ittoba'al, Frau des Ahab und fanatische Verehrerin des Melqart, des Stadtgottes von Tyrus (1 Kön 16). Ihr missionarischer Drang rief den energischen Widerstand der Propheten hervor (Elija, 1 Kön 18f.). Tyrus wurde zum Exempel der stolzen, selbstherrlichen Stadt (Jes 23; Ez 28). Am 1,9f. droht ihr den Untergang an wegen ihrer Kriegsverbrechen an Israel. Jes 23 spielt wohl auf eine Strafaktion Esarhaddons gegen Tyrus an, während Ez 26-28 zwar eine Zerstörung unter Nebukadnezzar II. androht, die sich aber letztlich wohl doch auf eine geordnete Kapitulation reduzierte (vgl. Ez 29,17f.). Erst unter Alexander d. Gr. wurde mittels eines riesigen Dammes die Insellage aufgehoben und die Stadt erobert (vgl. Sach 9,3f.).

Vgl. zu Tyrus H.Wildberger, BK X/2, 867f. und H.Weippert, BRL² 349f. (Lit.!).

3. Das Wortfeld ist umfassend und wird z.T. von van der Woude abgehandelt. Nahezu synonym sind *sæla'* 'Fels' (→ סלע), mit dem *ṣûr* in geographischer und metaphorischer Bedeutung weitgehend übereinstimmt, dann *kep* 'Fels' (aram. LW), *ḥallāmîš* „Kiesel" (meistens in Verbindung mit oder par. zu *ṣûr*) und schließlich das häufigste und zugleich in der umfassendsten Bedeutung begegnende *'æḇæn* (→ אבן). Soweit *ṣûr* nicht nur eine Gesteinsart, sondern auch eine Gesteinsformation anzeigt, treten als Synonyme *har* 'Berg' (→ הר) und *giḇ'āh* 'Hügel' in den Blick.

In der Metaphorik ist die Synonymität z.T. recht naheliegend: *maḥsæh* 'Zuflucht', *jᵉšû'āh* 'Hilfe' u.ä., z.T. scheint sie gezielt herbeigeführt zu werden. Da *ṣûr* keine frequenten Wortverbindungen eingeht (vgl. A.Even-Shoshan, A New Concordance of the Bible, Jerusalem 1980, 982), ist aus den wenigen

Cstr.-Verbindungen keine signifikante Erkenntnis zu gewinnen. Zum Wortfeld insgesamt vgl. Schwarzenbach 113-123.

4. Das ist besonders in der LXX zu beobachten, die nur ungefähr die Hälfte der Belege durch πέτρα etc. wiedergibt, manchmal deutend umschreibt (ὄρος 3mal) oder nur die schützende Funktion angibt (φύλαξ 4mal). Auf diese Weise reagiert die LXX mäßigend auf die starke theologische Symbolik, die der Fels in der hellenistischen Kultur gewonnen hatte (vgl. G. Bertram, ZAW 57, 1939, 101; Wiegand passim). Passoni Dell'Acqua weist eine wachsende Scheu nach in der Rezeptionsgeschichte dieses Terminus in der theologisch-metaphorischen Applikation auf den Gott Israels (vgl. z.B. Qumran, s.u.), die dazu führte, *ṣûr* durch θεός oder κύριος wiederzugeben. Σ bevorzugt κραταιός, Α στερεός, Θ φύλαξ (vgl. Olofsson).

III. *ṣûr* bezeichnet zwar den Felsen, dies aber nur in wenigen Fällen in rein profanen Belegen (anders → אבן *'æḇæn*, → סלע *sælaᶜ*).

1. Mehrmals begegnet *ṣûr* als Bestandteil von Ortsnamen oder Geländebezeichnungen, so schon in offensichtlich recht frühen Traditionen: mit dem *ṣûr ᶜôreḇ* „Rabenfelsen" verband man in Israel die Erinnerung an die entscheidende Auseinandersetzung der Israeliten mit den Midianitern (Ri 7,25; Jes 10,26). Von David wird mehrmals berichtet, daß er sich in den Felsen zu verbergen wußte. Saul sucht ihn am „Felsen der Steinböcke" (1 Sam 24,3). Nach 1 Chr 11,15 ist sein Aufenthaltsort „der Felsen" (*haṣṣur*; par. 2 Sam 23,14 liest *m^eṣûḏāh*) schlechthin. Ebenfalls in die Frühzeit Davids fällt die Nennung des Ortes *ḥælqaṯ ṣurîm* „Feld der Steinmesser", Ort der Auseinandersetzung zwischen David und Ischbaal (2 Sam 2,16). Die ätiologische Erzählung weist aber eher auf *ṣor* 'Kiesel, Feuerstein' hin (vgl. Jos 5,2f.), aus dem die Beschneidungsmesser (→ מול *mûl*) hergestellt wurden.

2. Offensichtlich ebenfalls schon früh hat man auch in Israel mächtigen Felsgebilden hohe Achtung entgegengebracht. Einerseits galten sie als ausgezeichnetes Versteck. Nach Ijob 24,8 fliehen die Armen vor den habgierigen Reichen in die Berge und klammern sich an den Fels. Die exponierte Lage macht Felsen zudem zu guten Aussichtspunkten. Vom Felsgipfel schaut der Seher Bileam auf das Volk Israel (Num 23,9). Die Stadt auf dem Fels (Jerusalem) galt als besonders sicher (Jer 21,13); hierzu vgl. die strategisch uneinnehmbare Hauptstadt der Nabatäer mit dem signifikanten Namen „Petra". Wegen ihrer Unzugänglichkeit konnten in den Felsen offensichtlich Honig (Ps 81,17), Weine und Öle (Dtn 32,13) von besonderer Qualität gedeihen. Und schließlich vermutete man im Felsgestein wertvolle Bodenschätze (vgl. Ijob 28,10).

Felsen wurden allgemein als Inbegriff von Festigkeit und Beständigkeit gewertet. So ist es gerade in der Weisheitsliteratur ein beliebtes Motiv, Gottes Allgewalt mit dem Verrücken von Felsen zu beschreiben (z.B. Ijob 14,18; 18,4). Auch die Gerichtsprophetie bedient sich dieses Bildes, wenn sie Gottes Grimm wie Feuer um sich greifen sieht, so daß die Felsen zerbersten (Nah 1,6).

IV. Da Felsen als Orte besonderer Dignität galten, gewannen sie weite Verwendbarkeit im religiösen Denken.

1. So erfährt Mose auf dem Wüstenzug an einem Felsen den Vorbeigang der Theophanie JHWHs (Ex 33,21f.); man achte auf dasselbe theophanische Kolorit 1 Kön 19,11, wo jedoch von *har* und *sælaᶜ* gesprochen wird.

2. Wenn auch mit Altarort und Altarbau meistens der Begriff *'æḇæn* verbunden wird, so zeigen doch einige recht alte Belege, daß auch ein *ṣûr* durch seine Exponiertheit zu einer Opferstelle werden kann. Nach 2 Sam 21,9 haben die Gibeoniter sieben Nachkommen Sauls *bāhār lipnê JHWH* hingerichtet (Sippenhaftung). Rizpa, die Mutter zweier der Getöteten, hält auf dem Felsen Wache (v. 10), bis die Leichname ihre Bestattung finden. Die Einbindung des Geschehens in Blutrache, Menschenopfer und Regenzauber (Hertzberg) einerseits, die Kombination mit der Mutterliebe andererseits und schließlich die Verknüpfung des Geschehens mit Davids Kanaanäer-Integration zeigt die überaus komplizierte Herkunft der Perikope.

Nach Ri 6,21 (Gideon) und 13,19 (Manoach) dient ein Felsblock sogar als regulärer Altarstein.

3. Die religiöse Metaphorik symbolisiert die Unabänderlichkeit göttlicher Gebote dadurch, daß sie sie in „Stein" eingraben läßt (Ex 24,12; 31,18; Dtn 4,13, → *'æḇæn*, → לוח *lûaḥ*). Da solche Steintafeln transportierbar sein müssen, ist konsequent der Terminus *ṣûr* vermieden. Eine unzerstörbare, ortsfeste Dokumentation seiner Unschuldsbeteuerungen hoch im Fels aus einer mit Blei ausgelegten Schrift wünscht sich dagegen Ijob (19,24; vgl. den interessanten Hinweis Fohrers auf die Behistun-Inschrift; KAT XVI 317).

Die Metaphorik gewinnt kosmische Züge gerade in Weisheit und Prophetie. In einem gestaffelten Zahlenspruch nennt der Weise vier unfaßbare Dinge: die Wege des Adlers am Himmel, der Schlange auf dem Felsen, des Schiffes auf hoher See und des Mannes bei der jungen Frau (Spr 30,19). Das späte Kap. Ijob 28 sinnt darüber nach, wo wahre Weisheit zu finden ist. Der Mensch haut Stollen in die Felsen und entdeckt in ihnen lauter Kostbarkeiten, nicht aber die Weisheit (v. 10).

Schon in seiner ersten Verkündigungsphase kündigt Jesaja die Schrecken des „Tages JHWHs" (→ יום *jôm*) an, vor dem sich das Haus Jakob in Felshöhlen und Erdlöcher verkriechen will (Jes 2,19). Dieses Drohwort wird von einer exilischen Redaktion aufgegriffen und noch einmal dezidiert mit dem Götzendienst in Verbindung gebracht (v. 21). Das „Verkriechen im Felsen" ist damit offensichtlich zu einem stehenden Topos geworden, denn auch ein frühnachexil. Redaktor greift ihn auf, um damit das Zusammenbrechen menschlicher Hybris zu umschreiben (v. 10).

Jer 18,14 benutzt die unerschütterliche Festigkeit des Felsgesteins und die Beständigkeit der Schneedecke auf dem Libanon, um die Unfähigkeit Israels zur Umkehr (→ שוב *šûḇ*) aufzuzeigen (Jer 18,14; vgl. 13,23).

4. Auffällig häufig steht *ṣûr* zur Bezeichnung des Felsens, der im Verlauf des Wüstenmarsches Israels Schauplatz bedeutender Ereignisse wurde. Dabei finden sich ausgehend von Ex 17,6 alle späteren Belege im Kontext eines der priesterlichen Theologie entstammenden Kanons von Rettungswundern, der sich in nachexil. Zeit zunehmend verfestigt.

Nach Aussage der Grundschicht (JE) von Ex 17 (zur Schichtung vgl. E. Zenger, Israel am Sinai, ²1985, 56ff.) erhält Mose von JHWH den Auftrag, an den *ṣûr* zu schlagen, um dem Volk Wasser zu verschaffen (im Unterschied zum jüngeren Num 20, wo Mose zum *sælaᶜ* reden soll [Wort-Theologie der Priesterschrift], damit er sein Wasser spende, Num 20,8.10.11; → V 874). Diese Wundererzählung wird dtr zum Bericht über einen Rechtsstreit („Meriba") zwischen Volk und Mose ausgestaltet. Darauf antwortet dann retardierend in nachexil. Zeit R^P, wenn er nun dem Mose verherrlichende Züge zuspricht und zugleich mythologisierend in den Text eingreift: der Felsen ist nichts anderes als der Horeb, wo JHWH bereits vorgängig präsent ist (v. 6a). Steht dahinter vielleicht der Versuch, den Horeb zu dem von JHWH bewohnten antiken Götterfelsen zu stilisieren (→ צפון *ṣāpôn*)? Die Reminiszenzen an das Geschehen von Massa und Meriba sind alle literarisch jünger als Ex 17, wobei man einen mehrspurigen Verlauf der Rezeption annehmen kann: einerseits treffen wir in Ps 78,15; 105,41 und 114,8 auf weitergehende Ausgestaltungen im Rahmen von Kompendia göttlicher Rettungstaten, wobei Ps 78,15 sogar dem Wasserwunder kosmische Ausmaße verleiht, wenn es die *tᵉhomôṯ* das All erfüllen sieht. Andererseits findet dieses Motiv auch Eingang in die prophetische Literatur (Jes 48,21, wo es als Rettungswunder dem neuen Exodus aus dem Exil beigesellt wird). Schließlich greift auch der späte Text Dtn 8 (vgl. N. Lohfink, SBS 100, 1981, 60f.; daneben F. García López, Bibl 62, 1981, 21-54) in einem heilsgeschichtlichen Rückblick das Wunder auf, in dem JHWH Wasser aus dem „Felsen der Steilwand" (*miṣṣûr haḥallāmîš*) sprudeln ließ (v.15). Vielleicht wird man auch den Hinweis im Moselied auf JHWHs rettendes Handeln (er gibt seinem Volk Früchte des Feldes, Wein aus dem Felsen [*sælaᶜ*] und Honig aus dem *ṣûr* [Dtn 32,13]) als Reminiszenz an Massa und Meriba ansehen dürfen. Möglicherweise denkt auch Ijob an dieses Rettungswunder, wenn er seine glückliche Zeit beschreibt als Tage, „als meine Schritte sich in Milch gebadet, Bäche von Öl der Fels mir ergoß" (Ijob 29,6).

V. Aus diesem bedeutenden Platz von *ṣûr* in der Tradition zentraler Rettungserweise JHWHs an seinem Volk legt sich die theologisch-metaphorische Verwendung dieses Begriffes nahe.

1. Der wichtigste Fels – nach dem Horeb – war ohne Zweifel der Zion, wobei interessanterweise genau hier eher *sælaᶜ* als *ṣûr* als Terminus herangezogen wird (mögliche Gründe nennt Hertzberg 48f.). Am frühesten scheint das individuelle Vertrauenslied Ps 27,5 (vorexilisch) auf den schützenden Zionsfelsen anzuspielen (vgl. im Kontext die Zionsterminologie → בית *bajiṯ*; → סכה *sukkāh*; → אהל *'ohæl*). In Ps 61,3 ist *ṣûr* der rettende Ort, den der Beter aus eigener Kraft nicht erreichen kann, der Schutzbereich des Tempels und der Ort der Präsenz Gottes. Im Hintergrund könnten sowohl die Vorstellung vom mythischen Urfelsen (vgl. IV.3.) und vom rettenden Schöpfergott (vgl. V.2.) zur Charakterisierung des Zion stehen.

Diese Verbindung der Motive läßt sich noch im Jes-Buch nachvollziehen: während Jes 8,14 (authentisch) von JHWH als schützendem Fels spricht (vgl. Jes 26,4 „JHWH ist ein ewiger Fels"; zur interessanten rabbin. Interpretation Men 29b vgl. Wiegand 89f.), auch wenn er das Bild kontrastierend umkehrt (vgl. Hab 1,12), so mag Jes 17,10 (exil. Redaktion) unter dem „Felsen der Zuflucht" den Zion vor Augen haben. Den vollen Konflux zeigt der späte Text Jes 30,29: „Ihr freut euch von Herzen wie die Pilger, die unter dem Klang ihrer Flöten zum Berg JHWHs, zu Israels Felsen (vgl. LXX: πρὸς θεόν), hinaufziehen". Möglicherweise entstammt die Bezeichnung *ṣûr jiśrā'el* der Kultfrömmigkeit, die in der Jes-Tradition mit spezifischen Glaubenserfahrungen konfrontiert wurde. „Erst wenn Israel bedenkt, dass JHWH nicht ein Gott wie andere Götter, sondern der Heilige Israels ist, wird es das Recht haben, sich in aller Zuversicht am Bekenntnis zu halten, dass er sein Fels ist" (Wildberger 245).

2. Mit besonderer Dichte wird in den Psalmen die Metapher JHWH als Fels aufgenommen und zum Erhörungsmotiv ausgestaltet. Der möglicherweise authentische Gebetsruf Davids „JHWH, mein Fels, meine Burg, mein Retter, mein Gott, meine Feste, in der ich mich berge, mein Schild und sicheres Heil!" (Ps 18,3 // 2 Sam 22,3) wird zum Topos bis in nachexilische Zeit hinein und begegnet vornehmlich in Gebeten unschuldig Verfolgter im Zusammenhang des Asylverfahrens am Heiligtum (vgl. Ps 31,3; 62,3; 71,3; 94,22; 144,1f.). Die Unerschütterlichkeit des Felsens JHWH wird zur Metapher für seine Gerechtigkeit und Geradlinigkeit (Ps 73,26; 92,16). Auf ihn ist Verlaß! Er ist Fels und Erlöser (*go'el* → גאל ; Ps 19,15; 78,35), Anteil auf ewig (zur Hypothese einer Unsterblichkeitshoffnung in Ps 73,26 vgl. E.Jenni, ZAW 65, 1953, 20). Er kann sich aber auch gegen sein Volk richten und ihm zum „Fels des Strauchelns" werden (Jes 8,14). Mag hinter all diesen Belegen – wie vielfach behauptet – die Aufnahme von Zionstraditionen (oder von heilsgeschichtli-

chen Traditionen, wie J. Jeremias, FRLANT 141, 1987, 107ff. für Ps 95,1 vorschlägt) stehen, auffällig ist, daß sie überwiegend spät datieren bis hin zur Zeit der Abwehr samaritanischer Ansprüche (Ps 78).

3. Der Übergang von *ṣûr* vom Epitheton zum Gottesnamen ist fließend. In dem möglicherweise schon in die frühe Königszeit zurückreichenden Ps 28 nennt der Beter JHWH „meinen Fels". Dazu Eichhorn (45f.): „צור als Anrede und prädikative Bezeichnung Gottes, die durch das Suffix der 1. Pers. Sg. determiniert ist, begegnet im Munde eines Individuums nur in solchen Psalmen, die ... in ihrer Struktur auf eine Offenbarung Jahwes bezogen sind, die durch den Beter, dessen Verhältnis zu Jahwe durch das צור-sein Jahwes für ihn bestimmt ist, vermittelt wird und die durch das so charakterisierte existentielle Verhältnis Jahwes zu dem Beter qualifiziert wird". Natürlich steht hinter solchen Aussagen eine ganz bestimmte Überzeugung, sie aber auf ein institutionalisiertes Mittleramt zu beschränken (so Eichhorn, zu 2 Sam 23,3 vgl. ebd. 75), geht nicht an. Es fällt auch schwer, mit Kraus hier vordavidische (!) Traditionen vom „Heiligen Fels" zu vermuten, da solche sich nicht belegen lassen (vgl. weiter Ps 62,3.7; 73,26; 92,15f.; 144,1).

Deutlicher in Richtung Gottesname weist Ps 18,32.47 // 2 Sam 22,32.47, vor allem da, wo es sich um Unvergleichlichkeitsaussagen handelt: „Wer ist Fels, wenn nicht unser Gott!" (v. 32). „Keiner ist Fels wie unser Gott!" (1 Sam 2,2; vgl. Jes 44,8; Dtn 32,31).

In der ausgeprägten Gotteslehre im Moselied Dtn 32, das sich wegen seiner eigenartigen Terminologie völlig vom sonstigen Dtn unterscheidet, daher wohl als spät(-exil./frühnachexil.) einzustufen ist (vgl. Braulik 154ff.; J.Luyten, BiblEThL 68, 1985, 347 weist sogar in den Bereich der beginnenden Apokalyptik), begegnet *ṣûr* als Leitmotiv (vv. 4.15.18.30.31.37): JHWH ist *haṣṣûr*! „Den Namen JHWHs will ich verkünden...: Der Fels!" (vv.3f.). Wenn die Parallele JHWH mittels neuer Begriffsfindung *'el 'ᵉmûnāh* nennt (v.4b), dann signalisiert sie das Aufgreifen der traditionellen Metaphorik von der Beständigkeit des Felsens. Im Weiteren wird *ṣûr* durch Parallelismen systematisch mit anderen JHWH-Epitheta identifiziert: *'ᵉlôah* (v.15), *'el* (v.18), *JHWH* (v.30), dagegen den nichtisraelitischen Göttern (*'ᵉlôhîm*, v.37) kontrastiert. Braulik (155f.) hat aufgezeigt, daß auf diese Weise Dtn 32 schon in der Begrifflichkeit die Wesensunterschiede zwischen JHWH und den übrigen Göttern herausstellt. Einzig *ṣûr* kann beides bezeichnen: „Ihr Fels hat sie verkauft, er (l. *hû'*) hat sie preisgegeben. Fürwahr, ihr Fels ist nicht wie unser Fels!" (vv.30f.). Dies ist wohl auch der Grund, daß diese *ṣûr*-Belege häufig textliche Unsicherheit zeigen, d.h. in der Texttradition nicht ohne Korrekturversuche blieben. Die Benennung einer Gottheit als Fels (akk. *šadû* 'Berg') scheint auch im sonstigen AO bezeugt zu sein (vgl. AN 211).

4. Einige Belege spiegeln das Bild eines mythisch erzeugenden Felsens (Dtn 32,18; Jes 51,1; vielleicht auch Ps 89,27 par. „Vater"). Während Dtn 32,18: „An den *ṣûr*, der dich gezeugt, dachtest du nicht; du vergaßest den Gott, der dich geboren" (vgl. 4 Q 141 [phylN 1]; DJD VI 73) noch durchaus im Sinne der bisherigen Metaphorik gedeutet werden kann, bereitet Jes 51,1 der Interpretation erhebliche Schwierigkeiten: „Blickt auf den *ṣûr*, aus dem ihr gehauen wurdet (*ḥuṣṣabṭæm*), und auf die Öffnung des Brunnens, aus der ihr herausgebohrt wurdet (*nuqqartæm*)" (v.1b par. v.2a), „blickt auf Abraham, euren Vater, und auf Sara, die euch gebar!"

Seit P.Volz sehen viele (→ III 137) darin eine Anspielung auf eine uralte mythische Vorstellung von der Geburt des Menschen aus einem Felsen und einem Brunnenschacht. Van Uchelen (188) versuchte einen religionsgeschichtlichen Nachweis – jedoch mit wenig Überzeugungskraft, da schlüssige Belege fehlen. Ein Verweis von Jes 51,1 auf Mt 3,9 führt auch zu nichts. Schließlich läßt der Parallelismus beider Versteile trotz des Hinweises auf v.3 eine Deutung auf Gott nicht geraten erscheinen.

Da Jes 51,1 MT nicht zu deuten ist, ist eine Lösung über die aktivische LXX-Lesart zu suchen: „Blickt auf den *ṣûr*, den ihr behauen habt...". P.A.H. de Boer (OTS 11, 1956, 58-67) deutet mit Hinweis auf CD 6,9f. die „Brunnengräber" als Hinweis auf den Thoragehorsam und gottesfürchtigen Wandel, übersieht dabei aber die völlig disparate Terminologie. Berücksichtigt man dagegen die reiche Einbindung von *ṣûr* in die theologische Metaphorik (s.o. V.1.-3.), zudem die starke Orientierung des DtJes am Zion (vgl. Jes 40,9; 41,27; 46,13; 51,11.16; 52,7f.), dann wird sichtbar, daß der Prophet hier die Exulanten auffordert, an den Zion zu denken, der zum lebenswichtigen Stadtkern ausgehauen wurde (zur Einbindung von → חצב *ḥāṣaḇ* in die Arbeiten in Siloah vgl. auch Sir 48,17), an Abraham, ihren Stammvater und an JHWH, der Erbarmen mit Zion und seinen Ruinen hat (v.3). Der Prophet verlangt damit nichts anderes als eine Erneuerung der lokalen, historischen und theologischen Rückbindung der Exulanten, wenn auch die Ausdrucksweise recht enigmatisch anmutet.

VI.1. In den 4 Belegen bei Sir wird die spätat.liche Verwendung von *ṣûr* als Gottesname aufgenommen (Sir 4,6 Erhörungsmotiv!). Im Nachtrag Sir 51,12 „Danket dem Fels Isaaks, denn seine Huld währt ewig!" ist diese archaisierende Gottesbezeichnung par. zu „Schild Abrahams" und „Starker Jakobs" singulär und ersetzt in dieser Reihe das alte „Schrekken Isaaks" (Gen 31,42; → פחד *pāḥaḏ*, → VI 559-561). Sir 40,15 „die Wurzel der Ruchlosen liegt auf Felsen" birgt das Motiv der auf felsigen Boden gefallenen Saat (vgl. Mt 13,5; Mk 4,5; Lk 8,6). Schließlich preist Sir 48,17 die Leistungen des Hiskija, der den Felsen (von Siloah) durchbrach (s.o. V.4.).

2. In den Qumranschriften begegnet *ṣûr* bisher nur 3mal in folgerichtiger Aufnahme at.licher Vorstellungen: in den Hodajot weiß der Lehrer, daß seine Gemeinde „Wurzeln im Felsgeröll“ schlägt, d.h. dauernden Bestand erhält, wenn er sie segnet (1 QH 8,23). Zweimal steht *ṣûr* als Gottesepitheton (1 QH 11,15, vgl. Ps 18,47), 4 QDibHam[a] 5,19 dagegen mit der singulären Formulierung: „Wir haben Gott ermüdet durch unsere Sünden, wir haben dienstbar gemacht (*ʿāḇad̲ hiph*) den Fels durch unsere Bosheit“ (vgl. Jes 43,23f.). Die große Bedeutung, die man in Qumran dem Moselied Dtn 32 zusprach, zeigt sich darin, daß man es sogar in Tefillin verwandte (vgl. 4 Q 141 [phylN 1], wobei in Z.12 das *ṣûr* von Dtn 32,18 zur Verstärkung determiniert wird). Die häufig zur Deutung von Mt 16,18 herangezogenen „Fels“-Aussagen 1 QH 6,26; 7,8 werden mit *sælaʿ* konstruiert; dazu vgl. Betz passim; → V 880. Zusätzlich noch verwendet 1 Q GenApokr *ṭûr* 10,12 als Bezeichnung für den Ararat, 17,10 für den Taurus und 19,8 für den heiligen Fels“ (*ṭwr' qdjš'*).

3. Sowohl im NT wie bei den Rabbinen gilt die Spaltung von Felsen als eschatologisches Signal (Mt 27,51; vgl. TestLevi 4,1). Daneben hat der während der Wüstenwanderung (s.o.IV.4.) wasserspeiende Fels eine deutliche Nachwirkung: in 1 Kor 10,4 greift Paulus die rabbin. Tradition vom Felsen auf, der mit dem Volk Israel mitwandert (vgl. Tos. Sukka 3,11ff.). Dieser tränkende Fels ist mit der präexistenten Weisheit, mit Gott selbst identisch (vgl. St.-B. III 406ff.; Wiegand 88). Paulus übernimmt diese Tradition, um die Präexistenz des Gottessohnes Jesus Christus aufzuzeigen (vgl. R.Pesch, EWNT III 192). Ansonsten haben die Rabbinen die für sie anstößige Gottesbezeichnung *ṣûr* bes. in Talmud und Midrasch von *ṣwr* III abgeleitet und als „Schöpfer“ gedeutet (vgl. Wiegand).

Der Tempelfels (s.o. V.1.) hat eine besonders wechselvolle Wirkungsgeschichte gehabt: nicht nur die Samaritaner haben den *ṭûra'* als Bezeichnung des Garizim gewertet; die frühe Kirche übertrug die Dignität des „Heiligen Felsens“ auf den Golgotha, der Islam auf die Kaʿba in Mekka. Abd el-Malik hat durch den Bau des „Felsendomes“ über *eṣ-ṣaḥra* möglicherweise den Traditionsstrom wieder zum Ausgangspunkt zurückgebracht (zur Diskussion vgl. Vogt und Donner).

Fabry

צַח *ṣaḥ*

צָחִיחַ *ṣāḥîaḥ*, צְחִיחָה *ṣeḥîḥāh*

1. Etymologie und Bedeutung – 2. Verwendung.

Lit.: *Y. Aharoni*, Hebrew Ostraca from Arad (Fourth Congress of Jewish Studies, Papers I, Jerusalem 1962). – *Ders.*, Arad Inscriptions, ed. and revised by A. F. Rainey, Jerusalem 1981. – *Y. Aharoni / R. Amiran*, Excavations at Tel Arad: Preliminary Report on the First Season, 1962 (IEJ 14, 1964, 131–147, bes. 142f.). – *Dies.*, Arad, a Biblical City in Southern Palestine (Archaeology 17, 1964, 43–53). – *E. Baumann*, Zwei Einzelbemerkungen (ZAW 21, 1901, 266–270, bes. 266–268). – *S. Duvdevani*, „כעב־טל בחם קציר כחם צח על־אור“ (Festschr. J. Braslavi, Jerusalem 1970, 334–338). – *I. Eitan*, A Contribution to Isaiah Exegesis (HUCA 12/13, 1937/38, 55–88, bes. 65f.). – *E. Koffmahn*, Sind die altisraelitischen Monatsbezeichnungen mit den kanaanäisch-phönikischen identisch? (BZ NF 10, 1966, 197–219). – *A. Lemaire*, Note épigraphique sur la pseudo-attestation du mois *'ṣḥ'* (VT 23, 1973, 243–245). – *F. Montagnini*, Come caldo sereno al brillar della luce? (RivBiblIt 11, 1963, 92–95). – *J. Naveh*, כתובות כנעניות ועבריות (Leshonenu 30, 1965/66, 65–80, bes. 72). – *G. Rinaldi*, Nota (BibOr 5, 1963, 234). – *A. Schwarzenbach*, Die geographische Terminologie des AT, Leiden 1954. – *J. A. Soggin*, Zum wiederentdeckten altkanaanäischen Monat צח (ZAW 77, 1965, 83–86. 326). – *S. Talmon*, The Gezer Calendar and the Seasonal Cycle of Ancient Canaan (JAOS 83, 1963, 177–187 = *Ders.*, King, Cult, and Calendar, Jerusalem 1986, 89–112). – *Ders.*, יסוד אוגריתי בעמוס ז״ס (Tarbiz 35, 1965/66, 301–303). – *J. Teixidor*, Bulletin d'épigraphie sémitique (Syr 44, 1967, 163–195, bes. 170). – *M. Weippert*, Archäologischer Jahresbericht (ZDPV 80, 1964, 150–193, bes. 183).

1. *ṣaḥ*, abgeleitet von *ṣḥḥ*, wird mit arab. *ḍiḥḥ* und äth. *ḍaḥāj* 'Sonne' (Eitan 65; CPT Nr. 268; Wildberger, BK X/2, 680) und mit aram. *ṣaḥ*, syr. *saḥḥîḥāʾ* 'warm, glänzend' (LexSyr 625) in Verbindung gebracht. Die Farbqualität „weiß, blank“ (Gradwohl, BZAW 83, 1963, 7) ist erwiesen durch die Verwendung des Wortes in Parallelismus mit *zkh* in bezug auf „Milch//Schnee“: „Seine (Israels) Fürsten (oder l. *neʿārǣhā* „seine jungen Männer“) waren reiner (*zkh*) als Schnee, weißer (*ṣḥḥ*) als Milch“ (Klgl 4,7; LXX: ἔλαμψαν ὑπὲρ γάλα) und durch die kontrastierende Zusammenstellung mit „rot“: „Mein Geliebter ist weiß (*ṣaḥ*) und rot“ (Hld 5,10; LXX: λευκὸς καὶ πυρρός). In ähnlichen Kontexten wird *ṣaḥ* durch *lāḇān* ersetzt: „rote und weiße Pferde“ (Sach 1,8; vgl. 6,3. 6 und Jes 1,18: Purpur – *lbn*).

Möglicherweise ist auch an eine etymol. Verwandtschaft mit *ṣāḥôr* 'weiß' (Ri 5,10; Ez 27,18?) mit Elision des finalen *r* zu denken (vgl. z. B. hebr. *ḥṭr* und ugar. *ḥṭ*, hebr. *ktr* und ugar. *kt*).

Weniger überzeugend ist die Zusammenstellung von *ṣaḥ* mit asarab. *ṣḥḥ* und arab. *ṣaḥīḥ* 'unversehrt, gesund' (KBL^3 954) aufgrund von Jes 32,4: „Die Zunge des Stammelnden wird *ṣāḥôt* (deutlich? klar?) reden“.

Einige Belege im AT weisen auf eine Ableitung von *ṣḥh/ṣḥj* hin, jüd.-aram. *ṣḥj*, syr. *ṣeḥāʾ/ṣeḥî* 'dürsten, dürr sein'. In dieser Konnotation ist *ṣaḥ* weitgehend synonym mit *ṣeḥîaḥ* (*sælaʿ*), *ṣeḥîḥāh*, *ṣijjāh* u.ä. (→ מדבר *midbār* III. 2. a). Auch die nur einmal vorkommende reduplizierte Nominalform *ṣaḥṣāḥôt* beinhaltet ähnlich „Einöde, Dürre“, wie aus ihrer Verwendung im Kontrast zu Sprachbildern zu ersehen ist, die für Fruchtbarkeit und Wasserreichtum stehen: „Im dürren Lande (*ṣaḥṣāḥôṯ*) wird er dich sättigen (*hešîḇ næp̄æš*) ... du wirst gleichen einem bewässerten Garten und einer Quelle, deren Wasser nicht versiegen" (Jes 58, 11).

In Jes 18, 4 spiegeln die alten Versionen eine ähnliche Auffassung von *ṣaḥ* als „glühende Hitze" wider (LXX: ὡς φῶς καύματος μεσημβρίας; ähnlich Targ. und S). Die Wiedergabe von *rûaḥ ṣaḥ* in Jer 4, 11 in LXX πνεῦμα πλανήσεως und S *rwḥ' ṭ'jt'*, etwa „ein irreführender Wind" ist eine Eigenheit dieser Versionen (McKane 96); Targ *ṭêhᵃrîn* „(heiße) Mittagszeit" deckt sich mit der LXX-Auffassung in Jes 18, 4.

In Hld 5, 10 wird *ṣaḥ* neben *'āḏôm* offensichtlich adjekt. verwendet („mein Geliebter ist weiß und rot"). In Jes 18, 4 (*keḥom ṣaḥ*) und Jer 4, 11 (*rûaḥ ṣaḥ*) kann *ṣaḥ* als Adj. „flimmernd" (Wildberger, BK X/2; Kaiser, ATD 18 z. St.) oder als Subst. im st. cstr. verstanden werden (Rudolph, HAT I/12); gleicherweise in Jes 32, 4 *ledabber ṣāḥôṯ* (s. o.).
Als Subst. dient *ṣḥḥ* in der nur in Ez vorkommenden Wortverbindung *ṣeḥîaḥ sæla'* (24, 7f.; 26, 4. 14; LXX λεωπετρία) und in dem hap. leg. *ṣeḥiḥāh* 'nacktes, verbranntes Gelände' (Ps 68, 7). – *baṣṣeḥîḥîm* (Neh 4, 7) wird von LXX mit ἐν τοῖς σκεπεινοῖς „an den gedeckten Stellen" übersetzt, was vielleicht eine Lesung *baṣṣerîḥîm* spiegelt, könnte aber nach Ez 24, 7 usw. etwa „an freien, offenen Stellen" bedeuten (vgl. Rudolph, HAT I/20, 126).
2. Zusätzlich zu den etymologisch eruierten Bedeutungen „warm/heiß", „hell/weiß", „dürr/trocken" wollen manche *ṣaḥ* auch als einen althebr.-kanaan. Monatsnamen verstehen. Diese Interpretation beruht auf einem in Arad entdeckten beschrifteten Krugstempel (7. Jh.). Nach Aharoni lautet der Text:

1. *bšlšt* im dritten (Jahr)
2. *jrḥ ṣḥ* (im) Monat *ṣaḥ*

Seine Lesung der zweiten Zeile wurde wiederholt angezweifelt (Naveh, Teixidor, Weippert). Lemaire weist sie völlig zurück und liest statt dessen das Patronym *gr' bn 'zjhw*, was wiederum von Aharoni (1981, 40f.) abgelehnt wurde. Der damit wiederentdeckte bibl. Monatsname *ṣaḥ* (vgl. TSSI 1, 51: „doubtless the ancient name of the month") wurde von Koffmahn (209–211. 217) in eine rekonstruierte Liste der altisraelit. und kanaan.-phön. Monatsbezeichnungen aufgenommen, und dient Soggin als Grundlage für eine Neuinterpretation von Jes 18, 4 (ebenso Kaiser, ATD 18, 74. 78) und Jer 4, 11, wo *ṣaḥ* auftaucht.

Die kurze, sprachlich und stilistisch vom Kontext unterschiedliche Passage Jes 18, 4–6 ist zusätzlich durch die Wiederholung von v. 2b in v. 7 wie in einer Ringkomposition von dem sie umgebenden Text strukturell abgesetzt. Es handelt sich um einen Prophetenspruch, in dem Gottes „gesammelte Ruhe" (Wildberger, Kaiser) dem festen und friedlichen Ablauf des landwirtschaftlichen Jahres bildlich gleichgesetzt wird. Die hier gebrauchten Nomina *qāṣîr*, *mazmerôṯ* (Hinweis auf *zāmîr*) und das Verb *qāṣ* (abgeleitet von *qajiṣ*) spielen auf Jahreszeiten an, die im Geserkalender in derselben Reihenfolge und mit der zusätzlichen Bezeichnung *jrḥ* erscheinen: *jrḥ qṣr*, *jrḥw zmr*, *jrḥ qṣ*. Dies sind die ersten drei von vier Teilzeiten einer Jahreseinteilung, die am Ende der Regenzeit einsetzt. Zwei dieser Bezeichnungen, *qāṣîr* und *qajiṣ* werden auch in Gen 8, 22, im äthHen 82, 17 und in einer aus Qumran stammenden Jahres- oder Festzeitenliste erwähnt (Talmon, 1986, 101ff.). In diesen Quellen ersetzt *zæra'* (vgl. Geserkalender *jrḥw zr'*) die in Jes 18, 5 vorhandene Anspielung auf *zāmîr* (*mazmerôṯ*). Auf die vierte Jahreszeit, die in Qumran *dš'* heißt (ähnlich in Hen), aber in Gen 8, 22 mit *ḥoræp̄* bezeichnet wird, zielt in Jes 18, 6 das Verb *tæḥᵉrap̄*. Insgesamt spiegelt also der Jesajatext, wie auch das Qumrandokument, die Genesisaufstellung der Jahreszeiten, wenn auch in einer unterschiedlichen Reihenfolge:

Jes 18, 4–6	Gen 8, 22	Qumran
qāṣîr	*qāṣîr*	*qṣjr*
mazmerôṯ (*zāmîr*)	*zæra'*	*zr'*
qāṣ (*qajiṣ*)	*qajiṣ*	*qjṣ*
tæḥᵉrap̄ (*ḥoræp̄*)	*ḥoræp̄*	*dš'*

Der landwirtschaftlich-kalendarische Aufbau des Jesajaspruches wird noch deutlicher gemacht durch Anspielungen auf den Grasbestand in der späten Regenzeit (*'wr* v. 4; vgl. 2 Kön 4, 39; Jes 26, 19 – vergleichbar mit *dš'* in Qumran), auf den Stand der Kornähren vor der als erste Jahreszeit erwähnten Getreideernte (*lipnê qāṣîr*) und auf den Stand der Reben vor der Lese (*zāmîr*), „wenn das Sprossen vorbei und die Blüte zur reifenden Traube wird" (v. 5; vgl. Gen 40, 10; Num 17, 23; Ijob 15, 33), bevor die Ranken mit Rebmessern abgeschnitten werden.
Die Struktur des Jesajaspruches erinnert an die Aufeinanderfolge der Amosvisionen, die vermutlich ähnlich auf den Ablauf der landwirtschaftlichen Jahreszeiten aufbaut, beginnend mit der späten Regenzeit. Die Bezeichnungen *læqæš*, *'eśæḇ hā'āræṣ* (Am 7, 1f.), „Grasschnitt", entsprechen *dš'* (Qumran), *ḥoræp̄* (Gen 8, 22) und *tæḥᵉrap̄* (Jes 18, 6). Die Erwähnung der von Gott heraufgerufenen Sommerhitze (*qore' lārîḇ bā'eš ... we'āḵelāh 'æṯ-hahelæq*, Am 7, 4) entspricht *ḥom ṣaḥ* (Jes 18, 4) und vielleicht *rûaḥ ṣaḥ* in Jer 4, 11. Und der „Korb [voll] mit Sommerfrüchten" (*kelûḇ qajiṣ*, Am 8, 10) steht für *qāṣ* in Jes 18, 6 als Anspielung auf die in den anderen Quellen explizit erwähnte Fruchterntezeit *qajiṣ* (Talmon, Tarbiz).
Selbst wenn die Verwendung von *ṣaḥ* als „Monatsname" sich nicht mit völliger Sicherheit nachweisen läßt, so kann diese Vermutung doch zu einem besseren Verständnis von Jes 18, 4–6 und vielleicht auch von Jer 4, 11 beitragen.

Talmon

צָחַק *ṣāḥaq* → שחק *śāḥaq*

צִי *ṣî*

צִיִּים *ṣijjîm*

1. Etymologien und Isoglossen – a) *ṣî* I 'Schiff' – b) **ṣî* II 'Wüstenwesen' – 2. Semantik von *ṣî* I – 3. Semantik von **ṣî* II – a) in Unheilsankündigungen – b) sonst – 4. Qumran.

Lit.: *M. Ellenbogen*, Foreign Words in the OT, London 1962, 145. – *Th. O. Lambdin*, Egyptian Loanwords in the OT (JAOS 73, 1953, 145–155, bes. 153f.). – *E. Strömberg Krantz*, Des Schiffes Weg mitten im Meer. Beiträge zur Erforschung der nautischen Terminologie des Alten Testaments (CB. OTSeries 19, 1982, 66–69).

1. Die in den Lexika auf *ṣî* zurückgeführten Bildungen verteilen sich auf zwei Homonyme: (a) *ṣî* I 'Schiff' ist äg. Lehnwort aus *ḏ ꜣ j* u. ä. (vgl. Ellenbogen); (b) **ṣî* II < **ṣijjî*, das nur im Pl. bezeugt ist, stellt eine Sammelbezeichnung für 'Wüstenwesen' dar, denen z. T. etwas Dämonisches anhaftet; es handelt sich um eine Nisbe (Zugehörigkeitsform) zum nomen fem. *ṣijjāh*, das als Adj. zu *'æræṣ* 'Land' die Bedeutung 'trocken' hat und als Subst. die 'Trockenlandschaft' (ebenso *ṣājôn* Jes 25, 5; 32, 2) bezeichnet, oder zu einer uns unbekannten mask. Entsprechung von *ṣijjāh*.

a) Gegen die Übernahme von äg. *ḏꜣj* als hebr. *ṣî* I bestehen phonologisch keine unüberwindlichen Bedenken: der Wechsel von *ḏ* und *ṣ* ist in beiden Richtungen relativ häufig; zu *ắꜣj* > /*î*/ vgl. Lambdin. Das offenbar späte äg. nomen agentis *ḏꜣjw* > *ḏꜣj* '(eine Art von) Flußschiff' (WbÄS V 515), das von *ḏꜣj* 'über einen Fluß setzen' (seit Pyr.) abzuleiten ist (E. Edel, Altäg. Grammatik I, 1955, § 227; W. Osing, Die Nominalbildung im Äg., 1976, 171 mit Anm. 769, 173f. 790f.), ist ins Demotische als *ḏj* 'Schiff' (W. Erichsen, Demotisches Glossar, 1954, 674), ins Koptische als *žoi* u. ä. 'Schiff, Boot' eingegangen (W. E. Crum, A Coptic Dictionary, Oxford 1939 = 1962, 754; W. Westendorf, Koptisches Handwörterbuch, 1965/77, 415, dazu 571, wo an Entlehnung *aus* dem Hebr. gedacht ist [freundlicher Hinweis von M. Görg]; vgl. ferner J. Černý, Coptic Etymological Dictionary, Cambridge 1976, 310; W. Vycichl, Dictionnaire étymologique de la langue copte, 1983, 324).

Ein zuletzt von W. W. Müller (ZAW 75, 1963, 313) für Z. 2 der Sarkophaginschrift von Gizeh RES 3427 als äg. Fremdwort angenommenes minäisches Lexem **sj* 'Handelsschiff' war nach ContiRossini 223 umstritten.

b) Zu **ṣî* II wird seit S. Bochart (Hierozoïcon sive ... de animalibus S. Scripturae I, 1675, lib. 3, cap. 14[861–865]) gern eine arab. Isoglosse *ḍajwan* 'wilde Katze', *ḍujain* u. ä. 'kleine Wildkatze' (dazu A. Wahrmund, Handwörterbuch der neuarab. und deutschen Sprache I/2, ³1898, 114) angegeben. Da afformatives Bildungsmorphem *-ān* aus orthographischen Gründen und wegen des gebrochenen Plurals *ḍajāwin* auszuschließen ist, muß *-n* wurzelhaft sein, so daß man sein Verschwinden im Hebr. erklären müßte.

2. Hebr. *ṣî* I ist mit Sicherheit Jes 33, 21 im Sing. bezeugt: es erscheint hier parallel mit *'ᵒnî* 'Schiff(e)'; nur hier auch übersetzt LXX mit πλοῖον. Der Pl. erscheint in den Schreibungen *ṣjjm* Dan 11, 30 und *ṣjm* Num 24, 24; Ez 30, 9; V hat an allen vier Stellen Formen von *trieris* (zu den übrigen Versionen vgl. Ellenbogen). Allenfalls mag man *ṣjjm* 'Schiffe(r)' noch Jes 23, 13 finden (B. Duhm; K. Marti; O. Kaiser, ATD 18, 131 Anm. 19; H. Wildberger, BK X/2, 854. 858f.); doch denken die meisten hier an **ṣî* II.

Zu Jes 60, 9 wird statt *'ijjîm* „Inseln" wegen des parallelen *wā'ᵒnijjôṯ* „Schiffe" besser *ṣijjîm* „Schiffe(r)" zu lesen sein (B. Duhm, GHK III/1⁴·⁵, 449; C. Westermann, ATD 19⁴, 282). Die Verschreibung von *ṣjjm* zu *'jjm* mag daher kommen, daß *ṣijjîm* „Wüstenwesen" von **ṣî* II Jes 13, 21f.; 34, 13f.; Jer 50, 39 zusammen mit *'ijjîm* „Schakale" oder „Inselkobolde" begegnet (s. 3.), wobei also Verwechslung von Homonymen eine Rolle spielt; Ps 72, 9f. werden ebenfalls *ṣijjîm* „Wüstenwesen" und *'ijjîm* „Inseln" zusammengestellt.

Alle in Frage kommenden Belege sind nachexil., wenn nicht spät nachexil., dazu glossatorisch und in unsicheren Lesungen; jedesmal steht das ungewöhnlich klingende, manierierte Lexem in einem eschatologischen Zusammenhang.

Falls die Konjektur Jes 60, 9 richtig ist, liegt hier wohl die älteste Bezeugung von *ṣijjîm* „Schiffe" vor: *ṣijjîm* mit *'ᵒnijjôṯ taršîš bāri'šonāh* „Tarschisch-Schiffe(n) an der Spitze" sammeln sich am Ende der Zeit, um die jüdische Diaspora mit ihrem in der Fremde erworbenen Reichtum nach Jerusalem zu bringen, was zugleich dem Ruhm JHWHs und der Verherrlichung Israels dient.

Statt des masoret. *jᵉqawwû* „sie warten, hoffen", das unter Voraussetzung einer Korrumption zu *'ijjîm* „Inseln" den Kontext in Jes 51, 5 nachahmt, ist entsprechend dem Kontext an unserer Stelle, nämlich 60, 8. 9aβ, und dem synonymen *jiqqāḇᵉṣû* „sie sammeln sich" (v. 7) *jiqqāwû* zu vokalisieren. – Ez 30, 9 erweist sich durch die Einleitungsformel *bajjôm hahû'* „an jenem Tage" als Nachtrag, der die ohnehin aus den vergleichbaren Sprüchen Ez's herausfallende Unheilsankündigung gegen Ägypten auf *kûš* 'Nubien, Nordsudan' ausdehnt, wohin unversehens Schreckensboten *bṣjm* „auf Schiffen" (V: *in trieribus*) kommen sollen; falls nicht nach σπεύδοντες (LXX), *festinantes* (Σ bei Hieronymus) und *msrhb'jt* (S) eher *'āṣîm* „als Eilende" zu lesen ist (vgl. Θ sub. ast.: die Transkription εσσιμ; A sub. ast.: ετιειμ; daneben A und Θ bei Hier.: *siim*), würde *bṣjm* hier am ehesten die Bedeutung des Herkunftswortes *ḏꜣj*, dazu – wie mit anderem Vokabular auch Jes 18, 2 – dessen atmosphärischen Gehalt aufnehmen. – Will man Jes 33, 21 mit Kaiser (276) als Heilsweissagung verstehen, die wie Ez 47; Joël 4, 18 einen wunderbaren Strom von Jerusalem ausgehen läßt, so muß man *jᵉ'orîm* „Nile" streichen und in *'ᵒnî šajiṭ* „Ruderschiff(e)" und *ṣî 'addîr* „Prachtschiff(e)" Kriegsmittel sehen, die von der eschatologischen Szene ausgeschlossen werden; behält man dagegen *jᵉ'orîm* bei, so kann der wasserverkehrslose Nil nur einer Glosse Jes 33, 21aβb angehören, die dem Heil für den Zion vv. 17–21aα. 22. 24 Unheil für Ägypten gegenüberstellt (H. Wildberger, BK X/3, 1309, 1311. 1320). Zur Bedeutungsverschiebung von äg. *ḏꜣj* 'Flußschiff', 'Flußboot' zu dem eher kriegerisch konnotierten hebr. Lexem *ṣî* I vgl. Strömberg Krantz 66f.

ṣijjîm kittîm „kittäische Schiffe" werden nach Dan 11, 30 über Antiochus IV. Epiphanes kommen, „so daß er verzagen wird", wobei *kittîm* (LXX: ῥωμαῖοι) offenbar auf den römischen Sendling C. Popilius

Laenas anspielt, der nach dem Sieg Roms über den makedonischen Staat bei Pydna den zweiten ägyptischen Feldzug des Antiochus 168 zum Stehen bringt, wofür dieser sich wieder an den Juden schadlos hält. Auf dasselbe Ereignis richtet sich das ähnliche, aber textlich unsichere vaticinium ex eventu Num 24, 24: die Demütigung, die die *ṣîm mijjad kittîm* einerseits über *'aššûr*, d.h. Antiochus, andererseits über *'ebær*, d.h. die von diesem verfolgten Juden, bringen, wird danach zu Antiochus' (?) Untergang führen; *mijjad kittîm* wird von V (*de Italia*) und Targ^O^ (*m[n]rwm'j* „von den Römern") geschichtlich richtig gedeutet. – Sicher eine Glosse zu Jes 23, 12 ist v. 13, an dessen Anfang entsprechend *kitt(ijj)îm* in v. 12bα statt des offenbar durch *'aššûr* v. 13aβ motivierten *'æræṣ kaśdîm* „Chaldäerland" besser *'æræṣ kittijjîm* zu lesen ist; insbesondere wenn bei *l^eṣijjîm* an *ṣî* I zu denken ist, kann in *'aššûr j^esādāh l^eṣijjîm* „Assur hat es (scil. das Land der Kittäer) für Schiffe(r) gegründet/bestimmt" eine auf Mißverständnis oder Umdeutung beruhende verrätselnde Anspielung auf (Dan 11, 30 und) Num 24, 24 vorliegen, da alle drei Leitwörter von Num 24, 24, nämlich *kitt(ijj)îm*, *'aššûr* und *ṣîm*, in Jes 23, 12f. wieder begegnen.

3. Für die Bedeutung von **ṣî* II < **ṣijjî* ist charakteristisch, daß das Lexem (a) Jes 13, 21; 34, 14; Jer 50, 39 zusammen mit anderen Tierbezeichnungen in schildernden Unheilsankündigungen begegnet (vgl. eventuell Jes 23, 13) und (b) Ps 72, 9; 74, 14 unter Benennungen der Feinde des Königs bzw. gegenüber der Benennung von Chaosinstanzen erscheint.

a) Die in den Unheilsankündigungen gegen Babylon Jes 13; Jer 50 und Edom Jes 34 aufgezählten Tiere u. ä. repräsentieren eine gegenmenschliche Welt, die um sich greift, wenn der Mensch den Gerichten JHWHs verfällt und seine Wohnorte veröden (vgl. auch Deir 'Allā I 8ff., dazu H.P. Müller, ZAW 94, 1982, 225). So erscheinen die *ṣijjîm* an allen drei Stellen zusammen mit *b^enôt ja'^anāh* „Straußen" und *'ijjîm* „Schakalen" oder „Inselkobolden" (vgl. KBL² s.v.) sowie Jes 13, 21f.; 34, 13f. mit *tannîm* „Schakalen" (eine von *'ijjîm* verschiedene Subspezies?) und den rätselhaften *ś^e'îrîm* „Haarigen", hier Zwischenwesen von Ziegenbock und Dämon, die J. Wellhausen (Reste arab. Heidentums, ³1927 = 1961, 150f.) mit den arab. *ǧinn* verglich; dazu kommen Jes 13, 21; 34, 11. 15 andere unheimliche Gattungen, deren meist mangelhafte Identifizierbarkeit einerseits an der Eigenart der altorientalischen Taxonomie und ihren Beobachtungskriterien, andererseits wieder an der Nähe solcher Erscheinungen zu eigentlichen Fabelwesen ihren Grund hat. Jes 34, 14 erwähnt im unmittelbaren Zusammenhang mit *ṣijjîm* und *'ijjîm* die eindeutig in der Mythologie beheimatete Dämonin *lîlîṯ*; vgl. dazu die akk. *lilītu*, die zusammen mit *lilû* < sum. lil und *ardat lilî* „Magd des *lilû*" eine Trias von Sturm(?)-Dämonen bildet. – Zumindest wenn die *ṣijjîm*, wie die meisten annehmen, weniger Spezies- als Sammelbezeichnung ist (V: *bestiae* Jes 13, 21), nämlich „Wüstenwesen" meint, dürfte die Grenze zwischen Tieren und Dämonen (so übersetzt u. a. KBL²) auch in ihrem Fall fließend sein: LXX gibt den Pl. mit ϑηρίον Jes 13, 21, aber auch mit δαιμόνια 34, 14 (so 13, 21 für *ś^e'îrîm*, auch bei Σ) und ἴνδαλμα 'Trugbild, Götze' Jer 50, 39 wieder (V: *daemonia* Jes 34, 14; *dracones* Jer 50, 39; Targ^Jon^ hat an allen drei Stellen *tamwān*, etwa „Wunderwesen"); eine ganz allgemeine Sammelbezeichnung, die das Dämonische im Tier exemplarisch beschwört, ist bekanntlich *b^ehemôṯ* Ijob 40, 15; b. B. batra 74b; Raschi zu Ps 50, 11. – Daß die aufgezählten Wesen ehemalige Wohnorte des Menschen besiedeln, wenn diese verödet sind, wird durch Jes 13, 20a = Jer 50, 39b (+ *'ôḏ*) unterstrichen.

Falls *l^eṣijjîm* Jes 23, 13a doch von **ṣî* II abzuleiten ist, würde die Glosse v. 13 begründen, warum die „Tochter Zion", wie v. 12bβ zu erwarten gibt, auch bei den *kitt(ijj)îm* keine Ruhe finden wird: „Das Land der 'Kittäer': das ist das Volk, das nicht mehr besteht; Assur hat es für Wüstenwesen bestimmt". Daß die *ṣijjîm* dabei für die gegenmenschliche Welt verödeter Wohnorte stehen, würde der freilich mehrfach verderbte v. 13b andeuten: „sie haben Belagerungstürme gegen ihn (?) errichtet, ihre (?) Wohnungen geschleift; er (!) hat sie (?) zu einem Trümmerhaufen gemacht". Aber wer sollte dabei als *kitt(ijj)îm*, wer als *'aššûr* bezeichnet werden, und an welches Ereignis sollte man denken? Vgl. die ergebnislosen Erörterungen Wildbergers, BK X/2, 878f.

b) Ps 72, 9–11 feiert die Überwindung von Feinden des Königs Israels, wenn dieser die Weltherrschaft antritt (v. 8); gedacht ist m. E. an die (jeweilige) Thronbesteigung von Davididen, nicht an das Eschaton und den Messias. Unter denen, die sich auf verschiedene Weise demütigen müssen, sind freilich neben den *ṣijjîm* (v. 9a) „seine Feinde" (v. 9b), „die Könige von Tarschisch", „Inseln", die sagenhaften Könige Südarabiens (v. 10), ja „alle Könige" und „alle Völker"; vielfach wurde deshalb zu *ṣijjîm*, wenn man nicht wegen des parallelen *'ôj^ebājw* eine Lesung *ṣārîm* „die Feinde" o. ä. vorzog (u. a. BHS), entsprechend LXX, A, Σ (Αἰϑίοπες) und V (*Aethiopes*) an menschliche „Steppenbewohner" gedacht, was bei einer Ableitung von **ṣî* II als Nisbe von *ṣijjāh* o. ä. nicht so unwahrscheinlich ist, wie GesB meinen. – Dagegen empfängt nach Ps 74, 14 *'am ṣijjîm* 'das Volk der Wüstenwesen', falls statt des unmöglichen *l^e'ām l^eṣijjîm* MT entsprechend V (*populo Aethiopum*) und mit H. Gunkel (GHK II/2⁴, 325) *l^e'am ṣijjîm* zu lesen ist, den Leichnam des *liwjāṯān* (v. 14a) als Fraß; Fabelwesen der Wüste treten so zu denen des Meers in Opposition.

Die auf I. Löw (zuerst bei F. Perles, MGWJ 68, 1924, 160f.) zurückgehende Konjektur *l^e'aml^eṣē jām* „den Glatten (d.h. Haien) des Meeres" (zuletzt KBL³ s.v. **'amlāṣ*), die den Konsonantenbestand zu Ps 74, 14bβ zwar nicht veränderte, ist dennoch abzulehnen. Für **'amlāṣ* gibt es weder Beleg noch Isoglosse. Gegen die Verbindung mit arab. *'amlaṣ* 'glatt' spricht: semantisch sinnvoll wäre diese nur in bezug auf kleine Fische, die dem Fischer aus der Hand gleiten, was auch für den Heringshai kaum paßt; ein *'ajin* prostheticum bleibt trotz L. Köhler (OTS 8, 1950, 150f.) problematisch (vgl. CPT 236f.).

4. Während *ṣijjîm* in 4 Q Shir[a] (510) 1, 5 (par. 4 Q Shir[b] [511], 10, 2) lediglich in Anlehnung an Jes 13, 21; 34, 14 rekonstruiert wird (vgl. DJD VII 216 mit der Übersetzung „Wildkatzen"), bezeugt 4 Q Wiles (184) 3, 4 den Sing. *ṣj* tatsächlich, allerdings in einem zur Sinngewinnung ungeeigneten, weil allzu fragmentarischen Text.

H.-P. Müller

צִיָּה *ṣijjāh*

צָיוֹן *ṣājôn*

I. Etymologie – II. Biblische Belege – III. LXX – IV. Bedeutung und Gebrauch – 1. *ṣijjāh* – 2. *ṣājôn* – V. Qumran.

Lit.: *J. P. J. Olivier*, A Possible Interpretation of the Word *ṣiyyâ* in Zeph. 2, 13 (JNWSL 8, 1980, 95–97). – *A. Schwarzenbach*, Die geographische Terminologie im Hebräischen des Alten Testaments, Leiden 1954, 102f. – *S. Talmon*, מִדְבָּר *miḏbār* (ThWAT IV 660–695, bes. 667f.).

I. Zur Etymologie des als Adj. fem. und Nomen fungierenden Terminus *ṣijjāh* lassen sich keine gesicherten Aussagen machen. GesB und KBL[3] vermuten eine Verbalwurzel *ṣjh*, die jedoch im Hebr. nicht belegt ist. Als Indiz für eine solche Wurzel, die als verbum III infirmae auf ursprüngliches *ṣjj* zurückgehen müßte (vgl. F. Stolz, THAT II 543), kann die Nominalbildung *ṣājôn* gewertet werden, da das ihr zugrunde liegende Formbildungsmuster *qaṭalān* typisch für Verben III infirmae ist (BLe 498 f.). Des weiteren kann man auf akk. *ṣuā'u* 'trocknen' (AHw 1107) verweisen mit bisher jedoch nur einem Beleg (zur Verbindung mit akk. *ṣētu* I/*ṣitum* II vgl. B. Landsberger, JNES 8, 1949, 252 Anm. 30). Für die westsemit. Sprachen sind neben den von KBL[3] angeführten Verbalwurzeln im Arab., Mand. und Syr. mit der Bedeutung 'vertrocknen' samt ihren Derivaten jüd.-aram. *ṣhh* „durstig" und *ṣhwh* 'Durst' (ATTM 675; vgl. christl.-pal. *ṣhj'* 'dürstend' bzw. 'trockenes Land') und *čäw* „Salz" im Amhar. (Leslau, Concise Amharic Dictionary, 1976, 240) und Tigre (WbTigre 628) zu nennen.

II. *ṣijjāh* begegnet im AT 16mal, davon 1mal sicher als Adj. (Zef 2, 13; gegen KBL[3] 958) und 5mal sicher als Subst. (Jes 35, 1; Jer 50, 12; Ps 78, 17; 105, 41 Pl.; Ijob 24, 19; 30, 3). Ambivalent ist hingegen die in den übrigen Belegen vorzufindende Verbindung *'æræṣ ṣijjāh*, insofern *ṣijjāh* hierbei häufiger von einem syndetisch angeschlossenen Subst. gefolgt wird (Jer 2, 6; 51, 43; Ez 19, 13; Joël 2, 20; zu den Parallelbegriffen vgl. Talmon 667f.) und somit hier vermutlich nomen rectum ist, in Ps 63, 2 hingegen neben *'ājep* steht und folglich zumindest hier als Adj. fungiert. Diese Ambivalenz läßt für die restlichen Belege von *'æræṣ ṣijjāh* keine Entscheidung bezüglich der syntakt. Funktion von *ṣijjāh* zu (Hos 2, 5; Jes 41, 18; Jer 53, 2; Ps 107, 35). Der Gebrauch als „nomen rectum eines genitivus qualitatis" spricht gegen die These, *ṣijjāh* sei ein nomen unitatis (vgl. D. Michel, Grundlegung einer hebr. Syntax 1, 1977, 66; anders KBL[3] 957). Entsprechend ist der Pl. in Ps 105, 41 nicht distributiv, sondern intensivierend zu verstehen.

Im Zusammenhang mit der Frage, ob in Ps 133, 3 *ṣijjôn* beizubehalten (so zuletzt G. Ravasi, Il Libro dei Salmi III, Bologna 1984, 687. 697f.; S. Norin, ASTI 11, 1978, 92 emendiert zu diesem Zweck den gegen die These sprechenden Pl. cstr. *har[e]rê* zu einem Sing. mit *jod* compag.) oder ob *ṣijjāh* zu lesen ist (z. B. Kraus, BK XV/2[5], 1067), ist Seybold (Die Wallfahrtspsalmen, 1978, 25–27; ders., Die Psalmen, 1986, 50) darin zu folgen, daß *ṣijjôn* Spur der Überarbeitung eines Grundtextes ist, der hier ein anderes, letztlich nicht sicher rekonstruierbares Wort aufwies (anders z. B. Norin 94; O. Keel, FZPhTh 23, 1976, 68–80). Für die auf Jirku zurückgehende Konjektur Seybolds *'ijjôn* (Die Wallfahrtspsalmen, 38f.) sprechen gegenüber einer Änderung zu *ṣijjāh* die größere Ähnlichkeit im Konsonantenbestand, die geographische Plausibilität sowie die Nennung des Hermon im ersten Hemistichos, die als Entsprechung die Angabe eines konkreten geographischen Ortes erwarten läßt.

Neben *ṣijjāh* trifft man 2mal auf die Subst.-Bildung *ṣājôn* sowie auf 6 Belege des nur im Pl. bezeugten Wortes *ṣijjîm* (→ צי *ṣî*).

Auffällig ist die Konzentration der Belege von *ṣijjāh* auf einige Prophetenbücher (3mal Jes, 3mal Jer, 1mal Ez, 1mal Hos, 1mal Zef), die Pss (4mal) und Ijob (2mal) – ein Befund, der sich auch unter Hinzunahme von *ṣājôn* (2mal Jes) und *ṣijjîm* (3mal Jes, 1mal Jer, 2mal Ps) nicht ändert –, während Pent. und Geschichtsbücher völlig fehlen. Damit ist ein entscheidender Unterschied zu den häufig im Zusammenhang mit *ṣijjāh* stehenden Termini *miḏbār* und *'[a]rāḇāh* gegeben, die gerade auch in diesen Teilen des AT begegnen. Dies liegt wohl daran, daß *ṣijjāh* Wasserlosigkeit als geographische Eigenart umschreibt bzw. – in Verkürzung des Ausdrucks *'æræṣ ṣijjāh*? – wasserloses Land im allgemeinen bezeichnet, während *miḏbār* und *'[a]rāḇāh* geographische Fachtermini zur Bezeichnung bestimmter Landschaftstypen sind (bei denen Wasserlosigkeit nur ein Merkmal unter anderen ist) und als solche auch auf konkrete Gebiete bezogen werden können, wie die Cstr.-Verbindung mit geographischen Namen zeigt. Damit sind diese Begriffe für Texte, die von Ereignissen der Geschichte Israels erzählen, besser geeignet als *ṣijjāh*, das nur in bildhaften Prophetenworten und poetischen Texten Verwendung findet.

III. LXX gibt *ṣijjāh* 10mal mit ἄνυδρος, 3mal mit διψῆν und jeweils einmal mit ἐρῆμος bzw. ξηρός wieder (in Jer 50, 12 fehlt *ṣijjāh*). ἐρημοῦν in Jes 23, 13 setzt wohl *ṣijjāh* voraus.

IV. 1. Den ältesten at.lichen Beleg stellt Hos 2, 5 dar. In diesem Wort Hoseas, das der hurerischen Ehefrau die im Falle einer Beibehaltung des gegenwärtigen Verhaltens fällige Strafe vor Augen hält, wird durch die Androhung des Verdurstens deutlich, daß *ṣijjāh* absoluten Wassermangel bedeutet. Durch die übliche Hintanstellung von *ṣijjāh* hinter *midbār* (Talmons Ausnahmen 667 sind keine: Zef 2, 13 bietet keine Reihung; Ps 78, 17 geht *midbār* in v. 15 voraus) ist *midbār* als der allgemeinere Terminus erkennbar, der, insofern er nicht nur die trockene Wüste, sondern auch Weideland bezeichnen kann (Talmon 664), durch den nachfolgenden Ausdruck Eindeutigkeit erfährt. Nur hier ist als Hintergrund der angedrohten Austrocknung des Landes eine Polemik gegen den Baʿal-Mythos erkennbar. Das Motiv der Austrocknung eines Landes durch JHWH findet sich hingegen noch in Zef 2, 13 mit Bezug auf Ninive (gegen Olivier 96f. ist *ṣijjāh* hier nicht im Sinne von *ṣijjîm* zu verstehen), in Jer 50, 12; 51, 43 (nach-dtr) auf Babel gemünzt. Wenn hierbei Städte Ziel der Umwandlung zur *ṣijjāh* sind, mit der im übrigen Zerstörung einhergeht (Zef 2, 13 *šᵉmāmāh;* Jer 51, 43 *šammāh*), so sind sie hiermit an ihrer sensibelsten Stelle getroffen, insofern ihre Existenz von der Wasserversorgung abhängt und sie ohne Wasser unbewohnbar sind (vgl. Jer 51, 43 unter Rückgriff auf Jer 2, 6).

Dreimal findet sich die Umkehrung des Motivs: wasserloses Land wird von JHWH in einen Ort mit Wasserquellen und prächtiger Flora verwandelt. Mit der Verheißung dieser Tat ermutigt DtJes die Gola (41, 18), ein Text, auf den Ps 107, 35 zur Formulierung eines JHWH-Hymnus zurückgreift. Ebenfalls auf Jes 41, 18 spielt das im Jes-Buch die Funktion eines Brückentextes einnehmende Kap. 35 (vgl. O. H. Steck, SBS 121, 1985) mit v. 1 an. Während Ps 107, 35 universal formuliert, scheinen die beiden Jes-Texte die Tat auf die Durchzugsgebiete der Zionheimkehrer zu beziehen (Jes 35, 8. 10), wobei nach Steck 19. 43 Anm. 6 zumindest u. a. an Edom zu denken ist.

Insofern also der zweite Exodus durch eine völlig verwandelte *ṣijjāh* führen wird, überbietet er den ersten. Auch hier erwies sich nach Jer 2, 6 JHWH als der fürsorgende Führer seines Volkes durch die Wüste, die nicht nur Ort der Trockenheit (*ṣijjāh*), sondern auch tödlicher Bedrohungen (*šûḥāh*, *ṣalmāwæt*) ist (vgl. H.-D. Neef, ZAW 99, 1987, 49), aber nicht durch eine umfassende Umformung der Wüste, sondern „nur" durch einzelne Quell- bzw. Speisewunder (Ps 78, 17; 105, 41).

Nicht im Kontext der Landschaftsmetamorphose, sondern der Vertreibung in ein trockenes und verwüstetes Land (*ṣijjāh ûšᵉmāmāh*; vgl. Zef 2, 13), das vermutlich als Wüste Juda und Sinaiwüste zu konkretisieren ist, findet sich *ṣijjāh* in Joël 2. 20. Opfer ist ein apokalyptisch-geheimnisvoll „der Nördliche" genannter Feind, dem Verdursten droht, während seine Vor- und Nachhut ertrinken wird.

Metaphorisch findet sich dieses Motiv schon in Ez 19, 13, wenn die Deportation des israelit. Königshauses nach Babylon als Verpflanzung des Rebstocks in wasserloses Land geschildert wird. Hier umschreibt *ṣijjāh* weniger die geographischen Gegebenheiten Babels, sondern charakterisiert den Aufenthalt in der Fremde als „Austrocknung" des israelit. Königtums, dessen Existenz nur im eigenen Land gesichert ist (vgl. v. 10). Das Bild der Pflanze, die auf wasserlosem Grund nicht wachsen kann, findet sich in anderem Zusammenhang in Jes 53, 2 (vgl. E. Haag, QD 96, 1983, 184f.).

Auf die Wasserbegierigkeit des Trockenlandes und sein Absorptionsvermögen (vgl. Dalman, AuS I/2, 520) spielen die Vergleiche Ps 63, 2 (nachexil.) und Ijob 24, 19 an, auf die spärliche, wenn überhaupt vorhandene Vegetation der textlich schwierige Vers Ijob 30, 3 (zur Textkritik vgl. Fohrer, KAT XVI 413, gegen den zu fragen bleibt, ob die Hinzufügung von *ʿiqrê* vor *ṣijjāh* notwendig ist).

2. Auch das nur in nachexil. Zeit begegnende Subst. *ṣājôn* meint ebenfalls das wasserlose Land, das durch Hitze immer weiter ausgetrocknet wird (Jes 25, 5) und dessen Kultivierung nur mit Hilfe künstlicher Bewässerung möglich ist (Jes 32, 2), eine Aufgabe, für die der König die Verantwortung trägt.

V. In den Texten von Qumran begegnet *ṣijjāh* nur in der Cstr.-Verbindung mit *ʾæræṣ*. Dabei weist 1 QH 8, 4 auch hier Wasserlosigkeit als Bedeutungsspezifikum des Wortes aus, wenn der Beter den Herrn preist, ihn an eine Wasserquelle in dürrem Land, d. h. in der Wüste Juda, versetzt zu haben. Die Bitte eines anderen Beters, seine Feinde in wasserloses und verwüstetes Land (*ʾæræṣ ṣijjāh ûšᵉmāmāh*) zu zerstreuen (4 Q Catena A 12–13, I, 8), erinnert sehr stark an Joël 2, 20. In diesem Text liegt zugleich ein Wortspiel vor, denn im Gegensatz zu den Feinden werden die Heiligen Gottes, zu denen der Beter sich offensichtlich zählt, in *ṣijjôn* eintreten (Z. 10).

Fleischer

צִיּוֹן *ṣijjôn*

I. Etymologie – II. Synchrone und diachrone Statistik der Belege im MT – III. Topographische und archäologische Aspekte – IV. Vorexilische *ṣijjôn*-Theologie – 1. Zionstexte im Protojesaja- und Michabuch – 2. Tradition und Redaktion in den „Zionspsalmen" – 3. *ṣijjôn*-Theologie zur Zeit des 1. Tempels – V. Exilische, nachexilische und frühjüdische *ṣijjôn*-Theologie – 1. *ṣijjôn*-Theologie zur Zeit des zerstörten Tempels – 2. *ṣijjôn*-Theologie zur Zeit des 2. Tempels – 3. *ṣijjôn*-Theologie in apokrypher und pseudepigraphischer Literatur – VI. Übersetzungen – 1. LXX – 2. Targumim – VII. Qumran.

Lit.: *S. Abramsky*, The Attitude Toward the Amorites and Jebusites in the Book of Samuel: Historical Foundation and Ideological Significance (Zion 50, 1985, 27-58 [hebr.]). – *P.R. Ackroyd*, Exile and Restoration,

London 1968. – *G.W. Ahlström*, Psalm 89, Lund 1959. — *Ders.*, Aspects of Syncretism in Israelite Religion, Lund 1963. – *Ders.*, Joel and the Temple Cult of Jerusalem (VTS 21, 1971). – *Ders.*, Heaven on Earth – at Hazor and Arad (B.A. Pearson [Hg.], Religious Syncretism in Antiquity, Missoula 1975, 67-83). – *Ders.*, The Travels of the Ark (JNES 43, 1984, 141—149). — *W.F. Albright*, The Babylonian Temple-Tower and the Altar of Burnt-Offering (JBL 39, 1920, 137-142). – *Ders.*, The *Sinnôr* in the Story of David's Capture of Jerusalem (JPOS 2, 1922, 286-290). – *Ders.*, Yahweh and the Gods of Canaan, Garden City — London 1968. – *B. Alfrink*, Der Versammlungsberg im äußersten Norden (Is. 14) (Bibl 14, 1933, 41-67). – *A. Alt*, Jerusalems Aufstieg (KlSchr 3, 1959, 243-257). – *Ders.*, Das Taltor von Jerusalem (ebd. 326-347). – *B.W. Anderson*, Creation versus Chaos. The Reinterpretation of Mythical Symbolism in the Bible, New York 1967. – *N. Avigad*, Discovering Jerusalem, Jerusalem 1984. — *M. Avi-Yonah*, The Walls of Nehemiah. A Minimalist View (IEJ 4, 1954, 239-248). – *Ders.* Zion, der Schönheit Vollendung (Ariel 5, 1968, 29-48). – *R. Bach*, „..., Der Bogen zerbricht, Spieße zerschlägt und Wagen mit Feuer verbrennt" (Festschr. G. v. Rad, 1971, 13-26). – *W.E. Barnes*, David's „Capture" of the Jebusite „Citadel" of Zion (2 Sam V 6-9) (ExpT 3, 1914, 29-39). – *H. Barth*, Die Jesaja-Worte in der Josiazeit (WMANT 48, 1977). – *J.B. Bauer*, Zions Flüsse. Ps 45 (46),5 (Memoria Jerusalem, Festschr. F. Sauer, Graz 1977, 59-91). – *J. Becker*, Israel deutet seine Psalmen (SBS 18, 1966). – *U. Berger u.a.* (Hg.), Jerusalem – Symbol und Wirklichkeit, ^{3}1982. – *W. Beyerlin*, Die Rettung der Bedrängten in den Feindpsalmen der Einzelnen auf institutionelle Zusammenhänge untersucht (FRLANT 99, 1970). – *Ders.*, Weisheitliche Vergewisserung mit Bezug auf den Zionskult. Studien zum 125. Psalm (OBO 68, 1985). – *Ders.*, Weisheitlich-kultische Heilsordnung. Studien zum 15. Psalm (Biblisch-theologische Studien 9, 1985). – *K. Bieberstein / H. Bloedhorn*, Bibliographie zur Topographie und Archäologie Jerusalems, 1988. – *W.F. Birch*, Zion, the City of David – Where was it? How did Joab make his way into it? And who helped him? (PEFQS 1878, 129-132.179-189). – *Ders.*, Defence of the Cutter (Tzinnor) (PEFQS 1890, 200-204). – *G. Bissoli*, Mākôn – hetoimos. A proposito di Esodo 15,17 (FrancLA 33, 1983, 53-56). – *O. Böcher*, Die heilige Stadt im Völkerkrieg. Wandlungen eines apokalyptischen Schemas (Festschr. O. Michel, 1974, 55-76). – *T. Booij*, Some Observations on Ps LXXXVII (VT 37, 1987, 16-25). – *G. Bressan*, L'espugnazione di Sion in 2 Sam 5,6-8 // 1 Cron 11,4-6 e il problema del *„ṣinnôr"* (Bibl 25, 1944, 346-381). – *Ders.*, El Sinnor (2 Sam. 5,6-8)(Bibl 35, 1954, 223f.). – *J. Bright*, Covenant and Promise, London 1977. – *G. Brunet*, Les aveugles et boiteux Jébusites (VTS 30, 1979, 65-72). – *Ders.*, David et le *ṣinnôr* (VTS 30, 1979, 73-86). – *G. Buccellati*, The Enthronement of the King and the Capital City in Texts From Ancient Mesopotamia and Syria (Festschr. A.L. Oppenheim, Chicago 1964, 54-61). – *Ders.*, Cities and Nations of Ancient Syria (StSem 26, Rom 1967). – *E.D. van Buren*, Mountain-Gods (Or [NS] 12, 1943, 76-84). – *T.A. Busink*, Der Tempel von Jerusalem I, Leiden 1970; II, Leiden 1980. – *W. Cannon*, The Disarmament Passage in Micah II and Micah IV (Theology 24, 1930, 2-8). – *A. Caquot*, Le psaume 47 et la royauté de Yahwé (RHPhR 39, 1959, 311-337). – *W. Caspari, tabur* (Nabel) (ZDMG 86, 1933, 49-65). – *A. Causse*, Le mythe de la nouvelle Jérusalem de Deutéro-Ésaie à la IIIe Sibylle (RHPhR 18, 1938, 377-414). – *Ders.*, De la Jérusalem terrestre à la Jérusalem céleste (RHPhR 27, 1947, 12-36). – *H. Cazelles*, Fille de Sion et théologie mariale dans la Bible (Bull. Soc. Française d'Études Mariales, Paris 1965, 51-71). – *Ders.*, Qui aurait visé, à l'origine, Isaïe II 2-5 (VT 30, 1980, 409-420). – *B.S. Childs*, Myth and Reality in the OT (SBT 27, London ^{2}1962). – *Ders.*, Isaiah and the Assyrian Crisis (SBT II/3, London 1967). – *J. Christensen*, Tempelbjerg-paradis. En forestillingskreds og dens konstans (DTT 49, 1986, 51-61). – *R.E. Clements*, Deuteronomy and the Jerusalem Cult Tradition (VT 15, 1965, 300-312). – *Ders.*, God and Temple, Oxford 1965. – *Ders.*, Isaiah and the Deliverance of Jerusalem (JSOT Suppl. 13, Sheffield 1980). – *R.J. Clifford*, The Cosmic Mountain in Canaan and the OT (HSM 4, 1972). – *Ders.*, Psalm 89: A Lament over the Davidic Ruler's Continued Failure (HThR 73, 1980, 35-47). – *Ders.*, In Zion and David a New Beginning: An Interpretation of Ps 78 (Traditions in Transformation, Festschr. F.M. Cross, Winona Lake 1981, 121-141). – *Ders.*, Isaiah 55: Invitation to a Feast (Festschr. D.N. Freedman, Winona Lake 1983, 27-35). – *R.L. Cohn*, The Sacred Mountain in Ancient Israel, Diss. Stanford 1974. – *Ders.*, The Mountains and Mount Zion (Judaism 26, 1977, 97-115). – *Ders.*, The Senses of a Centre (JAAR 46, 1978, 1-26). – *Ders.*, The Shape of Sacred Space (JAAR Studies in Religion 23, Chico 1981). – *C. Conder*, The City of Jerusalem, London 1909. – *J. Coppens*, La royauté de Yahvé dans le Psautier (ETL 54, 1978, 1-59). – *Ders.*, La relève apocalyptique du messianisme royal I. La royauté, le règne, le royaume de Dieu, cadre de la relève apocalyptique (BiblEThL 50, Leuven 1979). — *D. Correa-Gómez*, De significatione Montis Sion in S. Scriptura (Diss. Rom = Franciscanum 2/6 [Bogotá] 1960, 5-24; 3/7, 1961, 7-48; 3/8, 1961, 5-57; 3/9, 1961, 5-30). – *F.M. Cross*, Canaanite Myth and Hebrew Epic, Cambridge/Mass. 1973. – *G. Dalman*, Zion, die Burg Jerusalems (PJB 11, 1915, 39-84). – *Ders.*, Jerusalem und sein Gelände, 1930 = 1972. – *J. Daniélou*, Le symbolisme cosmique du temple de Jérusalem (Symbolisme cosmique et monuments religieux I, Paris 1953, 61-64). – *J. Day*, God's Conflict with the Dragon and the Sea. Echoes of a Canaanite Myth in the OT, Cambridge 1985. – *M. Delcor*, Sion, centre universel. Is 2,1-5 (ders., Études bibliques et orientalis de religions comparées, Leiden 1979, 92-97). – *Ders.*, La festin d'immortalité sur la montagne de Sion à l'ère eschatologique en Is. 25,6-9 (ebd. 122-131). – *D. Dhanaraj*, Theological Significance of the Motif of Enemies in Selected Psalms of Individual Lament, Diss. Osnabrück 1988. – *W. Dietrich*, Jesaja und die Politik (BEvTh 74, 1976). – *F. Dijkema*, Het hemelsch Jerusalem (NedThT 15, 1926, 25-43). – *D. Dimant*, Jerusalem and the Temple According to the Animal Apocalypse (1 Enoch 85-90) in the Light of the Ideology of the Dead Sea Sect (Shnaton 5/6, 1978/79 [1982], 177-193). – *H. Donner*, Der Felsen und der Tempel (ZDPV 93, 1977, 1-11). – *J.H. Eaton*, Kingship and the Psalms, Sheffield ^{2}1986. – *D.L. Eiler*, The Origin and History of Zion as a Theological Symbol in Ancient Israel, Diss. Princeton 1968. – *O. Eißfeldt*, Baal Zaphon, Zeus Kasios und der Durchzug der Israeliten durchs Meer, 1932. – *Ders.*, Silo und Jerusalem (KlSchr 3, 1966, 417-425). – *Ders.*, Psalm 132 (KlSchr 3, 1966, 481-485). – *M. Eliade*, Patterns in Comparative Religion, New York 1958. –

Ders., Das Heilige und das Profane, 1984. – *A. Fitzgerald*, The Mythological Background for the Presentation of Jerusalem as a Queen and False Worship as Adultery in the OT (CBQ 34, 1972, 403-416). – *Ders.*, *BTWLT* and *BT* as Titles for Capital Cities (CBQ 37, 1975, 167-183). – *J.W. Flanagan*, Social Transformation and Ritual in 2 Samuel 6 (Festschr. D.N. Freedman, Winona Lake 1983, 361-372). – *J.P. Floß*, David und Jerusalem. Ziele und Folgen des Stadteroberungsberichts 2 Sam 5,6-9 literaturwissenschaftlich betrachtet (ATS 30, 1987). – *D. Flusser*, Jerusalem in the Literature of the Second Temple Period (Immanuel 6, 1976, 43-46). – *G. Fohrer / E.Lohse*, Σιών κτλ. (ThWNT VII 291-338). – *G. Fohrer*, Israels Haltung gegenüber den Kanaanäern und anderen Völkern (JSS 13, 1968, 64-75). – *Ders.*, Zion – Jerusalem im AT (Ders., Studien zur alttestamentlichen Theologie und Geschichte [1949-1966], BZAW 115, 1969, 195-241). – *E.R. Follis*, The Holy City as Daughter (dies. [Hg.], Directions in Biblical Hebrew Poetry, JSOT Suppl. 40, Sheffield 1987, 185-204). – *L. Fonck*, Jerusalem. Topographiae urbis sacrae compendium, Rom 1911. – *H.D. Foos*, Jerusalem in Prophecy, Diss. Dallas 1965. – *J.M. Ford*, The Heavenly Jerusalem and Orthodox Judaism (Donum gentilicium, Festschr. D. Daube, Oxford 1978, 215-226). – *F. Foresti*, Composizione e redazione deuteronomistica in Ex 15,1-18 (Lateranum 48, 1982, 41-69). – *T.E. Fretheim*, Psalm 132: A Form-Critical Study (JBL 86, 1967, 289-300). – *V. Fritz*, Tempel und Zelt. Studien zum Tempelbau in Israel und zu dem Zeltheiligtum der Priesterschrift (WMANT 47, 1977). – *Ders.*, Der Tempel Salomos im Licht der neueren Forschung (MDOG 112, 1980, 53-68). – *K. Fullerton*, The Stone of the Foundation (AJSL 37, 1920/21, 1-50). – *W. Gärte*, Kosmische Vorstellungen im Bilde prähistorischer Zeit. Erdberg, Himmelsberg, Erdnabel und Weltströme (Anthropos 9, 1914, 956-979). – *B. Gärtner*, The Temple and the Community in Qumran and the New Testament, Cambridge 1965. – *K. Galling*, Die Erwählungstraditionen Israels (BZAW 48, 1928). – *G. Gatt*, Sion in Jerusalem, was es war, und wo es lag, 1900. – *H. Gese*, Der Davidsbund und die Zionserwählung (ZThK 61, 1964, 10-26 = Vom Sinai zum Zion, BEvTh 64, 1974, 113-129). – *M. Görg*, Das Zelt der Begegnung (BBB 27, (1977). – *Ders.*, Gott-König-Reden in Israel und Ägypten (BWANT 105, 1975). – *M.D. Goulder*, The Psalms of the Sons of Korah (JSOT Suppl. 20, Sheffield 1982). – *J. Gray*, A History of Jerusalem, London 1969. – *H. Greßmann*, Der Messias (FRLANT 43, 1929). – *H. Groß*, Die Idee des ewigen und allgemeinen Weltfriedens im Alten Orient und im AT (TrThSt 7, 1956). – *H. Gunkel / J.Begrich*, Einleitung in die Psalmen, [2]1966. – *E.R. Gutmann*, The Mountain Concept in Israelite Religion, Diss. Louisville 1982. – *W.C. Gwaltney (jr.)*, The Biblical Book of Lamentations in the Context of Near Eastern Lament Literature (W.W. Hallo u.a. [Hg.], Scripture in Context II. More Essays on the Comparative Method, Winona Lake 1983, 191-211). – *V. Haas*, Hethitische Berggötter und hurritische Steindämonen. Riten, Kulte und Mythen (Kulturgeschichte der antiken Welt 10, 1982). – *Ders.*, Vorzeitmythen und Götterberge in altorientalischer und griechischer Überlieferung (Konstanzer Universitätsreden 145, 1983). – *E. Haglund*, Historical Motifs in the Psalms (CB, OT Series 23, 1984). – *D.G. Hagstrom*, The Coherence of the Book of Micah: A Literary Analysis, Diss. Richmond 1982. – *B. Halpern*, The Ritual Background of Zechariah's Temple Song (CBQ 40, 1978, 167-190). – *R.G. Hamerton-Kelly*, The Temple and the Origins of Jewish Apocalyptic (VT 20, 1970, 1-15). – *P.D. Hanson*, The Dawn of Apocalyptic, Philadelphia 1975. – *M. Haran*, Shiloh and Jerusalem: The Origin of the Priestly Tradition in the Pentateuch (JBL 81, 1962, 14-24). – *Ders.*, The Divine Presence in the Israelite Cult and the Cultic Institutions (Bibl 50, 1969, 251-267). – *C. Hardmeier*, Jesajaforschung im Umbruch (VuF 31, 1986, 3-31). – *C.E. Hauer*, Jerusalem, the Stronghold and Rephaim (CBQ 32, 1970, 571-578). – *J.H. Hayes*, The Tradition of Zion's Inviolability (JBL 82, 1963, 419-426). – *H.V. Hermann*, Omphalos (Orbis Antiquus 13, 1959). – *H.-J. Hermisson*, Zukunftserwartung und Gegenwartskritik in der Verkündigung Jesajas (EvTh 33, 1973, 54-77). – *S. Herrmann*, Die prophetischen Heilserwartungen im AT (BWANT 85, 1965). – *W. Herrmann*, Das Aufleben des Mythos unter den Judäern während des babylonischen Zeitalters (BN 40, 1987, 97-129). – *H.W. Hertzberg*, Der heilige Fels und das AT (JPOS 12, 1932, 32-42). – *D.R. Hillers*, Ritual Procession of the Ark and Ps 132 (CBQ 30, 1968, 48-55). – *R. Hillmann*, Wasser und Berg. Kosmische Verbindungslinien zwischen dem kanaanäischen Wettergott und Jahwe, Diss. Halle 1965. – *H. Holma*, Zum „Nabel der Erde" (OLZ 18, 1915, 41-43). – *I.W.J. Hopkins*, Jerusalem. A Study in Urban Geography, Grand Rapids 1970. – *L.J. Hoppe*, Jerusalem in the Deuteronomistic History (N. Lohfink [Hg.], Das Deuteronomium. Entstehung, Gestalt und Botschaft, BiblEThL 68, Leuven 1985, 107-110). – *F.-L. Hossfeld*, Einheit und Einzigkeit Gottes im frühen Jahwismus (Festschr. W. Breuning, 1985, 57-74). – *F. Huber*, Jahwe, Juda und die anderen Völker beim Propheten Jesaja (BZAW 137, 1976). – *F.D. Hubmann*, Der „Weg" zum Zion. Literar- und stilkritische Beobachtungen zu Jes 35,8-10 (Memoria Jerusalem, Festschr. F. Sauer, Graz 1977, 29-41). – *D.M. Jacobson*, Ideas Concerning the Plan of Herod's Temple (PEQ 112, 1980, 33-40). – *B. Janowski*, „Ich will in eurer Mitte wohnen". Struktur und Genese der exilischen *Schekina*-Theologie (Jahrbuch für biblische Theologie 2, 1987, 165-193). – *Ders.*, Rettungsgewißheit und Epiphanie des Heils. Das Motiv der Hilfe „am Morgen" im Alten Orient und im AT I. Alter Orient (WMANT 59, 1988). – *K. Jeppesen*, The Cornerstone (Isa. 28:16) in Deutero-Isaianic Rereading of the Message of Isaiah (StTh 38, 1984, 93-99). – *C. Jeremias*, Sacharja und die prophetische Tradition, untersucht im Zusammenhang der Exodus-, Zion- und Davidüberlieferung, Diss. Göttingen 1966/67. – *Ders.*, Die Nachtgesichte des Sacharja. Untersuchungen zu ihrer Stellung im Zusammenhang der Visionsberichte im AT und zu ihrem Bildmaterial (FRLANT 117, 1977). – *J. Jeremias*, Golgotha (Angelos Beih. 1, 1926). – *Joh. Jeremias*, Der Gottesberg. Ein Beitrag zum Verständnis der biblischen Symbolsprache, 1919. – *J. Jeremias*, Lade und Zion (Festschr. G.v. Rad, 1971, 183-198 = ders., Das Königtum Gottes in den Psalmen, FRLANT 141, 1987, 167-182). – *Ders.*, Theophanie. Die Geschichte einer alttestamentlichen Gattung (WMANT 10, [2]1977). – *Ders.*, Gott und Geschichte im AT. Überlegungen zum Geschichtsverständnis im Nord- und Südreich Israels (EvTh 40, 1980, 381-396). – *Ders.*, Das Königtum Gottes in den Psalmen. Israels Begegnung mit dem kanaanäischen Mythos in den Jahwe-König-Psalmen (FRLANT 141, 1987). – *A.R. Johnson*, Sacral Kingship in Ancient Israel, Cardiff [2]1967. – *H. Junker*, Der

Strom, dessen Arme die Stadt Gottes erfreuen (Ps 46,5) (Bibl 43, 1962, 197-201). – *Ders.*, Sancta Civitas, Jerusalem Nova (TrThSt 15, 1962, 17-33). – *O. Kaiser*, Die mythische Bedeutung des Meeres in Ägypten, Ugarit und Israel (BZAW 78, ^{2}1962). – *O. Keel*, Kultische Brüderlichkeit – Ps 133 (FreibZPhTh 23, 1976, 68-80). – *K.M. Kenyon*, Royal Cities of the OT, London 1971. – *Dies.*, Digging up Jerusalem, London 1974. – *R. Kilian*, Jesaja 1-39 (EdF 200, 1983). – *E. Klamroth*, Lade und Tempel, 1932. – *C. Kloos*, Yhwh's Combat with the Sea, Leiden 1986. – *K. Koch*, Zur Geschichte der Erwählungsvorstellung in Israel (ZAW 67, 1955, 205-226). – *Ders.*, Tempeleinlaßliturgien und Dekaloge (Festschr. G.v. Rad, 1961, 45-60). – *H.-J. Kraus*, Archäologische und topographische Probleme Jerusalems im Lichte der Psalmenexegese (ZDPV 75, 1959, 125-140). – *Ders.*, Gottesdienst in Israel, ^{2}1962. – *Ders.*, Die Kulttraditionen Jerusalems (BK XV/1^{5}, 94-103). – *Ders.*, Die Verherrlichung der Gottesstadt (BK XV/1^{5}, 104-108). – *Ders.*, Theologie der Psalmen (BK XV/3, 1979). – *S. Krauss*, Zion and Jerusalem. A Linguistic and Historical Study (PEQ 77, 1945, 15-33). – *Ders.*, Moriah-Ariel (PEQ 79, 1946, 45-55.102-111). – *L. Krinetzki*, Zur Poetik und Exegese von Ps 48 (BZ NF 4, 1960, 70-97). – *Ders.*, Der anthologische Stil des 46. Psalms und seine Bedeutung für die Datierungsfrage (Münchener Theologische Zeitschrift 12, 1961, 52-71). – *A. Laato*, Who is Immanuel? The Rise and the Foundering of Isaiah's Messianic Expectations, Åbo 1988, bes. 80-88. – *S. Łach*, Versuch einer neuen Interpretation der Zionshymnen (VTS 29, 1978, 149-164). – *E.-M. Laperrousaz*, A propos du „premier mur" et du „deuxième mur" de Jérusalem, ainsi que du rempart de Jérusalem à l'époque de Néhémie (RÉJ 138, 1979, 1-16). – *Ders.*, Le problème du „premier mur" et du „deuxième mur" de Jérusalem après la réfutation décisive de la „minimalist view" (Festschr. G. Vajda, Leuven 1980, 13-35). – *Ders.*, Quelques remarques sur le rempart de Jérusalem à l'époque de Néhémie (FolOr 21, 1980, 179-185). – *A.S. Lawhead*, A Study of the Theological Significance of *yāšab* in the Masoretic Text, with Attention to its Translation in the Septuagint, Diss. Boston 1975. – *N.P. Lemche*, Ancient Israel. A New History of Israelite Society, Sheffield 1988. — *J.D. Levenson*, Theology of the Program of Restauration of Ezekiel 40-48 (HSM 10, Missoula 1976). – *Ders.*, From Temple to Synagogue: 1 Kings 8 (Festschr. F.M. Cross, Winona Lake 1981, 143-166). – *Ders.*, The Temple and the World (Journal of Religion 64, 1984, 275-298). – *Ders.*, Sinai and Zion, Minneapolis 1985. – *E. Lipiński*, La royauté de Yahwé dans la poésie et le culte de l'Ancien Israël, Brüssel ^{2}1968. – *S. Loffreda*, Ancora sul *ṣinnôr* di 2 Sam 5,8 (SBFLA 32, 1982, 59-72). – *N. Lohfink*, Zur deuteronomischen Zentralisationsformel (Bibl 65, 1984, 297-329). – *O. Loretz*, Die Psalmen II. Beitrag der Ugarit-Texte zum Verständnis von Kolometrie und Textologie der Psalmen. Psalm 90-150 (AOAT 207/2, 1979). – *Ders.*, Der Prolog des Jesaja-Buches (1,1-2,5). Ugaritologische und kolometrische Studien zum Jesaja-Buch I (Ugaritisch-Biblische Literatur 1, 1984). – *H.M. Lutz*, Jahwe, Jerusalem und die Völker: Zur Vorgeschichte von Sach 12, 1-8 und 14,1-5 (WMANT 27, 1968). – *R.A.F. MacKenzie*, The City and Israelite Religion (CBQ 25, 1963, 60-70). – *T.W. Mann*, Divine Presence and Guidance in Israelite Traditions. The Typology of Exaltation, Baltimore 1977. – *J. Marböck*, Das Gebet um die Rettung Zions Sir 36,1-22 (G: 33,1-13a; 36,16b-22) im Zusammenhang der Geschichtsschau Ben Siras (Memoria Jerusalem, Festschr. F. Sauer, Graz 1977, 93-115). – *R. Martin-Achard*, Esaïe LIV et la nouvelle Jérusalem (VTS 32, 1981, 238-262 = Cahiers RThPh 11, 1984, 260-284). – *H.G. May*, Some Cosmic Connotations of *Mayim Rabbîm*, „Many Waters" (JBL 74, 1955, 9-21). – *B. Mazar (Maisler)*, Das vordavidische Jerusalem (JPOS 10, 1930, 181-191). – *Ders.*, Der Berg des Herrn, 1979. – *Ders.*, Jerusalem in Biblical Times (The Jerusalem Cathedra 2, 1982, 1-24). – *Ders.*, Josephus Flavius – The Historian of Jerusalem (hebr.) (U. Rappaport [Hg.], Josephus Flavius. Historian of Eretz-Israel in the Hellenistic-Roman Period, Jerusalem 1982, 1-5). – *Ders.*, The Temple Mount (J. Amitai [Hg.], Biblical Archaeology Today, Jerusalem 1985, 463-468). – *P.K. McCarter*, The Ritual Dedication of the City of David in 2 Samuel 6 (Festschr. D.N. Freedman, Winona Lake 1983, 273-278). – *J.G. McConville*, Law and Theology in Deuteronomy (JSOT Suppl. 33, 1984). – *R.J. McKelvey*, The New Temple, Oxford 1969. – *R.P. Merendino*, Jes 49,14-26: Jahwes Bekenntnis zu Sion und die neue Heilszeit (RB 89, 1982, 321-369). – *A.L. Merrill*, Psalm XXIII and the Jerusalem Tradition (VT 15, 1965, 354-360). – *T.N.D. Mettinger*, YHWH SABAOTH – The Heavenly King on the Cherubim Throne (T. Ishida [Hg.], Studies in the Period od David and Solomon and Other Essays, Winona Lake 1982, 109-138). – *Ders.*, The Dethronement of Sabaoth. Studies in the Shem and Kabod Theologies (CB, OT Series 18, 1982). – *Ders.*, Fighting the Powers of Chaos and Hell – Towards the Biblical Portrait of God (StTh 39, 1985, 21-38). – *M. Metzger*, Himmlische und irdische Wohnstatt Jahwes (UF 2, 1970, 139-158). – *Ders.*, Gottheit, Berg und Vegetation in vorderorientalischer Bildtradition (ZDPV 99, 1983, 54-94). – *Ders.*, Königsthron und Gottesthron. Thronformen und Throndarstellungen in Ägypten und im Vorderen Orient im dritten und zweiten Jahrtausend vor Christus und deren Bedeutung für das Verständnis von Aussagen über den Thron im AT (AOAT 15/1.2, 1985). – *Ders.*, Der Thron als Manifestation der Herrschermacht in der Ikonographie des Vorderen Orients und im AT (T. Rendtorff [Hg.], Charisma und Institution, 1985, 250-296). – *C.L. Meyers*, The Elusive Temple (BA 45, 1982, 33-41). – *J.M. Miller*, Jebus and Jerusalem: A Case of Mistaken Identity (ZDPV 90, 1974, 115-127). – *P.D. Miller*, The Divine Warrior in Early Israel (HSM 5, ^{2}1975). – *G. Molin*, Das Motiv vom Chaoskampf im alten Orient und in den Traditionen Jerusalems und Israels (Memoria Jerusalem, Festschr. F. Sauer, Graz 1977, 13-28). – *C. Mommert*, Topographie des alten Jerusalem I: Zion und Akra. Der Hügel der Altstadt, 1902. – *J. Morgenstern*, Psalm 48 (HUCA 16, 1941, 1-95). – *S. Mowinckel*, Psalmenstudien II. Das Thronbesteigungsfest Jahwäs und der Ursprung der Eschatologie, Oslo 1921 = Amsterdam 1966. – *Ders.*, The Psalms in Israel's Worship, Oxford 1962. – *W. Müller*, Die heilige Stadt. Roma quadrata, himmlisches Jerusalem und die Mythe vom Weltnabel, 1961. – *J. Muilenburg*, Psalm 47 (in: T.F. Best [Hg.], Hearing and Speaking the Word. Selections from the Work of J. Muilenburg, Chico 1984, 86-107). – *L. Neve*, The Common Use of Traditions by the Author of Psalm 46 and Isaiah (ExpT 86, 1974/75, 243-246). – *G. Neville*, City of Our God, London 1971. – *A. de Nicola*, Quasi cypressus in monte Sion (BibOr 17, 1975, 269-277). – *H. Niehr*, Bedeutung und Funktion kanaanäischer Traditionselemente in der Sozialkritik Jesajas (BZ NF 28, 1984, 69-81). – *E. von Nordheim*, König und Tempel. Der Hintergrund des Tempelbauverbotes in 2 Samuel VII (VT 27, 1977, 434-453). – *S.I.L. Norin*, Er spaltete das Meer. Die Auszugsüberlieferung in Psalmen und Kult des alten Israel (CB, OT Series 9, 1977). – *M. Noth*, Jerusalem und die israelitische Tradition (OTS 8, 1950, 28-46 = ThB 6, [3]1966, 172-187). – *M. Oeming*, Zur Topographie und Archäologie Jerusalems (KAT XIX/2, 180-194). – *A. Ohler*, Mythologische Elemente im AT, 1969. – *J.P.J. Olivier*, A Possible Interpretation of the Word *ṣiyyâ* in Zeph. 2,13 (JNWSL 8, 1980, 95-97). – *B.C. Ollenburger*, Zion, the City of the Great King. A Theological Symbol of the Jerusalem Cult (JSOT Suppl. 41, 1987). – *E. Otto*, Silo und Jerusalem (ThZ 32, 1976, 65-77). – *Ders. / T. Schramm*, Fest und Freude, 1977. – *Ders.*, Jerusalem (RLA V 278-281). – *Ders.*, Jerusalem – die Geschichte der Heiligen Stadt. Von den Anfängen bis zur Kreuzfahrerzeit, 1980. – *Ders.*, El und Jhwh in Jerusalem. Historische und theologische Aspekte einer Religionsintegration (VT 30, 1980, 316-329). – *Ders.*, „Dem Krieg gebietet er Einhalt bis an die Enden der Welt". Der Gottesfrieden im AT unter den Bedingungen des Unfriedens („Mach uns zum Werkzeug deines Friedens", hg. von der Kirchenleitung der Nordelbischen Evangelisch-Lutherischen Kirche, 1982, 16-20). – *Ders.*, Feste und Feiertage II. AT (TRE XI 96-106). – *Ders.*, Schöpfung als Kategorie der Vermittlung von Gott und Welt in Biblischer Theologie. Die Theologie at.licher Schöpfungsüberlieferungen im Horizont der Christologie (Festschr. H.-J. Kraus, 1983, 53-68). – *Ders.*, Kultus und Ethos in Jerusalemer Theologie. Ein Beitrag zur theologischen Begründung der Ethik im AT (ZAW 98, 1986, 161-179). – *Ders.*, Mythos und Geschichte. Zu einer neuen Arbeit von Jörg Jeremias (BN 42, 1988, 93-102). – *Ders.*, Jerusalem (EKL II, [3]1988). – *M. Ottosson*, Fortifikation och Tempel. En studie i Jerusalems topografi (RoB 38, 1979, 26-39). – *Ders.*, Temples and Cult Places in Palestine (AUU 12, Uppsala 1980). – *B. Otzen / H. Gottlieb / K. Jeppesen*, Myths in the Old Testament, London 1980. – *G. Pace*, Gebus sul monte e Shalem sul colle (BibOr 20, 1978, 213-224). – *Ders.*, Il colle della città di Davide (BibOr 25, 1983, 171-182). – *R. Patai*, Man and Temple, New York 1967. – *J. Pedersen*, Israel. Its Life and Culture III-IV, Kopenhagen 1964, bes. 235-240.524-534. – *L.G. Perdue*, „Yahweh is King over all the Earth". An Exegesis of Psalm 47 (Restoration Quarterly 17, 1974, 85-98). – *A. Peter*, Der Segensstrom des endzeitlichen Jerusalem – Herkunft und Bedeutung eines prophetischen Symbols (Festschr. A. Bolte, 1967, 109-134). – *F.E. Peters*, Jerusalem and Mecca. The Typology of the Holy City in the Near East (New York University Studies in Near Eastern Civilization 11, New York – London 1986). – *B. Pixner*, Der Sitz der Urkirche wird zum neuen Zion (Dormition Abbey Jerusalem, Festschr. L. Klein, 1986, 65-76). – *N.W. Porteous*, Shalem – Shalom (Transactions of the Glasgow University Oriental Society 10, 1943, 1-7). – *Ders.*, Jerusalem – Zion: The Growth of a Symbol (Festschr. W. Rudolph, 1961, 235-252 = ders., Living the Mystery. Collected Essays, Oxford 1967, 93-111). – *J.C. Porter*, The Interpretation of 2 Samuel VI and Psalm CXXXII (JThS 5, 1954, 161-173). – *E. Power*, Sion or Si'on in Psalm 133 (Vulg 132)? (Bibl 3, 1922, 342-349). – *H.Y. Priebatsch*, Jerusalem und die Brunnenstraße Merneptahs (ZDPV 91, 1975, 18-29). — *O. Procksch*, Das Jerusalem Jesajas (PJB 26, 1930, 12-40). – *G. von Rad*, Die Stadt auf dem Berge (EvTh 8, 1948/49, 439 – 447 = ThB 8, [4]1971, 214-225). – *Ders.*, ThAT II, [5]1968, bes. 162-175. – *L. Ramlot*, La ville de Yahvé (BVChr 33, 1960, 34-47). – *G. Ravasi*, La madre Sion (Parola, Spirito e Vita 6, 1982, 36-52). – *J.A. Reinken*, The Promise of Jerusalem's Restoration: A New Approach to Isaiah 40-66, Diss. Chicago 1967. – *B. Renaud*, La formation du livre de Michée (ÉtBibl, 1977). – *R. Rendtorff*, El, Baᶜal und Jahwe. Erwägungen zum Verhältnis kanaanäischer und israelitischer Religion (ZAW 78, 1966, 277-292). – *J. Renkema*, „Misschien is er hoop...". De theologische vooronderstellingen van het boek Klaageliederen, Franeker 1983. – *J. Retsö*, Tempelplatsen i Jerusalem i Islams traditioner (RoB 38, 1979, 41-53). – *J.J.M. Roberts*, The Davidic Origin of the Zion Tradition (JBL 92, 1973, 329-344). – *Ders.*, The Religio-political Setting of Psalm 47 (BASOR 221, 1976, 129-132). – *Ders.*, Zion Tradition (IDB Suppl., Nashville 1976, 985-987). – *Ders.*, Myth *Versus* History (CBQ 38, 1976, 1-13). – *Ders.*, Zion in the Theology of the Davidic-Solomonic Empire (T. Ishida [Hg.], Studies in the Period of David and Solomon and Other Essays, Tokio 1982, 93-108). – *Ders.*, Isaiah 33: An Isaianic Elaboration of the Zion Tradition (Festschr. D.N. Freedman, Winona Lake 1983, 15-25). – *A. Robinson*, Zion and *Ṣāphôn* in Psalm XLVIII 3 (VT 24, 1974, 118-123). – *Ders.*, The Zion Concept in the Psalms and Deutero-Isaiah (Phil.Diss. University of Edinburgh 1974). – *E. Robinson*, Biblical Researches in Palestine and the Adjacent Countries. Later Biblical Researches e.t.c., I-III, London 1867. – *E. Rohland*, Die Bedeutung der Erwählungstraditionen Israels für die Eschatologie der alttestamentlichen Propheten, Diss. Heidelberg 1956. – *L. Rosso Ubigli*, Dalla 'Nuova Gerusalemme' alla 'Gerusalemme Celeste', contributo per la comprensione dell'apocalittica (Henoch 3, 1981, 69-80). – *K. Rupprecht*, Der Tempel von Jerusalem – Gründung Salomos oder jebusitisches Erbe? (BZAW 144, 1977). – *A. Safran*, Jérusalem, cœur d'Israël, cœur du monde (Festschr. A. Neher, Paris 1975, 127-135). – *H.W.F. Saggs*, The Encounter with the Divine in Mesopotamia and Israel (Jordan Lectures 1976, London 1978). – *J.A. Sanders*, The Scroll of Psalms (11 QPs[a]) from Cave 11: A Preliminary Report (BASOR 165, 1962, 11-15). – *Ders.*, The Psalms Scroll of Qumrân Cave 11 (11 QPs[a])(DJD IV, 1965). – *X. Santanna*, Temple and Cult in the Prophets of the Restoration, Diss. Richmond 1973. – *J. de Savignac*, Le sens du terme *ṣâphôn* (UF 16, 1984, 273-278). – *B. Schaller*, Ηξει εκ Σιων ο ρυομενος: Zur Textgestalt von Jes 59:20f. in Röm 11:26f. (De Septuaginta, Festschr. J.W. Wevers, Mississauga 1984, 201-206). – *H. Schmid*, Jahwe und die Kulttraditionen von Jerusalem (ZAW 67, 1955, 168-197). – *H.H. Schmid*, Šalôm. „Frieden" im Alten Orient und im AT (SBS 51, 1971). – *H. Schmidt*, Der heilige Fels in Jerusalem. Eine archäologische und religionsgeschichtliche Studie, 1933. – *H. Schmidt*, Israel, Zion und die Völker, Diss. Zürich 1968. – *K.-L. Schmidt*, Jerusalem als Urbild und Abbild (Festschr. C.G. Jung, ErJb 18, 1950, 207-248). – *M. Schmidt*, Prophet und Tempel. Eine Studie zum Problem der Gottesnähe im AT, Zürich 1948. – *W.H. Schmidt*, משכן als Ausdruck Jerusalemer Kultsprache (ZAW 75, 1963, 91f.). – *Ders.*, Jerusalemer El-Traditionen bei Jesaja. Ein religionsgeschichtlicher Vergleich zum Vorstellungskreis des göttlichen Königtums (ZRGG 16, 1964, 302-313). – *Ders.*, Königtum Gottes in Ugarit und Israel. Zur Herkunft der Königsprädikation Jahwes (BZAW 80, ^{2}1966). – *Ders.*, Alttestamentlicher Glaube in seiner Geschichte, ^{6}1987. – *J.J. Schmitt*, The Zion Drama in the Tradition of Isaiah ben Amos (Phil.Diss. University of Chicago 1977). – *Ders.*, Pre-Israelite Jerusalem (C.D. Evans [Hg.], Scripture in Context, Pittsburgh 1980, 101-121). – *Ders.*, Motherhood of God and Zion as Mother (RB 92, 1985, 557-569). – *G. Schnorrenberger*, Der Sion in der alttestamentlichen Offenbarungsentwicklung, Diss. Trier 1966. – *W. Schottroff*, Die Friedensfeier. Das Prophetenwort von der Umwandlung von Schwertern zu Pflugscharen (Jes 2,2-5 / Mi 4,1-5) (L.u.W. Schottroff, Die Parteilichkeit Gottes, 1984, 78-102). – *J. Schreiner*, Sion – Jerusalem, Jahwes Königssitz. Theologie der Heiligen Stadt im AT (StANT 7, 1963). – *K.-D. Schunck*, Juda und Jerusalem in vor- und frühisraelitischer Zeit (Festschr. A. Jepsen, AzTh I/46, 1971, 50-57). – *V. Scippa*, Davide conquista Gerusalemme (BibOr 27, 1985, 65-76). – *J.A. Seeligman*, Jerusalem in Jewish-Hellenistic Thought (hebr.) (Juda and Jerusalem. The 12th Annual Archaeological Convention, Jerusalem 1959, 192-208). – *K. Seybold*, Die Wallfahrtspsalmen. Studien zur Entstehungsgeschichte von Ps 120-134 (BThSt 3, 1978). – *Ders.*, Die Psalmen. Eine Einführung, 1986. — *H. Shanks*, The City of David. A Guide to Biblical Jerusalem, Tel Aviv ^{2}1975. – *Ders.*, The City of David after Five Years of Digging (BAR 11, 1985, 22-38). – *Y. Shiloh*, Excavations at the City of David I (Qedem 19, Jerusalem 1984). – *Ders.*, The Material Culture of Judah and Jerusalem in Iron Age II: Origins and Influences (E. Lipiński [Hg.], The Land of Israel: Cross-roads of Civilizations, Leuven 1985, 113-146). – *J. Simons*, Jerusalem in the Old Testament, Leiden 1959. – *E.B. Smick*, Mythopoetic Language in the Psalms (Westminster Theol. Journal 44, 1982, 88-98). – *G.A. Smith*, Jerusalem. The Topography, Economics and History from the Earliest Times to A.D. 70 I-II, London 1907/08 = New York 1972. – *M.S. Smith*, The Structure of Psalm LXXXVII (VT 38, 1988, 357f.). – *Ders.*, God and Zion. Form and Meaning in Ps 48 (Studi Epigrafici e Linguistici 6, 1989). – *L. Smolar / M. Aberbach / P. Churgin*, Studies in Targum Jonathan to the Prophets, New York 1983. – *J.A. Soggin*, Der offiziell geförderte Synkretismus in Israel während des 10. Jahrhunderts (ZAW 78, 1966, 179-204). – *A. Spreafico*, Gerusalemme, città di pace e di giustizia (Gerusalemme. Atti della XXVI Settimana biblica, Brescia 1982, 81-98). – *L.E. Stager*, The Archaeology of the East Slope of Jerusalem and the Terraces of the Kidron (JNES 41, 1982, 111-121). – *J.J. Stamm*, Der Weltfriede im AT (ders./H. Bietenhard, Der Weltfriede im Alten und Neuen Testament, 1959, 7-63). – *O.H. Steck*, Jerusalemer Vorstellungen vom Frieden und ihre Abwandlungen in der Prophetie des alten Israel (G. Liedke [Hg.], Frieden – Bibel – Kirche, 1972, 75-95). – *Ders.*, Friedensvorstellungen im alten Jerusalem. Psalmen, Jesaja, Deuterojesaja (ThSt 111, Zürich 1972). – *S.Ö. Steingrimsson*, Tor der Gerechtigkeit. Eine literaturwissenschaftliche Untersuchung der sogenannten Einzugsliturgien im AT: Ps 15; 24,3-5 und Jes 33,14-16 (ATS 22, 1984). – *W.F. Stinespring*, No Daughter of Zion (Encounter 26, 1965, 133-141). – *H.J. Stoebe*, Die Einnahme Jerusalems und der Ṣinnôr (ZDPV 73, 1957, 73-99). – *F. Stolz*, Strukturen und Figuren im Kult von Jerusalem (BZAW 118, 1970). – *Ders.*, צִיּוֹן *Ṣijjōn* Zion (THAT II 543-551). – *Ders.*, Erfahrungsdimensionen im Reden von der Herrschaft Gottes (WoDie 15, 1979, 9-32). – *H. Strauß*, Das Meerlied des Mose – ein „Siegeslied“ Israels? (ZAW 97, 1985, 103-109). – *Ders.*, Gott preisen heißt vor ihm leben. Exegetische Studien zum Verständnis von acht ausgewählten Psalmen Israels (Biblisch-theologische Studien 12, 1988). – *E.L. Sukenik*, The Account of David's Capture of Jerusalem (JPOS 8, 1928, 12-16). – *S. Talmon*, The Biblical Concept of Jerusalem (Journal of Ecumenical Studies 8, 1971, 300-316). – *Ders.*, Die Bedeutung Jerusalems in der Bibel (W.P. Eckert u.a. [Hg.], Jüdisches Volk – gelobtes Land, Abhandlungen zum christl.-jüd. Dialog 3, 1970, 135-152). – *Ders.*, Jerusalem in Ancient Times (Journal. Central Conference of American Rabbis 24, 1977, 11-18). – *Ders.*, The 'Navel of the Earth' and the Comparative Method (Festschr. J.C. Rylaarsdam, Pittsburgh 1977, 243-268). – *Ders.*, The „Comparative Method“ in Biblical Interpretation – Principles and Problems (VTS 29, 1978, 320-356). – *S. Terrien*, The Omphalos Myth and Hebrew Religion (VT 20, 1970, 315-338). – *Ders.*, The Numinous, the Sacred and the Holy in Scripture (BTB 12, 1982, 99-108). – *E. Testa*, La nuova Ṣion (FrancLA 22, 1972, 48-73). – *D.T. Tsumura*, The Literary Structure of Psalm 46,2-8 (AJBI 6, 1980, 29-55). – *A.D. Tushingham*, Revealing Biblical Jerusalem: From Charles Warren to Kathleen Kenyon (J. Amitai [Hg.], Biblical Archaeology Today, Jerusalem 1985, 440-450). – *S. Uhlig*, Zion in the Targum of Isaiah and Psalms (JNES 48, 1989). – *R.v. Unger-Sternberg*, Das „Wohnen im Hause Gottes“. Eine terminologische Psalmenstudie (KuD 17, 1971, 209-223). – *A.J. Valentine*, Theological Aspects of the Temple Motif in the OT and Revelation, Phil.Diss. Boston 1985. – *R. de Vaux*, Jérusalem et les prophètes (RB 73, 1966, 481-509). – *T. Veijola*, Verheißung in der Krise. Studien zur Literatur und Theologie der Exilszeit anhand des 89. Psalms (AASF B 220, 1982). – *J. Vermeylen*, Du prophète Isaie à l'Apocalyptique I-II (ÉtBibl, 1977/78). – *J.M. Vincent*, Michas Gerichtswort gegen Zion (3,12) in seinem Kontext (ZThK 83, 1986, 167-187). – *L.-H. Vincent*, Jérusalem antique I, Paris 1912. – *Ders.*, Les noms de Jérusalem (Memnon 6, 1913, 87-124). – *Ders.*, Le *ṢINNOR* dans la prise de Jérusalem (RB 33, 1924, 357-370). – *Ders.*, De la tour de Babel au Temple (RB 53, 1946, 7-20). – *Ders.*, Jérusalem (DBS IV 897-966). – *Ders.*, Abraham à Jérusalem (RB 58, 1951, 360-371). – *Ders. / M.-A. Stève*, Jérusalem de l'Ancien Testament I/II, Paris 1954/56. – *Ders.*, Site primitif de Jérusalem et son évolution initiale (RB 65, 1958, 161-180). – *S. Virgulin*, Il lauto convito sul Sion (BibOr 11, 1969, 57-64). – *W. Vischer*, Die Immanuel-Botschaft im Rahmen des königlichen Zionsfestes (ThSt 45, Zürich 1955). – *E. Vogt*, Vom Tempel zum Felsendom (Bibl 55, 1974, 23-64). – *J. Vollmer*, Geschichtliche Rückblicke und Motive in der Prophetie des Amos, Hosea und Jesaja (BZAW 119, 1971). – *P. Volz*, Die Eschatologie der jüdischen Gemeinde im neutestamentlichen Zeitalter, ^{2}1934 = 1966. – *L. Vosberg*, Studien zum Reden vom Schöpfer in den Psalmen (BEvTh 69, 1975). – *T.C. Vriezen*, Jahwe en zijn stad, Amsterdam 1962. – *H.G.Q. Wales*, The Mountain of God. A Study in Early Kingship, London 1953. – *G. Wallis*, Jerusalem und Samaria als Königsstädte. Auseinandersetzung mit einer These Albrecht Alts (VT 26, 1976, 480-496). – *G. Wanke*, Die Zionstheologie der Korachiten in ihrem traditionsgeschichtlichen Zusammenhang (BZAW 97, 1966). – *W.G.E. Watson*, David Ousts the City Ruler of Jebus

(VT 20, 1970, 501f.). – *J.D.W. Watts*, The Song of the Sea – Ex. XV (VT 7, 1957, 371-380). – *M. Weinfeld*, Zion and Jerusalem as Religious and Political Capital: Ideology and Utopia (R.E. Friedman [Hg.], The Poet and the Historian, Harvard Semitic Studies 26, Chico 1983, 75-115). – *H. Weippert*, „Der Ort, den Jahwe erwählen wird, um dort seinen Namen wohnen zu lassen". Die Geschichte einer alttestamentlichen Formel (BZ NF 24, 1980, 76-94). – *M. Weiss*, Wege der neuen Dichtungswissenschaft in ihrer Anwendung auf die Psalmenforschung (Methodologische Bemerkungen, dargelegt am Beispiel von Psalm XLVI) (Bibl 42, 1961, 255-302). – *P. Welten*, Kulthöhe und Jahwetempel (ZDPV 88, 1972, 19-37). – *Ders.*, Lade – Tempel – Jerusalem. Zur Theologie der Chronikbücher (Festschr. E. Würthwein, 1979, 169-183). – *Ders.*, Jerusalem I. AT (TRE XVI 590-609 [Lit.]). – *R. Wenning / E. Zenger*, Die verschiedenen Systeme der Wassernutzung im südlichen Jerusalem und die Bezugnahme darauf in biblischen Texten (UF 14, 1982, 279-294). – *A.J. Wensinck*, The Ideas of Western Semites Concerning the Navel of the Earth, Amsterdam 1916. – *W. Werner*, Eschatologische Texte in Jes 1-39. Messias, Heiliger Rest, Völker (FzB 46, 1982). – *G. Westphal*, Jahwes Wohnstätten nach den Anschauungen der alten Hebräer (BZAW 15, 1908). – *G. Widengren*, Yahweh's Gathering of the Dispersed (Festschr. G.W. Ahlström, JSOT Suppl. 31, 1984, 227-245). – *H. Wildberger*, Die Völkerwallfahrt zum Zion. Jes. II 1-5 (VT 7, 1957, 62-81). – *Ders.*, Das Freudenmahl auf dem Zion. Erwägungen zu Jes. 25,6-8 (ThZ 33, 1977, 373-383). – *L.E. Wilshire*, The Servant-City: A New Interpretation of the „Servant of the Lord" in the Servant Songs of Deutero-Isaiah (JBL 94, 1975, 356-367). – *A.S. v. der Woude*, Zion as primeval Stone in Zechariah 3 und 4 (Festschr. F.C. Fensham, JSOT Suppl. 48, Sheffield 1988, 237—248). — *Y. Yadin* (Hg.), Jerusalem Revealed. Archaeology in the Holy City 1968-1974, Jerusalem 1975. – *R. Youngblood*, Ariel, „City of God" (A.I. Katsh [Hg.] Festschr. Dropsie University, Philadelphia 1979, 457-462). – *E. Zenger*, Tradition und Interpretation in Exodus XV 1-21 (VTS 32, 1981, 452-483). – *Ders.*, Ein biblischer Traum: Auferweckung des Zion. Psalm 126 (Dormition Abbey Jerusalem, Festschr. L. Klein, 1986, 55-63). – *J. Ziegler*, Die Hilfe Gottes „am Morgen" (Festschr. F. Nötscher, BBB 1, 1950, 281-288). – *W. Zimmerli*, Jesaja 2,2-5 (Dormition Abbey Jerusalem, Festschr. L. Klein, 1986, 49-54).

I. In der Frage der Etymologie von *ṣijjôn* gibt es keinen Konsens (vgl. Fohrer, ThWNT VII 293; KBL[3] 958). Ältere Ableitungen aus dem Elamitischen (G. Hüsing, OLZ 6, 1903, 370; 7, 1904, 88) oder Hurritischen (S. Yeivin, JNES 7, 1948, 41; Simons 63f. Anm. 4) werden nicht mehr vertreten. Ableitungen von einer hebr. Wurzel sind schwierig, da diese nur erschlossen werden kann. Eine Ableitung von *ṣwh* 'aufstellen' (F. Delitzsch, Commentar über den Psalter I, [3]1873, 70) scheidet aus, da eine Verbindung mit syr. *ṣwn* (so GesB s.v.) nicht wahrscheinlich zu machen ist. Gewichtiger ist die Ableitung von hebr. **ṣwn/ṣjn* 'umringen' (vgl. Levy, WTM IV 184f.), arab. *ṣāna* (med.*w*) 'bewahren, schützen, verteidigen', äth. (Ge^cez) *ṣawwana* 'schützen, verteidigen', davon abgeleitet die Nominalbildung *ṣawwan* 'geschützter Ort, Festung' (A. Dillmann, LexLingAeth 1300f.). Mhebr. belegt ist *ṣijjen*, jüd.-aram. *ṣajjen* 'bezeichnen, kenntlich machen'. Damit zu verbinden ist die althebr. Nominalbildung *ṣijjûn* 'Steinmal' (Ez 39,15), 'Wegmarke' (Jer 31,21), 'Grabmal' (2 Kön 23,17; Jer 48,9 [cj.?], vgl. KBL[3] 958). Diese Konnotationen von *ṣijjen* / *ṣijjûn* stehen einer Ableitung von *ṣijjôn* von einer Wurzel *ṣwn* / *ṣjn* entgegen, während Verbindungsglieder zur arab. / äth. Konnotation des Schützens fehlen. So ist die Ableitung von der althebr. Wurzel **ṣjj*, jüd.-aram. *ṣw'* / *ṣwj* 'verdorren, vertrocknen' (Levy, WTM IV 176), babyltarg. *ṣhj* 'dürsten' (ATTM 675), syr. *ṣh'* / *ṣhj* 'dürsten, verdorren' (CSD 185), arab. *ṣawa* / *ṣuwīj* 'austrocknen' vorzuziehen.

Ein akk. Verb *ṣuā'u* 'trocknen' (AHw 1107) ist aus KAV 108,8 (*ṣe-e-u-ni*) so wenig wahrscheinlich zu machen wie eine etymologische Verbindung des Namens *ṣētú* (B. Landsberger, ZA 42, 161f.; Ders., JNES 8, 1949, 252 Anm. 30) mit **ṣwn* / [*ṣuā'u*]; vgl. CAD Ṣ 153.

Von **ṣjj* abgeleitet sind die Nominalbildungen → ציה *ṣijjāh* 'trocken' (< **ṣijji*) Jes 41,18 u.ö., „Trokkenlandschaft" Ps 78,17 u.ö., „Trockenheit" Ijob 24,19 (s. Olivier 95f.), vgl. *ṣajôn* „trockenes Land" Jes 25,5; 32,2, syr. *ṣhwn'* „Durst, Dürre, Trockenheit", äth. *ṣēw* / *ḏēw* „unfruchtbare, verwüstete Erde, salziges Gebiet, Salzwasser" (Dillmann, LexLingAeth. 1310); mand. *ṣauaitā* „verdorrend", *ṣauia* „Wüste, trockenes Land" (MdD 386). Von arab. *ṣawā* / *ṣawija* leitet sich vielleicht das Nomen *ṣahwē* / *ṣahwat* „Bergrücken, Festung" ab (A. Robinson, VT 24, 122). *ṣijjôn* ist bei einer Ableitung von **ṣjj* Nominalbildung mit dem bei Ortsnamen häufiger belegten Afformativ *-ôn* (< **an*; W. Borrée, Die Ortsnamen Palästinas, [2]1968, 60ff.; vgl. aber BLe 500f.), die eine Aussage über die Beschaffenheit des Ortes macht (Dalman, Gelände 126; Otto, RLA V 280). Die semantische Konnotation des „Trockenplatzes" ließ Priebatsch (19) angesichts der Nähe der Stadtsiedlung zur Quelle *gîḥôn* vermuten, *ṣijjôn* bezeichne ein Gelände nördl. der Stadtsiedlung, so daß David sich mit dem Bau der *^cîr dāwiḏ* nördlich des Stadtgebietes im Bereich des ersten Tempels festgesetzt habe. Jüngste Ausgrabungen auf dem SO-Hügel weisen einen anderen Weg. Defektiv geschriebenes *m^eṣuḏaṯ ṣijjôn* weist nicht auf die Bedeutung „Schlupfwinkel", sondern „Bergfeste". In der Spätbronzezeit (14./13. Jh.) wurde oberhalb der *^cên gîḥôn* eine Terrassierung emporgezogen, die wohl als Substruktion eines Podiums einer vorisraelitischen Akropolis diente (Shiloh, Excavations 15ff.). So erklärt sich ungezwungen die Identifizierung von *m^eṣuḏaṯ ṣijjôn* und alleinstehendem *ṣijjôn* mit *^cîr dāwiḏ* in 2 Sam 5,7 (1 Chr 11,5) und 1 Kön 8,1 (2 Chr 5,2). *m^eṣuḏaṯ ṣijjôn* bezeichnet die (spätbronzezeitliche) Akropolis, die nach Einnahme der Stadt durch David zur *^cîr dāwiḏ* wurde. Die Entwicklung der semantischen Konnotation von *ṣijjôn* entspricht der von arab.

ṣahwē 'Festung' (vgl. G.A. Smith I 144f.). Von *ṣjj** leitet sich *ṣijjôn* „Bergrücken" ab, der in der Regel im Gegensatz zum Tal ohne Quellen trocken ist. Aus der Konnotation des Bergrückens leitet sich die des militärischen Schutzes ab, so daß *ṣijjôn* zur Bezeichnung einer „Festung" (*m^eṣuḏāh*) werden kann. Es bedarf also nicht der These, daß *ṣijjôn* ursprünglich den gesamten SO-Hügel als „Trockenplatz" bezeichnete, was angesichts der Nähe der *ʿên gîḥôn* unwahrscheinlich ist, und sekundär erst auf die Festung übertragen wurde (Dalman, Gelände 126). *ṣijjôn* war mit der Konnotation des Schutzes Eigenname der *m^eṣuḏaṯ ṣijjôn*.

II. Das nomen proprium *ṣijjôn* ist im MT 152mal belegt. Davon entfallen auf die proph. Literatur 93 Belege (Jes 46 [zu Jes 30,19 vgl. Wildberger, BK X/3 z.St.]; Jer 17; Joël 7; Am 2; Obd 2; Mi 9; Zef 2; Sach 8). Auf die poetische Literatur der Ps, Klgl und des Hld entfallen 53 Belege (Ps 37 [zu Ps 133,3 s. Seybold, BThSt 3, 26 Anm 7]; Klgl 15; Hld 1) und auf die erzählende Literatur 6 Belege (2 Sam; 1/2 Kön; par. 1/2 Chr). Nicht belegt ist *ṣijjôn* in Gen-Dtn, Jos, Ri, 1 Sam, Ez, Hos, Jona, Nah, Hab, Hag, Mal, Dan, Ijob, Spr, Rut, Esra, Neh. Nur wenige Belege sind mit Wahrscheinlichkeit vorexil. zu datieren. In der erzählenden Literatur ist *ṣijjôn* in 2 Sam 5,7, in proph. Literatur in Jes 1,8; 3,16f.; 8,18; 10,32; 28,16; 31,4; Jer 4,6.31; 6,2.23; 14,19 (?); Mi 3,10.12; 4,8.10abα und in den Ps in Ps 2,6; 20,3; 48,12.13; 110,2(?) vorexil. belegt. Dem steht eine breite Belegung in exil. und vor allem nachexil. Texten gegenüber. Exil. und nachexil. ist *ṣijjôn* in erzählender Literatur in 1 Kön 8,1; 2 Kön 19,21.31; 1 Chr 11,5; 2 Chr 5,2, in proph. Literatur in Jes 1,27; 2,3; 4,3.4.5; 10,12.24; 12,6; 14,32; 18,7; 24,23; 29,8; 30,19; 31,9; 33,5.14.20; 34,8; 35,10; 37,22.32; 40,9; 41,27; 46,13; 49,14; 51,3.11.16; 52,1f.7f.; 59,20; 60,14; 61,3; 62,1.11; 64,9; 66,8; Jer 3,14; 8,19; 9,18; 26,18; 30,17 (MT); 31,6.12; 50,5.28; 51,10.24.35; Joël 2,1.15.23; 3,5; 4,16f.21; Am 1,2; 6,1; Obd 17.21; Mi 1,13; 4,2.7f.10b*.11.13; Zef 3,14.16; Sach 1,14.17; 2,11.14; 8,2f.; 9,9.13 und in poetischer Literatur in Ps 9,12.15; 14,7; 48,3; 50,2; 51,20; 53,7; 65,2; 69,36; 74,2; 76,3; 78,68; 84,8; 87,2.5; 97,8; 99,2; 102,14.17.22; 125,1; 126,1; 128,5; 129,5; 132,13; 133,3; 134,3; 135,21; 137,1.3; 146,10; 147,12; 149,2; Klgl 1,4.6.17; 2,1.4.6.8.10. 13.18; 4,2.11.22; 5,11.18; Hld 3,11 belegt.

III. Historisches Urgestein vorisraelitischer Geschichte des Eigennamens *ṣijjôn* ist in dem Eroberungsbericht 2 Sam 5,6-9 mit dem Beleg in 2 Sam 5,7 *wajjilkoḏ dāwiḏ 'eṯ m^eṣuḏaṯ ṣijjôn hîʾ ʿîr dāwiḏ* zu erfassen. Die in diesem Vers implizierte Umbenennung der vorisraelitischen *m^eṣuḏaṯ ṣijjôn* in *ʿîr dāwiḏ* (vgl. 1 Kön 8,1) bezieht sich nicht auf die ganze Stadt Jerusalem, sondern auf eine vorisraelitische Akropolis (Vincent, DBS IV 914), die nach der Einnahme Jerusalems durch David den davidischen Palast beherbergte (2 Sam 5,11) und von der Stadt als deren Stadtteil unterschieden wurde (2 Sam 6,10.12.16; 1 Kön 3,1; Jes 22,9f.). Die Umbenennung (2 Sam 5,9) war entweder historisch hoheitlicher Akt Davids, um die Besitzergreifung gebührend zum Ausdruck zu bringen (so T. Ishida, BZAW 142, 1977, 122-126) oder rückprojiziertes Legitimationsmotiv späterer Zeit (so Vincent, Jérusalem antique 144 Anm. 1; F. Stolz, ZBK 9, 208). Die Archäologie ermöglicht nunmehr die Lokalisierung der *m^eṣuḏaṯ ṣijjôn*.

Im 19. Jh. war vor allem Josephus' Identifizierung des von David eingenommenen φρούριον mit der ἄνω ἀγορά auf dem SW-Hügel (Bell.Jud. V 137; vgl. auch Ant. VII 61ff.; vgl. die Übersicht über die älteren Auslegungen bei Mommert 82ff. 175ff.), der die christl. Tradition seit der frühbyzantin. Zeit folgte (CSEL 38, 22 u.ö.; Eusebius, Onomastikon [ed. Klostermann] 74), Anlaß, *m^eṣuḏaṯ ṣijjôn* und *ʿîr dāwiḏ* auf dem SW-Hügel westlich des Zentraltales zu lokalisieren. E. Robinson (I 258.277ff.; III 203ff.) und ihm folgend zahlreiche Forscher (vgl. Simons 35ff.) lokalisierten die *m^eṣuḏaṯ ṣijjôn* auf dem SW-Hügel, die „Unterstadt" dagegen auf dem NW-Hügel nördl. des Kreuztales, den Ophel auf dem SO-Hügel östl. des Zentraltales. Diese Lokalisierung von *ṣijjôn* und *ʿîr dāwiḏ* auf dem SW-Hügel wurde durch die Archäologie falsifiziert, als in den Grabungen von C. Warren auf dem SO-Hügel (1867-70) erstmals eine Befestigungsmauer freigelegt, ein zur Gihon-Quelle führender Tunnel („Warren's Schacht") und 1880 die Schiloach-Inschrift (KAI Nr. 189; vgl. V. Sasson, PEQ 114, 1982, 111-117) am Ausgang des Hiskija-Tunnels (2 Kön 20,20) entdeckt und Keramik des frühen 3. Jt. vom SO-Hügel (vgl. Vincent, Jérusalem sous terre, London 1911, 31f. Pl. IXf.; Vincent/Stève, Pl. CXXXI-CXXXIII; zur Geschichte der älteren Ausgrabungen auf dem SO-Hügel s. Simons 68ff.) gefunden wurde. In den Ausgrabungen von F.J. Bliss und A.C. Dickie (Excavations in Jerusalem, London 1898) auf dem SW-Hügel in den Jahren 1894-1897 wurde keine vorisraelitische Besiedlung erkennbar. In der Konsequenz gewannen die Thesen an Boden, die die Geschichte des vorhellenistischen Jerusalems auf den SO-Hügel beschränkten (Alt, Taltor 326ff.; Albright, JQR 22, 1932, 414). Für Dalman (PJB 11, 39ff.; Gelände 80ff.) und Simons (243ff.) schloß die bereits vorisraelitisch als Jerusalem bezeichnete Stadt den SW-Hügel ein, während *m^eṣuḏaṯ ṣijjôn* und *ʿîr dāwiḏ* auf dem SO-Hügel lagen. Auch diese Modifikation konnte durch die neueren Grabungen auf dem SW-Hügel nicht bestätigt werden, die eine Besiedlung des SW-Hügels erst im 8. Jh. zeigten (vgl. N. Avigad, Discovering Jerusalem 26-31). Damit ist auch den jüngsten Versuchen von Pace, die Zwei-Hügel-Theorie zu erneuern, der Boden entzogen.

Die jüngsten Ausgrabungen auf dem SO-Hügel von Kenyon (Digging 76ff.) und Shiloh (Excavations 25ff.) haben die Geschichte der *m^eṣuḏaṯ ṣijjôn* im Verhältnis zur Stadtsiedlung Jerusalems in der Bronze- und Eisenzeit verdeutlicht. In den Ausgrabungen von Kenyon wurde erkannt, daß Jerusalem als befestigte Stadtsiedlung in der mittleren Bronzezeit (18./17. Jh.) gegründet (vgl. Shiloh 12.26) und in der Spätbronzezeit des 14./13. Jh. durch ein komplexes Terrassierungssystem erweitert wurde (Kenyon, Digging 94ff.; Stager 111ff.). Durch die Grabung von Shiloh konnte die Geschichte einer Anlage oberhalb der *ʿên gîḥôn*, die nunmehr wohl mit der

Akropolis der *m^{e}ṣuḏaṯ ṣijjôn* und *^{c}îr dāwiḏ* (→ VI 65) zu verbinden ist, weiter geklärt werden. Eine zuerst von R.A.S. Macalister und J.G. Duncan (Excavations on the Hill of Ophel, Jerusalem 1923-1925, London 1926, 49-78) freigelegte, als „Jebusiterrampe“ bezeichnete und als vorisraelitische Stadtbefestigung gedeutete Anlage, die von Kenyon (Digging 48.192f.) als Verstärkung der nachexil. Stadtmauer in hellenistischer Zeit interpretiert wurde, wird von Shiloh (16f.26f.) als „stepped stone structure“ einer eisenzeitlichen Stützmauer der Substruktion eines Podiums erkannt, auf dem möglicherweise die davidische Akropolis mit dem Palast (2 Sam 5,11), die *^{c}îr dāwiḏ*, stand. Diese Anlage liegt unmittelbar einem spätbronzezeitlichen Substruktionssystem auf, das wohl die vorisraelitische Akropolis trug, und also möglicherweise mit der *m^{e}ṣuḏaṯ ṣijjôn* zu verbinden ist. 2 Sam 5,6-9 erzählt also wohl nicht von Davids Einnahme der Stadt, sondern der Akropolis. Mit der These einer Einnahme der Stadt in Analogie zu Gibeon durch Verhandlungen (so C. Schäfer-Lichtenberger, BZAW 156, 1983, 385ff.) ist der Bericht nicht in Übereinstimmung zu bringen (Floß 41f.).

Konnte auf der Basis der Ausgrabungen von Kenyon (Digging 98f.) durch die Identifizierung des *ṣinnôr* (zur Etymologie zuletzt Loffreda; Floß 22 Anm. 54 [Lit.]) mit „Warrens Schacht“ (Vincent, RB 33, 357ff.; ders. / Stève 631f.) die Einnahme der *m^{e}ṣuḏaṯ ṣijjôn* durch eine Kriegslist verständlich werden, so ist dieser Hypothese nun der Boden entzogen (Wenning / Zenger, UF 14, 280). Auch wenn man der Spätdatierung von „Warrens Schacht“ in die israelitische Königszeit durch Shiloh (Excavations 23.27) nicht zustimmt, ist eine Verbindung mit der Einnahme der Akropolis nach bisheriger Kenntnis des Substruktionssystems unwahrscheinlich. Mit der Einnahme der *m^{e}ṣuḏaṯ ṣijjôn* fällt die Stadt in Davids Hand.

Die topographischen Konnotationen von *ṣijjôn* werden mitbestimmt durch die weitere Baugeschichte Jerusalems (dazu Otto, Geschichte 49ff.). Die Akropolis des Davidpalastes (2 Sam 5,11) verliert mit Salomos neuem Palast und Tempel nördl. der davidischen Stadt (1 Kön 6f.) an Bedeutung. Der Name *ṣijjôn* löst sich von der *m^{e}ṣuḏāh* und gewinnt seine sprachgeschichtliche Dynamik in den vorexil. Belegen aus der Bedeutung des Tempels (zur Lage vgl. Donner) für den SO-Hügel, der bis in das 8. Jh. mit dem Stadtgebiet Jerusalems identisch ist. Ps 20,3 identifiziert *ṣijjôn* mit *qoḏæš*, Ps 2,6 mit *har qŏḏšî* (→ הר *har*), Jes 31,4 *(har ṣijjôn)* mit *giḇ^{c}āh*, Ps 48,2 *har qŏḏšô* mit *^{c}îr '^{æ}lohênû* (vgl. Ps 46,5, *^{c}îr 'JHWH'*). Ps 48,13 identifiziert *ṣijjôn* mit dem Stadtgebiet Jerusalems. In der Befestigung als Repräsentation JHWHs (*zæh 'JHWH'*, Ps 48,15) wird die ursprüngliche Konnotation von *ṣijjôn* als Festung bewahrt und theologisch interpretiert. Die Bindung von *ṣijjôn* an die vorexil. Königsideologie in Ps 2,6; 20,3; 110,2(?) zeigt, daß *ṣijjôn* durch die Verlagerung der Funktion der *m^{e}ṣuḏaṯ ṣijjôn* auf den mit dem Tempel verbundenen salomonischen Palast (Busink I 618ff.) in den Kontext der Tempel-Theologie kam und zur theologisch qualifizierenden Bezeichnung des SO-Hügels als Tempelberg der Stadtsiedlung Jerusalems werden konnte.

Als solche tritt *ṣijjôn* mit der Exilszeit verstärkt in den Vordergrund. Zu den auch vorexil. belegten Verbindungen mit *qoḏæš* (Ps 134,2f.) und *har qŏḏšî* (Joël 2,1; 4,17; vgl. auch Sach 8,2f.) treten die auf den Tempelberg bezogenen Verbindungen mit *m^{e}qôm šem JHWH ṣ^{e}ḇā'ôṯ* (Jes 18,7), *har JHWH* (Mi 4,2), *môšāḇ* (Ps 132,12), *h^{a}ḏom raḡlājw* (Klgl 2,1) und *mo^{ca}ḏô* Klgl 2,6). Die enge Zusammengehörigkeit von *ṣijjôn* und Tempel in hellenistischer Zeit zeigen die Verbindungen mit σκηνὴ ἅγια (Sir 24,10), λαός Sir 36,13), ἱερὸς τοῦ κυρίου (3 Esra 8,78).

Im Horizont der in Ps 48,3 sich überlagernden Aspekte von Zion, Gottesberg und Stadt des Königsgottes bewegen sich die Parallelisierungen von (*har*) *ṣijjôn* mit Jerusalem (2 Kön 19,31; Ps 51,20; 102,22; Jes 2,3; 4,3; 10,12; 24,23; 30,19; 31,9; Am 1,2 [= Joël 4,16]; Mi 3,10; Sach 1,14 u.ö.; vgl. Ps 76,3: *šālem*; [Jes 64,9]; 4 Q 504, 1-2,IV 12: *^{c}îr qoḏæš*).

Solange sich in persischer Zeit die Besiedlung auf den SO-Hügel konzentrierte und der vorexil. Stadtteil auf dem SW-Hügel nach der Zerstörung durch die Babylonier nicht wieder aufgebaut wurde, konnte die Parallelisierung von *ṣijjôn* mit Jerusalem als Identifizierung verstanden werden (zum pers. Jerusalem vgl. Otto, Geschichte 94ff.; Oeming 189ff.). Mit erneuter Ausdehnung der Besiedlung auf den SW-Hügel (Avigad 64-80) konnten Belege mit syndetischem Anschluß (Jes 10,12; 24,23; Sach 1,14 u.ö.) im Sinne einer Differenzierung von *ṣijjôn* als Teil von Jerusalem verstanden werden.

In Sach 8,3 werden *ṣijjôn b^{e}ṯôḵ j^{e}rûšālājim* und Stadt geschieden. Der Spruch rahmt *j^{e}rûšālājim ^{c}îr hā'^{æ}mæṯ* durch *ṣijjôn* und *har JHWH ṣ^{e}ḇā'ôṯ har haqqoḏæš*. Mi 4,8 entfaltet topographisch konzentrische Kreise, die von einem Turm oder Tor *(miḡdal ^{c}eḏær)* der zerstörten Palastanlage über den *^{c}opæl* (vgl. Jes 32,14; 2 Chr 27,3; 33,14; Neh 3,26f.) als Hügelteil, auf dem die salomonische Palastanlage stand (Dalman, Gelände 125), über den *ṣijjôn* des SO-Hügels bis zur gesamten Stadt Jerusalem reichen. A.S. van der Woude (Micha, Nijkerk 1976, 146) identifiziert dagegen *miḡdal ^{c}eḏær* mit *^{c}opæl* als „Zitadelle“ und *baṯ ṣijjôn* mit *baṯ j^{e}rûšālājim*. Die Entscheidung über die Interpretation wird von der jeweils vorauszusetzenden baugeschichtlichen Gestalt Jerusalems bestimmt.

In Jes 1,8; 10,32; Jer 4,31; 6,2.23 wird vorexilisch *baṯ ṣijjôn* (→ בת *baṯ*) zur Personifikation Jerusalems und seiner Einwohner. Die in Israel verbreitete Personifikation von Städten als *baṯ* (Fitzgerald, CBQ 37: *baṯ* = „capital city“; zur These eines mythologischen Hintergrunds der Personifikation vgl. Fitzgerald, CBQ 34) ist in Jer 4,30f. (vgl. 6,2.23) mit negativen Konnotationen zur Kennzeichnung Jerusalems als untreuer Buhlerin, die den Feinden hilflos ausgeliefert ist, versehen. Exil. und nachexil. ist die Personifikation von Jerusalem als *baṯ ṣijjôn* in 2 Kön 19,21; Jes 16,1; 37,22; 62,11; Mi 1,13; 4,8.10.13; Sach 2,14; Ps 9,15; Klgl 1,6; 2,1.4.8.10.13.18; 4,22 belegt. Jes 52,2 identifiziert *baṯ ṣijjôn* mit *jᵉrûšālājim*, Zef 3,14; Sach 9,9 mit *baṯ jᵉrûšālājim*. *ḥômaṯ baṯ ṣijjôn* (Klgl 2,8.18) und *šaʿᵃrê baṯ ṣijjôn* (Ps 9,15) sind Personifikationen Jerusalems, die in Jes 10,32 (Q; Vrs.); 16,1 in der Verbindung *har baṯ ṣijjôn*, in Jes 10,32 mit *giḇʿaṯ jᵉrûšālājim* identifiziert auf den SO-Hügel bezogen sind. *bᵉṯûlaṯ baṯ ṣijjôn* (2 Kön 19,21 par.; Klgl 2,13) personifiziert emphatisch.

Die Identifikation von *ṣijjôn* mit *jᵉrûšālājim* ist auch in den Benennungen der Bewohner Jerusalems mit *ṣijjôn* in der vorexil. Verbindung *bᵉnôṯ ṣijjôn* (Jes 3,16) und in der exil. / nachexil. Verbindungen (*ʿammî*) *jôšeḇ ṣijjôn* (Jes 10,24; Ps 9,12; vgl. Jes 51,16), *jôšæḇæṯ ṣijjôn* (Jes 12,6; Jer 51,35; vgl. Sach 2,11), *bᵉnê ṣijjôn* (Joël 2,23; Ps 149,2; Klgl 4,2) und οἱ πάροικοι Σιων (Bar 4,9.14.24) impliziert; zu Ps 126,1 *šîḇaṯ ṣijjôn* „Wiederherstellung" vgl. KAI Nr. 224; II 265. 270f.

Die Identifikation von *ṣijjôn* mit dem SO-Hügel als Berg des Tempels und der Stadt Jerusalem war solange unproblematisch, wie in persischer und frühhellenistischer Zeit die Besiedlung der Stadt eingefaßt durch die Nehemia-Mauer (zum Verlauf vgl. Otto, Geschichte 102-108) auf den SO-Hügel beschränkt blieb. Die Ausdehnung der Besiedlung auf den SW-Hügel in hasmonäischer Zeit des ausgehenden 2. Jh. v. Chr. (Kenyon, Digging 192f.; Shiloh, Excavations 30) und auf den NW-Hügel in herodianischer Zeit (Otto, Geschichte 122ff.153ff.) ließ die Identifikation von *ṣijjôn* und Stadt problematisch werden. In 1 Makk 4,37.60; 5,54; 6,48.62; 7,33; 10,11; 14,26 (vgl. Jdt 9,13) wird Σιών in der Verbindung mit ὄρος stets auf den SO-Hügel bezogen. Von ὄρος Σιών abgesetzt ist als Akropolis die πόλις Δαυιδ (1 Makk 1,33; 7,33; 14,36), die mit der ἄκρα (Otto, Geschichte 115-119) identifiziert wird. Die Differenzierung von τείχη und ὄρος Σιών in 1 Makk 10,11 weist auf eine über den SO-Hügel hinausgehende Befestigung.

Im frühen 4. Jh. n. Chr. ist der Zionsname fest mit dem SW-Hügel verbunden, so daß auch Davidspalast und Davidsgrab nunmehr auf diesem Hügel lokalisiert werden (u.a. Itin. Burdigal. XVI 88-90; H. Donner, Pilgerfahrt ins Heilige Land, 1979, 58 Anm. 90). Die Lokalisierung der πόλις Δαυιδ auf dem SW-Hügel ist schon im 1.Jh. n.Chr. durch Josephus Ant. VII 3 bezeugt. Josephus vermeidet konsequent den Namen Σιών, möglicherweise weil im jüdischen Aufstand 66-70 n. Chr. *ṣijjôn* Symbol der Freiheit Israels von römischer Herrschaft wurde, wie die Münzinschriften *ḥr(w)t ṣjwn* „Freiheit Zions" und *lg'lt ṣjwn* „für die Befreiung Zions" (Y. Meshorer, Jewish Coins of the Second Temple Period, Tel Aviv 1967, 154-158) zeigen. Angesichts der engen Bindung von *ṣijjôn* an den Tempel ist diese

Übertragung auf den SW-Hügel kaum vor der Zerstörung des Tempels durch Titus möglich. Sie ist aber mit der vorausgehenden Lokalisierung der vorisraelit. Festung und der Davidstadt auf dem SW-Hügel vorbereitet.

IV.1. In der Prophetenexegese haben sich die Gewichte von der Rekonstruktion der Verkündigung der Propheten in der Differenzierung von echten und unechten Prophetenworten zur Rezeptionsperspektive der literatur- und theologiehistorischen Rekonstruktion der Selbstauslegung exil. und nachexil. Tradentenkreise im Medium von Prophetenüberlieferungen verschoben. H. Wildberger rekonstruiert auf der Basis eines umfangreichen Bestands authentischer Jesaja-Worte eine jesajanische Theologie, in der Unheils- und Heilsankündigungen spannungsvoll nebeneinander stehen (BK X/3, 1646ff.; vgl. Hermisson 54ff.). Dem steht O. Kaisers Versuch gegenüber (ATD 17/18; TRE XVI 644ff.), das Protojesajabuch, dessen Grundbestand in Jes 1*; 28-31* erst im 6. Jh. verschriftet worden sei, aus der Auseinandersetzung des nachexil. Israel mit dem Exilsgeschick zu erklären. Eine vermittelnde Position wird mit zwei unterschiedlichen Akzenten vertreten. Während Barth (49ff.) mit einer an den Gerichtsgedanken gebundenen Heilsverkündigung Jesajas rechnet, die in den Assur- und Völkertexten als reine Heilsankündigungen vorexil. erweitert wurde (vgl. auch Clements, JSOT Suppl. 13; Vermeylen II 678ff.), differenzieren Werner und Kilian (Jesaja 1-39, 40-97) zwischen der jesajanischen Überlieferung als reiner Unheilsverkündigung, deren hermeneutischer Schlüssel Jes 6 sei, und exil.-nachexil. Bearbeitungen, denen sämtliche von der Zionstheologie beeinflußte Heilsüberlieferungen zuzuordnen seien.

Unumstritten nachjesajanisch sind die von der Zionstheologie beeinflußten Heilsankündigungen in Jes 1,27f.; 4,2-6; 10,12.24-27a; 18,7; 29,8; 33,1-6.7-16.17-24; 35,1-10. Für die Frage der Authentizität der übrigen Zionsüberlieferungen ist der Verstockungsauftrag in Jes 6 entscheidender Schlüssel. Gilt Jes 6 als hermeneutischer Schlüssel zur Verkündigung Jesajas, durch die sich das Gericht schon vollziehe, indem sie die Rettungsmöglichkeiten gerade verhindere (Kilian, Jesaja 1-12, NEB, 49), dann muß Jesaja jede Heils- und Umkehrverkündigung abgesprochen werden. Der Widerspruch zu den positiven Grundtönen in Jes 7,9b.11 (vgl. C. Dohmen, Bibl 68, 1987, 588) zeigt, daß diese Verteilung von Unheils- und Heilsaspekten zu einfach ist. Ist Jes 6 als Sendungsbericht Resümée der Wirkungslosigkeit Jesajas im syrisch-efraimitischen Krieg, so wird man wie bei den Propheten Hosea und Jeremia mit einer zunehmenden Verdunkelung der Verkündigung Jesajas zur reinen Unheilsverkündigung nach dem syrisch-efraimitischen Krieg rechnen. Auf Jesaja zurückzuführen ist die negative Wendung von Elementen der Zionstheologie in den Unheilsankündigungen Jes 1,4-9.21-26(a); 3,16f.; 8,5-8.11-15.18; 10,27b-

32; 28,16f.; 29,1-4; 31,1.(2).3.4 sowie Jes 7,1-17*. Dagegen sind die Heilsankündigungen der „Völkertexte" Jes 8,9f.; 14,24-27.32; 17,12-14; 29,5-7; 31,5.8f., die die nachexil. Motive des Völkerkampfes und der „Hilfe vor/am Morgen" aufnehmen, sekundäre Erweiterungen. Eine Datierung in die Joschija-Zeit (Barth 239ff.) führt zu der Unwahrscheinlichkeit, man habe nach dem Niedergang und Rückzug Assyriens noch eine Zerschmetterung Assurs (Jes 14,24-27) und der Völker vor der Stadt (Jes 17,12-14) erwartet. Vielmehr wird eine in das 7. Jh. zu datierende nachjesajanische Schicht der Unheilsankündigungen gegen Assur (Jes 10,5-8.[13-15]; 29,5-7; 30,27-33) nachexil. in einer von Völkerkampfmotiven geprägten Interpretationsschicht der Heilsankündigungen für Jerusalem weiterentwickelt, der Jes 8,9f.; 10,12.24-27a; 14,24-27.32; 17,12-14; 29,8; 31,5.8f.; 33,1-6 zuzurechnen ist. Spätere Bearbeitungen stellen dem die Erwartung einer friedlichen Sammlung der Völker am Zion entgegen (Jes 2,2-4; 18,7) und tragen zur Völkerkampfschicht bedingungslosen Heils die Aspekte der Schuld Israels (Jes 1,27f.; 4,2-6; 33,7-10) nach. Zu Jes 35,1-10 vgl. O.H. Steck, SBS 121, 1985.

Die redaktionelle Schichtung der Zionstexte im Michabuch ist der im Protojesajabuch ähnlich (E. Otto, Micha/Michabuch, TRE XIX). Micha nennt *ṣijjôn* nur in der Unheilsankündigung (Mi 3,10.12). In Mi 4,10bβγ (vgl. 1,13b) wird eine spätvorexilische Unheilsankündigung an die *baṯ ṣijjôn* (Mi 4,8.10abα) frühexilisch durch die Rettungs- und Erlösungsmotivik aktualisiert. Daran wird nachexil. die Ergänzung in Mi 4,11-13 angefügt, die mit der von Völkerkampfmotiven geprägten nachexilischen Interpretationsschicht des Protojesajabuches verwandt ist (Jes 8,9f.; 14,24-27). In einem dritten Interpretationsschritt wird mit Mi 4,1-5.6-7.(8) (vgl. die forschungsgeschichtliche Übersicht über die Abgrenzungen in Mi 4,1-8 bei Hagstrom 127ff.) eine der Ergänzung der Völkerkampfschicht des Protojesajabuches in Jes 2,2-4; 35,1-10 entsprechende Überlieferung der Völkerwallfahrt und Sammlung der Erlösten am Zion vorangestellt. Die Überlieferungsgeschichte von Jesaja- und Michaüberlieferungen gehen vorexilisch je eigene Wege, nähern sich aber in nachexil. Zeit soweit an, daß man einen gemeinsamen nachexil. Tradentenkreis vermuten muß.

2. Gunkel/Begrich (42f.80f.) bezeichnen Ps 46; 48; 76; 84; 87; 122; (132) als „Zionslieder" (vgl. Ps 137,3). Unter diesen sind Ps 46; 48; 76 zusammenzufassen (Steck, ThSt 111, 9 Anm. 5), da in ihrer Endgestalt bekenntnisartige Aussagen einer Wir-Gruppe mit denen einer respondierenden Gruppe abwechseln.

Ps 46; 48 sind Psalmen der korachitischen Sammlung Ps 42-49, in deren Redaktion die Zionsmotivik zentrale Bedeutung hat.

Ps 46 endet ursprünglich mit dem vv. 2-7 abschließenden Bekenntnis v. 8. Vv. 2-8 haben eine um vv. 5f. gruppierte, dreifach konzentrische Struktur A: v. 2a / B: v. 2b / C: v. 3b / D: v.4 / D': v. 7a / C': v. 7b / B': v. 8a / A':v. 8b (vgl. Tsumura). Durch die Wiederaufnahme von v. 8 als Kehrvers in v. 12 werden vv. 9-11 an den Psalm angefügt und Ps 46 an 42/43 angeglichen (L. Alonso-Schökel, JSOT 1, 1976, 4-11; gegen die These eines hinter v. 4 ausgefallenen Kehrverses vgl. Junker, Bibl 43). Nach der Zerstörung Jerusalems wird der Schutz der Stadt vor den Völkern nicht mehr unmittelbar mit der Anwesenheit JHWHs in der Stadt (Ps 46,6) und der daraus resultierenden Hilfe am Morgen begründet, sondern mit einer universalen Abschaffung der Waffen.

Ps 48,9 nimmt v. 10 vorweg (Wanke 15f.) und faßt im Bekenntnis die Einfügung vv. 2bβ-9 zusammen. Der ursprüngliche Psalm endet in v. 15abα mit dem Ausruf *kî zæh 'JHWH' 'ælohênû ʿolām wāʿæḏ*. Ps 48,15bβ verknüpft Ps 48 mit Ps 49. Der den Erweiterungen vorgegebene imperativische Hymnus vv. 2abα.10-15abα ist aus je zwei mit einer Zielbestimmung (*lemaʿan...*) abgeschlossenen Struktureinheiten in vv. 10-12/13.14 gebildet, die durch die NS vv. 2abα.15abα gerahmt sind. Der vorexil. Psalm sieht in der Wehrhaftigkeit Jerusalems einen Ausdruck der Macht JHWHs. Die Neuinterpretation in vv. 2bβ-9 löst diese sichtbare Unmittelbarkeit auf zugunsten mythischer Distanzierung. Nicht die sichtbare Stadtbefestigung, sondern das Hören des Tradierten (*kaʾašær šāmaʿnû ken rāʾînû*) begründet das Wissen um die Sicherheit der Stadt (*'JHWH' jekônenæhā ʿaḏ-ʿôlām*). Der *har ṣijjôn* als *jarkeṯê ṣāpôn* transzendiert die Vorfindlichkeit des SO-Hügels der Stadt Jerusalem und wird zum mythischen Gottesberg (v. 3), der die Plausibilität der Überlegenheit JHWHs über die Völkerwelt im Völkerkampf der Erfahrung der Zerstörung Jerusalems zum Trotz im Völkerkampfmotiv (vv. 5-8) begründet.

Die überlieferungsgeschichtlichen Erweiterungen in Ps 46; 48 sind mit der redaktionellen Gesamtkonzeption der Korachpsalmen vermittelt. Die Sammlung beginnt mit der Klage des Einzelnen über die Zionsferne in Ps 42/43, die im Horizont von Exils- und Diasporaerfahrungen gelesen werden will, und führt zur Klage des Volkes über die militärische Niederlage (Ps 44). Ps 45-48 antwortet auf die Klage und begründet die Erwartung der Hilfe JHWHs. Ps 49 (O. Loretz, UF 17, 1985, 189-212) appliziert die universalen Zionshoffnungen auf das todesverfallene Leben des Individuums. In dieser Konzeption ist Ps 46,10-12 Weiterführung von Ps 44,4.7f. und Ps 48,2bβ-9 von Ps 42,8ff.; 43,3ff. Ps 48,15bβ weist redaktionell auf Ps 49 voraus. Die Zions- und Davidsmotivik in Ps 45-48 ist im 4. Jh. (H. Gese, BEvTh 64, 1974, 164f.; anders Goulder, JSOTSuppl. 15) zum universalen Begründungszusammenhang individueller Lebensvergewisserung in Ps 42/43 und Ps 49 als Rahmen für Ps 45-48 geworden. Schicksal der *ṣijjôn* und Erwartung ihrer Rettung wird zum Paradigma individueller Rettungserfahrung und individuelle Erfahrung wird transparent für das Geschick von *ṣijjôn*.

Ps 84; 85; 87; 88 wiederholen diese Struktur. Ps 84 setzt Ps 42/43 voraus (Wanke 18ff.) und aktualisiert diese für die Wallfahrtssituation. Ps 44 entsprechend folgt mit Ps 85 ein thematisch eng verwandtes Volksklagelied, mit Ps 87 ein Ps 46; 48 entsprechender nachexil. Zionshymnus. Ps 88 korrespondiert mit der Todesmotivik dem Ps 49 (vgl. E. Haag, Festschr. H. Groß, 1986, 149-170). Ähnliche Funktion wie die Zionslieder in der Korachsammlung hat der nachexil. Zionspsalm Ps 76 in der Asaphsammlung Ps (50).73-83, in der er auf ein Klagelied des Volkes (Ps 74) und eine kultprophetische Liturgie (Ps 75), die das Eingreifen JHWHs zur Vernichtung der Frevler in Israel erwartet (J. Jeremias, WMANT 35, 1970, 117ff.), antwortet.

3. Vorexil. Zionstheologie ist ein vornehmlich in der Assyrerzeit ausgearbeiteter Partikularaspekt Jerusalemer Tempeltheologie, der die Sicherheit der Stadt in Zeiten ihrer Gefährdung theologisch begründet. Zentrales Theologumenon aus der Tempeltheologie ist die Anwesenheit JHWHs auf *ṣijjôn* (1 Kön 8,12f. [MT]; Ps 24,3; 47,9; 93,5 u.ö.) verbunden mit der Wohn- (*škn b^e[har] ṣijjôn* Jes 8,18; Joël 4,17.21; vgl. Ps 135, 21; Mettinger, Dethronement 90-97; vgl. M. Dietrich u.a., UF 6, 1974, 47-53) und Thronvorstellung (*jšb ṣijjôn* Ps 9,12; vgl. 132,13) auf *ṣijjôn* als *har qŏḏšô* (Ps 2,6 [vv. 1-4.6-9 vorexil.; anders E. Zenger, Festschr. H. Groß, 1986, 495-511: nachexil.]; 48,2; vgl. 3,5; 15,1) und *har JHWH* (Ps 24,3), auf dem JHWH seinen Thronsitz hat (Ps 47,9 u.ö.). Das mit der Lade verbundene Thronmotiv wird auf *ṣijjôn* übertragen (Ps 9,12; 68,17 u.ö.; Jeremias, Königtum Gottes 167-182), ebenso die Wohnmotivik des Tempels (Ps 46,5f. u.ö.). Als *ᶜîr 'JHWH'* ist *ṣijjôn q^eḏoš mišk^enê ᶜaljôn* (Ps 46,5), in deren Mitte (*b^eqirbāh*) JHWH ist (v. 6a). Der Gedanke, der Tempel sei Ort der Vermittlung himmlischer und irdischer Sphäre (Metzger, UF 2; vgl. Ahlström, Heaven), verklammert die Vorstellung, JHWH throne im Himmel (Ps 20,7: *š^emê qŏḏšô*; Ps 2,4: *jôšēḇ baššamajim*), mit der seiner Präsenz auf *ṣijjôn* (Ps 2,6; 20,3; 47,9 u.ö.; zur nachexil. Verbindung des Motivs vom Wohnen im Himmel und auf dem Gottesberg vgl. Jes 14,13; Stolz, Strukturen 164f.). Der über *ṣijjôn* thronende Königsgott ist Herr über die Götter (Ps 29,1f. [El-Motivik, s. Jeremias, Königtum Gottes 34f. gegen Kloos 15-37]; 47,7 [Roberts, BASOR 221, 130f.; T.N.D. Mettinger, VT 38, 1988, 238]), über die Völkerwelt (Ps 47,2.4.10 [*ᶜammîm*].9 [*gôjim*] vgl. Jeremias, Königtum Gottes 66 Anm. 26) zugunsten Israels (Ps 46,7f.; Steck, ThSt 111, 15f. Anm. 16; Caquot 315f.; Roberts, BASOR 221, 131f.) und über den Erdkreis (Ps 47,3: *mælæḵ gāḏôl ᶜal-kŏl-hā'āræṣ*; vgl. Ps 24,1; 47,8; 48,11; Saggs 153-188).

Religionshistorisch wurzelt diese Präsenztheologie des Tempels von Jerusalem in der schilonischen Ladetheologie (Eiler; Otto, ThZ 32), die bereits Züge einer „integrativen Monolatrie" (Hossfeld) zeigt. Im vorexil. Herbstfest von Jerusalem (Otto, TRE XI 100f. [Lit.]) wurde im Motiv der Thronbesteigung (Ps 47,9 *mālaḵ 'JHWH' jāšaḇ ᶜal-kisse' qŏḏšô*) JHWHs Inbesitznahme des *har ṣijjôn* durch Davids Überführen der mit der Thronvorstellung (Metzger, AOAT 15) verbundenen Lade (2 Sam 6,12ff.; vgl. J.M. de Tarragon, CRB 19, Paris 1980, 98ff.) aktualisiert (*ᶜālāh 'JHWH'* Ps 47,6; vgl. auch Ps 68,25 [vgl. KTU 1.6,I,56-59.62; 1.10,III,12-15]; zur Analyse der Sprachstruktur von Ps 47 vgl. Otto/Schramm, Fest 50-55; fortgeführt von Jeremias, Königtum Gottes 50-59).

Die universale Bedeutung von *har ṣijjôn* für den Erdkreis als Thronsitz des Königsgottes (vgl. Buccellati, Festschr. Oppenheim) unterstreichen mythische Motive, die mit *ṣijjôn* verbunden sind (Clifford, HSM 4, 131ff.), sowie Tempelarchitektur und -ikonographie (Busink I 162ff.). In Ps 46,5 (vgl. RSP III 376f.; Jes 33,21) wird mit *nāhār p^elāgājw j^eśamm^eḥû ᶜîr 'JHWH'* ein Motiv der Gotteswohnung Els aufgenommen (Hillmann 163 Anm. 4; *ɜl mbk nhrm b^cdt thmtm* KTU 1.100.3; vgl. auch KTU 1.6,I,33; 1.4,IV,21 u.ö.; Clifford, HSM 4, 48-51; Gese, RdM 10/2, 98; zu hurritischen Parallelen vgl. Haas, Hethitische Berggötter 142-148; Vorzeitmythen 14-21).

Die Baᶜal-Motivik der Wohnstätte auf dem *ṣāpôn* Ps 48,3; Jes 14,13 (Schmidt, Königtum Gottes 32-35; → צפון) wurde frühestens exilisch in die Zionstexte eingebracht, so daß sich aus dieser Verbindung kein Argument für eine davidische Formung einer „Zionstradition" als ideologisches Konglomerat aus disparaten kanaanäischen Mythologumena gewinnen läßt (gegen Roberts, JBL 92, 332-336). Auch die Vorstellung eines Zeltes als Gotteswohnung (*miškān* Ps 46,5; vgl. auch Ps 26,8; 43,3; Jes 54,2; Ez 37,27 u.ö.; Schreiner 89ff.; zum Einfluß des Zeltmotivs auf den ersten Tempel vgl. Busink I 600ff.; Ottosson, AUU 12, 112) ist mit El verbunden (Clifford, HSM 4, 54). Die alle bekannten Maße des syrisch-palästinischen Tempelbaus (vgl. die Übersicht bei Ottosson, AUU 12, 116f.) sprengende Größe des Jerusalemer Anten-Tempels (Fritz, Tempel und Zelt 27-35) will der universalen Bedeutung als Gottessitz Ausdruck verleihen, sei es, daß im Tempelbaubericht in 1 Kön 6,2f. die tatsächlichen Maße überliefert sind oder in später historisierender Fiktion die Maße Ausdruck der Bedeutung des Tempels sein sollen. Auch das Inventar des Tempels drückt in Herrschaftssymbolik von Lade und Keruben (Metzger, Thron) sowie von Lebensbaum und Lotosblüte (S. Schroer, OBO 74, 1987, 46-66) den Anspruch universaler Lebensermöglichung aus (zur Verbindung von Tempel und Schöpfung vgl. Levenson, Journal of Religion 64, 285-291 [Lit.]; Metzger, ZDPV 99; Strange, PEQ 117, 1985, 35-40).

Unter den erwarteten Folgewirkungen der JHWH-Gegenwart auf *ṣijjôn* steht die des Schutzes (*maḥ^asæh wāᶜoz*, Ps 46,2; *miśgāḇ*, Ps 46,8) und der Hilfe (*ᶜæzrāh b^eṣārôṯ*, Ps 46,2 [→ צר *ṣar* I]) für die Stadt und ihre Bewohner *'JHWH' b^eqirbāh bal timmôṭ* (Ps 46,6) im Vordergrund. Sicherheit von *ṣijjôn* in Jerusalem und in einem weiteren Kreise der

Töchterstädte (*b^{e}nôṯ j^{e}hûḏāh*, Ps 48,12) vor fremden Völkern (Ps 46,7) ist zentraler Skopus dieser Theologie, der im Motiv der Überlegenheit JHWHs über *n^{e}hārôṯ* und *majim rabbîm* begründet ist, die in der Sprachstruktur von Ps 93 dem Königsgott JHWH antithetisch entgegengesetzt werden (Otto, Festschr. Kraus, 58-60; BN 42, 97-99; Jeremias, Königtum Gottes 16f.). Als König thront JHWH über dem feindlichen Wasser (Ps 29,10 *mabbûl* [Kloos 61-93]) und gründet über *jammîm* und *n^{e}hārôṯ* den *teḇel* (Ps 24,1f.; Day 37f.). Ps 46,7 historisiert die Chaosmotivik in vv. 3f. durch Parallelisierung von *jæh^{æ}mû mêmājw* mit *hāmû gôjim* und *b^{e}môṭ hārîm* mit *māṭû mamlāḵôṯ* (Day 120f.) und spitzt sie auf die Sicherheit Jerusalems zu. Die in der Gründung des Erdkreises erkennbare Überlegenheit des Königsgottes über die Feindmächte wird in einer Gewittertheophanie (*nāṯan b^{e}qôlô tāmûḡ 'āræṣ*, Ps 46,7; vgl. KTU 1.4,VII,29-35; 1.101,1-4 u.ö.) aktualisiert, wobei Motive historisiert werden, die in Ugarit mit dem Königtum Ba^{c}als verbunden sind (KTU 1.2 u.ö.; vgl. Caquot, DBS IX 1373-1375). Damit verknüpft ist das ursprüngliche *šmš*-Motiv der „Hilfe vor/am Morgen" (Ps 46,6 *ja^{c}z^{e}ræhā 'JHWH' lipnôṯ boqær*; Stähli, OBO 66, 1985, 38; Janowski, WMANT 59), das Stolz (Strukturen 214f.) mit dem vorisraelitischen Stadtgott (*šḥr-) šlm* (KTU 1.23; Caquot, DBS IX 1367-1371 [Lit.]; *j^{e}rûšālem*/$^{[URU]}$*u-ru-ša-lim*; vgl. Otto, RLA V 279 [→ ירושלים *j^{e}rûšālajim*]) in Verbindung bringt. Wahrscheinlicher aber ist die Übernahme dieses Motivs mit dem Eindringen von *šmš*-Motiven in Jerusalem in der Assyrerzeit (2 Kön 23,5.11; Jer 8,2; Ez 8,16-18; vgl. H. Spieckermann, FRLANT 129, 1982, 229-372; vgl. auch die Figurinen von Equiden mit Solarscheibe aus Jerusalem; dazu Schroer, OBO 74, 1987, 293-300). Im Gegensatz zur nachexil. Weiterentwicklung dieses aus der Historisierung des mythischen Chaoskampfes und der Verbindung mit Theophanie- und *šmš*-Motiven gewonnenen Motivkomplexes des Sieges über die Völker ist vorexil. noch nicht von einem „Völkerkampfmotiv" zu sprechen, da er noch nicht die Versammlung der Völker gegen die Stadt und ihre Vernichtung vor der Stadt durch JHWH kennt. In der vorexil. Überlieferung ist *ṣijjôn* Ausgangspunkt der Hilfe (Ps 20,3), noch nicht aber der Ort eines Völkerkampfes. Hat die vorexil. Zionstheologie ihren Skopus in der Begründung der Sicherheit der Stadt, so können die Befestigungswerke zum tradierungswürdigen Ausdruck der sichtbaren Überlegenheit JHWHs über die politischen Gefährdungen werden (Ps 48, 13-15a; zum kultischen Kontext der Aufforderung *sobbû ṣijjôn* vgl. Otto/ Schramm, Fest 55f.).

Eine überlieferungsgeschichtliche Sonderung der in Ugarit auf El und Ba^{c}al verteilten Motive ist in Ps 46 nicht möglich. Das kann darauf deuten, daß diese Motive bereits vorisraelitisch verbunden rezipiert wurden (Stolz, Strukturen 152-157; vgl. Lemche 224-231). Dagegen rechnet Kloos (123f.) mit einem ursprünglichen Ba^{c}al-Charakter JHWHs in einem El-Pantheon, so daß JHWHs El-Züge sekundär seien. Die Überlieferungsgeschichte der Zionstheologie zeigt dagegen seit der exil. Zeit eine zunehmende Integration der mit Ba^{c}al verbundenen Chaoskampfmotivik. Ist die Sicherheit der Stadt Skopus der vorexil. Zionstheologie, so ist sie kaum als davidisch-salomonische Großreichsideologie entstanden (Roberts, JBL 92) oder durchgesetzt worden Cohn, Shape 64-70), sondern wird eher nach Zerfall des Großreiches insbesondere im 8. Jh. als spezifische Ausprägung vorgegebener Tempeltheologie (vgl. Ps 29; 47; 93; 1 Kön 8,12f.) unter Rückgriff auf Motive entstanden sein, die auch vorisraelitisch Funktion in politischer Bedrängnis der Stadt hatten (Otto, VT 30).

Ein zweiter Motivkreis der Folgewirkungen der JHWH-Gegenwart auf *ṣijjôn* integriert die Begriffsbereiche von *ḥæsæḏ*, *ṣæḏæq* und *mišpāṭ* in die Zionstheologie (Ps 48,10-12; vgl. Porteous, Festschr. W. Rudolph 239-241; Łach). *ṣæḏæq* füllt (*ml'*) die Hand JHWHs auf *ṣijjôn* (Ps 48,11) und *mišpaṭ JHWH* läßt *ṣijjôn* jubeln (Ps 48,12; vgl. Jes 1,21 [26b; vgl. Niehr 71]). Wie in Ps 24,5 das der Stadt geltende Motiv der Gottes-Hilfe *JHWH gibbôr milḥāmāh* (v.8) zu *'^{æ}lohê jiš^{c}ô* individualisiert werden kann, so auch die Zueignung der *ṣ^{e}ḏāqāh*, die der einzelne mit dem Segen im Kult empfängt (*jiśśā' b^{e}rāḵāh me'eṯ JHWH ûṣ^{e}ḏāqāh me'^{æ}lohê jiš^{c}ô*, Ps 24,5; Otto, ZAW 98, 166 [anders D. Dombkowski, Psalm 15 and 24, Phil.Diss. Vanderbilt University 1984: Ps 15; 24 vorstaatlich]). *b^{e}rāḵāh* und *ṣ^{e}ḏāqāh* sind an ein normgemäßes Verhalten gebunden, das die Solidarität mit den Schwächsten in der Gesellschaft einschließt (Ps 15,3-5aαβ; 24,4aβb; vgl. Ex 22,20aα. 22.24-26; E. Otto, Studia Biblica 3, 1988, 38-44; vgl. die abweichenden literarischen Scheidungen in Ps 15;24 durch Beyerlin, Heilsordnung 9; Steingrimsson; vgl. dazu Otto, Studia Biblica 3, 89 Anm. 161). Der Individualisierung des Motivs der Hilfe entsprechend wird in Ps 15,5 (*^{c}ośeh-'ellæh lo' jimmôṭ l^{ec}ôlām*) das Motiv des Schutzes der Welt vor dem Chaoswasser (*tikkôn teḇel bal timmôṭ*, Ps 93,1 u.ö.) individualisiert und auf den normgemäß Handelnden übertragen (vgl. auch Ps 125,1).

An diesen ethischen Forderungen mißt prophetische Kritik die Zionstheologie und verwirft ihren Anspruch, die Sicherheit der Stadt theologisch zu begründen. Das Rechtswesen ist zerrüttet (zum rechtshistorischen Kontext vgl. Bazak, Jewish Law Association Studies 3, 1987, 30f.; Otto, Rechtshistorisches Journal 7, 1988, 358ff.), die Oberschicht korrupt (Jes 1,23; Mi 3,11 u.ö.), *ṣijjôn* statt mit *mišpāṭ* und *ṣ^{e}ḏāqāh* mit *dāmîm* erbaut (Mi 3,10; Hab 2,12 [E. Otto, ZAW 89, 1977, 83f.]; zum rechts- und sozialhistorischen Hintergrund vgl. Dietrich 37-44; Niehr). Die Erfüllung der Sicherheitserwartungen der Zionstheologie wird von Jesaja an die *'^{æ}mûnāh* der Bewohner gebunden (Jes 1,21.[26]; 28,16; vgl. 7,9b). Die Stadt aber hat die Prüfung nicht bestanden (Jes 28,16; Kilian 62). In provokativer Umkehrung der Zionstheologie erwartet Jesaja, daß JHWH Unrecht rächend (Jes 1,24 *'innāqᵉmāh*) sich gegen *ṣijjôn* kehren werde. In der Frühverkündigung dagegen kündigt Jesaja ein Läuterungsgericht an, das nur die Oberschicht vernichtet (vgl. auch Jer 3,16f.) und so eine Erneuerung Jerusalems als *ᶜîr haṣṣædæq qirjāh næ'ᵃmānāh* ermöglicht (Jes 1,26). Später erwartet Jesaja nur noch die Vernichtung Jerusalems (32,14 u.ö.). JHWH selbst werde die Feinde gegen die Stadt führen und gegen *ṣijjôn* kämpfen (8,5-8.11-15.18; 10,27b-32; 28,16f.; 29,1-4; 31,1.[2].3f.). Jesaja nähert sich damit der die Umwandlung von *ṣijjôn* zum Acker ankündigenden Prophetie des Landjudäers Micha (Mi 3,10-12; vgl. J.M. Vincent 169-179) an. Während priesterliche Tempeltheologie als Zionstheologie die Assyrergefahr für Jerusalem affirmativ verarbeitet, indem sie die aller Erfahrungswirklichkeit vorausliegende Sicherung von *ṣijjôn* durch die Integration mythischer Motivik unterstreicht, kritisieren Jesaja und Micha parallel dazu (vgl. Neve) diesen affirmativen Zug, indem sie die Zionstheologie an ihren eigenen unerfüllten ethischen Ansprüchen messen. Die Rettung Jerusalems vor der Zerstörung durch Sanherib (vgl. R. Liwak, ZThK 83, 1986, 137-166) wird der Zionstheologie kräftigen Auftrieb gegeben haben. Zur Zeit Joschijas scheint sich der affirmative Zug der Zionstheologie durch den Verfall Assyriens endgültig zu bestätigen. Die Zionstheologie bestimmt in dieser Zeit die Rezeption jesajanischer Überlieferung in der Ankündigung einer von *ṣijjôn* ausgehenden Vernichtung Assurs (Jes 10,5-8.13-15; 29,5-7; 30,27-33).

Nach dem Tode Joschijas aktualisiert Jeremia die Unheilsankündigung gegen *ṣijjôn* in der Erwartung des neubabylonischen „Feindes aus dem Norden" (Jer 4,3-6,30; vgl. R. Albertz, ZAW 94, 1982, 20-47). Rechnet Jeremia zunächst noch damit, die drohende Vernichtung könne durch einen Gesinnungswandel insbesondere der Oberschicht (5,5) abgewendet werden (4,3.14; 5,1; 6,8), so erkennt er, daß die Jerusalemer Gesellschaft heillos zerrüttet ist (6,30) und es für *ṣijjôn* keine Rettung vor dem Feind geben wird (4,6.31; 6,2f.23). In der babyl. Belagerung der Stadt sieht Jer nur in der Absage an die Ideologie der Sicherung der Stadt durch JHWH (15,5f. → VI 70f.) und im freiwilligen Weg in die Leiden der Gefangenschaft eine Überlebensmöglichkeit (21,9; 38,2).

Ezechiel vermeidet mit der Verwerfung Jerusalems als *ᶜîr haddāmîm* (Ez 22,2f.; 24,6; vgl. 16,3ff.) den *ṣijjôn*-Namen und umschreibt ihn mit *har mᵉrôm jiśrā'el* (17,23; vgl. 34,14; W. Zimmerli, BK XIII/1, 457). Jede sich auf die Gottesgegenwart und die daraus resultierende Hoffnung auf Sicherheit der Stadt verlassende politische Aktion führe zu ihrem Gegenteil (Ez 4f.; [M. Küchler/ C. Uehlinger ⟨Hg.⟩, Novum Testamentum et Orbis Antiquus 6, 1987, 111-200]; Ez 8-11*; [F.-L. Hossfeld, BiblEThL 74, 1986, 151-165]).

V.1. Mit Exil und Zerstörung des Tempels beginnt eine Phase altisraelitischer Reflexionsgeschichte, die als im eigentlichen Sinne theologisch zu bezeichnen ist, da sie sich dem Grundwiderspruch von Gotteswirklichkeit und Welterfahrung in besonderem Maße stellen muß. Die Zerstörung von Stadt und Tempel in Jerusalem falsifiziert den Anspruch der vorexil. Zionstheologie, die Gottesgegenwart auf Zion garantiere die Sicherheit von Stadt und Gottesberg, und führt schon in der klagenden Besinnung auf die vorexil. Zeit zu Modifikationen im Verständnis der Gottesgegenwart auf *ṣijjôn*. Die vorexil. Identifikation von *ṣijjôn* mit JHWHs Thron wird differenziert durch die Identifikation mit *hᵃḏom raḡlājw* (*JHWH*) (Klgl 2,1; vgl. Ps 99,5.9; Jes 60,13; → הדם *hᵃḏom*). In Klgl 5,18f. (MT) wird dem *har ṣijjôn šæššāmem* die Beständigkeit des Gottesthrones im Himmel entgegengestellt. Aus dieser Differenz gewinnt sich der Begründungszusammenhang der Bitte um Notwende (Klgl 5,20-22; vgl. Ps 102,13f.20). Klgl 2,1 kleidet die Distanz von *JHWH* und *ṣijjôn* in die Metapher vom Himmelssturz. Im Kontrastschema von einst und jetzt, das aus der Volksklage (C. Westermann, ThB 24, 1964, 306-311) stammt, wird *ṣijjôn* über die vorexil. Aussagen zur festen Gründung und Sicherheit hinaus rückblickend zur *tip'æræṯ jiśrā'el* (vgl. auch Klgl 2,15; Jes 46,13) und die nationale Bedeutung von *ṣijjôn* für Israel begrifflich herausgearbeitet. Klgl 2,1; 5,19 haben Anteil an (frühnach-)exil. Modifikationen der vorexil. *ṣijjôn*-Theologie. Spätdtr Theologie hat in 1 Kön 8,(27).31-51 (Veijola 150ff.) als Korrektur der vorexil. Präsenztheologie in 1 Kön 8,12f.(MT) den Himmel als Wohnstätte JHWHs (vgl. auch Ps 33,13f.; 102,20; Jes 33,5 u.ö.; vgl. M. Weinfeld, Deuteronomy and the Deuteronomic School, Oxford 1972, 193-198) vom Tempel als Stätte der Präsenz des *šem JHWH* getrennt (Mettinger, Dethronement 38-52), nicht ohne in einem Nachtrag (1 Kön 8,29f.52f.59f.) den in dieser Präsenz begründeten Aspekt der Nähe JHWHs hinzuzufügen. In der Korrektur vorexil. Tempeltheologie sind auch die Langformen der Zentralisationsformel (Belege bei Weippert 93), die in der Kurzform sekundär zusammengefaßt sind (Lohfink 326), dtr Weiterentwicklung der vorexil. Jerusalemer Überlieferung Ex 20,24a(α)βb (E. Otto, Studia Biblica 3, 1988, 55f.). Aus der Differenzierung von Wohnort im Himmel und Tempel (1 Kön 8,48f.) resultiert die Möglichkeit der Notwende auch nach Verlust von Land und Tempel (1 Kön 8,50f.). Der *ṣijjôn*-Name wird wie in Ez und DtrGW gemieden und in 2 Sam 5,7; 1 Kön 8,1 nur untheologisch, in 2 Kön 19,21.31 nur im Zitat verwendet. Nachdtr wird durch die erneute Identifikation von *ṣijjôn* mit dem Thron JHWHs (Jer 3,16f.) diese Position korrigiert. Priesterliche *kāḇôḏ*-Theologie (→ כבוד *kāḇôḏ*) hat in Ez 43,1-11.(12) mit der Erwartung der Wohnungsnahme des *kᵉḇôḏ JHWH* auf dem Gottesberg als dem *mᵉqôm kisᵉ'î* und *mᵉqôm kappôṯ raḡlaj* Ez 43,7; Metzger, UF 2, 156) eine in Vermittlung von Di-

stanzierungsmöglichkeit (Ez 8,1-11,25*) und Nähe JHWHs der spätdtr *šem*-Theologie analoge Modifikation der vorexil. *ṣijjôn*-Theologie vollzogen.
Exil. Theologie arbeitet die nationale Bedeutung des Gottesberges im Motiv der Selbstbindung JHWHs an Israel heraus, wenn JHWH auf dem Gottesberg inmitten der Israeliten wohnt (1 Kön 6,11-13; Ez 43,7.9; Ps 78,60; vgl. Ex 24,16; 25,8; 29,45f. [P^G]; Janowski, JBTH 2, 173.180-186).
Mißt die vorexil. Prophetie die Zionstheologie an ihrem ethischen Anspruch, so wird in dtr Theologie das normgemäße Verhalten als Voraussetzung der Heilserwartungen, die aus der Selbstbindung JHWHs an den Gottesberg resultieren, festgeschrieben (Jer 7,3ff.; 1 Kön 6,12f.). An diesem Bedingungszusammenhang wird auch in der Hoffnung endgültiger Selbstbindung JHWHs festgehalten, indem sie mit der Erwartung, JHWH selbst werde ein normgemäßes Verhalten Israels ermöglichen, verbunden wird (1 Kön 8,57f.; Jer 31,18.32f.; Ez 43,7-9; Klgl 5,21). Begründungen für den die Zerstörung von *ṣijjôn* transzendierenden Heilswillen Gottes sind in dtr Überlieferungen Gottes Überwindung seines Zornes in der Reue (Ex 32,12.14; [vgl. C. Dohmen, BBB 62, ²1987, 66ff.]; Jer 26,3.13.19; 42,10 [vgl. J. Jeremias, BSt 65, 1975, 75-87]) und die Umkehr Israels (1 Kön 8,47f. u.ö.), in Klgl 3,22f. *ḥ^{a}sāḏîm*, *raḥ^{a}mîm* und *'^{æ}mûnāh* JHWHs, die seinen Zorn transzendieren (vgl. Jer 31,20). Während Ezechiel die Begründung des Heilswillens dem Geheimnis Gottes anheim gibt (Ez 37,6.13a), tritt deutero-ezechielisch und spätdeuterojesajanisch die Heiligkeit JHWHs und seines Namens als Begründungsmotiv in den Vordergrund (Ez 36,16-32; Jes 41,14.20; 48,9 u.ö.). Die unverbrüchliche Treue JHWHs wird in Jes 49,16 verdichtet zu dem Bild, JHWH habe *ṣijjôn* in seine Hand eingegraben, und diese Motivzusammenhänge werden um die Sühnewirkung des Exilleidens (Jes 40,2; 52,13-53,12) erweitert. Exil. Überlieferung in Jes 40-48, die auf den Exodus aus dem Exil zentriert ist, wird in Jes 49,1-52,12 (52,13-55,13) zionstheologisch ergänzt (K. Kiesow, OBO 24, 1979, 158ff.). Der *m^{e}baśśer* kündigt die in der Rückkehr JHWHs zur *ṣijjôn* (Jes 52,7-10; vgl. Sach 2,14; 8,3) offenbar werdende Königsherrschaft Gottes über die Völker an, die den *šālôm* gegen den Ansturm der Chaoswasser sichert (Jes 51,9-52,2*). Zionstheologie und Exodusüberlieferung werden in dieser Schicht möglicherweise erstmals verbunden (Kiesow 198f.). In der Rückführung der Exilierten (Jes 40,10f.; 51,11; vgl. Jer 3,14; 31,10-14; Mi 4,6f.) wird der *kāḇôḏ* JHWHs offenbar (Jes 40,5; vgl. 60,2; Ps 102,17). Die Wiederbesiedlung Jerusalems wird mit dem Sieg über die Chaoswasser gleichgesetzt (Jes 44,26b-28; vgl. 49,1-21; Mi 4,7). *ṣijjôn* als *^{c}îr haqqoḏæš* (Sach 8,3 *^{c}îr hā'^{æ}mæṯ w^{e}har JHWH ṣ^{e}ḇā'ôṯ har haqqoḏæš*; → עיר *^{c}îr*) wird sicher sein vor fremden Völkern (Jes 52,1-3). JHWH ist *go'el* für *ṣijjôn*. Während *g'l* für Jakob/Israel mit dem Verhältnis JHWHs als des Herrn zum Sklaven verbunden ist (K. Baltzer, Festschr. F.M. Cross, Philadelphia 1987, 477-484), ist die Lösung von *ṣijjôn* / Jerusalem mit dem Verhältnis JHWHs als des Ehemannes zur Ehefrau und Mutter (Jes 44,24; 49,14f.; vgl. 66,8; Ps 87,5 LXX; vgl. Schmitt, Motherhood) begründet (Jes 44,21-23; 48,20; 49,26; 52,9; 54,5.8). Als Ort der Hilfe *(t^{e}šû^{c}āh)* für Israel (Jes 46,13; vgl. 45,17; Ps 14,7; 53,7; 69,36) kann *ṣijjôn* zur Bezeichnung der Exilierten (Jes 46,13; 52,7; vgl. Mi 4,10; Sach 2,11) und zum *^{c}am JHWH* werden (Jes 51,16); zur Verbindung von *ṣijjôn* mit dem Restgedanken vgl. J. Hausmann, BWANT 124, 1987, 209ff. In paralleler Tendenz wird aus Jerusalem *b^{e}ṯôḵ haggôjim* (Ez 5,5) in Ez 48 Jerusalem der Mittelpunkt der Stämme des neuen Israels (Levenson, HSM 10, 116-122).
In theologischer Revolte gegen das politische Schicksal von *ṣijjôn* in der Exilszeit wird die mythische Motivik des Gottesbergs (Ez 38,12; 40,2; vgl. Jes 2,2; Mi 4,1; Sach 14,10) und Gottesgartens (Jes 51,3; vgl. Ez 47,1-12; Joël 4,18; Sach 14,8; Christensen) verstärkt.
2. Die exilischen Modifikationen der Zionstheologie wirken in nachexil. Zeit weiter. Differenzierter als in vorexil. Zeit werden die Motive vom Thronen JHWHs im Himmel (Jes 66,1f.; Ps 33,13; 74,2; 103,19; 123,1) Ausdruck der Transzendenz JHWHs, die des Wohnens auf dem Gottesberg (Joël 2,1; 4,17; vgl. Jes 56,7; 65,25; 66,20; Ps 43,3; 84,8) Ausdruck seiner bergenden Nähe. In Ps 74,2.7 werden diese Aspekte im Nebeneinander der Motive von *har ṣijjôn* als Wohnstatt JHWHs und seines Namens miteinander vermittelt. Distanz und Nähe JHWHs zur *ṣijjôn* werden auch in der in dtr Horizont stehenden (Koch, ZAW 67: vordtn; vgl. aber Veijola 67.73) Übertragung der Motive der Erwählung (*bḥr*) (Sach 1,17; 2,16; Ps 78,68; 132,13; 2 Chr 6,6; 7,12.16; 12,13), der *naḥ^{a}lāh* JHWHs (F. Horst, Festschr. W. Rudolph, 1961, 141; Ex 15,17 [Foresti 53f.]; Ps 74,2; 79,1; vgl. KTU 1.3,III,30; IV,20), der *m^{e}nûḥāh* JHWHs (Ps 95,11; 132,8 [vgl. 2 Chr 6,41; vgl. Welten, Festschr. Würthwein 179-182].14; Jes 66,1; Sir 36,19; vgl. G. Braulik, Festschr. H. Groß, 1986, 33-44) sowie Heiligkeit des Gottesberges (Joël 4,17; Obd 17; Sach 8,3) und seiner Bewohner (Jes 4,3; 66,20) vermittelt. Im Gegensatz zu Dtn 12,9.11; 1 Kön 8,56 ist aber der Tempel als Ort der *m^{e}nûḥāh* nicht Gabe Gottes an Israel, sondern der Ort, an dem JHWH selbst zur Ruhe kommt. Jes 66,1f. kritisiert um der Transzendenz des im Himmel thronenden JHWHs willen die Motive des Tempels und Gottesberges als *kisse'*, *h^{a}ḏom* oder *m^{e}nûḥāh* JHWHs (vgl. die Gegenposition in Hag 1,8; Hanson 178 Anm. 113; anders Levenson, Journal of Religion 64, 293f.). Das Motiv der Offenbarung vom Himmel (Jer 25,30) hat eine Gegenposition in der Offenbarung von *ṣijjôn* (Joël 4,16; vgl. Am 1,2). Wie mit der Transponierung des Gottesthrones in den Himmel ist mit der Dislozierung von *ṣijjôn* zu den *jarḵ^{e}ṯê ṣāpôn* (Ps 48,3; vgl. Jes 14,13; RSP II 318-324; Savignac 276), die mit der exil. intensivierten

Rezeption von Ba^cal-Motivik des Chaoskampfes (W. Herrmann) Motive des Gottesberges Ba^cals (Hillmann 10-30; Clifford, HSM 4, 57-79; anders N. Wyatt, UF 17, 1985, 380f.) einholt, die direkte Identifizierung des Gottesberges mit dem SO-Hügel Jerusalems aufgehoben. Die sichtbare Identifizierung von SO-Hügel und Gottesberg (Ps 48,9) wird wie der Völkerkampf (Ps 48,5-8) als zukünftig erwartet. Mi 4,1 verbindet das Sichtbarwerden von *ṣijjôn* als *har bêṯ JHWH* (vgl. 2 Chr 33,15), der sich über alle Berge erhebt, mit einer Zeitwende (*b^e'aḥ^arîṯ hajjāmîm*).

Das vorexil. zentrale Motiv der Sicherung von *ṣijjôn* durch JHWH als Konsequenz seiner Anwesenheit auf *ṣijjôn* wird nachexil. zum Motivkomplex des „*Völkerkampfes*" weiterentwickelt (Wanke 70-99; anders Day 125-138). Als Wurzeln sind Motive des Chaoskampfes (Ps 74,13f.; Jes 17,12-14), JHWHs als des Kriegers (Ps 46,7 u.ö.; vgl. Ollenburger 101-104), die vorexil. Zionstheologie der Sicherheit der Stadt, die vorexil.-nachjesajanische Schicht der Unheilsankündigung gegen Assur (Jes 10,5-8 [13-15]; 29,5-7; 30,27-33) und Überlieferungen vom „Feind aus dem Norden" (Jer 4-6; vgl. Ez 38f.; Joël 2) erkennbar. Der Motivkomplex ist um die wunderhafte Rettung vor einem um *ṣijjôn* versammelten Feind gruppiert (Jes 8,9f.; 14,24-27; 17,12-14; 29,8; 31,5.8f.; 33,1-6; Mi 4,11.12f.; Ps 48,5-8; 76,4-10). Exil. Rezeption von *šmš*-Motiven (W. Herrmann, UF 19, 1987, 75-78) spiegelt sich im Fortleben des Motivs der „Rettung vor/am Morgen" wider (Jes 17,12-14; 29,8; 33,2). In Joël 4; Sach 12 ist der Völkerkampf mit Motiven eschatologischen Gerichts über die Völker, in Sach 14 – vorexil. Unheilsankündigung gegen Jerusalem aufnehmend – mit der Gerichtssonderung in Israel verbunden und zu einem Teilaspekt eines eschatologischen Dramas geworden. In Ps 76 ist das mit dem Gericht über die Völker (vv. 9f.) verbundene Völkerkampfmotiv (vv. 5-8) zum Motiv der Zerstörung der Waffen als Voraussetzung eines universalen Friedens (v. 4) fortgeführt. Durch die Einbindung dieses Motivs in Ps 46,9-12 als nachexil. Aktualisierung von vv. 2-8 wird auch dieser Psalm zu einem Hymnus eschatologischer Erwartung des universalen Offenbarwerdens JHWHs vor den Völkern, das seinen Ausgang von *ṣijjôn* nimmt (vgl. auch Hos 1,5; 2,20 [Bach 13-26]; Mi 5,9f.; Sach 9,10; Otto, Gottesfrieden 16-20). Das Motiv des Zerbrechens der Waffen sowie (frühnach-) exil. Motive der Völkerversammlung und -huldigung auf *ṣijjôn* (Jes 18,7; 19,21; 45,14f., 49,17; 55,3b-5; Jer 3,17; Ez 17,22f.; Zef 3,8-10; Hag 2,6-9; Sach 2,15; 6,15; 8,20-22.(23); Ps 68,29f.32; 72,10f.; 76,12; 87,2-7; 96,7-9) sowie der Gründung der Rechtsordnung auf *ṣijjôn* für die Völker (Ps 99,3f.) verdichten sich zu einem dem Völkerkampf entgegengesetzten Motivkomplex der „Völkerwallfahrt" (Jes 2,2-4; Mi 4,1-4.[5]; Jes 66,18-23; Sach 14,16f.), der um das Motiv des Gottesberges *ṣijjôn* (Loretz, Prolog 63-81) als Ziel des Zugs der Völker, Ausgangspunkt der JHWH-Thora für die Völker und eines universalen Friedens in der Welt gruppiert ist (H.W. Wolff, BK XIV/4, 89). Sach 14 verbindet Völkerkampf und -wallfahrt zum Zug der Überlebenden der Völker zum Gottesberg.

Nachexil. schlägt sich eine besonders in spätdeuterojesajanischem und dtr Horizont vollzogene Integration von Zionstheologie und Themen der „Heilsgeschichte" des Pentateuchs nieder (Ex 15,13.17f.; Ps 68,17f.25b.30; 74,2-8; 78,68f.; 99,2.9; 132,3.6-8.13-15; 135,2.21; [vgl. Haglund 109-111]). Ex 15,1b-18 (nachexil. Endgestalt; zur Schichtung vgl. Zenger, VTS 32; Überblick über die Datierungsthesen bei Jeremias, Königtum Gottes 93 Anm. 2) führt das Theologumenon des Erweises göttlichen Königtums im geschichtlichen Ereignis der Inbesitznahme von *ṣijjôn* als Gottesberg (Ps 47) in die pentateuchische Ursprungsgeschichte Israels ein und erweitert diese um die Erwartung, JHWH werde *ṣijjôn* als Sammlungsort seines Volkes vor gegenwärtigen und zukünftigen Feinden schützen (Strauß, ZAW 97).

Zur Identifikation von *ṣijjôn* mit *har hammôrijāh* (2 Chr 3,1; vgl. Gen 22,2.14 [R.W.L.Moberly, VT 38, 1988, 306f.]) und *ḥirbeṯ beṯ lej* Inschrift A (J. Naveh, IEJ 13, 1963, 74-92; zur Datierung J. Tigay, Harvard Semitic Studies 31, 1986, 25f.); zur Parallelität mit der Psalmenliteratur vgl. Seybold, BThSt 3, 79f.; P.D. Miller, VTS 32, 1981, 320-328).

In der nachexil. Zionstheologie verbinden sich priesterliche und prophetische Denktraditionen miteinander, die vorexil. geschieden waren. Parallel zu den JHWH-Königsliedern (Loretz, Psalmen 491f.; Jeremias, Königtum Gottes 121-147) werden die „Zionslieder" (Ps 137,3) eschatologisiert (vgl. auch das endzeitliche Offenbarwerden der Königsherrschaft auf *ṣijjôn* in Jes 24,23; 52,7; Obd 21; Mi 4,7; Zef 3,15; Sach 14,9; Ps 146,10; 149,2; V. Maag, VTS 7, 1960, 151; O. Camponovo, OBO 58, 1984, 74-116) und durchdringen Psalmenmotive die nachexil. Prophetenüberlieferungen (Wanke 113-118).

In der von *ṣijjôn* als Ausgangspunkt des JHWH-Segens (Ps 128,5; 129,8; 132,13ff.; 133,3; 134,3; vgl. 125,1 [Loretz, UF 19, 1987, 422f.]) für Israel als *ṣijjôn*-Gemeinde geprägten Redaktion der Wallfahrtspsalmen (K. Seybold, ZAW 91, 1979, 247-268) ist die Verzahnung von Volksfrömmigkeit und *ṣijjôn*-Theologie nachvollziehbar (Seybold, BThSt 3, 77-85) und darin die Individualisierung von *ṣijjôn*-Motivik offizieller Religion zu Metaphern individuellen Lebens. Die urzeitliche Gründung von *ṣijjôn* wird Sinnbild des Schutzes für den einzelnen, der auf JHWH vertraut (Ps 125,1; Beyerlin, Weisheitliche Vergewisserung 61f.). Umgekehrt wird die persönliche Bedrängnis zur Metapher des Schicksals von *ṣijjôn* (Ps 129,1.[2]). Diese Übertragungen prägen auch die Redaktion der Korach-Psalmen.

3. Im Gegensatz zu DtrGW wird Σιών in Geschichtswerken (1 Makk 4,37.60; 5,54; 6,48.62; 7,33; 10,11; 14,26; 3 Esra 8,78.[82]) wieder häufiger verwendet (s.o. III.; zum Gegensatz von ἄκρα und

Σιών vgl. M. Hengel, WUNT 10, ^{2}1973, 512ff.530ff.). Weisheitliche Überlieferung personifiziert Σιών als Witwe, die über die Wegführung der Kinder klagt (Bar 4,9.14.24; vgl. 4 Esra 9,38-10,24; Jdt 16,4 [E. Zenger, JSHRZ I/6, 1981, 445]). Das Motiv des Gottesschutzes für Σιών wird in Jdt 9,13f. (vgl. 13,11 [E. Zenger 442]) aufgenommen. In Jdt 9; Sir 36,16b-22 (Marböck) werden Σιών, Tempel und Israel als Erben JHWHs, denen seine Taten und Verheißungen in der Vergangenheit gegolten haben, mit der Bitte um Gericht über die Feinde verbunden. Die endzeitlichen Erwartungen Sir 36,18f. werden in weisheitlichem Kontext in Tob 13,17 (vgl. Offb 21,10-21) ins Wunderhafte gesteigert zur Erwartung des neuen Jerusalems als Stadt aus Gold und Edelsteinen.

Die exil. Distanzierung vom *ṣijjôn*-Namen (DtrGW; Ez) wiederholt sich in Teilen der apokalyptischen Literatur. Die geographischen Gegebenheiten von SO-Hügel (äthHen 36,2 u.ö.; P. Grélot, RB 65, 1958, 33-69) und Hinnomtal (äthHen 37, 1-5; 90,28; S. Uhlig, JSHRZ V/6, 1984, 563f.702) werden mythologisch überhöht zum endzeitlichen Gottesberg (äthHen 14,19; 18,8; 24,3; 25,3; 71,6; 4 Esra 8,52; 13,35f.; Terrien 315-338) verbunden mit Motivik des Paradieses (äthHen 24,1-36,6; syrBar 4; 4 Esra 7,36; Offb 22,1f. u.ö.), der messianischen Rettung im Völkersturm (4 Esra 13,35; syrBar 40,1f.; vgl. äthHen 56; Sib 3,663-697; 1 QM 12,13.17; 19,5; E. Lohse, ThWNT VII 324) und des Gerichtsortes (äthHen 18,11a; 27,2f.; 90,26f. u.ö.; vgl. 2 Kön 16,3; 2 Chr 28,3; Jes 66,24; Jer 7,31ff.; 19,5ff.).

Nachexil. Visionen eines neuen Jerusalem (Jes 62; 65,17-25; Porteous, Festschr W. Rudolph 248f.) werden zugespitzt auf die Diskontinuität zwischen vorfindlichem und endzeitlichem Jerusalem (K.-L. Schmidt 207-248) sowie Tempel (Hamerton-Kelly; äthHen 14,18ff.; 24,1-25,4; 71,5ff.; 89,72ff.; 90,28f.; syrBar 4,3; 32,3f.; Sib 5,420ff.; TestLev 3,4f.; TestDan 5,12f.; AssMos 4,1ff.; 4 Esra 7,26; 10,27.40-57; 13,35-37a). Abgesehen von dem literarischen Zusatz 4 Esra 13,35-37a wird in keiner dieser Überlieferungen das Motiv des neuen Jerusalem mit Zion verbunden. In 4 Esra 10,27.54 wird das neue Jerusalem vom Ort des vorfindlichen gelöst. In äthHen, Dan, Sib, AssMos wird das nomen proprium Zion nicht genannt. Josephus vermeidet die Nennung von Zion konsequent. Im NT tritt Zion auffällig zurück. Von sieben Belegen stehen fünf im Kontext at.licher Zitate: Mt 21,5 (Jes 62,11; Sach 9,9); Joh 12,15 (Jes 40,9; Sach 9,9f.); Röm 9,33 (Jes 8,14; 28,16); 11,26 (Jes 59,20f.; Ps 14,7); 1 Petr 2,6 (Jes 28,16). Nur Hebr 12,22; Offb 14,1 liegt kein Zitat vor. In syrBar 5,1; 32,2 wird Zion zur Bezeichnung des geschichtlichen Jerusalems dem neuen Jerusalem entgegengesetzt. Dagegen ist für Jub Zion nach der Verunreinigung des vorfindlichen Tempels (Jub 23,21) Ort des endzeitlichen Tempels und endgültiger Gottesgegenwart (Jub 1,17), neben Sinai, Garten Eden und „Berg des Morgens“ herausgehoben als Berg, der als Mittelpunkt des Nabels der Welt (Jub 8,19; vgl. Josephus, Bell. Jud. 3,52) in der neuen Welt geheiligt sein wird und die Welt von Sünden befreit (Jub 4,26).

VI.1. LXX^{A} zählt 13 (ohne Apokryphen), LXX^{B} 15 über MT hinausgehende Belege von Σιών/Σειών (zur Schreibung vgl. Bl-Debr § 38*; 56,3), die übergreifende Tendenzen erkennen lassen. In ^{LXX}1 Kön 3,15; 8,1; Jes 1,21; 52,1; Dan 9,19.24 wird Σιών mit (πόλις) Ἰερουσαλήμ, in ^{LXX}Jes 1,26 mit μητρόπολις (vgl. Philo, Flacc 46; Leg Gaj 203.281.294.305.334; A. Kasher, Cathedra 11, 1983, 45-56; vgl. J. Graham, Colony and Mother City in Ancient Greece, Manchester 1964) identifiziert. Soll die religiöse Bedeutung Jerusalems unterstrichen werden, so geschieht dies in ^{LXX}Jes 1,21-26; Dan 9,24 unter dem Aspekt der Gerichtsankündigung für Σιών. In dieser Tendenz wird in ^{LXX}Jes 9,10 eine gegen das Nordreich gerichtete Unheilsankündigung auf Σιών bezogen, in ^{LXX}Jes 22,1.5 das Hinnomtal (*gê' ḥizzājôn* [Wildberger, BK X/2, 805.813f.]) zur φάραγξ Σιών und in ^{LXX}Jes 23,12 ein Sidon-Spruch zu einer Warnung von Σιών vor den Kittäern (vgl. 1 QpHab 2,12; E. Otto, TRE XIV 304-306 [Lit.]). In ^{LXX}Jes 31,9 wird das Wort vom Feuer JHWHs auf *ṣijjôn* und Ofen in Jerusalem umgeprägt zur Seligpreisung der Teilhabe am Samen auf Σιών und Gemeinschaft in Jerusalem, die auf die Ankündigung eschatologischer Königsherrschaft (^{LXX}Jes 32,1-5) bezogen ist. Dieser Zusammenhang von Königsherrschaft und Σιών als Königsstadt leitet auch die Umdeutung von ^{LXX}Ps 2,6 *ṣijjôn har qŏḏšî* zu Σιων ὄρος τὸ ἅγιον αὐτοῦ. In ^{LXX}Jes 25,5 (vgl. J. Coste, RB 61, 1954, 36-66); 32,2 wird *ṣājôn* zu Σιών umgedeutet. Es ist zu erwägen, ob sich in der Übersetzung von *gê' ḥizzājôn* mit φάραγξ Σιών (^{LXX}Jes 22,1.5) eine Verlagerung der Lokalisierung von *ṣijjôn* auf den SW-Hügel ankündigt.

2. In ^{Targ}2 Sam 5,7 ist *m^{e}ṣuḏaṯ ṣijjôn* mit *hqr'* wiedergegeben und wie ἄκρα Δαυιδ (^{LXX}Jes 22,9; vgl. ^{LXX}2 Sam 5,9; 1 Kön 3,1; 10,22; 11,27; 12,24) an der Tradition hellenistischer Baugeschichte Jerusalems (Otto, Geschichte 115ff.) orientiert (→ VI 74). Die JHWH-Präsenz auf *ṣijjôn* wird durch die *š^{e}ḵînāh*-Motivik (A. Chester, Divine Revelation and Divine Titles in the Pentateuchal Targumim, 1986, 313-324 [Lit.]) differenziert und Vorstellungen unmittelbarer Gottespräsenz transzendiert (MT Jes 18,7 *m^{e}qôm šem JHWH ṣ^{e}ḇā'ôṯ har ṣijjôn* > ^{Targ}Jes 18,7 *'rṣ' d'tqrj šm' JHWH ṣb'wt dj škjntjh bṭwr' dṣjwn*; vgl. ^{Targ}Ps 65,2; 76,3; Jes 3,5; 4,5; Ez 48,35; Joël 4,17.21; Sach 2,14f.). Die Vorstellung der Präsenz der *š^{e}ḵînāh* auf *ṣjwn* steht neben der Präsenz im Himmel (^{Targ}Jes 3,5; Hab 3,4; Smolar u.a. 221f.). Die immanente JHWH-Repräsentanz auf *ṣjwn* kann auch die *mlkwt' dJHWH* (^{Targ}Jes 1,4; 24,23) übernehmen. Wie in LXX wird in Targ der Zusammenhang von Königsherrschaft und *ṣjwn* unterstrichen. ^{Targ}Ps 87,5 verbindet *ṣjwn* mit den Davididen, ^{Targ}Jes 28,16;

46,13 mit einer messianischen Gestalt. TargPs 84,8; 87,2 aktualisiert die Zionstheologie synagogal in der Verbindung von *ṣjwn* mit dem „Lehrhaus“ als Mitte der *knjšt'* (TargPs 97,8; Jes 52,7; vgl. auch MT Jes 31,9 *baṯ ṣijjôn* > *knjšt' dṣjwn* in TargJes 1,9; 12,6; 16,1; 37, 22; 52,2; 62,11 u.ö.). Entsprechend wird die Bedeutung von *ṣjwn* für *mdrš'* und *'wrjt'*, verbunden mit der Gerichtsmotivik (Smolar u.a. 173ff.; Uhlig, JNES 48), unterstrichen (TargJes 1,9; 31,9). Der Spruch vom Feuer in Zion und Glutofen in Jerusalem in MT wird in Targ zur Verheißung der *zjhwr'* für den, der die Unterweisung beachtet und zur Ankündigung des Feuergerichtes für den, der die *mjmrjh* übertritt (vgl. TargJes 33,14 die Verbindung mit *gjhnm*). Die Frevler im eigenen Volk lassen *ṣjwn* in die Hände der Fremdvölker fallen (TargMi 4,11; vgl. TargJer 4,18) und Opfer der Flammen werden (TargEz 24,12). Der Tempel wird zerstört (TargJes 53,5) und nur wenige Israeliten werden unter die Fremdvölker zerstreut überleben (TargJes 28,13). Mit *ṣjwn* verbindet sich aber auch der Restgedanke (TargJes 37,32). Den überlebenden Gerechten gelten die Verheißungen von *ṣjwn* (TargJes 28,16; 33,20; 60,14; 61,1 u.ö.).

TargNeofGen 22,14; Ex 4,27; Num 10,33 (vgl. TargNeofEx 18,5) identifiziert Zion/Morija mit Sinai (A. Chester 67-70.159-168) als Ort der Selbstoffenbarung JHWHs (vgl. Levenson, Sinai 94f.; C.T.R. Hayward, JSS 32, 1981, 132-134).

VII. Im Qumran-Schrifttum ist *ṣjwn* über die bei G. Kuhn (Konkordanz 187; Nachträge RQu 4, 1963, 221) gesammelten Belege hinaus in 4 Q 174,1-2,I 12; 175,29; 176,24,3; 177,12-13,I 10; 179, II 13; 180,5-6,4; 380,1 I 7; 504,1-2,IV 12; 11 QMelch II 16.17 (rek.).26; 11 QPs^a 22,II 1-15; Lament 1,II 13; Sl 10,1,13; Bt 3,2 IV 12 überwiegend in at.lichen Zitaten belegt. Darin hat *ṣjwn* eine zentrale Funktion in der Beschreibung des neuen Jerusalems (1 QM 12,12-15; 4 QPs^a 12,1-15; 1 Q 32 (JN); 2 Q 24 (JN); 11 QPs^a 22,II 1-15. Obwohl diese Texte an einem zukünftigen Jerusalem orientiert sind, weisen sie auf eine Gemeinschaft, die die Zentralisation des Opferkultes am Tempel von Jerusalem nicht in Frage stellt (J.M. Baumgarten, Studies in Qumran Law, Leiden 1977, 61). Die Beschreibung des „neuen Jerusalems“ (1 Q 32 [DJD I 134f.]; 5 Q 15 [DJD III 184-193]) deutet auf die Erwartung einer großen Zahl von Pilgern auch im endzeitlichen Jerusalem (vgl. J. Licht, IEJ 29, 1979, 45-59). 11 QPs^a 22,II 1-15 knüpft in einem *ṣjwn* anredenden Gebet an Jes 54,1-8; 60, 1-22; 62, 1-8 und insbesondere Jes 66,10f. an. *ṣjwn* sei in den Gebeten aller, die sie lieben (11 QPs^a 22,II 1.15), durch die Gott an die den Propheten gegebenen Verheißungen erinnert werde; 11 QPs^a 22,II 6; vgl. auch die Auslegung von Jes 52,7 in 11 QMelch II 16.17, die die Berge, über die der *m^{e}ḇaśśer* schreitet, auf die Worte der Propheten an die Trauernden Zions (*'bjlj ṣjwn*; vgl. P.J. Kobelski, CBQ Monograph Series 10, Washington 1981, 20f.) deutet. Wie in weiten Bereichen spätisraelitischer und frühjüdischer Zionstheologie wird die Messiaserwartung (vgl. dazu P. Sacchi, ZAW 100, 1988, 202-214) auch an *ṣjwn* (4 QFlor 1,12; 11 QMelch II 16 u.ö.) gebunden.

E. Otto

ציץ *ṣîṣ*

צוץ *ṣwṣ*, צִיצָה *ṣîṣāh*, צִיצִית *ṣîṣiṯ*, נצץ *nṣṣ*, נֵץ *neṣ*

I. Etymologie – II. Synonyma, Antonyma – III. Belege im AT – IV. Bedeutung – 1. Verb – 2. *ṣîṣ* I – 3. *ṣîṣiṯ* – 4. *ṣîṣ* II – 5. Verb *nṣṣ* – 6. *neṣ, niṣṣāh* – 7. *nîṣôṣ* – V.1. LXX – 2. Qumran.

Lit.: *S. Bertman,* Tasseled Garments in the Ancient East Mediterranean (BA 24, 1961, 119–128). – *A. De Buck,* La Fleur au Front du Grand-Prêtre (OTS 9, 1951, 18–29). – *H. Donner,* Israel unter den Völkern (VTS 11, 1964). – *S. Gevirtz,* Jericho and Shechem. A Religio-Literary Aspect of City Destruction (VT 13, 1963, 52–62). – *M. Görg,* Die Kopfbedeckung des Hohenpriesters (BN 3, 1977, 24–26). – *Ders.,* Keruben in Jerusalem (BN 4, 1977, 13–24). – *Z. Goldmann,* Das Symbol der Lilie. Ursprung und Bedeutung (Archiv für Kulturgeschichte 57, 1975, 247–299). – *J. E. Hogg,* A Note on Two Points in Aaron's Headdress (JThS 26, 1925, 72–75). – *W. H. Irwin,* Isaiah 28—33. Translation With Philological Notes (BietOr 30, 1977). – *O. Keel,* Jahwe-Visionen und Siegelkunst (SBS 84/85, 1977). – *K. Kiesow,* Exodustexte im Jesajabuch (OBO 24, 1979). – *H.-J. Krause, hôj* als profetische Leichenklage über das eigene Volk im 8. Jh. (ZAW 85, 1973, 15–46). – *A. Kuschke,* Jeremia 48, 1–8. Zugleich ein Beitrag zur historischen Topographie Moabs (Festschr. W. Rudolph, 1961, 181–196). – *C. Levin,* Der Sturz der Königin Atalja (SBS 105, 1982). – *W. L. Moran,* Ugaritic *ṣîṣûma* and Hebrew *ṣîṣ*, (Bibl 39, 1958, 69–71). – *M. Noth,* Amt und Berufung im Alten Testament (ThB 6 ^{3}1966, 309–333). – *A.E. Rüthy,* Die Pflanzen und ihre Teile im biblisch-hebräischen Sprachgebrauch, Bern 1942. – *S. Schroer,* In Israel gab es Bilder (OBO 74, 1987). – *H. Utzschneider,* Das Heiligtum und das Gesetz (OBO 77, 1988). – *T. Veijola,* Verheißung in der Krise. Studien zur Literatur und Theologie der Exilszeit anhand des 89. Psalms (AASF B 220, 1982). – *M. Weippert,* Edom, Diss. Masch. Tübingen 1971. – *G. J. Wenham,* Aaron's Rod (Numbers 17, 16–28) (ZAW 93, 1981, 280f.). – *M. Zohary,* Pflanzen der Bibel, ^{2}1986.

I. Die Etymologie von *ṣw/jṣ* ist unsicher; gewöhnlich werden eine Wurzel *ṣwṣ* I ('glänzen, blühen') und *ṣwṣ* II ('schauen') unterschieden (zu verwandten Ausdrücken im Mhebr., Jüd.-aram. und Arab. vgl. KBL^3 950f.). I und II sind möglicherweise auf die gleiche Wurzel mit der Grundbedeutung 'glänzen' zurückzuführen (vgl. Blau, VT 6, 1956, 247f; Rüthy, ThZ 13, 1957, 527 Anm. 10), die leicht die speziellen Bedeutungen 'blühen' und 'blicken (mit leuchtenden Augen)' annehmen konnte. Als nominales Pendant zu *ṣwṣ* begegnet *ṣîṣ* I mask. (fem. *ṣîṣāh*) 'Blume, Blüte, Diadem'. *ṣîṣ* liegt als kanaan. Fremdwort im Äg. vor (*ḏiḏi*; vgl. Görg, BN 3, 25); im Akk. ist als westsemit. Fremdwort *ṣiṣṣatu* („ein Blütenornament") belegt (AHw 1106). Zum Derivat *ṣîṣiṯ* ('Quaste, Troddel') vgl. akk. *ṣīṣītu*, das einen beweglichen Teil des Webstuhls bezeichnet (AHw 1105); weitere Belege bei KBL³ 959. Zum Nomen *ṣîṣ* II ('Saline') s.u. III. 2. u. 4.

Vor allem in jüngeren Schriften des AT findet sich das Verb *nṣṣ*, eine Parallelbildung zu *ṣwṣ* (I), in gleicher Bedeutung (zum Nebeneinander bedeutungsgleicher Verben med. *w/j* und med. gem. vgl. Botterweck, BBB 3, 1952, 48) mit den nominalen Derivaten *neṣ* I (fem. *niṣṣāh*) und *nîṣôṣ* (mhebr., aram. u. arab. Parallelen in KBL³ 674.677).

II. Als synonyme Verben zu *ṣwṣ* I und *nṣṣ* dienen → פרח *prḥ* I, *jṣ' hiph* (+*pæraḥ*), als antonyme *'ml pu*, → יבש *jbš*, *mll po* und → נבל *nbl* I.

III. Das Verb *ṣwṣ* I kommt im AT 8mal vor (Num 17,23; Jes 27,6; Ez 7,10; Ps 72,16; 90,6; 92,8; 103,15; 132,19), dazu 1mal in Sir (43,19). Der älteste Beleg ist Ez 7,10 (Grundschicht des Ez-Buches). Ein weiterer Beleg wäre Sach 9,16, wenn man mit Bewer (JBL 67, 1948, 62) für *kṣ'n jāṣîṣ* „(sein Volk) wird strahlen" liest. *ṣwṣ* II ist hap. leg. (Hld 2,9).

Breiter gestreut sind die nominalen Derivate. *ṣîṣ* I ist 15mal belegt, dazu 3mal in Sir (40,4; 43,19; 45,12). In drei Verwendungsbereichen tritt der Ausdruck gehäuft auf: in einem Nachtrag zum Prolog des DtJes (Jes 40,6–8; vgl. Kiesow 42), in Pˢ-Texten über den Ornat des Hohenpriesters (Ex 28,36; 39,30; Lev 8,9; vgl. auch Num 17,23 Pˢ) und im Tempelbaubericht 1 Kön 6,18.29.32.35 (nach Noth, BK IX/1, 106, vor-dtr, nach Würthwein, ATD 11/1, 60f. 69f. nach-dtr). Ferner ist das Wort Jes 28,1; Ijob 14,2 und Ps 103,15 belegt; Jer 48,9 ist unsicher (s.u. IV.2). *ṣîṣāh* kommt nur 1mal (Jes 28,4) vor. *ṣîṣiṯ* gehört in Num 15,38f. einem Nachtrag, in Ez 8,3 der Grundschicht des Buches an. *ṣîṣ* II kommt nur im chr. Sondergut 2 Chr 20,16 vor.

nṣṣ mit seinen nominalen Derivaten ist vor allem in späten poetisch-weisheitlichen Texten belegt (*nṣṣ*: Koh 12,5; Hld 6,11; 7,13 und Ez 1,7 [Nachtrag aus der Ezechielschule]; *neṣ*: Gen 40,10; Hld 2,12; Sir 50,8; *niṣṣāh* Jes 18,5; Ijob 15,33). *nîṣôṣ* kommt Jes 1,31 und Sir 11,32 (und Sir^M 42,22) vor.

IV. 1. Das Verb *ṣwṣ* I 'blühen' begegnet nur einmal im *qal* (Ez 7,10), sonst im *hiph* (sog. innerlich-transitives *hiph* mit Akk. des inneren Objekts). Num 17,23, Ps 90,6 und Sir 43,19 wird es im wörtlichen Sinne gebraucht, metaphorisch im weisheitlichen Kontext Ps 92,8; 103,15 zur Beschreibung des menschlichen Schicksals, des Wohlergehens oder der Bedrohtheit des Daseins, im Zusammenhang eschatologischer *Šālôm*-Motivik Jes 27,6 und Ps 72,16. Auch Ez 7,10 wird das Verb metaphorisch verwendet, wenn statt *hammaṭṭæh* („Stab") nach Ez 9,9 *hammuṭṭæh* („Rechtsbeugung") zu lesen ist. Ps 132,18 („auf ihm soll blühen/glänzen [*jāṣîṣ*] sein Diadem [*nezær*]") wird mit einem Wortspiel auf das blütenförmige Diadem des Hohenpriesters (*ṣîṣ*) Bezug genommen. Hld 2,9 steht das Verb in Parallele zum bedeutungsgleichen *šgḥ hiph* 'schauen'.

2. Das Subst. *ṣîṣ* I bezeichnet konkrete Blumen (die gesamte Blütenpflanze) oder Pflanzenblüten oder steht für eine Stirnplatte/Diadem in Blütenform oder mit Blütenornamenten. Die Blume/Blüte ist ein beliebtes (weisheitliches) Bild für Vergänglichkeit: Jes 40,6b–8 steht das Bild der unter dem heißen Sommerwind vergehenden Feldblumen (*ṣîṣ haśśāḏæh*; vgl. Zohary 169–181) für die Schwäche aller „fleischlichen" d.h. menschlich-geschichtlichen Macht (vgl. Jes 47; zu *ḥæsæḏ* 'Kraft/Stärke' s. L. J. Kuyper, VT 13, 1963, 489–492; Elliger, BK XI/1, 3), der die unanfechtbare Beständigkeit des Gotteswortes entgegengesetzt wird, um Zweifeln an der Durchsetzbarkeit der göttlichen Trostbotschaft zu begegnen (vgl. Kiesow 66). Ps 103,15 nimmt das Bild aus Jes 40 auf, setzt aber mit dem Hinweis auf die den Feldblumen vergleichbare Kurzlebigkeit des Menschen einen etwas anderen Akzent (so auch Ijob 14,2, vgl. Ps 90,5f.).

1 Kön 6,18.29.32.35 erwähnen Blumenornamente an Wänden und Türen des Tempelhauptraumes (*hêḵāl*) und den Türen zum *dᵉḇîr*. Es handelt sich bei den *pᵉṭûrê ṣiṣṣîm* wahrscheinlich eher um „aufgespaltene Formen von Blumen" (Noth, BK IX/1, 102; vgl. LXX), d.h. geöffnete Blüten oder Rosetten (vgl. Schroer 49), als um Blumengewinde oder in Seitenansicht dargestellte Blütenkelche. Nach 6,18 werden neben Blüten noch Koloquinten (vgl. Schroer 47f.), nach vv. 29.32.35 Keruben und Palmen dargestellt. Die Ornamentierungen sind auf Zedern- bzw. Olivenholz als Flachreliefs (v. 29; vgl. Noth 101f.) auszuführen. Nähere Angaben zu Aussehen und Anordnung der Blumenverzierungen fehlen. Vergleichbare Holzvertäfelungen sind nicht erhalten, so daß sich die genaue Ausführung nicht rekonstruieren läßt; mit floralen Motiven geschmückte Bänder sind im AO ein beliebtes Mittel zur Unterteilung von Wänden und Verzierungen von Bildrändern in der Kleinkunst (Noth, BK IX/1, 124–126; Schroer 49f.).

Jes 28.1 hat *ṣîṣ* die besondere Bedeutung 'Blumenkranz'; das parallel stehende *ᵃṭārāh* kann zwar 'Krone/Diadem' bedeuten, meint hier aber zunächst einen Kranz aus Blumen (vgl. Spr 1,9; 4,9; 14,24 → VI 30), wie ihn Zecher beim Gelage tragen (vgl. Wildberger, BK X/3, 1047; Irwin 4; anders Krause 31f.; zur Sitte des Tragens von Blumenkränzen bei Gelagen: LexÄg VI 46; KTU 1.6, IV, 42f.; PW XI/2, 1602; KlPauly III, Sp. 324f.; → VI 27; auch Ez 23,42?). Der welke Kranz steht als Symbol für die dem Untergang geweihte hochmütige Einwohnerschaft Efraims. Das Bild wird in dem Nachtrag Jes 28,4 neu interpretiert: die Doppeldeutigkeit von

ʿᵃṭārāh ('Kranz', 'Krone') nutzend wird der Blumenkranz zum Symbol der von einer kronenartigen Mauer umgebenen Stadt, d.i. Samaria (nach Kaiser, ATD 18,190 Sichem); durch die Hinzufügung des sperrigen *gēʾ šᵉmānîm* („fruchtbares Tal") wird diese Bedeutung auch in v. 1b eingetragen (vgl. Wildberger 1042). Möglicherweise ist das Bild von dem zuerst in Assyrien ab dem 7. Jh. belegten Typ der nach Art einer Stadtmauer mit zinnenbesetzten Türmchen gestalteten „Mauerkrone" (vgl. Unger, RLA 2,207. 210) inspiriert. Das fem. Subst. *ṣîṣāh* in Jes 28,4 läßt sich nicht als nomen unitatis erklären; das hap. leg. *ṣîṣāh* ist entweder aus dem Wunsch nach Variation oder als Verschreibung (vgl. Donner 76, Anm. 1) zu erklären (vgl. Wildberger 1043).

Ex 28,36; 39,30; Lev 8,9; Sir 45,12 bezeichnet *ṣîṣ* den goldenen Kopfschmuck des Hohenpriesters; Sir 40,4 bezieht sich das Subst. entweder auf den Hohenpriester oder den König (vgl. v. 3).

Das Verständnis der Herkunft und Bedeutung dieses Details der hohenpriesterlichen Amtskleidung hängt entscheidend ab von der literarhistorischen Zuordnung der Belege.

Die Grundschicht von Ex 28 (vv. 2a. 6*. 9a. 11. 12aα. 15f. 30a. 36. 37aα. 38aα) kennt als Bestandteile des hohenpriesterlichen Ornats neben dem schurzartigen Ephod und dem *ḥošæn* („Brusttasche") eine von einer purpurfarbenen Schnur auf der Stirn gehaltene „goldene Blume" (metonymisch: Diadem) mit der eingravierten Aufschrift *qodæš lᵉJHWH* („heilig für JHWH"), die die besondere Stellung des Hohenpriesters zum Ausdruck bringt, evtl. auch eine apotropäische Funktion hat und die Wirkung der „Blume" verstärkt, die „selbst schon als ein Element des Lebens und lebensspendender Macht von unheilabwehrender Wirkung" wirkt (Noth, ATD 5, 184), wie Beispiele v.a. aus Ägypten zeigen (vgl. De Buck).

Nach Einfügung der Anordnung über den Kopfbund (Ex 28, 39 ist sekundär, vgl. Noth, ATD 5, 184) wird die Applikation des Diadems an diesem befohlen (v. 37b); der schwülstig formulierte und in seinen Einzelheiten nicht ganz verständliche Nachtrag v. 38 bringt die „Blume" in Verbindung mit den Opfern der Israeliten: „Sollten aus irgendeinem Grunde einmal die Opfer nicht ‚wohlgefällig' sein, so entstünde dadurch gefährliche ‚Verschuldung', für die der Hohepriester einzustehen hätte; in diesem Fall soll die ‚Blume' ihn vor den Folgen dieser ‚Verschuldung' schützen." (Noth).

Die weiteren Erwähnungen des hohenpriesterlichen Diadems in Ex und Lev gehören späteren Bearbeitungen der priester(schrift)lichen Kultordnung an (vgl. Noth, ATD 5, 221; ATD 6, 55f.; zur Priorität von Ex 28 auch Utzschneider 246). Ex 39,30 lehnt sich eng an 28,36–38 (mit Ergänzungen) an und qualifiziert das Golddiadem in einer Apposition näher als *nezær haqqoḏæš* („heiliges Diadem"); ebenso Lev 8,9 und – davon abhängig – Ex 29,6. Für *ṣîṣ* am Kopfbund des Hohenpriesters ist damit in späteren Texten der term. techn. *nezær haqqoḏæš* gefunden; die Bestimmung als „heilig" ist auf die Gravierung und die kultische Funktion zurückzuführen.

Nach Noth ist das priesterliche Diadem nach dem *nezær* des Königs benannt, denn in nachexil. Zeit sei das Diadem zusammen mit anderen Teilen des königlichen Ornats auf den Hohenpriester übergegangen (ThB 6, 317; ATD 5, 184f.). Es ist fraglich, ob die von Noth angeführten Belege diese These stützen können. Die Erwähnung des *nezær* 2 Kön 11,12aα geht auf eine späte priesterliche Bearbeitung zurück, die die Königskrönung dem Zeremoniell der Weihe des Hohenpriesters angleicht (vgl. Levin 18.46f.52f.; Würthwein, ATD 11/2, 348). Ähnlich werden Ps 132,18, der dem Umfeld chronistischer Theologie entstammt, in das Davidbild priesterliche Züge eingetragen. 2 Sam 1,10 ist insgesamt ein junger Text; vermutlich handelt 2 Sam 1,10 überhaupt nicht von königlichen Insignien, sondern von Amuletten oder von Erkennungszeichen des Heerführers. Die Wendung vom „zu Boden entweihten *nezær*" des Königs Ps 89,40 ist singulär. In den vergleichbaren Wendungen wird durchgängig der Ausdruck *ʿᵃṭārāh* für „Krone / Diadem" gebraucht (Jer 13,18; Ez 21,31; Klgl 5,16; vgl. Veijola 99f.). Offensichtlich ist *ʿᵃṭārāh* der term. techn. für die Krone der davidischen Könige (vgl. Ps 21,4; 2 Sam 12,30 par. 1 Chr 20,2 u. Jes 62,3). Dieser Terminus begegnet auch im ältesten Beleg für die Königsideologie des Hohenpriesters (Sach 6,11.14). Sir 45,12 nennt eine „Feingoldkrone" (*ʿᵃṭæræṯ paz*) neben dem *ṣîṣ* des Hohenpriesters (oder werden beide identifiziert?).

Zahlreich sind die Funde von Diademen, die Blütenkränze nachahmen oder mit mehreren aneinandergereihten gepunzten (offenen) Blüten dekoriert oder blüten-/rosettenförmig sind (vgl. Weippert, BRL² 287f. mit Abb.; Schroer 49.412; LexÄg I 833; VI 46; Görg, BN 3, 25f.; ANEP 614).

Auf *ṣîṣ* als Diadem des Hohenpriesters spielt die Erzählung vom blühenden Aaronstab Num 17, 16–26 an; v. 23 begegnet das Subst. in seiner Grundbedeutung als inneres Objekt neben dem Verb *ṣwṣ*. Die Erzählung verteidigt im Kontext spätnachexil. Auseinandersetzungen um die Legitimität und Funktion der verschiedenen Gruppen von Kultfunktionären am Jerusalemer Tempel die Position der aaronidischen Priesterschaft (vgl. Num 16f.; Wenham 280f.).

Umstritten ist die Bedeutung von *ṣîṣ* in Jer 48,9 und *ṣîṣîm* in Sir 43,19. Ob das Wort mit *ṣē/īšūma*, einer ugar. Glosse zu akk. *eqel/eqlēt ṭabti* „Salzsteppe" (Saline? AHw 1095.1377, vgl. PRU 6, 146) in Verbindung gebracht werden darf (so Moran), ist fraglich (vgl. BRL² 264f.). Ugar. *ṣṣ* (KTU 4.344,22) bedeutet 'Salzgrube, Salzgarten' (KBL³ 959). Nach Moran (71) wäre Jer 48,9 „give salt for Moab" gemäß Ri 9,45 als Symbolhandlung für die totale Zerstörung zu verstehen (vgl. Gevirtz 62 Anm. 2; Kuschke 184 Anm. 13). LXX legt mit σημεῖα die Konjektur *ṣijjûn* („Grabmal") nahe (vgl. Rudolph, HAT I/12³, 274f.). Sir 43,19 kann *ṣîṣîm* nicht „Salzkristalle" (vgl. Moran) bedeuten, da in parallelen Kola Reif mit Salz und *ṣîṣîm* mit Saphir verglichen werden; der Kontext vv. 17b–20 spricht mehr für die Bedeutung „Eisblumen" (vgl. KBL³ 959 „Reifkristalle").

3. Das Derivat *ṣîṣiṯ* (koll. Sing.) bezeichnet das wie Blumen/Blüten Hervorkommende an den Kleiderzipfeln, also Quasten (Num 15,38f.) bzw. auf dem Kopf, d.h. das Haar (Ez 8,3). Num 15, 37–41 greift Dtn 22,12 auf und gibt der in Dtn nicht begründeten Anordnung eine religiöse Deutung – die Quasten sollen an die Gebote erinnern –, die im sekun-

dären v. 39 näher ausgeführt wird. Die Sprache repräsentiert den für die späte Zeit typischen dtr-priesterlichen Mischstil. Ursprünglich waren die Quasten Statussymbole oder hatten eine apotropäische Funktion (vgl. Dalman, AuS V 68ff.82f.; Weippert, BRL^2 186; Galling, BRL^2 257; zu ikonographischen Parallelen vgl. Bertram).

4. *ṣîṣ* II: 2 Chr 20,16 nennt eine *ṣîṣ*-Steige (*ma'^{a}leh haṣṣîṣ*). „Nach dem Zusammenhang der Erzählung kann es sich nur um den Aufstieg von Engedi auf die Hochfläche handeln ... Der Name des Passes wird gewöhnlich als ‚Blumensteige' interpretiert...; es ist aber nicht ausgeschlossen, daß das Namenselement ציץ in Wirklichkeit ‚Saline, Salzpfanne' bedeutet; vgl. ug. *ṣṣ*" (Weippert 326f.; zu ugar. *ṣṣ* s.o.). Harel dokumentiert eine Route von Engedi hinauf über Tekoa nach Jerusalem, die mit der Blumensteige identifiziert werden könnte (Israelite and Roman Roads in the Judean Desert, IEJ 17, 1967, 19. 22; vgl. Welten, WMANT 42, 1973, 148f. 152).

5. Das Verb *nṣṣ* ist im *qal* nur als Ptz. Ez 1,7 belegt (anders Zorell, der die Form als *po* Ptz. einer nur hier belegten Wurzel *nwṣ* II deutet) mit der Bedeutung 'funkeln/glänzen'. Im *hiph* kommt das Verb Koh 12,5; Hld 6,11; 7,13 in der Bedeutung 'blühen' vor. Möglicherweise handelt es sich Koh 12,5 um eine inkorrekte Schreibung von *jāneṣ*. Für Hld 6,11 erwägt Rudolph (KAT XVII/1–3, 166) eine Änderung der Punktation in *h^{a}nāṣû* (Perf. +Fragepartikel) und eine Ableitung von mhebr./aram. *nwṣ* (vgl. aber Delitzsch, BC IV/4, 104). Weintraube und Granatapfel sind beliebte altoriental. Metaphern für weibliche Brüste, das Aufblühen von Weinstock und Granatapfelbaum symbolisiert die erwachende Liebesfähigkeit (vgl. Keel, ZBK AT 18, 208).

6. Die substantivischen Derivate von *nṣṣ*, *neṣ* I und *niṣṣāh* bezeichnen nicht die Blume insgesamt, sondern nur die Blüte. *neṣ* steht für die einzelne Blüte und für den gesamten Blütenstand besonders an Weinstöcken (Gen 40,10; Sir 50,8 [l. *knṣnj* 'npjm „wie Blütenzweige" nach KBL^3 812]). Hld 2,12 ist nicht die Pracht der Feldblumen, sondern die des Weinstocks gemeint (vgl. Keel, ZBK AT 18, 98).

Für *niṣṣāh* legt sich Ijob 15,33 ein kollektives Verständnis nahe; Jes 18,5 scheint es nomen unitatis zu sein (zum sachlichen Hintergrund Kaiser, ATD 18, 78).

7. Das Subst. *nîṣôṣ* (Jes 1,31; Sir 11,32) bedeutet 'Funke' (s.o. zu Ez 1,7).

V.1. LXX gibt die Verben *ṣwṣ* I und *nṣṣ* in der Bedeutung „blühen" mit ἀνθέω, häufiger mit ἐξανθέω wieder. Jes 27,6 steht für *ṣwṣ* βλαστάνω neben ἐξανθέω für *prḥ*. Sir 43,19b weicht von der hebr. Vorlage ab. Unverständlich ist Ps 91,8 LXX διέκυψαν („sie haben hindurchgesehen"). Zur Abweichung der LXX von MT in Ez 1,7 vgl. Zimmerli BK XIII/1, 4f. Hld 2,9 wird *ṣwṣ* II mit ἐκκύπτω übersetzt.

Die Nomina *ṣîṣ, ṣîṣāh, neṣ* und *niṣṣāh* werden in der Grundbedeutung „Blume, Blüte" zumeist mit ἄνθος übersetzt (auch Jes 28,1.4); Gen 40,10 steht für *neṣ* βλαστός ('Trieb'). Die Sonderbedeutung „Diadem" zeigt LXX an durch die Wiedergabe mit πέταλον ('Blatt, Platte') in Ex 28,36; 36,37 = 39,30 MT; Lev 8,9 bzw. στέφανος ('Kranz') in Sir 40,4; 45,12. Die Blütenornamente im Tempelinnern (1 Kön 6,32. 35; vv. 18. 29 nicht in LXX) werden πέταλα διαπεπετασμένα („ausgebreitete Blätter") genannt. Für *ṣîṣiṯ* ('Quaste') steht Num 15,38f. κράσπεδον (Pl.); der Ausdruck wird Ez 8,3 umschrieben mit τῆς κορυφῆς μου, *nîṣôṣ* ('Funke') übersetzt LXX mit σπινθήρ.

2. Die Verben *ṣwṣ* und *nṣṣ* und ihre nominalen Entsprechungen sind in Qumran nur in ihren Grundbedeutungen belegt und werden vor allem metaphorisch gebraucht. *ṣîṣ:* 1 QH 6,15; 4 Q 185, 1–2, I, 10f. (2mal) in einem Zitat aus Jes 40, 6–8. *ṣwṣ* I *hiph*: 1 QH 7, 18 als Bild für die Wirkungen des Glaubens (vgl. 6, 15 und 10, 32).

nṣṣ bezeichnet 11 Q Ps^a 24, 13 (Ps 155,14) das „Gedeihen" der Sünde; weiterer Beleg: 4 Q 500, 1,2. *neṣ* steht 11 Q Ps^a 21, 12 (Sir 51,13ff.) als Bild für die Reifung des Menschen. In 1 QH 10,32 ist der Text verderbt.

Steins

צֵל *ṣel*

צָלַל *ṣālal* III, טָלַל *ṭālal* I

I.1. Etymologie – 2. Belege – 3. Wortfeld – 4. LXX – II. Bedeutung des Schattens im palästinischen Leben – 1. Jahreszeit und Tageszeit – 2. Schattige Orte – a) in und – b) außerhalb der Stadt – c) menschlicher und tierischer Schatten – 3. Zeitbestimmung – III. Übertragene Verwendung im Alten Orient und im AT – 1. Schützender Machtbereich – a) König – b) Gott – c) Sonstiges – 2. Vergänglichkeit – IV. Qumran.

Lit.: *P. Bordreuil*, „A l'ombre d'Elohim" (RHPhR 46, 1966, 368–391). – *G. Dalman*, AuS I passim, bes. 504–507. 609. – *B. George*, Zu den altägyptischen Vorstellungen vom Schatten als Seele (Habelts Diss.-drucke, Klass. Philol. 7, 1970). – *B. Halper*, The Participial Formations of the Geminate Verbs. III. (ZAW 30, 1910, 201–228, bes. 216). – *W. Schenkel*, Schatten (LexÄg V 535f.). – *S. Schulz*, σκιά κτλ. (ThWNT VII 396–403). Zum Gegensatz Licht/Finsternis →חשך (*ḥāšaḵ*).

I.1. Das hebr. *ṣel* 'Schatten' (dazu das denominierte Verb *ṣll* III [bibl.-aram. טלל *ṭll* II] *qal* 'schattig werden', *hiph* 'beschatten, bedachen') ist ein Primärnomen (BLe § 61b'), das mit dieser Grundbedeutung in allen semit. Sprachzweigen vertreten ist (Bergsträsser, Einf. 185). Der Lautstand in den verschiedenen Sprachen weist auf ein protosemit. **ṯ̣ll* (Bergsträsser 185 Anm. 3; vgl. KBL^3 359 u.a.):

Arab. *ẓill* (Verb *ẓalla*; Wehr, Arab. Wb. 524f.; Lane I/5, 1914f.), ugar. *ẓl* (WUS Nr. 2371), asarab. *ẓll* Verb *ẓll*; BGMR 172) – beduin. *ḍill* (AuS I 504; vgl. Bergsträsser 157) –, akk. *ṣillu* (Verb *ṣulluhu*; ANw 1101f. 1110f.; CAD Ṣ 189–194. 238-243), bibl.-hebr. und mhebr. *ṣel* (Verb *ṣll*;

KBL^3 960f. 962f.; 1 QH 6, 15 u. ö.; DictTalm 1281. 1284), äth. *ṣĕlālōt* (Verb *ṣalala* II; LexLingAeth 1256f.; tigr. *ṣĕlāl* [Verb *ṣalla*]; WbTigre 631f.), altaram. *ṣll* (KAI 222 B 3; 223 B 10) als ON oder PN (vgl. Degen, Gramm. 32ff.; Segert, Gramm. 86. 93), unsichere Belege im pun. *ṣl* (DISO 245) und asarab. *ẓll* (BGMR 142) – *ṭll* in den meisten aram. Dialekten (Äg.-Aram., Sam., Syr., Mand., Chr.-Pal. u. a.; Übersichten: DISO 101; KBL^2 1079a; ATTM 590), z. B. jüd.-aram. det. *ṭûllā'*, *ṭ^{e}lālā* (Verb *ṭll*; DictTalm 523. 537), einschließlich bibl.-aram. *ṭll* II Dan 4, 9 und aramaisierend bibl.-hebr. *ṭll* I Neh 3, 15 (Wagner, BZAW 96, 1966, 60).

Das Nomen *ṣel* geht von der Grundform **ṣill* aus. Zu den Formen *ṣil$^{e/a}$lô* Ijob 40, 22, *ṣil^{e}lê* Jer 6, 4 vgl. BLe § 71x, § 72t; GKa § 10g; zu der aramaisierenden Form *ṣ^{e}lālîm* Hld 2, 17 ‖ 4, 6 vgl. GKa § 93ww. Bei der von Targ., V u. a. in Ijob 40, 21f. vermuteten Nebenform *ṣæ'^{æ}lîm* handelt es sich um 'Brustbeerbäume' (arab. *ḍā'l*; KBL^3 931). Neben den angeführten Nomina mit der Bedeutung 'Schatten' (übertragen 'Schutz') und den denominierten Verben erscheinen in vielen Sprachen weitere Ableitungen, oft mit *m*-Präfix und in der Bedeutung 'Schirm, Dach, Haus' (z. B. ugar. *mẓll* KTU 1. 3, V, 39ff. u. ö. ‖ *mṯb* 'Haus'). Im Aram. begegnet die aus dem semantischen Bereich der übrigen Belege herausfallende Bildung *ṭillānî* 'Gespenst' (ATTM 590; vgl. DictTalm 538; DISO 101; s. III.).

Das hebr. Nomen *ṣel* ist mask. (Jes 38, 8 ‖ 2 Kön 20, 11 lies mit LXX *'^{a}šær jār^{e}ḏāh + haššæmæš*).

ṣll III (vgl. arab. *ẓalla* D 'beschatten'; s. o.) ist mit den hebr. homonymen Wurzeln *ṣll* I (arab. *ṣalla*) 'klingen' 1 Sam 3, 11; 2 Kön 21, 12; Jer 19, 2; Hab 3, 16 und *ṣll* II 'untersinken' (vgl. arab. *ḍalla* 'verschwinden', akk. *ṣalālu* 'sich legen', mhebr. *ṣll* 'sinken, sich klären') Ex 15, 10 (dazu wohl auch Sir 34[31], 20 *qrb ṣwll* [LXX: μέτριος] „nüchterner Bauch") sowie mit *ṭll* II (arab. *ṭalla*) 'verletzen' 1 QJes^a 50, 6 etymologisch nicht verwandt (→ IV 1096). Deswegen hat sich die Bedeutung von *ṣel* 'Schatten' auch kaum aus der Vorstellung 'something that passes away' (vgl. arab. *ḍalla*; Lane I/5, 1796c) entwickelt (gegen Halper 216 [dort fälschlich: *ẓalla*]). Zur Beziehung zu weiteren ähnlich lautenden hebr. Wörtern → טל *ṭal*, → צלם *ṣælæm* → צלמות *ṣalmāwæṯ*.

2. Das Nomen begegnet im AT 52mal:
Jes 34, 15 lies *beṣêhā* 'ihre Eier' (vgl. H. Wildberger, BK X/3, 1329). In Ps 121, 5; Neh 13, 19 (s. II. 2. a); Koh 7, 12; Jer 48, 45 (s. III. 1. c) dagegen sind keine Änderungen von oder zu *ṣel* erforderlich; ganz unsicher bleiben 1 Sam 10, 2 cj. *ṣel ṣaḥ* „glühender Schatten" oder *ṣel ṣ^{e}ḥîaḥ* „Schatten eines Felsen" für den ON *Ṣælṣaḥ* (vgl. KBL^3 965 und die Kommentare).

Die Belege verteilen sich: Pent. 2mal; DtrGW 6mal; Chr 1mal; Ps 10mal; Ijob 5mal; Koh 4mal; Hld 3mal (wobei 2, 17 ‖ 4, 6); Jes 8mal (6mal sekundär [38, 8 ‖ 2 Kön 20, 11]); DtJes 2mal, Jer 2mal; Klgl 1mal; Ez 4mal; Hos 2mal; Jona 2mal. Im hebr. Sir erscheint es 1mal (14, 27). Das Wort ist im AT 8mal Subj., 7mal Akkusativ- und 1mal Dativobj.; es ist 3mal (1mal mit *k^e*) Prädikativum und vertritt 5mal (2mal mit *k^e*; 1mal mit *b^e*) das Prädikat im Nominalsatz. 34mal steht *ṣel* mit einer Präp. (*b^e*, *k^e* [beide oft textlich schwankend], *l^e*, *min*), meist als adv. Umstandsangabe.

Das Verb *ṣll* III erscheint 2mal im AT: 1mal in Neh (*qal*) und 1mal in Ez (*hiph*), *ṭll* auch 2mal: 1mal in Neh (*pi*) und 1mal in Dan (aram. *haph*).

Obwohl viele Belege schwer datierbar sind (Psalmensprache), scheinen die meisten der nachexil. Zeit anzugehören. Recht eindeutig vorexil. sind Gen 19, 8 J; Ri 9, 15 (T. Veijola, Königtum 120); Hos 4, 13; Jes 30, 2f.; Jer 6, 4. Klgl 4, 20 wird kurz nach 587 unter Aufnahme älterer Sprache (Hofstil) entstanden sein (vgl. zuletzt H. J. Boecker, ZBK XXI 14. 84).

3. Das durch Parallelismus und Kontext abgegrenzte Wortfeld umfaßt vor allem zwei Bereiche:
a) In der Bedeutungsrichtung „Schutz" begegnen zusammen mit *ṣel* verbale oder nominale Formen der Wurzeln *str* 'verbergen', *skk* 'schirmend absperren', *ksh* 'bedecken', *ḥb'* 'verbergen', *šmr* 'behüten', *ḥsh* 'Zuflucht suchen', *'ûz* 'Zuflucht nehmen' bzw. *'zz* 'sich stark erweisen' (→ מעוז *mā'ôz*); auch *nṣl hiph* 'retten', *ḥjh* 'leben', *jšb b^e/taḥaṯ* „sitzen in/unter" u. ä.
b) Wo es um „Flüchtigkeit" des Schattens geht (s. III. 2.), stehen benachbart *nṭh* 'sich ausstrecken', *'br* 'vorbeigehen', *sûr* 'weichen', *'śh jāmîm* „Tage vertun", *hlk* '(vorwärts)gehen' (gegenüber *šûḇ* 'zurückgehen'), *brḥ* 'verschwinden' (Gegensatz *'md* 'bleiben', *'rk* 'lang dauern', *miqwæh* 'Verweilen'). Parallel zu *ṣel* erscheinen *hæḇæl* 'Hauch', *'arbæh* 'Heuschrecke', *ṣîṣ* 'Blume', *'eśæḇ* 'Kraut' und besonders die „Tage" (*jāmîm*) des Menschen (*'āḏām*). Zu dem Bildbereich vgl. ansonsten → חציר (*ḥāṣîr*).

Zum weiteren sprachlichen Umfeld vgl. → חשך (*ḥāšaḵ*) 'dunkel sein'. Im Zusammenhang mit dieser Wurzel selbst wird *ṣel* im AT allerdings nicht gebraucht; der Grund wird darin liegen, daß *ḥošæḵ* 'Finsternis' eher die bedrohliche Seite der Dunkelheit, *ṣel* dagegen ihre lebenserhaltende meint (s. III.).

4. LXX übersetzt *ṣel* 31mal (und Jes 38, 8 fin.; Ijob 15, 29 über MT hinaus) mit σκιά (sonst nur für *ṣalmāwæṯ* σκιὰ θανάτου) bzw. 1mal σκιάζειν, 14mal (und in wichtigen Var. Ri 9, 15; Jes 25, 5 fin.; 51, 16) σκέπη (Gen 19, 8 Var. στέγη) bzw. 1mal σκεπάζειν, je 1mal ἀσφάλεια (Jes 34, 15) und καιρός; unübersetzt bleibt es 4mal. *ṣll* (*ṭll*) III gibt LXX 1mal im *pi* mit σκεπᾶν (Var. στέγειν) und im *hiph* bzw. *haph* 4mal mit σκιάζειν (Dan 4, 9 Var. κατασκηνοῦν; 2 Sam 20, 6; Jona 4, 6 [Wortspiel beabsichtigt!] dabei verlesen aus *nṣl hiph*) und 1mal (nur in Ez 31, 3 Var.) mit σκέπη wieder; in Neh 13, 19 liest LXX *ṣll* II (s. u.).

Ein Adj. (Ptz.) der Wurzel *ṣll* III setzt LXX κατάσκιος Sach 1, 8 voraus (MT *m^{e}ṣulāh*). Leichter als **m^{e}ṣillāh* 'Zelt, Hütte, schattiger Ort' (arab. *miẓallah*) zu konjizieren (weitere Vorschläge bei K. Seybold, SBS 70, 1974, 67ff.) ist jedoch, Defektivschreibung von *m^{e}ṣûlāh* (→ מצולה) 'Tiefe' anzunehmen; auch 14, 20 Var. σύσκιος für *m^{e}ṣillôṯ* 'Schellen' setzt fälschlich eine Form von *ṣll* III voraus (vgl. noch W. Rudolph, KAT XIII/4, 72. 233; Pes 50^a).

ṣll I übersetzt LXX 3mal mit ἠχεῖν (προσευχή Hab 3, 16 nach aram. *ṣl'* 'beten'; vgl. KBL^3 962), *ṣll* II 1mal δύειν und 1mal καθιστάναι (MT wohl *ṣll* III).

II. 1. Das AT kennt ursprünglich nur die Jahreszeiten Sommer und Winter (Gen 8, 22; Ps 74, 17 u. ö.), und schon ab Mitte April kann es im heißen Ostwind (Hos 13, 15; Jona 4, 8 u. ö.) unerträglich warm werden (Keel / Küchler I 38ff.). Die Sonne fällt am 1. 4. auf

Jerusalem über 62° steil herab, im Höchststand sind es fast 81° (Berlin ~60°; vgl. AuS I 281. 482). Entsprechend große Bedeutung hat der Schatten in der Glut (Ps 32, 4; Jes 18, 4 u. ö.) des palästinischen Sommers. Vormittags wird es rasch heiß (1 Sam 11, 9; Sir 43, 2 ff.), schon gegen 10 Uhr läßt es sich selbst im Häuserschatten kaum mehr aushalten (vgl. AuS I 473. 484. 615). Am „Mittag" (*ṣŏh°rajim*), wenn in der heißesten Zeit des Tages (*ḥom hajjôm*) das Licht am hellsten ist und die Schatten verschwinden (vgl. Jes 58, 10 u. ö.; 16, 3; s. II. 3.), suchen Mensch (Gen 18, 1 ff.; Sir 34, 16 u. ö.) und Tier (vgl. Hld 1, 7; Jes 49, 10; beim Gebären Ez 31, 6; vgl. CAD Ṣ 189 f.) nach Kühle. Wer irgend kann, ruht im Schatten (Gen 18, 1 vorausgesetzt) des Zelteingangs (*pætaḥ-hā'ohæl*) oder hält im kühlen (*m°qerāh*) Haus (Ri 3, 20. 24) *miškab hassŏh°rajim* „Mittagsschlaf" (2 Sam 4, 5; 11, 2; 1 Kön 18, 27). Auch Reisende rasten mittags im luftigen Schatten unter einem Baum (Gen 18, 4. 8; 1 Kön 13, 14). Einfache Bauern, Hirten, Knechte, Winzerinnen oder Tagelöhner können sich allerdings der Sonne kaum entziehen (Gen 31, 40; Hld 1, 7; Ijob 7, 2; Mt 20, 12); ihnen läuft der Schweiß (*ze'āh*) über das Gesicht (Gen 3, 19), und ihre Haut ist schwarz gebrannt (*šāḥor, š°ḥarḥor* Hld 1, 5 f.). Besonders in der Erntezeit muß auch über Mittag gearbeitet werden (KAI 200, 3 f. 10 f.; vgl. Spr 10, 5; eine Essenspause setzt Rut 2, 14 voraus), obwohl man ohne Schatten „über seinem Kopf" (*'al-ro'šô* Jona 4, 6) einen tödlichen Sonnenstich (*nkh hiph*) bekommen kann (Jdt 8, 2 f.; vgl. Ps 121, 6; Jes 49, 10; Jona 4, 8; schon vormittags 2 Kön 4, 18–20). So ist der Schatten, nach dem der Knecht „lechzt" (Ijob 7, 2 *š'p*), geradezu lebensnotwendig, die Wegnahme seines Mantels (KAI 200, 8 f.; vgl. Ex 22, 25 f. u. ö.) lebensgefährlich. Ungeschützt der Hitze ausgeliefert sind auch Flüchtlinge (Jer 48, 45; vgl. Gen 21, 15; Lev 23, 43; 1 Kön 19, 3 f. u. a.), die Schatten zudem benötigen, um sich zu verbergen (Jes 16, 3; vgl. 49, 2; 51, 16; vom Tier Ijob 40, 22; vgl. Ez 17, 23 u. ö.).

Ab Mittag haben sich die Schatten außerhalb des Hauses erwärmt (AuS I 609); erst am Nachmittag wird es mit dem Westwind und länger werdenden Schatten (Hld 2, 17 ‖ 4, 6; Jer 6, 4; dazu AuS I 616 f. 614) wieder angenehmer (Gen 3, 8 u. a.); noch am Abend genießt man ihn im Tor (Gen 19, 1). Wanderer sollten sich jetzt rechtzeitig einen überdachten Platz suchen (1 Kön 19, 4. 9; vgl. Gen 19, 2 ff.; Ri 19, 11 ff. u. a.), der im gesundheitlich schädlichen Mondlicht (Ps 121, 6; bGiṭ 70ᵃ; AuS I 640) Schatten bietet; Schatten kann nachts sogar die Venus werfen (AuS I 503).

2. a) Schatten findet sich in der Stadt (vgl. Jer 48, 15; s. III. 1. c) unter dem Gebälk (*qôrāh* Gen 19, 8) des Hauses (vgl. Ri 3, 20. 24; 2 Sam 4, 5; ugar. *mẓll* 'Dach, Haus') und des überdachten (*qrh* II Neh 2, 8 u. ö.; *ṭll* I 3, 15; vgl. *gag* 2 Sam 18, 24) Stadttores. Mauerschatten (vgl. AHw 1101), der im steilen Lichteinfall sehr kurz ist (AuS I 483), wird im AT nicht erwähnt.

An den abendlichen Schatten der Außenmauern wäre allerdings bei Neh 13, 19 cj. *'ār°kû ṣil°lê ša'°rê* ... „sobald die Schatten der Tore lang wurden" (W. Rudolph, HAT I/20, 207) oder eher MT „sobald die Tore langen Schatten warfen" (vgl. jüd.-aram. *ṣll* G; DictTalm 1284) zu denken (vgl. den Schließungstermin Jos 2, 5).

Auch Sonnenschirme und -wedel sind im Alten Orient gebräuchlich (ANEP Abb. 144. 355; LexÄg V 1104 f.). H. Bauer (OLZ 28, 1925, 571 f.) verweist auf Wen-Amun II 45 f. (TGI³ 46) „sein Wedel" ‖ Pharao; s. III. 1. a.

b) Außerhalb der Ortschaften bieten am ehesten Bäume und große Sträucher Schutz vor der Sonne. Als schattenspendend werden im AT ausdrücklich genannt: *'allôn* 'Eiche', *'elāh* 'Terebinthe', *'îlān* (aram.) 'großer Baum', *'æræz* 'Zeder(?)' (in Ez 31, 3; vgl. 27, 6 ist wohl ‖ *t°'aššûr* 'Zypresse' zu lesen), *libnæh* 'Storaxbaum', *b°rôš* 'Wacholder', *ṣæ'°lîm* 'Brustbeerbäume' (‖ *'°rābāh* 'Euphratpappel'), *qîqājôn* 'Rizinus', *tappûaḥ* 'Apfelbaum'. Auch der 'Weinstock' (*gæpæn*), den man an Bäumen hochranken läßt (AuS IV 315 f.), kann viel Schatten werfen (Ps 80, 11).

So ist beim „Sitzen eines jeden unter seinem Weinstock und seinem Feigenbaum (*t°'enāh*)" (1 Kön 5, 4 f.; Mi 4, 4 u. ö.; → גפן *gæpæn*) sicher auch an Schatten gedacht. Gerade in der Verbindung „unter (*taḥat*) einer Pflanze" wird diese an weiteren Stellen als Schattenquelle angesprochen sein, ohne daß *ṣel* explizit genannt ist: vgl. bes. Gen 18, 1. 4. 8; 1 Kön 13, 14; in der Steppe Gen 21, 15; 1 Kön 19, 4 f.; Ijob 30, 7, in wunderbarer Umgestaltung der Steppe Jes 41, 19 (K. Elliger, BK XI/1, 166. 168); vielleicht auch 55, 13; 60, 13 (O. H. Steck, BN 30, 1985, 29–34, bes. 31) und Ri 4, 5; 1 Sam 14, 2; 22, 6. Von der Furcht späterer Zeit vor Dämonen im Schatten bestimmter Bäume (Pes 111ᵇ; AuS I 57. 505 f.) findet sich im AT noch keine Spur.

Auf den angenehmen (*ṭôb*) Schatten führt Hos 4, 13 zurück, daß kanaanäische Kulte unter „jedem grünen Baum" (*kŏl-'eṣ ra'°nān*, so Dtn 12, 2 u. ö.; die Versionen teilweise 'schattigen'; einzelne Arten Jes 1, 29; 57, 5; Hos 4, 13) stattfinden. Bei manchem Baum (Lev 23, 40; Neh 8, 15) läßt sich auch der „Schatten seiner Zweige" (*ṣel dālijjôṯājw*, Ez 17, 23) zum Bau einer Laubhütte (*sukkāh*, Jes 4, 6; Jona 4, 5 f. u. ö.; vgl. BRL² 202) nutzen. Der Schatten des Bocksdorns (*'āṭāḏ*) reicht allerdings nicht aus, andere Bäume zu bergen (anders Ez 31, 16 f. txt. inc. von der Zeder); Ri 9, 15 ist eine ironische Pointe der Jotamfabel.

Wo es auf kahlen Höhen (*š°pājîm*) oder im lechzenden Land (*'æræṣ '°jepāh*) keine Bäume und Sträucher gibt, können Reisende auf Schatten der Berge (*hārîm*, Ri 9, 36; vgl. Jes 16, 1. 3), eines großen Felsen (*sæla'-kābeḏ*, Jes 32, 2), einer Höhle (vgl. 1 Kön 19, 9. 13; Ex 33, 22 f. [J. Jeremias, Theophanie, WMANT 10, ²1977, 201 f.]; Jes 2, 19) oder einer – im Sommer kurzlebigen (AuS I 508 f.) – Wolke (*'āḇ*, Jes 25, 5; vgl. 4, 5; Num 10, 34; Weish 10, 17 u. ö.) hoffen. Nomaden finden Erquickung im Schatten ihres Zeltes (vgl. Gen 18, 1; 4, 20 u. ö.; ugar. *ẓl ḫmt* „Schatten des Zeltes [?]" KTU 1. 14, II,12; III, 55).

c) Selten spielt das AT auf den menschlichen Schatten an: „*Šûlammît*" möchte im Schatten des Geliebten sitzen (Hld 2,3), Völker in dem eines Königs (Klgl 4,20; Ez 31,2f. 6ff. u.ö.; s. III.1.a). Schon eine Hand kann Schatten werfen (Jes 49,2; vgl. 51,16); bei Tieren die Flügel (*kᵉnāpajim* → כנף) der Vögel (Ps 17,8; 36,8; 57,2; 63,8; vgl. 91,1.4; auch Jes 8,8 u.ö.; s. III.1.b). Alle diese Stellen übersteigern jedoch metaphorisch die tatsächliche Ausdehnung menschlichen wie tierischen Schattens.

3. Am stets gleichmäßigen Schattenlauf läßt sich die Zeit ablesen: Im Sommer werfen am Mittag Mauern, ein senkrechter Finger o.ä. keinen Schatten mehr (AuS I 596. 610f.; vgl. ANET 445b [Neferti]; auch Jes 16,3), Tiere den ihren direkt unter sich (Pes 50ᵃ). Ähnlich fix ist auch die Zeit, wo Größe von Sache und Schatten sich entsprechen (AuS I 614). Vielleicht wird die Stunde der Lohnauszahlung durch die länger werdenden (Jer 6,4; Hld 2,17) Schatten bestimmt (Ijob 7,2 [Gesenius, Thesaurus 1169]; vgl. Neh 13,19; Dtn 24,14f.). Genauere Sonnenuhren (Schattenlängentabelle; Richtungsskala) wurden vom 2. Jt. an in Mesopotamien und Ägypten verwendet; eine äg. aus der SB-Zeit fand sich z.B. in Geser (E. Graefe, LexÄg V 1105f.; G. Fohrer, BHHW III 1822f.; M. Weippert, BRL² 166). Dennoch ist wohl bei den „Stufen" (*maʿalôṯ* 2 Kön 20,9–11 ‖ Jes 38,8) an keine Sonnenuhr (so schon Targ., V), sondern an eine Treppe zu denken (vgl. ausführlich H. Wildberger, BK X/3, 1453). Jedenfalls setzt JHWH hier ein scheinbar verläßliches Naturgesetz außer Kraft (vgl. Jos 10,12ff.; s. III.2.).

III. 'Schatten' besitzt ein eigenes Logogramm bzw. Determinativ in der babyl.-assyr. (MI in PN, sonst GIŠ.MI, sum. *gissu*, akk. *ṣillu*; Borger, Akk. Zeichenliste, AOAT Sonderreihe 6, 1971, Nr. 296.427) wie in der äg. Schrift (Sonnenschirm-Hieroglyphe *sw*[*j*].*t* [WbÄS IV 432f.; George 6], neuäg. *hꜣb.t* > *hjb.t* [George 9f.; vgl. WbÄS III 225]). Für seine übertragene Verwendung sind im Alten Orient die vier Aspekte: Schwärze, Abbild, Kühle/Schutz und schnelle, lautlose Bewegung maßgeblich (George 4).

Die Dunkelheit des Schattens spielt im AT neben der tieferen (Jes 16,3) nächtlichen (→ חשך *ḥšk*, → צלמות *ṣalmāwæṯ* u.a.) als Vergleichsmoment keine Rolle. Auch der Abbildcharakter wird nur selten aufgegriffen (vgl. Ri 9,36; Ijob 17,7); das Bibl.-Hebr. kennt insbesondere nicht die sich daraus im Äg. (WbÄS IV 433; RÄR 675; George passim; Schenkel 535f.), Aram. (s. I.1.; AuS I 639) oder Griech. (z.B. Od X 495; Schulz 397) entwickelnde Bedeutung 'Totengeist, Schemen' (→ רפאים *rᵉpāʾîm*, → אלהים *ʾᵆlohîm* I 302). Ugar. Belege für *ẓl* 'Geist' könnten in KTU 1.161,1 (Pl.; M. Dietrich / O. Loretz, UF 15, 1983, 17–24, bes. 18: Nebenform zu *ṣlm* 'Statue'); RIH 78/20,15 vorliegen (J.C. de Moor, UF 12, 1980, 429–432, bes. 430.432).

1. a) Land (und Welt) schützender Schatten zu sein, beansprucht der König in Mesopotamien (W.H.P. Römer, Sum. 'Königshymnen' der Isin-Zeit, Leiden 1965, 21/23f. 51f.; vgl. 18f. 62 Anm. 147. 210/212f.; CAD Ṣ 191f. 243; z.B. CH II 48; XLVII 46 [TUAT I 41.76]) wie Ägypten (WbÄS IV 432; George 5 Anm. 9. 128f.); vgl. bes. Bordreuil 373. 375ff.; F. Crüsemann, Der Widerstand gegen das Königtum, WMANT 49, 1978, 21f.; H. Wildberger, BK X/3, 1255f.

Der Sonnenschirm (s. II.2.a) des Königs symbolisiert diese Herrschaft: In seinen Schatten zu treten verleiht in Mesopotamien eine privilegierte, möglicherweise dotierte Stellung (A.L. Oppenheim, BASOR 107, 1947, 7–11, bes. 9f.); in Ägypten ist „Wedelträger" (*ṯꜣj ḫw*) des Königs (B. Schmitz, LexÄg VI 1162; EA 106,38 [vgl. II 1171] *muṣalil* [*šarri*]) ein Titel; vgl. auch Wen-Amun II 45f. (TGI² 46).

Klgl 4,20 setzt diese Königsideologie für die vorexil. Zeit voraus. Die älteren überlieferten at.lichen Belege bestreiten allerdings dem eigenen bzw. äg. König die Schatten/Schutzmacht (Ri 9,15; Jes 30,2f.; Klgl 4,20) oder kündigen den Fall des als (Welten-)Baum vorgestellten Herrschers an (Ez 31*; vgl. G. Widengren, The King and the Tree of Life, UUÅ 1951/4, 58; W. Zimmerli, BK XIII/2², 751ff.; auch Jes 10,33; Ez 17,24; 19,10ff.; Dan 4). Spätere Stellen erwarten, daß der messianische Herrscher dem Anspruch gerecht wird (Ez 17,23; Jes 32,2). In Dan 4,7ff. spiegeln sich Fall und Wiederaufstieg Nabonids (vgl. R. Meyer, Das Gebet des Nabonid, SSAW 107/3, 1962).

b) Auch die Rede vom „Schatten" eines Gottes ist im Alten Orient verbreitet (vgl. SGL 15/22. 83/87; CAD Ṣ 190f. 242. [bes. PN]; WbÄS IV 432f.; George 5 Anm. 8. 127f.).

Neben dem König (RÄR 675: in Ägypten ausschließlich) berufen sich in Mesopotamien auch andere auf diesen göttlichen Schutz (z.B. ABL 451,11f.; Oppenheim BASOR 107, 1947, 9f.; auch PN). Nach ABL 652r, 10f. gilt jedoch: „Der Schatten eines Gottes ist der Mensch, und ein Sklave (?) ist der Schatten eines Menschen ... aber der König ist der Spiegel (?) des Gottes" (vgl. BWL 282; Bordreuil 376f. [Lit.]); hier scheint *ṣillū* etwa „Abbild" zu bedeuten.

JHWH gewährt Schatten als umfassenden, lebensnotwendigen (s. II.) Schutz dem, der auf ihn „vertraut" (*bṭḥ* Ps 91,1f.), gerade dem „Schwachen" (*dal*) und „Armen" (*ʾæḇjôn*) (Jes 25,4), „Knecht" (*ʿæḇæḏ*, Jes 49,2f.; s. II.1.), ja den „Menschen" (*bᵉnê ʾāḏām*) allgemein (Ps 36,8).

Dabei sieht das AT JHWH im Bild eines großen Vogels (Ps 17,8; 36,8; 57,2; 63,8; vgl. 91,(1).4; Rut 2,12; Dtn 32,11 u.ö.; s. II.2.c), bei dem der kleine Vogel Beter (vgl. Ps 74,19; 91,3f. u.ö.) „Zuflucht sucht" (*ḥsh bᵉ* u.a.); die Aussage hat ihren Sitz in der Vertrauensäußerung.

W. Beyerlin (Die Rettung der Bedrängten ..., FRLANT 99, 1970, 108f. 148) u.a. denken bei *kᵉnāpajim* „Flügel" zunächst an den Schutzbereich des im „Allerheiligsten" (*dᵉḇîr*) stehenden Kerubenpaares (1 Kön 6,23ff.). Die Vorstellung ist allerdings verbreitet; vgl. bes. äg. Götterdarstellungen (Keel, Bildsymbolik 170f. 152. 341; WbÄS IV 432 [Isis]).

JHWH wird auch als schattiger Baum (Hos 14,8f.), Haus (Ps 91,1? [H. Gunkel, HKAT II/2, 403]; vgl. Jes

25,4) und anthropomorph (Jes 49,2; 51,16; vgl. Ps 139,5) vorgestellt, oder er schafft Schatten mittels Wolke, Hütte (Jes 4,5; vgl. 25,4f.) oder Pflanze (Jona 4,6); s.o. II.2.

Mit *ṣel* absolut gleichgesetzt wird JHWH Ps 121,5; Jes 25,4 (von Fremdgöttern Num 14,9 [E?P?]!); erst nachfolgend entfaltet wird das Bild vom Schatten JHWHs in Hos 14,8 bzw. *Šaddajs* in Ps 91,1. Keiner der Belege ist sicher vorexil. zu datieren, jedoch greift abwandelnd schon Jesaja diese Psalmensprache auf (30,2; O. Kaiser, ATD 18, 227 u.a.).

Alt sind wohl auch die mit *ṣel* gebildeten PN (vgl. bes. IPN; Bordreuil 380f. 385f.): *B^{e}ṣal'el* (Kurzformen *bṣl* [Arad 49,1], *Beṣaj*, *Ṣill^{e}ṯaj*; vgl. akk. *Ina-ṣilli*-GN), *Haṣlælpônî*, *S^{e}lŏpḥāḏ* H. P. Müller, BB 14, 1980, 120, nach LXX **Ṣelp̄aḥaḏ* zum GN), unsicher *Ṣillāh* (Gen 4,19ff. läßt an *ṣll* I 'klingen' denken); vgl. ferner *'^{a}ḇîṭal*, *Ḥ^{a}mûṭal*, altaram. *ṣll* (s. I.1.); ugar. *ẓll* KTU 4.610, I, 12. Kaum zu *ṣel* gehören dagegen *Ṣalmunnā'*, ON *Ṣælṣaḥ* (s. I.2.), *Ṣ^{e}lāṣal* (vgl. die Lexika).

c) Schützenden Schatten können ferner gewähren ein Land bzw. Volk (Jes 30,2 Ägypten; vgl. Ps 80,11 Israel), eine Stadt (Jer 48,45 Hesbon [cj. *'eṣæl* 'neben' der BH unnötig: vgl. zum Ausdruck CAD Ṣ 191; George 5 Anm. 11. 129]; Jes 16,1.3 Jerusalem, speziell der Zionstempel [H. Wildberger, BK X/2, 621; vgl. die äg. Tempelbezeichnung „[Re]Sonnenschatten", Lex Äg V 1103f.]), die Gastfreundschaft im Haus (Gen 19,8; vgl. Ri 19,23f.; Sir 29,22) bzw. Zelt (Ri 4,18 vorausgesetzt; vgl. Ps 27,5 u.ö.) oder ein Mensch (Hld 2,3; George 5 Anm. 10. 129). Koh 7,12 spricht den Schatten, die schützende Macht, von Weisheit (*ḥŏḵmāh*; der Text [Konjekturvorschläge bei H.W. Hertzberg, KAT XVII/4–5, 139] wird durch Sir 14,20.27; Weish 10,15.17 gestützt) und Silber (*kæsæp*) an, relativiert sie jedoch beide (A. Lauha, BK XIX 128f.; anders z.B. Spr 3,13f.; 8,19; Sir 51,28).

Zur unsicheren Bedeutung von *ẓl ksp* (‖*n[ ]t? ḫrṣ* '... des Goldes') KTU 1.4, II, 26f. vgl. WUS Nr. 2371; UT Nr. 1052; CML^{2} 57; F. Løkkegaard, UF 14, 1982, 139.

2. Der Vergleich der menschlichen Lebenszeit (*jāmîm*) mit dem Schatten gehört nach den Belegen zur Sprache der Weisheit: Er begegnet mit dem Stichwort *'āḏām* „der Mensch" Ijob 14,1f.; Ps 144,4; Koh 6,12, *rāšā'* (→ רשׁע) 'Frevler' 8,13, sonst 1 Chr 29,15 (verwandt mit) Ijob 8,9; Ps 102,12. Das Wortfeld, bes. die Gegenbegriffe *'md*, *miqwæh*, *šûḇ* (s. I.3.b) zeigen als prägende Vorstellung: Lebenszeit ist wie Schatten nicht festhaltbar (Sir 34,2 ‖ Wind; vgl. Ps 144,4), sondern läuft unaufhaltsam vorwärts, d.h. ab (s. auch II.3.). So „geht" nicht zufällig bei Verlängerung der abgelaufenen Lebenszeit Hiskijas als Zeichen ein Schatten „rückwärts" (*šûḇ*, 2 Kön 20,2.6.9ff. ‖ Jes 38,1.5.8).

Sicher schwingt bei dem Vergleich auch mit, daß sich Schatten am Tagesende rasch ausstrecken (*nṭh* Ps 102,12; vgl. 109,23; Jer 6,4; AuS I 614f.) und spurlos (Weish 2,4f.; 5,9ff.) verschwinden (*brḥ* Ijob 14,2; vgl. 9,25).

Die Vergänglichkeit des Schattens ist auch im Blick, wo der Schutz der Fremdgötter bestritten wird (Num 14,9) oder sich der Todkranke mit schwindendem Schatten vergleicht (Ps 109,23); wenn Ijob nur noch 'Schatten' seiner selbst ist (17,7), geht es dagegen eher um das magere Abbild (s. III.) des Schattens.

IV. In Qumran erscheinen Nomen und Verb im Loblied 1 QH 6,15: *wjṣl ṣl 'l kwl* ... 'und er wirft Schatten über alle/den ganzen ...'. Nach dem (beschädigten) Textzusammenhang ist von einem Weltenbaum die Rede (s. III.1.a). In einer Vergänglichkeitsklage 4 Q 185 wird das aus Ijob 8,9; Koh 6,12; 8,13; Ps 102,12 u.ö. bekannte Motiv aufgenommen, daß des Menschen Tage „wie Schatten" sind (vgl. H. Lichtenberger, BiblEThL XLVI, 1978, 154f.). 11 QPs^{a} 19,12 greift das Motiv vom Zuflucht spendenden Schatten Gottes auf. In 4 Q 502, 8, 3 und 4 Q 504, 27, 2 ist der Textzusammenhang zerstört.

Schwab

צָלַח *ṣālaḥ*

I. Etymologie und Bedeutung – II. Belege – III. Verwendung – 1. *qal* – 2. *hiph* – a) Mit Menschen als Subjekt – b) Mit JHWH/Gott als Subjekt – IV. Qumran und LXX.

Lit.: *J. Blau*, Über homonyme und angeblich homonyme Wurzeln II (VT 7, 1957, 98–102, bes. 100f.). – *E. Puech*, Sur la racine »ṣlḥ« en hébreu et en araméen (Sem 21, 1971, 5–19). – *M. Sæbø*, צלח *ṣlḥ* gelingen (THAT II 551–556). – *H. Tawil*, Hebrew צלח/הצלח, Accadian *ešēru/šūšuru*: A Lexicographical Note (JBL 95, 1976, 405–413).

I. Außer im Hebr. ist die Wurzel *ṣlḥ* innerhalb südsemit. (asarab.; tigr.) und nordwestsemit. Sprachen relativ breit belegt, nämlich im Phön. und Pun. in PN, dann im Aram. (Aḥiqar 125; vgl. DISO 245; ATTM 676), im Bibl.-Aram. (s. II), Jüd.-Aram., bis zum Samarit. und Syr. (vgl. KBL^{3} 961, Sæbø 551f.; auch Puech), während sie im Ugar. und in aram. Inschriften nicht begegnet.

Diese Belege lassen nun aber eine große Bedeutungsbreite erkennen: 'spalten, in Brand setzen, Erfolg haben, eindringen, gelingen, vorankommen' u.a.m., so daß früher oft nicht nur eine Bedeutungsentwicklung oder Bedeutungsauffächerung (z.B. zwischen den einzelnen Verb-„Stämmen": vgl. *pa'el* und *[h]aph'el* im Aram. oder Syr.), sondern sogar unterschiedliche Wurzeln angenommen wurden (vgl. die Überblicke bei Blau und Tawil 405f.). Die neueren Wörterbücher (sowie Puech und Sæbø) denken jedoch mit Recht eher an eine Bedeutungsentwicklung nur einer Wurzel im Sinne von 'eindringen → spalten → durchdringen', 'über jemanden kommen → gelingen' (vgl. Sæbø 552; Tawil 407). Blau hingegen postuliert angesichts von Am 5,6 und Sir 8,10 noch ein *ṣlḥ* II ('anzünden, brennen'), dazu aber kritisch Sæbø 552 und Tawil 411–413. Tawil zieht außerdem die akk. Wurzel *ešēru/šūšuru* heran, um diese Bedeutungsbreite des hebr. *ṣlḥ* zu illustrieren und zu untermauern, wobei allerdings diese akk. Wurzel nicht als wurzelverwandte Parallele zu *ṣlḥ* fungiert und fungieren kann.

II. Die Wurzel *ṣlḥ* begegnet im AT nur als Verbum, und zwar mit 25 Belegen im *qal* und 40 im *hiph*, dazu 4mal in aram. Texten des AT im *haph* (Esra 5,8; 6,14; Dan 3,30; 6,29). Die *qal*-Belege: Num 14,41; Ri 14,6.19; 15,14; 1 Sam 10,6.10; 11,6; 16,13; 18,10; 2 Sam 19,18; Ps 45,5; Jes 53,10; 54,17; Jer 12,1; 13,7.10; 22,30(2); Ez 15,4; 16,13; 17,9.10.15; Dan 11,27; Am 5,6. Die *hiph*-Belege: Gen 24,21.40.42.56; 39,2.3.23; Dtn 28,29; Jos 1,8; Ri 18,5; 1 Kön 22,12.15; 1 Chr 22,11.13; 29,23; 2 Chr 7,11; 13,12; 14,6; 18,11.14; 20,20; 24,20; 26,5; 31,21; 32,30; Neh 1,11; 2,20; Ps 1,3; 37,7; 118,25; Spr 28,13; Jes 48,15; 55,11; Jer 2,37; 5,28; 32,5; Dan 8,12.24.25; 11,36.
Hinzu kommen (in Hebr.) Sir 8,10; 11,17; 38,14; 43,26 (im *qal*); 9,12; 39,18; 41,1 (im *hiph*) sowie vier Belege in den Qumrantexten: CD 13,21 (*hiph*); 1 Q 27,2, II,5 (*qal*?); TR 58,21 (*hiph*); 4 Q 381,48,3 (*hiph*).
Zum Wortfeld von *ṣlḥ* gehören vor allem → כשר *kšr* (mit Derivaten) und → שׂכל *śkl*. Auf Entfernteres verweist noch Sæbø 554f. Wichtig sind noch die mehr oder weniger fest geprägten Verbindungen, innerhalb derer *ṣlḥ* sich findet (s.u. III).
In Übersetzung bzw. Lesung problematisch sind Am 5,6 (eindringen – vgl. Sir 8,10? – als „anzünden und dann brennen"? LXX hier ἀναλάμπειν) und 2 Sam 19,18 („sie zogen durch den Jordan": ist auch hier ein „eindringen" als dahinter stehend anzunehmen?). Zu beiden Stellen und den vorgeschlagenen Übersetzungen bzw. Änderungen s. KBL³ 961.

III. 1. In den zwar nicht unbedingt konkreteren, wohl aber gegenüber dem *hiph* (s.u. 2) in seinen direkten und indirekten Bezügen zu JHWH oder Gott etwas reduzierten Bedeutungsbereichen des *qal* gehören vielleicht zunächst die bereits unter II genannten Problemstellen Am 5,6 und 2 Sam 19,18. Eine durch die Wendung „der Geist JHWHs (bzw. Gottes) gelangte (= kam) über jemanden" zusammengehaltene Textgruppe (LXX hier meist ἅλλομαι bzw. Derivate) stellen die Belege dar, die entweder berichtend oder verheißend („wird gelangen") von dieser Gabe sprechen (Ri 14,6.19; 15,14 betr. Simson; 1 Sam 10,6.10; 11,6; 16,13, in 1 Sam 18,10 sogar „der böse Geist Gottes" betr. Saul).
Vor allem ist davon die Rede, daß jemandem etwas „gelingt", daß er es „vollenden" kann. Nach Ez 16,13 gelangte Jerusalem zu königlichen Ehren (Zusatz?). Ps 45,5 formuliert wohl einen Wunsch an den König (zu anderen Auffassungen KBL³ 962). Nach Jes 53,10 wird JHWHs Wille durch den Gottesknecht „gelingen" (vgl. Jes 55,11 *hiph* betr. JHWHs Wort). Ein solches Gelingen ist auch in Sir 11,17; 38,14 gemeint, in Sir 43,26 wird dabei sogar an das Schöpfungswerk JHWHs gedacht. In Jer 12,1 geht es um das Gelingen des „Weges" (s. III. 2. b) eines Menschen.
Gegenteilig ist häufiger davon die Rede, daß etwas „nicht gelingen" wird, jemand etwas „nicht schaffen", eine Person oder Sache zu etwas „nicht (mehr) taugen" wird. Dies ist nach Num 14,41 der Versuch einer Landnahme auf eigene Faust; nach Jes 54,17 wird verheißen, daß es keiner gegen dich (= Zion/Israel) bereiteten Waffe gelingen wird, ihr Vorhaben durchzuführen. Nach Ez 15,4 taugt das angesengte Holz des Weinstocks zu nichts mehr (als Frage formuliert), was in der Deutung (v. 5) nochmals aufgenommen wird (vgl. Jer 13,7.10 und zur Sache W. Zimmerli, BK XIII/1², 374). Ähnlich argumentieren Ez 17,7.9 (vgl. Ps 1,3 zum Bild). Nach Jer 22,30 ist Jojachin ein Mann, dem sein Leben lang nichts gelingt, ein Mann ohne Glück, was auch für seine Nachkommen auf dem Davidsthron gelten wird (vgl. nochmals in der 13,7.10 das „zu nichts mehr taugen" im Blick auf Jeremias Gürtel und Schurz). Und nach Dan 11,27 wird das Ränkespiel zwischen Antiochus III. und Ptolemäus VI. „nicht gelingen" angesichts des (durch JHWH, der aber nicht direkt genannt wird) anders festgesetzten Endes (→ קֵץ *qeṣ*).
2. a) Daß Menschen etwas gelingen lassen (können), wird innerhalb des AT durch *ṣlḥ hiph* nur in wenigen Belegen ausgedrückt. So macht der Tempelbau Fortschritte (Esra 5,8; 6,14) oder auch der Festungsbau (2 Chr 14,6; zur damit verbundenen Gabe der Ruhe *menûḥāh* → נוח *nûaḥ*), aber beides läßt unschwer erkennen, daß dabei immer auch schon JHWH mit am Werk ist, der zu Fortschreiten und Gelingen verhilft. Dies gilt auch für Dan 3,30 und 6,29. Ein Weiser soll sich folglich über den, dem etwas gelingt oder der Erfolg hat, auch nicht entrüsten oder Neid empfinden (Ps 37,7; Sir 9,12; vgl. Sir 41,1). Und wenn dem elften Horn, das für den frechen König Antiochus IV. steht, auch manches „gelingt" (Dan 8,12.24.25; 11,36), dann ist diesem Tun eine göttliche Grenze gesetzt (vgl. Dan 11,36b). Für die Anklage Jer 5,28 ist (mit Tawil 409ff.) festzuhalten, daß dort die Verneinung des unmittelbaren Vordersatzes (*lo' dānû*) auch noch für das *jaṣlîḥû* weitergilt.
Daß Salomo (nach 1 Chr 29,23) Anerkennung fand und ihm alles „glückte" (2 Chr 7,11), läßt (da jeweils ohne Vorlage in Kön) die schon mit der Notiz des Festungsbaus (2 Chr 14,6; s.o.) erkennbare Vorliebe der Chronikbücher für das Verb *ṣlḥ hiph* erneut deutlich werden. Auch dem Hiskija „gelang" danach alles infolge seiner Frömmigkeit (2 Chr 31,21; 32,30). Wer Gott sucht (→ דרשׁ *drš*), dem „gelingt" sein Vorhaben (2 Chr 14,6; 26,5; 31,21), ebenso dem, der sich an JHWHs Gesetz hält (1 Chr 22,13; vgl. Ps 1,3 und Jos 1,8). Umgekehrt hat das Gegen-

teil ein Nichtgelingen zur Folge (2 Chr 24,20). Die Chronik ordnet damit den Gebrauch von *ṣlḥ* ihrem Interesse am Zusammenhang von Tun und Ergehen ein und koppelt Frömmigkeit und Bau- sowie Kriegserfolge eng aneinander (dazu: P. Welten, WMANT 42, 1973, 18.50; Th. Willi, FRLANT 106, 1972, 171.177.227f.). Auch hier ist es naturgemäß JHWH, der letztlich das Gelingen bewirkt, auch wenn dies nicht explizit gesagt wird. Dies gilt entsprechend für Spr 28,13, wonach keinen Erfolg hat, wer seine Sünde leugnet.

Daß man irdisches Gelingen von JHWH erhofft und herleitet, zeigen schließlich noch klar die Gebetsrufe bzw. Bitten in Ps 118,25 und Neh 1,11.

b) Durch *ṣlḥ* mit JHWH als ausdrücklich genanntem Subj. werden (sowohl berichtend wie verheißend) bestimmte Ereignisse als Ergebnis bzw. Teil göttlicher Führung interpretiert und sehen gelehrt. Dies ist in Gen 24 der Fall, wo *ṣlḥ hiph* beinahe zu einem Leitwort geworden ist (vv. 21.40.42.56). Ähnlich ist dies in Gen 39,2.3.23 und Jos 1,8 (hier in der Koppelung zur Thoratreue; vgl. Ps 1,3) der Fall.

Die in Gen 39,2.3.23 begegnende Kombination von *ṣlḥ hiph* und der Aussage, daß JHWH „mit" jemandem war (→ את *'eṯ*), findet sich auch noch in 1 Chr 22,11; 2 Chr 13,12; ein interpretierendes „in die Hand geben" steht 1 Kön 22,12.15; vgl. 2 Chr 18,11.14 als Parallelen. Daß in diesem Kontext dann öfter *ṣlḥ hiph* mit dem „Weg"(→ דרך *dæræḵ*) verbunden wird, kann nicht verwundern (noch konkret als Weg von A nach B in Ri 18,5?; vgl. dann übertragen Gen 24,21.40.42.56; Jos 1,8; Jes 48,15 [Kyros] und auch Dtn 28,29; vgl. auch TR 58,21).

In diesen Zusammenhang göttlichen Führungsglaubens gehören dann (stärker übertragen gefüllt) Jes 55,11 (JHWHs Wort „gelingt"); Neh 2,20 und der Teil einer Kriegsansprache in 2 Chr 20,20, zu dem noch Jes 7,9 zu vergleichen ist. Hierher gehört wohl auch Sir 39,18.

Daß JHWH naturgemäß auch etwas „nicht gelingen" lassen kann, wird unter seiner direkten wie indirekten Nennung als Subjekt im Fluchwort Dtn 28,29 ausgesagt, ferner in den Gerichtsansagen Jer 2,37 und 32,5. 2 Chr 13,12 spricht in dieser Weise von einem Krieg Israels gegen Juda, dem JHWH (v. 10) keinen Erfolg schenken wird.

IV. Die 4 Belege in den Qumrantexten gehen nicht über die im AT begegnenden Bedeutungen hinaus. In CD 13,21 (und wohl auch in dem Fragment 1 Q 27,1, II,5) geht es darum, daß jemandem etwas „nicht gelingen" soll, wobei es sich jeweils um Gegner der Qumrangruppe bzw. durch sie als negativ Qualifizierte handelt. TR 58,21 verbindet (vgl. III. 2. b) das Verb (im *hiph*) mit einem „auf allen seinen Wegen". 4 Q 381,48,3 stellt das Verb in den Kontext der (Neu-)Schöpfung, wenn der Beter bittet: „Gib mir Gelingen durch den Hauch deines Mundes!"

Die LXX übersetzt *ṣlḥ* vorwiegend mit εὐοδοῦν (mit Derivaten; vgl. dazu W. Michaelis, ThWNT V 113–188 und → V 335), und auch durch ἅλλεσθαι (mit Derivaten; so vor allem bei „der Geist JHWHs/Gottes gelangte auf jmd."). Dazu kommen noch über zehn weitere Lexeme zur Differenzierung von Einzelbelegen.

Hausmann

צֶלֶם *ṣælæm*

I. Wort – 1. Etymologie – 2. LXX – 3. Wortfeld – II. Das Bild in der Umwelt Israels – 1. Mesopotamien – 2. Ägypten – III. AT – 1. *ṣælæm* als bildliche Darstellung – 2. Der Mensch als *ṣælæm* Gottes – IV. Deuterokanonische Schriften – V. Qumran.

Lit.: *C. Aldred*, Bild („Lebendigkeit" eines Bildes) (LexÄg I 793ff.). – *A. Angerstorfer*, Gedanken zur Analyse der Inschrift(en) der Beterstatue vom Tel Fecherīje in BN 22 (1983) 91–106 (BN 24, 1984, 7–11). – *Ders.*, Hebräisch *dmwt* und aramäisch *dmw(t)*. Ein Sprachproblem der Imago-Dei-Lehre (BN 24, 1984, 30–43). – *Ders.*, Gottebenbildlichkeit des Menschen bzw. des Königs – ein sumerisches Theologumenon? (BN 27, 1985, 7–10). – *J. Barr*, The Image of God in the Book of Genesis. A Study of Terminology (BJRL 51, 1968, 11–26). – *K.-H. Bernhardt*, Bild (BHHW I 249f.). – *Ders.*, Gott und Bild, 1956. – *H. Bonnet*, Bild (RÄR 118–120). – *Ders.*, Kultbild (RÄR 410f.). – *P. Bordreuil*, „À l'ombre d'Elohim". Le thème de l'ombre protectrice dans l'Ancien Orient et ses rapports avec „L'Imago Dei" (RHPhR 46, 1966, 368–391). – *H. van den Bussche*, L'homme créé à l'image de Dieu (CollBG 31, 1948, 185–195). – *W. Caspari*, Imago divina (Festschr. R. Seeberg 1, 1929, 197–208). – *D. J. A. Clines*, The Image of God in Man (TynB 19, 1968, 53–103). – *Ders.*, The Etymology of Hebrew *Ṣelem* (JNWSL 3, 1974, 19–25). – *P.-E. Dion*, Ressemblance et image du Dieu (DBS X 365–403). – *Ders.*, Image et ressemblance en araméen ancien (ScE 34, 1982, 151–153). – *C. Dohmen*, Die Statue von Tell Fecherīje und die Gottebenbildlichkeit des Menschen. Ein Beitrag zur Bilderterminologie (BN 22, 1983, 91–106). – *J. Ebach*, Die Erschaffung des Menschen als Bild Gottes (PTh 66, 1977, 198–214). – *G. Fohrer*, Theologische Züge des Menschenbildes im Alten Testament (BZAW 115, 1969, 176–194). – *K. Galling*, Das Bild vom Menschen in biblischer Sicht, 1947. – *Ders.*, Götterbild, weibliches (BRL² 111–119). – *B. Gemser*, Bilder und Bilderverehrung II. Im AT und NT (RGG³ I 1271–1273). – *M. Görg*, Alles hast du gelegt unter seine Füße (Festschr. H. Groß, ²1987, 125–148). – *Ders.*, Das Menschenbild der Priesterschrift (BiKi 42, 1987, 21–29). – *H. Groß*, Die Gottebenbildlichkeit des Menschen (Festschr. H. Junker, 1961, 89–100). – *W. Groß*, Die Gottebenbildlichkeit des Menschen im Kontext der Priesterschrift (ThQ 161, 1981, 244–264). – *J. Hehn*, Zum Terminus „Bild Gottes" (Festschr. E. Sachau, 1915, 36–52). – *W. Helck*, Kultstatue (LexÄg III 859–863). – *J. Hempel*, Gott, Mensch und Tier im Alten Testament mit besonderer Berücksichtigung von Gen. 1–3 (BZAW 81, 1961, 198–229). – *S. Herrmann*, Die Naturlehre des

Schöpfungsberichtes. Erwägungen zur Vorgeschichte von Genesis 1 (ThLZ 86, 1961, 413–424). – *Ders.*, „Gottebenbildlichkeit“ – der Begriff und seine Funktion im Rahmen biblischer Theologie (Innere Mission 59, 1969, 280–287). – *E. Hornung*, Der Mensch als „Bild Gottes“ in Ägypten (O. Loretz, Die Gottebenbildlichkeit des Menschen, 1967, 123–156). – *F. Horst*, Der Mensch als Ebenbild Gottes (ThB 12, 1961, 222–234). – *P. Humbert*, Études sur le récit du paradis et de la chute dans la Genèse, Neuchâtel 1940. – *Ders.*, Trois notes sur Genèse I (Festschr. S. Mowinckel, Oslo 1955, 85–96). – *G. A. Jónsson*, The Image of God. Genesis 1:26–28 in a Century of Old Testament Research (CB, OT Series 26, 1988). – *L. Koehler*, Die Grundstelle der Imago-Dei-Lehre, Genesis 1, 26 (ThZ 4, 1948, 16–22 = L. Scheffczyk [Hg.], Der Mensch als Bild Gottes, WdF 124, 1969, 3–9). – *H. M. Kümmel*, Bemerkungen zu den altorientalischen Berichten von der Menschenschöpfung (WO 7, 1973/74, 25–38). – *S. Lehming / J. Jervell*, Abbild, Ebenbild (BHHW I 4f.). – *S. E. Loewenstamm*, Comparative Studies in Biblical and Ancient Oriental Literatures (AOAT 204, 1980, bes. 48–50). – *O. Loretz*, Der Mensch als Ebenbild Gottes (Anima 19, 1964, 109–120 = L. Scheffczyk, [Hg.], Der Mensch als Bild Gottes, WdF 124, 1969, 114–130). – *Ders.*, Die Gottebenbildlichkeit des Menschen, 1967. – *V. Maag*, Sumerische und babylonische Mythen von der Erschaffung des Menschen (Asiatische Studien 8, 1954, 85–106 = Ders., Kultur, Kulturkontakt und Religion, 1980, 38–59). – *Ders.*, Alttestamentliche Anthropogonie in ihrem Verhältnis zur altorientalischen Mythologie (Asiatische Studien 9, 1955, 15–40 = Ders., Kultur, Kulturkontakt und Religion, 1980, 60–89). – *T. N. D. Mettinger*, Abbild oder Urbild? „Imago Dei“ in traditionsgeschichtlicher Sicht (ZAW 86, 1974, 403–424). – *F. Michaéli*, Dieu à l'image de l'homme, Neuchâtel 1950. – *J. M. Miller*, In the „Image“ and „Likeness“ of God (JBL 91, 1972, 289–304). – *B. Ockinga*, Die Gottebenbildlichkeit im alten Ägypten und im Alten Testament (ÄAT 7, 1984). – *E. Otto*, Der Mensch als Geschöpf und Bild Gottes in Ägypten (Festschr. G. v. Rad, 1971, 335–348). – *S. Parpola*, Letters from Assyrian Scholars to the Kings Esarhaddon and Assurbanipal. Texts (AOAT 5/1, 1970). – *G. Pettinato*, Das altorientalische Menschenbild und die sumerischen und akkadischen Schöpfungsmythen (AHAW 1, 1971). – *G. v. Rad*, εἰκών. D. Die Gottesebenbildlichkeit im AT (ThWNT II 387–390). – *C. H. Ratschow*, Bilder und Bilderverehrung I. Religionsgeschichtlich (RGG^{3} I 1268–1271). – *J. Renger*, Kultbild. A. Philologisch (RLA VI 307–314). – *W. Rudolph*, Das Menschenbild des Alten Testaments (Festschr. H. Schreiner, 1953, 238–251). – *A. Safran*, La conception juive de l'homme (RThPh 98, 1965, 193–207). – *J. F. A. Sawyer*, The Meaning of בְּצֶלֶם אֱלֹהִים („in the Image of God“) in Genesis I–XI (JThSt 25, 1974, 418–426). – *K. L. Schmidt*, Homo imago Dei im Alten und Neuen Testament (ErJB 15, 1947, 149–195 = L. Scheffczyk, WdF 124, 1969, 10–48). – *W. H. Schmidt*, Die Schöpfungsgeschichte der Priesterschrift (WMANT 17, ^{2}1967). – *J. Schreiner*, Die Gottebenbildlichkeit des Menschen in der alttestamentlichen Exegese (J. Speck [Hg.], Das Personverständnis in der Pädagogik und ihren Nachbarwissenschaften 2, 1967, 50–65). – *C. R. Smith*, The Biblical Doctrine of Man, London 1951. – *J. J. Stamm*, Die Imago-Lehre von Karl Barth und die alttestamentliche Wissenschaft (Festschr. K. Barth, Zürich 1956, 84–98 = L. Scheffczyk, WdF 124, 1969, 49–68). – *Ders.*, Die Gottebenbildlichkeit des Menschen im Alten Testament (ThSt 54, Zollikon 1959). – *Ders.*, Zur Frage der Imago Dei im Alten Testament (Gedenkschr. K. Guggisberger, Bern 1973, 243–253). – *O. H. Steck*, Der Schöpfungsbericht der Priesterschrift (FRLANT 115, ^{2}1981). – *F. J. Stendebach*, Die Bedeutung einer alttestamentlichen Anthropologie für die Verkündigung und die theologische Erwachsenenbildung (Festschr. G. J. Botterweck, BBB 50, 1977, 333–349). – *E. J. Waschke*, Untersuchungen zum Menschenbild der Urgeschichte (Theologische Arbeiten 43, 1984). – *P. Welten*, Götterbild, männliches (BRL^{2} 99–111). – *Ders.*, Göttergruppe (BRL^{2} 119–122). – *W. Westendorf*, Die Menschen als Ebenbilder Pharaos (GöttMiszÄg 46, 1981, 33–40). – *C. Westermann*, אָדָם *'ādām* Mensch (THAT I 41–57). – *H. Wildberger*, Das Abbild Gottes. Gen. 1, 26–30 (ThZ 21, 1965, 245–259. 481–501 = ThB 66, 1979, 110–145). – *Ders.*, צֶלֶם *ṣælæm* Abbild (THAT II 556–563). – *H. W. Wolff*, Anthropologie des Alten Testaments, ^{3}1977. – *E. Zenger*, Gottes Bogen in den Wolken (SBS 112, 1983). – *W. Zimmerli*, Das Menschenbild des Alten Testaments (Theologische Existenz heute 14, 1949). – *Ders.*, Was ist der Mensch? (ThB 51, 1974, 311–324).

I. 1. *ṣælæm* ist auf eine im Hebr. nicht belegte Wurzel *ṣlm* zurückzuführen; diese begegnet jüd.-aram., palmyr. und syr. in der Bedeutung 'mit Bildwerk versehen', arab. als *ṣalama* 'abhauen, behauen, schneiden, schnitzen' (KBL^{3} 963).

Das Substantiv *ṣælæm* findet sich ugar. in der Wendung *ṣlm pnj* (KTU 2. 31, 61) und zweimal in beschädigten Kontexten (KTU 1.13, 18; 1.23, 57); (s. M. Dietrich / O. Loretz, UF 19, 1987, 407f.); phön. *ṣlm* (DISO 245), mhebr. in der Bedeutung 'Ebenbild, Statue, Götzenbild', jüd.-aram. als *ṣalmā'*, reichsaram. als *ṣlm'*/*ṣlmh* „das Bild/sein Bild“ (KAI 225, 3. 6; 226, 2; DISO 245); das Bibl.-Aram. hat *ṣ^{e}lem*, das Syr. *ṣalmā*, *ṣ^{e}lemtā*, das Christl.-Paläst. *ṣlm*, das Mand. *ṣilma* (MdD 393b) „Bild, Götzenbild, Gestalt, Form“; das Nabat. und Palmyr. sowie die Inschriften von Hatra (KAI 237–257) haben *ṣlm*, *ṣlm'* und *ṣlmt'* 'Statue' (DISO 245); asarab. begegnen *ẓlm* (BGMR 172) und *ṣlm* (BGMR 143) 'Abbild, Statue', arab. *ṣanam* (aram. Lehnwort, vgl. S. Fraenkel, Die aram. Fremdwörter im Arab., Leiden 1886 = 1962, 273) 'Götzenbild' (vgl. KBL^{3} 963; GesB 684). Zu akk. *ṣalmu* s. II. 1.

Die gelegentlich vorgeschlagene Ableitung des Lexems *ṣælæm* von *ṣel* 'Schatten' (Bordreuil 389; W. H. Schmidt 133 Anm. 1) läßt sich nicht halten (vgl. Th. Nöldeke, ZDMG 40, 1886, 733f.; ZAW 17, 1897, 186f.). Wenn F. Delitzsch *ṣælæm* mit akk. *ṣalāmu* und arab. *ẓalima* 'schwarz werden, dunkel sein' zusammenstellt (Prolegomena eines neuen hebr.-aram. Wörterbuches zum AT, 1886, 140 Anm. 4; dagegen J. Cantineau, Syr 14, 1933, 171), so ist diese Ableitung allenfalls für Ps 39, 7; 73, 20 möglich (Humbert, Études 156; L. Kopf, VT 9, 1959, 272), ist aber auch dort keineswegs notwendig (E. Würthwein, Wort und Existenz, 1970, 169; H.-J. Kraus, BK XV^{5}, 454. 664). Wildberger stellt mit Recht fest, daß die Aufteilung der Belege für *ṣælæm* auf zwei Wurzeln wenig wahrscheinlich und die Ableitung von *ṣlm* 'abhauen' einleuchtend ist (THAT II 556f.). Zur Wiedergabe von *ṣælæm* in den Targumen vgl. Angerstorfer (BN 24, 42).

2. LXX übersetzt *ṣælæm* in der Regel mit εἰκών, Num 33, 52 mit εἴδωλον, 1 Sam 6, 5 mit ὁμοίωμα, Am 5, 26 mit τύπος (Wildberger, THAT II 562).

3. Zum Wortfeld von *ṣælæm* gehören *d^emûṯ* (Gen 1, 26; 5, 1. 3) 'Gleichheit, Ähnlichkeit' (→ II 266–277), *sæmæl* (*semæl*) 'Bild' (Dtn 4, 16; Ez 8, 3. 5), → פסל *pæsæl* 'Gottesbild' (Ex 20, 4; Dtn 5, 8; Ri 18, 14. 17 f.), *to'ar* 'Form, Gestalt' (Ri 8, 18; 1 Sam 28, 14), *taḇnîṯ* 'Bauart, Modell, Bild' (Ex 25, 9. 40; Dtn 4, 16–18; Jes 44, 13), *t^emûnāh* 'Gestalt, Erscheinung, Figur' (Dtn 4, 12. 15; Ex 20, 4; Dtn 5, 8).

II. 1. Das akk. *ṣalmu(m)* II (hurr. *zalam*) bedeutet 'Statue, Figur, Bild'; näherhin kann es eine Götterstatue, eine Königsstatue, Beterstatuetten, Statuen von Dämonen, Hexen, Kranken, ein Relief und Flachbild, im übertragenen Sinn ein Sternbild, die Gestalt, das Abbild und Inbild bezeichnen; es begegnet auch als Name einer Gottheit (AHw III 1078 f.; CAD Ṣ 78–85; vgl. S. Dalley, Iraq 48, 1986, 85–101). Der König kann als Abbild eines Gottes bezeichnet werden (ABL 6, 17; 55, 4 [neuassyr.]; Thompson Rep. 1705.2 [neubabyl.]). Auch der Beschwörungspriester kann als Abbild einer Gottheit gelten, wobei deutlich auf seine Funktion abgehoben ist (vgl. G. Meier, AfO 14, 1941/44, 150 f., Z. 225 f.).

Die sum. Bezeichnungen für Statue sind *dùl*, *alam* und *NU* (Renger 307).

Die Statue eines Gottes ist nicht nur Vertretung des Gottes, sondern sie ist der lebendige Gott (A. L. Oppenheim, Ancient Mesopotamia, ²1977, 183 ff.; H. Ringgren, Scripta Instituti Donneriani 10, Uppsala 1979, 105–109). Beim Herstellen und Konsekrieren der Götterstatuen wurden besondere Riten wie die Mundöffnung beachtet (Renger 309. 312 f.).

Nachdem Hehn und Maag neben anderen auf mesopot. Vergleichsmaterial zur Vorstellung von der Gottebenbildlichkeit des Menschen hingewiesen hatten (mit Verweis auf AOT 134 f. 137. 205 f. 209; ANET 100. 108), hat Pettinato das einschlägige Material nochmals umfassend aufgearbeitet (vgl. auch Parpola 98 f. 112 f.; Loewenstamm 48 f.). In seiner Rezension zu Pettinatos Arbeit kommt Kümmel (30 f.) zu der Feststellung, daß sich das Problem der Gottebenbildlichkeit noch nicht hinreichend lösen lasse. Vor allem sei das Verständnis von *zikru* als „Abbild" und damit die Anu-Ebenbildlichkeit Enkidus sehr zweifelhaft (Gilg 2 II 33; vgl. Pettinato 42). Dem ist noch hinzuzufügen, daß Enkidu ein Heros gleich Gilgameš ist und eine Aussage über seine Erschaffung nicht ohne weiteres auf die Erschaffung des Menschen übertragen werden kann (vgl. Angerstorfer, BN 27, 10; W. Groß 247 f.).

2. Was die Bildvorstellung in Ägypten betrifft, so ist der Befund ähnlich wie in Mesopotamien. Die Kultstatue eines Gottes ist der Leib, in dem der betreffende Gott wohnt (Helck 859; vgl. RÄR 410). Die Statuen, auch die einflußreicher Personen und des Pharao, galten als Aufenthaltsort einer verborgenen Kraft, des Ka, mittels des Rituals der Mundöffnung und des Anbringens des Namens des Eigners. Besondere Erwähnung verdienen die Diener-Figuren, die für ihren Herrn in der Unterwelt zu arbeiten hatten, und die Uschebti, die den Toten von den Ackerbauarbeiten im Reich des Osiris befreiten (Aldred 794). Im Totenkult ist die Statue in sich ein Ersatzleib und verbürgt den Bestand des Toten. Die magische Kraft des Bildes umspannt die ganze Ausstattung des Grabes, dessen Darstellungen für den Toten lebendige Wirklichkeit sind (RÄR 118–120; vgl. S. Morenz, Ägyptische Religion, RdM 8, ²1977, 158–164).

Was die Vorstellung von der Gottebenbildlichkeit des Menschen betrifft, so hat als erster Hornung die reiche und in sich differenzierte Begrifflichkeit systematisch untersucht (vgl. auch Wildberger, ThB 66). Nachdem Otto sich relativ zurückhaltend dahingehend geäußert hatte, daß die sehr verstreuten und spärlichen Aussagen über die Gottesähnlichkeit des Menschen den rituell handelnden Menschen (vgl. Hornung 128–131 zu *mjtj*) und den Menschen als moralisch handelndes Wesen meinen (Lehre des Anii; vgl. A. Volten, Studien zum Weisheitsbuch des Anii, 1937, 161 ff.; Hornung 153) und die Auffassung der Lehre für Merikare (RTAT 72) singulär sei (Otto 342 f.), gelangt Ockinga zu einer sehr kritischen Position. Nach ihm proklamieren die Begriffe *twt.w*, *ḥn.tì*, *šzp* und *sšm.w* ausschließlich den König als konkretes Abbild Gottes, während *znn*, *mì.tì* bzw. *mìtt* und *tì.t* eine Gottähnlichkeit ausdrücken, die sich auf Wesen und Handeln bezieht (Ockinga 127–130). Wenn die Lehre für Merikare die Menschen als *znn.w* des Gottes bezeichnet, so haben wir es mit einer Gottähnlichkeit zu tun, die sich auf spezifische Eigenschaften des Menschen bezieht (Ockinga 139 f.; vgl. noch Westendorf 37 f.).

III. 1. Die ältesten Belege für *ṣælæm* finden sich innerhalb der Ladeerzählung 1 Sam 6, 5. 11. Dort ist die Rede von Nachbildungen der Beulen und der Mäuse, die JHWH dargebracht werden sollen. Wenn in vv. 3 f. diese Gaben als *'āšām* „Sühnegeschenk" bezeichnet werden, so wird der ursprünglich apotropäische Sinn des Motivs theologisch umgedeutet (Wildberger, THAT II 557 f.; zu den textkritischen Fragen vgl. Stoebe, KAT VIII/1, 146 f. 150 f.).

Num 33, 52 wird die Vernichtung aller *ṣalmê massek̲ôṯ* „gegossenen Bilder" gefordert, womit wohl Götterbilder gemeint sind. Der Text ist stark dtr geprägt (Noth, ATD 7, 214; → IV 1012 f.).

2 Kön 11, 18 par. 2 Chr 23, 17 berichten von der Zerstörung des Tempels des Baʿal in Jerusalem sowie des *ṣ^elāmājw* „seiner Bilder" – eine dtr Erweiterung des Textes (Würthwein, ATD 11/2, 345. 348; Rudolph, HAT I/21, 271).

Ez 7, 20 wird den Judäern vorgeworfen, daß sie *ṣalmê tôʿ^aḇoṯām* „Bilder ihrer Scheusale" hergestellt haben (vgl. Zimmerli, BK XIII/1, 164. 182).

Ez 16, 17 ergeht die Anklage gegen Jerusalem, daß es sich *ṣalmê zāk̲ār* „männliche Figuren" gemacht habe, um mit ihnen Unzucht zu treiben. Möglicherweise ist dabei an phallische Bilder zu denken (Zimmerli, BK XIII/1, 357; Fohrer, HAT I/13, 89; Preuß, BWANT 92, 1971, 177 Anm. 35).

Ez 23, 14 Q spricht von *ṣalmê kaśdîm* „Bilder von Chaldäern", die mit roter Farbe auf der Wand eingeritzt sind. Es handelt sich wohl um mit Mennige gezeichnete Wandbilder (Zimmerli, BK XIII/1, 546). Anlaß der Schelte in vv. 14–16 scheint ein politisches Verhalten Jerusalems zu sein (Preuß, BWANT 92, 1971, 177).

Am 5, 26 ist der Text unsicher und als dtr Zusatz zu werten. Mit *ṣalmêkæm* „eure Bilder" sind wahrscheinlich Bilder der babyl. Astralgottheiten Kewan (*kajjamānû*; vgl. AHw I 420; CAD K 38) und Sakkut (sum. ^{d}SAG.KUD), beide Erscheinungsweisen des Saturn (E. Reiner, Šurpu, AfO Beiheft 11, 1958, 18, Z. 180; K.-H. Bernhardt, BHHW I 300; III 1792 f.) gemeint, deren Namen durch die Vokale von *šiqqûṣ* 'Scheusal' verunstaltet wurden (Rudolph, KAT XIII/2, 207). Es handelt sich wohl um Götterbilder auf Standarten (Wolff, BK XIV/2, 310; vgl. W. H. Schmidt, ZAW 77, 1965, 188–191).

Schwierigkeiten bereiten Ps 39, 7; 73, 20, so daß vorgeschlagen wurde, an beiden Stellen eine Wurzel *ṣlm* II 'schwarz werden, dunkel sein' anzunehmen und *ṣælæm* als „Schattenbild, vergänglicher Schatten" zu deuten. Dies ist in keiner Weise gesichert (s. I.). In Ps 39, 7 ist *ṣælæm* als „Traumbild" zu verstehen (Kraus, BK XV/1[5], 454). In Ps 73, 20 ist der Text unsicher. Es ist wohl zu übersetzen: „Wie ein Traum beim Aufwachen sind sie nicht mehr, beim Aufstehen wird sein Bild verschmäht." Gemeint ist der unmittelbare und schwere Sturz der Gottlosen (Kraus, BK XV/2[5], 663 f. 670; anders Würthwein, Wort und Existenz, 1970, 169).

Im aram. AT begegnet das Nomen *ṣ^{e}lem* (bzw. unter hebr. Einfluß *ṣælæm*) Dan 2, 31 (2mal). 32. 34. 35, wo es die Kolossalstatue in der Vision Nebukadnezzars bezeichnet, die die in der Form eines Weltreiches gewordene Weltordnung darstellt (O. Plöger, KAT XVIII 52); weiter Dan 3, 1. 2. 3 (2mal). 5. 7. 10. 12. 14. 15. 18 für das von Nebukadnezzar errichtete Götzenbild; schließlich Dan 3, 19 in der Wendung *ṣ^{e}lem 'anpôhî* „das Bild seines Gesichts", „sein Gesichtsausdruck" (Plöger, KAT XVIII 60).

Der Befund zeigt, daß *ṣælæm* vor allem in der exil.-nachexil. Zeit belegt ist. Die grundlegende Bedeutung des Lexems ist als „plastische Nachbildung" zu bestimmen, was nicht ausschließt, daß gelegentlich auch ein Relief oder Flachbild durch *ṣælæm* bezeichnet wird. Im übertragenen Sinn kann das Wort auch ein Traumbild meinen. Das Wort kann nicht als terminus technicus für ein Kult- oder Götterbild betrachtet werden (vgl. dazu Bernhardt, BHHW I 249; Gott und Bild 67 f.).

2. Die theologisch bedeutsamsten Belege von *ṣælæm* finden sich in der Urgeschichte der P Gen 1, 26 f.; 5, 3; 9, 6. Zunächst sei festgestellt: Alle Deutungen, die die Gottebenbildlichkeit des Menschen in seiner „Geistseele" und deren Kräften wie Intellekt und freier Wille finden wollen, werden der Anthropologie des hebr. AT nicht gerecht, die eine „Geistseele" nicht kennt (vgl. F. J. Stendebach, Theologische Anthropologie des Jahwisten, Diss. Bonn 1970, 248–261; BBB 50, 336–341). Das gleiche gilt für die Auffassung, die die Gottebenbildlichkeit des Menschen einseitig in der leiblichen Ähnlichkeit sieht (Humbert, Études; Trois notes 88 f.; Koehler 5 f.). Die Vorstellung kann nur den ganzen Menschen meinen, nicht einen Teil oder eine Eigenschaft an ihm (v. Rad, ATD 2/4[9], 37 f.; K. L. Schmidt 14; Galling, Das Bild vom Menschen 11 f.; Stamm, Die Gottebenbildlichkeit 17 f.; Westermann, BK I/1[3], 207). Dies haben die Exegeten gespürt, die, wenn sie auch den Akzent auf die leibliche Gestalt des Menschen legten, den geistigen Aspekt dennoch nicht ganz ausschließen wollten (Gunkel, GHK I/1[9], 112; v. Rad 389 f.).

Die Ausführungen unter II. haben gezeigt, daß eine unmittelbare Ableitung der Vorstellung von der Gottebenbildlichkeit des Menschen aus der Umwelt Israels nicht möglich ist. Auch die These, daß der Zusammenhang von Gen 1, 26 f. mit der altorientalischen Königsideologie gesichert sei (Wildberger, ThB 66, 120. 132), läßt sich wohl nicht aufrechterhalten. Hier ist der kritische Einwand Westermanns ernst zu nehmen, daß die äg. und mesopotam. Parallelen zwar den Begriff „Bild Gottes" betreffen, aber eben nicht den Vorgang der Erschaffung des Menschen nach dem Bild Gottes (BK I/1[3], 212). Sind aber die Parallelen aus dem mesopotam. und äg. Bereich nicht tragfähig, so ist erhöhte Vorsicht geboten gegenüber den von Westermann (BK I/1[3], 51. 213) beigebrachten Parallelen aus „primitiven" Kulturen, auch wenn diese nun gerade von einem Erschaffen des Menschen nach dem Bild eines Gottes reden. Die bisherige Diskussion hat gezeigt, wie wichtig die präzise Erfassung der Begriffe und ihrer Kontexte ist. Und gerade dies ist bei dem weit gefächerten Material aufgrund seines Überlieferungscharakters und der oft unkritischen Vermittlung schwerlich möglich.

In den letzten Jahrzehnten haben sich zwei Grundmodelle der Interpretation von Gen 1, 26 f. durchgesetzt, die allerdings in mannigfachen Nuancierungen vertreten werden. Das erste Modell sieht den Menschen als Repräsentanten Gottes auf Erden, beauftragt mit der Herrschaft über die nicht-menschliche Schöpfung; das zweite Modell versteht den Menschen als Gegenüber Gottes, so daß ein dialogisches Verhältnis zwischen Gott und Mensch möglich ist.

Das erste Modell wird vertreten durch v. Rad (390; ATD 2/4, 39; ThAT I[6] 160), Hempel (219), H. Wildberger (ThB 66, 113. 139 f.; THAT II 560 f.), Steck (150), H. W. Wolff (235), H. D. Preuß (→ II 276 f.), Schreiner (61), J. Scharbert (Genesis, NEB, 45). Am nachdrücklichsten wurde in letzter Zeit diese Deutung verfochten von W. Groß. Nach ihm macht die finale Verknüpfung in Gen 1, 26 deutlich: „Der Mensch ist als Bild Elohims erschaffen – das bedeutet: er ist dazu erschaffen, über die Tiere zu herrschen. Das ist die einzige inhaltliche Füllung der Gottebenbildlichkeit, die P nennt" (Groß 259). Ihm ist E. Zenger weitgehend gefolgt, wobei er zusätzlich die Hirtenmetaphorik in Gen 1, 26b. 28 akzentuiert (Zenger 86–90). M. Görg modifiziert diese Deutung noch dadurch, daß der Mensch „als 'Bild Gottes' die Funktion des über dem Chaos befindlichen 'Geistes Gottes' (Gen 1, 2c) für seine Welt übernehmen darf" (Festschr. H. Groß 146; vgl. BiKi 42, 25 f.), wobei allerdings die

Interpretation der *rûaḥ 'ᵉlohîm* problematisch zu sein scheint (vgl. R. Kilian, VT 16, 1966, 420–438).
Für das zweite Modell stehen Zimmerli (ZBK 1/1, 73), Stamm (Die Imago-Lehre 68; Die Gottebenbildlichkeit 19), Maag (Kultur 79. 85), Horst (229f.), Galling (Das Bild vom Menschen 12), Rudolph (248f.), Loretz (Die Gottebenbildlichkeit 63). Vor allem ist auf C. Westermann zu verweisen, der zunächst betont, daß das Motiv der Erschaffung des Menschen nach dem Bild eines Gottes ursprünglich der noch selbständigen Erzählung von der Erschaffung des Menschen angehört, damit aber auch einen von der Weltschöpfung unabhängigen Sinn haben müsse (vgl. R. Albertz, Weltschöpfung und Menschenschöpfung, CThM A/3, 1974, 54–90). Daraus ergibt sich: „Das, was Gott zu erschaffen sich entschließt, muß etwas sein, das in einer Beziehung zu ihm steht." Es geht dabei um die „Näherbestimmung des Schöpfungsaktes, die die Ermöglichung eines Geschehens zwischen Gott und Mensch, nicht aber eine Qualität des Menschen an sich bedeutet" (Westermann, BK I/1³, 216–218; THAT I 47f.). Eine eigenwillige These vertritt T. N. D. Mettinger, nach dem die Imago-Aussagen eine Relation zwischen dem Menschen und einem himmlischen Urbild beabsichtigen – wie die Stiftshütte nach einem himmlischen Vorbild (*tabnîṯ*) errichtet worden ist (vgl. Ex 25, 9. 40; 26, 30; 27, 8). *ṣælæm* muß demnach etwas zwischen Gott und Mensch bezeichnen. Das himmlische Urbild des Menschen sind dann die himmlischen Wesen, die im himmlischen Heiligtum den Gottesdienst ausführen (Mettinger 407. 410f.). Diese Deutung scheitert allein schon an der Tatsache, daß der Begriff *ṣælæm* im Kontext von Ex 25–27 nicht begegnet (vgl. Zenger 85 Anm. 110). C. Dohmen hat in einer Untersuchung der aram. Inschrift auf der Statue von Tell Fecherīje die Auffassung vertreten, daß *dmwt* dort den Bildinhalt, das „Abgebildete", meine, *ṣlm* hingegen die äußere Form, die „Statue" (97). Für Gen 1, 26 schließt er daraus, daß sich die dort angezielte funktionale Aussage zusammensetze aus einem auf Gott verweisenden Aspekt (*ṣælæm*: der Mensch vertritt Gott auf der Welt) und einem Gott wiedergebenden Aspekt (*dᵉmûṯ*: der Mensch erhält zur Ausübung dieser Funktion quasi göttliche Qualitäten) (100f.). Angerstorfer (BN 24, 9f.) hat berechtigte Skepsis gegenüber dieser semantischen Differenzierung von *ṣælæm* und *dᵉmûṯ* geäußert. Beide Begriffe meinen die Beterstatue; sie sind austauschbar (BN 24, 33–35).

Die Pluralformen in Gen 1,26a sind dahingehend zu verstehen, daß Gott sich mit seinem himmlischen Hofstaat zusammenschließt (vgl. Gunkel, GHK I/1⁹, 111; Zimmerli, ZBK 1/1, 72; v. Rad, ATD 2/4⁹, 38; Hempel 214–217; Herrmann, ThLZ 86, 420; Loretz, Der Mensch als Ebenbild Gottes 117f.; UF 7, 1975, 284f.; Wildberger, ThB 66, 122; THAT II 560). Der Einwand, daß ein solcher Hofstaat bei P sonst nicht begegne und der Einzigkeit Gottes, wie P sie vertritt, widerspreche (Westermann, BK I/1³, 200; vgl. Steck 140f.: W. H. Schmidt 130; Zenger 85f. 110 Anm. 2), läßt sich durch die Beobachtung entkräften, daß P in v. 26 einer von Hause aus mythisch bestimmten Vorlage gefolgt ist und in v. 27 diese Vorlage singularisch interpretiert, wobei keine literarkritischen Ausscheidungen vorzunehmen sind (gegen Wildberger, THAT II 559f.; vgl. Steck 132f.).

ṣælæm und *dᵉmûṯ* sind als synonym zu werten, wie die Austauschbarkeit der beiden Nomina in Gen 5, 3 nahelegt (vgl. Jenni, THAT I 454; Wildberger, THAT II 559; Westermann, BK I/1³, 201). Auch die Präpositionen *bᵉ* und *kᵉ* sind semantisch nicht zu differenzieren und im Sinne eines *bᵉ* essentiae zu verstehen (vgl. Wildberger, THAT II 559; Steck 140 Anm. 566; W.H. Schmidt 133; W. Groß 252f.).

Gen 1, 26b ist entweder konsekutiv oder final zu verstehen; eine eindeutige Entscheidung läßt sich kaum treffen (vgl. W. Groß 259, Anm. 61). Jedenfalls beschreibt v. 26b nicht den Inhalt der Gottebenbildlichkeit des Menschen. Denn ein Bezug dieser Vorstellung zur Herrschaft über die nicht-menschliche Schöpfung ist nur in Gen 1, 26. 28 gegeben, nicht aber in Gen 5, 3; 9, 6. Gen 5, 3 ist innerhalb einer Genealogie gesagt, daß Adam einen Sohn nach seinem Bild gezeugt hat (vgl. dazu Ockinga 150). Hier bringt ein Bezug auf die Herrschaftsfunktion keinen Sinn. Dies gilt auch für Gen 9, 6 (Pˢ), wo die Androhung einer Sanktion für das Vergießen von Menschenblut damit begründet wird, daß der Mensch als Bild Gottes gemacht sei. Die Herrschaft über die übrigen Geschöpfe kann nur Folge oder Zweckbestimmung der Gottebenbildlichkeit sein (vgl. Rudolph 248f.; Horst 226; Loretz, Der Mensch als Ebenbild Gottes 123; W. H. Schmidt 142; Westermann, BK I/1³, 211. 213). Die sexuelle Differenzierung in Gen 1, 27 zeigt, daß die Gottebenbildlichkeit nicht im Sinne eines gestalthaften Abbilds gemeint sein kann; denn Israels Gott steht jenseits der Polarität des Geschlechtlichen, das ein Phänomen des Geschöpflichen ist (v. Rad, ThAT I⁶, 40f.). Diese Differenzierung macht deutlich, daß der Mensch nur in der Polarität von Mann und Frau Bild Gottes ist (v. Rad, ATD 2/4⁹, 39; Westermann, BK I/1³, 221).

Eine Deutung der Vorstellung von der Gottebenbildlichkeit des Menschen muß sowohl Gen 1, 26f. wie Gen 5, 3; 9, 6 gerecht werden. Ein Vergleich von Gen 1, 22 mit Gen 1, 28 zeigt, daß das Segenswort über die Wassertiere und Vögel in v. 22 durch den zum Adverb erstarrten Inf. *le'mor* „also, folgendermaßen" (GKa § 114o) eingeleitet ist, während in v. 28 das Segenswort über die Menschen mit dem ausgeführten und unmittelbaren *wajjo'mær lāhæm* „er sprach zu ihnen" einsetzt. Damit wird der Mensch als Ansprechpartner Gottes angezeigt. „Die Voraussetzung dafür, daß der Mensch von Gott in dieser Weise angeredet werden kann, ist seine Erschaffung als Gegenüber Gottes. Sie ist ausgedrückt in der Aussage, daß der Mensch als Bild Gottes erschaffen ist" (Ebach 208). Diese Deutung wird auch Gen 5, 3 gerecht: Adam zeugt seinen Sohn als sein Gegenüber. „Das Verhältnis von Gott und Mensch setzt sich fort im Verhältnis von Vater und Sohn" (Ebach 210). Gen 9, 6 schließlich ist die Auszeichnung des Menschen, Gegenüber Gottes zu sein, der Grund für den Schutz des menschlichen Lebens (gegen W. Groß 257–259). Ist der Mensch aber Gottes Ansprechpartner, ist damit auch die Fähigkeit gegeben, als einziges Geschöpf Gott antworten zu können. In Gen 1, 26f. wird auf der Ebene der Gesamtmenschheit das ermöglicht, was dann in der Geschichte Gottes mit den Vätern und mit Israel von Gen 17 P an verwirklicht wird.

IV. In Weish 13, 13. 16; 14, 15. 17; 15, 5 geht es um Polemik gegen Götzenbilder, die im hebr. AT ihr Vorbild (vgl. Jes 44, 9–20) und im hellenistisch-römischen Bereich ihre Parallelen hat (vgl. A. Schmitt, Das Buch der Weisheit, 1986, 116. 118f.). In Weish 14, 15. 17 handelt es sich um eine selbständige Variante der hellenistisch-philosophischen Versuche, Götterverehrung rationalistisch zu erklären (D. Georgi, JSHRZ III/4, 452; vgl. Preuß, BWANT 92, 1971, 266).
In Weish 17, 21 (20) ist von der Nacht als Bild zukünftiger Finsternis die Rede. In der Antike galt Finsternis weithin als Symbol für das Todesschicksal des Menschen (Schmitt, Weisheit 132). Weish 7, 26 wird die Weisheit Bild der Vollkommenheit Gottes genannt, weil sie in ihrem Wirken Gott gleich ist (G. Ziener, Die theologische Begriffssprache im Buche der Weisheit, BBB 11, 1956, 111). Dies ist der Hintergrund nt.licher Aussagen, in denen Christus als Bild Gottes bezeichnet wird; vgl. Kol 1, 15; Hebr 1, 3 (Schmitt, Weisheit 83).
Weish 2, 23 schließlich begegnet der Mensch als Bild Gottes (zur Lesart vgl. mit gegensätzlichem Urteil Georgi, JSHRZ III/4, 409; Schmitt, Weisheit 43). Der Zusammenhang 2, 23f. will mit seinem Bezug auf Gen 1, 26f. sagen: Gott hat dem Menschen Leben im Vollsinn des Wortes zugedacht. Der Mensch kann aber den Tod, als Minderung solchen Lebens und letztlich als Strafe verstanden, selbst herbeiführen (Schmitt, Weisheit 50).
Die Vorstellung von der Gottebenbildlichkeit des Menschen findet sich noch Sir 17, 3 G. Der Kontext zeigt, daß sie im Erkenntnis- und Denkvermögen des Menschen gesehen wird – eine hellenistisch geprägte Deutung von Gen 1, 26f. (vgl. P. Casetti, OBO 44, 1982, 99).
Von diesem Text ausgehend bezeichnet die Gottebenbildlichkeit des Menschen im Judentum das formal verstandene Humanum: sittliche Erkenntnis und Wahlfreiheit (vgl. 2 Hen 65, 2). In der Geschichtsinterpretation ist die Imago die Adam gegebene Weltherrschaft, die Israel als Erbe weitergegeben wird (4 Esra 6, 54ff.; Jub 2, 14; 2 Bar 14, 18; 15, 7). Bei Philo ist der Logos als Mittler und Offenbarer das Abbild Gottes und das Vorbild des Intellekts (Jervell, BHHW I 4; vgl. Wildberger, THAT II 562).

V. In Qumran ist *ṣlm* in CD 7, 15. 17 im Sinne von Götzenbild belegt – in Aufnahme von Am 5, 26.

Stendebach

צַלְמָוֶת *ṣalmāwæṯ*

I. 1. Etymologie – 2. Synonyma und Antonyma – 3. Verteilung im AT – II. Kontexte – 1. Tod und Unterwelt – 2. Gefangenschaft – 3. Theologische Sprache – III. LXX – IV. Qumran.

Lit.: *J. Barr*, Philology and Exegesis (C. Brekelmans [Hg.], Questions disputées d'Ancien Testament, BiblEThL 33, 1974, 39–61, bes. 50–55). – *D. J. A. Clines*, The Etymology of Hebrew *Ṣelem* (JNWSL 3, 1974, 19–25). – *I. H. Eybers*, The Root *Ṣ-L* in Hebrew Words (JNWSL 2, 1972, 23–36). – *L. L. Grabbe*, Comparative Philology and the Text of Job: A Study in Methodology (SBL, Diss Ser 34, 1977, bes. 27–29. 52–54). – *J. Hehn*, צלמות (MVÄG 22, 1918, 79–90). – *W. L. Michel*, ṢLMWT, „Deep Darkness" or „Shadow of Death"? (BiblRes 29, 1984, 5–20). – *S. Mittmann*, Aufbau und Einheit des Danklieds Psalm 23 (ZThK 77, 1980, 1–23, bes. 9f.). – *Th. Nöldeke*, צלמות und צלם (ZAW 17, 1897, 183–187). – *D. W. Thomas*, צלמות in the O.T. (JSS 7, 1962, 191–200). – *N. J. Tromp*, Primitive Conceptions of Death and the Nether World in the Old Testament (BietOr 21, 1969, bes. 140–142).

I. 1. Das Substantiv *ṣalmāwæṯ* ist als Abstraktbildung von *ṣālam* II 'dunkel sein' (Barth, Nominalbildung 411 Anm. 3; GesB 684) zu verstehen. Zu verweisen ist auf akk. *ṣalāmu* 'schwarz, dunkel sein oder werden' (AHw 1076; CAD Ṣ 70f.), sowie *ṣalmu* 'schwarz' (AHw 1078; CAD Ṣ 77f.) und *ṣulmu* 'Schwärze' (AHw 1110f.; CAD Ṣ 240f.). Im Ugar. ist das Substantiv *ṣlmt* (auch *ġlmt*, *ẓlmt*) belegt (KTU 1. 4, VII, 54. 55; 1. 8, II, 7–8) in der Bedeutung 'Finsternis' (M. Dietrich / O. Loretz, WO 4, 1967/68, 308). Der Götterbote *Gpn wꜣ gr* wird als *bn ẓlmt* tituliert, womit er als Nachfolger des Unterweltgottes gekennzeichnet ist (J. C. de Moor, AOAT 16, 1971, 172). Des weiteren ist aus dem NWSemit. das pun. Subst. *ṣlmt* zur Bezeichnung der Dunkelheit belegt (DISO 245) sowie aus dem Südsemit. äth. *ṣalmat* 'Finsternis' (Dillmann, LexLingAeth 1259) und asarab. *ẓlm* I 'Dunkelheit', 'Westen' bzw. 'schwarz' (BGMR 172), ferner arab. *ẓalima* 'finster, dunkel sein'.
Die masoretische Punktation des hebr. *ṣalmāwæṯ* bildet den Niederschlag einer Volksetymologie, die *ṣalmāwæṯ* als „Todesschatten" versteht (KBL³ 964). Gegen die Zuverlässigkeit dieser Tradition spricht außer den anderen semit. Belegen, daß das allerdings nur z.T. positiv konnotierte Lexem *ṣel* (→ צל) in diesem Kompositum negativ konnotiert wäre (B. Kedar, Biblische Semantik, 1981, 66; vgl. zur Einschränkung aber schon Hehn 82, der auf die negativen Aspekte von *ṣel* als Sinnbild des Vergänglichen, Bestandlosen und Nichtigen, bzw. auf seine Konnotation als „Bereich" [ebd. 83f.] hinweist). Insgesamt aber können die Versuche, *ṣalmāwæṯ* im Sinne dieser Volksetymologie zu verstehen, nicht überzeugen (vgl. zur Übersicht Thomas 193. 196; Barr 55; Michel passim), was auch für die Vermutung gilt, *ṣalmāwæṯ*

sei ein Intensivplural „große Finsternis" (P. Haupt, Festschr. J. Wellhausen, BZAW 27, 1914, 221).

2. Meistbelegtes Synonym zu *ṣalmāwæṯ* ist *ḥošæḵ* (→ חשך) (vgl. Jes 9, 1; Ps 107, 10. 14; Ijob 3, 5; 10, 21; 12, 22; 28, 3; 34, 22). Hierbei ist *ḥošæḵ* immer A-Wort im Parallelismus, was darauf hindeutet, daß *ṣalmāwæṯ* als B-Wort seltener ist und der poetischen Sprache angehört (vgl. dazu grundsätzlich R. G. Boling, JSS 5, 1960, 221–225), wie auch die Verteilung von *ṣalmāwæṯ* im AT (I. 3.) bestätigt, während *ḥošæḵ* auch in narrativen Texten auftritt.

Aus dem Synonym *ḥošæḵ* sowie den weiteren Parallelbegriffen *'opæl* (Ijob 28, 3), *m*^{e}*qôm tannîn* (Ps 44, 20), *māwæṯ* (Ijob 38, 17), *'*^{a}*rāpæl* (Jer 13, 16) und *ṣijjāh* (Jer 2, 6) ergibt sich eine deutlich negative Konnotation für *ṣalmāwæṯ*. Diese wird bestätigt durch die Antonyma *boqær* (Am 5, 8; Ijob 24, 17) und *'ôr* (Jer 13, 16; Ijob 12, 22). Deshalb kann *ṣalmāwæṯ* im Unterschied zu *ḥošæḵ* (→ חשך III. 3. c) auch nie den Wohnsitz Gottes bezeichnen.

3. Die 18at.lichen Belege von *ṣalmāwæṯ* verteilen sich auf die Propheten (Jes 1mal [9, 1]; Jer 2mal [2, 6; 13, 16]; Am 1mal [5, 8]), Psalmen (4mal) und Ijob (10mal). Somit tritt der Terminus tatsächlich nur in poetischer, nicht aber in narrativer Literatur auf.

II. 1. Als Terminus zur Bezeichnung der Unterwelt (→ שאול *š*^{e}*'ôl*) oder ihrer Charakterisierung tritt *ṣalmāwæṯ* in Ijob 10, 21 f. auf. Die Unterwelt wird hier *'æræṣ ḥošæḵ w*^{e}*ṣalmāwæṯ* genannt (v. 21), womit sich der Text einfügt in einen auch sonst belegten Sprachgebrauch von *ḥošæḵ*, da dieses in 1 Sam 2, 9; Ijob 15, 30; 17, 13 u. ö. ebenfalls die Unterwelt bezeichnen kann (→ חשך IV. 4.).

Der MT von Ijob 10, 22 ist gestört: es liegt hier eine Doppelschreibung bei *'æræṣ 'êpāṯāh k*^{e}*mô 'opæl ṣalmāwæṯ* vor (BHS: Homoioteleuton). Vielleicht ist am Ende des Verses *ṣalmāwæṯ* zu ergänzen (F. Horst, BK XVI/1, 142), oder es ist v. 22 aufgrund seiner Anhäufung der Termini für „Dunkelheit" zu streichen (G. Hölscher, HAT I/17^{2}, 30; vgl. G. Fohrer, KAT XVI 201).

Im Kontext der Unterweltsvorstellung steht auch die Verwendung von *ṣalmāwæṯ* in Ijob 3, 5: Finsternis und Dunkelheit sollen den Tag der Geburt Ijobs vernichten (*gā'al*, eig. „einfordern"), so daß er in die Unterwelt absinkt. Deutlicher in ihrem Bezug auf die Unterwelt ist die Verwendung im Parallelismus von *ša'*^{a}*rê ṣalmāwæṯ* mit *ša'*^{a}*rê māwæṯ* (Ijob 38, 17), die sich nur für die Toten öffnen, so daß Ijob sie noch nicht gesehen haben kann. Dies gilt auch für Ijob 28, 3, wo der Ausdruck „der Mensch durchforscht das Gestein der Dunkelheit und der Finsternis" meint, daß der forschende Menschengeist bis in die Tiefen der Unterwelt vordringt (Hehn 88).

Nicht eindeutig ist das „Tal der Finsternis" (*gê' ṣalmāwæṯ*) in Ps 23, 4, so daß man aufgrund der Verwendung des Terminus *gaj'* das Tal der Finsternis als Tal des Götzendienstes aufgefaßt hat (J. A. Soggin, BietOr 29, 1975, 79 f.; vgl. jetzt aber Ges^{18} 212). Den Gegenbegriff zu *gê' ṣalmāwæṯ* bilden die *ma'g*^{e}*lê ṣæḏæq* (v. 3), womit der rechte Weg gemeint ist, der nicht in die Irre führt (Mittmann 8). Die Rede vom Tal der Finsternis ruft nicht nur die Vorstellung an dunkle Orte wach, sondern „symbolisiert die letzte Bedrohung, die Existenzbedrohung durch den Tod" (Mittmann 10). In Jes 9, 1 stehen in Parallele die Wendungen *hālaḵ b*^{e}*ḥošæḵ* und *jāšaḇ b*^{e}*'æræṣ ṣalmāwæṯ*. Die Cstr.-Verbindung *'æræṣ ṣalmāwæṯ* tritt in der Form der Anreihung mehrerer nomina recta an *'æræṣ* als nomen regens (vgl. GKa § 128 a; Joüon § 129 b) noch in Jer 2, 6 und Ijob 10, 21 auf. In Ijob 10, 21 ist die Unterwelt gemeint, während in Jer 2, 6 die Unwirtlichkeit der Wüste als *'æræṣ ṣijjāh w*^{e}*ṣalmāwæṯ* charakterisiert wird. Damit ist die Wüste als „vorschöpfungszeitliche Chaoswüste, mit der sich die Motive Menschenleere und Dunkelheit verbinden" (H. Weippert, SBS 102, 51–54, hier 54), gekennzeichnet. *ṣalmāwæṯ* bezeichnet hier die durch Durst und Hunger drohende Todesnähe, in deren Bereich sich der Wanderer befindet (Hehn 85). Des weiteren ist zur Klärung von Jes 9, 1 auf Ps 107, 10 (*još*^{e}*ḇê ḥošæḵ w*^{e}*ṣalmāwæṯ*) zu verweisen, wo, wie der Parallelismus *'*^{a}*sîrê '*^{o}*nî ûḇarzæl* zeigt, die Termini *ḥošæḵ* und *ṣalmāwæṯ* zur Bezeichnung des Zustandes der Gefangenschaft stehen. Aufgrund des Vergleichs mit Ijob 10, 21 und Ps 107, 10 ist nun für Jes 9, 1 nicht deutlich, ob der Text die Gefangenschaft oder die Situation in der Unterwelt meint (H. Wildberger, BK X/1^{2}, 373). Die gewählte Terminologie zeigt die Nähe, die zwischen dem Zustand des Gefangenseins und dem Leben in der Unterwelt besteht.

Ebenfalls bietet die Deutung von Ijob 16, 16 Schwierigkeiten mit der Aussage, daß das Gesicht des weinenden Ijob rot sei und *ṣalmāwæṯ* auf seinen Wimpern liege. Ist damit lediglich der Unterschied zum glänzenden Auge aufgrund von Freude bezeichnet (F. Horst, BK XVI/1^{3}, 251), oder ist Ijob „hinabgetaucht in das Dunkel, ein Hinweis auf seine letzte Vereinsamung" (H. Groß, Ijob, NEB, 64) oder darauf, daß der Tod schon nach ihm greift (Hehn 86 f.)?

2. Zur Bezeichnung des Untergangs Jerusalems in exil. Zeit steht *ṣalmāwæṯ* in Ps 44, 20 in Parallele zur Qualifikation der Stadt als Ort der Schakale (vgl. Jes 34, 13; Jer 9, 10; Klgl 5, 18). Auf die exil. Zeit verweist auch die schon erwähnte Benennung der Exilierten in Ps 107, 10, die damit als Gefangene qualifiziert sind. Umgekehrt ist das Herausführen aus Dunkel und Finsternis bedeutungsgleich mit dem Zerbrechen der Fesseln und der Herausführung aus der Gefangenschaft.

3. Wie alles Geschaffene untersteht auch der als *ṣalmāwæṯ* qualifizierte Bereich der Macht JHWHs. Er hat die Macht, die Finsternis der Nacht zum Morgen zu verwandeln (Am 5, 8) und die Finsternis zum Licht zu führen (Ijob 12, 22). Ebenso hat die Finsternis vor JHWH keinen Bestand, so daß der Übeltäter sich nicht vor JHWH in der Finsternis verbergen kann (Ijob 24, 17; 34, 22). In Umkehrung seines täglichen Schöpfungshandelns (Am 5, 8; Ijob 12, 22) wandelt

JHWH für den Hochmütigen das Licht in Finsternis und Dunkelheit (Jer 13,16).

III. An 11 Belegstellen folgt LXX der volksetymologischen Deutung in der Erklärung von *ṣalmāwæṯ* und übersetzt es mit σκιὰ θανάτου. In Ijob 16,16 findet sich nur σκιά, in Ijob 10,21 γνόφερος und in Ijob 28,17 ist *ṣalmāwæṯ* direkt mit ᾅδης wiedergegeben. Paraphrasen in der Wiedergabe von *ṣalmāwæṯ* durch die LXX finden sich Ijob 34,22 und Jer 2,6 (vgl. Thomas 191; zu den Schwierigkeiten von Ijob 10,22 vgl. ebd. Anm. 5).

IV. Von den zwei Qumranbelegen des Terminus *ṣalmāwæṯ* ist der aus 4 Q 509,189,3 aufgrund seines verderbten Kontextes nicht aussagefähig. In 1 QH 5,33 ist die Rede davon, daß die Gegner des Beters ihn mit Finsternis einschließen, d.h. *ṣalmāwæṯ* steht für die Bedrängnis, in die der Beter gebracht wird, wozu die Weite (*mærḥāḇ*), die JHWH ihm gewährt hat, in Antithese steht.

Niehr

צֵלָע *ṣelā*ᶜ

I. Etymologie und Belege – II. Bedeutung – 1. *ṣelā*ᶜ als „Rippe" in Gen 2,21b.22 – 2. *ṣelā*ᶜ als Fachterminus in der sakralen Architektur – a) beim Tempel Salomos – b) im Tempelentwurf des Ezechiel – c) beim Wüstenheiligtum von P – III. LXX.

Lit.: *T.A. Busink*, Der Tempel von Jerusalem I, Leiden 1970. — *J.M. Fenasse*, Palais (DBS VI 976-1021, bes. 994). – *V. Fritz*, Tempel und Zelt (WMANT 47, 1977). – *M. Görg*, Ein Fachausdruck israelitischer Architektur (BN 3, 1977, 14-16). – *Ders.*, Ein weiteres Beispiel hebraisierter Nominalbildung (Henoch 3, 1981, 336-339). – *G. Hentschel*, Zum Bau des Tempels und seiner Ausstattung (*J. Reindl / G. Hentschel* [Hg.], Dein Wort beachten. Alttestamentliche Aufsätze, 1981, 16-32). – *K. Möhlenbrink*, Der Tempel Salomos (BWANT 59, 1932, bes. 141-152). – *M.J. Mulder*, Einige Bemerkungen zur Beschreibung des Libanonwaldhauses in I Reg 7,2f. (ZAW 88, 1976, 99-105). – *Ders.*, Exegetische Bemerkungen zum Tempelgebäude 1 Kön. 6:5-10 (JNWSL 10, 1982, 83-92). – *J. Ouellette*, The *Yāṣīa*ᶜ and the *ṣᵉlāᶜōt*: Two Mysterious Structures in Solomon's Temple (JNES 31, 1972, 187-191). – *K. Rupprecht*, Nachrichten von Erweiterung und Renovierung des Tempels in 1. Könige 6 (ZDPV 88, 1972, 38-52). – *A. Schwarzenbach*, Die geographische Terminologie im Hebräischen des AT, Leiden 1954, bes. 24f. – *S. Yeivin*, Philological Notes (Leshonenu 32, 1967/68, 5-11).

I. Hebr. *ṣelā*ᶜ ist 39mal (Lisowsky) oder 40mal (Even-Shoshan) belegt, wobei sich die Belege auf wenige Schwerpunkte konzentrieren: Gen 2 (2mal), Ex 25-31.35-40 (19mal), DtrGW, bes. 1 Kön 6 (8mal), Ez 41 (11mal). Demnach liegt das Hauptgewicht überwiegend in exil.-nachexil. Texten.

Die Grundbedeutung des Wortes ist im Hebr. nicht klar: es lassen sich vielmehr verschiedene Einzelelemente „Brett", „Seite" u.a. ausmachen, wobei noch geographische (vgl. nur 2 Sam 16,13 „Bergflanke"; Schwarzenbach) und bautechnische (z.B. Mulder, Görg) Spezifika mit hinein spielen. Auch die wenigen altoriental. Belege im Ugar. (UT Nr. 2165; WUS Nr. 2320; KTU 4.247,16: *ṣlᶜt.'lp mr3*, „das Rippenstück eines Mastochsens", vgl. RSP II 363, Nr. 180g), im Akk. (AHw 1090; CAD Ṣ 124-126: *ṣēlu* [*ṣellu*], 'Rippe'), Syr. *'elᶜā* (Brockelmann, LexSyr 22), Äth. *sᵉlē* 'Planke' (Dillmann, LexLingAeth 1255f.) helfen kaum weiter. Arab. *ḍilᶜ* meint einen freistehenden kleinen Berg (Grat, Flanke; Schwarzenbach), *ḍilaᶜ* „Rippe, Seite" (Wehr, Arab.Wb. 493). Möglicherweise hängt *ṣelā*ᶜ etymologisch zusammen mit dem Verb *ṣāla*ᶜ 'sich krümmen', das im AT nicht begegnet (vgl. GesB 684; LBL³ 965).

M. Görg (BN 3, 14ff.) weist auf das neuäg. *ḏrᶜt*, ein Lehnwort aus dem Kanaanäischen, in der Bedeutung „Brett o.ä. (aus Zedernholz)" (WbÄS V 603). S. Yeivin sieht den Ursprung von *ṣelā*ᶜ (wie auch von *jāṣîa*ᶜ und *dᵉḇîr*) im Phön.

II.1. Die beiden ältesten Belege finden sich beim Jahwisten. Nach J nimmt JHWH zur Erschaffung der Frau eine (*ṣelā*ᶜ) *miṣṣalᶜoṯ* Adams und baut (*bānāh*) diese zur Frau (Gen 2,21b.22). Eine Vielzahl von Deutungsversuchen greift zu Anleihen aus Mythologie, Religionsgeschichte, Anthropologie u.a. Für die feministische Theologie ist diese Stelle locus classicus, läßt sie sich doch offensichtlich als Ausdruck der Ab-/ Gleich-/ und Aufwertung der Frau interpretieren.

Die gewaltige Zahl der Deutungsvorschläge ist zu konzentrieren:

a) *ätiologische Deutung*: Gen 2,21f. will die Herkunft des Bauchnabels schon beim ersten Menschen (P. Humbert), das Fehlen der Rippen im Bauchbereich (K. Budde, W. Zimmerli), den unerklärbaren Drang zur Geschlechtsgemeinschaft (H. Gunkel, G. von Rad) verdeutlichen.

b) *mythologische Deutung*: hinter Gen 2,21f. stehe die mythische Vorstellung vom Werden des Mondes / der Mondsichel zum Fruchtbarkeitssymbol (O. Schilling, Das Mysterium Lunae und die Erschaffung der Frau, 1963) oder eine Reminiszenz an den sumerischen Dilmun-Mythos, wo aus der Rippe des Enki die Heilsgöttin Nin-ti „Herrin der Rippe / des Lebens" (vgl. Gen 3,20) geformt wird (vgl. S.N. Kramer, The Sumerians, Chicago-London 1963, 149).

c) *anthropologische Deutung*: nach Th. Moore (vgl. W. Vogels, Église et Théologie 9, 1978, 29) steht die Rippe für den Affenschwanz des frühen Menschen.

d) *assoziative Deutung*: die „Rippe" stehe für die schlanke Gestalt der Frau (H. Schmidt bei K. Budde); für die Mondsichel (O. Schilling); für das Zeugungsorgan (A.S. Feilschuss-Abir, Theologie und Glaube 76, 1986, 403); als „Seite" für die weibliche Brust (V. Notter, SBS 68, 1974, 168f.); wegen ihrer Nähe zum Herzen als Hinweis auf die Innigkeit (J. Skinner, Genesis, ICC, ²1951, 68; M. Bič, BSt 25, 1959, 50). Zwei Hypothesen basieren auf sprachlichen Assoziationen: J habe *ṣelā*ᶜ gewählt wegen des sumer. Homonyms *TI* „Leben", „Rippe" (vgl. S.N. Kramer, s.o.; C. Hauret, DBS VI 921f.; Westermann, BK I/1³, 314), oder er habe das akk. Etymon *ṣēlu* „Leben" aufgenommen (vgl. P. Jordan, Die Töchter Gottes, 1973, 11 Anm. 5), um Evas Bestimmung zur „Mutter aller Lebendigen" (Gen 3,20) zu erklären. Aber weder funktioniert im Hebr. das Wortspiel, noch ist eine Beziehung zum Dilmun-Mythos aufweisbar.

e) *metaphorische Deutung*: Rippe als nicht notwendiger Körperteil: durch die Schaffung der Frau aus einer Rippe wurde die menschliche Person nicht verstümmelt (O. Procksch, KAT I²·³ 39), das menschliche Wesen nicht verändert (E. Haag, TrThSt 24, 1970, 47). Die Frau steht dem Mann zur Seite und füllt eine Lücke aus (A. Dillmann). Wertet man die Rippe als entbehrlichen Körperteil, wird die frauenfeindliche Komponente dieser Deutung sichtbar.

f) *psychologische Deutung*: Völlig entzieht sich der exegetischen Beurteilung die bereits von F. Schwally (ARW 9, 1906, 174f.) vorgebrachte und vom modernen Feminismus enthusiasmierte Meinung, Gen 2,21f. spiegle die Spaltung des androgynen Urmenschen, seine geschlechtliche Differenzierung (vgl. P. Jordan 14; P. Trible, God and the Rhetoric of Sexuality, Overtures to Biblical Theology 2, Philadelphia ³1983, 97).

Ausgangspunkt nahezu aller vorgelegten Hypothesen ist die Voraussetzung, daß *ṣelā*ᶜ „Rippe" bedeutet. Sicher aber ist, wenn *ṣelā*ᶜ „Rippe" bedeutet, dann nur hier! Diese semantische Singularität gebietet die Ausschau nach einer anderen Lösung. Vier Elemente sind für die Lösung ausschlaggebend:

a) Die vorgelegten Hypothesen haben nahezu alle Gen 2,21b.22 vom Kontext isoliert betrachtet. Da diese Verse literarkritisch nicht aus dem jahwistischen Kontext zu lösen sind, sind sie als Korrelation zur Erschaffung des (bestimmt) Adam aus dem Staub des Ackerbodens zu interpretieren (v. 7), auch dann, wenn diese bereits als alte Überlieferung von der Erschaffung eines (unbestimmt) „Menschen" (ohne geschlechtliche Differenzierung) dem J vorgelegen haben mag (zur Literarkritik vgl. jetzt C. Dohmen, Schöpfung und Tod. Die Entfaltung theologischer und anthropologischer Konzeptionen in Gen 2/3, Stuttgarter Biblische Beiträge 17, 1988).

b) Auch wegen der strukturellen Ähnlichkeit von v. 7: *wajjiṣær* ... *ᶜāpār min-hā'ᵃḏāmāh wajjippaḥ* ... *lᵉnæpæš* und vv. 21b.22: *wajjiqqaḥ 'aḥaṯ miṣṣalᶜoṯājw wajjiḇæn* ... *lᵉ'iššāh* sind die beiden Schöpfungsaussagen von J aufeinander bezogen.

c) Vor allem in v. 22 erregt das Verb *bānāh* als Ausdruck für Menschenschöpfung Aufmerksamkeit, da *bānāh* – obwohl in diesem Begriff grundsätzlich schöpferische Potenzen funktionieren (→ בנה *bānāh*, → I 691.697) – sonst nicht mehr als Terminus im Rahmen der Menschenschöpfung bezeugt ist. Die Anwesenheit dieses Verbs des Bauens führt dazu,

d) *ṣelā*ᶜ auch hier als Terminus der Sakralarchitektur anzunehmen. Die ebenfalls J zuzurechnende Verwandtschaftsformel v. 23a gebietet einerseits, in *ṣelā*ᶜ einen (knöchernen) Körperteil des Menschen zu sehen, andererseits empfand J selbst diese semantische Komponente in *ṣelā*ᶜ als nicht unbedingt allgemeinverständlich, weshalb er dann in v. 23a von *ᶜæṣæm* „Gebein" spricht. Das spricht dafür, *ṣelā*ᶜ auch in der frühen Königszeit primär als Terminus der Sakralarchitektur anzusehen. Wenn dort auch nicht eindeutig (s.u. II.2.), so meint der Terminus doch für Bestand und Funktion entscheidende Seitenteile des Heiligtums.

So hat J die Erschaffung von Mann und Frau in einer Terminologie geschildert, die Assoziationen an den Bau des Heiligtums wachrufen sollte und soll. Diese jahwistische Intention hat zwei Stoßrichtungen: theologisch soll sie den Menschen darstellen, der nur als Mann und Frau seine ihm schöpfungsgemäße vollendete Funktionsfähigkeit erhält, der als Mann und Frau zum Tempel Gottes bestimmt ist (vgl. 1 Kor 3,16 und M. Bič 49); dies ist dann zeitgeschichtlich zugleich eine Antwort des Jahwisten auf die Projektierung des salomonischen Tempelbaus.

2. Als Terminus der sakralen Architektur ist *ṣelā*ᶜ nicht minder umstritten, eine Schwierigkeit, die es durchwegs mit allen solchen Fachbegriffen gemeinsam hat.

a) Besonders 1 Kön 6f. (mit Würthwein, ATD 11/1², Hentschel u.a. wird man alle *ṣelā*ᶜ-Belege [Ausnahme 1 Kön 6,8] im vor-dtr Textbestand verorten können) bereitet dem Verständnis erhebliche Schwierigkeiten. Nach wie vor ungeklärt ist der singuläre *-îm*-Pl. in v. 34. Statt *ṣᵉlāᶜîm* aber – wie der parallele Halbvers – *qᵉlāᶜîm* „Schnitzwerk" zu lesen (vgl. M. Noth, BK IX/1, 102; D. Michel, Grundlegung einer hebräischen Syntax 1, 1977, 56; vgl. auch EÜ), gibt guten Sinn, hat aber alle alten Versionen gegen sich. Weitgehender Konsens besteht für 1 Kön 6,15f., wo mit *ṣᵉlāᶜôṯ* Bretter der Wandvertäfelung oder des Fußbodenbelags gemeint sind (anders Noth 118f., der an ein großes, mit „Bretterlagen" ausgefülltes Holzrahmengerüst denkt).

Für 1 Kön 6,5-8 (Tempel) und 7,3 (Libanonwaldhaus) wurden verschiedene Konzeptionen vorgestellt:

– Man kombiniert die Angaben aus 1 Kön 6f. mit denen aus Ez 41 und kommt so zur Bedeutung „Kammer" bzw. das Vorhandensein von Kammern implizierende „Obergeschoß / Stockwerk"; der Tempel besaß demnach einen dreigeschossigen Umbau (*jāṣîaᶜ*), jeweils in Kammern („Seitengemächer") unterteilt (vgl. Busink

133.212f.; M. Rehm, Das erste Buch der Könige, 1979, 64.74; Würthwein, ATD 11/1², 63.71; ähnlich J. Gray, I&II Kings, OTL, ²1970, 164f.177f.).

– Zu einem ähnlichen Ergebnis (ohne Rückgriff auf Ez 41) kommt Noth (98.112-116): nach den vv. 6a.8 bezieht sich *ṣᵉlāᶜôṯ* auf das Übereinander dreier „Etagen“, die rings um die Außenmauern des Hauses geführt wurden. Er denkt dabei an ein System von nach außen offenen Galerien.

– Hentschel (bes. 18-24; vgl. ders., 1 Könige, NEB, 43) und Rupprecht nehmen für 1 Kön 6,5-8 ebenfalls die Bedeutung „Seitenstockwerk / Geschoß“ an, gehen aber davon aus, daß in dieser Beschreibung des Umbaus (*jāṣîaᶜ*) literarisch ein Nachtrag vorliegt, der auf reale Veränderungen am Tempel in späterer Zeit (Rupprecht 50; Fritz 14) zurückgeht; v. 7 ist dann als Aussage über die bautechnische Verbindung dieses sekundären Seitengebäudes mit dem Tempel (*bajiṯ*) zu verstehen.

– Die verschiedenen Bedeutungen von *ṣelāᶜ* innerhalb eines relativ kurzen Textabschnitts haben Mulder veranlaßt zu versuchen, mit nur einer Bedeutung für *ṣᵉlāᶜôṯ* auszukommen. Dabei denkt er an Balken zur Stütze der Gebäudemauern, an „Strebepfeiler“. Für 6,8 muß er dann allerdings eine Tür im mittleren Strebepfeiler annehmen, was sehr fraglich ist.

Was *ṣelāᶜ* in der Baubeschreibung des Libanonwaldhauses betrifft (7,3), so sind hier die Deutungsvarianten analog: Nach Busink besaß es ein Obergeschoß; nach Noth bezeichnen die *ṣᵉlāᶜôṯ* (hölzerne) Elemente des Unterbaues der Dachkonstruktion, die auf den Innenraum-Säulen aufliegen. Nach Hentschel (48) handelt es sich um Architrave. Würthwein (71) denkt an ein Obergeschoß mit Kammern.

Die möglicherweise bis in salomonische Zeit selbst zurückgehenden *ṣelāᶜ*-Belege im Grundtext von 1 Kön 6f. bezeichnen also Teile der Holzarchitektonik von Tempel und Libanonwaldhaus. Dabei ist die strikte Annahme einer Grundbedeutung „Rippe“ wenig hilfreich, wie Noth's Ansatz gezeigt hat. Nimmt man dagegen „Seite“ an, gewinnt man die für die Differenzierung unserer Belege nötige Variabilität: *ṣelāᶜ* bezeichnet Dinge (aus Holz?), die im Bezug auf den steinernen *bajiṯ* sich seitlich befinden; das können dann Bretter (Verkleidung), Bohlen (Fußboden), Tragbalken (Dachstuhl), möglicherweise auch kastenförmige Holzräume sein. Letztere könnten in späterer Zeit (vgl. 1 Kön 6,6 [cj.].8) – als der Raumbedarf stieg – in 3 Etagen um den *bajiṯ* herum angeordnet worden sein (Rupprecht; Fritz). – Diese Tempelausstattung stimmt dann mit der von Ez 41 überein. Für den Tempelbereich ist es wichtig, daß diese Seitenteile aus einer edlen Holzart (*ʼarāzîm* „Zedern“, 1 Kön 6,10; 7,2) bestehen.

b) Der literarisch kontrovers beurteilte Tempelentwurf Ez 40,1-44,3 (vgl. Gese, Zimmerli u.a.) steht mit seinen *ṣᵉlāᶜôṯ*-Angaben (Ez 41,5-11.26) in Verbindung zum Nachtrag 1 Kön 6,5-8. Auch Ezechiel verwendet die Vokabel nicht in einer eindeutig zu bestimmenden Weise, vielmehr vergrößert er umgekehrt noch die Unsicherheit von 1 Kön 6f. Nach v. 5 geht die *ṣelāᶜ* rings um das Tempelgebäude (*bajiṯ*); nach v. 6 beträgt die Zahl der *ṣᵉlāᶜôṯ* 30, wobei je 3 sich aufeinander befinden (*ṣelāᶜ ʼæl-ṣelāᶜ šālôš*); nach v. 7 nimmt ihre Weite nach oben zu; nach v. 8 haben sie massive Fundamente; nach v. 9 (txt?) haben sie eine Mauer oder lehnen sich an einer Mauer an; nach v. 11 haben sie zwei Türen, im Norden und im Süden, nach v. 26 Fenster und Palmettenschmuck. Schließlich sind sie nach vv. 9f. von den Sakristeikammern (*lᵉšāḵôṯ* → לשכה) unterschieden. Nach alledem wird man dabei bleiben können, daß auch der ez. Tempelentwurf ein umlaufendes dreistöckiges Kammersystem aus Holz beinhaltete. Über die Funktion dieser Kammern verlautet nichts.

c) In der Baubeschreibung des Wüstenheiligtums zeigt P in der Kohärenz von Anweisung und Ausführung eine bemerkenswerte Konstanz, zugleich wird auch *ṣelāᶜ* in eine semantische Eindeutigkeit geführt. Es heißt jetzt „Seite“ von etwas, ist selbst also materialiter nichts mehr. Nach Ex 25,12 (entspr. 37,3) soll die Lade „an ihrer ersten Seite“ (*ᶜal-ṣalᶜô hāʼæḥāṯ*) je zwei Ringe haben, desgleichen an der zweiten (*haššenîṯ*), durch die man die Tragstangen stecken konnte (Ex 25,14; 37,5). Wohl eindeutig nicht mehr zu P^G gehören die Anweisungen zum Bau der „Wohnstätte“ (*miškān*) im literarisch verschachtelten Komplex des Begegnungszeltes (→ אהל *ʼohæl*). Durch das P^S-Additament *miškān* sollen im Wüstenheiligtum wieder die Maßverhältnisse des ersten (und zweiten?) Tempels verdeutlicht werden. Die Tragbarkeit des *miškān* wird dadurch gewährleistet, daß die Wände seiner „Seiten“ (*ṣᵉlāᶜôṯ*) aus Einzelbrettern gefertigt werden sollen (Ex 26,20.26f.; 36,25.31f.). An der „Südseite“ (*ṣælaᶜ hammiškān têmānāh*) soll der Leuchter, an der „Nordseite“ (*ṣælaᶜ ṣāpôn*) der Tisch aufgestellt werden (Ex 25,35).

Auch der Brandopferaltar wird mit Tragringen versehen (Ex 27,7; 38,7), der, wie es v. 7 erläuternd hinzufügt, eigens aus Holztafeln (*luḥôṯ* → לוח) gefertigt wurde. Schließlich soll – um die Mobilität des Wüstenheiligtums zu vervollkommnen – auch noch der Räucheraltar an seinen Seiten (*ṣalᶜoṯājw*), par. „an seinen beiden Seitenwänden“ (*ᶜal-šᵉnê ṣiddājw*) Tragringe erhalten (Ex 30,4; 37,27).

III. Die LXX hat *ṣelāᶜ* auch nicht als semantisch eindeutig empfunden. Die Belege Gen 2,21f.; 1 Kön 6f. und Ez 41 werden häufig recht neutral mit πλευρόν / πλευρά (17mal) 'Seite' wiedergegeben, eine für Gen 2,21f. nicht uninteressante frühe Festlegung. Die P-Belege finden ihre Wiedergabe meist in κλίτος (9mal). In Ez 41,11 gleicht LXX an, wenn sie mit ἐξέδρα (sonst nur für *liškāh*) übersetzt. In 2 Sam 16,13 übersetzt sie *ṣelaᶜ hāhār* mit πλευρὰ τοῦ ὄρους 'Bergflanke'.

In Qumran finden sich keine Belege.

Fabry

צָמֵא *ṣāme'*

צָמָא *ṣāmā'*, צִמְאָה *ṣim'āh*,
צִמָּאוֹן *ṣimmā'ôn*

I.1. Etymologie – 2. Vorkommen und Bedeutung – II. Gebrauch im AT – 1. Im täglichen Leben – 2. Durst der Toten – 3. Durst als Strafe Gottes – 4. Metaphorischer Gebrauch – III.1. LXX – 2. Qumran.

Lit.: *J. Behm / G. Bertram*, διψάω, δίψος (ThWNT II 230–232). – *V. Hasler*, Durst (BHHW I 358). – *A. Hermann*, Durst (RAC IV 389–415). – *A. Parrot*, Le *„Refrigerium"* dans l'eau-delà (RHR 113, 1936, 149–187; 114, 1936, 69–92. 158–196; 115, 1937, 53–89). – *A. M. Schneider*, Refrigerium (Diss. Freiburg i. B. 1928). – *A. J. van Windekens*, L'origine de gr. δίψα „soif" (Orbis 22, 1973, 186f.).

I.1. Die Wurzel *ṣm'* 'dürsten' ist im Akk., Ugar. und neben dem Hebr. und Mhebr. vor allem im Südsemit. belegt. Das Aram. gebraucht statt dessen die Wurzel *ṣhj*.

Im Akk. findet sich *ṣamû* 'dürsten' z. B. nach Bier, im D-Stamm 'durstig machen' z. B. Menschen oder Pferde (AHw 1081; CAD Ṣ 95f.), *ṣamû* 'durstig' (AHw 1081; CAD Ṣ 95), *ṣummû* bzw. *ṣūmu* 'Durst' (AHw 1112; CAD Ṣ 247f.), *ṣumāmītu* 'Durst' in Geländebezeichnung (vgl. hebr. *ṣimmā'ôn*), der Truppen oder des Totengeistes (AHw 1111; CAD Ṣ 243f.). Im Ugar. begegnen nur je einmal *ġm'* und *ẓm'* i. S. v. 'dürsten': KTU 1. 4, IV, 34 *ġm ʒ ġm ʒt* in einer Frage Els an 'Aṯirat „bist du sehr durstig?" und KTU 1. 15, I, 2 *mẓm' .jd.mṯkt*. „dem Dürstenden bot sie (wohl 'Anat) die Hand". O. Rössler, ZA 54, 1961, 163 hält *ġm'* für eine Fehlschreibung (anders W. von Soden, VTS 16, 1967, 293f.). Im Arab. lautet die Wurzel *ẓami'a* 'dürsten', *ẓim'*, *ẓama'*, *ẓamā'* 'Durst', *ẓam'ān* und *ẓami'* 'durstig'. Äth. begegnen im Ge'ez *ṣam'a* 'dürsten', *ṣĕm'* 'Durst' und *ṣĕmū'* 'durstig' (Dillmann, LexLingAeth 1271f.), im Tigrē *ṣam'a* 'dürsten', *ṣeme'* 'Durst', *ṣemu'* 'durstig', vgl. *medr ṣeme'* 'ödes, trockenes Land'(Wb Tigre 635). Im Asarab. findet sich sabäisch *ṣm'* neben *ẓm'* (vgl. BGMR 143. 172; Biella 227. 425; zum Wechsel von *ṣ* und *ẓ* im späteren Sabäisch vgl. A. F. L. Beeston, Sabaic Grammar, JSS Monograph 6, 1984, § 2:1, S. 8).

2. Die Wurzel *ṣm'* ist mit ihren Derivaten im AT insgesamt 40mal belegt, davon 12mal in Jes und 6mal in Ps. Das Verbum *ṣm'* kommt im *qal* 10mal, das Subst. *ṣāmā'* 17mal und das Adj. *ṣāme'* 9mal vor. Außerdem findet sich noch einmal das Nomen *ṣim'āh* (Jer 2, 25) i. S. v. 'Durst', und 3mal ist die Bildung *ṣimmā'ôn* (Dtn 8, 15; Jes 35, 7; Ps 107, 33) 'dürstendes, wasserloses Gebiet' belegt. Die weite Streuung der Wurzel über die verschiedenen Bücher des AT läßt keine spezifische Vorliebe eines Autors für den Gebrauch der Wurzel *ṣm'* erkennen, mit Ausnahme des Jes-Buches.

Statt *ṣammîm* ist mindestens Ijob 5, 5 (vgl. Vrs) *ṣ^{e}me'îm* (vgl. E. F. Sutcliffe, Bibl 30, 1949, 67) zu lesen. Ijob 18, 9 setzt Origenes (sub ast) gleichfalls *ṣ^{e}me'îm* voraus, wenn auch hier der Parallelismus eher an *ṣammîm* „Fanggerät" i. S. v. „Schlingen" festhalten läßt. Jer 48, 18 ist wohl mit S *baṣṣo'āh* „herunter von deiner Herrlichkeit und in den Kot gesessen" statt MT *baṣṣāmā'* „in den Durst" zu lesen.

II. 1. Beim erwachsenen Menschen beträgt Wasser 55–60% des Körpergewichts. Wasser ist damit Hauptbestandteil des menschlichen Körpers. Dort, wo Hitze und Wassermangel das Land zu *ṣimmā'ôn* = „Durstland", also zur Wüste (Dtn 8, 15; Ps 107, 33; Jes 35, 7) machen, wird das Trinkbedürfnis für die Menschen quälend (vgl. Ex 17, 3). Im heißen Klima können die Wasserverluste täglich bis zu 12 l betragen, die ersetzt werden müssen, damit es nicht zu gesundheitlichen Störungen kommt. Fehlendes Wasser, den Durst zu stillen, ist demnach lebensgefährlicher als fehlende Nahrung, den Hunger zu stillen. Durstige zu tränken ist daher moralische Pflicht (vgl. äg. Totenbuch, 125, RTAT 92), sogar der Feind ist nicht ausgenommen (Spr 25, 21; vgl. Röm 12, 20f.). Nur der Tor (*nāḇāl*) läßt nach Jes 32, 6 „den Hungrigen darben, den Durstigen nicht trinken". Die Wasserversorgung ist in Kriegszeiten für eine belagerte Stadt besonders wichtig. Jdt 7, 6f. 19–22 wird berichtet, Holofernes habe den Wasserkanal der von ihm belagerten Stadt Betulia ableiten lassen, so daß die Bewohner unter Durst litten und deshalb einen Bußgesang anstimmten. Die Bewohner Jerusalems speicherten bei einer Belagerung durch Umbauten Wasser (vgl. Jes 22, 11: „ihr habt zwischen den beiden Mauern ein Becken angelegt, um das Wasser des alten Teiches zu sammeln"). Nach dem Fall Jerusalems 587 v. Chr. wird den verbleibenden Bewohnern von der Besatzungsmacht eine indirekte Steuer dadurch auferlegt, daß sogar das Trinkwasser gekauft werden muß (Klgl 5, 4). Die Bewohner des Landes Tema werden Jes 21, 14 aufgefordert, den fliehenden Karawanen der Dedaniter neben Brot vor allem Wasser für die Durstigen zu bringen. Wenn Boas (Rut 2, 9) die Moabiterin Rut beim Ährenlesen von dem trinken läßt, was die Knechte schöpfen, so gehört das zur Fürsorge gegenüber Fremden. Auch Rebekka verhält sich ähnlich wie Boas und gibt dem Knecht Abrahams und seinen Kamelen am Brunnen Wasser zu trinken (Gen 24, 13f.). Nicht nur Wasser, sondern auch „Honig, Dickmilch von Kleinvieh und Quark von Kuhmilch" dienen nach 2 Sam 17, 29 dazu, Hunger und Durst zu stillen (vgl. Ijob 24, 11: Traubensaft). Nach Ri 4, 19 will Sisera Wasser, Jaël aber gibt ihm Milch zu trinken. Wer großen Durst leidet und endlich Wasser findet, dessen Lebensgeister kehren zurück und er lebt wieder auf (Ri 15, 18f. *wattāšōḇ rûḥô wajjæḥî*).

2. Für die in Israels Umwelt weitverbreitete Vorstellung vom Durst der Toten (Hermann 392–395: Ägypten und Mesopotamien; 403–405: Griechisch-römisch) fehlen im AT eindeutige Belege. Erst Lk 16, 24 wird der Durst der Toten in der Lazarusgeschichte geschildert. Der Volksglaube wird wohl in den z. B. Gen 35, 8. 14f.; Dtn 26, 13f.; 1 Sam 7, 6 (vgl. auch Jer 16, 7) erwähnten Libationen (nach A. M. Blackman, ZÄS 50, 1912, 69–75 ist der Sinn des Libationsritus „to revivify the body of god or man by restoring to it its lost moisture") greifbar, vor

allem aber durch archäologische Funde wie Schalenvertiefungen in Gräbern, die auf Libationen zur Stillung des Durstes der Toten hinweisen, wie auch durch die bei Gräbern gefundenen Wasserbassins, Zisternen und Pithoi (vgl. Parrot 114, 82ff.; P. Karge, Rephaim, 1917, 594–601). Auch die in frühchristlicher Zeit greifbare Refrigeriumsvorstellung und ihr Zusammenhang mit dem antik-heidnischen und christlichen Totenkult (besonders der Märtyrer), d.h. mit dem Totenmahl (vgl. Schneider), geht nach P. Karge (581ff.) auf die Vorstellung vom Durst der Toten zurück.

3. Als Strafe Gottes wird Jes 65,13f. Durst und Hunger im endzeitlichen Gericht den Abtrünnigen angedroht, während JHWHs Knechte reichlich zu essen und zu trinken haben werden. Ps 107,33ff. beschreibt Gottes Eingreifen in den Lebensbereich der Menschen: das Wassergebiet wird zum Durstland, das fruchtbare Land zur Salzwüste wegen der Bosheit der Bewohner, während umgekehrt die Wüste zum bewässerten Land wird für die Frommen (vgl. auch vv. 4ff.). Wenn JHWH das Meer durch sein Schelten trockenlegt und die Ströme zur Wüste macht (Jes 50,2b), dann werden (wie Ex 7,18) die Fische faulen und vor Durst sterben. Das Bild von dem in die Wüste hinausgestoßenen Menschen, der dort jämmerlich verdurstet (vgl. Gen 21,15ff. Hagar und Ismael) wird Hos 2,5 verwendet, um aufzuzeigen, „daß Jahwe bei seinem Eingriff in die Lebensmöglichkeiten auch vor dem Äußersten, der Vernichtung des Lebens, nicht zurückschrecken wird" (W. Rudolph, KAT XIII/1, 66). Jes 5,13 wird dem Volk die Verbannung mit folgenden Worten angedroht: „Seine Reichen sterben (vgl. BHS) vor Hunger, die Masse der Armen verschmachtet vor Durst".

4. Durst bezeichnet auch das absolute Verlangen z.B. nach der Verkündigung des Wortes Gottes (Am 8,11), oder das sehnsüchtige Verlangen nach Gott selbst (Ps 42,3: „meine Seele dürstet nach Gott", vgl. Ps 63,2; 143,6), oder nach dem Heil (Jes 55,1). Die Qual des Durstes ist Jes 41,17 ein Bild des Elendes des Volkes Israel, und in den Klgl wird die Katastrophe Israels verdeutlicht mit dem Durst des Kleinkindes, dessen Zunge am Gaumen klebt (Klgl 4,4). Auch Jer 2,25 wird Israel, das sich selbstvergessen mit den Heiden einließ, davor gewarnt, die Kehle verdursten zu lassen. Die Bedrohung durch Gewalttätige wird Jes 25,4f. mit der Hitze der Durstzeit verglichen, vor der als Schatten allein JHWH schützen kann, und die gegen Zion anstürmenden Feinde sind nach Jes 29,8 gleich einem im Traum Wasser Trinkenden, der dennoch durstig aufwacht. Weish 11,2–14 wird die Durstplage, die die Ägypter am Nil heimsucht (vgl. Ex 7,24), der Erquickung der Israeliten in der Wüste gegenübergestellt („womit ihre Feinde gezüchtigt wurden, damit wurde ihnen, wenn sie Not litten, wohlgetan", Weish 11,5). Von der Weisheit heißt es Sir 24,21: „Die, die mich essen, wird noch mehr hungern, und die, die mich trinken, wird noch mehr dürsten". Hen 48,1 ist von der unerschöpflichen Quelle der Gerechtigkeit und von den vielen Quellen der Weisheit, aus denen alle Durstigen trinken können, die Rede. Sir 51,23f. spricht von der nach Bildung durstenden Seele. Hier liegt der Ausgangspunkt für die Formulierung, daß Wissensstreben ein Durst, Wissensdurst sei.

III.1. LXX übersetzt mit Formen von δίψα, δίψος bzw. διψάω. Jer 48,18 (LXX 31,18) steht ὑγρασία 'Nässe, Feuchtigkeit' und Dtn 29,18; Ijob 24,11 finden sich von MT abweichende Übersetzungen. Ez 19,13 fehlt die Wiedergabe von *w^e ṣāmā'*, vielleicht Hinweis, daß ein Zusatz vorliegt.

Die griech. Übersetzungen formulieren mehrfach im Anschluß an MT, aber auch über ihn hinausgehend, das Bild von der γῆ διψῶσα, der „dürstenden Erde", im Sinne des Heilsverlangens (Bertram 231).

Auch Hieronymus übersetzt in V regelmäßig mit Formen von *sitio* bzw. *sitis* mit Ausnahme von Dtn 8,15, wo er *ṣimmā'ôn* nach Feuerschlangen und Skorpionen mit dem aus dem Griech. entlehnten *dipsas* 'Giftschlange', deren Biß heftigen Durst verursacht (vgl. Plinius, naturalis historia 23, 152), wiedergibt.

2. In den Qumranschriften findet sich *ṣm'* als Subst. 2mal (1 QH 4,11; 4 Q 504, III, 8), als Adj. 2mal (*ṣm'jm* 1 QH 4,11; 1 QSb 1,8) und das Subst. *ṣm'h* 2mal (1 QpHab 11,14; 1 QS 2,14). 1 QS 2,14 bezeichnet *hṣm'h 'm hrwwh* „das Durstige mit dem Bewässerten" in umgekehrter Reihenfolge wie Dtn 29,18 durch die Gegensätze Trockenes und Feuchtes meristisch das Ganze. 1 QH 4,11 charakterisiert die Feinde des Beters, die vor den Dürstenden den Trank der Erkenntnis verschließen und sie gegen Durst mit Essig tränken (vgl. Ps 69,22 → II 1065). 1 QpHab 11,14 wird wohl auf die Trunksucht des Priesters angespielt. 4 Q 504, III, 8 ist von schweren Krankheiten, Hunger, Durst, Pest und Schwert als Strafen Gottes die Rede.

D. Kellermann

צָמַח *ṣāmaḥ*

צֶמַח *ṣæmaḥ*

I.1. Etymologie – 2. Belege – III. Verwendung im AT – 1. Verb – 2. *ṣæmaḥ* – III.1. LXX – 2. Qumran.

Lit.: *S. Amsler*, צמח *ṣmḥ* sprießen (THAT II 563–566). – *J.G. Baldwin*, *ṣemaḥ* as a Technical Term in the Prophets (VT 14, 1964, 93–97). – *J. Búda*, Ṣemaḥ Jahweh. Investigationes ad Christologiam Isaianam spectantes (Bibl 20, 1939, 10–26). – *G.H. Cramer*, The Messianic Hope of Jeremiah (BS 115, 1958, 237–246). – *M. Dambrine*, L'image de la croissance dans la foi d'Israël, Mémorial de l'Institut de Science Biblique de l'Université de Lausanne 1971. – *W. Dommershausen*, Der „Sproß" als Messias-Vorstellung bei Jeremia und Sacharja (TüThQ 148, 1968, 321–341). – *J.C. Greenfield*, Lexicographical Notes LI. IX. The Root שמח (HUCA 30, 1959, 141–151). – *D. Grossberg*, The Dual

Glow/Grow Motif (Bibl 67, 1986, 547–554). – *L. Moraldi*, Qumraniana. *nēṣer* e *ṣemaḥ* (RSO 45, 1970, 209–216). – *G. Rinaldi*, Il „germoglio" messianico in Zaccaria 3, 8; 6, 12 (G. Canfora [Hg.], Il Messianismo. Atti della XVIII settimana biblica, Brescia 1966, 179–191). – *A. E. Rüthy*, Die Pflanze und ihre Teile im biblisch-hebräischen Sprachgebrauch, Bern 1942, bes. 44–49. – *J. Swetnam*, Some Observations on the Background of צדיק in Jeremias 23, 5a (Bibl 46, 1965, 29–40). – *H. Strauß*, Messianisch ohne Messias, EHS XXIII/232, 1984, bes. 138–141. – *G. Widengren*, The King and the Tree of Life in Ancient Near Eastern Religion (UUÅ 1951:4, bes. 51–56).

I. 1. Dem hebr. *ṣmḥ* 'sprießen' entsprechen ugar. *ṣmḫ* (Verb nur in PN, PNU 59.189; Subst. 'Sproß', PRU II 7, 9, cj. KTU 1.19, I, 17, vgl. M. Dijkstra / J.C. de Moor, UF 7, 1975, 199), phön. und pun. *ṣmḥ*, 'Sproß, Abkömmling' (DISO 246, s.w.u.) und jüd.-aram. *ṣᵉmaḥ* (Subst. *ṣimḥā*' 'Sproß, Gewächs'). Syr. *ṣᵉmaḥ* bedeutet sowohl 'sprossen' als auch 'leuchten' (*ṣemḥā*' 'Glanz, Sproß') und mand. *ṣhm*, *ṣma* nur 'leuchten, scheinen' (MdD 390). Ein Zusammenhang mit akk. *šamāḫu* ist unwahrscheinlich; dies wird meist zu *śmḥ* gestellt (zu den Überschneidungen zwischen *ṣmḥ* und *śmḥ* s. Greenfield und Grossberg).

2. Das Verb *ṣāmaḥ* ist im AT 33mal belegt: 15mal *qal* (+1mal Sir), 14mal *hiph*, 4mal *pi*, das Subst. *ṣæmaḥ* 12mal (+1mal Sir). Von den insgesamt 45 Belegen der Wurzel entfallen 10 auf Jes, je 6 auf Gen und Ez und 5 auf Ps.

II. 1. Das Verb bezieht sich zunächst auf das Pflanzenleben. Der Schöpfungsbericht des J beschreibt den Urzustand der Welt, als es kein Gesträuch gab und kein Kraut (*'eśæḇ*) noch hervorgesproßt war, weil es noch nicht geregnet hatte (Gen 2, 5 *qal*); dann läßt JHWH aus dem Erdboden (*'ᵃdāmāh*) allerlei Bäume hervorwachsen (2, 9 *hiph*). Das Hervorsprossen der Pflanzen ist also ein Schöpfungsakt Gottes. Umgekehrt soll der verfluchte Erdboden nach dem Fall den Menschen nur Dornen und Disteln hervorwachsen lassen (Gen 3, 18). In seinem Traum sieht Pharao sieben kümmerliche und versengte Ähren emporwachsen (Gen 41, 6. 23; von den kräftigen und schönen Ähren wird *'ālāh* gebraucht, vv. 5. 22). Zu den Plagen in Ägypten gehören die Heuschrecken, die die Bäume kahlfressen, „die auf den Feldern wachsen" (*ṣomeaḥ*, Ex 10, 5). Kohelet rühmt sich, Wasserbecken angelegt zu haben, um die von ihm gepflanzten, sprossenden Bäume zu bewässern (Koh 2, 6). Ezechiel beschreibt Zidkija als einen Weinstock, den Nebukadnezzar, als Adler geschildert, gepflanzt hat, der „sproßt" und Äste treibt, dann aber seine Ranken einem anderen Adler (Ägypten) zuwendet (Ez 17, 6). Dieser Treubruch kann nur ein schlimmes Ende nehmen: der Weinstock wird ausgerissen, seine sprossenden Triebe verdorren auf dem Platz, wo er aufgewachsen ist (*ṣmḥ*, vv. 9f.).

Auch die *hiph*-Formen werden mehrmals im eigentlichen Sinn verwendet. Als Strafe für Bundesbruch wird Dtn 29, 22 u.a. angedroht, daß das Land verwüstet wird, so daß es nicht besät (*zr'*) werden kann und nichts aufwachsen läßt (*ṣmḥ hiph*); kein Hälmchen wird wachsen (*'ālāh*). Nach Ps 104, 14 läßt Gott in seiner schöpferischen Fürsorge Gras für das Vieh und Pflanzen für die Menschen wachsen (*ṣmḥ hiph*). Ebenso betont Gott in seiner ersten Rede an Ijob, daß er den Regen sendet, um die Wildnis zu sättigen und Gras sprossen zu lassen (Ijob 38, 27), und Ps 147, 8 lobt Gott dafür, daß er Regen sendet und die Berge Gras sprossen läßt. Diese Tatsache wird dann von DtJes verwendet, um die Wirksamkeit des göttlichen Wortes darzustellen: ebenso wie der Regen und der Schnee die Erde sprossen lassen, wird das Wort Gottes nicht ohne Wirkung bleiben (Jes 55, 10). Und TrJes gebraucht ein ähnliches Bild: wie die Erde das Gewächs (*ṣæmaḥ*) hervorbringt und ein Garten seine Saaten sprossen lassen (*ṣmḥ hiph*), so wird JHWH „Gerechtigkeit" sprossen lassen (*hiph*; hier also metaphorisch) (Jes 61, 11, auf „die Saat, die JHWH gesegnet hat", d.h. Israel, in v. 9 zurückgreifend).

In einem allgemeineren Sinn bezieht sich *ṣmḥ* auf das Wachsen von Haaren (Lev 13, 27) oder von heilender Haut (Jes 58, 8, metaphorisch). Ähnlich wird das *pi* gebraucht i.S.v. „wachsen" vom Haupthaar des Simson (Ri 16, 22) und des als junges Weib dargestellten Jerusalem (Ez 16, 7) sowie vom Bart der von den Ammonitern geschändeten Boten Davids (2 Sam 10, 5 // 1 Chr 19, 5).

Rein metaphorisch kann *ṣāmaḥ* von Menschen ausgesagt werden: ein Mensch stirbt, und ein anderer sprießt aus dem Staub (Ijob 8, 19; vgl. Sir 14, 18: wie sprossende Blätter sind die Menschengeschlechter; das eine stirbt, das andere reift heran [*gāmal*]). Bei DtJes verspricht Gott seinem Knecht Israel, daß er Wasser auf den dürstenden Boden ausgießen will, so daß seine Nachkommen aufsprossen wie das Schilfgras (Jes 44, 4) – hier ist die Anknüpfung an die Pflanzenwelt bewahrt. Auch abstrakte Dinge können „aufsprießen": Treue (Ps 85, 12, par. Gerechtigkeit vom Himmel), Mühsal (Ijob 5, 6), das kommende Neue bei DtJes (Jes 42, 9; 43, 19) und vielleicht das wörtlich nicht genannte Heil (Sach 6, 12).

Die *hiph*-Form hat 2mal → קרן *qæræn* 'Horn' als Obj. Nach Ps 132, 17 wird JHWH für David ein Horn aufwachsen lassen und für den Gesalbten eine Leuchte (→ נר *ner*) bereitstellen (*'ārak*). Das Horn symbolisiert Kraft, besonders die des Königs, oder sogar den König selbst, die Leuchte bezieht sich auf das Bestehen der Dynastie. Diese Aussage ist dann von Ezechiel aufgenommen und auf Israel angewandt worden: dem Volk wird neue Kraft verliehen (Ez 29, 21). Es ist weniger wahrscheinlich, daß hier eine messianische Gestalt gemeint ist, eher ist der Ausdruck „auf ein anbrechendes Heil für Israel zu deuten" (W. Zimmerli, BK XIII/2², 721). In seinen „letzten Worten" bekennt David, daß JHWH infolge seines Bundes mit ihm *ješa'* und all seinen *ḥepæṣ* hat aufsprießen lassen (2 Sam 23, 5; zum Text s. T. N. D. Mettinger, SEÅ 41–42, 1976–77, 153f.), d. h. er hat ihm Erfolg gegeben und all seine Wünsche erfüllt. Vielleicht liegt hier auch eine Anspielung auf die Dynastie vor. Nach Jes 45, 8 wird die Erde durch JHWHs Schöpfermacht (*bārā'*) Heil (*ješa'*) und Gerechtigkeit aufsprießen lassen. Das Bild aus der Pflanzenwelt wird hier dadurch vervollständigt, daß Himmel und Wolken Gerechtigkeit regnen lassen (*r'p*, *nzl*; vgl. zur Bildsprache Ps 72, 6f. mit *māṭār* und *pāraḥ*). Zu Jer 35, 15 s. u.

2. Das Subst. *ṣæmaḥ* bezeichnet das, was sproßt, d. h. 'Gewächs' o. ä. So heißt es z. B., daß der Schwefelregen über Sodom und Gomorra auch alles Gewächs vernichtet (Gen 19, 25), oder daß Gott die Felder durch Regen erweicht und ihre Gewächse segnet (Ps 65, 11; Anspielung auf den befruchtenden Herbstregen). Gottes heilsschaffendes Werk wird mit dem Sprossen des Gewächses verglichen (Jes 61, 11, s. o.), und das gedeihende Jerusalem mit dem aufsprossenden Gewächs des Feldes (Ez 16, 7). Sir 40, 22 lobt die Schönheit des Gewächses (EÜ „Blumen"). Sprichwortartig stellt Hosea fest, daß, wer Wind sät, Sturm erntet, und daß Gesproß ohne Halm kein Mehl bringt (Hos 8, 7), m. a. W. der Götzendienst Israels bringt nichts zustande, vor allem nicht die erzielte Fruchtbarkeit, und hat sogar noch schlimmere Folgen: die Feinde verzehren den Ertrag des Feldes.

In Jer und Sach ist *ṣæmaḥ* zum messianischen Titel geworden. Nach Jer 23, 5 soll JHWH dem David einen *ṣæmaḥ ṣaddîq* erstehen lassen, der erfolgreich als König herrschen und Recht und Gerechtigkeit üben soll; er wird *JHWH ṣiḏqenû* genannt werden (v. 6). Für *ṣæmaḥ ṣaddîq* ist auf den in einer phön. Inschrift aus dem 3. Jh. v. Chr. vorkommenden Ausdruck *ṣmḥ ṣdq* „legitimer Sproß, rechtmäßiger Erbe" (KAI 43, 11) hinzuweisen (→ צדק *sdq*). Gemeint ist also ein legitimer Herrscher aus der davidischen Dynastie, und es ist nicht zu verkennen, daß sein Name auf Zidkija anspielt: dieser Herrscher wird besser als Zidkija das im Namen zum Ausdruck gebrachte Königsideal verwirklichen. Eine Neudeutung dieses Orakels liegt dann in 33, 15f. vor; hier wird aber der Name „JHWH, unsere Gerechtigkeit" auf Jerusalem übertragen.

Bei Sacharja *ṣæmaḥ* zum term. techn. geworden. Sach 3, 8 verspricht JHWH, seinen Knecht „Sproß" kommen zu lassen, und Sach 6, 12f. spricht von einem Mann, dessen Name *ṣæmaḥ* ist, unter dessen Füßen es (das Heil) sprießen, der den Tempel JHWHs wiederaufbauen und auf seinem Thron herrschen soll. In der ursprünglichen Fassung ist wahrscheinlich Serubbabel gemeint; diese Bedeutung ist aber durch eine Bearbeitung verwischt worden, die den Hohenpriester Josua in den Text hereingetragen hat.

Der Ausdruck *ṣæmaḥ JHWH* in Jes 4, 2 (spät) ist nicht eindeutig. Der Text sagt, daß „an jenem Tage" der Sproß JHWHs zur Zier und Ehre werden soll. Eine messianische Deutung ist schon im Targ. nachzuweisen und wird von vielen jüdischen und christlichen Auslegern vertreten, läßt sich aber kaum durchführen. Der parallele Ausdruck *p^erî hā'āræṣ* deutet darauf hin, daß es um den reichen Ertrag des Landes in der kommenden Heilszeit geht; es ist aber zu beachten, daß Heil und Gerechtigkeit oft eng zusammenhören (O. Kaiser, ATD 17^5, 93).

III. 1. In der LXX wird das Verb *ṣmḥ* meist mit ἀνατέλλειν oder ἐξανατέλλειν, gelegentlich auch mit βλαστάνειν (bzw. ἀνα- oder ἐκβλαστάνειν) oder (ἀνα-)φύειν wiedergegeben. Für *ṣæmaḥ* steht meist ἀνατολή, in Gen 19, 25 ἀνατέλλοντα, Jes 61, 11 ἄνθος. In Jes 4, 2 liest LXX ein Verb ἐπιλάμψειν (vgl. I. 1.), Hos 8, 7 wird umschrieben, Jer 33, 15 fehlt in der LXX.

2. In den Qumrantexten kommt das Verb *ṣmḥ* nur 2mal vor, das Nomen *ṣæmaḥ* 3mal. Die Damaskusschrift (CD 1, 7) sagt, daß Gott 390 Jahre nach Nebukadnezzar „aus Israel und aus Aaron eine Wurzel der Pflanzung hat aufsprießen lassen (*hiph*)" (Anspielung auf Jes 60, 21 mit *šoræš* statt *neṣær*) – damit ist offenbar die Gemeinde des neuen Bundes gemeint, 4 Q 185, 1–2, I, 10 spricht vom sprossenden Gras (vgl. Jes 40, 6ff.).

ṣæmaḥ dāwiḏ ist dagegen deutlich ein messianischer Terminus (Moraldi). 4 QPB 3 spricht vom Gesalbten der Gerechtigkeit, dem Sproß Davids, dem der Bund des Königtums verliehen werden soll (Hinweis auf Gen 49, 10). 4 QFlor 1, 11 kommentiert 2 Sam 7, 8–14 und sagt: „Dies ist der Sproß Davids, der zusammen mit dem Thoraausleger erstehen soll am Ende der Tage". Schließlich wird in einem Fragment eines Jesajakommentars (rekonstr.) Jes 11, 1–5 dahingehend erklärt, daß es sich auf den Sproß Davids bezieht (4 Q 161, 8–10, 18–25). 4 Q 511, 65, 1 ist fragmentarisch.

Ringgren

צֶמֶר *ṣæmær*

1. Etymologie – 2. Konkreter und übertragener Sprachgebrauch – 3. Das Verbot von Mischgewebe in Dtn 22, 11 und Lev 19, 19.

Lit.: *O. Bar-Yosef*, A Cave in the Desert: Naḥal Ḥemar, Jerusalem 1985. – *G. Braulik*, Die Abfolge der Gesetze in Deuteronomium 12–26 und der Dekalog (BiblEThL 68, 1985, 252–272). – *C. M. Carmichael*, Forbidden Mixtures (VT 32, 1982, 394–415). – *M. Görg*, Eine rätselhafte Textilbezeichnung im Alten Testament (BN 12, 1980, 13–17). – *I. Goldziher*, Zu Ša aṭnêz (ZAW 20, 1900, 36f.). – *S. Krauss*, Talmudische Archäologie I, 1910 = 1966, bes. 127–207. – *H. F. Lutz*, Textiles and Costumes among the Peoples of the Ancient Near East, 1923. – *Z. Meshel*,

Kuntillet ʿAjrûd. A Religious Centre from the Time of the Judaean Monarchy on the Border of Sinai, Jerusalem 1978. – *A. L. Oppenheim*, Essay on Overland Trade in the First Millennium B.C. (JCS 21, 1967, 236–254).

1. *ṣæmær* ist ein Primärnomen (BLe § 61j′). Die Basis *ḏamr* ist in den semit. Sprachen verbreitet: ugar. *ṣml* (?) (M. Dietrich / O. Loretz, BiOr 23, 1966, 132; anders J. C. Greenfield, JCS 21, 1967, 90), äth. *ḍamr*; äg.-aram. *ʿmr*, *qmr*; palmyr. *ʿmrʾ* (DISO 217); bibl. aram. *ʿᵃmar*; syr. *ʿamrā*; mand. *aqamra* (MdD 33), *amra* (M. Dietrich, BiOr 24, 1967, 293).

2. Textile Gewebe sind in Palästina seit dem Neolithikum archäologisch nachweisbar; die Funde von Nahal Ḥemar bezeugen die Verarbeitung von Flachs. In Ägypten blieb die Verwendung von Leinen (→ פשׁת *pešæt*), dem Endprodukt der Flachsverarbeitung, bestimmend; Schafwolle fand dagegen nur wenig Verbreitung, unter anderem wohl, weil es (nach Herodot II 81) verboten war, „etwas Wollenes in den Tempel zu bringen oder damit bestattet zu werden" (Ch. Strauß-Seeber, LexÄg VI 1286). Im mesopotamischen Bereich kennt man dagegen Textilien sowohl aus Wolle als auch aus Leinen, wobei Wolle weiter verbreitet ist (H. Waetzoldt, RLA VI 18ff.).

Sowohl Kleidungsstücke als auch deren Rohstoff, die Wolle, zählen zu den Produkten, die als Tributleistungen abzuliefern sind. Besonders wertvoll ist Purpurwolle (hebr. *ʾargāmān*); sie gehört zu den Abgaben, die der ugar. König Niqmadu an den hethitischen Oberherrn zu entrichten hat (M. Dietrich / O. Loretz, WO 3, 1964–66, 206ff.). Auch das AT stellt sich Wolle als Tributleistung vor, in 2 Kön 3, 4 als Abgabe des moabitischen Königs Mescha an Israel; die Historizität des Berichts in 2 Kön 3, 4ff. ist allerdings nicht gesichert (S. Timm, FRLANT 124, 1982, 171ff.).

Bei den hier genannten *ʾêlîm ṣæmær* ist das erste Wort eine Maßbezeichnung; wörtl.: „Wolle im Maß von 100000 Widdern"; das Gezählte steht als Apposition nach (E. König, Syntax, § 333d). Originell ist der Gedanke in KBL³ 969, den Ausdruck unter Hinweis auf das enklitische *mem* als „Wollschafe" aufzufassen.

Ein Hinweis auf Wolle als Handelsware für Tyros findet sich in Ez 27, 18. Der Vers steht in einer „Importwarenliste" vv. 12–24, die in die Qînā über Tyros eingehängt ist (W. Zimmerli, BK XIII/2², 624ff.).

Um ein Zeichen Gottes geht es in der „erbaulichen Betrachtung" Ri 6, 36–40 (W. Richter, BBB 18, 1963, 213f. und BBB 21, 1964, 113). Gideon legt *gizzaṯ haṣṣæmær* „frisch geschorene Wolle" auf eine Tenne; daß sie in anderer Weise Wasser aufnimmt als ihre Umgebung, ist eine Bestätigung des göttlichen Beistandes.

Zum Lob der „tugendsamen" Hausfrau gehört es, daß sie sich nach Wolle und Flachs umtut (Spr 31, 13). Daß diese beiden Rohprodukte zum Grundbedarf der Lebensführung gehören, zeigt Hos 2, 7. 11.

Als Naturprodukt ist Wolle mancherlei Schädlingen ausgesetzt; deutlich wird dies in Jes 51, 8, wenn das Vergehen der Gegner Israels in einer drastischen Analogie zum Mottenfraß geschildert wird. Eine andere Schädigung stellt der Befall von Wollkleidung (*bæḡæḏ ṣæmær*) durch Schimmelpilze dar, der in der Bestimmung über den „Aussatz" an Kleidungsstükken in Lev 13, 47f. 52. 59 der Kontrolle der Priester unterzogen wird.

In Lev 13 dient *ṣæmær* als Materialbezeichnung, nicht zur Bezeichnung eines Produktes, der abgeschorenen Wolle, die – wie die Zeugnisse aus talmudischer Zeit zeigen – in der Form von Flocken in den Handel kam.

Auf die Flockenform weist vielleicht der Vergleich in Ps 147, 16 hin. In der hymnischen Prädikation JHWHs heißt es: „Der Schnee gleich Wolle(flocken) sendet" (W. Stärk, SAT 3/1, 47). Im Blick ist der Schneefall. Das tertium comparationis kann auch die weiße Farbe sein (so KBL³ 969), eine Auffassung, die sich auf Jes 1, 18 (vgl. Dan 7, 9) gründen kann: „Wenn eure Sünden wie Karmesin sind, können sie (dann) als weiß gelten wie Schnee? Wenn sie rot sind wie Purpur, können sie (dann) wie Wolle sein?". Der Parallelismus hebt auf die weiße Farbe der Wolle ab; zwar werden Schafe vor der Schur gewaschen (Hld 4, 2; 6, 6), doch ist Schurwolle mitnichten weiß (Krauss 137). *ṣæmær* bezeichnet wahrscheinlich hier die schon gereinigte Wolle, also ein schon weiter verarbeitetes Produkt.

Um eine Materialbezeichnung handelt es sich dagegen bei dem Vorwurf in bildlicher Rede in Ez 34, 3, der gegen die judäische Oberschicht erhoben wird. Die Bekleidung der Hirten mit der Wolle ihrer Schafe (*lbš ʾæṯ-haṣṣæmær*) ist sprachlich eine Metonymie; sachlich wahrscheinlich ein Übergriff auf ein Gut, das ihnen nicht zusteht (Zimmerli, BK XIII/2², 837). Dasselbe sprachliche Phänomen liegt auch in Ez 44, 17 vor (*ʿlh ṣæmær*). Der Verfassungsentwurf verbietet den Gebrauch von Wollkleidung beim Dienst im inneren Vorhof des Tempels; begründet wird das Verbot mit der schweißtreibenden Wirkung der Wolle.

3. Wirkungsgeschichtlich bedeutsam wurde das Verbot von Mischgewebe aus Leinen und Wolle in Dtn 22, 11 (vgl. den Mischnatraktat Kil'ajim 9).

Die vergleichbare Bestimmung in Lev 19, 19 wurde mit der Absicht aufgenommen, Dtn 22, 9–11 zu ergänzen; die Formulierung kann nach A. Cholewiński (AnBibl 66, 1976, 304f.) auf ein hohes Alter weisen, wiewohl die redaktionelle Zuweisung unsicher bleibt.

Dtn 22, 1–12 ist ein Brückentext, der von 21, 1–23 mit dem Thema des Todes mitten im Leben auf 22, 13–29 mit den verbotenen Beziehungen zwischen Mann und Frau überleitet; in 22, 1–12 sind Bestimmungen, durch die tierisches wie menschliches Leben bewahrt werden soll, und Verbote unerlaubter Mischungen ineinander geschoben (Braulik 265ff.). Bei der Thematik der unerlaubten Mischungen ist zu berücksichtigen, daß Wolle und Leinen eine verschiedene Herkunft haben (tierisch – pflanzlich), eine verschiedene Funktion (Wolle wärmt, Ijob 31, 20 – Leinen kühlt, Ez 44, 17f.) sowie eine unterschiedliche Behandlung im alltäglichen Gebrauch (Leinen ist kochbar – Wolle dagegen nicht).

Für mit Wolle bestickte Leinengewebe gibt es literarische Belege (Oppenheim 246f.). Es handelt sich um Prachtgewänder für Würdenträger, aber auch zur Bekleidung von Götterstatuen (D. B. Weisberg, EI 16, 222f.). Für bunt gemusterte Stoffe aus dem syrisch-palästinischen Bereich existieren ikonographische Belege (ANEP 3. 52 u. ö.).

Aus einer Mischung von Purpurwolle und Byssus bestehen sowohl die Zelttücher für das priesterschriftliche Heiligtum (Ex 26) als auch Teile des hohepriesterlichen Gewandes (Ex 28). Nach M. Haran ist die Heiligkeit dieser Stoffart der Grund für ihr Verbot in Lev 19,19; Dtn 22,11 (ScrHier 8, 1961, 281). Ein Problem dieser Sicht liegt darin, daß diese Deutungsansätze aus P im Deuteronomium nicht explizit sind.

Regelrechtes Mischgewebe, bei dem die Kette aus Leinen und der Schuß aus Wolle besteht, wurde in Kuntillet ʿAğrud gefunden (A. Sheffer bei Z. Meshel). Angesichts real existierender Textilien dieser Art stellt sich die Frage nach der Ursache des Verbotes; sie wird in der Abwehr magischer Bräuche gesehen (G. v. Rad, ATD 8³, 101; zurückhaltend A. D. H. Mayes, NCeB 308).

Diese Deutung geht auf Goldziher zurück und basiert auf einer Darstellung Maimonides' über die priesterlichen Gewänder der Ṣābier, die aus Mischgewebe bestünden. Unsicher ist, welche Religionsgemeinschaft damit gemeint ist (K. Rudolph, FRLANT 74, 1960, 36ff.); auf die rituelle Gewandung der Mandäer scheint die Beschreibung nicht zuzutreffen (vgl. K. Rudolph, FRLANT 75, 1961, 48ff.). Auch die Angaben über einen arab. Zauberritus, bei dem Baumwolle und Schafwolle vermengt werden, bleiben unsicher. Zudem besteht das grundsätzliche Bedenken bei Goldzihers Belegen, daß sie sehr spät sind.

Ein anderer Weg zu dem Problem wird über das hebr. Wort für diese Textilien, *šaʿaṭnez*, gesucht.

Augenscheinlich ist dieses Nomen mit fünf Konsonanten ein Fremdwort. Für eine Herkunft aus Ägypten sprach sich schon W. Gesenius aus; mit weiterer Differenzierung M. Görg. Das Wort geht danach wahrscheinlich zurück auf äg. *śʿḏ3* „Maße, Gewichte u.ä. verfälschen" und *nḏ* „Gewebe". Die Bedeutung paßt somit zu dem κίβδηλος der LXX.

Die durch die äg. Ableitung und die LXX gewonnene Bedeutung „betrügerisches Gewebe" würde auf ein ökonomisches Vergehen weisen (vgl. *śʿḏ3* in Amenemope 17,18; 18,16). Der Kontext zeigt jedoch, daß dies höchstens ein Nebenaspekt des Verbotes sein kann, zumal die Annahme, *šaʿaṭnez* sei an beiden Belegen, Lev 19,19; Dtn 22,11, ein sekundäres Interpretament, vertretbar erscheint (G. Seitz, BWANT 93, 1971, 250).

Die Versuche, hinter dem Verbot der Vermischungen („Was Gott getrennt hat, soll der Mensch nicht mengen", G. Dalman, AuS V 105) tiefere Begründungszusammenhänge aufzudecken, bleiben bis jetzt fragwürdig.

Rüterswörden

צָמַת *ṣāmaṯ*

צְמִ(י)תֻת *ṣ^e^mi/îṯuṯ*

I. Etymologie – II. Verwendung im AT – 1. Allgemeines – 2. *hiph* – 3. *pi* – 4. *niph* – 5. *qal* – 6. Substantiv – III. LXX.

Lit.: *J. L. Boyd*, Two Northwest Semitic Word Studies (Westminster Theol. Journal 40, 1977f., 350–358). – *O. Loretz*, Ugaritisches *ṣamātu* und hebräisches *ṣm(y)tt* (BZ NF 6, 1962, 269–279).

I. In der ugar. Poesie (vgl. Loretz 274) – z. B. KTU 1.2, IV, 9; 1.3, II, 8; 1.3, III, 44 – bedeutet *ṣmt* ʿvernichtenʾ (WUS Nr. 2330).

Gegenüber der traditionellen Deutung des Inf. von *ṣmt* in KTU 1.18, IV, 38 (*ʿnt bṣmt mhrh*) als „vernichten" (so M. Dijkstra / J. C. de Moor, UF 7, 1975, 196: „ʿAnatu at the annihilation of his *mhr*", wobei *mhr* im Sinne von „vigour" verstanden wird) übersetzt B. Margalit, UF 8, 1976, 168f. mit Änderung des *mhrh* in *mprh* (nach Z. 26): „(Then did) Anat (behold) the cessation of his convulsing" und verbindet *ṣmt* mit arab. *ṣamata* ʿaufhören, schweigenʾ (dem folgt KBL³ 970). In Rechtsdokumenten aus Ugarit (AHw 1081; CAD Ṣ 93–95) bedeutet *ṣamātu* ʿendgültigʾ/definitiv übergebenʾ (Loretz); dem *ṣmt* in der Poesie „jemandem sein Ende bereiten" entspricht „in der juristischen Sprache ein ʿendgültigesʾ Recht auf Eigentum" (Loretz 275).

Neben ugar. *ṣmt* ʿvernichtenʾ und äth. *ʾaṣmata* ʿausrottenʾ steht arab. *ṣamata* ʿschweigenʾ und syr. *ṣmt pa.* ʿzum Schweigen bringenʾ.

II. 1. Die 15 Belege des Verbs *ṣmt* im AT (1mal *qal*, 2mal *niph*, 2mal *pi*, 10mal *hiph*) gehören alle der poetischen Sprache an: 11mal Ps (dazu 2 Sam 22,41 ‖ Ps 18,41), 2mal Ijob (*niph*), 1mal Klgl (*qal*); das Subst. *ṣ^e^mi/îṯuṯ* kommt 2mal vor (Lev 25,23.30). – Beim *pi* ist das Subj. unpersönlich; beim *hiph* sind die Feinde des Beters oder die Gottlosen allgemein Obj. oder – Ps 69,5 (sofern nicht eine Textverderbnis vorliegt, s. u.) – Subj. Wenn M. Delcor (THAT I 641) meint, *ṣmt* bedeute durchweg ʿzum Schweigen bringenʾ, so trifft das nicht zu; diese Bedeutung ist nirgendwo zwingend, manchmal sogar ausgeschlossen.

2. Zweimal steht *ṣmt hiph* im Parallelismus mit *ʾbd*, bedeutet also ʿvernichtenʾ: Ps 73,27 „Denn siehe, die sich fernhalten von dir, vergehen (*joʾḇeḏû*), du vernichtest (*hiṣmattāh*) jeden, der weghurt von dir"; 143,12a „Und in deiner Huld vernichtest du (*taṣmîṯ*) meine Feinde, und du läßt vergehen (*w^e^haʾaḇaḏtā*) alle, die mein Leben bedrängen." – In Ps 18,36–46 berichtet der König von seinem – durch JHWH geschenkten – Sieg über die Feinde; für *ṣmt hiph* in v. 41b ‖ 2 Sam 22,41b wird die Bedeutung ʿvernichtenʾ durch die parallel verwendeten Verben *klh pi* (v. 38), *mḥṣ* (v. 39), *šḥq* und *dqq* (s. BHS) (v. 43) sichergestellt: „Meine Hasser – ich vernichte sie (*ʾaṣmîṯem*)."

Dazu passen auch die übrigen Belege. In Ps 101 gelobt der König, gegen die Frevler vorzugehen: „Wer heimlich verleumdet seinen Nächsten – ihn vernichte ich (*'aṣmîṯ*); wer stolz mit den Augen und hochmütig im Herzen ist – ihn ertrage ich nicht" (v. 5). Die vv. 6–7 könnten ein JHWH-Orakel sein, ein- und ausgeleitet durch das Wort *'ênaj/āj* „meine Augen" (etwas anders J.S. Kselman, JSOT 33, 1985, 50. 56f., der v. 8 hinzunimmt), während v. 8 auf v. 5 zurückgreift: „Jeden Morgen vernichte ich (*'aṣmîṯ*) alle Frevler des Landes, um auszurotten (*l^ehakrîṯ*) aus der Stadt JHWHs alle Übeltäter." – In Ps 54, 7 lautet der Wunsch gegen die Feinde: „'Es wende sich' das Unheil zurück auf meine Gegner! Vernichte sie (*haṣmîṯem*), 'JHWH', in deiner Treue!" – Den Schluß von Ps 94 bildet die Gewißheit der Erhörung: „Und JHWH wurde mir zur Burg, und mein Gott zum Fels meiner Zuflucht (v. 22). Er 'vergilt' ihnen ihre Tücke, und in ihrer Bosheit vernichtet er sie (*jaṣmîṯem*); er vernichtet sie (*jaṣmîṯem*), JHWH, unser Gott" (v. 23), wobei vielleicht eine der Verbformen zu streichen ist (H. J. Kraus, BK XV/2⁵, 821). In Ps 69, 5 – „Zahlreicher als die Haare meines Hauptes sind (*rabbû*), die grundlos mich hassen, zahlreich sind (*'āṣ^emû*), die mich vernichten (*maṣmîṯaj*), meine lügnerischen Feinde" – wäre der Parallelismus deutlicher, wenn statt *maṣmîṯaj*, wie erwogen (vgl. BHS; auch KBL³ 822, wo Ps 69, 5 unter *'ṣm min* aufgeführt ist, setzt die Konjektur voraus), *me'aṣmôṯaj* gelesen würde: „Zahlreicher 'als meine Knochen' sind meine lügnerischen Feinde."

3. Auch bei den zwei *pi*-Belegen dürfte die Übersetzung 'vernichten' zutreffender sein als 'zum Schweigen bringen': Ps 88, 17 „Über mich ergeht dein Zorn, deine Schrecknisse (*bi'ûṯækā*) vernichten mich (lies *ṣimm^eṯûnî* statt *ṣimm^eṯûṯunî*, was eine entstellte *pilel*-Form sein müßte [BLe § 38l])"; 119, 139 „Mein Eifer vernichtet mich (*ṣimm^eṯaṯnî*), denn meine Feinde vergessen deine Worte."

4. Von Bächen heißt es Ijob 6, 17a: „Zur Zeit, (da) sie wasserarm werden, versiegen sie (*niṣmāṯû*)" (par. *nid'^akû*, „sie verlöschen"), schwerlich „werden sie zum Schweigen gebracht" (so G. Fohrer, KAT XVI 158). – Sehr undeutlich ist der Satz Ijob 23, 17, der am Ende einer Klage und Anklage Ijobs gegenüber Gott steht: „Fürwahr (*kî*), ich werde nicht (?) vernichtet/zum Schweigen gebracht (*niṣmattî*) vor Finsternis, und 'mein Angesicht' bedeckt Dunkel" (→ III 272f.).

5. Die *qal*-Form in Klgl 3, 53a (W. Rudolph, KAT XVII/1–3, 233 schlägt vor, das *pi* zu lesen) pflegt man mit 'stürzen' zu übersetzen: „Sie stürzen (*ṣām^eṯû*) in die Grube mein Leben (*ḥajjāj*)." Da die Feinde sowohl in v. 52 als auch in v. 53b das Subj. sind, gilt das wohl ebenso für v. 53a. Ansonsten wäre zu erwägen, ob nicht *ḥajjîm* das Subjekt sein kann (vgl. Ps 31, 11; 88, 4): „Mein Leben wird zur Grube vernichtet."

6. Das Subst. *ṣ^emi/îṯuṯ* erscheint Lev 25, 23. 30 im Rahmen der Bestimmungen über die Restitutionsmöglichkeiten beim Verkauf von Grundbesitz und Häusern (vv. 23–34). Wenn jemand ein Wohnhaus in einer ummauerten Stadt verkauft, kann er es bis zum Ablauf des Verkaufsjahres „auslösen", d.h. zurückkaufen (v. 29). Das wird ergänzt in v. 30: „Und falls es (sc. das Haus) nicht ausgelöst wird, bis ein volles Jahr herum ist, dann bleibt das Haus … *liṣmîṯuṯ* dem, der es gekauft hat, Geschlecht um Geschlecht." Gegenüber diesem wohl sehr alten Rechtssatz (Loretz 276; K. Elliger, HAT I/4, 347) legt eine wohl erst spät formulierte Bestimmung (Elliger) fest: „Und das Land soll nicht verkauft werden *liṣmiṯuṯ*, denn mir (sc. JHWH) gehört das Land" (v. 23a); vielmehr soll das verkaufte Land „ausgelöst" werden (vv. 24f.). Entsprechend dem ugar. *ṣamātu* (s. I.) bedeutet *liṣmi/îṯuṯ* „endgültig, mit unwiderruflicher Gültigkeit" (Loretz 275–279): Das betreffende Haus gehört endgültig dem Käufer und seinen Nachkommen; dagegen soll der Verkauf von Land niemals endgültig, unwiderruflich sein.

III. Die LXX gibt *ṣmt* recht unterschiedlich wieder, besonders mit ἐξωλεθρεύειν (4mal), ἐκδιώκειν (2mal) und θανατοῦν (2mal).

Schmoldt

צִנָּה *ṣinnāh* → מָגֵן *māgen*

צנע *ṣn'*

1. Belege – 2. Etymologie – 3. Stellen in Spr und Sir – 4. Mi 6, 8 – 5. Qumran.

Lit.: *J. H. Hertz*, Micah 6, 8 (ExpT 46, 1934/35, 188). – *J. P. Hyatt*, On the Meaning and Origin of Micah 6:8 (AThR 34, 1952, 232–239). – *H. J. Stoebe*, „Und demütig sein vor deinem Gott". Micha 6, 8 (WuD 6, 1959, 180–194). – *Ders.*, צנע *ṣn'* bedachtsam sein (THAT II 566–568). – *D. W. Thomas*, The Root צנע in Hebrew, and the Meaning of קדרנית in Malachi III, 14 (JJSt 1, 1948/49, 182–188).

1. Die Wurzel ist im hebr. AT nur 2mal belegt, nämlich 1mal im Ptz. pass. *qal ṣānûa'* und 1mal im Inf. abs. *hiph haṣnea'*. Dazu kommen in Sir 2 Belege für *ṣānûa'* und 2 für *hiph*-Formen.

2. Die alten Übersetzungen variieren stark (s. u.). Die Etymologie ist wenig aufschlußreich. Arab. *ṣana'a* 'machen' hat gelegentlich die Konnotation des geschickten oder kunstvollen Machens, was vielleicht mit syr. *ṣ^enî'* 'geschickt, klug' zu vergleichen wäre. Asarab. *ṣn'* 'befestigen' (BGMR 143) und äth. *ṣan'a* 'hart, fest sein' (Dillmann, LexLingAeth 1288) unter Vergleich mit mhebr. und jüd.-aram. *ṣn'* 'verwahren, verbergen' könnten nach Thomas auf eine Grundbedeutung 'kräftigen, bewahren' hinweisen, aber die semantische Verbindung zwischen den beiden Begriffen bleibt dunkel. Jüd.-aram. *ṣ^enîa'* 'züchtig' ist aus 'bewahren' abzuleiten.

3. Um die Bedeutung zu eruieren, muß man sich deshalb an den tatsächlichen hebr. Sprachgebrauch halten. Dann erweist sich zunächst Spr 11, 2 als ergiebig. Dort heißt es: „Kommt Übermut (Vermessenheit, *zāḏôn*), kommt Schande (*qālôn*), aber bei den *ṣ^{e}nûʿîm* ist Weisheit“. Der antithetische Parallelismus ist nicht vollständig, deutlich ist aber, daß ein Gegensatz besteht zwischen *zāḏôn* und *ṣ^{e}nûʿîm*. Ein *ṣānûaʿ* ist offenbar einer, der sich seiner menschlichen Beschränkung bewußt ist, also zunächst „bescheiden, sich beherrschend“ (vgl. LXX ταπεινός), was zu dem weisheitlichen Ideal des sich beherrschenden Menschen gut paßt; da aber das Wort mit „Weisheit“ gepaart ist, ist auch die Übersetzung „bedachtsam“ zu erwägen.

Sir 31 (34), 22 lautet: „Bei all deinem Tun sei *ṣānûaʿ*, so wird dir kein Schaden zustoßen“, LXX übersetzt hier ἐπιτρεχής ʿbewandertʾ. Nach j. Joma 43c ist *ṣnwʿ* der Gegensatz von *garg^{e}rān* ʿSchlemmerʾ. Aus dem Zusammenhang geht nur hervor, daß es um das Vermeiden von Schaden geht; man könnte auf „vorsichtig“, „achtsam“, „besonnen“ o.ä. raten, was in einem Weisheitstext gut denkbar wäre.

In Sir 42, 8 ist der Zusammenhang nicht völlig klar: man soll sich der Zurechtweisung des Toren nicht schämen; „dann bist du *zāhîr* in Wahrheit und ein *ʾîš ṣānûaʿ* vor allen Lebenden“, d.h. alle Menschen werden dich als einen solchen erkennen. Der Parallelismus mit *zāhîr* ʿvorsichtig, achtsamʾ weist in die Richtung von „bedachtsam, bescheiden“. LXX hat für *zāhîr* πεπαιδευμένος und für *ṣānûaʿ* δεδοκιμασμένος. Die *hiph*-Form findet sich zunächst in Sir 16, 25: „Wohl abgewogen (*b^{e}mišqāl*) will ich meinen Geist sprühen lassen (*nbʿ hiph*), und *b^{e}haṣneaʿ* mein Wissen kundtun (*ḥwh pi*). Der Zusammenhang fordert etwa eine Bedeutung „abgemessen“ oder vielleicht „besonnen“, „in Besonnenheit“. LXX hat ἐν ἀκριβείᾳ „mit Sorgfalt/Genauigkeit“.

Sir 32 (35), 3 lautet: „Rede, o Greis, denn dir steht es an, doch *hṣnʿ* mit deiner Einsicht, und hindere den Gesang nicht.“ Hier könnte man vielleicht „sei sparsam, zurückhaltend“ übersetzen, also: keine übertriebene Zurechtweisung, die die Freude hemmt!

4. Mi 6, 8 faßt die Forderungen JHWHs an sein Volk zusammen: Recht (*mišpāṭ*) üben, *ḥæsæḏ* lieben und *haṣneaʿ lækæṯ* mit (*ʿim*) Gott. Der Kontext zeigt nur, daß es sich um ethisches Benehmen im allgemeinen handelt. Geht man von Spr 11, 2 aus, kann man auf einen behutsamen, bescheidenen Wandel schließen, m.a.W. einen Wandel, der durch Erkenntnis der menschlichen Beschränkung und Meidung der Vermessenheit Gott gegenüber gekennzeichnet ist. – LXX: ἕτοιμος.

5. Die 4 Qumranbelege spielen alle auf Mi 6, 8 an, beziehen sich aber alle auf das Verhalten der Mitglieder zueinander, nicht auf den Umgang mit Gott. Bemerkenswerterweise wird das „*haṣneaʿ* wandeln“ einmal durch „in Klugheit“ (*ʿŏrmāh*) in allen Dingen“ näher bestimmt (1 QS 4, 5f. = 4 Q 502, 16, 3). 1 QS 5, 4 zitiert mehr aus Mi 6, 8 „*ḥæsæḏ* lieben und *haṣneaʿ* wandeln“ mit dem Zusatz „auf allen ihren Wegen“, und 1 QS 8, 2 sagt, daß die Mitglieder des „Rates“ „in dem, was offenbart ist aus dem ganzen Gesetz“, vollkommen sein sollen, „um zu üben Treue (*ʾ^{æ}mæṯ*), Gerechtigkeit, Recht, *ḥæsæḏ*-Liebe und *haṣneaʿ*-Wandeln, ein jeder mit seinem Nächsten“. Daß hier eine Anwendung der Michastelle beabsichtigt ist, ist offenbar; was man aber in den betreffenden Ausdruck hineingelegt hat, wird nicht explizit.

Ringgren

צעד *ṣʿd*

צָעַד *ṣaʿaḏ*, צְעָדָה *ṣ^{e}ʿāḏāh*, מִצְעָד *miṣʿāḏ*, אֶצְעָדָה *ʾæṣʿāḏāh*

I. 1. Etymologie – 2. Belege – II. Gebrauch im AT – 1. Schreiten und Schritte des Menschen – 2. Das Schreiten Gottes – III. 1. LXX – 2. Qumran.

Die Wurzel *ṣʿd* ist im semit. Sprachraum nicht sehr häufig belegt. Verglichen wird ugar. *ṣǵd* KTU 1. 10, III, 7 und 1. 23, 30. Als Bedeutung schlagen Aistleitner (WUS Nr. 2339) für *ṣǵd* D ʿemporsteigen lassenʾ, Gray und Driver ʿvorwärtsgehenʾ und Aartun (WO 4, 1967/68, 290 mit Hinweis auf arab. *ḍaǵada*) ʿdrücken, pressenʾ vor. Die Lesung KTU 1. 23, 30 ist unsicher, früher las man *ṣʿd*; der Textzusammenhang ist an beiden Stellen unklar. Im Arab. bedeutet *ṣaʿida* ʿhinaufsteigenʾ, *ṣuʿūd* ʿAufsteigen, Aufstiegʾ, *ṣaʿīd* ʿHochlandʾ.

Ein asarab. Beleg *jṣʿdw* ʿsie stiegen hinaufʾ (BGMR 140) beruht allerdings auf einer Korrektur des nicht mehr nachprüfbaren *jsʿdw* Ja 586, 24. Sonst findet sich die Wurzel noch in PN, und zwar safait. *ṣʿd*, *ṣʿdʾl* neben *ṣʿdl*, tamud. *ṣʿd* und *ṣʿdt* (vgl. G. Lankester Harding, An Index and Concordance of Pre-Islamic Arabian Names and Inscriptions, s.v.) und nabat. *ṣʿdʾl* (J. Cantineau, Le nabatéen 2, 140). Ein palmyr. Beleg *ṣʿdw* (griech. Σαεδος) findet sich in einer bilinguen Grabinschrift (J. Cantineau, Inscriptions Palmyréniennes, 1930, 30 Nr. 41). *ṣʿd* läßt sich als *Ṣāʿid* oder *Ṣaʿūd* vokalisieren (vgl. Caskel, Ǧamharat 538).

Als Etymon für *ṣ^{e}ʿāḏôṯ* ʿSchrittkettchenʾ Jes 3, 20 (vgl. Dalman, AuS 350f.; Dalman hält *ṣ^{e}ʿāḏôṯ* für den Pl. zum Sing. *ʾæṣʿāḏāh*) und für *ʾæṣʿāḏāh* ʿArmreifʾ Num 31, 50; 2 Sam 1, 10 (*ʾ^{a}šær ʿal z^{e}roʿô*) eine zweite Wurzel *ṣʿd* mit unbekannter Bedeutung einzuführen, wie BDB 857 es wollen, ist nicht nötig; denn die ʿSchrittkettchenʾ weisen den semantischen Weg zum ʿArmreifʾ (vgl. auch König, WB 391). Deshalb erübrigt sich auch der Versuch von L. Kopf (VT 8, 1958, 198), *ʾæṣʿāḏāh* und *ṣ^{e}ʿāḏāh* mit arab. *ʿaḍud* ʿ(Ober)armʾ bzw. *ʿiḍād* (nicht *ʿiṣād*, wie in KBL^3 zu finden) ʿArmbandʾ zusammenzustellen (zu Armspangen und Schrittkettchen als Schmuck vgl. G. Fohrer, BHHW 1706ff.; H. Weippert, BRL^2 284f.; E. E. Platt, AUSST 17, 1979, 17–84.189–201). Da nach 2 Sam 1, 10 neben dem Diadem auch der Armreif zu den Königsinsignien zu gehören scheint, hat man (z.B. Tiktin, Greßmann) vorgeschlagen, auch 2 Kön 11, 12 *hāʾæṣʿāḏāh* statt *hāʿeḏûṯ* neben *hannezær* zu lesen. Aber für eine solche Konjektur fehlen uns die genaueren Kenntnisse der altisraelitischen Königsinvestitur.

2. Das Verbum *ṣʿd* 'feierlich einherschreiten' findet sich 7mal im *qal* und einmal im *hiph* (Ijob 18, 14). Hinzu kommen Sir 9, 13 und die Konjektur *ṣoʿeḏ* statt *ṣoʿæh* Jes 63, 1, die durch Σ, S und V nahegelegt wird. Das Nomen *ṣaʿaḏ* 'Schritt' läßt sich 14mal, *ṣeʿāḏāh* 'Schreiten' 2mal (2 Sam 5,24 ‖ 1 Chr 14, 15) belegen. Jes 3, 20 bedeutet *ṣeʿāḏôṯ* 'Schrittkettchen' und *ʾæṣʿāḏāh* bezeichnet Num 31, 50 und 2 Sam 1, 10 eine Spange bzw. ein Armband. *miṣʿāḏ* Ps 37,23; Spr 20, 24; Dan 11, 43 bedeutet 'Schritt, Gefolge'. Gehäuft findet sich die Wurzel in Spr (Verb einmal im *qal* 7, 8 und *ṣaʿaḏ* 4mal: Spr 4, 12; 5, 5; 16, 9; 30, 29, dazu einmal *miṣʿāḏ* 20, 24) und Ijob (einmal Verb im *hiph* 18, 14 und 5mal *ṣaʿaḏ*: Ijob 14, 16; 18, 7; 31, 4. 37; 34, 21). Die Formen der Wurzel *ṣʿd* gehören wie das deutsche Verbum „schreiten" der gehobenen, poetischen Ausdrucksweise an.

II. 1. Wenn Feinde die Schritte belauern, dann kann man sich kaum auf die Straße wagen (Klgl 4, 18). Wer im Weg der Weisheit unterwiesen ist, dessen Schritt wird nicht beengt sein (Spr 4, 12). Anders verhält es sich mit dem Frevler: gehemmt sind seine kräftigen Schritte (Ijob 18, 7). In der zweiten Antwort des Bildad (Ijob 18, 14) heißt es vom Frevler, daß das Unheil ihn zum König der Schrecken, dem rex tremendus (vgl. Vergil, Georgica IV 469), der Personifikation des Todes, schreiten läßt. Auch der Weg der fremden Frau führt unweigerlich zum Tode, „ihre Schritte gehen der Unterwelt zu" (Spr 5, 5). Nach Ijob 14, 16 (vgl. 31, 4) zählt Gott Ijobs Schritte, d.h. Gott beobachtet Ijobs Lebenswandel genau, um ihn bei einem Fehltritt zu ertappen. So werden die Schritte des Menschen bildhafter Ausdruck für seinen Lebenswandel (vgl. Jer 10, 23; Spr 5, 5; 16, 9; Ijob 31, 37; auch LXX spricht vom Lebenswandel, wenn sie Ijob 18, 7 ἐπιτηδεύματα als Wiedergabe für *ṣeʿāḏîm* wählt.

Wenn es Spr 20, 24 heißt: „Von JHWH des Mannes Schritte, aber der Mensch – wie verstände er seinen Weg?", so bricht hier „eine Anschauung vom Determinismus durch, die das Weisheitsdenken in seinen Grundlagen erschüttert". Es ist nicht „an die unaufrichtige Tat gedacht, die Jahwä etwa aufdeckt, sondern an die Festsetzung des Geschickes, an die Fügung von Jahwä *unabhängig* vom menschlichen Tun" (H. Gese, Lehre und Wirklichkeit in der alten Weisheit, 1958, 46f.). Dieser Gedanke findet sich auch Spr 16, 9: „Des Menschen Herz erdenkt seinen Weg, aber JHWH lenkt seinen Schritt." Auch Jer 10, 23 wird festgestellt, daß der Weg des Menschen nicht in seiner Macht steht und daß es ihm nicht gegeben ist, seinen Schritt zu lenken. Gott ist es, der Raum schafft für den Schritt des Menschen (2 Sam 22, 37 par. Ps 18, 37). Deshalb empfiehlt Sir 37, 15, zu Gott zu beten, „daß er in Treue deine Schritte sicher mache". Auch in Qumran weiß man, daß kein Mensch seinen Weg bestimmen und seinen Schritt selbst lenken kann (1 QS 11, 10; 1 QH 15, 13).

Ps 37, 23 lautet nach MT: „Von JHWH her werden die Schritte des Mannes gefestigt, – (und zwar desjenigen), an dessen Weg er Gefallen hat." Da jedoch die ersten drei Wörter mit Spr 20, 24 übereinstimmen, ist auch Ps 37, 23 zu übersetzen: „Von JHWH kommen die Schritte des Mannes", eine sprichwortähnliche Sentenz, die darauf hinweist, daß JHWH die Schritte des Gerechten lenkt. In der zweiten Hälfte ist wohl mit B. Duhm, KHC XIV 108, zu lesen: *kônanô bedarkô jæhpāṣ* „er hält den aufrecht, an dessen Lebenswandel er Gefallen hat". Auch hier zeigt sich die Vorstellung, daß der Lebenswandel des Menschen von JHWH bestimmt wird.

2. Die Theophanieschilderung im Deboralied Ri 5, 4 weiß, daß das Kommen, das feierliche Einherschreiten JHWHs den Aufruhr der Erde, der Himmel und der Berge bewirkt. Auch Ps 68, 8f. heißt es: „Gott, als du deinem Volk voranzogst, als du die Wüste durchschrittest, da bebte die Erde", und Hab 3, 12 wird bei der Schilderung des Kampfes JHWHs mit den Völkern gesagt, daß JHWH voll Zorn über die Erde schreitet und in seinem Groll die Völker zerstampft. (Zu *ṣāʿaḏ* als terminus technicus in Theophanieschilderungen vgl. J. Jeremias, Theophanie, WMANT 10, ²1977, 8. 184). Auch Jes 63, 1 (cj.) wird JHWH als Krieger gesehen, der stolz von Edom einherschreitet. Nach 2 Sam 5, 24 ‖ 1 Chr 14, 15 soll David erst dann gegen die Philister zum Kampf antreten, wenn er in den Wipfeln der Baka-Sträucher ein Geräusch wie von Schritten hört. Das Geräusch zeigt an, daß JHWH vorrückt, um in der himmlischen Sphäre den Kampf gleichzeitig mit dem auf Erden auszutragen. Auch 1 QM 12, 9 weiß davon, daß das Heer der Geister mit den Schritten der Krieger auf Erden ist, d.h. ihnen Beistand leistet.

III. 1. Das Verbum *ṣāʿaḏ* wird in LXX mit Formen von ἀπαίρειν, αἴρειν, ἐπιβαίνειν und διαβαίνειν wiedergegeben. Zweimal (Gen 49, 22 und Hab 3, 12) ist *ṣʿd* verlesen in *ṣʿr*. Spr 7, 8 fehlt ein Äquivalent; Ijob 18,14 wird das *hiph* frei interpretiert. Das Substantiv *ṣaʿaḏ* wird 4mal mit διάβημα, je einmal mit πορεία, ἐπιτήδευμα, ἴχνη und einmal verbal mit πορεύεται (Spr 30, 29) übersetzt. 4mal findet sich eine freie Übersetzung ohne direktes Äquivalent. 2mal (Ijob 18, 7; Klgl 4, 18) ist *ṣʿd* verlesen in *ṣʿr* bzw. *ṣʿjr*. Für *ʾæṣʿāḏāh* findet sich in LXX χλιδών 'Arm- bzw. Halsband', so auch für *ṣeʿāḏôṯ* (Jes 3, 20). Für *miṣʿāḏ* steht zweimal διάβημα (Ps 37, 23 = Spr 20, 24); Dan 11, 43 ist frei übersetzt. Die Wiedergabe von *ṣeʿāḏāh* in 2 Sam 5, 24 durch συγκλεισμός könnte auf ein *māṣôr* zurückgehen, während die Übersetzung durch συσσεισμός in 1 Chr 14, 15 wohl auf *ṣeʿārāh* statt *ṣeʿāḏāh* hindeutet.

Hieronymus übersetzt das Verbum *ṣāʿaḏ* mit Formen von *discurrere*, *transire* (zweimal), *pertransire*, *transcendere*, *incedere*, *conculcare*, *calcare*. Für *ṣaʿaḏ* findet sich in V 10mal *gressus* und je einmal *passus*, *gradus*, *vestigium*, und eine Form von *gradi* (Spr 30, 29), so auch 2 Sam 5, 24 ‖ 1 Chr 14, 15 für *ṣeʿāḏāh*. Num 31, 50 und Jes 3, 20 bietet V *periscelis* 'Knie- bzw. Schenkelspange', während 2 Sam 1,10, durch den Kontext (*de brachio illius*) bedingt, *armilla* gewählt wurde. *miṣʿāḏ* wird durch *gressus* und einmal mit *transire* wiedergegeben.

2. In den Qumrantexten findet sich das Verbum *ṣʿd* zweimal (1 QS 1,13; 3,11) im inf. cstr. *lṣʿwd* in der speziellen Bedeutung 'übertreten', die im AT für *ṣʿd* nicht belegt ist. Das Subst. läßt sich 6mal nachweisen (1 QS 11,10; 1 QM 12,9 [vgl. o. II.2.]; 1 QH 15,13.21; 1 QH fragm. 2,6; CD 20,18). Die Bedeutung 'Schritt' entspricht dem Gebrauch im AT, wobei die Erkenntnis, daß der Mensch seinen Schritt nicht selbst lenken kann (vgl. 1 QS 11,10; 1 QH 15,13) im Vordergrund steht (s. o. II.1.).

D. Kellermann

צָעִיר *ṣāʿîr*

צָעַר *ṣāʿar*, מִצְעָר *miṣʿār*, צְעִירָה *ṣeʿîrāh*

I. Wurzel und Verbreitung – II.1. Formen und Belege im AT – 2. Parallelwörter und Wortverbindungen – III. Allgemeine Verwendung – 1. Verb *ṣāʿar* – 2. Das Nomen *ṣāʿîr* – 3. Die übrigen Nomina der Wortsippe – IV. Theologische Aspekte – V. Qumran und LXX.

Lit.: *O. Bächli*, Die Erwählung des Geringen im Alten Testament (ThZ 22, 1966, 385–395). – *J. Barth*, Die Nominalbildung in den semitischen Sprachen, ²1894 = 1967 (§§ 165.174d.192d). – *S. E. Loewenstamm*, Comparative Studies in Biblical and Ancient Oriental Literatures (AOAT 204, 1980, bes. 249–255). – *O. Loretz*, Ugaritische und hebräische Lexikographie (IV) (UF 15, 1983, 59–61). – *M. Sæbø*, Sacharja 9–14 (WMANT 34, 1969, bes. 105–107.276–282). – *M. Wagner*, Die lexikalischen und grammatikalischen Aramaismen im at.lichen Hebräisch (BZAW 96, 1966, 49).

I. Die Wurzel *ṣʿr* (vgl. noch *zʿr*; s. u. II.1) scheint im ganzen semit. Sprachbereich verbreitet zu sein; vgl. etwa akk. *ṣeḫēru*, *ṣaḫāru* 'klein, jung sein/werden', *ṣeḫru* I, *ṣaḫru* 'klein, jung' (AHw 1087–1089); asarab. *ṣġr* 'klein' (BGMR 145); ugar. *ṣġr* 'klein, jung' (WUS Nr. 2340, vgl. *sġr*, WUS Nr. 1940; UT Nr. 2182; RSP I, I.42; sonst Loewenstamm 250–254); phön. und pun. *ṣʿr* 'Kleines, Geringes' (DISO 246; vgl. LidzEph I 23f.; III 283; KAI 81,5, vgl. 65,2); jüd.-aram. *ṣeʿēr*/*ṣeʿar* 'geringschätzen, beschimpfen', vgl. *zeʿēr*, *zeʿērā*; syr. *ṣeʿar* 'verachtet werden'; vgl. noch mand. *ZAR*, *ṢUR* III 'schlecht behandeln, entehren' (MdD 388), sowie arab. *ṣaġira* 'klein sein', äth. *ṣaʿala* 'beschimpfen' (Dillmann, LexLingAeth 1302). Die Grundbedeutung der Wurzel scheint 'klein sein/werden' zu sein. Wenn die Wortsippe auf Menschen und Tiere angewandt wird, bezieht sie sich häufig auf ein niedriges Alter ('jung bzw. der/die jüngste [sein]') oder auf einen niedrigen Stand ('gering [sein]').

II.1. Die Wortsippe *ṣʿr* hat mit verschiedenen Derivaten – abgesehen von klaren Eigennamen – im hebr. AT insgesamt 33 Belege. Hinzu kommen noch einerseits im aram. AT die (fem.) Form *zeʿêrāh* „klein" (Dan 7,8) und andererseits im hebr. AT die Formen *zeʿêr* „ein wenig" 5mal (Jes 28,10 [2mal]. 13 [3mal]; Ijob 36,2; vgl. Brockelmann, VG I 352f.) und *mizʿār* 'Kleinigkeit, ein wenig' 4mal (Jes 10,25; 16,14; 24,6; 29,17; vgl. BLe § 61eη), die von einem im hebr. AT nicht belegten, als aram. Nebenform aufgefaßten Verb *zʿr* abgeleitet werden (vgl. KBL³ 265f.536; Wagner Nr. 80f.). Mit diesen Belegen kommt die totale Summe der Wortsippe *ṣ/zʿr* auf 43 im AT.

Unter den Belegen von *ṣʿr* dominiert das Nomen *ṣāʿîr*, das 22mal vorkommt, wenn man Q in Jer 14,3 und 48,4 mit hinzu zählt (K: *ṣʿwr*); doch wird von Mandelkern (1001a) neben *ṣāʿîr* in Klammern noch ein *ṣāʿôr* und von KBL³ (974b) ein **ṣāʿôr* 'klein' als eigenes Lemma (für Jer 14,3; 48,4) aufgeführt (vgl. aber auch KBL³ 975a, Pkt. 4; sonst H. P. Stähli, Knabe, Jüngling, Knecht, Bern 1978, 249ff.). Dazu ist das Verb *ṣʿr* 3mal im *qal* belegt (für eine *pi*-cj. in Jes 63,18 s. KBL³ 590a), wenn man neben Jer 30,19 und Ijob 14,21 auch das umstrittene Wort *haṣṣoʿarîm* in Sach 13,7b als Ptz. hierher rechnet und es nicht als Plur. von *ṣāʿîr* vokalisiert (BHS; vgl. KBL³ 977a mit Hinweis auf Jer 49,20; 50,45) oder es gar als eigenes Nomen *ṣôʿer* „ein (dem Hirten helfender) Junge" auffaßt, wie Even-Shoshan (1829) nun tut (vgl. schon K. Marti, KHC 13, 1904, 443: „Hirtenbuben"), wobei er von Loewenstamm (schon in Tarbiz 36, 1966/67, 110–115) abhängig sein kann. Loewenstamm hat *ṣoʿarîm* Sach 13,7 und die K/Q-Formen in Jer 14,3; 48,4 mit einem von drei ugar. Wörtern für „Hirte", und zwar *sġr* oder *śġr* (vgl. UT Nr. 1787: „assistant"; WUS Nr. 1940), verbunden und ist zu der Annahme gelangt, es handle sich hier um ein Fremdwort für einen untergeordneten Hirten.

Endlich bietet auch das Vorkommen der übrigen Nomina *miṣʿār* und *ṣeʿîrāh* gewisse Probleme. Denn neben 5 sicheren Belegen von *miṣʿār* (Gen 19,20 [2mal]; Jes 63,18 [falls das Nomen hier nicht in eine *pi*-Form geändert wird, s.o.]; Ijob 8,7; 2 Chr 24,24) ist der Text in Ps 42,7b insofern unsicher, als das Wort im Ausdruck *har miṣʿār* sowohl im charakteristischen Sinn („der kleine Berg"; vgl. GesB 453b; BDB 859a) als auch als möglicher Name eines sonst nicht bekannten Berges (vgl. KBL³ 590a; H.-J. Kraus, BK XV/1⁵, 470ff.; EÜ: „am Mizar-Berg") aufgefaßt worden ist. Im Falle des Abstraktums *ṣeʿîrāh* (GesB 689b; vgl. D. Michel, Grundlegung einer hebr. Syntax, 1977, 70), dem allgemein 2 Belege (Gen 43,33; Dan 8,9) zugerechnet werden, hat man die Form *miṣṣeʿîrāh* Dan 8,9 auch als eine fem. Nebenform des Adj. *ṣāʿîr* gedeutet (Barth § 165) oder aber sie direkt in *ṣeʿîrāh* geändert (vgl. A. Bentzen, HAT I/19, 56; O. Plöger, KAT XVIII 122; KBL³ 975a). Wo gleitende Übergänge zu Ortsnamen vorliegen können (vgl. Ps 42,7b; vielleicht auch Jer 48,4; s. BHS), soll ihnen hier nicht weiter nachgegangen werden (vgl. aber Gen 19,20–22, mit Namensdeutung, sowie 2 Kön 8,21).

Was die Streuung der Wortsippe betrifft, fällt auf, daß die Wörter in vielen und weit verschiedenen Literaturwerken vertreten sind, ohne daß sich ein besonderer Schwerpunkt heraushebt.

2. Die Wörter der Wortsippe, insbesondere das Nomen *ṣāʿîr*, sind öfter auf Parallelwörter und Opposita bezogen, die für den Gebrauch und Sinn der Wortsippe semasiologisch aufschlußreich sein werden.

Die Parallelwörter bzw. Synonyme sind einmal beim Verb *mʿṭ* → מעט 'wenig sein/werden' (Jer 30,19), sodann bei *ṣāʿîr* einerseits *dal (*→ דל) 'gering, unansehnlich' (Ri 6,15), *qāṭān* (1 Sam 9,21) sowie *qāṭôn* (Jes 60,22) 'klein' (→ קטן *qṭn*) und andererseits *nibzæh* „verachtet" (Ps 119,141; → בזה *bzh*). Die Wörter, vielleicht abgesehen von dem letzten, bilden dabei ein relativ abgegrenztes Wortfeld. Demgegenüber machen aber die Opposita nicht eine so einheitliche Gruppe aus. Beim Verb bildet *kāḇeḏ* (→ כבד) 'gewichtig, geehrt sein' (Ijob 14,21); sowie das *hiph hiḵbîḏ* „ehren" (Jer 30,19, par. zu *hirbāh* „mehren") den Gegenbegriff. Bei *ṣāʿîr* ist das am häufigsten bezeugte Oppositum *beḵôr* (→ בכור) „der Erstgeborene" (Gen 43,33; 48,14; Jos 6,26; 1 Kön 16,34) bzw. *beḵîrāh* „die Ältere" (Gen 19,31; 29,26), sonst *raḇ* 'groß' (Gen 25,23; → רבב *rbb*) und *'addîrîm* „Vornehme" (Jer 14,3; vgl. KBL³ 13b; → אדיר *'addîr*) sowie *jāšîš* 'alt' (Ijob 32,6). Der Gegensatz zu *ṣeʿîrāh* ist *beḵorāh* „Stellung als Erstgeborener" (Gen 43,33; vgl. KBL³ 126a), während in Dan 8,9 den nächsten Gegensatz das Verb *gāḏal* 'groß sein/werden, wachsen' ausmacht. Schließlich ist bei *miṣʿār* das Verb *śāgāh* 'groß werden' (Ijob 8,7) das Oppositum.

III. Der Befund von II.2 zeigt, daß der allgemeine Gebrauch der Wortsippe sehr durch polare Zusammenstellungen gekennzeichnet ist, an Hand von Gegensätzen werden Umstände verschiedener Art zum Ausdruck gebracht.

1. So drückt das Verb in seinen wenigen Belegen den negativen Gegensatz zu einer ehrenvollen Stellung aus; es geschieht teils in einer Gottesrede, nun aber durch die Negation des „gering sein", im Kontrast zur Verheißung einer ehrenvollen Restauration des Volkes (Jer 30,19), teils in der Weisheit zur Aussage des Niedergangs eines Menschen im Gegensatz zu seinem ehrenvollen Ansehen (Ijob 14,21). Der nominale Gebrauch des Ptz. in Sach 13,7 ist einer Verwendung des *ṣāʿîr* ähnlich, die sich auf die geringsten unter den Schafen einer Herde bezieht (vgl. Jer 49,20; 50,45).

2. Das Adj. *ṣāʿîr* 'klein' bzw. 'jung' oder 'gering' wird nicht so sehr im attributiven als im substantivischen Sinn gebraucht, was auch die *qāṭîl*-Form nahelegen dürfte (vgl. BLe § 61nα); es wird weithin selbständig verwendet, mehrmals prädikativ (etwa Ri 6,15; 1 Sam 9,21; Ps 119,141), auch noch als Subj. (5mal) und Obj. (2mal).

Als häufiger Gegenbegriff zu *beḵor*/*beḵîrāh* „der/die Erstgeborene, Ältere" meint *ṣāʿîr* einen nicht nur altersmäßig, sondern auch sonst untergeordneten Status im Rahmen einer festen Familienordnung, was in Gen 29,26 und 43,33 klassisch zum Ausdruck gebracht ist (vgl. noch Gen 19,31ff.; 48,14; Ri 6,15). Dieser soziologische Aspekt gilt auch für die weitere Gesellschaftsordnung, insofern das Wort mit Sippe und Stamm (vgl. 1 Sam 9,21; Mi 5,1; Ps 68,28) sowie mit den „Vornehmen" des Volkes (Jer 14,3) und mit dem Volk als ganzem (vgl. Gen 25,23; Jes 60,22; auch Jer 48,4) verbunden worden ist. Das Wort kann auch allgemeiner auf Alter und Zeit (*jāmîm* „Tage/Zeit", Ijob 30,1; 32,6; → יום *jôm*) bezogen sein. Zudem kann es in seiner Funktion als Gegenbegriff den Teil einer Ganzheit ausdrücken, was wohl auch den Charakter eines Merismus haben mag (Jos 6,26; 1 Kön 16,34; vgl. dazu A.M. Honeyman, JBL 71, 1952, 11–18; H.A. Brongers, OTS 14, 1965, 100–114). Auch in Fällen, wo das Wort allein steht, kann der Aspekt der Ganzheit noch zu spüren sein, wobei der weite Umfang oder die hohe Bedeutung einer (Straf-)Handlung zum Ausdruck gebracht wird (etwa im Sinne von „bis zu ...", „sogar"; so wohl Jer 48,4; 49,20; 50,45; vgl. Sach 13,7). Schließlich kann das Wort als Ausdruck frommer Kultsprache auch noch eine demütige Selbstbezeichnung sein (Ps 119,141).

3. Das Nomen *miṣʿār* besagt in sehr unterschiedlicher Hinsicht, daß etwas als „Kleines" oder „Unbedeutendes" zu bezeichnen ist, mag es sich auf eine kleine Stadt (Gen 19,20), die zahlenmäßig unbedeutende Stärke eines Heeres (2 Chr 24,24), eine kurze Zeit (Jes 63,18) oder auf das anfänglich elende Geschick eines Menschen, das sich am Ende in etwas „Großes" wandelt (Ijob 8,7; vgl. G. Fohrer, KAT XVI 183ff.) beziehen. Wenn ferner *ṣeʿîrāh* nicht nur in Gen 43,33 (s.o.), sondern auch in Dan 8,9 als ein Abstraktnomen gelten darf, ist auch hier der Übergang von etwas „Kleinem" zum „sehr Großen" ausgesagt.

IV. Der unterschiedliche Gebrauch der Wortsippe *ṣʿr* mag wohl einen disparaten Eindruck erwecken, doch ist an ihr in theologischer Hinsicht eine beachtliche Kohärenz erkennbar. Das theologisch Bedeutsame wird vor allem an dem Kontrast-Gebrauch des *ṣāʿîr* spürbar. Denn in mehreren Fällen verläuft der Vorgang gar nicht so, wie es vom familienrechtlichen oder gesellschaftlichen Status her normalerweise zu erwarten wäre, sondern kraft göttlicher Initiative oder Verheißungen wird ein „Jüngerer" bzw. der „Jüngste" einem „Älteren" gegenüber bevorzugt und erhoben. Es geht also um eine „Erwählung des Geringen" (so Bächli).

Diese Erwählung im AT erfolgt zunächst dann, wenn ein einzelner zu einem besonderen Dienst oder

Amt berufen wird, wie etwa Gideon (Ri 6,15) oder Saul (1 Sam 9,21; vgl. die Erwählung Davids vor seinen Brüdern, 1 Sam 16,1–13), gilt aber auch einzelnen Stämmen, bes. wenn die Väter im Bilde sind (vgl. Gen 25,23 und 48,14); nicht nur Josef hat eine Sonderstellung erhalten (Gen 37ff.), sondern auch „der kleine Stamm Benjamin" (Ps 68,28, so EÜ; vgl. S. Mowinckel, Der achtundsechzigste Psalm, Oslo 1953, 51: „Benjamin, der jüngste, ihr Herrscher"). Der messianische „Herrscher" (*mošel*) wird vom unansehnlichen „Bethlehem-Efrata" (Mi 5,1) kommen.

So liegt hier ein heilsgeschichtlich wichtiger Erwählungs-Aspekt vor, der auch in der eschatologischen Verheißungsrede an Zion einen Platz gefunden hat: „Der Kleinste wird zu einer Tausendschaft, / der Geringste zu einem starken Volk" (Jes 60,22; vgl. noch Dan 8,9 und im NT bes. 1 Kor 1–2).

V. In Qumran gibt es nur einen Beleg, nämlich im Gebrauch von Sach 13,7 in CD 19,9.

In der LXX ist die Wortsippe durch mehrere griech. Wörter wiedergegeben, vor allem aber durch νεώτερος (12mal) und μικρός (6mal; vgl. ThWNT IV 650–661; 899–903).

Sæbø

צָעַק *ṣāʿaq* → זעק *zʿq*

צָפָה *ṣāp̱āh*

מִצְפֶּה *mispæh*, צִפִּיָּה *ṣippijjāh*

I. Etymologie – II. Belege und Gebrauch – III. Bedeutung – 1. allgemein; – 2. im profanen/militärischen Kontext; – 3. als Beschreibung des Prophetenamtes; – 4. sonstige; – 5. nominale Derivate – IV. LXX und Qumran – V. *ṣph* II.

Lit.: *H. Bardtke,* Der Erweckungsgedanke in der exilisch-nachexilischen Literatur des Alten Testaments (Festschr. O. Eissfeldt, BZAW 77, 1958, 9–24) – *W. Beyerlin,* Die Rettung der Bedrängten in den Feindpsalmen der Einzelnen auf institutionelle Zusammenhänge untersucht (FRLANT 99, 1970). – *W. H. Brownlee,* Ezekiel's Parable of the Watchman and the Editing of Ezekiel (VT 28, 1978, 392–408). – *L. Delekat,* Asylie und Schutzorakel am Zionheiligtum, Leiden 1967. – *R. Dobbie,* The Text of Hosea IX 8 (VT 5, 1955, 199–203). – *G. R. Driver,* Problems in the Hebrew Text of Job (VTS 3, 1955, 72–93). – *I. Eitan,* A Contribution to Isaiah Exegesis (HUCA 12/13, 1937/38, 55–88). – *E. Jenni,* Das hebräische Piʿel, Zürich 1968. – *J. Jeremias,* Kultprophetie und Gerichtsverkündigung in der späten Königszeit Israels (WMANT 35, 1970). – *O. Keel,* Deine Blicke sind Tauben. Zur Metaphorik des Hohen Liedes (SBS 114/115, 1984). – *J. Reider,* Etymological Studies in Biblical Hebrew (VTS 2, 1952, 113–130). – *H. Graf Reventlow,* Wächter über Israel. Ezechiel und seine Tradition (BZAW 82, 1962). – *A. E. Rüthy,* Wächter und Späher im Alten Testament (ThZ 21, 1965, 300–309). – *S. Schechter/C. Taylor,* The Wisdom of Ben Sira, Cambridge 1899. – *R. Smend,* Die Weisheit des Jesus Sirach hebräisch und deutsch, 1906. – *H. Utzschneider*, Hosea, Prophet vor dem Ende (OBO 31, 1980). – *P. Welten,* Geschichte und Geschichtsdarstellung in den Chronikbüchern (WMANT 42, 1973). – *G. Wilhelmi,* Polster in Babel? Eine Überlegung zu Jesaja XXI 5+8 (VT 25, 1975, 121–123).

I. Es sind zwei homonyme Wurzeln zu unterscheiden: *ṣph* I ʿspähenʾ und *ṣph* II ʿüberziehenʾ.

Hebr. *ṣph* I ist verwandt mit babyl. *ṣubbû(m)*/ assyr. *ṣabbû(m)* D ʿmit Abstand ansehen, beobachten, prüfenʾ (AHw 1107f.). Ugar *ṣp* (KTU 1.14, III, 45) ist umstritten: „Blick" oder „Heiterkeit" (WUS Nr. 2342; vgl. KBL³ 977). *ṣpʾ* in einer neupun. Inschrift ist vielleicht als „Seher" zu deuten (KAI 159, 6). Im Mhebr. ist *ṣāpāh* ʿausschauen, schauen, voraussehenʾ, *pi* ʿhoffenʾ, im Jüd.-Aram. findet sich *ṣpʾ itp* ʿausschauenʾ (Dalman, Wb. 166).

Nominale Derivate sind: *miṣpæh* ʿSpähortʾ; auch als Ortsname und *ṣippijjāh* ʿSpähortʾ; weitere Ortsnamen: *miṣpāh*, *ṣᵉp̱aṯ*, *ṣᵉp̱aṯāh* (vgl. KBL³ 984), *ṣāp̱ôn* vielleicht: → צפון; als Personen-/Stammesnamen, deren Ableitung von *ṣph* jedoch fraglich ist: *ṣipjôn*, *ṣᵉp̱ô/î*, *ṣᵉp̱āṯāh*. Zu *ṣāp̱îṯ* (Jes 21,5; BLe 501c) s.u. II.

Das Nomen **ṣāpāh* (Ez 32,6) ist von *ṣûp̱* abzuleiten (vgl. König, Wb 392) oder mit *ṣoʾāh* in Verbindung zu bringen (vgl. KBL³ 931. 978).

II. Das Verb *ṣph* I ist in den kanonischen Büchern im *qal* 27mal belegt, dazu 3mal in Sir; das Ptz. akt. bezeichnet 20mal (und 2mal in Sir) eine berufsmässig ausgeübte Tätigkeit; 9mal kommt das Verb im *pi* vor (und 1mal in Sir); im Ptz. ist es 2mal als Berufsbezeichnung belegt. „צפה *spähen* bezeichnet im *qal* die Tätigkeit des Subjekts ohne Betonung eines bestimmten Objekts … Die zu erspähenden Dinge … sind als selbstverständlich nicht genannt oder haben, wie bei der Berufsbezeichnung ʿSpäherʾ, ganz allgemeinen Charakter, so daß sie vollständig unbestimmt bleiben. Sobald etwas Bestimmtes zu erblicken gesucht wird, steht das *Piʿel.*" (Jenni 221f.). *ṣph* kann absolut gebraucht werden (z.B. 1 Sam 4,13; Jer 48,19), mit dir. Obj. (Nah 2,2; Spr 15,3; 31,27; Sir 51,7) oder mit Präpositionalobj. (Präp. *bᵉ*; *lᵉ*; *ʾæl*: Mi 7,7; Ps 37,32; 66,7; Klgl 4,17).

Ps 10,8 kann *jiṣponû* „sie lauern im Verborgenen" (<*ṣpn*) beibehalten werden; eine Änderung in *jiṣpājû* (<*ṣph*) (so LXX; S) ist nicht nötig. Auch Ps 42,9 ist die Änderung von *jᵉṣawwæh* „er befehle" zu *ʾᵃṣappæh* „ich will Ausschau halten" (vgl. KBL³ 948. 978) nicht erforderlich. Große textkritische Schwierigkeiten bereitet Hos 9,8 (Zusammenstellung der älteren Emendationsversuche bei Dobbie); Rudolph (KAT XIII/1, 171. 173) liest *ṣop̱æh pæh ʾæp̱rajim ʿam ʾᵉlohaj ʾæl/ʿal hannāḇîʾ* „Efraim reißt das Maul auf, das Volk meines Gottes gegen den Propheten"; Wolff (BK XIV/1³, 193f. 202f.) übersetzt in Anlehnung an LXX „der Wächter Efraims ist mit Gott"; „Prophet" ist eine verdeutlichende Glosse; Jeremias (ATD 24/1, 113) liest „Mag Efraim auflauern – der Prophet (bleibt) bei seinem Gott ..." Schwierigkeiten bereitet die Deutung von *ṣāpoh haṣṣāpîṯ* hap.leg.) Jes 21,5 (nicht in LXX). In der älteren Exegese wurden beide Ausdrücke von *ṣph* I abgeleitet und übersetzt „laß wachen auf der Warte" (Luther) o.ä. In neueren Deutungsvorschlägen wird (a) *ṣāpîṯ* nach aram. *ṣjpt'* mit „Decke, Matte" übersetzt, *ṣāpoh* nach *ṣph* II („man breitet hin die Polster", Wildberger, BK X/2, 762.765; Jenni 163); (b) *ṣph* nach arab. *ṣaffa* mit „ordnen" und *ṣāpîṯ* nach arab. *ḍaif* mit „Gast" übersetzt (Eitan 67); (c) *ṣāpîṯ* nach arab. *ṣafwah* 'Bestes, Vorzügliches' verstanden („stelle eine Überfülle von Gütern auf" Reider 116). Dalman (AuS VI 143; VII 218f.) leitet beide Ausdrücke von *ṣph* II ab: „breite den Überzug (aus)" meint das Auflegen der Speiseplatte. Gegen eine Ableitung von *ṣph* II spricht der Gebrauch von *ṣph* I in 21,6.8. Vermutlich handelt es sich um eine Glosse zu vv. 6.8, die an eine unglückliche Stelle geriet und nach Luther zu übersetzen ist. Wilhelmi (123) schlägt vor, sie mit dem Korruptel aus v. 8a zusammenzuziehen zu *wajjiṣæp haṣṣopæh / wajjiqrā' hāro'æh* „es spähte der Späher, es rief der Seher" (vgl. zum Ganzen KBL³ 978. 981).

III. 1. Im *qal* bedeutet *ṣph* „überwachen, achthaben auf" (damit nichts Nachteiliges eintritt) und wird Ps 66,7 (vgl. Ps 11,4; 14,2 u.ö.); Spr 15,3; Sir 11,12 von Gott und Spr 31,27 von der „tüchtigen Frau" ausgesagt. Gen 31,49 wird die Vertragstreue der Partner Laban und Jakob bekräftigt mit der Formel „JHWH soll achthaben / die Kontrolle ausüben zwischen mir und dir, wenn wir uns nicht mehr sehen" (beachte das Wortspiel mit dem Ortsnamen *miṣpāh* s.u.).

In pejorativer Modifikation dieser Bedeutung begegnet *ṣph* in Ps 37,32 („die Frevler lauern dem Gerechten auf"), ähnlich mit Sir 51,3 (statt *sæla'* „Fels" lies *ṣæla'* „Fall" mit double-duty-Suffix 1. Sing. aus v. 3b; vgl. Schechter/Taylor XLIX; KBL³ 965.978). Nach der Emendation von Jeremias (s.o.) wäre auch Hos 9,8 hier einzuordnen.

Im *pi* bezeichnet *ṣph* das Ausschauhalten in gespannter Erwartung eines bestimmten Ereignisses, z.B. das Eintreffen eines Helfers in der Not (1 Sam 4,13; Jer 48,19; Nah 2,2; Klgl 4,17; Sir 51,7). Mi 7,7 richtet sich die Erwartung auf JHWHs Hilfe (das par. Verb *jḥl* 'harren' ist häufig belegt in den Erhörungsbitten der Klagelieder (z.B. Ps 38,16; 42, 6.12; 43,5; vgl. Wolff, BK XIV/4, 183; Rudolph, KAT XIII/3, 126). Ps 5,4 erbittet der Beter in Verbindung mit einem Opfer die Gegenwart JHWHs, der in einem kultisch-sakralen Gerichtsverfahren helfend einschreiten soll (vgl. Kraus, BK XV/1⁵, 175–177; Beyerlin 92–94; Delekat 58 Anm. 1 schlägt für absolut gebrauchtes *ṣph* in Anlehnung an eine Deutung von Jes 21,5 [s.o. II.] die Übersetzung „auftischen" vor [vgl. Beyerlin 93]; dies ist aber sehr unsicher). Mi 7,7 und Ps 5,4 kann *ṣph* auch mit dem theolog. Terminus „hoffen" übersetzt werden.

2. Das Ptz. akt. von *ṣph* dient häufig zur Bezeichnung der berufsmäßig ausgeübten Tätigkeit des „Spähers". Die Funktion eines Spähers ist ablesbar an einigen vordtr Texten in 1/2 Sam und 2 Kön. Der Späher begibt sich an einen erhöhten Ort (auf das Dach eines Stadttores, eine Mauer oder einen Turm), um a) das Gelände zu beobachten und b) wichtige Vorkommnisse, z.B. die Annäherung von Feinden oder Boten, zu melden (2 Sam 18,24–27; 2 Kön 9,17–20; vgl. Bardtke 19f.). Die beiden Aufgaben des Spähers werden mit einem stereotypen Vokabular beschrieben: für die Tätigkeit der Beobachtung steht (*nś' 'ênājw+*) *r'h* „(seine Augen erheben und) sehen" (1 Sam 14,16; 2 Sam 13,34; 18,24. 26; 2 Kön 9,17), für die Weitergabe der Botschaft *'mr / qr' / ngd hiph* „sprechen; zurufen; Meldung machen" (2 Sam 13,34 LXX; 18,25.27; 2 Kön 9, 18.20).

Der stereotype Sprachgebrauch belegt den institutionellen Charakter des Spähertums. Eine weitere Aufgabe des Spähers, das Alarmgeben in einer bedrohlichen Situation v.a. durch das Blasen des *šôpār*, spielt in den genannten Texten keine Rolle, läßt sich aber aus den im Zusammenhang mit dem prophetischen Späheramt zu behandelnden Belegen erschließen (s.u. III. 3.).

Die Späher Jerusalems nehmen Jes 52,8 die Rückkehr JHWHs zum Zion mit freudiger Erregung wahr (*r'h b*ᵉ „mit Freude / Schmerz ansehen", vgl. Vetter, THAT II 694; Rüthy 304). Jes 56,10 nimmt das Späherbild auf, um das Verhalten der Führer des Volkes oder der Propheten zu kritisieren (vgl. Rüthy 307): sie nehmen nichts wahr, können keinen Alarm geben und sind nur mit sich selbst beschäftigt. Auch Sir 37,14 bezeichnet *ṣôpîm* die Späher; der Kontext, in dem weitere Ausdrücke aus dem einschlägigen Wortfeld vorkommen (*miṣpæh* „Beobachtungsposten"; *ngd hiph* „melden") macht die Übersetzung „Sternseher" (vgl. Smend 33.64; KBL³ 978) unwahrscheinlich.

Der Späher übt eine spezielle Tätigkeit aus, die sich von den weitergespannten Funktionen des „Wächters" (*šomer*) unterscheidet; vgl. auch das Nebeneinander von Späher und Torwächter (*šo'er*) 2 Sam 18,26.

3. Das profane Spähertum ist ein Modell für das Verständnis prophetischer Aufgaben. Zwei Ausprägungen des Spähertopos sind zu unterscheiden: a) Die Propheten haben wie die Späher die Aufgabe, das Volk vor drohenden Gefahren zu warnen (vgl. Bardtke 19–21). Als erster hat Hosea das Prophetenamt als Späheramt verstanden – „Späher Efraims" als Selbstbezeichnung des Propheten – und in seinen Alarmrufen praktiziert (Hos 9,8; vgl. Hos 8,1; Wolff, BK XIV/1³, 203). Das Blasen des → שופר *šôpār* signalisiert eine unmittelbare (tödliche) Bedrohung durch den Feind (vgl. Am 3,6; Jer 4,5.19.21 u.ö.) und ist als Bild für die Warnfunktion der Propheten fester Bestandteil des Spähertopos in Hos, Jer und Ez.

Das Späherbild wird von der dtr Prophetentheologie aufgenommen: Jer 6,17 kennzeichnet die Propheten allgemein als von JHWH bestellte Späher, deren Warnungen kein Gehör finden (vgl. Jer 7,25f.; Carroll, Jeremiah, OTL, 200). Breit ausgestaltet wird das Spähermotiv Ez 3, 16–21 und 33, 2-9. 33,2–6 beschreibt zunächst die Rolle des Spähers im profanen Kontext: er wird in Kriegszeiten von den Verantwortlichen im Lande (vgl. Zimmerli, BK XIII/2², 800); eingesetzt (*ntn*); sobald er das Heranrücken des Feindes bemerkt (*r'h*), hat er das Horn zu blasen (*tq' b^e^šôpār*) und das Volk zu warnen (*zhr hiph*). „Die Verantwortung des Spähers liegt in seinem Alarmgeben. Versagt er hier, so ist er für das Leben der Dahingerafften verantwortlich zu machen" (Zimmerli, ebd.). In vv. 7–9 wird das Bild mit wichtigen Modifikationen auf den Auftrag Ezechiels bezogen. In einem göttlichen „Ernennungswort" (Zimmerli 801) wird der Prophet zum Späher eingesetzt, der sein Volk, wenn er ein Wort JHWHs hört, vor JHWH warnen soll. Der soweit ganz auf der oben dargestellten Traditionslinie liegende Auftrag wird in vv. 8f. individualistisch umgedeutet: der Prophet haftet mit seinem Leben dafür, daß er den einzelnen Gesetzesübertreter durch die Warnung vor dem göttlichen Todesurteil zur Umkehr bewegt. Der gegenüber 33, 1–9 sekundäre Passus 3, 16–21 zieht diesen Gedanken in Anlehnung an 18,24 weiter aus (vgl. Zimmerli, BK XIII/1², 87f. 91; anders Eichrodt, ATD 22/2³, 307; zum Ganzen Reventlow 116–134; Rüthy 307f.).

b) Mit Hilfe des Spähertopos wird Hab 2,1 der prophetische Offenbarungsempfang beschrieben: Der Prophet begibt sich an einen erhöhten Ort (*mišmæræṯ, maṣṣôr* BHS „Wachtposten, Warte"), um in einem visionären Erleben (*ṣph pi + r'h*; vgl. v. 2 *ḥāzôn* „Vision") eine Gottesoffenbarung (*dbr*) in sich aufzunehmen. Auf diese Tradition scheint sich auch der in seinen Einzelheiten kaum verständliche Visionsbericht Jes 21,1–10 (bes. vv. 6–8: *r'h*; als Ortsangabe *miṣpæh* „Warte") zu beziehen. Hinweise auf bestimmte Praktiken zur Auslösung von Visionen fehlen; zur Vorbereitung scheint eine Zeit langen gespannten Wartens zu gehören (v. 8). Ein Hinweis auf die Gewohnheit „visionärer Aktivisten" (Elliger, ATD 25⁷, 39), sich an herausragende Orte, z.B. auf Berggipfel, zu stellen, findet sich Num 23,14 in der Rede vom „Späherfeld" (*ś^e^ḏeh ṣopîm*) auf dem Gipfel des Pisga (vgl. Num 24, 1f.).

Während die meisten Exegeten die Ausführungen zum „Offenbarungsempfang auf der Warte" psychologisch zu verstehen suchen oder sie als bildliche Darstellungen auffassen (zu den Ansätzen der älteren Forschung vgl. Rüthy 305f.), findet Jeremias in ihnen einen Beleg für ein Prophetentum, das sich gewisser Techniken des Offenbarungsempfangs bedient und eng mit dem Tempel verbunden ist: der Ort, an den sich der Prophet begibt, „wird mit einem Lehnwort aus dem Assyrischen (*maṣṣartu* 'Wache, Besatzung') benannt, das von Haus aus term. techn. für den Platz war, an dem assyrische Vogelschauer und Sterndeuter ihrer Tätigkeit im heiligen Bezirk nachgingen; das zugehörige Verb (*naṣāru*) bezeichnet schon in einem Mari-Brief den prophetischen Offenbarungsempfang. Demnach haben zumindest gewisse Propheten auch in Israel einen regelmäßigen Dienst am Tempel ausgeübt" (185; vgl. 104–106). „Das in Hab. 2,1 und Jes. 21,5 (6–8) gebrauchte Verb צפה 'ausspähen' könnte darauf hinweisen, daß Jahwe-Antworten von diesen Propheten im Zusammenhang mit gewissen Zeichen empfangen wurden. Dabei würde man ehestens an Opferzeichen zu denken haben." (Jeremias 185; zur Auseinandersetzung Rudolph, KAT XIII/3, 194. 214f.). Nach Jeremias ist auch Ps 5,4 und Mi 7,7 *ṣph pi* „nicht von der Tätigkeit militärischer Wachtposten, sondern vom Dienst der Kultpropheten auf der Tempel-'Wache' her zu verstehen" (107; vgl. Küchler, BZAW 33, 1918, 295f.).

Mi 7,4 wird die Formel „Tag JHWHs" mit dem Spähertopos verbunden; der „Tag deiner Späher" ist der Tag der „Heimsuchung", den die Propheten vorausgesagt haben.

4. *ṣāpû* (Ptz. pass. *qal*; zur Form GKa § 75 v) Ijob 15,22 bedeutet „ausersehen, bestimmt für" (Driver 78). Eine Änderung in *ṣāpûn* „aufbewahrt" ist nicht nötig (vgl. KBL³ 978).

Hld 7,5 wird *ṣph* personifizierend gebraucht: „Deine Nase ist wie der Libanonturm, der nach Damaskus späht"; der Vergleich visualisiert die Unzugänglichkeit, Distanziertheit und stolze Erhabenheit der Geliebten (Keel, ZBK AT 18, 218; SBS 32–45).

5. Die nominalen Derivate *ṣippijjāh* (Klgl 4,17) und *miṣpæh* I (Jes 21,8; 2 Chr 20,24; Sir 37,14) bezeichnen den „Spähort", die „Warte".

miṣpæh II und *miṣpāh* sind verbreitete Ortsnamen (vgl. BHHW 1228; KBL³ 590); der Ortsname *ṣ^e^paṯ* ist nur Ri 1,17 belegt (zur Diskussion um die Identifizierung vgl. KBL³ 983f.); zum Ortsnamen *ṣ^e^paṯāh* 2 Chr 14,9 vgl. Welten 131 Anm. 91. Fraglich ist die Ableitung der Personennamen *ṣ^e^pô* (Gen 36,11.15) = *ṣ^e^pî* (1 Chr 1,36) und *ṣipjôn* (Gen 46,16) = *ṣ^e^pôn* (Num 26,15) von *ṣph*.

IV. LXX gibt das als Berufsbezeichnung gebrauchte Ptz. akt. von *ṣph qal/pi* mit σκόπος wieder (Ausnahmen: Jes 52,8 φυλάσσοντες „Wächter"; Mi 7,4 „Tag der Spähung" σκοπία; ähnlich Num 23,14). Das entsprechende Verb (ἀπο-)σκοπεύω steht 1 Sam 4,13; Hab 2,1; Nah 2,2; Klgl 4,17; Hld 7,5; Spr 15,3. Die übrigen Vorkommen werden mit verschiedenen Ausdrücken aus dem breiten Spektrum der verba videndi im Griech. wiedergegeben: ἀνα-/ἐπιβλέπω (Ps 66,7; Mi 7,7; Sir 11,12; 51,7); ἐπιδέω (Gen 31,49; Jer 31,19 = 48,19 MT); ἐφοράω (Ps 5,4); κατανοέω (Ps 37,32). Ijob 15,22 gebraucht LXX ἐντέλλω. Das Nomen *miṣpæh* wird übersetzt mit σκοπία (2 Chr 20,24; Jes 21,8 + κυρίου) bzw. σκοπή (Sir 37,14); *ṣippijjāh* Klgl 4,17 wird verbal umschrieben (ἀποσκοπεύω); den Ortsnamen *miṣpāh* übersetzt LXX Gen 31,49 mit ὅρασις 'Schauung'.

In Qumran begegnet das Verb *ṣph* in Tugend- und Lasterkatalogen; der Lehrer der Gemeinde soll an Gottes Wort Gefallen haben „und beständig 'achthaben' auf Gottes Rechtsentscheide" 1 QS

9,25; den Abtrünnigen wird das Gericht angedroht, „denn sie suchten glatte Dinge und wählten Täuschungen und ʿspähten aus' nach Rissen ...“ CD 1,18; 1 QH 12,21 spricht vom Hoffen auf Gottes Güte. 4 Q 171,3–10, IV, 8 nimmt Ps 37,32 auf und bezieht ihn auf den Frevelpriester und den Lehrer der Gerechtigkeit. Weiterer Beleg 4 Q 511,42,5.

V. *ṣph* II entspricht ugar. *ṣpj* „überziehen“ (WUS Nr. 2343; UT Nr. 2184); zu verwandten Ausdrücken in den Nachbarsprachen vgl. KBL³ 978. Als nominale Derivate begegnen *ṣippûj* ʿÜberzug' und *ṣæpæṯ* ʿKapitell' (KBL³ 979. 983).
ṣph bedeutet ʿetwas belegen, verkleiden oder überziehen (mit Holz [1 Kön 6,15], einer Glasur [Spr 26,23] und vor allem Metall)'.
Das Verb ist nur im *pi*/*pu* belegt (zu Jes 21,5 und Ps 5,4 s.o. II.; III.1.) und kommt im AT 45mal vor: allein 25mal in den Anordnungen zum Bau des Sinaiheiligtums und dem entsprechenden Ausführungsbericht (Ex 25, 11–28; 26, 29–37; 27, 2.6; 30, 3.5; 36, 34–38; 37, 2–28; 38, 2.6.28), weitere 12mal im Bericht über den salomonischen Tempelbau 1 Kön 6, 15–35 (v. 20b ist *wajᵉṣap* in *wajjaʿaś* zu verbessern vgl. BHS) und 4mal im chronistischen Parallelbericht (2 Chr 3,4.6.10; 4,9) und ist damit neben dem allgemeinen Ausdruck → עשׂה *ʿāśāh* ʿherstellen' einer der wichtigsten technischen Termini der Heiligtumsbauberichte in Ex und 1 Kön/2 Chr. Die übrigen Belege sind 1 Kön 10,18 // 2 Chr 9,17; 2 Kön 18,16 und Spr 26,23.
LXX gibt das Verb *ṣph* II in den meisten Fällen mit dem speziellen Terminus χρυσόω (bzw. den Komposita mit κατα- oder περι-) ʿvergolden' + Angabe des Materials wieder; Ex 27,6 steht entsprechend περιχαλκόω ʿmit Bronze überziehen'; seltener sind allgemeine Termini für ʿverkleiden, umgeben': Ex 27,2; Spr 26,23 καλύπτω und 1 Kön 6 ausschließlich περιίσχω. In der Tempelrolle ist das Verb *ṣph pi* 6mal (oder 7mal: 4,14?) belegt. In dem Entwurf des wahren Heiligtums spielen Goldverkleidungen wichtiger Gebäudeteile eine große Rolle: 5,11; 31,8; 32,10; 36,11; 41,16f.

Steins

צָפוֹן *ṣāp̱ôn*

צְפוֹנִי *ṣᵉp̱ônî*

I. Bedeutung, Etymologie – II. Der heilige Berg Ǧebel el-Aqraᶜ – III. Kultus des Gottes des Ṣaphon – IV. Der heilige Berg Ṣaphon im AT – V. Der Norden – VI. Der Feind aus dem Norden – VII. Der König des *ṣāp̱ôn* – VIII. Qumran – IX. *ṣᵉp̱ônî*.

Lit.: *F.-M. Abel*, Géographie de la Palestine I, Paris 1933, bes. 336-339. – *Ders.*, Les confins de la Palestine et de l'Égypte sous les Ptolémées (RB 48, 1939, 207-236.530-548; 49, 1940, 55-75.224-239). – *N. Aimé-Giron*, Baᶜal Ṣaphon et les dieux de Taḫpanḥès dans un nouveau papyrus phénicien (ASAE 40, 1940, 433-460). – *W.F. Albright*, Baal-Zephon (Festschr. A. Bertholet, 1950, 1-14). – *C. Bonner*, Harpokrates (Zeus Kasios) of Pelusium (Hesperia 15, 1946, 51-59). – *C. Bonnet*, Typhon et Baal Ṣaphon (Studia Phoenicia 5, 1987, 101-143). – *P. Bordreuil*, Arrou Ġourou et Ṣapanou: circonscriptions administratives et géographie mythique du royaume d'Ougarit (Syr 61, 1984, 1-10). – *Ders.*, Attestations inédites de Melqart, Baal Ḥamon et Baal Ṣaphon à Tyr (Studia Phoenicia 4, 1986, 77-86, bes. 82-86). – *H. Cazelles*, Données géographiques sur l'Exode (RHPhR 35, 1955, 51-58, bes. 51-53). – *Ders.*, Les localisations de l'Exode et la critique littéraire (RB 62, 1955, 321-364, bes. 332-338). – *P. Chuvin*/*J. Yoyotte*, Documents relatifs au culte pélusien de Zeus Casios (Revue Archéologique, 1986/1, 41-63). – *J. Clédat*, Recherches et fouilles au Mont Casios et au Lac Sirbonis (CRAI 1909, 764-774; vgl. 1905, 602-611; 1911, 433). – *Ders.*, Le temple de Zeus Cassios à Péluse (ASAE 13, 1913, 79-85). – *Ders.*, Notes sur l'Isthme de Suez (BIFAO 18, 1921, 169-173; 21, 1923, 55-106.145-187; 22, 1923, 135-189). – *R.J. Clifford*, The Cosmic Mountain in Canaan and the Old Testament (HSM 4, 1972, bes. 57-79). – *M.Dietrich*/*O.Loretz*, *ṣrrt ṣpn* „Feste des ṣapānu“ (UF 12, 1980, 394). – *M. Dothan*, Lake Sirbonis (IEJ 18, 1968, 255f. = RB 76, 1969, 579f.). – *Ders.*, Archaeological Survey of Mt. Casius and its Vicinity (EI 9, 1969, 48-59). – *R. Dussaud*, Histoire et religion des Noṣaïrîs, Paris 1900, bes. 128ff. – *J. Ebach*, Kasion (LexÄg III 354). – *O. Eissfeldt*, Baal Zaphon, Zeus Kasios und der Durchzug der Israeliten durchs Meer (Beiträge zur Religionsgeschichte des Altertums 1, 1932). – *Ders.*, Baᶜal Ṣaphon von Ugarit und Amon von Ägypten (FF 36, 1962, 338-340 = KlSchr IV, 1968, 53-57). – *A.L. Fontaine*, Les localisations de l'Exode et la critique littéraire par H. Cazelles (Bulletin de la Société d'études historiques et géographiques de l'Isthme de Suez 6, 1955f., 159-170). – *A. García y Bellido*, Deidades semitas en la España antigua (Sefarad 24, 1964, 12-40.237-275, bes. 268-270). – *H. Gese*, Die Religionen Altsyriens (in: H. Gese/M. Höfner/K. Rudolph, Die Religionen Altsyriens, Altarabiens und der Mandäer, RdM 10/2, 1970, bes. 123-128). – *M. Görg*, „Syrien“ und „Griechenland“ in einer späten ägyptischen Liste (BN 23, 1984, 14-17). – *C. Grave*, The Etymology of Northwest Semitic ṣapānu (UF 12, 1980, 221-229). – *Dies.*, Northwest Semitic ṣapānu in a Break-up of an Egyptian Stereotype Phrase in EA 147 (Orientalia 51, 1982, 161-182). – *O. Gruppe*, Typhon – Zephon (Philologus 48, 1889, 487-497). – *H.S. Haddad*, „Georgic“ Cults and Saints of the Levant (Numen 16, 1969, 21-39). – *H. Klengel*, Geschichte Syriens im 2. Jahrtausend v.u.Z. III, 1970, bes. 32-35. – *R. De Langhe*, Les textes de Ras Shamra – Ugarit et leur rapports avec le milieu biblique de l'Ancien Testament II, Paris 1945, bes. 217-244. – *A. Lauha*, Zaphon. Der Norden und die Nordvölker im Alten Testament (AASF B 49, 1943). – *E. Lipiński*, El's Abode. Mythological Traditions Relating to Mount Hermon and to the Mountains of Armenia (Orientalia Lovaniensia Periodica 2, 1971, 13-69, bes. 58-64). – *O. Mowan*, Quatuor montes sacri in Ps. 89,13? (VD 41, 1963, 11-20). – *C.F. Nims*/ *R.C. Steiner*, A Paganized Version of Psalm 20:2-6 from the Aramaic Text in Demotic Script (JAOS 103, 1983, 261-274). – *P. Peeters*, S. Barlaam du Mt Casius (MUSJ 3, 1909, 805-816). – *H.Y. Priebatsch*, Wanderungen und Wandelungen einer Sage. Von Ugarit nach Hellas (UF 16, 1984, 257-266). – *J.J.M. Roberts*, Ṣāp̄ōn in Job 26,7 (Bibl 56, 1975, 554-557). – *A.Robinson*, Zion and Saphon in Ps XLVIII,3 (VT 24, 1974, 118-123). – *W. Röllig*, Uazzi (RLA IV 241f.). – *A. Salač*, Ζεὺς Κάσιος (Bulletin de Correspondance Hellénique 46, 1922, 160-189). – *J. de*

Savignac, Étude sur l'équivalence Baal – Seth – Thyphon – Sâphon (La Nouvelle Clio 5, 1953, 216-221). – *Ders.*, Note sur le sens du terme ṣāphōn dans quelques passages de la Bible (VT 3, 1953, 95f.). – *Ders.*, Le sens du terme Ṣaphôn (UF 16, 1984, 273-278). – *C.F.A. Schaeffer*, Les fouilles de Ras Shamra-Ugarit (Syr 19, 1938, 313-334, bes. 323-327). – *E. v. Schuler*, Ḫazzi (WbMyth I, 1965, 171f.). – *R. Stadelmann*, Syrisch-palästinensische Gottheiten in Ägypten (Probleme der Ägyptologie 5, Leiden 1967, bes. 32-47). – *F. Vian*, Le mythe de Typhée et le problème de ses origines orientales (Éléments orientaux dans la religion grecque ancienne, Paris 1960, 17-37). – *Ch. Virolleaud*, La montagne du Nord dans les poëmes de Ras Shamra (Babyloniaca 17, 1937, 145-155). – *S.P. Vleeming/J.W. Wesselius*, An Aramaic Hymn from the Fourth Century B.C. (BiOr 39, 1982, 501-509). – *Dies.*, Studies in Papyrus Amherst 63 I, Amsterdam 1985. – *E. Weber*, Zeus Kasios und Zeus Sarapis (Wiener Studien 87, 1974, 201-207). – *P. Xella*, Baal Safon in KTU 2.23. Osservazioni epigrafiche (RSF 15, 1987, 111-114). – *J. Yoyotte/P. Chuvin*, Les avatars de Zeus Casios de Péluse à Tivoli (Bulletin de la Société Ernest-Renan, 1986). – *P.J. van Zijl*, Baal (AOAT 10, 1972, bes. 332-336). – *G. Zuntz*, On the Etymology of the Name Sappho (Museum Helveticum 8, 1951, 12-35).

I. Das Wort *ṣāpôn*, das 152mal im MT begegnet und oft in der Bedeutung „Norden" gebraucht wird, bezeichnete ursprünglich einen heiligen Berg, der an der nördl. Grenze Syro-Palästinas gelegen ist, wo er unbestreitbar eine natürliche Grenzmarkierung gebildet hat. Die ältesten Belege dieses Toponyms finden sich in der mythologischen Literatur Ugarits, denn das *ṣa-pù-núm*[ki] eines eblaitischen Texts (MEE I, Nr. 1080) muß wahrscheinlich *za-bù-lum*[ki] gelesen werden, wörtlich also „Residenz" in Übereinstimmung mit der Bedeutung des hebr. →זבול *z*e*ḇûl*. Der Berg, der in den ugar. Texten *ṣpn* und in syllabischen Keilschrifttexten *ḫazi* heißt, ist der Berg Κάσιον oder Casius der klassischen Autoren, der Ǧebel el-Aqra[c], der „kahle Berg" von heute. Er beherrscht die umliegende Region mit seinen 1770 m (Höhe über dem Meeresspiegel) und ist von der Gegend um Ras Shamra (Ugarit) aus sichtbar, von der er 40 km (Luftlinie) in Richtung Norden entfernt ist. Seine eindrucksvolle Silhouette bewirkte, daß er durch alle Zeiten als ein heiliger Berg galt.

Die exakte Bedeutung des Wortes *ṣpn* ist umstritten. O. Eissfeldt, der von 1932 an den Ṣaphon, den man zunächst für den Namen einer Stadt gehalten hatte, mit dem Ǧebel el-Aqra[c] identifiziert hat, erklärt sie mit dem hebr. *ṣāpāh*, ‚ausschauen, spähen', weil man diesen Berg als eine Art Ausschaupunkt betrachtete. J. de Savignac dagegen blieb bei der Etymologie *ṣāpan* 'verstecken', die schon Hen 77,3 belegt ist: danach ist Ṣaphon der Name des bewölkten Himmels, dann der Name eines Berges, der die Wolken festhält. Dagegen betrachtet C. Grave den Ṣaphon ursprünglich als den Nordwind (vgl. Hld 4,16), dann ausgeweitet als Norden und endlich als den Berg, der den nördl. Horizont begrenzt. E. Lipiński verbindet *ṣpn* mit *ṣûp* 'schwimmen, fluten' und nimmt an, daß dieser Name nur deshalb auf einen Berg übertragen werden konnte, weil er zum Sitz einer Gottheit, des „Herrn des Flößens" oder „der Seefahrt", *'il ṣpn* oder *b*c*l ṣpn*, geworden war. Die Suche nach einer Etymologie wird erschwert durch das Faktum der Reduplikation des *p* im jüd. - aram. *ṣippûn*.

Wahrscheinlich hat eine alte volkstümliche Etymologie, die älter ist als Hen 77,3, eine Verbindung zwischen *ḫazi*, das an *ḥzh* 'sehen' erinnert, und *ṣpn*, das an *ṣph* 'beobachten, schauen' denken läßt, begründet, indem sie den Berg als einen „Ausschaupunkt" betrachtet. Nach dem hurrit. Mythos von Ullikummi beobachtet der Wettergott Tešub vom Gipfel des Berges Hazi das steinerne Ungeheuer, das sein Vater entstehen ließ, um den Verlust seiner Oberherrschaft zu rächen (ANET 123b). Später gruppiert die Völkerliste von Gen 10 die Nationen nach ihrer geographischen Lage, und zwar, wie es scheint, vom Berg Ṣaphon aus gesehen, der noch in Ijob 26,7 als der Angelpunkt der umgebenden Erde angesehen wird: die 14 (7 x 2) Söhne Jafets bevölkern die nördliche Region, Kleinasien und die angrenzenden Inseln; die 28 (7 x 4) Söhne Hams wohnen im südlichen Gebiet, in Afrika, Palästina, Phönizien und den benachbarten arabischen Regionen; die ebenfalls 28 (7 x 4) Söhne Sems leben im Osten, besonders in Mesopotamien und im südöstlichen Arabien. Im Westen siedelt kein Volk, da dieser Teil der Erde vom Mittelmeer eingenommen wird. Die Verteilung der 70 Nationen (Dtn 32,8f.), deren Anzahl mit der der Göttersöhne übereinstimmt (KTU 1.4,VI,46), scheint ebenfalls von dem Berg aus durchgeführt worden zu sein, wo sie sich versammelten (Jes 14,13), und von wo aus man die umliegende Gegend überschauen konnte, wie Abraham es vom Ramat-Ḥaṣor herab tat, von wo er das ganze verheißene Land sah (1 QGenApokr 21, 8-12).

II. Nach den ugar. Gedichten des Ba[c]alzyklus ist der Ṣaphon der Ort, an dem Ba[c]al thront (WUS Nr. 2345) und daher als „Ba[c]alsberg", *ǵr b*c*l ṣpn* (KTU 1.16,I,6f.; II,45) dasteht. Indessen gibt es nach späteren rituellen Texten auch eine „Anat vom Ṣaphon", *c*nt ṣpn* (KTU 1.46,17; 1.109,13f.17.36; 1.130,13) und eine „Göttin vom Ṣaphon" *ʾlt ṣpn* (KTU 1.41,24), schließlich eine kollektive Größe „Götter vom Ṣaphon" *ʾl ṣpn* (KTU 1.47,1; vgl. 1.148,[1]). Daraus ergibt sich, daß der Berg im 13. Jh. als Versammlungsstätte der Götter angesehen wurde, eine Konzeption, die sich Jes 14,13 wiederfindet. Wenn der Ṣaphon nicht von Anfang an eine Art ugar. Olymp war, so scheint er doch in der letzten Periode der Geschichte Ugarits auf dem Weg gewesen zu sein, dies zu werden.

Jedenfalls wurde der Berg auch in sich für heilig gehalten. In KTU 1.3,III,29; IV,19 spricht Ba[c]al von „seinem Berg", den er als „Gott Ṣaphon", *ʾil ṣpn* bezeichnet, und er wird als Gottheit im ugar. Pantheon gewertet (KTU 1.47,[15]; 1.118,14), der nach den rituellen Texten von Ras Shamra (KTU 1.27,11; 1.41,24.34.42; 1.46,4.7.15; 1.87,27; 1.91,3; 1.100,9; 1.105,7.10; 1.109,10.34; 1.130,23.25; 1.148,6.29) und von Ras Ibn Hani (RIH 78/4,6; 78/11, Rs. 4') Opfer dargebracht werden. Der Berg des Ṣaphon scheint lange Zeit hindurch von den Bewohnern der östl. Mittelmeerküste für göttlich gehalten worden zu sein. Anders kann man sich die Existenz phön.-pun. Eigennamen nicht erklären, in denen das Element *ṣpn* die Stelle eines göttlichen Namens einnimmt (PNPPI 401f.; K. Jongeling, Names in Neo-Punic Inscriptions, Groningen 1984, 49). Der Name Hazi erscheint schon in hurrit. Namen aus Ugarit und Alalakh als theophores Element (RLA IV 242a), während der vergöttlichte Berg, verbunden mit Namni/Nanni, in Boghazköi unter den Göttern erwähnt wird, die Verträge sichern (RLA IV 241b). Obwohl dieses göttliche Bergpaar so in Ugarit nicht belegt ist, ist es in den Ritualen von Emar gegenwärtig und taucht ebenfalls im Ps 89,13a auf, wo *ṣāp̱ôn wᵉjāmîn* wohl als *ṣpwn wḥmwn*, „Ṣaphon und Amanus" zu lesen ist (vgl. H.J.Kraus, BK XV/2⁵, 788). Es spiegelt sich auch in dem Götterpaar *bᶜl ḥmn* und *bᶜl ṣpn* eines phön. Amulettes des 6. Jh. (Bordreuil, Studia Phoenicia 4, 1986, 82f.). Es ist in der Tat wahrscheinlich, daß Namni/Nanni der hurrit. Name für den „Amanus" ist. Im übrigen ist der Ṣaphon für die Israeliten des klassischen Zeitalters ein mythischer Ort geworden. Ps 48,3 gleicht ihn dem Zionsberg an, der als die Festung JHWHs angesehen wird. Über mögliche jebusitische Zwischenstufen dieser Identifikation vgl. Robinson 119. Schließlich scheint der Name Zefanja (*ṣᵉpanjāh, ṣᵉp̱anjāhû*) ein Gottesprädikat zu enthalten nach dem Muster der Anthroponyme *Ṣpnbᶜl* (PNPPI 401f.; KBL³ 982) und *Ḫa-ru-ṣa-pu-nu*, wo Baᶜal und Horus (gegen R. Zadok, BASOR 230, 1978, 59b) anstelle JHWHs erscheinen.

III. Der Kult des Baᶜal-Ṣaphon hat eine sehr lange Geschichte. In Phönizien ist er unter den Göttern erwähnt, die den um 675-670 zwischen Asarhaddon von Assyrien und dem König Baᶜal von Tyrus geschlossenen Vertrag sichern: er wird den Sturm gegen die Schiffe der großen Seefahrerstadt entfesseln, wenn sie den Vertrag verletzt (AfO, Beih. 9, 109). Er ist folglich ein Gott der Schiffahrt. Im 6. Jh. wird er auf dem schon zitierten Amulett angerufen, das aus der Gegend von Tyrus stammt, von wo aus der Kult des Baᶜal vom Ṣaphon Karthago erreichte. Man kennt den Opfertarif seines Tempels (KAI 69), dessen Standort noch nicht gefunden wurde, obwohl das Vorgebirge von Sidi bu Saïd ideale Bedingungen für ein Heiligtum bietet, das einem Schutzgott der Schiffahrt geweiht ist.

Der Kult des Baᶜal vom Ṣaphon hat sich nach Süden ausgebreitet, und man hat mehrere Zeugnisse seiner Existenz in Ägypten, besonders in der Region von Pelusium, gefunden. Der Pap. Sallier IV, Rs. 1,6 (ANET 249a) zeigt, daß der Kult der „Barke (*ỉnỉ*) des Baᶜal-Ṣaphon" im 13.Jh. in Memphis bekannt war, aber er bezieht sich auf den nördlichen Baᶜal vom Ṣaphon. Ihm war auch eine in Ugarit ausgegrabene Stele geweiht, die eine Inschrift in ägyptischen Hieroglyphen aufweist (ANEP Nr. 485; ANET 249). Dagegen bezieht sich ein phön. Papyrus aus Ägypten auf den südlichen Baᶜal vom Ṣaphon. Er datiert ins 6. Jh. und nennt den Gott *bᶜl ṣpn* zu Beginn der Gottheiten von Tahpanhes, einem Ort im Osten des Nildeltas, der durch Jer 2,16; 43,7-9; 44,1; 46,14; Ez 30,18 und dem in demotischer Schrift geschriebenen Pap. Kairo 31169, Nr. x + 69 bekannt ist. Ins 6. Jh. führt auch das „priesterliche" Itinerar Ex 14,2.9; Num 33,7 zurück, das vor dem Durchzug durchs Schilfmeer einen Ort namens Baal-Zaphon (*bᶜl ṣpn*) nennt. Der Pap. Amherst Eg. 63 beinhaltet eine Anrufung, die darum bittet, „daß Baᶜal segnen möge vom Ṣaphon" (VII,2f.). Er identifiziert den Baᶜal vom Ṣaphon mit Horus (XII,15f.). Der angesprochene Ṣaphon ist deutlich erkennbar der der Region von Pelusium (vgl. Pap. Kairo 31169, Nr. x + 75 [*ḏpn*]), der dank der Beschreibung des Strabo (XVI,2,32f.) auf der hohen Düne von Ras Qaṣrūn, die man jetzt el-Ǧels nennt, lokalisiert wird, 55 km östlich von Pelusium und 40 km östlich vom Tell el-Maḥammadije, der Gegend des alten Gerra. Dieser Sandhügel liegt auf der Nehrung, die den Sirbonissee (Sabḫet el-Bardawil) vom Mittelmeer trennt, den man bei klarer Sicht aus 40 km Entfernung sehen kann. Dem Baᶜal vom Ṣaphon waren kleine Tempel in Pelusium und in Tell el-Maḥammadije gewidmet, wo ihm eine nabatäische Inschrift geweiht war (RÉS 1387); schließlich war er der Hauptgott von Tahpanhes.

In hellenistischer und römischer Zeit wurde der Baᶜal vom Ṣaphon zum Zeus Kasios, wobei der Beiname vom Gebirgsnamen Ḫazi abzuleiten ist, dessen Gebrauch sich seit dem 2. Jt. v.Chr. durchhielt. Er bleibt den gleichen Orten verbunden: dem „Berg Kasios" in Syrien, kaum 30 km von der seleukidischen Hauptstadt Antiochia entfernt und dem „Berg Kasios" in Ägypten, auf der hohen Düne von Ras Qaṣrūn oder el-Ǧels.

Zeus Kasios bleibt ein Gewittergott und man bewahrt die Erinnerung an seinen Streit mit dem Meeresungeheuer, das nunmehr Typhon genannt wird, dessen Name und verschiedene Charakteristika auf den Ṣaphon zurückgehen (RÄR 132-143). Zeus Kasios ist ebenfalls ein Schutzgott der Seefahrt. Seine Beliebtheit unter den Seefahrern verdankt er dem enormen Handel von Antiochien und Alexandria. Weihegaben, Amulette, Anker, Votivbilder in Form von Schiffen zeugen von seinem Kult auf Delos, Korfu, in Sizilien, Spanien und bis nach Heddernheim in Deutschland (CIL XIII 7330). Der Kult des Baᶜal vom Ṣaphon muß für die Bewohner der syr. Küste von großer Bedeutung gewesen sein, da er die Jahrhunderte überstand.

IV. Der mythologische Gebrauch von *ṣāpôn* im AT ist durch die Wendung *jarkᵉṯê ṣāpôn* (Jes 14,13; Ez 38,6.15; 39,2; Ps 48,3) charakterisiert, die wahrscheinlich mit dem *ṣrrt ṣpn* der ugar. Mythen (KTU 1.3,I,21f. par.) korrespondiert. *ṣrrt* und *jrkt* bezeichnen etwas weit Entferntes, Abgelegenes, quasi Unerreichbares. Auf einen Berg bezogen hat man damit den Gipfel im Blick. So versteht sich auch das Bild vom *har-ṣijjôn jarkᵉṯê ṣāpôn* in Ps 48,3, „Berg Zion, Gipfel des Ṣaphon" (vgl. Robinson), besonders wenn man es mit dem aus Jes 2,2 = Mi 4,1 vergleicht, wo Zion sich über die „Gipfel der Berge" (*bᵉro'š hæhārîm*) erhebt. Die bildliche Vorstellung von Jes 14,13 stimmt ebenfalls damit überein, denn der „Unterdrücker" (*nogēś*: Jes 14,4b) hat die Absicht, „den Himmel zu ersteigen" und sich *bᵉjarkᵉṯê ṣāpôn*, offensichtlich also „auf den Gipfel des Ṣaphon" zu setzen. Den Gegensatz dazu bilden die *jarkᵉṯê ḇôr* (Jes 14,15) „die äußersten Tiefen", die bis zur Unterwelt reichen.

Was den Gebrauch von *jarkᵉṯê ṣāpôn* in Ez 38,6.15; 39,2 betrifft, so handelt es sich hier um eine Einfügung des letzten Redaktors von Ez 38f., der versucht hat, der Gestalt des Gog, König von Lydien, mythologische Züge zu verleihen. Dieser Redaktor ist sicherlich vom Autor der Vision von Ez 1 zu unterscheiden, der sich einmal des Namens Ṣaphon bedient (Ez 1,4) und der nach dem Muster von Ps 48,3 aus dem göttlichen Berg die Wohnstätte JHWHs macht. Der Sturm, in dem der Thronwagen JHWHs erscheint, läßt an die mythische Szenerie denken, die mit dem Berg Ṣaphon verbunden ist. Ez 1,4 stellt eines der ältesten literarischen Zeugnisse hierfür dar: „Ein Sturmwind kam vom Ṣaphon, eine große Wolke mit flackerndem Feuer, umgeben von einem hellen Schein." Der Autor von Spr 25,23 weiß ebenfalls, daß „der Wind vom Ṣaphon Regen bringt". In der klassischen Überlieferung erscheint Typhon, d.h. Ṣaphon, tatsächlich als Herkunftsort der Winde, des Sturms und des Blitzes. Weniger als ein Jahrhundert nach Ezechiel beschreibt Aischylos Typhon als Blitze schleudernd und Schrecken verbreitend (Prometheus 351f.). In Ez 1 umgibt der vom Ṣaphon brausende Sturm den Thronwagen JHWHs. Diese Vorstellung greift wahrscheinlich die Bezeichnung des Baᶜal vom Ṣaphon als „Wolkenreiter" (*rkb ᶜrpt*) auf (KTU 1.2,IV,8 etc.), ein Ausdruck, den schon Ps 68,5 auf JHWH bezieht.

V. Normalerweise wird im AT der Norden durch *śᵉmo'l* bezeichnet (Gen 14,15; Jos 19,27; Ez 16,46; Ijob 23,9), wörtlich „links", denn man orientierte sich, indem man sich nach Osten wandte. Daneben wurde der Name des heiligen Bergs des Ṣaphon im Sinn von „Norden" gebraucht, weil dieser Berg die nördliche Begrenzung Syro-Palästinas darstellte. Der sekundäre Charakter dieses Gebrauchs läßt sich noch aus Wendungen wie *'æræṣ ṣāpôn* „Land des Ṣaphon" (Jer 3,18; 6,22; 10,22; 16,15; 23,8; 31,8; 46,10; 50,9; Sach 2,10; 6,6.8 [2mal]; CD 7,14), *dæræḵ ṣāpônāh* oder *dæræḵ haṣṣāpôn* „Richtung Ṣaphon" (Ez 8,5 [2mal]; 40,20.44.46; 41,11; 42,1.11), *pᵉ'aṯ ṣāpôn* „Seite Ṣaphons" (Ex 26,20; 27,11; 36,25; 38,11; Ez 47,15.17; 48,16.30), *gᵉḇûl ṣāpôn* „Grenze des Ṣaphon" (Num 34,7.9; 35,5) erkennen. Sonst begegnet die Konstruktion regelmäßig mit *he* locale, das besonders mit Ortsnamen gebraucht wird (Gen 13,14; 28,14; Ex 40,22; Lev 1,11; Num 2,25; 3,35; Dtn 2,3; 3,27; Jos 13,3; 15,5.7.8.10.11; 17,10; 18,12.16.18.19 [2mal]; 19,27; Ri 12,1; 1 Kön 7,25; 2 Kön 16,14; Jer 1,13.15; 3,12; 23,8; 46,6; Ez 8,3.5.14; 9,2; 21,3; 40,40; 46,9.19; 47,2.15.17; 48,1 [2mal]. 10.17.31; Sach 14,4; Dan 8,4; 1 Chr 9,24; 26, 14.17; 2 Chr 4,4).

Es ist auffällig, daß einige poetische Bücher, deren Vokabular eher archaisch ist, sich des Wortes *ṣāpôn* im Sinn von „Norden" nicht bedienen. Das ist besonders in Ps, Ijob und Spr der Fall. Tatsächlich ist der *ṣāpôn* in Ps 48,3; 89,13 der heilige Berg, während Ps 107,3 *ṣāpôn* und *jām* „Meer" gegenüberstellt, was eine mythologische oder geographische Reminiszenz ohne Rücksicht auf die Bedeutung „Norden" darstellt. In der Tat könnte auf der einen Seite der Kampf des Baᶜal vom Ṣaphon gegen Jam, den Gott des Meeres, für den mythologischen Ursprung des Paares *ṣāpôn – jām* sprechen, auf der anderen Seite stützt die Erwähnung eines Gouverneurs von *māt tâmti ṣa-pu-nu* in dem nassyr. Brief ABL 540, Rs. 7 (um 675 v.Chr.) die Existenz eines Gebiets von Ṣaphon an der Küste des Mittelmeers, denn *ṣa-pu-nu*, in Apposition zu *māt tâmti*, bezeichnet hier nicht den „Norden" (gegen M. Dietrich, AOAT 7, 161, Anm. 1), sondern bildet ein Äquivalent zum alten *tâmtu ša Amurri*, dem „Meer von Amurru". Anzumerken ist ferner, daß *ṣāpôn* und *jām* auch Jes 49,12 einander gegenübergestellt sind, wo sie einen Gegensatz zum „Land der Siniter", d.h. den Leuten aus Assuan in Ägypten, bilden. Offensichtlich hat man es hier mit einem festen Wortpaar zu tun, das den Ṣaphon mit dem Meer verbindet, aber dessen genauer Ursprung sich nicht mit Sicherheit bestimmen läßt. Ijob 26,7 erinnert an das Aufrichten des göttlichen Berges über das urzeitliche Chaos, während das *ṣpwn* in Ijob 37,22 als *ṣāp̄ûn* zu lesen ist (vgl. Ijob 20,26): „aus einem Versteck kommt das Gold".

VI. Nach einer ganzen Reihe von biblischen Texten kommt der Feind aus dem Norden (Jes 14,31; Jer 1,13-15; 4,6; 6,1.22; 10,22; 13,20; 15,12; 46,20.24). Entgegen der Meinung bestimmter Autoren sieht es nicht so aus, als ob dieser Gebrauch mit mythologischen Konnotationen verbunden ist, wie bei der Erwähnung des Ṣaphonberges in Jes 14,13; Ez 1,4; Ps 48,3; 89,13. Er spiegelt vielmehr ein einfaches Faktum der Erfahrung: die Feinde Israels und Judas, seien es Assyrer, Aramäer oder Babylonier, kamen aus dem Norden. Es ist auch die nördliche Richtung, in die die Israeliten, dann die Judäer, deportiert wurden und von dort sollen sie heimkehren (Jer 3,12.18; 16,15; 23,8; 31,8). Die normale

Route, der die einmarschierenden Armeen der Assyrer und der Babylonier gefolgt sind, führt durch die „große Schleife" des Eufrat. Mit dieser Gegend verbindet Jer 46,6-10 explizit den „Norden". Der Norden ist in diesen Texten nur eine der vier Himmelsrichtungen oder eine nördlich von Palästina gelegene Landschaft. Das gilt möglicherweise auch für Jer 25,26, wo in einer vagen und unpräzisen Art von einem „König von Ṣaphon" die Rede ist (vgl. 1 QM 1,4).

VII. In Dan 11 begegnet mit der Determination *ha-* ein präziser Gebrauch des Terminus *ṣāpôn*; er bezieht sich hier auf einen seleukidischen Herrscher, der in Antiochia, dem heutigen Antakya, 30 km vom Berg Ṣaphon entfernt, regierte. Es scheint, daß man es bei dem „König des Nordens/des Ṣaphon" (*mælæḵ haṣṣāpôn*, Dan 11,6) und dem ihm entgegengesetzten „König des Südens" (*mælæḵ hannæḡæḇ*, v.5) mit Decknamen zu tun hat, die in Wirklichkeit die seleukidischen und ptolemäischen Monarchen bezeichnen, deren Geschichte von 312 bis 168 oder 164 Dan 11 skizziert. Man erinnere sich hier an Seleukos I. Nikator (312-281 v.Chr.), den Begründer der seleukidischen Dynastie, der dem Zeus Kasios auf dem Gipfel des Ṣaphonberges am 23. April opferte, ein Datum, das zum traditionellen Festtag wurde (J. Malalas, Chronographie VIII,199; vgl. J.C. de Moor, UF 2, 1970, 306). Auch sei in Erinnerung gerufen, daß er Seleukia am Fuß des Ṣaphonberges zur Hauptstadt seines Reiches machte. Die späteren seleukidischen Münzen gaben das Symbol des Zeus Kasios-Kultes wieder, einen „halbkugelförmigen Baityl", dem sie manchmal den Namen Ζεὺς Κάσιος hinzufügen, was klar zeigt, daß der hellenisierte Baᶜal vom Ṣaphon der Gott der Stadt war. Sie wurde bald von der Hafenstadt Antiochia aus ihrer Rolle als Hauptstadt verdrängt. H. Ailloud (Suetonius-Ausgabe, Nero 22) nimmt an, daß damit Zeus Kasios zum Gott von Antiochia wurde, was jedoch nicht bewiesen ist. Der Gott vom Ṣaphon nahm jedenfalls einen ausreichend wichtigen Platz im Pantheon der Seleukiden ein, daß sie den archaisierenden Titel „König des Ṣaphon" in Dan 11 tragen konnten. Dan 11,5 bezieht sich sicher auf Seleukos I. Nikator, dessen Enkel Antiochos II. Theos (261-246 v.Chr.) in Dan 11,6 „König des Ṣaphon" genannt wird. Der „König des Ṣaphon" aus Dan 11,7-9 ist Seleukos II. Kallinikos (246-225 v. Chr.) und der aus Dan 11,11-19 Antiochos III. der Große (223-187 v. Chr.). Die folgenden Seleukiden erhalten diesen Titel nicht mehr, der nur noch einmal in Dan 11,40 begegnet, wo von den Ereignissen der „Endzeit" die Rede ist, die als jene betrachtet werden, die unter der Regierung des Antiochos IV. Epiphanes (175-164 v. Chr.) geschehen, deren Ende in Dan 11,45 beschworen wird. Der Gebrauch von *ṣāpôn* ohne Artikel in Dan 11,44 bezieht sich auf den geographischen Norden und spielt vielleicht auf die Ereignisse in Kleinasien an.

VIII. In Qumran begegnet *ṣpwn* in einer merkwürdigen Verteilung: während es in den großen Rollen auffällig fehlt (nur 1 QM 1,4 „Kampf gegen die Könige des Ṣaphon" und CD 7,14 *'æræṣ ṣāpôn* als Ort der Rettung für die Standhaften), begegnet es ausschließlich in der Bedeutung „nördlich von, im Norden von" in der Kupferrolle 3 Q 15 (13mal) zum Zwecke der Lokalisierung der „Schatzdepots" und in TR (12mal) zum Zwecke der Konstellation diverser Einrichtungen in Relation zum Tempelgebäude. Diese technische Festlegung des Terminus ist auch noch in den Kaufverträgen von Murrabaᶜat zu beobachten, wo *ṣpwn* in der Beschreibung von Grundstücksgrenzen begegnet (Mur 22,1-9,3.12; 30,4.17). Einzig die apokryphe Prophetie 2 Q 23,(1,9) knüpft an Aussagen wie Jes 14,31; Jer 46,20.24 an, wo der Norden als Ort des Feindeinbruches gewertet wird.

IX. Das einmalige *haṣṣᵉpônî* „der Nördliche" in Joël 2,20 ist umstritten (vgl. KBL³ 980). Man hat es auf Heuschrecken bezogen, die allerdings im Orient nicht von Norden kommen. Nach W. Rudolph (KAT XIII/2, 64f.) könnte „ein Stück esoterischer Zionstheologie" vorliegen: JHWH wohnt auf dem Ṣaphon/Zion, der Feind ist sein Werkzeug. Möglicherweise bezeichnet der Ausdruck aber den „Feind aus dem Norden" (vgl. Jer), wobei der Begriff vielleicht schon einen apokalyptischen Klang erhalten hat (vgl. weiter H. W. Wolff, BK XIV/2, 73f.; zur Forschungsgeschichte A. S. Kapelrud, Joel Studies, Uppsala 1948, 93-108).

Lipiński

צִפּוֹר *ṣippôr*

צָפַר *ṣāpar*

I.1. Semit. Sprachen – 2. Homonyme Wurzeln – 3. Belege – 4. LXX – II. Bedeutungen – 1. Sperling – 2. Kleiner (Sperlings-)Vogel – 3. Alle Vögel – III. Kultisches – 1. Bilderverbot – 2. Speisevorschriften – 3. Opfer – IV. Bildsprache – 1. Wortfeld der Vogeljagd – 2. Vergleiche aus Naturbeobachtung – V. Theologische Aspekte – VI. Qumran.

Lit.: *K. Albrecht*, Das Geschlecht der hebräischen Hauptwörter (ZAW 16, 1896, 41–121, bes. 71f.). – *W. Baumgartner*, Das semitische Wort für „Vogel" (ThZ 5, 1949, 315f.). – *G.R. Driver*, Birds in the Old Testament I/II (PEQ 86/87, 1955, 5–20. 129–140, bes. 6. 130f.). – *B. Landsberger*, Materialien zum sumerischen Lexikon VIII/2, 1962, 145f.

Lit. zur bibl. und (alt)orient. Ornithologie → יונה *jônāh* und → נשר *næšær*, außerdem: *H. Buchberger*, Vogel (LexÄg VI 1046–1051). – *G. Dalman*, AuS VI 78ff. 95–99. 314–343; VII 247–290). – *D. Fehling*, Noch einmal der passer solitarius (Philologus 113, 1969, 217–224). – *O. Keel*, Die Welt der altorientalischen Bildsymbolik und das Alte Testament, [4]1984, bes. 78ff. 170ff. – *O. Keel / M. Küchler / C. Uehlinger*, Orte und Landschaften der Bibel 1, 1984, bes. 100ff. 137ff. 154ff. 173ff.

I. 1. Von der Wurzel **ṣpr*, die onomatopoetisch das Vogelzwitschern nachahmt, bilden die meisten semit. Sprachen ein Nomen mit der Bedeutung 'Sperling, kleiner Vogel':

Bibl.-hebr., mhebr. *ṣippôr* (KBL[3] 980; 1 QH 4, 9; TR 65, 2; 4 Q 511, 97, 1; DictTalm 1295f.), samarit. *ṣibbor* (Murtonen, Materials for a Non-Masoretic Hebrew Grammar II, Helsinki 1960, 175), pun. *ṣpr* (DISO 246; in KAI 69, 12 vielleicht 'Parfüm' [s. I. 2. zu *ṣpr* IV]; vgl. zuletzt M. Delcor, Sem 33, 1983, 33–39, Deir-ʿAllā-kanaan. *ṣpr* (ATDA 174. 204. 307). Umstritten ist, ob phön. *ršp ṣprm* (→ רשף) in der Karatepe-Bilingue KAI 26A II, 11–12 „Rašap der Ziegenböcke" (hieroglyphen-luwisch 'Hirschgott'; äg. Ikonographie mit Gazellen-kopf) oder „Rašap der Vögel" bedeutet (*ṣp[j]r* 'Ziegenbock' ist sonst nur spät bezeugt; Ijob 5, 7 *ûḇenê-Ræšæp jaḡbîhû ʿûp* „wie die Söhne Reschefs [= Unheils-vögel? – nach anderen „Funken"] hochfliegen"; vgl. Dtn 32, 24 LXX; Sir 43, 14. 18 u. a.) (s. dazu M. Weippert, ZDMG Suppl. 1, 1969, 191–217, bes. 207f. [Lit.!]). Im Aram. gibt es bibl.-aram. und jüd.-aram. *ṣippar* (KBL[2] 1116; DictTalm 1298b), mand. *ṣipra*, *ṣipar* (MdD 394), christl.-pal. *ṣpr* (Schulthess, Grammatik des christl.-paläst. Aramäisch, 1924, 172a), samarit. *ṣprh* (Macuch, Grammatik des samarit. Hebräisch, 1969, 272. 275), äg.-aram. *ṣnpr* (vgl. BLA §§ 3n. 43m'''; ATTM 91f.), syr. *ṣeppar* (LexSyr 635). Mit ʿ-Präfix (vgl. GKa §§ 19m. 85w) bildet arab. *ʿuṣfūr* (Lane I/5, 2064), dazu (Baumgartner 315f.; AHw 390 gegen Landsberger 145; CAD Ṣ 155 u. a.) assimiliert auch ugar. *ʿṣr* (WUS Nr. 2080; nach K. Aartun, UF 17, 1985, 11 gibt es auch ein Homograph 'Weinmost') und akk. *iṣṣūru* AHw 390; CAD I–J 210–214).

Das entsprechende Verb 'pfeifen, zwitschern u. ä.' jüd.-aram. *ṣeᵉpar*, syr. *ṣeᵉḇar*, arab. *ṣafara*, akk. *ṣabāru* ist bibl.-hebr. nicht belegt (**ṣpr* II; KBL[3] 983).

2. Von **ṣpr* II etymologisch zu unterscheiden sind: *ṣpr* I 'bewachen(?)' Ri 7, 3 (txt. inc.), vgl. mhebr. *ṣeᵉpîrāh* '(Leib-)Wächter', ugar. *klb ṣpr* 'Wach(?)hund' (M. Dahood, OrNS 29, 1960, 347f. u. ä.; anders K. Aartun, UF 17, 1985, 18); dazu vielleicht auch die PN hebr. *Ṣo(ô)par*, ugar. *ṢPR(N)* [-GN?] (Weippert 215f.; weitere Vorschläge KBL[3] 950 bzw. 983); **ṣpr* III (arab. *ḍafara*) 'flechten', davon *ṣeᵉpîrāh* 'Gewinde, Kranz' (KBL[3] 983. 981) Jes 28, 5; unsicher Ez 7, 7. 10; *ṣipporæn* (**ṣpr* IV) Dtn 21, 12; Jer 17, 1, bibl.-aram. **ṭeᵉpar* Dan 4, 30; 7, 19; arab. *ẓufur*; akk. *ṣupru* u. a. 'Nagel' (KBL[3] 983) und *ṣāp̄îr* 'Ziegenbock' Dan 8, 5. 8. 21; Esra 8, 35; (6, 17 aram.); 2 Chr 29, 21; Neh 5, 18 LXX, das gelegentlich (schon targ. wechselnd) als jüngere, aramaisierende Nebenform von *śāʿîr* erklärt wird (vgl. Gesenius, Thesaurus 1183 u. a.). Allerdings *konnte* doch wohl schon der Übersetzer von KAI 26A II, 11f. *ṣprm* im Phön. 'Hirsch(e)' verstehen (s. I. 1.).

3. Die Belege von *ṣippôr* (40mal) bzw. *ṣippar* (4mal) im AT verteilen sich auf: Pent. 18mal (davon 13mal in Lev 14), Neh 1mal, Ijob 1mal, Ps 7mal, Spr 4mal, Koh 2mal, Jes 1mal, Klgl 1mal, Ez 3mal, Dan 4mal, Hos 1mal, Am 1mal. Davon werden zumeist wenigstens Gen 15, 10 (J?); Am 3, 5; Dtn 22, 6; Hos 11, 11; Jes 31, 5 in die vorexil., Klgl 3, 52; Ez 39, 4. 17 in die exil. Zeit gerechnet (im einzelnen strittig).

4. LXX übersetzt *ṣippôr* mit πετεινόν (2mal [ohne Dan]; nur Pl.), ὄρνεον (15mal und Ez 17, 23 Var.) und den Diminutiva ὀρνίθιον (13mal; nur Lev 14), στρουθίον (7mal: Ps 5mal; Koh, Klgl je 1mal). Unübersetzt bleiben die Glossen in Gen 7, 14 ‖ Ez 17, 23 (vgl. W. Zimmerli, BK XIII/1[2], 376). Neh 5, 18 χίμαρος setzt *ṣāp̄îr* voraus (anders V).

Während Θ alle 4 Dan-Stellen ὄρνεον übersetzt, bietet LXX 2mal πετεινόν (Pl.); 4, 11 (= 14 LXX) bleibt unübersetzt ; 4, 30 (= 33b) liest λέων (wohl zu *keᵉpîr*).

II. Das hebr. *ṣippôr* (fem., zu scheinbaren Ausnahmen vgl. Albrecht 71f.) gewinnt je nach Kontext Bedeutungsnuancen:

1. Das AT kennt viele einzelne Vogelarten (Lev 11, 13–19 ‖ Dtn 14, 12–18; Jes 34, 11–15; Zef 2, 14; Ijob 38f. u. v. a.), deren Namen oft den Laut nachahmen oder sonstige Hinweise zur ornithologischen Identifikation geben (Übersichten bei Driver 20. 140; vgl. akk. A. Salonen, Vögel 296–302; äg. Buchberger 1046f. 1049 Anm. 10. 16). Wo *ṣippôr* parallel oder kontrastierend zu anderen Vogelarten steht, hat es die von Nachbarsprachen wie LXX στρουθίον bezeugte Bedeutung „Sperling":

Parallel begegnen *jônāh* 'Taube', *deᵉrôr* 'Taube' oder 'Schwalbe' (KBL[3] 221), *ḥaᵃsîḏāh* 'Storch', *kôs* II 'Käuzchen', *qāʾaṯ* 'Eule, Dohle o. ä.' (Driver 16; KBL[3] 991); vgl. auch Deir ʿAllā (Bileamtext) I, 10f. *[b]nj nhṣ wṣrh ʾprḥj ʾnph drr nšrt | jwn wṣpr* 'the young ones of the *nhṣ* and the owl, the young ones of the heron; the swallow, the birds of prey, | the pigeon and the sparrow' (H. Ringgren, Festschr. I. L. Seeligmann, 1983, 93–98, bes. 93f. [interpretiert als Unheilsboten]; etwas anders H. P. Müller, ZAW 94, 1982, 214–244; J. A. Hackett, The Balaam Text from Deir ʿAllā, HSM 31, 1984, 29).

Driver (6. 131) vermutet, daß in Ps 102, 8 die „einsam" (*bôḏeḏ*) lebende Blaumerle gemeint ist.

Jedoch ist v. (6) 7 in Gedankengang und Parallelismus abgeschlossen. Da es in v. 8 um *šqd* 'Schlaflos-Sein' (vgl. Sir 31, 1) geht, ist mit einigen MSS u. a. eher *nôḏeḏ* zu lesen (von → נדד *ndd* '[sich] ruhelos bewegen, [flüchten]'; vgl. Spr 27, 8; auch Jes 10, 14; Ps 55, 7f. und das verwandte → נוד *nûḏ* '(weg)flattern' Ps 11, 1; Spr 26, 2); eine Sachparallele bietet 1 QJesᵃ 38, 15 **æddôḏāh* „ich muß mich ruhelos bewegen" (zur Schlafenszeit; vgl. B. Duhm, HKAT III/1[5], 281; KBL[3] 635).

2. Dtn 22, 6; 14, 11 u. ö. ist *ṣippôr* Oberbegriff für verschiedenartige Vögel; Gen 15, 9f. z. B. für die Taubenbezeichnungen *tor* II, *gôzāl*. Während *ʿôp* alle 'Flugtiere' umfaßt (→ עוף), werden als Untergruppen nach ihrem Ruf unterschieden (Driver 5f.): *ʿajiṭ* „Kreischer" (bes. Raubvögel und Eulen) und *ṣippôr* „Zwitscherer" (bes. kleinere Sperlings- bzw. „Singvögel" *beᵉnôṯ haššîr*; Koh 12, 4 ‖ *ṣippôr*). In dieser weiteren Bedeutung sind viele Belege von *ṣippôr* ohne nähere Kennzeichnung der Art zu verstehen. Insbesondere bei der Vogeljagd (s. IV. 1.) gehen unterschiedliche Kleinvögel mit ähnlichen Lebensgewohnheiten in die Falle.

Ob ṣipp^{o}rîm „Geflügel" Neh 5, 18 als Nahrungsmittel (vgl. Dtn 14, 11; auch Ex 16, 12 f.; 1 Kön 5, 3; Sinuhe 85 ff. [TGI³ 4] u. a.) gefangene oder domestizierte Vögel meint, bleibt fraglich. Die palästinische Geflügelzucht ist allerdings wohl älter als früher angenommen (BRL² 352 f.; AuS VII 255 gegen 253. 365 f.).

3. Ausgeweitet ist die Bedeutung in den geprägten Zusammenstellungen: *ṣippôr kŏl-kānāp̱* „Vögel jeglichen Gefieders" (Ez 39, 4 [txt. inc.] in Apposition zu *ʿêṭ*; dagegen ist bloßes *ṣippôr* von *ʿajiṭ* zu trennen: Gen 15, 10 f.; s. II. 2.), *ṣippôr kānāp̱* „Vögel mit Flügeln" und *ṣippôr šāmajim* „Vögel des Himmels" (vgl. akk. *iṣṣūr šamê*; ugar. *ʿṣr šmm*). Sie bezeichnen (bes. in meristischen Formulierungen) wie *ʿôp̱-haššāmajim* (→ עוף) kollektiv die Vögel allgemein.

III. *ṣippôr* begegnet im AT bei einigen kultischen Bestimmungen bzw. Handlungen:

1. Dtn 4, 17 erscheint unter den Beispielen einer dtr Paränese über das Bilderverbot (5, 8) *tab̲nîṯ kŏl-ṣippôr kānāp̱* „das Modell irgendeines Vogels mit Flügeln". Hier ist besonders an äg. Götterdarstellungen zu denken (vgl. Keel 170 f.).

2. Dtn 14, 11 erlaubt, *kŏl-ṣippôr ṭ^{e}horāh* „alle reinen Vögel" zu essen (s. auch II. 2.); die verbotenen werden namentlich genannt (14, 11–18 ‖ Lev 11, 13–19). Das Verbot, eine Vogelmutter zusammen mit ihren Jungen (zum Verzehr) aus dem Nest zu nehmen (Dtn 22, 6), entspricht ähnlichen, wohl alten „Tabus" (Ex 23, 19; Lev 22, 28 u. a.). Die (dtr?) Begründung 22, 7b zieht den Vergleich zur menschlichen Eltern-Kind-Beziehung (vgl. 5, 16; O. Keel, OBO 33, 1980, 44 f.).

3. Vögel sind im Alten Orient als Opfertiere gebräuchlich (CAD I–J 213; LexÄg IV 594 f.; KAI 69, 11. 12 (?). 15; KTU 1. 41, 24. 36; 1. 48, 1. 3. 18 u. a.). Auffällig häufig ist neben Einzelgöttern in den ugar. Texten Empfänger *ʾnš ʾlm* (KTU 1. 39, 21 f.; 1. 41, 5 f. 27. 40 u. ö.: Erscheinungsform Rešeps [P. Xella, AAAS 29 f., 1979 f., 145–162 u. a.] oder „Angehörige der Götter" [M. Dietrich / O. Loretz, UF 9, 1977, 50 u. a.]?).

a) Lev 14, 2–7. 48–53 schildert zweimal ein kathartisches Vogelritual gegen „Aussatz"-Befall (*næg̱aʿ-haṣṣāraʿaṯ*) an Menschen bzw. Häusern.

Eines von zwei lebenden reinen Vögelchen (*ṣipp^{o}rîm ḥajjôṯ ṭ^{e}horôṯ*; s. III. 2.) wird geschlachtet (*šḥṭ*), dann wird u. a. aus dem Blut des Vogels ein Reinigungswasser (vgl. Num 19, 6. 9) hergestellt. Dieses wird auf den anderen Vogel und den Aussätzigen bzw. das Haus appliziert. Mit dem Freilassen (*šlḥ*) des lebenden Tiers wird wie in ähnlichen Eliminationsriten (Lev 16, 10. 21 f.; Sach 5, 5–11; TUAT II 282–288 [Lit.!]; KTU 1. 127, 29–31 [?] u. a.) die auf es übertragene *materia peccans* beseitigt (B. Janowski, WMANT 55, 1982, 211 f. 225 Anm. 204 [Lit.!] u. a.). Als theologisch-kultische Vokabeln für den Vorgang begegnen *ṭhr* 'reinigen' (→ טהר), *ḥṭʾ pi* (→ חטא) 'entsündigen', *kpr pi* (→ כפר) 'entsühnen'.

Nach v. 8 war das Ritual ursprünglich wohl allein – wie noch vv. 48–53 – suffizient und unterstützte vielleicht die Heilung (vgl. *rpʾ niph* v. 48). Im jetzigen Kontext steht es nach der Heilung (vv. 2 f. 48 f.) und erfordert beim Menschen zur kultischen Wiedereingliederung ein zusätzliches Schuldopfer vv. 10 ff. (vgl. K. Elliger, HAT I/4, 186 ff.; M. Noth, ATD 6, 91 f. u. a.).

b) Ein Opfer zweier Vögel (Tauben) schildert der erzählende Text Gen 15, 9 f. → III 592 f.

IV. Nach grober Auszählung stellen Vögel in ca. 80 Textkomplexen des AT etwa ¼ der bildlichen Ausdrücke aus der Tierwelt. Davon entfallen je ¼ auf *næšær* 'Geier' und die 'Tauben'-Bezeichnungen (→ יונה [*jônāh*]), auf *ṣippôr* etwa ⅕, nicht halb so viel auf *ʿôp̱* 'Flugtiere'. *ṣippôr* ist dabei 10mal mit *k^e* verbunden (dazu E. Jenni, THAT I 453).

1. Das AT spielt häufig metaphorisch auf die Vogeljagd an; beschränkt auf *ṣippôr* findet sich folgendes Vergleichsfeld:

a) Einen lebenden Vogel (*ṣippôr ḥajjāh*), der noch nicht flügge ist, kann man aus dem Nest (*qen*) nehmen (*lqḥ*). Später fängt (*lkd, jqš*) ihn der Vogelfänger (*jāqûš, jôqeš* mit dem Klappnetz (*paḥ*). Die Vögel bemerken (*jdʿ*) es nicht und eilen (*mhr*) hinein. Je nach Ausführung (vgl. Keel, Abb. 112–114) fällt (*npl*) die Falle plötzlich über sie (*ʿ^{a}lêhæm piṯʾom*), oder sie werden im Netz zwischen zwei beim Zusammenklappen hochspringenden (*ʿlh*) Holzbügeln gepackt (*ʾḥz niph*).

Bes. weisheitliche Texte führen den in die Falle geraten(d)en Vogel an: Blind für das jähe Unheil gleicht er den Menschen (*b^{e}nê hāʾāḏām* Koh 9, 12), im besonderen einem verführbaren Jüngling, dem es an Verstand fehlt (*naʿar ḥ^{a}sar-leb̲* Spr 7, 7. 23), oder dem, der bürgt (*ʿrb* 6, 1. 5). Sich zu retten (*nṣl niph*) ist kaum möglich; nur selten zerbricht (*šbr niph*) die Falle (Keel 80; anders AuS VI 338), oder der Vogel entwischt der Hand und kann sich in Sicherheit bringen (*mlṭ niph*). Wer ähnlich unerwartet einem Unheil entrinnt, lobt Gott (Ps 124, 6 f.), der die Rettung schafft (Jes 31, 5; Ps 91, 3 u. ö.). Der Vogel ist angebunden (*qšr*) (bzw. im Käfig [*k^{e}lûḇ*]; vgl. EA 74, 45 f. u. a.). völlig hilflos; sogar Kinder können mit ihm spielen (*śḥq* Ijob 40, 29).

b) Tot zu Boden fällt (*npl*) der Vogel, der beim Jagen (*ṣûḏ*) vom Wurfholz (*môqeš*) aus einem Schwarm geholt oder mit Pfeil (*ḥeṣ*) und Bogen (*qæšæṯ*) geschossen (*jrh*) wurde (Keel, Abb. 120 f.; vgl. auch KTU 1. 23, 38). Mit einem unschuldigen (*ḥinnām*) Vogel, dessen Leben man nachstellt, vergleicht sich der klagende Beter (Klgl 3, 52; Ps 11, 1 f.); sein Sturz dient Am 3, 5 als Beispiel für den Schluß von Wirkung auf Ursache bzw. von Zeichen auf Vorgang (so zuletzt A. Schenker, BZ NF 30, 1986, 250–256 [Lit.!]).

Zu diesen und weiteren Techniken der Vogeljagd vgl. bes. AuS VI 316–341; Keel 78–84; BRL² 150–152; A. Salonen, Vögel 47 f.; LexÄg VI 1051–1054.

2. Hinter anderen Vergleichen steht Naturbeobachtung: Wie ein Vögelchen flattert weg (*nûḏ*) der verfolgte Beter (Ps 11, 1) wie der ins Leere gehende Fluch (Spr 26, 2). Ruhelos bewegen (*ndd*) sich der Flüchtling (Spr 27, 8) wie der schlaflose Beter (Ps 102, 8; vgl. 1 QJes^a 38, 15 [s. II. 2.]). Schnell wie im Vogelflug werden die Exulanten bebend kommen (*ḥrd* Hos 11, 11; Zugvögel wie Jer 8, 7?). Die Vogelkralle dient Dan 4, 30, die hohe (?) Stimme Koh 12, 4 zum Vergleich (H. W. Hertzberg, KAT XVII/4, 211,

181f.; anders A. Lauha, BK XIX 212f.). Typische Aufenthaltsorte spielen in den Vergleichen Ps 11,1; 102,8 (vgl. auch 84,4); Hos 11,11 eine Rolle (auch Ez 17,23; Dan 4,9.11.18 sind wohl bildlich-allegorisch „Untertanen" gemeint). Und wie über dem Nest schwebende Vögel (*ṣippᵒrîm ʿāpôṯ*) ihre Brut beschützen, so beschirmt JHWH Jerusalem (Jes 31,5; vgl. Dtn 32,11 u.ö.).

Wohl an das Aussehen des kleinen Vogels erinnern die PN *Ṣippô(o)r* Num 22,2ff. u.ö., *Ṣipporāh* Ex 2,21 u.ö. (KBL³ 980.983; W.H. Schmidt, BK II 94). Als ON begegnet Σεπφωρις (Josephus passim), Nisbe **ṣpwrj* (ATTM 677); vgl. akk. *Bīt Ṣupuri* bei Sidon (Dussaud, Topographie historique de la Syrie antique et médiévale, Paris 1927, 39).

V. Als ihr Schöpfer und Erhalter (vgl. Gen 7,14; Ps 84,4; 104,17; 148,10; vgl. II.2.) hat JHWH die Vögel in die Verfügungsmacht des Menschen gegeben (Ps 8,9; vgl. Gen 1,28; 9,2f. u.a.), der sie fangen, töten (vgl. IV.1.) und essen (vgl. III.2.) darf. Trotz seiner Herrschaft über die Tiere gleicht der Mensch selbst vor JHWH einem kleinen Vogel (Hos 11,11; vgl. Jes 31,5 u.a.). JHWH ist mit beschützenden Vogeleltern jedoch allenfalls sprachlich vergleichbar (Jes 31,5); gegenständlich kann und darf er nicht in einem Vogelmodell abgebildet werden (Dtn 4,17; vgl. W.H. Schmidt, At.licher Glaube in seiner Geschichte, ⁶1987 97f.).

Als schutzbedürftige Vögel erscheinen auch die Untertanen gegenüber dem als beschirmender Baum vorgestellten König (Dan 4,9.11.18) bzw. Messias (Ez 17,23). In der Gerichtsverkündigung kann JHWH das Verhältnis Mensch-Tier (Ps 8,7ff.) umkehren; nicht der Mensch ißt bzw. opfert (vgl. III.3.) dann Vögel, sondern JHWH lädt die Tiere zum Opfermahl und füttert (*ntn lᵉʾŏḵlāh*) sie mit Menschen (Ez 39,4.17; vgl. Zef 1,7; Jes 34,6f. u.a.; W. Zimmerli, BK XIII/2, 952f.; → I 959ff.).

VI. 1 QH 4,8f. vergleicht sich der klagende Beter mit einem aus dem Nest ʿverstoßenen' Vogel (→ נדח *ndḥ*). TR 65,2 versteht Dtn 22,6f. (s. III.2.) im Kontext als Schutzbestimmung für Mit-Israeliten (J. Maier, Tempelrolle 125).

Schwab

צפן *ṣpn*

*מַצְפּוֹן *maṣpôn*

I.1. Etymologie, Bedeutung, Vorkommen – 2. LXX – II. Gebrauch – 1. profan – 2. weisheitlich – 3. theologisch – III. Qumran.

Lit.: *S.E. Balentine*, A Description of the Semantic Field of Hebrew Words for „Hide" (VT 30, 1980, 137–153). – *A. Oepke*, κρύπτω (ThWNT III 959–979). – *G. Wehmeier*, סתר *str* hi. verbergen (THAT II 173–181, bes. 177).

I.1. Den bisher vorliegenden Befunden zufolge gehört die Wurzel *ṣpn* offenbar nicht zum Bestand der älteren semit. Sprachen, sondern begegnet neben ihrem Vorkommen im at.lichen Hebr. im Mhebr. (*hiph*) in der Bedeutung von ʿdas Verborgene entdecken' und im Äg.-Aram. (DISO 246) in der Bedeutung von ʿverbergen'. Das KBL³ 981 angenommene akk. *ṣapānu* ʿbergen' (EA 147,8) ist als „Nordwind" aufzufassen (s. Grave, OrNS 51, 1982, 161–182).

Als Grundbedeutung scheint sich ʿverbergen' bzw. ʿbergen' durchzuhalten. Alle anderen Bedeutungen (mit Einschluß der intransitiven) lassen sich ohne Schwierigkeiten von der Grundbedeutung herleiten.

Im AT finden sich 32 verbale Belege und 1 nominaler Beleg der Wurzel. Eine weitere Stelle (Ijob 15,22) tritt hinzu, wenn man der cj. von *ṣpw* (K) zu *ṣpwn* folgt (BHK³; G. Fohrer, KAT XVI; F. Hesse, ZBK; dagegen BHS; F. Horst, BK XVI). Außerdem wird *ṣpn* in Sir 4,23; 41,15 gebraucht. Die meisten verbalen Belege begegnen im *qal* (27[28]), für *niph* lassen sich 3, für *hiph* 2 Stellen registrieren. Bemerkenswert ist die Häufigkeit des Gebrauchs in der poetisch-weisheitlichen Literatur (Ps 8mal, Ijob 8mal [mit cj.-Stelle 9mal], Spr 9mal, Sir 2mal). Die Fundstellen im übrigen AT lassen keine weitere Konzentrierung erkennen (Ex 2mal, Jos, Jer, Ez, Hos, Hld je 1mal). Auffällig ist, daß die Mehrzahl der Belege in jüngeren lit. Komplexen des AT begegnet. *ṣpn* wird in profaner und theologischer Bedeutung verwendet.

Erwähnenswert ist, daß im AT einige Personennamen mit *ṣpn* gebildet werden: *ʾᵉlîṣāpān* (Num 3,30; 34,25; 1 Chr 15,8; 2 Chr 29,13), *ʾælṣāpān* (Ex 6,22; Lev 10,4), *ṣᵉpanjāhû* (2 Kön 25,18; Jer 37,3), *ṣᵉpanjāh* (Jer 21,1; 29,25.29; 52,24; Zef 1,1; Sach 6,10.14; 1 Chr 6,21). Obwohl Namen ein hohes Alter haben können, ist für die hier genannten festzuhalten, daß sie in jüngeren Teilen des AT gebraucht sind. Die früheste Erwähnung findet sich in der ausgehenden Königszeit, z.B. in Jer, Zef, 2 Kön. In einer pun. Grabinschrift taucht der Name *ṣpnbʿl* auf, der möglicherweise „Baʿal schützt" bedeutet (KAI 93,1).

2. In der LXX werden für *ṣpn* verschiedene griech. Äquivalente verwendet, wenn die entsprechende Passage nicht überhaupt anders umschrieben wird. Am häufigsten tritt κρύπτω (ἀπο-, ἐν-, κατα-; insgesamt 17mal) auf, daneben u.a. ϑησαυρίζω (3mal), σκεπάζω (2mal), λανϑάνω, τηρέω, φυλάσσω (je 1mal).

II.1. Es hat den Anschein, als wäre der profane Gebrauch von *ṣpn* vor allem in älteren Texten des AT anzutreffen. Bekannt ist die Geburtslegende des Mose in Ex 1f. Das durch Pharao bedrohte Kind wird von seiner Mutter auf nicht näher beschriebene Weise verborgen, um es vor den Nachstellungen des äg. Königs zu schützen. Als dies nicht mehr gelingen will, versucht die Mutter, das Leben des Kindes durch Aussetzung zu retten (Ex 2,2.3 J). Auch in der sicher

altertümlichen Geschichte von den israelitischen Kundschaftern in Jericho wird *ṣpn* i.S.v. 'schützen vor Verfolgungen' gebraucht. Die Hure Rahab, bei der die beiden Männer eingekehrt waren, verbirgt diese vor den Nachstellungen des Stadtkönigs (Jos 2,4, *tiṣpᵉnô* ist sicher falsch; l. mit LXX, S, Targ *tiṣpᵉnem*). Während in v.4 *ṣpn* ohne die Nennung näherer Umstände verwendet wird, erwähnt v.6 das Versteck in Verbindung mit dem Parallelbegriff *ṭmn* („auf dem Dach unter den Flachshaufen").
In der Liebeslyrik findet sich an einer Stelle *ṣpn* in der Bedeutung von 'aufbewahren', 'aufsparen', die auf die Grundbedeutung 'verbergen' gut zurückgeführt werden kann. Die Geliebte versichert ihrem Geliebten, daß sie duftende Liebesäpfel, „alle köstlichen Früchte", „neue, aber auch alte" für ihn verborgen hat (hält). Die erwähnten Früchte werden in Hld 7,14 zugleich als Metaphern für den Liebesgenuß gebraucht, den die Geliebte für den Geliebten bereithält (vgl. H. Ringgren, ATD 16/2³ z.St.; O. Keel, ZBK 18 z.St.). 'Aufbewahren' definiert sich von der Grundbedeutung 'verbergen' her; die für den Geliebten bereitgehaltenen Köstlichkeiten sind für alle anderen verborgen, ja selbst auch für den Geliebten so lange, bis die Geliebte sie ihm zuwendet.
2. Als Obj. zu *ṣpn* fungieren in der Weisheitsliteratur nicht nur Personen oder Sachen, sondern auch Abstrakta. In den pragmatischen Lebensanweisungen wird z.B. angeraten, daß man lieber Torheit verbergen solle als Weisheit (Sir 41,15) und daß man nicht „ein Wort zu seiner Zeit zurückhalten" und seine „Weisheit nicht verbergen" solle (Sir 4,23; G. Sauer, JSHRZ III/5, 607. 516).
In den Lehr- und Mahnreden der ersten (vermutlich jüngsten) Sammlung des Spruchbuches (Spr 1–9) spricht entweder die personifizierte Weisheit oder der Weisheitslehrer. Der Weisheitsschüler wird ermahnt, die Reden und Gebote der Lehrenden zu beachten und zu bewahren. In diesem Zusammenhang wird *ṣpn* i.S.v. 'aufbewahren' gebraucht. Was man bei sich verbirgt, hat man angenommen und dazu aufbewahrt, daß es beherzigt werde (Spr 2,1; 7,1, *miṣwoṯaj tiṣpon 'ittāḵ*, in Parallele dazu steht *tiqqaḥ* bzw. *šᵉmor 'ᵃmāraj*). Dieser an sich profane Vorgang, daß Weisheit gelehrt und angenommen wird, erhält eine theologische Dimension insofern, als durch ihn Gotteserkenntnis zu finden ist und Gottesfurcht verstanden werden kann (2,5). Außerdem ist es JHWH, der Weisheit gibt (2,6). In 2,7 umschreibt *ṣpn* die göttliche Zuwendung von Heilsgut für den Redlichen. Der Terminus kann mit „bereithalten" oder „aufbewahren" übersetzt werden (mit Q ist *jiṣpon* zu lesen). In der wahrscheinlich schon vorexil. Sentenzen-Sammlung 10,1–22,16 findet man in 10,14 die allgemeine Überzeugung ausgesprochen, daß „Weise Erkenntnis (*da'aṯ*) (auf-)bewahren (*jiṣponû*)", der Mund des Toren aber nahes Verderben bereithält. Erkenntnis wird durch den Weisen offenbar verborgen, damit sie nicht verlorengehen oder von außen zerstört werden kann. In diesem Sinne ist das „Aufbewahren" zu verstehen. Ähnlich „verbirgt" („bewahrt auf") auch der das Gesetz Gottes Studierende „die Rede Gottes in seinem Herzen" (Ps 119,11, *bᵉlibbî ṣāpantî 'imrāṯæḵā*). In einer weiteren Sentenz (Spr 13,22b) wird *ṣpn* ebenfalls mit 'aufbewahren' übersetzt („aufbewahrt wird für den Gerechten [*ṣāpûn lᵉ*] der Besitz des Sünders"). Diese Einsicht ergibt sich offenbar aus der Lehre vom Tun-Ergehen-Zusammenhang, nach welcher es dem Frommen zuletzt gut gehen wird durch Beerbung des Sünders, der untergehen muß. Der Gerechte verfügt über „verborgenes" Gut, selbst wenn er es im Augenblick noch nicht besitzt. Der in der zweiten Sammlung der Männer Hiskijas (25–29) enthaltene Sinnspruch 27,16 ist in seinem Sinn nicht mehr präzise erfaßbar. Die meisten Komm. verstehen ihn von v.15 her, LXX sieht in v.16 eine eigene Einheit. Von v.15 her gesehen muß v.16 sich auf die dort genannte „zänkische Frau" zurückbeziehen (Suffix!), die zurückzuhalten ähnlich vergeblich ist wie das Aufhalten von Wind (*ṣopᵉnæhā* müßte als Sing. gelesen werden). Denkbar wäre auch, den Stichos als Paronomasie zu verstehen, in welcher sich das Suffix auf das nachfolgende *rûaḥ* bezieht: „wer sich anschickt, ihn zu verbergen, [muß wissen, was er tut, er] verbirgt Wind".
An zwei Stellen der Mahnrede des Weisheitslehrers (Spr 1,10–19) wird *ṣpn* unter Einfluß des parallelen *'rb* mit „auflauern" wiedergegeben. Der Sünder lauert dem Unschuldigen auf (v.11), er stellt aber dabei letztlich seinem eigenen Leben nach(v.18, vgl. Kontext). Die Bedeutung ergibt sich aus folgender Überlegung: derjenige, der den anderen anfallen will, verbirgt sich vor diesem.
Im Ijobbuch begegnet *ṣpn* ausschließlich in Reden Ijobs und seiner Freunde. Die Auseinandersetzung um das Funktionieren oder Nichtfunktionieren des Tun-Ergehen-Zusammenhanges berührt nolens volens theologische Fragestellungen. Ijob wünscht sich in seinem Leid, das er als Ausdruck des unverdienten Zornes Gottes versteht, von Gott in der Unterwelt „verborgen" zu werden (*taṣpinenî*, par. *str hiph*), bis sich der Zorn gewendet hat und Gott seiner wieder heilvoll gedenkt (14,13). Der möglichen Anfechtung des Frommen durch das Wohlergehen des Frevlers begegnet Elifas mit dem Hinweis auf das Scheinglück des Gottlosen, dessen Leben eigentlich von Qual bestimmt ist „für die ganze Anzahl der ihm gewährten Jahre (*mispar šānîm*)" (15,20). Der prädestinatorische Charakter von *ṣpn* erklärt sich durch die Rede- und Denkfigur: die Dauer der vorherbestimmten Zeit ist dem Menschen verborgen (*ṣpn niph*). Außerdem entkommt der Gewalttätige nicht der Finsternis und entgeht nicht dem Schwert (15,22 cj. mit BHK³, G. Fohrer, KAT XVI 262. 264; F. Hesse, ZBK 106 *ṣāpûn* BHS, F. Horst, BK XVI/1, 218 verbleiben bei MT *ṣāpû* [K] bzw. bei *ṣāpûj* [Q]). Ist cj. richtig, dann meint der Satz, daß der Frevler für das Schwert „aufbewahrt" ist. Die in v.20 erwähnte tägliche Qual des Gottlosen besteht darin, daß er letztlich um dieses Ende weiß (G. Fohrer, KAT XVI 273). – Ijob fühlt

sich von den Freunden nicht verstanden, sie sind ihm zu „leidigen Tröstern" geworden. Es kann nicht anders sein, da Gott ihr Herz „vor der Einsicht verborgen hat" (17,4). Die Einsicht ist hier wie eine personale Größe vorgestellt, die Eingang in das Herz der Freunde nicht finden wird, weil Gott deren Herz vor ihr verborgen hat (*ṣpn* mit *min*). Nach Meinung der Freunde funktioniert der Tun-Ergehen-Zusammenhang unter allen Umständen. Trifft den Frevler nicht die Strafe Gottes, dann unweigerlich die Söhne des Gottlosen, denn Gott habe sie dazu „aufbewahrt" („verborgen, bereitgehalten"). Ijob opponiert gegen diese Lehre und wünscht, daß Gott dem Gottesfeind selber sein Unheil „aufbewahren" möge (21,19). Aber er muß klagen: „Warum sind von Šaddaj her nicht [bestimmte] Zeiten verborgen gehalten worden (*ṣpn niph*)", an denen Gott das Urteil über die Frevler fällt, so daß es die sehen können, die Gott kennen? (24,1). Den Freunden wie auch Gott gegenüber beteuert Ijob wiederholt seine Unschuld, indem er darauf verweist, daß er sich an Gottes Gebote gehalten hat (23,12, *b^{e}ḥêqî* [mit LXX und V statt *meḥuqqî*] *ṣāpantî 'imrê pîw*). – Unverständlich bleibt Ijob, daß Gott sich trotzdem in Leidzuwendung gegen ihn stellt. Ijob unterstellt ihm, daß er gegen alles Herkommen und Recht die Vernichtung des Leidenden will. Er hat all das Böse, das er Ijob ansinnt, bereits in seinem Herzen „verborgen" (*'ellæh ṣāpantā bilḇāḇæḵā* 10,13).

In 20,26 ergibt *liṣpûnājw* „für seine Verborgenen" keinen Sinn und wird mit LXX zu *lô ṣāpûn* geändert. Der Vers gehört in die Darlegungen Zofars zur Unvermeidlichkeit des Unheils, das den Gottlosen trifft (vgl. v. 29).

3. Unterschiedliche Bedeutungen hat *ṣpn* im Psalter. Der angefochtene Beter vertraut darauf, daß JHWH den (oder die) Bedrängten in seinem Schutz „birgt" (27,5; 31,21). Ausdruck für Schutz ist *b^{e}sukkoh* bzw. *b^{e}sukkāh*. Aus dem Kontext von 27,5 geht hervor, daß das Geborgensein bei JHWH in den Tempel- bzw. Heiligtumstraditionen wurzelt. Die ganze Breite der Tempelfunktionen wie Asylrecht, Gottesgegenwart, Heilsorakelerteilung, steht dahinter. Der Zufluchtsuchende weiß sich von Verfolgern und Verleumdern bedroht, er getröstet sich aber der Güte JHWHs, die dieser für die ihn Fürchtenden und auf ihn Vertrauenden „aufbewahrt" hat (31,20 *ṣāpantā*). In 10,2–11 werden die schändlichen Aktionen des Frevlers gegen die Armen und Schuldlosen beschrieben. Dazu gehört auch, daß der Ruchlose dem Geringen „auflauert" (v. 8, *ṣpn* mit *l^{e}*; Subj. ist *'ênājw*, d.h. „die Augen lauern jmd. auf"; anstelle dieser schwierigen Ausdrucksweise ändern die meisten Komm. nach LXX, S zu *jiṣpājû* < *ṣph* I). In ähnlicher Weise sind die Nachstellungen des Frevlers in 56,7 (vgl. Kontext) beschrieben (neben *ṣpn*, mit Q *qal*, steht *gûr*, *šmr*, *qwh pi*; in BHS wird cj. *jiṣpājûn* < *ṣph* I erwogen). Das Volksklagelied Ps 83 spricht zwar nicht von Frevlern, wohl aber von Feinden und Hassern des Gottesvolkes. Die Gottesgemeinde erfährt in v. 4 die bemerkenswerte Umschreibung als „deine Verborgenen" (*ṣ^{e}p̱ûnæḵā*, par. *'amm^{e}ḵā*). Kraus versteht den Terminus als „deine Schutzbefohlenen" (BK XV/2^{5}, 739f.), was vom Bedeutungsfeld von *ṣpn* her gut möglich ist. Der Gebrauch des Ptz. pass. *qal* in 17,14 (Q) ist schwer verständlich. Der unschuldig Verfolgte betet zu Gott gegen seine Feinde, daß Gott ihren Leib mit *ṣ^{e}p̱ûn^{e}ḵā* anfüllen möge, so daß noch die Nachkommen davon satt sein sollen. Unter „dein Verborgenes" kann nur etwas Unheilvolles verstanden werden (andere lesen *ṣ^{e}p̱ûnæḵā* „deine Schützlinge").

Der Schuldaufweis für die Begründung einer prophetischen Unheilsankündigung wird in den prophetischen Traditionen gelegentlich durch *ṣpn* vorgenommen. Hos 13,12 stellt nach verschiedenen Drohworten summarisch fest, daß Efraims Schuld „gebündelt" (*ṣrr*) und seine Sünde „aufbewahrt" ist, damit sie am Gerichtstag als Belastungsmaterial bereitliegen. Der Prophet Jeremia kündigt Jerusalem und Juda das Unheil in Gestalt der Deportation an. Zur Begründung weist der Prophet auf die Verschuldung des Gottesvolkes hin, die vor den Augen JHWHs nicht „verborgen" werden kann (Jer 16,17, *lo'-niṣpan '^{a}wonām minnæḡæḏ 'ênāj*). In einem kommentierenden Zusatz (Ez 7,21–24) zur Unheilsankündigung Ezechiels vom Gerichtstag JHWHs (7,1–27) wird von der Entweihung und Zerstörung Jerusalems sowie des Tempels gesprochen, wobei die Stadt bzw. der Tempel in der Ich-Rede JHWHs als *ṣ^{e}pûnî*, „mein Verborgenes", d.h. „Kleinod" (KBL^{3} 982) bezeichnet werden (vgl. Ps 83,4, nach A, Σ, Hier. *ṣ^{e}punæḵā* [sing.] „dein Verborgenes" = „dein Kleinod", hier par. mit „dein Volk").

Auch in der Unheilsankündigung Obadjas an Edom kommt *ṣpn* einmal vor. Edom hat in Notzeiten des Gottesvolkes auf seiten der Feinde gestanden. Aber nunmehr wird Edom selber das Unheil ereilen. Es wird durchsucht und ausgeplündert bis in die letzten „Verstecke" hinein (Obd 6 *maṣpunājw* – die einzige nominale Bildung von *ṣpn*!).

III. In Qumran ist das Verb *ṣpn* bisher nur 1mal belegt: In 4 Q 381, 31, 6 wird man *ṣpnjm* als Ptz. pass. *qal* lesen müssen i. S. v. „aufbewahren, aufheben" (vgl. Ijob 15,20; 21,19; Ps 31,20; Hld 7,14). Der Autor des Psalms (ein [ehemaliger] König?) spricht den „Gott meiner Rettung" in einem Bekenntnissatz an: „die Tage meiner Existenz sind aufbewahrt/aufgehoben (bei dir?)" (vgl. E.M. Schuller, Harvard Semitic Studies 28, Atlanta 1986, 132.141).

Wagner

צַר *ṣar* I

צרר *ṣrr* I, צָרָה *ṣārāh* I,

צְרוֹר *ṣ^erôr*,

מֵצַר *meṣar*, מָצוֹר *māṣôr*

I. Etymologie – II. Bedeutung – 1. von *ṣārar* I – 2. von *ṣar* I – 3. von *ṣārāh* I – 4. von *ṣ^erôr* u.ü. – III. Theologische Konnotationen – 1. von *ṣārar* I – 2. von *ṣar* I – 3. von *ṣārāh* I – 4. von *ṣ^erôr* u.ü. – IV.1. LXX – 2. Qumran.

Lit.: *C. Barth*, Die Errettung vom Tode in den individuellen Klage- und Dankliedern des Alten Testamentes, Zürich [2]1987, bes. 91-122. – *M.M. Bravmann*, The Biblical Concept „The Treasure of Live" and its Survival in Mandaean and Christian Doctrines (Ders., Studies in Semitic Philology, Leiden 1977, 533-539). – *O. Eissfeldt*, Der Beutel der Lebendigen (Berichte über die Verhandlungen der Sächsischen Akademie der Wissenschaften, Phil.-Hist. Klasse 105/6, 1960, bes. 26ff.).

I. Die Etymologie von *ṣārar* I, *ṣar* I etc. ist mit der von *ṣar* II zusammen zu sehen. Die Problematik ist kaum noch durchschaubar.

Die Verbwurzel *ṣrr* I hängt wohl mit *ṣwr* I zusammen (KBL[3] 951.990) und weist ins Akkadische. Dort bedeutet *ṣarāru* 'einpacken' (AHw 1588). Hierher gehören auch arab. *ṣarra* 'zusammenbinden, -schnüren' (vgl. Wehr, Arab.Wb 463) und asarab. *ṣr* IV 'bedrängen' (vgl. W.W. Müller, ZAW 75, 1963, 314), während ugar. *ṣrrt (ṣpn)* (vgl. A. Caquot u.a., Textes Ougaritiques I, Paris 1974, 156 Anm. t) sehr unsicher ist. *ṣrr* I bildet im Hebr. zwei semantisch differente *qal*-Formative: ein erstes transitives *qal* 'umhüllen, einwickeln' bleibt nahe bei der etymologischen Vorgabe, während ein zweites intransitives *qal* 'eng, bedrückt sein' sich semantisch abgehoben und zusätzlich noch ein *pu* 'zusammengeflickt' und ein transitives *hiph* 'bedrängen' ausgebildet hat.

ṣar I begegnet außerhalb des AT nur noch im nachat.lichen Hebr. (vgl. WTM IV 216 'sich ängstigen, gedrängt sein', *hiph* 'bedrängen'). *ṣārāh* I bildet das fem. Nominalformativ zu *ṣar* I (vgl. BLe 454a), nach D. Michel (Grundlegung einer hebr. Syntax I, 1977, 33f.) ein nomen unitatis, das 'Enge', dann 'Not, Bedrängnis, Angst' (vgl. KBL[3] 986) bedeutet.

Von *ṣrr* I ist wohl auch das Nominalformativ *ṣ^erôr* I 'Säckchen, Beutel' abzuleiten (vgl. BLe 473h), das sich auch im jüd.-aram. und syr. *ṣ^erārā'* 'Bündel', mand. *ṣraria* 'Geldbeutel' (MdD 397) und arab. *ṣurra* 'Beutel, Geldbörse, Bündel, Paket' (Wehr, Arab. Wb 463) wiederfindet. *meṣar* (BLe 491 l) und *māṣôr* I 'Bedrängnis' sind rein hebr. Formative.

II.1.a) Das transitive 1. *qal* von *ṣārar* I begegnet im AT 9mal, wobei die ältesten Belege deutlich in vorexil. Zeit zurückreichen.

b) Das intransitive 2. *qal* begegnet im AT 33mal, dazu 1mal *pu* (Jos 9,4 „geflickte" Weinschläuche) und 11mal *hiph*. Es begegnet hauptsächlich im DtrGW und in Ps (je 11mal), sowie im ChrGW (7mal).

2. Das Nomen *ṣar* I 'Enge, Not' ist im AT 15mal belegt (ohne Jes 63,9), davon 6mal in Ijob, 4mal in Jes, 3mal in Ps sowie in 1 Sam 2,32 und Est 7,4 (→ *ṣar* II). Das Adj. *ṣar* I 'eng' begegnet 5mal, davon 2mal in Spr. Auffällig ist der hohe Anteil textlich verderbter Belege: 1 Sam 2,32; Jes 30,20; 63,9 (l. *ṣîr* II); Ijob 36,16 (l. *ṣar* II); 36,19; 41,7 (l. *ṣor* I); Est 7,4 (l. *ṣar* II) und Spr 24,10. Die Belege weisen aus, daß *ṣar* in vorexil. Zeit nur wenig, in exil. und nachexil. Zeit dann recht deutlich verbreitet war. Es ist kein Wort der erzählenden Literatur (Ausnahme: Bileam-Erzählung Num 22,26), vielmehr hat es Platz in der Prophetie, in der Gebets- und Weisheitsliteratur.

Aus Parallelismen und Verbindungen mit entsprechenden Verben wird deutlich, daß dem Begriff *ṣar* I die Vorstellung einer räumlichen Enge, des Bengtseins im Sinne von „keinen Platz haben" (vgl. ähnliche Konnotationen bei → ישע *jšʿ*) zutiefst inhäriert (*māqôm ṣar*, Num 22,26; 2 Kön 6,1; Jes 49,20). Sie gilt es „weit zu machen" (*rḥb hiph*, Ps 4,2; 118,5; Ijob 36,16). Ausgehend von diesem räumlichen Verständnis wird die Vorstellung auf andere Lebensbereiche übertragen. *ṣar* wird die „Not"; sie kann jem. treffen (*mṣ'*, Ps 119,143) und ihn erschrecken (*bʿt*, Ijob 15,24). *ṣar* wird zur Drangsal (Ijob 38,23) mit apokalyptischer Färbung (Jes 26,15); wenn sie da ist, ißt man „Notbrot" (*læḥæm ṣar*) und leidet Wassermangel (Jes 30,20). Ihre Kennzeichen sind *māṣôq* (Ps 119,143), *mûṣāq* (Ijob 36,16), *m^eṣûqāh* 'Enge, Bedrängnis' (→ צוק *ṣwq*; Ijob 15,24), *qārā'* 'Schreien' (Ps 4,2) und **ṣāqôn* (cj.) 'Drangsal, θλῖψις' (Jes 26,16), *ʿonijjāh* 'Armut' und *laḥaṣ* 'Plage' (Ijob 36,16).

3. *ṣārāh* I begegnet im AT 70mal (umstrittene Konjekturen in Jer 4,31 und Sach 10,11), zusätzlich in Sir 3,15. Diese Belege zentrieren sich nahezu ausschließlich auf Passagen direkter Rede, meist feierlicher und formaler Art (z.B. Schwurformel 2 Sam 4,9; 1 Kön 1,29). Entsprechend liegt das Schwergewicht der Belege in der Gebetsliteratur (Ps 24mal; Dtn 31 [Überleitung zum Moseslied] 2mal; Jona 2 1mal), in der Spruchweisheit (Spr 7mal; Ijob 2mal) und in den Prophetenbüchern (Jer 8mal; Jes 7mal; Nah, Obd je 2mal; Jona, Hab, Zef und Sach je 1mal). 6 Belegen im DtrGW stehen 4 im ChrGW gegenüber. Die 4 Pent.-Belege dürften alle der dtr. bzw. exilischen Literaturphase angehören. Das intensiviert den Gesamteindruck, daß *ṣārāh* I mit wenigen Ausnahmen zur Sprache der Exils- und Nachexilszeit gehört. Auffällig ist der Totalausfall in der priesterlichen Literatur, deutlich dagegen die Verwendung durch Leviten (vgl. in einigen Ps und Neh 9,27.37). Nachat.lich begegnet *ṣārāh* I nur noch in den Qumrantexten (s.u.).

Die Konnotation räumlicher Enge ist auch der Semantik von *ṣārāh* I inhärent, wie es aus Ps 25,17 *hirḥîḇ ṣārôṯ* „die Nöte weit machen" oder Ps 31,8 *mærḥaḇ* „weites Feld" als Oppositum zu *ṣārāh* hervorgeht (vgl. bes. 1 QH 9,28). Die Bedeutung „Not, Enge, Bedrängnis“ wird allenthalben durch die Parallelen bestätigt: *rāᶜāh/rāᶜôṯ* „Not/Nöte“ (Dtn 31,17.21; 1 Sam 10,19; Jer 15,11), *tôḵeḥāh* „Strafe“, *nᵉʼāṣāh* „Schande“ (2 Kön 19,3; Jes 37,3); *ᶜᵒnî* „Elend“ (Ps 31,8), *ʼên mākkîr* „keine Zuflucht“ (Ps 142,5), *mᵉṣûqāh/ôṯ* „Drangsal“ (Ps 25,17). Steht *ṣārāh* zur Bezeichnung der Feindesnot, so begegnen die Parallelismen *ḥæræḇ* „Schwert“, *dæḇær* „Pest“, *rāᶜāḇ* „Hunger“ (2 Chr 20,9), Erschlaffen und Erzittern der Hände (Jer 50,43), zur Bezeichnung kosmisch ausgeweiteter Drangsal *ḥôšæḵ* „Finsternis“, *mᵉᶜûp ṣûqāh* „drängende Dunkelheit“ (Jes 8,22), *ḥᵃrôn ʼāp* „Zornesglut“, *zaᶜam* „Wut“ (Ps 78,49) (vgl. dazu auch Zef 1,15 [s.w.u.]), in anthropologischen Zusammenhängen *jāḡôn* „Kummer“, *ḥæḇlê-māwæṯ* „Todesbande“, *mᵉṣārê šᵉʼôl* „Ängste der Unterwelt“ (Ps 116,3), *bæṭæn šᵉʼôl* „Tiefe der Unterwelt“ (Jona 2,3), *śîaḥ* „Sorge“ (Ps 142,3), *ʼêḏ* „Unglück“ (Obd 12f.).

Die Semantik wird durch die Opposita weiter bestätigt: *maᶜôz* „Zuflucht“ (Ps 37,39), *tᵉšûᶜāh* „Hilfe“, *jᵉšûᶜāh* „Heil“ (Ps 91,16; Jes 33,2), *maḥᵃsæh* „Zuflucht“ (Ps 46,2).

ṣārāh geht folgende Verbindungen ein: *ṣārôṯ leḇāḇ* „Enge des Herzens“ (Ps 25,17), *ṣārôṯ næpæš* „Nöte der Seele“ (Gen 42,21; Ps 31,8), *ʼæræṣ ṣārāh* „Land der Bedrängnis“ (Jes 30,6; vgl. Sach 10,11 cj.), *ᶜeṯ ṣārāh* „Notzeit“ (Ps 37,39; Dan 12,1), *jôm ṣārāh* „Tag der Not“ (Ps 50,15; 77,3; Obd 12).

Um der *ṣārāh*, die „kommt“ (*bôʼ*, Gen 42,21; *qûm*, Nah 1,9), zu „entkommen“ (*jāṣāʼ min*, Spr 12,13), bedarf es der „Hilfe“ (*hôšîaᶜ*, Jes 46,7; Ps 34,7), der „Rettung“ (*hiṣṣîl*, 1 Sam 26,24; Ps 54,9; Ijob 5,19; *ᶜzr//pilleṭ*, Ps 37,39f.; *ḥilleṣ*, Ps 34,8 u.ö.), der „Befreiung“ (*pāḏāh*, 2 Sam 4,9; 1 Kön 1,29; Ps 25,22), der „Wiederbelebung“ (*ḥjh*, Ps 138,7; 143,11) und des „Erbarmens“ (*ḥānan*, Jes 33,2).

4. Das Nomen *ṣᵉrôr* begegnet 7mal im AT und 2mal in Qumran. Es begegnet in Verbindung mit *kæsæp* „Geldbeutel“ (Gen 42,35; Spr 7,20) und mit *haḥajjîm* „Beutel des Lebens/der Lebendigen“ (1 Sam 25,29; Sir 6,16; 1 QH 2,20). *meṣar* begegnet 3mal, *māṣôr* 8mal.

III.1.a) Nach einem alten Weisheitsspruch ist es sinnlos, einen Toren zu ehren, gleich wie wenn man einen Stein in der Schleuder „festbindet“ (Spr 26,8). Hosea sieht, wie Efraims Schuld „gebündelt“ wird (Hos 13,12), wie ein Sturm es „einwickelt“ (4,19; zur Diskussion vgl. C. Rabin, ScrHier 8, 1961, 398). Vor dem Auszug aus Ägypten wickeln die Hebräer ihre Backschüsseln ein (Ex 12,34 JE); David „sperrt“ seine Nebenfrauen ein (2 Sam 20,3); Jesaja „verschnürt“ seine Botschaft in seinen Schülern (Jes 8,16). Nach nachexil. Schöpfungsvorstellung hat JHWH die Wasser in Wolken „gebunden“ (Ijob 26,8; vgl. Spr 30,4). Zu 1 Sam 25,29 vgl. w.u.

b) Die Belege des intransitiven *qal* zeigen deutlich semantische Spezifizierungen: eine Bettdecke ist zu „schmal“ (Jes 28,20), ein Raum (2 Kön 6,1), ein Land (Jes 49,19f.) oder ein Schritt sind zu „eng“ (Spr 4,12; Ijob 18,7). Jakob wird es „eng“ angesichts des ihn verfolgenden Esau (Gen 32,8), Amnon aus Begierde gegenüber Tamar (2 Sam 13,2), David in seiner Klage über den toten Jonatan (1,26), vor den Bewohnern Ziklags (1 Sam 30,6), nach der Volkszählung (1 Chr 21,13). Dem personifizierten Jerusalem wird es „angst und bange“ angesichts der Ereignisse von 587 (Klgl 1,20).

ṣārar kennzeichnet die Lage des Armen und Schwachen (Jes 25,4), aber auch der im Überfluß kann in Not geraten (Ijob 20,22). Nur je vom Kontext her zu bestimmen ist die Not des Beters in den Psalmen (31,10; 59,17; 66,14; 69,18; 106,44). Sie soll zur Umkehr zu JHWH erziehen (Hos 5,15), ein Gedanke, der im späten Deuteronomismus weiter systematisiert wird (Dtn 4,30; vgl. D.Knapp, GTA 35, 1987, 161).

Das *hiph* des Verbs spricht fast ausschließlich die Feindesnot an (Dtn 28,52; 1 Kön 8,37; Jer 10,18; Zef 1,17; 2 Chr 6,28; 28,20.22; 33,12).

2. Nach Num 22,26 hat sich der Engel JHWHs *bᵉmāqôm ṣar* „an einer engen Stelle“ so plaziert, daß für Bileam kein Durchkommen (*ʼên-dæræḵ*) ist. Die Prophetenjünger beklagen sich bei Elischa, daß der Raum im Haus nicht für sie reicht (*ṣar min*, 2 Kön 6,1), so daß sie an das Jordanufer gehen, um sich Holz zum Bau einer größeren Hütte zu besorgen. Dem kinderlosen Zion wird in einem Heilswort angekündigt, daß bald der Platz für die vielen Kinder zu eng sein wird (*ṣar lᵉ*, Jes 49,20).

Nach diesen noch ursprünglich räumlich zu verstehenden Belegen bezeichnet *ṣar* dann auch eine Gemütslage. Ein Gottesmann droht Eli wegen des Vorgehens seiner Söhne Hofni und Pinhas, daß er einmal *ṣar māᶜôn* (l. *ṣar mᵉᶜojen*, KBL³ 577.773 „mißgünstig“) „zutiefst bedrängt“ (EÜ: „voll Neid“) auf Gottes Heilshandeln an Israel schauen wird, während seine eigene Familie die Strafe trifft (1 Sam 2,32). Bereits in seiner ersten Gegenrede an Elifas schwingt sich Ijob dazu auf, Gott selbst zum Adressaten seiner Klage zu machen. In seiner Angefochtenheit (*bᵉṣar rûaḥ* par. *bᵉmar næpæš*) will er mit ihm rechten (Ijob 7,11). Elifas jedoch versetzt den Ijob in die Kategorie des Frevlers, den *ṣar* und *māṣôq* geradezu anspringen und erschrecken (*bᶜt*, Ijob 15,24). Elihu versucht ihm klar zu machen, daß Gott von sich aus den Bedrängten aus seiner Not (*ṣar*) herausführt und ihn in die Weite (*raḥaḇ*) stellt (Ijob 36,16). Nicht jedoch könne ihn das aufbegehrende Schreien aus der Not führen (v. 19, txt?).

Der Beter des Ps 4 kann in seiner Bitte um Schutz schon dankbar darauf zurückblicken, daß Gott ihm in seiner Enge „Raum“ verschafft hat (v. 2). Auch in Ps 32 bejubelt er seine Vergebung mit den Worten *ʼattāh seṯær lî miṣṣar tiṣṣᵉrenî* „Du bist mein Schutz, bewahrst mich vor Not“ (par. *pilleṭ* → פלט, v. 7). Nach Ps 119,143 sind es die Gebote JHWHs, die den von *ṣar* und *māṣôq* Getroffenen wieder froh

machen. In der Tradition des Jes-Buches wird JHWH als der Retter (*môšîa*[c]) gepriesen, der sein Volk aus all seiner Not errettet (Jes 63,8f.).
Eine Reihe von Belegen benutzt den Begriff, um apokalyptische Vorstellungen anzusprechen: So wird Jes 5,30 der Assyrersturm angekündigt mit den Begleiterscheinungen „Brausen des Meeres", „Wolkendunkel" und *ḥošæḵ ṣar*, wohl „beengende (angstvolle) Finsternis". Jes 30,20 kündigt dem Volk, das im Augenblick noch *læḥæm ṣar* „Not-Brot" ißt und Wassermangel leidet und auf diese Weise von Gott erzogen werden soll (dagegen H. Wildberger, BK X/3, 1190f., der *miṣṣar* / *millaḥaṣ* liest, „Brot ohne Not / Wasser ohne Bedrängnis" übersetzt und den Vers als Verheißung deutet, vgl. 1196f.), eine Rettung unter durchaus apokalyptisch-kosmischen Vorzeichen (vgl. vv. 25bf. Nachtrag?) an. Auch die erste Gottesrede des Ijob-Buches ist apokalyptisch gefärbt. Nach Ijob 38,23 hat Gott sich Schnee und Hagel aufgespart für die „Zeit der Drangsal" (*[c]æṯ-ṣar*, par. *jôm q[e]rāḇ*, par. *milḥāmāh*). In einem Lied auf die Gerechtigkeit Gottes im Rahmen der sehr späten Jesaja-Apokalypse, das ausläuft in einem Bekenntnis zur Auferstehung (Jes 26,19), vergleicht der Beter seine Not (*ṣar*) und seine Qual (l. *ṣāqôn*) mit den Wehen einer Schwangeren (vv. 16f.; vgl. Jer 48,41; 49,22; 1 QH 3,9; 5,29). In all diesen Belegen wird der Begriff als semantisch klar vorausgesetzt. Es handelt sich um eine Situation des Beengt-Seins, des Fehlens von heilvoller Weite, einer Enge, die notwendig die Angst und Beklemmung angesichts fehlender Rettungsmöglichkeit impliziert.
Die Spruchweisheit der nachexil. Zeit geht sparsam mit dem Wort um: in einem Abschnitt väterlicher Lehren (Spr 23,12-35) darf natürlich die Warnung an den Sohn vor der ehebrecherischen Dirne nicht fehlen. Der Weise begründet seine Mahnung damit, die Dirne sei eine *šûḥāh [ca]muqqāh* „eine tiefe Grube", die fremde Frau sei ein *b[e]'er ṣārāh* „ein enger Brunnen" (v. 27); d.h. nach allem, daß sie dem ihr Verfallenen alle Lebensweite, alle Entfaltungsmöglichkeiten nimmt und ihn nicht mehr aus dem Zustand angstvoller Beklemmung entläßt.
In den als Akrostichon angeordneten Lebensregeln (Spr 24,1-22) sperrt sich v. 10 der Deutung, *hiṯrappîṯā b[e]jôm ṣārāh ṣar koḥækā*, EÜ: „zeigst du dich lässig am Tag der Bedrängnis, so wird auch deine Kraft bedrängt." Schon die singuläre Wiedergabe der LXX von *ṣar* durch das Verb ἐκλείπειν „verlassen etc." zeigt, daß MT nicht in Ordnung ist (vgl. den umfangreichen Emendationsversuch bei BHS).
3. Nur wenige Belege von *ṣārāh* I sind sicher in vorexil. Zeit zu datieren. Das Zionslied Ps 46 reicht wohl am weitesten zurück und überliefert aus der frühen Königszeit den alten Bekenntnissatz: „JHWH ist uns Zuflucht und Schutz, als Hilfe *b[e]ṣārôṯ* wohl bewährt" (v.2). Signifikant ist hier schon die weite Bedeutung „Not, Notlage", alles, was „nicht heil" ist. Schon die alte – von Amenemope beeinflußte – Spruchweisheit weiß, daß eine solche Notlage vom Betroffenen große Umsicht verlangt, soll seine Kraft nicht ganz aufgerieben werden (Spr 24,10). In der Beamtenunterweisung der frühen Königszeit begegnet die Erkenntnis, daß nur der wahre Freund in der Not zum Bruder wird (17,17), daß nur der Gerechte der Bedrängnis entgehen kann (11,8; 12,13) und der, der seine Zunge hütet (21,23). Sehr einprägsam ist das alte Sprichwort: „Schlechter Zahn und stolpernder Fuß, der Verräter am Tag der Not" (25,19).
In der Zeit unmittelbar vor dem Exil erhält *ṣārāh* deutlichere theologische Konturen. Angesichts der politischen Wirren der Assyrernot wird die panische Angst des Volkes mit der Not einer Gebärenden verglichen (Jer 6,24 u.ö.). Deutlich erkennt man das Bemühen der Propheten, möglicherweise auf der Basis alter theologischer Weisheit, daß Gottes Hilfe dort am nächsten ist, wo die Not am größten ist (vgl. Ijob 5,19), dem Volk den Ruf zu JHWH als dem „Retter in der Zeit der Not" (*môšîa[c] b[ec]eṯ ṣārāh*, Jer 14,8) nahezulegen (Jer 16,19; Nah 1,7), daß er der Not ein Ende bereite (Nah 1,9). Das Theologoumenon vom „Tag JHWHs" (→ יום *jôm*) nimmt die Schilderung der Notzeit auf (Jer 30,7) mit den Angstschreien wie bei einer Erstgebärenden (Jer 4,31 cj. mit W. Rudolph, HAT I/12[3], 36); umgekehrt formulieren die Propheten dies zu einer Heilsaussage für Juda, indem sie diese Motive auf die Feinde übertragen: nun sind es Damaskus (Jer 49,24) und Babel (50,43), die in ihrer Not wie eine Gebärende zittern. Zef 1,15 zieht diese Angstschilderungen aus in einen kosmologisch – apokalyptischen Horizont: dieser Tag ist ein Tag des „Zorns" (*[c]æḇrāh*), der „Not" (*ṣārāh*), der „Bedrängnis" (*m[e]ṣûqāh*), des „Krachens" (*šo'āh*) und „Berstens" (*m[e]šo'āh*), des „Dunkels" (*ḥošæḵ*) und der „Finsternis" (*[a]pelāh*), des „Gewölks" (*[c]ānān*) und des „Wolkendunkels" (*[ca]rāpæl*), des „Widderhorns" (*šôpār*) und des „Kriegsgeschreis" (*t[e]rû[c]āh*).
Die Hauptmasse der Belege findet sich in der Exilszeit und später. Der Versuch, die historische Katastrophe aufzuarbeiten, verdichtet sich in dtr Sätzen wie „An jenem Tag wird das Volk sich fragen: Hat mich diese Not nicht deshalb getroffen, weil Gott nicht mehr in meiner Mitte ist?" (Dtn 31,17). V.21 gibt in Hinführung auf das folgende Moseslied die Antwort: Auf Bundesbruch folgen Not und Zwang jeder Art, was das folgende Lied bezeugen wird. Bundesbruch und Hinneigung zu anderen Göttern sind also fundamentaler Anlaß der Not (Ri 10,14; Jes 8,22; 46,7).
Das klassische Abfall-Umkehr-Schema im DtrGW verwendet zur Bezeichnung der Feindesnot nach dem Abfall von JHWH den Terminus *ṣārāh* nur in 10,4, entsprechend das ChrGW in Neh 9,27 (Wortspiel!), obwohl *ṣārāh* sonst durchaus die Feindesnot bezeichnen kann (2 Kön 19,3; Jes 37,3; Jer 6,24; 14,8; Obd 12.14; Nah 1,7.9; Ps 25,22; 54,9; 78,49). An seine Stelle tritt hier das Verb *ṣārar* (Ri 2,15;

10,9; 11,7; 1 Sam 13,6; vgl. auch 1 Sam 28,15; 2 Sam 24,14; 2 Chr 15,4).

Manche Belege betonen dezidiert JHWH als den Gott, der dann aus der Not errettet, wenn man ihn anruft (Gen 35,3), wobei es in der David-Dynastie eine besondere Erhörungsgewißheit gegeben zu haben scheint (vgl. 2 Sam 22,7; 2 Chr 20,9; vgl. auch 1 Sam 26,24; 2 Sam 4,9; 1 Kön 1,29; Ps 18,7; 20,2), die mit der Präsenz des JHWH-Namens (→ שם *šem*) zusammenhängt (vgl. Ps 54,9; 143,11). Auch die in dtr Zeit konzipierten Gebete Davids 2 Sam 22,1-51 (bes. vv. 5ff.18ff.) und Salomos 1 Kön 8,22-53 (bes. vv. 29f.33f.37ff.) stehen genau in diesem Zusammenhang, ohne allerdings *ṣārāh* zu verwenden (vgl. bes. charakteristisch *næḡaᶜ leḇāḇ* „Not des Herzens" 1 Kön 8,38).

Bes. die Psalmen – fast alle Belege gehören in den Umkreis des Exils – betonen den Zusammenhang vom Anrufen Gottes und der Rettung aus der Not (Ps 34,7.18; 50,15; 81,8; 86,7; 91,15; 102,3; 106,44; 116,3; 118,5; 120,1; 142,3; vgl. bes. den Refrain in der nachexil. Dankliturgie Ps 107,6.13.19.28 und den späten Dankpsalm Jona 2,3). Die Gewißheit um diesen Zusammenhang wird pragmatisch umgesetzt in den Gebetsruf „Erlöse, o Gott, Israel aus allen seinen Nöten!" (Ps 25,22). Gott ist ob seiner Gerechtigkeit Retter aus der Not (Ps 9,10; 143,11); deshalb ruft ihn der Gerechte an (Ps 25,17; 31,8; 37,39; 71,20; 77,3; 138,7); aber auch er bleibt in seiner Not nicht von der Erfahrung der Gottesferne verschont (Ps 10,1; 22,12), eine Erfahrung, die für den Ungerechten geradezu festgeschrieben ist (Spr 1,27; Ijob 27,9). So kommt das Wissen darum, daß Gott auch als Urheber von Not mitgedacht werden muß, sei es in anthropologischer Hinsicht (vgl. Ijob), sei es im Bereich der Feindesnot (Ps 78,49; 2 Chr 15,6), nicht von ungefähr.

Bei den Propheten der Exils- und Nachexilszeit spielt *ṣārāh* eine untergeordnete Rolle. Die Art der Heranziehung von Geschichte weist gelegentlich auf dtr Einfluß (vgl. Jes 37,3 = 2 Kön 19,3; Jes 63,8f.). Obadja weist auf die Menschenrechte in einer Frühform einer „Flüchtlingskonvention", wenn er in einer Gottesrede Edom ermahnt, sich nicht über Juda in seiner Not lustig zu machen, den Flüchtlingen aufzulauern, sie in ihrer Not niederzumachen und auszuliefern (Obd 12.14).

Für die apokalyptische Literatur ist generell die Endzeit eine *ᶜeṯ ṣārāh*, „Zeit der Not", wie noch keine da war, seit es Völker gibt (Dan 12,1; vgl. 1 QM 1,12; 4 QMᶠ 1-2,3). In jener Zeit der Unruhe muß man sich jeden Morgen neu der Treue Gottes vergewissern (Jes 33,2). Aber alle Zukunft steht unter der Verheißung, daß Gott einen neuen Himmel und eine neue Erde erschaffen wird, in denen die „früheren Nöte" (*ṣārôṯ hāri'šonôṯ*) vergessen sein werden (Jes 65,16).

4. Die wenigen Belege von *ṣᵉrôr* haben interessante theologische Implikationen. In der Josefsgeschichte ist die Tatsache, daß die Geldbeutel wieder zuoberst in den Getreidesäcken liegen, Anlaß zur Panik der Brüder, andererseits für den Leser jedoch Signal für eine bevorstehende Wendung in der Erzählung (Gen 42,35). In Hld 1,13 hat die Identifikation des Geliebten mit einem „Myrrhebeutel" (*ṣᵉrôr hammor*) zwischen den Brüsten des Mädchens bei den Exegeten für manche Verwirrung gesorgt. Sicherlich greifen die Hinweise auf ein köstlich gewürztes Festmahl (Ringgren, ATD), auf Glück und Freude durch die Vitalität des Jünglings (Krinetzki, NEB) oder die Vermutung, daß orientalische Frauen nun eben genau an dieser Stelle ein Beutelchen mit Gewürzpulver tragen (Gerleman, BK), zu kurz. O. Keel (ZBK AT 18, 1986, 68ff.) hat dieser Stelle durch Hinweis auf äg. (*demedh*), zypriotische und palästin.-israelit. Beutelamulette neuen Sinn abgewonnen. Wie ein solches Amulett hat auch der Jüngling für seine Geliebte eine Schutzfunktion: „Seine intime und sichere Zugehörigkeit zu ihr schützt sie. Er verleiht ihr Lebenskraft und Ansehen" (70).

Auch Ijob 14,17 ist umstritten. Ijob weiß sich unablässig von Gott beobachtet. „Versiegelt im Beutel sind meine Vergehen, du hast zugeschmiert / übertüncht (?) meine Frevel". Das semantisch schillernde *ṭpl* (v. 17b) macht die Deutung des par. Halbverses unsicher. Die einen denken an ein endgültiges Wegschließen der Sünde, an Vergebung (Weiser, ATD), andere vermuten dagegen eine vorläufige Aufbewahrung der Sünde zum Zweck einer zukünftigen Ahndung (Fohrer, KAT). Angesichts der Komplexität der Faktoren ist eine sichere Entscheidung kaum noch möglich: die Begriffe „versiegeln" (*ḥtm*) und *ṣrr* (vgl. bes. Jes 8,16) decken beide Möglichkeiten ab; unsicher ist, ob v.17 zur Ansage einer heilvollen Zukunft in v.16 gehört; unsicher ist die Bedeutung von *ṭpl*; unklar ist auch die Tragfähigkeit des häufig geäußerten Vergleichs mit der „Bündelung" der Sünden Efraims (Hos 13,12 s.o.).

Nach 1 Sam 25,29 wünscht Abigajil David, sein Leben möge „eingebunden sein" (*ṣārûr*) im *ṣᵉrôr haḥajjîm* bei JHWH. In 1 QH 2,20 preist der kollektive Beter (Gemeinde) Gott, „denn du hast meine Seele in den *ṣᵉrôr haḥajjîm* gelegt". In beiden Fällen ist damit eindeutig eine Schutzfunktion verstanden, wie es auch die parallelen Halbverse ausweisen. Der Beutel ist – das Beispiel des Geldbeutels ist assoziiert – ein Wertgegenstand, dem die bes. Aufmerksamkeit des Eigentümers gilt; vgl. den ababyl. Wunsch: „Dein Herr und deine Herrin mögen dich schützen wie den Beutel in ihrer Hand" (*kima kīsi ša qātišunu liṣṣurūki*, vgl. AHw 487). Aber schon Sir 6,16 „Ein treuer Freund ist ein Beutel des Lebens (*ṣrwr ḥjjm*, φάρμακον ζωῆς), nichts wiegt seinen Wert auf" läßt ahnen, daß mit der Wendung mehr gemeint ist. Die weitergehende theol. Wertigkeit ist zu erschließen aus der ähnlichen Wendung „Buch des Lebens" (→ ספר *sepær*), die eine höhere Art des Aufgehobenseins menschlicher Existenz in göttlicher Obhut – eine Heilssorge ohne Beschränkung durch die Zeit – ansagt. Eissfeldt hat auf Nuzi verwiesen, wo die Zählung des Viehs mittels Zählsteinen in einen Beutel den Bestand des Eigentums anzeigt. Damit ist einerseits die Übersetzung „Beutel der Lebendigen“ (mit V gegen LXX δεσμὸς τῆς ζωῆς) wahrscheinlich geworden, andererseits sind magisch-mantische Hintergründe (z.B. A. Marmorstein, ZAW 43, 1925, 119ff.) wirksam zurückgewiesen. Über die Schutzfunktion hinaus zeigt die Wendung damit eine Eigentumsaussage an, die eben mehr als nur Schutz impliziert.

meṣar und *māṣôr* unterscheiden sich nicht erkennbar von *ṣārāh* I. *meṣar* meint die Bedrängnis in der Gefangenschaft (Klgl 1,3), aus der heraus Juda keine Ruhe findet, und die Not des Beters angesichts ungerechter Verfolgung und Todesdrohung (Ps 116,3), aus der ihn nur Gott „frei“ machen kann (118,5). *māṣôr* meint primär die Not einer Belagerung (Dtn 28,53.55.57; Jer 10,17; 19,9). Der Psalmist sieht in *māṣôr* eine notvolle menschliche Befindlichkeit ausgedrückt, die zum bevorzugten Ort göttlichen Befreiungs- / Offenbarungshandelns wird. Deshalb soll man zu Gott beten (Ps 32,6) und ihn preisen (31,22; 66,11).

IV.1. *ṣārar* I bildete für die LXX offensichtlich eine crux. Nach ϑλίβειν κτλ. (21mal) wird es sonst nur noch singulär wiedergegeben. Dagegen kam die LXX mit Ausnahme der unsicheren Belege (s.o.) mit *ṣar* gut zurecht. Das Adj. übersetzt sie mit στενός „eng“ und σκληρός „dürr“, mit Ausnahme von Spr 24,10 ἐκλείπειν (s.o.). Das Subst. übersetzt sie mit ϑλῖψις (4mal), ἀνάγκη (3mal), στενός (1mal) oder personalisiert zu *ṣar* II, wenn sie mit ἐχϑρός (2mal) oder διάβολος (Est 7,4) übersetzt. In 1 Sam 2,32 lag ihr wohl ein anderer Text vor.

ṣārāh I ist für LXX die ϑλῖψις (62mal), κακός (5mal) und ἀνάγκη (4mal). *ṣ^e^rôr* wird durch δεσμός (4mal), ἀπόδεσμος und βαλάντιον (je 1mal) wiedergegeben. *meṣar* ist die ϑλῖψις (2mal) oder κίνδυνος (1 mal). *māṣôr* hat der LXX große Probleme bereitet.

2. In Qumran ist das Verb *ṣārar* 7mal (zusätzlich 3 mal in noch unpublizierten Texten) bezeugt. Es steht für die Bedrängnis der Gemeinde, die sich gegen alle Anfechtungen behaupten will (vgl. 1 QSb 5,23; 1 QpHab 5,6).

Dagegen ist *ṣar* I bisher nicht sicher nachgewiesen. Möglicherweise hat man 4 Q 381,24,5 *g'l ljhwdh mkl ṣr* mit E.M. Schuller, Non-Canonical Psalms from Qumran, Harvard Semitic Studies 28, Atlanta 1986, 115 als „er hat Juda aus aller Not befreit“ zu übersetzen. 4 Q 380,2,4 entspricht Ps 107,6. 4 Q 178,1,2 ist unsicher.

ṣārāh I ist 24mal belegt (zusätzlich noch ca. 20 Belege in den noch unpublizierten Texten aus 2Q – 10Q). Das Wort wurde von den Essenern bereits in vorqumranischer Zeit verwendet (vgl. 1 QS 8,4) und begegnet ebenfalls auch schon in den ältesten Teilen von 1 QM, dann 6mal in 1 QS, 3mal in 1 QH und in 4 QDibHam[a], 2mal in 1 QM, dazu 2mal in 4 QM[f] und 1mal in 4 QM[a] u.a.

Schon der Verfassungsentwurf der essenischen Gemeinde ordnet an, Gerechtigkeit, barmherzige Liebe, Demut und Treue zu üben und die Schuld zu sühnen, um so die „Drangsal der Läuterungen“ zu ertragen (1 QS 8,4). Der Qumranessener weiß, daß er sich in „Zeiten der Drangsal“ (*mô^ca^ḏê ṣārāh*, 3,23; vgl. CD 4,5; 4 QShir[b] 11,2) und am „Ort der Drangsal“ (*m^e^ḵôn ṣārāh*, 1 QS 10,15) befindet und trifft die Vorbereitung für die entscheidende Auseinandersetzung (1 QM 1,12; 15,1). Schlag auf Schlag, *ṣārāh* auf *ṣārāh* zeichnen die Zeit (3 Q 5,1,3). Im großen Glaubensbekenntnis (4 QDibHam[a] 1-2, I 8 – VII 2) bekennt der Fromme, daß der Unterdrücker Schläge und Prüfungen geschickt hat (V 17), daß ihn selbst aber keine Not zum Bruch des Bundes mit Gott führen kann (VI 8). Das Bekenntnis schließt mit einem Lob Gottes, „der uns aus aller Not befreit hat. Amen! Amen!“ (VII 2).

In den Hodajot wird mehr die anthropologisch bestimmte Valenz von *ṣārāh* betont: der Beter weiß sich selbst in der Not nicht von Gott verlassen (1 QH 5,12), vielmehr wird dieser ihm „unendlichen Raum“ geben (9,28), seine „Not lösen“ (1 QS 11,13) und seine Seele öffnen zu ewigem Heil und dauerndem Frieden (1 QH 15,16). Deshalb will er ihn auch in der Not rühmen (1 QS 10,17).

Die Bezeugung von *ṣ^e^rôr* in 1 QH 2,20 (s.o.) ist bedeutungsvoll, während der Beleg im bisher unpublizierten Text 4 QSl 56 aus Gründen der Textverderbnis zur weiteren Deutung nichts beiträgt.

meṣar begegnet nur 1 QH 5,29 und steht dort für die durch die Ränke Belials bewirkte Bedrängnis, die mit den Wehen einer Gebärenden vergleichbar ist.

Fabry

צַר II *ṣar*

צֹרֵר *ṣorer*, צרר *srr* II

I. 1. Etymologie – 2. Belege – 3. Wortfeld – II. Verwendung im AT – 1. *ṣar* – 2. *ṣorer* – 3. *ṣārāh* = Feindschaft? – 4. Verb *ṣrr* – III. 1. LXX – 2. Qumran.

Lit.: *G. R. Castellino,* L^e^ma'an ṣôr^e^rêkā (Salmo 8,3) (Festschr. H. Cazelles, Paris 1981, 293–298). – *G. Jenni,* צרר *ṣrr* befeinden (THAT II 582f.). → איב *'jb.*

I. 1. Hebr. *ṣar* und *ṣorer* 'Feind' gehören zur Wurzel *ṣrr* II; dazu vergleicht man ugar. *ṣrt* 'Feindschaft' (WUS Nr. 2353), akk. *ṣerru* III 'Feindschaft' (AHw 1093), christl.-pal. aram. *'r* 'Entrüstung, Gegnerschaft' (auch Verb), arab. *ḍarr, ḍurr* 'Schaden, Schädigung', äth. *ḍar* 'Feind' (auch Verb *ḍarara*), asarab. *ḍr* 'Krieg, Feind' (BGMR 42).

2. Die Abgrenzung zwischen *ṣrr* I ʿeng seinʾ mit *ṣar* und *ṣārāh* ʿDrangsal, Notʾ mag in Einzelfällen schwierig sein. Dadurch wird die Zahl der Belege unsicher. Lisowsky verzeichnet für *ṣar* 70 Belege, für *ṣorer* 17. KBL[3] rechnet dazu 3 Belege für *ṣārāh* in der Bedeutung ʿFeindschaftʾ als abstr. pro concr. = Feinde (Ps 54,9; 138,7; 143,11, alle mit *ʾojeḇ* im Kontext, s.u. II. 3). Der Text ist unsicher Jes 9,10; Jer 48,5; Ez 30,16; in Ps 89,44 wird *ṣar* konjiziert.
Die Belege finden sich fast ausschließlich in poetischen Texten oder jedenfalls in gehobener Sprache. Reine Prosabelege sind selten, vgl. jedoch Num 10,9 im Gesetz über die silbernen Trompeten (später Zusatz: „wenn ein Feind euch angreift" [*ṣrr*]) und Jos 5,13 (Josua fragt den Hauptmann des Heeres JHWHs: „Gehörst du zu uns oder zu unseren Feinden?"), ferner 2 Sam 24,13 // 1 Chr 21,12; Est 7,6; Esra 4,1; Neh 4,5.

3. Zum Wortfeld gehört in erster Linie *ʾojeḇ* (→ איב *ʾjb*), ferner *śôneʾ*, *meśaneʾ* „Hasser", *qām*, *miṯqômem* „Gegner". Ob bei *ṣar* eine Konnotation „Bedränger" mitgehört wurde, ist schwer zu entscheiden.

II. 1. Die Feinde, die mit *ṣar* bezeichnet werden, sind vor allem nationale, politische oder militärische Feinde. In nationalen Klagepsalmen wird ihre Aktivität beschrieben (Ps 74,10 „sie schmähen und verachten Gott", par. *ʾôjeḇ*; Ps 44,11 „sie erbeuten uns", par. *meśaneʾ*; vgl. auch Jes 63,18: „sie haben das Heiligtum zertreten"), häufiger jedoch wird Hilfe gegen sie erfleht (Ps 60,13 = 108,13; vgl. v. 14: „Gott wird sie zertreten") oder der Gewißheit solcher Hilfe zum Ausdruck gebracht (so 2mal in Ps 44: „wir werden sie niederstoßen und zertreten" [v. 6; par. *qām*], „du hast uns Sieg gegeben" [v. 8; par. *meśaneʾ*]). Der Geschichtspsalm Ps 78 sagt, daß das Volk nicht daran dachte, daß Gott es vom Feind (Ägypten) befreit hatte (v. 42), daß er wegen des Abfalls des Volkes seine Lade in Feindeshand gab (v. 61), dann aber erwachte und seine Feinde zurückschlug (v. 66). In Ps 81 verspricht Gott, daß er, wenn das Volk auf ihn hört, die Feinde besiegen will (v. 15, par. *ʾôjeḇ*). Ps 106 beschreibt die Rettung aus Ägypten (vv. 7–12); in vv. 10f. werden die Ägypter dabei als *śôneʾ*, *ʾojeḇ* und *ṣārîm* bezeichnet. Ps 107,2 spricht von denen, die JHWH von dem *ṣar* (Feind oder Not?) befreit hat (*gāʾal*), Ps 105,24 sagt, daß Gott Israel stärker als die Feinde (Ägypter) machte, und Ps 136,24 dankt ganz allgemein für Befreiung von den Feinden.
Hier sind auch die Belege in Klgl zu nennen. Der Feind hat die Übermacht (1,5, par. *ʾojeḇ*); das Volk ist in Feindeshand gefallen, der Feind hat die Hand nach den Schätzen Zions ausgestreckt (v. 10), es ist JHWH, der die Feinde aufgeboten hat (v. 17), ja er tritt sogar selbst als der Feind seines Volkes auf (2,4, par. *ʾôjeḇ*). So triumphiert der Feind (v. 17, par. *ʾôjeḇ*), obwohl niemand erwartet hatte, daß ein Feind (*ʾôjeḇ, ṣar*) Jerusalem einnehmen würde (4,12).
Der dritte Bileamspruch beschreibt, wie das von JHWH befreite Israel „die Völker, die ihm feind sind (*gôjim ṣārājw*)" frißt (Num 24,8). Das Moselied Dtn 32 läßt JHWH erwägen, ob er nicht sein Volk vernichten sollte, aber dann würden die Feinde die Ehre dafür beanspruchen (*ʾôjeḇ, ṣar*, v. 27). Der Mosesegen Dtn 33 stellt für Juda die Hilfe Gottes gegen die Feinde in Aussicht (v. 7).
Feindesangriffe können die Strafe Gottes sein. So verkündet Amos das Urteil über Samaria: Ein Feind (kaum: Not) wird das Land umzingeln, seine Macht niederreißen und seine Paläste plündern (Am 3,11). Nach Ez sagt JHWH: „Ich gab sie in die Hand ihrer Feinde" (39,23); ähnlich heißt es im Bußgebet Neh 9: „Du gabst (unsere Väter) in die Gewalt ihrer Feinde, die sie hart bedrängten (*ṣrr hiph*); in der Zeit ihres Bedrängnisses (*ṣārāh*) schrien sie zu dir... du gabst ihnen Retter, die sie aus der Gewalt ihrer Feinde retteten" (v. 27; ist hier ein Wortspiel beabsichtigt, oder ist *ṣārîm* als „Bedränger" zu fassen? In v. 28 wird *ʾojeḇ* in ähnlichem Kontext gebraucht). In der kommenden Heilszeit aber werden die Feinde (*ṣārîm*), die Israel gefressen, ausgeplündert und beraubt haben, selbst in Gefangenschaft gehen (Jer 30,16).
Mit Bezug auf Feinde des einzelnen wird *ṣar* seltener gebraucht. Als Melchisedek zu Abraham sagt: „El Eljon hat deine Feinde in deine Hand gegeben" (Gen 14,20), handelt es sich ja um ein großes Kriegsunternehmen. In 2 Sam 24,13 // 1 Chr 21,12 ist zwar von den Feinden Davids die Rede, aber sozusagen in offiziellem Zusammenhang: David als König. Ps 89,24 spricht auch von den Feinden Davids, aber hier geht es ganz deutlich um David als Gründer der Dynastie: Gott zerschmettert seine Feinde und schlägt nieder, die ihn hassen (*meśaneʾ*), und in v. 43 geht es um die Feinde des gesalbten Königs (par. *ʾôjeḇ*).
In Psalmen, wo von den Feinden eines einzelnen Beters die Rede ist, ist die Art der Feinde schwer zu bestimmen (→I 234f.). Ps 3,2 sagt nur, daß sie zahlreich sind (par. *qāmîm*); in v. 8 heißen sie *ʾojeḇîm* und *rešāʿîm*. Ps 13 spricht von Kummer (*jāḡôn*) und seelischen Schmerzen (*ʿeṣôṯ*!) wegen des Feindes (*ʾojeḇ* v. 3) und berichtet über den Triumph der *ṣārîm* (v. 5); worin das Leiden des Beters besteht, wird nicht klar. Ps 27,2 setzt *mereʿîm, ṣārîm* und *ʾojeḇîm* gleich; in v. 12 sind die *ṣārîm* falsche Zeugen. In Ps 112 geht es nach v. 7 um Verleumdung, in v. 8 wird Triumph über die *ṣārîm* versprochen, und v. 10 spricht von *rešāʿîm*. Nach Ps 119, 139 vergessen die *ṣārîm* das Wort Gottes, nach v. 157 sind die Verfolger und *ṣārîm* zahlreich. In Ijob 6,23, wo *ṣar* par. mit *ʿārîṣîm* steht, scheint es um äußere Gewalt zu gehen (vgl. Jer 15,21 mit *rāʿîm*). In 16,9 klagt Ijob, sein Feind „schärfe seine Augen" auf ihn – ein einmaliger Ausdruck, der die Augen mit einem geschliffenen Schwert vergleicht.

Die Feinde des Gottesvolkes sind auch Gottes Feinde. Mit einem leicht variierten Ausdruck, der vielleicht auf eine kultische Formel zurückgeht, wird versichert, daß Gott Rache nimmt an diesen Feinden (Dtn 32,41, par. *m*ᵉ*śanne*', vgl. v. 43; Jes 1,24 par. *'ojeḇ*; 59,18 par. *'ojeḇ*; Jer 46,10; Nah 1,2 par. *'ojeḇ*).

Im Lied auf die Gerechtigkeit Gottes innerhalb der sog. Jesajaapokalypse (Jes 26,7–19) sagt der Dichter, daß Feuer die *ṣārîm* Gottes verzehren soll (v. 11). In Jes 64,1 bittet der Prophet, Gott möge den Feinden seinen Namen bekannt machen, so daß die Völker vor ihm zittern. Nach Ps 97,3 frißt verzehrendes Feuer die Feinde des erscheinenden Gottes. Nach Ijob 19,11 behandelt Gott Ijob wie seine *ṣārîm*.

2. Die *ṣorer*-Belege gliedern sich ähnlich wie die Belege für *ṣar*. Oft bezieht sich das Wort auf politisch-militärische Feinde. Im Anhang zum Bundesbuch (dtr?) findet sich u.a. die Zusage: „Wenn du ... alles tust, was ich sage, werde ich der Feind deiner Feinde sein (*'jb*) und der Gegner deiner Gegner (*ṣartî 'æṯ ṣor*ᵉ*rǣḵā*)" (Ex 23,22). Der späte Vers Jes 11,13 verheißt das Aufhören der Feindschaft zwischen Efraim und Juda: Der Neid (*qin'āh*) Efraims hört auf, die Feinde (*ṣorer*) Judas werden vernichtet, Efraim wird nicht mehr eifersüchtig sein (*qn'*), und Juda wird Efraim nicht mehr anfeinden (*ṣrr*). Feindschaft und Neid werden hier gleichgestellt. Ps 74,4 beschreibt, wie die Feinde im Tempel gelärmt haben, v. 23 bittet um Gottes Eingreifen gegen sie (*ṣor*ᵉ*rîm* und *qāmîm*); zu bemerken ist, daß die Feinde hier als Feinde JHWHs bezeichnet werden. Die Bezeichnung Hamans als Feind der Juden ist zur Formel geworden (Est 3,10; 8,1; 9,10.24; vgl. 7,6 mit *ṣar*).

Die persönlichen Feinde der Psalmisten werden auch *ṣorer* genannt. Wegen der Feinde ist das Auge des Beters gealtert (Ps 6,8). Der Beter von Ps 7 beteuert, er habe sogar seine Feinde nicht benachteiligt (cj. v. 5) und bittet um Gottes Eingreifen gegen seine Feinde (v. 7). Die Feinde des Psalmisten lassen ihn Schmach leiden (31,12) oder schmähen ihn (42,11). Das ist auch in Ps 69,20 der Fall; hier bittet der Psalmist um Befreiung von den *'oj*ᵉ*ḇîm* (v. 19) und den *ṣor*ᵉ*rîm* (v. 20). Ps 143,12 bittet um Vernichtung der *ṣor*ᵉ*rîm* und der *'oj*ᵉ*ḇîm* (vgl. *'ôjeḇ* v. 3). Ps 23,5 beschreibt die Sicherheit des Psalmisten: Gott deckt ihm einen Tisch vor den Augen seiner Feinde. In Ps 10,5 dagegen ist von den Feinden des *rāšā'* die Rede: er hält sie für nichts.

Die *ṣor*ᵉ*rîm* des Gerechten (Am 5,12) könnten die sozialen Bedrücker sein; der Kontext spricht auch von Bestechung und Rechtsverdrehung gegenüber den Armen.

Schließlich ist Ps 8,3 von den *ṣor*ᵉ*rîm* JHWHs die Rede, gegen die JHWH ein *'oz* aufgerichtet hat, „um den *'ôjeḇ* und den *mitnaqqem* zu bezwingen". Wahrscheinlich sind die Chaosmächte gemeint.

3. Dreimal in Ps steht *ṣārāh*, das normalerweise 'Not, Drangsal' bedeutet, in Parallelismus oder naher Verbindung mit *'ojeḇ*. KBL³ verzeichnet diese Stellen als Beispiele für ein *ṣārāh* 'Feindschaft, Feind'. So heißt es Ps 54,9: „JHWH hat mich herausgerissen aus all meiner *ṣārāh*, und mein Auge kann auf meine *'oj*ᵉ*ḇîm* herabsehen". V. 7 spricht von *šor*ᵉ*rāj*; *hiṣṣîl* kann sich auf Befreiung von Feinden beziehen. Auch Ps 138,7 liegt eine solche Deutung nahe: „Gehe ich auch inmitten von *ṣārāh* (Feinden? Not?), erhältst du mich am Leben." Der Vers fährt fort: „Du streckst deine Hand aus gegen den Zorn meiner *'oj*ᵉ*ḇîm*". Schließlich Ps 143,11: „Erhalte mich am Leben, führe mich aus der *ṣārāh* heraus", während v. 12 um Vernichtung der *'oj*ᵉ*ḇîm* und *ṣor*ᵉ*rîm* bittet. – Vieles spricht für diese Deutung; vollständige Gewißheit ist aber kaum zu erreichen.

4. Das Verb *ṣrr* steht Num 10,9 zusammen mit *ṣar* (s.o.), Jes 11,13 mit *ṣorer* (s.o.). Num 25,17 enthält den Befehl, die Midianiter anzugreifen, was dadurch begründet wird, daß sie die Israeliten angegriffen haben. Num 33,55 ordnet die Vernichtung der früheren Einwohner des Landes an, da diese sonst die Israeliten angreifen werden.

III. 1. Die Wiedergabe von *ṣar* in der LXX ist von der homonymen Wurzel *ṣrr* I beeinflußt. Zwar wird *ṣar* 26mal mit ἐχϑρός übersetzt, aber 18mal wird ϑλίβων (2mal ἐκϑλίβων) benutzt, vor allem, wenn ἐχϑρός für *'ojeḇ* im parallelen Glied in Anspruch genommen worden ist. In 11 Fällen wird ὑπεναντίος benutzt, vereinzelt ἐπανιστάμενος. Für *ṣorer* werden vor allem ἐχϑρός (9mal) und ϑλίβων (4mal) benutzt, außerdem ἀντικείμενος (Ex 23,22), ἱκετής 'schutzflehend'(!) (Ps 74,23) und διάβολος (Est 8,1; unübersetzt 3,10; 9,24; in 9,10 ἐχϑρός). Das Verb wird mit ἐχϑραίνειν (2mal), ἐχϑρεύειν (1mal), ἀντικεῖμαι (1mal), ϑλίβειν (1mal) oder πολεμεῖν (2mal) übersetzt.

2. In Qumran sind *ṣar* / *ṣorer* etwa 12mal belegt. In 1 QM 10,7 wird auf Num 10,9 angespielt und in 1 QM 12,11 (vgl. 19,4; 4 Q 492,1,4) wird die Bitte geäußert: „Zerschmettere (*mḥṣ*) die Völker (*gôjîm*), die dir feindlich sind (*ṣārǣkāh*; vgl. Num 24,8, wo *mḥṣ* im zweiten Glied steht). In 1 QH 9,21 ist wahrscheinlich *tağber ṣāraj 'ālaj* zu lesen: „du stärkst meine Feinde wider mich". 9,25 steht deutlich „die Verachtung meiner Feinde [wurde] zur Ehrenkrone", um die göttliche Hilfe hervorzuheben. CD 9,5 schließlich zitiert Nah 1,2.

In dem Psalm 4 Q 381,31, 4–9 (vgl. E. M. Schuller, Harvard Semitic Studies 28, 1986, 36f. 128–145) beklagt der Beter die Vielzahl der Feinde (Z. 5, vgl. Ps 69,5); in Z. 8 spricht er die Zuversicht vom Untergang der Feinde aus. Auch in der Zions-Apostrophe wird der Untergang der Feinde Zions angesagt (11 QPs[a] 22,11). 4 Q DibHam[a] (504) 6,16 ist textlich unsicher.

Ringgren

צְרוֹר *ṣ*ᵉ*rôr* → צר *ṣar* I

צָרַעַת *ṣāra'at*

צָרוּעַ *ṣārûa'*, מְצֹרָע *m^eṣorā'*

I. Etymologie – 1. Nominalbildung – 2. Innerhebr. Derivation – 3. Semit. Parallelen – II. Belege und Bedeutung – 1. Überblick – 2. Syntaktische Verwendung und Fügungen – 3. Bedeutung und Übersetzung – 4. Qumran.

Lit.: *J. G. Andersen*, Leprosy in Translations of the Bible (BiTrans 31, 1980, 207–212). – *S. G. Browne*, Leprosy in the Bible, London ³1979. – *R. G. Cochrane*, Biblical Leprosy (BiTrans 12, 1961, 202f.). – *K. P. C. A. Gramberg*, 'Leprosy' and the Bible (BiTrans 11, 1960, 10–23). – *E. V. Hulse*, The Nature of Biblical 'Leprosy' and the Use of Alternative Medical Terms in Modern Translations of the Bible (PEQ 107, 1975, 87–105). – *W. Klein*, Dermatologie im Alten Testament (Diss. Masch. Tübingen 1949). – *L. Köhler*, Der hebräische Mensch, 1953. – *Ders.*, „Aussatz" (ZAW 67, 1955, 290f.). – *E. A. Nida*, The Translation of 'Leprosy' (BiTrans 11, 1960, 80f.). – *J. Preuss*, Biblisch-talmudische Medizin. Beiträge zur Geschichte der Heilkunde und der Kultur überhaupt, 1911. – *J. F. Sawyer*, A Note on the Etymology of *ṣāra'at* (VT 26, 1976, 241–245). – *T. Seidl*, Tora für den „Aussatz"-Fall. Literarische Schichten und syntaktische Strukturen in Levitikus 13 und 14 (ATS 18, 1982). – *K. Seybold / U. Müller*, Krankheit und Heilung (Biblische Konfrontationen, 1978). – *H. J. Stipp*, Elischa – Propheten – Gottesmänner (ATS 24, 1987). – *J. L. Swellengrebel*, 'Leprosy' and the Bible. The Translation of 'Tsara'ath' and 'Lepra' (BiTrans 11, 1960, 69–80). – *P. G. Unna*, Ein typischer Fall von Papierwissenschaft (Das monistische Jahrhundert 16–18, 1912, 527–533. 559–566. 592–602). – *D. H. Wallington*, 'Leprosy' and the Bible. Conclusion (BiTrans 12, 1961, 75–79). – *J. Wilkinson*, Leprosy and Leviticus: The Problem of Description and Identification (ScotJT 30, 1977, 153–169). – *Ders.*, Leprosy and Leviticus: A Problem of Semantics and Translation (ScotJT 31, 1978, 153–166). – *J. V. K. Wilson*, Leprosy in Ancient Mesopotamia (RA 60, 1966, 47–58). – *Ders.*, Medicine in the Land and Times of the Old Testament (T. Ishida [Hg.], Studies in the Period of David and Solomon and Other Essays, Tokyo 1982, 337–365).

I. 1. *ṣāra'aṯ* ist Abstraktbildung des Typus *qaṭṭal* (s. BLe § 61xβ–zβ; Brockelmann, VG I § 150; Barth, Nominalbildung § 93a) und gehört zu einer Gruppe medizinischer Termini analoger Bildung: z. B. *bahæræṯ* (Lev 13, 2), *sappaḥaṯ* (Lev 13, 2), *jallæpæṯ* (Lev 21, 20; 22, 22), *jabbælæṯ* (Lev 22, 22), *gārāḇ* (Lev 21, 20; 22, 22; Dtn 28, 27), *qāraḥaṯ*, *gabbaḥaṯ* (Lev 13, 42) u. ä.; bei diesen Abstraktsubstantiven zeigt die Wurzel bisweilen ein auffälliges Symptom der Krankheit an (z. B. *bhr* 'glänzen', *spḥ* 'dünn sein'); *ṣāra'aṯ* gehört zu den Termini, die sich von einer Wurzel unbekannter Bedeutung ableiten (Sawyer 243).

2. Die gängige Derivation von *ṣāra'aṯ* in den älteren Lexika (GesB 695f.; BDB 863; KBL² 816f.) ist geprägt von der verbalen Herleitung des Subst. von *ṣr'* und der angenommenen etymolog. Verbindung mit arab. *ṣara'a* 'niederwerfen, zu Boden werfen' (Lane I/4, 1678ff.) / *ḍara'a* 'demütig, unterwürfig sein' (Lane I/5, 1787ff.), asarab. *ḍr'* (BGMR 41f.). (Mündlicher Hinweis M. Görg: *ḏr'* als semit. Fremdwort im Äg. gebraucht von Besiegten, Geschlagenen in den Texten von Medinet Habu aus der Zeit Ramses III., s. W. Helck, ÄgAbh 5, ²1971, 527, Nr. 314). So kommt es zu den Deutungen von *ṣāra'aṯ* als „Niedergeschlagenheit" oder „entstellende, erniedrigende Krankheit" (z. B. G. R. Driver u. a., Leprosy [F. C. Grant / H. H. Rowley, Hg., Dictionary of the Bible, Edinburgh 1963, 575] oder „Schlag", den Gott gegen den sündigen Menschen ausführt (Köhler, Mensch 43).

Gegen diese verbale Derivation führt Sawyer 242ff. folgende Gründe an: 1) *ṣāra'aṯ*, gedeutet als „Niedergeschlagenheit", „Schlag", fügt sich nicht in die Reihe der typenidentischen medizinischen Abstrakta (s. I. 1.), die eine Symptombeschreibung geben. 2) Die häufige Verbindung *næḡa' ṣāra'aṯ* („Schlag" von *ṣāra'aṯ*) läßt vermuten, daß keine Tautologie, sondern eine differenzierte Konnotation der beiden Subst. vorliege. 3) *ṣāra'aṯ* ist kein genereller Terminus für jegliche Unreinheit, sondern eingeschränkt auf Hautanomalien an Menschen und Oberflächenveränderung von Kleidern und Mauern.

Sawyer denkt an eine semantische Verbindung mit dem Subst. *ṣir'āh* (KBL³ 989), das bei seinen 3 biblischen Belegen Ex 23, 28; Dtn 7, 20; Jos 24, 12 nach dem einmütigen Zeugnis der alten Übersetzungen (LXX, V, S, Targ) als „Wespe", „Hornisse" gedeutet werden müsse. Danach wäre *ṣāra'aṯ* eine Hautkrankheit, deren äußere Symptome denen eines schweren Insektenstiches glichen (Sawyer 244). Wenn auch Sawyers Theorie vor allem durch die unsichere Etymologie und Semantik von *ṣir'āh* (zur Diskussion vgl. KBL³ 989) fraglich bleibt, hat sie das methodische Verdienst, die Problematik der bisherigen verbalen Derivation von *ṣr'*, arab. *ṣara'a* erwiesen und die Möglichkeit einer alternativen Ableitung von einer unbekannten Wurzel oder die Annahme eines Primärnomens für die Etymologie von *ṣāra'aṯ* offengehalten zu haben.

Die schon von Gesenius, Lex. 1833, gegen die Verbindung mit arab. *ṣara'a* vorgeschlagene Ableitung von *gr'* 'stutzen, verkürzen' (wieder zitiert in KBL³ 989) böte zwar eine brauchbare semantische Relation, muß aber aus phonologischen Gründen ausscheiden (mit Sawyer 243).

3. Parallelbelege für *ṣāra'aṯ* finden sich im älteren west- und nordwestsemit. Bereich (ugar., phön., altaram.) nicht. Der Schwerpunkt der althebr. Belege in der Spätliteratur des AT einerseits sowie die Produktivität der Verbalwurzel *ṣr'* und des Subst. *ṣāra'aṯ* im Samarit., Jüd.-Aram. und Mhebr. andererseits legen die Annahme einer jüngeren Wortbildung nahe.

Zum Beleg *ṣrj'h* im aram. Dialekt der Samaritaner vgl. LOT II 576 (Nr. 180). Für das Jüd.-Aram. sind nach Dalman 368a und Levy, WTM IV 220b die Subst.bildungen *ṣar'^aṯā(')*, *ṣur'^aṯā(')*, *ṣūr'ā(')* und *ṣîr'ā(')* belegt und das Verb *ṣr'* im *itp.* „aussätzig werden", für das Mhebr. *ṣāra'aṯ* und *ṣr'* im *hitp.* Zum Arab. s. o. I. 2.

Den einzigen Verweis auf ein älteres Etymon erlaubt das akk. Lexikon. Das von CAD Ṣ 127 aufgeführte alt- und „standardbabyl.". *ṣennītu* (*ṣenittu, sirnittu*), „a skin disease" (vgl. AHw 1090. 1588) wird seit H.

Holma, Kleine Beiträge zum Assyrischen Lexikon, Helsinki 1913, 17–20 mit hebr. *ṣāraʿaṯ* etymol. verbunden; der Lautwechsel *n-r* äth. *l* ist nach Brockelmann, VG I § 84a vertretbar. Diese Verbindung hat A. Goetze (JCS 9, 1955, 12, mit Textbelegen) bestätigt unter Annahme der lautlichen Gleichung **ṣarraʿatu* > **ṣarraʿtu* > **ṣannaʿtu* > **ṣanneʿtu* > *ṣennētu/ṣennettu*.

Sawyer 243 erwägt im Rahmen seiner etymol. Versuche zu *ṣāraʿaṯ* (Suche nach einer symptombeschreibenden Wurzel) die Heranziehung der akk. Wörter *ṣerretu* 'Glanz' (CAD Ṣ 137; AHw 1093: „Kranz um einen Stern?"), *ṣarāru* A 'tröpfeln' (CAD Ṣ 105; AHw 1084f.) oder *ṣiriḫtu* 'Entzündung' (CAD Ṣ 207; AHw 1104), muß sie aber aus phonologischen Gründen wieder verwerfen. Akk. Texte, die sich evtl. auf Hautkrankheiten beziehen, sind zusammengestellt bei Wilson (RA 60, 1966, 47f.), jedoch ohne terminolog. Parallelen. Für das Äth. darf unter Annahme des Lautwechsels *r-l-n* (s. W. Leslau, Contributions 5) die etymol. Korrespondenz von *ṣāraʿaṯ* zu *ṣĕrnĕʿĕt* (LexLingAeth 1275 „porrigo, impetigo pruriens") und *ṣalʿē/ṣelʿē* (LexLingAeth 1262 „vulnus, ulcus") angenommen werden (s. auch Leslau, Contributions 46).

II. 1. Im AT zählt man 35 Belege des Subst. *ṣāraʿaṯ* davon 29 in Lev 13f., der „Aussatz"-Thora (13, 2. 3. 8. 9. 11. 12 (2mal). 13. 15. 20. 25 (2mal). 27. 30. 42. 43. 47. 49. 51. 52. 59; 14, 3. 7. 32. 34. 44. 54. 55. 57). Die übrigen Belege sind: Dtn 24, 8 (Gesetz); 2 Kön 5, 3. 6. 7. 27 (Naaman), 2 Chr 26, 19 (Usija). Das wahrscheinlich denom. Verb *ṣrʿ* hat 5 Belege im Ptz. pass. *qal* (Lev 13, 44. 45; 14, 3; 22, 4; Num 5, 2) und 15 Belege im Ptz. *pu* (*m^eṣorāʿ*) davon nur ein Beleg in Lev 14, 2; die übrigen verteilen sich auf Ex 4, 6 (Aaron); Num 12, 10 (Mirjam); 2 Sam 3, 29 (Joab); 2 Kön 5, 1. 11. 27 (Naaman); 2 Kön 7, 3 (4 Aussätzige). 8; 2 Kön 15, 5 (Asarja/Usija); 2 Chr 26, 20. 21. 23 (Asarja). Beide Ptz.-Formen fungieren meist als Adj. und subst. Ptz. (konkret und individuell), einmal als Substitut eines Abstrakt-Subst. (als Obj. von *'āsap*, 2 Kön 5, 11).

2. In der „Aussatz"-Thora des Lev (zu Einheitlichkeit und Struktur des ganzen Korpus s. Seidl 25ff. 73ff.) steht *ṣāraʿaṯ* in 11 Fällen (Lev 13, 2. 3. 9. 20. 47. 49. 59; 14, 3. 32. 34. 54) als nom. rect. in einer Cstr.-Verbindung mit *nægaʿ* 'Schlag, Berührung', 'Befall'. Daraus *ṣāraʿaṯ* zum Synonym von *nægaʿ* zu bestimmen (Elliger, HAT I/4, 180) ist sicher voreilig, da *nægaʿ* „Krankheitsbefall im allgemeinen Sinn" (KBL³ 632) bezeichnet und sich auch mit anderen Subst. (z. B. *nætæq* [13, 31]) verbindet; so mit Recht auch Sawyer 242; *nægaʿ* besagt in dieser Verbindung das Berühren einer JHWH-fernen Sphäre (aktivisch) oder den dämongewirkten (Lev 14, 34; JHWH-gewirkten) Krankheitsschlag (passivisch; s. Elliger 180).

Syntaktisch bildet die Verbindung *nægaʿ ṣāraʿaṯ* meist das Prädikativ eines klassifizierenden Nominalsatzes (Subjekt *hû', hî'*) und nimmt in den Fällen und Unterfällen der Aussatzthora gern die Position einer den Fall abschließenden Diagnose (13, 3. 9. 20. 49) oder einer resümierenden Unterschrift ein (13, 59; 14, 32. 54). *nægaʿ ṣāraʿaṯ* steht aber auch in den falleröffnenden Konditionalsätzen (13, 2. 9. 47; 14, 34) oder in sonstigen Fallexpositionen (14, 3). (Der Beleg 13, 22 – *nægaʿ* allein als Diagnose – ist textkritisch unsicher, s. Seidl 9 Anm. 44). Auch die absolute Verwendung von *ṣāraʿaṯ* in Lev 13; 14 läßt die gattungstechnische Funktion des Lexems erkennen: als Diagnosebezeichnung wie oben fungiert *ṣāraʿaṯ* ohne subst. oder adj. Erweiterung in 13, 8. 15. 25. 27. Zumeist ist das Subst. in dieser Funktion durch weitere Subst. oder adj. Elemente attribuiert: so 13, 30: *ṣāraʿaṯ hārō'š 'ô hazzāqān*, die eine Lokalisierung des Befalls angeben (vgl. 13, 42); in 13, 11 (*nôšænæṯ*). 42 (*poraḥaṯ*). 51. 52; 14, 44 (*mam'æræṯ*) sind es adj. Partizipien, die bestimmte Spezifikationen von *ṣāraʿaṯ* geben, deren medizinischer Hintergrund nicht mehr erhellbar ist (11: „eingesessen"; 42: „aufblühend"; 51: „aufreißend", Deutung nach Elliger 160f.); präpositionale Lokalisierungsangaben des Befalls (Körperteile oder Kleider) schließen sich bisweilen an (13, 11. 42; 14, 44).

Verbale Fügungen mit *ṣāraʿaṯ* sind gegenüber dieser nominalen Verwendung in der Funktion von konstatierender Diagnose, Resümee und Falldarstellung innerhalb Lev 13; 14 in der Minderzahl. In 13, 12. 13 wird von *ṣāraʿaṯ* als Subj. prädiziert der Vorgang *prḥ* bzw. die Tätigkeit *ksh pi*. Beides vollzieht sich auf der Haut bzw. betrifft die Haut des menschlichen Körpers. In 3 Fällen steht *nægaʿ ṣāraʿaṯ* in Verbindung mit *hājāh*: in 13, 9 als Subj. eines den Menschen betreffenden Befallsprozesses, in 13, 2 als Präp. Obj., das eine Zielangabe eines Befallsprozesses angibt: Die Hautsymptome *ś^e'eṯ sappaḥaṯ, bahæræṯ* (zur Deutung s. Preuss 374ff., Hulse 98, Wilkinson, 1977, 157f.) führen im bedingt angenommenen und beschriebenen Fall zu *nægaʿ ṣāraʿaṯ* auf dem menschlichen Körper. In 13, 47 geht es um die Entstehung von *nægaʿ ṣāraʿaṯ* auf Kleidern (zur Sache vgl. D. Hoffmann, Das Buch Leviticus I, 1905, 388f., Hulse 94). Nach 14, 34 verursacht JHWH die Entstehung von *nægaʿ ṣāraʿaṯ* auf Häusern (Lit. zum Sachproblem bei Seidl 59), ausgedrückt durch *nāṯan* mit dir. Obj. In 14, 3 und 14, 7 wird in passivischen Konstruktionen die Heilung *rp' niph* bzw. die Reinigung (*ṭhr hitp*) vom *ṣāraʿaṯ*-Befall ausgedrückt.

Zusammenfassend läßt sich für die Verwendung von *ṣāraʿaṯ* in der „Aussatz"-Thora Lev 13; 14 konstatieren: Es überwiegen die Nominalsätze, in denen *ṣāraʿaṯ* als terminus technicus in der Falldarstellung bzw. Diagnosebezeichnung einer nicht näher bestimmbaren, kultunfähig (→ טמא *ṭm'*) machenden Hautkrankheit oder analoger Befallserscheinungen an Kleidern und Häusern bzw. als Etikett für Über- und Unterschriften der Einheiten fungiert. In den dünner gestreuten verbalen Fügungen steht *ṣāraʿaṯ* in Zusammenhang mit Entwicklungen und Veränderungen des Krankheits- bzw. Befallsprozesses.

Von den 6 verbleibenden Belegen außerhalb Lev 13f. hat nur Dtn 24, 8 einen gesetzlichen Kontext. Es enthält eine allgemeine imperativ. Warnung (*šmr hitp*)

vor *næga' ṣāra'aṯ*, die durch 2 Inf.-Sätze mit Verweis auf die priesterliche „Aussatz"-Thora sekundär erweitert ist (pl. Anrede! vgl. G. v. Rad, ATD 8, 108) und auch noch eine Reminiszenz auf das Mirjam-Ereignis (Num 12, 9ff.) enthält (24, 9).
Die Belege 2 Kön 5, 3. 6. 7 aus der Naaman-Erzählung (vgl. Stipp 300ff.) kommen überein in der Wendung *'āsap (na'amān) miṣṣāra'tô*; sie steht jeweils in einem Redekontext und spricht von der möglichen Befreiung Naamans vom „Aussatz"-Befall in Samaria.
In der Verwünschung, die 2 Kön 5, 27 Gehasi und sein Haus aus dem Mund Elischas trifft (*weṣāra'aṯ na'amān tiḏbaq-bekā*), ist *ṣāra'aṯ na'amān* bereits phraseologisch verwendet. Ebenfalls als Strafe JHWHs manifestiert sich *ṣāra'aṯ* bei der kultischen Überhebung König Usijas (2 Chr 26, 19; s. Rudolph, HAT I/21, 286f.); das für Theophanietexte symptomatische Verb *zāraḥ* bildet die verbale Fügung zu *ṣāra'aṯ*.
Die beiden verbal abgeleiteten Formen *ṣārûa'* (Ptz. *qal*), *meṣorā'* (Ptz. *pu*) haben nur 5 bzw. 15 Belege. Davon ist *ṣārûa'* stets auf Personen bezogen, sei es als attributives Ptz. (Lev 13, 44), sei es als subst. Ptz., das den vom *ṣāra'aṯ* Befallenen klassifiziert (Lev 13, 45; 14, 3; 22, 4; Num 5, 2); dabei wird er in den kultischen Konsequenzen (Speiseverbot und Quarantäne) mit dem *zāḇ* (dem vom Ausfluß Behafteten) gleichgestellt (s. Lev 22, 4 und Num 5, 2). Das Ptz. *meṣorā'* kann auch auf Sachen bezogen sein (Ex 4, 6: *jāḏ*), fungiert aber in allen übrigen Belegen wie *ṣārûa'* als subst. Ptz., das auch prädikativ verwendet wird, für vom „Aussatz" befallene Personen; so für den Befall Mirjams (Num 12, 10), Gehasis (2 Kön 5, 27) jeweils mit der Komparation *kaššælæḡ* (auch Ex 4, 6), Naamans (2 Kön 5, 1), Asarjas/Usijas (2 Kön 15, 5 // 2 Chr 26, 20. 21. 23), von 40 namenlosen Männern (2 Kön 7, 3. 8); in Lev 14, 2 ist *hammeṣorā'* Bezeichnung für die Klasse „Aussätziger", ebenso in der Verwünschung Davids gegen Joab 2 Sam 3, 29, wo *zāḇ* und *meṣorā'* wieder koordiniert sind. Im Einzelfall 2 Kön 5, 11 fungiert *hammeṣorā'* als Substitut für das Abstraktum *ṣāra'aṯ*.
3. Die Frage der medizinischen Einordnung von *ṣāra'aṯ*, vor allem der dadurch in Lev 13 ausgedrückten Befallserscheinungen auf der Haut wurde in der Exegesegeschichte bis zur Gegenwart breit erörtert (zur älteren s. Dillmann, KeHAT 12³, 554, Preuss 369–390) und lange Zeit in Verkennung der kultischen Funktion des Terminus infolge der einheitlichen Wiedergabe von *ṣāra'aṯ* mit λέπρα in der LXX mit der in der modernen Medizin Lepra genannten „Hansenschen Krankheit" (nach dem norwegischen Entdecker G.H.A. Hansen [1868]) in Verbindung gebracht. Neuere medizinhistorische Untersuchungen (s. Klein 13f., Köhler, 1955, Gramberg, Browne 18ff., vor allem Hulse und Wilkinson, und Andersen erachten es für wahrscheinlich, daß bibl. *ṣāra'aṯ*/λέπρα erst im Mittelalter fälschlicherweise mit der unheilbaren „elephantiasis Graecorum" identifiziert worden ist, aber auf der Ebene der at.lichen Belege als Sammelterminus verschiedener Hautanomalien angesehen werden muß, die heilbar sind. (Dem entspricht auch die hippokratische Bedeutung von λέπρα, vgl. Unna 566 und Gramberg 20). Während Hulse 102, Wilkinson, 1977, 164ff., 1978, 153ff., Wilson 1982, 364 und vor allem Andersen 210 in der medizinischen Identifizierung der in Lev 13, 2ff. aufgeführten Unterarten von *ṣāra'aṯ* mit Recht zurückhaltend sind, schlagen Seybold-Müller 56f. in Anschluß an Klein 22ff. eine Festlegung auf Psoriasis, Flavus oder Vitilligo vor. In strenger Orientierung am Textbefund von Lev 13 kann mit Andersen demgegenüber die kultisch-rituelle Konnotation und Funktion von *ṣāra'aṯ* betont werden als Sammelterm von nicht näher spezifizierbaren Hautanomalien, die Diagnose und Unreinerklärung durch den Priester (*ṭm' pi*) erfordern und Quarantänemaßnahmen (*sgr hiph*) (2 × 7 Tage) nach sich ziehen. Aufhebung der Quarantäne und kultische Wiedereingliederung (*ṭhr pi* „Reinerklären") geschehen ebenfalls durch den Priester; letztere erfährt nach Lev 14, 2ff. eine rituelle Ausweitung. Die Übertragung von *ṣāra'aṯ* auf Kleider und Häuser stellt einen Fall analogmetaphorischen Sprachgebrauchs dar, dessen sachkritische Problematik ungeklärt ist (dazu bei Seidl 42 Anm. 261; 59 Amm. 333).

Zum Sonderproblem der englischen Bibelübersetzer, die *ṣāra'aṯ* gewöhnlich mit „leprosy" wiedergeben und damit der problematischen Identifikation mit der modernen Lepra noch eher Vorschub leisten, ist die Diskussion instruktiv, die sich an Grambergs Aufsatz angeschlossen hat; s.d. Beitrag von Nida, Wallington, Swellengrebel, Cochrane. Der Forderung Grambergs u.a., in englischen Bibelübersetzungen „leprosy" zu vermeiden, hat sich auch die New English Bible angeschlossen (u.a. „skin disease", zu Varianten und Kritik s. Hulse 101ff. 104); ebenso hat sich die World Health Organisation diese Forderung zu eigen gemacht, um die inhumanen Folgeerscheinungen der an Lepra Leidenden zu unterbinden (nach Seybold-Müller 56 und Sawyer 245 Anm. 17). Für den deutschen Sprachraum findet sich die Forderung nach Vermeidung von „Aussatz" als Wiedergabe von *ṣāra'aṯ* zugunsten von „Hautkrankheit" bereits bei Köhler, 1955, 290.
Überblickshalber seien Synonyma von *ṣāra'aṯ* aufgelistet, wie sie in Lev 13 als Differenzialdiagnose oder Unterfall von *ṣāra'aṯ* auftreten oder außerhalb der „Aussatzthora" andere Fälle von Hautanomalien ausdrücken: Lev 13, 6 (vgl. 13, 2): *mispaḥaṯ* (LXX: σημασία; „Grindmal" [nach Elliger]); Lev 13, 23 (vgl. 13, 18): *ṣāræḇæṯ haššeḥîn* (LXX: οὐλὴ τοῦ ἕλκους; „Narbe des Geschwürs"); Lev 13, 28: *śe'eṯ hammiḵwāh* (LXX: οὐλὴ τοῦ κατακαύματος; „Beule der Brandwunde"); Lev 13, 30: *næṯæq* (LXX: θραῦσμα; „Flechte" auf Kopf- oder Barthaar); Lev 13, 39: *bohaq* (LXX: ἀλφός; „Leukopathie"). Zur Sachkritik der Termini vgl. Elliger 180ff.; Lit. dazu bei Seidl 5ff.
Außerhalb Lev 13f.: Ex 9, 9–11; Dtn 28, 27. 35; 2 Kön 20, 7; Jes 38, 21; Ijob 2, 7: *šeḥîn* (LXX: ἕλκος, ἕλκη; „ulcus"); Lev 21, 20; 22, 22: *jallæpæṯ* (LXX: λιχή; „Hautflechte"); Dtn 28, 27: *ḥæræs* (LXX: κνήφη; „Krätze"); Lev 22, 22: *jabbæləṯ* (LXX: μυρμηκιῶν; „Warze"); Lev 21, 20; 22, 22; Dtn 28, 27: *gārāḇ* (LXX: ψωραγριῶν, ψώρα ἀγρία; „scabies").

4. In Qumran sind Wortfeld und Thematik von *ṣāra'aṯ* in der Tempelrolle vertreten. Die Belege

beschränken sich auf die at.lichen Wortbildungen (TR 45, 17; 46, 18; 48, 15. 17; 49, 4).
TR 45, 17. 18 handelt von bestimmten Personengruppen, die einem Betretungsverbot der Tempelstadt unterliegen; darunter zählen auch *kl ṣrwʿ wmnwgʿ*; *ṣrwʿ* entspricht Num 5, 2, *mnwgʿ*, obwohl auf bibl. *ngʿ ṣrʿt* basierend, ist nur außerbiblisch belegt (1 QS 2, 10–11; 1 QM 7, 4 und mischnisch, vgl. Traktat Negāʿim 13, 6 u.ö.; vgl. Y. Yadin, The Temple Scroll I 293f., II 194). TR 46, 16–18 ordnet die Errichtung von 3 getrennten Orten östlich der Tempelstadt an, die u.a. *hmṣwrʿjm whzbjm* (s. Num 5, 2) aufnehmen sollen (zur Sache s. Yadin I 305f.). TR 48, 14–16 setzt für alle Städte des Landes die Einrichtung von Quarantäneplätzen für *mnwgʿjm bṣrʿt wbngʿ wbntq ... lzbjm wlnšjm* ... fest. In den zusammenhängenden, aber nur fragmentarisch überlieferten Belegen TR 48, 17; 49, 4 sind die at.lichen Wortverbindungen *ṣrʿt nwšnt* (Lev 13, 11), *ntq* (Lev 13, 30), *ngʿ ṣrʿt* erkennbar. Yadin II 211 nimmt für die fehlenden Zeilen 1–3 Anweisungen zu Reinigungsriten von *ṣrʿt* entsprechend Lev 14 an.

Seidl

צָרַף *ṣārap̄*

מַצְרֵף *maṣrep̄*, צֹרְפִי *ṣorᵉpî*

I. Wurzel und Verbreitung – II. 1. Formen und Belege im AT – 2. Parallelwörter und Wortverbindungen – III. Allgemeine Verwendung – 1. Verb *ṣārap̄* – 2. Die Nomina *maṣrep̄* und *ṣorpî* – IV. Theologische Aspekte – V. Qumran und LXX.

Lit.: *C. Baldauf*, Läutern und prüfen im Alten Testament. Begriffsgeschichtliche Untersuchung zu ṣrp und bḥn, Diss. Greifswald 1970, bes. 3–75.160–167. – *P. Collini*, Il ʿcontributoʾ dei profeti alla formazione del lessico biblico della metallurgia (RivBiblIt 32, 1984, 315–325). – *R. J. Forbes*, Studies in Ancient Technology VII, Leiden ²1966; VIII, Leiden ²1971; IX, Leiden ²1972). – *J. C. Greenfield*, Ugaritic Lexicographical Notes (JCS 21, 1967, 89–93, bes. 91f.). – *M. Heltzer*, The Rural Community in Andient Ugarit, 1976, bes. 80f. – *E. Jenni*, Das hebr. Piʿel, Zürich 1968, bes. 163.210. – *J. L. Kelso*, The Ceramic Vocabulary of the Old Testament (BASOR Suppl. 5–6, 1948, bes. Nr. 93f.). – *M. Sæbø*, Sacharja 9–14 (WMANT 34, 1969, bes. 78–83).

→ בחן *bḥn*, → חקר *ḥqr*, → כשל *kšl*, → נסה *nsh*.

I. Die Wurzel *ṣrp* ist im semit. Bereich allgemein bezeugt (KBL³ 591.989f.); vgl. etwa akk. *ṣarāpu* I ʿbrennen, läutern, rot färbenʾ (AHw 1083f.) und Verbaladj. *ṣarpu* ʿgeläutert, gebrannt, gerötetʾ, von (reinem) Silber sowie Ton (AHw 1086) und *ṣurrupu/ṣarrupum* ʿgeläutertʾ (von Silber; AHw 1114f.); asarab. *ṣrp* ʿSilberʾ (ContiRossini 226; vgl. arab. *ṣirf* ʿrein, unvermischtʾ); ugar. *ṣrp* mag in der Form *mṣrp* (KTU 1.82,33) verbal ʿläuternʾ meinen und mag sonst nominal ein Mineral bedeuten (WUS Nr. 2360), oder man hat *mṣrp* als ʿSchmelztiegelʾ verstanden (UT Nr. 2197); phön. *ṣrp* ʿschmelzenʾ und *mṣrp* ʿSchmelzerʾ (C. S. Harris, A Grammar of the Phoenician Language, AOS 8, New Haven 1936, 142; vgl. LidzNE 359); aram. *ṣrp* I ʿläuternʾ (DISO 247; Ptz. akt. ʿGoldschmiedʾ, Ptz. pass. ʿgeläutertʾ); syr. *ṣᵉrap* ʿläuternʾ (CSD 484f.); mand. *ṣrp* II ʿschmelzen, läuternʾ (MdD 397). Die Grundbedeutung scheint somit technischer Art zu sein, und zwar im Sinne von „brennen" sowie vor allem in bezug auf Edelmetalle „läutern" durch Brennen. Der Sinn kann sich auch resultativ auf das Produkt (etwa „reines Silber") oder berufsmäßig auf die Person der technischen Ausführung (etwa „Metallschmelzer") beziehen.

II. 1. Die Wurzel *ṣrp* ist nur im hebr. AT und da meist als Verb belegt, und zwar so in 33 von insgesamt 36 Vorkommen der Wurzel (abgesehen von *ṣorep̄* „Einschmelzer" als möglicher Vorform in Sach 11,13 [vgl. Sæbø 81–83] und von dem Lokalnomen *ṣrpt* Sarepta, 1 Kön 17,9f.; Obd 20, wobei „Schmelzhütte" als Bedeutung erwogen ist, vgl. Gesenius, Thesaurus 1187; anders KBL³ 990). Mag das Verb dadurch den Eindruck erwecken, es habe den Wortgebrauch dominiert, hat es doch im *qal* nur 8 finite Formen, zu denen noch die *niph*-Form in Dan 12,10 hinzukommt, während es aber als Ptz. 19mal vorkommt, und zwar 17mal im *qal* (davon 5mal pass.) und 2mal im *pi* (Mal 3,2f.; sonst nicht im *pi*); im übrigen ist es 4mal im Inf. und 1mal im Imp. (Ps 26,2, mit K/Q) bezeugt (Mandelkern 1004f.). Darüber hinaus ist zu beachten, daß das Ptz. *qal ṣorep̄* öfter substantivisch verwendet wird und dabei unabhängig vom Verb aufgeführt werden mag.
Die übrigen Belege sind auf die Subst. *maṣrep̄* ʿSchmelztiegelʾ (Spr 17,3a und 27,21a, die par. sind) sowie *ṣorᵉpî* (Neh 3,31), das unterschiedlich wiedergegeben worden ist (s.u. III. 2.), und das vielleicht, wie in Neh 3,8.32, als Pl. *ṣorᵉpîm* „Feinschmiede" (KBL³ 990) zu lesen wäre, verteilt.
Bei einer Beachtung der Streuung der Belege fällt auf, daß die Wurzel einerseits im Pent. gänzlich fehlt und im DtrGW nur 3mal bezeugt ist (Ri 7,4; 17,4; 2 Sam 22,31, letzteres allerdings par. zu Ps 18,31). Andererseits findet sie sich aber 16mal bei den Propheten (davon 1mal in Proto-Jes, 5mal in DtJes, 6mal in Jer [wo 51,17 par. zu 10,14 ist] sowie je 2mal in Sach 13,9 und Mal 3,2f.) und 2mal in der Apokalyptik (Dan 11,35; 12,10), ferner 8mal in (zum Teil späteren) Psalmen sowie 4mal in der Weisheit (Spr 25,4; 30,5 und 17,3a // 27,21a) und 3mal in der jüngsten Geschichtsschreibung (Neh 3,8.31f.). Dieser Befund dürfte sichtbar machen, daß die Wortsippe in einem wesentlichen Ausmaß an jüngeren Stellen verwendet worden ist.

2. Der Gebrauch der Wortsippe ist darüber hinaus Teil eines größeren Wortfelds; denn es gibt eine Reihe von Parallelwörtern in mehr oder weniger festen Verbindungen (dagegen keine Opposita), bes. Verben für „prüfen", vor allem *bḥn* (→ בחן), das 6mal (bzw. 7mal) mit *ṣrp* synonym verbunden ist (Jer 9,6; Sach 13,9; Ps 17,3; 26,2; 66,10; Spr 17,3; dazu Jes 48,10, wenn hier *b^{e}ḥantîḵā* statt *b^{e}ḥartîḵā* [→ בחר] „erwählen" zu lesen ist, vgl. 1 QJes[a]), dann *nissāh* (→ נסה *pi*; Ps 26,2); ferner Verben für „reinigen", so *zqq* (*pi*, Mal 3,3; Ptz. *pu* „gereinigt/geläutert", Ps 12,7), *brr* (→ ברר *pi*, Dan 11,35; *hitp*, Dan 12,10), *lbn* (→ לבן *hiph*, Dan 11,35; *hitp*, Dan 12,10; vgl. Kelso Nr. 81), *ṭhr* (→ טהר *pi*, Mal 3,3) und das Adj. *ṭāhôr* (Ps 12,7), wozu noch *kbs* (→ כבס *pi*) „waschen" (Mal 3,2; Ptz. akt.) nahekommt; endlich Verben für „entfernen / ausscheiden", so *hgh* II (Spr 25,4) und *sûr* (→ סור *hiph*; Jes 1,25). Im übrigen können beim subst. verwendeten Ptz. *ṣorep̱* (Jes 41,7; Jer 10,9) *ḥārāš* „Handwerker" und beim Subst. *maṣrep̱* (Spr 17,3 // 27,1) *kûr* „(kleiner) Schmelzofen" (vgl. Kelso, Nr. 94f.) vorkommen.

III. Wie schon der Befund von II. nahelegen dürfte, ist die Wortsippe *ṣrp* sehr im übertragenen und bildhaften Sinne verwendet worden. Dabei handelt es sich hier um einen relativ geschlossenen Bedeutungskreis.

1. Das Verb mag zwar von einem nominalen Gebrauch stark beherrscht sein (s.o. II.1.), doch ist von den nicht-partizipialen Formen auszugehen. Wenn JHWH in Ri 7,4 in bezug auf das zum Krieg versammelte Volk sagt: *w^e'æṣr^{e}pænnû*, wäre etwa zu fragen, ob dahinter eine Grundbedeutung wie „ausscheiden" liegen könnte; doch ist die Stelle eher im Rahmen der übrigen prophetischen und kultischen Verwendung von *ṣrp* zu verstehen, und zwar im Sinne von „sichten", denn durch eine Prüfung werden die rechten Soldaten ausgesucht oder erwählt. Die eigenartige prophetische Verwendung des Wortes kommt zunächst in Jes 1,25 profiliert zum Ausdruck, wenn hier in der Gottesrede gesagt wird: „Ich will meine Hand wider dich (d. h. Zion) wenden und wie mit Laugensalz deine Schlacken ausschmelzen/läutern (*'æṣrop̱*), all dein Blei wegschaffen". Diese Bildsprache (vgl. 1,22a) bezieht sich auf das Schmelzverfahren, bei dem das Silber (bzw. Gold) von Schlacken „gereinigt/geläutert" wird (vgl. noch Spr 25,4; zum Prozeß vgl. neben Kelso; Forbes VIII 196–266 und H. Weippert, BRL[2] 221f.; G. Sauer, BHHW II 1206f.). Diese Bildsprache wird noch in der Anklage- und Gerichtsrede Jeremias gegen das Volk (6,29), von DtJes im Rückblick auf die Katastrophe des Exils (Jes 48,10) sowie später im Hinblick auf den eschatologischen Rest des Volkes (Sach 13,9) und im individuellen Sinne vom Geschick der „Weisen" bzw. der „Vielen" im Endzeitdrama (Dan 11,35; 12,10) verwendet. Der individuelle Gebrauch ist ferner in der Kultlyrik zu finden, und zwar im Rahmen von Aussage (Ps 17,3; vgl. 105,19) als auch von Aufforderung im Gebet an Gott (Ps 26,2, Imp.); in den Psalmen kann aber auch das Volk im dankbaren Bekenntnis zu Gott sprechen (Ps 66,10): „Du hast, o Gott, uns geprüft, und uns geläutert, wie man Silber läutert" (daß sich der Rückblick in 66,8–12 auf die Wüstenwanderung beziehen sollte, wie u.a. H.-J. Kraus, BK XV/2[5], 619 meint, dürfte weniger wahrscheinlich als ein Bezug auf das Exil sein; vgl. Jes 48,10, auch Klgl 1,13; 2,3f.; 3,54; 4,2). Durchgehend sind an diesen Stellen Gott Subj. und Menschen das Obj. der Handlung.

Als Übergang zum partizipialen Gebrauch, der zwiespältiger ist, darf einmal Jer 9,6 dienen, wo Gott von seinem Volk sagt: „Siehe, ich bin ihr Schmelzer (*ṣôr^{e}pām*, Ptz. *qal* mit Suff.), und ich werde sie prüfen (*ûḇ^{e}ḥantîm*)", und sodann Mal 3,2f. (nun mit Ptz. *pi*), wo im Hinblick auf den kommenden Gerichtstag Gottes von seinem Boten gesagt wird: „Er ist wie das Feuer des Schmelzers und wie die Lauge der Wäscher. Er wird (als) Schmelzer sitzen (*w^{e}jāšaḇ m^{e}ṣārep̱*) und das Silber reinigen. Er wird die Leviten reinigen ...". Sonst wird einerseits das Ptz. akt. *ṣôrep̱* von dem Sinn „Schmelzer"/„Läuterer" her allgemein substantivisch von „Goldschmied" oder „Feinschmied" verwendet (Ri 17,4; Jes 40,19; 41,7; 46,6; Jer 10,9; 10,14 par. 51,17; Spr 25,4 [zum Text vgl. BHS; sonst etwa O. Plöger, BK XVII 294–296.298f.]; Neh 3,8.32 [vgl. RSP II 67]), wobei das Wort in Jer 10,2–16; 51,15–19.47–49.52 und besonders in den dtjes. Stellen auf direkte oder indirekte Weise Teil prophetischer Polemik gegen die Götterbilder und ihre Produktion ist. Andererseits wird das Ptz. pass. *ṣārûp̱* (Ps 12,7) und sonst fem. *ṣ^{e}rûpāh* (Ps 18,31 // 2 Sam 22,31; Ps 119,40; Spr 30,5) prädikativ gebraucht, und das Subj. ist an allen Stellen (vgl. noch Ps 105,19) Gottes bzw. JHWHs „Wort/Ausspruch", wofür hier nur das relativ seltene *'imrāh* (Pl. *'^{a}mārôṯ*, Ps 12,7) vorkommt (vgl. KBL[3] 65). Besonders interessant, nicht nur theologisch, sondern auch archäologisch ist dabei Ps 12,7: „Die Reden des Herrn sind lautere Reden, sind Silber, im Tiegel zu Boden geschmolzen, siebenfach geläutert".

2. Die sehr begrenzte Verwendung der Subst. *maṣrep̱* (Spr 17,3a // 27,21a) und *ṣorpî* (Neh 3,31) fügt sich zwar in den Gebrauch des Verbs ein. Doch beziehen sich die Par.-Stellen der Sprüche auf den Ruf eines Menschen allgemein, wie es dem Charakter der Weisheitslehre naheliegt: „Ein Mann bewährt sich in seinem Ruf wie das Silber im Tiegel (*maṣrep̱*) und das Gold im Ofen (*kûr*)". Was das hap. leg. in Neh 3,31 betrifft, dürften hier die „Feinschmiede" als Gruppe gemeint sein, wobei es als ein besonderes Kollektivwort etwa im Sinne von „Innung", „Zunft", „Gilde" der Goldschmiede oder als eine Fehlschrift des Pl. *haṣṣor^{e}pîm* aufzufassen ist (vgl. BLe § 63w; KBL[3] 990).

IV. Für die theologischen Aspekte der Wortsippe sollen nun die charakteristischen Hauptpunkte zusammengetragen werden.
1. Hauptsächlich ist JHWH das Subjekt der Handlungen. Das ist nicht nur in der durch die Ideologie des Heiligen Krieges geprägten Stelle Ri 7,4 (dtr?) der Fall, sondern ebensosehr in der prophetischen Metaphorik, die auch das Schmelzverfahren, das zur Läuterung der Edelmetalle angewandt wurde, in ihren Dienst genommen hat, und für die Jesaja maßgebend gewesen sein mag (vgl. 1,22a.25). In beiden Fällen bringt die übertragene Redeweise die göttliche Geschichtsmächtigkeit eindrucksvoll zum Ausdruck. In der prophetischen Anwendung des Bildes von der Läuterung im Schmelztiegel werden die schweren Leiden des Volkes in die Geschichtsdeutung der Propheten eingetragen, und zwar nicht nur im Blick auf das kommende Gericht Gottes (Jes 1,25; Jer 9,6), sondern auch im Rückblick auf die Leidenserfahrungen im Exil, als das Volk „im Schmelzofen des Elends“ war (Jes 48,10). Die „Läuterung“ Gottes durch herbeigeführtes Leiden war aber nicht nur ein Mittel seines Gerichts, sondern auch noch seines kommenden Heils (Sach 13,9; Mal 3,2f.; Dan 11,35; 12,10; s. noch III. 1. zu Klgl).
2. Die „Läuterung“ Gottes gehört aber nicht nur zur Achse von Gericht und Heil, sondern auch zur Frage nach der „Lauterkeit“ im Sinne von Echtheit und Integrität des Gottesvolkes, dabei wohl auch von der „Pädagogik“ Gottes; denn er will Zion „läutern“, nicht vernichten (Jes 1,25), er will aus seinem Volk „die Bösen ausscheiden“ (Jer 6,29; sonst wiederum Sach 13; Mal 3; Dan 10f.). Unter dem Aspekt des Echten und Zuverlässigen wird auch von der „Reinheit“ des Wortes Gottes geredet. Es ist wie „siebenfach geläutertes“ Silber (Ps 12,7); wie ein Edelmetall ist es kostbar und köstlich, der Fromme „liebt“ es (Ps 119,140; sonst Ps 18,31 par; Spr 30,5).
3. Schließlich fällt auf, daß es in den älteren Belegen um das Volk, im Danielbuch aber um die einzelnen Frommen geht. Darin sollte man aber nicht vorschnell eine allzu geradlinige Entwicklung sehen; denn sowohl kultisch (vgl. Ps 17,3; 26,2; 119,140) wie auch weisheitlich (Spr 17,3; 27,21; vgl. 25,4f.) ist von einzelnen die Rede.

V. In Qumran ist die Wortsippe bisher 14mal belegt (→ ThWNT VI 938f.), wobei die semantischen Vorgaben des AT breit aufgenommen werden. *maṣrep̱* meint die Prüfung, die dem Eintritt in den *jaḥaḏ* von Qumran vorausgeht (1 QS 1,17f.; CD 20,27). Diese Zeit der Prüfung weist aber über sich hinaus und ist bereits eine Vorabbildung der endzeitlichen Läuterungen (1 QS 8,4; 4 Qp Ps 37,2,19; 4 QFlor 2,1; 4 Q [177] Catena A 5–6,3), die auch als „Läuterungen Gottes“ (*maṣrep̱ 'el*) bezeichnet werden (1 QM 19,9). Die reinigende Kraft dieser Läuterungen wird auch in Qumran mit dem Bild des Metallschmelzens und -scheidens expliziert (1 QM 17,1; 1 QH 5,16).

In der LXX ist die Wortsippe recht verschieden wiedergegeben worden; doch ist πυροῦν mit 16 Belegen vorherrschend.

Sæbø

קבב *qbb*

1. Etymologie, Belege, Bedeutung – 2. Verwendung im AT – 3. LXX.

Lit.: *J. Scharbert*, „Fluchen“ und „Segnen“ im AT (Bibl 39, 1958, 1–26, bes. 14–17). → ארר *'rr* → קלל *qll*.

1. Die hebr. Wurzel *qbb* ist als Nebenform zu → נקב *nqb* zu beurteilen. Etymologisch verwandt sind pun. *qbb* 'verwünschen' (DISO 248 mit Fragezeichen) und tigre *qabba* 'verachten, schmähen, nicht beachten' (vgl. WbTigre 249; E. Littmann, ZA 14, 1899, 28). Die Belege in der Deir-ʿAllā-Inschrift (II 17; IXa 3; Xa 3) sind unsicher oder fragmentarisch (vgl. H.-P. Müller, ZDPV 94, 1978, 57).
Im AT gibt es 14 Belege, 10 in der Bileamgeschichte Num 22—24 und je 2 in Ijob und Spr. Dazu kommt ein Beleg in Sir.
In Ijob 3,8 leitet E. Ullendorff, VT 11, 1961, 350f., *jiqq^{e}ḇuhû* von *nqb* ab: „mögen die Lichter des Tages sie (die Nacht) durchbrechen“; vgl. u. 2. Ijob 5,3 ist umstritten. Zahlreiche Emendationsvorschläge liegen vor, die wichtigsten sind von H. H. Rowley, Job, NCeB, 58 aufgelistet (vgl. u.). Ferner liest W. Rudolph, HAT I/12^3, 199 in Jer 31,22 statt *n^{e}qeḇāh* eine *niph*-Form von *qbb*: *n^{e}qabbāh t^{e}sôḇaḇ g^{e}ḇir(āh)* „die Verwünschte wandelt sich zur Herrin“ (vgl. BHS). MT dürfte als lectio difficilior vorzuziehen sein.
Zur Bedeutungsbestimmung ist u.a. darauf zu verweisen, daß das Verb in den Bileamstücken mit → ארר *'rr* 'verfluchen' wechselt (s.u.), daß es dort und Spr 11,26 als Gegensatz zu *brk* erscheint und Num 23,7f. parallel mit *zāʿam* 'beschelten' steht. Im letzten Fall erhält man den Eindruck, daß *qbb* als schwächer als *'rr* empfunden wurde.
2. Die meisten Belege liefert die Bileamgeschichte in Num 22–24. Hier steht 10mal *qbb* und 5mal *'rr* mit der gleichen Bedeutung. Balak wünscht, daß Bileam Israel verfluchen/verwünschen soll (22,6; 23,7 mit *'rr*, 22,11.17; 23,11.13.25.27; 24,10 mit *qbb*). Dieser Wechsel wird meist als ein Kriterium für Quellenscheidung beurteilt (nach M. Noth, ATD 7, 156, gehört *'rr* zu J und *qbb* zu E), was aber von W. Groß, StANT 38, 1974, 81–83 abgelehnt wird. Dabei erwartet Balak, daß das Fluchwort unbedingt wirkungskräftig sei; daß das Fluchen besonders bei *qbb* „mit Unterstützung magischer Handlungen“ ausgesprochen wurde, wie C.A. Keller (THAT II 644) vermutet, wird nirgends gesagt und ist bei der üblichen Vorstellung vom machterfüllten Wort (→ I 448f.) auch nicht nötig. Bileam macht sogar in 23,8

die Verwünschung von Gott abhängig. Er weigert sich, den zu verwünschen, den Gott nicht verwünscht hat (23,8, par. *zāʿam*) und segnet Israel. Balak meint, Bileam könne wenigstens ein neutrales Wort sprechen (23,25), aber Bileam wiederholt, er könne nur das tun, was Gott ihm befiehlt (v. 26).
Die Belege in den Sprüchen sind eindeutig. Spr 11,26 sagt, daß derjenige, der in Hungerzeiten sein Getreide knauserig zurückhält, von den Leuten verwünscht wird, während derjenige, der seinen Überfluß anderen zuteil werden läßt, Segen erhält. „Wer gibt, dem wird gegeben werden, und der Geiz straft sich selbst" (G. Wildeboer, KHC XV 35). In Spr 24,24 steht *qbb* mit *zʿm* zusammen: Wer den Schuldigen freispricht, „den verwünschen Völker, schelten Nationen". Vielleicht geht es hier nicht um Fluch im eigentlichen Sinn, sondern um scheltende Worte im allgemeinen.
Ijob 3,8 enthält den bekannten Wunsch Ijobs, daß seine Geburtsnacht von den *'orᵉrê-jôm* verwünscht werde. Ob hier statt *jôm jām* 'Meer' zu lesen ist, was die Parallele zu Leviatan nahelegt, sei dahingestellt; bemerkenswert ist aber, daß *qbb* und *'rr* nebeneinander stehen. Ijob 5,3 ist schwierig. MT lautet: „Ich sah einen Toren Wurzeln schlagen, doch plötzlich verwünschte ich (*wā'æqqoḇ*) seine Wohnstatt (*nāwæh*)." Die Vernichtung der Wohnstatt scheint nicht Folge der Verwünschung zu sein, sondern umgekehrt. EÜ bleibt beim MT und übersetzt „mußte ich verwünschen". Besser wäre vielleicht, *wajjuqaḇ* „wurde verwünscht" zu lesen (so Cheyne u.a.). Seit Duhm lesen viele *wajjirqaḇ* „wurde morsch", aber das Verb paßt nicht gut zum Subj. BHS schlägt eine Herleitung von arab. *qabba* 'vertrocknen' vor. LXX liest ἐβρώθη „wurde verzehrt", S *'bd'*.
Schließlich sagt Sir 41,7: „Einen gottlosen Vater verwünschen die Kinder, denn seinetwegen werden sie verachtet" (*hājû bûz* nach der Hdschr. aus Massada; Ms. B ist beschädigt; LXX μέμφεται „werden getadelt"; zum Text vgl. Y. Yadin, The Ben Sira Scroll from Masada, Jerusalem 1965, 18).
3. LXX übersetzt meist mit καταρᾶσθαι, vereinzelt ἀρᾶσθαι oder ἐπικαταρᾶσθαι. Spr 11,26 wird übersetzt: „Wer Getreide zurückhält, möge es den Völkern übrig lassen (ὑπολίποιτο)". Spr 24,24 steht ἐπικατάρατος. Zu Ijob 5,3 und Sir 41,7 s.o.

Ringgren

קבל *qbl*

*קֹבֶל *qoḇæl*

I. Etymologie – II.1. Vorkommen und Konstruktion – 2. LXX und S – III. Verwendung – 1. entgegennehmen – 2. akzeptieren – 3. als Anordnung gelten – 4. Sirach – 5. (feindlich) gegenüberstehen – 6. *qoḇæl* – IV. Qumran.

Lit.: *W.F. Albright*, An Archaic Hebrew Proverb in an Amarna Letter from Central Palestine (BASOR 89, 1943, 29–32). – *Ders.*, Some Canaanite-Phoenician Sources of Hebrew Wisdom (VTS 3, ²1969, 1–15). – *E. Kautzsch*, Die Aramaismen im AT, Halle 1902. – *A.F. Rainey*, El Amarna Tablets 359–379 (AOAT 8, ²1978). – *M. Wagner*, Die lexikalischen und grammatikalischen Aramaismen im alttestamentlichen Hebräisch (BZAW 96, 1966).

I. Das althebr. Wort, als kanaan. Glosse in EA 252,17f. belegt ('annehmen'), wird erst in jüngerer Zeit im AT häufiger gebraucht. Die akk. Belege *qablu* II bzw. *qitbulu* weisen auf 'Kampf, kämpfen' (AHw 888.924). Im Ugar. findet sich die reduplizierte Form *qblbl* 'passend machen' (A. van Selms, UF 7, 1975, 473; anders WUS Nr. 2384, UT Nr. 2203: 'Sandalenriemen'). Bibl.-aram. *qabbel* ist 'empfangen' (Dan 2,6; 6,1; 7,18), jüd.-aram. *qᵉḇal* '(höflich) aufnehmen' (aber auch 'anklagen'), *pa* 'empfangen', bes. Tradition empfangen (davon Kabbala), syr. *qᵉḇal* 'anklagen', *pa* 'entgegengehen, -stehen, empfangen' (Brockelmann, LexSyr 640), mhebr. *qāḇal* 'fassen, nehmen, angreifen' (Levy, WTM 235), arab. *qabila* 'annehmen, (freundlich) aufnehmen' (Wehr, Arab.Wb 997). Im Asarab. finden sich *qbl* 'annehmen', *qblt* 'Aufruhr', *mqbl* 'entsprechend' (BGMR 102f.), im Äth. *qabbala, taqabbala* '(freundlich) entgegennehmen' (Dillmann, LexLingAeth 435). Im Aram. und Asarab. ist eine Präp. *qbl* 'vor, gegenüber' belegt. Demgemäß ist als Grundbedeutung etwa 'entgegentreten' (freundlich oder feindlich) anzusetzen.
Das Verb *qbl* besitzt demnach im AT polare Bedeutungsschwerpunkte. Häufig begegnet das noch zu differenzierende 'nehmen' (vgl. Jenni, Das hebr. Piʿel 240). Dagegen steht das feindliche 'Gegenübertreten'.

II.1. Das Verb *qbl* begegnet im AT 11mal (Spr, Ijob, 1/2 Chr, Esra, Est) im *pi*, zusätzlich 6mal in Sir. Ausgenommen Spr 19,20 scheinen die Stellen verhältnismäßig jungen Datums zu sein. *Hiph* ist 2mal in Ex und einmal in Sir belegt und unterscheidet sich der Bedeutung nach durchwegs von den *pi*-Stellen. Das Subst. **qoḇæl* findet sich nur Ez 26,9. Das Verb fordert ein Objekt: in der Spätform deutet die objektlose Verwendung auf eine geänderte Bedeutung. Niemals ist JHWH als Subj. oder Obj. von *qbl* belegt; im Kontext können theologische Bezüge hergestellt werden.
Die seit langem vielfach als selbstverständlich angenommene Ansicht, *qbl pi* im AT sei durchwegs ein Aramaismus (z.B. Driver/Gray, Job ICC, XLVIf.; KBL²) wird in jüngerer Zeit ausdrücklich abgelehnt (Gordis, The Book of Job, New York 1978, 22; Horst, BK XVI/1, 29; vgl. vorsichtig KBL³ 933).

2. In der LXX werden δέχεσθαι (4mal und 1mal in Sir) bzw. Derivate wie προσδέχεσθαι (3mal und 1mal in Sir) und ἐπιδέχεσθαι (2mal in Sir) für *qbl pi* bevorzugt. Dazu kommen deutende Übertragungen mittels ὑποφέρειν 1mal, πείθειν 1mal, ἐκλέγειν 1mal; vgl. Sir 34/31,3 ἐν συναγωγῇ bzw. ἐμπιπλάναι; für *qbl hiph* ist ἀντιπίπτειν und in Sir 12,5 δυναστεύειν belegt. – S bietet nahezu durchwegs *qbl pa*; in Sir 34,31a *knš pe*: für *qbl hiph* steht *qbl aph* und in Sir 12,5 *ktš ethpa.*

III. 1. Zu den frühen Schichten des verhältnismäßig jungen Esterbuches zählt 4,4. Mordechai werden von Dienern Esters schöne Kleider gebracht, doch er nahm sie nicht an (*w^{e}lo' qibbel*); *qbl pi* hat hier die Bedeutung eines neutralen „Annehmens" eines Gegenstandes.

Schon die Form *w^{e}qibb^{e}lû* in Esra 8,30, wo man – zumindest nach klassischem Empfinden – den Narrativ erwartete, spricht für einen sehr jungen Beleg. Es geht um das – ohne besondere Wertungen angemerkte – Faktum, daß die Priester und Leviten Gold, Silber und Tempelgeräte entgegennahmen (*qbl pi*), um sie nach Jerusalem zu bringen. – Diese Bedeutung eignet *qbl pi* auch in 2 Chr 29,16, da die Leviten das von den Priestern im Vorhof eingesammelte Unreine entgegennehmen, um es nach auswärts zu schaffen. Wenn man auch für 2 Chr 29,22 nicht selten die Bedeutung „Blut auffangen" annimmt (z.B. van den Born, BvOT, 210), so spricht das Wort doch eher dafür, daß der Priester das aufgefangene Blut entgegennahm, um die rituelle Applikation vorzunehmen: „Die Priester vollzogen nur die Blutsprengung" (Rehm, EB II[5], 392). Allerdings bleiben Fragen offen, da die priesterlichen Riten nur rudimentär überliefert sind und der tradierte Text weithin mehrdeutig bleibt. Nach Lev 4,25.30; 14,14; Ez 43,18 usw. nimmt der Priester vom schon dargebotenen Blut. Andererseits scheint der Priester nach Lev 9,8f.12.18; 16,14f.; Ez 46,20 usw. vom Beginn der Schlachtung bis zum Ausgießen des Blutes alle Handlungen zu vollziehen. Wenn auch das Blutauffangen durch den Priester im AT nicht deutlich ausgesprochen wird, ist doch anzunehmen, daß z.B. Joma IV 3a eine Tradition besitzt: *š^{e}ḥāṭô w^{e}qibbel bammizrāq 'æṯ dāmô n^{e}ṯānô l^{e}mî ....*

2. Das bewußte Annehmen eines geistigen Objektes (Zucht) findet sich in Spr 19,20. Da die Argumente für einen Aramaismus (Eissfeldt, Einleitung[3] 641) und damit für eine Spätfassung nicht zwingend sind, wird man mit einem Text aus der Königszeit rechnen (McKane, Proverbs, [OTL] [2]1975, 415). Bemerkenswert ist die singuläre Wortverbindung, wenn man bedenkt, daß *lqḥ mûsār* 11mal im AT vorkommt (Zef, Jer, Spr). Wenngleich *jsr/mûsār* des öftern züchtigende Weisung impliziert, ist hier „die primäre Aufgabe der Unterweisung ... die Wissensvermittlung zur Formung eines bestimmten Verhaltens, ... um die Probleme des Alltags zu meistern" (→ III 690.693). Unterstrichen werden diese Gedanken durch das parallele *'eṣāh*, den Rat in wichtigen Lebenssituationen. Der Gebrauch eines anderen Verbs und die Imperative mögen eine Akzentverschiebung andeuten: Es geht vom allgemeinen zum engagierten Annehmen, damit das Leben recht bewältigt werde. So ist man gefeit, existenzbedrohender Faulheit (Spr 19,15.24 → VI 307f.) zu entkommen, und wird fähig, dem Armen zu helfen und Gott zu entsprechen.

2mal verwendet der Autor in Ijob 2,10 *qbl pi*. Der Vers steht in dem vermutlich späteren Zusatz 1,20b–21; 2,1–10 (L. Schmidt, BZAW 143, 1976, 168) und ist demnach als junger Text einzustufen. Die Verse 1,21 und 2,10 sind vergleichbar, doch legt der Wechsel von *lqḥ* zu *qbl* eine Akzentverschiebung nahe. Horst (BK XVI/1, 29) ist zuzustimmen, daß *qbl* pointierter als das allgemeine *lqḥ* „die (zustimmende) Akzeptation, die Empfangnahme, Annahme, Übrnahme zum Ausdruck" bringt. Allerdings scheint weniger das personal engagierte Zustimmen, als vor allem die dem *pi* eigentümliche Intensivierung des *qal* zum Tagen zu kommen.

Die Dimension der bewußten Akzeptanz belegt auch 1 Chr 12,19. Da hier ein klassischer Narrativ mit Objekt steht, schließt Japhet (VT 18, 1968, 330–371; bes. 334–338) auf einen zeitlichen Vorrang der Chronikbücher gegenüber Esra: doch wird man mit Gunneweg (KAT XIX/1, 26) archaisierende Ausdrucksweise annehmen. Inhaltlich geht es darum, daß David aus Benjamin und Juda Personen, denen er zuerst mit mißtrauischer Vorsicht entgegentrat, aufgrund der enthusiastischen Davidsverehrung Amasais akzeptiert (1 Chr 12,17–19); deutlich ist die Verbbedeutung „an-, aufnehmen" inklusive persönlichen Akzeptierens.

qbl pi fiel auch in 1 Chr 21,11 (par. 2 Sam 24,12) auf (nach Bertheau, KeHAT XV[2], 180 und Rothstein / Hänel, KAT XIII/2, 368 späterer Zusatz). David werden aufgrund des Vergehens der Volkszählung drei Unglücksarten vorgelegt, von denen er eine zu „wählen" hat. Es geht aber nicht darum, daß er eines der drei wählen darf (wie 2 Sam 24,12), sondern verschärfend, daß er eines anzunehmen und als Strafe zu akzeptieren hat (vgl. Rudolph, HAT I/21, 142).

3. Est 9,20–32 ist ein Nachtrag zu dem ohnedies nicht vor 300 v. Chr. entstandenen Buch. Die Spätansetzung unterstützt der Gebrauch von *w* + Perf. statt des Narrativs, ein „späthebräisches Merkmal" (vgl. H. Striedl, ZAW 55, 1937, 80). In die gleiche Richtung weist die Bedeutungsentwicklung von *qbl pi* in vv. 23.27. Sowohl die Verbform wie der objektlose Gebrauch machen stutzig. Aus dem Kontext ergibt sich, daß es um die Einhaltung des von Mordechai in einem Brief weitherum angeordneten Purimfestes geht (9,20–23). Das Verb hat juridische Dimensionen angenommen und bedeutet in sich „als Anordnung annehmen", ohne daß das Objekt noch genannt werden müßte.

4. Der Gebrauch von *qbl pi* in Sir steht zum Teil in der eben dargelegten Tradition. Die Entgegennahme von Stücken des Opferfleisches belegt 50,12.
Das je in 34/31, 3a b stehende Verb dürfte mit der Spitze verwendet werden, daß der gemeinte Reiche eben ohne ernsthafte Bemühung „nehmen und nehmen“ kann. Im Gegensatz zu den bleibenden Bedürfnissen eines Armen ist er in der Lage, Reichtum entgegenzunehmen und zusätzlich Annehmlichkeiten zu erhalten.
Phraseologisch fügt sich *l^eqabbel ta'^anûḡ* aus 41,1d an. Es geht zufolge der Handschriften B und M um die Kraft, die Annehmlichkeiten des Lebens – ganz allgemein – annehmen und für sich umsetzen zu können.
In die Richtung des Akzeptierens im Zuge der Annahme geht 36,26a: *kol zāḵār t^eqabbel 'iššāh*. Da man nicht die gleiche Bedeutung wie *lqḥ 'iššāh* im Sinne von „heiraten“ annehmen kann, ein pejorativer Akzent durch nichts angedeutet ist, wird man sagen, daß eine Frau einen Mann als Gatten personal zu akzeptieren imstande ist. Unterstrichen wird diese Bedeutung durch 15,2, wo Sir die Offenherzigkeit der Weisheit mit der *'ešæṯ n^e'ûrîm* vergleicht: sie geht dem Weisheitsjünger entgegen und nimmt ihn auf.
5. In Sir 12,5 hat die *hiph*-Form von *qbl* die Bedeutung „jemanden angreifen“. Vorsicht gegenüber dem *rāšā'* (12,3) ist geboten, insbesondere darf er mit keinen gefährlichen Geräten (*k^elê loḥem*) ausgestattet werden, da er sie auch gegen den richtet (daher *hiph*), von dem er sie bekam.
Die Bedeutung „gegenüberstehen“ für das *hiph* findet sich in den Zusätzen zur P, nämlich Ex 26,5; 36,12, wo angeordnet wird, Schleifen herzustellen, die so beschaffen sind, daß sich die je gegenüber befindlichen (*maqbîlôṯ hallulā'ôṯ*) entsprechen (vgl. ugar. *qblbl*).
6. Das in Ez 26,9 vorkommende *qǒḇǒllô* (von **qoḇæl*) wird von der LXX nach dem Aram. als Präp. gedeutet: ἀπέναντί σου. Nach dem Kontext muß es aber als „Bezeichnung eines ... Belagerungsinstrumentes verstanden werden“ (Zimmerli, BK XIII/2², 608); vgl. V: *arietes*.
IV. Ijob 2,10 vergleichbar ist das Auf-sich-Nehmen in 4 QpPs 37, II,9(10), wo den Armen (*'^anāwîm*) der Landbesitz zugesagt wird, da sie die Erniedrigung (*mô'ēḏ hatta'^anîṯ*) angenommen haben (*qbl pi*). Im Sinne von Akzeptieren steht *qbl pi* in CD 9,22f., da es um die Annahme von Zeugen bei der Rechtsprechung geht, vielleicht liegt ein in Qumran geprägter terminus technicus vor. Zur verurteilenden Anklage müssen zwei (9,20) akzeptierbare Zeugen genommen werden. Die Verwendung als Rechtsterminus belegt 1 QSa 1,11. Ohne direktes Objekt konstruiert, bezeichnet es die Übernahme der Verpflichtung (der Gemeinde), für einen zu zeugen, der als 20jähriger in die Vollgemeinschaft aufgenommen wird.

Reiterer

קבץ *qbṣ*

I. 1. Etymologie – 2. Belege – 3. LXX – II. Nominalformen – III. Synonyme – IV. Verb – 1. *qal* – 2. *niph*; *hitp* 3. *pi*; *pu* – V. Qumran.

Lit.: *W. Grundmann*, δέχομαι (ThWNT II 49–59). – *E. Jenni*, Das hebräische Pi'el, Zürich 1968, bes. 186–189. – *J. Jeremias*, ποιμήν (ThWNT VI 484–501). – *N. Mendecki*, Die Sammlung des zerstreuten Volkes. Eine motivgeschichtliche Untersuchung anhand der Verben QBṢ Piel und 'SP Qal, Diss. Wien 1980. – *J. F. A. Sawyer*, קבץ *qbṣ* sammeln (THAT II 583–586).

I. 1. Die Wurzel *qbṣ* 'sammeln, versammeln' ist in dieser Bedeutung in der Umwelt Israels relativ selten eindeutig belegt. Drei sichere Parallelen finden sich im Ugar. (WUS Nr. 2386; UT Nr. 2205), dort allerdings als Nominalformen (*qbṣ* 'Versammlung', vgl. J. F. Healey, UF 10, 1978, 86; J. Macdonald, UF 11, 1979, 523). Allein im Arab. sind auch Verbalformen belegt: *qabaḍa* 'ergreifen, nehmen', auch 'zusammenziehen' (Lane 2481ff.; L. Kopf, VT 8, 1958, 200). Unsicher ist die Beziehung zu akk. *kapāṣu* / *kabāṣu* 'sich zusammenziehen' (von Organen, oft in religiösen Texten), 'spannen, krümmen, hängen lassen (den Kopf)' (AHw I 443; CAD K 181f.), das mit hebr. *qbṣ* 'zusammenziehen' eindeutig verwandt ist (AHw I 443). Im Äth. tritt *qbṣ* mit dieser Bedeutung auf (Dillmann, LexLingAeth 438f.). Zur möglichen Verwandtschaft von hebr. *qbṣ* und *qpṣ* vgl. auch KBL³ 1044. Will man eine gemeinsame Grundlage annehmen, wofür das Variieren der Labiale *b* und *p* bei teilweise gleicher oder ähnlicher Bedeutung spräche, so hätte dieses Verb allgemein eine nach innen, auf ein Zentrum gerichtete Bewegung ausgedrückt. Doch bleibt dies fraglich, ebenso wie die Verwandtschaft mit mhebr., aram., syr. *qb'* 'befestigen' (so Brockelmann, LexSyr.; KBL³ 994; anders CSD 488). Wenn man die Erweiterung eines biliteralen Stammes annehmen will, wären auch arab. *qafaṣa* 'sammeln' und *qafaša* 'einsammeln' zu beachten.
2. Neben den beiden Nominalformen *q^eḇuṣāh* 'Sammeln' (Ez 22,20) und *qibbûṣ* 'Sammlung' (Jes 57,13; vgl. u.) und den Ortsnamen *qaḇṣ^e'el, qiḇṣajim* und *j^eqaḇṣ^e'el* (s.u. II) sind im AT 127 Verbalformen in allen Stämmen außer *hiph*/*hoph* belegt: 38mal *qal*; 31mal *niph*; 49mal *pi*; 1mal *pu*. Im Bibl.-Aram. fehlt die Wurzel *qbṣ*, statt dessen wird *knš* 'versammeln' gebraucht (Dan 3,2f. 27).
3. In der LXX wird für *qbṣ*, wie für andere Verben des Sammelns, häufig συνάγω gebraucht, im religiösen Kontext dagegen δέχομαι (Grundmann 56).

II. Unter den nicht sehr häufigen Nominalformen finden sich zwei Ortsnamen. *qaḇṣ^e'el* „El versammelt“ steht in einer Liste judäischer Städte aus der Zeit Josuas, Jos 15,21 (Noth, HAT I/7³, 93); es liegt im Südwesten Judas (Genaueres ist nicht bekannt) und ist die Heimat des Führers des davidischen Söldnerheeres Benaja (2 Sam 23,20; 1 Chr 11,22). Die Ortschaft dürfte identisch sein mit der in Neh 11,25 in einer Liste von Landbewohnern Judas genannten Stadt *j^eqaḇṣ^eʾel*, die in einigen Handschriften und Versionen der Form *qaḇṣ^eʾel* angeglichen wurde, wobei *j^eqaḇṣ^eʾel* wahrscheinlich ursprünglich ist (KBL³ 410. 995; Y. Aharoni, Das Land der Bibel, 1984, 110). Jos 21,22 wird in einer Liste von Levitenstädten im Gebiet Efraims neben Gezer und Bet-Horon (Sichem ist keine Leviten-, sondern eine Freistadt) der nicht identifizierte Ort *qiḇṣajim* genannt. Gewisse Unebenheiten in der Aufzählung deuten darauf hin, daß in der sonst identischen Liste 1 Chr 6 die Stadt *jŏqm^eʿām* (6,53) nicht mit *qiḇṣsajim* identisch ist, sondern daß beide Orte in einer ursprünglichen Liste nebeneinander gestanden haben (Aharoni 310; anders Noth, HAT I/7³, 126).

Ez 22,20 begegnet *q^eḇuṣāh* ʿSammlungʾ im Zusammenhang eines Gerichtswortes über Jerusalem. JHWH sammelt (*qbṣ*) die Bewohner Jerusalems zum Gericht, so wie (mit Targ., LXX, S) Metalle im Schmelzofen gesammelt werden (vv. 19f.). Die Sammlung Israels zum Gericht mit JHWH als Subj. ist bei Ez neben der Sammlung der Exilierten zur Heilszeit kein unbekanntes Motiv, vgl. 16,37 (Jerusalem!); 20,34 (Gola in der Wüste!), daneben auch Fremdvölker: 29,5 (Ägypten); 39,17 (Gericht an Gog). Zur Sammlung in der Heilszeit vgl. IV. 3. Bei der Bestimmung von *qibbûṣajiḵ* „deine Ansammlung" (Jes 57,13) hat man versucht, sich mit einer Konjektur zu behelfen (BHK; Westermann, ATD 19², 258). BHS gibt diese zu Recht nicht mehr an. Mi 1,7 kennt die Ansammlung (*qbṣ pi*) von Götzenbildern durch Hurenlohn (vgl. H. D. Preuß, BWANT 92, 1971, 133f.). Daß es sich auch Jes 57 um eine solche Ansammlung handelt, legt sich durch vv. 5f. nahe, ist aber frei ergänzt. Auch die ugar. Parallelen legen eine Versammlung von Lebewesen nahe. Man könnte aber auch an eine neutralere Bedeutung im Sinne von „Güter, Erwerbungen" bzw. an eine Zusammenfassung der vorherigen Aufzählung von Verfehlungen denken. Nicht unmöglich ist auch der Rückgriff auf die Werke, die nichts nützen (v. 12).

III. Unter den Synonymen ohne spezielles Objekt nimmt *ʾāsap* ʿsammelnʾ eine hervorragende Stellung ein, das, häufiger gebraucht als *qbṣ*, eine größere Bandbreite an Bedeutungen hat und in allen Teilen des AT zu finden ist. Gelegentlich werden *qbṣ* und *ʾsp* parallel gebraucht: Gen 49,2; Jes 11,12; 43,9; 62,9; Ez 11,17; 29,5; 39,17 (+*bôʾ*); Joël 2,16 (+ *qhl*); Mi 2,12; 4,6; Hab 2,5; Zef 3,8 (vgl. dazu M. Görg, BN 6, 1978, 12–14; P. H. Schüngel, BN 7, 1978, 29–31). Dagegen tritt *kns*/*knš* nur nachexil. auf (11mal) und übernimmt dort die Funktion von *qbṣ* und *ʾsp* (vgl. etwa die Anm. in BHS zu Mi 1,7!); ähnliches gilt für *qhl* (39mal, hauptsächlich P und Dtr), das oft die Versammlung zum Gottesdienst meint. Alle übrigen Verben des Sammelns haben charakteristische Objekte bei sich: *ʾrh* II (2mal) ʿpflücken, erntenʾ (Früchte), → לקט, *lqṭ* (37mal) ʿernten, lesenʾ (Nahrung), *qwh* II (2mal) ʿsammelnʾ (Wasser, vgl. *miqwāh*), *qšš* (8mal) ʿsammelnʾ (Holz, Stoppeln), *rkš* (5mal) ʿsammeln, erwerbenʾ (Besitz). Einzig → יעד, *jʿd* (28mal) *niph* mit der Nebenbedeutung „sich versammeln" bietet, in exil.-nachexil. Zeit, noch eine echte Parallele zu *qbṣ*.

IV. 1. Der Gebrauch des *qal* zieht sich etwa gleichmäßig durch das gesamte AT. Im Gegensatz zu *pi* tritt im *qal* JHWH nur 3mal als Subj. auf (Ez 22,19f.; Zef 3,8). An beiden Stellen geht es um das bildlich vorgestellte Gerichtshandeln JHWHs an Israel bzw. den Völkern. Das „Sammeln" der Völker durch einen Tyrannen als unrechtmäßigen Besitz (= Unterdrückung) wird Hab 2,5 innerhalb einer JHWH-Rede gescholten. Im Zusammenhang religiöser Texte steht *qbṣ* parallel zu *ʾsp* (Hab 2,5 [Weheruf] und Zef 3,8 [Gerichtsrede]) und gleichzeitig zu *qhl* (Joël 2,16 [Aufruf zur Buße]). Ansonsten überwiegt der profane Gebrauch. Allein Ps 41,7 liegt mit dem „Sammeln" des Unheils durch die Feinde metaphorische Verwendung vor. In allen übrigen Belegen finden sich stets näher bestimmte Menschen als Subj. und ebenso Sachen oder Menschen als Obj. innerhalb eines konkreten, meist alltäglichen Vorgangs. Eine spezifische Verwendung läßt sich im *qal*, ähnlich wie bei dem verwandten *ʾsp*, nicht erkennen. So werden Getreide (Gen 41,35.48), Beute (Dtn 13,17) oder allgemein Güter gesammelt (Spr 13,11; 28,8). Der Erwerb wird, ebenso wie die Beschaffung von Silber und Gold für den Tempel (2 Chr 24,5), anders als in Qumran positiv gesehen. Die große Mehrzahl der Belege hat aber Menschen, die sich durch eine ihnen bereits gemeinsame Qualifikation oder durch gleiches Interesse schon als zusammengehörig erkennen lassen, zum Obj. Oft geht es dabei um die Versammlung der Männer zum Kampf (Ri 12,4; 1 Sam 28,1.4; 29,1; 2 Sam 2,30; 3,21; 1 Kön 20,1; 2 Kön 6,24; 2 Chr 25,5), wobei *qbṣ* wertneutral sowohl für Israel als auch dessen Feinde gebraucht werden kann. Diese Belege, wie auch Gen 41, dürften mit Sicherheit aus vorexil. Zeit stammen (außer 2 Chr). Daneben werden verschiedene Menschen zu unterschiedlichen Anlässen zusammengeholt, so das Volk 2 Kön 10,18; Neh 7,5 zur Volksversammlung, 1 Kön 18,19f.; 22,6; 2 Chr 18,5 Prophetengruppen zum Erweis ihres Könnens, oder andere Gruppen zu einem je bestimmten Zweck: Mauerbau (Neh 5,16); Hochzeit (Est 2,3); Umsturz (2 Chr 23,2) u.a. Auffallend wenig werden Menschen zu gottesdienstlichen Handlungen versammelt (1 Sam 7,5; Joël 2,16; 2 Chr 15,9).

2. Das *niph* wird sowohl reflexiv „sich versammeln" als auch passiv „versammelt werden" gebraucht. Im Gegensatz zu KBL³ 994 scheint der reflexive Gebrauch vorzuherrschen. Lediglich Ez 29,5; Est 2,8.19 sind eindeutig passiv, Jes 56,8; 60,7 ist beides möglich. Subj. sind stets Lebewesen. Wie im *qal* überwiegt der profane Gebrauch. Bestimmte Menschengruppen versammeln sich zu einem näher be-

stimmten Zweck: Gen 49,2 Jakobsegen; 1 Sam 25,1 Begräbnis Samuels; Jer 40,15 Neuanfang der im Lande Zurückgebliebenen; Esra 10,1.7.9 Auflösung der Mischehen; Neh 4,14 Mauerbau; 2 Chr 13,7 Jerobeams Erhebung; 32,4 Arbeit; Jos 10,6; 1 Sam 28,4 Versammlung zum Kampf. Religiöse Veranstaltungen sind Ziel der Zusammenkunft in 1 Sam 7,6; 1 Chr 13,2; 2 Chr 15,10; 20,4. Daneben findet *qbṣ niph* verstärkt in religiösen Texten Verwendung. Ähnlich dem *qal* dient das Sammeln der Vorbereitung des Gerichts JHWHs, das anders als dort eschatologisch verstanden wird und kein Gericht an Israel ist. In nachexil. apokalyptischen Texten sammelt JHWH Tiere, die sein Gericht an den Völkern vollstrecken: Jes 34,15 (Raubvögel zum Gericht an Edom, vgl. 34,16 *pi*), Ez 39,17 (Vögel und Feldtiere zum Gericht an Gog), ähnlich Ez 29,5 (Gericht an Ägypten; die Fische dienen hier nur dem Vergleich). Joël 4,11 schließlich sammeln sich die Völker zum endzeitlichen Gerichtstag JHWHs. Häufiger ist im *niph* aber der positive Gebrauch. Bei DtJes und TrJes weist *qbṣ* auf die beginnende Heilszeit hin; die Verwendung gleicht der des *pi*. Bei beiden findet sich *qbṣ* nur in JHWH-Reden. Jes 43,9; 45,20 (+*bô'* und *ngš*); 49,18; 60,4 (=49,18); 60,7 versammeln sich die Gegner Israels bzw. alle Völker (am Zion), um die Herrlichkeit JHWHs und den Zion zu rühmen. Die monotheistischen und universalistischen Züge passen in die Zeit des späten Exils und danach. Aufgenommen wird die Vorstellung vom damit verbundenen endgültigen Heilshandeln Gottes an Israel Ps 102,23. So wie die Völker zum Erweis der Macht JHWHs zusammenkommen, so führt JHWH Israel in Jerusalem zusammen (Jes 48,14; 56,8 [vgl. *pi*]). Heil als Zusammenführung für die getrennten Reiche Israel und Juda verheißt auch Hos 2,2, ein Wort aus exil.-nachexil. Zeit (Jeremias, ATD 24/1, 34f.; anders Wolff, BK XIV/1³, 27ff.). *qbṣ hitp* hat, darin dem *qal* ähnlich, allein profanen Charakter; alle Belegstellen zeigen reflexive Bedeutung. Stets sind es näher gekennzeichnete Menschengruppen, die sich zu einem bestimmten Anlaß versammeln. Um Kriegsvorbereitungen (vgl. *qal*) geht es Jos 9,2; Ri 9,47; 2 Sam 2,25; Jer 49,14 (JHWH-Rede). Jes 44,11 (JHWH-Rede) werden die Hersteller von Götzenbildern angegriffen (H. D. Preuß, BWANT 92, 1971, 208ff.). Allein 1 Sam 7,7 versammeln sich die Israeliten zu einem Gottesdienst. Bis auf Jes 44,11 und Jer 49,14 stammen alle Belege aus dem DtrGW; dabei sind Ri 9,47; 1 Sam 22,2; 2 Sam 2,25 sicher vordtr, anders 1 Sam 8,4.

3. Die sich schon im *niph* andeutende Verwendung von *qbṣ* für die Sammlung Israels zur Heilszeit überwiegt im *pi* bei weitem. Bis auf wenige Ausnahmen ist JHWH Subjekt der Handlung (Jes 13,14; 22,9; 62,9; Hos 9,6; Joël 2,6; Mi 1,7; Nah 2,11; 3,18; Jes 34,16 JHWHs Geist). Profane Bedeutung liegt nur Jes 22,9; 62,9; Joël 2,6; Nah 2,11 vor. Doch stehen auch diese Verse in religiösem Kontext. Jes 22,9 werden die Jerusalemer gerügt, weil sie ohne JHWHs Hilfe Wasser sammeln (Schiloachteich); Jes 62,9 beschreibt, für das *pi* unüblich, die Ernte, allerdings, und damit charakteristisch, als Beispiel für die Heilszeit; Joël 2,6 (ähnlich Nah 2,11) verdeutlicht das Erschrecken vor dem Tag JHWHs. Über der Mehrzahl der Belege, die bis auf Hos 8,10; 9,6 (Gerichtsworte über Israel! Jeremias, ATD 24/1, 103.113) aus der exil.-nachexil. Zeit stammen, steht programmatisch Dtn 30,3f., worauf Neh 1,9 Bezug nimmt: Wenn Israel sich im Exil bekehrt (→ שׁוב *šûḇ*), dann wird JHWH sich seiner erbarmen (→ רחם *rḥm*), die unter die Völker Zerstreuten sammeln (*qbṣ*) und sie ins Land zurückbringen (*bô' hiph*). Aufgenommen wird diese Vorstellung vor allem von den großen Schriftpropheten, bei denen *qbṣ pi* zu einem soteriologischen term. techn. wird. Oft wird dabei der Gegensatz zum vorherigen Gerichtshandeln JHWHs (verlassen → עזב *'zb*, Jes 54,7; verstoßen → נדח *ndḥ*, Jes 11,12; 56,8; Jer 23,3; 31,10; Ez 20,34; Mi 4,6; Neh 1,9 u.a.) betont. Wie schmerzhaft das Bewußtsein um die Zerstörung und Auflösung des einen JHWH-Volkes gewesen sein muß, bezeugen die Stellen, an denen *qbṣ* parallel zu → ישׁע *jš'* 'retten' gebraucht wird (Zef 3,19; Sach 10,8; Ps 106,47 = 1 Chr 16,35, hier zusätzlich → נצל *nṣl*). Die Sammlung Israels aus dem Exil wird als Rückkehr (Sach 10,10 *šûḇ hiph*) und als neuer Exodus verstanden (Ez 20,34; 34,13 → יצא *jṣ'*). Das Handeln JHWHs wird dabei gern mit dem Bild des Hirten verglichen, der seine zerstreute Herde sammelt (ausdrücklich Jes 40,11; Jer 31,10; Ez 34,13; Mi 2,12; vgl. arab. *qubaḍah* „Hirte, der die Herde gut versorgt"; ähnlich Ps 23,1 u.ö.), ein Bild, das im AO sonst oft für den Herrscher verwandt wird, um seine Hilfe für die Schutzbedürftigen zu beschreiben (Jeremias 485). Wenn hier betont das Sammeln der Zerstreuten, die hauptsächliche Beschäftigung des Hirten, als JHWHs alleiniges Werk angesehen wird, geschieht das auch in Abgrenzung gegen andere Völker und deren Hirten (Könige, Götter). Das Bild wird vervollständigt durch die Bezeichnung Israels als Lämmer (Jes 40,11). Mi 4,12 wird daneben das Bild vom Garben bindenden Bauern verwandt. Wie fest geprägt die Verwendung von *qbṣ* für das heilschaffende Handeln JHWHs ist, zeigen vor allem einige Gerichtsworte gegen andere Völker, in denen betont wird, daß sie niemanden haben, der sie sammelt (Jes 13,14 [Babel]; Nah 3,18 [Ninive]; Jer 49,5 [Flüchtlinge Ammons]). Ihnen allen fehlt der „gute Hirte". Das Bild von JHWH als Hirte kann geradezu als Antitypus für die schlechten Hirten (Könige) Israels benutzt werden (Jer 23,3; Ez 34,13). Die Verwendung des *pi* geht bei Ez gelegentlich über den üblichen Rahmen hinaus. Im Zusammenhang der Worte gegen Jerusalem sammelt JHWH ihre „Liebhaber" zum Zeugnis gegen sie (Ez 16,37). Die Sammlung zum Gericht findet sich ebenso Ez 20,34. In der Wüste findet zunächst das läuternde Gericht statt, bevor die Versammelten zum endgültigen Heil gelangen (Ez 20,41), dessen Erreichen Ez 38,8 (*pu*)

in einem Gerichtswort gegen Gog festgestellt wird. In der in Phasen aufgeteilten Geschichtstheologie Ezechiels gibt es Heil nur durch das Gericht hindurch. An seine äußerste Grenze wird der soteriologische Gebrauch von *qbṣ* Ez 29,13 geführt; JHWH rettet nicht nur Israel, sondern schafft selbst den Zerstreuten Ägyptens Heil! Dieser Gebrauch von *qbṣ* ist singulär. Das Tun JHWHs steht hier im Gegensatz zu Joël 4,2, der Sammlung der Völker zum Tag JHWHs. Allerdings stehen dem durch *qbṣ pi* ausgedrückten, souveränen und unvermittelten Heilshandeln Gottes an Israel nur wenige Belege gegenüber, die vom Gericht an Israel reden: Jes 22,9 gegen Jerusalem, Hos 8,10; 9,6 als Gerichtswort an Israel; Ez 16,37 (s.o.), Mi 1,7 im Zusammenhang der Herstellung von Götzenbildern (s.o. II.), sowie daneben die Worte gegen die Fremdvölker. So drückt sich in *qbṣ pi* die Hoffnung der Exilsgemeinde auf die Gnade JHWHs aus, auf die allein die unter den Völkern Zerstreuten (Mi 4,6 u.ö.) angewiesen sind. Das dtn Programm der Einheit des Gottesvolkes kann, so der Glaube der Exilierten und der Gemeinde des zweiten Tempels, allein von JHWH selbst zu seiner Vollendung geführt werden, indem er in seinem eschatologischen Handeln sowohl Israel zusammenführt als auch die Völker zum Erweis seiner Macht sammelt.

V. In den bisher edierten Qumrantexten finden sich 11 Belege für *qbṣ*. In drei Stellen aus den Pescharim (1 QpHab 8,11; 9,5; 4 QpNah 1,11 [ergänzt nach E. Lohse, Die Texte aus Qumran, 264]) geht es um die Anhäufung unrechten Besitzes durch Jerusalemer Priester. 4 Q (177) Catena A 7,4; 19,5 spielt auf Ez 25,8 bzw. Ez 22,20 an (so J. Strugnell, RQu 7, 1969/71, 243–245. 247). In 4 Q 381, 76–77,1 könnte eine Anspielung auf Ez 39,17 vorliegen. 4 QM[a] (491) 16,4 (ohne Parallele in 1 QM) spricht von der Versammlung ganz Israels in Jerusalem (vgl. Esra 10,9; Jdt 16,22 V). Weitere Belege (4 Q 171,13,6; 509,3,4; 515,19,1 und TR 55,8) sind fragmentarisch.

Mommer

קֶבֶר *qæḇær*

קָבַר *qāḇar*, קְבוּרָה *qeḇûrāh*

I. Vorkommen der Wurzel und Verbreitung – II. Rolle der Grablegung in den einzelnen Schriftwerken – 1. Pent. – 2. DtrGW — 3. Propheten – 4. ChrGW – 5. Ps, Ijob – III. Religiöse Bedeutung – IV. Epigraphische Zeugnisse – V. Gräberfunde der Eisenzeit – VI. Zusammenfassung – VII. 1. LXX – 2. Qumran.

Lit.: *C. Barth*, Die Errettung vom Tode in den individuellen Klage- und Dankliedern des Alten Testamentes, [2]1987. – *A. Kuschke*, Grab (BRL[2] 122–129). – *S. Loffreda*, Typological Sequence of Iron Age Rock-Cut Tombs in Palestine (FrancLA 18, 1968, 244–287). – *B. Lorenz*, Bemerkungen zum Totenkult im AT (VT 32, 1982, 229–234). – *O. Loretz*, Vom kanaanäischen Totenkult zur jüdischen Patriarchen- und Elternehrung (Jahrbuch für Anthropologie und Religionsgeschichte 3, 1978, 149–204). – *E. M. Meyers*, Secondary Burials in Palestine (BA 33, 1970, 2–29). – *E. Meyers*, Tomb (IDB Suppl. 905–908). – *L. Y. Rahmani*, Ancient Jerusalem's Funerary Customs and Tombs. Part Three (BA 45, 1982, 43–53). – *L. Rost*, Grab (BHHW I 605f.). – *K. Spronk*, Beatific Afterlife in Ancient Israel and in the Ancient Near East (AOAT 219, 1986). – *N. J. Tromp*, Primitive Conceptions of Death and the Nether World in the Old Testament (BietOr 21, Rom 1969). – *L. Wächter*, Der Tod im AT (AzTh II/8, 1967). – *P. Welten*, Bestattung II. Altes Testament (TRE V 734–738). – Zu altorientalischen Parallelen: *H. Altenmüller*, Grabausstattung und -beigaben (LexÄg II 837–845). – *D. Arnold*, Grab (LexÄg II 826–837). – *B. Hrouda / W. Orthmann / E. Strommenger*, Grab (RLA III 581–605). – *E. Strommenger*, Grabbeigabe (RLA III 605-609).

I. Das Lexem *qbr* ist als Verb im *qal* 86mal, im *niph* 39mal, im *pi* 6mal und im *pu* 2mal belegt. Als Nomen kommen *qæḇær* 67mal und *qeḇûrāh* 14mal vor. Da jedoch für die *qaṭl*-Bildung sowohl die Pl.-Form *qeḇārîm* wie diejenige mit femininer Endung *qeḇārôṯ* auftauchen und im 2. Fall bei Suffixendungen die Verwechslung mit dem Pl. von *qeḇûrāh* möglich ist, bleibt an einigen Stellen fraglich, welche der beiden Nominalformen gemeint war (vgl. Ez 32,22–26 und die Kommentare z. St.). Für die Form *qæḇær* setzen die Wörterbücher die Bedeutung „Grab" ein (GesB 699; KBL[3] 996), für *qeḇûrāh* wird in erster Linie „Begräbnis" und in zweiter „Grab" geboten (GesB 698; KBL[3] 993); wo in den Texten beide Nominalformen nebeneinander auftauchen, entsteht jedoch der Eindruck, daß die *qaṭl*-Bildung sich auf das konkrete, zubereitete Grab bezieht, die *qaṭul*-Form hingegen auf den umliegenden Begräbnisplatz, den Friedhof: Jes 14,19, vgl. vv. 20f.; 2 Chr 26,23, vgl. 24,25; 28,27 (vgl. auch D. Michel, Grundlegung einer hebräischen Syntax 1, 1977, 54–56).

Die Wurzel *qbr* ist allen semit. Sprachen eigen und bedeutet durchweg als Nomen die für die Aufnahme einer menschlichen Leiche ausgehobene Grube oder ausgehauene Höhle oder einen entsprechenden Steinbau, als Verb das Zu-Grabe-Tragen und dort Bestatten (KBL[3] 995f. m. Lit.). Die Streuung der Belege im AT ist bemerkenswert: für das Verb Gen 28, DtrGW 59, ChrGW 15, Propheten 13 und Ps 1 Beleg(e); für das Nomen *qæḇær* Gen 8, DtrGW 18, Propheten 18 und Ps 3 Belege; für das Nomen *qeḇûrāh* Gen 3, Dtn 1, DtrGW 4, ChrGW 1, Propheten 4 und Koh 1 Beleg(e).

II. 1. In den JE-Schichten des Pent. werden einzig die Gräber von Jakob und Rahel ausdrücklich erwähnt. Jakob wird auf seinen Wunsch hin durch seine Söhne von Ägypten nach Kanaan überführt und dort in Goren-ha-atad = Abel Misrajim bestattet (Gen 47,30; 50,1–11), während seine Lieblingsfrau eine Begräbnisstätte (*q^eḇûrāh*) mit Massebe auf dem Weg nach Efrat erhalten hat (Gen 35,20; 1 Sam 10,2). Für P hingegen wird der Erwerb einer einzigen Grabstätte für Abraham und Sara zu einer der wenigen Hauptaktionen, die von diesem Erzvater berichtet werden (Gen 23,1–20). Das Schwergewicht liegt dabei auf *'ahuzzat qæḇær,* auf dem rechtmäßigen Eigentumsanspruch. Das Grab stellt das einzige Fleckchen dar, das der Erzvater im Lande der Verheißung sein eigen nennen darf. „Ein ganz kleines Stück des verheißenen Landes – das Grabgrundstück – war ... (den Vätern) schon eigen" (G. v. Rad, ATD 2–4[10], 199).

Hier in der Höhle Machpela werden nicht nur Abraham und Sara, sondern auch Isaak und Rebekka, Lea und Jakob beigesetzt (Gen 49,30ff.; 50,13). Im Blick auf sie alle ist es wichtig, die Grablegung und ihren Ort ausdrücklich zu berichten. Dabei geht das „Versammelt-Werden (*'sp*) zu den Vätern" seltsamerweise (10mal) dem Begräbnis voraus. Nur Aaron wird auf dem Wüstenberg Hor „zu seinen Volksgenossen versammelt", ohne daß von einem Grab die Rede ist (Num 20,24–26). Die Bedeutung der Gräber der Ahnen hat also in den jüngeren Schichten des Pent. gegenüber den älteren sichtlich zugenommen. So wichtig für P die „Familienzusammenführung" nach dem Ableben der Erzväter ist, in den gesetzlichen Vorschriften bleibt es dabei, daß jede Leiche in einem Grabe den verunreinigt, der sie berührt (Num 19,16–18).

2. Die im DtrGW verarbeiteten Überlieferungen legen bei vielen Helden auf ein gutes Lebensende Wert, indem sie vermerken, daß sie im Grabe ihrer Väter (= Ahnen überhaupt) beigesetzt wurden; so Gideon (Ri 8,32), Simson (16,31), Asaël (2 Sam 2,32); Abner (3,32), Ahitofel (17,23), Saul und Jonatan (21,14). Daß ein solches Grab neben dem Vater auch die Mutter birgt, wird nur bei Barsillai (2 Sam 19,38) erwähnt. In den Königsbüchern gehört es zu den notwendigen Rahmennotizen, daß die israelitischen und judäischen Könige sich zu ihren Vätern schlafen legten und dann in der Familiengruft beigesetzt wurden. Auch hier wird also die Vereinigung mit den Ahnen dem Begräbnis vorgeschaltet (Tromp 169f.). Wo das einem König nicht widerfahren ist, bedeutet es ein besonders scharfes göttliches Verdikt über seine Herrschaft. Nur der aussätzige Amon wird 2 Kön 21,26 im Tal Ussa begraben – befürchtet man, daß er selbst seine toten Vorfahren verunreinigt hätte, wenn er ihnen zu nahe gekommen wäre?

Wer nach seinem Tode nicht in das Vätergrab gelangt, nimmt ein unglückseliges Ende (1 Kön 13,22). Umgekehrt kann eine göttliche Verheißung einzig darin bestehen, daß der Adressat in *šālôm* zu seinen Vätern versammelt wird (2 Kön 22,20).

Neben der Beisetzung bei den Ahnen gilt als nächstbeste Möglichkeit, im Grab einer hochgeachteten Persönlichkeit bestattet zu werden: so Ischbaals Haupt bei Abner (2 Sam 4,12) oder der Gottesmann aus Juda im Grab des israelitischen Nabi (1 Kön 13,30f.). Wo ein Prophet begraben liegt und eine weitere Leiche in das Grab geworfen wird, kann sich für diese das Wunder einer Wiederbelebung vollziehen; ein toter Prophet ist also keineswegs schlechthin tot (2 Kön 13,21). – In einzelnen Fällen wird von einem Steinmal über dem Grab erzählt, so bei Rahel (Gen 35,20, *maṣṣeḇāh*), beim Nabi 2 Kön 23,17 (*ṣijjûn*) und bei Abschalom 2 Sam 18,18 (*maṣṣæḇæṯ*). Im letzten Fall gewährleistet es die Fortdauer des Namens des Toten.

Grundsätzlich bleibt jedes Grab ein unreiner Ort. Das gilt in gesteigertem Maße für das Massengrab der einfachen Leute (*b^enê hā'ām*) vor den Toren Jerusalems (2 Kön 23,6; Jer 26,23).

3. Die Propheten teilen die allgemeine Meinung, daß es für einen Verstorbenen höchst belangvoll ist, ob er überhaupt und in welchem Grabe er bestattet wird. Ein Grab bei den Frevlern bringt tiefste Herabwürdigung mit sich (Jes 53,9). Ein Begräbnis wie ein Esel ist das Ende eines bösen Lebens (Jer 22,19). Das Nicht-begraben-Werden ist der Inhalt von schwerwiegenden Unheilsweissagungen (Jer 16,6). Die letzte Kränkung aber, die einem Menschen u. U. viele Jahre nach seinem Tode noch angetan werden kann, ist die gewaltsame Entfernung seiner Gebeine aus dem Ort der Bestattung. Den Gegnern JHWHs wird solches angedroht (Jes 14,19; 22,16; Jer 8,1 vgl. 2 Kön 23,16). Nur selten wird auf die Unterwelt (*š^e'ôl*) im Zusammenhang mit der Rede vom Grab eingegangen. Neben Jes 14 und Ps 88 geschieht das vor allem Ez 32,22.26. An der letzten Stelle werden die je eigenen Grabquartiere der feindlichen Völker (teils *q^eḇārôṯ*, teils *q^eḇûrôṯ* genannt; ist stets das zweite zu lesen?) in der Unterwelt geschildert, die sich um Assur als Zentrum gruppieren. – Für Israel hingegen kündet Ez die Verheißung, daß sich die Gräber öffnen und die Toten heraufsteigen zum neuen Leben (37,12f.).

4. Mit der nachexil. Zeit nimmt die Bedeutung der Rede vom Vätergrab zu, wie neben P das ChrGW zeigt. Für Nehemia ist Jerusalem „die Stadt des Hauses der Gräber meiner Väter", dessentwegen treibt es ihn zum Wiederaufbau (nicht etwa um des Schutzes des Tempels willen!, Neh 2,3.5). Die Nachrichten der Königsbücher über judäische Könige, die sich zu ihren Vätern gelegt hatten, werden an einigen Stellen dadurch herausgehoben, daß die Familiengruft ausdrücklich genannt wird, so bei Asa und Joschija (2 Chr 16,13f.; 35,24). Bei Königen, deren Regierung nicht als einwandfrei gilt, wie Joram, Joasch und Ahas, wird zwar das Begräbnis in Jerusalem berichtet, aber einschränkend hinzugefügt: „Jedoch nicht im Grab der Könige" (2 Chr 21,20; 24,25; 28,27). Von Hiskija hingegen wird vermeldet, daß er bestattet wurde „beim Aufgang (*b^ema'^aleh*) der Gräber der Söhne Davids", was

wahrscheinlich eine besondere Auszeichnung beinhaltet. Der aussätzige Usija findet seine letzte Stätte „auf dem Feld des Friedhofs (? *qᵉḇûrāh*), der den Königen zugehört"; hier dürfte der weitere Umkreis jenseits der Dynastiegruft gemeint sein (2 Chr 26,23).

5. In den Psalmen ist häufig von der Unterwelt, hingegen nur selten vom *qæḇær* die Rede. Die jüngere Weisheit läßt die steigende Hochschätzung der Ruhe im Grab in nachexil. Zeit erkennen. Es wird dem Menschen *bêṯ ha'ôlām* (Koh 12,5; Ps 49,12; Tob 3,6); ist das bildlich (Wächter 77) oder eigentlich gemeint (Welten 737)? Ohne *qᵉḇûrāh* ein Ende zu finden, ist schrecklich (Koh 6,3). Für Ijob ist es unbegreiflich und empörend, daß der Böse oft unangefochten zu seiner Grabstätte gelangt und dort noch Wacht gehalten wird (21,32). Freilich ist das Grab kein erstrebenswertes Ziel. Ijob sieht seine Tage als schon ausgelöscht an; nur die Grabstätte bleibt ihm, und das bietet ihm keinen Trost (17,1).

III. Der Tote wird in einer feierlichen Begehung zu Grabe getragen, bei der Leichenklage laut wird und Angehörige, Freunde oder Untergebene Selbstminderungsriten vollziehen (→ ספד *sāpaḏ*). Das Königsbegräbnis unterscheidet sich vom normalen, das ganze Volk beteiligt sich, und Feuerriten werden verwendet (Jer 34,5; 2 Chr 16,14; 21,19). Den Bestattungsbräuchen fehlt aber jeder religiöse Bezug im engeren Sinn; JHWH wird ebenso wenig dabei genannt wie eine heidnische Gottheit, die Erwähnung des Gottes Israels fehlt selbst dort, wo Könige oder Propheten die Bestattung vollziehen (2 Sam 3,31–35; 1 Kön 13,30).

In jüngeren Gesetzestexten werden einige der Trauerriten um JHWHs willen verboten (Lev 19,27f.; 21,1-6; Dtn 14,1). Das wird gewöhnlich aus antikanaanäischer Stellungnahme heraus erklärt. Doch die Stimmen sind so spät, daß eine Kenntnis originalen kanaanäischen Brauchtums wenig wahrscheinlich erscheint. Soll abgewehrt werden, daß das Trauergeleit sich allzu sehr mit dem (unreinen) Toten ineins setzt und dadurch das JHWH-Verhältnis beeinträchtigt wird?

Hervorragende Tote wie Abraham und Rahel nehmen vom Grab aus am Schicksal ihrer Nachkommen Anteil (Jes 63,16; Jer 31,15–17). Die Bestatteten können als *'ᵉlohîm* in Totenbeschwörungen durch Sachkundige herbeigerufen und um Orakel angegangen werden (1 Sam 28); der Brauch wird jedoch schon relativ früh als illegitime Konkurrenz zur einzig berechtigten Zukunftsweisung im JHWH-Wort betrachtet (2 Kön 23,24; Jes 8,19 u.ö.; → I 141–145; III 479–512). Hingegen gibt es kein einziges sicheres Zeugnis, daß im alten Israel den (unglücklich) Gestorbenen ein negativer Einfluß auf die Lebenden zugedacht wurde (Spronk 251).

Wieweit es einen Totenkult, also eine Versorgung der Toten mit Gaben über die Zeit der Beisetzung hinaus gegeben hat, läßt sich nicht erkennen (Spronk 247). Dtn 26,14 sieht es als Vergehen gegenüber JHWH an, vom Zehnten etwas den Toten zu geben. Vielleicht hat es in vorexil. Zeit für Könige am Zionstempel ein *pæḡær*-Opfer gegeben (Ez 43,7–9), was aber der Prophet als eine schwere Verunreinigung des Heiligtums anprangert (→ VI 512–514). In hellenistischer Zeit werden allerdings Opfer für Tote erwähnt (Sir 30,18; Tob 4,17). Schon vorher rügt Jes 65,4 Leute, die in Gräbern sich niederlassen (*jšb*; zur Totenbefragung oder zum Mahl mit den Toten?) und anderen abgöttischen Riten frönen.

IV. Die at.lichen Anschauungen über das Grab werden durch einige wenige epigraphische Zeugnisse unterstützt, die an und in palästinischen Gräbern der Eisenzeit gefunden worden sind. Über dem Eingang zum Grab eines Haushofmeisters in Silwan wird darauf aufmerksam gemacht, daß das Grab kein Silber und Gold berge und jeder Eindringling verflucht sei (KAI 191). Auf der Verschlußplatte eines zweiten Grabes auf dem Ölberg wird vermerkt, daß „die Gebeine Usijahus, des Königs von Juda" hierher gebracht wurden und das Grab nicht geöffnet werden darf (TGI³ 55). Da die Inschrift erst im 1. Jh. v. Chr. niedergeschrieben ist, läßt sie erkennen, wie lange sich die Auffassung vom Weiterwirken toter Könige in der Stadt Jerusalem gehalten hat.

Wichtiger sind zwei Funde der letzten Jahre. Eine Grabinschrift aus dem 8. Jh. v. Chr. in Chirbet el-Qôm bei Hebron ist einem gewissen „Urijahu, dem Reichen" gewidmet. Von ihm wird anscheinend gesagt: Gesegnet ist/sei (*brk*[*t*?]) er bei (*l*) JHW und ... bei seiner Aschera" (? *l'šrth*). Daneben ragt eine stilisierte Hand von oben auf das Grab herab (W. G. Dever, HUCA 40/41, 1969/70, 139–204). Wie immer die Übersetzung genau zu lauten hat und der Rang von Aschera(ta ?) zu bestimmen ist, auf jeden Fall wird mit einem Segen JHWHs für den Toten im Grab gerechnet (zur Diskussion A. Lemaire, RB 84, 1977, 595–608; S. Mittmann, ZDPV 97, 1981, 139–152; J. A. Emerton, ZAW 94, 1982, 2–20; Z. Zevit, BASOR 255, 1984, 39 – 47; M. O'Connor, VT 37, 1987, 224–230; S. Schroer, OBO 74, 1987, 33f.).

In einer Nekropole am südlichen Stadtrand von Jerusalem haben sich zwei Silberplättchen gefunden, auf denen Vorformen des Segens von Num 6,22–26 eingeritzt und den Toten ins Grab mitgegeben waren (G. Barkay, Ketef Hinnom. A Treasure Facing Jerusalem's Walls, 1986; H. N. Rösel, BN 35, 1986, 30–36). Der Wunsch „JHWH segne dich und behüte dich, er lasse leuchten sein Angesicht zu dir hin" kann nur bedeuten, daß der Verstorbene nicht nur vom Segen seines Gottes, sondern sogar vom Leuchten seines Angesichtes begleitet bleibt (im Gegensatz zu Aussagen wie Ps 88!).

V. Auf die archäologischen Ergebnisse bei Gräberfunden der Eisenzeit in Palästina ist hier nur so weit einzugehen, als sie über die religiöse Wertung der Bestattung Aufschluß geben. Was an Anlagen entdeckt worden ist, sind meist in den Kalksteinfelsen gehauene Kammern. Solche Bestattungsweise muß aber nicht für die Masse der Bevölkerung repräsentativ gewesen sein, da Erdbegräbnisse, die wohl die Regel waren, archäologisch meist keine Spuren hinterlassen haben (Ausnahme Qumran). In der Grabkultur vollzieht sich der Übergang von der (kanaanäischen) Spätbronzezeit zur (israelitischen) Eisenzeit bruchlos. „Es sind keine Spezifica israelitischer Gräber feststellbar" (Welten 735). Nekropolen liegen außerhalb der Siedlungen, so etwa in Jerusalem, wo sich mehrere Friedhöfe gefunden haben (E. Otto, Jerusalem – die Geschichte der Heiligen Stadt, 1980, 81–83). Der in Ugarit häufige Brauch, Grabkammern unter den Wohnhäusern anzulegen, ist in Palästina nicht zu belegen (trotz 1 Sam 25,1; 1 Kön 2,34). Wohl aber sind die meisten Anlagen als Familiengrüfte mit seitlichen Bänken für mehrere Leichen gebaut.

Oft befindet sich an einer Ecke des Grabes eine vertiefte Grube, in der die Knochen nach Verwesung der Fleischteile gesammelt wurden. Oder es findet sich eine Art Untergeschoß für solche Aufbewahrungen (Ketef Hinnom). Dem gleichen Zweck dienen hölzerne oder steinerne Ossuare, die in römischer Zeit beliebt werden (BRL^2 273-275). Nach Verwesung der Fleischteile sind die Gebeine anscheinend in einem „zweiten Begräbnis" (Meyers) nun endgültig „zu den Vätern" versammelt worden. Während Särge selten sind (BRL^2 269–273), haben die meisten Toten ausweislich der Funde Grabbeigaben für ihren letzten Weg mitbekommen wie Schmuck, Kleidungsstücke, Amulette, Gefäße (Übersicht bei M.-B. v. Stritzky, RAC XII 438–441). Sie sollen vermutlich das postmortale Dasein erträglicher machen (Wächter 185f.). Bezeichnenderweise fehlt derartiges bei den Gräbern von Qumran. Eindeutige Zeichen einer fortwährenden Totenspeisung haben sich nicht gefunden, wohl aber Vorrichtungen für Libationen. Ein besonderes Problem stellen die auf dem Südosthügel von Jerusalem gefundenen vier (?) Gräber dar, weil sie innerhalb der bewohnten Stadt angelegt waren. In ihnen sieht man gern die Königsgräber der Davididen, die einen Sonderstatus eingenommen haben (E. Otto, Jerusalem, 79f.; vgl. aber J. Simons, Jerusalem in the Old Testament, Leiden 1952, 194–225).

VI. Die Bestattung im Grab erscheint im AT als eine Art parareligiöser Raum. Der Tote wird in einer rituellen Begehung zu seiner Ruhestätte getragen, die aber weder mit JHWH noch mit einer heidnischen Gottheit (oder gar mit Baʿal) in Beziehung gesetzt wird. Durchweg herrscht die Überzeugung von einem gewissen Weiterleben des Toten in seinem Grabe. Dort ist er – bzw. schon vorher bei seinem Sterben – mit seinen Vorvätern im Sinne einer „corporate personality" eins geworden. Nur aus Inschriften der Königszeit außerhalb der Bibel läßt sich entnehmen, daß gelegentlich mit einem Segen JHWHs gerechnet wird, der den Abgeschiedenen weiter behütet.

Es fällt auf, wie selten Grab und Unterwelt in Beziehung gesetzt werden. Der Rede vom Begrabenwerden und vom *qæḇær* fehlen die unheimlichen, gott- und menschenfeindlichen Züge, welche sonst mit der *šeʾôl* verbunden werden. Wo auf das Weilen des Toten im Grab Wert gelegt wird, wird von *šeʾôl* kaum geredet (so im Pent., abgesehen von der Josefsgeschichte) und umgekehrt (s. o. II. 5.).

VII. 1. In der LXX wird *qbr* als Verb regelmäßig mit θάπτειν wiedergegeben. Für *qæḇær* steht meist τάφος, gelegentlich μνημεῖον, für *qeḇûrāh* μνημεῖον, μνῆμα, τάφος oder ταφή.

*2. In Qumran ist die Wurzel *qbr* 11mal (davon TR 8mal) belegt, zusätzlich noch 1mal in Murabbaʿat und 6mal in den noch unpublizierten Texten aus 2 Q–10 Q. Nach 1 QM 11,1 werden die Leichname (*pgr*) der Feinde zerschmettert, ohne daß jemand sie beerdigt, so daß ihnen die größte denkbare Schande über den Tod hinaus zukommt. 4 QM^b 1,10 ergänzt den Text von 1 QM 19,10f.: Nach der eschatologischen Entscheidungsschlacht werden die Feinde, die vom Schwert Gottes gefällt worden sind, unbeerdigt bleiben. 4 QTanḥ 1–2,I 4 sieht in einem Pescher zu Ps 79,2f. (?) die Leichen der Jerusalemer Priester, die niemand beerdigt. Nach TR 50,6 macht die Berührung eines Grabes unrein (Aufnahme von Num 19,16).

TR 50,10f. stellt fest, daß ein toter Fötus die Mutter wie ein Grab unrein macht. Diese Bestimmung hat keine at.liche Vorlage und wird auch nachher nicht in Schärfe und Umfang (TR 50,11–19) von den Rabbinen übernommen. Deshalb vermutet Y. Yadin (Temple Scroll I 336ff.) in der Fassung der Tempelrolle eine Polemik gegen liberale Kreise.

Die Reinheitsgesetze der TR stellen eine merkwürdige Verschmelzung at.licher Vorgaben dar. Die Vorschriften für die Beerdigung der Toten stehen parallel zu denen der Aussonderung von Aussätzigen: TR 48,12–14 fordert, sich von den Usancen der Heiden abzusetzen, die ihre Toten begraben, wo sie wollen, selbst unter ihren Häusern. Friedhöfe sind nur in abgesonderten Landstrichen anzulegen, dabei erinnert die Aussonderung von 4 Städten (Z. 14) an die Einrichtung der at.lichen Asylstädte (vgl. Dtn 4,41ff.).

TR 64,11 ordnet an, daß die Leichname der „Ans-Holz-Gehängten" noch am selben Tag zu beerdigen sind (Näheres vgl. J. Maier, UTB 829, 1978, 124f.). Ein Brief aus Murabbaʿat (46,5) lobt einen Euphronius (?) ob seiner menschlichen Qualitäten: er übt Güte gegenüber den Armen, und er begräbt die Toten. *(Fa.)*

Koch

קדד *qdd*

1. Etymologie und Bedeutung – 2. Belege und Verwendung im Alten Testament – 3. Alte Versionen.

Lit.: *S. Kreuzer*, Zur Bedeutung und Etymologie von *HIŠTAḤAWĀH/YŠTḤWY* (VT 35, 1985, 39–60).

1. Verwandtschaft hat das hebr. Verb *qdd* mit dem akk. *qadādu(m)*, 'sich (tief) beugen' (AHw 890f.; CAD Q 44f.), das sich in der alt-akk. und in der babyl. Sprache, sowie auch in einem in Ugarit·aufgefundenen akk. Text findet (RŠ 25.460, 9 = Ugaritica V, Paris 1968, 267). Die früher wohl behauptete Verwandtschaft mit *qŏḏqoḏ* (so etwa noch Kimchi) ist nicht nachzuweisen, ebensowenig wie der Unterschied zwischen *qdd* I und II (etwa Gesenius, Thesaurus), oder Herleitung des hebr. Verbs von einer zweiradikaligen Wurzel *qd*, welche von der Bedeutung des Schneidens ausgeht (so etwa noch Gesenius / Mühlau / Volck, [9]1883). Im samarit. Pentateuch gibt es augenscheinlich wohl *qwd* neben *qdd* (KBL[3] 996). Im bibl. Hebr. findet sich das Wort immer im sogenannten „aramäisierenden" Impf. *qal*, wobei, wie bekannt, der erste Radikal durch *dageš forte* verstärkt ist (GKa § 67g). Überdies steht das Wort fast unmittelbar vor einer Form des Verbs *hištaḥawāh* (→ חוה *ḥwh*). Man faßt die Bedeutung von *qdd* oft als eine „Vorbereitungshandlung" (KBL[3]) zum zweiten Verb, im Sinne von 'sich neigen', 'niederknien', 'niederfallen' usw. auf. Nach Kreuzer (46. 53) deutet *qdd* vor allem auf „die Bewegung" des Beugens hin, während *hištaḥawāh* „die ideelle Seite der Huldigung" bezeichnet.

2. Die Belege des Verbs *qdd* im AT sind folgende: Gen 24, 26. 48; 43, 28; Ex 4, 31; 12, 27; 34, 8; Num 22, 31; 1 Sam 24, 9; 28, 14; 1 Kön 1, 16, 31; Neh 8, 6; 1 Chr 29, 20; 2 Chr 20, 18; 29, 30. Es ist aber unangebracht, in Jer 14, 2 wie P. Haupt (AJSL 26, 1909/1910, 213) *qāḏerû* in *qaḏeḏû* zu ändern.

Man kann *qdd* im AT, das fast immer einer Form von *hištaḥawāh* unmittelbar vorangeht, als eine alte Redensart betrachten, die nur durch einen formelhaften Gebrauch in der at.lichen Literatur aufbewahrt blieb (Kreuzer). Wie im Akk. ist auch im Hebr. oft *'appajim*, ein „Akkusativ der Beziehung", hinzugefügt (1 Sam 24, 9; 28, 14; 1 Kön 1, 31; 2 Chr 20, 18; vgl. Num 22, 31 und AHw 891; CAD Q 45), während die Richtung der Bewegung mehrmals, kombiniert mit *'appajim* oder nicht, durch *'arṣāh* oder *'æræṣ* (nur 1 Kön 1, 31, vgl. aber BHS) bezeichnet werden kann (Ex 34, 8; 1 Sam 24, 9; 28, 14; 1 Kön 1, 31; 2 Chr 20, 18; vgl. auch Neh 8, 6). Den meistens eng verbundenen Formen *wajjiqqoḏ* und *wajjištaḥû* usw. folgt die Präposition *le* mit JHWH (Gen 24, 26. 48; Neh 8, 6; vgl. 2 Chr 20, 18), mit dem König (1 Kön 1, 16. 31), oder mit beiden (1 Chr 29, 20). Weiterhin stehen die Formen beider Verben oft ohne nähere Beziehungen nebeneinander (Gen 43, 48; Ex 4, 31; 12, 27; 2 Chr 29, 30). Subjekte der Verneigung sind immer einzelne oder mehrere Personen, oder sogar ein ganzes Volk, die alle in einer abhängigen Position stehen, einem Höhergestellten, sei es einem anderen Menschen, dem König oder der Gottheit gegenüber. So verneigen sich Josefs Brüder vor ihrem Bruder (Gen 43, 28), David vor Saul (1 Sam 24, 9), Batseba vor David (1 Kön 1, 16. 31), der Knecht Abrahams vor JHWH (Gen 24, 26. 48), oder sogar Saul vor dem Geist des durch die Totenbeschwörerin herbeigerufenen Samuel (1 Sam 28, 14) usw. Auch Bileam verneigte sich vor dem „Engel des Herrn", der mit gezücktem Schwert in der Hand vor ihm stand (Num 22, 31). Das ganze Volk verneigte sich vor JHWH (Ex 4, 31; Neh 8, 6), wozu es mehr oder weniger durch ihren Protagonisten (Mose, Esra) veranlaßt wurde. In 2 Chr 20, 18 geht der König Joschafat mit gutem Beispiel voran, und „alle Judäer und die Einwohner Jerusalems fielen vor JHWH nieder" *lehištaḥawoṯ leJHWH*. Hier findet sich im AT die weiteste Entfernung der beiden sonst eng verbundenen Verben *qdd* und *hštḥwh*. Gelegentlich vermeidet man, denjenigen explizit zu nennen, vor dem man sich verneigt, obgleich der Zusammenhang des Textes dies meistens nicht in der Schwebe läßt, etwa Ex 34, 8, wo Mose sich selbstverständlich vor JHWH verneigt. Weniger deutlich ist dies aber in Ex 12, 27b, wo nur gesagt wird, daß das Volk sich verneigte und niederwarf nach der „Passah-Katechese" des Mose. Diese Unklarheit hängt damit zusammen, daß die letzten Worte dieses Verses sich nicht unmittelbar auf die „(proto-) deuteronomistischen" (vgl. Noth, ÜPt 32 Anm. 106) Anordnungen über das Passah-Lamm beziehen müssen (Ex 12, 24–27a), sondern möglicherweise J zuzuschreiben sind (vgl. etwa B.S. Childs, Exodus [OTL], 1974, 184; F. Kohata, Jahwist und Priesterschrift in Exodus 3–14, BZAW 166, 1986, 270f.; anders J. van Seters, ZAW 95, 1983, 174). Kohata weist auf die Gemeinsamkeit des Halbverses mit Ex 4, 31b hin. Im letztgenannten Vers ist deutlich, daß das Volk sich vor JHWH beugte. Auch in 12, 27b soll dies der Fall sein.

In den späteren Büchern des AT sind Verneigung und Verbeugung offensichtlich feste Handlungen im JHWH-Kult, wozu Könige oder andere führende Männer anregen können. Etwa in 2 Chr 29, 30, wo Leviten, angeregt von Hiskija und seinen Fürsten, JHWH mit Psalmen preisen (*hll pi*), während sie den Lobpreis „mit Freuden" sangen und „sich verneigten und sich niederwarfen". Auch Esra preist (*brk pi*) JHWH, worauf das Volk „mit erhobenen Händen" zweimal „Amen" sagt, sich sodann verneigt und sich vor JHWH niederwirft (Neh 8, 6). Bereits dem König David wird diese Anregung zur kultischen Aktion des Volkes zugeschrieben. Die Versammlung preist (*brk*) JHWH, „den Gott der Väter", indem sie sich vor der Gottheit und dem König verneigt und sich niederwirft (1 Chr 29, 20). In diesen Fällen sind Verneigung und Verbeugung Schlußakte der kultischen Handlungen.

3. In der LXX findet man 11mal eine Form von κύπτειν (Gen 43,28; Ex 4,31 usw.), aber in Gen 24,26.48 εὐδοκεῖν. Nur in 1 Chr 29,20 kommt κάμπτειν τὸ γόνυ und in 2 Chr 29,30 πίπτειν vor. Meistens sind die Formen dieser Verben Partizipien. Dies deutet darauf hin, daß die LXX die Verneigung als einen (wesentlichen) Teil der Proskynese betrachtet hat (προσκυνεῖν ist fast immer die Übersetzung von *hištaḥ^{a}wāh*).

In der V wird der Akt der Verneigung durch Verben wie *inclinare* (Gen 24,26; 1 Sam 24,9 usw.), *(in)curvare* (Gen 43,28; Ex 12,27 usw.) oder *summittere* (1 Kön 1,16) wiedergegeben, oft in Verbindung mit *pronus*, „nach vorn gebogen". *Pronus* findet man auch selbstständig als Bezeichnung von *qdd* (Gen 24,48; Ex 4,31; Num 22,31). In 2 Chr 29,30 wird *curvato genu* übertragen (vgl. LXX in 29,20).

Der einzige Beleg in Qumran 4 Q 520,1,3 ist fragmentarisch.

Mulder

קָדִים *qāḏîm*

I. Etymologie – II. Gebrauch im AT – 1. Übersicht – 2. Osten, Ostseite, Ostrichtung – 3. Ostwind, Urzeit-Sturm – III. LXX; Qumran.

Lit.: *R. Albertz / C. Westermann*, רוּחַ *rū^{a}ḥ* Geist (THAT II 726–753). – *P. Fronzaroli*, Studi sul lessico comune semitico. IV. La religione (AANLR VIII/20, 1965, 246–269, bes. 258.265). – *T. Kronholm*, Guds Ande i Gamla testamentet (TTK 55, 1984, 241–257). – *D. Lys*, Rûach. Le souffle dans l'Ancien Testament (Études d'histoire et de philosophie religieuses 56, Paris 1962). – *F. Stolz*, Strukturen und Figuren im Kult von Jerusalem. Studien zur altorientalischen, vor- und frühisraelitischen Religion (BZAW 118, 1970, bes. 87). → קדם *qāḏam* und → קדם *qæḏæm*.

I. Etymologisch steht das bibl.-hebr. Nomen *qāḏîm* „Osten, Ostseite, Ostrichtung" bzw. „Ostwind, Urzeit-Sturm" (KBL[3] 998f.; E. Jenni, THAT II 587–589; → קדם *qāḏam* II) allem Anschein nach in Verbindung mit u.a. arab. *qadim* 'alt, antik, von Ewigkeit her existierend' (Lane 2986; Dozy II 324); asarab. *qdm*, Ptz. 'vorangehend, Vorgesetzter'; Präp. *qdm/qdmj* 'vor' (ContiRossini 229; Biella 446); äth. *qadīmu*, Adv. 'zuerst, vorher' (LexLingAeth 463; vgl. tigr. *qadam* 'vor, vorher, früher', WbTigre 259); ugar. *qdm*, Subst. 'Osten' (KTU 1.100,62), 'Ostwind' (KTU 1.12, I,8), vgl. UT Nr. 2208; WUS Nr. 2389; CML[2] 156; Präp. 'vor, gegenüber' (KTU 1.4, V, 45; VII, 40; KTU 1.3, IV, 41), vgl. RSP I 322f. Nr. 481f.; syr. *q^{e}dîmā'* 'Früherer, Vorderer' (Brockelmann, LexSyr 647); mand. *qdim(a)* 'eher, früher', 'alt' (MdD 405); vgl. noch samarit. *qidd^{e}m*; im rabbin. Hebr. bzw. Aram. bedeutet *qāḏîm/q^{e}dîmtā'* normalerweise 'Ostwind' (DictTalm 1315; vgl. noch Fronzaroli 258.265).

II. 1. Im AT ist das Nomen *qāḏîm* insgesamt 69mal belegt (davon je 2mal in Ex 10,13 und Ez 45,7), und zwar ganz überwiegend im Buche Ez (52mal, exkl. 45,7, wo u.a. W. Zimmerli, BK XIII/2[2], 1142, *p^e'aṯ qāḏîm* statt MT *p^e'aṯ qeḏmāh* liest, obwohl dies nicht zwingend ist). Die übrigen Belege verteilen sich folgendermaßen: je 3mal in Gen, Ex und Ijob, je 2mal in Hos und Ps und je 1mal in Jes 1—39, Jer, Jona und Hab. Dazu wird nicht selten, aber schwerlich mit Recht, *qāḏîm* konjektural in 2 Kön 19,26 // Jes 37,27 (vgl. 1 QJes[a]: *hnšdp lpnj qdjm*, statt MT: *ûš^{e}ḏepāh lipnê qāmāh*) und Ps 129,6 vorgeschlagen (vgl. BHS).

2. Das semantische Feld des at.lichen Nomens *qāḏîm* befindet sich fast ausnahmslos (vgl. zu Ps 48,8, s.u. II. 3.) in der räumlichen Sphäre der der Wurzel *qdm* inhärenten Konnotationen (→ קדם *qāḏam* II). Wenn nun aber E. Jenni (THAT II 587) behauptet: „Von den Vokabeln dieser Wortgruppe sind *qæḏæm/qāḏīm* »Osten« theologisch kaum relevant geworden", scheint dieses Urteil, was *qāḏîm* betrifft, nur mit bedeutenden Ausnahmen zuzutreffen.

In seiner räumlichen Meinung 'Osten, Ostseite, Ostrichtung' begegnet *qāḏîm* im AT fast ausschließlich im Rahmen der großen Schau des neuen Tempels und des neuen Landes im Buche Ez (40–48; dazu kommt nur eine Belegstelle in Ez 11,1; s.u.).

Philologisch ist dabei zu notieren, daß *(haq)-qāḏîm* 'Osten, Ostseite' (40,19 [Glosse? vgl. W. Zimmerli, BK XIII/2[2], 981.987]; 42,9) in den meisten Texten 'nach Osten' meint (43,17; 44,1; 46,1.12; 47,1.2.3.18; 48,1.2.6.7.8.16), manchmal doch mit *he* loc. *qāḏîmāh* (11,1; 40,6; 45,7; 47,1.18; 48,3.4.5.8.10.17.18.21.23.24.25.26.27.32), selten *laqqāḏîm* (40,23; 41,14); in der Bedeutung 'Ostrichtung' findet sich *qāḏîm* durchgehend als nom. rec. in Cstr.-Verbindungen: *dæræḵ haqqāḏîm* „Ostrichtung" (40,10.22.32; 42,10.12.15; 43,1.2.4), *ša'ar haqqāḏîm* „Osttor" (40,44), *rûaḥ haqqāḏîm* „Ostseite" (nur 42,16; sonst normalerweise in der Bedeutung „Ostwind", s.u. 3.); vgl. noch das von W. Zimmerli vorgeschlagene *p^e'aṯ qāḏîm* „Ostseite" (45,7, aber s.o.).

Theologisch sind nur einige Schwerpunkte hervorzuheben. Laut Ez 8 wurde der im babyl. Exil wirksame Prophet im Jahre 592 durch einen Geisthauch emporgehoben und nach Jerusalem gebracht. Dort könnte er in erneuter Gottesergriffenheit (vgl. 11,1ff.) zugegen gewesen sein beim Augenblick, da die Herrlichkeit JHWHs (*k^{e}ḇôḏ JHWH*, 11,23) den Jerusalemer Tempel – der gegen Osten orientiert war (Kap. 8–11) – in der Ostrichtung verließ, und zwar offensichtlich eben durch das „östliche Tor des Hauses JHWHs, das gegen Osten schaut" (*ša'ar bêṯ-JHWH haqqaḏmônî happônæh qāḏîmāh*, 11,1).

Aus dem Bericht der visionären Führung des Propheten vom östlichen Tempeltor bis zur Schwelle des Allerheiligsten im Jahre 573 (40,1–37.47–49; 41,1–4) geht klar hervor, daß auch der Weg zur Tempelvermessung an demselben „Tor, das nach der Ostrichtung schaut" (*šaʿar ʾašær pānājw dæræḵ haqqāḏîmāh*, 40,6), anfing, was noch von dem Abschluß der Vermessung des Tempelbereiches galt (42,15–20; bes. v.15; vgl. die Darstellung des äußeren Osttors nach 40,5–16 bei Zimmerli, BK XIII/2², 1006). Nachdem der Prophet die Messungen verfolgt hatte, wurde er noch einmal zum äußeren Osttor geführt (*wajjôliḵenî*, 43,1; vgl. 40,24), um schauen zu dürfen, wie die Herrlichkeit JHWHs durch dasselbe Osttor ihren endgültigen Einzug hält (43,1–12; es besteht somit keine Spannung zwischen 43,1 und 42,15, wie es Hölscher, Gese u.a. angenommen haben, vgl. Zimmerli 1076): „Und siehe, die Herrlichkeit des Gottes Israels kam von Osten her (*bāʾ middæræḵ haqqāḏîm*), und ihr Rauschen war wie das Rauschen großer Wasser, und das Land leuchtete auf von ihrem Glanz (*mikkeḇoḏô*)" (43,2). Es handelt sich hier also darum, daß JHWH selber in seiner Herrlichkeit erscheint: von Osten her kommt er und zieht ins Tempelhaus ein (v. 4). Unleugbar sind hier Elemente der Sinaitradition zu erkennen (vgl. H. Schmid, ZAW 67, 1955, 191): neben akustischen Begleiterscheinungen wird auf ein optisches Phänomen hingewiesen, „eine blitzartige Erhellung des ganzen Umlandes" (Zimmerli 1077; vgl. z.B. Dtn 33,2; Ri 5,4; Hab 3,3; ferner H. Donner, ATD E 4/1, 1984, 97–102). Mit derartigen wenigstens teilweise auf die Sinaitradition bezogenen Einzelelementen dieser Natur verbindet sich die übliche Identifikation des Ostens als Ort des Sonnenaufgangs und des Anfangs (→ קדם *qāḏam*; → קדם *qæḏæm*).

In einer kleinen Einheit über das verschlossene äußere Osttor (44,1—3) wird endlich berichtet, daß der Prophet noch einmal an dieses Tor geführt wird und dabei konstatieren muß, daß es, durch das der *kāḇôḏ* JHWHs in das Innere des Tempelbereiches eingezogen ist, jetzt für immer verschlossen ist. Aller Wahrscheinlichkeit nach übernimmt dabei der exilierte Prophet mit diesem Motiv des „verschlossenen Tores" ein Element, das er sehr wohl von Tempelbauten in Mesopotamien her kannte: hier war die „heilige, reine Pforte" (*bābu ellu*) tatsächlich verschlossen und diente ausschließlich dem Durchgang der Götter (vgl. F. Wetzel / F.H. Weissbach, Das Hauptheiligtum des Marduk in Babylon, Esagila und Etemenanki, 1938, 71f.; A. Kassing, WiWei 16, 1953, 171–190). In Ez 44,1–3 wird gleichfalls angedeutet, daß das äußere Osttor des Jerusalemer Tempelbezirks um eines göttlichen Einzuges willen endgültig verschlossen worden ist: kein Mensch darf oder kann es mehr durchschreiten. Doch dem Fürsten (→ נשיא *nāśîʾ*) – dem vornehmsten Repräsentanten der Laiengemeinde – wird gestattet, sich in der Vorhalle des Torbaues hinzusetzen und in diesem durch den göttlichen Einzug geheiligten Torbau seine Opfermahlzeit zu halten (zur christlich-messianischen Interpretation vgl. K. Harmuth, Die verschlossene Pforte, Diss. Breslau 1933; Kassing; → שער *šaʿar*).

Somit ist die Ostrichtung in den Visionen des Ez nicht nur die Orientierung des Jerusalemer Tempels, sondern auch die Himmelsrichtung des heraus- und hereinziehenden Gottes Israels in seiner Theophanie. Dazu ist aber auch der Lauf der Wasser des Tempelstroms (47,1–12) eindeutig gen Osten gerichtet: sie „gehen hinaus in den östlichen Bezirk und fließen hinunter in die Steppe ..." (*jôṣeʾîm ʾæl-haggelîlāh haqqaḏmônāh wejareḏû ʿal-haʿarāḇāh*, v. 8).

3. Die Tatsache, daß im AT das Naturgegebene ausnahmslos sogar etwas Gottgegebenes ist und damit göttliche Aktivität in der Natur sowie in der Geschichte bezeugt, zeigt sich bes. eindringlich in den at.lichen Aussagen über den „Ostwind" (*rûaḥ [haq-]qāḏîm*, Ex 10,13 [2mal]; 14,21; Jer 18,17; Ez 17,10; 19,12; 27,26; Jona 4,8; Ps 48,8 [Urzeit-Sturm?]; oder einfach *qāḏîm*, Gen 41,6.23.27; Hos 12,2; 13,15; Ps 78,26; Ijob 15,2; 27,21; 38,24; vielleicht noch Jes 27,8; Hab 1,9; vgl. die Konjekturen 2 Kön 19,26 // Jes 37,27; Ps 129,6; s.o. II.1.; Albertz / Westermann; Kronholm).

Während der „Westwind" (*rûaḥ jām*, → ים *jām*, bes. III.1.), obwohl natürlich der dominierende Wind in Palästina, im AT fast keine Erwähnung gefunden hat (Ex 10,19 ist hier von wenig Relevanz), wird der seltenere, aber manchmal katastrophal wirkende Ostwind, der Schirokko, der die frische Vegetation im Nu vertrocknen läßt (Ez 17,10; 19,12; vgl. noch Jes 40,7; Ps 103,16), verhältnismäßig oft genannt (vgl. Dalman, AuS I/1, 103–109). Zwar beschreiben viele Texte nur den natürlichen, äußerlich beobachtbaren Charakter des Ostwindes: er versengt (*šdp*) die Ähren (Gen 41,6.23.27), er fährt unbegreiflicherweise hin über die Erde (Ijob 38,24), er läßt die Frucht des Weinstocks verdorren und seine starken Ranken zerbrechen (Ez 19,12), er zerbricht die Schiffe mitten auf dem Meer (Ez 27,26) und zerschmettert die Tarschisch-Schiffe (Ps 48,8[?]; vgl. noch Ijob 1,19).

Diese Naturerscheinungen des Ostwindes mit ihren Konsequenzen sind aber alle zugleich auch Erscheinungen einer göttlichen Wirkung, so wie es z.B. in Ps 78,26 ausgedrückt wird: „Den Ostwind (*qāḏîm*) ließ er (JHWH) losbrechen am Himmel, trieb her den Südwind (*têmān*) mit Macht".

Nach israelitischem Glauben war es also JHWH, der einen starken Ostwind (*rûaḥ qāḏîm ʿazzāh*, Ex 14,21, J?) nach Ägypten trieb (vgl. Ex 10,13, E?). Laut Hos 13,15 wird gleichfalls ein Ostwind von JHWH aus der Wüste herauffahren, so daß der Brunnen Efraims vertrocknet und seine Quelle versiegt, eben weil er dem Ostwind nachgelaufen ist (12,2). Nach Jes 27,8 hat gerade JHWH sein Volk vor den hervorstürmenden Assyrern weggeführt und es „mit rauhem Sturm am Tage des Ostwinds" verscheucht (zu dieser unklaren Stelle vgl. die Vorschläge bei O. Kaiser, ATD 18/2, 182f.). Im Gleichnis vom Töpfer verkündet Jeremia dem Gottesvolk angesichts des annahenden Sturms der Babylonier das JHWH-Wort: „Ich will sie wie durch einen Ostwind zerstreuen vor ihren Feinden" (18,17; vgl. Ez 17,10; 19,12; von Tyrus, noch 27,26). Auch der Jonaerzählung zufolge war es Gott selber, der einen heißen Ostwind (*rûaḥ qāḏîm ḥ^arîšîṯ*) über den Propheten kommen ließ (*mnh pi*, 4,8).

Von theologischer Signifikanz sind auch die weisheitlichen Aussagen bezüglich des Ostwindes: Der Weise soll keine aufgeblasenen Worte reden und seinen Bauch mit Ostwind füllen (Ijob 15,2); der Ostwind wird den Gottlosen wegführen, daß er dahinfährt (Ijob 27,21); doch der Weg des Ostwindes bleibt dem Menschen unbegreiflich (Ijob 38,24); er gehört somit zu den Geheimnissen Gottes.

Bisweilen läßt sich auch ein Element des Mythos beim Ausdruck *rûaḥ* (*haq*)*qāḏîm* nicht überhören. Das gilt bes. für die Formulierung des wohl nachexil. Zionliedes Ps 48, wo vom die Feinde lähmenden und verwirrenden „Gottesschrecken" gesprochen wird: „Zittern ergriff sie dort, Angst wie eine Gebärende: wie der Ostwind zerschmettert die Tarschisch-Schiffe" (vv. 7f.). Denn obwohl das letztgenannte Gleichnis in den phön.-syr. Raum gehört (vgl. H.-J. Kraus, BK XV/1⁵, 513), ist offensichtlich auch die Vorstellung vom mythischen „Urzeit-Sturm" (vgl. Stolz 87 Anm. 60) in die Zionstradition eingedrungen (vgl. teilweise verwandte Texte wie Jes 27,8; Jer 18,17; Ez 27,26; Ijob 27,21).

III. Das Nomen *qāḏîm* wird in der LXX vorzugsweise durch ἀνατολή (43mal) wiedergegeben, bisweilen noch mit u.a. καύσων (7mal) bzw. νότος (9mal).

In den Qumran-Schriften ist *qāḏîm* offensichtlich weder hebr. noch aram. (*qdjmt'*) belegt.

Kronholm

קֶדֶם *qæḏæm*

*קֵדֶם *qeḏæm*, *קַדְמָה *qaḏmāh*,
*קִדְמָה *qiḏmāh*, *קַדְמוֹן *qaḏmôn*,
קַדְמוֹנִי *qaḏmônî*

I. Etymologie – II. Vorkommen – 1. Übersicht – 2. Osten – 3. Vorzeit, Urzeit – III. LXX – IV. Qumran.

Lit.: *W. Beyerlin*, Die Kulttraditionen Israels in der Verkündigung des Propheten Micha (FRLANT 72, 1959, bes. 78–85). – *G. Buccellati*, The Amorites of the Ur III Period (Pubblicazioni del Seminario di semitistica, Ricerche I, Neapel 1966, bes. 177f.). – *M. Dahood*, Proverbs 8,22–31: Translation and Commentary (CBQ 30, 1968, 512–521, bes. 513f.). – *G. Delling*, ἄρχω κτλ. (ThWNT I 476–488). – *E. Jenni*, קֶדֶם *qǽdæm* Vorzeit (THAT II 587–589). – *H.-P. Müller*, Einige at.liche Probleme zur aram. Inschrift von *Dēr ʿAllā* (ZDPV 94, 1978, 56–67, bes. 61). – *J. Ribera*, La expresión aramaica *MN QDM* y su traducción (Aula Orientalis 1, 1983, 114). – *H. Schlier*, ἀνατέλλω κτλ. (ThWNT I 354f.). – *K. Seybold*, Das davidische Königtum im Zeugnis der Propheten (FRLANT 107, 1972, bes. 109–111). – *K. Tallqvist*, Himmelsgegenden und Winde. Eine semasiologische Studie (StOr 2, 1928, 105–185, bes. 125.153).

I. Ganz abgesehen davon, ob hebr. *qæḏæm* ʻvorn, Osten, Vorzeit, Urzeitʼ (KBL³ 1000f.) als Verbalnomen (BLe § 61s') oder als Primärnomen (BLe § 61j') aufzufassen ist, lassen sich etymologisch verwandte Ausdrücke in den meisten semit. Sprachen reichlich belegen, z. B. akk. *qudmu* ʻVorderseite, hervorragender Vertreterʼ; vgl. Adj. *qudmû* ʻvorderst, seit alters bestehendʼ (AHw 926); als kanaan. Lehnwörter: (Mari): *aqdamātum* „vorderes, östliches Ufer", „jenseitiges Ufer" (AHw 62; vgl. ARM XIV 236); *ištu aqdāmi* „von früher her, seit alten Zeiten" (ARM X, Nr. 80, 18; vgl. ARM XIV 267; W. H. Ph. Römer, AOAT 12, 1971, 21 Anm. 8; F. Ellermeier, Prophetie in Mari und Israel, 1968, 69); ferner ugar. Adj. *qdmj* ʻaltʼ (UT Nr. 2208; WUS Nr. 2390: KTU 1.4, VII, 34; KTU 1.161, 8.[24]: *rpjm qdmjm* „die alten *rpum*" [vgl. J. C. de Moor, ZAW 88, 1976, 323–345, bes. 334.343: „the Saviours of old"; J. F. Healey, UF 19, 1978, 83—86; vgl. endlich auch Buccellati 177f.]); phön. *qdm* ʻVorzeitʼ, in der Verbindung „Monat nach Monat, immer, wie vorher" (*jrḥ mn jrḥ ʿd ʿlm kqdm*, KAI 43,12; DISO 251; Tomback 284f.); vgl. noch pun. *qdmt* ʻErstlingsfruchtʼ (KAI 69,12; 76A, 3.7; Tomback 285); weiter arab. *qidm*/*qudm* und *qidam* ʻvergangene, alte Zeitʼ (Lane I 2985f.); äth. *qĕdma* ʻan erster Stelle, vor, vorherʼ (Dillmann, LexLingAeth 462); palmyr. und äg.-aram. *qdmjn* ʻdie vergangenen Zeitenʼ; *lqdm* und *mn qdmn* ʻfrüherʼ (DISO 251, auch in anderen aram. Dialekten); altaram. *qdm* ʻVorzeitʼ, Pl. *qdm*/*j*/*n* Adv. ʻfrüherʼ, *qdmh* (Ja'udi, Reichsaram.) ʻfrühere Zeitʼ usw. (S. Segert, Altaram. Grammatik, 1975, 549); bibl.-aram. *q^oḏām* ʻvorʼ (LexLingAram 145f.; vgl. noch **qaḏmāh* ʻvor, gegenʼ und **qaḏmāj* ʻersterʼ, ebd. 147); rabbin. hebr. und aram. (DictTalm 1316f.); syr. *qaḏmā* ʻerster, vorderer Teilʼ; *b^e*/*l^eqaḏmā* ʻzuerst, früherʼ; *quḏmā* ʻVorzugsanteil, Vorderseite (eines Tieres)ʼ (Brockelmann, LexSyr 646ff.); mand. *qadamta*, *qadumia* ʻfrüher Morgenʼ (MdD 399); samar. *qedm*, *qwdm* (LOT 2, 579); christl.-paläst. *qwdm* ʻvor, vorherʼ (F. Schulthess, Lexicon Syropalaestinum, 1903, 174f.); → קדם *qāḏam* → קדים *qāḏîm*.

II. 1. Im AT ist das Nomen *qæḏæm* 61mal belegt: Ps 11mal, Gen 9mal (inkl. 2mal in 12,8), Jes 1–39 6mal, Ri 5mal, Jes 40–55 4mal, Ez, Ijob und Klgl je 3mal, Num, Dtn, Jer, Mi und Spr je 2mal und Jos, 1 Kön, 2 Kön, Sach, Jona, Hab und Neh je 1mal. In diesen Belegstellen bedeutet *qæḏæm* nur ausnahmsweise „vorn", entweder im räumlichen (Jes 9,11; Ps 139,5) oder im zeitlichen Sinn (Jer 30,20; Jes 45,21; 46,10; Ps 74,12; 77,6.12; 143,5; Ijob 29,2; Spr 8,22; Klgl 5,21; Neh 12,46 [falls nicht mit W. Rudolph, HAT I/20, 200 *ûp^eqiḏām* statt *miqqæḏæm* zu lesen ist, was aber kaum wahrscheinlich ist]). In etwa der Hälfte der übrigen Stellen trägt *qædæm* eine räumliche: „Osten, Ostrichtung", sonst eine temporale Konnotation: „Urzeit, Vorzeit", wobei bisweilen die Grenze zwischen Raum und Zeit verschwimmt.

2. In vielen Texten wird *qædæm* primär räumlich gebraucht. Bekanntlich orientierten sich die alten Israeliten wie die Westsemiten generell nach Osten, d.h. Osten war „vorn" (*qædæm*), Westen „hinten" (*'āḥôr*, → אחר *'āḥar*), Süden „rechts" (→ ימין *jāmîn* und *têmān*) und Norden „links" (→ שמאול *ś^e m'ôl*). Generell gesehen ist diese Orientierung natürlich mit dem „Sonnenaufgang" (→ מזרח *mizrāḥ*, auch „Osten") bzw. dem „Sonnenuntergang" (→ מערב *ma'^a rāḇ*, auch „Westen") verbunden. Sie läßt sich im AT aber auch mit einer mehr spezifisch israelitischen, doch wohl von einer kanaan.-phön. Urbevölkerung übernommenen Wirklichkeitsbetrachtung verknüpfen: das „Mittelmeer" (*hajjām* [*haggāḏôl*] → ים *jām*) bezeichnet auch den „Westen" (vgl. KBL³ 395f., der nö. von Ugarit liegende Ṣaphon-Berg (→ צפון *ṣāpôn*) den „Norden" und das südl. „Trockenland" (*næḡæḇ*) den „Süden" (KBL³ 628f.), wobei *mizrāḥ* bzw. *qædæm* stets die „Ostrichtung" repräsentieren (vgl. Tallqvist 105–185, bes. 125). Im räumlichen Sinn „vorn, Osten" (vgl. D. Michel, Grundlegung einer hebr. Syntax 1, 1977, 76) begegnet das Nomen *qædæm* im AT ganz selbständig nur 2mal, und zwar mit *'āḥôr* „hinter" als Konträrbegriff: „Von hinten und von vorne (*'āḥôr wāqædæm*) umschließt du mich" (Ps 139,5); der von Gott verlassene Ijob äußert in seiner dritten Antwort an Elifas von Teman: „Aber gehe ich vorwärts/gen Osten (*qædæm*), so ist (der göttliche Richter) nicht da; gehe ich zurück/gen Westen (*'āḥôr*), so spüre ich ihn nicht. Ist er zur Linken/im Norden (*ś^e m'ôl*), so schaue ich ihn nicht; verbirgt er sich zur Rechten/im Süden (*jāmîn*), so sehe ich ihn nicht" (23,8f.).

Sonst im AT wird *qædæm* in räumlicher Bedeutung entweder in präpositionalen Verbindungen (*miqqædæm* [*l^e*]) oder als nomen rectum in Cstr.-Verbindungen verschiedentlicher Natur verwendet.

Die Kontexte der letztgenannten Verbindungen zeigen, daß man überhaupt nicht davon ausgehen kann, mit *qædæm* im AT durchweg ein geographisch abgrenzbares Gebiet bezeichnet zu haben. Zwar scheinen „die Gebirge des Ostens" (*har^e rê-qædæm*, Num 23,7) in Transjordanien, möglicherweise besonders im Ḥaurān zu suchen zu sein (W. Rudolph, BZAW 68, 1938, 99; Müller 61); diese Angabe über die Herkunft Bileams im Ostjordanland, im Hinterland von *Dēr 'Allā*, ist natürlich geeignet, die Verwurzelung des Sehertums bei den Nomaden im Osten zu unterstreichen (Müller 61 Anm. 33). Dagegen bezeichnet „das Land des Ostens" (*'æræṣ qædæm*, Gen 25,6), in das die Söhne der Kebsweiber Abrahams geschickt werden – ob nun diese Information geschichtlich oder genealogisch aufzufassen ist – einen weiträumigen südpalästinischen und nordwestarabischen Raum (vgl. G. von Rad, ATD 2–4¹⁰, 208f.). Eine Identifizierung des „Ostgebirges" (*har haqqædæm*, Gen 10,30) – eine Grenzmarkierung der Wohnsitze der Joktaniten – läßt sich nicht mit Sicherheit durchführen (vgl. C. Westermann, BK I/1³, 704); sehr unwahrscheinlich bleibt allerdings eine Identifizierung mit dem *Jabal Ṭuwaiq*, dem nördlichen Gebirgsrand des Sinai (vgl. KBL³ 1001).

Die *b^e nê qædæm* „die Ostleute" (Gen 29,1; Ri 6,3.33; 7,12; 8,10; 1 Kön 5,10; Jes 11,14; Jer 49,28; Ez 25,4.10; Ijob 1,3) und *jošeḇ qædæm* („die Bewohner des Ostens", Ps 55,20) sind folglich nicht durchgehend mit den Nomaden und Halbnomaden des Ostjordanlandes gleichzusetzen, sondern bezeichnen mehr allgemein die Bewohner der syr.-arab. Wüste (GTTOT § 35; KBL³ 1000). Theologisch bedeutsam scheint besonders, daß das DtrGW die Weisheit (vgl. o. über das Sehertum, Num 23,7) aus dem Osten und aus Ägypten herleitet: die Weisheit Salomos war eben größer als „die Weisheit aller Ostleute (*ḥŏḵmaṯ kŏl-b^e nê-qædæm*) und als alle Weisheit Ägyptens" (1 Kön 5,10; vgl. Jes 2,6; Jenni 587f.).

Die räumliche Bedeutung von *miqqædæm* „im/nach/von Osten" („von vorn" nur Jes 9,11) läßt sich nur aus dem jeweiligen kontextuellen Zusammenhang bestimmen. Abraham schlug sein Zelt auf, Bet-El im Westen und Ai „im Osten" (Gen 12,8) Lot wählte für sich die ganze Jordanebene und brach „nach Osten" auf (Gen 13,11); Jes 2,6 spricht von einer Wahrsagerei „vom Osten" (aber MT ist problematisch, vgl. BHS); die durch *miqqædæm* ausgedrückte geographische Fixierung (noch Gen 2,8; 11,2; Sach 14,4) ist aber nicht durchweg und völlig von einer zeitlichen Konnotation abzugrenzen: der Garten in Eden liegt zwar räumlich „im Osten" (Gen 2,8), aber dieser Schauplatz ist im J-Kontext auch in eine weite zeitliche Ferne gerückt (vgl. C. Westermann, BK I/1³, 287; vgl. zeitlich *minnî-qædæm*, Ps 78,2).

Durch die 8mal vorkommende Wendung *miqqædæm l^e* ist immer eine Relation zwischen einem bekannten oder als bekannt vorausgesetzten Raum und einer im Osten gelegenen Gegend ausgedrückt: Ai liegt „östlich von" Bet-El (Jos 7,2; vgl. Gen 12,8), Ribla „östlich von" Ajin (Num 34,11) usw. (vgl. noch Gen 12,8; Ri 8,11; Ez 11,23; Jona 4,5); „östlich vom" Garten Eden ließ JHWH die Keruben lagern (Gen 3,24; da aber in Gen 3,22.24 ein später hinzugefügtes Motiv vorliegt, erklärt sich die semantische Verschiebung gegenüber Gen 2,8; vgl. C. Westermann, BK I/1³, 373).

Mit *qædæm* als Bezeichnung der Himmelsgegend „Osten" hängt eine Reihe anderer Nomina von derselben Wurzel zusammen, denen hier nicht nachgegangen werden kann (→ קדם *qāḏam* II): **qeḏæm* „Osten", das im AT ausschließlich als acc. loc. *qeḏmāh* begegnet (25mal) und durchgehend die Richtung „gegen Osten" angibt, und zwar entweder in geographischen Hinweisen (Gen 13,14; 25,6; 28,14; Num 34,3.10.15; Jos 15,5; 19,12.13; 1 Kön 17,3; 2 Kön 13,17), in Vorschriften bezüglich des Zeltheiligtums (Lev 1,16; 16,14; Num 2,3; 3,38; 10,5) oder auch in Verbindung mit dem Tempeldienst (1 Kön 7,39; 2 Chr 4,10; Ez 8,16); hierher gehört noch die spezielle Wendung *p^e'aṭ qeḏmāh* „gegen die Ostseite" (generell geographisch in Num 35,5; Jos 18,20; vom Zeltheiligtum in Ex 27,13; 38,13 oder vom Tempel in Ez 45,7, wo MT vermutlich beizubehalten ist; vgl. BHS); **qidmāh* „gegenüber von" oder auch „östlich von" in räumlichen Angaben (Gen 2,14; 4,16; 1 Sam 13,5; Ez 39,11); endlich das Adj. **qaḏmôn* „östlich" (nur fem. Ez 47,8) und das damit verbundene, doppelt suffigierte Adj. *qaḏmonî/qaḏmônî* I (10mal im AT; vgl. BLe § 61yϑ), das zwar 4mal in zeitlicher Bedeutung vorkommt („vormalig, früher", s.u. 3.), aber 6mal in der Bedeutung „östlich" (Ez 10,19; 11,1; dazu die Benennung des Toten Meeres als „das östliche Meer", *hajjām haqqaḏmonî*, Ez 47,18; Joël 2,20; Sach 14,8; das Pendant, d.h. das Mittelmeer, ist demzufolge als „das westliche Meer", *hajjām ha'aḥ^arôn*, bezeichnet); nur Ijob 18,20 spricht von „den im Osten Wohnenden" (*qaḏmonîm*, mit *'aḥ^aronîm* als Pendant) → קדים *qāḏîm*.

3. In zeitlicher Hinsicht bezeichnet *qæḏæm* – ganz parallel zum räumlichen Sinn – eine Zeit, die sich *vor* den Augen des Betrachtenden oder Berichtenden befindet, d.h. eine frühere Zeit entweder in relativer Weise als das, was „vordem, früher" war, oder in absoluter Signifikanz die uralte Zeit, „Vorzeit, Urzeit" (→ עולם *'ôlām*).

Die aus der Sicht des jetzigen Zustandes nur relativ „frühere" Zeit ist beispielsweise in Ijobs Appell an Gott zu belegen (Kap. 29–31): „O daß ich wäre wie in den früheren Monden (*k^ejarḥê-qæḏæm*), in den Tagen, da Gott mich behütete" (29,2). In einer Reihe von liturgischen Texten bleibt das zeitliche Verhältnis ganz unbestimmt: der Betende denkt an „die Tage der Vorzeit" (*jāmîm miqqæḏæm*, Ps 143,5; vgl. Ps 77,6 par. „die Jahre der Urzeit" [*š^enôṯ 'ôlāmîm*]), an die „früheren" (*miqqæḏæm*) Wunder JHWHs (Ps 77,12), der sein „König von Urzeit her" ist (*malkî miqqæḏæm*, Ps 74,12 MT, vgl. jedoch BHS; vgl. Hab 1,12); der Beter will die „Rätsel der Vorzeit" (*ḥîḏôṯ minnî-qæḏæm*) verkünden (Ps 78,2), d.h. „die Mysterien, die Rätsel und verborgenen Lehrintentionen" (H.-J. Kraus, BK XV/2⁵, 706), und er weiß „längst" (*qæḏæm*) aus JHWHs Zeugnissen, daß sie „für ewig" (*l^e'ôlām*) gegründet sind (Ps 119,152).

Bereits in solchen, zeitlich ziemlich unbestimmten Kontexten mögen Allusionen an eine tatsächliche „Vorzeit, Urzeit" mitklingen. In anderen Belegen wird diese vor-/urzeitliche Spanne präzisiert: *qæḏæm* bezeichnet z.B. die Väterzeit (Mi 7,20), die Anfangszeit des Volkes Israels (Ps 44,2; vgl. 74,12), die Zeit Davids und Asafs (Neh 12,46; der Emendationsvorschlag W. Rudolphs, HAT I/20, 200, ist nicht zwingend, vgl. BHS); gleichartig wird auch die Zeit der Propheten als „vormalig" (*jāmîm qaḏmônîm*) beschrieben (Ez 38,17); unbestimmter sind die Hinweise bei DtJes auf die „frühere" (*miqqæḏæm*) prophetische Verkündigung, die JHWHs durchgreifendes Geschichtshandeln vorausgesagt hat (45,21; 46,10), ein Handeln, das „lange zuvor" (*mîmê qæḏæm*) vorbereitet ist (2 Kön 19,25 // Jes 37,26; Klgl 2,17). Angesichts der Not der Exilszeit wird eine nicht

eindeutig definierte „frühere" Zeit ([*j^emê*] *qæḏæm*) als Ideal und Ziel neuer Hoffnung dargestellt (Jer 30,20; 46,26; Klgl 1,7; 5,21); vgl. endlich Jes 43,18, wo eben die Exilszeit als „das Frühere" (*ri'šonôṯ*) und „das Vorige" (*qaḏmonijjôṯ*) beschrieben ist, an die man bei der Herausführung aus Babel nicht weiter denken soll.

In etlichen Texten bezeichnet *qæḏæm* relativ eindeutig die „Urzeit", die offensichtlich sowohl die mythische Urzeit in der bereits realisierten Schöpfung als auch die äußerste Urzeit der Welt und schließlich noch die Zeit vor der Schöpfung umfaßt. Obwohl *qæḏæm* im AT kaum als tatsächliche Gottesbezeichnung fungiert (gegen Dahood 513f. zu Spr 8,22), spricht der Mosesegen von einem „urzeitlichen Gott" (*^ælohê qæḏæm*) und seinen „uraltewigen Armen" (*z^ero'oṯ 'ôlām*, Dtn 33,27); in der späteren Weisheitsliteratur wird die präexistente, göttliche *ḥokmāh* demzufolge als „uranfänglich" geschildert (Spr 8,22f.). Andererseits werden die geschaffenen Urelemente der Welt als *qæḏæm*-Werke geschildert: der Himmel ist „der Himmel der Urzeit" (*š^emê-qæḏæm*, Ps 68,34), und die Berge sind „die Berge der Urzeit" (*har^erê-qæḏæm*, Dtn 33,15; vgl. noch den schwer zu deutenden Ausdruck *naḥal q^eḏûmîm*, Ri 5,21 [txt.?], „der uralte Bach", „die Vorderseite des Bachs"?; vgl. KBL³ 997); in einer mythischen Urzeit (*j^emê qæḏæm dorôṯ 'ôlāmîm*, Jes 51,9) hat JHWH den Rahab zerhauen und den Drachen durchbohrt (vgl. „die Giganten der Urzeit" Sir 16,7; vgl. Gen 6,4).

Es ist darum nicht verwunderlich, daß eine Herkunft aus der Urzeit als rühmenswert hervorgehoben wird, z.B. in bezug auf die äg. Königsgeschlechter (Jes 19,11, insofern der Ausdruck *malkê-qæḏæm* tatsächlich mit „Könige der Vorzeit" wiederzugeben ist; vgl. *nsjkj qdm*, „Fürsten der Vorzeit", Sir 16,7; eine andere Deutungsmöglichkeit bleibt natürlich „Könige vom Osten"; vgl. u.a. 1 Kön 5,10; Jes 2,6; H. Wildberger, BK X/2, 702.719; s.o. 2.), sowie betreffs der Stadt Sidon (Jes 23,7) als auch des erwarteten messianischen Herrschers (Mi 5,1; *qæḏæm* und *j^emê 'ôlām* „sind nach Mi. 7,14f.20 die Tage Davids [vgl. Am. 9,11], des Auszugs aus Ägypten und der Väter", Seybold 109 Anm. 11; vgl. noch Beyerlin 78–85).

III. Das in der at.lichen Verwendung des Nomens *qæḏæm* zu beobachtende Miteinander von räumlicher und zeitlicher Konnotation spiegelt sich in den Übersetzungen der LXX klar wider: *qæḏæm* wird am häufigsten mit ἀνατολή (20mal) bzw. mit ἀρχή (14mal) oder ἀρχαῖος (9mal) wiedergegeben (vgl. Delling; Schlier).

IV. In Qumran begegnet das Nomen *qæḏæm* durchaus in Funktionen, die aus dem AT bekannt sind. Das Wort findet sich 4mal in den Dankliedern: 1 QH 13,1 wird die göttliche „Heiligkeit von e[wiger] Urzeit an [bis in alle Ewigkeit]" besungen (*qwdš mqdm* '[*wlm l'wlmj 'd*], Ergänzung mit Carmignac aus 1 QHfragm. 17,4), in 1 QH 13,10 die Werke der Schöpfung, die „du von ewiger Urzeit her gegründet hast" (*hkjnwtmh mqdm 'wlm*); auf dieselbe ‚Urzeit zielt *qdm* noch in der fragmentarisch erhaltenen folgenden Zeile; endlich wird in Z. 12 nicht ganz eindeutig von einer Schöpfung von etwas Neuem (*ḥdšwt*) gesprochen, „zu zerbrechen das, was von einst besteht (*lhpr qjmj qdm*), und um das aufzu[rich]ten, was ewig (*'wlm*) ist" (vgl. zur Neuschöpfung 1 QS 4,25). 1 QHfragm. 7,10; 16,7 sind zu fragmentarisch, um eine Deutung zu erlauben.

In der einleitenden Rede der Damaskusschrift wird von denen, die Gottes Wegen widerstreben und seine Satzung verabscheuen, gesagt, daß Gott „sie nicht von uralter Zeit an erwählt hat" (*l' bḥr 'l bhm mqdm 'wlm*, 2,7); im folgenden Vers wird außerdem eingeschärft, daß Gott „die Generationen (der Gottlosen) wegen des Blutvergießens verabscheute" (*wjt'b 't dwrwt mdm*; vielleicht ist *mdm* [*middām*] doch in *mqdm* [*miqqædæm*] zu verbessern). Schließlich heißt es in CD 19,2f. von den Gemeindemitgliedern, daß sie in Lagern wohnen sollen, „entsprechend der Ordnung des Landes, die seit alters besteht" (*ksrk h'rṣ 'šr hjh mqdm*). In 4 QM^a (491) 11, I, 12 bezeichnet das Nomen *qædæm* den göttlichen Thron, auf den „keiner der Könige des Ostens / der Vorzeit sich gesetzt hat" (*bl jšbw bw kwl mlkj qdm*; vgl. im AT Jes 19,11; s.o. II. 3.). In 4 QDibHam^a (504) 8 [recto], 3 werden die „Wunder (Gottes) von der Urzeit" (*npl'wt mqdm*) genannt.

Endlich kommt *qædæm* 2mal in der Tempelrolle vor, und zwar beidemal als Himmelsrichtung „Osten" (*rwḥ hqdm*, 38,13, was also nicht, wie normalerweise im AT, „Ostwind" meint; bzw. kombinatorisch *bqdm mzrḥ*, 39,12, was offensichtlich mit einfachem *bqdm* „im Osten" identisch ist).

Schließlich findet sich das hebr. Adj. *qdmwnj* „östlich" in 1 QM 2,12. In 1 QMyst (27) 1, I, 3 werden die zukünftigen Geheimnisse (*rz nhjh*) den Dingen der alten Zeit (*qdmwnjot*) gegenübergestellt. Beide sind der Erkenntnis entzogen.

Kronholm

קָדַם *qāḏam*

I. Etymologie – II. Die Wurzel *qdm* im AT: eine Übersicht – III. Das Verb *qāḏam* – 1. Vorkommen – 2. *pi* – 3. *hiph* – IV. LXX – V. Qumran.

Lit.: *G. H. Davies*, Psalm 95 (ZAW 85, 1973, 183–195, bes. 190). – *G. Fitzer*, φθάνω, προφθάνω (ThWNT IX 90–94). – *E. Jenni*, קֶדֶם *qædæm* Vorzeit (THAT II 587–589). – *M. L. Klein*, The Preposition קדם („Before"). A Pseudo-Anti-Anthropomorphism in the Targums (JThS 30, 1979, 502–507). – *Th. Lescow*, Micha 6,6–8. Studien zu Sprache, Form und Auslegung (AzTh I/25, 1966, bes. 21f.). – *Ders.*, Redaktionsgeschichtliche Analyse von Micha 6–7 (ZAW 84, 1972, 182–212, bes. 188f.). – *P. Steinkeller*, The Eblaite Preposition *qidimay* 'Before' (OrAnt 23, 1984, 33–37). – *M. Wagner*, Die lexikalischen und grammatikalischen Aramaismen im at.lichen Hebräisch (BZAW 96, 1966, bes. 100). – → קדם *qædæm* und → קדים *qāḏîm*.

I. Sowohl in verbalen als auch in nominalen Funktionen unterschiedlicher Art (→ קדם *qædæm*, → קדים *qāḏîm*) begegnet die Wurzel *qdm* in den meisten semit. Sprachen (vgl. Jenni 587).

Das im AT vorkommende hebr. Verb *qāḏam* nur *pi* 'vorn sein'; 'hintreten vor, begegnen'; entgegentreten' und *hiph* in umstrittener Bedeutung, s. III.3.) steht u.a. offensichtlich mit den folgenden Verben in etymologischer Verbindung: arab. *qadama* 'vorangehen'; *qadima* 'eintreffen, kommen, gelangen' (Lane 2985), asarab. *qdm* 'vorangehen, entgegentreten' (BGMR 103f.; Biella 444–447); äth. *qadama* 'vorwärtsgehen, vorangehen' (Dillmann, LexLingAeth 460; vgl. tigr. *qaddama*, WbTigre 259); ferner ugar. *qdm* 'vorwärts gehen, sich nähern' (KTU 1. 15, IV, 23; UT Nr. 2208; WUS Nr. 2389; CML^2 93. 156); samarit. *qdm qal* 'vorher sein, vorangehen' (LOT III/2, 188. 229); altaram. *qdm* 'vorgehen' (S. Segert, Altaram. Grammatik, 1975, 549), sowie nachbibl. aram. (*pa*, *aph*, DictTalm 1316b); syr. *q^{e}dam* 'zuvorkommen'; 'vorhertun' usw. (Brockelmann, LexSyr 646); endlich in den Qumran-Schriften (s.u. V.) und im Mhebr. (DictTalm 1316).

II. Im AT kommt *qdm* (verbal / nominal / präpositional) insgesamt 204mal hebr. und 47mal aram. vor. Das hebr. Verbum *qāḏam* ist 26mal belegt (*pi* und *hiph*, s.u. III.1.). Nominal findet sich im AT ferner → קדים *qāḏîm* 'Ostseite, Osten, Ostwind', 69mal; → קדם *qædæm* 'vorn, Osten, Vorzeit, Urzeit', 61mal; **qeḏæm* 'Osten' (nur acc. loc. *qeḏmāh*), 25mal (einschl. Ez 45,7; statt MT *p^e'aṯ-qeḏmāh* ist aber vielleicht *p^e'aṯ-qāḏîm* zu lesen, vgl. BHS, KBL^3 1001); **qaḏmāh* 'Ursprung', 'früherer Zustand', 5mal (doch Ps 129,6 textmäßig unsicher, vgl. BHS; vgl. K. Seybold, ZAW 91, 1979, 250 Anm. 18; M. Dahood, AB 17A, 232; KBL^3 1001); ferner **qiḏmāh* 'gegenüber von, östlich von', 4mal (vgl. W. Zimmerli, BK XIII/2^2, 965), **qaḏmôn* 'östlich', 1mal (Ez 47,8), *qaḏmonî*/*qaḏmônî* I 'östlich, vormalig, früher', 10mal (doch ist MT *haqqaḏmonî* 1 Sam 24,14 zweifelhaft) und *qaḏmonî* II coll. 'die Östlichen' (Gen 15,19); dazu vermutlich nom. loc. *q^{e}ḏemôṯ* (Dtn 2,26; Jos 13,18; 21,37; 1 Chr 6,64; vgl. GTTOT § 337 Nr. 43; vgl. § 61).

Bibl.-aram. ist *qdm* nie verbal zu belegen, sondern nur in *q^{o}ḏam* 'vor, bei' (Dan 38mal, Esra 4mal), **qaḏmāh* 'vor, gegen' (Dan 6,11; Esra 5,11) und **qaḏmāj* 'voriger, erster' (Dan 7,4. 8. 24, LexLing Aram 145–147; Jenni 587).

III.1. Das hebr. Verb. *qáddam* ist im AT insgesamt 26mal belegt, davon 24mal im *pi* (Ps 12mal, 2 Sam, Jes, Mi und Ijob je 2mal, Dtn, 2 Kön, Jona und Neh je 1mal; dazu möglicherweise cj. 1 Sam 20,25) und 2mal im *hiph* (Am 9,10; Ijob 41,3). Während die 2 *hiph*-Belege text- und bedeutungsmäßig unsicher bleiben, bezieht sich *qdm* im Intensivstamm sowohl auf zwischenmenschliche Beziehungen ('vorn sein, hintreten vor, begegnen, entgegentreten', vgl. → קרב *qāraḇ*) als auch auf das Verhältnis zwischen Gott und Mensch ('[segnend, gütig, strafend] entgegentreten', → בוא *bô*'; → יצא *jāṣā*') bzw. zwischen Mensch und Gott ('[ehrerbietig, flehend, dankend, opfernd] vor [Gott] treten', vgl. u.a. → חוה *ḥwh*, *kāpap niph*, → קרב *qāraḇ*).

2. Eine primär räumliche, und zwar relationsmäßig neutrale Bedeutung 'vorn sein' läßt sich in den *pi*-Belegen des Verbums *qāḏam* vereinzelt beobachten, z.B. in einer zeitlich schwer zu fixierenden, hymnischen Schilderung der Prozession einer Kultgemeinde (Ps 68, 25–28): „Voran gehen (*qidd^emû*) die Sänger, dann (*'aḥar*) die Saitenspieler, inmitten paukenschlagender Mädchen" (v. 26; zum Gegensatz *qdm* → אחר *'aḥar* vgl. noch Ps 139,5, 'von hinten und von vorne', *'āḥôr wāqæḏæm*). Möglicherweise handelte 1 Sam 20,25 ursprünglich auch von einer gleichartigen räumlichen Positionsbestimmung neutraler Natur: „Der König (Saul) saß wie immer an seinem Platz (am Tisch) ... Jonatan war vor ihm (cj. *waj^eqaddem* mit LXX, vgl. H. J. Stoebe, KAT VIII/1, 371. 377; MT hat *wajjāqŏm*), und Abner saß an Sauls Seite".

Ganz einzigartig ist eine parallele temporale Verwendung von *qdm pi* im Sinne von „etwas das erste Mal tun" (Jona 4,2; vgl. Wagner 100).

Von einem gütigen, freundlichen, generösen menschlichen Entgegenkommen sprechen einige Texte. In Jes 21,14 findet sich eine Aufforderung an die Bewohner von Tema, den geflüchteten Karawanen der Dedaniter mit (Wasser und) Brot „entgegenzukommen" (*qadd^emû* mit LXX u.a.; MT liest *qidd^emû*, vgl. BHS und Lescow, Analyse 189). Gleichartig heißt es im sog. Gemeindegesetz (Dtn 23, 2–9, wahrscheinlich spätes Gut), daß die Ammoniter und Moabiter nie in die Gemeinde JHWHs kommen sollen, weil sie Israel bei der Wüstenwanderung mit Brot und Wasser nicht „entgegenkamen" (*qidd^emû*, v. 5; vgl. Neh 13,2). Metaphorisch ist eine verwandte Konnotation auch in Sir 15,2f. feststellbar: die Weisheit kommt den Gottesfürchtigen mit dem Brot der Klugheit und dem Wasser der Einsicht gütig entgegen, gleichwie eine Mutter ihrem Sohn oder eine treue Gattin ihrem Mann.

Einzigartig ist die Verwendung von *qdm pi* in Ijob 3,12a in der Szene väterlicher Segnung: „Warum kamen Knie mir entgegen (= hat man mich auf den Schoß genommen)?", klagt Ijob (*qidd^emûnî birkājim* → ברך *brk*; vgl. F. Rundgren, Festschr B. Collinder, Wien 1984, 391–396).

Im profanen Sprachbereich kann *qdm pi* sich auch auf negative, sogar lebensbedrohende Ereignisse, die einem Menschen „begegnen", beziehen (→ קרה *qārāh*). Ähnlich wird von Sanherib in einem JHWH-Wort gesagt: „(Der König von Assyrien) soll in diese Stadt nicht kommen, auch keinen Pfeil hineinschießen und mit keinem Schild davor kommen" (*j^eqadd^emænnāh*, 2 Kön 19,32 = Jes 37,33). Diese Verwendung in militärischer Sprache wird in der liturgischen Sprache sowie in der Weisheit weitergeführt. So heißt es im Königsdanklied Ps 18: „Schlingen der Scheol umfingen mich (*s^eḇāḇûnî*), es überfielen mich (*qidd^emûnî*) Fallen des Todes" (v. 6; par. 2 Sam 22,6); die Feinde/Hasser des Beters „überfallen mich (*j^eqadd^emûnî*) am Tage meines Unglücks" (v. 19a; par. 2 Sam 22,19a). Ähnlich appelliert Ijob an Gott: „mich haben überfallen (*qidd^emûnî*) Tage des Elends" (30,27b).

Die zuletzt angeführten liturgischen und weisheitlichen Texte haben selbstverständlich auch theologische Obertöne. Andere Belegstellen von *qdm pi* sprechen aber deutlicher vom Verhältnis zwischen Gott und Mensch.

Auf das gnädige Entgegenkommen Gottes zielt z.B. ein Wort des Gebetsliedes Ps 59: „Mein gnädiger Gott kommt mir entgegen (*j^eqadd^emenî*), JHWH läßt mich herabschauen auf meine Gegner" (v. 11). So klagt die Gemeinde: „Schnell komme dein Erbarmen uns entgegen" (*j^eqadd^emûnû*, Ps 79,8). Endlich heißt es in der „Liturgie" Ps 21 vom erwählten König: „Ja, du (JHWH) begegnest ihm (*t^eqadd^emænnû*) mit Segensgut" (v. 4a).

Umgekehrt kann vereinzelt vom feindlichen, rächenden Entgegentreten Gottes die Rede sein, und zwar in der festen Wendung *qiddem pānîm* „dem Antlitz (jemandes) entgegentreten", im Gebetslied Ps 17: „Erhebe dich, JHWH, tritt ihm (dem Frevler) entgegen (*qadd^emāh pānājw*), wirf ihn nieder" (v. 13a).

Eine ganz andere, einzigartige Verwendung findet *qiddem pānîm* im Königslied Ps 89: „Gerechtigkeit und Recht (*ṣæḏæq ûmišpāṭ*) sind deines Thrones Stütze, Huld und Treue treten vor dich" (*ḥæsæḏ wæ'^æmæt j^eqadd^emû pānǽḵā*, v. 15). Der altorientalische Hintergrund dieser Vorstellung von den göttlichen Attributen als „Hofdiener" um den König ist allem Anschein nach im sum.-akk. Bereich zu suchen, wo bekanntlich Wahrheit, Recht usw. als göttliche Mächte oder Schutzgeister aufgefaßt wurden (vgl. H.-J. Kraus, BK XV/2⁵, 788, mit Belegstellen; H. Ringgren, Word and Wisdom, Lund 1947, 53ff. → IV 262).

Die Wendung *qiddem pānîm* kann dann auch kultisch das Hintreten eines Menschen vor Gott bezeichnen, so wie im Danklied Ps 95: „Laßt uns vor sein Angesicht treten (*n^eqadd^emāh pānājw*) mit Dank, mit Liedern ihm zujauchzen" (v. 2).

In den kultischen Sprachreich gehört noch eine dreifache Verwendung von *qdm pi*, einmal mit *kāpap* parallel: „Womit soll ich mich JHWH nahen (*'^aqaddem*), mich beugen (*'ikkap*) vor dem hohen Gott? Soll ich mich nahen (*ha'ᵃqaddᵉmænnû*) mit Brandopfern und mit einjährigen Kälbern?" (Mi 6,6). Dabei ist Lescow (Analyse 188f.; vgl. ders., Micha, 21f.) zuzustimmen, daß die beiden Verben ursprünglich aus dem profanen und nicht aus dem kultischen Bereich stammen (gegen W. Beyerlin, FRLANT 72, 1959, 51; K. Koch, Festschr. G. v. Rad, 1961, 54f.). Eine solche, sekundär kultische Verwendung von *qdm pi* kann selbstverständlich auch spiritualisiert werden wie in der Thora-Frömmigkeit: „In der Dämmerung komme ich früh (*qiddamtî*) und schreie, harre auf dein Wort. Meine Augen kommen den Nachtwachen zuvor (*qiddᵉmû*) ..." (Ps 119, 147f.; möglicherweise aram. Einfluß, vgl. Wagner 100).

3. Laut MT begegnet das Verbum *qdm* 2mal im *hiph* (Am 9,10; Ijob 41,3).

In der Perikope Am 9,7–10, die sich am besten „als literarischer Niederschlag einer späteren Diskussion über die fünfte Vision (8, 3–14)" erklärt (H. W. Wolff, BK XIV/2[2], 396), vielleicht aus einer Zeit kurz nach dem Ende des „Hauses Jerobeam" im Jahre 745 (vgl. Wolff 398), findet sich dieses Drohwort: „Durch das Schwert sterben alle Sünder meines Volkes, die da sagen: ʽNicht führst du herbei, nicht bringst du an uns heran (*lo'-taggîš wᵉtaqdîm*) das Unheil'" (v. 10). Manchmal wird vorgeschlagen, daß man „das Unheil" (*hārāʽāh*) als Subj. des Satzes verstehen soll, wobei man entweder bei MT bleiben kann (und *qdm hiph* i. S. v. „begegnen, erreichen" auffassen) oder *ngš niph* bzw. *qdm pi* lesen muß. Vermutlich ist bei *hiph* von *qdm* zu bleiben und es als eine Steigerung aufzufassen (vgl. Wolff 401).

In der zweiten Gottesrede des Buches Ijob (40, 6–41, 26) findet sich die Aussage: „Wer kann mir zuvorkommen und ich lasse ihn unversehrt? Unter dem ganzen Himmel ist keiner!" (41,3). Statt MT *mî hiqdîmanî wa'ᵃšallem* wird nicht selten unter Hinweis auf LXX die Konjektur *mî hû' qiddᵉmô wᵉjišlam* vorgeschlagen (z.B. G. Fohrer, KAT XVI 525. 527), aber kaum mit Recht (vgl. W. Eisenbeis, BZAW 113, 1969, 316–319).

IV. Die LXX gibt *qdm pi* am meisten (15mal) mit προφθάνειν wieder (vgl. Fitzer 91), 4mal mit συναντᾶν, sonst sehr unterschiedlich (u.a. 2mal καταλαμβάνειν, je 1mal ὑπαντᾶν, βάλλειν, ἐπιβάλλειν, προπορεύεσθαι, προκαταλαμβάνειν); *qdm hiph* mit ἀνθιστάναι (Ijob 41,3?) bzw. γίνεσθαι (Am 9,10).

V. Als Verbum kommt *qdm* in Qumran nur sehr spärlich vor. In den einleitenden Anweisungen der Gemeinderegel zur Aufnahme derer, die in den Bund eintreten, wird u.a. geboten: „sie sollen ihre Zeiten nicht vorrücken" (*lw' lqdm [pi] ʽtjhm*, 1 QS 1,14; vgl. 1 QpHab 11,8). Ferner wird in der Damaskusschrift vorgeschrieben, daß keiner im Zustand der Unreinheit in ein Bethaus kommen darf; dann heißt es: „Und wenn die Trompeten der Gemeindeversammlung blasen, soll er es vorher oder nachher tun (*jtqdm 'w jt'hr*); nicht soll man aber den ganzen Gottesdienst aufhalten" (CD 11, 21–23). Schließlich findet sich 4 QDibHam[a] (504) 7,12 das Wort *qdmnw* (DJD VII 161). In der TR wird das Verbum *qdm* nicht gebraucht.

Kronholm

קָדְקֹד *qŏḏqoḏ*

I.1. Semit. Sprachen – 2. Belege – 3. Wortfeld – 4. LXX – II. Konkrete Bedeutung – 1. „scheren" – 2. „vom Scheitel bis zur Sohle" – III. Idiomatische Wendungen – 1. „kommen auf" – 2. „zerschmettern".

I.1. Mit hebr., mhebr., jüd.-aram. *qŏḏqoḏ* (KBL[3] 1002; DictTalm 1317; Bildungsform *qulqul* [GKa § 84b.p]) verwandte Primärnomen der Bedeutung ʽKopf, höchste Stelle, Scheitel, Person' sind im nordwestsemit. Sprachraum noch mit ugar. *qdqd* (WUS Nr. 2392) und im ostsemit. mit akk. *q/kaqqadu* (AHw 899f.; CAD Q 100–113) belegt.

2. Die einschl. Num 24,17cj. 12 Belege verteilen sich auf: Pent. 5mal, Ps, Jer je 2mal, DtrGW, Ijob, Jes je 1mal.

Num 24,17 ist *qŏḏqoḏ* nach Sam. und Jer 48,45 zu lesen. MT *qarqar* (= CD 7,20; 1 QM 11,6; 4 QTest 13) wird nach mhebr. *qrqr* I ʽniederreißen' oder III ʽbrüllen' gedeutet (vgl. KBL[3] 1071b; DictTalm 1427; auch Jes 22,5).

3. Im AT begegnet *qŏḏqoḏ* nur in poetischem Kontext und in einer Redewendung (s. II.2.); parallel stehen *ro'š* ʽKopf' (vgl. ugar. *qdqd* ∥ *r'š*; RSP I, II 511), *pe'āh* ʽSchläfe', **poṯ* ʽStirn' (KBL[3] 924; trad. ʽScham').

Zu diesem Wortfeld vgl. ferner *gulgolæṯ* ʽSchädel', *meṣaḥ* ʽStirn', **raqqāh* ʽSchläfe', auch *moaḥ* ʽMark, Gehirn', *pānîm* ʽGesicht' und die Bezeichnungen für ʽGlatze, Kahlkopf' (→ גלח *glḥ*).

Parallel zu *qŏḏqoḏ* steht als empfindlicher Körperteil auch *zᵉrôaʽ* (→ זרוע) ʽArm', in Opposition *kap-rægæl* ʽFußsohle'. Dieser Gegenbegriff erweist „oberste Kopfstelle" als Grundbedeutung von *qŏḏqoḏ*; speziell der „Haarscheitel" wird mit *qŏḏqoḏ śeʽār* bezeichnet.

Wo *qŏḏqoḏ* im Zusammenhang mit dem Wortfeld „Haar" *śeʽār* gebraucht wird, begegnen neben dem Stichwort *nāzîr* ʽGeweihter' (vgl. dazu Num 6,2.5) vor allem Verben des Bedeutungsbereiches „scheren" (s. II.1.).

4. LXX setzt *qŏḏqoḏ* 9mal voraus (nicht: Num 24,17; Jer 2,16; 31[=48],45) und übersetzt es 6mal mit κορυφή (so auch Var. zu Jer 31,44fin) und je 1mal mit κεφαλή, ἄρχων, ἀρχεῖν.

II.1. Kriegsgefangenen die Haare abzuscheren ist eine entehrende Beschämung und Zeichen der Versklavung (→ II 9f.). So droht JHWH den stolzen

Zionstöchtern, ihren Scheitel zu „entblößen" (? *śpḥ pi*) (G.R. Driver, VT 1, 1951, 241–250, 241f.; trad. = *spḥ* 'grindig machen' [oder verlesen aus *šph pi* 'kahl machen'?]) Jes 3,17 (‖ *ʿrh pi* 'rasieren'); vgl. 7,20. Den Scheitel 'abweiden' *rʿh* Jer 2,16 (nach cj. *jeʿārûḵ* zu *ʿrh pi*; s. auch III.2.) bezieht sich auf die Erniedrigung Israels durch Ägypten (Zusatz aus Jeremias Spätzeit?; W. Rudolph, HAT I/12³, 19 u.a.). Realer Hintergrund und bildliche Bedeutung des Vorgangs fließen bei beiden Stellen ineinander.

2. Die Schönheit des intriganten Abschalom (2 Sam 14,25) wie die Geschwüre des frommen Ijob (Ijob 2,7; vgl. Dtn 28,35) erstrecken sich *mikkap̱ raḡlô weʿaḏ qŏḏqoḏô* „von seiner Fußsohle bis zu seinem Scheitel" (vgl. mit *roʾš* Jes 1,6; auch Lev 13,12). Damit ist zunächst – unabhängig von Wesen oder Charakter – der Körper als Ganzes gemeint. Nach diesem Äußeren beurteilt JHWH die Menschen nicht (vgl. 1 Sam 16,7; Ijob 10,4; Jes 53 u.a.), allerdings kann er Ungehorsam auch am Körper strafen (Dtn 28,35; vgl. Am 4,10 u.a.).

Zur dtn/dtr Fluchreihe vgl. altorient. Vertragstexte, bes. Assarhaddons, hier: „So möge Gula ... eurem Körper eine nicht heilende Wunde beibringen" (TUAT I 159 = 171; vgl. R. Frankena, OTS 14, 1965, 122–154, 146.130). Auch die Redewendung *ultu qaqqadīja adi šēpēja* „von meinem Scheitel bis zu meinen Füßen" ist in akk. Parallelen belegt (EA 295,9f.; vgl. ARM X 126,13f. [KBL³ 1002]), so daß man das Motiv insgesamt nicht „dem deuteronomistischen Denken" (W. Werner, FzB 46, ²1986, 122 zu Jes 1,6) zuzurechnen braucht.

III. *qŏḏqoḏ* ist die höchste und zugleich eine sehr verletzbare Stelle des Menschen; wie man dem „Scheitel" tut, so ergeht es der Person als Ganzer. Die darauf beruhenden Aussagen und Wendungen hat das AT mit seiner Umwelt gemein (vgl. jeweils auch den gleichen Gebrauch von → ראש *roʾš* 'Kopf'):

1. „Auf den Scheitel", d.h. über die gesamte Existenz, des Menschen kann Gutes (Gen 49,26 „Segensfülle " [*birḵoṯ*]; Dtn 33,16 „Gunst" [*rāṣôn*]; vgl. z.B. EA 326,18f.) wie Böses (Ps 7,17 „Gewalttat" *ḥāmās* ‖ „Unheil" *ʿāmāl*) „kommen".

Während beim Guten wohl an die segnende Handauflegung gedacht ist (H. Gunkel, HKAT I/1³, 487), fällt das Böse durch JHWHs Eingreifen wie ein hochgeworfener Stein (H. Gunkel, HKAT II/2⁴, 27; vgl. Sir 27,25f. u.ö.) auf den Scheitel des Täters zurück (vgl. bes. WbÄS V 531).

Mit *qŏḏqoḏ* gebraucht das AT dabei *hājāh le* „zuteil werden", *bôʾ le* „kommen auf" und *jāraḏ ʿal* „fallen auf" (‖ *šûḇ be* „zurückfallen auf").

2. „Den Kopf mit einer Keule einschlagen" *SAG.GIŠ.RA* ist Sumerogramm für akk. *nêru* 'töten' (SGL I 73) und ein im gesamten Alten Orient verbreiteter Ausdruck für das Töten (vgl. CAD Q 102; WbÄS V 264,12; 531,2; KTU 1.2, IV, 21f.; 1.18, I, 11; IV, 22 u.ö.; z.T. verkürzt: „den Scheitel zerschmettern" u.ä.).

Obwohl seit der MB-Zeit kaum mehr als Kriegswaffe gebraucht, behält die Keule in Sprache und Ikonographie als Götter- (bes. syr.-mesopot.) und Königswaffe (bes. äg.) Bedeutung (RLA V 582f; LexÄg III 414f.; BRL² 185.103ff.; O. Keel, Bildsymbolik 270ff. [Lit.!]).

Für die Vernichtung des Scheitels, damit der Person, gebraucht das AT *mḥṣ* 'zerschmettern' (nach Jer 2,16cj. *jeroʿûḵ* auch *rʿʿ* 'zerbrechen'; s. II.1.), übertragen *ʾkl* 'fressen' und *ṭrp* 'zerfleischen'. Angekündigt wird sie: im Mosesegen ostjordanischen Gegnern der „Löwin" Gad (Dtn 33,20); im 4. Bileamspruch (Num 24,17cj.) den als „Söhnen Seths" bezeichneten Moabitern durch David (K. Seybold, ThZ 29, 1973, 1–19, bes. 4ff. u.a.; vgl. 2 Sam 8,2) – aufgegriffen im (späten; vgl. LXX) Völkerorakel Jer 48,45 (hier als „Söhne des Lärms") – und dem „in seinen Sünden wandelnden" (*miṯhalleḵ baʾašāmājw*) Feind JHWHs (Ps 68,22; vgl. EA 141,31 u.ö. von Feinden des Königs) im Hymnus.

Schwab

קָדַר *qāḏar*

קַדְרוּת *qaḏrûṯ*, קְדֹרַנִּית *qeḏorannîṯ*

I. Etymologie – II. Verwendung im AT – III. LXX, Qumran.

Lit.: *L. Delekat,* Zum hebräischen Wörterbuch (VT 14, 1964, 7–66, bes. 55f.). – *J. Scharbert,* Der Schmerz im Alten Testament (BBB 8, 1955, bes. 58f.).

I. Neben jüd.-aram. *qdr peʿal* und *itpaʿel* 'finster werden' (Dalman, Aram.-Neuhebr. Wörterbuch 371) und arab. *qaḏira*/*qaḏura* 'schmutzig, unrein sein/werden' findet sich mand. *qdr paʿel* 'schlagen, verwunden', *panʿel* 'schwarz sein' (MdD 405).

II. Die Wurzel *qdr* kommt 19mal im AT vor (Verb 17mal: *qal* 13mal, *hiph* 3mal, *hitp* 1mal; Derivate: *qaḏrûṯ* 1mal; *qeḏorannîṯ* 1mal), nur 1mal (1 Kön 18,45) in einer Erzählung, sonst in „besprechender" Rede. Die Hauptbedeutung ist 'finster, trübe, schmutzig sein', die zu 'trauern' übergehen kann, wobei erstere sich meistens auf den Himmel und die Gestirne (7mal), letztere sich meistens auf Menschen (8mal) bezieht.

Am Ende einer Dürre verfinsterte sich (*hiṯqaddérû*) der Himmel mit Wolken (1 Kön 18,45). Beim Heranziehen des apokalyptischen Heeres gegen Jerusalem ebenso wie beim Endgericht über die Völker – beide Male im Zusammenhang mit dem „Tag JHWHs" – verfinstern sich (*qāḏārû*) Sonne und Mond und erlischt der Glanz der Sterne (Joël 2,10b = 4,15). Das Gericht über den Pharao bringt kosmische Erschütterungen mit sich, wie der Prophet im Namen JHWHs sagt: „Und wenn du ʿerlischstʾ, bedecke ich den Himmel, und ich verfinstere (*w^ehiqdartî*) seine Sterne; die Sonne – ich bedecke sie mit Gewölk, und der Mond läßt nicht (mehr) sein Licht leuchten. Alle Licht-Leuchten am Himmel – ich verfinstere sie (*'aqdîrem*) deinetwegen, und ich lege Dunkelheit (*ḥošæḵ*) auf dein Land" (Ez 32,7f.; zum Chiasmus *hiqdartî* – *'aqdîrem* vgl. L. Boadt, VT 25, 1975, 696f.). Um ein Gerichtshandeln JHWHs geht es auch in Jes 50,3: „Ich kleide den Himmel in Verfinsterung (*qaḏrûṯ*), und einen *śaq* lege ich ihm als Kleid an." Dieser Vers beschreibt vielleicht – im Anschluß an v.2aα.bα und fortgesetzt durch v.9b (anders z.B. C. Westermann, ATD 19[3], 182: v.3 ist ein Fragment) – „die Vernichtung der im Himmel ... wohnenden Gottheiten, auf die Israels Bedrücker vertrauen" (R.P. Merendino, BZ NF 29, 1985, 232).

In der Schilderung des Unheils, das der Feind vom Norden bewirkt (Jer 4,5–31), heißt es: „Denn so hat JHWH gesprochen: Wüste wird das ganze Land, und ich mache ʿihmʾ den Garaus. Deshalb trauert (*tæ'^eḇal*) die Erde, und es verfinstert sich (*w^eqāḏ^erû*) der Himmel droben" (vv.27f.). Hier überschneidet sich die Bedeutung „sich verfinstern" mit „trauern", was noch deutlicher in Ez 31,15 zutage tritt, wo der Prophet im Namen JHWHs die Begleitumstände der Unterweltsfahrt des „Weltenbaums", des Pharaos beschreibt: „Ich habe in Trauer versetzt (*hæ'^eḇaltî*) seinetwegen die Urflut ..., und ich habe verfinstert (*wā'aqdir*) den Libanon" (W. Zimmerli, BK XIII/2[2], 747: „ich habe in Trauer gekleidet").

Übertragen wird *qdr* in Mi 3,6 gebraucht, wo die den Propheten angekündigte Finsternis den Verlust der prophetischen Erleuchtung besagt: „Darum: Nacht wird euch ohne Schauung, und ʿDunkelʾ (*ḥ^ašeḵāh*) wird euch ohne Wahrsagung, und die Sonne geht unter über den Propheten, und es verfinstert sich (*w^eqāḏar*) über ihnen der Tag."

Da Sach 14,6 – „Und es wird sein an jenem Tag: Nicht wird sein Licht (*'ôr*) und ʿFrost und Eisʾ" (s. BHS) – bedeuten müßte, daß in der Endzeit Finsternis herrschen soll, was im Widerspruch zu v.7 stände (W. Rudolph, KAT XIII/4, 232), schlägt Rudolph vor, *'ôr qoḏer*, „vergehendes Licht", zu lesen (vgl. KBL[3] 1002). Aber dann würden die Aussagen über das Licht (vv.6a.7) durch v.6b auseinandergerissen, während bei der Lesung *qôr*, ʿKälteʾ (statt *'ôr* z.B. K. Elliger, ATD 25[8], 177) oder bei der Streichung von *'ôr* (F. Horst, HAT I/14[3], 258) auf das Aufhören der Kälte (v.6) das Aufhören des Wechsels von Licht und Dunkelheit (v.7) folgt.

Einmal (Ijob 6,16) beschreibt *qdr* das Aussehen von Wasser. Ijob vergleicht die treulosen Freunde mit Wadis, die versiegen (v.15), und malt das in den nächsten zwei Versen weiter aus, indem er den winterlichen Zustand solcher Bachtäler, „die trübe sind (*haqqoḏ^erîm*) von (geschmolzenem) Eis" und vom Schnee, der auf dem Wasser dahintreibend „sich unsichtbar macht" (v.16), dem sommerlichen gegenüberstellt, wenn sie ohne Wasser sind (v.17) (vgl. F. Horst, BK XVI/1, 108f.; anders Delekat, der für *qdr* im Hebr. die Bedeutung „schmutzig, trübe werden" ablehnt und zu Ijob 6,16 meint, die Bäche „verfinstern sich", bedecken sich mit Eis und Schnee).

Ansonsten bedeutet *qdr* im AT ʿtrauernʾ, was Delekat 55f. unter Berufung vor allem auf die LXX (sie gibt *qdr* in Ps 35,14; 38,7; 42,10; 43,2 mit σκυθρωπάζειν ʿärgerlich/mürrisch seinʾ und in Jer 8,21; 14,2 mit σκοτοῦσθαι ʿsich verfinsternʾ wieder) vom finsteren Gesicht herleitet, dagegen Scharbert 59 vom „ungepflegten Äußeren", der „Unterlassung der Körper- und Kleiderpflege" (vgl. H.-J. Kraus, BK XV/1[5], 429.476 zu Ps 35,14 und 42,10: Der Psalmist war „ʿgeschwärztʾ von der Asche des Bußritus"; er muß „in den staubbedeckten Gewändern des Büßers ... einhergehen"); Dalman, AuS V 214 vermutet, „daß man in Trauer dunkles Gewand anlegt". – Das Vokabular der 9 Belege ist ziemlich stereotyp: 6mal Ptz. *qal* von *qdr*, 4mal verbunden mit einer Form von *hlk*. – So heißt es im Klagelied des einzelnen: „Den ganzen Tag gehe ich einher (*hillaḵtî*) trauernd" (Ps 38,7); „Warum gehe ich einher (*'eleḵ* bzw. *'æṯhalleḵ*) trauernd?" (Ps 42,10b = 43,2b); „Trauernd bin ich gebeugt (*šaḥôtî*)" (Ps 35,14); Ijob klagt: „Trauernd gehe ich einher (*hillaḵtî*)" (30,28). In Mal 3,14 zitiert der Prophet die Klagenden: „Es ist zwecklos, Gott zu dienen, und was haben wir davon, daß wir ... einhergehen mit Trauermiene (*hālaḵnû q^eḏorannîṯ*) vor JHWH der Heerscharen?" (Übersetzung nach W. Rudolph, KAT XIII/4, 285f.); und in Jer 8,21 klagt der Prophet: „Wegen des Schlages der Tochter meines Volkes bin ich zerschlagen, in Trauer bin ich (*qāḏartî*), Entsetzen (*šammāh*) hat mich erfaßt." In einem hymnischen Abschnitt des Ijobbuches wird Gott als der gepriesen, der Niedrige hoch stellt, „und Trauernde (*qoḏ^erîm*) finden großes Glück" (5,11). Bildhafter Gebrauch liegt in Jer 14,2 vor: „Wegen der Dürre trauert (*'āḇ^elāh*) Juda, und seine Orte welken dahin, traurig neigen sie sich (*qāḏ^erû*) zur Erde" (W. Rudolph, HAT I/12[3], 98).

III. Die LXX gibt *qdr* 4mal mit σκυθρωπάζειν (s.o.) und sonst meistens mit Ableitungen von σκότος wieder: συσκοτάζειν (1 Kön 18,45; Jer 4,28; Ez 32,7.8; Joël 2,10; 4,15; Mi 3,6), σκοτοῦσθαι (s.o.), σκοτάζειν (Ez 31,15).

In Qumran ist nur einmal *qaḏrûṯ* belegt. Der leidende Beter klagt: „Mit Dunkel umkleidete ich mich, und meine Zunge klebte mir am Gaumen" (1 QH 5,31).

Schmoldt

קדשׁ *qdš*

קֹדֶשׁ *qoḏæš*, קָדוֹשׁ *qāḏôš*, קָדֵשׁ *qāḏeš*, קְדֵשָׁה *qᵉḏešāh*, מִקְדָּשׁ *miqdāš*, קָדֶשׁ *qæḏæš*

I.1. Etymologie – 2. *qdš* außerhalb der Bibel – 3. Wortfeld zu *qdš* im AT – 4. *qdš*-Derivate im AT – II. At.licher Gebrauch – 1. J – 2. E, Dtr und DtrGW - 3. P. – 4. ChrGW – 5. Jes – 6. Jer – 7. Ez – 8. Zwölfprophetenbuch – 9. Ps – 10. Weisheit – 11. Dan – 12. Sir – III. *qāḏeš* – und *qᵉḏešāh* – IV. LXX – V. Qumran.

Lit.: *M. C. Astour*, Tamar the Hierodule (JBL 85, 1966, 185–196). – *W. Baetke*, Das Heilige im Germanischen, 1942. – *W. W. Baudissin*, Der Begriff der Heiligkeit im Alten Testament (ders., Studien zur semetischen Religionsgeschichte 2, 1878, 1–142). - *G. Bettenzoli*, Geist der Heiligkeit. Traditionsgeschichtliche Untersuchung des *qdš*-Begriffs im Buch Ezechiel (QuadSem 8, 1979). – *H. Bojorge*, Sed santos, porque santo soy yo Yavé vuestro Dios. De la naturaleza ética del culto (RevBibl 37, 1975, 223–234). – *U. Bunzel*, Der Begriff der Heiligkeit im AT, 1914. – *P. Burgelin*, La désacralisation (Recherches de science religieuse 57, 1969, 503-518). – *R. Caillois*, L'homme et le sacré, Paris 1939. – *A. Caquot*, Le sacré dans l'AT (Positions luthériennes 28, 1980, 3–15). – *E. Castelli* (Hg.), Le sacré. Études et recherches, Paris 1974. – *Ders.* (Hg.), Prospettive sul sacro, Rom 1974. – *H. Cazelles*, Impur et sacré à Ugarit (Al-Bahit, Festschr. J. Henninger, 1976, 37–47). – *Ders.*, Pur et impur aux origines de l'hébreu et à Ugarit (MUSJ 49, 1975/76, 443–449). – *H. Cazelles / J. Henninger / H.-J. Seux / D. Meeks / É. Cothenet*, Pureté et impureté (DBS IX 398–554). – *H. Cazelles / C.-B. Costecalde / P. Grelot*, Sacré (et sainteté) (DBS X 1342–1483 [Lit.]). – *C. Colpe*, (Hg.), Die Diskussion um das „Heilige" (WdF 305, 1977). – *É. Cornélis*, Les formes du sacré (Recherches de science religieuse 57, 1969, 481–502). – *C. B. Costecalde*, La racine *QDŠ* aux origines du sacré biblique, Diss. Paris 1983. – *C. T. Craig*, Paradox of Holiness (Int 6, 1952, 147–161). – *B. Didier*, Le champ du sacré, Paris 1982. – *P. E. Dion*, Did Cultic Prostitution Fall into Oblivion During the Postexilic Era? (CBQ 43, 1981, 41–48). – *M. Douglas*, Purity and Danger, London ⁵1978. – *A. Dumas*, Sacré (Encyclopedia universalis 14, 1972, 579–581). – *M. Éliade*, Das Heilige und das Profane, 1984. – *Ders.*, Die Religionen und das Heilige, Salzburg 1954. – *J. Étienne*, L'homme et le sacré. Pour une clarification conceptuelle (Revue théologique de Louvain 13, 1982, 5–17). – *C. A. Evans*, An Interpretation of Isa 8, 11–15 Unemended (ZAW 97, 1985, 112f.). – *A.-J. Festugière*, La sainteté, Paris 1942. – *E. J. Fisher*, Cultic Prostitution in the Ancient Near East? A Reassessment (BTB 6, 1976, 225–236). – *J. E. Fison*, Understanding the Old Testament. The Way of Holiness, London 1952 = Westport 1979. – *A. Fridrichsen*, Hagios-Qadoš. Ein Beitrag zu den Voruntersuchungen zur christlichen Begriffsgeschichte, Kristiania 1916. – *H. S. Gehman*, Ἅγιος in the Septuagint, and its Relation to the Hebrew Original (VT 4, 1954, 337–348). – *A. Gelin*, La sainteté de l'homme selon l'AT (BVChr 19, 1957, 35–48). – *M. Gilbert*, Le sacré dans l'AT (J. Ries u. a. [Hg.], L'expression du sacré dans les grandes religions I, Louvain-la-Neuve 1978, 205–289). – *R. Girard*, Das Heilige und die Gewalt, Zürich 1987. – *M. I. Gruber*, Hebrew *qēdēšāh* and her Canaanite and Akkadian Cognates (UF 18, 1986, 133–148). – *Ders.*, The Qādēš in the Book of Kings and in Other Sources (Tarbiz 52, 1982/83). – *A. de Guglielmo*, Sacrifice in the Ugaritic Texts (CBQ 17, 1955, 76-96). – *J. Hänel*, Die Religion der Heiligkeit, 1931. – *B. Häring*, Das Heilige und das Gute, 1950. – *R. Harris*, The Naditu Woman (Festschr. A. L. Oppenheim, Chicago 1964, 106–135). – *G. F. Hasel*, The Identity of „The Saints of the Most High" in Daniel 7 (Bibl 56, 1975, 173–192, bes. 176–185. 190–192). – *H. Huppenbauer*, טהר und טהרה in der Sektenregel von Qumran (ThZ 13, 1957, 350f.). – *W. Kornfeld*, Prostitution sacrée (DBS VIII 1356–1374). – *Ders.*, *QDŠ* und Gottesrecht im AT (VTS 32, 1981, 1–9). – *Ders.*, Reine und unreine Tiere im AT (Kairos 7, 1965, 134–147). – *H.-J. Kraus*, Das heilige Volk. Zur alttestamentlichen Bezeichnung *ʿam qādôš* (Ders., Bibl.-theol. Aufsätze, 1972, 37–49). – *P. Ladrière*, Le sens du sacré et le métier de sociologue (Archives de sciences sociales des religions 57, 1984, 115–140). – *Y. Lavoine*, Le retour du sacré, Paris 1977. – *F.-J. Leenhardt*, La notion de sainteté dans l'AT, Paris 1929. – *T. E. McComiskey*, Qadaš (R. L. Harris [Hg.], Theological Wordbook of O.T., Chicago 1980/81, 786–789). – *J. Milgrom*, Sancta Contagion and Altar City Asylum (VTS 32, 1981, 278–310). – *Ders.*, The Alleged ʿDemythologization and Secularization' in Deuteronomy (IEJ 23, 1973, 156–161). – *H. Mühlen*, Entsakralisierung, 1971. – *H.-P. Müller*, קדשׁ *qdš* heilig (THAT II 589-609). – *J. Muilenburg*, Holiness (IDB II 616–625). – *M. Noth*, Die Heiligen des Höchsten (Festschr. S. Mowinckel, NoTT 56, 1955, 146–161 = ThB 6, ³1966, 274–290). – *J. Oman*, The Idea of the Holy (JThS 7, 1924, 275–286). – *R. Otto*, Das Heilige, ³¹⁻³⁵1963. – *W. Paschen*, Rein und unrein. Untersuchung zur bibl. Wortgeschichte (StANT 24, 1970). – *O. Procksch / K. G. Kuhn*, ἅγιος (ThWNT I 87–116). – *J. Renger*, Untersuchungen zum Priestertum in der altbabyl. Zeit (ZA 58, 1967, 110–188). – *J. Ries*, Le sacré comme approche de Dieu et comme ressource de l'homme, Louvain 1983. – *G. Rinaldi*, Santi siate, perchè santo sono io (BibOr 10, 1968, 163–179). – *H. Ringgren*, The Prophetical Conception of Holiness (UUÅ 1948: 12). – *W. H. P. Römer*, Sumerische ʿKönigshymnen' der Isinzeit (DMOA 13, 1965). – *J. Sawyer*, The Qumran Reading of Isaiah 6,13 (ASTI 3, 1963, 111–121). – *O. Schilling*, Das Heilige und Gute im AT. Heilig als ontische und ethische Kategorie, 1957. – *W. Schmidt*, Wo hat die Aussage: Jahwe „der Heilige" ihren Ursprung? (ZAW 74, 1962, 62–66). – *G. Schrenk*, ἱερός (ThWNT III 221–284). – *N. H. Snaith*, The Distinctive Ideas of the OT, London 1944. – *N. Söderblom*, Holiness (General and Primitive) (ERE VI 731–741). – *J.-M. de Tarragon*, Le culte à Ugarit, Paris 1980. – *S. Terrien*, The Numinous, the Sacred and the Holy in Scripture (BTB 12, 1982, 99–108). – *G. Vahanian*, Entre sacré et kairos: l'utopie (RHPhR 61, 1981, 259–269). – *N. Walker*, The Origin of the ʿThrice-Holy' (NTS 5, 1958/59, 132f.). – *H. Webster*, Taboo. A Sociological Study, Stanford 1942. – *E. Williger*, Hagios. Untersuchungen zur Terminologie des Heiligen in den hellenisch-hellenistischen Religionen (RVV 19, 1922). – *B. Wilson*, The Return of the Sacred (Journal for the Scientific Study of Religion 18, 1979, 268–280). – *J.-J. Wunenburger*, Le sacré, Paris 1981. – *P. Xella*, Qdš. Semantica del ʿsacro' ad Ugarit (S. Ribichini [Hg.], Materiali lessicali ed epigrafi I, Rom 1982, 9–17). – *E. M. Yamauchi*, Cultic Prostitution (Festschr. C. H. Gordon, AOAT 22, 1973, 213–222). – *W. Zimmerli*, „Heiligkeit" nach dem sogenannten Heiligkeitsgesetz (VT 30, 1980, 493–512).

I. 1. Im AT sind *qoḏæš* (heilig) und *ḥol* (profan) einander ausschließende Begriffsinhalte (vgl. Lev 10,10; Ez 44,23); sie beruhen auf allgemein menschlicher Erfahrung, so daß deren Unterschiedlichkeit bzw. Gegensätzlichkeit auch in der religionswissenschaftlichen Forschung unbestritten geblieben ist.

Vgl. Éliade: Jede Definition des Phänomens Religion „setzt in irgendeiner Weise das *Heilige* und das religiöse Leben dem *Profanen* und dem weltlichen Leben entgegen" (Religionen 19); G. van der Leew: „Das 'Heilige' ist das Abgegrenzte, Ausgenommene (lat. *sanctus*) ... Der Mensch ... weiß sich in der Gegenwart einer Qualität, ... die sich nicht aus etwas anderem herleiten läßt, sondern *sui generis* und *sui juris* nur mit religiösen Terminis als 'heilig' oder 'numinos' genannt werden kann." (Phänomenologie der Religion, ²1956, 32f.): K. Goldammer: „Von dem 'Heiligen' hat der Mensch erfahren, daß es ganz anders ist als er selbst ... Es meint ... eine *qualitative Verschiedenheit* des Göttlichen von Mensch und Welt" (Die Formenwelt des Religiösen, 1960, 53).

Die Frage nach der Etymologie der Wurzel *qdš* und ihrer Derivate konnte bisher nicht geklärt werden (vgl. Costecalde, DBS X 1356–1361). Die Meinung von Luzzato, *qdš* könnte eine Verbindung von *jqd* („brennen") mit *'eš* („Feuer") sein, so daß *jᵉquḏ 'eš* („im Feuer verbrannt") ursprünglich eine Bezeichnung für Brandopfer gewesen sein könnte und in der Folge für alles, was zur Verherrlichung Gottes bestimmt war, blieb von den Kommentatoren unbeachtet (vgl. A. Ravenna, in Castelli 224). Weitgehende Zustimmung fand hingegen Baudissin (19–40, bes. 19f.) mit seiner These: es wären ursprüngliche biradikale Wurzelformationen anzunehmen, weshalb *qd-* in *qdš* auf die Grundbedeutung „scheiden, trennen" verweise, analog *ḥd* in *ḥdš* „neu" im Sinne „getrennt vom Alten". Damit schien die verbreitete Ansicht, *qdš* bedeute „getrennt, abgesondert, von der Umgebung unterschieden", durch die linguistische Methode gestützt zu sein.

Vgl. Levy, WTM IV 249; Procksch 88; Dumas 580; W. Eichrodt, ThAT I, ⁸1968, 176f.; Festugière 14f.; Gehman 337; E. Jacob, Théologie de l'AT, Paris 1955, 69; Jastrow, DictTalm 1319; Wunenburger 5; H. Rücker, ErfThSt 30, 1973, 79.141.

Allerdings wurden auch Bedenken gegen die Methode Baudissins angemeldet. Für den Begriff „trennen" sind vor allem *pr*-Bildungen belegt (vgl. *prd*, *prṭ*, *prm*, *prs*, *prṣ*, *prq*, *prr*, *prš*), d.h. für *qdš* wäre eine ursprüngliche Bedeutung „getrennt" nur abgeleitet. Der Vergleich *qd-* mit *ḥd-* ist nicht zielführend, da ein Wechsel *q/ḥ* unbewiesen ist. Ebenso unbeweisbar ist die Bedeutung „trennen" für alle *qd*-Bildungen in sämtlichen semit. Sprachen. Hingegen wird das Etymon eines Wortes durch seine Verwendung im Laufe der Geschichte deutlich, weshalb die *qdš*-Derivate im jeweiligen Kontext zu überprüfen sind (vgl. Costecalde 1360f.; Müller 590; J. F. A. Sawyer, JSS 12, 1967, 37–50.

2. a) (Vgl. Costecalde 1361–1393). Im Akk. bedeutet das Verb *qadāšu(m)* im G-Stamm (nur als Stativ) 'rein werden, sein', im D-Stamm 'reinigen' (altakk. vielleicht für alltägliche Dinge [Sesam?, vgl. I. J. Gelb, Old Akk. Inscriptions in Chicago Natural History Museum, Chicago 1955, Tfl. 47, Z. 11], sonst sbabyl. nur kultisch 'weihen' von Personen, Lehmterrasse, Vorhang, Axt, Bilder; vgl. AHw 891); Adj. *qaššu(m)* mask. 'geweiht, heilig' (aassyr./jbabyl. von Bauwerken, Kultfunktionären; vgl. AHw 906); *qadištu(m)* fem. 'Reine, Geweihte' (massyr., mbabyl. *qadiltu*, ababyl. in Mari auch *qaššatum*; vgl. im Ababyl. und Nassyr. auch als fem. PN; AHw 891); die Ableitung *qadšūtu* bezeichnet 1) Stellung als göttliche *qadištu* (jbabyl.); 2) Ugar. Stellung eines *qdš*-Kultdieners (W. v. Soden, UF 2, 1970, 329f.; AHw 891f.); *quddušu* 'gereinigt, geheiligt' (m/jbabyl. von Gegenständen, Opferschaf, Fluß, Gebäuden; AHw 926). Durch euphonische Metathese *dš* = *šd* (vgl. GAG § 36b) entstand das Verb *qašādu(m)* im G-Stamm (ebenfalls nur als Stativ) 'rein werden, sein', im D-Stamm 'reinigen, weihen' (AHw 906); Adj. *qašdu(m)* 'rein, heilig' (von Göttern, Kult, Opfer; AHw 906); *qašdūtu* '*qašdatu/qadištu*-Stellung'; *quššudu* 'hochheilig' (mbabyl./assyr. für *quddušu*: Tempel, Opfer, AHw 930); vgl. noch *qu-da-šu(m)* (aakk.), *qu-da-še-e* (sbabyl.) und der fem. PN *Qu-da-šu* (im Sinne 'nicht befleckt, glänzend, klar, transparent', Schmuckstück, Ohrring?; AHw 925). Sämtliche der hier genannten *qdš*-Derivate befinden sich fast ausnahmslos in einem religiös-kultischen Kontext und qualifizieren Gegenstände, Orte und Personen, die als Vorbedingung „gereinigt" und damit „geweiht", d.h. der Gottheit zugeordnet, zu ihr in ein Naheverhältnis gebracht wurden. *quddušu* steht oft den beiden Wörtern für 'rein', *ellu* und *ebbu*, nahe (→ III 307f.).

Die Frauenklasse der *qadištu* bestand seit dem 2. Jt., meist mit Kultprostitution in Verbindung gebracht (vgl. Kornfeld, Prostitution; Astour; Yamauchi), und existierte neben den beiden anderen Frauenklassen der *kulmašītu* und *nadītu* bis in die Mitte des 1. Jt. CH § 181 (TUAT I 66) nennt diese 3 Frauenklassen, die für den Tempelkult geweiht und deren Dienstleistungen wohl ähnlich waren. Ihr angesehener Sozialstatus ging allmählich verloren und in nbabyl. Zeit galt ihre Bezeichnung als Euphemismus für Straßendirne (vgl. Lambert, BWL 102f.; Harris 107 Anm. 17; Renger 183). Ist ihre Betätigung als Sakraldirne wahrscheinlich, wenn auch in den Texten nicht belegbar (vgl. Fisher 229), so ist ihre Weihe an Ištar (= sum. Inanna), die Göttin der Liebe und Fruchtbarkeit, nicht zu bezweifeln; diese hatte ihrerseits das Epithet *qadištu* (Römer 150) und war als solche den Göttern geweiht.

b) Die ugar. Belegstellen sind bei Costecalde 1373 zusammengestellt. Trotz der oft beschädigten Tontäfelchen und der damit gegebenen Leseschwierigkeit sowie der Ungewißheit, *qdš* als Adj. oder als abstraktes Subst. zu verstehen (Xella 13), besteht kein Zweifel an der Tatsache, daß sämtliche *qdš*-Derivate sich in einem religiösen Kontext (Ritualangaben, mythologische Texte) befinden. *qdš* sind die Götter selbst und alles, was sich zu ihnen in einem Naheverhältnis erweist, ihnen in der Natur gehört oder von Menschen ihnen geweiht und damit zugeordnet wurde.

qdš-w-'mrr (KTU 1.4, IV, 2.3.8.13) bezeichnet entweder ein Götterpaar (R. Dussaud, RHR 105, 1932, 283–289), oder beide Attribute beziehen sich auf ein und dieselbe Gottheit und wären mit „Holy and Exalted" zu übersetzen (U. Cassuto, Biblical and Oriental Studies II, Jerusalem 1975, 182f.). *šph ltpn wqdš* (KTU 1.16, I, 10f.21f.; II, 48f.) ist Keret, der Sproß „des Barmherzigen und (der?) Heiligen", d.h. *qdš* ist entweder Attribut eines Gottes oder Name einer Göttin (Xella 13; A. Caquot / M. Sznycer / A. Herdner, Textes ougaritiques I, Paris 1974, 419). *bn qdš* (KTU 1.2, I, 21.38; III, 19f.) meint vor allem Mitglieder des himmlischen Hofes und kann übersetzt werden mit „Sohn der Heiligkeit", „Sohn der Götter" oder „Götter", „Heilige". *bn qdšt* (KTU 4.69, V, 11; 4.412, I, 11; 1.81,17) ist „Sohn der Göttin *qdšt*" (WUS Nr. 2397), unwahrscheinlich „Sohn einer Geweihten" (= babyl. *qadištu*), da Sakralprostitution in Ugarit bisher nicht bewiesen werden kann (de Tarragon 139f.). *qdš(m)* „Geweihte" (KTU 4.36,2; 4.38,2; 4.68,73; 4.126,7) werden ohne Angabe ihrer konkreten Funktion in Personallisten genannt, oft zusammen mit *khnm* „Priester". Für die Vermutung, es könnte sich analog zu assyr.-babyl. *qadištu* um männliche Kultprostituierte gehandelt haben (so D. Urie, PEQ 80, 1948, 43; A. F. Rainey, BA 28, 1965, 124), findet sich in den Texten kein Hinweis (W. v. Soden, UF 2, 1970, 329f.; Yamauchi 219). *qdšm* ist die Bezeichnung einer Priesterklasse (so RSP II 67, Nr. 34; C. H. Gordon, Ugarit and Minoan Crete, New York 1966, 18), genauer des den Priestern unterstehenden Kultpersonals im Tempeldienst (Xella 12; ders., UF 13, 1981, 331; WUS Nr. 2393).

Die Verbalformen *nšqdš* (KTU 1.119,30) und *tqd(š)* cj. (KTU 1.161,30) stehen in einem Ritualtext und beziehen sich auf die Weihung eines Opfertieres vor dessen Opferung (Xella 10; de Tarragon 73f.).

qdš ist als Stimme Ba'als *qlh qdš* (KTU 1.4, VII, 29f.31f.), der Donner, der die göttliche Macht ausdrückt (vgl. Ps 18,14; 29,3–5; S. Amsler, THAT II 633f.); die den Göttern vorbehaltene Schale *ks qdš* (KTU 1.3, I, 13); die Zitadelle *ḥlm qdš* (KTU 1.16, I, 7; II, 46) im synonymen Parallelismus mit dem Berg Ba'als, der Wohnstätte der Gottheit; die Steppe *mdbr qdš* (KTU 1.23,65), dem vorübergehenden Aufenthalt der göttlichen Kinder (C. J. Aistleitner, Acta Orientalia Hungarica 3, 1953, 295–311), oder die Wüste von Qadeš (R. Dussaud, RHR 108, 1933, 14f.); schließlich bezeichnet *qdš* häufig ein Heiligtum, den Ort der Begegnung von Gott und Mensch, wofür auch die Präformativbildung *mqdšt* verwendet wird (KTU 4.609,15).

c) In den westsemit. Inschriften bedeutet *qdš* als Verbum 'weihen' (*jiph*, *pa'el*, *aph*) bzw. 'sich weihen' (*hitp*), nicht aber 'reinigen', wie dies in akk. Texten möglich ist. Man weihte den Gottheiten sich selbst (vgl. pun. für *b'l 'dr*: DISO 253,12f.30–32), Tiere (vgl. phön. für *mlqrt*: DISO 253,27f.), Objekte (vgl. Altar für *'nt*: DISO 253,26). Aber es konnten auch anderen Personen geweiht werden, Objekte, insbesondere Grabanlagen für die Nachkommen des Erbauers (vgl. palm. DISO 253,25.30), d.h. durch den Akt der Weihung, der grundsätzlich der Fertigstellung der Grabanlage oder der Hingabe folgte, gehörte Geweihtes ausschließlich der Gottheit oder den Personen, für die der Gelobende es bestimmt hatte.

Das Ptz. *mqdšjn* „geweiht, geheiligt" (palm. *pa'el* Ptz. pass. mask. Pl. abs.) wird ausgesagt von einer Grabanlage, die der Erbauer seinen Nachkommen dedizierte und in der sich bereits ein Leichnam befindet (DISO 253,15.22). Im Kontext unklar ist *mqdšh*: *bšm d'lh mqdšh* (jüd.-aram. *pa'el* Ptz. pass. mask. Sing. emph. „au nom du Dieu sanctifié"; so A. Dupont-Sommer: Jahrbuch für kleinasiat. Forschung 1, 1950, 203; DISO 253,21 „au nom du Dieu saint"); eher liegt vor *pa'el* Ptz. akt. Sing. emph. „au nom du Dieu consacrant" (so Costecalde 1385).

Für „Heiligtum, Kultstätte" finden sich die Substantiva *qdš(m)* (phön. pun. DISO 253; zur Variante *kdš* CIS I 3778,5 vgl. J. Friedrich / W. Röllig, Phön.-pun. Grammatik, AnOr 46, Rom ²1970, § 39) und die Präformativbildung *mqdš* (phön. pun. DISO 165,15–18), die auch für einen konkreten Sakralbereich innerhalb eines Tempels verwendet wird (vgl. *mqdš bt 'štrt*; CIS I 132,2f.). Die Bedeutung der im Tempel befindlichen *qdšwhj* (palm. Pl. + suff. 3. mask. Sing.: J. Cantineau, Syr 14, 1933, 171, Z.5) ist unklar und wird als „geweihte Objekte, Bereiche der Opfergaben" interpretiert (vgl. DISO 253,37–41). Trotz der Unsicherheit im letztgenannten Fall ist nicht zu bezweifeln, daß sämtliche *qdš*-Substantiva ausschließlich Kultbauten, -orte oder -objekte bezeichnen, die der zu verehrenden Gottheit geweiht sind.

Das Adj. *qdš* (DISO 253f.) dient der näheren Qualifikation des Kultes und seiner Einrichtungen (vgl. *mlkt qdšt* „der heilige Kult" [phön. CIS I 86A,6]; *qdmt qdšt* „heilige Erstlingsgaben" [pun. CIS I 165,12]; Kultschalen mit althebr. Aufschrift *qdš*: Y. Yadin, IEJ 8, 1958 5; Y. Aharoni, Arad Inscriptions, Jerusalem 1981, 116) oder einer Stadt (vgl. Münzaufschriften: phön. *lgbl qdšt* 2. Jh. n. Chr., hebr. *jrwšl(j)m hqd(w)šh* 66–73 n. Chr. [G. A. Cooke, A Textbook of North-Semitic Inscriptions, Oxford 1903, 350.356]), weiter als Epithet der Gottheiten (DISO 253,54–254,6), welches als substantiviertes Adj. zum Namen einer Gottheit werden kann (vgl. *Qudšu* [Costecalde 1388ff.]; reichsaram. *b'l qdšn* „Herr der Götter", Aḥ. 95).

d) In allen semit. Sprachen finden sich *qdš*-Derivate (Verbalformen, Adjektiva, Substantiva, PN), deren Wurzel an der gleichbleibenden Konsonantenabfolge erkennbar ist (J. Barr, ExpT 75, 1964, 242f.). Da die ursprüngliche Bedeutung der Wurzel nicht mehr ermittelt werden kann, ist auch ihre Geschichte bis hin zu den abgeleiteten Derivaten und deren Verwendung in den Dialekten nicht darstellbar. Aber der Sinn der einzelnen Wörter ist aus ihrem jeweiligen Kontext zu erschließen, der bei allen *qdš*-Derivaten religiösen Inhaltes ist. Es geht bei sämtlichen Verwendungsfällen nicht um sittliche Zielsetzungen, wohl aber um einen Akt des Weihens, Hingebens, Widmens an eine Gottheit.

*S. Morenz (RdM 8, 105f.) findet in äg. *ḏsr* eine Entsprechung zu semit. *qdš*. Nach ihm ist die Grundbedeutung 'absondern', und das Wort findet sich u.a. in *tꜣ ḏsr* als Bezeichnung für den Friedhof, was nicht urspr. „herrliches Land", sondern „abgesondertes Land" bedeutet. Es wird auch oft zusammen mit *štꜣ* 'geheim' und *ỉmn* 'verborgen' gebraucht. Ein Priester kann „verborgen in bezug auf sein Inneres und *ḏsr* gegenüber dem, was er gesehen hat" sein, d. h. er behält es für sich. Die Untersuchung von J. K. Hoffmeier, OBO 59, 1985, scheint diese Bedeutung zu bestätigen, es zeigt sich aber, daß in *ḏśr* auch andere Bedeutungsnuancen mitspielen und daß das Wort eine viel beschränktere Verwendung als *qdš* findet. *(Ri.)*

3. Zu *qdš* gibt es keine Synonyma, wohl aber gewisse Beziehungen zu → טהר *ṭhr*, denn „geweiht/geheiligt" setzt den Zustand der Kultfähigkeit, der kultischen Reinheit voraus, den auch der metaphorische Gebrauch von → כבס *kbs* ausdrücken kann. Desgleichen besteht eine begriffliche Verwandtschaft mit → נזר *nzr*, die auch die gelegentliche bzw. oftmalige Wiedergabe von *ṭhr* bzw. *nzr* in LXX mit ἁγι-/ἁγνι-Bildungen zum Ausdruck bringt. Sind *qoḏæš/ḥol* (→ חלל *ḥll*) und *ṭāhor/ṭāme'* (טהר *ṭhr*, טמא *ṭm'*) als Gegensatzbegriffe ausgewiesen (Lev 10,10; Ez 22,26; 44,23), so bildet → חרם *ḥrm* die Gegensphäre zu *qdš*: etwas JHWH weihen durch Vernichtung. Zu *miqdāš* „Heiligtum" siehe auch → אהל *'ohæl*, → בית *bajiṯ*, → כסא *kisse'*, → מעון *mā'ôn*, → מקום *māqôm*, → משכן *miškān*.

Die Streuung der 842 Belege der hebr. Wortwurzel im AT ist tabellarisch dargestellt bei Müller 593 f. Signifikante Häufungen finden sich in den Büchern Lev (152), Ez (105) und Ex (102). Es folgen Num (80), Jes (73) und Ps (65). Den 48 Belegen im DtrGW stehen 120 (!) Belege im ChrGW (60 allein in 2 Chr) gegenüber. In den Büchern Nah, Rut, Hld und Est ist die Wurzel nicht belegt. Auffällig ist der seltene Gebrauch bei Jer (19) und im umfangreichen Textkorpus der Weisheitsliteratur (Ijob 5 Belege; Spr 3 Belege und Koh 1 Beleg).

Das aram. *qaddîš* 'heilig' kommt 13mal, ausschließlich in den aram. Teilen des Buches Dan, vor.

4. Folgende *qdš*-Derivate kommen im AT vor.

a) *qdš qal*: Das Zustandsverbum *qdš qal* perf. bezeichnet den Status gegenwärtigen oder künftigen Geweihtseins, Impf. das für Gegenwart und Zukunft gültige Geweihtwerden, ohne daß ein sittliches Moment beteiligt wäre. Es waren „geweiht": Priester und deren Gewänder (Ex 29,21); alles, was mit dem Altar, den Kultgeräten und der Opfermaterie in Berührung kam (Ex 29,37; 30,29; Lev 6,11.20); der dem Heiligtum zufallende Bodenertrag (Dtn 22,9); Waffenträger im heiligen Krieg (1 Sam 21,6).

b) *qdš niph* hat ausschließlich Gott zum Subjekt, der „sich als heilig erweist", d. h. seine keiner Änderung unterworfene göttliche Heiligkeit in Israel (Ex 29,43) und vor den Heidenvölkern (Ez 20,41; 28,22.25; 36,23; 38,16; 39,27) zur Selbstdarstellung bringt.

c) *qdš pi* bedeutet α) faktitiv die Herbeiführung des in *qal* genannten Zustandes „etwas/jemanden nach Anwendung kultischer Regeln in den Zustand der Heiligkeit/Weihe versetzen"; β) deklarativ „etwas/jemanden für heilig erklären" (Sabbat, Gen 2,3; Ex 20,11); γ) ästimativ „etwas/jemanden für heilig halten" (Sabbat, Jer 17,22.24.27).

d) *qdš pu* ist passiv zum Faktitiv: „heilig gemacht werden; geheiligt/geweiht sein" (Esra 3,5).

e) *qdš hitp* ist reflexiv zu *pi*: α) „sich heiligen, weihen" (Ex 19,22; Lev 11,44; 20,7); β) von Gott „sich als heilig erweisen" (wie *niph* Ez 38,23); γ) „sich in den Status der Weihe, der kultischen Reinheit versetzen" (ohne Angabe der Riten! vgl. Num 11,18; Jos 3,5; 7,13; 1 Sam 16,5 u. ö.); δ) „geheiligt werden" (2 Chr 31,18; *hitp* als passiv s. GKa § 25g; G. Bergsträsser, Hebr. Grammatik II, 1929, § 18b).

f) *qdš hiph* bedeutet kausativ α) „heilig machen, weihen, darbringen, Gott als Eigentum übergeben" (Jos 20,7; 1 Chr 23,13; 2 Chr 29,19; 30,17); β) Gott erklärt etwas/jemanden als für ihn geweiht (Num 3,13; 1 Kön 9,7); γ) „etwas/jemanden für heilig halten" (Num 20,12; 27,14; Jes 29,23; vgl. E. Jenni, Das hebr. Pi'el, Zürich 1968, 41.59 f.).

g) Das Adj. *qāḏôš*, gebildet analog der Adjektiva anderer Zustandsverba (vgl. *gaḏôl*, *ṭahôr*, *qāṭôn*), qualifiziert kultisch bedeutsame Stätten (*māqôm*), das Lager (*maḥ*ª*næh*), das Volk Israel, seine Priester, Leviten und Frommen, sowie Gott selbst (vgl. *qāḏôš 'ªnî* Lev 11,44 f.), als dessen Epithet das substantivierte Adj. Verwendung findet (*q*ᵉ*ḏôš jiśrā'el* 32mal, davon 25mal in Jes). Nicht verwendet wird *qāḏôš* in Verbindung mit Opfern, Kleidern und Geräten.

h) Das Abstraktum *qoḏæš* 'Heiligkeit' ist das am häufigsten belegte *qdš*-Derivat. Es ersetzt oft das Adj. als Genitivattribut (Lev 19,8) und ist adjektivisch im absoluten Gebrauch (Lev 10,10) oder prädikativ mit *hjh* verwendet (Lev 19,24). Sekundär wird das Abstraktum zur konkreten Bezeichnung für 'Heiligtum' (Ez 41,21) und schließlich für alles, dem Heiligkeit anhaftet, auch in der Steigerungsstufe *qoḏæš (haq)qŏḏāšîm* „Allerheiligstes" (Num 4,4; Lev 21,22).

i) Das substantivierte Adj. *qāḏeš* mask./*q*ᵉ*ḏešāh* fem. 'Geweihte(r)' (vgl. akk. *qaššum/qadištu(m)* AHw 891) bezeichnet männliche und weibliche Kultfunktionäre, wie sie in den kanaanäischen Kulten üblich waren und von dort für die synkretistischen Praktiken Israels übernommen bzw. nachgeahmt wurden.

j) Wegen eines vorhandenen Heiligtums wurde *qāḏeš*, ebenso die dialektische Variante *qæḏæš*, zu mehrfach belegten Ortsbezeichnungen (vgl. Gen 16,14 [V. Fritz/M. Görg/H. F. Fuhs, BN 9, 1979, 45–70]; Jos 12,22; 20,7; Ri 4,6).

k) *miqdāš*, ein Nomen mit **ma*-Präformativ (GKa § 85e), ist die besonders in P und Ez häufige Bezeichnung für 'Heiligtum, Tempel', im Pl. die verschiedenen Gebäude des Sakralbezirkes; *miqdāš* bedeutet aber auch die Opfergabe (Num 18,29), JHWH selbst als Hort der Heiligkeit (Ez 11,16), vielleicht auch „Heiligkeit" an sich (Lev 19,30; 26,2).

II. 1. J-Texte vor der Offenbarung an Mose Ex 3 vermeiden *qdš*-Derivate. Zwar wird *qāḏeš* als Nom. loc. beibehalten (Gen 14,7; 16,14; 20,1), aber weder werden dargebrachte Opfer (Gen 4,3–5; 8,20; 22,2) noch die Stätten, an denen die Patriarchen dem Vätergott begegneten (Gen 12,6; 21,33), mit *qdš* qualifiziert. Diesbezüglich bildet auch Gen 28,17 keine Ausnahme, denn nach seinem Traum von der

Himmelsleiter nennt Jakob den Ort *nôrā'* „schauervoll", aber nicht *qāḏôš*.

Nach Otto wäre das „Heilige" sowohl *tremendum* als auch *fascinosum*, was er in Gen 28,17 bestätigt sah: „... [V. 17] enthält nichts als den numinosen *Urschauer* selber. Und ein solcher Urschauer als noch ganz inexplicites Gefühl hat zweifellos in vielen Fällen hingereicht, um 'heilige Stätten' auszuzeichnen" (153; vgl. P. van Imschoot, Théologie de l'AT I, Paris 1954, 44). H. F. Fuhs (→ III 879ff.) versteht *qāḏôš* und *nôrā'* als synonyme Begriffe, obwohl Unterschiede nicht zu verkennen sind. Furcht wird nicht von Heiligkeit ausgelöst, sondern von der manifestierten Macht Gottes, was u.a. der parallele Gebrauch von *nôrā'* und *gāḏôl* ausdrückt.

Nur in Gen 38,6–24 benützt J ein *qdš*-Derivat, um die Schwiegertochter Judas als *qᵉdešāh* 'Geweihte' zu bezeichnen (vv. 21f.), dies aber nicht, um ihr eine religiöse Weihe zuzubilligen, denn im unmittelbaren Kontext wird gleichbedeutend → זנה *znh* 'huren' (vv. 15.24) verwendet, d.h. gemäß der Textaussage vollzog Juda mit ihr keinen Ritualakt, wie Astour (192) meint, sondern sah in ihr eine gewöhnliche Straßendirne, weshalb auch beide Termini in LXX mit πόρνη übersetzt werden.

In Ex 3,5 verwendet J erstmalig ein *qdš*-Derivat, um die Qualifikation „heilig/geweiht" auszudrücken: am Gottesberg erfährt Mose von JHWH, daß er sich dem Dornbusch nicht nähern dürfe und seine Sandalen ablegen müsse, denn er befinde sich auf *'aḏmaṯ qoḏæš*. Dieses Verbot wird als Beweis für die Richtigkeit der These von der Gefährlichkeit des Heiligen (Éliade), dem nicht homogenen Raum (Éliade, Das Heilige, 23), der wegen eines Tabu notwendigen Abgrenzung des Sakralbezirkes (K. Goldammer, Die Formenwelt des Religiösen, 1960, 192) angeführt. Aus dem Vers folgt jedoch nur, daß der Berg durch Gottes Gegenwart geweiht wurde, nicht aber von sich aus seit eh und je heilig war (Caquot 6), und daß das Ablegen der Sandalen als Verzicht auf ein Besitzrecht (vgl. Dtn 25,9; Rut 4,7), d.h. als Anerkennung Gottes als Eigentümer des Bodens, nicht aber als Zeichen der Furcht zu verstehen ist. Furcht des Mose erwähnt Ex 3,6 (E), die jedoch nicht von der Heiligkeit des Bodens, sondern von der Anschauung des Vätergottes ausgelöst wird (vgl. Gottesfurcht in den Traditionen des Nordreiches → III 880). Ex 19,10–15 wird meist J zugerechnet (E. Zenger, Israel am Sinai, ²1985, 130–138.179–195 weist den Text E zu [nach ¹1982 mehrschichtig]). Um für die Theophanie bereit zu sein, ordnet JHWH an, was Mose bzw. das Volk genauestens befolgt: Mose soll das Volk heute und morgen weihen (*wᵉqiddaštām*, v. 10) und er führt dies durch (*wajᵉqaddeš*, v. 14); das Volk hat seine Mäntel zu waschen (vv. 10.14), um sich sodann für die Gottesbegegnung am 3. Tag bereitzuhalten (*kûn niph*, → IV 102); Mose soll die Umgebung des Berges absichern und den Zutritt unter Androhung der Steinigung verbieten (vv. 12f.), und er verordnet in eigener Verantwortung sexuelle Enthaltsamkeit (v. 15; vgl. zur bes. Heiligung durch sexuelle Abstinenz Cazelles, DBS IX 496f.). Subjekt des *qdš pi* (*wᵉqiddaštām, wajᵉqaddeš*) ist unbestritten Mose, dessen Funktion wegen der Mehrdeutigkeit des *pi* (vgl. Jenni 57.59ff.; KBL³ 1003f.) verschieden interpretiert wurde: „in den Zustand der Heiligkeit versetzen, heiligen" (F. Michaeli, CAT II 166) (erscheint wegen der sittl. Begriffskomponente für den vorliegenden Kontext nicht zutreffend), deklarativ „für heilig erklären" (Leenhardt 43–51) (der Text nennt keine Voraussetzung, die eine Heiligkeitserklärung des Volkes einsichtig machte), „faire se sanctifier" (B. Couroyer, L'Exode, Bible de Jérusalem, Paris ³1968, ad loc.) (damit wäre die Heilsvermittlung durch Mose entwertet, da das Volk die Heiligung für sich selbst gewirkt hätte). Somit ist die Bedeutung „weihen" vorzuziehen (Costecalde 1409f.; G. Auzou, De la servitude au service, Paris 1961, 254): Gott wünscht eine Begegnung mit Israel unter besonderen Bedingungen, Mose weiht das Volk, d.h. setzt es in die Lage, sich Gott nähern zu können, aber der Text nennt keinen spezifischen Weiheritus.

Die letzte Verwendung eines *qdš*-Derivates in J (vgl. Cazelles, DBS VII 789) findet sich Num 11,18: „weihet euch (*hiṯqaddᵉšû*) und morgen werdet ihr Fleisch essen". Anlaß ist der Wachtelfang als Gottesgabe, doch besagt der Text auch hier nicht, wie die Weihung vorzunehmen war.

Kornfeld †

2. Wenden wir uns nun den anderen nicht-priesterlichen Pent.-Quellen und dem DtrGW zu, ist zunächst zu bemerken, daß JHWH selbst 3mal in dem schwer zu datierenden Siegeslied Ex 15 mit der Wurzel *qdš* in Verbindung gebracht wird. In v. 11 erfahren wir, daß er wie sonst keiner *næ'ḏār* in *qoḏæš* ist; der Kontext spricht ferner von ihm als *nôrā'* und *'ośeh pælæ'* (vgl. auch *næ'ḏārî* in v. 6). Das Ziel des befreiten Volkes ist nach v. 13 die Wohnung (*nāwæh*) seiner Heiligkeit (das Land? der Tempel?), und schließlich hat er auf dem Berg seines Erbteils sein Heiligtum (*miqdāš*) gegründet (v. 17). Die Heiligkeit Gottes ist hier also mit seiner Erhabenheit und Einzigartigkeit verbunden; sein Tempel (und Land?) ist heilig.

Der in Meriba und Kadesch manifestierte Unglaube gegenüber JHWH ist nach Dtn 32,51 ein *ma'al* und ein „Nicht-Heilighalten" (*pi*) von ihm.

Der Mosesegen Dtn 33 (Quelle älter?) enthält zwei rätselvolle Belege. JHWH erscheint vom Sinai *meribᵉḇoṯ qoḏæš* (v. 2), während die Heiligen der Völker (oder des Volkes?) in seiner Hand sind und sich vor ihm niederwerfen (v. 3). Hinter dem ersten Ausdruck verbirgt sich vielleicht ein verstümmelter Ortsname (vgl. BHS); im letzterem könnte *qᵉdôšîm* heilige Götter (Engel?) bezeichnen.

Das Volk Israel ist nach Ex 19,6 ein *gôj qāḏôš* und außerdem ein Reich von Priestern und „ein besonderes Eigentum (*sᵉgullāh*) JHWHs von allen Völkern" (v. 5). Die Frage ist, ob „heiliges Volk" mehr oder weniger mit „Eigentumsvolk" bedeutungsgleich ist oder ob hinter dem Ausdruck eine Weihung zum

priesterlichen Dienst steht oder sogar ethisch-moralische Forderungen angesprochen sind. Das sehr ähnliche *ʿam qāḏôš* kommt 5mal im Dtn vor, hier aber mit der Bestimmung *l^eJHWH*, also JHWH geweiht, JHWH zugehörig. In 7,6 begründet der Ausdruck, zusammen mit *ʿam s^eḡullāh* und „JHWH hat dich erwählt", die Warnung vor dem Götzendienst in vv. 1-5. In 14,2 begründen dieselben Ausdrücke das Verbot heidnischer Trauerriten, in v. 21 das Verbot, Aas zu essen; dazwischen steht ein Abschnitt über unreine Tiere. Auch im Bundesbuch (Ex 22,30) findet sich ein Verbot, Aas zu essen, begründet mit dem Satz „*'anšê qoḏæš* sollt ihr mir sein" – die Heiligkeit verträgt sich also nicht mit kultisch Unreinem. Dtn 26,19 besagt, daß Israel als Eigentumsvolk die Gebote einhalten soll, um JHWH heilig/geweiht zu werden; in 28,9 schließlich wird das Heiligsein direkt vom Einhalten der Gebote abhängig gemacht. Die Bedeutung schillert also zwischen ethischem Gehorsam, Abstinenz von Unreinem und Verehrung des einen Gottes; allen gemeinsam ist eine richtige Relation zu Gott.
Nach Dtn 23,15 soll das Lager der Israeliten *qāḏôš* sein, weil JHWH dort gegenwärtig ist und deshalb nichts ihm Anstößiges darin erlaubt ist (vgl. vv. 10f.: nichts Unreines). – Dtn 26,15 wird JHWH gebeten, von seiner heiligen Wohnung (*m^eʿôn qŏḏš^eḵā*) d.i. vom Himmel, herabzuschauen.
Das Sabbatgebot enthält in seinen beiden Fassungen (Ex 20,8f.; Dtn 5,12f.) die Mahnung, den Sabbat zu „heiligen" (*pi*, wohl: heilig zu halten). Als Begründung erscheint u.a. die Feststellung, daß er *šabbāṯ l^eJHWH* ist, damit also in einer bestimmten Beziehung zu JHWH steht: ihm gewidmet oder zugehörig. Nur die Ex-Fassung fügt hinzu, daß JHWH selbst ihn gesegnet und „geheiligt" hat (v. 11), weil er an jenem Tag geruht hat (vgl. Gen 2,2f. P).
Einige Belege zeigen, daß „heiligen" auch „an JHWH übereignen" bedeuten kann. So soll man nach Ex 13,2 alles Erstgeborene „heiligen" (*pi*); das Ergebnis ist *lî hû'* (v. 12 gebraucht *hæʿ^aḇîr l^eJHWH*, v. 15 sogar *zāḇaḥ*). Dtn 15,19 verwendet in ähnlichem Kontext *hiph* mit *l^eJHWH*. Nach Dtn 26,13 werden die Erstlinge *qoḏæš*.
Eine eigenartige *qal*-Form begegnet Dtn 22,9: die ganze Ernte eines zweierlei besäten Weinbergs „wird heilig", was man gewöhnlich als „verfällt dem Heiligtum" deutet: die Ernte wird damit Eigentum Gottes. Die Parallele Lev 19,19 sagt nichts darüber.
In der Sinaiperikope Ex 19 wird erzählt, daß Mose das Volk als Vorbereitung für die Begegnung mit Gott auf dem Berge „heiligen" (*pi*) soll, was u. a. auch Waschen der Kleider einschließt (v. 10, Ausführungsbericht v. 14; s. o. II. 1.). Nach vv. 20–24 (Zusatz) werden die Priester (!), „die sich JHWH nähern dürfen", aufgefordert, „sich zu heiligen" (*hitp*), „damit JHWH nicht gegen sie losbreche (*prṣ*)" (v. 22); Mose soll „eine Grenze um den Berg ziehen und ihn heiligen (*pi*)", d.h. für heilig und damit unnahbar erklären. Der Umgang mit dem Heiligen ist für den Unbefugten gefährlich; deshalb muß die Grenze errichtet werden.

„Dieser Sprachgebrauch ist ... sonst P eigen" (Holzinger, KHC II 69).
Das DtrGW zeigt im großen ganzen dasselbe Bild. Zunächst ist Gott heilig (Pl.) und eifersüchtig; deshalb muß man ausschließlich ihm dienen, wie Josua am Landtag von Sichem sagt (Jos 24,19). Niemand ist *qāḏôš* wie JHWH, sagt Hanna in ihrem Lied (1 Sam 2,2). Und die Einwohner von Bet-Schemesch fragen: „Wer kann vor diesem heiligen Gott bestehen?" (1 Sam 6,20). – Von einem heiligen Gottesmann ist 2 Kön 4,9 die Rede.
Der Ort, an dem der Anführer des Heeres JHWHs dem Josua erscheint, ist *qoḏæš* (Jos 5,15, genau wie Ex 3,5). Gaben, die dem Tempel, also JHWH, geschenkt werden, sind *qoḏæš* (1 Kön 7,51; 15,15; 2 Kön 12,5.19). Für das Schenken wird oft *qdš hiph* verwendet (Ri 17,3: Silber wird JHWH gegeben, um daraus ein Gottesbild zu machen; 2 Sam 8,11: David schenkt Kriegsbeute; 2 Kön 12,19: Joasch gibt das, was er JHWH gegeben hatte, dem Hasaël als Tribut). Vom *ḥeræm* aus dem eroberten Jericho wird alles aus Metall *qoḏæš l^eJHWH* (Jos 6,19) – hier zeigt sich, wie nahe die Begriffe *ḥrm* und *qdš* liegen (→ חרם *ḥrm*). Die Tempelgeräte sind *k^elê qoḏæš* (1 Kön 8,4).
Eine besondere Rolle spielt *qdš* in 1 Sam 21,1–6: die Schaubrote sind heilig (vv. 5.7) und dürfen nicht von profanen Leuten gegessen werden (vgl. *ḥol* vv. 5f.); die Krieger Davids sind aber durch die Heiligung der Waffen in heiligem Zustand und können folglich von den Broten essen (v. 6).
In der Beschreibung des salomonischen Tempels treffen wir wiederholt auf die Ausdrücke *qoḏæš* und *qoḏæš qŏḏāšîm* für die beiden Räume des Tempels (1 Kön 8,8.10 bzw. 7,50; 8,6.16). In 8,10 ist vielleicht das ganze Heiligtum gemeint; hier wird eine Verbindung mit dem *kāḇôḏ* JHWHs hergestellt (v. 11; nach Würthwein, ATD 11/1, 88 von Ex 40,34 [s. u.] abhängig).
Was das Verb betrifft, bezeichnen das *pi* und *hitp* mehrmals die Vorbereitung einer heiligen Handlung (Jos 3,5: das Volk heiligt sich vor der Überschreitung des Jordan; Jos 7,13: Josua heiligt das Volk vor dem Gottesurteil; 1 Sam 16,5: Isai und seine Söhne heiligen sich vor dem Opfer). Ein Sonderfall ist hier 2 Sam 11,4, wo *hiṯqaddeš* die Reinigung von der Unreinheit der Frau bezeichnet. Die *pi*-Form bezeichnet 1 Kön 8,64 die Weihe des Tempels; nach 9,3.7 (*hiph*) dagegen heiligt Gott selbst den Tempel und läßt seinen Namen dort wohnen bzw. heiligt ihn für seinen Namen. In 2 Kön 10,20 wird es sogar für die Vorbereitung einer Festversammlung für Baʿal gebraucht. Schließlich bezeichnet die *hiph*-Form in Jos 20,7 die Aussonderung der Asylstädte für ihren Zweck.

3. P gebraucht *qdš* vornehmlich im kultischen Sinne, vor allem in bezug auf Heiligtum, Kultgerät, Priester und Opfer. Er entwickelt eine förmliche Heiligtumstheologie, die alles genau regelt. Grundsätzlich heißt es Lev 10,10: Man muß „unterscheiden zwischen heilig und profan (*ḥol*) und zwischen unrein und rein".

Der Gegensatz zu *ḥll* kommt auch in den Verboten zum Ausdruck, die heiligen Gaben zu „entweihen", d.h. als profan zu behandeln (Num 18,32 *qoḏæš*; vgl. Lev 22,15 H); vgl. vom Opfer Lev 19,8; vom Sabbat Ex 31,14; vom Heiligtum Lev 21,12.23.

Mose erhält den Auftrag, ein Heiligtum (*miqdāš*) zu bauen, damit JHWH in Israel wohnen (*škn*) kann (Ex 25,8). Dieses Heiligtum wird darum im folgenden *miškān* genannt (v.9 und im folgenden 56mal), nur vereinzelt *qoḏæš* (Ex 28,29.35.43; 29,30; 35,19; 39,41 vom Dienst der Priester im Heiligtum). Dort will JHWH sich offenbaren (*j'd niph*) und sich in seinem *kāḇôḏ* heilig erweisen (*qdš niph*, Ex 29,43). Im Zeltheiligtum sind verschiedene Grade der Heiligkeit vorgesehen: ein Vorhang soll *qoḏæš*, das Heilige, von *qoḏæš qŏḏāšîm*, dem Allerheiligsten, in dem die Lade steht, abtrennen (Ex 26,33f.). – Nach der Vollendung wird das Zelt gesalbt und geweiht (Ex 40,9).

In den Opfergesetzen ist von „einer heiligen Stätte" (*māqôm qāḏôš* bzw. *m^eqôm qoḏæš* Lev 10,17; 14,13) im Vorhof des Begegnungszeltes (Lev 6,9.19), „neben dem Altar") 10,12f.) die Rede (M. Haran, Temples and Temple-Service in Ancient Israel, Oxford 1978, 185), wo Opfer zubereitet (Ex 29,31) oder gegessen werden (Lev 6,9.19; 7,6; 10,13; vgl. 24,9H). Der Altar soll gesalbt und geweiht (*qdš*) werden und wird so *qoḏæš qŏḏāšîm* „hochheilig"; jeder, der ihn berührt, wird heilig (Ex 29,36f.; 40,9; vgl. Lev 8,10; Num 7,1). Das Heilige wirkt ansteckend, deshalb muß man vorsichtig damit umgehen; wer sich dem Hochheiligen naht, muß sterben (Num 4,19f.). Kultgerät und Priesterkleider haben ebenfalls an der Heiligkeit Anteil.

Ähnlich wie das Heiligtum werden die Priester geweiht. Nach Ex 28,41 sollen Aaron und seine Söhne gesalbt und geweiht (*qdš pi*) werden, damit sie priesterlichen Dienst verrichten können (vgl. Ex 28,3; Lev 8,12 von Aaron; Ex 29,1.33.44; 30,30; Lev 8,30; 21,8 von den Priestern). Der Hohepriester trägt am Turban eine Rosette (*ṣîṣ* → ציץ) mit der Inschrift *qoḏæš l^eJHWH* (Ex 28,36). Der heilige Auftrag der Priester erfordert besondere Vorsichtsmaßnahmen, die bes. in Lev 21,1–22 entwickelt werden. Wichtig ist dabei die Begründung: „Sie sollen ihrem Gott geheiligt (*qāḏôš l^e* – *qāḏôš* ist ein Relationsbegriff; vgl. Lev 20,26; Num 6,5.8; 15,40) sein und den Namen ihres Gottes nicht entweihen (*ḥillel*), denn sie bringen ... die Speise ihres Gottes dar, darum sollen sie heilig (*qoḏæš*) sein" (v.6). Deshalb soll die Gemeinde den Priester heilig halten (*qdš pi*), „heilig (*qāḏôš*) soll er dir sein, denn ich bin heilig, JHWH, der euch heiligt (*m^eqaddeš*)" (v.8; vgl. auch v.15; 22,1). Die Priester stehen also in einem besonderen Verhältnis zu JHWH, gehören der göttlichen Sphäre an, was für sie selbst die Verpflichtung zur kultischen Reinheit mit sich bringt und die Gemeinde zu besonderer Achtung verpflichtet. Diese Heiligkeit wird dann gewissermaßen auf die Kultgemeinde erweitert. Dies wird im Zusammenhang mit dem Aufstand Korachs festgestellt: „Die ganze Gemeinde (*qāhāl*) ist heilig (*qāḏôš*), und JHWH ist in ihrer Mitte" (Num 16,3). Als Kultgemeinde, in der JHWH gegenwärtig ist, ist also das ganze Volk (ihm?) heilig. Zu vergleichen ist auch Lev 11,44f.: „Heiligt euch (*hitp*), damit ihr heilig (*qāḏôš*) werdet, denn ich bin heilig" mit der Begründung „Ich habe euch aus Ägypten heraufgeführt, um euer Gott zu sein". Im Kontext geht es um das Abstandnehmen von unreinen Tieren, die kultunfähig machen. Lev 19 (H) zieht daraus die Folgerung: „Ihr sollt heilig sein, denn ich, JHWH, eurer Gott, bin heilig" (v.2). Merkwürdigerweise folgen hier nicht kultische Reinheitsvorschriften, sondern ethische Gebote, was im AT ziemlich eigenartig ist (Ringgren 23; vgl. u. zu Jes 6). Nach Elliger (HAT I/4, 255) meint diese Heiligkeit „zunächst einfach das jahwegemäße Verhalten ... Aber eine gewisse inhaltliche Bestimmtheit schwingt zweifellos mit".

In einem besonderen Sinn sind die Nasiräer heilig (Num 6,5.8 *qāḏôš l^e*: JHWH geweiht). Auch Zeiten können heilig sein: der Sabbat (Ex 31,14f. *qoḏæš*), das fünfzigste Jahr (Lev 25,10 *qiddeš*).

Das Verb bedeutet im *pi* „heiligen" = in den Zustand der Heiligkeit versetzen und hat als Objekte: Zelt und Altar (Ex 29,44; 40,9; Lev 8,10; Num 7,1), Tempelgerät (Ex 30,29; Lev 8,11.30), Priester (Ex 28,41; 29,1.33.44; 30,30; Lev 8,30; 21,8, Hoherpriester (Ex 28,3; 40,13; Lev 8,12) und Nasiräer (Num 6,11). Im Kontext ist dabei oft von Salbung oder Entsühnung die Rede. Die *hiph*-Form bezeichnet die Übereignung einer Gabe an Gott, „weihen", JHWH zur Verfügung stellen (Ex 28,38; Lev 22,2f.; 27,14–26 8mal). Hier ist die darauffolgende Vorschrift Lev 27,28f. bes. interessant: Das, was JHWH als Banngut geweiht worden ist (*kŏl-ḥeræm ᵓ^ašær jaḥ^arim ᵓîš l^eJHWH*), wird hochheilig (*qoḏæš qŏḏāšîm*) und darf nicht ausgelöst werden. Obwohl *ḥrm* und *qdš* sonst gegensätzlich sind, haben sie jedoch das gemeinsam, daß es sich um eine Übereignung an JHWH handelt (→ III 197.201f.). Vgl. auch Lev 27,21: das Feld wird etwas Heiliges für JHWH, wie ein Feld, das *ḥeræm* ist (vgl. oben zu Jos 6,19).

Eine besondere Verwendung liegt Num 3,13; 8,17 vor: JHWH macht beim Auszug aus Ägypten alles Erstgeborene zu seinem Eigentum (*hiqdîš*).

Es haftet etwas Statisches am *qdš*-Begriff von P. Das dynamisch Gefährliche wird in strengen Regeln eingebunden und dadurch sozusagen kontrolliert. Obwohl *qāḏôš* durch *l^e* als ein Relationsbegriff erscheint (vgl. Baudissin 45: „Nicht eine Beschaffenheit, sondern ein Verhältnis"), hat man den Eindruck, daß die Heiligkeit auf dem Wege ist, eine beständige Eigenschaft zu werden. Heilig und profan sind streng zu unterscheiden. Profanes darf nicht mit Heiligem in Berührung kommen, kann aber durch besondere Maßnahmen für den Umgang mit dem Heiligen ausgestattet werden, um die damit verbundene Gefahr zu vermeiden.

4. Auch das ChrGW ist von kultischem Interesse geprägt. Das Adj. *qāḏôš* wird nie auf Gott bezogen, sondern nur auf Personen (Leviten 2Chr 35,3) oder Dinge (Festtag Neh 8,9f.), die JHWH geweiht sind (*qāḏôš l^e*, nur Neh 8,11 ohne *l^e*: „Seid still, denn der

Tag ist heilig"). *miqdāš* bezeichnet immer den Tempel (1 Chr 22,19; 28,10; 2 Chr 20,8; 26,18; 29,21; 30,8; 36,17). Für die Weihe von Tempel und heiligen Gegenständen werden sowohl *pi* als auch *hiph* verwendet (*pi* 2 Chr 7,7 [Vorhof]; 29,5; 29,17; Neh 3,1 [Türme]; *hiph* 1 Chr 18,11 [Gefäße]; 2 Chr 2,3; 7,16; 29,19 [Gefäße]). Die *hiph*-Form wird auch für die Übereignung von Gaben an JHWH (1 Chr 26,26–28; Neh 12,47; vgl. *pu* 2 Chr 31,6), für die Priesterweihe (1 Chr 23,13; Ergebnis *qoḏæš qŏḏāšîm*), für das Heiligen der Gemeinde durch die Leviten (2 Chr 30,17) und mit JHWH als Subj. mit Bezug auf den Tempel (2 Chr 7,20; 30,8; 36,14) gebraucht. Das *pi* steht 1mal in bezug auf den Sabbat (Neh 13,22). Das *hitp* bezieht sich entweder auf die Vorbereitung der Priester für den heiligen Dienst (1 Chr 15,12.14; 2 Chr 5,11; 29,5.15.34; 30,3.15.24) oder des Volkes für die Paschafeier (2 Chr 30, 17; 35,6). 2 Chr 31,18 liegt eine figura etymologica vor (*hiṯqaddeš qoḏæš*): Hiskija registriert Priester und Leviten mit Einschluß der Kinder, die durch ihre Väter mit geheiligt sind.

Eine besondere Entwicklung hat *qoḏæš* erfahren. Es bezeichnet den Tempel als Heiligtum (2 Chr 5,11; 29,5.7; 35,5; wohl auch 1 Chr 23,32 *mišmæræṯ haqqoḏæš*; 2 Chr 30,19 rein, wie es das Heiligtum erfordert). Das Allerheiligste im Tempel heißt *qoḏæš qŏḏāšîm* (1 Chr 6,34; 2 Chr 3,8.10; 4,22; 5,7); derselbe Ausdruck steht auch für hochheilige Gaben oder Opfer (2 Chr 31,14; Esra 2,63; Neh 7,65) und für die geweihten (*hiph*) Priester (1 Chr 23,13). *qoḏæš* wird aber auch adjektivisch gebraucht: etwas Heiliges. Priester und Leviten sind *qoḏæš* und dürfen das Heiligtum betreten (2 Chr 23,6); die Priester sind mit der Reinigung alles Heiligen betraut (1 Chr 23,28); die Priester sind *qoḏæš* und die Gefäße sind *qoḏæš* (Esra 8,28); der Palast Davids ist *qoḏæš* (geweiht), weil die Lade JHWHs dort steht (2 Chr 8,11). Als *qoḏæš* oder sogar *qoḏæš qŏḏāšîm* werden Opfer, heilige Gaben und der Zehnte bezeichnet (1 Chr 26,20.26; 28,12; 2 Chr 5,1; 15,18; 29,33; 31,6; vgl. 35,13 vom Passahlamm; 24,7 an die Baʿalim). Eine häufige Wortverbindung ist *keleʾ qoḏæš* „heilige Geräte" (1 Chr 9,29; 22,19; 2 Chr 5,5). Andere Konstruktverbindungen sind *meʿôn qŏḏšô* Gottes heilige Wohnung im Himmel (2 Chr 30,27), *ʾarôn haqqoḏæš* die heilige Lade (2 Chr 35,3), *meqôm qoḏæš* heilige Stätte (Esra 9,8), *šem qŏḏšô* sein heiliger Name (1 Chr 29,16), *ʿîr haqqoḏæš* die heilige Stadt (Neh 11,1.18), *jôm qoḏæš* heiliger Tag, Festtag (Neh 9,14; 10,32.34). *hadraṯ qoḏæš* „heiliger Schmuck (?)" (2 Chr 20,21) ist der Psalmensprache entlehnt. Besonders zu beachten ist Esra 9,2: der heilige Same (*zæraʿ haqqoḏæš*) hat sich mit den Völkern des Landes vermischt, d.h. die Israeliten sind ein heiliges Volk und sollen sich nicht mit Heiden mischen.

5. a) Im Jesajabuch ist *qāḏôš* geradezu ein Schlüsselwort geworden, teils durch das Trishagion (6,3), teils durch die vornehmlich in Proto- und Deuterojesaja begegnende Gottesbezeichnung *qeḏôš jiśrāʾel* „der Heilige Israels" (nur 5mal außerhalb Jes: Jer, Ps). Jesaja erfährt in seiner „Berufungsvision", wie die Seraphen JHWH als den dreifaltig Heiligen besingen; zu beachten ist, daß Gott dabei als „der König JHWH Zebaot" (v. 5), dessen *kāḇôḏ* die Erde erfüllt (v. 3), bezeichnet wird. JHWH ist der Furchtbare, der in Jesaja ein Gefühl der Unzulänglichkeit und Unreinheit wachruft. Die Unreinheit (v. 5) scheint aber nicht kultisch verstanden zu sein, denn die darauf erfolgte Reinigung besteht tatsächlich in der Tilgung der Sünde (v. 7). Hier sind wir einer ethischen Bestimmung der Heiligkeit näher als sonst im AT. Die Worte der Seraphen sind wahrscheinlich eine kultisch geprägte Formel (vgl. Ps 99: 3mal *qāḏôš* zusammen mit dem Königsmotiv). Die Gottesbezeichnung *qeḏôš jiśrāʾel* kommt 13mal bei Protojesaja, 10mal bei DtJes und 2mal bei TrJes vor (vgl. außerdem „dein Heiliger" 10,17, „euer Heiliger" 43,15 und „Jakobs Heiliger" 29,23). Diese Bezeichnung wird bes. oft gebraucht, wenn es um die verletzte göttliche Majestät geht (Fridrichsen 25). Das ist der Fall in 1,4 „Sie haben JHWH verlassen, den Heiligen Israels verschmäht" (vgl. 5,24; 31,1 und 37,23; dazu noch 5,19; 30,11f.). Der Heilige Israels ist der Erhabene, gegen den der Mensch nicht rebelliert, ohne bestraft zu werden (5,24). Er, der Israels Licht ist, wird zum Feuer, sein Heiliger wird zur Flamme, die die Feinde verzehrt (10,17). Sein Name soll heilig gehalten werden (*hiph*), und vor ihm erschrickt man (29,23; vgl. auch 8,13). Der Heilige ist der Furchterregende. In v. 14 ist statt *miqdāš maqšîr* zu lesen. Der Heilige Israels ist aber auch der Schöpfer, auf den man vertrauensvoll blickt (17,7), auf ihn stützt sich der errettete Rest (10,20), die Armen jubeln über ihn (29,19; vgl. 12,6). Er ist es, der sagt: „In Umkehr und Ruhe liegt eure Rettung; Stille und Vertrauen verleihen euch Kraft" (30,15). Der heilige Gott ist also auch der helfende Gott.

Wenn es heißt: „Gott, der Heilige, erweist sich als heilig (*niph*) durch seine Gerechtigkeit" (5,16), ist seine Richtertätigkeit gemeint, vor der nach v. 15 die hoffärtigen Menschen sich beugen.

Nur einmal bezieht sich *qāḏôš* auf Menschen: „Wer in Jerusalem noch übrig ist, wird heilig genannt werden" (4,3). Das meint wohl nicht, daß das Gericht den Rest geläutert hat (Kaiser), sondern eher, daß er sakrosankt, unantastbar ist (Procksch, Bentzen).

Ein einziger Beleg für *miqdāš* (zu 8,14 s. o.) bezieht sich auf Moab, das in sein Heiligtum geht, um zu beten, ohne etwas zu erreichen (16,12).

Ferner spricht 30,29 von der wundersamen Nacht, in der ein *ḥaḡ* geheiligt wird (*hitp*) – die kultische Freude wird zum Bild für die Erlösung.

Die *qoḏæš*-Belege im Jesajabuch zeigen eine auffallende Konzentration in TrJes, wo sonst verhältnismäßig wenige Belege für *qdš* zu finden sind. Im ersten Teil des Buches findet sich jedoch der Ausdruck *har qŏḏšî* in 11,9, wonach in der kommenden Heilszeit niemand auf JHWHs heiligem Berg Böses tun wird, und 27,13 sieht den Tag voraus, an dem die Zerstreuten nach Jerusalem zurückkehren, um auf dem heiligen Berg vor JHWH niederzufallen. Nach 23,18 wird der Gewinn der Stadt Tyrus in der Zukunft *qoḏæš* *l*

l^eJHWH werden, d.h. ihm anheimfallen. Der Zusatz am Ende von Kap. 6 spricht vom kleinen Rest als einem „heiligen Samen“ (*zæra‘ qoḏæš*), wodurch er wohl als der Beginn eines neuen Gottesvolkes deklariert wird. Und 35,8 spricht von einer Straße durch die Wüste, die „der heilige Weg (*dæræḵ qoḏæš*)“ genannt werden soll und den kein Unreiner betreten darf. Damit ist wohl eine Straße gemeint, die zum Heiligtum führt, auf der niemand irre gehen kann.

b) Auch für DtJes ist die Gottesbezeichnung *q^edôš jiśrā’el* zentral. Hier wird sie zunächst mit dem Schöpfungsgedanken verbunden: „So sagt JHWH, der Heilige Israels, dein Schöpfer ... Ich habe die Erde gemacht und die Menschen auf ihr geschaffen“ (45,11f.). „Ich bin JHWH, euer Heiliger, euer König, Israels Schöpfer“ (43,15; zum Königsmotiv vgl. o. zu Jes 6). Nach 41,20 erschafft er wunderbare Vegetation in der Wüste. In 54,5 ist er sowohl Schöpfer als auch Erlöser (*go’el*). Letzteres wird mehrmals wiederholt (41,14; 43,3; 47,14; 48,17; 49,7). Das kann er sein, weil er der Mächtige ist, der die Feinde zerschmettert. Wenn er seinen heiligen Arm entblößt, wird sein Heil sichtbar (52,10).

Der Heilige ist der Unvergleichbare (40,25). Er wohnt als Heiliger in der Höhe, ist aber auch bei den Zerschlagenen und Bedrückten (57,15). Israel wird über ihn jubeln und sich seiner rühmen (41,16). Er macht sein Volk Israel herrlich (*p’r pi* 55,5; 60,9). In 52,11 werden die Heimkehrenden aufgefordert, sich zu reinigen und das Unreine zu vermeiden, da sie die Geräte JHWHs tragen. Auffälligerweise wird das Wort „heilig“ nicht gebraucht.

In TrJes finden sich andersartige Belege. Der Sabbat wird 58,13 heilig genannt. In 66,17 ist von Leuten die Rede, die sich weihen (*hitp*) und reinigen für einen heidnischen Gottesdienst in Gärten, und 65,5 sagen die Götzendiener: „Komm mir nicht nahe, *q^edaštîḵā*“, was vielleicht „ich bin heilig für dich“ bedeuten soll (GKa § 117x); also in seinem kultischen Zustand der Heiligkeit ist er für den Außenstehenden gefährlich (andere lesen *pi* „ich mache dich heilig“, m.a.W. das Heilige steckt an). Von den *qoḏæš*-Belegen gehören zu DtJes zwei Hinweise auf „die heilige Stadt“, auf die man sich beruft (48,2) und die Prunkkleider anlegen soll und die die Unreinen (!) nicht mehr betreten sollen (52,1). – In 43,28 könnten *śārê qoḏæš* nach 1 Chr 24,5 die Priester meinen (oder die letzten Könige Judas?), aber der Text ist verderbt. Das Verb *ḥillel* paßt jedenfalls gut in den Kontext: die Heiligen ihrer Heiligkeit berauben.

In TrJes gibt es zunächst mehrere Belege für *har qŏḏšî* (56,7; 57,13; 65,11.25; 66,20). Kap. 64 beweint die traurige Lage des Landes: Gottes heilige Städte (*‘ārê qŏḏš^eḵā*) sind verwüstet (v. 9) und der heilige Tempel (*bêṯ qŏḏšenû*) verbrannt (v. 10). 62,9 spricht von den heiligen Vorhöfen. Vom Sabbat als *jôm qŏḏšî* ist 58,13 die Rede. Israel ist *‘am haqqoḏæš* (62,12) oder *‘am qŏḏš^eḵā* (63,18). Nach 63,15 ist der Himmel Gottes heilige Wohnung (*z^eḇul qŏḏš^eḵā*), von der er herabblickt. Bemerkenswert ist *rûaḥ qŏḏšô* in 63,10f.: Gottes heiliger Geist ist bei der Befreiung aus Ägypten wirksam gewesen, aber die Israeliten haben durch ihren Aufruhr diesen Geist betrübt.

Schließlich ist auf 2 Belege für *miqdāš* aufmerksam zu machen: Gottes Heiligtum ist von Feinden zertreten worden (63,18), aber in der Zukunft wird es wieder herrlich gemacht werden (60,13).

So ist die Heiligkeit Gottes zum Grundthema des Jesajabuches geworden. Die übrigen *qdš*-Belege stimmen meist mit dem allgemeinen Sprachgebrauch überein. In TrJes sind gewisse Ähnlichkeiten mit ChrGW zu bemerken.

6. Das Buch Jeremia weist auffallend wenige Belege für *qdš* auf. Von diesen sind jedenfalls die beiden Belege für *q^eḏôš jiśrā’el* sicher sekundär (Babelorakel Kap. 50f.). Das eine bezieht sich auf verletzte Heiligkeit (Babel hat gegen den Heiligen Israels frech gehandelt 50,29), das andere ist positiv ausgerichtet: trotz der Schuld des Volkes hat JHWH es nicht verlassen (51,5). Auch die Sabbataussage 17,19–27 ist wohl sekundär (oder dtr?, vgl. Holladay); hier ist 3mal vom Heilighalten des Sabbats die Rede (vv. 22.24.27). Einmalig ist die Aussage in 1,5, daß JHWH Jeremia vor seiner Geburt zum Propheten geheiligt (*hiph*) hat, was sozusagen ein mit dem priesterlichen vergleichbares Amt vorauszusetzen scheint. Drei Stellen schildern die Feindangriffe auf Israel als einen heiligen Krieg (ein Begriff, der im AT sonst nur 1 Sam 21 ausdrücklich mit *qdš* verbunden wird): 6,4 „Heiliget (*pi*) einen Krieg gegen Zion“; 22,7 „Ich weihe Verderber wider dich“; 51,27 „Weihet wider es Völker“, wiederholt v. 28. Es liegt hier nicht ein „abgeblaßter Gebrauch“ von *qiddeš* vor (so Rudolph, HAT I/12³, 42 zu 6,4), sondern eher wird JHWHs Strafe ironisch als heiliger Krieg bezeichnet (vgl. J. A. Soggin, VT 10, 1960, 81). Auch in 12,3 wird *hiqdîš* im übertragenen Sinn gebraucht; hier bittet Jeremia, JHWH möge seine Feinde „für den Tag des Würgens weihen“, d.h. so wie man Opfertiere weiht. Ausdrücke wie *m^e‘ôn qŏḏšô* (par. „die Höhe“, 25,30) und *har qoḏæš* (31,23) sind mehr traditionell; im letzten Fall ist die Gleichstellung mit *n^eweh ṣædæq* interessant.

Nach 2,3 ist Israel *qoḏæš l^eJHWH* und sein Erstlingsanteil, was dadurch expliziert wird, daß „wer es ißt, sich schuldig macht“ – wieder eine Übertragung aus dem kultischen Gebiet. Auch das Heiligsein (*qoḏæš l^e*) des wiedererbauten Jerusalem nach 31,40 heißt Unzerstörbarkeit. *b^eśar qoḏæš* (11,15) scheint „heiliges Fleisch“, Opferfleisch zu bedeuten, aber der Text ist wahrscheinlich verderbt. 23,9 spricht von JHWHs heiligen Worten, die den Propheten überwältigt haben.

In der Tempelpredigt (Kap. 7, vgl. 26) heißt der Tempel nur *bêṯ JHWH*. Dagegen ist in 17,12 vom *m^eqôm miqdāšenû* die Rede, und im sekundären 51,51 von den *miqd^ešê bêṯ JHWH*, was sich wohl auf die verschiedenen Bauwerke im Tempel bezieht.

7. Bei Ezechiel tritt wieder ein ganz besonderer Aspekt der Heiligkeit zutage. Der heilige Name JHWHs ist entweiht (*ḥll*) worden dadurch, daß sein

Volk Israel unter den Völkern zerstreut worden ist, denn die Völker sagen: „Das ist das Volk JHWHs, und doch mußten sie sein Land verlassen" (36,20f.). Aber um seines heiligen Namens willen will er das Volk retten und in sein Land zurückführen. Dadurch heiligt er wieder seinen Namen, „und die Völker werden erkennen, daß ich JHWH bin, wenn ich mich an euch vor ihren Augen als heilig erweise (*niph*)" (36,22–24). JHWHs heiligen Namen zu entweihen heißt seine Macht leugnen; er erweist sich als heilig, indem er seine Macht und Größe zur Anerkennung bringt. *hiṯqaddeš* und *hiṯgaddel* stehen parallel: „Ich werde mich (durch den Sieg über Gog) als groß und heilig erweisen" (38,23; vgl. v.16). Der Sieg über die Feinde und die Wiederversammlung des zerstreuten Volkes wird den Völkern als Beweis für JHWHs Heiligkeit dienen (20,41; 28,25). Das führt zur Erkenntnis seines JHWH-Seins und seiner Fähigkeit, seinen Willen durchzusetzen und seine Verheißungen zu erfüllen (20,41f.; 28,22; 36,23; 38,23; vgl. 39,7).
In 28,22 stehen *niqdaštî* und *nikbaḏtî* parallel, was an die Verbindung von *qāḏôš* und *kāḇôḏ* in Jes 6 erinnert. In 39,25 sagt Gott: „Ich will für meinen heiligen Namen eifern (*qn'*)", was mit Jos 24,19 „ein heiliger und eifersüchtiger Gott" zu vergleichen ist.
Sein priesterlich kultisches Interesse zeigt Ezechiel nicht nur im sog. Verfassungsentwurf (40–48), sondern auch schon in der Anklage gegen die Priester, daß sie zwischen heilig (*qoḏæš*) und profan (*ḥol*) nicht unterscheiden (22,26; vgl. 44,23 als priesterliche Pflicht). Die Götzendiener machen das Heiligtum (*miqdāš*) unrein und entweihen es (5,11; 23,38f.; vgl. 7,24; 8,6; 25,3). JHWH selbst kann sogar sein Heiligtum entweihen (24,21). Andererseits wird JHWH für die Zerstreuten ein Heiligtum (11,16), und wenn sein Heiligtum wieder in Israels Mitte steht, werden die Völker erkennen, daß JHWH es ist, der Israel heiligt (37,26.28). Es ist sogar von der Entweihung des Heiligtums von Tyrus die Rede (28,18).
In der Beschreibung des neuen Tempels häufen sich die Belege für *miqdāš* und *qoḏæš*. Ersteres ist meist nur ein geläufiges Wort für „Tempel" (43,21; 44,1.5.7–9.11.15f.; 45,3f.18; 47,12; 48,8.10.21), der aber auch *qoḏæš* heißen kann (42,14; 44,27). Merkwürdigerweise wird der Altar nicht „geheiligt", sondern „gereinigt" (43,26; vgl. 43,7f. „meinen heiligen Namen unrein machen"). Im Tempel heißt das Allerheiligste wieder *qoḏæš qŏḏāšîm* (41,4), daneben aber auch nur *qoḏæš* (41,21.23). In 45,3 wird der *miqdāš*, der in einem heiligen Teil des Landes liegen soll (vv.1.4), als „hochheilig" bezeichnet. Der Tempel ist von einer Mauer umgeben, die das Heilige vom Profanen scheiden soll (42,20). Die Vorschriften über das Essen des Hochheiligen an heiliger Stätte (42,12) erinnert an P. Die Leviten, die Götzendienst getrieben haben, sollen sich nicht dem Heiligen nähern dürfen (44,13). Verbindungen mit *qoḏæš* sind *liškôṯ q.* „heilige Tempelkammern" (42,13; 44,19; 46,19; → לשכה) und *t^erûmaṯ q.* „heilige Weihegabe" (45,6f.; 48,10.18.20f.). Überhaupt wird also großes Gewicht auf die Heiligkeit des Tempels und der Kulthandlungen gelegt. Die Scheidung zwischen heilig und profan/unrein wird bei Ezechiel stärker als sonst betont.
8. Die wenigen Belege im Zwölfprophetenbuch reichen nicht aus, um die individuellen Propheten zu charakterisieren, Amos spricht vom Umgang mit der *naʿarāh* (kultische Prostitution?) als einer Entweihung des heiligen Namen JHWHs (2,7). In 4,2 schwört JHWH bei seiner Heiligkeit (vgl. Ps 60,8; 89,36), was gewiß mit den Stellen verglichen werden soll, wo JHWH bei sich selber schwört (Gen 22,16; Jer 22,5; 49,13; Jes 45,33): die Heiligkeit Gottes ist sein göttliches Wesen. Schließlich spricht Amazja vom Heiligtum in Bet-El als einem *miqdāš* des Königs (7,13), und Amos sagt, daß die Heiligtümer Israels verwüstet werden (7,9).
In Hos 11,9 ist die Pointe Gottes Andersartigkeit: er will nicht seinen Zorn vollstrecken, denn er ist Gott und kein Mensch, „heilig in deiner Mitte". In 12,1 scheint *q^eḏôšîm* eine Gottesbezeichnung zu sein (ähnlich wie *'^ælohîm* gebildet): Juda bleibt dem Heiligen treulos.
Mi 3,5 spricht von den falschen Propheten, die denjenigen, die ihnen nicht zu essen geben, den heiligen Krieg ansagen (*qiddeš milḥāmāh*, vgl. o. zu Jer 6,4), und 1,2 beschreibt, wie Gott aus seinem heiligen Palast (*hêḵal qŏḏšô*) heraustritt, um Gericht zu halten. Theophaniezüge im Kontext deuten an, daß JHWHs himmlische Wohnung, nicht der Tempel gemeint ist.
Zefanja hat 3 Belege: nach 3,11 wird auf dem heiligen Berg JHWHs aller Hochmut aufhören; nach 3,4 entweihen die Priester das Heilige (*qoḏæš*) und nach 1,7 wird der Tag JHWHs wie eine Opfermahlzeit beschrieben, deren Gäste schon geweiht (*hiph*) sind. Die Weihung ist die Voraussetzung für die Teilnahme am Kultmahl; das Opfer ist Juda und die Eingeladenen seine Feinde (anders EÜ).
Habakuk nennt in der Einleitung zu einer Klage JHWH „mein Gott, mein Heiliger" (1,12) und stellt fest, daß JHWH in seinem heiligen Tempel (*hêḵāl*) wohnt (2,20). Im abschließenden Hymnus kommt der Heilige von Paran (3,3 „seine Hoheit überstrahlt den Himmel, sein Ruhm erfüllt die Erde").
Bei Joël findet sich zweimal der Ausdruck *har qoḏæš* (2,1; 4,17; vgl. auch Obd 16f.). Dreimal ist vom heiligen Fasten die Rede (1,14; 2,15f.) und einmal vom heiligen Krieg (4,9, vgl. o.).
Haggai bietet eine sonderbare Auseinandersetzung über heilig und unrein: das Heilige macht nicht das heilig, was damit in Berührung kommt, das Unreine macht aber unrein (2,11–13). Das heißt: was das unreine Volk als Opfer darbringt, ist unrein (v.14).
Im ersten Teil des Sacharjabuches finden sich *'aḏmaṯ qoḏæš* (2,16 Juda ist JHWHs Anteil im heiligen Land), *m^eʿôn qoḏæš* (2,17 JHWH tritt aus seiner heiligen Wohnung heraus; alle Welt schweige) und *har qoḏæš* als Name für den Zionsberg (8,3). In 14,5 wird das Kommen JHWHs vorhergesagt „und alle Heiligen mit ihm" – gemeint ist sein himmlisches Gefolge, vielleicht der früheste Beleg für heilige Engel. Ferner

werden in der Endzeit in Jerusalem Pferdeschellen und Kochtöpfe mit der Inschrift *qodæš l^eJHWH* versehen werden (v. 20): alles in der Stadt gehört ihm und ist heilig, genauso wie in alter Zeit der Hohepriester. Mal 2,11 rügt die Entweihung des *qodæš JHWH* durch die Mischehen; *qodæš* ist hier wie Esra 9,2 die heilige Gemeinde, nicht der Tempel.

9. In den Psalmen fällt zunächst auf, daß keine verbale Form von *qdš* vorkommt (wenn man nicht Ps 46,5 emendiert).

JHWH ist *qāḏôš*. Ps 99 wiederholt das dreimal (vv. 3.5.9). Der Psalm feiert ihn als den König, vor dem die Völker zittern, als groß und erhaben; vor ihm soll man sich niederwerfen (vgl. Jes 6). Als der Heilige erscheint er auch in 22,4: er thront über den Lobgesängen Israels. Dreimal wird er *q^eḏôš jiśrā'el* genannt: 71,22 als Gegenstand des Lobes, 78,41 als gereizt vom ungläubigen Volk und 89,19 als Beschützer des Königs. Im letztgenannten Psalm finden wir ihn auch in der Gemeinde der Heiligen (v. 6) und im Rat der Heiligen (v. 8), d. h. als Führer der himmlischen Ratsversammlung. Im Kontext wird er als groß und furchtbar beschrieben(v. 8). Auch sein Name ist heilig und furchtbar (111,9).

Die übrigen Belege für *qāḏôš* sind nicht immer eindeutig. In 16,3 sind „die Heiligen, die im Lande sind", wahrscheinlich die Götter, von denen sich der Beter absagt. In 34,10 scheinen die Heiligen, die JHWH fürchten, fromme Menschen zu sein. In 46,5 ist der Text unsicher; auf jeden Fall ist von der Wohnung des Eljon auf dem Zion die Rede. In 65,5 ist *q^eḏôš hêḵālæḵā* parallel zu *ṭûḇ bêṯæḵā* und ist etwas, von dem man sich sättigt (Opfermahl?). Nach 106,16 ist Aaron „der Heilige JHWHs", d. h. sein geweihter Priester.

Häufig vorkommende Wendungen sind: *har qoḏæš* (*qŏḏšî/ô*) „der heilige Berg" als Bezeichnung für Zion (3,5; 15,1; 43,3; 48,2; 87,1; 99,9) – der Berg, auf dem JHWH wohnt, hat an seiner Heiligkeit teil – ferner *hêḵal qôḏæš* (mit Suff.) als Bezeichnung für den Tempel (5,8; 11,4; 79,1; 138,2). Der Tempel ist *m^eqôm qŏḏšô* (24,3); ob *m^e'ôn qŏḏšô* (68,6) der Himmel oder der Tempel ist, bleibt unklar. *m^erôm qoḏæš* Ps 102,20 ist jedenfalls der Himmel, der 20,7 *š^emê qŏḏšô* heißt. Wenn Gott nach 20,3 Hilfe vom *qoḏæš* sendet, ist nach dem Parallelismus vom Zionheiligtum die Rede. Ps 28,2 ist *d^eḇîr qŏḏšæḵā* deutlich das Allerheiligste. Im Tempel sitzt JHWH auf seinem heiligen Thron (47,9). Mehrmals ist *qoḏæš* einfach das Heiligtum: dort spricht Gott (60,8; 108,8), dort schaut man ihn (63,3), dort lobt man ihn (150,1), dorthin erhebt man die Hände im Gebet (134,2), dort sieht man seinen Festzug (68,25; v. 18 ist vielleicht verderbt), und 74,3 spricht von der Verwirrung, die der Feind dort angestellt hat (vgl. v. 7 mit *miqdāš*). Auf den Tempel beziehen sich auch die Belege für *miqdāš* (68,36; 96,6; 78,69; auch 73,17 *miqd^ešê 'el*, wo der Beter die Lösung seines Problems erlebt hat).

Gottes *qoḏæš* ist sein Wesen, bei dem er schwört (89,36; vgl. o.). Sein heiliger Name (*šem qŏḏšô*) ist Gegenstand des Preisens (33,21; 103,1; 105,3; 106,47; 145,21, vgl. 30,5; 97,12 mit *zeḵær*). Ferner ist von *g^eḇûl qŏḏšô*, seinem heiligen Gebiet (78,54), von heiligem Öl (89,21), Gottes heiligem (Verheißungs-)Wort (105,42), seinem heiligen Arm (98,1) und seinem heiligen Geist, d. h. seiner göttlichen Kraft (51,13) die Rede. Nach 114,2 ist Juda/Israel Gottes *qoḏæš*, sein Herrschaftsgebiet. Nach 77,14 ist Gottes *dæræḵ* im *qoḏæš*; nach dem Kontext geht es darum, daß Gott groß ist und wunderbare Werke tut – kann es sein, daß diese Werke im Heiligtum offenbar werden? Dem Haus JHWHs gebührt *qoḏæš*, d. h. Heiligkeit (93,5).

Das Hauptgewicht liegt also in den Psalmen auf der Heiligkeit Gottes und auf seiner Anwesenheit im Heiligtum.

10. In der Weisheitsliteratur sind die Belege, wie erwartet, spärlich. Zweimal ist *da'aṯ q^eḏôšîm* einfach Gotteserkenntnis (Spr 9,10; 30,3; vgl. Hos 12,1). Nach Spr 20,25 soll man nicht leichtsinnig etwas für *qoḏæš* erklären; der Parallelismus deutet auf Gelübde hin. Nach Ijob 1,5 „heiligt" Ijob seine Söhne durch stellvertretende Opfer – oder lädt er sie zum Opfermahl ein? Wenn Elifas (Ijob 5,1) von den Heiligen spricht, meint er offenbar die Engel (vgl. 15,15). Ijob spricht 6,10 von den Worten des Heiligen, d. h. Gottes. In Koh 8,10 ist der Text nicht in Ordnung. *māqôm* (statt *m^eqôm*) scheint die heilige Stätte zu sein, die die Gerechten ohne Grund verlassen müssen.

11. In den hebr. Teilen des Danielbuches bezeichnet *qoḏæš* einigemal das Heiligtum (8,13 f.; 9,24.26); es ist auch vom heiligen Berg (9,16.20) und von der heiligen Stadt (9,24) die Rede. Auch *ṣ^eḇî haqqoḏæš* bezieht sich auf den Tempel (11,45). Der heilige Bund ist der Bund mit Gott (11,28.30). Israel ist das heilige Volk (12,7) oder das Volk der Heiligen (8,24). Dagegen sind die Heiligen in 8,13 Engel.

Im aram. Teil ist nur *qaddîš* belegt. Es wird mehrmals festgestellt, daß „der Geist heiliger Götter" in Daniel ist (4,5.6.15; 5,11). Die Engel werden „Heilige" genannt (4,10.14.20). Außerdem wird Israel als „die Heiligen des Höchsten" (7,18.22.25.27) oder nur „die Heiligen" (7,21) bezeichnet.

12. Der Sprachgebrauch bei Sirach stimmt im großen ganzen mit dem hebr. AT überein. Gott kann einfach „der Heilige" genannt werden (23,9; 43,10; 48,20). Tempel und kultische Dinge sind heilig (24,10; 26,17; 45,10.12.15; 49,12), so auch Abgaben (*t^erûmāh*) (36,18; 49,6). Der Tempel ist *miqdāš* (45,24; vgl. 47,13; 50,11). Dienst der Weisheit ist heiliger (Priester-) Dienst (4,14). Heilig sind die Engel, die Gott preisen (42,17), Aaron ist ein heiliger Mann (45,6). Elischa ist mit heiligem Geist erfüllt (48,12).

III. *qāḏeš* und *q^eḏešāh* müssen sprachlich gesehen als „Geweihte" gedeutet werden. Meist werden die beiden Termini mit kultischer Prostitution in Verbindung gebracht. Keiner der Belege gibt aber einen eindeutigen Hinweis in diese Richtung (s. H. M. Barstad, VTS 34, 1984, 17–33; vgl. Gruber).

Dtn 23,18 verbietet den Israeliten, *qāḏeš* oder *q^eḏešāh* zu sein. Daß es sich hier um kultische Funktionen handelt, die nicht mit der JHWH-Religion konform sind, ist klar; auf kultische Prostitution könnte v.19 deuten (Hurenlohn, Hundegeld), aber es geht nicht eindeutig hervor, ob ein sachlicher Zusammenhang zwischen den beiden Versen besteht. Im DtrGW gibt es 4 Stellen, die *q^e^ḏešîm* bzw. kollektives *qāḏeš* in Verbindung mit fremden Kultpraktiken setzen. Nach 1 Kön 15,12 entfernte Asa die *q^e^ḏešîm* aus dem Land und beseitigte die *gillulîm*. 1 Kön 14,23f. zählt *bāmôṯ*, *maṣṣeḇôṯ* und *'^a^šerîm* „auf allen Höhen und unter jedem grünenden Baum" auf und fügt dazu *qāḏeš* (koll.), was alles zusammen als *tô'^a^ḇôṯ* bezeichnet wird. 1 Kön 22,47 nennt nur die Ausrottung von *qāḏeš* (koll.). Etwas ausführlicher ist 2 Kön 23,7: Joschija „riß die Häuser der *q^e^ḏešîm* im Hause JHWHs ab, in denen die Frauen *bāttîm* (Stoffe?) für die Aschera webten". Ijob 36,14 zeigt nur, daß *q^e^ḏešîm* ein abwertender Begriff ist; hier sagt Elihu, daß das Leben der Frevler wie das der *q^e^ḏešîm* ist.

Hos 4,13 rügt den kanaanäischen Kult: Schlachtopfer und Rauchopfer auf Bergen und Hügeln unter schattenreichen Bäumen und fährt fort: „So huren (*zānāh*) eure Töchter und brechen ihre Schwiegertöchter die Ehe (*n'p*)". Im folgenden heißt es: „Sie (die Priester) gehen mit Huren (*zônôṯ*) beiseite und opfern mit *q^e^ḏešôṯ*; so verführen sie das unwissende Volk." Hier wie in Gen 38,21f. wird also *q^e^ḏešāh* mit *zônāh* gleichgestellt, aber es bleibt unklar, ob sie identisch oder nur einander ähnlich sind. Zu bemerken ist, daß die Handlungen verschieden sind: mit den *zônôṯ* geht man beiseite, mit den *q^e^ḏešôṯ* opfert man. Das bezeugt, daß die *q^e^ḏešôṯ* kultische Funktionen haben, die *zônôṯ* aber nicht unbedingt. Jeremias, ATD 24/1, 70f. denkt an Brautriten.

Da kultische Prostitution für Ugarit nicht bezeugt ist (s.o. I.2.b) und die griech. Belege für diesen Brauch (Herodot I 199 für Babylon, Lukian für Syrien, Strabo) z.T. unsicher und vielleicht lokal beschränkt sind (H.M. Barstad, VTS 34, 1984, 24ff.), und da Stellen wie Jer 2,20.25; 3,2; 13,27 bildlich gemeint sein können, sind für Israel aus dem vorhandenen Material keine sicheren Schlüsse zu ziehen. Fest steht nur, daß die „Geweihten" einen fremden Kult repräsentieren.

Ringgren

IV. Die von *qdš* abhängigen Wortbildungen wurden in der LXX meist mit ἅγιος und dessen Derivaten wiedergegeben, daneben wurden aber auch andere Übersetzungen gewählt, wie folgende Übersicht zeigt:

qoḏæš 469mal = ἅγιος 425mal, ἁγίασμα 13mal, ἁγιάζειν 6mal, ἁγιωσύνη 2mal, andere 19mal, unübersetzt 4mal.

qāḏôš 116mal = ἅγιος 107mal, ἁγιάζειν 4mal, andere 3mal, unübersetzt 2mal.

qāḏeš/*q^e^ḏešāh* 11mal = πόρνη 6mal, τελετή 1mal, transkribiert 1mal (2 Kön 23,7), andere 2mal, unübersetzt 1mal.

miqdāš 74mal = ἅγιος 43mal, ἁγίασμα 22mal, ἁγιαστήριον 3mal, ἡγιασμένον 2mal, τὰ ἱερά 1mal (Ez 28,18), αἱ τελεταί 1mal (Am 7,9), τὰ χειροποίητα 1mal (Jes 16,12), unübersetzt 1mal.

qāḏaš 172mal = ἁγιάζειν 140mal, ἁγνιζειν 19mal, verschieden 13mal.

Zur Terminologie vgl. O. Procksch / K.G. Kuhn, ThWNT I 87–116 (ἅγιος), F. Hauck, ThWNT I 123f. (ἁγνός), G. Schrenk, ThWNT III 221–247 (ἱερός/ἱερόν), F. Hauck / R. Meyer, ThWNT III 416–434 (καθαρός), F. Hauck, ThWNT V 488–492 (ὅσιος). Das Adjektiv ἅγιος, erstmalig belegt bei Herodot (5,119; 2,41.44), ist wahrscheinlich in Beziehung zu setzen mit dem archaischen Verbum ἅζομαι 'ehrfürchtige Scheu empfinden', welches auf Sanskrit *yájati* 'mit Gebet und Opfern ehren' rückverweist (P. Chantraine, Dictionnaire étymologique de la langue grecque I, Paris 1968, 25f.). In hellenistischer Zeit diente ἅγιος als Epithet von Göttern, besonders jener, deren Verehrung aus dem Orient übernommen worden war (vgl. Fridrichsen 30), jedoch niemals zur Qualifikation eines lebenden Menschen, d.h. Ausdrücke wie ἔθνος ἅγιον (Ex 19,6) oder λαὸς ἅγιος (Dtn 7,6) sind Neuschöpfungen der LXX. Das mit ἅγιος verwandte Adj. ἁγνός hatte in der homerischen Epoche ebenfalls sakrale Bedeutung, was sich aber allmählich änderte, denn in der Ptolemäerzeit bezeichnet es 'rein' (ἁγνεία 'Reinheit', ἁγνίζειν 'reinigen'), d.h. *qāḏôš* verhält sich zu *ṭāhôr* wie ἅγιος zu ἁγνός. Allerdings zeigt die Wiedergabe von *qāḏaš* mit ἁγνίζειν (19mal, davon 15mal in Chr), daß man sich der Bedeutungsnähe ἅγιος – ἁγνός nach wie vor bewußt war und somit „(rituelle) Reinheit" – meist mit καθαρός übersetzt – in engere Beziehung zu „Heiligkeit" gesetzt wurde. Das im Klassisch-Hellenistischen vorherrschende Adj. ἱερός dient in LXX nur mehr als Bezeichnung für den Tempel (vgl. ἱερόν für *bajiṯ* [1 Chr 9,27; 29,4], für *'^a^zārāh* [2 Chr 6,13], aber nur 1mal für das *qdš*-Derivat *miqdāš* [Ez 28,18]). Das Motiv für die unterschiedliche Verwendung dürfte im geänderten Heiligkeitsbegriff liegen. Da die at.liche Heiligkeit auf der historisch erfahrenen Nähe des heiligen Gottes beruht, der Israel in der Gemeinschaft mit ihm zu einem „heiligen Volk" gemacht hat, wurde in LXX aus semantischen Gründen für die Wiedergabe von *qdš* ἅγιος gegenüber ἱερός bevorzugt (vgl. J. Barr, Bibelexegese und moderne Semantik, 1965, 280–283), wie auch die Umänderung von *hagi-* (ἁγίζειν, ἁγισμός etc.) in *hagia-* (ἁγιάζειν, ἁγιασμός etc.) einem besseren Ausdruck des bibl. Heiligkeitsverständnisses dienen sollte (Festugière 79f.). Die ursprünglich hebr. (Sir, Bar, 1 Makk, Jdt) bzw. aram. (Tob) verfaßten LXX-Texte zeigen hinsichtlich des Verhältnisses *qdš*/*ἅγιος* den gleichen Befund wie die kanonischen Schriften, so daß die gleiche Übereinstimmung und derselbe Sinn von *ἅγιος* in den griech. verfaßten Texten (2 Makk, Weish) anzunehmen ist.

Als stilistische Besonderheit ist festzustellen: 1 Makk nennt „Heiligtum" τὰ ἅγια 26mal, ἁγίασμα 13mal, τὸ ἅγιον 1mal; 2 Makk kennt hierfür weder ἁγίασμα noch τὰ ἅγια, sondern das Adj. ἅγιος mit einem Subst. (τόπος [1,29; 2,18; 8,17], ἱερόν [5,15; 13,10; 15,17], νεώς [9,16], οἶκος [15,32]), Weish verwendet ἅγιος 13mal, jedoch öfter als ein anderes griech. geschriebenes Buch ὅσιος, nämlich 16mal: vgl. Weish 10,15 λαὸς ὅσιος statt des LXX-üblichen λαὸς ἅγιος, doch hat Weish 17,2 ἔϑνος ἅγιον wie Ex 19,6; ὅσιοι sind die Exodus-Teilnehmer (Weish 18,1.5.9), die aber auch ἅγιοι genannt sind (Weish 18,9), desgleichen werden die Gläubigen als ὅσιοι bezeichnet (Weish 4,15; 6,10; 7,27; 10,17). Zu den Belegstellen vgl. O. Procksch ThWNT I 95f.; DBS X 1434f.

Kornfeld †

V. Unter den Qumranschriften nimmt die Tempelrolle insofern eine Sonderstellung ein, als hier alles um die Rein- und Heilighaltung des neuen Tempels kreist. U.a. wird vorgeschrieben, daß eine Böschung rings um das Heiligtum gemacht werden soll, „damit sie trenne (*bdl hiph*) zwischen dem heiligen Heiligtum (*miqdaš haqqoḏæš*) und der Stadt und man nicht unversehens eintritt in mein Heiligtum und es nicht entweiht (*ḥll*), sondern mein Heiligtum heilig hält (*qdš pi*) und sich ehrfürchtig verhält (*jāreʾ*) zu meinem Heiligtum, wo ich in ihrer Mitte wohne" (46,9–12). „Die Stadt, die ich dazu weihe (*qdš hiph*), daß ich meinen Namen ... dort wohnen (*škn*) lasse, soll *qoḏæš* und rein sein" (47,4; vgl. Z. 11). Deshalb soll das Heiligtum nicht unrein gemacht werden durch Häute von profanen Schlachtungen (47,11–18). Das Heiligtum zu entweihen bringt Sündenschuld (35,7f.); Altar und Tempelhaus sollen geheiligt werden und hochheilig sein (35,8f.). Gott heiligt den Tempel (29,8) und die Stadt (52,19). Das Volk soll ein heiliges Volk für JHWH sein (48,7.10). Man soll sich heiligen und heilig sein (51,8.10). Festtage werden geheiligt (27,9; vgl. 17,3.10; 27,8).

In den übrigen Qumranschriften fällt vor allem auf, daß die Gemeinde heilig ist. Sie ist *ʿ^{a}ḏaṯ qoḏæš* „heilige Gemeinde" (1 QSa 1,12) oder *ʿ^{a}ṣaṯ qoḏæš* „heiliger Rat" (1 QS 2,25; 5,20; 8,21; 1 QSa 2,9; 1 QH 7,10; CD 20,24; wohl auch 1 QM 3,4; vgl. 1 QH 4,25 *ʿ^{a}ṣaṯ q^{e}ḏôšîm*), *jaḥaḏ qoḏæš* „heilige Gemeinschaft" (1 QS 9,2), ihre Mitglieder sind „Männer der Heiligkeit" (1 QS 5,13; 8,17.23; 9,8), „Männer der vollkommenen Heiligkeit" (1 QS 8,20; CD 20,2.5.7). Der Eintritt in die Gemeinde wird so beschrieben: „sie sollen abgesondert werden (*bdl niph*) in Heiligkeit (*qoḏæš*)" (1 QS 8,11). Die Gemeinde ist „ein heiliges Haus (*bêṯ qoḏæš*) und eine Gründung des Allerheiligsten (*sôḏ qoḏæš qŏḏāšîm*) für Aaron" (1 QS 8,5f.); „die Männer der Gemeinschaft sollen ein heiliges Haus für Aaron absondern, um vereint zu sein als Allerheiligstes" (1 QS 9,6). Aus dem Kontext geht hervor, daß die Gemeinde sozusagen den Tempel ersetzt als Ort des Sühneschaffens (vgl. 1 QS 5,6). Es fällt auf, daß die Heiligkeit der Gemeinde zu ethischem Wandel verpflichtet. So erhält die Heiligkeit eine stark ethische Färbung, indem u.a. von „heiliger Frucht auf der Zunge" (1 QS 10,22; d.h. wahres Reden), vom „Weg der Heiligkeit" (1 QS 6,20; d.h. guter Wandel) und von heiligen Geboten (CD 5,11; 20,30) die Rede ist. – Gottes heiliger Plan ist dagegen sein göttlicher Ratschluß (1 QS 11,19; 1 QM 13,2).

Die Kämpfer im eschatologischen Krieg sind ebenso heilig. Ihr Lager ist das Lager der Heiligen (1 QM 3,5), durch die Heiligen seines Volkes wird Gott Kraft erweisen (6,6), die Gefallenen sind heilig (9,8). Andererseits wird immer wieder betont, daß heilige Engel mit den Kriegern kämpfen: „heilige Engel sind zusammen mit ihren Heerscharen" (1 QM 7,6), „die Gemeinde der Heiligen ist in unserer Mitte" (1 QM 12,7f.; vgl. auch 1,16; 10,10f.; 12,4; 1 QS 11,7f.; 1 QSa 2,8f.). Hier sind auch die nahezu 200 Belege in den Liedern zu den Sabbatopferliturgien einzuordnen (vgl. C. Newsom, Songs of Sabbath Sacrifice, Harvard Semitic Studies 27, 1985). Ansonsten finden sich manche traditionellen bibl. Ausdrücke, z.B. der heilige Geist Gottes (1 QS 9,3; 1 QH 7,7f.; 9,32; 12,12; CD 7,4 usw.). Hier ist besonders zu beachten, daß die Propheten „die Gesalbten seines heiligen Geistes" sind (CD 2,12; vgl. 6,1, „die heiligen Gesalbten"). Die heilige Wohnung Gottes ist im Himmel (*z^{e}ḇûl* 1 QS 10,3; 1 QM 12,1; 1 QH 3,34; *māʿôn* 1 QM 12,2; 1 QSb 4,25).

Zum Thema „Heiligkeit in Qumran" vgl. *D. Barthélemy*, La sainteté selon la Communauté de Qumran et selon l'Évangile (Recherches Bibliques IV, 1959,203–216). – *F. Nötscher*, Heiligkeit in den Qumranschriften (RQu 2, 1960, 163–181.315–344). – *H.W. Kuhn*, Enderwartung und Heil. Untersuchungen zu den Gemeindeliedern von Qumran (SUNT 4, 1966).

Ringgren

קָהָל *qāhāl*

קהל *qhl*, קְהִלָּה *q^{e}hillāh*, קֹהֶלֶת *qohælæṯ*

I. Etymologie – II. Verbreitung – 1. Synonyme – 2. akk. *puḫru* – 3. ugar. *pḫr* – 4. phön. *mpḥrt* – III. Verwendung im AT – 1. Verteilung – 2. Syntaktische Einbindungen – IV.1. *qāhāl* in der technischen Grundbedeutung „Ansammlung von Leuten" – 2. *qāhāl* als religiös-kultische Versammlung in der dtn/dtr Literatur – 3. *qāhāl* in der Differenzierung zu *ʿeḏāh* in der P-Literatur – 4. *qāhāl* in der proph. Literatur – 5. *qāhāl* im ChrGW – 6. *qāhāl* im Psalter – 7. *qāhāl* in der Weisheitsliteratur – V. Qumran – VI. Rabbinische Literatur – VII. LXX.

Lit.: *G.W. Ahlström*, Who were the Israelites?, Winona Lake 1986. – *G.W. Anderson*, Israel: Amphictyony: ʿAM; KAHAL; ʿEDAH (Festschr. H.G. May, Nashville 1970, 135-151). – *P. Azzi*, La notion d'„Assemblée" dans l'AT (Melta Recherches Orientales 1, Kaslik-Jounieh, Liban 1965, 5-23). – *O. Bächli*, Zur Aufnahme von Fremden in die israelitische Kultgemeinde (Festschr. W. Eichrodt, AThANT 59, 1970, 21-26). – *K. Berger*, Volksversammlung und Gemeinde Gottes. Zu den Anfängen der christlichen Verwendung von „ekklesia" (ZThK 73, 1976, 167-207). – *O. Bulka*, Il popolo di

Dio come assemblea cultica alla luce del libro dell'Esodo (Pars diss. in Fac. S. Theol. apud Pont. Uni. S.Thomae de Urbe, Rom 1974). – *J.Y. Campbell*, The Origin and Meaning of the Christian Use of the Word ΕΚΚΛΗΣΙΑ (JThSt 49, 1948, 130-142). – *H. Cazelles*, Qehal YHWH (DBS IX 601f.). – *W. J. Dumbrell*, The Meaning and the Use of Ekklesia in the New Testament with Special Reference to its Old Testament Background, Diss. London 1956. – *H.-J. Fabry*, Studien zur Ekklesiologie des AT und der Qumrangemeinde, Diss. habil. Bonn 1979, bes. 200-212. – *Z.W. Falk*, Those Excluded from the Congregation (BethM 20, 1974/75, 342-351.438). – *A.K. Fenz*, Volk Gottes im AT (BiLi 38, 1964/65, 163-170). – *H.W. Hertzberg*, Werdende Kirche im Alten Testament (Theologische Existenz heute NF 20, 1950). – *F.-L. Hossfeld*, Volk Gottes als „Versammlung" (J. Schreiner [Hg.], Unterwegs zur Kirche. Alttestamentliche Konzeptionen, QD 110, 1987, 123-142). – *A. Hurvitz*, Beobachtungen zum priesterlichen Terminus *ʿeda* und zur Sprache der Priesterschrift (Tarbiz 40, 1971, 261-267). – *Ders.*, A Linguistic Study of the Relationship Between the Priestly Source and the Book of Ezekiel. A New Approach to an Old Problem (CahRB 20, 1982). – *U. Kellermann*, Erwägungen zum deuteronomischen Gemeindegesetz Dt 23,2-9 (BN 2, 1977, 33-47). – *H. Klein*, Die Aufnahme Fremder in die Gemeinde des Alten und des Neuen Bundes (Theologische Beiträge 12, 1981, 21-34). – *R. Köbert*, *qhl* (pal.-aram.) – λάος - ἐκκλησία (Bibl 46, 1965, 464). – *E. Koffmahn*, Die Selbstbezeichnungen der Gemeinde von Qumran auf dem Hintergrunde des Alten Testaments, Diss. Wien 1959. – *J.D.W. Kritzinger*, Q^{e}hal Jahwe. Wat dit is en wie daaraan mag behoort, Kampen 1957. – *J. Maier*, Zum Gottesvolk- und Gemeinschaftsbegriff in den Schriften vom Toten Meer, Diss. Wien 1958. – *J. Milgrom*, Priestly Terminology and the Political and Social Structure of Pre-Monarchic Israel (JQR 69, 1978/79, 65-81). – *H.-P. Müller*, קהל *qāhāl* Versammlung (THAT II 609-619). – *C. Ramirez*, El vocabulario técnico de Qumran (Consejo Superior de Investigaciones Cientificas „La Idea de Dios en la Biblia", Madrid 1971, 325-443). – *L. Rost*, Die Vorstufen von Kirche und Synagoge im Alten Testament (BWANT 76, 1938). – *W. Schrage*, „Ekklesia" und „Synagoge". Zum Ursprung des urchristlichen Kirchenbegriffs (ZThK 60, 1963, 178-202). – *J. Schreiner*, Volk Gottes als Gemeinde des Herrn in deuteronomischer Theologie (ders., Segen für die Völker. Gesammelte Schriften zur Entstehung und Theologie des AT, 1987, 244-262). – *P. Seidensticker*, Die Gemeinschaftsform der religiösen Gruppen des Spätjudentums und der Urkirche (FrancLA 9, 1959, 94-108). – *F.-J. Stendebach*, Versammlung – Gemeinde – Volk Gottes. Alttestamentliche Vorstufen von Kirche? (Jud 40, 1984, 211-224). – *H.W. Wolff*, Volksgemeinde und Glaubensgemeinde im Alten Bund (EvTh 9, 1949/50, 65-82). – *W.P. Wood*, The Congregation of Yahweh: A Study of the Theology and Purpose of the Priestly Document, Diss. Richmond 1974.

I. *qāhāl* ist ein Primärnomen der hebr. Sprache, das von späteren Sprachen (jüd.-aram., christl.-paläst. und syr.) aufgenommen wird, nicht aber bereits in älteren Sprachen aufzufinden ist. Die Nachgeschichte des Wortes (jüd.-aram. *q^{e}hālā'* ʽGemeinde', christl.-paläst. ʽVersammlung, Volk' und syr. *qahlā'* ʽMenge') läßt auf eine Grundbedeutung „Versammlung, versammelte Menschenmenge" zurückschließen. Dem entspricht auch asarab. *qhl/qhlt*, das die ʽVersammlung' des Rates, aber auch die ʽGemeinde' eines Gottes bezeichnen kann (vgl. ContiRossini 230; Müller 610).

Bezüglich der etymologischen Herleitung werden im wesentlichen zwei Hypothesen vertreten:

1) eine Herleitung von **qal* „rufend" von einem Verb med. *w* (so H. Bauer, ZAW 48, 1930, 75; Wolff 70; vorsichtig auch H.C.M. Vogt, Studie zur nachexilischen Gemeinde in Esra-Nehemia, 1966, 91 Anm. 153) scheitert daran, daß ein Verb *qwl* nicht belegt ist. Auch die bei GesB 705 vorgeschlagene Ableitung von einer seltenen assyr. Wurzel *kuʼulu* ʽversammeln' scheitert daran, daß diese Wurzel zwar inzwischen häufig nachgewiesen ist, allerdings in der abwegigen Bedeutung „(fest)halten" (AHw 502f.).

Auch umgekehrt ist *qôl* kaum aus *qāhāl* ableitbar (vgl. W.F. Albright, VTS 4, 1957, 256). Weder ist ein entsprechendes semantisch nahes Nomen belegt, noch kann das Verb *qāhal* ein Primärverbum sein (Müller 610).

2) *qāhāl* ist ein hebr. Primärnomen, das nicht aus älteren Sprachen zu erklären ist. Es ist etymologisch von *qôl* (→ קול I.1.) zu trennen.

Von der genannten Grundbedeutung her erklären sich auch die Bedeutungen von Verb- und sonstiger Nominalformative. Lediglich die seltsame fem. Ptz.-Bildung *qohælæṯ* bedarf der näheren Nachfrage, da eine Menge unterschiedlicher Deutungen vorgelegt worden ist:

Es handelt sich einwandfrei um ein Ptz. fem. *qal*, obwohl das *qal* sonst nicht belegt ist und die fem. Form mit mask. Prädikaten verbunden wird. Zudem ist *qohælæṯ* als PN zumindest in Koh 12,8 und 7,27 (cj.) mit dem Artikel verbunden, dort also als Appellativ verstanden. Die Form wurde als so ungewöhnlich empfunden, daß man sie als Übersetzungsfehler aus dem Aram. zu deuten versuchte (zuletzt E. Ullendorff, VT 12, 1962, 215: Verwechslung des aram. st. determinatus mit einer hebr. fem. Endung). Ein gewisser Konsens tendiert dahin, in *qohælæṯ* eine Amtsbezeichnung etwa in der Bedeutung „Versammlungsleiter, Versammlungssprecher" (O. Eißfeldt, Einleitung in das AT, ^{3}1964, 666f.) und in der merkwürdigen Form ein Merkmal der späten Sprache zu sehen (Ch.F. Whitley, BZAW 148, 1979, 4f.). Entsprechend ist der Versuch von R. Pautrel (L'Ecclésiaste, Paris ^{3}1958, 9f.), in *qohælæṯ* eine Kollektivbezeichnung (entspr. *jošæḇæṯ*) im Sinne der „personifizierten öffentlichen Meinung" zu sehen, zurückzuweisen. Mit LXX ἐκκλησιάστης = „Angehöriger der ἐκκλησία" ist an einen Lehrer in der Volksversammlung (P. Joüon, Bibl 2, 1921, 53f.) oder an einen Lehrer in der Kultgemeinde zu denken. Allerdings ist für diese späte Zeit *qāhāl* in beiden Bedeutungen unsicher, zugleich weist nichts im Buch auf eine solche Verbindung hin (vgl. D. Michel, EdF 258, 1988, 4-8). Das hat die Frage nach der Bedeutung von *qhl* in *qohælæṯ* neu aufgeworfen. N. Lohfink (Kohelet, NEB, 12) deutet von Koh 12,9 her *qāhāl* als „philosophischen Zirkel", ein Appellativum, das der namentlich unbekannte *ḥāḵām* dann als Bezeichnung für sich übernommen habe. D. Michel deutet *qhl* im Anschluß an Whitley juridisch (vgl. syr. *qhl* „to consider") als „Skeptiker".

Letzteres würde einleuchten, wenn es ohne syr. Anleihe zu bewerkstelligen wäre.

II.1. Als Synonyme zu *qāhāl*, v.a. in der ekklesiologischen Bedeutungskomponente, werden seit Rost immer wieder → עדה *'edāh* und → עם *'am* angeführt. Da dies – gewöhnlich im Rahmen der Fragestellung nach den at.lichen Vorstufen von Kirche – nicht ausreicht, ist die Suche inzwischen auf die – vor allem in der Lit. des Frühjudentums begegnenden – Begriffe → סוד *sôd*, → עצה *'eṣāh*, → מרזח *marzeaḥ* und → יחד *jaḥad* ausgedehnt worden. Es ist zu empfehlen, auch Begriffe wie *ḥ^a^bûrāh* (→ חבר) und *k^e^ništā'* (aram.) näher heranzuziehen.
2. Sucht man in alten Sprachen nach dem vorlaufenden Äquivalent, so ist mit Recht auf semit. *pḫr* hingewiesen worden.
Das akk. Verb *paḫāru* bedeutet „sich versammeln", im D-Stamm „sammeln, zusammenbringen" (AHw 810f.), das auch ins Aram. übergegangene Nomen *puḫru* „Versammlung, Ratsversammlung (von Göttern und Menschen)", schließlich „Gesamtheit (von Lebewesen oder Sachen)" (AHw 876f.). Schon die sum. Gedankenwelt sah eine exakte Entsprechung der diesseitigen Gesellschaftsform und der Götterwelt. So entsprach dann auch der Ratsversammlung des Königs eine „Versammlung göttlicher Wesen" (sum. *ûkkin*, akk. *puḫur ilani* [vgl. W. Röllig, RLA III 498f.; J. van Dijk, RLA III 538f.; G. Evans, JAOS 78, 1958, 1-11.114f.]). Weniger wertete man die himmlischen Formen als Abbild irdischer Zustände (auch wenn sie so entstanden waren), als vielmehr dienten sie der Legitimation irdischer Gesellschaftsformen bis hin zu Frühformen der Demokratie, der mit Machtbefugnis ausgestatteten „Volksversammlung" (vgl. A. Malamat, JNES 22, 1963, 247-253; bes. T. Jacobsen, JNES 11, 1943, 159-172), die selbst in der Phase aufstrebender und machtkonzentrierter Monarchie noch lange Zeit zur Rechtsprechung zusammentrat (vgl. den heth. *pankuš*) (dagegen J.A. Soggin, BZAW 104, 1967, 136-146, der die demokratischen Aspekte des *puḫru* durch Jacobsen erheblich überbewertet sieht).
3. In Ugarit steht *pḫr* für die „Versammlung, Gesamtheit" (WUS Nr. 2215; UT Nr. 2037), sei es des Clans (*pḫr qbṣ*, vgl. CML² 92) oder der Erben (KTU 1.14,I,25), sei es besonders häufig die der Götter (*pḫr 3lm*, KTU 1.47,29; *pḫr bnj 3l*, KTU 1.40,8.17.25.34; *pḫr m'd*, KTU 1.2,I,14.15.16.20.31; *pḫr kkbm*, KTU 1.10,I,4; zu weiteren Bezeichnungen *dr 3l*, *'dt 3lm*, *mpḫrt bn 3l* u.a. vgl. W.H. Schmidt, BZAW 80, ²1966, 26ff. und J. Macdonald, UF 11, 1979, 515-526), den Hofstaat des Götterkönigs El. Wenn *pḫr* damit auch im theologischen Bereich angesiedelt sein kann, ist es als Bezeichnung für eine religiös qualifizierte „Gemeinde" von Menschen nicht belegt.
4. Die phön. Jehimilk-Inschrift (10. Jh. v. Chr.) nennt den *mpḫrt 'l gbl qdšm* „die Versammlung der heiligen Götter von Byblos" (KAI 4,4f.), die Inschrift aus Karatepe (ca. 720 v. Chr.) den *dr bn 'lm* „den Kreis der El-Söhne" (KAI 26 A III 19). In der Deir-'Allā-Inschrift (I 7) ist von einem *mw'd* der *šdj*-Götter die Rede, wohl auch eine beratende Götterversammlung.
In allen diesen Sprachbereichen wird mit *pḫr* oder *mpḫrt* die Vorstellung einer himmlischen Gruppierung verbunden, die im irdischen Bereich eine entsprechende Gesellschaftsform als Gegenstück hat. Ähnliches treffen wir bei *qāhāl* nur in der Verbindung *q^e^hal q^e^dôšîm* „Versammlung der Heiligen" (Ps 89,6) an, in der eine Identifizierung der irdischen Kultgemeinde mit dem himmlischen Anbeterkreis signalisiert sein könnte, und in der Verbindung *q^e^hal r^e^pā'îm* „Versammlung der Schatten" (Spr 21,16), die an ugar. Mythologie erinnert, aber auch im akk. *puḫur etemmê* „Versammlung der Dämonen" (AHw 876) ihre Entsprechung haben könnte.

III.1. Nach Even-Shoshan begegnet die Wurzel *qhl* im AT ingesamt 176mal (Müller: 173mal), davon das Verb 39mal (19mal *niph*, 20mal *hiph*), die Nomina *qāhāl* 122mal, *q^e^hillāh* 2mal, *qohælæṯ* 7mal, **maqhel* 2mal; die Ortsnamen *maqhelôṯ* und *q^e^helāṯāh* begegnen je 2mal.
a) Die sicher in frühe Zeit zu datierenden Belege des Nomens *qāhāl* sind selten; möglicherweise gehen nur Gen 49,6 und Num 22,4 auf J zurück, während alle 21 sonstigen Pent.-Belege zu P^G und P^S zu rechnen sind. Die 11 Belege im Dtn (6 Belege in Dtn 23) gehören ebenfalls verschiedenen Schichten an. Von den 9 Ps-Belegen ist Ps 26,5 sehr alt, Ps 89,6 dürfte zumindest vorexil. sein. Die 3 Belege in Spr stammen aus der älteren (21,16) bzw. jüngeren Königszeit (26,26) und aus der nachexil. Zeit (5,14). Den 11 Belegen im DtrGW stehen 33 Belege im ChrGW + 10 Belege in Esra/Nehemia gegenüber. In der Prophetenliteratur begegnet *qāhāl* auffällig selten, bei den vorexil. Propheten Am, Hos, Jes überhaupt nicht, bei Jer 4mal, aber ausschließlich in sekundären Nachinterpretationen. Auch Mi 2,5 ist nachexil. Ez verwendet das Wort 15mal, Joël 1mal. Klgl 1,10 ist frühestens exil., Ijob 30,28 sicher nachexilisch.
b) Das Verb ist vorexil. sicher nur in Ex 32,1 in einer JE-Vorlage und Jer 26,9 belegt. Die weiteren *niph*-Belege gehören zu P (4mal), zum DtrGW und zu Est (5mal), zum ChrGW (2mal) und Ez (1mal). Die 20 *hiph*-Belege sind ausnahmslos exil.-nachexil.: P 8mal, Dtn 3mal, DtrGW 2mal, ChrGW 5mal, Ez und Ijob je 1mal.
c) Das Nomen *q^e^hillāh* dürfte in beiden Belegen Dtn 33,4 und Neh 5,7 literarisch jung sein; aber *q^e^hillaṯ ja'aqōḇ* Dtn 33,4 könnte eine alte Tradition widerspiegeln.
qohælæṯ (7 Belege) begegnet vornehmlich in den Rahmenkapiteln 1 und 12 (je 3mal) des gleichnamigen Buches, zusätzlich noch Koh 7,27.
**maqhel* begegnet nur im Pl. mask. *maqhelîm* Ps 26,12, im Pl. fem. *maqhelôṯ* Ps 68,27, zwei recht alte Belege.

Die beiden Ortsnamen *maqhelôṯ* und *qᵉhelāṯāh* sind Bezeichnungen für zwei offensichtlich nahe beieinander liegende Stationen auf der Wüstenwanderung (Num 33,22-26), möglicherweise keine realistischen Flurnamen, sondern „Sammelplätze".

2. a) Das Nomen *qāhāl* bezeichnet grundsätzlich eine Versammlung von Menschen, niemals Gruppierungen im tierischen oder unbelebten Bereich.

qāhāl begegnet in folgenden Cstr.-Verbindungen als nom. reg.: *q. jiśrā'el* 13mal (5mal im DtrGW, 4mal im ChrGW, 1mal P), *q. ʿadaṯ-jiśrā'el* Ex 12,6 (P), *q. bᵉnê-jiśrā'el* Num 14,5 (P), *q. JHWH* 10mal (6mal in Dtn 23; 2mal P, dazu 1 Chr 28,8; Mi 2,5), *q. ʿammîm* 4mal (P und Ez je 2mal), *q. hāʿām* Jer 26,17; Ps 107,32, *q. ʿam-haʾælohîm* Ri 20,3, *q. gôjim* Gen 35,11; Jer 50,9; jeweils nur 1mal belegt sind *q. mᵉreʿîm* Ps 26,5, *q. qᵉḏôšîm* Ps 89,6, *q. rᵉpāʾîm* Spr 21,16, *q. haggôlāh* Esra 10,8, *q. haʾælohîm* Neh 13,1, *q. ḥasîḏîm* Ps 149,1 und *q. jᵉhûḏāh* 2 Chr 20,5.

Als nom. rect. begegnet es nur in *jôm haqqāhāl* Dtn 9,10; 10,4; 18,16, *ʿam haqqāhāl* Lev 16,33, *ʿênê haqqāhāl* Lev 4,13, *ḥaṭṭaʾṯ haqqāhāl* Lev 4,21.

kŏl-haqqāhāl ist ein im ChrGW beliebter Ausdruck (19 von 21 Belegen); *qāhāl gāḏôl* begegnet 5mal, par. zu *kŏl-jiśrā'el* (1 Kön 8,65; 2 Chr 7,8), *ḥajil raḇ* (Ez 38,15) oder *kŏl-hannāšîm* (Jer 44,15). *qāhāl rāḇ* begegnet 7mal.

qāhāl begegnet als Subjekt zu den Verben *bô'* „kommen", *'āmar* „sprechen", *ʿānāh* „antworten", *ʿāmaḏ* „aufstehen", *jāʿaṣ* „sich beraten, beschließen", *qbṣ* „sich versammeln", *jāḏaʿ* „erkennen", *hiqriḇ* und *heḇî'* „heranbringen" (ein Opfer), *šaḥaṭ* „schlachten", *dāraš* „(den Altar) aufsuchen", *hištaḥawæh* „sich niederwerfen", *brk pi* „(JHWH) loben", *kāraṯ bᵉrîṯ* „den Bund schließen", *śāmaḥ* „sich freuen", *ʿāśāh sukkôṯ* „Hütten bauen", *rāgam 'æbæn* „steinigen", *br' (III) pi* „in Stücke hauen", *lāhaḵ* „abfressen", dann passivisch *nāpal* „(ins Meer) fallen", *ḥll* „erschlagen werden". Es fällt auf, daß alle diese Verbindungen fast ausnahmslos nur einmal begegnen. *qāhāl* wird nicht Bestandteil geprägter Wendungen.

Als Objekt begegnet *qāhāl* zu den Verben *qhl hiph* „einberufen, versammeln", *bô' hiph*/*ʿālāh hiph* „hinauf / hineinführen", *brk pi* „segnen", *qdš pi* „heiligen", *śāne'* „hassen" und *mwt hiph* „sterben lassen".

b) Das Verb hat im *niph* als Subjekt des „sich Versammelns" *hāʿeḏāh* „die Kultgemeinde", *bᵉnê-jiśrā'el* „Israeliten" und *jehûḏîm* „die Judäer" (je 4mal), sowie *hāʿām* „das Volk" (2mal).

Zum *hiph* begegnen als versammelnde Subjekte Mose (8mal), David, Salomo, Rehabeam und Gog; einzig Ijob 11,10 ist es *'ælôah*, der daherfährt, gefangennimmt und „zusammentreibt" (ohne Obj.). Objekte des „Versammelns" sind *(kŏl-)hāʿeḏāh, kŏl-(ʿaḏaṯ bᵉnê) jiśrā'el, hāʿām, śoṭᵉrîm, zᵉqenîm, śarê jiśrā'el* und *kŏl-bêṯ-JHWH*. Auch hier kommt es nicht zu geprägten Wendungen.

Fabry

IV. 1. Von der Grundbedeutung „Ansammlung von Menschen" her ist *qāhāl* ein technischer Begriff, der erst durch den Kontext im Hinblick auf den Personenkreis und/oder den Zweck der Ansammlung qualifiziert werden muß. Dies kann geschehen durch direkte Wortverbindung (bes. Cstr.-Verbindungen), durch die Verwendung von Synonymen und Antonymen in Parallelismen und Chiasmen, durch syntaktisches Aufgreifen anderer Begriffe im Kontext des Verses oder im Kontext der Perikope oder durch die spezifische Position in Reihen (Front- oder Endposition). Dabei zeigt sich, daß sich die technische Grundbedeutung im obigen Sinne in allen Schichten und im ganzen Spektrum des Vorkommens im AT durchhält: als vielleicht ältester Beleg (unentschieden: H. Donner, Geschichte Israels I 131) kann Gen 49,6 gelten, wo *qāhāl* als Parallelbegriff zu *sôḏ* die Ansammlung von Leuten um Simeon und Levi bezeichnet; die 3 weiteren Genesisbelege, die P^G zuzuweisen sind, veranschaulichen in den Verbindungen *qᵉhal ʿammîm* (Gen 28,3; 48,4) und *qᵉhal gôjim* (Gen 35,11) ebenfalls die technische Grundbedeutung, hier: eine Anhäufung von Völkern. Als Beispiele aus dem DtrGW, die die technische Grundbedeutung veranschaulichen, mögen 1 Sam 17,47 und 1 Kön 8,65 dienen: 1 Sam 17,47 bezeichnet die Leute, die beim Kampf gegen die Philister aktuell versammelt sind; in 1 Kön 8,65 greift *qāhāl* die Wendung *šᵉlomoh ... wᵉḵŏl jiśrā'el* syntaktisch auf und bezeichnet Israel als eine große Versammlung, die sich aktuell zur Feier des Laubhüttenfestes versammelt hat (zu unterscheiden von einer Festversammlung als Institution). Der quantitative Charakter des Begriffes wird durch das beigefügte Adj. *gāḏôl* noch zusätzlich unterstrichen (par. 1 Chr 7,8). Eine ähnliche Verwendung im ChrGW findet sich in 2 Chr 30,13: *qāhāl* greift *ʿam raḇ* syntaktisch auf und bezeichnet die Volksmenge als große Versammlung, die aktuell zu einem bestimmten Fest der ungesäuerten Brote in Jerusalem erschienen ist. Unterstrichen wird der quantitative Charakter durch *lāroḇ mᵉ'oḏ*. Die Endposition im Vers charakterisiert *qāhāl* zudem als zusammenfassenden Begriff.

Ganz unverstellt kommt die quantitative Grundbedeutung des Begriffs zum Ausdruck in Esra 2,64 und Neh 7,66, wo *qāhāl* den numerischen Umfang des gezählten Volkes bezeichnet. Die 15 Vorkommen im Buch Ezechiel orientieren sich ausnahmslos an der technischen Grundbedeutung, die immer in derselben Weise als Zusammenschluß in feindlicher Absicht oder Aufgebot zum Heer, zum Krieg, qualifiziert ist. In Ez 23,24; 26,7; 27,27; 38,4 und 38,15 geschieht diese Qualifikation durch Reihen, in denen *qāhāl* entweder an vorletzter Position austauschbar mit *ʿām raḇ* (Ez 26,7) oder *ḥajil raḇ* (Ez 38,15) oder an letzter Position in zusammenfassender Funktion für Rosse, Wagen und Reiter steht. Als weiteres Beispiel für die Verwendung in Reihen ist Jer 44,15 zu nennen: *qāhāl* bezeichnet eine zufällige Ansammlung von Leuten, die näherhin als Ansammlung von Männern und Frauen qualifiziert ist – die technische Grundbedeutung wird durch *gāḏôl* unterstrichen, der zufällige Charakter der Versammlung durch das Partizip *hā'om^eḏôṯ*.

Als Beispiel für den Bereich der Schriften, wo sich die technische Grundbedeutung durchhält, können Ps 26,5 (vorexil.) und Spr 21,16 angeführt werden. Es handelt sich bei beiden Vorkommen um eine Cstr.-Verbindung, wobei *qāhāl* die Information „zahlenmäßige Anhäufung" trägt, die durch das beigefügte nom. rec. – in Ps 26,5 *m^ere'îm* und in Spr 21,16 *r^epā'îm* – näher qualifiziert wird. Dies gilt grundsätzlich für alle so gearteten Cstr.-Verbindungen.

Sowohl im unmittelbaren Kontext tauchen als Synonyme oder Antonyme in Parallelismen oder Chiasmen als auch im weiteren Kontext des Verses oder der Perikope wiederholt die Begriffe *'am*, *'eḏāh*, *'^aḏaṯ jiśrā'el*, *b^enê jiśrā'el* oder *kŏl-jiśrā'el* auf Ebenso kann *qāhāl* sich mit den genannten Begriffen direkt verbinden (s.o.). Die Verbindungen *kŏl-q^ehal-jiśrā'el*, *haqqāhāl l^ejiśrā'el*, die Verbindungen mit *'am* und *'eḏāh* lassen keine Rückschlüsse auf eine Qualifizierung als term. techn. für eine bestimmte Art von Versammlung als Institution oder juristische Person zu. Anders stellt sich die Sachlage dar für Verbindungen wie *q^ehal JHWH* oder *jôm haqqāhāl*, die jedoch zusätzlich im Rahmen der diachronen Betrachtung untersucht werden müssen.

2. Die wahrscheinlich ältesten (vordtn) Belege Gen 49,6 und Num 22,4 zeigen die technische Grundbedeutung.

Die 11 Vorkommen im Buch Deuteronomium konzentrieren sich mit Ausnahme von Dtn 31,30 in eindeutiger Weise auf die Verwendung in ganz bestimmten Zusammenhängen.

a) Im sog. Gemeindegesetz Dtn 23,2-9 kommt die Verbindung *q^ehal JHWH* 6mal auf engstem Raum vor. Die neuere Forschung ist sich einig in der Annahme eines stufenweisen Wachstums dieser Perikope, nur in dessen zeitlicher Ansetzung, ob vor- oder nachexil., geht sie auseinander. Aus mehreren Gründen scheint eine vorexil. Ansetzung des Grundtextes zuzutreffen (vgl. Hossfeld 128f.). Unabhängig von der Frage, wie man ihn im einzelnen festlegt und dann sein Anwachsen zum vorliegenden Endtext bestimmt hat, das Gemeindegesetz redet in jedem Fall von den Zulassungsbedingungen zur „Versammlung JHWHs" (*q^ehal JHWH*). Das Gemeindegesetz gehört vom näheren Kontext her zu Vorschriften, die alle einen thematischen Bezug zum Sexuellen haben, nämlich Dtn 22,13-23,15 (vgl. G. Braulik, BiblEThl 68, 1985, 260). Dazu passen der kultisch-sexuelle Hintergrund der in v. 2 angesprochenen Verstümmelungen und die Deutung des Bastards von v. 3 als Sohn der Tempeldirne (so H. Klein, Die Aufnahme Fremder in die Gemeinde des Alten und Neuen Bundes, Theologische Beiträge 12, 1981, 28). Daß von den Nachbarvölkern gezielt Moab und Ammon für immer aus der Versammlung JHWHs ausgeschlossen und hier zusammen mit den Personengruppen der vv. 2.3 genannt werden, macht als Grund ihres Ausschlusses ihre blutschänderische Abstammung Gen 19,30ff. wahrscheinlich. Die auffällige und bewußte Ausnahme von Edom und Ägypten bestätigt das vom Gegenteil her. Insofern ordnet sich das Gemeindegesetz mit seiner Absicht der kultisch-sexuellen Reinhaltung der Versammlung JHWHs durchaus in vorexil., typisch israelitische Tendenzen ein, im Bereich des Sexuellen empfindlich zu sein und die (kanaanäische) Sakralisierung des Geschlechtlichen abzulehnen (vgl. dazu die formelhafte Redeweise „eine Schandtat in Israel begehen" als Indikator jener Tendenzen; dazu M. Rose, BWANT 101, 1975, 34f.). Wie bei alten rituellen Vorschriften häufiger zu finden, hatte man später Verständnisschwierigkeiten und lieferte für die Verbote weitere Begründungen aus der Geschichte in vv. 5ab.6 nach. Solch ein Vorgehen ist bei junger, nachexil. Einordnung des Grundtextes schwerer zu erklären. Schließlich widerrät das Echo auf das Gemeindegesetz in Klgl 1,10 und vor allem in Neh 13,1-3 und Esra 9,10-12 eine mit Esra und Nehemia gleichzeitige erstmalige Entstehung des Gesetzes. Wenn auch Mi 2,5 als vorexil. Beleg für die Wendung *q^ehal JHWH* ausfällt (so Wolff, BK XIV/4, 40.50), so belegen doch der Grundtext von Dtn 23,2-9 und sein Echo in Klgl 1,10, daß die Konzeption eines *q^ehal JHWH* mit kultischen Konnotationen vorexil. vorhanden war und spätere Redaktoren des Dtn beeinflußt hat. Im Fall des Gemeindegesetzes wird die Verbindung *q^ehal JHWH* zum term. tech. für eine religiös-kultisch bestimmte Versammlung, der Männer mit Defekten an Fortpflanzungsorganen und Abstammung nicht zugehören dürfen; vgl. vv. 2-4 (vgl. dazu die Hinweise bei Rost).

b) Die Auswirkungen dieses theologischen term. techn. zeigen sich in einer spät-dtr Bearbeitungsschicht, die zugleich aber auch entscheidende neue Markierungen setzt. Der Redaktor ist in besonderem Maße daran interessiert, die im Zusammenhang mit dem Horebereignis stehenden religiös-kultischen Konsequenzen als Konsequenzen für die Bundesgemeinschaft JHWHs herauszustellen.

In Dtn 5,22 bezeichnet *qāhāl* die Versammlung Israels zum Empfang des Dekalogs. Dadurch wird sie zur Gemeinschaft JHWHs. Daß der Begriff im Sprachgebrauch des dtr Redaktors mehr umfaßt als nur die aktuelle Versammlung am Horeb, zeigt sich an den derselben Bearbeitungsschicht zugehörigen Vorkommen in Dtn 9,10; 10,4 und 18,16. Die dort zu findende Verbindung *jôm haqqāhāl* bringt das Horebereignis auf den kurzen Begriff und *qāhāl* wird damit theologisch gefüllt: *qāhāl* bedeutet nun die spezifische Gemeinde, die das Gesetz bzw. den Dekalog auf Dauer in der Lade bei sich hat (Hossfeld 131).

Die Vorkommen des Verbs im *hiph* in Dtn 4,10 und 31,12 gehören zur selben Bearbeitungsschicht und

erwähnen die Konstituierung der Versammlung am Horeb (4,10) und deren Nachfolgeversammlungen (31,12) im Lande am Laubhüttenfest des 7. Jahres.
In den Büchern Jos – 1 Kön (in 2 Kön gibt es keinen einzigen Beleg) wird der Begriff *qāhāl* mit Ausnahme von Ri 20,2; 21,5.8; 1 Sam 17,47 und 1 Kön 8,65 in der Verbindung *kŏl-qᵉhal-jiśrāʾel* verwendet und steht an all diesen Stellen (Jos 8,35; 1 Kön 8,14[bis].22.55...) im Kontext des kultischen Geschehens. Gleichbleibender Kontext und gleichbleibende Verbindungen lassen einen Anklang an die theologische Verwendung im Dtn vermuten. Es handelt sich sowohl in Jos 8 (Bau des Altars und Verkündigung des Gesetzes auf dem Berg Ebal) wie auch in 1 Kön 8 (Übertragung der Bundeslade) um einen aktuellen Anlaß, so daß hier neben der Grundbedeutung einer aktuellen Anhäufung von Leuten das Moment einer feststehenden Institution im Sinne der dtr Konzeption betont wird. In Jos 8,35 umfaßt diese spezifische Versammlung den in v. 33 genannten Personenkreis „ganz Israel und die Ältesten, die Listenführer und die Richter, die levitischen Priester, die Träger der Bundeslade des Herrn, dazu Fremde und Einheimische" einschließlich der in v. 35 zusätzlich genannten Frauen und Kinder. Zur Versammlung von 1 Kön 8,14 gehören nach dem Kontext von 8,1ff. nur Männer: „die Ältesten Israels, alle Stammesführer und die Häupter der israelitischen Großfamilien" (v. 1); „alle Männer Israels" (v. 2). In 1 Kön 8,65 tritt neben den quantitativen Aspekt auch die kultische Konnotation im oben beschriebenen Sinne. 1 Kön 12,3 verwendet hingegen wieder die Verbindung *kŏl-qᵉhal-jiśrāʾel*; sie steht hier aber nicht im Kontext kultischen Geschehens, sondern es handelt sich eher um eine politische Versammlung.
Ri 10,2; 21,5.8 und 1 Sam 17,47 verwenden *qāhāl* auf dem Fundament der technischen Grundbedeutung mit ganz anderen Konnotationen, hier steht *qāhāl* für eine Anhäufung von Leuten mit kriegerischer Absicht, Ri 21,5.8 im Kontext des JHWH-Krieges.
3. Bis auf die Vorkommen im Buch Dtn, Gen 49,6 und Num 22,4 sind alle übrigen 21 Pent.-Belege dem priesterlichen Schrifttum zuzuordnen. Dabei verändert sich der Sprachgebrauch von der Priestergrundschrift (P^G) zu den sekundären priesterschriftlichen Ergänzungen (P^S).
a) P^G gebraucht *qāhāl* in der Grundbedeutung. Ihre 3 Genesisbelege (28,3; 35,11; 48,4) bezeichnen einen quantitativen Zusammenschluß von Völkern, mit dem Jakob gesegnet wird. Der Segen greift zurück auf Gen 17,5, wo Abraham zum Stammvater einer Menge von Völkern wird (wegen der Etymologie des Abrahamnamens wird hier *qāhāl* durch *hāmôn* ersetzt).
Die Belege in Exodus (Ex 12,6; 16,3) sowie die P^G-Belege in Num 14,5; (19,20); 20,4.6.10; (22,4) sind entweder durch eine Wortverbindung qualifiziert, was den Akzent auf *qāhāl* als technische Größe legt, oder aber nehmen Bezug auf die Begriffe *ʿam*, *ʿeḏāh*, *ʿᵃḏaṯ jiśrāʾel* oder *bᵉnê jiśrāʾel*, um anzuzeigen, daß es sich um eine Versammlung dieser feststehenden Personenkreise aus verschiedenen aktuellen Anlässen handelt. Für P^G ist *ʿeḏāh* der Qualitätsbegriff, der den Charakter der Versammlung der Söhne Israels beschreibt, wohingegen *qāhāl* seine technische Bedeutung als aktuelle Ansammlung durchhält. Die Verbindung in Ex 12,6 macht deutlich, daß es sich um die aktuelle Ansammlung der *ʿeḏāh* zur Vorbereitung des Paschafestes handelt. In Num 14,5 ist der Anlaß für die aktuelle Ansammlung der *ʿeḏāh* eine Meuterei. In der Wasserwundererzählung Num 20,1-12* variiert P^G eingangs in v. 1 die Synonymität von *ʿeḏāh* und *bᵉnê-jiśrāʾel* durch Apposition statt der geläufigen Cstr.-Verbindung. Der so eingeführte Begriff „die ganze Gemeinde" wird nun im Korpus im Wechsel mit dem technischen Begriff *qāhāl* durchgespielt (*ʿeḏāh* in vv. 2.8a – *qāhāl* in vv. 6.10). Das Wechselspiel mit *ʿeḏāh* gibt einen Hinweis darauf, daß der mit *ʿeḏāh* bezeichnete festumrissene Personenkreis sich aus aktuellem Anlaß zu einer Meuterei zusammentut und diese aktuelle Versammlung als *qāhāl* bezeichnet wird. In v. 10 steht *qāhāl* in syntaktischem Zusammenhang mit *hammorîm*, was den Charakter von *qāhāl* als Ansammlung aus aktuellem Anlaß zusätzlich betont. Zum Schluß von v. 12 taucht in Korrespondenz zum Anfang der Begriff *bᵉnê-jiśrāʾel* wieder auf, dem dann der konkrete *qāhāl* zur Seite tritt. Obwohl die Begriffe im Kontext der Perikope als Synonyme verwendet werden, sind sie dennoch voneinander unterschieden. P^G akzentuiert bei *qāhāl* die Grundbedeutung und damit das quantitative Moment, während *ʿeḏāh* ein aus sich heraus qualitativ gefüllter Begriff ist.
b) P^S hingegen hält diese klare Trennung so nicht weiter aufrecht. *qāhāl* erscheint immer im Kontext von Opfervorschriften, was darauf hinweist, daß der Begriff hier eine Versammlung zum Kult bezeichnet und damit zu einem qualitativ gefüllten Begriff wird, der in dieser Hinsicht synonym mit *ʿeḏāh* verwendet werden kann. – Lev 4,13 verwendet *kŏl-ʿᵃḏaṯ jiśrāʾel* und *haqqāhāl* parallel und stellt die beiden Begriffe damit als Synonyme mit gleicher semantischer Qualifikation heraus. Zusätzlich unterstützt wird diese Beobachtung durch die Determination des Begriffes (*haqqāhāl*), der auf das vorhergehende *ʿᵃḏaṯ jiśrāʾel* verweist. Die Unterschrift in Lev 4,21 bestätigt diesen Gebrauch. – In Lev 16,33 steht der determinierte Begriff in der Verbindung *kŏl-ʿam haqqāhāl* im Kontext der Vorschriften des Rituals für den Versöhnungstag; Num 10,7 nimmt syntaktisch Bezug auf *hāʿeḏāh* und *kŏl-hāʿeḏāh* in 10,2.3 im Kontext der Trompetensignale für die Gemeinde; Num 15,12 nimmt v.2 *bᵉnê-jiśrāʾel* syntaktisch auf und steht im Kontext verschiedener Opfervorschriften; Num 19,20 steht *haqqāhāl* im Zusammenhang mit Reinigungsvorschriften; selbst Lev 16,17 mit Vorschriften für das Sühneopfer am Versöhnungstag verwendet *qāhāl* in der Verbindung *kŏl-qᵉhal-jiśrāʾel*

determiniert. Es zeigt sich, daß *qāhāl* auch bei P^S zu einem theologischen term. techn. wird, der im Sinne von *ʿedāh* als institutionelle Kultversammlung qualifiziert ist und den dtn/dtr Sprachgebrauch übernimmt.

4. Exil.-nachexil. Vorkommen in Prophetenbüchern, spätere Redaktionen des Jeremiabuches, vornehmlich aus exil. Zeit, verwenden *qāhāl* in der technischen Grundbedeutung (Jer 26,17; 31,8; 44,15; 50,9). Typisch ist 31,8 und 44,15 die Front- und Endposition des Begriffs innerhalb von Reihungen. Davon heben sich die beiden folgenden Vorkommen ab: Mi 2,5 ist ein exil. Nachtrag, der *qāhāl* in der Bedeutung des substaatlichen Volkes Gottes als primär kultischer Versammlung (vgl. Wolff, BK XIV/4, 40) verwendet. In analoger Weise bezeichnet Joël 2,16 mit *qāhāl* das zum Gottesdienst versammelte Volk.

5.a) Die Belege in 2 Chr 6,3(bis).12 und 7,8 sind gleichlautend mit 1 Kön 8,14(bis).22 und 8,65, also vom Chronisten vom DtrGW ins ChrGW übernommen. Die semantische Qualifizierung ist daher entsprechend vorzunehmen.

b) Für die Verwendung im Eigengut der Chronik lassen sich zwei globale Tendenzen feststellen. Zum einen hält sich die technische Grundbedeutung, die das quantitative Moment akzentuiert, durch und weist dabei Transparenz für weitere Konnotationen auf. Zum anderen ist der Einfluß der dtr Begriffsbildung auch im Eigengut der Chronik festzustellen, abgesehen von den vom Chronisten übernommenen Stellen aus dem DtrGW. *qāhāl* ist in der „chr Literatur der Terminus für die kultische Vollversammlung, die an den großen Wendepunkten der Geschichte zusammentritt (1 Chr 28,8; 29,1.10.20: Nachfolge Davids; 2 Chr 29,28.31f.: Hiskias Reform; 30,2.4.17.23.24.25: Hiskias Passa; und schließlich E 10,12)" (Gunneweg, KAT XIX/1, 173).

Obwohl die 9 Vorkommen in 2 Chr 30 durch den Erzählzusammenhang als kultische Vollversammlung anläßlich Hiskijas Pascha qualifiziert sind, fallen gleichzeitig feine semantische Differenzierungen auf. 2 Chr 30,2 nimmt mit der Wendung *w^{e}kōl-haqqāhāl* die Nennung der Stämme Israel und Juda sowie Efraim und Manasse auf und bezeichnet eine Versammlung aus eben diesen Stämmen zusammen mit den Hofleuten Davids, die eine Beratung über die Feier des Paschafestes zum Gegenstand hat, ebenso 30,4. Der Begriff begegnet dann wieder in 30,13, allerdings mit anderen Konnotationen: *qāhāl* bezeichnet hier die zahlenmäßige Anhäufung einer großen Volksmenge (*ʿam rab*) in Jerusalem zur Feier des Festes der ungesäuerten Brote. 30,17.23.24(bis).25a nehmen darauf Bezug und kennzeichnen diese Versammlung näherhin als eine Versammlung zum Kult im Rahmen des Festes. In v. 25a, wo mit *kōl-q^{e}hal j^{e}hûdāh w^{e}hakkoh^{a}nîm w^{e}hall^{e}wijjim* immer noch die konkret bei diesem Fest anwesende Kultversammlung auf der Basis der Grundbedeutung bezeichnet wird, meint *w^{e}kōl-haqqāhāl habbāʾîm mijjiśrāʾel* dann nur noch eine rein quantitative Anhäufung von Leuten ohne nähere Qualifizierung zu einem spezifischen Zweck. *qāhāl* wird in diesem Zusammenhang ausschließlich in der technischen Grundbedeutung verwendet.

Ähnliches gilt für die 4 Vorkommen in 2 Chr 29. Durch den Erzählzusammenhang wird der Begriff als Vollversammlung zum Kult anläßlich Hiskijas Reform qualifiziert. Unklarheiten bestehen hinsichtlich des Personenkreises, den *qāhāl* in diesem Zusammenhang umfaßt. Es ist nicht eindeutig zu ersehen, ob der Begriff in 29,28 sich auf die Wendung „die führenden Männer der Stadt" (29,20) bezieht und die weiteren Vorkommen in 29,31ff. dadurch ebenfalls hinsichtlich des Personenkreises identifiziert werden oder ob nicht vielmehr die Erwähnung von *j^{e}ḥizqijjāhû w^{e}kōl-hāʿām* in 29,36 die 4 Vorkommen von *qāhāl* rückwirkend bezeichnet.

Weitere Stellen, an denen *qāhāl* durch den Erzählzusammenhang als Versammlung zum Kult aus aktuellem Anlaß qualifiziert ist, sind 2 Chr 1,3.5, wobei sich v.3 auf den in v.2 genannten Personenkreis „ganz Israel, die Obersten der Tausend- und Hundertschaften, die Richter, alle Fürsten aus ganz Israel und alle Häupter der Großfamilien" bezieht; 2 Chr 6,13 steht im Kontext der Parallelstelle 1 Kön 8 und ist eine Hinzufügung des Chronisten, der jedoch in Anlehnung an den Kontext die Verbindung *kōl-q^{e}hal-jiśrāʾel* benutzt, die sonst im Eigengut der Chronik außer 1 Chr 13,2 nicht vorkommt, was sicher auch als Anlehnung an die dtr Qualifizierung des Begriffes zu werten ist; in 2 Chr 20,5 ist die Versammlung bezüglich des Personenkreises durch die Verbindung *biq^{e}hal j^{e}hûdāh wîrûšālajim* qualifiziert; 20,14 bezieht sich auf v. 13, wo im Zusammenhang mit ganz Juda, das vor JHWH steht, ausdrücklich „Kinder, Frauen und Söhne" als zur Versammlung gehörig genannt sind.

Beispiel für die Transparenz der Grundbedeutung für andere semantische Konnotationen wie „Versammlung zum Kult aus aktuellem Anlaß" ist 2 Chr 23,2. *qāhāl* bezieht sich auf die in 23,1f. genannten Personen (Hundertschaftsführer, Asarja, den Sohn Jerohams, Jismaël, den Sohn Johanans, Asarja, den Sohn Obeds, Maasejah, den Sohn Adajas, Elischafat, den Sohn Sichris, die Leviten aus allen Städten Judas und die Häupter der israelitischen Großfamilien in Jerusalem); die aktuelle Versammlung dieses Personenkreises ist durch den Erzählzusammenhang sowohl als Kultversammlung zu verstehen wie als Versammlung zu politischen Zwecken (Bundesschluß mit dem neuen König im Haus Gottes).

2 Chr 24,6 gebraucht den Begriff *qāhāl*, um die historische Versammlung Israels während der Wüstenwanderung aus der Rückschau zu bezeichnen (*w^{e}haqqāhāl l^{e}jiśrāʾel*). Diese historische Perspektive kann ein Hinweis darauf sein, daß der Chronist sich damit auch an den Sprachgebrauch von P^S anlehnt. Die Verwendung in 31,18 scheint eine Institution zu bezeichnen, allerdings keine Versammlung zum Kult, sondern eine Gemeinschaft zur Errichtung des

Tempeldienstes, die nach ausdrücklicher Angabe des Verses auch „Kinder, Frauen, Söhne und Töchter" umfaßt.

Die 4 Belege in 1 Chr 29,1.10.20 und 28,8 werden durch den erzählerischen Zusammenhang als Versammlung zum Kult anläßlich der Nachfolge Davids qualifiziert; auch hier sind neben der theologischen Qualifizierung feinere semantische Differenzierungen zu beobachten. In v. 1 bezeichnet der Begriff eine aktuelle Versammlung, die um Spenden für den Tempelbau gebeten wird; in vv. 10.20 ist dieselbe Versammlung eine Versammlung zum kultischen Dank aus Anlaß der Freude über die Spenden. Bezüglich des Personenkreises, aus dem sich diese Versammlung zusammensetzt, ist keine eindeutige Klarheit zu gewinnen. V. 6 nennt die Häupter der Großfamilien, die Vorsteher der israelitischen Stämme, die Obersten der Tausend- und Hundertschaften und die obersten Beamten des königlichen Dienstes; v. 9 nennt *hāʿām*. 1 Chr 28,8 gibt die theologische Begründung für den Auftrag zum Tempelbau; dabei ist *qāhāl* im dtn/dtr Sinn theologisch qualifiziert: Israel wird als *qāhāl* JHWHs zum Gesetzesgehorsam ermahnt.

Die verbleibenden Belege 1 Chr 13,2.4 sind hingegen wieder ein Beispiel für die Transparenz der Grundbedeutung für weitere semantische Konnotationen. 13,1 nennt den Personenkreis der Führerschaft Israels (die Obersten der Tausend- und Hundertschaften, alle führenden Leute), wovon *lᵉkŏl-qᵉhal jiśrāʾel* im Sinne antonymischer Verwendung abgegrenzt wird. Die hier genannte Versammlung wird zur Zustimmung für die Ergebnisse der Beratung Davids mit den führenden Leuten (Übertragung der Bundeslade) aufgefordert; 13,4 bekräftigt die Absetzung von dem Kreis führender Leute durch Parallelsetzung von *kŏl-haqqāhāl* und *kŏl-hāʿām*; *qāhāl* bezeichnet eine zustimmungsfähige Versammlung des Volkes in religiös-politischen Angelegenheiten aus aktuellem Anlaß.

Auf die Bücher Esra und Nehemia entfallen jeweils 5 Belege, wovon im Buch Esra allein 4 Belege in Kap. 10 zu finden sind. Obwohl diese Belege durch den Erzählzusammenhang miteinander verbunden und qualifiziert sind, zeigen sich auch hier die beiden Tendenzen in der Verwendung, die für die Chronik bereits festgestellt worden sind. Esra 10,1 nennt eine aktuelle Ansammlung von Menschen ohne besondere Motivation, *qāhāl* steht in Spitzenposition einer Aufzählungsreihe, die den Personenkreis dieser Ansammlung näher spezifiziert (Männer, Frauen und Kinder aus Israel). In v.8 ist der Begriff durch die Verbindung *qᵉhal-haggôlāh* anders qualifiziert, die im Unterschied zu v.1 auch das theologische Moment der wahren Gemeinde akzentuiert. V.12 nimmt *kŏl-ʾanšê-jᵉhûdāh-ûbinjāmin* und *kŏl-hāʿām* aus v.9 syntaktisch auf; der Erzählzusammenhang nennt als Motiv der Versammlung den Beschluß zur Auflösung der Mischehen; v.14 differenziert zwischen *kŏl-haqqāhāl* und der Vertretung

durch die Vorsteher. Esra 2,4 verwendet den Begriff in der technischen Grundbedeutung zur Zusammenfassung einer numerischen Größe, hier der detaillierten Liste der Heimkehrer aus dem Exil, ebenso wie Neh 7,66. Gunneweg merkt an, daß der Chronist dieses Dokument in seinem Sinne als Verzeichnis der wahren Gemeinde der neuen Heilszeit interpretierte und ihm zentrales theologisches Gewicht zuschrieb (KAT XIX/1, 65). Das wirkt sich auch auf die Verwendung von *qāhāl* in diesem Zusammenhang aus.

Neh 5,13 verwendet *qāhāl* parallel zu *ʿam* und wird von 5,1 her bezüglich des Personenkreises näher präzisiert (Männer des einfachen Volkes und ihre Frauen). Motiv ist wieder ein aktueller Anlaß, die Schlichtung eines Streits. Neh 8,2 bezieht sich auf *hāʿām* (v.1); Motiv ist die Unterweisung im Gesetz (Aufnehmen einer dtr Tradition!); 8,17 steht im Kontext der Feier des Laubhüttenfestes, was die Versammlung als kultische Versammlung ausweist; der Kontext nennt darüber hinaus *haššābîm min-haššᵉbî* „alle, die aus der Gefangenschaft heimgekehrt sind". Dadurch wird dtr Theologie mit den Anliegen chronistischer Theologie (Gunneweg) verbunden.

Neh 13,1 ist ein Zitat aus Dtn 23,4-6, allerdings in prägnanter Weise verändert: der Chronist ersetzt den im Dtn zu findenden term. techn. *qᵉhal JHWH* durch *qᵉhal hāʾᵉlohîm* (*biqᵉhal hāʾᵉlohîm*).

Im ChrGW reicht also das Spektrum der Bedeutung von der Versammlung zum Kult an den Wendepunkten der Geschichte bis zur Versammlung aus politischen Motiven mit unterschiedlichem Teilnehmerkreis.

6. Bis auf Ps 26,5 bezeichnen die übrigen 8 Belege in den Psalmen die gottesdienstliche Versammlung. Es ist anders als in den erzählenden Texten weder ein konkreter Anlaß noch ein konkreter Personenkreis auszumachen. Das Motiv der Versammlung läßt sich jedoch immer als Lobpreis oder Verkündigung JHWHs bestimmen.

In Ps 22,26; 35,18; 40,10f. wird das quantitative Moment der Grundbedeutung durch das beigefügte Adj. *rab* betont. In Ps 89,6; 107,32 und 149,1 wird die Versammlung zum Lobpreis JHWHs durch ein beigefügtes Substantiv näher qualifiziert: Ps 89,6 mit *biqᵉhal qᵉdošîm* und Ps 149,7 mit *biqᵉhal hᵃsîdîm* verwenden ein substantiviertes Adjektiv und qualifizieren den abstrakten Personenkreis, der sich hinter *qāhāl* verbirgt, mit den Eigenschaften „heilig" bzw. „fromm", während Ps 107,32 mit *biqᵉhal-ʿam* den Personenkreis der Quantität nach näher konkretisiert. In dem wahrscheinlich vorexil. Ps 26,5 findet sich eine Cstr.-Verbindung, wo *qāhāl* als nom. reg. Träger der Information „Anhäufung von Leuten" ist und damit als technischer Begriff gebraucht wird. Ps 22,23; 35,18 und 107,32 sind chiastisch aufgebaut, Ps 22,23 stellt *qāhāl* und *lᵉʾæhaj* einander gegenüber, Ps 35,18 *bᵉqāhāl rab* und *bᵉ ʿam ʿāṣûm* und Ps 107,32 *biqᵉhal-ʿam* mit *ûbᵉmôšab zᵉqenîm*.

Diese pointierte Gegenüberstellung – *qāhāl* als Bezeichnung für die gottesdienstliche Versammlung und die anderen Bezeichnungen für Zusammenkünfte im alltäglichen Bereich – könnte die Bedeutung des JHWH-Lobes für den kultischen wie profanen Bereich herausstellen. Ps 22,26 und 89,6 sind parallel aufgebaut. *qāhāl* in 22,26 wird Parallelbegriff zu „denen, die Gott fürchten". In 89,6 wird den Himmeln oben die Versammlung der Heiligen unten gegenübergestellt. Der vorexil. Beleg in Ps 26,5 verwendet *qāhāl* in der Grundbedeutung, während die jüngeren Psalmenbelege den Begriff als term. techn. für die gottesdienstliche Versammlung verstehen.

7. Die Belege in der Weisheitsliteratur bestätigen die bislang entwickelte Mehrdeutigkeit des Begriffes: das vorexil. Mahnwort Spr 26,26 bezeichnet die Bloßstellung in der öffentlichen Versammlung und gebraucht *qāhāl* in der Grundbedeutung, ohne dabei näher zu differenzieren. Ähnliches gilt für 21,16, wo in Anlehnung an altorientalische Unterweltsvorstellungen das Totenreich *q^ehal r^epā'îm* genannt wird. Dagegen wird in Spr 5,14 durch die Zusammenstellung mit *'edāh* bei *'edāh* der kultische Aspekt, bei *qāhāl* der politische Aspekt bezeichnet, d.h. das mit *qāhāl* bezeichnete Forum der Öffentlichkeit wird auf die Gemeindeversammlung eingegrenzt.

Eher unter politischem Aspekt ist Ijob 30,28 einzuordnen: der angerufene *qāhāl* hat wie in Spr 5,14 die Funktion der Rechtsprechung.

Im hebr. Text von Sir häufen sich noch einmal die Belege. Dabei fällt auf, daß die Verlagerung hin zur politischen Versammlung bestätigt wird: 7,7; 15,5; 23,24; 33,19 und 46,7 meinen eindeutig die profane Versammlung mit richterlichen Funktionen. Dagegen stehen 50,13.20 in kultischem Zusammenhang. Letztlich erfolgt eine Annäherung an die Vorstellung der griech. Polis: der *'am* (δῆμος) versammelt sich im *qāhāl* (ἐκκλησία). Die Bedeutung der Rhetorik (15,5) läßt auf hier stattfindende Abstimmungsverfahren schließen. Wichtige Aufgabe dieser Versammlung ist neben Richtertätigkeit und Gottesdienst das Lob der Weisheit (31,11; 44,15).

Hossfeld/Kindl

V. Die Gesamtzahl der Belege der Wurzel *qhl* in der Qumranliteratur beläuft sich auf ca. 50, wobei 20 Belege aus den unpublizierten Texten aus 2 Q bis 10 Q vorerst noch nicht greifbar sind. Das Verb ist nur an 5 Stellen belegt.

Neben der TR (8mal) ist *qhl* in 1 QM (8mal; 4 QM[a] 2mal), CD (4mal), 1 QSa (3mal), 1 QH und 4 QpNah (2mal) u.a. belegt. Signifikant ist das völlige Fehlen in 1 QS.

Die Belege in Qumran zeigen auch hier eine breitbandige Semantik. Dabei muß die Feststellung überraschen, daß in den ältesten Texten *qāhāl* offensichtlich noch als vollwertiger Terminus für die Selbstbezeichnung der Gemeinde gelten konnte. So enthält ein Brief des „Lehrers der Gerechtigkeit" an den Hohenpriester von Jerusalem (4 QMMT; zur vorläufigen Ankündigung vgl. E. Qimron/J. Strugnell, An Unpublished Halakhic Letter from Qumran, Biblical Archaeology Today. Proceedings of the International Congress on Biblical Archaeology, Jerusalem 1985, 400-407) aus den Gründungstagen der Gemeinde u.a. eine Darlegung der Ansicht des Lehrers über Gründe, die aus der „Gemeinde" (*qāhāl*) ausschließen, offensichtlich eine qumranessenische Auslegung von Dtn 23 (vgl. 4 Q Flor 1,4). Erst in späterer Zeit also scheint *qāhāl* als Terminus der Selbstbezeichnung in Qumran verworfen worden zu sein.

1 QM versteht *qāhāl* als „Haufe", als Schar Gogs und Magogs (1 QM 11,16; vgl. Ez 38,7), als Schar der Völker (14,5), als Haufe der Übeltäter (15,10); 4 QpNah 3,5.7 bezeichnet mit *qāhāl* die, „die nach glatten Dingen suchen", wohl die Jerusalemer Orthodoxie; alle Belege deutlich mit pejorativer Färbung. Nach 1 QM 4,10 lautet die Aufschrift eines Feldzeichens *q^ehal 'el*, das sich auf eine bestimmte Abteilung des eschatologischen Heeres, nicht jedoch auf die ganze Gemeinde, erst recht nicht auf das eschatologische Israel bezieht.

1 QSa versteht *qāhāl* schon eher ekklesiologisch, wenn 1 QSa 2,4 deutlich Dtn 23 aufgreift, *qāhāl* zugleich aber in einen Bezug zu *'edāh* setzt: *qāhāl* wird zur Versammlung der *'edāh*. Im weiteren Zusammenhang der Vorschriften über die kultische Reinheit der Teilnehmer der Versammlung (*mw'd* = *'edāh* [→ עדה → V 1092f.]; 1 QSa 2,2-10), die sich wiederum zum *'eṣæt hajjaḥad* (→ יחד *jaḥad*) zusammenfindet, bezeichnet *qāhāl* die tatsächliche Aktualisierung des *'eṣæt hajjaḥad*. *qāhāl* und *mô'ed* scheinen hier identisch, letzteres aber ist semantisch weiter reichend (vgl. 1 QSa 2,11.13); *qāhāl* ist also eine kultisch agierende Sonderform des *mô'ed*. 1 QSa 1,25 sieht wiederum *qāhāl* und *'eṣæt hajjaḥad* in exaktem Parallelismus. Da beide durch eine *t^e'ûdāh* „Aufruf" initiiert werden, sind sie nicht als ein beständiges Faktum, sondern als eine eigens aufgerufene Veranstaltung des *jaḥad* verstanden. Aus drei Anlässen heraus kann der *qāhāl* einberufen werden: zur Rechtsprechung, zur Beratung und zum Kriegsaufgebot. Damit ist *qāhāl* für Qumran als theologisch unbedeutend erwiesen (vgl. Maier 16).

Aus dem Rahmen der bisherigen semantischen Linie fallen CD und TR. Die 4 Belege in CD sind zwar nicht eindeutig, aber in CD 12,6 steht *qāhāl* in disziplinarrechtlichen Bestimmungen gleichbedeutend mit der „Vollversammlung" (*rabbîm*) der Gemeinde (*jaḥad*) aus 1 QS, bezeichnet demnach nicht die Gemeinde als solche, vielmehr die Gemeinde in einem bestimmten Vollzug. Für TR – in dieser Rolle wird *jaḥad* konstant vermieden – ist *qāhāl* die Kultgemeinde, die im Weihefest und am Versöhnungstag ihre Opfer als Sühnopfer darbringt (vgl. TR 16,15-18; 18,7; 26,7ff.). Mehr denn je wird deutlich, daß gerade an den ekklesiologisch relevanten Termini sich entscheidet, ob eine Rolle zur Bibliothek der

Qumranessener genuin gehört oder nicht. Deshalb wird man auch in 11 QPs[a] 18 (= Ps 154) einen von den Qumranessenern übernommenen chassidischen Psalm vor sich haben, der mit *q[e]hal rabbîm* und *q[e]hal ḥ[a]sîdîm* eindeutig die Kultgemeinde meint, die Gott preist.

Die Sabbatopfer-Liturgien verwenden *qāhāl* nur einmal (4 Q 403,1,II,24: *wr'šj ʿdt hmlk bqhl*), vom Gesamtkontext her eine positive Nennung, Bezeichnung für die himmlischen Priestergruppen (vgl. C. Newsom, Harvard Semitic Studies 27, Atlanta 1985, 241).

VI. In der rabbin. Ekklesiologie spielen *qāhāl* und *ʿeḏāh* keine Rolle (vgl. den Umstand, daß in M. Weinberg, Die Organisation der jüdischen Ortsgemeinden in der talmudischen Zeit, Monatszeitschrift für Geschichte und Wissenschaft des Judentums 41, 1897, 588-604.639-660.673-691 das Wort *qāhāl* nicht begegnet). Die P-Semantik ist nun voll auf die Begriffe *k[e]næsæṯ* und *ṣibbûr* übergegangen, deren Abgrenzung voneinander nun vor die gleichen Schwierigkeiten stellt wie vormals bei *qāhāl* und *ʿeḏāh*. Und trotzdem eignet *qāhāl* noch eine Valenz, die gelegentlich P nachhallen läßt: alle 12 Stämme Israels bilden den *qāhāl*, aber auch jeder Stamm für sich bildet den *qāhāl*.

Der 13. Adar war der Tag des *qāhāl* = „der Versammlung", an dem die *m[e]gillāh* vorgelesen werden soll (Belege: WTM IV 257). Im Traktat Jadajim IV 4a steht *qāhāl* für die ideale Gesamtgemeinde Israels, nicht für die Gemeinde im organisatorischen Sinne (*ʿeḏāh*). Eheschließung war nur möglich zwischen Angehörigen des *qāhāl*. Da das auf Dauer nicht praktikabel war, versuchte man, die bis dahin übliche dreiteilige Definition des *qāhāl* als Priestergemeinde, Levitengemeinde und Israelitengemeinde um einen *q[e]hal g[e]rîm* „Proselytengemeinde" zu erweitern (jJeb VIII 9[b]); nach Qid. 73[a] darf diese jedoch den Titel *qāhāl* nicht für sich beanspruchen.

In späterer Zeit steht *qāhāl* dann doch wieder für die konkrete Synagogengemeinde, die sich in der Synagoge (*beṯ k[e]ništa'*) versammelt (vgl. die Dedikationsinschriften in Synagogen ATTM 366f.388.401f.).

VII. Die Wiedergabe der Wurzel in der LXX ist in mehrfacher Hinsicht signifikant:

Das Verb wird exakt zur Hälfte der Belege durch ἐκκλησιάζειν (19mal), dann 9mal durch συνάγειν, 3mal durch (συν)αθροίζειν, 3mal durch συνιστάναι und 1mal (Num 17,7) durch ἐπισυστρέφειν wiedergegeben. An 4 Stellen lag der LXX möglicherweise ein anderer Text vor (1 Kön 8,2; Ijob 11,10; Est 8,11; 9,2). Die unterschiedlichen Übersetzungen signalisieren nun aber kaum semantisch relevante Urteile *des* Übersetzers, sondern erweisen vielmehr die Existenz *mehrerer* Übersetzer, da grundsätzlich alle dtn/dtr und chr Belege durch ἐκκλησιάζειν, alle Ez- und Est-, sowie ein Großteil der P-Belege durch συνάγειν übersetzt werden.

Dies wird bestätigt durch die Wiedergabe des Nomens *qāhāl*: ἐκκλησία (68mal), συναγωγή (36mal), ὄχλος (6mal), σύστασις, συνέδριον und πλῆθος (je 1mal); an 4 Dtn-Stellen lag der LXX ein anderer Text vor. ἐκκλησία begegnet an allen dtn/dtr und chr Stellen (Ausnahme: Dtn 5,22 συναγωγή), sowie durchgängig in den Ps (Ausnahme Ps 40,11). συναγωγή begegnet wieder grundsätzlich im Tetrateuch, bei Jer und Ez (hier gelegentlich auch ὄχλος). Semantische Differenzen sind durch die unterschiedliche Wiedergabe offensichtlich nicht angezeigt.

Die häufig geäußerte Hypothese, *qāhāl* komme als vorlaufendes Äquivalent für die nt.liche ἐκκλησία, *ʿeḏāh* dagegen für die Synagoge des Spätjudentums in Frage (zur Diskussion K.L. Schmidt, ThWNT III 528-532; W. Schrage, ThWNT VII 802-806), bedarf der Gegenprobe. Tasächlich wird *ʿeḏāh* mit wenigen Ausnahmen (ἐπισύστασις 11mal, πλῆθος 4mal u.a.) grundsätzlich durch συναγωγή (132mal), nie dagegen durch ἐκκλησία wiedergegeben.

Die Wiedergabe von *ʿeḏāh* durch συναγωγή wird aber allein schon durch die 108 Belege im Tetrateuch dominiert, wo ja auch *qāhāl* (s.o.) durch συναγωγή wiedergegeben wird. Damit werden beide ekklesiologisch primär relevanten Begriffe des AT – zumindest soweit sie in der Thora belegt sind, dem Text mit der zur Zeit der LXX-Abfassung höchsten kanonischen Dignität – grundsätzlich und ausschließlich auf die Synagoge bezogen. Dem widerspricht nicht, daß die dtn Belege fast ausschließlich durch ἐκκλησία wiedergegeben werden, da hier das *qāhāl*-Gesetz (Dtn 23,2.3.4.9 [Betrachtung der Synagoge⟨ngemeinde⟩ unter einem bestimmten Aspekt]) die Wiedergabe auch von Dtn 9,10; 18,16; 31,30 beeinflußte.

Der Wortgebrauch der Thora läßt also zumindest nach LXX-Verständnis eine Auslegung sowohl von *qāhāl* wie auch von *'eḏāh* in Richtung ἐκκλησία nicht zu. Die zwischentestamentlichen Gruppenbildungen des Frühjudentums sind deshalb für diese Fragestellung stärker heranzuziehen (→ יחד *jaḥaḏ*, → מרזח *marzeaḥ*). Über eine mögliche Sonderprägung des nt.lichen ἐκκλησία-Begriffes durch Herleitung aus dem hellenistischen Judenchristentum um Stephanus, aufgegriffen von Paulus, vgl. Schrage und Berger, bes. J. Roloff (EWNT I 1000f.) und H. Merklein (BZ NF 23, 1979, 48-70).

Fabry

קַו *qaw*

קָוֶה *qāwæh*, תִּקְוָה *tiqwāh*

I. Etymologie – II. Im AT – 1. Vorkommen – 2. Bedeutung – 3. Verwendung – III. 1. Qumran – 2. LXX.

Lit.: *K. Ahrens*, Der Stamm der schwachen Verben in den semitischen Sprachen (ZDMG 64, 1910, 161–194, bes. 187). – *O. Betz*, Zungenreden und süßer Wein. Zur eschatologischen Exegese von Jes 28 in Qumran und im Neuen Testament (Festschr. H. Bardtke, 1968, 20–36, bes. 20). – *P. A. H. de Boer*, Étude sur le sens de la racine QWH (OTS 10, 1954, 225–246). – *H. Donner*, Ugaritismen in der Psalmenforschung (ZAW 79, 1967, 322–350, bes. 327). – *G. R. Driver*, Isaiah I–XXXIX. Textual and Linguistic Problems (JSS 13, 1968, 36–57, bes. 46). – *Ders.*, 'Another Little Drink' – Isaiah 28:1–22 (Festschr. D. W. Thomas, Cambridge 1968, 47–67, bes. 53–58). – *W. W. Hallo*, Isaiah 28, 9–13 and the Ugaritic Abecedaries (JBL 77, 1958, 324–338). – *J. Marböck*, קו – eine Bezeichnung für das hebräische Metrum? (VT 20, 1970, 236–239). – *A. van Selms*, Isaiah 28, 9–13: An Attempt to Give a New Interpretation (ZAW 85, 1973, 332–339). – *M. Weippert*, Zum Text von Ps 19, 5 und Jes 22, 5 (ZAW 73, 1961, 97–99).

I. Das Nomen *qaw* stammt aus dem ostsemit. Sprachraum; Belege finden sich nur im Akk. (AHw 924f.); *qû(m)* I bedeutet 'Hanf' (als Pflanze) oder 'Faden' (den man spinnt oder webt) und gilt als Lehnwort aus dem Sum. Im Westsemit. ist das Wort nur im Hebr. (AT und Qumran) und Jüd.-Aram. belegt.

Die Ableitung des Nomens *qaw* von einem Verbum → קוה *qwh* erscheint deshalb wenig sinnvoll, wenngleich die als K überlieferte Form *qāwæh* (1 Kön 7, 23; Jer 31, 39; Sach 1, 16) und das Synonym *tiqwāh* I (Jos 2, 18. 21) dies nahelegen könnten (vgl. GesB 705f.). Auch der umgekehrte Weg wird diskutiert (vgl. Ahrens 181; KBL³ 1011; THAT II 619f.), doch bleiben diese Versuche ohne weiterführende Belege fruchtlos.

II. 1. Das Nomen *qaw*/*qāwæh* findet sich im AT 12mal (dazu als Variante zu Sir 44, 5) sowie in den Zusammenstellungen *qaw-qāw* Jes 18, 2. 7 und *qaw-lāqāw* Jes 28, 10. 13; das mit *qaw* verwandte *tiqwāh* kommt nur Jos 2, 18. 21 vor.

2. An der Mehrzahl der Belegstellen ist *qaw* mit „Meßschnur" zu übersetzen, wobei diese im Bauwesen, bei der Landvermessung sowie im Kunsthandwerk Anwendung findet (vgl. AuS VII 63). Synonyme sind *ḥæḇæl* 'Seil', *ḥûṭ* 'Faden', *pāṯîl* 'Faden, Schnur'.

3. Nur der Bericht über die Anfertigung des Tempelinventars 1 Kön 7, 23 ‖ 2 Chr 4, 2 enthält das Nomen *qaw* als Gegenstand der alltäglichen Welt. Hier heißt es: „und eine Meßschnur von 30 Ellen umspannte es [das eherne Meer] ringsum" (zu den Maßen vgl. A. Šanda, EHAT IX/2, 179; M. Noth, BK IX/1, 155). Diesem Beleg könnte man Jes 44, 13 (die Meßschnur beim Kunsthandwerk) an die Seite stellen. Ijob 38, 5 ist der weisheitlichen Rede zuzurechnen; JHWH stellt hier die Frage: „Wer spannte über ihr [der Erde] die Meßschnur aus?"

An allen weiteren Stellen (alle bei den Propheten) hat das Wort metaphorische Verwendung und ist vorwiegend in den Gerichtsworten anzutreffen. Wie in Am 7, 7–9 das Bleilot (*'anāḵ*) gebraucht JHWH nach 2 Kön 21, 13; Jes 28, 17; Klgl 2, 8 die Meßschnur und das Senkblei (*mišqolæṯ*) zum Nachweis dafür, daß das als Gebäude vorgestellte Israel dem Abriß, also der Vernichtung anheimfallen muß. Einen anderen Aspekt enthält die Gerichtsandrohung über Edom Jes 34, 11. 17: hier dient *qaw* zur Neuvermessung des herrenlos gewordenen Landes, aber die zukünftigen Besitzer werden nicht Menschen, sondern die unheimlichen Tiere der Wüste sein. Als Trostwort gelten dagegen die prophetischen Aussagen über die Neuvermessung der Stadt Jerusalem (Jer 31, 39; Sach 1, 16) bzw. des Landes (Ez 47, 3).

Eine weitere übertragene Bedeutung von *qaw* liegt in Sir 44, 5 – als Randnotiz bzw. in der Fassung der Fragmente aus Masada überliefert – vor, wo das Wort etwa „Regel [der Dichtkunst], Versmaß" bedeuten muß, was durch 1 QH 1, 28. 29 bestätigt wird (vgl. Marböck).

Eine crux interpretum stellen noch immer Jes 18, 2. 7; 28, 10. 13 und Ps 19, 5 dar. Während *qawwām* in Ps 19, 5 „ihre Meßschnur/Maß, Richtschnur" bedeuten soll (vgl. N. H. Ridderbos, BZAW 117, 1972, 177: Firmament und Himmelskörper setzen den Elementen und der Zeit ein Maß), denken andere Ausleger an ein hörbares Phänomen, das „Schall, Laut" (LXX φθόγγος) bedeuten müßte (Korrektur in *qôlām*, Donner 327) oder Verschreibung von *qārām* nach ugar. *qr* 'Ruf, Schrei' (WUS Nr. 2418; vgl. Weippert). H. J. Kraus, BK XV/1 z. St. weist auf das allerdings problematische *qaw qāw* von Jes 28, 10. 13 hin.

In Jes 18 warnt der Prophet ähnlich wie in Jes 20 vor falschem Vertrauen auf die Hilfe der Ägypter und beschreibt dieses Volk als *gôj qaw-qāw ûmeḇûsāh*, die „Nation, die mit sehniger Kraft niedertritt" (v. 2; Übers. nach H. Wildberger, BK X/2, 678f.). Hier wird *qaw-qāw* (nach GesB = *qawqāw*) als eine nach akk. Parallelen gebildete, reduplizierende und damit die Bedeutung steigernde Form eines aus dem Arab. bekannten Nomens oder Adjektivs verstanden (so Driver, JSS 13, 46); andere denken hier wie in Jes 28, 10. 13 (s. u.) an die Nachahmung einer ausländischen, unverständlichen Sprache (so Donner 327 Anm. 31; VTS 9, 1963, 122).

Die Deutungen der Wendung *ṣawlāṣāw ṣawlāṣāw qawlāqāw qawlāqāw ze'er šām ze'er šām* Jes 28, 10. 13 in dem Drohwort gegen die Priester und Propheten von Jerusalem reichen von der Wiedergabe assyrischer Befehlsworte und damit als Hinweis auf die drohende Deportation (van Selms) über den spottenden Vergleich des Propheten mit einem Lehrer, der den Kindern das Alphabet (hier die Buchstaben ק und צ) einprägen will (Hallo u. a.) oder mit einem Ekstatiker (Betz) bis zum Verzicht auf eine sinnvolle Übersetzung und der Auffassung, es handle sich um „Lall-Worte Betrunkener" (Donner; H. Wildberger; Driver, Festschr. Thomas 56). Wildberger nennt auch die Versuche einer Herleitung von *ṣaw* aus *ṣwh* und von *qaw* aus *qwh*.

III. 1. In Qumran finden sich die bisher aufgeführten Bedeutungen wieder. Im Bilde der Vermessung eines Gebäudes 1 QH 6, 26, eines Grundstücks 1 QH 8, 21 oder eines Brunnens 1 QH 18, 11 dient *qaw* als positive Metapher; 1 QH 3, 27 erinnert dagegen an Klgl 2, 8 u. ö. In 1 QS 10, 9 steht *qaw* in Parallele zu *tiqqûn* im Sinn einer religiös-ethischen Norm; 1 QS 10, 26 spricht wohl von einem Zeitmaß (*qaw ʿittîm*). In 1 QH 1, 28 f. ist *qaw* als Terminus der Dichtkunst im Sinne von „Versmaß“ zu verstehen (nach Marböck; vgl. Sir 44, 5 s. o. II. 3.).

2. Sieht man von den Stellen ab, an denen LXX *qaw* mit *qwh* = ἐλπίζειν in Verbindung bringt (Jes 18, 2. 7; 28, 10. 13 wird *qaw* mit ἐλπίς wiedergegeben), so überwiegt die Übersetzung mit μέτρον (5mal); daneben steht σπαρτίον (2mal), κύκλωμα (κυκλοῦν) (2mal), διαμέτρησις (1mal; vgl. auch Jes 34, 17). An der umstrittenen Stelle Ps 19, 5 liest LXX φθόγγος.

Beyse

קוה *qwh*

מִקְוֶה *miqwæh*, תִּקְוָה *tiqwāh*

I. 1. Etymologie – 2. Semit. Parallelbegriffe – 3. *qwh* II – II. 1. Bildung und Belege im AT – 2. LXX – 3. Bedeutung und Wortfeld – III. 1. Allgemeiner Gebrauch – 2. Psalmensprache – 3. Weisheit – IV. Qumran.

Lit.: *P. A. H. de Boer*, Étude sur le sens de la racine *QWH* (OTS 10, 1954, 225–246). – *R. Bultmann / K. H. Rengstorf*, ἐλπίς (ThWNT II 515–531). – *F. Hauck*, ὑπομένω κτλ (ThWNT IV 585–593). – *D. A. Hubbard*, Hope in the Old Testament (TynB 34, 1983, 33–59). – *E. Jenni*, Das hebräische Piʿel, Zürich 1968, bes. 171 ff. 220. – *L. Kopf*, Arabische Etymologien und Parallelen zum Bibelwörterbuch (VT 8, 1958, 161–215, bes. 176 f.). – *J. van der Ploeg*, L'espérance dans l'Ancien Testament (RB 61, 1954, 481–507). – *Th. C. Vriezen*, Die Hoffnung im AT (ThLZ 78, 1953, 577–586). – *C. Westermann*, Das Hoffen im AT (ThB 24, 1964, 219–265). – *Ders.*, קוה *qwh pi.* hoffen (THAT II 619–629). – *H. W. Wolff*, Anthropologie des AT, ^{4}1984, bes. 221–230. – *J. W. Woodhouse*, Semantic Structures in Biblical Hebrew, Manchester 1982. – *W. Zimmerli*, Der Mensch und seine Hoffnung im AT, 1968.

I. 1. Die Etymologie der Wurzel *qwh* ist nicht völlig geklärt. Im Anschluß an K. Ahrens (ZDMG 64, 1910, 187) wird vermutet, daß das Verb *qwh* ein Denominativ des Primärnomens *qaw*, *qāw* (akk. *qû*) darstellt. Das Nomen hat die Bedeutung ʿFaden, Schnurʾ (AHw 924b). In dieser Bedeutung findet es sich auch im AT (→ קו *qaw*). Ebenso ist die Bedeutung „Schnur“ in Jos 2, 18. 21 für das Nomen *tiqwāh* belegt, was darauf hinweisen könnte, daß die Grundbedeutung in der vom Verb abgeleiteten Nominalbildung nachgewirkt hat. Ausgehend von dem Primärnomen ist dann für das Verb *qwh* die Grundbedeutung ʿgespannt seinʾ anzunehmen (KBL^3 1011; THAT II 619). Diese Herleitung ist jedenfalls für das Akk. unwahrscheinlich. Demgegenüber versuchte de Boer (241) alle Bildungen der Wurzel *qaw/qwh* unter der Bedeutung „solidité, cohérence“ u. ä. als Einheit zu begreifen. Solidität und Zusammenhalt erweisen sich aber als Ober- oder Grundbegriff als zu „vage“ (Westermann), und sie sind auch derart abstrakt, daß sie für die etymologische Grundbedeutung kaum in Frage kommen. So wird man grundsätzlich an einer doppelten Wurzel *qwh* festhalten müssen.

Für Ps 52, 11 wurde des öfteren mit Verweis auf akk. *qabû* – ʿsagenʾ eine Wurzel *qwh* III ʿverkündigenʾ vermutet (THAT II 620), die an dieser Stelle zwar durch den Kontext, aber nicht durch die Versionen gestützt werden könnte.

2. Zu *qwh* I wären akk. *quʾʾû(m)* ʿerwarten, warten aufʾ (AHw 931), syr. *qawwî* ʿbleiben, erwartenʾ und amhar. *qwäyyä* ʿwartenʾ (Leslau, Contributions 46) als semit. Parallelverben zu vergleichen.

Unsicher ist, ob die Wurzel im Ugar. belegt ist. Die Wendung *dtqjn hmlt* (KTU 1. 2, I, 18. 34 f.) übersetzt man unter Annahme der Wurzel *qwj*: „auf den die Menge wartet“ (CML 79. 144b), oder unter Voraussetzung der Wurzel *wqj*: „den ihr schätzt“ (UT Nr. 1143), bzw. „den ihr fürchtet“ (WUS Nr. 874).

Im weiteren wird als semit. Parallelbegriffe noch auf arab. *qawija* ʿstark, kräftig, mächtig sein/werdenʾ (Kopf 176) und mand. *qwa* ʿstark sein/werdenʾ (MdD 405b) hingewiesen.

3. *qwh* II ist nur in Nachfolge des at.lichen Sprachgebrauches zu belegen. Im Mhebr. kommt das Verb *qwh qal* und *hiph* ʿsammelnʾ, das Subst. *qiwwûj* ʿAnsammlungʾ und im Jüd.-Aram. *qwʾ haphʿel* ʿversammelnʾ vor. Zu vergleichen ist noch syr. *q^{e}ḇāʾ* ʿzusammenhalten, zusammenfassenʾ (Brockelmann, LexSyr 640; KBL^3 1012).

Im AT ist das Verb im *niph* in der Bedeutung ʿsich sammelnʾ (Gen 1, 9; Jes 60, 9 [cj., s. u. II. 1.]; Jer 3, 17) belegt. Davon abgeleitet sind die Nomina *miqwæh* ʿAnsammlungʾ von Wasser (Gen 1, 10; Ex 7, 19; Lev 11, 36) und *miqwāh* ʿSammelbeckenʾ (Jes 22, 11). *māqôm* in Jes 33, 21 wird oft in *miqwæh* geändert (s. aber O. Kaiser, ATD 18, 269), während wohl für *miqweh / miqweʾ* (1 Kön 10, 28; 2 Chr 1, 16) „aus Koa“ (E. Würthwein, ATD 11/1, 128), bzw. „aus Kewe“ (KBL^3 592. 1012) zu lesen ist.

II. 1. a) Als Verb ist die Wurzel *qwh* im *qal* und *pi* belegt. Für das *qal* ist ausschließlich das Ptz. akt. bezeugt (insgesamt 6mal): Jes (2), Ps (3), Klgl (1). Demgegenüber stehen 41 Belege im *pi*: Gen (1), Jes (13), Jer (4), Hos (1), Mi (1), Ps (14), Ijob (5), Spr (1), Klgl (1).

Textkritisch ist im Blick auf das Verb allein Jes 60, 9 problematisch. Die Wendung: *kî lî ʾijjîm j^{e}qawwû*, die an Jes 42, 4; 51, 5 erinnert, ergibt im Kontext von 60, 9 keinen Sinn. In der Regel ändert man deshalb in: *kî lî ṣijjîm jiqqāwû* „für mich sammeln sich die Boote“ (C. Westermann, ATD 19^2, 282; KBL^3 1012; vgl. BHS) und liest das *niph* von *qwh* II. An Stelle des Verbs könnte in Ps 39,8 mit LXX das Nomen *tiqwāh* gelesen werden. Die Gesamtzahl des Verbs würde sich dann auf 46 bzw. 45 Belegstellen reduzieren.

b) Von *qwh* abgeleitet sind die beiden Nomina *miqwæh* (5mal): Jer (3), 1 Chr (1), Esra (1) und *tiqwāh* (32mal): Jer (2), Ez (2), Hos (1), Sach (1), Ps (3), Ijob (13), Spr (8), Klgl (1), Rut (1). Herausgenommen sind beide Belege, wo *tiqwāh* 'Schnur' bedeutet (Jos 2,18.21; s.o. I.1.), während jene Stellen mitgerechnet sind, an denen die LXX eine Form der Wurzel *qwh* II voraussetzt (s.u. II.2.).
In Erwägung zu ziehen wäre allerdings, ob das zweite *tiqwāh* in Ijob 17,15 nicht mit LXX in *ṭôḇāh* zu ändern ist (G. Fohrer, KAT XVI 282; BHS). Die Zahl der Belegstellen der Wurzel *qwh* beläuft sich dann auf 82 im MT (dazu 2mal Sir 6,19; 11,20).

c) Auffallend an dieser Übersicht ist, daß die Wurzel *qwh* in den geschichtlichen Überlieferungen und den erzählenden Partien des AT fehlt. Gen 49,18 ist eine später in den Text eingetragene Randglosse bekenntnishaften Stils (G. von Rad, ATD 2/4[10], 351). Schwerpunktmäßig scheinen sich die Belege annähernd gleichwertig auf Propheten (29), Psalmen (20) und Weisheit (27) zu verteilen. Dieses Verhältnis ändert sich aber grundlegend, wenn man die prophetischen Belegstellen in ihrem Kontext untersucht. In der Mehrzahl weisen sie eine deutliche Affinität zur Sprache der Psalmen auf (Jes 8,17; 25,9; 26,8; 33,2; 40,31; 49,23; 59,9.11; 64,2; Jer 13,16; 14,8.19.22; 17,13; Hos 12,7). Von der Psalmensprache beeinflußt sind auch Gen 49,18; Spr 20,22; Klgl 2,16; 3,25.29. Von daher urteilt Westermann: „Mit der Hoffnung oder den Hoffnungen Israels hat es die Prophetie nicht zu tun. Es ist vielmehr eindeutig festzustellen, daß die Vokabeln des Hoffens und Wartens im AT ihren Ort nicht in der prophetischen Verkündigung haben" (THAT II 628).
Verb und Nomina der Wurzel *qwh* gehören in den Sprachraum der Psalmen und der Weisheit. Während in den Psalmen und in den von der Psalmensprache beeinflußten Texten der Gebrauch des Verbs vorherrscht (ca. 32mal), überwiegt in der Weisheit der Gebrauch des Nomens *tiqwāh* (20/21mal).

2. Die LXX übersetzt das Verb *qwh* nicht wie vermutet werden könnte mit ἐλπίζειν (so nur Jes 25,9; 26,8; und vielleicht ist ἐγγίζειν Hos 12,7 eine Verschreibung desselben, W. Rudolph, KAT XIV/1, 222), sondern mit einer Form von μένειν (ὑπομένειν 20mal; ἀναμένειν und μένειν je 3mal; περιμένειν Gen 49,18). Damit legt sie die Betonung der Bedeutung des Verbs auf „warten". ἐλπίζειν steht in der Regel für die Wurzel *bṭḥ* (ThWNT II 518). Andere Verben für *qwh* sind πεποιθέναι (Jes 8,17; 33,2), προσδοκᾶν (Klgl 2,16), ἐπέχειν (Ijob 30,26). Demgegenüber findet sich ἐλπίς 20mal für *tiqwāh*; je 4mal übersetzt LXX *miqwæh* und *tiqwāh* mit ὑπομονή, und 2mal steht ὑπόστασις für *tiqwāh*.

In Jer 50,7; Mi 5,6 (συνάγειν) und Sach 9,12 (συναγωγή) hat LXX fälschlich eine Form der Wurzel *qwh* II gelesen; das gleiche scheint auch für Hos 2,17 zu gelten, wo für *lᵉpæṯaḥ tiqwāh* die Wendung διανοῖξαι σύνεσιν αὐτῆς steht (anders Rudolph, KAT XIII/1, 74).

3. a) *qwh* ist nicht die einzige Wurzel, die im AT den Bedeutungsbereich des Hoffens und Wartens abdeckt. Hierzu gehören vor allem auch → חכה *ḥāḵāh* (*qal* und *pi*); → יחל *jāḥal* (*pi* und *hiph*); → שׂבר *śāḇar* (*pi*) und die Nomina *tôḥælæṯ* und *śeḇær*. Einige davon begegnen häufiger in Parallele zu *qwh* oder im näheren Kontext.
An erster Stelle sind *jḥl pi* (Jes 51,5; Mi 5,6; Ps 130,5 [*hiph*]; Ijob 30,26; Klgl 3,26 [cj. *hiph*]; vgl. auch Ps 37,7–9 [cj.]) und *tôḥælæṯ* (Ps 39,8; Spr 10,28; 11,7) zu nennen. Einmal steht *ḥkh pi* in Parallele zu *qwh pi* (Jes 8,17). Andere, *qwh* in der Bedeutung nahestehende Verben sind → בטח *bṭḥ* 'vertrauen' (Ps 25,2f.; vgl. *bṭḥ* – *tiqwāh* Ijob 11,18; *tiqwāh* – *mibṭāḥ* Ps 71,5), → דמם *dmm qal* 'sich still halten' (Ps 37,7–9; vgl. *dmm* – *tiqwāh* Ps 62,6; dazu H. J. Kraus, BK XV/2[5], 595), → נבט *nbṭ hiph* 'spähen' (Ijob 6,19), die auch im Kontext von *ḥkh* (→ II 917f.) und *jḥl* (→ III 608) begegnen. Schon deshalb ist es schwierig, die Verben des Hoffens und Wartens in ihrer Bedeutung genauer voneinander zu unterscheiden. Für die beiden am häufigsten gebrauchten Verben ließe sich bestenfalls im Anschluß an Westermann vermuten, daß *jḥl* auch an Stellen, „wo es auf Gott bezogen ist, die ganze Bedeutungsbreite, die es im nicht-theologischen Gebrauch hat", beibehält (THAT I 728), während *qwh* viel stärker vom theologischen Gebrauch her bestimmt wird. *jḥl* würde dann ähnlich *ḥkh* und *śbr* den Aspekt des Wartens und *qwh* den des Hoffens betonen. Es ist jedoch zu bedenken, daß diese Verben, einschließlich ihrer Derivate, nicht nur in ähnlichen Kontexten, sondern zumeist auch in späten (exil.-nachexil.) Texten belegt sind, was den Schluß nahelegt, daß diese Begriffe ihren ursprünglichen Bedeutungsgehalt abgeschliffen und sich einander angeglichen haben, so daß ihrer wechselseitigen Verwendung oft nur noch stilistische Bedeutung zukommt (→ II 918).

b) Nach Jenni (171f.) besteht eine weitere Gemeinsamkeit der Verben des Hoffens und Wartens darin, daß sie stets auf ein Ziel, das sie „im Resultativ zum Ausdruck bringen", bezogen sind und deshalb das *pi* bevorzugen (*ḥkh qal* 1mal, *pi* 13mal; *jḥl pi* 27mal, *hiph* 17mal [→ III 605]; *śbr pi* 8mal).
Dem entspricht, daß das Verb *qwh* fast immer mit einem Obj. verbunden ist. Das Ptz. *qal* steht entweder in einer Cstr.-Verbindung oder ist suffigiert. Bei den finiten Formen des *pi* tritt in der Regel *lᵉ* (18mal) bzw. *'æl* (5mal) vor das Obj. Sechsmal steht das Obj. präpositionslos zum Verb; 3 Stellen belegen Verbalsuffix (Jes 26,8; Ps 25,21; Klgl 2,16) und in Ps 25,5 findet sich suffigierte nota accusativi. Absoluter Gebrauch ist allein in der Negation sicher

bezeugt: „Fürwahr, ich erhoffe nichts (*'im 'aqawwæh*), das Totenreich ist mein Haus" (Ijob 17,13; anders F. Horst, BK XVI/1, 240).
Auch wenn man mit Kraus (BK XV/2[5], 1047) in Ps 130,5 JHWH als Vokativ und das 2mal gebrauchte Verb *qwh pi* absolut auffaßt, zeigt doch der zweite Stichos dieses Verses, daß die Hoffnung ein Ziel hat: „auf sein Wort warte ich (*hôḥāltî*)". Die Zielbezogenheit des Verbs *qwh*, die schon in der vermuteten etymologischen Grundbedeutung „gespannt sein" anklingt, wird noch dadurch unterstrichen, daß Verben des Begehrens: *š'p qal* 'lechzen' (Ijob 7,2); *'wh pi* 'verlangen' (Jes 26,8f.; vgl. auch *tiqwāh* in Parallele zu *ta'awāh* Spr 11,23) oder des Suchens: *bqš pi* (Ps 69,7); *drš qal* (Klgl 3,25); *šḥr pi* (Jes 26,9) in Parallele zu *qwh* treten können.
Fraglich ist allerdings, ob sich für *qwh* der Unterschied zwischen *qal* und *pi* dahingehend bestimmen läßt, daß das *qal* im Gegensatz zum *pi* „nur ein allgemeines Hoffen an sich ohne bestimmtes Einzelziel" beinhaltet (Jenni). Auch das *pi* ist häufig auf kein konkretes Ziel, sondern sehr allgemein auf JHWH hin ausgerichtet (Jes 25,9; Jer 14,22; Hos 12,7; Ps 25,21 u.ö.), während es in Folge des Ptz. *qal* heißen kann: „Die auf JHWH hoffen, erneuern die Kraft" (Jes 40,31), ... „sie werden das Land besitzen" (Ps 37,9; vgl. die ähnlich lautende Aussage nach Imp. *pi* in v. 34) oder ... „sie werden nicht zuschanden werden" (Jes 49,23; Ps 25,3; vgl. 69,7). Dies spricht mehr dafür, daß der von Jenni ermittelte Bedeutungsunterschied bei *qwh* nicht im Gegenüber von *qal* und *pi*, sondern in dem grundsätzlichen Unterschied zwischen Ptz. als „ein andauerndes absolutes Ausgerichtet-Sein" und finitem Verb als „ein immer neues ... Hoffnung-Setzen" (Jenni 178) begründet ist.
c) Die Bedeutung „warten" trägt das Verb *qwh pi* vor allem dann, wenn es im feindlichen Sinne verwendet wird: „Auf mich warten (*qiwwû*) Frevler, um mich zu vernichten" (Ps 119,95; vgl. Ps 56,7; Klgl 2,16). Eine deutliche Erwartungshaltung drücken auch Stellen aus, an denen *qwh pi* in metaphorischer Verwendung gebraucht wird: Der Weinbergsbesitzer „wartet" auf den Ertrag seiner Arbeit (Jes 5,2.4) und der Knecht auf seinen Lohn (Ijob 7,2; vgl. Sir 6,19). *qwh pi* könnte an diesen Stellen auch mit „hoffen" oder „harren" übersetzt werden. Die Betonung dürfte aber mehr auf „warten" liegen, da jeweils eine Haltung umschrieben wird, der Aktivitäten und Erfahrungen des Subj. zugrundeliegen, die die Erwartung als berechenbar erscheinen lassen.
Erst wo diese Haltung zeitlich und qualitativ auf das Obj. konzentriert wird, von dem her alles erwartet wird, kommt deutlicher die Bedeutung „hoffen" zum Tragen.
d) Von Hoffnung ist deshalb zumeist dort die Rede, wo JHWH direkt oder indirekt das Obj. des Verbs bildet. Das trifft für die Mehrzahl der Belege zu. JHWH wird genau bei der Hälfte aller Belegstellen (einschließlich der Doppelungen Jes 25,9 MT; Ps 27,14; 40,2; 130,5 – 23mal) direkt als Obj. genannt. Rein sachlich gehört hierher dann auch, wenn von seinem „Namen" (*šem* Ps 52,11), seiner „Hilfe" (*ješû'āh* Gen 49,18; vgl. Jes 59,11 ohne direkte Nennung JHWHs) oder von seinen „Wundern" (*nôrā'ôṯ* Jes 64,2) gesprochen wird. Auch die Frage: „Worauf hoffe ich?" (*mah-qiwwîṯî*) ist im Kontext von Ps 39,8 in Erwartung auf JHWH gestellt. Zeigt Jes 51,5 das Weiterleben der Gottesknechtstradition in nachexil. Zeit an (C. Westermann, ATD 19, 190f.), dann ist der Gottesknecht bzw. sein „Arm" Objekt der Hoffnungen und Erwartungen.
Des weiteren weisen alle Objekte von theologischer Relevanz einen mehr oder weniger direkten Bezug zu JHWH auf. So z.B., wenn sich die Hoffnung richtet auf „Licht" (*'ôr* Jes 59,9; Jer 13,16; Ijob 3,9), auf „Heil" (*šālôm* Jer 8,15; 14,19), „Gutes" (*ṭôḇ* Ijob 30,26) oder „Recht" (*mišpāṭ* Jes 59,11).
Wie stark die mit dem Verb *qwh* zum Ausdruck gebrachten Hoffnungen an JHWH gebunden sind, zeigen nicht zuletzt jene Stellen, an denen die Hoffnung in irgendeiner Weise auf Menschen gerichtet ist. Sie tragen durchgängig einen negativen Akzent: Hoffnung auf „Mitleid" (*nûḏ*) und „Tröster" (*nḥm pi*) seitens der Menschen (Ps 69,21) bleibt ebenso unerfüllt wie JHWHs Hoffnung auf Israels „Rechtsspruch und Gerechtigkeit" (Jes 5,7). In Mi 5,6 kann deshalb dem „Rest Jakobs" zugesprochen werden, daß es ihm ergehen soll „wie Tau, der von JHWH kommt, wie Tautropfen, die auf niemand hoffen (*lo' jeqawwæh le'îš*) und nicht warten müssen auf Menschen (*lo' jejaḥel liḇnê 'aḏām*)".
e) Die von dem Verb abgeleiteten Nomina bestätigen das bisher Gesagte insofern, als auch *miqwæh* und *tiqwāh* fast ausschließlich in theologischen Kontexten begegnen. Es ist irreführend, wenn Westermann (THAT II 620f.) betont, daß nur ca. ein Sechstel der Nomina in Beziehung zu JHWH stehen (*miqwæh* Jer 14,8; 17,3; 50,7; Esra 10,2; *tiqwāh* Ps 62,6; 71,5).
JHWH, auf den sich schon verbal die Hoffnungen und Erwartungen richten, steht zumeist auch im Hintergrund der Aussagen, bei denen eines der Nomina gebraucht wird; so jedenfalls, wenn von der Hoffnung der „Elenden" (K: *'anāwîm* Ps 9,19); der „Geringen" (*dal* Ijob 5,16), der „Gefangenen" (*'asîrîm* Sach 9,12) oder vom „Tor der Hoffnung" die Rede ist, zu dem das „Tal Achor" (Hos 2,17) werden soll. Positiv auf JHWH weisen des weiteren Stellen wie Ijob 4,6; 6,8; 11,18 hin. Demgegenüber steht *tiqwāh* oft für „zerstörte" und „vernichtete" (→ אבד *'āḇaḏ*) Hoffnung. Hier ist es entweder JHWH selbst, der die „Hoffnung der Menschen" zunichte macht (Ijob 14,19), sie gleich einem Baum ausreißt (Ijob 19,10; vgl. Ez 37,11), oder es handelt sich um die Hoffnung der „Gottentfremdeten" (*ḥānep* Ijob 8,13; vgl. 27,8) bzw. der „Frevler" (*rešā'îm* Spr 10,28; 11,7.23; vgl. auch 26,12; 29,20), von denen es in Ijob 11,20 heißt: „Die Zuflucht geht ihnen verloren, und ihre Hoffnung ist das Aushauchen der Seele".
f) Wirklich profaner Gebrauch ist wie beim Verb selten. Er findet sich wiederum in Aussagen, in

denen *tiqwāh* eine bestimmte Lebenserwartung beschreibt, deren Wertigkeit durch eigene Erfahrungen abgeschätzt werden kann. Noomi schickt ihre Schwiegertöchter fort, weil sie selbst keine „Aussicht" (*tiqwāh*) mehr sieht, Söhne zu gebären (Rut 1,12). Spr 19,18 ermahnt den Vater, den Sohn zu züchtigen, „solange noch Zeit ist" (*kî ješ tiqwāh*).

g) Überhaupt wird das Nomen *tiqwāh* häufig im Sinne von Aussicht und Zukunft verwendet und kann deshalb in Parallele zu *'aḥᵃrîṯ* (Jer 29,11; Spr 23,18; 24,14) stehen. Die zeitliche Grenze setzt dann der Tod. Mit ihm endet alle Hoffnung (Ez 37,11; Ijob 7,6; vgl. 17,13; 1 Chr 29,15). Dem entspricht, daß Nomen und Verb weithin die Erwartungen und Aussichten des einzelnen reflektieren. In keinem Fall verbinden sich mit ihnen transzendente Momente oder eschatologische Erwartungen.

III. 1. Mit der Wurzel *qwh* werden Hoffnungen und Erwartungen des Menschen umschrieben. Es handelt sich also ausschließlich um ein anthropologisches Phänomen, das allenfalls metaphorisch oder gleichnishaft auf andere Bereiche übertragen werden kann. Schon deshalb ist eine Unterscheidung des Gebrauchs in profan und theologisch wenig sinnvoll. Zu unterscheiden sind vielmehr die Kontexte, innerhalb derer dieses Phänomen zur Sprache kommt und die ihrerseits wieder die Erwartungen und Hoffnungen des Menschen näher bestimmen und qualifizieren.

Eindeutig profane Kontexte sind selten (s.o. II.3). Selbst Stellen, an denen *qwh* in metaphorischer Verwendung scheinbar profan gebraucht wird, besitzen einen viel weiteren Kontext.

In der zweiten Rede (Ijob 6,1–7,21) vergleicht Ijob seine Erwartung und Lebenshaltung u.a. mit einer Karawane in der Wüste, die in trügerischer Hoffnung nach Wasser Ausschau hält (6,19f.), und mit dem Warten eines Tagelöhners auf seinen Verdienst (7,2). Die erste Metapher steht für Ijobs unerfüllte Hoffnung, die er in seine Freunde gesetzt hat (6,21), und die zweite für die Fron seines Lebens (7,2: „wie ein Sklave nach dem Schatten lechzt"). 14,7f. stellt die Hoffnung des Menschen in Gegensatz zu der des Baumes, weil dieser auf Grund seiner Wurzel auch dann noch Hoffnung haben kann, wenn er gefällt wird. An all diesen Stellen ist *qwh* kein aus der Metapher gewonnener Begriff, sondern ein Leitwort der Hoffnungsproblematik im Ijobbuch (s.u. III.3.). In ähnlicher Weise gilt das für Ez 19,5, wo in einer *qînāh* die zerstörte Hoffnung einer Löwin als Spiegelbild für die Aussichten des Königshauses steht. Auch im sog. Weinbergslied (Jes 5,1–7) steht das Verb *qwh pi* (vv. 2.4.7) kaum für die tatsächliche Erwartungshaltung eines Weinbauern, sondern für JHWHs begründete Hoffnung auf Israels Gemeinschaftstreue.

Als der eigentliche Ort der Rede von den Hoffnungen und Erwartungen des Menschen im AT erweisen sich die Psalmen und die Weisheit. D.h. nicht, daß nicht auch in anderen Zusammenhängen oder unabhängig von der festen Terminologie von Hoffnungen gesprochen werden kann (vgl. Wolff; Zimmerli; H.D. Preuß, Jahweglaube und Zukunftserwartung [BWANT 87, 1968]); für *qwh* jedoch wie weithin auch für *ḥkh*, *jḥl* und *śbr* gilt, daß des Menschen Hoffnungen und Erwartungen vor allem dort zur Sprache kommen, wo sich der Mensch in seiner Existenz, in seinem Lebensvollzug selbst in Frage gestellt weiß oder wo die Aussichten und Chancen des Menschen im Kontext weisheitlichen Weltverhaltens reflektiert werden.

2. a) Hoffen und Warten auf Gott. In dieser Ausrichtung findet sich das Verb *qwh* vor allem in der Sprache der Psalmen und in Texten, die von der Psalmensprache abhängig sind. Nach Westermann (ThB 24, 237ff.; THAT II) hat das Verb seinen eigentlichen Sitz im Bekenntnis der Zuversicht, weswegen es häufig im Klagelied des einzelnen oder diesem verwandten Gattungen begegnet (Ps 25,2f.; 39,8; 40,2; 71,5 [*tiqwāh*]; 130,5).

Angesichts eigener Not und Bedrängnis bekennt der Beter, daß er JHWH alles anheim stellt, alles von ihm erwartet und ihm allein vertraut. Dabei steht *qwh* in diesen Bekenntnissen an der Stelle, wofür anderenorts die Verben *bṭḥ* und *ḥsh* bzw. *jḥl* verwendet werden (→ III 610).

Das Ziel der Hoffnung und Erwartung wird zumeist kaum näher konkretisiert, sondern es ergibt sich selbstredend aus der Klage. Mit dem Bekenntnis ist immer die Hoffnung oder der Wunsch verbunden, daß JHWH eingreifen, helfen und die Situation des Beters verändern möge: „Doch nun, worauf hoffe ich, Herr? Mein Harren (*tôḥælæṯ*) gilt dir allein. Errette mich ..." (Ps 39,8f.).

Wie hier kann die Hoffnungs- und Erwartungshaltung auch an anderen Stellen noch verstärkt werden; so wenn es heißt: „auf dich hoffe ich täglich" (*kŏl-hajjôm* Ps 25,5; vgl. Jes 26,8; 33,2) oder: „denn du bist meine Hoffnung Herr/JHWH mein Vertrauen (*mibṭāḥ*) von Jugend an" (Ps 71,5; vgl. 62,6f.).

Der Beter lebt von der Erfahrung und in der Gewißheit, daß „alle, die auf JHWH hoffen, nicht zuschanden werden" (*lo' jeḇošû* Ps 25,2f.; vgl. Jes 49,23; Jer 17,13). Damit wird zugleich auf ein intaktes Gottesverhältnis (→ I 578) insistiert, in dem allein Hoffnung begründet ist (vgl. auch Esra 10,2). Von hier aus wird verständlich, daß das Verb *qwh* an Stellen begegnet, hinter denen ein Heilsorakel oder priesterlicher Zuspruch vermutet werden kann (Ps 27,14; 37,34). Am deutlichsten ist diese Form in Hos 12,7 erkennbar: „Ja, du darfst mit der Hilfe deines Gottes zurückkehren. Bewahre nur Hingabe und Recht und hoffe auf deinen Gott beständig (*wᵉqawweh 'æl 'ᵉlohæḵā tāmîḏ*)".

Neben die Mahnung, auf JHWH zu hoffen, treten ethische Forderungen (Ps 37,9.34; vgl. Spr 20,22), denen an anderer Stelle die Bitte um eigenes rechtschaffenes Verhalten (Ps 25,5.21) oder die Aussage

entspricht: „Mögen nicht zuschanden werden durch mich, die auf dich hoffen" (Ps 69, 7).
b) Außerhalb der Psalmen findet sich *qwh* im Sinne des Wartens und Hoffens auf JHWH ebenfalls im Bekenntnis der Zuversicht (Jes 33,2; Jer 14,22; vgl. Jes 25,9; 26,8) bzw. als Zusage in Form von Heilsworten (Jes 40,31; 49,23; 51,5; Jer 14,8; 17,13) oder Mahnungen (Klgl 3,25).
An allen Stellen, vielleicht Jes 51,5 ausgenommen, steht die Sprache der Psalmen im Hintergrund. Das gilt, wie Westermann (THAT II 627f.) deutlich gemacht hat, auch für Jes 8,17, wo der Prophet, angesichts dessen, daß seiner Verkündigung kein Glaube geschenkt wird, seine Botschaft versiegelt und in Aufnahme der Psalmensprache bekennt: „Ich will warten (*ḥkh*) auf JHWH, der sein Angesicht vor dem Hause Jakobs verbirgt, und hoffen (*qwh*) auf ihn".
Im Unterschied zu den Psalmen allerdings, wo es sich um Aussagen einzelner handelt, ist es hier an vielen, meist exil. Stellen das Volk, das seine Hoffnung auf JHWH richtet und dem neue Hoffnung zugesprochen wird. Damit wird der Erfahrungshintergrund des Phänomens Hoffen entsprechend erweitert. Außer dem Verb begegnen häufiger die Nomina. JHWH wird „Hoffnung Israels" (*miqweh jiśrā'el* Jer 14,8; 17,13; vgl. auch *miqweh 'ᵃḇôṯêhæm* Jer 50,7; dazu W. Rudolph, HAT I/12³, 298) genannt und als der Gott Israels auf seine Schöpfermacht angesprochen (Jer 14,22). Bei ihm liegt die Zukunft Israels (*tiqwāh* in Parallele zu *'aḥᵃrîṯ* Jer 29,11) und die seiner Nachkommen (*tiqwāh lᵉ'aḥᵃrîṯeḵ* Jer 31,17). In diese Richtung ist vielleicht die ansonsten singuläre Stelle Hos 2,17 zu deuten, nach der JHWH das Tal Achor für Israel zur „Pforte der Hoffnung" machen will. „Zuversichtliche Hoffnung auf die Treue Jahwes, der zu seiner Verheißung steht" (W. Rudolph, KAT XIII/4, 186), wird auch in Sach 9,2 ausgesprochen.
c) Allerdings ist das Verb *qwh* in der Sprache der Psalmen, ähnlich *jḥl* (→ III 610), nicht nur auf Bekenntnis, Zuspruch und Mahnung beschränkt, sondern es dient selbst zur Formulierung der Klage. Die Hoffnungen des Beters werden enttäuscht (Ps 69,21), und die Erwartungen auf Licht, Heil und Gerechtigkeit verkehren sich in ihr Gegenteil (Jes 59,9.11; Jer 13,16; 14,19).
3. a) Ähnlich lautende Aussagen finden sich auch in Ijob 3,9; 30,26, womit schon angezeigt ist, daß bei der Verwendung der Wurzel *qwh* zwischen der Sprache der Psalmen und der Weisheit keine feste Grenze gezogen werden kann (vgl. auch Spr 20,22 mit Ps 37,34; Ijob 5,16 mit Ps 9,19). In der Weisheit überwiegt der Gebrauch des Nomens (s.o. II.1.c). Die Frage der Weisheit ist in diesem Zusammenhang weniger darauf gerichtet, worauf der Mensch aus ist, sondern was und aus welchem Grund ihm etwas zukommt: „Das Begehren (*ta'ᵃwāh*) des Gerechten bringt Gutes, aber das Hoffen (*tiqwāh*) der Frevler Zorn" (Spr 11,23). Die Weisheit argumentiert in der Gewißheit, daß der Gerechte eine Zukunft besitzt, während die Erwartungen des Frevlers zunichte werden (Spr 10,28; 11,7; vgl. auch Ijob 27,8; Sir 11,20). Gottesfurcht (Spr 23,17f.), Erkenntnis und Weisheit (24,14) gewähren aussichtsreiches, hoffnungsvolles Leben. Wer sie nicht besitzt, hat weniger Hoffnung als ein Tor (Spr 26,12; 29,20).
b) Kaum anders denken die Freunde Ijobs (8,13; 11,17–20). Angesichts seiner Leiden fragen sie: „Ist nicht deine (Gottes)furcht deine Zuversicht?", und hinter dieser Frage steht der Grundsatz: „Deine Zukunft (*tiqwāh*) liegt in der Lauterkeit deines Wandels" (4,6; zum Text G. Fohrer, KAT XVI 130). Demgegenüber bestreitet Ijob nicht, daß Gott der Grund und die Ursache aller Hoffnung ist: JHWH hat seine Hoffnung vernichtet, gleich wie „das Wasser die Steine zerreibt, der ʿGußregenʾ (lies *sᵉḥîpāh*, Fohrer 239) die Erdkrume fortschwemmt" (14,19; vgl. 6,20; 14,7f.; 19,10; s.o. III.1.). Deshalb sind seine Tage „schneller als ein ʿWeberschiffchenʾ und gehen zu Ende ohne Hoffnung" (7,9; vgl. 17,13). Was Ijob hiermit im Gegensatz zur konventionellen Weisheit bestreitet, ist dies, „daß der Mensch mit seinem Verhalten an der Zuteilung von Hoffnung mitbeteiligt" ist (Zimmerli 27). Dadurch stehen die Aussagen wieder in deutlicher Nähe zur Klage der Psalmen (6,8; 17,15).

IV. In Qumran setzt sich der Sprachgebrauch der Psalmen fort, und die Wurzel begegnet mit wenigen Ausnahmen nur in 1QH. Der Beter hofft (*qwh pi*) auf Gottes Vergebung (*sᵉlîḥāh* 10,22; vgl. Ps 130,4f.) und auf seine Heilstreue (*ḥæsæḏ* 11,31; vgl. Ps 33,18; 147,11).
Die Nomina *miqwæh* (3,20; 6,6; 9,14; Fragm. 1,7; 52,2) und *tiqwāh* (3,27; 6,32; 9,12) umschreiben die Hoffnungen und Aussichten, die dem Menschen durch Gottes Gnade (3,20; 9,14) und entsprechend dem eigenen Verhalten (6,6) zukommen oder die ihm durch das Gericht verlorengehen (3,2; 6,32).
1 QM 11,9 knüpft innerhalb einer Reihe von Verheißungen an Hos 2,17 *lᵉpæṯaḥ tiqwāh* an. Die Stellen Ps 37,9.34 werden in 4 QpPs 37 2,4 und 4,10 zitiert und auf die eigene Gemeindesituation bezogen.

Waschke

קוּט *qûṭ*

קוּץ *qûṣ*

I. Etymologie – II. Verwendung im AT – 1. Allgemeines – 2. *qûṭ* – 3. *qûṣ* – III. LXX.

I. Im Ugar. erscheint *qṭṭ* oder *qṭ* II *palel* ʿsich ekelnʾ neben dem Substantiv *qṭṭ* ʿEkelʾ in der Wendung *b'pkm/n ubqṣrt npškm/n ubqṭt tqṭṭ(n)* (KTU 1.40,

14f. 22f. 31. 39f.; 1.84,7. 22f.), die wahrscheinlich zu übersetzen ist: „durch euren Zorn und durch euren Verdruß und durch den Ekel, mit dem ihr euch geekelt habt" (vgl. WUS 274f.; A. van Selms, UF 3, 1971, 240; M. Dietrich / O. Loretz / J. Sanmartín, UF 7, 1975, 152f.). Daneben jüd.-aram. *qwṣ* II 'Überdruß haben' (Dalman, Wörterbuch 374a).

II. 1. *qûṭ* kommt 8mal (2mal *qal*, 4mal *niph*, 2mal *hitpo*), *qûṣ* 9mal (8mal *qal*, 1mal *hiph*) im AT vor. Die Verben *qûṭ* und *qûṣ* gehören zu dem hebr. Wortfeld, mit dem verschiedene Nuancen des Widerwillens wie Überdruß, Ekel, Verachtung ausgedrückt werden, z.B. *g'l*, *jq'/nq'*, *m's*, n'ṣ, *śn'*, *t'b* (vgl. C. Westermann, THAT II 83; E. Jenni, ebd. 836), und so lassen sich *qûṭ* und *qûṣ* mit *b^e* (s.u. 3.) als „verabscheuen" in mehrfacher Schattierung wiedergeben.
Daß *qûṣ* eine Nebenform zu *qûṭ* ist, beide Verben also austauschbar sind, zeigt der Vergleich von Gen 27,46: „Ich verabscheue (*qaṣtî*) mein Leben (*b^{e}ḥajjaj*)" mit Ijob 10,1: „Ich verabscheue (*nāq^{e}ṭāh napšî*) mein Leben (*b^{e}ḥajjāj*)" – und von letzterer Stelle mit Num 21,5: „Und wir verabscheuen (*w^{e}napšenû qāṣāh*) die Speise (*ballæḥæm*)". Ferner fällt auf, daß in Gen-Jes und Spr nur *qûṣ*, in Ez, Ps und Ijob nur *qûṭ* vorkommen; beide Verben sind also anscheinend Dialektvarianten.
2. *qûṭ niph* erscheint in Ijob 10,1 „Ich verabscheue mein Leben" (s.o. 1.), d.h. ich bin meines Lebens überdrüssig, weil Gott den Unschuldigen leiden läßt und seine Macht an ihm erprobt (G. Fohrer, KAT XVI 213) – und dreimal im Ez-Buch, wobei jeweils von denen die Rede ist, die aus der Katastrophe gerettet wurden und jetzt an JHWH oder an ihre bösen Taten denken, sich ihrer erinnern (*zkr*). Nach dem Drohwort über die Berge Israels (Ez 6,1–7), das ab v.4b fast unmerklich zur Anrede an Menschen, also die Israeliten übergeht, werden diese in vv. 8–10 direkt angesprochen: Wenn von ihnen „Entronnene unter den Völkern" seien (v.8), „so werden eure Entronnenen unter den Völkern ... an mich denken, ... und sie werden sich selber verabscheuen (*w^{e}nāqoṭṭû bipnêhæm*) wegen der bösen Taten, die sie getan haben" (v.9). Am Ende von Ez 20 steht ein Abschnitt, der die Ankündigung enthält, daß JHWH sich wieder seinem Volk zuwenden und es in die Heimat zurückführen wird (vv. 40–44). Hier findet sich die Voraussage: „Und ihr werdet dort denken an eure Wege und alle eure Taten, mit denen ihr euch unrein gemacht habt, und ihr werdet euch selber verabscheuen (*ûn^{e}qoṭoṭæm bipnêkæm*) wegen all eurer bösen Taten" (v.43). Der – wohl nicht von Ez stammende (W. Zimmerli, BK XIII/2, 873f.) – Abschnitt Ez 36,16–38 stellt zunächst klar, daß JHWH das sündige Volk ins Exil führen mußte (vv. 16–21), um darauf in die Ankündigung eines neuen Heils überzugehen (vv. 22–36). Hier heißt es: „Und ihr werdet denken an eure bösen Wege und eure Taten, die nicht gut waren, und ihr werdet euch selber verabscheuen (*ûn^{e}qoṭoṭæm bipnêkæm*) wegen eurer Verschuldungen und wegen eurer Greuel" (v.31). An den drei Ez-Stellen dient *pānîm* wohl zur Umschreibung des Reflexivpronomens (vgl. KBL^3 887; A.S. van der Woude, THAT II 442), und „sich selber verabscheuen" dürfte gleichbedeutend mit „sich schämen" sein.
qûṭ qal (mit *b^e*) findet sich in einer JHWH-Rede, die das Ende von Ps 95 bildet (vv. 8f.). Hier sagt JHWH von der Wüstengeneration, die ihr Herz verstockte und ihn, JHWH, versuchte (v.8f.): „Vierzig Jahre verabscheute ich (*'āqûṭ*) 'jenes' Geschlecht, und ich sprach: Ein Volk irrenden Herzens sind sie, und sie haben meine Wege nicht erkannt" (v.10). Die Folgerung – „so daß (*'^{a}šær*) ich schwor in meinem Zorn: Sie sollen nicht kommen zu meiner Ruhe" (v.11) – zeigt, daß *qûṭ* hier nicht so sehr den Ekel als vielmehr die feindselige Ablehnung meint.
Ebenso sind wohl auch die beiden Stellen mit *hitpo* zu verstehen: Ps 119,158 „Ich sehe Abtrünnige (*bog^{e}dîm*), und ich verabscheue, die (*wā'æṭqôṭāṭāh '^{a}šær*) dein Wort nicht bewahren"; 139,21 „Sollte nicht, die dich hassen, JHWH, ich hassen, und die sich gegen dich erheben (*ûbitqômmækā*, Schreibfehler für *ûb^{e}mitqôm^{e}mækā*: BLe § 56u"; vielleicht ist *ûb^{e}mitqôṭ^{e}ṭækā*, „die dich verabscheuen", zu lesen, vgl. H. J. Kraus, BK XV/2^5, 1092), ich verabscheuen (*'æṭqôṭāṭ*)?"
In Ijob 8,14 liegt wohl keine *qal*-Form von *qûṭ*, sondern ein Textfehler vor. Hier sagt Bildad bei der Beschreibung des Schicksals der Übeltäter: „*'^{a}šær jāqôṭ* seine Zuversicht (*kislô*), und ein Spinnenhaus ist sein Vertrauen." Der Parallelismus läßt auch im ersten Halbvers ein dem „Spinnenhaus" entsprechendes Nomen erwarten. Daher wird (s. BHS) statt *'^{a}šær jaqôṭ* entweder *qurê qajiṭ* oder *qiššurê qajiṭ* – beides bedeutet „Sommerfäden" – zu lesen sein: „Sommerfäden sind seine Zuversicht."
3. *qûṣ qal* wird mit *b^e* und mit *mipp^{e}nê* konstruiert. Im ersteren Fall entspricht die Verwendung von *qûṣ* der von *qûṭ* (s.o. 1.). Rebekka verabscheut wegen der Hetiterinnen, der Frauen Esaus, ihr Leben (Gen 27,46; s.o. 1.), d.h. sie ist ihres Lebens überdrüssig. Die Israeliten in der Wüste verabscheuen die minderwertige Speise (Num 21,5; s.o. 1.); sie sind der Speise überdrüssig oder ekeln sich gar vor ihr. Wenn JHWH die Israeliten warnt, in den Satzungen des Volkes zu wandeln, „das ich vor euch verjagen will, weil sie solches alles (nämlich die vorher genannten Unzuchtssünden) getan haben, so daß ich sie verabscheute (*wā'āquṣ bām*)" (Lev 20,23), dann heißt das wohl auch, daß JHWH sich vor ihnen ekelte. Die Mahnung: „JHWHs Zurechtweisung, mein Sohn, verachte nicht (*'al tim'ās*), und verabscheue nicht (*w^e 'al-tāqoṣ*) seine Züchtigung" (Spr 3,11) bedeutet: entziehe dich ihr nicht, lehne sie nicht ab, trage sie in Geduld. In 1 Kön 11,25 heißt es von Reson: „Und er war für Israel ein Widersacher während der ganzen Lebenszeit Salomos, ... und er verabscheute (*wajjāqōṣ*) Israel." Das *wajjāqōṣ*, das man wohl nicht

in *wajjāṣōq* (vgl. J. R. Bartlett, ZAW 88, 1976, 214f.) oder *wajjāṣæq* (vgl. BHS), „und er bedrängte", zu ändern braucht, drückt Resons ablehnende, feindliche Gesinnung gegenüber Israel aus (M. Noth, BK IX/1, 242. 255).

qûṣ qal mit *mippᵉnê* bedeutet „sich fürchten": Da die Israeliten sich trotz der Unterdrückung durch die Ägypter vermehrten, fürchteten sich die Ägypter vor ihnen (Ex 1,12); als die Israeliten in das Gebiet Moabs kamen, fürchtete Moab sich vor ihnen (Num 22,3); und in Jes 7,16 steht die Zusage an Ahas: „Denn ehe der Knabe versteht, das Böse zu verwerfen und das Gute zu wählen, wird das Land verödet sein, vor dessen beiden Königen du dich fürchtest."

An *qûṣ qal* mit *mippᵉnê* schließt sich das *hiph* an, das in Jes 7,6 erscheint, wo (der König von) Aram zitiert wird: „Wir wollen hinaufziehen gegen Juda und ihm Furcht einjagen (*ûnᵉqîṣænnāh*)"; die Annahme einer Wurzel *qûṣ* II 'auseinanderreißen' (so z.B. Lisowsky 1254) ist überflüssig (H. Wildberger, BK X/1, 266).

III. Die LXX gibt *qûṭ* und *qûṣ* sehr uneinheitlich wieder, am häufigsten mit προσοχθίζειν (*qûṭ* Ez 36,31; Ps 95,10; *qûṣ* Gen 27,46; Num 21,5; 22,3).

Schmoldt

קוֹל *qôl*

I.1. Etymologie – 2. Umwelt – 3. Textbefund, Übersetzungen – II.1. Akustische Wahrnehmung – 2. Naturklänge, Tierstimmen – 3. Geräte, Instrumente – III.1. Menschenlärm – 2. Sprechakt: Lautform, Aussageinhalt – 3. Interjektion – IV.1. Stimme, an Gott gerichtet – 2. Stimme Gottes – V. Qumran.

Lit.: *O. Betz*, φωνή (ThWNT IX 272–294). – *Ders.*, φωνή (Theol. Begriffslexikon zum NT III 1436–1439). – *J. L. Cunchillos*, *qôl YHWH* en el AT (XXXSemBEsp 1972, 319–370). – *M. Dahood*, Hebrew-Ugaritic Lexicography IX (Bibl 52, 1971, 337–356, bes. 345). – *A.K. Fenz*, Auf Jahwes Stimme hören (Wiener Beiträge zur Theologie 6, 1964). – *C. J. Labuschagne*, קוֹל *qōl* Stimme (THAT II 629–634; mit Lit.). – *H. Lesètre*, Voix (DB V 2449–2451). – *J. Lindblom*, Die Vorstellung vom Sprechen Jahwes zu den Menschen im AT (ZAW 75, 1963, 263–288). – *H. P. Müller*, קָהָל *qāhāl* Versammlung (THAT II 609–619, bes. 610 zur Etymologie).

I.1. Etymologisch verwandte und semantisch vergleichbare Nominal- und Verbalbildungen finden sich in anderen semit. Sprachen: *ql* ugar. 'Stimme, Klang, Donner', phön. 'Stimme, Ruf', *qāl* aram., äth. 'Stimme', arab. *qāla* 'sagen', asarab. *qwl* 'Vogt', urspr. 'Sprecher' (vgl. KBL³ 1012, KBL² 831, WUS Nr. 2407; Biella 449f.).

Schwieriger ist es, den Zusammenhang mit akk. *qâlu* und *qūlu* zu bestimmen, nachdem diesen Vokabeln nicht mehr die Bedeutung 'sagen' bzw. 'Ruf' zugeschrieben wird (so noch GesB 706; Zorell, Lexicon 717; KBL² 831), sondern eine gegenteilige, nämlich 'schweigen, achtgeben' bzw. 'Stille, Schweigen' (AHw 895. 927; CAD Q 72–75. 302–303). Die mit Wahrscheinlichkeit anzunehmende Beziehung zu den Wörtern in den anderen semit. Sprachen läßt sich am besten so verstehen, daß die Bezeichnung für eine akustische Wahrnehmung eine semantische Auseinanderentwicklung in die gegensinnigen Richtungen, 'einen Laut hervorbringen' einerseits und 'einem Laut lauschen' andererseits, durchmachte. Damit fände auch die Verwendung des hebr. Wortes als Interjektion ihre Erklärung: *qôl*, etwa wie deutsch „Horch!" (s. III.3), besagt situativ sowohl „Ein Laut ist zu hören!" wie „Sei still und lausche!"

Die eigentliche Herkunft des hebr. Wortes bleibt unklar. Nicht erweisen läßt sich der häufig vorgeschlagene etymologische Zusammenhang mit *qāhāl* 'Versammlung' (Labuschagne 629), auch wenn er rein lautgeschichtlich nicht auszuschließen ist: Man muß entweder von einem hypothetischen Verb **qāl* 'rufen' ausgehen, von dem *qôl* und *qāhāl* hergeleitet worden seien (H. Bauer, ZAW 48, 1930, 75), dessen Verschwinden schwer erklärbar bliebe, oder für die Wurzel *qhl*, die im Hebr. als Verbalbildungen nur Denominative (*niph*, *hiph*) hervorgebracht hat, eine ursprüngliche Bedeutung „rufen, versammeln" postulieren, die ein wiederum hypothetisches Nomen **qahl* produziert habe, aus dem sich dann über *qāl* *qôl* entwickelt hätte (W.F. Albright, VTS 4, 1957, 256). So scheint es ratsamer, bei dem im Hebr. wurzelisolierten *qôl* zu beginnen, das onomatopoetisch die Bedeutung „Klang" wiedergab.

2. Dem Bedeutungsumfang nach ähnelt akk. *rigmu* (AHw 982) der hebr. Vokabel. *rigmu* bezeichnet die Stimme von Menschen, Göttern und Dämonen, aber auch präzisierend die vorgetragene Rede (freundliche Worte, Beschwerde, Wehklage), andererseits verallgemeinernd „Stimmengewirr". Es wird für „Lärm, Geräusch" verwendet, so für den Klang der Musikinstrumente, das Getöse eines Erdbebens, das Pfeifen des Windes, das Zischen des Feuers. – Der Donner kann als Stimme eines Gottes (*ri-ig-ma Adad*) aufgefaßt werden.

Das äg. Wort *ḫrw* (WbÄS III 324f.) bezeichnet die Stimme eines Gottes, eines Menschen (sie ruft, ist laut oder leise, kann als angenehm empfunden werden) oder eines Tieres (Löwe, Rind, Vogel, Schlange). Das Wort kann als Ersatz für „sagen" eintreten und direkte Rede einführen. Es bedeutet auch „Lärm und Zank" unter den Menschen (Lärmmacher ist gleichbedeutend mit Feind). Das Wort bezeichnet auch allgemein akustische Erscheinungen wie Klänge der Musik und Naturphänomene (Donner, Wind).

Auch im Ugar. erstreckt sich die Bedeutung von „Klang" (*ql* „Donner" // *brqm* „Blitze") über „tierische Laute" (*lql nhqt ḥmrh* „Eselsgebrüll") bis zur Stimme (UT Nr. 2213).

3. Das Lexem *qôl* (vereinzelt auch scriptio defectiva: *qol*, z.B. Gen 27,22; Ex 4,8) kommt im hebr.

Teil des AT 486mal, im aram. 7mal vor, wobei nicht einbezogen sind: Jer 3, 9 *qol* (defective!), das wohl „Leichtfertigkeit" bedeutet (s. II.1.); Jer 46, 12 *qālôn*, obgleich hier *qôl* die richtige Lesart (so LXX [26, 11]; par. *ṣᵉwāḥāh* „Schrei") sein mag. Als nom. reg. eines st. cstr. verbindet sich *qôl* mit Bestimmungswörtern, die den Ursprung des phonetischen Aktes (*qôl* des Horns [Jer 4, 21], des Antreibers [Ijob 3, 18], Gottes [Dtn 4, 33]), dessen Qualität (*qôl* der Freude [Jer 33, 11], der Angst [Jer 30, 5]) oder dessen Inhalt (*qôl* einer Kunde [Jer 10, 22)], der Rede [Dtn 4, 12], der Wörter [Ijob 33, 8]) spezifizieren. In den wenigen Fällen, in denen *qôl* als nom. rect. steht, übernimmt das reg. adjektivische Funktion: *šᵉ'ôn qôlāh* „ihr dröhnender Hall" (Jer 51, 55), *jᵉpeh qôl* „schöne Stimme" (Ez 33, 32), *hôḏ qôlô* „seine majestätische Stimme" (Jes 30, 30), *bᵉrogæz qôlô* „auf seine zürnende Stimme" (Ijob 37, 2). *qôl* (Sing.) kann sich auch auf das Zusammenklingen von Geräuschen und Stimmen beziehen, weshalb die Pronominalsuffixe nur an diese Form angehängt werden (Jos 6, 10 *qôlᵉḵæm* „eure Stimmen"); die Pluralform *qôlôṯ* (auch *qôloṯ* und *qoloṯ*) hat eine differenzierte Bedeutung: „Donnerschläge" (Ex 9, 23 f.; 19, 16; 20, 18; 1 Sam 12, 17 f.; Ijob 28, 26; 38, 25) bzw. „donnerähnliches Getöse" (Ps 93, 4). Die präfigierten Präpositionen *bᵉ* und *lᵉ* treten mit üblicher Bedeutung auf (Gen 39, 14 *bᵉqôl gāḏôl* „mit lauter Stimme"; Koh 12, 4 *lᵉqôl haṣṣippor* „bei Vogelzwitschern"), leiten jedoch gleichbedeutend das auf *šmʿ* 'hören' als Objekt folgende *qôl* ein: „jem. gehorchen" (s. u. III.2.; IV.2.).

Die LXX übersetzt fast durchwegs mit φωνή, wodurch die griech. Vokabel, die vor allem Laute von lebenden Wesen bezeichnet (Stephanus, Thesaurus Graecae Linguae IX 1190–1192), übermäßig belastet wird. Die ganz vereinzelten Ausnahmen illustrieren nur, wie eine semantisch orientierte Wiedergabe ausgesehen hätte: *qôl* wird λόγος im Vers „Hör doch auf den *qôl* JHWHs" (Jer 38, 20 [45, 20]) und κηρύσσειν bzw. κήρυγμα in dem Ausdruck „einen *qôl* (Aufruf) ergehen lassen" (Ex 36, 6; 2 Chr 24, 9; 30, 5; 2 Chr 36, 22 κῆρυξ, aber par. Esra 1, 1 φωνή). V hat neben *vox* noch *tonitrus*, wo es sich eindeutig um eine Gewittererscheinung handelt (Ex 9; Jes 29, 6 u. a.), oder *sonus/sonitus*, wenn mechanische Geräusche gemeint sind (Ex 19, 9; 28, 35; 1 Sam 4, 14; 1 Kön 14, 6; 18, 41 u. ö.). Offensichtlich sprechen neben semantischen auch stilistische Gründe mit, so wenn der Ausdruck wechselt wie Ex 32, 18: *clamor ... vociferatio ... vox.*

II. 1. Die Zugehörigkeit der Vokabel zu dem akustischen Bereich geht eindeutig aus ihrer Kontiguitätsbeziehung zu anderen Lexemen hervor. Sehr häufig steht sie mit Bildungen zur Verbalwurzel *šmʿ* 'hören' (allein im Pent. 65mal) oder deren Synonymen *'zn hiph* (Ps 140, 7) und *qšb hiph* (Ps 5, 3), mit Wurzeln des Redens und Rufens (*'mr* Dtn 27, 14; *dbr* Dtn 5, 22; *qr'* Jes 40, 3), des lauten Klagens (*bkh* 2 Sam 15, 23; *zʿq* 2 Sam 19, 5; *ṣʿq* Jer 22, 20), des Donnerns (1 Sam 7, 10). Besondere Erwähnung verdient wegen der in der ugar. Literatur anzutreffenden Parallelen (RSP III 153) die Verbindung von *qôl* mit der Wurzel *rnn* 'jubeln': Letztere wird mit „*qôl* erheben" (Jes 24, 14; 52, 8), „*qôl* ausgeben" (Spr 1, 20) oder einfach *qôl* (Spr 8, 3 f.) gleichgesetzt.

Unter den Nomina steht es in Verbindung mit *raʿam* 'Donner' (Ps 77, 19; 104, 7), *raʿaš* 'Getöse' (Ez 3, 12–13) und *šā'ôn* 'Toben' (Ps 74, 73), wobei es mit letzterem im st. cstr. sowohl als Nomen rectum (Jer 51, 55) wie als Regens (Jes 13, 4) auftritt, was die semantische Nachbarschaft beweist. Jes 29, 6 werden *raʿam* und *raʿaš* in pleonastischer Aufzählung erwähnt, wozu dann noch *qôl gāḏôl* („gewaltiger Schall") tritt. Der Zusatz des Adjektivs erlaubt den Schluß, daß *qôl* allein sachlich die Tatsache einer akustischen Wahrnehmung bezeichnet, ohne über die Klangstärke etwas auszusagen: *qôl* mit der Bedeutung 'hörbar' begegnet etwa Ex 19, 19 (IV.2.) oder Lev 5, 1 (III.2.).

Damit ergibt sich die semantische Streubreite des Wortes, das vom Tosen des Gewitters (Ps 77, 18) und des Chaosmeeres (Ps 93, 4) bis zum leisen Rascheln eines einzelnen Blattes (Lev 26, 36) reicht. Es scheint, daß sogar das Verstummen jeglichen Geräusches, ein sozusagen negativ-akustisches Phänomen, als *qôl* empfunden werden kann (IV. 2.). Somit steht *qôl* in komplementärem Gegensatz zu Darstellungen aus dem optischen Sinnesgebiet: Die Lampe gibt Licht, das Mahlen der Mühle *qôl* (Jer 25, 10); die Blitze leuchten, es ertönt der *qôl* des Donners (Ps 77, 19); man erblickt das Panier, hört den *qôl* des Horns (Jer 4, 21; Jes 13, 2); man erblickt keine Gestalt, aber hört den *qôl* (Dtn 4, 12).

Wo *qôl* in Verbindung mit einem anderen als dem auditiven Bereich zu stehen scheint, erklärt sich diese jeweils leicht ohne Modifikation der Grundbedeutung. Gen 4, 10 scheint das Blut einen *qôl* zu besitzen, mit dem es zum Himmel aufschreit. Gleichviel, ob *qôl* hier als Interjektion (III.3.) fungiert oder nicht, findet eine urtümliche Vorstellung von einem wirklichen Racheschrei des vergossenen Blutes ihren Ausdruck. Ex 4, 8 spricht vom *qôl* eines Zeichens: Tatsächlich liegt hier eine Idiomatisierung des Wortes durch seine Verbindung mit dem Verb *šmʿ* 'hören' vor: „auf die Stimme des Zeichens hören" heißt „dem Zeichen glauben". Jer 3, 9 ist *qol* von *qll* 'leicht sein' herzuleiten und mit „Leichtfertigkeit" zu übersetzen.

2. Im Naturgeschehen wird vielerlei *qôl* laut: der des verwehten Blattes (s. o.), der einer Stroh vertilgenden Feuerflamme (Joël 2, 5) und der im Feuer knisternden Zweige (Koh 7, 6), der des rauschenden Regens (1 Kön 18, 41). Insbesondere beeindruckt der *qôl* der Wasserfluten (*majim rabbîm*, Ps 93, 4), mit dem der Klang einer himmlischen (Ez 1, 24) oder gar göttlichen Erscheinung (Ez 43, 2) verglichen werden kann. Gewaltige Ströme (Ps 93, 3), Wasserstürze (Ps 42, 8) und der Urabgrund selbst (Hab 3, 10) erheben ihren *qôl*. Der mythologische Hintergrund dieser Schilderungen erfährt hier die entschei-

dende Abwandlung, daß die Naturgewalten und ihr *qôl* als Gott unterwürfig dargestellt werden (Ps 42,8; 93,2–4; vgl. IV.2.). Der *qôl* des Meeres (Jer 6,23 // 50,42) und der Wasserfluten (Jer 51,55) dient auch als Metapher für das Getöse eines heranziehenden feindlichen Heeres. Recht häufig bezeichnet das Lexem – im Sing. oder Pl. – „Donner" bzw. „Donnerschläge" und tritt dabei neben die Wörter für Regen, Hagel, Blitze und Wolken (Ex 9,23–34; 19,16; 20,18; 1 Sam 12,17f.; Ps 18,14; 77,19) oder pleonastisch zu *ra'am* (Ps 104,7). Nur an einigen Stellen (Ex, 1 Sam) wird eine reale meteorologische Erscheinung beschrieben, sonst wird dieser donnernde *qôl* als Begleiterscheinung einer Theophanie oder direkt als die Stimme Gottes aufgefaßt (IV.2.).

Der von Tieren hervorgebrachte *qôl*, also die Tierstimme, wird teils im realistischen, teils im metaphorischen Sinne erwähnt. Die Vögel geben ihre Laute aus dem Gezweige her (Ps 104,12). Der ruhelose Alte erhebt sich beim Morgengezwitscher eines Vogels (Koh 12,4). Im Frühling erschallt wieder im Lande die Stimme der Turteltaube (Hld 2,12). Als Täubchen wird auch die Geliebte apostrophiert: Sie möge ihre angenehme Stimme erklingen lassen (Hld 2,14). Doch erinnert auch das Schluchzen der Klageweiber an den *qôl* der Tauben (Nah 2,8). Dohle, Uhu und Rabe, die in Ruinen hausen, werden zu Anzeichen von Zerstörung und Öde, wenn sie in den Fensterhöhlen ihren *qôl* anstimmen (Zef 2,14).

Auch von Herden gehen Laute aus: Samuel hört von weitem den *qôl* des erbeuteten Kleinviehs und den *qôl* der Rinder (1 Sam 15,14). Wo das Brüllen der Rinderherden nicht mehr gehört wird, ist der Frieden abhanden gekommen (Jer 9,9). Der *qôl* des Wieherns starker Rosse kündigt Kampfhandlungen an (2 Kön 7,6; Jer 8,16). Bes. häufig wird der *qôl* des Löwen, sein furchterregendes Brüllen (Ijob 4,10 *ša'aḡaṯ-*//*qôl*) erwähnt. Der Jungleu gibt über seiner Beute Laut (Am 3,4 *ntn qôl*), doch mag der *qôl* des Brüllens (*qôl ša'aḡaṯ-*) auch anzeigen, daß die Löwen keine Beute in einem verwüsteten Gebiet finden konnten (Sach 11,3). Metaphorisch steht der Löwe, der brüllt (*š'g*) und seine Stimme ertönen läßt (*ntn qôl*), für den bedrohlichen Feind (Jer 2,15). Auch ein mächtiger Herrscher, der eine Landschaft mit dem Schall seines Brüllens (*qôl ša'aḡaṯ-*) zu verwüsten vermag, kann mit einem Jungleu verglichen werden (Ez 19,7); gefangengenommen und eingekerkert kann er seinen *qôl* nicht mehr hören lassen (v.9). Der Vers: „... ihr *qôl* geht gleich einem *nāḥāš*" (Jer 46,22) meint vielleicht das Zischen einer Schlange; eher aber ist an das Metall Bronze (*neḥošæṯ*; vgl. Gen 4,22) gedacht, demnach: „... sein Getöse ist gleich der Bronze" (V ... *quasi aeris*).

3. Die vom Menschen verfertigten Geräte und Instrumente bringen bei ihrem Einsatz einen *qôl* hervor. Das Knirschen der betätigten Handmühle gehört zum Bild friedlichen Lebens; das göttliche Strafgericht droht, den *qôl* dieser Mühlsteine zum Schwinden zu bringen (Jer 25,10). Auch Koh 12,4 erwähnt, metaphorisch, das Abklingen des *qôl* der Mühle. Der Klang von Peitsche, Räderlärm (Nah 3,2) und Streitwagen (Joël 2,5), in den sich oft noch der Schrei des Reiters mischt (Ez 26,10), ist furchtbarer Bote der Schlacht.

An Musikinstrumenten wie Trommel und Schalmei und am *qôl* der Flöte erfreuen sich die Menschen, die ihr Leben genußvoll verbringen (Ijob 21,12). Es ist ein Unglück, wenn dem Ertönen von Liedern ein Ende gesetzt und der *qôl* der Leiern nicht mehr gehört wird (Ez 26,13). Dem Trauernden wird der Klang der Flöte zum Klang des Weinens (Ijob 30,31). Der in lautem Zusammenspiel hervorgebrachte *qôl* von Trompeten, Zimbeln und Musikinstrumenten wird zum Lobpreis JHWHs eingesetzt (2 Chr 5,13). Der *qôl* der Glöckchen am Gewand des Hohenpriesters (Ex 28,34f.) soll als ehrfürchtige Ankündigung dienen, wenn dieser das Heiligtum betritt (Sir 45,9). Besonders häufig wird der *qôl* des Widderhorns erwähnt, der die Aufmerksamkeit der Menschen erregen und sie zum Versammeln aufrufen soll. Will jemand diesen Zweck ohne das Instrument erreichen, muß er seine Stimme (*qôl*) gleich einem Horn erheben (Jes 58,1). Der Anlaß mag freudig sein wie etwa ein Krönungsakt (1 Kön 1,40f.), der Aufruf zu einem Kultfest (aram. *qāl* Dan 3,5–15), ein Prozessionszug und Festakt (2 Sam 6,15 [par. 1 Chr 15,28 fügt Instrumente hinzu]; Ps 47,6; 98,6).

In den zuletzt angeführten Versen erscheinen *šopār* und *terû'āh* unmittelbar nebeneinander (vgl. Am 2,2; Zef 1,16; Ps 47,6): Da *terû'āh* also auch die Bedeutung „Hornblasen" besitzt (Num 10,5 u.a.), darf man auch bei *qôl terû'āh* (1 Sam 4,6), der beim Eintreffen der Bundeslade im Lager erklang, annehmen, daß Begrüßungsjubel mit dem Stoßen in die Hörner gemeint ist.

Meist jedoch wird der Klang des Horns im Zusammenhang mit Gefahr und Kriegszügen erwähnt: der *qôl* warnt, dient als Signal, ermuntert die eigenen Kämpfer und schüchtert den Feind ein (vgl. IV.3.).

Es ist Aufgabe der Wächter, bei Annähern einer Gefahr ins Horn zu stoßen und die Bevölkerung zu warnen; diese muß den *qôl* des Horns beachten, wenn sie nicht am eigenen Verderben schuldig werden will (Jer 6,17; Ez 33,3–5). Nehemia setzt das Erklingen des Horns als Signal zum Versammeln, um einem Angriff zu begegnen (Neh 4,14). Der *qôl biṯrû'āh* begleitet die Vorbereitungen zur Belagerung Jerusalems durch den König Babels (Ez 21,27). Der den Krieg vorausahnende Prophet vernimmt im Geist den *qôl* des Widderhorns (Jer 4,19.21). Moab ist im Kriegsgetümmel und beim Erschallen des Horns umgekommen (Am 2,2). Die Überlebenden der militärischen Katastrophe sind es leid, Krieg zu sehen und den *qôl* des Horns zu hören (Jer 42,14). Das Kampfroß erwartet mit Ungeduld den Posaunenklang (Ijob 39,24). Die alte Geschichtslegende weiß zu berichten, wie die Mauern der feindlichen Stadt durch den *qôl* des Widderhorns zum Einsturz gebracht wurden (Jos 6,5.20).

III. 1. Des Menschen Bewegungen und Tätigkeiten verursachen einen *qôl*. Man hört, wenn er einherschreitet (1 Kön 14, 6; 2 Kön 6, 32), wenn er beim Wasserverteilen hin und herläuft (? Ri 5, 11), wenn er, wie ein Baum (Ez 31, 16), umfällt (Jer 49, 21).

In anthropomorpher Darstellung geht ein Schall aus auch bei der Bewegung himmlischer Wesen (Ez 1, 24; 3, 12 f.; 10, 5) und der Gottheit selbst (2 Sam 5, 24; Gen 3, 8. 10 könnte ein Antianthropomorphismus vorliegen: Nicht JHWH ergeht sich im Garten, sondern sein *qôl*.

Insbesondere aber gibt der Mensch mit Hilfe seiner Stimmorgane Laute von sich als Ausdruck seines körperlichen und seelischen Zustands. Man hört den *qôl* eines wimmernden Kleinkindes (Gen 21, 17), einer jammernden Kranken (Jer 4, 31), eines Weinenden (Gen 21, 16), Stöhnenden (Ps 102, 6) und Klagenden, der sich auf die Brust schlägt und schluchzt. Demgegenüber gibt es auch den *qôl* des Scherzenden (Jer 30, 19) und Singenden (2 Sam 19, 36; Jes 51, 3; Ez 33, 32; Hld 2, 14; 8, 13). Der Eindruck der den Menschen begleitenden Laute ist so gewichtig, daß der Ausdruck „es gibt keinen *qôl* eines Menschen" (*'ên qôl 'āḏām*) gleichbedeutend ist mit „es ist niemand da" (*'ên 'îš*; 2 Kön 7, 10). Eine Ansammlung von Menschen ruft diese Geräusche, unter denen das Stimmengewirr hervorsticht, quantitativ verstärkt hervor. So wird der von den laufenden Herolden und der aufständischen Volksmenge verursachte *qôl* (2 Kön 11, 13) in der Parallelstelle (2 Chr 23, 12) noch dahingehend erklärt, daß er auch die Huldigungsrufe an den neuen König enthalten habe. Aus der Art dieser mit *qôl* bezeichneten Totalität der Klänge läßt sich die Stimmung der Beteiligten, mitunter auch der Inhalt ihrer Äußerungen erkennen. Das ermöglicht den Umstehenden, Laut und Lärm als *qôl* der Freude (Jer 7, 34; 1 Chr 15, 16), des Jubels (Jes 48, 20; Ps 47, 2), des Gesangs (Ps 98, 5) oder aber als *qôl* des Weinens (Jes 65, 19; Esra 3, 13), des Schreckensrufs (1 Sam 4, 14; Jes 65, 19), der Angst und Furcht (Jes 24, 18; Ijob 15, 21), des Klagens (Jer 9, 18) und Flehens (Ps 28, 2. 6) u. dgl. zu erkennen und zu interpretieren.

Es gibt freudige Anlässe, bei denen der *qôl* der Menge ertönt: Eine stereotype Wendung zergliedert den Freudenlärm in *qôl* von Wonne und *qôl* von Freude, *qôl* vom Bräutigam und *qôl* von der Braut (Jer 7, 34; 16, 9; 25, 10; 33, 11). Mose klingt aus dem Lager der Israeliten *qôl* des Jauchzens entgegen (Ex 32, 17), das von ihm richtig als der Widerhall schamloser Ausgelassenheit (v. 18) gedeutet wird. Das Volk erfreut sich an dem neu gesalbten König so über alle Maßen, daß die Erde von „ihrem *qôl*" zu bersten scheint (1 Kön 1, 40); dazu erschallt das Widderhorn: der *qôl* der Stadt klingt erregt (v. 41). Die aus der Verbannung Befreiten verkünden ihre Erlösung mit Jubelschall (Jes 48, 20). Bei der Neugründung des Tempels wurde ein Freudenjubel angestimmt, so daß dieser *qôl* von ferne hörbar war (Esra 3, 12 f.). Im wiederhergestellten Glückszustand werden Freudendank, *qôl* des Gesanges (Jes 51, 3) und *qôl* der Scherzenden (Jer 30, 19) gehört werden. Aus der Tragik geschichtlicher Realität ergibt sich jedoch, daß der von der Menge erzeugte Lärm überwiegend mit Aufruhr und Kampf sowie deren Auswirkungen zusammenhängt, also die Vokabel *qôl* Schlachtruf und Waffenklirren, Triumphgeschrei und Weheklage (Ex 32, 17) bezeichnet.

Das Getöse einer übersatten Menschenmasse wirkt abstoßend (Ez 23, 42); Volksmengen sind bedrohlich (Jer 11, 16; Dan 10, 6) wie ein Kriegslager (Ez 1, 24). Menschen versuchen, mit ihrer Stimme andere Menschen (Jer 12, 8) oder wilde Tiere (Jes 31, 4) einzuschüchtern. So fühlt man sich bedroht vom *qôl* seiner Feinde (Ps 44, 17; 55, 4). Gott bringt Panik in das aramäische Lager mit dem Schall von Streitwagen, Pferden und Truppen (2 Kön 7, 6).

Der *qôl* eines aus den Bergen anrückenden Heeres läßt sich weithin vernehmen, es ist der tosende Hall von Königreichen (Jes 13, 4). Der Feind gibt seine Stimme aus, d. h. bedroht die Städte, die auf seinem Eroberungsweg liegen (Jer 4, 16); der Klang des Signalhorns erklingt (v. 21, s. o.). Zu den Vorbereitungen einer Belagerung gehört das Anstimmen des *qôl* zum Kampfgeschmetter (Ez 21, 27): Der *qôl* des Krieges ist im Land (Jer 50, 22). Bei dem Schall großen Getöses wird Feuer an die Stadt gelegt (Jer 11, 16). Der Widerhall vom Zusammenbruch erschüttert Länder und Völker (Ez 26, 15; 31, 16). Nun erschallt der *qôl* der Besiegten und von der Vernichtung Bedrohten (Jes 15, 4 // Jer 48, 34; Jer 48, 3; 1 Sam 4, 14). Sie lassen ihre Stimme gellend schreien (Jes 10, 30) in Weinen, Weheruf und Klage (Jer 51, 54; Jes 65, 19). Dieser Schrei der Schrecknis bewirkt Panik in der Umgebung: man entfernt sich fluchtartig von den Opfern (Jes 24, 18; vgl. Num 16, 34). Auch wo der Untergang einer Stadt metaphorisch durch einen Schiffbruch dargestellt wird, begegnet der *qôl* des Klageschreis, den die Schiffsleute ausstoßen (Ez 27, 28).

2. Die vornehmsten Laute sind die artikulierten, deren sich der Mensch beim Sprechakt bedient. *qôl* bezeichnet hier ursprünglich die Lautgestalt der Rede, kann dann aber auch metonymisch für deren Aussageinhalt eintreten, da ja tatsächlich Lautbild und Sinn nicht nur in der menschlichen Rede untrennbar verknüpft sind, sondern auch situativ gleichbedeutend auftreten können. So ist auch mit einem lediglich als Hilferuf dargestellten *qôl* (Gen 39, 15–18) eine Aussage verknüpft (v. 14). Auch beim gesanglichen Vortrag (2 Sam 19, 36; vgl. Ez 33, 32; Hld 2, 14; 8, 13) ist an Klang und Text zugleich gedacht. Verwunderlich erscheint es, wenn eine Aussage ohne *qôl* unternommen wird (1 Sam 1, 13; Ps 19, 2–4).

Somit steht *qôl*, wo es kontextuell mit der Wiedergabe einer Äußerung verknüpft ist (Ri 9, 7; 1 Kön 8, 55), in semantischer Opposition sowohl zu jenen unzähligen Stellen, die einen Sprechakt wiedergeben, ohne den phonetischen Begleitumstand (*qôl*) zu erwähnen, wie auch zu den bereits besprochenen

Versen, in denen *qôl* unartikulierte Laute (etwa des Weinens, Gen 27,38) bezeichnet. *qôl*, als Teil des Sprechakts, nimmt einen Platz ein zwischen dem rein expressiven Schreien einerseits und dem lautlosen Flüstern andererseits (Jos 6,10).

„Er erhob seine Stimme" („und rief", Ri 9,7; oft mit weinender Rede, z.B. Gen 29,11; 1 Sam 11,4; 24,17 u.ö.) schildert den auditiven Einsatz der Rede, wodurch auch die Redewendung *'ên qôl w^{e}'ên 'onæh* bzw. *w^{e}'ên qāšæḇ* (1 Kön 18,16.29; 2 Kön 4,31) ihre Erklärung erhält: Es gab weder Anrede noch Antwort bzw. Anhören. Eine Stimme wird hoch erhoben (*rwm hiph*), um Alarm zu schlagen (Gen 39,15.18; Jes 13,2), aber auch, um der Freude Ausdruck zu verleihen (Esra 3,12; 1 Chr 15,16). Die Stimme kann mit aller Kraft (Jes 40,9) wie ein Signalhorn (Jes 58,1) erhoben werden, Vom Klanglichen her ist ferner zu verstehen, wenn eine Stimme als angenehm (Hld 2,14), als dumpf von der Erde her klingend (Jes 29,4) und vor allem als erkennbare Stimme einer bestimmten Person beschrieben wird (Gen 27,22; Ri 18,3; 1 Sam 26,17).

Der Schwerpunkt der Vokabel liegt noch vorwiegend beim Akustischen, wo *qôl* vor *d^{e}ḇārîm* („Worte, Wörter") steht: Das Volk sieht keinerlei Gestalt, sondern hört nur „den Klang der Worte" (*qôl d^{e}ḇārîm*, Dtn 4,12). Auch wo die Worte der Israeliten JHWHs Zorn hervorrufen (Dtn 1,34) oder seine Zustimmung erfahren (Dtn 5,28 [25]), ist es zuerst der *qôl*, der das göttliche Hinwenden bewirkt. Abwertend nennt Elihu Ijobs Rede „Wortgetön" (*qôl millîn*, Ijob 33,8); andererseits ersucht er Ijob, zumindest seine, des Elihus, Mahnrede akustisch aufzunehmen (*ha'^{a}zînāh l^{e}qôl millāj*, Ijob 34,16), bevor er sie bewerte. Lediglich die „Stimme des Narren" (*qôl* Koh 5,2), nicht etwa seine Gedanken, werden in seinem „Wortschwall" (... *d^{e}ḇārîm*) vernehmbar.

Aus dieser ursprünglichen Bedeutungskomponente ergibt sich der Gebrauch von *(b^{e})qôl* 'vernehmbar' (Ex 19,19; Lev 26,36) und *(b^{e})qôl gāḏôl* bzw. *rām* im Sinne von 'laut'; man sagt etwas (Esra 10,12), ruft (Gen 39,14), schreit (1 Sam 28,12), grüßt (Spr 27,14), segnet (1 Kön 8,55), schwört (2 Chr 15,14), antwortet (Dtn 27,14) mit großer Lautstärke. So hebt auch die Rede damit an, daß man die Stimme erhebt (*nś'*, Ri 9,7) oder, wenn sie laut erklingen soll, hoch anhebt (*rwm hiph*, Jes 13,2).

Deutlich wird das Miteinbeziehen des Aussageinhalts in die Vokabel bei situativen Kontexten, die die Äußerung einer klar verständlichen Nachricht voraussetzen, wie etwa der bereits erwähnte *qôl* eines Hilferufs (Gen 39,14–18). „Die Wächter erhoben einen Ruf" (Jes 52,8) bezieht sich sowohl auf die Lautstärke als auch auf den Inhalt des Warnrufes. Der übertrieben laut ausgesprochene Morgengruß wirkt wie ein Fluch (Spr 27,14). Der Heuchler macht seinen *qôl* hold und sanft (Spr 26,25); das dürfte sich mehr noch auf den Klangeffekt der Rede als auf ihren einschmeichelnden Inhalt beziehen. Im Tod findet der Gefangene Ruhe vor dem *qôl* seines Antreibers (Ijob 3,18), d.h. vor dessen unbarmherziger Stimme und harten Befehlen. Der *qôl* der Zauberer (Ps 58,6) umfaßt das geheimnisvolle Murmeln von Zaubersprüchen wie auch deren Wortlaut. Schließlich zielt in einigen Fällen die Vokabel hauptsächlich auf das von der Stimme Geäußerte, also den Nachrichteninhalt, wodurch die phonetische Bedeutungskomponente zweitrangig wird. Ein *qôl*, d.h. ein Aufruf, wird ausgegeben: in dem Zeltlager, in dem ganzen Reich des Großkönigs, an die judäische Bevölkerung (Ex 36,6; Esra 10,7; Neh 8,15; 2 Chr 24,9; 30,5). In all diesen Fällen ist an Ausrufe durch Herolde zu denken, der Schwerpunkt liegt jedoch eindeutig bei den Anordnungen selbst. Der *qôl*, Josefs Brüder seien in Ägypten eingetroffen (Gen 45,16), wird im Palast Pharaos gehört, d.h. die Nachricht gelangt dorthin. Der Prediger warnt davor, Gott durch des Sprechers *qôl* zu erzürnen; sogar ein im Kämmerlein hervorgebrachter *qôl* könne weitergetragen werden (Koh 5,5; 10,20): Hier ist die anstößige Äußerung, nicht ihre Lautgestalt, gemeint. Daher kann *qôl* par. zu *'imrāh* ('Ausspruch') gesetzt werden (Jes 28,23; 32,9). Die personifizierte Weisheit ruft den Leuten zu: ihr *qôl*, nämlich ihr Rat, gilt den Menschen (Spr 8,4). Der (aram.) *qāl* der großsprecherischen Worte (Dan 7,11) hat nur die aus ihnen sprechende Überheblichkeit, nicht das klangliche Element im Auge, wie aus v. 8 klar hervorgeht.

„Laß nimmer deine Stimme bei uns hören" (Ri 18,25) verbietet dem Betreffenden die Meinungsäußerung. Wo die Weisheit angerufen und ihr „die Stimme gegeben" werden soll (Spr 2,3), handelt es sich um eine an sie ergehende Einladung. Der Inhalt des Rufes ist offensichtlich auch dort gemeint, wo nach *qôl* ein Zitat folgt: „Vom *qôl* 'Erobert ist Babel' wurde die Erde erschüttert" (Jer 50,46). Dementsprechend ist auch der an diese Stelle anklingende Vers 10,22 zu verstehen: *qôl $š^{e}$mû'āh*, der Ruf einer Kunde (die in der Folge zitiert wird), trifft ein.

Es versteht sich von selbst, daß als Aussagender auch eine Gruppe aufgefaßt werden kann, insofern sie *qôl 'æḥāḏ* („einstimmig") die Worte bzw. den Gesang vorbringt (Ex 24,3; Jer 33,11; 2 Chr 5,13).

In dem in seiner grammatischen Konstruktion schwierigen Vers Ijob 29,10 wird wohl gesagt, die Adligen hielten aus Ehrfurcht mit ihrer Meinung (*qôl*) zurück.

Schwierig bleibt in einzelnen Fällen die Frage, ob *qôl* personifiziert sei bzw. den Sprecher vertrete. Ps 44,17 *miqqôl m^{e}ḥārep*, entweder „vor der Stimme eines Schmähers" oder „vor einer schmähenden Stimme": Im Hinblick auf die Parallele („vor [dem Antlitz] des Feindes") scheint die erstere Auffassung zutreffender. Doch Jer 4,15 *qôl maggîḏ* muß wohl (vgl. die Parallele!) übersetzt werden: „Eine Stimme verkündet ..." (daher auch „Eine Stimme ruft ..." bzw. „... spricht", Jes 40,3.6; vgl. IV.2.).

Neben dem ein akustisches Phänomen beschreibenden Syntagma *šmʿ qôl* „einen Stimmenklang hören" (Gen 21, 17; Ex 32, 17; Lev 5, 1; 2 Kön 11, 13; Dan 8, 16 u.a.) findet sich häufig die Wendung *šmʿ* (*b*^{e}/*l*^{e})*qôl* im Sinn von „jem. gehorchen; auf seinen Rat hören; ihm folgen". Es versteht sich von selbst, daß *qôl* hier die mit Worten vorgetragene Meinung bezeichnet. „Man hört auf jemandes Stimme": Adam folgt der Verführung durch seine Frau (Gen 3, 17); Abraham nimmt den Vorschlag seiner Frau an (Gen 16, 2); Mose führt den Rat seines Schwiegervaters aus (Ex 18, 19. 24); der Sohn soll den Eltern, der Schüler dem Lehrer gehorchen (Gen 27, 8. 13. 43; Dtn 21, 18; Spr 5, 13); das Volk soll den Anweisungen seiner Führer folgen (Jos 22, 2; 1 Sam 8, 19), aber auch der Volksführer soll mitunter den Forderungen des Volkes nachgeben (1 Sam 8, 7); König Saul läßt sich von seinem Sohn überzeugen (1 Sam 19, 6), und viel später, kurz vor seinem Ende, geht er auf die Zurede der Wahrsagerin ein (1 Sam 28, 22), nachdem sie ihm widerstrebend gehorcht hatte (v. 21); Angehörige verschiedener Stämme sollten die gegenseitigen Interessen berücksichtigen (Ri 20, 13); die Rechabiten halten die Gebote ihrer Vorfahren (Jer 35, 8). Zu dem Gebrauch dieser Redewendung im religiösen Bereich s. IV. 2.

3. Aus dem weiten semantischen Spektrum der Vokabel erklärt sich dessen Verwendung als Interjektion: Man vernimmt unvermittelt Laute, Lärm oder Reden und drückt das eigene Aufmerken aus bzw. erweckt das des Partners durch den Ausruf: „*qôl*!" Allerdings besteht keine Einmütigkeit unter den biblischen Philologen betr. der Stellen, an denen man dem Wort diese Bedeutung zuerkennen soll. Die Erörterung im Einzelfall muß der Exegese überlassen werden. Umstritten sind u.a. die Belege Jer 3, 21; 31, 15; 51, 54; Mi 6, 9; Ps 118, 15.

Überzeugend läßt sich die Bedeutung „Horch!" nur dort nachweisen, wo diese von der Satzkonstruktion her erforderlich erscheint: Gen 4, 10 „*qôl* (Sing.), das Blut (Pl.) ... schreit (Pl.)"; Hld 5, 2 „*qôl*, mein Geliebter klopft" (einfacher als: „der *qôl* meines Geliebten klopft", obwohl das auch in dichterischer Sprache nicht unmöglich wäre; entsprechend Hld 2, 8); Jes 52, 8 „Horch! Die Wächter erheben die Stimme" (Duplizität: *qôl* ... *qôl*).

IV. 1. Gott vernimmt den *qôl*, der von Menschen ausgeht, von dem Leidenden (Gen 21, 17) und unschuldig Dahingemordeten (Gen 4, 10), aber auch von Gottes Widersachern (Ps 74, 23), die ihre Stimme gegen ihn zu erheben wagen (2 Kön 19, 22 // Jes 37, 23). Gott urteilt und erhört die Stimme (Gen 30, 6) gemäß seiner Gnade und seinem Recht (Ps 119, 149) oder vernichtet die überhebliche Stimme der sich gegen ihn auflehnenden Mächte (Jer 51, 55; Ez 26, 13) bzw. die Stimme ihrer Boten (Nah 2, 14). Jeremia bittet: „Merke, JHWH, auf mich und höre dem *qôl* meiner Widersacher zu!" (Jer 18, 19), da er wohl weiß, daß aus seiner Feinde Stimme deren strafwürdige Bosheit offenkundig werde. Gott mag den Äußerungen seines Volkes zustimmen (Dtn 5, 28 [25]) oder über sie erzürnen (Dtn 1, 34). Im Rechtsstreit, den JHWH mit seinem Volk führt, wird Israel aufgefordert, seine Stimme vor den als Zeugen aufgerufenen Bergen vernehmen zu lassen (Mi 6, 1).

In seinem Ratschluß liegt es, das Geschick gemäß der vom menschlichen *qôl* vorgebrachten Bitte zu lenken (Num 20, 16; 21, 3; Ri 13, 9), was allerdings beim Naturwunder Jos 10, 14 als einmalig betrachtet wird.

Damit wird der *qôl* zum Gebet, und das Hören wird zum Erhören (Ps 5, 3 f. u.ö.). Elija bittet um die Wiederbelebung des Knaben, und JHWH erhört seine Stimme (1 Kön 17, 21 f.). Der Mensch ruft (Ps 3, 5; 27, 7), klagt und stöhnt (Ps 55, 18), schreit und fleht (Ps 77, 2; 142, 2) mit seiner Stimme zu Gott: Gott möge seine Stimme erhören (*šmʿ*; Ps 64, 2; 119, 149; 130, 2; vgl. Dtn 33, 7 die Stimme eines anderen). Die Stimme kann noch näher beschrieben werden: die Stimme des Flehens (Ps 28, 2; 86, 6; 130, 2; 140, 7), des Gebets (Ps 66, 19), des Stöhnens (Ps 5, 3). Der Fromme weiß, Gott hört seine Stimme von seiner heiligen Stätte (Ps 18, 7; 116, 1). So bahnt sich bei ihm die Gewißheit an, Gott habe seine Stimme erhört (Ps 6, 9; 31, 23; 66, 19), und er kann dazu auffordern, den *qôl* nunmehr zu Gottes Ruhm (Ps 66, 8), im Gesang (Ps 98, 5), im Jubel (Ps 42, 5; 47, 2), im Dank (Ps 26, 7; Jona 2, 10) einzusetzen.

Der skeptische Prediger gibt seinem Schüler den Rat, bei seinen Äußerungen Vorsicht walten zu lassen: „Es könnte sonst Gott über deine Stimme erzürnen und das Werk deiner Hände zunichte machen" (Koh 5, 5). In der Ijobdichtung bestreitet der Leidende in seiner Verzweiflung angesichts der Ungerechtigkeit im Weltenlauf, daß der Weltenschöpfer überhaupt dem Menschen wohlwollende Beachtung schenke: „Ich glaube nicht, daß er meiner Stimme lauscht" (Ijob 9, 16).

JHWH, der Gott des Rechtes, wird die Stimme seines Volkes erhören und es begnadigen (Jes 30, 19), so daß kein *qôl* des Weinens und kein *qôl* des Schreiens künftig in Jerusalem gehört werde (Jes 65, 19), wohl aber *qôl* des Jubels, des Gesanges und des Scherzens (Jes 48, 20; 51, 3; Jer 30, 19).

Die Liturgie schreibt dem laut ausgesprochenen Wort große Bedeutung und Macht zu. Der *qôl* eines Fluches (Lev 5, 1) verpflichtet jeden, der ihn anhört, bei der Aufklärung eines Verbrechens nach bestem Wissen mitzuhelfen. König Salomo segnet die Gemeinde Israel mit lauter Stimme (1 Kön 8, 55) bei der Tempeleinweihung; bei einer viel späteren Wiederholung des Festakts übernehmen die levitischen Priester die Handlung des Segnens, und Gott erhört ihre Stimme (2 Chr 30, 27). In feierlicher Versammlung nimmt das Volk einstimmig (Ex 24, 3), mit erhobener (Dtn 27, 14) und lauter Stimme (2 Chr 15, 14; Esra 10, 12) die Verpflichtung auf sich, das göttliche Gesetz zu halten. Sänger und Leviten las-

Inhalt von Band VI, Lieferung 8–10

(Fortsetzung von Umschlagseite 2)

ISBN 3-17-010230-3

Band VI

Lieferung 11 (Spalte 1249-1274,
Register und Titelbogen
zu Band VI)

Theologisches Wörterbuch zum Alten Testament

In Verbindung mit
George W. Anderson, Henri Cazelles, David N. Freedman,
Shemarjahu Talmon und Gerhard Wallis

begründet von
G. Johannes Botterweck
und Helmer Ringgren

herausgegeben von
Heinz-Josef Fabry
und Helmer Ringgren

Kohlhammer

Inhalt von Band VI, Lieferung 11

Technischer Hinweis: Der Artikelteil von Band VI umfaßt 1274 Spalten = 637 Seiten. S. 638 ist Leerseite. Der Registerteil, der die *Seiten*zählung aufnimmt [639 ff.], schließt somit an den Artikelteil an. Das der Lieferung 1/2 von Band VI beigegebene neue Abkürzungsverzeichnis (S. XVII–XXXI) schließt an die Titelei (S. I–XVI) an.

Band VI ist mit Lieferung 11 abgeschlossen.
Einzellieferungen werden nicht abgegeben.
Hörern der an diesem Werk beteiligten Verfasser wird bei Vorlage eines vom Autor unterzeichneten Hörerscheins ein Nachlaß von 20% auf den Ladenpreis gewährt. Die Ermäßigung gilt nur für die bis dahin erschienenen Teile des Werkes und den gerade im Erscheinen begriffenen Band. Der Hörernachweis muß für die erste Lieferung jedes weiter erscheinenden Bandes ggf. neu erbracht werden.

Verlagsort Stuttgart. Gesamtherstellung: W. Kohlhammer GmbH, Grafischer Großbetrieb Stuttgart.
Printed in Germany. ISBN 3-17-010693-7

sen mit harmonischer (2 Chr 5,13) und lauter Stimme (2 Chr 20,19) den Lobpreis Gottes erklingen.

Neben der offen gegen Gott erhobenen (2 Kön 19,22 // Jes 37,23; Ps 74,23), rebellischen (Num 14,1; Dtn 1,34) Stimme ist auch die rein äußerliche Frömmigkeit verwerflich, die der eigenen Stimme in der Höhe Gehör zu verschaffen sucht (Jes 58,4), anders der Knecht JHWHs, der nicht schreit und seine Stimme auf der Gasse nicht hören läßt (Jes 42,2).

2. Unter dem Begriff eines von JHWH ausgehenden *qôl* begegnet man Vorstellungen, welche deutlich unterscheidbar sind wie etwa die vom „Donner“ einerseits und die einer „Verkündung“ andererseits, die aber dennoch in einigen Texten ineinander verflochten erscheinen.

Die urtümliche, im Altertum verbreitete Gleichsetzung des Donnergetöses mit einer sich manifestierenden göttlichen Stimme (Kraus, BK XV/1^5, 381f.) findet sich des öfteren im AT, mitunter in Textabschnitten, die offensichtlich mythologische Muster von Nachbarvölkern übernommen haben oder nachahmen (z.B. Ps 29). So heißt es: „Aus dem Himmel donnert JHWH, und *ʿæljôn* läßt seinen *qôl* ergehen ..., und entsendet seine Pfeile, ... den Blitz“ (2 Sam 22,14–15 // Ps 18,14–15). Als Gott die Chaosfluten bändigte, gab der Himmel Donner und Blitze von sich, und von dem Hall des Gottesdonners und den leuchtenden Blitzen erbebte die Erde (Ps 77,17–19; vgl. 104,7). Gott äußert seinen machtvollen *qôl* (Ps 68,34). Gott kann seinen *qôl* gegen das Gewölk erheben und Blitze aussenden (Ijob 38,33–35). Längere Ausführungen über die herrliche, aber auch furchterregende Macht des von El („Gottherr“) bzw. JHWH entsandten *qôl* bieten die Abschnitte Ijob 37,2–5 und Ps 29,2–9 (dazu vgl. J.L. Cunchillos, Estudio del Salmo 29, Valencia 1976; S. Abramson, Leshonenu 45, 1980/81, 95–104). Bei der Beschreibung der in mythologische Ausmaße (v.10) gesteigerten Gewittermacht (v.7) klingt aber bereits das Motiv der Theophanie im Tempel an (v.9b) (zum möglichen kanaanäisch-mythischen Hintergrund vgl. J. Day, VT 29, 1979, 143–151). Der Tempel ist als Abbild der himmlischen Stätte gedacht (Ps 68,36). Der *qôl* des Widderhorns begleitet JHWHs Erscheinen (Ps 47,6; Ex 19,16.19; Sach 9,14; vgl. Ps 98,6). JHWH äußert seinen *qôl* von Jerusalem aus (Am 1,2; Joël 4,16; Jer 25,30).

qôl „Donner“ wird aber auch zu einer von Gott erschaffenen und ihm völlig unterworfenen Naturerscheinung, während der weiterhin direkt JHWH zugeschriebene *qôl* Gottes Wille und seine Macht symbolisiert. Es ist der weise und allgemeine Schöpfer von Himmel und Erde, Wolken und Regenfluten, der einen Weg für Donner und Gewitterstrahl festgesetzt hat (Ijob 28,26; 38,25; vgl. Jer 10,13). Als Wunderzeichen entsendet JHWH Donnerschläge (*qolôṯ*) und Regen unerwartet zur Sommerzeit (1 Sam 12,17f.). In den Kampf gegen die Philister greift JHWH zugunsten der Israeliten ein, „donnert mit lautem Hall“ (1 Sam 7,10) und bringt jene in Verwirrung. Auch die über die Ägypter verhängte Hagelplage (Ex 9,22–34) ist von Blitz (vv. 23f.) und Donner (*qoloṯ*) begleitet (vv. 23.28f. 33f.). Die Schilderung hat hier lediglich das Naturphänomen im Auge, das nicht mehr als Stimme Gottes betrachtet wird.

Die dem Pharao in den Mund gelegte Wendung *qoloṯ ʾ^{æ}lohîm* (v.28) steht dazu in keinem Widerspruch: sie ahmt älteren Sprachgebrauch nach wie *mahpeḵaṯ ʾ^{æ}lohîm* (Am 4,11), *ḥærdaṯ ʾ^{æ}lohîm* (1 Sam 14,15). JHWH droht der Davidstadt Bestrafung an durch Gedröhn, Erdbeben und Sturm, Feuerblitze und gewaltigen Donner (*qôl*, Jes 29,6).

An dem anderen Pol der semantischen Entwicklung steht der Ausdruck *qôl JHWH* in Kontexten, die vom richtenden Eingreifen Gottes in der nahen oder fernen Zukunft sprechen. Wenngleich Bilder und Sprache sich an die mythologisch gefärbten Hymnen anlehnen, hat sich *qôl* hier weit von der Vorstellung einer göttlichen Manifestation in einem Gewitter entfernt. Wenn JHWH seine Stimme erschallen läßt, seinen strafenden Arm und lodernden Zorn zeigt, wird Assyrien vor dem *qôl* JHWHs weichen (Jes 30,30f.). Der *qôl* JHWHs vergilt den Feinden ihre Tat (Jes 66,6; die Versstruktur – man beachte die vorangegangene Phrase *qôl mehêḵāl*! – spricht gegen die Übersetzung: „Horch! JHWH ...“); Völker und Königreiche stürzen zusammen, die Erde bebt, wenn er seine Stimme ausgibt (Ps 46,7). JHWH läßt seine Stimme vor seinem Heer erdröhnen (Joël 2,11). Vor dem *qôl* des Getöses weichen Völker (Jes 33,3). Der Tag JHWHs hat einen *qôl* (Zef 1,14); wer ihn hört, dem zittern die Lippen (Hab 3,16). Der *qôl* JHWHs ruft der sündigen Stadt zu (Mi 6,9), worauf dann die Frevel aufgezählt werden. Damit nimmt *qôl* JHWHs die Bedeutung „göttliche Rede“ an. In Analogie zum artikulierten *qôl* des Menschen schreibt das AT auch Gott eine artikulierte Stimme zu, mit der er sich an die Menschen wendet. In der Schilderung der Sinaioffenbarung findet das Wort *qôl* verschiedenartige Verwendung: Es meint den Donner (Ex 19,16), den Klang des Horns (v.19), aber auch Gottes Rede. Mose spricht und Gott antwortet ihm *b^{e}qôl*, d.h. mit weithin vernehmbarer und allgemein verständlicher Stimme.

Nach späteren Traditionen wurden auch dem Volk die Gebote (Dtn 4,12f.: *d^{e}ḇārîm*) durch Gottes Stimme, die aus Feuer und Gewölk, Nebel und Finsternis (Dtn 5,22–26 [19–23]) aus dem Himmel (Dtn 4,36) erschallte, verkündet; vor ihr gerät das Volk in Todesangst (Dtn 5,25f. [22–23]; 18,16). Als Mose das Zelt der Begegnung betrat, um mit ihm (Gott) zu sprechen, hörte er den *qôl* (LXX verdeutlicht: Stimme des Herrn) vor sich hin sprechen (*dbr hitp*); vgl. Ez 2,2; 43,6), von der Bundeslade her (Num 7,89). Mit klarer Rede spricht auch die göttliche Stimme zu Jesaja (Jes 6,8) und Elija (1 Kön 19,13; dazu vgl. J. Lust, VT 25, 1975, 110–115).

Letztere Stelle ist insofern von wesentlicher Bedeutung, da ihr eine ausdrückliche Verneinung jeglicher Theophanie in Naturerscheinungen vorangestellt wurde: Nach diesen herrscht ein „*qôl* feinster Stille" (vv. 11f.), d.h. die akustische Empfindung völliger Lautlosigkeit. Ezechiel hört die göttliche Stimme (Ez 1, 28; 9, 1) und erlebt den Hall der Flügel himmlischer Wesen wie die Stimme des Gottherrn, wenn er spricht (Ez 10, 5; vgl. 1, 24). Aus der theologischen Absicht, das Gottesbild von anthropomorphen Vorstellungen zu befreien, erklärt sich, daß von dem *qôl* Gottes oft nur noch andeutungsweise gesprochen wird (Ez 43, 2; Jes 40, 6; Ijob 4, 16, wo wiederum der *qôl* aus der Stille hörbar wird) oder er durch himmlische Boten (Jes 40, 3; Dan 8, 16; 10, 6. 9) oder JHWHs Knecht (Jes 50, 10) vermittelt wird. An den babylonischen König ergeht die Strafandrohung durch eine Stimme, die vom Himmel fällt (Dan 4, 28). (Diese Vorstellung erhält weitere Ausschmückung im späteren Judentum [Levy, WTM IV 259]). Obwohl sie die Offenbarungen auditiv erleben (Jes 30, 21; Ez 3, 10), tritt bei den Schriftpropheten der Begriff *qôl* zurück, womit der äußerlich akustische Eindruck an Gewicht verliert.

Auch bei dem Begriff *qôl* läß sich eine zunehmende Abstraktion feststellen, und zwar in der überaus häufigen Wendung *šmʿ bᵉ/lᵉqôl JHWH* „die Stimme JHWHs hören": Diese kann sich auf ein reales Anhören der Rede beziehen (Dtn 5, 25f. [22–23]), sie kann aber auch 'gehorchen' bedeuten (zur Bedeutungsentwicklung von „hören" zu „gehorchen" vgl. akk. *šemû*, AHw 1212).

Das Gehorchen bezieht sich auf eine einmalig erteilte Weisung (Dtn 9, 23; 1 Sam 15, 1. 19f.; 28, 18; 1 Kön 20, 36; Jer 38, 20; 42, 6. 13. 21; 43, 4. 7; Hag 1, 12; Sach 6, 15) oder auf die über einen Zeitraum erlassenen Gebote (Jos 5, 6; 1 Sam 12, 15). Schließlich ist allgemein der Gehorsam Gott gegenüber gemeint (1 Sam 12, 14; 15, 22; Zef 3, 2; Ps 95, 7), auch seitens der himmlischen Boten (Ps 103, 20). Nach Auffassung des Dtn und der späteren Bücher zeigt sich dieser Gehorsam besonders im Einhalten der von Gott beim Bundesschluß erlassenen Gesetze (Ex 15, 26; Dtn 8, 20; 13, 19; 15, 5; 26, 14. 17 u.ö.; 2 Kön 18, 12; Jer 3, 25; 7, 28; 40, 3 u.ö.; Dan 9, 10).

Für Folgsamkeit dem *qôl* JHWHs gegenüber wird Segen versprochen, für Ungehorsam Strafe angedroht (Dtn 28, 1. 15. 45 u.ö.). Die Strafe aber bewegt das Volk zur Umkehr, so daß es wieder auf die Stimme JHWHs, seines Gottes, hört (Dtn 4, 30; 30, 2. 8. 10. 20).

IV. In Qumran begegnet *qôl* ca. 90mal (in den nicht veröffentlichten Texten noch zusätzlich ca. 10mal) mit bes. Dichte in 1 QM, 1 QH und in den Sabbatopfer-Liturgien (hier fast 30mal). In 1 QM steht *qôl* für die unterschiedlichen Kampfsignale mit Schopharhorn und Trompeten (1 QM 8 [9mal]), oft verbunden mit dem Kampfgeschrei (*tᵉrûʿāh*, 1, 11; 8, 9ff.; 16, 6f.).

Von den kosmischen Urgewalten, Abgrund, Wasserfluten, Wolken und Himmelsheeren geht ein *qôl* aus, Bild für den Ansturm der Feinde (1 QH 3, 13–17. 35; vgl. 2, 27). Der Beter beschreibt seine anthropologische Befindlichkeit: er ist gefesselt, deshalb gibt sein Gehen keinen *qôl* (1 QH 8, 34). Der Bedrängte hat einen *qôl* des Seufzens (9, 4), der Befreite einen des Jubels (11, 26f.; 1 QM 12, 15; 19, 7).

Das „Hören auf den *qôl*" des Schöpfers (CD 3, 7f.) und auf den des Lehrers (20, 28. 32) wird von den Gemeindemitgliedern verlangt. Die Tempelrolle greift dieses aus der dtr Sprache bekannte Motiv auf (TR 55, 13f.). Der *qôl* des Menschen soll dem Lobgesang Gottes dienen (1 QH 11, 25f.).

Die Darstellung der göttlichen Offenbarung im Anschluß an die Thronwagen-Offenbarung Ez 1;10 wurde ein in Qumran breit aufgenommenes Motiv; der *qôl* des Wagens, der Wesen, des *kaḇôḏ* Gottes, des Segnens, Säuselns, der Bewegung u.a. wird häufig dargestellt (vgl. J. Strugnell, VTS 7, 1960, 318–345; C. Newsom, HSSt 1985, Belege 447).

Kedar-Kopfstein

קום *qûm*

I. Etymologie, Verbreitung – 1. Akk. – 2. Westsemit. – II. Begriffs- und Wortfeld im AT – 1. zum Vorgehen – 2. Statistisches – 3. Allgemein Semantisches – 4. als Hilfsverb – 5. Kult – III. Gestalten und Institutionen – 1. Wahrung der Kontinuität – 2. Königtum, Dynastie – 3. Priester – 4. Propheten – 5. Aussichten auf Restauration – IV. Gedanke und Wille – 1. Verläßlichkeit des Ratschlusses Gottes – 2. Gottes formuliertes „Wort" – 3. Gottes „Bund" – 4. Menschlicher und göttlicher Wille – V. Aufstehen und Auferstehen – 1. Physische Wiederbelebung – 2. Rettung aus Gefährdung – 3. Auferstehung? – VI. Konflikt und Recht – 1. Allgemeines – 2. Menschen und Gott, Menschen untereinander – 3. Gottes An- und Eingreifen – 4. Die Sorge um das Überleben – VII. *qûmāh JHWH* und verwandte Wendungen – 1. Belege und Kontexte – 2. Jer 2,27f. als Modell – 3. Bitte und Erhörung – 4. Verbindung mit der Lade – 5. Theophanie – 6. *qûmî jᵉrûšālajim* — VIII. LXX – 1. Allgemeines – 2. Auferstehung – IX. Qumran – 1. Belege und Charakteristik – 2. Einzelnes.

Lit.: *A. Aejmelaeus*, The Traditional Prayer in the Psalms (BZAW 167, 1986, 1-117). – *R. Albertz*, Weltschöpfung und Menschenschöpfung. Untersucht bei Deuterojesaja, Hiob und in den Psalmen (CThM A/3, 1974). – *S. Amsler*, קום *qûm* aufstehen (THAT II 635-641). – *D.R. Ap-Thomas*, Notes on Some Terms Relating to Prayer (VT 6, 1956, 225-241). – *H. Bardtke*, Der Erweckungsgedanke in der exilisch-nachexilischen Literatur des Alten Testaments (Festschr. O. Eissfeldt, BZAW 77, 1958, 9-24). – *M.L. Barré*, New Light on the Interpretation of Hosea VI 2 (VT 28, 1978, 129-141). – *Ders.*, A Note on Job XIX 25 (VT 29, 1979, 107-110). – *Ders.*, Habakkuk 3:2: Translation in Context (CBQ 50, 1988, 184-197). – *B.F. Batto*, The Sleeping God: An Ancient Near Eastern Motif of Divine Sovereignty (Bibl 68, 1987, 153-177). – *A. Berlin*, The Dynamics of Biblical Parallelism, Indiana 1985. – *P. Bovati*, Ristabilire la giustizia. Procedure, vocabolario, orientamenti (AnBibl 110, 1986). – *A. Caquot* / *M.*

Sznycer / *A. Herdner,* Textes ougaritiques I. Mythes et légendes (LAPO 7, 1974). – *J.-P. Cottanceau,* Origine et évolution de la racine «*qwm*» en rapport avec la manifestation de Iahvé, Diss. Straßburg 1981. – *E. Fascher,* Anastasis-Resurrectio-Auferstehung. Eine programmatische Studie zum Thema „Sprache und Offenbarung" (ZNW 40, 1941, 166-229). – *L. Gardet,* Ḳiyāma (Encyclopédie de l'Islam V, Leiden [2]1980, 233-236). – *B. Gemser,* The *RÎB*- or Controversy-Pattern in Hebrew Mentality (Festschr. H.H. Rowley, VTS 3, 1955, 120-137). – *H. Goeke,* Das Menschenbild der individuellen Klagelieder. Ein Beitrag zur alttestamentlichen Anthropologie, Diss. Bonn 1970. – *J.C. Greenfield,* Rezension zu Z. Ben-Hayyim, עברית וארמית נוסח שומרון, The Literary and Oral Tradition of Hebrew and Aramaic Amongst the Samaritans III/2. The Recitation of Prayers and Hymns, Jerusalem 1967 (Bibl 50, 1969, 98-102). – *W. Grundmann,* ἵστημι (ThWNT VII 637-652). – *Ders.,* Stehen und Fallen im qumranischen und neutestamentlichen Schrifttum (H. Bardtke [Hg.], Qumran-Probleme. Deutsche Akademie der Wissenschaften zu Berlin, Schriften der Sektion für Altertumswissenschaft 42, 1963, 147-166). – *G.F. Hasel,* Resurrection in the Theology of Old Testament Apocalyptic (ZAW 92, 1980, 267–284). – *J.H. Hayes,* The Resurrection as Enthronement and the Earliest Church Christology (Int 22, 1968, 333-345). – *S. Herrmann,* Jeremia – der Prophet und die Verfasser des Buches Jeremia (P.M. Bogaert [Hg.], Le livre de Jérémie. Le prophète et son milieu, les oracles et leur transmission, BiblEThL 54, 1981, 197-214). – *T. Hiebert,* God of my Victory: The Ancient Hymn in Habakkuk 3 (HSM 38, 1988). – *D.R. Hillers,* Imperial Dream: Text and Sense of Mic 5:4b-5 (Festschr. G.E. Mendenhall, Winona Lake 1983, 137-139). – *Ders.,* Ritual Procession of the Ark and Psalm 132 (CBQ 30, 1968, 48-55). – *E.F. Huwiler,* Patterns and Problems in Psalm 132 (Festschr. R.E. Murphy, JSOT Suppl. 58, 1987, 199-215). – *J. Jeremias,* Theophanie. Die Geschichte einer at.lichen Gattung (WMANT 10, [2]1977). – *Ders.,* Kultprophetie und Gerichtsverkündigung in der späten Königszeit Israels (WMANT 35, 1970). – *J. Kremer,* Auferstanden – auferweckt (BZ NF 23, 1979, 97f.). – *J.N. Langfitt,* ἀνίστημι in Early Christian Tradition, Diss. Graduate Theological Union 1973. – *R. Lawton,* Israelite Personal Names on Pre-Exilic Hebrew Inscriptions (Bibl 65, 1984, 330-346). – *A. Lemaire,* Inscriptions hébraïques I. Les ostraca (LAPO 9, 1977). – *E. Lipiński,* Psaumes I. Formes et genres littéraires (DBS IX 1-125, bes. 16-23). – *H.-M. Lutz,* Jahwe, Jerusalem und die Völker. Zur Vorgeschichte von Sach 12,1-8 und 14,1-5 (WMANT 27, 1968). – *J. Maier,* Das altisraelitische Ladeheiligtum (BZAW 93, 1965). – *T.H. McAlpine,* Sleep, Divine & Human, in the Old Testament (JSOT Suppl. 38, 1987). – *R. Martin-Achard,* Résurrection dans l'Ancien Testament et le Judaïsme (DBS X 437-487). – *B.A. Mastin,* Jonathan at the Feast. A Note on the Text of 1 Samuel XX 25 (J.A. Emerton [Hg.], Studies in the Historical Books of the OT, VTS 30, 1979, 113-124). – *S. Moscati* (Hg.), An Introduction to the Comparative Grammar of the Semitic Languages. Phonology and Morphology (Porta Linguarum Orientalium NS 6, 1964). – *A. Oepke,* ἀνίστημι (ThWNT I 368-372). – *Ders.,* ἐγείρω (ThWNT II 332-337). – *S.M. Olyan,* The Cultic Confessions of Jer 2,27a (ZAW 99, 1987, 254-259). – *S.M. Paul,* Unrecognized Biblical Legal Idioms in the Light of Comparative Akkadian Expressions (RB 86, 1979, 231-239). – *L. Perlitt,* Bundestheologie im AT (WMANT 36, 1969). – *J.J. Rabinowitz,* The Susa Tablets, the Bible and the Aramaic Papyri (VT 11, 1961, 55-76). – *A. Rodríguez Carmona,* Targum y resurrección. Estudio de los textos del Targum Palestinense sobre la resurrección (Biblioteca Teológica Granadina 18, Granada 1978). – *Ders.,* El vocabulario neotestamentario de Resurrección a la luz del Targum y literatura intertestamentaria (EstB 38, 1979/80, 97-113). – *Ders.,* Origen de las fórmulas de resurrección con anistánai y egeirein (Estudios Eclesiásticos 55, 1980, 27-58). – *Ders.,* Concepto de «muerte» en el Targum Palestinense del Pentateuco (EstB 41, 1983, 107-136). – *L. Ruppert,* Erhöhungsvorstellungen im AT (BZ NF 22, 1978, 199-220). – *J.F.A. Sawyer,* Hebrew Words for the Resurrection of the Dead (VT 23, 1973, 218-234). – *F. Schnutenhaus,* Das Kommen und Erscheinen Gottes im Alten Testament (ZAW 76, 1964, 1-22). – *J. Schreiner,* עור *'wr* (ThWAT V 1184-1190). – *G. Schwarz,* ανιστημι und αναστασις in den Evangelien (BN 10, 1979, 35-39). – *I.L. Seeligmann,* Zur Terminologie für das Gerichtsverfahren im Wortschatz des biblischen Hebräisch (Festschr. W. Baumgartner, VTS 16, 1967, 251-278). – *J.J. Stamm,* Hebräische Ersatznamen (Festschr. B. Landsberger, Assyriological Studies 16, 1965, 413-424 = ders., Beiträge zur hebr. und altorientalischen Namenkunde, OBO 30, 1980, 59-79). – *H. Tawil,* Some Literary Elements in the Opening Sections of the Hadad, Zākir, and the Nérab II Inscriptions in the Light of East and West Semitic Royal Inscriptions (Or 43, 1974, 40-65). – *W. Thiel,* Die deuteronomistische Redaktion von Jeremia 1-25 (WMANT 41, 1973). – *Ders.,* Die deuteronomistische Redaktion von Jeremia 26-45. Mit einer Gesamtbeurteilung der deuteronomistischen Redaktion des Buches Jeremia (WMANT 52, 1981). – *D.W. Thomas,* Textual and Philological Notes on Some Passages in the Book of Proverbs (Festschr. H.H. Rowley, VTS 3, 1955, 280-292). – *J.H. Tigay,* You Shall Have no Other Gods. Israelite Religion in the Light of Hebrew Inscriptions (Harvard Semitic Studies 31, Atlanta 1986). – *M. Weinfeld,* Deuteronomy and the Deuteronomic School, Oxford 1972. – *A.A. Wieder,* Three Philological Notes (Bulletin of the Institute of Jewish Studies 2, 1974, 103-109). – *J. Wijngaards,* Death and Resurrection in Covenantal Context (Hos. VI 2) (VT 17, 1967, 226-239). – *H.G.M. Williamson,* A Reconsideration of עזב II in Biblical Hebrew (ZAW 97, 1985, 74-85). – *H.W. Wolff,* Das Zitat im Prophetenspruch. Eine Studie zur prophetischen Verkündigungsweise (EvTh Beiheft 4, 1937 = ThB 22, [2]1973, 36-129).

Zu VIII.: *E. Tov,* The Text-Critical Use of the Septuagint in Biblical Research (Jerusalem Biblical Studies 3, Jerusalem 1981).

Zu IX.: *A. Dupont-Sommer u.a.* (Hg.), La Bible. Écrits intertestamentaires (Bibliothèque de la Pléiade, Paris 1987). – *C.-H. Hunzinger,* Fragmente einer älteren Fassung des Buches Milḥamā aus Höhle 4 von Qumrān (ZAW 69, 1957, 131-151). – *J.C. Kesterson,* A Grammatical Analysis of 1 QS V,8-17 (RQu 12, 1985/87, 571-573). – *J.T. Milik* (Hg.), The Books of Enoch. Aramaic Fragments of Qumrân Cave 4, Oxford 1976. – *E.M. Schuller,* Non-Canonical Psalms from Qumran (Harvard Semitic Studies 28, Atlanta 1986).

I. *qwm* ist eine ursprünglich biliterale (*qm*) Verbalwurzel (vgl. Moscati 159f.165f.).

1. Im Akk. ist *qāmu* nur als Lehnwort bezeugt i.S.v. 'stehen, Bestand haben', u.a. vom Königtum (Mari;

AHw 896). Daneben findet sich *qamāmu* 'sich aufrichten, sträuben' (von Haaren) (AHw 896; zu akk. Entsprechungen *izuzzu* und *tebû* vgl. Rabinowitz; Barré; AHw 408-411.1342f.).

2.a) Die Wurzel ist westsemit. überall bekannt: amorit. in PN (APNM 259), ugar. *qm* 'stehen, aufstehen' (WUS Nr. 2417; UT Nr. 2214), phön./pun. nur in PN (PNPPI 55) und im Ausdruck *mqm 'lm* (s.u.), arab. *qāma* 'stehen, sich stellen, sich erheben', auch 'Widerstand leisten', 'etwas unternehmen, ausführen' (Wehr, Arab.Wb. 711ff.; L. Kopf, VT 8, 1958, 199), asarab. 'stehen' (BGMR 110f.), äth. *qōma* 'stehen' (Dillmann, LexLingAeth 451ff.).

b) Im mittleren und späten Aram. (vgl. DISO 254-256.257f.; ATTM 681f.) sind Syntax und Semantik vielfältig, bis zum fast zur Interjektion verblaßten Verb im Grundstamm („semi-auxiliaire", LAPO 7, 153 Anm. e; DISO 255; auch z.B. KTU 1.3,I,4). Anschaulich sind Kausativ-Formen für Auf-Richtung einer Statue, eines Denk- oder Erinnerungsmals (auf Grabinschriften: KAI 214,1.14.28; 215,18; 239,2; 248,2; 249,5; 258,1). Das hebr. Lachisch-Ostrakon 13: *qm l'śt ml'kh* „steh auf(?), Arbeit zu tun" (KAI 198,1; LAPO 9, 130f.), allerdings unsichere Lesung, hat keine genaue at.liche Parallele.

Theologisch interessant – im AT so nicht bezeugt – ist, wie Könige sich vorstellen: Gott oder Götter „erheben sich mit mir/dir (*'mj/k*)", d.h. stehen ihnen bei (KAI 202 A,3.14; 214,2.3; 215,2; vgl. Tawil 43-45. – Zum AT vgl. KAI 202 A,14 mit Jes 33,10; Ps 12,6; sowie 1 Kön 3,7; 2 Chr 1,8.9). Den vielfachen Übertragungen auf Vorgänge und Zustände, Ordnungs- und Wertvorstellungen liegt wohl die Vorstellung von Bewegung in aufrechter Haltung als Ausdruck für Kraft, Festigung, Festigkeit, Dauer und Verläßlichkeit (bes. deutlich bei Kausativstämmen mit göttlichem Subj.) zugrunde (Beispiele: DISO 255; vgl. *qjm* adjektivisch DISO 258). Durch Kontext oder Deuteworte (z.B. *'l* für Angriff und Feindschaft DISO 255) nimmt *qwm* nach unserem Empfinden gegensätzliche Bedeutungen an, z.B. Über- (z.B. DISO 255) wie Unterordnung, auch im Sinn von „Dienen". Ein schon wegen der Gottesbezeichnung provozierender Sonderfall ist das phön./pun. öfters belegte ungeklärte *mqm 'l[m]* (vgl. Tomback 197; Cottanceau 18f.; DISO 256) wahrscheinlich als Bezeichnung kultischer Funktionäre.

II.1. Im außerbibl. Bestand zeichnet es sich ab und im AT wird es sich bestätigen: die vielfältigen Funktionen und Bedeutungen des fast allgegenwärtigen *qwm* können nicht vom Etymon oder einer zu erschließenden Grundbedeutung abgeleitet werden. Auch ist über das Wort in seiner ganzen Breite kaum gearbeitet worden. Für die theologische Darstellung empfiehlt sich daher eine Gliederung nach Sachgebieten und Bedeutungsfeldern, d.h. nach den semantischen Konkretisierungen von *qwm*, wie sie sich vom Gegenstand her abzeichnen.

2. Nur in Joël, Hag und Mal ist *qwm* nicht belegt. Von den 628 verbalen Vorkommen – als Subst. gebrauchte Ptz. einbegriffen – sind fast drei Viertel (460) im Grundstamm, etwas weniger als ein Viertel (146) im *hiph*, nur 22 in den übrigen Stämmen, davon 11 im *pi* belegt. Die im MT 4mal belegte Intensivform *pol* kommt an drei späten Stellen (Jes 44,26; 58,12; 61,4) i.S.v. „Wiederaufbau (der Trümmer)" vor. Nur Mi 2,8 wäre der Sinn transitiv, „auftreten" (vgl. H.W. Wolff, BK XIV/4, 40.52f.; J.M.P. Smith, Micah, ICC, 55).

Außer den 401 Vorkommen von *māqôm* (→ מקום) sind 7 Nominalbildungen zusammen 63mal belegt; darunter allein *qômāh* 45mal, meist als Angabe der Höhe von Bauten und Gegenständen der Einrichtung des Wüstenheiligtums und des Tempels, gelegentlich (dichterisch) vom Wuchs von Pflanzen (Jes 10,33; Ez 17,6; 19,11; 31,5.10; Hld 7,8) und Menschen (1 Sam 16,7; 28,20; Ez 13,18), nie in einem sicher alten Text. Von den übrigen sechs Nominalbildungen kommt *j^eqûm* 'Bestand' 3mal vor (Gen 7,4.23; Dtn 11,6, immer im Kontext der Vernichtung als nom. rec. von *kol*; ähnlich in Qumran), alle anderen begegnen je einmal. – Aram. überwiegt das *haph* (18mal in Dan; sonst nur Esra 6,18) über das *qal* (12mal in Dan; sonst nur Esra 5,2), während die anderen Stämme nur sporadisch belegt sind: *hoph* 2mal (Dan 7,4.5, in der Beschreibung des ersten Tieres), *pa'el* einmal (Dan 6,8) in einer figura etymologica mit *q^ejām* 'Dekret' (*q^ejām* auch 6,16 mit *haph*). Das Nomen *qajjām* ist Dan 6,27 von Gott ausgesagt: „der in Ewigkeit Bestehende"; 4,23 von der von Gott gegebenen dauerhaften Herrschaft des Königs. In PN ist *qwm* außerbiblisch früh bekannt (in Arad mehrere Individuen des Namens *jqmjhw*, vgl. Tigay 56) und begegnet auch im späteren AT in Dank- (IPN 176f.), Wunsch- (IPN 200f.) und „Ersatznamen" (Stamm), als Bekenntnis, Dank oder Bitte auf Hilfe und Rettung im Hinblick auf Erhaltung in Sein und Leben. Es ist verständlich, daß Ortsnamen des gleichen Typs äußerst selten sind (vgl. W. Borrée, Die alten Ortsnamen Palästinas, 21968, 100: *jŏqm^{e'}ām*, 1 Chr 6,53).

3.a) Aktiver und kausativer Sinn (dieser nicht auf das *hiph* beschränkt) überwiegen also bei weitem. Seit den alten Schichten des Pent. begegnet das Verb in Erzählungen, Berichten, Beschreibungen. Mehr oder weniger überall im AT wird das *qal* an sich untheologisch, aber oft in theologischem Kontext gebraucht. Es besagt (physisches) Aufstehen, zu Beginn des Tages oder in der Nacht (z.B. Gen 24,54; 32,23; Ex 12,30; Ri 9,32; 19,27.28; Rut 3,14; 1 Sam 9,26; 2 Sam 11,2; 1 Kön 3,20f.; 2 Kön 6,15; 7,5.7; Neh 2,12; Num 22,13.21; Spr 31,15; Ps 127,2), allgemein eine Änderung der körperlichen Haltung oder des Ortes (Ex 10,23), einen Aufbruch zu oder auf einer Reise (Gen 46,5a; vgl. v. 1a), einen Akt der Höflichkeit (z.B. Gen 19,1 brachylogisch; 31,35; Lev 19,32; Ijob 29,8; 1 Kön 2,19; Est 5,9b; für Gott Jes 49,7: ...*wāqāmû – w^ejištaḥ^awû*; vgl. 52,15, ohne *qwm*), und zwar dichterisch (Ps 119,62; Hld 5,5; Ijob 7,4), bild- und sentenzenhaft (Spr 6,9, vgl. v. 10 und 24,33f.; Koh 12,4bα MT; vgl. M. Dahood, Psalms III, AB 17A, 88). *qwm qal* kann (mit *min*) das Verlassen eines Ortes bedeuten (Esra 10,6; 1 Sam 20,25; vgl. Mastin 123f.) und als Imp. *qal* eines Mächtigeren Vertreibung (Mi 2,10). Das *hiph* besagt von der äußeren Wirkursache aus dasselbe, z.B. „aufhelfen" (Koh 4,10; vgl. Ps 41,11; 119,28, *pi*), „vertreiben" (Jes 14,9; vgl. 23,12), „reizen" (Num 24,9; Gen 49,9). Die physische Bedeutung geht allenthalben leicht über in die moralische für seelische Stützung und Unterstützung des Menschen (z.B. Ijob 4,4).

b) Subj. von *qal* und Obj. von *hiph* ist an sich etwas Ganzes, nicht ein Teil, wie etwa einzelne Körperteile (Kopf, Arm, Hand, Fuß, Horn), für deren „Erhebung" am häufigsten *nś'* und *rwm* gebraucht sind (z.B. Ps 27,6a; Jes 26,11). Leblose Sachen in dieser Funktion werden hervorgehoben, ansatzhaft personifiziert (z.B. richtete sich die Garbe Josefs auf und blieb stehen: *qāmāh ... niṣṣāḇāh*, Gen 37,7, → V 558), verhalten sich ungewöhnlich (die Wasser des Jordan „standen als Mauer" flußaufwärts: *wajja'amḏû ... qāmû neḏ-'æḥāḏ*, Jos 3,16; vgl. v. 13; Ex 14,22b) oder sollen ein für allemal ausgeschlossen sein: z.B. *lo' jāqûmû 'ašerîm weḥammānîm* (Jes 27,9; vgl. Lev 26,1; Dtn 16,21). Dichterisch werden Tat oder unpersönliches Geschehen selbst Subj.: z.B. Ps 27,3: ... *'im-tāqûm 'ālaj milḥāmāh* „wenn sich ein Krieg wider mich erhebt" (vgl. Hos 10,14; Nah 1,9; Ez 7,11; Ijob 22,28a). *qwm*, *'md* und *hjh* kommen in der blassen Bedeutung „sein, entstehen" einander immer näher (2 Sam 21,18 // 1 Chr 20,4; 2 Sam 24,16 // 1 Chr 21,15; Ps 33,9; vgl. Greenfield 100f.; → VI 194-204; Ap-Thomas 225f.).

c) Idiomatische Wendungen bilden nur scheinbare Ausnahmen: *qāmû 'ênājw* (1 Kön 14,4; 1 Sam 4,15; vgl. KAI 214,30) besagt Blindheit (vgl. 1 Sam 3,2 *kehæh*), vielleicht nach dem optischen Eindruck der Starre. Dagegen wird das „Stocken" des Atems vor Schrecken, das Sinken des Mutes negativ, als Nicht-Weiterbestehen der Funktion gefaßt: *welo' qāmāh 'ôḏ rûaḥ be'îš* (Jos 2,11; vgl. Jos 5,1; Ijob 11,17; M. Dahood [Psalms III, AB, 88] postuliert für Koh 12,4 anscheinend eine homophone Wurzel „*qwm*, »to become still«", zu Ps 107,29). Das *hiph* kann besagen, daß Gott Sturm und Wellen zum „Stillstand" bringt, „glättet" (Ps 107,29; vgl. v. 25 ... *wajja'ameḏ* ... *watterômem* ...; v. 33 *jāśem* für Umkehrung). Festigung und erzeugte Festigkeit, aufrechte Haltung oder Stellung sind mehr als Begleitvorstellungen, sie bilden den semantischen formalen Grundriß (z.B. Spr 30,4; vgl. Ps 75,4; 104,5.8f.).

4. Ein großer Teil der Belege von *qwm qal* ist den eigentlich die Aussage tragenden und bestimmenden Verben als Imperativ vorangestellt, vor Imperativ/en, Kohortativ/en, Jussiv/en und *le* mit Infinitiv/en, auch ohne Übereinstimmung von Numerus und Person, z.B.: *qûmāh wena'alæh* (Ri 18,9); vgl. mit *hlk*: *leḵû wenāšûḇāh* (Hos 6,1; Jer 46,16; Beispiele syntaktischer Abwandlungen: Jer 1,17; Dtn 17,8). Der Sprecher ist entschlossen, er will andere fürs Handeln gewinnen. – Der Erzählanschluß *wajjāqŏm* u.a. leitet viele verba activa ein, vor allem Ortsveränderungen und Reden (z.B. Num 22,20; 1 Kön 17,9; Jona 1,2; 3,2; Mi 6,1). Ob dieser Gebrauch von *qwm* als „Pleonasmus" (z.B. J.A. Fitzmyer, AnBibl 18A, ²1971, 119.134.151), „Füllsel" (Brockelmann, Synt. 133), „interjektionaler Imperativ" (R. Meyer, HGr II, ³1969, § 78,1.9a; vgl. 80,3e; 89,2) oder „Veranschaulichung eines Vorganges" (KBL³ 1015f.) zu deuten ist, ist ohne Deutewörter, etwa Adverbien (wie z.B. Hab 2,7; Ijob 24,14; Spr 24,22), schwer zu sagen. Die Zeitbestimmung „jenen ganzen Tag" zum einleitenden *wajjāqŏm* weist dieses als eigene Aussage aus: die Leute blieben bei der begonnenen Tätigkeit (Num 11,32). Dieser Einzelfall könnte allerdings auch eine wenig sorgfältige Prolepse zum folgenden *wajja'aspû* sein.

5.a) Das *hiph* steht überwiegend in späten Texten für die Auf- und Einrichtung von kultischen Steinen (Jos 4,9.20; 24,26; Dtn 27,2), Steinhaufen (Jos 7,26; 8,29), Mazzeben (Dtn 16,22; Lev 26,1 verboten; unbeanstandet: Gen 28,18 *śjm qal*; 35,20 *nṣb hiph*), *pæsæl* (Ri 18,30; vgl. Lev 26,1), Altären (für JHWH: 2 Sam 24,18; 1 Chr 21,18; für Ba'al: 1 Kön 16,32; 2 Kön 21,3; 2 Chr 33,3; häufiger *bānāh* z.B. 2 Kön 21,5; 1 Chr 21,22; *'āraḵ* Num 23,4; *śjm* Jer 11,13; *heḵîn* 2 Chr 33,16; *nṣb hiph* Gen 33,20; *rp' pi* 1 Kön 18,30).

b) In späten P-Texten wird das *hiph* summarisch für die Errichtung des *miškān* gebraucht: Ex 26,30; 40,2.(17 *hoph*).18 (hier einmal mit dem Obj. *miškān*, das andere Mal *'ammûḏājw*; dazwischen, mit verschiedenen Objekten, einmal *śîm*, zweimal *nāṯan*); Num 7,1; 9,15; 10,21. Num 1,51 steht daneben *jrd hiph* für die Zerlegung vor jedem neuen Aufbruch (vgl. Num 10,17). Ex 40,33 ist *qwm hiph* in einem abschließenden Satz vom Hof um *miškān* und Altar gebraucht, ohne Andeutung einer Vertikalen; hier liegt wohl fachsprachlicher Gebrauch vor i.S.v. „einrichten", ähnlich das seltene *hoph* (Ex 40,17, vgl. Num 10,17; Esra 3,11). Da *qwm* nie mit *'ohæl* verwendet wird (auch nicht Ex 40,2 noch Num 9,15) und wohl nicht zu einem bautechnischen Terminus geworden ist (im „Baubericht" 1 Kön 6f.; 2 Chr 3f.: *qwm hiph* nur 1 Kön 7,21 für die Aufrichtung der beiden Säulen, vgl. 2 Chr 3,17; im späten dtr Zusatz 1 Kön 6,12 ist Gottes „Wort" Objekt; vgl. E. Würthwein, ATD 11/1², 65), ist zu fragen, ob *qwm hiph* zu *miškān*, der „Bezeichnung des komplexen Zeltheiligtums" (→ V 67), eine gewisse Affinität hat. Grundlage könnten die Schwäche der semantischen Konturen und die daraus folgende vielseitige Verwendbarkeit beider Worte sein. Die lexikalische und syntaktische Parallele von *qwm hiph* und *miškān* einerseits und der anderen bei P wichtigen Wendung, *qwm hiph* und *berîṯ* andererseits, hat an eine theologische Grundparallele denken lassen: Vollendung des Heiligtums – Vollendung der Schöpfung (vgl. P. Weimar, RB 95, 1988, 353).

c) In der Beschreibung kultischer Vorgänge bei P, im DtrGW (1 Kön 8,14-66) und im ChrGW ist vielfach nicht klar, ob im Einzelfall *qwm qal* formelhaft zu einer Ein- oder Überleitung verblaßt ist, z.B. Sich-Aufrichten aus kniender oder einer anderen Haltung (1 Kön 8,54; Ijob 30,28b), Übergang zu Gesang (2 Chr 20,19), Ansprache (Esra 10,5.10) oder Entlassung (2 Chr 30,27). In manchen Fällen kann es sich um eigentliche liturgische Akte handeln, so wenig wir sie allein schon wegen der genannten semantischen Überlappung verläßlich beschreiben können.

Das *qwm* der rituellen Frage in der „Einzugsthora" Ps 24,3-6: *mî-ja'alæh behar JHWH ûmî-jāqûm bimeqôm qŏḏšô* (v. 3) faßt – unter Einbeziehung des prozessionellen „Hinaufsteigens" – die End- und eigentliche Sinnphase eines komplexen liturgischen Vollzugs ganzheitlich, während andere Verben diese allein markieren (z.B. Ps 15,1 *mî-jāḡûr* ... *mî-jiškon*; amplifiziert, mit anderen Verben Ps 5,5-8). Allerdings verschwimmen die Bedeutungsnuancen: Ps 134,1 spricht vom „Stehen" allein (*'md*) im Sinn von Aufenthalt, während 1 Kön 22,21//2 Chr 18,20 *'md* wie das erwähnte *qwm* verwendet und ebenso Jer 7,10 ein falsches „Kommen und Stehen" gerügt ist (vgl. Grundmann, ThWNT VII 642).

III.1.a) In der alten Notiz *wajjāqŏm mælæḵ ḥāḏāš 'al miṣrājim* „da erstand ein neuer König über Ägypten" (Ex 1,8 J) wird mit *wajjāqŏm* zur Einleitung einer neuen Ära ein vorher nicht genannter König eingeführt und die durch den Relativsatz markierte Traditions- und Kontinuitätslücke überbrückt. Dtr deutet man mit dem gleichen Schema und verwandtem Wortlaut die Situation des Volkes am Übergang von der Wüstenwanderung zur Landnahme (Ri 2,10; vgl. Noth, ÜSt 21). Zwei „kleine Richter" läßt eine wohl alte Notiz in der Krise schlichtweg „auftreten" (Ri 10,1.3), ähnlich zu werten ist Deboras nur aus steigernder Distanz verständliche Selbstprädikation: „die ich mich erhoben habe (*šaqqamtî*) als Mutter über Israel" (Ri 5,7b [MT]). *qwm qal* zeigt also in diesen Texten die Rettung in gefährdeter Existenz an.
b) Nach dem dtr Schema „erweckt" Gott (*heqîm* Ri 2,16.18; 3,9.15) in äußerster Gefahr Richter als Retter. In einem nachträglich erklärenden Zusatz zum dtr bearbeiteten Bericht der Beschneidung in Gilgal (Jos 5,2-9) wird die Kontinuität des Volkes über einen Bruch hinweg durch *heqîm* (nach MT, vgl. BHS) mit JHWH als vorausgesetztem Subj. nachdrücklich moniert (Jos 5,7; vgl. M. Noth, HAT I/7³, 39).
Solche Sprache ist nicht im gesellschaftlichen und juristischen Alltag (Dtn 1,15; vgl. Ex 18,21-26; Jos 1,10; 3,2) noch für politische Ad-hoc-Ernennungen von Funktionären belegt (vgl. 2 Kön 25,22: *pqd hiph*).
2. *qwm hiph* ist viel gebraucht in der theologischen Legitimierung der umstrittenen Dynastie (Davids).
a) Modellhafte Ausprägung und vielleicht erster Beleg der Redeweise ist 2 Sam 7,12: „Ich werde einsetzen deinen Samen nach dir" (par. 1 Chr 17,11), wobei es unerheblich ist, ob nun das Obj. *zar'ᵃḵā* ursprünglich kollektiv oder – in der dtr Redaktion (vgl. v. 13b) – vom unmittelbaren Nachfolger verstanden wird (vgl. P.K. McCarter, II Samuel, AB 9, 205). Neben dem häufigeren *qwm hiph* stehen vielfach andere Verben, z.B. *kwn hiph* 2 Sam 7,12//1 Chr 17,11. 1 Sam 13,13f. steht gegen positives *kwn hiph* negiertes *qwm qal*: „Herrschaft festigen ... Herrschaft hat keinen Bestand" (v. 14; vgl. 24,21). Solche Redefigur, mit abstrahierendem oder symbolträchtigem Subj. oder Obj. („Thron" 1 Kön 9,5; 2 Chr 7,18; 2 Sam 3,10; „Nachkommenschaft" 2 Sam 7,12; vgl. Ps 89,5; 1 Kön 15,4), spielt nie im Alltag und bloß Persönlichen, sondern betont das Fortdauern der Dynastie.
In der Folge von Rückschau und Vorschau scheint *qwm* vorzugsweise auf Zukunft ausgerichtet zu sein. Im Sonderlob für Joschija heißt es: „Wie er war (*hājāh*) keiner vor ihm ... und nach ihm stand keiner auf (*qām*) wie er" (2 Kön 23,25; ähnlich 1 Kön 3,12; vgl. Dtn 34,10; anders 2 Kön 18,5, *hjh* in der Ausschau, ohne Rückschau vorher).
Im DtrGW sind Stabilität und Kontinuität der Dynastie gelegentlich negativ bekräftigt durch die nach geläufigem Muster gebildete Wendung: *lo'-jikkāreṯ 'îš lᵉ* (1 Kön 2,4; 9,25//2 Chr 7,18; vgl. 1 Kön 8,20.25//2 Chr 6,16).
Nach dem dtr Schema Verheißung und Erfüllung ist das einschlägige „Wort" Gottes Objekt zu *qwm*; z.B. 1 Kön 8,20: „JHWH hat das Wort verwirklicht (*wajjāqæm*), das er gesprochen hat, und ich bin an die Stelle meines Vaters David getreten (*wā'āqûm*) und habe mich auf den Thron Israels gesetzt" (par. 2 Chr 6,10; ähnlich das Zitat 1 Kön 2,4).
b) Gegen Jerobeam „setzt JHWH sich einen (Gegen-) König ein" (1 Kön 14,14; vgl. 11,14.23; 1 Sam 22,8.13), anscheinend einen homo novus. Eine exilische Interpolation (G. v.Rad, ATD 8³, 125f.) mit tadelndem Unterton ist der Dynastie und dem Königtum nicht günstig: „deinen König, den du über dich eingesetzt (*tāqîm*) hast" (Dtn 28,36; so sonst nie belegt; vgl. 17,14f. *śîm*; Hos 8,4). 2 Sam 3,10 bleibt in der Schwebe, ob gegen Saul Subj. des Infinitivs *lᵉhāqîm* Abner, der Sprechende, oder JHWH, der Schwörende (v. 9), ist (vgl. P.K. McCarter, Jr., II Samuel, AB 9, 103.113f.). Das Überwiegen des *hiph* mit Gott als Subj. deutet das Königtum als in Werden und Bestehen von Gott abhängig; ebenso – in bewußter Gewähltheit – das beizubehaltende seltene *hoph* (MT; vgl. D. Barthélemy, OBO 50/1, 1982, 310) aus den „letzten Worten Davids" (2 Sam 23,1bβ; vgl. v. 1cα: „der Gesalbte des Gottes Jakobs").
3. Auf Priester ist *qwm hiph* nur einmal in dtr Königsterminologie angewandt: 1 Sam 2,35: „Ich werde mir einen zuverlässigen Priester einsetzen (*wahᵃqîmoṯî*)...", ein Satz, der möglicherweise auf dem Hintergrund der Verwicklung rivalisierender Priestergruppen in dynastische Streitigkeiten (1 Kön 2,26f.; 1 Sam 22,11-23; vgl. A. Cody, AnBibl 35, 1969, 66-69; vgl. 113f.134-137) entstanden ist.
4. Auch für Propheten und verwandte Gestalten ist *qwm* literarisch selten, obwohl es, nach dem Echo Jer 29,15 und der anspruchsvolleren Gestaltung Am 2,11 zu urteilen, in der Alltagssprache nicht unbekannt war. Das *qal* stellt farblos das Auftreten fest, und zwar sowohl illegitimes (Dtn 13,2a) als auch das des einmaligen Mose (Dtn 34,10), an dem in Zukunft jeder zu messen ist (Dtn 18,15, *hiph* mit JHWH als Subj.).
5. *qwm* kehrt wieder in Worten, in denen Erwartungen einer wie immer gearteten Restauration Davids und Jerusalems Ausdruck finden.
a) Am 9,11 verheißt JHWH: „An jenem Tag richte ich die verfallene Hütte Davids wieder auf (*'āqîm*) und bessere ihre Risse aus (*'āqîm*)". Nach Jer 30,9 „werden sie an jenem Tag dienen JHWH, ihrem Gott, und David, ihrem König, den ich für sie bestelle (*'āqîm*)". In anderen Worten sind es Wächter (Jer 6,17) und

„Hirten", die JHWH für es „bestellt" hat (Jer 23,4; Ez 34,23). In vielleicht bewußter, singulärer Verfremdung von Inhalt und Form kündigt Mi 5,4 (sekundär? vgl. H.W. Wolff, BK XIV/4, 101.120; K.J. Cathcart, Bibl 49, 1968, 511-514) den Israeliten an, sie würden „Hirten" über feindliche Mächte „einsetzen".
b) In redaktionellem Anschluß an Jer 25,4 (vgl. Thiel, WMANT 41, 246-249) ist *qwm hiph* in einem Bild aus dem Bereich der Vegetation (vgl. Jes 11,1; Sach 3,8) verwendet: „Ich werde für David einen gerechten Sproß erwecken" (Jer 23,5; 33,15 ist das Verb ersetzt durch *'aṣmîaḥ*, vgl. Ps 85,12), was bei Ez abgewandelt wird zu *wahᵃqimoṯî lāhæm maṭṭā'* („Pflanzung") *lᵉšem* (34,29; vgl. Jer 1,10; Jes 60,21; 61,3; 2 Sam 7,10//1 Chr 17,9; Ex 15,17; Ps 44,3).
c) Num 24,17b: „Ein Stern geht aus Jakob auf (*dāraḵ*) und ein Szepter erhebt sich (*qām*) aus Israel". Semantisch betont das Prädikat *wᵉqām* zum „Stab" die eine entscheidende senkrechte Dimension und setzt sich von dem nicht orientierten *dāraḵ* ab. Der Satz erweckt das Bild des „Aufrichtens" und der bleibenden aufgerichteten Stellung, in der allein das Szepter Herrscher und Herrschen symbolisiert, die in die Zeitläufe mächtig eingreifen (v. 17c; vgl. J. de Vaulx, Les Nombres, Sources Bibliques, Paris 1972, 290), aber nicht in ihnen aufgehen (vgl. v. 16).
d) Die die geschichtsbedingten Grenzen überschreitende Restauration durch den Gottesknecht beginnt mit der „Wiedereinsetzung", d.h. „Rückführung", von „Jakob-Israel" (Jes 49,6; vgl. auch den späteren v. 8!).
e) Unter prophetischen Vorzeichen verheißt JHWH bei DtJes und TrJes mit *qwm pol* den Wiederaufbau der „Trümmer" Jerusalems durch JHWH selbst (44,26) oder durch die indirekt (Jes 61,4) oder direkt Angesprochenen (Jes 58,12).
qwm ist in solchen Zusammenhängen überwiegend auf Zukunft ausgerichtet und positiv getönt, was nicht ausschließt, daß es auch in eschatologischer Richtung negativ geprägt ist, wenn JHWH einen schlechten Hirten bestellt (Sach 11,16f.; vgl. Jer 23,1f.).

IV. In lehrhaften Partien prophetischer und weisheitlicher Schriften sind Gedanken, Absichten und Wille Gottes, gelegentlich auch von Menschen, Subj. (*qal*) und Obj. (*hiph*) von *qwm*.
1. Nach einem alten weisheitlichen Schema werden die vielen Pläne und Sorgen der Menschen Gottes Ratschluß gegenübergestellt, der allein „steht" (Spr 19,21; vgl. 16,1.9; 20,24; 21,30; Ijob 8,15; 22,28; 25,3cj.; zum Gedanken schon im Alten und Neuen Reich vgl. H.H. Schmid, BZAW 101, 1966, 147.203.217). In der sekundären weisheitlichen Ausweitung Jes 32,8 (H. Wildberger, BK X/3, 1251) besagt *qwm qal* + *ʿal* in positivem Kontext und in Parallele zu *jʿṣ qal*, daß der *nāḏîḇ* „für das Edle einsteht". Unter- oder Hintergrund ist wohl die Idee des Geltens und Gelingens. Dagegen ist die vorgebliche besondere Beziehung (*bᵉrîṯ* und *ḥāzûṯ*; → II 834) der Gottlosen zu Tod und Scheol im Ernstfall nichts wert (Jes 28,18 par. zu *kpr pu*; vgl. H. Wildberger, BK X/3, 1068.1077f.).

a) In prophetischen Schriften werden ohne Nachweis konkreten „Redens" solche Überlegungen apologetisch Gott in den Mund gelegt: „Wie ich es erdacht habe, so geschieht es, und wie ich es plante, wird es kommen" (*qûm*) (Jes 14,24b). Gottes „Wort" wird nie zu Nichts, es bleibt (*qûm*) in Ewigkeit und wird verwirklicht (Jes 40,8). Ohne Begründung setzt darum Jesaja dem Plan der Feinde entgegen „Das kommt nicht zustande (*qûm*), das wird nicht geschehen (*hjh*)" (Jes 7,7; vgl. 8,10). Den Streit um kontrastierende Botschaften bringt Jeremia 28,6f. auf die Formel: *dāḇār* gegen *dāḇār*; ausführlicher und grundsätzlich findet sich dies in einem Botenspruch wieder: „Sie werden erkennen, wessen Wort sich erfüllt (*qûm*), das meine oder das ihre" (Jer 44,28; vgl. v. 29: „meine Unheilsworte werden bestimmt in Erfüllung gehen (*qôm jāqûmû*; vgl. aber BHS und LXX!). In einem Wanderwort heißt es, Gottes Zorn werde nicht weichen, „bis er die Pläne seines Herzens ausgeführt (*ʿāśāh*) und verwirklicht (*heqîm*) hat" (Jer 23,20 Suffixe auf Gott bezogen; 30,24). Ein spätes Orakel findet dies im Untergang Babels demonstriert: „wenn sich an Babel der Plan JHWHs erfüllt (*qûm*)" (Jer 51,29). Nach der Erweiterung Ez 13,6b (W. Zimmerli, BK XIII/1², 291) erwarten Ezechiels Kollegen ohne Sendung vergeblich von JHWH, daß er das Wort erfüllt (*lᵉqajjem*), wobei natürlich das eigene Wort gemeint ist.
b) Bei DtJes (46,10b) steht zwischen zwei weiteren partizipialen Selbstprädikationen Gottes der eigenen Ausschließlichkeit und Einmaligkeit der Satz: „Mein Plan (*ʿeṣāh*) steht fest (*qûm*), und alles, was ich will, führe ich aus (*ʿāśāh*)" (vgl. ohne *qwm*: Jes 41,21-26; 43,9-12; 44,7f.; 48,5). Trotz einer beträchtlichen Auswahl unter verwandten Nomina und Verben (vgl. H. Wildberger, BK X/1², 188f.281f.) verbindet DtJes nur den von ihm „pointiert" gebrauchten Begriff *ʿeṣāh* mit *qwm* und nur im Sing., nie für Einzelgeschehnisse.
Num 23,19bβ stellt wie in einer Definition fest, daß Gott nicht wankelmütig wie der Mensch ist. Was er sagt (*'āmar*), führt er aus (*ʿāśāh*), was er spricht (*dibbær*), hält er (*heqîm*) (zum Thema vgl. auch Neh 9,8; 1 Sam 15,29; Jes 31,2; Hos 11,9). Der Text steht sachlich der dtr Wendung *lo' nāp̄al dāḇār* nahe (Jos 21,45; 23,14; 1 Kön 8,56; in Anlehnung: 2 Kön 10,10; 1 Sam 3,19; unabhängig Ps 89,35; vgl. Weinfeld 350), und man sucht ihn im Umfeld der Dynastie (2 Sam 7,25; 1 Sam 3,12; 1 Kön 6,12; 8,20; vgl. H. Rouillard, La péricope de Balaam [Num 22-24], ÉtBibl N.S. 4. 1985, 279f.).
2. *qwm qal* hat zum Subj. und *hiph* zum Obj. auch Gottes formulierte, mitgeteilte und überlieferte „Worte", auch wenn man sich nicht immer Mühe um deren Identifikation macht. So nennt sich Gott den, der das Wort seines Knechtes erfüllt (*meqîm*) und den Plan seiner Boten ausführt (*šlm hiph* Jes 44,26a; vgl. v. 10; zum auffallenden Sing. des „Knechtes" nach MT K. Elliger, BK XI/1, 454.470. – Zur Reihe vgl. 46,10 und oben 1.b). Die Absage an die professionellen Vorauswisser (v. 25) weist das *hiph* als das Gegenteil von

„vereiteln, Lügen strafen" aus (par. *jašlîm*, vv. 26b.28: „geltend machen, ins Werk setzen", vgl. G. Gerleman, THAT II 926). Die Zuversicht gründet in Gottes „aufrechtzuerhaltendem Wort", wo immer es in der geltenden Tradition deponiert ist: im Eid an die Patriarchen (Dtn 9,5), im nicht näher bezeichneten „(guten) Wort" (1 Sam 1,23; Jer 29,10; 33,14; Ps 119,38), in einer (eigenen) Strafankündigung (1 Sam 3,12; vgl. Dan 9,12), im Wort eines bestimmten Propheten (1 Kön 12,15, dtr//2 Chr 10,15), dtr in der Idee der (davidischen) Dynastie in gesamtisraelitischem Horizont (2 Sam 7,25; 1 Kön 2,4; 6,12; 8,20//2 Chr 6,10).

3. Bei P ist die Formel *wahᵃqîmoṯî ʾæṯ bᵉrîṯî ʾittāḵ / ʾittô* innerhalb geringer formaler Variationen stabil. Statt der Präposition *ʾæṯ* mit Suffix (Gen 6,18; 9,11; 17,19; Lev 26,9) kann der Begünstigte mit Namen genannt werden (Gen 17,21a; vgl. 9,9b). Zweimal steht wiederholtes *bên* (Gen 9,17; 17,7). Gen 9,9a sagt Gott den „Bund" in Form der prophetischen Gerichtsankündigung zu: *hinᵉnî meqîm* (vgl. D. Vetter, THAT I 506). Ex 6,4 stellt JHWH selbst die Verbindung mit den Vätern her (vgl. v. 3). Gen 26,3 und Jer 11,5 ist der Eid Obj. (vgl. Gen 22,16-18; 24,7; 50,24; Ex 13,5.11; 32,13; 33,1). Gott rettet das Volk, indem, weil oder damit er seine den Vätern zugeschworene *bᵉrîṯ* verwirklicht (Dtn 8,18; vgl. 9,5; Neh 9,8).

Die Formel gilt bei P zunächst meist der (ersten) Stiftung, Errichtung „seiner *bᵉrîṯ*" zugunsten der Väter, im Hinblick auf die Späteren (auch Ex 6,4; vgl. v. 5 BHS). Wie der jeweilige genaue Sinn von *bᵉrîṯ* oft nicht sicher zu fassen ist, ist nicht immer eindeutig, ob mit *qwm hiph* und Gott als Subj. Stiftung oder „Aufrechterhaltung", Durchführung oder Wahrung gemeint ist, wie etwa Lev 26,9 (vgl. K. Elliger, HAT I/4, 374) und – trotz oder wegen der Ausführlichkeit – Ez 16,60: „Ich will meines Bundes gedenken ... und ich will einen ewigen Bund mit dir (*lāḵ*) eingehen (*qwm hiph*)" (vgl. W. Schottroff, WMANT 15, ²1967, 208). Diese Stelle bezieht sich auf die Vorgeschichte und hebt mit der *bᵉrîṯ ʿôlām* (Gen 17,7.19; vgl. Ez 16,62; 34,25; 37,26; Lev 26,45) „geschichtliche" Beschränkungen auf. Innerhalb einer Segensreihe kommt *qwm hiph* in einer seltenen Gestalt der „Bundesformel" der Bedeutung „herausheben" i.S.v „auszeichnen" durch Gewährung des „Bundes" nahe: „JHWH läßt dich erstehen (*qwm hiph*) als das Volk, das ihm heilig ist" (Dtn 28,9, übrigens der einzige derartige Text mit doppeltem *lᵉ*; ähnlich 29,12; häufiger sind sonst *hājāh*: Dtn 7,6; 14,2; 26,19; Ex 19,5f.; *kwn pol*: 2 Sam 7,24; *ʿāśāh*: 1 Sam 12,22; vgl. R. Smend, ThSt 68, 1963 = ders., BEvTh 99, 1986, 11-39). Deutlicher als aus dem auch späten *nāṯān* (Gen 17,2; Num 25,12) und dem in älterer Zeit gebräuchlichen *kāraṯ* scheinen späte Autoren aus *heqîm* Erstbegründung und unverbrüchliche Gültigkeit, Festigkeit und Verläßlichkeit zu hören. Weil *bᵉrîṯî ʾittām* (mit den sprachlichen Abwandlungen) nicht punktuell auf einen oder viele Augenblicke der Begründung oder Wirksamkeit beschränkt oder aufgeteilt ist, sondern göttlicher Wille als innere Einheit des Wandels und des Wechsels der Ereignisse ist, dürfte die Frage, ob *heqîm* erste Begründung oder nur Wiederaufnahme, gegebenenfalls i.S.v. Neubegründung meint, oft nicht am Platz sein.

4. Jer 34,18 macht Gott sich die Vereinbarung zur Freilassung der Sklaven zu eigen (vv. 15f.) und rügt deren Mißachtung als Übertretung „meiner *bᵉrîṯ*"; man hat „die Worte des Bundes nicht aufrechterhalten (*qwm hiph*)". Das *hiph* verdeutlicht die Tragweite des durch das Ptz. *ʿoḇᵉrîm* des originalen Gerichtswortes (vgl. Thiel, WMANT 52, 40f.) festgestellten Vergehens. Vom Obj. her kann es nur „einhalten, sich danach richten" bedeuten. Jer 35,14.16 haben *hoph* und *hiph* diesen Sinn, wenn der Prophet dem Willen des Stammvaters der Rechabiter religiös-theologischen Stellenwert zuerkennt: „Das Gebot Jonadabs ... wird erfüllt (*qwm hoph*), ... weil sie dem Befehl ihres Ahnherrn gehorchen (*hiph*)". Dtr wortreich wird von der Verpflichtung des Volkes durch Joschija berichtet, die Worte des Bundes „einzuhalten" (2 Kön 23,3b; vgl. v. 24b). Die Fluchreihe Dtn 27,15-26 schließt ähnlich (v. 26; vgl. v. 3). Saul hält sich darauf etwas zugute, den Befehl JHWHs ausgeführt zu haben (1 Sam 15,13), aber Gott sieht es anders (v. 11). *bᵉrîṯ* hat hier den Sinn einer bestimmten übernommenen Einzelverpflichtung und betont deren theologischen Rang. Entsprechend ist *heqîm* i.S.v. „durchführen, gehorchen" zwar inhaltlich eingeschränkt, teilt aber die Dimension, die das Objekt im Kontext hat.

V.1. In einer nachgetragenen Anekdote ist die physische Wiederbelebung einer Leiche beim zufälligen materiellen Kontakt mit Elischas Gebeinen mitgeteilt (2 Kön 13,21 *qwm qal* + *ʿal-ræḡæl* mit Suffix nur noch 1 Chr 28,2. *ʿmd qal* + *ʿal-ræḡæl* mit Suffix für Wiederbelebung nur Ez 37,10; sonst: Ez 2,1f.; 3,24; Sach 14,12; 2 Chr 3,13).

2. „Wie der Tod im strengen Sinn des Wortes für den Israeliten die schwächste Form des Lebens ist, so ist jede Schwäche im Leben eine Form von Tod" (A.R. Johnson, The Vitality of the Individual in the Thought of Ancient Israel, Cardiff 1949, 94).

Besonders in Dichtung und Gebeten sind darum die Grenzen sprachlich fließend; das eine kann symbolhaft für das andere stehen.

a) Im Bundesbuch ist der Fall angenommen, daß ein nicht tödlich Verletzter, aber bettlägrig Geschlagener (Ex 21,18) genest, wieder aufsteht (*jāqûm*) und umhergehen kann (v. 19; vgl. Dan 8,27).

b) Ijobs Worte „richten den Strauchelnden (moralisch) auf" (*jᵉqîmûn*, Ijob 4,4). Die Grundvorstellung ist in Gebetstexten vielfach angewendet auf den Frevler und den Frommen. Die Frevler selbst sind erst zufrieden, wenn es für den Frommen keine Aussicht mehr gibt, sich jemals wieder zu erheben. Dieser kann nur vertrauensvoll bitten: „Sei mir gnädig und richte mich auf!" (Ps 41,9.11). Ein Beter, vielleicht ein König, berichtet dankbar, daß er der Feinde ein für allemal Herr geworden ist: „Ich schlug sie nieder; sie können sich nicht mehr erheben" (Ps 18,39; vgl. vv. 33-38). Negiertes *jāḵol* und *jsp hiph* dienen seit alters (Am 5,2) der dichterischen Intensivierung (einfach 2

Sam 22,39//Ps 18,39; vgl. Ps 140,11 und Lev 26,37). *heqîm* mit Gott als Subj. bedeutet in Dank und Bitte Rettung des Betenden: „Er stellte meine Füße auf den Fels" (Ps 40,3; vgl. 41,11; 18,34//2 Sam 22,34: *'md hiph*). Für den Frevler möge Gott kein *qwm* zulassen; den Frommen möge er aufrichten.

c) Das gilt auch für das Volk. In einem hymnischen Bekenntnis der Irreversibilität des ersten Exodus heißt es von den Ägyptern: „Sie liegen am Boden und stehen nicht auf (*qûm*), sie sind erloschen und verglüht wie ein Docht" (Jes 43,17b; vgl. vv. 16-17a; Ps 36,13). Im Leichenlied Am 5,1-3 geht es um die „Jungfrau Israel": „Sie ist gefallen und steht nicht mehr auf ... sie liegt zerschmettert am Boden, und niemand richtet sie auf" (v. 2). Im Zitat Jes 24,20 „fällt" sogar die Erde (vgl. H. Wildberger, BK X/2, 924f.939f.). Im Bußlied Hos 6,1-3 spricht nicht ein einzelner, sondern das Volk vom Volk. Im sorgfältig chiastisch gebauten v. 2 ist der beherrschende Begriff dreifach hervorgehoben: *ḥjh pi* und *qal*, dazwischen *heqîm* mit Gott als Subj. der Verben, soweit kausativer Bedeutung. Gemeint ist sein heilendes Eingreifen nach den Schlägen (v. 1). Da diese an sich nicht tödlich sind (v. 1: *ṭārap – rāpā'*, *nākāh – ḥābaš*), ist unmittelbar nicht Auferweckung vom Tod gemeint, sondern Wiederherstellung, Gesundung, „Am-Leben-Erhalten" des Volkskörpers. Auch für Israel als Kollektiv wird *qwm* also positiv wie negativ verwendet, aber nicht i.S.v. Wiederherstellung aus vollständiger, an sich endgültiger physischer Vernichtung (anders anscheinend A.T. Nikolainen, AASF B 49, 1944, 100).

3.a) Zum Menschen gehört es, daß er „sich hinlegt und nicht auf(er)steht" (Ijob 14,12; vgl. 10,21; 16,22; 17,13). Der Schlaf, aus dem es kein Erwachen gibt (vgl. Ijob 14,7-9.10f.), ist schon durch *škb* als friedliches, d.h. „natürliches" gewaltloses leibliches Sterben gedeutet. Jes 26,14a „Die Toten werden nicht lebendig, die Verstorbenen stehen nicht auf (*qûm*)" ist zwar als vermutlich spätes geflügeltes Wort – darauf weist neben dem Inhalt die in derartigem Kontext sonst eher seltene Negation *bal* (Jes 14,21; Ps 140,11) – vielleicht auf konkrete Gegner gemünzt (vgl. v. 14b), aber nichts deutet Einschränkungen oder Ausnahmen an (vgl. das negierte *ḥjh qal* i.S.v. „wieder lebendig werden" [KBL³ 297] und die skeptische rhetorische Frage Ps 88,11).

b) In Spannung dazu steht allerdings Jes 26,19a: „Deine Toten werden lebendig, meine Leichen stehen auf, die im Staube Liegenden erwachen und jubeln". Bei allen Schwierigkeiten des Textes (vgl. Kommentare) fällt auf den ersten Blick eine Verwandtschaft mit v. 14a auf. Mit ähnlichen sprachlichen Mitteln (→ V 169), sogar in der gleichen Folge der gleichen Verben *ḥājāh* und *qûm*, ist der gegenteilige Gedanke ausgesprochen. V. 19a könnte als Richtigstellung zu v. 14a – dies als zeitlose, „dogmatische" Behauptung verstanden und abgelehnt – vielleicht im Lichte „neuer eschatologischer Möglichkeiten" (v. 19bβ; vgl. McAlpine 146f.) gemeint sein. Wie immer der zweite Satz, *n^ebelātî j^eqûmûn*, text-, literar- und formkritisch aufgefaßt wird (vgl. H. Wildberger, BK X/2, 902.985.994-998; F.J. Helfmeyer, BBB 50, 1977, 245-258), kehrt er durch Verbindung als unvereinbar geltender Begriffe und Inversion des Verbalsatzes die Paradoxie hervor. Sie ist als solche gekennzeichnet und verstärkt durch das vorausgehende *ḥājāh* und die folgenden *qjṣ hiph* und *rnn pi* (zu den schwierigen Imperativen beachte 1 QJes^a). *qjṣ hiph* bedeutet u.a. Erwachen aus Schlaf oder schlafähnlicher Benommenheit (vgl. KBL³ 1026; McAlpine 41.47.211–215). Tod ist Schlaf ohne Erwachen (Jer 51,39.57; vgl. Ijob 14,12; 2 Kön 4,31). Das hap. leg. *šok^enê 'āpār* (vgl. Dan 12,2; Ijob 26,5; Ps 94,17) bestätigt am Ende, daß doch die normalerweise undenkbare Richtung vom Tod zum Leben im Blick ist (vgl. M.S. Moore, ThZ 39, 1983, 26).

Auch in der vieldiskutierten und christlich überinterpretierten Stelle Ijob 19,25 setzt v. 25b (*'al 'āpār jāqûm*) bei aller Rätselhaftigkeit ein positives Zeichen, das über die physische Auflösung hinausweist (vgl. Barrée, VT 29; L. Alonso Schökel/J.L. Sicre Diaz, Giobbe, Commenti biblici, o.J. [1985], 319.331-336), welcher Art und wie, hängt wie die vielen offenen Fragen zu Jes 26,14a und v. 19a am Gesamtverständnis und kann nicht allein oder auch nur in erster Linie an *qwm* festgemacht werden. Um so weniger sollte es in „falsche Alternativen" (vgl. G. Stemberger, TRE IV 444) und scheinbare Ausschließlichkeiten gepreßt werden. Es bleibt der Eindruck: *qwm* hätte die Bedeutung „Aufstehen von Verstorbenen", wenn es eine Auferstehung gäbe.

VI.1. *qwm* in der Sprache der Konflikte aller Formen und Ebenen und des Rechts als des wichtigsten Mittels zu deren Vermeidung und Bewältigung ist relevant, weil die Beziehungen der Menschen untereinander und zwischen Gott und Menschen mit einschlägigen Bildern und Begriffen artikuliert sind (vgl. Gemser 128).

a) Die sprachlichen Mittel kommen aus vielen Bereichen: Vertragsrecht allgemein (Rut 4,5 *pi*; Lev 27,14.17 *qal*), Erlaß und Durchführung von Gesetzen (Est 9,21.27.29.31f. *pi*; vgl. Ez 13,6; Ps 119,106), Besitz- und Handelswesen (Gen 23,17.20; Lev 25,30; 27,19), Gelübdewesen (Num 30,5-16; Jer 44,25), Familienrecht, vor allem Leviratsehe (*qal* und *hiph*: Dtn 25,5-10; Gen 38,8; Rut 4,5.10), Tatbestand Mord und Totschlag (Dtn 19,11; 22,26; vgl. Gen 4,8), Vorgänge und Stadien gerichtlichen Verfahrens (Anklage, Zeugenschaft, Folgen des Spruchs; vgl. Bovati 432). Der Redeauftrag an Jeremia: *qamtā w^edibbartā* (Jer 1,17; vgl. vv. 17-19; 15,20) ist von Bildern aus dem Kriegswesen umgeben, weshalb manche die Konflikte mithören, von denen Wirken und Buch gekennzeichnet sind (vgl. R.P. Carroll, Jeremiah, OTL, 1986, 108-111).

b) *qwm hiph* ist ein Verb unter anderen für „Errichtung" von Belagerungsbauten (Ez 26,8; vgl. Jes 23,13; 29,3). Mit *'al* wird *qal* für Aggression überhaupt, auch eines wilden Tieres, gebraucht (1 Sam 17,35). Für Feind, Gegner, Aggressor steht oft das Ptz. *qal* mit Suffix oder *'al*. Das *hiph* bedeutet „anstiften, aufwiegeln" von Menschen durch Menschen (vgl. die Beschwerde Sauls 1 Sam 22,8) oder durch Gott (des Widersachers gegen Salomo, 1 Kön 11,14.23, mit *l*ᵉ; vgl. Jer 5,15; Am 6,14; Hab 1,6). Bei der Vorbereitung und Durchführung militärischer Operationen mag *qwm* den ersten Akt meinen (etwa „in Marsch setzen": Jos 8,3.7.19; Ri 7,15; 9,43; 20,33; 2 Sam 17,1; 2 Kön 8,21//2 Chr 21,9; Jes 21,5; Jer 6,4.5; 37,10; 49,28.31). Zumindest indirekt kriegerisch ist das „Aufstehen" im Hinblick auf den gemeinsamen Kampf Ri 20,8: „Da erhob sich (*wajjāqŏm*) das Volk wie ein Mann". 2 Kön 12,21 leitet *wajjāqumû* den Bericht über eine gelungene Palastrevolution ein. Mitunter ist kaum zu entscheiden, ob das *qal* „hilfszeitwortartig" gebraucht wird oder geradezu Fachausdruck ist, etwa im Stellvertreterkampf (z.B. 2 Sam 2,14f. wohl fachsprachliches *śḥq pi*; P.K. McCarter Jr., II Samuel, AB, 91, „take the field", vgl. 95f.).

2. Sprachmuster aus dem Konfliktbereich benützen vor allem Propheten, Weise und Beter.

a) In feierlichen, vielleicht (durch „heiligen Krieg") rituell beeinflußten Kriegsaufforderungen, in denen „stark formelhaftes Gut in knappster Form erscheint" (H.W. Wolff, BK XIV/3, 28), ist der Imperativ mit den folgenden Wendungen eng zu einer Bedeutungseinheit verschmolzen, z.B. in der weltweiten Mobilmachung gegen Edom (Kohortativ nach Imperativ): *qûmû wᵉnāqûmāh ʿālǣhā lammilḥāmāh* (Obd 1; ähnlich Jer 49,14b). Jer 6,4f. ist die zweimalige Aufforderung *qûmû wᵉnaʿᵃlæh* dem wesentlichen Imperativ *qaddᵉšû ʿālǣhā milḥāmāh* als Ausführung nachgeordnet.

b) I.S.v. nicht spezifizierter Gegnerschaft folgt dem finiten *qal* fast immer, dem partizipialen mitunter, eine Präposition: meist *ʿal* (Dtn 19,11 juridisch; 28,7; Ps 54,5; 86,14; 2 Sam 18,31f.; 2 Kön 16,7K; Ijob 30,12), nicht selten *ʾæl* (z.B. Gen 4,8; 1 Sam 22,13 *lāqûm*; 24,8), gelegentlich *b*ᵉ (Mi 7,6 Ptz.; vgl. KTU 1.10,II,25; Ps 27,12 forensisch; Ps 17,7 Ptz. *hitpol*), *lipnê* (Num 16,2; Jos 7,12f.; vgl. Lev 26,37 *tᵉqûmāh*) oder *l*ᵉ (Ijob 20,27 Ptz. *hitpol*, vermutlich forensisch). Ptz. *qal* (vgl. WUS Nr. 2417), nur Pl., mit Objektsuffix bedeutet Feinde, Gegner Gottes (Ex 15,7; Dtn 33,11; Ps 74,23; Jer 51,1 MT, vgl. R.P. Carroll, Jeremiah, OTL, 837f.), des Volkes (Ex 32,25; Dtn 33,11), des Beters selber (d.h. auch Gottes) (Ps 18,40.49//2 Sam 22,40.49; Ps 44,6; Klgl 3,62; Ijob 22,20 MT, vgl. KBL³ 1015 und L. Alonso Schökel/J.L. Sicre Diaz 376). Ohne erkennbaren Unterschied steht das Ptz. Pl. *hitpol* mit Suffix der 1. Sing. auf Gott (Ps 139,21 text. emend., vgl. BHS) oder den Sprecher bezogen (Ps 59,2; Ijob 27,7).

Es ist sprichwörtlich, daß das Auftreten (*qûm*) der Frevler böse Folgen für den Menschen hat und die Gerechten sich erst bei deren Untergang erholen (Spr 28,28). Im Klagegebet Ps 109,28 ist das farblose *qāmû* (MT; nach LXX *qāmaj*; vgl. BHS) neben *qll pi* für die Gegner Gottes und des Beters gebraucht, während für die Gegenpartei der Frommen spezifische Verben benutzt werden (*brk pi* und *śāmaḥ*). Der Kuschiter gebraucht 2 Sam 18,31f. im Gruß, sozusagen für das Prinzip, das Ptz. (*kŏl-haqqāmîm ʿālǣkā*), im Bericht das finite Verb (Perf.) mit näherer Bestimmung durch einen Relativsatz, bei sonst paralleler Konstruktion, was als Indizien semantischen Unterschieds in geprägter Sprache zu werten ist.

3. Ijob klagt, Gott habe sich ihn als Zielscheibe hingestellt (Ijob 16,12b-13a; vgl. 7,20: 6,4). Der Hilflose bedient sich der Gerichtssprache: „Wer erhebt sich für mich gegen die Frevler?" (Ps 94,16; vgl. Bovati 217). Ps 89,44b klagt der Beter, Gott habe David im Krieg nicht unterstützt: „Du ließest ihn nicht im Kampf bestehen" (vgl. v. 44a und die zahlreichen Parallelen und Antiparallelen). Gott selbst „erhebt sich gegen Jerobeam mit dem Schwert" (Am 7,9) und sogar gegen Israel, wie einst gegen dessen Feinde (Jes 28,21; vgl. 2 Sam 5,20.24), oder er bietet gegen Israel ein Volk auf (Am 6,14b; ähnlich Hab 1,6; vgl. 1 Kön 11,14.23). In einer „Gerichtsankündigung in der Form eines erweiterten Weherufes" (H. Wildberger, BK X/3, 1227) sucht Jesaja die Pragmatik Gottes bei den Bösen schlechthin: „Er erhebt sich gegen das Haus der Verbrecher" (Jes 31,2).

4. Die Sorge von Propheten und Betern ist das Überleben unter den Schlägen Gottes. Rätselhaft bleibt Ijob 41,18: vom Schwert, das zwar (Leviatan) trifft, aber nichts ausrichtet (oder selber zerbricht? vgl. L. Alonso Schökel/J.L. Sicre Diaz 655), heißt es: *bᵉlî tāqûm*. Der Fromme und Weise tröstet sich mit der Gewißheit: der Frevler „kann nicht bestehen". Dafür wird *qwm qal* meist mit negiertem *jāḵol* gebraucht (→ III 629), aber auch absolut (Ps 18,39; 36,13; Klgl 1,14c) oder mit *lipnê* (Jos 7,12f.; vgl. Lev 26,37b). Das *loʾ-jāqumû* von Ps 1,5 ist sehr verschieden verstanden worden, je nachdem, ob man es mit einem rechtlichen Verfahren, sonst einem sakralen Akt oder mit dem eschatologischen Gericht (z.B. LXX ἀναστήσονται ἀσεβεῖς ἐν κρίσει) verbunden sieht. *mišpāṭ* und die *ʿᵃḏaṯ ṣaddîqîm* „transzendieren die empirische Wirklichkeit des Kultisch-Sakralen" (H.-J. Kraus, BK XV/1⁵, 140), weshalb es letztlich auf Überleben, auf Bestehen bzw. Untergehen an und durch Gott (vv. 2.6.) hinausläuft (vgl. Ps 130,3). In einem aus weisheitlicher Frömmigkeit und Gebetssprache persönlich und individuell geratenen Hilfeschrei (H.W. Wolff, BK XIV/2², 343f.) sucht Amos Gott von der Vernichtung des Volkes abzubringen: „Wie soll Jakob bestehen (*jāqûm*), denn es ist klein!" (Am 7,2.5; Nah 1,6 *jāqûm* par. zu *jaʿᵃmoḏ*; vgl. v. 9b). In der Art eines Psalms deutet die Gemeinde in geläufiger Weisheit (vgl. Spr 24,16; Jer 8,4) die von Feinden herbeigeführte Katastrophe und die Erholung von Gott her: *nāpaltî qāmtî* (Mi 7,8; vgl. H.W. Wolff, BK XIV/4, 189-196).

VII.1. a) Der an Gott gerichtete Imp. *qûmāh* – ausschließlich in dieser Form mit *he* paragogicum – ist mit der Anrede JHWH 10mal in Ps belegt, 6mal in individuellen Klageliedern (Ps 3,8; 7,7; 9,20; 10,12; 17,13; – 35,2, Anrede JHWH vorher, v. 1), 3mal in kollektiven (132,8//2 Chr 6,41; – 44,27 ohne jede Anrede – 74,22 Anrede mit *ʾᵉlohîm*, MT), einmal im Gebilde sui generis Ps 82,8. Außerhalb Ps steht der Imp. 2mal mit der Anrede JHWH (Num 10,35; 2 Chr 6,41) und einmal ohne Anrede (Jer 2,27). Überdies spielt außerhalb Ps der gleiche Imp. 3mal unter Menschen (Ri 18,9; Jer 46,16, wohl formelhaft; 1 Sam 9,26, i.S.v. „aufstehen").

b) Er steht im Wort- und Begriffsfeld von Hilfe und Rettung, nicht allein und nicht zu anderen Gliedern parallel, sondern vor untereinander parallelen Imperativen oder Jussiven: Ps 9,20 (beachte auch v. 21); 10,12; 17,13; 44,27 (LXX); 74,22; 82,8; Num 10,35. Dreimal hat *qûmāh* eine präp. Ergänzung (Ps 7,7: *qûmāh JHWH b*^{e}*'appækā*; Ps 35,2: *qûmāh b*^{e}*'æzrāṯî*; 132,8: *qûmāh JHWH lim*^{e}*nûḥāṯækā*//2 Chr 6,41: *l*^{e}*nûḥækā*), einmal einen adverbiellen Akkusativ (Ps 44,27: *qûmāh 'æzrāṯāh lānû*, MT).

2. Jer 2,26-28 zitiert außerhalb des strengen rituellen und literarischen Rahmens vorwurfsvoll das götzendienerische „Israel": „Sie sagen zum Holz: 'Du bist mein Vater', und zum Stein: 'Du hast mich geboren', aber in ihrer Not sagen sie: 'Erheb dich und hilf uns'". Unbeschadet der Fragen nach Art oder Grad der Authentizität (vgl. Herrmann 203-213) sind in „eigenwillige(r) Gestaltung des Zitates durch den Propheten" (Wolff 57f.) bildlos elementare religiöse Handlungen beschrieben. An die Götzen läßt der Verfasser die Israeliten ein billiges Bekenntnis richten, an JHWH unter dem Druck der Not eine dringende Bitte um Rettung. Der folgende Kommentar bestätigt es: „Wo sind nun deine Götter, die du dir gemacht hast? Sie mögen sich erheben, falls sie dir helfen können!" (v. 28a). Paradoxerweise richtet Gott also an Israel die spöttische Frage, die es selbst so oft von Fremden und Bösen hören muß, wenn es von Gott im Stich gelassen scheint (Ps 42,4.11; 79,10; 115,2; Joël 2,17; vgl. Mal 2,17; 2 Kön 18,34; Jes 36,19; unter anderer Voraussetzung: 2 Kön 2,14; erinnert sei auch an Mi 7,8) und selbst klagend an JHWH richtet (Jes 63,11) oder richten sollte (Jer 2,6.8). Wie immer „Stein" und „Holz" metonymisch in der Wirklichkeit oder nach des Propheten Absicht zu verstehen sind – als nichtikonische Symbole oder Bilder –, sie setzen die Gottheit irgendwie gegenwärtig (Ex 32,1.4; 1 Kön 12,28; Neh 9,18; Hab 2,18f.; Ps 106,19; vgl. Ri 17,4f.13; 18,14.17.24.27.30f.), sind aber untätig und hilflos (*'el lo' jôšîa'*, Jes 45,20b) und werden wie die Götzen abqualifiziert (Dtn 4,28; Ps 115,4-8; 135,15-18; vgl. Hos 14,4a.9a; Jer 10,3-5; Jes 44,9-20; 45,20; 1 Kön 18,26.29). Der Jussiv *jāqûmû* ist die ironische Aufforderung, sich zu rühren, um zu retten. Die Partikel *'im* vor *jošî'ûkā* betont einerseits den Wunsch (vgl. GKa § 151e; Joüon § 163c), gibt andererseits wie in einer nachgereichten Bedingung *jāqûmû* mehr Selbständigkeit: sie können sich nicht einmal rühren! Der Ton bleibt auf der Bitte *hôšî'enî*. Eine ähnliche Gedankenverbindung liegt vor in Dtn 32,37f.(vgl. v. 38b; ohne *qwm*: Jer 11,11-13; Ri 10,13f.; vgl. Thiel, WMANT 41, 153ff.). Die Imp. *qwm qal* und *jš' hiph* sind ein einziges weiteres Mal unmittelbar verbunden in einem Bittlied, in dem JHWH als streitbarer Gott angerufen wird (Ps 3,8; vgl. Wolff 31). Vorher (v. 5) bekennt der Psalmist, daß sein Schreien von diesem erhört worden ist. In v. 8aβ.b ist diese Erhörung bildlich als Gottes Eintreten gegen die Bösen mit der blanken Waffe, besser mit den Fäusten, dargestellt. Unmittelbar sind zwei geläufige kurze Bittformeln vorausgeschickt (v. 8aα): auf *qûmāh JHWH* folgt asyndetisch *hôšî'enî 'ᵆlohaj. jš'* ist das oder ein Leitmotiv und nur in v. 8 verbal (vv. 3b und 9a: *j*^{e}*šû'āh*). Die Parallele *JHWH – 'ᵆlohaj* ist bemerkenswert, weil der Psalmist sonst „JHWH" für sich vorbehält, den Bösen nur „*'ᵆlohîm*" in den Mund legt.

3.a) Der im AT einmalige doppelte Imp. *qûmāh w*^{e}*hôšî'enî* (Jer 2,27) bringt das Gemeinsame der Kontexte des Imp. *qûmāh* auf die kürzeste Formel (vgl. die Korrespondenz von „schreien, rufen" und „hören, retten" z.B. Jer 11,11f.; Ri 10,14; Ps 107,6.13.19.28; 35,3bβ; 18,7; 91,15), nämlich Bitte um Hilfe Gottes. Ps 35,2 steht *qûmāh b*^{e}*'æzrāṯî* innerhalb der vv. 1-3 als vierter Imp. unter fünf weiteren aus dem rechtlichen (*rîḇ*) und kriegerischen (*lāḥam und ḥzq hiph*) Bereich und vor einem siebten (*'ᵆmor*) als Ein- und Überleitung zum Ziel in Form des priesterlichen Heilsorakels (vgl. J. Begrich, ZAW 52, 1934, 83). *qûmāh JHWH* ist demnach an sich nicht anders zu beurteilen als andere imperativische Bitten um Rettung, wie sie vor allem in den Klageliedern direkt vorgebracht oder referiert sind, wie viele Verben illustrieren: *ṣ/z'q* (Ps 107,6.13.19.28), *qārā'* (z.B. Ps 18,7; 86,5; 91,15; 119,145f.; 1 Kön 18,24-29), *ḥûš* (Ps 70,2), *pānāh* (Ps 25,16; 86,16), *qjṣ hiph* neben *'wr qal* (Ps 35,23; 44,24; 59,5f.; Hab 2,19; vgl. KBL^{3} 1026). Sie gehen Kombinationen untereinander und mit anderen Verben ein, auch mit *qwm* (Ps 7,7; 35; 86; über Muster aus einem begrenzten Wortschatz, aber ohne strenge, invariable Formeln, vgl. Berlin 127-130.154). Die Bittworte sind vielleicht nicht alle konkreter als *qwm*, aber dieses ist in keinem Fall konkreter als die anderen.

b) Ps 12,6 und Jes 33,10 sind formal der Klage komplementäre Antwort Gottes, womit nichts zu Fragen um Prioritäten gesagt sein soll. Ps 12,6: „Jetzt stehe ich auf, sagt JHWH, ich bringe Heil ..." hat schon als Echo der vorauszusetzenden Bitte Heilscharakter, was durch die Korrespondenz zu v. 2a, die Motivation in v. 6aα und die Verdeutlichung durch v. 6b sogar explizit wird (vgl. N.H. Ridderbos, BZAW 117, 1972, 150). Das Orakel Jes 33,10-13 beginnt feierlich Rhythmus und mehr oder weniger synonyme Verben aneinanderreihend: „Jetzt stehe ich auf (*'āqûm*), jetzt erhebe ich mich (*'erômām*), jetzt richte ich mich auf (*'ænnāśe'*)" (v. 10). Das dreifache *'attāh* betont den geschichtlichen Augenblick durchlebter Not, die nicht zuletzt darin besteht, daß das *qûmāh* zunächst scheinbar ins Leere gegangen ist (vgl. Jeremias, WMANT 35, 114.128-150).

4. Dreimal ist *qûmāh JHWH* mit der Lade und kriegerischen Tönen verbunden: Num 10,35; Ps 132,8//2 Chr 6,41. Im „Ladespruch" Num 10,35: „Steh auf, JHWH, dann zerstreuen sich deine Feinde..." (vgl. F. Stolz, AThANT 60, 1972, 37f.) ist nur JHWH angesprochen, nicht die Lade, im angeblichen „Ladezeremoniell"! Ps 68,2 „Gott steht auf..." fehlen zwar Lade und Imp. (LXX: ἀναστήτω, also Jussiv; vgl. O. Eissfeldt, KlSchr 5, 1973, 79f.92), und *'ᵆlohîm* ist angeredet, aber Sprache und Feinde Gottes (nicht

Israels) lassen eher an Wiederverwendung des Motivs wie Num 10,35 als an ein Zitat denken. Ein Argument für eine originäre Verbindung von *qwm* mit der Lade liegt also nicht vor. Konstant ist die Richtung gegen die Feinde JHWHs, Israels oder der Frommen. Im Unterschied zu Num 10,35 und Ps 68,2 (hier wohl die inneren Gegner) findet sich in Ps 132,8 (und 2 Chr 6,41) kein offener Hinweis auf (heiligen) Krieg und Feinde: „Erhebe dich (*qûmāh*) JHWH zum Ort deiner Ruhe, du und die Lade deiner Macht!" Zum Imp. ist das Ziel („deine Ruhe"; vgl. Num 10,36) und wohl nicht der Ausgang (vgl. M. Dahood, AB 17A, 245; Batto 166 Anm. 39) genannt, so daß möglicherweise an den Tempel von Jerusalem zu denken ist (vgl. G. Braulik, Festschr. H. Gross, ^{2}1986, 42). Die Apposition oder Amplifikation zum angeredeten Subj., „JHWH": „du und die Lade deiner Macht", ist dichterisch-rhetorische Entfaltung auf das Konto von kultischem Bild und Rahmen. Hat an den anderen Stellen die Bitte Gottes Triumph über die Feinde zum Inhalt (Num 10,36 kommt der Begriff *šbh* dazu, wie Ri 5,12; Jes 52,2), so ist in Ps 132,8 der Ruf *qûmāh JHWH* nur ritueller Appell und auf (kultische) Manifestation der Größe Gottes ausgerichtet (vgl. Aejmelaeus 31ff.; Jeremias, WMANT 10, 182-193). Ps 99,1 werden beispielsweise in der Eröffnung des Hymnus allein durch den „Huldigungsruf" bei den Feinden ähnliche Wirkungen ausgelöst (vgl. v. 5; Ps 95,11; 116,7; Jes 33,3).

5. Die soeben behandelten Texte mit dem Imp. gelten als klassische Ausprägung der Theophanie. Weniger klar ist, ob *qwm qal* überhaupt terminus technicus für Theophanie ist (z.B. P. Volz, KAT X 29; Schnutenhaus 6ff.). Es spielt nämlich weder in ursprünglichen oder erweiterten Formen noch in ausführlich geschilderten Theophanien eine besondere Rolle (Jeremias, WMANT 10, 7-72.90-115). Es ist wohl eine Frage der Definition von Theophanie und Epiphanie sowie der Auffassung über mehr oder minder ausgeprägten Eigengehalt von *qwm qal*, ob und wie das Motiv der Wirkung auf die Feinde und auf die Erde (z.B. Ps 76,9), des Tuns, der Orts- und Lageveränderung Gottes im Klagelied des einzelnen (Ps 3,8; 7,7; 9,20; 10,12; 17,13; 35,2), des Volkes (Ps 44,27; 74,22), im Vertrauensbekenntnis (Ps 102,14; vgl. 57,6.9.12), sein gerichtliches Einschreiten (Ps 68,2; 76,10; vgl. Mi 6,1; Ps 74,22) im Zusammenhang mit dem „Tag JHWHs" (Jes 2,19.21; 33,10; Zef 3,8; vgl. Ps 12,6; 82,8), selbst gegen Israel (Am 7,9; Jes 28,21), einbezogen wird. Ob ein Text eine Theophanie meint, kann nicht aus *qwm* geschlossen werden, der theophanische Gehalt von *qwm* ist umgekehrt aus dem Kontext nachzuweisen (vgl. C. Carniti, Il salmo 68. Studio letterario, Rom 1985, 54f.72ff.). Im übrigen sind – vor allem in den Psalmen – (hymnische) Imperative, Aussagen oder Wünsche in anderen Formen selbst schon Verherrlichung und Vergegenwärtigung Gottes, performativ, im Vollzug „Erfüllung".

6. In einer dichterischen „freien, eigenen Gestaltung" des Heilsorakels (C. Westermann, ATD 19^{4}, 197) redet Gott in der Antwort (Jes 51,12-16.17-23) auf die Klage der Exilierten (Jes 51,9-11) Jerusalem direkt an: „Wach auf (*ʿwr hitp*), wach auf, steh auf, Jerusalem!" (Jes 51,17). Nach dem doppelten Imp. *hitp* von *ʿwr* ist im Bild die äußere aufrechte Haltung als Voraussetzung, Ausdruck und Symbol neuen Lebens und Handelns nach der Betäubung durch den Zornesbecher (51,17b-23; vgl. Jer 25,15-29; zum stärker inneren Aspekt von *ʿwr* → V 1185) gemeint. Die Position an letzter Stelle gibt *qûmî* einen selbständigen, zugleich inchoativen und durativen Charakter als Ergebnis von *ʿwr* Imp. Der gleiche Imp. steht Jes 52,2 vor einem weiteren von eindeutig fientischem Charakter. Ursache und Wirkung, Werden und Sein sind nicht auseinandergehalten, und Jerusalem wird nicht zu eigenen Anstrengungen aufgefordert. Selbst in *qûmî wāḏôšî ḇaṯ-ṣijjôn* „Steh auf und drisch, Tochter Zion!" (Mi 4,13) ist der erste Imp. zwar Einleitung der Aufforderung zu siegreichen Handlungen (vgl. Jes 60,4), aber „befähigt wird sie (die „Tochter Zion") allein durch Jahwes Wort und Tat" (H.W. Wolff, BK XIV/4, 105).

VIII.1. Infolge der breiten lexikalischen und literarischen Streuung und der Verschiedenheit der Traditionen (vgl. Tov 142-154; Langfitt 145-169) können hier zu LXX nur einige grobmaschige Andeutungen ungefähre Vorstellungen vermitteln. – Wenn man von den hebr. nominalen Derivaten absieht und die griech. Zusammensetzungen je eigens zählt, ergeben sich ungefähr 50 verschiedene Entsprechungen für *qwm* aller Stämme. Wenn man die vielen griech. Zusammensetzungen nicht beachtet, aber die wenigen griech. Nomina für hebr. Verben mitzählt, verbleiben etwa 28 verschiedene griech. Wurzeln. Die mit Abstand häufigste Entsprechung von *qal* bilden ἱστάναι (116mal vgl. ThWNT VII 639) und dessen Komposita (ca. 450mal), seltener μένειν (11mal) und ἐγείρειν (8mal). Für das *hiph* stehen am häufigsten ἱστάναι (ca. 50mal) und ἐγείρειν (21mal). Den anderen, seltenen Stämmen von *qwm* entsprechen meist ἱστάναι und Zusammensetzungen. Die wenigen Ausnahmen sind: für *pi* βεβαιοῦν (Ps 119/118,28), für *hitpol* ἐχθρός (Ps 139/138,21, unsicherer MT), für *pol* ἀνατέλλειν (Jes 44,26), ἐξουσιάζειν (Sir 35/32,9) und συνεδρεύειν (Sir 11,9).

2. Zwei Verben kommt der Hauptanteil zu: ἀνιστάναι und ἐγείρειν. Nach der Zählung und Berechnung von Langfitt entsprechen von jenem aus 472 Belegen 402 *qwm* (85%), von diesem 24 aus 84 (28%; Langfitt 118), und zwar eher als Wiedergabe, nicht als neue Deutung von *qwm* (Langfitt 143). Sie sind von besonderem Interesse wegen des nt.lichen Fortlebens in Sprache und Lehre von der Auferstehung. Sie werden aber in LXX in keinem der am ehesten einschlägigen Zusammenhänge gebraucht (zu Ps 1,5 s.o. VI.4.)

Zweimal scheint sogar eine besondere Zurückhaltung die Übersetzung geleitet zu haben. Hos 6,2 ändert LXX teilweise die Konstruktion. Sie übersetzt *qwm hiph* intransitiv, medial, ἀναστησόμεθα, so daß nicht mehr Gott grammatikalisches und agierendes Subj. ist. Er bleibt es zwar für das den Vers eröffnende *ḥjh pi*. Dieses ist aber auffallenderweise mit der Wiedergabe ὑγιάσει konkreter und anscheinend eingeengt auf Heilung von Krankheit. Denn außer Hos 6,2 entspricht ὑγιάζειν je zweimal *ḥjh*

(Jos 5,8; 2 Kön 20,7) und *rp'* (Lev 13,18.37) i.S.v. körperlicher Heilung (vgl. Liddell/Scott 1841f.) und weitere dreimal *rp'* in einem einzigen Kontext, der „Heilung" des Salzwassers (Ez 47,8f.11). Daher läßt auch das folgende ζησόμεθα für *ḥjh qal* — ζῆν entspricht übrigens nie *qwm* — i.S. der LXX eher an Genesung (des Volkes) denken (vgl. Α und Σ sowie Sir 38,1-15). Vielleicht soll damit weitergehenden Deutungen von *jᵉqimenû* vorgebaut werden. Jes 26,14 versteht LXX bedenkenlos als Wunsch gegen eine Auferstehung und zieht klarer oder anders als MT Ärzte ins Spiel, während sie v. 19 unbeirrt MT als Bekenntnis zur Auferstehung versteht, so daß man nicht sagen kann, ob und was genau hebr. *jᵉqûmûn* entspricht.

Wenn das „Aufkommen" der Frevler ausgeschlossen werden soll, gibt es solche Unsicherheiten nicht (Ps 1,5; 36,13; 140,11). Bei aller Verschiedenheit der Ideen und Ausdrucksweisen (vgl. R. Martin-Achard) versteht LXX *qwm* jedenfalls nicht als speziellen terminus für den Bereich postmortaler Existenz noch für (leibliche) Auferstehung trotz der häufigen Wiedergabe mit zwei Verben, die – wohl unter apokalyptischem Einfluß – später die wichtigsten Auferstehungstermini werden (vgl. Langfitt 142–145).

IX. In den Texten vom Toten Meer folgt *qwm* im allgemeinen – auch im profanen Bereich (z.B. die Vertragsformeln von Murabbaᶜât: Mur 24 C 18; D 19; E 14 mit Rut 4,7; vgl. ATTM 681f.) – bei mancher Lockerung (z.B. die im AT nie belegte Folge: Imp. Sing. – Imp. Pl.: *qwmh wlḥkw* 1 Q 25,6,3) der Sprache des AT, mit Verschleifungen und vielleicht geringerer semantischer Präzision oder mehr Elastizität (z.B. 4 QMᵃ 11,I,22: *lhqjm qrn*), bes. zu dem in Qumran so häufigen Thema *brjt* (z.B. 4 QDibHamᵃ 1-2,IV,6).

1.a) Die Wendungen für die Regelung der Gelübde und Eide der Frau (Num 30,3-16) sind für den gleichen Gegenstand nachgebaut (*qwm qal/hiph – ʿl + npš +* Suffix: CD 16,9-12). Alle Gelübde und Selbstverpflichtungen der Alleinstehenden, Witwe oder Verstoßenen bleiben gültig (*jqwmw ʿljh*, TR 54,5, vgl. Z. 4.8); für die Verheiratete steht dafür nur *jqwmw* (TR 53,18f.21). Sprache und Begriffe färben auf die eidliche Verpflichtung auf das Gesetz des Mose vor oder bei der Aufnahme in die Gemeinde ab (1 QS 5,8.10; CD 15,6.12; 16,1.4.7.9; 1 QH 14,17; vgl. 1 QS 11,16; CD 16,9). Num 16,2 ist CD 2,11 zweckbedingt mehrfach verändert: das negative Vorzeichen der Ursprungsstelle wird ins Positive verkehrt, das *qal* zum *hiph*, so daß statt der „Männer" Gott Subj. ist. Die ursprüngliche Kritik an der Rebellion gegen Mose (vgl. CD 5,18) ist zu einem positiven, zeitlosen Prinzip der göttlichen Geschichtsführung verändert und steht wohl in der Nähe von *bḥr* (CD 2,7). Das *hiph* kommt anscheinend der Tendenz zu Verallgemeinerung und Übertragung auf Gott als unmittelbar tätiges Subj. entgegen. Es wird darum öfters gebraucht, wo im at.lichen Ursprung andere Verben stehen (vgl. z.B. CD 6,2f. mit Dtn 1,13; 1 QH 17,14f. – wegen der Beschädigung schwierig – mit Jes 56,5; Sir 15,6; 1 Makk 6,4), und für den *môræh ṣædæq* (CD 1,11, erste Nennung; vgl. 6,11; 20,32). Das Ptz. *qal* für „Feinde" geht eine im AT nicht belegte Cstr.- Verbindung ein: *qmj 'rṣ* (1 QM 12,5; vgl. 1 QH 4,34). Das *qal* mit *ʿl* richtet sich auch gegen (Gottes) Bund und Wort (1 QH 4,34f.; vgl. Spr 28,12.28; Ps 76,10; 124,2). In freier Anwendung von Ps 20,9 spricht der Hymnendichter unalttestamentlich vom eigenen Widerstand: „Aber ich will mich aufrichten (*'tʿwddh*) und will aufstehen (*'qwmh*) gegen die ..." (1 QH 4,22, vgl. Z. 36 und – in anderem Ton – das im AT in diesem Sinn nicht belegte *hitpol* in 1 QH 12,35). Anders als im AT besagt *qwm hiph* auch verwerfliches Tun von Menschen (1 QpHab 10,10; zu Hab 2,12f.) und Belial, der Widersacher gegen Mose und Aaron anstiftet (CD 5,18; vgl. Ex 7f.; 1 Kön 11,14.23). In der Bitte an Gott: *qwmh gbwr* (1 QM 12,10; vgl. 19,2) ist die kriegerische Note verstärkt durch die Anrede selbst und deutlichere Hervorhebung der „Gefangenen" und der „Beute" (12,10-12; nach Num 10,36; Ri 5,12; Jes 52,2). Zur negativen Konnotation von *kwl jqwm* s.o. II.1.; bes. aufschlußreich ist die Antiparallele von 1 QH 13,12: „zu zerbrechen (*lhpr*) – um aufzurichten (*l[hq]jm*)".

b) In apokalyptischem Kontext von Henoch taucht *qwm* in ähnlicher Bedeutung auf wie im AT: „Dunkelheit ist über ..." (4 QEn 89,4) – „die achte Woche kommt" (91,2; vgl. Gen 41,29f.) – „wir können nicht bestehen [vor Gott]" (89,31). Das *etpa* von *qwm* bedeutet in 4 QEn 22,13 „to remain permanent, to retain (life, etc.) lastingly", aber von winterfesten Blättern (Milik 219; vgl. Dan 4,23; 6,27). Von einem Erwachen der Weisheit oder der Weisen „von ihrem Schlaf" (91,10: *jtʿjrwn mn – [q'm]h*) ist die Rede, nicht aber von Toten (vgl. Milik 260).

2.a) Das *hiph* hat mitunter neutral den Sinn von „entschließen", aber auch einen Entschluß „durchführen" (CD 16,9). Von der Durchsetzung des Willens Gottes ist in at.lichen Wendungen, mit Anpassungen, die Rede (1 QH 4,13, nach Spr 19,21 und Ps 33,11; 1 QM 18,2, nach Jes 24,20). Er hat die Ordnung der Gemeinde bestimmt (*hqjm*) (CD 3,20–4,2 nach Ez 44,15).

b) 1 QM 13,7f. formuliert kurz und vollständig die von Gott gestaltete „Geschichte" der *brjt*: „Einen Bund hast du geschlossen (*krt*) mit unseren Vätern, und du hast ihn aufgerichtet (*wtqjmh*) für ihren Samen". Meist wird das *hiph* für deren erste Begründung, „für die Früheren" (allgemein CD 4,9; für David 4 QDibHamᵃ 1-2,IV,6; vgl. Lev 26,45: *bᵉrîṯ riʾšonîm*), verwendet; hier hingegen für die „Nachkommenschaft" in Gegenwart und aller (eschatologischen) Zukunft, vermutlich, weil *krt* als punktuell empfunden wird, während man an *qwm* einen potentiellen durativen Aspekt findet.

c) Die genaue Bedeutung von *qwm hiph* mit Menschen, d.h. der Gemeinschaft oder „Israel", als Subj. und *brjt* oder sinnverwandten Worten – z.B. *mṣwt 'l* (CD 9,7, negiert) oder *dbr* (CD 16,5) – als Obj. hängt trotz der at.lichen Ansätze an der genauen Bestimmung des jeweiligen Subj. und vor allem des Obj. CD 20,12 ist gerichtet gegen die „Männer des Spottes, ... die den Bund verworfen haben, den sie aufgerichtet haben (*qjmw*) im Land Damaskus". *qwm pi* in kausativem Sinn schillert hier zwischen Begründung der „neuen *brjt*" (vgl. 1 QpHab 2,3; CD 6,19; 8,21; 19,33f.), als subjektiver Aneignung und Durchführung (*'mnh*), in der die vorgegebene, allem Denken und Reden vorausliegende *brjt* realisiert wird. So weist das *hiph* in Richtung Anerkennung und Durchführung der *brjt* als Ziel der Gemeinschaft (1 QS 5,21f.; ähnlich 1 QSb 3,22-24, text. emend.; vgl. 1 QS 5,9). Wie im AT hat *qwm hiph* nie *twrh* zum Obj., das wohl meist von *šmr* regiert wird, wohl ein Indiz dafür, daß *qwm* und *brjt* stärker institutionell geprägt und verbunden sind (vgl. N. Ilg, BiblEThL 46, 1978, 257-263) und *qwm* eine gewisse Vorliebe genießt. So ist *hᵃjikroṯ bᵉrîṯ ʿimmāḵ* (Ijob 40,28) 11 QTargIjob 35,6f. ersetzt durch *hjqjm qjm ʿmk*.

Gamberoni

Verzeichnis der deutschen Stichwörter

(*Kursiv* gesetzte Zahlen verweisen auf den Gesamtartikel, in dem das Stichwort eingehend behandelt wird)

Abbild 1039, 1042, 1048–1055
– Abbild Gottes 1049–1055
Abend *359–366,* 620f.
– Abendopfer 111f., 115, 364f.
abernten 344
Abfall 156–159, 394
abgesondert 1181, 1184f., 1203
abhängig 259f.
abhäuten 790
Abigajil 796f.
Abkömmling 344, 869
sich abmühen 233–235, 243, 245
Abraham 123f., 145f.
– Abrahamserzählung 946
Abteilung 584f.
abtrünnig 804, 807f.
Abtrünnigkeit 157–159
abwenden 642, 645–647
Achan 77–79
Achor 75–79
Achortal 223, 226
achthaben auf etw. 1089
Ackerbaugerät 80
Adjutant 18
Agnat 182–185, 187, 192
Ägypten
– Herausführung aus Ägypten 93–96
Ahnenkult 186
Akazie 285, 288
Allerheiligstes 755–757
Almosen 923
Altar 107, 109f., 117f., 124
– Altargesetz 371
altern 487–489
Amt 199, 838f.
– Amtskleidung 1031f.
Anat 241, 243, 245, 456, 458
anders 570f.
Anführer 20
angenehm sein *355–359*
Angesicht 630–632, 635, 638–641
– Angesicht JHWHs 637–641, 644, 647–651
Angst 251
sich ängstigen *1113–1122*
Ankläger 195f.
annehmen *1139–1143*
– sich annehmen 714
Ansammlung 1210f., 1214–1217, 1226
Anspruch 914
anstoßen 505
Anthropologie 33–42, 265, 299–301, 328–331, 341f., 377f., 525–529, 535–538, 634f., 637f., 823f.,1051–1054, 1060–1062
Anthropomorphismus 650, 829, 837
Antlitz 630f., 633–635, 637–650
– Antlitz JHWHs 637–641, 643, 645–651
Antwort *233–247*
antworten *233–247*
anvertrauen 716
Anwesenheit 651–654
Apfel
– Apfelbaum 293
– Augapfel 42
– Granatapfelbaum 289
Apokalyptik 269f., 604f., 813f., 816, 836, 1025, 1117–1119
– Jesaja-Apokalypse 71f.
Arbeit 214f., 218–220, 300f.,429, 701f.
– Arbeitsruhe 337
– Arbeitstier 80
Archäologie 65f., 1007–1012, 1154f.
Architektur 205–207, 209, 626f., 1062–1064
Arglist 340–342
arm 252f., 259–270, 449–451, 909–911
– Armenpflege 152f., 493f.
– Armentheologie 267–269
Armut 377–380
'āšām-Opfer 383
Asche 276–281
Aschera 1154
Aštarot 462f.
Astarte *453–463*
Asylie 12
Ätiologie 51–53
aufbewahren 1109–1112
Auferstehung 104, 331
– vom Tod 1265f., 1272–1274
Aufgang 102
aufhalten 334
aufhören 197
auflösen 775, 778f.
aufräumen 620, 646f.
aufrechterhalten 1263f.
aufrichten 1258, 1261, 1264
aufrührerisch 804
aufstehen 196, 1255f., 1259, 1264f., 1268
aufsteigen 106
aufstellen 201f.
– sich aufstellen 195f.
Aufstellung nehmen 195
Aufstieg zum Himmel 101
auftreten 203f.
Auftun 832, 834–836
Auge *31–48,* 49
– Auge öffnen 723–725, 833f., 837, 851
– Auge verbergen 164f.
ausbeuten 443f.
ausbrechen 767
ausbreiten 381f., *780–782*
– sich ausbreiten 544, 745, 767f.
ausgießen 370f.
Ausländerin 171–177
ausleeren 370
auslösen *514–522*
Auslösung 383, 567
ausplündern 790f.
ausreißen *343–346*
Aussatz *1127–1133*
Aussehen 631, 633–635
ausstreuen 547
Auszug
– Auszugstradition 5
– Auszugsüberlieferung 93–96, 671–677, 680f.

Ba'al 141–145, 148f., 455–458, 1016–1018, 1023, 1096–1100
– Ba'alskult 1097f., 1101
– Ba'alsopfer 113f., 117, 120
Bach *583–585*
barfuß 379
Bau
– Bauholz 288
– Bausprache 565f.
– Bauwerk 205–207
– Bauwesen 104
– Weinbau 152f.
Baum *284–297,* 752f., 1038, 1040
– Baum der Erkenntnis 290–293
– Baumfrucht 745f., 748–751
– Baumkult 285f., 290
– Akazie 285, 288
– Apfelbaum 293
– Eiche 290, 295

Stellenregister
(Auswahl)

Leviticus

Numeri

Deuteronomium

Josua

Richter

Rut

1 Samuel

2 Samuel

1 Könige

2 Könige

1 Chronik

2 Chronik

Esra

Psalmen

Sprüche

Kohelet

Hoheslied

Jesaja

13, 18: 747
13, 19–22: 898
13, 21: 989f.
13, 22: 231, 243
14, 12–15: 140
14, 13: 1016, 1096, 1099
14, 13f.: 91, 138, 148
14, 14: 136
14, 17: 841
14, 19: 510
14, 25: 83
14, 32: 252
15, 7: 720
16, 1: 1041
16, 3: 1039, 1041
16, 14: 1084
17: 1023
17, 5: 223f.
17, 12–14: 365
18, 2: 1224
18, 4–6: 985f.
18, 7: 889, 1224
19, 11: 762, 1168
19, 15: 418
19, 16: 557
20, 2–4: 379
20, 4: 372
21, 1–10: 1091f.
21, 5: 381, 1089
21, 7: 786
21, 8: 198
21, 9: 696, 786
21, 14: 1171
22, 1: 224f.
22, 7: 784
22, 9: 1147–1149
22, 19: 203
22, 22: 838, 842f.
22, 24: 870f.
23, 4: 11
23, 8: 23
23, 8ff.: 897f.
23, 11: 11
23, 13: 988–990, 992
23, 17: 717
24–27: 71f.
24, 6: 1084
24, 11: 360, 363
24, 16: 897
24, 17f.: 550, 562f.
24, 18: 553, 840
24, 19: 774f.
24, 20: 795, 802, 1265
24, 21: 874
24, 22: 718
25, 3: 4
25, 5: 234, 255
26, 2: 839f.
26, 6: 253, 705
26, 14: 718, 1265
26, 16: 718, 1114, 1117
26, 19: 1117, 1265
27, 2: 243f.
27, 3: 714
27, 5: 12
27, 8: 1162f.
27, 9: 741, 751
28, 1: 28, 1030f.
28, 3: 28, 896
28, 4: 1030f.
28, 5f.: 897
28, 10.13: 1084, 1224
28, 16: 627f.
28, 18: 1261
28, 21: 424, 430
28, 24: 843
28, 29: 575
29: 1023
29, 1–8: 965
29, 3: 971
29, 5: 820
29, 6: 719
29, 14: 575
29, 17: 1084
29, 18: 34
29, 22: 517, 634
29, 23: 404f., 1186
30, 1: 287
30, 2: 531, 1041
30, 2f.: 1036, 1040
30, 5: 17f.
30, 12: 349, 445
30, 13: 769
30, 19: 240f., 1007
30, 20: 1117
30, 22: 857
30, 29: 980
31, 1: 316, 319, 787
31, 2: 17
31, 3: 18
31, 4: 234, 891
31, 5: 596, 665f., 668, 1107
32, 1: 912
32, 2: 1040
32, 3: 36
32, 4: 984
32, 8: 1261
32, 11: 789
32, 14: 735
32, 15: 371
33, 6: 474f.
33, 8: 776, 778
33, 10 1255, 1270
33, 19: 3, 226
33, 21: 987f., 1016, 1226
33, 23: 686
34, 10: 440
34, 14: 989f.
34, 15: 1035
34, 16: 710f.
35, 1: 993
35, 5: 34
35, 5f.: 724
35, 6: 687
35, 8: 1195
36, 8: 352
37, 24: 288
37, 27: 413, 1160
37, 31f.: 602
38, 1: 954
38, 8: 1035, 1039, 1041
38, 10: 710, 721
38, 14: 351, 354, 442
40–48: 1021f.
40, 1: 187f.
40, 2: 875
40, 3: 624f.
40, 4: 342
40, 6–8: 1029f.
40, 10: 702
40, 18: 381
40, 28: 161
40, 29: 317
41, 7: 705f.
41, 17: 240f., 252
41, 18: 842, 993
41, 19: 1038
41, 21: 311
41, 26: 632
41, 29: 427
42, 5: 869
42, 7: 724
42, 20: 725
42, 22: 539, 549
43, 1: 476
43, 10: 652
43, 15: 1195
43, 17: 3f., 818
43, 18: 1168
43, 25: 805
43, 27: 797
43, 28: 1195
44, 1: 476
44, 7: 381
44, 9–20: 699
44, 11: 196, 1147
44, 13ff.: 288
44, 18: 36
44, 26: 1256, 1261, 1262
45, 1: 838
45, 7: 418
45, 8: 743f., 753, 1071
45, 9.11: 701
45, 11f.: 955
45, 20: 603f.
46, 1: 302
47, 1: 231f.
47, 3: 505
47, 9: 317, 319
48, 8: 837, 843
48, 10: 252, 1135, 1137
48, 13: 197
49, 1–52, 12: 1021f.
49, 5: 476
49, 8: 240f.
49, 12: 1100
49, 13: 252
50, 1: 797
50, 2: 237, 519
50, 3: 1177
50, 5: 837
50, 7: 644
51, 1: 982
51, 5: 1230
51, 9: 10
51, 11: 519
51, 13: 965f.
51, 16: 187f.
51, 17: 1271f.
51, 21: 252
51, 22: 187f.
52, 1: 10
52, 2: 1272
52, 8: 36, 1090
52, 13–53, 12: 324
53, 2: 994
53, 4: 253, 255
53, 5: 807f.
53, 6: 865
53, 7: 835
53, 8: 336, 807f.
53, 9: 448f., 451
53, 11: 918
53, 12: 313f., 324, 370f., 804, 807f.
54, 11: 252
55, 2: 231
55, 3–5: 952f.
55, 13: 1038
56, 8: 1146f.
56, 10: 1090
56, 11: 4f.
57, 1: 186
57, 4: 231
57, 4f.: 797
57, 11: 165f.
57, 13: 1145
58, 7: 165f., 252
58, 9: 240f.
58, 12: 1256, 1261
59, 6: 415
59, 13: 349
59, 18: 133f.
59, 19: 970
59, 20: 800, 809
60, 2: 401f.
60, 7: 1146f.
60, 9: 988, 1226f.
60, 11: 840, 843
60, 13: 1038
60, 14: 252
60, 17: 720
60, 19: 897
60, 22: 312f., 318f.
61, 1: 252
61, 4: 1256, 1261
61, 8: 119
61, 9: 870
61, 11: 1070
62, 3: 31, 897
62, 11: 702
62, 12: 192
63, 1: 1081f.
63, 2: 227
63, 7: 133f.
63, 8: 187f.
63, 9: 637
63, 10f.: 1195f.
63, 11: 161
63, 18: 1084
64, 1: 475
64, 4: 503
65, 4: 500f., 1154

Jeremia

Klagelieder

Ezechiel

Daniel

Hosea

12, 4: 340, 342
12, 6: 888f.
12, 7: 1232
12, 8: 349
13, 2: 302–305, 427, 696
13, 8: 120
13, 14: 517f.
13, 15: 54
14, 3: 730f., 741
14, 4: 696
14, 8f.: 1040f.
14, 9: 240f., 252, 304

Joël

1, 1: 821
1, 6: 312, 323
1, 14: 337
2, 2: 312, 323
2, 4: 784
2, 5: 312, 323
2, 6: 634, 1147f.
2, 15: 337
2, 16: 1145f.
2, 19: 240f.
2, 20: 993, 1102
2, 23: 915
3, 5: 603
4: 1022f.
4, 2.12.14: 224f.
4, 18: 54

Amos

1, 13: 747
2, 6: 161
2, 7: 261f.
2, 14–16: 558
3, 5: 551, 562f., 1106
3, 9: 445
3, 11: 1124
3, 12: 408, 492f.
3, 14: 716, 796
4, 1: 728
4, 4: 434f., 796
5, 6: 1042f.
5, 12: 313, 326, 796, 1125
5, 13: 469
5, 14f.: 602, 891
5, 16: 891
5, 19: 504
5, 21: 337
5, 22: 114
5, 26: 416, 1051
6, 4: 407f.
6, 8: 891
6, 10: 328f.
7, 15: 863f.
8, 4: 261–263
8, 5: 841
8, 6: 161
9, 2: 91
9, 10: 1173
9, 11: 768f.

Obadja

14: 773

Jona

1, 2: 1257
1, 15: 197
2, 3: 241
2, 3–10: 100
3, 2: 1257
3, 5: 963
4, 2: 1171
4, 10: 215

Micha

1, 2: 1198
1, 3f.: 224f.
1, 5: 800
1, 6: 370
1, 7: 1145, 1147, 1149
1, 8: 379
1, 11: 202, 372
1, 13: 800
1, 16: 232
2, 5: 1212, 1215
2, 7: 159
2, 8: 788, 1256
2, 9: 232
2, 12: 862
2, 12f.: 93
2, 13: 767
3, 2f.: 788
3, 3: 780
3, 4: 240f.
3, 7: 239, 244
3, 8: 800
3, 10: 1018f.
4: 1021–1024
4, 1–4: 324f.
4, 4: 891
4, 11: 38
4, 13: 1272
4, 14: 971
5, 1: 1168
5, 3: 10, 198
5, 4: 1260
5, 5: 832
5, 13: 302, 972
6, 1: 1257
6, 3: 237
6, 4: 96, 518
6, 5: 239
6, 6: 1172f.
6, 7: 800
6, 8: 1079
6, 9: 1250
6, 14: 593
7, 4: 721
7, 5: 846
7, 7: 1089, 1092
7, 8: 1268
7, 17: 556
7, 18: 800
7, 18–20: 805

Nahum

2, 7: 838
2, 11: 634, 1147f.
2, 14: 93
3, 5: 370, 372
3, 9: 317, 319
3, 11: 11, 164
3, 13: 838
3, 16: 789

Habakuk

1, 3: 216
1, 5: 700
1, 8: 365
1, 13: 216
2, 1: 198, 1092
2, 2: 239–241
2, 3: 543, 753
2, 4: 918
2, 5: 1145f.
2, 11: 237
2, 12: 1018
2, 13: 891
2, 16: 385
2, 18: 697
3, 4: 11
3, 6: 161, 198
3, 11: 200
3, 13: 187, 928
3, 17: 862
3, 18: 128, 130

Zefanja

1, 11: 192
1, 14f.: 401
2, 2: 540f.
2, 4: 344, 925f.
2, 13: 993
2, 14: 370
3, 3: 365
3, 6: 627
3, 7: 717
3, 8: 1145f.
3, 10: 491, 546
3, 11: 130
3, 12: 252f.
3, 14: 130f.
3, 19: 255

Haggai

1, 9: 620
2, 4: 475
2, 5: 201
2, 12f.: 239

Sacharja

1, 4: 157
1, 6: 892
1, 8: 1036
1, 10–12: 238
1, 13: 240f.
1, 16: 1223
1, 17: 544
2, 10: 782
2, 10f.: 597
3, 8: 1071
3, 9: 42f., 843
4, 4–6: 238
4, 10: 46
4, 11f.: 238
6, 4f.: 238
6, 9–14: 29
6, 11: 23
6, 12: 1070
6, 12f.: 1071
6, 14: 23
7, 9f.: 261f.
7, 10: 252
8, 8: 187
8, 19: 963
8, 22: 313f., 325
9, 1: 43, 55
9, 3: 972
9, 8: 44
9, 9: 253
9, 11: 681
9, 16: 1029
10, 1: 412
10, 2: 256
10, 3: 718
10, 6: 240f.
10, 11: 1114f.
11, 5: 448f.
11, 7: 250, 865
11, 10: 778
11, 11: 250, 865
11, 13: 1134
11, 14: 778
11, 16: 771f.
12, 2: 970
12, 4: 724
13, 1: 842
13, 7: 210–213, 545, 1084–1086
13, 9: 240f.
14: 1022–1024
14, 4: 1166
14, 6: 1177
14, 6f.: 366
14, 10: 626f.
14, 20: 1036

Maleachi

1, 8.13: 687f.
2, 7: 892

Korrigenda zu Bd. VI

Sp. 4, Z. 29 v.o.: statt Dan 8, 24 lies: Dan 8, 23
Sp. 8, Z. 10 v.u.: statt Spr 10, 5 lies: Spr 10, 15
Sp. 18, Z. 23 v.o.: statt Schuld lies: Schild
Sp. 23, Z. 8 v.u.: statt Ijob 31, 38 lies: Ijob 31, 36
Sp. 24, Z. 29 v.u.: statt Jes 22, 17 lies: Jes 22, 18
Sp. 24, Z. 26 v.u.: statt Ps 8, 8 lies: Ps 8, 6
Sp. 28, Z. 31 v.u.: lies: (Jer 13, 18; vgl. ähnlich Ez 21, 31)
Sp. 28, Z. 26 v.u.: statt 1 Makk 11, 12 lies: 1 Makk 11, 13
Sp. 46, Z. 14 v.u.: statt Est 4, 17 lies: Est 4, 17i
Sp. 49, Z. 18 v.u.: statt πηγή lies: γῆ
Sp. 62, Z. 9 v.o.: statt Num 21, 21.26 lies: Num 21, 25f.
Sp. 63, Z. 25 v.u. statt Bevölkerungsentwicklung lies: Bevölkerungswachstum
Sp. 75, Z. 25 v.u.: statt Spr 15, 16.27 lies: Spr 15, 6.27
Sp. 79 Z. 25 v.u: streiche: im Reichs- und Jüd.-Aram., Palmyr., Nabat. (DISO 210)
Sp. 88, Z. 23 v.u.: statt 1 Kön 10, 19 lies: 1 Kön 10, 29
Sp. 88, Z. 21 v.u.: statt 1 Sam 2, 6.7 lies: 1 Sam 2, 1.7
Sp. 92, Z. 16 v.o.: statt Jos 6, 5.10 lies: Jos 6, 5.20
Sp. 95, Z. 11 v.o.: statt 2 Sam 15, 2 lies: 1 Sam 15, 2
Sp. 95, Z. 17 v.o.: statt 2 Sam 15, 6 lies: 1 Sam 15, 6
Sp. 99, Z. 13 v.u.: statt 2 Sam 2, 1-10 lies: 1 Sam 2, 1-10
Sp. 108, Z. 10 v.u.: statt II. lies: II.1.
Sp. 126, Z. 3 v.o.: statt Sir 6, 2 lies: Sir 6, 2f.
Sp. 131, Z. 10 v.o.: statt Ps 64, 4f. lies: Ps 68, 4f.
Sp. 138, Z. 22 v.u.: statt Ps 106, 7 lies: Ps 106, 7cj.
Sp. 150, Z. 14 v.u.: (9,33) ist zu streichen
Sp. 157, Z. 11 v.u.: statt Jer 11,18 lies: Jer 11, 18-23
Sp. 161, Z. 17 v.u.: Gen 21, 35 ist zu streichen
Sp. 161, Z. 16 v.u.: statt Hab 3, 5 lies: Hab 3, 6
Sp. 167, Z. 31 v.o.: statt Sir 4, 2 lies: Sir 4, 4
Sp. 185, Z. 16 v.o.: statt Num 13, 2 lies: Num 13, 12
Sp. 185, Z. 33 v.o.: statt Num 1, 22 lies: Num 1, 12
Sp. 186, Z. 28 v.u.: statt Lev 20, 2 lies: Lev 20, 3
Sp. 187, Z. 13 v.o.: statt Rut 1, 6 lies: Rut 1, 16
Sp. 187, Z. 30 v.o.: statt 2 Kön 19, 6 lies: 2 Kön 9, 6
Sp. 187, Z. 36 v.o.: statt Ps 78, 31 lies: Ps 78, 71
Sp. 188, Z. 26 v.o.: statt Ex 3, 1 lies: Ex 3, 7
Sp. 188, Z. 28 v.o.: statt Jer 30, 26 lies: Jes 30, 26
Sp. 188, Z. 32 v.o.: statt Ps 3, 17 lies: Ps 3, 9
Sp. 189, Z. 28 v.o.: statt Ez 33, 13 lies: Ez 36, 15
Sp. 191, Z. 15 v.o.: statt Neh 8, 8 lies: Neh 8, 9
Sp. 192, Z. 1 v.o.: statt Jes 29, 1 lies: Jes 29, 13
Sp. 192, Z. 19 v.o.: statt Jos 8, 3.7; 11, 7 lies: Jos 8, 1.3; 10, 7; 11, 7
Sp. 193, Z. 26 v.u.: statt 1 QM 12, 7 lies: 1 QM 12, 8
Sp. 193, Z. 20 v.u.: statt 1 QM 12, 6 lies: 1 QM 12, 7
Sp. 193, Z. 18 v.u.: statt 1 QH 10, 34 lies: 1 QH 10, 35
Sp. 196, Z. 4 v.u.: statt Jer 23, 23 lies: Jer 23, 22
Sp. 199, Z. 10 v.u.: statt Neh 9, 2 lies: Neh 9, 2f.
Sp. 208, Z. 14 v.o.: statt Dtn 5, 19 lies: Dtn 31, 15
Sp. 208, Z. 1 v.u.: statt Ps 18, 9 lies: Ps 18, 8
Sp. 209, Z. 31 v.o.: ergänze [LXX Mskr. B]
Sp. 222, Z. 32 v.o.: statt Ri 7, 2 lies: Ri 7, 1
Sp. 225, Z. 13 v.u.: statt Ez 23, 23 lies: Ez 23, 32
Sp. 225, Z. 8 v.u.: statt Lev 13, 4.5 lies: Lev 13, 3.4
Sp. 225, Z. 5 v.u.: statt Spr 23, 17 lies: Spr 23, 27
Sp. 226, Z. 5 v.u.: statt Ἐμεκραφαιμ lies: Ἐμεκραφαιν
Sp. 229, Z. 19 v.o.: statt Jos 15, 20 lies: Jos 15, 50
Sp. 229, Z. 24 v.o.: statt Gen 49, 10f. lies: Gen 40, 10f.
Sp. 229, Z. 11 v.u.: statt Hos 9, 1 lies: Hos 9, 10
Sp. 236, Z. 27 v.o.: statt *ta'anæh* lies: *ta'anæh*
Sp. 251, Z. 25 v.u.: statt Ijob 30, 1.6.16 lies: Ijob 30, 1.9.16
Sp. 257, Z. 29 v.o.: statt Klgl 3, 1 lies: Klgl 3, 1f.
Sp. 257, Z. 30 v.o.: statt (Ex 3, 7; Neh 9,9) lies: (Ex 3, 7); *zeʿāqāh* (Neh 9, 9)
Sp. 258, Z. 9 v.o.: Dan 3, 6ff. ist zu streichen
Sp. 260, Z. 28 v.u.: statt Lev 23, 32 lies: Lev 23, 22
Sp. 262, Z. 27 v.o.: statt Jes 3, 14 lies: Jes 3, 15
Sp. 262, Z. 35 v.o.: statt Jes 3, 14 lies: Jes 3, 15
Sp. 267, Z. 3 v.o.: statt Lev 19, 9f. lies: Lev 19, 14
Sp. 269, Z. 14 v.o.: statt Leben lies: Leiden
Sp. 271, Z. 33 v.u.: statt bibl.-hebr. lies: bibl.-aram.
Sp. 277, Z. 18 v.o.: nach *'āpār* ergänze Ez 24, 7
Sp. 307, Z. 16 v.u.: statt Spr 21, 26.18.29 lies: Spr 21, 26
Sp. 311, Z. 24 v.o.: statt Ps 69, 3 lies: Ps 69, 5
Sp. 313, Z. 27 v.o.: statt Jes 8, 7 lies: Jes 8, 6f.
Sp. 313, Z. 13 v.u.: statt Dtn 11, 34 lies: Dtn 11, 23
Sp. 315, Z. 19 v.o.: statt Ps 69, 3 lies: Ps 69, 5
Sp. 315, Z. 30 v.o.: statt Gen 26, 6 lies: Gen 26, 16
Sp. 315, Z. 23 v.u.: statt Ps 69, 3 lies: Ps 69, 5
Sp. 325, Z. 21 v.o.: statt Sach 8, 23 lies: Sach 8, 22
Sp. 325, Z. 16 v.u.: statt Ps 135, 9 lies: Ps 35, 9
Sp. 349, Z. 15 v.o.: statt Spr 28, 28 lies: Spr 28, 18
Sp. 351, Z. 14 v.o.: statt Ps 119, 22 lies: Ps 119, 122
Sp. 353, Z. 14 v.o.: statt 2 Kön 14, 4 lies: 2 Kön 14, 14
Sp. 355, Z. 1 v.o.: statt Spr 22, 27 lies: Spr 22, 26b.27
Sp. 356, Z. 6 v.u.: statt Ex 12, 28 lies: Ex 12, 38
Sp. 362, Z. 1 v.o.: statt *habboqær* lies: *boqær*
Sp. 362, Z. 4 v.o.: statt *ʿad ʿæræḇ* lies: *lāʿæræḇ*

Sp. 363, Z. 19 v.o.: statt Lev 15, 5-11 lies: Lev 15, 5-27
Sp. 363, Z. 19 v.o.: Neh 13, 19 ist zu streichen
Sp. 364, Z. 5 v.o.: statt Jos 5, 10 lies: vgl. Jos 5, 10
Sp. 364, Z. 24 v.u.: Jdt 9, 19 ist zu streichen
Sp. 370, Z. 26 v.u.: statt Lev 20, 18 lies: Lev 20, 19
Sp. 371, Z. 1 v.o.: statt Dtn 12, 33 lies: Dtn 12, 23
Sp. 371, Z. 23 v.o.: statt Ex 20, 16b lies: Ex 20, 26b
Sp. 373, Z. 4 v.o.: statt Gen 42, 9.11 lies: Gen 42, 9.12
Sp. 373, Z. 16 v.u.: statt Dtn 5, 6-18 lies: Dtn 5, 6-21
Sp. 383, Z. 4 v.o.: statt Lev 27, 33 lies: Lev 27, 23
Sp. 387, Z. 8 v.u.: statt Jos 9, 14 lies: Jos 9, 4
Sp. 393, Z. 11 v.u.: statt Jes 2, 25 lies: Jer 2, 25
Sp. 393, Z. 8 v.u.: statt Spr 1, 3; 3, 2.22 lies: Spr 1, 9; 3, 3.22
Sp. 394, Z. 2 v.u.: statt Jer 19, 23 lies: Jer 17, 23
Sp. 397, Z. 15 v.o.: statt 1 QM 12, 12 lies: 1 QM 12, 11
Sp. 398, Z. 8 v.u.: statt *'ᵃpelāh* lies: *'ᵃpelāh*
Sp. 404, Z. 18 v.o.: einfügen: (Ps 89,8)
Sp. 405, Z. 29 v.o.: statt Jer 20, 1 lies: Jer 20, 11
Sp. 406, Z. 4 v.u.: statt Ps 132, 6 lies: Ps 132, 3
Sp. 414, Z. 11 v.u.: statt Ez 23, 3.8.29 lies: Ez 23, 3.8.21
Sp. 419, Z. 28 v.u.: statt Jer 32, 30 lies: Jer 32, 20
Sp. 422, Z. 25 v.o.: statt Ez 20, 11.13.27 lies: Ez 20, 11.13.24
Sp. 429, Z. 7 v.o.: statt Ijob 33, 7 lies: Ijob 33, 17
Sp. 431, Z. 11 v.u.: statt 10, 11 lies: 1 QH 10, 11
Sp. 431, Z. 9 v.u.: statt 1 QH 1, 21; 4, 32 lies: 1 QS 1, 21; 1 QH 4, 32
Sp. 431, Z. 7 v.u.: statt 1 QS 1, 19.30 lies: 1 QS 1, 19; 1 QH 1, 30
Sp. 432, Z. 6 v.o.: statt 4, 27 lies: 4, 17
Sp. 432, Z. 10 v.o.: statt 1 QH 16, 11 lies: 1 QH 1, 27; 4, 17
Sp. 435, Z. 14 v.o.: statt Ex 22, 29f. lies: Ex 22, 28f.
Sp. 436, Z. 25 v.o.: statt Lev 23, 30 lies: Lev 27, 30
Sp. 437, Z. 12 v.o.: statt Num 18, 21-34 lies: Num 18, 21-32
Sp. 437, Z. 13 v.o.: statt Num 18, 12 lies: Num 18, 11f.
Sp. 440, Z. 4 v.u.: statt 1 QH 9, 7 lies: 1 QH 9, 5
Sp. 440, Z. 17 v.u.: statt Jos 20, 38.40 lies: Ri 20, 38.40
Sp. 448, Z. 27 v.o.: statt 1 Sam 12, 1.2.4 lies: 2 Sam 12, 1.2.4
Sp. 473, Z. 10 v.o.: statt Num 23, 33 lies: Num 23, 23
Sp. 490, Z. 28 v.o.: statt Neh 9, 1.27.28 lies: Neh 9, 27.28
Sp. 490, Z. 13 v.u.: statt Ex 8, 26; 10, 18 lies: Ex 8, 26f.; 10, 18f.
Sp. 494, Z. 1 v.o.: statt Jer 48, 15 lies: Jer 48, 45
Sp. 495, Z. 14 v.u.: statt Spr 9, 11 lies: Spr 19, 11
Sp. 504, Z. 15 v.u.: statt Ri 5, 12 lies: Ri 15, 13
Sp. 511, Z. 22 v.o.: statt Num 14, 29.32.33 lies: Num 14, 29.32
Sp. 513, Z. 31 v.o.: statt Ez 47, 7 lies: Ez 43, 7
Sp. 516, Z. 13 v.o.: statt 18 lies: 48
Sp. 516, Z. 30f. v.o.: (vgl. Dtn 6, 10, aber auch Ex 23, 23) ist zu streichen
Sp. 518, Z. 26 v.u.: statt 2 Sam 7, 32 lies: 2 Sam 7, 23
Sp. 521, Z. 9 v.o.: statt Ps 25, 2 lies: Ps 25, 22
Sp. 524, Z. 7 v.u.: statt Spr 5, 14 lies: Spr 5, 4
Sp. 526, Z. 17 v.o.: statt GesB lies: Gesenius, Thesaurus
Sp. 526, Z. 26 v.u.: statt Ijob 32, 2 lies: Ijob 33, 2
Sp. 526, Z. 9 v.u.: statt Ijob 22, 12f. lies: Ijob 20, 12f.
Sp. 527, Z. 16 v.o.: statt Ez 33, 21 lies: Ez 33, 31
Sp. 527, Z. 30 v.o.: statt Ijob 19, 24; 26, 15 lies: Spr 19, 24; 26, 15
Sp. 527, Z. 22 v.u.: Lev 27, 8 ist zu streichen
Sp. 531, Z. 29 v.u.: statt Jer 34, 16 lies: Jes 34, 16
Sp. 532, Z. 8 v.u.: Jer 23, 29 ist zu streichen
Sp. 533, Z. 10 v.u.: statt Ps 75, 1f. lies: Ps 78, 1f.
Sp. 536, Z. 15 v.o.: statt Ex 28, 28 [= 32] lies: Ex 28, 32 und statt Ex 36, 31 [= 39, 23] lies: Ex 36, 30 [= 39, 23]
Sp. 536, Z. 32 v.u.: statt Num 9, 18b.20.23b.33.38 lies: Num 9, 18b.20.23b; 33, 38
Sp. 536, Z. 31 v.u.: statt Ijob 29, 27 lies: Ijob 39, 27
Sp. 536, Z. 29 v.u.: statt Ijob 16, 5 lies: Ijob 16, 4
Sp. 536, Z. 27 v.u.: statt Dtn 13, 15 lies: Dtn 13, 16
Sp. 536, Z. 26 v.u.: statt Num 13, 14 lies: Num 13, 3
Sp. 536, Z. 18 v.u.: statt Obd 1, 12 lies: Obd 12
Sp. 542, Z. 22 v.u.: Spr 21, 28 ist zu streichen
Sp. 544, Z. 3 v.u.: statt 1 Sam 17, 8 lies: 1 Sam 13, 8
Sp. 547, Z. 9 v.o.: statt Est 3, 2 lies: Est 3, 8
Sp. 563, Z. 2 v.o.: statt Am 3, 15 lies: Am 3, 5
Sp. 565, Z. 11f. v.u.: und Neh 8, 16 ist zu streichen
Sp. 565, Z. 11 v.u.: statt 2mal lies: 3mal
Sp. 567, Z. 16 v.u.: statt Ez 16, 20 lies: Ez 20, 26
Sp. 568, Z. 1 v.u.: statt Num 8, 18 lies: Num 8, 16
Sp. 593, Z. 16 v.u.: statt Num 21, 9 lies: Num 21, 29
Sp. 595, Z. 21 v.o.: διαβαίνειν (1 Kön 20, 29) ist zu streichen
Sp. 595, Z. 22 v.o.: statt 2 Kön 4, 6 lies: 2 Sam 4, 6; ἐκσπᾶν (Ps 22, 9) ist zu streichen
Sp. 597, Z. 9 v.o.: statt Gen 19,17.17.19 lies: Gen 19,17.19
Sp. 598, Z. 29 v.u.: statt Obd 14, 17f. lies: Obd 14.17f.
Sp. 598, Z. 25 v.u.: statt Ez 24, 6.27 lies: Ez 24, 26f.
Sp. 598, Z. 24 v.u.: statt Ez 7, 16-24, 16f. lies: Ez 7, 16; 24, 26f.
Sp. 598, Z. 18 v.u.: statt Jer 42, 7 lies: Jer 42, 17
Sp. 599, Z. 16 v.o.: statt Ps 41, 18 lies: Ps 40, 18
Sp. 599, Z. 27 v.o.: statt Ps 107, 6f. lies: Ps 107, 19f.
Sp. 599, Z. 29 v.o.: statt Ps 32, 2 lies: Ps 31, 2
Sp. 599, Z. 31 v.o.: statt Ps 17, 3 lies: Ps 17, 9
Sp. 599, Z. 11 v.u.: statt v. 7 lies: v. 20

Sp. 603, Z. 11 v.u.: Jer 43, 4.6 ist zu streichen
Sp. 607, Z. 13 v.u.: Jer 42, 2 ist zu streichen
Sp. 607, Z. 10 v.u.: statt 1 Kön 8, 33.47.51 lies: 1 Kön 8, 33.47.59
Sp. 659, Z. 16 v.u.: statt 1 QM 5, 3.8 lies: 1 QM 5, 3.18
Sp. 692, Z. 25 v.u.: statt Kulbild lies: Kultbild
Sp. 710, Z. 26 v.o.: statt fragen) lies: fragen
Sp. 710, Z. 17 v.o.: statt 1 Sam 14, 16 lies: 1 Sam 14, 17
Sp. 710, Z. 16 v.u.: statt 2 Kön 20,19 lies: 2 Kön 10, 19
Sp. 711, Z. 24 v.u.: statt 1 Sam 24, 9//1 Chr 21, 6 lies: 2 Sam 24, 9//1 Chr 21, 5
Sp. 716, Z. 24 v.u.: statt Jer 13, 11 lies: Jes 13, 11
Sp. 719, Z. 8 v.u.: statt Ri 9, 20 lies: Ri 9, 28
Sp. 722, Z. 28 v.o.: statt 1 QH 15, 5 lies: 1 QH 16, 5
Sp. 742, Z. 10 v.o.: statt Gen 42, 52 lies: Gen 41, 52
Sp. 751, Z. 4 v.u.: statt Hos 14, 1 lies: Hos 10, 1
Sp. 752, Z. 8 v.o.: statt 1, 28 lies: 1 QH 1, 28
Sp. 809, Z. 18 v.o.: statt 1 Q 2, 8 lies: 1 QH 2, 8
Sp. 814, Z. 20 v.o.: statt 4QpJes[a] 1, 2 lies: 4QpJes[b] 1, 2
Sp. 860, Z. 17 v.u.: statt Gen 1, 34f. lies: Gen 1, 24f.
Sp. 860, Z. 5 v.u.: statt Gen 32, 6 lies: Gen 32, 8
Sp. 868, Z. 2 v.o.: statt Dtn 14, 13 lies: Dtn 14, 23
Sp. 872, Z. 7 v.u.: statt 2 Kön 25, 9 lies: 2 Kön 25, 19
Sp. 873, Z 30 v.u.: statt 1 Kön 2,52 lies: 1 Kön 2, 32
Sp. 873, Z. 29 v.u. statt 1 Kön 2, 15 lies: 1 Kön 2, 5
Sp. 873, Z. 29 v.u.: 2 Kön 9, 5 ist zu streichen
Sp. 873, Z. 21 v.u.: statt Dtn 4, 17 lies: Dtn 4, 19
Sp. 873, Z. 3 v.u.: statt Jer 33, 32 lies: Jer 33, 22
Sp. 921, Z. 22 v.u:. statt Gudsnman lies: Gudsnamn
Sp. 926, Z. 1 v.o.: einfügen: 2. An einigen Belegstellen lassen sich noch alte Vor-
Sp. 952, Z. 16 v.o.: statt laqah lies: *lāqaḥ*
Sp. 959, Z. 3 v.u.: statt Est 4, 10 lies: Est 4, 16
Sp. 959, Z. 1 v.u.: statt 1 Sam 15, 24 lies: 1 Sam 7, 6
Sp. 964, Z. 11 v.u.: nach *ṣāqûn* einfügen: (Jes 26,16)
Sp. 981, Z. 8: statt Fels" lies: Fels" (v. 1)
Sp. 1034, Z. 2 v.u.: statt *ṣulluhu*; lies: *ṣullulu*
Sp. 1040, Z. 23 v.u.: statt *ṣillū* lies: *ṣillu*
Sp. 1071, Z. 12 v.u.: statt Jer 35, 15 lies: Jer 33, 15
Sp. 1102, Z. 6/5 v.u.: statt VI-II/2 lies: VIII/2
Sp. 1103, Z. 11 v.o.: statt samarit. lies: samarit.-hebr.
Sp. 1103, Z. 28f. v.o.: statt Grammatik des christl.-paläst. Aramäisch 1924 lies: Lexicon Syropalaestinum 1903
Sp. 1103, Z. 27 v.o.: *ṣipra* ist zu streichen
Sp. 1103, Z. 30 v.o.: statt Hebräisch, 1969 lies: Aramäisch, 1982
Sp. 1104, Z. 16 v.u.: statt **ædd̂ôḏāh* lies: **'æddôḏāh*
Sp. 1105, Z. 6 v.o.: statt 365f. lies: 265f.
Sp. 1107, Z. 11 v.o.: statt BK II lies: BK II/1
Sp. 1135, Z. 21 v.o.: statt 27,1 lies: 27, 21
Sp. 1142, Z. 20 v.o.: statt Übrnahme lies: Übernahme
Sp. 1144, Z. 25 v.o.: statt *qbṣ* lies: *qpṣ*
Sp. 1144: Z. 12 v.u.: einfügen: 8mal *hitp*
Sp. 1144, Z. 4 v.u.: statt Josuas lies: Joschijas
Sp. 1145, Z. 13 v.o.: statt *qibṣṣajim* lies: *qiḇṣajim*
Sp. 1159, Z. 15 v.o.: statt 1 Kön 1, 16 lies : 1 Kön 1, 31
Sp. 1195, Z. 20 v.o.: statt 43, 3; 47, 14 lies: 43, 14; 47, 4
Sp. 1198, Z. 12 v.o.: statt Jes 45, 33 lies: Jes 45, 23
Sp. 1205, Z. 29 v.o.: statt λάος lies: λαός
Sp. 1210, Z 26 v.u.: statt 1 Chr 7, 8 lies: 2 Chr 7, 8
Sp. 1213, Z. 24 v.u.: statt Ri 10, 2 lies: Ri 20, 2
Sp. 1214, Z. 6 v.u.: statt Num 15,12 lies: Num 15, 15
Sp. 1215, Z. 24 v.u.: statt E 10,12 lies: Esra 10,12
Sp. 1216, Z. 20 v.u.: statt 2 Chr 23, 2 lies: 2 Chr 23, 3
Sp. 1218, Z. 1 v.o.: statt Esra 2, 4 lies: Esra 2, 64
Sp. 1239, Z. 13 v.u.: statt Ex 19, 9 lies: Ex 19, 19
Sp. 1240, Z. 10 v.o.: statt Ps 74, 73 lies: Ps 74, 23
Sp. 1245, Z.10 v.o.: statt 1 Kön 18, 16 lies: 1 Kön 18, 26

Zusätzliche Korrigenda zu Bd. IV

Sp. 3, Z. 29 v.u.: statt Ps 42, 1 lies: Ps 42, 2
Sp. 3, Z. 18 v.u.: statt Num 12, 9.12 lies: Num 12, 10.12
Sp. 6, Z. 20 v.o.: statt Jer 31, 4 lies: Jes 31, 4
Sp. 19, Z. 19 v.o.: statt Jer 21, 15 lies: Jes 21, 15
Sp. 19, Z. 2 v.u.: statt Gen 14, 19 lies: Gen 34, 19
Sp. 20, Z. 24 v.o.: statt Jer 25, 3 lies: Jes 25, 3
Sp. 24, Z. 13 v.u.: statt Jes 10, 8 lies: Jes 10, 18
Sp. 28, Z. 25 v.o.: statt Ps 8, 5 lies: Ps 8, 6
Sp. 28, Z. 12 v.u.: statt Ps 25, 6 lies: 21, 6
Sp. 29, Z. 25 v.u.: statt Ps 29, 7 lies: Ps 29, 9
Sp. 31, Z. 16 v.u.: statt Ex 34, 21f. lies: Ex 33, 21f.
Sp. 31, Z. 7 v.u.: statt Deut 5, 21 lies: Deut 5, 24
Sp. 31, Z. 5 v.u.: statt Deut 5, 22 lies: Deut 5, 25
Sp. 32, Z. 7 v.o.: statt Lev 8, 24 lies: Lev 9, 24
Sp. 32, Z. 27 v.u.: statt alle Völker lies: das ganze Volk
Sp. 33, Z. 10 v.u.: statt Deut 5, 19 lies: Deut 5, 22
Sp. 33, Z. 8 v.u.: statt Num 10, 24; Deut 1, 31 lies: Num 10, 34; Deut 1, 33
Sp. 35, Z. 19 v.u.: statt Ex 29, 4 lies: Ex 29, 43
Sp. 38, Z. 21 v.u.: statt Jes 58, 9 lies: Jes 48, 9
Sp. 39, Z. 23 v.o.: statt Ps 96, 9 lies: Ps 96, 8
Sp. 40, Z. 23 v.u.: statt *jṣh* lies: *jṣ'*
Sp. 50, Z. 24 v.u.: statt Lev 22, 19 lies: Lev 22, 21
Sp. 51, Z. 18 v.o.: statt Lev 22, 41f. lies: Lev 22, 24f.
Sp. 52, Z. 5 v.o.: statt Ps 119, 76 lies: Ps 119, 176
Sp. 54, Z. 9 v.o.: statt Deut 16, 3 lies: Deut 16, 2
Sp. 81, Z. 5 v.o.: statt Deut 4, 14 lies: Deut 4, 19
Sp. 86, Z. 15 v.o.: statt Ps 149, 9 lies: Ps 136, 9
Sp. 101, Z. 28 v.u.: statt Hi 27, 6f. lies: Hi 27, 16f.
Sp. 104, Z. 26 v.o.: statt Jer 15, 12 lies: Jer 10, 12
Sp. 127, Z. 8 v.o.: statt Ez 23, 24; 24, 14.37 lies: Ez 23, 34; 24, 14; 37, 14
Sp. 127, Z. 9 v.o.: statt Ez 26, 5.15 lies: Ez 26, 5.14
Sp. 131, Z. 5 v.o.: statt Hi 40, 11 lies: Hi 40, 16
Sp. 131, Z. 22 v.o.: statt Dan 8, 17 lies: Deut 8, 17
Sp. 132, Z. 1 v.o.: statt Hi 40, 11 lies: Hi 40, 16
Sp. 134, Z. 13 v.o.: nach ‚Kraft'“ ergänze (Ri 6, 14)
Sp. 136, Z. 17 v.o.: statt Deut 4, 87 lies: Deut 4, 37
Sp. 138, Z. 23 v.o.: statt *jāda'* lies: *jārāh* III
Sp. 139, Z. 20 v.o.: statt Hi 20, 10 lies: Hi 20, 12
Sp. 146, Z. 1 v.o.: statt Ps 97, 5 lies: Ps 97, 6
Sp. 147, Z. 19 v.u.: statt Ps 106, 6 lies: Ps 108, 6
Sp. 149, Z. 13 v.o.: statt Ex 6, 28 lies: Ex 6, 29
Sp. 149, Z. 26 v.o.: statt 14, 22 lies: 14, 28
Sp. 149, Z. 20 v.u.: umgibt ihn auf allen Seiten (v. 5) ist zu streichen
Sp. 150, Z. 2 v.o.: statt Ps 18, 27 lies: Ps 18, 23
Sp. 150, Z. 27 v.o.: statt Ps 149, 14; 150, 9 lies: Ps 149, 9; 150, 6
Sp. 150, Z. 20 v.u.: statt Jes 9, 9 lies: Jes 9, 8
Sp. 151, Z. 4 v.o.: statt Jer 9, 1.4 lies: Jer 9, 1.3
Sp. 151, Z. 5 v.u.: statt Ez 21, 7 lies: Ez 21, 12
Sp. 152, Z. 17 v.o.: statt Hos 2, 11 lies: Hos 2, 13
Sp. 152, Z. 24 v.o.: statt Mi 5, 11 lies: Mi 5, 8
Sp. 153, Z. 17 v.o.: statt Koh 10, 9 lies: Koh 11, 9
Sp. 163, Z. 12 v.o.: statt Tob 6, 1 lies: Tob 6, 1(S)
Sp. 163, Z. 12 v.o.: statt Tob 11, 4.6 lies: Tob 11, 4
Sp. 166, Z. 29 v.o.: statt Tob 5, 14; 6, 1 lies: Tob 5, 17 (BA); 6, 1 (S)
Sp. 169, Z. 20 v.u.: statt Ps 31, 18.34 lies: Ps 31, 18.24
Sp. 172, Z. 14/13 v.u.: statt (*'ap*: Ez 5, 13; 6, 12; 13, 15; Kl 4, 11; *ḥemāh*: Ez 7, 8; 20, 8.21) lies: (*'ap*: Ez 5, 13; 7, 8; 20, 8.21; *ḥemāh*: Ez 6, 12; 13, 15; Kl 4, 11).
Sp. 174, Z. 12 v.o.: statt Deut 28, 21 lies: Deut 28, 20
Sp. 183, Z. 27 v.u.: statt Spr 25, 14f. lies: Spr 25, 4f.
Sp. 184, Z. 5 v.o.: statt 1 Sam 25, 12; 30, 25 lies: 1 Sam 25, 13; 30, 24
Sp. 212, Z. 28 v.o.: statt Jos 12, 31 lies: Jos 12, 3
Sp. 219, Z. 15 v.o.: statt 1 Sam 21, 18 lies: 2 Sam 21, 18
Sp. 227, Z. 19 v.o.: statt χαναvις lies: Χαναvις
Sp. 235, Z. 29 v.o.: statt v. 26 lies: v. 28
Sp. 247, Lit. Z.12 v.u. statt STTAASF lies: AASF
Sp. 257, Z. 20 v.u.: statt Jes 52, 32 lies: Jer 52, 32
Sp. 257, Z. 18 v.u.: statt Jes 49, 38 lies: Jer 49, 38
Sp. 257, Z. 17 v.u.: statt *śîm 'æṯ* lies: *śîm*
Sp. 257, Z. 5 v.u.: statt *'āśāh l^e* lies: *šîṯ l^e*
Sp. 257, Z. 1 v.u.: Esth 1, 2 ist zu streichen
Sp. 258, Z. 1 v.o.: nach 2 Chr 18, 9 ergänze: Esth 1, 2
Sp. 258, Z. 9 v.o.: statt Gen 41, 10 lies: Gen 41, 40
Sp. 259, Z. 25 v.u.: statt 1 Kön 2, 4.8 lies: 1 Kön 2, 4.12
Sp. 260, Z. 9 v.o.: statt Jes 33, 17 lies: Jer 33, 17
Sp. 265, Z. 28 v.o.: statt Ps 89, 49 lies: Ps 89, 45
Sp. 266, Z. 6 v.u.: 1 Sam 1, 3.11 ist zu streichen
Sp. 270, Z. 15 v.o.: statt 2 Chr 28, 18 lies: 1 Chr 28, 18
Sp. 270, Z. 16 v.o.: statt Dan 7, 10 lies: Dan 7, 9
Sp. 270, Z. 2 v.u.: statt Gen 41, 10 lies: Gen 41, 40
Sp. 271, Z. 27 v.u.: statt 2 Kön 27, 29 lies: 2 Kön 19, 1
Sp. 273, Z. 18 v.u.: statt Num 4, 4 lies: Num 4, 5
Sp. 273, Z. 7 v.u.: statt Ex 8, 26 lies: Ex 8, 2
Sp. 274, Z. 13 v.o.: statt Ez 30, 13 lies: Ez 30, 18
Sp. 281, Z. 15 v.o.: statt Ps 49, 8.11 lies: Ps 49, 11
Sp. 281, Z. 18 v.o.: statt Spr 14, 3.16; 10, 2.8.10.12.21; 17, 21.28 lies: Spr 10, 8.10.21; 14, 3; 17, 28
Sp. 281, Z. 29 v.u.: Pred 10, 14 ist zu streichen
Sp. 281, Z. 23 v.u.: Pred 10, 14 ist zu streichen
Sp. 282, Z. 22 v.o.: statt Pred 7, 15 lies: Pred 7, 25
Sp. 298, Z. 32 v.o.: statt Ps 102, 29 lies: Ps 106, 29
Sp. 299, Z. 2 v.o.: statt Ps 6, 10 lies: Ps 6, 8
Sp. 299, Z. 18 v.u.: statt Spr 12, 6 lies: Spr 12, 16

Sp. 308, Z. 11 v.o.: statt Lev 6, 13 lies: Lev 5, 13
Sp. 308, Z. 8 v.u.: statt Num 19, 13; 20 lies: Num 19, 13.20
Sp. 314, Z. 15 v.u.: statt Lev 8, 34 lies: Lev 8, 33
Sp. 314, Z. 14 v.u.: statt Ex 29, 33 lies: Ex 29, 34
Sp. 323, Z. 8 v.u.: statt 2 Sam 18, 11 lies: 2 Sam 22, 11 // Ps 18, 11
Sp. 327, Z. 22 v.u.: statt Deut 33, 6 lies: Deut 33, 26
Sp. 329, Z. 6 v.u.: statt Jes 36, 16 lies: Jes 37, 16
Sp. 335, Z. 11 v.u.: statt Rekabiten lies: Rechabiten
Sp. 336, Z. 14 v.u.: statt Ri 13, 7 lies: Ri 13, 5.7
Sp. 336, Z. 12 v.u.: statt Ri 15, 17f. lies: Ri 16, 17f.
Sp. 337, Z. 29 v.u.: statt Deut 29, 30.39 lies: Deut 28, 30.39
Sp. 338, Z. 15 v.u.: statt Jes 27, 5 lies: Jes 27, 2
Sp. 343, Z. 26 v.o.: statt 1 Sam 15, 21 lies: 1 Sam 15, 12
Sp. 351, Z. 14 v.o.: statt Jes 25, 2 lies: Jes 35, 2
Sp. 353, Z. 16 v.o.: statt Ri 7, 3 [2mal] lies: Ri 7, 5.6
Sp. 359, Z. 6 v.u.: statt Num 13, 34 lies: Num 13, 24
Sp. 361, Z. 1 v.o.: statt Jes 10, 17 lies: Jes 10, 7
Sp. 361, Z. 29 v.o.: statt Ps 14, 14 lies: Ps 14, 4f.
Sp. 363, Z. 26 v.u.: statt Gen 17, 4 lies: Gen 17, 14
Sp. 370, Z. 27 v.o.: Jes 28, 13 ist zu streichen
Sp. 375, Z. 5 v.o.: statt Ps 119, 156 lies: Ps 119, 165
Sp. 379, Z. 16 v.u.: statt Dan 4, 4.7 lies: Dan 4, 4.6
Sp. 387, Z. 2 v.u.: statt Jer 32, 15 lies: Jer 32, 12
Sp. 388, Z. 21 v.u.: statt Hi 19, 23 lies: Hi 19, 24
Sp. 400, Z. 15 v.u.: statt Ex 39, 37 lies: Ex 39, 27
Sp. 401, Z. 20 v.u.: statt 1 Sam 15, 32 lies: 2 Sam 15, 32
Sp. 421, Z. 21 v.o.: statt Ri 19, 15 lies: Ri 19, 5
Sp. 422, Z. 12 v.u.: „brechen" (Ps 69, 21) ist zu streichen
Sp. 422, Z. 7 v.u.: statt 1 Spr 15, 32 lies: Spr 15, 32
Sp. 422, Z. 5 v.u.: statt Ps 119, 12 lies: Ps 119, 112
Sp. 423, Z. 5 v.o.: statt Spr 31, 10 lies: Spr 31, 11
Sp. 423, Z. 10 v.o.: statt Ez 20, 6 lies: Ez 20, 16
Sp. 423, Z. 21 v.o.: statt Hi 2, 19 lies: Hi 23, 16; 37, 1
Sp. 423, Z. 24 v.o.: statt 1 Sam 13, 33 lies: 2 Sam 13, 33
Sp. 423, Z. 14 v.u.: statt 1 Chr 12, 33 lies: 1 Chr 12, 34
Sp. 427, Z. 14 v.u.: statt Nah 2, 2 lies: Neh 2, 2
Sp. 428, Z. 24 v.u.: statt Pred 5, 9 lies: Pred 5, 19
Sp. 438, Z. 23 v.o.: statt Ez 7, 6 lies: Hos 7,6
Sp. 438, Z. 25 v.u.: vor *leḇ* ergänze c)
Sp. 439, Z. 15 v.u.: statt Deut 30, 14.19; Jer 31, 32 lies: Deut 30, 14.17; Jer 31, 33
Sp. 443, Z. 16 v.u.: statt Ps 78, 42 lies: Ps 78, 72
Sp. 444, Z. 6 v.u.: statt Jer 31, 32 lies: Jer 31, 33
Sp. 445, Z. 25 v.u.: statt 1 Kön 15, 3.12.14 lies: 1 Kön 15, 3.14
Sp. 448, Z. 32 v.o.: statt 1 Sam 7, 21 lies: 2 Sam 7, 21
Sp. 464, Z. 18 v.u.: statt Jos 9, 11 lies: Jos 9, 1
Sp. 470, Z. 2 v.u.: statt HL 7, 15 lies: HL 7, 5
Sp. 471, Z. 24 v.o.: statt Jes 40, 13 lies: Jes 40, 16
Sp. 474, Z. 18 v.o.: statt *maḥalāzôṯ* lies: *maḥalāṣôṯ*
Sp. 477, Z. 18 v.o.: Jes 46, 8 ist zu streichen
Sp. 478, Z. 17 v.u.: statt Hi 28, 14 lies: Hi 29, 14
Sp. 484, Z. 16 v.o.: Ex 3, 2 ist zu streichen
Sp. 484, Z. 26 v.o.: statt Ez 21, 33 lies: Ez 21, 3
Sp. 485, Z. 1 v.u.: statt Dan 11, 11 lies: Dan 11, 33
Sp. 487, Z. 20 v.o.: statt Jer 45, 48 lies: Jer 48, 45
Sp. 494, Z. 23 v.o.: statt Spr 2, 5 lies: Spr 2, 15
Sp. 497, Z. 9 v.o.: statt Ez 27, 4 lies: Ez 27, 5
Sp. 513, Z. 8 v.u.: statt Deut 21, 2 lies: Deut 21, 5
Sp. 515, Z. 16 v.u.: statt Num 3,38 lies: Num 3, 38cj.
Sp. 516, Z. 4 v.o.: statt 1 Sam 6, 25 lies: 1 Sam 6, 15
Sp. 517, Z. 4 v.u.: statt 2 Chr 36, 6 lies: 2 Chr 31, 6
Sp. 533, Z. 7 v.o.: statt GHAT lies: GHK
Sp. 539, Z. 2 v.u.: statt Ez 23, 25 lies: Ex 23, 25
Sp. 541, Z. 30 v.u.: statt Jes 31, 14 lies: Jes 21, 14
Sp. 546, Z. 15 v.u.: statt Lev 22, 7.11.13 lies: Lev 22, 7.12.13
Sp. 554, Z. 7 v.u.: Lev 33, 3 ist zu streichen
Sp. 555, Z. 11 v.u.: statt Tob 6, 13 lies: Tob 6, 13 (S)
Sp. 563, Z. 22 v.u.: statt Jos 8, 5 lies: Jos 8, 9
Sp. 563, Z. 21 v.u.: statt Ps 80, 6 lies: Ps 30, 6
Sp. 563, Z. 20 v.u.: statt Jes 31, 13 lies: Jes 21, 13
Sp. 565, Z. 22 v.o.: statt Hi 31, 22 lies: Hi 31, 32
Sp. 565, Z. 28 v.u.: statt 2 Sam 10, 29 lies: Jes 10, 29
Sp. 566, Z. 9 v.o.: statt ὀπωροφυλάκιον lies: ὀπωροφυλάκιον.
Sp. 566, Z. 26 v.u.: statt Jos 8, 9; 13 lies: Jos 8, 9.13
Sp. 568, Z. 5 v.o.: statt Hos 7, 3 lies: Hos 7, 5
Sp. 568, Z. 9 v.o.: statt Gen 42, 25 lies: Gen 42, 23
Sp. 577, Z. 6 v.u.: statt Jes 8, 50 lies: Jes 8, 16
Sp. 584, Z. 8 v.o.: statt 2 Chr 30, 7 lies: 2 Chr 30, 10
Sp. 584, Z 10 v.o.: nach *bāzāh* ergänze / בוז *bwz*
Sp. 585, Z. 26 v.u.: statt 2 Chr 20, 10 lies: 2 Chr 30, 10
Sp. 587, Z. 12 v.u.: statt Deut 28, 17 lies: Deut 29, 17
Sp. 590, Z. 27 v.u.: statt Ri 8, 26 lies: Ri 8, 16
Sp. 591, Z. 22 v.o.: statt 1 Sam 24, 2 lies: 1 Sam 24, 3
Sp. 591, Z. 12 v.u.: statt Deut 22, 28 lies: Deut 22, 18
Sp. 592, Z. 3 v.u.: statt 2 Chr 2, 23 lies: 1 Chr 2, 23
Sp. 593, Z. 26 v.o.: statt 1 Kön 11, 32 lies: 1 Kön 11, 31
Sp. 593, Z. 28 v.o.: statt 2 Chr 17, 7 lies: 1 Chr 17, 7
Sp. 595, Z. 2 v.o.: statt Gen 47, 17 lies: Gen 47, 14
Sp. 600, Z. 16 v.o.: statt Ps 59, 3 lies: Jes 59, 3
Sp. 601, Z. 19 v.u.: statt Ps 10, 20 lies: Spr 10, 20
Sp. 603, Z. 2 v.u.: statt Jes 33, 8 lies: Jes 3, 8
Sp. 604, Z. 19 v.u.: statt Ps 73, 8 lies: Ps 73, 9
Sp. 608, Z. 8 v.u.: statt Neh 12, 33 lies: Neh 12, 44
Sp. 608, Z. 4 v.u.: statt 1 Chr 28,13 lies: 1 Chr 28, 12

Sp. 609, Z. 9 v.u.: statt Neh 12, 33 lies: Neh 12, 23
Sp. 610, Z. 14/18 v.o.: statt *liškāh* lies: *niškāh*
Sp. 612, Z. 3 v.u.: statt Jer 24, 4 lies: Jer 24, 2.3
Sp. 613, Z. 6 v.o.: statt Ps 64, 8 lies: Jes 64, 8
Sp. 613, Z. 10 v.o.: statt 1 Kön 11, 9 lies: 1 Kön 11, 19
Sp. 616, Z. 6 v.o.: statt Hi 37, 6 lies: Hi 31, 6
Sp. 618, Z. 18 v.o.: statt Hos 11, 6 lies: Hos 11, 5
Sp. 654, Z. 13 v.u.: statt Deut 32, 29 lies: Deut 33, 29
Sp. 665, Z. 17 v.o.: statt Ex 15, 10 lies: Ex 16, 10
Sp. 665, Z. 21 v.o.: statt Gen 21, 8 lies: Gen 21, 20
Sp. 665, Z. 28 v.o.: statt nom.reg. lies: nom.rect.
Sp. 665, Z. 30 v.o.: statt 1 Sam 15, 28 lies: 2 Sam 15, 28
Sp. 665, Z. 29 v.u.: statt Jer 9, 6 lies: Jer 9, 9
Sp. 665, Z. 24 v.u.: statt nom.rect. lies: nom.reg.
Sp. 665, Z. 21 v.u.: statt Num 20, 21 lies: Num 20, 1
Sp. 667, Z. 6 v.o.: statt Jos 13, 12 lies: Jos 13, 32
Sp. 671, Z. 14 v.u.: statt Jes 51, 53 lies: Jes 51, 3
Sp. 672, Z. 27 v.o.: Deut 33, 2 ist zu streichen
Sp. 672, Z. 30 v.o.: Num 34, 4 ist zu streichen
Sp. 672, Z. 17 v.u.: statt 1 Chr 26, 10 lies: 2 Chr 26, 10
Sp. 672, Z. 15 v.u.: statt 2 Kön 3, 2 lies: 2 Kön 3, 8
Sp. 672, Z. 7 v.u.: 2 Sam 4, 8 ist zu streichen
Sp. 672, Z. 5 v.u.: 2 Sam 15, 23 ist zu streichen
Sp. 679, Z. 12 v.u.: statt Lev 25, 28 lies: Lev 25, 38
Sp. 687, Z. 24 v.o.: statt Ex 34, 37ff. lies: Ex 34, 27ff.
Sp. 687, Z. 27 v.u.: Deut 4, 23 ist zu streichen
Sp. 687, Z. 26 v.u.: statt Deut 5, 2ff. u.a.) oder Horeb lies:) oder Horeb (Dtn 5, 2ff.
Sp. 689, Z. 26 v.u.: statt Num 35, 50-36, 13 lies: Num 33, 50-36, 13
Sp. 691, Z. 8 v.o.: statt Jes 50, 39 lies: Jer 50, 39
Sp. 691, Z. 20 v.o.: statt Ps 78, 6 lies: Ps 7, 6
Sp. 711, Z. 22 v.u.: statt Gen 19, 26 lies: Gen 19, 16
Sp. 714, Z. 9 v.o.: statt Jer 51, 14; 59, 7 lies: Jes 51, 14; 59, 7
Sp. 718, Z. 36 v.o.: statt NGGW lies: NGWG
Sp. 725, Z. 22 v.o.: statt Jes 64, 11 lies: Jes 64, 6
Sp. 761, Z. 6 v.u.: statt Num 14, 4 lies: Num 14, 44
Sp. 768, Z. 18 v.o.: statt Pred 13, 14 lies: Spr 13, 14
Sp. 769, Z. 13 v.o.: statt Gen 48, 26 lies: Gen 48, 21
Sp. 773, Z. 5 v.o.: statt Jer 20, 6.22 lies: Jer 20, 6; 22, 12
Sp. 773, Z. 23 v.u.: statt Num 32, 25.28 lies: Num 35, 25.28
Sp. 773, Z. 12 v.u.: statt Gen 21, 26 lies: Gen 21, 16
Sp. 774, Z. 13 v.o.: statt Ri 8, 23 lies: Ri 8, 33
Sp. 774, Z. 1 v.u.: statt Hi 42, 28-29 lies: Hi 42, 16f.
Sp. 775, Z. 17 v.o.: statt Pred 7, 18 lies: Pred 7, 17
Sp. 775, Z. 21 v.o.: statt 1 Sam 20, 23 lies: 1 Sam 20, 32
Sp. 776, Z. 2 v.o: statt Ez 18, 4.10 lies: Ez 18, 4.20
Sp. 776, Z. 30 v.u.: statt Deut 22, 16 lies: Deut 24, 16
Sp. 777, Z. 1 v.o.: statt 2 Chr 23, 14.20 lies: 2 Chr 23, 14.21
Sp. 777, Z. 2 v.o.: statt 2 Kön 1, 51; 2, 8 lies: 1 Kön 1, 51; 2, 8
Sp. 777, Z. 22 v.o.: statt Ps 78, 51 lies: Ps 78, 50
Sp. 777, Z. 29 v.o.: statt Kl 4, 19 lies: Kl 4, 9
Sp. 778, Z. 3 v.u.: statt Gen 42, 27 lies: Gen 42, 37
Sp. 780, Z. 6 v.u.: statt Ez 33, 7 lies: Ez 33, 27
Sp. 781, Z. 29 v.u.: statt Jer 52, 37 lies: Jer 52, 27
Sp. 784, Z. 19 v.u.: statt Pred 3, 29 lies: Pred 3, 19
Sp. 785, Z. 2 v.o.: statt Gen 47, 9 lies: Gen 47, 19
Sp. 796, Z. 13 v.u.: statt 1 Sam 2, 18 lies: 1 Sam 2, 28
Sp. 797, Z. 15 v.o.: statt Lev 4, 28 lies: Lev 4, 29
Sp. 799, Z. 15 v.u.: statt Ez 15, 20 lies: Ez 43, 20
Sp. 800, Z. 8 v.u.: statt Deut 7, 8 lies: Deut 7, 5
Sp. 801, Z. 17 v.o.: statt Jer 36, 7 lies: Jes 36, 7
Sp. 801, Z. 20 v.o.: statt 2 Kön 6, 4.5.13 lies: Ez 6, 4f.13
Sp. 802, Z. 14 v.o.: statt Spr 8, 3 lies: Spr 8, 34
Sp. 802, Z. 16 v.o.: statt Ez 42, 42 lies: Ez 41, 21
Sp. 803, Z. 12 v.o.: statt 1 Chr 24, 26 lies: 1 Chr 26, 1.12
Sp. 803, Z. 14 v.o.: 1 Sam 1, 9 ist zu streichen
Sp. 806, Z. 23 v.u.: statt Jes 44, 21 lies: Jes 44, 22
Sp. 807, Z. 25 v.o.: statt 2 Kön 21, 12 lies: 2 Kön 21, 13
Sp. 807, Z. 25 v.o.: statt Spr 30, 28 lies: Spr 30, 20
Sp. 810, Z. 21 v.u.: statt 1 Chr 1, 16f. lies: 2 Chr 1, 16f.
Sp. 810, Z. 12 v.u.: statt 1 Kön 7, 1 lies: 2 Kön 7, 1
Sp. 810, Z. 8 v.u.: statt 1 Kön 6, 25; 7, 1.16 lies: 2 Kön 6, 25; 7, 1.16
Sp. 812, Z. 27 v.o.: statt *ngʿ* lies: *ngp*
Sp. 812, Z. 35 v.o.: statt Deut 31, 11 lies: Deut 33, 11
Sp. 820, Z. 5 v.o.: statt Jes 14, 4b lies: Jes 14, 5b
Sp. 833, Z. 2 v.u.: Ps 78, 20 ist zu streichen
Sp. 847, Z. 26 v.u.: statt Ps 92, 3f. lies: Ps 93, 3f.
Sp. 848, Z. 2 v.o.: statt Jos 2, 11 lies: Jos 2, 10
Sp. 848, Z. 12 v.o.: statt Ez 27, 26; 34 lies: Ez 27, 26.34
Sp. 848, Z. 19 v.o.: statt Jes 51, 13 lies: Jer 51, 13
Sp. 848, Z. 24 v.u.: statt Jos 4, 11-14 lies: Jos 13
Sp. 848, Z. 12 v.u.: statt Neh 3, 8 lies: Nah 3, 8
Sp. 849, Z. 12 v.u.: statt Jes 43, 2o lies: Jes 43, 2.
Sp. 849, Z. 7 v.u.: Num 33, 9 ist zu streichen
Sp. 850, Z. 13 v.o.: statt vglo lies: vgl.
Sp. 850, Z. 16 v.o.: Num 24, 6 ist zu streichen
Sp. 850, Z. 16 v.o.: statt Deut 32, 5; 33, 8.11 lies: Deut 32, 51; 33, 8
Sp. 851, Z. 5 v.u.: statt Spr 30, 10 lies: Spr 30, 16
Sp. 852, Z. 21 v.o.: statt Ps 42, 7 lies: Ps 69, 3
Sp. 854, Z. 25 v.u.: statt 2 Sam 23, 19f. lies: 2 Sam 23, 16f.
Sp. 857, Z. 12 v.o.: statt Hi 41, 31 lies: Hi 41, 23
Sp. 858, Z. 26 v.o.: statt Jer 8, 21 lies: Jer 8, 23
Sp. 862, Z. 15 v.o.: statt Ps 18, 6 lies: Ps 18, 17
Sp. 864, Z. 8 v.o.: ergänze: 4.
Sp. 878, Z. 12 v.o.: statt Ps 144, 10 lies: Ps 144, 13

Sp. 880, Z. 5 v.o.: (= 2 Chr 12, 39) ist zu streichen
Sp. 880, Z. 24 v.o.: statt 2 Chr 36, 1 lies: 2 Chr 36, 21
Sp. 883, Z. 2 v.o.: statt Lev 6, 12.23 lies: Lev 6, 12-23
Sp. 892, Z. 11 v.u.: statt 1 Sam 9, 14 lies: 1 Sam 19, 14
Sp. 897, Z. 28 v.o.: statt Ex 23, 21 lies: Ex 23, 20
Sp. 897, Z. 33 v.o.: statt Ex 14, 9 lies: Ex 14, 19
Sp. 897, Z. 17 v.u.: statt 2 Sam 14, 14 lies: 2 Sam 14, 17
Sp. 906, Z. 24 v.o.: statt Ps 72, 38 lies: Ps 73, 28
Sp. 906, Z. 8 v.u.: statt 2 Chr 39, 34 lies: 2 Chr 29, 34
Sp. 907, Z. 25 v.o.: statt Ex 35, 2.5.7 lies: Ex 36, 2.5.7
Sp. 907, Z. 21 v.u.: statt 1 Kön 5, 20 lies: 1 Kön 5, 30
Sp. 915, Z. 24 v.o.: statt Tale lies: Tate
Sp. 916, Z. 28 v.u.: statt Jer 32, 9 lies: Jer 32, 29
Sp. 916, Z. 28 v.u.: statt Neh 4, 4 lies: Neh 4, 2
Sp. 918, Z. 24 v.u.: statt 1 Kön 20, 4.6.15.30 lies: 1 Kön 20
Sp. 920, Z. 4 v.o.: statt Jer 48, 14; 48, 14 lies: Jer 48, 14
Sp. 924, Z. 10 v.o.: statt 2 Sam 11, 17.19 lies: 2 Sam 11, 17.20
Sp. 924, Z. 26 v.o.: statt Jer 33, 5.7 lies: Jer 33, 5; 34, 7
Sp. 924, Z. 20 v.u.: statt Jos 10, 2 lies: Jos 10, 5
Sp. 924, Z. 19 v.u.: statt Jos 19, 42 lies: Jos 19, 47
Sp. 925, Z. 23 v.o.: statt 2 Chr 28, 5 lies: 2 Chr 27, 5
Sp. 925, Z. 25 v.u.: statt Jos 23, 2 lies: Jos 23, 3
Sp. 925, Z. 9 v.u.: statt 2 Chr 12, 12 lies: 2 Chr 13, 12
Sp. 926, Z. 6 v.o.: statt Jer 32, 4.9 lies: Jer 32, 24.29
Sp. 938, Z. 14 v.u.: statt IOS lies: JOS
Sp. 940, Z. 23 v.o.: Dan 2, 4 ist zu streichen
Sp. 940, Z. 27 v.o.: statt Ri 9, 18ff. lies: Ri 9, 8ff.
Sp. 942, Z. 14 v.u.: statt Ri 17, 6.18 lies: Ri 17, 6
Sp. 943, Z. 13 v.o.: statt Ez 17, 32 lies: Ez 17, 23
Sp. 951, Z. 29 v.o.: statt Ez 1, 25ff. lies: Ez 1, 15ff.
Sp. 968, Z. 20 v.o.: statt Lev 18, 4 lies: Lev 18, 21
Sp. 974, Z. 17 v.o.: statt Num 16, 1-36 lies: Num 16, 1-35
Sp. 982, Z. 11 v.o.: statt 1 Chr 23, 15 lies: 1 Chr 28, 15
Sp. 992, Z. 2 v.o.: statt Gen 32, 13 lies: Gen 32, 14
Sp. 992, Z. 17 v.o.: statt Lev 2, 1.4.8.9.11 lies: Lev 2, 1.4.8.9
Sp. 992, Z. 29 v.u.: statt vv. 3.7.9.10 lies: vv. 3.7.10.11
Sp. 994, Z. 4 v.o.: statt Num 28, 16 lies: Num 28, 26
Sp. 994, Z. 19 v.o.: statt 1 Sam 2, 19 lies: 1 Sam 2, 29
Sp. 995, Z. 16 v.u.: statt 2 Chr 17, 15 lies: 2 Chr 17, 5
Sp. 996, Z. 12 v.u.: statt Grundanscauung lies: Grundanschauung
Sp. 997, Z. 1 v.o.: statt 1 Chr 18, 6 lies: 2 Sam 8, 6 // 1 Chr 18, 6
Sp. 997, Z. 2 v.o.: statt 2 Sam 8, 2.6; 1 Chr 18, 2 lies: 2 Sam 8, 2 // 1 Chr 18, 2
Sp. 1002, Z. 25 v.o.: statt Ps 48, 12 lies: Ps 84, 12
Sp. 1011, Z. 12 v.u.: statt Jes 50, 2 lies: Jer 50, 2
Sp. 1014, Z. 12 v.o.: statt 17.18 lies: 17; 18
Sp. 1030, Z. 2 v.u.: statt *rbb* lies: *rbh*
Sp. 1039, Z. 14 v.o.: statt Jos 22, 16.20.21 lies: Jos 22, 16.20.31
Sp. 1041, Z. 17 v.u.: statt Neh 13, 28 lies: Neh 13, 27
Sp. 1059, Z. 24 v.u.: Ez 1, 16ff. ist zu streichen
Sp. 1068, Z. 28 v.u.: statt 2 Chr 21, 1 lies: 2 Chr 31, 1
Sp. 1069, Z. 30 v.u.: statt 2 Kön 18, 18 lies: 2 Sam 18, 18
Sp. 1071, Z. 18 v.o.: v. 49 ist zu streichen
Sp. 1088, Z. 20 v.u.: statt Neh 13, 33 lies: Neh 10, 33
Sp. 1090, Z. 32 v.u.: statt Am 9, 19 lies: Am 9, 9
Sp. 1090, Z. 18 v.u.: statt Jer 1, 10.13 lies: Jer 1, 7.17
Sp. 1090, Z. 12 v.u.: statt Jer 23, 22 lies: Jer 23, 32
Sp. 1090, Z. 10 v.u.: statt Ez 24, 8 lies: Ez 24, 18
Sp. 1091, Z. 28 v.o.: statt Deut 1, 4 lies: Deut 1, 3
Sp. 1092, Z. 27 v.u.: statt Ex 9, 10 lies: Ex 9, 20
Sp. 1093, Z. 5 v.o.: statt *mā'aṣ* lies: *nā'aṣ*
Sp. 1093, Z. 6 v.o.: statt Jer 6, 12 lies: Jer 6, 19
Sp. 1097, Z. 4 v.o.: statt Ps 88, 6 lies: Ps 88, 7
Sp. 1107, Z. 32 v.o.: statt Hos 2, 1.7 lies: Hos 2, 17
Sp. 1108, Z. 19 v.o.: statt Ex 15, 18 lies: Ex 15, 13
Sp. 1108, Z. 19 v.o.: statt Ps 97, 16 lies: Ps 77, 16
Sp. 1108, Z. 20 v.o.: statt Deut 13, 26 lies: Deut 13, 6
Sp. 1108, Z. 23 v.o.: statt Deut 13, 26 lies: Deut 13, 6
Sp. 1108, Z. 26 v.u.: Jer 22, 21 ist zu streichen
Sp. 1108, Z. 25 v.u.: statt Deut 9, 26.29 lies: Deut 9, 26
Sp. 1108, Z. 25 v.u.: statt *jāḏ ḥazāqah* lies: *zerôa' neṭûjāh*
Sp. 1111, Z. 10 v.o.: statt Ez 30, 20-36 lies: Ez 30, 20-26
Sp. 1127, Z. 29 v.o.: statt Spr 15, 29 lies: Spr 15, 24
S. [584], Sp. 1, Z. 32 v.o.: statt Ex 29, 4: 35, 856 lies: Ex 29, 4: 856
S. [584], Sp. 2, Z. 10 v.o.: statt Lev 4, 24.28.33: 797 lies: Lev 4, 24.29.33: 797
S. [584], Sp. 3, Z. 5 v.o.: statt Lev 22, 41f.: 51 lies: Lev 22, 24f.: 51, 408
S. [584], Sp. 4, Z. 20 v.u.: Num 24, 6: 850 ist zu streichen
S. [585], Sp. 3, Z. 25 v.o.: statt Jos 9, 11: 464 lies: Jos 9, 1: 464
S. [585], Sp. 4, Z. 3 v.u.: statt 1 Sam 1, 9: 258f., 607, 803 lies: 1 Sam 1, 9: 258f., 607
S. [586], Sp. 4, Z. 6 v.o.: statt 1 Kön 15, 3.12.14: 445 lies: 1 Kön 15, 3.14: 445

S. [587], Sp. 1, Z. 2 v.u.: statt 1 Chr 24, 26: 803 lies: 1 Chr 26, 1.12: 803
S. [587], Sp. 2, Z. 26 v.u.: 2 Chr 12, 39: 880 ist zu streichen
S. [587], Sp. 2, Z. 20 v.u.: statt 2 Chr 17, 15: 995 lies: 2 Chr 17, 5: 995
S. [587], Sp. 3, Z. 21 v.o.: statt 2 Chr 36, 1: 880 lies: 2 Chr 36, 21: 880
S. [587], Sp. 3, Z. 22 v.o.: 2 Chr 36, 6: 517 ist zu streichen
S. [587], Sp. 4, Z. 4 v.o.: statt Neh 13, 33: 1088 lies: Neh 10, 33: 1088
S. [588], Sp. 1, Z. 24 v.o.: statt Ijob 20, 10.13: 139 lies: Ijob 20, 12f.: 139
S. [588], Sp. 4, Z. 13 v.o.: statt Koh 7, 18: 775 lies: Koh 7, 17: 775
S. [589], Sp. 1, Z. 9 v.o.: statt Ps 8, 5: 28 lies: Ps 8, 6: 28
S. [589], Sp. 1, Z. 22 v.o.: statt Ps 18, 6: 862 lies: Ps 18, 17: 862
S. [589], Sp. 4, Z. 26 v.o.: statt Ps 96, 9: 39 lies: Ps 96, 8: 39
S. [590], Sp. 1, Z. 20 v.o.: statt Ps 119, 156: 375 lies: Ps 119, 165: 375
S. [590], Sp. 4, Z. 11 v.u.: statt Jes 44, 21: 806 lies: Jes 44, 22: 806
S. [591], Sp. 1, Z. 15 v.o.: statt Jes 51, 13: 848 lies: Jer 51, 13: 848
S. [591], Sp. 3, Z. 6 v.o.: statt Jer 21, 15: 19 lies: Jes 21, 15: 19
S. [592], Sp. 3, Z. 23 v.o.: statt Dan 11, 11: 485f. lies: Dan 11, 33: 485f.

Zusätzliche Korrigenda zu Bd. V

S. VII, Z. 10 v.u.: statt Guggistr. 12a, 6005 Luzern, Schweiz lies: Sickingenstr. 35, 5500 Trier
S. X, Z. 14 v.o.: statt *nā́hāḡ* lies: *nāhaḡ*
S. X, Z. 1 v.u.: statt פֶתֶן lies: פֶּתֶן
S. XI, Z. 16 v.o.: statt נעם *naʿam* lies: נָעַם *nāʿam*
Sp. 1, Z. 9 v.u.: statt Gen 14, 6 lies: Gen 14, 4
Sp. 15, Z. 31 v.o.: statt Pred lies: Koh
Sp. 18, Z. 23 v.o.: statt Ri 18, 5 lies: Ri 18, 25
Sp. 19, Z. 23 v.u.: statt Dan 6, 7 lies: Dan 8, 7
Sp. 22, Z. 12 v.o.: statt Jer 7, 21.27 lies: Jer 17, 21.27
Sp. 26, Z. 22 v.o.: statt GVG lies: VG
Sp. 38, Z. 29 v.o.: statt Ex 16, 25 lies: Ex 15, 25
Sp. 41, Z. 1 v.o.: statt vgl. 34, 37 lies: vgl. 34, 27
Sp. 43, Z. 7 v.o.: statt Ex 16, 5 lies: Ex 6, 2ff.
Sp. 43, Z. 6 v.u.: statt Num 36, 19 lies: Num 36, 13
Sp. 44, Z. 15 v.o.: statt Dtn 34, 8 lies: Dtn 34, 9
Sp. 49, Z. 22 v.u.: statt 1 Chr 19, 22 lies: 1 Chr 29, 22
Sp. 51, Z. 5 v.u.: 2 Sam 2, 35 ist zu streichen
Sp. 57, Z. 20 v.u.: statt Lev 2, 4.7.12 lies: Lev 2, 4; 7, 12
Sp. 63, Z. 21 v.o.: statt 1 Kön 9, 10 lies: 1 Kön 9, 19
Sp. 64, Z. 18 v.o.: statt Jos 22, 16.19.29 lies: Jos 22, 19.29
Sp. 64, Z. 19 v.o.: statt Jes (2mal) lies: Jes (3mal)
Sp. 65, Z. 24 v.o.: statt Ijob 18, 18 lies: Ijob 18, 21
Sp. 71, Z. 7 v.o.: statt Ps 28, 10 lies: Ps 28, 1
Sp. 102, Z. 3 v.o.: statt die Stadt (Jes 1, 21; 35, 5) lies: Jerusalem/Zion (Jes 1, 21 33, 5)
Sp. 103, Z. 25 v.o.: statt Dtn 5, 28 lies: Dtn 5, 31[28]
Sp. 106, Z. 8 v.u.: statt II 151 lies: III 151
Sp. 107, Z. 8 v.u.: statt II 156f. lies: III 156f.
Sp. 120, Z. 18 v.o.: statt Spr 12, 1 lies: Spr 30, 1
Sp. 122, Z. 24 v.u.: statt Ez 43, 31 lies: Ez 43, 27
Sp. 122, Z. 11 v.u.: statt Hag 19, 2.4.8 lies: Hag 1, 9; 2, 4.8.9.23
Sp. 124, Z. 11 v.o.: statt Lev 20, 20 lies: Lev 20, 10
Sp. 125, Z. 1 v.o.: statt Lev 20, 20 lies: Lev 20, 10
Sp. 146, Z. 21 v.u.: statt Levy, ChWb lies: TW
Sp. 151, Z. 22 v.u.: statt 1 Kön 1, 8.18 lies: 1 Kön 1, 8.10
Sp. 164, Z. 17 v.u.: statt 2 Sam 22, 45 lies: 2 Sam 22, 46
Sp. 167, Z. 29 v.o.: statt Jes 34, 3 lies: Jes 34, 4
Sp. 187, Z. 14 v.o.: statt Ps 83, 3 lies: Ps 81, 3
Sp. 189, Z. 24 v.u.: statt Jer 36, 10 lies: Jer 36, 20
Sp. 190, Z. 2 v.o.: statt Ri 13, 16 lies: Ri 13, 6
Sp. 191, Z. 31 v.o.: statt Ez 23, 26 lies: Ez 23, 36
Sp. 191, Z. 9 v.u.: statt Ijob 18, 15 lies: Ijob 15, 18
Sp. 195, Z. 26 v.o.: statt Schunemmiterin lies: Schunemiterin
Sp. 202, Z. 5 v.o.: statt Ez 1, 18 lies: Ez 1, 28
Sp. 202, Z. 24 v.u.: statt Joël 8, 15 lies: Joël 4, 15
Sp. 205, Z. 16 v.u.: statt J. Levy, Chald. Wb lies: TW
Sp. 212, Z. 10 v.u.: statt Ri 3, 31; 6, 14f.; 31, 36f. lies: Ri 3, 31; 6, 14f.31.36f.
Sp. 221, Z. 5 v.o.: statt 1 Kön 6, 25 lies: 1 Kön 6, 27
Sp. 228, Z. 29 v.u.: statt 2 Sam 7, 10 lies: 1 Sam 7, 10
Sp. 228, Z. 18 v.u.: statt v. 29 lies: v. 39
Sp. 229, Z. 17 v.u.: statt 2 Chr 21, 21 lies: 2 Chr 21, 14
Sp. 229, Z. 2 v.u.: statt Ez 24, 26 lies: Ez 24, 16
Sp. 230, Z. 1 v.o.: statt 2 Sam 6, 4 lies: 1 Sam 6, 4
Sp. 232, Z. 4 v.o.: statt Jes 14, 5 lies: Jes 14, 4

Sp. 234, Z. 29 v.u.: statt Jer 29, 13 lies: Jes 29, 13
Sp. 234, Z. 16 v.u.: statt 1 Sam 7, 9 lies: 1 Sam 7, 10
Sp. 258, Z. 22 v.o.: statt Jos 2, 20 lies: Joël 2, 20
Sp. 262, Z. 20 v.u.: statt 1 Sam 11, 1 lies: 1 Sam 1, 11
Sp. 264, Z. 6 v.o.: statt Num 29, 29 lies: Num 29, 39
Sp. 264, Z. 5 v.u.: statt Ps 116, 4 lies: Ps 116, 14
Sp. 271, Z. 28 v.o.: statt Num 28, 39 lies: Num 29, 39
Sp. 277, Z. 18 v.o.: statt Sir 30, 25c lies: Sir 38, 25c
Sp. 283, Z. 8 v.u.: statt Dtn 11, 2 lies: Dtn 11, 24; Jos 1, 4
Sp. 284, Z. 2 v.o.: statt Gen 32, 22 lies: Gen 32, 24
Sp. 284, Z. 5 v.o.: statt Ijob 40, 13 lies: Ijob 40, 23
Sp. 284, Z. 6 v.o.: statt Dtn 4, 12f. lies: Dtn 4, 21f.; 31, 2
Sp. 284, Z. 6 v.o.: statt Jos 1, 4.11 lies: Jos 1, 2.11
Sp. 284, Z. 17 v.o.: statt Ps 66, 5 lies: Ps 66, 6
Sp. 285, Z. 8 v.o.: statt Neh 3, 7; 7, 9 lies: Neh 2, 7.9; 3, 7
Sp. 285, Z. 25 v.u.: statt v. 14 lies: Jes 42, 14
Sp. 285, Z. 11 v.u.: statt Spr 14, 11 lies: Ijob 14, 11
Sp. 288, Z. 31/30 v.u.: (2 Kön 17, 6; 18, 11; Esr 8, 21) ist zu streichen
Sp. 288, Z. 30 v.u.: statt Esr lies: Esra
Sp. 292, Z. 26 v.u.: statt Jer 18, 6 lies: Jer 18, 16
Sp. 293, Z. 4 v.u.: statt Jer 44, 20 lies: Jer 49, 20
Sp. 296, Z. 20 v.u.: statt v. 14 lies: v. 13
Sp. 301, Z. 26/27 v.o.: statt Dtn 21, 44/Dtn 22, 4 lies: Jos 21, 44/Jos 22, 4
Sp. 312, Z. 4 v.u.: statt Jer 24, 35 lies: Jer 25, 35
Sp. 316, Z. 19 v.o.: statt Ri 9 (vv. 9.10.13) lies: Ri 9 (vv. 9.11.13)
Sp. 316, Z. 28 v.o.: statt Am 4, 9 lies: Am 4, 8
Sp. 338, Z. 30 v.o.: statt Ps 79, 14.53.72 lies: Ps 78, 14.53.72
Sp. 339, Z. 19 v.o.: statt Ijob 38, 22 lies: Ijob 38, 32
Sp. 340, Z. 23 v.o.: statt Ps 78, 52 lies: Ps 78, 53
Sp. 341, Z. 4 v.u.: statt v. 13 lies: v. 3
Sp. 352, Z. 23 v.u.: statt Lev 13, 34 lies: Lev 14, 34
Sp. 353, Z. 13 v.u.: statt 1 Chr 6, 27 lies: 2 Chr 6, 27
Sp. 360, Z. 29 v.u.: statt Spr 8, 25 lies: Spr 8, 35
Sp. 389, Z. 19 v.o.: statt Jes 24, 15 lies: Jes 34, 15
Sp. 397, Z. 16 v.o.: statt Jes 46, 22 lies: Jes 59, 5
Sp. 399, Z. 3 v.u.: Jes 22, 8 ist zu streichen
Sp. 399, Z. 1 v.u.: statt Gen 4, 2 lies: Gen 4, 22
Sp. 400, Z. 1 v.o.: statt Lev 31, 22 lies: Num 31, 22
Sp. 400, Z. 2 v.o.: statt Ez 22, 17 lies: Ez 22, 18
Sp. 404, Z. 6 v.o.: statt PQR lies: PEQ
Sp. 404, Z. 29 v.o.: statt Ex 21, 1ff. lies: Ex 31, 1ff.
Sp. 406, Z. 1 v.o.: statt Ez 24, 5.11f. lies: Ez 24, 6.11f.
Sp. 411, Z. 7 v.o.: Klgl 2, 8 ist zu streichen
Sp. 412, Z. 29 v.u.: statt Ri 9, 8 lies: Ri 9, 3
Sp. 421, Z. 16 v.o.: statt Ps 94, 4 lies: Ps 94, 9
Sp. 426, Z. 28 v.o.: statt Dtn 32, 3; 33, 23 lies: Dtn 32, 2; 33, 28
Sp. 431, Z. 4 v.u.: statt Ez 34, 13; 35, 8; 36, 6 lies: Jes 51, 3; Ez 36, 35
Sp. 439, Z. 28 v.o.: statt Num 31, 11 lies: Num 11, 31
Sp. 445, Z. 23 v.o.: statt Eph 5, 2; 4, 18 lies: Eph 5, 2; Phil 4, 18
Sp. 457, Z. 8 v.u.: statt Ex 22, 33 lies: Ex 22, 30
Sp. 458, Z. 13 v.u.: statt Esra 10, 2-44; 13, 26 lies: Esra 10, 2-44; Neh 13, 26f.
Sp. 459, Z. 17 v.o.: statt Esra 10; 13, 26f. lies: Esra 10; Neh 13, 26f.
Sp. 460, Z. 5 v.o.: statt 2 Kön 22, 2 lies: 2 Kön 10, 22
Sp. 461, Z. 28 v.u.: statt 2 Chr 23, 15 lies: 2 Chr 33, 15
Sp. 463, Z. 19 v.o.: statt Ijob 34, 15 lies: Ijob 34, 25
Sp. 463, Z. 20 v.o.: statt Neh 13, 21 lies: Neh 13, 24
Sp. 470, Z. 16 v.o.: statt Jes 49, 2 lies: Jes 49, 22
Sp. 476, Z. 27 v.u.: statt 2 Makk 11, 9 lies: 2 Makk 11, 19
Sp. 480, Z. 1 v.u.: statt Ri 2, 22; 3, 1.14 lies: Ri 2, 22; 3, 1.4
Sp. 490, Z. 2 v.u.: statt 2 Sam 13, 26 lies: 2 Sam 23, 16
Sp. 495, Z. 17 v.o.: statt Jer 4, 4 lies: Jer 4, 7
Sp. 495, Z. 17 v.u.: statt Num 19, 20 lies: Num 9, 20
Sp. 500, Z. 19 v.o.: statt Dtn 33, 15 lies: Dtn 33, 25
Sp. 513, Z. 30 v.u.: statt 1 Sam 20, 28 lies: 1 Sam 20, 38
Sp. 514, Z. 30 v.o.: statt 1 Kön 14, 3.7 lies: 1 Kön 14, 3.17
Sp. 515, Z. 20 v.u.: 2 Sam 23, 30f. ist zu streichen
Sp. 516, Z. 12 v.o.: statt 1 Sam 25, 2 lies: 1 Sam 25, 8
Sp. 516, Z. 12 v.o.: statt Rut 2, 1 lies: Rut 2, 9
Sp. 516, Z. 12 v.o.: Ijob 1, 2f. ist zu streichen
Sp. 516, Z. 15 v.o.: statt Ijob 1, 5 lies: Ijob 1, 15
Sp. 516, Z. 27 v.o.: statt 2 Sam 9, 2 lies: 2 Sam 9, 9
Sp. 517, Z. 17 v.o.: statt 1 Kön 22, 17 lies: 1 Kön 22, 47
Sp. 520, Z. 2 v.u.: statt KEH lies: KeHAT
Sp. 523, Z. 12 v.o.: statt Ps 22, 10 lies: Ps 22, 19
Sp. 524, Z. 2 v.o.: statt 1 Kön 1, 42 lies: 1 Kön 1, 52
Sp. 524, Z. 13 v.o.: statt 2 Sam 1, 4 lies: 1 Sam 1, 2
Sp. 524, Z. 21 v.o.: statt Est 10, 1 lies: Esra 10, 1
Sp. 524, Z. 16 v.u.: statt Gen 33, 41 lies: Gen 33, 4
Sp. 527, Z. 2 v.o.: statt Ex 21, 17 lies: Ex 21, 27
Sp. 527, Z. 5 v.o.: statt Num 35, 13 lies: Num 35, 23
Sp. 527, Z. 12 v.o.: statt Ijob 14, 5 lies: Ijob 14, 18
Sp. 528, Z. 12 v.o.: statt 1 Chr 2, 13 lies: 1 Chr 21, 13
Sp. 537, Z. 16 v.u.: statt Jos 10, 18 lies: Jes 10, 18
Sp. 540, Z. 26 v.u.: statt Gen 34, 4 lies: Gen 34, 3
Sp. 540, Z. 23 v.u.: statt Ez 4, 17f. lies: Ez 23, 17f.
Sp. 543, Z. 2 v.o.: , v. 2 ist zu streichen
Sp. 546, Z. 20 v.o.: statt 1 Kön 2, 14 lies: 1 Kön 2, 4

Sp. 546, Z. 24 v.u.: vor (Lev 26, 11... füge ein: (Spr 29, 24); *g'l* 'verabscheuen'
Sp. 548, Z. 15 v.o.: statt 1 Kön 10, 24 lies: 2 Kön 10, 24
Sp. 548, Z. 27 v.u.: statt Jos 20, 39 lies: Jos 20, 3.9
Sp. 548, Z. 18 v.u.: statt Gen 35, 21 lies: Gen 37, 21
Sp. 550, Z. 12 v.o.: statt Ex 23, 12 lies: Ex 21, 23
Sp. 550, Z. 21 v.o.: statt Num 19, 4 lies: Num 19, 14
Sp. 551, Z. 19 v.u.: statt Jer 51, 4 lies: Jer 51, 14
Sp. 552, Z. 2 v.o.: statt Ez 23, 8 lies: Ez 23, 18
Sp. 557, Z. 19 v.o.: statt 1 Sam 15, 21 lies: 1 Sam 15, 12
Sp. 557, Z. 4 v.u.: statt Gen 24, 13.42 lies: Gen 24, 13.43
Sp. 557, Z. 4 v.u.: statt Ex 18, 4 lies: Ex 18, 14
Sp. 560, Z. 29 v.o.: statt Num 23, 6.27 lies: Num 23, 6.17
Sp. 561, Z. 28 v.o.: statt Ijob 42, 2 lies: Ijob 41, 2
Sp. 563, Z. 12 v.o.: statt 1 Chr 8, 13 lies: 1 Chr 18, 13
Sp. 565, Z. 5 v.o.: statt 1 Sam 10, 9 lies: 1 Sam 10, 19
Sp. 568, Z. 29 v.u.: statt Ijob 23, 28 lies: Ijob 23, 7
Sp. 568, Z. 14 v.u.: statt Jer 8, 15 lies: Jer 8, 5
Sp. 568, Z. 8 v.u.: statt 1 Chr 15, 2 lies: 1 Chr 15, 21
Sp. 572, Z. 18 v.u.: statt Ps 31, 19 lies: Ps 33, 19
Sp. 572, Z. 17 v.u.: statt Ps 86, 3 lies: Ps 86, 13
Sp. 572, Z. 11 v.u.: statt Ri 9, 13 lies: Ri 9, 17
Sp. 572, Z. 11 v.u.: statt Mi 5, 15 lies: Mi 5, 5
Sp. 572, Z. 10 v.u.: statt 2 Sam 19, 20 lies: 2 Sam 19, 10
Sp. 572, Z. 5 v.u.: statt Ps 31, 19 lies: Ps 33, 19
Sp. 572, Z. 4 v.u.: statt Ps 86, 3 lies: Ps 86, 13
Sp. 573, Z. 13 v.o.: statt Spr 23, 17 lies: Spr 23, 14
Sp. 573, Z. 4 v.u.: statt Jes 15, 20 lies: Jer 15, 20
Sp. 578, Z. 14 v.u.: statt Dan 7, 27 lies: Dan 7, 28
Sp. 604, Z. 12 v.o.: statt Jes 50, 15; 51, 11 lies: Jer 50, 15; 51, 11
Sp. 604, Z. 19 v.o.: statt Ps 69, 10 lies: Ps 79, 10
Sp. 604, Z. 27 v.u.: statt Jer 47, 3 lies: Jes 47, 3
Sp. 604, Z. 25 v.u.: statt Ps 18, 28 lies: Ps 18, 48
Sp. 610, Z. 17 v.u.: statt Ez 24, 14.17 lies: Ez 25, 14.17
Sp. 611, Z. 14 v.u.: statt 1 Kön 9, 7 lies: 2 Kön 9, 7
Sp. 612, Z. 11 v.o.: statt Jes 51, 17 lies: Jes 59, 17
Sp. 631, Z. 25 v.o.: statt Jos 6, 33 lies: Jos 6, 13
Sp. 631, Z. 28 v.o.: statt Ex 37, 25; Num 37, 14f. lies: Ex 37, 14f.27
Sp. 632, Z. 18 v.u.: statt Ez 34, 20 lies: Ez 34, 29
Sp. 632, Z. 11 v.u.: statt Ez 16, 52.55 lies: Ez 16, 52.58
Sp. 641, Z. 22 v.u.: statt Num 23, 18.24 lies: Num 23, 18; 24, 3.15.20f.23
Sp. 642, Z. 1 v.o.: statt Est 2, 5.9 lies: Est 2, 9.15.17
Sp. 649, Z. 20 v.o.: statt Jer 51, 10 lies: Jer 51, 16
Sp. 653, Z. 2 v.u.: statt Num 17, 7.21; 25, 14; 30, 25 lies: Num 17, 17.21; 25, 14; 34, 25
Sp. 658, Z. 22 v.o.: statt Gen 3, 18 lies: Gen 3, 13
Sp. 658, Z. 13 v.u.: statt Ps 55, 10 lies: Ps 55, 16
Sp. 662, Z. 16 v.u.: statt Jer 23, 29 lies: Jer 23, 39
Sp. 664, Z. 8 v.u.: statt Koh 2, 10 lies: Koh 2, 16
Sp. 695, Z. 24 v.u.: statt Gen 17, 6 lies: Gen 17, 16
Sp. 695, Z. 9 v.u.: statt Dtn 16, 1 lies: Dtn 16, 17
Sp. 696, Z. 13 v.o.: Dtn 1, 34 ist zu streichen
Sp. 696, Z. 8 v.u.: statt Ps 99, 5 lies: Ps 99, 7
Sp. 696, Z. 1 v.u.: statt Jes 37, 3 lies: Jes 37, 7
Sp. 697, Z. 11 v.o.: Ez 29, 10 ist zu streichen
Sp. 698, Z. 3 v.u.: statt 2 Kön 25, 17 lies: 2 Kön 24, 17
Sp. 700, Z. 7 v.o.: statt Davidobjekt (Koh 7, 27 lies: Dativobjekt (Koh 7, 21
Sp. 703, Z. 30 v.u.: statt Dan 11, 7 lies: Dan 11, 17
Sp. 703, Z. 26 v.u.: statt Ex 33, 26 lies: Ex 22, 15f.
Sp. 705, Z. 12 v.o.: statt Lev 22, 23 lies: Lev 22, 33
Sp. 709, Z. 17 v.o.: statt Ps 51, 23a lies: Ps 50, 23a
Sp. 714, Z. 7 v.u.: statt Gen 35, 3f. lies: Gen 35, 2
Sp. 736, Z. 21 v.u.: statt Ri 2, 4 lies: Ri 2, 14
Sp. 736, Z. 3 v.u.: statt Jer 20, 20 lies: Jer 20, 10
Sp. 739, Z. 27 v.u.: statt Ez 25, 11; 37, 2 lies: Ex 25, 11; 37, 2
Sp. 740, Z. 13 v.u.: statt Jes 31, 22 lies: Jer 31, 22
Sp. 742, Z. 4 v.o.: statt Ps 72, 28 lies: Ps 78, 28
Sp. 748, Z. 9 v.o.: statt 2 Sam 20, 42 lies: 2 Sam 20, 24
Sp. 753, Z. 1 v.u.: statt Ex 14, 2 lies: Ex 14, 3
Sp. 754, Z. 9 v.o.: statt Gen 7, 6 lies: Gen 7, 16
Sp. 759, Z. 8 v.u.: statt Jes 13, 9 lies: Jes 13, 19
Sp. 772, Z. 24 v.o.: statt Dtn 23, 10 lies: Dtn 27, 17
Sp. 772, Z. 11 v.u.: statt Ps 78, 56 lies: Ps 78, 57
Sp. 774, Z. 11 v.o.: statt Ps 40, 13 lies: Ps 40, 15
Sp. 778, Z. 29 v.u.: statt Ijob 15, 7 lies: Ijob 15, 8
Sp. 792, Z. 1f. v.o.: statt Quellette lies: Ouellette
Sp. 797, Z. 15 v.u.: statt Jes 24, 6 lies: Jos 24, 6
Sp. 798, Z. 21 v.u.: statt Ps 66, 5 lies: Ps 66, 6
Sp. 798, Z. 15 v.u.: statt Ps 136, 5 lies: Ps 136, 15
Sp. 798, Z. 14 v.u.: statt Ex 15, 16 lies: Ex, 15, 10
Sp. 802, Z. 30 v.u.: statt Ps 83, 16 lies: Ps 83, 14
Sp. 802, Z. 26 v.u.: statt Ps 83, 16 lies: Ps 83, 14
Sp. 802, Z. 19 v.u.: statt Spr 10, 15 lies: Spr 10, 25
Sp. 804, Z. 32 v.u.: statt 14mal lies: 10mal
Sp. 804, Z. 30 v.u.: Num 20, 17; 22,26 ist zu streichen
Sp. 804, Z. 28 v.u.: 2 Sam 2, 19.21 ist zu streichen
Sp. 804, Z. 23 v.u.: nach „gebraucht" füge ein: (Num 20, 17; 22, 26; 2 Sam 2, 19.21)
Sp. 805, Z. 24 v.u.: statt 1 Kön 22, 14 lies: 1 Kön 22, 44
Sp. 806, Z. 19 v.o.: statt Jes 11, 15 lies: Jos 11, 15
Sp. 806, Z. 21 v.o.: statt Ps 66, 2 lies: Ps 66, 20
Sp. 806, Z. 24 v.o.: statt 2 Kön 15, 16 lies: 2 Chr 36, 3), die Königsmutter aus ihrer Stellung 1 Kön 15, 13 / / 2 Chr 15, 16),
Sp. 807, Z. 29 v.o.: statt Jos 23, 7 lies: Jos 23, 6
Sp. 808, Z. 19 v.u.: statt 2 Kön 15, 38 lies: 2 Kön 15, 28
Sp. 808, Z. 3 v.u.: statt Ri 6, 20 lies: Ri 16, 20
Sp. 808, Z. 3 v.u.: statt 1 Sam 18, 2 lies: 1 Sam 18, 12

Sp. 811, Z. 11 v.u.: statt Ijob 32, 15 lies: Ijob 36, 18
Sp. 812, Z. 8 v.o.: statt 1 Kön 18, 32 lies: 2 Kön 18, 32
Sp. 815, Z. 21 v.u.: statt Ez 28, 13 lies: Ez 38, 13
Sp. 821, Z. 20 v.u.: statt 3mal lies: 4mal
Sp. 821, Z. 19 v.u.: statt Apg 7, 30 lies: Apg 7, 30.38
Sp. 825, Z. 10 v.u.: statt Num 12, 6 lies: Num 12, 16
Sp. 830, Z. 17 v.u.: statt Ex 32, 20 lies: Ex 32, 19
Sp. 848, Z. 3 v.u.: statt *rokæm* lies: *rokæs*
Sp. 849, Z. 15 v.o.: statt Ex 34, 23 lies: Ex 34, 22
Sp. 876, Z. 15 v.u.: statt Sach 6, 19 lies: Sach 6, 13
Sp. 878, Z. 12 v.u.: statt Jes 32, 3 lies: Jes 32, 2
Sp. 879, Z. 22 v.o.: statt israelitit. lies: israelit.
Sp. 882, Z. 3 v.o.: statt Ex 38, 33 lies: Ex 38, 23
Sp. 883, Z. 14 v.u.: statt III 425 lies: III 452
Sp. 888, Z. 20 v.o.: statt Hld 2, 4 lies: Hld 2, 5
Sp. 895, Z. 3 v.o.: statt Sir 43, 17 lies: Sir 43, 11
Sp. 895, Z. 3 v.o.: statt Am 1, 4 lies: Am 1, 14
Sp. 895, Z. 5 v.o.: *ra'am* ist zu streichen
Sp. 895, Z. 5 v.o.: statt Jer 25, 32 lies: Jer 25, 30-32
Sp. 900, Z. 19 v.u.: statt 2 Kön 27, 4 lies: 1 Chr 9, 19
Sp. 901, Z. 2 v.u.: statt Jer 25, 13 lies: Jer 25, 33
Sp. 902, Z. 29 v.u.: statt 1 Sam 11, 26 lies: 2 Sam 11, 26
Sp. 903, Z. 26 v.u.: statt Jer 25, 13 lies: Jer 25, 33
Sp. 903, Z. 26 v.u.: statt Jer 25, 13 lies: Jer 25, 33
Sp. 948, Z. 25 v.u.: statt Joh 19, 31 ff. lies: Joh 10, 31 ff.
Sp. 958, Z. 21 v.u.: statt Jes 5, 23 lies: Jer 5, 23
Sp. 959, Z. 14 v.u.: statt Dtn 19, 6 lies: Dtn 19, 16
Sp. 984, Z. 6 v.o.: tilge Klammer hinter 142
Sp. 989, Z. 24 v.u.: statt Jes 22, 27 lies: Jos 22, 27
Sp. 990, Z. 11 v.o.: statt Gen 30, 26; 29 lies: Gen 30, 26.29
Sp. 992, Z. 28 v.u.: statt Dtn 28, 18 lies: Dtn 28, 14
Sp. 992, Z. 24 v.u.: statt 1 Kön 9, 9; 2 Kön 10, 18; 21, 2.21; 22, 54 lies: 1 Kön 9, 9; 22, 54; 2 Kön 10, 18; 21, 3.21
Sp. 995, Z. 7 v.u.: statt Dtn 12, 2.18 lies: Dtn 12, 12.18
Sp. 997, Z. 24 v.u.: statt Esra 9, 10 lies: Esra 9, 9
Sp. 1000, Z. 12 v.o.: statt Ps 116, 26 lies: Ps 116, 16
Sp. 1000, Z. 15 v.u.: statt Gen 32, 10 lies: Gen 32, 11
Sp. 1001, Z. 12 v.o.: statt Hag 2, 24 lies: Hag 2, 23
Sp. 1001, Z. 18 v.o.: statt 1 Kön 19, 34 lies: 2 Kön 19, 34
Sp. 1001, Z. 1 v.u.: statt Jes 37, 15 lies: Jes 37, 35
Sp. 1002, Z. 10 v.o.: statt 2 Chr 17, 4.9 lies: 1 Chr 17, 4.7
Sp. 1002, Z. 22 v.o.: statt Ps 135, 1 lies: Ps 36, 1
Sp. 1002, Z. 12 v.u.: statt Jer 15, 19 lies: Jer 5, 19
Sp. 1002, Z. 3 v.u.: statt Ez 30, 17 lies: Ez 38, 17
Sp. 1003, Z. 17 v.u.: statt *tmk* (vgl. Ps 16, 3); lies: *tmk* (v. 10; vgl. Ps 16, 5)
Sp. 1008, Z. 19 v.o.: statt Lev 34, 15 lies: Lev 24, 15
Sp. 1008, Z. 25 v.o.: statt Jer 53, 11 lies: Jes 53, 11
Sp. 1008, Z. 30 v.u.: statt vgl. 4, 23f. lies: Gen 4, 23f.
Sp. 1016, Z. 24 v.o.: statt Jer 8, 30 lies: Jer 48, 30
Sp. 1020, Z. 14 v.u.: statt *āḇar* lies: *'āḇar*
Sp. 1021, Z. 23 v.u.: statt Gen 32, 13 lies: Gen 32, 23
Sp. 1022, Z. 5 v.u.: statt *halak* lies: *bô'*
Sp. 1023, Z. 21 v.u.: statt Est 9, 20 lies: Est 9, 28
Sp. 1025, Z. 29 v.u.: statt 2 Chr 26, 3 lies: 2 Chr 28, 3
Sp. 1030, Z. 18 v.o.: statt 2 Chr 21, 8 lies: 1 Chr 21, 8
Sp. 1031, Z. 27 v.o.: statt 1 Kön 14, 5 lies: 1 Kön 14, 15
Sp. 1031, Z. 27 v.u.: statt Num 22, 10 lies: Num 22, 1
Sp. 1057, Z. 14 v.o.: statt Lev 9, 3 lies: Lev 9, 2
Sp. 1058, Z. 2 v.u.: statt Jes 20, 10 lies: Jes 27, 10
Sp. 1061, Z. 11 v.u.: statt Hos 10, 15 lies: Hos 10, 11
Sp. 1062, Z. 8 v.u.: statt 1977 lies: 1957
Sp. 1069, Z. 24 v.u.: statt Ps 89, 10 lies: Ps 89, 30
Sp. 1075, Z. 31 v.o.: statt Ex 16, 11f. lies: Ez 16, 11f.
Sp. 1075, Z. 34 v.o.: statt Ez 16, 10 lies: Ez 16, 9
Sp. 1077, Z. 5 v.u.: statt Moses lies: Aarons
Sp. 1086, Z. 14 v.o.: statt sieben lies: siebzig
Sp. 1088, Z. 15 v.o.: statt Ps 74, 3 lies: Ps 74, 2
Sp. 1089, Z. 19 v.u.: statt Ps 22, 27 lies: Ps 22, 17
Sp. 1105, Z. 21 v.u.: statt Zef 2, 4 lies: Zef 2, 14
Sp. 1106, Z. 29 v.o.: statt 1 Sam 18, 9; 2 Sam 8, 9 lies: 1 Sam 18, 19; 2 Sam 21, 8
Sp. 1136, Z. 17 v.o.: statt Ps 52 (53), 1; Ps 57 (58), 2 lies: Ps 52 (53), 2; Ps 57 (58), 3
Sp. 1136, Z. 26 v.u.: statt 2 Sam 3, 24 lies: 2 Sam 3, 34
Sp. 1136, Z. 21 v.u.: statt Ez 18, 16 lies: Ez 28, 18
Sp. 1140, Z. 17 v.o.: statt Ijob 31, 3 lies: Ijob 31, 1.3
Sp. 1144, Z. 11 v.o.: statt Umwelt, lies: Umwelt;
Sp. 1144, Z. 10 v.u.: statt עלָם lies: עֹלָם
Sp. 1145, Z. 3 v.u.: statt Jer 35, 10 lies: Jes 35, 10
Sp. 1147, Z. 22 v.o.: Jer 31,3; Ez 35,5 ist zu streichen
Sp. 1147, Z. 26 v.o.: statt Esra 4, 14 lies: Esra 4, 15
Sp. 1147, Z. 19 v.u.: statt Jer 18, 18 lies: Jer 18, 15
Sp. 1148, Z. 13 v.o.: statt Dan 2, 10 lies: Dan 2, 20
Sp. 1148, Z. 31 v.o.: statt Ps 34, 1 lies: Ps 34, 2
Sp. 1148, Z. 10 v.u.: statt 1 Sam 20, 23.45 lies: 1 Sam 20, 23.42
Sp. 1148, Z. 8 v.u.: statt Jer 20, 7 lies: Jer 20, 17
Sp. 1149, Z. 23 v.o.: statt Gen 16, 7 lies: Gen 17, 7
Sp. 1149, Z. 29 v.u.: statt LXX, lies: LXX;
Sp. 1150, Z. 9 v.o.: statt 2 Chr 28, 8 lies: 1 Chr 28, 8
Sp. 1150, Z. 18 v.o.: statt 1 Sam 1, 21 lies: 1 Sam 1, 22
Sp. 1150, Z. 21 v.o.: statt 2 Sam 2, 30; 3, 13f.; 7, 13 lies: 1 Sam 2, 30; 3, 13f.; 2 Sam 7, 13

Sp. 1150, Z. 22 v.o.: statt 1 Kön 21, 7 lies: 2 Kön 21, 7
Sp. 1150, Z. 6 v.u.: statt 2 Chr 22, 10; 28, 4 lies: 1 Chr 22, 10; 28, 4
Sp. 1151, Z. 18 v.u.: statt Dtn 33, 7 lies: Dtn 33, 27
Sp. 1153, Z. 29 v.o.: statt 2 Chr 23, 13 lies: 1 Chr 23, 13
Sp. 1153, Z. 20 v.u.: statt Lev 17, 3 lies: Lev 17, 7
Sp. 1163, Z. 25 v.o.: statt GesB 527 lies: GesB 572
Sp. 1164, Z. 15 v.u.: statt 2 Sam 19, 10 lies: 2 Sam 19, 20
Sp. 1165, Z. 4 v.o.: statt 1 Kön 17, 8 lies: 1 Kön 17, 18
Sp. 1166, Z. 26 v.o.: statt Dtn 5, 19 lies: Dtn 5, 9
Sp. 1167, Z. 4 v.o.: statt Ps 107, 7 lies: Ps 107, 17
Sp. 1171, Z. 15 v.o.: statt Ez 36, 31 lies: Ez 36, 33
Sp. 1171, Z. 23 v.u.: statt Ez 28, 8 lies: Ez 28, 18
Sp. 1171, Z. 20 v.u.: statt Ez 28, 28 lies: Ez 28, 18
Sp. 1173, Z. 10 v.o.: statt Ez 43, 40 lies: Ez 43, 24
Sp. 1174, Z. 5 v.o.: statt Num 18, 1.31 lies: Num 18, 1.23
Sp. 1174, Z. 1 v.u.: statt Num 15, 15 lies: Num 5, 15
Sp. 1177, Z. 3 v.u.: statt Dan 2, 28 lies: Dan 2, 38
Sp. 1181, Z. 3 v.o.: statt 1 Kön 21, 14 lies: 1 Kön 21, 24
Sp. 1194, Z. 5 v.u.: statt Ri 3,15.19 lies: Ri 13, 15.19
Sp. 1205, Z. 7 v.o.: statt Jer 28, 38 lies: Jer 25, 38
Sp. 1205, Z. 13 v.o.: statt 2 Chr 11, 14.24.25 lies: 2 Chr 11, 14; 24, 25
Sp. 1205, Z. 26 v.o.: statt Jer 49, 10 lies: Jer 49, 11
Sp. 1206, Z. 5 v.u.: statt Ri 12, 10 lies: 1 Sam 12, 10
S. [606], Sp. 2, Z. 3 v.u.: statt 1050f. lies: 1150f.
S. [609], Sp. 1, Z. 24 v.u.: statt hapiru lies: *ḫapiru*
S. [611], Sp. 2, Z. 23 v.u.: statt Molaekopfer lies: Molækopfer
S. [611], Sp. 3, Z. 4 v.u.: statt Molaekopfer lies: Molækopfer
S. [612], Sp. 3, Z. 14 v.u.: statt Richerfunktion lies: Richterfunktion
S. [614], Sp. 3, Z. 10 v.o.: statt Tier 1178-1183 lies: Tier – Flugtier 1178-1183
S. [614], Sp. 3, Z. 23 v.o.: 171-185 ist zu streichen
S. [614], Sp. 3, Z. 25 v.o.: statt töricht 134, 171-185 lies: Tor 171-185 – töricht 134, 171-185
S. [615], Sp. 1, Z. 1 v.u.: statt 979 lies: 987
S. [619], Sp. 2, Z. 25 v.u.: statt Gen 34, 4 lies: Gen 34, 3: 540
S. [619], Sp. 3, Z. 11 v.u.: statt 312 lies: 314
S. [620], Sp. 2, Z. 23 v.o.: statt Lev 22, 23 lies: Lev 22, 33: 705
S. [620], Sp. 4, Z. 30 v.o.: statt Num 31, 11 lies: Num 11, 31: 439
S. [620], Sp. 4, Z. 10 v.u.: statt 4, 24f. lies: 4, 34f.
S. [620], Sp. 4, Z. 7 v.u.: statt 103f. lies: 193f.
S. [620], Sp. 4, Z. 4 v.u.: statt Dtn 5, 19 lies: Dtn 5, 9: 1166
S. [621], Sp. 1, Z. 24 v.o.: statt 16, 1-5 lies: 16, 1-15
S. [621], Sp. 2, Z. 8 v.o.: statt Dtn 28, 18 lies: Dtn 28, 14: 992
S. [621], Sp. 3, Z. 11 v.o.: statt 741 lies: 941
S. [622], Sp. 1, Z. 24 v.o.: statt 1 Sam 10, 9 lies: 1 Sam 10, 19: 565
S. [622], Sp. 2, Z. 31 v.o.: statt 2, 3f. lies: 213f.
S. [622], Sp. 2, Z. 30 v.u.: statt 2 Sam 6, 4 lies: 1 Sam 6, 4: 230
S. [622], Sp. 2, Z. 25 v.u.: statt 2 Sam 7, 10 lies: 1 Sam 7, 10: 228
S. [623], Sp. 1, Z. 11 v.u.: 1 Chr 4, : 90 ist zu streichen
S. [623], Sp. 1, Z. 6 v.u.: statt 1 Chr 6, 27 lies: 2 Chr 6, 27: 353
S. [623], Sp. 3, Z. 11 v.u.: statt 12f. lies: 1200f.
S. [623], Sp. 3, Z. 22 v.u.: statt 7, 12 lies: 7, 6.11f.
S. [623], Sp. 4, Z. 22 v.o.: statt Ijob 1, 5 lies: Ijob 1, 15: 516
S. [624], Sp. 1, Z. 33 v.o.: statt Ijob 23, 28 lies: Ijob 23, 7: 568
S. [624], Sp. 1, Z. 27 v.u.: statt 441f. lies: 1141f.
S. [624], Sp. 3, Z. 11 v.u.: statt Ps 40, 13 lies: Ps 40, 13: 645, 918
S. [624], Sp. 3, Z. 11 v.u.: statt Ps 40, 13 lies: Ps 40, 15: 774
S. [624], Sp. 4, Z. 23 v.u.: statt Ps 66, 5 lies: Ps 66, 6: 284
S. [625], Sp. 1, Z. 33 v.o.: statt Ps 83, 16 lies: Ps 83, 14: 802
S. [625], Sp. 1, Z. 5 v.u.: statt Ps 94, 4 lies: Ps 94, 9: 421
S. [625], Sp. 2, Z. 31 v.o.: statt 914 lies: 1206
S. [625], Sp. 2, Z. 38 v.o.: statt 164 lies: 864
S. [625], Sp. 3, Z. 29 v.u.: statt Spr 14, 11 lies: Ijob 14, 11: 285
S. [625], Sp. 3, Z. 13 v.u.: statt 475 lies: 975
S. [626], Sp. 2, Z. 6 v.o.: statt Jes 14, 5 lies: Jes 14, 4: 232
S. [626], Sp. 2, Z. 5 v.u.: statt 734 lies: 754
S. [626], Sp. 3, Z. 26 v.o.: statt Jes 32, 3 lies: Jes 32, 2: 878
S. [626], Sp. 4, Z. 9 v.o.: statt 886 lies: 876
S. [626], Sp. 4, Z. 32 v.u.: statt Jes 46, 22 lies: Jes 59, 5: 397
S. [627], Sp. 3, Z. 27 v.o.: statt Jer 23, 29 lies: Jer 23, 39: 662
S. [627], Sp. 3, Z. 29 v.u.: statt Jer 29, 13 lies: Jes 29, 13: 234
S. [627], Sp. 3, Z. 12 v.u.: statt 31, 34 lies: 31, 24
S. [627], Sp. 4, Z. 27 v.o.: statt 417 lies: 917
S. [627], Sp. 4, Z. 12 v.u.: statt Jer 51, 4 lies: Jer 51, 14: 551
S. [628], Sp. 1, Z. 29 v.o.: statt Ez 4,17f. lies: Ez 23, 17f.: 540
S. [628], Sp. 1, Z. 22 v.u.: statt 61 lies: 161
S. [628], Sp. 4, Z. 14 v.o.: statt 792 lies: 772
S. [629], Sp. 4, Z. 8 v.u.: statt 13, 11 lies: 13, 1
S. [631], Z. 2 v.u.: statt Barrik lies: Barrick

ISBN 3-17-010693-7